Farhang Moaser

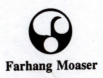

Farhang Moaser
Dictionnaire
Français-Persan

L'Unité de Recherche
de Farhang Moaser

Mohammad Réza Parsa-yar

Farhang Moaser
Téhéran 2006

Farhang Moaser Publishers
45 Khiaban Daneshgah
Tehran 13147, Iran.
Tel. (+ 9821) 66465530, 66465520, 66952632
Fax: (+ 9821) 66417018
E-mail: farhangmo@neda.net
Visit us at : www.farhangmoaser.com

© **Farhang Moaser 2001**
première édition 2001
cinquième édition 2006

Tous droits réservés. Toute représensentation, adaptation ou reproduction, même partielle, par tous procédés, en tous pays, faite sans autorisation préalable, est illicite et exposerait le contrevenant à des poursuites judiciaires.

- Rédaction à l'Unité de Recherche de Farhang Moaser.

- Composition par l'Unité Informatique de Farhang Moaser.

TABLE DES MATIÈRES

Abréviations grammaticales VII
Alphabet phonétique VIII
Dictionnaire Français-Persan 1-899
Abréviations usuelles 903-915
Noms géographiques 917-925
Conjugaison des verbes français 927-967
Introduction (en persan) .... هفت
L'Usage du dictionnaire (en persan) .... نه

V

Abréviations grammaticales
نشانه‌های اختصاری دستوری

adj	adjectif; adjective	*nf*	nom féminin
adv	adverbe; adverbiale	*nm*	nom masculin
conj	conjonction; conjonctive	*num*	numéral
		ord	ordinal
déf	défini	*pl*	pluriel
dém	démonstratif	*part*	participe
exclam	exclamation; exclamative	*pers*	personnel
		poss	possessif
f	féminin	*prép*	préposition; prépositive
impers	impersonnel		
indéf	indéfini	*pron*	pronom
interj	interjection	*qualif*	qualificatif
interr	interrogatif	*rel*	relatif
inv	invariable	*sing*	singulier
loc	locution	*vi*	verbe intransitif
m	masculin	*vp*	verbe pronominal
n	nom	*vt*	verbe transitif

Alphabet Phonétique

راهنمای تلفظ

الفبای آوانگار و ارزش آوایی نشانه‌ها

الف) همخوان‌ها

p	**p**ère, sou**p**e
t	**t**erre, vi**t**e
k	**c**ou, **qu**i, sa**c**, **k**épi
b	**b**on, ro**b**e
d	**d**ans, ai**d**e
g	**g**are, ba**gu**e
f	**f**eu, neu**f**, **ph**oto
s	**s**ale, **c**elui, **ç**a, ta**ss**e, na**t**ion
ʃ	**ch**at, ta**ch**e
v	**v**ous, rê**v**e
z	**z**éro, mai**s**on, ro**s**e
ʒ	**j**e, **g**ilet, **ge**ôle
l	**l**ent, so**l**
ʀ	**r**ue, veni**r**
m	**m**ain, fe**mm**e
n	**n**ous, to**nn**e, a**n**imal
ɲ	a**gn**eau, vi**gn**e
ŋ[۱]	campi**ng**
h[۲]	**h**op!

ب) نشانهٔ غیرآوایی

ʼ[۳]	haricot

ج) واکه‌ها

a	b**a**s, pl**a**t
e	bl**é**, jou**er**
ɛ	l**ai**t, jou**et**, m**e**rci
i	**i**l, v**i**e, l**y**re
ɔ	m**o**rt, d**o**nner
o	m**o**t, d**ô**me, **eau**, g**au**che
u	gen**ou**, r**ou**e
y	r**u**e, vêt**u**
ø	p**eu**, d**eux**
œ	p**eu**r, m**eu**ble
ə	l**e**, pr**e**mier
ɑ̃	s**an**s, v**en**t
ɛ̃	mat**in**, pl**ein**, br**un**
ɔ̃	b**on**, **om**bre

د) نیم‌واکه‌ها

j	**y**eux, pai**ll**e, p**i**ed
w	**ou**i, n**ou**er
ɥ	h**u**ile, l**u**i

۱. این صدا در بعضی از واژه‌های وام‌گرفته‌شده از زبان انگلیسی وجود دارد.

۲. صدای «ه» در زبان فرانسه وجود ندارد، اما استثنائاً ممکن است در برخی از اصوات یا ادات تعجب (interjection) تلفظ شود.

۳. این نشانه نمایانگر آن است که حذف (élision) و پیوند (liaison) صورت نمی‌گیرد.

Farhang Moaser
Dictionnaire
Français-Persan

A,a

A[1]**; a** /a/ *nm. inv* آ (= نخستین حرف الفبای فرانسه)

bombe A بمب اتم

de/depuis a jusqu'à z از اول تا آخر، سراسر، از ابتدا تا انتها، از سر تا ته

prouver par a+b با دقت بسیار ثابت کردن

A[2] /a/ *nf* آزادراه، اتوبان

à /a/ *prép* ۱. به ۲. در ۳. با ۴. برایِ ۵. مالِ، متعلق به ۶. ـِ (= کسرهٔ اضافه) ۷. تا، الی ۸. به وسیلهٔ، به کمکِ ۹. دارایِ، [در ترکیب] ـدار ۱۰. به سویِ، (به) طرفِ ۱۱. نزدِ، پیشِ ۱۲. به بهایِ، به قیمتِ ۱۳. موقعِ، هنگامِ، زمانِ ۱۴. در مدتِ، طیِ، (در) ظرفِ ۱۵. به جایِ، به ازایِ، (به) عوضِ ۱۶. در حالِ، مشغولِ، سرگرمِ ۱۷. در معرضِ ۱۸. تا حدِ، به حدِ، تا سرحدِ ۱۹. خطاب به ۲۰. تقدیم به، پیشکش به، هدیه به ۲۱. به سبکِ، به شیوهٔ، به روشِ، به اسلوبِ

à ce que ۱. برای اینکه ۲. که

à cheval سوار بر اسب، سوار اسب

À demain! (خداحافظ) تا فردا! تا فردا (خدانگهدار)! فردا می‌بینمت!

aimer à la folie دیوانه‌وار دوست داشتن

à la mode باب روز، مد (روز)، رایج، مرسوم

à l'anglaise به سبک انگلیسی، به روش انگلیسی، مثلِ انگلیسی‌ها

à la porte دمِ در، پشتِ در، جلوی در

à son arrivée هنگام ورودِ او، موقعِ ورودِ او، وقتی که آمد

À table! برویم سرِ میز! بفرمایید سرِ میز!

Au voleur! (آی) دزد! دزد را بگیرید!

Avez-vous à manger? (آیا) چیزی برای خوردن دارید؟ (آیا) چیزی دارید بخورید؟

bateau à vapeur کشتیِ بخار

Ce livre est à moi. این کتاب مال من است. این کتاب به من تعلق دارد.

C'est à vous de... ۱. وظیفهٔ شماست که...، شما موظفید (که) ...، شما باید... ۲. نوبت شماست که...

fou à lier دیوانهٔ زنجیری

Il a quatre à cinq ans. او چهارپنج‌ساله است.

J'ai à travailler. ۱. باید کار کنم. ۲. کار دارم.

J'aime à travailler. دوست دارم کار کنم. دلم می‌خواهد کار کنم.

tasse à the فنجان چای‌خوری

un ami à moi یکی از دوستانم

un à un یکی‌یکی، یک به یک، تک‌تک

une cravate à deux francs یک کراوات دوفرانکی

abaissement /abɛsmɑ̃/ *nm* ۱. کاهش، تنزل، افت ۲. پایین آمدن ۳. پایین آوردن ۴. تخفیف ۵. خفت، خواری، ذلت، حقارت

a = bas, plat e = blé, jouer ɛ = lait, jouet, merci i = il, lyre o = mot, dôme, eau, gauche ɔ = mort
u = roue y = rue ø = peu œ = peur ə = le, premier ɑ̃ = sans, vent ɛ̃ = matin, plein, lundi
ɔ̃ = bon, ombre ʃ = chat, tache ʒ = je, gilet j = yeux, paille, pied w = oui, nouer ɥ = huile, lui

abaisser

abaisser / abese / *vt* (1) ۱. پایین آوردن، پایین بردن ۲. پایین کشیدن ۳. کاهش دادن، کاستن از، کم کردن ۴. خوار کردن، کوچک کردن، سبک کردن

s'abaisser *vp* ۱. پایین آمدن، پایین رفتن ۲. کاهش یافتن، تنزل یافتن، افت کردن ۳. فروکش کردن ۴. کوچک شدن، سبک شدن، خوار شدن ۵. خود را کوچک کردن، خود را سبک کردن

abandon / abɑ̃dɔ̃ / *nm* ۱. ترک، رها کردن ۲. واگذاری ۳. آسودگی، آسودگی خاطر ۴. بی‌خیالی، بی‌قیدی

à l'abandon ۱. متروک ۲. راحت، آسوده

laisser à l'abandon ۱. ترک کردن، ول کردن، رها کردن ۲. به حال خود گذاشتن

abandonné,e / abɑ̃dɔne / *adj* ۱. متروک، متروکه ۲. رهاشده ۳. ازمدافتاده، قدیمی ۴. منسوخ ۵. راحت، آسوده ۶. بی‌خیال

enfant abandonné ۱. کودک بی‌سرپرست ۲. بچهٔ سرراهی

une femme abandonnée de tous les médecins زنی که همهٔ پزشکان جوابش کرده‌اند، زنی که همهٔ پزشکان از او قطع امید کرده‌اند

abandonner / abɑ̃dɔne / *vt* (1) ۱. ترک کردن، رها کردن، ول کردن ۲. صرف‌نظر کردن از، چشم‌پوشی کردن از ۳. متوقف کردن، دست کشیدن از ۴. خاتمه دادن به، پایان دادن ۵. سپردن، واگذار کردن ۶. [عقیده، مذهب، ...] دست کشیدن از، روی گرداندن از ۷. [قول، تعهد، ...] عمل نکردن به، وفا نکردن به

abandonner la partie از کاری دست کشیدن، کنار رفتن، کنار کشیدن، کناره‌گیری کردن

abandonner ses études ترک تحصیل کردن

Ses forces l'abandonnèrent. نیرویش تحلیل رفت. قوایش تمام شد.

s'abandonner *vp* ۱. [ناامیدی، اندوه، ...] خود را سپردن، تسلیم شدن ۲. [زن] خود را تسلیم کردن، خود را لو دادن

abaque / abak / *nm* ۱. چرتکه، چتکه ۲. [معماری] سرستونی ۳. نمودار (محاسباتی)، نوموگرام

abasourdir / abazuʀdiʀ / *vt* (2) ۱. گوش (کسی را) بردن، کر کردن ۲. متحیر کردن، مبهوت کردن، حیرت‌زده کردن

abasourdissant,e / abazuʀdisɑ̃,t / *adj* ۱. کرکننده ۲. حیرت‌آور، حیرت‌انگیز، بهت‌آور

abasourdissement / abazuʀdismɑ̃ / *nm* ۱. کرکنندگی ۲. حیرت، بهت، شگفتی

abâtardir / abataʀdiʀ / *vt* (2) ۱. اصالت (حیوانی را) از بین بردن، نژاد (حیوانی را) خراب کردن ۲. از ارزش (کسی یا چیزی) کم کردن، بی‌ارزش کردن ۳. [ادبی] تباه کردن

s'abâtardir *vp* ۱. تنزّل کردن، از ارزش (کسی یا چیزی) کم شدن ۲. از ارزش خود کاستن، خود را بی‌مقدار کردن ۳. تباه شدن

abat-jour / abaʒuʀ / *nm* [چراغ] کلاهک، سرپوش، آباژور

abats / aba / *nm. pl* خرده‌ریز قصابی (= دل و جگر، کله‌پاچه، سیراب‌شیردان)

abattage / abataʒ / *nm* ۱. کشتار، ذبح، سر بریدن ۲. [درخت] قطع (کردن)، بریدن ۳. انداختن، سرنگون کردن

avoir de l'abattage پرتحرک بودن، پرجنب و جوش بودن، پرانرژی بودن

vente à l'abattage حراج (با تخفیف کلی)

abattement / abatmɑ̃ / *nm* ۱. کوفتگی، فرسودگی ۲. تأثر، افسردگی ۳. یأس، دلسردی، ناامیدی ۴. تخفیف ۵. بخشودگی مالیاتی

abattis / abati / *nm* ۱. خرده‌ریز مرغ (= سر، گردن، بال، پا، دل، جگر، قلوه و سنگدان) ۲. [خودمانی] دست و پا

numéroter ses abattis [پیش از دعوا یا نبرد] توان خود را بررسی کردن، نیروی خود را سنجیدن

Tu peux numéroter tes abattis! [تهدید پیش از دعوا] حساب کارتو بکن! حسابتو می‌رسم! دخلتو می‌آرم!

abattoir / abatwaʀ / *nm*   کشتارگاه

abattre / abatʀ / *vt* (41)   ۱. انداختن
۲. سرنگون کردن، (به) زمین انداختن ۳. پایین آوردن، پایین بردن ۴. پایین کشیدن ۵. بریدن، قطع کردن ۶. خراب کردن، ویران کردن ۷. جان (کسی را) گرفتن، دخل (کسی را) آوردن ۸ ذبح کردن، سر بریدن ۹. از پا درآوردن، از پا انداختن ۱۰. ناامید کردن، مأیوس کردن، دلسرد کردن

abattre du travail   کار را به سرعت تمام کردن، زود کار را انجام دادن

abattre son jeu   ۱. (ورق‌بازی) دست خود را رو کردن ۲. (مجازی) مشت خود را باز کردن، دست خود را رو کردن، خود را لو دادن

La fièvre l'a abattu.   تب او را از پا در آورده است.

Ne te laisse pas abattre!   ناامید نشو! دلسرد نشو!

s'abattre *vp*   ۱. افتادن ۲. سرنگون شدن، (به) زمین افتادن ۳. فرو ریختن ۴. (باران، رگبار، تگرگ) به شدت باریدن ۵. از پا افتادن، از پا درآمدن ۶. هجوم بردن، حمله کردن ۷. ناامید شدن، مأیوس شدن، دلسرد شدن

abattu,e / abaty / *adj*   ۱. فرسوده، خرد، هلاک ۲. ناتوان، بی‌رمق، لاجون ۳. افسرده، متأثر ۴. ناامید، مأیوس، دلسرد

à bride abattue   لگام‌گسیخته، افسارگسیخته

abbatial,e,aux / abasjal,o / *adj*   (مربوط به) دیر، صومعه

abbaye / abei / *nf*   دیر، صومعه

abbé / abe / *nm*   ۱. راهب بزرگ، رئیس دیر ۲. کشیش، [در خطاب به کشیش] پدر ۳. روحانی

l'abbé Christophe   پدر کریستف

abbesse / abɛs / *nf*   مادر روحانی، رئیس دیر

abc / abese / *nm*   ۱. کتاب الفبا ۲. مبانی، مقدمات، اصول، الفبا

abcès / apsɛ / *nm*   دمل، آبسه

crever / vider l'abcès   ۱. به دمل نیشتر زدن ۲. مشکل را از از میان برداشتن، قال قضیه را کندن

abdication / abdikasjɔ̃ / *nf*   ۱. صرف‌نظر، چشم‌پوشی ۲. کنار گذاشتن ۳. کناره‌گیری از سلطنت ۴. استعفا

abdiquer / abdike / *vt, vi* (1)   ۱. کناره‌گیری کردن از، دست کشیدن از ۲. استعفا دادن از ۳. رها کردن، کنار گذاشتن، ول کردن ۴. صرف نظر کردن از، چشم پوشیدن از ▫ ۵. از سلطنت کناره‌گیری کردن، تاج و تخت را رها کردن ۶. دست از کار کشیدن

abdomen / abdɔmɛn / *nm*   شکم (کالبدشناسی)

abdominal,e,aux / abdɔminal,o / *adj*   (کالبدشناسی) شکمی، (مربوط به) شکم

abducteur / abdyktœʀ / *nm, adj. m*   ۱. ماهیچهٔ دورکننده ▫ ۲. (ماهیچه) دورکننده

abécédaire / abeseder / *nm*   کتاب الفبا

abeille / abɛj / *nf*   زنبور عسل

en nid d'abeilles   به شکل لانهٔ زنبور، مثل لانهٔ زنبور، لانه‌زنبوری

aberrant,e / abɛʀɑ̃,t / *adj*   ۱. غیرعادی ۲. نابهنجار ۲. عجیب، عجیب و غریب، غریب ۳. غیرمنطقی، نامعقول، غیراصولی

aberration / abɛʀasjɔ̃ / *nf*   ۱. (کار) خبط، خطا ۲. نادانی، حماقت

abêtir / abetiʀ / *vt* (2)   خرفت کردن، خنگ کردن

s'abêtir *vp*   خرفت شدن، کودن شدن، خنگ شدن

abêtissant,e / abetisɑ̃,t / *adj*   خرفت‌کننده، مایهٔ خنگی، حماقت‌آور

abêtissement / abetismɑ̃ / *nm*   ۱. خرفتی، خنگی، کودنی ۲. حماقت، نفهمی، بی‌شعوری، خریت

abhorrer / abɔʀe / *vt* (1)   متنفر بودن از، نفرت داشتن از، بیزار بودن از، بد آمدن از

abîme / abim / *nm*   ۱. پرتگاه ۲. ورطه، مهلکه ۳. گرداب ۳. اختلاف (زیاد)، شکاف ۴. تباهی

نابودی، اضمحلال، فنا ۵. اعماق، قعر، قلب، دل

être au bord de l'abîme [مجازی] (در) لبهٔ پرتگاه بودن، در معرض نابودی بودن، به آخر خط رسیدن

un abîme de انبوهی از، کوهی از، کوهِ، انبوهِ، سیلِ، یک خروار

abîmer /abime/ *vt* (1) ۱. خراب کردن ۲. از بین بردن، از میان بردن، نابود کردن ۳. [عامیانه] درب و داغون کردن، لت و پار کردن، دخل (کسی را) آوردن ۴. آبروی (کسی را) بردن، ضایع کردن ۵. بدگویی کردن از، بد گفتن از

s'abîmer *vp* ۱. خراب شدن ۲. از بین رفتن، نابود شدن ۳. [اندیشه، رؤیا، ...] فرو رفتن، غرق شدن، محو (چیزی) شدن

abject,e /abʒɛkt/ *adj* ۱. پست، فرومایه، حقیر، زبون ۲. خفت‌آور، ذلت‌بار، تحقیرآمیز ۳. نکبت‌بار، نکبت

abjection /abʒɛeksjɔ̃/ *nf* ۱. پستی، خواری، خفت، ذلت، فرومایگی ۲. حقارت، کوچکی، خردی

abjuration /abʒyʀasjɔ̃/ *nf* رفض، ارتداد

abjurer /abʒyʀe/ *vi, vt* (1) ۱. از دین برگشتن، مرتد شدن، کافر شدن ◙ ۲. [دین، مسلک، ...] روی گرداندن از، دست کشیدن از ۳. کنار گذاشتن، رها کردن، ول کردن

ablatif /ablatif/ *nm* [زبان‌شناسی] حالت اَزی، حالت مفعولٌ عنه

ablation /ablasjɔ̃/ *nf* ۱. [جراحی] قطع (عضو)، برداشتن ۲. [زمین‌شناسی] فرساب، سایش

ablette /ablɛt/ *nf* ماهی مروارید

ablutions /ablysjɔ̃/ *nf.pl* ۱. وضو ۲. غسل ۳. شست و شو، شستن

faire ses ablutions ۱. وضو گرفتن ۲. غسل کردن ۳. شستن، شست و شو دادن

abnégation /abnegasjɔ̃/ *nf* فداکاری، ایثار، ازخودگذشتگی

aboiement /abwamɑ̃/ *nm* پارس، واق‌واق، عوعو

abois /abwa/ *nm.pl* پارس، واق‌واق، عوعو

être aux abois ۱. [شکار] در میان سگ‌ها گرفتار شدن ۲. در تنگنا بودن، تو مخمصه افتادن، درمانده شدن، راه پس و پیش نداشتن

abolir /abɔliʀ/ *vt* (1) ۱. لغو کردن ۲. برانداختن، برچیدن ۳. منسوخ کردن ۴. از بین بردن، نابود کردن ۵. حذف کردن، برداشتن ۶. پاک کردن، محو کردن

abolition /abɔlisjɔ̃/ *nf* ۱. الغاء، لغو ۲. براندازی، برچیدن ۳. زوال، نابودی ۴. حذف، برداشتن ۵. زدودن، محو کردن

abolitionnisme /abɔlisjɔnism/ *nm* طرفداری از الغاء بردگی

abolitionniste /abɔlisjɔnist/ *n, adj* طرفدار الغاء بردگی

abominable /abɔminabl/ *adj* ۱. نفرت‌انگیز، مشمئزکننده ۲. مزخرف، چرت، چرند ۳. نکبت‌بار، نکبت ۴. فجیع، دردناک

abominablement /abɔminabləmɑ̃/ *adv* ۱. به طرز نفرت‌انگیزی ۲. به طرز فجیعی

abomination /abɔminasjɔ̃/ *nf* ۱. مایهٔ نفرت، نکبت ۲. عمل نفرت‌انگیز

avoir en abomination نفرت داشتن از، متنفر بودن از، بیزار بودن از، بد آمدن از

l'abomination de la désolation نهایت زشتی، غایت زشتی، غایت بدی

abominer /abɔmine/ *vt* (1) متنفر بودن از، نفرت داشتن از، بیزار بودن از، بد آمدن از

abondamment /abɔ̃damɑ̃/ *adv* ۱. زیاد، خیلی، فراوان ۲. (به طور) مفصل، خوب

abondance /abɔ̃dɑ̃s/ *nf* ۱. فراوانی، وفور ۲. زیادی، کثرت، تعدد ۳. وفور نعمت ۴. رفاه، ناز و نعمت

en abondance فراوان، به وفور، زیاد، بسیار

parler avec abondance خوش‌صحبت بودن، خوب حرف زدن

parler d'abondance فی‌البداهه سخن گفتن، بدون آمادگی قبلی صحبت کردن

5 abrasif

parler d'abondance de cœur درد دل کردن، هر چه در دل داشتن گفتن

abondant,e /abɔ̃dɑ̃,t/ *adj* ۱. فراوان، زیاد، بسیار ۲. غنی، پربار، پرمایه ۳. پرپشت، انبوه، پر

abonder /abɔ̃de/ *vi* (1) ۱. فراوان بودن، به فراوانی یافت شدن، زیاد بودن ۲. غنی بودن، پربار بودن، پرمایه بودن

abonder dans le sens de qqn با کسی هم‌عقیده بودن، با کسی موافق بودن، حرف کسی را قبول داشتن

abonné,e /abɔne/ *adj, n* ۱. آبونه، مشترک ۲. عضو ۳. مأنوس، خوکرده، انس‌گرفته

être abonné à خو کردن به، عادت کردن به، عادت داشتن به

abonnement /abɔnmɑ̃/ *nm* ۱. آبونمان، اشتراک ۲. حق اشتراک

abonner /abɔne/ *vt* (1) آبونه کردن، مشترک کردن

s'abonner *vp* آبونه شدن، مشترک شدن

abord /abɔʀ/ *nm* ۱. دستیابی ۲. دسترسی ۳. رفتار، برخورد ـ [صورت جمع] ۴. اطراف، پیرامون، حول و حوش، دور و بر ۵. حومه

au premier abord/de prime abord ۱. در اولین برخورد ۲. در نظر اول، در نگاه اول

d'abord/tout d'abord ۱. نخست، اول، ابتدا، پیش از هر چیز ۲. در نظر اول، در نگاه اول

d'un abord facile خوش‌برخورد، خوش‌رو، خوش‌مشرب، گشاده‌رو، خوش‌اخلاق

abordable /abɔʀdabl/ *adj* ۱. قابل دسترسی، دست‌یافتنی ۲. خوش‌رو، خوش‌برخورد ۳. [قیمت] مناسب، معقول

abordage /abɔʀdaʒ/ *nm* ۱. برخورد (دو کشتی)، تصادم ۲. [نبرد دریایی] حمله ۳. پهلو گرفتن ۴. برخورد، روبرو شدن

aborder /abɔʀde/ *vi, vt* (1) ۱. [کشتی] پهلو گرفتن، به ساحل رسیدن ▣ ۲. رسیدن به ۳. برخورد کردن به، برخوردن به ۴. نزدیک شدن به، رفتن (به) طرفِ ۵. سر صحبت را (با کسی) باز کردن ۶. سر (موضوعی) رفتن، پرداختن به

aborder un virage سر پیچ (جاده) رسیدن

aborigène /abɔʀiʒɛn/ *adj, n* بومی

aboucher /abuʃe/ *vt* (1) ۱. سر هم کردن، دو سر (چیزی را) به هم وصل کردن ۲. (با هم) روبرو کردن، رابط بودن میانِ

s'aboucher *vp* ۱. رابطه برقرار کردن ۲. تماس گرفتن ۳. با هم روبرو شدن

abouler /abule/ *vt* (1) [عامیانه] دادن، رد کردن، اِخ کردن

Aboule le fric! پولو رد کن بیاد! پولو اِخ کن!

aboulique /abulik/ *adj, n* [بیمار] بی‌اراده

aboutir /abutiʀ/ *vt, vi* (2) ۱. منتهی شدن، رسیدن ۲. ختم شدن، انجامیدن، منجر شدن ▣ ۳. راه داشتن، دررو داشتن ۴. به نتیجه رسیدن، نتیجه دادن ۵. به جایی رسیدن، موفق شدن ۶. [جوش، دمل، ...] رسیدن

n'aboutir à rien به جایی نرسیدن، به نتیجه نرسیدن، به هیچ انجامیدن

aboutissant /abutisɑ̃/ *nm* نتیجه

les tenants et aboutissants عوامل و عواقب، جزئیات

aboutissement /abutismɑ̃/ *nm* ۱. نتیجه ۲. سرانجام، عاقبت، آخر

aboyer /abwaje/ *vi, vt* (8) ۱. پارس کردن، واق‌واق کردن، عوعو کردن ۲. غرش کردن، غریدن ۳. عربده کشیدن، نعره زدن، داد زدن ▣ ۴. (سر کسی) داد کشیدن ۵. غُر زدن، نق زدن

abracadabrant,e /abʀakadabʀɑ̃,t/ *adj* عجیب و غریب، شگفت‌آور، باورنکردنی

abraser /abʀaze/ *vt* (1) سابیدن، ساباندن

abrasif[1],ive /abʀazif,iv/ *adj* ساینده، سایا

a = bas, plat   e = blé, jouer   ɛ = lait, jouet, merci   i = il, lyre   o = mot, dôme, eau, gauche   ɔ = mort
u = roue   y = rue   ø = peu   œ = peur   ə = le, premier   ɑ̃ = sans, vent   ɛ̃ = matin, plein, lundi
ɔ̃ = bon, ombre   ʃ = chat, tache   ʒ = je, gilet   j = yeux, paille, pied   w = oui, nouer   ɥ = huile, lui

abrasif² /abʀazif/ *nm* مادهٔ ساینده، سنباده

abrégé /abʀeʒe/ *nm* ۱. خلاصه ۲. مختصر

en abrégé ۱. (به طور) خلاصه ۲. به اختصار، مختصر، به اجمال ۳. (به صورت) مخفف

faire un abrégé de خلاصه کردن، خلاصه‌ای (از چیزی) تهیه کردن

abrégement /abʀeʒmɑ̃/ *nm* ۱. تلخیص، خلاصه کردن ۲. اختصار، مختصر کردن ۳. کوتاه کردن ۴. تخفیف، مخفف کردن

abréger /abʀeʒe/ *vt* (3,6) ۱. خلاصه کردن ۲. کوتاه کردن ۳. مختصر کردن ۴. مخفف کردن

abreuver /abʀœve/ *vt* (1) ۱. سیراب کردن، آب دادن به ۲. [مجازی] اشباع کردن، غرق کردن، سیراب کردن

abreuver d'injures به باد دشنام گرفتن، بد و بیراه بار (کسی) کردن، به فحش بستن

s'abreuver *vp* ۱. سیراب شدن، سیر شدن ۲. زیاد نوشیدن، خیلی خوردن

abreuvoir /abʀœvwaʀ/ *nm* آبشخور

abréviatif,ive /abʀevjatif,iv/ *adj* اختصاری

abréviation /abʀevjasjɔ̃/ *nf* ۱. اختصار ۲. علامت اختصاری، مخفف، کوته‌نوشت

abri /abʀi/ *nm* ۱. پناهگاه ۲. سرپناه ۳. پناه ۴. جای امن، جای مطمئن ۵. [مجازی] سپر

à l'abri ۱. در جای امن ۲. محفوظ، مصون

à l'abri de ۱. در پناه، در امانِ ۲. در امان از، مصون از ۳. دور از، به دور از، بَری از

abricot /abʀiko/ *nm, adj. inv* ۱. زردآلو ۲. زرد پرتقالی، زرد نارنجی

abricot sec قیسی، برگهٔ زردآلو

abricotier /abʀikɔtje/ *nm* درخت زردآلو

abrité,e /abʀite/ *adj* [محل] مصون از باد

abriter /abʀite/ *vt* (1) ۱. در پناه خود گرفتن، ۲. پناه دادن ۳. حفظ کردن، محافظت کـردن، در امان نگه‌داشتن ۴. [خانه، هتل، ...] گنجایش داشتن، ظرفیت داشتن، جا داشتن

s'abriter *vp* ۱. پناه گرفتن ۲. پناه بردن، پناه آوردن

۳. خود را در امان نگه داشتن ۴. متوسل شدن، دست به دامن (کسی) شدن

abrogatif,ive /abʀɔgatif,iv/ *adj* فسخ‌کننده، ناسخ، لغوکننده، باطل‌کننده

abrogation /abʀɔgasjɔ̃/ *nf* [قانون، حکم، ...] لغو، الغاء، فسخ، ابطال

abroger /abʀɔʒe/ *vt* (3) [قانون، حکم، ...] لغو کردن، فسخ کردن، باطل کردن، باطل اعلام کردن

abrupt¹,e /abʀypt/ *adj* ۱. دارای شیب تند، با شیب تند ۲. خشن، تند، زننده، زمخت

abrupt² /abʀypt/ *nm* شیب تند، سرازیری تند، سراشیبی تند

abruti,e /abʀyti/ *adj, n* ۱. گیج، منگ ۲. کودن، خرفت، خنگ ۳. احمق، نادان، خر

abrutir /abʀytiʀ/ *vt* (2) ۱. گیج کردن، منگ کردن ۲. خرفت کردن، خنگ کـردن ۳. تـحمیق کردن ۴. از پا انداختن، از پا درآوردن

s'abrutir *vp* ۱. خرفت شدن، خنگ شدن ۲. از پا درآمدن، از پا افتادن، از رمق افتادن

abrutissant,e /abʀytisɑ̃,t/ *adj* ۱. گیج‌کننده ۲. طاقت‌فرسا، سنگین ۳. مایهٔ خنگی، مـوجب خنگی

abrutissement /abʀytismɑ̃/ *nm* ۱. گیجی ۲. خنگی، خرفتی ۳. حماقت، نادانی

abscisse /apsis/ *nf* طول [محور مختصات]

abscons,e /apskɔ̃,s/ *adj* بغرنج، غامض

absence /apsɑ̃s/ *nf* ۱. غیبت، غیاب ۲. فقدان، عدم، نبودن ۳. حواس‌پرتی، گیجی

en l'absence de در غیاب، هنگام نبودن

absent,e /apsɑ̃,t/ *n, adj* ۱. غایب ۲. حواس‌پرت، گیج ۳. فاقد وجود، نیست

absentéisme /apsɑ̃teism/ *nm* غیبت مکرر (و ناموجه)، کارگریزی

absentéiste /apsɑ̃teist/ *n* همیشه‌غایب، ازز‌یرکاردررو، کارگریز

absenter (s') /sapsɑ̃te/ *vp* (1) غیبت کردن، غایب شدن

abside / apsid / *nf* [کلیسا] برآمدگی پشت محراب
absinthe / apsɛ̃t / *nf* [گیاه] افسنتین
absolu,e / apsɔly / *adj* ۱. مطلق ۲. کامل، تمام و کمال ۳. مستبد، دیکتاتور ۴. خودرأی، خودسر ۵. آمرانه، تحکم‌آمیز ۶. بی‌قید و شرط ۷. بی‌چون و چرا، قطعی، مسلم ۸. محض، مطلق
alcool absolu الکل خالص
majorité absolue اکثریت مطلق
valeur absolue [ریاضی] قدر مطلق
absolument / apsɔlymɑ̃ / *adv* ۱. مطلقاً ۲. کاملاً، به کلّی ۳. حتماً، مسلماً، قطعاً ۴. البته ۵. [در جملات منفی] اصلاً، ابداً، به هیچ وجه
Il veut absolument vous voir. حتماً می‌خواهد شما را ببیند. هر طور شده می‌خواهد شما را ببیند.
absolution / apsɔlysjɔ̃ / *nf* ۱. بخشش، عفو ۲. تبرئه، برائت ۳. آمرزش
absolutisme / apsɔlytism / *nm* ۱. استبداد، خودکامگی، دیکتاتوری ۲. حکومت استبدادی، حکومت مطلقه ۳. مطلق‌گرایی
absolutiste / apsɔlytist / *n, adj* ۱. استبدادگرا، طرفدار استبداد ۲. مستبد، خودکامه ۳. مطلق‌گرا ۴. استبدادگرایانه ۵. مستبدانه
absorbant,e / apsɔrbɑ̃,t / *adj* ۱. جذب‌کننده، جاذب ۲. نم‌گیر، جذب‌کنندۀ رطوبت ۳. مشغول‌کننده، سرگرم‌کننده ۴. گیرا، جذاب
absorber / apsɔrbe / *vt* (1) ۱. جذب کردن، به خود کشیدن ۲. خوردن ۳. تمام کردن ۴. از بین بردن ۵. [دارو] مصرف کردن ۶. فکر (کسی را به خود) مشغول کردن ۷. ادغام کردن
s'absorber *vp* ۱. جذب شدن ۲. [فکر، رؤیا، ...] فرو رفتن، غرق شدن
absorption / apsɔrpsjɔ̃ / *nf* ۱. جذب ۲. [دارو] مصرف ۳. خوردن ۴. استنشاق ۵. ادغام ۶. جذبه، شیفتگی

absoudre / apsudʀ / *vt* (51) ۱. بخشیدن، عفو کردن ۲. تبرئه کردن ۳. آمرزیدن
abstenir (s') / sapstənir / *vp* (22) ۱. خودداری کردن، امتناع کردن، اجتناب کردن ۲. صرف‌نظر کردن، چشم پوشیدن ۳. [غذا] پرهیز کردن، نخوردن ۴. در رأی‌گیری شرکت نکردن، رأی ندادن
Dans le doute, abstiens-toi! روزهٔ شک‌دار نگیر! نماز شک‌دار نخوان!
abstention / apstɑ̃sjɔ̃ / *nf* ۱. خودداری، امتناع، اجتناب، دوری ۲. پرهیز (غذایی) ۳. چشم‌پوشی، صرف‌نظر ۴. شرکت نکردن در رأی‌گیری، ندادنِ رأی ۵. رأی ممتنع
abstentionnism / apstɑ̃sjɔnism / *nf* امتناع از رأی دادن، شرکت نکردن در رأی‌گیری
abstinence / apstinɑ̃s / *nf* ۱. امساک، پرهیز ۲. کفّ نفس، خویشتنداری ۳. پارسایی، پرهیزکاری، تقوا، زهد
abstinent,e / apstinɑ̃,t / *adj* ۱. پرهیزکار، پارسا، باتقوا، زاهد ۲. کم‌غذا، کم‌خوراک
abstraction / apstʀaksjɔ̃ / *nf* ۱. انتزاع، تجرید ۲. امر انتزاعی، (چیز) مجرد ۳. جداسازی ۴. هنر آبستره، هنر انتزاعی
abstraction faite de صرف‌نظر از، بدون توجه به، بدون در نظر گرفتن
faire abstraction de ۱. صرف‌نظر کردن از، چشم پوشیدن از ۲. کنار گذاشتن، رها کردن، ول کردن ۳. نادیده گرفتن، توجه نکردن به
abstraire / apstʀeʀ / *vt* (50) ۱. انتزاع کردن ۲. (از هم) جدا کردن، مجزا کردن
s'abstraire *vp* ۱. خود را (از دیگران) جدا کردن، جدا شدن ۲. خلوت گزیدن، منزوی شدن
abstrait[1],e / apstʀɛ,t / *adj* ۱. مجرد، انتزاعی ۲. پیچیده، مبهم، گنگ، غامض ۳. [هنر] نظری ۴. آبستره، انتزاعی

---

a = bas, plat	e = blé, jouer	ɛ = lait, jouet, merci	i = il, lyre	o = mot, dôme, eau, gauche	ɔ = mort
u = roue	y = rue	ø = peu	œ = peur	ə = le, premier	ɑ̃ = sans, vent	ɛ̃ = matin, plein, lundi
ɔ̃ = bon, ombre	ʃ = chat, tache	ʒ = je, gilet	j = yeux, paille, pied	w = oui, nouer	ɥ = huile, lui

abstrait 8

nom abstrait [دستور زبان] اسم معنی
abstrait[2] / apstʀɛ / *nm* ۱. امر انتزاعی، (چیز) مجرد ۲. انتزاع، تجرید ۳. هنر آبستره، هنر انتزاعی ۴. نقاشی آبستره، تابلوی آبستره
abstraitement / apstʀɛtmɑ̃ / *adv* ۱. (به طور) مجرد ۲. مبهم، پیچیده، گنگ
absurde / apsyʀd / *adj, nm* ۱. بی‌معنی، نامعقول، غیرمنطقی، پوچ ۲. احمقانه، ابلهانه، مزخرف، چرند ۳. مسخره، مضحک، خنده‌دار ۴. [فلسفه] باطل، محال ◙ ۵. پوچی
raisonnement par l'absurde استدلال از راهِ برهان خلف
absurdité / apsyʀdite / *nf* ۱. بی‌معنایی، نامعقولی، پوچی ۲. کار ابلهانه، حماقت، دیوانگی ۳. پرت و پلا، چرت و پرت، چرند
abus / aby / *nm* ۱. زیاده‌روی، افراط ۲. مصرف بیش از حد، استعمال بی‌رویه ۳. استفادهٔ نادرست، کاربرد غلط ۴. سنت غلط، رویهٔ بد
abuser / abyze / *vt* (1) ۱. زیاده‌روی کردن، افراط کردن ۲. استفادهٔ نادرست کردن ۳. زیاد کار کشیدن ۴. فریب دادن، گول زدن، سر (کسی را) کلاه گذاشتن ۵. [زن، دختر] اغفال کردن، فریب دادن، تجاوز کردن به
abuser des médicamens بیش از اندازه دارو مصرف کردن، در مصرف دارو افراط کردن
s'abuser *vp* اشتباه کردن، اشتباه فکر کردن
Si je ne m'abuse اگر اشتباه نکنم
abusif,ive / abyzif,iv / *adj* ۱. نادرست، غلط ۲. نابجا، نامناسب، بد ۳. مفرط، بیش از حد، بیش از اندازه
abusivement / abyzivmɑ̃ / *adv* ۱. (به شیوه‌ای) نادرست، غلط ۲. نابجا
abysse / abis / *nm* ۱. [جغرافی] مغاک (= منطقه‌ای در ژرف‌ترین قسمت اقیانوس که نور خورشید به آنجا نمی‌رسد.) ۲. [مجازی] اعماق
acabit / akabi / *nm,* **de cet acabit** از این جور، از این تیپ، از این قماش
du même acabit ۱. مثل هم، یک‌جور، همانند ۲. از یک قماش، سر و ته یک کرباس
acacia / akasja / *nm* (درخت) اقاقیا، اکاسیا
académicien,enne / akademisjɛ̃,ɛn / *n* ۱. عضو فرهنگستان، عضو آکادمی ۲. عضو آکادمی فرانسه ۳. پیرو افلاطون، افلاطونی
académie[1] / akademi / *nf* ۱. فرهنگستان، آکادمی ۲. هنرکده، مدرسه، مدرسهٔ عالی، کلاس
Académie[2] / akademi / *nf* ۱. فرهنگستان فرانسه، آکادمی فرانسه ۲. مدرسهٔ افلاطون، آکادمی
académique / akademik / *adj* ۱. (مربوط به) فرهنگستان، آکادمی ۲. تحصیلی ۳. خشک، تصنعی، قراردادی ۴. افلاطونی
acajou / akaʒu / *nm* (درخت) بلادر، آکاژو
acanthe / akɑ̃t / *nf* [گیاه] پای خرس
acariâtre / akaʀjatʀ / *adj* بداخلاق، بدخلق، کج‌خلق، عُنُق، عبوس
accablant,e / akablɑ̃,t / *adj* ۱. کمرشکن، طاقت‌فرسا، شاق ۲. ناگوار، جانکاه، مصیبت‌بار ۳. [شواهد، دلیل، ...] محکوم‌کننده، محکم ۴. شدید، تند
accablement / akabləmɑ̃ / *nm* ۱. کوفتگی، خستگی، فرسودگی ۲. درماندگی ۳. افسردگی، اندوه، تأثر
accabler / akable / *vt* (1) ۱. از پا درآوردن، خرد کردن ۲. سرشار کردن، اشباع کردن، سیراب کردن ۳. ذله کردن، به ستوه آوردن، عاصی کردن
accabler d'injures بد و بیراه بار (کسی) کردن، به باد دشنام گرفتن، به فحش بستن
accalmie / akalmi / *nf* ۱. آرامش دریا ۲. [مجازی] آرامش پس از توفان ۳. وقفه، درنگ، مکث
accaparement / akapaʀmɑ̃ / *nm* ۱. احتکار ۲. انحصار ۳. اختصاص، تخصیص
accaparer / akapaʀe / *vt* (1) ۱. احتکار کردن ۲. انحصاری کردن، به انحصار درآوردن ۳. به خود اختصاص دادن، منحصر به خود کردن، قبضه کردن ۴. همهٔ وقت (کسی را) گرفتن

accessoire

accaparé par le travail	غرق (در) کار
accapareur,euse / akaparœr,øz / *adj, n*	۱. محتکر ۲. انحصارطلب، انحصارگر
accéder / aksede / *vt* (6)	۱. رسیدن، راه یافتن ۲. به دست آوردن، دست یافتن، کسب کردن ۳. منتهی شدن ۴. پذیرفتن، قبول کردن ۵. موافقت کردن، رضایت دادن ۶. برآورده کردن، برآوردن، اجابت کردن
accéder au pouvoir	به قدرت رسیدن، (بر) سر کار آمدن
accélérateur / akseleratœr / *nm*	۱. شتابگر، شتاب‌دهنده ۲. (پدال) گاز
appuyer sur l'accélérateur	گاز دادن
accélération / akselerasjɔ̃ / *nf*	۱.شتاب‌دهی، تسریع ۲. شتاب ۳. [نبض] تند زدن
accélérer / akselere / *vt, vi* (6)	۱. سرعت دادن، تسریع کردن، شتاب (بیشتری) دادن ۲. سرعت خود را بیشتر کردن، سرعت گرفتن ۳. گاز دادن
accélérer le pas	تندتر قدم برداشتن، سریع‌تر گام برداشتن، تندتر (راه) رفتن
accent / aksɑ̃ / *nm*	۱. تکیه ۲. تأکید ۳. لحن ۴. آهنگ ۵. تُن ۶. لهجه ۷. [در خط فرانسه] (علامت ـ) آکسان ۸. صدا
mettre l'accent sur	تأکید کردن بر، مورد تأکید قرار دادن، تکیه کردن بر
accentuation / aksɑ̃tɥasjɔ̃ / *nf*	۱. تکیه، تکیه کردن ۲. تأکید ۳. تشدید، افزایش ۴. وضوح ۵. [در خط فرانسه] آکسان‌گذاری
accentuer / aksɑ̃tɥe / *vt* (1)	۱. با تکیه ادا کردن، (روی صدا یا هجایی) تکیه کردن ۲. تأکید کردن، مورد تأکید قرار دادن ۳. تشدید کردن، شدت دادن، افزایش دادن ۴. مشخص‌تر کردن، برجسته کردن ۵. [در خط فرانسه] (علامتِ ـ) آکسان گذاشتن روی
s'accentuer *vp*	۱. افزایش یافتن، زیادتر شدن ۲. بیشتر شدن، شدت گرفتن، بالا گرفتن ۲. [صدا] بلند شدن، بلندتر شدن
acceptable / akseptabl / *adj*	۱. قابل قبول، پذیرفتنی ۲. مورد قبول، پذیرفته ۳. مناسب، رضایت‌بخش
acceptation / akseptasjɔ̃ / *nf*	۱. پذیرش، قبول ۲. موافقت، رضایت ۳. تسلیم، تن دادن
accepter / aksepte / *vt* (1)	۱. قبول کردن، پذیرفتن ۲. موافقت کردن، رضایت دادن، راضی شدن ۳. باور کردن ۴.قبول داشتن، موافق بودن با ۵. تن دادن به، گردن نهادن به، زیر بار (چیزی) رفتن ۶. به حضور پذیرفتن ۷. در جمع خود پذیرفتن
acception / aksepsjɔ̃ / *nf*	مفهوم (خاص)، معنی
sans acception de	بدون توجه به، بدون ملاحظهٔ، بدون در نظر گرفتن
accès / aksɛ / *nm*	۱. ورود، دخول ۲. ورودی، مدخل، راه ۳. دسترسی ۴. دستیابی، نیل، حصول ۵. [بیماری] بحران، شدت، حمله ۶. [احساس] غلیان
donner accès	۱. راه داشتن، خوردن، باز شدن (به) ۲. پای (کسی را به جایی) باز کردن، بردن ۳. امکان رسیدن (به پست یا مقامی را) فراهم کردن، رساندن
accessibilité / aksesibilite / *nf*	۱. قابلیت دسترسی ۲. قابلیت تصدی
accessible / aksesibl / *adj*	۱. قابل دسترسی، (در) دسترس ۲. حسّاس، تأثیرپذیر، مستعد ۳. خوش‌برخورد، خوش‌رو ۴. قابل فهم، آسان ۵. مناسب، خوب
accession / aksesjɔ̃ / *nf*	۱. جلوس ۲. دستیابی، نیل، کسب ۳. [عهدنامه، پیمان، ...] الحاق، عضویت ۴. [حقوقی] الحاق (یک ملک به ملک دیگر)، انضمام، مالکیت تبعی
accessoire / akseswar / *adj, nm*	۱. فرعی، جنبی، جانبی ۲. الحاقی ۳. متفرقه، جزیی ۴.

---

a = bas, plat   e = blé, jouer   ɛ = lait, jouet, merci   i = il, lyre   o = mot, dôme, eau, gauche   ɔ = mort
u = roue   y = rue   ø = peu   œ = peur   ə = le, premier   ɑ̃ = sans, vent   ɛ̃ = matin, plein, lundi
ɔ̃ = bon, ombre   ʃ = chat, tache   ʒ = je, gilet   j = yeux, paille, pied   w = oui, nouer   ɥ = huile, lui

accessoirement

accessoirement / akseswaʀmɑ̃ / adv
به طور جانبی، به طور ضمنی، در درجهٔ دوم

accessoiriste / akseswaʀist / n
فروشندهٔ لوازم اضافی اتومبیل

accident / aksidɑ̃ / nm
۱. تصادف ۲. حادثه، سانحه ۳. اتـفاق، پـیشامد، واقـعه، رویـداد ۴. ناهمواری، پستی و بلندی ۵. چاله، دست‌انداز ۶. [پزشکی] عارضه ۷. [فلسفه] عَرَض
par accident
اتفاقی، تصادفی، تصادفاً

accidenté,e / aksidɑ̃te / adj
۱. سانحه‌دیده ۲. ناهموار ۳. تصادف‌کرده، تصادفی ۴. کوهستانی ۵. پرماجرا، پرحادثه

accidentel,elle / aksidɑ̃tɛl / adj
۱. اتفاقی، تصادفی ۲. غیرمترقبه، غیرمنتظره، پیش‌بینی‌نشده، ناگهانی ۳. بر اثر سانحه ۴. [فلسفه] عَرَضی

accidentellement / aksidɑ̃tɛlmɑ̃ / adv
۱. (به طور) تصادفی، اتفاقی ۲. بر اثر سانحه

acclamation / aklamasjɔ̃ / nf
۱. تشویق، تحسین، ابراز احساسات ۲. هورا، هلهله

acclamer / aklame / vt (1)
تشویق کردن، تحسین کردن، دست زدن برای، ابراز احساسات کردن برای، هورا کشیدن برای

acclimatation / aklimatasjɔ̃ / nf
[جانوران، گیاهان] سازگاری، انطباق، خوگیری
jardin d'acclimatation
لوناپارک

acclimatement / aklimatmɑ̃ / nm
سازش، انس، خوگیری، انطباق

acclimater / aklimate / vt (1)
۱. [جانوران، گیاهان] (به محیط) عادت دادن، سازگار کردن، وفق دادن ۲. [رسم، طرز فکر، ...] مـعمول کردن، رواج دادن، جا انداختن
s'acclimater vp
(به محیط تازه) عادت کردن، انس گرفتن، خو گرفتن، خو کردن، سازگار شدن

accointances / akwɛ̃tɑ̃s / nf, pl, *avoir des accointances*
۱. رفت و آمـد داشتـن،

معاشرت کردن ۲. (در جایی) دوست و آشنا داشتن
۱. (نشانهٔ) آکولاد، ابرو **accolade** / akɔlad / nf
۲. معانقه، دست دور گردن انداختن

accolé,e / akɔle / adj
۱. چسبیده، بغل، پهلو، کنار ۲. چسبیده به هم، بغل هم، کنار هم

accoler / akɔle / vt (1)
۱. دست دور گردن (کسی) انداختن ۲. بـه هـم چسـباندن، کـنار هـم گذاشتن ۳. با آکولاد به هم ربط دادن

accomodant,e / akɔmɔdɑ̃,t / adj
۱. بساز، سازگار، مصالحه‌جو، رام ۲. خوش‌رو، خـونگرم، خوش‌برخورد

accommodation / akɔmɔdasjɔ̃ / nf
۱. سازش، سازگاری، انطباق ۲. [غذا] تـهیه ۳. [زیست‌شناسی، روان‌شناسی، فیزیولوژی] انطباق

accommodement / akɔmɔdmɑ̃ / nm
۱. آشتی، مصالحه ۲. سازش، کنار آمدن، توافق

accommoder / akɔmɔde / vt (1)
۱. وفق دادن، منطبق کردن، سازگار کردن ۲. [غذا] درست کردن، آماده کردن ۳. جا دادن
s'accommoder vp
۱. خو گرفتن، انس گرفتن، عادت کردن ۲. منطبق شدن، سازگار شدن ۳. خود را وفق دادن، خود را عادت دادن ۴. بسنده کردن، اکتفا کردن ۵. سر کردن، ساختن

accompagnateur,trice / akɔ̃paɲatœʀ,tʀis / n
۱. همراه ۲. ملازم

accompagnement / akɔ̃paɲmɑ̃ / nm
۱. همراهی ۲. مشایعت، بدرقه ۳. همراه، همراهان ۴. ملازم ۵. [عملیات نظامی] پشتیبانی ۶. [موسیقی] همراهی

accompagner / akɔ̃paɲe / vt (1)
۱. (کسی را) همراهی کردن، هـمراه (کسی) رفتـن، رفتن با ۲. همراه کردن با ۳. مشایعت کردن، بدرقه کردن ۴. همراه بودن (با)، آمدن بـا ۵. [مـوسیقی] همراهی کردن
s'accompagner vp
۱. همراه بودن با ۲. در پی داشتن، به دنبال داشتن، به بار آوردن، موجب شدن، باعث شدن

accompli,e / akɔ̃pli / *adj* ۱. انجام‌شده
۲. پایان‌یافته، تمام‌شده، خاتمه‌یافته ۳. منقضی،
سپری‌شده، تمام ۴. کامل ۵. به‌تمام‌معنی،
تمام‌عیار، تمام و کمال

le fait accompli عمل انجام شده

accomplir / akɔ̃pliR / *vt (2)* ۱. انجام دادن،
به انجام رساندن ۲. تمام کردن، به اتمام رساندن ۳.
اجرا کردن، به اجرا درآوردن ۴. [قول، عهد، ...]
عمل کردن به، وفا کردن به ۵. تحقق بخشیدن ۶.
برآوردن، برآورده کردن، رساندن به

s'accomplir *vp* ۱. انجام شدن، به انجام رسیدن
۲. تمام شدن، پایان یافتن، خاتمه یافتن ۳. اجرا شدن، به
اجرا درآمدن ۴. تحقق یافتن ۵. برآورده شدن، اجابت
شدن

accomplissement / akɔ̃plismɑ̃ / *nm*
۱. انجام ۲. اتمام ۳. تحقق ۴. برآورده شدن

accord / akɔR / *nm* ۱. توافق، موافقت
۲. رضایت ۳. تفاهم، سازش، سازگاری ۴.
هماهنگی، تناسب، همخوانی ۵. توافق‌نامه،
عهدنامه، پیمان، قرارداد ۶. [دستور زبان] مطابقت ۷.
[موسیقی] آکورد ۸. [ساز] (عمل) کوک کردن

d'accord باشه، قبول، قبوله، خُب

être d'accord ۱. موافق بودن، توافق داشتن
۲. تفاهم داشتن، سازش داشتن ۳. هم‌عقیده بودن ۴.
هماهنگ بودن، تناسب داشتن، به هم آمدن

accordéon / akɔRdeɔ̃ / *nm* آکاردئون

accordéoniste / akɔRdeɔnist / *n* نوازندۀ
آکاردئون، آکاردئون‌زن

accorder / akɔRde / *vt (2)* ۱. موافقت کردن،
توافق کردن ۲. راضی شدن، رضایت دادن ۳. اعطا
کردن، دادن ۴. اذعان داشتن، اقرار کردن ۵. قائل
بودن، دادن ۶. تطبیق دادن، مطابقت دادن ۷.
هماهنگ کردن، جور کردن ۸. برآورده کردن،
برآوردن ۹. حل و فصل کردن، فیصله دادن ۱۰.
[ساز] کوک کردن

Il lui a accordé la main de sa fille.
با ازدواج او و دخترش موافقت کرد.

s'accorder *vp* ۱. (با هم) توافق کردن، به توافق
رسیدن ۲. هماهنگ بودن، با هم جور بودن ۳. برای خود
در نظر گرفتن، برای خود قائل شدن ۴. [دستور زبان]
مطابقت کردن

Ils s'accordent bien. آنها با هم سازش دارند.
آنها با هم جورند.

accordeur / akɔRdœR / *nm* متخصص کوک
کردنِ ساز

accorte / akɔRt / *adj. f* [ادبی] ملیح، خوش‌رو

accostage / akɔstaʒ / *nm* [کشتی] پهلو گرفتن،
به ساحل رسیدن

accotement / akɔtmɑ̃ / *nm* (جاده) شانۀ خاکی

accoster / akɔste / *vt (1)* ۱. به طرف (کسی)
رفتن، (به کسی) نزدیک شدن، رفتن پیشِ ۲.
[کشتی] پهلو گرفتن، (به ساحل، بندر، ...) رسیدن

accoter / akɔte / *vt (1)* (به پهلو) تکیه دادن،
به پهلو قرار دادن، یک‌وری گذاشتن

s'accoter *vp* ۱. (به پهلو) تکیه دادن، به پهلو افتادن ۲.
تکیه کردن ۲. لم دادن، لمیدن

accotoir / akɔtwaR / *nm* ۱. [صندلی، مبل] دسته
۲. جاسری، زیرسری

accouchée / akuʃe / *nf* زائو

accouchement / akuʃmɑ̃ / *nm* زایمان،
وضع حمل

accoucher / akuʃe / *vi, vt (1)* ۱. زاییدن،
وضع حمل کردن ۲. [عامیانه] به حرف آمدن، لب
باز کردن ▢ ۳. زاییدن، به دنیا آوردن ۴. بچۀ (کسی
را) به دنیا آوردن

Accouche! [عامیانه] حرفتو بزن! جون بکن!

accoucheur, euse / akuʃœR, øz / *n* ماما،
پزشک متخصص زایمان

accouder (s') / sakude / *vp (1)* ۱. به آرنج
(خود) تکیه دادن، آرنج خود را (به جایی) تکیه دادن

accoudoir / akudwaʀ / *nm* ۱. تکیه‌گاه آرنج ۲. [صندلی، مبل] دسته

accouer / sakwe / *vt* (1) [اسب، الاغ، ...] به دُم هم بستن

accouplement / akupləmɑ̃ / *nm* ۱. [فنی] اتصال ۲. جفت‌گیری ۳. همخوابگی

accoupler / akuple / *vt* (11) ۱. به هم وصل کردن، متصل کردن، به هم بستن ۲. کنار هم قرار دادن، بغل هم گذاشتن ۳. [حیوانات] با هم جفت کردن

s'accoupler *vp* ۱. [حیوانات] (با هم) جفت‌گیری کردن ۲. [عامیانه] بغل هم خوابیدن، رو هم رفتن

accourir / akuʀiʀ / *vi* (11) با عجله آمدن، دوان‌دوان آمدن، به دو آمدن، دویدن، پریدن

accoutrement / akutʀəmɑ̃ / *nm* لباسِ عجیب، لباس مضحک، لباس مسخره

accoutrer (s') / sakutʀe / *vp* (1) (لباس عجیب) پوشیدن، لباس عجیبی (به) تن کردن، به طرز مسخره‌ای لباس پوشیدن

accoutumance / akutymɑ̃s / *nf* ۱. عادت، خوگیری، انس ۲. اعتیاد

accoutumé,e[1] / akutyme / *adj* همیشگی، معمول، عادی

accoutumée[2] **(à l')** / alakutyme / *loc. adv,*

comme à l'accoutumée طبق معمول، طبق روال معمول، مثل همیشه

accoutumer / akutyme / *vt* (1) عادت دادن، خو دادن، مأنوس کردن، انس دادن

être accoutumé à عادت کردن به، عادت داشتن به، خو گرفتن به

s'accoutumer *vp* عادت کردن، خو گرفتن، انس گرفتن، مأنوس شدن

accrédité,e / akʀedite / *adj* ۱. معتبر ۲. [دیپلماسی] دارای اختیار، رسمی ۳. منصوب

accréditer / akʀedite / *vt* (1) ۱. اعتبار دادن به، معتبر کردن ۲. معتبر دانستن ۳. اختیار دادن به ۴. به رسمیت شناختن ۵. معتقد بودن به، باور داشتن ۶. (بر) سر زبان‌ها انداختن، شایع کردن، رواج دادن

s'accréditer *vp* (بر) سر زبان‌ها افتادن، شایع شدن، رواج پیدا کردن

accroc / akʀo / *nm* ۱. پارگی ۲. اِشکال، مشکل، مسئله، گرفتاری ۳. حادثه، اتفاق، پیشامد ۴. خدشه، لطمه ۵. نقض

faire un accroc à پاره کردن، جر دادن

accrochage / akʀɔʃaʒ / *nm* ۱. (عمل) آویزان کردن ۲. اتصال ۳. تصادف جزیی، برخورد (مختصر) ۴. درگیری ۵. دعوا، مشاجره، نزاع

accroche / akʀɔʃ / *nf* [تبلیغات] طرح چشمگیر، عبارت جالب

accroche-cœur / akʀɔʃkœʀ / *nm* طُره

accrocher / akʀɔʃe / *vt* (1) ۱. آویزان کردن، آویختن ۲. (به میخ یا قلاب) زدن ۳. (به شیء نوک‌تیز) گرفتن، گیر کردن ۴. به هم وصل کردن، متصل کردن ۵. برخورد کردن به، خوردن به ۶. برخوردن به، روبرو شدن با ۷. درگیر شدن با ۸. به چنگ آوردن، گیر آوردن ۹. (توجه کسی را) جلب کردن

s'accrocher *vp* ۱. آویزان شدن، آویختن ۲. محکم گرفتن، چسبیدن ۳. جدیت به خرج دادن، با جدیت کار کردن ۴. گلاویز شدن، دست به یقه شدن

Tu peux te l'accrocher! [خودمانی] به همین خیال باش! شتر در خواب بیند پنبه‌دانه! خواب دیدی خیر باشه!

accrocheur,euse / akʀɔʃœʀ,øz / *adj, n* ۱. سرسخت، پیگیر ۲. سمج، کَنه ۳. جالب، چشمگیر، گیرا ▣ ۴. آدم سرسخت ۵. آدم سمج

accroire / akʀwaʀ / *vt,* **en faire accroire** گول زدن، فریب دادن، فریفتن، گمراه کردن، اغفال کردن

faire accroire قبولاندن

accroissement / akʀwasmɑ̃ / *nm* ۱. افزایش، ازدیاد، رشد ۲. تشدید ۳. نمو

accroître / akʀwatʀ / *vt, vi* (55) ۱. افزودن، افزایش دادن، بیشتر کردن، بالا بردن ۲. تشدید

acétylène

کردن، شدت بخشیدن ◼ ۳. افزایش یافتن، بیشتر شدن، زیادتر شدن
s'accroître *vp* ۱. افزایش یافتن، بیشتر شدن، زیاد شدن ۲. شدت یافتن، شدت گرفتن، تشدید شدن، بالا گرفتن
accroupir (s') / sakʀupiʀ / *vp* (2) ۱. چمباتمه زدن، چنبرک زدن ۲. دوزانو نشستن
accroupissement / akʀupismɑ̃ / *nm* چمباتمه، چنبرک
accru,e / akʀy / *part. passé* [اسم مفعول فعل] [accroître]
accu / aky / *nm* → accumulateur
accueil / akœj / *nm* ۱. استقبال ۲. برخورد، رفتار ۳. پذیرایی
faire bon accueil à qqn از کسی به خوبی استقبال کردن، کسی را با آغوش باز پذیرفتن
accueillant,e / akœjɑ̃,t / *adj* ۱. مهمان‌نواز ۲. خوش‌برخورد، خوش‌مشرب، خوش‌رو ۳. صمیمانه، محبت‌آمیز، گرم ۴. [هتل، رستوران، ...] (دارای سرویس) خوب
accueillir / akœjiʀ / *vt* (12) ۱. استقبال کردن، پذیرا شدن ۲. پذیرایی کردن ۳. پذیرفتن ۴. [مستخدم، خدمتکار] استخدام کردن، به خدمت گرفتن، آوردن
acculer / akyle / *vt* (1) ۱. گیر انداختن، راه را (بر کسی) بستن ۲. (به کنجی) راندن ۳. وادار کردن، واداشتن، مجبور کردن ۴. کشاندن، سوق دادن
accumulateur / akymylatœʀ / *nm* ۱. انباره، باتری انبارشی ۲. انباشتگر ۳. باتری (ماشین)
accumulation / akymylasjɔ̃ / *nf* ۱. تجمع، تراکم، انباشت ۲. جمع‌آوری، گردآوری ۳. توده، انبوه، تل، کپه، پشته
accumuler / akymyle / *vt* (1) ۱. جمع کردن، گرد آوردن ۲. توده کردن، روی هم انباشتن، کپه کردن، تلمبار کردن ۳. [پول، ثروت] اندوختن، روی هم گذاشتن

accusateur,trice / akyzatœʀ,tʀis / *adj, n* ۱. متهم‌کننده ۲. مدعی، شاکی، خواهان ◼ ۳. (حاکی از) اتهام ۴. ملامت‌بار، سرزنش‌بار
accusatif / akyzatif / *nm* [زبان‌شناسی] حالت رایی، حالت مفعول بی‌واسطه
accusation / akyzasjɔ̃ / *nf* ۱. اتهام ۲. تهمت، افترا، بهتان ۳. سرزنش، ملامت ۴. دادستانی ۵. برجستگی
accusé¹,e / akyze / *n, adj* ۱. متهم ◼ ۲. بارز، برجسته ۳. آشکار، پیدا، مشخص
accusé² / akyze / *nm*, **accusé de réception** اعلام وصول، رسید، جواب
accuser / akyze / *vt* (1) ۱. متهم کردن ۲. تهمت زدن به، افترا زدن به ۳. نسبت دادن به، گردنِ (کسی) انداختن ۴. مقصر دانستن ۵. سرزنش کردن، ملامت کردن ۶. آشکار کردن، نشان دادن ۷. حاکی بودن از، بیانگر (چیزی) بودن ۸. برجسته کردن، مشخص کردن
accuser réception de دریافت (چیزی را) اعلام کردن، رسید (چیزی را) اعلام کردن، خبر رسیدن (چیزی) را دادن
s'accuser *vp* ۱. اعتراف کردن ۲. اقرار کردن، مُقر آمدن ۳. خود را مقصر دانستن ۴. آشکار شدن، پیدا شدن ۵. برجسته شدن، مشخص شدن
acerbe / asɛʀb / *adj* ۱. [طعم] تند ۲. خشن، تند ۳. زننده، گزنده، نیش‌دار
acéré,e / aseʀe / *adj* ۱. تیز ۲. دارای روکش فولاد ۳. تند، خشن ۴. تند، گزنده، نیش‌دار، زننده
acétate / asetat / *nm* [شیمی] اَستات
acétique / asetik / *adj* سرکه‌ای، (مربوط به) سرکه، اَستیک
acide acétique جوهر سرکه، اسید استیک
acétomètre / asetɔmɛtʀ / *nm* → acétimètre
acétone / aseton / *nf* اَستون
acétylène / asetilɛn / *nf* اَستیلن

a = bas, plat	e = blé, jouer	ɛ = lait, jouet, merci	i = il, lyre	o = mot, dôme, eau, gauche	ɔ = mort
u = roue	y = rue	ø = peu	œ = peur	ə = le, premier	ɑ̃ = sans, vent	ɛ̃ = matin, plein, lundi
ɔ̃ = bon, ombre	ʃ = chat, tache	3 = je, gilet	j = yeux, paille, pied	w = oui, nouer	ɥ = huile, lui

achalandé 14

achalandé,e /aʃalɑ̃de/ *adj* ۱. شلوغ ۲. پررفت و آمد ۳. [قدیمی] پرمشتری
magasin bien achalandé مغازهٔ پُرکالا

achalander /aʃalɑ̃de/ *vt* (1) ۱. جلب مشتری کردن، مشتری پیدا کردن ۲. جنس تهیه کردن، جنس فراهم کردن

acharné,e /aʃaʀne/ *adj* ۱. سرسخت ۲. سمج ۳. ستیزه‌جو ۴. غضبناک، خشمگین ۵. خصمانه ۶. شدید، سهمگین، سخت
joueur acharné قمارباز قهار

acharnement /aʃaʀnəmɑ̃/ *nm* ۱. سرسختی ۲. سماجت ۳. ستیزه‌جویی، عناد ۴. غضب، غیظ، خشم ۵. شدت، حدت

acharner (s') /saʃaʀne/ *vp* (1) ۱. با سرسختی دنبال کردن، دنبال (کاری را) گرفتن ۲. مصمم بودن، جدیت به خرج دادن، پشتکار نشان دادن ۳. سماجت کردن ۴. با خشونت رفتار کردن ۵. با سرسختی جنگیدن، سخت مبارزه کردن ۶. هجوم آوردن

achat /aʃa/ *nm* خرید، ابتیاع

acheminement /aʃminmɑ̃/ *nm* ۱. پیشروی ۲. ارسال ۳. حمل

acheminer /aʃmine/ *vt* (1) ۱. رساندن، به مقصد رساندن ۲. روانه کردن، گسیل داشتن، فرستادن ۳. بردن ۴. پیش بردن ۵. رهنمون ساختن، هدایت کردن ۶. کشاندن، سوق دادن
s'acheminer *vp* ۱. (به) پیش رفتن، جلو رفتن ۲. (به طرف جایی یا چیزی) رفتن

acheter /aʃte/ *vt* (5) ۱. خریدن ۲. (کسی را) خریدن، تطمیع کردن

acheteur,euse /aʃtœʀ,øz/ *n* ۱. خریدار، مشتری ۲. مأمور خرید، کارپرداز

achevé,e /aʃve/ *adj* کامل، تمام‌عیار

achèvement /aʃɛvmɑ̃/ *nm* ۱. اتمام ۲. تکمیل ۳. خاتمه، پایان، انتها، آخر

achever /aʃve/ *vt* (5) ۱. تمام کردن، به پایان رساندن ۲. خاتمه دادن به، ختم کردن ۳. تیر خلاص زدن به، راحت کردن ۶. کار (کسی را) ساختن، از پا درآوردن ۷. منجر شدن، انجامیدن
Laissez-le achever! بگذارید حرفش را تمام کند.

achillée /akile/ *nf* [گیاه] بومادران

achoppement /aʃɔpmɑ̃/ *nm*, **pierre d'achoppement** سد (راه)، مانع

acide /asid/ *adj, nm* ۱. ترش ۲. اسیدی ۳. تند، زننده، گزنده ◘ ۴. اسید ۵. اِل اِس دی

acidification /asidifikasjɔ̃/ *nf* تبدیل به اسید، اسید کردن

acidifier /asidifje/ *vt* (7) ۱. به اسید تبدیل کردن، اسید کردن ۲. ترشاندن، ترش کردن
s'acidifier *vp* ۱. اسید شدن، به اسید تبدیل شدن ۲. ترشیدن، ترش شدن

acidité /asidite/ *nf* ۱. ترشی ۲. خاصیت اسیدی ۳. درجهٔ اسیدی ۴. زیادی اسید معده ۵. تندی، زنندگی، گزندگی

acidulé,e /asidyle/ *adj* یک‌خرده ترش، لب‌ترش، کمی ترش، ترش

acier /asje/ *nm* ۱. فولاد ۲. سلاح فولادین، شمشیر فولادی، خنجر فولاد
d'acier فولادی، فولادین، پولادین، از فولاد

aciérie /asjeʀi/ *nf* کارخانهٔ فولادسازی، کارگاه فولادسازی

acné /akne/ *nf* (جوش) غرور جوانی، آکنه

acolyte /akɔlit/ *nm* نوچه، وردست

acompte /akɔ̃t/ *nm* ۱. قسط ۲. بیعانه، پیش‌پرداخت

aconit /akɔnit/ *nm* [گیاه] اقونیتون

acoquiner (s') /sakɔkine/ *vp* (1) (با آدم‌های ناجور) قاطی شدن، جور شدن، جوش خوردن، رفیق شدن

à-côté /akote/ *nm* ۱. نکتهٔ فرعی، فرع ۲. درآمد جانبی، درآمد متفرقه

à-coup /aku/ *nm* ۱. [موتور اتومبیل] ریپ زدن، ریپ ۲. تکان، پرش ۳. توقف ناگهانی ۴. گرفتاری، دردسر

15 **acte**

par à-coup ۱. بریده‌بریده، (به طور) منقطع، نامنظم، نامرتب ۲. گه‌گاه، ادواری

acousticien,enne /akustisjɛ̃,ɛn/ *n* صوت‌شناس، متخصص آکوستیک

acoustique /akustik/ *adj, nf* ۱. صوتی، آکوستیکی، (مربوط به) صوت ۲. صوت‌شناختی ۳. (مربوط به) شنوایی ۴. صداگیر، عایق صدا ▣ ۵. صوت‌شناسی، آکوستیک ۶. کیفیت صوتی، وضع صوتی

acquéreur /akeʀœʀ/ *nm* مشتری، خریدار

acquérir /akeʀiʀ/ *vt* (21) ۱. به دست آوردن، کسب کردن، تحصیل کردن، دست یافتن به ۲. پیدا کردن، یافتن، حاصل کردن ۳. رسیدن به ۴. برخوردار شدن از، بهره‌مند شدن از ۵. صاحب شدن، مالک شدن ۶. خریدن

acquêt /akɛ/ *nm* [حقوقی] دارایی مشترکِ به‌دست‌آمده در زمان زناشویی

acquiers /akjɛʀ/ *v* [صورت صرف‌شدهٔ فعلِ acquérir]

acquiescement /akjɛsmɑ̃/ *nm* ۱. رضایت، موافقت ۲. قبول، پذیرش ۳. تسلیم، تن دادن ۴. تأیید

acquiescer /akjese/ *vt* (1) ۱. موافقت کردن، توافق کردن ۲. پذیرفتن، قبول کردن ۳. رضایت دادن، راضی شدن ۴. تسلیم (چیزی) شدن، تن دادن، گردن نهادن ۵. [ادبی] تأیید کردن

acquis[1] /aki/ *nm* ۱. تجربه ۲. دانش، اطلاعات، معلومات، آگاهی، آموخته‌ها

acquis[2]**,e** /aki,z/ *adj* ۱. اکتسابی ۲. به‌دست‌آمده ۳. مقرر ۴. پیش‌آمده ۵. پذیرفته(شده) ۶. مسلم ۷. طرفدار، هوادار

tenir pour acquis مسلم دانستن

acquisition /akizisjɔ̃/ *nf* ۱. فراگیری ۲. تملک ۳. خرید ۴. تصاحب ۵. دارایی، مال ۶. تجربه ۷. دانش، اطلاعات، آگاهی

acquit /aki/ *nm* رسید، قبض

par acquit de conscience برای راحتی وجدان

acquittement /akitmɑ̃/ *nm* ۱. پرداخت ۲. ادایِ دین ۳. تبرئه، برائت

acquitter /akite/ *vt* (1) ۱. پرداخت کردن، پرداختن، پول (کسی یا چیزی را) دادن ۲. بی‌حساب کردن ۳. [دین] ادا کردن ۴. تبرئه کردن، بی‌گناه شناختن

s'acquitter *vp* ۱. پرداختن، پرداخت کردن، دادن ۲. [دِین] ادا کردن، به جا آوردن ۳. [قول، عهد] وفا کردن، عمل کردن ۴. [وظیفه] انجام دادن ۵. خلاص شدن، راحت شدن

acre /akʀ/ *nf* آکر (= واحد قدیمی سطح، برابر با ۵۲ آر)

âcre /akʀ/ *adj* ۱. [طعم، بو] تند، زننده ۲. [مجازی] تلخ، گزنده، زننده

âcreté /akʀəte/ *nf* تندی، تلخی، زنندگی

acrimonie /akʀimɔni/ *nf* تندی، عصبانیت، اوقات‌تلخی، بداخلاقی

acrimonieux,euse /akʀimɔnjø,øz/ *adj* ۱. عصبی، تند، بداخلاق ۲. زننده، تند، نیش‌دار

acrobate /akʀɔbat/ *n* بندباز، آکروبات‌باز

acrobatie /akʀɔbasi/ *nf* بندبازی، آکروبات‌بازی، آکروباسی

acrobatique /akʀɔbatik/ *adj* ۱. (مربوط به) بندبازی، آکروباتی ۲. ماهرانه

acronyme /akʀɔnim/ *nm* سَرواژه (= واژه‌ای که از ترکیب حروف اول چند واژه ساخته شده باشد.)

acropole /akʀɔpɔl/ *nf* ارگ‌شهر (= در شهرهای یونان باستان، محل معابد و بناهای دولتی که چون قلعه‌ای مستحکم بر بلندترین نقطهٔ شهر ساخته می‌شد.)

acrylique /akʀilik/ *nm, adj* ۱. آکریلیک (= نوعی الیاف مصنوعی) ▣ ۲. آکریلی، (از جنس) آکریلیک

acte[1] /akt/ *nm* ۱. کار، عمل ۲. اقدام ۳. رفتار

a = bas, plat e = blé, jouer ɛ = lait, jouet, merci i = il, lyre o = mot, dôme, eau, gauche ɔ = mort
u = roue y = rue ø = peu œ = peur ə = le, premier ɑ̃ = sans, vent ɛ̃ = matin, plein, lundi
ɔ̃ = bon, ombre ʃ = chat, tache ʒ = je, gilet j = yeux, paille, pied w = oui, nouer ɥ = huile, lui

passer à l'action دست به اقدام جدی زدن

action[2] /aksjɔ̃/ *nf* سهم، سهام

actionnaire /aksjɔnɛʀ/ *n* سهام‌دار

actionnement /aksjɔnmɑ̃/ *nm* راه‌اندازی

actionner /aksjɔne/ *vt* (1) ۱. (به) کار انداختن ۲. راه انداختن، به حرکت درآوردن ۳. فعال کردن ۴. تعقیب قانونی کردن، مورد پیگرد قانونی قرار دادن

activement /aktivmɑ̃/ *adv* ۱. به طور فعال، فعالانه ۲. باجنب و جوش، با تحرک زیاد

activer /aktive/ *vt* (1) ۱. شتاب بیشتری دادن، سرعت دادن ۲. تشدید کردن، شدت دادن، دامن زدن ۳. عجله کردن، شتاب کردن ۴. [شیمی] فعال کردن

s'activer *vp* ۱. در فعالیت بودن، در تکاپو بودن، در جنب و جوش بودن، سخت کار کردن ۲. شتاب کردن، عجله کردن

activisme /aktivism/ *nm* ۱. [فلسفه] فعل‌گرایی، عمل‌گرایی، فعالگری ۲. [سیاست] فعالیت افراطی، تندروی

activiste /aktivist/ *n* [سیاست] عضو فعال

activité /aktivite/ *nf* ۱. فعالیت ۲. کار ۳. شغل، حرفه، پیشه ۴. جنب و جوش، تحرک

en activité ۱. فعال ۲. شاغل

actrice /aktʀis/ *nf* → acteur,trice

actualisation /aktɥalizasjɔ̃/ *nf* ۱. (عمل) امروزی کردن، نو کردن ۲. روزآمد کردن ۳. [فلسفه] فعلیت‌بخشی، تحقق‌بخشی

actualiser /aktɥalize/ *vt* (1) ۱. امروزی کردن، باب روز کردن، نو کردن ۲. روزآمد کردن ۳. [فلسفه] فعلیت بخشیدن به، به فعل آوردن، تحقق بخشیدن به

actualité /aktɥalite/ *nf* ۱. باب روز بودن، امروزی بودن ۲. وقایع روز ۳. [فلسفه] فعلیت، تحقق ـ [صورت جمع] ۴. اخبار روز

actuel,elle /aktɥɛl/ *adj* ۱. حاضر، کنونی، فعلی، جاری، موجود ۲. امروزی، (باب) روز ۳. [فلسفه] بالفعل

۴. سند، قباله ۵. گواهی‌نامه، گواهی ۶. قرارداد ۷. [حقوقی] عقد ۸. حکم، رأی، تصمیم ۹. [فلسفه] فعل

acte de courage اقدام جسورانه

acte de l'état civil شناسنامه

acte de naissance گواهی ولادت

en acte [فلسفه] بالفعل

faire acte de نشان دادن، ابراز داشتن

faire acte de présence مدت کوتاهی (در جایی) حضور یافتن، یک سر رفتن

prendre acte de ۱. ثبت کردن ۲. [کاربرد رسمی] نوشتن، یادداشت کردن

acte[2] /akt/ *nm* [نمایش] پرده

acteur,trice /aktœʀ,tʀis/ *n* ۱. هنرپیشه، بازیگر ۲. عامل

actif[1]**,ive** /aktif,iv/ *adj* ۱. فعال ۲. مؤثر، کاری ۳. پرکار ۴. پرجنب و جوش، پرتحرک، پرانرژی ۵. پررونق ۶. [دستور زبان] معلوم

voix/forme active [دستور زبان] صیغهٔ معلوم

actif[2] /aktif/ *nm* ۱. موجودی، دارایی ۲. (فرد) شاغل ۳. آدم اهل عمل، مرد عمل ۴. [دستورزبان] صیغهٔ معلوم

avoir qqch à son actif ۱. کاری را با موفقیت به انجام رساندن ۲. به نام خود به ثبت رساندن ۳. مرتکب عملی شدن، کاری را کردن

service actif (خدمت) سربازی، نظام‌وظیفه

action[1] /aksjɔ̃/ *nf* ۱. عمل، کار ۲. اقدام ۳. فعالیت ۴. حرکت ۵. تأثیر، اثر ۶. دعوای حقوقی) ۷. [نمایش، فیلم] ماجرا، وقایع، رویداد ۸. نبرد، مبارزه، جدال ۹. [نظامی] عملیات ۱۰. [فلسفه] فعل، عمل، کنش

action chimique اثر شیمیایی

action de grâce سپاسگزاری، تشکر، امتنان، قدردانی، تقدیر

homme d'action آدم اهل عمل، مرد عمل

mettre en action ۱. به اجرا درآوردن، اجرا کردن ۲. به انجام رساندن ۳. (به) کار انداختن ۴. راه انداختن، به حرکت درآوردن

17 adhésif

actuellement / aktɥɛlmɑ̃ / *adv* ۱. اکنون، در حال حاضر، حال، فعلاً ۲. امروزه، امروز ۳. [فلسفه] بالفعل

acuité / akɥite / *nf* ۱. شدت، حدت ۲. [صدا] زیری، زیر بودن ۳. [حواس] تیزی، قدرت ۴. تیزهوشی، هوشیاری، ذکاوت

aculéates / akyleat / *nm. pl* [حشرات] نیش‌داران

acuminé,e / akymine / *adj* [گیاه‌شناسی] نوک‌دار

acuponcteur,trice / akypɔ̃ktœʀ,tʀis / *n* متخصص طب سوزنی

acuponcture / akypɔ̃ktyʀ / *nf* طب سوزنی

acupuncteur,trice / akypɔ̃ktœʀ,tʀis / *n* → acuponcteur,trice

acupuncture / akypɔ̃ktyʀ / *nf* → acuponcture

adage / adaʒ / *nm* ۱. ضرب‌المثل، مثل ۲. اندرز، پند

adagio / ada(d)ʒjo / *adv, nm* [موسیقی] آداجیو

adaptabilité / adaptabilite / *nf* ۱. انطباق‌پذیری، قابلیت انطباق ۲. قابلیت تنظیم، انعطاف‌پذیری ۳. قابلیت نصب

adaptable / adaptabl / *adj* ۱. انطباق‌پذیر، قابل انطباق ۲. قابل تنظیم، قابل تغییر، انعطاف‌پذیر ۳. قابل نصب

adaptateur,trice / adaptatœʀ,tʀis / *adj* [سینما، تئاتر] تنظیم‌کننده (فیلمنامه یا نمایشنامه)

adaptation / adaptasjɔ̃ / *nf* ۱. انطباق، سازگاری، وفق ۲. اقتباس ۳. تنظیم

adapter / adapte / *vt* (1) ۱. منطبق کردن، وفق دادن، سازگار کردن ۲. جور کردن، هماهنگ کردن، متناسب کردن ۳. نصب کردن، وصل کردن ۴. اقتباس کردن ۵. تنظیم کردن

s'adapter *vp* ۱. منطبق شدن، سازگار شدن ۲. خود را وفق دادن، خود را منطبق کردن ۳. نصب شدن، وصل شدن، متصل شدن

addenda / adɛ̃da / *nm. inv* ملحقات، ضمائم، ضمیمه، پیوست، پی‌افزود

additif / aditif / *nm* ۱. الحاقیه، مادهٔ الحاقی ۲. تبصره ۳. (مادهٔ) افزودنی

addition / adisjɔ̃ / *nf* ۱. جمع ۲. افزایش، اضافه شدن ۳. افزوده، اضافه ۴. پیوست، ضمیمه ۵. صورت‌حساب

additionnel,elle / adisjɔnɛl / *adj* ۱. اضافی، اضافه‌شده ۲. الحاقی

additionner / adisjɔne / *vt* (1) ۱. اضافه کردن، افزودن ۲. زیاد کردن ۳. جمع کردن، جمع زدن، جمع بستن ۴. ریختن (در)

adducteur / adyktœʀ / *adj. m,* **canal adducteur** مجرای آب، کانال آب

adduction / adyksjɔ̃ / *nf,* **adduction d'eau** آب‌رسانی

adepte / adɛpt / *n* پیرو، طرفدار، هوادار

adéquat,e / adekwa,t / *adj* ۱. مناسب، خوب ۲. بجا ۳. درست ۴. مطابق، منطبق

adéquation / adekwasjɔ̃ / *nf* ۱. مناسبت ۲. درستی ۳. تطابق

adhérence / adeʀɑ̃s / *nf* ۱. چسبندگی ۲. چسبیدگی ۳. پیوند، پیوستگی ۴. وحدت

adhérent,e / adeʀɑ̃,t / *adj, n* ۱. چسبنده، چسب‌دار ۲. چسبناک ۳. متصل، چسبیده ◻ ۴. عضو ۵. پیرو، طرفدار، هوادار

carte d'adhérent کارت عضویت

adhérer / adeʀe / *vt* (6) ۱. چسبیدن ۲. قبول کردن، پذیرفتن ۳. قبول داشتن، موافق بودن، تأیید کردن ۴. طرفداری کردن، پشتیبانی کردن، حمایت کردن ۵. عضو شدن

adhésif[1] / adezif / *nm* ۱. چسب ۲. چسب زخم

a = bas, plat e = blé, jouer ɛ = lait, jouet, merci i = il, lyre o = mot, dôme, eau, gauche ɔ = mort
u = roue y = rue ø = peu œ = peur ə = le, premier ɑ̃ = sans, vent ɛ̃ = matin, plein, lundi
ɔ̃ = bon, ombre ʃ = chat, tache ʒ = je, gilet j = yeux, paille, pied w = oui, nouer ɥ = huile, lui

adhésif 18

adhésif[2]**,ive** /adezif,iv/ *adj* چسب‌دار، چسبنده

bande adhésive نوارچسب، چسب نواری

emplâtre adhésif مشمّای طبی

pansement adhésif چسب زخم

adhésion /adezjɔ̃/ *nf* ۱. موافقت، رضایت ۲. قبول، پذیرش، تأیید ۳. طرفداری، هواداری، پشتیبانی، حمایت ۴. عضویت ۵. الحاق ۶. چسبندگی

ad hoc /adɔk/ *loc. adj* ویژه

adieu! /adjø/ *interj, nm* ۱. خداحافظ! خدانگهدار! بدرود! ◙ ۲. خداحافظی، وداع

faire ses adieux à qqn با کسی وداع کردن

à-dieu-va(t)! /adjøva(t)/ *loc. interj* هر چه خدا بخواهد! تا خدا چه بخواهد! هر چه بادا باد!

adipeux,euse /adipø,øz/ *adj* ۱. فربه، چاق ۲. (دارای) چربی

adiposité /adipøzite/ *nf* ۱. فربهی، چاقی ۲. تجمع چربی (در بافت‌های بدن)

adjacent,e /adʒasɑ̃,t/ *adj* ۱. مجاور ۲. همجوار، همسایه

angles adjacents زاویه‌های مجاور

adjectif[1] /adʒɛktif/ *nm* [دستور زبان] صفت

adjectif verbal صفت فعلی

adjectif[2]**,ive** /adʒɛktif,iv/ *adj* وصفی، توصیفی، صفتی

adjectival,e,aux /adʒɛktival,o/ *adj* وصفی، توصیفی، صفتی

adjoindre /adʒwɛ̃dʀ/ *vt* (49) ۱. به معاونت (کسی) گماردن ۲. به عنوان دستیار انتخاب کردن ۳. منصوب کردن، گماشتن، (به سِمَتی) برگزیدن ۴. اضافه کردن، افزودن ۵. متصل کردن، وصل کردن

s'adjoindre *vp* [معاون، همکار، ...] گرفتن، آوردن، اختیار کردن

adjoint,e /adʒwɛ̃,t/ *adj, n* ۱. معاون ۲. دستیار، کمک ۳. [در ترکیب] کمک

adjonction /adʒɔ̃ksjɔ̃/ *nf* ۱. الحاق ۲. افزایش، افزودن، اضافه کردن ۳. افزوده، اضافه ۴. ضمیمه، پیوست

adjudant /adʒydɑ̃/ *nm* ۱. آجودان ۲. استوار دوم

adjudant-chef /adʒydɑ̃ʃɛf/ *nm* استوار یکم

adjudicataire /adʒydikatɛʀ/ *n* برندهٔ مزایده

adjudication /adʒydikasjɔ̃/ *nf* ۱. مزایده، حراج ۲. [در مزایده یا حراج] واگذاری، فروش

vente par adjudication حراج، فروش از طریق مزایده

adjuger /adʒyʒe/ *vt* (3) ۱. حراج کردن، به مزایده گذاشتن ۲. دادن، اعطا کردن ۳. واگذار کردن ۴. [در مزایده یا حراج] فروختن

s'adjuger *vp* به خود اختصاص دادن

adjuration /adʒyʀasjɔ̃/ *nf* ۱. التماس، تضرع ۲. تمنا، خواهش و تمنا، استدعا

adjurer /adʒyʀe/ *vt* (1) ۱. التماس کردن ۲. تمنا کردن، خواهش و تمنا کردن

adjuvant /adʒyvɑ̃/ *nm* ۱. داروی کمکی ۲. (مادهٔ) افزودنی

ad libitum /adlibitɔm/ *loc. adv* ۱. به دلخواه، مطابق میل ۲. اختیاری، آزادانه

admettre /admɛtʀ/ *vt* (56) ۱. قبول کردن، پذیرفتن ۲. موافقت کردن با، رضایت دادن ۳. تصدیق کردن، تأیید کردن، قبول داشتن ۴. اجازه دادن (به) ۵. امکان (چیزی را) دادن، جا برای (چیزی) گذاشتن ۶. راه دادن، اجازهٔ ورود دادن به ۷. فرض کردن، تصور کردن، فکر کردن

Admettons! قبول! قبوله! باشه! خُب!

être admis à un examen در امتحانی قبول شدن

En admettant que با این فرض که، به فرض اینکه، فرضاً

administrateur,trice /administʀatœʀ,tʀis/ *n* ۱. مدیر، رئیس ۲. قیّم

administratif,ive /administʀatif,iv/ *adj* اداری، اجرایی

administration /administʀasjɔ̃/ *nf* ۱. اداره

adorable

۲. مدیریت ۳. سرپرستی ۴. مجریان، مسئولان ۵. سازمان‌های دولتی ۶. تجویز
administration légale [حقوقی] ادارهٔ امور مالی صغیر

administrativement /administRativ-mã/ *adv*
۱. مطابق با مقررات اداری، طبق اصول اداری ۲. از نظر اداری

administré,e /administRe/ *n*
کارمند، مرئوس

administrer /administRe/ *vt (1)*
۱. اداره کردن ۲. سرپرستی کردن، سرپرستی کاری را به عهده گرفتن ۳. به مورد اجرا گذاشتن، اجرا کردن، اعمال کردن ۴. [دارو] تجویز کردن، دادن ۵. [ضربه، سیلی، ...] زدن، نواختن
administrer une preuve [حقوقی] اقامهٔ دلیل کردن

admirable /admiRabl/ *adj*
۱. قابل تحسین، تحسین‌برانگیز، عالی ۲. عجیب، شگفت‌انگیز، شگفت‌آور

admirablement /admiRabləmã/ *adv*
۱. به طرزی تحسین‌برانگیز، (به طرزی) عالی، فوق‌العاده ۲. به طرز عجیبی، عجیب ۳. کاملاً

admirateur,trice /admiRatœR,tRis/ *n*
۱. ستایشگر ۲. دوستدار، طرفدار، علاقه‌مند

admiratif,ive /admiRatif,iv/ *adj*
۱. حاکی از تحسین، تحسین‌آمیز ۲. شگفت‌زده، متعجب، متحیر، حیرت‌زده

admiration /admiRasjɔ̃/ *nf*
۱. تحسین، ستایش، تمجید ۲. مایهٔ تحسین ۳. شگفتی

admirer /admiRe/ *vt (1)*
۱. تحسین کردن، ستایش کردن، تمجید کردن، تعریف کردن از ۲. لذت بردن از، حظ کردن از، کیف کردن از ۳. تعجب کردن از، حیرت کردن از

admis,e /admi,z/ *part. passé* [اسم مفعول فعل] [admettre

admissibilité /admisibilite/ *nf*
۱. قابلیت قبول، قابلیت پذیرش ۲. قبولی

admissible /admisibl/ *adj*
۱. قابل قبول، پذیرفتنی ۲. جایز، پذیرفته، پسندیده ۳. موجه، معتبر ۴. پذیرفته‌شده (در آزمون مقدماتی یا مرحلهٔ اول)

admission /admisjɔ̃/ *nf*
۱. پذیرش، قبول ۲. ورود، راه‌یابی ۳. عضویت ۴. [گمرک] اجازهٔ ورود ۵. [فنی] ورود، مَکِش

admonestation /admɔnɛstasjɔ̃/ *nf*
۱. سرزنش، ملامت ۲. تذکر، گوشزد، هشدار

admonester /admɔnɛste/ *vt (1)*
۱. سرزنش کردن، ملامت کردن، دعوا کردن ۲. تذکر دادن به، گوشزد کردن به، هشدار دادن به

adolescence /adɔlesɑ̃s/ *nf*
نوجوانی

adolescent,e /adɔlesɑ̃,t/ *n, adj*
۱. نوجوان ۲. (مربوط به) نوجوانی

adonis /adɔnis/ *nm*
جوان بسیار زیبا

adonner (s') /sadɔne/ *vp (1)*
۱. همّ و غم خود را صرف (پرداختن به کاری) کردن، با جدیت (به کاری) پرداختن ۲. روی آوردن

adoptant,e /adɔptɑ̃,t/ *adj, n*
قبول‌کننده به فرزندی، پذیرندهٔ فرزند

adopter /adɔpte/ *vt (1)*
۱. به فرزندی پذیرفتن ۲. در جمع خود پذیرفتن ۳. قبول کردن، پذیرفتن ۴. اختیار کردن، اتخاذ کردن، گرفتن ۵. انتخاب کردن، برگزیدن ۶. تصویب کردن، رأی دادن به
adopter un projet de loi لایحه‌ای را تصویب کردن

adoptif,ive /adɔptif,iv/ *adj*
۱. [فرزند، پدر، مادر] ـخوانده ۲. انتخاب‌شده، انتخابی، اختیارشده

adoption /adɔpsjɔ̃/ *nf*
۱. فرزندخواندگی، قبول فرزند ۲. پذیرش، قبول ۳. انتخاب، اختیار، گزینش ۴. تصویب
d'adoption انتخاب‌شده، انتخابی، برگزیده

adorable /adɔRabl/ *adj*
۱. پرستیدنی

۲. فوق‌العاده، بی‌نظیر ۲. جذاب، گیرا ۳. دلپذیر، دوست‌داشتنی، دلربا

adorablement / adɔʀabləmɑ̃ / *adv* ۱. فوق‌العاده، بسیار، خیلی ۲. (به طرزی) عالی، خیلی خوب

adorateur,trice / adɔʀatœʀ,tʀis / *n* ۱. پرستنده، [در ترکیب] ـ‌پرست ۲. عاشق، دلباخته، شیفته ۳. ستایشگر

adoration / adɔʀasjɔ̃ / *nf* ۱. پرستش ۲. عشق، علاقه، شیفتگی، دلبستگی، دلدادگی ۳. ستایش، تحسین

adorer / adɔʀe / *vt* (1) ۱. پرستش کردن، پرستیدن ۲. عاشق (کسی یا چیزی) بودن، شیفتهٔ (کسی یا چیزی) بودن، دیوانهٔ (کسی یا چیزی) بودن ۳. ستودن، ستایش کردن، تحسین کردن

adossé,e / adose / *adj* ۱. تکیه‌داده، تکیه کرده ۲. پشت به

adossement / adosmɑ̃ / *nm* (عمل) تکیه دادن، تکیه کردن

adosser / adose / *vt* (1) تکیه دادن

s'adosser *vp* تکیه دادن، تکیه کردن، تکیه زدن

adoucir / adusiʀ / *vt* (2) ۱. ملایم کردن ۲. لطیف کردن ۳. نرم کردن ۴. تعدیل کردن ۵. تندی (چیزی را) گرفتن ۶. پرداخت کردن، صیقل دادن ۷. کاهش دادن، تخفیف دادن

s'adoucir *vp* ۱. ملایم شدن ۲. لطیف شدن ۳. نرم شدن ۴. تعدیل شدن ۵. کاهش یافتن، فروکش کردن، کم شدن ۶. آرام شدن، آرام گرفتن

adoucissant,e / adusisɑ̃,t / *adj* ۱. تسکین‌دهنده، مُسکّن ۲. [پوست، لباس] نرم‌کننده

adoucissement / adusismɑ̃ / *nm* ۱. تعدیل ۲. تلطیف ۳. نرم شدن ۴. کاهش، تخفیف ۵. پرداخت، صیقل‌کاری

adrénaline / adʀenalin / *nf* آدرِنالین (= هورمونی که غدد فوق‌کلیوی ترشح می‌کنند.)

adresse[1] / adʀɛs / *nf* ۱. نشانی، آدرس ۲. خطاب ۳. [فرهنگ، دائرةالمعارف، ...] مدخل

adresse[2] / adʀɛs / *nf* ۱. مهارت، زبردستی، چیره‌دستی ۲. چابکی، چالاکی، فرزی ۳. زیرکی، زرنگی ۴. هوش، ذکاوت، استعداد

tour d'adresse تردستی

adresser / adʀese / *vt* (1) ۱. فرستادن ۲. ارسال کردن ۳. خطاب کردن ۴. مخاطب قرار دادن، (با کسی) بودن ۵. آدرس نوشتن، نشانی نوشتن ۶. حواله دادن، حواله کردن

adresser des compliments تعریف کردن، تمجید کردن

adresser des injures دشنام دادن، ناسزا گفتن، بد و بیراه گفتن، فحش دادن

adresser la parole à qqn ۱. (روی سخن کسی) با کسی بودن، به کسی خطاب کردن، به کسی گفتن ۲. با کسی حرف زدن

adresser une reproche سرزنش کردن، ملامت کردن، دعوا کردن، مؤاخذه کردن

Le médecin m'a adressé à un spécialiste. پزشک مرا پیش یک متخصص فرستاد.

s'adresser *vp* ۱. رجوع کردن، مراجعه کردن ۲. رفتن (پهلویِ) ۳. خطاب کردن ۴. مخاطب قرار دادن، (با کسی) بودن

adroit,e / adʀwa,t / *adj* ۱. ماهر، ورزیده، زبردست، استاد ۲. ماهرانه، استادانه ۳. چابک، فرز ۴. رند، زرنگ، زیرک ۵. زیرکانه، رندانه

adroitement / adʀwatmɑ̃ / *adv* ۱. ماهرانه، استادانه، با مهارت ۲. با چابکی، با چالاکی ۳. با زرنگی، با زیرکی، زیرکانه، رندانه

adulateur,trice / adylatœʀ,tʀis / *n, adj* ۱. چاپلوس، متملق، زبان‌باز ◻ ۲. چاپلوسانه

adulation / adylasjɔ̃ / *nf* چاپلوسی، تملق، زبان‌بازی، چرب‌زبانی، مجیز

aduler / adyle / *vt* (1) ۱. چاپلوسی کردن، تملق (کسی را) گفتن، زبان‌بازی کردن، مجیز (کسی را) گفتن ۲. بی‌خودی تعریف کردن از ۳. تمجید کردن، تحسین کردن

adulte / adylt / *adj, n* ۱. بالغ ۲. بزرگسال

adultère / adyltɛʀ / nm, adj, n ۱. زنا، فسق ۲. زناکار، زانی، زانیه، فاسق

adultérer / adyltɛʀe / vt (6) ۱. [قدیمی] جعل کردن ۲. تحریف کردن ۳. مخدوش کردن، خراب کردن

adultérin,e / adyltɛʀɛ̃,in / adj, n حرامزاده، زنازاده

advenir / advəniʀ / v. impers (22) ۱. اتفاق افتادن، روی دادن، پیش آمدن ۲. (به) سر (کسی) آمدن، طوری شدن، (چیزی) شدن

advienne que pourra هرچه بادا باد، هرچه پیش آید خوش آید.

quoi qu'il advienne هر طور شده

adventice / advɑ̃tis / adj ۱. اتفاقی، تصادفی ۲. جانبی، فرعی ۳. [گیاه] خودرو

adverbe / advɛʀb / nm [دستور زبان] قید

adverbial,e,aux / advɛʀbjal,o / adj قیدی

adversaire / advɛʀsɛʀ / n ۱. دشمن ۲. حریف، رقیب، هماورد، طرف ۳. مخالف

adverse / advɛʀs / adj ۱. مخالف ۲. متخاصم ۳. رقیب

partie adverse [حقوقی] طرف دعوا، خوانده

fortune adverse بداقبالی، بدیاری، بدبختی، بدشانسی، بخت بد

adversité / advɛʀsite / nf ۱. بدیاری، بدبختی، بدشانسی، بداقبالی ۲. گرفتاری، سختی، ناملایمات، مشکلات

aède / aɛd / nm [در یونان قدیم] حماسه‌سرای نقال

aérateur / aeʀatœʀ / nm هواکش، تهویه

aération / aeʀasjɔ̃ / nf ۱. تهویه ۲. هوادهی

aérer / aeʀe / vt (1) ۱. هوا دادن ۲. هوای (جایی را) عوض کردن، هوای (جایی را) تازه کردن، تهویه کردن ۳. از تراکم (چیزی) کاستن، بار (چیزی را) کم کردن، سبک کردن

s'aérer vp هواخوری رفتن

aérien¹,enne / aeʀjɛ̃,ɛn / adj ۱. هوایی ۲. (مربوط به) هواپیمایی ۳. (مربوط به) هوا ۴. ملایم ۵. اثیری

compagnie aérienne شرکت هواپیمایی

force aérienne نیروی هوایی

aérien² / aeʀjɛ̃ / nm آنتن

aérobic / aeʀɔbik / nf ورزش با رقص

aérobie / aeʀɔbi / adj, nm هوازی

aéro-club / aeʀɔklœb / nm باشگاه هوانوردی

aérodrome / aeʀɔdʀom / nm فرودگاه

aérodynamique / aeʀɔdinamik / nf, adj ۱. آئرودینامیک، هواپویایی ۲. آئرودینامیکی، هواپویا

aérogare / aeʀɔgaʀ / nf ۱. فرودگاه ۲. پایانهٔ هوایی، ترمینال (هوایی)

aéroglisseur / aeʀɔglisœʀ / nm هوناو، هاورکرافت

aérolithe / aeʀɔlit / nm سنگ آسمانی

aéronaute / aeʀɔnot / n هوانورد

aéronautique / aeʀɔnotik / nf, adj ۱. علم هوانوردی ۲. هوانوردی ۳. (مربوط به) هوانوردی

aéronaval,e / aeʀɔnaval / adj هوادریا

aéronef / aeʀɔnɛf / nf [قدیمی] طیاره، هواپیما

aéroplane / aeʀɔplan / nm [قدیمی] طیاره، هواپیما

aéroport / aeʀɔpɔʀ / nm فرودگاه

aéroporté,e / aeʀɔpɔʀte / adj هوابرد

aérosol / aeʀɔsɔl / nm, adj. inv آئروسُل (= پراکندگی جامد یا مایع در گاز)

bombe aérosol إسپری، افشانه

aérospatial,e,aux / aeʀɔspasjal,o / adj هوافضا

aérostat / aeʀɔsta / nm بالون، بالُن

aérotrain / aeʀɔtʀɛ̃ / nm ترن هوایی

---

a = bas, plat　　e = blé, jouer　　ɛ = lait, jouet, merci　　i = il, lyre　　o = mot, dôme, eau, gauche　　ɔ = mort
u = roue　　y = rue　　ø = peu　　œ = peur　　ə = le, premier　　ɑ̃ = sans, vent　　ɛ̃ = matin, plein, lundi
ɔ̃ = bon, ombre　　ʃ = chat, tache　　ʒ = je, gilet　　j = yeux, paille, pied　　w = oui, nouer　　ɥ = huile, lui

affabilité / afabilite / *nf* ۱. مهربانی، محبت، لطف، ملاطفت ۲. خوش‌اخلاقی، خوش‌رویی ۳. روی باز، روی خوش

affable / afabl / *adj* ۱. مهربان، بامحبت ۲. خوش‌برخورد، خوش‌رو، خوش‌اخلاق ۳. محبت‌آمیز، دوستانه، ملاطفت‌آمیز

affablement / afabləmɑ̃ / *adv* با مهربانی، با محبت، دوستانه، گرم، با خوش‌رویی

affabulation / afabylasjɔ̃ / *nf* ۱. طرح داستان ۲. افسانه‌بافی، دروغ‌پردازی

affadir / afadiʀ / *vt* (2) ۱. بی‌مزه کردن، طعم (چیزی را) از بین بردن ۲. از شور و حال انداختن، جلوهٔ (چیزی را) از بین بردن، نمک (چیزی را) از بین بردن

s'affadir *vp* ۱. بی‌مزه شدن ۲. بی‌نمک شدن، خنک شدن، لطف خود را از دست دادن

affadissement / afadismɑ̃ / *nm* ۱. بی‌مزگی ۲. بی‌مایگی ۳. [مجازی] بی‌مزگی، خنکی، بی‌نمکی، لوسی

affaiblir / afebliʀ / *vt* (2) ۱. ضعیف کردن، تضعیف کردن ۲. ناتوان کردن، از پا انداختن، فرسودن ۳. سست کردن، شل کردن ۴. ملایم کردن ۵. کاهش دادن، کم کردن، تخفیف دادن

s'affaiblir *vp* ۱. ضعیف شدن، تضعیف شدن ۲. ناتوان شدن، از پا افتادن ۳. سست شدن، شل شدن ۴. تحلیل رفتن ۵. کاهش یافتن، کم شدن

affaiblissant,e / afeblisɑ̃,t / *adj* ۱. ضعیف‌کننده ۲. خسته‌کننده، طاقت‌فرسا، کمرشکن، سنگین

affaiblissement / afeblismɑ̃ / *nm* ۱. ضعف ۲. ناتوانی ۳. سستی ۴. نقصان، کاهش، تقلیل، افت ۵. افول

affaire / afɛʀ / *nf* ۱. کار، امر ۲. وظیفه ۳. موضوع، مطلب، قضیه ۴. چیز ۵. مشکل، گرفتاری، مسئله، دردسر ۶. ناراحتی، نگرانی، دغدغه ۷. حادثه، واقعه، اتفاق، پیشامد ۸. [حقوقی] مرافعه، دعوا ۹. معامله، داد و ستد ۱۰. مؤسسه، شرکت، تشکیلات ــ [صورت جمع] ۱۱. امور ۱۲. کسب و کار، کار و کاسبی ۱۳. وسایل، لوازم

avoir affaire à qqn با کسی کار داشتن

Cela fait mon affaire. به درد من می‌خورد. کارم را راه می‌اندازد.

Ce n'est pas votre affaire. به شما ربطی ندارد. به شما مربوط نیست.

Ce n'est pas une petite affaire. ساده نیست. کار کوچکی نیست. شوخی نیست.

en faire son affaire کاری را به عهده گرفتن، کاری را به گردن گرفتن، کاری را دست گرفتن

faire son affaire à qqn دخل کسی را آوردن، کار کسی را ساختن، کلک کسی را کندن، حساب کسی را رسیدن، کشتن

homme d'affaires بازرگان، تاجر، کاسب

Les affaires sont les affaires. اول باید به مسائل مالی پرداخت.

Les affaires sont calmes. کسب و کار کساد است.

se tirer d'affaire خود را از خطر رهانیدن، از خطر جستن

affairé,e / afeʀe / *adj* ۱. پرمشغله، گرفتار ۲. پرکار، فعال ۳. مشغول، سرگرم

affairement / afɛʀmɑ̃ / *nm* مشغله، گرفتاری، کار زیاد

affairer (s') / safɛʀe / *vp* (1) ۱. در فعالیت بودن، در تکاپو بودن، سخت کار کردن ۲. خود را فعال نشان دادن ۳. ور رفتن

affairiste / afeʀist / *n* اهل زد و بند، بند و بست‌چی

affaissement / afɛsmɑ̃ / *nm* ۱. نشست ۲. فرورفتگی، گودی ۳. ضعف، سستی، ناتوانی، بی‌حالی ۴. از حال رفتن

affaisser / afese / *vt* (1) ۱. باعث نشست (جایی) شدن ۲. گود کردن ۳. از پا انداختن ۴. قوای (کسی را) تحلیل بردن، ناتوان کردن

s'affaisser *vp* ۱. نشست کردن ۲. گود شدن،

گود رفتن ۳. از پا افتادن، از پا درآمدن ۴. از حال رفتن ۵. افتادن، ولو شدن

affaler /afale/ *vt* (1) [دریانوردی] پایین کشیدن، پایین آوردن

s'affaler *vp* ۱. خود را انداختن ۲. ولو شدن ۳. افتادن، نقش زمین شدن ۴. از حال رفتن

affamé,e /afame/ *adj, n* ۱. گرسنه ۲. مشتاق، تشنه، آرزومند

affamer /afame/ *vt* (1) ۱. گرسنگی دادن، گرسنه نگه‌داشتن ۲. گرسنه کردن ۳. اشتهای (کسی را) باز کردن، اشتها دادن به

affameur /afamœʀ/ *nm* عامل قحطی

affect /afɛkt/ *nm* [روان‌شناسی] عاطفه، انفعال

affectation[1] /afɛktasjɔ̃/ *nf* ۱. تخصیص، اختصاص ۲. انتصاب ۳. پُست، منصب، مقام

affectation[2] /afɛktasjɔ̃/ *nf* ۱.ظاهرسازی، تظاهر، رفتار تصنعی، ژست، ادا و اطوار ۲. تصنع، تکلّف

affecté,e /afɛkte/ *adj* ۱. تصنعی، ساختگی، مصنوعی، پرتکلّف ۲. ظاهری ۳. متظاهر ۴. متأثر، ناراحت

affecter[1] /afɛkte/ *vt* (1) ۱. تظاهر کردن، وانمود کردن ۲. (شکلی را) به خود گرفتن

affecter[2] /afɛkte/ *vt* (1) ۱. اختصاص دادن، (برای کسی یا کاری) در نظر گرفتن ۲. منصوب کردن، گماشتن ۳. انتخاب کردن، برگزیدن

affecter[3] /afɛkte/ *vt* (1) ۱. تأثیر گذاشتن، اثر گذاشتن ۲. متأثر کردن، تحت تأثیر قرار دادن، ناراحت کردن ۳. مبتلا کردن

s'affecter *vp* ۱. تحت تأثیر قرار گرفتن، متأثر شدن، ناراحت شدن ۲. رنج بردن

affectif,ive /afɛktif,iv/ *adj* ۱. عاطفی ۲. احساسی ۳. احساساتی ۴. حساس، زودرنج ۵. پراحساس، بااحساس ۶. هیجانی

affection /afɛksjɔ̃/ *nf* ۱. عاطفه ۲. محبت، شفقت، مهر، مهربانی ۳. علاقه، دلبستگی، عشق ۴. بیماری

avoir de l'affection pour qqn به کسی علاقه داشتن، به کسی علاقه‌مند بودن

affectionné,e /afɛksjɔne/ *adj* دوستدار، ارادتمند، علاقه‌مند، مخلص

affectionner /afɛksjɔne/ *vt* (1) ۱. دوست داشتن، علاقه داشتن به ۲. خوش آمدن از ۳. ترجیح دادن، پسندیدن

affectivité /afɛktivite/ *nf* ۱. حالت عاطفی، هیجان‌پذیری ۲. عواطف و احساسات

affectueusement /afɛktɥøzmɑ̃/ *adv* با مهربانی، با دلسوزی، صمیمانه، دلسوزانه

affectueusement vôtre [در پایان نامه] ارادتمند

affectueux,euse /afɛktɥø,øz/ *adj* ۱. مهربان، بامحبت، باعاطفه، خوش‌قلب ۲. محبت‌آمیز، صمیمانه، گرم، دوستانه

afférent,e /afeʀɑ̃,t/ *adj* ۱. [حقوقی] متعلق (به) ۲. [قدیمی] مربوط (به)

affermir /afɛʀmiʀ/ *vt* (2) ۱. سخت کردن، سفت کردن ۲. محکم کردن ۳. تحکیم کردن، استحکام بخشیدن، تثبیت کردن، استوار کردن ۴. تقویت کردن

affermissement /afɛʀmismɑ̃/ *nm* ۱. تحکیم ۲. تثبیت ۳. تقویت ۴. استحکام

afféterie /afɛtʀi/ *nf* ۱. [ادبی] تصنع، تکلف ۲. اَدا، اَدا و اصول، ژست ۳. ریزه‌کاری، ظرافت

affichage /afiʃaʒ/ *nm* ۱. نصب آگهی، نصب اعلامیه، چسباندن پوستر ۲. اعلام، اعلان ۳. [کامپیوتر، ماشین حساب، ...] نمایش

affiche /afiʃ/ *nf* ۱. پوستر، آگهی، اعلان ۲. اعلامیه، اطلاعیه

afficher /afiʃe/ *vt* (1) ۱. آگهی کردن ۲. پوستر چسباندن، اعلامیه چسباندن ۳. اعلام کردن، اعلان کردن ۴. نشان دادن، ظاهر کردن ۵. ابراز داشتن،

a = bas, plat e = blé, jouer ɛ = lait, jouet, merci i = il, lyre o = mot, dôme, eau, gauche ɔ = mort
u = roue y = rue ø = peu œ = peur ə = le, premier ɑ̃ = sans, vent ɛ̃ = matin, plein, lundi
ɔ̃ = bon, ombre ʃ = chat, tache ʒ = je, gilet j = yeux, paille, pied w = oui, nouer ɥ = huile, lui

ابراز کردن ۶. (همه جا) جار زدن، تو بوق و کرنا کردن ۷. به رخ کشیدن، پز (کسی یا چیزی را) دادن ۸. [کامپیوتر، ماشین حساب...] نمایش دادن

Défense d'afficher! نصب اعلامیه ممنوع! نصب آگهی ممنوع!

s'afficher *vp* ۱. ظاهر شدن، آفتابی شدن ۲. آشکار شدن، خود را نشان دادن، تو چشم زدن ۳. همه جا جار زدن، همه جا را پر کردن

affichette /afiʃɛt/ *nf* ۱. اعلان (کوچک)، آگهی ۲. اعلامیه، اطلاعیه

afficheur /afiʃœʀ/ *nm* آگهی‌چسبان، اعلامیه‌چسبان

affichiste /afiʃist/ *n* طراح پوسترهای تبلیغاتی

affidé,e /afide/ *adj* [تحقیرآمیز] وردست، نوچه

affilé,e[1] /afile/ *adj* ۱. تیز ۲. برنده، برّا

avoir la langue bien affilée ۱. پرحرف بودن، پرچانه بودن، وراج بودن ۲. بدزبان بودن، زبان (کسی) نیش داشتن

affilée[2] **(d')** /dafile/ *loc. adv* ۱. پیوسته، مدام، بی‌وقفه، یکریز ۲. پی‌درپی، متوالی

affiler /afile/ *vt* (1) تیز کردن

affiliation /afiljasjɔ̃/ *nf* ۱. عضویت ۲. وابستگی ۳. ورود

affilié,e /afilje/ *n* ۱. عضو ۲. وابسته

affilier /afilje/ *vt* (7) ۱. به عضویت (جایی) درآوردن ۲. ملحق کردن، ضمیمه کردن، جزو (چیزی) کردن، وابسته کردن

s'affilier *vp* ۱. عضو (جایی) شدن، به عضویت (جایی) درآمدن ۲. عضویت داشتن، عضو بودن ۳. پیوستن، ملحق شدن

affinage /afinaʒ/ *nm* تصفیه

affinement /afinmɑ̃/ *nm* تلطیف

affiner /afine/ *vt* (1) ۱. تصفیه کردن ۲. خالص کردن ۳. تلطیف کردن، لطیف‌تر کردن ۴. ظرافت بخشیدن ۵. نوک (چیزی را) تیز کردن

s'affiner *vp* ۱. تلطیف شدن، لطیف‌تر شدن ۲. ظریف‌تر شدن، ظرافت بیشتری پیدا کردن ۳. متشخص شدن، باکلاس شدن

affinerie /afinʀi/ *nf* کارخانهٔ تصفیه فلزات

affinité /afinite/ *nf* ۱. شباهت، تشابه، همانندی، قرابت ۲. رابطه، پیوند، پیوستگی ۳. نسبت، خویشاوندی ۴. [شیمی] میل ترکیبی

affirmatif[1] /afiʀmatif/ *adv* بله، بلی، آری

affirmatif[2]**,ive** /afiʀmatif,iv/ *adj* ۱. مثبت ۲. تأییدی، حاکی از تأیید ۳. [منطق] موجب، موجبه، ایجابی

affirmative /afiʀmativ/ *nf*, **répondre par l'affirmative** جواب مثبت دادن، تأیید کردن

affirmation /afiʀmasjɔ̃/ *nf* ۱. تأیید، تصدیق، تصریح ۲. اظهار، بیان ۳. اثبات ۴. [منطق] ایجاب، اثبات

affirmativement /afiʀmativmɑ̃/ *adv* ۱. مثبت ۲. آمرانه، تحکم‌آمیز

affirmer /afiʀme/ *vt* (1) ۱. تأیید کردن، تصدیق کردن، تصریح کردن ۲. اظهار داشتن، اظهار کردن ۳. اذعان داشتن، اقرار کردن ۴. اثبات کردن، به اثبات رساندن، ثابت کردن

s'affirmer *vp* ۱. تأیید شدن ۲. خود را نشان دادن، آشکار شدن

affixe /afiks/ *nm* [دستور زبان] وَند

affleurement /aflœʀmɑ̃/ *nm* ۱. پیدایش، بروز، ظهور ۲. (عمل) هم‌سطح کردن ۳. [زمین‌شناسی] برون‌زَد، رُخ‌نمون

affleurer /aflœʀe/ *vt, vi* (1) ۱. هم‌سطح کردن ۲. هم‌سطح شدن با ▣ ۳. به سطح آمدن ۴. بیرون زدن ۵. ظاهر شدن، آشکار شدن، پدیدار شدن

afflictif,ive /afliktif,iv/ *adj* [حقوقی] بدنی

affliction /afliksjɔ̃/ *nf* ۱. رنج، درد، عذاب ۲. اندوه، تأثر، غصه ۳. مصیبت ۴. داغ

affligeant,e /afliʒɑ̃,t/ *adj* دلخراش، ناگوار، جانگداز، جانکاه، مصیبت‌بار

affliger /afliʒe/ *vt* (3) ۱. متأثر کردن، غمگین کردن، غصه‌دار کردن ۲. رنج دادن، عذاب دادن ۳.

affronter

پست را پرداختن، تمبر زدن ۴. [عامیانه] در جریان گذاشتن، گوشی را دست (کسی) دادن

s'affranchir vp   ۱. آزاد شدن، رها شدن، رهایی یافتن ۲. خلاص شدن، راحت شدن ۳. خود را (از دست چیزی) خلاص کردن، خود را (از شرّ چیزی) راحت کردن

affranchissement / afʀɑ̃ʃismɑ̃ / nm
۱. آزادسازی ۲. خلاصی ۳. آزادی، رهایی ۴. پرداخت هزینهٔ پست، تمبر زدن

affres / afʀ / nf. pl   ۱. عذاب، زجر، رنج، شکنجه ۲. وحشت، هراس، دلهره، هول

affrètement / afʀɛtmɑ̃ / nm   ۱. کرایهٔ کشتی، اجارهٔ کشتی ۲. [وسایل نقلیه] کرایه، اجاره ۳. قرارداد حمل و نقل دریایی

affréter / afʀete / vt (6)   [وسایل نقلیه] کرایه کردن، اجاره کردن

affreusement / afʀøzmɑ̃ / adv   ۱. به طرز وحشتناکی ۲. بدجوری، بی‌اندازه، فوق‌العاده، بی‌نهایت

affreux,euse / afʀø,øz / adj   ۱. هولناک، وحشتناک، مهیب، موحش ۲. نفرت‌انگیز، منفور، کثیف، پلید ۳. کریه، زشت ۴. فجیع، مصیبت‌بار، دلخراش ۵. مزخرف، گند، افتضاح

temps affreux   هوای مزخرف، هوای افتضاح

affriolant,e / afʀijɔlɑ̃,t / adj   ۱. جذاب، گیرا ۲. وسوسه‌انگیز، هوس‌انگیز، تحریک‌آمیز ۳. اشتها‌آور، اشتهابرانگیز

affrioler / afʀijɔle / vt (1)   ۱. مجذوب کردن، جلب کردن ۲. وسوسه کردن، تحریک کردن، اغوا کردن، فریفتن ۳. اشتها را تحریک کردن، سر اشتها آوردن، به اشتها آوردن

affront / afʀɔ̃ / nm   توهین، اهانت، بی‌احترامی، هتک حرمت

affrontement / afʀɔ̃tmɑ̃ / nm   ۱. رویارویی، مواجهه ۲. مقابله، برخورد

affronter / afʀɔ̃te / vt (1)   ۱. روبرو شدن،

ریاضت دادن ۴. [غم، غصه] از پا درآوردن، کمر (کسی را) شکستن

s'affliger vp   ۱. متأثر شدن، غمگین شدن، غصه‌دار شدن ۲. رنج بردن، عذاب کشیدن

afflouer / aflue / vt (1)   [کشتی] دوباره به آب انداختن

affluence / aflyɑ̃s / nf   ۱. ازدحام، شلوغی ۲. جمعیت ۳. [ادبی] رفاه، ناز و نعمت

heures d'affluence   ساعات پرازدحام

affluent / aflyɑ̃ / nm   ریزابه، شاخابه، رود فرعی

affluer / aflye / vi (1)   ۱. جریان یافتن، جاری شدن ۲. جریان داشتن، جاری بودن، در جریان بودن ۳. ازدحام کردن، تجمع کردن، جمع شدن ۴. [خون] دویدن

afflux / afly / nm   ۱. [خون] هجوم ۲. انبوه، سیل، خیل

affolant,e / afɔlɑ̃,t / adj   [خودمانی] نگران‌کننده، وحشتناک

affolé,e / afɔle / adj   ۱. وحشت‌زده، هراسان ۲. سراسیمه، پریشان، مضطرب

affolement / afɔlmɑ̃ / nm   ۱. وحشت، دلهره، هراس ۲. سراسیمگی، ناآرامی، اضطراب، تشویش

affoler / afɔle / vt (1)   ۱. وحشت‌زده کردن، به وحشت انداختن، هراسان کردن ۲. منقلب کردن، مضطرب کردن

s'affoler vp   ۱. به وحشت افتادن، وحشت کردن، هول کردن ۲. دستپاچه شدن، هول شدن، دست و پای خود را گم کردن

affranchi,e / afʀɑ̃ʃi / adj, n   ۱. [برده، غلام] رهایی‌یافته، آزادشده ۲. آزاد، بی‌قید و بند ۳. بی‌بند و بار

affranchir / afʀɑ̃ʃiʀ / vt (2)   ۱. آزاد کردن، رها کردن ۲. خلاص کردن، راحت کردن ۳. هزینهٔ

---

a = bas, plat	e = blé, jouer	ɛ = lait, jouet, merci	i = il, lyre	o = mot, dôme, eau, gauche	ɔ = mort
u = roue	y = rue	ø = peu	œ = peur	ə = le, premier	ɑ̃ = sans, vent	ɛ̃ = matin, plein, lundi
ɔ̃ = bon, ombre	ʃ = chat, tache	ʒ = je, gilet	j = yeux, paille, pied	w = oui, nouer	ɥ = huile, lui

affubler

Afrikander /afʀikɑ̃dɛʀ/ *n*	فرد هلندی‌تبار اهل آفریقای جنوبی
Afrikaner /afʀikanɛʀ/ *n* → afrikander	
afro-américain,e¹ /afʀoamɛʀikɛ̃,ɛn/ *adj*	(مربوط به) سیاه‌پوستان آمریکا
Afro-américain,e² /afʀoamɛʀikɛ̃,ɛn/ *n*	آمریکایی آفریقایی‌تبار، سیاه‌پوست آمریکایی
afro-asiatique /afʀoazjatik/ *adj*	آفریقایی‌ـ آسیایی
afro-cubain,e¹ /afʀokybɛ̃,ɛn/ *adj*	آفریقایی‌ـ کوبایی
Afro-cubain,e² /afʀokybɛ̃,ɛn/ *n*	کوبایی آفریقایی‌تبار
after-shave /aftœʀ ʃɛv/ *adj, nm. inv* → après-rasage	
agaçant,e /agasɑ̃,t/ *adj*	۱. ناراحت‌کننده، تأثرآور ۲. آزاردهنده، اعصاب‌خردکن، عذاب‌آور ۳. محرک، تحریک‌کننده، تحریک‌آمیز ۴. مزاحم
agacement /agasmɑ̃/ *nm*	۱. عصبانیت، خشم ۲. دلخوری، ناراحتی، رنجش
agacer /agase/ *vt (3)*	۱. عصبانی کردن، از کوره (به) در بردن، کفری کردن ۲. دلخور کردن، رنجاندن، ناراحت کردن ۳. اذیت کردن، آزار دادن، عذاب دادن
agaçer les dents	[ترشی، میوهٔ کال، ...] دندان‌ها را کند کردن
Ce bruit m'agace!	این صدا مرا آزار می‌دهد. این صدا باعث ناراحتی من می‌شود.
agacerie /agasʀi/ *nf*	۱. عشوه‌گری، دلبری، لوندی، طنازی ۲. عشوه، غمزه، ناز
faire des agaceries	عشوه‌گری کردن، عشوه آمدن، دلبری کردن، لوندی کردن
agapes /agap/ *nf. pl*	مهمانی، سور
agate /agat/ *nf*	عقیق
agave /agav/ *nm*	[گیاه] خنجری، صباره
âge /aʒ/ *nm*	۱. سن، سال ۲. دوران، عصر، عهد، دوره، روزگار ۳. گذشت زمان، مرور ایام، زمان ۴.

	مواجه شدن ۲. رودررو قرار دادن، روبروی هم گذاشتن ۳. مقابله کردن، برخورد کردن ۴. دستِ و پنجه نرم کردن، دست به گریبان بودن
s'affronter *vp*	۱. با یکدیگر روبرو شدن، رودررو شدن ۲. در تضاد بودن، تضاد داشتن ۳. با هم درگیر شدن
affubler /afyble/ *vt (1)*	لباس عجیب و غریب تن (کسی) کردن، (لباس عجیب یا مضحک به کسی) پوشاندن
s'affubler *vp*	(لباس عجیب و غریب) پوشیدن، (به) تن کردن، به طرز مسخره‌ای لباس پوشیدن
affût /afy/ *nm*	۱. [توپ] پایه ۲. کمینگاه ۳. کمین
être à l'affût	۱. در کمین بودن، کمین کردن، به کمین نشستن ۲. مترصد بودن، پی فرصت گشتن، منتظر فرصت بودن، گوش خواباندن
affûtage /afytaʒ/ *nm*	۱. ابزار کار، ابزار، وسایل، لوازم ۲. (عمل) تیز کردن
affûter /afyte/ *vt (1)*	تیز کردن
affûtiaux /afytjo/ *nm. pl*	۱. زَلَم‌زیمبو ۲. خرت و پرت، آت و آشغال، خنزرپنزر
afinde /afɛ̃d(ə)/ *loc. prép*	۱. برای، تا ۲. به منظورِ
afin que /afɛ̃k(ə)/ *loc. conj*	۱. برای اینکه، تا اینکه ۲. به منظور اینکه، بدین منظور که
a fortiori /afɔʀsjɔʀi/ *loc. adv*	به طریق اولی، بالاتر از همه، بخصوص
africain,e¹ /afʀikɛ̃,ɛn/ *adj*	(مربوط به) آفریقا، آفریقایی
Africain,e² /afʀikɛ̃,ɛn/ *n*	اهل آفریقا، آفریقایی
africanisation /afʀikanizasjɔ̃/ *nf*	(عمل) آفریقایی کردن
africaniser /afʀikanize/ *vt (1)*	آفریقایی کردن
s'africaniser *vp*	آفریقایی شدن
africaniste /afʀikanist/ *n*	آفریقاشناس، متخصص زبان‌ها و تمدن‌های آفریقایی

27 agglutiner

agenouiller (s') /saʒnuje/ *vp* (1) ۱. زانو زدن ۲. به زانو درآمدن، سر تسلیم فرود آوردن، تسلیم شدن

agent /aʒɑ̃/ *nm* ۱. عامل ۲. نماینده ۳. نمایندگی ۴. مأمور ۵. متصدی، مسئول ۶. دلال، واسطه، کارگزار ۷. پلیس ۸ پاسبان، آژان

agent comptable حسابدار

agent d'affaires ۱. مباشر، پیشکار ۲. نماینده، وکیل

agent de change کارگزار بورس

agent de la circulation پلیس (راهنمایی)، مأمور راهنمایی و رانندگی

agent de maîtrise ۱. سرپرست ۲. ناظر

agent de police ۱. پلیس، مأمور پلیس، مأمور ۲. پاسبان، آژان

agents atmosphérique عوامل جوی

agent secret مأمور مخفی

aggloméрat /aglɔmeʀa/ *nm* [زمین‌شناسی] جوشِ آتشفشانی

agglomération /aglɔmeʀasjɔ̃/ *nf* ۱. تجمع، تراکم، انباشت ۲. (عمل) متراکم کردن ۳. منطقهٔ شهری، شهر ۴. آبادی، ده، دهکده

agglomération parisienne پاریس و حومه

aggloméré /aglɔmeʀe/ *nm* ۱. آسفالت فشرده، بریکت ۲. خاکهٔ زغال‌سنگ قالبی

agglomérer /aglɔmeʀe/ *vt* (6) متراکم کردن، فشرده کردن

bois aggloméré (تختهٔ) نئوپان

population agglomérée جمعیت انبوه

agglutinant,e /aglytinɑ̃,t/ *adj* چسبان

langues agglutinantes [زبان‌شناسی] زبان‌های پیوندی

agglutination /aglytinasjɔ̃/ *nf* ۱. هم‌چسبی ۲. درهم‌جوشی ۳. دلمه شدن ۴. [زبان‌شناسی] پیوند

agglutiner /aglytine/ *vt* (1) به هم چسباندن

s'agglutiner *vp* ۱. به هم چسبیدن ۲. به هم پیوستن

عمر ۵. پیری، سالخوردگی، کهنسالی ۶. قدمت، کهنگی

classe d'âge ردهٔ سنی

entre deux âges میانسالی

être dans/sur l'âge پا به سن گذاشتن

homme d'âge ۱. آدم مسن ۲. پیرمرد، پیر

Il n'a pas d'âge. از ظاهرش نمی‌توان سنش را حدس زد. نمی‌شود گفت چند سال دارد.

l'âge adulte سالمندی، بزرگسالی

l'âge légale سن قانونی

l'âge mûr سن پختگی، سن عقل

l'âge tendre نوجوانی، نوباوگی

le bel âge جوانی، شباب

le Moyen Âge قرون وسطی

le premier âge کودکی، بچگی، طفولیت

le troisième âge ۱. سن بازنشستگی ۲. سن ازکارافتادگی ۳. پیری، کهنسالی

âgé,e /aʒe/ *adj* ۱. مسن، سالدار ۲. پیر، سالخورده، سالمند ۳. [در ترکیب] ـساله

âgé de vingt ans بیست‌ساله

être âgé de...ans ... سال داشتن، ...ـ ساله بودن

agence /aʒɑ̃s/ *nf* ۱. آژانس، بنگاه، مؤسسه ۲. اداره ۳. شعبه، نمایندگی

agencement /aʒɑ̃smɑ̃/ *nm* ۱. تنظیم ۲. نظم، ترتیب، نظم و ترتیب، آرایش

agencer /aʒɑ̃se/ *vt* (3) ۱. مرتب کردن، منظم کردن، نظم و ترتیب دادن، آراستن ۲. جور کردن، هماهنگ کردن ۳. تنظیم کردن ۴. ترتیب دادن، سامان دادن

s'agencer *vp* ۱. نظم و ترتیب یافتن، مرتب شدن ۲. (در) کنار هم آمدن

agenda /aʒɛ̃da/ *nm* یادداشت (روزانه)، دفتر سررسید، سررسیدنامه

agenouillement /aʒnujmɑ̃/ *nm* ۱. (عمل) زانو زدن ۲. به زانو درآمدن

a = bas, plat e = blé, jouer ɛ = lait, jouet, merci i = il, lyre o = mot, dôme, eau, gauche ɔ = mort
u = roue y = rue ø = peu œ = peur ə = le, premier ɑ̃ = sans, vent ɛ̃ = matin, plein, lundi
ɔ̃ = bon, ombre ʃ = chat, tache ʒ = je, gilet j = yeux, paille, pied w = oui, nouer ɥ = huile, lui

۳. جمع شدن، تجمع کردن ۴. (به هم) جوش خوردن ۵. دلمه شدن

aggravant,e /agʀavɑ̃,t/ *adj* ۱. تشدیدکننده ۲. حادکننده، موجب وخامت ۳. ناراحت‌کننده، آزاردهنده، اعصاب‌خردکن

aggravation /agʀavasjɔ̃/ *nf* ۱. تشدید ۲. افزایش، فزونی ۳. وخیم‌تر شدن ۴. وخامت

aggraver /agʀave/ *vt* (1) ۱. تشدید کردن، شدت بخشیدن، دامن زدن، افزایش دادن ۲. وخیم‌تر کردن، حادتر کردن، بدتر کردن

s'aggraver *vp* ۱. شدت یافتن، شدت گرفتن، تشدید شدن ۲. حادتر شدن، وخیم‌تر شدن، بدتر شدن، بالا گرفتن

agile /aʒil/ *adj* ۱. چابک، چالاک، چست، فرز، زبر و زرنگ ۲. پرتحرک، پرجنب و جوش

esprit agile ذهن وَقّاد، ذهن سریع‌الانتقال

agilement /aʒilmɑ̃/ *adv* ۱. به چابکی، با چالاکی، فرز ۲. به آسانی، به راحتی، راحت

agilité /aʒilite/ *nf* ۱. چابکی، چالاکی، فرزی، چستی ۲. سهولت، آسانی، راحتی ۳. [ذهن] سرعت انتقال

agir /aʒiʀ/ *vi* (2) ۱. عمل کردن، اقدام کردن، دست به کار شدن، کاری کردن ۲. رفتار کردن ۳. تأثیر کردن، تأثیر گذاشتن، مؤثر واقع شدن

agir à la légère نسنجیده کار کردن، کاری را سرسری انجام دادن

De quoi s'agit-il? موضوع چیست؟ قضیه چیست؟

Il s'agit de... ۱. بحث بر سر... است، صحبت از... است ۲. ... مطرح است

manière d'agir (طرز) رفتار، رویه

agissant,e /aʒisɑ̃,t/ *adj* مؤثر، کارآمد

agissements /aʒismɑ̃/ *nm.pl* تحریکات، دسایس، اقدامات

agitateur,trice /aʒitatœʀ/ *n* ۱. آشوبگر، اخلالگر، شورشی ۲. همزن

agitation /aʒitasjɔ̃/ *nf* ۱. جنبش، حرکت ۲. تلاطم ۳. جنب و جوش، تحرک ۴. آشفتگی، پریشانی، اضطراب، نگرانی ۵. ناآرامی، بی‌قراری ۶. آشوب، بلوا، شورش

agiter /aʒite/ *vt* (1) ۱. تکان دادن، جنباندن ۲. (به) هم زدن ۳. منقلب کردن، از این‌رو به آن‌رو کردن ۴. آشفته کردن، مضطرب کردن، نگران کردن ۵. برانگیختن، تحریک کردن ۶. آزار دادن، عذاب دادن

agiter une question (بر) سر مسئله‌ای بحث کردن

s'agiter *vp* ۱. جنبیدن، جُم خوردن، وول خوردن ۲. در تکاپو بودن، در جنب و جوش بودن ۳. متلاطم شدن ۴. مضطرب بودن، بی‌قرار بودن، ناآرام بودن ۵. جوش زدن، حرص خوردن ۶. شورش کردن، شلوغ کردن

agneau /aɲo/ *nm* ۱. بره ۲. گوشت بره ۳. پوست بره ۴. آدم سربه‌راه، آدم رام، آدم مطیع

agonostique /agnɔstik/ *n* لاأدری، ندانم‌گو

agonie /agɔni/ *nf* ۱. احتضار ۲. افول، انحطاط، زوال، اضمحلال، نابودی

agonir /agɔniʀ/ *vt* (2) به ستوه آوردن، ذلّه کردن، کلافه کردن، عاصی کردن

agonir d'injures ۱. اهانت کردن، بی‌حرمتی کردن، بی‌احترامی کردن ۲. به باد دشنام گرفتن، بد و بیراه بار (کسی) کردن

agonisant,e /agɔnisɑ̃,t/ *n, adj* ۱. محتضر، در آستانهٔ مرگ، رو به مرگ ◙ ۲. رو به زوال، در معرض نابودی

agoniser /agɔnize/ *vi* (1) ۱. محتضر بودن، در آستانهٔ مرگ بودن، نفس آخر را کشیدن ۲. رو به زوال بودن، در شرف نابودی بودن

agrafe /agʀaf/ *nf* ۱. قزن، قزن‌قفلی ۲. سگک ۳. سوزن منگنه ۴. بخیه

agrafer /agʀafe/ *vt* (1) ۱. قزن (لباس را) انداختن ۲. سگک (چیزی را) بستن، سگک (چیزی را) انداختن ۳. (به هم) منگنه کردن، (به هم) دوختن ۴. گرفتن، دستگیر کردن ۵. [خودمانی] یقه (کسی را) گرفتن، (به کسی) گیر دادن

agrafeuse /agʀaføz/ *nf* منگنه، ماشین دوخت

agraire /agʀɛʀ/ *adj* ۱. ارضی ۲. (مربوط به) زمینداری، مالکیت ارضی

réforme agraire اصلاحات ارضی

agrandir /agʀɑ̃diʀ/ *vt* (2) ۱. بزرگ کردن، بزرگ‌تر کردن ۲. توسعه دادن، گسترش دادن ۳. مهم‌تر کردن، اهمیت دادن به ۴. تعالی بخشیدن، تعالی دادن، متعالی کردن

s'agrandir *vp* ۱. بزرگ شدن، بزرگ‌تر شدن ۲. توسعه یافتن، گسترش یافتن ۳. مهم‌تر شدن، اهمیت پیدا کردن

agrandissement /agʀɑ̃dismɑ̃/ *nm* ۱. (عمل) بزرگ کردن ۲. توسعه، گسترش ۳. [عکاسی] بزرگ‌سازی، آگراندیسمان

agréable /agʀeabl/ *adj* خوشایند، دلپذیر، دلنشین، دلچسب، مطلوب، مقبول

agréablement /agʀeabləmɑ̃/ *adv* به خوبی، خوب، به طرز خوشایندی

agréer /agʀee/ *vt* (1) ۱. پذیرفتن، قبول کردن ۲. مورد قبول (کسی) واقع شدن، مطابق میل (کسی) بودن، خوشایند (کسی) بودن

Si cela vous agrée. [ادبی] چنانچه مورد قبول واقع شود. اگر مطابق میل شما باشد.

Veuillez agréer l'expression de mes sentiments distingués. [در پایان‌نامه] با تقدیم احترامات فائقه. با تقدیم احترام.

agrégatif,ive /agʀegatif,iv/ *n* داوطلب کنکور دبیری، داوطلب کنکور استادی

agrégation /agʀegasjɔ̃/ *nf* ۱. تجمع، اجتماع ۲. انباشتگی ۳. کنکور دبیری، کنکور استادی ۴. پذیرش به عنوان دبیر، پذیرش به عنوان استاد

agrégé,e /agʀeʒe/ *n, adj* پذیرفته‌شده در کنکور دبیری، پذیرفته‌شده در کنکور استادی

agréger /agʀeʒe/ *vt* (3) ۱. جمع کردن، توده کردن ۲. به عضویت پذیرفتن

s'agréger *vp* عضو (جایی) شدن، به عضویت (جایی) درآمدن، به (جایی) پیوستن

agrément /agʀemɑ̃/ *nm* ۱. موافقت، توافق، قبول، رضایت ۲. جذبه، جاذبه، گیرایی

d'agrément تفریحی، تفننی

agrémenter /agʀemɑ̃te/ *vt* (1) زینت دادن، آراستن، تزیین کردن

agresser /agʀese/ *vt* (1) ۱. حمله کردن به، هجوم بردن به، یورش بردن به ۲. پرخاش کردن به، ستیزه‌جویی کردن با

agresseur /agʀɛsœʀ/ *adj, nm* ۱. مهاجم ۲. متجاوز، تجاوزکار

agressif,ive /agʀɛsif,iv/ *adj* ۱. تهاجمی ۲. پرخاشگر، ستیزه‌جو، ستیزه‌خو ۳. پرخاشگرانه، ستیزه‌جویانه ۴. [رنگ] زننده، تند ۵. [صدا] زننده، گوش‌خراش

agression /agʀɛsjɔ̃/ *nf* ۱. تهاجم، هجوم، تعرض، تعدی، تجاوز ۲. پرخاشگری، ستیزه‌جویی، ستیزه‌خویی

agricole /agʀikɔl/ *adj* (مربوط به) کشاورزی، زراعی

agriculteur,trice /agʀikyltœʀ,tʀis/ *n* کشاورز، زارع، برزگر

agriculture /agʀikyltyʀ/ *nf* کشاورزی، زراعت، برزگری

agripper /agʀipe/ *vt* (1) ۱. (به) چنگ زدن، چنگ انداختن به، قاپیدن ۲. محکم چسبیدن، سفت گرفتن، دودستی چسبیدن

s'agripper *vp* ۱. چنگ انداختن، چنگ زدن ۲. محکم چسبیدن، سفت گرفتن

agronome /agʀɔnɔm/ *n* کارشناس کشاورزی، کارشناس زراعت

ingénieur agronome مهندس زراعی

agronomie /agʀɔnɔmi/ *nf* (علم) کشاورزی

a = bas, plat e = blé, jouer ɛ = lait, jouet, merci i = il, lyre o = mot, dôme, eau, gauche ɔ = mort
u = roue y = rue ø = peu œ = peur ə = le, premier ɑ̃ = sans, vent ɛ̃ = matin, plein, lundi
ɔ̃ = bon, ombre ʃ = chat, tache ʒ = je, gilet j = yeux, paille, pied w = oui, nouer ɥ = huile, lui

agronomique 30

agronomique /agʀɔnɔmik/ *adj* (مربوط به) کشاورزی، زراعی

agrumes /agʀym/ *nm.pl* مرکبات

aguerrir /ageʀiʀ/ *vt* (2) ۱. جنگ‌آزموده کردن، به سختی‌های جنگ عادت دادن ۲. (به سختی) عادت دادن

s'aguerrir *vp* ۱. جنگ‌آزموده شدن، به سختی‌های جنگ عادت کردن ۲. به سختی عادت کردن، پوست‌کلفت شدن، جان‌سخت شدن

aguichant,e /agiʃɑ̃,t/ *adj* وسوسه‌انگیز، هوس‌انگیز، تحریک‌کننده، شهوت‌انگیز

aguicher /agiʃe/ *vt* (1) ۱. وسوسه کردن، اغوا کردن ۲. به هوس انداختن، تحریک کردن ۳. از راه به در کردن، اغفال کردن

aguicheur,euse /agiʃœʀ,øz/ *adj* وسوسه‌انگیز، هوس‌انگیز، تحریک‌کننده، لوند

ah! /a/ *interj* ۱. آخ! آی! ۲. آه! اوه! ۳. عجب! وا! اِ! دِ! ۴. به!

ah! ah! قاه‌قاه! هاها! هه‌هه!

ahan /aɑ̃/ *nm* هن و هن، نفس‌نفس

ahaner /aane/ *vi* (1) ۱. به هن و هن افتادن، نفس‌نفس زدن ۲. سخت تلاش کردن، زحمت کشیدن، جان کندن

ahuri,e /ayʀi/ *adj, n* ۱. متحیر، حیرت‌زده، حیران، مبهوت، هاج و واج ۲. گیج، منگ

ahurir /ayʀiʀ/ *vt* (2) ۱. متحیر کردن، مات و مبهوت کردن، حیرت‌زده کردن، به حیرت فرو بردن ۲. گیج کردن

ahurissant,e /ayʀisɑ̃,t/ *adj* حیرت‌انگیز، حیرت‌آور، بهت‌آور، مایهٔ حیرت

ahurissement /ayʀismɑ̃/ *nm* بهت، حیرت، تحیر، حیرانی

aide[1] /ɛd/ *nf* ۱. کمک، یاری، مساعدت، مدد ۲. وسیلهٔ کمک

À l'aide! کمک! کمک کنید!

à l'aide de ۱. به کمکِ، به یاریِ، به مددِ، توسطِ ۲. به وسیلهٔ، با، با استفاده از ۳. به یمنِ

appeler/crier à l'aide ۱. کمک خواستن از، به یاری طلبیدن، استمداد طلبیدن از ۲. متوسل شدن به، توسل جستن به

prêter/offrir son aide کمک کردن، کمک دادن، یاری کردن، یاری دادن

aide[2] /ɛd/ *n* ۱. دستیار، وردست ۲. [در ترکیب] کمک ـ، شاگرد ـ

aide de camp آجودان

aide maçon شاگردبنا

aide-mémoire /ɛdmemwaʀ/ *nm. inv* یادداشت

aider /ede/ *vt* (1) ۱. کمک کردن، کمک دادن، یاری کردن، یاری دادن ۲. تسهیل کردن، آسان‌تر کردن، راحت‌تر کردن

s'aider *vp* ۱. کمک گرفتن، به کار بردن، به کار بستن، استفاده کردن ۲. به هم کمک کردن، یکدیگر را یاری دادن ۳. کوشیدن، تلاش کردن

Aide-toi, le Ciel t'aidera. از تو حرکت از خدا برکت.

aïe! /aj/ *interj* ۱. آی! آخ! ۲. آه!

aïeul /ajœl/ *nm* ۱. جد، نیا ۲. [قدیمی] پدربزرگ

aïeule /ajœl/ *nf* ۱. جده ۲. [قدیمی] مادربزرگ

aïeux /ajø/ *nm.pl* نیاکان، اجداد، آباء، آسلاف، پدران

aigle /ɛgl/ *nm, nf* ۱. عقاب ۲. نشان عقاب ◙ ۳. عقاب ماده ۴. نشان عقاب

Ce n'est pas un aigle. نابغه نیست. آن‌قدرها هم باهوش نیست.

coup d'œil d'aigle تیزبینی، تیزهوشی

regard d'aigle نگاه نافذ

yeux d'aigle چشمان تیزبین

aiglon,onne /ɛglɔ̃,ɔn/ *n* جوجه‌عقاب

aigre /ɛgʀ/ *adj, nm* ۱. گس ۲. ترش ۳. ترشیده ۴. [طعم] تند، گزنده ۵. زننده، تند، نیش‌دار ۶. گوش‌خراش، زننده ۷. شدید، تند ۸. خشن، زمخت ۹. ترش‌رو، عبوس، بدخلق ◙ ۱۰. ترش ۱۱. ترشیدگی ۱۲. تندی، خشونت

31 aile

aiguière / ɛgjɛʀ / *nf* مَشرَبه، ابریق

aiguillage / egɥijaʒ / *nm* ۱. سوزنبانی ۲. [راه‌آهن] سوزن (دوراهی) ۳. راهنمایی، هدایت

aiguille / egɥij / *nf* ۱. سوزن ۲. عقربه ۳. میل (بافتنی) ۴. نوک ۵. قلّه ۶. تیزی، زبری ۷. برگ سوزنی ۸. [راه‌آهن] سوزن (دوراهی)

chercher une aiguille dans une botte de foin [مجازی] در انبار کاه دنبال سوزن گشتن

de fil en aiguille ۱. از یک حرف به سر حرف دیگر ۲. کم‌کم، خردخرد، به تدریج ۳. از سیر تا پیاز

discuter sur la pointe d'aiguille سر هیچ و پوچ بحث کردن

travail à l'aiguille سوزن‌دوزی

aiguiller / egɥije / *vt* (1) ۱. [راه‌آهن] خط عوض کردن ۲. راهنمایی کردن ۳. هدایت کردن، جهت دادن

aiguiette / egɥijɛt / *nf* واکسیل‌بند

aiguilleur / egɥijœʀ / *nm* سوزنبان

aiguillon / egɥijɔ̃ / *nm* ۱. نیش (زنبور) ۲. خار، تیغ ۳. سیخک، سُک (= چوبی که برای راندن چارپایان به کار می‌رود.) ۳. محرک

aiguillonner / egɥijɔne / *vt* (1) ۱. [چارپایان] سُک زدن ۲. برانگیختن، تحریک کردن، سُک زدن، سیخ زدن ۳. واداشتن، وادار کردن، کشاندن

aiguiser / eg(ɥ)ize / *vt* (1) ۱. تیز کردن ۲. تحریک کردن، برانگیختن، تهییج کردن ۳. تلطیف کردن، لطافت بخشیدن

ail / aj / *nm* [گیاه] سیر

aile / ɛl / *nf* ۱. [پرنده] بال ۲. [هواپیما] بال ۳. [آسیاب، هواکش، ...] پرّه ۴. [اتومبیل] گلگیر ۵. [بینی] پرّه ۶. جناح، گوش ۷. [گیاه‌شناسی] پرّه، بال

avoir des ailes [مجازی] پرواز کردن، خیلی سریع رفتن، خیلی تند رفتن

avoir du plomb dans l'aile ۱. [پرنده] تیر خوردن ۲. [مجازی] به خطر افتادن

tourner à l'aigre ۱. ترش شدن، ترشیدن ۲. [صحبت، بحث] به دعوا کشیدن

aigre-doux,douce / ɛgʀədu,dus / *adj* ۱. ترش و شیرین، ملس ۲. [مجازی] تلخ و شیرین، خوب و بد، همه‌جوره

aigrefin / ɛgʀəfɛ̃ / *nm* شیاد، کلاه‌بردار، کلاش، حقه‌باز، شارلاتان

aigrelet,ette / ɛgʀəlɛ,ɛt / *adj* ۱. لب‌ترش، کمی ترش، مَلَس ۲. ترش‌مزه، ترش ۳. [صدا] زننده، زیر

aigrement / ɛgʀəmɑ̃ / *adv* با تندخویی، با تندی، تند، خشن

aigrette / ɛgʀɛt / *nf* ۱. کاکل ۲. [برای تزیین] پَر ۳.جغه

aigreur / ɛgʀœʀ / *nf* ۱. ترشی ۲. تندی، زنندگی ۳. ترش‌رویی، اوقات‌تلخی، دلخوری، بدخلقی، اخم

avoir des aigreurs (d'estomac) [معده] ترش کردن

aigrir / egʀiʀ / *vt, vi* (2) ۱. ترش کردن، ترشاندن ۲. اوقات (کسی را) تلخ کردن، ناراحت کردن، دلخور کردن، عنق کردن، بدخلق کردن

s'aigrir *vp* ۱. ترش شدن، ترشیدن ۲. اوقات (کسی) تلخ شدن، ناراحت شدن، دلخور شدن، ترش کردن

aigu,ë / egy / *adj* ۱. تیز، نوک‌تیز ۲. شدید، سخت ۳. [صدا] زیر ۴. گوشخراش ۵. حاد ۶. وخیم، بحرانی ۷. [حواس] تیز، قوی ۸. موشکاف، دقیق، تیزبین

accent aigu آکسان‌تگو (= نشانه‌ای که روی بعضی از مصوت‌ها قرار می‌گیرد، مثلاً روی حرفِ *e* در واژهٔ *blé*.)

angle aigu زاویهٔ حاده

avoir un sens aigu de خوب فهمیدن، خوب دریافتن، به خوبی دریافتن

maladie aiguë بیماری حاد

aigue-marine / ɛgmaʀin / *nf* بِریل آبی، زمرد آبی

a = bas, plat e = blé, jouer ɛ = lait, jouet, merci i = il, lyre o = mot, dôme, eau, gauche ɔ = mort
u = roue y = rue ø = peu œ = peur ə = le, premier ɑ̃ = sans, vent ɛ̃ = matin, plein, lundi
ɔ̃ = bon, ombre ʃ = chat, tache ʒ = je, gilet j = yeux, paille, pied w = oui, nouer ɥ = huile, lui

ailé

battre de l'aile/ne battre que d'une aile	۱. [پرنده] زخمی بودن ۲. [مجازی] به سختی کاری را پیش بردن، لَنگ زدن
ronger les ailes de qqn	پر و بال (کسی را) قیچی کردن، نوک (کسی را) چیدن
sous l'aile de	زیر چترِ، تحت حمایتِ
voler de ses propres ailes	روی پای خود ایستادن، به خود متکی بودن
ailé,e /ele/ *adj*	۱. بال‌دار، داری بال ۲. [گیاه‌شناسی] پرّه‌دار، بال‌دار ۳. [مجازی] اثیری
aileron /ɛlʀɔ̃/ *nm*	۱. سر بال، نوک بال ۲. باله ۳. [هواپیما] شهپر ۴. [معماری] رَف تزیینی
ailier /elje/ *nm*	[فوتبال] فوروارد گوش
aille /aj/ *v*	[صورت صرف‌شدهٔ فعلِ aller]
ailler /aje/ *vt* (1)	سیر زدن (به)
ailleurs /ajœʀ/ *adv*	۱. جای دیگر، مکان دیگر ۲. راه دور، جای دور، سرزمین‌های دوردست، دوردست‌ها
d'ailleurs	۱. از جای دیگر ۲. وانگهی، به علاوه،، علاوه بر این، از این گذشته
Il est ailleurs.	حواسش جای دیگر است. فکرش جای دیگر است. در عالم هپروت است.
nulle part ailleurs	(در) هیچ جای دیگر، هیچ جا
par ailleurs	۱. از جای دیگر ۲. از راه دیگر ۳. از جنبهٔ دیگر، از سوی دیگر ۴. گذشته از این
partout ailleurs	(در) هر جای دیگر
ailloli /ajɔli/ *nm*	مایونز سیر
aimable /ɛmabl/ *adj*	۱. مهربان، بامحبت، رئوف ۲. دوست‌داشتنی ۳. خوش، خوب
C'est bien aimable à vous	محبت کردید، لطف کردید، خوب کردید، کار خوبی کردید
aimablement /ɛmabləmɑ̃/ *adv*	با مهربانی، با محبت
aimant¹ /ɛmɑ̃/ *nm*	۱. آهن‌ربا، مغناطیس ۲. جذبه، جاذبه، کشش، گیرایی
aimant²,e /ɛmɑ̃,t/ *adj*	بامحبت، مهربان، رئوف، با عاطفه، دلسوز
aimantation /ɛmɑ̃tasjɔ̃/ *nf*	(عمل) ۱. آهنربایی کردن ۲. خاصیت آهنربایی
aimanter /ɛmɑ̃te/ *vt* (1)	۱. آهنربایی کردن، مغناطیسی کردن ۲. جذاب کردن، جذابیت بخشیدن ۳. مجذوب کردن، جذب کردن
aimer /eme/ *vt* (1)	۱. دوست داشتن، علاقه داشتن به، علاقه‌مند بودن به، خوش آمدن (از) ۲. عاشق (کسی) بودن ۳. دل (کسی) خواستن، میل داشتن، مایل بودن
aimer mieux	بیشتر دوست داشتن، ترجیح دادن، بهتر دانستن، خوش‌تر داشتن
J'aime à lire.	دوست دارم مطالعه کنم.
Je t'aime.	دوستت دارم.
Je t'aime bien.	ازت خوشم می‌آید.
s'aimer *vp*	۱. خود را دوست داشتن ۲. همدیگر را دوست داشتن، عاشق هم بودن
Je ne m'aime pas dans cette robe.	این لباس به من نمی‌آید.
aine /ɛn/ *nf*	کشالهٔ ران
aîné,e /ene/ *adj, n*	۱. بزرگ‌تر، بزرگ، مسن‌تر، ارشد ▪ ۲. فرزند بزرگ‌تر، فرزند ارشد
aînesse /ɛnɛs/ *nf*	ارشدیت، بزرگ‌تری
droit d'aînesse	[حقوقی] حق ارشدیت، حق فرزند ارشد
ainsi /ɛ̃si/ *adv*	۱. این‌طور، این‌چنین، بدین‌سان، بدین طریق، بدین شکل ۲. به این ترتیب، بنابراین، پس
ainsi que	۱. همان‌طور که، چنان که، آنچنان که ۲. مثلِ، مانندِ، چون، همچون، همچنان که
Ainsi soit-il!	آمین!
pour ainsi dire	به عبارتی، می‌شود گفت که، به اصطلاح
air¹ /ɛʀ/ *nm*	۱. هوا ۲. باد ۳. نسیم ۴. آب و هوا ۵. حال و هوا، جو، فضا
à l'air libre/en plein air/au grand air	در هوای آزاد، بیرون
armée de l'air	نیروی هوایی

donner de l'air	هوا دادن
en l'air	۱. در هوا، در آسمان، آن بالا ۲. گیج، منگ، سربه‌هوا ۳. خیالی، تخیلی ۴. [حرف، وعده] الکی، پوچ، سر خرمن ۵. شلوغ، به‌هم‌ریخته
être dans l'air	۱. معلق بودن، پادرهوا بودن، بلاتکلیف بودن ۲. سر زبان‌ها بودن، نقل مجالس بودن
Il y a qqch dans l'air.	اتفاقی دارد می‌افتد.
prendre l'air	۱. [هواپیما] از زمین بلند شدن، از زمین برخاستن، پرواز کردن ۲. هواخوری رفتن ۳. حالت (خاصی را) به خود گرفتن، وانمود کردن
tête en l'air	سربه‌هوا، گیج، منگ
air² /ɛʀ/ nm	ظاهر، سر و وضع، قیافه، سیما
avoir l'air	به نظر آمدن، به نظر رسیدن، نمودن
n'avoir l'air de rien	۱. ظاهراً بی‌تفاوت بودن، به ظاهر بی‌اعتنا بودن ۲. ظاهراً بی‌اهمیت بودن ۳. ساده نمودن
prendre des airs/de grands airs, se donner des airs d'importance	خود را گرفتن، خود را مهم جلوه دادن
air³ /ɛʀ/ nm	۱. آهنگ، نغمه، نوا ۲. [اپرا] آریا، تک‌خوانی
airain /ɛʀɛ̃/ nm	برنز، مفرغ
avoir un cœur d'airain	سنگدل بودن، بی‌رحم بودن، قسی‌القلب بودن
d'airain	۱. برنزی، مفرغی ۲. سخت، محکم
aire /ɛʀ/ nf	۱. زمین، محوطه ۲. باند ۳. زمینه، حوزه ۴. قلمرو، حیطه ۵. مساحت ۶. آشیانه، لانه ۷. محل خرمن‌کوبی، جای خرمن کوبیدن ۸. جهت باد، مسیر باد
airer /ɛʀe/ vi (1)	آشیانه ساختن، لانه ساختن، لانه درست کردن
aisance /ɛzɑ̃s/ nf	۱. آسایش، راحتی، آسودگی ۲. رفاه ۳. آسانی، راحتی، سهولت
avec aisance	به آسانی، آسان، به راحتی، راحت، به سهولت
lieux/cabinets d'aisance	توالت، دستشویی، مستراح
aise¹ /ɛz/ nf	۱. راحتی، آسایش، آسودگی ۲. خشنودی، رضایت، خرسندی ۳. خوشحالی، شادمانی، مسرت ــ [صورت جمع] ۴. رفاه
à l'aise	۱. راحت ۲. راضی، خشنود، خرسند ۳. مرفه
à votre aise	هر طور که مایلید، مطابق میل شما، هر طور که بخواهید
en prendre à son aise	۱. مطابق میل خود عمل کردن، هر کار خواستن کردن ۲. به خود زحمت ندادن
être à son aise	۱. راحت بودن ۲. در رفاه بودن، مرفه بودن
être mal à son aise/mal à l'aise	ناراحت بودن، معذّب بودن
se mettre à l'aise/à son aise	۱. لباس راحت (به) تن کردن ۲. لباس خود را سبک کردن، لباس اضافه را درآوردن
aise² /ɛz/ adj	۱. خوشحال، مسرور ۲. خشنود، راضی، خرسند
bien aise	خوشحال، مسرور، خوشبخت
être bien aise de...	از ... خوشحال بودن، از ... خوشبخت بودن
Je suis bien aise de vous voir.	از دیدارتان خوشبختم.
aisé,e /eze/ adj	۱. آسان، راحت ۲. مرفّه ۳. آسوده، آسوده‌خاطر، آسوده‌حال
aisément /ezemɑ̃/ adv	به آسانی، به راحتی، به سادگی، آسان، راحت
aisselle /ɛsɛl/ nf	زیر بغل
ajonc /aʒɔ̃/ nm	[گیاه] اولکس فرنگی
ajournement /aʒuʀnəmɑ̃/ nm	عقب انداختن، تعویق، به تعویق انداختن
ajourner /aʒuʀne/ vt (1)	۱. (به وقت دیگر) موکول کردن، به تعویق انداختن، عقب انداختن ۲. به جلسهٔ دیگر موکول کردن ۳. رد کردن

ajout 34

ajout /aʒu/ *nm* افزوده، ضمیمه، پیوست

ajouter /aʒute/ *vt* (1) ۱. افزودن، اضافه کردن ۲. زیاد کردن ۳. تشدید کردن، شدت بخشیدن، دامن زدن

ajouter foi à qqch (مطلب یا حرفی را) باور کردن، قبول کردن

ajouter foi à qqn حرف (کسی را) باور کردن

s'ajouter *vp* ۱. اضافه شدن، افزوده شدن ۲. افزایش یافتن ۳. زیاد شدن

ajusté,e /aʒyste/ *adj* چسبان، تنگ

ajustement /aʒystəmɑ̃/ *nm* ۱. اتصال ۲. تنظیم، میزان ۳. سازگاری، انطباق ۴. سازش ۵. [قدیمی] آرایش ۶. [قدیمی] لباس

ajuster /aʒyste/ *vt* (1) ۱. سوار کردن، وصل کردن، نصب کردن ۲. میزان کردن، تنظیم کردن ۳. هدف گرفتن، نشانه گرفتن ۴. سازگار کردن، وفق دادن، تطبیق دادن ۵. مرتب کردن، درست کردن ۶. اندازهٔ (چیزی) کردن ۷. جفت کردن ۸. روبه‌راه کردن، سر و سامان دادن

s'ajuster *vp* ۱. سوار شدن، وصل شدن ۲. میزان شدن ۳. خوردن به

alambic /alɑ̃bik/ *nm* دستگاه تقطیر، اَنبیق

alambiqué,e /alɑ̃bike/ *adj* گنگ، غامض، پیچیده، درهم و برهم

alangui,e /alɑ̃gi/ *adj* ۱. بی‌حال، سست، ضعیف ۲. بی‌حوصله، کسل، ملول

alanguir /alɑ̃giʀ/ *vt* (2) بی‌حال کردن، بی‌رمق کردن، سست کردن، ضعیف کردن

s'alanguir *vp* بی‌حال شدن، بی‌رمق شدن، سست شدن، ضعیف شدن، تحلیل رفتن

alanguissement /alɑ̃gismɑ̃/ *nm* بی‌حالی، سستی، رخوت، ضعف

alarmant,e /alaʀmɑ̃,t/ *adj* نگران‌کننده، اضطراب‌آور، مایهٔ نگرانی

alarme /alaʀm/ *nf* ۱. آژیر (خطر)، علامت خطر، زنگ خطر ۲. هشدار، اعلام خطر ۳. آماده‌باش ۴. هراس، دلهره، وحشت، هول

donner/sonner l'alarme ۱. زنگ خطر را به صدا درآوردن، آژیر زدن، آژیر کشیدن ۲. هشدار دادن ۳. آماده‌باش دادن

alarmer /alaʀme/ *vt* (1) مضطرب کردن، نگران کردن، ترساندن، وحشت‌زده کردن

s'alarmer *vp* مضطرب شدن، نگران شدن، به هراس افتادن، ترسیدن، وحشت کردن

alarmiste /alaʀmist/ *n, adj* ۱. (آدم) هوچی ▣ ۲. جنجالی، جنجال‌برانگیز

albâtre /albatʀ/ *nm* رُخام (= نوعی سنگ شبیه سنگ مرمر)

albatros /albatʀos/ *nm* آلباتروس (= نوعی مرغ دریایی)

albinisme /albinism/ *nm* زال‌تنی

albinos /albinos/ *adj, n* زال‌تن

album /albɔm/ *nm* آلبوم

albumen /albymɛn/ *nm* ۱. سفیدهٔ تخم‌مرغ ۲. آلبومین

albumine /albymin/ *nf* آلبومین

alcali /alkali/ *nm* [شیمی] قلیا

alcali minéral سود

alcali végétal پتاس

alcali volati آمونیاک

alcalin,e /alkalɛ̃,in/ *adj* قلیایی

alcaloïde /alkalɔid/ *nm* آلکالوئید

alchimie /alʃimi/ *nf* کیمیاگری

alchimique /alʃimik/ *adj* (مربوط به) کیمیاگری

alchimiste /alʃimist(ə)/ *n* کیمیاگر

alcool /alkɔl/ *nm* ۱. الکل ۲. مشروب الکلی، مشروب

lampe à alcool چراغ الکلی

alcoolique /alkɔlik/ *adj, n* ۱. الکلی، الکل‌دار ۲. (آدم) الکلی، دائم‌الخمر

alcooliser /alkɔlize/ *vt* (1) ۱. الکلی کردن ۲. الکل اضافه کردن به

s'alcooliser *vp* در خوردن مشروب زیاده‌روی کردن، مست کردن، مست شدن

alcoolisme /alkɔlism/ *nm* الکلیسم، افراط در نوشیدن مشروبات الکلی
alcootest /alkɔtɛst/ *nm* تست الکل، آزمایش مصرف مشروبات الکلی
alcôve /alkov/ *nf* ۱. [اتاق خواب] شاه‌نشین ۲. خلوتسرا، خلوتگاه
aldéhyde /aldeid/ *nm* [شیمی] آلدئید
aléa /alea/ *nm* ۱. اتفاق، پیشامد، رویداد ۲. حادثه، سانحه
aléatoire /aleatwaʀ/ *adj* ۱. احتمالی، نامعلوم، شانسی ۲. ناپایدار، بی‌ثبات ۳. [ریاضی] تصادفی
alêne /alɛn/ *nf* درفش (= وسیله‌ای برای سوراخ کردن چرم)
alentour /alɑ̃tuʀ/ *adv* ۱. اطراف، دور و بر، حوالی، حول و حوش ۲. گرداگرد، دور تا دور، پیرامون
d'alentour ۱. حومه ۲. اطراف، دور و بر، حوالی، حول و حوش
alentours /alɑ̃tuʀ/ *nm. pl* ۱. اطراف، حوالی، دور و بر، حول و حوش ۲. این اطراف، این دور و بر، این طرف‌ها ۳. حومه ۴. جوانب، پیرامون
alerte[1] /alɛʀt/ *nf* ۱. علامت خطر، آژیر (خطر) ۲. اعلام خطر، هشدار ۳. وضع فوق‌العاده، وضعیت قرمز ۴. آماده‌باش
alerte aérienne آژیر حملهٔ هوایی
donner alerte ۱. از خطر آگاه کردن ۲. آماده‌باش دادن ۳. هشدار دادن
alerte[2] /alɛʀt/ *adj* ۱. زبر و زرنگ، چابک، چالاک، فرز، پرتحرک ۲. زنده، سرزنده
alerter /alɛʀte/ *vt* (1) ۱. از خطر آگاه کردن ۲. خبرکردن ۳. مطلع ساختن، خبر دادن به ۴. هشدار دادن به
alésage /alezaʒ/ *nm* ۱. (عمل) بُرقو زدن ۲. [لوله] تراشیدن از داخل ۳. کالیبر، قطر داخلی
aléser /aleze/ *vt* (1) ۱. بُرقو زدن (= گشاد کردن یا صیقل دادن جدار داخلی لوله) ۲. درون (چیزی را) تراشیدن، درون (چیزی را) صیقل دادن
aléseuse /alezøz/ *nf* بُرقو (= ابزاری برای گشاد کردن یا صیقل دادن جدار داخلی لوله)
alexandrin /alɛksɑ̃dʀɛ̃/ *nm* شعر دوازده‌هجایی
alezan,e /alzɑ̃,an/ *adj* [اسب] کَهَر
algarade /algaʀad/ *nf* دعوا، بگومگو، مشاجره، جر و بحث
avoir une algarade avec qqn با کسی بگومگو کردن، با کسی دعوا کردن
algébre /alʒɛbʀ/ *nf* ۱. [ریاضیات] جبر ۲. کتاب جبر ۳. مسئلهٔ غیرقابل درک
C'est de l'algèbre pour moi. برایم نامفهوم است. چیزی از آن سر در نمی‌آورم.
algébrique /alʒebʀik/ *nf* جبری
algébriquement /alʒebʀikmɑ̃/ *adv* از راه جبری، از طریق روش‌های جبری
algébriste /alʒebʀist/ *n* جبردان
algérien[1]**,enne** /alʒeʀjɛ̃,ɛn/ *adj* الجزایری، (مربوط به) الجزایر
Algérien[2]**,enne** /alʒeʀjɛ̃,ɛn/ *n* اهل الجزایر، الجزایری
algérien[3] /alʒeʀjɛ̃/ *nm* گویش الجزایری
algorithme /algɔʀitm/ *nm* [ریاضی] الگوریتم
algue /alg/ *nf* جلبک
alias /aljas/ *adv* معروف به، یا
alibi /alibi/ *nm* ۱. [حقوقی] ارائهٔ ادله و شواهد مبنی بر عدم حضور در محل وقوع جرم ۲. عذر، بهانه
aliénable /aljenabl/ *adj* [حقوقی] قابل انتقال، قابل واگذاری
aliénation /aljenasjɔ̃/ *nf* ۱. [حقوقی] انتقال، واگذاری ۲. ازخودبیگانگی
aliénation à titre gratuit [حقوقی] انتقال بلاعوض، بخشش، هبه

a = bas, plat e = blé, jouer ɛ = lait, jouet, merci i = il, lyre o = mot, dôme, eau, gauche ɔ = mort
u = roue y = rue ø = peu œ = peur ə = le, premier ɑ̃ = sans, vent ɛ̃ = matin, plein, lundi
ɔ̃ = bon, ombre ʃ = chat, tache ʒ = je, gilet j = yeux, paille, pied w = oui, nouer ɥ = huile, lui

aliéné 36

aliénation mentale دیوانگی، جنون

aliéné,e /aljene/ *adj* دیوانه، مجنون

aliéner /aljene/ *vt* (6) ۱. انتقال دادن، منتقل کردن، واگذار کردن ۲. از دست دادن ۳. بیگانه کردن، گریزان کردن، دور کردن، فراری دادن ۴. دشمن کردن ۵. دیوانه کردن

s'aliéner *vp* ۱. از خود دور کردن، فراری دادن، گریزان کردن، با خود بیگانه کردن ۲. با خود دشمن کردن ۳. دشمن‌تراشی کردن

aliéniste /aljenist/ *adj, n* روان‌پزشک

alignement /aliɲmɑ̃/ *nm* ۱. ردیف‌بندی ۲. ردیف ۳. صف، خط ۴. صف‌آرایی

aligner /aliɲe/ *vt* (1) ۱. ردیف کردن، در یک خط قرار دادن ۲. به صف کردن، به خط کردن ۳. (به دنبال) هم آوردن، پشت سر هم آوردن ۴. میزان کردن، تراز کردن، تنظیم کردن

s'aligner *vp* ۱. صف کشیدن، به صف شدن، صف بستن ۲. در یک خط قرار داشتن

aliment /alimɑ̃/ *nm* ۱. غذا، خوراک ۲. مادهٔ غذایی، مواد غذایی ـــ [صورت جمع] ۳. خرجی، نفقه

alimentaire /alimɑ̃tɛʀ/ *adj* غذایی، خوراکی، (مربوط به) تغذیه

obligation alimentaire تعهد تأمین معاش، تعهد پرداخت نفقه

régime alimentaire رژیم غذایی

alimentation /alimɑ̃tasjɔ̃/ *nf* ۱. تغذیه ۲. مواد غذایی ۳. خرید و فروش مواد غذایی

magasin d'alimentation فروشگاه مواد غذایی

alimenter /alimɑ̃te/ *vt* (1) ۱. غذا دادن، خوراک دادن ۲. تغذیه کردن ۳. شکم (کسی را) سیر کردن ۴. تقویت کردن ۵. [بحث] ادامه دادن

alinéa /alinea/ *nm* ۱. پاراگراف، بند ۲. [در خط] تورفتگی اول پاراگراف

alité,e /alite/ *adj* بستری

alitement /alitmɑ̃/ *nm* ۱. (عمل) بستری کردن ۲. بستری شدن ۳. بستری بودن

aliter /alite/ *vt* (1) بستری کردن، در بستر (بیماری) خواباندن

s'aliter *vp* بستری شدن، در بستر بیماری افتادن

allaitement /alɛtmɑ̃/ *nm* شیردهی

allaitement maternel تغذیه با شیر مادر

allaitement mixte تغذیه با شیرمادر و شیرخشک

allaiter /alete/ *vt* (1) [بچه] شیر دادن، از شیر خود تغذیه کردن

allant /alɑ̃/ *nm* تحرک، جنب و جوش، فعالیت

alléchant,e /aleʃɑ̃,t/ *adj* ۱. اشتهاآور ۲. وسوسه‌انگیز، فریبنده، جذاب، جالب توجه

allécher /aleʃe/ *vt* (6) ۱. اشتهای (کسی را) تحریک کردن ۲. وسوسه کردن، فریفتن ۳. توجه (کسی را) جلب کردن ۴. وعده و وعید دادن

allée /ale/ *nf* ۱. رفت ۲. گذرگاه، معبر، راه ۳. راهرو ۴. کوچه‌درختی

allées et venues رفت و آمد، آمد و شد، تردد

allégation /alegasjɔ̃/ *nf* ۱. اظهار، ادعا ۲. اتهام

allégement /alɛʒmɑ̃/ *nm* ۱. سبک‌سازی، سبک‌تر کردن ۲. کاهش، تخفیف ۳. تسکین

alléger /aleʒe/ *vt* (3,6) ۱. سبک کردن، سبک‌تر کردن ۲. کاهش دادن، کاستن، تخفیف دادن ۳. تسکین دادن

allégorie /alegɔʀi/ *nf* ۱. تمثیل، حکایت ۲. مجاز ۳. نماد

allégorique /alegɔʀik/ *adj* ۱. تمثیلی ۲. مجازی ۳. نمادین، نمادی

allégoriquement /alegɔʀikmɑ̃/ *adv* به تمثیل، به صورت نمادین

allègre /alɛgʀ/ *adj* ۱. سرحال، شاداب، بانشاط، سرزنده ۲. شاد، شادمان، خوشحال، خوش، سرخوش ۳. چابک، چالاک

allégrement /alɛgʀəmɑ̃/ *adv* ۱. با نشاط، با شادابی ۲. با شادمانی، شادمانه ۳. به چابکی

allégresse /alegʀɛs/ *nf* شعف، ذوق، وجد، شادی

allégro / alegʀo / *adv. nm* [موسیقی] آلگرو (= ضرب تندتر از آندانته و آرامتر از پرستو)

alléguer / alege / *vt* (61) ۱. پیش کشیدن ۲. [دلیل، عذر، بهانه] آوردن ۳. [مثال] زدن ۴. بهانه آوردن، بهانه کردن، عذر آوردن

allemand¹,e / almɑ̃,d / *adj* آلمانی، (مربوط به) آلمان

Allemand²,e / almɑ̃,d / *n* اهل آلمان، آلمانی

allemand³ / almɑ̃ / *nm* زبان آلمانی

aller¹ / ale / *vi* (9) ۱. رفتن ۲. عازم (جایی) بودن ۳. حرکت کردن ۴. پیش رفتن ۵. منتهی شدن ۶. کار کردن ۷. جور بودن، آمدن، متناسب بودن ۸. منجر شدن (به) ۹. [قلب] تپیدن، زدن ۱۰. [نبض] زدن ۱۱. خوب بودن، روبه‌راه بودن ۱۲. از بین رفتن، محو شدن ۱۳. [فعل کمکی برای ساختن زمان آینده نزدیک] در شرف (انجام) بودن، رو به ... بودن، داشتن

aller bien ۱. (حال کسی) خوب بودن ۲. خوب کار کردن ۳. خوب پیش رفتن

aller de soi / aller sans dire معلوم بودن، (پُر)واضح بودن، مشخص بودن، مسلم بودن، بدیهی بودن

Allez au diable! بروید به جهنم!

Allons! / Allez-y! ۱. خُب خُب دیگه! ۲. یالاً! دِ یالاً! بجنب! بجنبید!

Allons donc! عجب!

Allons-y! ۱. بیایید برویم. برویم. راه بیافتیم. ۲. دست به کار شویم. کار را شروع کنیم.

Comment allez-vous? چطورید؟ حالتان چطور است؟

Il va finir son travail. (او) دارد کارش را تمام می‌کند.

Il y va de... موضوع عبارت است از ...، بحث (بر) سر ... است، صحبت از ... است

laisser aller ۱. (به امید خدا) رها کردن، ول کردن، به حال خود گذاشتن ۲. بی‌خیال بودن، سرسری گرفتن، اهمیت ندادن

Ma montre va bien. ساعت مچی‌ام خوب کار می‌کند.

se laisser aller à [خشم، ناامیدی، ...] تسلیم شدن، خود را سپردن به

Vas-y! ۱. برو آنجا! ۲. یالاً! یالاً! دِ یالاً!

y aller fort اغراق کردن، غلو کردن

s'en aller *vp* ۱. رفتن ۲. ترک کردن ۳. درگذشتن، فوت کردن، از دنیا رخت بستن ۴. از بین رفتن ۵. محو شدن

Va-t-en! ۱. برو! ۲. برو پی کارت! ۳. گم شو!

aller² / ale / *nm* ۱. رفت، رفتن ۲. بلیت رفت

donner un aller et retour (کسی را) خودمانی (= به گونهٔ چپ و راست کسی سیلی زدن) چپ و راست کردن

allergène / alɛʀʒɛn / *nm* مادهٔ حساسیت‌زا، مادهٔ آلرژی‌زا، آلرژن

allergie / alɛʀʒi / *nf* حساسیت، آلرژی

allergique / alɛʀʒik / *adj* (مربوط به) آلرژی، آلرژیک

être allergique à حساسیت داشتن به

allergisant,e / alɛʀʒizɑ̃,t / *adj* آلرژی‌زا، حساسیت‌زا

allergologie / alɛʀɡɔlɔʒi / *nf* حساسیت‌شناسی

alliage / aljaʒ / *nm* ۱. آلیاژ ۲. آمیزه، ترکیب، مخلوط

alliance / aljɑ̃s / *nf* ۱. اتحاد، ائتلاف ۲. پیمان ۳. وحدت ۴. سازش، توافق ۵. پیوند، رابطه ۶. پیوند زناشویی، وصلت، عروسی ۷. حلقهٔ ازدواج، حلقه ۸. تلفیق، آمیزش

allié,e / alje / *adj, n* ۱. متحد، هم‌پیمان، متفق ۲. دوست، رفیق، یار ۳. حامی، پشتیبان

les Alliés [در جنگ جهانی دوم] ارتش متفقین

allier /alje/ *vt* (7) ۱. متحد کردن، هم‌پیمان کردن ۲. در هم آمیختن، مخلوط کردن ۳. ترکیب کردن ۴. یک‌جا جمع کردن، یک‌کاسه کردن

s'allier *vp* ۱. متحد شدن، هم‌پیمان شدن ۲. وصلت کردن ۳. درآمیختن ۴. پیوستن

alligator /aligatɔʀ/ *nm* آلیگاتور (= جانوری شبیه به تمساح)

allitération /aliteʀasjɔ̃/ *nf* تجانس آوایی، معلّی، همگونی همخوان‌ها

allo! /alo/ *interj* [مکالمه تلفنی] آلو!

allô! /alo/ *interj* → allo!

allocation /alɔkasjɔ̃/ *nf* ۱. تخصیص اعتبار، تخصیص ۲. کمک‌هزینه، حق، فوق‌العاده ۳. مقرری، مستمری ۴. سهیمه، سهم ۵. بودجه، اعتبار

allocation familiale مددمعاش خانواده، کمک‌هزینهٔ خانواده

allocution /alɔkysjɔ̃/ *nf* نطق کوتاه، پیام

allogène /loɔʒɛn/ *adj* غیربومی، خارجی

allonge /alɔ̃ʒ/ *nf* ۱. قطعهٔ الحاقی، قطعهٔ اضافی ۲. [قصابی] قناره (= میلهٔ بلند دارای چنگک برای آویختن لاشهٔ گوشت)، چنگک، قلاب ۳. [مشت‌زنی] بلندی دست

allongé,e /alɔ̃ʒe/ *adj* ۱. کشیده، دراز ۲. خوابیده، در حالت درازکش، درازکشیده

café allongé قهوهٔ رقیق

mine/figure allongée صورت کشیده، صورت دراز، چهرهٔ کشیده

allongement /alɔ̃ʒmɑ̃/ *nm* ۱. بلندتر شدن ۲. طولانی‌تر شدن ۳. کشیدگی

allonger /alɔ̃ʒe/ *vt, vi* (3) ۱. بلندتر کردن ۲. دراز کردن ۳. کشیدن ۴. کشیده‌تر کردن ۵. طولانی‌تر کردن ۶. رقیق کردن ۷. [ضربه] زدن ۸. دادن ۹. [خودمانی] نقش بر زمین کردن ◘ ۱۰. بلندتر شدن، طولانی شدن ۱۱. به درازا کشیدن

allonger la sauce سس را رقیق کردن

allonger le pas ۱. سریع‌تر رفتن، تندتر راه رفتن ۲. عجله کردن، شتاب کردن

allonger une somme پولی را دادن، مبلغی را پرداخت کردن

s'allonger *vp* ۱. طولانی‌تر شدن ۲. بلند شدن، بلندتر شدن ۳. کشیده شدن ۴. دراز کشیدن، خوابیدن ۵. نقش بر زمین شدن

allouer /alwe/ *vt* (1) [بودجه و غیره] اختصاص دادن، تخصیص دادن، در نظر گرفتن، منظور کردن

allumage /alymaʒ/ *nm* ۱. (عمل) روشن کردن ۲. احتراق ۳. اشتعال، افروزش، گیرش

allume-cigare(s) /alymsigaʀ/ *nm. inv* فندک (اتومبیل)

allume-gaz /alymgaz/ *nm. inv* فندک گاز (= از وسایل آشپزخانه برای روشن کردن شعلهٔ اجاق‌گاز)

allumer /alyme/ *vt* (1) ۱. روشن کردن، افروختن ۲. [رادیو وغیره] باز کردن، روشن کردن ۳. تحریک کردن، برانگیختن

allumer la guerre آتش جنگ را برافروختن

allumer une cigarette سیگاری را روشن کردن

s'allumer *vp* ۱. روشن شدن ۲. درخشیدن ۳. مشتعل شدن ۴. شعله‌ور شدن، شعله کشیدن

Ses yeux s'allument. چشمان او می‌درخشند.

allumette /alymɛt/ *nf* ۱. کبریت ۲. آلومِت (نوعی شیرینی خشک)

allumeur /alymœʀ/ *nm* [اتومبیل] دلکو

allumeuse /alymøz/ *nf* زن عشوه‌گر، زن لوند، طناز

allure /alyʀ/ *nf* ۱. طرز راه رفتن ۲. سرعت، آهنگ ۳. رفتار، برخورد، مشی ۴. سیر، روند ۵. ظاهر، ریخت، سر و وضع، قیافه ۶. [دریانوردی] نشست

à toute allure با سرعت تمام، با آخرین سرعت

avoir de l'allure باکلاس بودن، وقار داشتن، باپرستیژ بودن، بااتیکت بودن

alluré,e /alyʀe/ *adj* ۱. خوش‌لباس، شیک‌پوش، خوش‌پوش ۲. قشنگ، شیک

allusif,ive /alyzif,iv/ *adj* ۱. کنایه‌آمیز، کنایی ۲. تلمیح‌آمیز، تلمیحی ۳. تلویحی

altérer

allusion /alyzjɔ̃/ *nf*	۱. کنایه، اشاره ۲. تلمیح ۳. تلویح
allusivement /alyzivmɑ̃/ *adv*	۱. به طور کنایه‌آمیز ۲. تلویحاً
alluvial,e,aux /alyvjal,o/ *adj*	آبرفتی
alluvionnement /alyvjɔnmɑ̃/ *nm*	۱. تشکیل آبرفت ۲. رسوب‌گذاری
alluvionner /alyvjɔne/ *vi* (1)	رسوب (به جا) گذاشتن
alluvions /alyvjɔ̃/ *nf.pl*	۱. آبرفت ۲. رسوب
almanach /almana/ *nm*	۱. تقویم نجومی، سالنما ۲. سالنامه
aloès /alɔɛs/ *nm*	[گیاه] صبر، صبر زرد
aloi /alwa/ *nm*	عیار
de bon aloi	۱. شایسته، درخور ۲. محترم ۳. محترمانه ۴. عالی
de mauvais aloi	۱. ناشایست ۲. ناجنس، نادرست ۳. بنجل
alors /alɔʀ/ *adv*	۱. آن وقت، آنگاه، آن موقع ۲. در آن موقع، آن زمان، در آن دوران، آن روزها ۳. پس، در این صورت ۴. خُب، خوب
alors même que	در حالی که، حال آنکه
alors que	در صورتی که، با آنکه ۲. حتی اگر، وَلو در حالی که، حال آنکه، در صورتی که، با آنکه
Et puis alors?	[خودمانی] بعدش چی؟ خُب که چی؟
jusqu'alors	تا آن زمان، تا آن وقت، تا آن موقع
alouette /alwɛt/ *nf*	چکاوک، کاکلی
alourdir /aluʀdiʀ/ *vt* (2)	۱. سنگین کردن، ۲. ثقیل کردن
s'alourdir *vp*	۱. سنگین شدن، سنگین‌تر شدن ۲. ثقیل شدن
alourdissement /aluʀdismɑ̃/ *nm*	۱. سنگین شدن ۲. سنگینی
alpage /alpaʒ/ *nm*	مرتع مرتفع
alpe /alp/ *nf*	مراتع آلپ
alpestre /alpɛdtʀ/ *adj*	(مربوط به) آلپ
alpha /alfa/ *nm*	آلفا (= نخستین حرف الفبای یونانی)
l'alpha et l'oméga	اول و آخر، آغاز و پایان، سر و ته
alphabet /alfabɛ/ *nm*	۱. الفبا ۲. کتاب الفبا، کتاب سوادآموزی
alphabétique /alfabetik/ *adj*	۱. الفبایی، به ترتیب الفبا ۲. (مربوط به) الفبا
alphabétiquement /alfabetikmɑ̃/ *adv*	به ترتیب حروف الفبا، به ترتیب الفبا
alphabétisation /alfabetizasjɔ̃/ *nf*	سوادآموزی، باسواد کردن
alphabétiser /alfabetize/ *vt* (1)	۱. خواندن و نوشتن را یاد دادن به ۲. باسواد کردن، سواد آموختن به
alpin,e /alpɛ̃,in/ *adj*	۱. (مربوط به) آلپ ۲. (مربوط به) کوهنوردی
alpinisme /alpinism/ *nm*	کوهنوردی
alpiniste /alpinist/ *n*	کوهنورد
alsacien,enne[1] /alzasjɛ̃,ɛn/ *adj*	آلزاسی، (مربوط به) آلزاس (= ناحیه‌ای در فرانسه)
Alsacien,enne[2] /alzasjɛ̃,ɛn/ *n*	اهل آلزاس، آلزاسی
alter ego /altɛʀego/ *nm. inv*	۱. رفیق شفیق، دوست جانی ۲. همه‌کاره، دست راست
altérant,e /alteʀɑ̃,t/ *adj*	عطش‌آور، تشنه‌کننده
altération /alteʀasjɔ̃/ *nf*	۱. تغییر، دگرگونی ۲. تخریب ۳. تباهی، فساد ۴. تحریف، تـحـریف، قـلـب ۵. جعل، تقلب
altercation /altɛʀkasjɔ̃/ *nf*	مشاجره، کشمکش، نزاع، دعوا، بگومگو
altérer /alteʀe/ *vt* (6)	۱. تغییر دادن، عوض کردن ۲. خراب کردن، ضایع کردن ۳. فاسد

---

a = bas, plat e = blé, jouer ɛ = lait, jouet, merci i = il, lyre o = mot, dôme, eau, gauche ɔ = mort
u = roue y = rue ø = peu œ = peur ə = le, premier ɑ̃ = sans, vent ɛ̃ = matin, plein, lundi
ɔ̃ = bon, ombre ʃ = chat, tache ʒ = je, gilet j = yeux, paille, pied w = oui, nouer ɥ = huile, lui

altérité

alturiste /altyʀist/ *adj*	۱. نوع‌دوست، فداکار، ازخودگذشته، ایثارگر ۲. نوع‌دوستانه، ایثارگرانه
aluminium /alyminjɔm/ *nm*	آلومینیم
alunir /alyniʀ/ *vi* (2)	در ماه فرود آمدن
alunissage /alynisaʒ/ *nm*	فرود آمدن در کرهٔ ماه
alvéolaire /alveɔlɛʀ/ *adj*	۱. (مربوط به) حفرهٔ دندان ۲. [آواشناسی] لثوی
alvéole /alveɔl/ *nf*	۱. [کندو] خانه، حجره ۲. حفرهٔ دندان، آلوئول
alvéoles pulmonaires	حباب‌های ششی
amabilité /amabilite/ *nf*	مهربانی، لطف، محبت، خوبی
Ayez l'amabilité de.../Veuillez avoir l'amabilité de...	لطف کنید...، لطفاً...، محبت کنید...، بی‌زحمت...
faire des amabilités à qqn	با کسی مؤدبانه رفتار کردن، با کسی مؤدب بودن
amadouer /amadwe/ *vt* (1)	۱. دل (کسی را) به دست آوردن، نرم کردن ۲. [خودمانی] دَم (کسی را) دیدن، سبیل (کسی را) چرب کردن
amaigrir /amegʀiʀ/ *vt* (2)	۱. لاغر کردن ۲. ضخامت (چیزی را) گرفتن، نازک کردن
s'amaigrir *vp*	لاغر شدن
amaigrissant,e /amegʀisɑ̃,t/ *adj*	لاغرکننده، (مخصوص) لاغری
régime amaigrissant	رژیم لاغری
amaigrissement /amegʀismɑ̃/ *nm*	۱. لاغر شدن ۲. لاغری
amalgame /amalgam/ *nm*	۱. آلیاژ جیوه، مَلغَمه ۲. آمیزه، مخلوط، ترکیب، معجون
amalgamer /amalgame/ *vt* (1)	(در هم) آمیختن، مخلوط کردن، ترکیب کردن
amande /amɑ̃d/ *nf*	۱. بادام ۲. مغز (بادام) ۳. هسته
amende de l'abricot	هستهٔ زردآلو
yeux en amande	چشم‌های بادامی

	کردن، گنداندن ۴. جعل کردن ۵. مخدوش کردن، خدشه‌دار کردن ۶. تحریف کردن ۷. تشنه کردن، عطش آوردن
altérité /alteʀite/ *nf*	[فلسفه] غیریت، دگربودگی
alternance /altɛʀnɑ̃s/ *nf*	۱. توالی ۲. تناوب
alternant,e /altɛʀnɑ̃,t/ *adj*	۱. پیاپی، پی‌درپی، پشت سر هم، متوالی ۲. متناوب
alternatif,ive¹ /altɛʀnatif,iv/ *adj*	۱. متناوب، تناوبی ۲. پیاپی، پی‌درپی، پشت سر هم، متوالی ۳. دوشقّی
alternative² /altɛʀnativ/ *nf*	۱. تناوب ۲. توالی ۳. دوراهی ۳. شِق، راه
alternativement /altɛʀnativmɑ̃/ *adv*	پی‌درپی، پیاپی، به طور متوالی، متناوباً
alterne /altɛʀn(ə)/ *adj*	پشت سر هم
angles alternes	زوایای متبادل
feuilles alternes	برگ‌های متناوب
alterner /altɛʀne/ *vi, vt* (1)	۱. پشت سر هم آمدن، به دنبال هم آمدن ۲. به نوبت آمدن، تناوب داشتن ۳. (به) دنبال هم آوردن، پشت سر هم آوردن ۴. به نوبت آوردن، نوبتی کردن
altesse /altɛs/ *nf*	والاحضرت، والاگهر
altier,ère /altje,ɛʀ/ *adj*	۱. مغرور، متکبر، خودخواه، خودپسند ۲. مغرورانه، متکبرانه، خودخواهانه، خودپسندانه
altimètre /altimɛtʀ/ *nm*	ارتفاع‌سنج
altitude /altityd/ *nf*	ارتفاع
en altitude	در ارتفاعات
mal de l'altitude	ارتفاع‌گرفتگی
perdre de l'altitude	ارتفاع کم کردن
prendre de l'altitude	ارتفاع گرفتن، اوج گرفتن
altiste /altist/ *n*	نوازندهٔ ویولن آلتو
alto /alto/ *nm*	۱. [موسیقی] آلتو (= بم‌ترین صدای زن یا کودک) ۲. ویولن آلتو (= سازی شبیه به ویولن و اندکی بزرگ‌تر از آن)
alturisme /altyʀism/ *nm*	نوع‌دوستی، ازخودگذشتگی، گذشت، ایثار، فداکاری

amandier /amɑ̃dje/ *nm* درخت بادام
amant,e /amɑ̃,t/ *n* ۱. عاشق، دلباخته، دوستدار، شیفته ۲. فاسق
amarante /amaʀɛɑ̃t/ *nf, adj, inv* ۱. [گیاه] تاج‌خروس ◙ ۲. (به رنگِ) ارغوانی
amarre /amaʀ/ *nf* طناب، سیم، تسمه، کابل، بند، ریسمان
amarrage /amaʀaʒ/ *nm* (عمل) بستن، مهار کردن
amarrer /amaʀe/ *vt* (1) [با طناب، کابل، ...] بستن، مهار کردن
amas /ama/ *nm* ۱. تل، توده، پشته، کپه ۲. انبوه، (یک) خروار، (یک) عالَمه
amasser /amase/ *vt* (1) ۱. توده کردن، کپه کردن، روی هم گذاشتن، تلنبار کردن ۲. جمع کردن، جمع‌آوری کردن، گرد آوردن ۳. روی هم انباشتن، اندوختن
amasser des richesses ثروت انباشتن، مال اندوختن
s'amasser *vp* ۱. جمع شدن، گرد آمدن ۲. ازدحام کردن
amateur /amatœʀ/ *adj, n* ۱. دوستدار، علاقه‌مند ۲. (آدم) غیرحرفه‌ای، آماتور ۳. طالب، خواهان، خواستار ۴. مشتری، خریدار ۵. ناشی
être amateur de علاقه‌مند بودن به، علاقه داشتن به، دوستدار (چیزی) بودن
travailler en amateur ۱. تفننی کار کردن ۲. سرسری کار کردن
amazone /amazon/ *nf* ۱. سوارکار زن ۲. شیرزن
monter en amazone یک‌وری سوار اسب شدن
ambages /ɑ̃baʒ/ *nf.pl,* **sans ambages** صریح، بی‌پرده، رک و راست، رک و پوست‌کنده
ambassade /ɑ̃basad/ *nf* ۱. سفارت ۲. سفارتخانه ۳. نمایندگی
Ils sont allés en ambassade chez le directeur. آنها به نمایندگی نزد مدیر رفتند.
ambassadeur /ɑ̃basadœʀ/ *nm* ۱. سفیر، سفیرکبیر ۲. فرستادهٔ مخصوص ۳. نماینده ۴. معرِف
ambassadrice /ɑ̃basadʀis/ *nf* ۱. سفیر (زن)، خانم سفیر ۲. همسر سفیر، خانم سفیر، زن سفیر ۳. نماینده (زن) ۴. معّرِف (زن)
ambiance /ɑ̃bjɑ̃s/ *nf* ۱. جو، محیط، فضا، حال و هوا ۲. فضای شاد
ambiant,e /ɑ̃bjɑ̃,t/ *adj* ۱. احاطه کننده، محیط، فراگیر ۲. جاری، در جریان
la température ambiante دمای محیط
ambigu,ë /ɑ̃bigy/ *adj* مبهم، دوپهلو، گنگ
conduite ambiguë رفتار مشکوک
ambiguïté /ɑ̃bigɥite/ *nf* ۱. ابهام، گنگی ۲. عبارت مبهم، عبارت گنگ
ambitieusement /ɑ̃bisjøzmɑ̃/ *adv* جاه‌طلبانه
ambitieux,euse /ɑ̃bisjø,øz/ *adj, n* ۱. بلندپرواز ۲. جاه‌طلب ۳. جاه‌طلبانه ۴. شیفته، تشنه، طالب
ambition /ɑ̃bisjɔ̃/ *nf* ۱. بلندپروازی ۲. جاه‌طلبی ۳. آرزو، رؤیا ۴. هدف، خواسته
ambitionner /ɑ̃bisjɔne/ *vt* (1) ۱. آرزو داشتن، آرزوی (کسی) بودن، (چیزی را) طلب کردن ۲. طالب (چیزی) بودن، هدف (کسی) بودن
ambivalence /ɑ̃bivalɑ̃s/ *nf* ۱. دوگانگی ۲. ناهمخوانی، ناهماهنگی ۳. [روان‌شناسی] دوسوگرایی، دوسویگی
ambivalent,e /ɑ̃bivalɑ̃,t/ *adj* ۱. دوگانه ۲. ضد و نقیض ۳. [روان‌شناسی] دوسوگرا، دوسویه
amble /ɑ̃bl/ *nm* یورغه، یُرغه
ambler /ɑ̃ble/ *vi* (1) یورغه رفتن، یُرغه رفتن
ambre /ɑ̃bʀ/ *nm,* **ambre gris** عنبر
ambre jaune کهربا

a = bas, plat e = blé, jouer ɛ = lait, jouet, merci i = il, lyre o = mot, dôme, eau, gauche ɔ = mort
u = roue y = rue ø = peu œ = peur ə = le, premier ɑ̃ = sans, vent ɛ̃ = matin, plein, lundi
ɔ̃ = bon, ombre ʃ = chat, tache ʒ = je, gilet j = yeux, paille, pied w = oui, nouer ɥ = huile, lui

ambré,e /ɑ̃bʀe/ *adj* ۱. عنبرآگین، عنبرین ۲. (به رنگ) زرد کهربایی

ambrer /ɑ̃bʀe/ *vt* (1) ۱. عنبرآگین کردن، عنبر زدن به ۲. معطر کردن، خوشبو کردن ۳. رنگ زرد کهربایی زدن به، زرد کهربایی کردن

ambulance /ɑ̃bylɑ̃s/ *nf* آمبولانس

ambulancier,ère /ɑ̃bylɑ̃sje,ɛʀ/ *n* رانندهٔ آمبولانس

ambulant,e /ɑ̃bylɑ̃,t/ *adj* ۱. دوره‌گرد، سیّار ۲. متحرک

C'est un cadavre ambulant. او یک مردهٔ متحرک است.

marchand ambulant فروشندهٔ دوره‌گرد

âme /am/ *nf* ۱. روح، روان ۲. جان ۳. دل ۴. جان، وجود، توان ۵. جاندار، موجود زنده ۵. آدم، فرد، شخص، کس ۶. بانی، عامل، مسبب، مسئول ۷. مظهر، تجسم ۸. احساس، شور ۹. (رشته) سیم

âme d'un câble هادی کابل، سیم (داخل کابل)

avec âme با احساس، پرشور

avoir l'âme chevillée au corps جان‌سخت بودن، سخت‌جان بودن

bonne âme ۱. آدم خوب، آدم مهربان ۲. [به طعنه] آدم بد، آدم بدجنس، آدم خبیث

de toute son âme ۱. از ته دل ۲. واقعاً

Dieu ait son âme. خدا بیامرزدش. خدا رحمتش کند.

état d'âme حالت روحی، وضع روحی، روحیه

mon âme [در خطاب] عزیزم، عزیز دلم

rendre l'âme جان سپردن، جان دادن، فوت کردن

amélioration /ameljɔʀasjɔ̃/ *nf* ۱. بهبود، اصلاح، بهینه‌سازی ۲. تصحیح

améliorer /ameljɔʀe/ *vt* (1) ۱. بهتر کردن، بهبود بخشیدن، اصلاح کردن ۲. تصحیح کردن، صحیح کردن

s'améliorer *vp* ۱. بهتر شدن، بهبود یافتن، اصلاح شدن ۲. [شراب] جا افتادن

amen /amɛn/ *nm. inv* آمین

۱. آمین گفتن ۲. لبیک گفتن، قبول کردن dire amen

aménagement /amenaʒmɑ̃/ *nm* ۱. (عمل) مرتب کردن ۲. اصلاح ۳. آمایش، آماده‌سازی

aménager /amenaʒe/ *vt* (3) ۱. مرتب کردن، نظم و ترتیب دادن ۲. تغییر شکل دادن ۳. تبدیل کردن، بدل کردن ۴. اصلاح کردن ۵. درست کردن، آماده کردن

amendable /amɑ̃dabl/ *adj* اصلاح‌پذیر، قابل اصلاح

amende /amɑ̃d/ *nf* جزای نقدی، غرامت، جریمه

faire amende honorable به خطای خود اعتراف کردن، پوزش طلبیدن، معذرت خواستن

mettre qqn à l'amende ۱. جریمه کردن ۲. تنبیه کردن

amendement /amɑ̃dmɑ̃/ *nm* ۱. اصلاح، حک و اصلاح، تصحیح، تجدید نظر ۲. مادهٔ اصلاحی، تبصرهٔ اصلاحی ۳. کود

amender /amɑ̃de/ *vt* (1) ۱. اصلاح کردن، حک و اصلاح کردن، تصحیح کردن، تجدید نظر کردن ۲. کود دادن

s'amender *vp* ۱. اصلاح شدن ۲. خود را اصلاح کردن

amène /amɛn/ *adj* ۱. خوشایند، دلنشین، دلپذیر، مطبوع ۲. خوش‌رو، خوش‌رفتار، خوش‌اخلاق ۳. مهربان، خوش‌قلب ۴. محبت‌آمیز، دوستانه، صمیمانه

amenée /amne/ *nf* آب‌رسانی

amener /amne/ *vt* (5) ۱. (کسی را به جایی) بردن ۲. رساندن ۳. آوردن، همراه خود آوردن، با خود آوردن ۴. به ارمغان آوردن ۵. به بار آوردن، موجب شدن ۶. به دنبال آوردن، به دنبال داشتن ۷. عاید (کسی) کردن ۸. هدایت کردن ۹. کشاندن، سوق دادن ۱۰. وادار کردن، واداشتن، مجبور کردن ۱۱. (به طرف خود) کشیدن

amener les couleurs/le pavillon [کشتی] (به نشانهٔ تسلیم) پرچم خود را پایین آوردن

amical

amener la conversation sur un sujet	بحث را به موضوعی کشاندن
amener qqn à faire qqch	کسی را به کاری واداشتن، کسی را به انجام کاری مجبور کردن
amener qqn à son opinion	کسی را با خود هم‌عقیده کردن
aménité / amenite / *nf*	۱. ملاطفت، لطف، خوبی ۲. خوش‌رویی، روی خوش، ملایمت، خوش‌رفتاری، خوش‌اخلاقی
se dire/échanger des aménités	به همدیگر بد و بیراه گفتن، به هم دشنام دادن، به هم فحش دادن
traîter qqn sans aménité	با کسی بدرفتاری کردن، بد رفتار کردن
amenuisement / amənҷizmɑ̃ / *nm*	۱. (عمل) نازک کردن ۲. نازک شدن ۳. کاهش
amenuiser / amənҷize / *vt* (1)	۱. نازک کردن ۲. باریک کردن ۳. کاهش دادن، کم کردن ۴. تحلیل بردن
s'amenuiser *vp*	۱. نازک شدن ۲. کاهش یافتن، کم شدن
amer, ère / amɛR / *adj*	۱. تلخ ۲. ناگوار، دردناک، غم‌انگیز، اندوه‌بار ۳. تند، زننده، گزنده، نیش‌دار
ironie amère	طنز تلخ، طنز گزنده
amèrement / amɛRmɑ̃ / *adv*	به تلخی، با تلخکامی، تلخ، با ناراحتی، با اندوه
américain, e[1] / ameRikɛ̃, ɛn / *adj*	آمریکایی، (مربوط به) آمریکا
Américain, e[2] / ameRikɛ̃, ɛn / *n*	اهل آمریکا، آمریکایی
américaniser / ameRikanize / *vt* (1)	آمریکایی کردن
s'américaniser *vp*	آمریکایی شدن
américaniste / ameRikanist / *n*	متخصص زبان و ادبیات آمریکایی

amerrir / ameRiR / *vi* (2)	(روی آب) فرود آمدن، روی آب نشستن
amerrissage / ameRisaʒ / *nm*	فرود آمدن (روی آب)
amertume / amɛRtym / *nf*	۱. تلخی ۲. تلخکامی، دلخوری، ناراحتی، اندوه
améthyste / ametist / *nf*	یاقوت بنفش
ameublement / amœblᵊmɑ̃ / *nm*	اثاث، اثاثیه، مبلمان
tissu d'ameublement	پارچهٔ رومبلی، پارچهٔ مبل
ameublir / amœbliR / *vt* (2)	[کشاورزی] سبک کردن
ameublissement / amœblismɑ̃ / *nm*	[کشاورزی] سبک‌سازی
ameuter / amøte / *vt* (1)	۱. (به) دور خود جمع کردن، جمع کردن ۲. شوراندن، به شورش واداشتن ۳. تحریک کردن، برانگیختن
s'ameuter *vp*	[برای شورش یا تحریک] (دور هم) جمع شدن
ami, e / ami / *n, adj*	۱. دوست، رفیق، یار ۲. دوستدار، هوادار، طرفدار، حامی ۳. معشوق، معشوقه ◨ ۴. مهربان، صمیمی ۵. دوستانه، صمیمانه ۶. دوست ۷. مساعد، سازگار
ami intime	دوست صمیمی
les amis du livre	دوستداران کتاب، کتاب‌دوستان
petit ami	دوست پسر، معشوق
petite amie	دوست دختر، معشوقه
amiable / amjabl / *adj*	[حقوقی] دوستانه، مسالمت‌آمیز، مصالحه‌آمیز
à l'amiable	دوستانه، مسالمت‌آمیز، با توافق طرفین، با مصالحه
amiable compositeur	داور مرضی‌الطرفین
amibe / amib / *nf*	آمیب
amical, e[1], aux / amikal, o / *adj*	دوستانه، محبت‌آمیز، صمیمی، صمیمانه

---
a = bas, plat   e = blé, jouer   ɛ = lait, jouet, merci   i = il, lyre   o = mot, dôme, eau, gauche   ɔ = mort
u = roue   y = rue   ø = peu   œ = peur   ə = le, premier   ɑ̃ = sans, vent   ɛ̃ = matin, plein, lundi
ɔ̃ = bon, ombre   ʃ = chat, tache   ʒ = je, gilet   j = yeux, paille, pied   w = oui, nouer   ɥ = huile, lui

amicale[2] /amikal/ *nf* انجمن، کانون

amicalement /amikalmɑ̃/ *adv* دوستانه، صمیمانه، صمیمی

amidon /amidɔ̃/ *nm* نشاسته

empois d'amidon آهار

amidonnage /amidɔnaʒ/ *nm* (عمل) آهار زدن

amidonner /amidɔne/ *vt* (1) آهار زدن

amincir /amɛ̃siʀ/ *vt* (2) ۱. باریک کردن ۲. نازک کردن ۳. لاغر کردن ۴. رقیق کردن

s'amincir *vp* ۱. باریک شدن ۲. لاغر شدن ۳. رقیق شدن

amincissant,e /amɛ̃sisɑ̃,t/ *adj* لاغرکننده، (مخصوص) لاغری

amincissement /amɛ̃sismɑ̃/ *nm* ۱. (عمل) باریک کردن ۲. باریک شدن ۳. لاغر کردن ۴. لاغر شدن

amiral,aux /amiʀal,o/ *nm* دریاسالار

amirauté /amiʀote/ *nf* دریاسالاری

amitié /amitje/ *nf* ۱. دوستی، رفاقت ۲. رابطهٔ دوستانه ۳. محبت، لطف

Faites-nous l'amitié de... محبت کنید...، لطف کنید...

prendre qqn en amitié با کسی رابطهٔ دوستانه برقرار کردن، با کسی دوست شدن

amitié particulière همجنس‌بازی

ammoniac /amɔnjak/ *nm* (گاز) آمونیاک

ammoniaque /amɔnjak/ *nf* (محلول) آمونیاک

amnésie /amnezi/ *nf* فراموشی

amnésique /amnezik/ *adj, n* مبتلا به فراموشی، دچار فراموشی

amnistie /amnisti/ *nf* عفو عمومی، عفو

amnistié,e /amnistje/ *adj, n* مشمول عفو (عمومی)

amnistier /amnistje/ *vt* (7) عفو عمومی دادن، عفو کردن

amocher /amɔʃe/ *vt* (1) [عامیانه] درب و داغون کردن، له و لورده کردن، لت و پار کردن

se faire amocher [عامیانه] درب و داغون شدن، لت و پار شدن

amoindrir /amwɛ̃dʀiʀ/ *vt* (2) کم کردن، کاستن، کاهش دادن، پایین آوردن

s'amoindrir *vp* کاهش یافتن، کم شدن، کاسته شدن، پایین آمدن، تنزل یافتن

amoindrissement /amwɛ̃dʀismɑ̃/ *nm* کاهش، تقلیل، کم شدن

amollir /amɔliʀ/ *vt* (2) ۱. نرم کردن ۲. شل کردن ۳. سست کردن، تضعیف کردن، ضعیف کردن

s'amollir *vp* ۱. نرم شدن ۲. شل شدن ۳. سست شدن، تضعیف شدن، ضعیف شدن

amollissant,e /amɔlisɑ̃,t/ *adj* ۱. نرم‌کننده ۲. سست‌کننده، تضعیف‌کننده ۳. کاهنده، خسته‌کننده

amollissement /amɔlismɑ̃/ *nm* ۱. نرمی ۲. شُلی ۳. سستی، ضعف

amonceler /amɔ̃sle/ *vt* (4) ۱. توده کردن، کپه کردن، روی هم گذاشتن ۲. جمع‌آوری کردن، گردآوری کردن، جمع کردن، گرد آوردن ۳. روی هم انباشتن، اندوختن

amoncellement /amɔ̃sɛlmɑ̃/ *nm* توده، پشته، تل، کپه

amont /amɔ̃/ *nm* ۱. فرازاب، بالارود، بالادست رود ۲. بالای تپه، فرازتپه

en amont بالا، بالاتر، بالایی

en amont de بالاتر از، بالای

amoral,e,aux /amɔʀal,o/ *adj* ۱. خارج از مقولهٔ اخلاق ۲. فاقد اصول اخلاقی، غیراخلاقی

amorçage /amɔʀsaʒ/ *nm* ۱. (عمل) طعمه زدن ۲. چاشنی گذاشتن ۳. راه‌اندازی

amorce /amɔʀs/ *nf* ۱. [ماهیگیری] طعمه ۲. [گلوله و غیره] چاشنی، خرج ۳. آغاز، شروع، ابتدا، مقدمه، پیش‌درآمد

sans brûler une amorce بدون شلیک یک گلوله

amorcer /amɔʀse/ *vt* (3) ۱. [برای صید ماهی]

45 **amplitude**

طعمه زدن ۲. (با طعمه) ماهی گرفتن ۳. [گلوله و غیره] چاشنی گذاشتن، خرج گذاشتن ۴. آغاز کردن، شروع کردن ۵. راه انداختن ۶. به کار انداختن ۷. راه را (برای انجام کاری) باز کردن

s'amorcer *vp* ۱. شروع شدن، آغاز شدن ۲. راه افتادن

amorphe /amɔʀf/ *adj* ۱. بی‌شکل ۲. کنش‌پذیر، منفعل ۲. بی‌حال، وارفته

amortir /amɔʀtiʀ/ *vt* (2) ۱. از شدت (چیزی) کاستن ۲. [صدا، ضربه] گرفتن، تخفیف دادن ۳. [بدهی، سرمایه] مستهلک کردن

amortissement /amɔʀtismɑ̃/ *nm* ۱. [صدا، ضربه] تخفیف، کاهش، گرفتن ۲. [سرمایه، بدهی] استهلاک

amortisseur /amɔʀtisøʀ/ *nm* ۱. ضربه‌گیر ۲. صداگیر، صداخفه‌کن

amour /amuʀ/ *nm* ۱. عشق، دلدادگی ۲. علاقه، دلبستگی ۳. محبت ۴. عشق‌بازی ۵. هم‌خوابگی، نزدیکی ۶. محبوب

faire l'amour ۱. عشق‌بازی کردن ۲. همبستر شدن، نزدیکی کردن، خوابیدن (با)

mon amour [در خطاب] عشق من

pour l'amour de Dieu محض رضای خدا، شما را به خدا، تو را به خدا، به خاطر خدا

amouracher (s') /samuʀaʃe/ *vp* (1) [تحقیرآمیز] خاطرخواه شدن، گلوی (کسی پیش کسی) گیر کردن

amourette /amuʀɛt/ *nf* عشق زودگذر، هوس، هوا و هوس

amoureusement /amuʀøzmɑ̃/ *adv* عاشقانه

amoureux,euse /amuʀø,øz/ *adj, n* ۱. عاشق، دلباخته، دلداده ۲. عاشق‌پیشه ۳. شیفته ۴. عاشقانه

tomber amoureux عاشق شدن، دل باختن

amour-propre /amuʀpʀɔpʀ/ *nm* عزت نفس

amovibilité /amɔvibilite/ *nf* قابلیت عزل

amovible /amɔvibl/ *adj* ۱. قابل عزل ۲. جداشدنی

ampère /ɑ̃pʃɛʀ/ *nm* [فیزیک] آمپر (= واحد شدت جریان الکتریکی)

amphi /ɑ̃fi/ *nm* → amphithéâtre

amphibie /ɑ̃fibi/ *adj* ۱. دوزیست ۲. آبی-خاکی ۳. زمینی-دریایی

opérations amphibies [ارتش] عملیات زمینی-دریایی

amphibologie /ɑ̃fibɔlɔʒi/ *nf* ابهام

amphibologique /ɑ̃fibɔlɔʒik/ *adj* مبهم، دوپهلو، گنگ

amphithéâtre /ɑ̃fiteatʀ/ *nm* ۱. آمفی‌تئاتر ۲. تالار

ample /ɑ̃pl/ *adj* ۱. گشاد، گل و گشاد ۲. جادار ۳. وسیع، بزرگ، فراخ

amplement /ɑ̃pləmɑ̃/ *adv* ۱. تمام و کمال، کاملاً، خوب ۲. به تفصیل، به طور مفصل

ampleur /ɑ̃plœʀ/ *nf* ۱. گشادی ۲. وسعت ۳. عظمت، بزرگی ۴. شدت ۵. غنا ۶. رسایی

dans toute son ampleur با همهٔ وسعتش، در همهٔ ابعادش

donner de l'ampleur [لباس] گشاد کردن

ampli /ɑ̃pli/ *nm* → amplificateur

amplificateur /ɑ̃plifikatœʀ/ *nm* (دستگاه) تقویت‌کننده، آمپلی‌فایر

amplification /ɑ̃plifikasjɔ̃/ *nf* ۱. بسط، شرح، توضیح ۲. تقویت

amplifier /ɑ̃plifje/ *vt* (7) ۱. بزرگ کردن ۲. وسعت بخشیدن ۳. تقویت کردن ۴. بسط دادن، شرح و بسط دادن ۵. اغراق کردن

amplitude /ɑ̃plityd/ *nf* ۱. دامنه ۲. وسعت، عظمت

---

a = bas, plat e = blé, jouer ɛ = lait, jouet, merci i = il, lyre o = mot, dôme, eau, gauche ɔ = mort
u = roue y = rue ø = peu œ = peur ə = le, premier ɑ̃ = sans, vent ɛ̃ = matin, plein, lundi
ɔ̃ = bon, ombre ʃ = chat, tache ʒ = je, gilet j = yeux, paille, pied w = oui, nouer ɥ = huile, lui

amplitude de moyenne annuelle دامنهٔ میانگین تغییر دمای سالانه (= اختلاف میانگین درجهٔ حرارت هوا در سردترین و گرمترین ماه سال)
amplitude diurne دامنهٔ تغییر دمای روزانه (= اختلاف حداقل و حداکثر درجهٔ حرارت هوا در طی روز)
ampoule / ãpul / *nf* ۱. آمپول ۲. لامپ ۳. [دارو، عطر، ...] شیشه ۴. تاول
Il a une ampoule au pied droit. پای راستش تاول زده است.
ampoulé,e / ãpule / *adj* پرطمطراق، مُغلق
amputation / ãpytasjɔ̃ / *nf* [جراحی] قطع عضو
amputé,e / ãpyte / *n* معلول، ناقص‌العضو
amputer / ãpyte / *vt* (1) ۱. (عضوی از بدن کسی را) بریدن، قطع کردن، مثله کردن ۲. حذف کردن، زدن
amulette / amylɛt / *nf* تعویذ، نظرقربانی، دعا، طلسم
amusant,e / amyzã,t / *adj* ۱. سرگرم‌کننده، مشغول‌کننده ۲. خنده‌دار، خنده‌آور، مضحک ۳. جالب
amusement / amyzmã / *nm* ۱. سرگرمی، تفریح ۲. وسیلهٔ سرگرمی، وسیلهٔ تفریح
amuser / amyze / *vt* (1) ۱. سرگرم کردن، سر (کسی را) گرم کردن، مشغول کردن ۲. خنداندن، (به) خنده انداختن
s'amuser *vp* ۱. خود را سرگرم کردن، سر خود را گرم کردن، سرگرم شدن ۳. تفریح کردن، خوش گذراندن ۴. دست انداختن، سر به سر (کسی) گذاشتن ۵. وقت خود را (با کاری) پر کردن، وقت‌گذرانی کردن ۶. عیاشی کردن
s'amuser à faire qqch خود را با انجام کاری سرگرم کردن، با کاری سرگرم شدن
amusette / amyzɛt / *nf* ۱. اسباب‌بازی (کم‌ارزش) ۲. بازیچه ۳. وقت‌گذرانی
amygdale / ami(g)dal / *nf* لوزه
amygdalite / ami(g)dalit / *nf* التهاب لوزتین
an / ã / *nm* سال
bon an mal an روی‌هم‌رفته، در مجموع
Il a dix ans. او ده‌ساله است.
Il s'en moque comme de l'an quarante. برایش مهم نیست. عین خیالش نیست. باکش نیست. بی‌خیالش است. ککش هم نمی‌گزد.
l'an dernier پارسال، سال گذشته، سال پیش
Le Jour de l'an روز اول سال (= اول ژانویه)
anachorète / anakɔrɛt / *nf* ۱. زاهد خلوت‌نشین، معتکف ۲. گوشه‌نشین، گوشه‌گیر، منزوی، تارک دنیا
anachronique / anakrɔnik / *adj* ۱. ناسازگار با زمان ۲. واپس‌گرایانه، خلاف روند تاریخ ۳. قدیمی، منسوخ، کهنه
anachronisme / anakrɔnism / *nm* ۱. نابهنجاری تاریخی ۲. واپس‌گرایی ۳. اشتباه تاریخی ۴. چیز ناسازگار با زمان
anaérobie / anaerɔbi / *adj, nm* ناهوازی، بی‌هوازی
anal,e,aux / anal,o / *adj* مقعدی، (مربوط به) مقعد
analgésie / analʒezi / *nf* فقدان حس درد، بی‌دردی
analgésique / analʒezik / *adj, nm* ۱. مسکّن ۲. داروی مسکّن، مسکّن
analogie / analɔʒi / *nf* ۱. شباهت، مشابهت، تشابه، همانندی ۲. قیاس ۳. تمثیل
par analogie ۱. قیاسی ۲. تمثیلی
analogique / analɔʒik / *adj* قیاسی
analogue / analɔg / *adj, nm* ۱. شبیه، مشابه، همانند، نظیر ۲. هم‌سنگ، هم‌ارز، هم‌تراز ۳. نظیر، مانند ۴. معادل، برابر
analphabète / analfabɛt / *adj, n* بی‌سواد
analphabétisme / analfabetism / *nm* بی‌سوادی
analysable / analizabl / *adj* ۱. قابل تجزیه،

anathème / anatɛm / *nm* ۱. [مذهب کاتولیک] تکفیر ۲. لعن، لعنت ۳. نفرین ۴. تکفیرشده

jeter l'anathème sur qqn همهٔ تقصرها را به گردن کسی انداختن، به شدت محکوم کردن

prononcer un anathème تکفیر کردن

anatomie / anatɔmi / *nf* ۱. کالبدشناسی، آناتومی ۲. تشریح ۳. تجزیه و تحلیل، بررسی ۴. اندام، هیکل

anatomique / anatɔmik / *adj* ۱. کالبدشناختی، (مربوط به) کالبدشناسی ۲. تشریحی

anatomiquement / anatɔmikmɑ̃ / *adv* ۱. از نظر کالبدشناسی ۲. از نظر اندام

anatomiste / anatɔmist / *n* کالبدشناس

ancestral,e,aux / ɑ̃sɛstʀal,o / *adj* اجدادی، آباء و اجدادی، (مربوط به) نیاکان

ancêtre / ɑ̃sɛtʀ / *nm* ۱. جد، نیا ۲. [خودمانی] پیرمرد ۳. طلایه‌دار، پیشاهنگ، پدر ــ [صورت جمع] ۴. اجداد، نیاکان، پیشینیان

ancêtre du surréalisme پدر سوررئالیسم

anchois / ɑ̃ʃwa / *nm* ماهی کولی

ancien,enne / ɑ̃sjɛ̃,ɛn / *adj* ۱. قدیمی، کهنه ۲. کهن، باستان، باستانی، دیرین ۳. عتیقه ۴. پیشین، سابق، قبلی ۵. پیر، سالخورده ۶. کارآموزده، کهنه‌کار، پیش‌کسوت

ancien patron رئیس سابق، کارفرمای سابق

l'histoire ancienne تاریخ کهن، تاریخ باستان

mounment ancien بنای قدیمی، بنای تاریخی

anciennement / ɑ̃sjɛnmɑ̃ / *adv* ۱. سابقاً، پیش از این، سابق بر این ۲. در گذشته، قدیم‌ها

ancienneté / ɑ̃sjɛnte / *nf* ۱. قدمت، کهنگی ۲. سابقه، پیشینه

ancrage / ɑ̃kʀaʒ / *nm* ۱. (عمل) لنگر انداختن ۲. لنگرگاه ۳. مهار، مهاربندی ۴. استقرار ۵. نصب

ancre / ɑ̃kʀ / *nf* ۱. لنگر ۲. مهار

ancre de salut تنها راه نجات

تجزیه‌پذیر ۲. قابل تجزیه و تحلیل، قابل بررسی

analyse / analiz / *nf* ۱. تجزیه ۲. فراکاوی، تجزیه و تحلیل، تحلیل، بررسی ۳. [دستور زبان] تقطیع، تجزیه و ترکیب ۴. [ریاضیات] تحلیل، آنالیز ۵. روانکاوی

analyse grammaticale [دستور زبان] تجزیه

analyse logique [دستور زبان] ترکیب

en dernière analyse در تحلیل نهایی

analyser / analize / *vt* (1) ۱. تجزیه کردن ۲. تجزیه و تحلیل کردن، تحلیل کردن، بررسی کردن، کند و کاو کردن در

analyste / analist / *n* ۱. تحلیل‌گر ۲. متخصص آنالیز (ریاضی) ۳. روانکاو

analytique / analitik / *adj* ۱. تحلیلی ۲. تحلیل‌گر ۳. تحلیل‌گرانه ۴. روانکاوانه

énoncé analytique [منطق] عبارت تحلیلی

ananas / anana(s) / *nm* ۱. آناناس ۲. درخت آناناس

anar / anaʀ / *n* → anarchiste

anarchie / anaʀʃi / *nf* ۱. هرج و مرج، بی‌نظمی، آشوب ۲. بی‌دولتی، بی‌قانونی ۳. دولت‌ستیزی، آنارشیسم

anarchique / anaʀʃik / *adj* ۱. دولت‌ستیز، آنارشیست ۲. هرج و مرج‌طلب، آشوبگر ۳. بی‌قانون ۴. بی‌نظم، بی‌رویه

anarchiquement / anaʀʃikmɑ̃ / *adv* با بی‌نظمی، بی‌نظم، بی‌رویه

anarchisme / anaʀʃism / *nm* ۱. دولت‌ستیزی، آنارشیسم ۲. هرج و مرج‌طلبی

anarchiste / anaʀʃist / *n, adj* ۱. دولت‌ستیز، آنارشیست ۲. هرج و مرج‌طلب، آشوب‌گرا ◙ ۳. دولت‌ستیزانه، آنارشیستی

anarcho / anaʀko / *n* → anarchiste

anathématiser / anatematize / *vt* (1) ۱. [مذهب کاتولیک] تکفیر کردن ۲. لعنت کردن

jeter l'ancre ۱. لنگر انداختن ۲. اقامت کردن، سکنا گزیدن، مستقر شدن
lever l'ancre ۱. لنگر برداشتن ۲. رفتن
ancrer / ɑ̃kʀe / *vt* (1) ۱. لنگر انداختن ۲. بستن، مهار کردن، ثابت کردن، محکم کردن، استوار کردن ۳. مستقر کردن
ancrer dans l'esprit/la tête de qqn [فکر] به کسی القا کردن، به کسی تلقین کردن
s'ancrer *vp* ۱. جای گرفتن، مستقر شدن ۲. [مجازی] ریشه دواندن، ریشه کردن
andante / ɑ̃dɑ̃t;andante / *nm* [موسیقی] آندانته
andouille / ɑ̃duj / *nf* [خودمانی] احمق، خر
âne / an / *nm* ۱. خر، الاغ ۲. احمق، ابله، خر، نفهم
être comme l'âne de Buridan (بر) سر دوراهی بودن، سرگردان بودن
faire l'âne pour avoir du son (برای کسب خبر) خود را به خریت زدن
pont aux ânes پل خربگیری
un âne bâté خر تمام‌عیار، خر دوطبقه
anéantir / aneɑ̃tiʀ / *vt* (2) ۱. نابود کردن، منهدم کردن، از بین بردن ۲. از پا درآوردن، خرد کردن ۳. درهم کوبیدن، تار و مار کردن
Cette nouvelle m'a anéanti. این خبر مرا از پا درآورد.
s'anéantir *vp* ۱. نابود شدن، از بین رفتن، منهدم شدن ۲. بر باد رفتن
s'anéantir dans l'oublie فراموش شدن، به فراموشی سپرده شدن، از یاد رفتن
anéantissement / aneɑ̃tismɑ̃ / *nm* ۱. نابودی، انهدام، اضمحلال ۲. تباهی ۳. ازپاافتادگی، خستگی ۴. درماندگی
anecdote / anɛkdɔt / *nf* حکایت، قصه (کوتاه)
anémie / anemi / *nf* ۱. کم‌خونی ۲. کمبود، بحران
anémier / anemje / *vt* (7) کم‌خون کردن
anémique / anemik / *adj, n* ۱. کم‌خون، مبتلا به کم‌خونی ◻ ۲. (مربوط به) کم‌خونی ۳. کم‌مایه، آبکی، ضعیف
anémone / anemɔn / *nf* شقایق نعمانی
anémone de mer شقایق دریایی
ânerie / anʀi / *nf* ۱. خریت، حماقت ۲. چرت و پرت، پرت و پلا، چرندپرند، جفنگ
ânesse / anɛs / *nf* خر ماده، ماچه‌الاغ
anesthésie / anɛstezi / *nf* ۱. بیهوشی ۲. بی‌حسی ۳. هوش‌بَری
anesthésie générale بیهوشی
anesthésie locale بی‌حسی (موضعی)
anesthésier / anɛstezje / *vt* (7) ۱. بیهوش کردن ۲. بی‌حس کردن
anesthésique / anɛstezik / *adj* ۱. بیهوش‌کننده ۲. بی‌حس‌کننده ۳. (مربوط به) بیهوشی ۴. (مربوط به) بی‌حسی ◻ ۵. داروی بیهوشی، داروی هوش‌بَری ۶. داروی بی‌حسی
anesthésiste / anɛstezist / *n* متخصص بیهوشی
anfractuosité / ɑ̃fʀaktɥozite / *nf* خلل و فرج، سوراخ، منفذ
ange / ɑ̃ʒ / *nm* [معنی حقیقی و مجازی] فرشته، مَلَک
ange gardien فرشتهٔ نگهبان
être aux anges عرش را سیر کردن
patience d'ange صبر ایوب
Un ange passe. یک‌دفعه همه ساکت شدند. سکوت شد.
angélique / ɑ̃ʒelik / *adj* ۱. فرشته‌وار، فرشته‌صفت، مثل فرشته، فرشته‌خو ۲. ملکوتی، آسمانی
angine / ɑ̃ʒin / *nf* [پزشکی] آنژین
angine de poitrine آنژین سینه، آنژین صدری
anglais[1]**,e** / ɑ̃glɛ,z / *adj* انگلیسی، (مربوط به) انگلستان
Anglais[2]**,e** / ɑ̃glɛ,z / *adj* اهل انگلستان، انگلیسی

anglais³ / ãglɛ / *nm* (زبان) انگلیسی
angle / ãgl / *nm* ۱. زاویه ۲. گوشه، کنج ۳. دیدگاه، دید، نقطه‌نظر، جنبه
arrondir/adoucir les angles روابط را تسهیل کردن
sous l'angle de از نقطه نظرِ، از جنبهٔ، از نظرِ، از حیثِ، از دیدِ
angliciser / ãglisize / *vt* (1) انگلیسی کردن، انگلیسی‌مآب کردن
s'angliciser *vp* انگلیسی شدن، انگلیسی‌مآب شدن
anglicisme / ãglisism / *nm* ۱. اصطلاح انگلیسی ۲. واژهٔ قرضی انگلیسی
angliciste / ãglisist / *n* متخصص زبان و ادبیات انگلیسی
anglomanie / ãglɔmani / *nf*, انگلستان‌شیفتگی، انگلستان‌زدگی
anglophile / ãglɔfil / *adj, n* دوستدار انگلیس، طرفدار انگلستان، هوادار انگلستان
anglophilie / ãglɔfili / *nf*, انگلستان‌دوستی، هواداری از انگلستان
anglophobe / ãglɔfɔb / *adj* ضدانگلیسی، انگلستان‌ستیز
anglophobie / ãglɔfɔbi / *nf*, انگلستان‌ستیزی، انگلستان‌هراسی
anglophone / ãglɔfɔn / *adj, n* انگلیسی‌زبان
anglosaxon,onne / ãglɔsɑ,ɔn / *adj, n* آنگلوساکسون (= نژاد مردم انگلیس)
angoissant,e / ãgwasã,t / *adj* هراس‌آور، هراس‌انگیز، هراسناک، دلهره‌آور
angoisse / ãgwas / *nf* هراس، دلهره، تشویش، اضطراب، نگرانی، دلواپسی
vivre dans l'angoisse در هراس به سر بردن، با دلهره و تشویش زندگی کردن
angoissé,e / ãgwase / *adj, n* نگران، مضطرب، هراسان، دلواپس

angoisser / ãgwase / *vt* (1) به هراس انداختن، هراسان کردن، هراساندن، نگران کردن، مضطرب کردن
anguille / ãgij / *nf* مارماهی
Il y a anguille sous roche. کاسه‌ای زیر نیم‌کاسه است.
angulaire / ãgylɛʁ / *adj* ۱. زاویه‌دار ۲. زاویه‌ای، (مربوط به) زاویه ۳. گوشه‌دار، نوک‌تیز
dents angulaires دندان‌های نیش، انیاب
pierre angulaire ۱. سنگ کُنج، سنگ سوک، (نخستین) سنگ بنا ۲. اساس، پایه، مبنا، بنیاد
anguleux,euse / agylø,øz / *adj* ۱. گوشه‌دار، نوک‌تیز ۲. لاغر، استخوانی، تکیده ۳. خشک، یبس، نچسب
anhydride / anidʁid / *nm* [شیمی] آنیدرید
anicroche / anikʁɔʃ / *nf* اشکال، مشکل، مسئله (جزیی)، گیر
animal¹,aux / animal,o / *nm* ۱. جانور، حیوان ۲. آدم احمق و خشن، وحشی، حیوان
animal²,e,aux / animal,o / *adj* ۱. جانوری، (مربوط به) حیوانات، جانوران ۲. نفسانی، جسمانی
animalcule / animalkyl / *nm* جانور ذره‌بینی
animalier,ère / animalje,ɛʁ / *adj* (مربوط به) حیوانات، جانوران
animalité / animalite / *nf* ۱. حیوانیت، خوی حیوانی، طبیعت حیوانی ۲. نفس حیوانی
animateur,trice / animatœʁ,tʁis / *n* ۱. زندگی‌بخش، حیات‌بخش ۲. گرداننده، بانی ۳. مجلس‌گرم‌کن، مجلس‌آرا
animation / animasjɔ̃ / *nf* ۱. جنبش، جنب و جوش، تحرک ۲. شور، حرارت، گرمی، سرزندگی ۳. زنده‌نمایی، جان‌بخشی ۴. ساخت نقاشی متحرک، تولید کارتون، متحرک‌سازی
animé,e / anime / *adj* ۱. جاندار، زنده

---

a = bas, plat   e = blé, jouer   ɛ = lait, jouet, merci   i = il, lyre   o = mot, dôme, eau, gauche   ɔ = mort
u = roue   y = rue   ø = peu   œ = peur   ə = le, premier   ã = sans, vent   ɛ̃ = matin, plein, lundi
ɔ̃ = bon, ombre   ʃ = chat, tache   ʒ = je, gilet   j = yeux, paille, pied   w = oui, nouer   ɥ = huile, lui

animer

	۲. پرجنب و جوش، پرتحرک ۳. پرشور و حال، سرزنده، شاد
dessins animés	نقاشی متحرک، کارتون
être animé	(موجود) جاندار
animer / anime / *vt* (1)	۱. جان دادن، حیات بخشیدن، زنده کردن ۲. به جنب و جوش آوردن، تحرک بخشیدن، فعال کردن ۳. شور و حال بخشیدن، سرزنده کردن، نشاط بـخشیدن ۴. ترغیب کـردن، بـرانگیـختن، تـحریک کـردن ۵. هدایت کردن، پیش بردن
animer une personne contre qqn	کسی را بر ضد دیگری شوراندن، کسی را علیه دیگری تحریک کردن
s'animer *vp*	۱. جان گرفتن، زنده شدن ۲. به حرکت درآمدن، حرکت کردن ۳. به جنب و جوش آمدن ۴. شور و حال یافتن
La conversation s'anime.	گفتگو دارد جالب می‌شود. صحبت گل انداخت.
animosité / animozite / *nf*	۱. دشمنی، خصومت، عداوت ۲. کینه، کین، بغض
anis / ani(s) / *nm*	[گیاه] رازیانه
ankylose / ãkiloz / *nf*	۱. [پزشکی] جمود مفصلی ۲. رکود، وقفه
ankyloser / ãkiloze / *vt* (1)	۱. [پزشکی] دچار جمود مفصلی کردن ۲. [اندام] خشک کردن ۳. از کار انداختن، فلج کردن
annal,e,aux / anal,o / *adj*	[حقوقی] یکساله
annales / anal / *nf. pl*	۱. سالنامه ۲. تاریخ، تاریخچه ۳. گزارش سالانه
annaliste / analist / *n*	وقایع‌نگار
anneau / ano / *nm*	۱. حلقه ۲. انگشتر
année / ane / *nf*	سال
année bissextile	سال کبیسه
année civile	سال رسمی، سال تقویمی
année lunaire	سال قمری
année scolaire	سال تحصیلی
année solaire	سال خورشیدی، سال شمسی
d'année en année	سال به سال
année-lumière / anelymjɛʀ / *nf*	[ستاره‌شناسی] سال نوری
annelé,e / anle / *adj*	۱. حلقوی ۲. حلقه‌حلقه
anneler / anle / *vt* (4)	[مو] حلقه‌حلقه کردن، مجعد کردن
annexe¹ / anɛks / *adj*	پیوست، ضمیمه، پی‌افزود، پی‌نویس، ملحقه، مؤخره
annexe² / anɛks / *nf*	۱. ساختمان الحاقی، ساختمان فرعی ۲. شعبه
annexer / anɛkse / *vt* (1)	۱. ضمیمه کردن، الحاق کردن، ملحق کردن، منضم کردن ۲. تصرف کردن، تسخیر کردن، اشغال کردن
s'annexer *vp*	به خود اختصاص دادن، مال خود کردن، برای خود برداشتن
annexion / anɛksjɔ̃ / *nf*	۱. الحاق ۲. تصرف، تسخیر، اشغال
annihilation / aniilasjɔ̃ / *nf*	نابودی، انهدام، اضمحلال
annihiler / aniile / *vt* (1)	۱. نابود کردن، از بین بردن، منهدم کردن، معدوم کـردن ۲. از پا انداختن، از پا درآوردن، خرد کردن
anniversaire / anivɛʀsɛʀ / *nm, adj*	۱. سالگرد، سالروز ۲. سالگرد تولد، تولد ۳. مراسم سالگرد
Aujourd'hui c'est mon anniversaire.	امروز (سالگردِ) تولد من است.
jour anniversaire	سالروز، سالگرد
annonce / anɔ̃s / *nf*	۱. اعلام ۲. خبر ۳. اعلان، آگهی، اطلاعیه ۴. نشانه، علامت
petites annonces	[روزنامه، مجله] آگهی‌های کوچک، نیازمندی‌ها
annoncer / anɔ̃se / *vt* (3)	۱. اعلام کردن، خبر دادن، اطلاع دادن ۲. اعلان کردن، آگهی کردن ۳. پیشگویی کردن ۴. نشانۀ (چیزی) بودن، دلالت کردن بر، نشان دادن ۵. گواهی دادن ۶. علنی کردن ۷. ورود (کسی را) اعلام کردن ۸. معرفی کردن
Cela n'annonce rien de bon.	اصلاً امیدوارکننده نیست.

anticipation /ɑ̃tisipasjɔ̃/ *nf* ۱. (عمل) جلو انداختن ۲. اقدام زودتر از موقع ۳. پرداخت پیش از موعد ۴. پیشخور ۵. پیش‌بینی، آینده‌نگری

par anticipation از پیش، از قبل، جلوتر، پیشاپیش

roman d'anticipation رمان علمی- تخیلی

anticipé,e /ɑ̃tisipe/ *adj* ۱. پیش از موقع ۲. زودتر از موعد، پیش از موعد ۳. پیشاپیش، از قبل

avec mes remerciements anticipés. پیشاپیش از شما تشکر می‌کنم.

paiement anticipé پیش‌پرداخت، پول پیش

retraite anticipée بازنشستگی پیش از موعد

anticiper /ɑ̃tisipe/ *vt, vi* (1) ۱. جلو انداختن ۲. زودتر از موقع انجام دادن ۳. پیش از موعد پرداخت کردن ۴. پیش‌خور کردن ▣ ۵. پیش‌بینی کردن، آینده‌نگری کردن

N'anticipons pas. از الان نمی‌شود آینده را پیش‌بینی کرد.

anticolonialisme /ɑ̃tikɔlɔnjalism/ *nm* استعمارستیزی، مبارزه با استعمار

anticolonialiste /ɑ̃tikɔlɔnjalist/ *adj, n* ۱. ضداستعماری، استعمارستیزانه ▣ ۲. ضد استعمار، استعمارستیز

anticommunisme /ɑ̃tikɔmynism/ *nm* ضدیت با کمونیسم، کمونیسم‌ستیزی

anticommuniste /ɑ̃tikɔmynist/ *adj* ضدکمونیستی

anticonceptionnel,elle /ɑ̃tikɔ̃sɛpsjɔnɛl/ *adj* ضدبارداری

anticonstitutionnel,elle /ɑ̃tikɔ̃stitysjɔnɛl/ *adj* خلاف قانون اساسی، مغایر با قانون اساسی

anticonstitutionnellement /ɑ̃tikɔ̃stitysjɔnɛlmɑ̃/ *adv* به شیوه‌ای مغایر با قانون اساسی

anticorps /ɑ̃tikɔʀ/ *nm* پادتن، پادجِرم، آنتی‌کور

antidater /ɑ̃tidate/ *vt* (1) تاریخ بعد را گذاشتن، تاریخ آینده را قید کردن

antidémocratique /ɑ̃tidemɔkʀatik/ *adj* ضددموکراسی

antidépresseur /ɑ̃tidepʀesøʀ/ *nm* داروی ضدافسردگی

antidérapant,e /ɑ̃tideʀapɑ̃,t/ *adj* ضدلغزش

pneus antidérapants (لاستیک) یخ‌شکن

antidiphtérique /ɑ̃tididteʀik/ *adj* ضددیفتری

antidote /ɑ̃tidɔt/ *nm* ۱. پادزهر، نوشدارو، تریاق ۲. چاره، علاج، دوا، درمان

antiesclavagiste /ɑ̃tidɛsklavaʒist/ *adj* مخالف برده‌داری، ضدبرده‌داری

antifasciste /ɑ̃tifaʃist/ *adj, n* ۱. ضدفاشیستی ▣ ۲. ضدفاشیسم

antigel /ɑ̃tiʒɛl/ *nm* ضدیخ

antigène /ɑ̃tiʒɛn/ *nm* پادگن، آنتی‌ژن

antigouvernemental,e,aux /ɑ̃tiguvɛʀnəmɑ̃tal,o/ *adj* ضددولتی

antihéros /ɑ̃tieʀo/ *nm* قهرمان‌نما

antilope /ɑ̃tilɔp/ *nf* آنتیلوپ (= جانوری شبیه به آهو)

antimatière /ɑ̃timatjɛʀ/ *nf* ضدماده

antimilitarisme /ɑ̃timilitaʀism/ *nm* ضدنظامی‌گری

antimite(s) /ɑ̃timit/ *adj. inv* ضدبید

antinomie /ɑ̃tinɔmi/ *nf* ۱. تعارض ۲. تناقض

antinomique /ɑ̃tinɔmik/ *adj* ۱. معارض ۲. متناقض

antiparasite /ɑ̃tipaʀazit/ *adj. inv* پارازیت‌گیر

a = bas, plat　e = blé, jouer　ɛ = lait, jouet, merci　i = il, lyre　o = mot, dôme, eau, gauche　ɔ = mort
u = roue　y = rue　ø = peu　œ = peur　ə = le, premier　ɑ̃ = sans, vent　ɛ̃ = matin, plein, lundi
ɔ̃ = bon, ombre　ʃ = chat, tache　ʒ = je, gilet　j = yeux, paille, pied　w = oui, nouer　ɥ = huile, lui

antiparlementaire /ɑ̃tipaʀləmɑ̃tɛʀ/ *adj*
مخالف نظام پارلمانی، ضدنظام پارلمانی
antiparlementarisme /ɑ̃tipaʀləmɑ̃taʀism/ *nm*
مخالفت با نظام پارلمانی
antipathie /ɑ̃tipati/ *nf* بیزاری
antipathique /ɑ̃tipatik/ *adj* ناخوشایند، ناپسند
antipatriotique /ɑ̃tipatʀijɔtik/ *adj*
ضدوطن‌پرستی، مخالف میهن‌پرستی
antipode /ɑ̃tipɔd/ *nm* ۱. [جغرافی] پادپا، نقطهٔ مقابل ۲. ضد، عکس، خلاف
  à l'antipode de/aux antipodes de خلافِ، مخالفِ، مغایر با
  aux antipodes ۱. خیلی دور، آن سرِ دنیا ۲. به جهنم، به درک
antipollution /ɑ̃tipɔlysjɔ̃/ *adj* ضدآلودگی
antipyrétique /ɑ̃tipiʀetik/ *adj* تب‌بُر
antiquaille /ɑ̃tikaj/ *nf* اشیای قدیمی، بی‌ارزش، خنزرپنزر
antiquaire /ɑ̃tikɛʀ/ *n* عتیقه‌فروش
antique /ɑ̃tik/ *adj, nm* ۱. باستان، باستانی، عتیق ۲. قدیمی، کهنه ۳. ازمدافتاده ◙ ۴. عتیقه
  la Perse antique ایران باستان
  une antique tradition یک سنت کهن، یک رسم قدیمی
antiquité /ɑ̃tikite/ *nf* ۱. قدمت ۲. دوران باستان، عهد عتیق — [صورت جمع] ۳. عتیقه ۴. آثار باستانی
  l'Antiquité grecque عهد یونان باستان
  marchand d'antiquités عتیقه‌فروش
antirabique /ɑ̃tiʀabik/ *adj* ضدهاری
antiraciste /ɑ̃tiʀasist/ *adj* ۱. ضدنژادپرستی ۲. ضدنژادپرستانه
antireligieux,euse /ɑ̃tiʀliʒjø,øz/ *adj* ضدمذهب، مخالف مذهب
antirides /ɑ̃tiʀid/ *adj. inv* ضدچروک
antirouille /ɑ̃tiʀuj/ *adj. inv, nm* ضدزنگ

anti-scientifique /ɑ̃tisjɑ̃tifik/ *adj*
ضدعلمی، مخالف روحیهٔ علمی
antisémite /ɑ̃tisemit/ *n, adj* ۱. ضدیهود، یهودستیز ◙ ۲. یهودستیزانه
antisémitisme /ɑ̃tisemitism/ *nm*
یهودستیزی، ضدیت با یهود
antisepsie /ɑ̃tisɛpsi/ *nf*
گندزدایی، پلشت‌بری، عفونت‌زدایی
antiseptique /ɑ̃tisɛptik/ *adj, nm* ۱. گندزدا، ضدعفونی(کننده)، پلشت‌بَر ۲. (مربوط به) گندزدایی، پلشت‌بری ◙ ۳. مادهٔ ضدعفونی(کننده)، مادهٔ گندزدا، مادهٔ پلشت‌بر
antisocial,e,aux /ɑ̃tisɔsjal,o/ *adj*
۱. جامعه‌ستیز ۲. خلاف موازین اجتماعی ۳. غیراجتماعی
anti-sous-marin,e /ɑ̃tisumaʀɛ̃,in/ *adj*
ضدزیردریایی
antispasmodique /ɑ̃tispasmɔdik/ *adj, nm*
۱. ضدگرفتگی عضلات، ضداسپاسم ◙ ۲. داروی ضداسپاسم
antisportif,ive /ɑ̃tispɔʀtif,iv/ *adj*
مخالف ورزش
antitétanique /ɑ̃titetanik/ *adj* ضدکزاز
antithèse /ɑ̃titɛz/ *nf* ۱. تضاد، تقابل ۲. نقطهٔ مقابل، ضد، عکس ۳. برابرنهاد
antitoxine /ɑ̃titɔksin/ *adj* پادزهر
antituberculeux,euse /ɑ̃titybɛʀkylø,øz/ *adj* ضدسِل
antivol /ɑ̃tivɔl/ *nm* دزدگیر (اتومبیل)
antonyme /ɑ̃tɔnim/ *nm* متضاد
antonymie /ɑ̃tɔnimi/ *nf* تضاد (معنایی)
antre /ɑ̃tʀ/ *nf* ۱. کنام، لانه ۲. غار ۳. مخفیگاه ۴. دخمه
  antre pylorique [کالبدشناسی] دهانهٔ معده، فَم المعده
anus /anys/ *nm* مقعد
anxiété /ɑ̃ksjete/ *nf* دلهره، هراس، اضطراب، نگرانی، دلواپسی، تشویش

Veuillez m'annoncer à Madame. لطفاً ورود مرا به خانم اطلاع دهید.

s'annoncer *vp* ۱. قریب‌الوقوع بودن، در راه بودن ۲. فرا رسیدن، از راه رسیدن ۳. آشکار شدن، رخ نمودن ۴. معرفی شدن

annonceur /anɔ̃sœʀ/ *n* ۱. گوینده ۲. اعلام‌کننده ۳. آگهی‌دهنده

annonciateur,trice /anɔ̃sjatœʀ,tʀis/ *adj* ۱. اعلام‌کننده، پیام‌آور ۲. نشانه، حاکی

annotation /anɔtasjɔ̃/ *nf* ۱. حاشیه‌نویسی، تحشیه ۲. شرح، حاشیه

annoter /anɔte/ *vt* (1) حاشیه نوشتن، شرح نوشتن بر

annuaire /anɥɛʀ/ *nm* سالنامه

annuaire des téléphones (دفتر) راهنمای تلفن

annuel,elle /anɥɛl/ *adj* ۱. سالانه، سالیانه، هر ساله ۲. یک‌ساله

annuellement /anɥɛlmɑ̃/ *adv* سالانه، سالیانه، هر ساله

annuité /anɥite/ *nf* ۱. پرداخت سالانه، قسط سالانه ۲. مقرری سالانه

annulaire[1] /anylɛʀ/ *adj* حلقوی

annulaire[2] /anylɛʀ/ *nm* انگشت انگشتری، بِنصِر

annulation /anylasjɔ̃/ *nf* فسخ، لغو، الغاء، ابطال

annuler /anyle/ *vt* (1) فسخ کردن، لغو کردن، باطل کردن

s'annuler *vp* ۱. فسخ شدن، لغو شدن، باطل شدن ۲. همدیگر را خنثی کردن

anoblir /anɔbliʀ/ *vt* (2) عنوان نجیب‌زادگی دادن به، نجیب‌زاده کردن

anoblissement /anɔblismɑ̃/ *nm* اعطای عنوان نجیب‌زادگی

anode /anɔd/ *nf* قطب مثبت، آنود

anodin,e /anɔdɛ̃,in/ *adj* ۱. بی‌خطر ۲. ضعیف ۳. بی‌اهمیت، ناچیز ۴. جزئی، سطحی

anomal,e,aux /anɔmal,o/ *adj* غیرعادی، بی‌قاعده، نابهنجار، نامنظم، خلاف قاعده

anomalie /anɔmali/ *nf* بی‌قاعدگی، نابهنجاری، بی‌نظمی، غرابت

ânon /anɔ̃/ *nm* کره‌خر، کره‌الاغ

ânonner /anɔne/ *vi* (1) مِن‌مِن کردن، تِته‌پِته کردن

anonymat /anɔnima/ *nm* گمنامی، ناشناختگی، ناشناخته بودن

garder l'anonymat نام خود را فاش نکردن، اسم خود را نگفتن

anonyme /anɔnim/ *adj, n* ۱. گمنام، ناشناس ۲. بی‌نام، بی‌امضاء ۳. معمولی، عادی

société anonyme شرکت سهامی با مسئولیت محدود

anonymement /anɔnimmɑ̃/ *adv* به طور ناشناس، ناشناس

anorak /anɔʀak/ *nm* ۱. بادگیر ۲. کاپشن (کلاه‌دار)

anorexie /anɔʀɛksi/ *nf* [بیماری] بی‌اشتهایی

anorexique /anɔʀɛksik/ *adj* ۱. بی‌اشتها، دچار بی‌اشتهایی ۲. (مربوط به) بی‌اشتهایی

anormal,e,aux /anɔʀmal,o/ *adj* ۱. غیرعادی، غیرطبیعی، ناهنجار، نامعمول ۲. غریب، عجیب، عجیب و غریب ۳. بی‌سابقه

anormalement /anɔʀmalmɛɑ̃/ *adv* ۱. به طور غیرعادی، به طرزی غیرطبیعی ۲. به طرز غریبی ۳. به طور بی‌سابقه‌ای

anse /ɑ̃s/ *nf* ۱. [سبد، فنجان، ...] دسته ۲. خلیج کوچک، خور

anse de panier [معماری] قوس دسته‌زنبیلی

faire danser l'anse du panier از خرج خانه دزدیدن

---

a = bas, plat　e = blé, jouer　ɛ = lait, jouet, merci　i = il, lyre　o = mot, dôme, eau, gauche　ɔ = mort
u = roue　y = rue　ø = peu　œ = peur　ə = le, premier　ɑ̃ = sans, vent　ɛ̃ = matin, plein, lundi
ɔ̃ = bon, ombre　ʃ = chat, tache　ʒ = je, gilet　j = yeux, paille, pied　w = oui, nouer　ɥ = huile, lui

antagonique / ãtagɔnik / *adj* مخالف، متضاد، ضد

antagonisme / ãtagɔnism / *nm* ۱. ضدیت، تضاد، تعارض ۲. دشمنی، خصومت ۳. مخالفت

antagoniste / ãtagɔnist / *adj, n* ۱. مخالف، متضاد ۲. ضد، دشمن ۳. خصمانه ◙ ۴. رقیب، حریف

antan (d') / dãtã / *loc. adj* گذشته، قدیم، سابق

antarctique / ãtaʀ(k)tik / *n, adj* ۱. جنوبگان، (ناحیهٔ) قطب جنوب ◙ ۲. (مربوط به) جنوبگان، قطب جنوب

antécédent[1],e / ãtesedã,t / *adj* پیشین، قبلی، سابق، مقدم

antécédent[2] / ãtesedã / *nm* ۱. سابقه، پیشینه ۲. [دستور زبان] مرجع ضمیر ۳. [منطق] مقدم

antédiluvien,enne / ãtedilyvjɛ̃,ɛn / *adj* ۱. (مربوط به) پیش از طوفان نوح ۲. خیلی قدیمی، مال عهد بوق، مال عهد دَقیانوس

antenne / ãtɛn / *nf* ۱. آنتن ۲. دکل ۳. [حشرات] شاخک

avoir des antennes شمّ قوی داشتن، خیلی تیز بودن

être sur l'antenne [برنامهٔ رادیویی یا تلویزیونی] در حال پخش بودن

antéposer / ãtepoze / *vt* (1) اول آوردن، جلوتر آوردن

antérieur,e / ãteʀjœʀ / *adj* ۱. پیشین، جلویی، قدامی ۲. قبلی، پیشین، سابق

antérieurement / ãteʀjœʀmã / *adv* قبلاً، سابقاً، پیش از این

antérieurement à قبل از، پیش از

antériorité / ãteʀjɔʀite / *nf* تقدم، پیشی، اولویت

anthère / ãtɛʀ / *nf* بَساک (= کیسهٔ گل)

anthologie / ãtɔlɔʒi / *nf* جُنگ، گلچین، گزیده، منتخب

anthracite / ãtʀasit / *nm, adj. inv* ۱. آنتراسیت (= نوعی زغال‌سنگ) ◙ ۲. (به رنگِ) نوک‌مدادی

anthrax / ãtʀaks / *nm* سیاه‌زخم

anthropoïde / ãtʀɔpɔid / *adj, nm* ۱. انسان‌نما ◙ ۲. میمون انسان‌نما، نسناس

anthropologie / ãtʀɔpɔlɔʒi / *n* ۱. مردم‌شناسی ۲. انسان‌شناسی

anthropologique / ãtʀɔpɔlɔʒik / *adj* ۱. مردم‌شناختی ۲. انسان‌شناختی

anthropologiste / ãtʀɔpɔlɔʒist / *n* → anthropologue

anthropologue / ãtʀɔpɔlɔg / *n* ۱. مردم‌شناس ۲. انسان‌شناس

anthropophage / ãtʀɔpɔfaʒ / *adj, nm* آدمخوار

anthropophagie / ãtʀɔpɔfaʒi / *nf* آدمخواری

antiaérien,enne / ãtiaeʀjɛ̃,ɛn / *adj* ۱. ضدهوایی ۲. پدافند هوایی

antialcoolique / ãtialkɔlik / *adj* ضدشرابخواری، مخالف مصرف الکل

antiallérgique / ãtialɛʀʒik / *adj* ضدحساسیت، ضدآلرژی

anti-américanisme / ãtiameʀikanism / *nm* آمریکاستیزی، مخالفت با آمریکا

antibiotique / ãtibjɔtik / *adj, nm* پادزیست، آنتی‌بیوتیک

antibrouillard / ãtibʀujaʀ / *adj. inv, nm* ۱. مِه‌شکن ◙ ۲. چراغ مه‌شکن

anticancereux,euse / ãtikãseʀø,øz / *adj* ضدسرطان

antichambre / ãtiʃãbʀ / *nf* اتاق انتظار، (اتاق) پیش‌تالار

courir les antichambres به این در و آن در زدن، به هر دری زدن

faire antichambre (برای ملاقات کسی) منتظر ماندن، انتظار کشیدن

antichar / ãtʃaʀ / *adj* ضدتانک

anxieusement /ɑ̃ksjøzmɑ̃/ *adv* با دلهره، با نگرانی، نگران

anxieux,euse /ɑ̃ksjø,øz/ *adj* مضطرب، پریشان، نگران، دلواپس

aorte /aɔʀt/ *nf* (سرخرگ) آئورت

aortique /aɔʀtik/ *adj* (مربوط به) آئورت

août /u(t)/ *nm* اوت (= ماه هشتم سال میلادی)

apaisant,e /apɛzɑ̃,t/ *adj* آرامش‌بخش، آرام‌کننده، تسکین‌دهنده

apaisement /apɛzmɑ̃/ *nm* ۱. تسکین ۲. آرامش ۳. دلگرمی، قوت قلب ۴. فرو نشستن

apaiser /apeze/ *vt* (1) ۱. آرام کردن ۲. آرامش بخشیدن، آرامش دادن، تسکین دادن ۳. از شدت (چیزی) کاستن، کاهش دادن ۴. فرو نشاندن ۵. رفع کردن، برطرف کردن

apaiser la douleur درد را تسکین دادن، درد را آرام کردن

apaiser la faim گرسنگی را رفع کردن

s'apaiser *vp* ۱. آرام شدن ۲. تسکین یافتن ۳. فرونشستن، فروکش کردن ۴. رفع شدن، برطرف شدن

Le vent s'est apaisé. باد فرونشست. باد فروکش کرد.

apanage /apanaʒ/ *nm* ۱. تیول ۲. حق، حق انحصاری ۳. سهم، قسمت، نصیب، بهره

être l'apanage de ۱. منحصر (به کسی یا چیزی) بودن، مختص (کسی) بودن، (به کسی) اختصاص داشتن ۲. حق (کسی) بودن

apartheid /apaʀtɛd/ *nm* [در آفریقای جنوبی] تبعیض نژادی، جدایی نژادی، آپارتاید

apathie /apati/ *nf* بی‌تفاوتی، بی‌علاقگی، بی‌اعتنایی، بی‌حوصلگی، دلسردی، دلمردگی

apathique /apatik/ *adj* ۱. بی‌تفاوت، بی‌علاقه، بی‌اعتنا، بی‌حوصله، دلسرد، دلمرده ۲. توأم با بی‌تفاوتی، مأیوسانه

apatride /apatʀid/ *adj, n* بدون ملیّت، بی‌وطن

apercevoir /apɛʀsəvwaʀ/ *vt* (28) ۱. دیدن ۲. چشم (کسی به کسی یا چیزی) افتادن ۳. یک نظر دیدن، یک نظر انداختن، نظر کردن ۴. مشاهده کردن ۵. دریافتن، فهمیدن، پی بردن، متوجه (چیزی) شدن

s'apercevoir *vp* ۱. متوجه (چیزی) شدن، دریافتن، پی بردن، فهمیدن ۲. (در آینه) خود را دیدن ۳. همدیگر را دیدن ۴. در نظر گرفته شدن

Il s'est aperçu de sa faute. او متوجه خطای خود شد. او به اشتباه خود پی برد.

un détail qui s'aperçoit à peine جزئیاتی که چندان به چشم نمی‌آید

aperçu /apɛʀsy/ *nm* ۱. نظر، نظر اجمالی، نظر کلی ۲. بررسی کوتاه، بررسی اجمالی

apéritif[1],ive /apeʀitif,iv/ *adj* اشتهاآور، اشتهابرانگیز

apéritif[2] /apeʀitif/ *nm* ۱. مشروب اشتهاآور ۲. نوشیدنی قبل از غذا

apesanteur /apəzɑ̃tœʀ/ *nf* بی‌وزنی

à-peu-près /apøpʀɛ/ *nm* تقریب

apeuré,e /apœʀe/ *adj* وحشت‌زده، ترسیده، هراسان، ترسان

aphasie /afazi/ *nf* زبان‌پریشی

aphasique /afazik/ *adj, n* زبان‌پریش

aphone /afon/ *adj* گنگ، بی‌صدا

aphorisme /afɔʀism/ *nm* کلمات قصار، سخن حکیمانه

aphrodisiaque /afʀɔdizjak/ *adj, nm* محرک جنسی

aphte /aft/ *nm* [پزشکی] آفت

apiculteur,trice /apikyltœʀ,tʀis/ *n* پرورش‌دهندهٔ زنبور عسل

apiculture /apikyltyʀ/ *nf* پرورش زنبور عسل

apitoiement /apitwamɑ̃/ *nm* ترحم، رقت، دلسوزی

---

a = bas, plat e = blé, jouer ɛ = lait, jouet, merci i = il, lyre o = mot, dôme, eau, gauche ɔ = mort
u = roue y = rue ø = peu œ = peur ə = le, premier ɑ̃ = sans, vent ɛ̃ = matin, plein, lundi
ɔ̃ = bon, ombre ʃ = chat, tache ʒ = je, gilet j = yeux, paille, pied w = oui, nouer ɥ = huile, lui

apitoyer

apitoyer / apitwaje / *vt* (8) (دل کسی را) به رحم آوردن، به رقت آوردن، متأثر کردن، دل (کسی را) سوزاندن
s'apitoyer *vp* به رحم آمدن، دلسوزی کردن، متأثر شدن، دل (کسی) سوختن، ناراحت شدن
s'apitoyer sur qqn به کسی ترحم کردن، برای کسی دلسوزی کردن
aplanir / aplaniʀ / *vt* (2) ۱. مسطح کردن، هموار کردن، صاف کردن ۲. تسهیل کردن ۳. رفع کردن، حل کردن، فیصله دادن، برطرف کردن، از میان برداشتن
aplanissement / aplanismɑ̃ / *nm* ۱. تسطیح، هموارسازی، هموار کردن ۲. تسهیل ۳. رفع، حل، حل و فصل
aplatir / aplatiʀ / *vt* (2) صاف کردن
s'aplatir *vp* ۱. پهن شدن ۲. دَمَر افتادن ۳. نقش بر زمین شدن ۴. سر خم کردن، سر فرود آوردن ۵. خود را کوچک کردن، خود را خوار کردن
Il s'aplatit contre un mur. محکم خورد به دیوار. رفت تو دیوار.
aplatissement / aplatismɑ̃ / *nm* ۱. تسطیح ۲. صاف کردن ۳. حقارت، خواری، زبونی، دنائت
aplomb / aplɔ̃ / *nm* ۱. وضعیت عمودی ۲. توازن، تعادل، موازنه ۳. ثبات، پایداری ۴. اعتمادبهنفس ۵. [تحقیرآمیز] گستاخی
d'aplomb ۱. عمود، راست، صاف ۲. در حالت تعادل، متعادل ۳. محکم، پابرجا، قرص ۴. سر پا، سر حال
remettre d'aplomb ۱. سر حال آوردن، حال (کسی را) جا آوردن ۲. احیا کردن، سر و سامان دادن، روبهراه کردن
apocalypse / apɔkalips / *nf* آخر زمان، آخر دنیا، پایان دنیا
apocryphe / apɔkʀif / *adj* ۱. مشکوک ۲. جعلی، مجعول، ساختگی ۳. دروغی، دروغین، غیرواقعی
apogée / apɔʒe / *nm* اوج

à l'apogée de در اوج، بر قلۀ
apolitique / apɔlitik / *adj* غیرسیاسی
apollon / apɔlɔ̃ / *nm* ۱. مجسمۀ آپولون ۲. [خودمانی] مرد خوشقیافه
apologie / apɔlɔʒi / *nf* ۱. دفاع، مدافعه ۲. دفاعیه ۳. توجیه ۴. تمجید، ستایش، مدح
apologiste / apɔlɔʒist / *n* مدافع، حامی، هوادار، طرفدار
apologue / apɔlɔg / *nm* حکایت اخلاقی
apophtègme / apɔftɛgm / *nm* کلمات قصار، سخن حکیمانه
apophyse / apɔfiz / *nf* زائدۀ استخوانی
apoplectique / apɔplɛktique / *adj* ۱. (مربوط به) سکتۀ مغزی، سکتهای ۲. مبتلا به سکتۀ مغزی ۳. عصبی، جوشی، آتشی
apoplexie / apɔplɛksi / *nf* سکتۀ مغزی
apostasie / apɔstazi / *nf* ارتداد، ترک آیین
apostat,e / apɔsta,t / *adj, n* مرتد، ازدینبرگشته
a posteriori / apɔsteʀjɔʀi / *loc. adv, adj. inv* پس از تجربه، مؤخر بر تجربه، اِنّی، پسین
apostolat / apɔstɔla / *nm* ۱. رسالت ۲. تبلیغ مسیحیت ۳. تبلیغ مذهبی
apostolique / apɔstɔlik / *adj* ۱. (مربوط به) حواریون ۲. منطبق بر تعالیم حواریون ۳. (مربوط به) پاپ
apostrophe[1] / apɔstʀɔf / *nf* خطاب
mot mis en apostrophe [دستور زبان] مُنادا
apostrophe[2] / apɔstʀɔf / *nf* (علامت) آپستروف «'»
apostropher / apɔstʀɔfe / *vt* (1) ۱. صدا زدن، صدا کردن ۲. خطاب کردن به، مخاطب قرار دادن
apothéose / apɔteoz / *nf* ۱. ستایش ۲. تجلیل، بزرگداشت، گرامیداشت، تکریم ۳. [قدیمی] خداسازی، به مقام خدایی رساندن
apôtre / apotʀ / *nm* ۱. حواری ۲. مبلّغ مسیحیت ۳. مبلّغ مذهبی ۴. مبلّغ

57 **appartenir**

faire le bon apôtre ۱. خود را خوب نشان دادن، خود را خوب جا زدن ۲. دانه پاشیدن، خوش‌خدمتی کردن

se faire l'apôtre d'une idée مبلّغ اندیشه‌ای بودن، از اندیشه‌ای دفاع کردن

apparaître /apaʀɛtʀ/ *vi* (57) ۱. ظاهر شدن، نمایان شدن، آشکار شدن، پدیدار شدن، نمودار شدن ۲. به چشم آمدن، مرئی شدن ۳. به نظر آمدن، به نظر رسیدن، نمودن ۴. تجلی کردن، جلوه‌گر شدن ۵. برملا شدن، روشن شدن، فاش شدن، رو شدن

Il apparaît que چنان که پیداست، گویا، به نظر می‌آید که، از قرار معلوم

apparat /apaʀa/ *nm* ۱. شکوه، جلال ۲. زرق و برق ۳. تشریفات

d'apparat تشریفاتی، تجملی

appareil /apaʀɛj/ *nm* ۱. دستگاه ۲. ابزار، لوازم، وسایل، تجهیزات ۳. تلفن ۴. هواپیما ۵. تشکیلات، دم و دستگاه ۶. شکوه، جلال ۷. تشریفات ۸. [کالبدشناسی] دستگاه ۹. [ساختمان] رج‌چینی، آجرچینی ۱۰. تختهٔ شکسته‌بندی، گچ (شکسته‌بندی)

appareil digestif دستگاه گوارش، جهاز هاضمه

appareils ménagers لوازم خانگی، وسایل منزل

appareil (photographique) دوربین عکاسی

L'appareil a décollé. هواپیما از زمین بلند شده است. هواپیما به هوا برخاسته است.

Qui est à l'ppareil? [تلفن] شما؟ جنابعالی؟

appareillage /apaʀɛjaʒ/ *nm* ۱. عزیمت کشتی، حرکت کشتی ۲. لوازم، وسایل ۳. [معماری] ترتیب

appareiller[1] /apaʀeje/ *vt, vi* (1) ۱. [کشتی] برای حرکت آماده کردن ۲. [تورماهیگیری] آماده کردن ◙ ۳. [کشتی] بندر را ترک کردن، حرکت کردن، عزیمت کردن

appareiller[2] /apaʀeje/ *vt* (1) (با هم) جور کردن، جفت و جور کردن

apparemment /apaʀamɑ̃/ *adv* ۱. ظاهراً، به ظاهر، به نظر، بر حسب ظاهر ۲. گویا، از قرار معلوم، چنانکه پیداست

apparence /apaʀɑ̃s/ *nf* ۱. ظاهر ۲. صورت ظاهر ۳. نما، جلوه، نمود ۴. سر و وضع ۵. قیافه

en apparence/selon toute apparence ظاهراً، به ظاهر، به نظر، بر حسب ظاهر

garder/ménager/sauver les apparences ظاهر (خود را) حفظ کردن، حفظ ظاهر کردن

apparent,e /apaʀɑ̃,t/ *adj* ۱. آشکار، پیدا، معلوم، نمایان، واضح ۲. ظاهری ۳. فریبنده، تصنعی، ساختگی

apparenté,e /apaʀɑ̃te/ *adj* ۱. خویشاوند، قوم و خویش، فامیل ۲. همانند، مانند (هم)، شبیه، مشابه، مثل (هم)، نظیر (هم)

apparenter (s') /sapaʀɑ̃te/ *vp* (1) ۱. وصلت کردن، فامیل شدن ۲. شبیه بودن، شباهت داشتن، همانند (چیزی) بودن، مثل (چیزی) بودن

apparier /apaʀje/ *vt* (7) ۱. جفت کردن، جفت و جور کردن ۲. [پرندگان] جفت کردن

apparition /apaʀisjɔ̃/ *nf* ۱. ظهور، پیدایش ۲. حضور ۳. تجلی ۴. شبح ۵. توهم (بینایی)

appartement /apaʀtəmɑ̃/ *nm* آپارتمان

appartenance /apaʀtənɑ̃s/ *nf* ۱. تعلق، وابستگی ۲. مالکیت ۳. عضویت

appartenir /apaʀtəniʀ/ *vt, v. imp* (22) ۱. تعلق داشتن، متعلق بودن، مال (کسی) بودن ۲. اختصاص داشتن، مختص (کسی یا چیزی) بودن ۳. وابسته بودن ۴. مربوط بودن، ربط داشتن، در ارتباط بودن ۵. جزو (چیزی) بودن ◙ ۶. به عهدهٔ (کسی) بودن، وظیفهٔ (کسی) بودن

Il vous appartient de شما باید...، وظیفهٔ شماست که...، شما موظفید که...

---

a = bas, plat | e = blé, jouer | ɛ = lait, jouet, merci | i = il, lyre | o = mot, dôme, eau, gauche | ɔ = mort
u = roue | y = rue | ø = peu | œ = peur | ə = le, premier | ɑ̃ = sans, vent | ɛ̃ = matin, plein, lundi
ɔ̃ = bon, ombre | ʃ = chat, tache | ʒ = je, gilet | j = yeux, paille, pied | w = oui, nouer | ɥ = huile, lui

s'appartenir *vp* ۱. مستقل بودن ۲. به خود تعلق داشتن، مال خود بودن ۳. اختیار (کسی) دست خود بودن، آزاد بودن

appas /apa/ *nm.pl* جذبه، گیرایی، جذابیت، جاذبه، فریبندگی

appât /apa/ *nm* ۱. طعمه ۲. جاذبه ۳. [مجازی] تله، دام

appâter /apate/ *vt* (1) ۱. طعمه گذاشتن برایِ، دانه پاشیدن برایِ ۲. با طعمه به دام انداختن ۳. پروار کردن ۴. وسوسه کردن ۵. از راه به در کردن، گول زدن، فریب دادن ۶. تطمیع کردن، (کسی را) خریدن، رشوه دادن به

appauvrir /apovʀiʀ/ *vt* (2) ۱. فقیر کردن، تهیدست کردن، بی‌چیز کردن ۲. کم‌قوت کردن، ضعیف کردن ۳. غنای (چیزی را) از بین بردن

s'appauvrir *vp* ۱. فقیر شدن، تهیدست شدن ۲. کم‌قوت شدن، ضعیف شدن ۳. غنای (چیزی) از بین رفتن

appauvrissement /apovʀismɑ̃/ *nm* ۱. فقر ۲. کم‌قوتی

appauvrissement du sang کم‌خونی

appel /apɛl/ *nm* ۱. (عمل) صدا کردن ۲. صدا، داد، فریاد ۳. احضار، فراخوانی ۴. دعوت ۵. درخواست، تقاضا ۶. توسل ۷. مراجعه ۸ اشاره ۹. حضور و غیاب ۱۰. تحریک، اغوا، وسوسه ۱۱. استیناف، تقاضای فرجام، پژوهش‌خواهی ۱۲. مطالبه

appel au secours تقاضای کمک، درخواست کمک

appel aux armes [نظامی] بسیج

appel d'air مکش هوا

appel d'offres مناقصه

appel du pied تعارف شاه‌عبدالعظیمی

appel téléphonique تماس (تلفنی)، تلفن

cour d'appel دادگاه استان، دادگاه پژوهش، محکمهٔ استیناف

faire appel ۱. کمک خواستن، یاری خواستن، به یاری طلبیدن ۲. متوسل شدن، توسل جستن ۳. تقاضا کردن، درخواست کردن ۴. رجوع کردن، به سراغ (کسی یا چیزی) رفتن ۵. فرجام خواستن

faire l'appel حضور و غیاب کردن

numéro d'appel (شمارهٔ) تلفن، تلفنِ تماس

sans appel ۱. قطعی، نهایی ۲. قاطعانه

appelé /aple/ *nm* ۱. مشمول ۲. سرباز وظیفه

appeler /aple/ *vt* (4) ۱. صدا زدن، صدا کردن ۲. خبر کردن ۳. احضار کردن، فرا خواندن، (کسی را) خواستن ۴. نامیدن، نام گذاشتن، اسم گذاشتن ۵. خواستن، درخواست کردن، تقاضا کردن ۶. دعوت کردن ۷. در نظر گرفتن، اختصاص دادن ۸. ایجاب کردن، مستلزم (چیزی) بودن، طلبیدن ۹. موجب شدن، در پی داشتن، به بار آوردن ۱۰. مراجعه کردن، رجوع کردن ۱۱. به خدمت (سربازی) فرا خواندن

appeler le médecin پزشک را خبر کردن، به دکتر خبر دادن

en appeler فرجام خواستن، استیناف دادن، پژوهش خواستن

en appeler à ۱. واگذار کردن به، واگذاشتن به ۲. گواه گرفتن، داوری خواستن از

s'appeler *vp* اسم (کسی) ... بودن، نام داشتن، نامیده شدن، موسوم بودن به

Comment vous appelez-vous? اسم شما چیست؟ نامتان چیست؟

appellation /apelasjɔ̃/ *nf* ۱. نامگذاری، تسمیه ۲. اسم، نام ۳. کلمه، واژه

appendice /apɛ̃dis/ *nf* ۱. ضمیمه، پیوست، پی‌افزود، ملحقه، مؤخره ۲. زائده ۳. آپاندیس، زائده رودهٔ کور

appendicite /apɛ̃disit/ *nf* آپاندیسیت، التهاب آپاندیس، التهاب زائدهٔ رودهٔ کور

appert (il) /ilapɛʀ/ *v. impers,* **Il appert que** ۱. بدیهی است که، پیداست که، واضح است که، معلوم است که ۲. به نظر می‌رسد که، انگار که

appesantir /apəzɑ̃tiʀ/ *vt* (2) ۱. سنگین

59 appointer

۷. اِعمال ۸. اِطلاق ۹. روکشی ۱۰. روکش ۱۱. سعی، کوشش، تلاش ۱۲. پشتکار ۱۳. دقت، توجه ۱۴. [ریاضیات] تابع

applique /aplik/ *nf* ۱. وصله‌کاری تزیینی ۲. تکه‌دوزی ۳. چراغ دیواری ۴. شمعدان دیواری

appliqué,e /aplike/ *adj* ۱. کاربسته، کاربردی، عملی ۲. [سیلی، بوسه] آبدار ۳. کوشا، با پشتکار، ساعی ۴. فعال، کاری ۵. جدی

arts appliqués هنرهای کاربردی، هنرهای صناعی

appliquer /aplike/ *vt* (1) ۱. گذاشتن، قرار دادن ۲. نصب کردن، زدن ۳. چسباندن ۴. به کار بردن، به کارگرفتن، استفاده کردن ۵. استعمال کردن ۶. مالیدن ۷. اختصاص دادن، درنظر گرفتن، کنار گذاشتن، صرف (کاری یا چیزی) کردن ۸. متمرکز کردن ۹. اِطلاق کردن ۱۰. [ضربه، سیلی] زدن، نواختن ۱۱. اجرا کردن ۱۲. اِعمال کردن ۱۳. روکش کردن

appliquer la loi قانون را اجرا کردن

s'appliquer *vp* ۱. قرار گرفتن ۲. مناسب بودن، مناسبت داشتن ۳. مورد استفاده قرار گرفتن ۴. منطبق بودن، مطابقت داشتن ۵. مربوط شدن، ارتباط داشتن ۶. در صدد (انجام کاری) برآمدن، پرداختن ۷. کوشیدن، کوشش کردن، تلاش کردن ۸. پشتکار به خرج دادن، همت گماردن، پشت (کاری) گذاشتن

Cette remarque s'applique à tout le monde. این تذکر شامل همه می‌شود. همه باید این نکته را رعایت کنند.

appoint /apwɛ̃/ *nm* ۱. بقیهٔ مبلغ، خردهٔ پول، تتمه ۲. مکمل ۳. کمک، یاری، مساعدت ۴. حمایت

faire l'appoint ۱. خردهٔ (مبلغی را) دادن، تتمهٔ (حسابی را) پرداخت کردن ۲. تمام و کمال پرداخت کردن، به تمامی پرداختن

appointements /apwɛ̃tmɑ̃/ *nm.pl* حقوق، مواجب، مقرری، دستمزد

appointer /apwɛ̃te/ *vt* (1) حقوق دادن، مواجب دادن، مقرری دادن، دستمزد دادن

کردن، سنگین‌تر کردن ۲. ثقیل کردن ۳. کندتر کردن، آرام‌تر کردن ۴. فشار آوردن

s'appesantir *vp* ۱. سنگین شدن، سنگین‌تر شدن ۲. ثقیل شدن ۳. سنگینی کردن ۴. تکیه کردن، فشار آوردن

s'appesantir sur un sujet بر موضوعی تکیه کردن، در مورد موضوعی به تفصیل صحبت کردن

appesantissement /apəzɑ̃tismɑ̃/ *nm* ۱. سنگینی ۲. سستی، ضعف، بی‌حالی، رخوت

appétence /apetɑ̃s/ *nf* ۱. تمایل ۲. شور و شوق، اشتیاق

appétissant,e /apetisɑ̃,t/ *adj* ۱. اشتهاآور، اشتهابرانگیز ۲. جذاب، دل‌انگیز، تحریک‌کننده ۳. [خودمانی] ترگل‌ورگل

appétit /apeti/ *nm* ۱. اشتها ۲. میل، تمایل ۳. [مجازی] عطش، سودا ۴. اشتیاق، شوق، شور و شوق ۵. شهوت

Bon appétit! نوش جان! نوش!

mettre en appétit سر اشتها آوردن، اشتها را تحریک کردن

applaudir /aplodiʀ/ *vt, vi* (2) ۱. دست زدن (برای)، کف زدن، تشویق کردن، تحسین کردن ۲. موافق بودن، تأیید کردن، قبول داشتن ۳. استقبال کردن از، پذیرا شدن

s'applaudir *vp* راضی بودن، خشنود بودن، خرسند بودن، خوشحال بودن

applaudissement /aplodismɑ̃/ *nm* ۱. تشویق، تحسین ۲. تمجید ۳. استقبال

applicable /aplikabl/ *adj* ۱. قابل اجرا ۲. قابل استفاده ۳. قابلِ اِطلاق ۴. قابل اِعمال

applicateur /aplikatœʀ/ *nm* کاربُر، آپلیکاتور (= وسیله‌ای برای استعمال داروهای موضعی)

application /aplikasjɔ̃/ *nf* ۱. نصب ۲. اِلصاق ۳. (عمل) زدن ۴. استعمال، استفاده، بهره‌گیری، کاربرد ۵. اجرا ۶. تخصیص، اختصاص

a = bas, plat e = blé, jouer ɛ = lait, jouet, merci i = il, lyre o = mot, dôme, eau, gauche ɔ = mort
u = roue y = rue ø = peu œ = peur ə = le, premier ɑ̃ = sans, vent ɛ̃ = matin, plein, lundi
ɔ̃ = bon, ombre ʃ = chat, tache ʒ = je, gilet j = yeux, paille, pied w = oui, nouer ɥ = huile, lui

appontement 60

appontement /apɔ̃tmɑ̃/ *nm* فرود آمدن (روی سکوی ناو هواپیمابر)

apponter /apɔ̃te/ *vi* (1) (روی سکوی ناو هواپیمابر) فرود آمدن

apport /apɔʀ/ *nm* ۱. (عمل) آوردن ۲. سهم ۳. موجودی، سرمایه ۴. دارایی شوهر ۵. کمک، مساعدت

apport de capitaux سرمایه‌گذاری

apporter /apɔʀte/ *vt* (1) ۱. آوردن ۲. به همراه آوردن، با خود آوردن ۳. دادن ۴. فراهم کردن، تهیه کردن ۵. ایجاد کردن، موجب شدن، فراهم آوردن، سبب شدن، به بار آوردن ۶. در اختیار (کسی) قرار دادن ۷. از خود نشان دادن ۸. گذاشتن

apporter des informations اطلاعاتی به دست دادن، اطلاعات دادن

apporter du soin à faire qqch کاری را با دقت انجام دادن

apposer /apoze/ *vt* (1) ۱. گذاشتن، قرار دادن ۲. زدن، نصب کردن، چسباندن ۳. درج کردن، گنجاندن

apposer les scellés مهر و موم کردن

apposer sa signature امضا کردن

apposition /apozisjɔ̃/ *nf* ۱. (عمل) گذاشتن، قرار دادن ۲. نصب، زدن، چسباندن ۳. [دستور زبان] بدل، عطف بیان

appréciable /apʀesjabl/ *adj* ۱. محسوس ۲. قابل توجه، قابل ملاحظه، چشمگیر

appréciation /apʀesjasjɔ̃/ *nf* ۱. برآورد، ارزیابی ۲. تخمین ۳. نقد، بررسی ۴. برآورد قیمت، قیمت‌گذاری ۵. نظر، رأی، عقیده ۶. قضاوت، داوری ۷. ملاحظه ۸. ترقی، افزایش

apprécier /apʀesje/ *vt* (7) ۱. برآورد کردن، ارزیابی کردن ۲. قیمت (چیزی را) تعیین کردن، قیمت گذاشتن ۳. تخمین زدن ۴. فهمیدن، پی بردن، دریافتن، تشخیص دادن ۵. اهمیت دادن به، مهم دانستن، ارزش دادن به ۶. تأیید کردن، پسندیدن، قبول داشتن، دوست داشتن

appréhender /apʀeɑ̃de/ *vt* (1) ۱. دستگیر کردن، توقیف کردن، بازداشت کردن، جلب کردن ۲. ترسیدن، نگران بودن، دلواپس بودن

appréhension /apʀeɑ̃sjɔ̃/ *nf* ۱. ترس، بیم ۲. نگرانی، تشویش، دلهره، دلواپسی

apprendre /apʀɑ̃dʀ/ *vt* (58) ۱. یاد گرفتن، فرا گرفتن، آموختن ۲. یاد دادن، آموزش دادن، آموختن ۳. درس دادن، تدریس کردن، تعلیم دادن ۴. آموزش دیدن، تعلیم دیدن ۵. [درس] حاضر کردن، از بر کردن، حفظ کردن ۶. باخبر شدن از، مطلع شدن از ۷. خبر دادن، باخبر کردن، اطلاع دادن، آگاه کردن ۸. خو گرفتن، خو کردن، عادت کردن ۹. ادب کردن، تنبیه کردن، درس خوبی (به کسی) دادن

apprendre par cœur حفظ کردن، از بر کردن

Je lui apprendrai! ادبش می‌کنم! درستش می‌کنم! بهش نشان می‌دهم!

apprenti,e /apʀɑ̃ti/ *n* ۱. شاگرد، کارآموز ۲. تازه‌کار، نوآموز ۳. [در ترکیب] کمک ـ، شاگرد ـ

apprenti menuisier شاگرد نجار

apprentissage /apʀɑ̃tisaʒ/ *nm* ۱. کارآموزی، شاگردی ۲. یادگیری، فراگیری ۳. دورهٔ کارآموزی، دورهٔ آموزش ۴. دورهٔ مقدماتی، مقدمات

faire l'apprentissage de ۱. یاد گرفتن، آموختن ۲. دورهٔ (چیزی یا کاری را) دیدن، تعلیم دیدن ۳. آشنا شدن به

apprêt /apʀɛ/ *nm* ۱. مقدمات، تدارکات ۲. آماده‌سازی ۳. [پارچه] آهارزنی ۴. عملیات تکمیلی ۵. آهار ۶. لعاب ۷. چسب ۸. طرز تهیه ۹. تظاهر، ظاهرسازی ۱۰. تکلّف

apprêté,e /apʀete/ *adj* ۱. آهارزده، آهاردار ۲.تصنعی، ساختگی، ظاهری ۳.متکلف

apprêter /apʀete/ *vt* (1) ۱. آماده کردن، حاضر کردن، مهیا کردن ۲. تهیه کردن، درست کردن ۳. تدارک دیدن ۴. آهار زدن ۵. ساخته و پرداخته کردن

s'apprêter *vp* ۱. آماده شدن، حاضر شدن، مهیاشدن ۲. آمادهٔ رفتن (به جایی) شدن

apprivoisable /apʀivwazabl/ *adj* رام‌شدنی

apprivoisement /apʀivwazmɑ̃/ *nm* ۱. (عمل) رام کردن، رام شدن ۲. انس

apprivoiser /apʀivwaze/ *vt* (1) ۱. رام کردن، اهلی کردن ۲. سربه‌راه کردن، مطیع کردن ۳. آرام کردن، تسکین دادن

s'apprivoiser *vp* ۱. رام شدن ۲. مطیع شدن، سربه‌راه شدن ۳. انس گرفتن، مأنوس شدن، خو گرفتن، عادت کردن ۴. منطبق شدن، سازگار شدن

approbateur,trice /apʀɔbatœʀ,tʀis/ *n, adj* ۱. طرفدار، هوادار ۲. موافق ◙ ۳. مساعد، موافق، حاکی از تأیید

approbatif,ive /apʀɔbatif,iv/ *adj* مساعد، موافق، حاکی از تأیید

approbation /apʀɔbasjɔ̃/ *nf* ۱. تأیید، موافقت، رضایت ۲. تصویب ۳. تصدیق ۴. پسند ۵. تحسین، تمجید

approchable /apʀɔʃabl/ *adj* ۱. قابل‌دسترسی، دست‌یافتنی، (در) دسترس ۲. خوش‌برخورد ، خوش‌اخلاق، خوش‌رو

approchant,e /apʀɔʃɑ̃,t/ *adj* ۱. همانند، شبیه، مشابه ۲. نزدیک ۳. تقریبی

qqch d'approchant ۱. چیزی شبیه به این، چیزی نظیر آن ۲. در همین حدود

approche /apʀɔʃ/ *nf* ۱. نزدیک شدن، نزدیکی ۲. راه (ورود)، ورودی ۳. نگرش، دید، رویکرد ۴. (طرز) برخورد، رفتار ــ [صورت جمع] ۵. حوالی، حول و حوش، اطراف، دور و بر ۶. حدود

à l'approche de ۱. با نزدیک شدنِ ۲. با فرا رسیدنِ

travaux d'approche ۱. پیشروی ۲. نقشه، ترفند، تهمید

approché,e /apʀɔʃe/ *adj* تقریبی

approcher /apʀɔʃe/ *vt, vi* (1) ۱. نزدیک کردن، نزدیک آوردن، نزدیک بردن ۲. به هم نزدیک کردن ۳. جلو آوردن، جلو بردن ۴. نزدیک شدن به، نزدیک (کسی یا چیزی) رفتن ۵. معاشرت کردن با، رفت و آمد کردن با ۶. برابری کردن با، به پای (کسی یا چیزی) رسیدن ◙ ۷. نزدیک رفتن، نزدیک آمدن، نزدیک شدن ۸. جلو رفتن، جلو آمدن، پیش رفتن ۹. پیشروی کردن ۱۰. نزدیک بودن

s'approcher *vp* ۱. نزدیک شدن (به) ۲. نزدیک آمدن، نزدیک رفتن ۳. جلو رفتن

Approche-toi! بیا جلو! نزدیک بیا!

approfondir /apʀɔfɔ̃diʀ/ *vt* (2) ۱. گود کردن، عمیق کردن ۲. تعمق کردن، عمیق شدن در، تأمل کردن در

approfondissement /apʀɔfɔ̃dismɑ̃/ *nm* ۱. (عمل) گود کردن، عمیق‌تر کردن ۲. گود شدن، عمیق‌تر شدن ۳. تعمق، ژرف‌اندیشی، تأمل

appropriation /apʀɔpʀijasjɔ̃/ *nf* ۱. اختصاص، تخصیص ۲. تصاحب، تصرف، دزدی ۳. انطباق

approprié,e /apʀɔpʀije/ *adj* مناسب، متناسب

approprier /apʀɔpʀije/ *vt* (1) ۱. اختصاص دادن، تخصیص دادن، کنار گذاشتن ۲. مطابقت دادن، منطبق کردن

s'approprier *vp* ۱. به خود اختصاص دادن ۲. تصاحب کردن، تصرف کردن، صاحب شدن ۳. برداشتن، به جیب زدن، دزدیدن

approuver /apʀuve/ *vt* (1) ۱. موافقت کردن، پذیرفتن ۲. تصدیق کردن ۳. تأیید کردن، صحه گذاشتن ۴. تصویب کردن ۵. پسندیدن، قبول داشتن ۶. تحسین کردن، تمجید کردن از

approuver une conduite رفتاری را تأیید کردن، بر رفتاری صحه گذاشتن

approvisionnement 62

اصرار کردن، مصر بودن، پافشاری کردن

appuyer l'échelle contre le mur نردبان را به دیوار تکیه دادن

appuyer son opinion sur عقیدهٔ خود را براساس (چیزی) استوار کردن، عقیدهٔ خود را بر پایهٔ (چیزی) بنا نهادن

appuyer sur le bouton دکمه را فشار دادن، دکمه را زدن

appuyer sur un mot روی کلمه‌ای تکیه کردن، کلمه‌ای را با تأکید بیشتری بیان کردن

s'appuyer *vp* ۱. تکیه دادن، تکیه کردن ۲. (روی کسی یا چیزی) حساب کردن ۳. [خودمانی] تن دادن، زیر بار (چیزی) رفتن

âpre / apʀ / *adj* ۱. [بو، مزه] تند، زننده ۲. [صدا] خشن، زمخت، زننده، گوشخراش ۳. [باد] تند، گزنده، سرد ۴. سخت، توان‌فرسا، طاقت‌فرسا ۵. شدید، بی‌امان

âpre au gain حریص، طماع، طمع‌کار

âprement / apʀəmɑ̃ / *adv* ۱. به سختی، سخت ۲. به شدت، شدیداً

après / apʀɛ / *prep, adv* ۱. پس از، بعد از ۲. به دنبالِ، در پیِ ۳. پشت سرِ ۴. در تعقیبِ ▣ ۵. بَعد ۶. عقب

après avoir dîné پس از صرف شام، بعد از شام

après coup ۱. پس از وقوع حادثه ۲. دیر

après que ۱. پس از اینکه، بعد از اینکه ۲. وقتی که، زمانی که، موقعی که

après quoi بعد، بعداً، سپس، پس از آن

après tout ۱. با این همه، با این وجود، با همهٔ اینها ۲. بالاخره، هر چه باشد، آخر

Après vous! [در جواب بفرمایید] اول شما! شما بفرمایید!

d'après ۱. بنابر، به موجبِ، (بر) طبقِ، مطابق با، بر اساسِ ۲. به عقیدهٔ، به نظرِ، طبق نظرِ

demander après qqn سراغ (کسی را) گرفتن

Et après? ۱. بعدش چی؟ بعد چی شد؟ ۲. که چی؟ خُب که چی؟

Lu et approuvé. [نوشتهٔ زیر سند] صحت مطالب فوق تأیید می‌گردد.

approvisionnement / apʀɔvizjɔnmɑ̃ / *nm* ۱. تدارک، تهیه، تأمین ۲. تأمین آذوقه ۳. تهیهٔ مواد مصرفی ـ [صورت جمع] ۴. موجودی، ذخیره ۵. آذوقه ۶. ضروریات، ملزومات، لوازم ۷. مواد مصرفی

services d'approvisionnement کارپردازی

approvisionner / apʀɔvizjɔne / *vt* (1) ۱. آذوقه (جایی را) تأمین کردن ۲. مواد مصرفی (کاری یا جایی را) تهیه کردن ۳. تأمین کردن، تهیه کردن، تدارک دیدن، دادن

s'approvisionner *vp* ۱. مایحتاج خود را تهیه کردن ۲. تهیه کردن، تأمین کردن، تدارک دیدن ۳. خریدن

approximatif,ive / apʀɔksimatif,iv / *adj* ۱. تقریبی ۲. غیر دقیق، مبهم

approximation / apʀɔksimasjɔ̃ / *nf* ۱. تقریب ۲. تخمین، برآورد ۳. چیزی شبیه (به)

approximativement / apʀɔksimativmɑ̃ / *adv* تقریباً، حدوداً، در حدودِ

appui / apɥi / *nm* ۱. اتکاء ۲. تکیه (کردن) ۳. تکیه‌گاه، حایل ۴. پشتیبانی، حمایت، طرفداری ۵. کمک، یاری ۶. نرده، طارمی

accorder/offrir/prêter son appui ۱. پشتیبانی کردن، حمایت کردن ۲. کمک کردن، یاری کردن، یاری دادن

à l'appui de ۱. در تأییدِ ۲. برای توجیهِ

appui aérien [ارتش] پشتیبانی هوایی

point d'appui تکیه گاه، نقطهٔ اتکاء

appui(e)-tête / apɥitɛt / *nm* زیرسری، جاسری، جای سر

appuyer / apɥije / *vt, vi* (8) ۱. تکیه دادن ۲. گذاشتن ۳. استوار کردن، محکم کردن ۴. حمایت کردن از، طرفداری کردن از ۵. کمک کردن به، یاری کردن، یاری دادن ۶. فشار دادن ▣ ۷. تکیه کردن، تکیه دادن ۸. سنگینی کردن ۹. متکی بودن ۱۰. تأکید کردن، تکیه کردن ۱۱.

63 **arbitraire**

être après qqch وقت خود را صرف (چیزی یا کاری) کردن

être après qqn مدام دنبال کسی بودن

après-demain /apʀədmɛ̃/ *adv* پس‌فردا

après-guerre /apʀɛgɛʀ/ *nm* پس از جنگ (جهانی)، دورهٔ بعد از جنگ (جهانی)

après-midi /apʀɛmidi/ *nm, nf. inv* بعدازظهر

après-rasage /apʀɛʀazaʒ/ *nm* ۱. بعد از اصلاح ▣ ۲. لوسیون بعد از اصلاح

âpreté /apʀəte/ *nf* ۱. بدطعمی ۲. سختی ۳. شدت ۴. خشونت ۵. تندی ۶. بی‌رحمی

apriori /apʀijɔʀi/ *loc. adv, adj. inv* [منطق، فلسفه] لِمّی، مقدم بر تجربه، پیشین

argument/raisonnement a priori برهان لِمّی، استدلال لِمّی

à-propos /apʀɔpo/ *nm. inv* ۱. مناسبت ۲. وقت‌شناسی، موقع‌شناسی ۳. فرصت مناسب، زمان مناسب ۴. شعر مناسب حال

apte /apt/ *adj* ۱. مستعد، قابل، آماده ۲. شایسته، درخور ۳. قادر ۴. دارای صلاحیت

aptère /aptɛʀ/ *adj* بی‌بال

aptitude /aptityd/ *nf* ۱. قابلیت، توانایی ۲. استعداد ۳. صلاحیت، شایستگی ۴. [حقوقی] اهلیت، صلاحیت

apurer /apyʀe/ *vt* (1), **apurer un compte** صحت حساب‌های مالی را تأیید کردن

aquaculture /akwakyltyʀ/ *nf* پرورش جانوران دریایی

aquarelle /akwaʀɛl/ *nf* ۱. آبرنگ ۲. نقاشی آبرنگ

aquarelliste /akwaʀɛlist/ *n* نقاش آبرنگ

aquarium /akwaʀjɔm/ *nm* آکواریوم

aquatique /akwatik/ *adj* آبزی

aqueduc /akdyk/ *nm* آب‌بَر، آباره (= پل آبرسان)

aqueux,euse /akø,øz/ *adj* ۱. آبدار ۲. آبکی

humeur aqueuse [چشم] زلالیه

aquilin /akilɛ̃/ *adj*, **nez aquilin** بینی خمیده، دماغ عقابی

aquilon /akilɔ̃/ *nm* ۱. باد شمال ۲. تندباد ۳. شمال

arabe[1] /aʀab/ *adj* ۱. عربی، (مربوط به) اعراب ۲. (مربوط به) عربستان

Arabe[2] /aʀab/ *n* ۱. عرب، تازی ۲. اهل عربستان

arabe[3] /aʀab/ *nm* زبان عربی

arabesque /aʀabɛsk/ *nf* ۱. [هنر] عربانه، اسلیمی ۲. نقش و نگار ۳. نقوش

arabisant,e /aʀabizɑ̃,t/ *n* متخصص زبان و ادبیات عرب

arabiser /aʀabize/ *vt* (1) عربی کردن

arable /aʀabl/ *adj* قابل کشت، زراعی

arabophone /aʀabɔfɔn/ *adj, n* عرب‌زبان

arachide /aʀaʃid/ *nf* بادام‌زمینی

arachnéen,enne /aʀakneɛ̃,ɛn/ *adj* ۱. عنکبوتی ۲. ظریف، نازک ۳. لطیف

arachnides /aʀaknid/ *nm. pl* عنکبوتیان

araignée /aʀeɲe/ *nf* ۱. عنکبوت، کارتنک ۲. قلاب چندشاخه، چنگک

araignée de mer عنکبوت دریایی

avoir une araignée dans le plafond بالاخانهٔ خود را اجاره دادن، یک تختهٔ (کسی) کم بودن، عقل (کسی) پاره‌سنگ برداشتن

toile d'araignée تار عنکبوت

aratoire /aʀatwaʀ/ *adj* (مربوط به) کشاورزی، زراعی

arbitrage /aʀbitʀaʒ/ *nm* ۱. حکمیت، داوری ۲. [ورزش] داوری ۳. قضاوت

arbitraire /aʀbitʀɛʀ/ *adj, nm* ۱. اختیاری، دلبخواه ۲. اتفاقی، تصادفی ۳. مستبد، مطلق ۴. مستبدانه ▣ ۵. استبداد، خودکامگی

a = bas, plat   e = blé, jouer   ɛ = lait, jouet, merci   i = il, lyre   o = mot, dôme, eau, gauche   ɔ = mort
u = roue   y = rue   ø = peu   œ = peur   ə = le, premier   ɑ̃ = sans, vent   ɛ̃ = matin, plein, lundi
ɔ̃ = bon, ombre   ʃ = chat, tache   ʒ = je, gilet   j = yeux, paille, pied   w = oui, nouer   ɥ = huile, lui

arbitrairement / aʀbitʀɛʀmɑ̃ / *adv*
۱. اختیاری، دلخواهانه ۲. مستبدانه، خودکامانه
arbitre / aʀbitʀ / *nm*
۱. حَکَم، داور
۲. [ورزش] داور ۳. میانجی، واسطه
libre arbitre   [در برابر جبر] اختیار
arbitrer / aʀbitʀe / *vt* (1)
۱. حکمیت کردن،
داوری کردن ۲. [ورزش] داوری کردن ۳. قضاوت کردن ۴. آشتی دادن
arborer / aʀbɔʀe / *vt* (1)
۱. برافراشتن، عَلَم کردن ۲. [مدال، نشان، ...] برای خودنمایی زدن ۳. نمایش دادن، به رخ کشیدن، پز (چیزی را) دادن ۴. [درخت] کاشتن
arborer l'étandard de la révolte   رایت طغیان برافراشتن، سر به شورش برداشتن
arborer pavillon   [نبرد دریایی] دشمن را به مبارزه طلبیدن
arborer un titre   [روزنامه، مجله] عنوان داشتن
arboricole / aʀbɔʀikɔl / *adj*   ۱. درختزی ۲. (مربوط به) درختکاری
arboriculteur,trice / aʀbɔʀikyltœʀ,tʀis / *n*   ۱. درختکار ۲. باغدار
arboriculture / aʀbɔʀikyltyʀ / *nf*
۱. درختکاری ۲. کشت درختان میوه ۳. کشت مرکبات
arbre / aʀbʀ / *nm*   ۱. درخت ۲. [فنی] محور، میل، شَفت
arbre de Judée   (درخت) ارغوان
arbre de Noël   درخت کریسمس
arbre de vie   [کالبدشناسی] درخت زندگی، شجرةالحیات (= نمای درخت‌وار قشر مخچه که در مقطع میانی آن دیده می‌شود.)
arbre généalogique   شجره‌نامه، نسب‌نامه
arbrisseau / aʀbʀiso / *nm*   درختچه، بوته
arbuste / aʀbyst / *nm*   بوته
arc / aʀk / *nm*   ۱. قوس ۲. هلال، کمان ۳. [سلاح] کمان ۴. تاق، تاق‌نما، تاقی
arc de triomphe   تاق پیروزی، تاق نصرت

arc électrique   قوس الکتریکی
l'arc des sourcils   کمانِ ابرو، هلالِ ابرو
tireur à l'arc   کمانگیر، تیرانداز (با کمان)
arcade / aʀkad / *nf*   ۱. [معماری] ساباط (= پوششی قوسی) ۲. تاقگان، (ردیف) تاقی، دالان تاق‌دار
arcanes / aʀkan / *nm. pl*   رموز، اسرار
arc-boutant / aʀkbutɑ̃ / *nm*   [معماری] پشتبند معلق، پشتبند شمشیری
arc-bouter / aʀkbute / *vt* (1)   [معماری] پشتبند زدن، شمع زدن
s'arc-bouter *vp*   ۱. تکیه کردن به، تکیه دادن به ۲. فشار آوردن به ۳. خم شدن
arceau / aʀso / *nm*   ۱. قوس ۲. حلقه
arc-en-ciel / aʀkɑ̃sjɛl / *nm*   رنگین‌کمان
archaïque / aʀkaik / *adj*   ۱. کهنه، منسوخ، مهجور ۲. قدیمی، باستانی ۳. اولیه، ابتدایی
archaïsant,e / aʀkaizɑ̃,t / *adj*   ۱. کهنه‌گرا ۲. کهنه، منسوخ، مهجور
archaïsme / aʀkaism / *nm*   ۱. واژۀ کهنه، واژۀ مهجور، اصطلاح مهجور ۲. کهنه‌گرایی، کهن‌گری ۳. کهنگی
archange / aʀkɑ̃ʒ / *nm*   مَلَک مقرّب
arche[1] / aʀʃ / *nf*   ۱. قوس ۲. [پل] تاقی، تاق
arche[2] / aʀʃ / *nf*, arche de Noé   کشتی نوح
archéologie / aʀkeɔlɔʒi / *nf*   باستان‌شناسی
archéologique / aʀkeɔlɔʒik / *adj*   باستان‌شناختی، (مربوط به) باستان‌شناسی
archéologue / aʀkeɔlɔg / *n*   باستان‌شناس
archer / aʀʃe / *nm*   تیرانداز، کمانگیر
archet / aʀʃɛ / *nm*   [موسیقی] آرشه
archétype / aʀketip / *nm*   ۱. نمونۀ آرمانی ۲. نمونۀ اول، الگوی نخست ۳. نمونه، الگو، سرمشق
archevêché / aʀʃəveʃe / *nm*   ۱. قلمرو اسقف اعظم ۲. مقام سراسقفی ۳. مقر اسقف اعظم، اقامتگاه اسقف اعظم

argenter

archevêque /aʀʃəvɛk/ nm اسقف اعظم، سراسقف

archiduc /aʀʃidyk/ nm آرشیدوک (= عنوان اشرافی در دربار قدیم اتریش)

archiépiscopal /aʀʃiepiskɔpal,o/ adj (مربوط به) اسقف اعظم

archipel /aʀʃipɛl/ nm مجمع‌الجزایر

architecte /aʀʃitɛkt/ n معمار، مهندس معماری، آرشیتکت

architecte d'intérieur معمار داخلی

architectonique /aʀʃitɛktɔtik/ nf, adj ۱. معماری فنی ▣ ۲. (مربوط به) معماری فنی

architectural,e,aux /aʀʃitɛktyʀal,o/ adj (مربوط به) معماری

architecture /aʀʃitɛktyʀ/ nf ۱. معماری ۲. سبک معماری، شیوهٔ معماری ۳. رشتهٔ معماری ۴. بنا ۵. ساختار، ترکیب، فُرم

architecturer /aʀʃitɛktyʀe/ vt (1) به دقت ساختن، حساب‌شده ساختن

archivage /aʀʃivaʒ/ nm بایگانی

archiver /aʀʃive/ vt (1) بایگانی کردن

archives /aʀʃiv/ nf.pl ۱. بایگانی، آرشیو ۲. اوراق، اسناد، سوابق

archiviste /aʀʃivist/ n بایگان، متصدی آرشیو

arçon /aʀsɔ̃/ nm, **être ferme dans/sur ses arçons** [اسب‌سواری] روی زین بند شدن ۲. بر عقاید خود مصر بودن، یک‌دنده بودن، کله‌شق بودن، قُد بودن

arctique /aʀktik/ nm, adj ۱. شمالگان، (منطقهٔ) قطب شمال ▣ ۲. (مربوط به) شمالگان، قطب شمال

ardemment /aʀdamɑ̃/ adv ۱. با حرارت، باشور، با اشتیاق ۲. به شدت، سخت، شدیداً

ardent,e /aʀdɑ̃,t/ adj ۱. مشتعل، شعله‌ور ۲. سوزان ۳. آتشین، داغ، پرحرارت ۴. شدید، حاد، تند ۵. برافروخته، سرخ ۶. دوآتشه، پرو پاقرص ۷. بی‌امان

ardeur /aʀdœʀ/ nf ۱. حرارت شدید ۲. سوزانندگی، سوزش ۳. شور، شوق، اشتیاق، حرارت ۴. عشق، علاقه ۵. شدت، حدت

ardoise /aʀdwaz/ nf سنگ لوح، آردواز [به بقال و غیره] بدهکار بودن **avoir des ardoises**

ardu,e /aʀdy/ adj ۱. پرشیب، صعب‌العبور ۲. سخت، دشوار، مشکل، پردردسر

are /aʀ/ nm آر (= صد متر مربع)

areligieux,euse /aʀəliʒjø,øz/ adj بی‌دین، لامذهب

arène /aʀɛn/ nf ۱. میدان مبارزه، میدان، گود ۲. عرصه، صحنه ۳. استادیوم

arête /aʀɛt/ nf ۱. تیغ (ماهی) ۲. لبه، نبش، گوشه ۳. ستیغ، برآمدگی، تیزه ۴. [= بینی] پُل استخوان بین دو چشم

argent /aʀʒɑ̃/ nm ۱. نقره ۲. پول ۳. سکهٔ نقره

avoir de l'argent پولدار بودن، ثروتمند بودن

d'argent ۱. (از جنس) نقره ۲. نقره‌ای

être à court d'argent ۱. بی‌پول بودن، دست (کسی) تنگ بودن ۲. فقیر بودن

faire de l'argent پولدار شدن، ثروتمند شدن

gagner de l'argent پول درآوردن

homme d'argent آدم پول‌دوست، طماع

Tu en as pour ton argent. هر چقدر پول بدهی آش می‌خوری.

vaisselle d'argent ظروف نقره

argenté,e /aʀʒɑ̃te/ adj ۱. نقره‌ای، نقره‌گون، سیمین، سیمگون ۲.دارای روکش نقره ۳. [صدا] زنگ‌دار، پرطنین ۴. [خودمانی] پولدار

argenter /aʀʒɑ̃te/ vt (1) ۱. روکش نقره کردن ۲. آب نقره دادن ۳. به رنگ نقره‌ای درآوردن، نقره‌ای کردن

---

a = bas, plat	e = blé, jouer	ɛ = lait, jouet, merci	i = il, lyre	o = mot, dôme, eau, gauche	ɔ = mort
u = roue	y = rue	ø = peu	œ = peur	ə = le, premier	ɑ̃ = sans, vent	ɛ̃ = matin, plein, lundi
ɔ̃ = bon, ombre	ʃ = chat, tache	ʒ = je, gilet	j = yeux, paille, pied	w = oui, nouer	ɥ = huile, lui

argenterie / aʀʒɑ̃tʀi / *nf* ظروف نقره، نقره‌آلات، نقره‌جات

argentier / aʀʒɑ̃tje / *nm* ۱. [طنزآمیز] وزیر دارایی ۲. قفسهٔ ظروف نقره، کمد نقره‌جات

argentin,e[1] / aʀʒɑ̃tɛ̃,in / *adj* ۱. نقره‌ای، نقره‌گون، سیمین ۲. [صدا] زنگ‌دار، پرطنین

argentin,e[2] / aʀʒɑ̃tɛ̃,in / *adj* آرژانتینی، (مربوط به) آرژانتین

Argentin,e[3] / aʀʒɑ̃tɛ̃,in / *n* اهل آرژانتین، آرژانتینی

argenture / aʀʒɑ̃tyʀ / *nf* نقره‌کاری

argile / aʀʒil / *nf* ۱. خاک رس ۲. گل رس

argile à blocaux کلوخهٔ رس

une statue d'argile یک مجسمهٔ سفالی

argileux,euse / aʀʒilø,øz / *adj* رُسی

argon / aʀgɔ̃ / *nm* (گاز) آرگُن

argot / aʀgo / *nm* ۱. زبان لاتی ۲. زبان ویژه

argotique / aʀgɔtik / *adj* ۱. لاتی، (مربوط به) زبان لاتی ۲. (مربوط به) زبان ویژه، ویژه

arguer / aʀgɥe / *vt* (1) ۱. نتیجه گرفتن، نتیجه‌گیری کردن ۲. پیش کشیدن، مطرح کردن ۳. بهانه کردن، دستاویز قرار دادن

Il argue de ce faite que (چنین) استدلال می‌کند که، وانمود می‌کند که

argument / aʀgymɑ̃ / *nm* ۱. دلیل، حجت، برهان ۲. استدلال ۳. حربه ۴. خلاصه، چکیده، مضمون ۵. [ریاضی] شناسه، متغیر مستقل

argumentation / aʀgymɑ̃tasjɔ̃ / *nf* ۱. استدلال ۲. ادلّه، دلایل

argumenter / aʀgymɑ̃te / *vi* (1) ۱. دلیل آوردن، استدلال کردن ۲. بحث کردن، جر و بحث کردن ۳. نتیجه گرفتن

argus / aʀgys / *nm* ۱. [ادبی] جاسوس ۲. [نشریه] راهنما(ی ویژه)

des yeux d'argus چشمان تیزبین

argutie / aʀgysi / *nf* زبان‌بازی، چرب‌زبانی

aride / aʀid / *adj* ۱. خشک، بایر ۲. کم‌باران ۳. بی‌حاصل، بیهوده، بی‌نتیجه ۴. نابارور ۵. بی‌روح، کسل‌کننده ۶. سرد، بی‌تفاوت

aridité / aʀidite / *nf* ۱. خشکی ۲. بی‌آبی، کم‌آبی ۳. بی‌حاصلی ۴. ناباروری ۵. سردی، بی‌تفاوتی

aristocrate / aʀistɔkʀat / *n* ۱. اشراف‌زاده، اعیان‌زاده ۲. طرفدار حکومت اشراف

aristocratie / aʀistɔkʀasi / *nf* ۱. اشرافیت، (طبقهٔ) اشراف ۲. اشراف‌سالاری، حکومت اشراف ۳. نخبگان، برگزیدگان ۴. علو، والایی

aristocratique / aʀistɔkʀatik / *adj* ۱. اشرافی، اعیانی، (مربوط به) اشراف ۲. والا، ممتاز، عالی

arithméticien,enne / aʀitmetisjɛ̃,ɛn / *n* حساب‌دان

arithmétique / aʀitmetik / *nf, adj* ۱. (علم) حساب ۲. محاسبه ۳. کتاب حساب ▣ ۴. (مربوط به) حساب، حسابی ۵. عددی ۶. منطقی

arlequin / aʀləkɛ̃ / *nm* دلقک، لوده

habit d'arlequin آش شله‌قلم‌کار، ملغمه

armature / aʀmatyʀ / *nf* ۱. چارچوب، بدنه، اسکلت، قاب ۲. ساختار، چارچوب، استخوان‌بندی ۳. میل‌بست

arme / aʀm / *nf* ۱. اسلحه، سلاح ۲. [ارتش] رسته ۳. حربه، سلاح ــ [صورت جمع] ۴. حرفهٔ نظامی ۵. نبرد، مبارزه، جنگ ۶. شمشیربازی ۷. نشان‌های سلحشوری، نشان‌ها

arme à feu سلاح آتشین، سلاح گرم

arme antichar ضدتانک، آرپی‌جی

arme blanche سلاح سرد

arme de guerre جنگ‌افزار، سلاح جنگ

arme légère اسلحهٔ سبک

arme lourde اسلحهٔ سنگین

être sous les armes ۱. مسلح بودن ۲. سرباز بودن

faire ses premières armes تازه‌کار بودن، مبتدی بودن، تازه شروع به کار کردن

fournir des armes contre soi کسی را به خود مسلط کردن، آتو به دست کسی دادن

arpenteur

maître d'armes	استاد شمشیربازی
passer l'arme à gauche	مردن، (به) آن دنیا رفتن، غزل خداحافظی را خواندن
port d'arme	۱. حمل اسلحه ۲. پیش‌فنگ
prendre les armes	اسلحه به دست گرفتن، سلاح برداشتن، سلاح برگرفتن، آمادهٔ نبرد شدن
rendre les armes	سلاح خود را تسلیم کردن، اسلحهٔ خود را تحویل دادن، تسلیم شدن
armé,e[1] /aʀme/ *adj*	۱. مسلح ۲. مسلحانه ۳. مجهز، دارا
attaque à main armée	حملهٔ مسلحانه
béton armé	بتن مسلح، بن آرمه
forces armées	نیروهای مسلح
armée[2] /aʀme/ *nf*	۱. ارتش ۲. لشکر ۳. ایل، خیل، گروه، فوج، جمعیت
armée de l'air	نیروی هوایی
armée de mer	نیروی دریایی
armée de terre	نیروی زمینی
les Armées célestes	فرشتگان، ملائک
armement /aʀməmɑ̃/ *nm*	۱. (عمل) مسلح کردن ۲. تدارکات نظامی ۳. تسلیحات ۴. [نظامی] قدرت آتش ۵. تجهیز
course aux armements	مسابقهٔ تسلیحاتی
arménien[1],**enne** /aʀmenjɛ̃,ɛn/ *adj*	ارمنی، (مربوط به) ارمنستان
Arménien[2],**enne** /aʀmenjɛ̃,ɛn/ *n*	اهل ارمنستان، ارمنی
arménien[3] /aʀmenjɛ̃/ *nm*	زبان ارمنی
armer /aʀme/ *vt* (1)	۱. مسلح کردن ۲. مجهز کردن، تجهیز کردن ۳. [اسلحه] آمادهٔ شلیک کردن ۴. برانگیختن، تحریک کردن ۵. [فنی] مسلح کردن
s'armer *vp*	۱. مسلح شدن ۲. سلاح برداشتن ۳. مجهز شدن ۴. برای خود تهیه کردن
armistice /aʀmistis/ *nf*	آتش‌بس موقت، ترک مخاصمه
armoire /aʀmwaʀ/ *nf*	قفسه، کمد، گنجه
armoire à glace	کمد آینه‌دار، گنجهٔ آینه‌دار
armoire frigorifique	یخچال (بزرگ)
armoiries /aʀmwaʀi/ *nf.pl*	۱. نشان‌های خانوادگی ۲. نشان‌ها
armure /aʀmyʀ/ *nf*	۱. زره، جوشن ۲. [جانوران] وسیلهٔ دفاعی ۳. حفاظ ۴. [مجازی] سپر، وسیلهٔ دفاعی
armurerie /aʀmyʀʀi/ *nf*	۱. اسلحه‌سازی ۲. اسلحه‌فروشی
armurier /aʀmyʀje/ *nm*	۱. اسلحه‌ساز ۲. فروشندهٔ اسلحه، دلال اسلحه
arnaque /aʀnak/ *nf*	۱. شیادی، حقه‌بازی، کلاه‌برداری ۲. دزدی
arnaquer /aʀnake/ *vt* (1)	۱. [عامیانه] سر (کسی را) کلاه گذاشتن، گوش (کسی را) بریدن ۲. حقه زدن به، کلک زدن به ۳. گرفتن، گیر انداختن
aromate /aʀɔmat/ *nm*	۱. گیاه معطر ۲. ادویه
aromatique /aʀɔmatik/ *adj*	خوشبو، معطر
aromatisation /aʀɔmatizasjɔ̃/ *nf*	(عمل) خوشبو کردن، معطر کردن
aromatiser /aʀɔmatize/ *vt* (1)	خوشبو کردن، معطر کردن
arôme /aʀom/ *nm*	بوی خوش، عطر
arome /aʀom/ *nm* → arôme	
arpent /aʀpɑ̃/ *nm*	آرپان (= ۱. واحد قدیمی سطح بین ۳۵ تا ۵۰ آر بر حسب ناحیه ۲. واحد سطح برابر ۳۴/۲۰ آر ۳. [کانادا] واحد طول برابر ۵۸/۴۷ متر)
arpentage /aʀpɑ̃taʒ/ *nm*	تعیین مساحت زمین، مساحی، زمین‌پیمایی
arpenter /aʀpɑ̃te/ *vt* (1)	۱. مساحت (جایی را) تعیین کردن، مساحی کردن ۲. با گام‌های بلند اندازه گرفتن ۳. با گام‌های بلند طی کردن، گز کردن
arpenteur /aʀpɑ̃tœʀ/ *nm*	مساح، زمین‌پیما

---

a = bas, plat   e = blé, jouer   ɛ = lait, jouet, merci   i = il, lyre   o = mot, dôme, eau, gauche   ɔ = mort
u = roue   y = rue   ø = peu   œ = peur   ə = le, premier   ɑ̃ = sans, vent   ɛ̃ = matin, plein, lundi
ɔ̃ = bon, ombre   ʃ = chat, tache   ʒ = je, gilet   j = yeux, paille, pied   w = oui, nouer   ɥ = huile, lui

arpion /aʀpjɔ̃/ *nm* [عامیانه] پا، لنگ
arqué,e /aʀke/ *adj* کمانی، قوسی، قوس‌دار، خمیده
arquer /aʀke/ *vt, vi* (1) ۱. خم کردن، کمانی کردن، قوس دادن به ▢ ۲. خم شدن، کمانی شدن ۳. تاب برداشتن ۴. [عامیانه] راه رفتن
arrachage /aʀaʃaʒ/ *nm* ۱. (عمل) کندن ۲. (عمل) از ریشه درآوردن ۳. (عمل) کشیدن
arrache-clou /aʀaʃklu/ *nm* میخ‌کش
arrachement /aʀaʃmɑ̃/ *nm* ۱. (عمل) کندن ۲. (عمل) کشیدن ۳. ترک ۴. جدایی ۵. دل کندن ۶. رنج، اندوه، غم، درد
arrache-pied (d') /daʀaʃpje/ *loc. adv* ۱. سرسختانه، با سرسختی ۲. پیوسته، مدام، مداوم، بی‌وقفه
arracher /aʀaʃe/ *vt* (1) ۱. از ریشه درآوردن، ریشه‌کن کردن ۳. بیرون کشیدن، کشیدن ۴. بیرون کردن، بیرون انداختن ۵. بیرون آوردن، درآوردن ۶. جدا کردن ۷. به زور گرفتن، گرفتن ۸. نجات دادن، رهایی دادن ۹. بیدار کردن، پراندن ۱۰. جلب کردن، به دست آوردن
arracher des aveux اعتراف کشیدن، به اقرار واداشتن، مقر آوردن
arracher les mauvaises herbes علف‌های هرز را کندن
arracher qqn à ses habitudes کسی را ترک عادت دادن، عادت‌های کسی را از سرش انداختن
arracher qqn au sommeil کسی را (از خواب) پراندن
s'arracher *vp* ۱. بیرون آمدن ۲. خود را بیرون کشیدن ۳. ترک کردن ۴. سر (کسی یا چیزی) با هم دعوا داشتن
s'arracher les cheveux ۱. سخت ناامید شدن، خیلی دلسرد شدن ۲. مستأصل شدن
s'arracher les yeux با هم دعوا کردن، به هم پریدن، جنگ و جدل کردن
arrangeant,e /aʀɑ̃ʒɑ̃,t/ *adj* ۱. سازگار، بساز، انعطاف‌پذیر ۲. خوش‌رو، خوش‌برخورد ۳. مصالحه‌جو، سازش‌پذیر ۴. همراه، مددکار
arrangement /aʀɑ̃ʒmɑ̃/ *nm* ۱. (عمل) مرتب کردن، چیدن، آرایش ۲. ترتیب، نظم، نظم و ترتیب ۳. تدارک ۴. توافق، قرار ۵. مصالحه، سازش ۶. [موسیقی] تنظیم
arranger /aʀɑ̃ʒe/ *vt* (3) ۱. مرتب کردن، نظم و ترتیب دادن، چیدن ۲. ترتیب (کاری را) دادن، تدارک دیدن ۳. برنامه‌ریزی کردن، سازمان دادن ۴. سر و سامان دادن، روبه‌راه کردن ۵. اصلاح کردن ۶. تصحیح کردن ۷. تعمیر کردن، درست کردن ۸. حل و فصل کردن، فیصله دادن ۹. [موسیقی] تنظیم کردن ۱۰. به درد (کسی) خوردن، کار (کسی) را راه انداختن
Cela m'arrange. کارم را راه می‌اندازد. به دردم می‌خورد. به کارم می‌آید.
s'arranger *vp* ۱. مرتب شدن ۲. سر و وضع خود را مرتب کردن، خود را درست کردن، آرایش کردن ۳. بهتر شدن، درست شدن، روبه‌راه شدن ۴. خود را (برای کاری) آماده کردن، جور کردن ۵. توافق داشتن، تفاهم داشتن ۶. سر کردن، ساختن
je m'arrange bien tout seul. من از خود به تنهایی از پس کار برمی‌آیم.
arrangeur /aʀɑ̃ʒœʀ/ *nm* [موسیقی] تنظیم‌کننده
arrestation /aʀɛstasjɔ̃/ *nf* توقیف، بازداشت، جلب، دستگیری
arrêt /aʀɛ/ *nm* ۱. توقف، ایست ۲. وقفه، مکث ۳. قطع ۴. ایستگاه ۵. توقفگاه، محل توقف ۶. حکم، رأی ۷. توقیف، بازداشت، جلب، دستگیری
arrêt de cœur ایست قلبی، سکتهٔ قلبی
coup d'arrêt ایست ناگهانی
être/tomber en arrêt هاج و واج ماندن، بهت‌زده شدن، خشکش زدن، ماتش بردن
maison d'arrêt بازداشتگاه
mettre aux arrêts بازداشت کردن، توقیف کردن، جلب کردن

sans arrêt بی‌وقفه، پیوسته، مدام، دائماً، یکریز

temps d'arrêt استراحت، تنفس، آنتراکت

arrêté[1] /aRete/ *nm* ۱. حکم، دستور ۲. تسویه

arrêté de compte تسویه حساب، مفاصاحساب

arrêté[2]**,e** /aRete/ *adj* ۱. قطعی، قاطع، نهایی ۲. ثابت، تثبیت‌شده ۳. محکم، راسخ

arrêter /aRete/ *vt, vi* (1) ۱. متوقف کردن، جلوی (کسی یا چیزی را) گرفتن ۲. نگه داشتن، از کار انداختن ۳. مانع (چیزی) شدن، جلوگیری کردن از ۴. مانع اجرای (کاری) شدن ۵. خاتمه دادن به، پایان بخشیدن به ۶. دستگیر کردن، توقیف کردن، بازداشت کردن ۷. متوجه (کسی یا چیزی) کردن، معطوف داشتن به ۸. تعیین کردن، مشخص کردن ۹. تصمیم گرفتن ۱۰. حکم کردن ◻ ۱۱. توقف کردن، متوقف شدن، نگه داشتن، ایستادن ۱۲. دست برداشتن، ول کردن ۱۳. [رادیو] خاموش کردن، بستن

arrêter ses regards/yeux sur ۱. چشم دوختن به، خیره شدن به، زل زدن به ۲. نظر انداختن به، نظر افکندن به

s'arrêter *vp* ۱. توقف کردن، نگه داشتن، ایستادن ۲. از کار افتادن، کار نکردن ۳. [ساعت، سر و صدا] خوابیدن ۴. تمام شدن ۵. بند آمدن ۶. دست برداشتن، ول کردن، بس کردن ۷. توجه کردن، در نظر گرفتن

arrhes /aR/ *nf. pl* ۱. سپرده ۲. پیش‌پرداخت، بیعانه

arriération /aRjeRasjɔ̃/ *nf,* **arriération mentale** [روان‌شناسی] عقب‌ماندگی ذهنی

arrière[1] /aRjɛR/ *adv* عقب، پشت، پس

en arrière ۱. به عقب، عقب، (به) پشت سر ۲. عقب‌عقب، پس‌پسکی ۳. (به) گذشته، قبل

en arrière de ۱. (در) عقب، پشتِ، پشت سرِ، پسِ ۲. عقب‌تر از

arrière[2] /aRjɛR/ *nm, adj. inv* ۱. (قسمت) عقب، پشت ۲. [ورزش] مدافع، بَک ۳. [نظامی] خط عقب جبهه ◻ ۴. عقب، عقبی، پشتی

arriéré[1]**,e** /aRjeRe/ *adj* ۱. عقب‌مانده، عقب‌افتاده ۲. کهنه، منسوخ، قدیمی ۳. [روان‌شناسی] عقب‌مانده

arriéré[2] /aRjeRe/ *nm* ۱. بدهی عقب‌افتاده ۲. کار عقب‌افتاده

arrière-bouche /aRjɛRbuʃ/ *nf* گلو، حلق

arrière-boutique /aRjɛRbutik/ *nf* پستو

arrière-garde /aRjɛRgaRd/ *nf* عقب‌دار، پس‌قراول

arrière-gorge /aRjɛRgɔRʒ/ *nf* حلق، حلقوم

arrière-goût /aRjɛRgu/ *nm* ته‌مزه

arrière-grand-mère /aRjɛRgRɑ̃mɛR/ *nf* مادرجد، جده

arrière-grand-parents /aRjɛRgRɑ̃paRɑ̃/ *nm. pl* اجداد

arrière-grand-père /aRjɛRgRɑ̃pɛR/ *nm* پدرجد، جد

arrière-pays /aRjɛRpei/ *nm. inv* نواحی پشت ساحل، پس‌کرانه

arrière-pensée /aRjɛRpɑ̃se/ *nf* انگیزهٔ پنهانی، نیت درونی

sans arrière-pensée روراست، صادقانه

arrière-petite-fille /aRjɛRpətitfij/ *nf* نتیجه (= دخترِ نوه)

arrière-petit-fils /aRjɛRpətifis/ *nm* نتیجه (= پسرِ نوه)

arrière-petits-enfants /aRjɛRpətizɑ̃fɑ̃/ *nm. pl* نتیجه (= فرزند نوه)

arrière-plan /aRjɛRplɑ̃/ *nm* ۱. [نقاشی] زمینه ۲. جزییات، جزییات امر، مسائل حاشیه‌ای

à l'arrière-plan در درجهٔ دوم، فرع

être à l'arrière-plan در جایگاه پایین‌تری

a = bas, plat e = blé, jouer ɛ = lait, jouet, merci i = il, lyre o = mot, dôme, eau, gauche ɔ = mort
u = roue y = rue ø = peu œ = peur ə = le, premier ɑ̃ = sans, vent ɛ̃ = matin, plein, lundi
ɔ̃ = bon, ombre ʃ = chat, tache ʒ = je, gilet j = yeux, paille, pied w = oui, nouer ɥ = huile, lui

قرار داشتن، دارای ارزش کمتری بودن، فرع بودن

arrière-saison /aʀjɛʀsɛzɔ̃/ *nf* ۱. آخر پاییز، اواخر پاییز ۲. خزان عمر

arrière-train /aʀjɛʀtʀɛ̃/ *nm* ۱. [چارپایان] نیم‌تنهٔ عقبی ۲. [خودمانی] کون، کون و کپل

arrimage /aʀimaʒ/ *nm* ۱. [کشتی] باربندی ۲. بار

arrimer /aʀime/ *vt* (1) ۱. [بارکشتی] چیدن، جا دادن ۲. محکم بستن

arrivage /aʀivaʒ/ *nm* ۱. [کالا] ورود ۲. کالای وارداتی ۳. محموله

arrivant,e /aʀivɑ̃,t/ *n* آمده، تازه‌وارد

nouvel arrivant تازه‌وارد

arrivée[1] /aʀive/ *nf* ۱. ورود ۲. آمدن، رسیدن ۳. فرارسیدن ۴. ورودی

arrivé,e[2] /aʀive/ *nf* ۱. آمده ۲. موفق

nouvel arrivé تازه‌وارد

premier arrivé اولین کسی که از راه رسیده، اولین نفر

arriver /aʀive/ *vi, v. impers* (1) ۱. رسیدن ۲. وارد شدن ۳. آمدن ۴. فرارسیدن ۵. به هدف خود رسیدن، موفق شدن ۶. پیش آمدن، اتفاق افتادن، روی دادن ◙ ۷. پیش آمدن، شدن

arriver à ses fins به مقاصد خود رسیدن، به اهداف خود دست یافتن

Cela peut arriver à tout le monde.

این برای هر کسی می‌تواند پیش بیاید.

en arriver à ۱. رسیدن ۲. نتیجه گرفتن که، به این نتیجه رسیدن که

quoi qu'il arrive هر چه پیش آید، هر طور شده

arrivisme /aʀivism/ *nm* جاه‌طلبی

arriviste /aʀivist/ *n* (آدم) جاه‌طلب

arrogamment /aʀɔgamɑ̃/ *adv* پرنخوت، خودخواهانه، خودپسندانه، متکبرانه

arrogance /aʀɔgɑ̃s/ *nf* تکبر، خودپسندی، خودخواهی، افاده

arrogant,e /aʀɔgɑ̃,t/ *adj* ۱. متکبر، خودخواه، خودپسند، پُرافاده ۲. خودخواهانه، خودپسندانه، متکبرانه

arroger (s') /saʀɔʒe/ *vp* (3) مدعی شدن، به ناحق به خود نسبت دادن، به خود بستن

arrondi[1]**,e** /aʀɔ̃di/ *adj* گِرد، مدوّر

voyelle arrondie واکهٔ گرد، مصوت گرد

arrondi[2] /aʀɔ̃di/ *nm* ۱. گردی، گِرده ۲. [دامن] چرخی

arrondir /aʀɔ̃diʀ/ *vt* (2) ۱. گِرد کردن ۲. افزودن، افزایش دادن ۳. وسعت دادن، توسعه دادن، گسترش دادن ۴. سرراست کردن، روند کردن

arrondir les angles ۱. مشکلات را از سر راه برداشتن ۲. اختلافات را رفع کردن، اختلافات را حل کردن

arrondir une jupe دامن را چرخی کردن، دامن را چرخی زدن

s'arrondir *vp* ۱. گرد شدن ۲. [شکم] گنده شدن، جلو آمدن

arrondissement /aʀɔ̃dismɑ̃/ *nm* ۱. ناحیه، منطقه ۲. برزن (= از تقسیمات اداری در برخی شهرهای بزرگ فرانسه)

arrosage /aʀozaʒ/ *nm* آبیاری

arroser /aʀoze/ *vt* (1) ۱. آب دادن (به) ۲. آبیاری کردن ۳. خیس کردن، تر کردن ۴. با مشروب خوردن ۵. [خودمانی] به سلامتیِ (چیزی) نوشیدن، سور دادن ۶. [خودمانی] سبیل (کسی را) چرب کردن ۷. گلوله‌باران کردن، به رگبار بستن، به توپ بستن

se faire arroser [خودمانی] حسابی خیس شدن

arroseuse /aʀozøz/ *nf* ماشین آب‌پاش

arrosoir /aʀozwaʀ/ *nm* آب‌پاش

arsenal,aux /aʀsənal,o/ *nm* ۱. زرادخانه، کارخانهٔ اسلحه‌سازی ۲.انبار اسلحه، انبار مهمات ۳. مهمات ۴. [مجازی] انبار، مجموعه

arsenic /aʀsənik/ *nm* ۱. آرسنیک ۲. مرگ موش ۳. زرنیخ

artillerie

arsenic blanc	مرگ موش	prendre qqch pour article de foi	چیزی را
arsenical,e,aux / aRsənikal / adj			وحی منزل دانستن
	محتوی آرسنیک، آرسنیک‌دار	sur cet article	در این مورد، از این نظر
art / aR / nm	۱. هنر ۲. آثار هنری ۳. فن	articulaire / aRtikylɛR / adj	مفصلی،
	۴. مهارت، هنرمندی، استادی		(مربوط به) مفصل
arts plastiques	هنرهای تجسمی	articulation / aRtikylasjɔ̃ / nf	۱. [فنی]
art poétique	هنر شاعری، فن شعر	کالبدشناسی] مفصل‌بندی ۲. مفصل، بند ۳. اتصال،	
d'art	هنری	محل اتصال ۴. تلفظ، فراگویی ۵. [زبان شناسی]	
homme de l'art	(آدم) اهل فن	تولید (آوا) ۶. [حقوقی] برشماری، ذکر موارد	
l'art pour l'art	(مکتب) هنر برای هنر	articulé,e / aRtikyle / adj	۱. مفصل‌دار،
artère / aRtɛR / nf	۱. سرخرگ، شریان ۲. شاهراه	بندبند ۲. فصیح، روشن، رسا	
artériel,elle / aRtɛRjɛl / adj	شریانی،	articuler / aRtikyle / vt (1)	۱. به هم وصل
	(مربوط به) سرخرگ	کردن، متصل کردن ۲. تلفظ کردن، ادا کردن ۳.	
artériole / aRtɛRjɔl / nf	سرخرگ کوچک،	بیان کردن، گفتن ۴. [حقوقی] برشمردن، موارد	
	شریان کوچک	(چیزی را) ذکر کردن	
artériosclérose / aRtɛRjoskleRoz / nf		bien articuler	۱. خوب تلفظ کردن ۲. کلمات را
	تصلب شرائین	شمرده بیان کردن، شمرده حرف زدن	
artésien / aRtezjɛ̃ / adj. m, puits artésien		s'articuler vp	۱. (به هم) مفصل شدن ۲. متصل
چاه جهنده، چاه آرتزین (= چاهی که آب خودبه‌خود		شدن، وصل شدن ۳. جفت و جور شدن	
از آن بیرون جهد.)		artifice / aRtifis / nf	۱. تدبیر، ابتکار، شگرد
arthrite / aRtRit / nf	آرتریت، التهاب مفصل	۲. ترفند، حقه، کلک، حیله، نیرنگ ۳. مکر،	
arthritique / aRtRitik / adj, n	مبتلا به آرتریت،	حیله‌گری، حقه‌بازی، شیادی ۴. پیشه، حرفه	
	مبتلا به التهاب مفصل	feu d'artifice	آتش‌بازی
arthropodes / aRtRɔpɔd / nm. pl		artificiel,elle / aRtifisjɛl / adj	۱. مصنوعی،
	[جانورشناسی] بندپایان	ساختگی، تصنعی ۲. غیرطبیعی	
arthrose / aRtRoz / nf	آرتروز	fleur artificielle	گل مصنوعی
artichaut / aRtiʃo / nm	آرتیشو، کنگرفرنگی	artificiellement / aRtifisjɛlmɑ̃ / adv	
article / aRtikl / nm	۱. مقاله ۲. مبحث، موضوع	۱. (به طور) مصنوعی، به طرز ساختگی ۲. (به طور)	
۳. زمینه، مورد، باب ۴. [حقوقی] ماده، بند ۵. کالا،		غیرطبیعی	
جنس ۶. فقره ۷. [دستور زبان] حرف تعریف ۸.		artificieux,euse / aRtifisjø,øz / adj	
[فرهنگ لغت] مدخل، سرواژه ۹. مفصل، بند		۱. [ادبی] مکار، حیله‌گر، فریبکار، دغل ۲.	
à l'article de la mort	۱. دم مرگ، در واپسین	فریبکارانه، حیله‌گرانه	
دم (حیات) ۲. رو به مرگ، مشرف به موت		artillerie / aRtijRi / nf	۱. توپخانه ۲. آتشبار
article de foi	رکن ایمان، اعتقاد، عقیده	۳. رستهٔ توپخانه	
faire l'article	بازارگرمی کردن	artillerie de campagne	توپخانهٔ صحرایی

artilleur

artillerie légère	توپخانهٔ سبک
artillerie lourde	توپخانهٔ سنگین
artillerie navale	توپخانهٔ دریایی |•
artilleur / aRtijœR / *nm*	۱. توپچی ۲. سرباز توپخانه، جمعی توپخانه
artisan,e / aRtizã,an / *n*	۱. پیشه‌ور، صنعتگر، استادکار ۲. کارگر فنی ۳. مسبب، بانی، باعث و بانی، مسئول
artisanal,e,aux / aRtizanal,o / *nm*	(مربوط به) صنعتگری، پیشه‌وری
artisanat / aRtizana / *nm*	۱. پیشه‌وری، صنعتگری، صناعت ۲. پیشه‌وران، صنعتگران
artiste / aRtist / *n, adj*	۱. هنرمند نقاش ۲. هنرپیشه ۳. خواننده ۴. استاد، (آدم) خبره ▪ ۵. اهل هنر، هنرشناس ۶. هنری ۷. هنرمندانه
artiste dramatique	هنرپیشهٔ تئاتر
artiste peintre	هنرمند نقاش
artistement / aRtistəmã / *adv*	هنرمندانه
artistique / aRtistik / *adj*	۱. هنری، (مربوط به) هنر ۲. هنرمندانه
artistiquement / aRtistikmã / *adv*	۱. از نظر هنری ۲. هنرمندانه
aryen,enne / aRjɛ̃,ɛn / *adj, n*	آریایی
as / as / *nm*	۱. (ورق‌بازی) تک، آس، تکخال ۲. [تخته‌نرد] یک، تک ۳. سرآمد، خدا، نابغه
C'est un as en cuisine.	آشپزی‌اش حرف ندارد. خدای آشپزی است.
être (plein) aux as	پولدار بودن، خرپول بودن، پول (کسی) از پارو بالا رفتن
passer qqch à l'as	۱. [خودمانی] کش رفتن، بلند کردن، زدن ۲. به جیب زدن
ascendance / asãdãs / *nf*	۱. تبار، نسل، دودمان، اصل و نسب ۲. نیاکان، اجداد
ascendant[1],e / asãdã,t / *adj*	۱. صعودی، بالارونده ۲. رو به بالا ۳. رو به ترقی، رو به رشد
marche ascendante	۱. صعود ۲. روند رو به رشد، ترقی، پیشرفت

ascendant[2] / asãdã / *nm*	۱. سلطه، تفوق، برتری ۲. نفوذ، تسلط ـ [صورت جمع] ۳. اجداد، نیاکان
ascenseur / asãsœR / *nm*	آسانسور
garçon d'ascenseur	آسانسورچی
prendre l'ascenseur	سوار آسانسور شدن، با آسانسور بالا یا پایین رفتن
renvoyer l'ascenseur	(کار خوبی را) تلافی کردن، (زحمتی را) جبران کردن، جواب خوبی را دادن
ascension[1] / asãsjɔ̃ / *nf*	۱. صعود، بالا رفتن ۲. ترقی، ارتقا
faire des ascensions	صعود کردن
Ascension[2] / asãsjɔ̃ / *nf*	۱. معراج مسیح ۲. سالروز معراج مسیح
ascensionner / asãsjɔne / *vi* (1)	صعود کردن، بالا رفتن
ascensionniste / asãsjɔnist / *n*	[کوه‌نوردی] صعودکننده
ascèse / asɛz / *nf*	ریاضت، زهد
ascète / asɛt / *n*	مرتاض، ریاضت‌کش، ریاضت‌پیشه، زاهد، پارسا
ascétique / asetik / *adj*	۱. (مربوط به) ریاضت، ریاضت‌کشی ۲. زاهدانه، مرتاضانه، پارسایانه
ascétisme / asetism / *nm*	ریاضت‌کشی، ریاضت، پارسامنشی، زهد
asepsie / asɛpsi / *nf*	عفونت‌زدایی
aseptique / asɛptik / *adj*	ضدعفونی‌شده، استریل(شده)
aseptisation / asɛptizasjɔ̃ / *nf*	(عمل) ضدعفونی کردن
aseptiser / asɛptize / *vt* (1)	ضدعفونی کردن، استریل کردن
asexué,e / asɛksye / *adj*	۱. غیرجنسی ۲. فاقد اندام جنسی ۳. فاقد میل جنسی، سرد
reproduction asexuée	تولید مثل غیرجنسی
asiatique[1] / azjatik / *adj*	(مربوط به) آسیا، آسیایی

Asiatique[2] /azjatik/ *n* اهل آسیا، آسیایی

asile /azil/ *nm* ۱. پناهگاه، مأمن ۲. پناه

asile d'aliénés آسایشگاه روانی، تیمارستان

asile de nuit خوابگاه مستمندان

asile de vieillards خانهٔ سالمندان

l'asile des morts [استعاره] وادی خاموشان (= گورستان)

asocial,e,aux /asɔsjal,o/ *adj* غیراجتماعی، جامعه‌گریز

aspect /aspɛ/ *nm* ۱. منظره، چشم‌انداز ۲. ظاهر، سر و وضع ۳. قیافه، چهره، سیما ۴. حالت، وضع ۵. نما، منظر ۶. جنبه، بعد، جهت، زاویه، لحاظ، نظر ۷. [دستور زبان] جنبه، نمود

à l'aspect de با دیدنِ، با مشاهدهٔ

au premier aspect در نظر اول، در نخستین برخورد

sous tous les aspects از همهٔ جهات، از همهٔ ابعاد، از هر نظر

asperge /aspɛʀʒ/ *nf* مارچوبه

asperger /aspɛʀʒe/ *vt* (3) ۱. اسپری کردن ۲. آب زدن، نم زدن ۳. پاشیدن

La voiture nous a aspergés d'eau sale. ماشین به ما آب کثیف پاشید.

aspérité /aspeʀite/ *nf* ۱. ناهمواری ۲. برآمدگی، برجستگی ۳. خلل و فرج ۴. خشونت، تندی

aspersion /aspɛʀsjɔ̃/ *nf* ۱. (عمل) اسپری کردن ۲. آب زدن، نم زدن

asphalte /asfalt/ *nm* آسفالت

asphalter /asfalte/ *vt* (1) آسفالت کردن

asphyxiant,e /asfiksjɑ̃,t/ *adj* ۱. خفه‌کننده ۲. خفقان‌آور ۳. مهلک، سمی

ambiance asphyxiante محیط خفقان‌آور

asphyxie /asfiksi/ *nf* ۱. خفگی، اختناق ۲. خفقان

asphyxier /asfiksje/ *vt* (7) دچار خفگی کردن، خفه کردن

s'asphyxier *vp* ۱. دچار خفگی شدن، خفه شدن ۲. خود را خفه کردن

aspirant[1]**,e** /aspiʀɑ̃,t/ *adj* مکنده

aspirant[2] /aspiʀɑ̃/ *nm* ۱. داوطلب ۲. ستوان سه

aspirateur /aspiʀatœʀ/ *nm* جاروبرقی

aspirateur de bouée هواکش

aspiration /aspiʀasjɔ̃/ *nf* ۱. دَم ۲. تنفس ۳. استنشاق ۴. مکش، مکیدن ۵. آرزو، امید، آرمان ۶. اشتیاق، شور و شوق، تمایل ۷. [آواشناسی] دَمش

aspiré,e /aspiʀe/ *adj* [آواشناسی] دمیده

aspirer /aspiʀe/ *vt* (1) ۱. دم فروبردن، نفس کشیدن ۲. استنشاق کردن ۳. مکیدن ۴. فرو دادن، فرو بردن ۵. آرزو کردن، طلب کردن، خواستن ۶. سودای (چیزی را) در سر پروراندن ۷. [آواشناسی] دمیده تلفظ کردن

aspirer une boisson avec une paille یک نوشیدنی را با نی نوشیدن

aspirine /aspiʀin/ *nf* آسپیرین

assagir /asaʒiʀ/ *vt* (2) ۱. عاقل کردن ۲. تعدیل کردن ۳. آرام کردن ۴. فرونشاندن

s'assagir *vp* ۱. عاقل شدن ۲. تعدیل شدن ۳. آرام شدن

assaillant,e /asajɑ̃,t/ *adj, n* ۱. مهاجم ۲. متجاوز، تجاوزکار

assaillir /asajiʀ/ *vt* (13) ۱. هجوم بردن به، حمله کردن به، تاختن به ۲. سر (کسی) ریختن ۳. به ستوه آوردن، ذلّه کردن، عاصی کردن

assaillir de questions سؤال‌پیچ کردن

assainir /asenir/ *vt* (2) ۱. سالم کردن، سالم‌تر کردن ۲. تمیز کردن ۳. نظافت کردن ۴. تصفیه کردن، پالودن ۵. تثبیت کردن

a = bas, plat   e = blé, jouer   ɛ = lait, jouet, merci   i = il, lyre   o = mot, dôme, eau, gauche   ɔ = mort
u = roue   y = rue   ø = peu   œ = peur   ə = le, premier   ɑ̃ = sans, vent   ɛ̃ = matin, plein, lundi
ɔ̃ = bon, ombre   ʃ = chat, tache   ʒ = je, gilet   j = yeux, paille, pied   w = oui, nouer   ɥ = huile, lui

assainissement / asenismɑ̃ / *nm* ۱. سالم‌سازی ۲. پاک‌سازی، پاکیزه‌سازی ۳. پالایش، تصفیه ۴. تثبیت

assaisonnement / asɛzɔnmɑ̃ / *nm* ۱. (عمل) چاشنی زدن، ادویه زدن ۲. چاشنی، ادویه

assaisonner / asɛzɔne / *vt* (1) ۱. چاشنی زدن (به)، ادویه زدن (به) ۲. دلپذیر کردن، شیرینی بخشیدن، لطف خاصی دادن ۳. [خودمانی] (کسی را) دعوا کردن

assassin / asasɛ̃ / *nm* ۱. آدم‌کش، قاتل ۲. تروریست

assassinat / asasina / *nm* ۱. آدم‌کشی، قتل ۲. ترور

assassiner / asasine / *vt* (1) ۱. کشتن، به قتل رساندن ۲. ترور کردن ۳. [خودمانی] جیب (کسی را) خالی کردن، لخت کردن

assaut / aso / *nm* ۱. حمله، هجوم، یورش، تهاجم ۲. [شمشیربازی، مشت‌زنی، ...] مسابقه ۳. رقابت، چشم و هم‌چشمی

donner/livrer l'assaut à حمله کردن به، هجوم بردن به، یورش بردن به

faire assaut de با هم رقابت کردن، با هم مسابقه گذاشتن

prendre d'assaut به زور گرفتن

assèchement / asɛʃmɑ̃ / *nm* (عمل) خشکاندن، خشک کردن

assécher / aseʃe / *vt* (6) ۱. خشکاندن، خشک کردن ۲. خالی کردن

assemblage / asɑ̃blaʒ / *nm* ۱. مونتاژ، سوار کردن ۲. مجموعه، توده

assemblée / asɑ̃ble / *nf* ۱. اجتماع، تجمع، گردهمایی ۲. محفل ۳. مجلس ۴. مجمع ۵. انجمن ۶. جلسه، اِجلاس، نشست

assemblée extraordinaire مجمع فوق‌العاده

l'Assemblée nationale مجلس شورای ملی

assembler / asɑ̃ble / *vt* (1) ۱. (یک جا) جمع کردن، گرد آوردن، جمع‌آوری کردن ۲. به هم وصل کردن، سوار کردن، سرهم کردن ۳. مرتب کردن، ردیف کردن، جمع و جور کردن ۴. به هم دوختن

s'assembler *vp* جمع شدن، گرد آمدن، گرد هم آمدن، اجتماع کردن

assener / asene / *vt* (1) زدن، کوفتن، کوبیدن، وارد آوردن

assener des injures بد و بیراه بار کسی کردن، به فحش بستن

assentiment / asɑ̃timɑ̃ / *nm* موافقت، قبول، رضایت، تأیید

asseoir / aswaʀ / *vt* (26) ۱. نشاندن ۲. مستقر کردن ۳. بر اساس (چیزی) استوار کردن، بر پایهٔ (چیزی) بنا نهادن ۴. تثبیت کردن ۵. تحکیم کردن، استحکام بخشیدن ۶. مات و مبهوت کردن، حیرت‌زده کردن، حیران کردن

Il a fait asseoir ses invités. از مهمان‌هایش خواست که بنشینند.

s'asseoir *vp* نشستن

Asseyez-vous! (بفرمایید) بنشینید!

Je m'asseois dessus. [خودمانی] خیالی نیست. بی‌خیال! باکی نیست.

assermenté,e / asɛʀmɑ̃te / *adj, n* قسم‌خورده، سوگندخورده

assertion / asɛʀsjɔ̃ / *nf* ۱. ادعا ۲. اظهار

asservir / asɛʀviʀ / *vt* (2) ۱. به بردگی کشیدن، برده کردن ۲. اسیر خود کردن، به اسارت خود درآوردن ۳. چیره شدن بر، به بند کشیدن، مهار کردن، غلبه کردن به ۴. استثمار کردن، بهره‌کشی کردن

asservissement / asɛʀvismɑ̃ / *nm* بردگی، بندگی، اسارت

asseyais / asejɛ / *v* [صورت صرف‌شدهٔ فعلِ asseoir]

asseyerais / asɛjʀe / *v* [صورت صرف‌شدهٔ فعلِ asseoir]

assez / ase / *adv* ۱. به اندازهٔ کافی، به مقدار کافی، به قدر کافی ۲. نسبتاً

assistance

Assez!	بس است! کافی است! بس کن!
en avoir assez	خسته شدن، ذله شدن، به ستوه آمدن، عاصی شدن، کلافه شدن
assidu,e / asidy / *adj*	۱. کوشا، ساعی، باپشتکار، سخت‌کوش ۲. وقت‌شناس، دقیق، منظم، مرتب ۳. [مشتری] پر و پا قرص ۴. مداوم، پیگیر، بی‌وقفه، دائمی، بی‌امان
efforts assidus	تلاش‌های پیگیر، کوشش مداوم
assiduité / asidɥite / *nf*	۱. حضور مداوم ۲. وقت‌شناسی، نظم، ترتیب ۳. پشتکار، سعی، کوشش، استقامت ــ [صورت جمع] ۴. ابراز محبت ۵. خوش‌خدمتی
assidûment / asidymã / *adv*	۱. با پشتکار ۲. مرتب، مرتباً ۳. به طور مداوم، دائماً
assieds / asje / *v*	[صورت صرف‌شدهٔ فعلِ asseoir]
assiégé,e / asjeʒe / *n*	محاصره‌شده
assiégeant,e / asjeʒɑ̃,t / *n, adj*	محاصره‌کننده
assiéger / asjeʒe / *vt* (3,6)	۱. حصار کشیدن دور ۲. محاصره کردن ۳. احاطه کردن، دور (چیزی را) فرا گرفتن ۴. دور (کسی یا چیزی) جمع شدن، دور (کسی یا چیزی) حلقه زدن ۵. به ستوه آوردن، عاصی کردن، ذله کردن، کلافه کردن
assiérai / asjeʀe / *v*	[صورت صرف‌شدهٔ فعلِ asseoir]
assiette / asjɛt / *nf*	۱. بشقاب ۲. ثبات ۳. پایه، اساس، مبنا ۴. [قدیمی] تعادل
assiette à dessert	پیش‌دستی
assiette au beurre	[مجازی] شغل نان و آبدار
assiette creuse	بشقاب گود، بشقاب سوپ‌خوری، خورش‌خوری
assiette plate	بشقاب تخت، بشقاب غذاخوری
n'être pas dans son assiette	سر حال نبودن، سر دماغ نبودن
assiettée / asjete / *nf*	[مظروف] بشقاب

assignation / asiɲasjɔ̃ / *nf*	۱. اختصاص، تخصیص ۲. احضار به (دادگاه)
assigner / asiɲe / *vt* (1)	۱. اختصاص دادن، تخصیص دادن، دادن ۲. تعیین کردن، مشخص کردن ۳. به دادگاه احضار کردن
assimilable / asimilabl / *adj*	۱. شبیه، همانند، نظیر ۲. قابل فهم، قابل درک
assimilation / asimilasjɔ̃ / *nf*	۱. تشبیه ۲. جذب ۳. [زبان‌شناسی] همگون‌سازی، همگونی
assimilé,e / asimile / *adj*	مشابه، شبیه، همانند، همگون
assimiler / asimile / *vt* (1)	۱. شبیه کردن، همانند کردن ۲. همگون کردن، همسان کردن ۳. یکی دانستن، یکسان به شمار آوردن ۴. جذب کردن ۵. درک کردن، فهمیدن
s'assimiler *vp*	۱. شبیه شدن، همانند شدن ۲. خود را مقایسه کردن با ۳. همگون شدن ۴. جذب شدن
assis,e[1] / asi,z / *adj, part. passé*	۱. نشسته ۲. مستقر ۳. واقع (شده) ۴. استوار، ثابت، پابرجا، محکم ۵. [اسم مفعول فعلِ asseoir]
place assise	جای نشستن
assise[2] / asiz / *nf*	۱. چینه، آجرچین، سنگ‌چین ۲. پایه، اساس
assises / asiz / *nf. pl*	۱. اِجلاس، جلسه ۲. مجمع، نشست، گردهمایی
cour d'assises	دیوان جنایی
assistance / asistɑ̃s / *nf*	۱. یاری، کمک، مساعدت ۲. همکاری ۳. مددکاری ۴. حضور ۵. حضّار، شنوندگان، جمعیت
assistance judiciaire	معاضدت قضایی، معاضدت حقوقی
assistance médicale	خدمات درمانی
assistance publique	مدیریت درمانگاه‌های دولتی پاریس و مارسی
assistance sociale	مددکاری اجتماعی

---

a = bas, plat	e = blé, jouer	ɛ = lait, jouet, merci	i = il, lyre	o = mot, dôme, eau, gauche	ɔ = mort
u = roue	y = rue	ø = peu	œ = peur	ə = le, premier	ɑ̃ = sans, vent	ɛ̃ = matin, plein, lundi
ɔ̃ = bon, ombre	ʃ = chat, tache	ʒ = je, gilet	j = yeux, paille, pied	w = oui, nouer	ɥ = huile, lui

assistant,e /asistɑ̃,t/ *adj, n* ۱. دستیار ۲. [در ترکیب] کمک ـ ۳. مددکار ــ [صورت جمع] ۴. حضّار

assistante maternelle مادر رضاعی

assistante sociale مددکار اجتماعی (زن)

maître assistant استادیار

assister /asiste/ *vt, vi* (1) ۱. کمک کردن به، یاری دادن به، مساعدت کردن، همراهی کردن ۲. همکاری کردن با ▣ ۳. حضور یافتن، حاضر شدن، شرکت کردن ۴. دیدن، شاهد بودن

association /asɔsjasjɔ̃/ *nf* ۱. شراکت، مشارکت ۲. همکاری ۳. پیوند، ارتباط، رابطه ۴. معاشرت، نشست و برخاست ۵. انجمن، کانون ۶. شرکت ۷. باشگاه ۸. تداعی، همخوانی

association d'avocats کانون وکلا

association des idées تداعی معانی، همخوانی اندیشه‌ها، یادایاد

associé,e /asɔsje/ *adj, n* ۱. شریک ۲. سهیم ۳. همکار

membres associés اعضای وابسته

associer /asɔsje/ *vt* (7) ۱. شرکت دادن ۲. سهیم کردن ۳. شریک کردن ۴. جمع کردن، گرد آوردن ۵. پیوند دادن، مرتبط کردن، ربط دادن، وابسته کردن

s'associer *vp* ۱. شریک شدن ۲. سهیم شدن ۳. همکاری کردن ۴. متحد شدن ۵. پیوستن ۶. همخوانی داشتن، هماهنگی داشتن، جور بودن

assoiffé,e /aswafe/ *adj, n* ۱. تشنه ۲. حریص ۳. مشتاق

assoiffé d'argent پول‌دوست، پول‌پرست، طماع، طمع‌کار

assoiffer /aswafe/ *vt* (1) تشنه کردن، عطش آوردن

assolement /asɔlmɑ̃/ *nm* [کشاورزی] آیش، آیش‌بندی

assoler /asɔle/ *vt* (1) [کشاورزی] آیش دادن، آیش‌بندی کردن

assombrir /asɔ̃bʀiʀ/ *vt* (2) ۱. تاریک کردن، تیره کردن ۲. غمگین کردن، اندوهگین کردن، مکدر کردن

s'assombrir *vp* ۱. تاریک شدن، تیره شدن ۲. غمگین شدن، مکدر شدن

assombrissement /asɔ̃bʀismɑ̃/ *nm* ۱. تاریکی، تیرگی ۲. غم، اندوه، حزن

assommant,e /asɔmɑ̃,t/ *adj* ۱. ذله‌کننده، به‌ستوه‌آورنده ۲. ملال‌انگیز، ملال‌آور، کسالت‌بار ۳. جانکاه، جانگداز، ناگوار

assommer /asɔme/ *vt* (1) ۱. (با وارد آوردن ضربه به سر) کشتن ۲. از پا درآوردن ۳. نقش بر زمین کردن ۴. لت و پار کردن، درب و داغون کردن ۵. سخت متأثر کردن، کمر (کسی را) شکستن، غصه‌دار کردن ۶. به ستوه آوردن، ذله کردن، عاصی کردن، جان (کسی را) به لبش رساندن، کشتن

Assomption /asɔ̃psjɔ̃/ *nf* ۱. معراج حضرت مریم ۲. روز معراج حضرت مریم

assonance /asɔnɑ̃s/ *nf* همگونی واکه‌ها

assorti,e /asɔʀti/ *adj* ۱. جور، متناسب، هماهنگ ۲. متنوع، جورواجور

assorti de داراىِ، با

bien assorti ۱. جور، هماهنگ ۲. [مغازه] دارای انواع کالا

fromages assortis انواع مختلف پنیر، انواع پنیر

assortir /asɔʀtiʀ/ *vt* (2) ۱. جور کردن، هماهنگ کردن ۲. مرتب کردن

s'assortir *vp* ۱. جور بودن، (به هم) آمدن، هماهنگ بودن، هماهنگی داشتن ۲. همراه بودن، مزین بودن

assortiment /asɔʀtimɑ̃/ *nm* ۱. تناسب، هماهنگی، همخوانی، سازگاری ۲. مجموعه، انواع ۳. سرویس، دست، سِری

assoupir /asupiʀ/ *vt* (2) ۱. خواب‌آلود کردن ۲. تسکین دادن، آرام کردن ۳. از شدت (چیزی) کاستن، کاهش دادن، فرو نشاندن

s'assoupir *vp* ۱. چرت زدن ۲. تسکین یافتن، آرام شدن ۳. کاهش یافتن، کم شدن، فروکش کردن

asthénique

۱. اطاعت، فرمانبرداری ۲. انقیاد ۳. الزام، فشار ۴. قید، قید و بند

assumer /asyme/ *vt* (1) ۱. به عهده گرفتن، عهده‌دار شدن، به دست گرفتن ۲. مسئولیت (کاری را) به عهده گرفتن، (به) گردن گرفتن ۳. پذیرفتن ۴. بر خود هموار کردن، تحمل کردن، گردن نهادن به، تن دادن به

assurance /asyʀɑ̃s/ *nf* ۱. اعتمادبه‌نفس ۲. اطمینان، اطمینان خاطر ۳. تضمین ۴. بیمه ۵. [کوهنوردی] حمایت

assurance sur la vie بیمهٔ عمر
assurances sociales بیمه‌های اجتماعی
compagnie d'assurance شرکت بیمه

assuré,e /asyʀe/ *adj, n* ۱. مطمئن، خاطرجمع ۲. مسلم، قطعی، حتمی ▫ ۳. بیمه‌گزار، بیمه‌شده

assurément /asyʀemɑ̃/ *adv* حتماً، مطمئناً، مسلماً، یقیناً، بی‌شک

assurer /asyʀe/ *vt* (1) ۱. مطمئن کردن، اطمینان دادن به، خاطرجمع کردن ۲. تضمین کردن ۳. محافظت کردن از، محفوظ داشتن ۴. محکم کردن، ثابت کردن، استوار کردن ۵. بیمه کردن ۶. [کوهنوردی] حمایت کردن

s'assurer *vp* ۱. مطمئن شدن، اطمینان یافتن، خاطرجمع شدن ۲. از خود محافظت کردن ۳. خود را محکم نگه داشتن ۴. تهیه کردن، فراهم کردن ۵. برای خود در نظر گرفتن، به خود اختصاص دادن ۶. به دست آوردن، کسب کردن ۷. خود را بیمه کردن، بیمه شدن

assureur /asyʀœʀ/ *nm* ۱. بیمه‌گر ۲. [کوهنوردی] حمایت‌کننده

astérisque /asteʀisk/ *nm* (٭) (علامت) ستاره
astéroïde /asteʀɔid/ *nm* ۱. سیارهٔ کوچک، سیارک، خرده‌سیاره ۲. شهاب

asthénie /asteni/ *nf* [پزشکی] ضعف
asthénique /astenik/ *adj, n* ۱. (مربوط به) ضعف ▫ ۲. مبتلا به ضعف

---

assoupissement /asupismɑ̃/ *nm* ۱. چرت ۲. خواب‌آلودگی ۳. تسکین

assouplir /asupliʀ/ *vt* (2) ۱. نرم کردن ۲. ملایم کردن ۳. آرام کردن ۴. تعدیل کردن

s'assouplir *vp* ۱. نرم شدن ۲. ملایم شدن ۳. آرام شدن ۴. تعدیل شدن

assouplissement /asuplismɑ̃/ *nm* ۱. (عمل) نرم کردن ۲. نرم شدن

exercices d'assouplissement نرمش

assourdir /asuʀdiʀ/ *vt* (2) ۱. کر کردن، گوش (کسی را) بردن ۲. صدای (چیزی را) گرفتن، خفه کردن ۳. سر (کسی را) بردن ۴. کاهش دادن، کاستن، تخفیف دادن

assourdissant,e /asuʀdisɑ̃,t/ *adj* کرکننده، گوش‌خراش، خیلی بلند

assourdissement /asuʀdismɑ̃/ *nm* ۱. کری (موقت) ۲. کاهش صدا ۳. کاهش، تخفیف ۴. [آواشناسی] واک‌رفتگی

assouvir /asuviʀ/ *vt* (2) ۱. ارضا کردن ۲. رفع کردن، برطرف کردن، فرونشاندن

s'assouvir *vp* ۱. ارضا شدن ۲. رفع شدن، برطرف شدن، فرو نشستن

assouvissement /asuvismɑ̃/ *nm* ۱. ارضا ۲. رفع ۳. رضایت، خشنودی

assujettir /asyʒetiʀ/ *vt* (2) ۱. مطیع کردن، به اطاعت واداشتن، به زیر سلطه درآوردن ۲. اسیر خود کردن، به بند کشیدن، چیره شدن بر ۳. ملزم به رعایت (چیزی) کردن، تابع (چیزی) کردن ۴. محکم کردن، ثابت کردن

assujetti à l'impôt ملزم به پرداخت مالیات

s'assujettir *vp* ۱. مطیع خود ساختن، مقهور ساختن ۲. تن در دادن، گردن نهادن

assujettissant,e /asyʒetisɑ̃,t/ *adj* پرزحمت، کمرشکن، پرمشقت، سنگین

assujettissement /asyʒetismɑ̃/ *nm*

---

a = bas, plat   e = blé, jouer   ɛ = lait, jouet, merci   i = il, lyre   o = mot, dôme, eau, gauche   ɔ = mort
u = roue   y = rue   ø = peu   œ = peur   ə = le, premier   ɑ̃ = sans, vent   ɛ̃ = matin, plein, lundi
ɔ̃ = bon, ombre   ʃ = chat, tache   ʒ = je, gilet   j = yeux, paille, pied   w = oui, nouer   ɥ = huile, lui

asthmatique 78

asthmatique /asmatik/ *adj, n* ۱. آسمی، (مربوط به) تنگی نفس ▣ ۲. دچار تنگی نفس، مبتلا به آسم

asthme /asm/ *nm* تنگی نفس، آسم

asticot /astiko/ *nm* کرم حشره، کرم ماهیگیری

asticoter /astikɔte/ *vt* (1) [خودمانی] موی دماغ (کسی) شدن، به پر و پای (کسی) پیچیدن، سر به سر (کسی) گذاشتن

astigmate /astigmat/ *adj, n* آستیگمات

astigmatisme /astigmatism/ *nm* آستیگماتیسم (= نقص بینایی ناشی از متمرکز نشدن پرتوهای نور در یک نقطهٔ شبکیه.)

astiquage /astikaʒ/ *nm* (عمل) برق انداختن، پرداخت

astiquer /astike/ *vt* (1) براق کردن، برق انداختن، پرداخت کردن

astral,e,aux /astʀal,o/ *adj* (مربوط به) ستارگان، ستاره‌ای

astre /astʀ/ *nm* ستاره، کوکب، اختر

beau comme un astre [کنایه از زیبایی] مثل ماه

être né sous un astre favorable اقبال (کسی) بلند بودن، خوشبخت بودن

l'astre au front d'argent/l'astre de la nuit [استعاره] ماه، ماه سیمین

l'astre du jour [استعاره] آفتاب، خورشید

astreignant,e /astʀɛɲɑ̃,t/ *adj* ۱. پرزحمت، دشوار، سخت، شاق، سنگین ۲. [مقررات] سخت، شاق ۳. سختگیر، خشک

astreindre /astʀɛ̃dʀ/ *vt* (49) ۱. مجبور کردن، ملزم کردن، مقید کردن ۲. ملزم به رعایت (چیزی) کردن، تحمیل کردن

s'astreindre *vp* خود را مجبور کردن، خود را ملزم کردن، خود را مکلف کردن

astringent[1],e /astʀɛ̃ʒɑ̃,t/ *adj* قابض، منقبض‌کننده

astringent[2] /astʀɛ̃ʒɑ̃,t/ *nm* داروی قابض

astrolabe /astʀɔlab/ *nm* اسطرلاب

astrologie /astʀɔlɔʒi/ *nf* طالع‌بینی، اختربینی، ستاره‌بینی

astrologique /astʀɔlɔʒik/ *adj* (مربوط به) طالع‌بینی،اختربینی، ستاره‌بینی

astrologue /astʀɔlɔg/ *n* طالع‌بین (از روی ستارگان)

astronaute /astʀɔnot/ *n* فضانورد

astronautique /astʀɔnotik/ *nf* علم فضانوردی

astronef /astʀɔnɛf/ *nm* فضاپیما، سفینهٔ فضایی، سفینه

astronome /astʀɔnɔm/ *n* اخترشناس، ستاره‌شناس، منجم

astronomie /astʀɔnɔmi/ *nf* اخترشناسی، ستاره‌شناسی، نجوم

astronomique /astʀɔnɔmik/ *adj* ۱. اخترشناختی، ستاره‌شناختی، (مربوط به) اخترشناسی، نجومی ۲. [رقم، قیمت] فوق‌العاده زیاد، بسیار گزاف، نجومی

astuce /astys/ *nf* ۱. زرنگی، زیرکی ۲. ظرافت ۳. ترفند، حقه، کلک ۴. شوخی ۵. [قدیمی] حیله‌گری، مکر، حقه‌بازی

astucieusement /astysjøzmɑ̃/ *adv* با زرنگی، با زیرکی، زیرکانه

astucieux,euse /astysjø,øz/ *adj* ۱. زرنگ، زیرک، زبل، ناقلا ۲. هوشمندانه، زیرکانه ۳. [قدیمی] حیله‌گر، مکار، حقه‌باز

asymétrie /asimetʀi/ *nf* عدم تقارن، بی‌تقارنی، نامتقارنی

asymétrique /asimetʀik/ *adj* نامتقارن، بی‌تقارن

atavique /atavik/ *adj* ارثی، مادرزادی

atavisme /atavism/ *nm* بازپیدایی ژنتیکی

atchoum /atʃum/ *interj, nm* ۱. [صدای عطسه] اَچّه! هَچّه! ▣ ۲. [خودمانی] عطسه

atelier /atəlje/ *nm* ۱. کارگاه ۲. آتلیه، کارگاه هنری

79 attabler

atelier de tailleur کارگاه خیاطی
atermoiement /atɛʀmwamɑ̃/ *nm* ۱. مهلت ۲. تعویق ۳. تأخیر ۴. تعلل، طفره، مسامحه
atermoyer /atɛʀmwaje/ *vi* (8) ۱. به تعویق انداختن، عقب انداختن، به بعد موکول کردن ۲. تعلل کردن، طفره رفتن، پشت گوش انداختن، امروز و فردا کردن
athée /ate/ *adj, n* ملحد، خدانشناس، بی‌خدا، منکر خدا
athéisme /ateism/ *nm* الحاد، خدانشناسی، بی‌خدایی، انکار خدا
athlète /atlɛt/ *n* ۱. ورزشکارِ دو و میدانی ۲. ورزشکار، پهلوان
athlétique /atletik/ *adj* ۱. (مربوط به) دو و میدانی ۲. ورزشی، پهلوانی
athlétisme /atletism/ *nm* (ورزش) دو و میدانی
atlantique /atlɑ̃tik/ *adj* (مربوط به) اقیانوس اطلس
atlas /atlas/ *nm* [جغرافی،کالبدشناسی] اطلس
atmosphère /atmɔsfɛʀ/ *nf* ۱. جَو، اتمسفر ۲. هوا ۳. حال و هوا، فضا، جَو، محیط
atmosphérique /atmɔsfeʀik/ *adj* ۱. جَوّی، (مربوط به) جَو ۲. (مربوط به) هوا
atoll /atɔl/ *nm* [جغرافی] آبسنگ حلقوی، آتول
atome /atom/ *nm* ۱. اتم ۲. ذره، خرده، ریزه، مثقال، جو
atomique /atɔmik/ *adj* اتمی، هسته‌ای، (مربوط به) اتم
bombe atomique بمب اتم، بمب اتمی
énergie atomique انرژی اتمی، انرژی هسته‌ای
guerre atomique جنگ هسته‌ای، جنگ اتمی
atomisé,e /atɔmize/ *adj, n* قربانی بمب اتم
atomiser /atɔmize/ *vt* (1) ۱. به ذرات بسیار ریز تبدیل کردن ۲. بمب اتم انداختن رویِ

atomiseur /atɔmizøʀ/ *nm* ۱. افشانه، اِسپری ۲. [در ترکیب] ـ پاش
atomiste /atɔmist/ *n* متخصص فیزیک اتمی
atone /atɔn/ *adj* ۱. بی‌حال، بی‌جان، بی‌رمق، بی‌بنیه، ضعیف ۲. بی‌روح، خشک، سرد ۳. بی‌حالت ۴. [پزشکی] فاقد کشیدگی طبیعی عضلانی، تنبل ۵. [گرامر] بی‌تکیه
atonie /atɔni/ *nf* ۱. بی‌حالی، ضعف، رخوت، سستی ۲. [پزشکی] فقدان کشیدگی طبیعی عضلانی، تنبلی
atour /atuʀ/ *nm* ۱. آرایش ــ [صورت جمع] ۲. زیورآلات
atout /atu/ *nm* ۱. [ورق‌بازی] برگ برنده ۲. شانس
avoir tous les atouts en main/dans son jeu برگ‌های برنده را در دست داشتن، شانس زیادی برای موفقیت داشتن
âtre /atʀ/ *nm* ۱. [بخاری دیواری] آتشدان ۲. بخاری دیواری، شومینه
atroce /atʀɔs/ *adj* ۱. وحشتناک، موحش، فجیع، هولناک ۲. [خودمانی] مزخرف، افتضاح، گند
temps atroce هوای مزخرف، هوای گند، هوای افتضاح
atrocement /atʀɔsmɑ̃/ *adv* ۱. بی‌رحمانه، به طرزی فجیع، ظالمانه ۲. بدجوری، بی‌اندازه
atrocité /atʀɔsite/ *nf* ۱. بی‌رحمی، ظلم و ستم ۲. وحشیگری، سبعیت ــ [صورت جمع] ۳. فجایع، جنایت
atrophie /atʀɔfi/ *nf* [پزشکی] تحلیل‌رفتگی، پلاسیدگی، آتروفی
atrophier (s') /satʀɔfje/ *vp* (7) ۱. تحلیل رفتن ۲. تنزل کردن، رو به زوال رفتن
attabler /atable/ *vt* (1) سر میز نشاندن
s'attabler *vp* سر میز نشستن

a = bas, plat   e = blé, jouer   ɛ = lait, jouet, merci   i = il, lyre   o = mot, dôme, eau, gauche   ɔ = mort
u = roue   y = rue   ø = peu   œ = peur   ə = le, premier   ɑ̃ = sans, vent   ɛ̃ = matin, plein, lundi
ɔ̃ = bon, ombre   ʃ = chat, tache   ʒ = je, gilet   j = yeux, paille, pied   w = oui, nouer   ɥ = huile, lui

attachant,e /ataʃɑ̃,t/ *adj* گیرا، جذاب، دلنشین، دل‌انگیز

attache /ataʃ/ *nf* ۱. اتصال ۲. بست، گیره، قید ۳. بند، تسمه ۴. محل اتصال ـ [صورت جمع] ۵. علاقه، دلبستگی، تعلق خاطر ۶. پیوند، رابطه، ارتباط ۷. دوست و آشنا، کس

attaché,e[1] /ataʃe/ *adj* ۱. در بند ۲. دست‌بسته ۳. مربوط، مرتبط ۴. وابسته ۵. [لباس] جلوبسته ۶. علاقه‌مند، دلبسته

attaché,e[2] /ataʃe/ *n* [سیاسی] وابسته

attaché culturel وابستهٔ فرهنگی

attachement /ataʃmɑ̃/ *nm* ۱. علاقه، دلبستگی، تعلق خاطر ۲. محبت

attacher /ataʃe/ *vt, vi* (1) ۱. بستن ۲. (به هم) وصل کردن، متصل کردن ۳. جلب کردن ۴. پیوند دادن، وابسته کردن ۵. ملحق کردن ۶. [نگاه، چشم] دوختن، خیره شدن، زل زدن ۷. [گره] زدن ۸. [دکمه] بستن، انداختن ۹. قائل شدن، دادن ◘ ۱۰. به ته ظرف چسبیدن، ته گرفتن ۱۱. ته‌دیگ بستن

attacher à son service به خدمت گرفتن، گرفتن، آوردن

attacher de l'importance à اهمیت قائل شدن برایِ، اهمیت دادن به، ارزش دادن به

attacher par des épingles سنجاق کردن، سنجاق زدن (به)

attacher sa ceinture کمربند خود را بستن

s'attacher *vp* ۱. بسته شدن ۲. متصل شدن، وصل شدن ۳. چسبیدن ۴. به خود جلب کردن ۵. وابسته شدن ۶. به خود علاقه‌مند کردن ۷. علاقه پیدا کردن، علاقه‌مند شدن، دل بستن ۸. مربوط شدن، در ارتباط بودن ۹. همیشه داشتن، به همراه داشتن ۱۰. در صدد برآمدن، همت گماردن

attaquant,e /atakɑ̃,t/ *adj* ۱. مهاجم، حمله‌کننده ۲. [ورزش] بازیکن خط حمله

attaque /atak/ *nf* ۱. حمله، هجوم ۲. [پزشکی] حمله

À l'attaque! [فرمان حمله] حمله! حمله کنید!

attaque d'apoplexie حملهٔ قلبی

attaque de nerfs حملهٔ عصبی

être d'attaque [خودمانی] آمادگی (انجام کاری را) داشتن، رو فرم بودن

attaquer /atake/ *vt* (1) ۱. حمله کردن (به)، هجوم بردن به، پریدن به، ریختن سرِ ۲. مورد بازخواست قرار دادن، بازخواست کردن ۳. (به) زیر سؤال بردن، انتقاد کردن از، تاختن به ۴. پرداختن به، دست زدن به ۵. شروع کردن، آغاز کردن ۶. از بین بردن، خراب کردن، خوردن

s'attaquer *vp* ۱. حمله کردن ۲. تاختن، انتقاد کردن ۳. درصدد حل (چیزی) برآمدن، پرداختن ۴. شروع کردن، دست گرفتن

s'attaquer à un travail کاری را شروع کردن، کاری را دست گرفتن

attardé,e /ataʀde/ *adj* ۱. عقب‌مانده، دارای تأخیر ۲. عقب‌افتاده ۳. قدیمی، اُمّل

attarder (s') /sataʀde/ *vp* (1) ۱. دیر کردن، تأخیر کردن، تأخیر داشتن ۲. معطل کردن ۳. تأمل کردن، درنگ کردن

atteindre /atɛ̃dʀ/ *vt* (49) ۱. رسیدن به ۲. دست یافتن به، نایل شدن به ۳. به دست آوردن، دریافت کردن، کسب کردن ۴. ارتباط برقرار کردن با ۵. هدف (چیزی) قرار دادن، زدن ۶. اصابت کردن به، خوردن به ۷. مبتلا کردن ۸. گریبانگیر (کسی) شدن، دچار شدن به ۹. تحت تأثیر قرار دادن، تأثیر گذاشتن رویِ ۱۰. رنجاندن

atteindre son but ۱. به هدف زدن ۲. به هدف خود رسیدن، به مقصود خود رسیدن

Comment puis-je vous atteindre? چگونه می توانم با شما تماس بگیرم؟

Rien ne l'atteint. هیچ چیز او را تحت تأثیر قرار نمی‌دهد.

atteint,e[1] /atɛ̃,t/ *adj, part. passé* ۱. دچار، مبتلا ◘ ۲. [اسم مفعولِ فعلِ atteindre]

atteinte[2] /atɛ̃t/ *nf* ۱. دسترس ۲. آسیب، لطمه، صدمه ۳. خدشه ۴. تعرض ۵. حمله

atteinte à la sûreté de l'État تعرض علیه امنیت کشور

hors d'atteinte ۱. مصون از تعرض ۲. در امان

attelage /atlaʒ/ *nm* ۱. (عمل) به گاری بستن، به درشکه بستن ۲. اسب‌های درشکه ۳. ساز و برگ اسب (= دهنه، عِنان، تنگ و غیره)، یراق ۴. اتصال، بست

atteler /atle/ *vt* (4) ۱. به درشکه بستن، به گاری بستن، یراق کردن ۲. وصل کردن ۳. موظف کردن، گردن (کسی) انداختن

attenant,e /atnɑ̃,t/ *adj* ۱. مجاور، پهلو، کنار، بغل ۲. کناری، پهلویی، بغلی ۳. مشرف

attendant (en) /ɑ̃natɑ̃dɑ̃/ *loc. adv* ۱. تا آن وقت، تا آن زمان، تا آن موقع ۲. فعلاً

en attendant que تا زمانی که، تا وقتی که

attendre /atɑ̃dʀ/ *vt, vi* (41) ۱. منتظر (کسی یا چیزی) شدن، منتظر (کسی یا چیزی) بودن ۲. انتظار داشتن، توقع داشتن ۳. حساب کردن رویِ، امید (چیزی را) داشتن ▣ ۴. صبر کردن، منتظر بودن ۵. حوصله کردن، حوصله به خرج دادن

Attendez-moi sous l'orme. پشت گوشت را دیدی مرا هم خواهی دید.

attendre après ۱. منتظر (کسی) بودن، چشم‌به‌راه (کسی) بودن ۲. نیاز داشتن به، احتیاج داشتن به، محتاج (چیزی) بودن

attendre qqn comme le Messie بی‌صبرانه انتظار (کسی را) کشیدن، چشم‌به‌راه کسی بودن، در انتظار کسی دقیقه‌شماری کردن

faire attendre منتظر گذاشتن، منتظر نگه‌داشتن

L'avenir nous attend. آینده در انتظار ماست. آینده پیش‌روی ماست.

Qu'attendez-vous de lui? از او چه انتظاری دارید؟ از او چه توقعی دارید؟

Tout vient à qui sait attendre. گر صبر کنی ز غوره حلواسازی. کارها نیکو شود اما به صبر.

s'attendre *vp* ۱. انتظار داشتن، توقع داشتن ۲. امید (چیزی را) داشتن

attendrir /atɑ̃dʀiʀ/ *vt* (2) ۱. ترد کردن، نرم کردن ۲. متأثر کردن، تحت تأثیر قرار دادن، ناراحت کردن ۳. به رقت آوردن، به رحم آوردن

s'attendrir *vp* متأثر شدن، ناراحت شدن، تحت تأثیر قرار گرفتن

attendrissant,e /atɑ̃dʀisɑ̃,t/ *adj* ۱. رقت‌آور، رقت‌انگیز، ترحم‌انگیز ۲. تأثرآور، ناراحت‌کننده، غم‌انگیز

attendrissement /atɑ̃dʀismɑ̃/ *nm* ۱. تأثر، تألم، ناراحتی ۲. رقت، رحم، ترحم، دلسوزی ۳. (عمل) ترد کردن، نرم کردن

attendu,e /atɑ̃dy/ *prép, adj, part. passé* ۱. با توجه به، نظر به، بنابر، به خاطرِ، به علتِ ▣ ۲. مورد انتظار، پیش‌بینی‌شده ▣ ۳. [اسم مفعول فعلِ attendre]

attendu que با توجه به اینکه، نظر به اینکه، از آنجا که، چون (که)، به خاطر اینکه

attentat /atɑ̃ta/ *nm* سوءقصد

attentat à la vie [حقوقی] سوءقصد به حیات فردی

attentat au mœurs/à la pudeur هتک عفت

attentat aux droits [حقوقی] تجاوز به حقوق

attente /atɑ̃t/ *nf* ۱. انتظار ۲. صبر ۳. توقع، چشمداشت

salle d'attente سالن انتظار، اتاق انتظار

attenter /atɑ̃te/ *vt* (1) سوءقصد کردن

attentif,ive /atɑ̃tif,iv/ *adj* ۱. دقیق، با دقت ۲. مراقب، مواظب ۳. متوجه، هوشیار ۴. محتاط

attention /atɑ̃sjɔ̃/ *nf, interj* ۱. توجه، دقت ۲. مراقبت، مواظبت، رسیدگی ۳. لطف، خوبی ▣ ۴. مواظب باش! بپا! مراقب باش! حواست را جمع کن!

à l'attention de [نامه‌نگاری] خطاب به

attirer l'attention جلب توجه کردن

a = bas, plat e = blé, jouer ɛ = lait, jouet, merci i = il, lyre o = mot, dôme, eau, gauche ɔ = mort
u = roue y = rue ø = peu œ = peur ə = le, premier ɑ̃ = sans, vent ɛ̃ = matin, plein, lundi
ɔ̃ = bon, ombre ʃ = chat, tache ʒ = je, gilet j = yeux, paille, pied w = oui, nouer ɥ = huile, lui

attentionné 82

۲. ولرم کردن ۳. تعدیل کردن، کـاهش دادن، کـم کردن، کاستن

s'attiédir *vp* ۱. معتدل شدن ۲. ولرم شدن ۳. تعدیل شدن، کاهش یافتن، فروکش کردن

attiédissement /atijedismɑ̃/ *nm* تعدیل، کاهش، افت

attiffer /atife/ *vt* (1) (لباس عجیب و غریب) پوشاندن به، به طرز مسخره‌ای لباس پوشاندن

s'attiffer *vp* خود را درست کردن، بزک کردن

attiger /atiʒe/ *vi* (1) [عامیانه] خالی بستن، خالی‌بندی کردن، چاخان کردن، الکی گفتن

attique /atik/ *adj* آتنی، (مربوط به) آتن

attirail /atiʀaj/ *nm* [خودمانی] لوازم، ساز و برگ، خرت و پرت، النگ و دولنگ

attirance /atiʀɑ̃s/ *nf* کشش، جذبه، جاذبه، گیرایی، جذابیت

attirant,e /atiʀɑ̃,t/ *adj* جذاب، دل‌انگیز، دلپذیر، دلپسند، خوشایند، مطبوع

attirer /atiʀe/ *vt* (1) ۱. جذب کردن، به سوی خود کشیدن ۲. (به خـود) جلب کردن ۳. کشاندن (به) ۴. کشیدن (به طرفِ) ۵. جلب تـوجه کردن، توجه (کسی را) جـلب کـردن ۶. مـجذوب کردن، شیفتهٔ خود کردن ۷. فراهم آوردن، به بـار آوردن، موجب شدن، پیش آوردن ۸. برانگیختن

attirer des ennuis مشکل ایجاد کردن، گرفتاری به بار آوردن، باعث دردسر شدن

attirer l'attention جلب توجه کردن، توجه (کسی را) به خود جلب کردن

attirer qqn dans un coin کسی را به گوشه‌ای کشاندن

L'aimant attire le fer. آهن‌ربا آهن را (به خود) جذب می‌کند.

s'attirer *vp* ۱. به خود جلب کردن، متوجه کردن ۲. برای خود فراهم کردن، برای خود درست کردن، برای خود خریدن

attiser /atize/ *vt* (1) ۱. [آتش] تند و تیز کردن ۲. آتش (چیزی را) دامن زدن، برانگیختن، برافروختن

faire attention ۱. توجه کردن، دقت کردن، حواس خود را جمع کردن ۲. مراقب بودن

prêter attention توجه کردن، عنایت کردن، توجه مبذول داشتن

attentionné,e /atɑ̃sjɔne/ *adj* باملاحظه، بافکر

attentivement /atɑ̃tivmɑ̃/ *adv* به دقت

atténuant,e /atenɥɑ̃,t/ *adj* تخفیف‌دهنده، مخففه

circonstances atténuantes [حقوقی] علل مخففه

atténuation /atenɥasjɔ̃/ *nf* ۱. کاهش، تخفیف ۲. تسکین ۳. تعدیل

atténuer /atenɥe/ *vt* (1) ۱. کم کردن، کاهش دادن، کاستن، تخفیف دادن ۲. تسکین دادن ۳. تعدیل کردن، ملایم کردن

s'atténuer *vp* ۱. کم شدن، کاهش یافتن ۲. تسکین دادن ۳. تعدیل کردن، ملایم کردن

atterrant,e /ateʀɑ̃,t/ *adj* ۱. بهت‌آور، حیرت‌انگیز ۲. ناگوار، دردناک، دلخراش

atterrer /ateʀe/ *vt* (1) ۱. بهت‌زده کردن، مات و مبهوت کردن، مـیخکوب کـردن ۲. از پـا درآوردن، سخت متأثر کردن

atterrir /ateʀiʀ/ *vi* (2) ۱. فرود آمدن، به زمین نشستن ۲. به خشکی رسیدن، به ساحل رسیدن ۳. [خودمانی] بالاخره رسیدن

atterrissage /ateʀisaʒ/ *nm* ۱. فرود ۲. به ساحل رسیدن

piste/terrain d'atterrissage باند فرود

attestation /atɛstasjɔ̃/ *nf* ۱. شهادت ۲. تصدیق، تأیید، گواهی ۳. [نوشته] گـواهـی ۴. استشهاد ۵. دلیل، نشان، گواه

attester /atɛste/ *vt* (1) ۱. شهادت دادن گواهی دادن ۲. تصدیق کردن، گواهی کردن، تأیید کردن ۳. گواه بر (چیزی) بودن، نشان (چیزی) بودن، دال بر (چیزی) بودن ۴. [ادبی] به شهادت طلبیدن، گواه گرفتن

attiédir /atjediʀ/ *vt* (2) ۱. معتدل کردن

83 aube

attitré,e /atitʀe/ *adj* ۱. رسمی ۲. [فروشنده و غیره] همیشگی

attitude /atityd/ *nf* ۱. حالت، وضع ۲. رفتار، برخورد، طرز برخورد ۳. نگرش، طرز فکر ۴. تظاهر

attouchement /atuʃmɑ̃/ *nm* ۱. لمس ۲. تماس، تماس دست

attractif,ive /atʀaktif,iv/ *adj* ۱. جذب‌کننده، جاذب، (مربوط به) جاذبه ۲. جذاب، دل‌انگیز، زیبا

attraction /atʀaksjɔ̃/ *nf* ۱. [فیزیک] جاذبه ۲. جذبه، کشش، جاذبه، گیرایی ۳. (چیز) دیدنی، جای دیدنی ۴. نمایش

attrait /atʀɛ/ *nm* ۱. جذبه، جذابیت، کشش، گیرایی، زیبایی ۲. شیفتگی، مجذوبیت

attrapade /atʀapad/ *nf* ۱. بگومگو، دعوا، جر و بحث، یکی به دو ۲. سرزنش، دعوا

attrape /atʀap/ *nf* ۱. کلک، حقه ۲. شوخی ۳. حیله، ترفند

farces et attrapes وسایل شوخی

attrape-nigaud /atʀapnigo/ *nm* گول‌زنک، بچه‌خرکن

attraper /atʀape/ *vt* (1) ۱. گرفتن ۲. دستگیر کردن ۳. به دام انداختن ۴. گیر انداختن، گیر آوردن ۵. به چنگ آوردن ۶. گول زدن، کلک زدن به، حقه زدن به ۷. غافلگیر کردن، مچ (کسی را) گرفتن ۸. [بیماری] مبتلا شدن به، دچار شدن (به)، گرفتن ۹. رسیدن به

attraper froid سرما خوردن

attraper l'autobus به اتوبوس رسیدن

attraper un coup ضربه‌ای (به کسی) خوردن، ضربه‌ای دریافت کردن

se faire attraper دستگیر شدن

s'attraper *vp* واگیر داشتن، مسری بودن

attrayant,e /atʀɛjɑ̃,t/ *adj* جذاب، دلپذیر، دل‌انگیز، دلپسند، خوشایند

attribuable /atʀibɥabl/ *adj* مربوط، ناشی، نتیجه، منتج

attribuer /atʀibɥe/ *vt* (1) ۱. اختصاص دادن، در نظر گرفتن، دادن ۲. نسبت دادن ۳. (به) گردن (کسی) انداختن، از چشم (کسی) دیدن ۴. ناشی (از چیزی) دانستن، نتیجهٔ (چیزی) دانستن ۵. قائل شدن

attribuer aux autres ses propres erreurs اشتباهات خود را به گردن دیگران انداختن

s'attribuer *vp* ۱. به خود نسبت دادن، از آن خود دانستن ۲. به خود اختصاص دادن

attribut /atʀiby/ *nm* ۱. ویژگی، خصیصه، خصلت ۲. نشانه، علامت، نماد ۳. [دستورزبان] مسند ۴. [منطق] محمول

attribution /atʀibysjɔ̃/ *nf* ۱. تخصیص، اختصاص ۲. اعطا ۳. انتساب ــ [صورت جمع] ۴. اختیارات، صلاحیت

attristant,e /atʀistɑ̃,t/ *adj* ناراحت‌کننده، غم‌انگیز، حزن‌آور، تأثرآور

attrister /atʀiste/ *vt* (1) غمگین کردن، ناراحت کردن، متأثر کردن

s'attrister *vp* غمگین شدن، ناراحت شدن، متأثر شدن، غصه‌دار شدن

attroupement /atʀupmɑ̃/ *nm* ۱. تجمع، اجتماع، ازدحام ۲. جمعیت، مردم

attrouper /atʀupe/ *vt* (1) جمع کردن، (به) دور خود جمع کردن، گرد آوردن

s'attrouper *vp* جمع شدن، اجتماع کردن، گرد هم آمدن، ازدحام کردن

au /o/ *art. contracté* [صورت ادغام‌شدهٔ à le]

aubaine /obɛn/ *nf* ۱. فرصت استثنایی، فرصت طلایی، شانس ۲. (پول) بادآورده

aube[1] /ob/ *nf* ۱. سپیده‌دم، سحر، پگاه، فجر ۲. آغاز، سرآغاز، طلیعه، ظهور، پیدایش

à l'aube de در طلیعهٔ، در آستانهٔ، در آغازِ

a = bas, plat e = blé, jouer ɛ = lait, jouet, merci i = il, lyre o = mot, dôme, eau, gauche ɔ = mort
u = roue y = rue ø = peu œ = peur ə = le, premier ɑ̃ = sans, vent ɛ̃ = matin, plein, lundi
ɔ̃ = bon, ombre ʃ = chat, tache ʒ = je, gilet j = yeux, paille, pied w = oui, nouer ɥ = huile, lui

aube[2] /ob/ *nf* [چرخ] پرّه

aube[3] /ob/ *nf* لباس کشیش

aubépine /obepin/ *nf* [گیاه] وَلیک، خفچه

auberge /obɛʀʒ/ *nf* مسافرخانه، مهمانخانه، مهمانسرا

On n'est pas sorti de l'auberge. هنوز گرفتاری تمام نشده. نخورده شکر نکن.

prendre la maison de qqn pour une auberge در خانهٔ کسی جا خوش کردن، کنگر خوردن و لنگر انداختن

aubergine /obɛʀʒin/ *nf* بادمجان

aubergiste /obɛʀʒist/ *n* مسافرخانه‌چی، مهمانخانه‌دار

aubier /obje/ *nm* چوب برون

aucun,e /okɛ̃,yn/ *adj, pron* ۱. هیچ ۲. کسی ۳. [در ترکیب] –ای، –ی ◙ ۴. هیچ‌کس، هیچ‌یک، هیچ‌کدام ۵. کسی ۶. هر

d'aucuns بعضی‌ها، بعضی از مردم، برخی، عده‌ای، گروهی، جمعی

en aucune façon به هیچ وجه، به هیچ روی، به هیچ عنوان، اصلاً، ابداً

sans aucun doute بدون هیچ تردیدی، بی‌هیچ شکی

aucunement /okynmɑ̃/ *adv* به هیچ وجه، به هیچ عنوان، اصلاً، ابداً

audace /odas/ *nf* ۱. شجاعت، بی‌باکی، تهور، جسارت، دلیری ۲. گستاخی، وقاحت، پررویی، بی‌شرمی، بی‌حیایی ۳. نوآوری

audacieusement /odasjøzmɑ̃/ *adv* ۱. دلیرانه، جسورانه، بی‌باکانه ۲. گستاخانه، وقیحانه، بی‌شرمانه

audacieux,euse /adasjø,øz/ *adj, n* ۱. شجاع، بی‌باک، نترس، جسور ۲. وقیح، پررو، بی‌شرم، بی‌حیا، گستاخ ۳. جسورانه، متهورانه ۴. وقیحانه، بی‌شرمانه، گستاخانه ۵. بدیع، تازه

au-dedans /od(ə)dɑ̃/ *loc. adv, loc. prép* ۱. (در) درون، (در) داخل، تو ۲. باطن، باطناً

au-dedans de (در) درونِ، (در) داخلِ، تویِ

au-dehors /odəɔʀ/ *loc. adv, loc. prép* ۱. (در) بیرون، (در) خارج ۲. در ظاهر، ظاهراً

au-delà /odla/ *loc. adv, loc. prép, nm* ۱. دورتر، آن‌طرف‌تر، آن‌سوتر ۲. فراتر ◙ ۳. آخرت، آن دنیا، آن جهان، عالم بالا

au-delà de ۱. آن سویِ، آن طرفِ، آن ورِ ۲. فراسویِ، ماورایِ ۳. فراتر از، خارج از، بیش از

au-dessous /od(ə)su/ *loc. adv, loc. prép* ۱. (در) پائینِ، (در) زیرِ ۲. پایین‌تر ۳. کم‌تر

au-dessous de ۱. (در) پائینِ، (در) زیرِ ۲. پایین‌تر از ۳. کم‌تر از

jupe au-dessous du genou دامنِ زیرِ زانو

au-dessus /od(ə)sy/ *loc. adv, loc. prép* ۱. (در) بالا ۲. بالاتر ۳. بیشتر ۴. بهتر

au-dessus de ۱. بالایِ، در بالایِ، بر فرازِ ۲. بالاتر از ۳. بیشتر از، بیش از ۴. برتر از، فوقِ

cinq degrés au-dessus de zéro پنج درجه بالای صفر

au-devant /od(ə)vɑ̃/ *loc. adv, loc. prép* ۱. روبرو، (در) مقابل ۲. جلو

au-devant de به پیشوازِ، به استقبالِ

audibilité /odibilite/ *nf* [صدا] شنودپذیری

audible /odibl/ *adj* قابل شنیدن، شنودپذیر

audience /odjɑ̃s/ *nf* ۱. توجه، دقت ۲. اجازهٔ حضور، اجازهٔ شرفیابی ۳. (اجازهٔ) ملاقات، وقت ۴. حضار، بینندگان، تماشاگران، شنوندگان ۵. [حقوقی] جلسهٔ دادرسی، محاکمه

audience publique جلسهٔ علنی

audiophone /odjofɔn/ *nm* سمعک

audio-visuel,elle /odjovizɥɛl/ *adj* شنیداری-دیداری، سمعی-بصری

audit /odit/ *nm, n* ۱. حسابرسی ◙ ۲. حسابرس

auditeur,trice /oditœʀ,tʀis/ *n* ۱. شنونده ۲. حسابرس

auditif,ive /oditif,iv/ *adj* شنوایی، شنیداری، سمعی

85 auréole

appareil de correction auditive وسیلهٔ کمک‌شنوایی، سمعک

audition /odisjɔ̃/ *nf* ۱. شنوایی، سامعه ۲. شنود، شنیدن، استماع، سمع ۳. کنسرت ۴. [برای هنرپیشگی و غیره] آزمون پذیرش (صدا و تصویر)

auditionner /odisjɔne/ *vi, vt* (1) ۱. [برای هنرپیشگی و غیره] آزمون پذیرش دادن، در آزمون پذیرش شرکت کردن ◘ ۲. آزمون پذیرش گرفتن از

auditoire /oditwaʀ/ *nm* ۱. شنوندگان، مستمعین، حضار ۲. خوانندگان ۳. سالن سخنرانی، سالن کنفرانس، تالار

auge /oʒ/ *nf* ۱. آخور ۲. آبشخور ۳. ظرف ملات

augmentation /ogmɑ̃tasjɔ̃/ *nf* ۱. افزایش، ازدیاد، فزونی ۲. افزایش حقوق، افزایش دستمزد ۳. افزوده، اضافه

augmentation des prix افزایش قیمت‌ها، بالا رفتن قیمت‌ها

augmenter /ogmɑ̃te/ *vt, vi* (1) ۱. افزایش دادن، بالا بردن، زیاد کردن ۲. گران کردن، نرخ (چیزی را) بالا بردن ۳. حقوق (کسی را) زیاد کردن، دستمزد (کسی را) بالا بردن ◘ ۴. افزایش یافتن، بالا رفتن، زیاد شدن ۵. قیمت (چیزی) افزایش یافتن، گران شدن

La vie augmente. هزینهٔ زندگی بالا می‌رود.

s'augmenter *vp* افزایش یافتن، بیشتر شدن، فزونی گرفتن

augure[1] /ogyʀ/ *nm* ۱. یمن، شگون ۲. فال، طالع ۳. نشانه

de bon augure خوش‌یمن، خوش‌قدم

de mauvais augure بدیمن، شوم، نحس

prendre les augures فال گرفتن

augure[2] /ogyʀ/ *nm* ۱. فالگیر، طالع‌بین ۲. کاهن

augurer /ogyʀe/ *vt* (1) ۱. فال گرفتن، تفأل زدن ۲. پیش‌بینی کردن

auguste /ogyst/ *adj* ۱. محترم، والامقام، عظیم‌الشأن، برجسته ۲. باشکوه، شکوهمند

aujourd'hui /oʒuʀdɥi/ *adv, nm* ۱. امروز ۲. امروزه، این روزها، در عصر حاضر

le/au jour d'aujourd'hui امروزه‌روز، امروزه

aulne /on/ *nm* (درخت) توسکا، توسه

aumône /omon/ *nf* صدقه، خیرات، زکات

demander l'aumône صدقه خواستن، گدایی کردن، تکدی کردن

faire l'aumône صدقه دادن

aumônier /omonje/ *nm* ۱. [در مدارس و غیره] کشیش ۲. قاضیِ‌عسگر

aune[1] /on/ *nf* اُن (= واحد قدیمی طول برابر با ۱/۱۸ سانتی‌متر)، ذرع، گز

mesurer les autres à son aune قیاس‌به‌نفس کردن، همه را به کیش خود پنداشتن

savoir ce que vaut l'aune ارزش چیزی را دانستن، قدرت ارزیابی داشتن

aune[2] /on/ *nm* → aulne

auparavant /opaʀavɑ̃/ *adv* ۱. قبل، پیش ۲. پیش از آن، قبل از آن، پیشتر

auprès /opʀɛ/ *adv, prép* ۱. در همین نزدیکی، همین نزدیکی‌ها، همین دور و بر ◘ ۲. [قدیمی] کنارِ، پهلویِ، بغلِ

auprès de ۱. کنارِ، پهلویِ، بغلِ، نزدیکِ ۲. نزدِ، پیشِ ۳. در نظرِ، به چشمِ ۴. نسبت به، در مقایسه با

auquel /okɛl/ *pron. rel, pron. interr. sing* [صورت ادغام‌شدهٔ à lequel]

l'idée auquel je pense اندیشه‌ای که در سر دارم

aura /ɔʀa/ *nf* ۱. هاله ۲. حال و هوا، جَو، فضا، رنگ و بو

aurai /ɔʀe/ *v* [صورت صرف‌شدهٔ فعلِ avoir]

auréole /ɔʀeɔl/ *nf* ۱. هاله، هالهٔ نور ۲. عظمت، مقام ۳. لَک

entourer/parer qqn d'une auréole کسی را

---

a = bas, plat e = blé, jouer ɛ = lait, jouet, merci i = il, lyre o = mot, dôme, eau, gauche ɔ = mort
u = roue y = rue ø = peu œ = peur ə = le, premier ɑ̃ = sans, vent ɛ̃ = matin, plein, lundi
ɔ̃ = bon, ombre ʃ = chat, tache ʒ = je, gilet j = yeux, paille, pied w = oui, nouer ɥ = huile, lui

بزرگ داشتن، کسی را گرامی داشتن، از کسی تجلیل کردن، از کسی تمجید کردن

auréoler /ɔReɔle/ *vt* (1) ۱. هاله‌ای از نور دور سرِ (کسی یا چیزی) کشیدن ۲. بزرگ داشتن، گرامی داشتن، تجلیل کردن، تمجید کردن

auriculaire /ɔRikylɛR/ *adj, nm* ۱. (مربوط به) گوش ۲. (مربوط به) دهلیز قلب، دهلیزی ◙ ۳. انگشت کوچک، خِنصِر

témoin auriculaire شاهد سمعی (= شاهدی که چیزی را به گوش خود شنیده باشد.)

aurifère /ɔRifɛR/ *adj* زرخیز، طلاخیز

aurifier /ɔRifje/ *vt* (7) [دندان] روکش طلا کردن

aurore /ɔRɔR/ *nf* ۱. فلق، فجر ۲. سحر، پگاه، سپیده‌دم ۳. آغاز، آستانه، طلیعه، ظهور

à l'aurore de در طلیعهٔ، در آستانهٔ، در آغازِ

auscultation /oskyltasjɔ̃/ *nf* [پزشکی] سمع (= معاینهٔ اعضای داخلی بدن با گوش یا گوشی)، گوشی گذاشتن

auscultatoire /oskyltatwaR/ *adj* [پزشکی] سمعی

ausculter /oskylte/ *vt* (1) (از طریقِ گوش دادن) معاینه کردن، با گوشی معاینه کردن، گوشی گذاشتن

auspice /ospis/ *nm*, **sous les auspices de** با عنایاتِ، در سایهٔ حمایتِ، به لطفِ، به مددِ، به کمکِ

sous de favorables/d'heureux auspices تحت شرایطِ مساعد

aussi /osi/ *adv, conj* ۱. نیز، همچنین، هم ۲. همان قدر، به همان اندازه ۳. این قدر، به این اندازه، این طور، چنین ۴. آن قدر، چنان، چندان ۵. همان طور، همان گونه، بدان سان ۶. هم همین‌طور، نیز همین‌طور ۷. علاوه بر این ◙ ۸. به همین دلیل، به همین علت، به همین خاطر، از همین رو، برای همین

aussi bien ۱. وانگهی، به علاوه، از این گذشته ۲. از همین رو، به همین دلیل، به همین علت

aussi bien que ۱. همچنان که، همان‌طور که ۲. مثلِ، مانندِ

aussi bien...que... به آن خوبی که...، آن‌طور (خوب) که...

non seulement...mais aussi نه فقط... بلکه، نه تنها... بلکه

aussitôt /osito/ *adv* ۱. (در) همان لحظه، همان دم، همان موقع ۲. بلافاصله ۳. فوراً، زود

aussitôt que همین‌که، به محض اینکه، تا

austère /ostɛR/ *adj* ۱. سخت، دشوار، مشقت‌بار، شاق، سنگین ۲. سختگیر، خشک ۳. زاهد، پرهیزگار، پارسا ۴. زاهدانه ۵. بی‌پیرایه، ساده، بی‌زر و زیور

austèrement /ostɛRmɑ̃/ *adv* ۱. زاهدانه، پرهیزگارانه ۲. با سادگی، ساده، بی‌پیرایه

austérité /osteRite/ *nf* ۱. پرهیزگاری، پارسایی، زهد ۲. سختی، مشقت، دشواری ۳. خشکی، سختگیری ۴. سادگی، بی‌پیرایگی ــ [صورت جمع] ۵. ریاضت

austral,e /ostRal/ *adj* جنوبی

pôle austral قطب جنوب

australien,enne[1] /ostRaljɛ̃,ɛn/ *adj* استرالیایی، (مربوط به) استرالیا

Australien,enne[2] /ostRaljɛ̃,ɛn/ *n* اهل استرالیا، استرالیایی

autant /otɑ̃/ *adv* ۱. همان قدر، (به) همان اندازه، آن قدر، چنان، چندان ۲. این قدر، به این اندازه

autant...autant... هر قدر (که) ...، همان قدر...، هر اندازه (که)...، (به) همان اندازه...

autant de (به) همان اندازه، همان قدر

autant dire que مثل اینکه، انگار (که)، گویی

autant en emporte le vent ۱. بی‌خود است، به درد نمی‌خورد ۲. [وعده، حرف] پوچ، الکی، توخالی، سرِخرمن ۳. بربادرفته

autant que ۱. به اندازه‌ای که، هر قدر که ۲. تا آنجا که، تا جایی که، آن قدر که

d'autant (به) همان اندازه، همان قدر

d'autant que با توجه به اینکه، نظر به اینکه، از آنجا که، با در نظر گرفتن این (نکته) که، چون

pour autant با این همه، با وجود این

tout autant (به) همان اندازه، همان قدر

autarcie /otaʀsi/ *nf* خودکفایی، خودبسندگی

autel /otɛl/ *nm* ۱. محراب ۲. قربانگاه ۳. مذهب کاتولیک، آیین کاتولیک، کلیسا

auteur /otœʀ/ *nm* ۱. خالق، بانی، عامل، مسبب، مبدع ۲. نویسنده، مؤلف، نگارنده

droits d'auteur حق تألیف

authenticité /otɑ̃tisite/ *nf* ۱. صحت، درستی، اصالت ۲. رسمیت، اعتبار، قانونی بودن

authentification /otɑ̃tifikasjɔ̃/ *nf* تأیید (صحت)

authentifier /otɑ̃tifje/ *vt* (7) ۱. قانونی کردن، رسمیت دادن، سندیت دادن ۲. صحت (چیزی را) تأیید کردن، تأیید کردن

authentique /otɑ̃tik/ *adj* ۱. رسمی، قانونی ۲. اصل ۳. درست، صحیح ۴. معتبر، موثق ۵. واقعی، حقیقی

authentiquement /otɑ̃tikmɑ̃/ *adv* ۱. رسماً ۲. به طرز صحیحی، درست ۳. صادقانه ۴. واقعاً، حقیقتاً

autisme /otism/ *nm* [روانپزشکی] درخودماندگی

autiste /otist/ *adj, n* [روانپزشکی] درخودمانده

autistique /otistik/ *adj* [روانپزشکی] درخودمانده

auto /oto/ *nf* اتومبیل، ماشین، خودرو، سواری

auto-adhésif,ive /otoadezif,iv/ *adj* چسب‌دار، خودچسب

autobiographie /otobjɔgʀafi/ *nf* زندگی‌نامهٔ شخصی، سرگذشت خود، شرح حال خود

autobiographique /otobjɔgʀafik/ *adj* (مربوط به) زندگی‌نامهٔ شخصی

autobus /otobys/ *nm* اتوبوس

autocar /otokaʀ/ *nm* اتوبوس بین‌شهری، اتوبوس

autochtone /otoktɔn/ *n, adj* ۱. بومی ◘ ۲. محلی ۳. اصیل

autocollant,e /otokɔlɑ̃,t/ *adj* چسب‌دار، خودچسب

autocrate /otokʀat/ *nm* ۱. مستبد، خودکامه، خودرأی ۲. فرمانروای مطلق

autocratie /otokʀasi/ *nf* ۱. استبداد، خودکامگی، فردسالاری ۲. نظام استبدادی

autocratique /otokʀatik/ *adj* ۱. استبدادی ۲. مستبد، خودکامه ۳. مستبدانه

autocritique /otokʀitik/ *adj* انتقاد از خود

faire son autocritique به اشتباهات خود اعتراف کردن

autocuiseur /otokɥizœʀ/ *nm* دیگ زودپز، قابلمهٔ زودپز، زودپز

autodafé /otodafe/ *nm* ۱. مراسم سوزاندن (= مراسمی که به حکم دادگاه‌های تفتیش عقاید اسپانیا برگزار می‌شد و طی آن بی‌دینان، ازدین‌برگشتگان و یهودیان را در آتش می‌انداختند.) ۲. مجازات سوزاندن ۳. سوزاندن، [در ترکیب] ـسوزی

autodafé de livres کتاب‌سوزی

autodéfense /otodefɑ̃s/ *nf* دفاع از خود

autodestructeur,trice /otodɛstʀyktøʀ,tʀis/ *adj* ۱. خودویرانگر ۲. خودویرانگرانه

autodestruction /otodɛstʀyksjɔ̃/ *nf* خودویرانگری، خودتخریبی، خودبراندازی

autodidacte /otodidakt/ *n, adj* خودآموخته، خودآموز (کسی که دانش یا فنی را بدون آموزگار یا مربی فرا گیرد.)

autodrome /otodʀom/ *nm* پیست اتومبیلرانی، میدان اتومبیلرانی

auto-école /otoekɔl/ *nf* آموزشگاه رانندگی

autogéré,e /otoʒeʀe/ *adj* [اداری] خودگردان

autogestion /otoʒɛs(t)jɔ̃/ *nf* [اداری] خودگردانی

autogestionnaire /otoʒɛs(t)jɔnɛʀ/ *adj* [اداری] خودگردان

autographe /otogʀaf/ *adj, nm* ۱. دست‌نویس، خطی ◙ ۲. امضاء، دست‌خط، دست‌نوشته

lettre autographe نامهٔ دست‌نویس (= نامه‌ای که با دست‌نوشته شده باشد.)

automate /ɔtɔmat/ *nm* ۱. دستگاه خودکار ۲. آدم‌آهنی، ربات ۳. آدم بی‌اراده

automation /ɔtɔmasjɔ̃/ *nf* ۱. خودکارسازی، اتوماتیک کردن ۲. خودکاری، عملکرد اتوماتیک

automatique /ɔtɔmatik/ *adj, nm* ۱. خودکار، اتوماتیک، ماشینی ۲. غیرارادی، ناخودآگاه، ناآگاهانه، بی‌اختیار ۳. خودبه‌خود ◙ ۴. اسلحهٔ خودکار ۵. تلفن خودکار

automatiquement /ɔtɔmatikmɑ̃/ *adv* ۱. به طور خودکار، به طور اتوماتیک ۲. خودبه‌خود ۳. ناآگاهانه، بی‌اختیار

automatisation /ɔtɔmatizasjɔ̃/ *nf* ۱. خودکارسازی، اتوماتیک کردن ۲. خودکاری، عملکرد اتوماتیک

automatiser /ɔtɔmatize/ *vt* (1) خودکار کردن، اتوماتیک کردن

automatisme /ɔtɔmatism/ *nm* ۱. عمل غیرارادی، عمل خودبه‌خود، حرکت ناآگاهانه ۲. خودکاری، عملکرد اتوماتیک

automitrailleuse /otomitʀajøz/ *nf* زرهپوش (مجهز به مسلسل)

automnal,e,aux /otɔ(m)nal,o/ *adj* پاییزی، (مربوط به) پاییز، خزان

automne /otɔn/ *nm* پاییز، خزان

à l'automne de la vie در خزان زندگی، در خزان عمر

automobile /otomɔbil/ *adj, nf* ۱. خودرو ۲. موتوری ۳. (مربوط به) اتومبیل ◙ ۴. اتومبیل، ماشین، خودرو، سواری

coureur automobile [مسابقه اتومبیلرانی] راننده، اتومبیلران

véhicules/voitures automobiles وسایل نقلیهٔ موتوری

automobilisme /otomɔbilism/ *nm* اتومبیلرانی

automobiliste /otomɔbilist/ *n* راننده (سواری)

autonome /otonɔm/ *adj* ۱. خودمختار، خودگردان ۲. مستقل، آزاد

autonomie /otonɔmi/ *nf* ۱. خودمختاری، خودگردانی ۲. استقلال، آزادی عمل ۳. بُرد (= مقدار مسافتی که یک وسیلهٔ نقلیه می‌تواند بدون سوختگیری مجدد طی نماید.)

autonomiste /otonpɔmist/ *n* استقلال‌طلب

autopsie /otɔpsi/ *nf* کالبدگشایی

autoradio /otoʀadjo/ *nm* رادیوی اتومبیل

autorégulateur,trice /otoʀegylatøʀ, tʀis/ *adj* خودتنظیم

autorégulation /otoʀegylasjɔ̃/ *adj* تنظیم خودکار

autorisation /ɔtɔʀizasjɔ̃/ *nf* ۱. اجازه ۲. اختیار، حق ۳. مجوز، اجازهٔ کتبی

autorisé,e /ɔtɔʀize/ *adj* ۱. مجاز ۲. جایز ۳. رسمی، معتبر ۴. دارای اختیار

autoriser /ɔtɔʀize/ *vt* (1) ۱. اجازه دادن (به) ۲. اختیار دادن به ۳. مجاز دانستن، جایز شمردن، روا داشتن

autoritaire /ɔtɔʀitɛʀ/ *adj* ۱. مستبد، خودکامه، خودرأی ۲. استبدادی ۳. سلطه‌جو، قدرت‌طلب ۴. مستبدانه، سلطه‌جویانه ۵. آمرانه، تحکم‌آمیز

autoritarisme /ɔtɔʀitaʀism/ *nm* ۱. سلطه‌جویی، قدرت‌طلبی ۲. نظام استبدادی، استبداد

autorité /ɔtɔʀite/ *nf* ۱. قدرت، اقتدار، نفوذ، سلطه ۲. اختیار، صلاحیت، حق، اجازه ۳. دولت، حکومت ــــ [صورت جمع] ۴. مقامات، اولیای امور ۵. تحکم ۶. اعتبار ۷. مرجع، منبع

d'autorité خودسرانه، سرِ خود

de sa propre autorité به اختیار خود، به مسئولیت خود

faire autorité ۱. صاحب‌نظر بودن ۲. موثق بودن، معتبر بودن

autoroute /otoʀut/ *nf* بزرگراه، آزادراه، اتوبان

auto-stop /otostɔp/ *nm* سواری مجانی، اتواستاپ

autosuffisance /otosyfizɑ̃s/ *nf* خودکفایی، خودبسندگی

autosuffisant,e /otosyfizɑ̃,t/ *adj* خودکفا، خودبسنده

autosuggestion /otosygʒɛstjɔ̃/ *nf* تلقین به خود

autour[1] /otuʀ/ *adv* ۱. دور، دور تا دور، گِرد، گرداگرد ۲. اطراف، دور و بر، پیرامون ۳. حدود، در حدود، دور و بر

tourner autour du pot حاشیه رفتن، طفره رفتن

autour[2] /otuʀ/ *nm* طرلان (= نوعی پرندهٔ شکاری)

autre /otʀ/ *adj, pron* ۱. دیگر ۲. دیگری ۳. سایر

autre part جای دیگر

C'est tout autre chose. این موضوعی کاملاً متفاوت است. کاملاً فرق می‌کند.

comme dit l'autre به قولی، به قول فلانی

entre autres از جمله، مِن جمله

d'autre part از سوی دیگر، از دیگرسو، وانگهی، به علاوه، از این گذشته

de temps à autre گاهی، گاه گاهی، گه گاه، بعضی از اوقات، بعضی وقت‌ها

d'un bout à l'autre از یک طرف به طرف دیگر، از این طرف به آن طرف، از این سو به آن سو، از این ور به آن ور

l'autre fois/jour یک زمانی، یک موقعی، یک وقتی، یک روزی، روزی

les uns les autres همدیگر، یکدیگر

l'un et l'autre هر دو

l'un ou l'autre این یا آن، یکی از این دو

ni l'un ni l'autre هیچ‌کدام

un jour ou l'autre یکی از این روزها، یک روز، روزی

autrefois /otʀəfwa/ *adv* ۱. پیش از این، سابقاً، قبلاً ۲. قدیم، در گذشته، آن وقت‌ها

autrement /otʀəmɑ̃/ *adv* ۱. طور دیگر، جور دیگر ۲. وگرنه، و اِلاّ ۳. بیشتر، [در ترکیب] ــتر ۴. الحق که، واقعاً

autrement dit به عبارت دیگر

Cela n'est pas autrement... چندان ... نیست، خیلی ... نیست

Nous ne pouvons faire autrement.
کار دیگری نمی‌توانیم بکنیم. چارهٔ دیگری نداریم.

autrichien,enne[1] /otʀiʃjɛ̃,ɛn/ *adj* اتریشی، (مربوط به) اتریش

Autrichien,enne[2] /otʀiʃjɛ̃,ɛn/ *n* اهل اتریش، اتریشی

autruche /otʀyʃ/ *nf* شترمرغ

autrui /otʀɥi/ *pron* ۱. دیگری، کس دیگر ۲. دیگران، سایرین

auvent /ovɑ̃/ *nm* [معماری] سایبان

aux /o/ *art. contracté* [صورت ادغام‌شدهٔ à les]

auxiliaire /oksiljɛʀ/ *adj, n, nm* ۱. کمکی، امدادی ۲. اضافی، یدکی ۳. [دستور زبان] کمکی، معین ◘ ۴. کمک، دستیار ◘ ۵. [دستور زبان] فعل کمکی، فعل معین ۶. [ارتش] کادر دفتری، کادر اداری

a = bas, plat | e = blé, jouer | ɛ = lait, jouet, merci | i = il, lyre | o = mot, dôme, eau, gauche | ɔ = mort
u = roue | y = rue | ø = peu | œ = peur | ə = le, premier | ɑ̃ = sans, vent | ɛ̃ = matin, plein, lundi
ɔ̃ = bon, ombre | ʃ = chat, tache | ʒ = je, gilet | j = yeux, paille, pied | w = oui, nouer | ɥ = huile, lui

avachi

verbe auxiliaire	فعل کمکی، فعل معین
avachi,e / avaʃi / *adj*	۱. ازریخت‌افتاده، شل و ول ۲. بی‌حال، وارفته، شُل
avachir / avaʃiR / *vt* (2)	۱. از ریخت انداختن، شل و ول کردن ۲. بی‌حال کردن، شل کردن
s'avachir *vp*	۱. از ریخت افتادن، شل و ول شدن ۲. بی‌حال شدن، از حال رفتن
avachissement / avaʃismɑ̃ / *nm*	۱. تغییر شکل، تغییر حالت ۲. شل و ولی ۳. بی‌حالی، رخوت
aval / aval / *nm*	۱. فرودآب، پایین‌رود، پایین‌دست رود ۲. پایین تپه ۳. [برات] ضمانت ۴. حمایت، طرفداری
en aval de	(در) پائین، پایین‌تر از
avalanche / avalɑ̃ʃ / *nf*	بهمن
une avalanche de	انبوهی از، انبوهِ، سیلِ، دریایِ، کوهِ، کوهی از، یک عالَمه
avaler / avale / *vt* (1)	۱. بلعیدن، قورت دادن ۲. خوردن ۳. زیر بار (چیزی) رفتن، قبول کردن، پذیرفتن ۴. پنهان کردن، بروز ندادن ۵. با ولع خواندن
avaler des couleuvres	به روی خود نیاوردن، زیرسبیلی درکردن، جیک نزدن
avaler sa langue	لام تا کام حرف نزدن، دَم برنیاوردن، سکوت کردن، چیزی نگفتن
avaler sa rage	خشم خود را فروخوردن
avaler ses mots en parlant	جویده‌جویده حرف زدن
avaler son acte de naissance	غزل خداحافظی را خواندن، (به) آن دنیا رفتن
faire avaler	خوراندن، به خورد (کسی) دادن
faire avaler des bourdes	دروغ به خورد (کسی) دادن، دروغ به ناف (کسی) بستن، چاخان کردن، خالی بستن
Il a l'air d'avoir avalé son parapluie.	انگار عصا قورت داده.
avaliser / avalize / *vt* (1)	ضمانت کردن
avance / avɑ̃s / *nf*	۱. (عمل) جلو رفتن ۲. پیشروی ۳. پیشی، سبقت ۴. پیشگامی، پیشتازی ۵. فاصله ۶. پیش‌پرداخت، بیعانه ۷. مساعده ۸. سرمایه
à l'avance/en avance	پیش، جلو
d'avance/par avance	۱. از پیش، از قبل، پیشاپیش ۲. زودتر، جلوتر
faire des avances	رابطه برقرار کردن
avancé,e[1] / avɑ̃se / *adj*	۱. پیشرفته ۲. پیش‌آمده، جلوآمده ۳. جلو، پیش ۴. مترقی، نو ۵. پیشگام، پیشتاز ۶. گذشته، سپری‌شده ۷. روبه‌اتمام ۸ [سن] بالا، زیاد ۹. [خوراکی] مانده
à une heure avancée	دیروقت، دیر
avancée[2] / avɑ̃se / *nf*	جلوآمدگی، پیش‌آمدگی، بیرون‌نشستگی
avancement / avɑ̃smɑ̃ / *nm*	۱. پیشروی، جلو رفتن ۲. پیشرفت، ترقی ۳. پیشبرد ۴. بهبود ۵. ارتقا، ترفیع
avancer / avɑ̃se / *vt, vi* (3)	۱. جلو بردن ۲. جلو کشیدن ۳. جلو انداختن، پیش انداختن ۴. پیش بردن ۵. پیش کشیدن، مطرح کردن، عرضه کردن، ارائه دادن ۶. تأیید کردن ۷. زودتر از موعدپرداخت کردن ۸ بیعانه دادن ۹. قرض دادن ۱۰. فایده داشتن برای، نفع داشتن برای ◘ ۱۱. جلو رفتن، پیش رفتن، رفتن ۱۲. جلو آمدن، پیش آمدن، آمدن ۱۳. جلو بودن ۱۴. پیشروی کردن ۱۵. پیشرفت کردن، ترقی کردن ۱۶. پیش نشستن، جلو بودن ۱۷. ارتقا یافتن، ترفیع گرفتن ۱۸. سپری شدن، گذشتن
avancer d'un pas	یک قدم جلو رفتن
avancer en âge	پا به سن گذاشتن
avancer une montre	ساعتی را جلو کشیدن
avancer une proposition	پیشنهادی را مطرح کردن
s'avancer *vp*	۱. جلو رفتن، پیش رفتن، رفتن ۲. جلو آمدن، پیش آمدن، آمدن ۳. گذشتن، سپری شدن ۴. نزدیک شدن

avanie /avani/ *nf* ۱. اهانت، توهین، بی‌احترامی ۲. دشنام، ناسزا، بد و بیراه

avant[1] /avɑ̃/ *prep, adv* ۱. پیش از، قبل از ۲. جلوتر از ۳. بالاتر از ◻ ۴. پیش، قبل ۵. جلوتر، پیشاپیش ۶. قبلاً ۷. اول ۸ بیشتر

avoir de l'avance sur qqn از کسی جلوتر بودن، از کسی پیش بودن

avant tout پیش از هر چیز، نخست، ابتدا، اول

en avant ۱. به جلو، به پیش ۲. رو به جلو ۳. جلو، پیشاپیش

avant[2] /avɑ̃/ *nm, adj. inv* ۱. قسمت جلو، جلو ۲. [جنگ] جبهه ۳. بازیکن خط حمله، مهاجم، فوروارد ◻ ۴. جلویی، جلو

avantage /avɑ̃taʒ/ *nm* ۱. امتیاز ۲. مزیت ۳. ارجحیت ۴. برتری، تفوق ۵. فایده، سود، نفع، بهره، صرفه

à l'avantage de qqn به نفع کسی، به سود کسی

tirer avantage de بهره بردن، سود جستن، نفع بردن

avantager /avɑ̃taʒe/ *vt* (3) ۱. ارجحیت دادن به، برتر شمردن ۲. امتیاز دادن به ۳. بهتر نشان دادن، زیبا کردن، قشنگ کردن

avantageusement /avɑ̃taʒøzmɑ̃/ *adv* ۱. به‌طور مفیدی ۲. به‌طور مطلوبی ۳. به‌خوبی، خوب

Il est connu avantageusement. حسن شهرت دارد. او را به خوبی می‌شناسند.

avantageux,euse /avɑ̃taʒø,øz/ *adj* ۱. مفید، سودمند ۲. باصرفه ۳. مناسب، ارزان ۴. برتر، ممتاز ۵. خوب، مثبت ۶. قشنگ، زیبا ۷. خودپسند، خودخواه، متکبر ۸. خودپسندانه، خودخواهانه، متکبرانه

prix avantageux قیمت مناسب، بهای کم

avant-bras /avɑ̃bʀa/ *nm. inv* ساعد

avant-coureur /avɑ̃kuʀœʀ/ *adj, nm* پیام‌آور، طلیعه

avant-dernier /avɑ̃dɛʀnje/ *adj, n* ۱. یکی مانده به آخر، ماقبل آخر ◻ ۲. نفر ماقبل آخر

avant-garde /avɑ̃gaʀd/ *nf* ۱. طلایه‌دار، طلایه، جلودار، پیشقراول ۲. پیشگام، پیشتاز، پیشرو

avant-goût /avɑ̃gu/ *nm* تصور اولیه، احساس قبلی، پیش‌آگاهی

avant-guerre /avɑ̃gɛʀ/ *nm, nf* پیش از جنگ (جهانی)، دورهٔ پیش از جنگ (جهانی)

avant-hier /avɑ̃tjɛʀ/ *adv* پریروز

avant-poste /avɑ̃pɔst/ *nm* [ارتش] پست دیده‌وری

avant-première /avɑ̃pʀəmjɛʀ/ *nf* ۱. [فیلم و غیره] پیش‌نمایش ۲. پیش‌گزارش

avant-projet /avɑ̃pʀɔʒɛ/ *nm* طرح مقدماتی، پیش‌طرح

avant-propos /avɑ̃pʀɔpo/ *nm. inv* پیشگفتار، دیباچه، مقدمه

avant-scène /avɑ̃sɛn/ *nf* ۱. (قسمت) جلوی صحنه، پیش‌صحنه ۲. لُژ

avant-train /avɑ̃tʀɛ̃/ *nm* ۱. (قسمت) جلوی درشکه ۲. [چارپایان] نیم‌تنهٔ جلویی

avant-veille /avɑ̃vɛj/ *nf* پریشب

avare /avaʀ/ *adj, n* ۱. خسیس، کِنِس، ناخن‌خشک ۲. بخیل، نظرتنگ ۳. مال‌پرست، مال‌اندوز، طماع، طمع‌کار، حریص ۴. کم، اندک، ناچیز ۵. خشک، بایر

avare de paroles کم‌حرف

Il est avare de sa peine. به خودش زحمت نمی‌دهد.

avarice /avaʀis/ *nf* ۱. خسّت ۲. بُخل، نظرتنگی ۳. مال‌پرستی، طمع، حرص

avarie /avaʀi/ *nf* ۱. خسارت ۲. صدمه، ضرر، زیان

avarié,e /avaʀje/ *adj* ۱. خسارت‌دیده ۲. خراب، فاسد

avarier /avaʀje/ *vt* (7) ۱. خسارت وارد کردن، خسارت رساندن ۲. آسیب رساندن ۳. خراب کردن، فاسد کردن، ضایع کردن

avatar /avataʀ/ *nm* ۱. آواتار (= تجسد خدایان در اساطیر هندی) ۲. دگرگونی، تحول ۳. پیشامد بد، بدبختی، مصیبت

avec /avɛk/ *prép, adv* ۱. با ۲. (به) همراهِ، همراه با ۳. دارایِ ۴. به وسیلهٔ، به کمکِ ۵. نسبت به، در موردِ ۶. با وجودِ، علی‌رغمِ ۷. به یمنِ، به مددِ ۸. موافق (با)، طرفِ ۹. وَ ▣ ۱۰. با آن ۱۱. با او ۱۲. با من

être avec qqn [مجازی] طرفِ کسی بودن، طرفدار کسی بودن، حامی کسی بودن

être bien avec qqn با کسی خوب بودن

avenant[1],e /avnɑ̃,t/ *adj* ۱. خوشرو، مهربان، بامحبت، خونگرم ۲. دلپذیر، خوشایند، خوب، دلنشین ۳. دوستانه، صمیمانه، گرم

avenant[2] (à l') /alavnɑ̃/ *loc. adv* ۱. هماهنگ، جور، موافق، سازگار، متناسب ۲. همانند، مشابه ۳. هماهنگ با آن

avènement /avɛnmɑ̃/ *nm* ۱. جلوس ۲. ورود، آمدن ۳. پیدایش، ظهور

avenir /avniʀ/ *nm* ۱. آینده، آتیه ۲. آیندهٔ خوب ۳. نسل‌های آینده

à l'avenir از این پس، بعداز این، در آتیه

s'inquiéter de l'avenir نگران آینده بودن

aventure /avɑ̃tyʀ/ *nf* ۱. ماجرا ۲. حادثه، واقعه، پیشامد، رویداد، اتفاق ۳. ماجراجویی، خطر، مخاطره

à l'aventure بی‌هدف

d'aventure/par aventure بر حسب اتفاق، به طور اتفاقی، اتفاقاً، برحسب تصادف، تصادفاً

aventurer /avɑ̃tyʀe/ *vt* (1) ۱. به خطر انداختن ۲. با شک و تردید تأیید کردن، شک داشتن به

s'aventurer *vp* ۱. خود را به خطر انداختن ۲. خطر (چیزی را) پذیرفتن، ریسک کردن

aventureux,euse /avɑ̃tyʀø,øz/ *adj* ۱. ماجراجو، حادثه‌جو ۲. جسور، بی‌باک ۳. پرماجرا ۴. خطرناک، پرمخاطره ۵. ماجراجویانه

aventurier,ère /avɑ̃tyʀje,ɛʀ/ *n, adj* ماجراجو، حادثه‌جو

avenu,e[1] /avny/ *adj*, **nul et non avenu** ۱. کان‌لم‌یکن ۲. باطل

avenue[2] /avny/ *nf* ۱. خیابان ۲. جادهٔ اختصاصی

avéré,e /aveʀe/ *adj* مسلم، قطعی، محقق، معلوم، آشکار

avérer (s') /saveʀe/ *vp* (6) ۱. معلوم شدن، آشکار شدن ۲. خود را نشان دادن ۳. به نظر رسیدن، به نظر آمدن، نمودن

Il s'avère que معلوم می‌شود که، معلوم است که، چنین برمی‌آید که

s'avérer faux غلط از آب درآمدن

averse /avɛʀs/ *nf* ۱. رگبار ۲. [مجازی] سیل

aversion /avɛʀsjɔ̃/ *nf* نفرت، تنفر، بیزاری، انزجار

prendre en aversion متنفر شدن از، بیزار شدن از، بد آمدن از، منزجر شدن از

averti,e /avɛʀti/ *adj* ۱. آگاه، مطلع ۲. باخبر، در جریان ۳. آگاهانه

avertir /avɛʀtiʀ/ *vt* (2) ۱. آگاه کردن، باخبر کردن، خبر دادن به، اطلاع دادن به، در جریان گذاشتن ۲. هشدار دادن به، تذکر دادن به، گوشزد کردن به ۳. اخطار دادن به

avertir du danger از خطر آگاه کردن، از خطر مطلع ساختن

avertissement /avɛʀtismɑ̃/ *nm* ۱. اطلاع، خبر ۲. هشدار، تذکر، گوشزد ۳. اخطار ۴. دیباچه، مقدمه، پیشگفتار

avertissement au lecteur پیشگفتار، دیباچه، مقدمه

avertisseur¹,euse /avɛʀtisœʀ,øz/ *adj* هشداردهنده، آگاه‌کننده

avertisseur² /avɛʀtisœʀ/ *nm* ۱. دستگاه اعلام خطر، زنگ خطر، آژیر ۲. [اتومبیل] بوق

aveu /avø/ *nm* ۱. اعتراف، اقرار ۲. ابراز، اظهار
de l'aveu de بنابر شهادتِ، به شهادتِ

aveuglant,e /avœglɑ̃,t/ *adj* ۱. کورکننده، خیره‌کننده، زننده ۲. آشکار، فاحش، چشمگیر

aveugle /avœgl/ *n, adj* ۱. کور، نابینا ۲. بی‌بصیرت، بی‌خرد، نادان، گمراه ▫ ۳. کورکورانه، نسنجیده ۴. [معماری] کاذب
en aveugle کورکورانه، نسنجیده

aveuglement /avœgləmɑ̃/ *nm* ۱. کوری، نابینایی ۲. بی‌عقلی، نادانی، بی‌خردی ۳. گمراهی

aveuglément /avœglemɑ̃/ *adv* کورکورانه، نسنجیده

aveugle-né,e /avœgl(ə)ne/ *adj, n* کور مادرزاد

aveugler /avœgle/ *vt* (1) ۱. کور کردن، نابینا کردن ۲. چشم را زدن ۳. دید (کسی را) مختل کردن ۴. [مجرا، منفذ، ...] بستن، گرفتن، کور کردن ۵. زایل کردن ۶. عقل (کسی را) زایل کردن ۷. گمراه کردن، از راه به در بردن
s'aveugler *vp* نادیده گرفتن، چشم خود را بستن

aveuglette (à l') /alavœglɛt/ *loc. adv* ۱. کورمال‌کورمال ۲. کورکورانه، نسنجیده

aviateur,trice /avjatœʀ,tʀis/ *n* خلبان، هوانورد

aviation /avjasjɔ̃/ *nm* ۱. هوانوردی ۲. هواپیمایی ۳. هواپیماسازی ۴. نیروی هوایی

aviculteur,trice /avikyltœʀ,tʀis/ *n* ۱. پرورش‌دهندهٔ طیور، مرغدار ۲. پرورش پرندگان

aviculture /avikyltyʀ/ *nf* ۱. پرورش طیور، مرغداری ۲. پرورش‌دهندهٔ پرندگان، پرنده‌باز

avide /avid/ *adj* ۱. شکمو، شکم‌پرست، دله، شکم‌باره ۲. مشتاق، تشنه ۳. حریص، طماع، طمع‌کار، آزمند

avidement /avidmɑ̃/ *adv* حریصانه، با حرص و ولع

avidité /avidite/ *nf* ۱. ولع ۲. اشتیاق، شوق، شور و شوق، علاقه ۳. حرص، طمع، آز

avilir /aviliʀ/ *vt* (2) ۱. خوار کردن، کوچک کردن، سبک کردن، تحقیر کردن ۲. از ارزش (چیزی) کم کردن، ارزش (چیزی را) پایین آوردن، تنزل دادن
s'avilir *vp* ۱. خوار شدن، ضایع شدن، کوچک شدن، سبک شدن ۲. خود را کوچک کردن، خود را سبک کردن ۳. تنزل یافتن، افت کردن ۴. قیمت (چیزی) پایین آمدن، ارزان شدن

avilissant,e /avilisɑ̃,t/ *adj* ۱. تحقیرآمیز، خفّت‌آور، ذلّت‌بار، مایهٔ خفّت ۲. ننگین، ننگ‌آور، شرم‌آور، مایهٔ ننگ

avilissement /avilismɑ̃/ *nm* ۱. تحقیر، خواری، خفت ۲. تنزل، افت، کاهش ۳. کاهش بها، کاهش ارزش ۴. انحطاط، فساد، تباهی

aviné,e /avine/ *adj* مست
Il a l'haleine avinée. دهانش بوی شراب می‌دهد.

aviner /avine/ *vt* (1) در شراب خواباندن

avion /avjɔ̃/ *nm* ۱. هواپیما ۲. سفر با هواپیما، پرواز
avion de bombardement بمب‌افکن
avion de chasse (هواپیمای) جنگنده، شکاری
en avion با هواپیما
par avion هوایی

aviron /aviʀɔ̃/ *nm* ۱. پارو ۲. قایقرانی

avis /avi/ *nm* ۱. عقیده، نظر ۲. رأی ۳. اطلاع، خبر ۴. اعلان، آگهی ۵. توصیه، سفارش ۶. نصیحت، پند، اندرز ۷. هشدار

avis au lecteur پیشگفتار، دیباچه، مقدمه
avis au puplique اعلامیه
avisé,e /avize/ *adj* ۱. عاقل، باتدبیر ۲. دوراندیش، عاقبت‌اندیش، محتاط ۳. عاقلانه، سنجیده
aviser /avize/ *vt* (1) ۱. چشم (کسی) افتادن به، متوجه (چیزی) شدن، دیدن ۲. آگاه کردن، اطلاع دادن، خبر دادن، باخبر کردن ۳. فکر کردن، اندیشیدن
s'aviser *vp* ۱. متوجه (چیزی) شدن، ملتفت شدن، فهمیدن، پی بردن ۲. جرئت کردن، به خود اجازه دادن، جسارت به خرج دادن
avitaminose /avitaminoz/ *nf* کمبود ویتامین
aviver /avive/ *vt* (1) ۱. [آتش] تند و تیز کردن ۲. تشدید کردن، بیشتر کردن، دامن زدن ۳. برانگیختن، تحریک کردن
avocat,e /avɔka,t/ *n* ۱. وکیل، وکیل مدافع ۲. مدافع، طرفدار، حامی
avocat général دادیار
avoine /avwan/ *nf* جو دوسر
avoir[1] /avwaʀ/ *vt* (34) ۱. داشتن، دارای (چیزی) بودن، صاحب (چیزی) بودن ۲. تهیه کردن، فراهم کردن ۳. گرفتن ۴. به دست آوردن ۵. احساس کردن ۶. [خودمانی] گول زدن، خر کردن، کلاه سر (کسی) گذاشتن ۷. [رکیک] [کسی را] کردن، ترتیب (کسی) را دادن، گاییدن ۸ [فعل کمکی که در ساختن بعضی از زمان‌ها به کار می‌رود.]
avoir à باید، بایست، بایستی
avoir faim گرسنه بودن، گشنه بودن
avoir peur ترسیدن، بیم داشتن
avoir soif تشنه بودن
avoir vingt ans بیست‌ساله بودن
en avoir après/contre رنجیدن از، ناراحت بودن از (دستِ)
il y a هست، وجود دارد
J'ai sommeil. خوابم می‌آید.
Je n'ai rien à faire. هیچ کاری ندارم بکنم، کاری ندارم انجام بدهم.
n'avoir qu'à ۱. فقط باید ۲. راهی نداشتن جز، چاره‌ای نداشتن جز اینکه
Qu'est-ce qu'il a? چه مشکلی دارد؟ از چه ناراحت است؟ چشه؟
Qu'est-ce qu'il y a? ۱. [خودمانی] چی شده؟ چه خبره؟ ۲. از چی ناراحتی؟ چته؟
avoir[2] /avwaʀ/ *nm* ۱. دارایی، مال ۲. ثروت ۳. ستون بستانکار، بستانکار ۴. برگ بستانکار
avoisinant,e /avwazinɑ̃,t/ *adj* ۱. مجاور ۲. نزدیک
avoisiner /avwazine/ *vt* (1) ۱. مجاور (جایی) بودن، در مجاورت (جایی) بودن، کنار (جایی) بودن ۲. نزدیک بودن به، شبیه بودن به، نظیر (چیزی) بودن
avortement /avɔʀtəmɑ̃/ *nm* ۱. سقط جنین، کورتاژ ۲. ناکامی، شکست، عدم موفقیت
avorter /avɔʀte/ *vi* (1) ۱. بچه انداختن، سقط جنین کردن، کورتاژ کردن ۲. [گیاه‌شناسی] نارس ماندن ۳. ناکام شدن، عقیم ماندن، با شکست روبرو شدن، بی‌نتیجه ماندن
avorton /avɔʀtɔ̃/ *nm* ۱. جنین نارس ۲. گیاه نارس ۳. آدم نحیف
avouable /avwabl/ *adj* شرافتمندانه، آبرومندانه، محترمانه، درست
avoué /avwe/ *nm* مشاور حقوقی، وکیل
avouer /avwe/ *vt* (1) ۱. اعتراف کردن (به)، اقرار کردن (به) ۲. مقر آمدن ۳. اذعان داشتن، تصدیق کردن، قبول داشتن
s'avouer *vp* خود را... دانستن
avril /avʀil/ *nm* آوریل (= ماه چهارم سال میلادی)
axe /aks/ *nm* ۱. محور ۲. جهت
axer /akse/ *vt* (1) ۱. بر محور (چیزی) قرار دادن ۲. متمرکز کردن ۳. گرایش داشتن، تمایل داشتن
axial,e,aux /aksjal,o/ *adj* محوری

axiome / aksjom / *nm*	۱. اصل متعارف
	۲. اصل بدیهی، اصل اولیه
ayant / ɛjɑ̃ / *prticipe présent*	[اسم فاعل
	فعلِ avoir]
ayant cause / ɛjɑ̃koz / *nm*	۱. قائم‌مقام قانونی
	۲. ورثهٔ قانونی
ayantdroit / ɛjɑ̃dʀwa / *nm*	ذیحق،
	صاحب حق، حق‌دار
azalée / azale / *nf*	[درختچه، گل] آزاله، آزالیا
azote / azɔt / *nm*	ازت، نیتروژن

azoté,e / azɔte / *adj*	ازت‌دار، نیتروژن‌دار
aztèque / aztɛk / *adj*	(مربوط به) آزتک
	(= قومی که در کشور مکزیک سکونت داشتند.)
azur / azyʀ / *nm*	۱. رنگ لاجوردی،
	رنگ نیلی ۲. آسمان، فلک
azuré,e / azyʀe / *adj*	لاجوردی، لاجوردین،
	نیلی، نیلگون
azurer / azyʀe / *vt* (1)	۱. لاجوردی کردن
	۲. لاجورد زدن به
azyme / azim / *adj*	فطیر

---

a = bas, plat   e = blé, jouer   ɛ = lait, jouet, merci   i = il, lyre   o = mot, dôme, eau, gauche   ɔ = mort
u = roue   y = rue   ø = peu   œ = peur   ə = le, premier   ɑ̃ = sans, vent   ɛ̃ = matin, plein, lundi
ɔ̃ = bon, ombre   ʃ = chat, tache   ʒ = je, gilet   j = yeux, paille, pied   w = oui, nouer   ɥ = huile, lui

B,b

B;b /be/ *nm* بِ (= دومین حرف الفبای فرانسه)

b.a.-ba /beaba/ *nm. sing* مبانی، الفبا، مقدمات

Le b.a-ba de la carrière financière الفبای امور مالی

baba /baba/ *adj. inv* [خودمانی] هاج و واج، مات و مبهوت، حیران

babeure /babœʀ/ *nm* شیر چرخ‌کرده

babil /babi/ *nm* (1) ۱. [قدیمی یا ادبی] پرحرفی، روده‌درازی، پرگویی ۲. [بچه] غان و غون، آغون واغون ۳. شرشر ۴. زمزمه

babillage /babijaʒ/ *nm* → babil

babillard,e /babijaʀ,d/ *n, adj* [ادبی] حراف، پرحرف، یاوه‌گو

babiller /babije/ *vi* (1) ۱. پرحرفی کردن، روده‌درازی کردن ۲. [بچه] غـان و غـون کـردن، آغون واغون کردن ۳. شرشر کردن

babine /babin/ *nf* ۱. [بعضی از حیوانات] لب ۲. [خودمانی] لب و لوچه

babiole /babjɔl/ *nf* چیز بی‌ارزش، چیز پیش‌پاافتاده، خِنزرپنزر، آت و آشغال

se fâcher pour une babiole سرِ یک چیز پیش‌پاافتاده عصبانی شدن

bâbord /babɔʀ/ *nm* [کشتی] طرف چپ

babouche /babuʃ/ *nf* نعلین

babouin /babwɛ̃/ *nm* بابون (= نوعی میمون)

baby /bebi/ *adj. inv* بچه‌گانه

baby-foot /babifut/ *nm. inv* ۱. [بازی] فوتبال‌دستی ۲. (میز) فوتبال‌دستی

baby-sitter /babisitœʀ/ *n* پرستار بچه (پاره‌وقت)

bac[1] /bak/ *nm* ۱. لِنج، دوبه ۲. تشت ۳. ظرف، مخزن ۴. [ظرف‌شویی] سینک

bac à glace یخدان، جایخی

bac[2] /bak/ *nm* ۱. دیپلم متوسطه، دیپلم (کامل)، مدرک پیش‌دانشگاهی ۲. [برای دریافت دیپلم] امتحان نهایی

baccalauréat /bakalɔʀea/ *nm* ۱. دیپلم متوسطه، دیپلم (کامل)، مدرک پیش دانشگاهی ۲. [برای دریافت دیپلم] امتحان نهایی ۳. [کانادا] کارشناسی، لیسانس

bâche /baʃ/ *nf* ۱. برزنت ۲. مخزن

bachelier,ère /baʃəlje,ɛʀ/ *n* دیپلمه (متوسطه)

bâcher /baʃe/ *vt* (1) برزنت انداختن روی، با برزنت پوشاندن

bachot[1] /baʃo/ *nm* قایق

bachot[2] /baʃo/ *nm* ۱. دیپلم متوسطه، مدرک پیش‌دانشگاهی ۲. [برای دریافت دیپلم] امتحان نهایی

bachotage /baʃɔtaʒ/ *nm* درس خواندن برای گرفتن مدرک

bachoter /baʃɔte/ *vi* (1) برای گرفتن مدرک درس خواندن

bacillaire /basilɛʀ/ *adj* باسیلی

97 **bagatelle**

bacille /basil/ *nm* باسیل
bacillose /basiloz/ *nf* سِل
bâclage /baklaʒ/ *nm* سرهم‌بندی
bâcle /bakl/ *nf* کلون
bâcler /bakle/ *vt* (1) ۱. کلون (در یا پنجره را) انداختن ۲. سرهم‌بندی کردن، سَمبَل کردن، سرسری انجام دادن
bâcler ses devoirs تکالیف خود را سرسری انجام دادن، تکالیف خود را سرهم‌بندی کردن
bacon /bakɔ̃/ *nm* گوشت خوک دودی
bactérie /bakteʀi/ *nf* باکتری
bactéricide /bakteʀisid/ *adj* باکتری‌کُش
bactérien,enne /bakteʀjɛ̃,ɛn/ *adj* باکتریایی، (مربوط به) باکتری
bactériologie /bakteʀjɔlɔʒi/ *nf* باکتری‌شناسی
bactériologique /bakteʀisidk/ *adj* ۱. باکتری‌شناختی ۲. میکروبی
la guerre bactériologique جنگ میکروبی
bactériologiste /bakteʀisidst/ *n* باکتری‌شناس
bactériophage /bakteʀjɔfaʒ/ *nm* باکتری‌خوار
badaud,e /bado,d/ *n, adj* ۱. خیابانگرد ۲. ولگرد، بیکاره، عاطل
badge /badʒ/ *nm* [پیشاهنگی و غیره] نشان
badiane /badjan/ *nf* [گیاه] رازیانه، بادیان
badigeon /badiʒɔ̃/ *nm* دوغاب آهک
badigeonnage /badiʒɔnaʒ/ *nm* سفیدکاری
badigeonner /badiʒɔne/ *vt* (1) ۱. سفیدکاری کردن ۲. [دارو] مالیدن، زدن
badin,e /badɛ̃,in/ *adj, n* شوخ‌طبع، شوخ، بذله‌گو، اهل شوخی
badinage /badinaʒ/ *nm* ۱. شوخ‌طبعی، بذله‌گویی ۲. شوخی، مزاح

badine /badin/ *nf* چوبدستی
badiner /badine/ *vi* (1) شوخی کردن، مزاح کردن
badminton /badmintɔn/ *nm* [ورزش] بدمینتون
baffe /baf/ *nf* [عامیانه] چَک، توگوشی، درِگوشی
bafouer /bafwe/ *vt* (1) مسخره کردن، دست انداختن، سربه‌سر (کسی) گذاشتن، ریشخند کردن
bafouillage /bafujaʒ/ *nm* پرت و پلا، چرندیات، چرت و پرت مهملات
baffouille /bafuj/ *nf* [عامیانه] نامه، کاغذ
bafouiller /bafuje/ *vi, vt* (1) ۱. جویده‌جویده حرف زدن، مِن‌مِن کردن، مِنّ و مِن کردن ◻ ۲. بلغور کردن
bâfrer /bafʀe/ *vt, vi* (1) با حرص و ولع خوردن، لُمباندن
bagage /bagaʒ/ *nm* ۱. بار سفر، بار، بار و بنه ۲. چمدان، کیف، ساک
bagage scientifique معلومات، دانش، سواد، اندوختهٔ علمی، اطلاعات
plier bagage ۱. چمدان خود را بستن ۲. [مجازی] گذاشتن و رفتن
bagagiste /bagaʒist/ *nm* [هتل، فرودگاه، ...] باربر
bagarre /bagaʀ/ *nf* ۱. دعوا، زد و خورد، نزاع، کتک‌کاری ۲. درگیری، کشمکش ۳. اَلم‌شنگه، قشقرق
bagarrer /bagaʀe/ *vi* (1) ۱. دعوا کردن، زد و خورد کردن، کتک‌کاری کردن ۲. مبارزه کردن، جنگیدن، جنگ کردن
se bagarrer *vp* با هم دعوا کردن، زد و خورد کردن، کتک‌کاری کردن، همدیگر را زدن
bagarreur,euse /bagaʀœʀ,øz/ *n, adj* دعوایی، اهل دعوا، خروس‌جنگی
bagatelle /bagatɛl/ *nf* ۱. چیز بی‌ارزش،

آت و آشغال ۲. پول کم، مبلغ جزئی، مبلغ ناچیز، پشیز ۳. [طنزآمیز] پول کلان، مبلغ زیاد ۴. کار بی‌اهمیت، هیچ و پوچ ۵. عشق‌بازی، هم‌آغوشی

perdre son temps à des bagatelles وقت خود را صرف هیچ و پوچ کردن، وقت‌گذرانی کردن

bagnard /baɲaʀ/ *nm* محکوم به اعمال شاقه

bagne /baɲ/ *nm* زندان محکومین به اعمال شاقه

bagnole /baɲɔl/ *nf* ۱. [خودمانی] اتول، ماشین ۲. ماشین‌قراضه، ابوطیاره

bagouse /baguz/ *nf* [عامیانه] انگشتر، حلقه

bagou(t) /bagu/ *nm* ۱. حرّافی، زبان‌داری ۲. زبان‌درازی ۳. زبان‌بازی، چرب‌زبانی

bague /bag/ *nf* ۱. انگشتر ۲. حلقه ۳. بست، اتصال، حلقه، طوقه ۴. [مکانیک] رینگ

avoir la bague au doit انگشتر به دست داشتن، متأهل بودن

baguenauder /bagnode/ *vt* (1) (با کارهای بیهوده) سر خود را گرم کردن، وقت‌گذرانی کردن

se baguenauder *vp* پرسه زدن، ول گشتن

baguer /bage/ *vt* (1) ۱. انگشتر (به) دست کردن ۲. حلقه انداختن، طوقه زدن به ۳. کوک زدن، شلال زدن

baguette /bagɛt/ *nf* ۱. ترکه، چوب ۲. چوب‌دستی ۳. چوب (رهبر ارکستر)، چوب میزانه ۴. سنبه ۵. (نان) باگِت ۶. [معماری] نوار، باریکه

baguette magique چوب‌دستی جادویی

baguier /bagje/ *nm* ۱. جعبهٔ انگشتر ۲. جعبهٔ جواهرات

bah! /ba/ *interj* به! این که چیزی نیست!

bahut /bay/ *nm* ۱. صندوق ۲. [قفسه] بوفه ۳. [عامیانه] مدرسه ۴. [عامیانه] اتول، ماشین

bai,e[1] /bɛ/ *adj* [اسب] کَهَر

baie[2] /bɛ/ *nf* ۱. خلیج (کوچک)، خور ۲. [در، پنجره] دهانه، چشمه

baie[3] /bɛ/ *nf* [گیاه‌شناسی] سِته (= میوهٔ گوشت‌دار محتوی یک یا چند دانه، مثل انگور.)

baignade /bɛɲad/ *nf* ۱. آب‌تنی، شنا ۲. محل آب‌تنی، محل شنا

baigner /beɲe/ *vt, vi* (1) ۱. شستن، شست و شو دادن ۲. (کسی را) حمام کردن ۳. گرداگرد (چیزی یا جایی را) فرا گرفتن، احاطه کردن ۴. آبیاری کردن ۵. خیس کردن، تر کردن ◘ ۶. غوطه‌ور بودن، غوطه خوردن ۷. خیس خوردن ۸. غوطه‌ور شدن، غرق شدن

baigné de sueur خیسِ عرق

baigner dans son sang در خون خود غلتیدن، غرق خون بودن

baigner un enfant کودکی را حمام کردن

se baigner *vp* ۱. (در وان) حمام کردن ۲. آب‌تنی کردن ۳. غوطه‌ور شدن، غرق شدن

baigneur[1]**,euse** /bɛɲœʀ,øz/ *n* ۱. شناگر ۲. [قدیمی] نجات‌غریق ۳. [قدیمی] دلاک

baigneur[2] /bɛɲœʀ/ *nm* عروسک حمام (= عروسکی برهنه برای بازی بچه‌ها در حمام.)

baignoire /bɛɲwaʀ/ *nf* ۱. وان ۲. [تئاتر] لُژ همکف

bail,baux /baj,bo/ *nm* ۱. اجاره‌نامه ۲. اجاره

donner à bail اجاره دادن

prendre à bail اجاره کردن

bâillement /bajmɑ̃/ *nm* ۱. خمیازه، دهان‌دره ۲. نیمه‌باز بودن

bâiller /baje/ *vi* (1) ۱. خمیازه کشیدن، دهان‌دره کردن ۲. نیمه‌باز بودن، لای (چیزی) باز بودن، پیش بودن ۳. از هم باز شدن، باز شدن ۴. به بطالت وقت گذراندن، به تنبلی گذراندن

bailler /baje/ *vt* (1) [قدیمی] دادن

Tu me la bailles belle/bonne! خوب منو دست انداختی! ما رو گرفتی!

bailleur,bailleresse /bajœʀ,bajʀɛs/ *n* موجر، اجاره‌دهنده

bâillon /bajɔ̃/ *nm* دهان‌بند

bâillonnement /bajɔnmɑ̃/ *nm* ۱. بستن دهان، دهان بندزدن ۲. (عمل) ساکت کردن، خفه کردن

bâillonner /bajɔne/ *vt* (1) ۱. دهان‌بند زدن، دهان (کسی را) بستن ۲. ساکت کردن، خاموش کردن، خفه کردن ۳. آزادی (کسی یا چیزی را) سلب کردن

bain /bɛ̃/ *nm* ۱. استحمام، حمام ۲. شستشو ۳. آب‌تنی، شنا ۴. آب (حمام) ۵. مایع شستشو ۶. وان ۷. [رنگرزی] خمره، خُم ــ [صورت جمع] ۸. حمام عمومی، گرمابه

bain de mer آب‌تنی در دریا

bain de soleil حمام آفتاب

bain de vapeur حمام بخار

prendre un bain حمام کردن، حمام رفتن

salle de bains حمام

bain-marie /bɛ̃maʀi/ *nm* ۱. بَن‌ماری (= شیوه‌ای برای تهیهٔ غذا، بدین نحو که ظرف غذا را درون یک ظرف آب قرار می‌دهند و ظرف آب را روی آتش می‌گذارند تا بجوشد.) ۲. ظرف آب گرم (برای تهیهٔ غذا به شیوهٔ بَن‌ماری)

baïonnette /bajɔnɛt/ *nf* سرنیزه

baisemain /bɛzmɛ̃/ *nm* دست‌بوسی، دست‌بوس، بوسیدن دست

baiser[1] /beze/ *nm* بوسه، ماچ

baiser[2] /beze/ *vt* (1) ۱. (عضوی را) بوسیدن، ماچ کردن ۲. [رکیک] (کسی را) کردن، گاییدن ۳. [خودمانی] کلاه سر (کسی) گذاشتن، گول زدن ۴. شیرفهم شدن، سر درآوردن، حالی (کسی) شدن

baisse /bɛs/ *nf* ۱. کاهش، تنزل، نزول، افت، پایین آمدن ۲. [سطح] پایین رفتن ۳. کاهش بها، کاهش قیمت

en baisse درحال کاهش، رو به تنزل

baisser /bese/ *vt, vi* (1) ۱. پایین آوردن ۲. خم کردن، فرود آوردن ۳. از ارتفاع (چیزی) کم کردن، کوتاه‌تر کردن ۴. کاهش دادن، کم کردن، کاستن، تنزل دادن ۵. قیمت (چیزی را) پایین آوردن، ارزان کردن ۶. صدای (چیزی را) کم کردن، یواش کردن ۷. [نور، گاز، ...] کم کردن ◙ ۸. [سطح] پایین رفتن، پایین آمدن ۹. کاهش یافتن، کم شدن، تنزل یافتن ۱۰. قیمت (چیزی) پایین آمدن، ارزان شدن ۱۱. اُفت کردن، تنزل کردن، اعتبار خود را از دست دادن، ضایع شدن ۱۲. تحلیل رفتن، ضعیف شدن ۱۳. [بر اثر سالخوردگی] شکسته شدن

baisser la tête سر خود را پایین آوردن، سر خم کردن، سر فرود آوردن

baisser la voix آهسته‌تر حرف زدن

baisser les yeux چشمان خود را به زیر انداختن

Sa vue baisse. بینایی او کم می‌شود. چشمانش ضعیف می‌شود.

se baisser *vp* خم شدن، دولا شدن

bakchich /bakʃiʃ/ *nm* رشوه، پول چای

bal /bal/ *nm* مجلس رقص

bal masqué بالماسکه

balade /balad/ *nf* گردش، گشت

balader /balade/ *vt* (1) گرداندن، گردش دادن، به گردش بردن

se balader *vp* ۱. گشتن، گردش کردن ۲. پرسه زدن، ول گشتن

baladeur,euse[1] /baladœʀ,øz/ *adj* اهل گردش

baladeuse[2] /baladøz/ *nf* چراغ دستی (= چراغی که به یک سیم بلند متصل است و می‌توان آن را جابجا کرد.)

balafre /balafʀ/ *nf* ۱. زخم صورت، بریدگی صورت ۲. جای زخم صورت، جای بریدگی صورت

balafrer /balafʀe/ *vt* (1) (صورت کسی را) زخمی کردن، زخم کردن

balai /balɛ/ *nm* جارو

coup de balai	[خودمانی و غیره] پاکسازی
donner un coup de balai	جاروی مختصر کردن
manche à balai	۱. دسته جارو ۲. لاغرمردنی، نی‌قلیان، چوب‌سیگار
balai-brosse /baɛbʀɔs/ *nm*	برس زمین‌شور، جارو
balaise /balɛz/ *adj, n*	۱. [عامیانه] قوی‌هیکل، هیکل‌دار، درشت‌هیکل ◼ ۲. [عامیانه] آدم قوی‌هیکل، آدم درشت‌هیکل
balalaïka /balalaika/ *nf*	بالالایکا (= نوعی ساز زهی روسی)
balance[1] /balɑ̃s/ *nf*	۱. ترازو ۲. توازن، موازنه، تعادل ۳. [حسابداری] تراز ۴. موجودی (ارزی) ۵. تور صید خرچنگ
Balance[2] /balɑ̃s/ *nf*	برج میزان
balancé,e /balɑ̃se/ *adj*	موزون، هماهنگ، متناسب
bien balancé	خوش‌اندام، خوش‌هیکل
mettre en balance	سنجیدن، سبک‌سنگین کردن
peser dans la balance	وزنه‌ای به شمار رفتن، اهمیت خاصی داشتن
balancement /balɑ̃smɑ̃/ *nm*	۱. نوسان، تاب ۲. توازن، موازنه، تعادل ۳. هماهنگی، تناسب
balancer /balɑ̃se/ *vt, vi* (1)	۱. به این طرف و آن طرف حرکت دادن ۲. تاب دادن ۳. [برای خواباندن] تکان دادن ۴. تعادل (چیزی را) حفظ کردن، متعادل نگه داشتن ۵. توازن برقرار کردن، موازنه ایجاد کردن، متوازن کردن ۶. [حساب] تراز کردن ۷. [ادبی] سنجیدن، مقایسه کردن، سبک‌سنگین کردن ۸. بیرون ریختن، دور ریختن، دور انداختن ۹. بیرون کردن، بیرون انداختن ◼ ۱۰. در نوسان بودن، نوسان داشتن ۱۱. تردید داشتن، مردد بودن، دودل بودن
balancer de vieux meubles	اثاث‌کهنه را دور ریختن
se balancer *vp*	۱. در نوسان بودن، نوسان داشتن ۲. تاب خوردن ۳. [حساب] تراز بودن
s'en balancer	اهمیتی ندادن، به حساب نیاوردن
balancier /balɑ̃sje/ *nm*	۱. پاندول، آونگ ۲. [ساعت‌مچی] رقاصک ۳. چوب موازنه ۴. [فنی] اهرم متحرک
balançoire /balɑ̃swaʀ/ *nf*	۱. تاب ۲. الاکلنگ
balayage /balɛjaʒ/ *nm*	۱. جاروکشی، رفت و روب، نظافت ۲. گردگیری ۳. [فنی] پویش، اِسکَن
balayer /baleje/ *vt* (8)	۱. جارو کردن، جارو زدن، روفتن ۲. نظافت کردن، تمیز کردن ۳. گردگیری کردن ۴. با خود بردن ۵. از میان برداشتن، از بین بردن، نابود کردن، زدودن ۶. به عقب راندن، هزیمت کردن ۷. [فنی] پوییدن، اِسکَن کردن
balayer la neige	برف پارو کردن
balayer la poussière	گردگیری کردن
balayette /balɛjɛt/ *nf*	جاروی کوچک
balayeur,euse[1] /balɛjœʀ,øz/ *n*	جاروکش، رفتگر
balayeuse[2] /balɛjøz/ *nf*	ماشین جاروکشی
balayures /balejyʀ/ *nf. pl*	آشغال جارو، خاکروبه
balbutiement /balbysimɑ̃/ *nm*	۱. لکنت زبان، لکنت ۲. تِته‌پِته، مِن‌مِن ۳. [بچه] غان و غون، آغون واغون ۴. شروع
balbutier /balbysje/ *vi, vt* (7)	۱. لکنت زبان داشتن، لکنت داشتن ۲. تته‌پته کردن، من‌من کردن ۳. [بچه] غان و غون کردن، آغون واغون کردن ۴. در ابتدای راه بودن ۵. [مجازی] لنگیدن، لنگ زدن ◼ ۶. با لکنت ادا کردن ۷. بریده‌بریده گفتن
balcon /balkɔ̃/ *nm*	۱. بالکن ۲. [بالکن] نرده، تارمی ۳. [تئاتر] بالکن
bale /bal/ *nf* → **balle**[3]	
baleine /balɛn/ *nf*	نهنگ، وال، بال، بالِن
rire comme une baleine	قاه‌قاه خندیدن
baleineau /balɛno/ *nm*	بچه‌نهنگ، بچه‌وال
baleinier /balenje/ *nm*	۱. کشتی صید نهنگ ۲. صیاد نهنگ، صیاد وال

baleinière /balɛnjɛʀ/ *nf* ۱. کشتی صید نهنگ ۲. قایق

balèze /balɛz/ *adj, n* → balaise

balisage /balizaʒ/ *nm* ۱. بویه‌گذاری ۲. نصب علائم راهنما، علامت‌گذاری ۳. علائم راهنما

balise /baliz/ *nf* ۱. [برای راهنمایی کشتی] بویه، راهنمای شناور ۲. [برای راهنمایی هواپیما] چراغ چشمک‌زن ۳. دستگاه هدایت رادیویی

baliser /balize/ *vt* (1) ۱. بویه گذاشتن ۲. علائم راهنما کار گذاشتن، علامت‌گذاری کردن

balisier /balizje/ *nm* [گیاه] اختر

baliste /balist/ *nf* منجنیق

balistique /balistik/ *nf, adj* ۱. پرتاب‌شناسی، بالیستیک ◙ ۲. پرتابی، پرتاب‌شناختی، (مربوط به) پرتاب‌شناسی، بالیستیکی

baliverne /balivɛʀn/ *nf* پرت و پلا، چرت و پرت، اراجیف، چرندیات، شِر و وِر

ballade /balad/ *nf* ۱. ترجیع‌بند ۲. ترانه

ballant[1],e /balɑ̃,t/ *adj* ۱. در نوسان ۲. آویزان

ballant[2] /balɑ̃/ *nm* نوسان، تاب، بازی

ballast /balast/ *nm* [راه‌آهن] بالاست، خرده‌سنگ

balle[1] /bal/ *nf* ۱. توپ ۲. گلوله ۳. [خودمانی] قیافه، صورت، پَک و پوز

balle de tennis توپ تنیس

jouer à la balle توپ‌بازی کردن

tué par balles کشته‌شده به ضربِ گلوله

balle[2] /bal/ *nf* عدل، بسته، لنگه

balle[3] /bal/ *nf* سبوس

ballerine /balʀin/ *nf* بالرین

balles /bal/ *nf. pl* [خودمانی] فرانک (= واحد پول فرانسه)

ballet /balɛ/ *nm* ۱. [رقص، موسیقی] باله ۲. گروه باله

ballon /balɔ̃/ *nm* ۱. توپ ۲. بادکنک ۳. [هوانوردی] بالون ۴. [شیمی] بالون ۵. پیاله، گیلاس

ballon de football توپ فوتبال

ballonné,e /balɔne/ *adj* ۱. بادکرده، پف‌کرده ۲. نفخ‌کرده

ballonnement /balɔnmɑ̃/ *nm* نفخ، باد

ballonner /balɔne/ *vt* (1) ۱. باد کردن ۲. ایجاد نفخ کردن در

ballot /balo/ *nm* ۱. [کالا] بسته ۲. [خودمانی] (آدم) احمق، ابله، نفهم، خر

ballottage /balɔtaʒ/ *nm* [رأی‌گیری] به دست نیامدن اکثریت

ballottement /balɔtmɑ̃/ *nm* تکان

ballotter /balɔte/ *vt, vi* (1) ۱. (به) این طرف و آن طرف انداختن، بالا و پایین انداختن، تکان دادن ◙ ۲. (به) این طرف و آن طرف افتادن، بالا و پایین پریدن، تکان خوردن

balluchon /balyʃɔ̃/ *nm* [خودمانی] بقچه

faire son balluchon بار و بندیل خود را بستن

balnéaire /balneɛʀ/ *adj* (مربوط به) آب‌تنی، شنا

station balnéaire پلاژ تفریحی

balourd,e /baluʀ,d/ *adj, n* ۱. احمق، ابله، خر ۲. دست و پاچلفتی، ناشی

balourdise /baluʀdiz/ *nf* ۱. حماقت، خریت ۲. ناشیگری ۳. پرت و پلا، چرند، اراجیف، چرت و پرت، چرندیات

balsamier /balzamje/ *nm* (درخت) بَلَسان

balsamique /balsamik/ *adj* ۱. دارای بَلَسان ۲. معطر، خوشبو

balsamine /balzamin/ *nf* گل حنا

baluchon /balyʃɔ̃/ *nm* → balluchon

balustrade /balystʀad/ *nf* ۱. نرده، تارمی ۲. حفاظ، جان‌پناه

a = bas, plat e = blé, jouer ɛ = lait, jouet, merci i = il, lyre o = mot, dôme, eau, gauche ɔ = mort
u = roue y = rue ø = peu œ = peur ə = le, premier ɑ̃ = sans, vent ɛ̃ = matin, plein, lundi
ɔ̃ = bon, ombre ʃ = chat, tache ʒ = je, gilet j = yeux, paille, pied w = oui, nouer ɥ = huile, lui

balustre /balystʀ/ *nm* میلهٔ نرده، ستونچهٔ تارمی

bambin /bɑ̃bɛ̃/ *nm* بچه، کوچولو

bamboche /bɑ̃bɔʃ/ *nf* خوشگذرانی، عیاشی

bambocher /bɑ̃bɔʃe/ *vi* (1) عیاشی کردن، خوشگذرانی کردن

bambocheur,euse /bɑ̃bɔʃœʀ,øz/ *n* عیاش، خوشگذران

bambou /bɑ̃bu/ *nm* خیزران

ban /bɑ̃/ *nm* ۱. [کلیسا] اعلان ازدواج ۲. اعلان ۳. [برای اعلان] نواختن طبل، زدن شیپور ۴. کف مرتب، تشویق ۵. تبعید ۶. خلع ۷. طرد

mettre au ban تبعید کردن

mettre au ban de la société از جامعه طرد کردن

banal,e /banal/ *adj* ۱. پیش‌پاافتاده، معمولی ۲. مبتذل ۳. بی‌مزه، لوس، خنک

banalement /banalmɑ̃/ *adv* ۱. (به گونه‌ای) معمولی ۲. (به طرزی) مبتذل

banalisation /banalizasjɔ̃/ *nf* ۱. (عمل) معمولی کردن ۲. (عمل) مبتذل کردن

banaliser /banalize/ *vt* (1) ۱. معمولی کردن، پیش‌پاافتاده کردن ۲. به ابتذال کشیدن

banalité /banalite/ *nf* پیش‌پاافتادگی، ابتذال

banane /banan/ *nf* موز

bananier /banaje/ *nm* درخت موز

banc /bɑ̃/ *nm* ۱. نیمکت ۲. جایگاه ۳. [فنی] میز (کار) ۴. تَل ۵. لایه، رگه ۶. [ماهی] گله

bancaire /bɑ̃kɛʀ/ *adj* بانکی

bancal,e /bɑ̃kal/ *adj* ۱. کج‌پا ۲. لنگ، شَل ۳. لَق ۴. [استدلال و غیره] ضعیف، آبکی

bandage /bɑ̃daʒ/ *nm* ۱. باندپیچی ۲. نوار زخم‌بندی، باند ۳. طوقه ۴. نوار تایر ۵. [کمان و غیره] (عمل) کشیدن

bande /bɑ̃d/ *nf* ۱. نوار، بند ۲. تسمه ۳. نوار زخم‌بندی، باند ۴. باریکه، حاشیه، کناره ۵. گروه، دسته، باند ۶. [خیابان، جاده] خط، باند ۷. [پارچه] راه، خط ۸. [ضبط صوت، ویدئو] نوار ۹. [رادیو] باند ۱۰. [ریاضی، فیزیک] نوار

bande de film فیلم

bande de mitrailleuse قطار فشنگ

bande dessinée داستان تصویری

bande de voleurs دستهٔ دزدان، باند سارقان

chef de bande سردسته، سرکرده

bandé,e /bɑ̃de/ *adj* ۱. باندپیچی‌شده ۲. بسته (شده)

bandeau /bɑ̃do/ *nm* ۱. پیشانی‌بند، هِدبند ۲. چشم‌بند

bandelette /bɑ̃dlɛt/ *nf* نوار باریک

bander /bɑ̃de/ *vt, vi* (1) ۱. باندپیچی کردن، با باند بستن ۲. نوار بستن (به)، با نوار بستن ۳. بستن ۴. کشیدن ▣ ۵. کشیده بودن، کشیده شدن ۶. [خودمانی] آلت (کسی) سیخ شدن، شق کردن

banderole /bɑ̃dʀɔl/ *nf* پرچم (کوچک)

bandit /bɑ̃di/ *nm* ۱. راهزن، دزد مسلح، سارق ۲. تبهکار، جانی، گانگستر ۳. کلاهبردار، دزد، شیاد

banditisme /bɑ̃ditism/ *nm* ۱. راهزنی، دزدی مسلحانه ۲. تبهکاری، جنایت

bandoulière /bɑ̃duljɛʀ/ *nf* [اسلحه، دوربین، ...] بند

en bandoulière (به طور) حمایل

bang /bɑ̃ŋ;bɑ̃g/ *interj, nm. inv* (صدای) زنگ، شَرق، شَترق، بومب

banjo /bɑ̃(d)ʒo/ *nm* بانجو (= نوعی ساز زهی)

banlieue /bɑ̃ljø/ *nf* حومه

banlieusard,e /bɑ̃ljøzaʀ,d/ *n* حومه‌نشین، ساکن حومه

banne /ban/ *nf* ۱. [برای حمل زغال، کود، ...] گاری ۲. سبد ۳. سایبان (جلوی مغازه)

banni,e /bani/ *adj, n* ۱. تبعیدشده، تبعیدی ۲. طردشده، مطرود

bannière /banjɛʀ/ *nf* پرچم، عَلَم، لوا

bannir /baniʀ/ *vt* (2) ۱. تبعید کردن، نفی بلد کردن ۲. راندن، بیرون کردن ۳. دور کردن

103 barbare

baptistère /batisiɛʀ/ *nm* تعمیدگاه (= بخشی از ساختمان کلیسا که در آن غسل تعمید می‌دهند.)

baquet /bakɛ/ *nm* ۱. لاوک ۲. [اتومبیل اسپورت یا مسابقه] صندلی

bar[1] /baʀ/ *nm* بار، مشروب‌فروشی، میخانه

bar[2] /baʀ/ *nm* گرگ‌ماهی

bar[3] /baʀ/ *nm* [واحد فشار] بار

baragouin /baʀagwɛ̃/ *nm* [خودمانی] زبان عجیب و غریب، زبان اعجوج و معجوج

baragouiner /baʀagwine/ *vt, vi* (1) ۱. [خودمانی] بلغور کردن ◻ ۲. [خودمانی] به زبان عجیب و غریبی حرف زدن، به زبان اعجوج و معجوج حرف زدن

baraque /baʀak/ *nf* ۱. کلبهٔ چوبی، اتاقک چوبی، آلونک ۲. دکه ۳. خانه‌خرابه ۴. دخمه

baraqué,e /baʀake/ *adj,* **bien baraqué** [خودمانی] قوی‌هیکل، هیکل‌دار، گردن‌کلفت

baraquement /baʀakmɑ̃/ *nm* کلبه‌های چوبی، اتاقک‌های چوبی

baratin /baʀaiɛ̃/ *nm* [خودمانی] خودشیرینی، چرب‌زبانی، زبان‌بازی

Assez de baratin! آن‌قدر خودشیرینی نکن!

baratiner /baʀatine/ *vt* (1) [خودمانی] با چرب‌زبانی فریفتن، با زبان‌بازی گول زدن، با حرف از راه به‌در کردن

baratineur,euse /baʀatinœʀ,øz/ *n, adj* زبان‌باز، چرب‌زبان

barattage /baʀataʒ/ *nm* کره‌گیری

baratte /baʀat/ *nf* دستگاه کره‌گیری

baratter /baʀate/ *vt* (1) [خامه] زدن

barbant,e /baʀbɑ̃,t/ *adj* [خودمانی] خسته‌کننده، کسل‌کننده

barbaque /baʀbak/ *nf* ۱. [خودمانی] آشغال‌گوشت، گوشت سگ ۲. [خودمانی] گوشت

barbare /baʀbaʀ/ *adj* ۱. وحشی ۲. وحشیانه

۴. کنار گذاشتن، ترک کردن ۵. طرد کردن ۶. حذف کردن

bannissement /banismɑ̃/ *nm* ۱. تبعید، نفی بلد ۲. ترک ۳. طرد

banque /bɑ̃k/ *nf* [مؤسسه، قمار] بانک

banque du sang بانک خون

billet de banque اسکناس

chèque de banque چکِ بانکی

opérations de banque عملیات بانکی

banqueroute /bɑ̃kʀut/ *nf* ۱. ورشکستگی ۲. شکست، ناکامی

banqueroutier,ère /bɑ̃kʀutje,ɛʀ/ *n* ورشکسته

banquet /bɑ̃kɛ/ *nm* جشن، ضیافت، سور، ولیمه

banqueter /bɑ̃kte/ *vi* (4) ۱. در جشن شرکت کردن، در ضیافت حضور یافتن ۲. شکمی از عزا درآوردن، حسابی خوردن

banquette /bɑ̃kɛt/ *nf* ۱. نیمکت ۲. [پیانو] چهارپایه ۳. خاکریز ۴. نیمکت سنگی پایِ پنجره

banquette arrière صندلی عقب

banquier /bɑ̃kje/ *nm* [امور بانکی، قمار] بانکدار

banquier cambiste دلال ارز، صراف

banquise /bɑ̃kiz/ *nf* ۱. منطقهٔ یخ، یخ‌زار ۲. یخ‌پاره

baobab /baɔbab/ *nm* (درخت) بائوباب

baptême /batɛm/ *nm* ۱. غسل تعمید ۲. مراسم غسل تعمید ۳. (مراسم) نام‌گذاری

baptême de l'air نخستین پرواز، اولین پرواز

baptême du feu نخستین نبرد، اولین مبارزه

baptiser /batize/ *vt* (1) ۱. غسل تعمید دادن ۲. نام‌گذاری کردن، اسم گذاشتن (رویِ) ۳. [خودمانی] آب ریختن تویِ، آب قاطی (چیزی) کردن

baptismal,e,aux /batismal,o/ *adj* تعمیدی، (مربوط به) غسل تعمید

a = bas, plat e = blé, jouer ɛ = lait, jouet, merci i = il, lyre o = mot, dôme, eau, gauche ɔ = mort
u = roue y = rue ø = peu œ = peur ə = le, premier ɑ̃ = sans, vent ɛ̃ = matin, plein, lundi
ɔ̃ = bon, ombre ʃ = chat, tache ʒ = je, gilet j = yeux, paille, pied w = oui, nouer ɥ = huile, lui

barbaresque 104

۳. بی‌رحم، ظالم، خشن ۴. بی‌فرهنگ، بی‌تمدن ۵. بی‌رحمانه، ظالمانه ۶. بی‌قاعده، خلاف قاعده، نابهنجار ۷. پرغلط ۸. (مربوط به) بربرها

barbaresque[1] /baʀbaʀɛsk/ *adj* (مربوط به) بربرستان، بربر

Barbaresque[2] /baʀbaʀɛsk/ *n* اهل بربرستان، بربر

barbarie /baʀbaʀi/ *nf* ۱. وحشیگری، توحش، سبعیت، درنده‌خویی ۲. بی‌رحمی، قساوت ۳. بی‌فرهنگی، جهالت

des actes de barbaris اعمال وحشیانه، وحشیگری‌ها، بی‌رحمی‌ها

barbarisme /baʀbaʀism/ *nm* زبان ناسره، غلط زبانی

barbe /baʀb/ *nf* ۱. ریش ۲. [گندم، جو] داسه، داس ۳. [ذرت] کاکل ۴. [گربه] سبیل ۵. ناصافی لبهٔ کاغذ ۶. [عامیانه] گرفتاری، دردسر

à la baʀbe de qqn جلوی چشم کسی، جلو روی کسی

de la barbe à papa پشمک

La barbe! ۱. بس است! بس کن! تمامش کن! ۲. دهانت را ببند! دیگه حرف نزن!

rire dans sa barbe زیر لب خندیدن

se faire la barbe ریش خود را تراشیدن، ریش خود را زدن

vieille barbe پیرمرد اُمّل

barbeau[1] /baʀbo/ *nm* ۱. ماهی ریش‌دار ۲. [خودمانی] جاکش

barbeau[2] /baʀbo/ *nm* گل گندم

barbecue /baʀbəky;baʀbəkju/ *nm* ۱. منقل، کباب‌پز زغالی ۲. کباب، غذای بریان ۳. کباب‌خوران

barbelé,e /baʀbəle/ *adj* خاردار

fil (de fer) barbelé سیم خاردار

barber /baʀbe/ *vt* (1) [خودمانی] کلافه کردن، حوصله (کسی را) سر بردن

se barber *vp* کسل بودن، بی‌حوصله بودن، حوصله (کسی) سر رفتن

barbiche /baʀbiʃ/ *nf* ریش بزی، ریش پروفسوری

barbichette /baʀbiʃɛt/ *nf* ریش بزی

barbier /baʀbje/ *nm* [شخص] سلمانی

barbifier /baʀbifje/ *vt* (7) ۱. [خودمانی] ریش زدن ۲. [خودمانی] خسته کردن، ذله کردن، حوصله (کسی را) سر بردن

barbiturique /baʀbityʀik/ *nm, adj* ۱. باربیتوریک، داروی خواب‌آور، قرص خواب ◻ ۲. باربیتوریک

barbon /baʀbɔ̃/ *nm* [طنزآمیز] پیرمرد

barbotage /baʀbɔtaʒ/ *nm* ۱. دست و پا زدن در آب، آب‌بازی ۲. راه رفتن در گل و لای ۳. [خودمانی] کش رفتن، زدن، بلند کردن، دزدی

barboter /baʀbɔte/ *vi, vt* (1) ۱. (در آب) دست و پا زدن، آب‌بازی کردن ۲. در گل و لای راه رفتن ◻ ۳. کش رفتن، زدن، بلند کردن، دزدیدن

barbouillage /baʀbujaʒ/ *nm* ۱. نقاشی بد ۲. خط بد، خط خرچنگ‌قورباغه ۳. کثیف کردن

barbouille /baʀbuj/ *nf* [خودمانی] کشیدن، نقاشی

barbouiller /baʀbuje/ *vt* (1) ۱. کثیف کردن ۲. بد نقاشی کردن، ناشیانه کشیدن ۳. بدخط نوشتن، با خط خرچنگ‌قورباغه نوشتن

avoir l'estomac/le ventre barbouillé تهوع داشتن

barbouilleur,euse /baʀbujœʀ,øz/ *n* نقاش بد، نقاش ناشی

barbouze /baʀbuz/ *nf* ۱. [خودمانی] ریش ۲. [خودمانی] مأمور مخفی، جاسوس

barbu,e[1] /baʀby/ *adj, n* ریشو، ریشدار

barbue[2] /baʀby/ *nf* سس‌ماهی

barcarolle /baʀkaʀɔl/ *nf* [موسیقی] بارکارول (= ۱. آواز قایقرانان ونیزی ۲. نوعی موسیقی که بر مبنای این آواز ساخته می‌شود.)

barda /baʀda/ *nm* ۱. [خودمانی] ساز و برگ ۲. [خودمانی] بار و بندیل

barde[1] /baʀd/ *nm* حماسه‌سرای سِلتی

barde[2] /baʀd/ *nm* ورقهٔ چربی (که دور کبابی می‌پیچند)

barder[1] /baʀde/ *vt* (1) ۱. زره پوشاندن ۲. مجهز کردن، پوشاندن ۳. ورقهٔ چربی (دور گوشت) پیچیدن

barder[2] /baʀde/ *vi, v. impers* [خودمانی] کار به جای باریک کشیدن، اوضاع بی‌ریخت شدن

barème /baʀɛm/ *nm* [قیمت، مالیات، ...] لیست، جدول، بارِم

barguigner /baʀgiɲe/ *vi* (1) [ادبی] مردد بودن، تردید داشتن، شک داشتن

baril /baʀi(l)/ *nm* ۱. بشکه، چلیک ۲. [واحد اندازه‌گیری نفت] بشکه

barillet /baʀijɛ;baʀile/ *nm* ۱. بشکه (کوچک) ۲. [ساعت] جعبه‌فنر ۳. [اسلحه] مخزن فشنگ، جای فشنگ

bariolage /baʀjɔlaʒ/ *nm* ناهماهنگی رنگ‌ها، رنگ‌وارنگی

bariolé,e /baʀjɔle/ *adj* رنگ‌وارنگ

barioler /baʀjɔle/ *vt* (1) به طرز غریبی رنگ کردن، رنگ‌وارنگ کردن

barman /baʀman/ *nm* پیشخدمت بار، بارمَن

baromètre /baʀɔmɛtʀ/ *nm* ۱. فشارسنج، جَوسنج ۲. [مجازی] نمودار، شاخص

barométrique /baʀɔmetʀik/ *adj* جوّی، (مربوط به) جَو

baron,onne /baʀɔ̃,ɔn/ *n* [لقب اشرافی] بارون

baroque /baʀɔk/ *adj, nm* ۱. عجیب، غریب ۲. (به سبکِ) باروک ◙ ۳. سبک باروک (= نوعی شیوهٔ معماری فاخر و پرتجمل)

baroud /baʀud/ *nm* [عامیانه؛ نظامی] جنگ

baroudeur /baʀudœʀ/ *nm* جنگجو

barouf /baʀuf/ *nm* [عامیانه] سر و صدا، جار و جنجال، هیاهو، قیل و قال

faire du barouf ۱. سر و صدا کردن، قیل و قال کردن ۲. [مجازی] جنجال به پا کردن، هیاهو به راه انداختن

barque /baʀk/ *nf* قایق، زورق

barrage /baʀaʒ/ *nm* ۱. (عمل) بستن، سد کردن ۲. سد، بند ۳. راه‌بند، مانع

barre /baʀ/ *nf* ۱. میله، میل ۲. چوب (دراز) ۳. شمش ۴. خط ۵. نرده ۶. [دادگاه] جایگاه شهود، جایگاه وکلا

barre de mesure [موسیقی] خط میزان

barre du gouvernail [کشتی] میل سکان

barre fixe بارفیکس

barré,e /baʀe/ *adj* ۱. بسته، مسدود ۲. خط‌خورده

barreau /baʀo/ *nm* ۱. میله ۲. نرده ۳. [دادگاه] جایگاه وکلا ۴. کانون وکلا

être derrière les barreaux پشت میله‌های زندان بودن، زندانی بودن

barrer /baʀe/ *vt* (1) ۱. بستن، سد کردن، مسدود کردن ۲. خط زدن، خط کشیدن رویِ، قلم کشیدن، قلم گرفتن

barrer le passage/la voie à qqn راه کسی را بستن، راه را بر کسی سد کردن

barrette[1] /baʀɛt/ *nf* ۱. [شیء زینتی] گیره، سنجاق ۲. گیرهٔ سر

barrette[2] /baʀɛt/ *nf* کلاه کشیشی

barricade /baʀikad/ *nf* سنگر

barricader /baʀikade/ *vt* (1) ۱. سنگر بستن، سنگربندی کردن ۲. [در] مانع گذاشتن پشتِ، تخته کوبیدن پشتِ

se barricader *vp* ۱. سنگر گرفتن ۲. در به روی خود بستن، گوشهٔ انزوا گزیدن، منزوی شدن، گوشه گرفتن

barrière /baʀjɛʀ/ *nf* مانع، سد

barrique /baʀik/ *nf* بشکه، چلیک

barrir /baʀiʀ/ *vi* (1) [فیل] صدا کردن

a = bas, plat | e = blé, jouer | ɛ = lait, jouet, merci | i = il, lyre | o = mot, dôme, eau, gauche | ɔ = mort
u = roue | y = rue | ø = peu | œ = peur | ə = le, premier | ɑ̃ = sans, vent | ɛ̃ = matin, plein, lundi
ɔ̃ = bon, ombre | ʃ = chat, tache | ʒ = je, gilet | j = yeux, paille, pied | w = oui, nouer | ɥ = huile, lui

barycentre /baʀisɑ̃tʀ/ *nm* گرانیگاه، مرکز ثقل

barysphére /baʀisfɛʀ/ *nf* هستهٔ مرکزیِ زمین، سنگین‌کُره

baryum /baʀjɔm/ *nm* [عنصر] باریُم

bas[1]**,basse** /ba,bas/ *adj* ۱. کوتاه، کم‌ارتفاع ۲. پایین ۳. پایینی ۴. [نت، صدا] بم ۵. [حرف] آهسته، آرام، یواش ۶. کم، اندک ۷. پست، فرومایه، دون ۸. مبتذل ۹. ارزان

à bas prix به قیمت ارزان، به بهای نازل، ارزان

au bas mot [ارزیابی] دست کم، حداقل

avoir la vue basse نزدیک‌بین بودن

à voix basse (با صدای) آهسته، آرام، یواش

ciel bas آسمان ابری، هوای ابری، هوای گرفته

en bas âge در سنِ کم، در خردسالی، در کودکی

bas[2] /ba/ *adv* ۱. پائین ۲. در ارتفاع کم ۳. آهسته، آرام، بی‌صدا، یواش

à bas...! مرگ بر...!

en bas پایین

être bas ۱. حال (کسی) خوب نبودن، بدحال بودن ۲. مبتذل بودن

mettre bas ۱. (به) زمین گذاشتن ۲. زاییدن

plus bas [متن] پایین‌تر، پایین، در ذیل

bas[3] /ba/ *nm* ۱. (قسمت) پائین ۲. جوراب ساق‌بلند

bas de laine ۱. جوراب پشمی ۲. [مجازی] پس‌انداز

basalte /bazalt/ *nm* سیاه‌سنگ، بازالت

basaltique /bazaltik/ *adj* بازالتی

basane /bazan/ *nf* میشن

basané,e /bazane/ *adj* سبزهٔ تند، سیه‌چرده

bas-bleu /bablø/ *nm* زن فضل‌فروش

bas-côté /bakote/ *nm* ۱. [جاده] شانه، کنار ۲. [کلیسا] راههٔ جانبی، راهه

bascule /baskyl/ *nf* ۱. قپان، باسکول ۲. الاکلنگ

fauteuil à bascule صندلی گهواره‌ای

basculer /baskyle/ *vi, vt* (1) ۱. بالا و پایین رفتن ۲. تعادل (کسی یا چیزی) به هم خوردن، تعادل خود را از دست دادن ۳. واژگون شدن، برگشتن ۴. تغییر جهت دادن، تغییر موضع دادن ◘ ۵. بالا و پایین بردن ۶. تعادل (کسی یا چیزی را) به هم زدن ۷. واژگون کردن، برگرداندن

base /baz/ *nf* ۱. اساس، شالوده، بنیان ۲. مبنا ۳. پایه ۴. پایین، پا ۵. پایگاه ۶. [شیمی] باز ۷. [هندسه] قاعده ۸. مادهٔ اصلی

vocabulaire de base واژگان پایه

base-ball /bɛzbol/ *nm* [ورزش] بِیس‌بال

baser /baze/ *vt* (1) (بر اساس چیزی) بنا کردن، پایه‌ریزی کردن، بر مبنای (چیزی) استوار کردن

se baser *vp* (بر اساس چیزی) بنا شدن، بر مبنای (چیزی) استوار بودن، مبتنی بودن، تکیه کردن، متکی بودن

bas-fond /bafɔ̃/ *nm* ۱. نشیب، زمین پست ۲. پایاب، قسمت کم‌عمق آب ـ [صورت جمع] ۳. (مردم) طبقهٔ پایین

basilic /bazilik/ *nm* ریحان

basilique /bazilik/ *nf* کلیسای صدرِ مسیحیت، بازیلیک (= نوعی کلیسا با سبک معماری خاص)

basique /bazik/ *adj* [شیمی] بازی، (مربوط به) باز

basket /baskɛt/ *nm* → basket-ball

basket-ball /baskɛtbol/ *nm* بسکتبال

basketteur,euse /baskɛtœʀ,øz/ *n* بسکتبالیست

basque[1] /bask/ *nf* [کت اِسموکینگ] دامان، دامن

basque[2] /bask/ *adj* (مربوط به) باسک (= ناحیه‌ای مشترک میان فرانسه و اسپانیا)

Basque[3] /bask/ *n* اهل باسک

basque[4] /bask/ *nm* زبان باسک

bas-relief /baʀəljɛf/ *nm* نقش برجسته

basse[1] /bas/ *nf* ۱. صدای بم ۲. ساز بم ۳. خوانندهٔ باس ۴. کُنترباس (= نوعی ساز زهی)

bât /ba/ *nm* پالان

C'est là que le bât le blesse. نقطه ضعفش همین جاست.

bataclan /bataklã/ *nm* خرت و پرت، آت و آشغال، خِنزرپِنزر

Et tout le bataclan [خودمانی] و غیر ذالک

bataille /bataj/ *nf* ۱. نبرد، پیکار، جدال ۲. دعوا، زد و خورد، کتک‌کاری، نزاع ۳. مبارزه

champ de bataille ۱. میدان جنگ، میدان نبرد، میدان کارزار، عرصهٔ پیکار ۲. بازار شام

en bataille ۱. به‌هم‌ریخته، درهم‌برهم ۲. یک‌وری

gagner la bataille مبارزه را بردن، در نبرد پیروز شدن

batailler /bataje/ *vi* (1) ۱. مبارزه کردن، جنگیدن ۲. تلاش کردن، کوشیدن، کوشش کردن، تقلا کردن

batailleur,euse /batajœʀ,øz/ *adj, n* ستیزه‌جو، اهل دعوا، دعوایی

bataillon /batajõ/ *nm* ۱. گُردان ۲. گروه، دسته، عده، ایل

chef de bataillon سرگرد

bâtard,e /bataʀ,d/ *adj, n* ۱. نامشروع، حرام‌زاده ۲. ناخالص، دورگه

batardeau /bataʀdo/ *nm* سد موقت

bâtardise /bataʀdiz/ *nf* حرام‌زادگی

batavia /baatavja/ *nf* کاهوی پیچ

bâté,e /bate/ *adj* پالان‌دار

bateau /bato/ *nm* ۱. کشتی ۲. قایق ۳. (فضای) جلوی پارکینگ

bateau de sauvetage قایق نجات

bateau-mouche قایق تفریحی رود سِن

mener qqn en bateau/monter un bateau à qqn چاخان کردن، خالی بستن، دروغ به ناف کسی بستن

batelage /batlaʒ/ *nm* دستمزد کشتیران

Doucement les basses! [عامیانه] پیاده شو با هم بریم.

basse[2] /bas/ *adj.f* → bas,basse

basse-cour /baskuʀ/ *nf* مرغدانی

bassement /basmã/ *adv* ۱. به نحوی پست، به پستی، پست ۲. مبتذل، سطح پایین، حقیرانه

bassesse /basɛs/ *nf* ۱. پستی، فرومایگی، خواری، دنائت، ذلت ۲. عمل پست، کار پست

bassin /basɛ̃/ *nm* ۱. لگن ۲. تشت ۳. حوضچه ۴. حوض ۵. استخر ۶. آبگیر، حوضه ۷. لگن (خاصره)، باسن

bassinant,e /basinã,t/ *adj* [عامیانه] خسته‌کننده، ذله‌کننده، به‌ستوه‌آورنده

bassine /basin/ *nf* ۱. لگن ۲. تشت

bassiner /basine/ *vt* (1) ۱. مرطوب کردن، تر کردن، به آرامی شستن ۲. [عامیانه] ذله کردن، به ستوه آوردن، کلافه کردن، حوصله (کسی را) سر بردن

bassinet /basinɛ/ *nm* ۱. حوضچه ۲. [کالبدشناسی] لگنچه

bassiste /basiste/ *n* نوازندهٔ کنترباس

basson /basõ/ *nm* ۱. باسون (= نوعی ساز بادی) ۲. نوازندهٔ باسون

bastide /bastid/ *nf* ۱. خانه ییلاقی ۲. شهر دارای استحکامات

bastille /bastij/ *nf* دژ، قلعه

bastingage /bastɛ̃gaʒ/ *nm* نرده، جان‌پناه

bastion /bastjõ/ *nm* ۱. برج (قلعه)، باستیان ۲. [مجازی] دژ، حافظ، مدافع

bastonnade /bastɔnad/ *nf* چوب و فلک

bastringue /bastʀɛ̃g/ *nm* ۱. سر و صدا، جار و جنجال، قیل و قال ۲. [خودمانی] دستک دمبک، خرت و پرت

bas-ventre /bavãtʀ/ *nm* پایین شکم، زیر شکم، زیر دل

---

a = bas, plat e = blé, jouer ɛ = lait, jouet, merci i = il, lyre o = mot, dôme, eau, gauche ɔ = mort
u = roue y = rue ø = peu œ = peur ə = le, premier ã = sans, vent ɛ̃ = matin, plein, lundi
õ = bon, ombre ʃ = chat, tache ʒ = je, gilet j = yeux, paille, pied w = oui, nouer ɥ = huile, lui

bateleur,euse 108

bateleur,euse /batlœʀ,øz/ *n* [قدیمی] بندباز دوره گرد
batelier,ère /batəlje,ɛʀ/ *n* ۱. کشتیران
batellerie /batɛlʀi/ *nf* ۱. حمل و نقل از طریق رود، حمل و نقل رودخانه‌ای ۲. کشتی‌ها(ی یک رود)
bâter /bate/ *vt* (1) پالان گذاشتن
âne bâté خر تمام‌عیار، خر دوطبقه
bat-flanc /baflɑ̃/ *nm. inv* ۱. [اصطبل] حایل ۲. [خوابگاه، زندان، ...] تخت (چوبی)
bath /bat/ *adj. inv* [عامیانه] خوب، قشنگ، مامانی، ناز
bâti[1] /bati/ *nm* ۱. چارچوب، بدنه، شاسی ۲. [خیاطی] کوک، شلال
bâti[2]**,e** /bati/ *adj* ساخته(شده)
bien bâti خوش‌اندام، خوش‌هیکل
mal bâti بدقواره، بدترکیب
batifoler /batifɔle/ *vi* (1) [خودمانی] خُل‌بازی درآوردن، شیطنت کردن
batik /batik/ *nm* باتیک، چیت مومی، چیت باتیک
bâtiment /batimɑ̃/ *nm* ۱. ساختمان (بزرگ)، بنا، عمارت ۲. ساختمان‌سازی ۳. کشتی (بزرگ)، ناو
être du bâtiment وارد بودن، خبره بودن
ouvrier du bâtiment کارگر ساختمان
bâtir /batiʀ/ *vt* (2) ۱. ساختن، بنا کردن ۲. ساختمان ساختن، خانه ساختن ۳. پایه‌ریزی کردن، به وجود آوردن، بنیان‌گذاری کردن ۴. کوک زدن، شلال زدن
fil à bâtir نخ کوک
bâtisse /batis/ *nf* بنا، عمارت
bâtisseur,euse /batisœʀ,øz/ *n* ۱. سازنده ۲. بانی، بنیان‌گذار
batiste /batist/ *nf* (پارچه) باتیست
bâton /batɔ̃/ *nm* ۱. عصا ۲. چوب‌دستی ۳. چوب ۴. باتون، باتوم ۵. لول، قلم ۶. عصای دست، کمک
bâton de rouge (à lèvres) قلم رُژلب
bâton de ski چوب اسکی
mener une vie de bâton de chaise زندگی نابسامانی داشتن
mettre des bâtons dans les roues چوب لای چرخ گذاشتن
parler à batons rompus بریده‌بریده حرف زدن، جویده‌جویده حرف زدن
bâtonner /batɔne/ *vt* (1) ۱. چوب زدن ۲. با باتوم زدن
bâtonnet /batɔnɛ/ *nm* تکه چوب
bâtonnier /batɔnje/ *nm* رئیس کانون وکلا
batraciens /batʀasjɛ̃/ *nm. pl* غوکان
battage /bataʒ/ *nm* ۱. (عمل) زدن ۲. خرمن‌کوبی ۳. تبلیغ (پرسر و صدا)
battant[1] /batɑ̃/ *nm* ۱. [زنگ] زبانه ۲. [در، پنجره] لنگه، لَت
battant[2]**,e** /batɑ̃,t/ *adj,*
le cœur battant سرشار از هیجان
pluie battante باران تند، رگبار
tambour battant ۱. به صدای طبل ۲. زود، به سرعت، جنگی
battement /batmɑ̃/ *nm* ۱. (عمل) زدن ۲. ضربه ۳. ضربان، تپش ۴. مهلت، فرصت، ضرب‌الاجل
batterie /batʀi/ *nf* ۱. باتری ۲. توپخانه، آتشبار ۳. ظروف فلزی ۴. سازهای کوبه‌ای ۵. طرز زدن طبل
batterie de cuisine ظروف آشپزی
batteur /batœʀ/ *nm* ۱. هم‌زن، مخلوط‌کن ۲. نوازندهٔ سازهای کوبه‌ای، طبل‌زن، طبال
batteuse /batøz/ *nf* خرمن‌کوب
battoir /batwaʀ/ *nm* ۱. چوب رختشویی ۲. چوب قالی‌تکانی ۳. دستان قوی
battre /batʀ/ *vt, vi* (41) ۱. زدن ۲. کتک زدن ۳. کوبیدن ۴. (به) هم زدن، زدن ۵. شکست دادن، غلبه کردن بر، مغلوب کردن ۶. برخورد کردن با،

خوردن به ۷. چکش‌کاری کردن ◙ ۸. زدن ۹. [قلب] تپیدن، زدن ۱۰. برخورد کردن، خوردن ۱۱. به صدا درآمدن

battre comme plâtre له و لورده کردن، خرد و خمیر کردن، آش و لاش کردن، درب و داغون کردن، لت و پار کردن

battre des mains دست زدن، کف زدن

battre des œufs تخم‌مرغ‌ها را هم زدن

battre en brèche ۱. به توپ بستن ۲. حمله کردن به، تاختن به

battre en retraite در حال عقب‌نشینی جنگیدن

battre le blé گندم کوبیدن

battre le pavé پرسه زدن، خیابان گز کردن

battre le record رکورد شکستن

battre les cartes ورق‌ها را بُر زدن

battre les mains دست زدن، کف زدن

battre le tambour طبل زدن

battre le tapis قالی تکاندن

battre monnaie سکه زدن، سکه ضرب کردن

se battre *vp* ۱. جنگیدن، مبارزه کردن ۲. دعوا کردن، کتک‌کاری کردن، زد و خورد کردن

battu,e /baty/ *adj, part. passé* ۱. مضروب، کتک‌خورده ۲. شکست‌خورده، مغلوب ۳. کوفته ◙ ۴. [اسم مفعول فعلِ battre]

baudet /bodɛ/ *nm* [خودمانی] خر، الاغ

baudrier /bodʀije/ *nm* بند شمشیر، حمایل

bauge /boʒ/ *nf* ۱. لانه ۲. کاهگل

baume /bom/ *nm* ۱. بَلَسان ۲. صمغ بلسان ۳. روغن بَلَسان ۴. مرهم، تسلی، آرامش

baumier /bomje/ *nm* → balsamier

bauxite /boksit/ *nf* بوکسیت (= نوعی سنگ معدنی که از آن آلومینیم به دست می‌آید.)

bavard,e /bavaʀ,d/ *adj, n* ۱. پرحرف، پرچانه، وراج ۲. دهن‌لق، سخن‌چین، خاله‌زنک

bavardage /bavaʀdaʒ/ *nm* ۱. پرحرفی، روده‌درازی، پرچانگی، وراجی ۲. حرف‌های خاله‌زنکی، غیبت

bavarder /bavaʀde/ *vi* (1) ۱. پرحرفی کردن، روده‌درازی کردن، پرچانگی کردن، وراجی کردن ۲. دهن‌لقی کردن، افشای راز کردن

bavasser /bavase/ *vi* (1) [خودمانی] وراجی کردن، پرچانگی کردن، وِر زدن

bave /bav/ *nf* ۱. آب دهان ۲. کف (دهان)

baver /bave/ *vi* (1) ۱. آب از دهان (کسی) راه افتادن ۲. انگشت به دهان ماندن، هاج و واج ماندن، خشکش زدن، ماتش بردن ۳. [جوهر] پس دادن

baver sur بدنام کردن، سکهٔ یک‌پول کردن، بی‌آبرو کردن، رسوا کردن

en baver سختی کشیدن

Il bave en parlant. وقتی حرف می‌زند آب دهانش بیرون می‌پرد.

bavette /bavɛt/ *nf* پیش‌بند (بچه)

tailler une bavette پرچانگی کردن، پرحرفی کردن، وراجی کردن

baveux,euse /bavø,øz/ *adj,*

omelette baveuse اُملت شُل

bavoir /bavwaʀ/ *nm* پیش‌بند (بچه)

bavolet /bavɔlɛ/ *nm* کلاه روستایی (زنانه)

bavure /bavyʀ/ *nf* ۱. اثر درز قالب ۲. لکهٔ جوهر ۳. اشتباه، خطا، خبط

sans bavure بی‌عیب و نقص، بدون عیب

bayadère /bajadɛʀ/ *nf, adj. inv* ۱. رقاصهٔ هندی ◙ ۲. دارای راه‌راه رنگارنگ

bayer /baje/ *vi* (1) هاج و واج ماندن، دهان (کسی) از تعجب باز ماندن، انگشت به دهان ماندن، خشکش زدن، ماتش بردن

bayer aux corneilles وقت‌گذرانی کردن، وقت خود را به بیهودگی گذراندن

bazar /bazaʀ/ *nm* ۱. بازار ۲. بازار شام، بِل‌بشو ۳. خرت و پرت، خنزرپنزر

bazarder /bazaʀde/ *vt* (1) [جنس] آب کردن

bazooka /bazuka/ *nm* بازوکا، آرپی‌جی

béant,e /beɑ̃,t/ *adj* ۱. باز، گشاد، بزرگ ۲. هاج و واج، مات و مبهوت، حیران

béarnais,e[1] /beaʀnɛ,z/ *adj* (مربوط به) بئارن (= ناحیه‌ای در فرانسه)، بِئارنی

Béarnais,e[2] /beaʀnɛ,z/ *n* اهل بِئارن، بِئارنی

béat,e /bea,t/ *adj* ۱. راضی از خدای خود ۲. خشنود، خرسند ۳. آسوده ۴. حاکی از خشنودی ۵. سعادتمند ۶. ساده‌دل ۷. عاقبت‌به‌خیر ۸. ساده‌دلانه

sourire béat لبخند خشنودی، لبخند حاکی از آرامش‌خاطر

béatement /beatmɑ̃/ *adv* با آسودگی، آسوده، آسوده‌خاطر

béatification /beatifikasjɔ̃/ *nf* [مذهب کاتولیک] آمرزیدگی (= مرحلهٔ قبل از تقدیس)

béatifier /beatifje/ *vt* (7) سعادت ابدی ارزانی داشتن، آمرزیدن

béatitude /beatityd/ *nf* ۱. سعادت ابدی ۲. سعادت، خوشبختی

beau[1]**,bel,belle** /bo,bɛl/ *adj* ۱. زیبا، قشنگ، خوشگل ۲. خوب، عالی ۳. دلپذیر، پسندیده، دلپسند، مطبوع ۴. بزرگ، گنده ۵. قابل توجه، قابل ملاحظه ۶. زیاد ۷. حسابی، جانانه ۸. [طعنه‌آمیز] بد، افتضاح

avoir beau... بیهوده...، بی‌ثمر...، بی‌خود...

beau temps هوای خوب

bel et bien ۱. واقعاً، به راستی ۲. کاملاً

de plus belle ۱. بهتر از قبل ۲. بیش از پیش

Il fait beau. هوای خوب

le beau sexe جنس لطیف (= زن)

le bel âge جوانی، شباب

tout beau آرام، آهسته، یواش

un beau jour یک روز، یکی از این روزها

un bel âge سن زیاد، سن بالا

un bel homme یک مرد خوش‌سیما، یک مرد خوش‌چهره، یک مرد خوش‌تیپ

beau[2] /bo/ *nm* ۱. زیبایی، قشنگی ۲. حُسن ۳. چیز خوب

beaucoup /boku/ *adv* ۱. خیلی، بسیار، زیاد ۲. بسیاری

de beaucoup با اختلاف زیاد، با فاصلهٔ زیاد

beauf /bof/ *nm* → beau-frère

beau-fils /bofis/ *nm* ۱. ناپسری، پسر همسر ۲. داماد

beau-frère /bofʀɛʀ/ *nm* ۱. برادرزن ۲. برادرشوهر ۳. شوهرخواهر ۴. باجناق

beaujolais /boʒɔlɛ/ *nm* شراب بوژوله

beau-père /bopɛʀ/ *nm* ۱. ناپدری، شوهرمادر ۲. پدرزن ۳. پدرشوهر

beaupré /bopʀe/ *nm* دکل خوابیده

beauté /bote/ *nf* ۱. زیبایی، قشنگی، جمال، ملاحت ۲. حُسن ــ [صورت جمع] ۳. محسّنات

crème de beauté کرمِ زیبایی، کرمِ آرایشی

de toute beauté بسیار زیبا، خیلی زیبا

être en beauté زیباتر از معمول به نظر رسیدن

grain de beauté خال

une beauté زن زیبا، زن قشنگ، لعبت

beaux-arts /bozaʀ/ *nm. pl* هنرهای زیبا

beaux-parents /bopaʀɑ̃/ *nm. pl* والدین همسر، پدر و مادر همسر

bébé /bebe/ *nm* ۱. کودک، بچهٔ شیرخوار، بچه، طفل ۲. [مجازی] بچه، کوچولو

bébête /bebɛt/ *adj* [عامیانه] نادان، خر

bec /bɛk/ *nm* ۱. نوک، منقار ۲. [عامیانه] دهن ۳. [ظرف] لب

bec d'une plume نوک قلم، سرِ قلم

être le bec dans l'eau پادرهوا بودن، بلاتکلیف بودن، تکلیف خود را ندانستن

tomber sur un bec تو هچل افتادن، تو مخمصه افتادن، دچار دردسر شدن

bécane /bekan/ *nf* [عامیانه] دوچرخه

bécasse /bekas/ *nf* [پرنده] آبیا
bécassine /bekasin/ *nf* [پرنده] پاشَلَک
bec-de-cane /bɛkdəkan/ *nm* ۱. چفت، قفل ۲. دستگیره
bec-de-corbeau /bɛkdəkɔʀbo/ *nm* مفتولبُر، سیمچین
bec-de-corbin /bɛkdəkɔʀbɛ̃/ *nm* → bec-de-corbeau
bec de gaz /bɛkdəgaz/ *nm* تیر چراغگاز
bec-de-lièvre /bɛkdəljɛvʀ/ *nm* لبشکری
bêchage /bɛʃaʒ/ *nm* بیلزنی، بیلزدن
béchamel /beʃamɛl/ *nf* (سس) بِشامِل
bêche /bɛʃ/ *nf* بیل
bêcher /beʃe/ *vt* (1) ۱. بیل زدن ۲. سخت انتقاد کردن از، بدگویی کردن از ۳. خود را گرفتن، فخر فروختن به ۴. محل نگذاشتن به
bêcheur,euse /bɛʃœʀ,øz/ *n* ۱. بدگو، عیبجو ۲. پرفیس و افاده، خودگیر، ازخود راضی
bécot /beko/ *nm* [عامیانه] ماچ، بوس
bécoter /bekɔte/ *vt* (1) [عامیانه] ماچ کردن، بوس کردن
se bécoter *vp* همدیگر را ماچ کردن
becquée /beke/ *nf* چینه، طعمه
becquetance /bɛktɑ̃s/ *nf* [عامیانه] غذا، خوراک
becqueter /bɛkte/ *vt* (4) ۱. نوک زدن ۲. [عامیانه] خوردن، لمباندن
bectance /bɛktɑ̃s/ *nf* → becquetance
bedaine /bədɛn/ *nf* [عامیانه] شکم (گنده)، خیک
bedon /bədɔ̃/ *nm* → bedaine
bedonnant,e /bədɔnɑ̃,t/ *adj* [عامیانه] شکمگنده، چاق و چله، تپل
bedonner /bədɔne/ *vi* (1) شکم پیدا کردن، شکم (کسی) جلو آمدن

bédouin,e /bedwɛ̃,in/ *adj, n* عرب بدوی، عرب بادیهنشین
bée /be/ *adj.f,* **rester bouche bée** دهان (کسی) از تعجب باز ماندن، هاج و واج ماندن، مات و مبهوت ماندن، خشکش زدن
bêê /bɛ/ *interj* [صدای گوسفند] بَع!
béer /bee/ *vi* (1) هاج و واج ماندن، دهان (کسی) از تعجب باز ماندن، مات و مبهوت ماندن، خشکش زدن، ماتش بردن
beffroi /befʀwa/ *nm* ۱. برج ناقوس ۲. ناقوس
bégaiement /begɛmɑ̃/ *nm* ۱. لکنت، لکنت زبان ۲. شروع نامطمئن، لِک ولِک
les premiers bégaiments گامهای نخست، قدمهای اول
bégayer /begeje/ *vi, vt* (8) ۱. لکنت زبان داشتن، با لکنت حرف زدن ۲. مِنّ و مِن کردن ◻ ۳. با لکنت گفتن
bégonia /begɔnja/ *nm* بگونیا
bègue /bɛg/ *adj, n* اَلکَن، دارای لکنت زبان
bégueule /begœl/ *adj, nf* زاهدنما، خشکهمقدس، جانمازآبکش
béguin /begɛ̃/ *nm* [عامیانه] خاطرخواهی
behaviorisme /bia(e)vjɔʀism/ *nm* [روانشناسی] رفتارگرایی
beige /bɛʒ/ *adj, nm* ۱. (به رنگِ) بژ ◻ ۲. (رنگ) بژ
beigne /bɛɲ/ *nf* [عامیانه] کشیده، چَک، توگوشی
bel /bɛl/ *adj, adv* → beau
bêlant,e /bɛlɑ̃,t/ *adj* ۱. بعبعکنان، در حال بعبع ۲. با صدای لرزان
bêlement /bɛlmɑ̃/ *nm* ۱. بعبع ۲. غُرغُر
les bêlements des mécontentements غرغر حاکی از نارضایتی

a = bas, plat e = blé, jouer ɛ = lait, jouet, merci i = il, lyre o = mot, dôme, eau, gauche ɔ = mort
u = roue y = rue ø = peu œ = peur ə = le, premier ɑ̃ = sans, vent ɛ̃ = matin, plein, lundi
ɔ̃ = bon, ombre ʃ = chat, tache ʒ = je, gilet j = yeux, paille, pied w = oui, nouer ɥ = huile, lui

bêler /bele/ *vi, vt* (1) ۱. بع‌بع کردن ۲. غر زدن، غرغر کردن ◻ ۳. با صدای لرزان گفتن

belette /bəlɛt/ *nf* [حیوان] خز

belge[1] /bɛlʒ/ *adj* (مربوط به) بلژیک، بلژیکی

Belge[2] /bɛlʒ/ *n* اهل بلژیک، بلژیکی

belgicisme /bɛlʒisism/ *nm* واژهٔ بلژیکی، اصطلاح بلژیکی

bélier[1] /belje/ *nm* ۱. قوچ ۲. کوبه

Bélier[2] /belje/ *nm* برج حمل

bélière /beljɛʀ/ *nf* زنگوله

belladone /beladɔn/ *nf* شابیزک

bellâtre /bɛlatʀ/ *nm* مرد خوش‌تیپ و متکبر، جوانک ازخودراضی

belle[1] /bɛl/ *adj, adv* → beau

belle[2] /bɛl/ *nf* ۱. زن زیبا، لعبت، زیباروی ۲. معشوقه ۳. بازی سرنوشت‌ساز

belle-de-jour /bɛldəʒuʀ/ *nf* نیلوفر پیچ، پیچک صحرایی

belle-de-nuit /bɛldənɥi/ *nf* لاله‌عباسی

belle-doche /bɛldɔʃ/ *nf* ۱. [عامیانه] زن‌بابا ۲. مادرزن ۳. مادرشوهر

belle-famille /bɛldfamij/ *nf* خانوادهٔ همسر

belle-fille /bɛlfij/ *nf* ۱. عروس ۲. نادختری، دختر همسر

belle-mère /bɛlmɛʀ/ *nf* ۱. نامادری، ۲. نادختری ۳. مادرزن ۴. مادرشوهر

belles-lettres /bɛllɛtʀ/ *nf. pl* ادبیات

belle-sœur /bɛlsœʀ/ *nf* ۱. زن‌برادر ۲. جاری ۳. خواهرزن ۴. خواهرشوهر

bellicisme /belisism/ *nm* جنگ‌طلبی، جنگ‌افروزی

belliciste /belisist/ *adj, n* جنگ‌طلب، جنگ‌افروز

belligérance /beliʒeʀɑ̃s/ *nf* درگیر بودن در جنگ

belligérant,e /beliʒeʀɑ̃,t/ *adj, n* متخاصم، در حال جنگ

belliqueux,euse /belikø,øz/ *adj* ۱. جنگ‌طلب، جنگ‌افروز ۲. پرخاشگر، ستیزه‌جو ۳. ستیزه‌جویانه، خصمانه

belvédère /bɛlvedɛʀ/ *nm* ۱. [معماری] کلاه‌فرنگی ۲. [معماری] مهتابی

bémol /bemɔl/ *nm, adj* [موسیقی] بِمُل (= نشانه‌ای در نت‌نویسی)

mettre un bémol صدای خود را پایین آوردن، آهسته‌تر حرف زدن

ben /bɛ̃/ *adv* [طنزآمیز یا محلی] خُب

pt'êt' ben qu'oui شاید آره

bénédicité /benedisite/ *nf* دعای قبل از غذا

bénédictin,e /benediktɛ̃,in/ *n* بِندیکتی (= از راهبان رومی پیرو قدیس بندیکتوس)

bénédiction /benediksjɔ̃/ *nf* ۱. دعا ۲. تبرک ۳. رحمت (الهی)

bénédiction nuptiale مراسم ازدواج مذهبی

bénef /benɛf/ *nm* [خودمانی] صَرف، نفع، فایده، استفاده

bénéfice /benefis/ *nm* ۱. سود، نفع، فایده، استفاده، بهره ۲. مزیت، امتیاز

au bénéfice de به سودِ، به نفعِ

tirer un bénéfice de سود بردن از، سود جستن از، بهره بردن از، نفع بردن از

bénéficiaire /benefisjɛʀ/ *adj, n* ۱. سودبرنده، ذینفع ۲. بهره‌ور، بهره‌مند

bénéficier /benefisje/ *vt* (7) بهره‌مند شدن، استفاده کردن، بهره بردن، سود بردن، برخوردار شدن

bénéfique /benefik/ *adj* مفید، سودمند، نافع، خوب

benêt /bənɛ/ *adj, nm* ابله، نادان، احمق، هالو، خر

bénévole /benevɔl/ *adj* ۱. نیکوکار، خیرخواه ۲. خیرخواهانه، از روی خیرخواهی ۳. خیریه ۴. رایگان

bénévolement /benevɔlmɑ̃/ *adv*

bénévolement ... ۱. خیرخواهانه، از روی خیرخواهی ۲. (به طور) رایگان ۳. داوطلبانه

bengali[1] /bɛ̃gali/ *adj* بنگالی، (مربوط به) بنگال

Bengali[2] /bɛ̃gali/ *n* اهل بنگال، بنگالی

bengali[3] /bɛ̃gali/ *nm* زبان بنگالی

bénignité /beniɲite/ *nf* ۱. مهربانی، خیرخواهی ۲. ملایمت، سبکی ۳. [بیماری] بی‌خطر بودن ۴. [غده] خوش‌خیم بودن

bénin,igne /benɛ̃,iɲ/ *adj* ۱. مهربان، رئوف ۲. خیرخواهانه، از روی مهربانی ۳. ملایم، سبک ۴. [بیماری] بی‌خطر ۵. [غده] خوش‌خیم

bénir /beniʀ/ *vt* (2) ۱. دعا کردن ۲. تبرک کردن ۳. آرزوی خوشبختی کردن برایِ ۴. قدردانی کردن، تقدیر کردن ۵. تکریم کردن، بزرگ داشتن ۶. رحمت کردن، آمرزیدن

Bénit soit le ciel de... خدا را شکر که...، الحمدلله که...

Dieu soit bénit! خدا را شکر! الحمدالله!

bénit,e /beni,t/ *adj* متبرک، مقدس

bénitier /benitje/ *nm* سنگاب تعمید (= حوضچهٔ آب مقدس که در کلیسا برای تعمید می‌سازند.)

benjamin,e /bɛ̃ʒamɛ̃,in/ *n* ۱. کوچک‌ترین فرزندِ خانواده، ته‌تغاری ۲. جوان‌ترین عضو

benne /bɛn/ *nf* ۱. بارکش، واگن ۲. [کامیون] باربرگردان، کمپرسی ۳. [بیل مکانیکی] بیل، جام ۴. [تله‌کابین] کابین

benoîtement /bənwatmɑ̃/ *adv* [ادبی] با ملایمت، ملایم

benzène /bɛ̃zɛn/ *nm* [شیمی] بَنزن

benzine /bɛ̃zin/ *nf* بنزین

benzol /bɛ̃zɔl/ *nm* [شیمی] بنزُل

béotien,enne /beɔsjɛ̃,ɛn/ *n, adj* (آدم) هنرنشناس

béquée /beke/ *nf* → becquée

béquille /bekij/ *nf* چوب زیربغل

béquiller /bekije/ *vi* (1) با چوب زیربغل راه رفتن

bercail /bɛʀkaj/ *nm* خانه و کاشانه

berceau /bɛʀso/ *nm* ۱. گهواره، مهد ۲. زادگاه ۳. کودکی، طفولیت ۴. آلاچیق

bercement /bɛʀsəmɑ̃/ *nm* تکان آرام، حرکت آرام

bercer /bɛʀse/ *vt* (3) ۱. به آرامی تکان دادن ۲. تسلی دادن، آرام کردن، تسکین دادن ۳. فریفتن، دل (کسی را به چیزی) خوش کردن، گول زدن

bercer de vaines promesses با وعده‌های پوچ فریب دادن، وعده‌های پوچ دادن

berceuse /bɛʀsøz/ *nf* لالایی

béret /beʀɛ/ *nm* (کلاه) بِره

berge[1] /bɛʀʒ/ *nf* ۱. ساحل (رود) ۲. کناره

berge[2] /bɛʀʒ/ *nf* [عامیانه] سال

Il a dix berges. او ده‌ساله است.

berger[1]**,ère** /bɛʀʒe,ɛʀ/ *n* چوپان، شبان

chien de berger سگ گله

berger[2] /bɛʀʒe/ *nm* سگ گله

bergère /bɛʀʒɛʀ/ *nf* صندلی راحتی، مبل

bergerie /bɛʀʒəʀi/ *nf* آغل

bergeronnette /bɛʀʒəʀɔnɛt/ *nf* [پرنده] دم‌جنبانک

béribéri /beʀibeʀi/ *nm* [بیماری] بِری‌بِری

berline /bɛʀlin/ *nf* ۱. کالسکه ۲. اتومبیل‌سواری ۳. [معدن] بارکش، واگن

berlingot /bɛʀlɛ̃go/ *nm* ۱. آب‌نبات ۲. [شیر] قوطی

berlue /bɛʀly/ *nf*, **avoir la berlue** دچار توهم شدن

berme /bɛʀm/ *nf* [در کنار نهر یا گودال] راه باریک، باریکه، کناره

bermuda /bɛʀmyda/ *nm* شلوارک

a = bas, plat | e = blé, jouer | ɛ = lait, jouet, merci | i = il, lyre | o = mot, dôme, eau, gauche | ɔ = mort
u = roue | y = rue | ø = peu | œ = peur | ə = le, premier | ɑ̃ = sans, vent | ɛ̃ = matin, plein, lundi
ɔ̃ = bon, ombre | ʃ = chat, tache | ʒ = je, gilet | j = yeux, paille, pied | w = oui, nouer | ɥ = huile, lui

berne (en) /ɑ̃bɛʀn/ *loc. adj, loc. adv* [پرچم] نیمه‌افراشته

berner /bɛʀne/ *vt* (1) دل (کسی را به چیزی) خوش کردن، دست انداختن، فریب دادن، گول زدن، خر کردن

berrichon,onne[1] /beʀiʃɔ̃,ɔn/ *adj* (مربوط به) بِری (= ناحیه‌ای در فرانسه)، بِریایی، بِریشون

Berrichon,onne[2] /beʀiʃɔ̃,ɔn/ *n* اهل بِری، بِریایی، بِریشون

béryl /beʀil/ *nm* بِریل (= نوعی سنگ قیمتی)

béryl bleu یاقوت کبود

béryl vert زمرد

besace /bəzas/ *nf* خورجین، توبره، همیان

bésef /bezɛf/ *adv* [عامیانه] خیلی، یک عالَمه

bésicles /bezikl/ *nf. pl* ۱. عینک گِرد ۲. [ریشخندآمیز] عینک

besogne /bəzɔɲ/ *nf* کار (شاق)

besogner /b(ə)zɔɲe/ *vi* (1) جان کندن، خرحمالی کردن

besogneux,euse /b(ə)zɔɲø,øz/ *adj, n* ۱. فقیر، محتاج، مستمند، نیازمند، تنگدست ۲. کم‌درآمد

besoin /bəzwɛ̃/ *nm* ۱. احتیاج، نیاز ۲. ضرورت، لزوم ۳. فقر، تنگدستی، نداری

au besoin در صورت لزوم، اگر لازم شد

avoir besoin (de) ۱. احتیاج داشتن (به)، نیاز داشتن (به)، نیازمند (چیزی) بودن ۲. باید

être dans le besoin نیازمند بودن، محتاج بودن

faire ses besoins دستشویی رفتن، توالت رفتن

besson,onne /besɔ̃,ɔn/ *n* [قدیمی یا محلی] دوقلو

bestiaire /bɛstjɛʀ/ *nm* ۱. افسانه‌های حیوانات ۲. گلادیاتور

bestial,e,aux /bɛstjal,o/ *adj* وحشیانه، ددمنشانه، سبعانه، غیرانسانی

bestialement /bɛstjalmɑ̃/ *adv* وحشیانه، دَدمنشانه، سبعانه

bestialité /bɛstjalite/ *nf* ۱. وحشیگری، توحش، ددمنشی ۲. آمیزش (جنسی) با حیوانات

bestiaux /bɛstjo/ *nm. pl* چهارپایان اهلی، دام، احشام

marchand de bestiaux فروشندهٔ احشام، چوبدار

bestiole /bɛstjɔl/ *nf* ۱. جانور کوچک ۲. حشره

best-seller /bɛstselœʀ/ *nm* ۱. کتاب پرفروش، پرفروش‌ترین کتاب ۲. پرفروش‌ترین (چیز)

bêta[1] /bɛta/ *nm. inv* بِتا (= دومین حرف الفبای یونانی)

bêta[2]**,bêtasse** /bɛta,bɛtas/ *adj, n* ۱. احمق، نادان، خر، نفهم، بی‌شعور ۲. [خودمانی] خنگ، کودن، خرفت

bétail /betaj/ *nm* چهارپایان اهلی، دام، احشام

bétaillère /betajɛʀ/ *nf* خودروی حمل حیوانات

bête /bɛt/ *nf, adj* ۱. حیوان، جانور ◻ ۲. احمق، ابله، نادان، نفهم، خر، بی‌شعور ۳. کودن، خنگ، خرفت

bête à bon Dieu پینه‌دوز، کفشدوزک

bête de somme حیوان باربر

bête de trait حیوان بارکش

faire la bête ۱. خود را به خریت زدن، خود را به کوچهٔ علی‌چپ زدن ۲. حرف‌های احمقانه زدن، شِر و وِر گفتن، پرت و پلا گفتن، جفنگ گفتن ۳. حماقت کردن، خریت کردن

travailler comme une bête مثل خر کار کردن، خرحمالی کردن

bêtel /betɛl/ *nm* [گیاه] تملول، تنبول

bêtement /bɛtmɑ̃/ *adv* احمقانه، ابلهانه، از روی خریت

tout bêtement خیلی ساده، به سادگی

bêtifier /betifje/ *vt, vi* (7) ۱. تحمیق کردن، خر کردن ◻ ۲. بچه‌بازی درآوردن، کارهای بچگانه کردن، حرف‌های بچگانه زدن

se bétifier *vp*	حماقت کردن، خریت کردن
bêtise /betiz/ *nf*	۱. حماقت، نادانی، خریت ۲. رفتار احمقانه، کار احمقانه ۳. حرف احمقانه، پرت و پلا، شِر و وِر، جفنگ، چرند ۴. خِنگی، خرفتی، کودنی ۵. چیز بی‌ارزش، هیچ و پوچ
faire des bêtises	کارهای احمقانه کردن، حماقت کردن
béton /betɔ̃/ *nm*	بتن
béton armé	بتن مسلح، بتن‌آرمه
bétonnage /betɔnaʒ/ *nm*	بتن‌ریزی
bétonné,e /betɔne/ *adj*	بتنی
bétonner /betɔne/ *vt* (1)	با بتن ساختن، بتن‌ریزی کردن
bétonneuse /betɔnøz/ *nf* → bétonnière	
bétonnière /betɔnjɛR/ *nf*	ماشین بتن‌ساز، بتن‌ساز، بتونیر
bette /bɛt/ *nf*	کلم چینی
betterave /bɛtRav/ *nf*	۱. چغندر ۲. لبو
betterave sucrière/à sucre	چغندر قند
beuglement /bøgləmɑ̃/ *nm*	۱. [صدای گاو] مو، ما، ماغ ۲. نعره
beugler /bøgle/ *vi* (1)	۱. [گاو] مو کردن، ماغ کشیدن ۲. نعره کشیدن، نعره زدن
beur /bœR/ *n*	[عامیانه] عرب متولد فرانسه
beurre /bœR/ *nm*	کَره
assiette au beurre	نان‌دانی
beurre de cacahuète	کرهٔ بادام‌زمینی
comme dans du beurre	مثل آب خوردن، راحت راحت، خیلی آسان
faire son beurre	نان (کسی) تو روغن بودن
beurrer /bœRe/ *vt* (1)	کره مالیدن
être beurré	[عامیانه] پاتیل بودن، مست کردن
beurrerie /bœRRi/ *nf*	۱. کره‌سازی ۲. کارخانهٔ کره‌سازی
beurrier /bœRje/ *nm*	ظرف کَره، جاکره‌ای

beuverie /bœvRi/ *nf*	مجلس عیش و نوش
bévue /bevy/ *nf*	خطای فاحش، گاف، خبط، اشتباه بزرگ
bey /bɛ/ *nm*	بیک، بیگ، بَک
bézef /bezɛf/ *adv* → bésef	
biais¹,e /bjɛ,z/ *adj*	مورب، اریب، کج
biais² /bjɛ/ *nm*	۱. خط مورب، خط مایل ۲. [خیاطی] اریبی ۳. نوار اریب ۴. جنبه، دید، زاویه ۵. ترفند، حقه، تمهید، تدبیر
de/en biais	۱. مورب، مایل ۲. یک‌وری
regarder de biais	از گوشهٔ چشم نگاه کردن
biaiser /bjeze/ *vi* (1)	۱. اریب رفتن، منحرف شدن ۲. حقه زدن، ترفند زدن
bibelot /biblo/ *nm*	شیء زینتی
biberon /bibRɔ̃/ *nm*	شیشهٔ شیر بچه، شیشه
biberonner /bibRɔne/ *vi* (1)	[خودمانی] عرق‌خور بودن
bibi¹ /bibi/ *nm*	[خودمانی] کلاه کوچک زنانه
bibi² /bibi/ *nm*	[خودمانی؛ قدیمی] من، بنده
bibine /bibin/ *nf*	[خودمانی] آبجوی سگی
bible /bibl/ *nf*	۱. کتاب مقدس (= تورات و انجیل) ۲. تورات ۳. کتاب آسمانی ۴. کتاب
bibliographe /biblijɔgRaf/ *n*	۱. کتاب‌شناس ۲. کتابنامه‌نویس
bibliographie /biblijɔgRafi/ *nf*	۱. کتاب‌شناسی ۲. کتابنامه
bibliomanie /biblijɔmani/ *nf*	عشق به کتاب
bibliophile /biblijɔfil/ *n*	۱. کتاب‌دوست، دوستدار کتاب ۲. کتاب‌باز
bibliophilie /biblijɔfili/ *nf*	کتاب‌دوستی، علاقه به کتاب
bibliothécaire /biblijɔtekɛR/ *n*	کتابدار
bibliothèque /biblijɔtɛk/ *nf*	۱. کتابخانه ۲. قفسهٔ کتاب
Bibliothèque nationale	کتابخانهٔ ملی (پاریس)

---

a = bas, plat	e = blé, jouer	ɛ = lait, jouet, merci	i = il, lyre	o = mot, dôme, eau, gauche	ɔ = mort
u = roue	y = rue	ø = peu	œ = peur	ə = le, premier	ɑ̃ = sans, vent	ɛ̃ = matin, plein, lundi
ɔ̃ = bon, ombre	ʃ = chat, tache	ʒ = je, gilet	j = yeux, paille, pied	w = oui, nouer	ɥ = huile, lui

biblique /biblik/ *adj* (مربوط به) کتاب مقدس

bic /bik/ *nm* خودکار بیک، خودکار

bicarbonate /bikaʀbɔnat/ *nm* [شیمی] بیکربنات

bicarré,e /bikaʀe/ *adj* [ریاضی] دومجذوری

bicentenaire /bisɑ̃tnɛʀ/ *adj* دویست‌ساله

bicéphale /bisefal/ *adj* دوسر

biceps /bisɛps/ *nm* ماهیچهٔ دوسر

biche /biʃ/ *nf* گوزن ماده

bicher /biʃe/ *vi* (1) ۱. [خودمانی؛ قدیمی] حال (کسی) خوب بودن، دماغ (کسی) چاق بودن ۲. [خودمانی] خوش بودن

bichonner /biʃɔne/ *vt* (1) ۱. آراستن، زینت کردن ۲. مراقبت کردن، تر و خشک کردن

se bichonner *vp* خود را درست کردن، آرایش کردن، بزک کردن

bicolore /bikɔlɔʀ/ *adj* دورنگ

biconcave /bikɔ̃kav/ *adj* دوکاو، مقعرالطرفین

biconvexe /bikɔ̃vɛks/ *adj* دوکوژ، محدب‌الطرفین

bicoque /bikɔk/ *nf* ۱. آلونک، کلبه ۲. کلبه‌خرابه

bicorne /bikɔʀn/ *nm* کلاه دوگوش

bicot /biko/ *nm* [تحقیرآمیز] اهل آفریقای شمالی

bicyclette /bisiklɛt/ *nf* دوچرخه

bicyclette à moteur دوچرخهٔ موتوری

course de bicyclette مسابقهٔ دوچرخه‌سواری

faire de la bicyclette دوچرخه‌سواری کردن

bidasse /bidas/ *nm* [خودمانی] سرباز صفر

bide /bid/ *nm* [خودمانی] شکم

faire un bide گل نکردن، نگرفتن

bidet /bidɛ/ *nm* ۱. یابو ۲. بیده

bidon /bidɔ̃/ *nm* ۱. دَبه ۲. پیت، حلب، قوطی ۳. قمقمه ۴. [خودمانی] شکم

du bidon الکی، چاخان، خالی‌بندی

bidonnant,e /bidɔnɑ̃,t/ *adj* [خودمانی] خیلی خنده‌دار

bidonner (se) /s(ə)bidɔne/ *vp* (1) [خودمانی] خیلی خندیدن، کلّی خندیدن

bidonville /bidɔ̃vil/ *nm* حلبی‌آباد، محلهٔ زاغه‌نشینان

bidule /bidyl/ *nm* [خودمانی] چیز

bief /bjɛf/ *nm* ۱. نهر آسیاب ۲. نهر نیروگاه

bielle /bjɛl/ *nf* ۱. شاتون، دستهٔ پیستون ۲. میلهٔ رابط، میلهٔ اتصال

bien[1] /bjɛ̃/ *adv, adj. inv* ۱. خوب ۲. روبراه ۳. درست ۴. به خوبی ۵. خیلی، بسیار ۶. کاملاً ۷. واقعاً، حقیقتاً، به راستی ◻ ۸. خوب ۹. رضایت‌بخش، بر وفق مراد ۱۰. درست ۱۱. قشنگ، خوشگل ۱۲. راحت

bien!/eh bien! خُب، خوب! بسیار خوب!

bien que هر چند که، با آنکه

bien sûr البته، مسلماً، مطمئناً، حتماً

C'est bien lui. خودش است.

Nous avons bien agi. ما خوب عمل کردیم. ما کار درستی کردیم.

Nous avons bien ri. ما خیلی خندیدیم.

si bien que به طوری که، به نحوی که، چندان که

bien[2] /bjɛ̃/ *nm* ۱. نیکی، خوبی ۲. خیر، کار خیر ۳. صلاح، مصلحت ۴. دارایی، مال، سرمایه ۵. نعمت ۶. فایده، نفع، منفعت

avoir du bien پولدار بودن، ثروتمند بودن

faire du bien خوبی کردن، نیکی کردن، کار خیر انجام دادن

bien-aimé,e /bjɛ̃neme/ *adj, n* ۱. عزیز، دلبند، محبوب، نورچشمی ۲. معشوق، دلدار، معشوقه

bien-être /bjɛ̃nɛtʀ/ *nm* آسایش، رفاه، راحتی

bienfaisance /bjɛ̃fəzɑ̃s/ *nf* نیکوکاری، نیکی، خیرخواهی، خیر

œuvre/société de bienfaisance بنیاد خیریه

bienfaisant,e /bjɛ̃fəzɑ̃,t/ *adj* ۱. خوب، سودمند، نافع ۲. نیکوکار، خیرخواه، خَیِّر

bienfait /bjɛ̃fɛ/ *nm* ۱. نیکی، خوبی، احسان ۲. مزیت، محسّنه، حسن ۳. فایده، اثر

bienfaiteur,trice /bjɛ̃fɛtœʀ,tʀis/ *n, adj* ۱. نیکوکار، خیرخواه، خَیّر ۲. حامی، پشتیبان ۳. ولی‌نعمت

bien-fondé /bjɛ̃fɔ̃de/ *nm* ۱. قانونی بودن، مشروعیت ۲. اعتبار، صحت

bien-fonds /bjɛ̃fɔ̃/ *nm* دارایی غیرمنقول، مِلک

bienheureux,euse /bjɛ̃nœʀø,øz/ *n, adj* ۱. سعادتمند، خوشبخت ◘ ۲. خوب، خوشایند، خوشحال‌کننده

biennal,e /bjenal/ *adj* ۱. دوساله ۲. دوسالانه، (هر) دو سال یک‌بار

bienséance /bjɛ̃seɑ̃s/ *nf* ۱. ادب، نزاکت ۲. آداب معاشرت ۳. آداب‌دانی

bienséant,e /bjɛ̃seɑ̃,t/ *adj* شایسته، مناسب، صحیح، درست، بجا

bientôt /bjɛ̃to/ *adv* به زودی، زود

à bientôt! به امید دیدار! می‌بینمت!

bienveillance /bjɛ̃vɛjɑ̃s/ *nf* ۱. لطف، محبت، مهربانی ۲. خیرخواهی

bienveillant,e /bjɛ̃vɛjɑ̃,t/ *adj* ۱. مهربان، خوب، بامحبت، صمیمی ۲. محبت‌آمیز، دوستانه، صمیمانه ۳. خیرخواه ۴. خیرخواهانه

bienvenu,e[1] /bjɛ̃vny/ *adj, n* بجا، به موقع

soyez le bienvenu/la bienvenue خوش آمدید

bienvenue[2] /bjɛ̃vny/ *nf* خوشامد

Bienvenue à paris. به پاریس خوش آمدید.

souhaiter la bienvenue خوشامد گفتن

bière[1] /bjɛʀ/ *nf* آبجو

bière[2] /bjɛʀ/ *nf* تابوت

biffe /bif/ *nf* [خودمانی] توپخانه

biffer /bife/ *vt* (1) خط زدن، قلم گرفتن

bifteck /biftɛk/ *nm* بیفتک، استیک

gagner son bifteck نان خود را درآوردن

bifurcation /bifyʀkasjɔ̃/ *nf* ۱. دوراهی ۲. انشعاب ۳. شِق، راه

bifurquer /bifyʀke/ *vi* (1) ۱. منشعب شدن، دو شاخه شدن، انشعاب پیدا کردن ۲. تغییر جهت دادن، تغییر مسیر دادن

bigame /bigam/ *adj, n* ۱. دوهمسره، دوزنه، دوشوهره ◘ ۲. مرد دوزنه، زن دوشوهره

bigamie /bigami/ *nf* دوهمسری

bigarré,e /bigaʀe/ *adj* ۱. رنگ‌وارنگ، رنگارنگ، الوان ۲. متنوع، جورواجور، مختلط

bigarreau /bigaʀo/ *nm* گیلاس پیوندی

bigarrer /bigaʀe/ *vt* (1) ۱. رنگارنگ کردن ۲. متنوع کردن، تنوع ایجاد کردن در

bigarrure /bigaʀyʀ/ *nf* ۱. رنگارنگی، رنگ‌وارنگ بودن ۲. تنوع، جورواجوری

bigler /bigle/ *vi* (1) ۱. چپ بودن، لوچ بودن ۲. از گوشهٔ چشم نگاه کردن

bigleux,euse /biglø,øz/ *adj, n* [خودمانی] لوچ، چپ

Tu es bigleux! چشات نمی‌بینه! مگه کوری!

bigophone /bigɔfɔn/ *nm* [عامیانه] تلفن، زنگ

donner un coup de bigophone à qqn به کسی زنگ زدن

bigorne /bigɔʀn/ *nf* سندان دوسر

bigorneau /bigɔʀno/ *nm* صدف (خوراکی)

bigorner /bigɔʀne/ *vt* (1) ۱. [عامیانه] درب و داغون کردن، له و لورده کردن، لت و پار کردن ۲. زدن

se bigorner *vp* ۱. (با هم) زد و خورد کردن، کتک‌کاری کردن ۲. به هم زدن، با هم تصادف کردن

bigot,e /bigo,t/ *adj, n* خشکه‌مقدس، متعصب (اِفراطی)، متحجر

bigoterie /bigɔtʀi/ *nf* تعصب (مفرط)، تحجر

bigoudi /bigudi/ *nm* بیگودی

bigre! /bigʀ/ *interj* عجب!

bigrement /bigʀəmɑ̃/ *adv* [عامیانه] خیلی، حسابی، بدجوری

bijou

bijou /biʒu/ *nm* ۱. جواهر ۲. شاهکار
un bijou de l'architecture شاهکار معماری
bijouterie /biʒutʀi/ *nf* ۱. جواهرفروشی
۲. جواهرسازی ۳. جواهرات، جواهرآلات
bijoutier,ère /biʒutje,ɛʀ/ *n* ۱. جواهرفروش
۲. جواهرساز
bikini /bikini/ *nm* بیکینی، مایوی دوتکه
bilabiale /bilabjal/ *adj.f, nf* ۱. [آواشناسی]
دولبی ▫ ۲. همخوان دولبی، صامت دولبی
bilan /bilɑ̃/ *nm* ۱. ترازنامه، بیلان ۲. نتیجه
(کلی)، جمع‌بندی
bilan de santé معاینات پزشکی، چکاپ
déposer son bilan اعلام ورشکستگی کردن
bilatéral,e,aux /bilateʀal,o/ *adj* ۱. دوطرفه
۲. دوجانبه، متقابل
bile /bil/ *nf* ۱. صفرا ۲. زرداب
échauffer la bile عصبانی شدن، کفری شدن،
از کوره دررفتن، جوش آوردن
se faire de la bile جوش زدن، حرص خوردن
biler (se) /(sə)bile/ *vp* (۱) جوش زدن،
حرص خوردن
biliaire /biljɛʀ/ *adj* (مربوط به) صفرا
vésicule biliaire کیسهٔ صفرا، زهره
bilieux,euse /biljø,øz/ *adj* ۱. مبتلا به
صفرا، دچار صفرا ۲. [عامیانه] جوشی، اهل حرص
و جوش، عصبی
bilingue /bilɛ̃g/ *adj* دوزبانه
bilinguisme /bilɛ̃gism/ *nm* دوزبانگی
billard /bijaʀ/ *nm* ۱. (بازی) بیلیارد
۲. میز بیلیارد ۳. [عامیانه] تخت عمل (جراحی)
bille /bij/ *nf* ۱. توپ بیلیارد ۲. تیله ۳. ساچمه
۴. [عامیانه] قیافه، پک و پوز، دَک و پوز
billet /bijɛ/ *nm* ۱. بلیت ۲. نامهٔ کوتاه، یادداشت
۳. اسکناس ۴. حواله، برات، حواله بانکی
billet de banque اسکناس
billet de loterie بلیت بخت‌آزمایی
billet doux نامه عاشقانه

billevesée /bijvəze; bilvəze/ *nf* سخن پوچ،
یاوه، چرت و پرت، مهملات، پرت و پلا
billion /biljɔ̃/ *nm* ۱. تریلیون (= میلیون میلیون)
۲. [قدیمی] بیلیون، میلیارد (= هزار میلیون)
billot /bijo/ *nm* کُنده (چوب)
bimane /biman/ *adj, n* دودست
bimbeloterie /bɛ̃blɔtʀi/ *nf* ۱. ساخت اشیاء
زینتی ۲. خرید و فروش اشیاء زینتی ۳. اشیاء
زینتی
bimensuel,elle /bimɑ̃sɥɛl/ *adj* ماهی دوبار،
دوبار در ماه
bimestriel,elle /bimɛstʀijɛl/ *adj*
(هر) دو ماه یک‌بار، دوماهه
bimétallisme /bimetalism/ *nm* سیستم
(پولی) دوفلزی
bimoteur /bimɔtœʀ/ *adj, nm* ۱. دوموتوره
▫ ۲. هواپیمای دوموتوره
binage /binaʒ/ *nm* [زمین زراعی] (عمل)
سبک کردن
binaire /binɛʀ/ *adj* دوتایی، دودویی
biner /bine/ *vt* (۱) [زمین زراعی] سبک کردن
binette¹ /binɛt/ *nf* کج‌بیل
binette² /binɛt/ *nf* [عامیانه] قیافه، پک و پوز،
دَک و پوز
bing! /biŋ/ *interj* دَق! دَرَق! شَرق! شَترق!
biniou /binju/ *nm* نی‌انبان
binoclard,e /binɔklaʀ,d/ *adj, n*
[خودمانی، تمسخرآمیز] عینکی
binocle /binɔkl/ *nm* عینک رودماغی،
عینک بی‌دسته
binoculaire /binɔkylɛʀ/ *adj, nf* ۱. دوچشمی
▫ ۲. دوربین دوچشمی
binôme /binom/ *nm* [ریاضی] دوجمله‌ای
biobibliographie /bjobiblijɔgʀafi/ *nf*
شرح زندگی و آثار
biochimie /bjɔʃimi/ *nf* بیوشیمی،
زیست‌شیمی، شیمی زیست

biochimiste /bjɔʃimist/ *n* زیست‌شیمی‌دان، بیوشیمی‌دان، بیوشیمیست

biogenèse /bjɔʒə(e)nɛz/ *nf* پدیدایی زیستی، تکوین حیات

biographe /bjɔgʀaf/ *n* زندگی‌نامه‌نویس، شرح‌حال‌نویس

biographie /bjɔgʀafi/ *nf* زندگی‌نامه، شرح حال، بیوگرافی

biographique /bjɔgʀafik/ *adj* زندگی‌نامه‌ای، (مربوط به) زندگی‌نامه

biologie /bjɔlɔʒi/ *nf* زیست‌شناسی، بیولوژی

biologique /bjɔlɔʒik/ *adj* ۱. (مربوط به) زیست‌شناسی، زیست‌شناختی ۲. زیستی

biologiste /bjɔlɔʒist/ *n* زیست‌شناس، بیولوژیست

biophysique /bjɔfizik/ *nf* زیست‌فیزیک، فیزیک زیست، بیوفیزیک

biopsie /bjɔpsi/ *nf* بافت‌برداری

biosphère /bjɔsfɛʀ/ *nf* فضای زیست، زیست‌کُره

bioxyde /bjɔksid/ *nm* [شیمی] بی‌اکسید، دی‌اکسید

biparti,e /bipaʀti/ *adj* ۱. دوحزبی ۲. دوجانبه، دوطرفه ۳. دوقسمتی

bipartite /bipaʀtit/ *adj* → biparti,e

bipède /bipɛd/ *adj, n* ۱. دوپا ▣ ۲. موجود دوپا، جانور دوپا

biphasé /bifaze/ *adj* [برق] دوفاز

biplace /biplas/ *adj, n* دوسرنشینه، دونفره

biplan /biplɑ̃/ *nm* هواپیمای دوباله

bipolaire /bipɔlɛʀ/ *adj* دوقطبی

bipolarité /bipɔlaʀite/ *nf* دوقطبی بودن، وضعیت دوقطبی

bique /bik/ *nf* [عامیانه] بز

vieille bique عجوزه

biquet,ette /bikɛ,ɛt/ *n* بزغاله

bis[1]**,e** /bi,z/ *adj* خاکستری مایل به قهوه‌ای

bis[2] /bis/ *adv, adj. inv, interj, nm. inv* ۱. مکرر، تکراری ▣ ۲. دوباره! ▣ ۳. درخواست تکرار، تقاضای تکرار

bisaïeul,e /bizajœl/ *n* جد بزرگ، پدرجد، مادرجد

bisannuel,elle /bizanɥɛl/ *adj* ۱. (هر) دو سال یک‌بار ۲. دوساله

bisbille /bisbij/ *nf* ۱. [عامیانه] دعوای بیخودی ۲. دلخوری

biscornu,e /biskɔʀny/ *adj* ۱. نامنظم ۲. عجیب، غریب، عجیب و غریب

biscotte /biskɔt/ *nf* نان سوخاری

biscuit /biskɥi/ *nm* بیسکویت

biscuiterie /biskɥitʀi/ *nf* ۱. بیسکویت‌سازی ۲. کارخانهٔ بیسکویت‌سازی

bise[1] /biz/ *nf* باد شمال، سوز سرما

bise[2] /biz/ *nf* [خودمانی] ماچ، بوس

biser /bize/ *vt* (1) [خودمانی] ماچ کردن، بوس کردن

biseau /bizo/ *nm* پَخ، لبهٔ پَخ

biseauter /bizote/ *vt* (1) پخ زدن، لبهٔ (چیزی را) پخ کردن

biseauter les cartes [برای تقلب در ورق‌بازی] ورق‌ها را علامت گذاشتن

bisexualité /bisɛksɥalite/ *nf* ۱. دوگانگی جنسی، نرمادگی ۲. دوجنس‌گرایی

bisexué,e /bisɛksɥe/ *adj* دوجنسی، نرماده

bisexuel,elle /bisɛksɥɛl/ *adj* ۱. دوجنسی، نرماده ۲. دوجنس‌گرا

bismuth /bismyt/ *nm* [فلز] بیسموت

bison /bizɔ̃/ *nm* بوفالو

bisou /bizu/ *nm* [زبان کودکان] بوس، ماچ

a = bas, plat	e = blé, jouer	ɛ = lait, jouet, merci	i = il, lyre	o = mot, dôme, eau, gauche	ɔ = mort
u = roue	y = rue	ø = peu	œ = peur	ə = le, premier	ɑ̃ = sans, vent
ɛ̃ = matin, plein, lundi	ɔ̃ = bon, ombre	ʃ = chat, tache	ʒ = je, gilet	j = yeux, paille, pied	w = oui, nouer
ɥ = huile, lui					

bisquer /biske/ *vi* (1) [عامیانه] عنق بودن، مگسی بودن

bissectrice /bisɛktʀis/ *nf* [زاویه] نیمساز

bisser /bise/ *vt* (1) ۱. تقاضای تکرار کردن، به تکرار واداشتن ۲. دوباره اجرا کردن، تکرار کردن

bissextile /bisɛkstil/ *adj. f* کبیسه

bissexualité /bisɛksɥalite/ *nf* → bisexualité

bissexué,e /bisɛksɥe/ *adj* → bisexué

bissexuel,elle /bisɛksɥɛl/ *adj* → bisexuel,elle

bistouri /bistuʀi/ *nm* تیغ جراحی، نیشتر

bistre /bistʀ/ *nm, adj. inv* ۱. قهوه‌ای سوخته ▣ ۲. (به رنگِ) قهوه‌ای سوخته

bistré,e /bistʀə/ *adj* (به رنگِ) قهوه‌ای سوخته

bistrer /bistʀe/ *vt* (1) رنگ قهوه‌ای سوخته زدن، به رنگ قهوه‌ای سوخته درآوردن

bistro(t) /bistʀo/ *nm* ۱. کافه، بیسترو ۲. [قدیمی] کافه‌چی

bit /bit/ *nm* بیت (= واحد اندازه‌گیری خبر در نظریهٔ اطلاعات)

bite /bit/ *nf* [رکیک] کیر

bitume /bitym/ *nm* قیر

biture /bityʀ/ *nf,* **à toute biture** [خودمانی] جنگی، برقی، شلاقی

prendre une biture [خودمانی] پاتیل بودن، لول شدن، مست کردن

biturer (se) /s(ə)bityʀe/ *vp* (1) [عامیانه] لول شدن، مست کردن

bitture /bityʀ/ *nf* → biture

bivalent,e /bivalɑ̃,t/ *adj* دوارزشی

bivalve /bivalv/ *adj. nm* ۱. دوکفه‌ای ▣ ۲. موجود دوکفه‌ای

bivouac /bivwak/ *nm* ۱. اردو، اتراق ۲. اردوگاه

bivouaquer /bivwake/ *vi* (1) اردو زدن، اتراق کردن

bizarre /bizaʀ/ *adj* عجیب، غریب، شگفت‌انگیز، باورنکردنی، غیرعادی

C'est un homme bizarre. آدم عجیبی است.

bizarrement /bizaʀmɑ̃/ *adv* (به طرزی) عجیب، عجیب و غریب

bizarrerie /bizaʀʀi/ *nf* ۱. شگفتی، غرابت، اِعجاب ۲. چیز عجیب

bizarroïde /bizaʀɔid/ *adj* [خودمانی] عجیب و غریب، اَجَق‌وَجَق

bizness /biznɛs/ *nm* → business

bizut(h) /bizy/ *nm* [در مدارس عالی فرانسه] شاگرد کلاس اول، کلاس اولی

bizutage /bizytaʒ/ *nm* (عمل) اذیت کردن، (شاگردان جدید) آزار دادن

bizuter /bizyte/ *vt* (1) (شاگردان جدید را) اذیت کردن، آزار دادن

blabla /blabla/ *nm* → blablabla

blablabla /blablabla/ *nm* [خودمانی] وراجی، پرچانگی، روده‌درازی

black-out /blakawt/ *nm* ۱. [زمان جنگ] خاموشی ۲. سکوت

blafard,e /blafaʀ,d/ *adj* ۱. رنگ‌پریده، رنگ‌باخته ۲. [نور] ضعیف، کم‌سو

blague /blag/ *nf* ۱. کیسهٔ توتون ۲. چاخان، خالی‌بندی ۳. شوخی ۴. لطیفه، جوک ۵. اشتباه، خبط، خطا، حماقت

faire des blagues خبط کردن، حماقت کردن

sans blague! ۱. شوخی نکن! چاخان نکن! ۲. راستی! نه بابا! عجب!

blaguer /blage/ *vi, vt* (1) ۱. چاخان کردن، خالی بستن ۲. شوخی کردن ▣ ۳. دست انداختن، سر به سر (کسی) گذاشتن

blagueur,euse /blagœʀ,øz/ *n, adj* شوخ، چاخان، خالی‌بند

blair /blɛʀ/ *nm* [خودمانی] دماغ

blaireau /blɛʀo/ *nm* ۱. [جانور] گورکن ۲. فرچه ۳. قلم‌مو

blairer /bleʀe/ *vt* (1) [خودمانی] دوست داشتن، خواستن، خاطر (کسی را) خواستن، خاطرخواه (کسی را) بودن

blâmable /blamabl/ *adj* قابل سرزنش، ناپسند، بد، زشت

blâme /blam/ *nm* ۱. سرزنش، ملامت، مؤاخذه، نکوهش ۲. توبیخ

blâmer /blame/ *vt* (1) ۱. سرزنش کردن، ملامت کردن، دعوا کردن، مؤاخذه کردن، نکوهش کردن ۲. توبیخ کردن ۳. مقصر دانستن، متهم کردن

blanc[1],blanche /blɑ̃,blɑ̃ʃ/ *adj, n* ۱. سفید ۲. پاک، تمیز ۳. بی‌گناه ◙ ۴. سفیدپوست

arme blanche سلاح سرد

bulletin blanc [رأی‌گیری] برگهٔ سفید

carte blanche اختیار تام

chèque en blanc چک سفید

drapeau blanc [به نشانهٔ صلح] پرچم سفید

feuille blanche کاغذ ننوشته، کاغذ سفید

mariage blanc زناشویی بدون رابطهٔ جنسی

nuit blanche شب بی‌خوابی

vers blanc شعر بی‌قافیه، شعر سفید

blanc[2] /blɑ̃/ *nm* ۱. (رنگ) سفید ۲. سفیدی ۳. لباس سفید ۴. جای خالی ۵. شراب سفید

blanc des yeux سفیدی چشم‌ها

blanc d'œuf سفیدهٔ تخم‌مرغ

blanc-bec /blɑ̃bɛk/ *nm* جوان بی‌تجربه، جوان خام

blanchâtre /blɑ̃ʃatʀ/ *adj* مایل به سفید، سفیدگون، شیری

blancheur /blɑ̃ʃœʀ/ *nf* سفیدی

blanchiment /blɑ̃ʃimɑ̃/ *nm* ۱. سفیدکاری ۲. رنگ‌بَری

blanchir /blɑ̃ʃiʀ/ *vt, vi* (2) ۱. سفید کردن ۲. بی‌رنگ کردن، رنگ (چیزی را) بردن ۳. پاک کردن، تمیز کردن، شستن ۴. تبرئه کردن، رفع اتهام کردن، روسفید کردن ◙ ۵. سفید شدن

donner du linge à blanchir لباس‌ها را برای شستشو دادن

blanchissage /blɑ̃ʃisaʒ/ *nm* لباس‌شویی، رخت‌شویی

blanchissement /blɑ̃ʃismɑ̃/ *nm* سفید شدن

blanchisserie /blɑ̃ʃisʀi/ *nf* (مغازه) لباس‌شویی، خشک‌شویی

blanchisseur,euse /blɑ̃ʃisœʀ,øz/ *n* رخت‌شو، رخت‌شور، کارگر لباس‌شویی

blanc-seing /blɑ̃sɛ̃/ *nm* سند سفیدامضا

blankette /blɑ̃kɛt/ *nf* [آشپزی] بلانکِت (= نوعی راگو)

blasé,e /blaze/ *adj, n* ۱. دلزده، زده، سیر، خسته، بیزار ۲. بی‌تفاوت، بی‌اعتنا

blaser /blaze/ *vt* (1) دل (کسی را) زدن، زدن، خسته کردن، بیزار کردن

blason /blazɔ̃/ *nm* ۱. نشان‌های سلحشوری ۲. دانش نشان‌های سلحشوری

blasphémateur,trice /blasfematœʀ, tʀis/ *n, adj* کفرگو

blasphématoire /blasfematwaʀ/ *adj* کفرآمیز

blasphème /blasfɛm/ *nm* ۱. کفر ۲. ناسزا، دشنام ۳. توهین، اهانت، بی‌حرمتی

blasphémer /blasfeme/ *vt* (6) ۱. کفر گفتن (به) ۲. ناسزا گفتن به، دشنام دادن، بد و بیراه گفتن به ۳. توهین کردن به، اهانت کردن به، بی‌حرمتی کردن به

blatte /blat/ *nf* سوسک

blazer /blɛzœʀ;blazɛʀ/ *nm* (کُت) بلیزر

blé /ble/ *nm* گندم

champ de blé مزرعهٔ گندم، گندم‌زار

manger son blé en herbe درآمد خود را پیشخور کردن

bled /blɛd/ *nm* ۱. [در افریقای شمالی] مزرعه ۲. [خودمانی] ده‌کوره

blême /blɛm/ *adj* ۱. [رنگ چهره] خفه، رنگ‌پریده ۲. رنگ‌باخته، کم‌فروغ، کم‌سو

blêmir /blemiʀ/ *vi* (2) رنگ (کسی) پریدن، رنگ باختن

blennorragie /blenɔʀaʒi/ *nf* سوزاک

bléser /bleze/ *vi* (6) (صدایِ) «ش» را «س» گفتن، «ژ» را «ز» گفتن، تُک‌زبانی حرف زدن

blessant,e /blɛsɑ̃,t/ *adj* ۱. اهانت‌آمیز، زننده ۲. طعنه‌آمیز، نیش‌دار، تند

blessé,e /blese/ *adj, n* ۱. زخمی، مجروح ۲. آزرده، رنجیده، ناراحت

blesser /blese/ *vt* (1) ۱. زخمی کردن، مجروح کردن ۲. آسیب رساندن به، صدمه زدن به ۳. آزار دادن، آزردن، اذیت کردن ۴. ناراحت کردن، رنجاندن ۵. جریحه‌دار کردن ۶. زیر پا گذاشتن، نقض کردن

blesser l'amour-propre de qqn عزت‌نفس کسی را جریحه‌دار کردن

blesser les oreilles گوش را آزار دادن، گوش‌خراش بودن

blessure /blesyʀ/ *nf* ۱. زخم، جراحت ۲. اهانت، توهین، بی‌حرمتی

blet,blette[1] /blɛ,blɛt/ *adj* [میوه] نرم، لِهیده

blette[2] /blɛt/ *nf* → bette

blettir /bletiʀ/ *vi* (2) [میوه] زیاد رسیدن، نرم شدن، لِهیده شدن

bleu[1],e /blø/ *adj* ۱. (به رنگِ) آبی ۲. کبود

bifteck bleu بیفتک نیم‌پز

bleu ciel آبی آسمانی

en être/rester bleu مات و مبهوت بودن، هاج و واج بودن، متحیر ماندن

bleu[2] /blø/ *nm* ۱. رنگ آبی، آبی ۲. کبودی ۳. سرباز تازه‌وارد ۴. شاگرد جدید ۵. لباس کار (آبی)، روپوش آبی

bleuâtre /bløatʀ/ *adj* مایل به آبی

bleuet /bløɛ/ *nm* گل گندم

bleuir /bløiʀ/ *vt, vi* (2) ۱. آبی کردن ۲. کبود کردن ◻ ۳. آبی شدن ۴. کبود شدن

bleuté,e /bløte/ *adj* مایل به آبی

blindage /blɛ̃daʒ/ *nm* ۱. پوشش زرهی، زره ۲. حفاظ (فلزی)، روکش فلزی ۳. (عمل) زره‌پوش کردن، با فلز پوشاندن

blindé[1],e /blɛ̃de/ *adj* ۱. دارای پوشش زرهی، زره‌دار، زره‌پوش ۲. زرهی ۳. دارای حفاظ (فلزی)، روکش‌دار

blindé[2] /blɛ̃de/ *nm* زره‌پوش

blinder /blɛ̃de/ *vt* (1) ۱. زره‌پوش کردن، مسلح کردن، (با فلز) پوشاندن ۲. پوست‌کلفت کردن، جان‌سخت کردن

se blinder *vp* پوست‌کلفت شدن

blizzard /blizaʀ/ *nm* توفان برف، بوران

bloc /blɔk/ *nm* ۱. تکه، قطعه ۲. قالب ۳. تخته (سنگ) ۴. کنده (چوب) ۵. دسته‌کاغذ، یادداشت ۶. [ساختمان] بلوک ۷. واحد، مجموعه ۸. [سیاسی] بلوک، جبهه ۹. [عامیانه] زندان، هُلُفدونی

à bloc [بستن شیرآب و غیره] کاملاً، محکم، تا ته

en bloc یک‌جا، تمام و کمال، دربست

faire bloc یکپارچه شدن، متحد شدن، ائتلاف کردن

(tout) d'un bloc ۱. یک‌تکه، یکپارچه ۲. یکجا

blocage /blɔkaʒ/ *nm* ۱. [قیمت] تثبیت ۲. (عمل) متوقف کردن، از حرکت بازداشتن ۳. خرده‌مصالح، لاشه‌سنگ، پاره‌آجر

blockhaus /blɔkos/ *nm* (اتاقک) سنگر

bloc-notes /blɔknɔt/ *nm* (دفترچه) یادداشت

blocus /blɔkys/ *nm* محاصره

blond[1],e /blɔ̃,d/ *adj, n* بلوند، بور، موبور، موطلایی

blond[2] /blɔ̃/ *nm* (رنگ) بلوند، (رنگ) بور

blondasse /blɔ̃das/ *adj* بور بی‌نمک

blondeur /blɔ̃dœʀ/ *nf* بوری، رنگ بور
blondin,e /blɔ̃dɛ̃,in/ *n* موبور، موطلایی
blondinet,ette /blɔ̃dinɛ,ɛt/ *n* بچهٔ موبور
blondir /blɔ̃diʀ/ *vt, vi* (2) ۱. بور کردن، بلوند کردن ▣ ۲. بور شدن، بلوند شدن
bloomer /blumœʀ/ *nm* شورت پف‌داربچه‌گانه
bloquer /blɔke/ *vt* (1) ۱. (یک‌جا) جمع کردن، یکی کردن ۲. متوقف کردن، از حرکت بازداشتن ۳. [دارایی، حساب و غیره] مسدود کردن ۴. بستن، مسدود کردن، بند آوردن
bloquer un compte en banque حساب بانکی را مسدود کردن
blottir (se) /s(ə)blɔtiʀ/ *vp* (2) چمباتمه زدن، کز کردن، قوز کردن
blousant,e /bluzɑ̃,t/ *adj* [لباس] پف‌دار
blouse /bluz/ *nf* ۱. لباس کار، روپوش ۲. بُلوز (زنانه)، بُلیز (زنانه)
blouser /bluze/ *vt* (1) گول زدن
blouson /bluzɔ̃/ *nm* کاپشن
blue-jean /bludʒin/ *nm* شلوار جین
blues /bluz/ *nm* ۱. موسیقی سیاهان (آمریکا) ۲. (موسیقی) جاز آرام
bluet /blyɛ/ *nm* → bleuet
bluff /blœf/ *nm* بلوف، لاف، خالی‌بندی، قُپی، چاخان
bluffer /blœfe/ *vt, vi* (1) بلوف زدن (به)، خالی بستن، چاخان کردن، قُپی آمدن
bluffeur,euse /blœfœʀ,øz/ *adj, n* لاف‌زن، خالی‌بند، چاخان
blush /blœʃ/ *nm* رُژ گونه
blutage /blytaʒ/ *nm* (عمل) الک کردن
bluter /blyte/ *vt* (1) (آرد) الک کردن، از الک رد کردن، بیختن
blutoir /blytwaʀ/ *nm* الک
boa /bɔa/ *nm* (مار) بوآ

bob /bɔb/ *nm* → bobsleigh
bobard /bɔbaʀ/ *nm* چاخان، خالی‌بندی
bobinage /bɔbinaʒ/ *nm* پیچیدن به دور قرقره
bobine /bɔbin/ *nf* ۱. قرقره ۲. ماسوره ۳. بوبین، سیم‌پیچ ۴. [عامیانه] قیافه، پک و پوز، دَک و پوز
bobiner /bɔbine/ *vt* (1) به دور قرقره پیچیدن
bobinette /bɔbinɛt/ *nf* کلون (در)
bobo /bobo/ *nm* ۱. [زبان کودکان] اوخ ۲. زخم سطحی
avoir bobo [زبان کودکان] اوخ شدن
bobsleigh /bɔbslɛg/ *nm* سورتمهٔ چندنفره
bocage /bɔkaʒ/ *nm* [در غرب فرانسه] بیشه
bocal,aux /bɔkal,o/ *nm* ۱. بانکه، شیشهٔ (دهن‌گشاد) ۲. کوزه
boche /bɔʃ/ *adj, n* [تحقیرآمیز] آلمانی
bock /bɔk/ *nm* لیوان آبجو
bœuf,bœufs /bœf,bø/ *nm, adj, inv* ۱. گاو ۲. گوشت گاو ▣ ۳. [عامیانه] خیلی گنده، عجیب
fort comme un bœuf پرزور، خرزور، گردن‌کلفت
un effet bœuf تأثیری عجیب، اثری عجیب
bohème /bɔɛm/ *n, adj, nf* ۱. قلندر ▣ ۲. قلندروار، قلندرانه ۳. بی‌قید و بند ▣ ۴. قلندران
bohémien,enne /bɔemjɛ̃,ɛn/ *n, adj* ۱. کولی ۲. غربتی ▣ ۳. کولی‌وار
boire[1] /bwaʀ/ *vt* (53) ۱. نوشیدن، آشامیدن، خوردن ۲. جذب کردن، به خود کشیدن ۳. مشروب خوردن
boire comme un trou مشروب‌خور قهار بودن
boire d'un trait یک‌جا سر کشیدن، لاجرعه نوشیدن
L'éponge boit l'eau. اسفنج آب را به خود جذب می‌کند.

boire[2] /bwaR/ *nm* ۱. (عمل) نوشیدن، خوردن ۲. نوشیدنی

bois /bwa/ *nm* ۱. جنگل، بیشه ۲. چوب ۳. هیزم ۴. شیء چوبی ۵. کنده‌کاری روی چوب ـ [صورت جمع] ۶. [گوزن] شاخ ۷. [فوتبال] تیر دروازه ۸. سازهای بادی

chèque en bois [خودمانی] چک بی‌محل

de bois/en bois از جنسِ چوب، چوبی

langue de bois زبان کلیشه‌ای، زبان قالبی

Touchez du bois! بزن به تخته!

boisage /bwazaʒ/ *nm* تخته‌کوبی، چوب‌بست

boisé,e /bwaze/ *adj* ۱. درختکاری‌شده ۲. پردرخت، پوشیده از درخت

boisement /bwazmɑ̃/ *nm* درختکاری، جنگلکاری

boiser /bwaze/ *vt* (1) ۱. درختکاری کردن، جنگلکاری کردن ۲. تخته‌کوبی کردن، چوب‌بست زدن

boiserie /bwazRi/ *nf* چوب‌کاری (تزیینی)

boisseau /bwaso/ *nm* لولهٔ هواکش

boisson /bwasɔ̃/ *nf* ۱. نوشیدنی، نوشابه ۲. مشروب ۳. شراب‌خواری، عرق‌خوری

boisson alcoolisée نوشابهٔ الکلی، مشروب

boisson gazeuse/gazéifiée نوشابهٔ گازدار

boîte /bwat/ *nf* ۱. جعبه، قوطی ۲. محفظه ۳. صندوق ۴. خانه ۵. مدرسه ۶. محل کار

boîte à outils جعبه‌ابزار

boîte aux lettres صندوق نامه، صندوق پست

boîte de nuit کلوب شبانه، کاباره

boîte postale صندوق پستی

boiter /bwate/ *vi* (1) ۱. لنگیدن، شل زدن، شلیدن ۲. سست بودن، متزلزل بودن

boiterie /bwatRi/ *nf* لَنگی، شَلی

boiteux,euse /bwatø,øz/ *adj, n* ۱. لَنگ، شَل ۲. لرزان، لَق ۳. متزلزل، نااستوار ۴. ضعیف، کم‌مایه

boîtier /bwatje/ *nm* ۱. جعبه ۲. محفظه، بدنه

boitiller /bwatije/ *vi* (1) کمی لنگیدن، یک کم شلیدن، لنگ‌لنگان رفتن

bol /bɔl/ *nm* کاسه، بادیه، پیاله

avoir du bol خوش‌شانس بودن، شانس داشتن

bolchevik /bɔlʃəvik/ *adj* بلشویک، بلشویکی

bolchevique /bɔlʃəvik/ *adj* → bolchevik

bolchevisme /bɔlʃəvism/ *nm* بلشویسم

bolée /bɔle/ *nf* [محتوی] کاسه، بادیه، پیاله

boléro /bɔleRo/ *nm* ۱. جلیقه (زنانه) ۲. رقصِ بولِرو

bolide /bɔlid/ *nm* شهاب، سنگ آسمانی

comme un bolide مثل برق، جنگی، شلاقی

bombance /bɔ̃bɑ̃s/ *nf* غذای خوشمزه

faire bombance شکمی از عزا درآوردن، حسابی خوردن

bombardement /bɔ̃baRdəmɑ̃/ *nm* ۱. بمباران ۲. گلوله‌باران

bombarder /bɔ̃baRde/ *vt* (1) ۱. بمباران کردن ۲. به توپ بستن، گلوله‌باران کردن ۳. پرتاب کردن، پرت کردن

bombardier /bɔ̃baRdje/ *nm* (هواپیمای) بمب‌افکن

bombe /bɔ̃b/ *nf* ۱. بمب ۲. افشانه، اِسپری

faire la bombe به عیش و نوش پرداختن، خوشگذرانی کردن

bombé,e /bɔ̃be/ *adj* برآمده، گِرد، برجسته، قلنبه، محدب

bombement /bɔ̃bmɑ̃/ *nm* تحدب، برآمدگی، برجستگی

bomber /bɔ̃be/ *vt, vi* (1) ۱. برآمده کردن، قلنبه کردن ۲. [سینه] جلو دادن ◙ ۳. برآمده شدن، باد کردن، شکم دادن

bon[1]**,bonne** /bɔ̃,bɔn/ *adj* ۱. خوب ۲. نیک، نیکو، پسندیده ۳. خوش، دلپذیر، خوشایند، مطلوب، مطبوع ۴. مهربان، رئوف، خوش‌قلب ۵. مناسب ۶. تمام‌عیار، عالی ۷. ماهر، زبردست ۸. معتبر ۹. بزرگ، گنده ۱۰. حسابی، درست و

125 **bonimenteur**

bondir /bɔ̃diʀ/ *vi* (2) ۱. جستن، جهیدن، پریدن، جست زدن ۲. به سرعت رفتن، دویدن، پریدن

bondissant,e /bɔ̃disɑ̃,t/ *adj* ۱. جهنده ۲. جست و خیزکنان

bondissement /bɔ̃dismɑ̃/ *nm* جهش، پرش

bon enfant /bɔnɑ̃fɑ̃/ *adj. m. inv* بی‌شیله‌پیله، صاف و ساده، خوب

bonheur /bɔnœʀ/ *nm* ۱. خوشبختی، سعادت ۲. شانس، اقبال ۳. توفیق

au petit bonheur اتفاقی، تصادفی، تصادفاً

par bonheur خوشبختانه، به یاری بخت

porter bonheur شانس آوردن، خوش‌یمن بودن، فرخنده بودن

Quel bonheur! عجب سعادتی!

bonhomie /bɔnɔmi/ *nf* خوبی، سادگی، بی‌آلایشی

bonhomme, bonshommes /bɔnɔm, bɔ̃zɔm/ *nm* ۱. آقا، مرد، آدم، یارو ۲. پسر، پسرک ۳. آدمک ۴. [قدیمی] آدم ساده، مرد نازنین

boni /bɔni/ *nm* ۱. [هزینه] مازاد ۲. سود، بهره

boniche /bɔniʃ/ *nf* [تحقیرآمیز] کلفت

bonification[1] /bɔnifikasjɔ̃/ *nf* اصلاح، بهبود، بهینه‌سازی

bonification[2] /bɔnifikasjɔ̃/ *nf* ۱. پاداش ۲. امتیاز ۳. تخفیف

bonifier /bɔnifje/ *vt* (7) اصلاح کردن، بهبود بخشیدن، بهتر کردن

se bonifier *vp* ۱. بهتر شدن، بهبود یافتن ۲. [شراب] جاافتادن

boniment /bɔnimɑ̃/ *nm* ۱. لفاظی، چرب‌زبانی ۲. خالی‌بندی، چاخان

bonimenter /bɔnimɑ̃te/ *vi* (1) لفاظی کردن، چرب‌زبانی کردن، با چرب‌زبانی فریفتن

bonimenteur /bɔnimɑ̃tœʀ/ *nm* چرب‌زبان

حسابی ۱۱. [ضربه، سیلی] محکم، جانانه، آبدار

Bonne année! سال نو مبارک!

Bon voyage! سفر به خیر! سفر خوش!

bon[2] /bɔ̃/ *nm, adv, interj* ۱. خوبی، نیکی ۲. حسن، فایده، مزیت، محسّنه ۳. (آدم) خوب، نیکوکار ۴. بُن، کوپن، حواله ◙ ۵. خوب! ◙ ۶. خُب! خوب! بسیار خوب!

à quoi bon? به چه درد می‌خورد؟ چه فایده‌ای دارد؟ فایده‌اش چیست؟ به چه کار می‌آید؟

bon à rien بی‌کار و بی‌عار، بی‌عرضه، بی‌قابلیت

Il est bon que خوب است که، لازم است که

pour (tout) de bon/tout de bon جداً، حقیقتاً، واقعاً، به راستی، به طور جدی

sentir bon بوی خوش دادن، خوشبو بودن

tenir bon پایداری کردن، مقاومت کردن

bonace /bɔnas/ *nf* آرامش دریا (قبل یا بعد از توفان)

bonapartisme /bɔnapaʀtism/ *nm* ۱. رژیم بناپارت ۲. طرفداری از خاندان بُناپارت

bonapartiste /bɔnapaʀtist/ *adj, n* طرفدار خاندان بُناپارت

bonasse /bɔnas/ *adj* ۱. ملایم، آرام ۲. رام، بردبار ۳. ساده‌دل، ساده

bonbon /bɔ̃bɔ̃/ *nm* آب‌نبات

bonbonne /bɔ̃bɔn/ *nf* قُرابه

bonbonnière /bɔ̃bɔnjɛʀ/ *nf* ۱. جعبهٔ آب‌نبات ۲. آپارتمان نُقلی

bond /bɔ̃/ *nm* ۱. جهش، پرش، جست ۲. جست و خیز، وَرجه‌ورجه ۳. [مجازی] جهش، پیشرفت قابل توجه

faire faux bond à qqn ۱. سرِ قرار نرفتن ۲. جا زدن، تو زدن

faire un bond جست زدن، پریدن

bonde /bɔ̃d/ *nf* ۱. زیراب ۲. [بشکه] دِر، سر

bondé,e /bɔ̃de/ *adj* پر، مملو از آدم

a = bas, plat e = blé, jouer ε = lait, jouet, merci i = il, lyre o = mot, dôme, eau, gauche ɔ = mort
u = roue y = rue ø = peu œ = peur ə = le, premier ɑ̃ = sans, vent ɛ̃ = matin, plein, lundi
ɔ̃ = bon, ombre ʃ = chat, tache ʒ = je, gilet j = yeux, paille, pied w = oui, nouer ɥ = huile, lui

bonjour 126

bonjour /bɔ̃ʒuʀ/ *nm* روز بخیر، سلام

bon marché /bɔ̃maʀʃe/ *adj. inv* ارزان

bonne /bɔn/ *nf* خدمتکار (زن)، کلفت

bonne d'enfant پرستار بچه

bonne-maman /bɔnmamɑ̃/ *nf* [زبان کودکان] مامان‌بزرگ

bonnement /bɔnmɑ̃/ *adv,* **tout bonnement** ۱. به سادگی ۲. صادقانه ۳. واقعاً، حقیقتاً، به راستی

bonnet /bɔnɛ/ *nm* ۱. کلاه (بی‌لبه) ۲. نگاری

avoir la tête près du bonnet عصبانی بودن، کفری بودن، جوش آوردن

bonnet de nuit شب‌کلاه

C'est blanc bonnet et bonnet blanc. جفتش یکی است. چه علی خواجه چه خواجه علی.

prendre qqch sous son bonnet مسئولیت کاری را به عهده گرفتن

un gros bonnet آدم کله گنده، آدم مهم، آدم بانفوذ

bonneterie /bɔnɛtʀi/ *nf* کشبافی

bonnetier,ère /bɔntje,ɛʀ/ *n* کشباف

bonniche /bɔniʃ/ *nf* → boniche

bon-papa /bɔ̃papa/ *nm* [زبان کودکان] بابابزرگ

bonsoir /bɔ̃swaʀ/ *nm* [برای سلام و خداحافظی] عصر بخیر، شب بخیر

bonté /bɔ̃te/ *nf* ۱. خوبی، نیکی، مهربانی ۲. لطف، محبت

traiter avec bonté با محبت رفتار کردن

Voulez-vous avoir la bonté de... (ممکن است) لطف کنید ...، بی‌زحمت...

bonus /bɔnys/ *nm* [بیمه] تخفیف، جایزه

bon vivant /bɔ̃vivɑ̃/ *adj, nm* ۱. شاد، شنگول، خوش‌گذران ◻ ۲. آدم شاد، آدم خوش‌گذران

bonze /bɔ̃z/ *nm* ۱. راهب بودایی ۲. [عامیانه] آدم کله گنده

bookmaker /bukmɛkœʀ/ *nm* [اسب‌دوانی] دفترنویس شرط‌بندی‌ها

boom /bum/ *nm* ۱. رونق، شکوفایی ۲. ترقی

boomerang /bumʀɑ̃g/ *nm* بومرنگ

boots /buts/ *nm. pl* نیم‌چکمه، پوتین

boqueteau /bɔkto/ *nm* بیشه (کوچک)

borborygme /bɔʀbɔʀigm/ *nm* قرقر (شکم)

bord /bɔʀ/ *nm* ۱. لب، لبه ۲. کنار، کناره ۳. حاشیه ۴. کرانه، ساحل ۵. [کشتی] سر ۶. (روی) کشتی ۷. [مجازی] مرز

à bord de l'avion سوار هواپیما

être au bord de la tombe پای (کسی) لب‌گور بودن، رو به مرگ بودن، محتضر بودن

être au bord des larmes (کسی را) گریه گرفتن، بغض کردن

être du bord de qqn طرف کسی بودن، با کسی هم‌عقیده بودن

le bord de la mer کنار دریا

monter à bord سوار کشتی شدن

bordages /bɔʀdaʒ/ *nm. pl* تخته‌بندی، تخته‌پوش

bordeaux /bɔʀdo/ *nm, adj, inv* ۱. شراب بردو ◻ ۲. (به رنگ) شرابی

bordée /bɔʀde/ *nf* ۱. توپ‌های یک‌طرف کشتی ۲. شلیک هم‌زمان توپ‌ها ۳. خدمهٔ کشتی

une bordée d'injures سیل ناسزا

bordel /bɔʀdɛl/ *nm* ۱. [رکیک] جنده‌خانه ۲. [عامیانه] بازار شام، هردَمبیل، بِل‌بشو

bordéleux,euse /bɔʀdelø,øz/ *adj* → bordélique

bordélique /bɔʀdelik/ *adj* [عامیانه] شلوغ و پلوغ، به‌هم‌ریخته

border /bɔʀde/ *vt* (1) ۱. در حاشیه (چیزی) واقع شدن، کنار (جایی) بودن ۲. حاشیه دادن، مغزی گذاشتن

border qqn ملافهٔ کسی را مرتب کردن

border un lit لبهٔ ملافه را زیر تشک کردن

bordereau /bɔʀdəʀo/ *nm* ۱. فهرست، سیاهه ۲. فاکتور، بیجک

bordure /bɔRdyR/ *nf* ۱. حاشیه ۲. کنار، کناره
۳. سجاف
en bordure de در حاشیهٔ، (در) کنارِ، پهلویِ
bore /bɔR/ *nm* [شیمی] بُر
boréal,e,aux /bɔReal,o/ *adj* ۱. شمالی
۲. (مربوط به) قطب شمال، شمالگان
borgne /bɔRɲ/ *adj, n* یک‌چشم
fenêtre borgne پنجرهٔ بدون دید، پنجرهٔ بدون نما
borique /bɔRik/ *adj. m* [شیمی] بُریک
acide borique اسید بُریک
bornage /bɔRnaʒ/ *nm* تعیین حدود، مرزبندی
borne /bɔRn/ *nf* ۱. علامت تعیین حدود،
مرزنما ۲. کیلومترنما ۳. [خودمانی] کیلومتر ۴.
[برق] ترمینال، پیچ‌بست — [صورت جمع] ۵.
حدود، حد و مرز
dépasser les bornes از حد گذراندن، شورش را در آوردن
sans borne(s) بی‌حد و مرز، بی‌کران، بی‌انتها
borné,e /bɔRne/ *adj* ۱. محدود ۲. کوته‌بین،
کوته‌فکر، کوته‌نظر
borner /bɔRne/ *vt (1)* ۱. محدود کردن، حد
(چیزی را) تعیین کردن ۲. حد و مرز (چیزی را)
مشخص کردن ۳. کنار (جایی) قرار داشتن، محدود
شدن به
se borner *vp* ۱. محدود شدن ۲. اکتفا کردن،
بسنده کردن، راضی شدن
bosquet /bɔskɛ/ *nm* بیشه‌زار
bosse /bɔs/ *nf* ۱. قوز، گوژ ۲. برآمدگی،
برجستگی ۳. ورم، بادکردگی ۴. کوهان
bosselage /bɔslaʒ/ *nm* قلم‌زنی، برجسته‌کاری
bosseler /bɔsle/ *vt (4)* ۱. قلم‌زنی کردن،
برجسته‌کاری کردن ۲. برآمده کردن
bossellement /bɔsɛlmɑ̃/ *nm* برآمدگی
bosselure /bɔslyR/ *nf* ۱. برجسته‌کاری
۲. برآمدگی، قُری، کج و کولگی

bosser /bɔse/ *vi, vt (1)* [خودمانی] کار کردن
bossu,e /bɔsy/ *adj, n* گوژپشت، قوزی
bossuer /bɔsɥe/ *vt (1)* برآمده کردن، قلمبه کردن
bot /bo/ *adj. m,* **pied bot** ۱. پای چنبری
۲. [فرد] پاچنبری
botanique /bɔtanik/ *nf, adj* ۱. گیاه‌شناسی
۲. (مربوط به) گیاه‌شناسی، گیاه‌شناختی
botaniste /bɔtanist/ *n* گیاه‌شناس
botte[1] /bɔt/ *nf* چکمه
se disputer à propos de bottes سر هیچ و پوچ با هم دعوا کردن
botte[2] /bɔt/ *nf* [گل، علف، ...] دسته
une botte d'œillets یک دسته میخک
botte[3] /bɔt/ *nf* [شمشیربازی] حمله، ضربه
botteler /bɔtle/ *vt (4)* دسته کردن
botter /bɔte/ *vt (1)* ۱. چکمه خریدن برایِ،
چکمه دوختن برایِ ۲. چکمه پای (کسی) کردن،
چکمه پوشاندن به ۳. تیپا زدن به، لگد زدن به ۴.
شوت کردن، شوت زدن ۵. (به کسی) آمدن
botter les fesses/le cul à qqn لگد در کون کسی زدن، به کسی اردنگی زدن
Tu me bottes. [خودمانی] ازت خوشم میاد.
bottier /bɔtje/ *nm* ۱. چکمه‌دوز ۲. کفش‌دوز
bottillon /bɔtijɔ̃/ *nm* چکمه (راحتی)
bottin /bɔtɛ̃/ *nm* (دفتر) راهنمای تلفن
bottine /bɔtin/ *nf* پوتین، نیم‌چکمه
botulisme /bɔtylism/ *nm* بوتولیسم (= نوعی مسمومیت غذایی)
bouc /buk/ *nm* ۱. بز نر ۲. ریشِ بزی
boucan /bukɑ̃/ *nm* قیل و قال، سر و صدا، همهمه، جار و جنجال، داد و قال
boucaner /bukane/ *vt (1)* ۱. دود دادن، دودی کردن ۲. دباغی کردن
bouchage /buʃaʒ/ *nm* بستن، سد

bouche /buʃ/ *nf* ۱. دهان ۲. لب ۳. دهانه ۴. وروی، مدخل ۵. مصب

bouche à feu سلاح سنگین، توپ

Bouche cousue! پیش خودت باشد. بین خودمان بماند. به کسی نگو.

bouche de métro دهانهٔ مترو، ورودی مترو

mettre l'eau à la bouche دهان (کسی را) آب انداختن

une bouche fine آدم خوش‌خوراک

une bouche inutile آدم بی‌کار و بی‌عار، بی‌عرضه

bouche-à-bouce /buʃabuʃ/ *nm. inv* تنفس دهان‌به‌دهان، تنفس مصنوعی

faire/pratiquer un bouche-à-bouche تنفس دهان‌به‌دهان دادن، تنفس مصنوعی دادن

bouché,e[1] /buʃe/ *adj* ۱. بسته، مسدود ۲. گرفته، کیپ ۳. کوته‌بین ۴. نادان، ابله، خر

bouchée[2] /buʃe/ *nf* لقمه

boucher[1] /buʃe/ *vt* (1) بستن، مسدود کردن، سد کردن

en boucher un coin مات و مبهوت کردن

se boucher le nez دماغ خود را گرفتن

se boucher les yeux چشم‌های خود را بستن

boucher[2] /buʃe/ *nm* ۱. قصاب ۲. سلاخ

bouchère /buʃɛʀ/ *nf* ۱. زن قصاب ۲. قصاب (زن)

boucherie /buʃʀi/ *nf* ۱. دکان قصابی، (مغازهٔ) قصابی ۲. (حرفهٔ) قصابی ۳. قربانگاه، مسلخ

bouche-trou /buʃtʀu/ *nm* ۱. جاپرکن ۲. سیاهی‌لشکر

bouchon /buʃɔ̃/ *nm* ۱. [بطری] در، سر ۲. [ماهیگیری] چوب‌پنبه ۳. راه‌بندان

bouchon de liège چوب‌پنبه

bouclage /buklaʒ/ *nm* ۱. (عمل) بستن ۲. محاصره (نظامی)

boucle /bukl/ *nf* ۱. حلقه ۲. قلاب ۳. فِر، جعد ۴. [رود] پیچ و خم

boucles d'oreilles گوشواره

bouclé,e /bukle/ *adj* ۱. حلقه‌حلقه ۲. فِرخورده، فِری، مجعد

boucler /bukle/ *vt, vi* (1) ۱. بستن ۲. فِر زدن ۳. زندانی کردن، حبس کردن ۴. محاصره کـردن ◘ ۵. فِر خوردن

boucle-la! دهنتو ببند! حرف نزن! خفه شو!

la boucler دهان خود را بستن، حرفی نزدن، چیزی نگفتن

bouclette /buklɛt/ *nf* ۱. حلقه (کوچک) ۲. [مو] فِر

bouclier /buklije/ *nm* ۱.[وسیلهٔ دفاعی] سپر ۲. حفاظ ۳. ماشین‌حفار، حفار

levée de boucliers شورش، آشوب، بلوا

bouddhique /budik/ *adj* (مربوط به) آیین بودا، بودایی

bouddhisme /budism/ *nm* آیین بودا، دین بودا

bouddhiste /budist/ *adj, n* بودایی

bouder /bude/ *vt, vi* (1) ۱. اخم کردن، ترش کردن، عُنُق بودن، بُق کردن ۲. قهر کردن

bouderie /budʀi/ *nf* ۱. اخم، ترشرویی ۲. قهر

boudeur,euse /budœʀ,øz/ *adj, n* اخمو، ترشرو، عُنُق، عبوس

boudiner /budine/ *vt* (1) ۱. تاب دادن، پیچیدن ۲. فشار دادن

boudoir /budwaʀ/ *nm* ۱. اتاق پذیرایی خانم‌ها ۲. بیسکویت شکری

boue /bu/ *nf* ۱. گل و لای، گِل ۲. لجن ۳. رسوب، لای

traîner qqn dans la boue/couvrir de boue کسی را به لجن کشیدن، کسی را لجن‌مال کردن

bouée /bwe/ *nf* بویه، راهنمای شناور

bouée de sauvetage حلقهٔ نجات‌غریق

boueux[1]**,euse** /bwø,øz/ *adj* ۱. پرگل و لای ۲. گل‌آلود، گِلی

boueux[2] /bwø/ *nm* [خودمانی] سپور، آشغالی

bouffant,e /bufɑ̃,t/ *adj* پف‌دار، پف‌کرده

bouffe /buf/ *nf* ۱. [خودمانی] (عمل) لمبوندن، خوردن ۲. غذا، خوراک

bouffée /bufe/ *nf* ۱. وزش ۲. نسیم ۳. بو ۴. پُک ۵. طغیان، غلیان، فوران

bouffer /bufe/ *vi, vt* (1) ۱. پف کردن، باد کردن ◙ ۲. با ولع خوردن، لمبوندن ۳. مصرف کردن

avoir envie de bouffer از دست کسی عصبانی بودن

Il n'y a rien à bouffer. چیزی برای خوردن نداریم.

se bouffer le nez با هم دعوا کردن، زد و خورد کردن

bouffetance /buftɑ̃s/ *nf* [خودمانی] خوراک، غذا

bouffi,e /bufi/ *adj* پف‌کرده، پف‌آلود

bouffir /bufiʀ/ *vi, vt* (2) ۱. پف کردن، باد کردن ◙ ۲. متورم کردن

bouffissure /bufisyʀ/ *nf* پف، باد، ورم

bouffon[1],onne /bufɔ̃,ɔn/ *adj* خنده‌دار، بامزه، مضحک

bouffon[2] /bufɔ̃/ *nm* ۱. دلقک، لوده ۲. مضحکه

bouffonnerie /bufɔnʀi/ *nf* دلقک‌بازی، لودگی

bougainvillée /bugɛ̃vile/ *nf, nm* گل کاغذی

bougainvillier /bugɛ̃vilje/ *nm* → bougainvillée

bouge /buʒ/ *nm* ۱. آلونک، زاغه، دخمه ۲. [کافه، هتل] جای بدنام

bougeoir /buʒwaʀ/ *nm* شمعدان، جاشمعی

bouger /buʒe/ *vi, vt* (3) ۱. تکان خوردن، حرکت کردن، جنبیدن، جُم خوردن ۲. تغییر کردن، تکان خوردن ۳. کاری کردن، دست به کاری زدن ◙ ۴. تکان دادن، جنباندن

Les prix n'ont pas bougé. قیمت‌ها فرق نکرده‌اند. قیمت‌ها تکان نخورده‌اند.

bougie /buʒi/ *nf* ۱. شمع ۲. [واحد روشنایی، اتومبیل] شمع

bougon,onne /bugɔ̃,ɔn/ *adj, n* غرغرو، نق‌نقو، بداخلاق

bougonnement /bugɔnmɑ̃/ *nm* غرولند، غرغر، نق‌نق

bougonner /bugɔne/ *vi* (1) غرغر کردن، غر زدن، نق زدن، نق‌نق کردن، غرولند کردن

bougre,bougresse /bugʀ,bugʀɛs/ *n* [خودمانی] آدم، یارو

bougrement /bugʀəmɑ̃/ *adv* [خودمانی] خیلی

boui-boui /bwibwi/ *nm* [عامیانه] کافهٔ بد

bouillabaisse /bujabɛs/ *nf* بویابِس (= نوعی سوپ ماهی)

bouillant,e /bujɑ̃,t/ *adj* ۱. جوش، جوشان ۲. داغ ۳. تند، جوشی، آتشی ۴. پرشور، پرهیجان، پرحرارت

bouille /buj/ *nf* ۱. [خودمانی] قیافه، پَک و پوز ۲. صورت

bouilli /buji/ *nm* گوشت آب‌پز

bouillie /buji/ *nf* فِرنی

bouillir /bujiʀ/ *vi, vt* (15) ۱. جوشیدن، (به) جوش آمدن ۲. در آب جوش پختن ۳. حرص و جوش زدن، حرص خوردن ◙ ۴. جوشاندن

bouillir de colère جوش آوردن، کفری شدن، آتشی شدن

faire bouillir du lait شیر جوشاندن

bouilloire /bujwaʀ/ *nf* کتری

bouillon /bujɔ̃/ *nm* ۱. جوش، قُل ۲. حباب ۳. آبگوشت ۴. سوپ — [صورت جمع] ۵. نسخه‌های برگشتی، مرجوعی

boire un bouillon [در حال شنا] (یک قلپ) آب خوردن

bouillonnant,e /bujɔnɑ̃,t/ *adj* ۱. جوشان ۲. خروشان ۳. [مجازی] داغ، پرشور

a = bas, plat e = blé, jouer ɛ = lait, jouet, merci i = il, lyre o = mot, dôme, eau, gauche ɔ = mort
u = roue y = rue ø = peu œ = peur ə = le, premier ɑ̃ = sans, vent ɛ̃ = matin, plein, lundi
ɔ̃ = bon, ombre ʃ = chat, tache ʒ = je, gilet j = yeux, paille, pied w = oui, nouer ɥ = huile, lui

bouillonnement /bujɔnmɑ̃/ *nm*
۱. جوشش، جوش ۲. جوش و خروش، غلیان

bouillonner /bujɔne/ *vi* (1) ۱. جوشیدن، قُل‌قُل کردن ۲. در جوش و خروش بودن، در غلیان بودن ۳. فروش نرفتن، رو دست ماندن، باد کردن

bouillotte /bujɔt/ *nf* ۱. کتری ۲. [برای گرم شدن] کیف آب جوش، کیسهٔ آب جوش

boulange /bulɑ̃ʒ/ *nf* (حرفهٔ) نانوایی

boulanger[1],ère /bulɑ̃ʒe,ɛʀ/ *n* نانوا

boulanger[2] /bulɑ̃ʒe/ *vi* (3) نان پختن، نان درست کردن

boulangerie /bulɑ̃ʒʀi/ *nf* ۱. دکان نانوایی، نانوایی ۲. (حرفهٔ) نانوایی

boule /bul/ *nf* ۱. توپ ۲. گوی، گلوله ۳. [خودمانی] کله، مخ

boule de neige گلولهٔ برف

en boule گِرد

être/se mettre en boule جوش آوردن، کفری شدن، کفر (کسی) درآمدن، از کوره دررفتن، آتشی شدن

perdre la boule خُل شدن، دیوانه شدن

bouleau /bulo/ *nm* درخت غان

bouledogue /buldɔg/ *nm* (سگ) بولداگ

bouler /bule/ *vi* (1) قِل خوردن

envoyer bouler دست‌به‌سر کردن، پی نخودسیاه فرستادن

boulet /bulɛ/ *nm* ۱. [توپ] گلوله ۲. [برای بستن به پای زندانیان] گوی آهنی، کُند

boulette /bulɛt/ *nf* ۱. گِرده، گلوله ۲. کوفته ۳. [خودمانی] خبط، حماقت

boulevard /bulvaʀ/ *nm* بلوار

boulevardier,ère /bulvaʀdje,ɛʀ/ *adj* [نمایش] خیابانی

bouleversant,e /bulvɛʀsɑ̃,t/ *adj* منقلب‌کننده، ناگوار، اندوهبار، دردناک

bouleversement /bulvɛʀsəmɑ̃/ *nm* ۱. اغتشاش، آشوب، شورش، بَلوا ۲. تحول، انقلاب

bouleverser /bulvɛʀse/ *vt* (1) ۱. زیر و رو کردن، به هم ریختن ۲. از این‌رو به آن‌رو کردن، متحول کردن ۳. منقلب کردن، متأثر کردن، غصه‌دار کردن، در اندوه فرو بردن

boulier /bulje/ *nm* چرتکه، چتکه

boulimie /bulimi/ *nf* [پزشکی] جوع

boulimique /bulimik/ *adj* مبتلا به جوع

boulingrin /bulɛ̃gʀɛ̃/ *nm* چمنزار

bouliste /bulist/ *nm* گوی‌باز

boulon /bulɔ̃/ *nm* پیچ (مهره‌خور)

boulonner /bulɔne/ *vt, vi* (1) ۱. (به هم) پیچ کردن ◙ ۲. [خودمانی] کار کردن

boulot,otte /bulo,ɔt/ *adj, n* ۱. گرد و قلمبه ۲. خپله

boulotter /bulɔte/ *vi, vt* (1) [عامیانه] خوردن، لُمبوندن

boum /bum/ *interj, nm* (صدای) دَق، دَقی، شرق، شَتَرق

en plein boum در اوج فعالیت، کاملاً فعال

boumer /bume/ *vi,* **Ça boume!** [عامیانه] اوضاع روبه‌راهه!

bouquet /bukɛ/ *nm* ۱. [گل و گیاه] دسته ۲. دسته گل ۳. [شراب] عطر ۴. شاه‌میگو

C'est le bouquet! این هم شد قوز بالا قوز! همینو کم داشتیم.

bouquetière /buktjɛʀ/ *nf* دختر گل‌فروش، زن گل‌فروش

bouquetin /buktɛ̃/ *nm* بز کوهی

bouquin[1] /bukɛ̃/ *nm* ۱. بز پیر ۲. خرگوش نر

bouquin[2] /bukɛ̃/ *nm* کتاب کهنه، کتاب

bouquiner /bukine/ *vi* (1) ۱. [خودمانی] کتاب خواندن ۲. [قدیمی] دنبال کتاب دست دوم گشتن

bouquiniste /bukinist/ *n* فروشندهٔ کتاب دست دوم

bourbe /buʀb/ *nf* لجن، گل و لای

bourbeux,euse /buʀbø,øz/ *adj* پرگل و لای، گل‌آلود

bourbier /buʀbje/ *nm* لجنزار، منجلاب

bourbonien,enne /buʀbɔnjɛ̃,ɛn/ *adj* (مربوط به) بوربُن‌ها (= از خاندان‌های اشرافی فرانسه)

nez bourbonien بینی دراز و خمیده

bourde /buʀd/ *nf* خبط، حماقت، گاف

bourdon /buʀdɔ̃/ *nm* ۱. عصا ۲. زنبور عسل نر ۳. ناقوس، زنگ ۴. (صدایِ) وِزوِز

bourdonnement /buʀdɔnmɑ̃/ *nm* ۱. (صدایِ) وزوز ۲. زمزمه ۳. همهمه، هیاهو ۴. (صدای) هوهو ۵. [گوش] زنگ

bourdonner /buʀdɔne/ *vi* (1) ۱. وزوز کردن ۲. زمزمه کردن ۳. همهمه کردن ۴. هوهو کردن ۵. [گوش] زنگ زدن

bourg /buʀ/ *nm* قصبه، بخش

bourgade /buʀgad/ *nm* قریه، ده، دهکده

bourgeois,e /buʀʒwa,z/ *n, adj* ۱. بورژوا، سرمایه‌دار، (از طبقهٔ) مرفه ۲. سوداگر، کاسبکار، بازاری ۳. [در قرون وسطی] شهرنشین، شهری

ma bourgeoise [عامیانه] عیال بنده

maison bourgeoise خانهٔ اعیانی، خانهٔ باشکوه، خانهٔ مجلل

bourgeoisement /buʀʒwazmɑ̃/ *adv* راحت، راحت و مرفه

bourgeoisie /buʀʒwazi/ *nf* ۱. بورژوازی ۲. طبقهٔ مرفه ۳. [در قرون وسطی] شهرنشینی

bourgeon /buʀʒɔ̃/ *nm* ۱. جوانه ۲. شکوفه ۳. غنچه ۴. جوش

bourgeonnement /buʀʒɔnmɑ̃/ *nm* ۱. (عمل) جوانه زدن ۲. شکوفه کردن، شکوفه دادن ۳. جوش زدن

bourgeonner /buʀʒɔne/ *vi* (1) ۱. جوانه زدن ۲. شکوفه کردن، شکوفه دادن ۳. جوش زدن

bourgmestre /buʀgmɛstʀ/ *nm* [در بلژیک، سوئیس، هلند و آلمان] شهردار

bourgogne /buʀgɔɲ/ *nm* شراب بورگُنی

bourguignon,onne[1] /buʀgiɲɔ̃,ɔn/ *adj* (مربوط به) بورگُنی (= ناحیه‌ای در فرانسه)، بورگُنیایی

Bourguignon,onne[2] /buʀgiɲɔ̃,ɔn/ *n* اهل بورگُنی، بورگُنیایی

bourlinguer /buʀlɛ̃ge/ *vi* (1) ۱. [کشتی] به سختی پیش رفتن ۲. دریانوردی کردن ۳. [خودمانی] خیلی سفر کردن

bourrache /buʀaʃ/ *nf* گل گاوزبان

bourrade /buʀad/ *nf* ۱. ضربه ۲. هُل، تنه

bourrage /buʀaʒ/ *nm* [تشک، کوسن، ...] پر کردن

bourrage de crâne [خودمانی] مغزشویی، شستشوی مغزی

bourrasque /buʀask/ *nf* تندباد، باد و بوران

bourratif,ive /buʀatif,iv/ *adj* [عامیانه] شکم‌پرکن

bourre /buʀ/ *nf* ۱. [تشک، کوسن، ...] لایی، تویی ۲. کرک

de première bourre [عامیانه] عالی

bourré,e /buʀe/ *adj* ۱. پر، لبریز، مملو ۲. [خودمانی] مست، پاتیل

bourreau /buʀo/ *nm* ۱. جلاد، مأمور اعدام ۲. شکنجه‌گر

bourreau de travail آدم خیلی پرکار، خورهٔ کار

bourrelé,e /buʀle/ *adj* معذب، در عذاب

bourrelet /buʀlɛ/ *nm* درزگیر، سوزگیر

bourrelier /buʀəlje/ *nm* سَرّاج

bourrer /buʀe/ *vt* (1) ۱. [تشک، کوسن، ...] توی (چیزی را) پر کردن ۲. پر کردن، انباشتن ۳. چپاندن، به زور جا دادن ۴. به زور خوراندن به، چپاندن به

bourrer qqn de coups کسی را حسابی زدن، خوب کتک زدن، چپ و راست کردن

bourriche /buRiʃ/ *nf* سبد (بی‌دسته)

bourrin /buRɛ̃/ *nm* [عامیانه] اسب

bourrique /buRik/ *nf* ۱. خر ماده، ماچه‌الاغ ۲. نفهم، خر، بی‌شعور

bourru,e /buRy/ *adj* ۱. خشن، تند ۲. بدخلق، عُنُق ۳. زمخت

bourse /buRs/ *nf* ۱. کیف پول ۲. پول ۳. بورس (اوراق بهادار)، بازار بورس

bourse d'études بورس تحصیلی

sans bourse délier بدون خرج، مفت و مجانی، مفت

boursier,ère /buRsje,ɛR/ *n, adj* ۱. بورسیه ۲. کارگزار بورس ◙ ۳. (مربوط به) بورس

boursouflé,e /buRsufle/ *adj* ۱. بادکرده، ورم‌کرده، متورم ۲. مطنطن، پرطمطراق

boursoufler /buRsufle/ *vt* (1) متورم کردن

boursouflure /buRsuflyR/ *nf* ورم، بادکردگی، باد، پف

bous /bu/ *v* [صورت صرف‌شدهٔ فعلِ bouillir]

bousculade /buskylad/ *nm* ۱. هُل، تنه ۲. شلوغی، ازدحام ۳. عجله

bousculer /buskyle/ *vt* (1) ۱. هُل دادن، تنه زدن به ۲. به عجله واداشتن، هول کردن ۳. به سرعت تغییر دادن

bouse /buz/ *nf* تپاله، سرگین

bouseux,euse /buzø,øz/ *nm* [تحقیرآمیز] دهاتی

bousier /buzje/ *nm* [حشره] سِرگین‌غلتان، جُعَل

bousillage /buzijaʒ/ *nm* خرابکاری، سَمبَل‌کاری، سرهم‌بندی

bousiller /buzije/ *vt* (1) ۱. خراب کردن ۲. سرهم‌بندی کردن، سَمبَل کردن، سرسری انجام دادن ۳. [خودمانی] سر (کسی را) زیر آب کردن، کلک (کسی را) کندن، به آن دنیا فرستادن

bousilleur,euse /buzijœR,øz/ *n* خرابکار، سَمبَل‌کار، ناشی

boussole /busɔl/ *nf* قطب‌نما

perdre la boussole خل شدن، قاطی کردن

boustifaille /bustifaj/ *nf* [عامیانه] خوراکی، خوردنی

bout /bu/ *nm* ۱. سر، نوک ۲. ته، انتها ۳. پایان، آخر ۴. تکه، قطعه ۵. ذره، خرده، ریزه ۶. قسمت، بخش

à tout bout de champ هر دم، دم‌به‌دم، هر لحظه

au bout de پس از، بعد از

bout à bout لب‌به‌لب، سرهم

de bout en bout/d'un bout à l'autre از اول تا آخر، از سر تا ته، تماماً

être à bout ۱. به آخر رسیدن، ته کشیدن ۲. صبر (کسی) تمام شدن، جان (کسی) به لب رسیدن، کارد به استخوان (کسی) رسیدن، ذله شدن، به ستوه آمدن

venir à bout de ۱. تمام کردن، به آخر رساندن ۲. رفع کردن، برطرف کردن، حل کردن ۳. شکست دادن، چیره شدن بر

boutade /butad/ *nf* شوخی

boute-en-train /butɑ̃tRɛ̃/ *nm. inv* مجلس‌گرم‌کن

bouteille /butɛj/ *nf* ۱. بطری، شیشه ۲. کپسول، سیلندر ۳. مشروب

mettre en bouteille در بطری ریختن

prendre de la bouteille [قدیمی یا ادبی] پا به سن گذاشتن، سنی (از کسی) گذشتن

bouter /bute/ *vt* (1) راندن، بیرون راندن، بیرون کردن

bouteur /butœR/ *nm* بولدوزر

boutique /butik/ *nf* ۱. دکان، مغازه ۲. بوتیک ۳. آلونک، دخمه

fermer boutique ۱. مغازه را بستن، دکان را بستن ۲. [مجازی] در دکان خود را تخته کردن

boutiquier,ère /butikje,ɛR/ *n, adj* ۱. دکان‌دار، مغازه‌دار، صاحب مغازه ◙ ۲. کاسبکار، بازاری

bouton /butɔ̃/ *nm* ۱. [لباس] دکمه ۲. غنچه ۳. جوش ۴. کلید، شاسی ۵. دستگیره ۶. [رادیو] پیچ

bouton-d'or /butɔ̃dɔR/ *nm* (گل) آلاله

boutonnage /butɔnaʒ/ *nm* بستن دکمه، انداختن دکمه

boutonner /butɔne/ *vt, vi (1)* ۱. دکمه (لباس را) انداختن، دکمه (لباس را) بستن ۲. جوانه زدن

se boutonner *vp* ۱. دکمه (لباس) خود را انداختن ۲. دکمه خوردن

boutonneux, euse /butɔnø, øz/ *adj* جوش‌دار، جوش‌زده، پر از جوش

boutonnière /butɔnjɛR/ *nf* جادکمه، سوراخ دکمه

bouturage /butyRaʒ/ *nm* (عمل) قلمه زدن

bouture /butyR/ *nf* قلمه

bouturer /butyRe/ *vt, vi (1)* ۱. قلمه زدن ۲. از پا جوانه زدن

bouverie /buvRi/ *nf* [جایگاه] گاوداری

bouvier, ère /buvje, ɛR/ *n* گاوچران، گاویار

bouvillon /buvijɔ̃/ *nm* گوسالهٔ اخته

bovidés /bɔvide/ *nm. pl* تهی‌شاخان

bovin, e /bɔvɛ̃, in/ *adj* گاوی، (مربوط به) گاو

bowling /boliŋ/ *nm* (بازی) بولینگ

box /bɔks/ *nm* [گاراژ و غیره] جایگاه، اتاقک

boxe /bɔks/ *nf* مشت‌زنی، بوکس‌بازی، بوکس

boxer /bɔkse/ *vi, vt (1)* ۱. بوکس‌بازی کردن ۲. (با) مشت زدن به

boxeur /bɔksœR/ *nm* مشت‌زن، بوکس‌باز، بوکسور

box-office /bɔksɔfis/ *nm* [فیلم، نمایش، ...] فروش بالا

boy /bɔj/ *nm* (بومی) بادو

boyard /bɔjaR/ *nm* [خودمانی] پولدار، اعیان

boyau /bwajo/ *nm* ۱. [حیوانات] روده ۲. راه دور و دراز

rendre tripes et boyaux دل و روده (کسی) بالا آمدن، بالا آوردن

boyauter (se) /s(ə)bwajote/ *vp (1)* از خنده روده‌بر شدن

boycott /bɔjkɔt/ *nm* → boycottage

boycottage /bɔjkɔtaʒ/ *nm* تحریم، بایکوت

boycotter /bɔjkɔte/ *vt (1)* تحریم کردن، بایکوت کردن

boycotteur, euse /bɔjkɔtœR, øz/ *adj, n* تحریم‌کننده

boy-scout /bɔjskut/ *nm* ۱. [خودمانی] ایده‌آلیست ساده‌دل ۲. [قدیمی] پیشاهنگ

bracelet /bRaslɛ/ *nm* ۱. دستبند ۲. النگو ۳. مچ‌بند ۴. [ساعت] بند

bracelet-montre /bRaslɛmɔ̃tR/ *nm* ساعت دستبندی

brachial, e, aux /bRakjal, o/ *adj* (مربوط به) بازو، بازویی

brachycéphale /bRakisefal/ *adj, n* پهن‌سر

brachydactyle /bRakidaktil/ *adj* دارای انگشتان کوتاه، کوتاه‌انگشت

braconnage /bRakɔnaʒ/ *nm* شکار قاچاق، شکار غیرمجاز

braconner /bRakɔne/ *vi (1)* شکار قاچاق کردن، شکار غیرمجاز کردن

braconnier /bRakɔnje/ *nm* شکارچی قاچاق، شکارچی غیرمجاز

bractée /bRakte/ *nf* برگه (= برگ کوچکی که در زیر گُل قرار دارد.)

brader /bRade/ *vt (1)* ۱. ارزان فروختن ۲. آب کردن، به پول نزدیک کردن

braguette /bRagɛt/ *nf* چاک جلوی شلوار

brahmane /bRaman/ *nm* برهمن

brahmanisme /bRamanism/ *nm* آیین برهمنی، برهمن‌گرایی

brai /bRɛ/ *nm* قیر

braillard,e /bRajaR,d/ *n, adj* ۱. عربده‌کش ۲. جیغ‌جیغو

braille /bRaj/ *nm* خط بریل، الفبای نابینایان

braillement /bRajmɑ̃/ *nm* ۱. عربده، نعره، داد و بیداد ۲. [بچه] ونگ‌ونگ

brailler /bRaje/ *vt, vi* (1) ۱. با صدای گوش‌خراش خواندن ۲. با داد و بیداد گفتن ◘ ۳. عربده کشیدن، نعره زدن، داد زدن، فریاد کشیدن ۴. [بچه] ونگ‌ونگ کردن، ونگ زدن، نحسی کردن

brailleur,euse /bRajœR,øz/ *n, adj* → braillard,e

braiment /bRɛmɑ̃/ *nm* عرعر

brain-trust /bRɛntRœst/ *nm* مشاوران، کارشناسان

braire /bRɛR/ *vi* (50) عرعر کردن

braise /bRɛz/ *nf* (چوب یا زغال) نیمسوز

des yeux de braise چشمان آتشین

braiser /bReze/ *vt* (1) با آتش ملایم پختن، با حرارت کم پختن

bramer /bRame/ *vi* (1) ۱. [گوزن] صدا کردن، صداسردادن ۲. زاری کردن، ضجه زدن، زنجموره کردن

brancard /bRɑ̃kaR/ *nm* ۱. برانکار ۲. مالبند ۳. زنبه

brancardier /bRɑ̃kaRdje/ *nm* حمل‌کنندهٔ برانکار، برانکاربَر

branchage /bRɑ̃ʃaʒ/ *nm* شاخ و برگ، شاخه‌ها

branche /bRɑ̃ʃ/ *nf* ۱. [درخت] شاخه ۲. رشته، شاخه ۳. شعبه ۴. بخش، قسمت

avoir de la branche اصیل بودن، با اصل و نسب بودن

être comme l'oiseau sur la branche پادرهوا بودن، وضع نامعلومی داشتن، وضع (کسی) روشن نبودن

les branches de la science شاخه‌های علم، رشته‌های علم

vieille branche دوست قدیمی، رفیق شفیق

branchement /bRɑ̃ʃmɑ̃/ *nm* انشعاب، اتصال

brancher /bRɑ̃ʃe/ *vt, vi* (1) ۱. اتصال دادن، انشعاب گرفتن ۲. به پریز زدن، بـه بـرق زدن ۳. هدایت کـردن، کشـاندن، سـوق دادن ◘ ۴. روی شاخه نشستن

être branché درجریان بودن، اطلاع داشتن، خبر داشتن، باخبر بودن

branchial,e,aux /bRɑ̃ʃjal,o/ *adj* آبششی، (مربوط به) آبشش

branchie /bRɑ̃ʃi/ *nf* آبشش، برانشی

branchu,e /bRɑ̃ʃy/ *adj* پرشاخ و برگ، شاخ و برگ‌دار

brandir /bRɑ̃diR/ *vt* (2) ۱. (به حالت تهدیدآمیز) تکان دادن، بلند کردن ۲. (برای جـلب تـوجه) بـلند کردن و تکان دادن

brandon /bRɑ̃dɔ̃/ *nm* [قدیمی] گیرانه، آتش‌پاره

brandon de discorde آشوبگر، فتنه‌انگیز، اخلال‌گر، آتش‌افروز، عامل نفاق

brandy /bRɑ̃di/ *nm* [مشروب] برندی

branlant,e /bRɑ̃lɑ̃,t/ *adj* ۱. لرزان ۲. لق ۳. متزلزل، نااستوار

branle /bRɑ̃l/ *nm* ۱. نوسان، تاب ۲. لرزش ۳. تکان، جنبش

branlement /bRɑ̃lmɑ̃/ *nm,* **branlement de tête** تکان دادنِ سر، سرجنباندن

branler /bRɑ̃le/ *vt, vi* (1) ۱. تکان دادن، جنباندن ◘ ۲. لق بودن، لق خـوردن، لق زدن ۳. [رکیک] جلق زدن ۴. [عامیانه] کاری کردن، غلطی کردن

branler la tête سر جنباندن، سر خود را به (اطراف) تکان دادن

Qu'est-ce que tu branles là? اونجا چیکار می‌کنی؟ اونجا چه غلطی می‌کنی؟

braque /bRak/ *adj* خُل، خل و چِل، خل‌مَشنگ

braquer /bRake/ *vt, vi* (1) ۱. (به طرف کسی یا چیزی) گرفتن، نشانه گرفتن ۲. معطوف کردن ۳. پیچیدن ۴. تحریک کردن، بدبین کردن ◙ ۵. پیچیدن

braquer une banque به بانک حملهٔ مسلحانه کردن

bras /bRa/ *nm* ۱. دست (= از شانه تا مچ) ۲. بازو ۳. بغل، آغوش ۴. دسته ۵. نیروی کار، کارگر ۶. [رود] شاخه

à bras دستی، با دست

à bras ouvert با آغوش باز

à tour de bras با تمام نیرو، با نیروی تمام

avoir le bras long بانفوذ بودن، نفوذ داشتن

Les bras m'en tombent. از تعجب دارم شاخ در می‌آرم.

prendre dans ses bras بغل کردن، در آغوش گرفتن

rester les bras croisés دست روی دست گذاشتن، کاری نکردن

braser /bRaze/ *vt* (1) لحیم کردن

brasero /bRazeRo/ *nm* منقل

brasier /bRazje/ *nm* (اشیاء) طعمهٔ حریق، تودهٔ آتش

brasiller /bRazije/ *vi* (1) ۱. (زیر نور ستارگان) درخشیدن ۲. سوسو زدن

bras-le-corps (à) /abRalkɔR/ *loc. adv* از کمر، از میان

brassage /bRasaʒ/ *nm* ۱. (عمل) تکان دادن، به هم زدن ۲. آبجوسازی

brassard /bRasaR/ *nm* بازوبند

brasse /bRas/ *nf* ۱. براس (= واحد طول برابر ۱/۶۰ متر) ۲. بَغَل (= واحد سنجش عمق آب برابر ۱/۸۲ متر) ۳. شنای قورباغه

brasse papillon شنای پروانه

brassée /bRase/ *nf* بغل

une brassée de fleurs یک بغل گل

brasser /bRase/ *vt* (1) ۱. (به هم) زدن، قاطی کردن ۲. [ورق] بُر زدن ۳. (آبجو) درست کردن ۴. به چنگ آوردن، به جیب زدن، درآوردن ۵. در دست انجام داشتن

brasserie /bRasRi/ *nf* ۱. آبجوسازی ۲. آبجوفروشی، کافه

brasseur,euse /bRasœR,øz/ *n* ۱. آبجوساز ۲. آبجوفروش

brasseur d'affaires آدم پرکار، آدم پرمشغله

brassière /bRasjɛR/ *nf* ۱. پیراهن چسبان (زنانه) ۲. زیرپیراهنی بچه‌گانه ۳. جلیقهٔ نجات

bravache /bRavaʃ/ *adj, nm* پهلوان‌پنبه

bravade /bRavad/ *nf* ۱. تظاهر به شجاعت ۲. گستاخی، جسارت، کله‌خری

brave /bRav/ *adj, n* ۱. شجاع، باشهامت، دلیر، پردل و جرئت ۲. بی‌پروا، جسور، نترس، بی‌باک، متهور ۳. (آدم) خوب، مهربان ۴. شریف

faire le brave شجاعت به خرج دادن

se montrer brave ابراز شجاعت کردن، شجاعت نشان دادن

bravement /bRavmɑ̃/ *adv* ۱. دلیرانه، شجاعانه، با شهامت ۲. قاطعانه، قاطع

braver /bRave/ *vt* (1) ۱. اعتنا نکردن به، بی‌اعتنایی کردن به ۲. سرپیچی کردن از، اطاعت نکردن، به حرف (کسی) گوش ندادن ۳. مخالفت کردن با ۴. ناچیز شمردن، حقیر دانستن، کوچک شمردن ۵. هراسی به دل راه ندادن از، بیم نداشتن از، نترسیدن از

bravo /bRavo/ *interj, nm* آفرین، بارک‌الله، براوو، اَحسَنت

bravoure /bRavuR/ *nf* ۱. شجاعت، دلیری، شهامت ۲. بی‌باکی، تهور، نترسی

breakfast /bRekfœst/ *nm* صبحانه (به سبک انگلیسی)

a = bas, plat e = blé, jouer ɛ = lait, jouet, merci i = il, lyre o = mot, dôme, eau, gauche ɔ = mort
u = roue y = rue ø = peu œ = peur ə = le, premier ɑ̃ = sans, vent ɛ̃ = matin, plein, lundi
ɔ̃ = bon, ombre ʃ = chat, tache ʒ = je, gilet j = yeux, paille, pied w = oui, nouer ɥ = huile, lui

break /bRɛk/ *nm* [اتومبیل] اِستیشن

brebis /bRəbi/ *nf* میش

brebis galeuse [مجازی] بُز گر، وصلهٔ ناجور

brèche /bRɛʃ/ *nf* ۱. شکاف، سوراخ، روزنه ۲. نفوذ، رخنه ۳. لطمه، زیان، خسارت

battre en brèche ۱. به توپ بستن ۲. حمله کردن به، تاختن به

être toujours sur la brèche ۱. همیشه آمادهٔ نبرد بودن ۲. دائم در فعالیت بودن، یکسره کار کردن

bréchet /bReʃɛ/ *nm* [پرندگان] جناغ

bredouillage /bRədujaʒ/ *nm* → bredouillement

bredouille /bRəduj/ *adj* دست خالی

rentrer/revenir bredouille دست خالی برگشتن

bredouillement /bRədujmɑ̃/ *nm* مِن‌مِن، مِنّ و مِن

bredouiller /bRəduje/ *vi, vt* (1) ۱. مِن‌مِن کردن، منّ و من کردن ◘ ۲. زیر لب گفتن

bredouiller une excuse زیرلب معذرت خواستن

bref,brève /bRɛf,bRɛv/ *adj, adv* ۱. کوتاه ۲. مختصر، خلاصه، موجز ◘ ۲. خلاصه

à bref délai در کوتاه مدت، در اندک مدت

en bref به طور خلاصه، خلاصه

Soyez bref. (حرفتان را) خلاصه کنید. کوتاه و خلاصه بگویید.

breloque /bRəlɔk/ *nf* [ساعت، دستبند] آویز

battre la breloque نامنظم کار کردن

brème /bRɛm/ *nf* ماهی سیم

brésilien,enne[1] /bReziljɛ̃,ɛn/ *adj* برزیلی، (مربوط به) برزیل

Brésilien,enne[2] /bReziljɛ̃,ɛn/ *n* اهل برزیل، برزیلی

brésiller /bRezije/ *vt, vi* (1) ۱. ریزریز کردن، خرد کردن ◘ ۲. ریز شدن، خرد شدن

bretelle /bRətɛl/ *nf* ۱. بند ــ [صورت جمع] ۲. بند شلوار

breton,onne[1] /bRətɔ̃,ɔn/ *adj* (مربوط به) بـرُتانی (= ناحیه‌ای در فرانسه)، بـرُتانیایی، بـرُتُن

Breton,onne[2] /bRətɔ̃,ɔn/ *n* اهل برُتانی، برُتانیایی، برُتُن

breuvage /bRœvaʒ/ *nm* نوشیدنی، نوشابه

brève /bRɛv/ *adj. f* → bref,brève

brevet /bRəvɛ/ *nm* ۱. گواهی‌نامه، مدرک، تصدیق ۲. [اختراع] حق انحصاری ۳. تضمین، ضمانت

breveté,e /bRəvte/ *adj, n* ۱. دارای گواهی‌نامه، دارای مدرک ۲. صاحب امتیاز ۳. واجد شرایط

breveter /bRəvte/ *vt* (4) [اختراع] به ثبت رساندن

bréviaire /bRevjɛR/ *nm* کتاب دعا

bribe /bRib/ *nf* خرده، ریزه، ذره، (یک) کم

bric-à-brac /bRikabRak/ *nm. inv* ۱. خرت و پرت، خرده‌ریز، خِنزرپِنزر، آت و آشغال ۲. سمساری

bric et de brac (de) /d(ə)bRikedbRɔk/ *loc. adv* بدون ترتیب، درهم

bricolage /bRikɔlaʒ/ *nm* ۱. امرار معاش با کارهای جزئی ۲. تعمیر موقت، تعمیر جزئی ۳. خرده‌کاری

bricole /bRikɔl/ *nf* ۱. چیز جزئی، خرده‌ریز ۲. چیز ناقابل، هِل پوچ ۳. هیچ و پوچ، مسئلهٔ پیش‌پاافتاده

bricoler /bRikɔle/ *vi, vt* (1) ۱. با کارهای جزئی امرار معاش کردن ۲. تعمیرات جزیی کردن ۳. خرده‌کاری کردن ◘ ۴. موقتاً درست کردن، تعمیر موقت کردن

bricoleur,euse /bRikɔlœR,øz/ *n* تعمیرکار غیرحرفه‌ای

bride /bRid/ *nf* لگام، افسار، دهنه

à bride abattue لگام‌گسیخته، افسارگسیخته

tourner bride ۱. تغییر جهت دادن ۲. تغییر رویه دادن، تغییر عقیده دادن

brider /bʀide/ *vt* (1) ۱. افسار زدن، دهنه زدن ۲. مهار کـردن، کنترل کـردن ۳. فشـار آوردن به

bridge /bʀidʒ/ *nm* (بازی) بریج

bridger /bʀidʒe/ *vi* (3) بریج بازی کردن

bridgeur,euse /bʀidʒœʀ,øz/ *n* بریج‌باز

brièvement /bʀijɛvmɑ̃/ *adv* به اختصار، مختصراً، به طور خلاصه

brièveté /bʀijɛvte/ *nf* ۱. کوتاهی ۲. اختصار، ایجاز

brigade /bʀigad/ *nf* ۱. [ارتش] تیپ ۲. دسته، گروه

brigadier /bʀigadje/ *nm* ۱. [سواره‌نظام، توپخانه] سرجوخه ۲. گروهبان

brigadier général سرتیپ

brigand /bʀigɑ̃/ *nm* ۱. راهزن، دزد مسلح ۲. شیاد، متقلب، آدم نادرست

brigandage /bʀigɑ̃daʒ/ *nm* راهزنی، دزدی مسلحانه

brigue /bʀig/ *nf* [ادبی] خدعه، دسیسه، توطئه، نیرنگ

briguer /bʀige/ *vt* (1) به دنبال (چیزی) بودن، در پی کسب (چیزی) بودن، بـرای (چیزی) سـر و دست شکستن

brillamment /bʀijamɑ̃/ *adv* ۱. عالی ۲. ماهرانه، استادانه

brillant[1],e /bʀijɑ̃,t/ *adj* ۱. درخشان، تابناک ۲. براق، درخشنده ۳. عالی ۴. برجسته، ممتاز ۵. باشکوه، مجلل

brillant[2] /bʀijɑ̃/ *nm* ۱. درخشش، درخشندگی، تلألو، برق ۲. برلیان

brillanter /bʀijɑ̃te/ *vt* (1) ۱. مانند برلیان تراش دادن، مثل برلیان تراشیدن ۲. برق انداختن، براق کردن

brillantine /bʀijɑ̃tin/ *nf* بریانتین (= نوعی روغن سر)

brillantiner /bʀijɑ̃tine/ *vt* (1) بریانتین زدن

briller /bʀije/ *vi* (1) ۱. برق زدن، درخشیدن، براق بودن ۲. جلوه کردن، درخشیدن

Il brille par son absence. جای خالی‌اش احساس می‌شود. جایش خالی است.

Ses yeux brillent de joie. چشمانش از شادی برق می‌زند.

brimade /bʀimad/ *nf* ۱. بدرفتاری با محصلین تازه ۲. آزار، اذیت، بدرفتاری

brimer /bʀime/ *vt* (1) ۱. با محصلین تازه بـدرفتاری کـردن ۲. آزار دادن، اذیت کـردن، بدرفتاری کردن با

brin /bʀɛ̃/ *nm* ۱. تار، رشته ۲. پره، پر

un beau brin de fille یک دختر خوش‌اندام

un brin de کمی، یک کم، یک ذره، یک ریزه، یک جو

brindezingue /bʀɛ̃dzɛ̃g/ *adj* [خودمانی] مست، پاتیل، لول

brindille /bʀɛ̃dij/ *nf* شاخهٔ کوچک، شاخهٔ نازک

bringuebaler /bʀɛ̃gbale/ *vi* (1) جنبیدن، لرزیدن

brinquebaler /bʀɛ̃kbale/ *vi* (1) → bringuebaler

brio /bʀijo/ *nm* مهارت، استادی، چیره‌دستی

brique /bʀik/ *nf, adj. inv* ۱. آجر ۲. قالب ◻ ۳. (به رنگِ) آجری

bouffer des briques چیزی برای خوردن نداشتن، سفرهٔ کسی خالی بودن

briquer /bʀike/ *vt* (1) سابیدن، برق انداختن

briquet /bʀikɛ/ *nm* فندک

briquetage /bʀiktaʒ/ *nm* آجرکاری

briqueter /bʀikte/ *vt* (4) آجرفرش کردن

briqueterie /bʀik(ə)tʀi;bʀikɛtʀi/ *nf* آجرپزی، کوره‌پزخانه

---

a = bas, plat e = blé, jouer ɛ = lait, jouet, merci i = il, lyre o = mot, dôme, eau, gauche ɔ = mort
u = roue y = rue ø = peu œ = peur ə = le, premier ɑ̃ = sans, vent ɛ̃ = matin, plein, lundi
ɔ̃ = bon, ombre ʃ = chat, tache ʒ = je, gilet j = yeux, paille, pied w = oui, nouer ɥ = huile, lui

briquetier /bʀiktje/ *nm*	کارگر کوره‌پزخانه، آجرپز
briquette /bʀikɛt/ *nf*	زغال قالبی
bris /bʀi/ *nm*	[حقوقی] (عمل) شکستن
bris de scellés	شکستن مهر و موم
bris de vitre	شکستن شیشه
brisant /bʀizɑ̃/ *nm*	۱. صخرهٔ ساحلی ۲. کف امواج
brise /bʀiz/ *nf*	نسیم
brisé,e /bʀize/ *adj*	۱. شکسته، منکسر ۲. کوفته، خرد
brise-glace /bʀizglas/ *nm. inv*	(کشتی) یخ‌شکن
brise-lames /bʀizlam/ *nm. inv*	موج‌شکن
briser /bʀize/ *vt, vi* (1)	۱. شکستن ۲. درهم شکستن ۳. خرد کردن ۴. قطع کردن ۵. قطع رابطه کردن ۶. خراب کردن ۷. از بین بردن ۸. از پا درآوردن، خرد کردن، داغون کردن ۹. [امواج] درهم شکستن
briser avec qqn	با کسی قطع رابطه کردن، با کسی به هم زدن
briser toute résistance	هر گونه مقاومت را درهم شکستن
se briser *vp*	۱. شکستن، خرد شدن، ۲. درهم شکستن ۳. [امید، آرزو] بر باد رفتن
brise-soleil /bʀizsɔlɛj/ *nm*	سایبان
brisure /bʀizyʀ/ *nf*	شکستگی، ترک
britannique[1] /bʀitanik/ *adj*	بریتانیایی، (مربوط به) بریتانیا
Britannique[2] /bʀitanik/ *n*	اهل بریتانیا، بریتانیایی
broc /bʀo/ *nm*	تنگ، پارچ
brocante /bʀɔkɑ̃t/ *nf*	خرید و فروش اشیاء دست دوم، سمساری
brocanter /bʀɔkɑ̃te/ *vi, vt* (1)	اجناس دست دوم را معامله کردن
brocanteur,euse /bʀɔkɑ̃tœʀ,øz/ *n*	سمسار
brocart /bʀɔkaʀ/ *nm*	پارچهٔ زربفت، زری
broche /bʀɔʃ/ *nf*	۱. سیخ ۲. میل، میله ۳. سوزن، پین ۴. سنجاق سینه، گل سینه
brochage /bʀɔʃaʒ/ *nm*	زردوزی، خامه‌دوزی، گلدوزی
broché /bʀɔʃe/ *nm*	گلدوزی
brocher /bʀɔʃe/ *vt* (1)	۱. (به طور سطحی) صحافی کردن، جلد کردن ۲. زردوزی کردن، خامه‌دوزی کردن، گلدوزی کردن
brochet /bʀɔʃɛ/ *nm*	اردک ماهی
brochette /bʀɔʃɛt/ *nf*	سیخ
une brochette de	[خودمانی] یک قطار، یک ردیف
brocheur,euse /bʀɔʃœʀ,øz/ *n, adj*	صحاف
brochure /bʀɔʃyʀ/ *nf*	۱. بروشور، دفترچه (راهنما) ۲. نقش زردوزی‌شده، نقش گلدوزی‌شده
brodequin /bʀɔdkɛ̃/ *nm*	پوتین
broder /bʀɔde/ *vt* (1)	۱. برودری‌دوزی کردن، گلدوزی کردن، قلاب‌دوزی کردن، سوزن‌دوزی کردن ۲. شاخ و برگ دادن، آب و تاب دادن
broderie /bʀɔdʀi/ *nf*	برودری‌دوزی، گلدوزی، قلاب‌دوزی، سوزن‌دوزی
brodeur,euse /bʀɔdœʀ,øz/ *n*	برودری‌دوز، قلاب‌دوز، گلدوز
broiement /bʀwamɑ̃/ *nm*	۱. (عمل) خرد کردن ۲. له کردن
brome /bʀom/ *nm*	[شیمی] بُرم
bromure /bʀɔmyʀ/ *nm*	[شیمی] برومور
bronche /bʀɔ̃ʃ/ *nf*	نایژه، برونش
broncher /bʀɔ̃ʃe/ *vi* (1)	۱. سکندری خوردن ۲. اشتباه کردن، قدم عوضی برداشتن ۳. واکنش نشان دادن، عکس‌العملی از خود نشان دادن
sans broncher	بدون مخالفت کردن، بدون حرف
bronchiole /bʀɔ̃ʃjɔl/ *nf*	نایژک
bronchite /bʀɔ̃ʃit/ *nf*	التهاب نایژه، برونشیت
bronchiteux,euse /bʀɔ̃ʃitø,øz/ *adj, n*	مبتلا به برونشیت

broncho-pulmonaire /bʀɔ̃kɔpylmɔnɛʀ/ *adj* (مربوط به) نایژه و شش، نایژه‌ای ـ ششی

bronzage /bʀɔ̃zaʒ/ *nm* ۱. (عمل) برنزه کردن ۲. روکش برنز کردن

bronze /bʀɔ̃z/ *nm* ۱. برنز، مفرغ ۲. شیء برنزی، مجسمهٔ برنز

bronzé,e /bʀɔ̃ze/ *adj* برنزه، آفتاب‌سوخته

bronzer /bʀɔ̃ze/ *vt* (1) ۱. برنزه کردن ۲. به رنگ برنز درآوردن ۳. روکش برنز کردن، با برنز پوشاندن

brossage /bʀɔsaʒ/ *nm* ۱. (عمل) بُرس زدن ۲. ماهوت‌پاک‌کن زدن ۳. نقاشی با قلم‌مو

brosse /bʀɔs/ *nf* ۱. بُرس ۲. قلم‌مو

brosse à chaussures برس کفش

brosse à cheveux برس سر، برس

brosse à dents مسواک

brosse à habits ماهوت‌پاک‌کن، برس

donner un coup de brosse à son pantalon شلوار خود را ماهوت پاک‌کن زدن

brosser /bʀɔse/ *vt* (1) ۱. برس زدن ۲. ماهوت‌پاک‌کن زدن، برس کشیدن ۳. با قلم‌مو کشیدن

se brosser *vp* ۱. (دندان‌های خود را) مسواک زدن ۲. لباس خود را ماهوت‌پاک‌کن زدن

brosserie /bʀɔsʀi/ *nf* برس‌سازی

brou /bʀu/ *nm* [گردو، فندق، ...] پوست، پوستهٔ سبز

brouet /bʀuɛ/ *nm* ۱. [عامیانه] آب زیپو ۲. [قدیمی] سوپ، آش

brouette /bʀuɛt/ *nf* فرقون، چرخ‌دستی

brouetter /bʀuete/ *vt* (1) با فُرقون حمل کردن، با چرخ‌دستی بردن

brouhaha /bʀuaa/ *nm* همهمه، ولوله، هیاهو، سر و صدا، جار و جنجال

brouillage /bʀujaʒ/ *nm* [رادیو، تلویزیون] پارازیت

brouillard /bʀujaʀ/ *nm* ۱. مِه ۲. [تجارت] دفتر روزنامه

brouille /bʀuj/ *nf* ۱. کدورت، دلخوری، رنجش ۲. قهر

brouiller /bʀuje/ *vt* (1) ۱. (به) هم زدن، قاطی کردن، مخلوط کردن ۲. بُـر زدن ۳. مـختل کردن ۴. مغشوش کردن ۵. تار کردن، کدر کردن ۶. پارازیت انداختن ۷. میانه (دو یا چند نفر را) به هم زدن، روابط (دو یا چند نفر را) تیره کردن

brouiller des œufs تخم‌مرغ‌ها را (به هم) زدن

brouiller les cartes ورق‌ها را بُر زدن

se brouiller *vp* ۱. مختل شدن ۲. [هوا] بد شدن ۳. قهر کردن، میانه (کسی با کسی) به هم خوردن

Le temps se brouille. هوا دارد خراب می‌شود.

brouillon[1],onne /bʀujɔ̃,ɔn/ *adj, n* بی‌نظم و ترتیب، نامنظم، بی‌انظباطی

brouillon[2] /bʀujɔ̃/ *nm* چرکنویس

broussaille /bʀusaj/ *nf* خارزار، بوته‌زار

cheveux en broussaille موهای پرپشت و ژولیده

broussailleux,euse /bʀusajø,øz/ *adj* ۱. پُـر از خـار، خـارزار، بـوته‌زار ۲. پـرپشت و ژولیده، درهم برهم

brousse /bʀus/ *nf* بوته‌زار، بیشه

brouter /bʀute/ *vi* (1) چریدن

broutille /bʀutij/ *nf* چیز جزئی، چیز بی‌ارزش، مسئلهٔ کم‌اهمیت، هیچ و پوچ

browning /bʀoniŋ;bʀawniŋ/ *nm* [اسلحه] براونینگ

broyer /bʀwaje/ *vt* (8) ۱. خرد کردن ۲. ساییدن، پودر کردن ۳. له کردن ۴. آسیا کردن

broyer du noir زانوی غم بغل گرفتن

bru /bʀy/ *nf* عروس

bruant /bʀyɑ̃/ *nm* [پرنده] زرده‌پره

brucelles /bʀysɛl/ *nf.pl* انبرک، پنس

bruine /bʀɥin/ *nf* باران‌ریزه، رَش، نم‌نمِ باران

bruiner /bRɥine/ *v. impers* (1) نم‌نم باریدن، نم‌نم باران آمدن

bruineux,euse /bRɥinø,øz/ *adj* بارانی

bruire /bRɥiR/ *vi* (2) ۱. خش‌خش کردن ۲. زمزمه کردن

bruissement /bRɥismɑ̃/ *nm* ۱. خش‌خش ۲. زمزمه

bruit /bRɥi/ *nm* ۱. صدا، سر و صدا ۲. هیاهو، جنجال ۳. شایعه، خبر

faire du bruit ۱. صدا کردن، سر و صدا کردن ۲. جنجال به پا کردن، هیاهو به راه انداختن

répandre un bruit شایعه‌پراکنی کردن، شایعه پخش کردن، چُو انداختن

brûlage /bRylaʒ/ *nm* (عمل) سوزاندن

brûlant,e /bRylɑ̃,t/ *adj* ۱. داغ ۲. سوزان، آتشین ۳. پرشور، پرحرارت، پرهیجان

brûlé[1]**,e** /bRyle/ *adj* ۱. سوخته ۲. لورفته ۳. بدنام، بی‌اعتبار

brûlé[2] /bRyle/ *nm* بوی سوختگی

Ça sent le brûlé. ۱. بوی سوختگی میاد. ۲. هوا پَسه.

brûle-gueule /bRylgœl/ *nm. inv* پیپ دسته‌کوتاه

brûle-pourpoint (à) /abRylpuRpwɛ̃/ *loc. adv* به طور ناگهانی، ناگهان، یک‌دفعه، یکهو

brûler /bRyle/ *vt, vi* (1) ۱. سوزاندن ۲. آتش زدن ۳. مصرف کردن ۴. [ایستگاه، چراغ قرمز، ...] رد کردن، بدون توقف گذشتن از، توقف نکردن در ◻ ۵. سوختن

brûler le feu rouge چراغ قرمز را رد کردن

brûler les étapes تند رفتن، عجله کردن

brûler sa dernière cartouche آخرین تیر را رها کردن، آخرین برگ را رو کردن

se brûler *vp* خود را سوزاندن

se brûer les doigts دست خود را سوزاندن، دست (کسی) سوختن

La fumeé me brûle les yeux. دودچشمانم را می‌سوزاند.

brûlure /bRylyR/ *nf* ۱. سوختگی ۲. جای سوختگی ۳. سوزش

brumaire /bRymɛR/ *nm* برومِر (= دومین ماهِ تقویم انقلاب فرانسه)

brume /bRym/ *nf* مِه (رقیق)

brumeux,euse /bRymø,øz/ *adj* ۱. مه‌آلود، مه‌گرفته ۲. مبهم، تاریک، گنگ

brun[1]**,e** /bRɛ̃,yn/ *adj* ۱. (به رنگِ) قهوه‌ای ۲. سبزه، سبزه‌رو، موخرمایی ۳. خرمایی ۴. برنزه

brun[2] /bRɛ̃/ *nm* (رنگ) قهوه‌ای

brunâtre /bRynatR/ *adj* مایل به قهوه‌ای

brune /bRyn/ *nf* شامگاه، غروب

brunette /bRynɛt/ *nf* دختر سبزه‌رو، دختر موخرمایی

brunir /bRyniR/ *vt, vi* (2) ۱. قهوه‌ای کردن ۲. برنزه کردن ۳. صیقل دادن، پرداخت کردن ◻ ۴. قهوه‌ای شدن ۵. برنزه شدن

brunissage /bRynisaʒ/ *nm* صیقل‌کاری، پرداخت

brushing /bRœʃiŋ/ *nm* [آرایشگری] براشینگ

brusque /bRysk/ *adj* ۱. خشن، تند، زننده ۲. ناگهانی، غیرمنتظره، غیرمترقبه

brusquement /bRyskəmɑ̃/ *adv* ناگهان، به طور ناگهانی، یک‌دفعه، یکهو

brusquer /bRyske/ *vt* (1) ۱. تندی کردن با، با خشونت رفتار کردن با ۲. با عجله انجام دادن، تسریع کردن، شتاب کردن در

attaque brusquée حملهٔ ناگهانی، حملهٔ غافلگیرانه

brusquerie /bRyskəRi/ *nf* ۱. خشونت، تندی، بدرفتاری ۲. شتابزدگی

brut,e /bRyt/ *adj* ۱. خام، تصفیه‌نشده ۲. ناخالص ۳. ناپخته، ناپرورده

diamant brut الماس نتراشیده

pétrole brut نفت خام

poids brut وزن ناخالص (= وزن با ظرف)

brutal,e,aux /bRytal,o/ *adj* ۱. وحشی، بی‌رحم ۲. خشن، تند ۳. وحشیانه، بی‌رحمانه ۴.

141 **buissonneux,euse**

bûcher[1] /byʃe/ *nm* ۱. انبار هیزم ۲. تل هیزم ۳. چوبهٔ مرگ (= محلی که در قدیم محکومان را به آن می‌بستند و می‌سوزاندند.)

bûcher[2] /byʃe/ *vt* (1) ۱. [عامیانه] (به کاری) چسبیدن، (کاری را) دنبال کردن ۲. سخت کار کردن، جان کندن

bûcheron,onne /byʃRɔ̃,ɔn/ *n* هیزم‌شکن

bûchette /byʃɛt/ *nf* خرده‌چوب، تکه‌چوب

bûcheur,euse /byʃœR,øz/ *n, adj* ۱. (آدم) پرکار، سخت‌کوش، کوشا ۲. درس‌خوان

bucolique /bykɔlik/ *adj, nf* ۱. چوپانی، شبانی ۲. روستایی ◙ ۳. شعر شبانی

budget /bydʒɛ/ *nm* ۱. بودجه ۲. دخل و خرج

budgétaire /bydʒetɛR/ *adj* بودجه‌ای، (مربوط به) بودجه

budgéter /bydʒete/ *vt* (6) → budgétiser

budgétisation /bydʒetizasjɔ̃/ *nf* گنجاندن در بودجه

budgétiser /bydʒetize/ *vt* (1) در بودجه گنجاندن

buée /bɥe/ *nf* [روی شیشه و غیره] بخار

buffet /byfɛ/ *nm* ۱. قفسهٔ ظروف، بوفه ۲. کابینت ۳. میز غذا ۴. اغذیه‌فروشی، بوفه ۵. غذا ۶. [عامیانه] شکم

Il n'avait rien dans le buffet. شکمش خالی است.

buffle /byfl/ *nm* ۱. گاومیش، بوفالو ۲. پوست گاومیش، پوست بوفالو

bufflon /byflɔ̃/ *nm* بچه گاومیش

bufflonne /byflɔn/ *nf* گاومیش ماده

buis /bɥi/ *nm* ۱. شمشاد ۲. چوب شمشاد

buisson /bɥisɔ̃/ *nf* ۱. بوته ۲. درختچه

buissonneux,euse /bɥisɔnø,øz/ *adj* بوته‌زار

شدید، سخت ۵. ناخوشایند، نامطبوع، تلخ ۶. رک، بی‌پرده، صریح

brutalement /bRytalmɑ̃/ *adv* ۱. وحشیانه، بی‌رحمانه ۲. تند، با خشونت

brutaliser /bRytalize/ *vt* (1) وحشیانه رفتار کردن با، با خشونت رفتار کردن با، بدرفتاری کردن با

brutalité /bRytalite/ *nf* ۱. وحشیگری ۲. خشونت، تندی، بدرفتاری، شدت

brute /bRyt/ *nf* ۱. حیوان ۲. (آدمِ) نفهم، بی‌شعور، احمق، ابله ۳. وحشی

bruyamment /bRɥijamɑ̃/ *adv* ۱. با صدای بلند، بلند ۲. با سر و صدا، با هیاهو، با جار و جنجال

bruyant,e /bRɥijɑ̃,t/ *adj* پرسر و صدا، پرهیاهو، شلوغ

bruyère /bRy(ɥi)jɛR/ *nf* ۱. خلنگ، خاربُن، علف جارو ۲. خلنگزار

bryologie /bRijɔlɔʒi/ *nf* خزه‌شناسی

bu,e /by/ *part. passé* [اسم مفعول فعلِ boire]

buanderie /bɥ(y)ɑ̃dRi/ *nf* ۱. [در منزل] محل لباس‌شویی ۲. [در کانادا] (مغازه) لباس‌شویی

buccal,e,aux /bykal,o/ *adj* دهانی، (مربوط به) دهان

bucco-dentaire /bykodɑ̃tɛR/ *adj* (مربوط به) دهان و دندان، دهانی-دندانی

bûche /byʃ/ *nf* ۱. هیزم، هیمه، کُنده ۲. خنگ، کله‌پوک

bûche de Noël ۱. کندهٔ کریسمس (= کندهٔ درختی که در شب کریسمس داخل شومینه می‌اندازند.) ۲. رولت کریسمس (= نوعی شیرینی رولت به شکل کندهٔ درخت که برای شب کریسمس درست می‌کنند.)

ramasser une bûche [خودمانی] نقش بر زمین شدن، رو زمین ولو شدن

buissonnière /bɥisɔnjɛʀ/ *adj. f,* **faire l'école buissonnière** از مدرسه جیم شدن، به جای مدرسه پی گردش رفتن

bulbe /bylb/ *nf* پیاز (گل)

bulbe rachidienne بصل‌النخاع، پیاز مغز تیره

bulbeux,euse /bylbø,øz/ *adj* پیازی، پیازدار

bulldozer /buldozœʀ/ *nm* بولدوزر

bulgare[1] /bylgaʀ/ *adj* بلغار، (مربوط به) بلغارستان

Bulgare[2] /bylgaʀ/ *n* اهل بلغارستان، بلغار

bulle[1] /byl/ *nf* ۱. حباب ۲. قُل‌قُل ۳. کف ۴. تاول

bulle[2] /byl/ *nf* فرمان پاپ

bulletin /byltɛ̃/ *nm* ۱. اطلاعیه ۲. کارنامه ۳. گزارش خبری ۴. خبرنامه

bulletin de vote برگهٔ رأی، ورقهٔ رأی

bulletin météorologique گزارش هواشناسی

bureau /byʀo/ *nm* ۱. میزکار، میزتحریر ۲. دفترکار، دفتر ۳. اداره ۴. هیئت مدیره ۵. هیئت

bureau de poste پستخانه، دفتر پست، ادارهٔ پست

bureaucrate /byʀokʀat/ *n* ۱. دیوان‌سالار ۲. (کارمند) پشت‌میزنشین، (کارمند) کاغذباز

bureaucratie /byʀokʀasi/ *nf* ۱. دیوان‌سالاری ۲. دستگاه اداری ۳. تشریفات اداری، کاغذبازی

bureaucratique /byʀokʀatik/ *adj* ۱. اداری ۲. مقرراتی، خشک

burette /byʀɛt/ *nf* ۱. تُنگ (کوچک) ۲. [شیمی] بورِت ۳. روغن‌دان

burin /byʀɛ̃/ *nm* قلم حکاکی، مُغار

burinage /byʀinaʒ/ *nm* حکاکی

buriné,e /byʀine/ *adj* ۱. [صورت] پرچین و چروک ۲. [چین و چروک] عمیق

buriner /byʀine/ *vt* (1) کنده‌کاری کردن، حکاکی کردن

burlesque /byʀlɛsk/ *adj* طنزآمیز، مضحک، خنده‌دار، مسخره

burnous /byʀnu(s)/ *nm* بُرنُس، رَدا

bus /bys/ *nm* اتوبوس

busard /byzaʀ/ *nm* [پرنده] سُنقُر

buse /byz/ *nf* [پرنده] سارگپه

business /biznɛs/ *nm* ۱. کار و کاسبی، کسب و کار ۲. [قدیمی] کار ۳. [قدیمی] مسئله، قضیه ۴. چیز

busqué,e /byske/ *adj* [بینی] خمیده، عقابی

buste /byst/ *nm* ۱. بالاتنه ۲. مجسمهٔ نیم‌تنه، پیکرهٔ بالاتنه

bustier /bystje/ *nm* کرست بلند

but /byt/ *nm* ۱. هدف، نشانه، آماج ۲. قصد، هدف، مقصود، منظور، غایت ۳. [ورزش] دروازه ۴. [ورزش] گُل

dans le but de به قصدِ، به منظورِ، به هدفِ

de but en blanc به طور ناگهانی، ناگهان، یک‌دفعه، بی‌مقدمه، یکهو

errer sans but بی‌هدف گشتن، بی‌هدف پرسه زدن

gagner (par) trois buts à un (بازی را) سه بر یک بردن

gardien de but دروازه‌بان

manquer le but به هدف نزدن، به نشانه نزدن

toucher/atteindre le but به هدف زدن، به نشانه زدن

butane /bytan/ *nm* [گاز] بوتان

buté,e /byte/ *adj* لجوج، لجباز، یک‌دنده، قُد، کله‌شق

buter[1] /byte/ *vi, vt* (1) ۱. برخورد کردن (با)، برخوردن (به) ۲. روبرو شدن (با)، مواجه شدن (با)، برخوردن (به) ۳. تکیه کردن (به)، تکیه دادن (به)

se buter *vp* ۱. برخورد کردن، خوردن ۲. روبرو شدن، مواجه شدن، برخوردن ۳. لجاجت کردن، لجبازی کردن

buter[2] /byte/ *vt* (1) [خودمانی] سر (کسی را) زیر آب کردن، دخل (کسی را) آوردن، کلک (کسی را) کندن

butin /bytɛ̃/ *nm* ۱. غنائم جنگی ۲. اموال

دزدی، اموال مسروقه، اشیاء ربوده‌شده ۳. دستاورد، حاصل، نتیجه

butiner /bytine/ *vi* (1) ۱. گرده‌برداری کردن، جمع‌آوری کردن، به دست آوردن، کسب کردن ۲. (به) غنیمت گرفتن

butoir /bytwaʀ/ *nm* لاستیک پای در، زیردری

butor /bytɔʀ/ *nm* ۱. [پرنده] بوتیمار ۲. آدم بی‌نزاکت

butte /byt/ *nf* تَل، تپهٔ کوچک

être en butte à ... در معرض ... بودن، روبرو بودن با

butter /byte/ *vt* (1) → buter[2]

butyreux,euse /bytiʀø,øz/ *adj* کَره‌مانند، کَره‌ای

buvable /byvabl/ *adj* آشامیدنی، قابل نوشیدن

buvard /byvaʀ/ *nm* (کاغذِ) خشک‌کن

buvette /byvɛt/ *nf* [در اماکن عمومی] بار، کافه

buveur,euse /byvœʀ,øz/ *adj, n* ۱. مشروب‌خور، عرق‌خور، شراب‌خوار ۲. [در ترکیب] -خور

buveur de biére آبجوخور

bye! /baj/ *interj* → bye!-bye!

bye!-bye! /bajbaj/ *interj* [عامیانه] بای‌بای، خداحافظ

byzantin,e /bizɑ̃tɛ̃,in/ *adj* بیزانسی، (مربوط به) بیزانس

a = bas, plat e = blé, jouer ɛ = lait, jouet, merci i = il, lyre o = mot, dôme, eau, gauche ɔ = mort
u = roue y = rue ø = peu œ = peur ə = le, premier ɑ̃ = sans, vent ɛ̃ = matin, plein, lundi
ɔ̃ = bon, ombre ʃ = chat, tache ʒ = je, gilet j = yeux, paille, pied w = oui, nouer ɥ = huile, lui

C,c

C,c /se/*nm* ۱. سِ (= سومین حرف الفبای فرانسه) ۲. [عددنویسی رومی] صد

c' /s/*pron. dém* → ce[1]

ça /sa/*pron. dém* [خودمانی] این

à part ça به‌جز این، سوای این

Ça par exemple! واقعاً که!

C'est ça همین طوره، این طوره، اینه، درسته

Comment ça va? حالت چطوره؟ چطوری؟

çà /sa/*adv* [قدیمی] اینجا

çà et là اینجا و آنجا، همه جا، هر طرف

cabale[1] /kabal/*nf* ۱. دسیسه، توطئه، دوز و کلک، پاپوش ۲. توطئه‌گران

cabale[2] /kabal/*nf* ۱. تفسیر عرفانی و استعاری تورات ۲. جادوجنبل

cabaler /kabale/*vi* (1) توطئه کردن، دسیسه چیدن، دوز و کلک سوار کردن

cabalistique /kabalistik/*adj* ۱. سحرآمیز، جادویی ۲. اسرارآمیز، مرموز، رمزآلود ۳. (مربوط به) تفسیر تورات

cabane /kaban/*nf* ۱. کلبه، آلونک، کومه ۲. لانه ۳. [خودمانی] هُلفدونی، زندان

cabane à lapins لانهٔ خرگوش

mettre en cabane تو هلفدونی انداختن

cabanon /kabanɔ̃/*nm* ۱. آلونک، کلبه ۲. [بیمارستان روانی] اتاق بیمار تحریکاتی

cabaret /kabaʀɛ/*nm* ۱. کاباره ۲. [قدیمی] مشروب‌فروشی، میخانه

cabaretier,ère /kabaʀtje,ɛʀ/*n* [قدیمی] میخانه‌چی، میخانه‌دار

cabas /kaba/*nm* ساک، زنبیل

cabine /kabin/*nf* کابین، جایگاه

cabine de bain رختکن حمام

cabine de pilotage کابین خلبان

cabine téléphonique باجهٔ تلفن، کیوسک تلفن

cabinet /kabinɛ/*nm* ۱. اتاقک ۲. دفتر کار، دفتر ۳. [قفسه] بوفه ۴. هیئت دولت، کابینه ـ[صورت جمع] ۵. توالت، دست‌شویی، مستراح

câblage /kablaʒ/*nm* ۱. کابل‌سازی ۲. ریسمان‌بافی، طناب‌بافی ۳. سیم‌کشی ۴. مخابرهٔ تلگرام، تلگراف زدن

câble /kabl/*nm* ۱. کابل ۲. سیم ۳. تلگرام، تلگراف

envoyer un câble تلگراف زدن

câbler /kable/*vt* (1) ۱. کابل درست کردن ۲. ریسمان بافتن ۳. سیم‌کشی کردن ۴. تلگراف زدن، تلگراف کردن، تلگراف فرستادن

câblerie /kabləʀi/*nf* کابل‌سازی

câblier /kablije/*nm* ۱. کابل‌ساز ۲. کشتی کابل‌کشی

cabochard,e /kabɔʃaʀ,d/*adj, n* لجوج، لجباز، قُد، یک‌دنده

caboche /kabɔʃ/ *nf* [خودمانی] کله
cabosser /kabɔse/ *vt* (1) قُر کردن
cabot¹ /kabo/ *nm* [عامیانه] سگ
cabot² /kabo/ *nm* [خودمانی] سرجوخه
cabot³ /kabo/ *nm* → cabotin
cabotage /kabɔtaʒ/ *nm* کشتیرانی ساحلی
caboter /kabɔte/ *vi* (1) (نزدیک ساحل) راندن
caboteur /kabɔtœʀ/ *nm* کشتی ساحلی
cabotin,e /kabɔtɛ̃,in/ *n* ۱. هنرپیشهٔ بد، بازیگر بی‌استعداد ۲. [نمایش] لوده ۳. (آدم) متظاهر، خودنما
cabotinage /kabɔtinaʒ/ *nm* خودنمایی، تظاهر، جلب توجه
cabotiner /kabɔtine/ *vi* (1) خودنمایی کردن، جلب توجه کردن
caboulot /kabulo/ *nm* [قدیمی، خودمانی] کافهٔ بدنام
cabrer /kabʀe/ *vt* (1) ۱. [حیوانات، به ویژه اسب] روی دو پا بلند کردن ۲. تحریک کردن، شوراندن
se cabrer *vp* ۱. روی دو پا بلند شدن ۲. طغیان کردن، شورش کردن، برآشفتن
cabri /kabʀi/ *nm* بزغاله
cabriole /kabʀijɔl/ *nf* جست و خیز، ورجه‌وورجه
cabrioler /kabʀijɔle/ *vi* (1) جست و خیز کردن، ورجه‌وورجه کردن
cabriolet /kabʀijɔlɛ/ *nm* ۱. درشکه (دوچرخ) ۲. اتومبیل کروکی
caca /kaka/ *nm* ۱. [زبان کودکان] اَه، اَیی (= مدفوع) ۲. چیز گند، چیز چرت، مزخرف
caca d'oie زرد مایل به سبز
cacahouète /kakawɛt/ *nf* بادام زمینی، پسته شام
cacahuète /kakawɛt/ *nf* → cacahouète
cacao /kakao/ *nm* کاکائو
cacaotier /kakaotje/ *nm* → cacaoyer

cacaoyer /kakaoje/ *nm* درخت کاکائو
cacarder /kakaʀde/ *vi* (1) [غاز] صدا کردن
cachalot /kaʃalo/ *nm* ماهی عنبر
cache /kaʃ/ *nf* مخفیگاه
cache-cache /kaʃkaʃ/ *nm. inv* (بازی) قایم‌موشک، قایم‌باشک
cache-col /kaʃkɔl/ *nm. inv* شال‌گردن
cachemire /kaʃmiʀ/ *nm* (پارچه) کشمیر
cache-nez /kaʃne/ *nm. inv* شال‌گردن
cacher /kaʃe/ *vt* (1) ۱. پنهان کردن، مخفی کردن، قایم کردن ۲. جلوی (چیزی) را گرفتن، مانع دیدن (چیزی) شدن، روی (چیزی) را پوشاندن ۳. بروز ندادن، نشان ندادن، رو نکردن، نگفتن
cacher la vérité حقیقت را بازگو نکردن، حقیقت را کتمان کردن
Cet arbre cache la vue. این درخت مانع دید است. این درخت جلوی دید را می‌گیرد.
Je ne vous cache pas que... (از شما) کتمان نمی‌کنم که...، از شما چه پنهان...
se cacher *vp* پنهان شدن، مخفی شدن، قایم شدن، خود را پنهان کردن، خود را مخفی کردن
cache-radiaeur /kaʃʀadjatœʀ/ *nm. inv* روشوفاژی
cache-sexe /kaʃsɛks/ *nm. inv* شورت بندی
cachet /kaʃɛ/ *nm* ۱. [داروسازی] کاشه ۲. قرص ۳. مُهر ۴. مهر و موم، لاک و مهر ۵. نشان، ویژگی ۶. [بازیگری، نوازندگی] دستمزد
cachetage /kaʃtaʒ/ *nm* ۱. (عمل) مُهر کردن ۲. مهر و موم کردن
cacheter /kaʃte/ *vt* (4) ۱. مهر کردن، مهر زدن ۲. مهر و موم کردن، لاک و مهر کردن
cachette /kaʃɛt/ *nf* مخفیگاه، نهانگاه
en cachette پنهانی، نهانی، در خفا، یواشکی
en cachette de qqn پنهان از کسی، دور از چشم کسی

cachot /kaʃo/ *nm* ۱. سیاهچال ۲. زندان انفرادی

cachotterie /kaʃɔtʀi/ *nf* ۱. پنهان کردن مسائل جزئی، کتمان جزئیات ۲. کار پنهان، پنهان‌کاری ۳. راز پیش‌پاافتاده، سرّ کوچک

cacophonie /kakɔfɔni/ *nf* ۱. تنافر آوایی ۲. صداهای نابهنجار

cactacées /kaktase/ *nf. pl* → cactées

cactées /kakte/ *nf. pl* کاکتوسیان

cactus /kaktys/ *nm* ۱. کاکتوس ۲. مشکل، مسئله، گیر

c.-à-d. /setadiʀ/ *loc. adv* → c'est-à-dire

cadastral,e,aux /kadastʀal,o/ *adj* (مربوط به) ممیزی زمین

cadastre /kadastʀ/ *nm* ۱. ممیزی زمین ۲. دفتر ثبت املاک ۳. نقشهٔ املاک

cadastrer /kadastʀe/ *vt* (1) ممیزی و ثبت کردن

cadavéreux,euse /kadaveʀø,øz/ *adj* ۱. (مربوط به) جسد، مرده ۲. نزار، رنجور

cadavérique /kadaveʀik/ *adj* → cadavéreux,euse

cadavre /kadavʀ/ *nm* ۱. جسد، نعش، جنازه ۲. بطری خالی، قوطی خالی

cadeau /kado/ *nm* هدیه، کادو، چشم‌روشنی، پیشکش، تعارفی، تحفه

faire un cadeau à qqn به کسی هدیه دادن، به کسی کادو دادن

cadenas /kadna/ *nm* قفلِ آویز، قفل

cadenasser /kadnase/ *vt* (1) قفل زدن به، قفل کردن

cadence /kadɑ̃s/ *nf* ۱. آهنگ، ریتم ۲. [شعر] وزن ۳. روند ۴. [موسیقی] کادانس

en cadence موزون، هماهنگ، منظم

cadencé,e /kadɑ̃se/ *adj* موزون، هماهنگ، منظم

cadencer /kadɑ̃se/ *vt* (3) ۱. آهنگ دادن، ریتم دادن ۲. موزون کردن، هماهنگ کردن، منظم کردن

cadet,ette /kadɛ,ɛt/ *adj, n* ۱. کوچک‌تر ۲. فرزند کوچک‌تر ۳. برادر کوچک‌تر، خواهر کوچک‌تر ۴. کوچک‌ترین فرزند ۵. کوچک‌ترین فرد، کوچک‌ترین عضو

C'est le cadet de mes soucis. اصلاً فکرش را نمی‌کنم. باکیم نیست.

Il est mon cadet de deux ans. او دو سال کوچک‌تر از من است.

cadi /kadi/ *nm* حاکم شرع

cadmium /kadmjɔm/ *nm* کادمیوم (= نوعی فلز سفیدرنگ)

cadrage /kadʀaʒ/ *nm* (عمل) وسط کادر قرار دادن

cadran /kadʀɑ̃/ *nm* ۱. [ساعت، کنتور، ...] صفحه ۲. [تلفن] شماره‌گیر

cadre /kadʀ/ *nm* ۱. چارچوب ۲. قاب ۳. بدنه، اسکلت ۴. قالب ۵. زمینه، محدوده ۶. محیط ۷. افسر ۸. [ارتش] کادر ۹. مدیر، گرداننده ــ [صورت جمع] ۱۰. مدیران، گردانندگان

dans le cadre de در چارچوبِ، در حوزهٔ، در محدودهٔ

être rayé des cadres از کار برکنار شدن

cadrer /kadʀe/ *vi, vt* (1) ۱. مطابقت داشتن، سازگار بودن، جور بودن، خواندن، تناسب داشتن ۲. وسط کادر قرار دادن، وسط قرار دادن، در جای درست قرار دادن

cadreur /kadʀœʀ/ *nm* فیلم‌بردار، متصدی دوربین

caduc,caduque /kadyk/ *adj* ۱. کهنه، قدیمی ۲. منسوخ ۳. باطل

arbre à feuilles caduques درخت برگ‌ریز

caducité /kadysite/ *nf* ۱. کهنگی، قدمت ۲. باطل بودن

cæcal,e,aux /sekal,o/ *adj* (مربوط به) رودهٔ کور

cæcum /sekɔm/ *nm* رودهٔ کور

cailllouteux,euse

cafard¹,e /kafaʀ,d/ *adj, n* ۱. ریاکار، دورو، مزور ۲. خبرچین، جاسوس

cafard² /kafaʀ/ *nm* سوسک
  avoir le cafard افسرده بودن، غمگین بودن، دلتنگ بودن، ناراحت بودن

cafardage /kafaʀdaʒ/ *nm* خبرچینی، جاسوسی

cafarder¹ /kafaʀde/ *vi, vt* (1) خبرچینی کردن، جاسوسی کردن

cafarder² /kafaʀde/ *vi* (1) افسرده بودن، غمگین بودن، دلتنگ شدن، ناراحت بودن

cafardeur,euse¹ /kafaʀdœʀ,øz/ *n* خبرچین، جاسوس

cafardeux,euse² /kafaʀdœʀ,øz/ *n* ۱. افسرده، دلتنگ، غمگین ۲. غم‌انگیز، دلگیر، اندوه‌بار، ملال‌آور

café /kafe/ *nm* ۱. [دانه، پودر، نوشیدنی] قهوه ۲. کافه
  café au lait شیرقهوه
  café noir قهوهٔ بدون شیر
  faire du café قهوه درست کردن
  tasse à café (فنجان) قهوه‌خوری

café-concert /kafekɔ̃sɛʀ/ *nm* کافه (دارای ارکستر)

caféier /kafeje/ *nm* درخت قهوه

caféine /kafein/ *nf* کافئین

cafétéria /kafeteʀja/ *nf* کافه‌تریا، تریا

cafetier /kaftje/ *nm* صاحب کافه، کافه‌چی

cafetière /kaftjɛʀ/ *nf* ۱. قهوه‌جوش ۲. [عامیانه] کله

cage /kaʒ/ *nf* ۱. قفس ۲. [فوتبال] دروازه ۳. محفظه، جعبه ۴. زندان
  cage thoracique قفسهٔ سینه
  mettre en cage ۱. در قفس انداختن ۲. زندانی کردن، (به) زندان انداختن

cageot /kaʒo/ *nm* صندوق (میوه)

cagna /kaɲa/ *nm* [قدیمی] کلبه، آلونک

cagnotte /kaɲɔt/ *nf* [قمار، قرعه‌کشی، ...] صندوق

cagot,e /kago,t/ *adj, n* ۱. ریاکار، دورو، مزور ۲. زهدفروش ۳. ریاکارانه، مزورانه

cahier /kaje/ *nm* ۱. دفتر، دفترچه ۲. یادداشت روزانه ۳. نشریه
  cahier des charges مجموعهٔ شرایط و مواد قرارداد

cahin-caha /kaɛ̃kaa/ *loc. adv* نه چندان خوب، یک‌جوری، به زحمت

cahot /kao/ *nm* تکان

cahotant,e /kaɔtɑ̃,t/ *adj* ناهموار، پردست‌انداز، پرچاله‌چوله

cahoter /kaɔte/ *vt, vi* (1) ۱. تکان دادن، بالا و پایین پراندن ۲. تکان خوردن، تکان‌تکان خوردن، بالا و پایین پریدن

cahoteux,euse /kaɔtø,øz/ *adj* ناهموار، پردست‌انداز

cahute /kayt/ *nf* ۱. کلبه، آلونک ۲. کلبه‌خرابه

caïd /kaid/ *nm* رئیس، سرکرده، سردسته

caille /kaj/ *nf* بلدرچین

cailler /kaje/ *vt, vi* (1) ۱. منعقد کردن، دلمه کردن، لخته کردن ۲. [شیر] براندن ۳. [خودمانی] (از سرما) یخ زدن

caillette /kajɛt/ *nf* شیردان

caillot /kajo/ *nm* لختهٔ خون، لخته

caillou /kaju/ *nm* ۱. شن، سنگ‌ریزه، ریگ ۲. [عامیانه] الماس ۳. [عامیانه] کَله

cailloutage /kajutaʒ/ *nm* شن‌ریزی، سنگ‌ریزی

caillouter /kajute/ *vt* (1) شن‌ریزی کردن، سنگ‌ریزی کردن

caillouteux,euse /kajutø,øz/ *adj* ۱. شنی، شنزار ۲. سنگلاخ

cailloutis

cailloutis /kajuti/ *nm*	شن
caïman /kaimã/ *nm*	تمساح آمریکایی
caïque /kaik/ *nm*	قایق
caisse /kɛs/ *nf*	۱. [برای حمل کالا] صندوق ۲. جعبه ۳. [حسابداری] صندوق ۴. موجودی (صندوق) ۵. [اتومبیل] اتاق ۶. طبل
aller/passer à la caisse	پای صندوق رفتن
caisse d'épargne	صندوق پس‌انداز
passer à la caisse	۱. [برای پرداخت یا دریافت] (پای) صندوق رفتن ۲. از کار بیکار شدن
tenir la caisse	متصدی صندوق بودن، صندوق‌دار بودن
caisserie /kɛsʀi/ *nf*	صندوق‌سازی
caissette /kɛsɛt/ *nf*	صندوقچه
caissier,ère /kesje,ɛʀ/ *n*	۱. صندوق‌دار ۲. تحویل‌دار
caisson /kɛsɔ̃/ *nm*	۱. ارابه (جنگی) ۲. محفظه، اتاقک
cajoler /kaʒɔle/ *vt* (1)	۱. ناز و نوازش کردن ۲. ناز (کسی را) کشیدن، به دل (کسی) راه رفتن ۳. تملق (کسی را) گفتن، مجیز (کسی را) گفتن، چاپلوسی (کسی را) کردن
cajolerie /kaʒɔlʀi/ *nf*	۱. ناز و نوازش ۲. چاپلوسی، تملق، زبان‌بازی، چرب‌زبانی
cajoleur,euse /kaʒɔlœʀ,øz/ *adj,n*	چاپلوس، متملق، زبان‌باز، چرب‌زبان
cake /kɛk/ *nm*	[شیرینی] کیک
cal /kal/ *nm*	پینه
calage /kalaʒ/ *nm*	۱. گوه‌گذاری، گوه گذاشتن ۲. (عمل) خفت انداختن، گیر انداختن
calamité /kalamite/ *nf*	بلا، فاجعه، مصیبت
calamiteux,euse /kalamitø,øz/ *adj*	مصیبت‌بار، اسف‌بار، فاجعه‌آمیز
calcaire /kalkɛʀ/ *adj,nm*	۱. آهکی، آهک‌دار ۲. سنگ آهک
calcanéum /kalkaneɔm/ *nm*	استخوان پاشنه
calcification /kalsifikasjɔ̃/ *nf*	آهکی شدن
calcination /kalsinasjɔ̃/ *nf*	[شیمی] تکلیس
calciner /kalsine/ *vt* (1)	۱. سوزاندن، زغال کردن ۲. [شیمی] تکلیس کردن
calcium /kalsjɔm/ *nm*	کلسیم
calcul[1] /kalkyl/ *nm*	۱. حساب ۲. محاسبه ۳. حسابگری ۴. نقشه، ترفند
calcul mental	حساب ذهنی
erreur de calcul	اشتباه در محاسبه، خطای محاسبه
calcul[2] /kalkyl/ *nm*	[کلیه، مثانه، ...] سنگ
calculable /kalkylabl/ *adj*	قابل محاسبه
calculateur[1] /kalkylatœʀ/ *nm*	محاسبه‌گر، کامپیوتر (جیبی)
calculateur[2]**,trice** /kalkylatœʀ,tʀis/ *n, adj*	۱. حسابدان ۲. حسابگر
calculatrice /kalkylatʀis/ *nf*	ماشین حساب
calculer /kalkyle/ *vt* (1)	۱. حساب کردن، محاسبه کردن ۲. از روی حساب خرج کردن، حساب پول را داشتن ۳. برآورد کردن، تخمین زدن، امتحان کردن ۴. سنجیدن، در نظر گرفتن
calculer ses chances	شانس خود را تخمین زدن
machine à calculer	ماشین حساب
calculette /kalkylɛt/ *nf*	ماشین حساب جیبی
cale[1] /kal/ *nf*	۱. [کشتی] انبار ۲. سطح شیب‌دار، سُرسُره
cale[2] /kal/ *nf*	گوه
calé,e /kale/ *adj*	۱. [خودمانی] وارد ۲. سخت، مشکل
Il est calé en maths.	ریاضیاتش قوی است. ریاضی‌اش خوب است.
calebasse /kalbas/ *nf*	کدوقلیانی
calebassier /kalbasje/ *nm*	بوتهٔ کدوقلیانی
calèche /kalɛʃ/ *nf*	کالسکه
caleçon /kalsɔ̃/ *nm*	۱. شورت (مردانه) ۲. زیرشلواری
caleçon de bain	[قدیمی] مایو
caleçon long	زیرشلواری

calembour /kalɑ̃buʀ/ nm جناس

calembredaine /kalɑ̃bʀəden/ nf
[قدیمی] مهمل، یاوه، پرت و پلا، چرت و پرت

calendrier /kalɑ̃dʀije/ nm ۱. تقویم، سالنامه، سالنما ۲. گاه‌شماری ۳. برنامه (زمانی)

calepin /kalpɛ̃/ nm یادداشت جیبی

caler[1] /kale/ vt (1) ۱. گُوه گذاشتن لای ۲. خِفت انداختن، گیر انداختن، ثابت نگه داشتن

être calé شکم (کسی) پر بودن

caler[2] /kale/ vi (1) ۱. [موتور ماشین و غیره] متوقف شدن، از حرکت ایستادن ۲. [خودمانی] ژه زدن

calfater /kalfate/ vt (1) [بدنهٔ کشتی] قیراندود کردن

calfater une voie d'eau آب‌بندی کردن

calfeutrage /kalføtʀaʒ/ nm ۱. درزگیری ۲. آب‌بندی

calfeutrement /kalføtʀəmɑ̃/ nm → calfeutrage

calfeutrer /kalføtʀe/ vt (1) درزهای (چیزی را) گرفتن

se calfeutrer vp در به روی خود بستن، خود را حبس کردن

calibrage /kalibʀaʒ/ nm ۱. تعیین کالیبر ۲. درجه‌بندی

calibre /kalibʀ/ nm ۱. قطر داخلی ۲. [اسلحه، گلوله] کالیبر ۳. قطر ۴. وسیلهٔ اندازه‌گیری ۵. اندازه، حد

bêtise de grand calibre حماقت زیاد
fruit de grand calibre میوهٔ درشت

calibrer /kalibʀe/ vt (1) ۱. کالیبر مناسب (برای چیزی را) تعیین کردن ۲. کالیبر (چیزی را) اندازه گرفتن ۳. درجه‌بندی کردن ۴. ریز و درشت کردن

calice /kalis/ nm ۱. پیاله، جام ۲. [گل] کاسه

calicot /kaliko/ nm ۱. چلوار ۲. متقال ۳. پلاکارد

califat /kalifa/ nm خلافت

calife /kalif/ nm خلیفه

californien,enne /kaliforrnjɛ̃,ɛn/ adj کالیفرنیایی، (مربوط به) کالیفرنیا

califourchon (à) /akalifuʀʃɔ̃/ loc. adv [طرز نشستن روی اسب و غیره] دو پا در طرفین

câlin[1],**e** /kalɛ̃,in/ n, adj ۱. نازنازی ۲. نوازشگر، ملایم، ملاطفت‌آمیز

câlin[2] /kalɛ̃/ nm ناز و نوازش، نوازش

câliner /kaline/ vt (1) ۱. ناز و نوازش کردن ۲. با ملایمت رفتار کردن

câlinerie /kalinʀi/ nf ناز و نوازش

calleux,euse /kalø,øz/ adj پینه‌بسته، پینه‌دار

call-girl /kɔlgœʀl/ nf فاحشه تلفنی

calligraphe /kaligʀaf/ n خوشنویس، خطاط

calligraphie /kaligʀafi/ nf خوشنویسی، خطاطی

calligraphier /kaligʀafje/ vt (7) با خط خوش نوشتن، خطاطی کردن

calligraphique /kaligʀafik/ adj (مربوط به) خوشنویسی، خطاطی

callosité /kalozite/ nf پینه

calmant[1] /kalmɑ̃/ nm ۱. (داروی) آرام‌بخش ۲. (داروی) مسکّن

calmant[2],**e** /kalmɑ̃,t/ adj ۱. آرامش‌بخش ۲. [دارو] آرام‌بخش ۳. مسکّن

calme[1] /kalm/ nm ۱. آرامش ۲. آسودگی، آسایش ۳. خونسردی

calme plat ۱. آرامش مطلق ۲. رکود

calme[2] /kalm/ adj ۱. آرام ۲. آسوده ۳. خونسرد ۴. راکد

calmement /kalməmɑ̃/ adv ۱. آرام، با آرامش ۲. با خونسردی، خونسرد

calmer /kalme/ *vt* (1) ۱. آرام کردن ۲. تسکین دادن ۳. فرو نشاندن ۴. رفع کردن، برطرف کردن

se calmer *vp* ۱. آرام شدن، آرام گرفتن ۲. فروکش کردن، فرو نشستن ۳. خونسردی خود را به دست آوردن

Calme-toi! خونسرد باش! آرام باش!

calmir /kalmiʀ/ *vi* (2) ۱. آرام شدن، آرام گرفتن ۲. [باد، موج، ...] فروکش کردن، فرونشستن

calomniateur,trice /kalɔmnjatœʀ,tʀis/ *n* مفتری، تهمت‌زن

calomnie /kalɔmni/ *nf* تهمت، افترا، بهتان

calomnier /kalɔmnje/ *vt* (7) ۱. تهمت زدن به، افترا زدن به، بهتان زدن به ۲. آبروی (کسی را) بردن، بدنام کردن

calomnieux,euse /kalɔmnjø,øz/ *adj* افتراآمیز، موهن

calorie /kalɔʀi/ *nf* کالری

calorifère /kalɔʀifɛʀ/ *nm* وسیلهٔ حرارتی، وسیلهٔ گرمازا

calorifique /kalɔʀifik/ *adj* ۱. گرمازا، حرارت‌زا، حرارتی ۲. انرژی‌زا

calorimètre /kalɔʀimɛtʀ/ *nm* ۱. کالری‌سنج ۲. گرماسنج، حرارت‌سنج

calot /kalo/ *nm* تیله

calotte /kalɔt/ *nf* ۱. شب‌کلاه، عرقچین ۲. توسری

callotter /kalɔte/ *vt* (1) توسری زدن به، توسر (کسی) زدن

calquage /kalkaʒ/ *nm* گرده‌برداری

calque /kalk/ *nm* ۱. گرده‌برداری ۲. تقلید (مو به مو)، کُپی

papier calque کاغذ گرده‌برداری، کاغذ کالک

calquer /kalke/ *vt* (1) ۱. گرده‌برداری کردن ۲. (مو به مو) تقلید کردن

calter (se) /s(ə)kalte/ *vp* (1) [عامیانه] به دو رفتن، دررفتن، به چاک زدن

calumet /kalymɛ/ *nm* چپق (سرخپوستی)

calumet de la paix چپق صلح

calvaire[1] /kalvɛʀ/ *nm* ۱. صلیب مسیح ۲. نمایش تصلیب مسیح ۳. مصیبت، عذاب

Calvaire[2] /kalvɛʀ/ *nm* صلیب‌گاه مسیح

calvitie /kalvisi/ *nf* تاسی

camarade /kamaʀad/ *n* ۱. رفیق، دوست ۲. همکار ۳. هم‌شاگردی، هم‌کلاسی

camarade de classe هم‌کلاسی، هم‌شاگردی

camarade de jeu هم‌بازی، یار

camaraderie /kamaʀadʀi/ *nf* رفاقت، دوستی

avoir des relations de bonne camaraderie روابط بسیار دوستانه داشتن، صمیمی بودن

cambrage /kɑ̃bʀaʒ/ *nm* (عمل) قوس دادن، انحنا دادن

cambré,e /kɑ̃bʀe/ *adj* کمانی، هلالی، قوسی، خمیده

cambrement /kɑ̃bʀəmɑ̃/ *nm* → cambrage

cambrer /kɑ̃bʀe/ *vt* (1) قوس دادن، انحنا دادن، کمانی کردن، خم کردن

cambriolage /kɑ̃bʀijɔlaʒ/ *nm* دستبرد، دزدی، سرقت

cambriole /kɑ̃bʀijɔl/ *nf* [خودمانی] دزدی

cambrioler /kɑ̃bʀijɔle/ *vt* (1) دستبرد زدن به

Ils ont été cambriolés. دزد به آنها زده است. اموالشان را برده‌اند.

cambrioleur,euse /kɑ̃bʀijɔlœʀ,øz/ *n* دزد، سارق

cambrure /kɑ̃bʀyʀ/ *nf* قوس، انحنا، خمیدگی

cambuse /kɑ̃byz/ *nf* ۱. [کشتی] انبار آذوقه ۲. [تحقیرآمیز] آلونک، کلبه‌خرابه

caméléon /kameleɔ̃/ *nm* ۱. آفتاب‌پرست، حربا ۲. آدم بوقلمون‌صفت

camélia /kamelja/ *nm* [گل، درخت] کاملیا

camelot /kamlo/ *nm* دستفروش

camelote /kamlɔt/ *nf* ۱. [خودمانی] (جنس) بنجل ۲. جنس

canal, aux

C'est de la bonne camelote. جنس خوبی است.
camembert /kamãbɛʀ/ *nm* (پنیر) کامامبر
caméra /kameʀa/ *nf* دوربین (فیلمبرداری)
charger une caméra فیلم در دوربین گذاشتن
caméraman /kameʀaman/ *nm* فیلمبردار، متصدی دوربین
camérier /kameʀje/ *nm* ۱. پیشخدمت پاپ ۲. پیشخدمت اسقف
camériste /kameʀist/ *nf* ۱. ندیمه ۲. [عامیانه] کلفت
camion /kamjɔ̃/ *nm* کامیون
camion-citerne /kamjɔ̃sitɛʀn/ *nm* تانکر
camioneur /kamjɔnœʀ/ *nm* ۱. رانندهٔ کامیون ۲. کامیون‌دار
camionnage /kamjɔnaʒ/ *nm* حمل با کامیون
camionnette /kamjɔnɛt/ *nf* ۱. کامیونت ۲. وانت، وانت‌بار
camomille /kamɔmij/ *nf* بابونه
camouflage /kamuflaʒ/ *nm* ۱. استتار ۲. پرده‌پوشی
camoufler /kamufle/ *vt* ۱. استتار کردن ۲. پنهان کردن، طور دیگر جلوه دادن، پرده‌پوشی کردن
camouflet /kamuflɛ/ *nm* [ادبی] اهانت، توهین، بی‌حرمتی
camp /kã/ *nm* ۱. اردو، اردوگاه ۲. چادر ۳. جبهه، بلوک ۴. گروه، دسته
ficher/foutre le camp [خودمانی] به چاک زدن، پی کار خود رفتن، تشریف خود را بُردن
lever le camp [خودمانی] (از جایی) رفتن، بساط خود را جمع کردن و رفتن
campagnard,e /kãpaɲaʀ,d/ *adj, n* روستایی، دهاتی
campagne /kãpaɲ/ *nf* ۱. بیرون شهر، دشت و صحرا ۲. روستا، ده ۳. عملیات (جنگی)، نبرد، حمله، لشکرکشی ۴. فعالیت
campagne électorale فعالیت انتخاباتی، مبارزهٔ انتخاباتی، فعالیت تبلیغاتی (برای انتخابات)
faire campagne جنگیدن، مبارزه کردن
maison de campagne خانهٔ روستایی، خانهٔ ییلاقی
campagnol /kãpaɲɔl/ *nm* موش صحرایی
campanile /kãpanil/ *nm* برج ناقوس
campanule /kãpanyl/ *nf* گل استکانی
campement /kãpmã/ *nm* ۱. (عمل) اردو زدن ۲. اردوگاه
camper /kãpe/ *vi, vt* (1) ۱. اردو زدن، چادر زدن ۲. (برای مدت کمی) مستقر شدن ▪ ۳. گذاشتن، قرار دادن
se camper *vp* قد عَلَم کردن، قد برافراشتن
camphre /kãfʀ/ *nm* کافور
camping /kãpiŋ/ *nm* ۱. اردو ۲. اردوگاه
camping-gaz /kãpiŋgaz/ *nm. inv* گاز سفری، گاز پیک‌نیکی
campus /kãpys/ *nm* ۱. [در آمریکا] محوطهٔ دانشگاه ۲. مجتمع دانشگاهی (بیرون شهر)
camus,e /kamy,z/ *adj* [بینی] پهن، کوفته‌ای
canadianisme /kanadjanism/ *nm* واژهٔ کانادایی (در زبان فرانسه)، اصطلاح کانادایی
canadien,enne[1] /kanadjɛ̃,ɛn/ *adj* کانادایی، (مربوط به) کانادا
Canadien,enne[2] /kanadjɛ̃,ɛn/ *n* اهل کانادا، کانادایی
canaille /kanaj/ *nf, adj* ۱. اراذل و اوباش ۲. آدم بی‌سروپا، آشغال ▪ ۳. بی‌سروپا، لات، رذل ۴. پست، مبتذل
canaillerie /kanajʀi/ *nf* پستی، رذالت، نادرستی
canal,aux /kanal,o/ *nm* ۱. آبراهه، رذالت،

---

a = bas, plat   e = blé, jouer   ɛ = lait, jouet, merci   i = il, lyre   o = mot, dôme, eau, gauche   ɔ = mort
u = roue   y = rue   ø = peu   œ = peur   ə = le, premier   ã = sans, vent   ɛ̃ = matin, plein, lundi
ɔ̃ = bon, ombre   ʃ = chat, tache   ʒ = je, gilet   j = yeux, paille, pied   w = oui, nouer   ɥ = huile, lui

canalicule *152*

ترعه ۲. تنگه، باب، بُغاز ۳. آبگذر، آبراهه، نهر ۴. مجرا ۵. لوله ۶. طریق، راه، کانال ۷. [تلویزیون] شبکه، کانال

par le canal de توسطِ، از طریقِ

canalicule /kanalikyl/ *nf* مجرا

canalisable /kanalizabl/ *adj* ۱. قابل کانال‌کشی ۲. قابل لوله‌کشی

canalisation /kanalizasjɔ̃/ *nf* ۱. کانال‌کشی ۲. لوله‌کشی

canaliser /kanalize/ *vt* (1) ۱. کانال کشیدن، کانال‌کشی کردن، کانال زدن ۲. قابل کشتیرانی کردن ۳. هدایت کردن، جهت دادن به

canapé /kanape/ *nm* ۱. کاناپه ۲. برش نان

canapé-lit /kanapeli/ *nm* کاناپه تختخواب‌شو

canard /kanaʀ/ *nm* ۱. اردک، مرغابی ۲. [خودمانی] شایعه، خبر دروغ

froid de canard سرمای سخت، سرمای شدید

canarder /kanaʀde/ *vt* (1) تیراندازی کردن به، شلیک کردن به

canari /kanaʀi/ *nm, adj* قناری

jaune canari زرد قناری

cancan /kɑ̃kɑ̃/ *nm* بدگویی، غیبت

faire des cancans sur qqn از کسی بدگویی کردن، غیبت کسی را کردن

cancaner /kɑ̃kane/ *vi* (1) ۱. بدگویی کردن، غیبت کردن ۲. [اردک] صدا کردن، قات قات‌کردن

cancanier,ère /kɑ̃kanje,ɛʀ/ *adj, n* بدگو، سخن‌چین

cancer[1] /kɑ̃sɛʀ/ *nm* ۱. سرطان ۲. بلا، مصیبت

Cancer[2] /kɑ̃sɛʀ/ *nm* ۱. (برج) سرطان ۲. صورت فلکی سرطان

cancéreux,euse /kɑ̃seʀø,øz/ *adj, n* ۱. سرطانی ◻ ۲. مبتلا به سرطان

cancérigène /kɑ̃seʀiʒɛn/ *adj* → cancérogéne

cancérogène /kɑ̃seʀɔʒɛn/ *adj* سرطان‌زا

cancérologie /kɑ̃seʀɔlɔʒi/ *nf* سرطان‌شناسی

cancérologue /kɑ̃seʀɔlɔg/ *n* سرطان‌شناس

cancre /kɑ̃kʀ/ *nm* شاگرد تنبل

candélabre /kɑ̃delabʀ/ *nm* شمعدان (چندشاخه)

candeur /kɑ̃dœʀ/ *nf* ۱. سادگی، ساده‌دلی، بی‌ریایی ۲. ساده‌لوحی

candidat,e /kɑ̃dida,t/ *n* ۱. نامزد، کاندیدا، کاندید ۲. داوطلب

se porter candidat ۱. [انتخابات] نامزد شدن، کاندید شدن ۲. داوطلب شدن

candidature /kɑ̃didatyʀ/ *nf* ۱. [انتخابات] نامزدی ۲. درخواست، تقاضا

candide /kɑ̃did/ *adj* ۱. ساده‌دل، صاف و ساده، ساده، بی‌ریا ۲. ساده‌لوح ۳. ساده‌دلانه، ساده

candidement /kɑ̃didmɑ̃/ *adv* ساده‌دلانه، با ساده‌دلی

cane /kan/ *nf* اردک ماده

caner[1] /kane/ *vi* (1) [خودمانی] جا زدن، تو زدن

caner[2] /kane/ *vi* (1) ۱. در رفتن، به چاک زدن ۲. [عامیانه] غزل خداحافظی را خواندن، به آن دنیا رفتن

caneton /kantɔ̃/ *nm* جوجه اردک (نر)

canette[1] /kanɛt/ *nf* جوجه اردک (ماده)

canette[2] /kanɛt/ *nf* قرقره

canette (de bière) بطری کوچک آبجو

canevas /kanva/ *nm* ۱. متقال ۲. زمینه، طرح اولیه

canicule /kanikyl/ *nf* ۱. چلهٔ تابستان، اوج گرما ۲. گرمای طاقت‌فرسا، گرما

canif /kanif/ *nm* چاقوی‌جیبی، چاقوی ضامن‌دار

donner un coup de canif dans le contrat به همسر خود خیانت کردن

canin,e[1] /kanɛ̃,in/ *adj* (مربوط به) سگ

canine[2] /kanin/ *nf* دندان نیش

caniveau /kanivo/ *nm*	جوی آب، جو
cannage /kanaʒ/ *nm*	(عمل) حصیر انداختن
canne /kan/ *nf*	۱. عصا ۲. نی ۳. [عامیانه] پا
canne à pêche	چوب ماهیگیری
canne à sucre	نیشکر
cannelé,e /kanle/ *adj*	[معماری، خراطی] قاشقی‌تراش، خیاره‌دار
cannelier /kanəlje/ *nm*	درخت دارچین
cannelle /kanɛl/ *nf. adj. inv*	۱. دارچین ۲. (به رنگ) دارچینی
cannelure /kanlyʀ/ *nf*	[معماری، خراطی] خیاره، قاشقی (= شیار تزئینی قائم از بالا تا پایین)
canner[1] /kane/ *vt (1)*	حصیر انداختن به
chaise cannée	صندلی حصیری
canner[2] /kane/ *vt (1)* → caner[1]	
cannette /kanɛt/ *nf* → canette[1]	
cannibale /kanibal/ *nm*	۱. آدم‌خوار ۲. [حیوان] همجنس‌خوار ۳. (آدم) وحشی، حیوان
cannibalisme /kanibalism/ *nm*	۱. آدم‌خواری ۲. همجنس‌خواری
canoë /kanɔe/ *nm*	۱. قایق، بلم ۲. قایق‌رانی
faire du canoë	قایق‌رانی کردن
canon[1] /kanɔ̃/ *nm*	۱. توپ ۲. [اسلحه] لوله
canon antiaérien	توپ ضدهوایی، ضدهوایی
canon[2] /kanɔ̃/ *nm*	۱. حکم شرع ۲. شرع، شریعت ۳. کتاب آسمانی ۴. نمونه، الگو، معیار
canon[3] /kanɔ̃/ *nm*	[عامیانه] گیلاس (مشروب)
canonique /kanɔnik/ *adj*	۱. (مربوط به) شریعت، شرع ۲. شرعی، مشروع ۳. متعارف، اصلی
âge canonique	سن شرعی (= چهل‌سالگی، سنی لازم برای آنکه یک زن بتواند نزد کشیشی خدمت کند.)
canonisation /kanɔnizasjɔ̃/ *nf*	[مذهب کاتولیک] (عمل) مقام قدیسی بخشیدن، قدیس خواندن
canoniser /kanɔnize/ *vt (1)*	[مذهب کاتولیک] مقام قدیسی بخشیدن به، در شمار قدیسین قرار دادن، قدیس خواندن
canonnade /kanɔnad/ *nm*	شلیک پیاپی توپ
canonnage /kanɔnaʒ/ *nm*	(عمل) به توپ بستن
canonner /kanɔne/ *vt (1)*	به توپ بستن
canonnier /kanɔnje/ *nm*	۱. توپچی ۲. سرباز توپخانه، جمعی توپخانه
canot /kano/ *nm*	قایق، کرجی
canotage /kanɔtaʒ/ *nm*	قایق‌سواری، قایق‌رانی
canoter /kanɔte/ *vi (1)*	قایق‌سواری کردن، قایق‌رانی کردن
canoteur /kanɔtœʀ/ *nm*	قایق‌ران
canotier /kanɔtje/ *nm*	۱. قایق‌ران ۲. کلاه ماهیگیری، کلاه حصیری
cantaloup /kɑ̃talu/ *nm*	طالبی
cantate /kɑ̃tat/ *nf*	کانتات (= قطعه‌ای موسیقی آوازی)
cantatrice /kɑ̃tatʀis/ *nf*	[اپرا] آوازه‌خوان، خواننده
cantine /kɑ̃tin/ *nf*	۱. غذاخوری، ناهارخوری ۲. چمدان (چوبی یا فلزی)
cantine ambulante	آشپزخانۀ صحرایی
cantique /kɑ̃tik/ *nm*	سرود مذهبی
canton /kɑ̃tɔ̃/ *nm*	۱. بخش، ناحیه ۲. [در سوئیس] کانتون، ایالت ۳. (راه، جاده) قطعه
cantonade (à la) /alakɑ̃tɔnad/ *loc. adv*	در جمع، خطاب به همه
cantonal,e,aux /kɑ̃tɔnal,o/ *adj*	۱. (انتخاباتی، اداری) ناحیه‌ای ۲. [در سوئیس] ایالتی
cantonnement /kɑ̃tɔnmɑ̃/ *nm*	۱. استقرار ۲. اسکان ۳. قرارگاه، محل استقرار
cantonner /kɑ̃tɔne/ *vt, vi (1)*	۱. مستقر کردن

a = bas, plat e = blé, jouer ɛ = lait, jouet, merci i = il, lyre o = mot, dôme, eau, gauche ɔ = mort
u = roue y = rue ø = peu œ = peur ə = le, premier ɑ̃ = sans, vent ɛ̃ = matin, plein, lundi
ɔ̃ = bon, ombre ʃ = chat, tache ʒ = je, gilet j = yeux, paille, pied w = oui, nouer ɥ = huile, lui

cantonnier 154

۲. جا دادن، اسکان دادن ◻ ۳. مستقر شدن، استقرار یافتن

se cantonner *vp* ۱. منزوی شدن، در به روی خود بستن، گوشه‌گیری کردن ۲. خود را محدود کردن

cantonnier /kɑ̃tɔnje/ *nm* راهدار

canular /kanylaʀ/ *nm* شوخی، چاخان، دروغ طنزآمیز

canulant,e /kanylɑ̃,t/ *adj* [خودمانی] کلافه‌کننده، به‌ستوه‌آورنده، مایهٔ عذاب

canuler /kanyle/ *vt* (1) [خودمانی] ذله کردن، کلافه کردن، عاصی کردن، جان (کسی) را بالا آوردن

caoutchouc /kautʃu/ *nm* کائوچو

en caoutchouc کائوچویی، از جنس کائوچو

cap[1] /kap/ *nm* ۱. دماغه ۲. [کشتی، هواپیما] مسیر

changer de cap [کشتی] تغییر مسیر دادن

franchir/passer/dépasser le cap مشکل را پشت سر گذاشتن، مانع را از سر راه برداشتن

le cap de Bonne Espérance دماغهٔ امید نیک

cap[2] /kap/ *nm* [قدیمی] سر

de pied en cap از سر تا پا، سراپا

capable /kapabl/ *adj* ۱. شایسته، لایق، قابل، باعرضه ۲. قادر ۳. مستعد، آماده

Il est capable de tout. ۱. قادر به انجام هر کاری هست. هر کاری از او برمی‌آید. ۲. چیزی جلودارش نیست.

capacité /kapasite/ *nf* ۱. گنجایش، ظرفیت، جا ۲. قابلیت، لیاقت، استعداد ۳. توانایی، توان، قدرت ۴. صلاحیت ۵. [حقوقی] اهلیت، صلاحیت

cape /kap/ *nf* شنل

rire sous cape زیرزیرکی خندیدن

capharnaüm /kafaʀnaɔm/ *nm* [عامیانه] بازار شام

capillaire[1] /kapilɛʀ/ *adj* ۱. (مخصوصِ) مو ۲. موین، موبینه، مویی

veine/vaisseau capillaire مویرگ

capillaire[2] /kapilɛʀ/ *nm* ۱. مویرگ ۲. [گیاه] پرسیاوش

capillarité /kapilaʀite/ *nf* مویینگی

capilotade (en) /ɑ̃kapilɔtad/ *loc. adv* خرد و خمیر، له و لورده، آش و لاش

capitaine /kapitɛn/ *nm* ۱. فرمانده ۲. سردسته ۳. [در قدیم] سردار ۴. ناخدا ۵. [تیم ورزشی] کاپیتان، سرگروه ۶. [ارتش] سروان ۷. [نیروی دریایی] ناخدا یکم

capital[1],e,aux /kapital,o/ *adj* اصلی، اساسی، عمده

C'est capital pour nous. برای ما اهمیت بسیار دارد. برایمان خیلی مهم است.

peine capitale (مجازات) اعدام، حکم اعدام

capital[2],aux /kapital,o/ *nm* ۱. سرمایه ۲. دارایی، ثروت ۳. سرمایه‌داران، طبقهٔ سرمایه‌دار

fuite des capitaux فرار سرمایه‌ها

capitale /kapital/ *nf* ۱. پایتخت ۲. [در خط] حرف بزرگ

capitalisation /kapitalizasjɔ̃/ *nf* ۱. تبدیل به سرمایه ۲. مال‌اندوزی، ثروت‌اندوزی

capitaliser /kapitalize/ *vt, vi* (1) ۱. به سرمایه تبدیل کردن، نقد کردن ۲. جمع کردن، اندوختن ◻ ۳. ثروت اندوختن، مال اندوختن

capitalisme /kapitalism/ *nm* سرمایه‌داری، کاپیتالیسم

capitaliste /kapitalist/ *n, adj* ۱. سرمایه‌دار ۲. طرفدار سرمایه‌داری ◻ ۳. (مربوط به) سرمایه‌داری

capitan /kapitɑ̃/ *nm* [قدیمی] پهلوان‌پنبه

capiteux,euse /kapitø,øz/ *adj* گیج‌کننده، مست‌کننده، گیرا

capitonner /kapitɔne/ *vt* (1) ۱. لایی گذاشتن ۲. پنبه‌دوزی کردن

capitulation /kapitylasjɔ̃/ *nf* ۱. تسلیم ۲. پیمان تسلیم ۳. حق قضاوت کنسولی

capituler /kapityle/ *vi* (1) ۱. تسلیم شدن ۲. پیمان تسلیم را امضا کردن

capon,onne /kapɔ̃,ɔn/ *adj, n* [قدیمی] جبون، ترسو، بزدل

caporal,aux /kapɔʀal,o/ *nm* سرجوخه

capot /kapo/ *nm* [اتومبیل] کاپوت

capotage /kapɔtaʒ/ *nm* (عمل) چپ کردن، واژگون شدن، برگشتن

capote /kapɔt/ *nf* ۱. پالتو(ی نظامی) ۲. کروک

capote anglaise [عامیانه] کاپوت (= نوعی وسیلهٔ جلوگیری از بارداری)

capoter /kapɔte/ *vi* (1) واژگون شدن، چپ کردن، چپه شدن، برگشتن

caprice /kapʀis/ *nf* ۱. هوس، هوا و هوس ۲. هوسبازی، بُلهوسی ــ [صورت جمع] ۳. تغییرات

avoir/faire des caprices دمدمی بودن، بُلهوس بودن

les caprices du sort بازی سرنوشت

capricieusement /kapʀisjøzmɑ̃/ *adv* ۱. از روی هوا و هوس ۲. بُلهوسانه

capricieux,euse /kapʀisjø,øz/ *adj, n* ۱. بُلهوس، هوسباز، دمدمی ۲. متغیر، ناپایدار ◙ ۳. آدم بُلهوس، آدم هوسباز

Capricorne /kapʀikɔʀn/ *nm* ۱. جَدی (= دهمین برج منطقةالبروج) ۲. صورت فلکی جَدی

câprier /kapʀije/ *nm* درخت کَبَر

caprin,e /kapʀɛ̃,in/ *adj* (مربوط به) بز

capsule /kapsyl/ *nf* ۱. کپسول ۲. [گیاه‌شناسی] پوشینه ۳. [بطری] در، تشتک ۴. چاشنی ۵. ترقه

capsule (spaciale) کپسول فضایی

captation /kaptasjɔ̃/ *nf* تصاحب از راه حیله، غصب

capter /kapte/ *vt* (1) ۱. با حیله به دست آوردن ۲. جلب کردن ۳. کانال‌کشی کردن، آب (جایی را) جمع‌آوری کردن ۴. [پیام، برنامه رادیویی یا تلویزیونی] دریافت کردن، گرفتن ۵. ردیابی کردن

captieux,euse /kapsjø,øz/ *adj* درست‌نما، ظاهرفریب، گول‌زننده، سفسطه‌آمیز

captif,ive /kaptif,iv/ *adj, n* ۱. اسیر (جنگی) ۲. زندانی، محبوس ۳. در قفس ۴. دربند، اسیر، گرفتار

ballon captif بالُن مهارشده (با سیم یا طناب)

captivant,e /kaptivɑ̃,t/ *adj* گیرا، جذاب، مسحورکننده

captiver /kaptive/ *vt* (1) جلب کردن، مجذوب کردن، شیفته کردن

captivité /kaptivite/ *nf* اسارت

capture /kaptyʀ/ *nf* ۱. ضبط، توقیف ۲. دستگیری، توقیف ۳. اموال ضبط‌شده

capturer /kaptyʀe/ *vt* (1) ۱. دستگیر کردن، گرفتن، توقیف کردن ۲. به دام انداختن

capuche /kapyʃ/ *nf* کلاه (بارانی)

capuchon /kapyʃɔ̃/ *nm* ۱. [بارانی، شنل، ...] کلاه ۲. بارانی کلاه‌دار، شنل کلاه‌دار ۳. [لولهٔ بخاری] کلاهک، سرپوش

capucine /kapysin/ *nf* گل لادن

caquet /kakɛ/ *nm* ۱. قُدقُد (هنگام تخم‌گذاری) ۲. وراجی، پرحرفی، پرچانگی، روده‌درازی

caquetage /kaktaʒ/ *nm* وراجی، پرحرفی، پرچانگی، روده‌درازی

caqueter /kakte/ *vi* (1) ۱. (هنگام تخم‌گذاری) قُدقُد کردن ۲. وراجی کردن، یکریز حرف زدن، وِر زدن، پرچانگی کردن

car[1] /kaʀ/ *conj* زیرا، برای اینکه، چون (که)

car[2] /kaʀ/ *nm* اتوبوس (بین شهری)

carabin /kaʀabɛ̃/ *nm* [قدیمی، خودمانی] دانشجوی پزشکی

carabine /kaʀabin/ *nf* کارابین (= نوعی تفنگ)

carabiné,e /kaʀabine/ *adj* [خودمانی] شدید، سخت، عجیب

caractère /kaRaktɛR/ *nm* ۱. شخصیت ۲. خلق و خو، اخلاق، منش ۳. ویژگی، خصوصیت، ماهیت، خصلت، مشخصه ۴. قابلیت، جُربزه ۵. حال و هوا، جَو ۶. [الفبا، چاپ] حرف، نویسه

avoir bon caractère خوش‌اخلاق بودن، خوش‌رو بودن

avoir du caractère اراده داشتن، بااراده بودن

caractériel[1],elle /kaRakteRjɛl/ *adj* [روان‌شناسی] شخصیتی، (مربوط به) شخصیت

caractériel[2] /kaRakteRjɛl/ *n* [روان‌شناسی] بیمار شخصیتی

caractérisation /kaRakteRizasjɔ̃/ *nf* توصیف، وصف

caractériser /kaRakteRize/ *vt* (1) ۱. مشخصه (چیزی) بودن، مشخص کردن ۲. توصیف کردن، وصف کردن، ترسیم کردن

se caractériser *vp* مشخص شدن، شناخته شدن

caractéristique /kaRakteRistik/ *adj, nf* ۱. خاص، مخصوص، ویژه ◘ ۲. ویژگی، خصوصیت، مشخصه

caractérologie /kaRakteRɔlɔʒi/ *nf* خوشناسی، منش‌شناسی

caractérologique /kaRakteRɔlɔʒik/ *adj* [روان‌شناسی] خوشناختی، (مربوط به) خوشناسی، منش‌شناختی

carafe /kaRaf/ *nf* ۱. تُنگ ۲. [عامیانه] کله

rester en carafe کنار گذاشته شدن، فراموش شدن

carafon /kaRafɔ̃/ *nm* ۱. تُنگ (کوچک) ۲. [عامیانه] کله، مخ، سر

carambolage /kaRɑ̃bɔlaʒ/ *nm* [در بزرگراه] تصادف زنجیره‌ای (= برخورد چند خودرو پشت سر هم)

caramboler /kaRɑ̃bɔle/ *vt* (1) تصادف کردن با، برخورد کردن با، زدن به

se caramboler با هم تصادف کردن، به هم زدن

caramel /kaRamɛl/ *nm* کارامل

carapace /kaRapas/ *nf* ۱. [لاک‌پشت] لاک ۲. [سخت‌پوستان] کاسه ۳. زره، حفاظ ۴. [مجازی] لاک

carat /kaRa/ *nm* قیراط (= ۰/۲ گرم)

caravane /kaRavan/ *nf* ۱. کاروان، قافله ۲. [خودرو، یدک] کاراوان

caravanier /kaRavanje/ *nm* سرپرست کاروان، قافله‌سالار

caravansérail /kaRavɑ̃seRaj/ *nm* کاروانسرا

caravelle /kaRavɛl/ *nf* [قدیمی] (هواپیمای) کاراوِل

carbone /kaRbɔn/ *nm* کربن

oxyde de carbone مُنواکسید کربن

(papier) carbone کاغذ کپی، کاربُن

carbonisation /kaRbɔnizasjɔ̃/ *nf* تبدیل کردن به زغال، زغال کردن

carboniser /kaRbɔnize/ *vt* (1) ۱. به زغال تبدیل کردن، زغال کردن ۲. [غذا] سوزاندن

carburant /kaRbyRɑ̃/ *nm* سوخت

carburateur /kaRbyRatœR/ *nm* کاربراتور

carcasse /kaRkas/ *nf* ۱. استخوان‌ها، اسکلت ۲. لاشه ۳. [عامیانه] تن، تنه، لَش ۴. چارچوب، بدنه، استخوان‌بندی، اسکلت

carcéral,e,aux /kaRseRal,o/ *adj* (مربوط به) زندان

cardage /kaRdaʒ/ *nm* ۱. [ریسندگی] شانه‌زنی ۲. حلاجی

carder /kaRde/ *vt* (1) ۱. [ریسندگی] شانه زدن ۲. حلاجی کردن

cardeuse /kaRdœR,øz/ *n* [ریسندگی] ماشین شانه‌زنی

cardiaque /kaRdjak/ *adj, n* ۱. قلبی، (مربوط به) قلب ◘ ۲. بیمار قلبی

crise cardiaque حملهٔ قلبی

être cardiaque ناراحتی قلبی داشتن

muscle cardiaque عضلهٔ قلب

cardigan /kaRdigɑ̃/ *nm* ژاکت (آستین‌بلند)، کت بافتنی

cardinal¹,e,aux /kaʀdinal,o/ *adj* اصلی، اساسی، عمده، مهم

   les quatre points cardinaux چهار جهت اصلی، جهات اصلی

   nombres cardinaux اعداد اصلی

cardinal²,aux /kaʀdinal,o/ *nm*
۱. کاردینال (= روحانی مسیحی، مشاور پاپ) ۲. مرغ کاردینال، سهرهٔ قرمز آمریکایی

cardinalat /kaʀdinala/ *nm* (مقام) کاردینالی

cardiologie /kaʀdjɔlɔʒi/ *nf* قلب‌شناسی

cardiologue /kaʀdjɔlɔg/ *n* متخصص (بیماری‌های) قلب

cardio-vasculaire /kaʀdjovaskylɛʀ/ *adj* (مربوط به) قلب و عروق

carême /kaʀɛm/ *nm* ۱. [مسیحیت] ایام پرهیز و روزه ۲. روزه

   face de carême ۱. صورت لاغر ۲. چهرهٔ عبوس، چهرهٔ غمگین

   faire le carême روزه گرفتن

   rompre le carême روزه را باطل کردن

carence /kaʀɑ̃s/ *nf* ۱. بی‌لیاقتی، بی‌کفایتی ۲. [حقوقی] افلاس ۳. [پزشکی] کمبود

   carence alimentaire سوءتغذیه

   carence en vitamine کمبود ویتامین

caressant,e /kaʀɛsɑ̃,t/ *adj* ۱. نازنازی ۲. لطیف، نوازشگر، ملایم، ملاطفت‌آمیز

caresse /kaʀɛs/ *nf* نوازش، ناز، ناز و نوازش

   faire des caresses à (کسی را) نوازش کردن، ناز کردن

caresser /kaʀese/ *vt* (1) ۱. نوازش کردن، ناز کردن، نوازش دادن ۲. در سر داشتن، در سر پروردن

   caresser du regard عاشقانه نگاه کردن به

cargaison /kaʀgɛzɔ̃/ *nf* ۱. بار، محموله ۲. [خودمانی] یک عالمه، یک خروار، کلّی

cargo /kaʀgo/ *nm* کشتی (باری)

caricatural,e,aux /kaʀikatyʀal,o/ *adj* ۱. کاریکاتوری ۲. مضحک، مسخره، خنده‌دار ۳. تمسخرآمیز

caricature /kaʀikatyʀ/ *nf* ۱. [نقاشی، تصویر] کاریکاتور ۲. هنر کاریکاتور ۳. وصف، توصیف ۴. ادا، تقلید ۵. آدم مضحک

caricaturer /kaʀikatyʀe/ *vt* (1) ۱. کاریکاتور (کسی را) کشیدن ۲. مسخره کردن، به ریشخند گرفتن

caricaturiste /kaʀikatyʀist/ *n* کاریکاتوریست، نقاش کاریکاتور

carie /kaʀi/ *nf* ۱. [استخوان] پوسیدگی ۲. [دندان] کرم‌خوردگی، پوسیدگی، خرابی

carier /kaʀje/ *vt* (7) ۱. [استخوان] پوساندن ۲. [دندان] خراب کردن، پوساندن

se carier *vp* ۱. [استخوان] پوسیدن ۲. [دندان] کرم خوردن، پوسیدن، خراب شدن

carillon /kaʀijɔ̃/ *nm* ۱. ناقوس‌ها، زنگ‌ها ۲. صدای ناقوس ۳. زنگ (ساعت دیواری) ۴. ساعت دیواری (زنگ‌دار)

carillonner /kaʀijone/ *vi, vt* (1) ۱. [ناقوس‌ها] به صدا درآمدن، نواختن ▫ ۲. با صدای ناقوس اعلام کردن ۳. با جار و جنجال اعلام کردن، جار زدن

   carillonner à la porte زنگ در را محکم زدن، قایم زنگ زدن، دست خود را روی زنگ گذاشتن

carmin /kaʀmɛ̃/ *nm, adj. inv* ۱. (رنگ) قرمز جگری ۲. قرمزدانه ▫ ۳. (به رنگِ) قرمز جگری

carminé,e /kaʀmine/ *adj* (به رنگِ) جگری، قرمز جگری

carnage /kaʀnaʒ/ *nm* کشتار، قتل عام، کشت و کشتار

carnassier,ère¹ /kaʀnasje,ɛʀ/ *adj, n* گوشت‌خوار

carnassière[2] /kaRnasjɛR/ *nf* چنته، کیسه
carnation /kaRnasjɔ̃/ *nf* رنگ و رو، رنگ پوست، پوست
Il a une carnation de blond. رنگ پوست او سفید است. پوستش روشن است.
carnaval /kaRnaval/ *nm* کارناوال، جشن
carne /kaRn/ *nf* [عامیانه] گوشت سگ، گوشت خر
carné,e /kaRne/ *adj* ۱. [ادبی] سرخ‌رنگ، سرخ ۲. [تغذیه و غیره] گوشتی
carnet /kaRnɛ/ *nm* دفترچه، دفتر
carnet de chèques دسته چک
carnier /kaRnje/ *nm* چنته، کیسه (کوچک)
carnivore /kaRnivɔR/ *adj, n* گوشت‌خوار
plantes carnivores گیاهان گوشت‌خوار
carotide /kaRɔtid/ *nf* سرخرگ سَبات
carotte /kaRɔt/ *nf, adj. inv* ۱. هویج ۲. وعده و وعید ۳. هشدار ۴. [فنی] نمونه ◘ ۵. (به رنگِ) حنایی
poil de carotte موحنایی
carpe[1] /kaRp/ *nf* ماهی کپور
carpe[2] /kaRp/ *nm* استخوان مچ دست
carpette /kaRpɛt/ *nf* ۱. قالیچه ۲. [خودمانی] بادمجان‌دورقاب‌چین، دستمال به‌دست
carquois /kaRkwa/ *nm* ترکش، تیردان
carré[1] /kaRe/ *nm* ۱. مربع ۲. چهارگوش ۳. روسری ۴. مجذور، توان دوم ۵. [کشتی] سالن غذاخوری افسران
carré[2]**,e** /kaRe/ *adj* ۱. مربع ۲. چهارگوش، مربع‌شکل ۳. رُک، روراست، بی‌رودرواسی ۴. صاف و پوست‌کنده، بی‌پرده، صریح
aux épaules carrées چهارشانه
être carré en affaires در کار و کسب روراست بودن
mètre carré متر مربع
racine carrée جذر
carreau /kaRo/ *nm* ۱. کاشی ۲. موزاییک ۳. سفال ۴. کاشیکاری ۵. آجرفرش ۶. شیشهٔ پنجره، جام ۷. چهارخانه ۸. [ورق‌بازی] خال خشت، خشت
étoffe à carreaux پارچهٔ چهارخانه، پارچهٔ شطرنجی، پیچازی
rester sur le carreau ۱. کشته شدن ۲. به سختی مجروح شدن ۳. از دور مسابقه خارج شدن
se tenir à carreau مراقب بودن، احتیاط کردن
carrefour /kaRfuR/ *nm* ۱. چهارراه، تقاطع ۲. [مجازی] چندراهی، دوراهی
carrefour d'idées محل تبادل نظر، محل برخورد آرا
carrelage /kaRlaʒ/ *nm* ۱. کاشیکاری ۲. آجرفرش
carreler /kaRle/ *vt* (5) ۱. کاشی کردن، کاشیکاری کردن ۲. فرش کردن ۳. چهارخانه کردن، شطرنجی کردن
carrelet /kaRlɛ/ *nm* ۱. جوالدوز ۲. تور ماهیگیری چهارگوش
carrément /kaRemɑ̃/ *adv* ۱. (به صورت) چهارگوش ۲. (به طور) گونیا ۳. با صراحت، رُک، بی‌پرده، بی‌رودرواسی
carrer (se) /s(ə)kaRe/ *vp* (1) لم دادن، لمیدن، ولو شدن
carrier /kaRje/ *nm* کارگر معدن سنگ
carrière[1] /kaRjɛR/ *nf* معدن سنگ
carrière de marbre معدن مرمر
carrière[2] /kaRjɛR/ *nf* ۱. زندگی، زندگانی ۲. دوره، دوران ۳. شغل، کار، حرفه
carrière politique حرفهٔ سیاسی، شغل سیاسی
faire carrière در کار خود موفق بودن
carriole /kaRjɔl/ *nf* گاری (کوچک)
carrosse /kaRɔs/ *nf* کالسکه
rouler carrosse پول (کسی) از پارو بالا رفتن، پولدار بودن، ثروتمند بودن
carrosserie /kaRɔsRi/ *nf* ۱. [اتومبیل] اتاق، بدنه ۲. اتاق‌سازی

cascader

carrossier /kaʀɔsje/ *nm* ۱. سازندهٔ اتاق اتومبیل، اتاق‌ساز ۲. طراح بدنهٔ اتومبیل

carrure /kaʀyʀ/ *nf* ۱. پهنای شانه ۲. قابلیت، توانایی، توانمندی، توان

cartable /kaʀtabl/ *nm* کیف (مدرسه)

carte /kaʀt/ *nf* ۱. کارت ۲. ورق، برگه ۳. [برای بازی] ورق ۴. کارت ویزیت ۵. کارت پستال ۶. نقشه (جغرافیایی) ۷. صورت غذا

à la carte ۱. [سفارش غذا در رستوران] به انتخاب خود ۲. به میل خود، به اختیار خود، به دلخواه (خود)

carte blanche اختیار تام

carte postale کارت پستال

carte d'invitation کارت دعوت

carte grise کارت خودرو، کارت اتومبیل

jouer aux cartes ورق‌بازی کردن

jouer sa dernière carte آخرین تیر ترکش را رها کردن، آخرین تلاش خود را کردن

cartel /kaʀtɛl/ *nm* کارتل

cartésien,enne /kaʀtezjɛ̃,ɛn/ *adj* ۱. (مربوط به) دکارت، دکارتی ۲. منطقی، معقول

cartilage /kaʀtilaʒ/ *nm* غضروف

cartilagineux,euse /kaʀtilaʒinø,øz/ *adj* غضروفی

cartographe /kaʀtɔgʀaf/ *n* نقشه‌نگار، نقشه‌کش

cartographie /kaʀtɔgʀafi/ *nf* نقشه‌نگاری، نقشه‌کشی

cartographique /kaʀtɔgʀafik/ *adj* (مربوط به) نقشه‌نگاری، نقشه‌کشی

cartomancie /kaʀtɔmɑ̃si/ *nf* فال ورق

carton /kaʀtɔ̃/ *nm* ۱. مقوا ۲. کارتن، جعبهٔ مقوایی، قوطی، بسته ۳. کارت دعوت ۴. کیف (مدرسه)

carton à chaussures جعبهٔ کفش

cartonnage /kaʀtɔnaʒ/ *nm* ۱. مقواسازی، کارتن‌سازی ۲. جلد مقوایی ۳. کارتن، جعبهٔ مقوایی

cartonner /kaʀtɔne/ *vt* (1) ۱. در جعبه گذاشتن، کارتن کردن ۲. جلد مقوایی کردن، با مقوا جلد کردن

cartonnerie /kaʀtɔnʀi/ *nf* کارخانهٔ مقواسازی، کارخانهٔ کارتن‌سازی

cartoon /kaʀtun/ *nm* (فیلم) کارتن، نقاشی متحرک

cartouche¹ /kaʀtuʃ/ *nm* ۱. [معماری] قاب کتیبه ۲. کادر تزئینی

cartouche² /kaʀtuʃ/ *nf* ۱. فشنگ ۲. [جوهر] فشنگ ۳. [سیگار] کارتن

cartouchière /kaʀtuʃjɛʀ/ *nf* ۱. فانوسقه، نوارفشنگ ۲. جعبهٔ فشنگ، کیف فشنگ

cas¹ /ka/ *nm* ۱. مورد ۲. وضعیت، وضع، حالت، موقعیت، اوضاع و احوال ۳. موقع، زمان، هنگام ۴. مسئله، موضوع، قضیه ۵. دعوا(ی) حقوقی، پرونده ۶. جرم ۷. عارضه، بیماری ۸. بیمار ۹. نمونه

au cas où در صورتی که، چنانچه، اگر

en aucun cas به‌هیچ‌وجه، اصلاً، ابداً، هرگز، هیچ‌وقت

en cas de ۱. در صورتِ ۲. (در) موقع، هنگامِ

en cas que در صورتی که، چنانچه، اگر

en ce cas در این صورت، آن وقت

en tout cas به هر حال، به هر صورت

faire cas ۱. اهمیت دادن، ارزش دادن ۲. اعتنا کردن، در نظر گرفتن، ترتیب اثر دادن

cas² /ka/ *nm* [دستور زبان] حالت

casanier,ère /kazanje,ɛʀ/ *adj, n* علاقه‌مند به خانه‌نشینی، خانه‌نشین

cascade /kaskad/ *nf* ۱. آبشار ۲. [خنده] قهقهه، شلیک ۳. [مجازی] سیل، انبوه

cascader /kaskade/ *vi* (1) ۱. به صورت

cascadeur,euse /kaskadœʀ,øz/ *n* آبشار فرو ریختن، ۲. رفتار غیر معمول داشتن، رفتار عجیب داشتن
۱. (بازیگر) بدل ۲. بندباز، آکروبات‌باز

cascatelle /kaskatɛl/ *nf* [ادبی] آبشار کوچک

case /kaz/ *nf* ۱. کلبه، آلونک ۲. [صفحهٔ شطرنج] خانه ۳. قسمت، جا، خانه
Il lui manque une case./Il a une case en moins./Il a une case vide. یک تخته‌اش کم است. بـالاخانه‌اش را اجـاره داده است. عـقلش پاره‌سنگ برمی‌دارد.

casemate /kazmat/ *nf* سنگر

caser /kaze/ *vt* (1) ۱. جا دادن ۲. مرتب کردن ۳. سکنا دادن ۴. به شغلی گماردن، سر کار گذاشتن ۵. شوهر دادن، به خانهٔ بخت فرستادن
Elle a deux filles à caser. او دو دختر دم‌بخت دارد.

se caser *vp* ۱. جا گرفتن، نشستن ۲. زن گرفتن ۳. کار پیدا کردن
Il cherche à se caser. او می‌خواهد زن بگیرد، قصد دارد زن بگیرد.

caserne /kazɛʀn/ *nf* ۱. سربازخانه، پادگان ۲. سربازان (پادگان)

casernement /kazɛʀnəmɑ̃/ *nm* ۱. اسکان در پادگان ۲. تأسیسات پادگان

caserner /kazɛʀnr/ *vt* (1) (در پادگان) اسکان دادن

casier /kazje/ *nm* ۱. قفسه، کشو، جا ۲. کازیه
casier judiciaire سجل کیفری، سوء پیشینه

casino /kazino/ *nm* کازینو، قمارخانه

casque /kask/ *nm* ۱. کلاه ایمنی، کاسک ۲. کلاهخود ۳. بیشوار (کلامی)
casque de motocyclette کلاه موتورسواری

casquette /kaskɛt/ *nf* [کلاه] کِپی

cassable /kasabl/ *adj* شکستنی

cassant,e /kasɑ̃,t/ *adj* ۱. شکننده ۲. خشک،
خشن، قاطع ۳. خسته‌کننده، سخت، طـاقت‌فرسا، توان‌فرسا، شاق

cassation /kasasjɔ̃/ *nf* نقض (حکم)
cour de cassation دیوان کشور، دیوان تمیز

casse /kas/ *nf* ۱. (عمل) شکستن ۲. شکستگی ۳. شیء شکسته ۴. تاوان ۵. درگیری، کشمکش، دعوا ۶. [خودمانی] دزدی
faire une casse دزدی کردن، دستبرد زدن

cassé,e /kase/ *adj* شکسته

casse-cou /kasku/ *nm. inv* ۱. پرتگاه ۲. خطر ۳. [عامیانه] آدم بی‌کله، کله‌خر
crier casse-cou à qqn کسی را از خطر آگاه کردن، خطر را به کسی گوشزد کردن

casse-croûte /kaskʀut/ *nm. inv* غذای مختصر، غذای سبک، غذای سرپایی

casse-croûter /kaskʀute/ *vi* (1) غذای مختصر خوردن، غذای سبک خوردن

casse-gueule /kasgœl/ *nm. inv, adj. inv* ۱. [خودمانی] جای خطرناک ۲. خطرناک
aller au casse-gueule [خودمانی] به جنگ رفتن

casse-noisettes /kasnwazɛt/ *nm. inv* فندق‌شکن

casse-noix /kasnwa/ *nm. inv*
→ casse-noisettes

casse-pipes /kaspip/ *nm. inv* [خودمانی] جنگ

casser /kase/ *vt, vi* (1) ۱. خرد کردن ۲. شکستن ۳. خراب کردن، از کار انداختن ۴. پاره کردن ۵. لغو کردن، فسخ کردن، باطل کردن، به هم زدن ۶. تنزل دادن ۷. خلع درجه کـردن ۸. شکستن ۹. وارفتن
à tout casser فوق‌العاده، عالی، ناب، محشر
Ça ne casse rien. چیز فوق‌العاده‌ای نیست. آش دهن‌سوزی نیست.
casser du sucre sur le dos de qqn ۱. برای کسی پاپوش دوختن، علیه کسی توطئه کردن ۲. پشت

catéchiser

castel /kastɛl/ *nm* کاخ، قصر (کوچک)

castor /kastɔʀ/ *nm* بیدَستر، سگ آبی

castration /kastʀasjɔ̃/ *nf* ۱. (عمل) اخته کردن ۲. اختگی

castrer /kastʀe/ *vt* (1) اخته کردن، عقیم کردن

catabolisme /katabɔlism/ *nm* فروساخت، کاتابولیسم

cataclysme /kataklism/ *nm* ۱. بلای طبیعی ۲. فاجعه، مصیبت، بلا

catacombe /katakɔ̃b/ *nf* گورستان زیرزمینی، گورستان دخمه‌ای

catalogue /katalɔg/ *nm* ۱. لیست اجناس، کاتالوگ ۲. فهرست، لیست

cataloguer /kataloge/ *vt* (1) ۱. فهرست کردن، در فهرست وارد کردن ۲. به صورت کاتالوگ درآوردن ۳. انگ (چیزی به کسی) زدن

cataplasme /kataplasm/ *nm* ۱. مرهم، ضماد ۲. [عامیانه] غذای ثقیل، تِخرمه

catapulte /katapylt/ *nf* ۱. منجنیق ۲. [هواپیما، موشک] پرتاب‌کننده

catapulter /katapylte/ *vt* (1) ۱. با منجنیق انداختن ۲. پرتاب کردن

cataracte[1] /kataʀakt/ *nf* آبشار (بزرگ)
des cataractes (de pluie) باران سیل‌آسا، سیل

cataracte[2] /kataʀakt/ *nf* [پزشکی] آب‌مروارید

catarrhe /kataʀ/ *nm* زکام، نَزله

catastrophe /katastʀɔf/ *nf* فاجعه، مصیبت، بلا، سانحه

catastrophique /katastʀɔfik/ *adj* ۱. فاجعه‌آمیز، فجیع، مصیبت‌بار، اسف‌بار ۲. [عامیانه] افتضاح، وحشتناک

catch /katʃ/ *nm* کشتی کج

catéchiser /kateʃize/ *vt* (1) ۱. اصول مسیحیت را تعلیم دادن به ۲. به دین مسیحیت فرا

سر کسی بد گفتن، از کسی بدگویی کردن، غیبت کسی را کردن

casser la baraque [نمایش وغیره] جنجال به پا کردن، غوغا کردن، سر و صدا کردن

casser la croûte چیزی خوردن، تهبندی کردن

casser la tête à qqn ۱. کسی را به ستوه آوردن، ذله کردن، کلافه کردن، اعصاب کسی را خرد کردن، عاصی کردن ۲. سر کسی را بردن، مغز کسی را خوردن

casser le morceau ۱. اقرار کردن، اعتراف کردن ۲. لو دادن

casser les reins à qqn کسی را به روز سیاه نشاندن

casser sa pipe به آن دنیا رفتن، از دار دنیا رفتن، غزل خداحافظی را خواندن

Qui casse les verres les paie. کسی که ضرر می‌زند تاوانش را هم می‌دهد.

se casser *vp* ۱. شکستن ۲. [خودمانی] به خود عذاب دادن، پدر خود را درآوردن ۳. [عامیانه] جیم شدن، به چاک زدن، فلنگ را بستن

se casser la tête [خودمانی] خود را به زحمت انداختن، خود را به دردسر انداختن، خود را عذاب دادن

casserole /kasʀɔl/ *nf* قابلمه دسته‌دار

casse-tête /kastɛt/ *nm. inv* ۱. گرز ۲. چماق ۳. کار سخت، کار پرزحمت ۴. دردسر، گرفتاری، مخمصه

cassette /kasɛt/ *nf* ۱. [جواهرات] جعبه، صندوقچه ۲. نوار، کاست

casseur,euse /kasœʀ,øz/ *adj* ۱. خرابکار ۲. (آدم) دست و پاچلفتی

cassolette /kasɔlɛt/ *nf* مجمر، عودسوز

cassure /kasyʀ/ *nf* ۱. شکستگی ۲. محل شکستگی ۳. [مجازی] شکاف، فاصله

caste /kast/ *nf* ۱. کاست (= طبقهٔ اجتماعی موروثی در هند) ۲. طبقهٔ (اجتماعی) ۳. فرقه، دسته

---

a = bas, plat   e = blé, jouer   ɛ = lait, jouet, merci   i = il, lyre   o = mot, dôme, eau, gauche   ɔ = mort
u = roue   y = rue   ø = peu   œ = peur   ə = le, premier   ɑ̃ = sans, vent   ɛ̃ = matin, plein, lundi
ɔ̃ = bon, ombre   ʃ = chat, tache   ʒ = je, gilet   j = yeux, paille, pied   w = oui, nouer   ɥ = huile, lui

خواندن ۳. نصیحت کردن، اندرز دادن، ارشاد کردن

catéchisme /kateʃism/ *nm* ۱. تعلیم اصول مسیحیت ۲. [مسیحیت] اصول دین ۳. رسالهٔ اصول دین (مسیحیت)

catégorie /kategɔʀi/ *nf* ۱. طبقه، دسته ۲. مقوله

catégories grammaticales مقوله‌های دستوری

catégorique /kategɔʀik/ *adj* ۱. مطلق، بی‌چون و چرا، بی‌قید و شرط ۲. قاطع، صریح، روشن

catégoriquement /kategɔʀikmɑ̃/ *adv* قاطعانه، با قاطعیت، صریحاً

catégorisation /kategɔʀizasjɔ̃/ *nf* طبقه‌بندی، دسته‌بندی، رده‌بندی

catégoriser /kategɔʀize/ *vt* (1) دسته‌بندی کردن، طبقه‌بندی کردن، رده‌بندی کردن

cathartique /kataʀtik/ *adj, nm* ۱. ملیّن ۲. ▣ مسهل

cathédrale /katedʀal/ *nf* کلیسای جامع

cathode /katɔd/ *nf* کاتود

catholicisme /katɔlisism/ *nm* مذهب کاتولیک

catholique /katɔlik/ *adj, n* کاتولیک

pas (très) catholique [خودمانی] مشکوک، بودار

catimini (en) /ɑ̃katimini/ *loc. adv* مخفیانه، درخفا، پنهانی، یواشکی

caucasien,enne[1] /kɔkazjɛ̃,ɛn/ *adj* قفقازی، (مربوط به) قفقاز

Caucasien,enne[2] /kɔkazjɛ̃,ɛn/ *n* قفقازی، اهل قفقاز

cauchemar /kɔʃmaʀ/ *nm* ۱. کابوس ۲. مایهٔ هراس، مایهٔ عذاب

cauchemardesque /kɔʃmaʀdɛsk/ *adj* ۱. کابوس‌مانند ۲. وحشتناک ، عذاب‌آور

cauchemardeux,euse /kɔʃmaʀdø,øz/ *adj* → cauchemardesque

caudal,e,aux /kodal,o/ *adj* دُمی، (مربوط به) دُم

causal,e /kozal/ *adj* ۱. عِلّی ۲. [دستور زبان] سببی

causalité /kozalite/ *nf* علیّت

causant,e /kozɑ̃,t/ *adj* [خودمانی] حراف، پرحرف، خوش‌حرف، زبان‌دار

cause /koz/ *nf* ۱. علت، سبب، منشأ ۲. دلیل ۳. انگیزه ۴. مقصود، منظور، هدف ۵. دعوا(ی حقوقی)، پرونده

à cause de به علتِ، به سببِ، به خاطر

avocat sans causes [خودمانی] وکیل بدون مشتری

cause finale علت غایی

en tout état de cause به هر صورت، به هر حال، به هر ترتیب

en connaissance de cause با آگاهی از اوضاع

pour une cause futile برای هیچ و پوچ

prendre fait et cause pour هواداری کردن از، جانبداری کردن از، طرفداری کردن از

causer[1] /koze/ *vt* (1) ۱. باعث شدن، موجب شدن، سبب شدن، علت (چیزی) بودن ۲. ایجاد کردن، به وجود آوردن

causer[2] /koze/ *vi* (1) ۱. گپ زدن، حرف زدن، گفتگو کردن، صحبت کردن ۲. پرت و پلا گفتن، چرند گفتن، چرت گفتن ۳. پرحرفی کردن، روده‌درازی کردن، زیاد حرف زدن ۴. بد (کسی را) گفتن، بدگویی کردن، غیبت کردن

causerie /kozʀi/ *nf* گپ، گفتگو

causticité /kostisite/ *nf* ۱. سوزانندگی ۲. گزندگی، تلخی

caustique /kostik/ *adj* ۱. سوزآور، سوزان ۲. نیش‌دار، تلخ، گزنده

soude caustique سود سوزآور

cautère /kotɛʀ/ *nm* [پزشکی] سوزاننده (= وسیلهٔ سوزاندن زخم)

C'est un cautère sur une jambe de bois.

۱. این دارو بی‌فایده است. ۲. کوشش بی‌فایده است وَسمه بر ابروی کور.

cautérisation /koteʀizasjɔ̃/ *nf* [محل زخم] (عمل) سوزاندن

cautériser /koteʀize/ *vt* (1) [محل زخم] سوزاندن

caution /kosjɔ̃/ *nf* ۱. وثیقه ۲. وجه ضمان ۳. ضمانت ۴. تعهد ۵. ضامن

cautionnement /kosjɔnmɑ̃/ *nm* ۱. ضمانت‌نامه ۲. تعهدنامه ۳. وثیقه ۴. وجه ضمان

cautionner /kosjɔne/ *vt* (1) ۱. ضمانت (کسی را) کردن ۲. تعهد کردن، تضمین کردن ۳. ضامن (چیزی) بودن ۴. تأیید کردن

cavalcade /kavalkad/ *nf* ۱. اسب‌دوانی ۲. دستهٔ سوارکاران ۳. [خودمانی] بدووادو، بدوبدو، وَرجه‌وورجه

cavalcader /kavalkade/ *vi* (1) [خودمانی] بدووادو کردن، بدوبدو کردن، وَرجه‌وورجه کردن

cavale[1] /kaval/ *nf* مادیان اصیل

cavale[2] /kaval/ *nf* [عامیانه] دررفتن از زندان

être en cavale فراری بودن

cavalerie /kavalʀi/ *n, nf* ۱. سواره‌نظام ۲. یکان زرهی ۳. (مجموعه) اسب‌ها

cavalier[1] /kavalje/ *nm* ۱. سوارکار، سوار ۲. یکه‌سوار ◘ ۳. جمعِ سواره‌نظام، سرباز سواره‌نظام ۴. جمعِ یکان زرهی ۵. [شطرنج] اسب

cavalier[2] /kavalje/ *nm* ۱. همراه ۲. هم‌رقص

cavalier[3]**,ère** /kavalje,ɛʀ/ *adj* ۱. گستاخ، وقیح، پررو، بی‌شرم ۲. گستاخانه، وقیحانه، بی‌شرمانه

cavalièrement /kavaljɛʀmɑ̃/ *adv* گستاخانه، وقیحانه، بی‌شرمانه، با پررویی

cave[1] /kav/ *adj* گود، فرورفته

cave[2] /kav/ *nf* ۱. زیرزمین ۲. انبار شراب، شرابخانه ۳. کابارهٔ زیرزمینی

Il a une bonne cave. او شراب‌های خوبی در انبار دارد.

cave[3] /kav/ *nm* [عامیانه] هالو، شوت، خر

caveau /kavo/ *nm* ۱. زیرزمین (کوچک) ۲. آرامگاه زیرزمینی، سردابه ۳. کابارهٔ زیرزمینی

caver /kave/ *vt* (1) گود کردن

se caver *vp* گود رفتن، گود افتادن

caverne /kavɛʀn/ *nf* ۱. غار، مغار ۲. حفره

l'âge des cavernes دورهٔ غارنشینی

caviar /kavjaʀ/ *nm* خاویار

cavité /kavite/ *nf* حفره، سوراخ، گودال

cavité buccale حفرهٔ دهان

ce[1] /s(ə)/ *pron. dém* ۱. این ۲. آنچه

c'est این است، است

ce que آنچه که، چیزی را که

Qu'est-ce que c'est? این چیست؟ این چیه؟

ce[2] /s(ə)/, **cet,cette** /sɛt/, **ces** /se/ *adj. dém* این

ces gens-là آن آدم‌ها

cet homme-ci این مرد

cette maison-là آن خانه

ceci /səsi/ *pron. dém* این

cécité /sesite/ *nf* کوری، نابینایی

céder /sede/ *vt* (6) ۱. واگذار کردن ۲. دادن، در اختیار (کسی) گذاشتن، سپردن ۳. انتقال دادن، منتقل کردن ۴. فروختن ۵. تسلیم (کسی یا چیزی) شدن ۶. از پا درآمدن، وادادن، تاب نیاوردن ۷. خم شدن ۸. از بین رفتن، تمام شدن

céder du terrain عقب‌نشینی کردن

céder le pas à qqn ۱. برای عبور کسی خود را کنار کشیدن ۲. برتری کسی را پذیرفتن، کسی را برتر از خود دانستن

céder sa place à qqn جای خود را به کسی دادن

Il ne lui cède en rien. چیزی از او کم ندارد. هم‌پای اوست.

a = bas, plat e = blé, jouer ɛ = lait, jouet, merci i = il, lyre o = mot, dôme, eau, gauche ɔ = mort
u = roue y = rue ø = peu œ = peur ə = le, premier ɑ̃ = sans, vent ɛ̃ = matin, plein, lundi
ɔ̃ = bon, ombre ʃ = chat, tache ʒ = je, gilet j = yeux, paille, pied w = oui, nouer ɥ = huile, lui

cédille /sedij/ *nf* (علامت) سِدیّ

cedrat /sedʀa/ *nm* بالنگ، بادرنگ

cedratier /sedʀatje/ *nm* درخت بالنگ

cèdre /sɛdʀ/ *nm* ۱. درخت سِدر ۲. چوب سِدر

ceindre /sɛ̃dʀ/ *vt* (52) ۱. (به دور خود) پیچیدن، بستن ۲. (به) سر گذاشتن

ceinture /sɛ̃tyʀ/ *nf* ۱. کمربند ۲. کمر

ceinture de natation کمربند شنا

ceinture de sécurité کمربند ایمنی

ceinture verte کمربند سبز (= محوطهٔ سرسبز گرداگرد شهر)

chemin de fer de ceinture راه‌آهن کمربندی

ceinturer /sɛ̃tyʀe/ *vt* (1) ۱. از کمر گرفتن ۲. احاطه کردن، در میان گرفتن

ceinturon /sɛ̃tyʀɔ̃/ *nm* فانوسقه

cela /s(ə)la/ *pron. dém* ۱. آن ۲. این

Tout cela est faux. همهٔ اینها نادرست است. همه‌اش دروغ است.

célébration /selebʀasjɔ̃/ *nf* ۱. برگزاری مراسم ۲. برپا کردن جشن

célèbre /selɛbʀ/ *adj* مشهور، معروف، نامی، نامدار، شهیر، پرآوازه، سرشناس

célébrer /selebʀe/ *vt* (6) ۱. برگزار کردن ۲. جشن گرفتن ۳. گرامی داشتن، تـجلیل کـردن، ستایش کردن

célébrer la mémoire de qqn یاد کسی را گرامی داشتن، از کسی تجلیل کردن

célébrer la victoire پیروزی را جشن گرفتن

célébrité /selebʀite/ *nf* ۱. شهرت، معروفیت، آوازه ۲. آدم مشهور، چهرهٔ سرشناس

celer /s(ə)le/ *vt* (5) پنهان کردن، پنهان نگه‌داشتن، مخفی کردن

céleri /sɛlʀi/ *nm* کرفس

célérité /seleʀite/ *nf* چابکی، چالاکی، فرزی، سرعت

céleste /selɛst/ *adj* ۱. آسمانی، سماوی، فلکی ۲. ملکوتی، خارق‌العاده، خیره‌کننده

une beauté céleste یک زیبایی ملکوتی، یک زیبایی خارق‌العاده

célibat /seliba/ *nm* تجرد، بی‌همسری

célibataire /selibatɛʀ/ *adj, n* مجرد، بی‌همسر

celle /sɛl/ *pron. dém* → celui

celle-ci /sɛlsi/ *pron. dém* → celui-ci

celle-là /sɛlla/ *pron. dém* → celui-là

cellophane /selɔfan/ *nf* سلوفون

cellulaire /selylɛʀ/ *adj* ۱. یاخته‌ای، سلولی ۲. سوراخ‌سوراخ، منفذدار

cellule /selyl/ *nf* ۱. یاخته، سلول ۲. حجره، خانه ۳. اتاق ۴. سلول (زندان) ۵. هسته، کانون

celluloïd /selylɔid/ *nm* سلولوئید

cellulose /selyloz/ *nf* سلولز

cellulosique /selylozik/ *adj* سلولزی

celte /sɛlt/ *adj* سِلت، سِلتی

celtique /sɛltik/ *adj* → celte

celui /səlɥi/, **celle** /sɛl/ *pron. dém* ۱. این، آن ۲. مال ۳. کسی

celui qui ۱. آن که، آن یکی که ۲. کسی که، آنکه، آن کسی که

Ce sont celles dont j'ai parlé. اینها همان‌هایی هستند که درباره‌شان صحبت کردم.

celui-ci /səlɥisi/, **celle-ci** /sɛlsi/ *pron. dém* این یکی، این

Celui-là a l'air triste, celui-ci est joyeux. آن یکی به نظر غمگین است و این یکی شادمان.

celui-là /səlɥila/, **celle-là** /sɛlla/ *pron. dém* آن یکی، آن

cénacle /senakl/ *nm* محفل، انجمن [ادبی، هنری]

cendre /sɑ̃dʀ/ *nf* خاکستر

cendré,e /sɑ̃dʀe/ *adj* ۱. خاکستری ۲. پوشیده از خاکستر ۳. رنگ‌پریده

cendreux,euse /sɑ̃dʀø,øz/ *adj* ۱. خاکستردار ۲. خاکستری

cendrier /sɑ̃dʀije/ *nm* ۱. زیرسیگاری ۲. خاکستردان

centrer

Cène / sɛn / *nf*	شام آخر (مسیح)
cénotaphe / senɔtaf / *nm*	بنای یادبود، یادمان
cens / sɑ̃s / *nm*	[قدیمی] مالیات شرکت در انتخابات
censé,e / sɑ̃se / *adj*	به گمان، انگار
Il est censé d'être à paris.	گمان می‌رود که او در پاریس باشد. او باید در پاریس باشد.
Nul n'est censé d'ignorer la loi.	بی‌اطلاعی از قانون پذیرفته نیست.
censément / sɑ̃semɑ̃ / *adv*	ظاهراً، به ظاهر، به گمان، انگار
censeur / sɑ̃sœʀ / *nm*	۱. مأمور سانسور، سانسورچی ۲. عیبجو، خرده‌گیر ۳. منتقد، انتقادکننده ۴. [دبیرستان] ناظم
Madame le censeur	خانم ناظم
censure / sɑ̃syʀ / *nf*	۱. سانسور ۲. انتقاد، عیب‌جویی، سرزنش، نکوهش
censurer / sɑ̃syʀe / *vt* (1)	۱. سانسور کردن ۲. انتقاد کردن، عیب‌جویی کردن، سرزنش کردن ۳. محکوم کردن
cent[1] / sɑ̃ / *adj, nm*	۱. صد (تا) ◨ ۲. عدد صد، شمارهٔ صد، صد
cent pour cent	صد در صد
en un mot comme en cent	یک کلام به صد کلام
gagner des mille et des cents	درآمد زیادی داشتن، پول زیادی به جیب زدن
page deux cent	صفحهٔ دویست
pour cent	درصد
cent[2] / sɛnt / *nm*	سنت (= یک‌صدم دلار و برخی پول‌های رایج دیگر)
centaine / sɑ̃tɛn / *nf*	۱. در حدود صد، صدتایی ۲. صدگان
une centaine de	در حدود صد، یک صدتایی

centaurée / sɑ̃tɔʀe / *nf*	گل گندم، قنطوریون
centenaire / sɑ̃tnɛʀ / *adj, n, nm*	۱. صدساله ۲. آدم صدساله ◨ ۳. صدمین سالگرد، سالگرد صدمین سال ۴. جشن صدمین سالگرد
centennal,e,aux / sɑ̃tenal,o / *adj*	صدسال یک‌بار
centième / sɑ̃tjɛm / *adj. ord, nm*	۱. صدم، صدمین ◨ ۲. (یک)صدم
trois centièmes	سه صدم
centigramme / sɑ̃tigʀam / *nm*	سانتیگرم (= یک‌صدم گرم)
centime / sɑ̃tim / *nm*	سانتیم (= یک‌صدم فرانک)
centimètre / sɑ̃timɛtʀ / *nm*	سانتیمتر، سانت
centrage / sɑ̃tʀaʒ / *nm*	مرکزیابی
central[1],**e,aux** / sɑ̃tʀal,o / *adj*	۱. مرکزی ۲. میانی، وسطی ۳. اساسی، اصلی، عمده، مهم
central[2] / sɑ̃tʀal / *nm*, **central téléphonique**	مرکز تلفن
centrale / sɑ̃tʀal / *nf*	۱. نیروگاه برق ۲. نیروگاه ۳. کنفدراسیون
centralisateur,trice / sɑ̃tʀalizatœʀ, tʀis / *adj*	تمرکزدهنده، متمرکزکننده
centralisation / sɑ̃tʀalizasjɔ̃ / *nf*	تمرکز
centraliser / sɑ̃tʀalize / *vt* (1)	متمرکز کردن، تمرکز دادن
centralisme / sɑ̃tʀalism / *nm*	تمرکزگرایی
centre / sɑ̃tʀ / *nm*	۱. مرکز ۲. میان، وسط ۳. کانون ۴. بطن، دل ۵. [سیاست] جناح میانه‌رو ۶. [فوتبال] بازیکن نوک حمله، فوروارد میانی، سانترفوروارد
centre commercial	مرکز تجاری، مرکز خرید
centrer / sɑ̃tʀe / *vt* (1)	۱. مرکز (چیزی را) مشخص کردن ۲. در مرکز قرار دادن، (در) وسط قرار دادن، وسط انداختن ۳. متمرکز کردن، تمرکز دادن ۴. [فوتبال] سانتر کردن

---

a = bas, plat	e = blé, jouer	ɛ = lait, jouet, merci	i = il, lyre	o = mot, dôme, eau, gauche	ɔ = mort
u = roue	y = rue	ø = peu	œ = peur	ə = le, premier	ɑ̃ = sans, vent	ɛ̃ = matin, plein, lundi
ɔ̃ = bon, ombre	ʃ = chat, tache	ʒ = je, gilet	j = yeux, paille, pied	w = oui, nouer	ɥ = huile, lui

centrifuge

centrifuge / sãtRify3 / *adj*	مرکزگریز، گریز از مرکز
centripète / sãtRipɛt / *adj*	مرکزگرا، رو به مرکز
centuple / sãtypl / *adj, nm*	صد برابر
centupler / sãtyple / *vt, vi* (1)	۱. صد برابر کردن ▣ ۲. صد برابر شدن
cep / sɛp / *nm*	کندهٔ تاک
cépage / sepaʒ / *nm*	[درخت] (نوعی) مو، تاک
cependant / s(ə)pãdã / *conj*	با وجود این، با اینحال، با این‌همه، معذالک
céphalique / sefalik / *adj*	(مربوط به) سر، سَری
céphalopodes / sefalopɔd / *nm. pl*	[جانورشناسی] سرپایان
céramique[1] / seRamik / *nf*	۱. سفالگری، سرامیک‌سازی ۲. شیء سفالین، ظرف سفالی، سفالینه، ظروف سرامیک
céramique[2] / seRamik / *adj*	۱. (مربوط به) سفالگری، سرامیک‌سازی ۲. سفالی، سفالین، سرامیک
céramiste / seRamist / *adj, n*	سفالگر، سرامیک‌ساز
cerbère / sɛRbɛR / *nm*	نگهبان سختگیر، دربان بداخلاق
cerceau / sɛRso / *nm*	۱. حلقه، طوقه ۲. [دامن، ژیپون] فنر
cerclage / sɛRklaʒ / *nm*	(عمل) حلقه انداختن، طوقه انداختن
cercle / sɛRkl / *nm*	۱. دایره ۲. حلقه ۳. چرخه، دور ۴. محفل، جمع ۵. انجمن ۶. حوزه، حیطه، میدان
cercle d'amis	محفل دوستانه، جمع دوستانه
cercle vicieux	دور باطل، دور تسلسل
tracer un cercle au compas	با پرگار یک دایره رسم کردن
cercler / sɛRkle / *vt* (1)	حلقه انداختن، طوقه انداختن

cercueil / sɛRkœj / *nm*	تابوت
céréale / seReal / *nf*	غلّه
céréaliculture / seRealikyltyR / *nf*	کشت غلات
céréalier,ère / seRealje,ɛR / *adj*	۱. (مربوط به) غلات ۲. (مربوط به) کشت غلات
cérébelleux,euse / seRebelø,øz / *adj*	مخچه‌ای، (مربوط به) مخچه
cérébral,e,aux / seRebRal,o / *adj*	۱. مغزی، (مربوط به) مغز ۲. فکری ۳. متفکر
cérémonial / seRemɔnjal / *nm*	مراسم، تشریفات
cérémonie / seRemɔni / *nf*	۱. مراسم ۲. تشریفات ۳. تعارف
de cérémonie	رسمی، تشریفاتی
habit de cérémonie	لباس رسمی
sans céréminie(s)	بدون تشریفات، بی تعارف، ساده، خودمانی
cérémonieusement / seRemɔnjøzmã / *adv*	با تشریفات، رسمی
cérémonieux,euse / seRemɔnjø,øz / *adj*	۱. رسمی، تشریفاتی ۲. اهل تعارف، تعارفی ۳. ظاهری، تصنعی
cerf / sɛR / *nm*	۱. گوزن ۲. گوزن نر
cerf-volant / sɛRvɔlã / *nm*	۱. بادبادک ۲. سوسک شاخدار
cerisaie / s(ə)Rizɛ / *nf*	باغ گیلاس
cerise / s(ə)Riz / *nf, adj. inv*	۱. گیلاس ▣ ۲. (به رنگ) آلبالویی
cerisier / s(ə)Rizje / *nm*	درخت گیلاس
cerne / sɛRn / *nm*	۱. [چشم] کبودی ۲. [زخم] طوق ۳. [تنهٔ درخت] دایره (سالیانه)
cerner / sɛRne / *vt* (1)	۱. احاطه کردن، دور (چیزی را) فراگرفتن ۲. محاصره کردن ۳. (به) دور (کسی) حلقه زدن، دوره کردن ۴. حد و مرز (چیزی را) مشخص کردن
certain,e / sɛRtɛ̃,ɛn / *adj, pron*	۱. مسلم،

167 **césure**

(با شلیک گلوله) مغز خود را متلاشی کردن، یک گلوله در مغز خود خالی کردن

tête sans cervelle آدم سبک‌مغز، کله‌پوک، احمق

cervical,e,aux /sɛʀvikal,o/ *adj* ۱. گردنی، (مربوط به) گردن ۲. (مربوط به) گردن رحم، زهدان

cervidés /sɛʀvide/ *nm. pl* گوزن‌سانان

ces /sɛ/ *adj. dém. pl* → ce[2]

césar /sezaʀ/ *nm* قیصر، سزار

césarienne /sezaʀjɛn/ *nf* سزارین

cessant,e /sɛsɑ̃,t/ *adj,* **toute(s) chose(s)/affaire(s) cessante(s)** کارش را رها کرد (و...)، بدون فوت وقت

cessation /sɛsasjɔ̃/ *nf* ۱. قطع، توقف، وقفه ۲. تعلیق

cessation des hostilités آتش‌بس، ترک مخاصمه

cesse /sɛs/ *nf* وقفه، توقف

n'avoir de cesse que دست از تلاش برنداشتن تا، پیوسته کوشیدن تا

sans cesse بی‌وقفه، مدام، دائماً، پیوسته، یکریز، بی‌امان

cesser /sese/ *vt, vi* (1) ۱. خاتمه دادن، تمام کردن، قطع کردن، دست کشیدن، ول کردن، متوقف کردن ◙ ۲. قطع شدن، متوقف شدن، خاتمه یافتن، تمام شدن، بند آمدن، ایستادن

faire cesser خاتمه دادن به، تمام کردن، پایان دادن به

cessez-le-feu /seselfø/ *nm. inv* آتش‌بس، ترک مخاصمه

cessible /sesibl/ *adj* قابل انتقال، قابل واگذاری

cession /sɛsjɔ̃/ *nf* انتقال، واگذاری

c'est-à-dire /setadiʀ/ *loc. adv* یعنی

c'est-à-dire que یعنی که، یعنی اینکه، این بدان معناست که

césure /sezyʀ/ *nf* [شعر] برش، تقطیع

قطعی، حتمی ۲. مطمئن، خاطرجمع ۳. واقعی، حقیقی، راستین ۴. یک، ـی ۵. کسی به نامِ... ۶. معین ۷. خاص، بخصوص ـــ [صورت جمع] ۸. بعضی، برخی، عده‌ای، پاره‌ای، جمعی

dans une certaine mesure تا اندازه‌ای، تا حدی، نسبتاً

d'un certain âge میانسال

Il a fallu un certain courage. کمی جسارت لازم بود.

un certain Pierre کسی به نام پیر، پیرنامی

un certain temps برای مدتی، مدتی

certainement /sɛʀtɛnmɑ̃/ *adv* ۱. مسلماً، مطمئناً، قطعاً، یقیناً، به طور حتم، بی‌شک ۲. البته

certes /sɛʀt/ *adv* → certainement

certificat /sɛʀtifika/ *nm* ۱. گواهی، تصدیق ۲. گواهینامه، مدرک

certifier /sɛʀtifje/ *vt* (7) ۱. تصدیق کردن، تأیید کردن، گواهی کردن ۲. اطمینان دادن به

certitude /sɛʀtityd/ *nf* ۱. قطعیت، حتمیت ۲. صحت، درستی ۳. اطمینان ۴. یقین

cérumen /seʀymɛn/ *nm* چِرم گوش

cerveau /sɛʀvo/ *nm* ۱. مغز ۲. مخ ۳. ذهن ۴. عقل، عقل و شعور ۵. مغز متفکر، متفکر

avoir le cerveau dérangé/fêlé مخ (کسی) معیوب بودن، عقل (کسی) پاره‌سنگ برداشتن، یک تختهٔ (کسی) کم بودن، خل بودن

cerveau électronique مغز الکترونی

cervelet /sɛʀvəlɛ/ *nm* مخچه

cervelle /sɛʀvɛl/ *nf* ۱. مغز ۲. عقل، عقل و شعور

avoir qqch dans la cervelle فکری به نظر (کسی) رسیدن

cervelle au beurre خوراک مغز با کره

se brûler/se faire sauter la cervelle

a = bas, plat e = blé, jouer ɛ = lait, jouet, merci i = il, lyre o = mot, dôme, eau, gauche ɔ = mort
u = roue y = rue ø = peu œ = peur ə = le, premier ɑ̃ = sans, vent ɛ̃ = matin, plein, lundi
ɔ̃ = bon, ombre ʃ = chat, tache ʒ = je, gilet j = yeux, paille, pied w = oui, nouer ɥ = huile, lui

cet /sɛt/ *adj. dém. m* → ce[2]

cétacés /setase/ *nm. pl* آب‌بازان (= گروهی از پستانداران دریایی از قبیل والان، خوکان دریایی، شیران دریایی، ...)

cette /set/ *adj. dém. f* → ce[2]

ceux /sø/ **celles** /sɛl/ *pron. dém. pl* ۱. آنها، آنان ۲. مال

ceux qui آنها که، آنهایی که، آنان که، کسانی که

chacal /ʃakal/ *nm* شغال

chacun,e /ʃakɛ̃,yn/ *pron. indéf* ۱. هر یک، هر کدام، هر کس ۲. کسی ۳. همه

chacun de nous هر یک از ما، هر کدام از ما

chafouin,e /ʃafwɛ̃,in/ *adj* مکار، حیله گر، حقه‌باز، دغل، موذی، آب‌زیرکاه

chagrin[1],e /ʃagRɛ̃,in/ *adj* غمگین، اندوهگین، ناراحت، غصه‌دار

chagrin[2] /ʃagRɛ̃/ *nm* غم، غصه، اندوه، ناراحتی، درد، رنج

faire du chagrin غمگین کردن، غصه‌دار کردن، ناراحت کردن

chagrin[3] /ʃagRɛ̃/ *nm* ساغری، چرم ساغری، تیماج

chagriner /ʃagRine/ *vt* (1) غمگین کردن، اندوهگین کردن، ناراحت کردن، غصه‌دار کردن

chahut /ʃay/ *nm* هیاهو، سر و صدا، جار و جنجال، شلوغی

faire du chahut سر و صدا راه انداختن، شلوغ کردن

chahuter /ʃayte/ *vi, vt* (1) ۱. سر و صدا کردن، سر و صدا راه انداختن، هیاهو کردن، شلوغ کردن ◙ ۲. هل دادن، تنه زدن به

chahuter un professeur سر درس معلمی شلوغ کردن، کلاس معلمی را به هم ریختن

chaîne /ʃɛn/ *nf* ۱. زنجیر ۲. زنجیره، رشته، سلسله ۳. رشته کوه، سلسله جبال ۴. [در مقابل پود] تار ۵. [تولید، مونتاژ] خط ۶. سیستم پخش صوت، سِت (= مجموعهٔ ضبط صوت، آمپلی‌فایر، بلندگو، ...) ۷. [تلویزیون] شبکه، کانال ــ [صورت جمع] ۸. غل‌و زنجیر، زنجیر ۹. اسارت، بردگی ۱۰. زنجیر چرخ

chaîne d'arpenteur زنجیر مساحی

chaîne de sûreté زنجیر ایمنی

chaînette /ʃɛnɛt/ *nf* زنجیر (کوچک)

chaînon /ʃɛnɔ̃/ *nf* ۱. حلقهٔ زنجیر، حلقه ۲. رابط، حلقهٔ ارتباط ۳. بخشی از رشته کوه

chair /ʃɛR/ *nf* ۱. گوشت ۲. جسم، تن، بدن ۳. نفس

avoir la chair de la poule ۱. [از سرما یا وحشت] مو به تن (کسی) راست شدن ۲. چِندِش شدن

en chair et en os خودش، شخصاً

être bien en chair چاق بودن، فربه بودن

chaire /ʃɛR/ *nf* ۱. منبر ۲. [دانشگاه] سکو، تریبون ۳. کرسی، مقام استادی

chaise /ʃɛz/ *nf* صندلی

chaise longue صندلی راحتی تاشو، صندلی استخر

chaise roulante صندلی چرخ‌دار، ویلچِر

faire de la chaise longue لمیدن، دراز کشیدن، ولو شدن

se trouver/être assis entre deux chaises پادرهوا بودن، بلاتکلیف بودن

chaisier,ère[1] /ʃɛzje,ɛR/ *n* صندلی‌ساز

chaisière[2] /ʃɛzjɛR/ *nf* [در پارک، در کلیسا] (زن) کرایه‌دهندهٔ صندلی

chaland[1] /ʃalɑ̃/ *nm* کشتی باری

chaland[2],e /ʃalɑ̃,d/ *n* [قدیمی] مشتری، خریدار

châle /ʃal/ *nm* شال (زنانه)، اِشارپ

chalet /ʃalɛ/ *nm* خانهٔ چوبی کوهستانی، ویلای کوهستانی

chaleur /ʃalœR/ *nf* ۱. حرارت ۲. گرما، گرمی ۳. شور، هیجان ۴. صمیمیت

chaleureusement /ʃalœRøzmɑ̃/ *adv* صمیمانه، گرم، با گرمی

chaleureux,euse /ʃalœRø,øz/ *adj* ۱. گرم، صمیمانه ۲. صمیمی ۳. پرشور، پرحرارت

chaloupe / ʃalup / *nf*	قایق
chaloupe de sauvetage	قایق نجات
chalut / ʃaly / *nm*	تور ماهیگیری (متصل به کشتی)
chalutier / ʃalytje / *nm*	کشتی ماهیگیری
chamailler (se) / s(ə)ʃamaje / *vp* (1)	[خودمانی] جر و بحث کردن، بگومگو کردن، یکی به دو کردن، کلنجار رفتن
chamaillerie / ʃamajʀi / *nf*	جر و بحث، بگومگو، کلنجار
chambard / ʃãbaʀ / *nm*	۱. [خودمانی] سر و صدا، جار و جنجال، قیل و قال ۲. ریخت و پاش، بل‌بشو
chambardement / ʃãbaʀdəmã / *nm*	[خودمانی] هرج و مرج، به‌هم‌ریختگی، آشوب
chambarder / ʃãbaʀde / *vt* (1)	به هم ریختن، زیر و رو کردن، ریخت و پاش کردن
chambellan / ʃãbelã / *nm*	پیشکار (دربار)
chambouler / ʃãbule / *vt* (1)	[خودمانی] به هم ریختن، زیر و رو کردن
chambre / ʃãbʀ / *nf*	۱. اتاق خواب ۲. اتاق ۳. محفظه ۴. مجلس ۵. دادگاه
chambre à air	[لاستیک] تویی، تیوب
chambre correctionnelle	دادگاه جزا، دادگاه جنحه
chambre criminelle	دادگاه جنایی
chambre de commerce	اتاق بازرگانی
chambre froide/frigorifique	سردخانه
chambre noire	تاریک‌خانه
faire la chambre à part	[زن و شوهر] اتاق خواب خود را جدا کردن، جدا از هم خوابیدن
femme de chambre	خدمتکار (زن)، مستخدم (زن)
garder la chambre	در خانه ماندن، خانه‌نشین شدن
la Chambre des députés	مجلس شورا، مجلس نمایندگان
robe de chambre	لباس خانه، کت‌پیژامه
travailler en chambre	در خانه کار کردن
chambrée / ʃãbʀe / *nf*	۱. ساکنین خوابگاه ۲. [پادگان] خوابگاه
chambrer / ʃãbʀe / *vt* (1)	۱. (کسی را) بایکوت کردن، تحت فشار گذاشتن ۲. [شراب] در دمای اتاق نگه داشتن ۳. [قدیمی] در اتاق خود حبس کردن
chambrette / ʃãbʀɛt / *nf*	اتاق کوچک، اتاقک
chameau / ʃamo / *nm, adj*	۱. شتر (دوکوهانه) ۲. [خودمانی] آدم بدجنس، آدم بدذات، خبیث ▣ ۳. وحشی، حیوان
chamelier / ʃaməlje / *nm*	ساربان، شتربان
chamelle / ʃamɛl / *nf*	شتر ماده
chamois / ʃamwa / *nm, adj. inv*	۱. شوکا، بز کوهی ۲. تیماج، پوست ۳. جیر ▣ ۴. (به رنگِ) زرد روشن
peau de chamois	جیر
chamoiser / ʃamwaze / *vt* (1)	[پوست] به صورت جیر درآوردن
chamoiserie / ʃamwazʀi / *nf*	جیرسازی
champ / ʃã / *nm*	۱. کشتزار، مزرعه ۲. میدان ۳. حوزه – [صورت جمع] ۴. بیرون شهر، دشت و صحرا ۵. روستا، ده
à tout bout de champ	هر لحظه، هر دم، دم به دم، مدام
champ de bataille	۱. میدان جنگ، میدان نبرد، میدان کارزار، عرصهٔ پیکار ۲. بازار شام
champ de courses	میدان اسب‌دوانی
champ de Mars	میدان مشق
champ de repos	وادی خاموشان (= گورستان)
champ magnétique	میدان مغناطیسی
champ visuel	میدان دید، حوزهٔ بینایی
laisser le champ libre	آزادی عمل دادن
mourir/tomber au champ d'honneur	در میدان جنگ شهید شدن

champagne 170

chancelier / ʃɑ̃səlje / *nm* ۱. دبیر، منشی ۲. [در آلمان و اتریش] صدر اعظم ۳. [در کانادا] رئیس دانشگاه

chancelier de l'Échiquier [در انگلستان] وزیر دارایی

chancellerie / ʃɑ̃sɛlʀi / *nf* ۱. (دفتر) سفارت ۲. (ادارهٔ مرکزی) وزارت دادگستری

chanceux,euse / ʃɑ̃sø,øz / *adj* خوش‌شانس، خوش‌اقبال، نیک‌بخت

chancre / ʃɑ̃kʀ / *nm* [در برخی بیماری‌های مسری، به ویژه مقاربتی] زخم

chandail / ʃɑ̃daj / *nm* پُلیور

chandelier / ʃɑ̃dəlje / *nm* شمعدان

chandelle / ʃɑ̃dɛl / *nf* ۱. [قدیمی] شمع ۲. [خودمانی] آب دماغ

brûler la chandelle par les deux bouts ولخرج بودن، اسراف کردن

devoir une (fière) chandelle à qqn مدیون کسی بودن

faire des économies de bouts de chandelles چس‌خور بودن، خسیس بودن

Le jeu n'en vaut pas la chandelle. به زحمتش نمی‌ارزد. زحمت بی‌فایده است وسمه بر ابروی کور.

voir trente-six chandelles [بر اثر ضربه] چشم‌های (کسی) سیاهی رفتن، دنیا جلوی (کسی) تیره و تار شدن

change / ʃɑ̃ʒ / *nm* ۱. مبادله، تبادل، رد و بدل ۲. معاوضه، تعویض ۳. [ارز] تبدیل ۴. صرافی

donner le change à qqn کسی را به اشتباه انداختن، گول زدن، فریب دادن

lettre de change برات

changeable / ʃɑ̃ʒabl / *adj* تغییرپذیر، قابل تغییر

changeant,e / ʃɑ̃ʒɑ̃,t / *adj* ۱. متغیر ۲. بی‌ثبات، ناپایدار ۳. دمدمی ۴. [پارچه] موج‌دار

changement / ʃɑ̃ʒmɑ̃ / *nm* ۱. تغییر ۲. تعویض ۳. دگرگونی، تحول ۴. تنوع

prendre du champ ۱. دورخیز کردن ۲. عقب‌نشینی کردن

sur-le-champ فوراً، بلافاصله، همان‌دم، بی‌درنگ، بدون معطلی

champagne / ʃɑ̃paɲ / *nm* [مشروب] شامپانی

champenois,e[1] / ʃɑ̃pənwa,z / *adj* (مربوط به) شامپانی (= ناحیه‌ای در فرانسه)، شامپانیایی

Champenois,e[2] / ʃɑ̃pənwa,z / *n* اهل شامپانی، شامپانیایی

champêtre / ʃɑ̃pɛtʀ / *adj* ۱. [ادبی یا قدیمی] روستایی ۲. (مربوط به) ده

garde champêtre پلیس ده، پلیس روستا

champignon / ʃɑ̃piɲɔ̃ / *nm* ۱. قارچ ۲. [خودمانی] پدال گاز

champion,onne / ʃɑ̃pjɔ̃,ɔn / *n, adj* ۱. قهرمان ۲. مدافع، طرفدار، حامی ۳. سرآمد، نابغه ◙ ۴. عالی، محشر

championnat / ʃɑ̃pjɔna / *nm* ۱. مسابقات قهرمانی ۲. قهرمانی، عنوان قهرمانی، مقام قهرمانی

chançard,e / ʃɑ̃saʀ,d / *adj, n* [خودمانی] خوش‌شانس

chance / ʃɑ̃s / *nf* ۱. شانس، بخت، اقبال ۲. خوش‌شانسی، خوش‌اقبالی ۳. امکان، احتمال ۴. فرصت (مناسب)

avoir de la chance خوش‌شانس بودن، شانس آوردن

Bonne chance! موفق باشید! به امید موفقیت!

par chance خوشبختانه، به یاری بخت

Pas de chance! عجب بدبیاری‌ای! چه بدشانسی‌ای!

tenter sa chance بخت خود را امتحان کردن

chancelant,e / ʃɑ̃slɑ̃,t / *adj* سست، بی‌ثبات، متزلزل، نااستوار

chanceler / ʃɑ̃sle / *vi* (4) ۱. تلوتلو خوردن ۲. تکان‌تکان خوردن، لق زدن ۳. متزلزل بودن، نااستوار بودن، بی‌ثبات بودن، سست بودن ۴. مردد بودن، دودل بودن، تردید داشتن

changement en mieux بهبود، بهتر شدن

changer / ʃɑ̃ʒe / *vt, vi* (3) ۱. عوض کردن، تعویض کردن ۲. معاوضه کردن ۳. تغییر دادن ۴. تبدیل کردن ۵. دگرگون کردن، متحول کردن ۶. لباس (کسی را) عوض کردن ◙ ۷. تغییر کردن، دگرگون شدن ۸. عوض شدن

changer en mieux بهتر کردن، بهبود بخشیدن

changer qqch de place جای چیزی را عوض کردن، چیزی را جابجا کردن

changer un bébé کهنه (یا پوشک) بچه را عوض کردن

pour changer طبق معمول، مثل همیشه، کمافی‌السابق

se changer *vp* لباس (خود را) عوض کردن

changeur / ʃɑ̃ʒœʀ / *nm* صراف

chanson / ʃɑ̃sɔ̃ / *nf* ۱. ترانه، آهنگ ۲. آواز ۳. [قدیمی] شعر حماسی، حماسه

C'est toujours la même chanson. [طعنه‌آمیز] همان داستان همیشگی است.

L'air ne fait pas la chanson. ظاهر دلیل بر باطن نیست.

chansonnette / ʃɑ̃sɔnɛt / *nf* تصنیف

chansonnier,ère / ʃɑ̃sɔnje,ɛʀ / *n* ۱. تصنیف‌ساز ۲. تصنیف‌خوان

chant / ʃɑ̃ / *nm* ۱. آواز ۲. آوازخوانی ۳. آهنگ، ترانه ۴. سرود ۵. نغمه، آوا

au chant du coq (موقع) خروس‌خوان

chantage / ʃɑ̃taʒ / *nm* ۱. اخاذی، طلب حق‌سکوت، شانتاژ ۲. تهدید، ارعاب

faire du chantage اخاذی کردن، حق‌سکوت گرفتن

chantant,e / ʃɑ̃tɑ̃,t / *adj* ۱. خوش‌آهنگ، آهنگین، خوش‌نوا ۲. دلنشین، دلچسب، گیرا

chanter[1] / ʃɑ̃te / *vt, vi* (1) ۱. [آواز، ترانه، ...] خواندن ۲. مدح کردن، ستودن ◙ ۳. آواز خواندن، خواندن

Qu'est-ce que tu me chantes là? [خودمانی] اینها چیه که به من میگی؟ این حرف‌ها چیه که می‌زنی؟

chanter[2] / ʃɑ̃te / *vt,* **faire chanter qqn** از کسی حق‌سکوت گرفتن، اخاذی کردن

chanteur,euse / ʃɑ̃tœʀ,øz / *n* خواننده، آوازه‌خوان

chantier / ʃɑ̃tje / *nm* ۱. کارگاه (روباز) ۲. انبار ۳. [عامیانه] بازار شام

chantier naval کارگاه کشتی‌سازی

mettre sur le chantier (کاری را) شروع کردن، دست گرفتن

chantonnement / ʃɑ̃tɔnmɑ̃ / *nm* زمزمه

chantonner / ʃɑ̃tɔne / *vt, vi* (1) زیر لب خواندن، زمزمه کردن

chantre / ʃɑ̃tʀ / *nm* ۱. [مذهبی] سرودخوان، خواننده ۲. شاعر ۳. حماسه‌سرا

chanvre / ʃɑ̃vʀ / *nm* ۱. (گیاه) شاهدانه ۲. کنف

chanvre indien شاهدانه هندی، بنگ

chaos / kao / *nm* ۱. هرج و مرج، اغتشاش، آشوب، آشفتگی ۲. [فلسفه] هاویه

chaotique / kaɔtik / *adj* آشفته، درهم‌برهم، به‌هم‌ریخته، بی‌نظم

chapardage / ʃapaʀdaʒ / *nm* [خودمانی] دله‌دزدی، آفتابه‌دزدی

chaparder / ʃapaʀde / *vt* (1) [خودمانی] دله‌دزدی کردن، کش رفتن، بلند کردن

chapardeur,euse / ʃapaʀdœʀ,øz / *adj, n* [خودمانی] دله‌دزد، آفتابه‌دزد

chape / ʃap / *nf* ۱. ردا، جُبّه ۲. پوشش، روکش، درپوش

chapeau / ʃapo / *nm* ۱. کلاه ۲. کلاهک ۳. درپوش ۴. [مقاله] سرفصل، پیش‌درآمد

Je lui tire mon chapeau. من او را تحسین می‌کنم.

---

a = bas, plat	e = blé, jouer	ɛ = lait, jouet, merci	i = il, lyre	o = mot, dôme, eau, gauche	ɔ = mort
u = roue	y = rue	ø = peu	œ = peur	ə = le, premier	ɑ̃ = sans, vent	ɛ̃ = matin, plein, lundi
ɔ̃ = bon, ombre	ʃ = chat, tache	ʒ = je, gilet	j = yeux, paille, pied	w = oui, nouer	ɥ = huile, lui

chapeauter / ʃapote / *vt* (1) ۱. کلاه سر (کسی) گذاشتن ۲. زیر نظر داشتن، نظارت داشتن بر

chapelain / ʃaplɛ̃ / *nm* کشیش

chapelet / ʃaplɛ / *nm* ۱. تسبیح ۲. رشته، ردیف، سری

chapelet de saucisses رشتهٔ سوسیس

chapelet d'injures سیل ناسزا، سیل دشنام

chapelier,ère / ʃapəlje,ɛʀ / *n, adj* ۱. کلاه‌دوز ۲. کلاه‌فروش ◙ ۳. (مربوط به) کلاه‌دوزی

chapelle / ʃapel / *nf* ۱. نمازخانه ۲. کلیسا(ی کوچک) ۳. دسته، گروه

chapellerie / ʃapɛlʀi / *nf* ۱. کلاه‌دوزی ۲. کلاه‌فروشی

chapiteau / ʃapito / *nm* ۱. سرستون ۲. چادر سیرک ۳. سیرک

chapitre / ʃapitʀ / *nm* ۱. [کتاب] فصل، گفتار ۲. موضوع، مطلب، مسئله ۳. زمینه، مورد ۴. شورای مذهبی

avoir voix au chapitre حق ابراز عقیده داشتن، حق اظهار نظر داشتن

Changeons de chapitre. موضوع صحبت را عوض کنیم.

sur le chapitre de در زمینهٔ، در موردِ، در خصوصِ، راجع به

chapitrer / ʃapitʀe / *vt* (1) ۱. توبیخ کردن ۲. مؤاخذه کردن

chaque / ʃak / *adj. indéf* ۱. هر ۲. هریک، هرکدام

à chaque instant هر لحظه، هر دَم، دم به دم

char / ʃaʀ / *nm* ۱. گاری ۲. درشکه ۳. ارابه ۴. تانک

char funèbre نعش‌کش

charabia / ʃaʀabja / *nm* [خودمانی] زبان اعجوج و معجوج

charade / ʃaʀad / *nf* معما، چیستان

charançon / ʃaʀɑ̃sɔ̃ / *nm* شپشک، شپشه

charbon / ʃaʀbɔ̃ / *nm* ۱. زغال‌سنگ ۲. زغال ۳. دوده ۴. سیاه‌زخم ۵. [گیاه‌شناسی] زنگ‌سیاه، سیاهک

aller au charbon سخت کار کردن، جان کندن

être sur des charbons ardents بی‌تابی کردن، در هول و ولا بودن، دل‌شوره داشتن

marchand de charbon زغال‌فروش

charbonnage / ʃaʀbɔnaʒ / *nm* ۱. استخراج زغال‌سنگ ــ [صورت جمع] ۲. معدن زغال‌سنگ

charbonner / ʃaʀbɔne / *vt, vi* (1) ۱. با زغال سیاه کردن ◙ ۲. [چراغ] دود زدن ۳. [غذا] سوختن

charbonneux,euse / ʃaʀbɔnø,øz / *adj* ۱. دوده‌ای ۲. سیاه ۳. (مربوط به) سیاه‌زخم

charbonnier[1]**,ère** / ʃaʀbɔnje,ɛʀ / *adj, n* ۱. (مربوط به) زغال‌سنگ ◙ ۲. زغال‌فروش

charbonnier[2] / ʃaʀbɔnje / *nm* کشتی حمل زغال‌سنگ

charcuter / ʃaʀkyte / *vt* (1) بد جراحی کردن، سلاخی کردن

charcuterie / ʃaʀkytʀi / *nf* گوشت خوک‌فروشی

charcutier,ère / ʃaʀkytje,ɛʀ / *n* فروشندهٔ گوشت خوک، گوشت خوک‌فروش

chardon / ʃaʀdɔ̃ / *nm* خار کنگری، خار مقدس، خار

chardonneret / ʃaʀdɔnʀɛ / *nm* [پرنده] سِهره، سِیره

charge / ʃaʀʒ / *nf* ۱. بار ۲. سنگینی، وزن، فشار ۳. وظیفه ۴. مسئولیت ۵. کار سخت، کار شاق ۶. زحمت، مشقت ۷. منصب، مقام، پُست ۸. مراقبت، سرپرستی ۹. خرج، هزینه ۱۰. هزینهٔ نگهداری، (هزینهٔ) خدمات ۱۱. [اسلحه] خرج ۱۲. [الکتریسته] بار، شارژ ۱۳. اتهام ۱۴. حمله، هجوم، یورش

à charge de به شرطِ

à charge de revanche به شرط تلافی

À la charge! حمله! حمله کنید!

charme

Ce travail n'est pas une charge pour moi.	(انجام) این کار برایم زحمتی ندارد. این کار برایم سخت نیست.
être à charge à qqn	۱. سربار کسی بودن ۲. مزاحم کسی بودن
femme de charge	خدمتکار (زن)
mettre en charge	[باتری] زیر شارژ گذاشتن، شارژ کردن، پر کردن
portrait en charge	تصویر مضحک، کاریکاتور
prendre en charge	۱. سرپرستی (کسی را) به عهده گرفتن، (از کسی) نگهداری کردن، خرج (کسی را) دادن ۲. مسئولیت (کاری را) به عهده گرفتن
chargé¹,e / ʃaʀʒe / adj	۱. پُر، مملو، انباشته ۲. سرشار، آکنده ۳. [اسلحه] پُر ۴. بارگیری‌شده ۵. سنگین
temps chargé	هوای ابری، هوای گرفته
chargé² / ʃaʀʒe / nm, chargé de cours	[دانشگاه] مدرس حق‌التدریسی
chargé d'affaires	کاردار
chargé de recherches	پژوهشگر، محقق
chargement / ʃaʀʒəmɑ̃ / nm	۱. بارگذاری ۲. بارگیری ۳. بار ۴. فشنگ‌گذاری، پرکردن ۵. [دوربین] (عمل) فیلم گذاشتن
charger / ʃaʀʒe / vt (3)	۱. بار زدن، بار کردن، بار گذاشتن روی، بارگیری کردن ۲. گذاشتن ۳. به عهدۀ (کسی) گذاشتن، سپردن به ۴. پر کردن ۵. تحمیل کردن به ۶. متهم کردن ۷. حمله کردن به، هجوم بردن به، تاختن به، یورش بردن به ۸. اغراق کردن، مبالغه کردن
charger un caméra	فیلم در دوربین گذاشتن
charger un client	[خودمانی؛ تاکسی] مسافر سوار کردن
charger un fusil	در تفنگ فشنگ گذاشتن، تفنگ را پر کردن
se charger	۱. به عهده گرفتن، عهده‌دار شدن

	۲. سرپرستی (کسی را) به عهده گرفتن، (از کسی) نگهداری کردن، خرج (کسی را) دادن
chargeur / ʃaʀʒœʀ / nm	۱. شارژر ۲. باربر ۳. خشاب ۴. [دوربین] کارتریج، خشاب ۵. [اسلحه] خرج‌گذار ۶. [حمل و نقل دریایی] صاحب محموله
chariot / ʃaʀjo / nm	۱. گاری ۲. چرخ دستی، چرخ
charitable / ʃaʀitabl / adj	۱. نیکوکار، خیرخواه، خیّر ۲. مهربان، نوع‌دوست ۳. خیر‌خواهانه ۴. محبت‌آمیز، دوستانه
charitablement / ʃaʀitabləmɑ̃ / adv	۱. از روی خیرخواهی ۲. دوستانه
charité / ʃaʀite / nf	۱. خیرخواهی، نیکوکاری، احسان ۲. محبت، مهر، نوع‌دوستی ۳. نیکوکاری، إحسان ۴. صدقه، خیرات، کمک
charivari / ʃaʀivaʀi / nm	جار و جنجال، قیل و قال، هیاهو، سر و صدا
charlatan / ʃaʀlatɑ̃ / nm	۱. پزشک قلابی ۲. حقه‌باز، شیاد، شارلاتان ۳. [قدیمی] دوافروش دوره‌گرد
charlatanerie / ʃaʀlatanʀi / nf	→ charlatanisme
charlatanisme / ʃaʀlatanism / nm	حقه‌بازی، شیادی
charmant,e / ʃaʀmɑ̃,t / adj	۱. جذاب، زیبا، قشنگ، دلربا، دلفریب ۲. ملیح، بانمک، تودل‌برو ۳. دلپذیر، خوشایند، خوب ۴. [طعنه‌آمیز] بد، مزخرف، بی‌خود
prince charmant	۱. شهزادۀ قصه‌ها، شاهزاده‌ای سوار بر اسب سفید ۲. مرد دلخواه
charme¹ / ʃaʀm / nm	۱. جذابیت، زیبایی، فریبایی، دلربایی ۲. گیرایی، جاذبه، جذبه، کشش ۳. افسون، سحر، جادو ۴. طلسم
exercer/jeter un charme	۱. افسون کردن، جادو کردن ۲. طلسم کردن

---

a = bas, plat   e = blé, jouer   ɛ = lait, jouet, merci   i = il, lyre   o = mot, dôme, eau, gauche   ɔ = mort
u = roue   y = rue   ø = peu   œ = peur   ə = le, premier   ɑ̃ = sans, vent   ɛ̃ = matin, plein, lundi
ɔ̃ = bon, ombre   ʃ = chat, tache   ʒ = je, gilet   j = yeux, paille, pied   w = oui, nouer   ɥ = huile, lui

charme

faire du charme	فریفتن، شیفته کردن، دلبری کردن
rompre un charme	طلسمی را باطل کردن
charme² / ʃaRm / nm	درخت مَمرز
charmer / ʃaRme / vt (1)	۱. فریفتن، شیفته کردن، مسحور کردن ۲. افسون کردن، جادو کردن ۳. طلسم کردن ۴. [ادبی] مشعوف کردن، مسرور کردن
Je suis charmé de vous voir.	[ادبی؛ در تعارف] از دیدارتان مشعوف شدم.
charmeur, euse / ʃaRmœR, øz / n, adj	۱. آدم دوست‌داشتنی ۲. افسونگر، جادوگر، ساحر ▣ ۳. دلفریب، دلربا، جذاب، دلنشین، گیرا، دلچسب
charmeur de serpents	مارگیر
charnel, elle / ʃaRnɛl / adj	۱. جسمانی ۲. شهوانی، نفسانی ۳. دنیوی
charnier / ʃaRnje / nm	۱. محل انباشتن استخوان‌های مردگان ۲. محل انباشتن اجساد
charnière / ʃaRnjɛR / nf	۱. لولا ۲. دورهٔ میانی، حد فاصل
charnu, e / ʃaRny / adj	۱. گوشتی، گوشت‌دار ۲. گوشتالو، تپل، چاق
charognard / ʃaRɔɲaR / nm	۱. لاشخور، کرکس ۲. (آدم) لاشخور
charogne / ʃaRɔɲ / nf	۱. لاشه، مردار ۲. نعش، جسد ۳. [فحش] کثافت، لعنتی
charpentage / ʃaRpɑ̃taʒ / nm	۱. درودگری، نجاری ۲. شیروانی‌سازی
charpente / ʃaRpɑ̃t / nf	۱. بدنه، اسکلت، چارچوب ۲. داربست، چوب‌بست ۳. هیکل، اندام، جثه ۴. [اثر ادبی] استخوان‌بندی، ساختار
charpenté, e / ʃaRpɑ̃te / adj	۱. ساخته ۲. [در ترکیب] ـساخت
bien charpenté	۱. خوش‌هیکل، خوش‌اندام ۲. قوی‌هیکل ۳. خوش‌ترکیب، خوش‌ساخت
charpenter / ʃaRpɑ̃te / vt (1)	۱. [نجاری] چهارتراش کردن ۲. تدوین کردن
charpentier / ʃaRpɑ̃tje / nm	۱. درودگر، نجار ۲. شیروانی‌ساز
charpie / ʃaRpi / nf	نوار زخم‌بندی، کهنه
mettre/réduire en charpie	۱. تکه‌تکه کردن، پاره‌پاره کردن ۲. [گوشت] له کردن
charretée / ʃaRte / nf	[محتوی] گاری
charretier, ère / ʃaRtje, ɛR / n	گاریچی
charrette / ʃaRɛt / nf	گاری
charrette à bras	گاری دستی
charrier / ʃaRje / vt, vi (7)	۱. با گاری حمل کردن، با گاری بردن ۲. با خود بردن، در مسیر خود بردن ۳. [خودمانی] دست انداختن، سر به سر (کسی) گذاشتن ▣ ۴. مبالغه کردن، اغراق کردن، غلو کردن
charroi / ʃaRwa / nm	حمل با گاری
charron / ʃaRɔ̃ / nm	گاری‌ساز
charronnage / ʃaRɔnaʒ / nm	گاری‌سازی
charroyer / ʃaRwaje / vt (8)	با گاری حمل کردن، با گاری بردن
charrue / ʃaRy / nf	گاوآهن، خیش
charte / ʃaRt / nf	۱. منشور ۲. اساسنامه
chartreuse / ʃaRtRøz / nf	۱. صومعهٔ راهبان فرقهٔ سَن برونو
chas / ʃa / nm	[سوزن] سوراخ
chasse¹ / ʃas / nf	۱. شکار، صید ۲. گوشت شکار ۳. شکارگاه ۴. شکارچیان ۵. تعقیب ۶. جستجو
avion de chasse	(هواپیمای) شکاری
chasse gardée	۱. شکارگاه اختصاصی ۲. [مجازی] مِلک طِلق
chien de chasse	سگ شکاری
de chasse	(مربوط به) شکار، شکاری
permis de chasse	جواز شکار
Qui va à la chasse perd sa place.	هر که خواب است قسمتش بر آب است.
chasse² / ʃas / nf	جریان تند آب
actionner la chasse d'eau	سیفون را کشیدن

châsse / ʃas / *nf*   صندوق اشیاء متبرکه

chasse-mouches / ʃasmu ʃ / *nm. inv*
۱. مگس‌پران ۲. مگس‌کش

chasse-neige / ʃasnɛʒ / *nm. inv*   (ماشین) برف‌روب

chasser / ʃase / *vt* (1)
۱. شکار کردن ۲. بیرون کردن، بیرون انداختن ۳. راندن ۴. دور کردن ۵. بردن ۶. از بین بردن ▫ ۷. لغزیدن، سُر خوردن، لیز خوردن

chasseresse / ʃasʀɛs / *nf*   [شاعرانه] شکارچی (زن)

chasseur¹,euse / ʃasœʀ,øz / *n*   شکارچی

chasseur² / ʃasœʀ / *nm*
۱. (هتل، رستوران) پادو، مستخدم ۲. (هواپیمای) شکاری ۳. خلبان (هواپیمای) شکاری

chassie / ʃasi / *nf*   قی (چشم)

chassieux,euse / ʃasjø,øz / *adj*   قی‌کرده

châssis / ʃasi / *nm*
۱. چارچوب، قاب ۲. [اتومبیل] شاسی

chaste / ʃast / *adj*
۱. عفیف، پاکدامن، پاک، نجیب ۲. فاقد انگیزهٔ جنسی، پاک

chastement / ʃastəmɑ̃ / *adv*   با پاکدامنی، به پاکی

chasteté / ʃastəte / *nf*   عفت، پاکدامنی، پاکی، نجابت

chat / ʃa / *n, m*   گربه (نر)

À bon chat bon rat.
۱. شغال بیشهٔ مازندران را ندرد جز سگ مازندرانی. به کارهای گران مرد کاردیده فرست. ۲. جواب‌های هوی است.

avoir un chat dans la gorge   خروسک گرفتن، صدای (کسی) گرفتن

Chat échaudé craint l'eau froide.
مارگزیده از ریسمان سیاه و سفید می‌ترسد.

chat (perché)   [بازی] گرگم‌به‌هوا

être/vivre comme chien et chat   (با هم)
مثل سگ و گربه بودن، مثل کارد و پنیر بودن

Il n'y a pas un chat.   پرنده پر نمی‌زند.

La nuit tous les chats sont gris.   شب گربه سمور می‌نماید.

Le chat parti, les souris dansent.   تا بود گربه مهتر بازار، نشود موش جلد و دکاندار. مهر درخشنده چو پنهان شود، شب‌پره بازیگر میدان شود.

mon chat/ma petiet chatte   [در خطاب] عزیزم، ملوسم، کوچولوی من

toilette de chat   گربه‌شور

châtaigne / ʃatɛɲ / *nf*   شاه‌بلوط

châtaigner / ʃatɛɲe / *nm* (1)   درخت شاه‌بلوط

châtain / ʃatɛ̃ / *nm*
۱. (رنگ) بلوطی، خرمایی ▫ ۲. (به رنگِ) بلوطی، خرمایی ۳. موخرمایی

château / ʃato / *nm*
۱. کاخ، قصر ۲. قلعه، دژ

château d'eau   منبع آب

faire/bâtir des châteaux en Espagne
خیال واهی در سر داشتن، خیال خام پروردن

chateaubriand / ʃatobʀijɑ̃ / *nm*   [غذا] شاتوبریان

chateaubriant / ʃatobʀijɑ̃ / *nm*
→ chateaubriand

chatelain,e / ʃatlɛ̃,ɛn / *n*
۱. کاخ‌نشین ۲. صاحب خانهٔ اشرافی

chat-huant / ʃaɥɑ̃ / *nm*   جغد جنگلی

châtier / ʃatje / *vt* (7)
۱. تنبیه کردن، ادب کردن ۲. مجازات کردن، کیفر دادن ۳. اصلاح کردن، یک‌دست کردن، خالص کردن

châtiment / ʃatimɑ̃ / *nm*
۱. تنبیه، تأدیب ۲. مجازات، کیفر ۳. مکافات

chatoiement / ʃatwamɑ̃ / *nm*   برق، تلألو، درخشش

chaton¹ / ʃatɔ̃ / *nm*   بچه گربه

chaton² / ʃatɔ̃ / *nm*   ۱. جای نگین ۲. نگین

chatouille / ʃatuj / *nf* قلقلک

chatouillement / ʃatujmɑ̃ / *nm*
→ chatouille

chatouiller / ʃatuje / *vt* (1) ۱. قلقلک دادن ۲. به خارش انداختن ۳. برانگیختن، تحریک کردن

chatouilleux,euse / ʃatujø,øz / *adj* ۱. قلقلکی ۲. حساس، زودرنج، دل‌نازک

chatoyant,e / ʃatwajɑ̃,t / *adj* ۱. پرزرق و برق، پرتلألو ۲. [پارچه] موج‌دار

chatoyer / ʃatwaje / *vi* (8) [جواهر، پارچه] موج زدن، برق زدن، رنگ به رنگ شدن

châtrer / ʃatʀe / *vt* (1) ۱. اخته کردن، عقیم کردن، مقطوع‌النسل کردن ۲. [اثر ادبی] مثله کردن، ناقص کردن

chatte / ʃat / *nf, adj* ۱. گربهٔ ماده ۲. کُس ◙ ۳. نازنازی

chattemite / ʃatmit / *nf* آدم ظاهرفریب
faire la chattemite ظاهرفریبی کردن، قیافه حق‌به‌جانب گرفتن

chatterie / ʃatʀi / *nf* ۱. ناز و نوازش ۲. خوراکی خوشمزه، قاقالی‌لی

chatterton / ʃatɛʀtɔ̃ / *nm* چسب برق، نوارچسب برق

chat-tigre / ʃatigʀ / *nm* گربه وحشی

chaud[1] / ʃo / *nm* گرما، گرمی
à chaud ۱. [فنی] تحت حرارت ۲. در وضعیت حاد، در بحران
Cela ne me fait ni chaud ni froid. به حال من تأثیری ندارد. برایم فرقی نمی‌کند.
Il fait chaud. هوا گرم است.
J'ai chaud. گرمم است.
tenir un plat au chaud غذا را گرم نگه‌داشتن

chaud[2]**,e** / ʃo,d / *adj* ۱. گرم ۲. داغ ۳. پرشور، پرحرارت ۴. صمیمی، صمیمانه ۵. حاد، تند، شدید
fièvre chaude تب تند، تب شدید
pleurer à chaudes larmes های‌های گریستن
voix chaude صدای گرم

chaude / ʃod / *nf* ۱. حرارت ۲. [محلی] آتش

chaudement / ʃodmɑ̃ / *adv* ۱. به گرمی، گرم ۲. باشور، باحرارت ۳. صمیمانه
être vêtu chaudement لباس گرم پوشیدن

chaudière / ʃodjɛʀ / *nf* ۱. دیگ بخار ۲. دیگ

chaudron / ʃodʀɔ̃ / *nm* دیگ، پاتیل

chaudronnerie / ʃodʀɔnʀi / *nf* مسگری

chaudronnier,ère / ʃodʀɔnje,ɛʀ / *n* مسگر

chauffage / ʃofaʒ / *nm* ۱. (عمل) گرم کردن ۲. سیستم حرارتی، گرمایش
appareil de chauffage وسیلهٔ حرارتی، بخاری، شوفاژ
chauffage central سیستم حرارت مرکزی

chauffant,e / ʃofɑ̃,t / *adj* گرم‌کننده، گرماده، گرمازا
couverture chauffante پتوبرقی

chauffard / ʃofaʀ / *nm* [تحقیرآمیز] رانندهٔ بد، رانندهٔ ناشی، گاریچی

chauffe / ʃof / *nf* گرمادهی

chauffebain / ʃofbɛ̃ / *nm* آب‌گرم‌کن

chauffe-eau / ʃofo / *nm* آب‌گرم‌کن

chauffer / ʃofe / *vt, vi* (1) ۱. گرم کردن ۲. حرارت دادن ۳. سرحال آوردن، حال آوردن، به هیجان آوردن ◙ ۴. گرم شدن ۵. تولید گرما کردن، گرما دادن ۶. داغ کردن ۷. حال آمدن، به هیجان آمدن
chauffer une voiture (موتور) اتومبیل را گرم کردن
se chauffer *vp* ۱. خود را گرم کردن ۲. خانهٔ خود را گرم کردن ۳. خود را آماده کردن، خود را گرم کردن
Je vais lui montrer de quel bois je me chauffe. حالا بهش حالی می‌کنم. بهش نشان می‌دهم یک من ماست چقدر کره می‌دهد.
se chauffer au bois خانه را با هیزم گرم کردن

chaufferie / ʃofʀi / *nf* ۱. موتورخانه، اتاق تأسیسات (حرارتی) ۲. اتاق دیگ بخار

177 chef-d'œuvre

chauffeur / ʃofœʀ / *nm* ۱. راننده ۲. آتشکار، تون‌تاب، سوخت‌انداز

chauffeur de taxi رانندهٔ تاکسی

chauffeur du dimanche رانندهٔ بد، رانندهٔ ناشی

chauffeuse / ʃoføz / *nf* مبل بی‌دسته، صندلی راحتی (کنار بخاری)

chaulage / ʃolaʒ / *nm* ۱. سفیدکاری ۲. [کشاورزی] (عمل) آهک دادن ۳. سمپاشی با دوغاب آهک

chauler / ʃole / *vt* (1) ۱. سفیدکاری کردن، سفید کردن ۲. [کشاورزی] آهک دادن ۳. با دوغاب آهک سمپاشی کردن

chaume / ʃom / *nm* ۱. ساقهٔ غلات، ماشوره ۲. کاه، نی، بوریا، گالی، پوشال

chaumière / ʃomjɛʀ / *nf* کلبهٔ پوشالی، کلبهٔ گالی‌پوش

chaussée / ʃose / *nf* ۱. راه، جاده ۲. خیابان ۳. خاکریز

chausse-pied / ʃospje / *nm* پاشنه‌کش

chausser / ʃose / *vt, vi* (1) ۱. [کفش] (به) پا کردن، پوشیدن ۲. کفش پای (کسی) کردن ۳. کفش (کسی را) تأمین کردن ۴. لاستیک انداختن به ۵. خاک ریختن پایِ ◙ ۶. اندازهٔ پای (کسی) بودن، به پای (کسی) خوردن

Cette chaussure me chausse bien. این کفش خوب به پایم می‌خورد. این کفش اندازهٔ پایم است.

chausser ses lunettes/bésicles [عامیانه] عینک خود را زدن

Je chausse du 40. شمارهٔ پایم ۴۰ است.

Les cordonniers sont les plus mal chaussés. کوزه‌گر از کوزه شکسته آب می‌خورد.

se chausser *vp* ۱. کفش پوشیدن، کفش (به) پا کردن ۲. کفش خریدن از

chausse-trap(p)e / ʃostʀap / *nf* ۱. دام، تله ۲. حقه، کلک

chaussette / ʃosɛt / *nf* جوراب (ساق‌کوتاه)

chausseur / ʃosœʀ / *nm* کفاش، کفش‌دوز، کفش‌فروش

chausson / ʃosɔ̃ / *nm* ۱. دمپایی، سرپایی ۲. [کودک] کفش بافتنی ۳. کفش راحتی

chaussure / ʃosyʀ / *nf* کفش

chaussures de ski کفش اسکی

une paire de chaussures یک جفت کفش

chauve / ʃov / *adj, n* کچل، طاس، بی‌مو

chauve-souris / ʃovsuʀi / *nf* خفاش

chauvin,e / ʃovɛ̃,in / *adj, n* میهن‌پرست افراطی

chauvinisme / ʃovinism / *nm* میهن‌پرستی افراطی، شووینیسم

chaux / ʃo / *nf* آهک

eau de chaux آب آهک

lait de chaux دوغاب آهک

chavirement / ʃaviʀmɑ̃ / *nm* واژگونی، چپ شدن، برگشتن

chavirer / ʃaviʀe / *vt, vi* (1) ۱. واژگون کردن، چپه کردن ◙ ۲. واژگون شدن، چپه شدن، چپ کردن، برگشتن

chéchia / ʃeʃja / *nf* فینه

chef / ʃɛf / *nm* ۱. رئیس ۲. فرمانده ۳. رهبر ۴. سرکرده، سردسته ۵. [در ترکیب] سر ـ ۶. سرآشپز ۷. [عامیانه] قهرمان

au premier chef در وهلهٔ نخست، اساساً، اصولاً، در اصل

chef de gare رئیس ایستگاه راه‌آهن

chef d'orchestre رهبر ارکستر

de son propre chef به اختیار خود، به میل خود، سرِ خود

en chef [در ترکیب] سر ـ

ingénieur en chef سرمهندس

rédacteur en chef سردبیر

chef-d'œuvre / ʃɛdœvʀ / *nm* شاهکار

a = bas, plat   e = blé, jouer   ɛ = lait, jouet, merci   i = il, lyre   o = mot, dôme, eau, gauche   ɔ = mort
u = roue   y = rue   ø = peu   œ = peur   ə = le, premier   ɑ̃ = sans, vent   ɛ̃ = matin, plein, lundi
ɔ̃ = bon, ombre   ʃ = chat, tache   ʒ = je, gilet   j = yeux, paille, pied   w = oui, nouer   ɥ = huile, lui

chef-lieu / ʃɛfljø / *nm* مرکز (اداری) ناحیه

cheik(h) / ʃɛk / *nm* شیخ

chemin / ʃ(ə)mɛ̃ / *nm* ۱. راه ۲. جاده ۳. مسیر ۴. طریق، شیوه، طرز، نحو

aller par quatre chemins دودوزه بازی کردن

aller son petit bonhomme de chemin راه خود را رفتن، سر (کسی) به کار خود بودن

en chemin در بین راه، در راه

être en bon chemin راه درست را رفتن، راه را درست رفتن

faire du chemin ۱. راه رفتن، راه پیمودن ۲. پیشرفت کردن ۳. موفق شدن

faire son chemin به مقصود رسیدن، به هدف خود رسیدن

se mettre en chemin به راه افتادن، حرکت کردن

chemin de fer / ʃ(ə)mɛ̃dfɛʀ / *nm* ۱. راه‌آهن ۲. قطار

prendre le chemin de fer سوار قطار شدن

chemineau / ʃ(ə)mino / *nm* آدم آواره، ولگرد

cheminée / ʃ(ə)mine / *nf* ۱. دودکش ۲. بخاری دیواری، شومینه ۳. مجرا

cheminement / ʃ(ə)minmɑ̃ / *nm* ۱. راه‌پیمایی (آهسته) ۲. پیشروی، پیشرفت (تدریجی)

cheminer / ʃ(ə)mine / *vi* (1) ۱. به سختی راه پیمودن ۲. (به کندی) پیش رفتن ۳. (به تدریج) پیشروی کردن

cheminot / ʃ(ə)mino / *nm* کارگر راه‌آهن

chemise / ʃ(ə)miz / *nf* ۱. پیراهن ۲. پوشه

chemise de nuit لباس خواب (زنانه)

être en manches/bras de chemise با پیراهن بودن، کت نپوشیدن

laisser dans une affaire jusqu'à sa dernière chemise دار و ندار خود را (بر) سر کاری گذاشتن

se soucier d'une chose comme de sa première chemise به چیزی اهمیت ندادن، اعتنا نکردن، عین خیال (کسی) نبودن

chemiserie / ʃ(ə)mizʀi / *nf* ۱. تولید لباس مردانه ۲. فروشگاه لباس مردانه ۳. پیراهن‌دوزی ۴. پیراهن‌فروشی

chemisette / ʃ(ə)mizɛt / *nf* ۱. پیراهن آستین‌کوتاه (مردانه) ۲. بلوز (زنانه)

chemisier / ʃəmizje / *nm* ۱. تولیدی لباس مردانه ۲. فروشندهٔ لباس مردانه ۳. پیراهن‌دوز ۴. پیراهن‌فروش ۵. بلوز (زنانه)

chenal,aux / ʃənal,o / *nm* ۱. آبراهه (قابل کشتیرانی) ۲. [آسیاب، کارخانه] نهر

chenapan / ʃ(ə)napɑ̃ / *nm* آدم بی‌سر و پا، آدم پست، رذل، اوباش

chêne / ʃɛn / *nm* ۱. (درخت) بلوط ۲. چوب بلوط

chéneau / ʃeno / *nm* ناودان

chêne-liège / ʃɛnljɛʒ / *nm* درخت چوب‌پنبه

chènevière / ʃɛnvjɛʀ / *nf* مزرعهٔ شاهدانه

chenil / ʃ(ə)ni(l) / *nm* لانهٔ سگ

chenille / ʃ(ə)nij / *nf* ۱. کرم پروانه، کرم حشره ۲. [تانک، بولدوزر، ...] زنجیر، شنی

chenillette / ʃ(ə)nijɛt / *nf* خودروی زنجیردار

chenu,e / ʃəny / *adj* [ادبی؛ پیر] سپیدمو

cheptel / ʃɛptɛl;ʃ(ə)tɛl / *nm* حیوانات اهلی (یک منطقه)، دام

chèque / ʃɛk / *nm* چک

carnet de chèque دسته‌چک

chèque au porteur چک حامل

chèque certifié چک تضمینی

chèque de voyage چک مسافرتی

chèque en blanc ۱. چک سفیدامضا ۲. اختیار تام

chèque sans provision چک بی‌محل

faire un chèque à qqn برای کسی چک کشیدن

chéquier / ʃekje / *nm* دسته‌چک

cher,ère / ʃɛʀ / *adj, adv* ۱. عزیز، گرامی، محبوب ۲. [در عنوان نامه] گرامی، ارجمند ۳. گران ۴. گران‌فروش ۵. پرهزینه ▣ ۶. گران

Cela ne vaut pas cher. ارزش چندانی ندارد. مفت گران است.

Mon cher...! ...عزیزم!

chercher / ʃɛʀʃe / *vt* (1) ۱. جستجو کردن، دنبال (کسی یا چیزی) گشتن، گشتن ۲. در صدد (کاری) برآمدن، تلاش کردن، کوشیدن، سعی کردن ۳. دنبال (کسی) رفتن، دنبال (کسی) آمدن ۴. [عامیانه] پا روی دم (کسی) گذاشتن، سر به سر (کسی) گذاشتن

chercher du travail دنبال کار گشتن

chercheur,euse / ʃɛʀʃœʀ,øz / *n, adj* ۱. جوینده ۲. پژوهشگر، محقق

chercheurs d'or جویندگان طلا

esprit chercheur ذهن جستجوگر، ذهن کاوشگر

chère / ʃɛʀ / *nf* [ادبی] غذا، خوراک

faire bonne chère خوب خوردن

chèrement / ʃɛʀmɑ̃ / *adv* ۱. با علاقه، با محبت، عاشقانه ۲. گران، به بهای گزاف

chéri,e / ʃeʀi / *adj, n* ۱. عزیز، محبوب، گرامی ۲. [در خطاب] عزیزم!

chérif / ʃeʀif / *nm* امیر (عرب)

chérir / ʃeʀiʀ / *vt* (2) ۱. [ادبی] دوست داشتن، علاقه داشتن به ۲. [ادبی] گرامی داشتن، عزیز داشتن

chérir le souvenir de qqn خاطرهٔ کسی را زنده نگه‌داشتن

cherté / ʃɛʀte / *nf* گرانی

chérubin / ʃeʀybɛ̃ / *nm* ۱. کروبی، کروب ۲. [مجازی] فرشته

chétif,ive / ʃetif,iv / *adj* ۱. نحیف، ضعیف، خیلی لاغر ۲. بیمارگونه ۳. [ادبی] ناچیز، اندک، ناکافی

cheval,aux / ʃ(ə)val,o / *nm* ۱. اسب ۲. گوشت اسب ۳. اسب‌سواری، سوارکاری ۴. [قدیمی] مرد خشن

à cheval ۱. سوار بر اسب، سواره ۲. سوار

C'est un vrai cheval. آدم خستگی‌ناپذیری است.

cheval d'arçons [ژیمناستیک] خرک حلقه

cheval du bois [وسیلهٔ بازی کودکان] اسب چوبی (متحرک)

chevaux de bois چرخ و فلک اسبی

être à cheval sur les principes مقرراتی بودن

faire du cheval اسب‌سواری کردن

fièvre de cheval تب شدید، تب تند

monter sur ses grands chevaux از کوره در رفتن، جوش آوردن، کفری شدن

chevaleresque / ʃ(ə)valʀɛsk / *adj* ۱. (مربوط به) شوالیه‌گری، شهسواری ۲. شوالیه‌وار ۳. جوانمرد ۴. جوانمردانه

chevalerie / ʃ(ə)valʀi / *nf* شوالیه‌گری، شهسواری

chevalet / ʃ(ə)valɛ / *nm* ۱. [نقاشی] سه‌پایه ۲. پایه، خرک ۳. [سازهای زهی] خرک

chevalier / ʃ(ə)valje / *nm* شوالیه، شهسوار

chevalin,e / ʃ(ə)valɛ̃,in / *adj* ۱. اسبی، (مربوط به) اسب ۲. اسب‌مانند، مثل اسب

boucherie chevaline (مغازهٔ) گوشت اسب‌فروشی

cheval-vapeur / ʃ(ə)valvapœʀ / *nm* [واحد توان] اسب بخار

chevauchée / ʃ(ə)voʃe / *nf* ۱. اسب‌سواری، سوارکاری ۲. سوارکاران

chevaucher / ʃ(ə)voʃe / *vi, vt* (1) ۱. با اسب رفتن، سواره رفتن ۲. روی هم سوار بودن، روی هم قرار گرفتن ▣ ۳. سوار (چیزی) شدن

chevelu,e / ʃəvly / *adj, n* ۱. مودار ۲. پرمو، موبلند ۳. پرریشه

chevelure / ʃəvlyʀ / *nf* مو، موها، گیسو

a = bas, plat e = blé, jouer ɛ = lait, jouet, merci i = il, lyre o = mot, dôme, eau, gauche ɔ = mort
u = roue y = rue ø = peu œ = peur ə = le, premier ɑ̃ = sans, vent ɛ̃ = matin, plein, lundi
ɔ̃ = bon, ombre ʃ = chat, tache ʒ = je, gilet j = yeux, paille, pied w = oui, nouer ɥ = huile, lui

chevet / ʃ(ə)vɛ / *nm* بالاسر تخت
au chevet du malade بر بالین بیمار
livre de chevet کتاب مورد علاقه
table de chevet (میز) پاتختی
cheveu / ʃ(ə)vø / *nm* موی سر، مو، گیس
arriver/venir comme un cheveu sur la soupe بی‌موقع آمدن، خروس بی‌محل بودن، مزاحم شدن
brosse à cheveux برس (سر)
Cela n'a tenu qu'à un cheveu/Il s'en est fallu d'un cheveu... چیزی نمانده بود...
couper les cheveux en quatre مته به خشخاش گذاشتن
faire dresser les cheveux (sur la tête) مو به تن راست کردن
faux cheveux کلاه گیس، پوستیژ
se prendre aux cheveux دست به یقه شدن، دعوا کردن، کتک‌کاری کردن
sortir en cheveux سر برهنه (= بدون کلاه یا روسری) بیرون رفتن
cheville / ʃ(ə)vij / *nf* ۱. قوزک پا ۲. پین، خار، میخ ۳. درپوش، در، توپی ۴. [سازهای زهی] گوشی، پیچ کوک
ne pas arriver à la cheville de qqn انگشت کوچک کسی هم نبودن
cheviller / ʃ(ə)vije / *vt* (1) ۱. با پین وصل کردن ۲. توپی گذاشتن
chèvre[1] / ʃɛvʀ / *nf* بز
faire devenir/rendre chèvre کفر (کسی را) درآوردن، کفری کردن
ménager la chèvre et le chou یکی به نعل و یکی به میخ زدن، جانب دو طرف را داشتن
chèvre[2] / ʃɛvʀ / *nf* جراثقال، جرثقیل
chevreau / ʃəvʀo / *nm* ۱. بزغاله ۲. شِورو، تیماج
chevrefeuille / ʃɛvʀəfœj / *nm* [گیاه] پیچ امین‌الدوله
chevrette / ʃəvʀɛt / *nf* بزغاله
chevreuil / ʃəvʀœj / *nm* آهو
chevrier,ère / ʃəvʀije,ɛʀ / *n* بزچران
chevron / ʃəvʀɔ̃ / *nm* ۱. تیر خرپا ۲. ابزار جناغی، ابزار خیزابی
chevrotant,e / ʃəvʀɔtɑ̃,t / *adj* لرزان
voix chevrotante صدای لرزان
chevrotement / ʃəvʀɔtmɑ̃ / *nm* لرزش (صدا)
chevroter / ʃəvʀɔte / *vi* (1) ۱. [صدا] لرزیدن ۲. با صدای لرزان خواندن، با صدای لرزان حرف زدن
chewing-gum / ʃwiŋgɔm / *nm* آدامس
chez / ʃe / *prép* ۱. پیشِ، نزدِ ۲. در خانهٔ ۳. به خانهٔ ۴. (در) میانِ ۵. در سرزمینِ، در کشورِ، در دیارِ ۶. در عهدِ، در زمانِ ۷. در نظرِ ۸. در آثارِ
chez-moi / ʃemwa / *nm* → chez-soi
chez-soi / ʃeswa / *nm* [عاطفی] کاشانه، خانه و کاشانه
chez-toi / ʃetwa / *nm* → chez-soi
chic / ʃik / *nm, adj* ۱. مهارت ۲. استعداد ۳. شیکی، قشنگی ◻ ۴. شیک، قشنگ ۵. خوش‌لباس، شیک‌پوش، خوش‌پوش ۶. خوب، عالی ۷. مهربان، بامحبت
C'est chic de sa part. لطف دارد. محبت می‌کند.
Chic alors! عالی شد! آخ جون! جانمی جون!
chicane / ʃikan / *nf* ۱. اشکال‌تراشی، ایرادگیری، بهانه‌جویی ۲. مرافعه، دعوا، جر و بحث، مشاجره، بگومگو، کلنجار ۳. گذرگاه پرپیچ و خم
chicaner / ʃikane / *vi, vt* (1) ۱. اشکال‌تراشی کردن، بهانه‌جویی کردن، بیهوده ایراد گرفتن ◻ ۲. جر و بحث کردن با، یکی‌به‌دو کردن با، بگومگو کردن با، کلنجار رفتن با
chicaneur,euse / ʃikanœʀ,øz / *adj, n* → chicanier,ère
chicanier,ère / ʃikanje,ɛʀ / *adj, n* مرافعه‌جو، اهل جر و بحث، دعوایی

chiche[1] / ʃiʃ / *adj*	۱. بخیل، تنگ‌نظر ۲. ناچیز، کم، اندک، بی‌مقدار ۳. [قدیمی] خسیس، لئیم، مال‌دوست، پول‌دوست
chiche[2] / ʃiʃ / *adj*, pois chiche	نخود
chiche[3] / ʃiʃ / *interj*	وای به حالت! بدا به حالت! (به) خدمتت می‌رسم!
être chiche de	جرئت (انجام کاری را) داشتن، توانستن
chichement / ʃiʃmɑ̃ / *adv*	۱. حقیرانه ۲. فقیرانه ۳. تنگ‌نظرانه
chichi / ʃiʃi / *nm*	۱. تظاهر، ادا و اصول، ادا و اطوار ۲. رودربایسی، تعارف
faire des chichis	خیلی تعارف کردن
chichiteux, euse / ʃiʃitø,øz / *adj*	[خودمانی] ادااطواری، متظاهر، تعارفی
chicorée / ʃikɔʀe / *nf*	کاسنی
chien, chienne / ʃjɛ̃, ʃjɛn / *n*	سگ
arriver/venir comme un chien dans un jeu de quille	بی‌موقع آمدن، خروس بی‌محل بودن، مزاحم شدن
comme chien et chat	مثل سگ و گربه، مثل کارد و پنیر
entre chien et loup	(موقع) غروب، شامگاه، وقت گرگ و میش
être d'une humeur de chien	اخلاق (کسی) مثل سگ بودن، سگ بودن
faire le chien couchant	چاپلوسی کردن، دستمال به دست گرفتن
garder à qqn un chien de sa chienne	از کسی کینه به دل داشتن، از کسی دلِ پری داشتن
petit du chien	توله سگ
se regarder en chiens de faïence	به هم چشم‌غره رفتن، چپ‌چپ به هم نگاه کردن
temps de chien	هوای گند، هوای مزخرف
travail de chien	کار شاق، خرحمالی

vie de chien	زندگی سگی، زندگی نکبت‌بار
chien-loup / ʃjɛ̃lu / *nm*	(سگ) گرگی
chier / ʃje / *vi* (7)	[عامیانه] ریدن
faire chier	[عامیانه] حال گرفتن، حال‌گیری کردن
chiffe / ʃif / *nf*	۱. پارچهٔ بد، کهنه ۲. آدم شُل و ول، وارفته
chiffon / ʃifɔ̃ / *nm*	کهنه‌پاره، کهنه
chiffon à poussière	کهنهٔ گردگیری
chiffon de papier	کاغذپاره
en chiffon	۱. چروک ۲. مچاله
parler chiffons	از لباس و زینت‌آلات حرف زدن
chiffonner / ʃifɔne / *vt* (1)	۱. چروک کردن ۲. مچاله کردن ۳. ناراحت کردن، دلگیر کردن، غمگین کردن
chiffonnier[1], **ère** / ʃifɔnje, ɛʀ / *n*	کهنه‌جمع‌کن، کهنه‌فروش
chiffonnier[2] / ʃifɔnje / *nm*	کمد کشودار، دراور
chiffrable / ʃifʀabl / *adj*	قابل محاسبه
chiffrage / ʃifʀaʒ / *nm*	۱. محاسبه ۲. رمزگذاری
chiffre / ʃifʀ / *nm*	۱. رقم ۲. عدد ۳. شمار، تعداد ۴. مبلغ ۵. رمز
nombre de trois chiffres	عدد سه‌رقمی
chiffré, e / ʃifʀe / *adj*	رمزی، رمزدار
chiffrement / ʃifʀəmɑ̃ / *nm*	رمزگذاری
chiffrer / ʃifʀe / *vt*, *vi* (1)	۱. شماره‌گذاری کردن، شماره زدن ۲. محاسبه کردن، حساب کردن ۳. به رمز نوشتن، به رمز درآوردن، رمزی کردن ۴. با اعداد تزیین کردن ▫ ۵. [هزینه] سر به فلک گذاشتن
chignon / ʃiɲɔ̃ / *nm*	[آرایش مو] شینیون
chilien, enne[1] / ʃiljɛ̃, ɛn / *adj*	شیلیایی، (مربوط به) شیلی
Chilien, enne[2] / ʃiljɛ̃, ɛn / *n*	اهل شیلی، شیلیایی

chimère[1] / ʃimɛʀ / *nf* خواب و خیال، رؤیا، خیال باطل، تصور غلط

Chimère[2] / ʃimɛʀ / *nf* غول‌شیر (= غول اساطیری یونان با سر شیر، بدن بز و دم اژدها که از دهانش آتش بیرون می‌آمد.)

chimérique / ʃimeʀik / *adj* ۱. واهی، خیالی، موهوم، باطل، غلط ۲. خیال‌باف، خیال‌پرداز، خیالاتی

chimie / ʃimi / *nf* شیمی

chimiothérapie / ʃimjɔteʀapi / *nf* شیمی‌درمانی

chimique / ʃimik / *adj* شیمیایی

chimiquement / ʃimikmɑ̃ / *adv* از نظر شیمیایی

chimiste / ʃimist / *n* شیمی‌دان

chimpanzé / ʃɛ̃pɑ̃ze / *nm* شمپانزه

chiner[1] / ʃine / *vt* (1) [پارچه، لباس] نقش انداختن

chiner[2] / ʃine / *vt* (1) دست انداختن، سر به سر (کسی) گذاشتن

chinois[1]**,e** / ʃinwa,z / *adj, n* ۱. چینی، (مربوط به) چین ۲. عجیب، عجیب و غریب ۳. وسواسی، ایرادی ◙ ۴. آدم عجیب و غریب ۵. آدم وسواسی

Chinois[2]**,e** / ʃinwa,z / *n* اهل چین، چینی

chinois[3] / ʃinwa / *nm* ۱. زبان چینی ۲. زبان اعوج و معجوج

C'est du chinois. زبان اعوج و معجوج است. نمی‌شود از آن سر درآورد.

chinoiserie / ʃinwazʀi / *nf* ۱. تزئینات چینی‌وار ۲. مانع‌تراشی، اِشکال‌تراشی

chiot / ʃio / *nm* توله‌سگ، سگ‌توله

chiottes / ʃiɔt / *nf. pl* [عامیانه] مستراح، توالت

chiper / ʃipe / *vt* (1) ۱. [خودمانی] کش رفتن، بلند کردن، زدن ۲. [بیماری] گرفتن ۳. [سرما] خوردن

chipie / ʃipi / *nf* زن بدخلق

chipoter / ʃipɔte / *vi* (1) ۱. [غذا] بازی‌بازی کردن، یک تُک زدن ۲. لِفتش دادن، فِس‌فِس کردن، مِس‌مِس کردن ۳. چانه زدن

chips / ʃip(s) / *nm. pl* چیپس

chique / ʃik / *nf* ۱. توتون جویدنی ۲. [عامیانه] ورم لُپ، آبسه

chiquement / ʃikmɑ̃ / *adv* ۱. [خودمانی] با مهربانی، از روی لطف ۲. (به طرزی) شیک، قشنگ

chiquenaude / ʃiknod / *nf* ۱. تلنگر ۲. تکان

chiquer / ʃike / *vt, vi* (1) ۱. [توتون] جویدن ◙ ۲. توتون جویدن

chiromancie / kiʀɔmɑ̃si / *nf* کف‌بینی

chiromancien,enne / kiʀɔmɑ̃sjɛ̃,ɛn / *n* کف‌بین، طالع‌بین، فالگیر

chirurgical,e,aux / ʃiʀyʀʒikal,o / *adj* (مربوط به) جراحی

chirurgie / ʃiʀyʀʒi / *nf* جراحی، عمل

chirurgien,enne / ʃiʀyʀʒjɛ̃,ɛn / *n* جراح

chiure / ʃiyʀ / *nf* [حشرات] فضله

chlore / klɔʀ / *nm* کلر

chlorophorme / klɔʀɔfɔʀm / *nm* کلروفورم (= نوعی مادهٔ بیهوشی)

chlorophormer / klɔʀɔfɔʀme / *vt* (1) با کلروفورم بیهوش کردن

chlorophylle / klɔʀɔfil / *nf* سبزینه، کلروفیل

choc / ʃɔk / *nm* ۱. برخورد، تصادم ۲. ضربه، تکان ۳. تصادف ۴. ضربهٔ روحی، شوک ۵. درگیری، برخورد، رویایی ۶. تضاد، اصطکاک

troupe de choc گروه ضربت

chocolat / ʃɔkɔla / *nm, adj. inv* ۱. شکلات ۲. کاکائو ۳. [نوشیدنی] کاکائو ◙ ۴. (به رنگِ) شکلاتی

chocolat au lait شیرکاکائو

chocolaterie / ʃɔkɔlatʀi / *nf* شکلات‌سازی

chocolatier,ère / ʃɔkɔlatje,ɛʀ / *n* ۱. شکلات‌ساز ۲. شکلات‌فروش

183 chose

chœur /kœʀ/ *nm* ۱. همسرایان، گروه کُر ۲. همسرایی، موسیقی کُر ۳. همخوانی، آواز جمعی ۴. گروه، دسته ۵. [کلیسا] جایگاه همسرایان

en chœur با هم، دسته‌جمعی، هم‌صدا، یک‌صدا، هم‌آواز

choir /ʃwaʀ/ *vi* (je chois, tu chois, il choit; je chus; chu,e) [قدیمی، ادبی] افتادن، فرو افتادن

laisser choir [عامیانه] گذاشتن و رفتن، کاشتن

choisi,e /ʃwazi/ *adj* برگزیده، گزیده، منتخب، گلچین، دستچین

choisir /ʃwaziʀ/ *vt* (2) ۱. انتخاب کردن، برگزیدن ۲. تصمیم گرفتن

Il a choisi de partir. تصمیم گرفت برود.

choix /ʃwa/ *nm* ۱. انتخاب، گزینش ۲. حق انتخاب، اختیار، چاره ۳. راه، امکان ۴. تنوع ۵. گلچین، جُنگ

à sa choix به میل خود، به اختیار خود

au choix به انتخاب خود، به اختیار خود

de choix عالی، ممتاز، اعلا

premier choix درجه یک، عالی، ممتاز، اعلا

choléra /kɔleʀa/ *nm* وبا

cholérique /kɔleʀik/ *adj, n* ۱. وبایی، (مربوط به) وبا ◻ ۲. مبتلا به وبا

chômage /ʃomaʒ/ *nm* ۱. بیکاری ۲. تعطیل ۳. عدم فعالیت، نافعالی

chômer /ʃome/ *vi* (1) ۱. تعطیل کردن ۲. بیکار بودن ۳. فعال نبودن ۴. بی‌استفاده ماندن

chômeur,euse /ʃomœʀ,øz/ *n* بیکار

chope /ʃɔp/ *nf* لیوان آبجوخوری

choper /ʃɔpe/ *vt* (1) ۱. [خودمانی] کش رفتن، بلند کردن، زدن ۲. [بیماری] گرفتن ۳. [سرما] خوردن

choquant,e /ʃɔkɑ̃,t/ *adj* ۱. زننده، زشت، بد، ناپسند، اهانت‌آمیز ۲. تکان‌دهنده

choquer /ʃɔke/ *vt* (1) ۱. ضربه (روحی) وارد کردن، تکان دادن، شوکه کردن ۲. تو ذوق (کسی) زدن، رنجاندن، آزردن، ناراحت کردن ۳. جریحه‌دار کردن ۴. مغایر بودن با، خلافِ (چیزی) بودن ۵. [گوش، چشم] آزار دادن، ناراحت کردن، اذیت کردن ۶. [قدیمی] برخورد کردن با، خوردن به

choquer la raison خلاف عقل و منطق بودن، عقلانی نبودن، منطقی نبودن

choquer les verres گیلاس‌ها را به هم زدن

choral[1],e /kɔʀal/ *adj* (مربوط به) کُر

chant choral آواز جمعی، همخوانی

musique chorale موسیقی کُر، همسرایی

choral[2] /kɔʀal/ *nm* سرود مذهبی، کُرال

chorale /kɔʀal/ *nf* گروه‌کُر، همسرایان، همخوانان

chorégraphe /kɔʀegʀaf/ *n* طراح رقص

chorégraphie /kɔʀegʀafi/ *nf* طراحی رقص

chorégraphique /kɔʀegʀafik/ *adj* ۱. (مربوط به) طراحی رقص ۲. (مربوط به) رقص

choriste /kɔʀist/ *n* خوانندهٔ کُر، همخوان

chorus /kɔʀys/ *nm*, **faire chorus** هم‌صدا شدن، پیوستن

chose /ʃoz/ *nf, nm* ۱. چیز ۲. شیء ۳. مسئله، موضوع، امر ۴. رویداد، واقعه، پیشامد، اتفاق ۵. کار ۶. حرف ـــ [صورت جمع] ۷. وقایع ۸. اوضاع، وضع ۹. امور ◻ ۱۰. چیز

avant toute chose پیش از هر چیز، ابتدا، اول، نخست

C'est autre chose. ۱. فرق می‌کند. ۲. مسئله چیز دیگری است.

C'est bien peu de chose. ۱. اهمیتی ندارد. چیز مهمی نیست. ۲. ناچیز است.

Il faut faire quelque chose. باید کاری کرد.

Il y a quelque chose entre eux. میانه‌شان شکرآب است. با هم اختلاف دارند.

la chose publique	دولت، حکومت
quelque chose	۱. یک چیز، چیزی ۲. کاری ۳. اتفاقی، پیشامدی
chou / ʃu / *nm*	۱. کلم ۲. [شیرینی] پفک
chou de Bruxelles	کلم دکمه‌ای
chou pommé	کلم پیچ
chou rouge	کلم قرمز
faire ses choux gras	لفت و لیس کردن، پول خوبی به جیب زدن
feuille de chou	۱. برگ کلم ۲. روزنامهٔ بی‌ارزش، روزی‌نامه
mon chou	[در خطاب] عزیزم، عزیز دلم
rentrer dans le chou	حمله کردن، زدن، کتک زدن
soupe aux choux	سوپ کلم
choucas / ʃuka / *nm*	کلاغ گردن‌بور، زاغچه
choucroute / ʃukRut / *nf*	شوکروت (= نوعی خوراک کلم)
chouette[1] / ʃwɛt / *nf*	جغد، بوف، شباویز
chouette[2] / ʃwɛt / *adj*	۱. [خودمانی] قشنگ، خوشگل، ناز، مامانی ۲. محشر، معرکه، عالی، ماه، تک ۳. مهربان
C'est chouette.	[خودمانی] حرف نداره. معرکه است. عالیه.
chou-fleur / ʃuflœR / *nm*	گل کلم
chou-rave / ʃuRav / *nm*	کلم قُمری
choyer / ʃwaje / *vt* (8)	ناز و نوازش کردن، لوس کردن
chrétien,enne / kRetjɛ̃,ɛn / *adj, n*	۱. مسیحی ۲. (مربوط به) مسیحیت ▢ ۳. مسیحی
ère chrétienne	تاریخ میلادی، تاریخ مسیحی
chrétienté / kRetjɛ̃te / *nf*	عالَم مسیحیت، مسیحیان
Christ[1] / kRist / *nm*	مسیح، عیسی مسیح
christ[2] / kRist / *nm*	تمثال مسیح
christianiser / kRistjanize / *vt* (1)	مسیحی کردن، به دین مسیح درآوردن
christianisme / kRistjanism / *nm*	مسیحیت، دین مسیح
chromatique / kRɔmatik / *adj*	۱. (مربوط به) رنگ‌ها، رنگی ۲. (مربوط به) کروموزوم ۳. [موسیقی] کروماتیک
chrome / kRom / *nm*	کروم
chromer / kRome / *vt* (1)	آب کروم دادن
chromo / kRɔmo / *nf*	تصویر چاپی رنگی
chromolithographie / kRɔmɔlitɔgRafi / *nf*	۱. چاپ رنگی ۲. تصویر چاپی رنگی
chronique[1] / kRɔnik / *adj*	۱. مزمن ۲. طولانی، درازمدت، دیرپا
chronique[2] / kRɔnik / *nf*	۱. رویدادشمار، وقایع‌نامه، گاه‌شمار وقایع ۲. شایعه ۳. [روزنامه] ستون (ویژه)
chroniqueur,euse / kRɔnikœR,øz / *n*	وقایع‌نگار
chronographe / kRɔnɔgRaf / *nm*	زمان‌نگار
chronologie / kRɔnɔlɔʒi / *nf*	۱. رویدادشماری ۲. گاه‌شماری وقایع ۲. ترتیب زمانی
chronologique / kRɔnɔlɔʒik / *adj*	زمانی
chronologiquement / kRɔnɔlɔʒikmɑ̃ / *adv*	به ترتیب زمانی
chronomètre / kRɔnɔmɛtR / *nm*	زمان‌سنج، کرونومتر
chronométrie / kRɔnɔmetRi / *nf*	زمان‌سنجی
chrysanthème / kRizɑ̃tɛm / *nm*	گل داوودی
chu,e / ʃy / *part. passé*	[اسم مفعول فعل] choir
chuchotement / ʃyʃɔtmɑ̃ / *nm*	۱. نجوا، پچ‌پچ، صحبت درگوشی ۲. زمزمه، همهمه
chuchoter / ʃyʃɔte / *vi, vt* (1)	۱. نجوا کردن، پچ‌پچ کردن، درگوشی حرف زدن ۲. زمزمه کردن
chuchoterie / ʃyʃɔtRi / *nf*	→ chuchotement
chuchotis / ʃyʃɔti / *nm*	→ chuchotement
chuintant,e[1] / ʃɥɛ̃tɑ̃,t / *adj*	[آواشناسی] پاشیده، تَفَشّی

chuintante[2] / ʃɥɛ̃tɑ̃t / *nf* [آواشناسی] همخوان پاشیده، صامت تفشّی

chuintement / ʃɥɛ̃tmɑ̃ / *nm* ۱. (صدایِ) فش‌فش ۲. تلفظ «ش» به جای «س»، تلفظ «ژ» به جای «ز»

chuinter / ʃɥɛ̃te / *vi* (1) ۱. [جغد] صفیر کشیدن، صدا کردن ۲. فِشّی کردن، فش‌فش کردن ۳. «س» را «ش» گفتن، «ز» را «ژ» گفتن

chut! / ʃyt / *interj* هیس! ساکت!

chute / ʃyt / *nf* ۱. سقوط ۲. (عمل) افتادن، زمین خوردن ۳. افت، کاهش، تنزل ۴. ریزش ۵. بارش ۶. شکست، ناکامی ۷. انحطاط، نابودی، زوال ۸. تباهی، گمراهی ۹. [پارچه و غیره] دَم قیچی، ضایعات

chute d'eau آبشار

chute de neige بارش برف

chute libre سقوط آزاد

chuter / ʃyte / *vi* (1) ۱. افتادن ۲. ناکام شدن، با ناکامی روبرو شدن ۳. پایین آمدن ۴. [نمایش] گل نکردن، نگرفتن

ci[1] / si / *adv* [تکواژی که با تیرهٔ کوچک «-» قبل یا بعد از برخی واژه‌ها می‌آید و تشکیل واژهٔ مرکب یا عبارت می‌دهد.]

ci[2] / si / *pron. dém,* **ce....ci** این ...

ces Jours-ci این روزها

Comme ci comme ça! نه خوبه نه بد! بد نیست!

ci-après / siapʀɛ / *adv* در پایین، پایین‌تر، در زیر، در ذیل، ذیلاً

cible / sibl / *nf* هدف، نشانه، آماج

ciboulot / sibulo / *nm* [عامیانه] کله، مخ

cicatrice / sikatʀis / *nf* ۱. جای زخم، اثر زخم ۲. [زخم، بریدگی، سوختگی] جا، اثر ۳. اثر سوء، اثر نامطلوب

cicatrisant[1]**,e** / sikatʀizɑ̃,t / *adj* التیام‌بخش

cicatrisant[2] / sikatʀizɑ̃ / *nm* داروی التیام‌بخش، مرهم

cicatrisation / sikatʀizasjɔ̃ / *nf* [زخم، سوختگی، ...] التیام، بهبود

cicatriser / sikatʀize / *vt, vi* (1) ۱. [زخم، سوختگی، ...] التیام دادن، خوب کردن، بهبود بخشیدن ▣ ۲. التیام یافتن، خوب شدن، بهبود یافتن

se cicatriser *vp* التیام یافتن، خوب شدن، بهبود یافتن

cicérone / siseʀɔn / *nm* [قدیمی] راهنما، بلد

ci-contre / sikɔ̃tʀ / *adv* (در) مقابل، روبرو

ci-dessous / sidəsu / *adv* در پایین، پایین‌تر، در زیر، در ذیل، ذیلاً

ci-dessus / sidəsy / *adv* در بالا، بالاتر، پیشتر، فوق

ci-devant / sidəvɑ̃ / *adv* ۱. سابق ۲. [ادبی] قبلاً، پیش از این

cidre / sidʀ / *nm* شراب سیب

ciel / sjɛl / *nm* ۱. آسمان ۲. فلک ۳. هوا ۴. عرش ۵. بهشت، ملکوت ۶. خدا، خداوند

à ciel ouvert در فضای باز، روباز

Aide-toi, le ciel t'aidera. از تو حرکت از خدا برکت.

bleu ciel آبی آسمانی

ciel de lit آسمانهٔ تخت

eau de ciel نزولات آسمانی، باران

être au septième ciel عرش را سیر کردن

le feu du ciel صاعقه، برق، آذرخش

plût au ciel! خدا کند!

sous le ciel زیر آسمان خدا

tomber du ciel ۱. خدا (کسی را) رساندن ۲. هاج و واج ماندن

cierge / sjɛʀʒ / *nm* [درکلیسا] شمع (مومی)

droit comme un cierge شق و رق، عصاقورت‌داده

cigale / sigal / *nf* زنجره، جیرجیرک

a = bas, plat e = blé, jouer ɛ = lait, jouet, merci i = il, lyre o = mot, dôme, eau, gauche ɔ = mort
u = roue y = rue ø = peu œ = peur ə = le, premier ɑ̃ = sans, vent ɛ̃ = matin, plein, lundi
ɔ̃ = bon, ombre ʃ = chat, tache ʒ = je, gilet j = yeux, paille, pied w = oui, nouer ɥ = huile, lui

cigare / sigaR / *nm* ۱. سیگار برگ ۲. [عامیانه] کله، مخ

cigarette / sigaRɛt / *nf* سیگار

ci-gît / siʒi / *loc. verbale* [نوشتهٔ روی سنگ قبر] آرامگاهِ...

cigogne / sigɔɲ / *nf* لک‌لک

ciguë / sigy / *nf* شوکران

ci-inclus,e / siɛ̃kly,z / *adj* داخل این نامه، درون این بسته

ci-joint,e / siʒwɛ̃,t / *adj* به پیوست، پیوست، ضمیمه

cil / sil / *nm* مژه

battre des cils مژه زدن، پلک زدن

ciller / sije / *vi* (1) مژه زدن، پلک زدن

ne pas ciller [از ترس] جرئت نفس کشیدن نداشتن، جیک (کسی) درنیامدن

cime / sim / *nf* ۱. قله، ستیغ ۲. نوک، سر، رأس، تارک، تیزه ۳. اوج

ciment / simɑ̃ / *nm* ۱. سیمان، سمنت ۲. عامل پیونددهنده، عامل دوام

mur du ciment دیوار سیمانی

cimenter / simɑ̃te / *vt* (1) ۱. سیمان کردن، سیمان کشیدن ۲. محکم کردن، استحکام بخشیدن، استوار کردن

cimenterie / simɑ̃tRi / *nf* ۱. سیمان‌سازی ۲. کارخانهٔ سیمان

cimeterre / simtɛR / *nm* شمشیر (خمیده)

cimetière / simtjɛR / *nm* گورستان، قبرستان

cimier / simje / *nm* پَر کلاهخود، جِقّه

cinabre / sinabR / *nm* ۱. شنگرف ۲. قرمز شنگرفی

ciné / sine / *nm* → cinéma

cinéma / sinema / *nm* ۱. سینما ۲. سینماگری ۳. فیلم‌سازی

C'est du cinéma. الکیه. همش فیلمه.

cinématographique / sinematɔgRafik / *adj* سینمایی، (مربوط به) سینما

cinéraire / sineRɛR / *adj* (مربوط به) خاکستر مرده، خاکستر جسد

cinétique / sinetik / *adj* جنبشی

cinglant,e / sɛ̃glɑ̃,t / *adj* ۱. سخت، شدید ۲. گزنده، سوزدار

cinglé,e / sɛ̃gle / *adj* [عامیانه] خُل، خُل و چِل، مَلنگ

cingler[1] / sɛ̃gle / *vt* (1) ۱. [شلاق، چوب، ...] زدن ۲. [مجازی] سیلی زدن به، شلاق زدن، به شدت خوردن به

cingler[2] / sɛ̃gle / *vi* (1) [کشتی] راندن، رفتن (به طرفِ)

cinnamome / sinamɔm / *nm* ۱. درخت دارچین ۲. دارچین

cinq / sɛ̃(k) / *adj. num, nm. inv* ۱. پنج (تا) ۲. پنجم ◻ ۳. عدد پنج، شمارهٔ پنج، پنج

dans cinq minutes ظرف چند دقیقه

en cinq sec جنگی، فوری، شلاقی، مثل برق

cinquantaine / sɛ̃kɑ̃tɛn / *nf* ۱. در حدود پنجاه (تا)، پنجاه‌تایی ۲. پنجاه‌سالگی

cinquante / sɛ̃kɑ̃t / *adj. num, nm. inv* ۱. پنجاه (تا) ◻ ۲. عدد پنجاه، شمارهٔ پنجاه، پنجاه

cinquantenaire / sɛ̃kɑ̃tnɛR / *adj, n, nm* ۱. پنجاه‌ساله ◻ ۲. آدم پنجاه‌ساله ◻ ۳. سالگرد پنجاهمین سال، پنجاهمین سالگرد

cinquantième / sɛ̃kɑ̃tjɛm / *adj. ord, n, nm* ۱. پنجاهم، پنجاهمین ◻ ۲. نفر پنجاهم، پنجاهمین نفر ◻ ۳. (یک)پنجاهم

cinquième / sɛ̃kjɛm / *adj. ord, n, nm, nf* ۱. پنجم، پنجمین ◻ ۲. نفر پنجم، پنجمین نفر ◻ ۳. (یک)پنجم ۴. طبقهٔ پنجم ◻ ۵. کلاس دوم راهنمایی، کلاس هفتم

cinquièmement / sɛ̃kjɛmmɑ̃ / *adv* پنجم آنکه

cintre / sɛ̃tR / *nm* ۱. [تاق] قوس، هلال ۲. چوب‌لباسی

en plein cintre نیم‌دایره

cintré,e /sɛ̃tʀe/ *adj* ۱. قوسی، قوس‌دار، کمانی، هلالی ۲. چسبان، قالب تن ۳. [عامیانه] خُل، خُل و چِل، مشنگ

cintrer /sɛ̃tʀe/ *vt* (1) ۱. قوس دادن، کمانی کردن، خم کردن ۲. قوس‌دار ساختن ۳. قالب تن دوختن

cirage /siʀaʒ/ *nm* ۱. واکس، پولیش ۲. (عمل) واکس زدن، پولیش‌کاری

circoncire /siʀkɔ̃siʀ/ *vt* (37) ختنه کردن

circoncis /siʀkɔ̃si/ *adj. m, nm* ۱. ختنه‌شده، ختنه‌کرده ◙ ۲. بچهٔ ختنه‌شده، مرد ختنه‌شده

circoncision /siʀkɔ̃sizjɔ̃/ *nf* ختنه

circonférence /siʀkɔ̃feʀɑ̃s/ *nf* ۱. محیط دایره، پیرامون دایره ۲. دور، پیرامون

circonflexe /siʀkɔ̃flɛks/ *adj,*

accent circonflexe اَکسان سیرکُن‌فلکس (= علامتی که بر روی مصوت می‌نشیند، مثلاً روی حرفِ e در واژهٔ têtu.)

circonlocution /siʀkɔ̃lɔkysjɔ̃/ *nf* مقدمه‌چینی، حاشیه رفتن

circonscription /siʀkɔ̃skʀipsjɔ̃/ *nf* ۱. تقسیم‌بندی، تقسیمات ۲. منطقه، ناحیه، بخش ۳. حوزه

circonscrire /siʀkɔ̃skʀiʀ/ *vt* (39) ۱. محاط کردن ۲. محدود کردن ۳. مهار کردن، جلوی (چیزی را) گرفتن، کنترل کردن

circonspect,e /siʀkɔ̃spɛ(kt),kt/ *adj* ۱. محتاط، ملاحظه‌کار ۲. محتاطانه، سنجیده، معقول

circonspection /siʀkɔ̃spɛksjɔ̃/ *nf* احتیاط، ملاحظه، سنجیدگی

circonstance /siʀkɔ̃stɑ̃s/ *nf* ۱. وضع، وضعیت، موقعیت ـــ [صورت جمع] ۲. اوضاع و احوال، اوضاع، شرایط ۳. علل، موجبات

circonstances atténuantes [حقوقی] علل مخففه

circonstancié,e /siʀkɔ̃stɑ̃sje/ *adj* مشروح، مفصل

circonstanciel,elle /siʀkɔ̃stɑ̃sjɛl/ *adj* ۱. بر حسب مقتضیات ۲. [دستور زبان] قیدی، (مربوط به) قید

complément circonstanciel [دستور زبان] متمم قیدی، عبارت قیدی، گروه قیدی

circonvenir /siʀkɔ̃vniʀ/ *vt* (22) فریفتن، فریب دادن، اغفال کردن، گول زدن

circonvolution /siʀkɔ̃vɔlysjɔ̃/ *nf* ۱. پیچیدگی، پیچ و تاب ۲. پیچ و خم ۳. [پزشکی] شکنج (مغز)

circuit /siʀkɥi/ *nm* ۱. دور ۲. مسیر پرپیچ و خم ۳. گشت، گردش ۴. مدار ۵. [اقتصاد] گردش

circuit des capitaux گردش سرمایه‌ها

circuit touristique گردش سیاحتی (در مسیر معین)، گشت توریستی

circulaire[1] /siʀkylɛʀ/ *adj* ۱. گرد، مدور ۲. دورانی، چرخشی

circulaire[2] /siʀkylɛʀ/ *nf* ۱. بخشنامه ۲. اطلاعیه

circulation /siʀkylasjɔ̃/ *nf* ۱. جریان، گردش ۲. آمد و شد، رفت و آمد، عبور و مرور، تردد، ترافیک ۳. انتشار، اشاعه، پخش

arrêt de la circulation راه‌بندان، ترافیک

mettre en circulation ۱. به جریان انداختن، به گردش درآوردن ۲. پخش کردن، منتشر کردن

circulatoire /siʀkylatwaʀ/ *adj* (مربوط به) گردش خون

circuler /siʀkyle/ *vi* (1) ۱. جریان داشتن، در جریان بودن، جریان یافتن، در گردش بودن ۲. رفت و آمد کردن، در رفت و آمد بودن ۳. حرکت کردن ۴. دست به دست گشتن ۵. شایع بودن، دهان به دهان گشتن

Circulez! حرکت کنید!

---

a = bas, plat   e = blé, jouer   ɛ = lait, jouet, merci   i = il, lyre   o = mot, dôme, eau, gauche   ɔ = mort
u = roue   y = rue   ø = peu   œ = peur   ə = le, premier   ɑ̃ = sans, vent   ɛ̃ = matin, plein, lundi
ɔ̃ = bon, ombre   ʃ = chat, tache   ʒ = je, gilet   j = yeux, paille, pied   w = oui, nouer   ɥ = huile, lui

faire circuler	۱. به جریان انداختن، به گردش درآوردن ۲. پخش کردن، منتشر کردن ۳. شایع کردن، سر زبان‌ها انداختن
faire ciculer une rumeur	شایعه‌ای را سر زبان‌ها انداختن
cire / siʀ / *nf*	۱. موم ۲. لاک ۳. پولیش، واکس
ciré,e / siʀe / *adj*	۱. موم‌اندود ۲. واکس‌زده، پولیش‌کرده
toile cirée	مشمع
cirer / siʀe / *vt* (1)	واکس زدن، پولیش زدن
cirer les bottes à qqn	مجیز کسی را گفتن، خایه‌مالی کسی را کردن
cireur / siʀœʀ / *nm*	واکسی
cireux,euse / siʀø,øz / *adj*	[چهره، رنگ و رو] رنگ‌پریده، زرد
cirque / siʀk / *nm*	۱. سیرک ۲. هرج و مرج ۳. [در روم قدیم] آمفی‌تئاتر ۴. [جغرافی] چاله‌گاه (=چاله‌ی ژرف و مدوری که دیواره‌های پرشیب دارد.)
cisaille / sizaj / *nf*	۱. [فلز] براده ــ [صورت جمع] ۲. قیچی آهن‌بری، قیچی باغبانی ۳. سیم‌چین
cisaillement / sizajmɑ̃ / *nm*	۱. (عمل) بریدن، قیچی کردن ۲. ساییدگی، خوردگی
cisailler / sizaje / *vt* (1)	[فلز، سیم، شاخ و برگ] با قیچی بریدن، قیچی کردن، بریدن، زدن
ciseau / sizo / *nm*	۱. اسکنه ۲. مُغار، قلم حکاکی ــ [صورت جمع] ۳. قیچی ۴. [ژیمناستیک] قیچی ۵. [کشتی] سگک از رو
ciseler / sizle / *vt* (5)	۱. قیچی کردن ۲. [فلز] قلم زدن ۳. [سنگ] کنده‌کاری کردن، تراشیدن ۴. ساخته و پرداخته کردن، شسته‌رفته کردن
ciseleur / sizlœʀ / *nm*	۱. کنده‌کار ۲. قلم‌زن
ciselure / sizlyʀ / *nf*	۱. کنده‌کاری ۲. قلم‌زنی
citadelle / sitadɛl / *nf*	دژ، قلعه
citadin,e / sitadɛ̃,in / *adj, n*	۱. شهری ۲. شهرنشین، شهری
citation / sitasjɔ̃ / *nf*	۱. نقل قول ۲. مثال ۳. احضار (به دادگاه) ۴. [نظامی] تقدیر، تشویق
cité / site / *nf*	۱. شهرک، کوی ۲. شهر باستانی ۳. شهر
cité universitaire	کوی دانشگاه، شهرک دانشگاهی
les cités grecques	شهرهای یونان باستان
cithare / sitaʀ / *nf*	سیتار
cithariste / sitaʀist / *nf*	نوازندهٔ سیتار، سیتارنواز
citoyen,enne / sitwajɛ̃,ɛn / *adj*	۱. شهروند ۲. تبعه
citoyenneté / sitwajɛnte / *nf*	۱. شهروندی ۲. تابعیت
citrique / sitʀik / *adj,* **acide citrique**	اسید سیتریک، جوهر لیمو
citron / sitʀɔ̃ / *nm, adj. inv*	۱. لیموترش ۲. [عامیانه] کله ▫ ۳. (به رنگ) لیمویی
citronnade / sitʀɔnad / *nf*	شربت آبلیمو
citronnier / sitʀɔnje / *nm*	درخت لیموترش
citrouille / sitʀuj / *nf*	۱. کدوتنبل، کدوحلوایی ۲. [عامیانه] کله، مخ
civette / sivɛt / *nf*	۱. [جانور] زباد، گربهٔ زباد ۲. زباد (= مادهٔ خوشبویی که از غدهٔ زیر دُم گربهٔ زباد به دست می‌آید.)
civière / sivjɛʀ / *nf*	۱. برانکار ۲. زنبه
civil,e / sivil / *adj, n*	۱. مدنی ۲. غیرنظامی ۳. غیرمذهبی ۴. درون‌مرزی، داخلی ۵. [قدیمی، ادبی] مؤدب، بانزاکت ▫ ۶. فرد غیرنظامی
code civil	قانون مدنی
droits civils	حقوق مدنی
en civil	با لباس شخصی، بدون اونیفورم نظامی
guerre civile	جنگ داخلی
mariage civil	ازدواج غیرشرعی، ازدواج مدنی
tribunal civil	دادگاه مدنی، دادگاه حقوقی
civilement / sivilmɑ̃ / *adv*	۱. از نظر مدنی ۲. مؤدبانه، محترمانه
civilisation / sivilizasjɔ̃ / *nf*	۱. تمدن ۲. (عمل) متمدن کردن، متمدن شدن

civilisé,e /sivilize/ *adj, n* ۱. متمدن ۲. بافرهنگ ۳. مؤدب، بانزاکت

civiliser /sivilize/ *vt* (1) ۱. متمدن کردن ۲. تربیت کردن ۳. [خودمانی] آدم کردن

civilité /sivilite/ *nf* ۱. [قدیمی] ادب، احترام، نزاکت ــ [صورت جمع] ۲. احترامات ۳. سلام، درود

civique /sivik/ *adj* ۱. شهری، مدنی ۲. شهروندی

clabaudage /klabodaʒ/ *nm* ۱. پارس بی‌موقع ۲. داد و فریاد بی‌مورد، کولی‌بازی ۳. بدگویی

clabauder /klabode/ *vi* (1) ۱. بی‌موقع پارس کردن ۲. بی‌دلیل داد و فریاد کردن، قشقرق راه انداختن، کولی‌بازی درآوردن ۳. بدگویی کردن

clabauderie /klabodʀi/ *nf* → clabaudage

clac! /klak/ *interj* درق! شَرق! شَتَرَق!

claie /klɛ/ *nf* ۱. سرند، غربال ۲. توری حصیری ۳. حصار، نرده، تور سیمی

clair[1],e /klɛʀ/ *adj* ۱. روشن، پرنور ۲. کم‌رنگ، روشن ۳. شفاف ۴. صاف ۵. زلال ۶. آفتابی ۷. واضح، روشن، آشکار ۸. مشخص، معلوم، محرز ۹. کم‌پشت، تُنُک ۱۰. رقیق، آبکی، شُل

C'est clair comme le jour. مثل روز روشن است.

clair[2] /klɛʀ/ *nm, adv* ۱. روشنی، روشنایی ۲. قسمت روشن ۳. [پارچه] قسمت نازک ◘ ۴. روشن، واضح، به وضوح

clair de lune نور مهتاب، مهتاب

le plus clair بخش عمده، عمده، بیشتر

mettre au clair روشن کردن، توضیح دادن

mettre sabre au clair شمشیر از نیام کشیدن، شمشیر کشیدن

tirer au clair روشن کردن، ته‌توی (چیزی را) درآوردن

voir clair ۱. به وضوح دیدن، خوب دیدن ۲. به خوبی درک کردن، فهمیدن

clairement /klɛʀmɑ̃/ *adv* ۱. به روشنی، به وضوح، به خوبی ۲. آشکارا، به طرزی آشکار

claire-voie /klɛʀvwa/ *nf* ۱. دیوارهٔ مشبک، حصار مشبک، نرده ۲. [کلیسا] ردیف پنجرهٔ فوقانی

à claire-voie مشبک

clairière /klɛʀjɛʀ/ *nf* [جنگل] زمین بی‌درخت، محوطهٔ باز

clair-obscur /klɛʀɔpskyʀ/ *nm* ۱. [نقاشی] سایه‌روشن ۲. تاریک‌روشن، نور ملایم

clairon /klɛʀɔ̃/ *nm* ۱. شیپور ۲. شیپورچی

claironner /klɛʀɔne/ *vi, vt* (1) ۱. شیپور زدن ◘ ۲. جار زدن، تو بوق و کرنا کردن، به گوش همه رساندن

clairsemé,e /klɛʀsəme/ *adj* ۱. تُنک، کم‌پشت ۲. پراکنده

clairvoyance /klɛʀvwajɑ̃s/ *nf* ۱. روشن‌بینی، بصیرت ۲. هوشمندی، ذکاوت، فراست، زیرکی

clairvoyant,e /klɛʀvwajɑ̃,t/ *adj* ۱. روشن‌بین، بصیر، بابصیرت ۲. هوشمند، زیرک ۳. هوشمندانه، زیرکانه

clamer /klame/ *vt* (1) فریاد کردن، فریاد زدن، با داد و فریاد ابراز کردن

clameur /klamœʀ/ *nf* هیاهو، همهمه، سر و صدا، داد و فریاد

clan /klɑ̃/ *nm* ۱. طایفه، ایل ۲. فرقه، دسته، دار و دسته

clandestin,e /klɑ̃dɛstɛ̃,in/ *adj* مخفی، مخفیانه، سرّی، زیرزمینی

clandestinement /klɑ̃dɛstinmɑ̃/ *adv* مخفیانه، پنهانی، نهانی، در خفا

clandestinité /klɑ̃dɛstinite/ *nf* خفا

clapet 190

dans la clandestinité در خفا، مخفیانه، (به طورِ) پنهانی، نهانی، در نهان

clapet /klapɛ/ *nm* ۱. دریچه ۲. سرپوش ۳. سوپاپ ۴. [عامیانه] دَهن، گاله

clapotement /klapɔtmɑ̃/ *nm* صدای ملایم امواج، (صدایِ) شلپ‌شلپ

clapoter /klapɔte/ *vi* (1) (به آرامی) موج زدن، شلپ‌شلپ کردن

clapotis /klapɔti/ *nm* → clapotement

claquant,e /klakɑ̃,t/ *adj* خسته‌کننده، شاق، کمرشکن، سنگین

claque[1] /klak/ *nf* سیلی، کشیده، چَک، توگوشی

figure/tête à claque [خودمانی] قیافهٔ بی‌ریخت

claque[2] /klak/ *nm* کلاه فنردار

claquement /klakmɑ̃/ *nm* (صدایِ) ترق، درق، شَرق، شَتَرَق، تلق‌تولوق، تق‌تق

claquemurer /klakmyʀe/ *vt* (1) حبس کردن

se claquemurer *vp* خود را حبس کردن، در را به روی خود بستن

claquer /klake/ *vi, vt* (1) ۱. تقّی صدا کردن، صدا کردن، صدا دادن، تلق‌تولوق کردن ۲. [خودمانی] مردن، از دار دنیا رفتن، جان دادن ◻ ۳. چَک زدن به، توگوش (کسی) زدن، سیلی زدن به ۴. (شَرقی) به هم زدن، به هم کوبیدن ۵. [عامیانه] خرج اَتینا کردن، دور ریختن، هَتَل‌پَتَل کردن ۶. [عامیانه] از پا درآوردن،داغون کردن، خرد کردن

claquer la porte در را به شرقی به هم زدن

se claquer *vp* ۱. [بر اثر کار زیاد] خود را از بین بردن، از پا درآمدن ۲. جان کندن

clarification /klaʀifikasjɔ̃/ *nf* ۱. تصفیه، صاف کردن ۲. توضیح، شرح، روشن کردن

clarifier /klaʀifje/ *vt* (7) ۱. تصفیه کردن، صاف کردن ۲. روشن کردن، توضیح دادن، شرح دادن

clarinette /klaʀinɛt/ *nf* قره‌نی

clarinettiste /klaʀinetist/ *n* قره‌نی‌زن، نوازندهٔ قره‌نی

clarté /klaʀte/ *nf* ۱. روشنی، روشنایی ۲. نور ۳. شفافیت، صافی ۴. وضوح، روشنی ــ [صورت جمع] ۵. [قدیمی یا ادبی] شناخت، آگاهی، اطلاع

classe /klas/ *nf* ۱. طبقه ۲. دسته، رده، گروه ۳. نوع، جور ۴. درجه ۵. [زیست‌ـشناسی] رده ۶. ردیف، سطح ۷. رتبه ۸. درس ۹. کلاس (درس) ۱۰. شاگردان (یک کلاس) ۱۱. تشخّص، کلاس ۱۲. مشمولین (یک دوره)

billet de première classe [قطار و غیره] بلیت درجه یک

classe ouvrière طبقهٔ کارگر

classement /klasmɑ̃/ *nm* ۱. طبقه‌بندی، رده‌بندی، دسته‌بندی ۲. رتبه

classer /klase/ *vt* (1) ۱. طبقه‌بندی کردن، رده‌بندی کردن، دسته‌بندی کردن ۲. مرتب کردن ۳. در ردهٔ ... قرار دادن، به شمار آوردن ۴. در جای خود گذاشتن ۵. تمام‌شده تلقی کردن، منتفی دانستن ۶. [شخص] ارزیابی کردن

se classer *vp* دسته‌بندی شدن، در ردهٔ ... جای گرفتن

Il se classe parmi les meilleurs.

او جزو بهترین‌هاست.

classeur /klasœʀ/ *nm* ۱. کلاسور، پوشه ۲. [قفسه] فایل

classicisme /klasisism/ *nm* کلاسیسیسم

classificateur,trice /klasifikatœʀ,tʀis/ *adj, n* ۱. (مربوط به) طبقه‌بندی ◻ ۲. مسئول طبقه‌بندی

classification /klasifikasjɔ̃/ *nf* طبقه‌بندی، رده‌بندی، دسته‌بندی

classifier /klasifje/ *vt* (7) طبقه‌بندی کردن، رده‌بندی کردن، دسته‌بندی کردن

classique /klasik/ *adj, nm* ۱. کلاسیک ۲. مرسوم، معمول، متداول ۳. سنتی ۴. (متعلق به) یونان و روم باستان، باستانی ◻ ۵. نویسندهٔ

کلاسیک، هنرمند کلاسیک ۶. اثر کلاسیک ۷. اثر برجسته، نمونهٔ عالی، شاهکار ۸. موسیقی کلاسیک

classiquement /klasikmɑ̃/ *adv* ۱. به طرز سنتی ۲. به روش معمول

claudication /klodikasjɔ̃/ *nf* [ادبی] لَنگی

claudiquer /klodike/ *vi* (1) [ادبی] لَنگیدن، لَنگ زدن

clause /kloz/ *nf* [حقوقی] ماده، شرط

claustral,e,aux /klostʀal,o/ *adj* ۱. (مربوط به) صومعه، صومعه‌ای ۲. راهبانه

claustration /klostʀasjɔ̃/ *nf* ۱. [ادبی] حبس ۲. گوشه‌نشینی، انزوا

claustrer /klostʀe/ *vt* (1) حبس کردن، زندانی کردن

se claustrer *vp* در را به روی خود بستن، منزوی شدن، گوشه‌نشین شدن

claveau /klavo/ *nm* [معماری] سنگ سرتاق

clavecin /klavsɛ̃/ *nm* هارپسیکورد، کلاوسَن (= نوعی ساز شبیه به پیانو)

clavelée /klavle/ *nf* آبله گوسفندی

clavicule /klavikyl/ *nf* استخوان ترقوه، استخوان چنبری

clavier /klavje/ *nm* صفحه کلید، کلیدها، دکمه‌ها

clé /kle/ *nf* ۱. کلید ۲. سویچ (ماشین) ۳. آچار ۴. کلیدی، حساس، مهم

à la clé در پایان

clé anglaise/à molette آچار فرانسه

clé des champs [استعاره] کلید رهایی

être sous clé زندانی بودن

fermer à clé قفل کردن، کلید کردن

mettre la clé sous la porte ناپدید شدن، غیبش زدن، جیم شدن

une maison clés en main یک خانهٔ آماده برای سکونت

une position clé یک موقعیت کلیدی

une usine clés en main یک کارخانه آمادهٔ بهره‌برداری

clef /kle/ *nf* → clé

clémence /klemɑ̃s/ *nf* ۱. [مذهبی] بخشش، بخشایش، عفو، رحمت ۲. اعتدال

clément,e /klemɑ̃,t/ *adj* ۱. بخشنده، بخشاینده، بخشایشگر ۲. معتدل، ملایم

clémentine /klemɑ̃tin/ *nf* نارنگی پیوندی

clenche /klɑ̃ʃ/ *nf* زبانهٔ چفت

clerc /klɛʀ/ *nm* ۱. روحانی، کشیش ۲. منشی، دبیر ۳. کارمند دفتری، دفتردار

clergé /klɛʀʒe/ *nm* روحانیون، روحانیت

clérical,e,aux /kleʀikal,o/ *adj, n* ۱. (مربوط به) روحانیون، روحانیت ◙ ۲. طرفدار حکومت روحانیون

cléricalisme /kleʀikalism/ *nm* طرفداری از حکومت روحانیون

clic! /klik/ *interj* تلق! تق!

clic! clac! تلق‌تولوق! تق‌تق!

clichage /kliʃaʒ/ *nm* [چاپ] کلیشه‌سازی

cliché /kliʃe/ *nm* ۱. [چاپ] کلیشه ۲. [فیلم] نگاتیو ۳. تکرار مکررات، کلیشه

clicher /kliʃe/ *vt* (1) [چاپ] کلیشه ساختن، کلیشه کردن

clicherie /kliʃʀi/ *nf* [چاپ] کارگاه کلیشه‌سازی

clicheur /kliʃœʀ/ *nm* [چاپ] کلیشه‌ساز

client,e /klijɑ̃,t/ *n* ۱. مشتری ۲. مراجعه‌کننده، مُراجع ۳. خریدار ۴. موکل ۵. مشتری دائمی، مشتری پر و پاقرص ۶. واردکننده ۷. مسافر (تاکسی)

clientèle /klijɑ̃tɛl/ *nf* ۱. مشتری‌ها، مشتریان ۲. مراجعه‌کنندگان، ارباب‌رجوع ۳. طرفداران، هواداران ۴. خرید

clignement /kliɲmɑ̃/ *nm* ۱. (عمل) مژه زدن، پلک زدن ۲. سوسو ۳. چشمک

cligner 192

clignement d'œil چشمک

cligner /kliɲe / *vt, vi* (1) ۱. [چشم] تنگ کردن ۲. [چشم] به هم زدن ◙ ۳. مژه زدن، پلک زدن ۴. [چشم] باز و بسته کردن

cligner de l'œil چشمک زدن

clignotant /kliɲɔtɑ̃ / *nm* [خودرو] (چراغ) راهنما

clignotement /kliɲɔtmɑ̃ / *nm* ۱. مژه زدن پیاپی ۲. سوسو ۳. چشمک

clignoter /kliɲɔte / *vi* (1) ۱. پی‌درپی مژه زدن، تندتند پلک زدن ۲. سوسو زدن ۳. [چراغ] چشمک زدن

climat /klima / *nm* ۱. آب و هوا ۲. اقلیم ۳. فضا، جَو، حال و هوا

climatérique /klimateʀik / *adj* [ادبی] بحرانی، حاد، وخیم

climatique /klimatik / *adj* ۱. (مربوط به) آب و هوا، آب و هوایی ۲. اقلیمی

climatologie /klimatɔlɔʒi / *nf* اقلیم‌شناسی

clin d'œil /klɛ̃dœj / *nm* چشمک

en un clin d'œil در یک چشم به هم زدن

clinique[1] /klinik / *adj* بالینی

clinique[2] /klinik / *nf* ۱. کلینیک، درمانگاه (تخصصی) ۲. آموزش بالینی

clique /klik / *nf* دار و دسته، باند

cliquet /klikɛ / *nm* [فنی] ضامن

cliquètement /klikɛtmɑ̃ / *nm* → cliquettement

cliqueter /klikte / *vi* (4) ۱. تلق و تولوق کردن ۲. جرینگ‌جرینگ کردن، جرینگ‌جرینگ صدا کردن

cliquetis /klikti / *nm* ۱. تلق و تولوق ۲. جرینگ‌جرینگ

cliquettement /klikɛtmɑ̃ / *nm* → cliquetis

clitoris /klitɔʀis / *nm* چوچوله

cloaque /klɔak / *nm* ۱. چاه فاضلاب ۲. جای کثیف، آشغالدونی

clochard,e /klɔʃaʀ,d / *n* [در فرانسه] (آدم) بی‌خانمان، آواره، جامعه‌گریز

cloche[1] /klɔʃ / *nf* ۱. زنگ ۲. ناقوس ۳. سرپوش ۴. [قدیمی؛ عامیانه] کله، مخ

avoir la cloche fêlée خُل بودن، مخ (کسی) معیوب بودن، عقل (کسی) پاره‌سنگ برداشتن

jupe cloche دامن کلوش

se taper la cloche لمبوندن، تا خرخره خوردن

sonner les cloches à qqn کسی را دعوا کردن

cloche[2] /klɔʃ / *nf* [خودمانی] آدم دست و پاچلفتی، آدم بی‌دست و پا، آدم بی‌عرضه، چُلمَن

cloche-pied (à) /aklɔʃpje / *loc. adv* لی‌لی‌کنان، با لی‌لی

clocher[1] /klɔʃe / *nm* برج ناقوس

clocher[2] /klɔʃe / *vi* (1) ۱. سست بودن، یک جای (چیزی) لنگیدن ۲. [قدیمی] لنگیدن، لنگ زدن، شلیدن، شَل زدن

clochette /klɔʃɛt / *nf* زنگوله

cloison /klwazɔ̃ / *nf* ۱. تیغه، دیواره ۲. جدار، حائل

cloison des fosses nasales تیغهٔ بینی

cloisonnage /klwazɔnaʒ / *nm* ۱. تیغه‌کشی ۲. جداربندی ۳. دسته‌بندی

cloisonnement /klwazɔnmɑ̃ / *nm* → cloisonnage

cloisonné,e /klwazɔne / *adj* ۱. خانه‌خانه ۲. مجزا (از هم)

cloisonner /klwazɔne / *vt* (1) ۱. تیغه کشیدن ۲. از هم جدا کردن

cloître /klwatʀ / *nm* ۱. رواق ۲. دیر، صومعه

cloîtrer /klwatʀe / *vt* (1) ۱. در صومعه نگه‌داشتن ۲. حبس کردن ۳. منزوی کردن، گوشه‌نشین کردن

se cloîtrer *vp* در را به روی خود بستن، منزوی شدن، گوشه‌نشین شدن

se cloîtrer dans ses habitudes در بند عادات خود بودن، اسیر عادات بودن

clopin-clopant /klɔpɛ̃klɔpɑ̃/ *loc. adv*	لنگان‌لنگان، لنگ‌لنگان
clopiner /klɔpine/ *vi* (1)	لنگیدن، لنگ‌لنگان رفتن، شل زدن
cloporte /klɔpɔʀt/ *nm*	خرخاکی
cloque /klɔk/ *nf*	تاول
cloquer /klɔke/ *vi* (1)	۱. تاول زدن ۲. باد کردن
clore /klɔʀ/ *vt* (45)	۱. بستن ۲. پایان دادن به، خاتمه دادن به، ختم کردن، تمام کردن ۳. [قدیمی] احاطه کردن
clos¹,e /klo,z/ *adj*	۱. بسته ۲. محصور ۳. پایان‌یافته، خاتمه‌یافته، تمام‌شده
clos² /klo/ *nm*	مزرعه (محصور)، باغ (محصور)
clôture /klotyʀ/ *nf*	۱. حصار، نرده، پرچین ۲. ختم، اختتام ۳. [حساب بانکی] (عمل) بستن
clôturer /klotyʀe/ *vt* (1)	۱. حصار کشیدن ۲. ختم (چیزی را) اعلام کردن ۳. پایان دادن به، ختم کردن ۴. [حساب بانکی] بستن
clou /klu/ *nm*	۱. میخ ۲. کورک، جوش ــ [صورت جمع] ۳. خط‌کشی عابر پیاده
Ça ne vaut pas un clou.	مفت نمی‌ارزد. صد دینار هم نمی‌ارزد.
maigre comme un clou	مثل نی قلیان، مثل چوب‌سیگار، لاغرمردنی
mettre au clou	گرو گذاشتن
planter un clou	میخ کوبیدن
clouer /klue/ *vt* (1)	۱. میخ زدن، (با میخ) کوبیدن، میخ‌کوبی کردن ۲. میخ‌کوب کردن ۳. [مجازی] دوختن
cloutage /kluta3/ *nm*	میخ‌کوبی
clouté,e /klute/ *adj*	میخ‌کوبی‌شده
passage clouté	خط‌کشی عابر پیاده
clouterie /klutʀi/ *nf*	۱. میخ‌سازی ۲. میخ‌فروشی

clown /klun/ *nm*	۱. دلقک ۲. (آدم) لوده
faire le clown	دلقک‌بازی درآوردن، لودگی کردن
clownerie /klunʀi/ *nf*	دلقک‌بازی، لودگی
club /klœb/ *nm*	باشگاه، انجمن، کلوب
clystère /klistɛʀ/ *nm*	تنقیه، اماله
coaccusé,e /kɔakyze/ *n*	شریک اتهام
coagulabilité /kɔagylabilite/ *nf*	انعقادپذیری، قابلیت انعقاد
coagulable /kɔagylabl/ *adj*	انعقادپذیر، قابل انعقاد
coagulant,e /kɔagylɑ̃,t/ *adj*	منعقدکننده
coagulation /kɔagylasjɔ̃/ *nf*	انعقاد
coaguler /kɔagyle/ *vt, vi* (1)	۱. لخته کردن، منعقد کردن، دلمه کردن ▪ ۲. لخته شدن، منعقد شدن، دلمه شدن
se coaguler *vp*	لخته شدن، منعقد شدن، دلمه شدن
coagulum /kɔagylɔm/ *nm*	لخته، دلمه
coalisé,e /kɔalize/ *adj, n*	مؤتلف، متفق
coaliser /kɔalize/ *vt* (1)	همدست کردن، متحد کردن
se coaliser *vp*	متحد شدن، همدست شدن، ائتلاف کردن
coalition /kɔalisjɔ̃/ *nf*	ائتلاف، اتحاد
coaltar /koltaʀ/ *nm*	قطران زغال‌سنگ
coassement /kɔasmɑ̃/ *nm*	[قورباغه] (صدای) غورغور
coasser /kɔase/ *vi* (1)	غورغور کردن
coassocié,e /kɔasɔsje/ *n*	شریک
cobalt /kɔbalt/ *nm*	[فلز] کُبالت
cobaye /kɔbaj/ *nm*	خوکچه هندی
cobra /kɔbʀa/ *nm*	مار کبرا
cocaïne /kɔkain/ *nf*	کوکائین
cocaïnomane /kɔkainɔman/ *n*	معتاد به مصرف کوکائین، (فرد) کوکائینی

cocasse /kɔkas/ *adj* [خودمانی] خنده‌دار، مضحک، مسخره

coccinelle /kɔksinɛl/ *nf* پینه‌دوز، کفشدوزک

coccyx /kɔksis/ *nm* استخوان دنبالچه

coche[1] /kɔʃ/ *nm* درشکه

manquer le coche فرصت را از دست دادن، موقعیت خوبی را از دست دادن

coche[2] /kɔʃ/ *nf* [قدیمی یا محلی] ماده‌خوک

cocher[1] /kɔʃe/ *nm* درشکه‌چی، سورچی

cocher[2] /kɔʃe/ *vt* (1) علامت زدن، تیک زدن

cochère /kɔʃɛʀ/ *adj.f,* **porte cochère** درِ درشکه‌رو

cochon[1] /kɔʃɔ̃/ *nm* ۱. خوک ۲. گوشت خوک

cochon d'Inde خوکچه هندی

cochon[2]**,onne** /kɔʃɔ̃,ɔn/ *adj, n* ۱. کثیف ۲. مبتذل، مستهجن ۳. بدذات، خبیث، رذل ۴. رذیلانه، زشت ◙ ۵. آدم کثیف، کثافت، آدم خبیث، رذل

C'est pas cochon. [خودمانی] بد نیست. خوبه.

film cochon فیلم مستهجن

cochonnaille /kɔʃɔnaj/ *nf* [خودمانی] گوشت خوک‌فروشی

cochonner /kɔʃɔne/ *vt, vi* (1) ۱. [خودمانی] خراب کردن، گند زدن به، ریدن به ◙ ۲. [خوک] زاییدن

cochonnerie /kɔʃɔnʀi/ *nf* ۱. کثافت ۲. آت و آشغال، آشغال ۳. حرف زشت، شِر و وِر، دَری‌وَری ۴. کار زشت، کثافت‌کاری

cochonnet /kɔʃɔnɛ/ *nm* ۱. بچه خوک، توله‌خوک ۲. [گوی‌بازی] گوی هدف

cockpit /kɔkpit/ *nm* کابین خلبان

cocktail /kɔktɛl/ *nm* ۱. [نوشابهٔ الکلی] کوکتل ۲. مهمانی کوکتل، کوکتل‌پارتی

cocktail Molotov [وسیلهٔ انفجاری] کوکتل مولوتُف

coco[1] /koko/ *nm,* **huile de coco** روغن نارگیل

noix de coco نارگیل

coco[2] /koko/ *nm* [زبان بچه‌ها] تخم‌مرغ

coco[3] /koko/ *nm* ۱. آدم، یارو ۲. [توهین‌آمیز] مردک، مرتیکه

mon petit coco [در خطاب به مرد] عزیز دلم، عزیزکم، جون دلم

coco[4] /koko/ *nm* [تحقیرآمیز] جوجه کمونیست

coco[5] /koko/ *nm* [عامیانه] کوکایین

cocon /kɔkɔ̃/ *nm* پیله

s'enfermer dans son cocon [مجازی] به دور خود پیله تنیدن، در پیلهٔ خود رفتن، منزوی شدن

cocorico /kɔkɔʀiko/ *nm, interj* قوقولی‌قوقو

cocotier /kɔkɔtje/ *nm* درخت نارگیل

cocotte[1] /kɔkɔt/ *nf* قابلمه

cocotte[2] /kɔkɔt/ *nf* ۱. [زبان بچه‌ها] مرغ، جوجو ۲. زن جلف ۳. [در خطاب] عزیزم، عزیز دلم، نازنینم

ma cocotte [در خطاب به زن] عزیز دلم، جون دلم

cocu /kɔky/ *nm, adj. m* قرمساق، دیوث

codage /kɔdaʒ/ *nm* ۱. رمزگذاری، رمزنویسی ۲. کدگذاری

code /kɔd/ *nm* ۱. قوانین، قانون ۲. مقررات ۳. آیین‌نامه ۴. اصول، ضوابط ۵. راه و رسم، آیین ۶. رمزگان، کُد ۷. رمز ۸. [اتومبیل] نور پایین

code pénal قانون جزا، قوانین کیفری

code postal کُد پستی

mettre en code به رمز درآوردن، رمزی کردن

codébiteur,trice /kɔdebitœʀ,tʀis/ *n* شریک قرض

codéine /kɔdein/ *nf* کُدیین

coder /kɔde/ *vt* (1) ۱. به رمز درآوردن، رمزی کردن، رمزگذاری کردن، به رمز نوشتن ۲. کُدگذاری کردن

codicille /kɔdisil/ *nm* ضمیمهٔ وصیت‌نامه

codification /kɔdifikasjɔ̃/ *nf* [قوانین] تدوین، گردآوری

codifier /kɔdifje/ *vt* (7) [قوانین] تدوین کردن، گردآوری کردن

coefficient /kɔefisjɑ̃/ *nm*	ضریب
coefficient d'erreur	ضریب خطا، درصد خطا
coercition /kɔɛRsisjɔ̃/ *nf*	زور، فشار
coéquipier,ère /kɔekipje,ɛR/ *nf*	
	هم‌گروه، یار [به ویژه در ورزش]
cœur /kœR/ *nm*	۱. قلب ۲. دل ۳. سینه
	۴. آغوش ۵. مرکز، وسط ۶. عاطفه، احساس ۷.
	شهامت، دل و جرئت، جرئت ۸. [ورق‌بازی] خال
	دل، دل ۹. [کاهو] مغز
à cœur ouvert	صادقانه، روراست
aller au cœur	تحت تأثیر قرار دادن، متأثر کردن
avoir du cœur	خوش‌قلب بودن، مهربان بودن،
	باعاطفه بودن
avoir la bouche en cœur	خود را خوب نشان
	دادن
avoir mal au cœur	(حالت) تهوع داشتن
briser le cœur de qqn	دل کسی را شکستن
coup de cœur	عشق ناگهانی
de bon/grand/tout cœur	با کمال میل،
	به طیب خاطر
de tout son cœur	۱. با تمام توان، با تمام قوا
	۲. از ته دل، از صمیم قلب
en avoir le cœur net	از حقیقت امری اطمینان
	یافتن، خیال خود را راحت کردن
Loin des yeux loin du cœur.	از دل برود
	هر آنکه از دیده برفت.
par cœur	۱. از حفظ، از بر ۲. کاملاً، به خوبی
prendre à cœur	دل بستن به
sans cœur	بی‌عاطفه، سنگدل
si le cœur vous en dit	اگر دلتان می‌خواهد،
	اگر مایلید
soulever le cœur	حال (کسی را) به هم زدن
coexistant,e /kɔegzistɑ̃,t/ *adj*	هم‌زیست
coexistence /kɔegzistɑ̃s/ *nf*	هم‌زیستی
coexistence pacifique	هم‌زیستی مسالمت‌آمیز
coexister /kɔegziste/ *vi* (1)	۱. با هم بودن،
	با هم وجود داشتن ۲. با هم زیستن
coffrage /kɔfRaʒ/ *nm*	قالب‌بند بتن
coffre /kɔfR/ *nm*	۱. صندوق، جعبه
	۲. گاوصندوق ۳. [اتومبیل] صندوق عقب ۴.
	[خودمانی] سینه، قفسهٔ سینه
coffre-fort /kɔfRəfɔR/ *nm*	گاوصندوق
coffrer /kɔfRe/ *vt* (1)	۱. [خودمانی] حبس
	کردن، تو هُلفدونی انداختن، زندانی کردن ۲.
	قالب‌بندی کردن
coffret /kɔfRɛ/ *nm*	صندوقچه، جعبه
cogérance /kɔʒeRɑ̃s/ *nf*	[حقوقی] مدیریت
	مشترک
cogestion /kɔʒɛstjɔ̃/ *nf*	[حقوقی] هم‌گردانی،
	ادارهٔ مشترک
cognac /kɔɲak/ *nm*	[مشروب] کُنیاک
cognassier /kɔɲasje/ *nm*	درخت بِه
cognée /kɔɲe/ *nf*	تبر
jeter le manche après la cognée	دلسرد شدن،
	جا زدن
cogner /kɔɲe/ *vt, vi* (1)	۱. کوبیدن ۲. زدن
	۳. برخورد کردن (با)، خوردن (به) ۴. کتک زدن
	۵. صدا دادن، صدا کردن
se cogner *vp*	۱. برخورد کردن، خوردن
	۲. (با هم) کتک‌کاری کردن، همدیگر را زدن
cohabitation /kɔabitasjɔ̃/ *nf*	زندگی
	مشترک، هم‌خانگی
cohabiter /kɔabite/ *vi* (1)	۱. با هم زندگی
	کردن ۲. با هم بودن، با هم وجود داشتن
cohérence /kɔeRɑ̃s/ *nf*	۱. انسجام،
	پیوستگی، یکپارچگی ۲. [فیزیک] همدوسی
cohérent,e /kɔeRɑ̃,t/ *adj*	۱. منسجم،
	یکپارچه، منظم، منطقی ۲. [فیزیک] همدوس
cohériter /kɔeRite/ *vi* (1)	با هم ارث بردن
cohéritier,ère /kɔeRitje,ɛR/ *n*	شریک در ارث

cohésion /kɔezjɔ̃/ *nf* ۱. انسجام، یکپارچگی ۲. اتحاد، همبستگی، وحدت ۳. چسبندگی ۴. [فیزیک] همدوسش، جاذبهٔ ملکولی

cohorte /kɔɔʀt/ *nf* [خودمانی] دار و دسته

cohue /kɔy/ *nf* ۱. ازدحام، شلوغی، تجمع ۲. جمعیت

coi,te /kwa,t/ *adj* [قدیمی] آرام، ساکت، خاموش

se tenir coi ساکت نشستن، خاموشی گزیدن

coiffer /kwafe/ *vt* (1) ۱. موی (کسی را) شانه کردن ۲. موی (کسی را) درست کردن، موی (کسی را) آرایش کردن ۳. (کلاه) سر (کسی) گذاشتن ۴. (کلاه) سر خود گذاشتن ۵. روی (چیزی) قرار گرفتن ۶. پوشاندن ۷. تحت پوشش داشتن

aller se faire coiffer (به) آرایشگاه رفتن

Ce chapeau vous coiffe bien. این کلاه بهتان می‌آید.

Il est mal coiffé. موهایش نامرتب است.

se coiffer *vp* ۱. موی خود را درست کردن، موی خود را آرایش کردن ۲. کلاه سر خود گذاشتن

coiffeur,euse[1] /kwafœʀ,øz/ *n* آرایشگر، سلمانی

coiffeuse[2] /kwaføz/ *nf* میز آرایش، میز توالت

coiffure /kwafyʀ/ *nf* ۱. کلاه ۲. آرایش مو، مدل (مو) ۳. آرایشگری

changer de coiffure مدل موی خود را عوض کردن

salon de coiffure آرایشگاه، سالن آرایش، سلمانی

coin /kwɛ̃/ *nm* ۱. گوشه ۲. زاویه ۳. کنج، سه‌کنج ۴. نبش، پیچ، سرِ پیچ ۵. گُوه

au coin du feu کنار بخاری، پای آتش

coin fenêtre [واگن قطار] صندلی کنار پنجره

regarder du coin de l'œil زیرچشمی نگاه کردن، زیرزیرکی نگاه کردن

sourir en coin زیر لب خندیدن

un coin de terre یک قطعه زمین

coincer /kwɛ̃se/ *vt* (3) ۱. گُوه گذاشتن لایِ ۲. خِفت انداختن، گیر دادن ۳. (در گوشه‌ای) گیر انداختن ۴. در تنگنا قرار دادن، لای منگنه گذاشتن

coïncidence /kɔɛ̃sidɑ̃s/ *nf* ۱. هم‌زمانی ۲. اتفاق، تصادف ۳. انطباق، تطابق

coïncident,e /kɔɛ̃sidɑ̃,t/ *adj* ۱. هم‌زمان، مصادف، مقارن ۲. منطبق، مطابق

coïncider /kɔɛ̃side/ *vi* (1) ۱. هم‌زمان بودن (با)، مصادف شدن با، مقارن بودن با ۲. بر هم منطبق شدن، منطبق بودن بر ۳. با هم تطبیق کردن، با هم جور بودن، با هم خواندن

coing /kwɛ̃/ *nm* بِه

coït /kɔit/ *nm* جماع، هماغوشی

coke /kɔk/ *nm* کُک (= نوعی زغال‌سنگ)

col /kɔl/ *nm* ۱. یقه، گریبان ۲. [بطری، ظرف] گردن، گلو ۳. گردنه ۴. [کالبد-شناسی] گردن

col de l'utérus گردن رَحِم

faux col ۱. فُکل (= یقه‌ای که با دکمه به پیراهن وصل می‌شود.) ۲. [آبجو] کف

colchique /kɔlʃik/ *nf* سورنجان، گل حسرت

coléoptères /kɔleɔptɛʀ/ *nm. pl* [حشرات] قاب‌بالان

colère /kɔlɛʀ/ *nf* خشم، عصبانیت، غیظ، غضب، تندی

en colère عصبانی، خشمگین

mettre en colère عصبانی کردن، خشمگین کردن، از کوره به‌در بردن

coléreux,euse /kɔleʀø,øz/ *adj* زودخشم، جوشی، عصبی، آتشی‌مزاج

colérique /kɔleʀik/ *adj* → coléreux,euse

colibri /kɔlibʀi/ *nm* مرغ مگس

colifichet /kɔlifiʃɛ/ *nm* زَلَم‌زیمبو

colimaçon /kɔlimasɔ̃/ *nm* حلزون

escalier en colimaçon پلکان مارپیچ

colique /kɔlik/ *nf* ۱. قولنج ۲. اسهال

avoir la colique ۱. اسهال داشتن ۲. ترسیدن

colis /kɔli/ *nm* [پست و غیره] بسته

197 **collègue**

colis postal بستهٔ پستی
envoyer/expédier un colis بسته‌ای فرستادن، بسته‌ای ارسال کردن

colite /kɔlit/ *nf* التهاب قولون

collaborateur,trice /kɔlabɔRatœR,tRis/ *n* ۱. همکار ۲. [در جنگ جهانی دوم، در فرانسه] همدست آلمانی‌ها

collaboration /kɔlabɔRasjɔ̃/ *nf* ۱. همکاری ۲. [در جنگ جهانی دوم، در فرانسه] همدستی با آلمانی‌ها

collaborer /kɔlabɔRe/ *vt, vi* (1) ۱. همکاری کردن ◘ ۲. [در جنگ جهانی دوم] با آلمانی‌ها همدست شدن، همدست آلمانی‌ها بودن

collage /kɔlaʒ/ *nm* ۱. (عمل) چسباندن ۲. [خودمانی] همسری آزاد (= زندگی مشترک بدون ازدواج)

collant¹,e /kɔlɑ̃,t/ *adj, nm* ۱. چسب‌دار ۲. چسبناک، چسبنده ۳. [لباس] چسبان، تنگ ◘ ۴. [خودمانی] مزاحم، سرخر، کنه

collant² /kɔlɑ̃/ *nm* ۱. شلوار چسبان ۲. جوراب‌شلواری ۳. بادی (= نوعی لباس چسبان زنانه شبیه مایوی یک‌تکه)

collatéral,e,aux /kɔlateRal,o/ *adj* ۱. جنبی، فرعی ۲. کناری، جانبی
parents collatéraux خویشاوندان نسبی
خویشاوندان نسبی غیرمستقیم
points collatéraux جهات فرعی (= در مقابل جهات اصلی، مثل جنوب شرقی یا شمال غربی)

collation /kɔlasjɔ̃/ *nf* ۱. [متن] مقابله، تطبیق ۲. [دانشگاه، کلیسا] اعطا ۳. غذای مختصر، غذای سبک ۴. چاشت، عصرانه

collationnement /kɔlasjɔnmɑ̃/ *nm* [متن] مقابله، تطبیق

collationner /kɔlasjɔne/ *vt* (1) [متن] مقابله کردن، مطابقت دادن

colle /kɔl/ *nf* ۱. چسب ۲. امتحان مقدماتی ۳. سؤال سخت، معما ۴. تنبیهِ ماندن در کلاس

collecte /kɔlɛkt/ *nf* ۱. جمع‌آوری اعانه ۲. جمع‌آوری

collecter /kɔlɛkte/ *vt* (1) جمع‌آوری کردن، جمع کردن

collecteur /kɔlɛktœR/ *nm* تحصیلدار، مأمور وصول

collectif¹,ive /kɔlɛktif,iv/ *adj* گروهی، جمعی، دسته‌جمعی، مشترک
nom collectif [دستور زبان] اسم جمع

collectif² /kɔlɛktif/ *nm* [دستور زبان] اسم جمع

collection /kɔlɛksjɔ̃/ *nf* مجموعه، کلکسیون

collectionner /kɔlɛksjɔne/ *vt* (1) جمع کردن، جمع‌آوری کردن

collectionneur,euse /kɔlɛksjɔnœR,øz/ *n* کلکسیونر

collectivement /kɔlɛktivmɑ̃/ *adv* به طور گروهی، با هم، همگی

collectiviser /kɔlɛktivize/ *vt* (1) اشتراکی کردن، در اختیار جامعه قرار دادن

collectivisme /kɔlɛktivism/ *nm* نظام اشتراکی، مالکیت جمعی

collectivité /kɔlɛktivite/ *nf* جمع، جماعت، جمعیت، گروه

collège /kɔlɛʒ/ *nm* ۱. مدرسهٔ راهنمایی ۲. دورهٔ راهنمایی ۳. مدرسه، کالج ۴. انجمن، کانون، مجمع
collège électoral رأی‌دهندگان (یک حوزه)

collégien,enne /kɔleʒjɛ̃,ɛn/ *n* ۱. دانش‌آموز دورهٔ راهنمایی ۲. بچه، جوان ساده
Je ne suis pus un collégien. من که دیگه بچه مدرسه‌ای نیستم.

collègue /kɔlɛg/ *n* همکار

a = bas, plat   e = blé, jouer   ɛ = lait, jouet, merci   i = il, lyre   o = mot, dôme, eau, gauche   ɔ = mort
u = roue   y = rue   ø = peu   œ = peur   ə = le, premier   ɑ̃ = sans, vent   ɛ̃ = matin, plein, lundi
ɔ̃ = bon, ombre   ʃ = chat, tache   ʒ = je, gilet   j = yeux, paille, pied   w = oui, nouer   ɥ = huile, lui

coller /kɔle/ *vt, vi* (1) ۱. چسباندن ۲. نصب کردن، زدن ۳. [سیلی] زدن ۴. دادن ۵. [عامیانه] قالب کردن، چپاندن ۶. انداختن ۷. [عامیانه] عین کنه (به کسی) چسبیدن، گیر دادن بـه ۸. (با سؤال سخت) گیر انداختن ۹. رد کردن، رفوزه کـردن ◙ ۱۰. چسبیدن ۱۱. به هم چسبیدن ۱۲. جور بودن، جور درآمدن

Ça colle? کارها روبه‌راهه؟ همه چیز مرتبه؟

collet /kɔlɛ/ *nm* ۱. یقه ۲. گوشتِ گردن ۳. تله، دام

collet de la dent طوق دندان

collet monté زاهدنما، جانمازآب‌کش

prendre qqn au collet کسی را گرفتن، کسی را دستگیر کردن

se prendre au collet با هم گلاویز شدن، با هم دست‌به‌یقه شدن

colleter (se) /s(ə)kɔlte/ *vp* (4) با هم دست‌به‌یقه شدن، با هم گلاویز شدن

colleur,euse /kɔlœʀ,øz/ *n* [پوستر، کاغذدیواری، ...] نصب‌کننده، نصّاب

collier /kɔlje/ *nm* ۱. گردن‌بند ۲. طوق ۳. قلاده ۴. خاموت، زهبند، گردنی ۵. بست، گیره، طوقه

colline /kɔlin/ *nf* تپه

au pied de la colline در پایینِ تپه، پایِ تپه

collision /kɔlizjɔ̃/ *nf* ۱. تصادف، تصادم ۲. برخورد، تضاد

collodion /kɔlɔdjɔ̃/ *nm* کلودیون (= محلول نیترات سلولُز در مخلوطی از الکل و اِتر)

colloïdal,e,aux /kɔlɔidal,o/ *adj* [شیمی] کلوئیدی

colloïde /kɔlɔid/ *nm* [شیمی] کلوئید

colloque /kɔlɔk/ *nm* ۱. مذاکره، مباحثه، بحث ۲. کنفرانس، مجمع، گردهمایی ۳. گفتگو، صحبت

collusion /kɔlyzjɔ̃/ *nf* تبانی، ساخت و پاخت، همدستی، توطئه

collutoire /kɔlytwaʀ/ *nm* محلول دهان‌شوی، دهان‌شویه

collyre /kɔliʀ/ *nm* محلول چشمی، محلول شستشوی چشم

colmater /kɔlmate/ *vt* (1) [سوراخ، شکاف] بستن، گرفتن، مسدود کردن

colocataire /kɔlɔkatɛʀ/ *n* شریک اجاره‌خانه، هم‌اجاره‌ای

colombe /kɔlɔ̃b/ *nf* ۱. [ادبی] کبوتر ۲. کبوتر صلح

ma colombe [در خطاب به زن] عزیزم، عزیز دلم

colombier /kɔlɔ̃bje/ *nm* کبوترخان، لانهٔ کبوتر

colombine /kɔlɔ̃bin/ *nf* [طیور] فضله

colombophile /kɔlɔ̃bɔfil/ *adj, n* کبوترباز

côlon /kolɔ̃/ *nm* قولون (= بخشی از رودهٔ بزرگ)

colon /kɔlɔ̃/ *nm* مهاجرنشین

colonel /kɔlɔnɛl/ *nm* سرهنگ

colonial,e,aux /kɔlɔnjal,o/ *adj, nm* ۱. استعماری ۲. مستعمراتی، (مربوط به) مستعمرات ◙ ۳. مهاجرنشین ۴. سرباز ارتش استعمارگر

colonialisme /kɔlɔnjalism/ *nm* استعمار، استعمارگری، سیاست استعماری

colonie /kɔlɔni/ *nf* ۱. مستعمره، مهاجرنشین ۲. مهاجرنشینان، مهاجران ۳. اجتماع، جماعت، گروه ۴. [جانور، گیاه، باکتری] کولونی

colonisateur,trice /kɔlɔnizatœʀ,tʀis/ *adj, n* استعمارگر

colonisation /kɔlɔnizasjɔ̃/ *nf* ۱. مستعمره‌سازی ۲. استعمار

coloniser /kɔlɔnize/ *vt* (1) مستعمرهٔ خود کردن

colonnade /kɔlɔnad/ *nf* ردیف ستون، ستون‌بند

colonne /kɔlɔn/ *nf* ۱. ستون ۲. ستون یادبود، یادمان ۳. ردیف ۴. [ارتش] ستون

colonne vertébrale ستون مهره‌ها، ستون فقرات

une colonne de fumée ستون دود، ستونی از دود

colonnette /ɔlɔnɛt/ *nf* ستون کوچک، ستونچه

199 combientième

coloquinte /kɔlɔkɛ̃t/ *nf* حنظل، هندوانه ابوجهل

colorant¹,e /kɔlɔʀɑ̃,t/ *adj* رنگ‌زا، رنگی

colorant² /kɔlɔʀɑ̃/ *nm* مادهٔ رنگی، رنگ

coloration /kɔlɔʀasjɔ̃/ *nf* ۱. (عمل) رنگ کردن ۲. رنگ‌آمیزی، رنگ

coloré,e /kɔlɔʀe/ *adj* ۱. [رنگ] زنده، شاد ۲.رنگی، رنگارنگ، رنگین ۳. پرشور، زنده

colorer /kɔlɔʀe/ *vt* (1) ۱. رنگ کردن، رنگ زدن ۲. رنگ‌آمیزی کردن ۳. جلوه دادن، آراستن

colorer en bleu رنگ آبی زدن، آبی کردن

coloriage /kɔlɔʀjaʒ/ *nm* ۱. (عمل) رنگ کردن ۲. رنگ‌آمیزی

colorier /kɔlɔʀje/ *vt* (7) رنگ کردن، رنگ زدن، رنگ‌آمیزی کردن

coloris /kɔlɔʀi/ *nm* ۱. رنگ‌آمیزی ۲. رنگ و رو ۳. آب و رنگ، جلوه

colossal,e,aux /kɔlɔsal,o/ *adj* ۱. عظیم، غول‌پیکر، غول‌آسا، بزرگ ۲. بی‌اندازه، فوق‌العاده ۳. هنگفت، معتنابه

colossalement /kɔlɔsalmɑ̃/ *adv* فوق‌العاده، بی‌اندازه

colosse /kɔlɔs/ *nm* ۱. مجسمهٔ بزرگ، غول‌پیکره ۲. [مجازی] غول

colportage /kɔlpɔʀtaʒ/ *nm* ۱. دستفروشی، دوره‌گردی ۲. انتشار، پخش

colporter /kɔlpɔʀte/ *vt* (1) ۱. دستفروشی کردن ۲. دوره آوردن، دوره فروختن ۳. شایع کردن، سر زبان‌ها انداختن

colporteur,euse /kɔlpɔʀtœʀ,øz/ *n* فروشندهٔ دوره‌گرد، دستفروش

colporteur de nouvelles راوی اخبار

colporteur de rumeurs شایعه‌پراکن

colt /kɔlt/ *nm* [اسلحه] کُلت

coltinage /kɔltinaʒ/ *nm* بارکشی

coltiner /kɔltine/ *vt* (1) ۱. به دوش کشیدن، کول گرفتن ۲. به سختی حمل کردن

se coltiner *vp* از عهده (کاری) برآمدن

coma /kɔma/ *nm* اِغما، کُما

comateux,euse /kɔmatø,øz/ *adj* ۱. (مربوط به) اِغما، اِغمایی ۲. در اِغما

combat /kɔ̃ba/ *nm* ۱. نبرد، پیکار ۲. جنگ، رزم ۳. مبارزه ۴. درگیری، نزاع، زد و خورد ۵. مسابقه

combat singulier ۱. نبرد تن به تن ۲. دوئل

de combat (مربوط به) جنگ، جنگی

combatif,ive /kɔ̃batif,iv/ *adj* ۱. ستیزه‌جو، پرخاشجو، پرخاشگر، دعوایی ۲. ستیزه‌جویانه، پرخاشگرانه ۳. رزمجو، جنگجو ۴. تهاجمی

combativité /kɔ̃bativite/ *nf* ۱. ستیزه‌جویی، پرخاشگری ۲. رزمجویی، رزم‌آوری، شور نبرد

combattant,e /kɔ̃batɑ̃,t/ *n, adj* ۱. رزمنده، جنگجو، رزم‌آور، پیکارگر ۲. نظامی ۳. طرف دعوا ◻ ۴. درگیر جنگ

non-combattants افراد غیرنظامی، غیرنظامیان

combattre /kɔ̃batʀ/ *vi, vt* (41) ۱. جنگیدن (با)، جنگ کردن (با) ۲. نبرد کردن (با)، پیکار کردن (با) ۳. به مصاف (کسی) رفتن، دست و پنجه نرم کردن (با) ۴. مبارزه کردن (با)، مقابله کردن (با)

combe /kɔ̃b/ *nf* [محلی] دره (عمیق)

combien /kɔ̃bjɛ̃/ *adj, conj, nm* ۱. چقدر، چه اندازه، چه مقدار ۲. چند، چند تا ◻ ۳. نفر چندم، چندمین نفر ۴. چندم ۵. چند نفر ۶. چند

Ça fait combien? (قیمتش) چند می‌شود؟ چقدر می‌شود؟ چقدر باید بدهم؟

Du combien chaussez-vous? شمارهٔ پایتان چند است؟

Le combien sommes-nous? امروز چندم است؟

combientième /kɔ̃bjɛ̃tjɛm/ *adj, n* [خودمانی] چندم، چندمین

combinaison /kɔ̃binɛzɔ̃/ *nf* ۱. ترکیب ۲. تلفیق ۳. آمیزه، مخلوط ۴. زیرپوش (زنانه) ۵. لباس کار ۶. [گاوصندوق] رمز ۷. ترفند، تمهید، تدبیر

combine /kɔ̃bin/ *nf* [عامیانه] راه، ترفند، حقه، کلک

combiné /kɔ̃bine/ *nm* گوشی (تلفن)

combiner /kɔ̃bine/ *vt* (1) ۱. ترکیب کردن ۲. درآمیختن ۳. ترتیب (کاری را) دادن، نقشه (کاری را) کشیدن، طرح (کاری را) ریختن

comble[1] /kɔ̃bl/ *nm* ۱. خرپای شیروانی، تیربست بام ۲. اوج، نهایت، کمال، آخرین درجه

C'est le/un comble! همینو کم داشتیم! همینش کم بود!

de fond en comble سراسر، تماماً، کاملاً

comble[2] /kɔ̃bl/ *adj* پر، مملو

comblement /kɔ̃bləmɑ̃/ *nm* (عمل) پر کردن

combler /kɔ̃ble/ *vt* (1) ۱. پر کردن ۲. اشباع کردن، سیر کردن، لبریز کردن ۳. رفع کردن، برطرف کردن ۴. جبران کردن

combler un besoin نیازی را رفع کردن

Vous me comblez! [تعارف] مرا شرمنده می‌کنید!

combustible /kɔ̃bystibl/ *adj, nm* ۱. قابل اشتعال ۲. سوختنی ◙ ۳. سوخت

combustion /kɔ̃bystjɔ̃/ *nf* ۱. اشتعال، سوختن ۲. احتراق

comédie /kɔmedi/ *nf* ۱. کمدی ۲. نمایش کمدی ۳. تظاهر، اَدا، نمایش ۴. مسخره‌بازی ۵. [قدیمی] نمایشنامه

jouer la comédie ۱. تئاتر بازی کردن، نمایش اجرا کردن ۲. ظاهرسازی کردن، فیلم‌بازی کردن

comédien,enne /kɔmedjɛ̃,ɛn/ *n, adj* ۱. بازیگر تئاتر ۲. بازیگر کمدی، کمدین ۳. متظاهر، کلک

comestible /kɔmɛstibl/ *adj, nm* ۱. خوراکی، خوردنی ــ [صورت جمع] ۲. (مواد) خوراکی، اغذیه

comète /kɔmɛt/ *nf* ستارهٔ دنباله‌دار

comices /kɔmis/ *nm. pl,* **comices agricoles** شورای کشاورزی

comique /kɔmik/ *adj, nm* ۱. خنده‌دار، مضحک ۲. (مربوط به) کمدی ◙ ۳. بازیگر کمدی، کمدین ۴. کمدی

auteur comique کمدی‌نویس

comiquement /kɔmikmɑ̃/ *adv* به طور خنده‌داری، به طرز مضحکی

comité /kɔmite/ *nf* کمیته، کمیسیون، هیئت

en petite comité خودمانی، دوستانه

commandant /kɔmɑ̃dɑ̃/ *nm* ۱. فرمانده ۲. سرگرد ۳. ناخدا

commandant de bord خلبان

commande /kɔmɑ̃d/ *nf* ۱. سفارش ۲. کنترل، هدایت ۳. نظارت، سرپرستی

commande à distance هدایت از راه دور

de commande ساختگی، تصنعی، ظاهری

commandement /kɔmɑ̃dmɑ̃/ *nm* ۱. دستور، فرمان، امر ۲. حکم ۳. فرماندهی ۴. فرماندهان ۵. سلطه، نفوذ

à mon commandement به فرمان من

un ton de commandement لحن آمرانه، لحن تحکم‌آمیز

commander /kɔmɑ̃de/ *vt, vi* (1) ۱. دستور دادن (به)، امر کردن (به)، فرمان دادن (به) ۲. فرماندهی کردن، زیر فرمان داشتن ۳. سفارش دادن ۴. ایجاب کردن، مستلزم (چیزی) بودن، طلبیدن ۵. مسلط بودن، کنترل کردن ۶. به کار انداختن ◙ ۷. دستور دادن

commander un plat غذایی را سفارش دادن، سفارش غذا دادن

commando /kɔmɑ̃do/ *nm* ۱. تکاور، کماندو ۲. یکان تکاور

comme /kɔm/ *adv, conj* ۱. مثلِ، مانندِ، چون، همچون، به سانِ ۲. همان‌طور که، چنان که، همچنان که ۳. آن‌طور که، طوری که ۴. چون،

چونکه، از آنجا که، حالا که ۵. وقتی که، موقعی که، هنگامی که، در حالی که ۶. به عنوانِ، در حکمِ ۷. چقدر، چه اندازه، تا چه حد ۸. چطور، چه‌جور ۹. در حدودِ، حول و حوشِ

comme cela/ça این‌طور، این‌چنین، این‌جور

comme ci comme ça نه خوب نه بد، میانه‌حال

comme il faut چنان‌که باید، خوب

comme tout [خودمانی] فوق‌العاده، بی‌اندازه

tout comme ۱. درست مثلِ، عینِ ۲. مثلِ اینکه، انگار که ۳. چیزی در همان حد، چیزی در همین مایه

commémoratif,ive /kɔmemɔʀatif,iv/ *adj* یادبود

monument commémoratif بنای یادبود، یادمان

commémoration /kɔmemɔʀasjɔ̃/ *nf* ۱. بزرگداشت، گرامیداشت ۲. یادبود، یاد

commémorer /kɔmemɔʀe/ *vt* (1) ۱. یاد (کسی یا چیزی را) گرامی داشتن ۲. (سالروز واقعه‌ای را) جشن گرفتن، مراسم یاد بود (کسی یا واقعه‌ای را) بر پا کردن

commençant,e /kɔmɑ̃sɑ̃,t/ *adj, n* ۱. آغازگر ۲. تازه‌کار، مبتدی

commencement /kɔmɑ̃smɑ̃/ *nm* شروع، آغاز، ابتدا، اول

commencer /kɔmɑ̃se/ *vt, vi* (3) ۱. شروع کردن، آغاز کردن ۲. اول (چیزی) آمدن ◙ ۳. شروع شدن، آغاز شدن

Je commence à en avoir assez. [خودمانی] دیگه دارم ذله می‌شم. دیگه داره صبرم تموم می‌شه.

commensal,e,aux /kɔmɑ̃sal,o/ *n* هم‌سفره

commensalisme /kɔmɑ̃salism/ *nm* [زیست‌شناسی] هم‌سفرگی

commensurable /kɔmɑ̃syʀabl/ *adj* قابل قیاس با هم

comment[1] /kɔmɑ̃/ *adv, conj* ۱. چطور، چگونه، چه جور ◙ ۲. چی! ۳. عجب!

comment[2] /kɔmɑ̃/ *nm* چگونگی

commentaire /kɔmɑ̃tɛʀ/ *nm* ۱. تفسیر، شرح ۲. گزارش ۳. اظهار نظر ۴. حرف ۵. بدگویی

commentateur,trice /kɔmɑ̃tatœʀ,tʀis/ *n* ۱. مفسر ۲. گزارشگر

commenter /kɔmɑ̃te/ *vt* (1) ۱. تفسیر کردن، شرح دادن ۲. گزارش کردن ۳. اظهار نظر کردن دربارهٔ

commérage /kɔmeʀaʒ/ *nm* ۱. حرف‌های خاله‌زنکی، شِر و وِر، دری‌وری، اراجیف ۲. شایعه

commerçant,e /kɔmɛʀsɑ̃,t/ *n* ۱. بازرگان، تاجر ۲. کاسب، مغازه‌دار ۳. فروشنده

commerce /kɔmɛʀs/ *nm* ۱. بازرگانی، تجارت ۲. خرید و فروش ۳. کسب، کاسبی ۴. مغازه، دکان ۵. بازرگانان، تجار، کسبه ۶. [توهین‌آمیز] کاسبی ۷. [ادبی] معاشرت، همنشینی، نشست و برخاست، مصاحبت

faire du commerce تجارت کردن

commercer /kɔmɛʀse/ *vi* (3) تجارت کردن، داد و ستد کردن، خرید و فروش کردن، معامله کردن

commercial,e,aux /kɔmɛʀsjal,o/ *adj* ۱. بازرگانی، تجاری، تجارتی ۲. بازاری، پول‌ساز

commercialement /kɔmɛʀsjalmɑ̃/ *adv* از نظر تجاری، در مقیاس تجاری

commercialisation /kɔmɛʀsjalizasjɔ̃/ *nf* بازاررسانی، عرضه به بازار

commercialiser /kɔmɛʀsjalize/ *vt* (1) به بازار عرضه کردن، وارد بازار کردن

commère /kɔmɛʀ/ *nf* خاله‌زنک، وراج، شایعه‌پراکن

commérer /kɔmeʀe/ *vi* (6) حرف‌های خاله‌زنکی زدن، وراجی کردن

commettre /kɔmɛtʀ/ *vt* (56) ۱. مرتکب شدن، کردن ۲. گماردن، مأمور (انجام کاری) کردن ۳. [قدیمی] به خطر انداختن

commuer /kɔmɥe/ *vt* (1) [مجازات] تخفیف دادن

commun[1]**,e** /kɔmɛ̃,yn/ *adj* ۱. مشترک ۲. عمومی، همگانی ۳. اشتراکی ۴. عادی، معمولی ۵. متداول، معمول، مرسوم، رایج ۶. عامیانه، مبتذل ۷. عامی ۸. فراوان، زیاد

en commun ۱. مشترکاً، با هم ۲. (به طورِ) اشتراکی

mettre en commun تقسیم کردن، قسمت کردن

nom commun [دستور زبان] اسم عام

commun[2] /kɔmɛ̃/ *nm* ۱. عامه، اکثریت — [صورت جمع] ۲. [در منازل بزرگ قدیمی] بنای فرعی (= آشپزخانه، پارکینگ و اصطبل)

communal,e,aux /kɔmynal,o/ *adj* ۱. (مربوط به) بخش ۲. محلی

maison communale [در بلژیک] شهرداری

communauté /kɔmynote/ *nf* ۱. اجتماع، جامعه ۲. جمعیت، جماعت، گروه ۳. اقلیت ۴. اشتراک اموال (زن و شوهر)، مالکیت اشتراکی ۵. اموال مشترک (میان زن و شوهر)

commune /kɔmyn/ *nf* ۱. [از تقسیمات اداری فرانسه] بخش ۲. کُمون، همبود

chambre des communes [در انگلستان] مجلس عوام

communément /kɔmynemɑ̃/ *adv* معمولاً، عموماً

communicable /kɔmynikabl/ *adj* قابل انتقال، انتقال‌پذیر

communicant,e /kɔmynikɑ̃,t/ *adj* ۱. ارتباطی ۲. مرتبط به هم

communicatif,ive /kɔmynikatif,iv/ *nf* ۱. مسری ۲. حرّاف، خوش‌حرف

communication /kɔmynikasjɔ̃/ *nf* ۱. ارتباط ۲. رابطه، تماس ۳. تماس تلفنی ۴. ابلاغ ۵. انتقال ۶. اطلاع، خبر ۷. وسیله ارتباطی

les moyens de communication de masse رسانه‌های گروهی، وسایل ارتباط جمعی

voie de communication راه ارتباطی

commettre un péché مرتکب گناه شدن، گناه کردن

se commettre *vp* آبروی خود را به خطر انداختن، با آبروی خود بازی کردن

comminatoire /kɔminatwaʀ/ *adj* تهدیدآمیز

commis /kɔmi/ *nm* ۱. کارمند ۲. مأمور، متصدی ۳. فروشنده

les grands commis مأموران عالی‌رتبه، مقامات

commisération /kɔmizeʀasjɔ̃/ *nf* دلسوزی، رحم، شفقت

commissaire /kɔmisɛʀ/ *nm* ۱. مأمور ویژه ۲. عضو هیئت، عضو کمیسیون ۳. [پلیس قضایی] کمیسر، بازرس، کلانتر

commissariat /kɔmisaʀja/ *nm* کلانتری

commission /kɔmisjɔ̃/ *nf* ۱. مأموریت، نمایندگی ۲. پیغام، پیام، خبر ۳. هیئت، کمیسیون ۴. کارمزد، حق‌العمل، (حق) دلالی ۵. دلالی، حق‌العمل‌کاری ۶. خرید

la grosse commission آبی، آه (= مدفوع)

la petite commission جیش

commissionnaire /kɔmisjɔnɛʀ/ *n* ۱. دلال، حق‌العمل‌کار ۲. پادو، پیشخدمت

commissure /kɔmisyʀ/ *nf* محل اتصال، پیوندگاه

commissure des lèvres گوشهٔ لب‌ها

commode[1] /kɔmɔd/ *adj* ۱. راحت ۲. آسان، ساده ۳. خوش‌دست ۴. خوش‌اخلاق، خوش‌خلق، خوش‌رفتار، خوش‌رو

commode[2] /kɔmɔd/ *nf* کمد، دِراوِر

commodément /kɔmɔdemɑ̃/ *adv* به راحتی، راحت

commodité /kɔmɔdite/ *nf* ۱. راحتی ۲. رفاه، آسایش ۳. آسانی، سهولت — [صورت جمع] ۴. وسایل رفاه، تسهیلات، امکانات ۵. توالت، دست‌شویی، مستراح

commotion /kɔmosjɔ̃/ *nf* تکان شدید، ضربه

communier /kɔmynje/ *vi* (7) ۱. وحدت روحی و معنوی داشتن ۲. [مسیحیت] در آیین عشاء ربانی شرکت کردن

communion /kɔmynjɔ̃/ *nf* ۱. وحدت، اتحاد، اتفاق ۲. فرقه ۳. [مسیحیت] عشاء ربانی

communiqué /kɔmynike/ *nm* اطلاعیه

communiquer /kɔmynike/ *vt, vi* (1) ۱. ابلاغ کردن، اعلام کردن، اطلاع دادن، گفتن ۲. منتقل کردن، انتقال دادن ۳. دادن، رساندن ۴. سرایت دادن ▫ ۵. ارتباط برقرار کردن ۶. رابطه داشتن، تماس داشتن ۷. راه داشتن

se communiquer *vp* ۱. منتقل شدن، انتقال یافتن ۲. سرایت کردن

communisme /kɔmynism/ *nm* کمونیسم، نظام اشتراکی

communiste /kɔmynist/ *n, adj* ۱. کمونیست ▫ ۲. کمونیستی ۳. (مربوط به) کمونیسم

commutateur /kɔmytatœʀ/ *nm* کموتاتور، کلید (برق)، سوئیچ

commutation /kɔmytasjɔ̃/ *nf* ۱. تبدیل، جانشین‌سازی، جانشینی ۲. [مجازات] تخفیف

compact,e /kɔ̃pakt/ *adj* ۱. فشرده، متراکم ۲. کم‌حجم، جمع و جور

compagne /kɔ̃paɲ/ *nf* → compagnon

compagnie /kɔ̃paɲi/ *nf* ۱. همنشینی، مصاحبت، مجالست ۲. همراهی ۳. شرکت، کمپانی ۴. گروه نمایشی، گروه هنری ۵. [نظامی] گروهان ۶. گروه، دسته

aller de compagnie avec همراه بودن با

dame de compagnie ۱. همدم، ندیمه ۲. [برای فرد بیمار یا سالخورده] مراقب، پرستار

de compagnie با هم

fausser compagnie ترک کردن، از پیشِ (کسی) رفتن

Salut la compagnie! سلام به همه!

tenir compagnie همراه شدن، همراهی کردن

compagnon,compagne /kɔ̃paɲɔ̃,kɔ̃-paɲ/ *n* ۱. دوست، رفیق، یار، هم‌نشین، شریک ۲. همراه ۳. [در ترکیب] هم ـ ۴. ملازم ۵. جفت ۶. معشوق، معشوقه

compagnon de classe/d'études هم‌شاگردی، هم‌کلاسی

compagnon de travail همکار

compagnon de voyage هم‌سفر

comparable /kɔ̃paʀabl/ *adj* قابل مقایسه، مقایسه‌کردنی، قابل قیاس

comparaison /kɔ̃paʀɛzɔ̃/ *nf* ۱. مقایسه، سنجش ۲. تشبیه

Comparaison n'est pas raison. در مَثل مناقشه نیست.

en comparaison de, par comparaison à/avec در مقایسه با، به نسبت به، به نسبتِ

sans comparaison بی‌شک، بدون تردید، قطعاً

comparaître /kɔ̃paʀɛtʀ/ *vi* (57) (در دادگاه) حاضر شدن، حضور یافتن

comparatif[1],ive /kɔ̃paʀatif,iv/ *adj* ۱. تطبیقی، مقایسه‌ای ۲. نسبی ۳. [دستور زبان] تفضیلی

comparatif[2] /kɔ̃paʀatif/ *nm* [دستور زبان] صفت تفضیلی

comparativement /kɔ̃paʀativmɑ̃/ *adv* نسبتاً، به طور نسبی

comparativement à در مقایسه با، نسبت به، به نسبتِ

comparé,e /kɔ̃paʀe/ *adj* تطبیقی

comparer /kɔ̃paʀe/ *vt* (1) ۱. مقایسه کردن ۲. تشبیه کردن

se comparer *vp* ۱. با هم قابل مقایسه بودن، قابل قیاس با هم بودن ۲. شبیه بودن

compartiment /kɔ̃paʀtimɑ̃/ *nm*

compenser /kɔ̃pɑ̃se/ *vt* (1) ۱. جبران کردن ۲. جای (چیزی را) پر کردن

compère /kɔ̃pɛʀ/ *nm* ۱. همدست ۲. [قدیمی] رفیق

compère-loriot /kɔ̃pɛʀlɔʀjo/ *nm* گل‌مژه

compétence /kɔ̃petɑ̃s/ *nf* ۱. قابلیت، کفایت، لیاقت، شایستگی ۲. [حقوقی] صلاحیت ۳. [خودمانی] آدم وارد، اهل فن ۴. [زبان‌شناسی] توانش

compétent,e /kɔ̃petɑ̃,t/ *adj* ۱. قابل، شایسته، باکفایت ۲. وارد، کاردان، اهل فن، خبره ۳. دارای صلاحیت، واجد صلاحیت، ذی‌صلاح، صالح

compétiteur,trice /kɔ̃petitœʀ,tʀis/ *n* ۱. رقیب ۲. حریف

compétitif,ive /kɔ̃petitif,iv/ *adj* ۱. رقابتی ۲. قابل رقابت، قادر به رقابت

compétition /kɔ̃petisjɔ̃/ *nf* ۱. رقابت ۲. مسابقه ۳. مبارزه

entrer en compétition واردِ عرصهٔ رقابت شدن، به رقابت پرداختن

compilateur,trice /kɔ̃pilatœʀ,tʀis/ *n* ۱. مؤلف، گردآورنده ۲. سارق ادبی ۳. [کامپیوتر] همگردان

compilation /kɔ̃pilasjɔ̃/ *nf* ۱. تألیف، تدوین، گردآوری ۲. سرقت ادبی، انتحال ۳. مجموعه، اثر ۴. [کامپیوتر] همگردانی

compiler /kɔ̃pile/ *vt* (1) ۱. تألیف کردن، تدوین کردن، گرد آوردن ۲. سرقت ادبی کردن، انتحال کردن ۳. [کامپیوتر] همگردانی کردن

complainte /kɔ̃plɛ̃t/ *nf* ۱. نوحه، مرثیه ۲. [قدیمی] شِکوه

complaire /kɔ̃plɛʀ/ *vt* (54) مطابق میل (کسی) رفتار کردن، نظر (کسی را) تأمین کردن

se complaire *vp* ۱. خوش داشتن، خوش آمدن، دوست داشتن، دل (کسی) خواشتن ۲. خوش بودن

complaisamment /kɔ̃plɛzamɑ̃/ *adv*

۱. قسمت‌بندی، خانه‌بندی ۲. قسمت، خانه، جا ۳. [قطار] کوپه

compartimenter /kɔ̃paʀtimɑ̃te/ *vt* (1) ۱. قسمت‌بندی کردن ۲. قفسه‌بندی کردن ۳. طبقه‌بندی کردن

comparution /kɔ̃paʀysjɔ̃/ *nf* [حقوقی] حضور (در دادگاه)

compas /kɔ̃pa/ *nm* ۱. پرگار ۲. [کشتی] قطب‌نما

compas d'épaisseur قطرسنج، کولیس

compassé,e /kɔ̃pase/ *adj* ۱. خشک، نچسب، نجوش ۲. تصنعی

compassion /kɔ̃pasjɔ̃/ *nf* دلسوزی، رحم، ترحم، همدردی

compatibilité /kɔ̃patibilite/ *nf* سازگاری، هماهنگی، توافق

compatible /kɔ̃patibl/ *adj* سازگار، هماهنگ، جور

compatir /akɔ̃patiʀ/ *vt* (2) دلسوزی کردن، همدردی کردن، دل سوزاندن، غم (کسی را) خوردن

compatissant,e /kɔ̃patisɑ̃,t/ *adj* ۱. دلسوز، دل‌رحم، رحیم ۲. ترحم‌آمیز

compatriote /kɔ̃patʀijɔt/ *n* هم‌میهن، هم‌وطن

compendieusement /kɔ̃pɑ̃djøzmɑ̃/ *adv* [قدیمی] به اختصار، به طور خلاصه

compendieux,euse /kɔ̃pɑ̃djø,øz/ *adj* [قدیمی] مختصر، خلاصه

compendium /kɔ̃pɛ̃djɔm/ *nm* اختصار، خلاصه

compensateur,trice /kɔ̃pɑ̃satœʀ,tʀis/ *adj* کمکی، ترمیمی، جبرانی

compensation /kɔ̃pɑ̃sasjɔ̃/ *nf* ۱. جبران ۲. خسارت، غرامت، تاوان ۳. تعادل، موازنه

en compensation در عوض، به ازای آن، به جایش

en compensation de به ازایِ، در عوضِ، در مقابلِ

عدد مختلط **nombre complexe**

complexe[2] /kɔ̃plɛks/ *nm* ۱. عقده ۲. مجتمع ۳. مجموعه

avoir des complexes [خودمانی] خجالتی بودن، کم‌رو بودن

complexe d'infériorité عقدهٔ حقارت

complexé,e /kɔ̃plɛkse/ *adj, n* [خودمانی] خجالتی، کمرو

complexion /kɔ̃plɛksjɔ̃/ *nf* ۱. [ادبی] بنیه ۲. [ادبی] طبع، سرشت، خو ۳. [قدیمی] رنگ چهره، رنگ پوست

complexité /kɔ̃plɛksite/ *nf* ۱. پیچیدگی ۲. دشواری

complication /kɔ̃plikasjɔ̃/ *nf* ۱. پیچیدگی ۲. مشکل، مسئله، اِشکال ۳. گرفتاری، دردسر ــ [صورت جمع] ۴. عوارض

complice /kɔ̃plis/ *adj, n* ۱. همدست، شریک جرم ۲. کمک، همراه

complicité /kɔ̃plisite/ *nf* ۱. شرکت در جرم، همدستی ۲. تفاهم

compliment /kɔ̃plimɑ̃/ *nm* ۱. تعریف، تمجید، تحسین ۲. تبریک ۳. عرض ادب، سلام، درود

Je vous charge de mes compliments pour.../Faites mes compliments à...
سلام مرا به... برسانید.

complimenter /kɔ̃plimɑ̃te/ *vt* (1)
۱. تعریف کردن، تمجید کردن ۲. تبریک گفتن

complimenteur,euse /kɔ̃plimɑ̃tœʀ, øz/ *n, adj* ۱. متملق، چاپلوس، زبان‌باز
۲.چاپلوسانه، تملق‌آمیز ◘

compliqué,e /kɔ̃plike/ *adj* ۱. پیچیده ۲. مبهم ۳. مشکل، دشوار، سخت ۴. تودرتو

compliquer /kɔ̃plike/ *vt* (1)
۱. پیچیده کردن، پیچیده‌تر کردن ۲. دشوار کردن،
۱. با خوش‌رویی، با ملاطفت ۲. از روی خوش‌خدمتی

complaisance /kɔ̃plɛzɑ̃s/ *nf* ۱. لطف، محبت، مهربانی ۲. خوش‌خدمتی ۳. خودخواهی، خودپسندی

complaisant,e /kɔ̃plɛzɑ̃,t/ *adj* ۱. بامحبت، مهربان، همراه ۲. ملاطفت‌آمیز ۳. خوش‌برخورد، خوش‌رو ۴. ازخودراضی، خودخواه، خودپسند

mari complaisant شوهر بی‌غیرت

complément /kɔ̃plemɑ̃/ *nm* ۱. مکمل ۲. متمم ۳. تتمه، بقیه ۴. [دستور زبان] متمم

complément circonstanciel [دستور زبان] قید، عبارت قیدی، گروه قیدی

complément d'objet [دستور زبان] مفعول

complément du nom [دستور زبان] مضافٌ‌الیه

complémentaire /kɔ̃plemɑ̃tɛʀ/ *adj* مکمل، تکمیلی

complet[1]**,ète** /kɔ̃plɛ,ɛt/ *adj* ۱. کامل ۲. به‌تمام‌معنا، تمام‌عیار، حسابی، واقعی ۳. [ظرفیت] تکمیل، پُر ۴. تمام ۵. مطلق، محض

C'est complet! ۱. ظرفیت تکمیل است! ۲. همینو کم داشتیم!

train complet قطار پر از مسافر

complet[2] /kɔ̃plɛ,ɛt/ *nm* کت‌شلوار

complet[3] /kɔ̃plɛ/ *nm,* **au (grand) complet** ۱. تماماً، همگی ۲. با اکثریت مطلق

complètement /kɔ̃plɛtmɑ̃/ *adj* ۱. کاملاً، به‌طور کامل، به کلی ۲. واقعاً، جدا

compléter /kɔ̃plete/ *vt* (6) ۱. کامل کردن، تکمیل کردن ۲. تمام کردن، به پایان رساندن

complétif,ive /kɔ̃pletif,iv/ *adj*
[دستور زبان] متمم

proposition complétive جملهٔ اسمی مفعولی

complexe[1] /kɔ̃plɛks/ *adj* ۱. پیچیده ۲. مشکل، دشوار، بغرنج، غامض ۳. مرکب ۴. مختلط

complot

سخت‌تر کردن، مشکل کردن ۳. حادتر کردن، وخیم‌تر کردن

se compliquer *vp*
۱. پیچیده‌تر شدن
۲. سخت‌تر شدن، دشوار شدن، مشکل شدن ۳. حادتر شدن، وخیم‌تر شدن

complot /kɔ̃plo/ *nm*   توطئه، دسیسه

comploter /kɔ̃plɔte/ *vt, vi* (1)   توطئه کردن، دسیسه چیدن، نقشه کشیدن

comploteur,euse /kɔ̃plɔtœR,øz/ *n*   توطئه‌گر، دسیسه‌چین

comportement /kɔ̃pɔRtəmɑ̃/ *nm*
۱. رفتار
۲. سلوک

comporter /kɔ̃pɔRte/ *vt* (1)
۱. شامل شدن، شامل بودن، دربرداشتن ۲. داشتن، دارای (چیزی) بودن

Cette solution comporte de nombreux avantages.
این راه‌حل مزایای بسیار دارد.

se comporter *vp*
۱. رفتار کردن ۲. واکنش نشان دادن، عکس‌العمل نشان دادن ۳. عمل کردن

composant¹,e /kɔ̃pozɑ̃,t/ *adj*   سازنده، تشکیل‌دهنده

composant² /kɔ̃pozɑ̃/ *nm*   جزء سازنده، جزء، عنصر تشکیل‌دهنده، سازه

composante /kɔ̃pozɑ̃t/ *nf*
۱. مؤلفه، سازند
۲. جزء، بخش

composé¹,e /kɔ̃poze/ *adj*   مرکب، ترکیبی

composé² /kɔ̃poze/ *nm*
۱. ترکیب، آمیزه
۲. واژهٔ مرکب

un composé chimique   یک ترکیب شیمیایی

composer /kɔ̃poze/ *vt* (1)
۱. ترکیب کردن
۲. تشکیل دادن ۳. ساختن ۴. [شعر و غیره] سرودن، گفتن ۵. نوشتن، تألیف کردن ۶. درست کردن ۷. حروفچینی کردن ۸. کنار آمدن، سازش کردن، ساختن، مصالحه کردن ۹. امتحان دادن

composer avec l'ennemi   با دشمن سازش کردن، با دشمن ساختن، با دشمن کنار آمدن

composer un livre   کتابی را تألیف کردن

composer un numéro de téléphone   شمارهٔ تلفن گرفتن، شماره گرفتن

se composer *vp*   تشکیل شدن، شامل بودن، دارا بودن

compositeur,trice /kɔ̃pozitœR,tRis/ *n*
۱. آهنگساز ۲. حروفچین

composition /kɔ̃pozisjɔ̃/ *nf*
۱. ترکیب
۲. ساخت ۳. تصنیف، آهنگسازی ۴. اثر ۵. انشاء ۶. نگارش ۷. امتحان ۸. حروفچینی

composition trimestrielle   امتحان پایان ترم (سه‌ماهه)

être de bonne composition   [خودمانی] بساز بودن، خاکشیرمزاج بودن

compost /kɔ̃pɔst/ *nm*   کود مخلوط

compote /kɔ̃pɔt/ *nf*   کمپوت

compotier /kɔ̃pɔtje/ *nm*   (ظرف) میوه‌خوری

compréhensibilité /kɔ̃pReɑ̃sibilite/ *nf*   قابلیت درک شدن، قابل فهم بودن

compréhensible /kɔ̃pReɑ̃sibl/ *adj*
۱. قابل فهم، قابل درک، درک‌کردنی ۲. روشن، واضح ۳. طبیعی، عادی

compréhensif,ive /kɔ̃pReɑ̃sif,iv/ *adj*
۱. فهمیده، باشعور ۲. [آدم] باز، روشن ۳. گسترده، وسیع، جامع

compréhension /kɔ̃pReɑ̃sjɔ̃/ *nf*
۱. درک، فهم ۲. ادراک، شعور ۳. تفاهم ۴. درک مطلب

comprendre /kɔ̃pRɑ̃dR/ *vt* (58)
۱. فهمیدن، دریافتن ۲. درک کردن ۳. شامل (چیزی) بودن، شامل شدن، دربر داشتن، دربر گرفتن ۴. وارد کردن، گنجاندن

compresse /kɔ̃pREs/ *nf*   [پزشکی] کُمپرس

compresseur /kɔ̃pREsœR/ *nm*   [فنی] کمپرسور

compressibilité /kɔ̃pResibilite/ *nf*   تراکم‌پذیری، قابلیت تراکم

compressible /kɔ̃pResibl/ *adj*   تراکم‌پذیر، قابل تراکم

207 **compter**

compression /kɔ̃pʀesjɔ̃/ *nf* ۱. تراکم، فشردگی ۲. فشار ۳. کاهش، تقلیل

comprimé[1],e /kɔ̃pʀime/ *adj* فشرده، متراکم

comprimé[2] /kɔ̃pʀime/ *nm* قرص

comprimer /kɔ̃pʀime/ *vt* (1) ۱. متراکم کردن، به هم فشردن، فشرده کردن ۲. فشار وارد آوردن بر ۳. کاهش دادن، کاستن ۴. نگه داشتن، جلوگیری کردن از، جلوی (چیزی را) گرفتن

compromettant,e /kɔ̃pʀɔmetɑ̃,t/ *adj* بدنام‌کننده، رسواکننده، مایهٔ بدنامی

compromettre /kɔ̃pʀɔmɛtʀ/ *vt* (56) ۱. به خطر انداختن، لطمه زدن به ۲. بدنام کردن، خراب کردن، ضایع کردن

se compromettre *vp* خود را بد نام کردن، با آبروی خود بازی کردن، آبروی خود را به خطر انداختن

compromis /kɔ̃pʀɔmi/ *nm* ۱. مصالحه، سازش، توافق ۲. توافق‌نامه، موافقت‌نامه ۳. حد وسط، حد میانه

comptabilité /kɔ̃tabilite/ *nf* ۱. حسابداری ۲. حساب مالی، حساب‌ها

comptable /kɔ̃tabl/ *n, adj* ۱. حسابدار ◘ ۲. (مربوط به) حسابداری ۳. [ادبی] مسئول، پاسخگو

agent comptable حسابدار

comptage /kɔ̃taʒ/ *nm* شمارش

comptant /kɔ̃tɑ̃/ *adj. m, nm, adv* ۱. نقد، نقدی ◘ ۲. پول نقد ◘ ۳. نقداً، نقدی، نقد

compte /kɔ̃t/ *nm* ۱. حساب ۲. محاسبه ۳. شمارش

à bon compte ارزان، خوب

à ce compte-là با این حساب، به این ترتیب، تحت این شرایط

à compte علی‌الحساب

au bout du compte/tout compte fait با توجه به همهٔ نکات، با رعایت تمام جوانب

au compte de به حسابِ

compte courant حساب جاری

compte rendu گزارش، شرح

donner son compte à qqn ۱. با کسی تسویه حساب کردن ۲. کسی را بیرون کردن

en fin de compte بالاخره

être loin du compte از مرحله پرت بودن

faire ses comptes به حساب‌های خود رسیدگی کردن

pour mon compte در مورد خودم

prendr à son compte مسئولیت (کاری را) به گردن گرفتن

régler son compte à qqn حساب خود را با کسی تسویه کردن، به حساب کسی رسیدن

rendre compte de گزارش (کاری را) دادن

se rendre compte متوجه شدن، ملتفت شدن، دیدن

tenir compte de در نظر گرفتن

travailler à son compte برای خود کار کردن

compte-gouttes /kɔ̃tgut/ *nm. inv* قطره‌چکان

compter /kɔ̃te/ *vt* (1) ۱. محاسبه کردن، حساب کردن ۲. شمردن ۳. به حساب آوردن، حساب کردن ۴. حساب (چیزی را) نگه داشتن ۵. محسوب کردن، به شمار آوردن، تلقی کردن، دانستن ۶. در نظر داشتن، خیال داشتن، قصد داشتن ◘ ۷. حساب کردن ۸. شمردن ۹. حساب کردن (رویِ)، به امید (کسی یا چیزی) بودن ۱۰. مهم بودن، اهمیت داشتن، مهم تلقی شدن ۱۱. به شمار آمدن، به حساب آمدن، بودن

à compter de از زمانِ، از تاریخِ، از

compter les jours روزشماری کردن

dépenser sans compter بی‌حساب خرج کردن

Le garçon a oublié de compter le café. گارسن یادش رفت پول قهوه را حساب کند.

compte rendu 208

Ses jours sont comptés. دیگر عمرش به سر رسیده است. روزهای آخر عمرش را می‌گذراند.

compte rendu /kɔ̃tRɑ̃dy/ *nm* ۱. گزارش، شرح ۲. [کتاب] معرفی

compte-tours /kɔ̃ttuR/ *nm. inv* [موتور] دورشمار، دورسنج

compteur /kɔ̃tœR/ *nm* ۱. کنتور، شمارشگر ۲. [در ترکیب] ـشمار، ـسنج ۳. تاکسیمتر

compteur de vitesse سرعت‌سنج

compteur kilométrique کیلومترشمار

comptoir /kɔ̃twaR/ *nm* ۱. پیشخوان ۲. بار ۳. [در مستعمرات] نمایندگی (تجاری) ۴. [بانک] شعبه

compulser /kɔ̃pylse/ *vt* (1) جستجو کردن (در)، رجوع کردن (به)، بررسی کردن

comte /kɔ̃t/ *nm* [عنوان اشرافی] کُنت

comté /kɔ̃te/ *nm* ۱. قلمرو کنت ۲. [در بریتانیا] استان

comtesse /kɔ̃tɛs/ *nf* [عنوان اشرافی] کُنتس

con[1] /kɔ̃/ *nm* [رکیک] کُس

con[2]**,conne** /kɔ̃,kɔn/ *n, adj* [خودمانی] کُس‌خُل، خر

conard,e /kɔnar,d/ *adj, n* [خودمانی] احمق، الاغ

conasse /kɔnas/ *nf* [خودمانی] زن احمق

concasser /kɔ̃kase/ *vt* (1) ۱. خرد کردن ۲. ساییدن

concave /kɔ̃kav/ *adj* ۱. مقعر، کاو ۲. فرورفته، گود، تورفته

concavité /kɔ̃kavite/ *nf* فرورفتگی، گودی، تورفتگی

concéder /kɔ̃sede/ *vt* (6) ۱. دادن، واگذار کردن، اعطا کردن ۲. تصدیق کردن، قبول کردن، پذیرفتن

concentration /kɔ̃sɑ̃tRasjɔ̃/ *nf* ۱. تمرکز ۲. تجمع، تراکم ۳. غلظت

camp de concentration اردوگاه (کار اجباری)، بازداشتگاه

concentré[1]**,e** /kɔ̃sɑ̃tRe/ *adj* ۱. غلیظ ۲. دقیق ۳. تودار، خوددار

concentré[2] /kɔ̃sɑ̃tRe/ *nm* محلول غلیظ، عصاره

concentrer /kɔ̃sɑ̃tRe/ *vt* (1) ۱. متمرکز کردن، تمرکز دادن ۲. غلیظ کردن

se concentrer *vp* ۱. متمرکز شدن، تمرکز یافتن ۲. تمرکز کردن، دقت کردن، حواس خود را جمع کردن

concentrique /kɔ̃sɑ̃tRik/ *adj* هم‌مرکز

concept /kɔ̃sɛpt/ *nm* مفهوم، تصور (کلی)

conception /kɔ̃sɛpsjɔ̃/ *nf* ۱. تصور ۲. مفهوم ۳. برداشت، استنباط، بینش، نظر ۴. لقاح، آبستنی

concernant /kɔ̃sɛRnɑ̃/ *prép* ۱. در موردِ، دربارهٔ، راجع به ۲. برایِ

concerner /kɔ̃sɛRne/ *vt* (1) ۱. دربارهٔ (چیزی) بودن، راجع به (چیزی) بودن ۲. مربوط بودن به، مربوط شدن به، ارتباط داشتن به

en ce qui concerne تا آنجا که به... مربوط می‌شود، از نظرِ، در موردِ

Je ne suis pas concerné./Cela ne me concerne pas. به من مربوط نمی‌شود. ربطی به من ندارد.

concert /kɔ̃sɛR/ *nm* ۱. کنسرت ۲. اتحاد

de concert به اتفاق، با هم، (به طور) مشترک

concerter /kɔ̃sɛRte/ *vt* (1) ۱. [طرح] (با هم) ریختن ۲. [نقشه] (با هم) کشیدن ۳. [تصمیم] (با هم) گرفتن

se concerter *vp* با هم به توافق رسیدن، با هم تبادل نظر کردن

concession /kɔ̃sesjɔ̃/ *nf* ۱. واگذاری، اعطا ۲. امتیاز

concessionnaire /kɔ̃sesjɔnɛR/ *nf* [تجارت] نمایندگی فروش

concevable /kɔ̃s(ə)vabl/ *adj* ۱. قابل درک ۲. قابل تصور ۳. ممکن، شدنی

concevoir /kɔ̃s(ə)vwaR/ *vt* (28) ۱. فهمیدن، درک کردن ۲. تصور کردن ۳. طرح‌ریزی کردن،

طراحی کردن ۴. دیدن، تلقی کردن ۵. احساس کردن ۶. باردار شدن، آبستن شدن

concevoir de l'amitié pour qqn کسی را دوست خود دانستن، به کسی علاقه داشتن

Je conçois que tu es fatigué. می‌بینم که خسته‌ای.

Je conçois que tu sois fatigué. می‌فهمم که چرا خسته‌ای.

concierge /kɔ̃sjɛʀʒ/ *n* سرایدار

C'est une vrai concierge. [خودمانی] آدم وراجی است.

conciergerie /kɔ̃sjɛʀʒəʀi/ *nf* ۱. سرایداری ۲. اتاق سرایدار ۳. آپارتمان، بنا

concile /kɔ̃sil/ *nm* شورای روحانیون کاتولیک

conciliable /kɔ̃siljabl/ *adj* سازگار، هماهنگ، جور، متناسب

conciliant,e /kɔ̃siljɑ̃,t/ *adj* ۱. مصالحه‌جو ۲. آشتی‌جویانه، مسالمت‌آمیز، دوستانه

conciliateur,trice /kɔ̃siljatœʀ,tʀis/ *n, adj* آشتی‌دهنده

conciliation /kɔ̃siljasjɔ̃/ *nf* ۱. آشتی، مصالحه ۲. سازش، توافق ۳. وفق، تطبیق ۴. حل اختلاف، میانجیگری

concilier /kɔ̃silje/ *vt* (7) ۱. آشتی دادن ۲. تطبیق دادن، منطبق کردن، وفق دادن، هماهنگ کردن ۳. یک‌جا جمع کردن

se concilier *vp* [دوستی و غیره] جلب کردن، به دست آوردن

concis,e /kɔ̃si,z/ *adj* ۱. موجز ۲. مختصر، فشرده

concision /kɔ̃sizjɔ̃/ *nf* ایجاز

concitoyen,enne /kɔ̃sitwajɛ̃,ɛn/ *n* همشهری

conclave /kɔ̃klav/ *nm* انجمن کاردینال‌ها برای انتخاب پاپ

concluant,e /kɔ̃klyɑ̃,t/ *adj* ۱. قانع‌کننده ۲. قاطع

conclure /kɔ̃klyʀ/ *vt, vi* (35) ۱. پایان دادن، خاتمه دادن، ختم کردن ۲. به حرف خود پایان دادن ۳. [پیمان، قرارداد، ...] بستن، منعقد کردن، امضا کردن ۴. نتیجه گرفتن، به این نتیجه رسیدن (که) ۵. تصمیم گرفتن ۶. رأی دادن ۷. مسلم بودن، قطعی بودن

conclure une affaire ۱. معامله‌ای منعقد کردن، معامله کردن ۲. قضیه‌ای را فیصله دادن، کاری را حل و فصل کردن

conclusion /kɔ̃klyzjɔ̃/ *nf, adv* ۱. پایان، خاتمه، آخر ۲. نتیجه ۳. نتیجه‌گیری ۴. [پیمان، قرارداد، ...] انعقاد، امضا ـ [صورت جمع] ۵. [حقوقی] اظهارات، اظهاریه ▣ ۶. خلاصه

en conclusion ۱. در خاتمه، بالاخره، سرانجام ۲. در نتیجه، به این ترتیب، پس

concombre /kɔ̃kɔ̃bʀ/ *nm* ۱. خیار ۲. بوتهٔ خیار

concomitance /kɔ̃kɔmitɑ̃s/ *nf* هم‌زمانی

concomitant,e /kɔ̃kɔmitɑ̃,t/ *adj* هم‌زمان

concordance /kɔ̃kɔʀdɑ̃s/ *nf* ۱. مطابقت، تطابق ۲. هماهنگی، سازگاری، تشابه

concordant,e /kɔ̃kɔʀdɑ̃,t/ *adj* ۱. مطابق (هم) ۲. هماهنگ، سازگار (با هم)، جور

concordat /kɔ̃kɔʀda/ *nm* [به ویژه میان پاپ و دولت‌های دیگر] توافق‌نامه، موافقت‌نامه، معاهده، عهدنامه

concorde /kɔ̃kɔʀd/ *nf* ۱. توافق، سازش، مسالمت ۲. صلح و صفا

concorder /kɔ̃kɔʀde/ *vi* (1) ۱. (با هم) مطابقت داشتن، (با هم) خواندن، (با هم) جور بودن ۲. (با هم) ساختن، توافق داشتن، (با هم) سازگار بودن

concourant,e /kɔ̃kuʀɑ̃,t/ *adj* ۱. هم‌گرا ۲. هم‌سو

concourir /kɔ̃kuʀiʀ/ *vt, vi* (11) ۱. معطوف

concours

concourir au même but	بودن، متوجه بودن ۲. سهیم بودن ۳. دست به دست هم دادن ▢ ۴. رقابت کردن یک هدف داشتن
concours /kɔ̃kuʀ/ *nm*	۱. کمک، یاری، مساعدت ۲. همکاری ۳. حمایت، پشتیبانی ۴. آزمون ورودی، کنکور ۵. مسابقه ۶. رقابت ۷. نمایشگاه ۸. [قدیمی یا ادبی] تجمع، اجتماع، ازدحام، جمعیت
être mis hors concours	از دور رقابت‌ها خارج شدن
prêter son concours	کمک کردن، یاری کردن
concret,ète /kɔ̃kʀɛ,ɛt/ *adj*	۱. عینی، ملموس، مادی ۲. [دستور زبان] ذات
nom concret	اسم ذات
concrétion /kɔ̃kʀesjɔ̃/ *nf*	سَنگال (= تەنشین شدن کانی‌های محلول در آب و تجمع آن‌ها به دور یک جسم.)
conçu,e /kɔ̃sy/ *part. passé*	[اسم مفعول فعلِ concevoir]
ainsi conçu	[نامه، تلگرام] به مضمون زیر، به این مضمون
concubin,e /kɔ̃kybɛ̃,in/ *n*	۱. همسر آزاد (= کسی که بدون ازدواج با دیگری زندگی کند.) ۲. معشوق، معشوقه
concubinage /kɔ̃kybinaʒ/ *nm*	زناشویی آزاد (= رابطۀ زناشویی بدون ازدواج)
concupiscence /kɔ̃kypisɑ̃s/ *nf*	۱. نفس‌پرستی ۲. شهوت‌پرستی
concurremment /kɔ̃kyʀamɑ̃/ *adv*	۱. با هم ۲. هم‌زمان ۳. با
concurrence /kɔ̃kyʀɑ̃s/ *nf*	رقابت
faire concurrence à	رقابت کردن با
jusqu'à concurrence de	تا مبلغ
concurrencer /kɔ̃kyʀɑ̃se/ *vt* (3)	رقابت کردن با
concurrent,e /kɔ̃kyʀɑ̃,t/ *n, adj*	۱. رقیب ۲. حریف ۳. [مسابقه] شرکت‌کننده
concurrentiel,elle /kɔ̃kyʀɑ̃sjɛl/ *adj*	رقابتی
concussion /kɔ̃kysjɔ̃/ *nf*	رشوه‌خواری، ارتشا
condamnable /kɔ̃danabl/ *adj*	قابل سرزنش، نکوهیده، ناپسند، زشت
condamnation /kɔ̃danasjɔ̃/ *nf*	۱. محکومیت ۲. کیفر، مجازات ۳. نکوهش
condamnation à mort	مجازات اعدام
condamné,e /kɔ̃dane/ *n, adj*	۱. محکوم ۲. علاج‌ناپذیر
condamner /kɔ̃dane/ *vt* (1)	۱. محکوم کردن ۲. رد کردن، مردود دانستن ۳. مجبور کردن، وادار کردن، واداشتن ۴. [در، راه، ...] بستن، مسدود کردن
condamner à mort	به مرگ محکوم کردن، به اعدام محکوم کردن
condamner un malade	[به علت لاعلاج بودن بیماری] را جواب کردن
condamner sa porte	در به روی خود بستن
condensateur /kɔ̃dɑ̃satœʀ/ *nm*	خازن
condensation /kɔ̃dɑ̃sasjɔ̃/ *nf*	۱. تراکم ۲. تبدیل (گاز به مایع) ۳. [فیزیک] چگالش
condensé¹,e /kɔ̃dɑ̃se/ *adj*	۱. متراکم، فشرده ۲. غلیظ(شده) ۳. خلاصه(شده)
condensé² /kɔ̃dɑ̃se/ *nm*	خلاصه
condenser /kɔ̃dɑ̃se/ *vt* (1)	۱. متراکم کردن، فشرده کردن، فشردن ۲. غلیظ کردن ۳. (به مایع) تبدیل کردن ۴. خلاصه کردن، تلخیص کردن
condescendance /kɔ̃desɑ̃dɑ̃s/ *nf*	افاده، تکبر
condescendant,e /kɔ̃desɑ̃dɑ̃,t/ *adj*	پرافاده، پرتکبر، تکبرآمیز
condescendre /kɔ̃desɑ̃dʀ/ *vt* (41)	۱. از سر لطف پذیرفتن، لطف کردن، منت گذاشتن
condiment /kɔ̃dimɑ̃/ *nm*	چاشنی، ادویه
condisciple /kɔ̃disipl/ *nm*	هم‌شاگردی، هم‌کلاسی

confesser

conduire au désespoir	ناامید کردن، مأیوس کردن، دلسرد کردن
permis de conduire	گواهی‌نامه رانندگی
se conduire *vp*	رفتار کردن
conduit /kɔ̃dɥi/ *nm*	۱. مجرا ۲. لوله
conduite /kɔ̃dɥit/ *nf*	۱. راهنمایی ۲. هدایت ۳. [امور و غیره] اداره، سرپرستی ۴. رهبری ۵. رانندگی ۶. رفتار، اخلاق ۷. سلوک ۸. [مدرسه] انظباط ۹. لوله
les règles de la conduite	مقررات رانندگی، قوانین رانندگی
cône /kon/ *nm*	۱. مخروط ۲. میوهٔ کاج، جوز کلاغ
confection /kɔ̃fɛksjɔ̃/ *nf*	۱. [غذا، شیرینی، ...] تهیه ۲. سری‌دوزی ۳. [قدیمی] ساخت
costume de confection	لباس آماده (= لباسی که به خیاط سفارش نداده باشند و از مغازه بخرند.)
confectionner /kɔ̃fɛksjɔne/ *vt* (1)	۱. [غذا، شیرینی، ...] تهیه کردن، درست کردن ۲. ساختن ۳. دوختن
confectionneur,euse /kɔ̃fɛksjɔnœʀ, øz/ *n*	سری‌دوز
confédération /kɔ̃federasjɔ̃/ *nf*	۱. کنفدراسیون ۲. اتحاد، هم‌پیمانی
confédéré,e /kɔ̃federe/ *adj*	هم‌پیمان، متحد
conférence /kɔ̃feʀɑ̃s/ *nf*	۱. کنفرانس، گردهمایی، همایش، مجمع ۲. سخنرانی ۳. درس ۴. جلسه
maître de conférence	[دانشگاه] دانشیار
conférencier,ère /kɔ̃feʀɑ̃sje,ɛʀ/ *n*	سخنران
conférer /kɔ̃feʀe/ *vt, vi* (6)	۱. اعطا کردن، دادن ۲. مذاکره کردن، مشورت کردن، مشاوره کردن، تبادل نظر کردن
confesser /kɔ̃fese/ *vt* (1)	۱. اعتراف کردن

condition /kɔ̃disjɔ̃/ *nf*	۱. موقعیت، مقام، مرتبه ۲. وضع، وضعیت، حالت ۳. شرط ـ [صورت جمع] ۴. شرایط، اوضاع و احوال
à condition de	به شرطِ
à condition que	به شرط آنکه، مشروط بر آنکه
dans ces conditions	تحت این شرایط، در این صورت، به این ترتیب، حالا که این‌طور است
mettre en condition	ذهن (کسی را) آماده کردن
sans condition	بی‌قید و شرط
sous condition	(به طور) مشروط
conditionné,e /kɔ̃disjɔne/ *adj*	۱. مشروط ۲. شرطی
air conditionné	هوای تهویه‌شده، هوای مطبوع
conditionnel,elle /kɔ̃disjɔnɛl/ *adj*	۱. مشروط ۲. [دستور زبان] شرطی
mode conditionnel	[دستور زبان] وجه شرطی
conditionnellement /kɔ̃disjɔnɛlmɑ̃/ *adv*	(به طور) مشروط
conditionner /kɔ̃disjɔne/ *vt* (1)	۱. شرط (چیزی) بودن، مشروط بودن بر ۲. [کالا] برای عرضه آماده کردن، برای فروش آماده کردن ۳. [روان‌شناسی] شرطی کردن
condoléances /kɔ̃dɔleɑ̃s/ *nf.pl*	تسلیت
présenter/faire ses condoléances	تسلیت گفتن
condor /kɔ̃dɔʀ/ *nm*	کرکس، لاشخور
conducteur¹,trice /kɔ̃dyktœʀ,tʀis/ *adj, n*	۱. مدیر، گرداننده ۲. رهبر ۳. راننده ۴. متصدی
conducteur² /kɔ̃dyktœʀ/ *nm*	رسانا، هادی
conducteur de bestiaux	گله‌چران، گله‌بان
conducteur de travaux	سرپرست کارگاه
conduire /kɔ̃dɥiʀ/ *vt* (38)	۱. بردن ۲. راهنمایی کردن ۳. هدایت کردن ۴. اداره کردن ۵. [اتومبیل] راندن ۶. از خود عبور دادن، انتقال دادن ۷. منتهی شدن ۸. سوق دادن، کشاندن

---

a = bas, plat   e = blé, jouer   ɛ = lait, jouet, merci   i = il, lyre   o = mot, dôme, eau, gauche   ɔ = mort
u = roue   y = rue   ø = peu   œ = peur   ə = le, premier   ɑ̃ = sans, vent   ɛ̃ = matin, plein, lundi
ɔ̃ = bon, ombre   ʃ = chat, tache   ʒ = je, gilet   j = yeux, paille, pied   w = oui, nouer   ɥ = huile, lui

۲. اقرار کردن ۳. اذعان کردن، تصدیق کردن ۴. به اعتراف (کسی) گوش دادن ۵. [خودمانی] به حرف آوردن، مُقر آوردن

se confesser *vp* ۱. به گناهان خود اعتراف کردن ۲. اقرار کردن

confesseur /kɔ̃fesœR/ *nm* کشیش
اقرارنیوش، کشیش اعتراف‌شنو

confession /kɔ̃fesjɔ̃/ *nf* ۱. اعتراف ۲. اقرار ۳. ابراز، اظهار ۴. فرقه

confetti /kɔ̃feti/ *nm* خرده‌کاغذ رنگی

confiance /kɔ̃fjɑ̃s/ *nf* ۱. اعتماد، اطمینان ۲. اعتمادبه‌نفس

confiance en soi اعتمادبه‌نفس
de confiance ۱. با اطمینان ۲. مطمئن، قابل اعتماد، معتمد
en confiance با اطمینان
faire confiance اعتماد کردن، اطمینان کردن
homme/personne de confiance آدم قابل اعتماد، آدم معتمد
vote de confiance [سیاسی] رأی اعتماد

confiant,e /kɔ̃fjɑ̃,t/ *adj* ۱. مطمئن، قابل اعتماد، معتمد ۲. با اعتمادبه‌نفس ۳. حاکی از اعتمادبه‌نفس، اطمینان‌بخش

confidence /kɔ̃fidɑ̃s/ *nf* ۱. رازگویی، بیان راز ۲. درد دل

dans la confidence باخبر از راز، در جریان
en confidence محرمانه، سرّی

confident,e /kɔ̃fidɑ̃,t/ *n* رازدار، محرم راز، سرنگه‌دار، محرم، قابل اعتماد

confidentiel,elle /kɔ̃fidɑ̃sjɛl/ *adj* محرمانه، سرّی

confidentiellement /kɔ̃fidɑ̃sjɛlmɑ̃/ *adv* (به طور) محرمانه، به طور خصوصی

confier /kɔ̃fje/ *vt* (7) ۱. سپردن، (به) دست (کسی) سپردن ۲. محول کردن، به عهدۀ (کسی) گذاشتن، دادن ۳. (محرمانه) گفتن، محرمانه در میان گذاشتن

confier ses secrets à un ami رازی را با دوستی در میان گذاشتن

se confier *vp* ۱. اعتماد کردن، اطمینان کردن ۲. با هم در میان گذاشتن ۳. درد دل کردن

configuration /kɔ̃figyRasjɔ̃/ *nf* شکل، هیئت، ریخت، پیکربندی

confiner /kɔ̃fine/ *vt* (1) ۱. هم‌مرز بودن، مرز مشترک داشتن، مجاور (جایی) بودن ۲. محبوس کردن، نگه‌داشتن ۳. محدود کردن، منحصر کردن ۴. دست و بال (کسی را) بستن ۵. شبیه بودن، نزدیک بودن، نظیر (چیزی) بودن

se confiner *vp* ۱. منزوی شدن ۲. خود را محدود کردن

confins /kɔ̃fɛ̃/ *nm. pl* ۱. مرز، سرحدات ۲. حاشیه

confire /kɔ̃fiR/ *vt* (37) [میوه] در شکر پروردن

confirmatif,ive /kɔ̃fiRmatif,iv/ *adj* تأییدکننده، تأییدگر، مؤید

confirmation /kɔ̃fiRmasjɔ̃/ *nf* ۱. تأیید ۲. اثبات ۳. دلیل، گواه ۴. پذیرش در کلیسا

confirmer /kɔ̃fiRme/ *vt* (1) ۱. تأیید کردن ۲. صحه گذاشتن بر ۳. محکم‌تر کردن، تحکیم کردن، استوار کردن ۴. حاکی بودن (از)، نشان دادن ۵. به عضویت کلیسا پذیرفتن

confiscation /kɔ̃fiskasjɔ̃/ *nf* مصادره، ضبط، توقیف

confiserie /kɔ̃fizRi/ *nf* ۱. شیرینی‌فروشی، قنادی ۲. شیرینی‌پزی ۳. شیرینی‌جات، شیرینی

confiseur,euse /kɔ̃fizœR,øz/ *n* ۱. شیرینی‌فروش، قناد ۲. شیرینی‌پز

confisquer /kɔ̃fiske/ *vt* (1) ۱. مصادره کردن، ضبط کردن، توقیف کردن، گرفتن ۲. تصاحب کردن، از آن خود کردن

confit^1,e /kɔ̃fi,t/ *adj* شکری
fruits confits میوۀ شکری

confit^2 /kɔ̃fi/ *nm* [به ویژه گوشت غاز] کنسرو

confiture /kɔ̃fityR/ *nf* مربا

confiturerie /kɔ̃fityRRi/ *nf* ۱. مرباسازی، مرباپزی ۲. کارخانهٔ مرباسازی

confiturier,ère /kɔ̃fityRje,ɛR/ *n* مرباساز، مرباپز

conflagration /kɔ̃flagRasjɔ̃/ *nf* ۱. آشوب، اغتشاش، بلوا ۲. [قدیمی] حریق، آتش‌سوزی

conflit /kɔ̃fli/ *nm* ۱. درگیری، برخورد، ستیز، کشمکش، نزاع ۲. تضاد، تعارض، مغایرت

confluent /kɔ̃flyɑ̃/ *nm* دوآب، پیوستگاه (= محل تلاقی دو رود)

confondre /kɔ̃fɔ̃dR/ *vt* (41) ۱. مبهوت کردن، متحیر کردن، شگفت‌زده کردن، گیج کردن ۲. زبان (کسی را) بستن، منکوب کردن ۳. درهم آمیختن، مخلوط کردن ۴. با هم اشتباه کردن، عوضی گرفتن، خلط کردن، قاطی کردن

Je l'ai confondu avec son frère. او را با برادرش اشتباه گرفتم.

se confondre *vp* ۱. درهم آمیختن، (با هم) قاطی شدن ۲. با هم اشتباه شدن

se confondre en remerciements بسیار تشکر کردن

conformation /kɔ̃fɔRmasjɔ̃/ *nf* ترکیب، ساخت، شکل

conforme /kɔ̃fɔRm/ *adj* ۱. شبیه، مثل، مانند، نظیر ۲. مطابق، منطبق، برابر ۳. موافق، سازگار، مناسب

copie conforme à l'original رونوشت برابر اصل

conformé,e /kɔ̃fɔRme/ *adj,* **bien conformé** خوش‌ترکیب، خوش‌اندام

conformément /kɔ̃fɔRmemɑ̃/ *adv* (بر) طبق، مطابق، به موجب

conformer /kɔ̃fɔRme/ *vt* (1) منطبق کردن، تطبیق دادن، وفق دادن، سازگار کردن

se conformer *vp* ۱. منطبق شدن، تطبیق یافتن، سازگار شدن ۲. خود را وفق دادن ۳. رعایت کردن، پیروی کردن

conformisme /kɔ̃fɔRmism/ *nm* همرنگی با جماعت، همنوایی، دنباله‌روی

conformité /kɔ̃fɔRmite/ *nf* ۱. مطابقت، تطابق، سازگاری ۲. شباهت، همانندی

en conformité avec مطابق با، طبق

confort /kɔ̃fɔR/ *nm* ۱. راحتی، آسایش ۲. رفاه

confortable /kɔ̃fɔRtabl/ *adj* ۱. راحت ۲. مرفه ۳. [درآمد] مکفی، کافی، خوب

confortablement /kɔ̃fɔRtabləmɑ̃/ *adv* ۱. به راحتی، راحت ۲. به طور مرفه، مرفه ۳. خوب

conforter /kɔ̃fɔRte/ *vt* (1) [... نظام سیاسی، تز] تقویت کردن

confraternité /kɔ̃fRatɛRnite/ *nf* رفاقت، صمیمیت

confrère /kɔ̃fRɛR/ *nm* همکار

confrontation /kɔ̃fRɔ̃tasjɔ̃/ *nf* ۱. مواجهه، روبرو کردن ۲. مقایسه

confronter /kɔ̃fRɔ̃te/ *vt* (1) ۱. روبرو کردن، مواجهه دادن ۲. مقایسه کردن

être confronté روبرو بودن، مواجه بودن

confus,e /kɔ̃fy,z/ *adj* ۱. درهم، درهم و برهم، به‌هم‌ریخته ۲. گیج، سردرگم ۳. آشفته، مغشوش ۴. مبهم، گنگ ۵. دستپاچه، سراسیمه

Je suis confus. شرمنده‌ام.

confusément /kɔ̃fyzemɑ̃/ *adv* ۱. (به طور) درهم و برهم ۲. (به طور) مبهم

confusion /kɔ̃fyzjɔ̃/ *nf* ۱. درهم‌برهمی، به‌هم‌ریختگی ۲. آشفتگی، اغتشاش ۳. گیجی، سردرگمی ۴. اختلال ۵. اشتباه، خلط ۶. شرمندگی، خجالت

remplir qqn de confusion کسی را شرمنده کردن، کسی را خجالت دادن

congé /kɔ̃ʒe/ *nm* ۱. مرخصی ۲. تعطیل، تعطیلی ۳. خداحافظی ۴. اجازهٔ رفتن ۵. (حق) فسخ اجاره
congé de maladie مرخصی استعلاجی
congé payé مرخصی استحقاقی
donner son congé à qqn عذر کسی را خواستن، بیرون کردن، اخراج کردن
prendre congé [موقع خداحافظی] اجازهٔ مرخصی خواستن

congédiement /kɔ̃ʒedimɑ̃/ *nm* اخراج

congédier /kɔ̃ʒedje/ *vt* (7) ۱. مرخص کردن ۲. بیرون کردن، اخراج کردن، برکنار کردن، عزل کردن

congélateur /kɔ̃ʒelatœʀ/ *nm* فریزر

congélation /kɔ̃ʒelasjɔ̃/ *nf* انجماد

congeler /kɔ̃ʒle/ *vt* (5) منجمد کردن
se congeler *vp* منجمد شدن، یخ زدن، یخ بستن

congénère /kɔ̃ʒenɛʀ/ *adj, n* همنوع، همجنس
vos congénères امثال شما

congénital,e,aux /kɔ̃ʒenital,o/ *adj* مادرزادی، مادرزاد، ارثی

congestion /kɔ̃ʒɛstjɔ̃/ *nf* پرخونی، احتقان

conglomérat /kɔ̃glɔmeʀa/ *nm* ۱. جوش‌سنگ ۲. توده ۳. [اقتصاد] شرکت اختلاطی، مجتمع تولیدی

conglomérer /kɔ̃glɔmeʀe/ *vt* (6) توده کردن

congolais,e[1] /kɔ̃gɔlɛ,z/ *adj* کنگویی، (مربوط به) کنگو

Congolais,e[2] /kɔ̃gɔlɛ,z/ *n* اهل کنگو، کنگویی

congratulations /kɔ̃gʀatylasjɔ̃/ *nf. pl* تبریکات

congratuler /kɔ̃gʀatyle/ *vt* (1) تبریک گفتن به
se congratuler *vp* به هم تبریک گفتن

congrégation /kɔ̃gʀegasjɔ̃/ *nf* ۱. [مسیحیت] مجمع روحانیون ۲. مجمع

congrès[1] /kɔ̃gʀɛ/ *nm* مجمع، کنگره، همایش

Congrès[2] /kɔ̃gʀɛ/ *nm* کنگره (= مجلس قانون‌گذاری امریکا)

congressiste /kɔ̃gʀesist/ *n* عضو کنگره

conifères /kɔnifɛʀ/ *nm. pl* [گیاه‌شناسی] مخروطیان

conique /kɔnik/ *adj* ۱. مخروطی، مخروطی‌شکل ۲. (مربوط به) مخروط

conjectural,e,aux /kɔ̃ʒɛktyʀal,o/ *adj* حدسی، فرضی

conjecture /kɔ̃ʒɛktyʀ/ *nf* ۱. حدس، گمان ۲. فرض

conjecturer /kɔ̃ʒɛktyʀe/ *vt* (1) حدس زدن، احتمال دادن، گمان کردن، تصور کردن، پنداشتن

conjoint,e /kɔ̃ʒwɛ̃,t/ *adj, n* ۱. وابسته، مربوط، مربوط به هم ◘ ۲. همسر

conjointement /kɔ̃ʒwɛ̃tmɑ̃/ *adv* با هم، به اتفاق، با
conjointement avec با، به اتفاقِ

conjonctif,ive /kɔ̃ʒɔ̃ktif,iv/ *adj* ۱. رابط، ربط‌دهنده ۲. [دستور زبان] ربطی

conjonction /kɔ̃ʒɔ̃ksjɔ̃/ *nf* ۱. پیوستگی، پیوند، تلفیق ۲. [دستور زبان] حرف ربط ۳. [ستاره‌شناسی] مقارنه، قران

conjonctive /kɔ̃ʒɔ̃ktiv/ *nf* ملتحمه

conjonctivite /kɔ̃ʒɔ̃ktivit/ *nf* التهاب ملتحمه

conjoncture /kɔ̃ʒɔ̃ktyʀ/ *nf* ۱. اوضاع و احوال، شرایط، وضعیت ۲.موقعیت

conjugable /kɔ̃ʒygabl/ *adj* [دستور زبان] قابل صرف

conjugaison /kɔ̃ʒygɛzɔ̃/ *nf* ۱. [دستور زبان] صرف (فعل)، تصریف ۲. اتحاد

conjugal,e,aux /kɔ̃ʒygal,o/ *adj* زناشویی، (مربوط به) زن و شوهر

conjuguer /kɔ̃ʒyge/ *vt* (1) ۱. [دستور زبان] صرف کردن ۲. یکی کردن، جمع کردن

conjuration /kɔ̃ʒyʀasjɔ̃/ *nf* ۱. توطئه،

ne plus se connaître	جوش آوردن، کفری شدن، کفر (کسی) درآمدن
se/s'y connaître en qqch	در کاری خبره بودن، وارد بودن، سررشته داشتن
connard,e /kɔnar,d/ *adj, n* → conard,e	
connasse /kɔnas/ *nf* → conasse	
conne /kɔn/ *nf* → con², conne	
connecter /kɔnɛkte/ *vt* (1)	۱. وصل کردن، متصل کردن ۲. به برق زدن
connerie /kɔnri/ *nf*	۱. [عامیانه] حماقت، خریت، نفهمی ۲. کار احمقانه ۳. پرت و پلا، چرت و پرت، شر و ور، جفنگ
connexe /kɔnɛks/ *adj*	مرتبط، مربوط (به هم)، وابسته
connexion /kɔnɛksjɔ̃/ *nf*	۱. ارتباط، رابطه، ربط ۲. [برق] اتصال
connexité /kɔnɛksite/ *nf*	ارتباط، رابطه
connivence /kɔnivɑ̃s/ *nf*	تبانی، همدستی
de connivence	۱. همدست ۲. حاکی از تبانی
connotation /kɔnɔtasjɔ̃/ *nf* [زبان‌شناسی]	۱. معنی ضمنی، بار معنایی ۲. [فلسفه] دلالت ضمنی
connu,e /kɔny/ *adj, part. passé*	۱. شناخته‌شده ۲. آشنا ۳. معلوم ۴. معروف، مشهور، سرشناس، نام‌دار، نامی، شهیر ▫ ۵. [اسم مفعول فعل connaître]
ni vu ni connu	۱. (به طور) ناشناس، گمنام ۲. شتر دیدی ندیدی
conque /kɔ̃k/ *nf*	صدف (بزرگ)
conquérant,e /kɔ̃kerɑ̃,t/ *adj, n*	فاتح، کشورگشا
conquérir /kɔ̃kerir/ *vt* (21)	۱. فتح کردن، تسخیر کردن، تصرف کردن، گرفتن ۲. به دست آوردن، کسب کردن ۳. جلب کردن ۴. شیفتهٔ خود کردن، به دام انداختن
conquête /kɔ̃kɛt/ *nf*	۱. فتح، تسخیر،

	دسیسه ۲. تبانی ۳. دفع بلا، دفع شیاطین ۴. ورد، دعا
conjuré,e /kɔ̃ʒyre/	شریک در توطئه، توطئه‌گر، توطئه‌چین
conjurer /kɔ̃ʒyre/ *vt* (1)	۱. [بلا، شیاطین، ...] دور کردن، دفع کردن ۲. [ادبی] استدعا کردن، تمنا کردن، التماس کردن ۳. توطئه کردن، دسیسه کردن
connaissable /kɔnɛsabl/ *adj*	قابل شناخت، قابل شناسایی
connaissance /kɔnɛsɑ̃s/ *nf*	۱. شناخت، معرفت ۲. دانش ۳. اطلاع، آگاهی ۴. آشنایی ۵. (شخص) آشنا — [صورت جمع] ۶. معلومات، دانش، اطلاعات
à ma connaissance	تا آنجا که من می‌دانم
C'est une personne de ma connaissance.	یکی از آشنایان من است.
connaître de nom	به اسم شناختن
en connaissance de cause	با آگاهی از اوضاع، آگاهانه، دانسته
faire connaissance	آشنا شدن
faire faire connaissance	(به هم) معرفی کردن، (با هم) آشنا کردن
perdre connaissance	از هوش رفتن، بیهوش شدن
prendre connaissance	خواندن، مرور کردن، از نظر گذراندن
sans connaissance	بیهوش
connaisseur,euse /kɔnɛsœr,øz/ *adj, n*	۱. کارشناس، خبره ۲. [در ترکیب] ـ شناس
connaître /kɔnɛtr/ *vt* (57)	۱. دانستن ۲. بلد بودن ۳. آشنا بودن به، آشنایی داشتن ۴. خبر داشتن از، باخبر بودن از، اطلاع داشتن از ۵. [محرومیت، گرسنگی، ...] کشیدن ۶. سراغ داشتن
se connaître *vp*	۱. خود را شناختن ۲. یکدیگر را شناختن ۳. با هم آشنا شدن

---

a = bas, plat	e = blé, jouer	ɛ = lait, jouet, merci	i = il, lyre	o = mot, dôme, eau, gauche	ɔ = mort
u = roue	y = rue	ø = peu	œ = peur	ə = le, premier	ɑ̃ = sans, vent	ɛ̃ = matin, plein, lundi
ɔ̃ = bon, ombre	ʃ = chat, tache	ʒ = je, gilet	j = yeux, paille, pied	w = oui, nouer	ɥ = huile, lui

conquis,e

consécration /kɔ̃sekRasjɔ̃/ *nf*	۱. وقف ۲. تخصیص، اختصاص ۳. تقدیس، تبرک
consécutif,ive /kɔ̃sekytif,iv/ *adj*	پی‌درپی، پیاپی، متوالی، پشت سر هم
consécutif à	ناشی از
consécutivement /kɔ̃sekytivmɑ̃/ *adv*	(به طور) پیاپی، به طور متوالی
consécutivement à	به دنبالِ، در پی
conseil /kɔsɛj/ *nm*	۱. پند، نصیحت، اندرز، راهنمایی ۲. توصیه، پیشنهاد ۳. شورا، انجمن، هیئت ۴. جلسه ۵. مشاور، رایزن
conseil de cabinet	جلسهٔ هیئت دولت
Conseil de Sécurité	شورای امنیت (سازمان ملل متحد)
conseil judiciaire	قیم، وصی
conseil municipal	انجمن شهر
donner conseil	نصیحت کردن، راهنمایی کردن
ingénieur-conseil	مهندس مشاور
prendre conseil	راهنمایی خواستن، مشورت کردن
un homme de bon conseil	راهنمای خوب
conseiller¹,ère /kɔseje,ɛR/ *n*	۱. مشاور، رایزن ۲. نصیحت‌گو، ناصح، راهنما
conseiller juridique	مشاور حقوقی
conseiller² /kɔseje/ *vt* (1)	۱. نصیحت کردن، پند دادن، اندرز دادن، راهنمایی کردن ۲. توصیه کردن، پیشنهاد کردن
conseilleur,euse /kɔsejœR,øz/ *n*	[قدیمی] نصیحت‌گو، ناصح، اندرزگو
consensus /kɔ̃sɛ̃sys/ *nm*	توافق (کلی)، اتفاق نظر، اِجماع
consentement /kɔ̃sɑ̃tmɑ̃/ *nm*	رضایت، موافقت، توافق
consentir /kɔ̃sɑ̃tiR/ *vt* (16)	۱. رضایت دادن، موافقت کردن ۲. اجازه دادن، گذاشتن
consentir un délai	[حقوقی] مهلت دادن
conséquemment /kɔ̃sekamɑ̃/ *adv*	در نتیجه، بنابراین، از این رو

	تصرف ۲. استیلا، چیرگی، غلبه — [صورت جمع] ۳. فتوحات، متصرفات
conquis,e /kɔ̃ki,z/ *adj, part. passé*	۱. فتح‌شده، به تصرف‌درآمده ◼ ۲. [اسم مفعول فعلِ conquérir]
consacré,e /kɔ̃sakRe/ *adj*	۱. وقف‌شده، موقوفه ۲. معمول، متداول، رایج
consacrer /kɔ̃sakRe/ *vt* (1)	۱. [مذهبی] وقف کردن ۲. تقدیس کردن، تبرک کردن ۳. وقف (چیزی) کردن، صرف (چیزی) کردن، اختصاص دادن ۴. دوام بخشیدن
se consacrer *vp*	خود را وقف (کسی یا چیزی) کردن
consanguin,e /kɔ̃sɑ̃gɛ̃,in/ *adj*	همخون از پدر، ناتنی از مادر
mariage consanguin/union consanguine	ازدواج با خویشاوند همخون
consciemment /kɔ̃sjamɑ̃/ *adv*	دانسته، آگاهانه، عمداً، به عمد، از قصد
conscience /kɔsjɑ̃s/ *nf*	۱. هشیاری ۲. آگاهی، وقوف ۳. شعور ۴. وجدان، ضمیر، باطن
conscience de soi	خودآگاهی
conscience professionnelle	وجدان کار
en conscience	وجداناً، صادقانه
liberté de conscience	آزادی عقیده و مذهب
par acquit de conscience	برای آسودگی خیال
prendre conscience	آگاه شدن، آگاهی یافتن
consciencieusement /kɔ̃sjɑ̃sjøzmɑ̃/ *adv*	وجداناً، صادقانه
consciencieux,euse /kɔ̃sjɑ̃sjø,øz/ *adj*	۱. باوجدان ۲. وظیفه‌شناس، جدی ۳. دقیق
conscient,e /kɔ̃sjɑ̃,t/ *adj*	۱. هشیار، بیدار ۲. آگاه، متوجه ۳. خودآگاه ۴. آگاهانه
conscription /kɔ̃skRipsjɔ̃/ *nf*	نام‌نویسی مشمولین (نظام وظیفه)، سربازگیری
conscrit /kɔ̃skRi/ *nm*	۱. مشمول ۲. سرباز وظیفه

بااهمیت ۳. زیاد ۴. هنگفت، کلان ۵. بزرگ، عظیم

considérablement /kɔ̃sideʀabləmɑ̃/ *adv* ۱. به طور قابل ملاحظه‌ای، به طرز چشمگیری ۲. خیلی، زیاد

considération /kɔ̃sideʀasjɔ̃/ *nf* ۱. دقت، توجه ۲. ملاحظه، اعتنا ۳. بررسی ۴. اهمیت ۵. احترام، حرمت، ارج ـــ [صورت جمع] ۶. ملاحظات

en considération de با توجه به، به لحاظِ، به خاطرِ

prendre en considération توجه کردن به، در نظر گرفتن

considérer /kɔ̃sideʀe/ *vt* (6) ۱. ملاحظه کردن، مورد توجه قرار دادن ۲. در نظر گرفتن، به حساب آوردن، توجه کردن به، اهمیت دادن به ۳. بررسی کردن، مورد بررسی قرار دادن ۴. احترام گذشتن به، ارج نهادن

considérer comme... مثل... دانستن، ... به حساب آوردن، به چشم... نگاه کردن

consignation /kɔ̃siɲasjɔ̃/ *nf* ۱. سپرده، ودیعه ۲. امانت ۳. گرویی ۴. امانت‌گذاری

consigne /kɔ̃siɲ/ *nf* ۱. دستور، امر ۲. منع خروج ۳. بازداشت ۴. [ایستگاه راه‌آهن و غیره] محل امانت‌گذاری بار، دفتر امانات ۵. وثیقه، گرویی

consigner /kɔ̃siɲe/ *vt* (1) ۱. (به) ودیعه گذاشتن ۲. نوشتن، نقل کردن، درج کردن، یادداشت کردن ۳. مانع خروج (کسی) شدن ۴. [تنبیه] در کلاس نگه داشتن ۵. بازداشت کردن ۶. از ورود (به جایی) جلوگیری کردن، مانع ورود (به جایی) شدن ۷. [ایستگاه] به امانت گذاشتن، سپردن ۸. وثیقه گذاشتن، گرویی دادن (برایِ)

consistance /kɔ̃sistɑ̃s/ *nf* ۱. غلظت، قوام ۲. ثبات ۳. تداوم، پایداری ۴. استحکام، استواری

consistant,e /kɔ̃sistɑ̃,t/ *adj* ۱. غلیظ ۲. محکم، استوار

consister /kɔ̃siste/ *vt* (1) ۱. شامل (چیزی) بودن، تشکیل شدن (از) ۲. مبتنی بودن (بر)

conséquence /kɔ̃sekɑ̃s/ *nf* ۱. نتیجه، پیامد، عاقبت ۲. اهمیت ـــ [صورت جمع] ۳. عواقب، پیامدها

avoir pour conséquence به دنبال داشتن، در پی داشتن، باعث شدن، سبب شدن

Cela ne tire pas à conséquence. عیبی ندارد.

de conséquence مهم

en conséquence ۱. آن‌طور که باید، درست ۲. بنابراین، از این رو

conséquent[1],e /kɔ̃sekɑ̃,t/ *adj* ۱. منطقی، معقول ۲. [خودمانی] مهم، بزرگ

par conséquent پس، بنابراین، در نتیجه

conséquent[2] /kɔ̃sekɑ̃/ *nm* [منطق] تالی

conservateur[1],trice/kɔ̃sɛʀvatœʀ,tʀis/ *n, adj* ۱. [کتابخانه، موزه] متصدی ۲. [سیاسی] محافظه‌کار ۳. [مواد غذایی] نگهدارنده

conservateur[2] /kɔ̃sɛʀvatœʀ/ *nm* [مواد غذایی] مادهٔ نگهدارنده

conservation /kɔ̃sɛʀvasjɔ̃/ *nf* حفاظت، محافظت، حفظ، نگهداری

conservatisme /kɔ̃sɛʀvatism/ *nm* محافظه‌کاری

conservatoire /kɔ̃sɛʀvatwaʀ/ *nm* هنرکده، هنرستان، کنسرواتوار

conserve /kɔ̃sɛʀv/ *nf* کنسرو

de conserve ۱. با هم، در کنار هم ۲. هماهنگ

en conserve کنسرو(شده)

conserver /kɔ̃sɛʀve/ *vt* (1) ۱. نگه داشتن ۲. حفظ کردن ۳. نگهداری کردن ۴. کنسرو کردن، قوطی کردن

Conservez votre calme. خونسردی‌تان را حفظ کنید. خونسرد باشید.

se conserver *vp* به جا ماندن، باقی ماندن

considérable /kɔ̃sideʀabl/ *adj* ۱. قابل ملاحظه، قابل توجه، چشمگیر ۲. مهم،

---

a = bas, plat e = blé, jouer ɛ = lait, jouet, merci i = il, lyre o = mot, dôme, eau, gauche ɔ = mort
u = roue y = rue ø = peu œ = peur ə = le, premier ɑ̃ = sans, vent ɛ̃ = matin, plein, lundi
ɔ̃ = bon, ombre ʃ = chat, tache ʒ = je, gilet j = yeux, paille, pied w = oui, nouer ɥ = huile, lui

consolant,e /kɔ̃sɔlɑ̃,t/ *adj* تسلی‌بخش، تسلی‌دهنده

consolateur,trice /kɔ̃sɔlatœʀ,tʀis/ *n, adj* ۱. (شخص) تسلی‌دهنده ◙ ۲. تسلی‌بخش، تسلی‌ـ دهنده

consolation /kɔ̃sɔlasjɔ̃/ *nf* ۱. تسلی، دلداری ۲. دلخوشی ۳. مایهٔ تسلی

consoler /kɔ̃sɔle/ *vt* (1) تسلی دادن، دلداری دادن

se consoler *vp* تسلی یافتن

consolidation /kɔ̃sɔlidasjɔ̃/ *nf* تحکیم، تثبیت، تقویت

consolider /kɔ̃sɔlide/ *vt* (1) تحکیم کردن، استحکام بخشیدن، تثبیت کردن

consommable /kɔ̃sɔmabl/ *adj* ۱. قابل مصرف ۲. قابل خوردن

consommateur,trice /kɔ̃sɔmatœʀ,tʀis/ *adj, n* ۱. مصرف‌کننده ۲. [کافه، رستوران] مشتری

consommation /kɔ̃sɔmasjɔ̃/ *nf* ۱. مصرف ۲. [کافه، رستوران] نوشیدنی

consommation du mariage انجام عمل زناشویی، وصال

consommé[1],e /kɔ̃sɔme/ *adj* ۱. کامل، تمام‌عیار ۲. زبردست، استاد

consommé[2] /kɔ̃sɔme/ *nm* سوپ غلیظ، تنگاب، کنسومه

consommer /kɔ̃sɔme/ *vt* (1) ۱. مصرف کردن، به مصرف رساندن ۲. خوردن ۳. کامل کردن، تمام کردن، به پایان رساندن ۴. [جنایت، سوءقصد،...] مرتکب شدن

Cette voiture consomme trop. این اتومبیل زیاد سوخت مصرف می‌کند.

consomption /kɔ̃sɔ̃psjɔ̃/ *nf* تحلیل قوا

consonance /kɔ̃sɔnɑ̃s/ *nf* ۱. آهنگ ۲. سجع

consonant,e /kɔ̃sɔnɑ̃,t/ *adj* ۱. هماهنگ ۲. مسجّع

consonne /kɔ̃sɔn/ *nf* [آواشناسی] صامت، همخوان

consort /kɔ̃sɔʀ/ *n, adj,* **... et consorts** ۱. ... و دار و دسته‌اش ۲. ... و امثال او

prince consort همسر ملکه

consortium /kɔ̃sɔʀsjɔm/ *nm* کنسرسیوم (= ائتلاف چند شرکت)

conspirateur,trice /kɔ̃spiʀatœʀ,tʀis/ *n, adj* ۱. توطئه‌گر، توطئه‌کار، دسیسه‌چین ◙ ۲. توطئه‌آمیز، مرموز، مشکوک

conspiration /kɔ̃spiʀasjɔ̃/ *nf* ۱. توطئه، دسیسه ۲. تبانی، همدستی

conspirer /kɔ̃spiʀe/ *vi, vt* (1) ۱. توطئه کردن، دسیسه چیدن ۲. تبانی کردن، همدست شدن ◙ ۳. دست به دست هم دادن، (در کاری) سهیم بودن

conspuer /kɔ̃spɥe/ *vt* (1) ۱. هو کردن ۲. مفتضح کردن

constamment /kɔ̃stamɑ̃/ *adv* دائماً، مدام، همیشه، همواره، پیوسته

constance /kɔ̃stɑ̃s/ *nf* ۱. پایداری، ثبات، استواری ۲. پشتکار ۳. تداوم، استمرار ۴. [خودمانی] صبر

constant,e /kɔ̃stɑ̃,t/ *adj* ۱. ثابت‌قدم، استوار ۲. همیشگی، دائمی، مداوم ۳. ثابت، بدون تغییر

constatation /kɔ̃statasjɔ̃/ *nf* ۱. ملاحظه، مشاهده ۲. بررسی

constater /kɔ̃state/ *vt* (1) ۱. ملاحظه کردن، مشاهده کردن ۲. متوجه شدن، پی بردن (به)، فهمیدن ۳. گواهی کردن، تصدیق کردن

constellation /kɔ̃stelasjɔ̃/ *nf* صورت فلکی

constellé,e /kɔ̃stele/ *adj* ۱. پر از ۲. [در ترکیب] ـنشان

constellé d'étoiles پرستاره

constellé de paillettes ۱. پولک‌نشان ۲. پولک‌دوزی(شده)

consternant,e /kɔ̃stɛʀnɑ̃,t/ *adj*

۱. حیرت‌انگیز، حیرت‌آور، بهت‌آور ۲. تأثرآور، اندوهبار، ناراحت‌کننده

consternation /kɔ̃stɛʀnasjɔ̃/ *nf* ۱. بهت، حیرت، ناباوری ۲. تأثر، اندوه

consterné,e /kɔ̃stɛʀne/ *adj* ۱. مبهوت، حیرت‌زده، متحیر ۲. متأثر

consterner /kɔ̃stɛʀne/ *vt* (1) ۱. از پا درآوردن، خرد کردن، کمر (کسی را) شکستن ۲. بهت‌زده کردن، مبهوت کردن، متحیر کردن ۳. متأثر کردن

constipation /kɔ̃stipasjɔ̃/ *nf* یبوست

constipé,e /kɔ̃stipe/ *adj, n* ۱. یبس ۲. ناراحت، معذب ۳. خشک

constiper /kɔ̃stipe/ *vt* (1) یبس کردن، یبوست آوردن، ایجاد یبوست کردن

constituant,e /kɔ̃stitɥɑ̃,t/ *adj* تشکیل‌دهنده، سازنده

assemblée constituante مجلس مؤسسان

constituer /kɔ̃stitɥe/ *vt* (1) ۱. تشکیل دادن، به وجود آوردن، ساختن ۲. تأسیس کردن ۳. بودن ۴. [حقوقی] تعیین کردن ۵. گماردن

constituer son héritier وارث خود را تعیین کردن

se constituer *vp* برای خود درست کردن

se constituer prisonnier [مجرم] خود را تسلیم کردن، تسلیم شدن

constitutif,ive /kɔ̃stitytif,iv/ *adj* تشکیل‌دهنده، سازنده

constitution /kɔ̃stitysjɔ̃/ *nf* ۱. ترکیب، ساخت ۲. تشکیل ۳. تأسیس ۴. سرشت، طبع، ذات ۵. بنیه ۶. قانون اساسی ۷. اساسنامه

constitutionnel,elle /kɔ̃stitysjɔnɛl/ *adj* ۱. جسمانی ۲. ذاتی ۳. (مربوط به) قانون اساسی ۴. مطابق با قانون اساسی ۵. مشروطه

contitutionnellement /kɔ̃stitysjɔnɛlmɑ̃/ *adv* بر طبق قانون اساسی

constructeur,trice /kɔ̃stʀyktœʀ,tʀis/ *n, adj* ۱. سازنده ۲. بانی ۳. [در ترکیب] ـساز ۴. ▣ سازنده

constructif,ive /kɔ̃stʀyktif,iv/ *adj* ۱. سازنده ۲. راهگشا، سودمند، مثبت

esprit constructif ذهن خلاق

construction /kɔ̃stʀyksjɔ̃/ *nf* ۱. ساخت، ساختن ۲. احداث ۳. ساختمان، بنا ۴. ساختار ۵. [جمله] ترکیب

construction géométrique شکل هندسی

en construction در دست ساختمان، در دست ساخت، در دست احداث

matériaux de construction مصالح ساختمانی

construire /kɔ̃stʀɥiʀ/ *vt* (38) ۱. ساختن ۲. بنا کردن، احداث کردن ۳. ساختمان ساختن ۴. به وجود آوردن، ایجاد کردن ۵. [نظریه] پرداختن، تدوین کردن ۶. [داستان و غیره] به رشتهٔ تحریر درآوردن، نگاشتن ۷. [هندسه] رسم کردن، کشیدن

construire une phrase یک جمله ساختن

construire un poème شعر سرودن

consul /kɔ̃syl/ *nm* کنسول

consulaire /kɔ̃sylɛʀ/ *adj* کنسولی

consulat /kɔ̃syla/ *nm* ۱. کنسولگری ۲. مقام کنسولی

consultant,e /kɔ̃syltɑ̃,t/ *adj, n* مشاور

consultatif,ive /kɔ̃syltatif,iv/ *adj* ۱. مشورتی ۲. مشاور

consultation /kɔ̃syltasjɔ̃/ *nf* ۱. مشورت، مشاوره، تبادل نظر، نظرخواهی ۲. جلسهٔ مشاوره، جلسه ۳. [پزشک، وکیل] نظر ۴. [کتاب، اَسناد، ...] مراجعه ۵. مطالعه، بررسی ۶. معاینه (پزشکی)

cabinet de consultation اتاق معاینه

consulter /kɔ̃sylte/ *vt, vi* (1) ۱. مشورت کردن با، نظر (کسی را) خواستن ۲. مراجعه کردن به، رجوع کردن به ۳. نگاه کردن به

a = bas, plat e = blé, jouer ɛ = lait, jouet, merci i = il, lyre o = mot, dôme, eau, gauche ɔ = mort
u = roue y = rue ø = peu œ = peur ə = le, premier ɑ̃ = sans, vent ɛ̃ = matin, plein, lundi
ɔ̃ = bon, ombre ʃ = chat, tache ʒ = je, gilet j = yeux, paille, pied w = oui, nouer ɥ = huile, lui

consumer

۴. ⊡ [پزشک] مریض دیدن، بیماران را معاینه کردن
consulter un médecin (برای معاینه) به پزشک مراجعه کردن، نزد پزشک رفتن

consumer /kɔ̃syme/ vt (1) ۱. از پا درآوردن، ناتوان کردن، تحلیل بردن ۲. مصرف کردن ۳. صرف کردن ۴. سوزاندن
se consumer vp ۱. از پا درآمدن، تحلیل رفتن، ناتوان شدن ۲. سوختن

contact /kɔ̃takt/ nm ۱. تماس ۲. ارتباط، رابطه ۳. ملاقات، برخورد ۴. اتصال
entrer/se mettre en contact تماس گرفتن، ارتباط برقرار کردن
lentilles de contact لنز (چشم)، لنز نامرئی
mettre en contact آشنا کردن، روبرو کردن

contacter /kɔ̃takte/ vt (1) تماس گرفتن، ارتباط برقرار کردن

contagieux,euse /kɔ̃taʒjø,øz/ adj ۱. واگیردار، مسری ۲. ناقل بیماری

contagion /kɔ̃taʒjɔ̃/ nf ۱. سرایت، واگیری ۲. بیماری واگیردار، بیماری مسری ۳. شیوع

container /kɔ̃tɛnɛʀ/ nm [حمل و نقل] صندوق فلزی

contamination /kɔ̃taminasjɔ̃/ nf ۱. آلودگی ۲. فساد، خرابی، انحراف

contaminer /kɔ̃tamine/ vt (1) ۱. آلوده کردن، آلودن ۲. فاسد کردن، خراب کردن، منحرف کردن

conte /kɔ̃t/ nm قصه، داستان، حکایت
conte de fée قصهٔ پریان

contemplation /kɔ̃tɑ̃plasjɔ̃/ nf ۱. تماشا، سیر ۲. تأمل، تفکر، تعمق

contempler /kɔ̃tɑ̃ple/ vt (1) ۱. تماشا کردن، سیر کردن ۲. در بحر (چیزی) رفتن، تعمق کردن دربارهٔ
se contempler vp خود را تماشا کردن، در خود سیر کردن

contemporain,e /kɔ̃tɑ̃pɔʀɛ̃,ɛn/ n, adj ۱. معاصر ۲. همزمان، هم‌عصر

contempteur,trice /kɔ̃tɑ̃ptœʀ,tʀis/ n تحقیرکننده

contenance /kɔ̃tnɑ̃s/ nf ۱. گنجایش، ظرفیت ۲. رفتار، برخورد ۳. حالت، قیافه

contenant /kɔ̃tnɑ̃/ nm ظرف
le contenant et le contenu ظرف و مظروف

contenir /kɔ̃tniʀ/ vt (22) ۱. محتوی (چیزی) بودن، شامل (چیزی) بودن، دارای (چیزی) بودن، دربر داشتن، داشتن ۲. گنجایش داشتن، ظرفیت داشتن، در خود جا دادن ۳. جلوی (کسی یا چیزی را) گرفتن، جلوگیری کردن از، نگه داشتن
contenir sa colère جلوی خشم خود را گرفتن، عصبانی نشدن
se contenir vp جلوی خود را گرفتن، خودداری کردن

content,e /kɔ̃tɑ̃,t/ adj ۱. راضی، خرسند، خشنود ۲. خوشحال
content de soi ازخودراضی

contentement /kɔ̃tɑ̃tmɑ̃/ nm ۱. رضایت، رضایت خاطر، رضا، خشنودی ۲. خوشحالی

contenter /kɔ̃tɑ̃te/ vt (1) ۱. راضی کردن، خشنود کردن ۲. ارضا کردن
se contenter vp قانع بودن، قناعت کردن، راضی بودن، ساختن، اکتفا کردن، بسنده کردن

contentieux[1]**,euse** /kɔ̃tɑ̃sjø,øz/ adj [حقوقی] مورد بحث، مورد اختلاف

contentieux[2] /kɔ̃tɑ̃sjø/ nm ۱. اختلاف، دعوا ۲. دایرهٔ حل اختلاف، دایرهٔ حقوقی

contenu[1] /kɔ̃tny/ nm ۱. محتویات، محتوا ۲. مضمون، مطالب، مندرجات

contenu[2]**,e** /kɔ̃tny/ adj ابرازنشده، فروخورده

conter /kɔ̃te/ vt (1) ۱. حکایت کردن، نقل کردن، گفتن ۲. به هم بافتن، سر هم کردن
en conter à ۱. گول زدن، فریب دادن ۲. دست انداختن

contestable /kɔ̃tɛstabl/ adj قابل اعتراض

contestataire /kɔ̃tɛstatɛʀ/ adj, n معترض

contestation /kɔ̃tɛstasjɔ̃/ *nf*	۱. اعتراض ۲. جر و بحث، مشاجره، مجادله
conteste (sans) /sãkɔ̃tɛst/ *loc. adv*	بدون تردید، بی‌شک، قطعاً
contester /kɔ̃tɛste/ *vt* (1)	۱. بر سر (چیزی) بحث کردن ۲. اعتراض کردن به، زیر سؤال بردن، رد کردن
conteur,euse /kɔ̃tœʀ,øz/ *n*	۱. قصه‌نویس، داستان‌سرا ۲. قصه‌گو
contexte /kɔ̃tɛkst/ *nm*	۱. بافت، متن، فحوای کلام ۲. اوضاع و احوال، شرایط، موقعیت
contexture /kɔ̃tɛkstyʀ/ *nf*	۱. بافت ۲. [قدیمی] ساخت، ساختار
contigu,ë /kɔ̃tigy/ *adj*	۱. مجاور، بغل ۲. کنار هم، پهلوی هم ۳. نزدیک به هم، مشابه
contiguïté /kɔ̃tigɥite/ *nf*	۱. مجاورت ۲. نزدیکی، شباهت، ارتباط
continence /kɔ̃tinɑ̃s/ *nf*	۱. خودداری از آمیزش جنسی، آمیزش‌پرهیزی ۲. عفت، پاکدامنی، پاکی
continent[1]**,e** /kɔ̃tinɑ̃,t/ *adj*	۱. آمیزش‌پرهیز ۲. [قدیمی] عفیف، پاکدامن، پاک
continent[2] /kɔ̃tinɑ̃/ *nm*	قاره
l'Ancien Continent	قارهٔ قدیم (= اروپا، آسیا و آفریقا)
le Nouveau Continent	قارهٔ جدید (= قارهٔ آمریکا)
continental,e,aux /kɔ̃tinɑ̃tal,o/ *adj*	۱. قاره‌ای، (مربوط به) قاره ۲. (مربوط به) اروپا (بجز انگلستان)
contingence /kɔ̃tɛ̃ʒɑ̃s/ *nf*	۱. امکان، احتمال ۲. اتفاق، پیشامد، حادثه
contingent[1]**,e** /kɔ̃tɛ̃ʒɑ̃,t/ *adj*	۱. ممکن، محتمل، احتمالی ۲. اتفاقی، تصادفی
contingent[2] /kɔ̃tɛ̃ʒɑ̃/ *nm*	۱. مشمولین یک دوره ۲. سهم ۳. سهمیه
continu,e /kɔ̃tiny/ *adj*	۱. مداوم، دائمی، پیاپی، پیوسته، بی‌وقفه، یکریز، بی‌امان ۲. ممتد
bruit continu	صدای مداوم، صدای بی‌وقفه، صدای یکریز
continuateur,trice /kɔ̃tinɥatœʀ,tʀis/ *n*	۱. ادامه‌دهنده ۲. جانشین
continuation /kɔ̃tinɥasjɔ̃/ *nf*	ادامه، تداوم، استمرار
Bonne continuation!	موفق باشی!
continuel,elle /kɔ̃tinɥɛl/ *adj*	مداوم، دائمی، پیاپی، بی‌وقفه، یکریز، بی‌امان
continuellement /kɔ̃tinɥɛlmɑ̃/ *adv*	دائماً، دائم، مدام، همیشه، همواره
continuer /kɔ̃tinɥe/ *vt, vi* (1)	۱. ادامه دادن، دنبال کردن ۲. امتداد دادن ▫ ۳. ادامه داشتن، ادامه یافتن، ادامه پیدا کردن ۴. امتداد داشتن
continuité /kɔ̃tinɥite/ *nf*	تداوم، پیوستگی، استمرار
continûment /kɔ̃tinymɑ̃/ *adv*	دائماً، مدام، بی‌وقفه، یکریز
contondant,e /kɔ̃tɔ̃dɑ̃,t/ *adj*	[سلاح سرد] کوبنده
contorsion /kɔ̃tɔʀsjɔ̃/ *nf*	۱. پیچ و تاب ۲. ادا و اصول، ادا و اطوار
contorsionner (se) /s(ə)kɔ̃tɔʀsjɔne/ *vp* (1)	۱. پیچ و تاب خوردن ۲. ادا و اصول درآوردن
contour /kɔ̃tuʀ/ *nm*	۱. دور، دوره، کناره ۲. حاشیه ۳. پیچ و خم
contours du visage	گردی صورت
contourner /kɔ̃tuʀne/ *vt* (1)	۱. دور زدن، دور (جایی) گشتن ۲. از زیر (چیزی) دررفتن، از کنار (چیزی) گذشتن، نادیده گرفتن
contraception /kɔ̃tʀasɛpsjɔ̃/ *nf*	جلوگیری از آبستنی

a = bas, plat	e = blé, jouer	ɛ = lait, jouet, merci	i = il, lyre	o = mot, dôme, eau, gauche	ɔ = mort
u = roue	y = rue	ø = peu	œ = peur	ə = le, premier	ɑ̃ = sans, vent	ɛ̃ = matin, plein, lundi
ɔ̃ = bon, ombre	ʃ = chat, tache	ʒ = je, gilet	j = yeux, paille, pied	w = oui, nouer	ɥ = huile, lui

contraceptif,ive /kɔ̃tRasɛptif,iv/ *adj* ضدآبستنی، ضدبارداری، (مربوط به) جلوگیری (از آبستنی)

contractant,e /kɔ̃tRaktɑ̃,t/ *adj, n* تعهدکننده، متعهد

contracter[1] /kɔ̃tRakte/ *vt* (1)
۱. قرارداد بستن ۲. پیمان بستن ۳. تعهد کردن، متعهد شدن ۴. پیدا کردن، کسب کردن ۵. [بیماری] گرفتن، مبتلا شدن، دچار شدن

contracter mariage پیمان زناشویی بستن، عقد کردن

contracter une dette مقروض شدن، قرض بالا آوردن

contracter une habitude عادت کردن

contracter[2] /kɔ̃tRakte/ *vt* (1) ۱. منقبض کردن ۲. جمع کردن

se contracter *vp* ۱. منقبض شدن ۲. جمع شدن

contractile /kɔ̃tRaktil/ *adj* [فیزیولوژی] قابل انقباض، انقباض‌پذیر، منقبض‌شونده

contractilité /kɔ̃tRaktilite/ *nf* [فیزیولوژی] قابلیت انقباض

contraction /kɔ̃tRaksjɔ̃/ *nf* ۱. انقباض ۲. [دستور زبان] ادغام

contractuel,elle /kɔ̃tRaktɥɛl/ *adj* قراردادی، پیمانی

contradicteur /kɔ̃tRadiktœR/ *nm* مخالف‌گو، مخالف

contradiction /kɔ̃tRadiksjɔ̃/ *nf* ۱. مخالفت ۲. اختلاف، دوگانگی ۳. تناقض ۴. مغایرت، تضاد

contradictoire /kɔ̃tRadiktwaR/ *adj*
۱. متناقض، متضاد، مغایر (هم) ۲. ضد، مغایر، خلاف ۳. بحث‌انگیز، مورد اختلاف ۴. [حقوقی] حضوری، در حضور طرفین

débat contradictoire مباحثه، مجادله

contradictoirement /kɔ̃tRadiktwaRmɑ̃/ *adv* [حقوقی] به طور حضوری، در حضور طرفین

contraindre /kɔ̃tRɛ̃dR/ *vt* (52) مجبور کردن، ملزم کردن، ناچار کردن، واداشتن، مقید کردن

se containdre *vp* ۱. مجبور شدن، مجبور بودن، ناچار شدن ۲. جلوی خود را گرفتن، خود را نگه داشتن، خویشتنداری کردن

contraint,e[1*] /kɔ̃tRɛ̃,t/ *adj, part. passé*
۱. مجبور، ملزم، ناچار، مقید ۲. ساختگی، تصنعی، زورکی ◻ ۳. [اسم مفعول فعلِ contraindre]

contraint et forcé از روی ناچاری، به ناچار، ناچاراً، به اجبار

être contraint de مجبور بودن به، ملزم بودن، ناچار بودن

contrainte[2] /kɔ̃tRɛ̃t/ *nf* ۱. اجبار، الزام، ناچاری، فشار، زور ۲. قید و بند، محدودیت ۳. خویشتنداری ۴. [حقوقی] تعقیب

contrainte de corps [حقوقی] حبس بابت اَدای دین

contraire /kɔ̃tRɛR/ *adj, nm* ۱. مخالف ۲. متضاد ۳. خلاف، ضد، مغایر ◻ ۴. ضد، عکس، خلاف، متضاد

au contraire بر عکس

au contraire de بر خلافِ، بر عکسِ

contrairement /kɔ̃tRɛRmɑ̃/ *adv* بر خلاف، بر عکس

contrarier /kɔ̃tRaRje/ *vt* (7) ۱. مخالفت کردن با ۲. مزاحمت فراهم کردن، چوب لای چرخ (کسی) گذاشتن، اذیت کردن ۳. ناراحت کردن، دلخور کردن، خلق (کسی را) تنگ کردن ۴. بر هم زدن، نقش بر آب کردن، با شکست مواجه کردن ۵. در تقابل قرار دادن، کنار هم گذاشتن

contrariété /kɔ̃tRaRjete/ *nf* ناراحتی، دلخوری، ناخشنودی، رنجش

contraste /kɔ̃tRast/ *nm* ۱. تضاد، تقابل، مغایرت، تباین ۲. اختلاف، فرق، تفاوت، تمایز

contraster /kɔ̃tRaste/ *vi* (1) تضاد داشتن، مغایر بودن، اختلاف داشتن، تباین داشتن

contrat /kɔ̃tRa/ *nm* قرارداد، پیمان

réaliser/remplir son contrant به تعهدات خود عمل کردن

contravention /kɔ̃tʀavɑ̃sjɔ̃/ *nf* ۱. تخلف، خلاف ۲. جریمه ۳. برگ جریمه

être en contravention خلاف کردن، تخلف کردن

contre /kɔ̃tʀ/ *prép, adv, nm* ۱. (بر) خلافِ، مخالفِ ۲. علیهِ، (بر) ضدِ ۳. به رغمِ، با وجودِ ۴. در برابرِ، در مقابلِ ۵. به جایِ، در عوضِ، به ازایِ ۶. کنارِ، بغلِ، پهلویِ ۷. به ▣ ۸. مخالف ▣ ۹. عیب، بدی

avoir qqch contre ۱. اعتراضی داشتن (به)، حرفی داشتن ۲. دل خوشی نداشتن (از)

être contre qqn با کسی مخالف بودن

Il a tout le monde contre lui. هیچ کس از او خوشش نمی‌آید. همه با او بدند.

lancer une pierre contre une vitre. یک سنگ به شیشه زدن

le pour et le contre محاسن و معایب، خوبی‌ها و بدی‌ها

nager contre le courant برخلاف جریان آب شنا کردن

par contre در عوض، اما، ولی

s'appuyer contre le mur به دیوار تکیه دادن

se battre contre qqn ۱. با کسی مبارزه کردن ۲. با کسی دعوا کردن

tout contre خیلی نزدیک

contre-amiral,aux /kɔ̃tʀamiʀal,o/ *nm* دریادار

contre-attaque /kɔ̃tʀatak/ *nf* ضد حمله، حملهٔ متقابل، پاتک

contre-attaquer /kɔ̃tʀatake/ *vi* (1) دست به ضد حمله زدن، حملهٔ متقابل کردن، پاتک زدن

contrebalancer /kɔ̃tʀəbalɑ̃se/ *vt* (3) ۱. متعادل کردن، موازنه برقرار کردن ۲. جبران کردن، پوشاندن

contrebande /kɔ̃tʀəbɑ̃d/ *nf* قاچاق

contrebandier,ère /kɔ̃tʀəbɑ̃dje,ɛʀ/ *n* قاچاقچی

contre-bas /kɔ̃tʀəba/ *loc. adv* پایین، پایین‌تر

contrebasse /kɔ̃tʀəbas/ *nf* ۱. کُنترباس (= بزرگترین ساز زهی شبیه به ویولن) ۲. نوازندهٔ کُنترباس

contrebassiste /kɔ̃tʀəbasist/ *n* نوازندهٔ کنترباس

contrecarrer /kɔ̃tʀəkaʀe/ *vt* (1) مخالفت کردن با، ممانعت کردن، سنگ انداختن

contrecœur (à) /akɔ̃tʀəkœʀ/ *loc. adv* برخلاف میل، با اکراه

contrecoup /kɔ̃tʀəku/ *nm* ۱. پیامد، عواقب ۲. بازتاب

contre-courant /kɔ̃tʀəkuʀɑ̃/ *nm* جریان مخالف

à contre-courant بر خلاف جریان، در جهت مخالف

contredire /kɔ̃tʀədiʀ/ *vt* (37) ۱. مخالف (کسی) حرف زدن، مخالفت کردن با ۲. رد کردن، تکذیب کردن، نفی کردن

contredire une espérance امیدی را به باد دادن

se contredire *vp* ضد و نقیض گفتن

contredit (sans) /sɑ̃kɔ̃tʀədi/ *loc. adv* بی‌تردید، بی‌شک، قطعاً، مسلماً

contrée /kɔ̃tʀe/ *nf* ۱. ناحیه، منطقه ۲. سرزمین، دیار

contre-espionnage /kɔ̃tʀɛspjɔnaʒ/ *nm* ضدجاسوسی

contre-exemple /kɔ̃tʀɛgzɑ̃pl/ *nm* مثال برعکس

contrefaçon /kɔ̃tʀəfasɔ̃/ *nf* ۱. جعل ۲. تقلب ۳. سرقت ادبی، انتحال ۴. بدل

contrefaire /kɔ̃tʀəfɛʀ/ *vt* (60) ۱. تقلید

a = bas, plat   e = blé, jouer   ɛ = lait, jouet, merci   i = il, lyre   o = mot, dôme, eau, gauche   ɔ = mort
u = roue   y = rue   ø = peu   œ = peur   ə = le, premier   ɑ̃ = sans, vent   ɛ̃ = matin, plein, lundi
ɔ̃ = bon, ombre   ʃ = chat, tache   ʒ = je, gilet   j = yeux, paille, pied   w = oui, nouer   ɥ = huile, lui

کردن، ادای (کسی) را درآوردن ۲. جعل کردن ۳. [صدا، دستخط، ...] عوض کردن، تغییر دادن ۴. از شکل انداختن، بی‌ریخت کردن، بدقواره کردن

contrefait,e /kɔ̃tʀəfɛ,t/ *adj* بدشکل، بی‌ریخت، بدهیبت، بی‌قواره

contre-indication /kɔ̃tʀɛ̃dikasjɔ̃/ *nf* [دارو] مورد عدم استعمال

contre-indiqué,e /kɔ̃tʀɛ̃dike/ *adj* [دارو] زیان‌آور، مضر، خطرناک

contre-jour (à) /akɔ̃tʀəʒuʀ/ *loc. adv* پشت به نور

contremaître /kɔ̃tʀəmɛtʀ/ *nm* سرکارگر

contre-manifestation /kɔ̃tʀəmanifɛs-tasjɔ̃/ *nf* تظاهرات مخالف، ضدتظاهرات

contre-ordre /kɔ̃tʀɔʀdʀ/ *nm* → contrordre

contrepartie /kɔ̃tʀəpaʀti/ *nf* ۱. نظر مخالف ۲. عوض

en contrepartie در عوض، در مقابل، به جایش

contrepente /kɔ̃tʀəpɑ̃t/ *nf* شیب مخالف، شیب معکوس

contre-pied /kɔ̃tʀəpje/ *nm* مخالف، خلاف، ضد، عکس

contrepoids /kɔ̃tʀəpwa/ *nm* ۱. وزنهٔ تعادل، پارسنگ ۲. عامل تعادل، عامل توازن

contrepoison /kɔ̃tʀəpwazɔ̃/ *nm* ۱. پادزهر ۲. چاره، علاج، درمان

contre-projet /kɔ̃ʀəpʀɔʒɛ/ *nm* طرح مخالف

contre-révolutionnaire /kɔ̃tʀəʀevɔly-sjɔnɛʀ/ *adj, n* ۱. ضدانقلابی ▣ ۲. ضدانقلاب

contresens /kɔ̃tʀəsɑ̃s/ *nm* ۱. تعبیر نادرست، تعبیر غلط ۲. جهت مخالف

à contresens ۱. بر عکس ۲. در جهت مخالف ۳. نادرست، غلط

prendre une rue à contresens از خیابانِ ورودممنوع گذشتن

contretemps /kɔ̃tʀətɑ̃/ *nm* اِشکال، مشکل، مسئله، حادثه

à contretemps بی‌موقع

contrevenant,e /kɔ̃tʀəvnɑ̃,t/ *n* متخلف، خلاف‌کار

contrevenir /kɔ̃tʀəvniʀ/ *vt* (22) سرپیچی کردن از، نقض کردن، تخلف کردن

contrevent /kɔ̃tʀəvɑ̃/ *nm* ۱. پنجره کرکره‌ای ۲. پشت‌پنجره‌ای

contribuable /kɔ̃tʀibɥabl/ *n* مالیات‌دهنده

contribuer /kɔ̃tʀibɥe/ *vt* (1) سهیم بودن، کمک کردن

contribution /kɔ̃tʀibysjɔ̃/ *nf* ۱. سهم ۲. مالیات، عوارض ۳. کمک، همکاری

contrister /kɔ̃tʀiste/ *vt* (1) [ادبی] غمگین کردن، اندوهگین کردن، غصه‌دار کردن

contrit,e /kɔ̃tʀi,t/ *adj* ۱. [مذهبی] نادم، توبه‌کار ۲. پشیمان، متأسف ۳. (از روی) پشیمانی

contrition /kɔ̃tʀisjɔ̃/ *nf* پشیمانی، ندامت، تأسف

contrôlable /kɔ̃tʀolabl/ *adj* ۱. قابل کنترل، کنترل‌شدنی ۲. مهارشدنی

contrôle /kɔ̃tʀol/ *nm* ۱. کنترل ۲. نظارت، مراقبت ۳. بازبینی، بازرسی، بازدید ۴. مهار ۵. دفتر بازرسی ۶. تسلط ۷. هدایت، اداره

contrôle des naissances کنترل موالید

contrôle de soi-même خویشتن‌داری

contrôler /kɔ̃tʀole/ *vt* (1) ۱. کنترل کردن ۲. بازبینی کردن، بازرسی کردن ۳. مسلط بودن به، تسلط داشتن بر ۴. مهار کردن

se contrôler *vp* به خود مسلط بودن، خود را کنترل کردن

contrôleur,euse /kɔ̃tʀolœʀ,øz/ *n* ۱. مأمور کنترل ۲. بازرس ۳. دستگاه تنظیم، دستگاه کنترل

contrordre /kɔ̃tʀɔʀdʀ/ *nm* لغو دستور

controuvé,e /kɔ̃tʀuve/ *adj* ساختگی، جعلی، دروغی

controversable /kɔ̃tʀɔvɛʀsabl/ *adj* قابل بحث، بحث‌انگیز

controverse /kɔ̃tʀɔvɛʀs/ *nf* ۱. مباحثه، بحث ۲. جر و بحث، مشاجره، بگومگو، مناقشه
controverser /kɔ̃tʀɔvɛʀse/ *vt* (1) ۱. مورد بحث قرار دادن، بر سر (چیزی) بحث کردن ۲. بر سر (چیزی) جر و بحث کردن، بر سر (چیزی) بگومگو کردن
contumace /kɔ̃tymas/ *nf* امتناع از حضور در دادگاه
par contumace [محکومیت] غیابی
contusion /kɔ̃tyzjɔ̃/ *nf* کبودشدگی، کبودی، خون‌مردگی
contusionner /kɔ̃tyzjɔne/ *vt* (1) کبود کردن، دچار خون‌مردگی کردن
convaincant,e /kɔ̃vɛ̃kɑ̃,t/ *adj* قانع‌کننده، متقاعدکننده، قاطع
convaincre /kɔ̃vɛ̃kʀ/ *vt* (42) ۱. قانع کردن، متقاعد کردن، مجاب کردن، مطمئن ساختن ۲. [خطا، جرم، ...] ثابت کردن
convaincu,e /kɔ̃vɛ̃ky/ *adj, part. passé* ۱. متقاعد، مجاب، مطمئن ▣ ۲. [اسم مفعول فعلِ convaincre]
convalescence /kɔ̃valesɑ̃s/ *nf* دورهٔ نقاهت، نقاهت
maison de convalescence استراحتگاه
convalescent,e /kɔ̃valesɑ̃,t/ *adj, n* ۱. در دورهٔ نقاهت، رو به بهبودی ۲. بیمار رو به بهبودی
convenable /kɔ̃vnabl/ *adj* ۱. مناسب، خوب ۲. شایسته، درخور ۳. [حقوق] مکفی
convenablement /kɔ̃vnabləmɑ̃/ *adv* به طرزی مناسب، به نحو شایسته‌ای، درست
convenance /kɔ̃vnɑ̃s/ *nf* ۱. [خلق و خو، سلیقه، ...] شباهت، همانندی، سازگاری ۲. تفاهم ۳. پسند، میل، سلیقه ــ [صورت جمع] ۴. ادب، نزاکت، اخلاق
à sa convenance مطابق میل و سلیقهٔ خود
convenances personnelles دلایل شخصی
mariage de convenance ازدواج مصلحتی
convenir /kɔ̃vniʀ/ *vt* (22) ۱. مناسب بودن ۲. آمدن (به)، هماهنگی داشتن ۳. برای (کسی) خوب بودن، به درد (کسی) خوردن، مورد پسند (کسی) بودن ۴. پذیرفتن، قبول کردن ۵. موافقت کردن ۶. تصمیم گرفتن، قرار گذاشتن
comme convenu طبق قرار (قبلی)، طبق توافق
convenir d'un lieu محلی را تعیین کردن
Il convient de شایسته است، بهتر است
convention /kɔ̃vɑ̃sjɔ̃/ *nf* ۱. قرارداد، پیمان، توافق‌نامه ۲. مجمع، کنگره، اجلاس ۳. سنت، عرف، رسم ۴. قاعده، اصل
de convention ۱. قراردادی ۲. معمولی، عادی
conventionné,e /kɔ̃vɑ̃sjɔne/ *adj* طرف قرارداد با بیمه
médecin conventionné پزشک بیمه
conventionnel,elle /kɔ̃vɑ̃sjɔnɛl/ *adj* ۱. قراردادی ۲. مرسوم، معمول، متداول ۳. سنتی ۴. معمولی، عادی ۵. [سلاح] غیر اتمی
conventionnellement/kɔ̃vɑ̃sjɔnɛlmɑ̃/ *adv* ۱. به طور قراردادی ۲. به طور سنتی ۳. معمولی، عادی
conventuel,elle /kɔ̃vɑ̃tɥɛl/ *adj* صومعه‌ای، (مربوط به) دِیر
convenu,e /kɔ̃vny/ *adj, part. passé* ۱. پذیرفته ۲. مقرر، موعود ۳. تعیین‌شده، معین ▣ ۴. [اسم مفعول فعلِ convenir]
convergence /kɔ̃vɛʀʒɑ̃s/ *nf* ۱. همگرایی، تقارب ۲. تلاقی ۳. هم‌سویی
convergent,e /kɔ̃vɛʀʒɑ̃,t/ *adj* ۱. همگرا، متقارب ۲. هم‌سو، هم‌جهت
converger /kɔ̃vɛʀʒe/ *vi* (3) ۱. به هم رسیدن، (با هم) تلاقی کردن، هم‌دیگر را قطع کردن ۲. متمرکز

شدن ۳. منتهی شدن ۴. یک هدف را دنبال کردن

conversation /kɔ̃vɛʀsasjɔ̃/ *nf* ۱. گفتگو، مکالمه، صحبت ۲. مذاکره

avoir de la conversation حراف بودن، خوش‌صحبت بودن، خوش سر و زبان بودن

faire la conversation avec qqn با کسی گفتگو کردن، با کسی صحبت کردن

converser /kɔ̃vɛʀse/ *vi* (1) گفتگو کردن، صحبت کردن، حرف زدن

conversion /kɔ̃vɛʀsjɔ̃/ *nf* ۱. تغییر دین، تغییر مذهب، نوگروی ۲. گرایش، گرویدن ۳. تغییر عقیده ۴. تبدیل

converti,e /kɔ̃vɛʀti/ *adj, n* نودین، نوکیش، نوآیین

convertibilité /kɔ̃vɛʀtibilite/ *nf* قابلیت تبدیل، تبدیل‌پذیری

convertible /kɔ̃vɛʀtibl/ *adj* قابل تبدیل، تبدیل‌پذیر

convertir /kɔ̃vɛʀtiʀ/ *vt* (2) ۱. (به دین دیگری) درآوردن، پیرو (دین دیگری) کردن ۲. مؤمن کردن، معتقد کردن ۳. عقیده (کسی را) عوض کردن ۴. تبدیل کردن

convertir à l'Islam مسلمان کردن

se convertir *vp* ۱. (به دین دیگری) گرویدن ۲. پذیرفتن، قبول کردن

Il s'est converti à votre avis. او نظر شما را پذیرفته است.

se convertir à l'Islam اسلام آوردن، به دین اسلام گرویدن، مسلمان شدن

convertisseur /kɔ̃vɛʀtisœʀ/ *nm* [فیزیک] مبدل، واگردانگر

convexe /kɔ̃vɛks/ *adj* محدب، کوژ

convexité /kɔ̃vɛksite/ *nf* تحدب، کوژی

conviction /kɔ̃viksjɔ̃/ *nf* یقین، اعتقاد، ایمان

convier /kɔ̃vje/ *vt* (7) ۱. دعوت کردن ۲. درخواست کردن، خواستن

convive /kɔ̃viv/ *n* میهمان، مدعو

convivial,e,aux /kɔ̃vivjal,o/ *adj* دوستانه، صمیمانه، خودمانی

convivialité /kɔ̃vivjalite/ *nf* ۱. روابط دوستانه، روابط صمیمانه ۲. (علاقه به) سورچرانی

convocation /kɔ̃vɔkasjɔ̃/ *nf* ۱. احضار، دعوت، فراخوانی ۲. احضاریه ۳. دعوت‌نامه

convoi /kɔ̃vwa/ *nm* ۱. کاروان، ستون ۲. صف ۳. ستون زرهی ۴. [ارتش] قطار ۵. تشییع‌کنندگان ۶. کاروان دریایی

convoiter /kɔ̃vwate/ *vt* (1) ۱. آرزوی (چیزی را) داشتن، مشتاق (چیزی) بودن ۲. حسرت (کسی یا چیزی را) خوردن، غبطه خوردن به، چشم دوختن به

convoitise /kɔ̃vwatiz/ *nf* طمع، حرص، آزمندی، آز

regarder avec convoitise به چشم طمع نگریستن، طمع بردن به

convoquer /kɔ̃vɔke/ *vt* (1) دعوت کردن، احضار کردن، فرا خواندن

convoyer /kɔ̃vwaje/ *vt* (8) اسکورت کردن، (برای محافظت) همراهی‌کردن

convoyeur /kɔ̃vwajœʀ/ *nm* ۱. اسکورت، محافظ ۲. کشتی اسکورت ۳. دستگاه انتقال، نقاله

convulser /kɔ̃vylse/ *vt* (1) دچار تشنج کردن، متشنج کردن

convulsif,ive /kɔ̃vylsif,iv/ *adj* ۱. تشنجی، تشنج‌زا ۲. عصبی ۳. غیرارادی، بی‌اختیار

convulsion /kɔ̃vylsjɔ̃/ *nf* ۱. تشنج ۲. آشوب، ناآرامی، شورش

convulsionner /kɔ̃vylsjɔne/ *vt* (1) دچار تشنج کردن، متشنج کردن

convulsivement /kɔ̃vylsivmɑ̃/ *adv* ۱. با تشنج، از روی تشنج ۲. با حالت عصبی

coopératif,ive /kɔɔpeʀatif,iv/ *adj* ۱. تعاونی ۲. دارای حس همکاری، همراه

coopération /kɔɔpeʀasjɔ̃/ *nf* ۱. همکاری، همیاری، مشارکت ۲. تعاون

coopérative /kɔɔpeʀativ/ *nf* شرکت تعاونی

coopérer /kɔɔpeʀe/ *vt* (6) همکاری کردن، مشارکت کردن، تشریک مساعی کردن

coordination /kɔɔʀdinasjɔ̃/ *nf* هماهنگ‌سازی، هماهنگی

conjonction de coordination [دستور زبان] حرف ربط همپایه

coordonnées /kɔɔʀdɔne/ *nf.pl* ۱. [ریاضی] مختصات ۲. [خودمانی] مشخصات (فردی)

coordonner /kɔɔʀdɔne/ *vt* (1) ۱. نظم دادن به، منظم کردن، هماهنگ کردن ۲. جور کردن

copain /kɔpɛ̃/ *nm, adj* [خودمانی؛ پسر یا مرد] رفیق، دوست

copain de classe همکلاسی، هم‌شاگردی

copeau /kɔpo/ *nm* [چوب، فلز] تراشه

copiage /kɔpjaʒ/ *nm* ۱. [امتحان] تقلب ۲. تقلید صِرف

copie /kɔpi/ *nf* ۱. رونوشت ۲. فتوکپی، کپی ۳. نسخه ۴. نسخهٔ بدل، کپی ۵. تکلیف مدرسه، مشق ۶. ورقه، ورق

copier /kɔpje/ *vt* (7) ۱. رونویسی کردن، از روی (چیزی) نوشتن، کپی کردن ۲. فتوکپی گرفتن، تکثیر کردن ۳. [امتحان] تقلب کردن، از روی دست (کسی) نوشتن ۴. نوشتن، یادداشت کردن ۵. تقلید کردن از

copier une vedette de cinéma از یک هنرپیشهٔ سینما تقلید کردن

copieur,euse /kɔpjœʀ,øz/ *n* ۱. (شاگرد) متقلب ۲. مقلد، دنباله‌رو

copieusement /kɔpjøzmɑ̃/ *adv* خیلی، زیاد، فراوان، (به طور) مفصل

copieux,euse /kɔpjø,øz/ *adj* فراوان، زیاد، بسیار، مفصل

copilote /kɔpilɔt/ *nm* کمک‌خلبان

copine /kɔpin/ *nf* [خودمانی؛ دختر یا زن] رفیق، دوست

copiner /kɔpine/ *vi* (1) [خودمانی] رفیق بودن، دوست بودن

copinerie /kɔpinʀi/ *nf* ۱. [خودمانی] رفاقت، دوستی ۲. رفقا، دوستان

copiste /kɔpist/ *n* نسخه‌بردار

coproduction /kɔpʀɔdyksjɔ̃/ *nf* [سینما] محصول مشترک

copropriétaire /kɔpʀɔpʀijetɛʀ/ *n* شریک ملک، مالک مُشاع

copropriété /kɔpʀɔpʀijete/ *nf* ملک مشترک، ملک مُشاع

copulation /kɔpylasjɔ̃/ *nf* ۱. جفت‌گیری ۲. جماع، مقاربت، آمیزش

copule /kɔpyl/ *nf* [دستور زبان] فعل ربطی، رابطه

copyright /kɔpiʀajt/ *nm* حق انحصاری اثر، کپی‌رایت

coq[1] /kɔk/ *nm* ۱. خروس ۲. [بعضی از پرندگان] نر ۳. بادنما

avoir des mollets de coq پاهای لاغری داشتن، پاهای (کسی) مثل نی‌قلیان بودن

coq gaulois نشان خروس (= مظهر ملی فرانسه)

être comme un coq en pâte در ناز و نعمت بودن

passer du coq à l'âne آسمان ریسمان به هم بافتن، پرت و پلا گفتن

poids coq [مشت‌زنی] (دستهٔ) خروس‌وزن

coq[2] /kɔk/ *nm* آشپز کشتی

maître-coq سرآشپز

coq-à-l'âne /kɔkalan/ *nm. inv* پرت و پلا، چرند و پرند، چرت و پرت

faire des coq-à-l'âne آسمان ریسمان به هم بافتن، پرت و پلا گفتن، چرت و پرت گفتن

coque /kɔk/ *nf* ۱. [گردو، فندق، ...] پوست ۲. صدف (خوراکی) ۳. بدنه، اسکلت ۴. بدنهٔ کشتی
œuf à la coque تخم‌مرغ نیم‌بند، تخم‌مرغ عسلی
coquelet /kɔklɛ/ *nm* جوجه خروس
coquelicot /kɔkliko/ *nm* شقایق
être rouge comme un coquelicot [از خجالت و غیره] مثل لبو سرخ شدن
coqueluche /kɔklyʃ/ *nf* ۱. سیاه‌سرفه ۲. عزیز، عزیزکرده، محبوب
coquet,ette /kɔkɛ,ɛt/ *adj* ۱. لوند، طناز، عشوه‌گر ۲. قشنگ ۳. شیک ۴. [خودمانی؛ مبلغ، کادو، ...] گنده، قابل توجه، حسابی
coquetier[1] /kɔktje/ *nm* مرغدار
coquetier[2] /kɔktje/ *nm* جاتخم‌مرغی
coquettement /kɔkɛtmɑ̃/ *adv* ۱. با لوندی، با عشوه‌گری ۲. با زیبایی، قشنگ
coquetterie /kɔkɛtʀi/ *nf* ۱. لوندی، عشوه‌گری، دلبری، طنازی ۲. عشوه، کرشمه، غمزه ۳. قشنگی ۴. خودآرایی
coquillage /kɔkijaʒ/ *nm* ۱. جانور صدف‌دار ۲. صدف
coquille /kɔkij/ *nf* ۱. صدف، لاک ۲. [تخم‌مرغ، گردو، فندق، ...] پوست ۳. ابزار دالبری، آذین صدفی ۴. اشتباه چاپی
coquille de noix ۱. پوست گردو ۲. [مجازی] قایق، زورق
rentrer dans sa coquille در لاک خود فرو رفتن
coquin,e /kɔkɛ̃,in/ *adj, n* ۱. شیطان، تُخس، بازیگوش ۲. بدجنس ۳. [قدیمی] رذل، پست ۴. شیطنت‌آمیز ◻ ۵. آدم بدجنس ۶. بچهٔ شیطان، بچهٔ تُخس ۷. [قدیمی] آدم رذل
coquinerie /kɔkinʀi/ *nf* ۱. شیطنت، بازیگوشی ۲. بدجنسی ۳. [قدیمی] رذالت، پستی
cor[1] /kɔʀ/ *nm* ۱. شیپور ۲. بوق
à cor et à cri با داد و بیداد، با جار و جنجال
cor[2] /kɔʀ/ *nm* میخچه

corail,aux /kɔʀaj,o/ *nm* مرجان
corallien,enne /kɔʀaljɛ̃,ɛn/ *adj* مرجانی
Coran /kɔʀɑ̃/ *nm* قرآن
coranique /kɔʀanik/ *adj* ۱. قرآنی، (مربوط به) قرآن ۲. (مربوط به) علوم قرآنی
corbeau /kɔʀbo/ *nm* کلاغ
corbeille /kɔʀbɛj/ *nf* ۱. سبد، زنبیل ۲. [تئاتر] بالکن پیشین ۳. جایگاه کارگزاران بورس
corbillard /kɔʀbijaʀ/ *nm* نعش‌کش
cordage /kɔʀdaʒ/ *nm* ۱. طناب ۲. سیم
corde /kɔʀd/ *nf* ۱. طناب ۲. بند، ریسمان ۳. زه، سیم ۴. نخ ۵. طنابِ دار ـــ [صورت جمع] ۶. سازهای زهی، آلات موسیقی زهی
corde à linge طنابِ رخت، بندِ رخت
corde à sauter طنابِ بازی
corde vocale تار صوتی، تار آوا
danseur de corde بندباز
Il pleut des cordes. مثل دم اسب باران می‌بارد.
instruments à cordes سازهای زهی، آلات موسیقی زهی
mériter la corde مستحق طنابِ دار بودن
se mettre la corde au cou خود را گرفتار کردن
tirer sur la corde (از فرصت) سوءاستفاده کردن
toucher la corde sensible داغ کسی را تازه کردن، نمک رو زخم کسی پاشیدن
usé jusqu'à la corde نخ‌نما
cordeau /kɔʀdo/ *nm* ۱. ریسمان، بند ۲. [بمب و غیره] فتیله
cordée /kɔʀde/ *nf* ردیف کوه‌نوردان
cordelette /kɔʀdəlɛt/ *nf* ریسمان (نازک)
cordelière /kɔʀdəljɛʀ/ *nf* بند
corder /kɔʀde/ *vt* (1) ۱. طناب‌پیچ کردن، طناب پیچیدن دورِ، با طناب بستن ۲. تابیدن ۳. زه انداختن، سیم انداختن
corderie /kɔʀdʀi/ *nf* ۱. طناب‌بافی ۲. کارگاه طناب‌بافی
cordial[1]**,e,aux** /kɔʀdjal,o/ *adj* ۱. (مربوط به)

بـا مشکـلات دسـت و پنجـه نـرم کـردن

corné,e[1] /kɔʀne/ *adj* شاخی

cornée[2] /kɔʀne/ *nf* قرنیه

corneille /kɔʀnɛj/ *nf* کلاغ

cornélien,enne /kɔʀneljɛ̃,ɛn/ *adj* ۱. (مربوط به) کُرنی (= پیر کرنی، شاعر و نمایشنامه‌نویس فرانسوی) ۲. به سبک کرنی

cornemuse /kɔʀnəmyz/ *nf* نی‌انبان

corner /kɔʀne/ *vi, vt* (1) ۱. بوق زدن ۲. [گوش] زنگ زدن ◙ ۳. [کاغذ و غیره] گوشهٔ (چیزی را) تا کردن

corner aux oreilles de qqn ۱. با صدای بلند با کسی حرف زدن ۲. مدام به گوش کسی خواندن، مرتباً (مطلبی را) برای کسی تکرار کردن

corner /kɔʀnɛʀ/ *nm* [فوتبال] کُرنر

cornet /kɔʀnɛ/ *nm* ۱. قیف ۲. کورنت (= نوعی ساز شبیه به ترومپت)

se mettre qqch dans le cornet [عامیانه] تو شکم خود ریختن، به خود چپاندن

cornette /kɔʀnɛt/ *nf* کلاه راهبه

corniche /kɔʀniʃ/ *nf* ۱. [معماری] رُخبام، کتیبه ۲. [معماری] قرنیز، طُره ۳. [کوه] نقاب، طُره ۴. [جاده] گردنه

cornichon /kɔʀniʃ/ *nm* ۱. خیارترشی ۲. (آدم) خرفت، خنگ، کودن

cornier,ère[1] /kɔʀnje,ɛʀ/ *adj* گوشه‌ای، (مربوط به) گوشه

cornière[2] /kɔʀnjɛʀ/ *nf* (آهن) نبشی

corniste /kɔʀnist/ *n* شیپورزن

cornu,e[1] /kɔʀny/ *adj* شاخدار

cornue[2] /kɔʀny/ *nf* قَرع

corollaire /kɔʀɔlɛʀ/ *nm* نتیجه، پیامد

corolle /kɔʀɔl/ *nf* جام گل

coron /kɔʀɔ̃/ *nm* ۱. خانهٔ معدنچیان ۲. محلهٔ معدنچیان

قلب ۲. صمیمی، صمیمانه، دوستانه، قلبی، گرم ۳. شدید، عمیق

une haine cordiale یک کینهٔ شدید، کینهٔ عمیق

cordial[2]**,aux** /kɔʀdjal,o/ *nm* داروی قلب

cordialement /kɔʀdjalmɑ̃/ *adv* صمیمانه، دوستانه، خالصانه، گرم

cordialité /kɔʀdjalite/ *nf* صمیمیت، گرمی، محبت

cordier /kɔʀdje/ *nm* طناب‌باف

cordillère /kɔʀdijɛʀ/ *nf* [به ویژه در آمریکای لاتین] رشته کوه، سلسله جبال

cordon /kɔʀdɔ̃/ *nm* ۱. بند ۲. نخ، قیطان ۳. نوار ۴. حمایل ۵. صف، ردیف

cordon-bleu آشپز درجه یک

cordon littoral نوار ساحلی

cordon ombilical بند ناف

cordonnerie /kɔʀdɔnʀi/ *nf* پینه‌دوزی، کفاشی

cordonnier,ère /kɔʀdɔnje,ɛʀ/ *n* پینه‌دوز، کفاش

coreligionnaire /kɔʀəliʒjɔnɛʀ/ *n* هم‌دین، هم‌کیش، هم‌آیین

coriace /kɔʀjas/ *adj* ۱. سفت، چِغر ۲. سرسخت، جدی، خشک

cornac /kɔʀnak/ *nm* ۱. فیلبان ۲. [خودمانی] راهنما

cornaline /kɔʀnalin/ *nf* عقیق سرخ

corne /kɔʀn/ *nf* ۱. شاخ ۲. شاخک ۳. گوشه ۴. لبه ۵. [کاغذ] تا ۶. قیف ۷. بوق ۸. پینه

bêtes à cornes جانوران اهلی شاخ‌دار، گاو و بز

faire/montrer les cornes à qqn کسی را مسخره کردن

faire une corne à la page d'un livre گوشهٔ صفحهٔ کتاب را تا کردن

prendre le taureau par les cornes

a = bas, plat e = blé, jouer ɛ = lait, jouet, merci i = il, lyre o = mot, dôme, eau, gauche ɔ = mort
u = roue y = rue ø = peu œ = peur ə = le, premier ɑ̃ = sans, vent ɛ̃ = matin, plein, lundi
ɔ̃ = bon, ombre ʃ = chat, tache ʒ = je, gilet j = yeux, paille, pied w = oui, nouer ɥ = huile, lui

coronaire /kɔʀɔnɛʀ/ *adj* [کالبدشناسی] تاجی، اکلیلی

corporatif,ive /kɔʀpɔʀatif,iv/ *adj* صنفی

corporation /kɔʀpɔʀasjɔ̃/ *nf* ۱. صنف ۲. [قدیمی] اتحادیهٔ صنفی

corporel,elle /kɔʀpɔʀɛl/ *adj* بدنی، جسمانی

corps /kɔʀ/ *nm* ۱. بدن، تن، پیکر ۲. تنه ۳. جسد، جنازه، نعش ۴. اندام، هیکل ۵. آدم ۶. قسمت اصلی، اصل ۷. جِرم، جسم ۸. گروه، دسته، جماعت ۹. هیئت ۱۰. [نظامی] یکان، واحد ۱۱. دوام، استحکام ۱۲. [شراب] گیرایی

à son corps défendant بر خلاف میل، با اکراه

corps à corps تن به تن

corps composé جسم مرکب

corps d'armées سپاه

corps diplomatique هیئت سیاسی

prendre corps شکل گرفتن، تحقق یافتن، به اجرا درآمدن

se jeter à corps perdu dans une entreprise بی‌محابا به میان معرکه جستن

corpulence /kɔʀpylɑ̃s/ *nf* تنومندی، درشتی اندام

corpulent,e /kɔʀpylɑ̃,t/ *adj* تنومند، هیکل‌دار، درشت

corpuscule /kɔʀpyskyl/ *nf* ذره

correct,e /kɔʀɛkt,t/ *adj* ۱. درست، صحیح ۲. دقیق ۳. مناسب، شایسته ۴. درستکار، درست ۵. [در پاسخ] بله! درسته!

correctement /kɔʀɛktəmɑ̃/ *adv* ۱. درست، به طرزی صحیح، به درستی ۲. به طور شایسته‌ای ۳. خوب

correcteur,trice /kɔʀɛktœʀ,tʀis/ *n* ۱. مصحح، تصحیح‌کننده ۲. وسیلهٔ تنظیم، تنظیم‌کننده

correctif[1],ive /kɔʀɛktif,iv/ *adj* اصلاحی

correctif[2] /kɔʀɛktif/ *nm* تعدیل

correction /kɔʀɛksjɔ̃/ *nf* ۱. تصحیح ۲. اصلاح ۳. درستی، صحت ۴. غلط‌گیری ۵. تنبیه (بدنی)، کتک ۶. رفتار شایسته، نزاکت، ادب

correctionnel,elle /kɔʀɛksjɔnɛl/ *adj* [حقوقی] تأدیبی

peine correctionnelle مجازات تأدیبی

tribunal correctionnel دادگاه جُنحه

corrélatif,ive /kɔʀelatif,iv/ *adj* ۱. همبسته ۲. مرتبط

corrélation /kɔʀelasjɔ̃/ *nf* ۱. همبستگی ۲. ارتباط، ربط

correspondance /kɔʀɛspɔ̃dɑ̃s/ *nf* ۱. مطابقت، تناسب، همخوانی ۲. شباهت، تشابه، همانندی ۳. [وسیله نقلیه] تعویض ۴. مکاتبه، نامه‌نگاری ۵. نامه‌ها، مکاتبات

enseignement par correspondance آموزش مکاتبه‌ای

être en correspondance avec qqn با کسی مکاتبه داشتن

par correspondance مکاتبه‌ای

correspondant,e /kɔʀɛspɔ̃dɑ̃,t/ *adj, n* ۱. همانند، قرینه ۲. معادل، هم‌تراز، برابر ◙ ۳. طرف مکاتبه ۴. خبرنگار، مخبر، گزارشگر

angles correspondants زوایای متناظر

correspondre /kɔʀɛspɔ̃dʀ/ *vt, vi* (41) ۱. مطابق بودن، تطبیق کردن، همخوانی داشتن، خواندن ۲. برابر بودن ◙ ۳. مکاتبه داشتن، مکاتبه کردن، نامه‌نگاری کردن ۴. (به هم) راه داشتن

se correspondre *vp* ۱. مطابق هم بودن، با هم خواندن ۲. به هم راه داشتن

corrridor /kɔʀidɔʀ/ *nm* ۱. راهرو ۲. دالان

corrigé /kɔʀiʒe/ *nm* [درسی] سرمشق

corriger /kɔʀiʒe/ *vt* (3) ۱. تصحیح کردن، اصلاح کردن، درست کردن ۲. غلط‌گیری کردن ۳. تعدیل کردن، خفیف‌تر کردن، از شدت (چیزی) کاستن ۴. تنبیه کردن، ادب کردن، کتک زدن

se corriger *vp* ۱. اصلاح شدن، درست شدن ۲. خود را اصلاح کردن

corrigible /kɔʀiʒibl/ *adj* اصلاح‌پذیر، قابل اصلاح، اصلاح‌شدنی

corroborer /kɔʀɔbɔʀe/ *vt* (1) تأیید کردن، قوت دادن

corroder /kɔʀɔde/ *vt* (1) ۱. خوردن، پوساندن، از بین بردن ۲. تحلیل بردن، فرسودن، کاستن

corroierie /kɔʀwaʀi/ *nf* ۱. دباغی ۲. کارگاه دباغی

corrompre /kɔʀɔ̃pʀ/ *vt* (4) ۱. فاسد کردن، خراب کردن ۲. ضایع کردن، تباه کردن، از بین بردن ۳. [متن و غیره] تحریف کردن، مخدوش کردن، خراب کردن ۴. تطمیع کردن، خریدن، رشوه دادن به

se corrompre *vp* ۱. فاسد شدن، خراب شدن ۲. ضایع شدن، تباه شدن

corrosif,ive /kɔʀozif,iv/ *adj* ۱. [اسید و غیره] خورنده، فرساینده ۲. مخرب، مضر، زیان‌آور ۳. تند، نیشدار، گزنده، زننده

corrosion /kɔʀozjɔ̃/ *nf* ۱. خورندگی، فرسایش ۲. خوردگی، پوسیدگی، زنگ‌زدگی

corroyer /kɔʀwaje/ *vt* (8) [پوست] دباغی کردن، عمل آوردن

corroyeur /kɔʀwajœʀ/ *nm* دباغ

corrupteur,trice /kɔʀyptœʀ,tʀis/ *adj, n* ۱. مایهٔ فساد، مخرب، مضر، زیان‌آور ◙ ۲. مُفسد، مَفسده‌جو ۳. رشوه‌دهنده

corruptibilité /kɔʀyptibilite/ *nf* فسادپذیری

corruptible /kɔʀyptibl/ *adj* ۱. فسادپذیر، فاسدشدنی ۲. قابل تطمیع، خریدنی

corruption /kɔʀypsjɔ̃/ *nf* ۱. فساد، خرابی ۲. گمراهی، انحراف، تباهی ۳. تحریف ۴. تطمیع، رشوه‌دهی، رشوه‌خواری، ارتشا

corsage /kɔʀsaʒ/ *nm* ۱. بُلیز (زنانه)، بلوز (زنانه) ۲. [لباس زنانه] نیم‌تنه، بالاتنه

corsaire /kɔʀsɛʀ/ *nm* ۱. دزد دریایی ۲. کشتی دزدان دریایی

corse[1] /kɔʀs/ *adj* (مربوط به) کُرس (= جزیره‌ای در دریای مدیترانه، متعلق به کشور فرانسه)، کُرسی

Corse[2] /kɔʀs/ *n* اهل کُرس، کُرسی

corse[3] /kɔʀs/ *nm* گویش کُرس، کُرسی

corser /kɔʀse/ *vt* (1) ۱. قوام بخشیدن، پرملات کردن ۲. قوت دادن ۳. پیچیده‌تر کردن

corset /kɔʀsɛ/ *nm* گِن، شکم‌بند، کُرست

corset orthopédique کُرست طبی

corsetier,ère /kɔʀsətje,ɛʀ/ *adj, n* سازندهٔ گِن، شکم‌بنددوز

cortège /kɔʀtɛʒ/ *nm* ۱. همراهان، ملازمین ۲. صف، دسته، جمعیت

cortège funèbre تشییع‌کنندگان، مشایعین

cortex /kɔʀtɛks/ *nm* ۱. [کالبدشناسی] قشر ۲. قشر مخ

cortical,e,aux /kɔʀtikal,o/ *adj* ۱. [کالبدشناسی] قشری، (مربوط به) قشر ۲. (مربوط به) قشر مخ

corvée /kɔʀve/ *nf* ۱. بیگاری ۲. کار شاق، کار طاقت‌فرسا ۳. کار اجباری

coryphée /kɔʀife/ *nf* رهبر، سردسته

coryza /kɔʀiza/ *nm* [پزشکی] زکام

cosaque /kɔzak/ *nm* قزاق

cosmétique /kɔsmetik/ *adj, nm* ۱. آرایشی ◙ ۲. روغن سر

cosmique /kɔsmik/ *adj* کیهانی

cosmogonie /kɔsmɔgɔni/ *nf* آفرینش‌شناسی، علم تکوین

cosmologie /kɔsmɔlɔʒi/ *nf* کیهان‌شناسی، کیهان‌شناخت

cosmonaute /kɔsmɔnot/ *n* فضانورد

cosmopolite /kɔsmɔpɔlit/ *adj* ۱. جهان‌وطن، جهان‌میهن ۲. جهانی ۳. جهان‌شمول ۴. جهان‌دیده

cosmopolitisme /kɔsmɔpɔlitism/ *nm*
جهان‌وطنی، جهان‌میهنی

cosmos /kɔsmos/ *nm*
کیهان، عالم، جهانِ هستی

cosse[1] /kɔs/ *nf*
[لوبیا، نخود، ...] پوست، غلاف

cosse[2] /kɔs/ *nf*
[عامیانه] تنبلی، تن‌پروری

cossu,e /kɔsy/ *adj*
۱. ثروتمند، پولدار
۲. مرفه ۳. [خانه و غیره] اعیانی

costal,e,aux /kɔstal,o/ *adj*
دنده‌ای، (مربوط به) دنده‌ها

costaud,e /kɔsto,d/ *adj*
۱. [خودمانی] پرزور، زوردار، قوی ۲. محکم ۳. بادوام

costume /kɔstym/ *nm*
۱. لباس، رخت، پوشاک ۲. کت (و) شلوار

en costume d'Adam
[خودمانی] لخت مادرزاد، لخت و عور

costumé,e /kɔstyme/ *adj*, bal costumé
(نوعی) بالماسکه

costumer /kɔstyme/ *vt* (1)
لباس تن (کسی) کردن، لباس پوشاندن (به)

se costumer *vp*
لباس تن کردن، لباس پوشیدن

costumier,ère /kɔstymje,ɛʀ/ *n*
مسئول لباس، جامه‌دار

cote /kɔt/ *nf*
۱. مظنه ۲. نرخ‌گذاری، قیمت‌گذاری ۳. [مالیات] تعیین، برآورد ۴. [طبقه‌بندی] ردیف، شماره ۵. [تکلیف مدرسه] نمره ۶. [روی نقشه] (رقم) ارتفاع

avoir la cote
محبوبیت داشتن، طرفدار داشتن

cote d'alerte
مرز خطر

cote d'amour
[به ویژه در انتخابات] وجهه، محبوبیت (اجتماعی و اخلاقی)

cote d'un cheval
[اسب‌دوانی] احتمال بُرد یک اسب، شانس برنده شدن یک اسب

côte /kot/ *nf*
۱. دنده ۲. گوشت دنده ۳. دامنه ۴. شیب، سربالایی ۵. ساحل ۶. رگبرگ ۷. [پوست طالبی و غیره] رگه، خطوط ۸. [مخمل و غیره] راه

avoir les côtes en long
تنبل بودن، تن‌پرور بودن

côte à côte
پهلو به پهلو، در کنار هم

être à la côte
آه در بساط نداشتن، آس و پاس بودن، بی‌پول بودن

se tenir les côtes
از خنده روده‌بر شدن

côté /kote/ *nm*
۱. پهلو ۲. طرف، سمت، سو ۳. کنار ۴. ضلع، بَر ۵. جنبه

à côté de
۱. (در) کنارِ، پهلویِ، پیشِ ۲. نسبت به، در مقایسه با

de côté
کج، یک‌وری

de mon côté
از جانب خودم، از طرف خودم

laisser de côté
کنار گذاشتن، رها کردن، ول کردن

les petits côtés
عیب‌های جزیی، خرده‌شیشه

mettre de côté
اندوختن، ذخیره کردن، پس‌انداز کردن

passer à côté d'une difficulté
از کنار مشکلی گذشتن، مشکلی را نادیده گرفتن

regarder de côté
از گوشهٔ چشم نگاه کردن

coteau /kɔto/ *nm*
تپه

côtelette /kotlɛt/ *nf*
گوشت دنده

coter /kɔte/ *vt* (1)
۱. شماره‌گذاری کردن ۲. مظنه دادن ۳. قیمت (چیزی را) اعلام کردن ۴. نمره دادن ۵. [نقشه] ارتفاعات را مشخص کردن

coterie /kɔtʀi/ *nf*
دسته، باند، فرقه

côtier,ère /kotje,ɛʀ/ *adj*
ساحلی

cotisation /kɔtizasjɔ̃/ *nf*
۱. سهم، دونگ ۲. سهم‌گذاری، پرداخت سهم ۳. حق عضویت ۴. [بیمه و غیره] حق

cotiser /kɔtize/ *vi* (1)
۱. سهم دادن، دونگ خود را دادن، سهیم شدن ۲. حق عضویت (جایی را) دادن ۳. [بیمه و غیره] حق (چیزی را) پرداخت کردن

se cotiser *vp*
پول روی هم گذاشتن، سهیم شدن

coton /kɔtɔ̃/ *nm, adj*
۱. پنبه ۲. نخ ۳. [عامیانه] سخت

de coton
نخی

élever un enfant dans du coton
کودکی را در ناز و نعمت بزرگ کردن

filer un mauvais coton	۱. حال (کسی) خوب نبودن ۲. تو هچل افتادن
cotonnade /kɔtɔnad/ *nf*	پارچهٔ نخی
cotonneux,euse /kɔtɔnø,øz/ *adj*	۱. کرک‌دار، کرکی ۲. پُفکی، پُفی
cotonnier¹ /kɔtɔnje/ *nm*	بوتهٔ پنبه
cotonnier²,ère /kɔtɔnje,ɛR/ *adj*	۱. (مربوط به) پنبه ۲. (مربوط به) پنبه‌کاری
côtoyer /kotwaje/ *vt* (8)	۱. از کنار (جایی) رفتن، در امتداد (جایی) رفتن، طول (جایی را) پیمودن ۲. پهلو به پهلوی هم رفتن ۳. نزدیک بودن به، پهلو زدن به ۴. رفت و آمد داشتن با، نشست و برخاست کردن با
cottage /kɔtɛdʒ;kɔtaʒ/ *nm*	۱. کلبه ۲. ویلا
cotylédon /kɔtiledɔ̃/ *nm*	[گیاه‌شناسی] لپه (= برگ اولیه در دانهٔ گیاه)
cou /ku/ *nm*	۱. گردن ۲. [بطری] دهانه
couper le cou	سر بریدن، گردن زدن
endetté jusqu'au cou	تا خرخره زیر قرض
prendre ses jambes à son cou	پا به فرار گذاشتن، دو پا داشتن دو پای دیگر هم قرض کردن و پا به فرار گذاشتن
se casser/se rompre le cou	۱. به سختی مجروح شدن ۲. بیچاره شدن
couard,e /kwaR,d/ *adj, n*	[ادبی یا محلی] ترسو، جبون
couardise /kwaRdiz/ *nf*	ترسویی، بزدلی، ترس
couchage /kuʃaʒ/ *nm*	۱. (عمل) خواباندن ۲. (عمل) خوابیدن ۳. رختخواب
sac de couchage	کیسه‌خواب
couchant /kuʃɑ̃/ *adj. m, nm*	۱. [آفتاب] در حال غروب، غروبگاهی ▪ ۲. مغرب
couche /kuʃ/ *nf*	۱. لایه، قشر، ورقه ۲. بستر ۳. پوشک بچه، کهنه — [صورت جمع] ۴. زایمان، وضع حمل
coucher¹ /kuʃe/ *vt, vi* (1)	۱. خواباندن ۲. در رختخواب گذاشتن ۳. خم کردن ۴. قید کردن، درج کردن ▪ ۵. خوابیدن ۶. شب را گذراندن، شب (را در جایی) ماندن ۷. [خودمانی] (با کسی) خوابیدن، رابطه (جنسی) داشتن
chambre à coucher	اتاق خواب
Comme on fait son lit on se couche.	هر چه بکاری همان بدروی.
coucher en joue	هدف گرفتن، نشانه گرفتن
se coucher *vp*	۱. به رختخواب رفتن، به بستر رفتن ۲. دراز کشیدن، خوابیدن ۳. خم شدن ۴. غروب کردن
coucher² /kuʃe/ *nm*	۱. (عمل) خوابیدن ۲. غروب ۳. منظرهٔ غروب
couchette /kuʃɛt/ *nf*	۱. تختخواب کوچک، تخت کوچک ۲. [قطار، کشتی] تخت
couci-couça /kusikusa/ *loc. adv*	[خودمانی] احوال‌پرسی بدک نیستم
coucou /kuku/ *nm, interj*	۱. فاخته، کوکو ۲. ساعت کوکو (= ساعتی که صدای زنگ آن مثل صدای فاخته است.) ۳. هواپیما(ی قدیمی)، طیاره ▪ ۴. [بازی قایم‌موشک] شُک‌شُک!
coude /kud/ *nm*	۱. آرنج ۲. پیچ، خم
donner un coup de coude à qqn	با آرنج به کسی زدن
jouer des coudes	با آرنج راه را (از میان جمعیت) باز کردن
travailler coude à coude	شانه به شانهٔ هم کار کردن
coudée /kude/ *nf*	اَرَش (= واحد قدیمی طول از آرنج تا سر انگشتان، معادل نیم متر.)
coudoyer /kudwaje/ *vt* (8)	۱. از بغل (کسی) گذشتن، از میان (جمعیت) گذشتن ۲. پهلو زدن به، همپای (چیزی) بودن
coudraie /kudRɛ/ *nf*	باغ فندق

---

a = bas, plat   e = blé, jouer   ɛ = lait, jouet, merci   i = il, lyre   o = mot, dôme, eau, gauche   ɔ = mort
u = roue   y = rue   ø = peu   œ = peur   ə = le, premier   ɑ̃ = sans, vent   ɛ̃ = matin, plein, lundi
ɔ̃ = bon, ombre   ʃ = chat, tache   ʒ = je, gilet   j = yeux, paille, pied   w = oui, nouer   ɥ = huile, lui

coudre /kudR/ *vt* (48)	۱. دوختن ۲. بخیه زدن
coudre à la machine	چرخ کردن، با چرخ‌خیاطی دوختن
machine à coudre	چرخ خیاطی
coudrier /kudRije/ *nm*	درخت فندق
cougouar /kugwaR/ *nm*	پوما، شیر کوهی
couille /kuj/ *nf*	[عامیانه] خایه، تخم
Il n'a pas de couilles.	[عامیانه] خایه‌شو نداره.
coulage /kulaʒ/ *nm*	۱. (عمل) ریختن ۲. قالب‌ریزی
coulant,e /kulɑ̃,t/ *adj*	۱. [سبک] ساده، روان ۲. [عامیانه] آسانگیر، راحت
nœud coulant	گرهٔ خفت
coulée /kule/ *nf*	[آتشفشان، ریخته‌گری] روانه
couler /kule/ *vi, vt* (1)	۱. جاری شدن، جاری بودن، جریان داشتن، راه افتادن، روان بودن، سرازیر شدن ۲. ریختن، چکیدن ۳. چکه کردن ۴. نشتی دادن ۵. [خودکار، خودنویس] جوهر پس دادن، جوهر دادن ۶. [زمان، زندگی، ...] سپری شدن، زود گذشتن ۷. [کشتی] غرق شدن ▪ ۸. ریختن ۹. قالب‌ریزی کردن، در قالب ریختن ۱۰. غرق کردن
couler un mot à l'oreille de qqn	حرفی در گوش کسی زدن، در گوش کسی گفتن
Il a le nez qui coule.	آبِ دماغش راه افتاد.
se couler *vp*	یواش رفتن، بی‌سر و صدا رفتن
couleur /kulœR/ *nf*	۱. رنگ ۲. رنگ پوست ۳. رنگ و رو ۴. آب و رنگ، جلا، جلوه ۵. رنگ و بو، حال و هوا ۶. ظاهر ــ [صورت جمع] پرچم
Annoncez la couleur.	حرفتان را بزنید، چه می‌خواهید بگویید؟
changer de couleur	رنگ‌به‌رنگ شدن
en coulers	رنگی
homme de couleur	۱. رنگین‌پوست ۲. سیاه‌پوست
sous couleur de	به بهانهٔ، ظاهراً به خاطرِ
couleuvre /kulœvR/ *nf*	مار (بی‌زهر)

coulisse /kulis/ *nf*	۱. [فنی] شیار، ریل ۲. [خیاطی] لیفه ۳. پشت صحنه ۴. کنار، یک گوشه
à coulisse	کشویی، ریلی
coulisser /kulise/ *vi, vt* (1)	۱. داخل ریل حرکت کردن، ریلی بودن ▪ ۲. ریل گذاشتن، ریلی کردن ۳. لیفه دادن
couloir /kulwaR/ *nm*	راهرو
couloir réservé aux autobus	مسیر ویژهٔ اتوبوس
coup /ku/ *nm*	۱. ضربه ۲. کتک ۳. شلیک ۴. حرکت ۵. جرعه
à coup de	به کمکِ، با استفاده از، با
à coup sûr	مسلماً، مطمئناً، قطعاً، یقیناً
à tout coup	هر بار، هر دفعه
coup de chaleur	گرمازدگی
coup de chance	شانس
coup de dés	۱. انداختنِ تاس، ریختنِ تاس ۲. ریسک، کار مخاطره‌آمیز
coup de foudre	عشق ناگهانی، عشق در یک نگاه، عشق در نظر اول
coup de frein	نیش ترمز
coup de froid	سرمازدگی
coup de grâce	تیر خلاص
coup de Jarnac	خیانت
coup de main	۱. کمک، یاری ۲. حملهٔ غافلگیرانه، شبیخون
coup d'œil	نظر، نگاه
coup de pied	لگد
coup de poing	ضربهٔ مشت، مشت
coup de sang	خونریزی مغزی
coup de soleil	آفتاب‌زدگی
coup d'État	کودتا
coup de tête	کار نسنجیده، بی‌فکری، بی‌احتیاطی
coup de théâtre	تغییر ناگهانی، واقعهٔ غیرمنتظره
coup du ciel	شانس، خوش‌شانسی
coup dur	اتفاق بد، حادثهٔ ناگوار

235 coupure

coup sur coup پی‌درپی، پیاپی، پشت سر هم، متوالی

donner un coup de téléphone à qqn به کسی زنگ زدن، به کسی تلفن کردن

expliquer le coup [خودمانی] در جریان گذاشتن

manquer son coup موفق نشدن، ناکام شدن

sous le coup de ۱. تحت تأثیرِ، بر اثرِ ۲. در معرضِ

sur le coup فوراً، بلافاصله، همان دم

tenir le coup تحمل کردن، تاب آوردن

tenter/risquer le coup شانس خود را امتحان کردن

tout à coup ناگهان، یک‌دفعه، به یکباره

tout d'un coup به یکباره، یک‌دفعه، ناگهان

valoir le coup به زحمتش ارزیدن، ارزشش را داشتن

coupable /kupabl/ *n, adj* ۱. گناهکار، مجرم ۲. مقصر، خطاکار ◻ ۳. قابل سرزنش، نکوهیده، شرم‌آور ۴. نامشروع

coupage /kupaʒ/ *nm* (عمل) قاطی کردن، مخلوط کردن

coupe[1] /kup/ *nf* ۱. گیلاس، جام، پیاله ۲. [جایزه] جام

Coupe du monde جام جهانی

coupe[2] /kup/ *nf* ۱. (عمل) بریدن ۲. برش ۳. [مو] اصلاح، زدن ۴. مقطع ۵. [ورق‌بازی] بُر تخت، کوپ

coupe sombre [پرسنل] کاهش قابل توجه

de bonne coupe خوش‌دوخت

être sous la coupe de qqn تحت سلطهٔ کسی بودن

mettre en coupe réglée مرتباً از مزایا زدن

coupé /kupe/ *nm* اتومبیل کوپه، اتومبیل دودر

coupe-circuit /kupsiʀkɥi/ *nm. inv* فیوز

coupe-gorge /kupgɔʀʒ/ *nm. inv* جای خطرناک، محل ناامن

coupe-ongles /kupɔ̃gl/ *nm* ناخن‌گیر

coupe-papier /kuppapje/ *nm* کاغذبُر

couper /kupe/ *vt, vi* (1) ۱. بریدن ۲. قطع کردن، زدن ۳. تکه‌تکه کردن، قطعه‌قطعه کردن ۴. [مو] اصلاح کردن، کوتاه کردن، زدن ۵. [ناخن] گرفتن ۶. تقسیم کردن، قسمت کردن ۷. از وسط (جایی) گذشتن، قطع کردن ۸. جدا کردن ۹. منزوی کردن ۱۰. حذف کردن، زدن ۱۱. سانسور کردن ۱۲. [حرف، تماس، ...] قطع کردن ۱۳. بستن، سد کردن ۱۴. [مایعات] (با مایع دیگر) مخلوط کردن، قاطی کردن ۱۵. [ورق‌بازی] بُر تخت زدن، کوپ کردن ◻ ۱۶. بریدن ۱۷. تیز بودن ۱۸. بریده شدن، برش خوردن

couper bras et jambes دست و پای (کسی را) تو پوست گردو گذاشتن، دست (کسی را) بستن

couper court ۱. خاتمه دادن، تمام کردن ۲. [صحبت] قطع کردن

couper les vivres à qqn کمک مالی به کسی را قطع کردن

se couper *vp* ۱. بریدن ۲. قطع شدن ۳. ضد و نقیض گفتن

se couper le doigt انگشت خود را بریدن

se couper les ongles ناخن خود را گرفتن

couperet /kupʀɛ/ *nm* ۱. ساطور ۲. تیغهٔ گیوتین

coupeur,euse /kupœʀ,øz/ *n* [خیاطی] برش‌کار

couple /kupl/ *nm* ۱. زوج ۲. جفت ۳. زن و شوهر

coupler /kuple/ *vt* (1) جفت کردن، دو به دو کردن

couplet /kuplɛ/ *nm* [شعر] بند، قطعه

coupole /kupɔl/ *nf* گنبد، قبه

coupon /kupɔ̃/ *nm* ۱. کالابرگ، کوپن، بُن ۲. بلیت ۳. تکه‌پارچه، ته‌تاقه

coupure /kupyʀ/ *nf* ۱. بریدگی ۲. [مجازی] شکاف ۳. حذف، سانسور ۴. [آب، گاز]

قطع ۵. قطع برق، خاموشی ۶. اسکناس ریز

cour /kuR/ *nf* ۱. حیاط ۲. محوطه ۳. دربار ۴. درباریان ۵. طرفداران، هواداران، هواخواهان ۶. دادگاه، دیوان، محکمه

être bien en cour مورد توجه بودن

faire la cour ۱. چاپلوسی (کسی را) کردن، زبان‌بازی کردن ۲. لاس زدن، لاسیدن

courage /kuRaʒ/ *nm* ۱. جرئت، دل و جرئت ۲. شجاعت، شهامت ۳. همت، پشتکار

courageusement /kuRaʒøzmɑ̃/ *adv* با شجاعت، با شهامت، شجاعانه، جسورانه

courageux,euse /kuRaʒø,øz/ *adj* ۱. شجاع، باشهامت، بی‌باک، دلیر، جسور ۲. شجاعانه، متهورانه، جسورانه

Il n'est pas courageux pour commencer ce travail. برای شروع این کار آمادگی ندارد.

couramment /kuRamɑ̃/ *adv* ۱. به آسانی، به راحتی، راحت ۲. معمولاً، اغلب

courant[1],e /kuRɑ̃,t/ *adj* ۱. رایج، متداول، معمول ۲. جاری، فعلی، روز

chien courant سگ شکاری، تازی

eau courante آب لوله‌کشی

le dix courant دهم همین ماه، دهم این برج

courant[2] /kuRɑ̃/ *nm* ۱. جریان ۲. روند ۳. [عقیده و غیره] گرایش

au courant در جریان، آگاه، مطلع، باخبر

courant d'air جریان هوا، کوران

dans le courant de در جریانِ، (در) طیِ

le courant (électrique) جریان برق

mettre au courant در جریان گذاشتن، مطلع کردن، اطلاع دادن به، باخبر کردن، خبر دادن به

courbatu,e /kuRbaty/ *adj* [ادبی] کوفته

courbature /kuRbatyR/ *nf* کوفتگی

courbaturer /kuRbatyRe/ *vt* (1) کوفته کردن، از پا درآوردن

courbe[1] /kuRb/ *nf* ۱. منحنی ۲. پیچ، خم، انحنا، قوس، کمان

courbe[2] /kuRb/ *adj* منحنی، خمیده، کمانی

courber /kuRbe/ *vt, vi* (1) ۱. خم کردن، تا کردن، کمانی کردن ◻ ۲. خم شدن، تا شدن

se courber *vp* ۱. خم شدن، دولا شدن ۲. تعظیم کردن ۳. سر فرود آوردن

courbure /kuRbyR/ *nf* خمیدگی، انحنا

coureur,euse /kuRœR,øz/ *n* ۱. دونده ۲. عیاش، خوشگذران ۳. هرزه

coureur automobile [مسابقهٔ اتومبیلرانی] اتومبیلران، راننده

coureur cycliste [مسابقهٔ دوچرخه‌سواری] دوچرخه‌سوار

courge /kuRʒ/ *nf* ۱. کدو ۲. [عامیانه] نادان، خر، نفهم

courgette /kuRʒɛt/ *nf* کدو مسمایی

courir /kuRiR/ *vi, vt* (11) ۱. دویدن ۲. عجله کردن ۳. مسابقه دادن، در مسابقه شرکت کردن ۴. جریان داشتن، جاری بودن، روان بودن ۵. گذشتن، سپری شدن ۶. شایع بودن ◻ ۷. دنبال (کسی) دویدن ۸. دنبال کردن ۹. در مسابقهٔ... شرکت کردن ۱۰. پیمودن، طی کردن، گشتن ۱۱. رفت و آمد کردن به ۱۲. گشتن با، دنبال (کسی) بودن ۱۳. [عامیانه] مزاحم (کسی) بودن، ذله کردن، کلافه کردن

courir après دنبال (کسی یا چیزی) بودن

Le bruit court que... شایع شده است که...

couronne /kuRɔn/ *nf* ۱. تاج ۲. تاج و تخت، سلطنت ۳. تاج گل، حلقهٔ گل ۴. تاج دندان ۵. روکش دندان ۶. حلقهٔ نان ۷. هاله

couronne solaire هالهٔ خورشید

couronné,e /kuRɔne/ *adj* ۱. تاجدار ۲. مفتخر به دریافت جایزه

couronnement /kuRɔnmɑ̃/ *nm* ۱. تاجگذاری ۲. کمال، اوج

couronnemet d'une colonne سرستون

couronner /kuRɔne/ *vt* (1) ۱. تاج بر سر (کسی) گذاشتن ۲. سر (جایی را) پوشاندن ۳. اعطا

کردن، دادن ۴. جایزه دادن ۵. به پایان رساندن، کامل کردن، تکمیل کردن ۶. [زانو] زخمی کردن

courrier /kuʀje/ *nm* ۱. پست ۲. محمولات پستی ۳. نامه

courrier des lecteurs [مطبوعات] نامه‌های خوانندگان

courrier littéraire [مطبوعات] ستون ادبی

courroie /kuʀwa/ *nf* تسمه، بند

courroucer /kuʀuse/ *vt* (3) [ادبی] خشمگین کردن، به خشم آوردن

se courroucer *vp* [ادبی] خشمگین شدن، به خشم آمدن، برآشفتن

courroux /kuʀu/ *nm* [ادبی] خشم، غضب

cours /kuʀ/ *nm* ۱. جریان ۲. سیر، روند ۳. حرکت ۴. دوره (آموزشی)، کلاس ۵. درس ۶. مدرسه ۷. کتاب (درسی)، جزوه ۸. نرخ، قیمت ۹. گردشگاه خیابانی

au cours de در مدتِ، (در) طیِ

avoir cours رایج بودن، رواج داشتن

cours d'eau رود، نهر، رودخانه

donner libre cours à نگه نداشتن، جلوی (چیزی را) نگرفتن، ابراز کردن

en cours de ۱. در مدتِ، (در) طیِ ۲. در حالِ

l'année en cours سال جاری

course /kuʀs/ *nf* ۱. دو، دویدن ۲. مسابقهٔ دو ۳. مسابقه ۴. حرکت، سیر ۵. گردش – [صورت جمع] ۶. خرید ۷. مسابقهٔ اسب‌دوانی

être dans la course [خودمانی] در جریان بودن، تو باغ بودن

faire ses courses خرید کردن

garçon de course پادو

prix/tarif de course [تاکسی] کرایه

coursier[1] /kuʀsje/ *nm* اسب جنگی

coursier[2]**,ère** /kuʀsje,ɛʀ/ *n* [هتل، اداره، ...] پادو

court[1]**,e** /kuʀ,t/ *adj* ۱. کوتاه ۲. مختصر، کم، جزئی

avoir la mémoire courte کم‌حافظه بودن

avoir la vue courte ۱. نزدیک‌بین بودن ۲. کوته‌بین بودن، کوته‌نظر بودن

prendre qqn de court مچ کسی را گرفتن، کسی را غافلگیر کردن

rester/demeurer court جوابگو نبودن، کم آوردن

sauce courte سُس رقیق

Soyez court! حرفتان را خلاصه کنید. به طور خلاصه بگویید.

court[2] /kuʀ/ *adv* کم

être à court de در مضیقه بودن، نداشتن

tourner court ۱. ناگهان تغییر جهت دادن ۲. از این شاخ به آن شاخ پریدن

tout court فقط

court[3] /kuʀ/ *nm* زمین تنیس

courtage /kuʀtaʒ/ *nm* ۱. دلالی ۲. حق‌العمل، حق دلالی، کمیسیون

courtaud,e /kuʀto,d/ *adj, n* خپل، خپله

court-circuit /kuʀsiʀkɥi/ *nm* ۱. [برق] اتصال کوتاه، مدار کوتاه ۲. اتصالی

court-circuiter /kuʀsiʀkɥite/ *vt* (1) ۱. [برق] اتصال کوتاه برقرار کردن ۲. اتصالی ایجاد کردن ۳. [برای رسیدن به هدف] (کسی را) دور زدن، نادیده گرفتن

courtier,ère /kuʀtje,ɛʀ/ *n* دلال، واسطه

courtilière /kuʀtiljɛʀ/ *nf* آبدزدک

courtisan /kuʀtizɑ̃/ *nm* ۱. درباری ۲. آدم چاپلوس، متملق

courtisane /kuʀtizan/ *nf* روسپی درباری

courtiser /kuʀtize/ *vt* (1) [نسبت به زنان] چاپلوسی کردن، تملق (کسی را) گفتن، مجیز (کسی را) گفتن

courtois,e /kuRtwa,z/ *adj* ۱. مؤدب، باتربیت، بانزاکت ۲. مؤدبانه

courtoisement /kuRtwazmɑ̃/ *adv* مؤدبانه

courtoisie /kuRtwazi/ *nf* ادب، نزاکت

couru,e /kuRy/ *adj, part. passé* ۱. خوب، پرطرفدار ۲. [خودمانی] معلوم، مشخص، قابل پیش‌بینی ◙ ۳. [اسم مفعول فعلِ courir]

cousin[1] /kuzɛ̃/ *nm* ۱. پسرعمو ۲. پسرعمه ۳. پسردایی ۴. پسرخاله

cousin[2] /kuzɛ̃/ *nm* پشه خاکی

cousine /kuzin/ *nf* ۱. دخترعمو ۲. دخترعمه ۳. دختردایی ۴. دخترخاله

coussin /kusɛ̃/ *nm* ۱. کوسن ۲. تکشچه ۳. بالش

coussin d'air لایهٔ هوا

coussinet /kusinɛ/ *nm* بالشتک

cousu,e /kuzy/ *adj, part. passé* ۱. دوخته ◙ ۲. [اسم مفعول فعلِ coudre]

du cousu main [عامیانه] درجه یک، یک، اعلا

main cousu دست‌دوز

coût /ku/ *nm* ۱. بها، قیمت ۲. هزینه

coûtant /kutɑ̃/ *adj. m,* **prix coûtant** بهای تمام‌شده

couteau /kuto/ *nm* چاقو، کارد

couteau à cran d'arrêt چاقوی ضامن‌دار

couteau de poche چاقوی جیبی

couteau-scie /kutosi/ *nm* چاقو اره‌ای

coutelas /kutla/ *nm* ۱. کارد بزرگ، کارد آشپزخانه ۲. قَمه، دِشنه

coutellerie /kutɛlRi/ *nf* چاقوسازی

coûter /kute/ *vi, vt* (1) ۱. قیمت داشتن، ارزیدن ۲. خرج برداشتن، تمام شدن ◙ ۳. به بهایِ (چیزی) تمام شدن ۴. فراهم آوردن، موجب شدن، ایجاد کردن

coûter cher ۱. گران بودن ۲. خرج برداشتن، گران درآمدن ۳. (برای کسی) خیلی بد شدن، گران تمام شدن

coûter la vie به بهای زندگی (کسی) تمام شدن، باعث مرگ (کسی) شدن

coûter peu ارزان بودن، قیمتی نداشتن

coûte que coûte به هر قیمتی شده، هرطور شده

coûteusement /kutøzmɑ̃/ *adv* ۱. گران، به بهای گران ۲. با هزینهٔ زیاد، با خرج زیاد

coûteux,euse /kutø,øz/ *adj* ۱. گران، گران‌قیمت ۲. پرخرج، پرهزینه

coutume /kutym/ *nf* ۱. رسم، سنت ۲. عرف ۳. عادت

avoir coutume de عادت داشتن

comme de coutume مثل همیشه، طبق (روال) معمول

de coutume ۱. معمول، همیشه ۲. معمولاً

coutumier,ère /kutymje,ɛR/ *adj* معمول، عادی، همیشگی

être coutumier du fait کار همیشگی (کسی) بودن

couture /kutyR/ *nf* ۱. خیاطی، دوخت و دوز ۲. دوخت ۳. جای بخیه ۴. جای زخم

battre à plate couture شکست سختی دادن

couturier,ère /kutyRje,ɛR/ *n* ۱. طراح لباس، طراح مُد ۲. خیاط

couvent /kuvɑ̃/ *nm* دیر، صومعه

couver /kuve/ *vt, vi* (1) ۱. روی (تخم) خوابیدن ۲. مراقبت کردن از، رسیدن به ۳. پنهانی تدارک دیدن ۴. [نقشه] کشیدن ◙ ۵. پنهان بودن ۶. ساخته و پرداخته شدن

couvercle /kuvɛRkl/ *nm* در، سرپوش

couvert[1] /kuvɛR/ *nm* ۱. لوازم سفره ۲. قاشق (و) چنگال ۳. سرپناه ۴. خانه

à couvert محفوظ، در امان، در پناه

sous le couvert de ۱. به مسئولیتِ، تحت نامِ ۲. به بهانهٔ

couvert[2]**,e** /kuvɛR,t/ *adj* ۱. پوشیده ۲. سرپوشیده ۳. کلاه‌برسر ۴. پر، مملو ۵. تحت حمایت ۶. بیمه(شده)

à mots couverts سربسته، در لفافه
ciel couvert آسمان ابری
Restez couvert. کلاهتان را برندارید.
temps couvert هوای گرفته، هوای ابری
couverture /kuvɛRtyR/ *nf* ۱. روانداز ۲. پتو ۳. لحاف ۴. پوشش ۵. روکش ۶. جلد ۷. بام، سقف ۸. حفاظت، محافظت ۹. وثیقه
couverture sociale تأمین اجتماعی
couveuse /kuvøz/ *nf* ۱. مرغ کرچ ۲. دستگاه جوجه‌کشی
couvre-chef /kuvRəʃɛf/ *nm* [ریشخندآمیز] کلاه
couvre-feu /kuvRəfø/ *nm* ۱. [زمان جنگ یا حکومت نظامی] منع رفت و آمد ۲. ساعات منع رفت و آمد ۳. آژیر منع رفت و آمد
couvre-lit /kuvRəli/ *nm* روتختی
couvrir /kuvRiR/ *vt* (18) ۱. پوشاندن ۲. پنهان کردن، مخفی کردن، نهفتن ۳. حفاظت کردن، محافظت کردن، حفظ کردن ۴. حمایت کردن از، هوای (کسی را) داشتن ۵. طی کردن، پیمودن ۶. [تجارت] پرداختن، پرداخت کردن ۷. [جانوران] (با هم) جفت کردن
se couvrir *vp* ۱. لباس پوشیدن، لباس (به) تن کردن ۲. کلاه بر سر (خود) گذاشتن ۳. پوشیده شدن ۴. پر شدن ۵. پنهان شدن، خود را مخفی کردن
Couvrez-vous bien. لباس گرم بپوشید. خودتان را خوب بپوشانید.
Le temps se couvre. هوا دارد ابری می‌شود.
cow-boy /kawbɔj;kobɔj/ *nm* گاوچران
coyote /kɔjɔt/ *nm* گرگ صحرایی، کویوت
crabe /kRab/ *nm* خرچنگ (گِرد)
crac! /kRak/ *interj* ترق! درق! شرق!
crachat /kRaʃa/ *nm* تف، آب دهان
craché,e /kRaʃe/ *adj*, **tout craché** خیلی شبیه، کُپی
C'est son père tout craché. درست شکل پدرش است. کپی پدرش است. با پدرش مو نمی‌زند.
crachement /kRaʃmɑ̃/ *nm* (عمل) تف کردن
cracher /kRaʃe/ *vi, vt* (1) ۱. تف کردن، تف انداختن ۲. [خودکار، خودنویس] جوهر دادن ۳. پارازیت دادن، خِرخِر کردن ۴. [خودمانی] بد و بیراه گفتن، دری وری گفتن ◘ ۵. (به بیرون) تف کردن ۶. بیرون دادن، بیرون ریختن ۷. [فحش، ناسزا] دادن، گفتن ۸. [خودمانی] رد کردن، اِخ کردن، سُلفیدن
cracher de l'argent پول را اِخ کردن، سُلفیدن
cracher par terre آب دهان خود را روی زمین ریختن، روی زمین تف کردن
craie /kRɛ/ *nf* ۱. گِل سفید ۲. گچ (تحریر)
craindre /kRɛ̃dR/ *vt* (52) ۱. ترسیدن (از)، بیم داشتن (از)، بیمناک بودن (از) ۲. نگران بودن ۳. آسیب‌پذیر بودن در برابرِ، آسیب دیدن از
crainte /kRɛ̃t/ *nf* ترس، بیم، هراس، وحشت، دلهره
dans la crainte de/par crainte de/de crainte de از ترسِ، از وحشتِ، از بیمِ
de crainte que از ترس اینکه (مبادا)، از بیم آنکه
craintif,ive /kRɛ̃tif,iv/ *adj* ۱. ترسو، بزدل ۲. ترسان، هراسان، وحشت‌زده، بیمناک
craintivement /kRɛ̃tivmɑ̃/ *adv* هراسان، وحشت‌زده، با ترس
cramoisi,e /kRamwazi/ *adj* ۱. قرمز تیره، زرشکی، ارغوانی ۲. [رنگ پوست یا چهره] سرخ
crampe /kRɑ̃p/ *nf* گرفتگی عضلانی
crampon /kRɑ̃pɔ̃/ *nm* ۱. قلاب، چنگک ۲. بست، گیره ۳. [کفش] میخ ۴. [خودمانی] مزاحم سمج، کنه
cramponner /kRɑ̃pɔne/ *vt* (1) ۱. با قلاب بستن، به هم بستن ۲. (با بست) وصل کردن، بست زدن ۳. [خودمانی] (مثل کنه) چسبیدن به، گیر دادن به

se cramponner *vp*	سفت چسبیدن، محکم گرفتن، بند شدن
cran /kʀɑ̃/ *nm*	۱. شکاف، شیار ۲. درجه، پله، قدم ۳. [کمربند، تسمه، ...] سوراخ ۴. [مو] فِر ۵. [خودمانی] جرئت، دل و جرئت، دل
cran de sûreté	[فنی] ضامن
être à cran	کفری بودن، عصبانی بودن
crâne /kʀɑn/ *nm*	۱. جمجمه ۲. کله، سر ۳. مخ
crâne chauve	کلهٔ تاس، سر بی‌مو
crâner /kʀane/ *vi* (1)	۱. [خودمانی] عرض اندام کردن، دم از شجاعت زدن ۲. خود را گرفتن، فخر فروختن
crânien,enne /kʀanjɛ̃,ɛn/ *adj*	جمجمه‌ای، (مربوط به) جمجمه
crapaud /kʀapo/ *nm*	وزغ
crapule /kʀapyl/ *nf*	آدم پست، رذل
crapulerie /kʀapylʀi/ *nf*	پستی، رذالت
crapuleux,euse /kʀapylø,øz/ *adj*	پست، رذیلانه، ننگین، ننگ‌آور
craque /kʀak/ *nf*	[عامیانه] چاخان، خالی‌بندی، دروغ
craqueler /kʀakle/ *vt* (4)	ترک دادن، ترک انداختن
se craqueler *vp*	ترک خوردن، ترک برداشتن
craquelure /kʀaklyʀ/ *nf*	تَرَک
craquement /kʀakmɑ̃/ *nm*	(صدای) ترق ترق، قرچ قروچ، خش‌خش، غژغژ، جیرجیر
craquer /kʀake/ *vi* (1)	۱. ترق ترق کردن، قرچ قروچ کردن، خش‌خش کردن، غژغژ کردن، جیرجیر کردن ۲. پاره شدن، فرو پاشیدن، از هم پاشیدن ۴. شکست خوردن، با شکست روبرو شدن
craqueter /kʀakte/ *vi* (4)	ترق ترق کردن، قرچ قروچ کردن، خش‌خش کردن، غژغژ کردن، جیرجیر کردن
crasse /kʀas/ *nf*	۱. چرک، کثافت ۲. کار زشت، حقه‌بازی، بدجنسی
crasseux,euse /kʀasø,øz/ *adj*	کثیف، چرک
cratère /kʀatɛʀ/ *nm*	دهانهٔ آتشفشان
cravache /kʀavaʃ/ *nf*	[سوارکاری] شلاق، تازیانه
cravate /kʀavat/ *nf*	۱. کراوات ۲. دستمال‌گردن
crawl /kʀol/ *nm*	[شنا] کرال
crayon /kʀɛjɔ̃/ *nm*	۱. مداد ۲. نقاشی با مداد ۳. تصویر مدادی، طرح مدادی
crayon à bille	خودکار
crayon de couleur	مداد رنگی
crayon de rouge à lèvres	ماتیک (قلم)
crayonner /kʀɛjɔne/ *vt* (1)	۱. با مداد نوشتن ۲. با مداد کشیدن
créance /kʀeɑ̃s/ *nf*	۱. طلب ۲. باور، قبول، اعتبار
lettre de créance	استوارنامه، اعتبارنامه
créancier,ère /kʀeɑ̃sje,ɛʀ/ *n*	طلبکار، بستانکار
créateur¹,trice /kʀeatœʀ,tʀis/ *adj, n*	۱. آفریننده، خالق ۲. بانی، مبتکر
Créateur² /kʀeatœʀ/ *nm*	آفریدگار، پروردگار، خدا
création /kʀeasjɔ̃/ *nf*	۱. آفرینش، خلق، خلقت ۲. دنیا، جهان، عالم ۳. ایجاد ۴. تأسیس ۵. پیدایش ۶. ابداع، نوآوری، ابتکار ۷. اثر، ساخته، محصول ۸. [مُد] مدل
créature /kʀeatyʀ/ *nf*	۱. مخلوق، موجود، آفریده ۲. انسان، بشر ۳. آدم، شخص، فرد ۴. [همراه با صفت مؤنث] زن ۵. [تحقیرآمیز] زنک، زنیکه ۶. نورچشمی
créature humaine	انسان، بشر
crécelle /kʀesɛl/ *nf*	۱. جغجغه ۲. آدم وراج
voix de crécelle	صدای گوش‌خراش
crèche /kʀɛʃ/ *nf*	۱. مهد کودک ۲. طویلهٔ مسیح (= طویله‌ای که مسیح در آن به دنیا آمده و یا نماد آن در کلیسا)

crédence /kRedɑ̃s/ *nf* قفسهٔ ظروف، بوفه
crédible /kRedibl/ *adj* باورکردنی، قابل قبول
crédit /kRedi/ *nm* ۱. اعتبار ۲. وام ۳. بستانکار، ستون بستانکار ۴. وجهه، آبرو، شهرت
à crédit نسیه
carte de crédit کارت اعتباری
credo /kRedo/ *nm* ۱. اعتقادنامه، اصول دین ۲. آیین، اصول
crédule /kRedyl/ *adj* خوش‌باور، زودباور، ساده، ساده‌لوح
crédulité /kRedylite/ *nf* خوش‌باوری، زودباوری، سادگی، ساده‌لوحی
créer /kRee/ *vt* (1) ۱. آفریدن، خلق کردن ۲. به وجود آوردن، ایجاد کردن ۳. بنیان گذاشتن، تأسیس کردن ۴. عرضه کردن ۵. موجب (چیزی) شدن، درست کردن، به بار آوردن
se créer *vp* برای خود به وجود آوردن، برای خود درست کردن
crémaillère /kRemajɛR/ *nf* گیرهٔ دندانه‌دار، ریل دندانه‌دار
pendre la crémaillère سورِ خانهٔ نو را دادن
crémation /kRemasjɔ̃/ *nf* سوزاندن جسد، جسدسوزی، مرده‌سوزی
crématoire /kRematwaR/ *adj*,
four crématoire کورهٔ جسدسوزی
crème /kRɛm/ *nf, adj. inv* ۱. خامه، سرشیر ۲. [دسر، لیکور] کرِم ۳. کرِم (پوست) ۴. گل سرسبد، بهترین ۵. نخبگان، زبدگان ◻ ۶. (به رنگِ) کرم
café crème شیرقهوه، قهوه با خامه
crème à raser خمیر ریش
crème caramel کرم کارامل
crémer /kReme/ *vi, vt* (1) ۱. سرشیر بستن، رویه بستن ◻ ۲. (به رنگِ) کرم کردن، رنگ کرم زدن به
crémerie /kRemRi/ *nf* لبنیات‌فروشی، لبنیاتی
changer de crémerie جای دیگر رفتن
crémeux,euse /kRemø,øz/ *adj* ۱. سرشیردار، خامه‌دار، خامه‌ای ۲. خامه‌مانند
crémier,ère /kRemje,ɛR/ *n* لبنیات‌فروش، لبنیاتی
créneau /kReno/ *nm* ۱. تیرکش برج، مَزغَل (= شکاف یا دندانهٔ فرونشسته کنگرهٔ برج برای تیراندازی) ۲. [سنگر] شکاف، سوراخ ۳. [پارکینگ] فاصله (بین دو اتومبیل)، فضای خالی
faire un créneau (بین دو اتومبیل) پارک کردن
crénelé,e /kRenle/ *adj* [برج، سنگر] دارای تیرکش، شکاف‌دار
créneler /kRenle/ *vt* (4) ۱. [برج، سنگر] تیرکش گذاشتن، شکاف گذاشتن ۲. دندانه‌دار کردن
crénelure /kRenlyR/ *nf* دندانه
crêpe[1] /kRɛp/ *nm* ۱. [پارچه، پاشنهٔ کفش] کرپ ۲. [عزاداری] نوار سیاه
crêpe[2] /kRɛp/ *nf* [شیرینی] کرپ، پنکیک
crêpelé,e /kReple/ *adj* فِرفری، فِری
crêper /kRepe/ *vt* (1) [مو] پوش دادن
crépi /kRepi/ *nm* [ساختمان] پوشش تگرگی
crépir /kRepiR/ *vt* (2) [ساختمان] پوشش تگرگی زدن
crépitation /kRepitasjɔ̃/ *nf* (صدای) پت‌پت، ترق‌تروق
crépitement /kRepitmɑ̃/ *nm* → crépitation
crépiter /kRepite/ *vi* (1) پت‌پت کردن، ترق‌تروق کردن
crépu,e /kRepy/ *adj* فرفری، فِری
crépusculaire /kRepyskylɛR/ *adj* شامگاهی، (مربوط به) شفق
crépuscule /kRepyskyl/ *nm* ۱. شفق، شامگاه ۲. [مجازی و ادبی] غروب، افول
cresson /kResɔ̃/ *nm* شاهی آبی

crête /kʀɛt/ *nf* ۱. [پرندگان] تاج، کاکل
۲. ستیغ، قله، نوک

crétin,e /kʀetɛ̃,in/ *n, adj* ۱. ابله، احمق، نفهم
۲. [پزشکی] عقب‌مانده کوتوله، کرتن

crétinerie /kʀetinʀi/ *nf* حماقت، نفهمی

creuser /kʀøze/ *vt* (1) ۱. کندن، حفر کردن
۲. گود کردن ۳. گود انداختن ۴. کند و کاو کردن در، تعمق کردن در ▣ ۵. زمین را کندن، گودال کندن

se creuser *vp* ۱. گود افتادن، گود رفتن
۲. [شکاف] افتادن

se creuser la tête به مغز خود فشار آوردن

Un fossé s'est creusé entre eux. میان آن‌ها جدایی افتاده.

creuset /kʀøzɛ/ *nm* ۱. بوته (آزمایشگاهی)
۲. کوره (حوادث)، آزمون

creux¹,creuse /kʀø,kʀøz/ *adj* ۱. توخالی
۲. پوک ۳. گود، گودافتاده، تورفته ۴. [بشقاب] گود، توگود، سوپ‌خوری ۵. پوچ، بی‌معنی

avoir le nez creux شامهٔ تیزی داشتن، شم قوی داشتن

avoir le ventre/l'estomac creux شکم (کسی) خالی بودن، گرسنه بودن

heures creuses ساعات خلوت

visage creux صورت استخوانی، صورت تکیده

creux² /kʀø/ *nm* گودی، فرورفتگی، حفره

crevaison /kʀəvɛzɔ̃/ *nf* ۱. (عمل) ترکیدن
۲. پنچری

crevant,e /kʀəvɑ̃,t/ *adj* ۱. [خودمانی] شاق، طاقت‌فرسا، کشنده ۲. خیلی خنده‌آور

crevasse /kʀəvas/ *nf* ۱. ترک، درز، چاک، شکاف ۲. [زمین‌شناسی] شکاف یخی، یخ‌شکاف

crevasser /kʀəvase/ *vt* (1) شکاف دادن، شکافتن

se crevasser *vp* ترک خوردن، ترک برداشتن، چاک خوردن، شکاف برداشتن

crève-cœur /kʀɛvkœʀ/ *nm. inv* دل‌شکستگی، غم، اندوه

crever /kʀəve/ *vt, vi* (5) ۱. ترکاندن ۲. پنچر کردن ۳. از پا درآوردن، از پا انداختن، هلاک کردن ▣ ۴. ترکیدن ۵. پنچر شدن ۶. مردن، تلف شدن، هلاک شدن، سقط شدن ۷. [گیاه] پژمردن، خشک شدن

crever d'argent خرپول بودن، پول (کسی) از پارو بالا رفتن

crever de rire از خنده روده‌بر شدن

crever les yeux ۱. چشم‌های کسی را درآوردن
۲. جلوی چشم بودن ۳. مثل روز روشن بودن، مسلم بودن، بدیهی بودن

Je crève de soif. از تشنگی دارم هلاک می‌شوم. دارم از تشنگی می‌میرم.

crevette /kʀəvɛt/ *nf* میگو

cri /kʀi/ *nm* ۱. فریاد، داد، نعره ۲. جیغ ۳. صدا
۴. ندا

jeter les hauts cris [به منظور اعتراض] سر و صدا راه انداختن، داد و بیداد کردن

jeter/pousser des cris ۱. داد زدن، فریاد زدن، فریاد کشیدن ۲. جیغ زدن، جیغ کشیدن

criailler /kʀi(j)aje/ *vi* (1) ۱. جیغ‌جیغ کردن، نق و نوق کردن ۲. [پرندگان] جیغ کشیدن، جیغ زدن

criaillerie /kʀi(j)ajʀi/ *nf* جیغ‌جیغ، نق و نوق

criant,e /kʀijɑ̃,t/ *adj* فاحش، آشکار

criard,e /kʀijaʀ,d/ *adj* ۱. جیغ‌جیغو
۲. گوش‌خراش، زننده ۳. [رنگ] تند، زننده

crible /kʀibl/ *nm* غربال، سرند

cribler /kʀible/ *vt* (1) ۱. غربال کردن، از غربال رد کردن، سرند کردن ۲. ریز و درشت کردن ۳. سوراخ‌سوراخ کردن

cric¹ /kʀik/ *nm* جک

cric!² /kʀik/ *interj* [صدای جر خوردن] خرت!

cricket /kʀikɛt/ *nm* [ورزش] کریکت

criée /kʀije/ *nf*, **vente à la criée** حراج

crier /kʀije/ *vi, vt* (1) ۱. فریاد زدن، فریاد کشیدن، داد زدن، داد کشیدن ۲. جیغ کشیدن، جیغ

crisper /kRispe/ vt (1)	۱. منقبض کردن
	۲. چروک انداختن، چروکیده کردن ۳. [خودمانی]
	عصبانی کردن، کفری کردن، کفر (کسی را) درآوردن
cristal,aux /kRistal,o/ nm	بلور، کریستال
cristallerie /kRistalRi/ nf	۱. بلورسازی
	۲. بلورجات، ظروف کریستال، اشیاء بلورین
cristallin¹,e /kRistalɛ̃,in/ adj	۱. بلوری،
	بلورین ۲. شفاف، زلال
cristallin² /kRistalɛ̃/ nm	[چشم] جَلیدیه
cristallisation /kRistalizasjɔ̃/ nf	[شیمی] تبلور
cristallisé,e /kRistalize/ adj	متبلور
cristalliser /kRistalize/ vt, vi (1)	۱. متبلور کردن ۲. تثبیت کردن، قطعی کردن ▫ ۳. متبلور شدن
se cristalliser vp	متبلور شدن
cristallisoir /kRistalizwaR/ nm	[شیمی] ظرف تبلور
cristallographie /kRistalɔgRafi/ nf	بلورشناسی
cristalloïde /kRistalɔid/ nm	بلورنما
critère /kRitɛR/ nm	ملاک، معیار، ضابطه
critiquable /kRitikabl/ adj	قابل انتقاد
critique¹ /kRitik/ nf	۱. نقد ۲. انتقاد، عیب‌جویی
critique² /kRitik/ nm	منتقد
critique³ /kRitik/ adj	۱. بحرانی ۲. حاد، خطرناک، وخیم، بد ۳. انتقادآمیز، انتقادی، عیب‌جویانه ۴. نقادانه، دقیق ۵. عیب‌جو، خرده‌گیر
critique d'art	نقد هنری
esprit critique	روحیهٔ انتقادی، ذهن نقاد
critiquer /kRitike/ vt (1)	۱. انتقاد کردن از، ایراد گرفتن از، خرده گرفتن از، عیب‌جویی کردن از ۲. نقد کردن
croassement /kRɔasmɑ̃/ nm	قارقار
croasser /kRɔase/ vi (1)	قارقار کردن

	زدن ۳. جیرجیر کردن ▫ ۴. فریاد زدن، با فریاد گفتن ۵. جار زدن، تو بوق و کرنا کردن
crier sur les toits	همه‌جا جار زدن، همه‌جا را پر کردن
crieur,euse /kRijœR,øz/ n, crieur de journaux	روزنامه‌فروش دوره‌گرد
crieur public	[قدیمی] جارچی
crime /kRim/ nm	۱. جرم، بزه ۲. جنایت ۳. آدمکشی، قتل ۴. گناه، اشتباه، خطا
Ce n'est pas un crime de...	...که جرم نیست. ...که گناه نیست.
commettre un crime	۱. جنایت کردن، مرتکب جنایت شدن ۲. آدم کشتن
criminalité /kRiminalite/ nf	تبهکاری، ارتکاب جرم، جنایت
criminel,elle /kRiminɛl/ n, adj	۱. مجرم، بزهکار ۲. جنایتکار، جانی ۳. قاتل ▫ ۴. جنایتکارانه ۵. جنایی، کیفری، جزایی ۶. خلاف قانون
criminologie /kRiminɔlɔʒi/ nf	جرم‌شناسی
criminologiste /kRiminɔlɔʒist/ n → criminologue	
criminologue /kRiminɔlɔg/ n	جرم‌شناس
crin /kRɛ̃/ nm	موی (یال و دم) اسب
crinière /kRinjɛR/ nf	۱. یال ۲. موی پرپشت، گیسو
crique /kRik/ nf	خور، خلیجک
criquet /kRikɛ/ nm	ملخ
crise /kRiz/ nf	۱. بحران ۲. [بیماری] حمله ۳. طغیان، غلیان
crise économique	بحران اقتصادی
faire/piquer une crise	[عامیانه] کفری شدن، جوش آوردن، از کوره در رفتن، آتشی شدن
crispation /kRispasjɔ̃/ nf	۱. [عضله] انقباض ناگهانی، تیک ۲. خشم، عصبانیت

croc /kRo/ *nm* ۱. قلاب، چنگک ۲. [در برخی جانوران] دندان نیش
avoir les crocs خیلی گرسنه بودن
montrer les crocs تهدید کردن
moustaches en croc سبیل سربالا
croc-en-jambe /kRɔkɑ̃ʒɑ̃b/ *nm* پشت پا
croche-pied /kRɔʃpje/ *nm*
→ croc-en-jambe
crochet /kRɔʃɛ/ *nm* ۱. قلاب، میخ سرکج ۲. [بافندگی] قلاب ۳. قلاب‌بافی ۴. [نشانه‌گذاری] کروشه ۵. [جاده] پیچ تند ۶. [مشت‌زنی] (ضربه) هوک
crochu,e /kRɔʃy/ *adj* خمیده، سرکج
crocodile /kRɔkɔdil/ *nm* ۱. تمساح، سوسمار ۲. پوست سوسمار
croire /kRwaR/ *vt, vi* (44) ۱. گمان کردن، پنداشتن، تصور کردن، فکر کردن، خیال کردن ۲. باور کردن، قبول کردن ۳. حرف (کسی را) باور کردن، قبول داشتن ۴. اعتقاد داشتن، معتقد بودن، عقیده داشتن ۵. اعتماد داشتن، اطمینان داشتن ۶. ایمان داشتن ◻ ۷. باور کردن، قبول کردن ۸. ایمان داشتن
croire en Dieu به خدا ایمان داشتن، خدا را قبول داشتن
Croyez-moi. حرفم را باور کنید. باور کنید.
se croire *vp* خود را ...دانستن، فکر کردن، خیال کردن، تصور کردن
croisade /kRwazad/ *nf* ۱. جنگ صلیبی ۲. جهاد، پیکار، مبارزه
croisé[1] /kRwaze/ *nm* جنگجوی صلیبی
croisé[2]**,e** /kRwaze/ *adj* ۱. ضربدری، متقاطع ۲. دورگه
mots croisés جدول (کلمات متقاطع)
rester les bras croisés دست رو دست گذاشتن، کاری نکردن
croisée /kRwaze/ *nf* ۱. تقاطع ۲. پنجره (لولادار)
croisée des chemins چهارراه، تقاطع
croisement /kRwazmɑ̃/ *nm* ۱. (ضربدری) روی هم گذاشتن ۲. تقاطع، چهارراه ۳. عبور از مقابل
croiser /kRwaze/ *vt, vi* (1) ۱. (ضربدری) روی هم گذاشتن ۲. قطع کردن ۳. از مقابل (کسی یا چیزی) گذشتن، از بغل (کسی) رد شدن ۴. [جانوران] (با هم) جفت کردن ◻ ۵. [کُت، مانتو، ...] جلوی (لباسی) روی هم افتادن
croiser les jambes پاها را روی هم انداختن، پا روی پا انداختن
se croiser *vp* ۱. همدیگر را قطع کردن ۲. از مقابل هم گذشتن، از کنار هم رد شدن ۳. [جانوران] جفتگیری کردن ۴. در جهاد شرکت کردن
se croiser les bras دست روی دست گذاشتن، کاری نکردن
croisette /kRwazɛt/ *nf* صلیب کوچک
croiseur /kRwazœR/ *nm* رزمناو
croisière /kRwazjɛR/ *nf* سفر دریایی
vitesse de croisière سرعت بهینه
croissance /kRwasɑ̃s/ *nf* ۱. رشد ۲. نمو ۳. گسترش، توسعه
croissant[1] /kRwasɑ̃/ *nm* ۱. هِلال ۲. [شیرینی] کرواسان
croissant[2]**,e** /kRwasɑ̃,t/ *adj* روبه‌فزونی، فزاینده، روزافزون، در حال افزایش
croître /kRwatR/ *vi* (55) ۱. رشد کردن ۲. بزرگ شدن ۳. نمو کردن ۴. افزایش یافتن، بیشتر شدن، زیاد شدن
croix /kRwa/ *nf* ۱. صلیب، چلیپا ۲. علامت صلیب ۳. نشان صلیب ۴. (علامت) بعلاوه، ضربدر
Croix-Rouge صلیب سرخ
faire le signe de la croix صلیب کشیدن (= بردن دست راست به طرف پیشانی و سپس سینه و شانه‌های چپ و راست)
porter sa croix رنج و سختی را بر خود هموار کردن، رنج و سختی را با بردباری تحمل کردن

mettre en croix	به صلیب کشیدن، مصلوب کردن
croque-au-sel (à la) /alakʀɔkosɛl/ loc. adv	(فقط) با نمک
croque-mitaine /kʀɔkmitɛn/ nm	لولو، لولوخورخوره
croque-monsieur /kʀɔkməsjø/ nm. inv	کروک موسیو (= نوعی غذا)
croquer /kʀɔke/ vi, vt (1)	۱. قِرچ قِرچ کردن ۲. خطوط کلی (چیزی را) کشیدن، پیش‌طرح (چیزی را) کشیدن
croquer de l'argent	ولخرجی کردن
croquis /kʀɔki/ nm	پیش‌طرح
crosse /kʀɔs/ nf	۱. عصای اسقف ۲. (چوب) چوگان ۳. [بازی گلف، هاکی] چوب ۴. [تفنگ] قنداق
crotal /kʀɔtal/ nm	مار زنگی
crotte /kʀɔt/ nf	۱. پِشکل، تپاله، پهن، سرگین ۲. سنده
crotte de bique	چیز بی‌ارزش، آشغال
crotte de chocolat	آب‌نبات شکلاتی
crottin /kʀɔtɛ̃/ nm	۱. تپاله، پهن، سرگین ۲. پنیر بز
croulant,e /kʀulɑ̃,t/ adj	در حال ریزش
crouler /kʀule/ vi (1)	۱. فرو ریختن، ریختن، ریزش کردن، خراب شدن ۲. به لرزه درآمدن ۳. نقش بر آب شدن، بر باد رفتن
croupe /kʀup/ nf	[اسب و غیره] کفل
croupetons (à) /akʀuptɔ̃/ loc. adv	چمباتمه، چنبرک، قوز
croupi,e /kʀupi/ adj	راکد
croupir /kʀupiʀ/ vi (2)	۱. راکد بودن، راکد ماندن ۲. عاطل و باطل ماندن، پوسیدن
croustiller /kʀustije/ vi (1)	قِرچ قِرچ کردن، قِرچ قِرچ صدا کردن
croûte /kʀut/ nf	۱. رویۀ نان ۲. رویه ۳. قشر، لایه ۴. [خودمانی] نقاشی بد، تابلوی مزخرف
casser la croûte	چیزی خوردن، تَه‌بندی کردن
croyable /kʀwajabl/ adj	باورکردنی، قابل قبول
croyance /kʀwajɑ̃s/ nf	۱. اعتقاد ۲. اعتماد، اطمینان ۳. عقیده ۴. ایمان
croyant,e /kʀwajɑ̃,t/ adj, n	مؤمن، متدیّن
cru¹ /kʀy/ nm	۱. تاکستان ۲. شراب
de son (propre) cru	(به) ابتکار خود، (به) اختراع خود
du cru	محلی
cru²,e /kʀy/ adj, part. passé	۱. خام ۲. نپخته ۳. [رنگ، نور] زننده، تند ۴. رُک، صاف و پوست‌کنده، بی‌رودرواسی ۵. مبتذل، بی‌ادبانه ۶. [اسم مفعول فعلِ croire]
crû,e /kʀy/ part. passé	[اسم مفعول فعلِ croître]
cruauté /kʀyote/ nf	۱. بی‌رحمی، سنگدلی، قساوت، شقاوت ۲. وحشیگری ۳. ستمگری، ستم، ظلم ۴. بدرفتاری، خشونت
cruche /kʀyʃ/ nf	۱. کوزه، سبو ۲. تُنگ ۳. [خودمانی] ابله، احمق، خر
crucial,e,aux /kʀysjal,o/ adj	۱. صلیبی ۲. حیاتی، حساس، اساسی، سرنوشت‌ساز
crucifère /kʀysifɛʀ/ adj	[گیاه‌شناسی] چلیپایی
crucifié,e /kʀysifje/ adj	مصلوب
crucifiement /kʀysifimɑ̃/ nm	۱. تصلیب، به صلیب کشیدن ۲. ریاضت
crucifier /kʀysifje/ vt (7)	۱. مصلوب کردن، به صلیب کشیدن، به چهارمیخ کشیدن ۲. ریاضت دادن
crucifix /kʀysifi/ nm	شمایل عیسای مصلوب
crucifixion /kʀysifiksjɔ̃/ nf	۱. تصلیب، به صلیب کشیدن ۲. شمایل عیسای مصلوب
cruciforme /kʀysifɔʀm/ adj	صلیب‌شکل، صلیبی، چلیپایی

crudité /kRydite/ *nf* ۱. خامی، ناپختگی ۲. [رنگ، نور] تندی، زنندگی ـــ [صورت جمع] ۳. سبزیجات و میوه‌جات خام

crue /kRy/ *nf* ۱. [رود و غیره] طغیان ۲. نمو، رشد

cruel,elle /kRyɛl/ *adj* ۱. بی‌رحم، سنگدل، قسی‌القلب ۲. وحشی ۳. ستمگر، ظالم ۴. بی‌رحمانه، ظالمانه ۵. سخت، مشقت‌بار ۶. اسفبار، دردناک، جانکاه ۷. سهمگین، بی‌امان

guerre cruelle جنگ سهمگین، جنگ بی‌امان

perte cruelle ضایعهٔ دردناک، ضایعهٔ اسفبار، فقدان جانکاه

cruellement /kRyɛlmɑ̃/ *adv* ۱. بی‌رحمانه، با بی‌رحمی، ظالمانه ۲. به شدت، سخت ۳. به طرز غم‌انگیزی

crûment /kRymɑ̃/ *adv* رک و راست، صاف و پوست‌کنده، بی‌رودرواسی

crustacé /kRystase/ *nm* [جانور] سخت‌پوست

cryptogame /kRiptɔgam/ *adj* [گیاه‌شناسی] نهان‌زا

cubage /kybaʒ/ *nm* گنجایش حجمی

cubain,e[1] /kybɛ̃,ɛn/ *adj* (مربوط به) کوبا، کوبایی

Cubain,e[2] /kybɛ̃,ɛn/ *n* اهل کوبا، کوبایی

cube /kyb/ *nm* ۱. مکعب ۲. توان سه، مکعب

cuber /kybe/ *vt, vi* (1) ۱. به توان سه رساندن، مکعب کردن ۲. مکعبی بریدن ◙ ۳. گنجایش داشتن، ظرفیت داشتن ۴. [خودمانی] سر به فلک زدن، سر به جهنم زدن

cubique /kybik/ *adj* مکعب

racine cubique کعب، ریشهٔ سوم

cubisme /kybism/ *nm* [هنر] کوبیسم، حجم‌گری

cubitus /kybitys/ *nm* [استخوان] زند زیرین

cucurbitacée /kykyRbitase/ *nf* تیرهٔ کدو

cueillette /kœjɛt/ *nf* ۱. برداشت، چیدن ۲. محصول، برداشت

cueillir /kœjiR/ *vt* (12) ۱. چیدن، کندن ۲. [خودمانی] گرفتن، دستگیر کردن ۳. به پیشواز (کسی) آمدن

cueillir un baiser [ادبی] بوسه گرفتن، بوسیدن

cuiller /kɥijɛR/ *nf* قاشق

cuiller à soupe قاشق سوپ‌خوری

cuillère /kɥijɛR/ *nf* → cuiller

cuillerée /kɥij(e)Re/ *nf* [محتوی] قاشق

cuir /kɥiR/ *nm* ۱. چرم ۲. پوست

cuir chevelu پوست سر

cuirasse /kɥiRas/ *nf* ۱. نیم‌تنهٔ زرهی ۲. زره ۳. [مجازی] سپر، سلاح

défaut de la cuirasse ۱. شکاف زره ۲. نقطه‌ضعف

cuirassé[1]**,e** /kɥiRase/ *adj* ۱. زره‌پوش، زره‌دار ۲. [مجازی] مسلح

cuirassé[2] /kɥiRase/ *nm* رزمناو

cuirasser /kɥiRase/ *vt* (1) زره پوشاندن

se cuirasser *vp* مقاوم شدن، پوست‌کلفت شدن

cuirassier /kɥiRasje/ *nm* ۱. [ارتش] جمعیِ یکان زرهی ۲. [در قدیم] سوار زره‌دار

cuire /kɥiR/ *vt, vi* (38) ۱. پختن ◙ ۲. پختن، پخته شدن ۳. سوختن، احساس سوزش کردن ۴. [خودمانی] از گرما پختن، جوش آوردن

Il vous en cuira. [خودمانی] چوبشو می‌خوری. پاشو می‌خوری.

Les yeux me cuisent. چشم‌هایم می‌سوزد.

cuisant,e /kɥizɑ̃,t/ *adj* ۱. سوزش‌آور، سوزش‌دار ۲. سوزناک، دردناک، تلخ ۳. نیش‌دار، گزنده، تند

cuisine /kɥizin/ *nf* ۱. آشپزخانه ۲. آشپزی، پخت و پز ۳. غذا ۴. [خودمانی] زد و بند، ساخت و پاخت، دسیسه‌چینی

cuisiner /kɥizine/ *vi, vt* (1) ۱. آشپزی کردن ◙ ۲. درست کردن، تهیه کردن، آماده کردن ۳. [خودمانی] زیر زبان (کسی را) کشیدن

cuisinier,ère[1] /kɥizinje,ɛR/ *n* آشپز

cuisinière[2] /kɥizinjɛʀ/ *nf* اجاق

cuisinière à gaz چراغ گاز

cuisse /kɥis/ *nf* ۱. ران ۲. گوشت ران

Il se croit sorti de la cuisse de Jupiter. انگار از دماغ فیل افتاده.

cuisson /kɥisɔ̃/ *nf* ۱. پخت ۲. سوزش

cuit,e /kɥi,t/ *adj, part. passé* ۱. پخته ۲. [اسم مفعول فعلِ cuire]

cuivre /kɥivʀ/ *nm* ۱. مس ـــ [صورت جمع] ۲. اشیاء مسی ۳. ظروف مسی، ظروف برنجی ۴. سازهای برنجی

cuivré,e /kɥivʀe/ *adj* ۱. (به رنگ) مسی ۲. [رنگ پوست] برنزه، سوخته ۳. زنگ‌دار، پرطنین

cul /ky/ *nm* ۱. کون ۲. ته ۳. [دشنام] خر، الاغ

Il en est resté sur le cul. هاج و واج ماند. انگشت به دهان ماند.

lécher le cul à/de qqn در کون کسی را ماچ کردن، خایه‌مالی کسی را کردن

culbute /kylbyt/ *nf* ۱. پشتک، معلق، کله‌معلق ۲. افتادن (از پشت)، سرنگونی ۳. ورشکستگی

faire la culbute ۱. ورشکست شدن ۲. [تجاری] به دو برابر قیمت خرید فروختن

culbuter /kylbyte/ *vi, vt* (1) ۱. از پشت افتادن ۲. واژگون شدن، سرنگون شدن، افتادن ۳. (به) زمین زدن ۴. سرنگون کردن ۵. شکست دادن ۶. پشت سر گذاشتن

cul-de-jatte /kydʒat/ *n* بی‌پا، علیل، شَل

cul-de-sac /kydsak/ *nm* بن‌بست

culinaire /kylinɛʀ/ *adj* (مربوط به) آشپزی

culminant,e /kylminɑ̃,t/ *adj,*

point culminant نقطهٔ اوج، اوج، منتها درجه

culminer /kylmine/ *vi* (1) ۱. به اوج رسیدن ۲. سر به فلک کشیدن ۳. ارتفاع داشتن

culot /kylo/ *nm* ۱. ته ۲. جِرم

avoir du culot ۱. دل و جرئت داشتن ۲. رو داشتن

culotte /kylɔt/ *nf* ۱. شورت، زیرشلواری، تُنکه ۲. شلوار کوتاه ۳. [خودمانی] باخت حسابی

culpabilité /kylpabilite/ *nf* ۱. مجرمیت ۲. تقصیر

sentiment de culpabilité احساس گناه

culte /kylt/ *nm* ۱. پرستش ۲. نیایش، عبادت ۳. آیین، کیش ۴. دین، مذهب ۵. احترام

culte du feu آیین آتش‌پرستی، آتش‌پرستی

lieu de culte عبادتگاه

ministre du culte کشیش

cultivable /kyltivabl/ *adj* قابل کشت، قابل زراعت، مزروعی

cultivateur[1]**,trice** /kyltivatœʀ,tʀis/ *n* کشاورز، زارع

cultivateur[2] /kyltivatœʀ/ *nm* ماشین شخم‌زنی و علف‌چینی، کولتیواتور

cultivé,e /kyltive/ *adj* ۱. کاشته، زیرکشت ۲. بافرهنگ، فرهیخته

cultiver /kyltive/ *vt* (1) ۱. [زمین] آمادهٔ کشت کردن، شخم زدن ۲. زراعت کردن در ۳. کاشتن ۴. پرورش دادن، پروردن، تربیت کردن ۵. پرداختن به، وقت خود را صرف (انجام کاری) کردن

cultiver une amitié دوست شدن با، دوستی کردن با، رابطهٔ دوستانه برقرار کردن با

culture[1] /kyltyʀ/ *nf* ۱. کشت ۲. زراعت ۳. زمین زیرکشت، زمین مزروعی، مزرعه

culture microbienne کشت میکروب

culture[2] /kyltyʀ/ *nf* ۱. فرهنگ ۲. پرورش، تربیت

culture physique بدن‌سازی

culturel,elle /kyltyʀɛl/ *adj* فرهنگی

cumin /kymɛ̃/ *nm* [گیاه یا ادویه] زیره

cumuler /kymyle/ *vt* (1) با هم داشتن، یک‌جا داشتن

---

a = bas, plat e = blé, jouer ɛ = lait, jouet, merci i = il, lyre o = mot, dôme, eau, gauche ɔ = mort
u = roue y = rue ø = peu œ = peur ə = le, premier ɑ̃ = sans, vent ɛ̃ = matin, plein, lundi
ɔ̃ = bon, ombre ʃ = chat, tache ʒ = je, gilet j = yeux, paille, pied w = oui, nouer ɥ = huile, lui

cunéiforme /kyneifɔʀm/ *adj* [خط] میخی
cupide /kypid/ *adj* حریص، طماع
cupidement /kypidmɑ̃/ *adv* حریصانه، با حرص و طمع
cupidité /kypidite/ *nf* حرص، طمع، آز
cuprifère /kypʀifɛʀ/ *adj* مس‌دار، مس‌خیز
curable /kyʀabl/ *adj* درمان‌پذیر، درمان‌شدنی، قابل علاج، علاج‌پذیر
curateur,trice /kyʀatœʀ,tʀis/ *n* قیّم
curatif,ive /kyʀatif,iv/ *adj* درمانی، درمان‌بخش
curcuma /kyʀkyma/ *nm* زردچوبه
cure /kyʀ/ *nf* ۱. درمان، مداوا، معالجه ۲. معالجه با آب معدنی ۳. رژیم (بهداشتی)، [در ترکیب] ـدرمانی
Il lui faudrait une cure de repos. یک دوره استراحت برایش لازم است.
curé /kyʀe/ *nm* کشیش محل
cure-dent(s) /kyʀdɑ̃/ *nm* خلال‌دندان
cure-ongles /kyʀɔ̃gl/ *nm. inv* سوهان ناخن
cure-oreille /kyʀɔʀɛj/ *nm* گوش‌پاک‌کن
curer /kyʀe/ *vt* (1) ۱. پاک کردن، تمیز کردن ۲. لاروبی کردن
curetage /kyʀtaʒ/ *nm* کورتاژ
curieusement /kyʀjøzmɑ̃/ *adv* ۱. کنجکاوانه، با کنجکاوی ۲. (به طرزی) عجیب، به طرزی غیرعادی
curieux,euse /kyʀjø,øz/ *adj, n* ۱. کنجکاو ۲. مشتاق، علاقه‌مند، مایل ۳. فضول ۴. جالب ۵. عجیب، غیرعادی، شگفت‌انگیز
curiosité /kyʀjozite/ *nf* ۱. کنجکاوی ۲. اشتیاق، علاقه، شوق ۳. فضولی ۴. چیز عجیب ۵. شیء کمیاب، عتیقه
les curiosités régionales دیدنی‌های منطقه
curriculum vitæ /kyʀikylɔmvite/ *nm. inv* شرح حال (برای استخدام)، سوابق
cursif,ive /kyʀsif,iv/ *adj* [خط، حروف] سرِ هم

cutané,e /kytane/ *adj* پوستی، جلدی، (مربوط به) پوست
cuve /kyv/ *nf* ۱. خمره، خم ۲. تشت ۳. مخزن، منبع، تانکر
cuvette /kyvɛt/ *nf* ۱. لگن ۲. (کاسه) دستشویی ۳. آبگیر، حوضه
cybernétique /sibɛʀnetik/ *nf* فرمان‌شناسی، فرمانش، سیبرنتیک
cyclable /siklabl/ *adj* دوچرخه‌رو
piste cyclable مسیر ویژهٔ دوچرخه و موتور
cycle[1] /sikl/ *nm* ۱. چرخه، دوره، دور ۲. مجموعه، دوره ۳. دورهٔ آموزشی ۴. دورهٔ قاعدگی
cycle[2] /sikl/ *nm* ۱. دوچرخه، سه‌چرخه ۲. موتور، موتورسیکلت، سه‌چرخه موتوری، موتور سه‌چرخه
cyclique /siklik/ *adj* دوره‌ای، چرخه‌ای، ادواری
cyclisme /siklism/ *nm* دوچرخه‌سواری
cycliste /siklist/ *adj, n* دوچرخه‌سوار
courses cyclistes مسابقات دوچرخه‌سواری
cyclone /siklon/ *nm* گردباد، توفان
arriver comme un cyclone مثل اَجل معلق سر رسیدن
cygne /siɲ/ *nm* ۱. قو ۲. پر قو
le chant du cygne [کنایه] آخرین شاهکار
cylindre /silɛ̃dʀ/ *nm* ۱. استوانه ۲. غلتک ۳. [موتور] سیلندر
cylindrique /silɛ̃dʀik/ *adj* استوانه‌ای، استوانه‌ای‌شکل
cymbale /sɛ̃bal/ *nf* [ساز] سِنج
cynégétique /sineʒetik/ *adj* (مربوط به) شکار
cynique /sinik/ *n, adj* ۱. (پیرو آیین) کلبی ۲. گستاخ، وقیح، بی‌شرم ◻ ۳. گستاخانه، وقیحانه، بی‌شرمانه
cyniquement /sinikmɑ̃/ *adv* وقیحانه، بی‌شرمانه، گستاخانه
cynisme /sinism/ *nm* ۱. آیین کلبی ۲. گستاخی، وقاحت، بی‌شرمی

cyprès /sipʀɛ/ *nm* ۱. (درخت) سرو ۲. چوب سرو

cypriote[1] /sipʀijɔt/ *adj* (مربوط به) قبرس، قبرسی

Cypriote[2] /sipʀijɔt/ *n* اهل قبرس، قبرسی

cyrillique /siʀilik/ *adj* [الفبا، خط] سیریلیک

cystite /sistit/ *nf* التهاب مثانه

a = bas, plat e = blé, jouer ɛ = lait, jouet, merci i = il, lyre o = mot, dôme, eau, gauche ɔ = mort
u = roue y = rue ø = peu œ = peur ə = le, premier ɑ̃ = sans, vent ɛ̃ = matin, plein, lundi
ɔ̃ = bon, ombre ʃ = chat, tache ʒ = je, gilet j = yeux, paille, pied w = oui, nouer ɥ = huile, lui

D,d

D,d /de/ *nm. inv* دِ (= چهارمین حرف الفبای فرانسه)

d' /d/ *prép, art* → de

d'abord /dabɔʀ/ *adv* → abord (d')

d'accord /dakɔʀ/ *loc. adv* → accord

dactylo /daktilo/ *n* ماشین‌نویس، تایپیست

dactylographe /daktilɔgʀaf/ *n* → dactylo

dactylographie /daktilɔgʀafi/ *nf* ماشین‌نویسی، تایپ

dactylographier /daktilɔgʀafje/ *vt* (7) ماشین کردن، تایپ کردن

dactylographique /daktilɔgʀafik/ *adj* (مربوط به) ماشین‌نویسی، تایپ

dada /dada/ *nm* ۱. [زبان بچه‌ها] اسب ۲. [خودمانی] فکر و ذکر

dadais /dadɛ/ *nm* پسر خرفت

dague /dag/ *nf* خنجر (کوتاه)

dahlia /dalja/ *nm* (گل) کوکب

daigner /deɲe/ *vt* (1) ۱. قبول کردن، پذیرفتن ۲. لطف کردن، محبت کردن، مرحمت کردن، قابل دانستن

daim /dɛ̃/ *nm* ۱. گوزن ۲. جیر

dal (que) /k(ə)dal/ *loc. adv* [عامیانه] هیچی

dallage /dalaʒ/ *nm* ۱. (عمل) سنگفرش کردن ۲. سنگفرش

dalle /dal/ *nf* سنگ فرش، سنگ کف

dalle de marbre [برای سنگفرش] سنگ مرمر

dalle funèbre سنگ قبر

daller /dale/ *vt* (1) سنگفرش کردن

daltonisme /daltɔnism/ *nm* کوررنگی، رنگ‌کوری

damasquinage /damaskinaʒ/ *nm* طلاکوبی، زرکوبی، نقره‌کوبی

damasquiner /damaskine/ (1) *vt* طلاکوب کردن، زرکوب کردن، نقره‌کوب کردن

dame[1] /dam/ *nf* ۱. بانو، خانم ۲. [ورق‌بازی] بی‌بی ۳. [شطرنج] وزیر

dame![2] /dam/ *interj* [در پاسخ] البته!

dame-jeanne /damʒan/ *nf* قرابه

damier /damje/ *nm* صفحهٔ بازیِ چِکِرز

en damier چهارخانه، شطرنجی، پیچازی

damnable /danabl/ *adj* ۱. سزاوار عذاب الهی ۲. لعنتی، مزخرف

damnation /danasjɔ̃/ *nf* ۱. عذاب الهی، عذاب ابدی، لعنت خدا ۲. لعنت، لعن

damné,e /dane/ *n, adj* ۱. دوزخی، ملعون ◻ ۲. [خودمانی] لعنتی، مزخرف، گند

damner /dane/ *vt* (1) ۱. به عذاب الهی گرفتار کردن ۲. لعنت کردن، لعن کردن

faire damner عذاب دادن، آزار دادن

dancing /dɑ̃siŋ/ *nm* سالن رقص

dandy /dɑ̃di/ *nm* [در قرن نوزدهم] مرد آراسته، ژیگولو

danger /dɑ̃ʒe/ *nm* خطر

être en danger در خطر بودن، در معرض خطر بودن، با خطر روبرو بودن

Il n'y a pas de danger à essayer. امتحانش ضرری ندارد.

Il n'y a pas de danger qu'il me prête de l'argent. هیچ‌وقت نمی‌شود که به من پول قرض دهد.

dangeureusement /dɑ̃ʒʀøzmɑ̃/ *adv* به طور خطرناکی

dangereux,euse /dɑ̃ʒʀø,øz/ *adj* خطرناک

danois[1],e /danwa,z/ *adj* دانمارکی، (مربوط به) دانمارک

Danois[2],e /danwa,z/ *n* اهل دانمارک، دانمارکی

danois[3] /danwa/ *nm* زبان دانمارکی

dans /dɑ̃/ *prép* ۱. در، تو ۲. درونِ، تویِ، داخلِ ۳. به ۴. در زمانِ، در ۵. (در) ظرفِ، طیِ ۶. در میانِ، وسطِ، تویِ ۷. (بر) طبقِ، مطابق با، بنابر، در چارچوبِ

dans les در حدودِ، حول و حوشِ

dans trois mois ظرف سه ماه، (تا) سه ماه دیگر

danse /dɑ̃s/ *nf* ۱. رقص ۲. آهنگ رقص

entrer en danse [خودمانی] وارد عمل شدن، دست به کار شدن

mener la danse [مجازی] تعزیه گردانی کردن

danser /dɑ̃se/ *vi, vt* (1) ۱. رقصیدن ۲. بالا و پایین پریدن، این ور و آن ور رفتن

Il ne sait pas sur quel pied danser. نمی‌داند به کدام ساز برقصد.

danseur,euse /dɑ̃sœʀ,øz/ *n* ۱. رقاص، رقاصه ۲. رقصنده

dard /daʀ/ *nm* ۱. نیش ۲. نیزه، زوبین

darder /daʀde/ *vt* (1) [قدیمی] پرتاب کردن

darder ses rayons [خورشید] پرتو افشاندن، تابیدن

darder ses regards نگاه انداختن، نگریستن، خیره شدن

dare-dare /daʀdaʀ/ *loc. adv* [عامیانه] با عجله، فوری، تند، زود

datation /datasjɔ̃/ *nf* ۱. گذاشتنِ تاریخ، تاریخ‌گذاری ۲. تعیینِ تاریخ

date /dat/ *nf* ۱. تاریخ ۲. زمان ۳. موعد

de fraîche date تازه، اخیر

de longue date از قدیم، از دیرباز

de vieille date قدیمی

être le premier en date (از نظر زمانی) جلوتر بودن از، قبل (از کسی) بودن

faire date رویداد مهمی بودن، نقطهٔ عطفی به شمار رفتن

prendre date قرار (ملاقات) گذاشتن

dater /date/ *vt, vi* (1) ۱. تاریخ گذاشتن، تاریخ زدن ۲. تاریخ (چیزی را) تعیین کردن ◙ ۳. مربوط به (تاریخ خاصی) بودن، (به زمان مشخصی) برگشتن ۴. رویداد مهمی بودن، نقطهٔ عطفی به شمار رفتن ۵. کهنه بودن، قدیمی بودن، از مد افتادن

à dater de از (... به بعد)

datif /datif/ *nm* [زبان‌شناسی] مفعولٌ له، مفعول به‌ای، مفعول برایی

datte /dat/ *nf* خرما

dattier /datje/ *nm* نخل، درخت خرما

dauphin[1] /dofɛ̃/ *nm* دلفین

dauphin[2] /dofɛ̃/ *nm* ۱. جانشین، نایب ۲. وارث تاج و تخت فرانسه، ولیعهد فرانسه

davantage /davɑ̃taʒ/ *adv* بیشتر، بیش

davantage que بیشتر از، بیش از

davier /davje/ *nm* [پزشکی، دندانپزشکی] انبرک

de[1] /d(ə)/ *prép* ۱. از ۲. ـِ (= کسرهٔ اضافه که در خط فارسی معمولاً نوشته نمی‌شود.) ۳. با ۴. در ۵. در مدتِ، طیِ ۶. از جنسِ ۷. متعلق به، مالِ ۸. به

علتِ ۹. به منزلهٔ، مثلِ ۱۰. بنابر، (بـر) طـبقِ ۱۱. ناشی از

de jour en jour روز به روز

de nos jours در زمان ما، امروزه، امروز

de quatre à cinq francs چهار تا پنج فرانک، چهار پنج فرانک

faire signe de la main با دست علامت دادن

Je n'ai pas de voisins. من همسایه‌ای ندارم.

le train de Paris قطار پاریس

sac de papier کیف کاغذی

Sortez d'ici! از اینجا بروید بیرون!

une tasse de thé یک فنجان چای

de[2] /d(ə)/ *art. partitif* [با حروف تعریف، به صـورت‌هایِ: du, de la, des] قدری، مـقداری، کمی

boire du vin (قدری) شراب نوشیدن

dé[1] /de/ *nm* انگشتانه

dé[2] /de/ *nm* ۱. تاس ۲. مکعب کوچک

déambulation /deɑ̃bylasjɔ̃/ *nf* (عمل) پرسه زدن

déambuler /deɑ̃byle/ *vi* (1) پرسه زدن، (بی‌هدف) گشتن

débâcle /debakl/ *nf* ۱. شکسته شدن یخ ۲. شکست ۳. هزیمت، فرار ۴. فروپاشی، نابودی

déballage /debalaʒ/ *nm* ۱. [بسته، صندوق، ...] تخلیه، باز کردن، درآوردن ۲. [خودمانی] (عمل) رو کردن، برملا کردن ۳. [خودمانی] بازار شام

déballer /debale/ *vt* (1) ۱. [بسته، صندوق، ...] باز کردن، درآوردن، خالی کردن ۲. [خودمانی] رو کردن، برملا کردن

débandade /debɑ̃dad/ *nf* ۱. هزیمت، فرار ۲. ازهم‌پاشیدگی ۳. متفرق شدن

débander[1] /debɑ̃de/ *vt* (1) ۱. باند (روی چیزی را) برداشتن، باز کردن ۲. سست کردن، شل کردن ۳. [لفظ زننده] از شقی افتادن، خوابیدن

débander[2] /debɑ̃de/ *vt* (1) ۱. هزیمت کردن ۲. متفرق کردن، پراکنده کردن

se débander *vp* ۱. از هم پاشیدن، منهزم شدن ۲. متفرق شدن، پراکنده شدن

débaptiser /debatize/ *vt* (1) نام (جایی یا کسی را) تغییر دادن، اسم (جایی یـا کسـی را) عـوض کردن

débarbouiller /debaʀbuje/ *vt* (1) صورت (کسی را) پاک کردن، صورت (کسی را) شستن

se débarbouiller *vp* ۱. صورت خود را پاک کردن، صورت خود را شسـتن ۲. گـلیم خـود را از آب بیرون کشیدن، خود را از مخمصه رهانیدن

débarcadère /debaʀkadɛʀ/ *nm* بارانداز، اسکله

debarder /debaʀde/ *vt* (1) در اسکله تخلیه کردن

débardeur /debaʀdœʀ/ *nm* ۱. کارگر بارانداز ۲. پلیورِ (بی‌آستین)

débarquement /debaʀkəmɑ̃/ *nm* ۱. پیاده شدن (از کشتی) ۲. تخلیهٔ بار (از کشتی) ۳. [نظامی] پیاده کردن نیرو

débarquer /debaʀke/ *vt, vi* (1) ۱. از کشتی پیاده کردن، از کشتی تخلیه کردن ۲. [نظامی] نیرو پیاده کردن ◙ ۳. از کشتی پیاده شدن ۴. پیاده شدن ۵. [خودمانی] در جریان نبودن، تو باغ نبودن

débarquer chez qqn [خودمانی] سر کسی خراب شدن

débarras /debaʀa/ *nm* ۱. خلاصی، رهایی ۲. انبار، انباری

Bon débarras! راحت شدیم! راحت شدم!

débarrasser /debaʀase/ *vt* (1) ۱. (چیزهای اضافی را) بیرون ریختن ۲. خالی کردن ۳. برداشتن ۴. تـمیز کـردن ۵. از چـنگ (کسـی) درآوردن، گرفتن ۶. از شر (چیزی) راحت کـردن، خلاص کردن، نجات دادن

se débarrasser *vp* ۱. خلاص شدن، رهایی یافتن، راحت شدن، خود را خلاص کردن، خـود را نـجات دادن ۲. از سر خود باز کردن ۳. [لباس] درآوردن، کندن

Débarrassez-vous! پالتویتان را درآورید!

253 déboire

débat /deba/*nm* ۱. بحث، مباحثه، مذاکره ۲. جرّ و بحث، بگومگو، مجادله ۳. مناظره

débattre /debatʀ/*vt* (41) ۱. بحث کردن، گفتگو کردن، مذاکره کردن ۲. جرّ و بحث کردن، بگومگو کردن، مجادله کردن

se débattre *vp* از خود دفاع کردن، مبارزه کردن، جنگیدن

débauchage /deboʃaʒ/*nm* اخراج (از کار)

débauche /deboʃ/*nf* ۱. عیاشی، فساد، هرزگی، الواطی، شهوت‌رانی ۲. زیاده‌روی، افراط

débauché,e /deboʃe/*adj, n* عیاش، فاسد، هرزه، الواط، شهوت‌ران

débaucher /deboʃe/*vt* (1) ۱. از راه به‌در کردن، منحرف کردن، اغوا کردن ۲. بیرون کردن، بی‌کار کردن ۳. به اعتصاب تحریک کردن

débile /debil/*adj* ۱. ضعیف، ناتوان، رنجور ۲. عقب‌مانده ۳. [خودمانی] کودن، ابله، احمق ۴. احمقانه، ابلهانه

débilitant,e /debilitɑ̃,t/*adj* ۱. ضعیف‌کننده، تضعیف‌کننده، فرساینده ۲. ناسالم

débilité /debilite/*nf* ۱. ضعف، ناتوانی، رنجوری ۲. عقب‌ماندگی

débilité mentale عقب‌ماندگی ذهنی

débiliter /debilite/*vt* (1) ۱. ضعیف کردن، تضعیف کردن، ناتوان کردن ۲. منحرف کردن، از راه به در کردن، فاسد کردن

débine /debin/*nf* [عامیانه] فلاکت، بیچارگی

tomber dans la débine به فلاکت افتادن

débiner¹ /debine/*vt* (1) [خودمانی] بدگویی کردن از، بد گفتن از، غیبت (کسی را) کردن

débiner² (se) /s(ə)debine/*vp* (1) [خودمانی] در رفتن، به چاک زدن، جیم شدن

débit¹ /debi/*nm* ۱. فروش ۲. دکان، مغازه ۳. [در ترکیب] ـفروشی ۴. خرده‌فروشی ۵. [فنی] بده، دِبی ۶. (طرز) بیان

article d'un bon débit کالایی که فروش خوبی دارد

débit de tabac (مغازهٔ) سیگارفروشی

débit² /debi/*nm* ۱. بدهی ۲. ستون بدهکار

débitant,e /debitɑ̃,t/*n* [سیگار، مشروب] فروشنده (مُجاز)، [در ترکیب] ـفروش

débiter¹ /debite/*vt* (1) ۱. (به صورت خرده) فروختن ۲. (در ملأ عام) گفتن، خواندن ۳. بازده داشتن، دادن ۴. قطعه‌قطعه کردن، تکه‌تکه کردن

débiter² /debite/*vt* (1) به حساب بدهکار (کسی) گذاشتن، بدهکار کردن

débiteur,trice /debitœʀ,tʀis/*n* ۱. بدهکار، مقروض ۲. مدیون

déblai /deblɛ/*nm* ۱. نظافت، رفت و روب ۲. آت و آشغال

déblaiement /deblɛmɑ̃/*nm* نظافت، رفت و روب

déblatérer /deblateʀe/*vi* (6) داد سخن دادن (علیهِ)

déblayage /deblɛjaʒ/*nm* → déblaiement

déblayer /debleje/*vt* (8) ۱. چیزهای اضافی را (از جایی) بیرون ریختن، تخلیه کردن ۲. نظافت کردن، تمیز کردن

déblayer le terrain زمینه را فراهم کردن، زمینه را مساعد کردن

déblocage /deblɔkaʒ/*nm* ۱. آزادسازی، خلاص کردن ۲. ترخیص ۳. حل و فصل، حل (مشکل)

débloquer /deblɔke/*vt, vi* (1) ۱. آزاد کردن، خلاص کردن ۲. ترخیص کردن ۳. از حالت بلوکه خارج کردن ۴. مشکل (چیزی را) حل کردن، حل و فصل کردن ◻ ۵. [عامیانه] پرت و پلا گفتن، چرند گفتن، چرت و پرت گفتن، حرف مفت زدن

déboire /debwaʀ/*nm* ناکامی، تلخکامی، سرخوردگی

a = bas, plat e = blé, jouer ɛ = lait, jouet, merci i = il, lyre o = mot, dôme, eau, gauche ɔ = mort
u = roue y = rue ø = peu œ = peur ə = le, premier ɑ̃ = sans, vent ɛ̃ = matin, plein, lundi
ɔ̃ = bon, ombre ʃ = chat, tache ʒ = je, gilet j = yeux, paille, pied w = oui, nouer ɥ = huile, lui

déboisement /debwazmɑ̃/ *nm* جنگل‌زدایی، قطع درختان

déboiser /debwaze/ *vt* (1) جنگل‌زدایی کردن، درختان (منطقه‌ای) را قطع کردن

déboîtement /debwatmɑ̃/ *nm* [استخوان] دررفتگی

déboîter /debwate/ *vt, vi* (1) ۱. از جا درآوردن، از جا کندن ۲. ایجاد دررفتگی کردن، از جا درکردن ◙ ۳. [رانندگی] از ردیف خود خارج شدن

débonnaire /debɔnɛʀ/ *adj* ۱. آسان‌گیر، ملایم ۲. خوش‌قلب، خوش‌طینت، مهربان، خوب ۳. دوستانه، صمیمانه

débordant,e /debɔʀdɑ̃,t/ *adj* سرشار، آکنده

débordement /debɔʀdəmɑ̃/ *nm* ۱. [رود] طغیان ۲. [مجازی] سیل

débordement d'injures سیل دشنام

déborder /debɔʀde/ *vi, vt* (1) ۱. لبریز شدن، سر رفتن ۲. [رود] طغیان کردن ◙ ۳. فراتر رفتن از، تجاوز کردن از ۴. جلوتر بودن از ۵. سرشار بودن، لبریز بودن، آکنده بودن

débouchage /debuʃaʒ/ *nm* (عمل) باز کردن

débouché /debuʃe/ *nm* ۱. خروجی، دررو ۲. بازار فروش، بازار ۳. امکان کار، کار

déboucher[1] /debuʃe/ *vt* (1) [مجرا، بطری، ...] باز کردن

déboucher[2] /debuʃe/ *vi* (1) ۱. از گذرگاهِ تنگ گذشتن، به جای وسیع‌تر رسیدن ۲. گذشتن، رد کردن، بیرون آمدن ۳. [راه] منتهی شدن، خوردن ۴. منجر شدن، انجامیدن، کشیدن

déboucler /debukle/ *vt* (1) ۱. سگک (چیزی را) باز کردن، قلاب (چیزی را) باز کردن ۲. فِر (مو را) از بین بردن، فِر (مو را) خراب کردن

déboulonner /debulɔne/ *vt* (1) ۱. پیچ (چیزی را) باز کردن ۲. [خودمانی] زیرآب (کسی را) زدن، بیرون کردن ۳. آبروی (کسی را) بردن، بی‌آبرو کردن، بدنام کردن

débours /debuʀ/ *nm* خرج

déboursement /debuʀsəmɑ̃/ *nm* پرداخت

débourser /debuʀse/ *vt* (1) از جیب دادن، خرج کردن، پرداختن

déboussoler /debusɔle/ *vt* (1) [خودمانی] گیج کردن، سرگردان کردن

debout /dəbu/ *adv* ۱. ایستاده، سرپا، راست ۲. بیدار ۳. پابرجا، استوار

se mettre debout ایستادن، برخاستن، پاشدن

se tenir debout ایستادن، سرپا بودن

tenir debout ۱. سرحال بودن، قبراق بودن ۲. پایه و اساس داشتن

vent debout [دریانوردی] باد مخالف

débouter /debute/ *vt* (1) [حقوقی] رد کردن

déboutonner /debutɔne/ *vt* (1) دکمه (چیزی را) باز کردن

se déboutonner *vp* دکمه لباس خود را باز کردن

débraillé,e /debʀaje/ *adj* نامرتب، شلخته

débrancher /debʀɑ̃ʃe/ *vt* (1) از برق کشیدن، کشیدن

débrayer /debʀeje/ *vt, vi* (8) ۱. کلاج گرفتن ◙ ۲. [به قصد اعتصاب] دست از کار کشیدن

débridé,e /debʀide/ *adj* افسارگسیخته، لگام‌گسیخته، عنان‌گسیخته

débrider /debʀide/ *vt* (1) ۱. افسار (حیوانی را) برداشتن ۲. نیشتر زدن به، باز کردن

débris /debʀi/ *nm* ۱. خرده، ریزه ـــ [صورت جمع] ۲. بقایا، تکه‌پاره‌ها

débrouillard,e /debʀujaʀ,d/ *adj, n* [خودمانی] زبر و زرنگ، دست و پادار

débrouillardise /debʀujaʀdiz/ *nf* زرنگی

débrouiller /debʀuje/ *vt* (1) ۱. از هم باز کردن ۲. مرتب کردن ۳. [موضوع، مسئله، ...] روشن کردن ۴. [خودمانی] فوت و فن کار را (به کسی) یاد دادن

se débrouiller *vp* از عهدهٔ کار برآمدن، گلیم خود را از آب بیرون کشیدن

débroussailler /debʀusaje/ *vt* (1) ۱. از خار و علف پاک کردن، بوته‌های (جایی را) کندن ۲. [مسئله و غیره] روشن کردن

débusquer /debyske/ *vt* (1) ۱. از بیشه بیرون راندن ۲. (از لانه یا مخفی‌گاه خود) بیرون کشیدن، بیرون راندن

début /deby/ *nm* آغاز، شروع، ابتدا

dès le début از آغاز، از ابتدا، از اول

débutant,e /debytɑ̃,t/ *adj, n* تازه‌کار، مبتدی، نوآموز

débuter /debyte/ *vi* (1) ۱. شروع به کار کردن، کار خود را آغاز کردن ۲. شروع کردن، آغاز کردن ۳. مبتدی بودن ۴. آغاز شدن، شروع شدن ۵. پا به عرصهٔ هنر گذاشتن، وارد کار نمایش شدن

déca /deka/ *nm* → décaféiné

deçà /dəsa/ *adv,* **en deçà de** این طرفِ، این سویِ، این ورِ

rester en deçà de la vérité به حقیقت پی نبردن، به حقیقت دست نیافتن

décacheter /dekaʃte/ *vt* (4) لاک و مهر (چیزی را) باز کردن، باز کردن

décade /dekad/ *nf* دهه

décadence /dekadɑ̃s/ *nf* زوال، انحطاط، سقوط

décadent,e /dekadɑ̃,t/ *adj* ۱. روبه‌زوال، روبه‌انحطاط ۲. منحط

décaèdre /dekaɛdʀ/ *nm, adj* ده‌وجهی

décaféiné /dekafeine/ *nm* قهوهٔ بدون کافئین

décagone /dekagɔn/ *nm, adj* ده‌گوش، ده‌ضلعی

décalage /dekalaʒ/ *nm* ۱. جابجایی، تغییر مکان ۲. تغییر زمان

décalcomanie /dekalkɔmani/ *nf* عکس‌برگردان

décaler /dekale/ *vt* (1) ۱. جابه‌جا کردن، جلو (یا) عقب بردن ۲. زمان (چیزی را) تغییر دادن

décalitre /dekalitʀ/ *nm* دکالیتر، ده لیتر

décalogue /dekalɔg/ *nm* ده فرمان (= فرامینی که از جانب خدا بر موسی نازل شد.)

décalquage /dekalkaʒ/ *nm* گرده‌برداری، کپی

décalque /dekalk/ *nm* گرده‌برداری، کپی

décalquer /dekalke/ *vt* (1) گرده‌برداری کردن، کپی کردن

décamètre /dekamɛtʀ/ *nm* دِکامتر (= ده متر)

décamper /dekɑ̃pe/ *vi* (1) دررفتن، فرار کردن، به چاک زدن

décan /dekɑ̃/ *nm* [ستاره‌شناسی] دهه

décanter /dekɑ̃te/ *vt* (1) ته‌نشین کردن، صاف کردن، لِرد (چیزی را) گرفتن

décapage /dekapaʒ/ *nm* [فلز] پرداخت، تمیز کردن

décaper /dekape/ *vt* (1) [فلز] تمیز کردن، پرداخت کردن

décapitation /dekapitasjɔ̃/ *nf* (عمل) گردن زدن

décapiter /dekapite/ *vt* (1) ۱. سر از بدن (کسی) جدا کردن، گردن (کسی را) زدن ۲. عامل اصلی (چیزی را) از بین بردن، سرچشمهٔ (چیزی را) خشکاندن

décapiter un arbre سرِ درختی را زدن

décapodes /dekapɔd/ *nm. pl* ده‌پایان

décapsulage /dekapsylaʒ/ *nm* [دِرِ بطری] (عمل) باز کردن

décapsuler /dekapsyle/ *vt* (1) در (بطری را) باز کردن

décapsuleur /dekapsylœʀ/ *nm* [بطری] دربازکن

décarreler /dekaʀle/ *vt* (4) سنگفرش (مکانی را) کندن، موزائیک (مکانی را) برداشتن

a = bas, plat e = blé, jouer ɛ = lait, jouet, merci i = il, lyre o = mot, dôme, eau, gauche ɔ = mort
u = roue y = rue ø = peu œ = peur ə = le, premier ɑ̃ = sans, vent ɛ̃ = matin, plein, lundi
ɔ̃ = bon, ombre ʃ = chat, tache ʒ = je, gilet j = yeux, paille, pied w = oui, nouer ɥ = huile, lui

décasyllabe / dekasilab / *adj, nm* ۱. دەهجایی ◙ ۲. شعر دەهجایی

décathlon / dekatlɔ̃ / *nm* [دو و میدانی] بازی‌های ده‌گانه

décatir / dekatiʀ / *vt* (2) بی‌آهار کردن، آهار (چیزی را) از بین بردن

se décatir *vp* ۱. طراوت خود را از دست دادن ۲. شکسته شدن

décavé,e / dekave / *adj, n* [خودمانی] پاک‌باخته

décéder / desede / *vi* (6) درگذشتن، فوت کردن، مردن، از دنیا رفتن

décèlement / desɛlmɑ̃ / *nm* افشا

déceler / desle / *vt* (5) ۱. برملا کردن، افشا کردن ۲. آشکار کردن، نشان دادن، حاکی بودن از ۳. پی بردن به، فهمیدن

décélération / deseleʀasjɔ̃ / *nf* کاهش سرعت

décembre / desɑ̃bʀ / *nm* دسامبر (= ماه دوازدهم سال میلادی)

décemment / desamɑ̃ / *adv* ۱. مؤدبانه، با نزاکت ۲. محترمانه، آبرومندانه ۳. به طور معقول ۴. درست، به طور قابل قبول

décence / desɑ̃s / *nf* ۱. نزاکت، ادب ۲. شایستگی ۳. حجب، حیا، نجابت

décennal,e,aux / desenal,o / *adj* ۱. ده‌ساله ۲. ده‌سال یک‌بار

decennie / deseni / *nf* دورهٔ ده‌ساله، دهه

décent,e / desɑ̃,t / *adj* ۱. بانزاکت، مؤدب ۲. مناسب، شایسته ۳. محترمانه، آبرومندانه ۴. محجوی، باحجب و حیا ۵. درست، قابل قبول

décentralisation / desɑ̃tʀalizasjɔ̃ / *nf* ۱. تمرکززدایی ۲. عدم تمرکز

décentraliser / desɑ̃tʀalize / *vt* (1) تمرکززدایی کردن، غیرمتمرکز کردن

déception / desɛpsjɔ̃ / *nf* ۱. دلسردی، ناامیدی، یأس ۲. ناکامی، سرخوردگی ۳. مایهٔ نومیدی، مایهٔ یأس

décernement / desɛʀnəmɑ̃ / *nm* اعطا

décerner / desɛʀne / *vt* (1) ۱. اعطا کردن ۲. [حکم] صادر کردن

décès / desɛ / *nm* فوت، وفات، درگذشت

décevant,e / dɛsvɑ̃,t / *adj* ۱. نومیدکننده، مأیوس‌کننده، یأس‌آور، دلسردکننده ۲. [قدیمی] فریبنده، گول‌زننده، گمراه‌کننده، غلط‌انداز

décevoir / dɛsvwaʀ / *vt* (28) ۱. ناامید کردن، مأیوس کردن، دلسرد کردن ۲. فریب دادن، فریفتن، گول زدن، گمراه کردن

déchaîné,e / deʃene / *adj* ۱. شدید، سهمگین ۲. آتشی، جوشی

déchaînement / deʃɛnmɑ̃ / *nm* طغیان، فوران، غلیان

déchaîner / deʃene / *vt* (1) ۱. رها کردن ۲. برانگیختن ۳. ابراز کردن

déchaîner la colère خشمگین شدن، به خشم آمدن، از کوره در رفتن، عصبانی شدن

se déchaîner *vp* ۱. طغیان کردن ۲. به خشم آمدن، از کوره دررفتن، آتشی شدن

La tempête s'est déchaînée. توفان درگرفت.

déchanter / deʃɑ̃te / *vi* (1) ۱. لحن خود را تغییر دادن ۲. از ادعای خود کاستن، توقعات خود را کم کردن ۳. زده شدن، سرد شدن

décharge / deʃaʀʒ / *nm* ۱. تخلیه ۲. شلیک ۳. پرداخت، بازپرداخت ۴. ادا(ی وظیفه) ۵. مفاصاحساب ۶. زباله‌دانی، آشغال‌دانی

déchargement / deʃaʀʒəmɑ̃ / *nm* ۱. تخلیه، خالی کردن ۲. درآوردن فشنگ

décharger / deʃaʀʒe / *vt* (3) ۱. تخلیه کردن، خالی کردن ۲. (بار کسی را) گرفتن، بار از روی دوش (کسی) برداشتن ۳. از بار (چیزی) کاستن ۴. شلیک کردن ۵. تبرئه کردن ۶. معاف کردن

décharger des passagers مسافرین را پیاده کردن

décharger un camion بار کامیون را خالی کردن

décharger une arme فشنگ سلاحی را درآوردن

257 décisif,ive

décharné,e /deʃaRne/ *adj* استخوانی، لاغر، تکیده

déchausser /deʃose/ *vt* (1) (کسی را) کفش درآوردن

se déchausser *vp* ۱. کفش‌های خود را درآوردن ۲. [دندان] لق شدن، لق بودن

dèche /dɛʃ/ *nf* ۱. [عامیانه] فلاکت، بدبختی، بیچارگی ۲. بی‌پولی، نداری

déchéance /deʃeɑ̃s/ *nf* ۱. تنزل، افت ۲. سقوط، زوال، انحطاط ۳. فساد، تباهی ۴. [حقوقی] محرومیت ۵. خلع

déchet /deʃɛ/ *nm* ۱. ضایعات ۲. آشغال ۳. آدم منفور، مورد نفرت

déchiffrable /deʃifRabl/ *adj* قابل خواندن، خوانا

déchiffrement /deʃifRəmɑ̃/ *nm* ۱. رمزگشایی ۲. خواندن

déchiffrer /deʃifRe/ *vt* (1) ۱. رمزگشایی کردن، (چیزی را) خواندن، گشودن ۲. [خط بد] خواندن

déchiqueter /deʃikte/ *vt* (4) تکه‌پاره کردن، تکه‌تکه کردن، پاره‌پوره کردن

déchirant,e /deʃiRɑ̃,t/ *adj* دلخراش، سوزناک، جانکاه، غم‌انگیز، تلخ

déchirement /deʃiRmɑ̃/ *nm* ۱. (عمل) پاره کردن ۲. پارگی ۳. درد، رنج، اندوه، غم ۴. نفاق، اغتشاش

déchirer /deʃiRe/ *vt* (1) ۱. پاره کردن، جر دادن ۲. (از هم) دریدن ۳. به درد آوردن، آزردن ۴. رنجاندن، دل (کسی را) به درد آوردن ۵. نفاق انداختن (در میان)، ایجاد اغتشاش کردن در ۶. (کسی را) خراب کردن، ضایع کردن، دخل (کسی را) آوردن

déchirer le silence سکوت را شکستن

déchirer le voile از حقیقت پرده برداشتن

déchirure /deʃiRyR/ *nf* پارگی

déchoir /deʃwaR/ *vi* (25) ۱. تنزل کردن، افت کردن، کوچک شدن ۲. خلع شدن ۳. [حقوقی] محروم شدن

déchu,e /deʃy/ *adj, part. passé* ۱. تنزل‌یافته ۲. مخلوع، مغضوب ◘ ۳. [اسم مفعول فعلِ déchoir]

décidé,e /deside/ *adj* ۱. مصمم، قاطع، راسخ ۲. قطعی، حتمی، محرز، معلوم، مشخص

décidément /desidemɑ̃/ *adv* قطعاً، مسلماً، یقیناً، بدون تردید، بی‌شک

Décidément! واقعاً که!

décider /deside/ *vt, vi* (1) ۱. تصمیم گرفتن ۲. متقاعد کردن ۳. مشخص کردن، تعیین کردن

être décidé à ۱. تصمیم گرفتن ۲. مصمم بودن

Je l'ai décidé à partir. متقاعدش کردم که برود.

se décider *vp* ۱. تصمیم گرفتن ۲. انتخاب کردن ۳. حل و فصل شدن، فیصله یافتن

décideur,euse /desidœR,øz/ *n* تصمیم‌گیرنده

décigramme /desigRam/ *nm* دسی‌گرم (= یک‌دهم گرم)

décilitre /desilitR/ *nm* دسی‌لیتر (= یک‌دهم‌لیتر)

décimal,e[1],aux /desimal,o/ *adj* اعشاری، ده‌دهی

décimale[2] /desimal/ *nf* اعشار

décimation /desimasjɔ̃/ *nf* [در روم باستان] کشتار، قتل عام

décimer /desime/ *vt* (1) کشتار کردن، قتل عام کردن

décimètre /desimɛtR/ *nm* دِسی‌متر (= یک‌دهم متر)

décisif,ive /desizif,iv/ *adj* ۱. تعیین‌کننده، سرنوشت‌ساز ۲. قطعی، مسلم، بی‌چون و چرا ۳. قاطع، مصمم ۴. قاطعانه، مصممانه

a = bas, plat e = blé, jouer ɛ = lait, jouet, merci i = il, lyre o = mot, dôme, eau, gauche ɔ = mort
u = roue y = rue ø = peu œ = peur ə = le, premier ɑ̃ = sans, vent ɛ̃ = matin, plein, lundi
ɔ̃ = bon, ombre ʃ = chat, tache ʒ = je, gilet j = yeux, paille, pied w = oui, nouer ɥ = huile, lui

décision / desizjɔ̃ / *nf* ۱. تصمیم ۲. قاطعیت، عزم، اراده ۳. حکم، رأی

déclamation / deklamasjɔ̃ / *nf* دکلمه

déclamatoire / deklamatwaʀ / *adj* ۱. پرطمطراق، مطنطن ۲. تصنعی، ساختگی

déclamer / deklame / *vt* (1) ۱. دکلمه کردن ۲. با آب و تاب خواندن

déclaration / deklaʀasjɔ̃ / *nf* ۱. اظهار، بیان، ابراز ۲. اعلان، اعلام ۳. ابراز عشق ۴. اعلامیه ۵. بیانیه ۶. اظهارنامه، اظهاریه

déclarer / deklaʀe / *vt* (1) ۱. اظهار کردن، بیان کردن، ابراز کردن، گفتن ۲. اعلام کردن، اعلان کردن

déclarer la guerre اعلان جنگ دادن، اعلام جنگ کردن

se déclarer *vp* ۱. اظهار نظر کردن، نظر دادن ۲. اظهار کردن، ابراز کردن ۳. به عشق خود اعتراف کردن ۴. آشکار شدن، بروز کردن ۵. عارض شدن ۶. شروع شدن

déclasser / deklase / *vt* (1) ۱. تنزل دادن، پایین آوردن ۲. نظم و ترتیب (چیزی را) بـه هـم زدن، به هم ریختن

déclencher / deklɑ̃ʃe / *vt* (1) ۱. آزاد کردن، رها کردن ۲. به کار انداختن ۳. (به) راه انداختن ۴. برانگیختن، دامن زدن

déclic / deklik / *nm* ۱. ضامن ۲. (صدای) تیلیک، تَلَق، تَق

déclin / deklɛ̃ / *nm* ۱. کاهش، افت، تنزل ۲. افول، زوال، سقوط، اضمحلال

déclin de l'âge/de la vie غروب زندگی، سالخوردگی

déclin du jour غروب

déclinable / deklinabl / *adj* [دستور زبان] قابل صرف، صرف شدنی

déclinaison / deklinɛzɔ̃ / *nf* ۱. [دستور زبان] صرف (اسم)، تصریف (اسم) ۲. [اخترشناسی] میل ۳. [فیزیک] انحراف

déclinant,e / deklinɑ̃,t / *adj* رو به زوال، رو به نقصان، رو به کاهش

décliner / dekline / *vt, vi* (1) ۱. رد کردن، نپذیرفتن ۲. به عهده نگرفتن، زیر بـار (چیزی) نرفتن، (به) گردن نگرفتن ۳. [دستور زبان] صرف کردن ۴. افول کردن، رو به نقصان گذاشتن ۵. تحلیل رفتن ۶. غروب کردن ۷. بازگو کردن، اظهار کردن

déclive / dekliv / *adj* سرازیر، سراشیب، شیب‌دار

déclivité / deklivite / *nf* سرازیری، سراشیبی، شیب

déclouer / deklue / *vt* (1) میخ‌های (چیزی را) کشیدن

décocher / dekɔʃe / *vt* (1) ۱. [تیر] انداختن، زدن ۲. [ضربه] زدن، وارد آوردن

décocher un regard نگاه انداختن

décoction / dekɔksjɔ̃ / *nf* ۱. (عمل) جوشاندن ۲. جوشانده

décodage / dekɔdaʒ / *nm* رمزگشایی

décoder / dekɔde / *vt* (1) رمزگشایی کردن، رمز (چیزی را) خواندن

décoder / dekɔdœʀ / *nm* رمزگشا

décoiffer / dekwafe / *vt* (1) موهای (کسی را) به هم ریختن

décoincer / dekwɛ̃se / *vt* (3) ۱. گُوه (چیزی را) برداشتن ۲. آزاد کردن

décolérer / dekɔleʀe / *vi* (6), **ne pas décolérer** خشم (کسی) فرو ننشستن، آرام نگرفتن

décollage / dekɔlaʒ / *nm* بلند شدن هواپیما از زمین، خیز

décollement / dekɔlmɑ̃ / *nm* (عمل) کندن، کنده شدن

décoller / dekɔle / *vt, vi* (1) ۱. کندن، جدا کردن ۲. [هواپیما] از زمین بـلند شـدن ۳. رفتن ۴. [خودمانی] لاغر شدن

décolleté,e / dekɔlte / *adj* [لباس] دِکلته
décolonisation / dekɔlɔnizasjɔ̃ / *nf* استعمارزدایی
décolorant[1]**,e** / dekɔlɔʀɑ̃,t / *adj* رنگ‌بَر
décolorant[2] / dekɔlɔʀɑ̃ / *nm* مادهٔ رنگ‌بَر
décoloration / dekɔlɔʀasjɔ̃ / *nf* ۱. رنگ‌بَری، بی‌رنگ کردن ۲. رنگ‌باختگی
décoloré,e / dekɔlɔʀe / *adj* تغییررنگ‌یافته، رنگ و رورفته، رنگ‌باخته
décolorer / dekɔlɔʀe / *vt* (1) رنگ (چیزی را) بردن، بی‌رنگ کردن
se décolorer *vp* رنگ (چیزی) رفتن، رنگ باختن
décombres / dekɔ̃bʀ / *nm.pl* آوار
décommander / dekɔmɑ̃de / *vt* (1) ۱. سفارش (چیزی را) پس گرفتن ۲. قرار (چیزی را) به هم زدن، لغو کردن
se décommander *vp* قرار خود را به هم زدن
décomposable / dekɔ̃pozabl / *adj* ۱. قابل تجزیه، تجزیه‌پذیر، تجزیه‌شدنی ۲. فاسدشدنی، خراب‌شدنی
décomposer / dekɔ̃poze / *vt* (1) ۱. تجزیه کردن ۲. فاسد کردن، گندانـدن، خـراب کـردن، پوساندن
décomposition / dekɔ̃pozisjɔ̃ / *nf* ۱. تجزیه ۲. فساد، خرابی، پوسیدگی، گندیدگی
décompression / dekɔ̃pʀesjɔ̃ / *nf* کاهش فشار، تقلیل فشار
décomprimer / dekɔ̃pʀime / *vt* (1) از فشار (چیزی) کاستن
déconcentration / dekɔ̃sɑ̃tʀasjɔ̃ / *nf* تمرکززدایی
déconcentrer / dekɔ̃sɑ̃tʀe / *vt* (1) تمرکززدایی کردن
déconcertant,e / dekɔ̃sɛʀtɑ̃,t / *adj* ۱. حیرت‌آور، عجیب، غریب ۲. غیرمنتظره، غیرمترقبه ۳. نگران‌کننده، ناراحت‌کننده
déconcerter / dekɔ̃sɛʀte / *vt* (1) ۱. مانع (انجام کاری) شدن، جلوگیری کردن از ۲. به شک انداختن، دودل کردن ۳. گیج کردن، حیران کردن ۴. آرامش (کسی را) بر هم زدن، پریشان کردن، نگران کردن، ناراحت کردن
déconfiture / dekɔ̃fityʀ / *nf* ۱. شکست، ناکامی ۲. ورشکستگی
déconfit,e / dekɔ̃fi,t / *adj* ناراحت، گرفته، پکر
décongeler / dekɔ̃ʒle / *vt* (5) یخ (چیزی را) آب کردن، یخ (چیزی را) باز کردن
déconner / dekɔne / *vi* (1) [خودمانی] چرند گفتن، کس‌شعر گفتن
déconseiller / dekɔ̃seje / *vt* (1) نهی کردن، برحذر داشتن، منع کردن
C'est déconseillé. این کار توصیه نمی‌شود. این کار منع شده است.
déconsidérer / dekɔ̃sideʀe / *vt* (6) ۱. بی‌اعتبار کردن، از اعتبار انداختن ۲. بی‌آبرو کردن، آبروی (کسی را) بردن، بدنام کردن
se déconsidérer *vp* ۱. بی‌اعتبار شدن، اعتبار خود را از دست دادن ۲. بدنام شدن، آبروی (کسی) رفتن
décontenancer / dekɔ̃tnɑ̃se / *vt* (3) ۱. سراسیمه کردن، پریشان کردن ۲. ناامید کردن، مأیوس کردن، دلسرد کردن
décontracter / dekɔ̃tʀakte / *vt* (1) از حالت انقباض درآوردن
se décontracter *vp* آرام شدن، آرام گرفتن، خونسردی خود را به دست آوردن
déconvenue / dekɔ̃vny / *nf* ناامیدی، دلسردی، یأس، ناکامی
décor / dekɔʀ / *nm* ۱. دکور ۲. دکوراسیون ۳. منظره، چشم‌انداز ۴. محیط ۵. ظاهر

a = bas, plat e = blé, jouer ɛ = lait, jouet, merci i = il, lyre o = mot, dôme, eau, gauche ɔ = mort
u = roue y = rue ø = peu œ = peur ə = le, premier ɑ̃ = sans, vent ɛ̃ = matin, plein, lundi
ɔ̃ = bon, ombre ʃ = chat, tache ʒ = je, gilet j = yeux, paille, pied w = oui, nouer ɥ = huile, lui

décorateur, trice

aller/entrer dans le décor از جاده منحرف شدن
changement de décor(s) تغییر ناگهانی وضعیت

décorateur, trice /dekɔratœr,tris/ *n*
۱. دکوراتور، طراح داخلی ۲. [تئاتر] صحنه‌آرا

décoratif, ive /dekɔratif, iv/ *adj*
زینتی، تزیینی

décoration /dekɔrasjɔ̃/ *nf*
۱. آرایش، تزیین ۲. دکوراسیون ۳. نشان، مدال

décoré, e /dekɔre/ *n, adj*
۱. مفتخر به نشان، دارای نشان ◙ ۲. آراسته، مزین

décorer /dekɔre/ *vt* (1)
۱. تزیین کردن، آراستن ۲. نشان (افتخار) دادن به، مدال دادن به، اعطا کردن

décortiquer /dekɔrtike/ *vt* (1)
۱. پوست کندن ۲. موشکافی کردن، مو به مو بررسی کردن، تجزیه و تحلیل کردن

décorum /dekɔrɔm/ *nm*
آداب، تشریفات

découcher /dekuʃe/ *vi* (1)
بیرون از خانه خوابیدن

découdre /dekudr/ *vt* (48)
۱. شکافتن ۲. شکم (جانوری را) پاره کردن، شکم (جانوری را) دریدن

en découdre دست و پنجه نرم کردن، درگیر شدن، دعوا کردن، زد و خورد کردن

se découdre *vp* شکافتن، جر خوردن

découler /dekule/ *vi* (1)
ناشی شدن، سرچشمه گرفتن، منبعث شدن

découpage /dekupaʒ/ *nm*
۱. برش، بریدن ۲. عکس بریدنی، تصویر بریده ۳. [سینما] تدوین

découper /dekupe/ *vt* (1)
۱. تکه‌تکه کردن، قطعه‌قطعه کردن ۲. بریدن

découplé, e /dekuple/ *adj*, **bien découplé**
خوش‌اندام، خوش‌هیکل

découpure /dekupyr/ *nf*
۱. برش ۲. [روزنامه و غیره] بریده ۳. بریدگی

décourageant, e /dekuraʒɑ̃, t/ *adj*
ناامیدکننده، مأیوس‌کننده، دلسردکننده

découragement /dekuraʒmɑ̃/ *nm*
دلسردی، ناامیدی، یأس

décourager /dekuraʒe/ *vt* (3) دلسرد کردن، مأیوس کردن، ناامید کردن، تضعیف روحیه کردن، تو دل (کسی را) خالی کردن

se décourager *vp* دلسرد شدن، ناامید شدن، مأیوس شدن، خود را باختن

décousu, e /dekuzy/ *adj, part. passé*
۱. شکافته ۲. بی‌ربط، نامربوط، بی‌سر و ته ◙ ۳. [اسم مفعول فعلِ découdre]

découvert¹, e /dekuver, t/ *adj, part. passé*
۱. باز ۲. روباز ۳. برهنه، عریان، لخت ◙ ۴. [اسم مفعول فعلِ découvrir]

avoir la tête découverte سر باز بودن، سربرهنه بودن

découvert² /dekuver/ *nm*
اعتبار (در حساب جاری)

découvert³ (à) /adekuver/ *loc. adv*
۱. آشکارا، بی‌پرده ۲. بی‌پناه، بی‌حفاظ ۳. بدون پشتوانه

découverte /dekuvert/ *nf*
۱. کشف، اکتشاف ۲. کشفیات ۳. دستاورد

découvrir /dekuvrir/ *vt* (18) ۱. آشکار کردن، نمایان کردن، نشان دادن ۲. کشف کردن ۳. پیدا کردن، یافتن ۴. برداشتن ۵. باز کردن ۶. دیدن، مشاهده کردن ۷. فاش کردن، برملا کردن، پرده برداشتن از ۸. در میان گذاشتن، رو کردن، گفتن ۹. تشخیص دادن ۱۰. پی بردن به، فهمیدن

découvrir la vérité به حقیقت پی بردن
découvrir le pot aux roses از کاری سر درآوردن
découvrir son jeu دست خود را رو کردن، مشت خود را باز کردن، نیت خود را آشکار کردن

se découvrir *vp* ۱. لباس خود را درآوردن ۲. کلاه خود را برداشتن ۳. [هوا] باز شدن ۴. افکار خود را گفتن (به)

décrassage /dekrasaʒ/ *nm* گرفتن کثیفی، پاک کردن

décrasser /dekʀase/ *vt* (1) ۱. کثیفی (چیزی را) گرفتن، چرک (چیزی را) گرفتن، پاک کردن ۲. از جهل بیرون آوردن

décrépit,e /dekʀepi,t/ *adj* فرتوت

décret /dekʀɛ/ *nm* حکم، فرمان، دستور

décret-loi /dekʀɛlwa/ *nm* مصوبه، تصویب‌نامه (هیئت دولت)

décréter /dekʀete/ *vt* (6) ۱. حکم (چیزی را) صادر کردن ۲. دستور دادن، امر کردن، مقرر کردن

décrier /dekʀije/ *vt* (7) ۱. بی‌مقدار کردن، بی‌ارج کردن ۲. انتقاد کردن از

décrire /dekʀiʀ/ *vt* (39) ۱. وصف کردن، توصیف کردن ۲. شرح دادن، تعریف کردن ۳. رسم کردن، ترسیم کردن، کشیدن

décrochage /dekʀɔʃaʒ/ *nm* ۱. (عمل) برداشتن (از قلاب) ۲. درآوردن

décrocher /dekʀɔʃe/ *vt, vi* (1) ۱. (از قلاب) برداشتن ۲. درآوردن ۳. گوشی (تلفن را) برداشتن ۴. به دست آوردن ◙ ۵. کنار کشیدن، جا زدن ۶. عقب افتادن، عقب ماندن

décroissance /dekʀwasɑ̃s/ *nf* کاهش، تقلیل، نقصان

décroissant,e /dekʀwasɑ̃,t/ *adj* رو به کاهش، رو به نقصان، نزولی

décroître /dekʀwatʀ/ *vi* (55) کاهش یافتن، کم شدن، تقلیل پیدا کردن

décrotter /dekʀɔte/ *vt* (1) گِل (چیزی را) گرفتن

décrue /dekʀy/ *nf* پایین رفتنِ سطح آب

déçu,e /desy/ *adj, part. passé* ۱. فریب‌خورده ۲. ناامید، مأیوس، دلسرد، ناکام ۳. دمغ، پکر ۴. برآورده نشده، بربادرفته ◙ ۵. [اسم مفعول فعلِ décevoir]

déculotter /dekylɔte/ *vt* (1) ۱. شورت (کسی را) درآوردن ۲. شلوار (کسی را) درآوردن

se déculotter *vp* ۱. شورت خود را درآوردن ۲. شلوار خود را درآوردن، شلوار خود راکندن

décuple /dekypl/ *adj, nm* ده برابر

décupler /dekyple/ *vt, vi* (1) ۱. ده برابر کردن ◙ ۲. ده برابر شدن

dédaignable /dedeɲabl/ *adj* [به ویژه در جملات منفی] حقیرانه، بی‌اهمیت، پیش‌پاافتاده، کوچک

dédaigner /dedeɲe/ *vt* (1) ۱. کوچک شمردن، حقیر دانستن، تحقیر کردن ۲. نادیده گرفتن، اعتنا نکردن به، به روی خود نیاوردن

dédaigneusement /dedɛɲøzmɑ̃/ *adv* با تحقیر، از روی تحقیر، به طرزی تحقیرآمیز

dédaigneux,euse /dedɛɲø,øz/ *adj* ۱. تحقیرکننده ۲. تحقیرآمیز، موهن

dédain /dedɛ̃/ *nm* تحقیر، اهانت

dédale /dedal/ *nm* پیچ و خم، پیچاپیچ

un dédale de rues/ruelles کوچه پس‌کوچه

dedans /d(ə)dɑ̃/ *adv, nm* ۱. داخل، درون، تو ۲. توی خانه، داخل خانه

au-dedans/en dedans در داخل، در درون

fiche/foutre qqn dedans [خودمانی] کسی را گول زدن

là-dedans آن تو، آنجا

dédicace /dedikas/ *nf* ۱. [کتاب، اثر هنری] اهدانامه، اهداییه ۲. [کلیسا، معبد، ...] وقف

dédicacer /dedikase/ *vt* (3) [کتاب] اهدا کردن، تقدیم کردن

dédicataire /dedikatɛʀ/ *n* [کتاب] اهدایی، تقدیمی

dédicatoire /dedikatwaʀ/ *adj* [کتاب، اثر هنری] اهداکننده

dédier /dedje/ *vt* (7) ۱. [کتاب، اثر هنری] اهدا کردن، تقدیم کردن ۲. وقف کردن، اختصاص دادن،

a = bas, plat e = blé, jouer ɛ = lait, jouet, merci i = il, lyre o = mot, dôme, eau, gauche ɔ = mort
u = roue y = rue ø = peu œ = peur ə = le, premier ɑ̃ = sans, vent ɛ̃ = matin, plein, lundi
ɔ̃ = bon, ombre ʃ = chat, tache ʒ = je, gilet j = yeux, paille, pied w = oui, nouer ɥ = huile, lui

صرف کردن در راهِ ۳. [کلیسا، معبد، ...] وقف (کسی) کردن

dédire (se) /s(ə)dediʀ/ *vp* (37) ۱. (حرف خود را) پس گرفتن ۲. زیر (قول خود) زدن، وفا نکردن

dédit /dedi/ *nm* ۱. نقض قول ۲. حق فسخ ۳. تاوان، غرامت، خسارت

dédommagement /dedɔmaʒmɑ̃/ *nm* ۱. جبران خسارت، پرداخت غرامت ۲. خسارت، غرامت، تاوان ۳. جبران ۴. تسکین

dédommager /dedɔmaʒe/ *vt* (3) ۱. خسارت (چیزی را) دادن، غرامت (چیزی را) پرداختن، تاوان (چیزی را) دادن ۲. جبران کردن، تلافی کردن

se dédommager *vp* (خسارت خود را) جبران کردن

dédouaner /dedwane/ *vt* (1) ۱. (از گمرک) ترخیص کردن، تشریفات گمرگی (کالایی را) انجام دادن ۲. از بدنامی رهانیدن، تبرئه کردن

dédoublement /dedubləmɑ̃/ *nm* (عمل) دو قسمت کردن

dédoublement de la personnalité [روان‌شناسی] دوگانگی شخصیت

dédoubler /deduble/ *vt* (1) ۱. آستر (لباس را) درآوردن ۲. تای (چیزی را) باز کردن ۳. (به) دو قسمت کردن

se dédoubler *vp* ۱. دو قسمت شدن ۲. [روان‌شناسی] شخصیت دوگانه پیدا کردن

déductible /dyktibl/ *adj* قابل کاهش، کسرکردنی

déductif,ive /dedyktif,iv/ *adj* قیاسی

déduction /dedyksjɔ̃/ *nf* ۱. کسر، کم کردن ۲. قیاس ۳. استنتاج، نتیجه‌گیری ۴. استنباط، برداشت ۵. تخفیف

déduire /dedɥiʀ/ *vt* (38) ۱. کم کردن، کسر کردن ۲. نتیجه گرفتن ۳. استنباط کردن، برداشت کردن، فهمیدن، پی بردن (به)

déesse /deɛs/ *nf* الهه، ایزدبانو

de facto /defakto/ *loc. adv* [حقوقی] عملاً

reconnaître un gouvernement de facto عملاً دولتی را به رسمیت شناختن

défaillance /defajɑ̃s/ *nf* ۱. ضعف، بی‌حالی ۲. نقص، عیب ۳. ناتوانی، عجز

sans défaillance بی‌عیب و نقص، بی‌عیب

défaillant,e /defajɑ̃,t/ *adj* ۱. ضعیف ۲. بی‌حس و حال، بی‌حال، بی‌رمق

défaillir /defajiʀ/ *vi* (13) ۱. ضعف کردن، از حال رفتن، غش کردن ۲. ضعیف شدن، تحلیل رفتن ۳. کاهش یافتن، کم شدن

défaire /defɛʀ/ *vt* (60) ۱. خراب کردن، ۲. به هم ریختن ۳. باز کردن ۴. به هم زدن، فسخ کردن ۵. شکست دادن، مغلوب کردن

défaire sa valise چمدان خود را خالی کردن

défaire un nœud گره‌ای را باز کردن، گره‌ای را گشودن

se défaire *vp* ۱. خراب شدن ۲. باز شدن ۳. از سر خود باز کردن، از دست (کسی یا چیزی) خود را خلاص کردن ۴. [جنس] آب کردن، فروختن

défait,e[1] /defɛ,t/ *adj, part. passé* ۱. به‌هم‌ریخته، نامرتب ۲. خسته، رنجور، نزار ۳. مغلوب، شکست‌خورده ◘ ۴. [اسم مفعول فعلِ défaire]

défaite[2] /defɛt/ *nf* ۱. شکست ۲. ناکامی

défaitisme /defetism/ *nm* ۱. شکست‌پذیری ۲. [از پیروزی و غیره] ناامیدی، یأس

défaitiste /defetist/ *n, adj* ۱. شکست‌پذیر ۲. [از پیروزی و غیره] ناامید، مأیوس ◘ ۳. نومیدانه

défalcation /defalkasjɔ̃/ *nf* [هزینه و غیره] کسر، کم کردن

défalquer /defalke/ *vt* (1) [هزینه و غیره] کم کردن، کسر کردن

défaut /defo/ *nm* ۱. فقدان، عدم، نبودن ۲. نقص، عیب ۳. ضعف، نقطه ضعف ۴. ایراد ۵. [دادگاه] عدم حضور، غیبت

à défaut de به دلیل فقدانِ، به علت نبودنِ

faire défaut نبودن، نداشتن، کم داشتن

263 **défier**

jugement par défaut [حقوقی] حکم غیابی

défaveur /defavœʀ/ *nf* بی‌مهری، بی‌لطفی، بی‌توجهی

défavorable /defavɔʀabl/ *adj* ۱. نامطلوب، نامساعد، ناموافق، ناسازگار، بد ۲. مخالف، منفی

défavorablement /defavɔʀabləmɑ̃/ *adv* به طور نامطلوبی، به طرز بدی

défectif,ive /defɛktif,iv/ *adj* [دستور زبان] ناقص

défection /defɛksjɔ̃/ *nf* ۱. کناره‌گیری، روگردانی ۲. پیمان‌شکنی ۳. غیبت

défectueux,euse /defɛktɥø,øz/ *adj* ناقص، معیوب، خراب

défectuosité /defɛktɥozite/ *nf* نقص، عیب، خرابی

défendable /defɑ̃dabl/ *adj* ۱. قابل دفاع ۲. قابل توجیه

défendre /defɑ̃dʀ/ *vt* (41) ۱. دفاع کردن ۲. حفاظت کردن از، حفظ کردن ۳. حمایت کردن از، پشتیبانی کردن از، طرفداری کردن از ۴. منع کردن، ممنوع کردن، قدغن کردن ۵. توجیه کردن

se défendre *vp* ۱. از خود دفاع کردن ۲. از خود محافظت کردن ۳. مقاومت کردن ۴. از عهدهٔ کارها برآمدن، گلیم خود را از آب بیرون کشیدن ۵. جلوی خود را گرفتن، خود را کنترل کردن

défense[1] /defɑ̃s/ *nf* ۱. دفاع ۲. حمایت، پشتیبانی، طرفداری ۳. منع، ممنوعیت

défense de fumer سیگار کشیدن ممنوع، استعمال دخانیات ممنوع

défense d'entrer ورود ممنوع

ministre de la défense وزیر دفاع

défense[2] /defɑ̃s/ *nf* ۱. [فیل] (دندان) عاج ۲. [گراز و غیره] دندان نیش

défenseur /defɑ̃sœʀ/ *nm* ۱. مدافع ۲. حامی، طرفدار، پشتیبان ۳. وکیل مدافع

défensif,ive[1] /defɑ̃sif,iv/ *adj* دفاعی، تدافعی

défensive[2] /defɑ̃siv/ *nf* دفاع، حالت دفاعی، وضعیت دفاعی

déférence /defeʀɑ̃s/ *nf* ۱. احترام، حرمت ۲. ادب، تواضع ۳. ملاحظه

déférent,e /defeʀɑ̃,t/ *adj* ۱. مؤدب، متواضع ۲. مؤدبانه، محترمانه

déférer /defeʀe/ *vt* (6) ۱. تسلیم (مقامات قضایی) کردن ۲. ارجاع دادن، واگذار کردن، محول کردن ۳. اعطا کردن، بخشیدن

déferlement /defɛʀləmɑ̃/ *nm* ۱. [امواج] درهم شکستن ۲. [مجازی] هجوم، سیل

déferler /defɛʀle/ *vi* (1) ۱. [امواج] درهم شکستن ۲. [جمعیت و غیره] موج زدن

déferrer /defeʀe/ *vt* (1) ۱. نعل (حیوانی را) کندن ۲. آهن (چیزی را) کندن ۳. زنجیر (کسی را) باز کردن

défeuillaison /defœjɛzɔ̃/ *nf* ۱. برگ‌ریزان ۲. برگ‌زدایی

défeuiller /defœje/ *vt* (1) بی‌برگ کردن، برگ‌های (گیاهی را) کندن

se défeuiller *vp* برگ‌های (گیاهی) ریختن

défi /defi/ *nm* ۱. مبارزه‌طلبی، دعوت (به مبارزه)، چالش ۲. مخالفت ۳. نافرمانی، سرپیچی، تمرد

défiance /defjɑ̃s/ *nf* بی‌اعتمادی، بدگمانی، سوء ظن، شک

défiant,e /defjɑ̃,t/ *adj* بدگمان، بی‌اعتماد، ظنین

déficeler /defisle/ *vt* (4) نخ (چیزی را) باز کردن، بند (چیزی را) گشودن

déficience /defisjɑ̃s/ *nf* نارسایی، ضعف

déficient,e /defisjɑ̃,t/ *adj* نارسا

déficit /defisit/ *nm* کسر، کسری

déficit budgétaire کسر بودجه

défier[1] /defje/ *vt* (7) ۱. به مبارزه طلبیدن،

a = bas, plat e = blé, jouer ɛ = lait, jouet, merci i = il, lyre o = mot, dôme, eau, gauche ɔ = mort
u = roue y = rue ø = peu œ = peur ə = le, premier ɑ̃ = sans, vent ɛ̃ = matin, plein, lundi
ɔ̃ = bon, ombre ʃ = chat, tache ʒ = je, gilet j = yeux, paille, pied w = oui, nouer ɥ = huile, lui

défier² (se)

défier la concurrence بی رقیب بودن، غیرقابل رقابت بودن (به مبارزه) دعوت کردن، به چالش خواستن ۲. قادر (به انجام کاری) ندانستن ۳. تسلیم (چیزی) نشدن، سر فرود نیاوردن (در برابر) ۴. [خطر، مرگ، ...] به استقبال (چیزی) رفتن

défier² (se) / s(ə)defje / *vt* (7) اعتماد نداشتن، بدگمان بودن، ظنین بودن، شک داشتن

défigurer / defigyʀe / *vt* (1) ۱. چهرۀ (کسی یا چیزی را) زشت کردن، نازیبا کردن، از ریخت انداختن، بی‌ریخت کردن ۲. تحریف کردن، قلب کردن، مخدوش کردن

défilé / defile / *nm* ۱. گردنه، تنگ ۲. رژه ۳. صف، ستون

défilé de manifestants صفوف تظاهرکنندگان

défiler¹ / defile / *vi* (1) ۱. رژه رفتن ۲. صف کشیدن ۳. پشت سر هم آمدن

défiler² / defile / *vt* (1) نخ (چیزی را) بیرون کشیدن، بند (چیزی را) درآوردن

se défiler *vp* ۱. (از آتش دشمن) پناه گرفتن ۲. [خودمانی] جا زدن

défini,e / defini / *adj* معین، مشخص

article défini [دستور زبان] حرف تعریف معرفه

définir / definiʀ / *vt* (2) ۱. تعریف کردن ۲. تعیین کردن، مشخص کردن ۳. توضیح دادن، شرح دادن، توصیف کردن

définitif,ive / definitif,iv / *adj* ۱. قطعی، مسلم ۲. نهایی

en définitive بالاخره، سرانجام، آخر

définition / definisjɔ̃ / *nf* ۱. تعریف ۲. وصف، توصیف، شرح

définition d'un mot تعریف یک واژه، معنی یک کلمه

définitivement / definitivmɑ̃ / *adv* ۱. به طور قطعی ۲. بالاخره، سرانجام

déflagration / deflagʀasjɔ̃ / *nf* انفجار

déflagrer / deflagʀe / *vi* (1) منفجر شدن

déflation / deflasjɔ̃ / *nf* کاهش ضرباهنگ اقتصاد، انقباض پولی

défloraison / deflɔʀɛzɔ̃ / *nf* گل ریزان

défloration / deflɔʀasjɔ̃ / *nf* ازالۀ بکارت

déflorer / deflɔʀe / *vt* (1) ۱. تازگی (چیزی را) از بین بردن ۲. ازالۀ بکارت کردن، بی‌سیرت کردن

défoliation / defɔljasjɔ̃ / *nf* برگ ریزان

défoncer / defɔ̃se / *vt* (3) ۱. ته (چیزی را) کندن، ته (چیزی را) درآوردن ۲. شخم عمیق زدن ۳. کندن

se défoncer *vp* نشئه شدن

déforestation / defɔʀɛstasjɔ̃ / *nf* جنگل زدایی

déformation / defɔʀmasjɔ̃ / *nf* ۱. تغییر شکل ۲. انحراف، کجی ۳. نقص عضو ۴. تحریف

déformer / defɔʀme / *vt* (1) ۱. از شکل انداختن، از ریخت انداختن، بدریخت کردن ۲. کج کردن ۳. تحریف کردن

se déformer *vp* ۱. تغییر شکل دادن، از ریخت افتادن ۲. کج شدن

défournage / defuʀnaʒ / *nm* ۱. درآوردن از تنور ۲. درآوردن از کوره

défourner / defuʀne / *vt* (1) ۱. از تنور درآوردن ۲. از کوره درآوردن

défraîchir / defʀeʃiʀ / *vt* (2) ۱. از طراوت انداختن، تازگی (چیزی را) از بین بردن ۲. رنگ و روی (چیزی را) بردن

se défraîchir *vp* ۱. طراوت و تازگی (چیزی) از بین رفتن ۲. رنگ و روی (چیزی) رفتن

défrayer / defʀeje / *vt* (8) ۱. خرج (کسی را) دادن ۲. نقل مجالس بودن، مورد بحث بودن

défrayer la conversation نقل مجالس بودن، مورد بحث بودن

défricher / defʀiʃe / *vt* (1) آمادۀ کشت کردن، آماده کردن

défriser / defʀize / *vt* (1) ۱. فر (موها را) از بین بردن ۲. [خودمانی] دلخور کردن، دلزده کردن

défroque / defʀɔk / *nf* لباس کهنه، رخت کهنه

défroquer /defRɔke/ *vt* (1) [مذهب کاتولیک] خلع لباس کردن

se défroquer *vp* از کشیشی دست کشیدن

défunt,e /defɛ̃,t/ *adj, n* ۱.[ادبی] مرحوم، متوفی، درگذشته، فقید ۲. [ادبی] گذشته

son défunt père پدر مرحومش، مرحوم پدرش

dégagé,e /degaʒe/ *adj* ۱. آزاد، رها، راحت ۲. گستاخانه

ciel dégagé آسمان صاف

ton dégagé لحن گستاخانه

vue dégagée دید باز

dégagement /degaʒmɑ̃/ *nm* ۱. رهاسازی، آزادسازی ۲. رهایی، خلاصی ۳. (عمل) باز کردن ۴. [گاز، بخار، ...] پخش، انتشار ۵. فضا، جا

voie de dégagement [راه] خروجی

dégager /degaʒe/ *vt* (3) ۱. از گرو درآوردن ۲. آزاد کردن، رها ساختن، خلاص کردن ۳. باز کردن ۴. به عهده نگرفتن، نپذیرفتن ۵. [گاز، بخار، ...] متصاعد کردن، پخش کردن، آزاد کردن ۶. تهیه کردن، فراهم کردن ۷. جدا کردن

Allons, dégagez! یالاّ، راه بیافتید! حرکت کنید!

se dégager *vp* ۱. رها شدن، خلاص شدن ۲. خود را خلاص کردن، از سر خود باز کردن ۳. باز شدن ۴. پخش شدن، متصاعد شدن ۵. آشکار شدن، نمایان شدن

Il se dégage de cela que... چنین بر می‌آید که...، این طور که معلوم است...

dégainer /degene/ *vt* (1) از غلاف درآوردن، از غلاف بیرون کشیدن

déganter (se) /s(ə)degɑ̃te/ *vp* (1) دستکش خود را درآوردن

dégarnir /degaRniR/ *vt* (2) [ویترین، حساب بانکی، ...] خالی کردن

se dégarnir *vp* خالی شدن

Ses cheveux se dégarnissent. موهایش می‌ریزد.

dégât /dega/ *nm* ۱. خسارت ۲. آسیب، صدمه، لطمه، خرابی، زیان

dégel /deʒɛl/ *nm* آب شدن یخ و برف، ذوب یخ، یخ‌گشایی

dégeler /deʒle/ *vt, vi* (5) ۱. [یخ و غیره] آب کردن، ذوب کردن ۲. گرم کردن ▣ ۳. یخ (چیزی) باز شدن

dégénéré,e /deʒeneRe/ *adj* منحط، تباه، فاسد

dégénérer /deʒeneRe/ *vi* (6) ۱. اصالت خود را از دست دادن ۲. تنزل کردن، افت کردن ۳. خراب شدن، فاسد شدن، تباه شدن ۴. [به وضع بدتر] بدل شدن، تبدیل شدن، شدن

dégénérescence /deʒeneResɑ̃s/ *nf* ۱. فساد، تباهی ۲. انحطاط، سقوط، زوال ۳. [پزشکی] استحاله

dégivrage /deʒivRaʒ/ *nm* [یخ، برفک، ...] (عمل) آب کردن، پاک کردن

dégivrer /deʒivRe/ *vt* (1) [یخ، برفک، ...] آب کردن، پاک کردن

déglutir /deglytiR/ *vt, vi* (2) بلعیدن، قورت دادن

déglutition /deglytisjɔ̃/ *nf* بلع

dégobiller /degɔbije/ *vt, vi* (1) [عامیانه] بالا آوردن، استفراغ کردن

dégoiser /degwaze/ *vi, vt* (1) [عامیانه، توهین‌آمیز] گفتن، زر زدن

dégommer /degɔme/ *vt* (1) ۱. صمغ (گیاهی را) گرفتن ۲. از کار برکنار کردن، بیرون کردن

dégonfler /degɔ̃fle/ *vt, vi* (1) ۱. باد (چیزی را) خالی کردن ۲. کم کردن، کاهش دادن ▣ ۳. باد (چیزی) خالی شدن ۴. ورم (چیزی) خوابیدن

se dégonfler *vp* ۱. باد (چیزی) خالی شدن ۲. [خودمانی] جا زدن

a = bas, plat   e = blé, jouer   ɛ = lait, jouet, merci   i = il, lyre   o = mot, dôme, eau, gauche   ɔ = mort
u = roue   y = rue   ø = peu   œ = peur   ə = le, premier   ɑ̃ = sans, vent   ɛ̃ = matin, plein, lundi
ɔ̃ = bon, ombre   ʃ = chat, tache   ʒ = je, gilet   j = yeux, paille, pied   w = oui, nouer   ɥ = huile, lui

dégorger /degɔʀʒe/ *vt, vi* (3) ۱. [چاه و غیره] تخلیه کردن ⊡ ۲. ریختن

dégoter /degɔte/ *vt* (1) [عامیانه] گیر آوردن، پیدا کردن

dégotter /degɔte/ *vt* (1) → dégoter

dégouliner /deguline/ *vi* (1) ۱. چکیدن ۲. نم‌نم باریدن، نم‌نم آمدن

dégoût /degu/ *nm* ۱. بیزاری، تنفر، نفرت، انزجار ۲. دلزدگی، بی‌میلی

dégoûtant,e /degutɑ̃,t/ *adj* ۱. نفرت‌انگیز، مشمئزکننده ۲. زننده، زشت، مستهجن ۳. کثیف، پلید، پست

dégoûté,e /degute/ *adj* ۱. دلزده، زده، سیر ۲. منزجر، بیزار، متنفر

dégoûter /degute/ *vt* (1) ۱. متنفر کردن، بیزار کردن، منزجر کردن ۲. حال (کسی را) به هم زدن ۳. تو ذوق (کسی) زدن

se dégouter *vp* ۱. متنفر بودن، بیزار بودن، بد آمدن ۲. حال (کسی) به هم خوردن

Je me dégoûte. از خودم بدم می‌آید.

dégoutter /degute/ *vi* (1) (قطره‌قطره) چکیدن

dégradant,e /degʀadɑ̃,t/ *adj* خفت‌آور، تحقیرآمیز، موهن

dégradation /degʀadasjɔ̃/ *nf* ۱. خلع درجه ۲. تنزل ۳. انحطاط، تباهی، فساد ۴. ویرانی، خرابی، فرسایش ۵. فلاکت

dégrader /degʀade/ *vt* (1) ۱. خلع درجه کردن ۲. تنزل دادن ۳. خوار کردن، کوچک کردن، ضایع کردن ۴. خراب کردن، ویران کردن، از بین بردن

se dégrader *vp* ۱. خود را کوچک کردن، خود را ضایع کردن ۲. کوچک شدن، ضایع شدن ۳. ویران شدن، خراب شدن، از بین رفتن

dégrafer /degʀafe/ *vt* (1) ۱. سگک (چیزی را) باز کردن ۲. قزن (چیزی) را باز کردن

se dégrafer *vp* سگک (چیزی) باز شدن، قزن (چیزی) باز شدن

dégraissage /degʀɛsaʒ/ *nm* پاک کردن لکهٔ چربی، چربی‌زدایی

dégraisser /degʀese/ *vt* (1) ۱. چربی (چیزی را) گرفتن ۲. لکهٔ چربی (چیزی را) پاک کردن ۳. صرفه‌جویی کردن در، هزینه‌های اضافی (کاری را) زدن

degré /dəgʀe/ *nm* ۱. درجه ۲. پله ۳. طبقه، مرتبه ۴. مرحله ۵. حد، اندازه، میزان، مقدار

angle de 90 degrés زاویهٔ ۹۰ درجه

à/jusqu' à un certain degré تا اندازه‌ای، تا حدی

Il fait 20 degrés dans la chambre. هوای اتاق ۲۰ درجه (بالای صفر) است.

par degré(s) به تدریج، (به طور) تدریجی، تدریجاً، کم‌کم

dégréssif,ive /degʀesif,iv/ *adj* رو به کاهش، نزولی، تنزلی

dégrever /degʀəve/ *vt* (5) از پرداخت بخشی از مالیات معاف کردن

dégringoler /degʀɛ̃gɔle/ *vi, vt* (1) ۱. افتادن، سقوط کردن، معلق شدن ۲. به سرعت پایین آمدن

dégringoler quatre à quatre les escaliers چهار پله یکی کردن

dégriser /degʀize/ *vt* (1) ۱. مستی را از سر (کسی) پراندن ۲. هوشیار کردن

dégrossir /degʀosiʀ/ *vt* (2) ۱. تراش دادن ۲. طرح (کاری را) ریختن ۳. [خودمانی] آدم کردن

déguenillé,e /degnije/ *adj, n* ژنده‌پوش

déguerpir /degɛʀpiʀ/ *vi* (2) در رفتن، جاخالی کردن

dégueuler /degœle/ *vt, vi* (1) [عامیانه] بالا آوردن، استفراغ کردن

déguisé,e /degize/ *adj* با لباس مبدل، با قیافهٔ مبدل

déguisement /degizmɑ̃/ *nm* ۱. تغییر قیافه ۲. لباس مبدل ۳. پرده‌پوشی، کتمان

déguiser /degize/ *vt* (1) ۱. لباس (مبدل) پوشاندن، قیافه (کسی را) تغییر دادن ۲. [چهره، صدا، ...] عوض کردن، تغییر دادن ۳. پنهان کردن، مخفی کردن، کتمان کردن

se déguiser *vp* لباس (مبدل) پوشیدن، تغییر قیافه دادن، خود را به شکل (دیگری) درآوردن

se déguiser en courant d'air غیبش زدن، جیم شدن

dégustateur,trice /degystatœʀ,tʀis/ *n* شراب‌شناس

dégustation /degystasjɔ̃/ *nf* (عمل) چشیدن

déguster /degyste/ *vt* (1) ۱. (طعم چیزی را) چشیدن، مزه کردن ۲. با لذت خوردن

dehors /dəɔʀ/ *adv, nm* ۱. بیرون، در بیرون، خارج ◘ ۲. قسمت بیرونی، بیرون ۳. ظاهر ــ [صورت جمع] ۴. ظواهر

au dehors ۱. در بیرون، در خارج ۲. به بیرون ۳. به ظاهر، در ظاهر، ظاهراً

en dehors de ۱. بیرونِ ۲. خارج از ۳. (به) دور از ۴. جدا از

mettre/jeter dehors بیرون کردن، بیرون انداختن

déifier /deifje/ *vt* (7) ۱. به مقام خدایی رساندن، خدا انگاشتن ۲. بت ساختن از ۳. پرستش کردن، پرستیدن

déisme /deism/ *nm* خداگرایی (بدون پیروی از مذهبی خاص)، خداباوری

déiste /deist/ *adj, n* خداگرا، خداباور

déjà /deʒa/ *adv* ۱. تا حالا، تا کنون، ۲. هم‌اکنون، الآن ۳. پیش از این، قبلاً، سابق بر این ۴. به این زودی، به همین زودی ۵. [برای تأکید] حالا، روی‌هم‌رفته

Ce n'est déjà pas si mal. آن‌قدرها هم بد نیست. حالا خیلی هم بد نیست. روی‌هم‌رفته بد نیست.

J'ai déjà mangé. قبلاً غذا خورده‌ام.

Vous partez déjà? به این زودی می‌روید؟

déjection /deʒɛksjɔ̃/ *nf* ۱. دفع ــ [صورت جمع] ۲. مدفوع

déjeter /dɛʒte/ *vt* (4) کج کردن، خم کردن

se déjeter *vp* کج شدن، خم شدن

déjeuner[1] /deʒœne/ *nm* ناهار

petit déjeuner صبحانه

déjeuner[2] /deʒœne/ *vi* (1) ۱. ناهار خوردن ۲. صبحانه خوردن

déjouer /deʒwe/ *vt* (1) خنثی کردن، عقیم گذاشتن، نقش بر آب کردن

déjuger (se) /s(ə)deʒyʒe/ *vp* (3) تغییر عقیده دادن، از عقیدهٔ خود برگشتن

de jure /deʒyʀe/ *loc. adv* [حقوقی] قانوناً

delà /dəla/ *adv, prép,* **au-delà** دورتر، آن‌طرف‌تر

au-delà de ۱. آن سویِ، آن طرفِ ۲. ورایِ

deçà, delà [ادبی] این سو و آن سو، این طرف و آن طرف

par-delà ۱. آن سویِ، آن طرفِ ۲. ورایِ

délabré,e /delabʀe/ *adj* ۱. درب و داغون، اوراق، خراب، مخروبه ۲. مندرس، پاره‌پوره ۳. ناخوش

santé délabrée حال بد، حال خراب

délabrement /delabʀəmɑ̃/ *nm* ۱. خرابی، ویرانی ۲. وضع بد

délabrer /delabʀe/ *vt* (1) ۱. خراب کردن، ویران کردن ۲. آسیب رساندن به، لطمه زدن به

délabrer sa santé خود را ناخوش کردن، سلامتی خود را به خطر انداختن

délacer /delase/ *vt* (3) بند (چیزی را) باز کردن

délai /delɛ/ *nm* ۱. مهلت، زمان ۲. ضرب‌الاجل

à bref délai در مدت (زمان) کوتاه، در مدت کم

délaissement /delɛsmɑ̃/ *nm* بی‌کسی

délaisser /delese/ *vt* (1) ترک کردن، رها کردن، ول کردن، به حال خود گذاشتن

délassant,e /delasɑ̃,t/ *adj* ۱. رفع‌کنندهٔ خستگی ۲. دلچسب، مطبوع

délassement /delasmɑ̃/ *nm* رفع خستگی

délasser /delase/ *vt* (1) خستگی را رفع کردن، خستگی را از تن (کسی) در کردن

se délasser *vp* رفع خستگی کردن، خستگی درکردن

délateur,trice /delatœʀ,tʀis/ *n* خبرچین، جاسوس

délation /delasjɔ̃/ *nf* خبرچینی، جاسوسی

délavé,e /delave/ *adj* ۱. کم‌رنگ ۲. رنگ و رورفته، رنگ‌رفته

délaver /delave/ *vt* (1) ۱. کم‌رنگ کردن ۲. رنگ (چیزی را) بردن ۳. غرقِ آب کردن، خیس کردن

délayer /deleje/ *vt* (8) ۱. خیساندن ۲. (با مایع) مخلوط کردن

délectable /delɛktabl/ *adj* ۱. خوشایند، مطبوع، دلپذیر، لذت‌بخش ۲. لذیذ، مطبوع، گوارا

délectation /delɛktasjɔ̃/ *nf* لذت، حظ، کیف

délecter (se) /s(ə)delɛkte/ *vp* (1) لذت بردن، حظ کردن، کیف کردن

délégation /delegasjɔ̃/ *nf* ۱. نمایندگی ۲. هیئت نمایندگی ۳. تفویض، واگذاری

délégué,e /delege/ *n, adj* نماینده

déléguer /delege/ *vt* (1) ۱. به نمایندگی انتخاب کردن، نماینده کردن ۲. به نمایندگی فرستادن، مأمور کردن ۳. واگذار کردن، تفویض کردن

délétère /deletɛʀ/ *adj* ۱. زیان‌آور، زیانمند، مضر ۲. سمی، خطرناک

délibération /delibeʀasjɔ̃/ *nf* ۱. تبادل نظر، مذاکره، بحث ۲. مشورت، شور ۳. تعمق، تأمل، تفکر

délibératoire /delibeʀatwaʀ/ *adj* مشورتی

délibéré[1],e /delibeʀe/ *adj* ۱. راسخ ۲. مصمم، قاطع ۳. سنجیده، حساب‌شده، آگاهانه ۴. عمدی

de propos délibéré عمداً، به عمد، از قصد

volonté délibérée عزم راسخ

délibéré[2] /delibeʀe/ *nm* [حقوقی] شور

délibérément /delibeʀemɑ̃/ *adv* عمداً، به عمد، از قصد

délibérer /delibeʀe/ *vt, vi* (6) ۱. مشورت کردن، شور کردن ۲. تبادل نظر کردن، بحث کردن ۳. تعمق کردن، فکر کردن، تأمل کردن ۴. سنجیدن، سبک‌سنگین کردن

délicat,e /delika,t/ *adj* ۱. ظریف ۲. دقیق ۳. حساس ۴. لطیف، نرم ۵. ملایم ۶. شکننده، آسیب‌پذیر ۷. ضعیف، بی‌بنیه ۸. سختگیر، مشکل‌پسند ۹. خطرناک ۱۰. بجا، سنجیده

délicatement /delikatmɑ̃/ *adv* ۱. با ظرافت ۲. با دقت ۳. با ملایمت

délicatesse /delikatɛs/ *nf* ۱. ظرافت ۲. لطافت ۳. ملایمت ۴. حساسیت ۵. دقت ۶. سنجیدگی ۷. لطف، محبت

délice /delis/ *nm* ۱. لذت، حظ، کیف ۲. غذای خوشمزه ــ [صورت جمع] ۳. لذت، خوشی، حظ

faire délices de لذت بردن از، حظ کردن از

délicieusement /delisjøzmɑ̃/ *adv* به طرز لذت‌بخشی، به طور دلچسبی، به طرز مطبوعی

délicieux,euse /delisjø,øz/ *adj* ۱. دلپذیر، دلپسند، دلچسب، مطبوع، خوشایند ۲. لذت‌بخش ۳. لذیذ، خوشمزه ۴. دلربا، زیبا

délictueux,euse /deliktɥø,øz/ *adj* بزهکارانه، خلاف (قانون)

délié,e /delje/ *adj* ۱. [ادبی] ظریف، باریک ۲. زیرک، تیز

délier /delje/ *vt* (7) ۱. باز کردن ۲. خلاص کردن ۳. بخشیدن

délier la langue de qqn زبان کسی را باز کردن، کسی را به حرف آوردن

délier qqn d'une promesse از سرِ قول کسی گذشتن

sans bourse délier	مفت و مجانی، مجانی، رایگان
délimitation /delimitasjɔ̃/ *nf*	تعیین حدود
délimiter /delimite/ *vt* (1)	حد و مرز (چیزی را) تعیین کردن، محدود کردن
délinquance /delɛ̃kɑ̃s/ *nf*	بزهکاری
délinquance juvénile	بزهکاری جوانان
délinquant,e /delɛ̃kɑ̃,t/ *n, adj*	بزهکار
déliquescence /delikesɑ̃s/ *nf*	۱. نم‌گیری، نم‌پذیری، رطوبت‌گیری ۲. انحطاط، زوال، سقوط
déliquescent,e /delikesɑ̃,t/ *adj*	۱. نم‌گیر، نم‌پذیر، رطوبت‌گیر ۲. رو به زوال، رو به انحطاط ۳. [خودمانی] درب و داغون، زهواردررفته
délirant,e /deliRɑ̃,t/ *adj*	۱. هذیان‌آمیز، هذیانی ۲. دیوانه‌وار، جنون‌آمیز ۳. نامعقول
délire /deliR/ *nm*	۱. هذیان ۲. شور، شعف، وجد ۳. [روان‌شناسی] روان‌آشفتگی
foule en délire	جمعیتِ سراپاشور
Quand il apparut en scène, ce fut un délire.	وقتی وارد صحنه شد، غوغایی برپا شد.
délirer /deliRe/ *vi* (1)	هذیان گفتن
délit /deli/ *nm*	۱. جرم، خلاف ۲. خطا، اشتباه، گناه
délivrance /delivRɑ̃s/ *nf*	۱. رهایی، آزادی، نجات ۲. خلاصی، آسودگی ۳. [مدرک، جنس، ...] تحویل ۴. زایمان
délivrer /delivRe/ *vt* (1)	۱. آزاد کردن ۲. نجات دادن، خلاص کردن، رهانیدن ۳. [مدرک، جنس، ...] تحویل دادن، تسلیم کردن، دادن ۴. صادر کردن
se délivrer *vp*	۱. آزاد شدن، رهایی یافتن، خلاص شدن ۲. خود را رها کردن، خود را خلاص کردن ۳. صادر شدن
déloger /delɔʒe/ *vt, vi* (3)	۱. بیرون کردن، بیرون راندن، بیرون انداختن ▣ ۲. تغییر مکان دادن، رفتن
déloyal,e,aux /delwajal,o/ *adj*	۱. نادرست، متقلب، ریاکار ۲. خائن، عهدشکن، ناسپاس
déloyalement /delwajalmɑ̃/ *adv*	(به طرزی) نادرست، ریاکارانه، خائنانه
déloyauté /delwajote/ *nf*	۱. نادرستی ۲. ریاکاری، ریا ۳. خیانت، عهدشکنی، ناسپاسی
delta /dɛlta/ *nm*	۱. دِلتا (= چهارمین حرف الفبای یونانی) ۲. [رودخانه] دلتا
deltaïque /dɛltaik/ *adj*	دِلتایی، (مربوط به) دلتا
Déluge[1] /delyʒ/ *nm*	توفان نوح
déluge[2] /delyʒ/ *nm*	۱. باران سیل‌آسا، رگبار ۲. [مجازی] سیل
remonter au déluge	مربوط به زمان خیلی قدیم بودن، مال عهد دقیانوس بودن، مال عهد بوق بودن
déluré,e /delyRe/ *adj*	۱. زرنگ، زبر و زرنگ، زبل، ناقلا ۲. بی‌حیا، بی‌شرم، وقیح، پررو
démagogie /demagɔʒi/ *nf*	مردم‌فریبی، عوام‌فریبی
démagogique /demagɔʒik/ *adj*	مردم‌فریبانه، عوام‌فریبانه
démagogue /demagɔg/ *adj, n*	مردم‌فریب، عوام‌فریب
démailloter /demajɔte/ *vt* (1)	کهنهٔ (بچه را) باز کردن
demain /d(ə)mɛ̃/ *adv, nm*	۱. فردا ۲. آینده
À demain!	خداحافظ تا فردا! فردا می‌بینمت!
Demain il fera jour.	فردا هم روز خداست.
démancher /demɑ̃ʃe/ *vt* (1)	دسته (چیزی را) درآوردن
demande /d(ə)mɑ̃d/ *nf*	۱. درخواست، تقاضا ۲. خواهش، تمنا ۳. [حقوقی] دادخواست ۴. [اقتصاد] تقاضا ۵. [قدیمی] پرسش، سؤال
demande en mariage	خواستگاری
demander /d(ə)mɑ̃de/ *vt* (1)	۱. درخواست

demandeur,eresse 270

کردن، تقاضا کردن ۲. خواستن ۳. خواهش کردن ۴. مطالبه کردن ۵. پرسیدن، سؤال کردن ۶. توقع داشتن، انتظار داشتن ۷. لازم داشتن، نیازمند (چیزی) بودن، مستلزم (چیزی) بودن ۸. خبر کردن

à la demande de به درخواستِ، به تقاضایِ

demander en mariage/demander la main de خواستگاری کردن از

demander l'heure ساعت را از کسی پرسیدن

demander pardon معذرت خواستن، پوزش خواستن

ne demander que/ne pas demander mieux que از خدا خواستن، آرزوی (کسی) بودن، آرزو داشتن

se demander *vp* از خود پرسیدن

demandeur,eresse /d(ə)mɑ̃dœʀ,ʀɛs/ *n* ۱. خواستار، متقاضی ۲. [حقوقی] خواهان، مدعی، شاکی

démangeaison /demɑ̃ʒɛzɔ̃/ *nf* خارش

démanger /demɑ̃ʒe/ *vi* (3) خاریدن

Ça me démange de... خیلی دلم می‌خواهد...

La langue lui démange. خیلی دلش می‌خواهد حرف بزند.

La main lui démange. پی دعوا می‌گردد. دنبال شر می‌گردد.

démantèlement /demɑ̃tɛlmɑ̃/ *nm* ۱. تخریب ۲. ویرانی

démanteler /demɑ̃tle/ *vt* (5) خراب کردن، ویران کردن

démantibuler /demɑ̃tibyle/ *vt* (1) [خودمانی] خراب کردن، داغون کردن

démaquillage /demakijaʒ/ *nm* ۱. پاک کردن آرایش ۲. پاک کردن گریم

démaquiller /demakije/ *vt* (1) ۱. آرایش (کسی را) پاک کردن ۲. گریم (کسی را) پاک کردن

démarcation /demaʀkasjɔ̃/ *nf* ۱. تعیین حدود، مرزبندی ۲. مرز، حد و مرز

démarche /demaʀʃ/ *nf* ۱. (طرز) راه رفتن ۲. روند ۳. رویه، (طرز) رفتار ۴. اقدام، تلاش، کوشش

démarquage /demaʀkaʒ/ *nm* ۱. برداشتن علامت ۲. سرقت ادبی

démarquer /demaʀke/ *vt* (1) ۱. علامت (چیزی را) برداشتن ۲. مارک (چیزی را) کندن ۳. قیمت (چیزی را) پایین آوردن ۴. سرقت ادبی کردن

démarrage /demaʀaʒ/ *nm* ۱. باز کردن طناب کشتی ۲. حرکت، راه افتادن ۳. شروع، آغاز

démarrer /demaʀe/ *vt, vi* (1) ۱. طناب (کشتی را) باز کردن ۲. شروع کردن ◙ ۳. حرکت کردن، راه افتادن ۴. روبراه شدن، رو غلتک افتادن ۵. دست برداشتن، صرف نظر کردن

démasquer /demaske/ *vt* (1) ۱. نقاب از چهره (کسی) برداشتن ۲. پرده برداشتن از، برملا کردن، رو کردن

se démasquer *vp* ۱. نقاب از چهرهٔ خود برداشتن ۲. دست خود را رو کردن، مشت خود را باز کردن، ماهیت خود را آشکار کردن

démêlé /demele/ *nm* ۱. درگیری، کشمکش، گیر و کش، جر و بحث، مشاجره ۲. مسئله، مشکل

démêler /demele/ *vt* (1) ۱. از هم باز کردن ۲. جدا کردن، تفکیک کردن ۳. مرتب کردن ۴. تشخیص دادن، بازشناختن ۵. روشن کردن موضوعی

avoir qqch à démêler avec qqn برای جر و بحث با کسی داشتن، سنگ خود را از کسی واکندن

se démêler *vp* ۱. خود را خلاص کردن ۲. جان سالم به در بردن

démembrement /demɑ̃bʀəmɑ̃/ *nm* ۱. [زمین] تفکیک ۲. [کشور] تجزیه.

démembrer /demɑ̃bʀe/ *vt* (1) ۱. تکه‌تکه کردن، تکه‌پاره کردن ۲. [زمین] تفکیک کردن ۳. [کشور] تجزیه کردن

déménagement /demenaʒmɑ̃/ *nm* ۱. اسباب‌کشی، اثاث‌کشی ۲. نقل مکان

déménager /demenaʒe/ *vt, vi* (3)

271 **demi-journée**

se démettre *vp* کناره‌گیری کردن، استعفا دادن، کناره گرفتن

démeubler /demøble/ *vt* (1) اثاث (جایی را) بیرون بردن، خالی کردن

demeurant (au) /odəmœʀɑ̃/ *loc. adv* روی‌هم‌رفته، خلاصه، در مجموع

demeure /dəmœʀ/ *nf* خانه، منزل، مسکن

à demeure (به طورِ) ثابت، دائمی

la dernière demeure منزل آخرت (=گور)

demeuré,e /dəmœʀe/ *adj* ۱. عقب‌مانده (ذهنی) ۲. خنگ

demeurer /dəmœʀe/ *vi* (1) ۱. اقامت کردن، سکونت کردن، ساکن (جایی) بودن ۲. باقی ماندن، ماندن

demi[1],e /d(ə)mi/ *adj, adv* ۱. نیم، نصف ۲. نیمه، نصفه

à demi ۱. نیمه، نصفه ۲. نیمه کاره

à demi mort نیمه‌جان

une demi-heure نیم‌ساعت

demi[2] /d(ə)mi/ *nm* ۱. نیمه، نصفه ۲. لیوان نیم‌لیتری آبجو

demi-botte /d(ə)mibɔt/ *nf* نیم‌چکمه

demi-cercle /d(ə)misɛʀkl/ *nm* نیم‌دایره

demi-circulaire /d(ə)misiʀkylɛʀ/ *adj* نیم‌دایره

demi-dieu /d(ə)midjø/ *nm* نیمه‌خدا

demi-douzaine /d(ə)miduzɛn/ *nf* نیم‌دوجین

demi-finale /d(ə)mifinal/ *nf* (مسابقهٔ) نیمه‌نهایی

demi-frère /d(ə)mifʀɛʀ/ *nm* برادر ناتنی، نابرادری

demi-heure /d(ə)mijœʀ/ *nf* نیم‌ساعت

demi-jour /d(ə)miʒuʀ/ *nm. inv* ۱. (هوای) تاریک و روشن ۲. نور ضعیف

demi-journée /d(ə)miʒuʀne/ *nf* نصفه‌روز

۱. جابه‌جا کردن ۲. تخلیه کردن ▣ ۳. اثاث‌کشی کردن، اسباب‌کشی کردن، خانه عوض کردن

démence /demɑ̃s/ *nf* ۱. زوال عقل، جنون، اختلال مشاعر ۲. بی‌عقلی، دیوانگی، حماقت

démener (se) /s(ə)dɛmne/ *vp* (5) ۱. دست و پا زدن ۲. تلاش کردن، کوشیدن، تقلا کردن

dément,e /demɑ̃,t/ *n, adj* ۱. دیوانه ▣ ۲. نامعقول، ابلهانه، احمقانه ۳. سرسام‌آور، فوق‌العاده

démenti /demɑ̃ti/ *nm* تکذیب، انکار، رد

démentiel,elle /demɑ̃sjɛl/ *adj* ۱. جنون‌آمیز ۲. ابلهانه، احمقانه

démentir /demɑ̃tiʀ/ *vt* (16) ۱. تکذیب کردن، رد کردن، انکار کردن ۲. مغایرت داشتن با، نخواندن با، جور نبودن با

démérite /demeʀit/ *nf* ۱. بی‌لیاقتی، بی‌کفایتی ۲. عیب ۳. خطا، اشتباه

démériter /demeʀite/ *vi* (1) ۱. بی‌لیاقتی نشان دادن ۲. خطا کردن

démériter aux yeux de qqn خود را از چشم کسی انداختن، از چشم کسی افتادن

démesure /deməzyʀ/ *nf* ۱. بی‌قاعدگی ۲. افراط، زیاده‌روی ۳. اغراق، مبالغه

démesuré,e /deməzyʀe/ *adj* ۱. بیش از اندازه، بی‌اندازه، زیاده از حد، مفرط ۲. بی‌حد و مرز، بی‌کران، بی‌انتها

démesurément /deməzyʀemɑ̃/ *adv* بی‌اندازه، بیش از اندازه، زیاده از حد، فوق‌العاده

démettre[1] /demɛtʀ/ *vt* (56) [استخوان] ایجاد دررفتگی کردن، از جا درکردن

se démettre *vp* [استخوان] در رفتن

Il s'est démis le poignet. مچ دستش در رفت.

démettre[2] /demɛtʀ/ *vt* (56) برکنار کردن، عزل کردن

demi-mal / d(ə)mimal / *nm. sing* عیب کوچک، عیب جزئی

demi-mesure / d(ə)mimzyʀ / *nf* راه‌حل موقت، ترفند ناقص، اقدام اَبتر

demi-mort,e / d(ə)mimɔʀ,t / *adj* نیمه‌جان

demi-mot (à) / ad(ə)mimo / *loc. adv* به اشاره، با گوشه

déminage / deminaʒ / *nm* مین‌روبی

déminer / demine / *vt* (1) مین‌روبی کردن

demi-pension / d(ə)mipɑ̃sjɔ̃ / *nf* [هتل، مهمانسرا] اتاق با یک وعده غذا

démis,e / demi,z / *adj, part. passé* ۱. [استخوان] دررفته ◙ ۲. [اسم مفعول فعلِ démettre]

demi-sœur / d(ə)misœʀ / *nf* خواهر ناتنی، ناخواهری

demi-sommeil / d(ə)misɔmɛj / *nm* چُرت

démission / demisjɔ̃ / *nf* کناره‌گیری، استعفا

démissionnaire / demisjɔnɛʀ / *n, adj* مستعفی

démissionner / demisjɔne / *vi* (1) ۱. کناره‌گیری کردن، استعفا دادن ۲. جا زدن

demi-tarif / d(ə)mitaʀif / *nm, adj. inv* نصف قیمت، نیم‌بها

demi-tour / d(ə)mituʀ / *nm* نیم‌دور

démocrate / demɔkʀat / *adj, n* دموکرات، طرفدار دموکراسی، مردم‌سالار

démocratie / demɔkʀasi / *nf* دموکراسی، مردم‌سالاری

démocratique / demɔkʀatik / *adj* ۱. دموکراتیک، مردمی، خلقی ۲. دموکرات ۳. آزادمنش ۴. آزادمنشانه

démocratisation / demɔkʀatizasjɔ̃ / *nf* ۱. برقراری دموکراسی، مردمی کردن ۲. (عمل) همگانی کردن

démocratiser / demɔkʀatize / *vt* (1) ۱. دموکراتیک کردن، مردمی کردن ۲. در اختیار همگان قرار دادن، همگانی کردن

démodé,e / demɔde / *adj* ازمدافتاده، دِمُده

démoder (se) / s(ə)demɔde / *vp* (1) از مد افتادن

démographe / demɔgʀaf / *adj, n* جمعیت‌شناس

démographie / demogʀafi / *nf* جمعیت‌شناسی

démographique / demogʀafik / *adj* ۱. جمعیت‌شناختی، (مربوط به) جمعیت شناسی ۲. (مربوط به) جمعیت

demoiselle / d(ə)mwazɛl / *nf* دوشیزه، دختر، دخترخانم

demoiselle d'honneur ینگه، ساقدوش عروس

démolir / demɔliʀ / *vt* (2) ۱. خراب کردن، ویران کردن ۲. شکستن، خراب کردن، داغون کردن ۳. از کار انداختن ۴. از پا درآوردن ۵. [خودمانی] لت و پار کردن، درب و داغون کردن، حساب (کسی را) رسیدن ۶. بی‌اعتبار کردن، ضایع کردن، آبروی (کسی را) بردن

démolisseur / demɔlisœʀ / *nm* مأمور تخریب (ساختمان)

démolition / demɔlisjɔ̃ / *nf* ۱. تخریب ــ [صورت جمع] ۲. آوار

démon / demɔ̃ / *nm* ۱. شیطان، اهریمن ۲. دیو ۳. جن ۴. آدم شیطان‌صفت، آدم شرور

le démon du jeu جنون قمار، مرض قمار

démonétiser / demɔnetize / *vt* (1) ۱. [پول] ازگردش خارج کردن، از جریان انداختن، جمع کردن ۲. بی‌اعتبار کردن، رد کردن

démoniaque / demɔnjak / *adj* شیطانی، اهریمنی، پلید، زشت

démonstratif[1],ive / demɔ̃stʀatif,iv / *adj* ۱. اثبات‌کننده، قانع‌کننده ۲. برون‌گرا

adjectif démonstratif صفت اشاره

pronom démonstratif ضمیر اشاره

démonstratif[2] / demɔ̃stʀatif,iv / *nm* صفت اشاره، ضمیر اشاره

démonstration /demɔ̃stʀasjɔ̃/ *nf* ۱. اثبات ۲. دلیل، گواه ۳. ابراز، اظهار ۴. نشان دادن، نمایش ۵. [نظامی] نمایش رزمی، رزمایش، مانور

démontable /demɔ̃tabl/ *adj* جداشدنی، قابل باز کردن

démontage /demɔ̃taʒ/ *nm* (عمل) پیاده کردن، باز کردن

démonté,e /demɔ̃te/ *adj* پیاده‌شده، بازشده

mer démontée دریای متلاطم

démonter /demɔ̃te/ *vt* (1) ۱. قطعات (چیزی) را از هم جدا کردن، باز کردن، پیاده کردن ۲. (از اسب) به زیر کشیدن ۳. به زیر انداختن، به زمین زدن ۴. دلسرد کردن، مأیوس کردن، ناامید کردن

démontrable /demɔ̃tʀabl/ *adj* قابل اثبات، ثابت‌کردنی

démontrer /demɔ̃tʀe/ *vt* (1) ۱. ثابت کردن، اثبات کردن، به اثبات رساندن ۲. آشکار کردن، نشان دادن، معلوم کردن

démoralisant,e /demɔʀalizɑ̃,t/ *adj* ۱. دلسردکننده، مأیوس‌کننده، ناامیدکننده، یأس‌آور ۲. [ادبی] مایهٔ تباهی، ویرانگر، مخرب

démoralisateur,trice /demɔʀalizatœʀ,tʀis/ *adj* → démoralisant,e

démoralisation /demɔʀalizasjɔ̃/ *nf* ۱. تضعیف روحیه ۲. یأس، دلسردی، ناامیدی

démoraliser /demɔʀalize/ *vt* (1) ۱. دلسرد کردن، مأیوس کردن، ناامید کردن، روحیه (کسی را) تضعیف کردن ۲. فاسد کردن، اخلاق (کسی را) خراب کردن

démordre /demɔʀdʀ/ *vt* (41) [اغلب صیغهٔ منفی] دست کشیدن، رها کردن، صرف‌نظر کردن، برگشتن

démotiver /demɔtive/ *vt* (1) بی‌انگیزه کردن، انگیزهٔ (کسی را) از بین بردن

démouler /demule/ *vt* (1) از قالب بیرون آوردن

démunir /demyniʀ/ *vt* (2) فاقد (چیزی) کردن، محروم کردن، بی‌بهره کردن، کم گذاشتن

être démuni d'argent پول نداشتن، بی‌پول بودن

démuseler /demyzle/ *vt* (4) پوزه‌بند (حیوانی را) برداشتن

dénatalité /denatalite/ *nf* کاهش موالید

dénationalization /denasjɔnlizasjɔ̃/ *nf* واگذاری به بخش خصوصی، خصوصی کردن

dénationaliser /denasjɔnalize/ *vt* (1) به بخش خصوصی واگذار کردن، خصوصی کردن

se dénationaliser *vp* ملیت خود را از دست دادن

dénaturalisation /denatyʀalizasjɔ̃/ *nf* سلب تابعیت

dénaturaliser /denatyʀalize/ *vt* (1) سلب تابعیت کردن از، از تابعیت خارج کردن

dénaturé,e /denatyʀe/ *adj* ۱. تغییر ماهیت‌داده ۲. تحریف‌شده ۳. غیرعادی ۴. منحرف، فاسد

dénaturer /denatyʀe/ *vt* (1) ۱. ماهیت (چیزی) را تغییر دادن، قلب ماهیت کردن ۲. تحریف کردن، قلب کردن ۳. خراب کردن

dénaturer un événement واقعه‌ای را طور دیگر جلوه دادن، رویدادی را تحریف کردن

dénégation /denegaasjɔ̃/ *nf* انکار، تکذیب

déneigement /denɛʒmɑ̃/ *nm* برف‌روبی

déneiger /deneʒe/ *vt* (1) برف‌روبی کردن

déni /deni/ *nm,* **déni (de justice)** ۱. امتناع از احقاق حق ۲. بی‌عدالتی، بی‌انصافی

déniaiser /denjeze/ *vt* (1) از سادگی درآوردن، زبر و زرنگ کردن

dénicher /deniʃe/ *vt, vi* (1) ۱. از لانه بیرون آوردن ۲. از مخفیگاه خود بیرون کشیدن ۳. پیدا کردن، گیر آوردن ◙ ۴. از لانه بیرون آمدن، آشیانهٔ خود را ترک کردن ۵. [قدیمی] در رفتن، فرار کردن، گریختن

a = bas, plat e = blé, jouer ɛ = lait, jouet, merci i = il, lyre o = mot, dôme, eau, gauche ɔ = mort
u = roue y = rue ø = peu œ = peur ə = le, premier ɑ̃ = sans, vent ɛ̃ = matin, plein, lundi
ɔ̃ = bon, ombre ʃ = chat, tache ʒ = je, gilet j = yeux, paille, pied w = oui, nouer ɥ = huile, lui

denier / dənje / *nm* ۱. دینار (= ۱. واحد پول روم قدیم ۲. واحد قدیم پول فرانسه) ۲. دِنیر (= واحد ظرافت الیاف ابریشم، نایلون و غیره)

de ses deniers از پول خود، با پول خود

denier du culte [آیین کاتولیک] ذکات کلیسا

dénier / denje / *vt* (7) ۱. انکار کردن، منکر شدن، قبول نکردن، تکذیب کردن ۲. مضایقه کردن، دریغ کردن، ندادن

dénigrement / denigʀəmɑ̃ / *nm* بدگویی، تحقیر

dénigrer / denigʀe / *vt* (1) بی‌اعتبار کردن، بدنام کردن، آبروی (کسی را) بردن، ضایع کردن، تحقیر کردن

dénivellation / denivɛlasjɔ̃ / *nf* → dénivellement

dénivellement / denivɛlmɑ̃ / *nm* اختلاف سطح

dénombrement / denɔ̃bʀəmɑ̃ / *nm* ۱. شمارش ۲. سرشماری

dénombrer / denɔ̃bʀe / *vt* (1) ۱. شمردن، شمارش کردن ۲. سرشماری کردن

dénominateur / denɔminatœʀ / *nm* مخرج (کسر)

dénominateur commun ۱. مخرج مشترک ۲. وجه مشترک

dénomination / denɔminasjɔ̃ / *nf* ۱. نام‌گذاری ۲. نام، اسم

dénommer / denɔme / *vt* (1) نامیدن، نام‌گذاری کردن

Comment dénomme-t-on cette activité? اسم این کار چیست؟ به این کار چه می‌گویند؟

dénoncer / denɔ̃se / *vt* (3) ۱. اعلام جرم کردن علیهِ ۲. افشا کردن، پرده برداشتن از، برملا کردن ۳. لو دادن، معرفی کردن ۴. فسخ (چیزی را) اعلام کردن، باطل اعلام کردن

dénonciateur,trice / denɔ̃sjatœʀ,tʀis / *adj, n* ۱. افشاکننده، افشاگر ◙ ۲. افشاگرانه

dénonciation / denɔ̃sjasjɔ̃ / *nf* ۱. اعلام جرم ۲. افشاگری، افشا ۳. فسخ، لغو

dénoter / denɔte / *vt* (1) ۱. نشانهٔ (چیزی) بودن، دلالت کردن (بر) ۲. اطلاق شدن به

dénouement / denumɑ̃ / *nm* ۱. [داستان، نمایش] گره‌گشایی ۲. حل مشکل ۳. سرانجام، عاقبت، پایان

dénouer / denwe / *vt* (1) ۱. گره (چیزی را) باز کردن ۲. حل کردن، حل و فصل کردن، فیصله دادن، ختم کردن

dénouer les langues به حرف آوردن

se dénouer *vp* ۱. باز شدن ۲. حل شدن، فیصله یافتن

dénoyauter / denwajote / *vt* (1) هسته (چیزی را) درآوردن

denreé / dɑ̃ʀe / *nf* ۱. کالا، مواد ۲. مواد غذایی، خوراکی، آذوقه

denrée alimentaire مواد غذایی

dense / dɑ̃s / *adj* ۱. انبوه ۲. متراکم، فشرده ۳. غلیظ ۴. [فیزیک] چگال

densité / dɑ̃site / *nf* ۱. انبوهی ۲. تراکم، فشردگی ۳. غلظت ۴. [فیزیک] چگالی، وزن مخصوص

dent / dɑ̃ / *nf* ۱. دندان ۲. دندانه

avoir la dent گرسنه بودن

avoir mal aux dents دندان درد داشتن، دندان‌های (کسی) درد کردن

coup de dent نیش و کنایه، گوشه کنایه

dent de sagesse دندان عقل

dents de lait دندان‌های شیری

être sur les dents خیلی گرفتار بودن

faire ses dents [کودک] دندان درآوردن

montrer les dents تهدید کردن، خط و نشان کشیدن

dentaire / dɑ̃tɛʀ / *adj* (مربوط به) دندان، دندانی

dental,e[1],aux / dɑ̃tal,o / *adj* [آواشناسی] دندانی

dentale[2] / dɑ̃tal / *nf* [آواشناسی] صامت دندانی، همخوان دندانی

denté,e / dɑ̃te / *adj* دندانه‌دار، دندانه‌دندانه

dentelé,e / dɑ̃tle / *adj* دندانه‌دار، دندانه‌دندانه

denteler / dɑ̃tle / *vt* (4) دندانه‌دار کردن، دندانه‌دندانه کردن

dentelle / dɑ̃tɛl / *nf* [پارچه] تور، دانتِل

dentelure / dɑ̃tlyʀ / *nf* ۱. دندانه ۲. کنگره

denticule / dɑ̃tikyl / *nf* دندانهٔ کوچک، دندانهٔ ریز

dentier / dɑ̃tje / *nm* دندان مصنوعی

dentifrice / dɑ̃tifʀis / *nm, adj* دندان‌شوی

pâte dentifrice خمیردندان

dentine / dɑ̃tin / *nf* عاج دندان

dentiste / dɑ̃tist / *n* دندان‌پزشک

dentisterie / dɑ̃tistəʀi / *nf* دندان‌پزشکی

dentition / dɑ̃tisjɔ̃ / *nf* ۱. درآوردن دندان ۲. دندان‌ها

denture / dɑ̃tyʀ / *nf* ۱. دندان‌ها ۲. دندانه‌ها

dénudé,e / denyde / *adj* لخت، برهنه، عریان

crâne dénudé سرِکچل، کلهٔ بی‌مو، سرِتاس

sol dénudé زمین خشک (= بی‌گیاه)

dénuder / denyde / *vt* (1) برهنه‌کردن، لخت کردن

dénuder un fil électrique سیم (برق) را لخت کردن

dénué,e / denɥe / *adj* [ادبی] فقیر، محروم

dénué de عاری از، فاقدِ، بی‌بهره از، بدونِ، بی‌-

dénuement / denymɑ̃ / *nm* فقر، فقر و فاقه، تهیدستی

dénutrition / denytʀisjɔ̃ / *nf* بدی تغذیه، سوءتغذیه

déodorant / deɔdɔʀɑ̃ / *adj, nm* ۱. ضدِ بو ۲. عطری ◻ ۳. اسپری ضد بو، دئودورانت

dépannage / depanaʒ / *nm* ۱. تعمیر ۲. رفع مشکل، رفع گرفتاری، حل مسئله

dépanner / depane / *vt* (1) ۱. تعمیر کردن، درست کردن ۲. مشکل (کسی را) حل کردن، گرفتاری (کسی را) رفع کردن

dépaqueter / depakte / *vt* (4) [بسته و غیره] باز کردن

dépareiller / depaʀeje / *vt* (1) ناقص کردن

déparer / depaʀe / *vt* (1) زشت کردن، بی‌ریخت کردن، زیبایی (چیزی را) برهم زدن

départ[1] / depaʀ / *nm* ۱. عزیمت، رفتن ۲. حرکت ۳. آغاز، شروع، ابتدا

être sur le départ آمادهٔ رفتن بودن، عازم بودن

point de départ نقطهٔ شروع، آغاز

départ[2] / depaʀ / *nm*, **faire le départ entre** از هم تمایز دادن، از هم جدا کردن

départager / depaʀtaʒe / *vt* (3) ۱. تساوی آراء را برهم زدن ۲. (یکی را) انتخاب کردن از میانِ

département / depaʀtəmɑ̃ / *nm* ۱. وزارتخانه، وزارت ۲. اداره ۳. بخش، قسمت ۴. [دانشگاه] گروه ۵. [تقسیم‌بندی کشوری فرانسه] فرمانداری، شهرستان

départemental,e,aux / depaʀtəmɑ̃tal, o / *adj* ۱. وزارتی ۲. اداری ۳. (مربوط به) بخش، قسمت ۴. منطقه‌ای

départir / depaʀtiʀ / *vt* (16) ۱. تقسیم کردن ۲. محول کردن، به عهده (کسی) گذاشتن

se départir *vp* ۱. دست کشیدن، چشم پوشیدن ۲. از دست دادن

dépassé,e / depase / *adj* کهنه، قدیمی، منسوخ

dépassement / depasmɑ̃ / *nm* ۱. سبقت ۲. مازاد، اضافی ۳. تعالی

dépasser / depase / *vt* (1) ۱. پشت سر گذاشتن، جلو زدن از، جلو افتادن از، سبقت گرفتن از ۲. گذشتن از، رد کردن ۳. بیشتر بودن از، فراتر رفتن از، گذشتن از ۴. پا فراتر گذاشتن از، تجاوز

a = bas, plat e = blé, jouer ɛ = lait, jouet, merci i = il, lyre o = mot, dôme, eau, gauche ɔ = mort
u = roue y = rue ø = peu œ = peur ə = le, premier ɑ̃ = sans, vent ɛ̃ = matin, plein, lundi
ɔ̃ = bon, ombre ʃ = chat, tache ʒ = je, gilet j = yeux, paille, pied w = oui, nouer ɥ = huile, lui

dépendant,e /depɑ̃dɑ̃t/ *adj* ۱. وابسته ۲. مرتبط ۳. مطیع، تابع، زیردست

dépendre[1] /depɑ̃dʀ/ *vt* (41) ۱. وابسته بودن ۲. مربوط بودن ۳. بستگی داشتن ۴. تحت نفوذ (کسی) بودن، زیر سلطهٔ (کسی) بودن، متکی بودن ۵. تعلق داشتن، متعلق بودن

dépendre[2] /depɑ̃dʀ/ *vt* (41) (از قلاب، میخ و غیره) برداشتن، پایین آوردن

dépens /depɑ̃/ *nm. pl,* **aux dépens de** ۱. به خرجِ ۲. از دولت سرِ، از صدقه سرِ ۳. به قیمتِ، به بهایِ ۴. به زیانِ

s'amuser/rire aux dépens de qqn به ریشِ (کسی) خندیدن

dépense /depɑ̃s/ *nf* ۱. خرج، هزینه ۲. مصرف ۳. استفاده

dépenser /depɑ̃se/ *vt* (1) ۱. خرج کردن ۲. مصرف کردن، به مصرف رساندن ۳. [زمان، انرژی، ...] صرف کردن، استفاده کردن

dépenser sans compter بی‌حساب خرج کردن

dépensier,ère /depɑ̃sje,ɛʀ/ *adj, n* ولخرج

déperdition /depɛdisjɔ̃/ *nf* [نیرو، حرارت، ...] اتلاف، هدر رفتن

dépérir /depeʀiʀ/ *vi* (2) ۱. تحلیل رفتن، ضعیف شدن ۲. پژمرده شدن ۳. نقصان یافتن، رو به نقصان گذاشتن، زوال یافتن

dépérissement /depeʀismɑ̃/ *nm* ۱. تحلیل قوا، ضعف ۲. نقصان، کاهش

dépêtrer /depetʀe/ *vt* (1) خلاص کردن، رها کردن

se dépêtrer *vp* ۱. خلاص شدن، رهایی یافتن ۲. خود را خلاص کردن

dépeuplement /depœpləmɑ̃/ *nm* کاهش جمعیت

dépeupler /depœple/ *vt* (1) ۱. خالی از سکنه کردن ۲. جمعیت (جایی را) کاهش دادن

dépiauter /depiote/ *vt* (1) [خودمانی] پوست کندن، کندن

کردن از ۵. [مجازی] سر بودن از، دست (کسی را) از پشت بستن ۶. بیرون زدن از

Cela le dépasse. ۱. از توانش خارج است. ۲. فکرش را هم نمی‌تواند بکند. به خواب هم نمی‌بیند. از سرش زیاد است.

défense de dépasser سبقت گرفتن ممنوع

dépasser qqn de la tête یک سر و گردن از کسی بلندتر بودن

se dépasser *vp* ۱. از هم جلو زدن، از همدیگر سبقت گرفتن ۲. در پی تعالی بودن

dépavage /depavaʒ/ *nm* کندنِ سنگفرش

dépaver /depave/ *vt* (1) سنگفرش (مکانی را) کندن

dépaysé,e /depeize/ *adj* سردرگم، غریب

dépaysement /depeizmɑ̃/ *nm* سردرگمی، غریبی

dépayser /depeize/ *vt* (1) دچار سردرگمی کردن، سردرگم کردن

dépeçage /depəsaʒ/ *nm* (عمل) تکه‌تکه کردن

dépecer /depəse/ *vt* (5) تکه‌تکه کردن، قطعه‌قطعه کردن

dépêche /depɛʃ/ *nf* تلگرام، پیام تلگرافی

dépêcher /depeʃe/ *vt* (1) با عجله فرستادن، زود فرستادن

se dépêcher *vp* عجله کردن، شتاب کردن

dépêchez-vous. عجله کنید. زود باشید.

dépeigné,e /depeɲe/ *adj* ژولیده‌مو

dépeindre /depɛ̃dʀ/ *vt* (52) شرح دادن، توصیف کردن، تعریف کردن

dépenaillé,e /depənaje;dɛpnaje/ *adj* ژنده‌پوش، پاره‌پوش

dépendance /depɑ̃dɑ̃s/ *nf* ۱. وابستگی، تعلق ۲. ارتباط، رابطه ۳. اطاعت، تابعیت، انقیاد ۴. سلطه ـــ [صورت جمع] ۵. [مِلک، ساختمان] ملحقات، ضمایم

être dans/sous la dépendance de qqn تحت سلطهٔ کسی بودن، زیر نفوذ کسی بودن

dépilation /depilasjɔ̃/ *nf* ازالهٔ مو، موبَری
dépilatoire /depilatwaʀ/ *adj, nm* موبَر
dépister /depiste/ *vt* (1) ۱. رد (کسی یا چیزی را) پیدا کردن ۲. رد گم کردن، گمراه کردن ۳. پی بردن به، متوجه (چیزی) شدن، فهمیدن
dépit /depi/ *nm* آزردگی، رنجش، غیظ
en dépit de با وجودِ، علی‌رغم
dépiter /depite/ *vt* (1) آزردن، رنجاندن، ناراحت کردن
déplacé,e /deplase/ *adj* ۱. بیجا، نابجا ۲. بی‌مورد ۳. نامربوط، ناشایست
déplacement /deplasmɑ̃/ *nm* ۱. جابجایی، تغییرمکان، نقل و انتقال ۲. تغییر پست ۳. دررفتگی
déplacer /deplase/ *vt* (3) ۱. جای (چیزی را) عوض کردن، جابجا کردن، تغییر مکان دادن ۲. پست (کسی را) تغییر دادن
se déplacer *vp* ۱. جابجا شدن ۲. از جای خود حرکت کردن، جُم خوردن ۳. مسافرت کردن، سفر کردن ۴. [اندام، استخوان] در رفتن
déplaire /deplɛʀ/ *vt* (54) ۱. دوست نداشتن، خوش نیامدن از، بد آمدن از ۲. ناراحت کردن، دلخور کردن
déplaisant,e /deplɛzɑ̃,t/ *adj* ۱. ناخوشایند، نامطبوع، نامطلوب، ناجور ۲. نچسب
déplaisir /depleziʀ/ *nm* ۱. ناخوشایندی، ناخشنودی، اِکراه ۲. ناراحتی
déplanter /deplɑ̃te/ *vt* (1) جای دیگر کاشتن، جابه‌جا کردن
déplier /deplije/ *vt* (7) ۱. (تای چیزی را) باز کردن ۲. [سفره، بساط، ...] پهن کردن
déplisser /deplise/ *vt* (1) چین (چیزی را) باز کردن
déploiement /deplwamɑ̃/ *nm* ۱. (عمل) گستردن، باز کردن ۲. پهن کردن ۳. استقرار، موضع‌گیری ۴. ابراز، نمایش، به رخ کشیدن

déplorable /deplɔʀabl/ *adj* ۱. اسف‌بار، اسف‌انگیز، رقت‌انگیز، غم‌انگیز ۲. ناجور، بد
déplorer /deplɔʀe/ *vt* (1) ۱. افسوس خوردن به، اظهار تأسف کردن برای، تأسف خوردن به ۲. گریه و زاری کردن برای، گریستن برای
déployer /deplwaje/ *vt* (8) ۱. گستردن، باز کردن ۲. پهن کردن ۳. مستقر کردن، پخش کردن ۴. نشان دادن ۵. به رخ کشیدن، نمایش دادن
rire à gorge déployée قاه‌قاه خندیدن، قهقهه زدن
se déployer *vp* ۱. [پرچم] به اهتزاز درآمدن ۲. مستقر شدن، موضع گرفتن
déplumer (se) /s(ə)deplyme/ *vp* (1) پرهای (پرندهای) ریختن، پر ریختن
dépolir /depoliʀ/ *vt* (2) تار کردن، کدر کردن، جلای (چیزی را) از بین بردن
déportation /depɔʀtasjɔ̃/ *nf* ۱. تبعید ۲. اخراج (از کشور)
déporté,e /depɔʀte/ *n* ۱. تبعیدشده، تبعیدی ۲. اسیر (در اردوگاه بیگانه)
déporter /depɔʀte/ *vt* (1) ۱. تبعید کردن ۲. به اردوگاه اسرا (در کشور دیگر) فرستادن
déposer[1] /depoze/ *vt, vi* (1) ۱. (به) زمین گذاشتن ۲. گذاشتن ۳. به امانت گذاشتن، به ودیعه گذاشتن ۴. سپردن ۵. [پول] واریز کردن، به حساب ریختن ۶. [چک] به حساب گذاشتن ۷. به جا گذاشتن، ته‌نشین کردن ۸. عزل کردن، خلع کردن ▯ ۹. رسوب کردن، ته‌نشین شدن ۱۰. [حقوقی] شهادت دادن
déposer son bilan اعلام ورشکستگی کردن
déposer une plainte [حقوقی] شکایت کردن
se déposer *vp* [گرد و خاک، رسوب، ...] نشستن
déposer[2] /depoze/ *vt* (1) (از جایی) برداشتن
dépositaire /depoziteʀ/ *n* امانت‌دار

dépositaire d'un secret رازدار، سِرنگهدار، محرم راز

déposition /depozisjɔ̃/ *nf* ۱. [حقوقی] شهادت، شهادت‌نامه ۲. عزل، خلع

déposséder /depɔsede/ *vt* (6) از تصرف (کسی) خارج کردن، از چنگ (کسی) درآوردن، گرفتن، تصرف کردن، صاحب شدن

dépossession /depɔsesjɔ̃/ *nf* سلب مالکیت، تصرف، تصاحب

dépôt /depo/ *nm* ۱. (عمل) گذاشتن ۲. سپرده ۳. امانت، ودیعه ۴. انبار، مخزن ۵. توقفگاه ۶. بازداشتگاه، زندان موقت ۷. رسوب، نشست ۸. لِرد

dépôt d'ordures زباله‌دانی

dépouille /depuj/ *nf* ۱. [جانوران] پوست — [صورت جمع] ۲. غنایم

dépouille (mortelle) [ادبی] کالبد، پیکر

dépouillement /depujmɑ̃/ *nm* ۱. چشم‌پوشی از حقوق ۲. محرومیت ۳. بی‌پیرایگی، سادگی ۴. بررسی، تحلیل، کند و کاو

dépouiller /depuje/ *vt* (1) ۱. [جانوران] پوست کندن ۲. لباس (کسی را) درآوردن، لخت کردن ۳. دار و ندار (کسی را) بردن، لخت کردن ۴. بی‌برگ کردن ۵. غارت کردن، تیغ زدن ۶. محروم کردن ۷. کند و کاوکردن، تحلیل کردن

dépouiller le vieil homme دست از کارهای زشت خود برداشتن، آدم دیگری شدن

dépouiller son orgueil غرور خود را زیر پا گذاشتن

dépouiller un scrutin به شمارش آرا پرداختن

se dépouiller *vp* ۱. (لباس خود را) درآوردن ۲. از دست دادن ۳. چشم‌پوشی کردن، صرف نظر کردن

dépourvu[1]**,e** /depuʀvy/ *adj,* **dépourvu de** ۱. بدونِ، فاقدِ، بی ـ ۲. بی‌بهره از، عاری از، محروم از

dépourvu[2] **(au)** /odepuʀvy/ *loc. adv,*

prendre au dépourvu غافلگیر کردن

dépoussiérage /depusjeʀaʒ/ *nm* گردگیری، گرفتن گرد و خاک

dépoussiérer /depusjeʀe/ *vt* (6) گردگیری کردن، گرد و خاک (چیزی را) گرفتن

dépravation /depʀavasjɔ̃/ *nf* فساد، انحطاط، انحراف، تباهی

dépravé,e /depʀave/ *adj* فاسد، منحط، منحرف، ناباب، خراب

dépraver /depʀave/ *vt* (1) فاسد کردن، به فساد کشاندن، منحرف کردن، خراب کردن، تباه کردن

déprécation /depʀekasjɔ̃/ *nf* دعا، استغاثه

dépréciation /depʀesjasjɔ̃/ *nf* ۱. کاهش ارزش ۲. کاهش بها، کاهش قیمت

déprécier /depʀesje/ *vt* (7) ۱. از ارزش (چیزی) کاستن ۲. قیمت (چیزی را) پایین آوردن ۳. بی‌مقدار کردن، کوچک کردن، حقیر شمردن

se déprécier *vp* ۱. ارزش (چیزی) کاهش یافتن، ارزش خود را از دست دادن ۲. ارزش یکدیگر را پایین آوردن، همدیگر را کوچک کردن ۳. احساس کوچکی کردن، خود را دست کم گرفتن ۴. افت کردن، کاهش یافتن

déprédation /depʀedasjɔ̃/ *nf* ۱. چپاول، غارت، تاراج ۲. خرابی، ویرانی ۳. خسارت ۴. [اموال دولت و غیره] حیف و میل، سوءاستفاده، چپاول

dépressif,ive /depʀesif,iv/ *n, adj* ۱. افسرده ▣ ۲. (مربوط به) افسردگی

dépression /depʀesjɔ̃/ *nf* ۱. گودی، فرورفتگی ۲. [روان‌شناسی] افسردگی ۳. [هواشناسی] فروبار ۴. [اقتصاد] رکود، کسادی

déprimer /depʀime/ *vt* (1) ۱. گود کردن، فرو بردن ۲. افسرده کردن، غصه‌دار کردن، دلتنگ کردن ۳. ضعیف کردن، ناتوان کردن، از پا انداختن

depuis /dəpɥi/ *prép, adv* ۱. [زمان] از ▣ ۲. از آن زمان، از آن وقت، از آن موقع

depuis longtemps از خیلی وقت پیش، از مدت‌ها قبل، از دیرباز

depuis lors از آن زمان، از آن وقت، از آن موقع

dermatologue

depuis peu	از مدتی پیش، کمی قبل، اخیراً، (به) تازگی
Depuis quand?	از کی؟ از چه وقت؟ از چه موقع؟
depuis que	از وقتی که، از زمانی که، از موقعی که
dépuration /depyRasjɔ̃/ *nf*	تصفیه
dépurer /depyRe/ *vt* (1)	تصفیه کردن
députation /depytasjɔ̃/ *nf*	۱. نمایندگی ۲. اعزام نماینده ۳. هیئت نمایندگی، نمایندگان
député /depyte/ *nm*	۱. نمایندهٔ مجلس ۲. نماینده (اعزامی)
déracinement /deRasinmɑ̃/ *nm*	۱. ریشه‌کنی ۲. (عمل) آواره کردن ۳. آوارگی
déraciner /deRasine/ *vt* (1)	۱. از ریشه کندن، ریشه‌کن کردن ۲. از بین بردن، ریشه‌کن کردن ۳. (از مأوای خود) راندن، آواره کردن
déraillement /deRajmɑ̃/ *nm*	[قطار] خارج شدن از خط، خروج از ریل
dérailler /deRaje/ *vi* (1)	۱. از خط خارج شدن، از ریل خارج شدن ۲. منحرف شدن ۳. خراب شدن ۴. [خودمانی] عقل خود را از دست دادن، به سرش زدن ۵. پرت و پلا گفتن
déraison /deRεzɔ̃/ *nf*	[ادبی] بی‌عقلی، کم‌عقلی، بی‌خردی
déraisonnable /deRεzɔnabl/ *adj*	نامعقول، غیرمنطقی، غیرعاقلانه، نابخردانه
déraisonner /deRεzɔne/ *vi* (1)	یاوه گفتن، پرت و پلا گفتن
dérangement /deRɑ̃ʒmɑ̃/ *nm*	۱. بی‌نظمی، به‌هم‌ریختگی، آشفتگی ۲. اختلال ۳. زحمت، مزاحمت، دردسر
déranger /deRɑ̃ʒe/ *vt* (3)	۱. به هم ریختن، نظم (چیزی را) به هم زدن، نامرتب کردن ۲. مختل کردن، وضع (چیزی را) به هم زدن ۳. خراب کردن ۴. مزاحم (کسی) شدن
Cet enfant est dérangé.	این بچه اسهال دارد.
Je ne vous dérange pas?	مزاحمتان نیستم؟
se déranger *vp*	به خود زحمت دادن، به زحمت افتادن، از کار خود افتادن
dérapage /deRapaʒ/ *nm*	لغزش
déraper /deRape/ *vi* (1)	لغزیدن، سُر خوردن، لیز خوردن
derechef /dəRəʃεf/ *adv*	[ادبی] دوباره، دیگربار، بار دیگر، از نو
dérèglement /deRεglǝmɑ̃/ *nm*	۱. بی‌نظمی، اختلال ۲. خرابی ۳. نابسامانی
dérégler /deRegle/ *vt* (6)	۱. به هم ریختن، مختل کردن، نظم (چیزی را) به هم زدن ۲. خراب کردن ۳. از راه به در کردن، منحرف کردن، فاسد کردن
dérider /deRide/ *vt* (1)	اخم (کسی را) باز کردن، خوشحال کردن، شاد کردن
se dérider *vp*	شاد شدن، لبخند زدن
dérision /deRizjɔ̃/ *nf*	تمسخر، استهزا، ریشخند
dérisoire /deRizwaR/ *adj*	۱. تمسخرآمیز ۲. خنده‌دار، مضحک، مسخره ۳. ناچیز، بی‌ارزش
dérivation /deRivasjɔ̃/ *nf*	۱. تغییر مسیر ۲. مسیر انحرافی ۳. [زبان‌شناسی] اشتقاق ۴. انحراف ۵. [ریاضی] مشتق‌گیری
dérive /deRiv/ *nf*	انحراف از مسیر
dérivé[1]**,e** /deRive/ *adj*	[زبان‌شناسی] مشتق
dérivé[2] /deRive/ *nm*	[زبان‌شناسی] (واژهٔ) مشتق
dérivée /deRive/ *nf*	[ریاضی] مشتق
dériver /deRive/ *vt, vi* (1)	۱. مسیر (رود را) تغییر دادن ۲. مشتق شدن ۳. ناشی (از چیزی) بودن، ناشی شدن، حاصل (چیزی) بودن ۴. از مسیر خود خارج شدن، منحرف شدن
dermatologie /dεRmatɔlɔʒi/ *nf*	پوست‌شناسی
dermatologue /dεRmatɔtɔg/ *n*	متخصص پوست، پوست‌شناس

---

a = bas, plat	e = blé, jouer	ɛ = lait, jouet, merci	i = il, lyre	o = mot, dôme, eau, gauche	ɔ = mort
u = roue	y = rue	ø = peu	œ = peur	ǝ = le, premier	ɑ̃ = sans, vent	ɛ̃ = matin, plein, lundi
ɔ̃ = bon, ombre	ʃ = chat, tache	ʒ = je, gilet	j = yeux, paille, pied	w = oui, nouer	ɥ = huile, lui

dermatose /dɛʀmatoz/ *nf* بیماری پوستی

dernier,ère /dɛʀnje,ɛʀ/ *adj, n* ۱. آخرین، آخری، واپسین ۲. قبل، قبلی، پیش، اخیر، گذشته ۳. پایین‌ترین، کم‌ترین ۴. بالاترین، بیشترین ۵. نهایی ۶. نفر آخر، آخرین نفر

en dernier در آخر، در پایان، آخر سر، آخر از همه، آخر

l'an dernier سال گذشه، سال پیش، پارسال

dernièrement /dɛʀnjɛʀmɑ̃/ *adv* اخیراً، چندی پیش، به تازگی

dernier-né /dɛʀnjene/, **dernière-née** /dɛʀnjɛʀne/ *n, adj* ۱. آخرین فرزند، کوچکترین فرزند، ته‌تغاری ۲. آخرین مدل

dérobade /deʀɔbad/ *nf* دررفتن از زیر کار، شانه خالی کردن

dérobé,e[1] /deʀɔbe/ *adj* ۱. ربوده‌شده، مسروقه، دزدی ۲. مخفی

dérobée[2] **(à la)** /aladeʀɔbe/ *loc. adv* پنهانی، مخفیانه، یواشکی

dérober /deʀɔbe/ *vt* (1) ۱. [ادبی] ربودن، دزدیدن، سرقت کردن، به سرقت بردن ۲. (با حقه) گرفتن ۳. پنهان کردن، مخفی کردن

dérober un secret رازی را از زیر زبان (کسی) کشیدن

se dérober *vp* ۱. خود را مخفی کردن، پنهان شدن، مخفی شدن ۲. سر باز زدن، شانه خالی کردن، خود را کنار کشیدن ۳. خود را خلاص کردن

dérogation /deʀɔgasjɔ̃/ *nf* [حقوقی] تخطی، نقض

déroger /deʀɔʒe/ *vt, vi* (3) ۱. تخطی کردن، نقض کردن ◙ ۲. [ادبی] از شأن (کسی) کم شدن، خود را کوچک کردن، خود را پایین آوردن

dérouiller /deʀuje/ *vt, vi* (1) ۱. زنگ (فلزی را) پاک کردن ۲. [عامیانه] زدن ◙ ۳. [عامیانه] کتک خوردن

déroulement /deʀulmɑ̃/ *nm* ۱. (عمل) باز کردن ۲. [نمایش، حوادث، ...] جریان

dérouler /deʀule/ *vt* (1) ۱. باز کردن ۲. مرور کردن

se dérouler *vp* ۱. جریان داشتن، سپری شدن، گذشتن ۲. روی دادن، واقع شدن ۳. برگزار شدن

déroutant,e /deʀutɑ̃,t/ *adj* گمراه‌کننده، گیج‌کننده، انحرافی

déroute /deʀut/ *nf* هزیمت، فرار

dérouter /deʀute/ *vt* (1) ۱. مسیر (چیزی را) تغییر دادن، از مسیر خود منحرف کردن ۲. گمراه کردن، گیج کردن

derrière[1] /dɛʀjɛʀ/ *prép, adv* ۱. عقب ۲. پشت ۳. پشت سرِ ◙ ۴. عقب ۵. از عقب، از پشت

Il faut être toujours derrière lui.

همیشه باید مراقب او بود.

par-derrière ۱. از عقب، از پشت ۲. پشت سر

sens devant derrière پس و پیش، وارونه

derrière[2] /dɛʀjɛʀ/ *nm* ۱. عقب، پشت ۲. نشیمن، عقب (= کون)

derviche /dɛʀviʃ/ *nm* درویش

des[1] /de/ *art. contracté* [صورت ادغام‌شدهٔ de les]

les feuilles des arbres برگ‌های درختان

des[2] /de/ *art. partitif* → de[2]

des[3] /de/ *art. indéf. pl* [صورت جمعِ un,e] چند، ـ‌ها

des amis دوستان، دوست‌ها

dès /dɛ/ *prép* ۱. [زمان] از ۲. به محضِ، به مجردِ

dès lors ۱. از همان وقت، همان موقع ۲. در نتیجه، به همین دلیل، از همین رو، برای همین، به همین خاطر

dès lors que ۱. از زمانی که، از وقتی که، از موقعی که ۲. از آنجا که، چونکه

dès que به محض اینکه، همین‌که، به مجرد اینکه، تا

désabonner /dezabɔne/ *vt* (1) اشتراک (کسی را) قطع کردن

se désabonner *vp* قطع اشتراک کردن

désabusé,e /dezabyze/ *adj* ۱. سرخورده، دلزده، زده ۲. بی‌تفاوت، بی‌اعتنا

désavantager

désabuser / dezabyze / *vt* (1) [قدیمی یا ادبی] از اشتباه درآوردن

désaccord / dezakɔʀ / *nm* ۱. اختلاف نظر ۲. اختلاف، ناسازگاری ۳. ناهماهنگی

désaccorder / dezakɔʀde / *vt* (1) کوک (سازی را) به هم زدن، ناساز کردن

désaccoutumance / dezakutymɑ̃s / *nf* ترک عادت

désaccoutumer / dezakutyme / *vt* (1) ترک عادت دادن، عادت (خاصی را) از سر (کسی) انداختن

se désaccoutumer *vp* عادت (خاصی را) ترک کردن، از سر (کسی) افتادن

désaffection / dezafɛksjɔ̃ / *nf* ۱. بی‌مهری، نامهربانی ۲. نارضایی

désagréable / dezagʀeabl / *adj* ۱. ناخوشایند، نامطلوب، نامطبوع، ناپسند، ناگوار ۲. بداخلاق، کج‌خُلق، بدعُنق

désagrégation / dezagʀegasjɔ̃ / *nf* تجزیه، تلاشی، فروپاشی، ازهم‌پاشیدگی

désagréger / dezagʀeʒe / *vt* (3,6) متلاشی کردن، از هم پاشیدن

désagrément / dezagʀemɑ̃ / *nm* ۱. ناراحتی، رنجش، دلخوری ۲. گرفتاری، دردسر

désaltérant,e / dezalteʀɑ̃,t / *adj* رفع‌کنندهٔ تشنگی

désaltérer / dezalteʀe / *vt* (6) تشنگی (کسی را) رفع کردن، عطش (کسی را) فرو نشاندن

se désaltérer *vp* رفع تشنگی کردن

désamorcer / dezamɔʀse / *vt* (3) ۱. چاشنی (سلاحی را) برداشتن ۲. از کار انداختن ۳. فرو نشاندن، آرام کردن، مهار کردن

désappointement / dezapwɛ̃tmɑ̃ / *nm* ۱. ناامیدی، یأس، دلسردی ۲. سرخوردگی

désappointer / dezapwɛ̃te / *vt* (1) ۱. ناامید کردن، مأیوس کردن، دلسرد کردن ۲. سرخورده کردن، تو ذوق (کسی) زدن

désapprendre / dezapʀɑ̃dʀ / *vt* (58) فراموش کردن، از یاد بردن

désapprobateur,trice / dezapʀɔbatœʀ, tʀis / *adj* ملامت‌بار

désapprobation / dezapʀɔbasjɔ̃ / *nf* ۱. مخالفت ۲. نارضایتی، ناخشنودی

désapprouver / dezapʀuve / *vt* (1) مخالفت کردن با، مخالف (چیزی) بودن، تأیید نکردن

désarçonner / dezaʀsɔne / *vt* (1) ۱. از زین پرت کردن، از زین به زیر آوردن ۲. [در بحث] روی (کسی را) کم کردن، منکوب کردن

désargenter / dezaʀʒɑ̃te / *vt* (1) ۱. روکش نقره (چیزی را) برداشتن ۲. بی‌پول کردن

désarmement / dezaʀməmɑ̃ / *nm* خلع سلاح

désarmer / dezaʀme / *vt, vi* (1) ۱. خلع سلاح کردن، اسلحهٔ (کسی را) گرفتن ۲. آرام کردن ۳. فرو نشاندن ۴. [مجازی] دهان (کسی را) بستن ▣ ۵. خلع سلاح شدن ۶. فرو نشستن، فروکش کردن

désarroi / dezaʀwa / *nm* پریشانی‌خاطر، پریشانی، آشفتگی، تشویش

désassorti,e / dezasɔʀti / *adj* ۱. ناقص ۲. ناجور

désastre / dezastʀ / *nm* ۱. مصیبت، بلا، فاجعه ۲. ورشکستگی ۳. بدبختی، شکست، ناکامی

desastreux,euse / dezastʀø,øz / *adj* مصیبت‌بار، ناگوار، فجیع، فاجعه‌آمیز

désavantage / dezavɑ̃taʒ / *nm* ۱. عیب، اِشکال ۲. زیان، ضرر ۳. وضع نامناسب، وضعیت نامطلوب

désavantager / dezavɑ̃taʒe / *vt* (3) ۱. (از امتیازی) محروم کردن ۲. به زیان (کسی) بودن

---
a = bas, plat   e = blé, jouer   ɛ = lait, jouet, merci   i = il, lyre   o = mot, dôme, eau, gauche   ɔ = mort
u = roue   y = rue   ø = peu   œ = peur   ə = le, premier   ɑ̃ = sans, vent   ɛ̃ = matin, plein, lundi
ɔ̃ = bon, ombre   ʃ = chat, tache   ʒ = je, gilet   j = yeux, paille, pied   w = oui, nouer   ɥ = huile, lui

désavantageux,euse /dezavɑ̃taʒø, øz/ *adj*
۱. زیان‌آور، زیانبار ۲. نامطلوب، نامساعد، ناجور، بد

désaveu /dezavø/ *nm*
۱. رد، تکذیب، انکار ۲. سرزنش ۳. مخالفت

désavouer /dezavwe/ *vt* (1)
۱. رد کردن، تکذیب کردن، انکار کردن، حاشا کردن ۲. سرزنش کردن ۳. مخالف (چیزی) بودن، مخالفت کردن با

désaxer /dezakse/ *vt* (1)
۱. از محور خود خارج کردن ۲. وضع (کسی را) مختل کردن، از حالت عادی خارج کردن

desceller /desele/ *vt* (1)
۱. مُهر (چیزی را) باز کردن ۲. از جا کندن، کندن

descendance /desɑ̃dɑ̃s/ *nf*
نسل، نَسَب، تبار، أخلاف

descendant,e[1] /desɑ̃dɑ̃,t/ *adj*
۱. سرازیر، سراشیب ۲. نزولی
marée descendante جزر، فروکشند

descendant,e[2] /desɑ̃dɑ̃,t/ *n*
فرزند، خلف، اولاد

descendre /desɑ̃dʀ/ *vi, vt* (41)
۱. پایین آمدن ۲. پایین رفتن ۳. پیاده شدن ۴. فرود آمدن ۵. ریختن، هجوم آوردن ۶. سرازیر شدن ۷. از نسل (کسی) بودن، از تبار (کسی) بودن ۸. ته‌نشین شدن، رسوب کردن ۹. [آفتاب] غروب کردن ۱۰. [شب] فرا رسیدن ۱۱. سقوط کردن، کوچک شدن، تنزل کردن ۱۲. کاهش یافتن، تنزل یافتن ۱۳. نازل شدن ▪ ۱۴. پایین آوردن، پایین بردن ۱۵. پایین آمدن (از) ۱۶. پیاده کردن ۱۷. سرنگون کردن، انداختن، زدن ۱۸. [عامیانه] به درک واصل کردن، به آن دنیا فرستادن
descendre à l'hôtel به هتل رفتن، در هتل اقامت کردن
descendre à terre [کشتی] به خشکی رسیدن
descendre dans la rue [برای تظاهرات] به خیابان ریختن

descendre de voiture از ماشین پیاده شدن، از اتومبیل پایین آمدن
L'autobus me descend à ma porte. اتوبوس مرا دمِ درِ خانه‌ام پیاده می‌کند.

descente /desɑ̃t/ *nf*
۱. فرود ۲. پایین رفتن ۳. پیاده شدن ۴. پایین آوردن ۵. سرازیری، سراشیبی، شیب ۶. سرنگونی، سقوط ۷. افت ۸. هجوم
descente de l'armoire à la cave بردنِ گنجه به زیرزمین
descente rapide سرازیری تند، سراشیبی تند

descriptible /dɛskʀiptibl/ *adj*
وصف‌شدنی، وصف‌پذیر، قابل وصف، قابل توصیف

descriptif,ive /dɛskʀiptif,iv/ *adj*
۱. توصیفی ۲. ترسیمی
géométrie descriptive هندسه ترسیمی

description /dɛskʀipsjɔ̃/ *nf*
۱. توصیف، وصف ۲. شرح

désemparé,e /dezɑ̃paʀe/ *adj*
سردرگم، گیج

désemparer /dezɑ̃paʀe/ *vi*, *sans désemparer*
پیوسته، پیاپی، مدام، یکریز، بی‌امان

désemplir /dezɑ̃pliʀ/ *vi* (2), *ne pas désemplir*
خالی نشدن، همیشه پُر بودن

désenchanté,e /dezɑ̃ʃɑ̃te/ *adj*
۱. ناامید، مأیوس، دلسرد ۲. سرخورده، ناکام ۳. نومیدانه

désenchantement /dezɑ̃ʃɑ̃tmɑ̃/ *nm*
۱. ناامیدی، یأس، دلسردی ۲. سرخوردگی، ناکامی

désenchanter /dezɑ̃ʃɑ̃te/ *vt* (1)
۱. ناامید کردن، مأیوس کردن، دلسرد کردن ۲. سرخورده کردن، تو ذوق (کسی) زدن

désencombrer /dezɑ̃kɔ̃bʀe/ *vt* (1)
[راه] باز کردن، خلوت کردن
Il faut désencombrer la voie publique des immondices. باید معابر را از زباله پاک کرد.

désenfler /dezɑ̃fle/ *vt, vi* (1)
۱. ورم (چیزی را) خواباندن ▪ ۲. ورم (چیزی) خوابیدن، باد (چیزی) خوابیدن

283 déshérité,e

désennuyer / dezɑ̃nɥije / *vt* (8)
از بی‌حوصلگی درآوردن، کسالت (کسی را) رفع کردن

désensibiliser / desɑ̃sibilize / *vt* (1)
۱. حساسیت (کسی یا چیزی را) کم کردن ۲. بیحس کردن

désépaissir / dezepesiʀ / *vt* (2)
[مو] کم‌پشت کردن، خلوت کردن

déséquilibre / dezekilibʀ / *nm*
عدم تعادل، عدم توازن

déséquilibré,e / dezekilibʀe / *adj*
نامتعادل، دچار اختلال روانی، دیوانه

déséquilibrer / dezekilibʀe / *vt* (1)
۱. تعادل (کسی یا چیزی را) به هم زدن، از تعادل خارج کردن ۲. تعادل روحی (کسی را) به هم زدن، دیوانه کردن

désert[1],e / dezɛʀ,t / *adj*
۱. غیرمسکون، خالی از سکنه ۲. متروک، متروکه ۳. خلوت

maison déserte خانهٔ خالی

désert[2] / dezɛʀ / *nm*
۱. بیابان، صحرا، کویر ۲. [مجازی] برهوت

déserter / dezɛʀte / *vt, vi* (1)
۱. ترک کردن، رفتن از ۲. رها کردن، ول کردن ◙ ۳. از خدمت نظام فرار کردن، ترک خدمت کردن

déserteur / dezɛʀtœʀ / *nm*
سرباز فراری

désertion / dezɛʀsjɔ̃ / *nf*
۱. فرار از خدمت، ترک خدمت ۲. ترک

désertique / dezɛʀtik / *adj*
بیابانی، صحرایی، کویری

désespérance / dezɛspeʀɑ̃s / *nf*
[ادبی] ناامیدی، یأس، دلسردی

désespérant,e / dezɛspeʀɑ̃,t / *adj*
۱. نومیدکننده، یأس‌آور، مایهٔ نومیدی ۲. نالایق، بی‌عرضه ۳. افتضاح، بد

désespéré,e / dezɛspeʀe / *adj, n*
۱. ناامید، مأیوس، دلسرد ۲. مستأصل، درمانده ۳. متأسف، شرمنده ۴. نومیدانه، مأیوسانه ۵. از فرط استیصال، از روی ناچاری، مذبوحانه

désespérément / dezɛspeʀemɑ̃ / *adv*
۱. نومیدانه، با ناامیدی، مأیوسانه ۲. به طرز نومیدکننده‌ای

désespérer / dezɛspeʀe / *vt, vi* (6)
۱. ناامید کردن، مأیوس کردن، دلسرد کردن ۲. آزار دادن، رنج دادن ◙ ۳. ناامید شدن، مأیوس شدن، دلسرد شدن

se désespérer *vp* ۱. ناامید شدن، مأیوس شدن، دلسرد شدن، امید خود را از دست دادن ۲. ناامید بودن، مأیوس بودن

désespoir / dezɛspwaʀ / *nm*
۱. ناامیدی، یأس، دلسردی ۲. مایهٔ نومیدی، مایهٔ دلسردی

en désespoir de cause از روی ناچاری، به ناچار، ناچاراً، به اجبار

être au désespoir متأسف بودن، تأسف خوردن

déshabillage / dezabijaʒ / *nm*
۱. (عمل) لخت کردن ۲. درآوردنِ لباس، لخت شدن

déshabiller / dezabije / *vt* (1)
لباس (کسی را) درآوردن

se déshabiller *vp* لباس خود را درآوردن، لخت شدن

déshabituer / dezabitɥe / *vt* (1)
[عادت] از سر (کسی) انداختن، ترک دادن

se déshabituer *vp* [عادت] ترک کردن، کنار گذاشتن

se déshabituer de fumer سیگار را ترک کردن

désherbage / dezɛʀbaʒ / *nm*
کندنِ علف

désherber / dezɛʀbe / *vt* (1)
علف‌های (جایی را) کندن

déshérité,e / dezeʀite / *n*
۱. محروم از ارث ۲. محروم ۳. بی‌نصیب از نعمت‌های طبیعی ۴. مستضعف

a = bas, plat e = blé, jouer ɛ = lait, jouet, merci i = il, lyre o = mot, dôme, eau, gauche ɔ = mort
u = roue y = rue ø = peu œ = peur ə = le, premier ɑ̃ = sans, vent ɛ̃ = matin, plein, lundi
ɔ̃ = bon, ombre ʃ = chat, tache ʒ = je, gilet j = yeux, paille, pied w = oui, nouer ɥ = huile, lui

désheriter /dezeʀite/ *vt* (1) ۱. از ارث محروم کردن ۲. محروم کردن ۳. از نعمت‌های طبیعی بی‌نصیب کردن

déshonnête /dezɔnɛt/ *adj* ۱. [ادبی] ناشایست، رکیک، زشت ۲. نامناسب

déshonneur /dezɔnœʀ/ *nm* ۱. بدنامی، بی‌آبرویی، رسوایی، ننگ ۲. مایهٔ بدنامی، مایهٔ ننگ، مایهٔ بی‌آبرویی

déshonorant,e /dezɔnɔʀɑ̃,t/ *adj* شرم‌آور، ننگ‌آور، ننگین، خفت‌آور

déshonorer /dezɔnɔʀe/ *vt* (1) بدنام کردن، بی‌آبرو کردن، آبروی (کسی را) بردن ۲. [قدیمی] بی‌سیرت کردن، دامن (زنی را) لکه‌دار کردن، تجاوز کردن به

se déshonorer *vp* بدنام شدن، آبروی (کسی) رفتن، بی‌آبرو شدن

déshydrater /dezidʀate/ *vt* (1)

۱. آب (چیزی را) گرفتن ۲. [مواد خوراکی] خشک کردن

se déshydrater *vp* آب بدن خود را از دست دادن

desiderata /dezideʀata/ *nm.pl* ۱. نیازها، احتیاجات، خواسته‌ها ۲. نقایص، کمبودها

désignation /deziɲasjɔ̃/ *nf* ۱. تعیین ۲. انتخاب ۳. انتصاب ۴. نام، اسم

désigner /deziɲe/ *vt* (1) ۱. تعیین کردن ۲. نشان دادن ۳. اشاره کردن به ۴. در نظر گرفتن ۵. انتخاب کردن، برگزیدن ۶. اطلاق شدن به

désigner du doigt با انگشت نشان دادن، با انگشت اشاره کردن به

désigner qqn par son nom کسی را به اسم صدا زدن، کسی را به نام خواندن

désigner par son nom نام بردن از، اسم بردن از

désillusion /dezilyzjɔ̃/ *nf* ۱. رفع شبهه ۲. سرخوردگی، ناامیدی، دلسردی

désillusionner /dezilyzjɔne/ *vt* (1)

۱. از اشتباه درآوردن ۲. سرخورده کردن، تو ذوق (کسی) زدن

désinence /dezinɑ̃s/ *nf* [زبان‌شناسی] پایانه، پی‌بند

désinfectant,e /dezɛ̃fɛktɑ̃,t/ *adj* ضدعفونی‌کننده، (ویژهٔ) ضدعفونی

désinfection /dezɛ̃fɛksjɔ̃/ *nf* ضدعفونی، پَلشت‌بری

désinfecter /dezɛ̃fɛkte/ *vt* (1) ضدعفونی کردن، پَلشت‌بری کردن

désintégration /dezɛ̃tegʀasjɔ̃/ *nf* تلاشی، فروپاشی، ازهم‌پاشیدگی

désintégrer /dezɛ̃tegʀe/ *vt* (6) متلاشی کردن، از هم پاشیدن، فرو پاشیدن

désintéressé,e /dezɛ̃teʀese/ *adj*

۱. بی‌طمع، سخاوتمند ۲. بی‌غرض، بی‌طرف ۳. بی‌طرفانه ۴. خیرخواهانه ۵. [قدیمی] بی‌علاقه، بی‌تفاوت، بی‌اعتنا

désintéressement /dezɛ̃teʀɛsmɑ̃/ *adj*

۱. بی‌طمعی، سخاوت ۲. بی‌غرضی، بی‌طرفی ۳. جبران خسارت ۴. پرداخت بدهی

désintéresser /dezɛ̃teʀese/ *vt* (1)

۱. خسارت (کسی را) جبران کردن ۲. طلب (کسی را) پرداختن

se désintéresser *vp* ۱. بی‌علاقه بودن، علاقه نداشتن ۲. دل کندن، دل بریدن

désintérêt /dezɛ̃teʀɛ/ *nm* [ادبی] بی‌علاقگی، بی‌میلی

désintoxication /dezɛ̃tɔksikasjɔ̃/ *nf*

۱. از بین بردن تأثیر سم ۲. ترک اعتیاد (دادن)

désintoxiquer /dezɛ̃tɔksike/ *vt* (1)

۱. تأثیر سم را (در بدن کسی) از بین بردن ۲. ترک اعتیاد دادن، ترک دادن

désinvolte /dezɛ̃vɔlt/ *adj* ۱. بی‌توجه، بی‌اعتنا، بی‌قید، بی‌خیال ۲. گستاخ، بی‌حیا ۳. گستاخانه

désinvolture /dezɛ̃vɔltyʀ/ *nf*

۱. بی‌توجهی، بی‌اعتنایی، بی‌قیدی، بی‌خیالی ۲. گستاخی، جسارت، بی‌حیایی

285 despotique

désir / deziʀ / *nm* ۱. خواست، خواسته ۲. میل، تمایل ۳. اشتیاق، شوق، علاقه ۴. آرزو ۵. شهوت، میل جنسی

désirable / deziʀabl / *adj* ۱. دلخواه، مطلوب، پسندیده ۲. خواستنی ۳. تودل‌برو

désirer / deziʀe / *vt* (1) ۱. خواستن ۲. دل (کسی) خواستن، میل داشتن، تمایل داشتن ۳. آرزو کردن، آرزو داشتن

laisser à désirer ناقص بودن، ناتمام بودن

désireux,euse / deziʀø,øz / *adj* خواهان، مشتاق، مایل، علاقه‌مند

désistement / dezistəmɑ̃ / *nm* ۱. کناره‌گیری (از انتخابات) ۲. [حقوقی] انصراف، عدم تعقیب

désister (se) / s(ə)deziste / *vp* (1) ۱. (از انتخابات) کناره گرفتن ۲. [حقوقی] صرف نظر کردن، تعقیب نکردن

désobéir / dezɔbeiʀ / *vt* (2) سرپیچی کردن، نافرمانی کردن، اطاعت نکردن

désobéissance / dezɔbeisɑ̃s / *nf* سرپیچی، نافرمانی، عدم اطاعت

désobéissant,e / dezɔbeisɑ̃,t / *adj* نافرمان، سرکش، حرف‌نشنو، متمرد

désobligeant,e / dezɔbilʒɑ̃,t / *adj* ناخوشایند، ناشایست، برخورنده

désobliger / dezɔbliʒe / *vt* (3) رنجاندن، دلخورکردن، آزرده‌خاطر کردن، ناراحت کردن

désœuvré / dezœvʀe / *adj, n* بی‌کار، بی‌کاره

désœuvrement / dezœvʀəmɑ̃ / *nm* بی‌کاری، بطالت

désolant,e / dezɔlɑ̃,t / *adj* غم‌انگیز، ناراحت‌کننده، تأثرآور، حزن‌آور

désolation / dezɔlasjɔ̃ / *nf* غم، اندوه، غصه، تأثر

désolé,e / dezɔle / *adj* ۱. غمگین، متأثر، غصه‌دار ۲. متأسف

désoler / dezɔle / *vt* (1) غمگین کردن، متأثر کردن، غصه‌دار کردن

se désoler *vp* غمگین شدن، متأثر شدن، غصه‌دار شدن، غصه خوردن

désopilant,e / dezɔpilɑ̃,t / *adj* خنده‌دار، مضحک، بامزه

désordonné,e / dezɔʀdɔne / *adj* ۱. نامنظم، نامرتب، بی‌نظم ۲. آشفته، پریشان

désordre / dezɔʀdʀ / *nm* ۱. بی‌نظمی، آشفتگی ۲. اختلال ــ [صورت جمع] ۳. آشوب، شورش، ناآرامی، اغتشاش

semer le désordre آشوب کردن، ایجاد اغتشاش کردن

Tout est en désordre ici. اینجا همه چیز به هم ریخته است.

désorganisation / dezɔʀganizasjɔ̃ / *nf* اختلال، آشفتگی، بی‌نظمی

désorganiser / dezɔʀganize / *vt* (1) بر هم زدن، به هم ریختن، مختل کردن

désorientation / dezɔʀjɑ̃tasjɔ̃ / *nf* ۱. گم کردن جهت، سوگم‌کردگی، گمراهی ۲. سرگردانی، سردرگمی، گیجی

désorienter / dezɔʀjɑ̃te / *vt* (1) ۱. جهت (چیزی را) گم کردن، گمراه کردن ۲. سرگردان کردن، سردرگم کردن، گیج کردن، حیران کردن

désormais / dezɔʀmɛ / *adv* از این پس، از این به بعد، بعد از این، مِن‌بعد

désossé,e / dezɔse / *adj* ۱. بی‌استخوان ۲. نرم، انعطاف‌پذیر

désosser / dezɔse / *vt* (1) (گوشت را) استخوان گرفتن

despote / dɛspɔt / *nm* ۱. فرمانروای مستبد، حاکم مطلق ۲. آدم خودرأی، آدم مستبد

despotique / dɛspɔtik / *adj* ۱. مستبد، خودرأی، خودکامه ۲. مستبدانه، خودکامانه

despotiquement / dɛspɔtikmɑ̃ / *adv*
مستبدانه، خودکامانه، با خودکامگی

despotisme / dɛspɔtism / *nm* ۱. استبداد، خودکامگی ۲. حکومت استبدادی

desquels,desquelles / dekɛl / *pron. rel, pron. interr* → lequel

dessaisir / desezir / *vt* (2) [حقوقی] حق (انجام کاری را) سلب کردن از

se dessaisir *vp* ۱. واگذار کردن، تسلیم کردن، دادن ۲. صرف‌نظر کردن، چشم‌پوشی کردن

dessaisissement / desezismɑ̃ / *nm*
[حقوقی] سلب حق

dessaler / desale / *vt* (1) ۱. نمک (چیزی را) گرفتن، بی‌نمک کردن ۲. [خودمانی] چشم و گوش (کسی را) باز کردن

dessaouler / desule / *vt* (1) → dessoûler

desséchant,e / deseʃɑ̃,t / *adj* خشک‌کننده

desséchement / desɛʃmɑ̃ / *nm* ۱. (عمل) خشک کردن ۲. خشک شدن ۳. خشکی ۴. بی‌عاطفه شدن، سخت شدن

dessécher / deseʃe / *vt* (6) ۱. خشک کردن، خشکاندن ۲. لاغر کردن ۳. بی‌عاطفه کردن، بی‌احساس کردن

se dessécher *vp* ۱. خشک شدن، خشکیدن ۲. لاغر شدن ۳. بی‌عاطفه شدن، بی‌احساس شدن، سخت شدن

dessein / desɛ̃ / *nm* قصد، نیت

à dessein عمداً، به عمد، از قصد

dans le dessein de به قصدِ، با نیتِ، با این نیت که

desseller / desele / *vt* (1) زین (حیوانی را) برداشتن

desserrer / desere / *vt* (1) شل کردن

ne pas desserrer les dents لب باز نکردن، لب نگشودن، لام تا کام حرف نزدن

se desserrer *vp* شل شدن

dessert / desɛr / *nm* دسر

desserte[1] / desɛrt / *nf* میز (کوچک)

desserte[2] / desɛrt / *nf* ۱. خدمت (به کلیسا) ۲. [حمل و نقل] خدمات‌دهی، سرویس‌دهی

voie de desserte راه خدماتی

desservir[1] / desɛrvir / *vt* (14) ۱. در خدمت (جایی) بودن، خدمت کردن به ۲. [حمل و نقل] خدمات دادن به، سرویس دادن به ۳. گذشتن از، عبور کردن از ۴. به هم راه دادن، به هم مرتبط کردن

desservir[2] / desɛrvir / *vt* (14)
۱. [میز غذا، سفره] جمع کردن ۲. اذیت کردن ۳. به ضرر (کسی) تمام شدن

dessiccation / desikasjɔ̃ / *nf* نم‌گیری، خشکاندن

dessiller / desije / *vt* (1) [چشم] باز کردن

dessiller les yeux à/de حقیقت (چیزی را برای کسی) آشکار کردن، آگاه کردن نسبت به، متوجه (چیزی) کردن

dessin / desɛ̃ / *nm* ۱. طرح ۲. تصویر ۳. نقش ۴. طراحی

dessin(s) animé(s) (فیلم) کارتون، نقاشی متحرک

dessinateur,trice / desinatœr,tris / *n*
۱. طراح، نقشه‌کش ۲. نقاش

dessiner / desine / *vt* (1) ۱. کشیدن، ترسیم کردن ۲. طراحی کردن ۳. نشان دادن، نمایاندن، مشخص کردن

se dessiner *vp* ۱. نمایان شدن، آشکار شدن ۲. نقش بستن ۳. شکل گرفتن

dessouder / desude / *vt* (1) لحیم (چیزی را) آب کردن

se déssouder *vp* لحیم (چیزی) آب شدن

dessoudure / desudyr / *nf* آب کردن لحیم

dessoûler / desule / *vt, vi* (1) ۱. از مستی درآوردن، مستی را از سر (کسی) پراندن ◘ ۲. مستی از سر (کسی) پریدن، هوشیار شدن

dessous[1] / d(ə)su / *adv, prép* ۱. زیر ۲. در زیر، زیر آن، زیرش

ci-dessous [متن] در زیر، پایین‌تر

détacher

en-dessous	۱. (در) زیر، زیر آن ۲. زیرزیرکی
là-dessous	آن زیر
par-dessous	از زیر
dessous² / d(ə)su / *nm*	۱. پایین ۲. زیر
	ـــ [صورت جمع] ۳. لباس زیر زنانه ۴. زوایای پنهان
au-dessous	۱. آن پایین ۲. کمتر
au-dessous de	۱. زیر، پایین‌تر از ۲. کمتر از
dessous-de-plat / d(ə)sudpla / *nm. inv*	زیربشقابی
dessous-de-table / d(ə)sudtabl / *nm. inv*	رشوه، زیرمیزی
dessus¹ / d(ə)sy / *adv, prép*	۱. رو
	۲. (بر) روی آن، رویش
ci-dessus	[متن] در بالا، بالاتر
là-dessus	۱. آن بالا ۲. روی آن ۳. در این مورد
par-dessus	از روی، از بالای
dessus² / d(ə)sy / *nm*	۱. بالا ۲. رو
au-dessus	۱. (در) بالا ۲. بالاتر ۳. بهتر
au-dessus de	۱. بالای، بالاتر از ۲. بیشتر از ۳. فوق، مافوقِ
le dessus du panier	گل سرسبد
dessus-de-lit / d(ə)sydli / *nm. inv*	روتختی
destin / dɛstɛ̃ / *nm*	۱. سرنوشت، تقدیر، قسمت ۲. سرانجام، عاقبت، فرجام
destinataire / dɛstinatɛR / *n*	[نامه، پیام، ...] گیرنده
destination / dɛstinasjɔ̃ / *nf*	۱. مقصد ۲. کاربرد، مورد استعمال
destinée / dɛstine / *nf*	۱. سرنوشت، تقدیر، قسمت ۲. [استعاره] زندگی
destiner / dɛstine / *vt (1)*	۱. اختصاص دادن، در نظر گرفتن ۲. منظور داشتن
destituer / dɛstitɥe / *vt (1)*	عزل کردن، خلع کردن، برکنار کردن
destitution / dɛstiysjɔ̃ / *nf*	عزل، خلع
destroyer / dɛstRwaje;dɛstRɔjœR / *nm*	ناوشکن
destructeur,trice / dɛstRyktœR,tRis / *adj, n*	۱. ویرانگر، مخرب، براندازنده، خانمان‌برانداز ۲. مایهٔ ویرانی، باعث نابودی
destructible / dɛstRyktibl / *adj*	۱. ازبین‌رفتنی، تباهی‌پذیر ۲. آسیب‌پذیر
destructif,ive / dɛstRyktif,iv / *adj*	ویرانگر، مخرب
destruction / dɛstRyksjɔ̃ / *nf*	۱. ویرانی، خرابی ۲. تخریب ۳. انهدام ۴. کشتار، نابودی
désuet,ète / des(z)ɥɛ,ɛt / *adj*	۱. کهنه، قدیمی، منسوخ ۲. ازمدافتاده
désuétude / desɥetyd / *nf,* **tomber en désuétude**	کهنه شدن، از رواج افتادن، منسوخ شدن
désunion / dezynjɔ̃ / *nf*	اختلاف، نفاق، تفرقه
désunir / dezyniR / *vt (2)*	۱. نفاق انداختن میان، تفرقه انداختن میان، جدایی انداختن بین ۲. از هم جدا کردن
détachable / detaʃabl / *adj*	جداشدنی
détachage / detaʃaʒ / *nm*	لکه‌گیری
détachant / detaʃɑ̃ / *nm*	(مادهٔ) لکه‌گیر
détaché,e / detaʃe / *adj*	۱. جدا، مجزا ۲. باز ۳. بی‌تفاوت، بی‌علاقه، بی‌اعتنا ۴. در مأموریت، مأمور (در اداره یا وزارتخانهٔ دیگر)
détachement / detaʃmɑ̃ / *nm*	۱. بی‌تفاوتی، بی‌علاقگی، بی‌اعتنایی ۲. گروهان ۳. مأموریت (در اداره یا وزارتخانهٔ دیگر)
détacher¹ / detaʃe / *vt (1)*	۱. جدا کردن ۲. باز کردن ۳. کندن ۴. دکمه‌های (لباس را) باز کردن، قزن (لباس را) باز کردن ۵. اعزام کردن ۶. فرستادن
détacher (qqn) d'une habitude	(کسی را)

---

a = bas, plat   e = blé, jouer   ɛ = lait, jouet, merci   i = il, lyre   o = mot, dôme, eau, gauche   ɔ = mort
u = roue   y = rue   ø = peu   œ = peur   ə = le, premier   ɑ̃ = sans, vent   ɛ̃ = matin, plein, lundi
ɔ̃ = bon, ombre   ʃ = chat, tache   ʒ = je, gilet   j = yeux, paille, pied   w = oui, nouer   ɥ = huile, lui

ترک عادت دادن، عادتی را از سر (کسی) انداختن

détacher ses lettres en écrivant حروف را جدا از هم نوشتن

se détacher *vp* ۱. جدا شدن ۲. باز شدن ۳. دل کندن، دل بریدن ۴. برجسته شدن، مشخص شدن

détacher[2] / detaʃe / *vt* (1) لکه‌گیری کردن

détail / detaj / *nm* ۱. خرده‌فروشی ۲. شرح، تفصیل ۳. جزئیات ۴. ریز (اقلام)

en détail جزءبه‌جزء، به تفصیل، به طور مفصل

entrer dans les détails وارد جزئیات شدن، به جزئیات پرداختن

vendre au détail خرده‌فروشی کردن، (به صورتِ) خرده فروختن

détaillant,e / detajɑ̃,t / *adj, n* خرده‌فروش

détailler / detaje / *vt* (1) ۱. (به صورت) خرده فروختن ۲. جزئیات (چیزی را) بررسی کردن

détaler / detale / *vi* (1) [خودمانی] پا به فرار گذاشتن، دررفتن، به چاک زدن

détartrage / detaʀtʀaʒ / *nm* جرم‌گیری

détartrer / detaʀtʀe / *vt* (1) جرم‌گیری کردن

détaxe / detaks / *nf* کاهش مالیات، حذف مالیات

détaxer / detakse / *vt* (1) مالیات (چیزی را) کاهش دادن، مالیات (چیزی را) برداشتن

détecter / detɛkte / *vt* (1) ۱. پیدا کردن، یافتن، متوجه (چیزی) شدن ۲. کشف کردن، شناسایی کردن

détecteur / detɛktœʀ / *nm* ۱. [فنی] آشکارساز، نمایان‌ساز ۲. [در ترکیب] ـیاب

détecteur de mensonge دروغ‌سنج

détecteur de mines مین‌یاب

détective / detɛktiv / *nm* کارآگاه

déteindre / detɛ̃dʀ / *vt, vi* (52) ۱. رنگ (چیزی را) بردن ◙ ۲. رنگ (چیزی) رفتن، رنگ باختن، بی‌رنگ شدن

dételer / detle / *vt, vi* (4) ۱. باز کردن ۲. توقف کردن

sans dételer بی‌وقفه، پیوسته، یکریز

détendre / detɑ̃dʀ / *vt* (41) ۱. شل کردن ۲. آرام کردن ۳. استراحت دادن

se détendre *vp* ۱. شل شدن ۲. آرام شدن ۳. استراحت کردن

détendu,e / detɑ̃dy / *adj, part. passé* ۱. رها ۲. آرام، راحت، آسوده ◙ ۳. [اسم مفعول فعلِ détendre]

détenir / dɛtniʀ / *vt* (22) ۱. در اختیار داشتن، در دست داشتن ۲. داشتن ۳. نگه‌داشتن

détente / detɑ̃t / *nf* ۱. (عمل) شل شدن ۲. رهایی، خلاصی ۳. [اسلحه] ماشه ۴. آرامش ۵. استراحت ۶. تفریح

détenteur,trice / detɑ̃tœʀ,tʀis / *adj, n* دارنده، مالک، صاحب

détention / detɑ̃sjɔ̃ / *nf* ۱. تملک، در اختیار داشتن ۲. نگهداری ۳. بازداشت، توقیف ۴. حبس، زندان

détenu,e / dɛtny / *n, adj* بازداشتی، زندانی

détenu politique زندانی سیاسی

détergent[1]**,e** / detɛʀʒɑ̃,t / *adj* پاک‌کننده

détergent[2] / detɛʀʒɑ̃ / *nm* مادهٔ پاک‌کننده

détérioration / deteʀjɔʀasjɔ̃ / *nf* ۱. خرابی ۲. [روابط] تیرگی، وخامت، بدتر شدن

détériorer / deteʀjɔʀe / *vt* (1) ۱. خراب کردن ۲. از کار انداختن

se détériorer *vp* بدتر شدن

déterminant[1]**,e** / detɛʀminɑ̃,t / *adj* تعیین‌کننده

déterminant[2] / detɛʀminɑ̃ / *nm* ۱. [دستور زبان] وابسته ۲. عامل تعیین‌کننده

déterminatif[1]**,ive** / detɛʀminatif,iv / *adj* [دستور زبان] شناسگر

déterminatif[2] / detɛʀminatif / *nm* صفت دستوری

détermination / detɛʀminasjɔ̃ / *nf* ۱. تعیین ۲. تصمیم ۳. اراده، عزم راسخ، قاطعیت ۴. [زبان‌شناسی] وابسته‌پذیری

289 détritus

déterminé,e / detɛʀmine / *adj* ۱. معین، مشخص، ثابت ۲. مصمم، بااراده، قاطع ۳. قاطعانه، مصممانه ۴. مقدر

déterminer / detɛʀmine / *vt* (1) ۱. تعیین کردن، معین کردن، مشخص کردن، معلوم کردن ۲. مصمم کردن، ترغیب کردن، واداشتن ۳. موجب شدن، باعث شدن، سبب شدن

déterminisme / detɛʀminism / *nm* جبر، جبرگرایی

déterministe / detɛʀminist / *adj, n* جبرگرا، جبری

déterré,e / deteʀe / *n,* **avoir la mine d'un déterré** مثل مرده رنگ‌پریده بودن

déterrer / deteʀe / *vt* (1) ۱. از خاک درآوردن ۲. از قبر بیرون آوردن ۳. پیدا کردن، یافتن

déterrer des souvenirs خاطرات را زنده کردن

détersif[1],ive / detɛʀsif,iv / *adj* پاک‌کننده، شوینده

détersif[2] / detɛʀsif / *nm* (ماده) پاک‌کننده، (ماده) شوینده

détestable / detɛstabl / *adj* ۱. منفور، نفرت‌انگیز، مشمئزکننده ۲. زشت، زننده ۳. مزخرف، گند

détester / detɛste / *vt* (1) متنفر بودن از، نفرت داشتن از، بد آمدن از، بیزار بودن از، منزجر بودن از

détonant,e / detɔnɑ̃,t / *adj* منفجره، قابل انفجار، انفجاری

détonation / detɔnasjɔ̃ / *nf* صدای انفجار

détoner / detɔne / *vi* (1) منفجر شدن

détonner / detɔne / *vi* (1) ۱. [موسیقی] خارج خواندن ۲. غلط خواندن ۳. ناهماهنگ بودن

détour / detuʀ / *nm* ۱. پیچ ۲. دور ۳. مسیر انحرافی، راه فرعی ۴. ترفند، حقه

sans détour صادقانه، روراست

détourné,e / detuʀne / *adj* ۱. دارای پیچ و خم، غیرمستقیم ۲. انحرافی

détournement / detuʀnəmɑ̃ / *nm* ۱. (عمل) تغییر مسیر دادن ۲. اختلاس

détournement d'avion هواپیماربایی

détourner / detuʀne / *vt* (1) ۱. تغییر مسیر دادن، مسیر (چیزی را) تغییر دادن ۲. منحرف کردن ۳. برگرداندن ۴. منصرف کردن، رأی (کسی را) زدن ۵. اختلاس کردن، دزدیدن

détourner la conversation صحبت را عوض کردن

détourner la tête سر خود را برگرداندن، روی خود را آن طرف کردن

détourner un avion هواپیمایی را ربودن

détracteur,trice[detʀaktœʀ,tʀis / *adj, n* مخالف، عیب‌جو

détraqué,e / detʀake / *adj, n* ۱. خراب، معیوب ◻ ۲. خُل

avoir le cerveau détraqué مخ (کسی) معیوب بودن، یک تختهٔ (کسی) کم بودن، خل بودن

détraquement / detʀakmɑ̃ / *nm* خرابی، اختلال

détraquer / detʀake / *vt* (1) خراب کردن، از کار انداختن

détremper / detʀɑ̃pe / *vt* (1) آب ریختن در، رقیق کردن

détresse / detʀɛs / *nf* ۱. غم، غصه، اندوه ۲. رنج، عذاب، پریشانی ۳. درماندگی، گرفتاری، مخمصه ۴. فلاکت، بیچارگی، بدبختی، تیره‌بختی ۵. مضیقه، تنگدستی، نداری ۶. وضعیت اضطراری، خطر

détriment / detʀimɑ̃ / *nm* زیان، ضرر

au détriment de به زیانِ، به ضررِ

détritus / detʀitys / *nm* زباله، آشغال

détroit / detʀwa / *nm* تنگه

détromper / detʀɔ̃pe / *vt* (1) از اشتباه درآوردن، رفع شبهه کردن از

se détromper *vp* به اشتباه خود پی بردن

Détrompez-vous! اشتباه نکنید.

détrôner / detʀone / *vt* (1) ۱. خلع کردن، از حکومت برکنار کردن ۲. از رواج انداختن، کنار زدن

détrousser / detʀuse / *vt* (1) [قدیمی] دستبرد زدن به، لخت کردن

détrousseur / detʀusœʀ / *nmê* [قدیمی] راهزن

détruire / detʀɥiʀ / *vt* (38) ۱. خراب کردن، ویران کردن ۲. از بین بردن، از میان بردن، نابود کردن، منهدم کردن ۳. کشتن، به هلاکت رساندن ۴. برانداختن ۵. بر باد دادن، نقشِ بر آب کردن

dette / dɛt / *nf* ۱. بدهی، قرض ۲. دِین

deuil / dœj / *nm* ۱. عزا، ماتم، سوگ ۲. لباس عزا ۳. عزاداران ۴. مصیبت، داغ

en deuil ۱. عزادار، سوگوار ۲. ماتم‌زده

faire son deuil d'une chose از چیزی دل کندن، از خیر چیزی گذشتن

porter le deuil de qqn عزادار کسی بودن

deux / dø / *adj. num, nm. inv* ۱. دو ۲. دوم ◻ ۳. عدد دو، شمارهٔ دو، دو

deuxième / døzjɛm / *adj. ord, n, nm* ۱. دوم، دومین ◻ ۲. نفر دوم، دومین نفر ◻ ۳. (یک)دوم

deuxièmement / døzjɛmmɑ̃ / *adv* دوم آنکه، ثانیاً

deux-pièces / døpjɛs / *nm. inv* ۱. کت‌دامن (زنانه) ۲. مایوی دوتکه ۳. آپارتمان دواتاقه

deux-points / døpwɛ̃ / *nm. inv* (علامت) دونقطه (= علامتِ «:»)

deux-temps / døtɑ̃ / *nm. inv* موتور دوزمانه

dévaliser / devalize / *vt* (1) دستبرد زدن به، لخت کردن

dévalorisation / devalɔʀizasjɔ̃ / *nf* ۱. کوچک شدن، بی‌مقدار شدن ۲. بی‌اعتبار شدن ۳. کاهش ارزش پول

dévaloriser / devalɔʀize / *vt* (1) ۱. از ارزش (کسی یا چیزی) کاستن، کوچک کردن، بی‌مقدار کردن ۲. بی‌اعتبار کردن ۳. ارزش (پولی را) کاهش دادن

se dévaloriser *vp* ۱. کوچک شدن، بی‌مقدار شدن، ضایع شدن ۲. خود را کوچک کردن، خود را ضایع کردن ۳. ارزش (پولی) کاهش یافتن

dévaluation / devalɥasjɔ̃ / *nf* کاهش ارزش (پول)، کاهش نرخ برابری

dévaluer / devalɥe / *vt* (1) ارزش (پولی را) تضعیف کردن، نرخ برابری (پولی را) کاهش دادن

devancer / dəvɑ̃se / *vt* (3) ۱. پیشی گرفتن از، پیش افتادن از، جلو زدن از ۲. زودتر رسیدن از ۳. پیشدستی کردن ۴. پیش‌بینی کردن ۵. زودتر اقدام کردن ۶. جلو انداختن

devancier,ère / devɑ̃sje,ɛʀ / *n* متقدم، پیش‌کسوت، پیش‌قدم

devant[1] / d(ə)vɑ̃ / *prép, adv* ۱. جلوِ ۲. روبروِ، مقابلِ ۳. در برابرِ ۴. در حضورِ ◻ ۵. جلو، پیشاپیش ۶. پیش از همه

par-devant ۱. از جلو ۲. در حضورِ، جلوِ

devant[2] / d(ə)vɑ̃ / *nm* جلو

au-devant de به استقبالِ، به پیشوازِ

devanture / d(ə)vɑ̃tyʀ / *nf* ۱. ویترین ۲. بساط

dévastateur,trice / devastatœʀ,tʀis / *adj* ویرانگر، مخرب، خانمان‌برانداز

dévastation / devastasjɔ̃ / *nf* ۱. تخریب ۲. ویرانی، خرابی

dévaster / devaste / *vt* (1) ویران کردن، خراب کردن، تخریب کردن

déveine / devɛn / *nf* [خودمانی] بدبیاری، بدشانسی

développement / devlɔpmɑ̃ / *nm* ۱. رشد ۲. توسعه، گسترش، بسط ۳. پیشرفت، ترقی ۴. جزئیات ۵. [فیلم] ظهور

291 devoir

pays en voie de développement کشورهای در حال توسعه، کشورهای رو به رشد

développer /devlɔpe/ *vt* (1) ۱. باز کردن ۲. رشد دادن ۳. گسترش دادن، توسعه دادن ۴. بسط دادن ۵. پرورش دادن، پروراندن ۶. شرح دادن ۷. [فیلم] ظاهر کردن

se développer *vp* ۱. رشدکردن ۲. توسعه یافتن، گسترش یافتن

devenir[1] /dəvniʀ/ *vi* (22) ۱. شدن ۲. بر سر (کسی یا چیزی) آمدن، اتفاقی افتادن برایِ

devenir amoureux عاشق شدن، دل باختن

Qu'est-il devenu? ۱. چه اتفاقی برایش افتاده است؟ چِشه؟ ۲. کجاست؟ پیدایش نیست.

devenir[2] /dəvniʀ/ *nm* دگرگونی، تحول

dévergondage /devɛʀgɔ̃daʒ/ *nm* ۱. عیاشی، الواطی، بی‌بند و باری، هرزگی ۲. بی‌شرمی، بی‌حیایی، وقاحت

dévergondé,e /devɛʀɔ̃de/ *adj, n* ۱. عیاش، الواط، بی‌بند و بار، هرزه ۲. بی‌حیا، بی‌شرم، وقیح

dévergonder (se) /s(ə)devɛʀgɔ̃de/ *vp* (1) ۱. عیاش شدن، بی‌بند و بار شدن ۲. عیاشی کردن، الواطی کردن

dévérouiller /deveʀuje/ *vt* (1) قفل (جایی را) باز کردن، چفت (جایی را) باز کردن

devers (par) /pardəvɛʀ/ *loc. prép* ۱. در حضورِ، در مقابلِ، جلویِ ۲. در اختیارِ، پیشِ، نزدِ، پهلویِ

déversement /devɛʀsəmɑ̃/ *nm* ۱. (عمل) ریختن ۲. بیرون ریختن

déverser /devɛʀse/ *vt* (1) ۱. ریختن ۲. بیرون ریختن ۳. انداختن

dévêtir /devetiʀ/ *vt* (20) لباس (کسی را) درآوردن

se dévêtir *vp* لباس خود را درآوردن

déviation /devjasjɔ̃/ *nf* ۱. انحراف ۲. کج‌روی ۳. مسیر انحرافی

dévider /devide/ *vt* (1) ۱. [از قرقره و غیره] باز کردن ۲. کلاف کردن، پیچیدن

dévider son chapelet ۱. تسبیح انداختن ۲. [خودمانی] درد دل کردن، حرف خود را زدن

dévier /devje/ *vi, vt* (7) ۱. منحرف شدن، تغییر مسیر دادن ◘ ۲. منحرف کردن، مسیر (چیزی را) تغییر دادن، از مسیر خود دور کردن

devin,devineresse /dəvɛ̃,devinʀɛs/ *n* غیبگو، پیشگو

deviner /d(ə)vine/ *vt* (1) ۱. حدس زدن ۲. فکر (کسی را) خواندن ۳. پیشگویی کردن ۴. [معما] حل کردن، جواب (معمایی را) یافتن

devinette /d(ə)vinɛt/ *nf* چیستان، معما

devis /d(ə)vi/ *nm* برآورد

dévisager /devizaʒe/ *vt* (3) برانداز کردن، خیره شدن به، بِرّ و بِر نگاه کردن

devise /d(ə)viz/ *nf* ۱. شعار ۲. ارز

deviser /dəvize/ *vi* (1) [ادبی] گپ زدن، گفتگو کردن، صحبت کردن

dévissage /devisaʒ/ *nm* باز کردن (پیچ)

dévisser /devise/ *vt* (1) ۱. (پیچ چیزی را) باز کردن ۲. [خودمانی] رفتن، پی کار خود رفتن

dévoilement /devwalmɑ̃/ *nm* ۱. پرده‌برداری ۲. کشف حجاب ۳. افشا

dévoiler /devwale/ *vt* (1) ۱. پرده‌برداری کردن از ۲. حجاب (زنی را) برداشتن ۳. پرده (از چیزی) برداشتن، برملا کردن، آشکار کردن، افشا کردن

se dévoiler *vp* ۱. حجاب خود را برداشتن ۲. برملا شدن، آشکار شدن، عیان شدن

devoir[1] /d(ə)vwaʀ/ *vt* (28) ۱. بدهکار بودن، مقروض بودن ۲. مدیون (کسی) بودن ۳. موظف بودن، مکلف بودن، ناگزیر بودن، باید ۴. قصد داشتن، خواستن

a = bas, plat e = blé, jouer ɛ = lait, jouet, merci i = il, lyre o = mot, dôme, eau, gauche ɔ = mort
u = roue y = rue ø = peu œ = peur ə = le, premier ɑ̃ = sans, vent ɛ̃ = matin, plein, lundi
ɔ̃ = bon, ombre ʃ = chat, tache ʒ = je, gilet j = yeux, paille, pied w = oui, nouer ɥ = huile, lui

devoir

Combien est-ce que je vous dois? چقدر به شما بدهکارم؟ چقدر باید به شما بدهم؟
Je dois partir. باید بروم.
se devoir *vp* ۱. باید ۲. خود را فدای (کسی یا چیزی) کردن
comme il se doit چنانکه باید
devoir² /d(ə)vwaʀ/ *nm* ۱. وظیفه ۲. تکلیف ۳. کار ۴. تکلیف مدرسه، مشق
présenter ses devoirs [قدیمی] سلام رساندن
dévolu,e /devɔly/ *adj* ۱. منتقل‌شده، واگذار‌شده، تفویض‌شده ۲. محول‌شده
dévolution /devɔlysjɔ̃/ *nf* انتقال حقوق، تفویض اختیار
dévorant,e /devɔʀɑ̃,t/ *adj* ۱. شدید، حاد، تند، مفرط ۲. [مجازی] سوزان، آتشین
dévorer /devɔʀe/ *vt* (1) ۱. دریدن ۲. با حرص و ولع خوردن ۳. با ولع خواندن ۴. نابود کردن، از بین بردن ۵. تلف کردن، هدر دادن ۶. عذاب دادن، آزار دادن
Cela dévore tout mon temps. این کار همهٔ وقت مرا می‌گیرد.
Il m'a dévoré des yeux. با چشم‌هایش مرا خورد.
dévot,e /devo,t/ *adj, n* زاهد، پارسا، متدین، مؤمن، باتقوا
dévotement /devɔtmɑ̃/ *adv* ۱. زاهدانه ۲. از صمیم قلب
dévotion /devosjɔ̃/ *nf* ۱. زهد، پارسایی، ایمان، تقوا ۲. اخلاص، وفاداری
dévoué,e /devwe/ *adj* ۱. وفادار، مخلص، صدیق ۲. [برای احترام] ارادتمند، مخلص
dévouement /devumɑ̃/ *nm* ۱. فداکاری، ازخودگذشتگی، ایثار ۲. اخلاص ۳. محبت، مهر، عشق
dévouer (se) /s(ə)devwe/ *vp* (1) ۱. خود را وقف (کسی یا چیزی) کردن ۲. خود را فدا کردن، فداکاری کردن

dévoyé,e /devwaje/ *n* ۱. منحرف، گمراه ۲. خطاکار، خلاف‌کار، خاطی
dévoyer /devwaje/ *vt* (8) گمراه کردن، از راه به در کردن، به راه بد کشاندن
dextérité /dɛksteʀite/ *nf* مهارت، زبردستی، چیره‌دستی، تردستی
diabète /djabɛt/ *nm* مرض قند، دیابت
diabétique /djabetik/ *adj, n* ۱. مبتلا به مرض قند ۲. (مربوط به) مرض قند ◼ ۳. بیمار مبتلا به مرض قند، بیمار قندی
diable /djabl/ *nm, interj* ۱. شیطان، ابلیس، اهریمن ۲. بچهٔ شیطان، بچهٔ تخس ۳. چرخ‌دستی (دوچرخ) ◼ ۴. لعنت بر شیطان! لعنتی!
à la diable سرسری
Allez au diable! گورتان را گم کنید! گم شوید!
au diable (vauvert) آن سر دنیا
beauté du diable طراوت جوانی
du diable شدید، سخت
en diable (به طرزی) وحشتناک، بدجوری
pauvre diable آدم بدبخت، آدم بیچاره
diablement /djabləmɑ̃/ *adv* [خودمانی] بدجوری، بی‌اندازه، فوق‌العاده
diablerie /djabləʀi/ *nf* ۱. شیطنت ۲. بدجنسی، شرارت
diablesse /djablɛs/ *nf* ۱. شیطان (مؤنث) ۲. زن شیطان، زن زبر و زرنگ ۳. [قدیمی] زن بدجنس، زن خبیث
diablotin /djablɔtɛ̃/ *nm* بچهٔ شیطان، شیطانک
diabolique /djabɔlik/ *adj* ۱. شیطانی، اهریمنی ۲. کثیف، پلید، زشت
diacre /djakʀ/ *nm* شمّاس، خادم کلیسا
diadème /djadɛm/ *nm* تاج (زنانه)، نیم‌تاج
diagnostic /djagnɔstik/ *nm* ۱. [پزشکی] تشخیص ۲. پیش‌بینی
diagnostique /djagnɔstik/ *adj* [پزشکی] مشخص‌کننده، مشخصه، تشخیصی

diagnostiquer / djagnɔstike / *vt* (1)
۱. [پزشکی] تشخیص دادن ۲. پیش‌بینی کردن

diagonale / djagɔnal / *nf* [چندضلعی] قطر

en diagonale به طور اریب، اریبی

diagramme / djagʀam / *nm* ۱. نمودار ۲. طرح

dialecte / djalɛkt / *nm* ۱. گویش، لهجه ۲. زبان محلی

dialectique / djalɛktik / *nf, adj* ۱. جدل ۲. استدلال ۳. دیالکتیک ◘ ۴. جدلی، منطقی ۵. دیالکتیکی، (مربوط به) دیالکتیک

dialogue / djalɔg / *nm* ۱. گفتگو، مکالمه، صحبت، گفت و شنود ۲. مذاکره، تبادل نظر

dialoguer / djalɔge / *vi, vt* (1) ۱. گفتگو کردن، صحبت کردن ۲. مذاکره کردن، به تبادل نظر پرداختن ◘ ۳. [متن، داستان، ...] به صورت گفتگو درآوردن

diamant / djamɑ̃ / *nm* الماس

diamant de vitrier الماس شیشه‌بری

diamantaire / djamɑ̃tɛʀ / *n, adj* ۱. الماس‌تراش ۲. الماس‌فروش ◘ ۳. الماس‌گون

diamanté,e / djamɑ̃te / *adj* الماس‌نشان، (مزین به) الماس

diamantifère / djamɑ̃tifɛʀ / *adj* الماس‌دار، الماس‌خیز

diamétral,e,aux / djametʀal,o / *adj* قطری، (مربوط به) قطر

diamétralement / djametʀalmɑ̃ / *adv* کاملاً، به‌کلی، صددرصد

diamètre / djamɛtʀ / *nm* [دایره] قطر

diapason / djapazɔ̃ / *nm* دیاپازون

diaphane / djafan / *adj* ۱. نیم‌شفاف ۲. [ادبی؛ آب] زلال

diaphragme / djafʀagm / *nm* ۱. [کالبدشناسی] دیافراگم، حجاب حاجز ۲. [وسایل صوتی] دیافراگم ۳. [برای جلوگیری از بارداری] دستگاه (درون‌رحمی)

diapo / djapo / *nf* → diapositive

diapositive / djapozitiv / *nf* اسلاید

diapré,e / djapʀe / *adj* رنگارنگ

diaprer / djapʀe / *vt* (1) [ادبی] رنگارنگ کردن

diaprure / djapʀyʀ / *nf* [ادبی] رنگارنگی

diarrhée / djaʀe / *nf* اسهال

diarrhéique / djaʀeik / *adj, n* ۱. اسهالی، (مربوط به) اسهال ◘ ۲. مبتلا به اسهال

diatribe / djatʀib / *nf* انتقاد شدید، حملهٔ سخت

dichotome / dikɔtɔm / *adj* [گیاه‌شناسی] دوبخشی

dico / diko / *nm* → dictionnaire

dicotylédone / dikɔtiledɔn / *adj, nf* ۱. [گیاه‌شناسی] دولپه‌ای ◘ ۲. گیاه دولپه‌ای

dictateur / diktatœʀ / *nm* حاکم خودکامه، فرمانروای مستبد، دیکتاتور

dictatorial,e,aux / diktatɔʀjal,o / *adj* ۱. خودکامه، استبدادی، دیکتاتوری ۲. آمرانه، تحکم‌آمیز

dictature / diktatyʀ / *nf* ۱. استبداد، خودکامگی، دیکتاتوری ۲. حکومت استبدادی، حکومت دیکتاتوری

dictée / dikte / *nf* املا، دیکته

dicter / dikte / *vt* (1) ۱. دیکته کردن ۲. تحمیل کردن، به زور قبولاندن ۳. (پنهانی) گفتن

diction / diksjɔ̃ / *nf* بیان، طرز بیان

dictionnaire / diksjɔnɛʀ / *nm* ۱. فرهنگ (لغت) ۲. واژه‌نامه

dicton / diktɔ̃ / *nm* ضرب‌المثل، مثل

didactique / didaktik / *adj* ۱. آموزشی، تعلیمی ۲. فنی

dièdre / djɛdʀ / *adj, nm* [هندسه] دوسطحی

diète / djɛt / *nf* پرهیز، رژیم غذایی

diététicien,enne /djetetisjɛ̃,ɛn/ *n*
متخصص تغذیه

diététique /djetetik/ *adj, nf* ۱. (مربوط به)
رژیم غذایی، رژیمی ▫ ۲. (علم) تغذیه

Dieu[1] /djø/ *nm* خدا، خداوند، یزدان
Dieu!/mon Dieu! خدایا! خدای من!
Dieu merci خدا را شکر، الحمدالله
nom de Dieu!/bon Dieu! لامصب، بدمصب،
سگ‌مصب
plût à Dieu خدا کند
pour l'amour de Dieu به خاطر خدا، محض
رضای خدا

dieu[2] /djø/ *nm* ۱. خدا، ایزد، رب‌النوع
۲. [مجازی] بت، خدا، معبود

diffamant,e /difamɑ̃,t/ *adj* افتراآمیز،
توهین‌آمیز، موهن

diffamateur,trice /difamatœʀ,tʀis/ *n, adj*
مُفتری

diffamation /difamasjɔ̃/ *nf* ۱. هتک حرمت،
آبروریزی ۲. افترا، تهمت

diffamatoire /difamatwaʀ/ *adj* افتراآمیز،
موهن

diffamer /difame/ *vt* (1) ۱. بدنام کردن،
آبروی (کسی را) بردن ۲. افترا زدن به، تهمت زدن به

différé,e /difeʀe/ *adj* ۱. به‌تعویق‌افتاده،
معوقه ۲. [پخش برنامه] غیرمستقیم

différemment /difeʀamɑ̃/ *adv* به گونه‌ای
دیگر، طور دیگر، به نحو دیگری

différence /difeʀɑ̃s/ *nf* ۱. تفاوت، فرق
۲. اختلاف ۳. بقیه، مابه‌التفاوت ۴. [ریاضی] تفاضل
faire la différence ۱. تمیز دادن، متمایز کردن
۲. تفاوت گذاشتن، فرق گذاشتن

différenciation /difeʀɑ̃sjasjɔ̃/ *nf* تمایز،
تفاوت گذاشتن

différencier /difeʀɑ̃sje/ *vt* (7) ۱. تمیز
دادن، متمایز کردن، تفکیک کردن، (از هم) جدا
کردن ۲. تفاوت گذاشتن، فرق گذاشتن

différend /difeʀɑ̃/ *nm* ۱. اختلاف،
اختلاف نظر ۲. دعوا، مشاجره، مرافعه

différent,e /difeʀɑ̃,t/ *adj* ۱. متفاوت
۲. مختلف، گوناگون ▫ [صورت جمع] ۳. چند، بعضی
différentes personnes اشخاص مختلف،
افراد گوناگون، بعضی‌ها، چند نفر

différentiel[1]**,elle** /difeʀɑ̃sjɛl/ *adj* [ریاضی]
تفاضلی، دیفرانسیل

différentiel[2] /difeʀɑ̃sjɛl/ *nm* [اتومبیل]
دیفرانسیل

différer[1] /difeʀe/ *vi* (6) ۱. تفاوت داشتن،
متفاوت بودن، فرق داشتن، (با هم) اختلاف داشتن
۲. اختلاف نظر داشتن، هم‌عقیده نبودن

différer[2] /difeʀe/ *vt* (6) ۱. به وقت دیگری
موکول کردن، به تعویق انداختن، عقب انداختن ۲.
تعلل کردن، تأخیر کردن

difficile /difisil/ *adj* ۱. سخت، دشوار،
مشکل ۲. صعب‌العبور ۳. خطرناک ۴. بدخلق،
بدعنق ۵. سختگیر، پرتوقع

difficilement /difisilmɑ̃/ *adv* به سختی،
سخت، به دشواری، به زحمت

difficulté /difikylte/ *nf* ۱. دشواری، سختی
۲. اِشکال ۳. مشکل، مسئله، گرفتاری ۴. زحمت،
دردسر
avoir des difficultés avec qqn با کسی اختلاف
داشتن
avec difficulté به زحمت، به سختی، با دشواری
en difficulté ۱. دچار دردسر، در مخمصه
۲. در خطر

difforme /difɔʀm/ *adj* ۱. تغییرشکل‌داده،
ازریخت‌افتاده ۲. بدشکل، بی‌ریخت ۳. ناقص،
معیوب

difformité /difɔʀmite/ *nf* ۱. بدشکلی،
بی‌ریختی ۲. نقص

diffraction /difʀaksjɔ̃/ *nf* [فیزیک] پراش

diffus,e /dify,z/ *adj* ۱. پراکنده ۲. [ادبی]
پرطول و تفصیل ۳. [ادبی] پرگو، پرحرف

295 **diligent,e**

diffuser /difyze/ *vt* (1) ۱. [نور، گرما، ...] پراکندن، پراکنده کردن، پخش کردن ۲. [برنامه رادیویی] پخش کردن ۳. [خبر، شایعه، ...] اشاعه دادن، شایع کردن، پخش کردن، انتشار دادن ۴. [کتاب، نشریه، ...] پخش کردن، توزیع کردن

diffuseur /difyzœʀ/ *nm* پخش‌کننده، توزیع‌کننده، عامل توزیع

diffusion /difyzjɔ̃/ *nf* ۱. پخش ۲. انتشار، اشاعه ۳. [کتاب، نشریه، ...] پخش، توزیع

digérer /diʒeʀe/ *vt* (6) ۱. هضم کردن ۲. درک کردن، فهمیدن ۳. تحمل کردن

digeste[1] /diʒɛst/ *adj* ۱. قابل هضم، هضم‌شدنی قابل گوارش ۲. خوش‌هضم

digeste[2] /diʒɛst/ *nm* چکیده، خلاصه

digestibilité /diʒɛstibilite/ *nf* قابلیت هضم

digestible /diʒɛstibl/ *adj* ۱. قابل هضم، هضم شدنی ۲. خوش‌هضم

digestif[1]**,ive** /diʒɛstif,iv/ *adj* ۱. گوارشی، (مربوط به) گوارش ۲. هضم‌کننده

appareil digestif دستگاه گوارش

digestif[2] /diʒɛstif/ *nm* مشروب بعد از غذا

digestion /diʒɛstjɔ̃/ *nf* گوارش، هضم

digital,e,aux[1] /diʒital,o/ *adj* انگشتی، (مربوط به) انگشت

empreinte digitale اثر انگشت

digital,e,aux[2] /diʒital,o/ *adj* رقمی، عددی، شماره‌ای، دیجیتال

digitale /diʒital/ *nf* گل انگشتانه، دیژیتال

digitigrade /diʒitigʀad/ *adj* [جانورشناسی] پنجه‌رو

digne /diɲ/ *adj* ۱. شایسته، سزاوار، درخور، مستحق، لایق ۲. موقر، متین، محترم ۳. موقرانه، بامتانت، محترمانه

digne d'intérêt در خور توجه، شایان توجه

dignement /diɲmɑ̃/ *adv* ۱. موقرانه، محترمانه، با متانت ۲. [قدیمی] به شایستگی، چنانکه باید

dignitaire /diɲitɛʀ/ *nm* مقام عالی‌رتبه، صاحب‌منصب، عالی‌مقام

dignité /diɲite/ *nf* ۱. مقام، مرتبه ۲. شأن، منزلت، قدر، اعتبار، بزرگی، عظمت ۳. حیثیت، عزت، شرف ۴. وقار، متانت

digression /digʀesjɔ̃/ *nf* ۱. خارج شدن از موضوع، حاشیه‌روی ۲. جملهٔ معترضه

digue /dig/ *nf* ۱. دیواره، خاکریز، سد، موج‌شکن ۲. مانع، سد

dilapidateur,trice /dilapidatœʀ,tʀis/ *adj, n* حیف و میل‌کننده، مسرف، اسراف‌گر

dilapidation /dilapidasjɔ̃/ *nf* حیف و میل، اسراف

dilapider /dilapide/ *vt* (1) حیف و میل کردن، بی‌رویه خرج کردن، هدر دادن، توپ بستن در

dilatation /dilatasjɔ̃/ *nf* ۱. انبساط ۲. گشادی، گشادشدگی، اتّساع

dilater /dilate/ *vt* (1) ۱. حجم (چیزی را) افزایش دادن، منبسط کردن ۲. گشاد کردن

dilater le cœur دل را شاد کردن، شادی خاطر را فراهم آوردن

se dilater *vp* منبسط شدن، انبساط یافتن

dilatoire /dilatwaʀ/ *adj* ۱. تأخیرانداز، تأخیری، امهالی، (به منظورِ) وقت‌کشی ۲. طفره‌آمیز

dilemme /dilɛm/ *nm* ۱. [فلسفه] برهان ذوحدین ۲. [مجازی] دوراهی

dilettante /diletɑ̃t/ *nm* متفنن، آماتور

diligemment /diliʒamɑ̃/ *adv* ۱. با چابکی، با زرنگی ۲. با دقت

diligence /diliʒɑ̃s/ *nf* ۱. دلیجان، درشکه، کالسکه ۲. [قدیمی یا ادبی] چابکی، چالاکی، چستی ۳. [قدیمی] جدیت، پشتکار، سخت‌کوشی

diligent,e /diliʒɑ̃,t/ *adj* ۱. [قدیمی] چابک،

چـالاک، زرنگ ۲. سـاعی، کـوشا، بـاپشتکار، سخت‌کوش ۳. مداوم، پیگیر، مستمر

diluer / dilɥe / *vt* (1) رقیق کردن

dilution / dilysjɔ̃ / *nf* رقّت، رقیق‌شدگی، رقیق کردن

diluvien,enne / dilyvjɛ̃,ɛn / *adj* (مربوط به) توفان نوح

pluie diluvienne باران سیل‌آسا

dimanche / dimɑ̃ʃ / *nm* یکشنبه

du dimanche ۱. [خودمانی] تازه کار، مبتدی ۲. [خودمانی] غیرحرفه‌ای، آماتور

habits/costume du dimanche لباس پلوخوری، لباس مهمانی

dimension / dimɑ̃sjɔ̃ / *nf* ۱. بُعد ۲. اندازه ۳. بزرگی، وسعت ۴. اهمیت ۵. جنبه

à trois dimensions سه بُعدی

diminuer / diminɥe / *vt, vi* (1) ۱. کم کردن، کاهش دادن، کـاستن ۲. کـوچک کـردن، تـحقیر کردن، ارزش (کسی را) پـایین آوردن ۳. تـضعیف کردن ◻ ۴. کم شدن، کاهش یافتن، کاسته شدن، تقلیل یافتن

diminutif[1],ive / diminytif,iv / *adj* [دستور زبان] مصغّر، تصغیری

diminutif[2] / diminytif / *nm* [دستور زبان] اسم تصغیر، مصغّر

diminution / diminysjɔ̃ / *nf* ۱. کاهش، تقلیل ۲. اُفت ۳. تضعیف

dinar / dinaʀ / *nm* دینار (= واحد پول یوگسلاوی و بعضی از کشورهای عربی)

dinde / dɛ̃d / *nf* ۱. بوقلمون (ماده) ۲. [عامیانه] زن احمق، زن کودن

dindon / dɛ̃dɔ̃ / *nm* بوقلمون (نر)

Il était le dindon de la farce. ۱. دستش انداخته‌اند. ۲. سرش را شیره مالیده‌اند.

dindonneau / dɛ̃dɔno / *nm* جوجه بوقلمون

dîner[1] / dine / *vi* (1) ۱. شام خوردن ۲. [قدیمی یا محلی] ناهار خوردن

dîner[2] / dine / *nm* ۱. شام ۲. [قدیمی یا محلی] ناهار

dînette / dinɛt / *nf* ۱. غذای مختصر، غذای سبک ۲. [بازی بچه‌ها] مهمان‌بازی

ding! / diŋ / *interj* [صدای برخورد] دَنگ! دینگ!

dingo[1] / dɛ̃go / *nm* دینگو، سگ وحشی استرالیایی

dingo[2] / dɛ̃go / *adj, n* [خودمانی] خل، دیوانه

dingue / dɛ̃g / *adj, n* [خودمانی] خل، دیوانه

dinosaure / dinozɔʀ / *nm* دایناسور

diocèse / djɔsɛz / *nm* قلمرو اسقف

diode / djɔd / *nf* دیود، لامپ دوقطبی

dioxyde / di(j)ɔksid / *nm* دی‌اکسید

diphtérie / diftеʀi / *nf* دیفتری، خُناق

diphtérique / diftеʀik / *adj, n* ۱. (مربوط به) دیفتری ◻ ۲. مبتلا به دیفتری

diphtongue / diftɔ̃g / *nf* [آواشناسی] مصوت مرکب، واکهٔ مرکب، واکهٔ دوگانه

diplomate / diplɔmat / *nm, n, adj* ۱. دیپلمات، نمایندهٔ سیاسی ◻ ۲. (آدم) باسیاست، کاردان

diplomatie / diplɔmasi / *nf* ۱. دیپلماسی ۲. نمایندگان سـیاسی، دیـپلمات‌ها ۳. کـاردانـی، سیاست، تدبیر

diplomatique / diplɔmatik / *adj* ۱. سیاسی، دیپلماتیک، (مربوط به) دیپلماسی ۲. سیاستمدارانه، حساب‌شده، سنجیده

diplôme / diplom / *nm* ۱. گواهی‌نامه (تحصیلی)، دانشنامه، مدرک ۲. دیپلم

diplômé,e / diplome / *adj, n* ۱. دارای مدرک (تحصیلی) ۲. دیپلمه

diplôme de licencié مدرک لیسانس، مدرک کارشناسی، دانشنامهٔ کارشناسی

diplopie / diplɔpi / *nf* [پزشکی] دوبینی

dipolaire / dipɔlɛʀ / *adj* [فیزیک] دوقطبی

dire[1] / diʀ / *vt* (37) ۱. گفتن ۲. اظهار داشتن، بیان کردن

à ce qu'il dit به قول او، به گفتهٔ خودش

discontinuer

à vrai dire	در حقیقت، در واقع
Cela va sans dire.	بدیهی است. چیزی که عیان است چه حاجت به بیان است. معلوم است.
c'est-à-dire	یعنی
entre nous soit dit	بین خودمان باشد
on dirait que	گویا، انگار، مثل اینکه، ظاهراً
on dit	می‌گویند، شایع شده است
Qu'en dites-vous?	در این باره چه فکر می‌کنید؟ نظرتان چیست؟
pour tout dire	خلاصه
vouloir dire	۱. معنی داشتن، معنی دادن، یعنی ۲. منظوری داشتن، منظور (کسی) ... بودن
se dire *vp*	۱. به هم گفتن ۲. به خود گفتن، با خود اندیشیدن، (پیش خود) فکر کردن ۳. به کار رفتن، مصطلح بودن، رایج بودن

dire² / diʀ / *nm* گفته، اظهار

direct,e / diʀɛkt / *adj* ۱. مستقیم، راست ۲. بی‌واسطه، بلافصل ۳. یکسره، بدون توقف

complément d'objet direct مفعول بی‌واسطه، مفعول صریح

directement / diʀɛktəmɑ̃ / *adv* ۱. مستقیماً، یکراست ۲. به طور بی‌واسطه

directeur,trice / diʀɛktœʀ,tʀis / *n, adj* ۱. مدیر ۲. سرپرست ▫ ۳. (مربوط به) مـدیریت، سرپرستی

directeur général مدیر کل

madame la directrice خانم مدیر

direction / diʀɛksjɔ̃ / *nf* ۱. مدیریت ۲. سرپرستی ۳. جهت ۴. مسیر، راه

changer de direction تغییر جهت دادن، تغییر مسیر دادن، مسیر خود را عوض کردن

en direction de به مقصدِ

directive / diʀɛktiv / *nf* ۱. دستور ۲. رهنمود

directoire / diʀɛktwaʀ / *nm* هیئت مدیره

directorial,e,aux / diʀɛktɔʀjal,o / *adj*

---

۱. (مربوط به) مدیر ۲. (مربوط به) مدیریت

dirigeable / diʀiʒabl / *adj, nm* ۱. قابل هدایت ▫ ۲. کشتی هوایی

dirigeant,e / diʀiʒɑ̃,t / *adj, n* ۱. مدیر، رئیس ۲. رهبر ۳. گرداننده

diriger / diʀiʒe / *vt* (3) ۱. اداره کردن ۲. رهبری کردن ۳. هـدایت کـردن ۴. رانـدن ۵. فرستادن ۶. راهـنمایی کـردن ۷. مـتوجه کـردن، معطوف داشتن ۸. نشانه گرفتن (به طرفِ)، هـدف گرفتن

diriger son attention sur	توجه خود را معطوفِ... کردن، توجه کردن به
diriger son regard vers	نگاه انداختن به
se diriger *vp*	رفتن (به طرفِ)

discernement / disɛʀnəmɑ̃ / *nm* قوۀ تشخیص، بصیرت، بینش

discerner / disɛʀne / *vt* (1) ۱. تشخیص دادن، تمیز دادن ۲. متوجه (کسی یا چیزی) شدن، مشاهده کردن، دیدن

disciple / disipl / *nm* ۱. شاگرد، مرید، پیرو ۲. حواری

disciplinaire / disipliнɛʀ / *adj* ۱. انضباطی ۲. تأدیبی

discipline / disiplin / *nf* ۱. انضباط ۲. نظم، نظم و ترتیب ۳. مقررات ۴. اصول اخلاقی، اصول ۵. رشته (تحصیلی یا تخصصی)

discipliné,e / disipline / *adj* منضبط، باانضباط

discipliner / disipline / *vt* (1) ۱. منضبط کردن، به نظم عـادت دادن ۲. نـظم دادن، نـظم و ترتیب دادن

discontinu,e / diskɔ̃tiny / *adj* گسسته، ناپیوسته، منقطع

discontinuer / diskɔ̃tinɥe / *vi,*

sans discontinuer بی‌وقفه، پیوسته، مدام، به طور مداوم، یکریز

---

a = bas, plat   e = blé, jouer   ɛ = lait, jouet, merci   i = il, lyre   o = mot, dôme, eau, gauche   ɔ = mort
u = roue   y = rue   ø = peu   œ = peur   ə = le, premier   ɑ̃ = sans, vent   ɛ̃ = matin, plein, lundi
ɔ̃ = bon, ombre   ʃ = chat, tache   ʒ = je, gilet   j = yeux, paille, pied   w = oui, nouer   ɥ = huile, lui

discontinuité /diskɔ̃tinɥite/ *nf* گسستگی، ناپیوستگی، انفصال

disconvenir /diskɔ̃vniʀ/ *vt* (22), **ne pas disconvenir (de)** انکار نکردن، منکر نبودن، قبول داشتن

discordance /diskɔʀdɑ̃s/ *nf* ۱. اختلاف، ناسازگاری ۲. [زمین‌شناسی] ناهم‌شیبی

discordant,e /diskɔʀdɑ̃,t/ *adj* ۱. مخالف، متضاد ۲. ناسازگار ۳. گوش‌خراش، ناهنجار، زننده

discorde /diskɔʀd/ *nf* اختلاف، نفاق، ناسازگاری

discotèque /diskɔtɛk/ *nf* دیسکوتِک، دیسکو

discoureur,euse /diskuʀœʀ,øz/ *n* نطّاق

discourir /diskuʀiʀ/ *vi* (11) ۱. [تمسخرآمیز] حرف زدن، نطق کردن ۲. [قدیمی] پرحرفی کردن، یک‌ریز حرف زدن

discours /diskuʀ/ *nm* ۱. سخنرانی، نطق، خطابه ۲. رساله، مقاله، گفتار ۳. [قدیمی] گفتگو، صحبت ۴. [در برابر عمل] حرف ۵. [زبان‌شناسی] سخن، کلام، گُفتمان ۶. [قدیمی] پرحرفی، روده‌درازی

Assez de discours! حرف زدن بس است! (= باید دست به کار شد.)

discours direct نقل‌قول مستقیم

discourtois,e /diskuʀtwa,z/ *adj* ۱. بی‌ادب، بی‌نزاکت، بی‌تربیت ۲. بی‌ادبانه

discourtoisement /diskuʀtwazmɑ̃/ *adv* (به طور) بی‌ادبانه، با بی‌ادبی

discourtoisie /diskuʀtwazi/ *nf* بی‌ادبی، بی‌نزاکتی، بی‌تربیتی

discrédit /diskʀedi/ *nm* ۱. بی‌اعتباری ۲. بدنامی، بی‌آبرویی

discréditer /diskʀedite/ *vt* (1) ۱. بی‌اعتبار کردن، از اعتبار انداختن ۲. بدنام کردن، آبروی (کسی را) بردن، بی‌آبرو کردن

se discréditer *vp* ۱. بی‌اعتبار شدن، از اعتبار افتادن ۲. بدنام شدن، آبروی (کسی) رفتن، بی‌آبرو شدن

discret,ète /diskʀɛ,ɛt/ *adj* ۱. باملاحظه، ملاحظه‌کار ۲. ملاحظه‌کارانه، محتاطانه ۳. رازدار، سرنگهدار ۴. ساده، معمولی ۵. خفیف ۶. پنهانی، مخفیانه ۷. جدا، مجزا، ناپیوسته، منفصل

discrètement /diskʀɛtmɑ̃/ *adv* ۱. ملاحظه‌کارانه، محتاطانه ۲. مخفیانه، پنهانی، دزدکی ۳. به طور نامحسوسی ۴. (به طرزی) ساده، معمولی

discrétion /diskʀesjɔ̃/ *nf* ۱. ملاحظه ۲. رازداری ۳. اختیار

à discrétion به دلخواه، هر قدر که بخواهی

être à la discrétion de qqn در اختیارِ کسی بودن

discrimination /diskʀiminasjɔ̃/ *nf* ۱. [ادبی] تشخیص، تمیز ۲. تبعیض

discriminer /diskʀimine/ *vt* (1) ۱. [ادبی] تشخیص دادن، تمیز دادن ۲. فرق گذاشتن، تفاوت گذاشتن ۳. تبعیض قائل شدن

disculpation /diskylpasjɔ̃/ *nf* تبرئه، اثبات بی‌گناهی

disculper /diskylpe/ *vt* (1) تبرئه کردن، بی‌گناهی (کسی را) ثابت کردن

se disculper *vp* ۱. خود را تبرئه کردن، بی‌گناهی خود را ثابت کردن ۲. روسفید شدن

discursif,ive /diskyʀsif,iv/ *adj* ۱. استدلالی، قیاسی ۲. پراکنده

discussion /diskysjɔ̃/ *nf* ۱. بحث، مذاکره، تبادل نظر ۲. جرّ و بحث، بگومگو ۳. دعوا، مشاجره

prendre part à la discussion در بحث شرکت کردن

discutable /diskytabl/ *adj* ۱. قابل بحث ۲. محل تردید، مشکوک ۳. بد، ناجور

discuter /diskyte/ *vt* (1) ۱. بحث کردن (دربارهٔ)، مورد بحث و بررسی قرار دادن ۲. صحبت کردن (دربارهٔ)، گفتگو کردن (دربارهٔ) ۳. جر و بحث کردن، چون و چرا کردن

299 disperser

شدن، از دید پنهان شدن، از نظر دور شدن ۲. از بین رفتن، محو شدن ۳. غیب شدن ۴. گم شدن، سر به نیست شدن ۵. به سرقت رفتن ۶. بی‌خبر رفتن، غیبش زدن، جیم شدن ۷. رفع شدن، برطرف شدن ۸. از دنیا رفتن، جان سپردن، درگذشتن، مردن

faire disparaître ۱. از بین بردن، نابود کردن ۲. رفع کردن، برطرف کردن ۳. از سر راه برداشتن

La tache a disparu. لکه از بین رفته است. لکه محو شده است.

disparate /disparat/ *adj* ۱. ناهماهنگ، ناجور، ناهمخوان ۲. نامربوط

disparité /disparite/ *nf* ناهماهنگی، ناهمخوانی، اختلاف

disparition /disparisjɔ̃/ *nf* ۱. (عمل) ناپدید شدن ۲. گم شدن ۳. بی‌خبر رفتن ۴. نابودی، زوال، اضمحلال ۵. درگذشت، فوت، ارتحال

disparu,e /dispaʀy/ *adj, part. passé* ۱. ناپدید (شده) ۲. گم‌شده ۳. مفقودالاثر ۴. [ادبی] درگذشته، مرحوم ◙ ۵. [اسم مفعول فعلِ disparaître]

dispendieux,euse /dispɑ̃djø,øz/ *adj* پرخرج، پرهزینه، گران

dispensaire /dispɑ̃sɛʀ/ *nm* درمانگاه رایگان

dispense /dispɑ̃s/ *nf* معافیت

dispenser /dispɑ̃se/ *vt* (1) ۱. معاف کردن ۲. دادن، پخش کردن، تقسیم کردن ۳. [کمک، خوبی] کردن

se dispenser *vp* خود را معاف کردن، شانه خالی کردن، از زیر (کاری) دررفتن، تن ندادن

dispersement /dispɛʀsəmɑ̃/ *nm* پراکندگی، پخش، انتشار

disperser /dispɛʀse/ *vt* (1) ۱. پراکندن، پراکنده کردن، پخش کردن ۲. متفرق کردن

disperser des manifestants تظاهرکنندگان را متفرق کردن

se discuter *vp* ۱. مورد بحث قرار گرفتن ۲. مورد گفتگو قرار گرفتن، صحبت شدن از

disert,e /dizɛʀ,t/ *adj* [ادبی] خوش‌صحبت، حرّاف، زبان‌آور، خوش‌زبان

disette /dizɛt/ *nf* قحطی، کمبود

année de disette قحطسالی

diseur,euse /dizœʀ,øz/ *n* گوینده

diseur de bonne aventure فالگیر

disgrâce /disgʀas/ *nf* ۱. بی‌لطفی، بی‌مهری، غضب ۲. غزل ۳. [ادبی] نازیبایی، زشتی ۴. [قدیمی] مصیبت، بدبختی، بلا

disgracié,e /disgʀasje/ *adj, n* ۱. مغضوب ۲. معزول ۳. نازیبا، بی‌ریخت، زشت

disgracier /disgʀasje/ *vt* (7) مورد بی‌مهری قرار دادن، مغضوب کردن

disgracieux,euse /disgʀasjø,øz/ *adj* ۱. نازیبا، بی‌ریخت، زشت ۲. ناخوشایند، نامطبوع، ناپسند

disjoindre /disʒwɛ̃dʀ/ *vt* (49) از هم جدا کردن، مجزا کردن

se disjoindre *vp* از هم جدا شدن، مجزا شدن

disjoint,e /disʒwɛ̃,t/ *adj* ۱. جدا، مجزا ۲. پراکنده، بدون انسجام، نامربوط، بی‌ربط

disjonctif,ive /disʒɔ̃ktif,iv/ *adj* ناپیوسته، منفصل، گسسته

disjonction /disʒɔ̃ksjɔ̃/ *nf* جداسازی، انفصال، تفکیک

dislocation /dislɔkasjɔ̃/ *nf* ۱. به‌هم‌ریختگی، ازهم‌پاشیدگی ۲. دررفتگی

disloquer /dislɔke/ *vt* (1) ۱. قطعات (چیزی را) از هم جدا کردن، اوراق کردن ۲. ایجاد دررفتگی کردن ۳. به هم ریختن، متلاشی کردن

se diloquer *vp* ۱. اوراق شدن ۲. [عضو] دررفتن ۳. به هم ریختن، از هم پاشیدن، متلاشی شدن

disparaître /dispaʀɛtʀ/ *vi* (57) ۱. ناپدید

dispersion

se disperser *vp* ۱. متفرق شدن ۲. از این شاخ به آن شاخ پریدن

dispersion / dispεrsjɔ̃ / *nf* پراکندگی، پخش، انتشار

disponibilité / disponibilite / *nf* ۱. آمادگی ۲. انتظار خدمت ــ [صورت جمع] ۳. موجودی

disponible / disponibl / *adj* ۱. موجود، (در) دسترس ۲. آماده ۳. آزاد، بی‌کار ۴. خالی ۵. منتظر خدمت
appartement disponible آپارتمان خالی

dispos,e / dispo,z / *adj* سرزنده، سرحال، قبراق

disposer / dispoze / *vt* (1) ۱. مرتب کردن، چیدن ۲. آماده کردن، آمادگی دادن به، مهیا کردن ۳. داشتن، در اختیار داشتن ۴. ترغیب کردن، مایل کردن
disposer qqn de faire qqch کسی را آمادهٔ انجام کاری کردن، کسی را مهیای کاری کردن
Disposez de moi. در خدمت شما هستم. در خدمتگزاری آماده‌ام. در خدمتم.
se disposer *vp* آماده شدن، خود را آماده کردن

dispositif / dispozitif / *nm* ۱. دستگاه، ابزار، وسیله ۲. مکانیسم

disposition / dispozisjɔ̃ / *nf* ۱. ترتیب، نظم، آرایش ۲. آمادگی ۳. میل، تمایل، گرایش ۴. استعداد ۵. اختیار ۶. وضع، وضعیت ۷. [حقوقی] مادّه ــ [صورت جمع] ۸. تدارک، اقدامات
à la disposition de در اختیارِ، در دستِ، در خدمتِ
être dans de bonnes dispositions در وضعیت خوبی بودن

disproportion / dispʀopoʀsjɔ̃ / *nf* ۱. عدم تناسب ۲. اختلاف

disproportionné,e / dispʀopoʀsjone / *adj* نامتناسب، بی‌تناسب

dispute / dispyt / *nf* دعوا، مشاجره، بگومگو

disputer / dispyte / *vt* (1) ۱. دعوا کردن (بر) سر، بگومگو کردن سر ۲. برای به دست آوردنِ (چیزی) مبارزه کردن ۳. [خودمانی] (کسی را) دعوا کردن ۴. [ادبی] رقابت کردن
disputer un combat برای پیروزی جنگیدن

disqualification / diskalifikasjɔ̃ / *nf* ۱. اخراج (از مسابقه) ۲. سلب صلاحیت

disqualifier / diskalifje / *vt* (7) ۱. (از مسابقه) اخراج کردن ۲. سلب صلاحیت کردن از

disque / disk / *nm* ۱. [گرام] صفحه ۲. [ماه، خورشید] قرص ۳. [فنی، پزشکی، ورزشی، کامپیوتر] دیسک

disquette / diskεt / *nf* [کامپیوتر] دیسکت، دیسک نرم

dissection / disεksjɔ̃ / *nf* کالبدشکافی، کالبدگشایی، تشریح

dissemblable / disãblabl / *adj* ۱. نامشابه، متفاوت، مختلف ۲. نامتجانس، ناهمگن

dissemblance / disãblãs / *nf* عدم تشابه، تفاوت، اختلاف

dissémination / diseminasjɔ̃ / *nf* پراکندگی، پخش

disséminer / disemine / *vt* (1) ۱. پراکنده کردن، پراکندن، پخش کردن، پاشیدن ۲. متفرق کردن

dissension / disãsjɔ̃ / *nf* نفاق، تفرقه، اختلاف

dissentiment / disãtimã / *nm* اختلاف نظر، اختلاف عقیده، اختلاف

disséquer / diseke / *vt* (1) ۱. کالبدشکافی کردن، تشریح کردن ۲. تجزیه و تحلیل کردن، عمیقاً بررسی کردن، شکافتن

dissertation / disεrtasjɔ̃ / *nf* ۱. مقاله، رساله ۲. [درسی] مقاله، انشا

disserter / disεrte / *vt* (1) ۱. مقاله نوشتن، مقاله تهیه کردن ۲. سخنرانی کردن، کنفرانس دادن، سخن گفتن دربارهٔ

dissidence / disidãs / *nf* [سیاست، مذهب، ...] اختلاف عقیده، دگراندیشی

distension

dissident,e /disidɑ̃,t/ *adj* [سیاست، مذهب، ...] مخالف، ناراضی، معترض، دگراندیش	۱. عیاش، الواط، بی‌بند و بار، فاسد ◙ ۲. [اسم] مفعول فعل dissoudre]
dissimilation /disimilasjɔ̃/ *nf* [آواشناسی] ناهمگونی، ناهمگون‌سازی	**dissoluble** /disɔlybl/ *adj* [سیاسی] قابل انحلال
dissimulateur,trice /disimylatœR,tRis/ *adj, n* ۱. مزور، ریاکار، فریب‌کار ۲. پنهان‌کار، تودار	**dissolution** /disɔlysjɔ̃/ *nf* ۱. حل ۲. انحلال ۳. فسخ ۴. محلول
dissimulation /disimylasjɔ̃/ *nf* ۱. ریا، ریاکاری، فریب‌کاری، تزویر ۲. کتمان، توداری، پنهان‌کاری	**dissolvant¹,e** /disɔlvɑ̃,t/ *adj*، ۱. حلّال، حل‌کننده ۲. مخرب
dissimulé,e /disimyle/ *adj* ۱. پنهان، مخفی ۲. ریاکار، مزور ۳. پنهان‌کار، تودار	**dissolvant²** /disɔlvɑ̃,t/ *nm* حلّال
dissimuler /disimyle/ *vt* (1) ۱. پنهان کردن، مخفی کردن، مخفی نگه‌داشتن ۲. کتمان کردن، در پرده نگه‌داشتن	**dissonance** /disɔnɑ̃s/ *nf* ۱. ناسازگاری، ناهماهنگی، اختلاف ۲. [موسیقی] ناهم‌خوانی، ناسازی، تنافر
dissipation /disipasjɔ̃/ *nf* ۱. اتلاف ۲. ولخرجی، اسراف ۳. بازیگوشی، شیطنت ۴. حواس‌پرتی ۵. [ادبی] عیاشی، بی‌بند و باری	**dissonant,e** /disɔnɑ̃,t/ *adj* ناموزون، ناهماهنگ
	dissoudre /disudR/ *vt* (51) ۱. حل کردن ۲. منحل کردن ۳. فسخ کردن
dissipé,e /disipe/ *adj* ۱. بازیگوش، شیطان ۲. [ادبی] بی‌بند و بار، عیاش	dissoudre un parti حزبی را منحل کردن
	se dissoudre *vp* حل شدن
dissiper /disipe/ *vt* (1) ۱. از بین بردن، رفع کردن، برطرف کردن ۲. پراکنده کردن، پراکاندن، پخش کردن ۳. (به) هدر دادن، تلف کردن، به باد دادن ۴. از کار خود انداختن ۵. از راه به در کردن	**dissuader** /disɥade/ *vt* (1) ۱. منصرف کردن ۲. متقاعد کردن، قانع کردن
	dissyllabe /disilab/ *adj, nm* ۱. دوهجایی ◙ ۲. واژهٔ دوهجایی ۳. شعر دوهجایی
	dissyllabique /disilabik/ *adj* دوهجایی
se dissiper *vp* ۱. از زیر کار در رفتن ۲. بازیگوشی کردن	**distance** /distɑ̃s/ *nf* ۱. مسافت ۲. فاصله ۳. دوری
	garder ses distances فاصله را حفظ کردن، فاصله گرفتن، کناره‌گیری کردن
dissociable /disɔsjabl/ *adj* تجزیه‌شدنی، قابل تفکیک	**distancer** /distɑ̃se/ *vt* (3) جلو زدن از، پیش افتادن از، سبقت گرفتن از
dissociation /disɔsjasjɔ̃/ *nf* ۱. تفکیک، جداسازی ۲. [شیمی] شکند	**distant,e** /distɑ̃,t/ *adj* ۱. دور ۲. سرد، خشک، نجوش، دیرآشنا
dissocier /disɔsje/ *vt* (7) ۱. جدا کردن، تجزیه کردن ۲. تفکیک کردن، جداگانه در نظر گرفتن، فرق قائل شدن بین	**distendre** /distɑ̃dR/ *vt* (41) منبسط کردن
	se distendre *vp* ۱. کشیده شدن، کش آمدن ۲. سست شدن ۳. شل شدن
dissolu,e /disɔly/ *adj, n, part. passé*	**distension** /distɑ̃sjɔ̃/ *nf* انبساط، کشیدگی

a = bas, plat	e = blé, jouer	ɛ = lait, jouet, merci	i = il, lyre	o = mot, dôme, eau, gauche	ɔ = mort
u = roue	y = rue	ø = peu	œ = peur	ə = le, premier	ɑ̃ = sans, vent	ɛ̃ = matin, plein, lundi
ɔ̃ = bon, ombre	ʃ = chat, tache	ʒ = je, gilet	j = yeux, paille, pied	w = oui, nouer	ɥ = huile, lui

distillation / distilasjɔ̃ / *nf* تقطیر
distiller / distile / *vt* (1) ۱. تقطیر کردن
۲. ترشح کردن، تراوش کردن ۳. تصفیه کردن
distinct,e / distɛ̃(kt),kt / *adj* ۱. مشخص،
واضح، آشکار ۲. متفاوت، متمایز
distinctement / distɛ̃ktəmɑ̃ / *adv* به وضوح،
به روشنی، به طور مشخص، آشکارا
distinctif,ive / distɛ̃ktif,iv / *adj* تمایزدهنده،
متمایزکننده، ممیز، شاخص
trait distinctif [زبان‌شناسی] مشخصۀ تمایزدهنده
distinction / distɛ̃ksjɔ̃ / *nf* ۱. تشخیص،
تمیز ۲. تمایز ۳. وجه تمایز، فرق، تفاوت ۴.
برتری، فضل، امتیاز، اهمیت ۵. درجه، مقام، رتبه
۶. وقار، متانت
distingué,e / distɛ̃ge / *adj* ۱. ممتاز، برجسته
۲. معروف، سرشناس، نامدار، نامی ۳. موقر، متین،
باشخصیت
distinguer / distɛ̃ge / *vt* (1) ۱. تشخیص
دادن، تمیز دادن، فرق گذاشتن بین ۲. متمایز کردن
۳. باز شناختن، شناختن ۴. مشاهده کردن، دیدن
se distinguer vp ۱. متمایز شدن ۲. مشخص
بودن، آشکار شدن، دیده شدن
distorsion / distɔʀsjɔ̃ / *nf* ۱. کجی
۲. تحریف، قلب ۳. واپیچش، واپیچیدگی ۴. عدم
توازن، نابرابری
distraction / distʀaksjɔ̃ / *nf* ۱. بی‌دقتی،
بی‌توجهی ۲. حواس‌پرتی، گیجی ۳. تفریح،
سرگرمی ۴. وسیلۀ سرگرمی، وسیلۀ تفریح
distraire / distʀɛʀ / *vt* (50) ۱. حواس
(کسی را) پرت کردن ۲. مزاحم (کسی) شدن ۳.
سرگرم کردن، سر (کسی را) گرم کردن ۴. برداشتن
se distraire vp سرگرم شدن، تفریح کردن
distrait,e / distʀɛ,t / *adj, n* ۱. بی‌دقت،
بی‌توجه ۲. حواس‌پرت، گیج، سربه‌هوا
distraitement / distʀɛtmɑ̃ / *adv*
۱. با بی‌دقتی، با بی‌توجهی ۲. از روی حواس‌پرتی
distrayant,e / distʀɛjɑ̃,t / *adj* سرگرم‌کننده

distribuable / distʀibɥabl / *adj* قابل توزیع،
قابل تقسیم
distribuer / distʀibɥe / *vt* (1) توزیع کردن،
تقسیم کردن، پخش کردن
distributeur,trice / distʀibytœʀ,tʀis / *n*
توزیع‌کننده، پخش‌کننده، عامل توزیع
distributeur automatique توزیع‌کنندۀ (دستگاه)
خودکار
distributeur d'essence [دستگاه] پمپ بنزین
distributif,ive / distʀibytif,iv / *adj* توزیعی
distribution / distʀibysjɔ̃ / *nf* ۱. توزیع،
پخش، تقسیم ۲. ترتیب، نظم، آرایش
district / distʀik(t) / *nm* ۱. منطقه، بخش،
ناحیه ۲. حوزه
dit,e / di,t / *adj, part. passé* ۱. موسوم به
۲. ملقب به ۳. مقرر، تعیین‌شده ۴. [اسم مفعول
فعلِ dire]
à l'heure dite در ساعت مقرر،
در ساعت تعیین‌شده
diurne / diyʀn / *adj* ۱. روزانه ۲. روزخیز
divagation / divagasjɔ̃ / *nf* پریشان‌گویی،
هذیان‌گویی، چرندگویی
divaguer / divage / *vi* (1) ۱. پرت و پلا
گفتن، هذیان گفتن، جفنگ گفتن ۲. [قدیمی]
سرگردان بودن ۳. [قدیمی] طغیان کردن
divan / divɑ̃ / *nm* ۱. کاناپه، نیمکت ۲. تخت
(نیمکتی) ۳. دیوان
divergence / divɛʀʒɑ̃s / *nf* ۱. واگرایی
۲. اختلاف، تفاوت ۳. فاصله، دوری
divergent,e / divɛʀʒɑ̃,t / *adj* ۱. واگرا
۲. مختلف، متفاوت
diverger / divɛʀʒe / *vi* (3) ۱. از هم دور شدن
۲. اختلاف داشتن، متفاوت بودن
divers,e / divɛʀ,s / *adj* ۱. گوناگون، متنوع،
مختلف، متفاوت ــ [صورت جمع] ۲. چند، چندین
en diverses occasions به مناسبت‌های گوناگون
faits divers [روزنامه] [صفحه یا ستون] حوادث

diversement / divɛrsəmɑ̃ / adv
به طرق گوناگون، به شیوه‌های مختلف

diversifier / divɛrsifje / vt (7)
متنوع کردن، تنوع دادن به

diversion / divɛrsjɔ̃ / nf
۱. تفریح، سرگرمی ۲. حواس‌پرتی ۳. [نظامی] عملیات انحرافی

diversité / divɛrsite / nf
۱. گوناگونی، سرگرمی ۲. اختلاف، تفاوت

divertir / divɛrtir / vt (2)
۱. سرگرم کردن، سر (کسی را) گرم کردن، مشغول کردن ۲. به خود مشغول کردن

se divertir vp
خود را سرگرم کردن، سرگرم شدن، تفریح کردن

divertissant,e / divɛrtisɑ̃,t / adj
سرگرم‌کننده، مشغول‌کننده، جالب

divertissement / divɛrtismɑ̃ / nm
۱. سرگرمی، تفریح ۲. وسیلهٔ سرگرمی، وسیلهٔ تفریح

dividende / dividɑ̃d / nf
۱. [ریاضیات] مقسوم، بخشی ۲. سود سهام

divin,e / divɛ̃,in / adj
۱. خدایی، الهی، ربانی ۲. ملکوتی، آسمانی ۳. عالی، محشر، فوق‌العاده

divinateur,trice / divinatœr,tris / adj, n
غیبگو، پیشگو

divination / divinasjɔ̃ / nf
غیبگویی، پیشگویی

divinatoire / divinatwar / adj
(مربوط به) غیبگویی، پیشگویی

divinement / divinmɑ̃ / adv
۱. از جانب خدا ۲. به حد کمال، عالی، محشر، معرکه

diviniser / divinize / vt (1)
۱. به مقام خدایی رساندن، خدا دانستن، خدا کردن ۲. ستودن ۳. ارزش زیادی دادن به

divinité / divinite / nf
۱. خدایی، الوهیت، ربانیت، ربوبیت ۲. خدا، الهه

diviser / divize / vt (1)
۱. تقسیم کردن، قسمت کردن، بخش کردن ۲. طبقه‌بندی کردن، رده‌بندی کردن ۳. جدا کردن ۴. تفرقه انداختن میان، اختلاف انداختن میانِ

diviser en deux groupes égaux
به دو گروه مساوی تقسیم کردن

diviser un nombre par quatre
عددی را بخش بر چهار کردن، عددی را به چهار تقسیم کردن

diviseur / divizœr / nm
[ریاضیات] مقسوم‌علیه، بخش‌یاب

divisibilité / divizibilite / nf
قابلیت تقسیم، بخش‌پذیری

divisible / divizibl / adj
قابل تقسیم، بخش‌پذیر

division / divizjɔ̃ / nf
۱. تقسیم ۲. تقسیم‌بندی ۳. قسمت، بخش ۴. لشکر ۵. تفرقه، نفاق، اختلاف، دودستگی

divisionnaire / divizjɔnɛr / adj
لشکری، (مربوط به) لشکر

divorce / divɔrs / nf
۱. طلاق ۲. جدایی، فاصله، فرق، اختلاف

divorcé,e / divɔrse / adj, n
مطلقه، بیوه

divorcer / divɔrse / vi (3)
۱. طلاق گرفتن ۲. طلاق دادن ۳. (از هم) جدا شدن ۴. قطع رابطه کردن

divulgateur,trice / divylgatœr,tris / n
افشاکننده، افشاگر

divulgation / divylgasjɔ̃ / nf
افشا، افشاگری

divulguer / divylge / vt (1)
افشا کردن، برملا کردن، فاش کردن، بروز دادن، لو دادن، پرده برداشتن از

dix / di(s) / adj. num, nm. inv
۱. ده (تا) ۲. دهم ۳. عدد ده، شمارهٔ ده، ده

dix fois
۱. ده بار ۲. ده برابر ۳. بارها، صددفعه

dix-huit / dizɥit / adj. num, nm. inv
۱. هیجده (تا) ۲. هیجدهم ۳. عدد هیجده، شمارهٔ هیجده، هیجده

dix-huitième /dizɥitjɛm/ *adj. ord, n*
۱. هیجدهم، هیجدهمین ▣ ۲. نفر هیجدهم، هیجدهمین نفر

dixième /dizjɛm/ *adj. ord, n, nm*
۱. دهم، دهمین ▣ ۲. نفر دهم، دهمین نفر ▣ ۳. (یک) دهم
trois dixième سه دهم

dixièmement /dizjɛmmɑ̃/ *adv* دهم آنکه

dix-neuf /diznœf/ *adj. num, nm. inv*
۱. نوزده (تا) ۲. نوزدهم ▣ ۳. عدد نوزده، شمارهٔ نوزده، نوزده

dix-neuvième /diznœvjɛm/ *adj. ord, n*
۱. نوزدهم، نوزدهمین ▣ ۲. نفر نوزدهم، نوزدهمین نفر

dix-sept /disɛt/ *adj. mum, nm. inv*
۱. هفده (تا) ۲. هفدهم ▣ ۳. عدد هفده، شمارهٔ هفده، هفده

dix-septième /disɛtjɛm/ *adj. ord, n*
۱. هفدهم، هفدهمین ▣ ۲. نفر هفدهم، هـفدهمین نفر

dizaine /dizɛn/ *nf* ۱. ده تا ۲. در حدود ده، (یک) دهتایی

djinn /dʒin/ *nm* جن

docile /dɔsil/ *adj* سربه‌راه، مطیع، فرمانبردار، حرف‌شنو، رام

docilité /dɔsilite/ *nf* فرمانبرداری، اطاعت، حرف‌شنوی، سربه‌راهی، رام بودن

dock /dɔk/ *nm* ۱. بارانداز ۲. کارگاهِ کشتی‌سازی ۳. تعمیرگاه کشتی

docker /dɔkɛʀ/ *nm* کارگر بارانداز

docte /dɔkt/ *adj, nm* دانشمند، عالِم، فاضل، حکیم

docteur /dɔktœʀ/ *nm* ۱. دکتر ۲. پزشک
docteur ès lettres دکتر در ادبیات، دکتر ادبیات

doctoral,e,aux /dɔktɔʀal,o/ *adj* ۱. دکتری ۲. فضل‌فروشانه، استادمآبانه

doctorat /dɔktɔʀa/ *nm* (درجهٔ) دکتری، دکترا

doctrinaire /dɔktʀinɛʀ/ *adj* ۱. جزمی ۲. پرطمطراق، فضل‌فروشانه، استادمآبانه

doctrine /dɔktʀin/ *nf* ۱. اعتقاد ۲. نظریه ۳. آیین، مکتب

document /dɔkymɑ̃/ *nm* ۱. سند، مدرک ۲. اوراق

documentaire /dɔkymɑ̃tɛʀ/ *adj* ۱. مستند ۲. [بازرگانی] اسنادی

documentation /dɔkymɑ̃tasjɔ̃/ *nf* ۱. جمع‌آوری اسناد ۲. اسناد، مدارک

documenter /dɔkymɑ̃te/ *vt* (1) ۱. مستند کردن، مـدرک آوردن بـرایِ ۲. مستند بودن، بر پایهٔ اسناد و مدارک استوار بودن
se documenter *vp* اسناد جمع کردن

dodécaèdre /dɔdekaɛdʀ/ *nm* دوازده‌وجهی

dodécagone /dɔdekagɔn/ *nm* دوازده‌گوش، دوازده‌ضلعی

dodeliner /dɔdline/ *vt, vi* (1) به آرامی تکان دادن

dodiner /dɔdine/ *vt, vi* (1) → dodeliner

dodo /dɔdo/ *nm* [زبان بچه‌ها] لالا
faire dodo لالا کردن

dodu,e /dɔdy/ *adj* [خودمانی] چاق و چله، تپل، گوشتالو

dogmatique /dɔgmatik/ *adj* ۱. جزمی ۲. جزم‌گرا، جزم‌اندیش، خشک‌اندیش

dogmatiser /dɔgmatize/ *vi* (1) جزمی سخن گفتن

dogmatisme /dɔgmatism/ *nm* جزم‌گرایی، جزم‌اندیشی، جزمیت

dogme /dɔgm/ *nm* ۱. احکام ۲. اصول جزمی

doigt /dwa/ *nm* ۱. انگشت ۲. [مقدار نوشیدنی] بند انگشت، چکه ۳. ریزه، ذره، خرده
à deux doigts de la mort در یک‌قدمی مرگ
La balle est passée à un diogt du cœur. تیر از کنار قلبش گذشت.
mettre le doigt sur درست حدس زدن
montrer qqn du doigt انگشت‌نما کردن
savoir sur le bout du doigt فوت آب بودن

se mordre les doigts	انگشت ندامت به دندان گزیدن
doigté / dwate / *nm*	۱. [موسیقی] انگشت‌گذاری ۲. مهارت در نواختن، خوش‌انگشتی ۳. مهارت، استادی
dois / dwa / *v*	[صورت صرف‌شدهٔ فعل devoir]
doit / dwa / *nm, v*	۱. بدهی ۲. میزان بدهی، بدهکاری ▫ ۳. [صورت صرف‌شدهٔ فعل devoir]
dol / dɔl / *nm*	تقلب، نیرنگ
doléances / dɔleɑ̃s / *nf. pl*	شکایت، گله، شکوه
dolent,e / dɔlɑ̃,t / *adj*	۱. گله‌مند، شاکی ۲. شکوه‌آمیز
dollar / dɔlaʀ / *nm*	دلار (= واحد پول)
domaine / dɔmɛn / *nf*	۱. ملک، املاک ۲. قلمرو ۳. حوزه، زمینه ۴. تخصص، رشتهٔ تخصصی Ce n'est pas de mon domaine. در تخصص من نیست. از آن سررشته ندارم.
dôme / dom / *nm*	گنبد، قُبه
domestication / dɔmɛstikasjɔ̃ / *nf*	۱. اهلی‌سازی، اهلی کردن ۲. مطیع‌سازی، انقیاد
domesticité / dɔmɛstisite / *nf*	۱. خدمتکاری، نوکری ۲. خدمتکاران، مستخدمین
domestique¹ / dɔmɛstik / *adj*	۱. خانگی، (مربوط به) خانه ۲. خانوادگی ۳. داخلی ۴. خصوصی ۵. [جانور] اهلی
domestique² / dɔmɛstik / *n*	۱. خدمتکار، مستخدم ۲. [تحقیرآمیز] نوکر، برده Je ne suis pas son domestique. من که نوکر او نیستم.
domestiquer / dɔmɛstike / *vt* (1)	۱. اهلی کردن، رام کردن ۲. مطیع کردن، به اطاعت خود درآوردن، به زیر سلطه درآوردن
domicile / dɔmisil / *nm*	۱. محل اقامت، محل سکونت ۲. منزل، خانه

don

domiciliaire / dɔmisiljɛʀ / *adj*	خانگی، (مربوط به) محل سکونت، (مربوط به) خانه
domicilié,e / dɔmisilje / *adj*	ساکن، مقیم
dominant,e¹ / dɔminɑ̃,t / *adj*	۱. غالب، بارز ۲. سلطه‌گر، سلطه‌جو ۳. برتر، مسلط ۴. اصلی، اساسی، مهم
dominante² / dɔminɑ̃t / *nf*	مشخصهٔ بارز، صفت غالب
dominateur,trice / dɔminatœʀ,tʀis / *adj, n*	۱. برتر، مسلط، غالب ▫ ۲. فرمانروا، حاکم ۳. فاتح ۴. سلطه‌گر، سلطه‌جو
domination / dɔminasjɔ̃ / *nf*	۱. حاکمیت، سلطه‌گری، سلطه ۲. استیلا، تسلط، تفوق، سیطره ۳. نفوذ
dominer / dɔmine / *vt, vi* (1)	۱. حکومت کردن (بر) ۲. مسلط بودن (بر)، تسلط داشتن (به) ۳. برتری داشتن (بر)، برتر بودن (از) ۴. (به) زیر سلطهٔ خود درآوردن، تحت نفوذ خود درآوردن
se dominer *vp*	به خود مسلط بودن، خود را کنترل کردن
dominical,e,aux / dɔminikal,o / *adj*	۱. الهی، ربانی ۲. (مربوط به) یکشنبه
dommage / dɔmaʒ / *nm*	۱. زیان، ضرر، آسیب ۲. خسارت ۳. بدبختی C'est dommage. جای تأسف است. مایهٔ تأسف است.
dommageable / dɔmaʒabl / *adj*	زیان‌آور، زیانبار، مضر
domptable / dɔ̃tabl / *adj*	رام‌شدنی
dompter / dɔ̃te / *vt* (1)	۱. رام کردن ۲. مطیع کردن، سربه‌راه کردن ۳. مقهور کردن ۴. کنترل کردن، مهار کردن
dompteur,euse / dɔ̃tœʀ,øz / *n*	رام‌کننده
don / dɔ̃ / *nm*	۱. اعطا، دهش ۲. اهدا ۳. کمک ۴. هدیه، کادو ۵. نعمت، موهبت ۶. استعداد

---

a = bas, plat	e = blé, jouer	ɛ = lait, jouet, merci	i = il, lyre	o = mot, dôme, eau, gauche	ɔ = mort
u = roue	y = rue	ø = peu	œ = peur	ə = le, premier	ɑ̃ = sans, vent	ɛ̃ = matin, plein, lundi
ɔ̃ = bon, ombre	ʃ = chat, tache	ʒ = je, gilet	j = yeux, paille, pied	w = oui, nouer	ɥ = huile, lui

donateur,trice / dɔnatœʀ,tʀis / *n*
۱. اهداکننده، دهنده ۲. [حقوقی] هِبه‌کننده، واهِب

donation / dɔnasjɔ̃ / *nf* ۱. اهدا ۲. [حقوقی] هِبه

donc / dɔ̃k / *conj* پس، بنابراین، به این ترتیب

Allons donc! برو بابا!

Dis donc! ۱. [خودمانی] بگو ببینم! ۲. عجب!

dondon / dɔ̃dɔ̃ / *nf* [عامیانه] زن چاق و چله

donjon / dɔ̃ʒɔ̃ / *nm* برج اصلی

donné,e[1] / dɔne / *adj* ۱. داده‌شده ۲. معین، مشخص

étant donné que با توجه به اینکه، از آنجا که، حالا که

donnée[2] / dɔne / *nf* ۱. اطلاع، داده
۲. [مسئلهٔ ریاضی] مقدار معلوم، مقادیر داده‌شده ۳. [کامپیوتر] داده

donner / dɔne / *vt, vi* (1) ۱. دادن ۲. بخشیدن
۳. هدیه کردن ۴. صرف کردن، وقف کردن ۵. اختصاص دادن ۶. [ضربه] زدن ۷. [بهانه، دلیل] آوردن ۸. باعث شدن، فراهم آوردن، ایجاد کردن ۹. [نمایش] دادن، اجرا کردن ۱۰. گفتن ۱۱. قائل شدن ۱۲. نسبت دادن ۱۳. لو دادن، معرفی کردن ◘ ۱۴. برخورد کردن، خوردن ۱۵. [دام، تله] افتادن ۱۶. حمله کردن

donner la chasse تعقیب کردن، دنبال کردن

donner la mort کشتن

donner la vie ۱. به دنیا آوردن، زاییدن
۲. از کشتن (کسی) صرف‌نظر کردن، بخشیدن

donner sa main ازدواج کردن

donner son avis نظر خود را گفتن، اظهارنظر کردن

donner sur مشرف بودن به، رو به (جایی) بودن، به (جایی) باز شدن

donner un coup de peigne شانه کردن، شانه زدن

donner un nom à qqn اسم روی کسی گذاشتن، نامگذاری کردن

se donner *vp* ۱. خود را وقف (کسی یا چیزی) کردن ۲. رد و بدل کردن ۳. خود را... نشان دادن

se donner de la peine به خود زحمت دادن، زحمت کشیدن

se donner pour خود را... جا زدن

donneur,euse / dɔnœʀ,øz / *n* ۱. دهنده
۲. لودهنده، خبرچین، جاسوس

dont / dɔ̃ / *pron. rel* ۱. که از آن، که از او، که از آنها ۲. که به آن، که به او، که به آنها ۳. که در آن ۴. که از آن، که از آن بابت ۵. که ...ـَـش

La maison dont on aperçoit la façade.
خانه‌ای که نَمایش پیداست.

dopage / dɔpaʒ / *nm* زورافزایی، استعمال داروی زورافزا، دوپینگ

doper / dope / *vt* (1) داروی زورافزا دادن به، داروی محرک دادن به

se doper *vp* داروی زورافزا استفاده کردن، زورافزایی کردن، دوپینگ کردن

doping / dɔpiŋ / *nm* → dopage

dorage / dɔʀaʒ / *nm* زراندودکاری، مطلاکاری، طلاکاری

doré,e / dɔʀe / *adj* ۱. طلایی، طلا، زرین
۲. طلاکاری‌شده، زراندود

dorénavant / dɔʀenavɑ̃ / *adv* از این پس، از این به بعد، بعد از این

dorer / dɔʀe / *vt* (1) ۱. طلایی کردن
۲. زراندود کردن، آب طلا دادن، طلاکاری کردن، روکش طلا کردن

d'ores et déjà / dɔʀzedeʒa / *loc. adv*
از حالا، از هم‌اکنون، از الآن

doreur,euse / dɔʀœʀ,øz / *adj* مطلاکار، زراندودکار، طلاکار

dorloter / dɔʀlɔte / *vt* (1) ۱. ناز و نوازش کردن ۲. لوس کردن، نازنازی بار آوردن

dormant,e / dɔʀmɑ̃,t / *adj* ۱. [آب] راکد
۲. [فنی] ثابت ۳. [نادر] خفته

dormeur,euse / dɔʀmœʀ,øz / *adj, n*
۱. خفته، خوابیده ۲. خوش‌خواب، پُرخواب

dormir /dɔRmiR/ *vi* (16) ۱. خوابیدن، خفتن ۲. راکد بودن، راکد ماندن

dorsal,e,aux /dɔRsal,o/ *adj* ۱. (مربوط به) پشت، پشتی، عقبی ۲. [زبان‌شناسی] پشته‌زبانی

dortoir /dɔRtwaR/ *nm* خوابگاه

dorure /dɔRyR/ *nf* زراندودکاری، مطلاکاری، طلاکاری

dos /do/ *nm* ۱. پشت ۲. [صندلی] پشتی

dos à dos پشت به پشت

tourner le dos à qqn به کسی پشت کردن، از کسی روی گرداندن

dosage /dozaʒ/ *nm* تعیین مقدار

dose /doz/ *nf* ۱. [دارو] مقدار مصرف، اندازه، دُز ۲. مقدار، میزان

forcer la dose ۱. زیاده‌روی کردن ۲. اغراق کردن

doser /doze/ *vt* (1) ۱. مقدار (مصرف چیزی را) تعیین کردن، اندازه کردن ۲. به میزان مناسب ترکیب کردن

dossier /dosje/ *nm* ۱. [صندلی] پشتی ۲. پرونده

dot /dɔt/ *nf* جهاز، جهیز، جهیزیه

dotal,e,aux /dɔtal,o/ *adj* (مربوط به) جهاز، جهیزیه

doter /dɔte/ *vt* (1) ۱. جهاز دادن ۲. مجهز کردن ۳. مواجب دادن به، مقرری دادن به، مقرری دادن به ۴. دادن، عطا کردن

douane /dwan/ *nf* ۱. گمرگ ۲. عوارض گمرکی، حقوق گمرکی

exempté de douane معاف از عوارض گمرکی

douanier[1] /dwanje/ *nm* مأمور گمرک، گمرکچی

douanier[2]**,ère** /dwanje,ɛR/ *adj* گمرکی

doublage /dublaʒ/ *nm* ۱. (عمل) دو برابر کردن ۲. دولا کردن ۳. آسترکشی ۴. [نمایش] جانشینی ۵. [فیلم] دوبلاژ

double /dubl/ *adj, nm* ۱. دو برابر ۲. مضاعف، دوتایی ۳. دو، دوتا ۴. دولا ۵. دوگانه ۶. دونفره ۷. شبیه، لنگه ⊡ ۸. دو برابر ۹. مضاعف ۱۰. رونوشت، نسخهٔ دوم، المثنی ۱۱. نسخهٔ بدل، کپی ۱۲. تنیس چهارنفره

au double دوچندان

en double در دو نسخه

doublement[1] /dubləmɑ̃/ *nm* ۱. (عمل) دو برابر کردن ۲. مضاعف شدن

doublement[2] /dubləmɑ̃/ *adv* به دو علت، به دو دلیل

doubler /duble/ *vt, vi* (1) ۱. دو برابر کردن ۲. دولا کردن ۳. آستر کردن ۴. سبقت گرفتن از، جلو زدن از ۵. گذشتن از ۶. [نمایش] به جای (کسی) بازی کردن ۷. [فیلم] دوبله کردن ۸. خود را به جای (کسی) جا زدن ⊡ ۹. دو برابر شدن

doubler le pas تندتر قدم برداشتن، تندتر راه رفتن

La vie a doublé. [خودمانی] مخارج زندگی دوبرابر شده است.

doublet /dublɛ/ *nm* ۱. جفت ۲. [زبان‌شناسی] واژهٔ دوگانه

doublure /dublyR/ *nf* آستر

douce /dus/ *adj* → doux

douceâtre /dusatR/ *adj* ۱. بی‌مزه ۲. بی‌نمک، خنک، لوس

doucement /dusmɑ̃/ *adv* ۱. به آرامی، آرام ۲. آهسته، یواش ۳. با ملایمت ۴. کمی، یک کم ۵. کم‌کم، به تدریج

doucereux,euse /dusRø,øz/ *adj* ۱. بی‌مزه ۲. بی‌نمک، لوس، خنک ۳. ملایم

douceur /dusœR/ *nf* ۱. شیرینی ۲. ملایمت، آرامی ۳. خوشایندی، دلنشینی، لذت ۴. مهربانی ــ [صورت جمع] ۵. آب‌نبات، شکلات

douche /duʃ/ *nf* ۱. [حمام] دوش

doué,e

douve /duv/ *nf*	خندق
doux¹, douce /du, dus/ *adj*	۱. شیرین ۲. نرم، لطیف ۳. ملایم ۴. آرام ۵. خوشایند، دلنشین، دلپذیر ۶. مهربان
doux² /du/ *adv*, **filer doux**	مطیع بودن
tout doux	آهسته، به آرامی، آرام آرام
douzaine /duzɛn/ *nf*	۱. دوجین ۲. (حدود) دوازده
une douzaine	یک دوجین
douze /duz/ *adj. num, nm. inv*	۱. دوازده (تا) ۲. دوازدهم ▫ ۳. عدد دوازده، شمارهٔ دوازده، دوازده
douzième /duzjɛm/ *adj. ord, n*	دوازدهم، دوازدهمین
douzièmement /duzjɛmmɑ̃/ *adv*	دوازدهم آنکه
doyen,enne /dwajɛ̃,ɛn/ *n*	۱. رئیس دانشکده ۲. پیش‌کسوت ۳. عضو ارشد
drachm /dRakm/ *nf*	دراخما (= واحد پول یونان)
draconien,enne /dRakɔnjɛ̃,ɛn/ *adj*	بسیار سخت، شاق
dragée /dRaʒe/ *nf*	۱. نقل بادامی ۲. ساچمه ۳. قرص، دراژه
dragon /dRagɔ̃/ *nm*	۱. اژدها ۲. نگهبان سختگیر ۳. [قدیمی] سرباز سواره‌نظام
drague /dRag/ *nf*	۱. لایروب، کشتی لایروبی ۲. تور (ماهیگیری)
drague pour mines	مین‌روب
draguer /dRage/ *vt* (1)	۱. لایروبی کردن ۲. مین‌روبی کردن ۳. از آب بیرون کشیدن ۴. [خودمانی] تور کردن، غُر زدن
drain /dRɛ̃/ *nm*	زهکش
drainage /dRɛnaʒ/ *nm*	زهکشی
drainer /dRɛne/ *vt* (1)	۱. زهکشی کردن ۲. جذب کردن
dramatique /dRamatik/ *adj*	۱. نمایشی، (مربوط به) نمایش، تئاتر ۲. مهیج، هیجان‌انگیز ۳. وخیم، خطرناک، حاد

	۲. سرخوردگی، ناکامی ۳. [خودمانی] سرزنش، دعوا
doué,e /dwe/ *adj*	۱. دارا، برخوردار، بهره‌مند، صاحب ۲. بااستعداد، مستعد
doucher /duʃe/ *vt* (1)	زیر دوش بردن
se doucher *vp*	۱. دوش گرفتن، زیر دوش رفتن ۲. خیس شدن
douer /dwe/ *vt* (1)	عطا کردن به، دادن به، از نعمت ... برخوردار کردن
douille /duj/ *nf*	۱. [ابزار] جای دسته ۲. [لامپ] سرپیچ ۳. پوکه (فشنگ)
douillet,ette /dujɛ,ɛt/ *adj*	۱. نرم، گرم و نرم ۲. راحت ۳. نازک‌نارنجی
douleur /dulœR/ *nf*	۱. درد ۲. رنج ۳. غم، غصه، اندوه
douloureusement /duluRøzmɑ̃/ *adv*	به طرزی دردناک، به طور غم‌انگیزی
douloureux,euse /duluRø,øz/ *adj*	۱. دردناک، دردآور ۲. غم‌انگیز، تلخ، ناگوار، گران ۳. غمگین، غصه‌دار
doute /dut/ *nm*	۱. شک، تردید، دودلی ۲. بدگمانی، سوءظن
mettre en doute	مورد تردید قرار دادن، شک کردن به، (به) زیر سؤال بردن
sans aucun/nul doute	بی‌شک، بدون تردید، بی‌گمان، حتماً
sans doute	[امروزه] لابد، احتمالاً شاید
douter /dute/ *vt* (1)	۱. شک داشتن، تردید داشتن، مردد بودن، دودل بودن ۲. بدگمان بودن، ظنین بودن، اعتماد نداشتن، بی‌اعتماد بودن
se douter *vp*	۱. بدگمان بودن، بی‌اعتماد بودن ۲. شک داشتن، تردید داشتن ۳. گمان کردن، فکر کردن، بو بردن
Je m'en doutais.	فکرش را می‌کردم. حدس می‌زدم، تصورش را می‌کردم.
douteux,euse /dutø,øz/ *adj*	۱. مشکوک ۲. مظنون، ظنین، غیرقابل اعتماد ۳. مبهم، دوپهلو، پیچیده ۴. نامعلوم

droitement

auteur dramatique	نمایش‌نامه‌نویس
dramaturge / dʀamatyʀʒ / *nm*	نمایش‌نامه‌نویس
drame / dʀam / *nm*	۱. نمایش‌نامه ۲. نمایش‌نامه‌نویسی ۳. نمایش ۴. فاجعه، مصیبت، واقعهٔ ناگوار
drap / dʀa / *nm*	۱. ملافه ۲. شمد ۳. ماهوت
drapeau / dʀapo / *nm*	۱. پرچم ۲. میهن، وطن، کشور ــ [صورت جمع] ۳. ارتش
être sous les drapeaux	مشغول خدمت سربازی بودن
draper / dʀape / *vt* (1)	۱. با پارچه پوشاندن، لباس گشاد پوشاندن به ۲. چین‌های منظم دادن، پلیسه دادن
se draper *vp*	تظاهر کردن (به)، وانمود کردن
draperie / dʀapʀi / *nf*	۱. پارچه‌بافی ۲. پارچه‌فروشی، بزازی ۳. پارچه ۴. ملافه ۵. پرده ۶. لباس گشاد و پرچین
drapier,ère / dʀapje,ɛʀ / *adj, n*	۱. بافنده ۲. پارچه‌فروش، بزاز
dressage / dʀesaʒ / *nm*	۱. (عمل) برافراشتن، علم کردن ۲. [چادر یا خیمه] زدن ۳. تعلیم، تربیت
dresser / dʀese / *vt* (1)	۱. برافراشتن، علم کردن ۲. بالا گرفتن، راست گرفتن ۳. [چادر یا خیمه] زدن ۴. ساختن، بنا کردن ۵. [سند، قرارداد، فهرست، ...] تنظیم کردن ۶. [طرح، نقشه، ...] با دقت تهیه کردن ۷. [دام، تله] گذاشتن ۸. تربیت کردن، تعلیم دادن ۹. رام کردن
dresser l'oreille	گوش‌های خود را تیز کردن، با دقت گوش کردن، خوب گوش دادن
dresser une échelle contre le mur	نردبان را به دیوار تکیه دادن
se dresser *vp*	۱. راست ایستادن، سیخ شدن ۲. بلند شدن ۳. قد علم کردن، بر پا خاستن، قیام کردن
dresseur,euse / dʀesœʀ,øz / *n*	تربیت‌کننده، رام‌کننده
dribbler / dʀible / *vt* (1)	[ورزش] دریبل کردن، دریبل زدن
drink / dʀink / *nm*	مشروب
drogue / dʀɔg / *nf*	۱. دارو، دوا ۲. داروی مخدر، مخدر
droguer / dʀɔge / *vt* (1)	داروی زیاد دادن به
se droguer *vp*	۱. داروی زیاد خوردن، زیاد دارو خوردن ۲. مواد مخدر مصرف کردن
droguerie / dʀɔgʀi / *nf*	۱. تجارت مواد شیمیایی و بهداشتی ۲. دراگ‌استور، داروخانه
droguiste / dʀɔgist / *n*	فروشندهٔ مواد شیمیایی و بهداشتی
droit¹,e / dʀwa,t / *adj*	۱. مستقیم، راست ۲. [در مقابل کج] صاف ۳.[در مقابل چپ] راست ۴. قائم، قائمه ۵. درستکار، درست ۶. منصف، عادل ۷. درست، صحیح ۸. منصفانه، عادلانه
droit² / dʀwa / *adv*	صاف، راست
(tout) droit	مستقیماً، صاف، یک‌راست
droit³ / dʀwa / *nm*	۱. حق ۲. حقوق ۳. (علم) حقوق ۴. قانون ۵. اختیار، اجازه ۶. حقانیت ۷. مالیات، عوارض ۸. [مشت‌زنی] (ضربهٔ) راست
à bon droit	۱. قانوناً ۲. به‌حق
avoir le droit de	حق (انجام‌کاری را) داشتن
droite / dʀwat / *nf*	۱. (سمت) راست، طرف راست، دست راست ۲. جناح راست ۳. خط مستقیم
à droite	۱. به سمت راست، به طرف راست، به راست ۲. در سمت راست، در طرف راست، دست راست ۳. از سمت راست
de droite et de gauche	از چپ و راست
Tenir/garder sa droite	از دست راست راندن، از سمت راست حرکت کردن
droitement / dʀwatmã / *adv*	۱. رُک و راست، راست ۲. صادقانه، عادلانه، منصفانه

a = bas, plat   e = blé, jouer   ɛ = lait, jouet, merci   i = il, lyre   o = mot, dôme, eau, gauche   ɔ = mort
u = roue   y = rue   ø = peu   œ = peur   ə = le, premier   ɑ̃ = sans, vent   ɛ̃ = matin, plein, lundi
õ = bon, ombre   ʃ = chat, tache   ʒ = je, gilet   j = yeux, paille, pied   w = oui, nouer   ɥ = huile, lui

droitier,ère /dʀwatje,ɛʀ/ *adj, n*	۱. راست‌دست. ۲. [سیاست؛ خودمانی] دست راستی، راست‌گرا
droiture /dʀwatyʀ/ *nf*	درستی، راستی، صداقت
drôlatique /dʀolatik/ *adj*	[ادبی] مضحک، طنزآمیز
drôle /dʀol/ *adj*	۱. مضحک، خنده‌دار، بامزه. ۲. عجیب، عجیب و غریب
drôlement /dʀolmã/ *adv*	۱. به طرزی مضحک، به طرز خنده‌آوری، بامزه. ۲. به طرز عجیبی، عجیب. ۳. بی‌اندازه، فوق‌العاده، خیلی
drôlerie /dʀolʀi/ *nf*	۱. بامزگی. ۲. حرفِ خنده‌دار، مزاح، شوخی. ۳. کار خنده‌دار
drôlesse /dʀolɛs/ *nf*	[قدیمی] زن وقیح، زن بی‌حیا، سلیطه
dromadaire /dʀɔmadɛʀ/ *nm*	شتر یک‌کوهانه
dru,e /dʀy/ *adj, adv*	۱. انبوه، پرپشت. ۲. [بارندگی] شدید، تند. ۳. به شدت
drugstore /dʀœgstɔʀ/ *nm*	دراگ‌استور، داروخانه
du¹ /dy/ *art*	[صورت ادغام‌شدۀ de le] از، ـِ (= کسرۀ اضافه)
	Il vient du Portugal. او از پرتغال می‌آید.
	la maison du médecin خانۀ پزشک، خانۀ دکتر
du² /dy/ *art. partitif*	مقداری، قدری
	manger du pain (قدری) نان خوردن
dû¹ /dy/ *nm*	بدهی
dû²,e /dy/ *adj, part. passé*	۱. پرداخت‌نشده، بدهی ▫ ۲. [اسم مفعول فعلِ devoir]
dû à	ناشی از، به خاطرِ، به دلیلِ
dualité /dɥalite/ *nf*	دوگانگی
dubitatif,ive /dybitatif,iv/ *adj*	تردیدآمیز، حاکی از تردید، نامشخص
duc /dyk/ *nm*	۱. دوک. ۲. جغد، بوف
	grand duc شاه‌بوف
ducal,e,aux /dykal,o/ *adj*	(مربوط به) دوک
duché /dyʃe/ *nm*	دوک‌نشین
duchesse /dyʃɛs/ *nf*	دوشس
ductile /dyktil/ *adj*	[فلز] چکش‌خور
ductilité /dyktilite/ *nf*	[فلز] چکش‌خوری
duel¹ /dɥɛl/ *nm*	۱. مبارزۀ تن به تن، دوئل. ۲. مبارزه، کشمکش، درگیری
duel² /dɥɛl/ *nm*	[دستور زبان] تثنیه
duelliste /dɥelist/ *n*	دوئل‌کننده
dulcinée /dylsine/ *nf*	[غالباً طنزآمیز] محبوب، دلدار، نگار
dûment /dymã/ *adv*	۱. چنانکه باید. ۲. طبق موازین، طبق مقررات
dune /dyn/ *nf*	تپۀ شنی
duodécimal,e,aux /dɥɔdesimal,o/ *adj*	[ریاضیات] دوازدهی
duodénum /dɥɔdenɔm/ *nm*	دوازدهه، اثنی‌عشر
dupe /dyp/ *adj, nf*	۱. فریب‌خورده، گول‌خورده. ۲. ساده‌لوح
duper /dype/ *vt* (1)	گول زدن، فریب دادن، سر (کسی را) شیره مالیدن، سر (کسی را) کلاه گذاشتن
se duper *vp*	گول خوردن، فریب خوردن، سر (کسی) کلاه رفتن
duperie /dypʀi/ *nf*	فریب، اغفال
duplex /dyplɛks/ *nm*	۱. [ارتباطات] دوسویه. ۲. آپارتمان دوبلکس
duplicata /dyplikata/ *nm*	۱. نسخۀ دوم، المثنّی. ۲. رونوشت، کپی
duplicateur /dyplikatœʀ/ *nm*	دستگاه تکثیر، دستگاه فتوکپی، دستگاه پلی‌کپی
duplication /dyplikasjɔ̃/ *nf*	تکثیر
duplicité /dyplisite/ *nf*	دورویی، ریا، ریاکاری، تزویر
duquel /dykɛl/ *pron. rel*	[صورت ادغام‌شدۀ de lequel]
	Duquel êtes-vous le père? شما پدر کدامیک هستید؟
dur¹,e /dyʀ/ *adj, n*	۱. سخت. ۲. سفت. ۳. محکم. ۴. مقاوم. ۵. دشوار، مشکل. ۶. خشن. ۷. شدید. ۸. سنگدل، بی‌رحم ▫ ۹. آدم با دل و جرئت، آدم مقاوم

avoir l'oreille dure گوش (کسی) سنگین بودن
pain dur نان خشک
sommeil dur خواب سنگین
dur² /dyʀ/ *nm* مادهٔ سخت، جسم سخت
dur³ /dyʀ/ *adv* به سختی، سخت، به شدت، شدیداً، با خشونت
durable /dyʀabl/ *adj* ۱. ماندنی، ماندگار، پایدار، دیرپا، همیشگی ۲. پابرجا، استوار
durant /dyʀɑ̃/ *prép* در طولِ، در مدتِ، (در) طیِ، در خلالِ
parler une heure durant یک ساعت تمام صحبت کردن
durcir /dyʀsiʀ/ *vt, vi* (2) ۱. سخت کردن، سفت کردن ◘ ۲. سخت شدن، سفت شدن
se durcir *vp* سخت شدن
durcissement /dyʀsismɑ̃/ *nm* ۱. سخت شدن، سفت شدن ۲. سختی
dure /dyʀ/ *nf*, **coucher sur la dure** روی زمین خوابیدن
durée /dyʀe/ *nf* مدت، زمان
durée de la vie مدت زندگی، عمر
durement /dyʀmɑ̃/ *nm* به سختی، سخت، به شدت، شدیداً
dure-mère /dyʀmɛʀ/ *nf* سخت‌شامه
durer /dyʀe/ *vi* (1) ۱. طول کشیدن، ادامه یافتن ۲. مقاوم بودن، دوام آوردن
durer longtemps به درازا کشیدن، خیلی طول کشیدن، طولانی شدن
dureté /dyʀte/ *nf* ۱. سختی ۲. استحکام ۳. خشونت ۴. سنگدلی، بی‌رحمی
durillon /dyʀijɔ̃/ *nm* پینه
duvet /dyvɛ/ *nm* ۱. کرک، پرز ۲. موی نرم
duveté,e /dyvte/ *adj* ۱. کرکی، پوشیده از کرک، کرک‌دار ۲. پوشیده از موی نرم
duveteux,euse /dyvtø,øz/ *adj* ۱. کرک‌دار، کرکی ۲. کرک‌مانند
dynamique /dinamik/ *adj, nf* ۱. پویا ۲. پرتحرک، فعال، پرجنب و جوش، پرتکاپو ۳. دینامیکی، دینامیک ◘ ۴. پویایی‌شناسی، دینامیک
dynamisme /dinamism/ *nm* ۱. پویایی، پویش، پویندگی ۲. تحرک، جنب و جوش ۳. [فلسفه] پویش‌شناسی، دینامیسم
dynamitage /dinamitaʒ/ *nm* انفجار با دینامیت، دینامیت‌گذاری
dynamite /dinamit/ *nf* دینامیت
dynamiter /dinamite/ *vt* (1) ۱. با دینامیت منفجر کردن، دینامیت گذاشتن ۲. متحول کردن
dynamo /dinamo/ *nm* دینام
dynamomètre /dinamɔmɛtʀ/ *nm* نیروسنج، دینامومتر
dynastie /dinasti/ *nf* خاندان، دودمان، سلسله
dysenterie /disɑ̃tʀi/ *nf* اسهال خونی
dysentérique /disɑ̃teʀik/ *adj, n* ۱. (مربوط به) اسهال خونی ◘ ۲. مبتلا به اسهال خونی
dyspepsie /dispɛpsi/ *nf* سوء هاضمه، بدگواری
dyspnée /dispne/ *nf* تنگی نفس

a = bas, plat e = blé, jouer ɛ = lait, jouet, merci i = il, lyre o = mot, dôme, eau, gauche ɔ = mort
u = roue y = rue ø = peu œ = peur ə = le, premier ɑ̃ = sans, vent ɛ̃ = matin, plein, lundi
ɔ̃ = bon, ombre ʃ = chat, tache ʒ = je, gilet j = yeux, paille, pied w = oui, nouer ɥ = huile, lui

E,e

E,e /ə/ *nm*	[پنجمین حرف الفبای فرانسه که معادل آوایی آن در زبان فارسی وجود ندارد.]
eau /o/ *nf*	۱. آب ۲. عرق ۳. جلا، شفافیت — [صورت جمع] ۴. آب معدنی
eau de Cologne	أدکلن
eau de Javel	آب ژاول
eau de rose	گلاب
mettre l'eau à la bouche	دهان را آب انداختن
eau-de-vie /odvi/ *nf*	[مشروب] عرق
eau-forte /ofɔRt/ *nf*	تیزاب
ébahir /ebaiR/ *vt* (2)	متحیر کردن، مات و مبهوت کردن، شگفت‌زده کردن، غافلگیر کردن
ébahissement /ebaismɑ̃/ *nm*	حیرت، بهت، شگفتی، تحیر
ébarber /ebaRbe/ *vt* (1)	زیادی (چیزی را) گرفتن
ébats /eba/ *nm. pl*	جست و خیز، وَرجه‌وورجه، بازیگوشی
ébattre (s') /sebatR/ *vp* (1)	جست و خیز کردن، وَرجه‌وورجه کردن، بازیگوشی کردن
ébaubi,e /ebobi/ *adj*	هاج و واج، مات و مبهوت، حیران
ébauche /eboʃ/ *nf*	طرح اولیه، طرح کلی
ébaucher /eboʃe/ *vt* (1)	۱. طرح اولیهٔ (چیزی را) کشیدن ۲. طرح اولیهٔ (چیزی را) ریختن، طرح‌ریزی کردن
ébène /ebɛn/ *nf*	آبنوس
ébénier /ebenje/ *nm*	درخت آبنوس
ébéniste /ebenist/ *nm*	مبل‌ساز لوکس، (نجار) فرنگی‌ساز
éblouir /ebluiR/ *vt* (2)	۱. [نور] چشم را زدن، کور کردن ۲. خیره کردن، فریفتن، مجذوب کردن، مات و مبهوت کردن
éblouissant,e /ebluisɑ̃,t/ *adj*	۱. [نور] زننده، تند ۲. خیره‌کننده، درخشان، عالی
éblouissement /ebluismɑ̃/ *nm*	۱. خیرگی ۲. اختلال دید ۳. حیرت
éborgner /ebɔRɲe/ *vt* (1)	۱. یک چشم (کسی را) کور کردن، یک‌چشمی کردن ۲. جوانه‌های زائد (درخت را) زدن
ébouillanter /ebujɑ̃te/ *vt* (1)	در آب جوش فرو بردن، در آب جوش ریختن
s'ébouillanter *vp*	(با آب جوش) خود را سوزاندن
éboulement /ebulmɑ̃/ *nm*	ریزش
ébouler /ebule/ *vt* (1)	باعث ریزش (چیزی) شدن
s'ébouler *vp*	فرو ریختن، ریزش کردن
éboulis /ebuli/ *nm*	کُهریز (= توده‌ای از سنگ و شن که بر اثر فرسایش و ریزش انباشته می‌شود.)
ébouriffant,e /ebuRifɑ̃,t/ *adj*	[خودمانی] باورنکردنی، وحشتناک
ébouriffé,e /ebuRife/ *adj*	ژولیده‌مو

échalote

ébouriffer /ebuRife/ *vt* (1) ۱. موهای (کسی را) به هم ریختن ۲. [خودمانی] مات و مبهوت کردن، هاج و واج کردن

ébranchage /ebRɑ̃ʃaʒ/ *nm*
→ ébranchement

ébranchement /ebRɑ̃ʃmɑ̃/ *nm* زدن شاخه‌های درخت، هرس

ébrancher /ebRɑ̃ʃe/ *vt* (1) شاخه‌های (درختی را) زدن، هرس کردن

ébranlement /ebRɑ̃lmɑ̃/ *nm* ۱. لرزش، تکان ۲. تزلزل، سستی، بی‌ثباتی

ébranler /ebRɑ̃le/ *vt* (1) ۱. لرزاندن، به لرزه درآوردن، تکان دادن ۲. سست کردن، متزلزل کردن، بی ثبات کردن

ébrécher /ebReʃe/ *vt* (6) ۱. لبه (چیزی را) پراندن ۲. [خودمانی] کم کردن

ébréchure /ebReʃyR/ *nf* لب پریدگی

ébriété /ebRijete/ *nf* مستی

ébruiter /ebRɥite/ *vt* (1) شایع کردن، فاش کردن

ébullition /ebylisjɔ̃/ *nf* ۱. جوشش، جوش، جوشیدن ۲. جوش و خروش، ناآرامی

écaille /ekaj/ *nf* ۱. پولک، فلس ۲. [لاک‌پشت] لاک ۳. صدف ۴. پوسته، ورقه

écailler[1] /ekaje/ *vt* (1) ۱. فلس (ماهی را) کندن، پولک‌های (ماهی را) کندن ۲. صدف (جانوری را) باز کردن ۳. ورقه ورقه کردن

s'écailler *vp* ورقه ورقه شدن، پوسته پوسته شدن

écailler[2]**, ère** /ekaje,ɛR/ *n* صدف فروش

écailleux, euse /ekajø,øz/ *adj* ۱. فلس‌دار ۲. ورقه ورقه، پوسته پوسته

écale /ekal/ *nf* [گردو، بادام، ...] پوست

écaler /ekale/ *vt* (1) [گردو، بادام، ...] پوست کندن

écarlate /ekaRlat/ *nf, adj* قرمز براق، سرخ

écarquiller /ekaRkije/ *vt* (1), **écarquiller des yeux** [چشم] از حدقه بیرون زدن

écart /ekaR/ *nm* ۱. فاصله ۲. اختلاف ۳. انحراف

à l'écart جدا، کنار، دور

à l'écart de به دور از، دور از

écarté, e /ekaRte/ *adj* دورافتاده، پرت

écartèlement /ekaRtɛlmɑ̃/ *nm* (عمل) چهار شقه کردن

écarteler /ekaRtəle/ *vt* (5) چهار شقه کردن

écartement /ekaRtəmɑ̃/ *nm* فاصله

écarter /ekaRte/ *vt* (1) ۱. جدا کردن ۲. دور کردن ۳. باز کردن ۴. کنار زدن ۵. از سر راه برداشتن، رفع کردن ۶. بیرون کردن ۷. منحرف کردن

écarter la table du mur میز را از دیوار فاصله دادن

s'écarter *vp* ۱. دور شدن ۲. کنار رفتن ۳. منحرف شدن ۴. پراکنده شدن

Écartez-Vous de là. از آنجا کنار بروید.

ecchymose /ekimoz/ *nf* خون‌مردگی، کبودی

ecclésiastique /eklezjastik/ *adj, nm* ۱. کلیسایی ۲. کشیشی، (مربوط به) کشیشان ▫ ۳. کشیش

écervelé, e /esɛRvəle/ *adj, n* بی‌عقل، بی‌مغز، تهی‌مغز، دیوانه، ابله

échafaud /eʃafo/ *nm* ۱. داربست، چوب‌بست ۲. سکوی اعدام ۳. اعدام (با طناب دار یا گیوتین)

échafaudage /eʃafodaʒ/ *nm* داربست، چوب‌بست

échafauder /eʃafode/ *vi, vt* (1) ۱. داربست زدن، چوب‌بست زدن ▫ ۲. سر هم کردن ۳. طرح‌ریزی کردن

échalote /eʃalot/ *nm* موسیر

échancrer /eʃɑ̃kʀe/ *vt* (1) هلالی بریدن، به شکل هلال بریدن

échancrure /eʃɑ̃kʀyʀ/ *nf* ۱. بریدگی هلالی ۲. یقهٔ گِرد، یقهٔ باز

échange /eʃɑ̃ʒ/ *nm* ۱. مبادله، تبادل، رد و بدل ۲. معاوضه، تعویض ۳. معامله، داد و ستد

en échange de در عوضِ، به جایِ، به ازایِ

échangeable /eʃɑ̃ʒabl/ *adj* قابل تعویض، عوض‌کردنی

échanger /eʃɑ̃ʒe/ *vt* (3) ۱. مبادله کردن، رد و بدل کردن ۲. معاوضه کردن، عوض کردن، تعویض کردن

échanson /eʃɑ̃sɔ̃/ *nm* ساقی

échantillon /eʃɑ̃tijɔ̃/ *nm* ۱. نمونه کالا، اِشانتیون ۲. نمونه

échantillonner /eʃɑ̃tijɔne/ *vt* (1) نمونه تهیه کردن، نمونه دادن

échappatoire /eʃapatwaʀ/ *nf* ۱. راه گریز، چاره ۲. بهانه ۳. طفره

échappée /eʃape/ *nf* ۱. ورودی، مدخل ۲. [قدیمی] گریز

échappée de vue چشم‌انداز

échappement /eʃapmɑ̃/ *nm* ۱. [ساعت] چرخ دنگ ۲. اِگزوز

échapper /eʃape/ *vt* (1) ۱. گریختن، فرار کردن، دررفتن ۲. فراموش شدن ۳. از دهان (کسی) در رفتن ۴. از اختیار (کسی) خارج شدن، از دست (کسی) در رفتن

Ce mot m'a échappé. این حرف از دهانم دررفت.

échapper à la vue از دید پنهان ماندن

l'échapper belle خوب از خطر جستن

s'échapper *vp* ۱. گریختن، در رفتن ۲. نشت کردن

écharpe /eʃaʀp/ *nf* ۱. حمایل ۲. اِشارپ، شال ۳. شال گردن ۴. دستمال گردن

en écharpe ۱. (به طور) حمایل ۲. از بغل

écharper /eʃaʀpe/ *vt* (1) تکه‌تکه کردن

échasse /eʃas/ *nf* [پرنده] چوب‌پا

échauder /eʃode/ *vt* (1) ۱. با آب گرم شستن ۲. در آب جوش گذاشتن، در آب جوش خیساندن

Chat échaudé craint l'eau froide. مارگزیده از ریسمان سیاه و سفید می‌ترسد.

se faire échauder/être échaudé حادثهٔ بدی (برای کسی) پیش آمدن، دچار دردسر شدن

échauffement /eʃofmɑ̃/ *nm* ۱. (عمل) گرم کردن ۲. گرم شدن

échauffer /eʃofe/ *vt* (1) ۱. گرم کردن ۲. به هیجان آوردن

échauffer la bile/les oreilles عصبانی کردن، کفر (کسی را) درآوردن، خون (کسی را) به جوش آوردن

s'échauffer *vp* ۱. [ورزش] خود را گرم کردن ۲. به هیجان آمدن ۳. [بحث، صحبت] گرم شدن، داغ شدن، گل انداختن

échauffourée /eʃofuʀe/ *nf* زد و خورد، درگیری

échauguette /eʃogɛt/ *nf* [قلعه] برج دیده‌بانی

échéance /eʃeɑ̃s/ *nf* سررسید، انقضا، موعد پرداخت

à brève échéance در کوتاه‌مدت

à longue échéance در درازمدت

échéant /eʃeɑ̃/ *adj. m,* **le cas échéant** در صورت مقتضی

échec /eʃɛk/ *nm* ۱. ناکامی، شکست، عدم موفقیت ۲. [شطرنج] کیش ـــ [صورت جمع] ۳. شطرنج

échelle /eʃɛl/ *nf* ۱. نردبان ۲. درجه ۳. درجه‌بندی ۴. مقیاس

à l'échelle mondiale در مقیاس جهانی

échelle de corde نردبان طنابی

échelle sociale مراتب اجتماعی

échelon /eʃlɔ̃/ *nm* ۱. [نردبان] پله ۲. [اداری] پایه، رتبه

315 éclaireur

échelonnement / eʃlɔnmɑ̃ / *nm*
۱. زمان‌بندی ۲. درجه‌بندی

échelonner / eʃlɔne / *vt* (1) ۱. با فاصله قرار دادن ۲. زمان‌بندی کردن ۳. درجه‌بندی کردن

écheveau / ɛʃvo / *nm* کلاف

échevelé,e / eʃəvle / *adj* ژولیده‌مو

écheveler / eʃəvle / *vt* (4) موهای (کسی را) به هم ریختن

échine / eʃin / *nf* ستون فقرات

échiner (s') / seʃine / *vp* (1) زحمت زیادی کشیدن، جان کندن

échiquier[1] / eʃikje / *nm* ۱. صفحهٔ شطرنج ۲. عرصه

en échiquier چهارخانه

Échiquier[2] / eʃikje / *nm* [در انگلستان] وزارت دارایی، وزارت خزانه‌داری

le chancelier de l'Échiquier [در انگلستان] وزیر دارایی، وزیر خزانه‌داری

écho / eko / *nm* ۱. پژواک، انعکاس صدا ۲. بازتاب ۳. خبر ۴. شایعه

échoir / eʃwaR / *vt, vi* (il échoit, ils échoient, il échut; il échoirait; échéant, échu) ۱. نصیب (کسی) شدن، قسمت (کسی) شدن، (به کسی) رسیدن ۲. سر رسیدن، منقضی شدن، خاتمه یافتن

échoppe / eʃɔp / *nf* دکه

échouage / eʃwaʒ / *nm* [کشتی] (عمل) به گل نشستن

échouement / eʃumɑ̃ / *nm* → échouage

échouer / eʃwe / *vi* (1) ۱. [کشتی] به گِل نشستن ۲. ناکام شدن، موفق نشدن، شکست خوردن ۳. [امتحان] رد شدن ◙ ۴. به نتیجه نرسیدن، بی‌ثمر ماندن

s'échouer *vp* ۱. به گِل نشستن ۲. به خشکی رسیدن

éclaboussement / eklabusmɑ̃ / *nm* (عمل) گِل پراندن، گل پاشیدن

éclabousser / eklabuse / *vt* (1) ۱. گِل پاشیدن به، گِل پراندن به ۲. مفتضح کردن، بدنام کردن، آبروی (کسی را) بردن ۳. فخر فروختن به، به رخ کشیدن

éclaboussure / eklabusyR / *nf* ۱. گِل، گل و لای ۲. ننگ، بدنامی

éclair / eklɛR / *nm* ۱. صاعقه، آذرخش، برق ۲. درخشش، تابش، جرقه، برق ۳. [مجازی] بارقه ۴. [شیرینی] اِکلِر

visite éclair دیدار خیلی کوتاه

éclairage / eklɛRaʒ / *nm* ۱. روشنایی، روشنی ۲. جنبه، لحاظ

éclaircie / eklɛRsi / *nf* ۱. [در آسمان ابری] نقطهٔ باز ۲. خوب شدن موقتی هوا ۳. [جنگل] فضای باز، محوطهٔ بی‌درخت

éclaircir / eklɛRsiR / *vt* (2) ۱. روشن کردن ۲. قابل فهم کردن، روشن کردن، توضیح دادن ۳. رقیق کردن ۴. کم‌پشت کردن، تُنک کردن

s'éclaircir *vp* ۱. روشن شدن ۲. مفهوم شدن ۳. کم‌پشت شدن، تُنک شدن

s'éclaircir la voix/la gorge سینه صاف کردن، صدای خود را صاف کردن

éclaircissement / eklɛRsismɑ̃ / *nm* توضیح، شرح

éclairé,e / ekleRe / *adj* روشن، روشن‌بین، روشن‌فکر، آگاه

éclairement / eklɛRmɑ̃ / *nm* روشنایی، روشنی

éclairer / ekleRe / *vt* (1) ۱. روشن کردن ۲. روشنایی دادن به ۳. توضیح دادن، شرح دادن ۴. آگاه کردن، روشن کردن

chambre mal éclairée اتاقی که نورش نامناسب است، اتاقی با نور کم

s'éclairer *vp* روشن شدن

éclaireur[1]**,euse** / eklɛRœR,øz / *n* پیشاهنگ

a = bas, plat e = blé, jouer ɛ = lait, jouet, merci i = il, lyre o = mot, dôme, eau, gauche ɔ = mort
u = roue y = rue ø = peu œ = peur ə = le, premier ɑ̃ = sans, vent ɛ̃ = matin, plein, lundi
ɔ̃ = bon, ombre ʃ = chat, tache ʒ = je, gilet j = yeux, paille, pied w = oui, nouer ɥ = huile, lui

éclaireur

éclaireur² / eklɛʀœʀ / *nm* — پیش‌قراول، طلایه‌دار

éclat / ekla / *nm* — ۱. تکه، قطعه ۲. خرده، ریزه ۳. درخشش، برق ۴. تابش ۵. صدای شدید، غرش، خروش ۶. [بمب و غیره] ترکش ۷. جنجال، سر و صدا ۸. شکوه

d'éclat — چشمگیر، قابل توجه

rire aux éclats — قاه‌قاه خندیدن، زیر خنده زدن

éclatant,e / eklatɑ̃,t / *adj* — ۱. درخشان، خیره‌کننده، عالی ۲. [رنگ، نور] تند ۳. چشمگیر، قابل توجه ۴. [صدا] گوش‌خراش، شدید

éclatement / eklatmɑ̃ / *nm* — ۱. انفجار ۲. ترکیدن

éclater / eklate / *vi* (1) — ۱. منفجر شدن ۲. ترکیدن ۳. در گرفتن، ناگهان شروع شدن ۴. آشکار شدن، برملا شدن ۵. چند دسته شدن

éclater de rire — (قاه‌قاه) زیر خنده زدن

éclater en sanglots — زیر گریه زدن

éclectique / eklɛktik / *adj, n* — ۱. التقاطی ۲. به‌گزین

éclectisme / eklɛktism / *nm* — ۱. التقاط، التقاط‌گرایی ۲. به‌گزینی

éclipse / eklips / *nf* — ۱. خورشیدگرفتگی، کسوف ۲. ماه‌گرفتگی، خسوف ۳. افول

éclipse de lune — ماه‌گرفتگی، خسوف

éclipse de soleil — خورشیدگرفتگی، کسوف

éclipser / eklipse / *vt* (1) — ۱. جلوی (ماه یا خورشید را) گرفتن ۲. سایه انداختن بر ۳. (از کسی) سر بودن ۴. تحت‌الشعاع قرار دادن

s'éclipser *vp* — [خودمانی] جیم شدن، به چاک زدن

écliptique / ekliptik / *nm* — دایرةالبروج

éclisse / eklis / *nf* — ۱. تخته ۲. بست ریل

éclopé,e / eklɔpe / *adj, n* — لَنگ، شَل

éclore / eklɔʀ / *vi* (45) — ۱. از تخم درآمدن ۲. شکفتن، شکوفا شدن ۳. پدیدار شدن، متجلی شدن، تجلی کردن

éclosion / eklozjɔ̃ / *nf* — ۱. (عمل) از تخم درآمدن ۲. شکوفایی، شکفتن

écluse / eklyz / *nf* — آب‌بند، نهربند

écœurant,e / ekœʀɑ̃,t / *adj* — ۱. تهوع‌آور ۲. نفرت‌انگیز، مشمئزکننده، زننده ۳. یأس‌آور، مأیوس‌کننده، دلسردکننده

écœurement / ekœʀmɑ̃ / *nm* — ۱. تهوع ۲. بیزاری، انزجار، دلزدگی، نفرت ۳. دلسردی، ناامیدی، یأس

écœurer / ekœʀe / *vt* (1) — ۱. حال (کسی را) به‌هم زدن ۲. بیزار کردن، دلزده کردن ۳. دلسرد کردن، مأیوس کردن، ناامید کردن

école / ekɔl / *nf* — ۱. مدرسه ۲. دبستان ۳. آموزشگاه ۴. مکتب ۵. آموزش نظامی

école d'aviation — آموزشگاه خلبانی

école maternelle — کودکستان، مهد کودک

école normale — دانشسرا

école primaire — دبستان، مدرسهٔ ابتدایی

faire l'école — مرید داشتن

écolier,ère / ekɔlje,ɛʀ / *n* — ۱. دانش‌آموز ۲. تازه‌کار، مبتدی

écologie / ekɔlɔʒi / *nf* — بوم‌شناسی، شناخت محیط زیست، اِکولوژی

écologique / ekɔlɔʒik / *adj* — بوم‌شناختی، زیست‌محیطی، اِکولوژیکی

écologiste / ekɔlɔʒist / *n* — بوم‌شناس، متخصص محیط زیست، اِکولوژیست

éconduire / ekɔ̃dɥiʀ / *vt* (38) — ۱. رد کردن ۲. از سر خود باز کردن، دست‌به‌سر کردن، دَک کردن

économe / ekɔnɔm / *adj, n* — ۱. صرفه‌جو، مقتصد ۲. مأمور خرید، کارپرداز ۳. [دانشگاه] خزانه‌دار

économie / ekɔnɔmi / *nf* — ۱. اقتصاد ۲. نظام اقتصادی ۳. صرفه‌جویی ۴. [ادبی] ساختار، ترکیب — [صورت جمع] ۵. پس‌انداز

faire des économies — پس‌انداز کردن

économique /ekɔnɔmik/ *adj* ۱. اقتصادی ۲. باصرفه، مقرون به صرفه

économiquement /ekɔnɔmikmɑ̃/ *adv* ۱. از لحاظ اقتصادی، از نظر اقتصادی ۲. مقتصدانه، با صرفه‌جویی

économiser /ekɔnɔmize/ *vt* (1) ۱. صرفه‌جویی کردن ۲. پس‌انداز کردن

économiste /ekɔnɔmist/ *n* اقتصاددان

écoper /ekɔpe/ *vt* (1) ۱. آب (درون کشتی یا قایق را) خالی کردن ۲. تنبیه شدن

écorce /ekɔʀs/ *nf* ۱. [درخت، برخی میوه‌جات] پوست ۲. پوسته، قشر

écorcer /ekɔʀse/ *vt* (3) [میوه، درخت] پوست کندن

écorchement /ekɔʀʃəmɑ̃/ *nm* [جانوران] کندنِ پوست

écorcher /ekɔʀʃe/ *vt* (1) ۱. [جانوران] پوست کندن ۲. خراش دادن، زخمی کردن ۳. بد تلفظ کردن، بد حرف زدن ۴. [مشتری] گوش بریدن، تیغ زدن، تیغیدن

écorcher les oreilles گوش را آزار دادن، گوش‌خراش بودن

écorchure /ekɔʀʃyʀ/ *nf* خراش، خراشیدگی

écorner /ekɔʀne/ *vt* (1) ۱. گوشهٔ (چیزی را) کندن ۲. حیف و میل کردن، به باد دادن ۳. شاخ (حیوانی را) شکستن

écossais,e[1] /ekɔsɛ,z/ *adj* (مربوط به) اسکاتلند، اسکاتلندی

Écossais,e[2] /ekɔsɛ,z/ *n* اهل اسکاتلند، اسکاتلندی

écosser /ekɔse/ *vt* (1) [باقالی، نخود، لوبیا] از پوست درآوردن

écot /eko/ *nm* سهم، دانگ

écoulement /ekulmɑ̃/ *nm* ۱. [آب، باران، ...] جریان، ریزش ۲. فروش ۳. خروج (تماماً) به فروش

écouler /ekule/ *vt* (1) رساندن، آب کردن

s'écouler *vp* ۱. جاری شدن، جریان یافتن ۲. [زمان] گذشتن ۳. (دسته‌جمعی) خارج شدن، بیرون ریختن

écourter /ekuʀte/ *vt* (1) ۱. کوتاه کردن ۲. زدن (از)، ناقص کردن

écoute /ekut/ *nf* (عمل) گوش کردن

être à l'écoute گوش کردن، گوش دادن

être aux écoutes گوش‌به‌زنگ بودن

écouter /ekute/ *vt* (1) ۱. گوش کردن، گوش دادن ۲. به حرف (کسی) گوش دادن، اطاعت کردن از ۳. توجه کردن به

s'écouter *vp* ۱. به حرف دل خود گوش کردن ۲. بیش از حد از خود مراقبت کردن، خیلی نگران سلامتی خود بودن

écouteur /ekutœʀ/ *nm* [تلفن] گوشی

écrabouiller /ekʀabuje/ *vt* (1) [خودمانی] له کردن

écran /ekʀɑ̃/ *nm* ۱. صفحه، پرده، حائل ۲. [تلویزیون] صفحه ۳. [سینما] پرده ۴. (هنر) سینما

le petit écran (دستگاه) تلویزیون

écrasant,e /ekʀazɑ̃,t/ *adj* ۱. کمرشکن، خردکننده، طاقت‌فرسا، سنگین، شاق ۲. کوبنده، بی‌چون و چرا

écrasé,e /ekʀaze/ *adj* [بینی] پَهن، پَت و پهن

écrasement /ekʀazmɑ̃/ *nm* ۱. (عمل) له کردن ۲. له شدن ۳. نابودی

écraser /ekʀaze/ *vt* (1) ۱. له کردن ۲. لگد کردن ۳. زیر کردن، زیر گرفتن ۴. خرد کردن، لگدمال کردن ۵. از پا درآوردن ۶. نابود کردن

Écrase! [خودمانی] ولش کن! بی‌خیال!

écraseur,euse /ekʀazœʀ,øz/ *n* [خودمانی] رانندهٔ ناشی، گاریچی

a = bas, plat e = blé, jouer ɛ = lait, jouet, merci i = il, lyre o = mot, dôme, eau, gauche ɔ = mort
u = roue y = rue ø = peu œ = peur ə = le, premier ɑ̃ = sans, vent ɛ̃ = matin, plein, lundi
ɔ̃ = bon, ombre ʃ = chat, tache ʒ = je, gilet j = yeux, paille, pied w = oui, nouer ɥ = huile, lui

écrémage /ekRemaʒ/ *nf*	۱. خامه‌گیری ۲. گلچین، دستچین
écrémer /ekReme/ *vt* (6)	۱. سرشیر گرفتن، خامه گرفتن ۲. بهترین قسمت (چیزی را) کنار گذاشتن، خوب‌ها را کنار گذاشتن
écrevisse /ekRəvis/ *nf*	خرچنگ (آب شیرین)
écrier (s') /sekRije/ *vp* (7)	فریاد زدن، داد زدن، هوار کشیدن
écrin /ekRɛ̃/ *nm*	جعبهٔ جواهر
écrire /ekRiR/ *vt* (39)	۱. نوشتن ۲. یادداشت کردن ۳. نامه نوشتن
écrire mal	بد نوشتن، بد خط بودن
machine à écrire	ماشین تحریر، ماشین تایپ
écrit[1] /ekRi/ *nm*	۱. نوشته ۲. اثر ۳. سند ۴. امتحان کتبی
par écrit	به صورت کتبی، کتبی، کتباً
écrit[2],e /ekRi,t/ *adj, part. passé*	۱. نوشته‌شده، نوشته ۲. کتبی، مکتوب ۳. نوشتاری، (مربوط به) نوشتار ۴. مقدر، محتوم، گریزناپذیر ▣ ۵. [اسم مفعول فعلِ écrire]
langue écrite	زبان نوشتار، زبان کتبی
écriteau /ekRito/ *nm*	اعلان، اعلامیه
écritoire /ekRitwaR/ *nf*	قلمدان
écriture[1] /ekRityR/ *nf*	۱. خط ۲. دستخط ۳. نوشتار ۴. نگارش ۵. سبک (نگارش)
roman d'une écriture classique	رُمانی به سبک کلاسیک
Écriture[2] /ekRityR/ *nf*	کتاب مقدس
l'Écriture sainte	کتاب مقدس
ecrivailleur,euse /ekRivajœR,øz/ *n* → écrivaillon	
écrivaillon /ekRivajɔ̃/ *nm*	نویسندهٔ بازاری
écrivain /ekRivɛ̃/ *nm*	نویسنده
écrou[1] /ekRu/ *nm*	(پیچ) مهره
écrou[2] /ekRu/ *nm*	سند تحویل گرفتن زندانی
levée d'écrou	سند آزادی
écrouer /ekRue/ *vt* (1)	نام (کسی را) در دفتر زندان ثبت کردن، زندانی کردن
écroulement /ekRulmɑ̃/ *nm*	۱. ریزش ۲. انهدام، نابودی
écrouler (s') /sekRule/ *vp* (1)	۱. فروریختن ۲. منهدم شدن، نابود شدن ۳. بر باد رفتن، نقش بر آب شدن ۴. خود را انداختن، ولو شدن
écru,e /ekRy/ *adj*	[ابریشم و غیره] خام
écueil /ekœj/ *nm*	۱. آبسنگ، صخرهٔ آبی ۲. مهلکه، خطر
éculé,e /ekyle/ *adj*	کهنه، فرسوده
écume /ekym/ *nf*	۱. کف ۲. آب دهان ۳. عرق
écume d'une société	طبقهٔ پست جامعه
écumer /ekyme/ *vt, vi* (1)	۱. کف (چیزی را) گرفتن ۲. کف کردن ۳. کف به دهان آوردن
écumeux,euse /ekymø,øz/ *adj*	کف‌آلود
écumoire /ekymwaR/ *nf*	کفگیر
écureuil /ekyRœj/ *nm*	سنجاب
écurie /ekyRi/ *nf*	۱. طویله، اصطبل ۲. [مجازی] طویله
écusson /ekysɔ̃/ *nm*	۱. نشان خانوادگی ۲. [باغداری] پیوند شکمی
écuyer /ekɥije/ *nm*	۱. مربی سوارکاری ۲. [سیرک] چابک‌سوار، سوارکار ۳. [قدیمی] سپردار
grand écuyer	میرآخور
écuyère /ekɥijɛR/ *nf*	[سیرک] سوارکار زن
eczéma /ɛgzema/ *nm*	[پزشکی] اِگزِما
eczémateux,euse /ɛgzematø,øz/ *adj, n*	۱. اِگزِمایی، (مربوط به) اِگزِما ▣ ۲. مبتلا به اِگزِما
éden /edɛn/ *nm*	عدن، بهشت
édenté,e /edɑ̃te/ *adj, n*	بی‌دندان
édenter /edɑ̃te/ *vt* (1)	دندانهٔ (چیزی را) شکستن
édicter /edikte/ *vt* (1)	۱. وضع کردن، مقرر داشتن ۲. دستور دادن

effacement /efasmɑ̃/ *nm* ۱. (عمل) پاک کردن، محوشدگی ۲. زوال، از بین رفتن ۳. فروتنی

effacer /efase/ *vt* (3) ۱. پاک کردن ۲. محو کردن، از بین بردن ۳. از یاد (کسی) بردن ۴. تحت‌الشعاع قرار دادن، بی‌رنگ کردن ۵. عقب دادن، تو دادن

Effaçons le passé. گذشته را فراموش کنیم.

s'effacer *vp* ۱. محو شدن، از بین رفتن ۲. فراموش شدن، از یاد رفتن ۳. خود را جمع کردن، خود را عقب کشیدن، کنار رفتن

Il s'efface pour laisser passer les invités. کنار رفت تا مهمان‌ها رد شوند.

effarant,e /efaRɑ̃,t/ *adj* وحشتناک، حیرت‌آور، عجیب، فوق‌العاده

effaré,e /efaRe/ *adj* وحشت‌زده، متوحش، هراسان، مضطرب

effarement /efaRmɑ̃/ *nm* وحشت، هراس، دلهره، هول

effarer /efaRe/ *vt* (1) به وحشت انداختن، به هراس انداختن، مضطرب کردن

effaroucher /efaRuʃe/ *vt* (1) ۱. رماندن، رم دادن ۲. وحشت‌زده کردن، متوحش کردن

effectif[1],ive /efɛktif,iv/ *adj* ۱. واقعی ۲. مؤثر

effectif[2] /efɛktif/ *nm* تعداد نفرات، تعداد افراد

effectivement /efɛktivmɑ̃/ *nm* در واقع

effectuer /efɛktɥe/ *vt* (1) انجام دادن، اجرا کردن، اِعمال کردن، کردن

efféminé,e /efemine/ *adj* زنانه، مثل زنان، زن‌صفت

efféminer /efemine/ *vt* (1) سست کردن، تضعیف کردن

effervescence /efɛRvesɑ̃s/ *nf* ۱. جوش، گاز ۲. جوش و خروش، شور

effervescent,e /efɛRvesɑ̃,t/ *adj* ۱. جوشان ۲. پرجوش و خروش، پرشور

édifiant,e /edifjɑ̃,t/ *adj* مهذِب

édification /edifikasjɔ̃/ *nf* ۱. بنا، ساخت ۲. تأسیس، ایجاد ۳. تزکیه، تهذیب ۴. آگاهی، اطلاع

édifice /edifis/ *nm* بنا، ساختمان، عمارت

édifier /edifje/ *vt* (7) ۱. ساختن، بنا کردن ۲. بنیان نهادن، تأسیس کردن، ایجاد کردن ۳. تهذیب کردن ۴. [طعنه‌آمیز] (کسی را) روشن کردن

édile /edil/ *nm* صاحب‌منصب شهرداری

édit /edi/ *nm* حکم، فرمان، دستور

éditer /edite/ *vt* (1) منتشر کردن

éditeur,trice /editœR,tRis/ *adj, n* ناشر

éditeur responsable [نشریه] مدیر مسئول

édition /edisjɔ̃/ *nf* ۱. نشر، انتشار ۲. چاپ

maison/société d'édition انتشارات

éditorial,aux /editɔRjal,o/ *nm* سرمقاله

éditorialiste /editɔRjalist/ *n* نویسندهٔ سرمقاله، سرمقاله‌نویس

édredon /edRədɔ̃/ *nm* لحاف پَر

éducable /edykabl/ *adj* تربیت‌پذیر

éducateur,trice /edykatœR,tRis/ *adj, n* ۱. تربیتی، آموزشی ◻ ۲. مربی

éducatif,ive /edykatif,iv/ *adj* تربیتی، آموزشی

éducation /edykasjɔ̃/ *nf* ۱. آموزش و پرورش ۲. آموزش ۳. تربیت

éducation physique تربیت بدنی

Ministère de l'Éducation nationale وزارت آموزش و پرورش

recevoir une éducation تربیت شدن

édulcorer /edylkɔRe/ *vt* (1) ۱. شیرین کردن ۲. از شدت (چیزی) کاستن، ملایم کردن

éduquer /edyke/ *vt* (1) تربیت کردن

effacé,e /efase/ *adj* ۱. محوشده، رفته ۲. فروتن، محجوب، متواضع

a = bas, plat   e = blé, jouer   ɛ = lait, jouet, merci   i = il, lyre   o = mot, dôme, eau, gauche   ɔ = mort
u = roue   y = rue   ø = peu   œ = peur   ə = le, premier   ɑ̃ = sans, vent   ɛ̃ = matin, plein, lundi
ɔ̃ = bon, ombre   ʃ = chat, tache   ʒ = je, gilet   j = yeux, paille, pied   w = oui, nouer   ɥ = huile, lui

effet 320

effet /efɛ/ *nm* ۱. اثر، تأثیر ۲. نتیجه، حاصل ۳. معلول ـ [صورت جمع] ۴. لباس ۵. دارایی‌ها، اموال

à cet effet بدین منظور، به همین منظور

effet (de commerce) حواله، برات

effets publics اسناد اعتباری

en effet ۱. در واقع ۲. در حقیقت، چون‌که

rapport de cause à effet رابطهٔ علت و معلول

effeuillaison /efœjɛzɔ̃/ *nf* برگ‌ریزان

effeuillement /efœjmɑ̃/ *nm* → effeuillaison

effeuiller /efœje/ *vt* (1) ۱. برگ‌های (درختی را) کندن ۲. پرپر کردن

efficace /efikas/ *adj* ۱. مؤثر، ثمربخش، مفید، سودمند ۲. کارامد، کارا

efficacité /efikasite/ *nf* ۱. تأثیر، اثر، فایده ۲. کارایی ۳. بازده

effigie /efiʒi/ *nf* ۱. تمثال، عکس ۲. مجسمه، پیکره

effilé,e /efile/ *adj* کشیده، بلند و باریک

effiler /efile/ *vt* (1) ۱. ریش‌ریش کردن، نخ‌نخ کردن ۲. کشیده کردن، بلند و باریک کردن

s'effiler *vp* ریش‌ریش شدن

effilocher /efilɔʃe/ *vt* (1) ریش‌ریش کردن، نخ‌نخ کردن

efflanqué,e /eflɑ̃ke/ *adj* استخوانی، لاغرمردنی

effleurage /eflœʀaʒ/ *nm* → effleurement

effleurement /eflœʀmɑ̃/ *nm* ۱. تماس مختصر ۲. خراشیدگی، خراش

effleurer /eflœʀe/ *vt* (1) ۱. تماس پیدا کردن ۲. خراشیدن، خراش دادن ۳. بررسی سطحی کردن

efflorescence /eflɔʀesɑ̃s/ *nf* شکوفایی

efflorescent,e /eflɔʀesɑ̃,t/ *adj* شکوفا

effluve /eflyv/ *nm* ۱. [ادبی] بوی بدن ۲. بو

effondrement /efɔ̃dʀəmɑ̃/ *nm* ۱. ریزش ۲. سقوط ۳. زوال

effondrer (s') /sefɔ̃dʀe/ *vp* (1) ۱. فروریختن، ریختن، ریزش کردن ۲. سقوط کردن ۳. افتادن

efforcer (s') /sefɔʀse/ *vp* (3) تلاش کردن، کوشیدن، سعی کردن

effort /efɔʀ/ *nm* ۱. تلاش، کوشش، سعی ۲. زحمت ۳. مقاومت

faire tous ses efforts همهٔ سعی خود را به کار بردن، نهایت تلاش خود را کردن

sans effort بدون زحمت، به راحتی، راحت

effraction /efʀaksjɔ̃/ *nf* [حقوقی] هتک حِرز

effraie /efʀɛ/ *nf* جغد سفید

effranger /efʀɑ̃ʒe/ *vt* (3) ریش‌ریش کردن

s'effranger *vp* ریش‌ریش شدن

effrayant,e /efʀɛjɑ̃,t/ *adj* ۱. وحشتناک، ترسناک، هراس‌انگیز، هولناک، مخوف ۲. فوق‌العاده، گزاف

effrayer /efʀeje/ *vt* (8) به وحشت انداختن، متوحش کردن، ترساندن، هراساندن

s'effrayer *vp* به وحشت افتادن، وحشت کردن، ترسیدن، هراسیدن

effréné,e /efʀene/ *adj* [مجازی] افسارگسیخته، لگام‌گسیخته، مفرط، بی‌اندازه

effritement /efʀitmɑ̃/ *nm* فروپاشی

effriter (s') /sefʀite/ *vp* ۱. خاک شدن، پودر شدن ۲. فرو پاشیدن

effroi /efʀwa/ *nm* وحشت، هراس، دلهره

effronté,e /efʀɔ̃te/ *n, adj* ۱. وقیح، بی‌حیا، بی‌شرم، گستاخ، پررو ▣ ۲. بی‌شرمانه، وقیحانه، گستاخانه

effrontément /efʀɔ̃temɑ̃/ *adv* بی‌شرمانه، وقیحانه، گستاخانه

effronterie /efʀɔ̃tʀi/ *nf* وقاحت، بی‌شرمی، گستاخی، پررویی

effroyable /efʀwajabl/ *adj* ۱. وحشتناک، هولناک، مهیب، مخوف ۲. فوق‌العاده، بی‌اندازه، وحشتناک

effroyablement /efʀwajabləmã/ *adv*
[خودمانی] بی‌اندازه، وحشتناک، عجیب

effusion /efyzjɔ̃/ *nf* ابراز احساسات
  effusion de sang ریختنِ خون

égailler (s') /segaje/ *vp* (1) متفرق شدن،
پراکنده شدن

égal,e /egal/ *adj, n* ۱. برابر، مساوی ۲. ثابت،
یکنواخت، منظم ۳. یکسان ◼ ۴. هم‌تراز، همتا
  à l'égal de به همان اندازه که، همان قدر که
  Ça m'est (bien) égal. برایم مهم نیست.
اهمیتی ندارد. برایم فرقی نمی‌کند.
  c'est égal به هر حال، در هر صورت
  sans égal بی‌همتا، بی‌نظیر، بی مانند

également /egalmã/ *adv* ۱. (به طور) مساوی،
به یک اندازه، به طور یکسان ۲. نیز، همچنین

égaler /egale/ *vt* (1) ۱. مساوی بودن با،
برابر بودن با ۲. برابری کردن با، به پای (کسی یا
چیزی) رسیدن

égalisation /egalizasjɔ̃/ *nf* ۱. (عمل) مساوی
کردن ۲. تعدیل

égaliser /egalize/ *vt, vi* (1) ۱. به طور
مساوی تقسیم کردن ۲. تعدیل کردن ۳. هموار
کردن، مسطح کردن ◼ ۴. [مسابقه] مساوی کردن،
مساوی شدن

égalitaire /egalitɛʀ/ *adj, n* ۱. مبتنی بر
برابری، مساوات‌طلبانه ◼ ۲. مساوات‌طلب، طرفدار
برابری

égalité /egalite/ *nf* ۱. برابری، تساوی،
مساوات ۲. یکنواختی، نظم

égard /egaʀ/ *nm* ۱. دقت، توجه
۲. ملاحظه، رعایت ۳. احترام
  à cet égard در این‌باره، در این مورد
  à l'égard de نسبت به
  à tous (les) égards از هر جهت، از هر نظر
  avoir égard à در نظر گرفتن، توجه کردن به

eu égard à با توجه به، به لحاظِ

égaré,e /egaʀe/ *adj* ۱. گم‌کرده‌راه، گمشده
۲. سرگشته ۳. گمراه، اغفال‌شده

égarement /egaʀmã/ *nm* ۱. اشتباه، خطا،
خبط ۲. [مجازی] جنون، دیوانگی

égarer /egaʀe/ *vt* (1) ۱. گمراه کردن، از راه
به‌در کردن ۲. (موقتاً) گم کردن
  Il a égaré ses clés. نمی‌داند کلیدهایش را کجا
گذاشته است.
  s'égarer *vp* ۱. گم شدن ۲. از موضوع دور شدن
۳. اشتباه کردن

égayer /egeje/ *vt* (8) ۱. شاد کردن،
شادی بخشیدن ۲. خوشحال کردن ۳. زینت دادن،
آراستن
  s'égayer *vp* کیف کردن، خوش آمدن (از)
  s'égayer aux dépens de qqn به ریش کسی
خندیدن

égide /eʒid/ *nf,* **sous l'égide de**
تحت حمایتِ، در پناهِ

églantier /eglɑ̃tje/ *nm* (بوتهٔ) نسترن

églantine /eglɑ̃tin/ *nf* (گل) نسترن

église¹ /egliz/ *nf* کلیسا

Église² /egliz/ *nf* عالَم مسیحیت، مسیحیان،
جامعهٔ مسیحی

égocentrique /egosɑ̃tʀik/ *adj* ۱. خودمحور،
خودبین ۲. خودبینانه

égocentrisme /egosɑ̃tʀism/ *nm*
خودمحوری، خودبینی

égoïsme /egoism/ *nm* خودخواهی،
خودپرستی، خودپسندی

égoïste /egoist/ *n, adj* ۱. خودخواه،
خودپرست، خودپسند ◼ ۲. خودخواهانه،
خودپسندانه

égoïstement /egoistəmã/ *adv*
با خودخواهی، خودخواهانه، خودپسندانه

égorger / egɔRʒe / *vt* (3) ۱. سر بریدن
۲. ذبح کردن
égosiller (s') / segozije / *vp* (1) حنجرهٔ
خود را پاره کردن، هوار کشیدن، فریاد زدن
égotisme / egɔtism / *nm* [ادبی] خودستایی،
خودپرستی، خودبینی، خودپسندی
égotiste / egɔtist / *adj, n* [ادبی] خودستا،
خودپرست، خودبین، خودپسند
égout / egu / *nm* (مجرای) فاضلاب
réseau des égouts شبکهٔ فاضلاب
égouttage / egutaʒ / *nm* → égouttement
égouttement / egutmɑ̃ / *nm* آبگیری
égoutter / egute / *vt* (1) آب (چیزی را) گرفتن
s'égoutter *vp* آب (چیزی) رفتن
égouttoir / egutwaR / *nm* آبکش
égrainage / egRɛnaʒ / *nm* → égrenage
égrainer / egRɛne / *vt* → égrener
égrapper / egRape / *vt* (1) حب کردن،
دانه کردن
égratigner / egRatiɲe / *vt* (1) ۱. خراشیدن،
خراش دادن ۲. رنجاندن
s'égratigner *vp* خراشیده شدن
égratignure / egRatiɲyR / *nf* ۱. خراش،
خراشیدگی ۲. رنجش
égrenage / egRənaʒ / *nm* (عمل) دانه کردن،
حب کردن
égrener / egRəne / *vt* (5) ۱. دانه کردن،
حب کردن ۲. شمرده ادا کردن
égrener un chapelet تسبیح انداختن
égrillard,e / egRijaR,d / *adj, n* بی‌پروا، گستاخ
égyptien,enne[1] / eʒipsjɛ̃,ɛn / *adj* مصری،
(مربوط به) مصر
Égyptien,enne[2] / eʒipsjɛ̃,ɛn / *n* اهل مصر،
مصری
egyptologie / eʒiptɔlɔʒi / *nf* مصرشناسی
égyptologue / eʒiptɔlɔg / *n* مصرشناس
eh! / e / *interj* هی! آهای!

Eh bien خُب، خوب
éhonté,e / eɔ̃te / *adj* ۱. بی‌شرم، بی‌حیا،
وقیح، پررو ۲. بی‌شرمانه، وقیحانه
éjaculation / eʒakylasjɔ̃ / *nf* ۱. دفع
۲. إنزال، دفع منی
éjaculer / eʒakyle / *vt* (1) ۱. بیرون ریختن،
دفع کردن ۲. منی دفع کردن، إنزال دست دادن
éjectable / eʒɛktabl / *adj*, **siège éjectable**
[هواپیما] صندلی پرتاب
éjecter / eʒɛkte / *vt* (1) ۱. بیرون انداختن،
بیرون دادن ۲. [عامیانه] بیرون کردن، بیرون
انداختن
On l'a éjecté de la salle. او را از سالن بیرون
کردند. از تالار بیرونش انداختند.
éjection / eʒɛksjɔ̃ / *nf* ۱. تخلیه ۲. پرتاب
۳. إخراج، بیرون کردن
élaboration / elabɔRasjɔ̃ / *nf* تدارک، تهیه
élaborer / elabɔRe / *vt* (1) تدارک دیدن،
آماده کردن، تهیه دیدن
élagage / elagaʒ / *nm* ۱. هَرَس
۲. حذف زواید
élaguer / elage / *vt* (1) ۱. هَرَس کردن
۲. حشو و زواید (چیزی را) زدن
élan[1] / elɑ̃ / *nm* ۱. جهش، پرش ۲. خیز
۳. شور، هیجان ۴. دلبستگی، علاقه
élan[2] / elɑ̃ / *nm* گوزن (مناطق شمالی)، موس
élancé,e / elɑ̃se / *adj* بلند و باریک،
بلندبالا، کشیده
élancement / elɑ̃smɑ̃ / *nm* درد ناگهانی،
تیر کشیدن
élancer / elɑ̃se / *vi* (3) تیر کشیدن
s'élancer *vp* ۱. خود را انداختن ۲. هجوم آوردن
s'élancer à la poursuite de qqn دنبال کسی
کردن
élargir / elaRʒiR / *vt, vi* (2) ۱. گشاد کردن
۲. پهن کردن، عریض کردن ۳. پهن نشان دادن ۴.
گسترش دادن، توسعه دادن ۵. [زندانی، اسیر] آزاد

کردن ▣ ۶. [خودمانی] یغور شدن، پت و پهن شدن
s'élargir *vp* ۱. گشاد شدن ۲. پهن شدن، عریض شدن ۳. گسترش یافتن
élargissement /elaʀʒismɑ̃/ *nm* ۱. تعریض ۲. (عمل) گشاد کردن ۳. گسترش، توسعه ۴. [زندانی، اسیر] آزادسازی، آزاد کردن
élasticité /elastisite/ *nf* ۱. قابلیت ارتجاع، کش‌سانی ۲. انعطاف‌پذیری، تغییرپذیری
élastique /elastik/ *adj, nm* ۱. کش‌سان، قابل ارتجاع، کشی ۲. نرم ۳. انعطاف‌پذیر، تغییرپذیر ▣ ۴. کِش
électeur,trice /elɛktœʀ,tʀis/ *n* رأی‌دهنده، دارندهٔ حق رأی
électif,ive /elɛktif,iv/ *adj* انتخابی، منتخب
élection /elɛksjɔ̃/ *nf* ۱. انتخاب ۲. انتخابات ۳. رأی‌گیری
électoral,e,aux /elɛktɔʀal,o/ *adj* انتخاباتی
électorat /elɛktɔʀa/ *nm* ۱. رأی‌دهندگان ۲. حق رأی
électricien,enne /elɛktʀisjɛ̃,ɛn/ *n* برق‌کار، تعمیرکار برق
électricité /elɛktʀisite/ *nf* برق، الکتریسیته
électrification /elɛktʀifikasjɔ̃/ *nf* ۱. برق‌رسانی، برق دادن ۲. (عمل) برقی کردن
électrifier /elɛktʀifje/ *vt* (7) ۱. برق دادن به، برق رساندن به ۲. برقی کردن
électrique /elɛktʀik/ *adj* برقی، الکتریکی
électriquement /elɛktʀikmɑ̃/ *adv* با نیروی برق
électriser /elɛktʀize/ *vt* (1) ۱. برق دادن به ۲. به هیجان آوردن، به شور آوردن
électrocardiogramme /elɛktʀɔkaʀdjɔgʀam/ *nm* نوار قلب، برق‌نگارهٔ قلب
électrocardiographe /elɛkʀɔkaʀdjɔgʀaf/ *nm* دستگاه نوار قلب، برق‌نگار قلب
électrochoc /elɛktʀɔʃɔk/ *nm* شوک برقی، شوک الکتریکی
électrocuter /elɛktʀɔkyte/ *vt* (1) ۱. با برق کشتن ۲. با برق اعدام کردن، با صندلی الکتریکی اعدام کردن
électrocution /elɛktʀɔkysjɔ̃/ *nf* ۱. کشتن با برق ۲. اعدام با برق، اعدام با صندلی الکتریکی
électrode /elɛktʀɔd/ *nf* الکترود، برق‌رسان
électrodynamique /elɛktʀɔdinamik/ *nf* برق‌پویایی
électroencéphalogramme /elɛktʀɔɑ̃sefalɔgʀam/ *nm* نوار مغز، برق‌نگارهٔ مغز
électroencéphalographie /elɛktʀɔɑ̃sefalɔgʀafi/ *nf* دستگاه نوار مغز، برق‌نگار مغز
électrogène /elɛktʀɔʒɛn/ *adj* مولد برق
électrolyse /elɛktʀɔliz/ *nf* برق‌کافت، تجزیهٔ الکتریکی، الکترولیز
électrolyser /elɛktʀɔlize/ *vt* (1) تجزیهٔ الکتریکی کردن، الکترولیز کردن
électrolyte /elɛktʀɔlit/ *nm* برق‌کافه، الکترولیت
électrolytique /elɛktʀɔlitik/ *adj* برق‌کافتی، الکترولیتی
électromagnétique /elɛktʀɔmaɲetik/ *adj* الکترومغناطیسی، برقاطیسی
électromagnétisme /elɛktʀɔmaɲetism/ *nm* الکترومغناطیس، برقاطیس
électroménager /elɛktʀɔmenaʒe/ *nm, adj. m* ۱. لوازم برقی (خانگی) ▣ ۲. (مربوط به لوازم) برقی (خانگی)
électromoteur /elɛktʀɔmɔtœʀ/ *nm* الکتروموتور
électron /elɛktʀɔ̃/ *nm* الکترون
électronicien,enne /elɛktʀɔnisjɛ̃,ɛn/ *n* متخصص الکترونیک، مهندس الکترونیک

a = bas, plat   e = blé, jouer   ɛ = lait, jouet, merci   i = il, lyre   o = mot, dôme, eau, gauche   ɔ = mort
u = roue   y = rue   ø = peu   œ = peur   ə = le, premier   ɑ̃ = sans, vent   ɛ̃ = matin, plein, lundi
ɔ̃ = bon, ombre   ʃ = chat, tache   ʒ = je, gilet   j = yeux, paille, pied   w = oui, nouer   ɥ = huile, lui

électronique /elɛktʀɔnik/ *nf, adj*
۱. الکترونیک ⬛ ۲. الکترونی، الکترونیکی

électroscope /elɛktʀɔskɔp/ *nm* برق‌نما

électrostatique /elɛktʀɔstatik/ *nf, adj*
۱. الکتریسیتهٔ ساکن ⬛ ۲. (مربوط به)الکتریسیتهٔ ساکن

élégamment /elegamɑ̃/ *adv* ۱. شیک،
قشنگ ۲. با ظرافت

élégance /elegɑ̃s/ *nf* ۱. ظرافت ۲. آراستگی
۳. شیکی ۴. خوش‌پوشی، شیک‌پوشی ۵. قشنگی،
زیبایی ۶. سلیقه، ذوق

élégant,e /elegɑ̃,t/ *adj* ۱. زیبا، قشنگ
۲. آراسته ۳. شیک ۴. شیک‌پوش، خوش‌پوش ۵.
ظریف، دقیق ۶. باسلیقه

élégiaque /eleʒjak/ *adj, n* ۱. (مربوط به)
مرثیه، رثایی ۲. غم‌انگیز، اندوهبار، حزن‌انگیز،
محزون ⬛ ۳. مرثیه‌گو، نوحه‌سرا

élégie /eleʒi/ *nf* مرثیه، نوحه

élément /elemɑ̃/ *nm* ۱. عنصر ۲. جزء،
بخش، قسمت ۳. رکن، اساس ۴. عضو ۵. محیط
طبیعی، محیط مطلوب — [صورت جمع] ۶. مبانی
۷. عوامل طبیعی

élémentaire /elemɑ̃tɛʀ/ *adj* ۱. مقدماتی،
ابتدایی، پایه ۲. ساده ۳. [مربوط به] عنصر

éléphant /elefɑ̃/ *nm* فیل
    éléphant de mer فیل دریایی
    Il a une mémoire d'éléphant.
    او حافظه‌ای قوی دارد.

éléphanteau /elefɑ̃to/ *nm* بچه فیل

éléphantiasique /elefɑ̃tjazik/ *n, adj*
۱. مبتلا به داءالفیل، پیل‌پا ⬛ ۲. (مربوط به) داءالفیل،
داءالفیلی، پیل‌پایی

éléphantiasis /elefɑ̃tjazis/ *nm*
[پزشکی] داءالفیل، پیل‌پایی

élevage /elvaʒ/ *nm* ۱. پرورش ۲. دامپروری

élévateur¹,trice /elevatœʀ,tʀis/ *adj* بالابر

élévateur² /elevatœʀ/ *nm* ۱. بالابر
۲. عضلهٔ بالابر

élévation /elevasjɔ̃/ *nf* ۱. (عمل) بالا بردن
۲. بلند کردن ۳. ساخت، بنا ۴. افزایش ۵. ارتقا،
ترفیع ۶. بلندی، تپه ۷. اعتلا، تعالی، رفعت

élève /elɛv/ *n* ۱. دانش‌آموز، محصل ۲. شاگرد

élevé,e /ɛlve/ *adj* ۱. بلند، مرتفع ۲. گران
۳. والا، رفیع، متعالی
    mal élevé بی‌تربیت، بی‌نزاکت

élever /ɛlve/ *vt* (5) ۱. بالا بردن ۲. بلند کردن
۳. بنا کردن، ساختن ۴. ارتقا دادن، ترفیع دادن ۵.
افزایش دادن، افزودن، بالا بردن ۶. پرورش دادن
۷. تربیت کردن، بار آوردن

s'élever *vp* ۱. بلند شدن، بالا رفتن ۲. قد برافراشتن
۳. ارتقا یافتن، ترقی کردن ۴. افزایش یافتن، بالا رفتن ۵.
رسیدن، بالغ شدن

éleveur,euse /ɛlvœʀ,øz/ *n* پرورش‌دهنده

élider /elide/ *vt* (1) [دستور زبان] حذف کردن

s'élider *vp* [دستور زبان] حذف شدن

éligible /eliʒibl/ *adj* واجد شرایط
(انتخابات شدن)

éligibilité /eliʒibilite/ *nf* واجد شرایط بودن،
صلاحیت (انتخاب شدن)

élimer /elime/ *vt* (1) فرسودن، ساییدن

élimination /eliminasjɔ̃/ *nf* ۱. حذف،
کنار گذاشتن ۲. دفع ۳. رفع

éliminer /elimine/ *vt* (1) ۱. حذف کردن،
کنار گذاشتن، از دور خارج کردن ۲. رفع کردن،
برطرف کردن ۳. دفع کردن
    Il élimine mal. مزاجش بد کار می‌کند.

élire /eliʀ/ *vt* (43) انتخاب کردن، برگزیدن
    élire domicile (در جایی) منزل کردن

élite /elit/ *nf* نخبگان، زبدگان
    d'élite نخبه، برگزیده، زبده

élixir /eliksiʀ/ *nm* اکسیر

elle /ɛl/ *pron. pers. f* [ضمیر سوم‌شخص مفرد مؤنث]
او، وی، آن

ellébore /elebɔʀ/ *nm* (گیاه) خَربَق

ellipse¹ /elips/ *nf* بیضی

ellipse[2] / elips / *nf* حذف به قرینه (معنوی)

ellipsoïdal,e,aux / elipsɔidal,o / *adj, nm* بیضی‌وار، بیضوی

ellipsoïde / elipsɔid / *adj* بیضی‌شکل، بیضی، بیضوی

elliptique[1] / eliptik / *adj* (مربوط به) بیضی، بیضوی

elliptique[2] / eliptik / *adj* ۱. دارای حذف به قرینه (معنوی) ۲. موجز، فشرده

élocution / elɔkysjɔ̃ / *nf* (شیوهٔ) بیان، سخنوری

éloge / elɔʒ / *nm* ۱. مدح، مدیحه، ثنا ۲. تحسین، تمجید، ستایش

élogieux,euse / elɔʒjø,øz / *adj* ستایش‌آمیز، تحسین‌آمیز

éloigné,e / elwaɲe / *adj* ۱. دور ۲. دورافتاده، پرت ۳. متفاوت

des parents éloignés خویشاوندان دور

éloignement / elwaɲmɑ̃ / *nm* ۱. (عمل) دور کردن ۲. دور شدن ۳. دوری، فاصله

éloigner / elwaɲe / *vt* (1) ۱. دور کردن ۲. پرت کردن، منحرف کردن ۳. به تعویق انداختن

s'éloigner *vp* ۱. دور شدن ۲. فاصله گرفتن

élongation / elɔ̃gasjɔ̃ / *nf* کشیدگی عضله

éloquence / elɔkɑ̃s / *nf* ۱. فصاحت، بلاغت، زبان‌آوری ۲. گویایی، رسایی

éloquent,e / elɔkɑ̃,t / *adj* ۱. زبان‌آور ۲. فصیح، بلیغ، شیوا، سلیس ۳. گویا، رسا ۴. معنی‌دار، پرمعنی

élu,e / ely / *adj, n, part. passé* ۱. منتخب، برگزیده ◙ ۲. [اسم مفعول فعلِ **élire**]

élucidation / elysidasjɔ̃ / *nf* توضیح، شرح

élucider / elyside / *vt* (1) روشن کردن، توضیح دادن، شرح دادن

éluder / elyde / *vt* (1) طفره رفتن، از سر باز کردن، از زیر (چیزی) در رفتن

élytre / elitʀ / *nm* بال‌پوش (= بال سخت خارجی بعضی از حشرات)

émacié,e / emasje / *adj* لاغر، نحیف، نزار، استخوانی

émail,aux / emaj,o / *nm* ۱. مینا ۲. لعاب — [صورت جمع] ۳. (اشیاء) میناکاری

émaillage / emajaʒ / *nm* ۱. میناکاری ۲. لعاب‌کاری

émailler / emaje / *vt* (1) ۱. لعاب دادن ۲. زینت دادن

émailleur,euse / emajœʀ,øz / *n* ۱. میناکار ۲. لعاب‌کار

émanation / emanasjɔ̃ / *nf* ۱. تصاعد ۲. انتشار، صدور ۳. بخار ۴. بوی بد، بوگند

émancipation / emɑ̃sipasjɔ̃ / *nf* ۱. رهایی از قیمومت ۲. آزادی، آزادسازی، رهایی

émanciper / emɑ̃sipe / *vt* (1) ۱. از قیمومت آزاد کردن، از تکفل بیرون آوردن ۲. آزاد کردن، رهایی بخشیدن

émaner / emane / *vi* (1) ۱. ناشی شدن، نشأت گرفتن، سرچشمه گرفتن، صادر شدن ۲. متصاعد شدن، بلند شدن ۳. ساطع شدن

émargement / emaʀʒəmɑ̃ / *nm* امضا کردن در حاشیه

émarger / emaʀʒe / *vt* (3) ۱. حاشیهٔ (چیزی را) امضا کردن ۲. در حاشیهٔ (چیزی) نوشتن، حاشیه‌نویسی کردن ۳. حاشیهٔ (چیزی را) بریدن ۴. مواجب گرفتن

émasculer / emaskyle / *vt* (1) ۱. اخته کردن، از مردی انداختن ۲. تضعیف کردن، از حیّز انتفاع انداختن

emballage / ɑ̃balaʒ / *nm* بسته‌بندی

emballement / ɑ̃balmɑ̃ / *nm* هیجان‌زدگی، ناشکیبایی

emballer / ɑ̃bale / *vt* (1) ۱. بسته‌بندی کردن

emballeur,euse

دردسر کردن برایِ، به زحمت انداختن ۴. سردرگم کردن
۱. [مجازی] دست و پای خود **s'embarrasser** vp را بستن ۲. نگران بودن، فکر (چیزی را) کردن ۳. خود را گرفتار کردن
embauchage /ɑ̃boʃaʒ/ nm → embauche
embauche /ɑ̃boʃ/ nf استخدام
emboucher /ɑ̃boʃe/ vt (1) به کار گرفتن، استخدام کردن
embauchoir /ɑ̃boʃwaʀ/ nm [کفش] قالب
embaumement /ɑ̃bomɑ̃/ nm (عمل) مومیایی کردن
embaumer /ɑ̃bome/ vt (1) ۱. مومیایی کردن ۲. معطر کردن، عطرآگین کردن
embaumeur /ɑ̃bomœʀ/ nm مومیاگر
embellir /ɑ̃beliʀ/ vt, vi (2) ۱. زیبا کردن، زیباتر کردن، قشنگ کردن، خوشگل کردن ۲. آراستن، تزیین کردن، زینت دادن ▪ ۳. زیباتر شدن، زیبا شدن، قشنگ شدن، خوشگل شدن
embellissement /ɑ̃belismɑ̃/ nm ۱. زیباسازی ۲. تزیین
emberlificoter /ɑ̃bɛʀlifikɔte/ vt (1) [خودمانی] سردرگم کردن، گیج کردن
s'emberlificoter vp [خودمانی] سردرگم شدن، گیج شدن
embêtant,e /ɑ̃bɛtɑ̃,t/ adj [خودمانی] عذاب‌آور، مایهٔ عذاب، اعصاب‌خردکن
embêtement /ɑ̃bɛtmɑ̃/ nm [خودمانی] دردسر، عذاب، حالگیری
embêter /ɑ̃bete/ vt (1) [خودمانی] حال (کسی را) گرفتن، عذاب دادن، اذیت کردن
s'embêter vp حال (کسی) گرفته شدن، (به کسی) بد گذشتن
emblavage /ɑ̃blavaʒ/ nm ۱. گندم‌کاری، کشت گندم ۲. کشت غلات
emblaver /ɑ̃blave/ vt (1) ۱. گندم کاشتن، به زیر کشت گندم بردن ۲. [غلات] کاشتن

۲. [خودمانی؛ پلیس] دستگیر کردن، گرفتن، جلب کردن ۳. مجذوب کردن، به خود جذب کردن
s'emballer vp ۱. [اسب] پا به فرار گذاشتن، در رفتن ۲. صبر (کسی) تمام شدن ۳. از کوره در رفتن
emballeur,euse /ɑ̃balœʀ,øz/ n کارگر بسته‌بندی
embarcadère /ɑ̃baʀkadeʀ/ nm اسکله، بارانداز
embarcation /ɑ̃baʀkasjɔ̃/ nf قایق
embardée /ɑ̃baʀde/ nf انحراف، تغییر مسیر (ناگهانی)
embargo /ɑ̃baʀgo/ nm ۱. ممنوعیت خروج از بندر، توقیف (کشتی) ۲. تحریم
embarquement /ɑ̃baʀkəmɑ̃/ nm ۱. (عمل) سوار کردن ۲. سوار شدن ۳. بارگیری
embarquer /ɑ̃baʀke/ vt, vi (1) ۱. سوار کردن ۲. بار زدن، بارگیری کردن ۳. درگیر کردن ۴. [خودمانی] گرفتن، جلب کردن، توقیف کردن ▪ ۵. سوار شدن ۶. [آب] به داخل کشتی ریختن
s'embarquer vp ۱. سوار شدن ۲. درگیر (کاری) شدن، خود را درگیر کردن
embarras /ɑ̃baʀa/ nm ۱. گرفتاری، مشکل، مسئله، دردسر، مخمصه ۲. اِشکال، مانع ۳. شک، تردید ۴. دستپاچگی، سراسیمگی ۵. ناراحتی، نگرانی، غصه ۶. [قدیمی] راه‌بندان
embarras pécuniaires گرفتاری مالی، مضیقهٔ مالی
se tirer d'embarras گرفتاری (کسی را) رفع کردن، از مخمصه رهانیدن
embarrassant,e /ɑ̃baʀasɑ̃,t/ adj ۱. مشکل، دشوار، سخت ۲. دست و پاگیر
embarrassé,e /ɑ̃baʀase/ adj ۱. ناراحت، معذب ۲. مردد، دودل ۳. دستپاچه، سراسیمه ۴. مبهم، گنگ، پیچیده
embarrasser /ɑ̃baʀase/ vt (1) ۱. جا گرفتن، اِشغال کردن ۲. جلوی دست و پای (کسی را) گرفتن ۳. به دردسر انداختن، ایجاد

emblée (d') /ãble/ *loc. adv* ۱. در اولین اقدام ۲. فوراً، بی‌درنگ، بلافاصله

emblématique /ãblematik/ *adj* نمادین

emblème /ãblɛm/ *nm* ۱. آرم ۲. نشان، علامت، مظهر، نماد

embobiner /ãbɔbine/ *vt* (1) [خودمانی] گول زدن، سر (کسی را) شیره مالیدن، سر (کسی را) کلاه گذاشتن

emboîtage /ãbwataʒ/ *nm* [کتاب] قاب، جعبه

emboîtement /ãbwatmã/ *nm* اتصال، تو هم رفتن

emboîter /ãbwate/ *vt* (1) ۱. (توی) کردن، (به هم) وصل کردن ۲. در بر گرفتن

emboîter le pas à qqn ۱. پا به پای کسی گذاشتن ۲. از کسی تقلید کردن، از کسی دنباله‌روی کردن

s'emboîter *vp* تو هم رفتن، به هم وصل شدن

embolie /ãbɔli/ *nf* انسداد رگ، آمبولی

embonpoint /ãbɔ̃pwɛ̃/ *nm* چاقی، فربهی

emboucher /ãbuʃe/ *vt* (1) [ساز] به دهان گذاشتن

embouchure /ãbuʃyʀ/ *nf* ۱. [ساز] سَر، دَهنی ۲. [رود] مصب، دهانه

embourber /ãbuʀbe/ *vt* (1) در گِل انداختن

s'embourber *vp* ۱. در گِل افتادن، در گِل گیر کردن ۲. گیر کردن

embouteillage /ãbutɛjaʒ/ *nm* ۱. راه‌بندان ۲. [قدیمی] (عمل) در بطری ریختن

embouteiller /ãbuteje/ *vt* (1) ۱. [راه] بند آوردن ۲. [قدیمی] در بطری ریختن، بطری کردن

emboutir /ãbutiʀ/ *vt* (2) ۱. قُر کردن ۲. [فلز] کوژکاری کردن، منگنه کردن

embranchement /ãbʀãʃmã/ *nm* ۱. انشعاب ۲. راه فرعی ۳. تقاطع ۴. [دسته‌بندی گیاهان و جانوران] شاخه

embrancher /ãbʀãʃe/ *vt* (1) [راه] وصل کردن

s'embrancher *vp* [راه] وصل شدن

embrasement /ãbʀazmã/ *nm* ۱. آتش‌سوزی، حریق ۲. درخشش

embraser /ãbʀaze/ *vt* (1) [ادبی] ۱. به آتش کشیدن، آتش زدن، سوزاندن ۲. نورانی کردن، غرق در نور کردن ۳. به شور آوردن

embrassade /ãbʀasad/ *nf* (عمل) در آغوش گرفتن، روبوسی

embrasse /ãbʀas/ *nf* بند پرده

embrasser /ãbʀase/ *vt* (1) ۱. در آغوش گرفتن، بغل کردن ۲. بوسیدن ۳. [عقیده، مسلک، ...] پذیرفتن، گرویدن به ۴. در بر گرفتن، شامل شدن ۵. نظر انداختن به

s'embrasser *vp* ۱. همدیگر را بغل کردن، یکدیگر را در آغوش گرفتن ۲. همدیگر را بوسیدن

embrasure /ãbʀazyʀ/ *nf* درگاهی

embrayage /ãbʀɛjaʒ/ *nm* کلاچ

embrayer /ãbʀeje/ *vt, vi* (8) کلاچ را اول کردن، پا را از روی کلاچ برداشتن

embrigadement /ãbʀigadmã/ *nm* (عمل) تحت سلطه درآوردن، به خدمت گرفتن

embrigader /ãbʀigade/ *vt* (1) تحت سلطه درآوردن، به خدمت گرفتن، زیر نفوذ خود گرفتن

embringuer /ãbʀɛ̃ge/ *vt* (1) [خودمانی] درگیر (کاری) کردن

embrocation /ãbʀɔkasjɔ̃/ *nf* [پزشکی] ۱. روغن‌مالی، پماد مالیدن ۲. روغن، پماد

embrocher /ãbʀɔʃe/ *vt* (1) به سیخ کشیدن، سیخ کردن

embrouillamini /ãbʀujamini/ *nm* [خودمانی] درهم‌ریختگی، پل‌بشو

embrouillage /ãbʀujaʒ/ *nm* [خودمانی] درهم‌برهمی

embrouillé,e / ɑ̃bʀuje / adj ۱. [نخ و غیره] درهم‌پیچیده، گوریده ۲. سردرگم ۳. درهم و برهم ۴. مبهم، گنگ

embrouillement / ɑ̃bʀujmɑ̃ / nm ۱. سردرگمی ۲. پیچیدگی ۳. پیچیده کردن

embrouiller / ɑ̃bʀuje / vt (1) ۱. [نخ و غیره] درهم پیچیدن، گره انداختن ۲. پیچیده کردن، درهم و برهم کردن ۳. رشتهٔ افکار (کسی را) پاره‌کردن، حواس (کسی را) پرت کردن، سردرگم کردن، گیج کردن

s'embrouiller vp سردرگم شدن، گیج شدن

embroussaillé,e / ɑ̃bʀysaje / adj ۱. پرخار و خس، پرخار و خاشاک ۲. ژولیده

embrumer / ɑ̃bʀyme / vt (1) ۱. مه‌آلود کردن ۲. [مجازی] تاریک کردن

embruns / ɑ̃bʀɛ̃ / nm. pl گَرد امواج

embryologie / ɑ̃bʀijɔlɔʒi / nf رویان‌شناسی، جنین‌شناسی

embryon / ɑ̃bʀijɔ̃ / nm رویان، جنین (در مراحل نخستین)

embryonnaire / ɑ̃bʀijɔnɛʀ / adj رویانی، جنینی، (مربوط به) جنین

embûche / ɑ̃byʃ / nf دام، تله

embuscade / ɑ̃byskad / nf ۱. کمین ۲. دام، تله ۳. شبیخون، حملهٔ غافلگیرانه

se tenir en embuscade کمین کردن، به کمین نشستن

embusquer / ɑ̃byske / vt (1) در کمین گذاشتن

s'embusquer vp کمین کردن

éméché,e / emeʃe / adj [خودمانی] شنگول

émeraude / ɛmʀod / nf, adj. inv ۱. زمرد ۲. (به رنگِ) سبز زمردی

émergence / emɛʀʒɑ̃s / nf ظهور (ناگهانی)، بروز، تجلی

émerger / emɛʀʒe / vi (3) ۱. بیرون آمدن، بیرون زدن ۲. آشکار شدن، معلوم شدن، نمایان شدن، ظاهر شدن

émeri / ɛmʀi / nm سنباده

papier (d')émeri کاغذ سنباده

émérite / emeʀit / adj ۱. خبره، زبده ۲. ممتاز، برجسته

professeur émérite استاد ممتاز

émerveillement / emɛʀvɛjmɑ̃ / nm شگفتی، تحسین، اِعجاب

émerveiller / emɛʀveje / vt (1) به شگفت آوردن، حیرت‌زده کردن، به تحسین واداشتن

s'émerveiller vp به شگفت آمدن، شگفت‌زده شدن، تحسین کردن

émétique / emetik / adj, n ۱. تهوع‌آور، استفراغ‌آور ۲. داروی تهوع‌آور

émetteur¹,trice / emetœʀ, tʀis / n, adj ۱. [چک، حواله] صادرکننده ۲. [دستگاه] فرستنده

émetteur² / emetœʀ / nm (دستگاه) فرستنده، (ایستگاه) فرستنده

émettre / emɛtʀ / vt (56) ۱. [اسکناس] به جریان انداختن، منتشر کردن ۲. بیان کردن، ابراز کردن، گفتن ۳. پخش کـردن ۴. سـاطع کـردن ۵. فرستادن، ارسال کردن

émettre de la musique موسیقی پخش کردن

émeu / emø / nm شترمرغ استرالیایی، اِمو

émeute / emøt / nf شورش، آشوب، بلوا

émeutier,ère / emøtje, ɛʀ / n شورشی، آشوبگر

émiettement / emjɛtmɑ̃ / nm (عمل) خرد کردن، تکه‌تکه کردن

émietter / emjete / vt (1) خرد کردن، تکه‌تکه کردن

Il émiette du pain pour les oiseaux.
او برای پرنده‌ها نان خرد می‌کند.

émigrant,e / emigʀɑ̃, t / n, adj مهاجر، برون‌کوچ

émigration / emigʀasjɔ̃ / nf مهاجرت، برون‌کوچی

émigré,e / emigʀe / n, adj مهاجر

329 **émotionner**

émigrer /emigʀe/ *vi* (1) مهاجرت کردن، کوچ کردن، برون کوچیدن

émincer /emɛ̃se/ *vt* (3) ورقه‌ورقه بریدن، بریدن

éminemment /eminamɑ̃/ *nm* ۱. فوق‌العاده، بی‌اندازه، بی‌نهایت ۲. به راستی، واقعاً

éminence[1] /eminɑ̃s/ *nf* ۱. بلندی، تپه ۲. برجستگی

Éminence[2] /eminɑ̃s/ *nf* [در خطاب یا اشاره به کاردینال] عالی‌جناب

éminent,e /eminɑ̃,t/ *adj* ۱. ممتاز، برجسته، عالی‌رتبه ۲. عالی

émir /emiʀ/ *nm* ۱. امیر ۲. سید

émissaire /emisɛʀ/ *nm* مأمور مخفی

émission /emisjɔ̃/ *nf* ۱. پخش، انتشار ۲. برون‌ریزی، خروج ۳. [تلویزیون یا رادیو] برنامه

émission de timbres انتشار تمبر

émission télévisée برنامهٔ تلویزیونی

emmagasinage /ɑ̃magazinaʒ/ *nm* ۱. (عمل) انبار کردن ۲. تلنبار کردن

emmagasiner /ɑ̃magazine/ *vt* (1) ۱. انبار کردن، در انبار گذاشتن ۲. تلنبار کردن، جمع کردن ۳. به خاطر سپردن، در ذهن نگه‌داشتن

emmailloter /ɑ̃majɔte/ *vt* (1) ۱. بستن ۲. [قدیمی] قنداق کردن

emmancher /ɑ̃mɑ̃ʃe/ *vt* (1) ۱. دسته انداختن به ۲. [خودمانی] شروع کردن، به راه انداختن

s'emmancher *vp* شروع شدن، راه افتادن

emmanchure /ɑ̃mɑ̃ʃyʀ/ *nf* حلقه آستین

emmêlement /ɑ̃mɛlmɑ̃/ *nm* درهم‌برهمی، به‌هم‌ریختگی

emmêler /ɑ̃mele/ *vt* (1) درهم‌برهم کردن، سردرگم کردن، به هم ریختن، قر و قاطی کردن

emménagement /ɑ̃menaʒmɑ̃/ *nm* اسباب‌کشی

emménager /ɑ̃menaʒe/ *vi* (3) ۱. اسباب‌کشی کردن، اسباب کشیدن ۲. مستقر شدن

emmener /ɑ̃mne/ *vt* (5) ۱. همراه خود بردن، با خود بردن، بردن ۲. هدایت کردن

emmerdant,e /ɑ̃mɛʀdɑ̃,t/ *adj* [خودمانی] اعصاب‌خردکن، حالگیر

emmerder /ɑ̃mɛʀde/ *vt* (1) ۱. [خودمانی] اذیت کردن، کلافه کردن، اعصاب (کسی را) خرد کردن ۲. [خودمانی] به حساب نیاوردن، آدم حساب نکردن

s'emmerder *vp* [خودمانی] حوصله (کسی) سر رفتن، کسل شدن

emmerdeur,euse /ɑ̃mɛʀdœʀ,øz/ *n* [خودمانی] اعصاب‌خردکن، حالگیر

emmitoufler /ɑ̃mitufle/ *vt* (1) [خودمانی] لباس گرم پوشاندن به، خوب پوشاندن

s'emmitoufler *vp* خود را خوب پوشاندن

emmurer /ɑ̃myʀe/ *vt* (1) (در جای تنگ) حبس کردن، محبوس ساختن

émoi /emwa/ *nm* ۱. هیجان ۲. پریشانی، اضطراب

émoluments /emɔlymɑ̃/ *nm.pl* مواجب، حقوق

émondage /emɔ̃daʒ/ *nm* هَرَس

émonder /emɔ̃de/ *vt* (1) هَرَس کردن

émotif,ive /emɔtif,iv/ *adj* ۱. هیجانی ۲. حساس، احساساتی

émotion /emosjɔ̃/ *nf* ۱. هیجان، برانگیختگی ۲. احساس، احساسات

émontionnel,elle /emosjɔnɛl/ *adj* احساسی، عاطفی

émotionner /emosjɔne/ *vt* (1) [عامیانه] تحت تأثیر قرار دادن

émotivité / emɔtivite / *nf* حساسیت، تأثرپذیری

émouchet / emuʃɛ / *nm* دلیجه (= نوعی شاهین کوچک)

émoussé,e / emuse / *adj* ۱. [چاقو و غیره] کند ۲. ضعیف

émousser / emuse / *vt* (1) ۱. [چاقو و غیره] کند کردن ۲. ضعیف کردن

émoustillant,e / emustijɑ̃,t / *adj* نشاط‌آور، نشاط‌انگیز

émoustiller / emustije / *vt* (1) شنگول کردن، سر حال آوردن، به نشاط آوردن

émouvant,e / emuvɑ̃,t / *adj* تأثرآور، تأثرانگیز، متأثرکننده

émouvoir / emuvwaʀ / *vt* (27) ۱. احساسات (کسی را) برانگیختن، تحت تأثیر قرار دادن ۲. به هیجان آوردن

s'émouvoir *vp* ۱. متأثر شدن ۲. مضطرب شدن، آرامش خود را از دست دادن

empailler / ɑ̃paje / *vt* (1) از کاه پر کردن، پر از کاه کردن

empaler / ɑ̃pale / *vt* (1) چوب در مقعد (کسی) کردن

empan / ɑ̃pɑ̃ / *nm* [قدیمی] وجب

empanaché,e / ɑ̃panaʃe / *adj* [کلاه] پَردار، جقه‌دار

empaquetage / ɑ̃paktaʒ / *nm* بسته‌بندی

empaqueter / ɑ̃pakte / *vt* (4) ۱. بسته‌بندی کردن ۲. در قوطی ریختن

emparer (s') / sɑ̃paʀe / *vp* (1) ۱. تصرف کردن، غصب کردن ۲. تصاحب کردن ۳. (به کسی) مسلط شدن ۴. چیره شدن، غلبه کردن ۵. گرفتن

Le gardien de but réussit à s'emparer du ballon. دروازه‌بان توانست توپ را بگیرد.

empâter / ɑ̃pate / *vt* (1) ۱. با خمیر پر کردن ۲. پروار کردن ۳. چاق کردن ۴. [زبان] باردار کردن

s'empâter *vp* چاق شدن، تپل شدن

empêchement / ɑ̃pɛʃmɑ̃ / *nm* مانع، اِشکال، مشکل، مسئله

empêcher / ɑ̃peʃe / *vt* (1) مانع (انجام کاری) شدن، جلوگیری کردن از، جلوی (کاری را) گرفتن، نگذاشتن

N'empêche que j'ai raison. به هر حال حق با من است.

s'empêcher *vp* خودداری کردن، جلوی خود را گرفتن

Je ne peux pas m'empêcher de rire. نمی‌توانم جلوی خنده‌ام را بگیرم.

empeigne / ɑ̃pɛɲ / *nf* رویه (کفش)

empereur / ɑ̃pʀœʀ / *nm* امپراتور

emperler / ɑ̃pɛʀle / *vt* (1) با مروارید تزیین کردن، مرواریدنشان کردن

empesage / ɑ̃pəzaʒ / *nm* (عمل) آهار زدن

empesé,e / ɑ̃pəze / *adj* ۱. آهاردار، آهاری، آهارزده ۲. تصنعی، خشک

empeser / ɑ̃mpəze / *vt* (5) آهار زدن

empester / ɑ̃pɛste / *vt* (1) ۱. بدبو کردن ۲. بوی (چیزی را) دادن، بوگند (چیزی را) دادن

empêtrer / ɑ̃petʀe / *vt* (1) ۱. گیر انداختن ۲. درگیر کردن، گرفتار کردن

s'empêtrer *vp* ۱. گیر کردن ۲. درگیر شدن، گرفتار شدن، تو هچل افتادن

emphase / ɑ̃faz / *nf* ۱. تکلف، طمطراق ۲. تأکید

emphatique / ɑ̃fatik / *adj* ۱. متکلف، پرطمطراق، مطنطن ۲. تأکیدی

emphysème / ɑ̃fizɛm / *nm* [پزشکی] آمفیزم (= اتساع مجاری ریه بر اثر تراکم هوا)

empiècement / ɑ̃pjɛsmɑ̃ / *nm* [لباس] بالاتنه

empierrement / ɑ̃pjɛʀmɑ̃ / *nm* شن‌ریزی

empierrer / ɑ̃pjeʀe / *vt* (1) شن‌ریزی کردن

empiètement / ɑ̃pjɛtmɑ̃ / *nm* تجاوز، تعدی، دست‌درازی

331 empoisonneur,euse

empiéter /ãpjete/ *vi* (6) تجاوز کردن، تعدی کردن، دست‌درازی کردن

empiffrer (s') /sãpifʀe/ *vp* (1) پرخوری کردن، پر خوردن

empiler /ãpile/ *vt* (1) ۱. روی هم چیدن، روی هم گذاشتن ۲. [خودمانی] کلاه (کسی را) برداشتن، کلاه سر (کسی) گذاشتن

empire /ãpiʀ/ *nm* ۱. امپراتوری ۲. تسلط، سلطه، نفوذ ۳. تأثیر

sous l'empire de ۱. در عهد امپراتوریِ ۲. تحت تأثیر، براثرِ

empirer /ãpiʀe/ *vt, vi* (1) ۱. بدتر کردن، وخیم‌تر کردن، حادتر کردن ◻ ۲. بدتر شدن، وخیم‌تر شدن ، حادتر شدن

empirique /ãpiʀik/ *adj* تجربی

empiriquement /ãpiʀikmã/ *nm* به روش تجربی

empirisme /ãpiʀism/ *nm* تجربه‌گرایی

empiriste /ãpiʀist/ *n, adj* ۱. تجربه‌گرا ◻ ۲. تجربه‌گرایانه

emplacement /ãplasmã/ *nm* ۱. محل، جا، مکان ۲. جای پارک (اتومبیل)

emplâtre /ãplatʀ/ *nm* ۱. [پزشکی] مشمّا ۲. چَک، کشیده ۳. [خودمانی] غذای شکم‌پرکن ۴. [عامیانه] (آدم) بی‌عرضه، آدم بی‌خاصیت

emplette /ãplɛt/ *nf* خرید (مختصر)

faire ses emplettes [قدیمی] خرید کردن، ابتیاع کردن

Montrez-moi vos emplettes. چیزهایی را که خریده‌اید نشانم دهید. خریدتان را ببینم.

emplir /ãpliʀ/ *vt* (2) ۱. پر کردن ۲. آکنده کردن، لبریز کردن، سرشار کردن

s'emplir *vp* پر شدن

emploi /ãplwa/ *nm* ۱. کاربرد، استفاده، استعمال، مصرف ۲. کار، شغل، حرفه ۳. [بازیگری] نقش

emploi du temps برنامه (زمان‌بندی شده)

mode d'emploi طرز استفاده، طریقهٔ استعمال

employé,e /ãplwaje/ *n* ۱. کارمند، مستخدم ـ [صورت جمع] ۲. کارکنان، پرسنل، کارمندان

employer /ãplwaje/ *vt* (8) ۱. به کار بردن، استفاده کردن از، استعمال کردن ۲. [وقت] گذراندن، صرف کردن ۳. به کار گماشتن، به خدمت گرفتن

s'employer *vp* ۱. به کار رفتن ۲. همّ و غمّ خود را صرف (کاری) کردن، نهایت سعی خود را کردن

employeur,euse /ãplwajœʀ,øz/ *n* کارفرما

emplumé,e /ãplyme/ *adj* پَردار

empocher /ãpɔʃe/ *vt* (1) ۱. در جیب گذاشتن ۲. دریافت کردن، به جیب زدن

empoignade /ãpwaɲad/ *nf* دعوا، مشاجره، بگومگو

empoigner /ãpwaɲe/ *vt* (1) ۱. محکم گرفتن، سفت چسبیدن ۲. جلب کردن

s'empoigner *vp* با هم دست به یقه شدن، با هم دعوا کردن

empois /ãpwa/ *nm* آهار

empoisonnant,e /ãpwazɔnã,t/ *adj* [خودمانی] آزاردهنده، عذاب‌آور، اعصاب‌خردکن

empoisonnement /ãpwazɔnmã/ *nm* ۱. مسمومیت ۲. (عمل) مسموم کردن ۳. [خودمانی] ناراحتی، اذیت، دردسر، عذاب

empoisonner /ãpwazɔne/ *vt* (1) ۱. مسموم کردن ۲. زهر دادن به ۳. زهرآلود کردن، سم زدن به ۴. آلوده کردن، آلودن ۵. بدبو کردن، متعفن کردن ۶. تباه کردن، خراب کردن، ضایع کردن ۷. [خودمانی] کلافه کردن، اعصاب (کسی را) خرد کردن

empoisonneur,euse /ãpwazɔnœʀ,øz/ *adj, n* ۱. (شخص) مسموم‌کننده، زهردهنده

empoissonnement 332

۲. [خودمانی] (آدم) اعصاب‌خردکن، مایهٔ عذاب

empoissonnement /ɑ̃pwasɔnmɑ̃/ *nm* (عمل) ماهی ریختن (در)

empoissonner /ɑ̃pwasɔne/ *vt* (1) ماهی ریختن (در)

emporté,e /ɑ̃pɔʀte/ *adj* تندخو، عصبی، جوشی، آتشی

emportement /ɑ̃pɔʀtəmɑ̃/ *nm* تندخویی، خشم، عصبانیت

emporte-pièce /ɑ̃pɔʀtəpjɛs/ *nm. inv* منگنه

emporter /ɑ̃pɔʀte/ *vt* (1) ۱. با خود بردن، بردن ۲. هلاک کردن، از بین بردن ۳. چیره شدن به، مستولی شدن بر

l'emporter مغلوب کردن، پیروز شدن

s'emporter *vp* از کوره در رفتن، کفری شدن، عصبانی شدن، جوش آوردن

empoté,e /ɑ̃pɔte/ *adj, n* [خودمانی] بی‌دست و پا، دست و پاچلفتی، بی‌عرضه

empourprer /ɑ̃puʀpʀe/ *vt* (1) ارغوانی کردن، به رنگ سرخ درآوردن

s'empourprer *vp* سرخ شدن

empreint,e[1] /ɑ̃pʀɛ̃,t/ *adj* نشان‌دهنده، نمایانگر، بیانگر

empreinte[2] /ɑ̃pʀɛ̃t/ *nf* ۱. نشان، اثر، نقش ۲. رد، جای پا

empreinte digitale اثر انگشت

empressé,e /ɑ̃pʀese/ *adj, n* مشتاق، علاقه‌مند

empressement /ɑ̃pʀɛsmɑ̃/ *nm* ۱. اشتیاق، شور و شوق، علاقه، ذوق و شوق ۲. تعجیل، شتاب، عجله

empresser (s') /sɑ̃pʀese/ *vp* (1) ۱. علاقه نشان دادن به ۲. (به کسی) رسیدن، توجه کردن به، (دور و بر کسی) گشتن ۳. شتاب کردن، عجله کردن

emprise /ɑ̃pʀiz/ *nf* سلطه، تسلط، نفوذ

emprisonnement /ɑ̃pʀizɔnmɑ̃/ *nm* حبس، زندانی کردن

emprisonner /ɑ̃pʀizɔne/ *vt* (1) ۱. به زندان انداختن ۲. زندانی کردن، حبس کردن

Il est emprisonné dans l'ascenseur. او در آسانسور حبس شده است.

emprunt /ɑ̃pʀɛ̃/ *nm* ۱. قرض، وام ۲. (عمل) قرض کردن ۳. امانت ۴. اقتباس ۵. واژهٔ قرضی

d'emprunt ۱. عاریه، امانت ۲. مستعار

emprunter /ɑ̃pʀɛ̃te/ *vt* (1) ۱. قرض کردن، وام گرفتن ۲. (به) امانت گرفتن ۳. اقتباس کردن، گرفتن ۴. [راه] رفتن به، در پیش گرفتن

emprunteur,euse /ɑ̃pʀɛ̃tœʀ,øz/ *n* قرض‌گیرنده، وام‌گیرنده

empuantir /ɑ̃pɥɑ̃tiʀ/ *vt* (2) بدبو کردن، متعفن کردن

empyrée /ɑ̃piʀe/ *nm* ۱. عرش ۲. فلک

ému,e /emy/ *part. passé* [اسم مفعول فعلِ émouvoir]

émulation /emylasjɔ̃/ *nf* رقابت، همچشمی

émule /emyl/ *n* رقیب

émulsion /emylsjɔ̃/ *nf* اِمولسیون (= نوعی محلول)

en[1] /ɑ̃/ *prép* ۱. در ۲. به ۳. در عرضِ ۴. از جنسِ، از، [در ترکیب] ـی ۵. با ۶. به صورتِ، به شکلِ ۷. به عنوانِ ۸. مثلِ

de ville en ville شهر به شهر، از این شهر به آن شهر

d'heure en heure ساعت به ساعت

en courant در حال دویدن، دوان‌دوان، بدو

en danger در معرض خطر، در خطر

en dix minutes در (عرضِ) ده دقیقه

en frère مثل برادر، برادروار، برادرانه

être en guerre در حال جنگ بودن

en[2] /ɑ̃/ *adv* از آنجا

en[3] /ɑ̃/ *pron. pers* ۱. از آن، از او، از آنها ۲. آن را، آنها را ۳. از این بابت، به آن خاطر

J'en suis content. ۱. از این بابت خوشحالم. ۲. از او راضی‌ام.

J'en veux. من از آن می‌خواهم.
Il en est capable. او قادر به انجام آن کار هست.
Qu'en pensez-vous? در این مورد چه نظری دارید؟ در این‌باره چه فکر می‌کنید؟

encadrement /ãkadʀəmã/ *nm* ۱. (عمل) قاب کردن، قاب گرفتن ۲. قاب ۳. چهارچوب ۴. سازماندهی

encadrer /ãkadʀe/ *vt* (1) ۱. قاب کردن، قاب گرفتن ۲. احاطه کردن، در بر گرفتن ۳. نشانه گرفتن ۴. سازمان دادن

encadreur /ãkadʀœʀ/ *nm* قاب‌ساز

encaisse /ãkɛs/ *nf* موجودی (صندوق)

encaissement /ãkɛsmã/ *nm* ۱. دریافت، وصول ۲. (عمل) در صندوق گذاشتن

encaisser /ãkese/ *vt* (1) ۱. دریافت کردن، گرفتن ۲. [ضربه] خوردن ۳. تحمل کردن ۴. در صندوق گذاشتن، در جعبه گذاشتن

encaisseur /ãkesœʀ/ *nm* مأمور وصول، تحصیلدار

encan (à l') /alãkã/ *loc. adv,* **mettre/vendre à l'encan** به حراج گذاشتن، به مزایده گذاشتن

encanailler (s') /sãkanaje/ *vp* (1) با اراذل و اوباش رفت و آمد کردن

encapuchonner /ãkapyʃɔne/ *vt* (1) کلاه (بارانی) سر (کسی) گذاشتن

en-cas /ãka/ *nm. inv* (غذای) حاضری، غذای سرپایی

encastrer /ãkastʀe/ *vt* (1) جاسازی کردن، کار گذاشتن، تعبیه کردن

encaustique /ãkostik/ *nf* [چوب] پولیش، واکس

encaustiquer /ãkostike/ *vt* (1) [چوب] پولیش کردن، واکس زدن

enceinte[1] /ãsɛ̃t/ *nf* ۱. حصار ۲. حفاظ ۳. نرده ۴. محوطه، صحن

enceinte[2] /ãsɛ̃t/ *adj.f* باردار، حامله

encens /ãsã/ *nm* ۱. کندر، بخور ۲. ستایش، تمجید

encenser /ãsãse/ *vt* (1) ۱. [در کلیسا] مجمر گرداندن، کندر سوزاندن ۲. مجیز (کسی را) گفتن، تملق (کسی را) گفتن، (به اغراق) ستودن

encensoir /ãsãswaʀ/ *nm* مجمر

encéphale /ãsefal/ *nm* [کالبدشناسی] مغز

encéphalite /ãsefalit/ *nf* ورم مغز

encerclement /ãsɛʀkləmã/ *nm* ۱. محاصره ۲. احاطه

encercler /ãsɛʀkle/ *vt* (1) ۱. محاصره کردن ۲. احاطه کردن

enchaînement /ãʃɛnmã/ *nm* ۱. (عمل) زنجیر کردن ۲. توالی، پیوستگی ۳. رشته، زنجیره

enchaîner /ãʃene/ *vt* (1) ۱. زنجیر کردن، با زنجیر بستن، به زنجیر کشیدن ۲. اسیر کردن، به اسارت درآوردن ۳. (به هم) ربط دادن، (به هم) پیوند دادن

enchanté,e /ãʃãte/ *adj* ۱. افسون‌شده، جادوشده، جادویی، سحرآمیز ۲. مسحور، مجذوب ۳. خوشحال، مشعوف، مسرور

enchantement /ãʃãtmã/ *nm* ۱. افسون، جادو، سحر ۲. شعف، حظ، سرور

enchanter /ãʃãte/ *vt* (1) ۱. جادو کردن، افسون کردن، طلسم کردن ۲. مسحور کردن، مجذوب کردن ۳. خوشحال کردن، مشعوف کردن، مسرور کردن

enchanteur,teresse /ãʃãtœʀ,tʀɛs/ *n, adj* ۱. افسونگر، جادوگر، ساحر ◻ ۲. مسحورکننده، جادویی، جذاب، فریبنده، دلربا

enchâssement /ãʃasmã/ *nm* ۱. نصب، کار گذاشتن ۲. درج، گنجاندن

enchâsser /ãʃase/ *vt* (1) ۱. سوار کردن، کار گذاشتن، نصب کردن ۲. گنجاندن، درج کردن

a = bas, plat e = blé, jouer ɛ = lait, jouet, merci i = il, lyre o = mot, dôme, eau, gauche ɔ = mort
u = roue y = rue ø = peu œ = peur ə = le, premier ã = sans, vent ɛ̃ = matin, plein, lundi
ɔ̃ = bon, ombre ʃ = chat, tache ʒ = je, gilet j = yeux, paille, pied w = oui, nouer ɥ = huile, lui

enchère /ɑ̃ʃɛʀ/ *nf* [حراج] پیشنهاد قیمت بالاتر
vente aux enchères مزایده، حراج
enchérir /ɑ̃ʃeʀiʀ/ *vi* (2) ۱. به مزایده گذاشتن، حراج کردن ۲. قیمت بالاتری را پیشنهاد کردن، روی دست (کسی) بلند شدن
enchevêtrement /ɑ̃ʃ(ə)vɛtʀəmɑ̃/ *nm* ۱. درهم‌پیچیدگی، درهم‌آمیختگی، درهم‌برهمی ۲. [نخ] گره‌خوردگی، گوریدگی
enchevêtrer /ɑ̃ʃ(ə)vetʀe/ *vt* (1) ۱. درهم کردن، درهم و برهم کردن ۲. [نخ] گره انداختن
s'enchevêtrer *vp* ۱. درهم پیچیدن، درهم آمیختن ۲. [نخ] گره خوردن، به هم گوریدن
enclave /ɑ̃klav/ *nf* زمین محصور، قلمرو بسته، برون‌بوم
enclaver /ɑ̃klave/ *vt* (1) ۱. محصور کردن ۲. درون (چیزی) کردن
enclencher /ɑ̃klɑ̃ʃe/ *vt* (1) ۱. در هم گیر دادن، در هم انداختن ۲. [کار] گرفتن، راه افتادن
enclin,e /ɑ̃klɛ̃,in/ *adj* ۱. مستعد ۲. راغب، متمایل
enclore /ɑ̃klɔʀ/ *vt* (45) ۱. حصار کشیدن ۲. محصور کردن، احاطه کردن
enclos /ɑ̃klo/ *nm* ۱. زمین محصور، محوطهٔ بسته ۲. حصار
enclume /ɑ̃klym/ *nf* ۱. سندان ۲. [گوش] استخوان سندانی
encoche /ɑ̃kɔʃ/ *nf* شکاف، برش
encocher /ɑ̃kɔʃe/ *vt* (1) ۱. شکاف دادن، برش دادن ۲. [تیر] در چله گذاشتن
encoignure /ɑ̃kɔ(wa)ɲyʀ/ *nf* ۱. گوشه، کنج ۲. قفسهٔ گوشه
encollage /ɑ̃kɔlaʒ/ *nm* ۱. (عمل) چسب زدن ۲. چسب
encoller /ɑ̃kɔle/ *vt* (1) چسب‌دار کردن، چسب زدن (به)
encolure /ɑ̃kɔlyʀ/ *nf* ۱. گردن ۲. یقه

encombrant,e /ɑ̃kɔ̃bʀɑ̃,t/ *adj* ۱. دست و پاگیر، جاگیر ۲. مزاحم
encombre /ɑ̃kɔ̃bʀ/ *nm*, **sans encombre** بی‌دردسر، بدون حادثه
encombré,e /ɑ̃kɔ̃bʀe/ *adj* پرازدحام، شلوغ
encombrement /ɑ̃kɔ̃bʀəmɑ̃/ *nm* ۱. ازدحام، تراکم، شلوغی ۲. ترافیک سنگین
encombrer /ɑ̃kɔ̃bʀe/ *vt* (1) ۱. راه (جایی را) بند آوردن، بستن، سد کردن ۲. جلوی دست و پای (کسی را) گرفتن ۳. اشغال کردن ۴. مشغول کردن
s'encombrer *vp* ۱. جلوی دست و پای خود را گرفتن ۲. [مجازی] دست و پای خود را بستن
encontre (à l') /alɑ̃kɔ̃tʀ/ *loc. prép* برخلافِ، مخالفِ
encorbellement /ɑ̃kɔʀbɛlmɑ̃/ *nm* [معماری] بیرون‌نشستگی، پیش‌کردگی
encorder (s') /sɑ̃kɔʀde/ *vp* (1) [کوه‌نوردی] خود را با طناب بستن، با طناب به هم بسته بودن
encore /ɑ̃kɔʀ/ *adv* ۱. هنوز ۲. باز، باز هم، دوباره ۳. دیگر
Encore! باز هم! هنوز هم!
encore que هرچند که، با آنکه
encore une fois یک بار دیگر، یک دفعهٔ دیگر
Pas encore. نه هنوز. هنوز نه.
encorner /ɑ̃kɔʀne/ *vt* (1) شاخ زدن
encourageant,e /ɑ̃kuʀaʒɑ̃,t/ *adj* دلگرم‌کننده، امیدوارکننده
encouragement /ɑ̃kuʀaʒmɑ̃/ *nm* ۱. تشویق، ترغیب ۲. حمایت
encourager /ɑ̃kuʀaʒe/ *vt* (3) ۱. دلگرم کردن، دلگرمی دادن به، تشویق کردن، ترغیب کردن، قوت قلب دادن به ۲. حمایت کردن از
encourir /ɑ̃kuʀiʀ/ *vt* (11) [ادبی] به بار آوردن، متحمل شدن، در معرض (چیزی) قرار گرفتن
encrage /ɑ̃kʀaʒ/ *nm* (عمل) به مُرکب آغشتن، مُرکبی کردن

encrassement /ãkrasmã/ *nm*	کثیفی، کثیف شدن
encrasser /ãkrase/ *vt* (1)	کثیف کردن
s'encrasser *vp*	کثیف شدن، چرم گرفتن
encre /ãkr/ *nf*	۱. مُرکب ۲. جوهر
encrer /ãkre/ *vt* (1)	به مرکب آغشتن، مُرکبی کردن، جوهری کردن
encrier /ãkrije/ *nm*	دوات
encroûter /ãkrute/ *vt* (1)	۱. قشر بستن، رویه بستن ۲. متحجر کردن
enculé /ãkyle/ *nm*	[رکیک] کونی
encyclique /ãsiklik/ *nf*	بخشنامهٔ پاپ
encyclopédie /ãsiklɔpedi/ *nf*	دانشنامه، دائرةالمعارف
encyclopédique /ãsiklɔpedik/ *adj*	۱. دانشنامه‌ای، دائرةالمعارفی ۲. جامع
encyclopédiste /ãsiklɔpedist/ *nm*	دانشنامه‌نویس، مؤلف دائرةالمعارف
endémie /ãdemi/ *nf*	بیماری بومی
endémique /ãdemik/ *adj*	۱. [بیماری] بومی ۲. دائمی، همیشگی، شایع
endettement /ãdɛtmã/ *nm*	مقروض شدن، مقروض بودن
endetter /ãdete/ *vt* (1)	مقروض کردن، زیر بار قرض بردن
s'endetter *vp*	زیر بار قرض رفتن، مقروض شدن
endeuiller /ãdœje/ *vt* (1)	عزادار کردن، ماتم‌زده کردن، در اندوه فرو بردن
endiablé,e /ãdjable/ *adj*	۱. شیطان، تخس ۲. پرجنب و جوش، تند، پرتحرک
endiguement /ãdigmã/ *nm*	سدبندی
endiguer /ãdige/ *vt* (1)	۱. سد بستن، سد زدن ۲. جلوگیری کردن، جلوی (چیزی را) گرفتن، سد کردن
endimancher (s') /sãdimãʃe/ *vp* (1)	

	لباس نو پوشیدن، نو نوار شدن، لباس پلوخوری پوشیدن
endive /ãdiv/ *nf*	کاسنی فرنگی، آندیو
endocarde /ãdɔkard/ *nm*	[کالبدشناسی] درون‌دل
endocarpe /ãdɔkarp/ *nm*	[گیاه‌شناسی] درون‌بَر
endocrine /ãdɔkrin/ *adj. f*	[غده] درون‌ریز
endocrinien,enne /ãdɔkrinjɛ̃,ɛn/ *adj*	(مربوط به) غدد درون‌ریز
endoctrinement /ãdɔktrinmã/ *nm*	القاء عقیده
endoctriner /ãdɔktrine/ *vt* (1)	عقیدهٔ خود را (به کسی) القاء کردن
endolori,e /ãdɔlɔri/ *adj*	دردناک
endommager /ãdɔmaʒe/ *vt* (1)	آسیب رساندن به، خسارت وارد کردن به
endormant,e /ãdɔrmã,t/ *adj*	خواب‌آور، خسته‌کننده، کسل‌کننده
endormi,e /ãdɔrmi/ *adj*	۱. خفته، خوابیده ۲. آرام، ساکت ۳. [خودمانی] بی‌حال، وارفته
endormir /ãdɔrmir/ *vt* (2)	۱. خواباندن، خواب کردن ۲. بیهوش کردن ۳. کسل کردن، حوصلهٔ (کسی را) سر بردن ۴. از شدت (چیزی) کاستن، تخفیف دادن
s'endormir *vp*	۱. به خواب رفتن، خوابیدن ۲. از شدت (چیزی) کم شدن، تخفیف یافتن
endoscope /ãdɔskɔp/ *nm*	[پزشکی] آندوسکوپ
endoscopie /ãdɔskɔpi/ *nf*	[پزشکی] آندوسکوپی
endossement /ãdosmã/ *nm*	پشت‌نویسی، ظهرنویسی
endosser /ãdose/ *vt* (1)	۱. روی دوش انداختن ۲. به عهده گرفتن، گردن گرفتن، پذیرفتن

endroit /ɑ̃dRwa/ *nm* ۱. جا، مکان، محل ۲. [کتاب، متن] قسمت، قطعه ۳. [در مقابل پشت] رو

à l'endroit de [ادبی] نسبت به

par endroits در بعضی جاها

enduire /ɑ̃dɥiR/ *vt* (38) اندودن، مالیدن، آغشتن، زدن

enduit /ɑ̃dɥi/ *nm* اندود، پوشش

endurance /ɑ̃dyRɑ̃s/ *nf* طاقت، استقامت، تحمل، بردباری

endurant,e /ɑ̃dyRɑ̃,t/ *adj* پرطاقت، مقاوم، پرتحمل، بردبار

endurci,e /ɑ̃dyRsi/ *adj* ۱. سرسخت ۲. کهنه‌کار، کارکشته

endurcir /ɑ̃dyRsiR/ *vt* (2) ۱. سخت کردن ۲. سرسخت کردن، مقاوم کردن، جان‌سخت کردن ۳. بی‌احساس کردن

endurcir le cœur سنگدل کردن

endurcissement /ɑ̃dyRsismɑ̃/ *nm* ۱. سختی، سخت شدن ۲. قساوت

endurer /ɑ̃dyRe/ *vt* (1) تحمل کردن، طاقت آوردن، تاب آوردن، بر خود هموار کردن

énergétique /enɛRʒetik/ *adj* ۱. (مربوط به) انرژی ۲. نیروبخش، مقوی

énergie /enɛRʒi/ *nf* ۱. انرژی ۲. نیرو، توان، قدرت ۳. حرارت، شور

énergique /enɛRʒik/ *adj* ۱. نیرومند، قوی ۲. فعال ۳. مؤثر ۴. شدید

énergiquement /enɛRʒikmɑ̃/ *adv* با قدرت، به شدت، شدیداً

énervant,e /enɛRvɑ̃,t/ *adj* ناراحت‌کننده، عصبانی‌کننده، آزاردهنده

énervé,e /enɛRve/ *adj* عصبانی، ناراحت

énervement /enɛRvəmɑ̃/ *nm* عصبانیت، ناراحتی

énerver /enɛRve/ *vt* (1) ۱. عصبانی کردن، ناراحت کردن ۲. عصبی کردن

s'énerver *vp* عصبانی شدن، ناراحت شدن

enfance /ɑ̃fɑ̃s/ *nf* ۱. کودکی، بچگی، طفولیت ۲. کودکان، بچه‌ها، اطفال ۳. مرحلهٔ ابتدایی، ابتدای راه

enfant /ɑ̃fɑ̃/ *n* ۱. کودک، بچه، طفل ۲. فرزند، بچه

enfant adoptif فرزندخوانده

enfant légitime فرزند مشروع

enfant naturel فرزند نامشروع

enfant trouvé بچهٔ سرراهی

enfantement /ɑ̃fɑ̃tmɑ̃/ *nm* ۱. [قدیمی] زایمان، وضع حمل ۲. [ادبی] خلق، ایجاد

enfanter /ɑ̃fɑ̃te/ *vt* (1) ۱. [ادبی، مذهبی] زاییدن، به دنیا آوردن ۲. [ادبی] خلق کردن، به وجود آوردن

enfantillage /ɑ̃fɑ̃tijaʒ/ *nm* بچگی، بچه‌بازی

enfantin,e /ɑ̃fɑ̃tɛ̃,in/ *adj* ۱. بچگانه، کودکانه ۲. ابتدایی، ساده

enfariné,e /ɑ̃faRine/ *adj* ۱. آردزده، آردی ۲. پودرزده

enfer /ɑ̃fɛR/ *nm* ۱. جهنم، دوزخ ۲. [کتابخانه] بخش کتاب‌های غیرمجاز

d'enfer ۱. جهنمی ۲. وحشتناک

enfermer /ɑ̃fɛRme/ *vt* (1) ۱. حبس کردن، زندانی کردن ۲. (در جای امنی) گذاشتن ۳. احاطه کردن

enferrer (s') /sɑ̃feRe/ *vp* (1) ۱. خود را روی شمشیر حریف انداختن ۲. [مجازی] خود را گیر انداختن

enfiévrer /ɑ̃fjevRe/ *vt* (6) ۱. به هیجان آوردن، برانگیختن، منقلب کردن

enfilade /ɑ̃filad/ *nf* ردیف، قطار، رج

enfiler /ɑ̃file/ *vt* (1) ۱. نخ کردن ۲. [خودمانی] تن کردن، پوشیدن ۳. در پیش گرفتن، دنبال کردن

337 engeance

enfin /ãfɛ̃/ *adv* ۱. سرانجام، بالاخره، عاقبت، آخرسر، در پایان ۲. خلاصه اینکه، خلاصه ۳. [برای تصحیح گفتهٔ خود] البته، اما

J'ai enfin terminé. بالاخره (کار را) تمام کردم.

mais enfin با وجود این، ولی

enflammé,e /ãflame/ *adj* ۱. شعله‌ور، مشتعل ۲. ملتهب ۳. پرشور، آتشین، سودازده

enflammer /ãflame/ *vt* (1) ۱. آتش زدن، شعله‌ور کردن، افروختن ۲. ملتهب کردن ۳. به هیجان آوردن، برانگیختن

s'enflammer *vp* ۱. آتش گرفتن، شعله‌ور شدن، مشتعل شدن ۲. به هیجان آمدن

enflé,e /ãfle/ *adj* ۱. متورم، ورم‌کرده، بادکرده ۲. [خودمانی] کودن، احمق

enfler /ãfle/ *vt, vi* (1) ۱. متورم کردن ۲. افزایش دادن، بالا بردن ۳. [ادبی] غلو کردن، مبالغه کردن ◙ ۴. ورم کردن، متورم شدن، باد کردن

être enflé d'orgueil مغرور شدن، خود را گرفتن، باد به غبغب انداختن

enflure /ãflyʀ/ *nf* ۱. ورم، باد ۲. [قدیمی] گنده‌گویی، مبالغه

enfoiré,e /ãfwaʀe/ *adj, n* ۱. [رکیک] گهی، آنی ◙ ۲. [عامیانه] اَنینه

enfoncement /ãfɔ̃smã/ *nm* ۱. فرورفتگی ۲. (عمل) فرو کردن ۳. فرو رفتن

enfoncer /ãfɔ̃se/ *vt, vi* (3) ۱. فرو کردن، فرو بردن ۲. [در و پنجره] شکستن ۳. [خودمانی] منکوب کردن، شکست دادن ◙ ۴. فرو رفتن

enfoncer un clou dans le mur میخی را به دیوار کوبیدن، میخ به دیوار زدن

s'enfoncer *vp* ۱. فرو رفتن ۲. پیش رفتن، پیشروی کردن ۳. [مجازی] غرق شدن

s'enfoncer dans des difficultés در مشکلات غرق شدن

enfouir /ãfwiʀ/ *vt* (2) ۱. زیر خاک کردن، مدفون کردن ۲. زیر (چیزی) کردن

s'enfouir *vp* (زیر چیزی) رفتن

enfouissement /ãfwismã/ *nm* دفن، زیر خاک کردن

enfourcher /ãfuʀʃe/ *vt* (1) [اسب] سوار شدن

enfourner /ãfuʀne/ *vt* (1) ۱. در تنور گذاشتن ۲. در کوره گذاشتن ۳. درون فِر گذاشتن ۴. [خودمانی] چپاندن ۵. [خودمانی] قورت دادن، بلعیدن

enfreindre /ãfʀɛ̃dʀ/ *vt* (52) [ادبی] نقض کردن، زیر پا گذاشتن، سرپیچی کردن از

enfuir (s') /sãfɥiʀ/ *vp* (17) ۱. فرار کردن، گریختن، در رفتن ۲. [استعاره؛ زمان] گذشتن، سپری شدن

enfumer /ãfyme/ *vt* (1) دود دادن، دودی کردن

engagement /ãgaʒmã/ *nm* ۱. تعهد ۲. قرار، قول ۳. گرو گذاشتن ۴. استخدام ۵. درگیر شدن ۶. درگیری، زد و خورد ۷. شروع، آغاز

engager /ãgaʒe/ *vt* (3) ۱. گرو گذاشتن ۲. متعهد کردن ۳. متعهد شدن، به گردن گرفتن ۴. استخدام کردن، به کار گرفتن ۵. داخل کردن، وارد کردن ۶. شروع کردن، آغاز کردن ۷. درگیر کردن ۸. وارد (کاری) کردن، شرکت دادن ۹. ترغیب کردن، ملزم کردن

engager de gros capitaux سرمایهٔ کلان گذاشتن

s'engager *vp* ۱. تعهد کردن، متعهد شدن، قول دادن ۲. استخدام شدن، شروع به کار کردن ۳. داخل شدن، وارد شدن ۴. درگیر شدن ۵. شروع شدن، آغاز شدن ۶. وارد ارتش شدن

engeance /ãʒãs/ *nf* ۱. اراذل و اوباش ۲. جماعت، دار و دسته

engelure /ãʒlyʀ/ *nf* سرمازدگی

engendrement /ãʒãdʀəmã/ *nm* ایجاد، تولید

engendrer /ãʒãdʀe/ *vt* (1) ۱. [فرزند] به وجود آوردن ۲. به وجود آوردن، ایجاد کردن، موجب (چیزی) شدن

engin /ãʒɛ̃/ *nm* ۱. ابزار، اسباب، وسیله ۲. دستگاه، ماشین ۳. جنگ‌افزار (پرتابی)، سلاح (پرتابی)

engins de pêche وسایل ماهیگیری

engin spatial موشک (فضایی)

englober /ãglɔbe/ *vt* (1) ۱. گرد آوردن، (یک‌جا) جمع کردن ۲. ملحق کردن ۳. شامل شدن

engloutir /ãglutiʀ/ *vt* (2) ۱. بلعیدن، قورت دادن ۲. به باد دادن، هدر دادن ۳. غرق کردن، به کام خود کشیدن

engluer /ãglye/ *vt* (1) ۱. چسب زدن (به) ۲. چسبنده کردن، چسبناک کردن ۳. [پرنده] با چسب به دام انداختن

engorgement /ãgɔʀʒəmã/ *nm* انسداد، گرفتگی، بسته شدن

engorger /ãgɔʀʒe/ *vt* (3) مسدود کردن، بستن

s'engorger *vp* مسدود شدن، بسته شدن، گرفتن

engouement /ãgumã/ *nm* شیفتگی

engouer (s') /sãgwe/ *vp* (1) شیفته (کسی یا چیزی) شدن، عاشق (کسی یا چیزی) بودن

engouffrer /ãgufʀe/ *vt* (1) ۱. [خودمانی] بلعیدن، قورت دادن ۲. هدر دادن، به باد دادن

s'engouffrer *vp* هجوم آوردن، هجوم بردن

engoulevent /agulvã/ *nm* شبگرد (= نوعی پرندهٔ حشره‌خوار)

engourdir /ãguʀdiʀ/ *vt* (2) ۱. کرخ کردن، بی‌حس کردن ۲. بی‌حال کردن، دچار رخوت کردن

engourdissement /ãguʀdismã/ *nm* ۱. کرخی، بی‌حسی ۲. بی‌حالی، رخوت

engrais /ãgʀɛ/ *nm* کود

mettre à l'engrais پروار کردن

engraissement /ãgʀɛsmã/ *nm* ۱. پرواری ۲. (عمل) پروار کردن

engraisser /ãgʀese/ *vt, vi* (1) ۱. پروار کردن ۲. چاق کردن ۳. کود دادن ۴. حاصلخیز کردن ۵. غنی کردن ◙ ۶. پروار شدن ۷. چاق شدن، آب زیر پوست (کسی) رفتن

engrangement /ãgʀãʒmã/ *nm* ۱. (عمل) انبار کردن ۲. ذخیره‌سازی

engranger /ãgʀãʒe/ *vt* (3) ۱. انبار کردن ۲. ذخیره کردن

engrenage /ãgʀənaʒ/ *nm* ۱. چرخ‌دنده ۲. دنده ۳. گیر و دار

engrener /ãgʀəne/ *vt* (5) ۱. دندانه‌های (دوچرخ را) در هم گیر دادن ۲. از غلات پر کردن

s'engrener *vp* [چرخ‌دنده] در هم گیر افتادن، تو هم رفتن

engrosser /ãgʀose/ *vt* (1) [رکیک] حامله کردن

engueulade /ãgœlad/ *nf* [عامیانه] فحش و فحش‌کاری

engueuler /ãgœle/ *vt* (1) [عامیانه] فحش و دادن به، بد و بیراه گفتن به، دَری‌وَری گفتن به

enguirlander /ãgiʀlãde/ *vt* (1) ۱. (با برگ و گل) آراستن، تزیین کردن ۲. [خودمانی] بد و بیراه گفتن به، فحش دادن به

enhardir /ãaʀdiʀ/ *vt* (2) دل و جرئت دادن به، دلگرمی دادن به

s'enhardir *vp* دل و جرئت پیدا کردن، جرئت کردن، به خود جرئت دادن

énième /enjɛm/ *adj, n* [مبالغه] دهمین، صدمین

Je vous le répète pour l'énième fois. برای صدمین بار به تو می‌گویم.

énigmatique /enigmatik/ *adj* رمزی، رمزآمیز، مرموز، اسرارآمیز

énigme / enigm / *nf* ۱. معما، چیستان ۲. راز

enivrer / ãnivʀe / *vt* (1) ۱. مست کردن ۲. مدهوش کردن، به وجد آوردن، از خود بی‌خود کردن

s'enivrer *vp* ۱. مست شدن ۲. مدهوش شدن، اختیار از کف دادن، از خود بی‌خود شدن

enivrant,e / ãnivʀã,t / *adj* ۱. مستی‌آور، مست‌کننده ۲. سکرآور، سرمست‌کننده، شعف‌انگیز

enivrement / ãnivʀəmã / *nm* ۱. مستی ۲. سرمستی، سرخوشی، وجد، شعف

enjambée / ãʒãbe / *nf* گام بلند

enjamber / ãʒãbe / *vt* (1) ۱. با گام بلند گذشتن از، پریدن از (رویِ) ۲. [پل و غیره] زده شدن رویِ، قرار داشتن رویِ

enjeu / ãʒø / *nm* ۱. [قمار] پول خوانده، پول وسط، داو ۲. برد و باخت

enjôlement / ãʒolmã / *nm* زبان‌بازی، چرب‌زبانی

enjôler / ãʒole / *vt* (1) با چرب‌زبانی فریفتن، گول زدن

enjôleur,euse / ãʒolœʀ,øz / *n, adj* ۱. زبان‌باز، چرب‌زبان ◙ ۲. فریبنده، اغواگر

enjolivement / ãʒɔlivmã / *nm* آرایه، زینت، زیور

enjoliver / ãʒɔlive / *vt* (1) زیباتر کردن، آراستن، تزیین کردن

enjoliveur / ãʒɔlivœʀ / *nm* قالپاق

enjolivure / ãʒɔlivyʀ / *nf* → enjolivement

enjoué,e / ãʒwe / *adj* بشّاش، خوش‌رو، خوش‌خلق

enjouement / ãʒumã / *nm* خوش‌رویی، خوش‌خلقی

enlacement / ãlasmã / *nm* ۱. به‌هم‌پیچیدگی ۲. (عمل) در آغوش گرفتن، بغل کردن

enlacer / ãlase / *vt* (3) ۱. پیچیدن (بـه) دورِ ۲. در آغـوش گرفتن، بغـل کـردن

s'enlacer *vp* همدیگر را در آغوش گرفتن، همدیگر را بغل کردن

enlaidir / ãledir / *vt, vi* (2) ۱. زشت کردن، بی‌ریخت کردن ◙ ۲. زشت شدن، بی‌ریخت شدن

enlaidissement / ãledismã / *nm* ۱. (عمل) زشت کردن ۲. زشت شدن ۳. زشتی

enlèvement / ãlɛvmã / *nm* ۱. آدم‌ربایی ۲. دزدی ۳. تصرف ۴. (عمل) برداشتن ۵. حـمل، بردن

enlever / ãlve / *vt* (5) ۱. برداشتن ۲. [لباس] درآوردن ۳. بردن ۴. [لکه] پاک کردن، از بـین بـردن، زدودن ۵. حـذف کـردن، زدن ۶. [دندان] کشیدن ۷. دزدیدن، ربودن، بلند کردن ۸. گرفتن ۹. تصرف کردن، به تصرف خود درآوردن ۱۰. [امید] بر باد دادن

Enlevez votre chapeau. کلاهتان را بردارید.

Il s'est fait enlever deux dents. دو تا از دندان‌هایش را کشید.

La mort l'a enlevé. [ادبی] از دنیا رفت. فوت کرد. درگذشت.

s'enlever *vp* ۱. [لکه] پاک شدن، از بین رفتن ۲. زود فروش رفتن

enlisement / ãlizmã / *nm* ۱. فرو بردن در شن ۲. فرو رفتن در گِل ۳. [مجازی] گیر کردن، ماندن

enliser / ãlize / *vt* (1) ۱. در شن فرو بردن ۲. در گِل فرو بردن

s'enliser *vp* ۱. در شن فرو رفتن ۲. در گِل فرو رفتن ۳. [مجازی] گیر کردن، ماندن

enluminer / ãlymine / *vt* (1) ۱. تذهیب کردن ۲. رنگ‌های تند زدن به

enlumineur,euse / ãlyminœʀ,øz / *n* تذهیب‌کار

enluminure / ãlyminyʀ / *nf* تذهیب

enneigé,e / ãneʒe / *adj* پوشیده از برف

enneigement /ɑ̃nɛʒmɑ̃/ *nm* ۱. پوشیده از برف بودن ۲. ارتفاع برف

ennemi,e /ɛnmi/ *n, adj* ۱. دشمن ۲. مخالف

ennoblir /ɑ̃nɔbliʀ/ *vt* (2) قدر و منزلت دادن، بالا بردن، بزرگ کردن، تعالی بخشیدن

ennui /ɑ̃nɥi/ *nm* ۱. دلتنگی، ملال، بی‌حوصلگی ۲. ناراحتی ۳. مشکل، مسئله، گرفتاری

ennuyer /ɑ̃nɥije/ *vt* (8) ۱. ناراحت کردن ۲. نگران کردن ۳. کسل کردن، خسته کردن، حوصله (کسی را) سر بردن ۴. اذیت کردن، آزار دادن، اعصاب (کسی را) خرد کردن

s'ennuyer *vp* کسل شدن، خسته شدن، حوصله (کسی) سر رفتن

ennuyeux,euse /ɑ̃nɥijø,øz/ *adj* ۱. ملال‌آور، خسته‌کننده، کسل‌کننده ۲. ناراحت‌کننده

énoncé /enɔ̃se/ *nm* ۱. بیان، اظهار ۲. عبارت ۳. [زبان‌شناسی] گفته

énoncer /enɔ̃se/ *vt* (3) بیان کردن، اظهار کردن، ذکر کردن

énonciation /enɔ̃sjasjɔ̃/ *nf* بیان، اظهار، ذکر

enorgueillir /ɑ̃nɔʀgœjiʀ/ *vt* (2) مغرور کردن، غره کردن

s'enorgueillir *vp* مغرور شدن، غره شدن، به خود بالیدن

énorme /enɔʀm/ *adj* ۱. بی‌اندازه، بی‌حد و حصر، فوق‌العاده ۲. بزرگ، عظیم، غول‌پیکر ۳. هنگفت، کلان، گزاف، خیلی زیاد

énormément /enɔʀmemɑ̃/ *adj* بیش از اندازه، بیش از حد

énormité /enɔʀmite/ *nf* ۱. بزرگی، عظمت ۲. اشتباه بزرگ، خطای فاحش، گاف ۳. حرف عجیب

enquérir (s') /sɑ̃keʀiʀ/ *vp* (21) [ادبی] جویا شدن، پرسیدن، خبر گرفتن

enquête /ɑ̃kɛt/ *nf* ۱. تحقیق، رسیدگی ۲. بررسی ۳. بازجویی

enquêter /ɑ̃kete/ *vi* (1) تحقیق کردن، رسیدگی کردن به

enquêteur,euse /ɑ̃kɛtœʀ,øz/ *n* ۱. مأمور تحقیق ۲. بازجو

enquiquinant,e /ɑ̃kikinɑ̃,t/ *adj* [خودمانی] خسته‌کننده، عذاب‌آور

enquiquiner /ɑ̃kikine/ *vt* (1) [خودمانی] به ستوه آوردن، ذله کردن، کلافه کردن، عاصی کردن

enracinement /ɑ̃ʀasinmɑ̃/ *nm* ۱. (عمل) ریشه‌دار کردن ۲. ریشه کردن، ریشه دواندن

enraciner /ɑ̃ʀasine/ *vt* (1) ریشه‌دار کردن

s'enraciner *vp* ریشه کردن، ریشه دواندن، ریشه گرفتن

enragé,e /ɑ̃ʀaʒe/ *adj* ۱. هار ۲. عصبانی، خشمگین، کفری ۳. کشته‌مرده، عاشق، دیوانه، خوره

enrager /ɑ̃ʀaʒe/ *vi* (3) عصبانی شدن، از کوره در رفتن، کفر (کسی) درآمدن، کفری شدن، جوش آوردن

faire enrager qqn کسی را عصبانی کردن، کفر کسی را درآوردن

enrayage /ɑ̃ʀɛjaʒ/ *nm* گیر، گیر کردن

enrayer /ɑ̃ʀeje/ *vt* (8) ۱. از کار انداختن ۲. مهار کردن، متوقف کردن، جلوگیری کردن از، جلوی (چیزی را) گرفتن

s'enrayer *vp* [دستگاه، اسلحه، ...] گیر کردن

enregistrement /ɑ̃ʀʒistʀəmɑ̃/ *nm* ۱. ثبت ۲. یادداشت ۳. ضبط

enregistrer /ɑ̃ʀʒistʀe/ *vt* (1) ۱. ثبت کردن ۲. یادداشت کردن، نوشتن ۳. ضبط کردن

enregistreur[1],euse /ɑ̃ʀʒistʀœʀ,øz/ *adj* ثبت‌کننده، (مخصوصِ) ثبت

enregistreur[2] /ɑ̃ʀʒistʀœʀ/ *nm* دستگاه ثبت

enrhumer /ɑ̃ʀyme/ *vt* (1) به زکام مبتلا کردن

s'enrhumer *vp* زکام شدن، سرما خوردن

enrichi,e /ɑ̃ʀiʃi/ *adj* ۱. نوکیسه، تازه‌به‌دوران‌رسیده ۲. [اورانیوم و غیره] غنی‌شده

enrichir /ɑ̃ʀiʃiʀ/ *vt* (2) ۱. ثروتمند کردن، پولدار کردن ۲. غنی کردن، بارور کردن، پربار کردن ۳. حاصلخیز کردن

s'enrichir *vp* ۱. پولدار شدن، ثروتمند شدن ۲. غنی شدن

enrichissant,e /ɑ̃ʀiʃisɑ̃,t/ *adj* غنی‌کننده، پربار

enrichissement /ɑ̃ʀiʃismɑ̃/ *nm* ۱. غنا، غنی‌سازی، استغنا ۲. پولدار شدن

enrober /ɑ̃ʀɔbe/ *vt* (1) ۱. با لایه‌ای پوشاندن، رویه کشیدن ۲. پوشاندن

enrôlement /ɑ̃ʀolmɑ̃/ *nm* [ارتش] نام‌نویسی، ثبت نام، سربازگیری

enrôler /ɑ̃ʀole/ *vt* (1) [ارتش] نام‌نویسی کردن، ثبت نام کردن

enrouement /ɑ̃ʀumɑ̃/ *nm* گرفتگی صدا

enrouer (s') /sɑ̃ʀwe/ *vp* (1) صدای (کسی) گرفتن

enroulement /ɑ̃ʀulmɑ̃/ *nm* ۱. پیچش، به‌هم‌پیچیدگی ۲. [هنر] طوماری، زنجیرهٔ طوماری

enrouler /ɑ̃ʀule/ *vt* (1) ۱. لوله کردن ۲. پیچیدن

s'enrouler *vp* ۱. خود را پیچیدن ۲. پیچیده شدن، پیچیدن

enrubanner /ɑ̃ʀybane/ *vt* (1) با نوار تزیین کردن، روبان بستن به

ensablement /ɑ̃sabləmɑ̃/ *nm* ۱. تل شن، تل ماسه ۲. لای‌گیری، لای‌گذاری

ensachage /ɑ̃saʃaʒ/ *nm* (عمل) در کیسه ریختن، کیسه کردن

ensacher /ɑ̃saʃe/ *vt* (1) در کیسه ریختن، کیسه کردن

ensanglanter /ɑ̃sɑ̃glɑ̃te/ *vt* (1) ۱. خونی کردن، خون‌آلود کردن ۲. به خاک و خون کشیدن

enseignant,e /ɑ̃sɛɲɑ̃,t/ *adj, n* ۱. آموزشی ◘ ۲. معلم، مدرس

enseigne[1] /ɑ̃sɛɲ/ *nf* ۱. تابلو ۲. نشان ۳. [ادبی] پرچم

à telle enseigne que چندان که، به حدی که

enseigne[2] /ɑ̃sɛɲ/ *nm* پرچم‌دار

enseigne de vaisseau [نیروی دریایی] ناوبان دوم

enseignement /ɑ̃sɛɲmɑ̃/ *nm* ۱. آموزش ۲. تدریس ۳. [ادبی] درس، آموزه

enseigner /ɑ̃seɲe/ *vt* (1) ۱. آموختن، یاد دادن ۲. تدریس کردن، درس دادن

ensemble[1] /ɑ̃sɑ̃bl/ *adv* ۱. با هم ۲. هم‌زمان

ensemble[2] /ɑ̃sɑ̃bl/ *nm* ۱. کُل ۲. مجموع ۳. مجموعه ۴. گروه، دسته ۵. مجتمع ۶. هماهنگی

dans l'ensemble در مجموع، در کل، کلاً

dans son ensemble در مجموع

d'ensemble کلی

ensemencement /ɑ̃smɑ̃smɑ̃/ *nm* ۱. بذرافشانی، کشت ۲. (عمل) تخم ماهی ریختن ۳. [میکروب] کشت

ensemencer /ɑ̃smɑ̃se/ *vt* (3) ۱. بذر افشاندن در، تخم پاشیدن در ۲. تخم ماهی ریختن در ۳. [میکروب] کشت دادن

enserrer /ɑ̃seʀe/ *vt* (1) ۱. محکم دور (چیزی را) گرفتن، فشردن ۲. در بر گرفتن، احاطه کردن

ensevelir /ɑ̃səvliʀ/ *vt* (2) ۱. در گور گذاشتن، دفن کردن ۲. کفن کردن، کفن پوشاندن ۳. مدفون کردن، زیر خاک کردن ۴. پنهان کردن، مخفی کردن

ensevelissement /ɑ̃səvlismɑ̃/ *nm* ۱. دفن، تدفین ۲. (عمل) کفن کردن ۳. (عمل) پنهان کردن

ensoleillé,e /ɑ̃sɔlɛje/ *adj* ۱. آفتابی، آفتابگیر ۲. [مجازی] روشن، درخشان

a = bas, plat　e = blé, jouer　ɛ = lait, jouet, merci　i = il, lyre　o = mot, dôme, eau, gauche　ɔ = mort
u = roue　y = rue　ø = peu　œ = peur　ə = le, premier　ɑ̃ = sans, vent　ɛ̃ = matin, plein, lundi
ɔ̃ = bon, ombre　ʃ = chat, tache　ʒ = je, gilet　j = yeux, paille, pied　w = oui, nouer　ɥ = huile, lui

ensoleillement /ɑ̃sɔlɛjmɑ̃/ *nm* آفتابی بودن
journée d'ensoleillement روز آفتابی
ensoleiller /ɑ̃sɔleje/ *vt* (1) ۱. با نور آفتاب روشن کردن ۲. [مجازی] روشنی بخشیدن، روشن کردن
ensommeillé,e /ɑ̃sɔmeje/ *adj* خواب‌آلود
ensorcelant,e /ɑ̃sɔʀsəlɑ̃,t/ *adj* سحرانگیز، جذاب، فریبنده
ensorceler /ɑ̃sɔʀsəle/ *vt* (4) ۱. جادو کردن، افسون کردن، طلسم کردن ۲. فریفتن، مجذوب کردن، مفتون کردن
ensorceleur,euse /ɑ̃sɔʀsəlœʀ,øz/ *n, adj* ۱. جادوگر، افسونگر، ساحر ◻ ۲. سحرانگیز، مسحورکننده، جذاب، فریبنده
ensorcellement /ɑ̃sɔʀsɛlmɑ̃/ *nm* ۱. جادوگری، افسونگری، ساحری ۲. جادو، افسون، سحر، طلسم ۳. جذبه، فریبندگی
ensuite /ɑ̃sɥit/ *adv* بعد، سپس، پس از آن، بعداً، بعد از آن
ensuivre (s') /sɑ̃sɥivʀ/ *vp* (40) ۱. به دنبال داشتن، در پی داشتن، به بار آوردن ۲. ناشی شدن، منبعث شدن
Il s'ensuit que نتیجه می‌گیریم که
entacher /ataʃe/ *vt* (1) لکه‌دار کردن، ملوث کردن
entaille /ɑ̃taj/ *nf* ۱. شکاف ۲. بریدگی
entailler /ɑ̃taje/ *vt* (1) ۱. شکاف دادن ۲. بریدن، زخم کردن
entame /ɑ̃tam/ *nf* اولین برش، اولین تکه
entamer /ɑ̃tame/ *vt* (1) ۱. تکه‌ای (از چیزی را) برداشتن ۲. مقداری (از چیزی را) مصرف کردن، دست زدن به ۳. [فلز] خوردن، پوساندن ۴. شروع کردن، آغاز کردن ۵. لطمه زدن به ۶. [نظامی] نفوذ کردن، رخنه کردن
entartrage /ɑ̃taʀtʀaʒ/ *nm* ۱. رسوب‌گذاری ۲. رسوب، جِرم
entartrer /ɑ̃taʀtʀe/ *vt* (1) رسوب کردن در

entassement /ɑ̃tasmɑ̃/ *nm* ۱. تل، پشته، کپه ۲. (عمل) روی هم انباشتن، تلنبار کردن
entasser /ɑ̃tase/ *vt* (1) ۱. روی هم انباشتن، روی هم گذاشتن، کپه کردن، تلنبار کردن ۲. چپاندن، جا کردن ۳. اندوختن
entendement /ɑ̃tɑ̃dmɑ̃/ *nm* درک، فهم
entendre /ɑ̃tɑ̃dʀ/ *vt* (41) ۱. شنیدن ۲. گوش دادن، گوش کردن ۳. به حرف (کسی) گوش دادن ۴. توجه کردن ۵. فهمیدن، درک کردن ۶. متوجه شدن، دریافتن ۷. خواستن، مایل بودن ۸. قصد گفتن (چیزی را) داشتن، منظوری داشتن ۹. تعبیر کردن، تفسیر کردن
faire entendre ۱. [صدا] ایجاد کردن، کردن، دادن ۲. [حرف] گفتن، زدن
laisser entendre/donner à entendre به کنایه گفتن
Qu'entendez-vous par cela? منظورتان چیست؟ چه می‌خواهید بگویید؟
s'entendre *vp* ۱. (با هم) تفاهم داشتن، با هم کنار آمدن ۲. به گوش رسیدن، شنیده شدن ۳. تعبیر شدن ۴. به کار رفتن، گفته شدن
Cela s'entend بدیهی است، معلوم است
s'y entendre خبره بودن، وارد بودن، سررشته داشتن
entendu,e /ɑ̃tɑ̃dy/ *adj, part. passé* ۱. مورد قبول ۲. قطعی ۳. مزورانه ۴. [قدیمی] وارد، ماهر، زبردست ◻ ۵. [اسم مفعول فعلِ entendre]
bien entendu البته، قطعاً
entendu! باشه! قبول! موافقم! به چشم!
entente /ɑ̃tɑ̃t/ *nf* ۱. تفاهم، توافق، سازش ۲. اتحاد، ائتلاف ۳. توطئه، دسیسه
à double entente دوپهلو
entériner /ɑ̃teʀine/ *vt* (1) صحه گذاشتن بر، تأیید کردن
entérite /ɑ̃teʀit/ *nf* التهاب روده
enterrement /ɑ̃tɛʀmɑ̃/ *nm* ۱. تدفین، خاک‌سپاری ۲. مراسم تدفین، مراسم کفن و دفن ۳. جمعیتِ تشییع‌کننده ۴. زوال

entortiller

avoir une tête/une mine d'enterrement	ماتم‌زده بودن، غصه‌دار بودن، ناراحت بودن
enterrer / ɑ̃teʀe / vt (1)	۱. دفن کردن، به خاک سپردن ۲. مدفون کردن، زیر خاک کردن ۳. فراموش کردن، به فراموشی سپردن ۴. پنهان کردن، مخفی کردن
s'enterrer vp	[خودمانی] خود را حبس کردن
en-tête / ɑ̃tɛt / nm	۱. عنوان ۲. سرفصل
entêtement / ɑ̃tɛtmɑ̃ / nm	لجاجت، سماجت، یک‌دندگی، سرسختی
entêter / ɑ̃tete / vt (1)	[بو، عطر] سردرد آوردن
s'entêter vp	۱. سماجت به خرج دادن، لجاجت کردن، پافشاری کردن ۲. [قدیمی] شیفتهٔ (کسی یا چیزی) شدن، فکر و ذکر (کسی) بودن
enthousiasmant,e / ɑ̃tuzjasmɑ̃,t / adj	۱. شورانگیز، پرشور ۲. جذاب، گیرا
enthousiasme / ɑ̃tuzjasm / nm	۱. شور، حرارت، هیجان ۲. شور و شوق، شعف، وجد، سرور
enthousiasmer / ɑ̃tuzjasme / vt (1)	۱. به هیجان آوردن ۲. به شور و شوق آوردن، به وجد آوردن ۳. شیفته کردن، مجذوب کردن
s'enthousiasmer vp	۱. شیفتهٔ (کسی یا چیزی) شدن، مجذوب (کسی یا چیزی) شدن ۲. حرارت به خرج دادن
enthousiaste / ɑ̃tuzjast / adj	۱. پرشور، پرحرارت ۲. شیفته، مشتاق
enticher (s') / sɑ̃tiʃe / vp (1)	دل باختن، واله و شیدای (کسی) شدن، شیفتهٔ (کسی) شدن
entier¹,ère / ɑ̃tje,ɛʀ / adj	۱. تمام ۲. کامل ۳. دست‌نخورده ۴. صحیح و سالم ۵. قاطع، محکم، سرسخت
dans le monde entier	در سراسر جهان، در دنیا
nombre entier	عدد صحیح
tout entier	تمام و کمال، کامل، کاملاً
entier² / ɑ̃tje / nm	۱. کل ۲. عدد صحیح
en entier	به طور کامل، تمام و کمال
entièrement / ɑ̃tjɛʀmɑ̃ / adv	به طور کامل، کاملاً
entité / ɑ̃tite / nf	جوهر، ذات، وجود
entoilage / ɑ̃twalaʒ / nm	۱. پارچه‌کشی ۲. (عمل) لایی گذاشتن ۳. روکش
entoiler / ɑ̃twale / vt (1)	۱. پارچه کشیدن، پارچه گرفتن ۲. لایی گذاشتن
entôlage / ɑ̃tolaʒ / nm	کلاهبرداری، لخت کردن
entôler / ɑ̃tole / vt (1)	۱. [روسپی] (مشتری را) غُر زدن ۲. [خودمانی] کلاه (کسی را) برداشتن، سرکیسه کردن، گوش (کسی را) بریدن
entomologie / ɑ̃tɔmɔlɔʒi / nf	حشره‌شناسی
entomologique / ɑ̃tɔmɔlɔʒik / adj	(مربوط به) حشره‌شناسی، حشره‌شناختی
entomologiste / ɑ̃tɔmɔlɔʒist / n	حشره‌شناس
entomophage / ɑ̃tɔmɔfaʒ / adj	حشره‌خوار
entonner¹ / ɑ̃tɔne / vt (1)	در بشکه ریختن
entonner² / ɑ̃tɔne / vt (1)	شروع به خواندن (سرود یا ترانه‌ای) کردن
entonner la louange de qqn	تملق کسی را گفتن، چاپلوسی کسی را کردن، هندوانه زیر بغل کسی گذاشتن
entonnoir / ɑ̃tɔnwaʀ / nm	۱. قیف ۲. حفره، گودال
en entonnoir	قیفی‌شکل، به شکل قیف
entorse / ɑ̃tɔʀs / nf	پیچ‌خوردگی، رگ‌به‌رگ‌شدگی
faire une entorse à	نقض کردن، سرپیچی کردن از، رعایت نکردن
entortiller / ɑ̃tɔʀtije / vt (1)	۱. پیچیدن ۲. با چرب‌زبانی گول زدن، فریفتن ۳. با پیچیدگی بیان کردن، پیچاندن
s'entortiller vp	پیچیدن

---

a = bas, plat   e = blé, jouer   ɛ = lait, jouet, merci   i = il, lyre   o = mot, dôme, eau, gauche   ɔ = mort
u = roue   y = rue   ø = peu   œ = peur   ə = le, premier   ɑ̃ = sans, vent   ɛ̃ = matin, plein, lundi
ɔ̃ = bon, ombre   ʃ = chat, tache   ʒ = je, gilet   j = yeux, paille, pied   w = oui, nouer   ɥ = huile, lui

entourage /ɑ̃tuʀaʒ/ *nm* ۱. اطرافیان، دوروبری‌ها ۲. دوره، قاب

entourer /ɑ̃tuʀe/ *vt* (1) ۱. احاطه کردن، در میان گرفتن، محصور کردن ۲. محاصره کردن ۳. در اطراف (کسی) بودن ۴. دور و بر (کسی را) گرفتن، هوای (کسی را) داشتن

s'entourer *vp* دور خود جمع کردن

entourloupette /ɑ̃tuʀlupɛt/ *nf* [خودمانی] کلک، حقه

entournure /ɑ̃tuʀnyʀ/ *nf* حلقه‌آستین

entracte /ɑ̃tʀakt/ *nm* ۱. آنتراکت ۲. وقفه

entraide /ɑ̃tʀɛd/ *nf* همیاری

entraider (s') /sɑ̃tʀede/ *vp* (1) به هم کمک کردن، یکدیگر را یاری دادن

entrailles /ɑ̃tʀaj/ *nf.pl* ۱. امعاء و احشاء، دل و روده، اندرونه ۲. بطن، دل ۳. کانون، قلب، دل ۴. احساسات، عواطف

entrain /ɑ̃tʀɛ̃/ *nm* شور، نشاط

entraînant,e /ɑ̃tʀɛnɑ̃,t/ *adj* گیرا، جذاب

entraînement /ɑ̃tʀɛnmɑ̃/ *nm* ۱. انتقال حرکت، راه‌اندازی ۲. میل، تمایل ۳. آماده‌سازی ۴. تمرین

entraîner /ɑ̃tʀene/ *vt* (1) ۱. با خود بردن ۲. (به دنبال خود) کشیدن ۳. کشاندن ۴. (برای مسابقه) آماده کردن ۵. به بار آوردن، به دنبال داشتن، باعث شدن ۶. به حرکت درآوردن ۷. تعلیم دادن

s'entraîner *vp* تمرین کردن، خود را آماده کردن، آماده شدن

entraîneur /ɑ̃tʀɛnœʀ/ *nm* ۱. مربی ۲. [اسب] تربیت‌کننده

entrave /ɑ̃tʀav/ *nf* ۱. پابند، قید ۲. غل و زنجیر ۳. مانع، سد راه

entravé,e /ɑ̃tʀave/ *adj* پابندزده

jupe entravée دامن تنگ

entraver /ɑ̃tʀave/ *vt* (1) ۱. پابند زدن ۲. مانع (چیزی) شدن، جلوگیری کردن از ۳. سردرآوردن، فهمیدن

entre /ɑ̃tʀ/ *prép* بینِ، در بینِ، میانِ

entrebâillement /ɑ̃tʀəbajmɑ̃/ *nm* لا (یِ در یا پنجره)

entrebâiller /ɑ̃tʀəbaje/ *vt* (1) لای (در یا پنجره را) باز کردن، پیش کردن

entrechat /ɑ̃tʀəʃa/ *nm* جهش، جست

entrechoquer /ɑ̃tʀəʃɔke/ *vt* (1) به هم زدن

s'entrechoquer *vp* به هم خوردن

entrecôte /ɑ̃tʀəkot/ *nf* گوشت دنده

entrecouper /ɑ̃tʀəkupe/ *vt* (1) بارها قطع کردن

entrecroisement /ɑ̃tʀəkʀwazmɑ̃/ *nm* درهم‌تابیدگی، به‌هم‌پیچیدگی

entrecroiser /ɑ̃tʀəkʀwaze/ *vt* (1) در هم تابیدن، به هم بافتن، به هم پیچیدن

entre-deux /ɑ̃tʀədø/ *nm. inv* ۱. بینابین ۲. [خیاطی] نوار، حاشیه

entrée /ɑ̃tʀe/ *nf* ۱. ورود ۲. ورودی، مدخل، راه (ورود)، در ۳. امکان ورود، اجازهٔ ورود، حق ورود ۴. ورودیه، بلیت ۵. آغاز، شروع، ابتدا ۶. [فرهنگ لغت] مدخل، سَرواژه

à l'entrée de در آغازِ، در بدوِ، در آستانهٔ

entrée interdite ورود ممنوع

examen d'entrée امتحان ورودی، آزمون ورودی

entrefilet /ɑ̃tʀəfilɛ/ *nm* مقالهٔ کوتاه

entregent /ɑ̃tʀɛʒɑ̃/ *nm* [ادبی] مردم‌داری

entrejambes /ɑ̃tʀəʒɑ̃b/ *nm* → entre-jambes

entre-jambes /ɑ̃tʀəʒɑ̃b/ *nm* خشتک

entrelacement /ɑ̃tʀəlasmɑ̃/ *nm* به‌هم‌پیچیدگی، درهم‌تابیدگی

entrelacer /ɑ̃tʀəlase/ *vt* (3) در هم تابیدن، به هم بافتن، به هم پیچیدن

s'entrelacer *vp* به هم پیچیدن

entrelacs /ɑ̃tʀəla/ *nm* نقش درهم‌تابیده

entrelarder /ɑ̃tʀəlaʀde/ *vt* (1) ۱. چربی زدن به ۲. آمیختن

entremêler /ɑ̃tʀəmele/ *vt* (1) (در هم)
آمیختن، (با هم) قاطی کردن
s'entremêler *vp* در هم آمیختن، با هم قاطی شدن
entremets /ɑ̃tʀəmɛ/ *nm* پیش‌دِسر
(= غذای سبکی که پیش از دِسر می‌خورند.)
entremetteur,euse /ɑ̃tʀəmɛtœʀ,øz/ *n*
دلال محبت، جاکش
entremettre (s') /sɑ̃tʀəmɛtʀ/ *vp* (56)
میانجیگری کردن، وساطت کردن، پادرمیانی کردن، مداخله کردن
entremise /ɑ̃tʀəmiz/ *nf* وساطت،
میانجیگری، پادرمیانی، مداخله
entrepont /ɑ̃tʀəpɔ̃/ *nm* [کشتی] فاصلهٔ میان
دو عرشه
entreposage /ɑ̃tʀəpozaʒ/ *nm* گذاشتن در
انبار، انبار کردن
entreposer /ɑ̃tʀəpoze/ *vt* (1) ۱. در انبار
گذاشتن، انبار کردن ۲. گذاشتن
entrepôt /ɑ̃tʀəpo/ *nm* انبار
entreprenant,e /ɑ̃tʀəpʀənɑ̃,t/ *adj*
۱. [در کسب و کار] بسیار فعال ۲. [در برابر زنان]
جسور
entreprendre /ɑ̃tʀəpʀɑ̃dʀ/ *vt* (58)
۱. اقدام کردن، مبادرت کردن به، دست (به کاری) زدن ۲. آغاز کردن ۳. کوشیدن، سعی کردن ۳. [به ویژه زن] سعی در جلب نظر کردن
entrepreneur,euse /ɑ̃tʀəpʀənœʀ,øz/ *n*
۱. پیمانکار، مقاطعه‌کار ۲. رئیس، کارفرما
entreprise /ɑ̃tʀəpʀiz/ *nf* ۱. اقدام، عمل،
کار ۲. پیمانکاری، مقاطعه‌کاری، مقاطعه ۳. شرکت، مؤسسه، بنگاه ــ [صورت جمع] ۴. پیشنهادات اغواگرانه
entreprise privée شرکت خصوصی، مؤسسهٔ خصوصی
une entreprise courageuse یک اقدام جسورانه

entrer /ɑ̃tʀe/ *vi, vt* (1) ۱. وارد شدن،
داخل شدن ۲. راه یافتن ۳. نفوذ کردن ۴. شرکت کردن ۵. جزوِ (چیزی) بودن ▯ ۶. وارد کردن، داخل کردن ۷. فرو کردن
entresol /ɑ̃tʀəsɔl/ *nm* میان‌اِشکوب کف
(= طبقهٔ میان طبقهٔ همکف و طبقهٔ اول)
entre(-)temps /ɑ̃tʀətɑ̃/ *adv* در این فاصله
entretenir /ɑ̃tʀətniʀ/ *vt* (22) ۱. حفظ کردن،
نگه‌داشتن ۲. محافظت کردن، خوب نگه داشتن، مواظبت کردن ۳. خرج (کسی را) دادن، تأمین کردن ۴. گفتگو کردن با، صحبت کردن با، حرف زدن با
s'entretenir *vp* ۱. گفتگو کردن، صحبت کردن،
حرف زدن ۲. (با هم) مذاکره کردن
entretien /ɑ̃tʀətjɛ̃/ *nm* ۱. نگهداری،
حفظ، حفاظت ۲. گفتگو، صحبت ۳. مذاکره
entre-tuer (s') /sɑ̃tʀətɥe/ *vp* (1) ۱. همدیگر
را کشتن ۲. همدیگر را به قصد کشت زدن
entrevoir /ɑ̃tʀəvwaʀ/ *vt* (30) ۱. به طور
مبهم دیدن، یک نظر دیدن ۲. پیش‌بینی کردن ۳. حدس زدن
entrevue /ɑ̃tʀəvy/ *nf* ۱. ملاقات، دیدار
۲. مصاحبه، گفتگو
entropie /ɑ̃tʀɔpi/ *nf* ۱. [فیزیک] آنتروپی
۲. نابسامانی، آشفتگی، بی‌نظمی، اغتشاش
entrouvrir /ɑ̃tʀuvʀiʀ/ *vt* (18)
لای (در یا پنجره را) باز کردن، پیش کردن
énumératif,ive /enymeʀatif,iv/ *adj*
شمارشی
énumération /enymeʀasjɔ̃/ *nf* ۱. برشماری،
شمارش ۲. سیاهه، صورت
énumérer /enymeʀe/ *vt* (1) برشمردن،
شمردن، یکی‌یکی ذکر کردن
envahir /ɑ̃vaiʀ/ *vt* (2) ۱. تصرف کردن،
گرفتن، اشغال کردن ۲. قبضه کردن ۳. فرا گرفتن، چیره شدن بر، مستولی شدن بر

---

a = bas, plat   e = blé, jouer   ɛ = lait, jouet, merci   i = il, lyre   o = mot, dôme, eau, gauche   ɔ = mort
u = roue   y = rue   ø = peu   œ = peur   ə = le, premier   ɑ̃ = sans, vent   ɛ̃ = matin, plein, lundi
ɔ̃ = bon, ombre   ʃ = chat, tache   ʒ = je, gilet   j = yeux, paille, pied   w = oui, nouer   ɥ = huile, lui

envahissant,e /ɑ̃vaisɑ̃,t/ *adj*
١. فراگیر
٢. مزاحم

envahissement /ɑ̃vaismɑ̃/ *nm*
١. اشغال، تصرف ٢. استیلا

envahisseur /ɑ̃vaisœʀ/ *nm* اشغالگر، متجاوز

envasement /ɑ̃vazmɑ̃/ *nm*
١. فرو بردن در گل و لای ٢. از گل و لای پر شدن

envaser /ɑ̃vaze/ *vt* (1)
١. در گل و لای فرو بردن ٢. از گل و لای پوشاندن

s'envaser *vp*
١. در گل و لای فرو رفتن
٢. از گل و لای پر شدن

enveloppant,e /ɑ̃vlɔpɑ̃,t/ *adj*
١. دربرگیرنده
٢. جذاب، گیرا، فریبنده

enveloppe /ɑ̃vlɔp/ *nf*
١. پوشش ٢. لفاف
٣. پاکت (نامه) ۴. ظاهر
enveloppe mortelle [استعاره] حجاب تن، کالبد

enveloppement /ɑ̃vlɔpmɑ̃/ *nm*
١. بسته‌بندی، پوشش ٢. محاصره

envelopper /ɑ̃vlɔpe/ *vt* (1)
١. پیچیدن
٢. احاطه کردن، در بر گرفتن ٣. محاصره کردن ۴. پنهان کردن، مخفی کردن

envenimer /ɑ̃vnime/ *vt* (1)
١. عفونی کردن
٢. تشدید کردن، دامن زدن ٣. [قدیمی] زهرآلود کردن

s'envenimer *vp*
١. عفونت کردن، عفونی شدن
٢. وخیم شدن

envergure /ɑ̃vɛʀgyʀ/ *nf*
١. پهنای بال،
فاصلۀ دو سر بال ٢. قابلیت، توانایی، استعداد ٣. وسعت، گستردگی

envers¹ /ɑ̃vɛʀ/ *prép* نسبت به، در حقِ، به

envers² /ɑ̃vɛʀ/ *nm*
١. [در مقابل رو] پشت
٢. خلاف، عکس

à l'envers ١. وارونه ٢. پشت و رو ٣. زیر و رو

envi (à l') /alɑ̃vi/ *loc. adv* با چشم و همچشمی

enviable /ɑ̃vjabl/ *adj*
١. مایۀ رشک
٢. دلخواه، مطلوب

envie /ɑ̃vi/ *nf*
١. حسادت، رشک، حسد
٢. غبطه، حسرت ٣. میل ۴. نیاز، احتیاج ــ [صورت جمع] ۵. ویار ۶. [خودمانی] ماه‌گرفتگی، لکۀ مادرزادی ٧. ریشۀ ناخن

avoir envie de خواستن، مایل بودن، میل داشتن، دل (کسی) خواستن، دوست داشتن

faire envie وسوسه کردن

envier /ɑ̃vje/ *vt* (1)
١. حسادت کردن به، حسودی کردن به، رشک بردن به ٢. غبطه خوردن به، حسرت (کسی یا چیزی را) خوردن ٣. خواستن، آرزو داشتن

envieux,euse /ɑ̃vjø,øz/ *n, adj*
١. حسود
٢. حسادت‌آمیز، حسودانه

environ /ɑ̃viʀɔ̃/ *adv* در حدودِ، تقریباً، نزدیک به

environnant,e /ɑ̃viʀɔnɑ̃,t/ *adj* اطراف

environnement /ɑ̃viʀɔnmɑ̃/ *nm*
١. محیط
٢. محیط زیست

environner /ɑ̃viʀɔne/ *vt* (1)
١. احاطه کردن، در بر گرفتن ٢. در اطراف (جایی) بودن

s'environner *vp* دور خود جمع کردن

environs /ɑ̃viʀɔ̃/ *nm. pl*
١. اطراف، دور و بر، حول و حوش ٢. حومه

aux environs de
١. در اطرافِ، حول و حوشِ
٢. در حدودِ ٣. نزدیکِ

envisageable /ɑ̃vizaʒabl/ *adj* قابل تصور، ممکن، امکان‌پذیر، شدنی

envisager /ɑ̃vizaʒe/ *vt* (3)
١. در نظر گرفتن
٢. بررسی کردن ٣. تصمیم داشتن، قصد داشتن ۴. پیش‌بینی کردن

envoi /ɑ̃vwa/ *nm*
١. ارسال، فرستادن
٢. بستۀ ارسالی، بسته

envol /ɑ̃vɔl/ *nm*
١. پرواز ٢. [هواپیما] برخاستن از زمین، بلند شدن، خیز

envolée /ɑ̃vɔle/ *nf*
[مجازی] پرواز

envoler (s') /sɑ̃vɔle/ *vp* (1)
١. پرواز کردن، به پرواز درآمدن ٢. به سرعت گذشتن ٣. [خودمانی] غیب شدن، غیبش زدن

envoûtant,e /ɑ̃vutɑ̃,t/ *adj* سحرانگیز، مسحورکننده، فریبنده

envoûtement /ɑ̃vutmɑ̃/ *nm* ۱. جادو، افسون، سحر ۲. جذبه، جذابیت، فریبندگی

envoûter /ɑ̃vute/ *vt* (1) ۱. جادو کردن، افسون کردن ۲. مجذوب کردن، مسحور کردن، فریفتن

envoyé,e /ɑ̃vwaje/ *n* ۱. فرستاده ۲. خبرنگار، مخبر، گزارشگر

envoyer /ɑ̃vwaje/ *vt* (8) ۱. فرستادن ۲. اعزام کردن، گسیل داشتن ۳. روانه کردن، راهی کردن ۴. انداختن، پرتاب کردن

envoyer qqn dans l'autre monde. به آن دنیا فرستاد.

Il l'a envoyé promener/paître. [خودمانی] دکش کرد.

s'envoyer *vp* برای هم فرستادن، به هم فرستادن

envoyeur,euse /ɑ̃vwajœʀ,øz/ *n* [شخص] فرستنده

enzymatique /ɑ̃zimatik/ *adj* آنزیمی، (مربوط به) آنزیم‌ها

enzyme /ɑ̃zim/ *nm* آنزیم

éolien,enne[1] /eɔljɛ̃,ɛn/ *adj* بادی، (مربوط به) باد

énergie éolienne انرژی باد، نیروی باد

éolienne[2] /eɔljɛn/ *nf* ژنراتور بادی

épais,aisse /epɛ,ɛs/ *adj* ۱. ضخیم، کلفت ۲. زمخت، خشن ۳. پرپشت، انبوه ۴. غلیظ

épaisseur /epɛsœʀ/ *nf* ۱. ضخامت، کلفتی ۲. پرپشتی، انبوهی ۳. غلظت

épaissir /epesiʀ/ *vi, vt* (2) ۱. غلیظ شدن ۲. کلفت شدن، ضخیم شدن ۳. چاق شدن ◙ ۴. غلیظ کردن

s'épaissir *vp* ۱. پرپشت شدن ۲. غلیظ شدن ۳. چاق شدن

épaississement /epesismɑ̃/ *nm* ۱. غلیظ شدن، غلظت ۲. کلفت شدن، کلفتی، ضخامت ۳. چاق شدن، چاقی

épanchement /epɑ̃ʃmɑ̃/ *nm* ۱. [پزشکی] تراوش، برون‌ریزی ۲. بیان احساسات، درددل

épancher /epɑ̃ʃe/ *vt* (1) ۱. ریختن ۲. ابراز کردن، فاش کردن

épancher son cœur درددل کردن

s'épancher *vp* درددل کردن

épandage /epɑ̃daʒ/ *nm* [کود] (عمل) دادن

épandre /epɑ̃dʀ/ *vt* (4) [کود] دادن

épandre la bonté [ادبی] بی‌دریغ خوبی کردن

épanouir /epanwiʀ/ *vt* (2) ۱. شکوفا کردن، باز کردن ۲. بشّاش کردن، خندان کردن

s'épanouir *vp* شکفتن، شکوفا شدن، باز شدن

épanouissement /epanwismɑ̃/ *nm* شکوفایی

épargnant,e /epaʀɲɑ̃,t/ *n, adj* پس‌اندازکننده

épargne /epaʀɲ/ *nf* ۱. پس‌انداز ۲. صرفه‌جویی

caisse d'épargne صندوق پس‌انداز

épargner /epaʀɲe/ *vt* (1) ۱. پس‌انداز کردن ۲. صرفه‌جویی کردن در ۳. معاف کردن از ۴. مراعات (کسی را) کردن، رعایت حال (کسی را) کردن ۵. از خون (کسی) گذشتن، زنده گذاشتن

éparpiller /epaʀpije/ *vt* (1) پراکنده کردن، پراکندن، پخش کردن

s'éparpiller *vp* ۱. پراکنده شدن، پخش شدن ۲. از این شاخه به آن شاخه پریدن

épars,e /epaʀ,s/ *adj* ۱. پراکنده ۲. [مو] پریشان

épatamment /epatamɑ̃/ *adv* [خودمانی] خیلی خوب، فوق‌العاده

épatant,e /epatɑ̃,t/ *adj* [خودمانی] عالی، محشر، معرکه

épaté,e /epate/ *adj* ۱. [بینی] پهن، پت و پهن
۲. [خودمانی] هاج و واج، مات و مبهوت

épatement /epatmã/ *nm* ۱. [بینی] پهنی،
پهن بودن ۲. [خودمانی] حیرت، تعجب

épater /epate/ *vt* (1) [خودمانی] هاج و واج
کردن، مات و مبهوت کردن

épaule /epol/ *nf* ۱. شانه، کتف ۲. دوش
donner un coup d'épaule   کمک کردن،
یاری کردن، یاری دادن
hausser les épaules   شانه بالا انداختن،
بی‌اعتنا بودن
Il a la tête sur les épaules.   می‌داند دارد چکار
می‌کند. حواسش جمع است.

épaulement /epolmã/ *nm* ۱. دیوار حائل
۲. سنگر

épauler /epole/ *vt* (1) ۱. به شانه تکیه دادن
۲. یاری دادن، کمک کردن ۳. [فنی] حائل (چیزی)
دادن، حائل (چیزی را) داشتن ۴. [لباس] اپُل گذاشتن

épaulette /epolɛt/ *nf* ۱. سردوشی، پاگون
۲. [لباس] اپُل

épave /epav/ *nf* ۱. شیء گمشده ۲. کشتی
شکسته ۳. اشیاء آب‌آورده، تکه‌پاره ۴. ویرانه،
بقایا ۵. آواره، سرگردان

épée /epe/ *nf* شمشیر

épeler /eple/ *vt* (4) هجی کردن

épellation /epelasjɔ̃/ *nf* تهجی، هجی کردن

éperdu,e /epɛʀdy/ *adj* ۱. منقلب،
هیجان‌زده، پریشان ۲. شدید، آتشین

éperdument /epɛʀdymã/ *adv* (به طرزی)
دیوانه‌وار

éperon /epʀɔ̃/ *nm* مهمیز

éperonner /epʀɔne/ *vt* (1) ۱. مهمیز زدن
۲. برانگیختن، تحریک کردن

épervier /epɛʀvje/ *nm* ۱. قرقی
۲. تور (ماهیگیری)

éphèbe /efɛb/ *nm* [به طنز یا تحقیرآمیز] جوانک
زیبارو

éphémère /efemɛʀ/ *adj* ۱. یک‌روزه
۲. زودگذر، گذرا، ناپایدار

épi /epi/ *nm* سنبله، خوشه

épice /epis/ *nf* ادویه

épicé,e /epise/ *adj* ادویه‌دار، پُرادویه، تند

épicentre /episɑ̃tʀ/ *nm* مرکز زمین‌لرزه

épicer /epise/ *vt* (3) ادویه زدن (به)

épicerie /episʀi/ *nf* ۱. بقالی،
خواربارفروشی ۲. خواربار

épicier,ère /episje,ɛʀ/ *n* بقال،
خواربارفروش

épicurien,enne /epikyʀjɛ̃,ɛn/ *adj, n*
۱. اپیکوری ۲. خوش‌گذران، لذت‌پرست

épidémie /epidemi/ *nf* ۱. بیماری همه‌گیر،
اپیدمی ۲. رواج، شیوع

épidémique /epidemik/ *adj* همه‌گیر

épiderme /epidɛʀm/ *nm* روپوست، بشره

épidermique /epidɛʀmik/ *adj* ۱. (مربوط به)
روپوست، بشره‌ای ۲. سطحی

épier /epje/ *vt* (7) ۱. کمین کردن، در کمین
(کسی یا جانوری) بودن ۲. زاغ سیاه (کسی را) چوب
زدن، پاییدن ۳. مترصد (چیزی) بودن ۴. در صدد
کشف (چیزی) برآمدن

épigastre /epigastʀ/ *nm* بالای شکم، سر دل

épigone /epigɔn/ *nm* [ادبی] پیرو، دنباله‌رو،
مقلد

épigramme /epigʀam/ *nf* ۱. هجویه،
هجونامه ۲. طعنه، گوشه‌کنایه

épigraphe /epigʀaf/ *nf* ۱. [بنا] کتیبه
۲. سرلوحه (= گفتاری که نویسنده در آغاز کتاب یا
فصلی از کتاب از دیگری نقل کند.)

épigraphie /epigʀafi/ *nf* کتیبه‌شناسی

épigraphique /epigʀafik/ *adj* (مربوط به)
کتیبه‌شناسی، کتیبه‌شناختی

épigraphiste /epigʀafist/ *n* کتیبه‌شناس

épilation /epilasjɔ̃/ *nf* موبُری، ازالهٔ مو،
اپیلاسیون

épilatoire /epilatwaʀ/ *adj* مو‌بَر

épilepsie /epilɛpsi/ *nf* صَرع

épileptique /epilɛptik/ *adj, n* ۱. صرعی، (مربوط به) صرع ▫ ۲. مبتلا به صرع، بیمار صرعی

épiler /epile/ *vt* (1) موهای (زاید بدن را) زدن، اِزالهٔ مو کردن، اِپیلاسیون کردن

épilogue /epilɔg/ *nf* [کتاب و غیره] مؤخره، خاتمه

épiloguer /epilɔge/ *vi* (1) ۱. شرح و بسط دادن، به تفصیل بیان کردن ۲. [قدیمی] انتقاد کردن از، خرده‌گرفتن به

épinard /epinaʀ/ *nm* اسفناج

épine /epin/ *nf* خار، تیغ

épine dorsale ستون مهره‌ها، ستون فقرات

épineux,euse /epinø,øz/ *adj* ۱. خاردار، تیغ‌دار ۲. پردردسر، پراشکال، مشکل، دشوار

épine-vinette /epinvinɛt/ *nf* زرشک

épingle /epɛ̃gl/ *nf* سنجاق

épingle à cheveux سنجاق سر

épingle à linges گیرهٔ لباس

épingle de sûreté/de nourrice/anglaise سنجاق قفلی

épingler /epɛ̃gle/ *vt* (1) ۱. سنجاق زدن (به)، سنجاق کردن ۲. [خودمانی] گرفتن، دستگیر کردن

se faire épingler [خودمانی] گیر افتادن

épinière /epinjɛʀ/ *nf,* **moelle épinière** نخاع

épiphyse /epifiz/ *nf* ۱. غده صنوبری ۲. سَربال (= سر استخوان دراز که دارای بافت اسفنجی است.)

épique /epik/ *adj* حماسی، پهلوانی

épiscopal,e,aux /episkɔpal,o/ *adj* اسقفی، (متعلق به) اسقف

épiscopat /episkɔpa/ *nm* ۱. مقام اسقفی ۲. دورهٔ اسقفی ۳. اسقف‌ها

épisode /epizɔd/ *nm* ۱. واقعه (فرعی)، رویداد ۲. [داستان، نمایش، فیلم] بخش، قسمت

épisodique /epizɔdik/ *adj* ۱. فرعی، جانبی ۲. گهگاهی، نامنظم

épistémologie /epistemɔlɔʒi/ *nf* معرفت‌شناسی

épistolaire /epistɔlɛʀ/ *adj* (مربوط به) نامه‌نگاری، مکاتبه‌ای

épitaphe /epitaf/ *nf* سنگ‌نبشتهٔ مزار، نوشتهٔ سنگ قبر

épithélium /epiteljɔm/ *nm* بافت پوششی

épithète /epitɛt/ *nf* صفت (وابسته به موصوف)

épître /epitʀ/ *nf* ۱. [قدیمی] مکتوب، رقعه ۲. [به طنز] نامه

éploré,e /eplɔʀe/ *adj* گریان

épluchage /eplyʃaʒ/ *nm* ۱. [سبزی] (عمل) پاک کردن ۲. [میوه] (عمل) پوست کندن ۳. موشکافی، بررسی دقیق

éplucher /eplyʃe/ *vt* (1) ۱. [سبزی] پاک کردن ۲. [میوه] پوست کندن ۳. به دقت بررسی کردن، موشکافی کردن، زیر ذره‌بین گذاشتن

épluchure /eplyʃyʀ/ *nf* ۱. [سبزی] آشغال ۲. [میوه] پوست

épointer /epwɛ̃te/ *vt* (1) نوک (چیزی را) شکستن، کند کردن

éponge /epɔ̃ʒ/ *nf* ۱. [جانور دریایی] اسفنج ۲. اسفنج، ابر

éponger /epɔ̃ʒe/ *vt* (3) ۱. با اسفنج پاک کردن، با ابر خشک کردن، دستمال کشیدن ۲. خشک کردن

épopée /epɔpe/ *nf* حماسه

époque /epɔk/ *nf* ۱. دوره، دوران، عهد، عصر ۲. زمان، وقت، هنگام، موقع

à l'époque où زمانی که، وقتی که، موقعی که

meubles d'epoque مبلمان عتیقه

épouillage /epujaʒ/ *nm* شپش‌گیری

épouiller /epuje/ *vt* (1) شپش (کسی یا چیزی را) گرفتن

épousailles /epuzaj/ *nf.pl* [قدیمی یا طنزآمیز] عروسی

épouse /epuz/ *nf* زن، همسر، زوجه

épouser /epuze/ *vt* (1) ۱. ازدواج کردن با، عروسی کردن با ۲. [عقیده و غیره] طرفداری کردن از، حمایت کردن از ۳. قالب تن (کسی) بودن

époussetage /epustaʒ/ *nm* گردگیری

épousseter /epuste/ *vt* (4) گردگیری کردن، گرد و خاک (چیزی را) گرفتن

époustouflant,e /epustuflɑ̃,t/ *adj* [خودمانی] محشر، معرکه، فوق‌العاده

époustoufler /epustufle/ *vt* (1) [خودمانی] مات و مبهوت کردن، هاج و واج کردن

épouvantable /epuvɑ̃tabl/ *adj* ۱. وحشتناک، هولناک، مخوف، موحش، مهیب ۲. فجیع ۳. مزخرف، گند

temps épouvantable هوای مزخرف، هوای گند، هوای افتضاح

épouvantablement /epuvɑ̃tabləmɑ̃/ *adv* به طرزی وحشتناک، بدجوری

épouvantail /epuvɑ̃taj/ *nm* ۱. مترسک، لولوی سر خرمن ۲. [مجازی] کابوس

épouvante /epuvɑ̃t/ *nf* وحشت، هراس

épouvanter /epuvɑ̃te/ *vt* (1) به وحشت انداختن، وحشت‌زده کردن، به هراس افکندن

époux /epu/ *nm* شوهر، همسر، زوج

les époux زن و شوهر، زن ومرد، زوجین

éprendre (s') /sepʀɑ̃dʀ/ *vp* (58) شیفتهٔ (کسی یا چیزی) شدن، عاشق (کسی یا چیزی) شدن، علاقه‌مند شدن به

épreuve /epʀœv/ *nf* ۱. آزمایش، امتحان ۲. آزمون ۳. مسابقه ۴. بدبختی، مصیبت، عذاب، رنج ۵. نمونهٔ چاپی ۶. عکس

à l'épreuve de مقاوم در برابرِ، ضدِ

à toute épreuve مقاوم، محکم، پابرجا

épreuve écrite آزمون کتبی، امتحان کتبی

mettre à l'épreuve آزمایش کردن، امتحان کردن، آزمودن

épris,e /epʀi,z/ *adj* شیفته، فریفته، عاشق

éprouvant,e /epʀuvɑ̃,t/ *adj* طاقت‌فرسا، توان‌فرسا، شاق

éprouver /epʀuve/ *vt* (1) ۱. آزمایش کردن، آزمودن، امتحان کردن ۲. تجربه کردن ۳. احساس کردن ۴. متأثر کردن، غمگین کردن

éprouvette /epʀuvɛt/ *nf* لولهٔ آزمایش

épuisant,e /epɥizɑ̃,t/ *adj* طاقت‌فرسا، توان‌فرسا، سخت

épuisé,e /epɥize/ *adj* ۱. تمام‌شده ۲. ازپاافتاده، ازپادرآمده، هلاک

épuisement /epɥizmɑ̃/ *nm* ۱. (عمل) تمام کردن، به مصرف رساندن ۲. خشک کردن ۳. تحلیل قوا، ضعف

épuiser /epɥize/ *vt* (1) ۱. تمام کردن، به اتمام رساندن، تا آخر مصرف کردن، ته (چیزی را) بالا آوردن ۲. بایر کردن، خشک کردن ۳. تحلیل بردن، از توان انداختن، فرسودن، از پا درآوردن

s'épuiser *vp* ۱. تمام شدن، به آخر رسیدن، ته کشیدن ۲. خود را خسته کردن

épuisette /epɥizɛt/ *nf* [ماهیگیری] تور (دستی)

épurateur /epyʀatœʀ/ *nm* دستگاه تصفیه

épuration /epyʀasjɔ̃/ *nf* ۱. پالایش، تصفیه ۲. پاک‌سازی

épure /epyʀ/ *nf* نقشه (فنی)

épurer /epyʀe/ *vt* (1) ۱. تصفیه کردن، پالایش کردن ۲. پاک‌سازی کردن

équanimité /ekwanimite/ *nf* ۱. [ادبی] سلامت طبع ۲. آرامش، شکیبایی، بردباری

équarrir /ekaʀiʀ/ *vt* (2) ۱. چهارگوش بریدن، چهارگوش کردن ۲. [جانور مرده] تکه‌تکه کردن، سلاخی کردن

équarrissage / ekaʀisaʒ / nm ۱. (عمل) چهارگوش بریدن، چهارگوش کردن ۲. [جانور مرده] سلاخی، تکهتکه کردن

équarrisseur / ekaʀisœʀ / nm سلاخ (جانوران مرده)

équateur / ekwatœʀ / nm ۱. خط استوا، نیمگان زمین ۲. مناطق استوایی

équation / ekwasjɔ̃ / nf معادله

équatorial,e,aux / ekwatɔʀjal,o / adj استوایی، (مربوط به) نیمگان زمین

équerre / ekɛʀ / nf گونیا
d'équerre راست، صاف

équestre / ekɛstʀ / adj (مربوط به) اسبسواری، سوارکاری

équidistant,e / ekɥidistɑ̃,t / adj به یک فاصله، به فاصلهٔ یکسان

équilatéral,e,aux / ekɥilateʀal,o / adj متساویالاضلاع

équilibre / ekilibʀ / nm ۱. تعادل ۲. توازن، موازنه

équilibré,e / ekilibʀe / adj ۱. متعادل ۲. متوازن

équilibrer / ekilibʀe / vt (1) ۱. به حالت تعادل درآوردن، متعادل کردن ۲. موازنه برقرار کردن

équilibriste / ekilibʀist / n بندباز

équin,e / ekɛ̃,in / adj اسبی، (مربوط به) اسب

équinoxe / ekinɔks / nm ۱. [اخترشناسی] اعتدال — [صورت جمع] ۲. اعتدالَین

équinoxial,e,aux / ekinɔksjal,o / adj [اخترشناسی] اعتدالی

équipage / ekipaʒ / nm ۱. [کشتی، هواپیما] خدمه ۲. [قدیمی] خدم و حشم

équipe / ekip / nf ۱. گروه ۲. (ورزش) تیم، گروه
équipe de football تیم فوتبال

équipée / ekipe / nf ۱. گشت و گذار ۲. ماجراجویی، حادثهجویی

équipement / ekipmɑ̃ / nm ۱. وسایل، لوازم، تجهیزات ۲. تجهیز

équiper / ekipe / vt (1) تجهیز کردن، مجهز کردن

s'équiper vp مجهز شدن، آماده شدن

équipier,ère / ekipje,ɛʀ / n [ورزش] بازیکن

équitable / ekitabl / adj ۱. عادل، منصف، بانصاف ۲. عادلانه، منصفانه

équitablement / ekitabləmɑ̃ / adv عادلانه، منصفانه، با انصاف

équitation / ekitasjɔ̃ / nf اسبسواری، سوارکاری

équité / ekite / nf انصاف، عدل، عدالت

équivalence / ekivalɑ̃s / nf ۱. برابری، تعادل ۲. همارزی، همارزشی

équivalent¹,e / ekivalɑ̃,t / adj ۱. برابر، معادل ۲. همارز، همارزش ۳. شبیه، مشابه، همانند ۴. همسنگ، همپایه

équivalent² / ekivalɑ̃ / nm برابر، معادل

équivaloir / ekivalwaʀ / vi (29) ۱. برابر بودن، معادل بودن ۲. همارز بودن، همارزش بودن ۳. همسنگ بودن، همپایه بودن

équivoque / ekivɔk / adj, nf ۱. دوپهلو، گنگ، مبهم ۲. مشکوک، مظنون، مرموز ▣ ۳. ابهام ۴. شک، ظن، تردید ۵. سوءتفاهم

érable / eʀabl / nm ۱. درخت اَفرا ۲. چوب اَفرا

éradication / eʀadikasjɔ̃ / nf ریشهکنی، نابودی

érafler / eʀafle / vt (1) خراش دادن، خراشیدن

éraflure / eʀaflyʀ / nf خراش، خراشیدگی

érailler / eʀaje / vt (1) ۱. ساییدن، خراشیدن ۲. نخنما کردن
voix éraillée صدای گرفته

---

a = bas, plat   e = blé, jouer   ɛ = lait, jouet, merci   i = il, lyre   o = mot, dôme, eau, gauche   ɔ = mort
u = roue   y = rue   ø = peu   œ = peur   ə = le, premier   ɑ̃ = sans, vent   ɛ̃ = matin, plein, lundi
ɔ̃ = bon, ombre   ʃ = chat, tache   ʒ = je, gilet   j = yeux, paille, pied   w = oui, nouer   ɥ = huile, lui

ère /ɛʀ/ *nf*	۱. مبدأ تاریخ ۲. دوره، دوران، عصر ۳. [زمین‌شناسی] دوران
érection /eʀɛksjɔ̃/ *nf*	۱. احداث، بنا، ساخت ۲. تأسیس، ایجاد ۳. نعوظ
éreintage /eʀɛ̃taʒ/ *nm* → éreintement	
éreintant,e /eʀɛ̃tɑ̃,t/ *adj*	کمرشکن، طاقت‌فرسا، توان‌فرسا، شاق
éreintement /eʀɛ̃tmɑ̃/ *nm*	عیب‌جویی
éreinter /eʀɛ̃te/ *vt* (1)	۱. از پا درآوردن، از توان انداختن ۲. عیب‌جویی کردن از، آبروی (کسی را) بردن
érémitique /eʀemitik/ *adj*	[ادبی] زاهدانه
éréthisme /eʀetism/ *nm*	تحریک
ergonomie /ɛʀgɔnɔmi/ *nf*	کارپژوهی، مهندسی محیط کار
ergoter /ɛʀgɔte/ *vi* (1)	بیهوده جر و بحث کردن، بیخودی دعوا کردن
ériger /eʀiʒe/ *vt* (3)	۱. برپا کردن، برپا داشتن، برافراشتن ۲. بنا کردن، ساختن، احداث کردن ۳. تأسیس کردن، تشکیل دادن، به وجود آوردن ۴. بالا بردن
ériger un criminel en héros	از یک جانی قهرمان ساختن
s'ériger *vp*, **s'ériger en**	به خود نسبتِ ... دادن، ادعای ... کردن، خود را ... جا زدن
ermitage /ɛʀmitaʒ/ *nm*	گوشهٔ عزلت
ermite /ɛʀmit/ *nm*	رهبان، گوشه‌نشین، معتکف
éroder /eʀɔde/ *vt* (1)	۱. فرسودن، ساییدن ۲. [اسید] خوردن
érosion /eʀozjɔ̃/ *nf*	۱. فرسایش ۲. تضعیف، کاهش، افول
érotique /eʀɔtik/ *adj*	۱. شهوت‌انگیز، شهوانی ۲. جنسی
poésie érotique	شعر عاشقانه
érotisme /eʀɔtism/ *nm*	۱. شهوت ۲. شهوانیت، شهوت‌انگیزی
errance /ɛʀɑ̃s/ *nf*	۱. آوارگی، سرگردانی ۲. گشت، پرسه
errant,e /ɛʀɑ̃,t/ *adj*	۱. آواره، سرگردان ۲. خانه‌به‌دوش
errata /ɛʀata/ *nm. pl*	غلط‌نامه
erratique /ɛʀatik/ *adj*	[پزشکی] نامنظم، متناوب
erratum /ɛʀatɔm/ *nm*	غلط چاپی
errements /ɛʀmɑ̃/ *nm. pl*	[ادبی] عادات زشت
errer /ɛʀe/ *vi* (1)	۱. سرگردان بودن ۲. ول گشتن، پرسه زدن
erreur /ɛʀœʀ/ *nf*	۱. اشتباه، خطا ۲. غلط
faire erreur	اشتباه کردن، خطا کردن
par erreur	اشتباهی، اشتباهاً، به اشتباه
erroné,e /ɛʀɔne/ *adj*	نادرست، اشتباه، غلط
erronément /ɛʀɔnemɑ̃/ *adv*	اشتباهاً، به اشتباه، به غلط
éructation /eʀyktasjɔ̃/ *nf*	آروغ، بادگلو
éructer /eʀykte/ *vi* (1)	آروغ زدن، بادگلو زدن
érudit,e /eʀydi,t/ *n, adj*	۱. عالم، فاضل، دانشمند ۲. عالمانه
érudition /eʀydisjɔ̃/ *nf*	علم، فضل، دانش
éruption /eʀypsjɔ̃/ *nf*	۱. ظهور، بروز ۲. فوران، آتشفشانی
éruption de boutons	بیرون ریختن جوش
érythème /eʀitɛm/ *nm*	[پزشکی] سرخی، اِریتم (= سرخی پوست ناشی از احتقان مویرگ‌ها)
ès /ɛs/ *prép*	در رشتهٔ، در
esbroufe /ɛsbʀuf/ *nf*	[خودمانی] فیس، افاده، باد
esbroufeur,euse /ɛsbʀufœʀ,øz/ *n*	[خودمانی] پرافاده، پرفیس و افاده، افاده‌ای
escabeau /ɛskabo/ *nm*	چهارپایه
escadre /ɛskadʀ/ *nf*	ناوبخش
escadrille /ɛskadʀij/ *nf*	۱. ناوگروه، تیپ دریایی ۲. اسکادران

escadron /ɛskadRɔ̃/ *nm*	۱. گردان ۲. اسکادران ۳. دسته، گروه، ایل
escalade /ɛskalad/ *nf*	۱. [دیوار، نردبان، ...] (عمل) بالا رفتن ۲. [کوه] صعود ۳. افزایش سریع
escalader /ɛskalade/ *vt* (1)	۱. [دیوار، نردبان، ...] بالا رفتن از ۲. [کوه] صعود کردن، بالا رفتن از
escalator /ɛskalatoR/ *nm*	پله‌برقی
escale /ɛskal/ *nf*	۱. توقف ۲. توقفگاه
escalier /ɛskalje/ *nm*	پلکان، پله
escalier de service	پلکان خدمه
escalier roulant	پله برقی
escalope /ɛskalɔp/ *nf*	[غذا] اِسکالوپ
escamotage /ɛskamɔtaʒ/ *nm*	۱. (عمل) غیب کردن ۲. دزدی ماهرانه، بلند کردن، زدن ۳. طفره، گریز
escamoter /ɛskamɔte/ *vt* (1)	۱. غیب کردن، ناپدید کردن ۲. ربودن، زدن، بلند کردن ۳. طفره رفتن، از زیر (چیزی) شانه خالی کردن، از زیر (چیزی) در رفتن
escamoteur, euse /ɛskamɔtœR, øz/ *n*	۱. شعبده‌باز ۲. جیب‌بر، دزد
escampette /ɛskɑ̃pɛt/ *nf*, **prendre la poudre d'escampette**	در رفتن، به چاک زدن
escapade /ɛskapad/ *nf*	فرار، گریز
escarboucle /ɛskaRbukl/ *nf*	یاقوت سرخ
escarcelle /ɛskaRsɛl/ *nf*	۱. [قدیمی] کیسهٔ پول ۲. [طنزآمیز] کیف پول
escargot /ɛskaRgo/ *nm*	حلزون
escarmouche /ɛskaRmuʃ/ *nf*	۱. [بین نیروهای نظامی] زد و خورد پراکنده، درگیری پراکنده ۲. منازعه، مشاجره
escarpe /ɛskaRp/ *nm*	[قدیمی] دزد آدمکش
escarpé, e /ɛskaRpe/ *adj*	دارای شیب تند
escarpement /ɛskaRpəmɑ̃/ *nm*	شیب تند، سراشیبی
escarpin /ɛskaRpɛ̃/ *nm*	کفش روباز
escarpolette /ɛskaRpɔlɛt/ *nf*	[قدیمی] تاب
escient (à bon) /abɔnesjɑ̃/ *loc. adv*	آگاهانه، دانسته
esclaffer (s') /sɛsklafe/ *vp* (1)	قاه‌قاه خندیدن، قهقهه زدن
esclandre /ɛsklɑ̃dR/ *nm*	جنجال، قشقرق
esclavage /ɛsklavaʒ/ *nm*	۱. بردگی، بندگی ۲. اسارت، سرسپردگی
esclavagiste /ɛsklavaʒist/ *adj, n*	طرفدار برده‌داری
esclave /ɛsklav/ *adj, n*	۱. برده، بنده، غلام ۲. اسیر، گرفتار
escogriffe /ɛskɔgRif/ *nm*	(مرد) دراز بدقواره، دیلاق
escompte /ɛskɔ̃t/ *nm*	۱. تنزیل ۲. تخفیف
escompter /ɛskɔ̃te/ *vt* (1)	۱. تنزیل کردن ۲. انتظار داشتن، امیدوار بودن
escorte /ɛskɔRt/ *nf*	۱. اسکورت ۲. محافظان ۳. همراهان
escorter /ɛskɔRte/ *vt* (1)	۱. اسکورت کردن ۲. همراهی کردن، مشایعت کردن، بدرقه کردن ۳. رساندن، رفتن با، آمدن با
escorteur /ɛskɔRtœR/ *nm*	ناواسکورت
escouade /ɛskwad/ *nf*	۱. عده، دسته، گروه ۲. جوخه
escrime /ɛskRim/ *nf*	شمشیربازی
escrimer (s') /sɛskRime/ *vp* (1)	کوشیدن، سعی کردن، تلاش کردن
escrimeur, euse /ɛskRimœR, øz/ *n*	شمشیرباز
escroc /ɛskRo/ *nm*	کلاهبردار، شیاد
escroquer /ɛskRɔke/ *vt* (1)	۱. کلاه (کسی را)

escroquerie 354

برداشتن، کلاه سر (کسی) گذاشتن، گوش (کسی را) بریدن ۲. با حیله (چیزی را) گرفتن

escroquerie /ɛskʀɔkʀi/ *nf* کلاهبرداری، شیادی

esgourde /ɛsguʀd/ *nf* [عامیانه] گوش

eskimo /ɛskimo/ *adj, n* → esquimau,de

ésotérique /ezɔteʀik/ *adj* ۱. [فلسفه] باطنی ۲. رمزآمیز، رازورزانه

ésotérisme /ezɔteʀism/ *nm* [فلسفه] باطنیه، فلسفهٔ باطنی

espace /ɛspas/ *nm* ۱. فضا ۲. جا، مکان ۳. فاصله ۴. مدت

en l'espace de در مدتِ، طیِ، در ظرفِ

espace de temps فاصلهٔ زمانی

espacement /ɛspasmɑ̃/ *nm* ۱. فاصله‌گذاری، فاصله دادن ۲. فاصله

espacer /ɛspase/ *vt* (3) فاصله دادن، فاصله گذاشتن، فاصله انداختن

espadon /ɛspadɔ̃/ *nm* شمشیر (ماهی)

espadrille /ɛspadʀij/ *nf* کفش گیوه‌ای

espagnol¹,e /ɛspaɲɔl/ *adj* اسپانیایی، اسپانیولی، (مربوط به) اسپانیا

Espagnol²,e /ɛspaɲɔl/ *n* اهل اسپانیا، اسپانیایی

espagnol³ /ɛspaɲɔl/ *nm* زبان اسپانیایی، اسپانیایی، اسپانیولی

espagnolette /ɛspaɲɔlɛt/ *nf* چفت، قفل

espalier /ɛspalje/ *nm* ۱. [باغبانی] داربست، چفته ۲. گیاه داربستی

espar /ɛspaʀ/ *nm* [کشتی] دیرک بادبان

espèce /ɛspɛs/ *nf* ۱. نوع، جور، گونه، قسم ۲. [رده‌بندی زیست‌شناختی] نوع، گونه ـ [صورت جمع] ۳. [قدیمی] مسکوک

cas d'espèce مورد خاص، مورد استثنائی

de toute espèce از هر نوع، همه نوع، همه جور

en espèces به صورت نقد، نقدی

Espèce d'idiot! مرتیکهٔ احمق!

espérance /ɛspeʀɑ̃s/ *nf* ۱. امید، امیدواری ـ [صورت جمع] ۲. ارث و میراث

espérance de vie میانگین عمر، عمر متوسط

espéranto /ɛspeʀɑ̃to/ *nm* (زبانِ) اسپرانتو

espérer /ɛspeʀe/ *vt, vi* (6) ۱. امیدوار بودن، امید داشتن ۲. انتظار داشتن ◙ ۳. اعتقاد داشتن، ایمان داشتن

espiègle /ɛspjɛgl/ *n, adj* ۱. شیطان، تخس ◙ ۲. شیطنت‌آمیز

espièglerie /ɛspjɛgləʀi/ *nf* شیطنت

espion,onne /ɛspjɔ̃,ɔn/ *n* ۱. جاسوس ۲. مأمور مخفی

espionnage /ɛspjɔnaʒ/ *nm* جاسوسی

espionner /ɛspjɔne/ *vt* (1) جاسوسی (کسی را) کردن، زاغ سیاه (کسی را) چوب زدن، پاییدن، مراقب (کسی) بودن

esplanade /ɛsplanad/ *nf* محوطه، میدانگاه

espoir /ɛspwaʀ/ *nm* ۱. امید، امیدواری ۲. انتظار ۳. مایهٔ امید

esprit /ɛspʀi/ *nm* ۱. روح، روان ۲. ذهن ۳. شبح، جن، پری ۴. روحیه ۵. طبع، سرشت ۶. هوش ۷. عقل، فهم ۸. فرد، آدم، شخص ۹. شوخ‌طبعی، بذله‌گویی

perdre ses esprits بیهوش شدن، از هوش رفتن

présence d'esprit حضور ذهن

esquif /ɛskif/ *nm* [ادبی] زورق، قایق

esquille /ɛskij/ *nf* خرده استخوان

esquimau,de /ɛskimo,d/ *n, adj* اسکیمو

esquintant,e /ɛskɛ̃tɑ̃,t/ *adj* طاقت‌فرسا، خسته‌کننده

esquinter /ɛskɛ̃te/ *vt* (1) ۱. از پا درآوردن، خرد کردن ۲. [خودمانی] لت و پار کردن، درب و داغون کردن ۳. بدگویی کردن از، پنبهٔ (کسی را) زدن

esquisse /ɛskis/ *nf* طرح اولیه، طرح کلی

esquisser /ɛskise/ *vt* (1) ۱. طرح اولیه (چیزی را) کشیدن ۲. طرح کردن، طرح‌ریزی کردن ۳. مبادرت کردن به

esquive /ɛskiv/ *nf* ۱. گریز، اجتناب ۲. جاخالی

esquiver /ɛskive/ *vt* (1) ۱. از زیر (چیزی) شانه خالی کردن، از زیر (چیزی) در رفتن ۲. جاخالی دادن

s'esquiver *vp* در رفتن، به چاک زدن

essai /ɛsɛ/ *nm* ۱. آزمایش، امتحان ۲. سعی، کوشش، تقلا، تلاش ۳. رساله، جُستار

essaim /ɛsɛ̃/ *nm* ۱. دستهٔ زنبور ۲. [حشرات] دسته، گروه ۳. ازدحام، انبوه، دسته

essaimer /eseme/ *vi* (1) ۱. کندو را ترک کردن ۲. پراکنده شدن

essayage /esɛjaʒ/ *nm* پرو (لباس)

essayer /eseje/ *vt* (8) ۱. آزمایش کردن، امتحان کردن، آزمودن ۲. [لباس] پرو کردن ۳. کوشیدن، سعی کردن، تقلا کردن

essayiste /esejist/ *nm* رساله‌نویس، جُستارنویس

essence /esɑ̃s/ *nf* ۱. جوهر، ذات، ماهیت، فطرت ۲. عصاره ۳. اِسانس ۴. بنزین ۵. [درخت] نوع، گونه

essentiel,elle /esɑ̃sjɛl/ *adj* ۱. اساسی، اصلی، بنیادی، مهم ۲. لازم، ضروری، واجب ۳. ذاتی، فطری ■ ۴. عامل اصلی، اصل

essentiellement /esɑ̃sjɛlmɑ̃/ *adv* ۱. اساساً، اصولاً، در اصل ۲. ذاتاً، فطرتاً

esseulé,e /esœle/ *adj* تنها، بی‌کس

essieu /esjø/ *nm* [خودرو] محور (چرخ)

essor /esɔʀ/ *nm* ۱. پرواز ۲. پیشرفت، رشد، ترقی
prendre son essor ۱. پر کشیدن، پر گرفتن ۲. [مجازی] شکوفا شدن

essorer /esɔʀe/ *vt* (1) چلاندن، آب (چیزی را) گرفتن

essoufflement /esuflǝmɑ̃/ *nm* (عمل) نفس‌نفس زدن، از نفس افتادن

essouffler /esufle/ *vt* (1) از نفس انداختن، به نفس‌نفس انداختن

s'essouffler *vp* از نفس افتادن، نفس‌نفس زدن

essuie-glace /esɥiglas/ *nm. inv* [اتومبیل] برف‌پاک‌کن

essuie-main(s) /esɥimɛ̃/ *nm* دست‌خشک‌کن، حولهٔ دست، دستمال حوله‌ای

essuyage /esɥijaʒ/ *nm* ۱. (عمل) خشک کردن ۲. گردگیری، پاک کردن

essuyer /esɥije/ *vt* (8) ۱. خشک کردن ۲. پاک کردن ۳. گردگیری کردن، گرد و خاک (چیزی را) گرفتن ۴. تحمل کردن، متحمل شدن، تاب آوردن

est[1] /ɛst/ *nm* ۱. شرق، مشرق، خاور ۲. شرقی

est[2] /ɛ/ *v* [صورت صرف‌شدهٔ فعلِ être]

estacade /ɛstakad/ *nf* سد چوبی

estafette /ɛstafɛt/ *nf* [قدیمی] پیک، چاپار، قاصد

estafilade /ɛstafilad/ *nf* ۱. بریدگی، زخم ۲. بریدگی صورت، زخم صورت

estaminet /ɛstaminɛ/ *nm* [در شمال فرانسه و بلژیک] کافه

estampage /ɛstɑ̃paʒ/ *nm* مهرکوبی، قالب‌زنی

estampe /ɛstɑ̃p/ *nf* ۱. استامپ، مُهر ۲. گراور، تصویر گراوری

estamper /ɛstɑ̃pe/ *vt* (1) ۱. مهر کوبیدن، قالب زدن، نقش انداختن ۲. [خودمانی] گوش (کسی را) بریدن، تیغ زدن، کلاه (کسی را) برداشتن

estampillage /ɛstɑ̃pijaʒ/ *nm* (عمل) مهر زدن، مارک زدن

estampille /ɛstɑ̃pij/ *nf* مُهر، نشان، اَنگ، مارک

estampiller /ɛstɑ̃pije/ *vt* (1) مهر زدن، اَنگ زدن، مارک زدن

est-ce que /ɛsk/ *adv. interr* آیا

esthète / ɛstɛt / *n, adj* مدعی زیبایی‌شناسی

esthéticien,enne / ɛstetisjɛ̃,ɛn / *n* ۱. زیبایی‌شناس ۲. متخصص زیبایی، آرایشگر

esthétique / ɛstetik / *adj, nf* ۱. (مربوط به) زیبایی‌شناسی، زیبایی‌شناختی ۲. هنری، هنرمندانه ۳. زیبا، قشنگ ◙ ۴. زیبایی‌شناسی ۵. زیبایی

esthétiquement / ɛstetikmɑ̃ / *adv* از دیدگاه زیبایی‌شناسی، از نظر زیبایی‌شناختی

estimable / ɛstimabl / *adj* ۱. محترم، ارجمند ۲. درخور احترام، قابل احترام، شایسته

estimatif,ive / ɛstimatif,iv / *adj* تخمینی، تقریبی

estimation / ɛstimasjɔ̃ / *nf* ۱. ارزیابی ۲. برآورد، تخمین

estime / ɛstim / *nf* احترام، حرمت، ارج، ارزش

à l'estime به طور تقریبی، به تخمین، تخمیناً

avoir de l'estime pour qqn برای کسی احترام قائل بودن، به کسی حرمت نهادن، کسی را ارج نهادن

estimer / ɛstime / *vt* (1) ۱. قیمت (چیزی را) تعیین کردن، قیمت گذاشتن رویِ، ارزیابی کردن ۲. برآورد کردن، تخمین زدن ۳. نظر خوبی داشتن دربارهٔ، ارزش قائل شدن برایِ ۴. تصور کردن، فکر کردن، عقیده داشتن، دانستن

estival,e,aux / ɛstival,o / *adj* تابستانی

estivant,e / ɛstivɑ̃,t / *n* مسافر تابستانی

estocade / ɛstɔkad / *nf* [گاوبازی] ضربهٔ شمشیر

donner l'estocade à un adversaire ضربهٔ کاری به حریف زدن

estomac / ɛstɔma / *nm* ۱. معده ۲. شکم، دل ۳. دل و جرئت

avoir de l'estomac دل و جرئت داشتن

estomaquer / ɛstɔmake / *vt* (1) [عامیانه] مات و مبهوت کردن، هاج و واج کردن

estompage / ɛstɔ̃paʒ / *nm* (عمل) سایه زدن

estompement / ɛstɔ̃pmɑ̃ / *nm* → estompage

estomper / ɛstɔ̃pe / *vt* (1) ۱. سایه زدن ۲. محو کردن ۳. [مجازی] کم‌رنگ کردن

s'estomper *vp* ۱. محو شدن ۲. رنگ باختن، از بین رفتن

estrade / ɛstʀad / *nf* سکو

estragon / ɛstʀagɔ̃ / *nm* ترخون

estropié,e / ɛstʀɔpje / *adj, n* علیل

estropier / ɛstʀɔpje / *vt* (7) ۱. ناقص کردن، معلول کردن ۲. تحریف کردن

estuaire / ɛstɥɛʀ / *nm* مصب

estudiantin,e / ɛstydjɑ̃tɛ̃,in / *adj* دانشجویی، (مربوط به) دانشجویان

esturgeon / ɛstyʀʒɔ̃ / *nm* تاس‌ماهی آلمانی، ماهی خاویار

et / e / *conj* ۱. وَ ۲. با

étable / etabl / *nf* طویله

établi / etabli / *nm* [کارگاه] میز

établir / etabliʀ / *vt* (2) ۱. برقرار کردن، ایجاد کردن ۲. مستقر کردن ۳. تأسیس کردن، تشکیل دادن ۴. بر پایه (چیزی) استوار کردن، بر اساس (چیزی) بنا نهادن ۵. ثابت کردن، به اثبات رساندن، نشان دادن ۶. سر (کاری) گذاشتن، گماردن به

s'établir *vp* ۱. مستقر شدن ۲. سکونت کردن ۳. شکل گرفتن ۴. برقرار شدن

établissement / etablismɑ̃ / *nm* ۱. استقرار ۲. تأسیس، تشکیل، برقراری ۳. مؤسسه، بنگاه

étage / etaʒ / *nm* طبقه

étagé,e / etaʒe / *adj* طبقه‌طبقه

étager / etaʒe / *vt* (1) طبقه‌طبقه کردن

étagère / etaʒɛʀ / *nf* ۱. [قفسه و غیره] طبقه ۲. قفسه

étai / etɛ / *nm* [بنایی] شمع

étain / etɛ̃ / *nm* قلع

étal / etal / *nm* پیشخان

étalage / etalaʒ / *nm* ۱. بساط ۲. ویترین ۳. نمایش، پُز دادن

étalagiste / etalaʒist / *n* ویترین‌چین، ویترین‌آرا

étalement / etalmɑ̃ / *nm* ۱. (عمل) گستردن، پهن کردن ۲. قسطبندی

étaler / etale / *vt* (1) ۱. عرضه کردن ۲. گستردن، پهن کردن ۳.نمایش دادن، نمایاندن، پُز (چیزی را) دادن ۴. مالیدن ۵. قسط‌بندی کردن

s'étaler *vp* ۱. پهن شدن ۲. [خودمانی] رو زمین ولو شدن، پخش زمین شدن ۳. قسط‌بندی شدن

étalon[1] / étalɔ̃ / *nm* ۱. معیار ۲. عیار

étalon[2] / etalɔ̃ / *nm* اسب تخم‌کشی

étalonnage / etalɔnaʒ / *nm* تطبیق با معیار قانونی

étalonnement / etalɔnmɑ̃ / *nm* → étalonnement

étalonner / etalɔne / *vt* (1) با معیار قانونی تطبیق دادن

étamage / etamaʒ / *nm* سفیدگری، قلع‌اندودکاری

étamer / etame / *vt* (1) سفید کردن، قلع‌اندود کردن

étameur / etamœʀ / *nm* سفیدگر

étamine[1] / etamin / *nf* ۱. (پارچهٔ) وال ۲. [پارچه] صافی

étamine[2] / etamin / *nf* [گیاه‌شناسی] پرچم

étanche / etɑ̃ʃ / *adj* عایق، ضد آب

étanchéité / etɑ̃ʃeite / *nf* عایق‌بندی، درزبندی

étancher / etɑ̃ʃe / *vt* (1) ۱. بند آوردن، از ریزش (مایعی) جلوگیری کردن ۲. آب‌بندی کردن

étancher sa soif رفع تشنگی کردن

étançon / etɑ̃sɔ̃ / *nm* [بنایی] شمع

étançonner / etɑ̃sɔne / *vt* (1) [بنایی] شمع زدن

étang / etɑ̃ / *nm* تالاب، برکه

étape / etap / *nf* ۱. توقفگاه، منزل ۲. مرحله

état[1] / eta / *nm* ۱. وضع، وضعیت، حالت ۲. صورت، فهرست، شرح ۳. [قدیمی] شغل، حرفه، پیشه

en tout état de cause در هر حال

état civil احوال مدنی

état d'âme حالت روحی، روحیه

état de chose وضعیت، موقعیت

état de nature حالت طبیعی

état de siège حکومت نظامی

être en état de... در حالت... بودن، در وضعیت... بودن

faire état de اعتنا کردن، در نظر گرفتن

État[2] / eta / *nm* ۱. حکومت، دولت ۲. کشور، مملکت

affaire d'État کار خطیر، کار مهم

coup d'État کودتا

États-Unis d'Amérique ایالات متحدهٔ آمریکا

homme d'État دولتمرد

étatiser / etatize / *vt* (1) دولتی کردن، ملی کردن

étatisme / etatism / *nm* دولت‌گرایی

étatiste / etatist / *adj, n* دولت‌گرا

état-major / etamaʒɔʀ / *nm* ستاد

étau / eto / *nm* [فنی] گیره

étayage / etɛjaʒ / *nm* ۱. [بنایی] شمع‌زنی، شمع زدن ۲. پشتیبانی، حمایت، طرفداری

étayer / eteje / *vt* (8) ۱. [بنایی] شمع زدن ۲. پشتیبانی کردن از، حمایت کردن از، طرفداری کردن از

etc. / ɛtseteʀa / *loc. adv, nm. inv* → et cetera

et cetera / ɛtseteʀa / *loc. adv, nm. inv* و غیره، و مانند آن، و جز آن

été / ete / *nm* تابستان

a = bas, plat e = blé, jouer ɛ = lait, jouet, merci i = il, lyre o = mot, dôme, eau, gauche ɔ = mort
u = roue y = rue ø = peu œ = peur ə = le, premier ɑ̃ = sans, vent ɛ̃ = matin, plein, lundi
ɔ̃ = bon, ombre ʃ = chat, tache ʒ = je, gilet j = yeux, paille, pied w = oui, nouer ɥ = huile, lui

éteignoir /etɛɲwaʀ/ *nm* ۱. شمع‌خاموش‌کن ۲. آیینهٔ دق

éteindre /etɛ̃dʀ/ *vt* (52) ۱. خاموش کردن ۲. چراغ (جایی را) خاموش کردن ۳. فرو نشاندن، رفع کردن، برطرف کردن ۴. [رنگ] بردن ۵. [حق] ضایع کردن، پایمال کردن

éteindre une dette بدهی را دادن

s'éteindre *vp* ۱. خاموش شدن ۲. جان سپردن، مردن

éteint,e /etɛ̃,t/ *adj, part. passé* ۱. خاموش ۲. بی‌نور، بی‌فروغ ۳. ضعیف، بی‌رمق، لاجون ◘ ۴. [اسم مفعول فعلِ éteindre]

étendard /etɑ̃daʀ/ *nm* ۱. درفش، پرچم، عَلَم ۲. [گیاه‌شناسی] درفش

lever l'étendard de la révolte رایت طغیان برافراشتن، سر به شورش برداشتن

étendoir /etɑ̃dwaʀ/ *nm* ۱. بند رخت، طناب رخت ۲. محل پهن کردن رخت

étendre /etɑ̃dʀ/ *vt* (41) ۱. گستردن، پهن کردن ۲. دراز کردن ۳. خواباندن ۴. مالیدن ۵. گسترش دادن ۶. رقیق کردن

étendre du beurre sur du pain کره روی نان مالیدن

étendre du linge رخت پهن کردن

s'étendre *vp* ۱. دراز کشیدن ۲. گسترش یافتن ۳. دراز شدن، کش آمدن ۴. شرح و بسط دادن، کش دادن

étendu,e[1] /etɑ̃dy/ *adj, part. passé* ۱. گسترده، پهناور، وسیع ۲. رقیق ◘ ۳. [اسم مفعول فعلِ étendre]

étendue[2] /etɑ̃dy/ *nf* ۱. وسعت، گستره، پهنه ۲. مساحت ۳. مدت، طول ۴. اهمیت، وسعت، شدت

éternel,elle /etɛʀnɛl/ *adj* ۱. ابدی و ازلی ۲. ابدی، جاودان، جاودانه، همیشگی ۳. ثابت

éternellement /etɛʀnɛlmɑ̃/ *adv* ۱. همیشه، همواره ۲. برای همیشه، تا ابد، تا آخر عمر ۳. مدام، دائماً، پیوسته، بی‌وقفه

éterniser /etɛʀnize/ *vt* (1) ۱. جاودانه کردن، ابدی کردن ۲. بیش از حد طول دادن، به درازا کشاندن

s'éterniser *vp* ۱. ابدی شدن، جاودانه شدن ۲. تا ابد ادامه داشتن ۳. تا ابد ماندن

éternité /etɛʀnite/ *nf* ۱. ابدیت و ازلیت ۲. جاودانگی، ابدیت ۳. آخرت، جهان آخرت ۴. مدت خیلی طولانی، یک عمر

de toute éternité از ازل، همیشه

éternuement /etɛʀnymɑ̃/ *nm* عطسه

éternuer /etɛʀnɥe/ *vt* (1) عطسه کردن، عطسه زدن

étêter /etete/ *vt* (1) سر (چیزی را) بریدن، سر (چیزی را) زدن

éthane /etan/ *nm* [گاز] اِتان

éther[1] /etɛʀ/ *nm* ۱. اثیر ۲. [شاعرانه] فلک

éther[2] /etɛʀ/ *nm* اِتر

éthéré,e /eteʀe/ *adj* اثیری

voûte éthérée گنبدِ فلک

éthiopien,enne[1] /etjɔpjɛ̃,ɛn/ *adj* اتیوپیایی، (مربوط به) اتیوپی

Éthiopien,enne[2] /etjɔpjɛ̃,ɛn/ *n* اهل اتیوپی، اتیوپیایی

éthique /etik/ *nf, adj* ۱. [فلسفه] (علم) اخلاق ۲. اخلاق، اصول اخلاقی، اخلاقیات ◘ ۳. اخلاقی

ethnie /ɛtni/ *nf* ۱. قوم ۲. نژاد

ethnique /ɛtnik/ *adj* ۱. قومی ۲. نژادی

ethnocentrisme /ɛtnɔsɑ̃tʀism/ *nm* قوم‌مداری، قوم‌پرستی

ethnographe /ɛtnɔgʀaf/ *n* قوم‌نگار

ethnographie /ɛtnɔgʀafi/ *nf* قوم‌نگاری

ethnographique /ɛtnɔgʀafik/ *adj* (مربوط به) قوم‌نگاری، قوم‌نگاشتی

ethnologie /ɛtnɔlɔʒi/ *nf* قوم‌شناسی

ethnologique /ɛtnɔlɔʒik/ *adj* (مربوط به) قوم‌شناسی، قوم‌شناختی

ethnologue /ɛtnɔlɔg/ *n* قوم‌شناس

étincelant,e /etɛ̃slɑ̃,t/ *adj* درخشان، تابان، پرشرار
étinceler /etɛ̃sle/ *vi* (4) درخشیدن، برق زدن
étincelle /etɛ̃sɛl/ *nf* ۱. شراره، جرقه ۲. درخشش، برق
étincellement /etɛ̃sɛlmɑ̃/ *nm* درخشش، برق
étiolement /etjɔlmɑ̃/ *nm* ۱. پژمردگی، پلاسیدگی ۲. ضعف، ناتوانی
étioler /etjɔle/ *vt* (1) ۱. پژمرده کردن، پلاساندن ۲. ضعیف کردن، تحلیل بردن
étiologie /etjɔlɔʒi/ *nf* [بیماریها] سبب‌شناسی، علت‌شناسی
étique /etik/ *adj* [ادبی] نحیف، نزار
étiquetage /etiktaʒ/ *nm* برچسب‌زنی، اتیکت زدن
étiqueter /etikte/ *vt* (4) ۱. برچسب زدن، اتیکت زدن ۲. برچسب (چیزی به کسی) زدن، قلمداد کردن
étiquette /etikɛt/ *nf* ۱. برچسب، اتیکت ۲. آداب معاشرت ۳. آداب، راه و رسم ۴. تشریفات
étirage /etiʀaʒ/ *nm* [فلزات، منسوجات، ...] کشش
étirement /etiʀmɑ̃/ *nm* ۱. کشش ۲. کش و قوس
étirer /etiʀe/ *vt* (1) کشیدن، دراز کردن
s'étirer *vp* ۱. کش آمدن ۲. کش و قوس آمدن، خستگی درکردن
étoffe /etɔf/ *nf* ۱. پارچه ۲. قابلیت
avoir de l'étoffe شخصیت محکمی داشتن
étoffé,e /etɔfe/ *adj* ۱. پرمغز، غنی ۲. چاق
voix étoffée صدای رسا
étoffer /etɔfe/ *vt* (1) ۱. [لباس] گشادتر کردن ۲. غنی کردن

étoile /etwal/ *nf* ۱. ستاره ۲. طالع ۳. بخت، اقبال ۴. هنرپیشهٔ معروف، ستاره
à la belle étoile زیر نور ستارگان، در هوای آزاد
étoile de mer ستارهٔ دریایی
étoile du berger/étoile du matin ستارهٔ صبح، ستارهٔ زهره
étoile filante شهاب
être né sous une bonne étoile خوشبخت به دنیا آمدن، خوش‌اقبال بودن
étoilé,e /etwale/ *adj* ۱. پرستاره، ستاره‌دار ۲. ستاره‌ای‌شکل، به شکل ستاره
étoiler /etwale/ *vt* (1) ۱. پرستاره کردن ۲. نقش ستاره انداختن
étonnamment /etɔnamɑ̃/ *adv* به طرزی شگفت‌انگیز، به طرز عجیبی، عجیب، فوق‌العاده
étonnant,e /etɔnɑ̃,t/ *adj* شگفت‌انگیز، حیرت‌آور، عجیب
étonnement /etɔnmɑ̃/ *nm* شگفتی، حیرت، تعجب
étonner /etɔne/ *vt* (1) شگفت‌زده کردن، به شگفت آوردن، متحیر کردن، متعجب کردن
s'étonner *vp* شگفت‌زده شدن، به شگفت آمدن، تعجب کردن
étouffant,e /etufɑ̃,t/ *adj* خفه‌کننده، خفقان‌آور
étouffée /etufe/ *nf,* **cuire à l'étouffée** با بخار پختن
étouffement /etufmɑ̃/ *nm* ۱. خفگی ۲. خفقان ۳. سرکوبی
étouffer /etufe/ *vt, vi* (1) ۱. [انسان، آتش، صدا، ...] خفه کردن ۲. سرکوب کردن ◘ ۳. به سختی نفس کشیدن ۴. خفه شدن ۵. احساس خفقان کردن
s'étouffer *vp* ۱. خفه شدن ۲. به هم فشار آوردن

a = bas, plat e = blé, jouer ɛ = lait, jouet, merci i = il, lyre o = mot, dôme, eau, gauche ɔ = mort
u = roue y = rue ø = peu œ = peur ə = le, premier ɑ̃ = sans, vent ɛ̃ = matin, plein, lundi
ɔ̃ = bon, ombre ʃ = chat, tache ʒ = je, gilet j = yeux, paille, pied w = oui, nouer ɥ = huile, lui

étourderie

étourderie /eturdəri/ *nf* ۱. گیجی، منگی، حواس‌پرتی ۲. گیج‌بازی
   agir avec étourderie گیج‌بازی درآوردن

étourdi,e[1] /eturdi/ *adj, n* گیج، منگ، حواس‌پرت

étourdie[2] **(à l')** /aleturdi/ *loc. adv* از روی گیجی، از روی حواس‌پرتی

étourdiment /eturdimã/ *adv* از روی گیجی، از روی حواس‌پرتی

étourdir /eturdir/ *vt* (2) ۱. گیج کردن، منگ کردن ۲. به ستوه آوردن، ذله کردن
   s'étourdir *vp* ۱. گیج شدن، منگ شدن ۲. مست شدن، مست کردن

étourdissant,e /eturdisã,t/ *adj* ۱. گیج‌کننده ۲. گوش‌خراش، کرکننده ۳. عجیب، حیرت‌آور، شگرف

étourdissement /eturdismã/ *nm* ۱. سرگیجه ۲. گیجی، منگی

étourneau /eturno/ *nm* ۱. سار ۲. [قدیمی] آدم گیج

étrange /etrãʒ/ *adj* عجیب، غریب، غیرعادی

étrangement /etrãʒmã/ *adv* (به طرزی) عجیب، به طرز غریبی

étranger[1]**,ère** /etrãʒe,ɛr/ *adj, n* ۱. خارجی ۲. بیگانه، غریبه ۳. غریب، ناآشنا

étranger[2] /etrãʒe/ *nm* کشور خارجی، خارج از کشور، خارج

étrangeté /etrãʒte/ *nf* ۱. غرابت، عجیب بودن، شگفتی ۲. چیز عجیب

étranglement /etrãgləmã/ *nm* ۱. خفگی ۲. خفقان ۳. (عمل) خفه کردن ۴. به‌هم‌فشردگی، تنگی

étrangler /etrãgle/ *vt* (1) ۱. خفه کردن ۲. ایجاد خفقان کردن ۳. فشردن، فشار دادن

être[1] /ɛtr/ *vi, v. auxiliare* (61) ۱. بودن ۲. وجود داشتن ▫ ۳. [فعل معین که کارکردهای دستوری گوناگون دارد.]

en être pour son argent پول خود را هدر دادن
être à ۱. در (جایی) بودن ۲. مالِ (کسی) بودن ۳. در خدمت (کسی) بودن ۴. در حالِ (انجام کاری) بودن
être de ۱. اهل (جایی) بودن ۲. متعلق به (دوره‌ای) بودن ۳. دارای (خصوصیتی) بودن ۴. (به سازمانی) تعلق داشتن
être en ۱. در (جایی) بودن ۲. در حال (انجام کاری) بودن ۳. لباس... به تن داشتن
être pour طرفدار (کسی یا چیزی) بودن

être[2] /ɛtr/ *nm* ۱. هستی، وجود ۲. موجود ۳. آدم، فرد، شخص

étreindre /etrɛ̃dr/ *vt* (52) ۱. محکم گرفتن، سفت چسبیدن، فشردن ۲. تنگ در آغوش گرفتن ۳. آزردن، آزار دادن

étreinte /etrɛ̃t/ *nf* ۱. (عمل) فشردن ۲. فشار ۳. (عمل) تنگ در آغوش گرفتن

étrenne /etrɛn/ *nf* ۱. هدیۀ سال نو، عیدی ۲. اولین استفاده، نخستین کاربرد

étrenner /etrene/ *vt, vi* (1) ۱. برای اولین بار (از چیزی) استفاده کردن ▫ ۲. اولین قربانی بودن

êtres /ɛtr/ *nm. pl* قسمت‌های مختلف خانه

étrier /etrije/ *nm* ۱. رکاب ۲. استخوان رکابی

étrille /etrij/ *nf* ۱. قشو ۲. (نوعی) خرچنگ (خوراکی)

étriller /etrije/ *vt* (1) ۱. قشو کردن ۲. سخت انتقاد کردن از، عیب‌جویی کردن از ۳. خیلی گران گرفتن، گوش (کسی را) بریدن

étriper /etripe/ *vt* (1) ۱. شکمبه (حیوانی را) خالی کردن، شکم (حیوانی را) خالی کردن ۲. شکم (حیوانی را) دریدن
   s'étriper *vp* همدیگر را به قصد کشت زدن، همدیگر را تکه‌پاره کردن

étriqué,e /etrike/ *adj* ۱. [لباس] تنگ ۲. تنگ‌نظرانه

étriquer /etrike/ *vt* (1) ۱. خیلی تنگ کردن ۲. فشردن، خیلی باریک کردن

étroit,e /etrwa,t/ *adj* ۱. باریک ۲. تنگ

361 évadé,e

étymologiste / etimɔlɔgist / *n* ریشه‌شناس
eucalyptus / økaliptys / *nm* (درخت) اوکالیپتوس
euclidien,enne / øklidjɛ̃,ɛn / *adj* اقلیدسی
euh! / ø / *interj* ۱. اوم ... (= صدایی که نشان‌دهندهٔ مکث در گفتار است.) ۲. [در پاسخ] اِی! (= نه بله و نه خیر)
eunuque / ønyk / *nm* خواجه
euphémisme / øfemism / *nm* حسن تعبیر
euphonie / øfɔni / *nf* خوش‌آوایی، خوش‌آهنگی
euphonique / øfɔnik / *adj* ۱. (مربوط به) خوش‌آوایی، خوش‌آهنگ‌کننده ۲. خوش‌آوا، خوش‌آهنگ
euphorbe / øfɔʀb / *nf* [گیاه] فرفیون
euphorie / øfɔʀi / *nf* سرخوشی، نشاط
euphorisant,e / øfɔʀizɑ̃,t / *adj* ۱. [دارو] نشاط‌آور ۲. شادی‌بخش، نشاط‌آور
eurêka! / øʀeka / *interj* پیدا کردم! یافتم!
européaniser / øʀɔpeanize / *vt* (1) اروپایی کردن
s'européaniser *vp* اروپایی شدن
européen,enne / øʀɔpeɛ̃,eɛn / *adj* اروپایی، (مربوط به) اروپا
Européen,enne / øʀɔpeɛ̃,eɛn / *n* اهل اروپا، اروپایی
euthanasie / øtanazi / *nf* بِه‌کُشی، قتل از روی ترحم، قتل ترحمی
eux / ø / *pron. pers* آنها، ایشان، آنان
eux-mêmes خودشان، خود آنها
Je pense à eux. من به آنها فکر می‌کنم.
évacuation / evakɥasjɔ̃ / *nf* ۱. تخلیه ۲. دفع
évacuer / evakɥe / *vt* (1) ۱. تخلیه کردن ۲. خالی کردن ۳. دفع کردن
évadé,e / evade / *adj, n* فراری

۳. صمیمانه ۴. نزدیک ۵. کوته‌بین، کوته‌نظر، کوته‌بینانه ۶. سخت
à l'étroit ۱. در جای تنگ ۲. در تنگدستی
étroitement / etʀwatmɑ̃ / *adv* ۱. تنگ ۲. سخت ۳. از نزدیک
étroitesse / etʀwatɛs / *nf* ۱. باریکی ۲. تنگی ۳. کوته‌نظری، کوته‌بینی ۴. کوتاهی
étron / etʀɔ̃ / *nm* سِنده
étude / etyd / *nf* ۱. مطالعه، بررسی ۲. فراگیری ۳. رساله ۴. [هنر] طرح، مشق ۵. اتاق مطالعه، سالن مطالعه ۶. [وکیل، سردفتر اسناد رسمی، ...] دفتر ــ [صورت جمع] ۷. تحصیل، تحصیلات
étudiant,e / etudjɑ̃,t / *n, adj* ۱. دانشجو ◙ ۲. دانشجویی
étudié,e / etydje / *adj* ۱. حساب‌شده، دقیق ۲. ساخته و پرداخته ۳. ساختگی، تصنعی
étudier / etydje / *vt* (7) ۱. فرا گرفتن، یاد گرفتن ۲. بررسی کردن، مطالعه کردن ۳. [درس] خواندن ۴. از حفظ کردن، از بر کردن
s'étudier *vp* ۱. به مطالعهٔ خود پرداختن ۲. به رفتار خود توجه کردن
étui / etɥi / *nm* ۱. جعبه ۲. جلد ۳. غلاف
étuve / etyv / *nf* ۱. حمام بخار، سونا ۲. دستگاه اِستریل ۳. گرمخانه
étuvée (à l') / aletyve / *loc. adv* پخته‌شده با بخار
étuver / etyve / *vt* (1) ۱. با حرارت ضدعفونی کردن ۲. دم کردن، با بخار پختن
étymologie / etimɔlɔʒi / *nf* ۱. [زبان‌شناسی] ریشه‌شناسی ۲. [واژه] ریشه
étymologie populaire ریشه‌شناسی عامیانه
étymologique / etimɔlɔʒik / *adj* (مربوط به) ریشه‌شناسی، ریشه‌شناختی
étymologiquement / etimɔlɔʒikmɑ̃ / *adv* از نظر ریشه‌شناختی

a = bas, plat e = blé, jouer ɛ = lait, jouet, merci i = il, lyre o = mot, dôme, eau, gauche ɔ = mort
u = roue y = rue ø = peu œ = peur ə = le, premier ɑ̃ = sans, vent ɛ̃ = matin, plein, lundi
ɔ̃ = bon, ombre ʃ = chat, tache ʒ = je, gilet j = yeux, paille, pied w = oui, nouer ɥ = huile, lui

évader (s') /sevade/ *vp* (1) ۱. گریختن، فرار کردن، در رفتن ۲. روگردان بودن

évaluable /evalɥabl/ *adj* قابل ارزیابی

évaluation /evalɥasjɔ̃/ *nf* ۱. ارزیابی، برآورد ۲. ارزشیابی

évaluer /evalɥe/ *vt* (1) ۱. ارزیابی کردن، برآورد کردن ۲. ارزشیابی کردن، قیمت (چیزی را) تعیین کردن

évanescence /evanesɑ̃s/ *nf* [ادبی] محو تدریجی، گذرایی، ناپایداری

évanescent,e /evanesɑ̃,t/ *adj* [ادبی] زودگذر، گذرا، ناپایدار

évangélique /evɑ̃ʒelik/ *adj* انجیلی، طبق تعالیم انجیل

évangélisateur,trice /evɑ̃ʒelizatœʀ, tʀis/ *adj, n* مروج انجیل

évangélisation /evɑ̃ʒelizasjɔ̃/ *nf* ترویج انجیل

évangéliser /evɑ̃ʒelize/ *vt* (1) انجیل را ترویج کردن

évangéliste /evɑ̃ʒelist/ *n* انجیل‌نویس (= هر یک از چهار نویسندهٔ انجیل: متی، مرقس، لوقا و یوحنا)

Évangile /evɑ̃ʒil/ *nm* انجیل

évanouir (s') /sevanwiʀ/ *vp* (2) ۱. از حال رفتن، غش کردن، بیهوش شدن ۲. ناپدید شدن، محو شدن، از میان رفتن

évanouissement /evanwismɑ̃/ *nm* ۱. غش، بیهوشی، از حال رفتن ۲. محو، زوال، نابودی

évaporable /evpɔʀabl/ *adj* قابل تبخیر، تبخیرشدنی

évaporation /evapɔʀasjɔ̃/ *nf* تبخیر

évaporé,e /evapɔʀe/ *adj, n* ۱. گیج، منگ ۲. سربه‌هوا ۳. سبک‌مغز

évaporer /evapɔʀe/ *vt* (1) تبخیر کردن، بخار کردن

s'évaporer *vp* ۱. تبخیر شدن، بخار شدن ۲. ناپدید شدن، نیست شدن، نابود شدن

évasé,e /evaze/ *adj* ۱. دهان‌گشاد ۲. [دامن] کلوش، فون

évasement /evazmɑ̃/ *nm* گشادگی، گشادی، باز بودن

évaser /evaze/ *vt* (1) ۱. دهانه (چیزی را) گشاد کردن ۲. گشاد کردن

s'évaser *vp* گشاد شدن

évasif,ive /evazif,iv/ *adj* ۱. طفره‌آمیز، طفره‌جویانه، سربالا ۲. گنگ، مبهم

évasion /evazjɔ̃/ *nf* ۱. گریز، فرار ۲. رفع خستگی، تفریح

évêché /eveʃe/ *nm* ۱. قلمرو اسقف ۲. مقام اسقفی

éveil /evɛj/ *nm* ۱. بیداری ۲. بروز

donner l'éviel متوجه کردن، آگاه کردن، هشدار دادن

être en éveil گوش به‌زنگ بودن، هشیار بودن

éveillé,e /eveje/ *adj* ۱. بیدار ۲. سرزنده، بشّاش ۳. زرنگ، زیرک ۴. هشیار

éveiller /eveje/ *vt* (1) ۱. بیدار کردن ۲. برانگیختن، ایجاد کردن، باعث شدن

événement /evɛnmɑ̃/ *nm* ۱. رویداد، پیشامد، واقعه، حادثه ۲. رویداد مهم، واقعهٔ مهم ۳. [قدیمی] نتیجه، عاقبت

évent /evɑ̃/ *nm* ۱. [تیرهٔ والان] سوراخ بینی ۲. هواکش

éventail /evɑ̃taj/ *nm* بادبزن

éventaire /evɑ̃tɛʀ/ *nm* پیشخان

éventé,e /evɑ̃te/ *adj* ۱. در معرض باد، بادگیر ۲. هواخورده ۳. برملاشده، آشکار

éventer /evɑ̃te/ *vt* (1) ۱. باد زدن ۲. در معرضِ باد گذاشتن، باد دادن ۳. برملا کردن، فاش کردن، آشکار کردن

s'éventer *vp* ۱. خود را باد زدن ۲. در مجاورت هوا خراب شدن، هوا خوردن

éventrer /evɑ̃tʀe/ *vt* (1) ۱. شکم (کسی یا حیوانی را) پاره کردن ۲. چاک دادن، شکافتن، جر دادن

éventualité /evɑ̃tɥalite/ *nf* ۱. احتمال ۲. پیشامد، اتفاق

éventuel,elle /evɑ̃tɥɛl/ *adj* احتمالی

éventuellement /evɑ̃tɥɛlmɑ̃/ *adv* احتمالاً

évêque /evɛk/ *nm* اسقف

évertuer (s') /sevɛʀtɥe/ *vp* (1) کوشیدن، سعی کردن، تلاش کردن

éviction /eviksjɔ̃/ *nf* ۱. خلع ید ۲. اخراج

évidage /evidaʒ/ *nm* → évidement

évidement /evidmɑ̃/ *nm* ۱. (عمل) گود کردن، توخالی کردن ۲. گودی

évidemment /evidamɑ̃/ *adv* قطعاً، مسلماً، یقیناً، مطمئناً، بی‌شک

évidence /evidɑ̃s/ *nf* قطعیت، وضوح، روشنی، صراحت

à l'évidence/de toute évidence مسلماً، قطعاً، یقیناً، مطمئناً

mettre en évidence ۱. در معرض دید گذاشتن، جلوی چشم گذاشتن ۲. ثابت کردن

évident,e /evidɑ̃,t/ *adj* آشکار، واضح، معلوم، مسلم، بدیهی، روشن

évider /evide/ *vt* (1) توی (چیزی را) خالی کردن، گود کردن

évier /evje/ *nm* ظرفشویی، سینک

évincer /evɛ̃se/ *vt* (3) ۱. خلع ید کردن ۲. برکنار کردن، بیرون انداختن، از میدان به در کردن

évitable /evitabl/ *adj* اجتناب‌پذیر، قابل احتراز

éviter /evite/ *vt* (1) ۱. از برخورد (به چیزی) جلوگیری کردن ۲. دوری کردن از، اجتناب کردن از، حذر کردن از ۳. خودداری کردن از ۴. جا خالی دادن

évocation /evɔkasjɔ̃/ *nf* ۱. احضار ۲. (به) یادآوری، تجدید خاطره ۳. تداعی ۴. طرح، مطرح کردن

droit d'évocation حق ارجاع به دادگاه بالاتر

évolué,e /evɔlɥe/ *adj* پیشرفته، تکامل‌یافته

évoluer /evɔlɥe/ *vi* (1) ۱. تحول یافتن، دگرگون شدن، تغییر کردن ۲. پیشرفت کردن ۳. تکامل یافتن ۴. تغییر موضع دادن

évolutif,ive /evɔlytif,iv/ *adj* ۱. تکاملی ۲. تحول‌پذیر

évolution /evɔlysjɔ̃/ *nf* ۱. تحول، دگرگونی ۲. پیشرفت ۳. تکامل ۴. تغییر موضع

évolutionnisme /evɔlysjɔnism/ *nm* تکامل‌گرایی

évolutionniste /evɔlysjɔnist/ *adj, n* تکامل‌گرا

évoquer /evɔke/ *vt* (1) ۱. احضار کردن ۲. به یاد آوردن، زنده کردن ۳. به ذهن (کسی) آوردن، تداعی کردن ۴. مطرح کردن

évoquer le souvenir de qqn یاد کسی کردن، خاطرهٔ کسی زنده شدن

exacerbation /ɛgzasɛʀbasjɔ̃/ *nf* شدت، وخامت

exacerber /ɛgzasɛʀbe/ *vt* (1) شدت بخشیدن، تشدید کردن، بدتر کردن، وخیم‌تر کردن

exact,e /ɛgza(kt),kt/ *adj* ۱. درست، صحیح ۲. دقیق ۳. وقت‌شناس، خوش‌قول

exactement /ɛgzaktəmɑ̃/ *adv* دقیقاً، کاملاً، درست، عیناً

exaction /ɛgzaksjɔ̃/ *nf* اخاذی، باج‌گیری

exactitude /ɛgzaktityd/ *nf* ۱. درستی، صحت ۲. دقت ۳. وقت‌شناسی، خوش‌قولی

exagération /ɛgzaʒeʀasjɔ̃/ *nf* ۱. مبالغه، اغراق، غلو، گزافه‌گویی ۲. زیاده‌روی، افراط

exagéré,e /ɛgzaʒeʀe/ *adj* ۱. مبالغه‌آمیز،

exagérément

اغراق‌آمیز، گزاف ۲. مفرط، افراط‌آمیز، بیش از حد

exagérément / εgzaʒeRemã / *adv*
با اغراق، (به حد) اغراق‌آمیز، بیش از حد، بیش از اندازه، زیاد

exagérer / εgzaʒeRe / *vt* (6)   ۱. اغراق کردن، مبالغه کردن، غلو کردن ۲. زیاده‌روی کردن، افراط کردن ۳. بزرگ جلوه دادن، بزرگ کردن

s'exagérer *vp*   ۱. اغراق کردن، مبالغه کردن، غلو کردن ۲. بزرگ جلوه دادن، بزرگ کردن

exaltation / εgzaltasjɔ̃ / *nf*   ۱. شور، هیجان ۲. تمجید، ستایش، تحسین

exalté,e / εgzalte / *adj, n*   ۱. پرشور، پرحرارت ۲. (آدم) قشری، متعصب

exalter / εgzalte / *vt* (1)   ۱. به هیجان آوردن، به شور آوردن ۲. تمجید کردن، ستایش کردن، تحسین کردن ۳. بالا بردن، ارتقا دادن

examen / εgzamɛ̃ / *nm*   ۱. بررسی، مطالعه ۲. امتحان ۳. [پزشکی] معاینه ۴. [پزشکی] آزمایش ۵. بازبینی، بازدید، بازرسی

examinateur,trice / εgzaminatœR,tRis / *n*   ممتحن

examiner / εgzamine / *vt* (1)   ۱. بررسی کردن، مطالعه کردن ۲. امتحان کردن ۳. معاینه کردن ۴. بازبینی کردن، بازدید کردن، بازرسی کردن

exaspération / εgzaspeRasjɔ̃ / *nf*   ۱. خشم، عصبانیت ۲. تشدید ۳. شدت

exaspérer / εgzaspeRe / *vt* (6)   ۱. از کوره به در کردن، کفر (کسی را) درآوردن، عصبانی کردن، خشمگین کردن ۲. تشدید کردن، شدت بخشیدن

exaucement / εgzosmã / *nm*   ۱. اجابت، برآوردن ۲. قبول، پذیرش

exaucer / εgzose / *vt* (3)   ۱. اجابت کردن، برآوردن ۲. پذیرفتن، قبول کردن

excavateur,trice / εkskavatœR,tRis / *n*   ماشین خاک‌برداری، ماشین حفاری، بیل مکانیکی

excavation / εkskavasjɔ̃ / *nf*   گودبرداری، خاک‌برداری، حفاری

excaver / εkskave / *vt* (1)   گودبرداری کردن، خاک‌برداری کردن

excédant,e / εksedã,t / *adj*   ۱. اضافی، زیادی ۲. خسته‌کننده، به‌ستوه‌آورنده

excédent / εksedã / *nm*   اضافی، زیادی، مازاد

excéder / εksede / *vt* (1)   ۱. بیشتر بودن از، افزون بودن از، تجاوز کردن از ۲. به ستوه آوردن، ذله کردن، عاصی کردن، کلافه کردن

excellemment / εksεlamã / *adv*   عالی، بسیار خوب، به حد کمال

excellence[1] / εksεlãs / *nf*   برتری، مزیت

par excellence   به حد کمال، تمام و کمال

Excellence[2] / εksεlãs / *nf*   [عنوان افتخاری وزرا، سفرا و اسقف‌ها] عالی‌جناب

excellent,e / εksεlã,t / *adj*   عالی، بسیار خوب، فوق‌العاده

exceller / εksele / *vi* (1)   بی‌نظیر بودن، سرآمد بودن، دست همه را از پشت بستن

excentricité / εksãtRisite / *nf*   ۱. غرابت، عجیب بودن ۲. [علمی] خروج از مرکز ۳. دوری از مرکز

excentrique / εksãtRik / *adj, n*   ۱. عجیب، عجیب و غریب، غیرعادی ۲. [علمی] خارج از مرکز ۳. دور از مرکز ۴. چیز عجیب ۵. آدم عجیب

excepté / εksεpte / *prép*   به استثنای، بجز، جز، (به) غیر از، مگر

excepter / εksεpte / *vt* (1)   مستثنا کردن، استثنا کردن

exception / εksεpsjɔ̃ / *nf*   استثنا

à l'exception de   بجز، جز، به استثنایِ، (به) غیر از، مگر

d'exception   ۱. استثنایی ۲. فوق‌العاده، ویژه

faire exception   مستثنا بودن، استثنا بودن

excrément

exceptionnel,elle / εksεpsjɔnεl / *adj*
۱. استثنایی ۲. عالی، فوق‌العاده

exceptionnellement / εksεpsjɔnεlmɑ̃ / *adv*
۱. استثناناً ۲. به طور استثنایی، فوق‌العاده

excès / εksε / *nm*
۱. زیادی، زیاد بودن
۲. زیاده‌روی، افراط، افراط‌کاری

excès de pouvoir سوء استفاده از قدرت، تجاوز از حدود اختیارات

excès de sucre dans le sang ازدیاد قندخون، بالا بودن میزان قند خون

manger avec excès پرخوری کردن، زیادی خوردن، پُر خوردن

excessif,ive / εksesif,iv / *adj*
۱. بیش از اندازه، بیش از حد، مفرط ۲. افراط‌کار

excessivement / εksesivmɑ̃ / *adv*
بیش از اندازه، بی‌نهایت، فوق‌العاده، خیلی

exciper / εksipe / *vt* (1)
برای تبرئهٔ خود (چیزی را) مطرح کردن، پیش کشیدن

exciser / εksize / *vt* (1)
[پزشکی] بریدن، برداشتن، درآوردن

excision / εksizjɔ̃ / *nf*
[پزشکی] (عمل) بریدن، برداشتن، درآوردن

excitabilité / εksitablilite / *nf*
تحریک‌پذیری

excitable / εksitabl / *adj*
۱. تحریک‌پذیر
۲. عصبی

excitant¹,e / εksitɑ̃,t / *adj*
۱. محرک، تحریک‌کننده ۲. هیجان‌انگیز، مهیج

excitant² / εksitɑ̃ / *nm*
مادهٔ محرک

excitateur,trice / εksitatœʀ,tʀis / *adj, n*
محرک

excitation / εksitasjɔ̃ / *nf*
۱. تحریک
۲. برانگیختگی ۳. تشویق، ترغیب ۴. شور، هیجان

exciter / εksite / *vt* (1)
۱. تحریک کردن
۲. برانگیختن، ایجاد کردن ۳. به هیجان آوردن،

هیجان‌زده کردن ۴. عصبی کردن ۵. تشویق کردن، ترغیب کردن

exclamatif,ive / εksklamatif,iv / *adj* تعجبی

exclamation / εksklamasjɔ̃ / *nf* ۱. اظهار
تعجب، ابراز شگفتی ۲. تعجب، شگفتی ۳. فریاد، بانگ

point d'exclamation [نشانه‌گذاری] علامت تعجب

exclamer (s') / sεksklame / *vp* (1) ۱. اظهار
تعجب کردن، تعجب کردن ۲. فریاد کشیدن

exclu,e / εkskly / *adj, part. passé* ۱. اخراجی،
برکنارشده ۲. بجز، جز ■ ۳. [اسم مفعول فعل exclure]

Il n'est pas exclu que بعید نیست که، ممکن است (که)

exclure / εksklyʀ / *vt* (35) ۱. بیرون کردن،
اخراج کردن ۲. طرد کردن ۳. حذف کردن ۴. کنار گذاشتن، به حساب نیاوردن ۵. راه ندادن ۶. مانع شدن، جلوگیری کردن ۷. منافات داشتن با

exclusif,ive / εksklyzif,iv / *adj* ۱. انحصاری
۲. منحصر به فرد ۳. اختصاصی، خاص ۴. خودرأی

exclusion / εksklyzjɔ̃ / *nf* ۱. اخراج،
بیرون کردن ۲. کنارگذاری، حذف ۳. طرد

à l'exclusion de بجز، جز، به استثنای، (به) غیر از، مگر

exclusivement / εksklyzivmɑ̃ / *adv*
۱. منحصراً، صرفاً، فقط ۲. بجز، (به) غیر از، مگر

exclusivité / εksklyzivite / *nf* ۱. انحصار،
حق انحصاری ۲. کالای اختصاصی

en exclusivité ۱. به طور اختصاصی ۲. منحصراً

excommunication / εkskɔmynikasjɔ̃ / *nf*
۱. [کلیسای کاتولیک] تکفیر ۲. طرد

excommunier / εkskɔmynje / *vt* (7)
۱. [کلیسای کاتولیک] تکفیر کردن ۲. طرد کردن

excrément / εkskʀemɑ̃ / *nm* مدفوع

excrémentiel,elle /ɛkskRemɑ̃sjɛl/ *adj*
مدفوعی، دفعی

excréteur,trice /ɛkskRetœR,tRis/ *adj*
دفع‌کننده، [مربوط به] دفع

excréter /ɛkskRete/ *vt* (6)
دفع کردن

excrétion /ɛkskResjɔ̃/ *nf*
۱. دفع
ـ [صورت جمع] ۲. فضولات بدن

excroissance /ɛkskRwasɑ̃s/ *nf*
۱. غدهٔ سطحی، غدهٔ خوش‌خیم ۲. [گیاه] غده

excursion /ɛkskyRsjɔ̃/ *nf*
گردش (جمعی)، گشت و گذار، گشت، سیاحت

excursionner /ɛkskyRsjone/ *vi* (1)
گردش کردن، سیاحت کردن، گشتن

excursionniste /ɛkskyRsjɔnist/ *n*
گردشگر، سیاح

excusable /ɛkskyzabl/ *adj*
قابل بخشش، بخشودنی، قابل گذشت، قابل اغماض

excuse /ɛkskyz/ *nf*
۱. عذرخواهی، معذرت، پوزش ۲. عذر، بهانه

excuser /ɛkskyze/ *vt* (1)
۱. بخشیدن، عذر (کسی را) پذیرفتن، عفو کردن ۲. توجیه کردن، موجه ساختن ۳. معذور داشتن، معاف کردن
Excusez mon retard. ببخشید که دیر کردم.
s'excuser *vp* عذر خواستن، معذرت خواستن، عذرخواهی کردن، پوزش طلبیدن

exécrable /ɛgzekRabl/ *adj*
۱. [ادبی] نفرت‌انگیز، منفور ۲. افتضاح، زننده، وحشتناک

exécration /ɛgz(ks)ekRasjɔ̃/ *nf*
[ادبی] انزجار، بیزاری، نفرت، تنفر

exécrer /ɛgz(ks)ekRe/ *vt* (6)
[ادبی] بیزار بودن از، نفرت داشتن از، متنفر بودن از، منزجر بودن از

exécutable /ɛgzekytabl/ *adj*
قابل اجرا، عملی

exécutant,e /ɛgzekytɑ̃,t/ *n*
۱. مجری، اجراکننده، مأمور اجرا ۲. نوازنده

exécuter /ɛgzekyte/ *vt* (1)
۱. اجرا کردن، به اجرا درآوردن ۲. انجام دادن ۳. عمل کردن به ۴. به وجود آوردن، درست کردن ۵. نواختن، زدن ۶. اعدام کردن

exécuteur,trice /ɛgzekytœR,tRis/ *n*,
exécuteur des hautes œuvres جلاد، مأمور اعدام

exécuteur testamentaire وصی، قیم

exécutif¹,ive /ɛgzekytif,iv/ *adj* مجریه

exécutif² /ɛgzekytif/ *nm* قوهٔ مجریه

exécution /ɛgzekysjɔ̃/ *nf*
۱. اجرا ۲. انجام (دادن) ۳. اعدام
exécution capitale اعدام [قضایی]
mettre à exécution به مورد اجرا گذاشتن، اجرا کردن

exécutoire /ɛgzekytwaR/ *adj* لازم‌الاجرا

exégèse /ɛgzeʒɛz/ *nf* تفسیر

exégète /ɛgzeʒɛt/ *nm* مفسر

exemplaire¹ /ɛgzɑ̃plɛR/ *adj*
۱. نمونه ۲. عبرت‌انگیز، هشداردهنده

exemplaire² /ɛgzɑ̃plɛR/ *nm*
۱. نسخه ۲. نمونه ۳. مثال

exemple /ɛgzɑ̃pl/ *nm*
۱. نمونه ۲. سرمشق ۳. مثال، شاهد ۴. عبرت، مایهٔ عبرت
à l'exemple de مانند، همچون، مثل
par exemple ۱. مثلاً، به عنوان مثال ۲. عجب!
Prenez exemple sur votre ami. از دوستتان یاد بگیرید.

exempt,e /ɛgzɑ̃,t/ *adj*
۱. معاف ۲. مصون، در امان ۳. مبرّا، برکنار

exempté,e /ɛgzɑ̃te/ *adj, n* معاف

exempter /ɛgzɑ̃te/ *vt* (1)
۱. معاف کردن ۲. مصون داشتن، در امان نگه داشتن

exemption /ɛgzɑ̃psjɔ̃/ *nf* معافیت

exercé,e /ɛgzɛRse/ *adj* ورزیده، خبره، ماهر، وارد

exercer /ɛgzɛRse/ *vt* (3)
۱. پرورش دادن ۲. تمرین دادن ۳. ورزش دادن ۴. اِعمال کردن، به

exhumation / ɛgzymasjɔ̃ / *nf* ۱. درآوردن از قبر، نبش قبر ۲. بیرون آوردن از زیر خاک ۳. [خاطرات و غیره] (عمل) زنده کردن

exhumer / ɛgzyme / *vt* (1) ۱. از قبر درآوردن، نبش قبر کردن ۲. از زیر خاک بیرون آوردن ۳. [خاطرات و غیره] از بوتهٔ فراموشی بیرون آوردن، زنده کردن

exigeant / ɛgziʒɑ̃ / *adj* ۱. پرتوقع، متوقع، سخت‌گیر ۲. سخت

exigence / ɛgziʒɑ̃s / *nf* ۱. مطالبه ۲. خواسته ۳. توقع ۴. نیاز ۵. اِلزام

exiger / ɛgziʒe / *vt* (3) ۱. مطالبه کردن ۲. خواستن ۳. توقع داشتن، انتظار داشتن ۴. لازم بودن ۵. ایجاب کردن، مستلزم (چیزی) بودن، اقتضا کردن

exigible / ɛgziʒibl / *adj* قابل مطالبه

exigu,ë / ɛgzigy / *adj* [فضا و غیره] کوچک، تنگ، جمع و جور

exiguïté / ɛgzigɥite / *nf* [فضا و غیره] کوچکی، تنگی

exil / ɛgzil / *nm* تبعید

exilé,e / ɛgzile / *adj, n* تبعیدی، تبعیدشده

exiler / ɛgzile / *vt* (1) تبعید کردن

s'exiler *vp* جلای وطن کردن

existant,e / ɛgzistɑ̃,t / *adj* ۱. موجود ۲. واقعی ۳. فعلی، کنونی

existence / ɛgzistɑ̃s / *nf* ۱. هستی، وجود ۲. زندگی، زندگانی ۳. حیات، بقا ۴. دوام، عمر

changer d'existence در زندگی خود تنوع ایجاد کردن

Quelle existence! [تحقیرآمیز] این هم شد زندگی! به این هم میگن زندگی!

existentialisme / ɛgzistɑ̃sjalism / *nm* هستی‌گرایی، اگزیستانسیالیسم

existentialiste / ɛgzistɑ̃sjalist / *n, adj*

کار بردن ۵. استفاده کردن از، به کار گرفتن ۶. پیشه کردن، پرداختن به

s'exercer *vp* ۱. تمرین کردن ۲. ورزیده شدن، یاد گرفتن ۳. اِعمال شدن

exercice / ɛgzɛʀsis / *nm* ۱. تمرین ۲. ورزش ۳. پرورش ۴. اِعمال، به کار بردن ۵. استفاده، بهره‌گیری ۶. مشق (نظامی)، مانور

exercice du pouvoir اِعمال قدرت

exercice physique تمرینات بدنی، ورزش

exfolier / ɛksfɔlje / *vt* (7) ورقه‌ورقه کردن، پوسته‌پوسته کردن

s'exfolier *vp* ورقه‌ورقه شدن، پوسته‌پوسته شدن

exhalaison / ɛgzalɛzɔ̃ / *nf* ۱. بو ۲. بخار

exhaler / ɛgzale / *vt* (1) ۱. متصاعد کردن، پراکندن ۲. [آه، نفس] کشیدن ۳. ابراز کردن، بیان کردن

exhaussement / ɛgzosmɑ̃ / *nm* (عمل) بالا بردن، بلند کردن

exhausser / ɛgzose / *vt* (1) بلند کردن، بالا بردن

exhaustif,ive / ɛgzostif,iv / *adj* جامع، کامل، فراگیر

exhaustivement / ɛgzostivmɑ̃ / *adv* به طور کامل، کاملاً

exhiber / ɛgzibe / *vt* (1) ۱. نمایش دادن، به نمایش گذاشتن ۲. ارائه دادن، نشان دادن ۳. به رخ کشیدن، پُز (چیزی را) دادن

s'exhiber *vp* خودنمایی کردن

exhibition / ɛgzibisjɔ̃ / *nf* ۱. نمایش ۲. [مدارک و غیره] ارائه ۳. (عمل) به رخ کشیدن

exhibitionnisme / ɛgzibisjɔnism / *nm* ۱. عورت‌نمایی ۲. تن‌نمایی ۳. خودنمایی

exhortation / ɛgzɔʀtasjɔ̃ / *nf* تشویق، ترغیب

exhorter / ɛgzɔʀte / *vt* (1) تشویق کردن، ترغیب کردن

existentiel,elle

existentiel,elle / εgzistᾱsjεl / *adj* ۱. هستی‌گرا، اگزیستانسیالیست ▪ ۲. هستی‌گرایانه، اگزیستانسیالیستی

exister / εgziste / *vi* (1) ۱. وجودی ۲. هستی‌شناختی ۱. وجود داشتن، بودن ۲. یافت شدن، پیدا شدن ۳. زندگی کردن ۴. زنده بودن ۵. اهمیت داشتن، مهم بودن

exode / εgzɔd / *nm* مهاجرت

exonération / εgzɔneRasjɔ̃ / *nf* معافیت

exonérer / εgzɔneRe / *vt* (6) معاف (از پرداخت) کردن

exorbitant,e / εgzɔRbitᾱ,t / *adj* ۱. بیش از حد، مفرط ۲. [قیمت] سرسام‌آور، گزاف

exorcisation / εgzɔRsizasjɔ̃ / *nf* [ادبی] جن‌گیری، دفع اجنه، دفع شیاطین

exorciser / εgzɔRsize / *vt* (1) [اجنه، شیاطین] ۱. دفع کردن، بیرون راندن ۲. دور کردن، بیرون کردن

exorde / εgzɔRd / *nm* [ادبی] سرآغاز، مقدمه، دیباچه

exotique / εgzɔtik / *adj* غیربومی، خارجی

expansibilité / εkspᾱsibilite / *nf* انبساط‌پذیری، قابلیت انبساط

expansible / εkspᾱsibl / *adj* انبساط‌پذیر، قابل انبساط، منبسط‌شونده

expansif,ive / εkspᾱsif,iv / *adj* ۱. انبساط‌پذیر، قابل انبساط، منبسط‌شونده ۲. افشاگر، حراف، باز

expansion / εkspᾱsjɔ̃ / *nf* ۱. انبساط ۲. گسترش، توسعه ۳. اشاعه، انتشار ۴. دردِ دل

expansionnisme / εkspᾱsjɔnism / *nm* توسعه‌طلبی

expansionniste / εkspᾱsjɔnist / *n, adj* ۱. توسعه‌طلب ▪ ۲. توسعه‌طلبانه

expatriation / εkspatRijasjɔ̃ / *nf* ۱. تبعید ۲. جلای وطن

expatrier / εkspatRije / *vt* (7) ۱. تبعید کردن ۲. (از کشور) خارج کردن

s'expatrier *vp* جلای وطن کردن

expectative / εkspεktativ / *nf* انتظار، توقع، چشم‌داشت، امید

expectorant¹,e / εkspεktɔRᾱ,t / *adj* خلط‌آور

expectorant² / εkspεktɔRᾱ / *nm* داروی خلط‌آور

expectorer / εkspεktɔRe / *vt* (1) ۱. خلط انداختن ۲. تف کردن، بیرون انداختن

expédient¹,e / εkspedjᾱ,t / *adj* [ادبی] درست، صلاح، (به) مصلحت، بجا

expédient² / εkspedjᾱ / *nm* ۱. تدبیر، ترفند ۲. راه، چاره، علاج

expédier / εkspedje / *vt* (7) ۱. فرستادن، ارسال کردن ۲. زود انجام دادن ۳. سرهم‌بندی کردن، سرسری انجام دادن ۴. از سر باز کردن، دَک کردن

expéditeur,trice / εkspeditœR,tRis / *n* [نامه، بسته، ...] فرستنده

expéditif,ive / εkspeditif,iv / *adj* ۱. فرز، سریع ۲. فوری، سریع

expédition / εkspedisjɔ̃ / *nf* ۱. ارسال، فرستادن ۲. محموله، کالای ارسالی ۳. سفر اکتشافی ۴. لشکرکشی ۵. انجام (سریع)، اقدام فوری

expéditionnaire / εkspedisjɔnεR / *n, adj* ۱. مأمور ارسال ▪ ۲. [نیروی نظامی] اعزامی

expérience / εkspeRjᾱs / *nf* ۱. تجربه ۲. آزمایش
faire l'expérience de تجربه کردن
faire une expérience آزمایش کردن

expérimental,e,aux / εkspeRimᾱtal,o / *adj* ۱. آزمایشی ۲. تجربی

expérimentalement / εkspeRimᾱtalmᾱ / *adv* از راه آزمایش، با آزمایش

expérimentation / εkspeRimᾱtasjɔ̃ / *nf* ۱. تجربه، آزمایش، آزمایش‌ها ۲. آزمایشگری = کاربرد اصولی آزمایشات علمی

expérimenté,e /ɛkspeʀimɑ̃te/ *adj* باتجربه، مجرب، کارآزموده، کارکشته، وارد، خبره

expérimenter /ɛkspeʀimɑ̃te/ *vt* (1) ۱. آزمایش کردن ۲. آزمودن، تجربه کردن

expert[1],e /ɛkspɛʀ,t/ *adj* خبره، کارآزموده، کارکشته، ماهر، وارد

expert[2] /ɛkspɛʀ/ *nm* کارشناس، متخصص

expert-comptable /ɛkspɛʀkɔ̃tabl/ *nm* حسابدار خبره

expertement /ɛkspɛʀtəmɑ̃/ *adv* ماهرانه، با مهارت

expertise /ɛkspɛʀtiz/ *nf* ۱. کارشناسی ۲. گزارش کارشناس، نظر کارشناس ۳. ارزیابی، ارزشیابی ۴. تخصص، مهارت

expertiser /ɛkspɛʀtize/ *vt* (1) ۱. ارزیابی کردن، ارزشیابی کردن، قیمت گذاشتن (رویِ) ۲. برآورد کردن

expiation /ɛkspjasjɔ̃/ *nf* ۱. کفاره ۲. تاوان

expier /ɛkspje/ *vt* (7) ۱. کفارهٔ (چیزی را) دادن، تقاص (چیزی را) پس دادن ۲. تاوان (چیزی را) دادن

expirant,e /ɛkspiʀɑ̃,t/ *adj* ۱. [ادبی] محتضر، رو به مرگ، در حال مرگ ۲. رو به زوال، رو به افول

expiration /ɛkspiʀasjɔ̃/ *nf* ۱. بازدم ۲. انقضا ۳. اتمام، خاتمه

expirer /ɛkspiʀe/ *vt, vi* (1) ۱. [نفس، هوا، ...] بیرون دادن، خارج کردن ◻ ۲. جان سپردن، مردن ۳. مهلت (چیزی) منقضی شدن، به سر رسیدن، اعتبار (چیزی) تمام شدن

explétif,ive /ɛkspletif,iv/ *adj* [دستور زبان] حشو، زائد

explicable /ɛksplikabl/ *adj* ۱. قابل توضیح ۲. قابل توجیه، قابل فهم

explicatif,ive /ɛksplikatif,iv/ *adj* تشریحی، توضیحی

explication /ɛksplikasjɔ̃/ *nf* ۱. توضیح، شرح ۲. توجیه، تبیین ۳. علت، دلیل ۴. بحث، جر و بحث

Quelle est l'explication de ce refus? دلیل نپذیرفتنتان چیست؟

Quelle est l'explication de ce retard? برای این تأخیر چه توضیحی دارید؟ علت تأخیرتان چیست؟

explicitation /ɛksplisitasjɔ̃/ *nf* تصریح، تشریح، توضیح

explicite /ɛksplisit/ *adj* ۱. روشن، صریح، واضح ۲. رُک

explicitement /ɛksplisitmɑ̃/ *adv* به روشنی، صریحاً، با صراحت

expliciter /ɛksplisite/ *vt* (1) تصریح کردن، با صراحت بیان کردن، تشریح کردن، توضیح دادن، روشن کردن

expliquer /ɛksplike/ *vt* (1) ۱. توضیح دادن، شرح دادن ۲. علت (چیزی را) بیان کردن، توجیه کردن

s'expliquer *vp* ۱. فکر خود را بیان کردن ۲. با هم جر و بحث کردن ۳. [خودمانی] با هم کتک‌کاری کردن، با هم دعوا کردن ۴. علت (چیزی را) فهمیدن، سر درآوردن ۵. توجیه شدن، قابل توجیه بودن

exploit /ɛksplwa/ *nm* کار بزرگ، کار درخشان، شاهکار

exploitable /ɛksplwatabl/ *adj* قابل بهره‌برداری

exploitant,e /ɛksplwatɑ̃,t/ *n* ۱. بهره‌بردار ۲. صاحب سینما، سینمادار، مدیر سینما

exploitant agricole کشاورز، دهقان، زارع

exploitation /ɛksplwatasjɔ̃/ *nf* ۱. بهره‌برداری ۲. استفاده ۳. بهره‌کشی، استثمار ۴. سوء استفاده

exploitation agricole زمین زراعی (در دست بهره‌برداری)، مزرعه

exploiter /ɛksplwate/ *vt* (1) ۱. بهره‌برداری

exploiteur,euse

کردن (از) ۲. استفاده کردن از، سود جستن از، مغتنم شمردن، غنیمت دانستن ۳. بهره‌کشی کردن، استثمار کردن ۴. سوء استفاده کردن از ۵. سر (کسی را) کلاه گذاشتن

exploiteur,euse /ɛksplwatœR,øz/ n
۱. استثمارگر ۲. سوءاستفاده‌چی، سوء استفاده‌گر

explorateur,trice /ɛksplɔRatœR,tRis/ n
کاوشگر، کاشف، سیاح

exploration /ɛksplɔRasjɔ̃/ nf
۱. کاوش، اکتشاف ۲. بررسی، مطالعه، تحقیق ۳. [اندام، زخم، ...] معاینه

explorer /ɛksplɔRe/ vt (1)
۱. کاوش کردن، به اکتشاف (جایی) پرداختن ۲. گشتن، جستجو کردن ۳. بررسی کردن، مطالعه کردن، تحقیق کردن ۴. [اندام، زخم، ...] معاینه کردن

exploser /ɛksploze/ vi (1)
۱. منفجر شدن، ترکیدن ۲. [احساسات] فوران کردن

explosible /ɛksplozibl/ adj
قابل انفجار، انفجاری، منفجره

explosif¹,ive /ɛksplozif,iv/ adj
۱. انفجاری، منفجره، قابل انفجار ۲. حاد، وخیم، بحرانی ۳. عصبی، تند

explosif² /ɛksplozif/ nm
مادهٔ منفجره

explosion /ɛksplozjɔ̃/ nf
۱. انفجار ۲. [احساسات] فوران، غلیان ۳. [جمعیت و غیره] افزایش سرسام‌آور

exportable /ɛkspɔRtabl/ adj
صادراتی، قابل صدور

exportateur,trice /ɛkspɔRtatœR,tRis/ n, adj
صادرکننده

exportation /ɛkspɔRtasjɔ̃/ nf
۱. صدور، صادرات ۲. کالای صادراتی

exporter /ɛkspɔRte/ vt (1)
صادر کردن

exposant¹,e /ɛkspozɑ̃,t/ n
شرکت‌کننده (در نمایشگاه)

exposant² /ɛkspozɑ̃/ nm
[ریاضی] توان، نما، قوه

exposé /ɛkspoze/ nm
شرح، گزارش

exposer /ɛkspoze/ vt (1)
۱. به نمایش گذاشتن، در معرض دید قرار دادن، به تماشا گذاشتن ۲. در معرض (چیزی) قرار دادن، مواجه کردن ۳. به خطر انداختن ۴. رو به (جهتی)قرار دادن ۵. شرح دادن، تعریف کردن

exposer sa vie
جان خود را به خطر انداختن

s'exposer vp
۱. خود را در معرض (چیزی) قرار دادن ۲. مواجه شدن ۳. خود را به خطر انداختن

exposition /ɛkspozisjɔ̃/ nf
۱. نمایش، ۲. نمایشگاه ۳. شرح، توضیح ۴. جهت، موقعیت ۵. [اثر ادبی] پیشگفتار، مقدمه

exprès¹,esse /ɛkspRɛs/ adj
صریح، روشن

exprès² /ɛkspRɛ/ adj. inv, nm
۱. [پست، نامه] اکسپرس ▢ ۲. پست اکسپرس

exprès³ /ɛkspRɛ/ adv
۱. عمداً، به عمد، از قصد ۲. مخصوصاً، خصوصاً، بالاخص

faire exprès
عمداً(کاری را) کردن

express¹ /ɛkspRɛs/ adj. inv, nm
۱. [قطار] سریع‌السیر ▢ ۲. قطار سریع‌السیر

express² /ɛkspRɛs/ adj. inv, nm
۱. [قهوه] اسپرسو ▢ ۲. قهوهٔ اسپرسو

expressément /ɛkspRɛsemɑ̃/ adv
با صراحت، صریحاً، به طور صریح

expressif,ive /ɛkspRɛsif,iv/ adj
۱. معنی‌دار، پرمعنی ۲. گویا، رسا ۳. بااحساس، پراحساس

expression /ɛkspRɛsjɔ̃/ nf
۱. بیان، اظهار ۲. ابراز ۳. اصطلاح، عبارت ۴. حالت، قیافه، چهره

expressionnisme /ɛkspRɛsjɔnism/ nm
اکسپرسیونیسم

expressionniste /ɛkspRɛsjɔnist/ n, adj
۱. اکسپرسیونیست ▢ ۲. اکسپرسیونیستی

exprimable /ɛkspRimabl/ adj
بیان‌کردنی

exprimer /ɛkspRime/ vt (1)
۱. بیان کردن، اظهار کردن، ابراز کردن ۲. نشان دادن ۳. [آب میوه] گرفتن

extensif,ive / ɛkstɑ̃sif,iv / *adj* گسترده، وسیع

extension / ɛkstɑ̃sjɔ̃ / *nf* ۱. کشش، کشیدگی ۲. بسط، گسترش، توسعه ۳. اشاعه

exténuant,e / ɛkstenɥɑ̃,t / *adj* طاقت‌فرسا، توان‌فرسا، سخت، شاق، کمرشکن

exténuation / ɛkstenɥasjɔ̃ / *nf* خستگی، ازپاافتادگی

exténuer / ɛkstenɥe / *vt* (1) از توان انداختن، از پا درآوردن، تحلیل بردن

extérieur[1],e / ɛksteʀjœʀ / *adj* ۱. بیرونی ۲. خارجی ۳. بیرون، خارج ۴. ظاهری

commerce extérieur تجارت خارجی

extérieur[2] / ɛksteʀjœʀ / *nm* ۱. بیرون ۲. خارج ۳. نمای خارجی ۴. ظاهر

extérieurement / ɛksteʀjœʀmɑ̃ / *adv* ۱. از بیرون ۲. ظاهراً، به ظاهر

extériorisation / ɛksteʀjɔʀizasjɔ̃ / *nf* اظهار، ابراز

extérioriser / ɛksteʀjɔʀize / *vt* (1) اظهار کردن، ابراز کردن، بروز دادن، نشان دادن

exterminateur,trice / ɛkstɛʀminatœʀ,tʀis / *adj* نابودکننده، ویرانگر

extermination / ɛkstɛʀminasjɔ̃ / *nf* ۱. قتل عام ۲. انهدام، نابودی، ریشه‌کنی

exterminer / ɛktɛʀmine / *vt* (1) ۱. قتل عام کردن ۲. نابود کردن، ریشه‌کن کردن، از صفحهٔ روزگار محو کردن

externat / ɛkstɛʀna / *nm* ۱. مدرسهٔ روزانه، آموزشگاه روزانه ۲. [در بیمارستان] کمک‌آنترنی

externe[1] / ɛkstɛʀn / *adj* بیرونی، خارجی

externe[2] / ɛkstɛʀn / *n* ۱. دانش‌آموز روزانه، شاگرد روزانه ۲. [در بیمارستان] کمک‌آنترن (= دانشجوی پزشکی که آنترن را یاری می‌دهد.)

extincteur / ɛkstɛ̃ktœʀ / *nm* کپسول آتش‌نشانی

s'exprimer *vp* ۱. افکار خود را بیان کردن، حرف خود را زدن ۲. حرف زدن، صحبت کردن

expropriation / ɛkspʀɔpʀijasjɔ̃ / *nf* ۱. سلب مالکیت ۲. مصادره

exproprier / ɛkspʀɔpʀije / *vt* (7) ۱. سلب مالکیت کردن از ۲. مصادره کردن

expulser / ɛkspylse / *vt* (1) ۱. بیرون کردن، اخراج کردن ۲. دفع کردن، تخلیه کردن

expulsion / ɛkspylsjɔ̃ / *nf* ۱. اخراج، بیرون کردن ۲. دفع، تخلیه

expurger / ɛkspyʀʒe / *vt* (3) نکات غیراخلاقی (چیزی را) حذف کردن، هرزه‌زدایی کردن، تنقیح کردن

exquis,e / ɛkski,z / *adj* ۱. عالی، بی‌نظیر، فوق‌العاده ۲. دلپذیر، خوشایند، مطبوع ۳. لذیذ، گوارا، خوشمزه ۴. دلربا، تودل‌برو، جذاب

exsangue / ɛksɑ̃g;ɛgzɑ̃g / *adj* ۱. دچار خونریزی شدید ۲. کم‌خون، رنگ‌پریده ۳. [مجازی] بی‌رنگ و بو، آبکی

exsudation / ɛksydasjɔ̃ / *nf* تراوش، ترشح

exsuder / ɛksyde / *vt, vi* (1) ۱. تراوش کردن، ترشح کردن، بیرون دادن ◙ ۲. ترشح شدن

extase / ɛkstaz / *nf* ۱. خلسه، جذبه، ازخودبی‌خودشدگی ۲. وجد، شعف، حظ

extasier (s') / sɛkstazje / *vp* (7) از خود بی‌خود شدن، به وجد آمدن، مجذوب (چیزی) شدن

extatique / ɛkstatik / *adj* ۱. وجدآور، سکرآور ۲. هیجان‌زده، سرمست

extenseur / ɛkstɑ̃sœʀ / *adj. m, nm* ۱. [ماهیچه] بازکننده ◙ ۲. ماهیچهٔ بازکننده ۳. [بدن‌سازی] فنر

extensibilité / ɛkstɑ̃sibilite / *nf* ۱. کشش‌پذیری، قابلیت کشش ۲. قابلیت بسط

extensible / ɛkstɑ̃sibl / *adj* ۱. کشش‌پذیر، قابل کشش ۲. قابل بسط

a = bas, plat e = blé, jouer ɛ = lait, jouet, merci i = il, lyre o = mot, dôme, eau, gauche ɔ = mort
u = roue y = rue ø = peu œ = peur ə = le, premier ɑ̃ = sans, vent ɛ̃ = matin, plein, lundi
ɔ̃ = bon, ombre ʃ = chat, tache ʒ = je, gilet j = yeux, paille, pied w = oui, nouer ɥ = huile, lui

extinction /εkstēksjɔ̃/ *nf* ۱. اِطفا،
خاموش کردن ۲. انهدام، نابودی، انقراض
extinction de voix گرفتگی صدا

extirpation /εkstiRpasjɔ̃/ *nf* ۱. نابودی
۲. ریشه‌کنی، ریشه‌کن کردن

extirper /εkstiRpe/ *vt* (1) ۱. از بین بردن،
نابود کردن ۲. از ریشه کندن، ریشه‌کن کـردن ۳.
بیرون کشیدن ۴. [خودمانی] تیغ زدن

extorquer /εkstɔRke/ *vt* (1) ۱. به زور گرفتن،
با تهدید گرفتن ۲. اخاذی کردن

extorsion /εkstɔRsjɔ̃/ *nf* ۱. (عمل) به زور
گرفتن ۲. اخاذی

extra /εkstRa/ *nm. inv, adj. inv* ۱. کار فوق‌العاده
۲. چیز اضافی ۳. خدمتکار اضافی، کـمک ۴.
[خودمانی] عالی، اعلا، فوق‌العاده، معرکه

extractif,ive /εkstRaktif,iv/ *adj*
(مربوط به) استخراج

extraction /εkstRaksjɔ̃/ *nf* ۱. استخراج
۲. (عمل) بیرون کشـیدن ۳. درآوردن ۴. [دنـدان]
کشیدن ۵. [قدیمی یا محلی] تبار، اصل و نسب

extrader /εkstRade/ *vt* (1) [مجرم] به دولت
متبوع خود تحویل دادن، تسلیم کردن، مسترد کردن

extra-fin,e /εkstRafɛ̃,in/ *adj* ۱. خیلی ظریف،
خیلی ریز ۲. اعلا، ممتاز، درجه یک

extraire /εkstRεR/ *vt* (50) ۱. استخراج کردن
۲. بیرون کشیدن ۳. درآوردن ۴. [دندان] کشـیدن
۵. [آب میوه] گرفتن ۶. [از کتاب و غیره] انـتخاب
کردن، برگزیدن، گلچین کردن

extrait /εkstRε/ *nm* ۱. عصاره، شیره
۲. [از کـتاب و غیره] گـزیده، مـنتخب، قـطعه ۳.
رونوشت
extrait de naissance رونوشت شناسنامه

extraordinaire /εkstRaɔRdinεR/ *adj*
۱. فوق‌العاده ۲. غیرعادی، عجیب، عجیب و غریب
۳. استثنایی ۴. [خودمانی] عالی، معرکه، محشر

extraordinairement /εkstRaɔRdinεR-mɑ̃/ *adv*
۱. (به طور) فوق‌العاده ۲. (به طرزی)
عجیب، (به طور) غیرعادی ۳. به طور استثنایی ۴.
فوق‌العاده، بی‌اندازه، خیلی

extravagance /εkstRavagɑ̃s/ *nf* ۱. غرابت،
عجیب بودن ۲. کار عجیب، رفتار عجیب ۳. پرت
و پلا، چرت و پرت

extravagant,e /εkstRavagɑ̃,t/ *adj*
۱. عجیب، غریب، غیرعادی ۲. مفرط، بیش از حد
۳. غیرمنطقی، نامعقول

extravaser (s') /sεkstRavaze/ *vp* (1)
[مایعات] بیرون زدن، جاری شدن

extraversion /εkstRavεRsjɔ̃/ *nf* برون‌گرایی

extraverti,e /εkstRavεRti/ *adj, n* برون‌گرا

extrême¹ /εkstRεm/ *adj* ۱. نهایی، انتهایی
۲. بی‌اندازه، بی‌حد و حصر، فوق‌العاده ۳. شـدید،
حاد ۴. افراط‌کار، افراطی
extrême limite حد نهایی
Extrême-Orient خاور دور

extrême² /εkstRεm/ *nm* ۱. نهایت،
منتها درجه، حد اعلا ۲. حد، انتها
à l'extrême به افراط، به حد افراط

extrêmement /εkstRεmmɑ̃/ *adv*
بی‌اندازه، بی‌نهایت، فوق‌العاده

extrémiste /εkstRemist/ *adj, n* افراطی،
افراط‌کار

extrémité /εkstRemite/ *nf* ۱. انتها، ته
۲. وضعیت حاد، وضع بحرانی ــ [صورت جمع] ۳.
دست و پا

extrinsèque /εkstRɛ̃sεk/ *adj* خارجی، بیرونی

exubérance /εgzybeRɑ̃s/ *nf* ۱. فراوانی،
وفور، کثرت ۲. انبوهی ۳. شور و شوق

exubérant,e /εgzybeRɑ̃,t/ *adj* ۱. فراوان،
سرشار ۲. انبوه، پرپشت، پُر ۳. پرشور، سرزنده

exultation /εgzyltasjɔ̃/ *nf* وجد، شادی، شعف

exulter /εgzylte/ *vi* (1) ذوق کردن،
شادی کردن، به وجد آمدن

exutoire /εgzytwaR/ *nm* مایهٔ تسلی،
تسلای خاطر، تسکین

F,f

F,f /ɛf/ *nm, nf. inv* اِف (= ششمین حرفِ الفبای فرانسه)

fa /fa/ *nm. inv* (نت) فا

fable /fabl/ *nf* ۱. قصه، حکایت ۲. افسانه

Il est la fable du quartier. او مضحکهٔ اهل محل است.

fabricant,e /fabʀikɑ̃,t/ *nm* ۱. سازنده ۲. کارخانه‌دار

fabrication /fabʀikasjɔ̃/ *nf* ۱. ساخت، تولید ۲. جعل

fabrique /fabʀik/ *nf* کارخانه

fabriquer /fabʀike/ *vt* (1) ۱. ساختن، درست کردن ۲. جعل کردن ۳. از خود درآوردن، سر هم کردن ۴. [خودمانی] کردن

Qu'est-ce que tu fabriques? [خودمانی] داری چیکار می‌کنی؟

fabulateur,trice /fabylatœʀ,tʀis/ *adj, n* خیال‌پرداز، خیال‌باف

fabulation /fabylasjɔ̃/ *nf* خیال‌پردازی، خیال‌بافی، تخیل

fabuleux,euse /fabylø,øz/ *adj*

۱. افسانه‌ای، خیالی، تخیلی ۲. شگفت‌انگیز، عجیب

fabuliste /fabylist/ *n* قصه‌نویس

façade /fasad/ *nf* ۱. [ساختمان] نما ۲. ظاهر، صورت ظاهر

face /fas/ *nf* ۱. صورت، رو ۲. قیافه، چهره ۳. روی سکه، خط ۴. سطح ۵. ظاهر

à la face de در حضورِ، در مقابلِ

de face از مقابل، از جلو، از روبرو

en face روبرو، در مقابل

face à face رو در رو، روبروی هم

faire face à ۱. مشرف بودن به، روبروی (جایی) بودن ۲. روبرو شدن با، رودررو شدن با ۳. از عهدهٔ (چیزی) برآمدن

face-à-face /fasafas/ *nm. inv*

[به ویژه مسائل سیاسی] رویارویی، بحث رودررو

face-à-main /fasamɛ̃/ *nm* عینک دستی

facétie /fasesi/ *nf* شوخی

facétieux,euse /fasesjø,øz/ *n, adj*

۱. بذله‌گو، شوخ ▣ ۲. طنزآمیز، خنده‌دار

facette /fasɛt/ *nf* سطح، بَر

fâché,e /faʃe/ *adj* ۱. عصبانی، خشمگین ۲. متأسف ۳. (در حالتِ) قهر

Ils sont fâchés. روابطشان تیره است. میانه‌شان شکرآب است. با هم قهرند.

fâcher /faʃe/ *vt* (1) عصبانی کردن، خشمگین کردن

se fâcher *vp* ۱. عصبانی شدن، خشمگین شدن ۲. قطع رابطه کردن، (با کسی) به هم زدن، قهر کردن

a = bas, plat e = blé, jouer ɛ = lait, jouet, merci i = il, lyre o = mot, dôme, eau, gauche ɔ = mort
u = roue y = rue ø = peu œ = peur ə = le, premier ɑ̃ = sans, vent ɛ̃ = matin, plein, lundi
ɔ̃ = bon, ombre ʃ = chat, tache ʒ = je, gilet j = yeux, paille, pied w = oui, nouer ɥ = huile, lui

fâcherie /faʃʀi/ *nf* کدورت، رنجش، قهر

fâcheux,euse /faʃø,øz/ *adj*
۱. ناراحت‌کننده، ناگوار، بد ۲. تأسف‌آور، مایهٔ تأسف

facial,e /fasjal/ *adj* (مربوط به) صورت

faciès /fasjɛs/ *nm* ۱. صورت، چهره، قیافه
۲. [زمین‌شناسی] رخساره

facile /fasil/ *adj* ۱. آسان، راحت، ساده
۲. آسان‌گیر، راحت ۳. [خلق و خو] آرام، ملایم ۴. سطحی، سبک، بی‌محتوا

facilement /fasilmɑ̃/ *adj* ۱. به آسانی، به راحتی، راحت، به سادگی ۲. زود

facilité /fasilite/ *nf* ۱. آسانی، راحتی، سهولت ۲. وسیله، امکان ۳. استعداد، آمادگی، قابلیت ــ [صورت جمع] ۴. تسهیلات، امکانات

faciliter /fasilite/ *vt* (1) ۱. آسان کردن، راحت‌تر کردن، تسهیل کردن ۲. امکانِ (کاری را) فراهم آوردن، جور کردن

façon /fasɔ̃/ *nf* ۱. شیوه، طریق، روش
۲. [لباس] دوخت ۳. مدل ۴. ساخت ــ [صورت جمع] ۵. رفتار، برخورد

de toute façon به هر حال، در هر صورت

en aucune façon به هیچ وجه، اصلاً، ابداً

faire des façons تظاهر کردن

sans façon(s) ۱. بدون تعارف ۲. بدون تشریفات، ساده

faconde /fakɔ̃d/ *nf* [ادبی] پرگویی، حرّافی، زبان‌آوری، زبان‌داری

façonner /fasɔne/ *vt* (1) ۱. شکل دادن
۲. ساختن، درست کردن ۳. تربیت کردن، پروردن، بار آوردن

fac-similé /faksimile/ *nm* رونوشت، کپی

facteur /faktœʀ/ *nm* ۱. سازنده
۲. نامه‌رسان، پستچی ۳. عامل ۴. ضریب

factice /faktis/ *adj* ۱. مصنوعی ۲. ساختگی، تصنعی، کاذب

factieux,euse /faksjø,øz/ *adj, n*
آشوب‌طلب، شورشی، یاغی

faction /faksjɔ̃/ *nf* ۱. کشیک، نگهبانی
۲. دسته، جناح ۳. تفرقه، نفاق، چنددستگی

factionnaire /faksjɔnɛʀ/ *nm* قراول

factotum /faktɔtɔm/ *nm* ۱. پیشکار، مباشر
۲. همه‌کاره، نخود هر آش

facture[1] /faktyʀ/ *nf* ۱. ساختار
۲. [آلات موسیقی] ساخت

facture[2] /faktyʀ/ *nf* صورت‌حساب، فاکتور

facturation /faktyʀasjɔ̃/ *nf* صدور فاکتور، فاکتور کردن

facturer /faktyʀe/ *vt* (1) فاکتور کردن، فاکتور (کالایی را) نوشتن، صورت‌حساب (کالایی را) صادر کردن

facultatif,ive /fakyltatif,iv/ *adj* اختیاری

faculté /fakylte/ *nf* ۱. اختیار، حق ۲. توانایی، قابلیت، استعداد ۳. دانشکده ۴. هیئت علمی

la Faculté پزشکان، دکترها

fada /fada/ *nm* [محلی] خُل، خُل‌مشنگ

fade /fad/ *adj* ۱. بی‌مزه ۲. بی‌نمک، لوس، خنک

fadeur /fadœʀ/ *nf* ۱. بی‌مزگی ۲. بی‌نمکی، لوسی، خنکی

fagot /fago/ *nm* دستهٔ ترکه، دستهٔ چوب

faible /fɛbl/ *adj, nm* ۱. ضعیف ۲. سست
۳. جزئی، مختصر، کم، ناچیز ◻ ۴. (آدم) ضعیف ۵. آدم بی‌اراده ۶. علاقه

avoir un faible pour علاقه داشتن به، دل کسی (برای چیزی یا کسی) ضعف رفتن

le point faible نقطه ضعف

faiblement /fɛbləmɑ̃/ *adv* ۱. به سستی، سست ۲. کم، کمی، اندکی، به زحمت

faiblesse /fɛblɛs/ *nf* ۱. ضعف ۲. سستی
۳. کمی، کم بودن ۴. نقص، عیب

faiblir /febliʀ/ *vi* (2) ۱. ضعیف شدن
۲. سست شدن ۳. کم شدن، کاهش یافتن ۴. فروکش کردن ۵. مقاومت خود را از دست دادن، دوام نیاوردن

faïence / fajɑ̃s / *nf* سفالینهٔ لعاب‌دار، بدل‌چینی
faille[1] / faj / *nf* ۱. عیب، نقص، خلل
۲. [زمین‌شناسی] گسله
faille[2] / faj / *v* [صورت صرف‌شدهٔ فعلِ falloir]
failli,e / faji / *adj, n* ورشکسته
faillir / fajiʀ / *vi* ۱. کوتاهی کردن، قصور کردن، عمل نکردن ۲. [همراهِ مصدر] نزدیک بود، چیزی نمانده بود
J'ai failli tomber. چیزی نمانده بود بیافتم. داشتم می‌افتادم. نزدیک بود بیافتم.
faillite / fajit / *nf* ۱. ورشکستگی ۲. شکست، ناکامی
faim / fɛ̃ / *nf* ۱. گرسنگی ۲. میل، اشتیاق، عطش
fainéant,e / feneɑ̃,t / *adj, n* تنبل
fainéanter / feneɑ̃te / *vi* (1) هیچ کاری نکردن، تنبلی کردن
fainéantise / feneɑ̃tiz / *nf* تنبلی
faire[1] / fɛʀ / *vt, vi* (60) ۱. کردن ۲. پرداختن به ۳. انجام دادن ۴. ساختن ۵. درست کردن ۶. ایجاد کردن ۷. فراهم آوردن ۸. به دست آوردن ۹. موجب (چیزی) شدن، باعث (چیزی) شدن ۱۰. مرتب کردن، جمع و جور کردن ۱۱. شستن ۱۲. واداشتن ۱۳. طی کردن، پیمودن ۱۴. نقش (کسی را)بازی کردن ۱۵. وانمود کردن، اداي...را درآوردن، خود را...جا زدن ۱۶. به نظر رسیدن، به نظر آمدن ۱۷. [خودمانی] دزدیدن، زدن، بلند کردن ۱۸. مدفوع کردن، ریدن ◙ ۱۹. عمل کردن، کردن
Ça ne fait rien. مهم نیست. اشکالی ندارد.
C'en est fait de.... ... فاتحه‌اش خوانده است.
Deux et deux font quatre. دو و دو می‌شود چهار.
faire bien de... کار خوبی کردن ...
faire de la médecine در رشتهٔ پزشکی تحصیل کردن، پزشکی خواندن
faire de l'essence بنزین زدن
faire des plis چین خوردن
faire faire ۱. واداشتن ۲. سفارش دادن
faire le mort خود را به مردن زدن
faire le pain نان پختن، نان درست کردن
faire peur ترساندن
faire qqch pour qqn کاری برای کسی کردن
faire un cadeau هدیه دادن، کادو دادن
Il a tout fait pour réussir. او برای موفق شدن همه کار کرده است. برای موفقیت به همه کار دست زده است.
Il fait beau. هوا خوب است.
Il fait du vent. باد می‌وزد.
Il fait nuit. شب است.
Il ne fait que d'arriver. او تازه از راه رسیده است. همین الان آمد.
Je n'ai rien à faire avec lui. کاری به کار او ندارم. باهاش کاری ندارم.
se faire *vp* ۱. شدن ۲. بهتر شدن، جا افتادن ۳. خو گرفتن، عادت کردن، خود را عادت دادن ۴. برای خود فراهم آوردن، خود را...کردن ۵. رواج داشتن، مُد بودن
s'en faire نگران بودن، ناراحت بودن
faire[2] / fɛʀ / *nm* ۱.عمل ۲. سبک
faire-part / fɛʀpaʀ / *nm. inv* [ولادت، ازدواج، فوت،...] کارت، کارت دعوت
faisable / fəzabl / *adj* عملی، شدنی، ممکن
faisan / fəzɑ̃ / *nm* قرقاول (نر)
faisandeau / fəzɑ̃do / *nm* جوجه قرقاول
faisane / fəzan / *nf* قرقاول ماده
faisceau / fɛso / *nm* ۱. دسته ۲. [نور] شعاع ۳. مجموعه، سری ۴. [تفنگ] چاتمه
faiseur[1]**,euse** / fəzœʀ,øz / *n* ۱. سازنده ۲. عامل
faiseur[2] / fəzœʀ / *nm* آدم چاخان، (آدم) اهل قُمپز، خالی‌بند

a = bas, plat e = blé, jouer ɛ = lait, jouet, merci i = il, lyre o = mot, dôme, eau, gauche ɔ = mort
u = roue y = rue ø = peu œ = peur ə = le, premier ɑ̃ = sans, vent ɛ̃ = matin, plein, lundi
ɔ̃ = bon, ombre ʃ = chat, tache ʒ = je, gilet j = yeux, paille, pied w = oui, nouer ɥ = huile, lui

fait¹,e 376

fait¹,e / fɛ,t / *adj, part. passé* ۱. ساخته‌شده، درست‌شده ۲. انجام‌شده ۳. جاافتاده، عمل‌آمده ۴. [آدم] پخته ۵. آرایش‌شده ۶. مناسب ⊡ ۷. [اسم مفعول فعلِ faire]

fait² / fɛ / *nm* ۱. عمل ۲. کار ۳. واقعه، رویداد ۴. واقعیت، حقیقت، امر مسلم

aller au fait به اصل مطلب پرداختن، سرِ اصل مطلب رفتن

au fait راستی

du fait de به علتِ

en fait در واقع

en fait de در موردِ، از حیثِ، از بابتِ

faits divers [روزنامه] صفحهٔ حوادث، ستون حوادث

mettre au fait مطلع کردن، باخبر کردن، در جریان قرار دادن، آگاه کردن

prendre fait et cause pour qqn از کسی طرفداری کردن، از کسی حمایت کردن

prendre sur le fait در حین ارتکاب جرم گرفتن، مچ (کسی را) گرفتن

tout à fait کاملاً، بکلی

faîte / fɛt / *nm* ۱. نوک، قله ۲. اوج

faix / fɛ / *nm* [قدیمی یا ادبی] بار (سنگین)

fakir / fakiʀ / *nm* ۱. درویش ۲. مرتاض، جوکی

falaise / falɛz / *nf* صخرهٔ ساحلی، تُندان

fallacieux,euse / falasjø,øz / *adj* ۱. فریبنده، گول‌زننده، گمراه‌کننده ۲. سفسطه‌آمیز، مغلطه‌آمیز

falloir / falwaʀ / *v. impers* (29) ۱. بایستن ۲. لازم بودن، ضرورت داشتن، ضروری بودن

comme il faut ۱. چنان که باید، درست ۲. مناسب، شایسته

il faut باید، بایست، بایستی

Il s'en est fallu de peu que je parte.
چیزی نمانده بود که بروم. داشتم می‌رفتم.

Il s'en faut de... ... مانده است

tant s'en faut que خیلی مانده است که

falot / falo / *nm* فانوس (بزرگ)

falsificateur,trice / falsifikatœʀ,tʀis / *n* جاعل، متقلب

falsification / falsifikasjɔ̃ / *nf* ۱. جعل، تقلب، دستکاری ۲. تحریف

falsifier / falsifje / *vt* (7) ۱. جعل کردن، دست بردن در، دستکاری کردن ۲. تقلبی ساختن ۳. تحریف کردن، طور دیگر نشان دادن

famé,e (mal) / malfame / *adj* بدنام

famélique / famelik / *adj* ۱. گرسنه ۲. لاغرمردنی، استخوانی

fameux,euse / famø,øz / *adj* ۱. مشهور، معروف، نامی، نامدار، پرآوازه ۲. عالی، معرکه ۳. خوب، حسابی ۴. [طعنه‌آمیز] کذایی

familial,e,aux / familjal,o / *adj* خانوادگی، فامیلی، (مربوط به) خانواده

familiariser / familjaʀize / *vt* (1) آشنا کردن، عادت دادن، مأنوس کردن

familiarité / familjaʀite / *nf* ۱. صمیمیت ۲. رابطهٔ خودمانی، خودمانی بودن ــ [صورت جمع] ۳. بی‌ادبی، جسارت

familier¹ / familje / *nm* دوست صمیمی

familier²,ère / familje,ɛʀ / *adj* ۱. آشنا ۲. صمیمی، خودمانی، نزدیک ۳. دوستانه، صمیمانه، خودمانی ۴. عادی

familièrement / familjɛʀmɑ̃ / *adv* به طور خودمانی، دوستانه

famille / famij / *nf* ۱. خانواده ۲. بچه‌ها، بچه ۳. خویشاوند، قوم و خویش، فامیل ۴. خاندان ۵. تبار، اصل و نسب

famine / famin / *nf* ۱. قحطی ۲. گرسنگی

fanal,aux / fanal,o / *nm* فانوس

fanatique / fanatik / *adj, n* ۱. متعصب، جزمی ۲. شیفته، عاشق، کشته‌مرده

fanatiquement / fanatikmɑ̃ / *adv* ۱. از روی تعصب، با تعصب ۲. به حد افراط، به طور افراطی

fanatiser /fanatize/ *vt* (1) متعصب کردن
fanatisme /fanatism/ *nm* تعصب، خشک‌اندیشی، تحجر
fané,e /fane/ *adj* پژمرده
faner /fane/ *vt* (1) ۱. برای خشک کردن زیر و رو کردن ۲. پژمرده کردن ۳. رنگ و روی (چیزی را) بردن
se faner *vp* ۱. پژمرده شدن، پژمردن ۲. طراوت خود را از دست دادن
fanfaron,onne /fãfaRõ,ɔn/ *n, adj* ۱. (آدم) لاف‌زن، خالی‌بند ▣ ۲. چاخان، الکی
fanfaronnade /fãfaRɔnad/ *nf* لاف‌زنی، لاف و گزاف، رجزخوانی
fange /fãʒ/ *nf* لجن، گل و لای
couvrir qqn de fange کسی را لجن‌مال کردن
fangeux,euse /fãʒø,øz/ *adj* پرگل و لای، گل‌آلود
fanion /fanjõ/ *nm* پرچم (کوچک)
fanon /fanõ/ *nm*, **fanon de baleine** والانه (= قطعات شاخی داخل دهان والان)
fantaisie /fãtezi/ *nf* ۱. خیال‌پردازی، خیال‌بافی، خیال ۲. خیال، وهم ۳. هوس، میل، ویر ۴. اثر تفننی ۵. [موسیقی] فانتزی
fantaisiste /fãtezist/ *adj, n* ۱. (آدم) خیال‌پرداز، خیال‌باف، خیالاتی ۲. (آدم) هوسباز، بلهوس، دمدمی
fantasmagorie /fãtasmagɔRi/ *nf* ۱. صحنهٔ خیالات، صحنهٔ اوهام ۲. احضار اشباح
fantasme /fãtasm/ *nm* وهم، خیال
fantasque /fãtask/ *adj* ۱. بلهوس، هوسباز، دمدمی ۲. [ادبی] عجیب، غریب
fantassin /fãtasɛ̃/ *nm* سرباز پیاده‌نظام
fantastique /fãtastik/ *adj* ۱. خیالی، واهی، موهوم ۲. شگفت‌انگیز، باورنکردنی، عجیب
fantoche /fãtɔʃ/ *nm* ۱. عروسک خیمه شب‌بازی ۲. آلت دست، بازیچه
fantomatique /fãtɔmatik/ *adj* توهمی، موهوم، خیالی
fantôme /fãtom/ *nm* ۱. شبح، روح ۲. [مجازی] کابوس ۳. توهم، وهم، خیال
faon /fã/ *nm* بچه‌گوزن
faramineux,euse /faRaminø,øz/ *adj* [خودمانی] سرسام‌آور
farce¹ /faRs/ *nf* [مرغ، ماهی، ...] مایهٔ تودلی، ملات
farce² /faRs/ *nf* ۱. نمایش مضحک، لوده‌بازی ۲. شوخی
faire des farces شوخی کردن، سربه‌سر گذاشتن
farceur,euse /faRsœR,øz/ *n* شوخ، بذله‌گو، لوده
farcir /faRsiR/ *vt* (2) ۱. شکم (مرغ و ماهی و غیره را) پر کردن ۲. انباشتن، پر کردن
fard /faR/ *nm* لوازم آرایش
fard à joues رُژ گونه، سُرخاب
fard à paupières [لوازم آرایش] سایه‌چشم
sans fard بدون ریا، بی‌ریا
fardeau /faRdo/ *nm* ۱. بار ۲. [مجازی] بار سنگین، مسئولیت سنگین
farder /faRde/ *vt* (1) ۱. آرایش کردن، بزک کردن ۲. گریم کردن
se farder *vp* ۱. (خود را) آرایش کردن ۲. تحریف کردن، طور دیگر جلوه دادن
farfelu,e /faRfəly/ *adj* ۱. عجیب، عجیب و غریب ۲. خُل
farfouiller /faRfuje/ *vi* (1) [خودمانی] زیر و رو کردن، گشتن
faribole /faRibɔl/ *nf* خزعبلات، چرندیات، یاوه‌گویی
farine /faRin/ *nf* آرد
farine de riz آرد برنج

fariner / faRine / *vt* (1) آرد زدن به، آرد پاشیدن رویِ

farineux,euse / faRinø,øz / *adj* ۱. آردی ۲. آردمانند، مثل آرد

farniente / faRnjɛnte;faRnjɑ̃t / *nm* بطالت، بی‌کاری، تنبلی

farouche / faRuʃ / *adj* ۱. [جانور] رمو، رموک، گریزپا ۲. مردم‌گریز، غیراجتماعی ۳. وحشی، بی‌رحم ۴. خشن، خشمناک ۵. سخت، شدید

farouchement / faRuʃmɑ̃ / *adv* به شدت، شدیداً، قویاً

fascicule / fasikyl / *nm* جزوه

fascinant,e / fasinɑ̃,t / *adj* مسحورکننده، فریبنده، جذاب، خیره‌کننده

fascinateur,trice / fasinatœR,tRis / *adj*
→ fascinant,e

fascisme / faʃism;fasism / *nm* فاشیسم

fasciste / faʃist;fasist / *n, adj* ۱. فاشیست ◙ ۲. فاشیستی

faste[1] / fast / *adj*, **jour faste** روز خوش‌یمن، روز شانس

faste[2] / fast / *nm* ۱. شکوه، جلال ۲. تجمل، زرق و برق

fastidieux,euse / fastidjø,øz / *adj* خسته‌کننده، کسل‌کننده، ملال‌آور

fastueux,euse / fastɥø,øz / *adj* ۱. باشکوه، مجلل ۲. پرتجمل

fat / fa(t) / *adj, nm* ازخودراضی، خودخواه، متکبر، خودپسند

fatal,e / fatal / *adj* ۱. سرنوشت‌ساز، تعیین‌کننده ۲. مقدر، محتوم ۳. اجتناب‌ناپذیر ۴. کشنده، مرگبار، مهلک ۵. شوم، نحس، منحوس ۶. زیانبار، مخرب، مصیبت‌بار ۷. [زن] فتانه، افسونگر

fatalement / fatalmɑ̃ / *adv* ۱. به طور اجتناب‌ناپذیری، الزاماً، ناگزیر، ناچار ۲. حتماً، به طور حتم، قطعاً

fatalisme / fatalism / *nm* تقدیرگرایی، سرنوشت‌گرایی، جبری‌گری

fataliste / fatalist / *adj, n* تقدیرگرا، سرنوشت‌گرا، جبری

fatalité / fatalite / *nf* ۱. اجتناب‌ناپذیری، گریزناپذیری ۲. سرنوشت، تقدیر، قضا و قدر ۳. حادثهٔ شوم، مصیبت، بلا

fatidique / fatidik / *adj* ۱. مقدر ۲. سرنوشت‌ساز، تعیین‌کننده

jour fatidique روز سرنوشت

fatigant,e / fatigɑ̃,t / *adj* خسته‌کننده، توان‌فرسا، طاقت‌فرسا، فرساینده

fatigue / fatig / *nf* خستگی

fatigué,e / fatige / *adj* ۱. خسته، ازتوان‌افتاده ۲. فرسوده، کهنه ۳. پژمرده

J'ai l'estomac fatigué. وضع معده‌ام خراب است. معده‌ام ناراحت است.

souliers fatigués کفش‌های درب و داغون

fatiguer / fatige / *vt, vi* (1) ۱. خسته کردن، از توان انداختن، از پا انداختن ۲. کسل کردن ۳. ذله کردن، به ستوه آوردن، کلافه کردن، عاصی کردن ۴. هم زدن، قاطی کردن ◙ ۵. خسته شدن، از توان افتادن ۶. تاب برداشتن، خم شدن

fatiguer la terre d'un champ خاک یک مزرعه را زیر و رو کردن

Le moteur fatigue dans la montée. در سربالایی زور به موتور می‌آید.

se fatiguer *vp* ۱. خسته شدن، از توان افتادن ۲. خود راخسته کردن ۳. ذله شدن، به ستوه آمدن

fatras / fatRa / *nm* توده، تل

fatuité / fatɥite / *nf* خودخواهی، خودپسندی، تکبر، کبر

faubourg / fobuR / *nm* حاشیه (شهر)، حومه

faubourien,enne / foburjɛ̃,ɛn / *n, adj* ۱. حاشیه‌نشین، حومه‌نشین ◙ ۲. (مربوط به) حاشیهٔ شهر، (مربوط به) حومه

fauchage / foʃaʒ / *nm* درو

fauchaison /foʃɛzɔ̃/ *nf* ۱. درو ۲. زمان درو، فصل درو

fauche /foʃ/ *nf* ۱. [خودمانی] بی‌پولی ۲. [خودمانی] (مال) دزدی ۳. [قدیمی] درو

fauché,e /foʃe/ *adj* [خودمانی] بی‌پول

être fauché [خودمانی] آه در بساط نداشتن

faucher /foʃe/ *vt* (1) ۱. درو کردن ۲. از پا درآوردن، از بین بردن، نابود کردن ۳. [خودمانی] کش رفتن، زدن، بلند کردن ۴. [زن] از چنگ (کسی) درآوردن

faucheur[1] /foʃœʀ/ *nm* عنکبوت پابلند

faucheur[2]**,euse** /foʃœʀ,øz/ *n* دروگر

faucheuse /foʃøz/ *nf* ماشین درو

faucheux /foʃø/ *nm* → faucheur

faucille /fosij/ *nf* داس

faucillon /fosijɔ̃/ *nm* داس (کوچک)

faucon /fokɔ̃/ *nm* شاهین، باز، قوش، دلیجه

fauconneau /fokɔno/ *nm* جوجه شاهین

fauconnerie /fokɔnʀi/ *nf* ۱. پرورش پرندگان شکاری ۲. محل پرورش پرندگان شکاری ۳. شکار با پرنده

fauconnier /fokɔnje/ *nm* پرورش‌دهندهٔ پرندگان شکاری

faufiler /fofile/ *vt* (1) کوک زدن

se faufiler *vp* خود را جا کردن

faune /fon/ *nf* زیا، جانوران (یک منطقه)

faussaire /fosɛʀ/ *n* جاعل

fausse /fos/ *adj.f* → faux,fausse

faussement /fosmɑ̃/ *adv* ۱. به دروغ ۲. به غلط، به اشتباه، اشتباهاً ۳. (به) ناحق، ناروا ۴. به طور ساختگی، متظاهرانه

fausser /fose/ *vt* (1) ۱. تحریف کردن، قلب کردن ۲. منحرف کردن، گمراه کردن ۳. کج کردن، خم کردن

fausser compagnie à qqn کسی را یکباره رها کردن، رفیق نیمه‌راه بودن

fausset /fosɛ/ *nm,* **(voix de) fausset** صدای خیلی زیر، صدای نازک

fausseté /foste/ *nf* ۱. دروغ، کذب ۲. نادرستی، عدم صحت، اشتباه ۳. تزویر، ریاکاری، ریا، تظاهر

faute /fot/ *nf* ۱. خطا، اشتباه، غلط ۲. تقصیر ۳. خلاف، کار خلاف، عمل خلاف

faute de به سبب نداشتنِ، به علتِ عدمِ

ne pas se faire faute de کوتاهی نکردن در، فروگذار نکردن از

sans faute حتماً

fauteuil /fotœj/ *nm* ۱. صندلی (دسته‌دار) ۲. مبل

fauteur,trice /fotœʀ,tʀis/ *n* مسبب، عامل

fauteur de guerre جنگ‌افروز

fauteur de troubles آشوبگر، اخلالگر

fautif,ive /fotif,iv/ *adj, n* ۱. غلط، پرغلط ◙ ۲. خطاکار، خاطی، مقصر

fauve /fov/ *adj, nm* ۱. وحشی، درنده ۲. (به رنگِ) حنایی ◙ ۳. حیوان وحشی ۴. جانور درنده، درنده

fauvette /fovɛt/ *nf* [پرنده] سِسک

faux[1] /fo/ *nf* داس (بلند)

faux[2]**,fausse** /fo,fos/ *adj* ۱. دروغ، دروغی، دروغین ۲. نادرست، غلط، اشتباه ۳. کاذب ۴. مصنوعی ۵. ساختگی، تصنعی ۶. جعلی، تقلبی ۷. قلابی ۸. بدلی، بدل ۹. عوضی، اشتباهی ۱۰. حقه‌باز، شیاد ۱۱. مزور، ریاکار، متظاهر

fausse monnaie پول جعلی، پول تقلبی

fausses dents دندان‌های مصنوعی

faux[3] /fo/ *adv, nm* ۱. نادرست، غلط، اشتباه ◙ ۲. دروغ، کذب ۳. جعل ۴. چیز جعلی ۵. بدل، بدلی

à faux ۱. به اشتباه، اشتباهاً ۲. (به) ناحق، ناروا

a = bas, plat e = blé, jouer ɛ = lait, jouet, merci i = il, lyre o = mot, dôme, eau, gauche ɔ = mort
u = roue y = rue ø = peu œ = peur ə = le, premier ɑ̃ = sans, vent ɛ̃ = matin, plein, lundi
ɔ̃ = bon, ombre ʃ = chat, tache ʒ = je, gilet j = yeux, paille, pied w = oui, nouer ɥ = huile, lui

faux-fuyant 380

faux-fuyant / fofɥijɑ̃ / *nm* ۱. راه گریز، راه ۲. بهانه، عذر

faux-monnayeur / fomɔnɛjœʀ / *nm* جاعل (پول)

faux-semblant / fosɑ̃blɑ̃ / *nm* [ادبی] ظاهر فریبنده

faveur / favœʀ / *nf* ۱. لطف، مرحمت، التفات، عنایت ۲. اعتبار ۳. روبان، نوار

à la faveur de به کمکِ، به لطفِ، به مددِ

en faveur de ۱. با توجه به، به خاطرِ ۲. به نفعِ، به سودِ

favorable / favɔʀabl / *adj* ۱. مساعد، مناسب ۲. موافق ۳. رضایت‌بخش، خوب

favorablement / favɔʀabləmɑ̃ / *adv* ۱. با نظر مساعد، با موافقت ۲. به خوبی، خوب

favori,te / favɔʀi,t / *adj, n* ۱. محبوب، مورد علاقه ۲. [ورزش] امید مسابقه، برندهٔ احتمالی ◙ ۳. عزیزدردانه، عزیزکرده، نورچشمی

favoriser / favɔʀize / *vt* (1) ۱. حمایت کردن از، کمک کردن به ۲. تسهیل کردن، میسر کردن، امکان‌پذیر ساختن

favorite / favɔʀit / *nf* سوگلی

favoritisme / favɔʀitism / *nm* پارتی‌بازی

fébrifuge / febʀifyʒ / *adj, nm* تب‌بُر

fébrile / febʀil / *adj* ۱. تب‌دار ۲. ناشی از تب ۳. هیجان‌زده، تب‌آلود

fécal,e,aux / fekal,o / *adj* (مربوط به) مدفوع

matières fécales مدفوع

fèces / fɛs / *nf. pl* مدفوع

fécond,e / fekɔ̃,d / *adj* ۱. بارور، زایا ۲. حاصلخیز ۳. پربار، پرثمر ۴. خلاق

fécondant,e / fekɔ̃dɑ̃,t / *adj* بارورکننده

fécondation / fekɔ̃dasjɔ̃ / *nf* ۱. بارورسازی، تلقیح

féconder / fekɔ̃de / *vt* (1) ۱. بارور کردن ۲. آبستن کردن ۳. حاصلخیز کردن ۴. غنی کردن، غنا بخشیدن

fécondité / fekɔ̃dite / *nf* ۱. باروری ۲. حاصلخیزی ۳. غنا، خلاقیت

fédéral,e,aux / fedeʀal,o / *adj* فدرال

fédéraliser / fedeʀalize / *vt* (1) به صورت فدراسیون درآوردن

fédéralisme / fedeʀalism / *nm* فدرال‌گرایی، فدرالیسم

fédéraliste / fedeʀalist / *n, adj* ۱. فدرال‌گرا، فدرالیست ◙ ۲. فدرالیستی

fédération / fedeʀasjɔ̃ / *nf* فدراسیون

fédéré,e / fedeʀe / *adj* هم‌پیمان، متحد

fédérer / fedeʀe / *vt* (6) ۱. به صورت فدراسیون درآوردن ۲. متحد کردن

fée / fe / *nf* پری

conte de fées قصهٔ پریان

féerie / fe(e)ʀi / *nf* ۱. سرزمین پریان ۲. نمایش تخیلی ۳. نمایش باشکوه

féerique / fe(e)ʀik / *adj* ۱. (مربوط به) پریان، پری‌وار ۲. افسانه‌ای، رؤیایی، سحرآمیز

feignant,e / fɛɲɑ̃,t / *adj, n* [خودمانی] تنبل، تن‌پرور

feindre / fɛ̃dʀ / *vt* (52) وانمود کردن، تظاهر کردن (به)

feint,e[1] / fɛ̃,t / *adj, part. passé* ۱. ظاهری، ساختگی، تصنعی، دروغی ◙ ۲. [اسم مفعول فعلِ feindre]

feinte[2] / fɛ̃t / *nf* ۱. تظاهر، ظاهرسازی، فریبکاری، ریاکاری ۲. [خودمانی] حقه، کلک

feld-maréchal,aux / fɛldmaʀeʃal,o / *nm* [ارتش آلمان و اتریش] فیلدمارشال

fêlé,e / fele / *adj* ترک‌خورده، ترک‌دار

avoir la tête fêlée خل بودن، یک تختهٔ (کسی) کم بودن، عقل (کسی) پاره‌سنگ برداشتن

fêler / fele / *vt* (1) ترک انداختن، ترک دادن

se fêler *vp* ترک خوردن، ترک برداشتن

félicitations / felisitasjɔ̃ / *nf. pl* تبریک، تهنیت، شادباش

félicité / felisite / *nf*	۱. سعادت، خوشبختی ـ [صورت جمع] ۲. خوشی، لذت، شادمانی
féliciter / felisite / *vt* (1)	تبریک گفتن به، تهنیت گفتن به، شادباش گفتن به
se féliciter *vp*	۱. خوشحال بودن، خرسند بودن، احساس رضایت کردن، خوشوقت بودن ۲. به خود بالیدن ۳. به هم تبریک گفتن
félidé / felide / *nm. pl*	[جانورشناسی] گربه‌سانان
félin[1] / felɛ̃ / *nm* → félidé	
félin[2],**e** / felɛ̃,in / *adj*	۱. گربه‌وار، گربه‌مانند ۲. ملیح، لطیف
fellah / fela / *nm*	[در افریقای شمالی] کشاورز، برزگر، زارع، فلاح
félon,onne / felɔ̃,ɔn / *adj, n*	ناسپاس، خائن
félonie / feloni / *nf*	ناسپاسی، خیانت
fêlure / felyʀ / *nf*	۱. ترک ۲. [مجازی] شکاف
femelle / fəmɛl / *adj, nf*	۱. ماده ۲. مؤنث ۳. (حیوان) ماده ۴. [تحقیرآمیز] زن
féminin[1],**e** / feminɛ̃,in / *adj*	۱. مؤنث ۲. زنانه ۳. (مربوط به) زنان، بانوان
féminin[2] / feminɛ̃ / *nm*	[دستور زبان] جنس مؤنث
féminiser / feminize / *vt* (1)	۱. حالت زنانه دادن به، زنانه کردن ۲. [دستور زبان] مؤنث کردن
se féminiser *vp*	۱. حالت زنانه به خود گرفتن، زن شدن ۲. مختص زنان شدن، زنانه شدن
féminisme / feminism / *nm*	۱. اعتقاد به تساوی حقوق زن و مرد، زن‌باوری ۲. نهضت آزادی زنان
féministe / feminist / *n, adj*	۱. طرفدار آزادی زنان، طرفدار تساوی حقوق زن و مرد، زن‌باور ۲. مبتنی بر طرفداری از آزادی زنان، زن‌باورانه
féminité / feminite / *nf*	۱. زن بودن ۲. زنانگی ۳. حالت زنانه

femme / fam / *nf*	۱. [جنس] زن، خانم ۲. همسر، زن، عیال
femme de chambre	خدمتکار (زن)
femme de ménage	نظافت‌چی (زن)
prendre femme	زن گرفتن
femmelette / famlɛt / *nf*	آدم ضعیف
fémoral,e,aux / femɔʀal,o / *adj*	۱. (مربوط به) استخوان ران ۲. (مربوط به) ران
fémur / femyʀ / *nm*	استخوان ران
fenaison / fənɛzɔ̃ / *nf*	۱. علوفه‌چینی ۲. زمان علوفه‌چینی
fendillement / fɑ̃dijmɑ̃ / *nm*	ترک‌خوردگی
fendiller / fɑ̃dije / *vt* (1)	ترک دادن، ترک انداختن
se fendiller *vp*	ترک خوردن، ترک برداشتن
fendre / fɑ̃dʀ / *vt* (41)	۱. شکافتن ۲. خرد کردن، شکستن ۳. به درد آوردن، متأثر کردن
se fendre *vp*	۱. شکاف خوردن، شکافتن، شکاف برداشتن ۲. [دل] شکستن
fendu,e / fɑ̃dy / *adj, part. passé*	۱. شکافته، شکاف‌خورده ۲. ترک‌خورده، ترک‌دار ◼ [اسم مفعول فعلِ fendre]
fenêtre / f(ə)nɛtʀ / *nf*	پنجره
fenil / fəni(l) / *nm*	انبار علوفه، کاهدان
fente / fɑ̃t / *nf*	شکاف، درز، روزنه
fenouil / fənuj / *nm*	[گیاه] رازیانه
féodal,e,aux[1] / feɔdal,o / *adj*	فئودال، فئودالی
féodal,aux[2] / feɔdal,o / *nm*	۱. فئودال ۲. زمیندار
féodalisme / feɔdalism / *nm*	فئودالیسم، نظام فئودالی، نظام ارباب و رعیتی
féodalité / feɔdalite / *nf*	۱. نظام فئودالی، نظام ارباب و رعیتی، فئودالیته ۲. زمینداری
fer / fɛʀ / *nm*	۱. آهن ۲. اتو ۳. شمشیر

---

a = bas, plat e = blé, jouer ɛ = lait, jouet, merci i = il, lyre o = mot, dôme, eau, gauche ɔ = mort
u = roue y = rue ø = peu œ = peur ə = le, premier ɑ̃ = sans, vent ɛ̃ = matin, plein, lundi
ɔ̃ = bon, ombre ʃ = chat, tache ʒ = je, gilet j = yeux, paille, pied w = oui, nouer ɥ = huile, lui

fermeté / fɛRməte / *nf*	۱. سفتی، سختی
	۲. استحکام، محکمی ۳. قاطعیت
fermeture / fɛRmətyR / *nf*	۱. چفت، قفل،
	قفل و بست ۲. بند، دکمه، قزن‌قفلی، سگک، زیپ
	۳. (عمل) بستن، بسته شدن ۴. تعطیل (کردن)
fermeture éclaire/à glissière	زیپ
fermier,ère / fɛRmje,ɛR / *n*	کشاورز، زارع
féroce / feRɔs / *adj*	۱. وحشی، درنده،
	درنده‌خو ۲. دد‌منش، بی‌رحم ۳. وحشیانه،
	دد‌منشانه ۴. وحشتناک، مهیب ۵. شدید، سخت
férocement / feRɔsmɑ̃ / *adv*	وحشیانه،
	دد‌منشانه، بی‌رحمانه
férocité / feRɔsite / *nf*	۱. وحشیگری، توحش،
	درنده‌خویی، سبعیت ۲. دد‌منشی، بی‌رحمی
ferraille / fɛRaj / *nf*	۱. آهن‌قراضه، آهن‌پاره
	۲. [خودمانی، تحقیرآمیز] پول خرد، خرده
ferré,e / feRe / *adj*	۱. [کفش، پوتین] میخ‌دار
	۲. نعل‌کرده
être ferré	وارد بودن، سررشته داشتن
voie ferrée	خط آهن
ferrer / feRe / *vt* (1)	۱. آهن انداختن (به)
	۲. نعل کردن ۳. [کفش، پوتین] میخ زدن
ferreux / feRø / *adj. m*	آهن‌دار
ferroviaire / feRɔvjɛR / *adj*	(مربوط به) راه‌آهن
ferrugineux,euse / feRyʒinø,øz / *adj*	
	آهن‌دار
ferrure / feRyR / *nf*	۱. [در و غیره] یراق ۲. لولا
	۳. نعلبندی
fertile / fɛRtil / *adj*	۱. بارور، حاصلخیز
	۲. پربار، سرشار ۳. خلاق ۴. [در ترکیب] پُر-
fertilisant,e / fɛRtilizɑ̃,t / *adj*	بارورکننده
fertilisation / fɛRtilizasjɔ̃ / *nf*	بارورسازی،
	حاصلخیز کردن
fertiliser / fɛRtilize / *vt* (1)	بارور کردن،
	حاصلخیز کردن
fertilité / fɛRtilite / *nf*	۱. باروری، حاصلخیزی
	۲. غنا، خلاقیت

	۴. نعل — [صورت جمع] ۵. زنجیر، غُل و زنجیر
de fer	۱. آهنی، آهنین ۲. محکم، پولادین
fer à cheval	نعل
fer à repasser	اتو
fer à souder	هُویه (= ابزار لحیم‌کاری)
fer de lance	سر نیزه
fer-blanc / fɛRblɑ̃ / *nm*	۱. آهن سفید ۲. حلبی
ferblanterie / fɛRblɑ̃tRi / *nf*	۱. حلبی‌سازی
	۲. اشیاء حلبی
ferblantier / fɛRblɑ̃tje / *nm*	حلبی‌ساز
férié,e / feRje / *adj*	تعطیل
jour férié	روز تعطیل
férir / feRiR / *vt*, **sans coup férir**,	بدون زحمت،
	خیلی راحت
fermage / fɛRmaʒ / *nm*	اجارهٔ مزرعه
ferme¹ / fɛRm / *adj, adv*	۱. سفت، سخت
	۲. محکم ۳. قاطع، مصمم، جدی ۴. قاطعانه ۵.
	راسخ، تزلزل‌ناپذیر ۶. [قیمت] مقطوع ⃞ ۷. محکم،
	سفت ۸. سخت، خیلی ۹. به طور قطعی
ferme² / fɛRm / *nf*	۱. مزرعه ۲. مزارعه
donner à ferme	به مزارعه دادن
ferme³ / fɛRm / *nf*	خرپای شیروانی
fermé,e / fɛRme / *adj*	۱. بسته ۲. تودار
fermement / fɛRməmɑ̃ / *adv*	۱. محکم،
	سفت ۲. قاطعانه، به طور جدی، جداً
ferment / fɛRmɑ̃ / *nm*	۱. مخمر ۲. عامل،
	مسبب
fermentation / fɛRmɑ̃tasjɔ̃ / *nf*	۱. تخمیر
	۲. هیجان، جوش و خروش، ناآرامی
fermenter / fɛRmɑ̃te / *vi* (1)	۱. تخمیر شدن
	۲. منقلب شدن، شوریدن، به خروش آمدن
fermentescible / fɛRmɑ̃tesibl / *adj*	
	قابل تخمیر، تخمیرشدنی
fermer / fɛRme / *vt, vi* (1)	۱. بستن
	۲. در (جایی یا چیزی را) بستن ۳. [پرده] کشیدن ۴.
	سد کردن، مسدود کردن ۵. تعطیل کردن ⃞ ۶.
	بسته بودن ۷. بسته شدن

383 **feutré,e**

féru,e / feʀy / *adj* شیفته، عاشق

fervent,e / fɛʀvɑ̃,t / *adj, n* ۱. پرشور، پرحرارت ◙ ۲. شیفته، مشتاق، هواخواه

ferveur / fɛʀvœʀ / *nf* شور، شور و شوق، اشتیاق

fesse / fɛs / *nf* لمبر، کپَل

fessée / fese / *nf* درِ کونی

fesser / fese / *vt* (1) درِ کونی زدن به، درِ کون (کسی) زدن

festin / fɛstɛ̃ / *nm* سور، ضیافت

festival / fɛstival / *nm* ۱. جشنواره، فستیوال ۲. جشن

feston / fɛstɔ̃ / *nm* ۱. ریسهٔ گل، رشتهٔ گل ۲. [خیاطی] دالبر

festonner / fɛstɔne / *vt* (1) ۱. با ریسه‌های گل آراستن ۲. [خیاطی] دالبر کردن، دالبر زدن

festoyer / fɛstwaje / *vi* (8) در جشن شرکت کردن، در ضیافت شرکت کردن

fêtard,e / fɛtaʀ,d / *n* [خودمانی] سورچران

fête / fɛt / *nf* ۱. جشن، ضیافت ۲. عید ۳. (روز) تعطیل، تعطیلی

faire fête à به گرمی پذیرایی کردن از

faire la fête خوش گذراندن

fêter / fete / *vt* (1) ۱. جشن گرفتن ۲. به گرمی استقبال کردن از

fétiche / fetiʃ / *nm* ۱. [در جوامع بدوی] بُت‌واره، بت ۲. طلسم شانس

fétichisme / fetiʃism / *nm* بت‌واره‌پرستی، بت‌پرستی

fétichiste / fetiʃist / *n, adj* ۱. بت‌واره‌پرست، بت‌پرست ◙ ۲. (مربوط به) بت‌واره‌پرستی، بت‌پرستی

fétide / fetid / *adj* بدبو، متعفن

fétidité / fetidite / *nf* بوی بد، تعفن

fétu / fety / *nm*, **fétu (de paille)** پرِ کاه

feu[1] / fø / *nm* ۱. آتش ۲. آتش‌سوزی، حریق ۳. اجاق (خوراک‌پزی) ۴. [اجاق خوراک‌پزی] شعله ۵. [وسایل نقلیه] چراغ ۶. روشنایی، نور ۷. درخشش، برق ۸. شلیک، آتش ۹. [عامیانه] هفت‌تیر ۱۰. شور، حرارت ۱۱. خانوار

aller au feu به جنگ رفتن

arme à feu اسلحهٔ گرم

Avez-vous du feu? کبریت (یا فندک) دارید؟

bouche à feu سلاح سنگین

coup de feu شلیک تیر

en feu شعله‌ور، مشتعل، در حال سوختن

faire feu شلیک کردن، تیراندازی کردن

Feu! [دستور تیراندازی] آتش!

feu d'artifice آتش‌بازی

feu de paille هوس زودگذر

prendre feu آتش گرفتن، شعله‌ور شدن

feu[2]**,e** / fø / *adj* [ادبی] تازه‌درگذشته، مرحوم، فقید

feuillage / fœjaʒ / *nm* شاخ و برگ

feuille / fœj / *nf* ۱. برگ ۲. ورق، ورقه، برگ، صفحه ۳. روزنامه، مجله

feuille morte برگ خشک

feuillée / fœje / *nf* آلاچیق (طبیعی)

feuillet / fœjɛ / *nm* ۱. ورق، برگ، صفحه ۲. هزارلا (= بخش سوم معدهٔ نشخوارکنندگان)

feuilleté,e / fœjte / *adj* ورقه‌ورقه

feuilleter / fœjte / *vt* (4) ورق زدن

feuilleton / fœjtɔ̃ / *nm* [روزنامه، مجله] پاورقی

feuilletoniste / fœjtɔnist / *n* پاورقی‌نویس

feuillu,e / fœjy / *adj* ۱. پرشاخ و برگ ۲. برگ‌دار، پهن‌برگ

feutrage / føtʀaʒ / *nm* نمدمالی

feutre / føtʀ / *nm* ۱. نمد ۲. کلاه نمدی

feutré,e / føtʀe / *adj* ۱. نمدی ۲. نمددار ۳. بی‌صدا، خفه، گرفته

a = bas, plat e = blé, jouer ɛ = lait, jouet, merci i = il, lyre o = mot, dôme, eau, gauche ɔ = mort
u = roue y = rue ø = peu œ = peur ə = le, premier ɑ̃ = sans, vent ɛ̃ = matin, plein, lundi
ɔ̃ = bon, ombre ʃ = chat, tache ʒ = je, gilet j = yeux, paille, pied w = oui, nouer ɥ = huile, lui

feutrer / føtʀe / *vt* (1) ۱. نمدمالی کردن ۲. نمد زدن ۳. نمدی کردن، مثل نمد کردن ۴. [صدا] خفه کردن، گرفتن

fève / fɛv / *nf* باقالی، باقلا

février / fevʀije / *nm* فوریه (= ماه دوم سال میلادی)

fez / fɛz / *nm* (کلاهِ) فینه

fi! / fi / *interj* [قدیمی] زِکی

faire fi de اهمیت ندادن، اعتنا نکردن، ناچیز شمردن، توجه نکردن

fiable / fjabl / *adj* قابل اعتماد، مطمئن

fiacre / fjakʀ / *nm* درشکهٔ کرایه‌ای

fiançailles / fjɑ̃saj / *nf.pl* ۱. نامزدی ۲. دوران نامزدی

fiancé,e / fjɑ̃se / *n* نامزد

fiancer / fjɑ̃se / *vt* (3) نامزد کردن

se fiancer *vp* نامزد شدن

fiasco / fjasko / *nm* شکست، ناکامی

fibre / fibʀ / *nf* ۱. تار، لیف ۲. الیاف ۳. [تخته] فیبر ۴. احساس، عاطفه

fibre de verre ۱. فایبرگلاس، فیبر شیشه ۲. پشم شیشه

fibre paternelle عاطفهٔ پدری

fibre patriotique عِرق میهنی

fibreux,euse / fibʀø,øz / *adj* لیفی، دارای الیاف

fibrille / fibʀij / *nf* تارچه

fibrome / fibʀom / *nm* تومور لیفی، فیبروم

ficeler / fisle / *vt* (4) با ریسمان بستن، نخ (دور چیزی) پیچیدن

ficelle / fisɛl / *nf* ۱. ریسمان، نخ، بند ۲. شگرد، فوت و فن

fiche[1] / fiʃ / *nf* ۱. میله، تیرک ۲. برگه، فیش ۳. [برق] فیش، دوشاخه

fiche[2] / fiʃ / *vt* (1) → ficher[2]

ficher[1] / fiʃe / *vt* (1) ۱. فرو کردن، کوبیدن ۲. برگه‌نویسی کردن، روی برگه نوشتن، فیش کردن

ficher[2] / fiʃe / *vt* (1; part.passé: fichu) ۱. [خودمانی] کردن، انجام دادن ۲. زدن ۳. انداختن

ficher à la porte بیرون انداختن، بیرون کردن

Je n'ai rien fichu aujourd'hui. امروز هنوز هیچ غلطی نکرده‌ام.

se ficher *vp* ۱. افتادن ۲. مسخره کردن، دست انداختن ۳. بی‌تفاوت بودن، اهمیت ندادن

Je m'en fiche. (برایم) مهم نیست. اهمیتی ندارد. خیالی نیست. بی‌خیالش.

fichier / fiʃje / *nm* ۱. برگه‌دان ۲. (مجموعهٔ) برگه‌ها، فیش‌ها

fichtrement / fiʃtʀəmɑ̃ / *adj* [خودمانی] خیلی خیلی، عجیب، بی‌اندازه

fichu[1] / fiʃy / *nm* ۱. روسری ۲. اِشارپ، شال

fichu[2]**,e** / fiʃy / *adj, part.passé* ۱. [خودمانی] مزخرف، گند، کوفتی، لعنتی، نکبتی ۲. [خودمانی] رفتنی، خلاص، مرخص ۳. [خودمانی] قادر ◻ ۴. [اسم مفعول فعلِ ficher[2]]

bien fichu ۱. خوش‌ترکیب ۲. سالم، سلامت

mal fichu ۱. بدترکیب ۲. ناخوش

fictif,ive / fiktif,iv / *adj* ۱. خیالی، تخیلی، غیرواقعی ۲. دروغی، الکی، متظاهرانه

fiction / fiksjɔ̃ / *nf* ۱. خیال، پندار ۲. داستان تخیلی، قصه

fidèle / fidɛl / *adj, n* ۱. وفادار، پایبند ۲. باوفا، صدیق ۳. امین، قابل اعتماد ۴. درست، معتبر ◻ ۵. مؤمن ۶. هوادارا، حامی ۷. مشتری پر و پاقرص

fidèlement / fidɛlmɑ̃ / *adv* ۱. صادقانه، مخلصانه ۲. وفادارانه، با وفاداری ۳. دقیقاً، به دقت، درست

fidélité / fidelite / *nf* ۱. وفاداری ۲. درستی، صحت

fiduciaire / fidysjɛʀ / *adj* [اقتصاد] اعتباری

fief / fjɛf / *nm* ۱. تیول ۲. [مجازی] مِلک طِلق

fieffé,e / fjefe / *adj* [در بافت منفی] درست و حسابی، تمام‌عیار، حرفه‌ای

fiel /fjɛl/ *nm* ۱. صفرا، زرداب ۲. بدخواهی، کینه

fielleux,euse /fjɛlø,øz/ *adj* ۱. بدخواه ۲. بدخواهانه، کینه‌توزانه ۳. نیش‌دار، تند، گزنده

fiente /fjɑ̃t/ *nf* فضله

fienter /fjɑ̃te/ *vi* (1) فضله انداختن

fier (se) /s(ə)fje/ *vp* (7) اعتماد کردن

fier,fière /fjɛʀ/ *adj* ۱. مغرور ۲. سرافراز، سربلند، مفتخر ۳. متکبر، خودخواه ۴. راضی

fièrement /fjɛʀmɑ̃/ *adv* ۱. با غرور ۲. با افتخار، با سربلندی

fierté /fjɛʀte/ *nf* ۱. غرور ۲. عزت نفس ۳. تکبر، خودپسندی، خودخواهی، نخوت ۴. مایهٔ غرور، مایهٔ مباهات

fièvre /fjɛvʀ/ *nf* ۱. تب ۲. هیجان ۳. شور و شوق، اشتیاق

fièvreusement /fjevʀøzmɑ̃/ *adv* ۱. شتاب‌زده، عجولانه ۲. سراسیمه، دستپاچه، با دستپاچگی

fiévreux,euse /fjevʀø,øz/ *adj* ۱. تب‌دار ۲. تب‌آلود، هیجان‌زده، سراسیمه ۳. شتاب‌زده

fifre /fifʀ/ *nm* ۱. نی‌لبک، نی ۲. نی‌زن

figer /fiʒe/ *vt* (3) ۱. منجمد کردن ۲. منعقد کردن، لخته کردن ۳. سفت کردن ۴. (بر جای خود) میخکوب کردن

se figer *vp* ۱. منجمد شدن ۲. منعقد شدن، لخته شدن ۳. ماسیدن، سفت شدن، بستن

fignoler /fiɲɔle/ *vt* (1) [خودمانی] به دقت انجام دادن

figue /fig/ *nf* انجیر

figuier /figje/ *nm* درخت انجیر

figurant,e /figyʀɑ̃,t/ *n* [سینما، مجازی] سیاهی‌لشکر

figuratif,ive /figyʀatif,iv/ *adj* [هنر] تصویری

figuration /figyʀasjɔ̃/ *nf* ۱. [سینما] سیاهی‌لشکر ۲. نقش سیاهی‌لشکر

figure /figyʀ/ *nf* ۱. شکل، تصویر، عکس ۲. قیافه، چهره، ریخت ۳. صورت ۴. شخصیت، چهره ۵. [هندسه، قیاس] شکل ۶. استعاره، مجاز

figuré /figyʀe/ *adj. m,* **sens figuré** معنی مجازی

figurer /figyʀe/ *vt, vi* (1) ۱. به تصویر درآوردن، ترسیم کردن ۲. نشان دادن، نمایش دادن ◙ ۳. سیاهی‌لشکر بودن، نقش پیش‌پاافتاده‌ای را بازی کردن ۴. حضور پیدا کردن، شرکت کردن ۵. بودن، وجود داشتن

se figurer *vp* تصور کردن، فکر کردن، گمان کردن، خیال کردن

figurine /figyʀin/ *nf* مجسمهٔ کوچک

fil /fil/ *nm* ۱. نخ ۲. ریسمان، بند ۳. سیم ۴. مفتول ۵. تار ۶. رشته ۷. [مجازی] جریان ۸. تیغه، تیغ

au fil de l'eau در جهت جریان آب

fil à plomb شاقول

fil des évènements جریان وقایع

ne tenir qu'à un fil تنها به مویی بسته بودن

passer au fil de l'épée از دم تیغ گذراندن

filage /filaʒ/ *nm* ریسندگی، ریسیدن

filament /filamɑ̃/ *nm* ۱. رشته ۲. [برق] رشته، افروزه، فیلامان

filamenteux,euse /filamɑ̃tø,øz/ *adj* رشته‌رشته

filandreux,euse /filɑ̃dʀø,øz/ *adj* ۱. ریش‌ریش ۲. درهم و برهم

filant,e /filɑ̃,t/ *adj* [مایع] سیال، غلیظ

étoile filante شهاب

filasse /filas/ *nf* الیاف

filateur /filatœʀ/ *nm* صاحب کارخانهٔ ریسندگی

filature /filatyʀ/ *nf* ۱. ریسندگی ۲. کارخانهٔ ریسندگی

prendre en filature زیر نظر گرفتن، تعقیب کردن
file / fil / *nf* صف، ردیف
à la file/en file (به) ردیف، به صف
chef de file سردسته، سرکرده
filer / file / *vt, vi* (1) ۱. ریسیدن، رشتن ۲. تنیدن ۳. زیر نظر گرفتن، پاییدن، تعقیب کردن ۴. [عامیانه] دادن ۵. [عامیانه] زدن ◙ ۶. به آرامی جاری شدن ۷. دود زدن، دود کردن ۸. به سرعت رفتن ۹. زود رفتن، به چاک زدن ۱۰. زود گذشتن
filer doux مطیع بودن، سربه‌راه بودن
filet[1] / filɛ / *nm* ۱. رشته، تار ۲. تور
filet[2] / filɛ / *nm* [گوشت] فیله
fileur,euse / filœʀ,øz / *n* ریسنده
filial,e[1]**,aux** / filjal,o / *adj* فرزندی، (مربوط به) فرزند
filiale[2] / filjal / *nf* شرکت وابسته، شرکت تابعه
filiation / filjasjɔ̃ / *nf* ۱. رابطهٔ فرزندی، فرزندی ۲. رشته
filière / filjɛʀ / *nf* ۱. مفتول‌کش ۲. [مجازی] مسیر، راه، کانال ۳. [قاچاق و غیره] شبکه
filiforme / filifɔʀm / *adj* ۱. نازک، باریک ۲. [عامیانه] لاغرمردنی، مثل نی‌قلیان
filigrane / filigʀan / *nm* ۱. ملیله‌کاری ۲. [کاغذ، اسکناس] ته‌نقش
fille / fij / *nf* دختر
fillette / fijɛt / *nf* دختربچه، دخترک
filleul / fijœl / *nm* پسر تعمیدی
filleule / fijœl / *nf* دختر تعمیدی
film / film / *nm* ۱. فیلم ۲. لایهٔ نازک، قشر نازک
filmer / filme / *vt* (1) فیلمبرداری کردن (از)، فیلم برداشتن از، فیلم گرفتن از
filon / filɔ̃ / *nm* [معدن] رگه
filou / filu / *nm* ۱. دزد ۲. متقلب، کلاهبردار، شیاد
filouter / filute / *vt, vi* (1) ۱. کش رفتن، زدن، بلند کردن ◙ ۲. [در قمار] تقلب کردن
fils / fis / *nm* [فرزند] پسر

filtrage / filtʀaʒ / *nm* ۱. گذراندن از صافی، صاف کردن ۲. تصفیه ۳. کنترل
filtrant,e / filtʀɑ̃,t / *adj* صافی
filtre / filtʀ / *nm* صافی، فیلتر
filtrer / filtʀe / *vt, vi* (1) ۱. صاف کردن، از صافی رد کردن، از فیلتر گذراندن ۲. تصفیه کردن ۳. کنترل کردن ◙ ۴. تصفیه شدن ۵. نفوذ کردن، رخنه کردن ۶. [خبر] درز کردن
fin[1] / fɛ̃ / *nf* ۱. پایان، آخر، انتها ۲. خاتمه ۳. هدف، مقصود ۴. پایان عمر، مرگ
à la fin سرانجام، بالاخره، عاقبت
faire une fin سر و سامان گرفتن، (= ازدواج کردن)
mettre fin à پایان دادن به، خاتمه دادن به
prendre fin به پایان رسیدن، پایان یافتن، خاتمه یافتن، تمام شدن
sans fin ۱. بی‌پایان، بی‌انتها ۲. پیوسته، مدام، یکریز
fin[2]**,e** / fɛ̃,fin / *adj* ۱. ظریف ۲. ریز ۳. نازک ۴. باریک ۵. لطیف ۶. خالص، ناب ۷. اعلا، درجه یک، ممتاز، مرغوب ۸. حساس، تیز ۹. نکته‌سنج، تیزبین، زیرک ۱۰. ماهر، وارد، خبره ۱۱. زرنگ، زبل، ناقلا ۱۲. دقیق
fin[3] / fɛ̃ / *adv*, **fin prêt** کاملاً آماده
final,e[1] / final / *adj* پایانی، نهایی، آخر
finale[2] / final / *nf* ۱. هجای پایانی ۲. جزء آخر ۳. مسابقهٔ نهایی، فینال
finalement / finalmɑ̃ / *adv* سرانجام، بالاخره، عاقبت، آخر سر، دست آخر
finalisme / finalism / *nm* غایت‌گرایی
finaliste[1] / finalist / *adj, n* غایت‌گرا
finaliste[2] / finalist / *n* فینالیست، شرکت‌کننده در مسابقهٔ نهایی
finalité / finalite / *nf* غائیت، غایتمندی
finance / finɑ̃s / *nf* ۱. امور مالی، مالیه ۲. دارایی ۳. وضع مالی
financement / finɑ̃smɑ̃ / *nm* تأمین سرمایه، سرمایه‌گذاری، تأمین بودجه

fixer

financer / finɑ̃se / *vt* (3) — سرمایة (چیزی را) تأمین کردن، بودجة (چیزی را) تأمین کردن، سرمایه‌گذاری کردن در

financier¹, ère / finɑ̃sje, ɛʀ / *adj* — مالی

financier² / finɑ̃sje / *nm* — ١. سرمایه‌گذار ٢. کارشناس امور مالی

financièrement / finɑ̃sjɛʀmɑ̃ / *adv* — از نظر مالی، از لحاظ مالی

finasser / finase / *vi* (1) — کلک زدن، حقه زدن

finaud / fino / *n, adj* — ١. (آدم) مکار، زرنگ، زیرک ▫ ٢. زیرکانه

finement / finmɑ̃ / *adv* — ١. با ظرافت ٢. ماهرانه، با مهارت ٣. زیرکانه، با زیرکی

finesse / finɛs / *nf* — ١. ظرافت ٢. ریزی ٣. باریکی، نازکی ۴. تیزبینی، نکته‌سنجی، باریک‌بینی، زیرکی ۵. دقت، حساسیت ــ [صورت جمع] ۶. نکات ریز، جزئیات

fini,e / fini / *adj* — ١. تمام‌شده، تمام ٢. متناهی، محدود ٣. تمام ۴. کامل ۵. [دارای بار منفی] تمام‌عیار، به‌تمام‌معنی، تمام و کمال
production finie — کالای نهایی

finir / finiʀ / *vt, vi* (2) — ١. به پایان رساندن، تمام کردن، خاتمه دادن ٢. کامل کردن ٣. متوقف کردن، دست برداشتن از ▫ ۴. به پایان رسیدن، تمام شدن، خاتمه یافتن ۵. سر آمدن، به سر رسیدن، منقضی شدن ۶. جان سپردن، درگذشتن، از دنیا رفتن
en finir — ١. بس کردن، خاتمه دادن ٢. خلاص شدن از
en finir avec — از سَر باز کردن، دَک کردن
Il a fini à l'hôpital. — در بیمارستان تمام کرد.

finissage / finisaʒ / *nm* — [تولید] عملیات تکمیلی، پرداخت نهایی

finition / finisjɔ̃ / *nf* — عملیات تکمیلی، پرداخت نهایی

finlandais,e¹ / fɛ̃lɑ̃dɛ, z / *adj* — فنلاندی، (مربوط به) فنلاند

Finlandais,e² / fɛ̃lɑ̃dɛ, z / *n* — اهل فنلاند، فنلاندی

finnois / finwa / *nm* — زبان فنلاندی، فنلاندی

fiole / fjɔl / *nf* — ١. [عطر، دارو، ...] شیشه ٢. [خودمانی] کله

fioriture / fjɔʀityʀ / *nf* — نقش و نگار، زینت

firmament / fiʀmamɑ̃ / *nm* — فلک

firme / fiʀm / *nf* — شرکت، مؤسسه، تجارتخانه

fisc / fisk / *nm* — تشکیلات مالیاتی

fiscal,e,aux / fiskal, o / *adj* — مالیاتی

fiscalité / fiskalite / *nf* — ١. نظام مالیاتی ٢. قوانین مالیاتی

fissible / fisibl / *adj* — [فیزیک] شکافت‌پذیر، قابل شکافت

fissile / fisil / *adj* — ١. ورقه‌شونده، تورق‌پذیر ٢. شکافت‌پذیر

fission / fisjɔ̃ / *nf* — [فیزیک] شکافت

fissure / fisyʀ / *nf* — ١. ترک، درز ٢. [مجازی] شکاف، فاصله

fissurer / fisyʀe / *vt* (1) — ترک دادن، ترک انداختن

fiston / fistɔ̃ / *nm* — [خودمانی] پسر

fistule / fistyl / *nf* — [پزشکی] ناسور، فیستول

fixateur / fiksatœʀ / *nm* — ١. فیکساتور ٢. داروی ثبوت

fixatif / fiksatif / *nm* — روغن جلا

fixation / fiksasjɔ̃ / *nf* — ١. تثبیت ٢. بست، چفت و بست ٣. [روان‌شناسی] وابستگی شدید (عاطفی)، علاقة افراطی

fixe / fiks / *adj* — ١. ثابت ٢. معین ٣. مقطوع
idée fixe — مشغلة ذهنی
le regard fixe/les yeux fixes — نگاه خیره

fixer / fikse / *vt* (1) — ١. نصب کردن،

---

a = bas, plat   e = blé, jouer   ɛ = lait, jouet, merci   i = il, lyre   o = mot, dôme, eau, gauche   ɔ = mort
u = roue   y = rue   ø = peu   œ = peur   ə = le, premier   ɑ̃ = sans, vent   ɛ̃ = matin, plein, lundi
ɔ̃ = bon, ombre   ʃ = chat, tache   ʒ = je, gilet   j = yeux, paille, pied   w = oui, nouer   ɥ = huile, lui

کار گذاشتن ۲. ثابت نگه داشتن، ثابت کردن، محکم کردن ۳. تعیین کردن، معلوم کردن، قطعی کردن ۴. آگاه کردن، متوجه کردن

fixer les yeux sur چشم دوختن به، خیره شدن به، زُل زدن به

fixer son attention sur حواس خود را جمع (چیزی) کردن، فکر خود را متمرکز کردن روی

se fixer *vp* ۱. ساکن شدن، مقیم شدن ۲. برای خود تعیین کردن

Mon choix s'est fixé. تصمیم را گرفته‌ام. انتخابم را کرده‌ام.

fixement / fiksəmɑ̃ / *adv* خیره‌خیره

fixité / fiksite / *nf* ۱. ثبات، تغییرناپذیری ۲. [نگاه] خیرگی

flacon / flakɔ̃ / *nm* بطری (کوچک)، شیشه

flagellation / flaʒɛlasjɔ̃ / *nf* (عمل) شلاق زدن، شلاق‌زنی

flagelle / flaʒɛl / *nm* تاژک

flagellé,e / flaʒele / *adj* تاژکدار

flageller / flaʒele / *vt* (1) شلاق زدن

flageolant,e / flaʒɔlɑ̃,t / *adj* لرزان

flageoler / flaʒɔle / *vi* (1) لرزیدن

flageolet / flaʒɔlɛ / *nm* نی‌لبک، نی

flagorner / flagɔʀne / *vt* (1) مجیز (کسی را) گفتن، چاپلوسی (کسی را) کردن، تملق (کسی را) گفتن

flagornerie / flagɔʀnəʀi / *nf* چاپلوسی، تملق، مجیزگویی

flagorneur,euse / flagɔʀnœʀ,øz / *adj, n* بادمجان‌دورقاب‌چین، چاپلوس، متملق

flagrant,e / flagʀɑ̃,t / *adj* ۱. مشهود ۲. آشکار، علنی، فاحش

en flagrant délit در حین ارتکاب جرم

flair / flɛʀ / *nm* ۱. شامه ۲. شم، استعداد

flairer / fleʀe / *vt* (1) ۱. بو کشیدن ۲. حس کردن، احساس کردن

flamand¹,e / flamɑ̃,d / *adj* (مربوط به) فلاندر (= ناحیه‌ای میان فرانسه و بلژیک)، فلاندری، فلامان

Flamand²,e / flamɑ̃,d / *n* اهل فلاندر، فلاندری، فلامان

flamand³ / flamɑ̃ / *nm* زبان فلامان (= گونه‌ای از زبان هلندی)

flamant / flamɑ̃ / *nm* [پرنده] فلامینگو

flambant,e / flɑ̃bɑ̃,t / *adj* ۱. شعله‌ور، مشتعل، فروزان ۲. [خودمانی] معرکه، محشر

flambant neuf نوِ نو

flambeau / flɑ̃bœ / *nm* ۱. مشعل ۲. شمعدان ۳. [مجازی] نور، پرتو، فروغ، مشعل

flambée / flɑ̃be / *nf* آتش

flamber / flɑ̃be / *vi, vt* (1) ۱. شعله‌ور شدن، شعله کشیدن، سوختن ◘ ۲. روی آتش گرفتن

flamboiement / flɑ̃bwamɑ̃ / *nm* ۱. شعله ۲. پرتو، فروغ، درخشش

flamboyant,e / flɑ̃bwajɑ̃,t / *adj* پرفروغ، پرشرار، درخشان، براق

flamboyer / flɑ̃bwaje / *vi* (8) ۱. شعله کشیدن، شعله‌ور بودن ۲. درخشیدن، برق زدن

flamme / flam / *nf* ۱. شعله، آتش ۲. پرتو، فروغ، برق ۳. شور، حرارت ۴. عشق

en flamme در آتش، دستخوش حریق، آتش‌گرفته

flammèche / flamɛʃ / *nf* جرقه، شراره، شرر

flanc / flɑ̃ / *nm* ۱. پهلو ۲. کناره، دامنه ۳. [نظامی] جناح

flancher / flɑ̃ʃe / *vi* (1) ۱. [خودمانی] از کار افتادن ۲. [خودمانی] جا زدن، زِه زدن

flanelle / flanɛl / *nf* [پارچه] فلانل

flâner / flane / *vi* (1) ۱. پرسه زدن، (ول) گشتن ۲. فس‌فس کردن، دست‌دست کردن، مِس‌مِس کردن

flânerie / flanʀi / *nf* گشت، خیابانگردی، علافی، پرسه زدن

flâneur,euse / flanœʀ,øz / *n* گردش‌کننده، خیابانگرد، علاف

flaque / flak / *nf* گودال آب، چالهٔ آب

flanquer¹ / flɑ̃ke / *vt* (1)

389 **fleuri,e**

آوردن ۵. ضعیف شدن، سست شدن ۶. پایین آمدن، کاهش یافتن

fléchissement /fleʃismɑ̃/ *nm* ۱. خمیدگی ۲. خم شدن ۳. ضعف، سستی ۴. کاهش، تنزل، اُفت

flegmatique /flɛgmatik/ *adj* ۱. خویشتن‌دار، خونسرد، تودار ۲. بلغمی

flegme /flɛgm/ *nm* ۱. خویشتن‌داری، خونسردی، توداری ۲. خِلط

flemmard,e /flemaʀ,d/ *adj, n* [خودمانی] تن‌پرور، تنبل

flemme /flɛm/ *nf* [خودمانی] تن‌پروری، تنبلی

avoir la flemme حال (کاری را) داشتن، حوصلهٔ کاری را داشتن

flétrir[1] /fletʀiʀ/ *vt* (2) ۱. پژمرده کردن، پلاساندن ۲. شادابی (چیزی را) از بین بردن ۳. [ادبی] تباه کردن

flétrir[2] /fletʀiʀ/ *vt* (2) ۱. [محکوم] داغ کردن ۲. بدنام کردن، بی‌آبرو کردن، مفتضح کردن ۳. [نام، شهرت، ...] ضایع کردن، لکه‌دار کردن

se flétrir *vp* پژمردن، پلاسیدن

flétrissure[1] /fletʀisyʀ/ *nf* پژمردگی

flétrissure[2] /fletʀisyʀ/ *nf* ۱. [محکوم] داغ، داغ کردن ۲. ننگ، رسوایی، بی‌آبرویی، بدنامی

fleur /flœʀ/ *nf* ۱. گُل ۲. گل سرسبد، گزیده، زبده، نخبه

à fleur de تقریباً در سطحِ

comme une fleur [خودمانی] خیلی راحت

faire une fleur à qqn به کسی لطف کردن

fleur bleue احساساتی

fleurer /flœʀe/ *vt, vi* (2) [ادبی] بوی (چیزی را) دادن، عطر (چیزی را) داشتن

fleurette /flœʀɛt/ *nf* گل کوچک

conter fleurette à لاس زدن با

fleuri,e /flœʀi/ *adj* ۱. پُرگُل، پوشیده از گُل ۲. گلدار ۳. باطراوت، شاداب

۱. کنار (چیزی) واقع شدن، پهلوی (چیزی یا جایی) قرار داشتن، جنب (جایی) بودن ۲. همراه (کسی) بودن

flanquer[2] /flɑ̃ke/ *vt* (1) [خودمانی] زدن

flanquer qqn à la porte بیرون انداختن، بیرون کردن

se flanquer *vp,* **se flanquer par terre** پخش زمین شدن، رو زمین ولو شدن

flash /flaʃ/ *nm* ۱. فلاش ۲. آخرین خبر

flash publicitaire آگهی تبلیغاتی، پیام بازرگانی

flasque /flask/ *adj* شل، نرم

flatter /flate/ *vt* (1) ۱. تملق (کسی را) گفتن، چاپلوسی (کسی را) کردن، مجیز (کسی را) گفتن ۲. نوازش کردن، ناز کردن ۳. تأثیر خوبی گذاشتن رویِ، خوشحال کردن ۴. زیباتر کردن، قشنگ کردن

se flatter *vp* ۱. امید (چیزی را) داشتن، فکر کردن ۲. (به خود) بالیدن ۳. [قدیمی] دل خوش کردن

flatterie /flatʀi/ *nf* چاپلوسی، تملق، زبان‌بازی، مجیزگویی

flatteur,euse /flatœʀ,øz/ *n, adj* ۱. چاپلوس، متملق ◙ ۲. چاپلوسانه، فریبنده ۳. خوشایند، دلنشین

flatulence /flatylɑ̃s/ *nf* نفخ

flatuosité /flatɥozite/ *nf* نفخ، باد

fléau /fleo/ *nm* ۱. خرمن‌کوب ۲. شاهین (ترازو) ۳. بلا، آفت

flèche /flɛʃ/ *nf* ۱. تیر ۲. پیکان، فلش ۳. [کلیسا] تارک برج، نوک برج

fléchette /fleʃɛt/ *nf* [بازی دارت] تیر

jeu de fléchette (بازی) دارت

fléchir /fleʃiʀ/ *vt, vi* (2) ۱. خم کردن، تا کردن ۲. تحت تأثیر قرار دادن، نرم کردن ◙ ۳. خم شدن، تا شدن ۴. تسلیم شدن، سر تسلیم فرود

a = bas, plat e = blé, jouer ɛ = lait, jouet, merci i = il, lyre o = mot, dôme, eau, gauche ɔ = mort
u = roue y = rue ø = peu œ = peur ə = le, premier ɑ̃ = sans, vent ɛ̃ = matin, plein, lundi
ɔ̃ = bon, ombre ʃ = chat, tache ʒ = je, gilet j = yeux, paille, pied w = oui, nouer ɥ = huile, lui

style flerui سبک متکلف

fleurir / flœRiR / *vi, vt* (2) ۱. گُل دادن، گل کردن، به گُل نشستن ۲. شکوفا شدن، شکفتن ۳. رونق یافتن ۴. [تمسخرآمیز] جوش زدن ◘ ۵. با گُل تزیین کردن، گُل زدن

fleuriste / flœRist / *n* گل‌فروش

fleuron / flœRɔ̃ / *nm* ۱. گل و بوته ۲. [گیاه‌شناسی] گُلچه

fleuve / flœv / *nm* ۱. رودخانه، شط، رود ۲. [مجازی] جوی، نهر، سیل

flexibilité / flɛksibilite / *nf* نرمش، انعطاف‌پذیری، قابلیت انعطاف

flexible / flɛksibl / *adj* انعطاف‌پذیر، قابل انعطاف، نرم

flexion / flɛksjɔ̃ / *nf* ۱. (عمل) خم کردن، تا کردن ۲. خمیدگی، خَم ۳. [دستور زبان] تصریف

flibustier / flibystje / *nm* ۱. دزد دریایی ۲. دزد، شیاد، کلاهبردار

flingue / flɛ̃g / *nm* [خودمانی] هفت‌تیر، تفنگ

flinguer / flɛ̃ge / *vt* (1) [خودمانی] تیر درکردن به، شلیک کردن به

se flinguer *vp* با هفت‌تیر خود را کشتن

flirt / flœRt / *nm* ۱. لاس ۲. رابطه (عاشقانه) ۳. معشوق

flirter / flœRte / *vi* (1) لاس زدن، لاسیدن، با هم لاس زدن

flocon / flɔkɔ̃ / *nm* ۱. [پشم، نخ] گلوله ۲. [برف] دانه

floconneux,euse / flɔkɔnø,øz / *adj* پفکی، پف‌کرده

floraison / flɔRɛzɔ̃ / *nf* ۱. شکوفایی ۲. موسم گل، زمان شکوفایی

floral,e,aux / flɔRal,o / *adj* (مربوط به) گُل

floralies / flɔRali / *nf. pl* نمایشگاه گل

flore / flɔR / *nf* ۱. گیا، گیاهان، فلور ۲. [کتاب] فلور

florès / flɔRɛs / *nm,* **faire florès** [مجازی] درخشیدن

floriculture / flɔRikyltyR / *nf* گلکاری، پرورش گل

florilège / flɔRilɛʒ / *nm* گلچین، گزیده، جُنگ

florin / flɔRɛ̃ / *nm* فلورن (= ۱. واحد پول کشور هلند ۲. سکه‌ای در نظام پولی قدیم فرانسه و چند کشور دیگر)

florissant,e / flɔRisɑ̃,t / *adj* ۱. شکوفا، پررونق، موفق ۲. خوش و خرم، سالم و سرحال

flot / flo / *nm* ۱. موج ۲. مَد دریا ۳. [مجازی] سیل

à flot شناور

à (grands) flots ۱. فراوان ۲. سیل‌آسا

mettre/remettre à flot سر و سامان دادن به، روبراه کردن، راه انداختن

flottage / flɔtaʒ / *nm* حمل (چوب) با جریان آب

flottant,e / flɔtɑ̃,t / *adj* ۱. شناور ۲. متغیر ۳. [لباس] گشاد

flotte[1] / flɔt / *nf* ناوگان

flotte[2] / flɔt / *nf* [خودمانی] آب

boire de la flotte [خودمانی] آب خوردن

Il tombe de la flotte. [خودمانی] بارون میاد.

flottement / flɔtmɑ̃ / *nm* ۱. تموج، اهتزاز ۲. تردید، دودلی، شک

flotter[1] / flɔte / *vi* (1) ۱. شناور بودن ۲. موج زدن ۳. در اهتزاز بودن ۴. مردد بودن، دودل بودن

flotter[2] / flɔte / *v. impers* باران باریدن، باران آمدن

flotteur / flɔtœR / *nm* (جسم) شناور

flottille / flɔtij / *nf* [دریانوردی] ناوتیپ

flou,e / flu / *adj* ۱. محو ۲. مبهم

flouer / flue / *vt* (1) [خودمانی؛ قدیمی] سر (کسی را) کلاه گذاشتن، کلاه (کسی را) برداشتن

fluctuant,e / flyktɥɑ̃,t / *adj* متغیر، بی‌ثبات، در نوسان

fluctuation / flyktɥasjɔ̃ / *nf* نوسان، تغییر، اُفت و خیز

391 follement

fluet,ette / flyɛ,ɛt / *adj* باریک، ظریف
fluide[1] / flyid / *adj* ۱. سیال، مایع ۲. رقیق، آبکی ۳. فرّار
fluide[2] / flyid / *nm* ۱. سیال ۲. مایع
fluidifier / flyidifje / *vt* (7) سیال کردن
fluidité / flyidite / *nf* ۱. سیلان، روانی ۲. تغییرپذیری
fluor / flyɔʀ / *nm* فلوئور
fluorescent,e / flyɔʀ / *adj* فلورسنت
tube fluorescent لامپ فلورسنت
flûte / flyt / *nf* ۱. فلوت ۲. [ظرف] گیلاس (پایه‌دار) ۳. (نان) باگِت باریک
flûté,e / flyte / *adj* مثل صدای فلوت
fluvial,e,aux / flyvjal,o / *adj* رودخانه‌ای، (مربوط به) رودخانه
flux / fly / *nm* ۱. جریان، ریزش ۲. مَد ۳. [مجازی] موج، سیل ۴. [فیزیک] شار
flux menstruel [قدیمی] قاعدگی، عادت ماهانه
fluxion / flyksjɔ̃ / *nf* ۱. پرخونی، احتقان ۲. [پزشکی] آبسه، پیله، ورم
fluxion de poitrine [قدیمی] ذات‌الریه
focal,e,aux / fɔkal,o / *adj* کانونی
fœtal,e,aux / fetal,o / *adj* جنینی، (مربوط به) جنین، رویان
fœtus / fetys / *nm* جنین، رویان
foi / fwa / *nf* ۱. اعتقاد ۲. ایمان ۳. عقیده ۴. اعتماد، اطمینان ۵. قول، عهد، وعده
bonne foi حسن نیت، نیت خیر
faire foi نشان دادن، ثابت کردن
ma foi... راستش...، والاّ...، خُب دیگه...
mauvaise foi سوء نیت
foie / fwa / *nm* ۱. کبد ۲. جگر
foin / fwɛ̃ / *nm* علف (خشک)
rhume des foins تب یونجه
foire[1] / fwaʀ / *nf* ۱. بـازار مکـاره، بـازار ۲. نمـایشگـاه ۳. جشـن (سالانـه)
foire[2] / fwaʀ / *nf* [قدیمی، لفظ زننده] بیرون‌روی، ترتر
foirer / fwaʀe / *vi* (1) ۱. [عامیانه] خیت کاشتن ۲. [لفظ زننده] به ترتر افتادن
fois / fwa / *nf* دفعه، بار، مرتبه
à la fois ۱. با هم، هم‌زمان ۲. در عین حال
des fois یک وقت، یک زمانی، روزی
Il était/Il y avait une fois. [در آغاز قصه] یکی بود یکی نبود.
une fois que به محض اینکه، همین که
foison (à) / afwazɔ̃ / *loc. adv* زیاد، فراوان، به وفور، خیلی
foisonnant,e / fwazɔnɑ̃,t / *adj* پُر
foisonnement / fwazɔnmɑ̃ / *nm* ۱. فراوانی، وفور ۲. افزایش حجم
foisonner / fwazɔne / *vi* (1) ۱. فراوان بودن، زیاد بودن ۲. پُر بودن ۳. حجم (چیزی) افزایش یافتن
fol / fɔl / *adj. m* fou[1]
folâtre / fɔlatʀ / *adj* ۱. بانشاط، بشّاش، شنگول، سرِحال ۲. [قدیمی] بازیگوش
folâtrer / fɔlatʀe / *vi* (1) جست و خیز کردن
folichon,onne / fɔliʃɔ̃,ɔn / *adj* [در جملات منفی] مضحک، خنده‌دار
folie / fɔli / *nf* ۱. دیوانگی، جنون ۲. حماقت، خریت ۳. پرت و پلا، چرت و پـرت، جـفنگ ۴. خرج بی‌حساب
à la folie دیوانه‌وار
folklore / fɔlklɔʀ / *nm* فرهنگ عامه
folklorique / fɔlklɔʀik / *adj* ۱. عامه، عامیانه ۲. محلی، سنتی
folle / fɔl / *adj. f* → fou[1]
follement / fɔlmɑ̃ / *adv* ۱. دیوانه‌وار، به طرزی دیوانه‌وار ۲. بـه طـرزی احـمقانه ۳. بـی‌انـدازه، بی‌نهایت، فوق‌العاده

fomentateur,trice / fɔmɑ̃tatœʀ,tʀis / *n*
محرک، عامل، مسبب
fomentateur de troubles آشوبگر، اخلالگر
fomenter / fɔmɑ̃te / *vt* (1) [شورش، توطئه، ...]
به راه انداختن، ایجاد کردن، دامن زدن
fomenter la discorde نفاق انداختن
foncé,e / fɔ̃se / *adj* پررنگ، سیر، تیره
foncer / fɔ̃se / *vi, vt* (1) ۱. تیره شدن
۲. هجوم بردن، حمله کردن، حمله‌ور شدن ۳. به سرعت رفتن ◙ ۴. [بشکه، چلیک، ...] ته انداختن ۵. کندن، حفر کردن ۶. پررنگ کردن، تیره کردن
foncier,ère / fɔ̃sje,ɛʀ / *adj* ۱. (مربوط به) زمین، مِلکی، ارضی ۲. ذاتی، فطری ۳. اساسی
foncièrement / fɔ̃sjɛʀmɑ̃ / *adv* اساساً، ذاتاً
fonction / fɔ̃ksjɔ̃ / *nf* ۱. شغل، کار ۲. منصب، پست ۳. وظیفه ۴. نقش ۵. کارکرد ۶. [ریاضیات] تابع
en fonction de ۱. متناسب با، مطابق با ۲. با توجه به
être fonction de بستگی داشتن به
fonctionnaire / fɔ̃ksjɔnɛʀ / *n* ۱. کارمند، مستخدم ۲. مأمور، کارگزار
fonctionel,elle / fɔ̃ksjɔnɛl / *adj* ۱. کارکردی ۲. کارآمد
fonctionnement / fɔ̃ksjɔnmɑ̃ / *nm*
۱. طرز کار ۲. عملکرد
fonctionner / fɔ̃ksjɔne / *vi* (1) کار کردن، عمل کردن
faire fonctionner (به) کار انداختن
fond / fɔ̃ / *nm* ۱. ته ۲. [دریا، رودخانه] کف، بستر ۳. عمق، گودی ۴. زمینه، متن ۵. محتوا ۶. کُنه ۷. اساس، اصل ۸. [شلوار] خشتک ۹. [دو] استقامت
à fond ۱. عمیقاً، به طور عمیق ۲. کاملاً، به طور کامل
au fond/dans le fond در اصل، در واقع
de fond اساسی، اصولی
de fond en comble کاملاً، به طور کامل، به کلی، سراپا
fondamental,e,aux / fɔ̃damɑ̃tal,o / *adj*
۱. اساسی، بنیادی، ریشه‌ای ۲. عمده، مهم
fondamentalement / fɔ̃damɑ̃talmɑ̃ / *adv*
اساساً، اصولاً، از اساس
fondant,e / fɔ̃dɑ̃,t / *adj* در حال ذوب، ذوب‌شونده
fondateur,trice / fɔ̃datœʀ,tʀis / *n*
بنیانگذار، پایه‌گذار، بانی، مؤسس
fondation / fɔ̃dasjɔ̃ / *nf* ۱. پی‌ریزی، تأسیس، ایجاد ۲. [معماری] پِی ۳. بنیاد، مؤسسه
fondé,e[1] / fɔ̃de / *adj* ۱. بجا، درست ۲. صحیح، درست ۳. مجاز
fondé,e[2] / fɔ̃de / *n*, **fondé de pouvoir**
نمایندهٔ صاحب اختیار
fondement / fɔ̃dmɑ̃ / *nm* ۱. اساس، پایه، بنیاد ۲. [خودمانی] نشیمنگاه
fonder / fɔ̃de / *vt* (1) ۱. تأسیس کردن، ایجاد کردن، بنیاد نهادن ۲. بنا کردن، ساختن ۳. بر پایهٔ (چیزی) استوار کردن، پایه‌ریزی کردن
fonderie / fɔ̃dʀi / *nf* ۱. ریخته‌گری ۲. کارگاه ریخته‌گری
fondeur / fɔ̃dœʀ / *nm* ریخته‌گر
fondre / fɔ̃dʀ / *vt, vi* (41) ۱. ذوب کردن، آب کردن ۲. حل کردن ۳. [فلز] ریختن ۴. با ریخته‌گری درست کردن ۵. (در هم) آمیختن ◙ ۶. ذوب شدن، آب شدن ۷. حمله کردن، حمله‌ور شدن، هجوم بردن
se fondre *vp* ۱. ذوب شدن، آب شدن ۲. ادغام شدن ۳. محو شدن
fondrière / fɔ̃dʀijɛʀ / *nf* گودال آب، چالهٔ آب
fonds / fɔ̃ / *nm* ۱. ملک، زمین ۲. سرمایه، دارایی، موجودی ۳. مبلغ، وجه، پول ۴. [مجازی] منبع
être en fonds پول داشتن، پول تو دست (کسی) بودن

fondu,e / fɔ̃dy / *adj, part. passé* ۱. آب‌شده ۲. مذاب، گداخته ▣ ۳. [اسم مفعول فعل fondre]

fontaine / fɔ̃tɛn / *nf* چشمه

fontanelle / fɔ̃tanɛl / *nf* مَلاج

fonte / fɔ̃t / *nf* ۱. ذوب، آب شدن ۲. ریخته‌گری ۳. چدن

football / futbol / *nm* فوتبال

footballeur,euse / futbolœr,øz / *n* فوتبالیست، بازیکن فوتبال

for / fɔʀ / *nm,* **for intérieur** ۱. وجدان ۲. تهِ دل

forage / fɔʀaʒ / *nm* ۱. (عمل) سوراخ کردن ۲. حفر، کندن

forain,e / fɔʀɛ̃,ɛn / *adj* (مربوط به) بازار مکاره، بازار

  marchand forain فروشندهٔ دوره‌گرد

foraminifères / fɔʀaminifɛʀ / *nm. pl* [جانورشناسی] روزن‌داران

forban / fɔʀbɑ̃ / *nm* ۱. دزد دریایی ۲. دزد، کلاه‌بردار، شیاد

forçat / fɔʀsa / *nm* زندانی محکوم به اعمال شاقه

force[1] / fɔʀs / *nf* ۱. نیرو، قدرت، قوه ۲. زور ۳. خشونت ۴. شدت ۵. [فیزیک] نیرو ۶. [اشیاء] مقاومت، استحکام ۷. [استدلال و غیره] انسجام، استحکام ۸. قابلیت، مهارت ــ [صورت جمع] ۹. [نظامی] نیرو، قوا

  à force de با نیرویِ، با...زیاد

  à toute force به هر قیمت، هر طور شده

  de vive force به زور

  en force با تمام قوا، با همهٔ توان

  par force ۱. به زور، زورکی ۲. به ناچار، به اجبار، اجباراً

force[2] / fɔʀs / *adv* [قدیمی یا ادبی] بسیار، خیلی، زیاد

forcé,e / fɔʀse / *adj* ۱. اجباری ۲. زوری،

زورکی، به زور ۳. تصنعی، ساختگی ۴. حتمی، اجتناب‌ناپذیر

forcément / fɔʀsəmɑ̃ / *adv* ۱. لزوماً، الزاماً، ضرورتاً ۲. [قدیمی] به زور، زورکی

forcené,e / fɔʀsəne / *n, adj* ۱. (آدم) غضبناک، بی‌اختیار، دیوانه ▣ ۲. دیوانه‌وار

forcer / fɔʀse / *vt, vi* (3) ۱. [در، قفل، ...] به زور باز کردن، شکستن ۲. مجبور کردن، وادار کردن، (به زور) واداشتن ۳. فشار آوردن به، تحت فشار گذاشتن ۴. از حد گذراندن ۵. [مقاومت] در هم شکستن ۶. [مانع] از سر راه برداشتن ۷. تحریف کردن ▣ ۸. تلاش زیادی کردن

  forcer la dose بیش از اندازه مصرف کردن

  forcer la main à qqn کسی را به انجام کاری وادار کردن، به کاری واداشتن

  forcer la nature بیش از توان خود تلاش کردن، به خود فشار آوردن

  forcer la porte de qqn به زور وارد خانهٔ کسی شدن

  forcer la verité حقیقت را تحریف کردن

  forcer le pas تندتر راه رفتن

  se forcer *vp* ۱. خود را مجبور کردن ۲. کوشش زیادی کردن، خیلی تلاش کردن

forcir / fɔʀsiʀ / *vi* (2) ۱. قوی‌تر شدن ۲. چاق شدن ۳. شدت گرفتن

forer / fɔʀe / *vt* (3) ۱. سوراخ کردن ۲. کندن، حفر کردن

forestier[1],**ère** / fɔʀɛstje,ɛʀ / *adj* جنگلی، (مربوط به) جنگل

  garde forestier جنگلبان، مأمور جنگلبانی

forestier[2] / fɔʀɛstje / *nm* جنگلبان، مأمور جنگلبانی

foret / fɔʀɛ / *nm* مته

forêt / fɔʀɛ / *nf* ۱. جنگل ۲. [مجازی] جنگل، انبوه

forfait¹ /fɔRfɛ/ *nm* [ادبی] جرم بزرگ، جنایت
forfait² /fɔRfɛ/ *nm* مقاطعه
à forfait (به قیمتِ) مقطوع
forfait³ /fɔRfɛ/ *nm*, **déclarer forfait**
۱. [ورزش] عدم شرکت خود را اعلام کردن ۲. جازدن، کنار کشیدن
forfaitaire /fɔRfetɛR/ *adj* ۱. (به قیمتِ) مقطوع
۲. مقاطعه‌ای
forfaiture /fɔRfetyR/ *nf* خیانت
forfanterie /fɔRfɑ̃tRi/ *nf* لاف‌زنی،
لاف و گزاف، گزافه‌گویی
forge /fɔRʒ/ *nf* ۱. (کارگاه) آهنگری
۲. کورهٔ آهنگری
forgeage /fɔRʒaʒ/ *nm* آهنگری
forger /fɔRʒe/ *vt* (3) ۱. آهنگری کردن
۲. [فلز] شکل دادن ۳. ساختن، درست کردن ۴. [عذر، بهانه] آوردن، جور کردن ۵. جعل کردن، از خود درآوردن
C'est en forgeant qu'on devient forgeron.
کار نیکو کردن از پر کردن است.
forgeron /fɔRʒəRɔ̃/ *nm* آهنگر
formaliser (se) /s(ə)fɔRmalize/ *vp* (1)
رنجیدن، ناراحت شدن، دلخور شدن
formalisme /fɔRmalism/ *nm*
۱. پای‌بندی به مقررات ۲. صورت‌گرایی
formaliste /fɔRmalist/ *adj, n*
۱. پای‌بند مقررات، مقرراتی ۲. صورت‌گرا
formalité /fɔRmalite/ *nf* ۱. تشریفات،
آداب ۲. مقررات
format /fɔRma/ *nm* ۱. [کتاب، کاغذ] قطع
۲. اندازه، ابعاد
formateur, trice /fɔRmatœR, tRis/ *adj*
سازنده
formation /fɔRmasjɔ̃/ *nf* ۱. شکل‌گیری،
تشکل، تکوین ۲. تشکیل، تأسیس، ایجاد ۳. تعلیم، تربیت ۴. تشکیلات ۵. آرایش، نظم و ترتیب ۶. گروه، دسته

forme /fɔRm/ *nf* ۱. شکل ۲. صورت
۳. ریخت، هیئت، نما ۴. نوع، گونه، قسم ۵. راه و رسم ۶. ظاهر، صورت ظاهر ۷. آمادگی ۸. قالب ـ [صورت جمع] ۹. آداب ۱۰. ادب، نزاکت ۱۱. اندام، هیکل
en forme/dans les formes به صورت رسمی
en forme de به شکلِ، به صورتِ
être en forme آمادگی داشتن، رو فُرم بودن
pour la forme برای حفظ ظاهر
sous forme de به صورتِ
formel, elle /fɔRmɛl/ *adj* ۱. صریح، روشن
۲. قطعی، قاطعانه ۳. قاطع ۴. مطلق ۵. صوری ۶. ظاهری
formellement /fɔRmɛlmɑ̃/ *adv* ۱. مطلقاً،
اکیداً ۲. به لحاظ صوری
former /fɔRme/ *vt* (1) ۱. تشکیل دادن،
ایجاد کردن، درست کردن، ساختن ۲. شکل دادن ۳. تعلیم دادن، تربیت کردن
se former *vp* ۱. تشکیل شدن ۲. شکل گرفتن
۳. تعلیم دیدن
formidable /fɔRmidabl/ *adj* ۱. خیلی زیاد،
فوق‌العاده ۲. [خودمانی] معرکه، محشر، عالی ۳. [قدیمی] هولناک، مهیب، خوفناک، رعب‌انگیز، وحشتناک
formidablement /fɔRmidabləmɑ̃/ *adv*
فوق‌العاده، بی‌اندازه، بی‌نهایت
formulaire /fɔRmylɛR/ *nm* ۱. پرسش‌نامه،
فُرم ۲. مجموعهٔ فرمول‌ها ۳. دستور عمل
formule /fɔRmyl/ *nf* ۱. فرمول ۲. دستور عمل
۳. روش، شیوه، راه حل ۴. عبارت کلیشه‌ای، کلیشه ۵. فُرم، برگه، ورقه
formule magique ورد
formules de politesse تعارفات
formuler /fɔRmyle/ *vt* (1) ۱. تنظیم کردن
۲. عرضه کردن، ارائه دادن ۳. بیان کردن
fornicateur, trice /fɔRnikatœR, tRis/ *n*
زناکار، زانی، زانیه

fornication / fɔRnikasjɔ̃ / *nf* زنا

forniquer / fɔRnike / *vi* (1) زنا کردن، مرتکب زنا شدن

fors / fɔR / *prép* [قدیمی] بجز، غیر از، مگر

fort¹,e / fɔR,t / *adj* ۱. قوی، نیرومند ۲. پرزور، زوردار، زورمند ۳. تنومند، هیکل‌دار ۴. محکم، بادوام ۵. بااستعداد، مستعد ۶. وارد، خبره ۷. شدید، سخت، سهمگین ۸. [بو، ادویه، ...] تند ۹. [دژ و غیره] مستحکم، دارای استحکامات ۱۰. غلیظ ۱۱. [مشروب] قوی ۱۲. زیاد ۱۳. هنگفت، کلان ۱۴. اغراق‌آمیز

esprit fort (آدم) آزاداندیش، روشن‌بین

forte tête آدم لجباز، آدم یک‌دنده، قُد، کله‌شق

prix fort قیمت مقطوع، قیمت یک‌کلام

se faire fort de خود را قادر (به انجام کاری) دانستن

fort² / fɔR / *adv* ۱. به سختی، سخت، به شدت ۲. بسیار، خیلی

fort³ / fɔR / *nm* ۱. دژ، قلعه ۲. آدم قوی

fortement / fɔRtəmɑ̃ / *adv* ۱. به شدت، به سختی، سخت ۲. محکم ۳. خیلی

forteresse / fɔRtəRɛs / *nf* دژ، قلعه

fortifiant¹,e / fɔRtifjɑ̃,t / *adj* مقوی، نیروبخش

fortifiant² / fɔRtifjɑ̃,t / *nm* ۱. غذای مقوی ۲. داروی تقویتی

fortification / fɔRtifikasjɔ̃ / *nf* ۱. دژسازی ۲. استحکامات

fortifier / fɔRtifje / *vt* (7) ۱. قوی کردن، نیرومند کردن ۲. تقویت کردن ۳. استحکامات ساختن برایِ

fortin / fɔRtɛ̃ / *nm* دژ کوچک

fortiori (a) / afɔRsjɔRi / *loc. adv* → a fortiori

fortuit,e / fɔRtɥi,t / *adj* اتفاقی، ناگهانی، غیرمترقبه، تصادفی

fortuitement / fɔRtɥitmɑ̃ / *adv* اتفاقی، برحسب اتفاق، تصادفاً

fortune / fɔRtyn / *nf* ۱. دارایی، ثروت، مال ۲. بخت، اقبال، شانس ۳. سرنوشت، تقدیر، قسمت

faire fortune ثروتمند شدن، پولدار شدن

revers de fortune بدبیاری، بخت‌برگشتگی

fortuné,e / fɔRtyne / *adj* ثروتمند، پولدار، مرفه

fosse / fos / *nf* ۱. گودال، چاله، چال، حفره ۲. چاه ۳. [کالبدشناسی] حفره ۴. لانه ۵. گور، قبر

fossé / fose / *nm* ۱. کانال، جوی ۲. چاله ۳. خندق ۴. [مجازی] فاصله، اختلاف

fossette / fosɛt / *nf* [چانه، گونه، ...] چال

fossile / fosil / *nm, adj* ۱. سنگواره، فسیل ◻ ۲. سنگواره‌ای، فسیلی ۳. متحجر

fossilisation / fosilizasjɔ̃ / *nf* ۱. فسیل‌شدگی، حالت سنگواره‌ای ۲. تحجر

fossiliser / fosilize / *vt* (1) ۱. به صورت سنگواره درآوردن، فسیل کردن ۲. متحجر کردن

fossoyer / foswaje / *vt* (8) [به ویژه گور] کندن

fossoyeur / foswajœR / *nm* ۱. گورکن، قبرکن ۲. عامل ویرانی

fou¹,fol,folle / fu,fɔl / *n, adj* ۱. دیوانه ۲. (آدم) احمق ◻ ۳. احمقانه ۴. دیوانه‌وار ۵. شیفته، عاشق ۶. معیوب، خراب ۷. [گیاه] خودرو، وحشی ۸. خیلی‌زیاد، وحشتناک، عجیب

fou à lier دیوانهٔ زنجیری

fou rire خندهٔ بی‌اختیار

fou² / fu / *nm* ۱. دلقک ۲. [شطرنج] فیل

fouailler / fwaje / *vt* (1) ۱. [قدیمی یا ادبی] شلاق زدن ۲. [مجازی] آزار دادن، عذاب دادن

foudre¹ / fudR / *nm* برق، صاعقه، آذرخش

coup de foudre ۱. عشق ناگهانی، عشق در نگاه اول ۲. [قدیمی] بلای آسمانی، بلای ناگهانی

foudre[2] / fudʀ / *nm* بشکه (بزرگ)، چلیک

foudroiement / fudʀwamɑ̃ / *nm* صاعقه‌زدگی، برق‌زدگی

foudroyant,e / fudʀwajɑ̃,t / *adj* ۱. برق‌آسا، ناگهانی ۲. بهت‌آور

foudroyer / fudʀwaje / *vt* (8) ۱. صاعقه زدن، برق زدن ۲. آناً کشتن، جابه‌جا کشتن

fouet / fwɛ / *nm* ۱. تازیانه، شلاق ۲. همزن

coup de fouet ۱. ضربهٔ تازیانه، ضربهٔ شلاق ۲. درد ناگهانی، تیر کشیدن ۳. تحریک شدید

fouettard / fwɛtaʀ / *adj. m,*

père fouettard لولو، لولو خورخوره

fouetter / fwete / *vt, vi* (1) ۱. تازیانه زدن، شلاق زدن ۲. [مجازی] سیلی زدن، تازیانه زدن ۳. هم زدن ۴. تحریک کردن، برانگیختن ◘ ۵. به شدت خوردن (به)

foufou,fofolle / fufu,fɔfɔl / *adj, n* خُل، خل و چل، خُل‌مشنگ، سبک‌مغز

fougère / fuʒɛʀ / *nf* سرخس

fougue / fug / *nf* شور، حرارت

fougueux,euse / fugø,øz / *adj* ۱. پرشور، پرحرارت ۲. داغ، آتشین

fouille / fuj / *nf* ۱. حفاری ۲. گودبرداری، خاک‌برداری ۳. حفره، گودال ۴. کاوش، تجسس ۵. [خودمانی] جیب

fouiller / fuje / *vt, vi* (1) ۱. کاویدن، کاوش کردن ۲. گشتن، وارسی کردن ۳. دقیقاً بررسی کردن ◘ ۴. زمین را کندن ۵. گشتن

se fouiller *vp* جیب‌های خود را گشتن

Tu peux toujours te fouiller! به همین خیال باش!

fouillis / fuji / *nm* به‌هم‌ریختگی

fouiner / fwine / *vt* (1) [عامیانه] فضولی کردن

fouineur,euse / fwinœʀ,øz / *adj, n* فضول

fouir / fwiʀ / *vt* (2) [به ویژه در مورد حیوانات] کندن

foulage / fulaʒ / *nm* ۱. (عمل) لگد کردن ۲. له کردن ۳. [نمد] مالیدن

foulant,e / fulɑ̃,t / *adj* [خودمانی] خسته‌کننده، طاقت‌فرسا، شاق، کمرشکن، سنگین

pompe foulante تلمبهٔ فشاری

foulard / fulaʀ / *nm* ۱. روسری ۲. اِشارپ

foule / ful / *nf* ۱. جمعیت ۲. ازدحام

en foule گروه گروه، دسته‌دسته، فوج‌فوج

la foule (تودهٔ) مردم، عوام‌الناس

une foule de ۱. عدهٔ زیادی، یک لشکر ۲. تلی از، یک خروار، یک عالمه

fouler / fule / *vt* (1) ۱. روی (چیزی) راه رفتن ۲. لگد کردن ۳. له کردن ۴. [نمد] مالیدن

fouler aux pieds ۱. لگدمال کردن ۲. زیر پا گذاشتن، نادیده گرفتن

se fouler *vp* رگ‌به‌رگ شدن، پیچ خوردن

foulure / fulyʀ / *nf* رگ‌به‌رگ‌شدگی، پیچ‌خوردگی

four / fuʀ / *nm* ۱. فِر ۲. تنور ۳. کوره ۴. [نمایش، راه‌پیمایی، ...] شکست، عدم موفقیت، ناکامی

petits fours پُتی‌فور (= نوعی کیک کوچک)

fourbe / fuʀb / *adj, n* (آدم) حیله‌گر، مکار، ریاکار، متقلب

fourberie / fuʀbəʀi / *nf* حیله‌گری، مکر، تزویر، ریا، ریاکاری

fourbi / fuʀbi / *nm* ۱. [عامیانه] ساز و برگ ۲. کار و بار ۳. بازار شام ۴. ماس‌ماسک، چیز

fourbir / fuʀbiʀ / *vt* (2) صیقل دادن، جلا دادن، پرداخت کردن

fourbissage / fuʀbisaʒ / *nm* پرداخت، جلا

fourbu,e / fuʀby / *adj* ۱. [جانور] مبتلا به لَنگِش ۲. خسته، کوفته، ازپاافتاده

fourbure / fuʀbyʀ / *nf* [دامپزشکی] لنگش (= ورم پردهٔ حساس زیر دیوارهٔ شاخی سُم)

fourche / fuʀʃ / *nf* ۱. [کشاورزی] چنگک ۲. انشعاب

fourcher / fuʀʃe / *vi, vt* (1) ۱. چندشاخه شدن ◘ ۲. [کشاورزی] با چنگک زیر و رو کردن

397 **foutre**

La langue lui a fourché. (کلمه را) عوضی گفت. زبانش گرفت.

fourchette / fuʀʃɛt / *nf* ۱. چنگال ۲. [پرندگان] جناغ

fourchu,e / fuʀʃy / *adj* چندشاخه

fourgon[1] / fuʀgɔ̃ / *nm* ۱. وانت، کامیون کوچک ۲. واگن (باری)

fourgon[2] / fuʀgɔ̃ / *nm* [برای به هم زدن آتش] سیخ، انبر

fourgonner / fuʀgɔne / *vi* (1) ۱. [آتش] (با سیخ یا انبر) به‌هم زدن ۲. گشتن، زیر و رو کردن

fourmi / fuʀmi / *nf* مورچه

avoir des fourmis سوزن‌سوزن شدن، گِزگِز کردن، مورمور شدن

fourmi blanche موریانه

fourmilier / fuʀmilje / *nm* مورچه‌خوار

fourmilière / fuʀmiljɛʀ / *nf* لانهٔ مورچه

fourmillement / fuʀmijmɑ̃ / *nm* ۱. ازدحام ۲. (حالت) سوزن‌سوزن شدن، گِزگِز کردن، مورمور شدن

fourmiller / fuʀmije / *vi* (1) ۱. وول زدن، در هم لولیدن ۲. زیاد بودن، پُر بودن ۳. سوزن‌سوزن شدن، گِزگِز کردن، مورمور شدن

fournaise / fuʀnɛz / *nf* کوره

fourneau / fuʀno / *nm* ۱. کوره ۲. اجاق ۳. سَر (پیپ)

fournée / fuʀne / *nf* ۱. [نانوایی] پخت، تنور ۲. جماعت، گروه، دسته

fourni,e / fuʀni / *adj* ۱. پرپشت، انبوه ۲. پر از جنس، پرکالا ۳. پُر

une barbe fournie ریش پرپشت، ریش انبوه

fourniment / fuʀnimɑ̃ / *nm* ۱. ساز و برگ ۲. وسایل، تجهیزات

fournir / fuʀniʀ / *vt* (2) ۱. فراهم کردن، تهیه کردن، تدارک دیدن، تأمین کردن، دادن ۲. تجهیز کردن ۳. سهیم شدن، شرکت کردن

se fournir *vp* مایحتاج خود را فراهم کردن

fournisseur,euse / fuʀnisœʀ,øz / *nm* تأمین‌کننده، تهیه‌کننده، فروشنده

fourniture / fuʀnityʀ / *nf* ۱. تهیه، تأمین، تدارک ۲. مایحتاج، ضروریات، لوازم، جنس، کالا

fourrage / fuʀaʒ / *nm* علوفه، علیق

fourrager[1] / fuʀaʒe / *vi* (3) گشتن، زیر و رو کردن

fourrager[2]**,ère** / fuʀaʒe,ɛʀ / *adj* علوفه‌ای، (مربوط به) علوفه

fourragère / fuʀaʒɛʀ / *nf* ۱. علفزار ۲. واکسیل

fourré / fuʀe / *nm* بیشه (انبوه)

fourreau / fuʀo / *nm* غلاف

fourrer / fuʀe / *vt* (1) ۱. توی (چیزی) کردن ۲. چپاندن ۳. (با پوست) آستر کردن

fourrer son nez partout فضولی کردن، نخود هر آش بودن

se fourrer *vp* ۱. خود را جا کردن، چپیدن ۲. وارد (کاری یا جایی) شدن

fourreur / fuʀœʀ / *nm* پوست‌فروش

fourrière / fuʀjɛʀ / *nf* ۱. محل نگهداری جانوران ضبط‌شده ۲. پارکینگ پلیس

fourrure / fuʀyʀ / *nf* پوست، خز

fourvoiement / fuʀvwamɑ̃ / *nm* ۱. گمراهی ۲. اشتباه

fourvoyer / fuʀvwaje / *vt* (8) ۱. گمراه کردن ۲. به اشتباه انداختن

se fourvoyer *vp* ۱. راه خود را گم کردن، گم شدن ۲. اشتباه کردن

foutaise / futɛz / *nf* چیز بیخود، هیچ و پوچ

foutre / futʀ / *vt* (je fous, nous foutons; je foutais; je foutrais; que je foute, que nous foutions; foutant, foutu) ۱. [عامیانه] (کاری) کردن، انجام دادن ۲. زدن ۳.

a = bas, plat e = blé, jouer ɛ = lait, jouet, merci i = il, lyre o = mot, dôme, eau, gauche ɔ = mort
u = roue y = rue ø = peu œ = peur ə = le, premier ɑ̃ = sans, vent ɛ̃ = matin, plein, lundi
ɔ̃ = bon, ombre ʃ = chat, tache ʒ = je, gilet j = yeux, paille, pied w = oui, nouer ɥ = huile, lui

foutu,e 398

تُرد ۲. ضعیف، آسیب‌پذیر، حساس ۳. ناپایدار، نااستوار، متزلزل، سست

fragiliser / fʀaʒilize / *vt* (1) ۱. شکننده کردن ۲. آسیب‌پذیر کردن

fragilité / fʀaʒilite / *nf* ۱. شکنندگی، تُردی ۲. آسیب‌پذیری، ناپایداری، سستی

fragment / fʀagmɑ̃ / *nm* ۱. خرده، تکه، قطعه ۲. بخش، قسمت، جزء

fragmentaire / fʀagmɑ̃tɛʀ / *adj* تکه‌تکه، پراکنده، ناقص

fragmentation / fʀagmɑ̃tasjɔ̃ / *nf* تقسیم، تکه‌تکه کردن، خرد کردن

fragmenter / fʀagmɑ̃te / *vt* (1) تکه‌تکه کردن، خرد کردن، تقسیم کردن

frai / fʀɛ / *nm* ۱. [ماهی] تخم‌ریزی ۲. زمان تخم‌ریزی، فصل تخم‌ریزی ۳. تخم ماهی ۴. بچه ماهی

fraîche[1] / fʀɛʃ / *adj. f* → frais,fraîche

fraîche[2] **(à la)** / alafʀɛʃ / *loc. adv* موقع خنکی (هوا)

fraîchement / fʀɛʃmɑ̃ / *adv* ۱. به تازگی، تازه، اخیراً ۲. به سردی، با بی‌اعتنایی

fraîcheur / fʀɛʃœʀ / *nf* ۱. خنکی ۲. تازگی ۳. شادابی، سرزندگی، طراوت ۴. [مجازی] سردی

fraîchin / fʀɛʃɛ̃ / *nm* بوی ماهی تازه

fraîchir / fʀɛʃiʀ / *vi* (2) ۱. خنک شدن ۲. [باد] شدت گرفتن

frais[1]**,fraîche** / fʀɛ,fʀɛʃ / *adj* ۱. خنک ۲. تازه ۳. شاداب، سرزنده، باطراوت، سرِحال ۴. [مجازی] خشک، سرد

frais[2] / fʀɛ / *adv, nm* ۱. خنک ◙ ۲. هوای خنک، هوای تازه

grand frais باد تند

mettre au frais [خودمانی] تو هلفدونی انداختن

frais[3] / fʀɛ / *nm. pl* هزینه، خرج، مخارج

à peu de frais ۱. با خرج کم ۲. با زحمت کم

en être pour ses frais زحمت بیهوده کشیدن

انداختن ۴. [قدیمی؛ لفظ زننده] (کسی را) کردن، گاییدن

J'en ai rien à foutre. [خودمانی] دخلی به من ندارد. به من چه!

se foutre *vp* ۱. [خودمانی] ولو شدن ۲. دست انداختن، مسخره کردن

Il s'en fout complètement. بی‌خیالشه. عین خیالش نیست. به تخمشه.

foutu,e / fyty / *adj, part. passé* ۱. [خودمانی] مزخرف، گند، بی‌خود، چرت ۲. ازکارافتاده، زهواردررفته، مرخص ۳. قادر ◙ ۴. [اسم مفعول فعلِ foutre]

foyer / fwaje / *nm* ۱. آتشدان، کوره ۲. مرکز، کانون ۳. منبع ۴. خانه و کاشانه، کاشانه ۵. [تئاتر] سرسرا

frac / fʀak / *nm* [لباس] فراک

fracas / fʀaka / *nm* سر و صدا، هیاهو

fracassant,e / fʀakasɑ̃,t / *adj* ۱. پرسر و صدا، پرهیاهو ۲. [صدا] رعدآسا

fracasser / fʀakase / *vt* (1) خرد کردن، شکستن

se fracasser *vp* خرد شدن، شکستن

fraction / fʀaksjɔ̃ / *nf* ۱. بخش، قسمت، بهر، جزء ۲. [ریاضیات] کسر

fractionnaire / fʀaksjɔnɛʀ / *adj* [ریاضیات] کسری

fractionnel,elle / fʀaksjɔnɛl / *adj* تفرقه‌انگیز، نفاق‌افکنانه، منافقانه

fractionnement / fʀaksjɔnmɑ̃ / *nm* تقسیم، تجزیه

fractionner / fʀaksjɔne / *vt* (1) (به چند بخش) تقسیم کردن، تجزیه کردن

fracture / fʀaktyʀ / *nf* ۱. [استخوان] شکستگی ۲. شکاف، تَرَک

fracturer / fʀaktyʀe / *vt* (1) [استخوان، در، ...] شکستن

fragile / fʀaʒil / *adj* ۱. شکستنی، شکننده،

faire les frais de qqch ۱. هزینه چیزی را پرداختن ۲. عواقب چیزی را تحمل کردن

faux frais هزینهٔ فوق‌العاده، بَرج

se mettre en frais ۱. تو خرج افتادن ۲. تو زحمت افتادن، زحمت کشیدن

fraise[1] /fʀɛz/ *nf* ۱. توت‌فرنگی ۲. [عامیانه] پک و پوز

fraise[2] /fʀɛz/ *nf* ۱. مته خزینه ۲. فِرز

fraiser /fʀeze/ *vt* (1) ۱. [فنی] خزینه کردن ۲. فِرزکاری کردن

fraisier /fʀezje/ *nm* بوتهٔ توت‌فرنگی

framboise /fʀɑ̃bwaz/ *nf* تمشک

framboisier /fʀɑ̃bwazje/ *nm* بوتهٔ تمشک

franc[1] /fʀɑ̃/ *nm* فرانک (= واحد پول فرانسه و بعضی کشورهای دیگر)

franc lourd/nouveau franc فرانک جدید

franc[2]**,franche** /fʀɑ̃,fʀɑ̃ʃ/ *adj* ۱. آزاد ۲. معاف ۳. صادق، روراست، بی‌شیله پیله ۴. صادقانه، بی‌غل و غش ۵. صریح، بی‌پرده، رُک ۶. به‌تمام‌معنی، واقعی، درست و حسابی ۷. خالص

franc de port معاف از هزینهٔ حمل

franc[3] /fʀɑ̃/ *adv,* **à parler franc** راستش را بخواهید

franc[4]**,franque** /fʀɑ̃,fʀɑ̃k/ *adj* فرانک (= نام قومی از نژاد ژرمنی)

français[1]**,e** /fʀɑ̃sɛ,z/ *adj* ۱. (مربوط به) فرانسه، فرانسوی ۲. (مربوط به) (زبان) فرانسه

Français[2]**,e** /fʀɑ̃sɛ,z/ *n* اهل فرانسه، فرانسوی

français[3] /fʀɑ̃sɛ/ *nm* زبان فرانسه، فرانسه

franchement /fʀɑ̃ʃmɑ̃/ *adv* ۱. قاطعانه، محکم، بدون واهمه ۲. صاف و پوست‌کنده، رک و راست ۳. صادقانه ۴. واقعاً ۵. [حاکی از خشم و بی‌صبری] واقعاً که!

franchir /fʀɑ̃ʃiʀ/ *vt* (2) گذشتن از، عبور کردن از، پشت سر گذاشتن، رد کردن

franchise /fʀɑ̃ʃiz/ *nf* ۱. معافیت ۲. [بیمه] فرانشیز ۳. صداقت

franciser /fʀɑ̃size/ *vt* (1) فرانسوی کردن

franc-maçon,onne /fʀɑ̃masɔ̃,ɔn/ *n* فراماسون

franc-maçonnerie /fʀɑ̃masɔnʀi/ *nf* ۱. فراماسونری ۲. همبستگی

franco /fʀɑ̃ko/ *adv* بدون هزینهٔ حمل

francolin /fʀɑ̃kɔlɛ̃/ *nm* [پرنده] دُرّاج، جیرفتی

francophile /fʀɑ̃kɔfil/ *adj, n* دوستدار فرانسه، فرانسه‌دوست، فرانسوی‌دوست

francophilie /fʀɑ̃kɔfili/ *nf* فرانسه‌دوستی

francophobe /fʀɑ̃kɔfɔb/ *adj* ضد فرانسه، فرانسه‌ستیز، فرانسوی‌ستیز

francophobie /fʀɑ̃kɔfɔbi/ *nf* ضدیت با فرانسه، فرانسه‌ستیزی

francophone /fʀɑ̃kɔfɔn/ *adj, n* فرانسه‌زبان

francophonie /fʀɑ̃kɔfɔni/ *nf* جوامع فرانسه‌زبان

franc-parler /fʀɑ̃paʀle/ *nm* رک‌گویی، بی‌پردگی، صراحت

franc-tireur /fʀɑ̃tiʀœʀ/ *nm* چریک، پارتیزان

frange /fʀɑ̃ʒ/ *nf* ۱. [لباس، فرش، ...] ریشه، شرابه ۲. [زلف] چتری ۳. [گروه] اقلیت ۴. [مجازی] حاشیه

franger /fʀɑ̃ʒe/ *vt* (3) شرابه دوختن، ریشه زدن

franquette (à la bonne) /alabɔnfʀɑ̃kɛt/ *loc, adv* بدون تشریفات

frape /fʀap/ *nf* → frappe[2]

frappant,e /fʀapɑ̃,t/ *adj* ۱. چشمگیر، درخور توجه، جالب ۲. شگفت‌انگیز، عجیب

a = bas, plat   e = blé, jouer   ɛ = lait, jouet, merci   i = il, lyre   o = mot, dôme, eau, gauche   ɔ = mort
u = roue   y = rue   ø = peu   œ = peur   ə = le, premier   ɑ̃ = sans, vent   ɛ̃ = matin, plein, lundi
ɔ̃ = bon, ombre   ʃ = chat, tache   ʒ = je, gilet   j = yeux, paille, pied   w = oui, nouer   ɥ = huile, lui

frappe[1] / fʀap / *nf* ۱. ماشین‌نویسی، تایپ ۲. ضرب (سکه)

frappe[2] / fʀap / *nf* [عامیانه] ولگرد

frapper / fʀape / *vt* (1) ۱. زدن ۲. ضربه زدن ۳. [سکه] ضرب کردن، زدن ۴. تحت تأثیر قرار دادن ۵. شگفت‌زده کردن، متعجب کردن ۶. اصابت کردن به، خوردن به

frapper à la porte در زدن، به در زدن

frapper du vin مشروب را با یخ خنک کردن

frapper un grand coup ضربهٔ جانانه‌ای زدن، حسابی ضربه زدن

se frapper *vp* ۱. خود را زدن ۲. نگران شدن، نگران بودن، مضطرب بودن

fraternel,elle / fʀatɛʀnɛl / *adj* برادرانه، برادروار

fraternellement / fʀatɛʀnɛlmɑ̃ / *adv* برادرانه، برادروار

fraterniser / fʀatɛʀnize / *vi* (1) دست برادری دادن، برادری کردن

fraternité / fʀatɛʀnite / *nf* ۱. برادری ۲. همبستگی، وحدت

fratricide[1] / fʀatʀisid / *nm* برادرکشی، خواهرکشی

fratricide[2] / fʀatʀisid / *n, adj* ۱. برادرکش، خواهرکش ◙ ۲. (مربوط به) برادرکشی، توأم با برادرکشی

fraude / fʀod / *nf* ۱. کلاهبرداری ۲. تقلب

frauder / fʀode / *vt, vi* (1) ۱. کلاهبرداری کردن ۲. تقلب کردن

fraudeur,euse / fʀodœʀ,øz / *adj, n* ۱. کلاهبردار ۲. متقلب

frauduleusement / fʀodyløzmɑ̃ / *adv* با تقلب، فریبکارانه، خدعه‌آمیز

frauduleux,euse / fʀodylø,øz / *adj* ۱. تقلبی، جعلی ۲. فریبکارانه، خدعه‌آمیز

frayer / fʀeje / *vt, vi* (8) ۱. [راه] باز کردن ◙ ۲. رفت و آمد کردن، معاشرت کردن ۳. [ماهی] تخم‌ریزی کردن، زاد و ولد کردن

frayeur / fʀɛjœʀ / *nf* دلهره، هول، وحشت، هراس

fredonnement / fʀədɔnmɑ̃ / *nm* زمزمه

fredonner / fʀədɔne / *vt* (1) زمزمه کردن، زیر لب خواندن

freezer / fʀizœʀ / *nm* [یخچال] جایخی

frein / fʀɛ̃ / *nm* ۱. ترمز ۲. [اسب] دهنه ۳. مانع، سد

ronger son frein بی‌صبرانه تحمل کردن، شکیبایی به خرج دادن

freinage / fʀɛnaʒ / *nm* ترمز

freiner / fʀene / *vi, vt* (1) ۱. ترمز کردن ◙ ۲. کند کردن، از سرعت (چیزی) کاستن ۳. متوقف کردن

frelaté,e / fʀəlate / *adj* تقلبی، ناخالص

frêle / fʀɛl / *adj* ۱. ظریف ۲. نحیف، ضعیف، شکننده

frelon / fʀəlɔ̃ / *nm* زنبور سرخ

freluquet / fʀəlykɛ / *nm* جوانک پرمدعا، جوانی که غوره نشده مویز شده

frémir / fʀemiʀ / *vt* (2) ۱. لرزیدن ۲. تکان خوردن، جنبیدن

frémissant,e / fʀemisɑ̃,t / *adj* لرزان

frémissement / fʀemismɑ̃ / *nm* ۱. لرزش، لرز، لرزه ۲. جنبش، تکان

frêne / fʀɛn / *nm* ۱. درخت زبان‌گنجشک ۲. چوب زبان‌گنجشک

frénésie / fʀenezi / *nf* ۱. حالت جنون، حالت دیوانگی ۲. التهاب

frénétique / fʀenetik / *adj* ۱. پرهیجان، پرتب و تاب ۲. دیوانه‌وار، بی‌امان، بی‌اختیار

fréquemment / fʀekamɑ̃ / *adv* ۱. زیاد، فراوان ۲. غالباً، اغلب، به کرّات

fréquence / fʀekɑ̃s / *nf* ۱. تعدد، فراوانی، وفور، کثرت ۲. تکرار ۳. [فیزیک، زبان‌شناسی] بسامد ۴. [رادیو] موج ۵. [آمار] فراوانی

fricassée / fʀikase / nf	[غذا] فریکاسه (= راگو با گوشت مرغ یا خرگوش)
fricasser / fʀikase / vt (1)	[آشپزی] فریکاسه کردن (= با قطعه‌های گوشت مرغ یا خرگوش راگو تهیه کردن)
fricatif,ive / fʀikatif,iv / adj	[آواشناسی] سایشی
friche / fʀiʃ / nf	زمین نکاشته
en friche	۱. نکاشته ۲. بدون استفاده، بلااستفاده
frichti / fʀiʃti / nm	[عامیانه] غذا، خوراک
fricoter / fʀikɔte / vt, vi (1)	۱. [خودمانی؛ آشپزی] راگو کردن ۲. پختن ۳. دسیسه چیدن، دوز و کلک سوار کردن ۴. [به ویژه روابط جنسی] کار مشکوک کردن
friction / fʀiksjɔ̃ / nf	۱. اصطکاک ۲. مالش، ماساژ ۳. برخورد، اختلاف
frictionner / fʀiksjɔne / vt (1)	مالش دادن، ماساژ دادن
frigide / fʀiʒid / adj	[زن] سردمزاج
frigidité / fʀiʒidite / nf	سردمزاجی
frigorifier / fʀigɔʀifje / vt (7)	در جای سرد قرار دادن، در یخچال گذاشتن
Je suis frigorifié.	(از سرما) دارم یخ می‌زنم.
frigorifique / fʀigɔʀifik / adj	۱. سرمازا، خنک‌کننده ۲. سردخانه‌دار
frimaire / fʀimɛʀ / nf	فریمر (= سومین ماه تقویم انقلاب فرانسه)
frimas / fʀima / nm	سرماریزه
frime / fʀim / nf	[خودمانی] تظاهر، ژست، اِفه
frimousse / fʀimus / nf	[خودمانی] قیافهٔ بچه‌گانه
fringale / fʀɛ̃gal / nf	۱. [خودمانی] گشنگی (شدید) ۲. میل شدید، عطش، هوس
fringant,e / fʀɛ̃gɑ̃,t / adj	۱. [اسب] چابک، چالاک ۲. سرزنده، سرحال، بشّاش

fréquent,e / fʀekɑ̃,t / adj	۱. فراوان، زیاد، کثیر، متعدد ۲. مکرر، پی‌درپی ۳. پربسامد ۴. رایج، متداول، معمول، همیشگی
fréquentable / fʀekɑ̃tabl / adj	قابل معاشرت
fréquentation / fʀekɑ̃tasjɔ̃ / nf	۱. رفت و آمد ۲. معاشرت، نشست و برخاست
fréquenter / fʀekɑ̃te / vt (1)	۱. زیاد رفتن به ۲. رفت و آمد داشتن با، معاشرت کردن با
se fréquenter vp	باهم رفت و آمد کردن، با هم معاشرت کردن
une rue très fréquentée	یک خیابان پررفت و آمد، یک خیابان خیلی شلوغ
frère / fʀɛʀ / nm, adj	۱. برادر ۲. برادر (دینی) ۳. رفیق
frérot / fʀeʀo / nm	[خودمانی] داداش کوچولو
fresque / fʀɛsk / nf	نقاشی دیواری، دیوارنگاره
fret / fʀɛ / nm	۱. هزینهٔ باربری، هزینهٔ حمل ۲. کرایهٔ کشتی ۳. بار ۴. باربری
fréter / fʀete / vt (6)	۱. [وسیلهٔ باربری] کرایه کردن ۲. [کشتی] کرایه دادن
frétillement / fʀetijmɑ̃ / nm	وول، جنب و جوش
frétiller / fʀetije / vi (1)	وول خوردن، وول زدن، لولیدن
fretin / fʀətɛ̃ / nm	۱. بچه ماهی ۲. خرده، جزء
menu fretin	خرده‌پاها، قازورات
frette / fʀɛt / nf	زهوار
freudien,enne / fʀødjɛ̃,ɛn / n, adj	۱. طرفدار فروید ۲. (مربوط به) فروید، فرویدی
freux / fʀø / nm	کلاغ سیاه
friable / fʀijabl / adj	[خاک و سنگ] نرمه
friand,e / fʀijɑ̃,d / adj	۱. علاقه‌مند، دوستدار، مشتاق ۲. [قدیمی یا محلی] دَله، شکمو
friandise / fʀijɑ̃diz / nf	شیرینی، لقمهٔ لذیذ
fric / fʀik / nm	[خودمانی] پول، مایه

fringues / fʀɛ̃g / *nf. pl* [خودمانی] رخت

fringuer / fʀɛ̃ge / *vt, vi* (1) ۱. [خودمانی] رخت تن (کسی) کردن ◙ ۲. رخت پوشیدن ۳. شیک کردن

se fringuer *vp* [خودمانی] رخت پوشیدن

friper / fʀipe / *vt* (1) چروک کردن

friperie / fʀipʀi / *nf* ۱. لباس کهنه ۲. خرید و فروش لباس‌های دست دوم

fripier,ère / fʀipje,ɛʀ / *n* فروشندهٔ لباس‌های دست دوم، کت‌شلواری

fripon,onne / fʀipɔ̃,ɔn / *adj, n* ۱. حقه‌باز، کلاهبردار، شیاد ۲. شیطان

friponnerie / fʀipɔnʀi / *nf* ۱. حقه‌بازی، کلاهبرداری، شیادی ۲. شیطنت

fripouille / fʀipuj / *nf* آدم پست، رذل

fripouillerie / fʀipujʀi / *nf* پستی، رذالت

friquet / fʀikɛ / *nm* گنجشک درختی

frire / fʀiʀ / *vt, vi* (je fris, tu fris, il frit; je frirai, tu friras, ils friront; je frirais, tu frirais, ils friraient; fris; frit, frite) ۱. [غذا] سرخ کردن ◙ ۲. سرخ شدن

faire frire du poisson ماهی سرخ کردن

frisé,e / fʀize / *adj* مجعد، فِری، فِردار، فِرخورده

friser / fʀize / *vt, vi* (1) ۱. فِر زدن، پیچیدن ۲. تماس پیدا کردن ۳. نزدیک بودن ◙ ۴. فر خوردن

frisette / fʀizɛt / *nf* فِر ریز

frisquet[1],ette / fʀiskɛ,ɛt / *adj* خنک

frisquet[2] / fʀiskɛ / *nm* [ادبی] خنکی، خنکا

frisson / fʀisɔ̃ / *nm* ۱. لرز، لرزه ۲. لرزش

frissonnant,e / fʀisɔnɑ̃,t / *adj* لرزان

frissonnement / fʀisɔnmɑ̃ / *nm* لرزش (خفیف)

frissonner / fʀisɔne / *vi* (1) ۱. لرزیدن ۲. لرز کردن

frisure / fʀizyʀ / *nf* فِر، جعد

frit,e[1] / fʀi,t / *adj, part. passé* ۱. سرخ‌کرده ◙ ۲. [اسم مفعول فعلِ frire]

frite[2] / fʀit / *nf* ۱. سیب‌زمینی سرخ‌کرده ۲. چیپس

friteuse / fʀitøz / *nf* [ظرف] سرخ‌کن

friture / fʀityʀ / *nf* ۱. [غذا] (عمل) سرخ کردن ۲. روغن (برای سرخ کردن) ۳. (غذای) سرخ‌کرده ۴. ماهی سرخ‌کرده

frivole / fʀivɔl / *adj* ۱. سبک، سبکسر، بچه ۲. سطحی ۳. بی‌اهمیت، جزئی، بیهوده

frivolité / fʀivɔlite / *nf* ۱. سبکسری، بچگی ۲. چیز بی‌ارزش، خرت و پرت، آت و آشغال ۳. کارهای بچه‌گانه، بازیگوشی ـ [صورت جمع] ۴. زیورآلات

froc / fʀɔk / *nm* ۱. [قدیمی] لباس کشیشی ۲. [عامیانه] تنبان

froid[1],e / fʀwa,d / *adj* ۱. سرد ۲. خونسرد، آرام ۳. بی‌تفاوت، بی‌احساس، سرد، خشک

froid[2] / fʀwa / *nm* ۱. سرما ۲. سرماخوردگی ۳. سردی، کدورت

à froid ۱. سرد ۲. با بی‌تفاوتی، به سردی

attrapper/prendre froid سرما خوردن

Il fait froid. هوا سرد است.

J'ai froid. سردم است. یخ کردم.

prendre/attraper froid سرما خوردن

froidement / fʀwadmɑ̃ / *adv* ۱. به سردی، سرد ۲. با خونسردی، خونسرد ۳. با بی‌تفاوتی، بی‌تفاوت

froideur / fʀwadœʀ / *nm* ۱. خونسردی ۲. سردی، بی‌تفاوتی، بی‌اعتنایی

froidure / fʀwadyʀ / *nf* ۱. [قدیمی] سرما، فصل سرما ۲. [پوست] سرمازدگی

froissable / fʀwasabl / *adj* چروک‌شدنی

froissement / fʀwasmɑ̃ / *nm* ۱. چروک‌شدگی، چروک ۲. (عمل) مچاله کردن ۳. [عضله] کوفتگی ۴. رنجش

froisser / fʀwase / *vt* (1) ۱. چروک کردن ۲. مچاله کردن ۳. [عضله] کوفتن، کوفته کردن ۴. رنجاندن، ناراحت کردن، آزردن

fructifier

frôlement / fʀolmɑ̃ / *nm* تماس (سطحی)

frôler / fʀole / *vt* (1) ۱. تماس (سطحی) پیدا کردن با ۲. از بیخِ (چیزی) رد شدن

fromage / fʀɔmaʒ / *nm* پنیر

fromager,ère / fʀɔmaʒe,ɛʀ / *adj, n* ۱. (مربوط به) پنیرسازی، تولید پنیر ▫ ۲. تولیدکنندهٔ پنیر، پنیرساز، پنیرفروش

fromagerie / fʀɔmaʒʀi / *nf* ۱. کارگاه پنیرسازی ۲. صنعت پنیرسازی

froment / fʀɔmɑ̃ / *nm* [کشاورزی] (دانهٔ) گندم

fronce / fʀɔ̃s / *nf* چین، پیلی، پیله

froncement / fʀɔ̃smɑ̃ / *nm* (عمل) چین دادن، چین انداختن

froncer / fʀɔ̃se / *vt* (3) چین دادن، چین انداختن

frondaison / fʀɔ̃dɛzɔ̃ / *nf* ۱. [گیاه‌شناسی] رویش شاخ و برگ ۲. شاخ و برگ

fronde / fʀɔ̃d / *nf* قلاب‌سنگ، سنگ‌قلاب، فلاخن

fronder / fʀɔ̃de / *vt* (1) انتقاد کردن از، خرده گرفتن به، عیب‌جویی کردن از

frondeur,euse / fʀɔ̃dœʀ,øz / *adj, n* (آدم) عیب‌جو، خرده‌گیر

front / fʀɔ̃ / *nm* ۱. پیشانی ۲. [ادبی] سر ۳. جلو ۴. [ساختمان] نما ۵. [جنگ، سازمان یا گروه] جبهه ۶. گستاخی، جسارت، وقاحت

avoir le front de جرئت کردن، جسارت به خرج دادن

baisser / courber le front سر را به زیر انداختن

de front ۱. از مقابل، از جلو، از روبرو ۲. رو در رو ۳. با هم، کنار هم

faire front روبرو شدن، مقابله کردن

frontal¹,e,aux / fʀɔ̃tal,o / *adj* (مربوط به) پیشانی

frontal² / fʀɔ̃tal / *nm* استخوان پیشانی

frontalier,ère / fʀɔ̃talje,ɛʀ / *n, adj* ۱. مرزنشین ▫ ۲. مرزی

frontière / fʀɔ̃tjɛʀ / *nf, adj. inv* ۱. مرز، سرحد ▫ ۲. مرزی

frontispice / fʀɔ̃tispis / *nm* ۱. عنوان اصلی اثر ۲. تصویر اول کتاب ۳. [قدیمی] نمای اصلی بنا

frottage / fʀɔtaʒ / *nm* ۱. (عمل) ساییدن، ساییدن ۲. پرداخت

frottée / fʀɔte / *nf* کتک

frottement / fʀɔtmɑ̃ / *nm* ۱. اصطکاک ۲. مالش، سایش ۳. [مجازی] برخورد

frotter / fʀɔte / *vt, vi* (1) ۱. مالیدن، کشیدن ۲. مالش دادن ۳. ساییدن ۴. [فلز و غیره] پرداخت کردن ۵. [رخت‌شویی] چنگ زدن ۶. زدن، مالیدن ۷. [قدیمی] زدن، کتک زدن ▫ ۸. اصطکاک ایجاد کردن

frotter les oreilles de qqn کسی را گوشمالی دادن

se frotter *vp* ۱. خود را ماساژ دادن ۲. برخورد پیدا کردن

froufrou / fʀufʀu / *nm* (صدای) خش‌خش

frou-frou / fʀufʀu / *nm* → froufrou

froufroutant,e / fʀufʀutɑ̃,t / *adj* خش‌خش‌کنان

froufrouter / fʀufʀute / *vi* (1) خش‌خش کردن

froussard,e / fʀusaʀ,d / *adj* ترسو، بزدل

frousse / fʀus / *nf* [عامیانه] ترس

fructidor / fʀyktidɔʀ / *nm* فروکتیدور (= آخرین ماه تقویم انقلاب فرانسه)

fructifère / fʀyktifɛʀ / *adj* [گیاه] بارده، میوه‌دار

fructification / fʀyktifikasjɔ̃ / *nf* ۱. باردهی، میوه‌دهی ۲. سوددهی

fructifier / fʀyktifje / *vi* (7) ۱. بار دادن،

fructueux,euse / fRyktɥø,øz / adj
1. سودآور، سودده، پرمنفعت 2. سودمند، مفید، پرفایده، ثمربخش، مثمر ثمر

frugal,e,aux / fRygal,o / adj
[غذا] 1. مختصر، کم، ساده 2. کم‌خوراک، کم‌غذا، قناعت‌کار 3. توأم با قناعت، مقتصدانه

frugalement / fRygalmã / adv
1. با قناعت، مقتصدانه 2. (به طور) مختصر، کم

frugalité / fRygalite / nf
1. [غذا] کمی، سادگی 2. کم‌خوری، قناعت، امساک

fruit / fRɥi / nm
1. میوه 2. ثمره، نتیجه، حاصل، محصول

sans fruit بی‌حاصل، بی ثمر، بی‌فایده، بی‌نتیجه

fruité,e / fRɥite / adj
با طعم میوه، میوه‌ای

fruiterie / fRɥitRi / nf
1. میوه‌فروشی 2. محل نگهداری میوه

fruitier¹,ère / fRɥitje,ɛR / adj, n
1. میوه‌دار، (دارای) میوه 2. میوه‌فروش

fruitier² / fRɥitje / nm
1. باغ میوه 2. محل نگهداری میوه

frusques / fRysk / nf.pl
[عامیانه] رخت کهنه

fruste / fRyst / adj
1. فرسوده 2. خشن، زمخت

frustration / fRystRasjɔ̃ / nf
1. محرومیت 2. دلسردی، سرخوردگی، یأس

frustrer / fRystRe / vt (1)
1. محروم کردن 2. دلسرد کردن، مأیوس کردن، سرخورده کردن

fuchsia / fyʃja / nm
گل آویز

fuel / fjul / nm
نفت سیاه، مازوت

fugace / fygas / adj
زودگذر، گذرا، ناپایدار، بی‌دوام

fugacité / fygasite / nf
[ادبی] زودگذر بودن، گذرایی، ناپایداری، بی‌دوامی

fugitif,ive / fyʒitif,iv / n, adj
1. فراری ◼ 2. فرّار 3. گذرا، زودگذر، ناپایدار، بی‌دوام

fugue / fyg / nf
1. فرار از خانه 2. [موسیقی] فوگ

fuir / fɥiR / vi, vt (17)
1. فرار کردن، گریختن، دررفتن 2. نشت کردن 3. به سرعت گذشتن 4. [زمان] (به سرعت) سپری شدن، زود گذشتن ◼ 5. فرار کردن از (دستِ)، گریختن از 6. گریزان بودن از، دوری کردن از 7. از زیر (چیزی) در رفتن، شانه خالی کردن از

fuite / fɥit / nf
1. فرار، گریز 2. نشت 3. اجتناب، پرهیز، دوری 4. (عمل) شانه خالی کردن 5. درز، ترک

fuite du temps گذر زمان
mettre en fuite فراری دادن
prendre la fuite فرار کردن، پا به فرار گذاشتن، در رفتن، گریختن

fulgurant,e / fylgyRã,t / adj
1. درخشان، درخشنده 2. برق‌آسا

douleur fulgurante درد ناگهانی، تیر کشیدن

fulguration / fylgyRasjɔ̃ / nf
1. [فیزیک] برق، صاعقه 2. [پزشکی] صاعقه‌زدگی، برق‌گرفتگی

fulgurer / fylgyRe / vi (1)
درخشیدن، برق زدن

fuligineux,euse / fyliʒinø,øz / adj
(به رنگ) دودی

fulminant,e / fylminã,t / adj
1. تهدیدآمیز 2. انفجاری، منفجره

fulminer / fylmine / vi (1)
1. منفجر شدن 2. پرخاش کردن، ناسزا گفتن

fumable / fymabl / adj
[توتون، تنباکو] خوب، مرغوب

fumage / fymaʒ / nm
(عمل) دود دادن، دودی کردن

fumant,e / fymã,t / adj
1. دودکننده 2. بخاردار 3. کفری، آتشی، جوشی

coup fumant [خودمانی] ضربهٔ کاری، ضربهٔ جانانه

fumé,e / fyme / adj
1. دودی 2. دودزده، دودگرفته

fume-cigare, fume-cigarette / fym-sigaR, fymsigaRɛt / nm. inv
چوب‌سیگار

405 furtif,ive

fumée /fyme/ *nf* ۱. دود ۲. بخار
fumer[1] /fyme/ *vi, vt* (1) ۱. دود کردن ۲. بخار کردن ۳. کفری بودن، جوش آوردن ◙ ۴. [دخانیات، مواد مخدر] کشیدن ۵. سیگار کشیدن ۶. دود دادن، دودی کردن
Défense de fumer! استعمال دخانیات ممنوع! سیگار کشیدن ممنوع!
fumer[2] /fyme/ *vt* (1) کود دادن
fumerie /fymʀi/ *nf* شیره‌کش‌خانه
fumet /fymɛ/ *nm* [به ویژه غذا] بو، عطر
fumeterre /fymtɛʀ/ *nf* شاه‌تره
fumeur,euse /fymœʀ,øz/ *n* (آدم) سیگاری
fumeur d'opium تریاکی
fumeux,euse /fymø,øz/ *adj* ۱. دودزا ۲. مبهم، درهم برهم، آشفته
fumier /fymje/ *nm* ۱. کود ۲. [عامیانه] آدم پست، آشغال، کثافت
fumigateur /fymigatœʀ/ *nm* دستگاه بخور
fumigation /fymigasjɔ̃/ *nf* بخور
fumigène /fymiʒɛn/ *adj* دودزا
fumiger /fymiʒe/ *vt* (3) بخور دادن
fumiste /fymist/ *nm, n* ۱. تعمیرکار بخاری، تعمیرکار شوفاژ ◙ ۲. (آدم) سبک‌سر، لوده
fumisterie /fymistəʀi/ *nf* ۱. نصب و تعمیر وسایل حرارتی ۲. [خودمانی] شوخی
fumivore /fymivɔʀ/ *adj, nm* دودگیر
fumoir /fymwaʀ/ *nm* محل سیگار کشیدن، سالن سیگاری‌ها
funambule /fynɑ̃byl/ *n* بندباز
funambulesque /fynɑ̃bylɛsk/ *adj* ۱. (مربوط به) بندبازی ۲. عجیب، عجیب و غریب
funèbre /fynɛbʀ/ *adj* ۱. (مربوط به) تشییع جنازه ۲. (مربوط به) تدفین، خاک‌سپاری ۳. ماتم‌زده، غم‌زده، غم‌گرفته، غمگین
funérailles /fyneʀaj/ *nf. pl* ۱. (مراسم) تشییع جنازه ۲. (مراسم) تدفین، خاک‌سپاری
funéraire /fyneʀɛʀ/ *adj* ۱. (مربوط به) تشییع جنازه ۲. (مربوط به) تدفین، خاک‌سپاری
drap funéraire کفن
pierre funéraire سنگ قبر
funeste /fynɛst/ *adj* شوم، نحس، بدیمن
fur /fyʀ/ *nm,* **au fur et à mesure** به تدریج، کم‌کم
furet /fyʀɛ/ *nm* راسو، موش خرما
furetage /fyʀtaʒ/ *nm* ۱. جستجو، کند و کاو کردن ۲. شکار با راسو
fureter /fyʀte/ *vi* (5) ۱. جستجو کردن، گشتن، کندوکاو کردن ۲. با راسو شکار کردن
fureteur,euse /fyʀtœʀ,øz/ *adj, n* ۱. جستجوگر، کاونده ۲. کنجکاو ۳. فضول
fureur /fyʀœʀ/ *nf* ۱. خشم، غضب، غیظ ۲. شدت، حدت ۳. [مجازی] میل شدید، جنون
faire fureur [حاکی از موفقیت] جنجال به‌پا کردن، غوغا کردن
mettre en fureur خشمگین کردن، از کوره به‌در بردن
furibond,e /fyʀibɔ̃,d/ *adj* کفری، آتشی، عصبانی، خشمگین
furie /fyʀi/ *nf* ۱. غیظ، غضب، خشم ۲. طغیان ۳. شدت، خشونت ۴. جنون، شیفتگی ۵. زن تندخو، سلیطه، پتیاره
furieusement /fyʀjøzmɑ̃/ *adv* ۱. با خشم، غضب‌آلوده ۲. به شدت، بی‌اندازه، عجیب
furieux,euse /fyʀjø,øz/ *adj* ۱. خشمگین، غضبناک، کفری، آتشی ۲. شدید، تند، سخت، بی‌امان، سهمگین
furoncle /fyʀɔ̃kl/ *nm* دمل، کورک
furtif,ive /fyʀtif,iv/ *adj* پنهانی، مخفیانه، یواشکی، دزدانه

furtivement / fyʀtivmɑ̃ / *adv* مخفیانه، پنهانی، یواشکی، دزدانه

fusain / fyzɛ̃ / *nm* ۱. شمشاد رسمی ۲. زغال طراحی

fuseau / fyzo / *nm* دوک

en fuseau دوکی‌شکل، دوکی، دوک‌مانند

fusée / fyze / *nf* ۱. موشک ۲. فشفشه ۳. میل، محور ۴. [نارنجک، مین] فیوز

fuselé,e / fyzle / *adj* دوکی‌شکل، دوکی

fuser / fyze / *vi* (1) ۱. آب شدن، ذوب شدن ۲. [صدای خنده، فریاد، ...] به گوش رسیدن، شنیده شدن

fusibilité / fyzibilite / *nf* قابلیت ذوب، گدازپذیری

fusible / fyzibl / *adj, nm* ۱. قابل ذوب، ذوب‌شدنی، گدازپذیر ◙ ۲. فیوز

fusiforme / fyzifɔʀm / *adj* دوکی‌شکل

fusil / fyzi / *nm* ۱. تفنگ ۲. تیرانداز

fusilier / fyzilje / *nm* تفنگدار، تفنگ‌چی

fusillade / fyzijad / *nf* ۱. تیراندازی ۲. تیرباران

fusiller / fyzije / *vt* (1) ۱. تیرباران کردن ۲. [عامیانه] خراب کردن

fusil-mitrailleur / fyzimitʀajœʀ / *nm* مسلسل سبک

fusion / fyzjɔ̃ / *nf* ۱. ذوب، گداز، گداخت ۲. هم‌جوشی ۳. آمیختگی، اختلاط ۴. ائتلاف ۵. ادغام ۶. تلفیق، پیوند

fusionner / fyzjɔne / *vt, vi* (1) ۱. به هم پیوند دادن، متحد کردن ◙ ۲. به هم پیوند خوردن، متحد شدن

fustiger / fystiʒe / *vt* (3) [ادبی] مؤاخذه کردن، حمله کردن به، به باد انتقاد گرفتن

fût / fy / *nm* ۱. تنه (درخت) ۲. تنه (ستون) ۳. [تفنگ] قنداق ۴. بشکه، چلیک

futaille / fytaj / *nf* بشکه، چلیک

futé,e / fyte / *adj, n* زرنگ، زیرک، مکار

futile / fytil / *adj* ۱. [حرف و غیره] بی‌معنی، بیخود، چرت، مفت ۲. بی‌ثمر، بیهوده، پوچ، بی‌فایده ۳. سبک‌سر، سبک، سطحی

futilité / fytilite / *nf* ۱. بیهودگی، پوچی، بی‌فایدگی، بی‌معنایی ۲. کار عبث، کار بیخود، بطالت ۳. چیز بی‌ارزش

futur[1],e / fytyʀ / *adj, n* ۱. آینده ۲. آتی، بعدی ◙ ۳. همسر آینده، نامزد

futur[2] / fytyʀ / *nm* ۱. آینده، آتیه ۲. [دستور زبان] (زمان) آینده، مستقبل

futurisme / fytyʀism / *nm* [هنر] آینده‌گرایی، آینده‌گری

futuriste / fytyʀist / *n, adj* ۱. آینده‌گرا ◙ ۲. آینده‌گرایانه

fuyant,e / fɥijɑ̃,t / *adj* ۱. گریزان، گریزپا ۲. فرّار ۳. طفره‌آمیز

fuyard[1],e / fɥijaʀ / *n* فراری

fuyard[2] / fɥijaʀ / *nm* سرباز فراری

G,g

G,g[1] /ʒe/ *nm. inv* ژِ (= هفتمین حرف الفبای فرانسه)

g[2] /gram/ *nm* گِرم

gabardine /gabaʀdin/ *nf* ۱. [پارچه] گاباردین ۲. بارانی گاباردین

gabarit /gabaʀi/ *nm* ۱. قالب، نمونه ۲. اندازه ۳. قد و قواره

gabegie /gabʒi/ *nf* آشفتگی، هرج و مرج، بی‌نظمی

gabelle /gabɛl/ *nf* [قدیمی] مالیات نمک

gâble /gabl/ *nm* [معماری] سنتوری، لچکی، سه‌گوشی کنار شیروانی

gable /gabl/ *nm* → gâble

gâcher /gaʃe/ *vt* (1) ۱. با آب مخلوط کردن ۲. سرهم‌بندی کردن ۳. (به) هدر دادن

gâcher le métier با مزد ناچیز کار کردن

gâchette /gaʃɛt/ *nf* ۱. [قفل] زبانه ۲. [اسلحه] ماشه

gâcheur,euse /gaʃœʀ,øz/ *adj, n* اسراف‌گر، مسرف

gâcheur d'argent ولخرج، پول‌حرام‌کن

gâchis /gaʃi/ *nm* ۱. ملات ۲. خرابی ۳. آشفتگی، هرج و مرج، بی‌نظمی ۴. اسراف

gadin /gadɛ̃/ *nm*, **prendre/ramasser un gadin** [خودمانی] نقش بر زمین شدن، ولو شدن

gadoue /gadu/ *nf* زمین گل‌آلود، گل و لای، گِل

gaffe /gaf/ *nf* ۱. [راندن قایق، ماهیگیری] چنگک ۲. [خودمانی] گاف، خبط، خیطی

faire gaffe [خودمانی] مواظب بودن، مراقب بودن، حواس (کسی) جمع بودن

faire une gaffe [خودمانی] گاف کردن، خیط کردن، خیطی بالا آوردن

gaffer /gafe/ *vi* (1) گاف کردن، خبط کردن، خیط کردن

gaffeur,euse /gafœʀ,øz/ *adj, n* (آدم) ناشی، بی‌دست و پا

gage /gaʒ/ *nm* ۱. وثیقه، گرویی ۲. قول، تعهد، ضمانت ۳. گواه، دلیل ــ [صورت جمع] ۴. مواجب، مزد

gager /gaʒe/ *vt* (3) ۱. تضمین کردن ۲. شرط بستن

gagnage /gaɲaʒ/ *nm* [قدیمی] چراگاه، مرتع

gagnant,e /gaɲɑ̃,t/ *adj, n* برنده

gagne-pain /gaɲpɛ̃/ *nm. inv* وسیلهٔ معاش

gagne-petit /gaɲpəti/ *nm. inv* آدم کم‌درآمد، آدم گنجشک‌روزی

gagner /gaɲe/ *vt, vi* (1) ۱. درآمد داشتن،

a = bas, plat e = blé, jouer ɛ = lait, jouet, merci i = il, lyre o = mot, dôme, eau, gauche ɔ = mort
u = roue y = rue ø = peu œ = peur ə = le, premier ɑ̃ = sans, vent ɛ̃ = matin, plein, lundi
ɔ̃ = bon, ombre ʃ = chat, tache ʒ = je, gilet j = yeux, paille, pied w = oui, nouer ɥ = huile, lui

درآوردن، گرفتن ۲. برنده شدن، بردن ۳. پیروز شدن، فتح کردن ۴. به دست آوردن، کسب کردن ۵. رسیدن به ◻ ۶. ترقی کردن ۷. جا افتادن ۸. گسترش یافتن

gagner de l'argent پول درآوردن

gagner du temps در وقت صرفه‌جویی کردن

gagner du terrain ۱. پیشرفت کردن ۲. گسترش یافتن

gagner sa vie روزی خود را به دست آوردن

gai,e / ge,ɛ / *adj* ۱. شاد، شادمان، خوش، شنگول ۲. خوش‌رو، خوش‌مشرب ۳. بانشاط، باروح، زنده

gaiement / gemɑ̃ / *adv* با شادی، شادمانه، شاد

gaieté / gete / *nf* شادی، شادمانی، نشاط، سرور، خوشی

de gaieté de cœur از شعف دل، به طیب خاطر، با رضا و رغبت، به میل خود

gaillard[1],e / gajaʀ,d / *adj* ۱. سرزنده، سرحال، دل‌زنده ۲. چابک، قوی ۳. سبک، زننده، زشت

gaillard[2] / gajaʀ / *nm* [قایق یا کشتی بادبانی] انتهای عرشهٔ فوقانی

gaîment / gemɑ̃ / *adv* → gaiement

gain / gɛ̃ / *nm* ۱. بُرد ۲. پیروزی، فتح ۳. درآمد، عایدی ۴. بهره، فایده، نفع

gain de temps صرفه‌جویی در وقت

gaine / gɛn / *nf* ۱. غلاف ۲. جلد ۳. روکش ۴. گِن، شکم‌بند

gaîté / gete / *nf* → gaieté

gala / gala / *nm* جشن، ضیافت

galactique / galaktik / *adj* ۱. (مربوط به) کهکشان، کهکشانی ۲. (مربوط به) راه شیری

galamment / galamɑ̃ / *adv* [نسبت به زنان] مؤدبانه، از روی ادب

galant,e / galɑ̃,t / *adj* ۱. [نسبت به زنان] مؤدب، آداب‌دان، مبادی آداب ۲. زن‌باز، زن‌باره ۳. عاشقانه

femme galante زن جلف

vert galant مرد زن‌باز، مرد زن‌باره

galanterie / galɑ̃tʀi / *nf* ۱. ادب (نسبت به زنان)، آداب‌دانی ۲. زنبارگی ۳. حرف‌های تملق‌آمیز

galaxie[1] / galaksi / *nf* کهکشان

Galaxie[2] / galaksi / *nf* کهکشان راه شیری، راه شیری

gale / gal / *nf* ۱. [پزشکی] جَرَب، گال ۲. [خودمانی] آدم بدذات، آدم خبیث

galerie / galʀi / *nf* ۱. دالان، دهلیز، کریدور ۲. تالار، سرسرا ۳. نمایشگاه، گالری، نگارخانه ۴. نقب، تونل ۵. [تئاتر] بالکن ۶. تماشاچیان بالکن ۷. [اتومبیل] باربند

galet / galɛ / *nm* ۱. سنگریزه (ساحلی)، ریگ ۲. [صندلی، تخت‌خواب، ...] چرخ

galetas / galta / *nm* ۱. خانهٔ محقر، آلونک، زاغه ۲. [قدیمی] اتاق زیرشیروانی

galette / galɛt / *nf* ۱. کلوچه ۲. [شیرینی] گالت ۳. [عامیانه] پول، مایه

galeux,euse / galø,øz / *adj, n* ۱. (مربوط به) جَرَب، گال ◻ ۲. مبتلا به جَرَب، مبتلا به گال

galimatias / galimatja / *nm* حرف بی‌سر و ته، نوشتهٔ بی‌سر و ته، خزعبلات

gallicisme / gallisism / *nm* ۱. عبارت فرانسوی (در زبان دیگر)، اصطلاح فرانسوی ۲. اصطلاح قرضی فرانسوی

gallinacés / galinase / *nm. pl* (تیرهٔ) ماکیان، ماکیان‌سانان

gallon / galɔ̃ / *nm* گالن (= واحد اندازه‌گیری مایعات برابر با ۴/۵۵ لیتر در بریتانیا و ۳/۸ لیتر در امریکا)

galoche / galɔʃ / *nf* گالِش

galon / galɔ̃ / *nm* یراق

galonner / galɔne / *vt* (1) یراق دوختن

galop / galo / *nm* چهارنعل، تاخت

au galop ۱. به تاخت، چهارنعل ۲. به سرعت، زود، با عجله ۳. زود باش! عجله کنید!

galopade / galɔpad / *nf* ۱. تاخت ۲. دو، بدووادو

galoper / galɔpe / *vi* (1) ۱. چهارنعل رفتن، به تاخت رفتن، تاختن ۲. تند دویدن ۳. عجله کردن

galopin / galɔpɛ̃ / *nm* ۱. بچه پررو ۲. [قدیمی] بچهٔ ولگرد ۳. [قدیمی] پادو

galvaniser / galvanize / *vt* (1) ۱. [فلز] روی‌اندود کردن، گالوانیزه کردن ۲. جریان گالونیکی وصل کردن به ۳. به هیجان آوردن، به شور آوردن، برانگیختن

galvauder / galvode / *vt* (1) ۱. ضایع کردن، لکه‌دار کردن، خدشه‌دار کردن ۲. هدر دادن

gambade / gɑ̃bad / *nf* شلنگ‌تخته

gambader / gɑ̃bade / *vi* (1) شلنگ‌تخته انداختن

gamelle / gamɛl / *nf* قابلمه (سفری)

gamin,e / gamɛ̃,in / *n. adj* ۱. بچه، پسربچه، دختربچه ◙ ۲. شیطان ۳. توأم با شیطنت، شیطنت‌ـ آمیز ۴. بچه

gaminerie / gaminʀi / *nf* رفتار بچه‌گانه، حرکات بچه‌گانه، بچه‌بازی

gamme / gam / *nf* [موسیقی] گام

ganache / ganaʃ / *nf* [خودمانی] (آدم) خرفت، خنگ، کودن

gandin / gɑ̃dɛ̃ / *nm* [قدیمی] ژیگولو

gang / gɑ̃g / *nm* باند، باند تبهکاران، دستهٔ تبهکاران

ganglion / gɑ̃glijɔ̃ / *nm* [پزشکی] عقده، گره

gangrène / gɑ̃gʀɛn / *nf* ۱. قانقاریا ۲. مایهٔ فساد، آفت

gangrener / gɑ̃gʀəne / *vt* (5) ۱. دچار قانقاریا کردن ۲. تباه کردن، به تباهی کشاندن، فاسد کردن

gangreneux,euse / gɑ̃gʀənø,øz / *adj* قانقاریایی

gangster / gɑ̃gstɛʀ / *nm* ۱. تبهکار، گانگستر ۲. شیاد، کلاهبردار، دزد

gangue / gɑ̃g / *nf* هرزه‌سنگ (= مواد معدنی بی‌ارزشی که اغلب با کانی‌های مفید یا سنگ‌های قیمتی همراهند.)

ganse / gɑ̃s / *nf* قیطان

gant / gɑ̃ / *nm* دستکش

jeter le gant دعوت به مبارزه کردن، به مبارزه طلبیدن

mettre ses gants دستکش (به) دست کردن

prendre/mettre des gants رعایت (حال کسی را) کردن، ملاحظهٔ (کسی را) کردن

reveler le gant مبارزه را قبول کردن

gantelet / gɑ̃tlɛ / *nm* دستکش آهنی

ganter / gɑ̃te / *vt* (1) ۱. دستکش به دست (کسی) کردن ۲. [دستکش] مناسب بودن، آمدن ۳. شمارهٔ دستکش (کسی) ... بودن

Il gante du sept. شمارهٔ دستکش او هفت است.

ganterie / gɑ̃tʀi / *nf* ۱. دستکش‌دوزی، دستکش‌سازی ۲. دستکش‌فروشی

gantier,ère / gɑ̃tje,ɛʀ / *adj, n* ۱. دستکش‌دوز، دستکش‌ساز ۲.دستکش‌فروش

garage / gaʀaʒ / *nm* گاراژ، توقفگاه، پارکینگ (سرپوشیده)

garagiste / gaʀaʒist / *n* گاراژدار

garance / gaʀɑ̃s / *nf, adj. inv* ۱. روناس ◙ ۲. قرمز روناسی

garant,e / gaʀɑ̃,t / *adj, n* ضامن

garantie / gaʀɑ̃ti / *nf* ۱. ضمانت ۲. ضمانت‌نامه ۳. تضمین ۴. تعهد

garantir / gaʀɑ̃tiʀ / *vt* (2) ۱. ضمانت کردن ۲. تضمین کردن، تعهد کردن ۳. تأیید کردن ۴. محافظت کردن، حفظ کردن، در امان نگه داشتن

garce / gaʀs / *nf* ۱. دختر هرزه ۲. (زن) پتیاره، آکله ۳. زنک، زنیکه

garce de... لعنتی، نکبتی، کوفتی، گند

garçon / gaʀsɔ̃ / *nm* ۱. پسر ۲. پیشخدمت، گارسُن ۳. شاگرد، پادو

a = bas, plat e = blé, jouer ɛ = lait, jouet, merci i = il, lyre o = mot, dôme, eau, gauche ɔ = mort
u = roue y = rue ø = peu œ = peur ə = le, premier ɑ̃ = sans, vent ɛ̃ = matin, plein, lundi
ɔ̃ = bon, ombre ʃ = chat, tache ʒ = je, gilet j = yeux, paille, pied w = oui, nouer ɥ = huile, lui

garçon boucher	شاگرد قصاب
vieux garçon	پیرپسر، عزب پیر
garçonnet / gaʀsɔnɛ / *nm*	پسربچه
garçonnier, ère¹ / gaʀsɔnje, ɛʀ / *adj*	[رفتار و غیره] پسرانه
garçonnière² / gaʀsɔnjɛʀ / *nf*	خانهٔ مرد مجرد، عزب‌خانه
garde¹ / gaʀd / *nf*	۱. مراقبت، حفاظت، مواظبت ۲. نگهداری ۳. کشیک، نگهبانی، پاسداری ۴. محافظین ۵. گارد
être de garde	کشیک بودن، کشیک داشتن
être sur ses gardes	احتیاط کردن، مراقب بودن، مواظب بودن
garde à vue	بازداشت موقت
garde d'honneur	گارد احترام
prendre garde	مواظب بودن، دقت کردن
garde² / gaʀd / *nm*	۱. نگهبان ۲. زندانبان، نگهبان زندان ۳. محافظ ۴. سرباز گارد
garde des Sceaux	وزیر دادگستری
garde du corps	محافظ (شخصی)، بادیگارد
garde forestier	جنگلبان
garde³ / gaʀd / *nf*	پرستار
garde-à-vous / gaʀdavu / *nm. inv*	[نظامی] خبردار
garde-barrière / gaʀd(ə)baʀjɛʀ / *n*	[راه‌آهن] نگهبان تقاطع هم‌سطح
garde-boue / gaʀdbu / *nm. inv*	گلگیر
garde-chiourme / gaʀdəʃiuʀm / *nm*	نگهبان محکومین به اعمال شاقه
garde-corps / gaʀdəkɔʀ / *nm. inv*	۱. [دریانوردی] طناب نجات ۲. حفاظ، نرده، جان‌پناه
garde-fou / gaʀdəfu / *nm*	حفاظ، تارمی، نرده
garde-magasin / gaʀdmagazɛ̃ / *nm*	۱. انباردار ۲. [نظامی] افسر سررشته‌داری
garde-malade / gaʀd(ə)malad / *n*	پرستار
garde-meuble / gaʀdəmœbl / *nm*	انبار (اثاثیه)
garder / gaʀde / *vt* (1)	۱. مواظبت کردن از، مراقبت کردن از، محافظت کردن از ۲. نگهداری کردن ۳. نگه‌داشتن ۴. حفظ کردن ۵. مراقب (کسی یا چیزی) بودن، پاییدن ۶. [لباس] درنیاوردن ۷. [ادبی] در امان نگه‌داشتن، مصون داشتن
garder son chapeau	کلاه از سر برنداشتن
se garder *vp*	۱. خودداری کردن، اجتناب کردن، برحذر بودن، دوری کردن ۲. از خود مراقبت کردن ۳. [مواد غذایی] ماندن
garderie / gaʀdəʀi / *nf*	مهد کودک
garde-robe / gaʀdəʀɔb / *nf*	۱. کمد (لباس)، گنجه ۲. لباس‌ها
gardeur, euse / gaʀdœʀ, øz / *n*	۱. [جانوران] نگهبان ۲. [در ترکیب] -چران
gardeur de troupeaux	گله‌بان، چوپان
gardeur d'oies	غازچران
gardien, enne / gaʀdjɛ̃, ɛn / *n, adj*	۱. نگهبان ۲. دربان ۳. حافظ، نگهبان، پاسدار، مدافع
gardien de bout	[ورزش] دروازه‌بان
gardien de nuit	شبگرد
gardiennage / gaʀdjɛnaʒ / *nm*	۱. نگهبانی ۲. مراقبت، حفاظت
gare¹ / gaʀ / *nf*	ایستگاه
gare!² / gaʀ / *interj*	مواظب باش! بپا!
gare à toi!	وای به حالت! بدا به حالت!
garer / gaʀe / *vt* (1)	۱. در گاراژ گذاشتن ۲. پارک کردن ۳. در جای امن گذاشتن
gargantua / gaʀgɑ̃tɥa / *nm*	آدم پرخور، شکمو
gargariser (se) / s(ə)gaʀgaʀize / *vp* (1)	غرغره کردن
gargarisme / gaʀgaʀism / *nm*	۱. غرغره ۲. محلول غرغره، دهان‌شوی
gargouille / gaʀguj / *nf*	ناودان
gargouillement / gaʀgujmɑ̃ / *nm*	→ gargouillis

gargouillis /garguji/ *nm* ۱. [آب] غل‌غل، قلپ‌قلپ، شرشر ۲. [شکم] قار و قور، قرقر

gargouiller /garguje/ *vi* (1) ۱. [آب] غل‌غل کردن، قلپ‌قلپ صدا کردن، شرشر کردن ۲. [شکم] قار و قور کردن، قرقر کردن

garnement /garnəmɑ̃/ *nm* ۱. بچهٔ شیطان، بچه تخس ۲. [قدیمی] (آدم) رذل، اوباش

garni /garni/ *nm* [قدیمی] خانهٔ مبله، اتاق مبله

garnir /garnir/ *vt* (2) ۱. مجهز کردن ۲. تزیین کردن، آراستن ۳. پر کردن

se garnir *vp* پر شدن

garnison /garnizɔ̃/ *nf* پادگان

garnissage /garnisaʒ/ *nm* ۱. تجهیز ۲. تزیین

garniture /garnityr/ *nf* ۱. آرایه، تزیینات ۲. مخلفات

garrot /garo/ *nm* جدوگاه (= برآمدگی بالای شانه‌های برخی از چارپایان)

garrotter /garɔte/ *vt* (1) محکم بستن

gars /ga/ *nm* [خودمانی] پسر، بچه، جوانک

les gars بَر و بچه‌ها (= لفظ خودمانی در خطاب به دوستان)

gascon,onne[1] /gaskɔ̃,ɔn/ *adj* (مربوط به) گاسکُنیْ (= ناحیه‌ای در فرانسه)، گاسکُنیایی

Gascon,onne[2] /gaskɔ̃,ɔn/ *n* اهل گاسکُنیْ، گاسکُنیایی

gas-oil /gazɔjl;gazwal/ *nm* گازوئیل

gaspillage /gaspijaʒ/ *nm* ۱. اسراف، حیف و میل ۲. اتلاف ۳. ولخرجی

gaspiller /gaspije/ *vt* (1) ۱. (به) هدر دادن، تلف کردن ۲. اسراف کردن، حیف و میل کردن

gaspiller ses forces نیروی خود را هدر دادن

gaspiller son argent بیخودی پول خرج کردن، ولخرجی کردن

gaspilleur,euse /gaspijœr,øz/ *adj, n* ۱. اسراف‌کار ۲. ولخرج

gastralgie /gastralʒi/ *nf* [پزشکی] درد معده، معده‌درد

gastrique /gastrik/ *adj* معده‌ای، معدی، (مربوط به) معده

gastrite /gastrit/ *nf* ورم معده، گاستریت

gastronome /gastrɔnɔm/ *n* ۱. خوراک‌شناس ۲. خوش‌خوراک

gastronomie /gastrɔnɔmi/ *nf* ۱. هنر آشپزی ۲. خوراک‌شناسی ۳. خوش‌خوراکی

gâteau /gato/ *nm* ۱. کیک ۲. شیرینی

gâter /gate/ *vt* (1) ۱. خراب کردن ۲. فاسد کردن ۳. ضایع کردن ۴. مختل کردن ۵. لوس کردن، در ناز و نعمت بزرگ کردن

gâte-sauce /gatsos/ *nm* ۱. شاگرد آشپز ۲. [قدیمی] آشپز بد

gâteux,euse /gatø,øz/ *adj, n* خرفت

gauche[1] /goʃ/ *adj* ۱. چپ ۲. چپی ۳. تاب‌برداشته، تابیده ۴. کج، مایل ۵. ناشی، بی‌دست و پا، دست و پاچلفتی ۶. ناشیانه

gauche[2] /goʃ/ *nf* ۱. سمت چپ، دست چپ ۲. جناح چپ

gauchement /goʃmɑ̃/ *adv* ناشیانه، با ناشیگری

gaucher,ère /goʃe,ɛr/ *adj, n* (آدم) چپ‌دست

gaucherie /goʃri/ *nf* ناشیگری

gauchir /goʃir/ *vi* (2) تاب برداشتن

gauchisant,e /goʃizɑ̃,t/ *adj, n* هوادار مرام چپ، چپی

gauchissement /goʃismɑ̃/ *nm* تابیدگی

gaudriole /godrijɔl/ *nf* ۱. شوخی جلف ۲. عیاشی

gaufrer /gofre/ *vt* (1) نقش انداختن رویِ

gaule /gol/ *nf* ۱. چوب (بلند) ۲. چوب ماهیگیری

gauler / gole / *vt* (1) [درخت] (با چوب) تکاندن

gaulois,e[1] / golwa,z / *adj* ۱. (مربوط به) گُل (= ناحیه‌ای در قدیم؛ امروز شاملِ فرانسه، بلژیک، بخشی از هلند، لوگزامبورگ و نیمی از سوئیس) ۲. سبک، جِلف ۳. شنگول

Gaulois,e[2] / golwa,z / *n* اهل (سرزمین) گُل

gauloiserie / golwazʀi / *nf* حرف سبک، شوخی جلف

gausser (se) / s(ə)gose / *vp* (1) [ادبی] دست انداختن، مسخره کردن

gaver / gave / *vt* (1) به زور خوراندن، به زور غذا دادن

se gaver *vp* زیاد خوردن، پرخوری کردن

gaz / gaz / *nm. inv* گاز

gaze / gaz / *nf* ۱. گاز، تنزیب ۲. تور، پارچهٔ توری

gazéifier / gazeifje / *vt* (7) ۱. به گاز تبدیل کردن ۲. گازدار کردن

gazelle / gazɛl / *nf* غزال، آهو

gazer / gaze / *vt* (1) ۱. با گاز مسموم کردن ۲. در اتاق گاز اعدام کردن ۳. [خودمانی] تخت گاز رفتن، شلاقی رفتن، مثل برق رفتن ۴. [خودمانی] میزان بودن، روبراه بودن

Ça gaze? [خودمانی] میزونی؟ اوضاع روبراهه؟

gazette / gazɛt / *nf* ۱. شایعه‌پراکن، خبرچین ۲. [قدیمی] روزنامه، جریده

gazeux,euse / gazø,øz / *adj* ۱. گازی، گازی‌شکل، (مربوط به) گاز ۲. گازدار

gazole / gazɔl / *nm* → gas-oil

gazon / gazɔ̃ / *nm* ۱. چمن ۲. چمنزار

gazonnage / gazɔnaʒ / *nm* چمن‌کاری

gazonnement / gazɔnmɑ̃ / *nm* → gazonnage

gazonner / gazɔne / *vt* (1) چمن کاشتن، چمن‌کاری کردن

gazouillement / gazujmɑ̃ / *nm* ۱. چهچهه ۲. زمزمه ۳. [بچه] غان و غون

gazouiller / gazuje / *vi* (1) ۱. چهچهه زدن ۲. زمزمه کردن ۳. [بچه] غان و غون کردن

gazouillis / gazuji / *nm* ۱. چهچهه ۲. زمزمه

geai / ʒɛ / *nm* [پرنده] جی‌جاق

géant,e / ʒeɑ̃,t / *n, adj* ۱. غول ۲. آدم غول‌پیکر ▣ ۳. غول‌پیکر، غول‌آسا، عظیم‌الجثه

géhenne / ʒeɛn / *nf* ۱. [کتاب مقدس] جهنم ۲. عذاب، رنج ۳. [قدیمی] شکنجه

geignement / ʒɛɲmɑ̃ / *nm* ۱. ناله ۲. شِکوه، آه و ناله، نالیدن

geindre / ʒɛ̃dʀ / *vi* (52) ۱. ناله کردن ۲. شکوه کردن، آه و ناله کردن، نالیدن

gel / ʒɛl / *nm* ۱. یخبندان ۲. ژِل

gélatine / ʒelatin / *nf* ژلاتین

gélatineux,euse / ʒelatinø,nøz / *adj* ژلاتینی، ژله‌مانند

gelée / ʒ(ə)le / *nf* ۱. یخبندان ۲. ژله

geler / ʒ(ə)le / *vi, vt, v. impers* (5) ۱. یخ زدن، یخ بستن ۲. یخ کردن ▣ ۳. منجمد کردن ▣ ۴. یخبندان بودن

Le lac a gelé. (آبِ) دریاچه یخ زده است.

gélule / ʒ(ə)lyl / *nf* [دارو] کپسول

gelure / ʒ(ə)lyʀ / *nf* [پوست] سرمازدگی

gémeau,elle,aux[1] / ʒemo,ɛl,o / *adj* [قدیمی] دوقلو

Gémeaux[2] / ʒemo / *nm. pl* ۱. جوزا (= سومین برج از برج‌های منطقةالبروج) ۲. صورت فلکی جوزا

géminé,e / ʒemine / *adj* دوتایی، جفت

consonnes géminées صامت مشدد

gémir / ʒemiʀ / *vi* (2) ۱. ناله کردن ۲. نالیدن، آه و ناله کردن، شکوه کردن

Le vent gémit. باد زوزه می‌کشد.

gémissant,e / ʒemisɑ̃,t / *adj* نالان

gémissement / ʒemismɑ̃ / *nm* ۱. ناله ۲. شکوه، آه و ناله، گله و شکایت ۳. [باد] زوزه

gemme / ʒɛm / *nf* گوهر، جواهر، سنگ قیمتی

413 généreusement

gemmé,e / ʒeme / *adj* [ادبی] مرصّع، جواهرنشان
gemmer / ʒeme / *vi* (1) جوانه زدن
gemmifère / ʒɛmifɛʀ / *adj* جوانه‌دار
gênant,e / ʒɛnɑ̃,t / *adj* ۱. آزاردهنده، ناراحت‌کننده، عذاب‌آور ۲. مزاحم ۳. دست و پاگیر
gencive / ʒɑ̃siv / *nf* لثه
gendarme / ʒɑ̃daʀm / *nm* ژاندارم
gendarmerie / ʒɑ̃daʀməʀi / *nf* ژاندارمری
gendre / ʒɑ̃dʀ / *nm* داماد
gène / ʒɛn / *nm* ژِن
gêne / ʒɛn / *nf* ۱. ناراحتی ۲. زحمت، مزاحمت ۳. بی‌پولی، نداری، مضیقه
sans gêne بی‌ملاحظه
gêné,e / ʒɛne / *adj* ۱. ناراحت ۲. معذب ۳. تصنعی، ساختگی ۴. بی‌پول، در مضیقه
généalogie / ʒenealɔʒi / *nf* ۱. شجره، شجره‌نامه، نسب‌نامه ۲. تبار، نسب ۳. تبارشناسی، نسب‌شناسی
généalogique / ʒenealɔʒik / *adj* تبارشناختی، نسب‌شناختی
arbre généalogique شجره‌نامه، نسب‌نامه
généalogiste / ʒenealɔʒist / *n* تبارشناس، نسب‌شناس
gêner / ʒene / *vt* (1) ۱. ناراحت کردن، اذیت کردن ۲. دشوار کردن، سخت کردن، مانع (فعالیتی) شدن ۳. مزاحم (کسی) شدن، زحمت دادن به ۴. جلوی دست و پای (کسی را) گرفتن، مزاحم (کسی) بودن ۵. بی‌پول کردن، در مضیقه قرار دادن
se gêner *vp* ۱. خود را به زحمت انداختن ۲. خود را ناراحت کردن
général[1],e,aux / ʒeneʀal,o / *adj* ۱. عمومی، عام، همگانی ۲. کلی ۳. [در ترکیب] کُل
en général ۱. معمولاً ۲. عموماً ۳. کلاً، در کل، به طور کلی

général[2] / ʒeneʀal / *nm* سردار، تیمسار، ژنرال
général d'armée ارتشبد
général de brigade سرتیپ
général de corps d'armée سپهبد
général de division سرلشگر
généralat / ʒeneʀala / *nm* (مقام) تیمساری، ژنرالی
générale / ʒeneʀal / *nf* زن تیمسار، همسر ژنرال
généralement / ʒeneʀalmɑ̃ / *adv* ۱. معمولاً ۲. عموماً ۳. کلاً، در کل، به طور کلی
généralisateur,trice / ʒeneʀalizatœʀ,tʀis / *adj* تعمیم‌دهنده
généralisation / ʒeneʀalizasjɔ̃ / *nf* تعمیم
généraliser / ʒeneʀalize / *vt* (1) ۱. عمومیت دادن، تعمیم دادن ۲. همگانی کردن، عمومی کردن ۳. نتیجهٔ کلی گرفتن، حکم کلی صادر کردن
généralité / ʒeneʀalite / *nf* ۱. عمومیت، کلیت ــ [صورت جمع] ۲. کلیات
la généralité des بیشترِ، اکثرِ، اغلبِ
générateur[1],trice / ʒeneʀatœʀ,tʀis / *adj* ۱. مولد ۲. مسبب، عامل
générateur[2] / ʒeneʀatœʀ / *nm* (دستگاه) مولد
générateur d'électricité (دستگاه) مولد برق، ژنراتور
générateur de vapeur دیگ بخار
génératif,ive / ʒeneʀatif,iv / *adj* [زبان‌شناسی] زایشی، زایا
génération / ʒeneʀasjɔ̃ / *nf* ۱. تولید مثل ۲. نسل
génératrice / ʒeneʀatʀis / *nf* (دستگاه) مولد برق، ژنراتور
généreusement / ʒeneʀøzmɑ̃ / *adv* ۱. سخاوتمندانه ۲. با بلندنظری، بزرگوارانه ۳. زیاد، خوب

généreux,euse / ʒeneʀø,øz / *adj* ۱. سخاوتمند، سخی، دست و دلباز ۲. سخاوتمندانه ۳. بخشنده، باگذشت ۴. بزرگوار، بلندنظر

générique[1] / ʒeneʀik / *adj* نوعی، عام

générique[2] / ʒeneʀik / *nm* [فیلم] عنوان‌بندی، تیتراژ

générosité / ʒeneʀozite / *nf* ۱. سخاوت، بخشش، دست و دلبازی، کَرَم ۲. بخشندگی، گذشت ۳. بزرگواری، بلندنظری

genèse / ʒənɛz / *nf* ۱. پیدایش، خلقت، تکوین ۲. منشأ، خاستگاه

genêt / ʒ(ə)nɛ / *nm* [گیاه] طاووسی

généticien,enne / ʒenetisjɛ̃,ɛn / *n* متخصص ژنتیک، ژنتیک‌شناس

génétique / ʒenetik / *nf, adj* ۱. علم وراثت، ژنتیک ◘ ۲. ارثی، ژنتیکی ۳. ژِنی، (مربوط به) ژِن‌ها ۴. تکوینی

génétiquement / ʒenetikmɑ̃ / *adv* از نظر ژنتیکی، به لحاظ ژنتیکی

gêneur,euse / ʒɛnœʀ,øz / *n* مزاحم

genévrier / ʒənevʀije / *nm* [گیاه] پی‌رو، سرو کوهی، اُرس

génial,e,aux / ʒenjal,o / *adj* ۱. نابغه ۲. حاکی از نبوغ، هوشمندانه

génie / ʒeni / *nm* ۱. نبوغ ۲. نابغه، استعداد، قریحه، ذوق ۳. خصلت، ویژگی، خصوصیت ۴. جن، پری ۵. مهندسی ۶. مهندسین

génie civil مهندسی راه و ساختمان، مهندسی سازه

génisse / ʒenis / *nf* گوسالهٔ ماده

génital,e,aux / ʒenital,o / *adj* ۱. تناسلی ۲. جنسی

génitif / ʒenitif / *nm* [دستور زبان] حالت اضافی، حالت مِلکی

génocide / ʒenɔsid / *nm* قوم‌کُشی، نسل‌کُشی

genou / ʒ(ə)nu / *nm* زانو

se mettre à genou زانو زدن

genouillère / ʒ(ə)nujɛʀ / *nf* زانوبند

genre / ʒɑ̃ʀ / *nm* ۱. نوع، گونه، قسم، جور ۲. [ادبیات، هنر] نوع ۳. (طرز) رفتار، سر و وضع، تیپ ۴. [دستور زبان] جنس

avoir bon genre شیک و متشخص بودن، خوش‌سر و وضع بودن

avoir (un) mauvais genre رفتار بدی داشتن

dans son genre در نوع خود

genre humain نوع بشر

genre littéraire نوع ادبی

gens / ʒɑ̃ / *n. pl* ۱. اشخاص، افراد، مردم، آدم‌ها ۲. اهالی

gens de cour درباریان

gens d'Église روحانیان (مسیحی)، کشیشان

gens d'épée سربازان، سپاهیان

gens de lettres ادیبان، ادبا، نویسندگان

gens de maison مستخدمین، خدمتکاران

gens de mer دریانوردان

jeunes gens جوانان (مجرد)، جوان‌ها

gentiane / ʒɑ̃sjan / *nf* [گیاه] کوشاد، جنتیانا

gentil[1]**,ille** / ʒɑ̃ti,ij / *adj* ۱. مهربان، رئوف، بامحبت ۲. محبت‌آمیز ۳. خوش‌برخورد، خوش‌رو، خوش‌رفتار ۴. دوست‌داشتنی، دلنشین، خوب، خوشایند

gentil[2] / ʒɑ̃ti / *nm* [قدیمی] غیریهودی، غیر مسیحی

gentilhomme / ʒɑ̃tijɔm / *nm* ۱. نجیب‌زاده، اشراف‌زاده ۲. آدم شریف، مرد نیک

gentillesse / ʒɑ̃tijɛs / *nf* مهربانی، لطف، ملاطفت، محبت

gentiment / ʒɑ̃timɑ̃ / *adv* با مهربانی، با ملاطفت، با خوش‌رویی

gentleman / dʒɛntləman / *nm* آدم شریف، مرد نیک، جِنتلمن

génuflexion / ʒenyflɛksjɔ̃ / *nf* ۱. زانو زدن، سجده ۲. [ادبی] کرنش

géodésie / ʒeɔdezi / *nf* زمین‌سنجی

gérontologie

géographie / ʒeɔgʀafi / *nf* ۱. جغرافیا، جغرافی ۲. وضعیت جغرافیایی
géographique / ʒeɔgʀafik / *adj* جغرافیایی
géographiquement / ʒeɔgʀafikmɑ̃ / *adv* از نظر جغرافیایی، به لحاظ جغرافیایی
geôle / ʒol / *nf* [قدیمی یا ادبی] زندان، محبس
geôlier,ère / ʒolje,ɛʀ / *n* [قدیمی یا ادبی] زندانبان
géologie / ʒeɔlɔʒi / *nf* ۱. زمین‌شناسی ۲. وضعیت زمین‌شناختی
géologique / ʒeɔlɔʒik / *adj* زمین‌شناختی
géologiquement / ʒeɔlɔʒikmɑ̃ / *adv* از نظر زمین‌شناختی
géologue / ʒeɔlɔg / *n* زمین‌شناس
géomètre / ʒeɔmɛtʀ / *n* ۱. هندسه‌دان ۲. مسّاح، نقشه‌بردار
géométrie / ʒeɔmetʀi / *nf* هندسه
géométrie dans l'espace هندسهٔ فضایی
géométrie plane هندسهٔ مسطح
géométrique / ʒeɔmetʀik / *adj* ۱. هندسی ۲. منظم ۳. بسیار دقیق، ریاضی‌وار
géométriquement / ʒeɔmetʀikmɑ̃ / *adv* ۱. از راه هندسه ۲. از لحاظ هندسی ۳. به طور دقیق، دقیقاً، ریاضی‌وار
géophysicien,enne / ʒeɔfizisjɛ̃,ɛn / *n* متخصص ژئوفیزیک، زمین‌فیزیک‌دان
géophysique / ʒeɔfizik / *nf, adj* ۱. ژئوفیزیک، زمین‌فیزیک ▫ ۲. ژئوفیزیکی، زمین‌فیزیکی
géorgien,enne[1] / ʒeɔʀʒjɛ̃,ɛn / *adj* ۱. (مربوط به) گرجستان، گرجی ۲. (مربوط به) جورجیا (= از ایالات آمریکا)، جورجیایی
Géorgien,enne[2] / ʒeɔʀʒjɛ̃,ɛn / *n* ۱. اهل گرجستان، گرجی ۲. اهل جورجیا، جورجیایی
gérance / ʒeʀɑ̃s / *nf* مدیریت، اداره

géranium / ʒeʀanjɔm / *nm* ۱. (گل) شمعدانی ۲. شمعدانی عطری، گل عطری
gérant,e / ʒeʀɑ̃,t / *n* ۱. مدیر، سرپرست، ناظر ۲. اداره‌کننده، گردانندهٔ ۳. [نشریه] مدیر مسئول
gerbe / ʒɛʀb / *nf* ۱. [گل، گندم، ...] دسته ۲. دسته گل
gercer / ʒɛʀse / *vt, vi* (3) ۱. ترک دادن، ترک انداختن ▫ ۲. ترک خوردن، ترک برداشتن
se gercer *vp* ترک خوردن، ترک برداشتن
gerçure / ʒɛʀsyʀ / *nf* ترک، ترک‌خوردگی
gérer / ʒeʀe / *vt* (6) اداره کردن
gerfaut / ʒɛʀfo / *nm* [پرنده] سنقر
germain,e[1] / ʒɛʀmɛ̃,ɛn / *adj* تَنی [خواهر، برادر]
cousin germain/cousine germaine عموزاده، عمه‌زاده، دایی‌زاده، خاله‌زاده
germain,e[2] / ʒɛʀmɛ̃,ɛn / *adj, n* ژرمن، ژرمنی
germanique / ʒɛʀmanik / *adj* ۱. ژرمنی، ژرمن ۲. آلمانی
germaniser / ʒɛʀmanize / *vt* (1) آلمانی کردن
germe / ʒɛʀm / *nm* ۱. نطفه، تخمک ۲. گیاهک، جوانه ۳. جُرثومه ۴. منشأ، سرآغاز، هسته، تخم میکروب
germe microbien میکروب
germer / ʒɛʀme / *vi* (1) ۱. روییدن، رستن، جوانه زدن، سبز شدن ۲. به وجود آمدن، شکل گرفتن، زاییده شدن
germinal / ʒɛʀminal / *nf* ژرمینال (= هفتمین ماه تقویم انقلاب فرانسه)
germination / ʒɛʀminasjɔ̃ / *nf* رویش، نمو، جوانه زدن، سبز شدن
gérondif / ʒeʀɔ̃dif / *nm* [دستور زبان] صفت فاعلی
gérontocratie / ʒeʀɔ̃tɔkʀasi / *nf* پیرسالاری، حکومت پیران
gérontologie / ʒeʀɔ̃tɔlɔʒi / *nf* پیری‌شناسی

gérontophilie / ʒeʀɔ̃tɔfili / *nf* پیرخواهی
gésier / ʒezje / *nm* سنگدان
gésir / ʒeziʀ / *vi* (je gis, tu gis, il gît, nous gisons, vous gisez, ils gisent; je gisais, tu gisais, il gisait, nous gisions, vous gisiez, ils gisaient; gisant) ۱. [ادبی] خوابیدن، دراز کشیدن ۲. واژگون بودن ۳. بودن
C'est là que gît la difficulté. مسئله اینجاست. مشکل اینجاست.
ci-gît [نوشتهٔ سنگ قبر] آرامگاهِ ...
Gestapo / gɛstapo / *nf* گِشتاپو
gestation / ʒɛstasjɔ̃ / *nf* ۱. بارداری، حاملگی، آبستنی ۲. شکل‌گیری، تکوین
geste / ʒɛst / *nm* ۱. حرکات سر و دست ۲. اشاره ۳. حرکت ۴. عمل، کار
gesticulation / ʒɛstikylasjɔ̃ / *nf* حرکات سر و دست
gesticuler / ʒɛstikyle / *vi* (1) ۱. سر و دست خود را خیلی تکان دادن ۲. ایما و اشاره کردن
gestion / ʒɛstjɔ̃ / *nf* مدیریت، سرپرستی، اداره
gestionnaire / ʒɛstjɔnɛʀ / *adj, n* ۱. اداری، اجرایی ◙ ۲. مدیر
geyser / ʒɛzɛʀ / *nm* آبفشان
ghetto / geto / *nm* ۱. محلهٔ یهودی‌نشین ۲. [اقلیت‌های نژادی، مذهبی و غیره] محله
ghetto noir محلهٔ سیاه‌پوست‌نشین، محلهٔ سیاهان
gibbosité / ʒibozite / *nf* گوژ، قوز
gibecière / ʒibsjɛʀ / *nf* ۱. [شکار] کیف، چنته ۲. کیف رودوشی، کیف بنددار
giberne / ʒibɛʀn / *nf* فشنگ‌دان، جافشنگی
gibet / ʒibɛ / *nm* چوبهٔ دار، دار
gibier / ʒibje / *nm* ۱. شکار، گوشت شکار ۲. [مجازی] طعمه، شکار
gibier de potence مستحق طناب دار، مستحق اعدام
gros gibier شکار بزرگ (= شکار جانورانی چون گوزن و گراز)

giboulée / ʒibule / *nf* رگبار (زودگذر)، باد و باران
giboyeux,euse / ʒibwajø,øz / *adj* پُرشکار، شکارخیز
gibus / ʒibys / *nm* کلاه فنری
giclement / ʒikləmɑ̃ / *nm* پاشیدن، جهش، فوران
gicler / ʒikle / *vi* (1) ۱. پاشیدن، پریدن ۲. جهیدن، فواره زدن
gifle / ʒifl / *nf* ۱. سیلی، چَک، کشیده، توگوشی ۲. توهین، فحش
gifler / ʒifle / *vt* (1) سیلی زدن (به)، چَک زدن (به)، کشیده زدن (به)، تو گوش (کسی) زدن
gigantesque / ʒigɑ̃tɛsk / *adj* ۱. غول‌آسا، غول‌پیکر، عظیم‌الجثه ۲. عظیم، بزرگ، سترگ
gigantisme / ʒigɑ̃tism / *nm* ۱. غول‌پیکری ۲. عظمت
gigolo / ʒigɔlo / *nm* فاسق پولی (= مرد جوانی که با زن مسن پولدار رابطه دارد.)
gigot / ʒigo / *nm* ۱. ژیگو، خوراک ران (گوسفند یا گوساله) ۲. [خودمانی] ران
gigoter / ʒigote / *vi* (1) [خودمانی] دست و پا زدن، وول خوردن، وول زدن
gigue / ʒig / *nf* ۱. (گوشت) ران ۲. [خودمانی] پا
gilet / ʒile / *nm* جلیقه، ژیله
gilet de sauvetage جلیقهٔ نجات
gingembre / ʒɛ̃ʒɑ̃bʀ / *nm* زنجبیل، زنجفیل
gingival,e,aux / ʒɛ̃ʒival,o / *adj* لثه‌ای، (مربوط به) لثه
gingivite / ʒɛ̃ʒivit / *nf* التهاب لثه، ورم لثه
giorno (à) / adʒɔʀno;aʒjɔʀno / *loc. adv* روشن مثل روز، به روشنی روز
girafe / ʒiʀaf / *nf* زرافه
girandole / ʒiʀɑ̃dɔl / *nf* شمعدان (چندشاخه)
giration / ʒiʀasjɔ̃ / *nf* چرخش، دَوَران، حرکت دَوَرانی
giratoire / ʒiʀatwaʀ / *adj* چرخشی، دَوَرانی

girl / gœRl / nf	[نمایش موزیکال] رقاصه
girofle / ʒiRɔfl / nm	[ادویه] میخک (درختی)
giroflée / ʒiRɔfle / nf	گل شب‌بو
giroflier / ʒiRɔflije / nm	درخت میخک
girouette / ʒiRwɛt / nf	۱. بادنما
	۲. آدم دمدمی‌مزاج
gisement / ʒizmã / nm	۱. رگهٔ کانی،
	رگهٔ معدنی ۲. کانسار، کان، معدن
gît / ʒi / v	[صورت صرف‌شدهٔ فعل gésir]
gitan,e / ʒitã,an / n	کولی اسپانیایی
gîte / ʒit / nm	۱. لانهٔ خرگوش ۲. مأوا،
	جا و مکان، جا
givre / ʒivR / nm	۱. یخبست، سرماریزه،
	بَشم ۲. برفک
glabre / glabR / adj	۱. بی‌مو، بدون مو،
	کوسه ۲. بدون کرک
glace / glas / nf	۱. یخ ۲. بستنی ۳. آینه
	۴. شیشه ۵. شیشهٔ اتومبیل
briser/rompre la glace	۱. یخ شکستن
	۲. [برای رفع روابط سرد] سر صحبت را باز کردن
de glace	سرد، خشک، بی‌تفاوت
marchand de glaces	بستنی‌فروش
glacé,e / glase / adj	۱. یخ‌زده ۲. یخی
	۳. یخ ۴. [قهوه، شکلات، ...] گلاسه ۵. شکری ۶. براق ۷. [کاغذ] گلاسه ۸. سرد، خشک، بی‌تفاوت
fruits glacés	میوهٔ شکری
glacer / glase / vt (3)	۱. منجمد کردن
	۲. سرد کردن، خنک کردن ۳. از مادهٔ براق پوشاندن، براق کردن ۴. شکری کردن ۵. دلسرد کردن، مأیوس کردن ۶. بر جا میخکوب کردن
glaciaire / glasjɛR / adj	یخچالی
période glaciaire	عصر یخبندان
glacial,e / glasjal / adj	۱. یخ، خیلی سرد
	۲. منجمد ۳. سرد، خشک، بی‌روح
glacier[1] / glasje / nm	یخچال (طبیعی)

glacier[2] / glasje / nm	۱. بستنی‌ساز
	۲. بستنی‌فروش
glacière / glasjɛR / nf	۱. یخدان ۲. یخچال
	۳. [مجازی] یخچال، سردخانه، زَمهریر
glacis[1] / glasi / nm	روغن جلا، جلا
glacis[2] / glasi / nm	شیب جلوی قلعه
glaçon / glasõ / nm	۱. قطعه یخ ۲. [خودمانی]
	آدم بی‌احساس، آدم سرد
gladiateur / gladjatœR / nm	گلادیاتور
glaïeul / glajœl / nm	(گُل) گلایول
glaire / glɛR / nf	۱. سفیدهٔ تخم‌مرغ (خام)
	۲. خِلط (غلیظ)، بلغم
glaireux,euse / glɛRø,øz / adj	۱. بلغمی
	۲. لزج و شفاف
glaise / glɛz / nf	خاک رُس، رُس، گل رُس
glaiseux,euse / glɛzø,øz / adj	رُسی
glaive / glɛv / nm	شمشیر دودَم
gland / glã / nm	۱. (میوه یا دانهٔ) بلوط
	۲. منگوله ۳. حشفه
glande / glãd / nf	غده
glaner / glane / vt (1)	۱. [مزرعه] ته‌ماندهٔ
	محصول را جمع کردن ۲. [مجازی] از این طرف و آن طرف جمع کردن
glaneur,euse / glanœR,øz / n	خوشه‌چین
glapir / glapiR / vi (2)	۱. زوزه کشیدن
	۲. جیغ و ویغ کردن
glapissement / glapismã / nm	۱. زوزه
	۲. جیغ و ویغ
glas / gla / nm	ناقوس مرگ
glaucome / glokom / nm	[پزشکی] آب سیاه
glauque / glok / adj	(به رنگِ) آبی زنگاری
glissade / glisad / nf	۱. (عمل) سُر خوردن،
	سرسره‌بازی
glissant,e / glisã,t / adj	لغزنده، لیز، سُر
glissement / glismã / nm	۱. (عمل) سُر

خـوردن، لیـز خوردن، لغزش ۲. گـرایش، تمایل

glisser / glise / *vi, vt* (1) ۱. سُر خوردن، لیز خوردن، لغزیدن ۲. گرایش پیدا کردن، تـمایل یافتن ◻ ۳. سُراندن، سُر دادن

glisser la lettre sous la porte نامه را از زیر در به داخل انداختن

glisser un mot à l'oreille de qqn حرفی را در گوش کسی گفتن

se glisser *vp* خود را جا کردن، وارد شدن

glissoire / gliswaʀ / *nf* سرسره (یخی)

global,e,aux / glɔbal,o / *adj* کلی

globalement / glɔbalmɑ̃ / *adv* کلاً، روی‌هم‌رفته، در مجموع

globe / glɔb / *nm* ۱. کره، گوی ۲. کرهٔ زمین، زمین، جهان ۳. کرهٔ جغرافیایی ۴. حباب، سرپوش

globe terrestre کرهٔ زمین، زمین

globe-trotter / glɔbtʀɔtœʀ / *nm* جهانگرد، دنیاگرد

globulaire / glɔbylɛʀ / *adj* ۱. کروی، گوی‌مانند، گرد ۲. گویچه‌ای، گلبولی، (مـربوط بـه) گلبول‌ها

globule / glɔbyl / *nm* گویچه، گلبول

gloire / glwaʀ / *nf* ۱. افتخار ۲. شهرت، آوازه ۳. شکوه، جلال، عظمت ۴. مایهٔ افتخار ۵. حمد، سپاس، شُکر

à la gloire de... ۱. به افتخارِ... ۲. در ستایشِ...

se faire gloire de مباهات کردن به، بالیدن به

glorieusement / glɔʀjøzmɑ̃ / *adv* ۱. با افتخار ۲. شکوهمندانه، (به طرزی) باشکوه

glorieux,euse / glɔʀjø,øz / *adj* ۱. باشکوه، شکوهمند ۲.پرافتخار، افتخارآفرین، افتخارآمیز ۳. نامدار، نامی، پرآوازه ۴. مغرور

glorification / glɔʀifikasjɔ̃ / *nf* بزرگداشت، گرامیداشت، تجلیل

glorifier / glɔʀifje / *vt* (7) ۱. تجلیل کردن، تمجید کردن، ستودن ۲. [خدا] ستایش کـردن، شکر کردن ۳. زیبا جلوه دادن، جلوه دادن

glose / gloz / *nf* ۱. شرح، توضیح ۲. تفسیر، تعبیر ۳. عیب‌جویی، خرده‌گیری

gloser / gloze / *vt, vi* (1) ۱. شرح دادن، تـفسیر کـردن ۲. تـوضیح بـیهوده دادن، بـیهوده پرداختن به ۳. [قدیمی] انتقاد کردن از

glossaire / glɔsɛʀ / *nm* واژه‌نامه

glottal,e,aux / glɔtal,o / *adj* [آواشناسی] چاکنایی

glotte / glɔt / *nf* چاکنای

glouglou / gluglu / *nm* [خودمانی] (صدای) غل‌غل، قلپ‌قلپ

glouglouter / gluglute / *vi* (1) [خودمانی] غل‌غل کردن، قلپ‌قلپ (صدا) کردن

gloussement / glusmɑ̃ / *nm* ۱. قدقد ۲. قاه‌قاه، هِرهِر

glousser / gluse / *vi* (1) ۱. قدقد کردن ۲. قاه‌قاه خندیدن، هِرهِر خندیدن

glouton,onne / glutɔ̃,ɔn / *adj, n* (آدم) پرخور، شکمو، شکمباره، حریص

gloutonnerie / glutɔnʀi / *nf* پرخوری، شکمبارگی، حرص

glu / gly / *nf* ۱. چسب پرنده (= چسبی که برای شکار پرندگان روی شاخه‌های درخت مـی‌مالند.) ۲. چسب قوی ۳. [خودمانی] مزاحم سمج، کنه

gluant,e / glyɑ̃,t / *adj* چسبناک

glucose / glykoz / *nm* گلوکز، قند

glutineux,euse / glytinø,øz / *adj* چسبنـاک، چسبنده

glycérine / gliseʀin / *nf* گلیسیرین

gnangnan / ɲɑ̃ɲɑ̃ / *adj. inv* [خودمانی] وارفته، شل و ول، بی‌حال

gnaule / ɲol / *nf* → gnôle

gnian-gnian / ɲɑ̃ɲɑ̃ / *adj. inv* → gnangnan

gnôle / ɲol / *nf* [عامیانه] عرق، آب‌شنگولی

gniole / ɲol / *nf* → gnôle

gnome / gnom / *nm* ۱. جن کوتوله ۲. کوتوله

gnon / ɲɔ̃ / *nm* [عامیانه] ضربه

gonfler

gnose / gnoz / nf ۱. شناخت باطنی، معرفت باطنی ۲. مذهب گنوسی

gnoséologie / gnozeɔlɔʒi / nf معرفت‌شناسی

gnostique / gnɔstik / n, adj ۱. پیرو مذهب گنوسی، گـنوسی ▪ ۲. (مربوط بـه) شـناخت (یـا معرفت) باطنی ۳. گنوسی

goal / gol / nm [قدیمی] دروازه‌بان

gobelet / gɔblɛ / nm آبخوری، لیوان

gober / gɔbe / vt (1) ۱. بلعیدن، قورت دادن ۲. [خودمانی] چشم‌بسته قبول کردن

se gober vp به خود بالیدن، به خود نازیدن

gobeur,euse / gɔbœR,øz / n [خودمانی] آدم ساده‌لوح، آدم خوش‌باور

godage / gɔdaʒ / nm [لباس] کیس

godailler / gɔdaje / vi (1) → goder

godasse / gɔdas / nf [خودمانی] کفش

godelureau / gɔdlyRo / nm ژیگولو، قرتی

goder / gɔde / vi (1) [لباس] کیس خوردن، کیس داشتن

godet / gɔdɛ / nm ۱. پیاله ۲. ظرف ۳. کیس

godiche / gɔdiʃ / adj [خودمانی] بی‌عرضه، دست و پاچلفتی

goélette / gɔelɛt / nf کشتی بادبانی دودَکله

gogo / gɔgo / nm [خودمانی] آدم خوش‌باور، آدم ساده‌لوح، آدم ساده

goguenard,e / gɔgnaR,d / adj تمسخرآمیز

goguette / gɔgɛt / nf [خودمانی] شنگول، سرخوش، سرمست

goinfre / gwɛ̃fR / adj, nm (آدم) پرخور، شکمو

goinfrer / gwɛ̃fRe / vi (1) [قدیمی؛ خودمانی] با حرص و ولع خوردن

se goinfrer vp [خودمانی] با حرص و ولع خوردن

goitre / gwatR / nm گواتر

goitreux,euse / gwatRø,øz / adj, n ۱. گواتری، (مربوط به) گواتر ▪ ۲. مبتلا به گواتر

golden / gɔldɛn / nf سیب زرد

golf / gɔlf / nm ۱. [ورزش] گُلف ۲. زمین گُلف

golfe / gɔlf / nf خلیج

golfeur,euse / gɔlfœR,øz / n گُلف‌باز

gommage / gɔmaʒ / nm ۱. چسب‌مالی، چسب زدن ۲. مخلوط کردن با صمغ ۳. پاک کردن (با پاک‌کن)

gomme / gɔm / nf ۱. صمغ، انگم ۲. چسب ۳. پاک‌کن ۴. آدامس ۵. [پزشکی] گوم

gommer / gɔme / vt (1) ۱. چسب زدن، چسب مالیدن ۲. با صمغ مـخلوط کـردن ۳. (بـا پاک‌کن) پاک کردن ۴. به فراموشی سپردن، از یاد بردن

gommeux,euse / gɔmø,øz / adj صمغی

gonade / gɔnad / nf غدهٔ جنسی

gond / gɔ̃ / nm [در و پنجره] پاشنه، لولا

sortir de ses gonds از کوره در رفتن، جوش آوردن

gondolage / gɔ̃dɔlaʒ / nm → gondolement

gondole / gɔ̃dɔl / nf گوندولا، قایق ونیزی

gondolement / gɔ̃dɔlmɑ̃ / nm طبله (کردن)

gondoler / gɔ̃dɔle / vi (1) طبله کردن، باد کردن

se gondoler vp ۱. طبله کردن، باد کردن ۲. [خودمانی] از خنده به خود پیچیدن، غش و ریسه رفتن

gonflage / gɔ̃flaʒ / nm ۱. (عمل) باد کردن ۲. باد

gonflement / gɔ̃fləmɑ̃ / nm ۱. (عمل) باد کردن ۲. باد شدن ۳. ورم، آماس ۴. تورم

gonfler / gɔ̃fle / vt, vi (1) ۱. باد کردن ۲. باد انداختن در ۳. متورم کـردن ۴. بـه حـجم (چیزی) افزودن ۵. اغراق کردن، بزرگ جلوه دادن، گنده کردن ۶. [از شوق، از غم، ...] آکنده کردن، لبریز

کردن، سرشار کردن ◙ ۷. باد کردن، پف کـردن، ورم کردن

se gonfler *vp* ۱. باد شدن ۲. باد کردن، پف کردن، ورم کردن ۳. آکنده شدن، لبریز شدن، سرشار شدن

se gonfler d'orgueil باد به غبغب انداختن

goniomètre /gɔnjɔmɛtʀ/ *nm* زاویه‌سنج

goret /gɔʀɛ/ *nm* بچه خوک، توله خوک

gorge /gɔʀʒ/ *nf* ۱. گلو ۲. حلق ۳. [ادبی] سینه (= پستان) ۴. دره، تنگ ۵. شیار

faire des gorges chaudes de مسخره کردن، خندیدن به

rendre gorge [مجازی] از گلوی (کسی) پایین نرفتن

gorgée /gɔʀʒe/ *nf* جرعه، قلپ

gorger /gɔʀʒe/ *vt* (3) ۱. تا خرخره خوراندن ۲. آکندن، سرشار کردن

se gorger *vp* تا خرخره خوردن

gorille /gɔʀij/ *nm* ۱. گوریل ۲. [خودمانی] محافظ، پِیا، بادیگارد

gosier /gozje/ *nm* ۱. حلق، گلوگاه ۲. حنجره

gosse /gɔs/ *n* [عامیانه] بچه، پسربچه، دختربچه

gouache /gwaʃ/ *nf* ۱. رنگ گواش ۲. نقاشی گواش ۳. تابلوی گواش

gouaille /gwaj/ *nf* → gouaillerie

gouaillerie /gwajʀi/ *nf* تمسخر، ریشخند

gouailler /gwaje/ *vi* (1) [ادبی، قدیمی] مسخره کردن، ریشخند کردن، دست انداختن

gouailleur,euse /gwajœʀ,øz/ *adj* تمسخرآمیز، ریشخندآمیز

gouape /gwap/ *nf* [عامیانه] لات، آدم بی‌سر و پا

goudron /gudʀɔ̃/ *nm* قطران، قیر، آسفالت

goudronnage /gudʀɔnaʒ/ *nm* قیراندودکاری

goudronner /gudʀɔne/ *vt* (1) قیراندود کردن

gouffre /gufʀ/ *nm* ۱. پرتگاه ۲. گرداب ۳. ورطه، مهلکه

goujat /guʒa/ *nm* آدم بی‌نزاکت، آدم زمخت و خشن

goujaterie /guʒatʀi/ *nf* بی‌نزاکتی، رفتار خشن و زننده

goujon /guʒɔ̃/ *nm* ماهی ریز قنات

goulée /gule/ *nf* ۱. [خودمانی] لقمهٔ بزرگ ۲. قلپ

goulet /gulɛ/ *nm* ۱. آبکند ۲. تنگه

goulot /gulo/ *nm* [بطری و غیره] دهانه

goulu,e /guly/ *adj, n* ۱. (آدم) پرخور، شکمو، دَله ۲. حریص

goulûment /gulymɑ̃/ *adv* با حرص و ولع، حریصانه

gourbi /guʀbi/ *nm* کلبه، آلونک، زاغه

gourd,e[1] /guʀ,d/ *adj* سرمازده، کرخ، بی‌حس

gourde[2] /guʀd/ *nf* ۱. کدو قلیانی ۲. قمقمه ۳. [خودمانی] (آدم) احمق، ابله، کودن

gourdin /guʀdɛ̃/ *nm* چماق

gourer (se) /s(ə)guʀe/ *vp* (1) [خودمانی] گاف کردن، اشتباه کردن

gourgandine /guʀgɑ̃din/ *nf* [قدیمی] زن هرزه

gourmand,e /guʀmɑ̃,d/ *adj* ۱. شکمو، شکم‌باره، پُرخور، دَله ۲. حریص، طماع، آزمند ۳. تشنه، شیفته

gourmander /guʀmɑ̃de/ *vt* (1) [ادبی] سرزنش کردن، مؤاخذه کردن

gourmandise /guʀmɑ̃diz/ *nf* ۱. شکم‌بارگی، دلگی ۲. غذای خوشمزه

gourme /guʀm/ *nf* [بیماری] زرد زخم

gourmé,e /guʀme/ *adj* [آدم] خشک، یُبس، نجوش

gourmet /guʀmɛ/ *nm* ۱. خوراک‌شناس ۲. آدم خوش‌خوراک

gourmette /guʀmɛt/ *nf* ۱. [اسب] زنجیر دهنه ۲. [ساعت، پیرایه] زنجیر

gousse /gus/ *nf*	۱. [نخود، لوبیا، ...] غلاف، پوست ۲. [سیر] حَبه، پَر
gousset /gusɛ/ *nm*	۱. جیب جلیقه ۲. جیب کوچک شلوار ۳. [قدیمی] زیر بغل
goût /gu/ *nm*	۱. (حس) چشایی، ذائقه ۲. مزه، طعم ۳. ذوق، سلیقه ۴. اشتها، میل ۵. علاقه، میل، رغبت
avoir du goût	باسلیقه بودن، سلیقه داشتن، باذوق بودن
prendre goût à qqch	به چیزی علاقه پیدا کردن، از چیزی خوش آمدن
goûter[1] /gute/ *vt, vi* (1)	۱. چشیدن، مزه کردن ۲. لذت بردن، حظ بردن، کیف کردن ۳. پسندیدن، دوست داشتن، علاقه داشتن بـه ۴. آزمودن، تجربه کردن ۵. طعم (چیزی را) دادن ▣ ۶. عصرانه خوردن
goûter[2] /gute/ *nm*	عصرانه
goutte[1] /gut/ *nf*	۱. قطره، چکه ۲. [مقدار] ذره، چکه، ریزه — [صورت جمع] ۳. [دارو] قطره
avoir la goutte au nez	[از بینی] آبریزش داشتن
boire la goutte	[خودمانی] لبی تر کردن
goutte à goutte	۱. قطره‌قطره، چکه‌چکه ۲. ذره‌ذره، ریزه‌ریزه
goutte[2] /gut/ *nf*, ne...goutte	هیچ، هیچ چیز، به هیچ وجه، اصلاً
n'y entendre goutte	هیچ چیز نفهمیدن، اصلاً سر در نیاوردن
goutte[3] /gut/ *nf*	نقرس
gouttelette /gutlɛt/ *nf*	قطرهٔ کوچک
goutter /gute/ *vi* (1)	۱. قطره‌قطره ریختن، قطره‌قطره چکیدن ۲. چکه کردن
goutteux,euse /gutø,øz/ *adj, n*	۱. نقرسی، ناشی از نقرس ▣ ۲. مبتلا به نقرس
gouttière /gutjɛR/ *nf*	۱. ناودان ۲. وسیلهٔ شکسته‌بندی

gouvernail /guvɛRnaj/ *nm*	سکان
gouvernant,e[1] /guvɛRnɑ̃,t/ *n, adj*	۱. حاکم، حکمران، فرمانروا ▣ ۲. حاکم
les gouvernants	اولیای امور، دولت
gouvernante[2] /guvɛRnɑ̃t/ *nf*	۱. معلم سرخانه (زن) ۲. پرستار (خانگی)
gouverne /guvɛRn/ *nf*	۱. [قدیمی] خط مشی ۲. [کشتی] هدایت، رهنمود
gouvernement /guvɛRnəmɑ̃/ *nm*	۱. حکومت ۲. دولت ۳. اداره (کردن)
gouvernemental,e,aux /guvɛRnəmɑ̃tal,o/ *adj*	۱. دولتی، (مربوط به) دولت ۲. حامی دولت، طرفدار دولت
gouverner /guvɛRne/ *vt* (1)	۱. حکومت کردن (بر) ۲. اداره کردن ۳. مسلط بودن بر، غالب بودن بر ۴. هدایت کردن ۵. [دستور زبان] فرمانش داشتن بر، فرمانیدن
gouverneur /guvɛRnœR/ *nm*	۱. فرماندار ۲. حاکم، والی ۳. [قدیمی] لَله، سرپرست
grabat /gRaba/ *nm*	تختخواب ناراحت
grabuge /gRaby3/ *nm*	[خودمانی] دعوا، الم‌شنگه، قشقرق، جنجال
grâce /gRas/ *nf*	۱. لطف، محبت، مرحمت ۲. رحمت ایزدی، لطف خدا ۳. عفو، بخشایش، بخشندگی ۴. شکر، شکرانه ۵. ظرافت ۶. جذابیت، قشنگی، وجاهت، ملاحت، ناز
coup de grâce	۱. تیر خلاص ۲. ضربهٔ نهایی
de bonne grâce	به میل خود، با رضا و رغبت
de grâce	محض رضای خدا، شما را به خدا
de mauvaise grâce	به اکراه، بر خلاف میل خود
faire grâce	۱. بخشیدن، عفو کردن ۲. لطف کردن
Grâce!	رحم کنید! رحم کن!
grâce à	به لطفِ، به یاری، به مددِ
gracier /gRasje/ *vt* (7)	بخشیدن، عفو کردن

a = bas, plat	e = blé, jouer	ɛ = lait, jouet, merci	i = il, lyre	ɔ = mot, dôme, eau, gauche	ɔ = mot
u = roue	y = rue	ø = peu	œ = peur	ə = le, premier	ɑ̃ = sans, vent	ɛ̃ = matin, plein, lundi
õ = bon, ombre	ʃ = chat, tache	ʒ = je, gilet	j = yeux, paille, pied	w = oui, nouer	ɥ = huile, lui

gracieusement / gʀasjøzmɑ̃ / *adv* ۱. با خوش‌رویی، دوستانه ۲. از روی لطف ۳. با ناز ۴. با ظرافت ۵. (به) رایگان، مجانی

gracieuseté / gʀasjøzte / *nf* ۱. لطف، مهربانی ۲. تعارف

gracieux,euse / gʀasjø,øz / *adj* ۱. دوستانه، محبت‌آمیز ۲. خوش‌رو، دوست‌داشتنی ۳. جذاب، ناز ۴. رایگان، مجانی

gracile / gʀasil / *adj* باریک، کشیده

gradation / gʀadasjɔ̃ / *nf* ۱. تغییر تدریجی ۲. درجه، مرتبه، مرحله

par gradation به تدریج، تدریجاً

grade / gʀad / *nm* ۱. درجه، رتبه ۲. [ریاضیات] ضریب زاویه

gradé,e / gʀade / *adj, n* [نظامی] درجه‌دار

gradin / gʀadɛ̃ / *nm* ردیف، سکو، پله

graduation / gʀadɥasjɔ̃ / *nf* درجه‌بندی

graduel,elle / gʀadɥɛl / *adj* تدریجی

graduellement / gʀadɥɛlmɑ̃ / *adv* به تدریج، کم‌کم، رفته‌رفته، اندک‌اندک

graduer / gʀadɥe / *vt* (1) ۱. به تدریج افزایش دادن، به تدریج بالا بردن ۲. درجه‌بندی کردن

graillon[1] / gʀajɔ̃ / *nm* ۱. بوی روغن سوخته، طعم روغن سوخته ــ [صورت جمع] ۲. روغن‌سوخته، ته‌ماندهٔ روغن (سوخته)

graillon[2] / gʀajɔ̃ / *nm* [خودمانی] آخ تف، خِلط

graillonner[1] / gʀajɔne / *vi* (1) بوی روغن‌سوخته دادن، بوی روغن سوخته گرفتن

graillonner[2] / gʀajɔne / *vi* (1) [عامیانه] آخ و تف کردن، خلط انداختن

grain / gʀɛ̃ / *nm* ۱. دانه ۲. غله، غلات ۳. ذره، خرده، ریزه؛ جو ۴. باد و باران

grain de beauté خال

grain de raisin حبهٔ انگور

veiller au grain مراقب بودن، گوش‌به‌زنگ بودن

graine / gʀɛn / *nf* دانه، تخم، بذر

graineterie / gʀɛnt(ə)ʀi;gʀɛnɛtʀi / *nf* بذرفروشی

grainetier,ère / gʀɛntje,ɛʀ / *n* بذرفروش

graisse / gʀɛs / *nf* ۱. چربی ۲. پیه ۳. روغن ۴. گریس

graissage / gʀɛsaʒ / *nm* ۱. (عمل) چرب کردن ۲. روغن‌کاری، گریس‌کاری

graisser / gʀese / *vt* (1) ۱. چرب کردن ۲. روغن‌کاری کردن، گریس‌کاری کردن

graisser la patte à qqn سبیل کسی را چرب کردن

graisseux,euse / gʀɛsø,øz / *adj* ۱. چرب ۲. (مربوط به) چربی

grammaire / gʀamɛʀ / *nf* ۱. دستور زبان ۲. کتاب دستور زبان

grammairien,enne / gʀamɛʀjɛ̃,ɛn / *n* دستورنویس

grammatical,e,aux / gʀamatikal,o / *adj* ۱. دستوری، (مربوط به) دستور زبان ۲. [از نظر دستوری] درست، صحیح

gramme / gʀam / *nm* گِرم

grand[1]**,e** / gʀɑ̃,d / *adj* ۱. بزرگ ۲. قدبلند، بلند ۳. مهم ۴. زیاد ۵. شدید ۶. کلان، گزاف ۷. کبیر ۸. اعظم

grand air هوای آزاد

grand blessé مجروح شدید، سخت مجروح

Pierre le Grand پتر کبیر

voir grand مقاصد بزرگی در سر داشتن

grand[2] / gʀɑ̃ / *adv,*

en grand در مقیاس وسیع

grand ouvert کاملاً باز، چهارتاق

voir grand مقاصد بزرگی در سر داشتن

grand-chose / gʀɑ̃ʃoz / *n. inv* [با فعل منفی] چیز مهم

grand-croix / gʀɑ̃kʀwa / *nf. inv* (نشان) صلیب بزرگ

grand-duc / gʀɑ̃dyk / *nm* ۱. دوک بزرگ، دوک اعظم ۲. [پرنده] شاهبوف	**granuleux,euse** / gʀanylø,øz / *adj* دون‌دون، زبر
grandelet,ette / gʀɑ̃dlɛ,ɛt / *adj* [خودمانی] کمی بزرگ، نسبتاً بزرگ	**grape-fruit** / gʀɛpfʀut / *nm* گریپ‌فروت
grandement / gʀɑ̃dmɑ̃ / *adv* ۱. خیلی ۲. کاملاً ۳. به خوبی ۴. به شدت	**graphie** / gʀafi / *nf* املا، رسم‌الخط، شیوهٔ املا
grand ensemble / gʀɑ̃tɑ̃sɑ̃bl / *nm* مجتمع (ساختمانی)	**graphique** / gʀafik / *adj, nm* ۱. خطی ۲. گرافیک، گرافیکی، ترسیمی ▫ ۳. نمودار، منحنی، نگاره
grandeur / gʀɑ̃dœʀ / *nf* ۱. بزرگی، عظمت ۲. اهمیت ۳. وسعت ۴. اندازه ۵. مقدار	**graphite** / gʀafit / *nm* گرافیت، سرب سیاه
grandeur nature (به) اندازهٔ طبیعی	**graphologie** / gʀafɔlɔʒi / *nf* خط‌شناسی
	graphologique / gʀafɔlɔʒik / *adj* خط‌شناختی
grandiloquence / gʀɑ̃dilɔkɑ̃s / *nf* طمطراق، تکلف	**graphologue** / gʀafɔlɔg / *n* خط‌شناس
grandiloquent,e / gʀɑ̃dilɔkɑ̃,t / *adj* پرطمطراق، پرتکلف، مطنطن	**grappe** / gʀap / *nf* ۱. خوشه ۲. دسته
grandiose / gʀɑ̃djoz / *adj* باعظمت، باهیبت، باشکوه	**grappiller** / gʀapije / *vi, vt* (1) ۱. خوشه‌های پس‌مانده را چیدن ▫ ۲. جمع کردن، جمع‌آوری کردن
grandir / gʀɑ̃diʀ / *vi, vt* (2) ۱. بزرگ شدن ۲. گسترش یافتن، شدت گرفتن ▫ ۳. بزرگ کردن ۴. بزرگ جلوه دادن	**grappin** / gʀapɛ̃ / *nm* ۱. لنگر (چندشاخه) ۲. چنگک
grandissant,e / gʀɑ̃disɑ̃,t / *adj* فزاینده، رو به فزونی، در حال افزایش	**gras¹,grasse** / gʀa,gʀas / *adj* ۱. چرب ۲. چاق، فربه ۳. [گیاه] گوشتی
	cheveux gras موهای چرب
	dormir/faire la grasse matinée دیر از خواب پا شدن، تا لنگ ظهر خوابیدن [صبح]
grand-mère / gʀɑ̃mɛʀ / *nf* مادربزرگ	
grand-parents / gʀɑ̃paʀɛ̃ / *nm. pl* پدربزرگ و مادربزرگ	**gras²** / gʀa / *nm* چربی
	faire gras گوشت خوردن
grand-père / gʀɑ̃pɛʀ / *nm* پدربزرگ	**grassement** / gʀasmɑ̃ / *adv* سخاوتمندانه، زیاد، حسابی
grange / gʀɑ̃ʒ / *nf* ۱. کاهدان ۲. انبار(غله)	
granit(e) / gʀanit / *nm* سنگ خارا، گرانیت	**grassouillet,ette** / gʀasujɛ,ɛt / *adj* چاق، چاق و چله، تپل
cœur de granit سنگدل	**gratification** / gʀatifikasjɔ̃ / *nf* پاداش
granitique / gʀanitik / *adj* (از جنس) خارا، گرانیتی	**gratifier** / gʀatifje / *vt* (7) پاداش دادن به
	gratin / gʀatɛ̃ / *nm* ۱. ته‌دیگ ۲. [آشپزی] گراتَن ۳. [خودمانی] اعیان
granivore / gʀanivɔʀ / *adj* دانه‌خوار	
granule / gʀanyl / *nm* ۱. دانه (ریز) ۲. [دارو] قرص (کوچک)	**gratis** / gʀatis / *adv* [خودمانی] مجانی، مجاناً، مفتکی

---

a = bas, plat   e = blé, jouer   ɛ = lait, jouet, merci   i = il, lyre   o = mot, dôme, eau, gauche   ɔ = mort
u = roue   y = rue   ø = peu   œ = peur   ə = le, premier   ɑ̃ = sans, vent   ɛ̃ = matin, plein, lundi
ɔ̃ = bon, ombre   ʃ = chat, tache   ʒ = je, gilet   j = yeux, paille, pied   w = oui, nouer   ɥ = huile, lui

gratitude /gʀatityd/ *nf* حق‌شناسی، قدردانی، سپاس، سپاس‌گزاری

grattage /gʀataʒ/ *nm* ۱. (عمل) تراشیدن ۲. (عمل) پاک کردن

gratte-ciel /gʀatsjɛl/ *nm. inv* آسمان‌خراش

grattement /gʀatmɑ̃/ *nm* (عمل) خاراندن

gratter /gʀate/ *vt, vi* (1) ۱. تراشیدن، سابیدن، ساییدن، خراشیدن ۲. به خارش انداختن، ایجاد خارش کردن ۳. خاراندن ۴. پاک کردن ۵. [خودمانی] گیر آوردن، به جیب زدن ۶. [خودمانی] جلو زدن از، پیش افتادن از ◙ ۷. [عامیانه] کار کردن

gratter à la porte آهسته به در زدن، یواش در زدن

grattoir /gʀatwaʀ/ *nm* ۱. جوهرتراش، تیغ ۲. کاردک، لیسه

gratuit,e /gʀatɥi,t/ *adj* ۱. رایگان، مجانی ۲. بی‌دلیل، بی‌جهت، بیخود، بیجا، ناحق

gratuité /gʀatɥite/ *nf* ۱. رایگان بودن، مجانی بودن ۲. بی‌دلیل بودن، بیجا بودن

gratuitement /gʀatɥitmɑ̃/ *adv* ۱. رایگان، مجاناً، مجانی ۲. بی‌دلیل، بی‌جهت، بیخود، به ناحق

gravats /gʀava/ *nm.pl* آوار

grave /gʀav/ *adj* ۱. موقر، باوقار، متین، سنگین ۲. مهم، جدی ۳. بحرانی، حاد، خطرناک ۴. [صدا، نت] بم

accent grave آکسان گراو (= نشانه‌ای که بر روی بعضی از مصوت‌ها قرار می‌گیرد، مثلاً بر روی حرف *u* در واژهٔ *où*.)

graveleux,euse /gʀavlø,øz/ *adj* ۱. شنی ۲. مستهجن، بی‌ادبانه

gravelle /gʀavɛl/ *nf* [قدیمی] سنگ کلیه

gravement /gʀavmɑ̃/ *adv* ۱. موقرانه، با متانت ۲. به سختی، سخت، به شدت، به طور جدی

graver /gʀave/ *vt* (1) ۱. کنده‌کاری کردن، حکاکی کردن، حک کردن، کندن ۲. گراور کردن، کلیشه کردن

graveur /gʀavœʀ/ *nm* کنده‌کار، حکاک

gravier /gʀavje/ *nm* شن، ریگ

gravillon /gʀavijɔ̃/ *nm* شنِ ریز

gravir /gʀaviʀ/ *vt* (2) به زحمت بالا رفتن از

gravitation /gʀavitasjɔ̃/ *nf* [فیزیک] گرانش، جاذبه

gravité /gʀavite/ *nf* ۱. وقار، متانت ۲. اهمیت ۳. وخامت ۴. گرانی، ثقل، جاذبهٔ زمین

graviter /gʀavite/ *vi* (1) ۱. (دور چیزی) گشتن، چرخیدن ۲. (دور و برِ کسی) پلکیدن

gravois /gʀavwa/ *nm.pl* → gravats

gravure /gʀavyʀ/ *nf* ۱. کنده‌کاری، حکاکی ۲. چاپ گود، گراور ۳. تصویر، عکس

gré /gʀe/ *nm* میل، خواست

au gré de مطابق میلِ، (به) دلخواهِ

bon gré mal gré خواهی‌نخواهی

de bon gré با رضا و رغبت، با کمال میل

de gré à gré با توافق، با رضایت طرفین

de son plein gré با رضا و رغبت، به میل خود

savoir gré à ممنون بودن از، قدردانی کردن از

grec[1],grecque /gʀɛk/ *adj* یونانی، (مربوط به) یونان

Grec[2],Grecque /gʀɛk/ *n* اهل یونان، یونانی

grec[3] /gʀɛk/ *nm* زبان یونانی، یونانی

gréco-latin,e /gʀekɔlatɛ̃,in/ *adj* یونانی‌ـلاتینی

gréco-romain,e /gʀekɔʀɔmɛ̃,ɛn/ *adj* یونانی‌ـرومی، (مربوط به) یونان و روم

lutte gréco-romaine کشتی فرنگی

gredin,e /gʀədɛ̃,in/ *n* ۱. رذل، آدم نابکار، آدم پست ۲. [قدیمی] گدا، بدبخت

gréement /gʀemɑ̃/ *nm* تجهیزات کشتی

gréer /gʀee/ *vt* (1) [کشتی] تجهیز کردن

greffage /gʀɛfaʒ/ *nm* [گیاه‌شناسی، جراحی] (عمل) پیوند

greffe[1] /gʀɛf/ *nm* [دادگاه] دفتر

greffe[2] /gʀɛf/ *nf* [گیاه‌شناسی، جراحی] پیوند

greffer /gʀefe/ *vt* (1) [گیاه‌شناسی، جراحی] پیوند زدن

greffier /gʀefje/ *nm* [دادگاه] منشی

greffoir /gʀɛfwaʀ/ *nm* چاقوی پیوندزنی

greffon /gʀɛfɔ̃/ *nm* ۱. [گیاه‌شناسی] پیوند ۲. [جراحی] عضو پیوندی، بافت پیوندی

grégaire /gʀegɛʀ/ *adj* ۱. [زیست‌شناسی] گروه‌زی ۲. جمع‌گرا، اجتماعی

grégarisme /gʀegaʀism/ *nm* جمع‌گرایی

grège /gʀɛʒ/ *adj,* **soie grège** ابریشم خام

grêle[1] /gʀɛl/ *adj* ۱. بلند و باریک، کشیده ۲. ظریف ۳. [صدا] زیر، نازک

intestin grêle رودهٔ باریک

grêle[2] /gʀɛl/ *nf* تگرگ

une grêle de [مجازی] سیلِ، بارانِ

grêler /gʀele/ *v. impers* (1) تگرگ باریدن، تگرگ آمدن

grêlon /gʀɛlɔ̃/ *nm* دانهٔ تگرگ

grelot /gʀəlo/ *nm* ۱. زنگوله ۲. [خودمانی] تلفن، زنگ

avoir les grelots [خودمانی] ترس و لرز داشتن، (از ترس) مثل بید لرزیدن

grelottant,e /gʀəlɔtɑ̃,t/ *adj* لرزان

grelottement /gʀəlɔtmɑ̃/ *nm* لرز

grelotter /gʀəlɔte/ *vi* (1) ۱. لرزیدن ۲. از سرما لرزیدن، یخ کردن

grenade[1] /gʀənad/ *nf* انار

grenade[2] /gʀənad/ *nf* نارنجک

grenadier[1] /gʀənadje/ *nm* درخت انار

grenadier[2] /gʀənadje/ *nm* نارنجک‌انداز

grenadine /gʀənadin/ *nf* شربت انار

grenaille /gʀənaj/ *nf* ساچمه

grenat /gʀəna/ *nm, adj. inv* ۱. نارسنگ (= نوعی‌سنگ معدنی) ▣ ۲. (به رنگِ) قرمز تیره، زرشکی، آلبالویی

grené,e /gʀəne/ *adj* ۱. دون‌دون، زبر ۲. نقطه‌نقطه، نقطه‌چین، زبره‌کاری

grenier /gʀənje/ *nm* ۱. انبار (غلات) ۲. انبار زیرشیروانی

grenouillage /gʀənujaʒ/ *nm* [عامیانه] زد و بند، دوز و کلک

grenouille /gʀənuj/ *nf* قورباغه

grenu,e /gʀəny/ *adj* ۱. [گیاه‌شناسی] پُردانه ۲. دون‌دون، زبر

grès /gʀɛ/ *nm* ماسه‌سنگ

grésil /gʀezi(l)/ *nm* تگرگ ریز

grésillement /gʀezijmɑ̃/ *nm* (صدایِ) جلز و ولز، جِزجِز

grésiller[1] /gʀezije/ *v. impers* (1) تگرگ ریز باریدن، تگرگ ریز آمدن

grésiller[2] /gʀezije/ *vi* (1) جلز و ولز کردن، جِزجِز کردن

grève[1] /gʀɛv/ *nf* ساحل شنی

grève[2] /gʀɛv/ *nf* اعتصاب

faire/se mettre en grève اعتصاب کردن

grève de la faim اعتصاب غذا

grever /gʀəve/ *vt* (5) [هزینه و غیره] سنگین کردن

gréviste /gʀevist/ *n* اعتصاب‌کننده

gribouillage /gʀibujaʒ/ *nm* ۱. خط‌خطی ۲. خط خرچنگ‌قورباغه

gribouiller /gʀibuje/ *vi, vt* (1) ۱. خط‌خطی کردن ▣ ۲. خرچنگ‌قورباغه نوشتن، بدخط نوشتن

gribouillis /gʀibuji/ *nm* → gribouillage

grief /gʀijɛf/ *nm* شکایت، اعتراض

grièvement /gʀijɛvmɑ̃/ *adv* به شدت، به سختی، سخت

griffe /gʀif/ *nf* ۱. [جانوران] چنگ، چنگال ۲. جای نگین ۳. مُهر، امضا ۴. [کتاب و غیره] مارک

griffer /gʀife/ *vt* (1) چنگ زدن

a = bas, plat e = blé, jouer ɛ = lait, jouet, merci i = il, lyre o = mot, dôme, eau, gauche ɔ = mort
u = roue y = rue ø = peu œ = peur ə = le, premier ɑ̃ = sans, vent ɛ̃ = matin, plein, lundi
ɔ̃ = bon, ombre ʃ = chat, tache ʒ = je, gilet j = yeux, paille, pied w = oui, nouer ɥ = huile, lui

griffon / gʀifɔ̃ / *nm* ۱. [پرنده] دال ۲. [اساطیر] شیر دال

grifonnage / gʀifɔnaʒ / *nm* ۱. خط ناخوانا، خط بد، خط خرچنگ‌قورباغه ۲. خط‌خطی، نقاشی بد ۳. نوشتهٔ سرسری

griffonner / gʀifɔne / *vt* (1) ۱. بدخط نوشتن، خرچنگ‌قورباغه نوشتن ۲. خط‌خطی کردن، بد کشیدن ۳. سرسری نوشتن

griffu,e / gʀify / *adj* چنگال‌دار

grigner / gʀiɲe / *vi* (1) چروک خوردن، کیس خوردن

grignotement / gʀiɲɔtmɑ̃ / *nm* ۱. (عمل) جویدن ۲. غرچ و غروچ

grignoter / gʀiɲɔte / *vi, vt* (1) ۱. جویدن ۲. کم خوردن، بازی‌بازی کردن ◙ ۳. جویدن، دندان زدن، گاز زدن ۴. به تدریج از بین بردن، مستهلک کردن، کم‌کم نابود کردن ۵. به دست آوردن، گیر آوردن

grigou / gʀigu / *nm* [خودمانی] آدم ناخن‌خشک، کِنِس، چُس‌خور

gri-gri / gʀigʀi / *nm* → gris-gris

gril / gʀi(l) / *nm* کباب‌پز، گریل

grillade / gʀijad / *nm* کباب

grillage[1] / gʀijaʒ / *nm* تور سیمی

grillage[2] / gʀijaʒ / *nm* ۱. (عمل) کباب کردن، برشته کردن ۲. (عمل) بو دادن

grillager / gʀijaʒe / *vt* (3) تور سیمی کشیدن

grille / gʀij / *nf* [زندان، ساختمان، ...] نرده (آهنی)، پنجره آهنی

grille-pain / gʀijpɛ̃ / *nm. inv* توستر

griller[1] / gʀije / *vt, vi* (1) ۱. کباب کردن، برشته کردن ۲. بو دادن ۳. خیلی داغ کردن، سوزاندن ۴. [لامپ و غیره] سوزاندن ◙ ۵. کباب شدن، برشته شدن ۶. [خودمانی] (از گرما) پختن ۷. [مجازی] سوختن ۸. رد شدن از، عبور کردن از، رد کردن

griller une cigarette [خودمانی] یک سیگار دود کردن

griller un feu rouge از چراغ قرمز عبور کردن، چراغ قرمز را رد کردن

La lampe est grillée. لامپ سوخت.

griller[2] / gʀije / *vt* (1) نرده (آهنی) کشیدن، پنجره آهنی کشیدن

grillon / gʀijɔ̃ / *nm* جیرجیرک

grimaçant,e / gʀimasɑ̃,t / *adj* اخمو، عبوس، درهم

grimace / gʀimas / *nf* ۱. اخم ۲. شکلک، ادا ۳. [لباس] کیس ــ [صورت جمع] ۴. ادا و اصول، تظاهر

grimacer / gʀimase / *vi* (3) ۱. قیافهٔ خود را در هم کشیدن، اخم کردن ۲. [لباس] کیس خوردن

grimacier,ère / gʀimasje,ɛʀ / *adj* متظاهر، ظاهری، ریاکارانه

un enfant grimacier بچه‌ای که اغلب شکلک درمی‌آورد

grimage / gʀimaʒ / *nm* چهره‌پردازی، گریم

grimer / gʀime / *vt* (1) چهره‌پردازی کردن، گریم کردن

grimoire / gʀimwaʀ / *nm* ۱. کتاب جادوگری ۲. خط خرچنگ‌قورباغه، نوشتهٔ ناخوانا ۳. نوشتهٔ نامفهوم، اراجیف

grimpant,e / gʀɛ̃pɑ̃,t / *adj* [گیاه] بالارونده، رونده

grimpée / gʀɛ̃pe / *nf* صعود

grimper / gʀɛ̃pe / *vi* (1) ۱. (چهاردست و پا) بالا رفتن، (به سختی) بالا رفتن ۲. [گیاه] بالا رفتن ۳. [جاده] سربالا بودن، شیب تندی داشتن ۴. [قیمت] به سرعت بالا رفتن، به سرعت ترقی کردن

grimpette / gʀɛ̃pɛt / *nf* [خودمانی] سربالایی (کوتاه)

grimpeur,euse / gʀɛ̃pœʀ,øz / *nm* کوه‌نورد

grincement / gʀɛ̃smɑ̃ / *nm* (صدایِ) جیرجیر، غژغژ

grincement des dents دندان‌قروچه

grincer /gʀɛ̃se/ *vi* (3) جیرجیر کردن، غژغژ کردن
grincer des dents دندان‌قروچه کردن، دندان‌ها را به هم ساییدن
grincheux,euse /gʀɛ̃ʃø,øz/ *adj, n* (آدم) بداخلاق، کج‌خلق، عُنُق، عبوس
gringalet /gʀɛ̃galɛ/ *nm* آدم نحیف
grippage /gʀipaʒ/ *nm* [فنی] گریپاژ
grippe /gʀip/ *nf* گریپ، آنفلوانزا
prendre en grippe ناگهان متنفر شدن از، یکدفعه بد آمدن از
grippé,e /gʀipe/ *adj, n* مبتلا به گریپ، مبتلا به آنفلوانزا
gripper /gʀipe/ *vi* (1) ۱. کیس خوردن، چروک شدن ۲. گرفتن، دستگیر کردن، به دام انداختن ۳. [فنی] گریپاژ کردن
grippe-sou /gʀipsu/ *nm* آدم ناخن‌خشک، کِنِس
gris[1]**,e** /gʀi,z/ *adj* ۱. خاکستری، طوسی، دودی ۲. [هوا، آسمان] ابری ۳. [مو] جوگندمی ۴. بی‌روح، کسل‌کننده، یکنواخت ۵. نیمه‌مست، شنگول
Il fait gris. هوا ابری است.
gris[2] /gʀi/ *nm* (رنگِ) خاکستری، (رنگِ) طوسی، (رنگِ) دودی
grisant,e /gʀizɑ̃,t/ *adj* سرمست‌کننده، سکرآور
grisâtre /gʀizatʀ/ *adj* ۱. مایل به خاکستری ۲. [هوا] ابری، گرفته ۳. کسل‌کننده، یکنواخت
griser /gʀize/ *vt* (1) ۱. نیمه‌مست کردن، کمی مست کردن ۲. سرمست کردن، سرخوش کردن
se griser *vp* سرمست شدن
griserie /gʀizʀi/ *nf* سرمستی، سرخوشی، شعف
gris-gris /gʀigʀi/ *nm* [در افریقا]تعویذ، نظرقربانی

grisonnant,e /gʀizɔnɑ̃,t/ *adj* ۱. [مو] جوگندمی ۲. [شخص] با موهای جوگندمی
grisonner /gʀizɔne/ *vi* (1) ۱. [مو] جوگندمی شدن، سفید شدن ۲. موی (کسی) سفید شدن
grisou /gʀizu/ *nm* آتش‌دمه (= مخلوط قابل انفجار متان و هوا، موجود در معدن‌های زغال‌سنگ)
grive /gʀiv/ *nf* [پرنده] توکا
griveler /gʀivle/ *vi* (4) [قدیمی] سود نامشروع بردن
grivèlerie /gʀivɛlʀi/ *nf* غذا خوردن در رستوران بدون پرداخت پول
grivois,e /gʀivwa,z/ *adj* ۱. سبک، جلف ۲. مستهجن، رکیک
grivoiserie /gʀivwazʀi/ *nf* ۱. سبکی، جلفی ۲. حرف‌های سبک ۳. کارهای سبک، رفتار جلف
grognement /gʀɔɲmɑ̃/ *nm* ۱. [خوک، سگ، ...] خُرخُر ۲. غرغر، نق‌نق، غرولند
grogner /gʀɔɲe/ *vi* (1) ۱. [خوک، سگ، ...] خُرخُر کردن ۲. غرغر کردن، غر زدن، نق زدن
grognon,onne /gʀɔɲɔ̃,ɔn/ *adj, n* (آدم) غرغرو، نق‌نقو
groin /gʀwɛ̃/ *nm* ۱. [خوک، گراز] پوزه ۲. قیافهٔ کریه
grole /gʀɔl/ *nf* [عامیانه] کفش
grolle /gʀɔl/ *nf* → grole
grommeler /gʀɔmle/ *vi* (4) زیرلب غرغر کردن، غرولند کردن، نق زدن
grommellement /gʀɔmɛlmɑ̃/ *nm* غرغر، غرولند، نق‌نق
grondant,e /gʀɔ̃dɑ̃,t/ *adj* غران، غرنده، خروشان، خروشنده
grondement /gʀɔ̃dmɑ̃/ *nm* غرش، خروش
gronder /gʀɔ̃de/ *vi, vt* (1) ۱. غریدن، غرش کردن، خروشیدن ۲. درگرفتن ◙ ۳. دوستانه ملامت کردن ۴. (سرکسی) غُر زدن، دعوا کردن

gronderie /gʀɔ̃dʀi/ *nf* ۱. ملامت (دوستانه)
۲. [در برخورد با بچه‌ها] غُرغُر
grondeur, euse /gʀɔ̃dœʀ,øz/ *adj*
۱. غرغرو ۲. تغیرآمیز
groom /gʀum/ *nm* [در هتل، رستوران، ....]
پیشخدمت، پادو
gros¹, grosse /gʀo,gʀos/ *adj* ۱. بزرگ
۲. گنده، درشت ۳. درشت‌اندام، تنومند ۴. چاق،
فربه، تپل ۵. فراوان، زیاد ۶. مهم، قابل توجه، قابل
ملاحظه ۷. کلان، هنگفت، گزاف ۸. عمده ۹.
شدید، تند ۱۰. حاد ۱۱. زمخت ۱۲. [قدیمی]
حامله، آبستن، باردار ۱۳. [هوا] بد ۱۴. [دریا]
متلاطم، ناآرام ۱۵. رکیک، زشت، زننده
avoir le cœur gros دل پُر دردی داشتن
gros mot حرف بد، حرف زشت
gros² /gʀo/ *adv* بزرگ، درشت
écrire en gros با حروف بزرگ نوشتن
en gros ۱. بزرگ، درشت ۲. (به صورتِ) عمده
۳. به‌طور کلی، در مجموع
tout en gros در مجموع، روی‌هم‌رفته
vente en gros فروش عمده، عمده‌فروشی
gros³ /gʀo/ *n, nm* ۱. آدم درشت، آدم چاق
۲. قسمت عمده، بخش عمده ۳. عمده‌فروشی
les gros [خودمانی] آدم‌های پولدار
groseille /gʀozɛj/ *nf* انگورفرنگی
groseillier /gʀozeje/ *nm* بوتهٔ انگورفرنگی
grosse /gʀos/ *nf* قُراص، قراصه
(= دوازده دوجین)
grossesse /gʀosɛs/ *nf* آبستنی، بارداری،
حاملگی
grosseur /gʀosœʀ/ *nf* ۱. درشتی
۲. چاقی ۳. ضخامت، کلفتی ۴. ورم، برآمدگی
grossier, ère /gʀosje,ɛʀ/ *adj* ۱. زمخت
۲. ساده، پیش‌پاافتاده، معمولی ۳. خالی از ظرافت،
خشن ۴. ناشیانه، ابتدایی ۵. بی‌ادب، بی‌نزاکت،
بی‌تربیت ۶. زشت، زننده، رکیک، مستهجن ۷.
سرهم‌بندی‌شده، سمبل‌شده، سردستی ۸. فاحش

grossièrement /gʀosjɛʀmã/ *adv*
۱. بد، بدجوری، ناجور ۲. ناشیانه ۳. به طور
تقریبی ۴. به طرزی فاحش، بدجوری ۵. بی‌ادبانه،
با بی‌تربیتی
grossièreté /gʀosjɛʀte/ *nf* ۱. زمختی
۲. بی‌ادبی، بی‌نزاکتی، بی‌تربیتی ۳. زشتی، زنندگی،
رکیک بودن ۴. حرف زشت، کلمهٔ رکیک
grossir /gʀosiʀ/ *vi, vt* (2) ۱. چاق شدن
۲. بزرگ شدن، وسعت یافتن ۳. زیاد شدن، بیشتر
شدن، افزایش یافتن ◼ ۴. چاق کردن ۵. چاق
نشان دادن ۶. بزرگ کردن، درشت کردن ۷. [رود و
غیره] بالا آمدن ۸. بیشتر کردن، زیاد کردن،
افزایش دادن ۹. بزرگ جلوه دادن، مبالغه کردن،
گنده کردن
grossissant, e /gʀosisã,t/ *adj* ۱. درشت‌نما
۲. رو به فزونی، رو به ازدیاد
grossissement /gʀosismã/ *nm* ۱. چاقی،
چاق شدن ۲. درشت شدن ۳. درشت‌نمایی ۴.
بزرگ‌نمایی، مبالغه
grotesque /gʀɔtɛsk/ *adj* ۱. مضحک، مسخره
۲. عجیب و غریب ۳. خنده‌دار
grotte /gʀɔt/ *nf* غار
grouillant, e /gʀujã,t/ *adj* ۱. پرجنب و
جوش ۲. پر، مملو
grouillement /gʀujmã/ *nm* جنب و جوش،
وول زدن
grouiller /gʀuje/ *vi* (1) وول زدن،
(درهم) لولیدن، موج زدن
se grouiller *vp* [عامیانه] عجله کردن
groupage /gʀupaʒ/ *nm* گردآوری بسته‌های
هم‌مقصد
groupe /gʀup/ *nm* ۱. گروه، دسته ۲. عده
en groupe گروهی، دسته‌جمعی
groupement /gʀupmã/ *nm* ۱. گروه‌بندی،
دسته‌بندی ۲. گروه، دسته
grouper /gʀupe/ *vt* (1) دسته کردن،
(یک جا) جمع کردن

se grouper *vp* ۱. جمع شدن، گرد آمدن، اجتماع کردن ۲. دسته شدن، گروه شدن

groupuscule /gʀupyskyl/ *nm* گروهک

grue /gʀy/ *nf* ۱. جرثقیل، جراثقال ۲. [پرنده] دُرنا ۳. [قدیمی و خودمانی] جنده

gruger /gʀyʒe/ *vt* (3) [ادبی] دار و ندار (کسی را) از چنگش درآوردن

grumeau /gʀymo/ *nm* ۱. گوله، گلوله ۲. دلمه، لخته

grumeler (se) /s(ə)gʀymle/ *vp* (5) ۱. گوله شدن ۲. دلمه شدن، لخته شدن

grumeleux,euse /gʀymlø,øz/ *adj* ۱. گوله‌گوله ۲. دلمه‌شده ۳. دون‌دون

grutier /gʀytje/ *nm* رانندهٔ جرثقیل

gruyère /gʀyjɛʀ/ *nm* گرویِر (= نوعی پنیر از شیر گاو)

gué /ge/ *nm* گُدار، پایاب

guenille /gənij/ *nf* ۱. کهنه، دستمال (کهنه) — [صورت جمع] ۲. لباس پاره، لباس ژنده

guenon /gənɔ̃/ *nf* ۱. میمون ماده ۲. [خودمانی] زن بدترکیب، میمون

guépard /gepaʀ/ *nm* یوزپلنگ

guêpe /gɛp/ *nf* زنبور

guêpier /gepje/ *nm* ۱. لانهٔ زنبور ۲. [پرنده] زنبورخور

se fourrer/tomber dans un guêpier

تو دردسر افتادن، توهچل افتادن، تو مخمصه افتادن

guère /gɛʀ/ *adv,* **ne...guère** ۱. نه چندان ۲. اصلاً، ابداً، هرگز

Il n'est guère poli. او چندان مؤدب نیست. آن قدرها هم مؤدب نیست.

Il n'y a guère deux heures qu'il est parti.

تازه دو ساعت است که او رفته.

guéri,e /geʀi/ *adj* بهبودیافته، شفایافته، خوب‌شده

guéridon /geʀidɔ̃/ *nm* میز گرد (تک‌پایه)

guérilla /geʀija/ *nf* جنگ چریکی

guérillero /geʀijeʀo/ *nm* چریک

guérir /geʀiʀ/ *vt, vi* (2) ۱. درمان کردن، معالجه کردن، مداوا کردن، خوب کردن ۲. شفا دادن، بهبود بخشیدن ۳. [از نگرانی و غیره] رها کردن، درآوردن، خلاص کردن ◙ ۴. درمان شدن، معالجه شدن، خوب شدن ۵. شفا یافتن، بهبود یافتن

se guérir *vp* ۱. درمان شدن، معالجه شدن، خوب شدن ۲. شفا یافتن، بهبود یافتن ۳. [از نگرانی و غیره] درآمدن، اخلاص شدن، رهایی یافتن

guérison /geʀizɔ̃/ *nf* ۱. درمان، معالجه، مداوا ۲. شفا، بهبود ۳. [مجازی] علاج، دوا، دارو

guérissable /geʀisabl/ *adj* قابل علاج، علاج‌پذیر، درمان‌شدنی

guérisseur,euse /geʀisœʀ,øz/ *n* ۱. شفادهنده ۲. پزشک تجربی

guérite /geʀit/ *nf* اتاقک نگهبانی، کیوسک نگهبانی

guerre /gɛʀ/ *nf* ۱. جنگ ۲. مبارزه ۳. دعوا

de guerre جنگی

guerre civile جنگ داخلی

guerre sainte جنگ مقدس، جهاد

guerrier,ère /gɛʀje,ɛʀ/ *adj, n* ۱. جنگی، رزمی، (مربوط به) جنگ ۲. جنگ‌طلب، جنگ‌افروز ◙ ۳. جنگجو

guerroyer /gɛʀwaje/ *vi* (8) ۱. جنگیدن ۲. مبارزه کردن

guet /gɛ/ *nm* کمین

guet-apens /gɛtapɑ̃/ *nm* دام، تله

guêtre /gɛtʀ/ *nf* ساق‌بند، مچ‌پیچ، پاتابه

guetter /gete/ *vt* (1) ۱. کمین کردن، کمین (کسی را) کشیدن ۲. مترصد (چیزی) بودن ۳. منتظر (چیزی) بودن، پیِ (چیزی) گشتن ۴. [بیماری، مرگ، ...] در معرض (چیزی) بودن، تهدید کردن

a = bas, plat e = blé, jouer ɛ = lait, jouet, merci i = il, lyre o = mot, dôme, eau, gauche ɔ = mort
u = roue y = rue ø = peu œ = peur ə = le, premier ɑ̃ = sans, vent ɛ̃ = matin, plein, lundi
ɔ̃ = bon, ombre ʃ = chat, tache ʒ = je, gilet j = yeux, paille, pied w = oui, nouer ɥ = huile, lui

guetteur /gɛtœʀ/ *nm* دیده‌بان، نگهبان

gueulard,e /gœlaʀ,d/ *adj, n* (آدم) عربده‌کش، جیغ‌جیغو

gueule /gœl/ *nf* ۱. پوزه، دهان ۲. [عامیانه] دک و پوز، پک و پوز ۳. دهانه

casser la gueule à qqn دک و پوز کسی را خرد کردن، فک کسی را داغون کردن

Ta gueule! دهانت را ببند! خفه شو!

gueule-de-loup /gœldəlu/ *nf* گل میمون

gueulement /gœlmɑ̃/ *nm* [خودمانی] داد و بیداد، نعره، عربده

gueuler /gœle/ *vi, vt* (1) ۱. [خودمانی] داد و بیداد کردن، نعره زدن، عربده کشیدن ۲. (با کسی) دعوا کردن

gueux,euse /gø,gøz/ *adj, n* [قدیمی] فقیر، گدا

courir la gueuse دنبال عیاشی بودن

une vie de gueux زندگی فقیرانه

gui /gi/ *nm* [گیاه] دارواش

guibole /gibɔl/ *nf* [عامیانه] لِنگ

guiches /giʃ/ *nf. pl* طُره، توزلفی، چتری

guichet /giʃɛ/ *nm* باجه، گیشه

guichetier,ère /giʃtje,ɛʀ/ *n* باجه‌دار

guidage /gidaʒ/ *nm* [فنی] هدایت

guide¹ /gid/ *nm* ۱. راهنما ۲. کتاب راهنما

guide² /gid/ *nf* پیشاهنگ دختر

guider /gide/ *vt* (1) ۱. راهنمایی کردن ۲. راه را (به کسی) نشان دادن ۳. هدایت کردن ۴. ارشاد کردن

guides /gid/ *nf. pl* افسار، عنان

guidon /gidɔ̃/ *nm* ۱. [دوچرخه، موتورسیکلت] فرمان، دسته ۲. [اسلحه] مگسک

guigne¹ /giɲ/ *nf* گیلاس (دم‌دراز)

guigne² /giɲ/ *nf* [خودمانی] بدشانسی، بدبیاری

guigner /giɲe/ *vt* (1) ۱. زیرچشمی نگاه کردن، دزدکی نگاه کردن ۲. چشم داشتن به، طمع بردن به

guignol /giɲɔl/ *nm* ۱. نمایش عروسکی، خیمه‌شب‌بازی ۲. [مجازی] دلقک

guignon /giɲɔ̃/ *nm* [عامیانه، قدیمی] بدشانسی، بداقبالی

guili-guili /giligili/ *nm*, **faire guili-guili** غلغلک دادن

guillemet /gijmɛ/ *nm* گیومه، علامت نقل قول («»)

guillemeter /gijmete/ *vt* (4) داخل گیومه گذاشتن

guilleret,ette /gijʀɛ,ɛt/ *adj* سرزنده، سرحال، بانشاط

guillotine /gijɔtin/ *nf* ۱. گیوتین ۲. اعدام با گیوتین

guillotiner /giɔtine/ *vt* (1) با گیوتین اعدام کردن، سر (کسی را) با گیوتین زدن

guimauve /gimov/ *nf* [گیاه] ختمی

guimpe /gɛ̃p/ *nf* مقنعه

guindé,e /gɛ̃de/ *adj* ۱. عصاقورت‌داده ۲. معذب ۳. تصنعی، خشک

guinder /gɛ̃de/ *vt* (1) ۱. [دکل کشتی] بالا کشیدن ۲. [با جرثقیل یا طناب و قرقره] بلند کردن، بالا بردن ۳. حالت تصنعی دادن به

se guinder *vp* حالت تصنعی به خود گرفتن

guingois (de) /d(ə)gɛ̃gwa/ *loc, adv* [عامیانه] کج، یک‌وری

guinguette /gɛ̃gɛt/ *nf* کافه (بیرون شهر)

guipure /gipyʀ/ *nf* گیپور (= نوعی پارچهٔ توری)

guirlande /giʀlɑ̃d/ *nf* ۱. [برای تزیین] رشته، ریسه ۲. رشتهٔ گل، ریسهٔ گل، حلقهٔ گل

guise /giz/ *nf*, **à sa guise** به میل خود، به دلخواه خود، هر طور که می‌خواهد

en guise de ۱. به عنوانِ، برایِ ۲. به جایِ

guitare /gitaʀ/ *nf* گیتار

guitariste /gitaʀist/ *n* نوازندهٔ گیتار، گیتارزن

gustatif,ive /gystatif,iv/ *adj* (مربوط به) چشایی، (مربوط به) ذائقه

guttural,e,aux / gytyRal,o / *adj* ۱. حلقی
۲. [آواشناسی] حلقی، پسکامی
gymnase / ʒimnaz / *nm* ۱. سالن ورزش،
باشگاه ورزشی ۲. [در سوئیس و آلمان] دبیرستان
gymnaste / ʒimnast / *n* ژیمناست
gymnastique / ʒimnastik / *nf, adj*
۱. ژیمناستیک ۲. نرمش، وزرش ۳. وزرشی ۴.
ژیمناستیکی، (مربوط به) ژیمناستیک
gymnosophiste / ʒimnɔsɔfist / *nm* مرتاض
gymnosperme / ʒimnɔspɛRm / *adj, nf*
[گیاه‌شناسی] بازدانه
gynécée / ʒinese / *nm* ۱. [گیاه‌شناسی] مادگی
۲. [در یونان و روم باستان] حرمسرا

gynécologie / ʒinekɔlɔʒi / *nf* پزشکی زنان
gynécologique / ʒinekɔlɔʒik / *adj*
۱. (مربوط به) پزشکی زنان ۲. (مربوط به)
بیماری‌های زنان، (مربوط به) زنان
gynécologiste / ʒinekɔlɔʒist / *n*
→ gynécologue
gynécologue / ʒinekɔlɔg / *n* پزشک زنان
gypaète / ʒipaɛt / *nm* [پرنده شکاری] هما
gypse / ʒips / *nm* سنگ گچ
gypseux,euse / ʒipsø,øz / *adj* گچی
gyroscope / ʒiRɔskɔp / *nm* ژیروسکوپ
gyroscopique / ʒiRɔskɔpik / *adj*
ژیروسکوپی

---

a = bas, plat   e = blé, jouer   ɛ = lait, jouet, merci   i = il, lyre   o = mot, dôme, eau, gauche   ɔ = mort
u = roue   y = rue   ø = peu   œ = peur   ə = le, premier   ã = sans, vent   ɛ̃ = matin, plein, lundi
ɔ̃ = bon, ombre   ʃ = chat, tache   ʒ = je, gilet   j = yeux, paille, pied   w = oui, nouer   ɥ = huile, lui

H, h

H,h / a ʃ / *nm, nf*	آش (= هشتمین حرف الفبای فرانسه)
ha! / 'a;ha / *interj*	۱. اوه! ۲. آخ! آی! ۳. هان! عجب!
ha, ha!	قاه‌قاه! هه‌هه!
habile / abil / *adj*	۱. ماهر، وارد، زبردست، خبره، کارآزموده ۲. ماهرانه
habilement / abilmã / *adv*	ماهرانه، با مهارت، با زبردستی
habileté / abilte / *nf*	مهارت، زبردستی
habiliter / abilite / *vt* (1)	صلاحیت دادن به، دارای صلاحیت قانونی کردن
habillage / abijaʒ / *nm*	(عمل) لباس پوشاندن، لباس پوشیدن
habillé,e / abije / *adj*	۱. لباس‌پوشیده، با لباس ۲. (دارای لباس) رسمی
habillement / abijmã / *nm*	۱. تهیهٔ لباس، خرید لباس ۲. لباس
habiller / abije / *vt* (1)	۱. لباس تن (کسی) کردن، لباس پوشاندن ۲. لباس تهیه کردن برای ۳. [لباس] برازنده بودن به، آمدن به ۴. آماده کردن ۵. پوشاندن
s'habiller *vp*	۱. لباس پوشیدن ۲. لباس...به تن کردن، پوشیدن ۳. (برای خود) لباس تهیه کردن ۴. لباس (شیک یا رسمی) پوشیدن
habit / abi / *nm*	۱. لباس (مخصوص) ۲. فراک ــ [صورت جمع] ۳. لباس

habit de prêtre	لباس کشیش
L'habit ne fait pas le moine.	گول ظاهر را نباید خورد.
prendre l'habit	لباس کشیشی به تن کردن، کشیش شدن
habitable / abitabl / *adj*	قابل سکونت، مسکونی
habitacle / abitakl / *nm*	۱. [کشتی] پایهٔ قطب‌نما ۲. کابین خلبان ۳. جای راننده
habitant,e / abitã,t / *n*	۱. ساکن، مقیم ــ [صورت جمع] ۲. سکنه، اهالی
habitat / abita / *nm*	بوم، زیستگاه
habitation / abitasjõ / *nf*	۱. سکونت ۲. محل سکونت ۳. خانه، منزل
habité,e / abite / *adj*	مسکون
habiter / abite / *vt, vi* (1)	اقامت کردن، سکونت کردن، ساکن بودن، زندگی کردن
habitude / abityd / *nf*	۱. عادت ۲. خصلت، خلق و خو ۳. رسم، راه و رسم
habitué,e / abitɥe / *n*	۱. مشتری (همیشگی) ۲. آشنا، خودمانی
habituel,elle / abitɥɛl / *adj*	عادی، معمول، همیشگی
habituellement / abitɥɛlmã / *adv*	معمولاً، طبق معمول
habituer / abitɥe / *vt* (1)	عادت دادن

s'habituer *vp* عادت کردن، خو گرفتن

hâbleur,euse /'ablœʀ,øz/ *n, adj* (آدم) لاف‌زن، خودستا

hache /'aʃ/ *nf* تبر

haché,e /'aʃe/ *adj* ۱. ریزریز، خردشده ۲. [گوشت] چرخ کرده

hacher /'aʃe/ *vt* (1) ۱. ریزریز کردن، خرد کردن ۲. [گوشت] چرخ کردن

hachette /'aʃɛt/ *nf* تبر کوچک

hachis /'aʃi/ *nm* ۱. گوشت چرخ‌کرده ۲. مایهٔ تودلی ۳. چرخ‌کرده

hachisch /'aʃiʃ/ *nm* → haschisch

hachoir /'aʃwaʀ/ *nm* ۱. ساطور ۲. چرخ گوشت ۳. سبزی‌خردکن ۴.تخته‌گوشت

hachure /'aʃyʀ/ *nf* هاشور

hachurer /'aʃyʀe/ *vt* (1) هاشور زدن

hagard,e /'agaʀ,d/ *adj* ۱. وحشت‌زده، متوحش، هراسان ۲. حیران، سرگردان

hagiographie /aʒjɔgʀafi/ *nf* ۱. زندگی‌نامهٔ قدیسان، سرگذشت قدیسان ۲. زندگی‌نامهٔ تملق‌آمیز

haie /'ɛ/ *nf* ۱. پرچین، چپر ۲. ردیف، صف، دسته

haillon /'ajɔ̃/ *nm* لباس پاره، لباس ژنده

en haillon با لباس پاره، ژنده‌پوش

haine /'ɛn/ *nf* نفـرت، تنفر، کینه، بیـزاری، انـزجار

prendre en haine نفرت داشتن، بیزار بودن، انزجار داشتن

haineusement /'ɛnøzmɑ̃/ *adv* با نفرت، از روی کینه، کینه‌توزانه، بدخواهانه

haineux,euse /'ɛnø,øz/ *adj* ۱. کینه‌توز، بدخواه ۲. کینه‌توزانه، بدخواهانه

haïr /'aiʀ/ *vt* (10) متنفر بودن از، نفرت داشتن از، بیزار بودن از، خیلی بد آمدن از

haïssable /'aisabl/ *adj* نفرت‌انگیز، منفور

haïtien,enne[1] /'aisjɛ̃,ɛn/ *adj* (مربوط به) هائیتی، هائیتیایی

Haïtien,enne[2] /'aisjɛ̃,ɛn/ *n* اهل هائیتی، هائیتیایی

halage /'alaʒ/ *nm* [کشتی، قایق] (عمل) یدک کشیدن

hâlé,e /'ale/ *adj* بُرنزه، آفتاب‌سوخته

haleine /alɛn/ *nf* ۱. نفس، دَم ۲. استراحت، تنفس

avoir mauvaise haleine دهان (کسی) بوی بد دادن

haler /'ale/ *vt* (1) [کشتی، قایق] یدک کشیدن

hâler /'ale/ *vt* (1) برنزه کردن

haletant,e /'altɑ̃,t/ *adj* ۱. نفس‌نفس‌زنان ۲. ازنفس‌افتاده، نفس‌بریده

être haletant d'impatience بی‌تاب بودن، بی‌قرار بودن

halètement /'alɛtmɑ̃/ *nm* ۱. (عمل) نفس‌نفس زدن ۲. (عمل) از نفس افتادن

haleter /'alte/ *vi* (5) ۱. نفس‌نفس زدن ۲. از نفس افتادن، نفس (کسی) گرفتن، نفس (کسی) بریدن

hall /'ol/ *nm* هال، تالار (ورودی)، سالن، سرسرا

halle /'al/ *nf* ۱. بازار (سرپوشیده) ــ [صورت جمع] ۲. مرکز پخش محصولات غذایی

hallebarde /'albaʀd/ *nf* تبرزین

hallucinant,e /alysinɑ̃,t/ *adj* ۱. توهم‌زا، توهم‌آور ۲. فوق‌العاده، باورنکردنی

hallucination /alysinasjɔ̃/ *nf* ۱. توهم ۲. وهم، خیال

halluciné,e /alysine/ *adj, n* دچار توهم، توهم‌زده

hallucinogène /alysinɔʒɛn/ *adj, n* ۱. توهم‌زا ▣ ۲. مادهٔ توهم‌زا

halo /'alo/ *nm* هاله

---

a = bas, plat e = blé, jouer ɛ = lait, jouet, merci i = il, lyre o = mot, dôme, eau, gauche ɔ = mort
u = roue y = rue ø = peu œ = peur ə = le, premier ɑ̃ = sans, vent ɛ̃ = matin, plein, lundi
ɔ̃ = bon, ombre ʃ = chat, tache ʒ = je, gilet j = yeux, paille, pied w = oui, nouer ɥ = huile, lui

halogène /'aloʒɛn/ *nm* [شیمی] هالوژن
  lampe halogène لامپ هالوژن
halte /'alt/ *nf, interj* ۱. توقف ۲. توقفگاه
  ۳. استراحت ▣ ۴. ایست!
haltère /altɛʀ/ *nm* ۱. وزنه، هالتر
  ۲. دَمبِل
haltérophile /altɛʀɔfil/ *adj, n* وزنه‌بردار
haltérophilie /altɛʀɔfili/ *nf* وزنه‌برداری
hamac /'amak/ *nm* تختخواب ننومانند، نَنو
hameau /'amo/ *nm* آبادی، ده کوچک
hameçon /amsɔ̃/ *nm* قلاب (ماهیگیری)
  mordre à l'hameçon به دام افتادن،
  در تله افتادن، گول خوردن
hammam /'amam/ *nm* حمام، گرمابه
hampe /'ɑ̃p/ *nf* [پرچم، صلیب، ...] دسته
hanche /'ɑ̃ʃ/ *nf* کفل، لَمبر
hand-ball /'ɑ̃dbal/ *nm* هندبال
handicap /'ɑ̃dikap/ *nm* ۱. نقص، عیب
  ۲. نقص عضو، معلولیت ۳. [در مسابقه] امتیاز، آوانس
handicapé,e /'ɑ̃dikape/ *adj, n* معلول،
  دارای نقص عضو
  handicapé mental عقب‌ماندهٔ ذهنی
handicaper /'ɑ̃dikape/ *vt* (1) ۱. در وضع
  نامساعد قرار دادن ۲. عقب انداختن ۳. از پا انداختن
hangar /'ɑ̃gaʀ/ *nm* ۱. انبار ۲. آشیانه (هواپیما)
hanneton /'antɔ̃/ *nm* سوسک طلایی
hanté,e /'ɑ̃te/ *adj* (دارای) اشباح، (دارای) ارواح
  maison hantée خانهٔ اشباح، خانهٔ ارواح
hanter /'ɑ̃te/ *vt* (1) ۱. رفت و آمد کردن به،
  زیاد رفتن به، (جایی را) پاتوق خود کردن ۲. آزار
  دادن، عذاب دادن
  Ce souvenir le hante. این خاطره عذابش
  می‌دهد.
hantise /'ɑ̃tiz/ *nf* فکر و خیال، فکر، نگرانی
happer /'ape/ *vt* (1) ۱. قاپ زدن، قاپیدن
  ۲. [تصادف] به شدت زدن به، کوبیدن به

harangue /'aʀɑ̃g/ *nf* ۱. نطق، سخنرانی
  ۲. نطق آتشین، نطق ملال‌آور
haranguer /'aʀɑ̃ge/ *vt* (1) نطق کردن برایِ،
  سخنرانی کردن برایِ، دادِ سخن دادن برایِ
haras /'aʀa/ *nm* پرورشگاه اسب
harassant,e /'aʀasɑ̃,t/ *adj* طاقت‌فرسا،
  توان‌فرسا، خسته‌کننده، کمرشکن، شاق
harasser /'aʀase/ *vt* (1) از پا درآوردن،
  از توان انداختن، خسته کردن
harcèlement /'aʀsɛlmɑ̃/ *nm* (عمل) به ستوه
  آوردن، ذله کردن
  guerre de harcèlement جنگ فرسایشی
harceler /'aʀsəle/ *vt* (5) ۱. به ستوه آوردن،
  ذله کردن، عاصی کردن، فشار آوردن به ۲. [به
  جانوران وحشی] حمله‌های مکرر کردن به
harde /'aʀd/ *nf* گله
hardes /'aʀd/ *nf. pl* رخت کهنه
hardi,e /'aʀdi/ *adj* ۱. شجاع، باشهامت،
  دلیر ۲. جسور، بی‌باک، نترس، متهور ۳. جسورانه،
  متهورانه، بی‌باکانه ۴. [قدیمی] وقیح، بی‌شرم،
  گستاخ، پررو ۵. [قدیمی] وقیحانه، بی‌شرمانه،
  گستاخانه ۶. تازه، نو، بدیع
  Hardi, les gars! خدا قوت، بچه‌ها!
  une entreprise hardie یک اقدام جسورانه
  une forme hardie شکلی بدیع، صورتی تازه
hardiesse /'aʀdjɛs/ *nf* ۱. [ادبی] شهامت،
  شجاعت، جرئت ۲. تهور، بی‌باکی، جسارت ۳.
  وقاحت، بی‌شرمی، گستاخی ۴. تازگی، نویی
hardiment /'aʀdimɑ̃/ *adv* ۱. با شهامت،
  دلیرانه، شجاعانه ۲. با جسارت، جسورانه،
  متهورانه ۳. وقیحانه، بی‌شرمانه، گستاخانه
harem /'aʀɛm/ *nm* ۱. حرمسرا ۲. زنان
  حرمسرا
hareng /'aʀɑ̃/ *nm* شاه‌ماهی
harengère /'aʀɑ̃ʒɛʀ/ *nf* ۱. سلیطه،
  پاچه‌ورمالیده ۲. [قدیمی] ماهی‌فروش
hargne /'aʀɲ/ *nf* بددهنی، کج‌خلقی، غیظ

hargneusement /'aʀɲøzmɑ̃/ *adv* با بددهنی، با کج‌خلقی، از روی غیظ

hargneux,euse /'aʀɲø,øz/ *adj* ۱. بددهن، کج‌خلق ۲. تند، غیظ‌آلود

haricot /'aʀiko/ *nm* لوبیا

haricot vert لوبیا سبز

haridelle /'aʀidɛl/ *nf* اسب لاغرمردنی

harmonica /aʀmɔnika/ *nm* سازدهنی

harmonie /aʀmɔni/ *nf* ۱. هماهنگی، همسازی، سازگاری، توافق ۲. خوش‌آهنگی ۳. تفاهم، توافق، سازگاری

harmonieusement /aʀmɔnjøzmɑ̃/ *adv* با هماهنگی، به طور هماهنگ

harmonieux,euse /aʀmɔnjø,øz/ *adj* ۱. موزون، هماهنگ، همساز ۲. خوش‌آهنگ، آهنگین ۳. سازگار، موافق، جور

harmonique /aʀmɔnik/ *adj* همساز

harmonisation /aʀmɔnizasjɔ̃/ *nf* ۱. هماهنگ‌سازی، هماهنگ کردن ۲. هماهنگی، سازگاری

harmoniser /aʀmɔnize/ *vt* (1) هماهنگ کردن، با هم وفق دادن، (با هم) جور کردن

s'harmoniser *vp* هماهنگی داشتن، هماهنگ بودن، با هم جور بودن، به هم آمدن

harmonium /aʀmɔnjɔm/ *nm* هارمونیوم (= نوعی ساز شبیه به اُرگ)

harnachement /'aʀnaʃmɑ̃/ *nm* ۱. (عمل) زین و یراق کردن ۲. زین و یراق ۳. ساز و برگ

harnacher /'aʀnaʃe/ *vt* (1) زین و یراق کردن

être harnaché (به طرز مسخره‌ای) لباس پوشیدن

harnais /'aʀnɛ/ *nm* ۱. ساز و برگ اسب، زین و یراق ۲. ساز و برگ

haro /'aʀo/ *interj*, **crier haro sur** (با جنجال) رسوا کردن، همه جا جار زدن

harpe /'aʀp/ *nf* [ساز] چنگ

harpie /'aʀpi/ *nf* زن بدجنس، پتیاره

harpiste /'aʀpist/ *n* چنگ‌نواز، نوازندهٔ چنگ

harpon /'aʀpɔ̃/ *nm* [برای صید نهنگ] زوبین

harponnage /'aʀpɔnaʒ/ *nm* صید با زوبین

harponner /'aʀpɔne/ *vt* (1) ۱. با زوبین صید کردن ۲. [خودمانی] دستگیر کردن، گرفتن، گیر انداختن

hasard /'azaʀ/ *nm* ۱. اتفاق، رویداد، پیشامد، تصادف ۲. بخت، اقبال، شانس ۳. قسمت، تقدیر ۴. خطر

jeu de hasard قماربازی، قمار

par hasard (به طور) اتفاقی، تصادفی، برحسب اتفاق، تصادفاً

si par hasard اگر یک وقت، احیاناً اگر

hasarder /'azaʀde/ *vt* (1) به خطر انداختن، ریسک کردن

se hasarder *vp* خود را به خطر انداختن، خطر کردن، ریسک کردن

hasardeux,euse /'azaʀdø,øz/ *adj* ۱. پرمخاطره، خطرناک، مخاطره‌آمیز ۲. [قدیمی] ماجراجو

haschisch /'aʃiʃ/ *nm* حشیش

hase /'az/ *nf* خرگوش ماده، ماده خرگوش

hâte /'at/ *nf* شتاب، عجله

à la hâte با عجله، عجولانه، هول‌هولکی، سرسری

en (toute) hâte با عجله، زود، فوری، به سرعت

hâter /'ate/ *vt* (1) ۱. جلو انداختن ۲. تسریع کردن، سرعت بخشیدن، شتاب بیشتری دادن به

hâter le pas تندتر راه رفتن، عجله کردن

se hâter *vp* ۱. شتاب کردن، عجله کردن ۲. به شتاب رفتن، شتافتن، با عجله رفتن

hâtif,ive /'atif,iv/ *adj* ۱. پیش‌رس ۲. زودرس ۳. عجولانه، شتاب‌زده، هول‌هولکی

hativement /'ativmɑ̃/ *adv* ۱. عجولانه، با عجله، شتاب‌زده ۲. به سرعت، تندتند

a = bas, plat e = blé, jouer ɛ = lait, jouet, merci i = il, lyre o = mot, dôme, eau, gauche ɔ = mort
u = roue y = rue ø = peu œ = peur ə = le, premier ɑ̃ = sans, vent ɛ̃ = matin, plein, lundi
ɔ̃ = bon, ombre ʃ = chat, tache ʒ = je, gilet j = yeux, paille, pied w = oui, nouer ɥ = huile, lui

hauban /'obɑ̃/ *nm* ۱. طناب دکل ۲. سیم مهار، سیم بکسل

hausse /'os/ *nf* افزایش

haussement /'osmɑ̃/ *nm*, **haussement d'épaules** شانه بالا انداختن

hausser /'ose/ *vt* (1) ۱. بالا بردن ۲. [صدا] بلند کردن ۳. افزایش دادن

hausser les épaules شانه بالا انداختن

se hausser *vp* بلند شدن

se hausser sur la pointe des pieds روی نوک پا بلند شدن

haut[1],e /'o,t/ *adj* ۱. بلند، مرتفع ۲. بالا ۳. بالایی ۴. [صدا] بلند ۵. [صوت] زیر ۶. عالی، خوب ۷. زیاد، بالا ۸. عالی‌رتبه، بلندپایه

haut[2] /'o/ *adv, nm* ۱. بالا ۲. بلند ▣ ۳. بلندی، ارتفاع ۴. بالا

de haut ۱. از بالا ۲. با بی‌اعتنایی

d'en haut ۱. از بالا ۲. بالایی

du haut en bas از بالا تا پایین

regarder qqn de haut en bas ۱. نگاهی به سر تا پای کسی انداختن ۲. با بی‌اعتنایی به کسی نگاه کردن

hautain,e /'otɛ̃,ɛn/ *adj* ۱. متکبر، مغرور، خودخواه ۲. خودخواهانه، متکبرانه ۳. [قدیمی] والا، متعالی

hautbois /'obwa/ *nm* [ساز] اُبوا

hautboïste /'obɔist/ *n* نوازندهٔ اُبوا

haut-de-chausse(s) /'odʃos/ *nm* [قدیمی] شلوار زیرزانو، شلوار سه‌ربعی

haut-de-forme /'odfɔʀm/ *nm* [کلاه] سیلندر

hautement /'otmɑ̃/ *adv* ۱. با صدای بلند ۲. آشکارا، علناً، بی‌پرده ۳. بی‌اندازه، فوق‌العاده

hauteur /'otœʀ/ *nf* ۱. ارتفاع، بلندی ۲. تپه، بلندی ۳. بزرگی، اعتلا، رفعت ۴. تکبر، کبر، نخوت، غرور

haut-fond /'ofɔ̃/ *nm* آبتَل (= تل گل و لای یا شن و ماسه که در عمق کمی زیر آب قرار دارد.)

haut-le-cœur /'olkœʀ/ *nm. inv* ۱. (حالت) تهوع ۲. انزجار، بیزاری، نفرت

haut-le-corps /'olkɔʀ/ *nm. inv* یکه، تکان

faire un haut-le-corps یکه خوردن

haut-parleur /'opaʀlœʀ/ *nm* بلندگو

havane /'avan/ *nm, adj. inv* ۱. (سیگار برگ) هاوانا ▣ ۲. (به رنگِ) بلوطی روشن

hâve /'av/ *adj* ۱. رنگ‌پریده ۲. نزار، تکیده

havre /'avʀ/ *nm* ۱. پناهگاه، پناه ۲. [قدیمی] لنگرگاه، بندر

havre de paix [ادبی] آرامشگاه

havresac /'avʀəsak/ *nm* کوله‌پشتی

hé! /'e;he/ *interj* هِی! آهای!

heaume /'om/ *nm* کلاهخود

hebdomadaire /ɛbdɔmadɛʀ/ *adj, nm* ۱. هفتگی ▣ ۲. هفته‌نامه

hébergement /ebɛʀʒəmɑ̃/ *nm* ۱. (عمل) جا دادن، اِسکان ۲. (عمل) پناه دادن

héberger /ebɛʀʒe/ *vt* (3) ۱. جا دادن به ۲. پناه دادن (به)

hébété,e /ebete/ *adj, n* ۱. (آدم) گیج، منگ ۲. (آدم) خرفت

hébétude /ebetyd/ *nf* ۱. [ادبی] گیجی، منگی ۲. [ادبی] خرفتی

hébraïque /ebʀaik/ *adj* عبری، عبرانی

hébreu /ebʀø/ *adj. m, n, nm* ۱. عبری، عبرانی ▣ ۲. عبرانی، یهودی ▣ ۳. زبان عبری

hécatombe /ekatɔ̃b/ *nf* کشتار، قتل عام

hectare /ɛktaʀ/ *nm* هکتار (= ده هزار متر مربع)

hectogramme /ɛktɔgʀam/ *nm* هکتوگرم (= صد گرم)

hectolitre /ɛktɔlitʀ/ *nm* هکتولیتر (= صد لیتر)

hectomètre /ɛktɔmɛtʀ/ *nm* هکتومتر (= صد متر)

hectowatt /ɛktɔwat/ *nm* هکتووات (= صد وات)

hédonisme /edɔnism/ *n* ۱. لذت‌گرایی ۲. لذت‌جویی، لذت‌طلبی

hégémonie /eʒemɔni/ *nf* برتری، تفوق، سلطه

hégire /eʒiʀ/ *nf* هجرت

hein! /'ɛ̃;hɛ̃/ *interj* ۱. هان! چی! ۲. مگه نه!

Vous viendrez, hein? شما می‌آیید، مگه نه؟

hélas! /'elas/ *interj* افسوس! دریغ! حیف!

héler /'ele/ *vt* (1) [تاکسی، باربر، ...] (از دور) صدا زدن، صدا کردن

hélice /elis/ *nf* ۱. [کشتی] پروانه ۲. [هواپیما] ملخ ۳. مارپیچ

hélicoïdal,e,aux /elikɔidal,o/ *adj* مارپیچی، مارپیچ

hélicoptère /elikɔptɛʀ/ *nm* بالگرد، هلیکوپتر

héliogravure /eljɔgʀavyʀ/ *nf* چاپ گود، هلیوگراور

héliothérapie /eljɔteʀapi/ *nf* آفتاب‌درمانی

héliotrope /eljɔtʀɔp/ *nm* گل آفتاب‌پرست

héliport /elipɔʀ/ *nm* فرودگاه بالگرد، هلیکوپترنشین

héliporté,e /elipɔʀte/ *adj* حمل‌شده با بالگرد، حمل‌شده با هلیکوپتر

hélium /eljɔm/ *nm* [گاز] هِلیُم

hellène[1] /elɛn/ *adj* ۱. (مربوط به) یونان، یونانی ۲. (مربوط به) یونان باستان، هِلنی

Hellène[2] /elɛn/ *n* ۱. اهل یونان، یونانی ۲. اهل یونان باستان

hellénique /elenik/ *adj* ۱. (مربوط به) یونان، یونانی ۲. (مربوط به) یونان باستان، هلنی

hellénisme /ɛlenism/ *nm* ۱. تمدن یونان ۲. یونانی‌مآبی ۳. اصطلاح یونانی

helvétique /ɛlvetik/ *adj* (مربوط به) سوئیس، سوئیسی

hem! /'ɛm;hɛm/ *interj* → hum!

hématie /emati;emasi/ *nf* گلبول قرمز

hématologie /ematɔlɔʒi/ *nf* خون‌شناسی، هِماتولوژی

hématologiste /ematɔlɔʒist/ *n* → hématologue

hématologue /ematɔlɔg/ *n* خون‌شناس، هماتولوژیست

hématurie /ematyʀi/ *nf* خون‌اِدراری

hémicycle /emisikl/ *nm* ۱. قوس تمام، نیم‌دایره ۲. [جایگاه تماشاچیان و غیره] جایگاه نیم‌دایره

hémiplégie /emipleʒi/ *nf* فلج یک‌سویه، نیمه‌فلجی

hémiplégique /emipleʒik/ *adj, n* ۱. (مربوط به) فلج یک‌سویه، (مربوط به) نیمه‌فلجی ◻ ۲. مبتلا به فلج یک‌سویه، مبتلا به نیمه‌فلجی

hémisphère /emisfɛʀ/ *nm* ۱. نیم‌کُره ۲. نیم‌کُرهٔ زمین

hémistiche /emistiʃ/ *nm* مصرع، مصراع

hémoglobine /emɔglɔbin/ *nf* هموگلوبین

hémophile /emɔfil/ *adj, n* مبتلا به هموفیلی، هموفیلیایی

hémophilie /emɔfili/ *nf* هموفیلی (= نوعی بیماری خونی)

hémorragie /emɔʀaʒi/ *nf* ۱. خونریزی ۲. تلفات جانی ۳. [مجازی] فرار

hémorragie des capitaux فرار سرمایه‌ها

hémorroïdal,e,aux /emɔʀɔidal,o/ *adj* بواسیری، (مربوط به) بواسیر

hémorroïde /emɔʀɔid/ *nf* بواسیر

hémostatique /emɔstatik/ *adj, nm* بندآورندهٔ خون

henné /'ene/ *nm* حنا

hennir /'eniʀ/ *vi* (2) شیهه کشیدن

hennissement /'enismɑ̃/ *nm* شیهه

hep! /'ɛp;hɛp/ *interj* آهای! هی!

a = bas, plat e = blé, jouer ɛ = lait, jouet, merci i = il, lyre o = mot, dôme, eau, gauche ɔ = mort
u = roue y = rue ø = peu œ = peur ə = le, premier ɑ̃ = sans, vent ɛ̃ = matin, plein, lundi
ɔ̃ = bon, ombre ʃ = chat, tache ʒ = je, gilet j = yeux, paille, pied w = oui, nouer ɥ = huile, lui

hépatique / epatik / *adj, n* ۱. کبدی، (مربوط به) کبد ◘ ۲. مبتلا به بیماری کبد، بیمار کبدی

hépatite / epatit / *nf* التهاب کبد، هپاتیت

heptagonal,e,aux / ɛptagɔnal,o / *adj* (مربوط به) هفت‌ضلعی

heptagone / ɛptagɔn / *nm* هفت‌ضلعی

heptasyllabe / ɛptasilab / *adj* هفت‌هجایی

héraldique / eʀaldik / *nf, adj* ۱. نشان‌شناسی (= مطالعهٔ نشان‌های خانوادگی) ◘ ۲. (مربوط به) نشان‌های خانوادگی

herbacé,e / ɛʀbase / *adj* علفی

herbage / ɛʀbaʒ / *nm* ۱. چراگاه، مَرغزار، مرتع ۲. علف، مَرغ

herbe / ɛʀb / *nf* ۱. علف ۲. گیاه ۳. چمن، سبزه ۴. ماری‌جوآنا، علف، گراس

en herbe ۱. نارس ۲. نوپا

fines herbes سبزیجات معطر (خشک)

herbes médicinales/officinales گیاهان دارویی

mauvaise herbe علف هرز

herbeux,euse / ɛʀbø,øz / *adj* پُرعلف، علفزار

herbicide / ɛʀbisid / *adj, nm* علف‌کُش

herbier / ɛʀbje / *nm* مجموعهٔ گیاهان خشک

herbivore / ɛʀbivɔʀ / *adj, n* علف‌خوار، گیاه‌خوار

herborisation / ɛʀbɔʀizasjɔ̃ / *nf* [به منظور پژوهش یا مصارف دارویی] جمع‌آوری گیاه

herboriser / ɛʀbɔʀize / *vi* (1) [به منظور پژوهش یا مصارف دارویی] گیاه جمع‌آوری کردن

herboriste / ɛʀbɔʀist / *n* عطار

herboristerie / ɛʀbɔʀist(ə)ʀi / *nf* عطاری

hercule / ɛʀkyl / *nm* هِرکول، پهلوان

herculéen,enne / ɛʀkyleɛ̃,ɛn / *adj* عظیم، غول‌آسا

hère / 'ɛʀ / *nm*, **pauvre hère** بدبخت بیچاره

héréditaire / eʀeditɛʀ / *adj* ۱. ارثی ۲. موروثی

hérédité / eʀedite / *nf* ۱. وراثت، توارث ۲. ارث، میراث

hérésie / eʀezi / *nf* الحاد، ارتداد، بدعت

hérétique / eʀetik / *n, adj* ۱. ملحد، مرتد، بدعت‌گذار ◘ ۲. کفرآمیز، بدعت‌گذارانه

hérissement / 'eʀismɑ̃ / *nm* (عمل) راست شدن، سیخ شدن

hérisser / 'eʀise / *vt* (1) ۱. [مو] راست کردن، سیخ کردن ۲. مجهز کردن، زدن ۳. عصبانی کردن

s'hérisser *vp* ۱. [مو] راست شدن، سیخ شدن ۲. عصبانی شدن

hérisson / 'eʀisɔ̃ / *nm* ۱. خارپشت، جوجه‌تیغی ۲. آدم بدخلق، آدم بدعنق ۳. برس فلزی

héritage / eʀitaʒ / *nm* ارث، میراث

hériter / eʀite / *vt, vi* (1) (به) ارث بردن، وارث (چیزی) بودن

héritier,ère / eʀitje,ɛʀ / *n* ۱. وارث ۲. [قدیمی یا طنزآمیز] بچه، اولاد

hermaphrodite / ɛʀmafʀɔdit / *adj* نرماده، دوجنسی، دوجنسه

hermétique / ɛʀmetik / *adj* ۱. بدون منفذ، کیپ، هوابندی‌شده ۲. مبهم، گنگ، پیچیده، نامفهوم

hermétisme / ɛʀmetism / *nm* ابهام، پیچیدگی، گنگی، نامفهوم بودن

hermine / ɛʀmin / *nf* ۱. قاقم ۲. پوست قاقم

hernie / 'ɛʀni / *nf* فتق

herniaire / 'ɛʀnjɛʀ / *adj* (مربوط به) فتق

bandage herniaire فتق‌بند

héroïne[1] / eʀɔin / *nf* هروئین

héroïne[2] / eʀɔin / *nf* قهرمان (زن)

héroïnomane / eʀɔinɔman / *n, adj* معتاد به هروئین، هروئینی

héroïque / eʀɔik / *adj* ۱. حماسی ۲. قهرمانانه، دلیرانه، شجاعانه ۳. قهرمان، شجاع، دلیر

héroïquement / eʀɔikmɑ̃ / *adv* قهرمانانه، دلیرانه، شجاعانه

héroïsme /eʀɔism/ *nm* ۱. قهرمانی، دلاوری ۲. شجاعت، دلیری، تهور

héron /'eʀɔ̃/ *nm* [پرنده] حواصیل

héros /'eʀo/ *nm* ۱. قهرمان ۲. قهرمان داستان

herpès /'ɛʀpɛs/ *nm* [بیماری پوستی] تبخال، هِرپِس

herse /'ɛʀs/ *nf* ۱. کلوخ‌کوب ۲. دروازهٔ فرودی (= نردهٔ آهنی متحرک در ورودی قلعه)

hésitant,e /ezitɑ̃,t/ *adj* ۱. مردد، دودل ۲. تردیدآمیز، نامطمئن

hésitation /ezitasjɔ̃/ *nf* ۱. تردید، شک، دودلی ۲. درنگ، مکث، تأمل

hésiter /ezite/ *vi* (1) ۱. تردید کردن، تردید داشتن، شک کردن، مردد بودن، دودل بودن ۲. مکث کردن، درنگ کردن، تأمل کردن

sans hésiter بدون معطلی، بدون تأمل، بی‌درنگ

hétéroclite /eteʀɔklit/ *adj* ۱. نامتجانس، ناهمگن ۲. جورواجور، مختلف

hétérodoxe /eteʀɔdɔks/ *adj, n* ۱. کژآیین ۲. ناپذیرفته، نامتعارف

hétérogène /eteʀɔʒɛn/ *adj* ۱. نامتجانس، ناهمگن ۲. مختلف، جورواجور

hétérogénéité /eteʀɔʒeneite/ *nf* عدم تجانس، ناهمگنی

hétérosexualité /eteʀɔsɛksɥalite/ *nf* ناهمجنس‌خواهی، ناهمجنس‌گرایی (= گرایش به جنس مخالف)

hétérosexuel,elle /eteʀɔsɛksɥɛl/ *adj, n* ۱. ناهمجنس‌خواهانه، ناهمجنس‌گرایانه ◙ ۲. ناهمجنس‌خواه، ناهمجنس‌گرا

hêtre /'ɛtʀ/ *nm* ۱. (درخت) راش، آلش ۲. چوب راش، چوب جنگلی

heure /œʀ/ *nf* ۱. ساعت ۲. وقت، موقع، زمان، هنگام

à la bonne heure ۱. به موقع، بجا، در زمان مناسب ۲. خوب است، باشد

à l'heure سر ساعت، سر وقت، به موقع

arriver après l'heure دیر رسیدن، دیر آمدن

à tout à l'heure عجالتاً خداحافظ

à toute heure در تمام ساعات، تمام‌وقت

de bonne heure ۱. صبح زود ۲. زود

heure locale وقت محلی

Quelle heure est-il? ساعت چند است؟

sur l'heure ۱. همین الان، همین حالا ۲. فوراً، بی‌درنگ، زود

tout à l'heure ۱. الان، به زودی ۲. لحظه‌ای پیش ۳. [قدیمی] فوراً، زود

heureusement /œʀøzmɑ̃/ *adv* ۱. خوشبختانه ۲. با موفقیت، به خوبی

heureux,euse /œʀø,øz/ *adj* ۱. خوشبخت، نیکبخت، سعادتمند ۲. موفق، موفقیت‌آمیز ۳. خوش‌اقبال، خوش‌شانس ۴. مطلوب، مساعد، خوب ۵. بجا، مناسب ۶. خوشحال، خشنود

heurt /'œʀ/ *nm* ۱. برخورد ۲. تصادف، تصادم ۳. اختلاف، درگیری

heurter /'œʀte/ *vt, vi* (1) ۱. برخورد کردن با، خوردن به، زدن به، تصادف کردن با ۲. رودررو شدن با، مخالفت کردن با ۳. [احساسات] جریحه‌دار کردن ۴. (ضربه) زدن به، کوبیدن ◙ ۵. برخورد کردن با، خوردن به، زدن به

se heurter *vp* ۱. برخورد کردن، خوردن ۲. برخوردن، رودررو شدن، مواجه شدن ۳. به هم خوردن، با هم برخورد کردن ۴. با هم تصادف کردن، به هم زدن ۵. با هم درگیر شدن

hévéa /evea/ *nm* درخت کائوچو

hexaèdre /ɛgzaɛdʀ/ *nm* شش‌وجهی

hexagonal,e,aux /ɛgzagɔnal,o/ *adj* ۱. شش‌ضلعی ۲. [خودمانی] فرانسوی

hexagone[1] / ɛgzagɔn / *nm* شش‌ضلعی
Hexagone[2] / ɛgzagɔn / *nm* [مجازاً] (کشور) فرانسه
hexapode / ɛgzapɔd / *adj, nm* [حشره] شش‌پـا
hi! / 'i;hi / *interj,* **hi, hi!** ۱. هه‌هه! هِرهِر! قاه‌قاه! ۲. های‌های! هق‌هق!
hiatus / jatys / *nm* ۱. [آواشناسی] التقای مصوت‌ها ۲. شکاف، گسستگی، خلأ
hibernal,e,aux / ibɛʀnal,o / *adj,* **sommeil hibernal** خواب زمستانی
hibernant,e / ibɛʀnɑ̃,t / *adj* زمستان‌ْخواب، دارای خواب زمستانی
hibernation / ibɛʀnasjɔ̃ / *nf* زمستان‌ْخوابی، خواب زمستانی
hiberner / ibɛʀne / *vi* (1) به خواب زمستانی رفتن، زمستان‌خواب بودن
hibou / 'ibu / *nm* جغد، بوف، شباویز
hic / 'ik / *nm. inv* [خودمانی] اِشکال کار، مشکل، مسئله
hideur / 'idœʀ / *nf* زشتی، کراهت
hideusement / 'idøzmɑ̃ / *adv* به طرز هولناکی، به طرز نفرت‌انگیزی
hideux,euse / 'idø,øz / *adj* ۱. زشت، کریه ۲. نفرت‌انگیز، منفور، هولناک
hier / jɛʀ / *adv* ۱. دیروز، روز گذشته ۲. گذشته
Il n'est pas né d'hier. او آدم بی‌تجربه‌ای نیست. آن‌قدرها هم ساده نیست.
hiérarchie / 'jeʀaʀʃi / *nf* سلسله‌مراتب
hiérarchique / 'jeʀaʀʃik / *adj* دارای سلسله‌مراتب، سلسله‌مراتبی
hiérarchiquement / 'jeʀaʀʃikmɑ̃ / *adv* با توجه به سلسله‌مراتب، بنابر سلسله‌مراتب
hiérarchisation / 'jeʀaʀʃizasjɔ̃ / *nf* بـرقراری سـلسله‌مراتب، ایـجاد سـلسله‌مراتب، سازمان‌دهی بر اساس سلسله‌مراتب
hiérarchiser / 'jeʀaʀʃize / *vt* (1) سلسله‌مراتب برقرار کردن، بـر اسـاس سـلسله‌ـمراتب سازمان‌دهی کردن
hiératique / jeʀatik / *adj* باصلابت
hiératisme / jeʀatism / *nm* صلابت
hiéroglyphe / 'jeʀɔglif / *nm* ۱. [در مصر قدیم؛ خط]نشانهٔ تصویری، هـیروگلیف ۲. علامت مبهم، نوشتهٔ ناخوانا
hi-han / 'iɑ̃ / *nm, interj* عرعر
hilarant,e / ilaʀɑ̃,t / *adj* خنده‌دار، مضحک، بامزه
hilare / ilaʀ / *adj* شاد، بانشاط، بشّاش
hilarité / ilaʀite / *nf* قهقهه، قاه‌قاه خنده
hile / 'il / *nm* [گیاه‌شناسی، کالبدشناسی] ناف
hindi / 'indi / *nm* زبان هندی
hindou,e / ɛ̃du / *adj, n* هندو
hindouisme / ɛ̃duism / *nm* آیین هندو، دین هندو
hindoustani / ɛ̃dustani / *nm* → hindi
hippie / 'ipi / *n, adj* هیپی
hippique / ipik / *adj* (مربوط به) اسب‌سواری، سوارکاری
hippisme / ipism / *nm* اسب‌سواری، سوارکاری
hippocampe / ipɔkɑ̃p / *nm* اسب‌ماهی، اسب دریایی
hippodrome / ipɔdʀom / *nm* میـدان اسب‌دوانی
hippologie / ipɔlɔʒi / *nf* اسب‌شناسی
hippomobile / ipɔmɔbil / *adj* [واگن، درشکه،...] اسبی
hippopotame / ipɔpɔtam / *nm* اسب آبی
hippy / 'ipi / *n, adj* → hippie
hirondelle / iʀɔ̃dɛl / *nf* پرستو، چلچله
hirsute / iʀsyt / *adj* [مو] ژولیده، درهم‌برهم، آشفته
hispanique / ispanik / *adj* اسپانیایی
hispanisme / ispanism / *nm* ۱. اصطلاح اسپانیایی ۲. واژهٔ قرضی اسپانیایی

hisser /'ise/ *vt* (1) ۱. [پرچم، دکل،...] برافراشتن، زدن ۲. بلند کردن، بالا بردن

se hisser *vp* ۱. (به زحمت) بالا رفتن ۲. (به زحمت) بلند شدن

histoire /istwaʀ/ *nf* ۱. تاریخ ۲. تاریخچه ۳. سرگذشت، شرح حال ۴. کتاب تاریخ ۵. داستان، قصه، حکایت ۶. ماجرا، واقعه، حادثه

histoire naturelle تاریخ طبیعی

Il a dit cela histoire de rire. این را محض خنده گفت.

histologie /istɔlɔʒi/ *nf* بافت‌شناسی

histologique /istɔlɔsik/ *adj* (مربوط به) بافت‌شناسی، بافت‌شناختی

historicité /istɔʀisite/ *nf* واقعیت تاریخی، جنبهٔ تاریخی

historié,e /istɔʀje/ *adj* منقوش (به تصاویر جانوران)

historien,enne /istɔʀjɛ̃,ɛn/ *n* ۱. تاریخ‌نویس، مورخ ۲. تاریخ‌دان ۳. [خودمانی] دانشجوی رشتهٔ تاریخ

historiette /istɔʀjɛt/ *nf* حکایت (کوتاه)، قصه

historiographe /istɔʀjɔgʀaf/ *nm* تاریخ‌نگار

historique /istɔʀik/ *adj, nm* ۱. تاریخی ◘ ۲. تاریخچه ۳. بررسی تاریخی

historiquement /istɔʀikmɑ̃/ *adv* از نظر تاریخی، به لحاظ تاریخی

histrion /istʀijɔ̃/ *nm* دلقک

hitlérien,enne /itleʀjɛ̃,ɛn/ *adj, n* ۱. هیتلری، (مربوط به) هیتلر ◘ ۲. طرفدار هیتلر

hiver /ivɛʀ/ *nm* زمستان

hivernage /ivɛʀnaʒ/ *nm* ۱. فصل بارندگی ۲. توقف کار کشتی‌ها در فصل بارندگی ۳. نگهداری چارپایان در طویله در زمستان

hivernal,e,aux /ivɛʀnal,o/ *adj* زمستانی، (مربوط به) زمستان

hiverner /ivɛʀne/ *vi* (1) زمستان را (در جایی) گذراندن

ho! /'o;ho/ *interj* ۱. هِی! آهای! ۲. عجب!

hobereau /'ɔbʀo/ *nm* ۱. لیل (= پرنده‌ای از خانوادهٔ شاهین) ۲. اشراف‌زادهٔ روستایی

hochement /'ɔʃmɑ̃/ *nm*, **hochement de tête** تکان دادنِ سر

hocher /'ɔʃe/ *vt* (1), **hocher la tête** سر تکان دادن

hochet /'ɔʃɛ/ *nm* ۱. جغجغه ۲. بازیچه

hockey /'ɔkɛ/ *nm* [ورزش] هاکی

hockeyeur /'ɔkɛjœʀ/ *nm* هاکی‌باز، بازیکن هاکی

hola! /'ɔla;hɔla/ *interj, nm* هی! آهای!

hold-up /'ɔldœp/ *nm. inv* سرقت مسلحانه

hollandais,e[1] /'ɔlɑ̃dɛ,z/ *adj* هلندی، (مربوط به) هلند

Hollandais,e[2] /'ɔlɑ̃dɛ,z/ *n* اهل هلند، هلندی

hollande /'ɔlɑ̃d/ *nm* پنیر هلندی

holocauste /ɔlɔkost/ *nm* ۱. [در دوران نازیسم] کشتار یهودیان ۲. قربانی از راه سوزاندن ۳. قربانی

homard /'ɔmaʀ/ *nm* خرچنگ دراز (خوراکی)، خرچنگ دریایی

home /'om/ *nm* خانه و کاشانه، کانون خانواده

homélie /ɔmeli/ *nf* [ادبی] وعظ، موعظه

homéopathie /ɔmeɔpati/ *nf* هومئوپاتی (= نوعی دارودرمانی)

homéotherme /ɔmeɔtɛʀm/ *adj* [زیست‌شناسی] خونگرم

homérique /ɔmeʀik/ *adj* هومِری، به سبک هومر، (مربوط به) هومر

homicide /ɔmisid/ *n, adj, nm* ۱. آدمکش، قاتل، جانی ◘ ۲. مرگبار، کشنده ◘ ۳. آدمکشی، قتل، قتل نفس

a = bas, plat e = blé, jouer ɛ = lait, jouet, merci i = il, lyre o = mot, dôme, eau, gauche ɔ = mort
u = roue y = rue ø = peu œ = peur ə = le, premier ɑ̃ = sans, vent ɛ̃ = matin, plein, lundi
ɔ̃ = bon, ombre ʃ = chat, tache ʒ = je, gilet j = yeux, paille, pied w = oui, nouer ɥ = huile, lui

hommage /ɔmaʒ/ *nm* ۱. احترام، ادای احترام ۲. ستایش، بزرگداشت، سپاس ۳. پیشکش، هدیه ـ [صورت جمع] ۴. سلام

hommasse /ɔmas/ *adj* مردنما، مثل مردها

homme /ɔm/ *nm* ۱. انسان، بشر ۲. مرد ۳. فرد، شخص، آدم

homme à femmes مرد زن‌پسند

homme d'action مرد عمل

homme d'église کشیش

homme de lettres ادیب

homme de science دانشمند، عالِم

homme d'État دولتمرد

homme politique سیاستمدار

jeune homme ۱. مرد جوان، جوانک ۲. مرد مجرد، پسر ۳. پسربچه، پسرک

homme-grenouille /ɔmgʀənuj/ *nm* مرد قورباغه‌ای، غواص

homogène /ɔmɔʒɛn/ *adj* ۱. متجانس، همگن، یکدست ۲. منسجم، یکپارچه ـ [صورت جمع] ۳. همانند، شبیه، یکسان

homogénéité /ɔmɔʒeneite/ *nf* ۱. تجانس، همگنی، یکدستی ۲. انسجام، یکپارچگی

homologation /ɔmɔlɔgasjɔ̃/ *nf* تأیید، تصدیق

homologue /ɔmɔlɔg/ *adj, n* ۱. معادل، برابر ۲. نظیر، قرینه، همانند، متشابه ◙ ۳. همتا

homologuer /ɔmɔlɔge/ *vt* (1) ۱. تأیید کردن، تصدیق کردن ۲. ثبت کردن، به ثبت رساندن

homonyme /ɔmɔnim/ *adj, n* ۱. هم‌آوا ◙ ۲. واژهٔ هم‌آوا ۳. (شخص) هم‌نام، هم‌اسم

homonymie /ɔmɔnimi/ *nf* ۱. هم‌آوایی ۲. هم‌نامی

homosexualité /ɔmɔsɛksɥalite/ *nf* همجنس‌گرایی، همجنس‌خواهی

homosexuel,elle /ɔmɔsɛksɥɛl/ *n, adj* ۱. همجنس‌گرا، همجنس‌خواه ◙ ۲. همجنس‌گرایانه، همجنس‌خواهانه، (مربوط به) همجنس‌گرایی

hongre /'ɔ̃gʀ/ *adj* [اسب] اخته

hongrois[1],e /'ɔ̃gʀwa,z/ *adj* مجارستانی، مجاری، مجار

Hongrois[2],e /'ɔ̃gʀwa,z/ *n* اهل مجارستان، مجار

hongrois[3] /'ɔ̃gʀwa/ *nm* زبان مجارستانی، مجارستانی

honnête /ɔnɛt/ *adj* ۱. درستکار، درست، صادق، شریف ۲. صادقانه، شرافتمندانه ۳. راستگو، روراست ۴. خوب، رضایت‌بخش، مناسب ۵. [قدیمی] پاکدامن، نجیب، عفیف

honnêtement /ɔnɛtmɑ̃/ *adv* ۱. شرافتمندانه، صادقانه ۲. انصافاً ۳. از روی درستی

honnêteté /ɔnɛtte/ *nf* ۱. درستکاری، درستی، صداقت ۲. راستگویی ۳. [قدیمی] پاکدامنی، عفت، نجابت

honneur /ɔnœʀ/ *nm* ۱. شرف، آبرو، حیثیت ۲. افتخار ۳. مایهٔ افتخار ـ [صورت جمع] ۴. احترامات، احترام

dame d'honneur ندیمه

demoiselle d'honneur ینگه، ساقدوش عروس

faire honneur à sa famille مایهٔ افتخار خانوادهٔ خود بودن

faire honneur à sa signature به عهد خود وفا کردن

faire honneur à un repas غذایی را زیاد خوردن

garçon d'honneur ساقدوش

parole d'honneur قول شرف

honnir /'ɔniʀ/ *vt* (2) بی‌آبرو کردن، آبرو (برای کسی) نگذاشتن

honorabilité /ɔnɔʀabilite/ *nf* شرافتمندی، شرافت، آبرومندی

honorable /ɔnɔʀabl/ *adj* ۱. آبرومند، محترم ۲. آبرومندانه

honorablement /ɔnɔʀabləmɑ̃/ *adv* شرافتمندانه، آبرومندانه

honoraire /ɔnɔʀɛʀ/ *adj* افتخاری

443 horrible

honoraires /ɔnɔʀɛʀ/ *nm. pl* ۱. دستمزد، اجرت، حق‌الزحمه ۲. [پزشک] ویزیت ۳. حق‌الوکاله

honoré,e[1] /ɔnɔʀe/ *adj* ۱. مفتخر ۲. محترم، ارجمند

honorée[2] /ɔnɔʀe/ *nf* نامه (تجاری)

honorer /ɔnɔʀe/ *vt* (1) ۱. مایهٔ افتخار (کسی یا چیزی) بودن ۲. مفتخر ساختن، افتخار دادن به ۳. گرامی داشتن، محترم شمردن ۴. ادا کردن، عمل کردن ۵. ستودن، ستایش کردن

s'honorer *vp* به خود بالیدن، افتخار کردن

honorifique /ɔnɔʀifik/ *adj* ۱. افتخاری ۲. احترام‌آمیز، محترمانه

honoris causa /ɔnɔʀiskoza/ *loc. adj.*

docteur honoris causa دارای دکترای افتخاری، دکتر افتخاری

honte /'ɔ̃t/ *nf* ۱. ننگ، بدنامی، بی‌آبرویی، رسوایی ۲. مایهٔ ننگ، مایهٔ بدنامی، مایهٔ بی‌آبرویی ۳. شرم، شرمساری، خجالت ۴. حیا، شرم، آزرم

honteux,euse /'ɔ̃tø,øz/ *adj* ۱. شرم‌آور، ننگین ۲. خجالت‌آور، مایهٔ خجالت ۳. شرمنده، شرمسار، خجالت‌زده

hop! /'ɔp;hɔp/ *interj* یالاّ! بجنب!

hôpital,aux /opital,o/ *nm* بیمارستان

hoquet /'ɔkɛ/ *nm* سکسکه

hoqueter /'ɔkte/ *vi* (4) سکسکه کردن

horaire /ɔʀɛʀ/ *adj, nm* ۱. ساعتی ۲. زمانی ◻ ۳. جدول ساعات، برنامه (زمانی)

vitesse horaire (میزانِ) سرعت در ساعت

horde /'ɔʀd/ *nf* ۱. قبیلهٔ چادرنشین، ایل ۲. [مجازی] فوج، گروه، دسته، گله

horion /'ɔʀjɔ̃/ *nm* ضربه

échanger des horions زد و خورد کردن

horizon /ɔʀizɔ̃/ *nm* ۱. افق ۲. دید ۳. افق فکری ۴. [مجازی] دورنما

horizontal,e[1]**,aux** /ɔʀizɔ̃tal,o/ *adj* ۱. افقی ۲. صاف، تراز

horizontale[2] /ɔʀizɔ̃tal/ *nf* ۱. خط افقی ۲. سطح افقی

horizontalement /ɔʀizɔ̃talmɑ̃/ *adv* افقی، به طور افقی، به صورت افقی

horizontalité /ɔʀizɔ̃talite/ *nf* ۱. افقی بودن ۲. صافی، تراز بودن

horloge /ɔʀlɔʒ/ *nf* ساعت (= انواع ساعت بجز ساعت مچی)

horloge parlante [تلفن] ساعت گویا

horloger,ère /ɔʀlɔʒe,ɛʀ/ *n, adj* ۱. ساعت‌ساز ◻ ۲. (مربوط به) ساعت‌سازی

horlogerie /ɔʀlɔʒʀi/ *nf* ۱. ساعت‌سازی ۲. ساعت‌آلات

hormis /'ɔʀmi/ *prép* [قدیمی یا ادبی] بجز، جز، (به) غیر از، به استثنایِ

hormonal,e,aux /ɔʀmɔnal,o/ *adj* هورمونی

hormone /ɔʀmɔn/ *nf* هورمون

hormonothérapie /ɔʀmɔnɔteʀapi/ *nf* هورمون‌درمانی

horoscope /ɔʀɔskɔp/ *nm* ۱. زایجه ۲. طالع ۳. طالع‌بینی

horreur /ɔʀœʀ/ *nf* ۱. وحشت، هراس، ترس ۲. بیزاری، نفرت، انزجار ۳. هولناکی، وحشتناک بودن ۴. مایهٔ وحشت، کابوس ــ [صورت جمع] ۵. فجایع، اعمال شنیع

avoir qqch en horreur از چیزی بیزار بودن، از چیزی نفرت داشتن

les horreurs de la guerre فجایع جنگ

horrible /ɔʀibl/ *adj* ۱. وحشتناک، ترسناک، مخوف ۲. فجیع، هولناک ۳. زشت، کریه، نفرت‌انگیز ۴. مزخرف، گند، افتضاح ۵. طاقت‌فرسا، شاق

horriblement /ɔRibləmɑ̃/ *adv* ۱. به طرز وحشتناکی ۲. بدجوری، بی‌اندازه، عجیب

C'est horriblement cher. عجیب گران است. بی‌اندازه گران است.

horrifiant,e /ɔRifjɑ̃,t/ *adj* وحشتناک، هراس‌انگیز، هولناک، ترسناک

horrifier /ɔRifje/ *vt* (7) وحشت‌زده کردن، به وحشت انداختن، ترساندن

horripilant,e /ɔRipilɑ̃,t/ *adj* عصبانی‌کننده، آزارنده، زجرآور

horripiler /ɔRipile/ *vt* (1) ۱. مو به تن (کسی) راست کردن ۲. از کوره به در بردن، کفر (کسی را) درآوردن، عصبانی کردن

hors /'ɔR/ *prép* ۱. بیرون، خارج ۲. بجز، جز، غیر از

être hors de soi ۱. از کوره در رفتن، کفری شدن ۲. در پوست خود نگنجیدن

hors-bord /'ɔRbɔR/ *nm. inv* قایق موتوری

hors-concours /'ɔRkɔ̃kuR/ *adj, nm. inv* ۱. خارج از مسابقه ۲. غیرقابل رقابت

hors-d'œuvre /'ɔRdœvR/ *nm. inv* پیش‌غذا، اُردُور

hors-jeu /'ɔRʒø/ *nm. inv* [فوتبال، راگبی، ...] آفساید

hors-la-loi /'ɔRlalwa/ *nm. inv* یاغی، قانون‌شکن

hors-texte /'ɔRtɛkst/ *nm. inv* تصویر خارج از متن

hortensia /ɔRtɑ̃sja/ *nm* گل ادریس، (گل) ادریسی، اورتانزیا

horticole /ɔRtikɔl/ *adj* ۱. (مربوط به) باغبانی، باغداری ۲. (مربوط به) پرورش گل، گل‌پروری، گلکاری

horticulteur /ɔRtikyltœR/ *nm* متخصص باغبانی، متخصص پرورش گل

horticulture /ɔRtikyltyR/ *nm* ۱. باغبانی، باغداری ۲. گل‌پروری، پرورش گل، گلکاری ۳. سبزیکاری

hosanna /ozana/ *nm, interj* ۱. [دین یهود، مسیحیت] سرود شادی ◙ ۲. [ادبی] خدا را شکر!

hospice /ɔspis/ *nm* ۱. [مذهبی] مهمانخانه، مهمانسرا ۲. آسایشگاه

hospice de vieillards خانهٔ سالمندان

hospitalier,ère /ɔspitalje,ɛR/ *adj* ۱. مهمان‌نواز ۲. بیمارستانی

hospitalisation /ɔspitalizasjɔ̃/ *nf* بستری کردن (در بیمارستان)، بستری بودن، بستری شدن

hospitaliser /ɔspitalize/ *vt* (1) (در بیمارستان) بستری کردن

hospitalité /ɔspitalite/ *nf* مهمان‌نوازی

hostellerie /ɔstɛlRi/ *nf* مهمان‌خانه، مهمان‌سرا، مهمان‌پذیر

hostie /ɔsti/ *nf* ۱. نان مقدس ۲. [قدیمی] قربانی

hostile /ɔstil/ *adj* ۱. دشمن ۲. مخالف ۳. متخاصم

hostilité /ɔstilite/ *nf* ۱. دشمنی، خصومت ـــ [صورت جمع] ۲. جنگ

cessation d'hostilité ترک مخاصمه

hot dog /'ɔtdɔg/ *nm* هات‌داگ (= نوعی سوسیس)

hôte[1]**,hôtesse** /ot,otɛs/ *n* میزبان

hôte[2] /ot/ *nm* مهمان

hôtel /otɛl/ *nm* ۱. هتل، مهمانخانه، مهمانسرا ۲. عمارت، ساختمان، بنا

hôtel des impôts ادارهٔ مالیات

hôtel de ville ساختمان شهرداری، بنای شهرداری

hôtel particulier عمارت شخصی

hôtel-Dieu /otɛldjø/ *nm* بیمارستان (عمده)

hôtelier,ère /otəlje,ɛR/ *n, adj* ۱. مدیر هتل، هتل‌دار، مهمان‌خانه‌دار، هتل‌دار ◙ ۲. (مربوط به) هتل‌داری

hôtellerie /otɛlRi/ *nf* ۱. مهمانخانه، مهمانسرا ۲. هتل‌داری

445 hululement

hôtesse /otɛs/ *nf* ۱. (خانم) میزبان ۲. [هواپیما] مهماندار (زن)
hôtesse de l'air [هواپیما] مهماندار (زن)
hotte /'ɔt/ *nf* سبد پشتی
hou! /'u;hu/ *interj* ۱. [برای ترساندن] پخ! ۲. [برای سرزنش و تحقیر] نیگاش کن!
houblon /'ublɔ̃/ *nm* [گیاه] رازک
houe /'u/ *nf* کج‌بیل
houille /'uj/ *nf* زغال‌سنگ
houiller,ère /'uje,ɛʀ/ *adj* ۱. دارای زغال‌سنگ، زغال‌سنگ‌دار ۲. (مربوط به) زغال‌سنگ
houillère /'ujɛʀ/ *nf* معدن زغال‌سنگ
houle /'ul/ *nf* [دریا] تلاطم
houlette /'ulɛt/ *nf* ۱. چوب‌دستی ۲. بیلچه
houleux,euse /'ulø,øz/ *adj* ۱. متلاطم، پرتلاطم ۲. ناآرام، آشفته
houp! /'up;hup/ *interj* یالاّ! بجنب!
houppe /'up/ *nf* ۱. منگوله ۲. [مو، پر] دسته، کاکل
houppe à poudrer پودرزن
houppette /'upɛt/ *nf* پودرزن
hourra /'uʀa;huʀa/ *nm, interj* ۱. هورا ◻ ۲. هورا!
hourvari /'uʀvaʀi/ *nm* [ادبی] هیاهو، جنجال، قیل و قال
houspiller /'uspije/ *vt* (1) سخت سرزنش کردن، دعوا کردن
housse /'us/ *nf* ۱. روکش ۲. زین‌پوش
houx /'u/ *nm* (درخت) راج، خاس
hublot /'yblo/ *nm* [کشتی، هواپیما] پنجره
huche /'yʃ/ *nf* صندوق (چوبی)
huche à pain جای نان، جانانی
hue! /'y;hy/ *interj* [برای راندن اسب] هِی!
huée /'ɥe/ *nf* هُو، فریاد اعتراض
huer /'ɥe/ *vt, vi* (1) ۱. هُو کردن ◻ ۲. [جغد] هوهو کردن
huilage /ɥilaʒ/ *nm* روغن‌کاری
huile /ɥil/ *nf* ۱. روغن ــ [صورت جمع] ۲. [خودمانی] آدم‌های کله‌گنده
jeter de l'huile sur le feu آتش‌بیار معرکه بودن
peinture à l'huile نقاشی رنگ روغن
huiler /ɥile/ *vt* (1) ۱. روغن زدن، روغن‌کاری کردن ۲. روغن مالیدن، چرب کردن
salade trop huilée سالادی که روغنش زیاد است
huilerie /ɥilʀi/ *nf* ۱. روغن‌سازی ۲. روغن‌فروشی
huileux,euse /ɥilø,øz/ *adj* ۱. روغنی ۲. چرب
huis /ɥi/ *nm* [قدیمی] در
à huis clos محرمانه، غیرعلنی، سِرّی
huis clos جلسهٔ غیرعلنی، جلسهٔ سِرّی
huissier /ɥisje/ *nm* ۱. مأمور اجرا ۲. [قدیمی] دربان
huit /ɥi(t)/ *adj. num, nm. inv* ۱. هشت ۲. هشتم ◻ ۳. عدد هشت، شمارهٔ هشت، هشت ۴. طبقهٔ هشتم
huitaine /'ɥitɛn/ *nf* ۱. در حدود هشت، هشت‌تایی ۲. دستهٔ هشت‌تایی ۳. هشت روز
sous une huitaine تا هفت هشت روز دیگر
huitième /'ɥitjɛm/ *adj. ord, n, nm* ۱. هشتم، هشتمین ◻ ۲. نفر هشتم، هشتمین نفر، هشتمی ۳. طبقهٔ هشتم ◻ ۴. یک‌هشتم
huitièmement /'ɥitjɛmmɑ̃/ *adv* هشتم آنکه
huître /ɥitʀ/ *nf* ۱. صدف (خوراکی) ۲. [عامیانه] (آدم) احمق
hulotte /'ylɔt/ *nf* جغد جنگلی
hululement /'ylylmɑ̃/ *nm* [پرندگان] صفیر، جیغ، هوهو

a = bas, plat   e = blé, jouer   ɛ = lait, jouet, merci   i = il, lyre   o = mot, dôme, eau, gauche   ɔ = mort
u = roue   y = rue   ø = peu   œ = peur   ə = le, premier   ɑ̃ = sans, vent   ɛ̃ = matin, plein, lundi
ɔ̃ = bon, ombre   ʃ = chat, tache   ʒ = je, gilet   j = yeux, paille, pied   w = oui, nouer   ɥ = huile, lui

hululer /'ylyle/ *vi* (1) [پرندگان] صفیر کشیدن، جیغ کشیدن، هوهو کردن

hum! /'œm,hœm/ *interj* ۱. [برای ابراز تردید] اِم... ۲. هی! آهای! ۳. هان! چی!

humage /'ymaʒ/ *nm* ۱. استشمام، بوییدن ۲. استنشاق

humain[1]**,e** /ymɛ̃,ɛn/ *adj* ۱. انسانی، (مربوط به) انسان، بشر ۲. نیک، انسان، بامروت ۳. انسان‌دوستانه، بشردوستانه

humain[2] /ymɛ̃/ *nm* ۱. انسان، بشر ـ [صورت جمع] ۲. مردم، آدم‌ها

humanisation /ymanizasjɔ̃/ *nf* (عمل) انسانی کردن، مردمی کردن

humaniser /ymanize/ *vt* (1) ۱. انسانی کردن، مردمی کردن ۲. شخصیت انسانی دادن به، انسان انگاشتن ۳. اجتماعی کردن

s'humaniser *vp* اجتماعی شدن

humanisme /ymanism/ *nm* انسان‌گرایی، انسان‌گروی

humaniste /ymanist/ *adj, nm* ۱. انسان‌گرا ۲. انسان‌گرایانه ▣ ۳. انسان‌گرا ۴. متخصص زبان و ادبیات یونانی و لاتینی

humanitaire /ymanitɛʀ/ *adj* انسانی، انسان‌دوستانه، بشردوستانه

humanité /ymanite/ *nf* ۱. انسانیت ۲. مهربانی، خوبی ۳. بشر، انسان ـ [صورت جمع] ۴. مطالعهٔ زبان و ادبیات یونانی و لاتینی

humble /ɛ̃bl/ *adj* ۱. فروتن، متواضع، افتاده ۲. فروتنانه، متواضعانه، خاضعانه ۳. حقیر، کوچک ۴. [ادبی] معمولی، پیش‌پاافتاده، ساده

humblement /ɛ̃bləmɑ̃/ *adv* با فروتنی، فروتنانه، متواضعانه، خاضعانه

humectage /ymɛktaʒ/ *nm* (عمل) تر کردن، مرطوب کردن، نم زدن

humecter /ymɛkte/ *vt* (1) تر کردن، مرطوب کردن، نم زدن

s'humecter *vp* تر شدن

humer /'yme/ *vt* (1) ۱. بو کردن، بوییدن، استشمام کردن ۲. [قدیمی] هورت کشیدن

huméral,e,aux /ymeʀal,o/ *adj* (مربوط به) استخوان بازو

humérus /ymeʀys/ *nm* استخوان بازو

humeur /ymœʀ/ *nf* ۱. خلق و خو، اخلاق ۲. حال، حال و حوصله ۳. بدخلقی، بدعنقی، بداخلاقی ۴. [طب قدیم] خلط

bonne humeur خوش‌اخلاقی، خوش‌خُلقی

d'humeur à مایل به، راغب به

humeur aqueuse زلالیه

humeur vitrée زجاجیه

mauvaise humeur بداخلاقی، بدخُلقی، بدعنقی

humide /ymid/ *adj* ۱. تر، مرطوب، نمناک، خیس ۲. [محل، آب و هوا] مرطوب

humidification /ymidifikasjɔ̃/ *nf* (عمل) مرطوب کردن

humidifier /ymidifje/ *vt* (7) مرطوب کردن

humidité /ymidite/ *nf* رطوبت، نم، نمناکی

humiliant,e /ymiljɑ̃,t/ *adj* تحقیرآمیز، خفت‌آور، شرم‌آور، مایهٔ سرافکندگی

humiliation /ymiljasjɔ̃/ *nf* ۱. تحقیر ۲. شرمندگی، شرمساری، سرافکندگی ۳. اهانت، توهین

humilié,e /ymilje/ *adj* تحقیرشده، سرافکنده، شرمسار، شرمنده

humilier /ymilje/ *vt* (7) تحقیر کردن، کوچک کردن، خوار کردن، سرافکنده کردن

s'humilier *vp* ۱. خود را کوچک کردن ۲. کوچک شدن، خوار شدن، سرافکنده شدن

humilité /ymilite/ *nf* ۱. فروتنی، تواضع، افتادگی ۲. حقارت، کوچکی

humoral,e,aux /ymɔʀal,o/ *adj* [طب قدیم] خلطی، (مربوط به) خلط

humoriste /ymɔʀist/ *adj, n* ۱. (آدم) شوخ‌طبع، شوخ، بذله‌گو ۲. فکاهی‌نویس، طنزنویس

humoristique /ymɔʀistik/ *adj* ۱. خنده‌دار، بامزه ۲. فکاهی

humour /ymuʀ/ *nm* ۱. شوخ‌طبعی، بذله‌گویی، طنز ۲. شوخی، مزاح، بذله

humus /ymys/ *nm* خاک برگ

huppe /'yp/ *nf* ۱. کاکل ۲. هدهد، شانه‌به‌سر

huppé,e /'ype/ *adj* ۱. کاکل‌به‌سر، کاکل‌دار، کاکلی ۲. [خودمانی] (آدم) کله‌گنده

hure /'yʀ/ *nf* سرِ خوک، سرِ گراز

hurlant,e /'yʀlɑ̃,t/ *adj* ۱. زوزه‌کشان ۲. خروشان ۳. [رنگ] تند

hurlement /'yʀləmɑ̃/ *nm* ۱. زوزه ۲. جیغ ۳. فریاد، هوار، عربده، نعره

hurler /'yʀle/ *vi, vt* (1) ۱. زوزه کشیدن ۲. جیغ کشیدن ۳. فریاد زدن، عربده کشیدن، هوار زدن، نعره کشیدن ۴. تو چشم زدن ◘ ۵. با داد و هوار (چیزی را) گفتن

hurler de douleur از درد فریاد کشیدن

Il faut hurler avec les loups. خواهی نشوی رسوا همرنگ جماعت شو.

hurluberlu /yʀlybɛʀly/ *adj, nm* (آدم) کله‌پوک

hurrah /'uʀa;huʀa/ *interj, nm* → hourra

houssard /'ysaʀ/ *nm* سرباز سواره‌نظام

hussarde /ysaʀd/ *nf* رقص مجار

à la hussarde با خشونت

hutte /'yt/ *nf* کلبه، آلونک، کومه

hybridation /ibʀidasjɔ̃/ *nf* ۱. [جانوران] اختلاط نژاد ۲. [گیاهان] پیوند

hybride /ibʀid/ *adj* ۱. [جانور] دورگه ۲. [گیاه] پیوندی

mot hybride واژهٔ دورگه

hydratation /idʀatasjɔ̃/ *nf* ترکیب با آب، آبپوشی

hydrate /idʀat/ *nm* [شیمی] ئیدرات، هیدرات

hydraté,e /idʀate/ *adj* آبدار، آبپوشیده

hydrater /idʀate/ *vt* (1) با آب ترکیب کردن، آبپوش کردن

hydraulique /idʀolik/ *nf, adj* ۱. هیدرولیک ◘ ۲. هیدرولیکی، هیدرولیک ۳. آبی

hydravion /idʀavjɔ̃/ *nm* هواپیمای آب‌نشین

hydre[1] /idʀ/ *nf* [جانور] هیدر، ئیدر

hydre[2] /idʀ/ *nf* [در اساطیر یونان] مار نُه‌سر، هیدر

hydrogène /idʀɔʒɛn/ *nm* هیدروژن، ئیدروژن

hydrographie /idʀɔgʀafi/ *nf* آب‌نگاری

hydrolat /idʀɔla/ *nm* عرق (گیاهی)

hydrolat de roses گلاب

hydrologie /idʀɔlɔʒi/ *nf* آب‌شناسی

hydrolyse /idʀɔliz/ *nf* آبکافت

hydromel /idʀɔmɛl/ *nm* آب‌انگبین، شهداب

hydrométrie /idʀɔmetʀi/ *nf* آب‌سنجی

hydrométrique /idʀɔmetʀik/ *adj* (مربوط به) آب‌سنجی

hydrophile /idʀɔfil/ *adj* جاذب آب، آبکش، هیدروفیل

coton hydrophile پنبهٔ بهداشتی

hydrophobe /idʀɔfɔb/ *adj, n* آب‌هراس

hydrophobie /idʀɔfɔbi/ *nf* آب‌هراسی

hydrosphère /idʀɔsfɛʀ/ *nf* [جغرافی] آبکُره

hydrothérapie /idʀɔteʀapi/ *nf* آب‌درمانی

hydrothérapique /idʀɔteʀapik/ *adj* (مربوط به) آب‌درمانی

hydroxyde /idʀɔksid/ *nm* ئیدروکسید، هیدروکسید

hyène /(')jɛn/ *nf* کفتار

hygiène /iʒjɛn/ *nf* ۱. بهداشت ۲. نظافت

hygiénique /iʒjenik/ *adj* بهداشتی

promenade hygiénique پیاده‌روی، هواخوری

papier hygiénique کاغذ توالت، دستمال توالت

serviette hygiénique نوار بهداشتی

a = bas, plat e = blé, jouer ɛ = lait, jouet, merci i = il, lyre o = mot, dôme, eau, gauche ɔ = mort
u = roue y = rue ø = peu œ = peur ə = le, premier ɑ̃ = sans, vent ɛ̃ = matin, plein, lundi
ɔ̃ = bon, ombre ʃ = chat, tache ʒ = je, gilet j = yeux, paille, pied w = oui, nouer ɥ = huile, lui

hygromètre /igRɔmɛtR/ *nm* رطوبت‌سنج
hygrométrie /igRɔmetRi/ *nf* رطوبت‌سنجی
hygrométrique /igRɔmetRik/ *adj* (مربوط به) رطوبت‌سنجی
hymen[1] /imɛn/ *nm* پردهٔ بکارت
hymen[2] /imɛn/ *nm* [ادبی یا قدیمی] ازدواج، عروسی
hyménée /imene/ *nm* → hymen[2]
hyménoptères /imenɔptɛR/ *nm. pl* [حشرات] نازک‌بالان
hymne /imn/ *nm, nf* ۱. سرود مذهبی، نیایش ۲. سرود ◙ ۳. سرود مذهبی، نیایش
hymne national سرود ملی
hyperbole /ipɛRbɔl/ *nf* ۱. [ادبیات] اغراق ۲. [هندسه] هُذلولی
hyperbolique /ipɛRbɔlik/ *adj* ۱. اغراق‌آمیز ۲. هُذلولی، هُذلولَوی
hypermarché /ipɛRmaRʃe/ *nm* فروشگاه (بزرگ)
hypermétrope /ipɛRmetRɔp/ *adj, n* ۱. [چشم‌پزشکی] دوربین ◙ ۲. فرد دوربین
hypermétropie /ipɛRmetRɔpi/ *nf* [چشم‌پزشکی] دوربینی
hypernerveux,euse /ipɛRnɛRvø,øz/ *adj* ناآرام، بی‌قرار، هیجانی، عصبی
hypersensibilité /ipɛRsɑ̃sibilite/ *nf* حساسیت زیاد، زودرنجی
hypersensible /ipɛRsɑ̃sibl/ *adj, n* بسیار حساس، زودرنج
hypertendu,e /ipɛRtɑ̃dy/ *adj, n* مبتلا به فشار خون (بالا)
hypertension /ipɛRtɑ̃sjɔ̃/ *nf* فشار خون (بالا)
hypertrophie /ipɛRtRɔfi/ *nf* [پزشکی؛ اندام] بزرگ شدن
hypnose /ipnoz/ *nf* ۱. خواب‌مصنوعی ۲. هیپنوتیسم
hypnotique /ipnɔtik/ *adj, nm* ۱. خواب‌آور ۲. هیپنوتیسمی، (مربوط به) هیپنوتیسم ◙ ۳. داروی خواب‌آور
hypnotiser /ipnɔtize/ *vt* (1) ۱. هیپنوتیسم کردن ۲. مجذوب کردن، فریفتن، مسحور کردن
s'hypnotiser *vp* مجذوب شدن، مسحور شدن، فریفته شدن
hypnotiseur /ipnɔtizœR/ *nm* هیپنوتیسم‌گر
hypnotisme /ipnɔtism/ *nm* هیپنوتیسم
hypocondriaque /ipɔkɔ̃dRijak/ *adj* ۱. بیماری‌هراس ۲. خودبیمارانگار ۳. (مربوط به) خودبیمارانگاری ۴. غمزده، سودایی، افسرده
hypocondrie /ipɔkɔ̃dRi/ *nf* ۱. بیماری‌هراسی ۲. خودبیمارانگاری
hypocrisie /ipɔkRizi/ *nf* ریا، ریاکاری، دورویی، تزویر
hypocrite /ipɔkRit/ *n, adj* ۱. ریاکار، دورو، مزور ◙ ۲. ریاکارانه، مزورانه
hypocritement /ipɔkRitmɑ̃/ *adv* ریاکارانه، با ریاکاری، با دورویی، مزورانه
hypoderme /ipɔdɛRm/ *nm* لاپوست (= لایهٔ زیرین پوست)
hypodermique /ipɔdɛRmik/ *adj* زیرپوستی، زیرجلدی
hypogastre /ipɔgastRə/ *nm* [کالبدشناسی] زیر شکم
hypogastrique /ipɔgastRik/ *adj* [کالبدشناسی] (مربوط به) زیر شکم
hypogée /ipɔʒe/ *nm* [باستان‌شناسی] مقبرهٔ زیرزمینی، دخمه، سردابه
hypophysaire /ipɔfizɛR/ *adj* (مربوط به) غدهٔ هیپوفیز
hypophyse /ipɔfiz/ *nf* غدهٔ هیپوفیز
hypotendu,e /ipɔtɑ̃dy/ *adj, n* مبتلا به فشار خون پایین
hypotension /ipɔtɑ̃sjɔ̃/ *nf* فشار خون پایین
hypoténuse /ipɔtenyz/ *nf* [مثلث‌راست‌گوشه] وتر

hypothécaire /ipɔtekɛʀ/ *adj* رهنی، (مربوط به) رهن

hypothèque /ipɔtɛk/ *nf* ۱. رهن ۲. [مجازی] مانع

hypothéquer /ipɔteke/ *vt* (6) رهن گذاشتن

hypothèse /ipɔtɛz/ *nf* ۱. فرض ۲. فرضیه
dans l'hypothèse où اگر به فرض، اگر چنانچه، احیاناً اگر

hypothétique /ipɔtetik/ *adj* ۱. فرضی ۲. احتمالی، محتمل، نامعلوم

hypothétiquement /ipɔtetikmɑ̃/ *adv* فرضاً، از روی فرض

hystérie /isteʀi/ *nf* ۱. هیستری ۲. رفتار جنون‌آمیز، جنون

hystérique /isteʀik/ *adj, n* ۱. هیستریایی ۲. جنون‌آمیز، دیوانه‌وار ۳. هیجان‌زده ◙ ۴. مبتلا به هیستری، بیمار هیستریایی

I,i

I,i /i/ *nm. inv* ای (= نهمین حرف الفبای فرانسه)

ibidem /ibidɛm/ *adv* [برای ذکر مأخذ] همان جا

ibis /ibis/ *nm* [پرنده] اکراس، لک‌لک گرمسیری

iceberg /ajsbɛʀg;'isbɛʀg/ *nm* کوه یخ، یخ شناور

icelui,icelle,iceux /isəlɥi,isɛl,isø/ *adj. dém, pron. dém* [طنزآمیز] این‌یکی

ichtyologie /iktjɔlɔʒi/ *nf* ماهی‌شناسی

ichtyologique /iktjɔlɔʒik/ *adj* (مربوط به) ماهی‌شناسی، ماهی‌شناختی

ichtyologiste /iktjɔlɔʒist/ *n* ماهی‌شناس

ici /isi/ *adv* ۱. اینجا ۲. حالا، اکنون

d'ici ۱. از اینجا ۲. متعلق به اینجا، مال اینجا، اهل اینجا ۳. از حالا

Elle n'est pas d'ici. او اهل اینجا نیست.

ici-bas در این دنیا

par ici ۱. از اینجا، از این طرف ۲. اینجا

icône /ikon/ *nf* [کلیسای ارتدوکس] نقش مذهبی، شمایل

iconographie /ikɔnɔgʀafi/ *nf* ۱. شمایل‌شناسی، تمثال‌شناسی ۲. تصاویر

iconographique /ikɔnɔgʀafik/ *adj* ۱. شمایل‌شناختی، تمثال‌شناختی ۲. تصویری

ictère /iktɛʀ/ *nm* یرقان، زردی

idéal[1],e /ideal/ *adj* ۱. خیالی، فرضی ۲. مطلوب، دلخواه، ایده‌آل ۳. آرمانی ۴. [خودمانی] ...مام و کمال، به‌تمام‌معنی

idéal[2] /ideal/ *nm* ...مال مطلوب، آرمان

idéaliser /idealize/ *vt* (1) ...ورت آرمانی دادن، ...، بی‌نقص نشان دادن

idéalisme /idealism/ *nm* ...رمان‌گرایی، ...مال‌گرایی، ایده‌باوری، ایده‌آلیسم

idéaliste /idealist/ *n, adj* ... آرمان‌گرا، ...مال‌گرا، ایده‌آلیست ◻ ۲. آرمان‌گرایانه، کمال‌... ...رایانه، ایده‌آلیستی

idée /ide/ *nf* ... فکر ۲. تصور ۳. عقیده، نظر ... خیال

idem /idɛm/ *adv* ... همان ۲. [خودمانی] هم

identification /idɑ̃tifikasjɔ̃/ *nf* ... شناسایی، ...یین هویت ۲. یکسان‌سازی، یکی‌انگاری

identifier /idɑ̃tifje/ *vt* (7) ... شناسایی کردن، ...یین هویت کردن ۲. شناختن، تشخیص دادن ۳. ...ز شناختن، بجا آوردن ۴. یکی دانستن، یکسان ...ستن

s'identifier *vp* ...ی شدن، یکسان شدن

identique /idɑ̃tik/ *adj* ...انند، یکسان، ...جور، مثل هم، عین هم

identité /idɑ̃tite/ *nf* ... هویت ... همانندی، یکسانی

carte d'identité ...رت شناسایی، شناسنامه

idéogramme /ideɔgʀam/ *nm*

451 illégitime

ignoble /iɲɔbl/ *adj* ۱. پست، فرومایه ۲. شرم‌آور، خفت‌بار، ننگین ۳. نفرت‌انگیز

ignominie /iɲɔmini/ *nf* ۱. بی‌آبرویی، ننگ، رسوایی، فضاحت ۲. عمل ننگین، کار شرم‌آور

ignominieux,euse /iɲɔminjø,øz/ *adj* ننگین، مفتضح، شرم‌آور، خفت‌بار

ignorance /iɲɔʀɑ̃s/ *nf* ۱. نادانی، جهالت ۲. بی‌خبری، بی‌اطلاعی ۳. بی‌سوادی، جهل

ignorant,e /iɲɔʀɑ̃,t/ *adj* ۱. نادان، جاهل ۲. بی‌خبر، بی‌اطلاع ۳. ناآگاه، ناوارد ۴. بی‌سواد

ignoré,e /iɲɔʀe/ *adj* ۱. ناشناخته ۲. ناشناس، گمنام

ignorer /iɲɔʀe/ *vt* (1) ۱. ندانستن، بی‌خبر بودن، خبر نداشتن ۲. اعتنا نکردن به، توجه نکردن به، محل نگذاشتن به

Il ignore la peur. نمی‌داند ترس چیست. ترس سرش نمی‌شود.

il /il/ *pron. pers* ۱. [ضمیر فاعلی، سوم‌شخصِ مفرد مذکر] او، وی، آن ـــ [صورت جمع] ۲. آنها، ایشان، آنان

île /il/ *nf* جزیره

iliaque /iljak/ *adj* (مربوط به) تهیگاه، تهیگاهی، خاصره‌ای

îlien,enne /iljɛ̃/ *adj, n* جزیره‌نشین (به ویژه در ساحل بُرتانی فرانسه)

ilion /iljɔ̃/ *nm* تهیگاه، (استخوان) خاصره

illégal,e,aux /ilegal,o/ *adj* غیرقانونی، خلاف قانون، غیرمجاز

illégalement /ilegalmɑ̃/ *adv* به طور غیرقانونی، به طور غیرمجاز

illégalité /ilegalite/ *nf* ۱. غیرقانونی بودن ۲. قانون‌شکنی ۳. عمل غیرقانونی

illégitime /ileʒitim/ *adj* ۱. نامشروع، حرام‌زاده ۲. غیرقانونی، غیرمجاز ۳. نامعقول، غیرمنطقی، بی‌اساس

[زبان‌شناسی] حرف معنانگار، حرف اندیشه‌نگار

idéologie /ideɔlɔʒi/ *nf* مرام، مسلک، مکتب، ایدئولوژی

idéologique /ideɔlɔʒik/ *adj* مکتبی، مسلکی، عقیدتی

idéologue /ideɔlɔg/ *n* نظریه‌پرداز

idiome /idjom/ *nm* ۱. زبان ۲. گویش، لهجه

idiosyncrasie /idjɔsɛ̃kʀazi/ *nf* خصیصهٔ فردی

idiot,e /idjo,t/ *n, adj* ۱. (آدم) ابله، احمق، بی‌شعور ▣ ۲. ابلهانه، احمقانه

faire l'idiot خود را به خریت زدن، خُل‌بازی درآوردن

idiotie /idjɔsi/ *nf* ۱. ابلهی، حماقت ۲. حرف احمقانه، چرت، مزخرف ۳. کار احمقانه، حماقت، خریت ۴. [خودمانی] مزخرفات، اراجیف، چرندیات

faire une idiotie کار احمقانه‌ای کردن، حماقت کردن، خریت کردن

Ne lisez pas ces idioties. این اراجیف را نخوانید.

idiotisme /idjɔtism/ *nm* اصطلاح (ویژه یک زبان)

idolâtre /idɔlatʀ/ *n, adj* ۱. بت‌پرست ۲. ستایش‌گر، پرستش‌گر ▣ ۳. ستایش‌گرانه، پرشور

idolâtrer /idɔlatʀe/ *vt* (1) پرستیدن

idolâtrie /idɔlatʀi/ *nf* ۱. بت‌پرستی ۲. پرستش، ستایش‌گری

idole /idɔl/ *nf* ۱. بت ۲. صنم، معشوق

idylle /idil/ *nf* ماجرای عاشقانه، عشق بی‌آلایش

if /if/ *nm* ۱. (درخت) سرخدار ۲. چوب سرخدار

ignare /iɲaʀ/ *adj* نادان، جاهل

igné,e /igne/ *adj* ۱. آتشی ۲. آذرین

ignifuge /ignifyʒ/ *adj* نسوز، ضدآتش

ignifuger /ignifyʒe/ *vt* (3) نسوز کردن، ضدآتش کردن

ignition /ignisjɔ̃/ *nf* اشتعال، احتراق، افروزش

a = bas, plat e = blé, jouer ɛ = lait, jouet, merci i = il, lyre o = mot, dôme, eau, gauche ɔ = mort
u = roue y = rue ø = peu œ = peur ə = le, premier ɑ̃ = sans, vent ɛ̃ = matin, plein, lundi
ɔ̃ = bon, ombre ʃ = chat, tache ʒ = je, gilet j = yeux, paille, pied w = oui, nouer ɥ = huile, lui

illetré,e /iletʀe/ *adj, n* بی‌سواد

illicite /ilisit/ *adj* غیرقانونی، غیرمجاز، نامشروع

illico /iliko/ *adv* [خودمانی] فوراً، فوری، زود، جنگی

illimité,e /ilimite/ *adj* ۱. نامحدود ۲. بی‌اندازه، بی‌حد و حصر

illisible /ilizibl/ *adj* ۱. ناخوانا ۲. بدخط

illogique /ilɔʒik/ *adj* ۱. غیرمنطقی ۲. نامعقول

illogisme /ilɔʒism/ *nm* ۱. غیرمنطقی بودن ۲. نامعقول بودن

illumination /ilyminasjɔ̃/ *nf* ۱. روشنایی، روشنی ۲. چراغانی ۳. [مجازی] جرقه، بارقه ۴. روشنگری، تنویر (افکار)، اِشراق

illuminer /ilymine/ *vt* (1) ۱. روشن کردن، نورانی کردن ۲. چراغانی کردن

s'illuminer *vp* برق زدن، درخشیدن

illusion /ilyzjɔ̃/ *nf* ۱. خطا ۲. تصور غلط، خیال باطل ۳. توهم

faire illusion فریب دادن، گول زدن، گمراه کردن، به اشتباه انداختن

illusion d'optique خطای دید

se faire des illusions خود را گول زدن

illusionner /ilyzjɔne/ *vt* (1) فریب دادن، گمراه کردن، گول زدن

s'illusionner *vp* ۱. خود را گول زدن ۲. (در مورد کسی یا چیزی) اشتباه کردن، تصور واهی داشتن

illusionnisme /ilyzjɔnism/ *nm* شعبده‌بازی

illusionniste /ilyzjɔnist/ *n* شعبده‌باز

illusoire /ilyzwaʀ/ *adj* ۱. واهی، خیالی، باطل، غلط ۲. فریبنده، گول‌زننده

illustration /ilystʀasjɔ̃/ *nf* ۱. تصویر، تصاویر ۲. توضیح (به کمکِ تصویر یا مثال) ۳. [کتاب] مصورسازی ۴. چهرهٔ سرشناس، شخصیت برجسته

illustre /ilystʀ/ *adj* معروف، نامی، مشهور، برجسته، سرشناس

illustré,e /ilystʀe/ *adj* مصور

illustrer /ilystʀe/ *vt* (1) ۱. مشهور کردن، معروف کردن ۲. [کتاب] مصور کردن ۳. توضیح دادن، مثال آوردن

îlot /ilo/ *nm* جزیرهٔ کوچک، جزیرک

ilote /ilɔt/ *n* دم مفلوک

image /imaʒ/ *nf* ۱. تصویر ۲. عکس ۳. نقش، نگاره ۴. تصور، تصویر ذهنی ۵. نظیر، قرینه، عین، لنگه ۶. تجسم، مظهر ۷. استعاره، کنایه، تشبیه

Elle est l'image de sa mère. و کاملاً شبیه مادرش است. عین مادرش است.

image de marque ۱. [محصول] نشان ۲. وجهه

imagé,e /imaʒe/ *adj* استعاره، مجازی

imagerie /imaʒʀi/ *nf* مجموعه) تصاویر

imaginable /imaʒinabl/ *adj* ابل تصور، تصورکردنی، تصورشدنی

imaginaire /imaʒinɛʀ/ *adj* خیالی، تخیلی، غیرواقعی، موهوم

imaginatif,ive /imaʒinatif,iv/ *adj* تخیل قوی، خلاق

imagination/imaʒinasjɔ̃/ *nf* . قدرت تخیل . تخیل، خیال، تصور

imaginer /imaʒine/ *vt* (1) . تصور کردن، جسم کردن ۲. فکر کردن، گمان کردن، خیال کردن ۳. [راه، بهانه، ...] پیدا کردن

s'imaginer *vp* . تصور کردن، مجسم کردن . خیال کردن، فکر کردن، گمان کردن

imam /imam/ *nm* . [دین اسلام] امام . پیشنماز

imbattable /ɛ̃batabl/ *adj* . شکست‌ناپذیر . غیرقابل رقابت

imbécile /ɛ̃besil/ *n, adj* . (آدم) احمق، له، کودن، خنگ ▣ ۲. احمقانه، ابلهانه

imbécillité /ɛ̃besilite/ *nf* . حماقت، ابلهی، ودنی، خنگی ۲. کارهای احمقانه، خریت ۳. رف‌های احمقانه، چرت، مزخرف

imberbe /ɛbɛʀb/ *adj* ریش

imbiber / ɛ̃bibe / vt (1) ‏آغشتن، تر کردن‏
s'imbiber vp ‏[مایع] به خود جذب کردن‏
imbriqué,e / ɛ̃bRike / adj ‏۱. روی هم‏
‏۲. تودرتو، پیچیده‏
imbroglio / ɛ̃bRɔljo / nm ‏درهم‌برهمی،‏
‏آشفتگی‏
imbu,e / ɛ̃by / adj ‏آکنده، سرشار، لبریز‏
imbuvable / ɛ̃byvabl / adj ‏غیرآشامیدنی،‏
‏غیرقابل خوردن ۲. [خودمانی] غیرقابل تحمل‏
imitable / imitabl / adj ‏قابل تقلید، تقلیدکردنی‏
imitateur,trice / imitatœR,tRis / n ‏۱. مقلد‏
‏۲. دنباله‌رو‏
imitatif,ive / imitatif,iv / adj ‏تقلیدی‏
imitation / imitasjɔ̃ / nf ‏۱. تقلید‏
‏۲. سرمشق‌گیری، دنباله‌روی ۳. بدل‌سازی ۴. بدل‏
à l'imitation de ‏به تقلید از‏
imitation cuire ‏طرح چرم، چرم مصنوعی‏
imitation servile ‏تقلیدِ صرف‏
imiter / imite / vt (1) ‏۱. تقلید کردن از‏
‏۲. ادای (حرکتی یـا کسـی را) درآوردن ۳. سرمشق‏
‏گرفتن از، سرمشق قرار دادن، دنباله‌روی کردن از‏
‏۴. جعل کردن ۵. شبیه (چیزی) بودن‏
imiter une signature ‏امضایی را جعل کردن‏
immaculé,e / imakyle / adj ‏۱. پاک‏
‏۲. بی‌عیب و نقص، بدون خدشه، کامل ۳. کاملاً سفید‏
immanence / imanɑ̃s / nf ‏[فلسفه] درونی‏
‏بودن، درون‌بودی، فطری بودن، ذاتی بودن‏
immanent,e / imanɑ̃,t / adj ‏ذاتی، فطری،‏
‏درونی‏
immangeable / ɛ̃mɑ̃ʒabl / adj
‏غیرقابل خوردن، غیرخوراکی‏
immanquable / ɛ̃mɑ̃kabl / adj ‏اجتناب‌ناپذیر،‏
‏غیرقابل اجتناب، حتمی، قطعی‏
immatérialité / imateRjalite / nf ‏غیرمادی‏
‏بودن، تجرد‏

immatériel,elle / imateRjɛl / adj ‏غیرمادی،‏
‏مجرد‏
immatriculation / imatRikylasjɔ̃ / nf
‏۱. ثبت (در دفتر) ۲. نام‌نویسی، ثبت‌نام‏
numéro/plaque d'immatriculation
‏شمارهٔ ماشین، پلاک ماشین‏
immatriculer / imatRikyle / vt (1)
‏۱. (در دفتر) ثبت کردن ۲. نام‌نویسی کردن، ثبت نام‏
‏کردن‏
immédiat,e / imedja,t / adj ‏۱. بی‌واسطه،‏
‏بلافصل ۲. فوری، سریع‏
immédiatement / imedjatmɑ̃ / adv
‏۱. فوراً، فوری، زود، بی‌درنگ ۲. بلافاصله‏
immémorial,e,aux / imemɔRjal,o / adj
‏ازیاد‌رفته، بسیار کهن، خیلی قدیم‏
immense / imɑ̃s / adj ‏۱. بی‌کران، بی‌انتها‏
‏۲. عظیم، بسیار بزرگ ۳. بی‌اندازه، بی‌حد و حصر‏
‏۴. بی‌شمار، خیلی زیاد، هنگفت، گزاف‏
immensément / imɑ̃semɑ̃ / adv ‏بی‌اندازه،‏
‏فوق‌العاده، بی‌نهایت‏
immensité / imɑ̃site / nf ‏۱. بی‌کرانی،‏
‏عظمت، وسعت ۲. زیادی، زیاد بودن‏
immensurable / imɑ̃syRabl / adj
‏غیرقابل اندازه‌گیری‏
immerger / imɛRʒe / vt (3) ‏غوطه‌ور کردن،‏
‏در آب فرو بردن، به آب انداختن‏
s'immerger vp ‏غوطه‌ور شدن، در آب فرو رفتن‏
immérité,e / imeRite / adj ‏ناروا، ناحق،‏
‏ناشایست‏
immersion / imɛRsjɔ̃ / nf ‏۱. (عمل) غوطه‌ور‏
‏کردن، در آب فرو بـردن، بـه آب انـداخـتـن ۲.‏
‏غوطه‌وری، غوطه‌ورشدگی‏
immettable / ɛ̃mɛtabl / adj ‏غیرقابل پوشیدن‏
immeuble / imœbl / adj, nm ‏۱. غیرمنقول‏
‏۲. دارایی غیرمنقول ۳. ساختمان، بنا‏

immigrant,e / imigRɑ̃,t / *adj, n* مهاجر، درون‌کوچ

immigration / imigRasjɔ̃ / *nf* مهاجرت، درون‌کوچی

immigré,e / imigRe / *adj, n* مهاجر، کوچ‌نشین

immigrer / imigRe / *vi* (1) مهاجرت کردن، درون‌کوچیدن

imminence / iminɑ̃s / *nf* نزدیکی، قریب‌الوقوع بودن

imminent,e / iminɑ̃,t / *adj* نزدیک، قریب‌الوقوع، در راه

immiscer (s') / simise / *vp* (3) دخالت کردن، مداخله کردن

immixtion / imiksjɔ̃ / *nf* دخالت، مداخله

immobile / imɔbil / *adj* ۱. بی‌حرکت، ساکن ۲. ثابت

immobilier,ère / imɔbilje,ɛR / *adj* ۱. غیرمنقول ۲. ساختمانی، (مربوط به) مِلک

agent immobilier دلال معاملات ملکی، دلال مسکن

immobilisation / imɔbilizasjɔ̃ / *nf* ۱. عدم تحرک ۲. ازکارافتادگی

immobiliser / imɔbilize / *vt* (1) از حرکت باز داشتن، متوقف کردن، از کار انداختن

immobilité / imɔbilite / *nf* ۱. بی‌حرکتی، عدم تحرک، سکون ۲. ثبات

immodéré,e / imɔdeRe / *adj* بیش از اندازه، زیاده از حد، مفرط

immodérément / imɔdeRemɑ̃ / *adv* بی‌اندازه، بیش از حد، به حد افراط

immodeste / imɔdɛst / *adj* ۱. [قدیمی] بی‌شرم، بی‌حیا، وقیح ۲. بی‌شرمانه، وقیحانه

immodestie / imɔdɛsti / *nf* [قدیمی] بی‌شرمی، بی‌حیایی، وقاحت

immolation / imɔlasjɔ̃ / *nf* ۱. (عمل) قربانی کردن ۲. فداکاری، ایثار، ازخودگذشتگی

immoler / imɔle / *vt* (1) ۱. قربانی کردن ۲. کشتن، به قتل رساندن ۳. فدا کردن، چشم پوشیدن از

s'immoler *vp* ۱. خود را فدا کردن، خود را قربانی کردن، ایثار کردن، از جان خود گذشتن ۲. از منافع خود گذشتن

immonde / imɔ̃d / *adj* ۱. ناپاک، کثیف، آلوده ۲. نجس ۳. نفرت‌انگیز، شنیع، پلید

immondices / imɔ̃dis / *nf. pl* زباله، آشغال، خاکروبه

immoral,e,aux / imɔRal,o / *adj* ۱. خلاف اخلاق، غیراخلاقی ۲. قبیح، زشت ۳. فاسد، بی‌بند و بار

immoralité / imɔRalite / *nf* ۱. اخلاق‌ستیزی ۲. فساد، بی‌بند و باری

immortaliser / imɔRtalize / *vt* (1) جاودان کردن، جاودانه ساختن، ابدی کردن

s'immortaliser *vp* جاودان شدن، جاودان ماندن، ابدی شدن

immortalité / imɔRtalite / *nf* جاودانگی، فناناپذیری، ابدیت

immortel,elle / imɔRtɛl / *adj* جاودان، جاودانه، ابدی، فناناپذیر، لایزال

immotivité,e / imɔtivite / *adj* بدون انگیزه، بی‌دلیل، بی‌سبب

immuable / imɥabl / *adj* ۱. تغییرناپذیر، ثابت ۲. پایدار، پابرجا، ماندگار

immun,e / imɛ̃,yn / *adj* [در برابر عوامل بیماری‌زا] ایمن، مصون

immuniser / imynize / *vt* (1) ایمن کردن، مصون کردن، ایجاد مصونیت کردن

immunité / imynite / *nf* ایمنی، مصونیت

immunogène / imynɔʒɛn / *adj* ایمنی‌زا

immunologie / imynɔlɔʒi / *nf* ایمنی‌شناسی

impact / ɛ̃pakt / *nm* ۱. برخورد، اصابت، تصادم ۲. تأثیر، اثر

impair[1],e / ɛ̃pɛR / *adj* [عدد و غیره] فرد

impair[2] /ɛ̃pɛʀ/ *nm* خبط، گاف، اشتباه بزرگ

impalpable /ɛ̃palpabl/ *adj* لمس‌نشدنی، ناملموس، غیرقابل لمس

imparable /ɛ̃paʀabl/ *adj* اجتناب‌ناپذیر، گریزناپذیر

impardonnable /ɛ̃paʀdɔnabl/ *adj* نابخشودنی، غیرقابل گذشت، غیرقابل اغماض

imparfait[1]**,e** /ɛ̃paʀfɛ,t/ *adj* ۱. ناقص ۲. ناتمام

imparfait[2] /ɛ̃paʀfɛ/ *nm* [دستور زبان] (زمان) ماضی استمراری

imparfaitement /ɛ̃paʀfɛtmɑ̃/ *adv* به طور ناقص

impartial,e,aux /ɛ̃paʀsjal,o/ *adj* ۱. بی‌طرف ۲. بی‌طرفانه

impartialement /ɛ̃paʀsjalmɑ̃/ *adv* با بی‌طرفی، بی‌طرفانه

impartialité /ɛ̃paʀsjalite/ *nf* بی‌طرفی

impartir /ɛ̃paʀtiʀ/ *vt* (2) ۱. [ادبی] عطا کردن ۲. [حقوقی] دادن

impasse /ɛ̃pas/ *nf* بن‌بست

impassibilité /ɛ̃pasibilite/ *nf* ۱. خونسردی، آرامش ۲. سردی، بی‌اعتنایی، بی‌تفاوتی

impassible /ɛ̃pasibl/ *adj* ۱. خونسرد، آرام، خوددار ۲. بی‌احساس، سرد، بی‌اعتنا، بی‌تفاوت

impatiemment /ɛ̃pasjamɑ̃/ *adv* بی‌صبرانه، با بی‌صبری، با بی‌تابی

impatience /ɛ̃pasjɑ̃s/ *nf* بی‌صبری، بی‌تابی، ناشکیبایی، بی‌حوصلگی

impatient,e /ɛ̃pasjɑ̃,t/ *adj* ۱. بی‌صبر، ناشکیبا، بی‌حوصله ۲. بی‌تاب، بی‌قرار ۳. بی‌صبرانه

attente impatiente انتظار بی‌صبرانه

impatienter /ɛ̃pasjɑ̃te/ *vt* (1) حوصله (کسی را) سر بردن، کاسهٔ صبر (کسی را) لبریز کردن

s'impatienter *vp* صبر (کسی) تمام شدن، طاقت از کف دادن، بی‌تاب شدن

impayable /ɛ̃pɛjabl/ *adj* [خودمانی] عجیب، مضحک، خنده‌دار

impayé,e /ɛ̃peje/ *adj* پرداخت‌نشده

impeccable /ɛ̃pekabl/ *adj* ۱. معصوم ۲. پاک، منزه ۳. بی‌عیب، بی‌نقص، کامل ۴. (کاملاً) تمیز، پاک

impédance /ɛ̃pedɑ̃s/ *nf* [برق] مقاومت ظاهری، پاگیری

impénétrable /ɛ̃penetʀabl/ *adj* ۱. نفوذناپذیر، غیرقابل نفوذ ۲. غیرقابل عبور، غیرقابل گذر ۳. غیرقابل فهم، حل‌نشدنی، لاینحل ۴. تودار، مرموز

forêt impénétrable جنگل غیرقابل عبور

mystère impénétrable راز دست‌نیافتنی

impénitence /ɛ̃penitɑ̃s/ *nf* توبه‌ناپذیری، اصرار در گناه

impénitent,e /ɛ̃penitɑ̃,t/ *adj* ۱. توبه‌ناپذیر، مصرّ در گناه ۲. اصلاح‌ناپذیر

impensable /ɛ̃pɑ̃sabl/ *adj* غیرقابل تصور، باورنکردنی

impératif[1]**,ive** /ɛ̃peʀatif,iv/ *adj* ۱. آمرانه، تحکم‌آمیز ۲. اجباری، لازم‌الاجرا

impératif[2] /ɛ̃peʀatif/ *nm* ۱. [دستور زبان] وجه امری ۲. ضرورت

impérativement /ɛ̃peʀativmɑ̃/ *adv* الزاماً، حتماً

impératrice /ɛ̃peʀatʀis/ *nf* ملکه، امپراتریس

imperceptible /ɛ̃pɛʀsɛptibl/ *adj* ۱. نامحسوس ۲. نامرئی ۳. جزئی، اندک

imperdable /ɛ̃pɛʀdabl/ *adj* نباختنی

imperfection /ɛ̃pɛʀfɛksjɔ̃/ *nf* ۱. کم و کاستی ۲. نقص، عیب

impérial,e[1]**,aux** /ɛ̃peʀjal,o/ *adj*

u = roue y = rue ø = peu œ = peur ə = le, premier ɑ̃ = sans, vent ɛ̃ = matin, plein, lundi
ɔ̃ = bon, ombre ʃ = chat, tache ʒ = je, gilet j = yeux, paille, pied w = oui, nouer ɥ = huile, lui

۱. (مربوط به) امپراتوری ۲. سلطنتی ۳. شاهانه، باشکوه

impériale[2] / ɛ̃peʀjal / *nf* ۱. [وسایل نقلیه] طبقهٔ بالا ۲. ریش زیرِلب

impérialisme / ɛ̃peʀjalism / *nm* امپریالیسم

impérialiste / ɛ̃peʀjalist / *n, adj* ۱. امپریالیست ⊡ ۲. امپریالیستی

impérieusement / ɛ̃peʀjøzmɑ̃ / *adv* آمرانه، با تحکم

impérieux,euse / ɛ̃peʀjø,øz / *adj* ۱. مستبد، سلطه‌جو ۲. آمرانه، مستبدانه، تحکم‌آمیز ۳. فوری، مبرم، ضروری

impérissable / ɛ̃peʀisabl / *adj* زوال‌ناپذیر، جاودان، ابدی، ماندنی، ماندگار

impéritie / ɛ̃peʀisi / *nf* بی‌لیاقتی، بی‌کفایتی

imperméabiliser / ɛ̃pɛʀmeabilize / *vt* (1) ضد آب کردن

imperméabilité / ɛ̃pɛʀmeabilite / *nf* ناتراوایی، نفوذناپذیری

imperméable / ɛ̃pɛʀmeabl / *adj, nm* ۱. ناتراوا، نفوذناپذیر ۲. ضدآب ۳. مقاوم، تأثیرناپذیر ⊡ ۴. [لباس] بارانی

impersonnel,elle / ɛ̃pɛʀsɔnɛl / *adj* ۱. غیرشخصی، عام ۲. [فعل] ناقص

impertinence / ɛ̃pɛʀtinɑ̃s / *nf* ۱. گستاخی، بی‌ادبی، وقاحت، پررویی ۲. حرف گستاخانه ۳. رفتار بی‌ادبانه

impertinent,e / ɛ̃pɛʀtinɑ̃,t / *adj* ۱. گستاخ، بی‌ادب، وقیح، پررو ۲. گستاخانه، وقیحانه، بی‌ادبانه

imperturbable / ɛ̃pɛʀtyʀbabl / *adj* تزلزل‌ناپذیر، آرام، خونسرد، خوددار

imperturbablement / ɛ̃pɛʀtyʀbabləmɑ̃ / *adv* با خونسردی، خونسرد

impétigo / ɛ̃petigo / *nm* [بیماری] زردزخم

impétueux,euse / ɛ̃petɥø,øz / *adj* ۱. شدید، تند ۲. پرشور، باحرارت

impétuosité / ɛ̃petɥozite / *nf* ۱. شدت ۲. شور، حرارت

impie / ɛ̃pi / *n, adj* ۱. بی‌دین، کافر، لامذهب ⊡ ۲. کفرآمیز

impiété / ɛ̃pjete / *nf* ۱. بی‌دینی، کفر، لامذهبی ۲. حرف کفرآمیز، عمل کفرآمیز، کفر

impitoyable / ɛ̃pitwajabl / *adj* ۱. بی‌رحم، سنگدل، سفاک ۲. بی‌رحمانه

impitoyablement / ɛ̃pitwajabləmɑ̃ / *adv* بی‌رحمانه، با بی‌رحمی

implacable / ɛ̃plakabl / *adj* ۱. سرسخت ۲. عمیق، شدید

implanter / ɛ̃plɑ̃te / *vt* (1) ۱. جایگیر کردن، جای دادن ۲. متداول کردن، معمول کردن، اشاعه دادن

implication / ɛ̃plikasjɔ̃ / *nf* ۱. درگیر کردن، درگیر بودن، درگیری ۲. استلزام ۳. پیامد

implicite / ɛ̃plisit / *adj* ضمنی، الزامی

implicitement / ɛ̃plisitmɑ̃ / *adv* به طور ضمنی، الزاماً

impliquer / ɛ̃plike / *vt* (1) ۱. درگیر کردن، پای (کسی را) به میان کشیدن، وارد (قضیه‌ای) کردن ۲. مستلزم (چیزی) بودن، متضمن (چیزی) بودن ۳. به دنبال داشتن، باعث شدن، موجب (چیزی) شدن

implorant,e / ɛmplɔʀɑ̃,t / *adj* ملتمسانه

imploration / ɛplɔʀasjɔ̃ / *nf* ۱. التماس ۲. استدعا، تمنا، تقاضا ۳. استغاثه

implorer / ɛplɔʀe / *vt* (1) ۱. التماس کردن به ۲. استدعا کردن، تمنا کردن، تقاضا کردن

implorer Dieu به درگاه خدا استغاثه کردن

impoli,e / ɛpɔli / *n, adj* ۱. بی‌ادب، بی‌تربیت، بی‌نزاکت ⊡ ۲. بی‌ادبانه

impoliment / ɛ̃pɔlimɑ̃ / *adv* بی‌ادبانه، با بی‌ادبی، با بی‌نزاکتی

impolitesse / ɛ̃pɔlitɛs / *nf* بی‌ادبی، بی‌تربیتی، بی‌نزاکتی

impondérable / ɛ̃pɔ̃deʀabl / *adj*

۱. بی‌وزن ۲. غیرقابل پیش‌بینی، غیرقابل محاسبه

impopulaire /ɛ̃pɔpylɛʀ/ *adj* مردم‌ناپسند، نامحبوب، بی‌وجهه، غیرمردمی

importance /ɛ̃pɔʀtɑ̃s/ *nf* ۱. اهمیت ۲. نفوذ

d'importance مهم، با اهمیت

important[1],e /ɛ̃pɔʀtɑ̃,t/ *adj* ۱. مهم ۲. قابل ملاحظه، قابل توجه ۳. بانفوذ

une somme importante مبلغ قابل توجه، مبلغ کلان

important[2] /ɛ̃pɔʀtɑ̃/ *nm* (نکتهٔ) مهم

importateur,trice /ɛ̃pɔʀtatœʀ,tʀis/ *n, adj* واردکننده

importation /ɛ̃pɔʀtasjɔ̃/ *nf* ۱. وارد کردن، واردات ۲. ورود ــ [صورت جمع] ۳. واردات

importer[1] /ɛ̃pɔʀte/ *vt* (1) وارد کردن

importer[2] /ɛ̃pɔʀte/ *vi, vt* (1) اهمیت داشتن، مهم بودن

causer de n'importe quoi از هر دری سخن گفتن

n'importe comment هر طور شده، به هر نحوی

n'importe qui هر کس، هر کسی، هر تابنده‌ای، همه

importun,e /ɛ̃pɔʀtɛ̃,yn/ *n, adj* ۱. [ادبی] مزاحم ◙ ۲. بی‌موقع، نابجا

importuner /ɛ̃pɔʀtyne/ *vt* (1) [ادبی] مزاحم (کسی) شدن، مصدع اوقات (کسی) شدن

importunité /ɛ̃pɔʀtynite/ *nf* ۱. [ادبی] مزاحمت، زحمت، دردسر ۲. بی‌موقع بودن، نابجایی

imposable /ɛ̃pozabl/ *adj* مشمول مالیات

imposant,e /ɛ̃pozɑ̃,t/ *adj* ۱. باابهت ۲. باوقار، موقرانه ۳. قابل ملاحظه، جالب توجه

imposé,e /ɛ̃poze/ *adj* ۱. تحمیلی ۲. مشمول مالیات

prix imposé قیمت مقطوع

imposer /ɛ̃poze/ *vt* (1) ۱. مالیات بستن به ۲. تحمیل کردن (به) ۳. به زور قبولاندن

en imposer à تحت تأثیر قرار دادن

s'imposer *vp* ۱. خود را ملزم کردن به، بر خود هموار کردن ۲. تحمیل شدن ۳. اعتبار کسب کردن، جا افتادن

imposeur /ɛ̃pozœʀ/ *nm* صفحه‌بند

imposition /ɛ̃pozisjɔ̃/ *nf* ۱. صفحه‌بندی ۲. [قدیمی] مالیات

impossibilité /ɛ̃pɔsibilite/ *nf* ۱. عدم امکان ۲. چیز ناممکن، کار غیرممکن

impossible /ɛ̃pɔsibl/ *adj* ۱. ناممکن، غیرممکن، نشدنی، محال، نامیسر ۲. دشوار، مشکل، سخت ۳. بعید، غریب ۴. تحمل‌ناپذیر، غیرقابل تحمل

imposteur /ɛ̃pɔstœʀ/ *nm* شیاد، حقه‌باز، کلاهبردار

imposture /ɛ̃pɔstyʀ/ *nf* شیادی، حقه‌بازی، کلاهبرداری

impôt /ɛ̃po/ *nm* ۱. مالیات ۲. باج، خراج

impotence /ɛ̃pɔtɑ̃s/ *nf* معلولیت، نقص عضو

impotent,e /ɛ̃pɔtɑ̃,t/ *adj, n* معلول، علیل

impraticable /ɛ̃pʀatikabl/ *adj* ۱. غیرقابل اجرا، غیرعملی ۲. غیرقابل عبور، غیرقابل گذر

imprécation /ɛ̃pʀekasjɔ̃/ *nf* [ادبی] نفرین، لعنت، لعن

imprécis,e /ɛ̃pʀesi,z/ *adj* مبهم، گنگ، ناروشن، ناواضح

imprécision /ɛ̃pʀesizjɔ̃/ *nf* ابهام، گنگی، ناروشنی

imprégnation /ɛ̃pʀeɲasjɔ̃/ *nf* ۱. اشباع ۲. (عمل) آغشتن، آغشته شدن

imprégner /ɛ̃pʀeɲe/ *vt* (1) ۱. اشباع کردن ۲. آغشتن، آغشته کردن ۳. انباشتن، پر کردن

imprenable /ɛ̃pʀənabl/ *adj* تسخیرناپذیر، غیرقابل تصرف

a = bas, plat   e = blé, jouer   ɛ = lait, jouet, merci   i = il, lyre   o = mot, dôme, eau, gauche   ɔ = mort
u = roue   y = rue   ø = peu   œ = peur   ə = le, premier   ɑ̃ = sans, vent   ɛ̃ = matin, plein, lundi
ɔ̃ = bon, ombre   ʃ = chat, tache   ʒ = je, gilet   j = yeux, paille, pied   w = oui, nouer   ɥ = huile, lui

impresario / ɛ̃pʀes(z)aʀjo / *nm*
[نمایش، کنسرت، ...] مدیر اجرایی، گرداننده
imprescriptible / ɛ̃pʀɛskʀiptibl / *adj*
۱. [حقوقی] غیرقابل شمول مرور زمان، باطل‌نشدنی ۲. زوال‌ناپذیر
impression / ɛ̃pʀesjɔ̃ / *nf* ۱. تأثیر، اثر
۲. نشان، اثر ۳. احساس ۴. چاپ
faire une bonne impression تأثیر خوبی گذاشتن
J'ai l'impression de l'avoir déjà vu.
احساس می‌کنم قبلاً او را دیده‌ام.
impressionnabilité / ɛ̃pʀesjɔnabilite / *nf*
۱. تأثیرپذیری ۲. حساسیت
impressionnable / ɛ̃pʀesjɔnabl / *adj*
۱. تأثیرپذیر ۲. حساس
impressionnant,e / ɛ̃pʀesjɔnɑ̃,t / *adj*
۱. باعظمت، باشکوه ۲. تحسین‌برانگیز ۳. قابل ملاحظه، چشمگیر
impressionner / ɛ̃pʀesjɔne / *vt* (1)
۱. اثر گذاشتن روی، تحت تأثیر قرار دادن ۲. [فیلم عکاسی] ظاهر کردن
impressionnisme / ɛ̃pʀesjɔnism / *nm*
اَمپرسیونیسم، برداشت‌گری
impressionniste / ɛ̃pʀesjɔnist / *n, adj*
۱. اَمپرسیونیست، برداشت‌گر ▣ ۲. اَمپرسیونیستی، برداشت‌گرایانه
imprévisibilité / ɛ̃pʀevizibilite / *nf*
غیرقابل پیش‌بینی بودن، پیش‌بینی‌ناپذیری
imprévisible / ɛ̃pʀevizibl / *adj*
پیش‌بینی‌ناپذیر، پیش‌بینی‌نشدنی، غیرقابل پیش‌بینی
imprévision / ɛ̃pʀevizjɔ̃ / *nf* [ادبی]
عدم پیش‌بینی، پیش‌بینی نکردن
imprévoyance / ɛ̃pʀevwajɑ̃s / *nf* آینده‌نگر نبودن، ناآینده‌نگری، عدم مآل‌اندیشی، بی‌فکری
imprévoyant,e / ɛ̃pʀevwajɑ̃,t / *adj, n*
ناмآل‌اندیش، ناآینده‌نگر، بی‌فکر
imprévu[1],e / ɛ̃pʀevy / *adj* پیش‌بینی‌نشده، غیرمنتظره، غیرمترقبه

imprévu[2] / ɛ̃pʀevy / *nm* واقعهٔ غیرمنتظره، پیشامد (پیش‌بینی‌نشده)
imprimante / ɛ̃pʀimɑ̃t / *nf* چاپگر، پرینتِر
imprimatur / ɛ̃pʀimatyʀ / *nm. inv* اجازهٔ چاپ
imprimé[1],e / ɛ̃pʀime / *adj* چاپ‌شده، چاپی
imprimé[2] / ɛ̃pʀime / *nm* ۱. نشریه ۲. برگه، پرسش‌نامه، فُرم
imprimer / ɛ̃pʀime / *vt* (1) ۱. اثر گذاشتن، اثر کردن ۲. به جا گذاشتن ۳. چاپ کردن ۴. انتقال دادن
imprimerie / ɛ̃pʀimʀi / *nf* ۱. چاپ، فن چاپ ۲. چاپخانه
imprimeur / ɛ̃pʀimœʀ / *nm* ۱. مدیر چاپخانه، چاپخانه‌دار ۲. کارگر چاپخانه
improbabilité / ɛ̃pʀɔbabilite / *nf* عدم احتمال
improbable / ɛ̃pʀɔbabl / *adj* نامحتمل، بعید
improductif,ive / ɛ̃pʀɔdyktif,iv / *adj*
۱. غیرحاصلخیز، نابارور ۲. بی‌حاصل، بی‌ثمر، بی‌نتیجه، بی‌فایده
impromptu[1],e / ɛ̃pʀɔ̃pty / *adj, adv*
۱. فی‌البداهه، بدون برنامه‌ریزی (قبلی) ۲. [غذا] حاضری، فوری ▣ ۳. فی‌البداهه
impromptu[2] / ɛ̃pʀɔ̃pty / *nm* بدیهه، بداهه
imprononçable / ɛ̃pʀɔnɔ̃sabl / *adj*
غیرقابل تلفظ، تلفظ‌نشدنی
impropre / ɛ̃pʀɔpʀ / *adj* ۱. نامناسب ۲. نابجا، نادرست، غلط ۳. ناشایست، نالایق
impropriété / ɛ̃pʀɔpʀijete / *nf* ۱. نادرستی ۲. [زبان] کاربرد غلط، غلط
improvisateur,trice / ɛ̃pʀɔvizatœʀ, tʀis / *adj, n* ۱. بداهه‌گو ۲. بداهه‌سرا ۳. بداهه‌نواز
improvisation / ɛ̃pʀɔvizasjɔ̃ / *nf*
۱. بداهه‌گویی ۲. بداهه‌سرایی ۳. بداهه‌نوازی
improviser / ɛ̃pʀɔvize / *vt* (1)
۱. فی‌البداهه گفتن ۲. فی‌البداهه سرودن، بداهه‌سرایی کردن ۳. فی‌البداهه نواختن، بداهه‌نوازی کردن ۴. (بدون برنامه‌ریزی قبلی) ترتیب

دادن ۵. [بهانه و غیره] سر هم کردن، تراشیدن ۶. بدون خبر قبلی (به کاری) گماردن

improviste (à l') /alɛ̃pʀɔvist/ *loc. adv* ۱. به طور ناگهانی، به طور غیرمنتظره، یکدفعه ۲. بی‌خبر، سرزده

imprudemment /ɛ̃pʀydamɑ̃/ *adv* با بی‌احتیاطی، از روی بی‌احتیاطی

imprudence /ɛ̃pʀydɑ̃s/ *nf* ۱. بی‌احتیاطی، نسنجیدگی ۲. کار نسنجیده، بی‌احتیاطی

imprudent,e /ɛ̃pʀydɑ̃,t/ *adj, n* ۱. بی‌احتیاط ۲. نسنجیده ◙ ۳. آدم بی‌احتیاط

impubère /ɛ̃pybɛʀ/ *adj* ۱. نابالغ ۲. [حقوقی] صغیر

impubliable /ɛ̃pyblijabl/ *adj* غیرقابل انتشار

impudemment /ɛ̃pydamɑ̃/ *adv* بی‌شرمانه، با بی‌شرمی، وقیحانه، با پررویی

impudence /ɛ̃pydɑ̃s/ *nf* بی‌شرمی، بی‌حیایی، وقاحت، پررویی

impudent,e /ɛ̃pydɑ̃,t/ *n, adj* ۱. بی‌شرم، بی‌حیا، وقیح، پررو ◙ ۲. بی‌شرمانه، وقیحانه

impudeur /ɛ̃pydœʀ/ *nf* بی‌حیایی، بی‌شرمی، وقاحت

impudicité /ɛ̃pydisite/ *nf* بی‌حیایی، وقاحت

impudique /ɛ̃pydik/ *adj* ۱. بی‌حیا، وقیح، دریده ۲. وقیحانه، زننده، مستهجن

impuissance /ɛ̃pɥisɑ̃s/ *nf* ۱. ناتوانی، ضعف، عجز ۲. ناتوانی جنسی (در مرد)، عنن

impuissant,e /ɛ̃pɥisɑ̃,t/ *adj* ۱. ناتوان، عاجز ۲. [مرد] دچار ناتوانی جنسی، عَنَن

impulsif,ive /ɛ̃pylsif,iv/ *adj* ۱. غیرارادی ۲. نسنجیده، بی‌فکر ۳. [قدیمی] تکانشی، رانشی

impulsion /ɛ̃pylsjɔ̃/ *nf* ۱. رانش، تکانش ۲. تکان ۳. انگیزه ۴. وسوسه، هوس، میل، ویر

sous l'impulsion de تحت تأثیر

impunément /ɛ̃pynemɑ̃/ *adv* ۱. بدون کیفر، بدون مجازات ۲. بی‌ضرر

impuni,e /ɛ̃pyni/ *adj* بدون کیفر، بدون مجازات، مجازات‌نشده

impunité /ɛ̃pynite/ *nf* ۱. عدم مجازات ۲. بخشودگی از مجازات، مصونیت

impur,e /ɛ̃pyʀ/ *adj* ۱. ناخالص ۲. آلوده، کثیف ۳. نجس ۴. [ادبی] ناپاک، پلید، فاسد ۵. زشت، قبیح

impureté /ɛ̃pyʀte/ *nf* ۱. ناخالصی ۲. آلودگی ۳. ناپاکی، پلیدی، فساد

imputabilité /ɛ̃pytabilite/ *nf* قابلیت اِسناد، اِسنادپذیری

imputable /ɛ̃pytabl/ *adj* ۱. قابل اِسناد، اِسنادپذیر ۲. قابل برداشت

imputation /ɛ̃pytasjɔ̃/ *nf* ۱. اِسناد، اتهام ۲. احتساب

imputer /ɛ̃pyte/ *vt* (1) ۱. نسبت دادن ۲. متهم کردن، تهمت (چیزی) زدن ۳. به حساب (کسی یا چیزی) گذاشتن

imputrescible /ɛ̃pytʀesibl/ *adj* نپوسیدنی

inabordable /inabɔʀdabl/ *adj* ۱. دور از دسترس، غیرقابل دسترس ۲. [قیمت] سرسام‌آور

inaccentué,e /inaksɑ̃tɥe/ *adj* [آواشناسی] بی‌تکیه

inacceptable /inaksɛptabl/ *adj* غیرقابل قبول، ناپذیرفتنی

inaccessible /inaksesibl/ *adj* ۱. دست‌نیافتنی، غیرقابل دسترس، دور از دسترس ۲. غیرقابل فهم، نامفهوم ۳. دیرآشنا، نجوش ۴. تأثیرناپذیر

Le directeur est inaccessible. مدیر در دسترس نیست.

inaccoutumé,e /inakutyme/ *adj* ۱. غیرعادی، غیرمعمول ۲. خونکرده، خونگرفته

ɔ̃ = bon, ombre ʃ = chat, tache ʒ = je, gilet j = yeux, paille, pied w = oui, nouer ɥ = huile, lui

inachevé,e /inaʃve/ *adj* ناتمام، تمام‌نشده، ناقص

inactif,ive /inaktif,iv/ *adj* ۱. غیرفعال، بی‌حرکت، بی‌جنب و جوش ۲. بیکار ۳. راکد، کساد ۴. بی‌اثر

inaction /inaksjɔ̃/ *nf* ۱. عدم فعالیت، عدم تحرک، بی‌تحرکی ۲. بیکاری، بطالت

inactivité /inaktivite/ *nf* عدم فعالیت، فعال نبودن، نافعالی، رخوت

inadaptation /inadaptasjɔ̃/ *nf* ناسازگاری

inadapté,e /inadapte/ *adj* ناسازگار

inadéquat,e /inadekwa,t/ *adj* نامناسب

inadmissible /inadmisibl/ *adj* ۱. غیرقابل قبول، ناپذیرفتنی ۲. ناموجه

inadvertance /inadvɛʀtɑ̃s/ *nf* بی‌توجهی، بی‌دقتی، غفلت، سهو

par inadvertance از روی بی‌توجهی، سهواً، از روی حواس‌پرتی

inaliénable /inaljenabl/ *adj* ۱. غیرقابل انتقال، غیرقابل واگذاری ۲. لاینفک

inaltérabilité /inalteʀabilite/ *nf* ۱. فسادناپذیری ۲. تغییرناپذیری، ثبات

inaltérable /inalteʀabl/ *adj* ۱. خراب‌نشدنی، فاسدنشدنی، فسادناپذیر ۲. تغییرناپذیر، باثبات، ثابت، همیشگی

inamical,e,aux /inamikal,o/ *adj* ۱. غیردوستانه ۲. خصمانه

inamovibilité /inamɔvibilite/ *nf* ۱. غیرقابل عزل بودن ۲. غیرقابل انتقال بودن

inamovible /inamɔvibl/ *adj* ۱. غیرقابل عزل، خلع‌نشدنی ۲. غیرقابل انتقال، جابجانشدنی

magistrat inamovible [حقوقی؛ در فرانسه] قاضی غیرقابل عزل، قاضی نشسته

inanimé,e /inanime/ *adj* ۱. بی‌جان ۲. بیهوش

inanité /inanite/ *nf* بیهودگی، پوچی

inanition /inanisjɔ̃/ *nf* ضعف، گرسنگی

inaperçu,e /inapɛʀsy/ *adj* بدون جلب توجه

inapplicable /inaplikabl/ *adj* غیرقابل اجرا، غیرقابل اِعمال

inappréciable /inapʀesjabl/ *adj* ۱. گرانبها، ارزشمند، ذی‌قیمت ۲. نامحسوس

inapte /inapt/ *adj* ۱. نالایق، بی‌لیاقت، ناصالح ۲. ناتوان

inaptitude /inaptityd/ *nf* ۱. بی‌لیاقتی، بی‌کفایتی، عدم صلاحیت ۲. ناتوانی

inarticulé,e /inaʀtikyle/ *adj* ناشمرده، نامفهوم، گنگ

inassouvi,e /inasuvi/ *adj* ۱. ارضانشده ۲. برآورده‌نشده

inattaquable /inatakabl/ *adj* ۱. آسیب‌ناپذیر ۲. مصون از تعرض ۳. بی‌چون و چرا، انکارناپذیر، مسلم ۴. محکم، مستدل، خدشه‌ناپذیر

métal inattaquable فلز ضد زنگ، فلز زنگ نزن

inattendu,e /inatɑ̃dy/ *adj* ۱. غیرمنتظره، پیش‌بینی‌نشده، غیرمترقبه ۲. سرزده، بی‌خبر

inattentif,ive /inatɑ̃tif,iv/ *adj* بی‌توجه، بی‌دقت، سهل‌انگار، سربه‌هوا

inattention /inatɑ̃sjɔ̃/ *nf* بی‌توجهی، بی‌دقتی، سهل‌انگاری

faute d'inattention اشتباه ناشی از بی‌دقتی

inaudible /inodibl/ *adj* ۱. غیرقابل شنیدن، شنیده‌نشدنی ۲. نارسا، نامفهوم

inaugural,e,aux /inogyʀal,o/ *adj* (مربوط به) گشایش، افتتاحی

inauguration /inogyʀasjɔ̃/ *nf* گشایش، افتتاح

inaugurer /inogyʀe/ *vt* (1) ۱. افتتاح کردن ۲. برای اولین بار به کار گرفتن، بدعت گذاشتن

inavouable /inavwabl/ *adj* شرم‌آور، ننگین

incalculable /ɛ̃kalkylabl/ *adj* ۱. غیرقابل محاسبه ۲. بی‌شمار، بی‌حساب، بیش از اندازه

incandescence /ɛ̃kɑ̃desɑ̃s/ *nf* افروختگی، التهاب، گدازش

incandescent,e /ɛ̃kɑ̃desɑ̃,t/ *adj* ۱. ملتهب، گداخته، برافروخته ۲. التهابی

incantation /ɛ̃kɑ̃tasjɔ̃/ *nf* ۱. وردخوانی ۲. ورد ۳. افسون

incapable /ɛ̃kapabl/ *adj* ۱. ناتوان، عاجز ۲. نالایق، بی‌لیاقت، بی‌کفایت ۳. بی‌عرضه ۴. [حقوقی] محجور

incapacité /ɛ̃kapasite/ *nf* ۱. ناتوانی، عجز ۲. بی‌لیاقتی، بی‌کفایتی ۳. بی‌عرضگی ۴. [حقوقی] حجر، عدم اهلیت

être dans l'incapacité de قادر نبودن، نتوانستن، در وضعیتی نبودن که

incarcération /ɛ̃kaʀseʀasjɔ̃/ *nf* حبس، زندانی کردن

incarcérer /ɛ̃kaʀseʀe/ *vt* (6) زندانی کردن، به زندان انداختن

incarnat,e /ɛ̃kaʀna,t/ *adj* (به رنگِ) قرمز روشن، گلگون

incarnation /ɛ̃kaʀnasjɔ̃/ *nf* ۱. تجسد ۲. تجسم، مظهر

incarné,e /ɛ̃kaʀne/ *adj* مجسم

ongle incarné ناخن فرورفته در گوشت

incarner /ɛ̃kaʀne/ *vt* (1) ۱. مجسم کردن ۲. عینیت بخشیدن ۳. مظهر (چیزی) بودن ۴. نقش (کسی را) بازی کردن

s'incarner *vp* ۱. مجسم شدن ۲. عینیت یافتن

incartade /ɛ̃kaʀtad/ *nf* عمل ناشایست، رفتار ناپسند

incassable /ɛ̃kasabl/ *adj* نشکن

incendiaire /ɛ̃sɑ̃djɛʀ/ *n, adj* ۱. حریق‌افکن، آتش‌افروز ◘ ۲. آتش‌زا ۳. آشوبگر، فتنه‌انگیز

incendie /ɛ̃sɑ̃di/ *nm* آتش‌سوزی، حریق

incendier /ɛ̃sɑ̃dje/ *vt* (7) ۱. آتش زدن، به آتش کشیدن ۲. ایجاد سوزش کردن، سوزاندن ۳. نورانی کردن ۴. [عامیانه] (کسی را) دعوا کردن

incertain,e /ɛ̃sɛʀtɛ̃,ɛn/ *adj* ۱. نامعلوم، غیرقطعی، مبهم ۲. بی‌ثبات، متغیر، ناپایدار ۳. مردد، دودل

incertitude /ɛ̃sɛʀtityd/ *nf* ۱. نامعلومی، ابهام ۲. شک، تردید، دودلی ۳. بی‌ثباتی، ناپایداری

incessamment /ɛ̃sesamɑ̃/ *adv* ۱. به زودی، زود، فوراً ۲. [قدیمی] بی‌وقفه، دائماً، مدام، پیوسته

incessant,e /ɛ̃sesɑ̃,t/ *adj* بی‌وقفه، مداوم، دائمی، پیوسته

incessibilité /ɛ̃sesibilite/ *nf* عدم قابلیت انتقال

incessible /ɛ̃sesibl/ *adj* غیرقابل انتقال، غیرقابل واگذاری

inceste /ɛ̃sɛst/ *nm* زنا با محارم، خویش‌بارگی

incestueux,euse /ɛ̃sɛstɥø,øz/ *n, adj* ۱. مرتکب زنای با محارم، خویش‌باره ◘ ۲. ثمرهٔ زنای دو محرم ۳. [رابطهٔ جنسی] با محارم

inchangé,e /ɛ̃ʃɑ̃ʒe/ *adj* بدون تغییر، تغییرنکرده، ثابت

incidemment /ɛ̃sidamɑ̃/ *adv* ۱. به طور ضمنی ۲. به طور اتفاقی، بر حسب تصادف

incidence /ɛ̃sidɑ̃s/ *nf* ۱. برخورد، تلاقی ۲. تأثیر، اثر

incident[1],e /ɛ̃sidɑ̃,t/ *adj* ضمنی، جنبی، فرعی

proposition incidente جملهٔ معترضه

incident[2] /ɛ̃sidɑ̃/ *nm* ۱. پیشامد، اتفاق، حادثه، واقعه، رویداد ۲. [حقوقی] دعوی طاری

incidente /ɛ̃sidɑ̃t/ *nf* جملهٔ معترضه

incinération /ɛ̃sineʀasjɔ̃/ *nf* (عمل) سوزاندن، خاکستر کردن

a = bas, plat e = blé, jouer ɛ = lait, jouet, merci i = il, lyre o = mot, dôme, eau, gauche ɔ = mort
u = roue y = rue ø = peu œ = peur ə = le, premier ɑ̃ = sans, vent ɛ̃ = matin, plein, lundi
ɔ̃ = bon, ombre ʃ = chat, tache ʒ = je, gilet j = yeux, paille, pied w = oui, nouer ɥ = huile, lui

incinérer 462

incinérer / ɛ̃sineʀe / *vt* (6) سوزاندن، خاکستر کردن

incise / ɛ̃siz / *nf* جملهٔ معترضه

inciser / ɛ̃size / *vt* (1) شکاف دادن، شکافتن، بریدن

incision / ɛ̃sizjɔ̃ / *nf* ۱. (عمل) شکافتن، بریدن ۲. شکاف، برش

incisif,ive[1] / ɛ̃sizif,iv / *adj* ۱. نیش‌دار، گزنده، تند ۲. صریح، بی‌پرده

dents incisives دندان‌های پیشین

incisive[2] / ɛ̃siziv / *nf* دندان پیشین

incitation / ɛ̃sitasjɔ̃ / *nf* تحریک، انگیزش

inciter / ɛ̃site / *vt* (1) برانگیختن، تحریک کردن، واداشتن

incivil,e / ɛ̃sivil / *adj* ۱. [ادبی] بی‌ادب، بی‌تربیت، بی‌نزاکت ۲. بی‌ادبانه

incivilité / ɛ̃sivilite / *nf* [ادبی] بی‌ادبی، بی‌تربیتی، بی‌نزاکتی

inclémence / ɛ̃klemɑ̃s / *nf* ۱. [ادبی] نامساعد بودن ۲. [قدیمی] بی‌رحمی، خشونت

inclément,e / ɛ̃klemɑ̃,t / *adj* ۱. [ادبی] نامساعد، بد ۲. [قدیمی] بی‌رحم

inclinaison / ɛ̃klinɛzɔ̃ / *nf* ۱. شیب ۲. میل

inclination / ɛ̃klinasjɔ̃ / *nf* ۱. (عمل) خم کردن ۲. تعظیم ۳. تمایل، میل، گرایش ۴. علاقه، دلبستگی

avoir de l'inclination pour علاقه داشتن به

incliner / ɛ̃kline / *vt, vi* (1) ۱. خم کردن ۲. واداشتن، بر آن داشتن (که) ◻ ۳. مایل بودن، تمایل داشتن، گرایش داشتن

s'incliner *vp* ۱. خم شدن ۲. تعظیم کردن ۳. سر فرود آوردن، تمکین کردن، تسلیم شدن ۴. سرازیر شدن، شیب پیدا کردن

inclure / ɛ̃klyʀ / *vt* (35) ۱. گنجاندن، گذاشتن، قرار دادن، وارد کردن ۲. شامل بودن، متضمن (چیزی) بودن

inclus,e / ɛ̃kly,z / *adj* گنجانده‌شده، گنجیده، به‌حساب‌آمده

ci-inclus به پیوست، به ضمیمه

inclusion / ɛ̃klyzjɔ̃ / *nf* (عمل) گنجاندن، وارد کردن

inclusivement / ɛ̃klyzivmɑ̃ / *adv*,

jusqu'à... inclusivement تا پایانِ...، تا آخرِ...

incoercible / ɛ̃kɔɛʀsibl / *adj* [ادبی] غیرقابل کنترل، بی‌اختیار

incognito / ɛ̃kɔɲ(gn)ito / *adv, nm* ۱. به طور ناشناس ◻ ۲. ناشناس بودن، ناشناس ماندن

incohérence / ɛ̃kɔeʀɑ̃s / *nf* ۱. عدم انسجام، گسیختگی ۲. پرت و پلا، ضد و نقیض

incohérent,e / ɛ̃kɔeʀɑ̃,t / *adj* ۱. بدون انسجام، گسیخته ۲. نامربوط ۳. درهم‌برهم

incolore / ɛ̃kɔlɔʀ / *adj* ۱. بی‌رنگ ۲. بی‌رنگ و رو، بی‌حال، بی‌روح

incomber / ɛ̃kɔ̃be / *vt* (1) به عهدهٔ (کسی) بودن، به گردنِ (کسی) بودن

Il nous incombe de به عهدهٔ ماست که، ما وظیفه داریم

incombustible / ɛ̃kɔ̃bystibl / *adj* نسوز

incommensurable / ɛ̃kɔmɑ̃syʀabl / *adj* ۱. بی‌اندازه، بی‌حد و حصر ۲. عظیم ۳. [ریاضیات] نامتوافق، بی‌قیاس مشترک

incommodant,e / ɛ̃kɔmɔdɑ̃,t / *adj* آزاردهنده، ناراحت‌کننده

incommode / ɛ̃kɔmɔd / *adj* ۱. ناجور ۲. ناراحت ۳. [قدیمی] مزاحم

incommodément / ɛ̃kɔmɔdemɑ̃ / *adv* با ناراحتی، ناراحت، معذب

incommoder / ɛ̃kɔmɔde / *vt* (1) ناراحت کردن، آزار دادن، ایجاد مزاحمت کردن

incommodité / ɛ̃kɔmɔdite / *nf* ناراحتی، دردسر، گرفتاری، مزاحمت

incommunicable / ɛ̃kɔmynikabl / *adj* ۱. غیرقابل انتقال ۲. غیرقابل بیان ۳. بی‌ارتباط

incomparable / ɛ̃kɔ̃paʀabl / *adj* ۱. غیرقابل

inconfort / ɛ̃kɔ̃fɔʀ / *nm* ناراحتی، راحت نبودن

inconfortable / ɛ̃kɔ̃fɔʀtabl / *adj* ۱. ناراحت ۲. ناراحت‌کننده، عذاب‌آور

inconfortablement / ɛ̃kɔ̃fɔʀtabləmɑ̃ / *adv* با ناراحتی، ناراحت، معذب

incongru,e / ɛ̃kɔ̃gʀy / *adj* ناشایست، نابجا، بیجا، بی‌مناسبت

incongruité / ɛ̃kɔ̃gʀyite / *nf* ۱. ناشایستگی، نابجایی ۲. عمل ناشایست ۳. سخن ناشایست

inconnaissable / ɛ̃kɔnɛsabl / *adj, nm* ۱. ناشناختنی، غیرقابل شناخت، شناخت‌ناپذیر ۲. نامعلوم، مجهول

inconnu,e[1] / ɛ̃kɔny / *adj, n* ۱. ناشناخته ۲. ناشناس، غریبه ۳. گمنام

tombeau du soldat inconnu قبر سرباز گمنام

inconnue[2] / ɛ̃kɔny / *nf* ۱. چیز نامعلوم ۲. مجهول

inconsciemment / ɛ̃kɔ̃sjamɑ̃ / *adv* (به طور) ناخودآگاه، ناآگاهانه، بی‌اختیار

inconscience / ɛ̃kɔ̃sjɑ̃s / *nf* ۱. بیهوشی ۲. بی‌فکری، بی‌عقلی، دیوانگی ۳. ناآگاهی، بی‌خبری، بی‌اطلاعی

inconscient,e / ɛ̃kɔ̃sjɑ̃,t / *adj, n* ۱. ناآگاه، بی‌خبر، بی‌اطلاع ۲. ناخودآگاه، ناآگاهانه، بی‌اختیار ۳. بی‌فکر، بی‌عقل، دیوانه ۴. بیهوش

inconséquence / ɛ̃kɔ̃sekɑ̃s / *nf* ۱. نسنجیدگی ۲. رفتار نسنجیده ۳. تناقض‌گویی

inconséquent,e / ɛ̃kɔ̃sekɑ̃,t / *adj* ۱. نسنجیده ۲. غیرمنطقی، نامعقول ۳. دمدمی، بی‌ثبات ۴. بی‌عقل، کم‌عقل

inconsidéré,e / ɛ̃kɔ̃sideʀe / *adj* نسنجیده، حساب‌نشده

inconsidérément / ɛ̃kɔ̃sideʀemɑ̃ / *adv* ۱. نسنجیده ۲. بی‌حساب

مقایسه، غیرقابل قیاس ۲. بی‌نظیر، بی‌همتا

incompatibilité / ɛ̃kɔ̃patibilite / *nf* ناسازگاری، مغایرت

incompatible / ɛ̃kɔ̃patibl / *adj* ناسازگار، مغایر

Ses dépenses sont incompatibles avec ses ressources. دخلش با خرجش میزان نیست.

incompétence / ɛ̃kɔ̃petɑ̃s / *nf* ۱. بی‌اطلاعی، ناواردی ۲. عدم صلاحیت

incompétent,e / ɛ̃kɔ̃petɑ̃,t / *adj* ۱. بی‌اطلاع، ناوارد ۲. فاقد صلاحیت، ناصالح

incomplet,ète / ɛ̃kɔ̃plɛ,ɛt / *adj* ۱. ناتمام ۲. ناقص

incomplètement / ɛ̃kɔ̃plɛtmɑ̃ / *adv* (به طور) ناقص

incompréhensible / ɛ̃kɔ̃pʀeɑ̃sibl / *adj* غیرقابل درک، نامفهوم، مبهم

incompréhensif,ive / ɛ̃kɔ̃pʀeɑ̃sif,iv / *adj* فاقد حس درک، بی‌اعتنا

incompréhension / ɛ̃kɔ̃pʀeɑ̃sjɔ̃ / *nf* عدم درک، ناتوانی درک، درک غلط

incompressible / ɛ̃kɔ̃pʀesibl / *adj* تراکم‌ناپذیر، غیرقابل تراکم

incompris,e / ɛ̃kɔ̃pʀi,z / *adj* قدرناشناخته، درک‌نشده

inconcevable / ɛ̃kɔ̃svabl / *adj* ۱. غیرقابل تصور، باورنکردنی ۲. غیرقابل قبول، غیرممکن، محال، بعید

inconciliable / ɛ̃kɔ̃siljabl / *adj* ۱. ناسازگار، مغایر ۲. سازش‌ناپذیر، آشتی‌ناپذیر

inconditionnel,elle / ɛ̃kɔ̃disjɔnɛl / *adj* ۱. بی‌قید و شرط، بی‌چون و چرا، مطلق ۲. مطیع، فرمانبردار

inconduite / ɛ̃kɔ̃dɥit / *nf* رفتار ناپسند، رفتار زشت

a = bas, plat e = blé, jouer ɛ = lait, jouet, merci i = il, lyre o = mot, dôme, eau, gauche ɔ = mort
u = roue y = rue ø = peu œ = peur ə = le, premier ɑ̃ = sans, vent ɛ̃ = matin, plein, lundi
ɔ̃ = bon, ombre ʃ = chat, tache ʒ = je, gilet j = yeux, paille, pied w = oui, nouer ɥ = huile, lui

inconsistance / ɛ̃kɔ̃sistɑ̃s / *nf* بی‌ثباتی، سستی، استواری

inconsistant,e / ɛ̃kɔ̃sistɑ̃,t / *adj* ۱. سست، نااستوار ۲. بی‌ثبات ۳. متناقض

inconsolable / ɛ̃kɔ̃solabl / *adj* تسلی‌ناپذیر، تسکین‌ناپذیر

inconstance / ɛ̃kɔ̃stɑ̃s / *nf* ۱. بی‌ثباتی ۲. بلهوسی، هوسبازی ۳. ناپایداری

inconstant,e / ɛ̃kɔ̃stɑ̃,t / *adj* ۱. دمدمی، بی‌ثبات ۲. بلهوس، هوسباز ۳. ناپایدار، متغیر

temps inconstant هوای متغیر

inconstitutionnel,elle / ɛ̃kɔ̃stitysjɔnɛl / *adj* مغایر با قانون اساسی، خلاف قانون اساسی

incontestable / ɛ̃kɔ̃tɛstabl / *adj* بی‌چون و چرا، مسلم

incontestablement / ɛ̃kɔ̃tɛstabləmɑ̃ / *adv* مسلماً، بی‌گمان، بی‌تردید، بی‌شک

incontesté,e / ɛ̃kɔ̃tɛste / *adj* مسلم

incontinence / ɛ̃kɔ̃tinɑ̃s / *nf* ۱. [ادبی] عدم خودداری، عدم خویشتن‌داری، بی‌اختیاری ۲. [پزشکی] بی‌اختیاری (در عمل دفع)، ناخودداری ۳. [ادبی] بی‌عفتی

incontinent[1],e / ɛ̃kɔ̃tinɑ̃,t / *adj* ۱. [ادبی] بی‌اختیار، فاقد خویشتن‌داری ۲. [پزشکی] بی‌اختیار، ناخوددار ۳. [ادبی] بی‌عفت

incontinent[2] / ɛ̃kɔ̃tinɑ̃ / *adv* [ادبی یا قدیمی] فوراً، بی‌درنگ

incontournable / ɛ̃kɔ̃tuʀnabl / *adj* اجتناب‌ناپذیر، گریزناپذیر

incontrôlable / ɛ̃kɔ̃tʀolabl / *adj* ۱. غیرقابل بررسی، غیرقابل اثبات ۲. غیرقابل کنترل، غیرقابل جلوگیری

incontrôlé,e / ɛ̃kɔ̃tʀole / *adj* ۱. کنترل‌نشده، مهارنشده ۲. خارج از کنترل، مهارگسیخته

inconvenance / ɛ̃kɔ̃vnɑ̃s / *nf* ۱. ناشایستگی، نابجایی ۲. کار ناشایست، بی‌ادبی ۳. حرف زشت

inconvenant,e / ɛ̃kɔ̃vnɑ̃,t / *adj* ناشایست، نابجا، بیجا

inconvénient / ɛ̃kɔ̃venjɑ̃ / *nm* ۱. اِشکال، عیب ۲. زیان، ضرر ــ [صورت جمع] ۳. عواقب

Si vous n'y voyez pas d'inconvénient. اگر از نظر شما اشکالی ندارد.

incorporation / ɛ̃kɔʀpɔʀasjɔ̃ / *nf* ۱. آمیزش، مخلوط کردن ۲. الحاق ۳. (عمل) گنجاندن

incorporer / ɛ̃kɔʀpɔʀe / *vt* (1) ۱. مخلوط کردن، قاطی کردن ۲. گنجاندن، وارد کردن ۳. ملحق کردن، ضمیمه کردن

incorrect,e / ɛ̃kɔʀɛkt / *adj* ۱. نادرست، غلط ۲. ناشایست، نابجا ۳. نامناسب

incorrectement / ɛ̃kɔʀɛktəmɑ̃ / *adv* ۱. غلط، نادرست ۲. به طرزی ناشایست، بد

incorrection / ɛ̃kɔʀɛksjɔ̃ / *nf* ۱. نادرستی ۲. غلط ۳. ناشایستگی ۴. عمل ناشایست، بی‌ادبی ۵. حرف ناشایست، حرف بد

incorrigibilité / ɛ̃kɔʀiʒibilite / *nf* اصلاح‌ناپذیری

incorrigible / ɛ̃kɔʀiʒibl / *adj* اصلاح‌ناپذیر، غیرقابل اصلاح، درست‌نشدنی

incorruptible / ɛ̃kɔʀyptibl / *adj* ۱. خراب‌نشدنی، فاسدنشدنی ۲. فسادناپذیر، تطمیع‌نشدنی

incrédule / ɛ̃kʀedyl / *n, adj* ۱. (آدم) دیرباور، شکاک ۲. بی‌ایمان ▣ ۳. ناباورانه

incrédulité / ɛ̃kʀedylite / *nf* ۱. ناباوری، شک ۲. بی‌ایمانی

increvable / ɛ̃kʀəvabl / *adj* ۱. [لاستیک] پنچرنشدنی ۲. [خودمانی] خستگی‌ناپذیر

incriminable / ɛ̃kʀiminabl / *adj* محکوم، قابل سرزنش

incrimination / ɛ̃kʀiminasjɔ̃ / *nf* اتهام

incriminer / ɛ̃kʀimine / *vt* (1) ۱. متهم کردن ۲. مقصر دانستن، گناهکار دانستن

incroyable /ɛ̃kʀwajabl/ *adj* ۱. باورنکردنی، غیرقابل تصور ۲. عجیب

incroyablement /ɛ̃kʀwajabləmɑ̃/ *adv* ۱. به طرزی باورنکردنی ۲. بی‌اندازه، فوق‌العاده، بیش از حد

incroyance /ɛ̃kʀwajɑ̃s/ *nf* بی‌دینی، بی‌ایمانی، کفر

incroyant,e /ɛ̃kʀwajɑ̃,t/ *adj* بی‌دین، بی‌ایمان، کافر، لامذهب

incrustation /ɛ̃kʀystasjɔ̃/ *nf* ۱. خاتم‌کاری ۲. مرصع‌کاری ۳. رسوب، چِرم

incruster /ɛ̃kʀyste/ *vt* (1) ۱. خاتم‌کاری کردن ۲. مرصع کردن ۳. با قشری از رسوب پوشاندن، رسوب به جا گذاشتن

poignard incrusté d'or خنجر طلانشان

s'incruster *vp* ۱. (محکم) چسبیدن ۲. رسوب (به خود) گرفتن، چِرم گرفتن ۳. کار گذاشته شدن ۴. [خودمانی] جا خوش کردن، لنگر انداختن

incubation /ɛ̃kybasjɔ̃/ *nf* ۱. جوجه‌کشی ۲. [پزشکی] دورهٔ کمون ۳. دورهٔ شکل‌گیری

incuber /ɛ̃kybe/ *vt* (1) ۱. (روی تخم) خوابیدن ۲. نمو دادن، پروراندن

inculpation /ɛ̃kylpasjɔ̃/ *nf* اتهام

inculpé,e /ɛ̃kylpe/ *adj, n* متهم

inculper /ɛ̃kylpe/ *vt* (1) متهم کردن

inculquer /ɛ̃kylke/ *vt* (1) القا کردن به، در مغز (کسی) فرو کردن

inculte /ɛ̃kylt/ *adj* ۱. [زمین] کشت‌نشده، بایر ۲. ژولیده، نامرتب ۳. بی‌فرهنگ، جاهل

incultivable /ɛ̃kyltivabl/ *adj* غیرقابل کشت، لم‌یزرع

incultivé,e /ɛ̃kyltive/ *adj* [ادبی] کشت‌نشده، بایر، موات

inculture /ɛ̃kyltyʀ/ *nf* بی‌فرهنگی

incurabilité /ɛ̃kyʀabilite/ *nf* ۱. درمان‌ناپذیری، علاج‌ناپذیری ۲. اصلاح‌ناپذیری

incurable /ɛ̃kyʀabl/ *adj* ۱. بی‌درمان، درمان‌ناپذیر، لاعلاج، خوب‌نشدنی ۲. اصلاح‌ناپذیر

incurablement /ɛ̃kyʀabləmɑ̃/ *adv* ۱. به طور درمان‌ناپذیری، به صورت علاج‌ناپذیری ۲. به طور اصلاح‌ناپذیری

incurie /ɛ̃kyʀi/ *nf* بی‌توجهی، اهمال

incurieux,euse /ɛ̃kyʀjø,øz/ *adj* [ادبی] بی‌تفاوت، بی‌اعتنا

incuriosité /ɛ̃kyʀjozite/ *nf* [ادبی] بی‌تفاوتی، بی‌اعتنایی

incursion /ɛ̃kyʀsjɔ̃/ *nf* ۱. یورش، تهاجم، هجوم، تاخت و تاز ۲. دست‌اندازی، گریز

incurvation /ɛ̃kyʀvasjɔ̃/ *nf* ۱. خم کردن (به داخل) ۲. انحنا، خمیدگی

incurver /ɛ̃kyʀve/ *vt* (1) (به داخل) خم کردن

s'incurver *vp* خم شدن، انحنا پیدا کردن، تاب برداشتن

La route s'incurve à cet endroit. اینجا جاده پیچ می‌خورد.

indécemment /ɛ̃desamɑ̃/ *adv* به طور بی‌شرمانه‌ای، به طرز زننده‌ای، وقیحانه

indécence /ɛ̃desɑ̃s/ *nf* ۱. زشتی، ابتذال ۲. بی‌حیایی، بی‌شرمی، وقاحت

indécent,e /ɛ̃desɑ̃,t/ *adj* ۱. ناشایست، بی‌ادبانه، زشت ۲. مبتذل، جلف، زننده ۳. بی‌حیا، بی‌شرم

indéchiffrable /ɛ̃deʃifʀabl/ *adj* ۱. ناخوانا ۲. نامفهوم، غیرقابل درک

indéchirable /ɛ̃deʃiʀabl/ *adj* پاره‌نشدنی

indécis,e /ɛ̃desi,z/ *adj* ۱. نامعلوم، مبهم، نامشخص ۲. دودل، مردد، بی‌تصمیم

indécision /ɛ̃desizjɔ̃/ *nf* ۱. دودلی، تردید، بی‌تصمیمی ۲. ابهام، عدم وضوح

indéclinable / ɛ̃deklinabl / *adj*
۱. [دستور زبان] صرف‌نشدنی، غیرقابل تصریف ۲. [قدیمی] اجتناب‌ناپذیر

indécomposable / ɛ̃dekɔ̃pozabl / *adj*
تجزیه‌نشدنی، غیرقابل تجزیه

indécrottable / ɛ̃dekʀɔtabl / *adj* [خودمانی]
اصلاح‌ناپذیر

Tu es indécrottable. تو درست‌بشو نیستی. تو آدم نمی‌شی.

indéfectibilité / ɛ̃defɛktibilite / *nf*
زوال‌ناپذیری، جاودانگی

indéfectible / ɛ̃defɛktibl / *adj* زوال‌ناپذیر، ابدی، جاودان

indéfectiblement / ɛ̃defɛktibləmɑ̃ / *adv*
برای همیشه، تا ابد

indéfendable / ɛ̃defɑ̃dabl / *adj*
۱. غیرقابل دفاع ۲. غیرقابل توجیه

indéfini,e / ɛ̃defini / *adj* ۱. نامشخص، نامعین، نامعلوم، مبهم ۲. نامحدود، بی‌شمار، بی‌کران ۳. [دستور زبان] مبهم، نکره

adjectif indéfini صفت مبهم

article indéfini حرف تعریف نکره

indéfiniment / ɛ̃definimɑ̃ / *adv* ۱. به طور نامحدود، بی‌نهایت ۲. برای همیشه، تا ابد

indéfinissable / ɛ̃definisabl / *adj*
۱. غیرقابل تعریف، تعریف‌نشدنی ۲. وصف‌ناپذیر، غیرقابل وصف ۳. مبهم، نامشخص

indéfrichable / ɛ̃defʀiʃabl / *adj*
غیرقابل کشت، لم‌یزرع

indéfrisable / ɛ̃defʀizabl(ə / *nf* فِر ششماهه، فِر دائم

indéhiscent,e / ɛ̃deisɑ̃,t / *adj* [گیاه‌شناسی]
ناشکوفا

indélebile / ɛ̃delebil / *adj* ۱. پاک‌نشدنی، محونشدنی ۲. فراموش‌نشدنی

indélicat,e / ɛ̃delika,t / *adj* ۱. بی‌نزاکت، بی‌ادب ۲. بی‌ادبانه ۳. نادرست، دغل، متقلب

indélicatement / ɛ̃delikatmɑ̃ / *adv*
۱. بی‌ادبانه ۲. به طرز نادرستی، نابکارانه

indélicatesse / ɛ̃delikatɛs / *nf*
۱. بی‌نزاکتی، بی‌ادبی ۲. نادرستی، دغلی ۳. کار نادرست، تقلب، دغل‌بازی

indémaillable / ɛ̃demajabl / *adj*
[پارچه یا لباس بافتنی] درنرو

indemne / ɛ̃dɛmn / *adj* سالم، صحیح و سالم

indemnisation / ɛ̃dɛmnizasjɔ̃ / *nf* ۱. جبران خسارت، پرداخت غرامت ۲. خسارت، غرامت

indemniser / ɛ̃dɛmnize / *vt* (1) ۱. خسارت دادن به، غرامت پرداخت کردن به ۲. جبران کردن

indemnité / ɛ̃dɛmnite / *nf* ۱. غرامت، خسارت، تاوان ۲. کمک‌هزینه، حق

indemnité de chômage حق بیکاری

les indemnités de guerre غرامت جنگ

indémontrable / ɛ̃demɔ̃tʀabl / *adj*
غیرقابل اثبات، اثبات‌نشدنی

indéniable / ɛ̃denjabl / *adj* انکارناپذیر، انکارنشدنی، غیرقابل انکار

indéniablement / ɛ̃denjabləmɑ̃ / *adv*
به طور انکارناپذیری، به طور غیرقابل انکاری

indépendamment / ɛ̃depɑ̃damɑ̃ / *adv*
به طور مستقل، مستقلاً، (به طور) جداگانه

indépendamment de علاوه بر، بجز

indépendance / ɛ̃depɑ̃dɑ̃s / *nf* ۱. استقلال ۲. عدم وابستگی، آزادی

indépendant,e / ɛ̃depɑ̃dɑ̃,t / *adj* ۱. مستقل ۲. غیروابسته، آزاد

indépendantiste / ɛ̃depɑ̃dɑ̃tist / *adj, n*
استقلال‌طلب

indéracinable / ɛ̃deʀasinabl / *adj*
ریشه‌کن‌نشدنی

indescriptible / ɛ̃dɛskʀiptibl / *adj*
غیرقابل وصف، وصف‌ناپذیر، به‌وصف‌نیامدنی

indésirable / ɛ̃deziʀabl / *adj, n*
۱. ناخوشایند، نامطلوب ◻ ۲. عنصر نامطلوب

effets indésirables	آثار نامطلوب، آثار سوء
indestructibilité / ɛ̃dɛstʀyktibilite / *nf*	فنـاناپذیری، زوال‌ناپذیری
indestructible / ɛ̃dɛstʀyktibl / *adj*	۱. خراب‌نشدنی ۲. فناناپذیر، زوال‌ناپذیر
indétermination / ɛ̃detɛʀminasjɔ̃ / *nf*	۱. عدم قـطعیت ۲. ابـهام ۳. بـلاتکلیفی، دودلی، تردید، بی‌تصمیمی
indéterminé,e / ɛ̃detɛʀmine / *adj*	نامعلـوم، نامعین، نامشخص، مبهم
index¹ / ɛ̃ndɛks / *nm*	۱. انگشت سبابه، انگشت اشاره ۲. شاخص ۳. فهرست راهنما، نمایه
index² / ɛ̃ndɛks / *nm*	[کلیسای کاتولیک] فهرست کتب ممنوعه
mettre à l'index	طرد کردن
indexer / ɛ̃dɛkse / *vt* (1)	[اقتصاد] شاخص‌گذاری کردن
indicateur¹**,trice** / ɛ̃dikatœʀ,tʀis / *n, adj*	۱. خبرچین، جاسوس ▫ ۲. [تابلو، علامت] راهنما
indicateur² / ɛ̃dikatœʀ / *nm*	۱. (کتاب) راهنما ۲. (دستگاه) نشان‌دهنده ۳. [در ترکیب] ـسنج
indicatif¹**,ive** / ɛ̃dikatif,iv / *adj*	۱. نشان‌دهنده، مشخصه ۲. [دستور زبان] اخباری، خبری
à titre indicatif	به عنوان اطلاع
indicatif² / ɛ̃dikatif / *nm*	[دستور زبان] وجه اخباری
indication / ɛ̃dikasjɔ̃ / *nf*	۱. تعیین ۲. اطلاع ۳. اشاره ۴. نشانه، عـلامت ۵. [پـزشکی] مـورد استعمال ۶. توصیه
indice / ɛ̃dis / *nm*	۱. نشانه، علامت ۲. شاخص
indicible / ɛ̃disibl / *adj*	[ادبی] غیرقابل وصف، وصف‌ناپذیر
indien,enne¹ / ɛ̃djɛ̃,ɛn / *adj*	۱. (مربوط به) هند، هندی ۲. (مربوط به) بومیان آمریکا، سرخ‌پوستان

Indien,enne² / ɛ̃djɛ̃,ɛn / *n*	۱. اهل هندوستان، هندی ۲. بومی آمریکا، سرخ‌پوست
indienne³ / ɛ̃djɛn / *nf*	چیت
indifféremment / ɛ̃difeʀamɑ̃ / *adv*	۱. به یک اندازه، به طور یکسان ۲. [قـدیمی] بـا بی‌تفاوتی، با بی‌اعتنایی، به سردی
indifférence / ɛ̃difeʀɑ̃s / *nf*	۱. بی‌تفاوتی، بی‌توجهی، بی‌اعتنایی ۲. بی‌علاقگی، بی‌میلی
indifférencié,e / ɛ̃difeʀɑ̃sje / *adj*	یکپارچه، به‌هم‌پیوسته، متصل
indifférent,e / ɛ̃difeʀɑ̃,t / *adj*	۱. بی‌تفاوت، بی‌توجه، بی‌اعتنا ۲. بـی‌علاقه، بـی‌میل، سـرد ۳. یکسان، علی‌السویه ۴. پیش‌پاافتاده، بی‌اهمیت
Cela m'est indifférent.	برایم فرقی نمی‌کند. برایم علی‌السویه است.
regard indifférent	نگاه بی‌تفاوت، نگاه بی‌اعتنا
indifférer / ɛ̃difeʀe / *vt* (6)	[خودمانی] علی‌السویه بودن، فرقی نداشتن
indigence / ɛ̃diʒɑ̃s / *nf*	۱. تهی‌دستی، فقر، مسکنت ۲. [مجازی] ضعف، فقر، نارسایی
indigène / ɛ̃diʒɛn / *adj, n*	بومی
indigent,e / ɛ̃diʒɑ̃,t / *n, adj*	۱. تهی‌دست، فقیر، نیازمند ▫ ۲. [مجازی] فقیر، ناچیز، ضعیف
indigeste / ɛ̃diʒɛst / *adj*	۱. دیرهضم، سنگین، ثقیل ۲. پیچیده، مبهم، غامض
indigestion / ɛ̃diʒɛstjɔ̃ / *nf*	سوءهاضمه، بدگواری
indignation / ɛ̃diɲasjɔ̃ / *nf*	خشم، غضب، غیظ، انزجار
indigne / ɛ̃diɲ / *adj*	۱. ناشایست، نالایق، ناسزاوار ۲. نامناسب ۳. شرم‌آور، ننگین، خفت‌بار
indigné,e / ɛ̃diɲe / *adj*	۱. خشمگین، عصبانی، منزجر ۲. خشمناک، غضب‌آلود
indignement / ɛ̃diɲmɑ̃ / *adv*	به طرز شرم‌آوری، با بی‌شرمی

a = bas, plat	e = blé, jouer	ɛ = lait, jouet, merci	i = il, lyre	o = mot, dôme, eau, gauche	ɔ = mort
u = roue	y = rue	ø = peu	œ = peur	ə = le, premier	ɑ̃ = sans, vent	ɛ̃ = matin, plein, lundi
ɔ̃ = bon, ombre	ʃ = chat, tache	ʒ = je, gilet		j = yeux, paille, pied	w = oui, nouer	ɥ = huile, lui

indigner / ɛ̃diɲe / *vt* (1) خشمگین کردن، عصبانی کردن، منزجر کردن
s'indigner *vp* خشمگین شدن، عصبانی شدن، منزجر شدن، برآشفتن
Elle s'est indignée contre lui. از دست او عصبانی شد.

indignité / ɛ̃diɲite / *nf* ۱. [ادبی] حقارت، کوچکی ۲. پستی، رذالت ۳. عمل ننگین، مایهٔ ننگ

indigo / ɛ̃digo / *nm, adj. inv* ۱. نیل ۲. رنگ نیلی ◙ ۳. نیلی، نیلگون

indiquer / ɛ̃dike / *vt* (1) ۱. نشان دادن ۲. تعیین کردن ۳. معرفی کردن ۴. نشانهٔ (چیزی) بودن

indirect,e / ɛ̃diʀɛkt / *adj* ۱. غیرمستقیم ۲. جنبی، جانبی ۳. [دستور زبان] غیرصریح، باواسطه
complément d'objet indirecte مفعول باواسطه

indirectement / ɛ̃diʀɛktəmɑ̃ / *adv* به طور غیرمستقیم، غیرمستقیم

indiscernable / ɛ̃disɛʀnabl / *adj* ۱. غیرقابل تشخیص ۲. نامحسوس

indiscipline / ɛ̃disiplin / *nf* بی‌انضباطی، بی‌نظمی

indiscipliné,e / ɛ̃disipline / *adj* ۱. بی‌انضباط ۲. نافرمان، سرکش

indiscret,ète / ɛ̃diskʀɛ,ɛt / *adj* ۱. مزاحم ۲. نابجا، بی‌مناسبت، نسنجیده ۳. افشاگر، دهن‌لق ۴. بی‌ملاحظه ۵. فضول

indiscrètement / ɛ̃diskʀɛtmɑ̃ / *adv* ۱. با بی‌ملاحظگی ۲. از روی فضولی ۳. از روی دهن‌لقی

indiscrétion / ɛ̃diskʀesjɔ̃ / *nf* ۱. بی‌ملاحظگی ۲. فضولی ۳. افشاگری ۴. دهن‌لقی

indiscutable / ɛ̃diskytabl / *adj* بی‌چون و چرا، مسلم، قطعی

indiscutablement / ɛ̃diskytabləmɑ̃ / *adv* ۱. مسلماً، قطعاً، یقیناً ۲. به طور مسلم

indispensable / ɛ̃dispɑ̃sabl / *adj, nm* ۱. لازم، ضروری، واجب ۲. اساسی، مهم ◙ ۳. چیز لازم، ضروریات

indisponibilité / ɛ̃dispɔnibilite / *nf* خارج بودن از دسترس، دوری از دسترس

indisponible / ɛ̃dispɔnibl(ə / *adj* خارج از دسترس، دور از دسترس، ناموجود

indisposé,e / ɛ̃dispoze / *adj* ۱. ناخوش ۲. [مؤدبانه؛ زن] قاعده، رِگل

indisposer / ɛ̃dispoze / *vt* (1) ۱. ناخوش کردن ۲. [غذا، بو، ...] ناراحت کردن، اذیت کردن ۳. اوقات (کسی را) تلخ کردن، ناراحت کردن

indisposition / ɛ̃dispozisjɔ̃ / *nf* ۱. ناخوشی، کسالت ۲. [مؤدبانه] قاعدگی، عادت ماهانه

indissociable / ɛ̃disɔsjabl / *adj* جدانشدنی، جدایی‌ناپذیر، لاینفک

indissoluble / ɛ̃disɔlybl / *adj* فسخ‌نشدنی، پایدار

indistinct,e / ɛ̃distɛ̃(kt),kt / *adj* نامشخص، نامفهوم، مبهم

indistinctement / ɛ̃distɛ̃ktəmɑ̃ / *adv* ۱. به طور نامشخص، (به طور) مبهم ۲. بدون تمایز، بدون فرق گذاشتن، به طور یکسان

individu / ɛ̃divida / *nm* ۱. فرد ۲. آدم، شخص

individualisation / ɛ̃dividɥalizasjɔ̃ / *nf* تفرد، فردیت‌بخشی، فردی ساختن

individualisé,e / ɛ̃dividɥalize / *adj* ۱. فردی ۲. خاص

individualiser / ɛ̃dividɥalize / *vt* (1) ۱. ویژگی خاص بخشیدن به، منحصربه‌فرد کردن، (از هم) متمایز کردن ۲. فردی کردن، فردی ساختن، فردیت بخشیدن
s'individualiser *vp* منحصربه‌فرد شدن

469 **indulgent,e**

indolore / ɛ̃dɔlɔʀ / *adj* بدون درد، بی‌درد

indomptable / ɛ̃dɔ̃tabl / *adj* غیرقابل تقسیم، سرکش

indompté,e / ɛ̃dɔ̃te / *adj* رام‌نشده، وحشی، سرکش

indonésien[1],enne / ɛ̃dɔnezjɛ̃,ɛn / *adj* (مربوط به) اندونزی، اندونزیایی

Indonésien[2],enne / ɛ̃dɔnezjɛ̃,ɛn / *n* اهل اندونزی، اندونزیایی

indonésien[3] / ɛ̃dɔnezjɛ̃ / *nm* زبان اندونزیایی، اندونزیایی

in-douze / induz / *adj. inv, nm. inv* ۱. [قطع کتاب] جیبی ◻ ۲. قطع جیبی ۳. کتاب جیبی

indu,e / ɛ̃dy / *adj* ۱. ناشایست ۲. ناروا، ناحق، ناموجه

à une heure indue بی‌موقع، بدموقع، دیروقت

indubitable / ɛ̃dybitabl / *adj* مسلم، قطعی

indubitablement / ɛ̃dybitabləmɑ̃ / *adv* مسلماً، قطعاً، مطمئناً، یقیناً

inducteur[1],trice / ɛ̃dyktœʀ,tʀis / *adj* [فیزیک] القاکننده، القاگر

inducteur[2] / ɛ̃dyktœʀ / *nm* [فیزیک] القاگر، اندوکتور

inductif,ive / ɛ̃dyktif,iv / *adj* ۱. استقرایی ۲. [فیزیک] القایی، القایشی

induction / ɛ̃dyksjɔ̃ / *nf* ۱. استقرا ۲. [فیزیک] القا، القایش

induire / ɛ̃dɥiʀ / *vt* (38) ۱. استنباط کردن، نتیجه گرفتن ۲. [قدیمی] ترغیب کردن، واداشتن ۳. [فیزیک] القا کردن

induit,e / ɛ̃dɥi,t / *adj* [فیزیک] القاشده، القاییده

indulgence / ɛ̃dylʒɑ̃s / *nf* ۱. گذشت ۲. نرمش، مدارا، اغماض، چشم‌پوشی

indulgent,e / ɛ̃dylʒɑ̃,t / *adj* ۱. باگذشت، بخشنده ۲. نرم، ملایم، آسان‌گیر

individualisme / ɛ̃dividɥalism / *nm* ۱. فردگرایی، فردنگری ۲. فردیت ۳. خودمحوری، تک‌روی

individualiste / ɛ̃dividɥalist / *adj, n* ۱. فردگرا، فردنگر ۲. خودمحور، تک‌رو

individualité / ɛ̃dividɥalite / *nf* ۱. فردیت ۲. ویژگی، اصالت ۳. شخصیت

individuel,elle / ɛ̃dividɥɛl / *adj* ۱. فردی ۲. منفرد، انفرادی ۳. شخصی

liberté individuelle آزادی فردی

opinion individuel عقیدهٔ شخصی، نظر شخصی

individuellement / ɛ̃dividɥɛlmɑ̃ / *adv* به طور جداگانه، تک‌تک، یکی‌یکی

indivis,e / ɛ̃divi,z / *adj* مُشاع، مشترک

par indivis به طور مُشاع، به طور مشترک، مشترکاً

indivisément / ɛ̃divizemɑ̃ / *adv* به طور مُشاع، به طور مشترک، مشترکاً

indivisibilité / ɛ̃divizibilite / *nf* تقسیم‌ناپذیری

indivisible / ɛ̃divizibl / *adj* غیرقابل تقسیم، تقسیم‌ناپذیر، تقسیم نشدنی

indivision / ɛ̃divizjɔ̃ / *nf* [حقوقی] اِشاعه

indochinois,e[1] / ɛ̃dɔʃinwa,z / *adj* (مربوط به) هندوچین، هندوچینی

Indochinois,e[2] / ɛ̃dɔʃinwa,z / *n* اهل هندوچین، هندوچینی

indocile / ɛ̃dɔsil / *adj, n* نافرمان، حرف‌نشنو

indocilité / ɛ̃dɔsilite / *nf* نافرمانی

indo-européen,enne / ɛ̃dɔœ(ø)ʀɔpeɛ̃,ɛn / *adj* [زبان‌شناسی] هند و اروپایی

indolence / ɛ̃dɔlɑ̃s / *nf* سستی، تنبلی، بی‌حالی

indolent,e / ɛ̃dɔlɑ̃,t / *adj* تنبل، سست، بی‌حال

indûment / ɛ̃dymɑ̃ / *adv* ۱. به غلط
۲. به ناروا، به ناحق

induration / ɛ̃dyʀasjɔ̃ / *nf* [پزشکی]
سخت‌شدگی، سفت شدن

indurer / ɛ̃dyʀe / *vt* (1) [پزشکی] سخت کردن،
سفت کردن

industrialisation / ɛ̃dystʀijalizasjɔ̃ / *nf*
(عمل) صنعتی کردن، صنعتی شدن

industrialiser / ɛ̃dystʀijalize / *vt* (1)
صنعتی کردن

s'industrialiser *vp* صنعتی شدن

industrie / ɛ̃dystʀi / *nf* ۱. صنعت ۲. [قدیمی]
استادی، چیره‌دستی ۳. [قدیمی] فوت و فن،
شگرد، حقه

industrie lourde صنایع سنگین

J'employai toute mon industrie pour y parvenir. برای موفق شدن هر فوت و فنی را به کار بردم. هر شگردی زدم تا موفق شوم.

industriel[1],elle / ɛ̃dystʀijɛl / *adj* صنعتی

industriel[2] / ɛ̃dystʀijɛl / *nm* صاحب صنعت،
کارخانه‌دار

industriellement / ɛ̃dystʀijɛlmɑ̃ / *adv*
۱. به روش صنعتی ۲. از نظر صنعتی

industrieux,euse / ɛ̃dystʀijø,øz / *adj*
[ادبی] ماهر، زبردست، چیره‌دست

inébranlable / inebʀɑ̃labl / *adj*
۱. تزلزل‌ناپذیر، استوار، محکم، پابرجا ۲. ثابت‌قدم،
قاطع ۳. قاطعانه، راسخ

inéchangeable / ineʃɑ̃ʒabl / *adj*
غیرقابل تعویض، غیرقابل معاوضه

inécouté,e / inekute / *adj* ۱. نشنیده،
نشنیده‌گرفته‌شده ۲. اجابت‌نشده، بی‌پاسخ‌مانده

inédit,e / inedi,t / *adj* ۱. منتشرنشده،
چاپ‌نشده ۲. [نویسنده] دارای آثار چاپ‌نشده، که
اثرش چاپ نشده ۳. بی‌سابقه، تازه، بدیع

ineffable / inefabl / *adj* غیرقابل وصف،
وصف‌نشدنی، وصف‌ناپذیر، نگفتنی

ineffaçable / inefasabl / *adj* ۱. پاک‌نشدنی،
محونشدنی ۲. ازبین‌نرفتنی، ماندگار، پایدار ۳.
فراموش‌نشدنی، به‌یادماندنی

inefficace / inefikas / *adj* ۱. بی‌اثر
۲. بی‌نتیجه، بی‌حاصل، بی‌ثمر، بی‌فایده ۳. نالایق،
بی‌کفایت، بی‌عرضه، فاقد کارآیی

inefficacement / inefikasmɑ̃ / *adv* بی‌ثمر،
بی‌نتیجه

inefficacité / inefikasite / *nf* ۱. بی‌اثر بودن
۲. بی‌نتیجه بودن، بی‌فایده بودن ۳. بی‌لیاقتی،
بی‌کفایتی، بی‌عرضگی، عدم کارآیی

inégal,e,aux / inegal,o / *adj* ۱. نابرابر،
نامساوی ۲. ناهموار، ناصاف ۳. نامنظم، نامرتب
۴. [خلق و خو، رفتار، ...] متغیر، متلون

inégalable / inegalabl / *adj* بی‌مانند، بی‌نظیر،
بی‌همتا

inégalé,e / inegale / *adj* بی‌مانند، بی‌نظیر،
منحصربه‌فرد، بی‌همتا

inégalement / inegalmɑ̃ / *adv*
۱. به طور نابرابر، به طور نامساوی ۲. به طرق
گوناگون، به شیوه‌های مختلف

inégalité / inegalite / *nf* ۱. نابرابری،
عدم تساوی ۲. اختلاف ۳. ناهمواری ۴. نامنظم
بودن، بی‌نظمی ۵. [ریاضیات] نامعادله

les inégalités du chemin دست‌اندازهای
جاده

inélégamment / inelegamɑ̃ / *adv* ۱. [ادبی]
بدون ظرافت، (به طرزی) نازیبا ۲. به طرز نادرستی،
نادرست، بد

inélégance / inelegɑ̃s / *nf* ۱. عدم ظرافت،
نازیبایی ۲. نادرستی، ناشایستگی

inélégant,e / inelegɑ̃,t / *adj* ۱. بدون ظرافت،
نازیبا ۲. نادرست، ناشایست

inéligible / ineliʒibl / *adj* فاقد صلاحیت
(برای انتخاب شدن)، فاقد شرایط لازم

inéluctable / inelyktabl / *adj* اجتناب‌ناپذیر،
گریزناپذیر، حتمی

inéluctablement / inelyktabləmɑ̃ / *adv*
به طرزی اجتناب‌ناپذیر، ناگزیر
inemployable / inɑ̃plwajabl / *adj*
غیرقابل استفاده، بلااستفاده، بی‌مصرف
inemployé,e / inɑ̃plwaje / *adj* استفاده‌نشده، به‌کارنرفته
inénarrable / inenaʀabl / *adj* ۱. (خیلی) خنده‌دار، مضحک ۲. [قدیمی] حکایت‌نکردنی، نگفتنی
inentamé,e / inɑ̃ tame / *adj* دست‌نخورده، بکر
inepte / inɛpt / *adj* ۱. احمق، کودن ۲. احمقانه، مسخره
ineptie / inɛpsi / *nf* ۱. حماقت ۲. کار احمقانه ۳. حرف احمقانه
inépuisable / inepɥizabl / *adj* ۱. تمام‌نشدنی، بی‌پایان، بی‌حد و حصر ۲. پرتوان، پرمایه
inépuisé,e / inepɥize / *adj* تمام‌نشده
inéquitable / inekitabl / *adj* غیرمنصفانه، ناعادلانه
inerme / inɛʀm / *adj* [گیاه‌شناسی] بی‌خار
inerte / inɛʀt / *adj* ۱. بی‌حرکت، ساکن ۲. [گاز] بی‌اثر ۳. بی‌حال، لَخت، سست، کرخت
inertie / inɛʀsi / *nf* ۱. [فیزیک] لَختی، ماند ۲. بی‌حالی، رخوت، سستی، کرختی
inespéré,e / inɛspeʀe / *adj* غیرمنتظره، غیرمترقبه
inesthétique / inɛstetik / *adj* نازیبا
inestimable / inɛstimabl / *adj*
غیرقابل ارزیابی، برآوردنشدنی، بی‌قیمت
inévitable / inevitabl / *adj* ۱. اجتناب‌ناپذیر، گریزناپذیر، حتمی ۲. [طنزآمیز] همیشگی، جدانشدنی
La catastrophe était inévitable.
فاجعه اجتناب‌ناپذیر بود.
inevitablement / inevitabləmɑ̃ / *adv*
به طور اجتناب‌ناپذیری، الزاماً، ناگزیر

inexact,e / inɛgzakt / *adj* ۱. نادرست، غلط، اشتباه ۲. غیردقیق ۳. بدقول
inexactitude / inɛgzaktityd / *nf* ۱. نادرستی، درست نبودن ۲. اشتباه، غلط ۳. عدم دقت ۴. بدقولی
inexaucé,e / inɛgzose / *adj* برآورده‌نشده
inexcitable / inɛksitabl / *adj* تحریک‌نشدنی
inexcusable / inɛkskyzabl / *adj*
۱. نابخشودنی، غیرقابل بخشش ۲. ناموجه
inexécutable / inɛgzekytabl / *adj*
۱. غیرقابل اجرا ۲. نشدنی، غیرعملی
inexécuté,e / inɛgzekyte / *adj* ۱. اجرانشده ۲. انجام‌نشده
inexécution / inɛgzekysjɔ̃ / *nf* عدم اجرا
inexigible / inɛgziʒibl / *adj* [حقوقی] غیرقابل مطالبه
inexistant,e / inɛgzistɑ̃,t / *adj* ۱. غیرواقعی، خیالی، موهوم ۲. [خودمانی] بدردنخور، بیهوده، بی‌فایده
inexistence / inɛgzistɑ̃s / *nf* ۱. عدم وجود، عدم، نبود ۲. [حقوقی] عقد غیرواقع، عقد معدوم ۳. بدردنخور بودن، هیچ بودن، بیهودگی
inexorable / inɛgzɔʀabl / *adj* ۱. بی‌رحم، سنگدل ۲. بی‌رحمانه ۳. گریزناپذیر، محتوم
inexorablement / inɛgzɔʀabləmɑ̃ / *adv*
به طور اجتناب‌ناپذیری، الزاماً، ناگزیر
inexpérience / inɛkspeʀjɑ̃s / *nf* بی‌تجربگی
inexperimenté,e / inɛkspeʀimɑ̃te / *adj*
۱. بی‌تجربه ۲. تازه‌کار، مبتدی
inexpert,e / inɛkspɛʀ,t / *adj* ناوارد، ناشی
inexplicable / inɛksplikabl / *adj* ۱. غیرقابل توضیح، غیرقابل توجیه ۲. عجیب، غریب
inexplicablement / inɛksplikabləmɑ̃ / *adv* به طرز عجیبی، عجیب
inexpliqué,e / inɛksplike / *adj* مبهم، مشکوک، اسرارآمیز

a = bas, plat e = blé, jouer ɛ = lait, jouet, merci i = il, lyre o = mot, dôme, eau, gauche ɔ = mort
u = roue y = rue ø = peu œ = peur ə = le, premier ɑ̃ = sans, vent ɛ̃ = matin, plein, lundi
ɔ̃ = bon, ombre ʃ = chat, tache ʒ = je, gilet j = yeux, paille, pied w = oui, nouer ɥ = huile, lui

inexploitable /inɛksplwatabl/ *adj*
غیرقابل بهره‌برداری

inexploité,e /inɛksplwate/ *adj*
بهره‌برداری‌نشده

inexplorable /inɛksplɔʀabl/ *adj*
غیرقابل اکتشاف، کاوش‌نشدنی

inexploré,e /inɛksplɔʀe/ *adj*
اکتشاف‌نشده، کاوش‌نشده

inexplosible /inɛksplozibl/ *adj* [فنی]
غیرقابل انفجار، غیرانفجاری، غیرمنفجره

inexpressif,ive /inɛkspʀesif,iv/ *adj*
۱. نارسا ۲. بی‌حالت، بی‌احساس

inexprimable /inɛkspʀimabl/ *adj*
وصف‌ناپذیر، غیرقابل وصف، غیرقابل بیان

inexprimé,e /inɛkspʀime/ *adj* بیان‌نشده،
ابرازنشده، بازگونشده

inexpugnable /inɛkspyɲabl/ *adj*
تسخیرناپذیر

inextensible /inɛkstɑ̃sibl/ *adj* کش‌نیامدنی

in extenso /inɛkstɛ̃so/ *loc. adv* به تفصیل،
به طور کامل، تمام و کمال

inextinguible /inɛkstɛ̃g(ɥ)ibl/ *adj*
۱. خاموش‌نشدنی ۲. سیری‌ناپذیر ۳. غیرقابل کنترل، کنترل‌نشدنی

in extremis /inɛkstʀemis/ *loc. adv* ۱. در حال مرگ، در حال احتضار، دَم مرگ ۲. در آخرین لحظه

inextricable /inɛkstʀikabl/ *adj*
۱. درهم و برهم، آشفته ۲. سردرگم، پیچیده

infaillibilité /ɛ̃fajibilite/ *nf* ۱. مصونیت از خطا، برائت از اشتباه ۲. کارایی مسلم، تأثیر حتمی، اثر قطعی

infaillible /ɛ̃fajibl/ *adj* ۱. مصون از خطا، بری از اشتباه ۲. کاملاً مؤثر، قطعی

infailliblement /ɛ̃fajibləmɑ̃/ *adv* ۱. قطعاً، حتماً، مطمئناً ۲. بدون اشتباه

infaisable /ɛ̃fəzabl/ *adj* غیرعملی، نشدنی، غیرممکن

C'est un travail infaisable. این کار غیرعملی است. این کار نشدنی است.

infamant,e /ɛ̃famɑ̃,t/ *adj* [ادبی] ننگ‌آور، ننگین، شرم‌آور

infâme /ɛ̃fam/ *adj* [ادبی] ننگ‌آور، ننگین، شرم‌آور، پست ۲. نفرت‌انگیز ۳. زننده، بد

infamie /ɛ̃fami/ *nf* ۱. [ادبی] بی‌آبرویی، بدنامی ۲. رذالت، پستی ۳. [ادبی] ناسزا، دشنام

infant /ɛ̃fɑ̃/ *nm* [در پرتقال و اسپانیا] پسر کوچکتر پادشاه، شاهپور

infante /ɛ̃fɑ̃t/ *nf* [در پرتقال و اسپانیا] دختر کوچکتر پادشاه، شاهدخت

infanterie /ɛ̃fɑ̃tʀi/ *nf* پیاده‌نظام

infanticide[1] /ɛ̃fɑ̃tisid/ *nm* نوزادکُشی

infanticide[2] /ɛ̃fɑ̃tisid/ *adj, n* نوزادکُش

infantile /ɛ̃fɑ̃til/ *adj* ۱. (مربوط به) کودک، کودکان ۲. بچه‌گانه، کودکانه
maladies infantiles بیماری‌های کودکان

infantilisme /ɛ̃fɑ̃tilism/ *nm* ۱. [پزشکی] کودک‌ماندگی ۲. رفتار بچه‌گانه

infarctus /ɛ̃faʀktys/ *nm* سکتهٔ قلبی، انفارکتوس

infatigable /ɛ̃fatigabl/ *adj* خستگی‌ناپذیر

infatigablement /ɛ̃fatigabləmɑ̃/ *adv*
بدون خستگی

infatuation /ɛ̃fatɥasjɔ̃/ *nf* خودپسندی، خودبینی، خودستایی

infatué,e /ɛ̃fatɥe/ *adj* ۱. خودپسند، خودبین، ازخودراضی ۲. خودپسندانه، خودبینانه

infécond,e /ɛ̃fekɔ̃,d/ *adj* ۱. [ادبی] ناحاصلخیز، لم‌یزرع ۲. نابارور، نازا، عقیم

infécondité /ɛ̃fekɔ̃dite/ *nf* ۱. ناحاصلخیزی ۲. نازایی، ناباروری

infect,e /ɛ̃fɛkt/ *adj* ۱. بدبو، متعفن ۲. نفرت‌انگیز ۳. مزخرف، گند ۴. پست، پلید

infectant,e /ɛ̃fɛktɑ̃,t/ *adj* عفونت‌زا

infecter /ɛ̃fɛkte/ *vt* (1) ۱. آلوده کردن، آلودن ۲. عفونی کردن، دچار عفونت کردن

s'infecter *vp* عفونی شدن، عفونت کردن
infectieux,euse /ɛ̃fɛksjø,øz/ *adj* عفونی
infection /ɛ̃fɛksjɔ̃/ *nf* ۱. عفونت ۲. بیماری عفونی ۳. بوی گند، بوگند، تعفن
inféodation /ifeɔdasjɔ̃/ *nf* انتقال ملک به عنوان تیول، به تیول دادن
inféoder /ɛ̃feɔde/ *vt* (1) ۱. به تیول دادن ۲. زیر سلطه بردن
s'inféoder *vp* زیر سلطه رفتن
inférence /ɛ̃feʀɑ̃s/ *nf* ۱. [منطق] استنتاج ۲. استدلال ۳. استنباط
inférer /ɛ̃feʀe/ *vt* (6) ۱. نتیجه گرفتن، نتیجه‌گیری کردن ۲. استنباط کردن
inférieur,e /ɛ̃feʀjœʀ/ *adj, n* ۱. زیرین، پایینی ۲. پایین(تر)، حقیر(تر)، نازل(تر) ۳. (شخص) زیردست
infériorité /ɛ̃feʀjɔʀite/ *nf* ۱. حقارت، کوچکی ۲. زیردست بودن ۳. نقص
sentiment d'infériorité احساس حقارت، احساس کوچکی
infermentescible /ɛ̃fɛʀmɑ̃tesibl/ *adj* تخمیرنشدنی، غیرقابل تخمیر
infernal,e,aux /ɛ̃fɛʀnal,o/ *adj* ۱. جهنمی، دوزخی ۲. شیطانی، اهریمنی ۳. غیرقابل تحمل، وحشتناک
infertile /ɛ̃fɛʀtil/ *adj* ۱. ناحاصلخیز، بایر، لم‌یزرع ۲. نابارور
infertilité /ɛ̃fɛʀtilite/ *nf* ۱. ناحاصلخیزی ۲. ناباروری
infestation /ɛ̃fɛstasjɔ̃/ *nf* ۱. تاخت و تاز، غارت ۲. [انگل، حشره] هجوم
infester /ɛ̃fɛste/ *vt* (1) ۱. مورد تاخت و تاز قرار دادن، غارت کردن ۲. [جانوران، آفت، ...] هجوم آوردن، حمله کردن
infidèle /ɛ̃fidɛl/ *adj, n* ۱. بی‌وفا، عهدشکن،

پیمان‌شکن، غدار ۲. خیانتکار (در زناشویی) ۳. کافر، بی‌دین ۴. [متن، ترجمه، ...] غیردقیق، نادرست
infidèlement /ɛ̃fidɛlmɑ̃/ *adv* به طور غیردقیقی، نادرست
infidélité /ɛ̃fidelite/ *nf* ۱. بی‌وفایی، عهدشکنی، پیمان‌شکنی، غدر ۲. خیانت (در زناشویی) ۳. [متن، ترجمه، ...] عدم دقت، دقیق نبودن، نادرستی ۴. [نادر] کفر
infiltration /ɛ̃filtʀasjɔ̃/ *nf* نفوذ، رخنه، رسوخ
infiltrer (s') /sɛ̃filtʀe/ *vp* (1) نفوذ کردن، رخنه کردن، رسوخ کردن
infime /ɛ̃fim/ *adj* ۱. ناچیز، جزئی ۲. بی‌مقدار ۳. محقر
infini[1],e /ɛ̃fini/ *adj* بی‌پایان، بی‌کران، نامتناهی، نامحدود، بی‌حد و حصر
espace infini فضای نامتناهی، فضای بی‌کران
patience infinie صبر بی‌اندازه، صبر بی‌حد و حصر، صبر ایوب
un nombre infini de gens افراد بی‌شمار
infini[2] /ɛ̃fini/ *nm* ۱. بی‌نهایت ۲. بی‌کرانگی
infiniment /ɛ̃finimɑ̃/ *adv* بی‌نهایت، بی‌اندازه
Merci infiniment. بی‌نهایت ممنون. بی‌اندازه سپاسگزارم.
infinité /ɛ̃finite/ *nf* ۱. بی‌کرانگی، بی‌پایانی، بی‌انتهایی ۲. تعداد بی‌شمار، عدهٔ کثیر
infinitésimal,e,aux /ɛ̃finitezimal,o/ *adj* بسیار اندک، خیلی کم، ناچیز
infinitif[1],ive /ɛ̃finitif,iv/ *adj* مصدری
infinitif[2] /ɛ̃finitif/ *nm* مصدر
infinitude /ɛ̃finityd/ *nf* بی‌کرانگی، بی‌پایانی، بی‌انتهایی
infirmatif,ive /ɛ̃fiʀmatif,iv/ *adj* [حقوقی] باطل‌کننده
infirmation /ɛ̃fiʀmasjɔ̃/ *nf* [حقوقی] ابطال، بطلان

infirme /ɛ̃fiʀm/ *adj, n* معلول، علیل

infirmer /ɛfiʀme/ *vt* (1) ۱. تضعیف کردن، ضعیف کردن ۲. [حقوقی] باطل کردن، باطل اعلام کردن، رد کردن

infirmerie /ɛ̃fiʀməʀi/ *nf* درمانگاه

infirmier,ère /ɛ̃fiʀmje,ɛʀ/ *n* پرستار

infirmité /ɛ̃fiʀmite/ *nf* ۱. ضعف، سستی ۲. نقص ۳. معلولیت

infixe /ɛ̃fiks/ *nm* [زبان‌شناسی] میانوند

inflammabilité /ɛ̃flamabilite/ *nf* قابلیت اشتعال، اشتعال‌پذیری

inflammable /ɛ̃flamabl/ *adj* قابل اشتعال، اشتعال‌پذیر، آتش‌زا

inflammation /ɛ̃flamasjɔ̃/ *nf* ۱. اشتعال ۲. التهاب

inflammatoire /ɛ̃flamatwaʀ/ *adj* التهابی

inflation /ɛ̃flasjɔ̃/ *nf* تورم

inflationniste /ɛ̃flasjɔnist/ *adj* تورمی، تورم‌زا

infléchir /ɛ̃fleʃiʀ/ *vt* (2) ۱. خم کردن ۲. جهت (چیزی را) تغییر دادن

s'infléchir *vp* ۱. خم شدن، تاب برداشتن ۲. تغییر جهت دادن

infléchissement /ɛ̃fleʃismɑ̃/ *nm* [مجازی] تغییر جهت اندک

inflexibilité /ɛ̃flɛksibilite/ *nf* ۱. انعطاف‌ناپذیری ۲. سختی، خشکی ۳. تغییر‌ناپذیری

inflexible /ɛ̃flɛksibl/ *adj* ۱. انعطاف‌ناپذیر ۲. سخت، خشک ۳. تغییرناپذیر، راسخ، استوار

inflexion /ɛ̃flɛksjɔ̃/ *nf* ۱. خمیدگی، انحنا ۲. (عمل) خم کردن ۳. آهنگ (صدا)، لحن

infliger /ɛ̃fliʒe/ *vt* (3) ۱. تحمیل کردن ۲. [تنبیه،شکنجه، ...] کردن

infliger une amende جریمه کردن

inflorescence /ɛ̃flɔʀesɑ̃s/ *nf* قابل اشتعال، گل‌آذین

influençable /ɛ̃flyɑ̃sabl/ *adj* تأثیرپذیر، رام، مطیع

influence /ɛ̃flyɑ̃s/ *nf* ۱. تأثیر، اثر ۲. نفوذ ۳. اعتبار

influencer /ɛ̃flyɑ̃se/ *vt* (3) اثر گذاشتن رویِ، تحت تأثیر قرار دادن

influent,e /ɛ̃flyɑ̃,t/ *adj* بانفوذ، متنفذ

influenza /ɛ̃flyɑ̃(ɛn)za/ *nf* آنفلوانزا

influer /ɛ̃flye/ *vi* (1) اثر گذاشتن، تحت تأثیر قرار دادن

influx /ɛ̃fly/ *nm,* **influx nerveux** تکانهٔ عصبی

in-folio /infɔljo/ *adj. inv, nm. inv* ۱. [قطع کتاب] رحلی بزرگ ◘ ۲. قطع رحلی بزرگ

informateur,trice /ɛ̃fɔʀmatœʀ,tʀis/ *n* ۱. اطلاع‌دهنده ۲. خبرچین، جاسوس

informaticien,enne /ɛ̃fɔʀmatisjɛ̃,ɛn/ *n* ۱. کارشناس انفورماتیک، داده‌شناس ۲. کارشناس رایانه، مهندس کامپیوتر

informatif,ive /ɛ̃fɔʀmatif,iv/ *adj* آگاهی‌دهنده، آموزنده

information /ɛ̃fɔʀmasjɔ̃/ *nf* ۱. اطلاع، اطلاعات ۲. آگاهی، شناخت ۳. خبر ۴. [حقوقی] تحقیق، بازجویی، استعلام

écouter les informations به اخبار گوش کردن

informationnel,elle /ɛ̃fɔʀmasjɔnɛl/ *adj* اطلاعاتی، خبری

informatique /ɛ̃fɔʀmatik/ *nf, adj* ۱. انفورماتیک، داده‌شناسی ۲. دانش رایانه، علم کامپیوتر ◘ ۳. (مربوط به) انفورماتیک، انفورماتیکی، داده‌شناختی ۴. (مربوط به) رایانه، رایانه‌ای، (مربوط به) کامپیوتر

informatiser /ɛ̃fɔʀmatize/ *vt* (1) کامپیوتری کردن

informe /ɛ̃fɔʀm/ *adj* ۱. بی‌شکل ۲. ناتمام، ناقص ۳. بدشکل، بدریخت

informer /ɛ̃fɔʀme/ *vt, vi* (1)

۱. خبر دادن به، باخبر کردن، اطلاع دادن به، مطلع کردن ▣ ۲. تحقیق کردن، بازجویی کردن

s'informer *vp* خبر گرفتن، جویا شدن، پرسیدن

infortune / ɛ̃fɔʀtyn / *nf* ۱. [ادبی] بدبختی، تیره‌بختی، بداقبالی، بـخت‌برگشتگی ۲. بـدبیاری، بدشانسی

infortuné,e / ɛ̃fɔʀtyne / *adj, n* ۱. [ادبی] (آدم) بـدبخت، بـداقـبال، بـخت‌برگشته ۲. (آدم) بدشانس، بدبیار

infra / ɛ̃fʀa / *adv* [در متن] در زیر، پایین‌تر، ذیلاً، بعداً

infraction / ɛ̃fʀaksjɔ̃ / *nf* ۱. نقض، تخطی، تخلف ۲. خلاف، جرم

infranchissable / ɛ̃fʀɑ̃ʃisabl / *adj* ۱. غیرقابل عبور ۲. لاینحل، ناگشودنی، رفع‌نشدنی

infrarouge / ɛ̃fʀaʀuʒ / *adj* مادون قرمز، فروسرخ

infrastructure / ɛ̃fʀastʀyktyʀ / *nf* ۱. [ساختمان] زیرساخت ۲. زیربنا

infréquentable / ɛ̃fʀekɑ̃tabl / *adj* غیرقابل معاشرت

infroissable / ɛ̃fʀwasabl / *adj* چروک‌نشدنی، بشور و بپوش

infructueux,euse / ɛ̃fʀyktɥø,øz / *adj* بی‌حاصل، بی‌ثمر، بی‌نتیجه، بی‌فایده، بیهوده

infus,e / ɛ̃fy,z / *adj* ذاتی، فطری

science infuse دانش ذاتی، علم لدنی

infuser / ɛ̃fyze / *vt* (1) ۱. دَم کردن ▣ ۲. وارد کردن، تزریق کردن

infuser du thé چای دم کردن

infusible / ɛ̃fyzibl / *adj* ذوب‌نشدنی

infusion / ɛ̃fyzjɔ̃ / *nf* ۱. (عمل) دم کردن ۲. دم‌کرده

ingénier (s') / sɛ̃ʒenje / *vp* (7) همهٔ تلاش خود را به کار بردن، تلاش کردن

ingénierie / ɛ̃ʒeniʀi / *nf* مهندسی

ingénieur / ɛ̃ʒenjœʀ / *nm* مهندس

ingénieusement / ɛ̃ʒenjøzmɑ̃ / *adv* ماهرانه، استادانه

ingénieux,euse / ɛ̃ʒenjø,øz / *adj* ۱. ماهر، وارد، کاردان ۲. خلاق، مبتکر ۳. استادانه، ماهرانه

ingéniosité / ɛ̃ʒenjozite / *nf* ۱. استادی، مهارت، زبردستی، کاردانی ۲. خلاقیت، ابتکار

ingénu,e / ɛ̃ʒeny / *adj* ۱. ساده‌دل، صاف و ساده، ساده ۲. ساده‌دلانه

ingénuité / ɛ̃ʒenɥite / *nf* ساده‌دلی، سادگی

ingénument / ɛ̃ʒenymɑ̃ / *adv* ساده‌دلانه، با سادگی

ingérence / ɛ̃ʒeʀɑ̃s / *nf* دخالت، مداخله

ingérer / ɛ̃ʒeʀe / *vt* (6) فرو دادن، خوردن

s'ingérer *vp* [ادبی] دخالت کردن، مداخله کردن

ingestion / ɛ̃ʒɛstjɔ̃ / *nf* (عمل) فرو دادن، خوردن

ingouvernable / ɛ̃guvɛʀnabl / *adj* غیرقابل رهبری، غیرقابل کنترل، مهارنشدنی

ingrat,e / ɛ̃gʀa,t / *n, adj* ۱. (آدم) ناسپاس، حق‌ناشناس، نمک‌نشناس ▣ ۲. بی‌حاصل، بی‌ثمر ۳. ناخوشایند، نازیبا، بی‌ریخت

âge ingrat سن بلوغ، نوجوانی

ingratitude / ɛ̃gʀatityd / *nf* ناسپاسی، نمک‌نشناسی، حق‌ناشناسی

ingrédient / ɛ̃gʀedjɑ̃ / *nm* ۱. جزء، جزء سازنده ــ [در جمع] ۲. ترکیبات، مواد ترکیبی

inguérissable / ɛ̃geʀisabl / *adj* لاعلاج، درمان‌ناپذیر، معالجه‌نشدنی، بی‌دوا

ingurgiter / ɛ̃gyʀʒite / *vt* (1) بلعیدن، با ولع قورت دادن

inhabitable / inabitabl / *adj* غیرقابل سکونت

inhabité,e / inabite / *adj* غیرمسکون، خالی از سکنه

inhabituel,elle

maison inhabitée خانهٔ خالی
inhabituel,elle /inabityɛl/ *adj* غیرعادی، غیرمعمول
inhalation /inalasjɔ̃/ *nf* استنشاق
inhaler /inale/ *vt* (1) استنشاق کردن
inharmonieux,euse /inaʀmɔnjø,øz/ *adj* [ادبی] ناهماهنگ
inhérent,e /ineʀɑ̃,t/ *adj* ۱. لاینفک، جدانشدنی ۲. ذاتی
inhiber /inibe/ *vt* (1) جلوگیری کردن از، مانع (کسی یا چیزی) شدن، بازداشتن از
inhibition /inibisjɔ̃/ *nf* منع، جلوگیری، بازداری
inhospitalier,ère /inɔspitalje,ɛʀ/ *adj* ۱. فاقد مهمان‌نوازی، نامهمان‌نواز ۲. نامساعد، نامناسب
inhumain,e /inymɛ̃,ɛn/ *adj* ۱. بی‌رحم، سنگدل، ظالم ۲. غیرانسانی، بی‌رحمانه، ظالمانه
inhumainement /inymɛnmɑ̃/ *adv* بی‌رحمانه، ظالمانه
inhumanité /inymanite/ *nf* بی‌رحمی، سنگدلی، شقاوت، رفتار غیرانسانی
inhumation /inymasjɔ̃/ *nf* خاک‌سپاری، تدفین
inhumer /inyme/ *vt* (1) به خاک سپردن، دفن کردن، خاک کردن
inimaginable /inimaʒinabl/ *adj* غیرقابل تصور، باورنکردنی
inimitable /inimitabl/ *adj* غیرقابل تقلید، تقلیدناپذیر
inimitié /inimite/ *nf* دشمنی، خصومت
ininflammable /inɛ̃flamabl/ *adj* نسوز، غیرقابل اشتعال، اشتعال‌ناپذیر
inintelligemment /inɛ̃teliʒamɑ̃/ *adv* ابلهانه
inintelligence /inɛ̃teliʒɑ̃s/ *nf* ۱. بی‌عقلی، ابلهی، کودنی ۲. عدم درک

inintelligent,e /inɛ̃teliʒɑ̃,t/ *adj* بی‌عقل، بی‌هوش، کودن، ابله
inintelligibilité /inɛ̃teliʒibilite/ *nf* نامفهوم بودن، پیچیدگی
inintelligible /inɛ̃teliʒibl/ *adj* نامفهوم، غیرقابل فهم
inintelligiblement /inɛ̃teliʒibləmɑ̃/ *adv* به طور نامفهومی، نامفهوم
inintéressant,e /inɛ̃teʀɛsɑ̃,t/ *adj* بدون جاذبه، فاقد گیرایی، نچسب
ininterrompu,e /inɛ̃tɛʀɔ̃py/ *adj* پیوسته، پیاپی، بی‌وقفه، مداوم، یکریز
inique /inik/ *adj* ۱. ناعادل، ظالم ۲. غیرمنصفانه، ظالمانه
iniquement /inikmɑ̃/ *adv* [ادبی] ناعادلانه، غیرمنصفانه، ظالمانه
iniquité /inikite/ *nf* بی‌عدالتی، بی‌انصافی، ظلم
initial,e¹,aux /inisjal,o/ *adj* ۱. نخستین، اولیه، مقدماتی ۲. آغازی، آغازین
initiale² /inisjal/ *nf* حرف اول اسم
initialement /inisjalmɑ̃/ *adv* (در) ابتدا، در آغاز، نخست
initiateur,trice /inisjatœʀ,tʀis/ *adj, n* آغازگر، بدعت‌گذار
initiation /inisjasjɔ̃/ *nf* ۱. آشنایی (مقدماتی) ۲. [سیاست، تجارت، ...] آشنایی با راه و رسم ۳. [جامعه‌شناسی] پاگشایی، پذیرش
initiatique /inisjatik/ *adj* [جامعه‌شناسی] (مربوط به) پاگشایی، پذیرش
initiative /inisjativ/ *nf* ۱. ابتکار ۲. قوهٔ ابتکار ۳. ابتکار عمل
avoir l'esprit d'initiative ابتکار داشتن، مبتکر بودن
initié,e /inisje/ *adj* آشنا، وارد، آشنا (به راه و رسم)
initier /inisje/ *vt* (7) ۱. (به عضویت) پذیرفتن ۲. (با مقدمات) آشنا کردن

477 in-octavo

innocemment / inɔsamɑ̃ / *adv* معصومانه، ساده‌دلانه

innocence / inɔsɑ̃s / *nf* ۱. بی‌گناهی ۲. معصومیت، پاکی ۳. سادگی، ساده‌دلی ۴. بی‌زیانی، بی‌ضرر بودن، بی‌خطر بودن

innocent,e / inɔsɑ̃,t / *n, adj* ۱. بی‌گناه ۲. (آدم) معصوم، پاک ۳. ساده‌دل، ساده ◙ ۴. معصومانه ۵. بی‌ضرر ۶. غیرمغرضانه، بدون غرض

innocenter / inɔsɑ̃te / *vt* (1) تبرئه کردن

innocuité / inɔkɥite / *nf* بی‌زیانی، بی‌ضرر بودن

innomable / inɔmabl / *adj* ۱. غیرقابل وصف، نگفتنی، بسیار زشت ۲. گند

innombrable / inɔ̃bʀabl / *adj* بی‌شمار، کثیر، متعدد

innomé,e / inɔme / *adj* نامگذاری‌نشده، بی‌نام، بدون اسم

innovateur,trice / inɔvatœʀ,tʀis / *adj, n* نوآور، مبتکر، مبدع، بدعت‌گذار

innovation / inɔvasjɔ̃ / *nf* نوآوری، ابداع

innover / inɔve / *vi, vt* (1) نوآوری کردن، بدعت گذاشتن، ابداع کردن

inobservable / inɔpsɛʀvabl / *adj* غیرقابل مشاهده

inobservance / inɔpsɛʀvɑ̃s / *nf* [ادبی] عدم رعایت، تخطی

inobservation / inɔpsɛʀvasjɔ̃ / *nf* [ادبی یا حقوقی] عدم رعایت، تخطی

inobservé,e / inɔpsɛʀve / *adj* [ادبی یا حقوقی] رعایت‌نشده

inoccupation / inɔkypasjɔ̃ / *nf* [ادبی] بیکاری، عدم اشتغال

inoccupé,e / inɔkype / *adj* ۱. [خانه، صندلی، ...] خالی ۲. بیکار ۳. بلاتصدی

in-octavo / inɔkavo / *adj. inv, nm. inv*

s'initier *vp* (با مقدمات) آشنا شدن

injectable / ɛ̃ʒɛktabl / *adj* قابل تزریق، تزریقی

injecté,e / ɛ̃ʒɛkte / *adj* برافروخته

injecté de sang پُرخون، خون‌گرفته

injecter / ɛ̃ʒɛkte / *vt* (1) تزریق کردن، زدن

injection / ɛ̃ʒɛksjɔ̃ / *nf* تزریق

injonction / ɛ̃ʒɔ̃ksjɔ̃ / *nf* حکم، دستور

injure / ɛ̃ʒyʀ / *nf* ۱. دشنام، ناسزا، فحش ۲. توهین، اهانت

injurier / ɛ̃ʒyʀje / *vt* (7) ۱. دشنام دادن، فحش دادن، ناسزا گفتن ۲. توهین کردن به، اهانت کردن به

injurieusement / ɛ̃ʒyʀjøzmɑ̃ / *adv* به طرز توهین‌آمیزی، به طرز زننده‌ای

injurieux,euse / ɛ̃ʒyʀjø,øz / *adj* توهین‌آمیز، برخورنده

injuste / ɛ̃ʒyst / *adj* ۱. بی‌انصاف ۲. ناعادلانه، غیرعادلانه، غیرمنصفانه ۳. ناحق، ناروا

injustement / ɛ̃ʒystəmɑ̃ / *adv* ۱. ناعادلانه، به طرز غیرعادلانه‌ای، غیرمنصفانه ۲. به ناحق، ناحق و ناروا

injustice / ɛ̃ʒystis / *nf* ۱. بی‌عدالتی، بیداد، بیدادگری، ظلم ۲. بی‌انصافی ۳. حق‌کُشی

Il est victime d'une injustice.
او قربانی یک بی‌عدالتی است.

injustifiable / ɛ̃ʒystifjabl / *adj* ناموجه، غیرقابل توجیه، نابجا، نابخشودنی

injustifié,e / ɛ̃ʒystifje / *adj* ناموجه، ناروا، ناحق، بی‌دلیل، بی‌مورد

inlassable / ɛ̃lasabl / *adj* خستگی‌ناپذیر

inlassablement / ɛ̃lasabləmɑ̃ / *adv* به طور خستگی‌ناپذیری، بدون خستگی

inné,e / ine / *adj* ذاتی، فطری، مادرزادی

innéité / ineite / *nf* ذاتی بودن

a = bas, plat e = blé, jouer ɛ = lait, jouet, merci i = il, lyre o = mot, dôme, eau, gauche ɔ = mort
u = roue y = rue ø = peu œ = peur ə = le, premier ɑ̃ = sans, vent ɛ̃ = matin, plein, lundi
ɔ̃ = bon, ombre ʃ = chat, tache ʒ = je, gilet j = yeux, paille, pied w = oui, nouer ɥ = huile, lui

۱. [قطع کتاب] وزیری ◙ ۲. قطع وزیری ۳. کتاب قطعِ وزیری

inoculation /inɔkylasjɔ̃/ *nf* تلقیح، مایه‌کوبی

inoculer /inɔkyle/ *vt* (1) ۱. تلقیح کردن، مایه‌کوبی کردن ۲. سرایت دادن، انتقال دادن

inodore /inɔdɔʀ/ *adj* بی‌بو

inoffensif,ive /inɔfɑ̃sif,iv/ *adj* ۱. بی‌آزار ۲. بی‌ضرر، بی‌زیان ۳. غیرمغرضانه، بدون غرض

inondable /inɔ̃dabl/ *adj* آبگیر

inondation /inɔ̃dasjɔ̃/ *nf* ۱. طغیان (آب) ۲. سیل ۳. آب‌گرفتگی ۴. [مجازی] سیل، هجوم

inonder /inɔ̃de/ *vt* (1) ۱. پر از آب کردن، غرق در آب کردن، (به) زیر آب بردن ۲. خیس کردن ۳. هجوم بردن، مثل سیل ریختن ۴. پر کردن ۵. فرا گرفتن

inonder un pays des produits étrangers کشوری را از کالاهای خارجی پُر کردن

La cuisine est inondée. آب آشپزخانه را فرا گرفت.

La joie l'inondait. ذوق‌زده شد. غرق در شادی شد.

inopérable /inɔpeʀabl/ *adj* غیرقابل جراحی، غیرقابل عمل

inopérant,e /inɔpeʀɑ̃,t/ *adj* ۱. بی‌اثر ۲. بی‌حاصل، بی‌ثمر، بی‌فایده

inopiné,e /inɔpine/ *adj* غیرمنتظره، غیرمترقبه، ناگهانی

inopinément /inɔpinemɑ̃/ *adv* به طور غیرمنتظره‌ای، به طور ناگهانی، یکدفعه

inpportun,e /inɔpɔʀtɛ̃,yn/ *adj* بی‌موقع، بدموقع، نابجا، نابهنگام

inopportunément /inɔpɔʀtynemɑ̃/ *adv* بی‌موقع، بدموقع

inopportunité /inɔpɔʀtynite/ *nf* نابجایی، بی‌موقع بودن

inorganique /inɔʀganik/ *adj* ۱. غیرآلی، معدنی ۲. ناسازمند، غیرطبیعی

inoubliable /inublijabl/ *adj* فراموش‌نشدنی، به‌یادماندنی

inouï,e /inwi/ *adj* ۱. نشنیده ۲. باورنکردنی، عجیب، فوق‌العاده ۳. بی‌سابقه

inoxydable /inɔksidabl/ *adj* ضدزنگ، زنگ‌نزن

in petto /inpeto/ *loc. adv* در دل، در باطن

inqualifiable /ɛ̃kalifjabl/ *adj* غیرقابل وصف، وصف‌ناشدنی، وصف‌ناپذیر

in-quarto /inkwaʀto/ *nm. inv* ۱. [قطع کتاب] رحلی ◙ ۲. قطع رحلی ۳. کتاب قطعِ رحلی

inquiet,ète /ɛ̃kjɛ,ɛt/ *adj* نگران، مضطرب، دلواپس، پریشان

inquiétant,e /ɛ̃kjetɑ̃,t/ *adj* نگران‌کننده، مایهٔ نگرانی، اضطراب‌آور

inquiéter /ɛ̃kjete/ *vt* (6) ۱. نگران کردن، مضطرب کردن، دلواپس کردن ۲. آرامش (کسی یا جایی را) بر هم زدن، مزاحمت ایجاد کردن برایِ

s'inquiéter *vp* ۱. نگران بودن، نگران شدن، مضطرب شدن، دلواپس بودن ۲. در فکر (کسی یا چیزی) بودن، غصهٔ (کسی یا چیزی را) خوردن

inquiétude /ɛ̃kjetyd/ *nf* نگرانی، اضطراب، دلواپسی، تشویش، پریشانی‌خاطر

inquisiteur[1] /ɛ̃kizitœʀ/ *nm* مستنطق دادگاه تفتیش عقاید

inquisiteur[2],trice /ɛ̃kizitœʀ,tʀis/ *adj* حاکی از بازجویی، بازجویانه

inquisition[1] /ɛ̃kizisjɔ̃/ *nf* بازجویی، تفتیش، تجسس

Inquisition[2] (l') /lɛ̃kizisjɔ̃/ *nf* (دادگاه) تفتیش عقاید

inquisitorial,e,aux /ɛ̃kizitɔʀjal,o/ *adj* ۱. (مربوط به) تفتیش عقاید ۲. (مربوط به) تفتیش، بازجویانه

inracontable /ɛ̃Rakɔ̃tabl/ *adj*
حکایت‌نکردنی، نگفتنی، بازگونکردنی
insaisissable /ɛ̃sezisabl/ *adj*
۱. به‌دام‌نیافتادنی، گریزپا ۲. [حقوقی] غیرقابل مصادره، غیرقابل ضبط، غیرقابل توقیف ۳. نامحسوس
nuance insaisissable تفاوت نامحسوس
un ennemi insaisissable دشمنی که به دام نمی‌افتد
insalissable /ɛ̃salisabl/ *adj* کثیف‌نشدنی
insalubre /ɛ̃salybʀ/ *adj* ناسالم، آلوده، کثیف
insalubrité /ɛ̃salybʀite/ *nf* ناسالمی، آلودگی، کثیفی
insane /ɛ̃san/ *adj* [ادبی] نامعقول، غیرمنطقی، جنون‌آمیز، ابلهانه
insanité /ɛ̃sanite/ *nf* ۱. بی‌عقلی، دیوانگی، حماقت ۲. پرت و پلا، چرت و پرت، چرندیات
insatiable /ɛ̃sasjabl/ *adj* ۱. سیری‌ناپذیر ۲. ارضانشدنی
insatisfaction /ɛ̃satisfaksjɔ̃/ *nf* نارضایی، ناخشنودی، ناخرسندی
insatisfait,e /ɛ̃satisfɛ,t/ *adj* ۱. ناراضی، ناخشنود، ناخرسند ۲. ارضانشده
inscription /ɛ̃skʀipsjɔ̃/ *nf* ۱. نوشته ۲. کتیبه، سنگ‌نبشته ۳. ثبت، نوشتن ۴. ثبت‌نام، نام‌نویسی
inscrire /ɛ̃skʀiʀ/ *vt* (39) ۱. ثبت کردن، نوشتن ۲. کندن، حک کردن ۳. نام‌نویسی کردن، ثبت‌نام کردن، اسم (کسی را) نوشتن ۴. [هندسه] محاط کردن
s'inscrire *vp* ۱. نام‌نویسی کردن، ثبت‌نام کردن، اسم خود را نوشتن ۲. جای گرفتن، گنجانده شدن ۳. [هندسه] محاط شدن
inscrit,e /ɛ̃skʀi,t/ *n, part. passé* ۱. ثبت‌نام‌شده

۲. [هندسه] محاطی ▫ ۳. [اسم مفعول فعلِ inscrire]
insécable /ɛ̃sekabl/ *adj* تقسیم‌نشدنی، غیرقابل تقسیم، غیرقابل تجزیه
insecte /ɛ̃sɛkt/ *nm* حشره
insecticide /ɛ̃sɛktisid/ *adj, nm* حشره‌کش
insectivore /ɛ̃sɛktivɔʀ/ *adj, nm* حشره‌خوار
insécurité /ɛ̃sekyʀite/ *nf* ناامنی، ناایمنی، عدم امنیت
insémination /ɛ̃seminasjɔ̃/ *nf* تلقیح
insensé,e /ɛ̃sɑ̃se/ *adj, n* ۱. نامعقول، احمقانه ▫ ۲. [قدیمی] دیوانه
insensibilisation /ɛ̃sɑ̃sibilizasjɔ̃/ *nf* ۱. (عمل) بیحس کردن ۲. (عمل) بیهوش کردن ۳. بیحسی ۴. بیهوشی
insensibiliser /ɛ̃sɑ̃sibilize/ *vt* (1) ۱. بیحس کردن ۲. بیهوش کردن
insensibilité /ɛ̃sɑ̃sibilite/ *nf* ۱. بی‌حسی ۲. بیهوشی ۳. بی‌احساسی، بی‌تفاوتی، سردی
insensible /ɛ̃sɑ̃sibl/ *adj* ۱. بیحس ۲. بی‌احساس، بی‌تفاوت، سرد ۳. نامحسوس، تدریجی
insensiblement /ɛ̃sɑ̃sibləmɑ̃/ *adv* به طور نامحسوسی، به تدریج، کم‌کم
inséparable /ɛ̃sepaʀabl/ *adj, n* ۱. جدانشدنی، لاینفک، پیوسته ۲. همیشگی ▫ ۳. دوست همیشگی، دوست جانی
inséparablement /ɛ̃sepaʀabləmɑ̃/ *adv* به طرزی جدانشدنی
insérer /ɛ̃seʀe/ *vt* (6) ۱. گنجاندن، جا دادن، گذاشتن ۲. درج کردن
s'insérer *vp* جای گرفتن، قرار داشتن، چسبیدن
insertion /ɛ̃sɛʀsjɔ̃/ *nf* ۱. الحاق، گنجاندن، جا دادن ۲. درج ۳. اتصال
insidieusement /ɛ̃sidjøzmɑ̃/ *adv* حیله‌گرانه، با حیله

insidieux, euse / ɛ̃sidiø,øz / adj
۱. گول‌زننده، فریبنده، خدعه‌آمیز ۲. [ادبی] مکار، حیله‌گر
maladie insidieuse
بیماری موذی
insigne¹ / ɛ̃siɲ / adj
قابل توجه، قابل ملاحظه، مهم
insigne² / ɛ̃siɲ / nm
۱. آرم ۲. نشان
insignifiance / ɛ̃siɲifjɑ̃s / nf
۱. بی‌اهمیتی ۲. ناچیزی
insignifiant, e / ɛ̃siɲifjɑ̃,t / adj
۱. کم‌اهمیت، بی‌اهمیت، بی‌ارزش ۲. ناچیز، جزئی، کم، ناقابل
insincérité / ɛ̃sɛ̃seʀite / nf [ادبی]
عدم صداقت، ریاکاری، غل و غش
insinuant, e / ɛ̃sinɥɑ̃,t / adj
۱. زبان‌باز، متملق ۲. فریبنده، گول‌زننده، خدعه‌آمیز
insinuation / ɛ̃sinɥasjɔ̃ / nf
اشاره، کنایه، القا
insinuer / ɛ̃sinɥe / vt (1)
اشاره کردن، به اشاره فهماندن، حالی کردن، تلویحاً گفتن
Qu'est-ce que vous insinuez?
چه می‌خواهید بگویید؟ منظورتان چیست؟
s'insinuer vp
۱. رخنه کردن ۲. خود را جا کردن، جای خود را باز کردن
insipide / ɛ̃sipid / adj
۱. بی‌مزه ۲. بی‌نمک، نچسب، بی‌حال، خنک
insipidité / ɛ̃sipidite / nf
۱. بی‌مزگی ۲. بی‌نمکی، خنکی، بی‌حالی
insistance / ɛ̃sistɑ̃s / nf
۱. پافشاری، اصرار، سماجت ۲. تأکید
insistant, e / ɛ̃sistɑ̃,t / adj
۱. مُصِر ۲. مُصرانه
insister / ɛ̃siste / vi (1)
۱. پافشاری کردن، اصرار کردن، اصرار داشتن، مُصر بودن، سماجت کردن ۲. تأکید کردن، تکیه کـردن ۳. [خودمانی] پشتکار به خرج دادن، ادامه دادن
in situ / insity / loc. adv
در محیط طبیعی خود
insolation / ɛ̃sɔlasjɔ̃ / nf
۱. (عمل) در معرض آفتاب قرار دادن، در آفتاب گذاشتن ۲. (عمل)

آفتـاب گرفتن ۳. آفتـاب‌زدگی ۴. آفتـاب
insolemment / ɛ̃sɔlamɑ̃ / adv
۱. وقیحانه، بی‌شرمانه، گستاخانه، با پررویی ۲. به طرزی زننده
insolence / ɛ̃sɔlɑ̃s / nf
۱. وقاحت، بی‌شرمی، پررویی، گستاخی ۲. اهانت، توهین ۳. تکبر، نخوت
insolent, e / ɛ̃sɔlɑ̃,t / adj
۱. وقیح، بی‌شرم، پررو، گستاخ ۲. وقیحانه، بی‌شرمانه، گستاخانه ۳. متکبر ۴. متکبرانه ۵. زننده
insolite / ɛ̃sɔlit / adj
غیرعادی، عجیب
insoluble / ɛ̃sɔlybl / adj
۱. حل‌نشدنی، نامحلول ۲. لاینحل، ناگشودنی
insolvabilité / ɛ̃sɔlvabilite / nf [حقوقی]
عجز در پرداخت دین
insolvable / ɛ̃sɔlvabl / adj
عاجز از پرداخت دین
insomniaque / ɛ̃sɔmnjak / adj, n
بی‌خواب، مبتلا به بی‌خوابی
insomnie / ɛ̃sɔmni / nf
بی‌خوابی
insomnieux, euse / ɛ̃sɔmnjø,øz / adj, n
→ insomniaque
insondable / ɛ̃sɔ̃dabl / adj
۱. فوق‌العاده عمیق، بی‌انتها ۲. غیرقابل فهم، پی‌نبردنی، دست‌نیافتنی ۳. [مجازی] عمیق، بی‌انتها
insonore / ɛ̃sɔnɔʀ / adj
۱. بی‌صدا ۲. صداگیر
insonorisation / ɛ̃sɔnɔʀizasjɔ̃ / nf
صداگیری
insonoriser / ɛ̃sɔnɔʀize / vt (1)
صداگیری کردن
insouciance / ɛ̃susjɑ̃s / nf
بی‌قیدی، بی‌خیالی
insouciant, e / ɛ̃susjɑ̃,t / adj
۱. بی‌قید، بی‌خیال، بی‌غم ۲. بی‌توجه، بی‌اعتنا
insoucieux, euse / ɛ̃susjø,øz / adj
۱. [ادبی] بی‌خیال ۲. بی‌توجه، بی‌اعتنا
insoumis¹, e / ɛ̃sumi,z / adj
۱. نافرمان، سرکش، متمرد، یاغی ۲. [سرباز] غایب (از خدمت)
insoumis² / ɛ̃sumi / nm
[سرباز] غایب (از خدمت)

insoumission / ɛ̃sumisjɔ̃ / *nf* ۱. نافرمانی، سرکشی، تمرد ۲. [سربازی] غیبت (از خدمت)

insoupçonnable / ɛ̃supsɔnabl / *adj* ۱. مبرا از بدگمانی ۲. غیرقابل تردید

insoupçonné,e / ɛ̃supsɔne / *adj* غیرقابل تصور، ناشناخته

insoutenable / ɛ̃sutnabl / *adj* ۱. غیرقابل دفاع، غیرقابل قبول ۲. غیرقابل تحمل

inspecter / ɛ̃spɛkte / *vt* (1) ۱. بازرسی کردن ۲. بررسی کردن، وارسی کردن، بازدید کردن

inspecteur,trice / ɛ̃spɛktœʀ,tʀis / *n* بازرس

inspection / ɛ̃spɛksjɔ̃ / *nf* ۱. بازرسی ۲. بازرسان ۳. بررسی، وارسی

inspirant,e / ɛ̃spiʀɑ̃,t / *adj* الهام‌بخش

inspirateur,trice / ɛ̃spiʀatœʀ,tʀis / *n, adj* ۱. محرک، مسبب، بانی، عامل ۲. [نادر] الهام‌بخش ◙ ۳. (مربوط به) دَم، تنفسی

inspiration / ɛ̃spiʀasjɔ̃ / *nf* ۱. دَم ۲. الهام ۳. وحی ۴. تحریک، ترغیب، تشویق ۵. فکر بکر

inspiré,e / ɛ̃spiʀe / *adj, n* ۱. الهام‌گرفته، مُلهم ۲. صاحب وحی

Il a été bien inspiré de... فکر خوبی کرد (که) ...

inspirer / ɛ̃spiʀe / *vt, vi* (1) ۱. الهام بخشیدن ۲. القا کردن ۳. ایجاد کردن، برانگیختن ۴. وحی کردن ◙ ۵. دَم فرو بردن، نفس کشیدن

s'inspirer *vp* ۱. الهام گرفتن ۲. سرمشق گرفتن، الگو گرفتن

instabilité / ɛ̃stabilite / *nf* ۱. ناپایداری، نااستواری، بی‌ثباتی، تزلزل ۲. آوارگی ۳. [شیمی] ناپایداری

instable / ɛ̃stabl / *adj* ۱. ناپایدار، نااستوار، بی‌ثبات، متزلزل ۲. متغیر ۳. لَق ۴. دمدمی ۵. نامتعادل ۶. [مادهٔ شیمیایی] ناپایدار

installateur / ɛ̃stalatœʀ / *nm* متصدی نصب، نصب‌کننده

installation / ɛ̃stalasjɔ̃ / *nf* ۱. انتصاب ۲. استقرار، اسکان ۳. نصب، کارگذاری ۴. تأسیسات

Comment s'est passé votre installation? چطور در منزل جدیدتان مستقر شدید؟

installations sanitaires تأسیسات بهداشتی

installer / ɛ̃stale / *vt* (1) ۱. منصوب کردن ۲. مستقر کردن ۳. قرار دادن، گذاشتن ۴. کار گذاشتن، نصب کردن

s'installer *vp* ۱. مستقر شدن، اقامت کردن ۲. جای گرفتن

instamment / ɛ̃stamɑ̃ / *adv* مُصرانه، مُصراً، با اصرار

instance / ɛ̃stɑ̃s / *nf* ۱. تمنا، درخواست ۲. اصرار، پافشاری ۳. اقامهٔ دعوا، رسیدگی قضایی

instant[1],e / ɛ̃stɑ̃,t / *adj* ۱. [ادبی] مُصرانه ۲. ضروری، مبرم

instant[2] / ɛ̃stɑ̃ / *nm* لحظه، دَم، آن

à chaque/tout instant هر لحظه، هر دم، مدام، دمادم، پیوسته، پیاپی

à/dans l'instant الان، فوری، فوراً، بلافاصله

dans un instant زود، فوراً

Un instant! کمی صبر کنید! یک لحظه صبر کن!

instantané,e / ɛ̃stɑ̃tane / *adj* ۱. آنی، فوری ۲. لحظه‌ای

instantanéité / ɛ̃stɑ̃taneite / *nf* جنبهٔ آنی، آنی بودن

instantanément / ɛ̃stɑ̃tanemɑ̃ / *adv* آناً، فوراً، بلافاصله، همان دم

instar de (à l') / alɛ̃staʀd / *loc. prép* مثلِ، مانندِ، به شیوهٔ

instaurateur,trice / ɛ̃stɔʀatœʀ,tʀis / *n* [ادبی] بنیانگذار، پایه‌گذار، بانی

instauration / ɛ̃stɔʀasjɔ̃ / *nf* ۱. تأسیس، پایه‌گذاری ۲. برقراری، ایجاد

instaurer / ɛ̃stɔʀe / *vt* (1) ۱. تأسیس کردن، بنیاد نهادن، بنا نهادن ۲. برقرار کردن، ایجاد کردن

instigateur,trice / ɛ̃stigatœʀ,tʀis / *n* محرک، بانی، مسبب، عامل

instigation / ɛ̃stigasjɔ̃ / *nf* تحریک، ترغیب

instiguer / ɛ̃stige / *vt* (1) تحریک کردن، وادار کردن

instillation / ɛ̃stilasjɔ̃ / *nf* (عمل) چکاندن، قطره‌قطره ریختن

instiller / ɛ̃stile / *vt* (1) چکاندن، قطره‌قطره ریختن

instinct / ɛ̃stɛ̃ / *nm* ۱. غریزه ۲. میل ۳. استعداد ۴. شم

d'instinct ۱. به طور غریزی ۲. به طور غیرارادی

instinctif,ive / ɛ̃stɛ̃ktif,iv / *adj* غریزی

instinctivement / ɛ̃stɛ̃ktivmɑ̃ / *adv* ۱. به طور غریزی، از روی غریزه ۲. به طور غیرارادی

instinctuel,elle / ɛ̃stɛ̃ktɥɛl / *adj* غریزی

instituer / ɛ̃stitɥe / *vt* (1) ۱. تأسیس کردن، بنیاد نهادن ۲. ایجاد کردن، تشکیل دادن ۳. برپا کردن ۴. [مذهب کاتولیک] منصوب کردن

instituer héritier [حقوقی] وارث تعیین کردن

institut / ɛ̃stity / *nm* ۱. مؤسسه ۲. انجمن

instituteur,trice / ɛ̃stitytœʀ,tʀis / *n* آموزگار (دبستان)، معلم

institution / ɛ̃stitysjɔ̃ / *nf* ۱. تأسیس، پایه‌گذاری ۲. ایجاد، تشکیل ۳. آموزشگاه، مؤسسه ۴. نهاد

institutionnalisation / ɛ̃stitysjɔnalizasjɔ̃ / *nf* (عمل) نهادی کردن

institutionnaliser / ɛ̃stitysjɔnalize / *vt* (1) نهادی کردن

institutionnel,elle / ɛ̃stitysjɔnɛl / *adj* نهادی

instructeur / ɛ̃stʀyktœʀ / *nm, adj. m* ۱. مربی، معلم ۲. [ارتش] مربی آموزشی

juge instructeur [حقوقی] بازپرس

instructif,ive / ɛ̃stʀyktif,iv / *adj* ۱. آموزنده ۲. آموزشی

instruction / ɛ̃stʀyksjɔ̃ / *nf* ۱. آموزش، تعلیم ۲. معلومات ۳. دستور، دستورالعمل ۴. رهنمود ۵. تحقیق، بازپرسی

juge d'instruction [حقوقی] بازپرس

instruire / ɛ̃stʀɥiʀ / *vt* (38) ۱. یاد دادن، آموختن ۲. تعلیم دادن ۳. آگاه کردن، باخبر کردن، گفتن ۴. [حقوقی] تحقیق کردن، رسیدگی کردن

s'instruire *vp* . آموختن ۲. باخبر شدن، مطلع شدن، آگاهی یافتن

instruit,e / ɛ̃stʀɥi,t / *adj* باسواد، درس‌خوانده

instrument / ɛ̃stʀymɑ̃ / *nm* . وسیله، آلت، ابزار ۲. دستگاه ۳. [حقوقی] سند (معتبر)

instrument (de musique) ساز، آلت موسیقی

instruments de chirurgie لوازم جراحی، وسایل جراحی

instrumental,e,aux / ɛ̃stʀymɑ̃tal,o / *adj* . سازی، (مربوط به) آلات موسیقی ۲. ابزاری

instrumentalisme / ɛ̃stʀymɑ̃talism / *nm* ابزارگرایی

instrumentation / ɛ̃stʀymɑ̃tasjɔ̃ / *nf* . سازشناسی ۲. تنظیم برای ارکستر

instrumenter / ɛ̃stʀymɑ̃te / *vi, vt* (1) . [حقوقی] سند تنظیم کردن ◘ ۲. برای ارکستر تنظیم کردن

instrumentiste / ɛ̃stʀymɑ̃tist / *n* نوازنده

insu (à l') / alɛ̃sy / *loc. prép* بی‌خبر، بدون اطلاع

insubmersible / ɛ̃sybmɛʀsibl / *adj* غرق‌نشدنی

insubordination / ɛ̃sybɔʀdinasjɔ̃ / *nf* نافرمانی، سرکشی، سرپیچی، تمرد

insubordonné,e / ɛ̃sybɔʀdɔne / *adj*
نافرمان، سرکش، متمرد
insuccès / ɛ̃syksɛ / *nm*، عدم موفقیت، شکست،
ناکامی
insuffisamment / ɛ̃syfizamɑ̃ / *adv*
به میزان ناکافی، کم
insuffisance / ɛ̃syfizɑ̃s / *nf* ۱. کمبود،
کافی نبودن، کمی ۲. نقص ۳. بی‌کفایتی، بی‌لیاقتی
۴. [پزشکی] نارسایی
insuffisance cardiaque نارسایی قلبی
insuffisant,e / ɛ̃syfizɑ̃,t / *adj* ۱. ناکافی،
نابسنده، کم، اندک ۲. بی‌کفایت، بی‌لیاقت، نالایق
insuffler / ɛ̃syfle / *vt* (1) ۱. دمیدن
۲. برانگیختن، القا کردن، دادن
insuffler du courage جرئت دادن
insulaire / ɛ̃sylɛʀ / *n, adj* ۱. جزیره‌نشین
۲. 🔲 جزیره‌ای
insuline / ɛ̃sylin / *nf* انسولین
insultant,e / ɛ̃syltɑ̃,t / *adj* توهین‌آمیز،
اهانت‌آمیز، موهن
insulte / ɛ̃sylt / *nf* ۱. دشنام، ناسزا، بد و بیراه
۲. اهانت، توهین
insulter / ɛ̃sylte / *vt* (1) ۱. دشنام دادن،
ناسزا گفتن به، بد و بیراه گفتن به ۲. اهانت کردن به،
توهین کردن
insupportable / ɛ̃sypɔʀtabl / *adj*
غیرقابل تحمل، تحمل‌ناپذیر
insurgé,e / ɛ̃syʀʒe / *adj, n* شورشی
insurger (s') / sɛ̃syʀʒe / *vp* (3) ۱. شورش
کردن، شوریدن، قیام کردن ۲. به شدت اعتراض کردن
insurnomtable / ɛ̃syʀmɔ̃tabl / *adj*
۱. برطرف‌نشدنی، رفع‌نشدنی، حل‌نشدنی، لاینحل
۲. [احساسات] سرکوب‌نشدنی، غلبه‌ناپذیر
insurrection / ɛ̃syʀɛksjɔ̃ / *nf* شورش،
بلوا، آشوب، قیام

insurrectionnel,elle / ɛ̃syʀɛksjɔnɛl / *adj*
شورشی، آشوبگرانه
intact,e / ɛ̃takt / *adj* دست‌نخورده، سالم،
صحیح و سالم
intangible / ɛ̃tɑ̃ʒibl / *adj* ۱. ناملموس
۲. غیرقابل نقض، نقض‌نشدنی
intarissable / ɛ̃taʀisabl / *adj*
۱. خشک‌نشدنی ۲. تمام‌نشدنی، بی‌پایان
intégral,e¹,aux / ɛ̃tegʀal,o / *adj*
۱. کامل، تمام ۲. [ریاضیات] اَنتگرال
intégrale² / ɛ̃tegʀal / *nf* ۱. سری کامل،
مجموعه ۲. [ریاضیات] اَنتگرال
intégralement / ɛ̃tegʀalmɑ̃ / *adv* تماماً،
کاملاً، به طور کامل
intégralité / ɛ̃tegʀalite / *nf* ۱. همه، تمام ۲. کل
intégrant,e / ɛ̃tegʀɑ̃,t / *adj, partie*
intégrante جزء اصلی، جزء سازنده، رکن
intégration / ɛ̃tegʀasjɔ̃ / *nf* ۱. الحاق،
اِدخال، جایگیری ۲. ادغام ۳. اَنتگرال‌گیری
intègre / ɛ̃tɛgʀ / *adj* ۱. درستکار، درست،
شریف ۲. شرافتمندانه
intégrer / ɛ̃tegʀe / *vt, vi* (6) ۱. تلفیق کردن،
یکی کردن ۲. ملحق کردن ۳. وارد کردن، گنجاندن
۴. ادغام کردن ۵. اَنتگرال گرفتن 🔲 ۶. [خودمانی؛
در مدارس عالی] (در آزمون ورودی) قبول شدن
s'intégrer *vp* ۱. جای گرفتن ۲. خود را جا کردن
intégrité / ɛ̃tegʀite / *nf* ۱. تمامیت،
صورت کامل ۲. درستی، درستکاری، شرافت
intellect / ɛ̃telɛkt / *nm* [ادبی] قوهٔ ادراک،
نیروی عقلانی
intellection / ɛ̃telɛksjɔ̃ / *nf* تعقل
intellectualisation / ɛ̃telɛktɥalizasjɔ̃ / *nf*
(عمل) عقلانی کردن
intellectualiser / ɛ̃telɛktɥalize / *vt* (1)
عقلانی کردن

intellectualisme / ɛ̃telɛktɥalism / *nm*
عقل‌گرایی، خِردورزی

intellectualiste / ɛ̃telɛktɥalist / *n, adj*
۱. عقل‌گرا، خِردورز ▣ ۲. عقل‌گرایانه، خِردورزانه

intellectuel,elle / ɛ̃telɛktɥɛl / *adj, n*
۱. عقلانی، فکری ▣ ۲. اندیشمند، روشنفکر، متفکر

la classe des intellectuels طبقهٔ روشنفکران

intellectuellement / ɛ̃telɛktɥɛlmɑ̃ / *adv*
از نظر عقلانی، از لحاظ فکری

intelligemment / ɛ̃teliʒamɑ̃ / *adv*
عاقلانه، هوشمندانه، زیرکانه

intelligence / ɛ̃teliʒɑ̃s / *nf* ۱. هوش
۲. درک، فهم ۳. عقل ۴. آدم باهوش، هوشمند ۵. سازش، همدستی

entretenir des intelligences avec l'ennemi
با دشمن سازش کردن، با دشمن همدست شدن

vivre en bonne intelligence avec qqn
روابط صمیمانه با کسی داشتن، با کسی تفاهم داشتن

intelligent,e / ɛ̃teliʒɑ̃,t / *adj* ۱. باهوش
۲. عاقل، فهمیده، زیرک ۳. عاقلانه، هوشمندانه، زیرکانه

intelligentsia / ɛ̃telig(dʒ)ɛnsja / *nf*
روشنفکران

intelligibilité / ɛ̃teliʒibilite / *nf*
قابل فهم بودن، وضوح، روشنی

intelligible / ɛ̃teliʒibl / *adj* قابل فهم، واضح، روشن

intelligiblement / ɛ̃teliʒibləmɑ̃ / *adv*
به طرز قابل فهمی، (به طور) واضح، به روشنی

intempérance / ɛ̃tɑ̃peʀɑ̃s / *nf* ۱. [ادبی] زیاده‌روی، افراط ۲. پرخوری، شکمبارگی ۳. کامجویی، شهوترانی

intempérant,e / ɛ̃tɑ̃peʀɑ̃,t / *adj*
۱. افراط‌کار، افراطی ۲. پرخور، شکمباره ۳. کامجو، شهوتران

intempéries / ɛ̃tɑ̃peʀi / *nf.pl* آب و هوای بد، باد و باران

intempestif,ive / ɛ̃tɑ̃pɛstif,iv / *adj* بی‌موقع، بدموقع، بیجا، نابجا

intempestivement / ɛ̃tɑ̃pɛstivmɑ̃ / *adv*
بی‌موقع، بیجا

intemporel,elle / ɛ̃tɑ̃pɔʀɛl / *adj* ۱. بی‌زمان، سَرمدی ۲. غیرمادی

intenable / ɛ̃tnabl / *adj* ۱. غیرقابل دفاع
۲. نااستوار، ناپایدار، متزلزل ۳. غیرقابل تحمل، تحمل‌ناپذیر

intendance / ɛ̃tɑ̃dɑ̃s / *nf* ۱. کارپردازی
۲. تدارکات، سررشته‌داری ۳. پیشکاری

intendant,e / ɛ̃tɑ̃dɑ̃,t / *n* ۱. کارپرداز
۲. مأمور تدارکات ۳. پیشکار، مباشر

intense / ɛ̃tɑ̃s / *adj* ۱. شدید، تند ۲. سخت

intensément / ɛ̃tɑ̃semɑ̃ / *adv* ۱. به شدت
۲. با تندی

intensif,ive / ɛ̃tɑ̃sif,iv / *adj* ۱. فشرده
۲. متمرکز ۳. [دستور زبان] تأکیدی

intensification / ɛ̃tɑ̃sifikasjɔ̃ / *nf* ۱. تشدید
۲. افزایش

intensifier / ɛ̃tɑ̃sifje / *vt* (7) ۱. تشدید کردن، شدت بخشیدن ۲. افزایش دادن، بیشتر کردن

s'intensifier *vp* ۱. تشدید شدن، شدت یافتن
۲. افزایش یافتن، بیشتر شدن

intensité / ɛ̃tɑ̃site / *nf* ۱. شدت ۲. تندی

intenter / ɛ̃tɑ̃te / *vt* (1) اقامهٔ دعوا کردن

intention / ɛ̃tɑ̃sjɔ̃ / *nf* قصد، نیت، منظور، هدف

à l'intention de به خاطرِ، برایِ

avoir l'intention de قصد داشتن، خواستن

dans l'intention de به منظورِ، به قصدِ، برایِ

intentionné,e / ɛ̃tɑ̃sjɔne / *adj,*

bien intentionné ۱. خیرخواه، با حسن نیت ۲. خیرخواهانه، از روی حسن نیت

mal intentionné ۱. بدخواه، مغرض
۲. بدخواهانه، مغرضانه، از روی بدخواهی

intentionnel,elle / ɛ̃tɑ̃sjɔnɛl / *adj* عمدی، از روی قصد

intentionnellement /ɛ̃tɑ̃sjɔnɛlmɑ̃/ *adv*
عمداً، از عمد، از قصد

inter /ɛ̃tɛʀ/ *nm* → interurbain

interaction /ɛ̃tɛʀaksjɔ̃/ *nf*
کنش متقابل، تأثیر متقابل

interarmées /ɛ̃tɛʀaʀme/ *adj. inv* (مربوط به) قوای سه گانه (ارتش)

état-major interarmées ستاد مشترک (قوای سه گانه)

interastral,e,aux /ɛ̃tɛʀastʀal,o/ *adj*
میان‌ستاره‌ای، بین ستارگان

intercalaire /ɛ̃tɛʀkalɛʀ/ *adj* افزوده، الحاقی

intercalation /ɛ̃tɛʀkalasjɔ̃/ *nf* الحاق، گنجاندن

intercaler /ɛ̃tɛʀkale/ *vt* (1) گنجاندن، جا دادن، ملحق کردن، افزودن

intercéder /ɛ̃tɛʀsede/ *vi* (6) شفاعت کردن، واسطه شدن، وساطت کردن

intercellulaire /ɛ̃tɛʀselylɛʀ/ *adj*
بین‌یاخته‌ای، میان‌سلولی

intercepter /ɛ̃tɛʀsɛpte/ *vt* (1)
۱. دست یافتن به، گرفتن ۲. جلوی (چیزی را) گرفتن ۳. راه بستن بر ۴. [ارتش] رهگیری کردن

intercepteur /ɛ̃tɛʀsɛptœʀ/ *nm*
هواپیمای رهگیر

interception /ɛ̃tɛʀsɛpsjɔ̃/ *nf* ۱. دستیابی ۲. [ارتش] رهگیری

intercesseur /ɛ̃tɛʀsesœʀ/ *nm*
شفاعت‌کننده، واسطه

interchangeabilité /ɛ̃tɛʀʃɑ̃ʒabilite/ *nf*
قابلیت تعویض، قابل تعویض بودن

interchangeable /ɛ̃tɛʀʃɑ̃ʒabl/ *adj*
قابل تعویض، تعویض‌شدنی

interclasse /ɛ̃tɛʀklas/ *nm* بین دو کلاس (درس)

intercontinental,e,aux /ɛ̃tɛʀkɔ̃tinɑ̃tal,o/ *adj* ۱. بین‌قاره‌ای ۲. قاره‌پیما

intercostal,e,aux /ɛ̃tɛʀkɔstal,o/ *adj*
بین‌دنده‌ای، بین دنده‌ها

intercurrent,e /ɛ̃tɛʀkyʀɑ̃,t/ *adj* تداخلی

interdépendance /ɛ̃tɛʀdepɑ̃dɑ̃s/ *nf*
وابستگی متقابل، وابستگی (به هم)

interdépendant,e /ɛ̃tɛʀdepɑ̃dɑ̃,t/ *adj*
وابسته به هم

interdiction /ɛ̃tɛʀdiksjɔ̃/ *nf* ۱. منع، ممنوعیت، نهی ۲. خلع، عزل، تعلیق (از خدمت) ۳. محرومیت از حقوق قانونی

interdigital,e,aux /ɛ̃tɛʀdiʒital,o/ *adj*
بین انگشتان، میان‌انگشتی

interdire /ɛ̃tɛʀdiʀ/ *vt* (37) ۱. منع کردن، ممنوع کردن، قدغن کردن، نهی کردن ۲. جلوگیری کردن از، مانع (کسی یا چیزی) شدن ۳. عزل کردن، خلع کردن، معلق کردن ۴. از حقوق قانونی محروم کردن

Il est interdit de fumer dans la salle.
استعمال دخانیات در سالن ممنوع است. در سالن نمی‌شود سیگار کشید.

interdisciplinaire /ɛ̃tɛʀdisipliner/ *adj*
میان‌رشته‌ای

interdit¹,e /ɛ̃tɛʀdi,t/ *adj* ۱. ممنوع، قدغن ۲. معزول، مخلوع، معلق (از خدمت) ۳. محروم از حقوق قانونی ۴. مات و مبهوت، متحیر، هاج و واج

Il est resté tout interdit.
ماتش برد. هاج و واج ماند.

interdit² /ɛ̃tɛʀdi/ *nm* ۱. حکم نهی، حکم ممنوعیت ۲. طرد

intéressant,e /ɛ̃teʀesɑ̃,t/ *adj* ۱. جالب، گیرا ۲. جالب توجه، قابل توجه

intéressé,e /ɛ̃teʀese/ *adj, n* ۱. علاقه‌مند

۲. [دستور زبان] صوت ۳. [حقوقی] استیناف

interjeter / ɛ̃tɛʀʒəte / *vt* (4) [حقوقی] استیناف دادن

interligne / ɛ̃tɛʀliɲ / *nm* (فاصلهٔ) بین دو سطر

interlocuteur,trice / ɛ̃tɛʀlɔkytœʀ,tʀis / *n* مخاطب، طرف صحبت، هم‌صحبت

interlope / ɛ̃tɛʀlɔp / *adj* ۱. [تجارت وغیره] غیرقانونی ۲. [مکان و غیره] مشکوک

interloquer / ɛ̃tɛʀlɔke / *vt* (1) دستپاچه کردن، هول کردن

intermède / ɛ̃tɛʀmɛd / *nm* ۱. میان‌پرده ۲. وقفه، فاصله

intermédiaire / ɛ̃tɛʀmedjɛʀ / *adj, nm, n* ۱. میانی، وسطی، بینابین ◘ ۲. واسطه ◘ ۳. میانجی، واسطه، رابط

par l'intermédiaire de به واسطهٔ، به وسیلهٔ، از راهِ، از طریقِ

interminable / ɛ̃tɛʀminabl / *adj* پایان‌ناپذیر، بی‌پایان، تمام‌نشدنی

interminablement / ɛ̃tɛʀminabləmɑ̃ / *adv* به طورپایان‌ناپذیری، مدتی مدید، مدت‌ها

interministériel,elle / ɛ̃tɛʀministeʀjɛl / *adj* بین وزارتخانه‌ها

intermittence / ɛ̃tɛʀmitɑ̃s / *nf* تناوب

par intermittence به طور متناوب، متناوباً، به طور نامنظم

intermittent,e / ɛ̃tɛʀmitɑ̃,t / *adj* ۱. متناوب ۲. نامنظم ۳. [نور] چشمک‌زن

intermoléculaire / ɛ̃tɛʀmɔlekylɛʀ / *adj* بین‌مولکولی، میان یاخته‌ها

intermusculaire / ɛ̃tɛʀmyskylɛʀ / *adj* بین‌ماهیچه‌ای، داخل عضله

internat / ɛ̃tɛʀna / *nm* ۱. آموزش شبانه‌روزی ۲. مدرسهٔ شبانه‌روزی ۳. [پزشکی] انترنی، کارورزی، دورهٔ انترنی

international,e[1],aux / ɛ̃tɛʀnasjɔnal,o / *adj* بین‌المللی، جهانی

۲. ذی‌نفع ۳. نفع‌پرست، سودجو، طماع ۴. مصلحت‌جویانه، مغرضانه

intéressement / ɛ̃teʀɛsmɑ̃ / *nm* سهیم کردن (در سود)

intéresser / ɛ̃teʀese / *vt* (1) ۱. مربوط بودن به، ربط داشتن به ۲. مورد علاقهٔ (کسی) بودن، جالب بودن برایِ ۳. علاقه‌مند کردن، توجه (کسی را) جلب کردن ۴. سهیم کردن

s'intéresser *vp* علاقه‌مند بودن، علاقه داشتن

intérêt / ɛ̃teʀɛ / *nm* ۱. علاقه، دلبستگی ۲. اشتیاق ۳. کشش، جذبه ۴. نفع، منافع ۵. صلاح، مصلحت ۶. اهمیت ۷. بهره

interférençe / ɛ̃tɛʀfeʀɑ̃s / *nf* ۱. [فیزیک] تداخل ۲. تداخل ۳. تقارن

interféromètre / ɛ̃tɛʀfeʀɔmɛtʀ / *nm* [فیزیک] تداخل‌سنج

interfluve / ɛ̃tɛʀflyv / *nm* [جغرافیا] میاناب

intergalactique / ɛ̃tɛʀgalaktik / *adj* میان‌کهکشانی

intergroupe / ɛ̃tɛʀgʀup / *adj* میان گروه‌ها، میان‌گروهی، بین‌گروهی

intérieur[1],e / ɛ̃teʀjœʀ / *adj* ۱. درونی ۲. داخلی ۳. باطنی

intérieur[2] / ɛ̃teʀjœʀ / *nm* ۱. درون، داخل، تو ۲. داخل کشور ۳. خانه

femme d'intérieur زنِ خانه، کدبانو

Ministère de l'Intérieur وزارت کشور

intérieurement / ɛ̃teʀjœʀmɑ̃ / *adv* ۱. از درون ۲. باطناً، در دل

intérim / ɛ̃teʀim / *nm* مدت کفالت، تصدی موقت

par intérim موقت

intérimaire / ɛ̃teʀimɛʀ / *n, adj* ۱. کفیل ◘ ۲. موقت

interindividuel,elle / ɛ̃tɛʀɛ̃dividɥɛl / *adj* بین افراد، میان افراد

interjection / ɛ̃tɛʀʒɛksjɔ̃ / *nf* ۱. عبارت تعجبی

interrogatif,ive

Internationale² (l') / lɛ̃tɛʀnasjɔnal / *nf* بین‌الملل، أنترناسیونال [مارکسیسم]

internationalisation / ɛ̃tɛʀnasjɔnalizasjɔ̃ / *nf* (عمل) بین‌المللی کردن، جهانی کردن

internationaliser / ɛ̃tɛʀnasjɔnalize / *vt* (1) بین‌المللی کردن

internationalisme / ɛ̃tɛʀnasjɔnalism / *nm* ۱. جهانی‌نگری ۲. همکاری جهانی

internationaliste / ɛ̃tɛʀnasjɔnalist / *adj, n* جهانی‌نگر

internationalité / ɛ̃tɛʀnasjɔnalite / *nf* بین‌المللی بودن

interne / ɛ̃tɛʀn / *adj, n* ۱. درونی، داخلی ۲. دانش‌آموز شبانه‌روزی ۳. [پزشکی] أنترن، کارورز

internement / ɛ̃tɛʀnəmã / *nm* ۱. اقامت اجباری ۲. بازداشت، توقیف ۳. (عمل) بستری کردن (در آسایشگاه روانی)

interner / ɛ̃tɛʀne / *vt* (1) ۱. (در جایی) نگه داشتن ۲. بازداشت کردن، توقیف کردن ۳. (در آسایشگاه روانی) بستری کردن

interocéanique / ɛ̃tɛʀɔseanik / *adj* بین دو اقیانوس

interpellateur,trice / ɛ̃tɛʀpelatœʀ,tʀis / *n* ۱. خطاب‌کننده ۲. استیضاح‌کننده

interpellation / ɛ̃tɛʀpelasjɔ̃ / *nf* ۱. خطاب، پرسش ۲. استیضاح

interpeller / ɛ̃tɛʀpele / *vt* (1) ۱. خطاب کردن، پرسیدن ۲. استیضاح کردن

interphone / ɛ̃tɛʀfɔn / *nm* آیفون، تلفن داخلی

interplanétaire / ɛ̃tɛʀplaneteʀ / *adj* بین‌سیاره‌ای، بین سیارات

interpolation / ɛ̃tɛʀpɔlasjɔ̃ / *nf* ۱. تحریف ۲. (عمل) گنجاندن، افزودن ۳. افزوده

interpoler / ɛ̃tɛʀpɔle / *vt* (1) ۱. تحریف کردن ۲. گنجاندن، افزودن

interposer / ɛ̃tɛʀpoze / *vt* (1) ۱. (بین دو چیز) قرار دادن ۲. دخالت دادن، داخل کردن ۳. دخالت کردن، میانجی‌گری کردن

s'interposer *vp* پادرمیانی کردن، وساطت کردن، واسطه شدن

interposition / ɛ̃tɛʀpozisjɔ̃ / *nf* ۱. قرار داشتن (بین دو چیز) ۲. وساطت، پادرمیانی

interprétable / ɛ̃tɛʀpʀetabl / *adj* قابل تعبیر، قابل تفسیر

interprétatif,ive / ɛ̃tɛʀpʀetatif,iv / *adj* تعبیری، تفسیری، تفسیرگرانه

interprétation / ɛ̃tɛʀpʀetasjɔ̃ / *nf* ۱. تفسیر، توضیح ۲. تعبیر، برداشت ۳. [بازیگری، موسیقی، ...] اجرا

prix de la meilleure interprétation masculine
[سینما] جایزهٔ بهترین هنرپیشهٔ مرد

interprète / ɛ̃tɛʀpʀɛt / *n* ۱. مفسر، شارح ۲. مترجم شفاهی ۳. اجراکننده ۴. بازیگر

interprète des rêves خواب‌گزار

interprète polyglotte مترجم (شفاهی) چندزبانه

interpréter / ɛ̃tɛʀpʀete / *vt* (6) ۱. تفسیر کردن ۲. تعبیر کردن، برداشت کردن ۳. اجرا کردن ۴. [نقش] بازی کردن، ایفا کردن

interprofessionnel,elle / ɛ̃tɛʀpʀɔfesjɔnɛl / *adj* بین مشاغل

interrègne / ɛ̃tɛʀʀɛɲ / *nm* دورهٔ میان دو پادشاهی، (دوره) فترت

interrogateur,trice / ɛ̃tɛʀɔgatœʀ,tʀis / *adj, n* ۱. پرسش‌گرانه، کنجکاو ۲. ممتحن (شفاهی)

interrogatif,ive / ɛ̃tɛʀɔgatif,iv / *adj* ۱. پرسشی، سؤالی، استفهامی ۲. پرسش‌گر، پرسش‌گرانه

interrogation /ɛ̃teRɔgasjɔ̃/ *nf* ۱. پرسش، سؤال ۲. امتحان

interrogativement /ɛ̃teRɔgativmɑ̃/ *adv* پرسش‌گرانه

interrogatoire /ɛ̃teRɔgatwaR/ *nm* بازجویی، بازپرسی، استنطاق

interroger /ɛ̃teRɔʒe/ *vt* (3) ۱. سؤال کردن از، پرسیدن از ۲. بازجویی کردن از، بازپرسی کردن از ۳. مصاحبه کردن با ۴. بررسی کردن، مطالعه کردن

interrompre /ɛ̃teRɔ̃pR/ *vt* (41) ۱. متوقف کردن ۲. قطع کردن ۳. حرف (کسی را) قطع کردن، توی حرف (کسی) پریدن

s'interrompre *vp* ۱. (کار خود را) متوقف کردن ۲. حرف خود را قطع کردن ۳. متوقف شدن ۴. قطع شدن

interrupteur /ɛ̃teRyptœR/ *nm* کلید (برق)

interruption /ɛ̃teRypsjɔ̃/ *nf* ۱. قطع ۲. وقفه

intersection /ɛ̃tɛRsɛksjɔ̃/ *nf* ۱. تقاطع ۲. محل تقاطع، نقطهٔ تقاطع ۳. [هندسه] فصل مشترک

intersidéral,e,aux /ɛ̃tɛRsideRal,o/ *adj* بین‌ستاره‌ای، بین ستارگان

interstice /ɛ̃tɛRstis/ *nm* درز، شکاف، روزنه

interurbain[1],e /ɛ̃tɛRyRbɛ̃,ɛn/ *adj* بین‌شهری

interurbain[2] /ɛ̃tɛRyRbɛ̃/ *nm* تلفن بین‌شهری

intervalle /ɛ̃tɛRval/ *nm* فاصله

par intervalles گاه‌گاهی، گه گاه، هرازچندگاه

intervenir /ɛ̃tɛRvəniR/ *vi* (22) ۱. مداخله کردن، وساطت کردن، پادرمیانی کردن، واسطه شدن ۲. پیش آمدن، صورت گرفتن، رخ دادن ۳. نقش داشتن، دخالت داشتن

intervention /ɛ̃tɛRvɑ̃sjɔ̃/ *nf* ۱. مداخله، دخالت، وساطت، پادرمیانی ۲. (عمل) جراحی، عمل ۳. نقش، اثر، تأثیر

interventionnisme /ɛ̃tɛRvɑ̃sjɔnism/ *nm* ۱. مداخله‌گری، مداخله‌جویی ۲. (سیستم) دخالت دولت در امور اقتصادی

interventionniste /ɛ̃tɛRvɑ̃sjɔnist/ *adj* مداخله‌گرانه، مداخله‌جویانه

interversion /ɛ̃tɛRvɛRsjɔ̃/ *nf* جابجایی

intervertébral,e,aux /ɛ̃tɛRvɛRtebRal,o/ *adj* بین‌مهره‌ای، بین مهره‌ها

intervertir /ɛ̃tɛRvɛRtiR/ *vt* (2) جابجا کردن

interview /ɛ̃tɛRvju/ *nf* مصاحبه

interviewer /ɛ̃tɛRvjuve/ *vt* (1) مصاحبه کردن با

interviewer,euse /ɛ̃tɛRvjuvœR,øz/ *n* مصاحبه‌کننده، مصاحبه‌گر

intervocalique /ɛ̃tɛRvɔkalik/ *adj* [آواشناسی] میان‌واکه‌ای، بین دو مصوت

intestat /ɛ̃tɛsta/ *adj. inv, n* وصیت‌نکرده، بدون وصیت

intestin[1] /ɛ̃tɛstɛ̃/ *nm* روده

le gros intestin رودهٔ بزرگ، رودهٔ فراخ

l'intestin grêle رودهٔ باریک، رودهٔ کوچک

intestin[2],e /ɛ̃tɛstɛ̃,in/ *adj* [ادبی] داخلی، درونی

querelle intestine درگیری درونی، جدال داخلی

intestinal,e,aux /ɛ̃tɛstinal,o/ *adj* (مربوط به) روده، روده‌ای

intime /ɛ̃tim/ *adj* ۱. درونی، باطنی ۲. صمیمی، خودمانی، نزدیک ۳. خصوصی

être intime avec qqn با کسی صمیمی بودن

relations/rapports intimes ۱. روابط صمیمانه، رابطهٔ نزدیک ۲. رابطهٔ جنسی

intimé,e /ɛ̃time/ *adj, n* [حقوق] پژوهش‌خوانده

intimement /ɛ̃timmɑ̃/ *adv* ۱. باطناً، قلباً ۲. عمیقاً، کاملاً، به شدت ۳. صمیمانه، از نزدیک

intimer /ɛ̃time/ *vt* (1) ۱. دستور دادن، حکم کردن، اخطار کردن ۲. به دادگاه بالاتر احضار کردن

intimidant,e / ɛ̃timidɑ̃,t / *adj* مرعوب‌کننده، تهدیدآمیز

intimidateur,trice / ɛ̃timidatœʀ,tʀis / *adj* مرعوب‌کننده، تهدیدآمیز

intimidation / ɛ̃timidasjɔ̃ / *nf* ۱. ارعاب، ترساندن ۲. تهدید

intimider / ɛ̃timide / *vt* (1) ۱. ترساندن، تو دل (کسی را) خالی کردن، مرعوب کردن ۲. مضطرب کردن، دستپاچه کردن

intimité / ɛ̃timite / *nf* ۱. صمیمیت، نزدیکی ۲. رابطهٔ نزدیک ۳. زندگی خصوصی ۴. خلوت

intitulé / ɛ̃tityle / *nm* عنوان، اسم

intituler / ɛ̃tityle / *vt* (1) عنوان دادن، اسم گذاشتن

s'intituler *vp* ۱. عنوان داشتن، عنوانِ (چیزی) ... بودن، نام داشتن ۲. به خود عنوانِ ... دادن، خود را ... خواندن

intolérable / ɛ̃tɔleʀabl / *adj* غیرقابل تحمل، تحمل‌ناپذیر

intolérance / ɛ̃tɔleʀɑ̃s / *nf* ۱. ناشکیبایی، نابردباری ۲. تعصب، تحجر ۳. [در برابر دارو یا مواد غذایی] حساسیت

intolérant,e / ɛ̃tɔleʀɑ̃,t / *adj* ۱. ناشکیبا، نابردبار، کم‌تحمل ۲. متعصب

intonation / ɛ̃tɔnasjɔ̃ / *nf* ۱. آهنگ (جمله)، آهنگ صدا ۲. لحن صدا

intouchable / ɛ̃tuʃabl / *adj, n* ۱. مصون از تعرض ◙ ۲. نجس (= پایین‌ترین طبقهٔ اجتماعی در هند)

intoxicant,e / ɛ̃tɔksikɑ̃,t / *adj* سمی

intoxication / ɛ̃tɔksikasjɔ̃ / *nf* ۱. مسمومیت ۲. شستشوی مغزی

intoxiquer / ɛ̃tɔksike / *vt* (1) ۱. مسموم کردن ۲. شستشوی مغزی دادن

s'intoxiquer *vp* ۱. خود را مسموم کردن ۲. مسموم شدن

intracardiaque / ɛ̃tʀakaʀdjak / *adj* درون‌قلبی

intracellulaire / ɛ̃tʀaselylɛʀ / *adj* درون‌یاخته‌ای، درون‌سلولی

intracrânien,enne / ɛ̃tʀakʀanjɛ̃,ɛn / *adj* میان‌جمجمه، درون‌جمجمه‌ای

intradermique / ɛ̃tʀadɛʀmik / *adj* درون‌پوستی، داخل جلدی

intrados / ɛ̃tʀado / *nm* [معماری] درون‌قوس، قوس داخلی

intraduisible / ɛ̃tʀadɥizibl / *adj* ۱. غیرقابل ترجمه، ترجمه‌نشدنی ۲. غیرقابل بیان، غیرقابل وصف، وصف‌ناپذیر

intraitable / ɛ̃tʀɛtabl / *adj* خشک، غیرقابل انعطاف، یکدنده

intramoléculaire / ɛ̃tʀamɔlekylɛʀ / *adj* درون‌مولکولی

intramusculaire / ɛ̃tʀamyskylɛʀ / *adj* درون‌عضله‌ای، داخلِ عضله

intransigeance / ɛ̃tʀɑ̃ziʒɑ̃s / *nf* سازش‌ناپذیری، سرسختی

intransigeant,e / ɛ̃tʀɑ̃ziʒɑ̃,t / *adj* سازش‌ناپذیر، سرسخت

intransitif[1],ive / ɛ̃tʀɑ̃zitif,iv / *adj* [دستور زبان] لازم

verbe intransitif [دستور زبان] فعل لازم

intransitif[2] / ɛ̃tʀɑ̃zitif / *nm* [دستور زبان] فعل لازم

intransitivement / ɛ̃tʀɑ̃zitivmɑ̃ / *adv* [دستور زبان] به صورتِ لازم

intransportable / ɛ̃tʀɑ̃spɔʀtabl / *adj* غیرقابل حمل، غیرقابل انتقال

intranucléaire / ɛ̃tʀanykleɛʀ / *adj* درون‌هسته‌ای

intra-utérin,e / ɛ̃tʀayteʀɛ̃,in / *adj* [پزشکی] درون‌رحمی، درون‌زهدانی

intraveineux,euse / ɛ̃tʀavɛnø,øz / *adj* داخلِ‌وریدی، داخلِ رگ

intrépide / ɛ̃tʀepid / *adj* بی‌باک، نترس، جسور، متهور

intrépidement / ɛ̃tʀepidmɑ̃ / *adv* بی‌باکانه، بابی‌باکی، جسورانه، متهورانه

intrépidité / ɛ̃tʀepidite / *nf* بی‌باکی، جسارت، تهور

intrigant,e / ɛ̃tʀigɑ̃,t / *adj, n* دسیسه‌باز، توطئه‌گر، توطئه‌چین

intrigue / ɛ̃tʀig / *nf* ۱. توطئه‌چینی، توطئه، دسیسه، نقشه، دوز و کلک ۲. [داستان، نمایش، فیلم] طرح ۳. [قدیمی] رابطهٔ پنهانی (عاشقانه)

intriguer / ɛ̃tʀige / *vi, vt* (1) ۱. دسیسه کردن، توطئه چیدن، نقشه کشیدن، دوز و کلک سوار کردن ۲. کنجکاوی (کسی را) برانگیختن، به فکر فرو بردن

intrinsèque / ɛ̃tʀɛ̃sɛk / *adj* ۱. ذاتی ۲. داخلی، درونی

intrinsèquement / ɛ̃tʀɛ̃sɛkmɑ̃ / *adv* ۱. ذاتاً، فطرتاً ۲. فی‌نفسه، به خودیِ خود

introducteur,trice / ɛ̃tʀɔdyktœʀ,tʀis / *n* ۱. راهنمایی‌کننده، راهنما ۲. مبتکر، بانی

introduction / ɛ̃tʀɔdyksjɔ̃ / *nf* ۱. ورود، دخول ۲. معرفی ۳. (عمل) معمول کردن ۴. مقدمه، دیباچه

lettre d'introduction توصیه‌نامه، معرفی‌نامه

introduire / ɛ̃tʀɔdɥiʀ / *vt* (38) ۱. داخل کردن، وارد کردن ۲. به داخل راهنمایی کردن ۳. معرفی کردن ۴. معمول کردن، باب کردن، جا نداختن

s'introduire *vp* ۱. داخل شدن، وارد شدن ۲. خود را جا کردن ۳. معمول شدن، باب شدن، رسم شدن

introjection / ɛ̃tʀɔʒɛksjɔ̃ / *nf* [روان‌شناسی] درون‌فکنی

intronisation / ɛ̃tʀɔnizasjɔ̃ / *nf* تاج‌گذاری

introniser / ɛ̃tʀɔnize / *vt* (1) به تخت نشاندن، تاج بر سر (کسی) گذاشتن

introrse / ɛ̃tʀɔʀs / *adj* [گیاه‌شناسی] درون‌گشا

introspectif,ive / ɛ̃tʀɔspɛktif,iv / *adj* ۱. درون‌نگر ۲. درون‌نگرانه

introspection / ɛ̃tʀɔspɛksjɔ̃ / *nf* درون‌نگری

introuvable / ɛ̃tʀuvabl / *adj* ۱. یافت‌نشدنی، نایاب ۲. ناپیدا، گم‌شده

introversion / ɛ̃tʀɔvɛʀsjɔ̃ / *nf* درون‌گرایی

introverti,e / ɛ̃tʀɔvɛʀti / *adj, n* درون‌گرا

intrus,e / ɛ̃tʀy,z / *n* ۱. متجاوز ۲. مزاحم

intrusion / ɛ̃tʀyzjɔ̃ / *nf* ۱. تجاوز، تعدی ۲. مزاحمت

intuitif,ive / ɛ̃tɥitif,iv / *adj* ۱. شهودی، درونی، باطنی ۲. شَمّی

intuition / ɛ̃tɥisjɔ̃ / *nf* ۱. شهود ۲. شم ۳. الهام

avoir de l'intuition شم قوی داشتن

intuitionnisme / ɛ̃tɥisjɔnism / *nm* شهودگرایی

intumescence / ɛ̃tymesɑ̃s / *nf* ورم، تورم، بادکردگی

intumescent,e / ɛ̃tymesɑ̃,t / *adj* متورم، ورم‌کرده، بادکرده

inusable / inyzabl / *adj* غیرقابل استفاده، به‌دردنخور، بیخود

inusité / inyzite / *adj* [واژه و غیره] نامتداول، نادر

inutile / inytil / *adj, n* ۱. بی‌فایده، به‌دردنخور، بی‌مصرف، بیخود ۲. غیرلازم، غیرضروری ۳. بی‌حاصل، بیهوده، بی‌نتیجه، بی‌ثمر، عبث ▣ ۴. آدم بی‌مصرف

inutilement / inytilmɑ̃ / *adv* بیهوده، بیخود

inutilisable / inytilizabl / *adj* غیرقابل استفاده، به‌دردنخور، بی‌مصرف، بیخود

inutilisé,e / inytilize / *adj* استفاده‌نشده، به‌کارنرفته

investir

inventeur,trice / ɛ̃vɑ̃tœʀ,tʀis / n ۱. مخترع.
۲. ابداع‌کننده، مبدع ۳. یابنده

inventif,ive / ɛ̃vɑ̃tif,iv / adj مبتکر، خلاق

invention / ɛ̃vɑ̃sjɔ̃ / nf ۱. اختراع ۲. ابداع
۳. خلاقیت، نیروی ابتکار، ابتکار ۴. جعل، دروغ، کذب

de son invention ۱. به ابتکار خود ۲. ساخته و پرداختهٔ خود، من‌درآوردی

inventivité / ɛ̃vɑ̃tivite / nf خلاقیت، نیروی ابتکار، ابتکار

inventorier / ɛ̃vɑ̃tɔʀje / vt (7) صورت‌برداری کردن (از)، صورت برداشتن از

invérifiable / ɛ̃veʀifjabl / adj غیرقابل تأیید، غیرقابل اثبات

inversable / ɛ̃vɛʀsabl / adj واژگون‌نشدنی

inverse / ɛ̃vɛʀs / adj, nm ۱. معکوس، عکس، مخالف، وارونه ▫ ۲. عکس، خلاف

à l'inverse درست برعکس، کاملاً برعکس

inversement / ɛ̃vɛʀsəmɑ̃ / adv ۱. به طور معکوس ۲. برعکس

inverser / ɛ̃vɛʀse / vt (1) معکوس کردن، برعکس کردن، وارونه کردن

inversion / ɛ̃vɛʀsjɔ̃ / nf ۱. (عمل) معکوس کردن ۲. وارونگی، عکس ۳. [پزشکی] برگشتگی

inversion sexuelle هم‌جنس‌گرایی، هم‌جنس‌خواهی، هم‌جنس‌بازی

invertébré,e / ɛ̃vɛʀtebʀe / adj, nm [جانور] بی‌مهره

inverti,e / ɛ̃vɛʀti / n هم‌جنس‌گرا، هم‌جنس‌خواه، هم‌جنس‌باز

investigateur,trice / ɛ̃vɛstigatœʀ,tʀis / n, adj محقق، پژوهشگر، پژوهنده

investigation / ɛ̃vɛstigasjɔ̃ / nf تحقیق، پژوهش، بررسی

investir / ɛvestiʀ / vt (2) ۱. منصوب کردن

---

inutilité / inytilite / nf ۱. بی‌فایدگی، به‌دردنخور بودن، به‌دردنخوردن ۲. بیهودگی، عبث بودن، بی‌ثمری — [صورت جمع] ۳. پرت و پلا، مهملات

invaincu,e / ɛ̃vɛ̃ky / adj مغلوب‌نشده، شکست‌نخورده

invalidation / ɛ̃validasjɔ̃ / nf [حقوقی] ابطال

invalide / ɛ̃valid / n, adj ۱. معلول، علیل، ازکارافتاده ▫ ۲. باطل

invalider / ɛ̃valide / vt (1) باطل کردن، باطل اعلام کردن، بی‌اعتبار کردن، از اعتبار انداختن

invalidité / ɛ̃validite / nf ۱. معلولیت، ازکارافتادگی ۲. بطلان، عدم اعتبار، بی‌اعتباری

invariabilité / ɛ̃vaʀjabilite / nf تغییرناپذیری، ثابت بودن، یکنواختی

invariable / ɛ̃vaʀjabl / adj تغییرناپذیر، بدون تغییر، ثابت، یکنواخت

invariablement / ɛ̃vaʀjabləmɑ̃ / adv همیشه، همواره، دائماً، مدام، پیوسته

invasion / ɛ̃vazjɔ̃ / nf هجوم، تهاجم، حمله
invasion de sauterelles هجوم ملخ‌ها

invective / ɛ̃vɛktiv / nf دشنام، ناسزا، بد و بیراه، فحش

invectiver / ɛ̃vɛktive / vt, vi (1) [ادبی] دشنام دادن، ناسزا گفتن

invendable / ɛ̃vɑ̃dabl / adj فروش‌نرفتنی، بدون مشتری، بدون خریدار

invendu,e / ɛ̃vɑ̃dy / adj فروش‌نرفته، به‌فروش‌نرسیده

inventaire / ɛ̃vɑ̃tɛʀ / nm ۱. صورت موجودی ۲. فهرست، صورت

inventer / ɛ̃vɑ̃te / vt (1) ۱. اختراع کردن ۲. ابداع کردن ۳. از خود درآوردن، ساختن، بافتن، سر هم کردن

---

a = bas, plat   e = blé, jouer   ɛ = lait, jouet, merci   i = il, lyre   o = mot, dôme, eau, gauche   ɔ = mort
u = roue   y = rue   ø = peu   œ = peur   ə = le, premier   ɑ̃ = sans, vent   ɛ̃ = matin, plein, lundi
ɔ̃ = bon, ombre   ʃ = chat, tache   ʒ = je, gilet   j = yeux, paille, pied   w = oui, nouer   ɥ = huile, lui

investissement / ɛ̃vɛstismã / *nm*
۱. محاصره ۲. سرمایه‌گذاری

investisseur / ɛ̃vɛstisœr / *nm* سرمایه‌گذار

investiture / ɛ̃vɛstityr / *nf* ۱. اعطای منصب،
انتصاب ۲. [انتخابات] تعیین کاندیدا، تعیین نامزد

invétéré,e / ɛ̃vetere / *adj* ۱. دیرینه، قدیمی
۲. [تحقیرآمیز] قهار، کهنه‌کار

invincibilité / ɛ̃vɛ̃sibilite / *nf* شکست‌ناپذیری

invincible / ɛ̃vɛ̃sibl / *adj* ۱. شکست‌ناپذیر
۲. فتح‌نشدنی ۳. مقاومت‌ناپذیر ۴. تزلزل‌ناپذیر

invinciblement / ɛ̃vɛ̃sibləmã / *adv*
۱. به طرزی شکست‌ناپذیر ۲. سرسختانه ۳. به
شدت، سخت

inviolabilité / ɛ̃vjɔlabilite / *nf*
مصونیت (از تعرض)

inviolable / ɛ̃vjɔlabl / *adj* ۱. غیرقابل نقض،
تخطی‌ناپذیر ۲. مصون از تعرض

invisibilité / ɛ̃vizibilite / *nf* نامرئی بودن،
ناپیدایی

invisible / ɛ̃vizibl / *adj* غیرقابل رؤیت،
رؤیت‌نشدنی، نامرئی، ناپیدا

invisiblement / ɛ̃vizibləmã / *adv*
۱. (به طور) ناپیدا، به طور غیرقابل رؤیت، به طور
نامرئی ۲. به طرزی نامحسوس

invitation / ɛ̃vitasjɔ̃ / *nf* ۱. دعوت
۲. دعوت‌نامه ۳. درخواست، تقاضا، خواهش
sur l'invitation de به درخواستِ، بنابر تقاضایِ

invite / ɛ̃vit / *nf* درخواست ضمنی، دعوت

invité,e / ɛ̃vite / *n* مهمان، مدعو

inviter / ɛ̃vite / *vt* (1) ۱. دعوت کردن
۲. درخواست کردن، تقاضا کردن ۳. برانگیختن،
فرا خواندن، جلب کردن، واداشتن

invivable / ɛ̃vivabl / *adj* ۱. غیرقابل زیست
۲. [خودمانی] غیرقابل تحمل

۲. اعطا کردن، تفویض کردن ۳. [انتخابات] کاندید
کردن، نامزد کردن ۴. محاصره کردن ۵.
(سرمایه)گذاشتن، سرمایه‌گذاری کردن

invocation / ɛ̃vɔkasjɔ̃ / *nf* ۱. طلب یاری،
استمداد، استدعا ۲. استغاثه، دعا

involontaire / ɛ̃vɔlɔ̃tɛr / *adj* ۱. غیرارادی
۲. ناخواسته، غیرعمدی

involontairement / ɛ̃vɔlɔ̃tɛrmã / *adv*
۱. (به طور) غیرارادی ۲. ناخواسته، غیرعمدی

invoquer / ɛ̃vɔke / *vt* (1) ۱. به یاری طلبیدن،
طلب یاری کردن از، استمداد جستن از ۲. متوسل
شدن به، توسل جستن به، استناد کردن به

invraisemblable / ɛ̃vrɛsãblabl / *adj*
۱. دور از حقیقت، بعید ۲. عجیب، عجیب و غریب

invraisemblance / ɛ̃vrɛsãblãs / *nf*
۱. دوری از حقیقت، بعید بودن، استبعاد ۲. نکتۀ
دور از حقیقت

invulnérabilité / ɛ̃vylnerabilite / *nf*
۱. آسیب‌ناپذیری ۲. رویین‌تن بودن

invulnérable / ɛ̃vylnerabl / *adj*
۱. آسیب‌ناپذیر ۲. رویین‌تن

iode / jɔd / *nm* یُد

iodé,e / jɔde / *adj* یددار

iodoforme / jɔdɔfɔrm / *nm* یدوفرم

iodure / jɔdyr / *nm* یدور

ion / jɔ̃ / *nm* یون

ionique / jɔnik / *adj* یونی، (مربوط به) یون‌ها

ionisant,e / jɔnizã,t / *adj* یوننده

ionisation / jɔnizasjɔ̃ / *nf* یونش

ionisé,e / jɔnize / *adj* یونیده

ioniser / jɔnize / *vt* (1) یونیدن

ionosphère / jɔnɔsfɛr / *nf* یون‌کره، یون‌سپهر

irakien,enne / irakjɛ̃,ɛn / *adj, n*
→ iraquien,enne

iranien,enne[1] / iranjɛ̃,ɛn / *adj* ایرانی،
(مربوط به) ایران

Iranien,enne[2] / iranjɛ̃,ɛn / *n* اهل ایران،
ایرانی

iraquien,enne[1] / irakjɛ̃,ɛn / *adj* عراقی،
(مربوط به) عراق

irréfutable

Iraquien,enne[2] /iʀakjɛ̃,ɛn/ *n* اهل عراق، عراقی

irascibilité /iʀasibilite/ *nf* تندخویی، زودخشمی

irascible /iʀasibl/ *adj* تندخو، زودخشم، عصبی

iris[1] /iʀis/ *nm* زنبق

iris[2] /iʀis/ *nm* [چشم] عنبیه

irisé,e /iʀize/ *adj* رنگین‌کمانی، قزح‌سان

iritis /iʀitis/ *nm* التهاب عنبیه

irlandais[1]**,e** /iʀlɑ̃dɛ,z/ *adj* ایرلندی، (مربوط به) ایرلند

Irlandais[2]**,e** /iʀlɑ̃dɛ,z/ *n* اهل ایرلند، ایرلندی

irlandais[3] /iʀlɑ̃dɛ/ *nm* زبان ایرلندی

ironie /iʀɔni/ *nf* طنز، طعنه، ریشخند

ironique /iʀɔnik/ *adj* طنزآمیز، طعنه‌آمیز، ریشخندآمیز

sourire ironique لبخند طعنه‌آمیز، نیشخند

ironiquement /iʀɔnikmɑ̃/ *adv* به طعنه، از روی طعنه، با ریشخند

ironiser /iʀɔnize/ *vi* (1) ریشخند کردن، طعنه زدن به

ironiste /iʀɔnist/ *n* ۱. طعنه‌زن ۲. طنزنویس

irrachetable /iʀaʃtabl/ *adj* غیرقابل بازخرید

irradiation /iʀadjasjɔ̃/ *nf* ۱. پرتوافکنی، تشعشع ۲. پرتودرمانی، اشعه‌درمانی

irradier /iʀadje/ *vi, vt* (7) ۱. پرتو افکندن، ساطع شدن ۲. [درد] پیچیدن ▣ ۳. در معرض اشعه قرار دادن، اشعه دادن ۴. پرتودرمانی کردن، اشعه‌درمانی کردن

s'irradier *vp* پرتو افکندن

irraisonné,e /iʀɛzɔne/ *adj* نامعقول، غیرعاقلانه، غیرمنطقی

irrationalisme /iʀasjɔnalism/ *nm* خردگریزی

irrationnel,elle /iʀasjɔnɛl/ *adj* ۱. نامعقول، غیرعاقلانه، نابخردانه ۲. [ریاضیات] گنگ

irrattrapable /iʀatʀapabl/ *adj* جبران‌ناپذیر، جبران‌نشدنی، غیرقابل جبران

irréalisable /iʀealizabl/ *adj* غیرقابل اجرا، غیرعملی، غیرممکن، نشدنی

projet irréalisable طرح غیرقابل اجرا، طرح غیرعملی

irréalisme /iʀealism/ *nm* واقع‌گرا نبودن، عدم واقع‌گرایی، واقع‌گریزی

irréalité /iʀealite/ *nf* غیرواقعی بودن، غیرواقعیت

irrecevable /iʀsəvabl/ *adj* غیرقابل قبول، ناپذیرفتنی

irréconciliable /iʀekɔ̃siljabl/ *adj* آشتی‌ناپذیر، سازش‌ناپذیر

irrécouvrable /iʀekuvʀabl/ *adj* وصول‌نشدنی

irrécusable /iʀekyzabl/ *adj* ۱. بی‌چون و چرا، مسلم ۲. موثق، تردیدناپذیر، قابل اعتماد

irréductible /iʀedyktibl/ *adj* ۱. کاهش‌ناپذیر، کاهش‌نیافتنی ۲. سازش‌ناپذیر ۳. سرسختانه، سخت ۴. [شیمی] غیرقابل تجزیه، تجزیه‌نشدنی ۵. [کسر، معادله] ساده‌نشدنی

irréel,elle /iʀeɛl/ *adj* غیرواقعی، دور از واقعیت، خیالی

irréfléchi,e /iʀefleʃi/ *adj* ۱. بی‌فکر، سبک‌مغز ۲. نسنجیده، بدون تأمل، حساب‌نشده

irréflexion /iʀeflɛksjɔ̃/ *nf* بی‌فکری، نسنجیدگی، بی‌توجهی

irréfragable /iʀefʀagabl/ *adj* [ادبی] غیرقابل انکار، انکارناپذیر

irréfutable /iʀefytabl/ *adj* غیرقابل انکار، انکارناپذیر

---

a = bas, plat　e = blé, jouer　ɛ = lait, jouet, merci　i = il, lyre　ɔ = mot, dôme, eau, gauche　o = mort
u = roue　y = rue　ø = peu　œ = peur　ə = le, premier　ɑ̃ = sans, vent　ɛ̃ = matin, plein, lundi
ɔ̃ = bon, ombre　ʃ = chat, tache　ʒ = je, gilet　j = yeux, paille, pied　w = oui, nouer　ɥ = huile, lui

irréfutablement / iʀefytabləmɑ̃ / *adv*
به طور انکارناپذیری
irrégularité / iʀegylaʀite / *nf* ۱. بی‌نظمی ۲. بی‌قاعدگی ۳. ناهمواری، ناصافی ۴. تخلف
irrégulier[1],ère / iʀegylje / *adj* ۱. نامنظم، نامرتب ۲. بی‌قاعده ۳. غیرعادی ۴. ناهموار، ناصاف
mouvement irrégulier حرکت نامنظم
verbe irrégulier [دستور زبان] فعل بی‌قاعده
irrégulier[2] / iʀegylije / *nm* سرباز ارتش نامنظم، چریک
irrégulièrement / iʀegyljɛʀmɑ̃ / *adv*
به طور نامنظم، نامرتب
irreligieux,euse / iʀeliʒjø,øz / *adj*
۱. بی‌دین، لامذهب ۲. ضدمذهب ۳. ضدمذهبی، کفرآمیز
irreligion / iʀeliʒjɔ̃ / *nf* بی‌دینی
irrémédiable / iʀemedjabl / *adj*
۱. جبران‌ناپذیر، جبران‌نشدنی ۲. درمان‌ناپذیر، بی‌درمان، لاعلاج
irrémédiablement / iʀemedjabləmɑ̃ / *adv* به طور جبران‌ناپذیری
irrémissible / iʀemisibl / *adj* [ادبی] نابخشودنی، غیرقابل بخشش
irrémissiblement / iʀemisibləmɑ̃ / *adv*
به طرزی نابخشودنی
irremplaçable / iʀɑ̃plasabl / *adj* ۱. غیرقابل جایگزینی، منحصربه‌فرد ۲. بدون جانشین
irréparable / iʀepaʀabl / *adj* ۱. غیرقابل تعمیر ۲. جبران‌ناپذیر، جبران‌نشدنی، ترمیم‌ناپذیر
irrépréhensible / iʀepʀeɑ̃sibl / *adj* غیرقابل سرزنش، بی‌عیب
irrépressible / iʀepʀesibl / *adj* [ادبی] غیرقابل جلوگیری، غیرقابل کنترل، مهارنشدنی، مقاومت‌ناپذیر
irréprochable / iʀepʀɔʃabl / *adj* غیرقابل سرزنش، بی‌عیب، بی‌نقص

irréprochablement / iʀepʀɔʃabləmɑ̃ / *adv* بی‌عیب، بی‌نقص
irrésistible / iʀezistibl / *adj* ۱. مقاومت‌ناپذیر ۲. وسوسه‌انگیز ۳. [استدلال و غیره] محکم، قوی، قانع‌کننده ۴. خنده‌دار
spectacle irrésistible نمایش خنده‌دار
irrésistiblement / iʀezistibləmɑ̃ / *adv*
به طور مقاومت‌ناپذیری، به شدت
irrésolu,e / iʀezɔly / *adj* نامصمم، مردد، دودل
irrésolution / iʀezɔlysjɔ̃ / *nf* بی‌تصمیمی، تردید، دودلی
irrespect / iʀɛspɛ / *nm* بی‌احترامی، بی‌حرمتی، جسارت
irrespectueusement / iʀɛspɛktɥøzmɑ̃ / *adv* با بی‌احترامی، بی‌ادبانه
irrespectueux,euse / iʀɛspɛktɥø,øz / *adj* ۱. بی‌نزاکت، بی‌ادب ۲. بی‌ادبانه، توهین‌آمیز
irrespirable / iʀɛspiʀabl / *adj*
غیرقابل تنفس، خفقان‌آور
irresponsabilité / iʀɛspɔ̃sabilite / *nf*
۱. فقدان حس مسئولیت ۲. عدم مسئولیت
irresponsable / iʀɛspɔ̃sabl / *adj*
۱. فاقد حس مسئولیت ۲. غیرمسئول، بدون مسئولیت ۳. بی‌بند و بار
irrévérence / iʀeveʀɑ̃s / *nf* بی‌احترامی، بی‌حرمتی، هتک حرمت
irrévérencieusement / iʀeveʀɑ̃sjøzmɑ̃ / *adv* با بی‌احترامی، بی‌ادبانه
irrévérencieux,euse / iʀeveʀɑ̃sjø,øz / *adj* ۱. بی‌ادب، گستاخ ۲. بی‌ادبانه، توهین‌آمیز
irréversibilité / iʀevɛʀsibilite / *nf*
برگشت‌ناپذیری، یکسویگی
irréversible / iʀevɛʀsibl / *adj* برگشت‌ناپذیر، غیرقابل برگشت، یکسویه
irrévocable / iʀevɔkabl / *adj* ۱. قطعی ۲. برگشت‌ناپذیر، غیرقابل برگشت
irrigable / iʀigabl / *adj* قابل آبیاری

irrigation /iʀigasjɔ̃/ *nf*	آبیاری
irriguer /iʀige/ *vt* (1)	آبیاری کردن
irritabilité /iʀitabilite/ *nf*	۱. تندخویی، زودخشمی ۲. تحریک‌پذیری
irritable /iʀitabl/ *adj*	۱. تندخو، زودخشم، عصبی ۲. تحریک‌پذیر
irritant,e /iʀitɑ̃,t/ *adj*	۱. عصبانی‌کننده، ناراحت‌کننده، آزارنده ۲. محرک، حساسیت‌زا، التهاب‌آور
irritatif,ive /iʀitatif,iv/ *adj*	التهابی، ملتهب
irritation /iʀitasjɔ̃/ *nf*	۱. عصبانیت، خشم، ناراحتی ۲. تحریک ۳. التهاب، حساسیت
irriter /iʀite/ *vt* (1)	۱. عصبانی کردن، خشمگین کردن، ناراحت کردن ۲. تحریک کردن ۳. ملتهب کردن
irriter la curiosité	کنجکاوی را برانگیختن، کنجکاوی را تحریک کردن
irriter la peau	پوست را تحریک کردن، پوست را ملتهب کردن
irruption /iʀypsjɔ̃/ *nf*	هجوم، یورش
isba /isba;izba/ *nf*	کلبهٔ روسی
islam /islam/ *nm*	اسلام
islamique /islamik/ *adj*	اسلامی
islamisation /islamizasjɔ̃/ *nf*	(عمل) مسلمان کردن
islamiser /islamize/ *vt* (1)	مسلمان کردن، به دین اسلام درآوردن
islamisme /islamism/ *nm*	دین اسلام
islandais¹,e /islɑ̃dɛ,z/ *adj*	ایسلندی، (مربوط به) ایسلند
Islandais²,e /islɑ̃dɛ,z/ *n*	اهل ایسلند، ایسلندی
islandais³ /islɑ̃dɛ/ *nm*	زبان ایسلندی
isobare /izɔbaʀ/ *adj, nf*	۱. [هواشناسی] هم‌فشار ▫ ۲. خط هم‌فشار
isocèle /izɔsɛl/ *adj*	متساوی‌الساقین

isolable /izɔlabl/ *adj*	مجزا‌کردنی، جداشدنی
isolant,e /izɔlɑ̃,t/ *adj, nm*	عایق
isolation /izɔlasjɔ̃/ *nf*	عایق‌بندی، عایق‌کاری، ایزولاسیون
isolationnisme /izɔlasjɔnism/ *nm*	انزواگرایی، انزواطلبی، کناره‌جویی
isolationniste /izɔlasjɔnist/ *adj, n*	انزواگرا، انزواطلب، کناره‌جو
isolé,e /izɔle/ *adj*	۱. منزوی، تنها ۲. دورافتاده، پرت ۳. مجزا، جدا، تک ۴. عایق‌بندی‌شده، عایق‌دار، عایق، ایزوله
endroit isolé	جای دورافتاده، جای پرت
isolement /izɔlmɑ̃/ *nm*	۱. انزوا، تنهایی ۲. جداسازی ۳. جدا‌افتادگی، پرت‌افتادگی، جدایی
isoler /izɔle/ *vt* (1)	۱. مجزا کردن، جدا کردن ۲. منزوی کردن ۳. عایق‌بندی کردن، عایق کردن، ایزوله کردن
isoloir /izɔlwaʀ/ *nm*	اتاقک رأی‌نویسی
isomère /izɔmɛʀ/ *adj*	[شیمی] هم‌پار، ایزومر
isomérie /izɔmeʀi/ *nf*	[شیمی] هم‌پاری، ایزومری
isomorphe /izɔmɔʀf/ *adj*	هم‌شکل، هم‌ریخت
isomorphisme /izɔmɔʀfism/ *nm*	هم‌شکلی، هم‌ریختی
isotherme /izɔtɛʀm/ *adj*	[هواشناسی] هم‌دما
isotope /izɔtɔp/ *nm*	ایزوتوپ
israélien,enne¹ /isʀaeljɛ̃,ɛn/ *adj*	اسرائیلی، (مربوط به) اسرائیل
Israélien,enne² /isʀaeljɛ̃,ɛn/ *n*	اهل اسرائیل، اسرائیلی
israélite /isʀaelit/ *adj, n*	یهود، یهودی، جهود، کلیمی
issu,e¹ /isy/ *adj,* **issu de**	۱. از نژادِ، از ۲. منبعث از، برخاسته از، منتج از
issue² /isy/ *nf*	۱. خروجی، دررو

۲. راه حل، چاره ۳. نتیجه، سرانجام، عاقبت
à l'issue de در پایانِ، آخرِ
issue de secours خروجی اضطراری .
isthme /ism/ *nm* ۱. [جغرافیا] برزخ، تنگه
۲. [پزشکی] تنگه
italien[1],enne /italjɛ̃,ɛn/ *adj* ایتالیایی، (مربوط به) ایتالیا
Italien[2],enne /italjɛ̃,ɛn/ *n* اهل ایتالیا، ایتالیایی
italien[3] /italjɛ̃/ *nm* زبان ایتالیایی
italique /italik/ *adj, nm* ۱. ایتالیک
۲. (مربوط به) ایتالیای قدیم ▣ ۳. حروف ایتالیک
item /itɛm/ *adv* هم‌چنین، نیز، به علاوه
itératif,ive /iteʀatif,iv/ *adj* مکرر، تکراری
itération /iteʀasjɔ̃/ *nf* تکرار
itérativement /iteʀativmɑ̃/ *adv* مکرراً، به کَرات، به طور مکرر

itinéraire /itineʀɛʀ/ *nm* مسیر، خط سیر
itou /itu/ *adv* [خودمانی یا محلی] همچنین، هم
ivoire /ivwaʀ/ *nm* ۱. عاج ۲. شیء عاجی، مجسمهٔ عاج
d'ivoire/en ivoire از عاج، عاجی، عاج
ivoirien,enne[1] /ivwaʀjɛ̃,ɛn/ *adj* ساحل عاجی، (مربوط به) ساحل عاج
Ivoirien,enne[2] /ivwaʀjɛ̃,ɛn/ *n* اهل ساحل عاج، ساحل عاجی
ivraie /ivʀɛ/ *nf* چچم (= نوعی علف هرز)
ivre /ivʀ/ *adj* مست
ivre mort سیاه‌مست، مست لایعقل
ivresse /ivʀɛs/ *nf* مستی
ivrogne /ivʀɔɲ/ *adj, n* دائم‌الخمر، عرق‌خور
ivrognerie /ivʀɔɲʀi/ *nf* شرابخواری، میگساری، عرق‌خوری

J,j

J,j / ʒi / *nm. inv* ژی (= دهمین حرف الفبای فرانسه)
jabot / ʒabo / *nm* ۱. چینه‌دان ۲. [پیراهن] والان جلوی سینه
jacassement / ʒakasmɑ̃ / *nm* ۱. [کلاغ زاغی] غارغار ۲. وراجی، وِرور، پرچانگی
jacasser / ʒakase / *vi* (1) ۱. [کلاغ زاغی] غارغار کردن ۲. وراجی کردن، وِر زدن، پرچانگی کردن
jacasseur,euse / ʒakasœʀ,øz / *n* وراج، پرچانه
jachère / ʒaʃɛʀ / *nf* آیش
jacinthe / ʒasɛ̃t / *nf* سنبل
jacquard / ʒakaʀ / *nm* ۱. دستگاه بافندگی ژاکارد ۲. [پارچه] ژاکارد
jacquerie / ʒakʀi / *nf* شورش دهقانان
jacquet / ʒakɛ / *nm* (نوعی) تخته‌نرد
jactance[1] / ʒaktɑ̃s / *nf* [ادبی] خودستایی، خودپسندی
jactance[2] / ʒaktɑ̃s / *nf* [عامیانه] وراجی، زِرزِر
jacter / ʒakte / *vi* (1) [عامیانه] وراجی کردن، وِر زدن، زِر زدن
jade / ʒad / *nm* ۱. یشم ۲. شیء زینتی یشمی
jadis / ʒadis / *adv* (در) قدیم، قدیم‌ها، درگذشته، سابق
au temps jadis در زمان قدیم، درگذشته
jaguar / ʒagwaʀ / *nm* جَگوار (= جانوری شبیهِ پلنگ)
jaillir / ʒajiʀ / *vi* (2) ۱. [آب و غیره] فوران کردن، جستن، جهیدن ۲. تابیدن ۳. ناگهان پدیدار شدن، یکدفعه آشکار شدن
jaillissant,e / ʒajisɑ̃,t / *adj* در حال فوران، جهنده
jaillissement / ʒajismɑ̃ / *nm* فوران، جهش
jais / ʒɛ / *nm* شَبَق، کهربای سیاه
jalon / ʒalɔ̃ / *nm* ۱. [علامتگذاری] میله، شاخص ۲. [مجازی] علامت، شاخص
jalonnement / ʒalɔnmɑ̃ / *nm* علامت‌گذاری، نصب علائم
jalonner / ʒalɔne / *vi, vt* (1) علامت‌گذاری کردن
jalousement / ʒaluzmɑ̃ / *adv* با حسادت، از روی حسادت، با غبطه
jalouser / ʒaluze / *vt* (1) حسادت کردن به، رشک بردن به، غبطه خوردن به
jalousie / ʒaluzi / *nf* ۱. حسادت، حسد، رشک ۲. بخل، تنگ‌نظری ۳. کرکره
jaloux,ouse / ʒalu,uz / *n, adj* ۱. (آدم) حسود ◘ ۲. حسودانه، حاکی از حسادت ۳. غیرتی ۴. علاقه‌مند، دلبسته

a = bas, plat e = blé, jouer ɛ = lait, jouet, merci i = il, lyre o = mot, dôme, eau, gauche ɔ = mort
u = roue y = rue ø = peu œ = peur ə = le, premier ɑ̃ = sans, vent ɛ̃ = matin, plein, lundi
ɔ̃ = bon, ombre ʃ = chat, tache ʒ = je, gilet j = yeux, paille, pied w = oui, nouer ɥ = huile, lui

J
L

jamais / ʒamɛ/ *adv* ۱. هیچ‌وقت، هیچ‌گاه، هرگز، ابداً ۲. تا به حال، تا حالا، تا کنون ۳. زمانی، روزی، یک‌وقت
à/pour jamais برای همیشه، تا ابد
jamais de la vie به‌هیچ‌وجه، ابداً، هرگز
si jamais اگر یک وقت، احیاناً اگر، چنانچه
jambe / ʒɑ̃b/ *nf* ۱. ساق پا ۲. پا ۳. [شلوار، شورت، ...] پاچه
à toutes jambes با سرعت تمام
prendre ses jambes à son cou (دو پا داشتن دو پای دیگر هم قرض کردن و) پا به فرار گذاشتن، دُم خود را روی کول خود گذاشتن
jambière / ʒɑ̃bjɛʀ/ *nf* ساق‌بند
jambon / ʒɑ̃bɔ̃/ *nm* ژامبون
jante / ʒɑ̃t/ *nf* [چرخ] طوقه
janvier / ʒɑ̃vje/ *nm* ژانویه (= اولین ماه سال میلادی)
japonais[1],e / ʒapɔnɛ,z/ *adj* ژاپنی، (مربوط به) ژاپن
Japonais[2],e / ʒapɔnɛ,z/ *n* اهل ژاپن، ژاپنی
japonais[3] / ʒapɔnɛ/ *nm* زبان ژاپنی
jappement / ʒapmɑ̃/ *nm* پارس، واق‌واق
japper / ʒape/ *vi* (1) پارس کردن، واق‌واق کردن
jaquette / ʒakɛt/ *nf* ۱. (کُت) فراک ۲. کُت (زنانه) ۳. [کتاب] روکش
jardin / ʒaʀdɛ̃/ *nm* باغ
jardin d'enfants کودکستان
jardin puplic گردشگاه، پارک
jardinage / ʒaʀdinaʒ/ *nm* باغبانی
jardiner / ʒaʀdine/ *vi* (1) باغبانی کردن
jardinet / ʒaʀdinɛ/ *nm* باغچه
jardinier,ère[1] / ʒaʀdinje,ɛʀ/ *n, adj* ۱. باغبان ◘ ۲. باغی، باغستانی
jardinière[2] / ʒaʀdinjɛʀ/ *nf* ۱. ظرف گل و گیاه، گلدانی ۲. خوراک سبزیجات
jargon / ʒaʀgɔ̃/ *nm* ۱. زبان نامفهوم، زبان اعجوج و معجوج ۲. لوتَر (= زبان خاص یک گروه)، زبان خاص
jargonner / ʒaʀgɔne/ *vi* (1) به زبانی نامفهوم حرف زدن، بلغور کردن
jarre / ʒaʀ/ *nf* سبو، کوزه
jarret / ʒaʀɛ/ *nm* پشت زانو، پس زانو
jarretelle / ʒaʀtɛl/ *nf* بند جوراب
jars / ʒaʀ/ *nm* غاز نر
jaser / ʒaze/ *vi* (1) ۱. وراجی کردن، پرچانگی کردن، یکریز حرف زدن ۲. بـه حـرف آمدن، حرف زدن ۳. بدگویی کردن
jaseur,euse / ʒazœʀ,øz/ *adj, n* وراج، پرچانه
jasmin / ʒasmɛ̃/ *nm* یاسمن
jaspe / ʒasp/ *nm* یَشب، آژاسب (= نوعی سنگ قیمتی)
jatte / ʒat/ *nf* کاسه، پیاله، بادیه
jauge / ʒoʒ/ *nf* ۱. ظرفیت ۲. وسیلهٔ اندازه‌گیری، درجه ۳. [در ترکیب] ـسنج
jaugeage / ʒoʒaʒ/ *nm* تعیین ظرفیت
jauger / ʒoʒe/ *vt, vi* (1) ۱. ظرفیت (چیزی را) تعیین کردن ۲. ارزیابی کردن ◘ ۳. گنجایش داشتن
jaunâtre / ʒonatʀ/ *adj* مایل به زرد، زردفام
jaune[1] / ʒon/ *adj, nm* ۱. (به رنگِ) زرد ◘ ۲. رنگ زرد، زرد ۳. زرده (تخم‌مرغ)
jaune[2] / ʒon/ *adv*, **rire jaune** به زور خندیدن، زورکی خندیدن
jaunet,ette / ʒonɛ,ɛt/ *adj* کمی زرد، (به رنگِ) زرد کم‌رنگ
jaunir / ʒoniʀ/ *vt, vi* (2) ۱. زرد کردن، به رنگِ زرد درآوردن ◘ ۲. زرد شدن
jaunissant,e / ʒonisɑ̃,t/ *adj* در حال زرد شدن، رو به زردی
jaunisse / ʒonis/ *nf* یرقان، زردی
jaunissement / ʒonismɑ̃/ *nm* زرد شدن، زرد کردن، زردی
javel / ʒavɛl/ *nf*, **eau de javel** آب ژاول

javeline / ʒavlin / *nf* نیزه
javelle / ʒavɛl / *nf* [غلات] پشته
javelot / ʒavlo / *nm* نیزه، زوبین
le lancer du javelot [ورزش] پرتاب نیزه
jazz / dʒaz / *nm* (موسیقی) جاز
je / ʒ(ə) / *pron. pers* [ضمیر فاعلی اول شخص مفرد] من
jean / dʒin / *nm* ۱. [پارچه] جین ۲. شلوار جین
jean-foutre / ʒɑ̃futʀ / *nm. inv* آدم بی‌عرضه، آدم بی‌مصرف
jeep / (d)ʒip / *nf* جیپ
je-m'en-fichisme / ʒmɑ̃fiʃism / *nm* [خودمانی] بی‌خیالی، بی‌قیدی، بی‌توجهی
je-m'en-fichiste / ʒmɑ̃fiʃist / *n* [خودمانی] بی‌خیال، بی‌قید، بی‌توجه
je-m'en-foutisme / ʒmɑ̃futism / *nm* → je-m'en-fichisme
je-m'en-foutiste / ʒmɑ̃futist / *n, adj* → je-m'en-fichiste
je(-)ne(-)sais(-)quoi / ʒənsɛkwa / *nm. inv* ندانم چه، چیز
un je ne sais quoi de déplaisant یک چیز ناخوشایند
jérémiade / ʒeʀemjad / *nf* [خودمانی] آه و ناله، زنجموره
jersey / ʒɛʀsɛ / *nm* پارچهٔ کشباف، ژرسه
jésuite / ʒezɥit / *nm, adj* ۱. یسوعی ۲. (آدم) مزور، حقه‌باز، فریبکار، ریاکار ▣ ۳. مزورانه، فریبکارانه، ریاکارانه
jet[1] / ʒɛ / *nm* ۱. پرتاب ۲. جهش، فوران
jet d'eau فواره
premier jet طرح اولیه
jet[2] / dʒɛt / *nm* (هواپیمای) جت
jetée / ʒ(ə)te / *nf* اسکله
jeter / ʒ(ə)te / *vt* (4) ۱. پرتاب کردن، پرت کردن ۲. انداختن ۳. دور انداختن، دور ریختن، بیرون ریختن ۴. ساختن، بنا کردن ۵. ایجاد کردن، به وجود آوردن، موجب شدن
jeter des cris داد زدن، فریاد کشیدن، جیغ زدن
jeter des larmes اشک ریختن، گریه کردن
jeter l'ancre لنگر انداختن
jeter un regard نگاه انداختن،نگاهی کردن
jeter un sort طلسم کردن، افسون کردن
se jeter *vp* ۱. خود را انداختن ۲. (به) پایین پریدن ۳. [رود] ریختن
jeton / ʒ(ə)tɔ̃ / *nm* ۱. ژتون [عامیانه] ضربه، مشت
faux jeton (آدم) دورو، متقلب، حقه‌باز
jeu / ʒø / *nm* ۱. بازی ۲. تفریح، سرگرمی ۳. قمار، قماربازی ۴. [بازی، مسابقه] دست، دور، گِیم ۵. طرز نواختن، اجرا ۶. بازیگری، بازی، ایفای نقش ۷. [فنی] جای حرکت، جای بازی، خلاصی
avoir beau jeu در وضعیت خوبی بودن، وضع خوبی داشتن
d'entrée de jeu از (همان) اول، از ابتدا
entrer en jeu درگیر کاری شدن، دخالت کردن، وارد معرکه شدن
faire le jeu de qqn بازیچهٔ دست کسی شدن
jeu de clefs دسته کلید
jeu de lumière رقص نور
jeu de mots بازی با کلمات، جناس
jeu d'esprit بازی فکری
maison de jeu قمارخانه
jeudi / ʒødi / *nm* پنجشنبه
la semaine des quatre jeudis وقت گل نی
jeun (à) / aʒɛ̃ / *loc. adv* غذانخورده، ناشتا
jeune / ʒœn / *adj, n* ۱. جوان ۲. نوخاسته، نوپا، نوبنیاد ۳. [برادر، خواهر، ...] کوچک، کوچک‌تر ۴. بی‌تجربه، تازه‌کار، ناپخته ۵. نو، تازه ▣ ۶. جوان

a = bas, plat e = blé, jouer ɛ = lait, jouet, merci i = il, lyre o = mot, dôme, eau, gauche ɔ = mort
u = roue y = rue ø = peu œ = peur ə = le, premier ɑ̃ = sans, vent ɛ̃ = matin, plein, lundi
ɔ̃ = bon, ombre ʃ = chat, tache ʒ = je, gilet j = yeux, paille, pied w = oui, nouer ɥ = huile, lui

jeune fille دختر

jeune homme مرد جوان، جوان

jeûne / ʒøn / *nm* ۱. پرهیز (غذایی)، رژیم (غذایی) ۲. روزه

jeûner / ʒøne / *vi* (1) ۱. پرهیز غذایی داشتن رژیم داشتن، رژیم گرفتن ۲. روزه گرفتن

jeunesse / ʒœnɛs / *nf* ۱. جوانی ۲. شادابی، طراوت، تازگی ۳. جوانان

jeunet,ette / ʒœnɛ,ɛt / *adj* [خودمانی] خیلی جوان، جوان

jeunot,otte / ʒœno,ɔt / *adj, n* [خودمانی] جوان، جوانک

jiu-jitsu / ʒyʒitsy / *nm. inv* جوجیتسو (= نوعی ورزش رزمی ژاپنی)

joaillerie / ʒɔajʀi / *nf* ۱. جواهرسازی ۲. جواهرفروشی

joailler,ère / ʒɔaje,ɛʀ / *adj, n* ۱. جواهرساز ۲. جواهرفروش

job / dʒɔb / *nm* ۱. کار موقت ۲. [خودمانی] کار

jobard,e / ʒɔbaʀ,d / *adj, n* (آدم) هالو، ساده‌لوح، ابله

jobarderie / ʒɔbaʀd(ə)ʀi / *nf* → jobardise

jobardise / ʒɔbaʀdiz / *nf* ساده‌لوحی، ابلهی

jockey / ʒɔkɛ / *nm* سوارکار (حرفه‌ای)

joie / ʒwa / *nf* ۱. شادی، شادمانی، خوشحالی، مسرت ۲. مایهٔ خوشحالی، مایهٔ مسرت ۳. [قدیمی] لذت، حظ

la joie des yeux حظ بصر

joindre / ʒwɛ̃dʀ / *vt, vi* (49) ۱. متصل کردن، وصل کردن ۲. پیوند دادن، متحد کردن، یکی کردن ۳. افزودن، اضافه کردن ۴. ضمیمه کردن، گذاشتن ۵. تماس گرفتن ◙ ۶. به هم وصل شدن، جفت شدن

se joindre *vp* ۱. ملحق شدن، پیوستن ۲. شرکت کردن ۳. عضو (جایی) شدن، به عضویت (جایی) درآمدن ۴. به هم پیوستن، متحد شدن

joint[1],e / ʒwɛ̃,t / *adj* ۱. متصل، چسبیده (به هم) ۲. ضمیمه

joint[2] / ʒwɛ̃ / *nm* ۱. محل اتصال، اتصال ۲. لولا ۳. واشِر

jointure / ʒwɛ̃tyʀ / *nf* ۱. محل اتصال، اتصال ۲. مَفصل، بند

joker / ʒɔkɛʀ / *nm* [ورق‌بازی] ژوکِر، شیطان

joli,e / ʒɔli / *adj* ۱. زیبا، قشنگ، خوشگل ۲. [خودمانی] قابل توجه، خوب

joliesse / ʒɔljɛs / *nf* [ادبی] زیبایی، قشنگی

joliment / ʒɔlimɑ̃ / *adv* ۱. (به طرزی) زیبا، قشنگ، خوب ۲. خیلی، حسابی

jonc / ʒɔ̃ / *nm* ۱. [گیاه] نِی ۲. حصیر

jonchaie / ʒɔ̃ʃɛ / *nf* → jonchère

jonchère / ʒɔ̃ʃɛʀ / *nf* نی‌زار

joncher / ʒɔ̃ʃe / *vt* (1) ۱. ریختن، پاشیدن، پراکندن ۲. پوشاندن

joncheraie / ʒɔ̃ʃʀɛ / *nf* → jonchère

jonction / ʒɔ̃ksjɔ̃ / *nf* ۱. اتصال، پیوند ۲. محل اتصال، پیوندگاه ۳. تقاطع

jongler / ʒɔ̃gle / *vi* ۱. [با توپ، حلقه و غیره] تردستی کردن ۲. بازی کردن ۳. دستکاری کردن، دست بردن در

jongler avec les diffucultés با مشکلات دست و پنجه نرم کردن

jonglerie / ʒɔ̃gləʀi / *nf* ۱. [با توپ، حلقه و غیره] تردستی ۲. زرنگی

jongleur,euse / ʒɔ̃glœʀ,øz / *n* ۱. تردست ۲. [قدیمی] خنیاگر

jonquille / ʒɔ̃kij / *nf* (گل) نسرین

jouable / ʒwabl / *adj* ۱. قابل اجرا ۲. قابل نمایش

joue / ʒu / *nf* گونه، لُپ

jouer / ʒwe / *vi, vt* (1) ۱. بازی کردن ۲. تفریح کردن ۳. قمار کردن ۴. نقش بازی کردن، بازی کردن ۵. نمایش دادن ۶. نواختن، زدن، اجرا کردن ۷. نقش داشتن، دخالت داشتن، مطرح بودن ۸. [فنی] خلاصی داشتن، بازی کردن ۹. به خطر انداختن، ریسک کردن ۱۰. فریب دادن، گول زدن

jovial,e,aux

du jour au lendemain	امروز فردا، هر زمان، هر لحظه، هر آن
d'un jour à l'autre	به زودی، هر لحظه، هر آن
en plein jour	وسط روز، در روز روشن
par jour	روزانه، در روز، روزی
percer à jour	به قصد (کسی) پی بردن
un (beau) jour	یک روز، روزی، زمانی
vivre au jour le jour	قلندروار زندگی کردن، بدون نگرانی از فردا زندگی کردن
journal / ʒuʀnal / *nm*	۱. روزنامه ۲. مجله، نشریه ۳. یادداشت روزانه ۴. (دفتر) خاطرات
journal parlé	اخبار رادیو
journalier,ère / ʒuʀnalje,ɛʀ / *adj, n*	۱. روزانه، هرروزه ۲. روزمزد ▪ ۳. کارگر روزمزد
journalisme / ʒuʀnalism / *nm*	۱. روزنامه‌نگاری ۲. روزنامه‌نویسی، سبک روزنامه‌نگاری
journaliste / ʒuʀnalist / *n*	۱. روزنامه‌نگار ۲. گزارشگر، مخبر، خبرنگار
journalistique / ʒuʀnalistik / *adj*	(مربوط به) روزنامه‌نگاری
journée / ʒuʀne / *nf*	۱. روز ۲. کار روزانه ۳. مزد روزانه
pendant la journée	(در) تمام مدت روز، در طول روز، در طی روز
journellement / ʒuʀnɛlmɑ̃ / *adv*	هر روز، همه‌روزه، روزها
joute / ʒut / *nf*	۱. [در قرون وسطی] نبرد سواره با نیزه ۲. مبارزه، نبرد
jouvenceau / ʒuvɑ̃so / *nm*	[قدیمی یا طنزآمیز] مرد جوان، جوانک
jouvencelle / ʒuvɑ̃sɛl / *nf*	[قدیمی یا طنزآمیز] دختر جوان
jovial,e,aux / ʒɔvjal,o / *adj*	۱. شاد، شنگول، بانشاط ۲. خوش‌رو، خوش‌خلق

	۱۱. بازی دادن، فیلم کردن، سر کار گذاشتن، دست انداختن ۱۲. وانمود کردن، تظاهر کردن (به)، خود را زدن به
se jouer *vp*	۱. به بازی گرفتن، دست انداختن ۲. نواخته شدن، اجرا شدن ۳. به نمایش درآمدن، روی صحنه رفتن
faire qqch en se jouant	کاری را مثل آب خوردن انجام دادن
se jouer des difficultés	بر مشکلات چیره شدن
jouet / ʒwɛ / *nm*	۱. اسباب‌بازی ۲. بازیچه ۳. [مجازی] قربانی، آلت دست
joueur,euse / ʒwœʀ,øz / *n*	۱. بازیکن ۲. قمارباز ۳. نوازنده، [در ترکیب] ‐زن
joufflu,e / ʒufly / *adj*	تُپل
joug / ʒu / *nm*	۱. یوغ ۲. اسارت، بندگی ۳. سلطه ۴. قید، بند
jouir / ʒwiʀ / *vt, vi* (2)	۱. لذت بردن، حظ بردن ۲. برخوردار بودن، دارا بودن، داشتن ۳. برخوردار شدن، بهره‌مند شدن، نفع بردن ۴. به اوج لذت جنسی رسیدن ۵. [خودمانی] کیف کردن، عشق کردن، حال کردن
jouissance / ʒwisɑ̃s / *nf*	۱. لذت، خوشی، حظ ۲. برخورداری، بهره‌مندی، استفاده ۳. لذت جنسی
jouisseur,euse / ʒwisœʀ,øz / *n*	خوشگذران
joujou / ʒuʒu / *nm*	[به زبان بچه‌ها] اسباب‌بازی
faire joujou	بازی کردن
jour / ʒuʀ / *nm*	۱. روز ۲. زمان، روزگار ۳. روشنایی، نور ۴. روزنه، شبکه ـ [صورت جمع] ۵. زندگی، زندگانی
à jour	مشبک
de jour en jour	روز به روز
de nos jours	امروزه، در عصر حاضر
du jour	۱. (مربوط به) روز ۲. (مربوط به) امروز، عصر حاضر

---

a = bas, plat   e = blé, jouer   ɛ = lait, jouet, merci   i = il, lyre   o = mot, dôme, eau, gauche   ɔ = mort
u = roue   y = rue   ø = peu   œ = peur   ə = le, premier   ɑ̃ = sans, vent   ɛ̃ = matin, plein, lundi
ɔ̃ = bon, ombre   ʃ = chat, tache   ʒ = je, gilet   j = yeux, paille, pied   w = oui, nouer   ɥ = huile, lui

jovialement 502

jovialement /ʒɔvjalmɑ̃/ *adv* با خوش‌رویی، با خوش‌خلقی
jovialité /jɔvjalite/ *nf* خوش‌رویی، خوش‌خلقی
joyau /ʒwajo/ *nm* جواهر، گوهر
joyeusement /ʒwajøzmɑ̃/ *adv* با خوشحالی، با شادمانی، شادمانه
joyeux,euse /ʒwajø,øz/ *adj* ۱. شاد، شادمان، خوشحال ۲. شادی‌بخش، مسرت‌بخش
Joyeux Noël! کریسمس مبارک!
mener joyeuse vie عمر را به خوشی گذراندن
jubé /ʒybe/ *nm* [در برخی کلیساها] منبر
jubilation /ʒybilasjɔ̃/ *nf* شعف، ذوق و شوق، شادمانی
jubilé /ʒybile/ *nm* سالگرد پنجاهمین سال، جشن پنجاهمین سال
jubiler /ʒybile/ *vi* (1) [خودمانی] عشق کردن، کیف کردن، حال کردن
jucher /ʒyʃe/ *vi, vt* (1) ۱. [نادر؛ در جای بلند] نشستن ◙ ۲. قرار دادن، گذاشتن، نشاندن
se jucher *vp* [به ویژه پرندگان] قرار گرفتن، نشستن
judaïque /ʒydaik/ *adj* یهود، یهودی
judaïser /ʒydaize/ *vt* (1) یهودی کردن
judaïsme /ʒydaism/ *nm* دین یهود، یهودیت
judas /ʒyda/ *nm* ۱. خائن ۲. روزن، روزنه
judicature /ʒydikatyʀ/ *nf* [قدیمی] قضا، قضاوت
judiciaire /ʒydisjɛʀ/ *adj* قضایی
judiciairement /ʒydisjɛʀmɑ̃/ *adv* ۱. به طریق قضایی ۲. از لحاظ قضایی، از نظر قضایی
judicieusement /ʒydisjøzmɑ̃/ *adv* عاقلانه، به درستی، بجا
judicieux,euse /ʒydisjø,øz/ *adj* ۱. عاقل، منطقی ۲. عاقلانه، معقول
judo /ʒydo/ *nm* جودو
judoka /ʒydɔka/ *n* جودوکار
juge /ʒyʒ/ *nm* ۱. قاضی ۲. داور
jugé /ʒyʒe/ *nm* → juger[2]
jugeable /ʒyʒabl/ *adj* قابل قضاوت
jugement /ʒyʒmɑ̃/ *nm* ۱. داوری، قضاوت ۲. [حقوقی] قضاوت، دادرسی ۳. حکم، رأی ۴. نظر، عقیده ۵. قدرت تشخیص، تمیز
jugement dernier روز قیامت، روز رستاخیز
jugeote /ʒyʒɔt/ *nf* [خودمانی] عقل درست و حسابی
juger[1] /ʒyʒe/ *vt* (3) ۱. قضاوت کردن ۲. داوری کردن ۳. حکم کردن، اظهار نظر کردن، نظر دادن ۴. تشخیص دادن، دانستن ۵. تصور کردن، حدس زدن
se juger *vp* خود را ... دانستن، تصور کردن
juger[2] /ʒyʒe/ *nm*, **au juger** از روی حدس (و گمان)، حدسی
jugulaire /ʒygylɛʀ/ *nf, adj* ۱. بند کلاه ۲. ورید گردن، وِداج ◙ ۲. گردنی، (مربوط به) گردن
juguler /ʒygyle/ *vt* (1) جلوی (چیزی را) گرفتن، مانعِ پیشرفت (چیزی) شدن
juif,juive /ʒɥif,ʒɥiv/ *n, adj* یهود، یهودی، جهود، کلیمی
juillet /ʒɥijɛ/ *nm* ژوئیه (= هفتمین ماه سال میلادی)
juin /ʒɥɛ̃/ *nm* ژوئن (= ششمین ماه سال میلادی)
jujube /ʒyʒyb/ *nm* عناب
jules /ʒyl/ *nm* [خودمانی و طنزآمیز] مرد، معشوق، شوهر
Ton jules va arriver. الان عشقت میاد.
jumeau,elle /ʒymo,ɛl/ *adj, n* ۱. دوقلو ۲. عین هم، جفت ◙ ۳. برادر دوقلو، خواهر دوقلو، دوقلو، قُل
jumelage /ʒymlaʒ/ *nm* (عمل) جفت کردن
jumeler /ʒymle/ *vt* (4) جفت کردن
villes jumelées شهرهای همتا (= دو شهر در دو کشور که روابط نزدیکی در زمینه‌های گوناگون با هم ایجاد می‌کنند.)

jumelles /ʒymɛl/ *nf.pl* دوربین دوچشمی

jument /ʒymɑ̃/ *nf* مادیان

jumping /dʒœmpiɲ/ *nm* [اسب‌دوانی] پرش از مانع

jungle /ʒɔ̃(ɛ̃)gl/ *nf* جنگل

junior /ʒynjɔʀ/ *adj* ۱. کوچک، کوچک‌تر ۲. [ورزش] نوجوانان ۳. (مربوط به) جوانان، جوان‌ها

junte /ʒɛ̃t/ *nf* [در اسپانیا، پرتغال و آمریکای لاتین] شورا

jupe /ʒyp/ *nf* دامن

jupe-culotte /ʒypkylɔt/ *nf* دامن‌شلواری

jupon /ʒypɔ̃/ *nm* ۱. زیردامنی، ژیپون ۲. [مجازاً] زن‌ها، دخترها

courir le jupon زن‌باز بودن

jurassien,enne[1] /ʒyʀasjɛ̃,ɛn/ *adj* (مربوط به) ژورا (= ناحیه‌ای در فرانسه)، ژورایی

Jurassien,enne[2] /ʒyʀasjɛ̃,ɛn/ *n* اهل ژورا، ژورایی

jurassique /ʒyʀasik/ *nm, adj* ۱. ژوراسیک (= دورهٔ دوم زمین‌شناسی) ◙ ۲. (مربوط به) ژوراسیک

juré[1]**,e** /ʒyʀe/ *adj* قسم‌خورده، سوگندخورده

juré[2] /ʒyʀe/ *nm* ۱. عضو هیئت منصفه ۲. عضو هیئت داوران

jurer /ʒyʀe/ *vt, vi* (1) ۱. قسم خوردن، سوگند خوردن، سوگند یاد کردن ۲. حکم کردن، حکم قاطع دادن ◙ ۳. دشنام دادن، فحش دادن، ناسزا گفتن ۴. [رنگ، لباس، ...] ناهماهنگ بودن، نامتناسب بودن، نیامدن

Ce vert jure avec le bleu. این رنگ سبز به آبی نمی‌آید.

juridiction /ʒyʀidiksjɔ̃/ *nf* ۱. قضاوت، قضا، دادرسی ۲. صلاحیت قضاوت ۳. حوزهٔ قضایی ۴. دادگاه

juridictionnel,elle /ʒyʀiksjɔnɛl/ *adj* قضایی

juridique /ʒyʀidik/ *adj* ۱. قضایی ۲. حقوقی

juridiquement /ʒyʀidikmɑ̃/ *adv* ۱. از نظر قضایی ۲. از نظر حقوقی، قانوناً

jurisconsulte /ʒyʀiskɔ̃sylt/ *nm* حقوق‌دان، مشاور حقوقی

jurisprudence /ʒyʀispʀydɑ̃s/ *nf* رویهٔ قضایی

juriste /ʒyʀist/ *n* حقوق‌دان

juron /ʒyʀɔ̃/ *nm* دشنام، ناسزا، بد و بیراه، فحش

jury /ʒyʀi/ *nm* ۱. هیئت منصفه ۲. هیئت داوران

jus /ʒy/ *nm* ۱. آب (میوه) ۲. آب (گوشت) ۳. عصاره ۴. [عامیانه] قهوه ۵. [خودمانی] نطق

jus de fruit آب‌میوه

jusant /ʒyzɑ̃/ *nm* [دریانوردی] جزر، فروکشند

jusqu'au-boutisme /ʒyskobutism/ *nm* تندروی، افراط

jusqu'au-boutiste /ʒyskobutist/ *n* تندرو، افراطی

jusque /ʒysk/ *prép* تا

jusqu'à ۱. تا ۲. حتی

jusqu'à ce que تا وقتی که، تا زمانی که، تا موقعی که، تا اینکه

jusquiame /ʒyskjam/ *nf* [گیاه] بنگ‌دانه

juste /ʒyst/ *n, adj, adv* ۱. عادل، منصف، دادگر ◙ ۲. عادلانه، منصفانه ۳. درست، صحیح ۴. دقیق ۵. به‌حق، بجا ۶. معقول، منطقی ۷. تنگ، چسبان ۸. کم ◙ ۹. درست، صحیح ۱۰. دقیقاً ۱۱. فقط، تنها ۱۲. به‌زحمت

au juste دقیقاً، به درستی، درست

Il sait tout juste écrire son nom. سوادش به اندازه‌ای است که بتواند اسمش را بنویسد. فقط می‌تواند اسمش را بنویسد.

justement /ʒystəmɑ̃/ *adv* ۱. به درستی، درست، دقیقاً ۲. عادلانه، منصفانه ۳. به حق

justesse / ʒystɛs / *nf* ۱. درستی، صحت ۲. دقت
de justesse به زحمت
éviter de justesse une collision
به زحمت از برخورد جلوگیری کردن
justice / ʒystis / *nf* ۱. عدالت انصاف، داد
۲. دادگستری ۳. حق
rendre la justice عدالت را اجرا کردن
justiciable / ʒystisjabl / *adj* قابل محاکمه
justicier,ère / ʒystisje,ɛʀ / *n, adj* ۱. دادگستر
۲. حامی ضعفا
justifiable / ʒystifjabl / *adj* قابل توجیه،
موجه، قابل قبول، پذیرفتنی
justificateur,trice / ʒystifikatœʀ,tʀis / *adj* توجیه‌کننده
justificatif,ive / ʒystifikatif,iv / *adj*
توجیهی، ثابت‌کننده
justification / ʒystifikasjɔ̃ / *nf* ۱. توجیه
۲. تبرئه ۳. اثبات ۴. دلیل
justifier / ʒystifje / *vt* (7) ۱. تبرئه کردن
۲. توجیه کردن ۳. دلیل موجهی بودن برایِ ۴.
ثابت کردن
jute / ʒyt / *nf* کَنف
juter / ʒyte / *vi* (1) [میوه] آب انداختن
juteux,euse / ʒytø,øz / *adj* ۱. پرآب، آبدار
۲. [خودمانی] پرمنفعت، نان و آبدار
juvénile / ʒyvenil / *adj* (مربوط به) جوانی
juxtaposer / ʒykstapoze / *vt* (1)
کنار هم گذاشتن، کنار هم قرار دادن
juxtaposition / ʒykstapozisjɔ̃ / *nf* هم‌کناری،
کنار هم گذاشتن

K,k

K,k /ka/ *nm. inv* کا (= یازدهمین حرف الفبای فرانسه)

kaiser /kajzɛʀ;kɛzɛʀ/ *nm* قیصر (= لقب امپراتوران آلمان از ۱۸۷۰ تا ۱۹۱۸)

kaki[1] /kaki/ *nm* خرمالو

kaki[2] /kaki/ *adj. inv* (به رنگِ) خاکی

kamikaze /kɑ̃/ *nm* ۱. [جنگ جهانی دوم] هواپیمای انتحاری ۲. (آدم) ازجان‌گذشته، جان‌برکف

kangourou /kɑ̃guʀu/ *nm* کانگورو

kaolin /kaɔlɛ̃/ *nm* خاک چینی

karaté /kaʀate/ *nm* کاراته

kayac /kajak/ *nm* قایق

kayak /kajak/ *nm* → kayac

képi /kepi/ *nm* (نوعی) کلاه نظامی (= در فرانسه، کلاهی که افسران نیروی زمینی، ژاندارم‌ها و مأمورین نیروی انتظامی به سر می‌گذارند.)

képi de gendarmes کلاه ژاندارم‌ها

kermesse /kɛʀmɛs/ *nf* ۱. جشن سالانه ۲. بازار مکاره

khalif /kalif/ *nm* خلیفه

khalifat /kalifa/ *nm* خلافت

khan[1] /kɑ̃/ *nm* خان

khan[2] /kɑ̃/ *nm* کاروانسرا

khôl /kol/ *nm* → kohol

kidnappage /kidnapaʒ/ *nm* آدم‌ربایی

kidnapper /kidnape/ *vt* (1) [آدم] ربودن، دزدیدن

kidnapper un enfant بچه‌ای را دزدیدن، کودکی را ربودن

kidnapeur,euse /kidnapœʀ,øz/ *n* ۱. آدم‌ربا ۲. بچه‌دزد

kif /kif/ *nm* چرس

kilim /kilim/ *nm* گلیم

kilo /kilo/ *nm* کیلو، کیلوگرم

kilogramme /kilɔgʀam/ *nm* → kilo

kilométrage /kilɔmetʀaʒ/ *nm* ۱. کیلومترشماری، برآورد به کیلومتر ۲. کارکرد (به کیلومتر)

kilomètre /kilɔmɛtʀ/ *nm* کیلومتر

kilométrer /kilɔmetʀe/ *vt* (6) ۱. کیلومترشماری کردن، به کیلومتر محاسبه کردن ۲. کیلومترگذاری کردن، تابلوی کیلومترشمار نصب کردن

kilométrique /kilɔmetʀik/ *adj* کیلومتری، به کیلومتر

kilt /kilt/ *nm* کیلت (= دامن اسکاتلندی)

kimono /kimɔno/ *nm* کیمونو (= لباس سنتی ژاپنی)

a = bas, plat   e = blé, jouer   ɛ = lait, jouet, merci   i = il, lyre   o = mot, dôme, eau, gauche   ɔ = mort
u = roue   y = rue   ø = peu   œ = peur   ə = le, premier   ɑ̃ = sans, vent   ɛ̃ = matin, plein, lundi
ɔ̃ = bon, ombre   ʃ = chat, tache   ʒ = je, gilet   j = yeux, paille, pied   w = oui, nouer   ɥ = huile, lui

kinésithérapeute /kineziteʀapøt/ *n* فیزیوتراپیست، وَرزدرمانگر

kinésithérapie /kineziteʀapi/ *nm* فیزیوتراپی، وَرزدرمانی

kiosque /kjɔsk/ *nm* ۱. دکه، باجه، کیوسک ۲. [معماری] کلاه‌فرنگی

kiosque à journaux دکهٔ روزنامه‌فروشی

kirsch /kiʀʃ/ *nm. inv* کیرْش (= نوعی مشروب قوی از گیلاس)

kit /kit/ *nm* کیت (= مجموعه قطعات یک وسیله یا دستگاه آمادهٔ مونتاژ)

kitchenette /kitʃenɛt/ *nf* آشپزخانهٔ کوچک

kiwi /kiwi/ *m* کیوی (= ۱. نام نوعی میوه ۲. نام نوعی پرنده)

klaxon /klaksɔn/ *nm* بوق

klaxonner /klaksɔne/ *vi* (1) بوق زدن

kleptomane /klɛptɔman/ *n* مبتلا به جنون دزدی

kleptomanie /klɛptɔmani/ *nf* جنون دزدی

knock-out /nɔkawt;knɔkut/ *nm. inv, adj. inv* ۱. [مشت‌زنی] ناک‌اوت ◙ ۲. [عامیانه] درب و داغون، کله‌پا

knout /knut/ *nm* ۱. شلاق (روسی) ۲. تنبیه با شلاق، شلاق‌زنی

koala /kɔala/ *nm* کوالا (= نوعی پستاندار استرالیایی شبیهِ خرس)

kohol /kɔɔl/ *nm* سرمه، کُحل

kopeck /kɔpɛk/ *nm* کوپک (= واحد پول در روسیه برابرِ یک‌صدم روبل)

krach /kʀak/ *nm* ۱. سقوط فاحش (سهام) ۲. ورشکستگی (ناگهانی)

kurde[1] /kyʀd/ *adj* (مربوط به) کردستان، کُرد، کُردی

Kurde[2] /kyʀd/ *n* اهل کردستان، کُرد، کُردی

kyrielle /kiʀjɛl/ *nf* [حرف، دشنام] سِری، سیل

kyste /kist/ *nm* [پزشکی] کیست، کیسه

L,l

L,l /ɛl/ *n. inv* اِل (= دوازدهمین حرف الفبای فرانسه)

l' /l/ *art. déf* [حرف تعریف معرفهٔ مفرد که به جای le یا la قبل از واژه‌ای که با واکه آغاز شود می‌آید.]

l'[2] /l/ *pron. pers* [ضمیر مفعولی سوم‌شخص مفرد که به جای le یا la قبل از واژه‌ای که با واکه آغاز شود می‌آید.]

la[1] /la/ *art. déf* [حرف تعریف معرفه، مؤنث مفرد]

la[2] /la/ *pron. pers* [ضمیر مفعولی، سوم‌شخص مؤنث] او را، به او

la[3] /la/ *nm. inv* [موسیقی] (نت) لا

là /la/ *adv* ۱. آنجا ۲. اینجا ۳. آن‌وقت، آنگاه

là-bas آنجا

là où vous êtes جایی که شما هستید

par-là ۱. از آنجا، از این راه ۲. از این حرف

Qu'entendez-vous par-là? منظورتان از این حرف چیست؟

label /labɛl/ *nm* برچسب

labeur /labœʀ/ *nm* [ادبی] کار (شاق)

labial,e,aux /labjal,o/ *adj* لبی، (مربوط به) لب

labié,e /labje/ *adj* [گیاه‌شناسی] لب‌دیس

labiées /labje/ *nf.pl* [گیاه‌شناسی] لب‌دیسان، نعناعیان

labiodental,e,aux /labjodɑ̃tal,o/ *adj* [آواشناسی] لبی-دندانی، لب و دندانی

laborantin,e /labɔʀɑ̃tɛ̃,in/ *n* متصدی آزمایشگاه

laboratoire /labɔʀatwaʀ/ *nm* آزمایشگاه

laborieusement /labɔʀjøzmɑ̃/ *adv* با کار و کوشش، به زحمت، به سختی

laborieux,euse /labɔʀjø,øz/ *adj* ۱. پرکار، زحمت‌کش، سخت‌کوش، فعال ۲. [ادبی] پرمشقت، پرزحمت، شاق

labour /labuʀ/ *nm* ۱. شخم ــ [صورت جمع] ۲. زمین شخم‌زده

labourable /labuʀabl/ *adj* قابل شخم زدن

labourage /labuʀaʒ/ *nm* شخم‌زنی، شخم‌زدن

labourer /labuʀe/ *vt* (1) ۱. شخم زدن ۲. شیار انداختن

laboureur /labuʀœʀ/ *nm* ۱. شخم‌زن، شخم‌کار ۲. [قدیمی] دهقان، برزگر، کشاورز

labyrinthe /labiʀɛ̃t/ *nm* ۱. هزارتو، ماز، پیچ و خم ۲. [گوش داخلی] لابیرنت

labyrinthique /labiʀɛ̃tik/ *adj* ۱. پرپیچ و خم، سردرگم ۲. [گوش داخلی] (مربوط به) لابیرنت

lac /lak/ *nm* ۱. دریاچه ۲. [مجازی؛ ادبی] دریا

lac de sang دریای خون

laçage /lasaʒ/ *nm* بستن بند

a = bas, plat   e = blé, jouer   ɛ = lait, jouet, merci   i = il, lyre   o = mot, dôme, eau, gauche   ɔ = mort
u = roue   y = rue   ø = peu   œ = peur   ə = le, premier   ɑ̃ = sans, vent   ɛ̃ = matin, plein, lundi
ɔ̃ = bon, ombre   ʃ = chat, tache   ʒ = je, gilet   j = yeux, paille, pied   w = oui, nouer   ɥ = huile, lui

lacer /lase / *vt* (3) بند (چیزی را) بستن
lacération /laseʀasjɔ / *nf* (عمل) پاره‌پاره کردن، تکه‌پاره کردن
lacérer /laseʀe / *vt* (6) پاره‌پاره کردن، تکه‌پاره کردن
lacet /lasɛ / *nm* ۱. بند ۲. [جاده و غیره] مارپیچ، پیچ و خم ۳. تله، دام
lâchâge /laʃaʒ / *nm* (عمل) ول کردن
lâche /laʃ / *adj* ۱. [گره، فنر، ...] شُل، آزاد ۲. [لباس] آزاد، گشاد ۳. سست ۴. ترسو، بزدل ۵. پست، کثیف
lâchement /laʃmɑ̃ / *adv* ۱. آزاد، شُل ۲. با بزدلی، از ترس ۳. به طرز کثیفی، با پستی
lâcher /laʃe / *vt, vi* (1) ۱. شل کردن ۲. ول کردن، رها کردن ۳. گذاشتن و رفتن، ترک کردن ۴. از دهان (کسی) دررفتن، گـفتن، زدن ۵. [خودمانی؛ پول و غیره] دادن ◘ ۶. ول شدن ۷. [ترمز] نگرفتن
Lâche-moi! ولم کن! بگذار بروم.
lâcheté /laʃte / *nf* ۱. سستی، ضعف ۲. ترسویی، ترس، بزدلی ۳. پستی ۴. عمل پست، کار کثیف
lacis /lasi / *nm* شبکه
laconique /lakɔnik / *adj* موجز، کوتاه
laconiquement /lakɔnikmɑ̃ / *adv* موجز، به اختصار، کوتاه
laconisme /lakɔnism *nm* ایجاز
lacrymal,e,aux /lakʀimal,o / *adj* اشکی، (مربوط به) اشک
lacrymogène /lakʀimɔʒɛn / *adj* اشک‌آور
lacs /la / *nm* [برای برخی جانوران] تله، دام
lactation /laktasjɔ̃ / *nf* ۱. ترشح شیر ۲. شیردهی، دوران شیردهی
lacté,e /lakte / *adj* شیری، (مربوط به) شیر
voie lactée (کهکشان) راه شیری
lactatique /laktik / *adj*, **acide lactique** اسید لاکتیک
lactose /laktoz / *nm* قند شیر، لاکتوز

lacunaire /lakynɛʀ / *adj* [علمی یا ادبی] ناقص
lacune /lakyn / *nf* ۱. جای خالی، خلأ ۲. افتادگی، جاافتادگی ۳. نقص
lacustre /lakystʀ / *adj* دریاچه‌ای، (مربوط به) دریاچه، کنار دریاچه
lad /lad / *nm* [پرورش اسب] شاگرد مِهتر
ladre /ladʀ / *adj, n* ۱. [ادبی] خسیس، ناخن‌خشک، کنس ۲. [قدیمی] جذامی
ladrerie /ladʀəʀi / *nf* ۱. [ادبی] خست ۲. بیمارستان جذامیان، جذام‌خانه ۳. [قدیمی] جذام
lagon /lagɔ̃ / *nm* مرداب
lagune /lagyn / *nm* تالاب
laîche /lɛʃ / *nf* [گیاه] جَگَن
laïc,laïque /laik / *adj, n* غیرمذهبی، لائیک
enseignement laïque آموزش غیرمذهبی، تعلیمات غیرمذهبی
laïcité /laisite / *nf* غیرمذهبی بودن، ویژگی غیرمذهبی
laïcisation /laisizasjɔ̃ / *nf* (عمل) غیرمذهبی کردن
laïciser /laisize / *vt* (1) غیرمذهبی کردن
laid,e /lɛ,d / *adj* ۱. زشت، بی‌ریخت، بدقیافه ۲. ناپسند، بد، زننده، قبیح
laidement /lɛdmɑ̃ / *adv* به طرز زشتی، به سور ناپسندی، بد
laideron,onne /lɛdʀ,ɔn / *n, adj* ۱. زن زشت، دختر زشت ◘ ۲. [زن، دختر] زشت
laideur /lɛdœʀ / *nf* ۱. زشتی ۲. قباحت
laie /lɛ / *nf* گراز ماده، ماده گراز
lainage /lɛnaʒ / *nm* ۱. پارچهٔ پشمی ۲. لباس پشمی
laine /lɛn / *nf* ۱. پشم ۲. کرک
laineux,euse /lɛnø,øz / *adj* ۱. پشمی ۲. کرک‌دار
lainier,ère /lɛnje,ɛʀ / *adj* (مربوط به) پشم
laïque /laik / *adj* → laïc,laïque
laisse /lɛs / *nf* [قلاده] بند

laissé,e-pour-compte /lesepuRkɔ̃t/ *adj*	۱. [جنس] مرجوعی ۲. رهاشده، بی‌کس و کار
laisser /lese/ *vt* (1)	۱. گذاشتن ۲. نگه‌داشتن ۳. ترک کردن، ول کردن، گذاشتن و رفتن، رها کردن ۴. (از خود) بجا گذاشتن ۵. جا گذاشتن ۶. سپردن ۷. به ارث گذاشتن ۸. (به قیمت خوبی) فروختن
laisser tomber	ول کردن، انداختن، رها کردن
laisser-aller /leseale/ *nm. inv*	بی‌قیدی، بی‌خیالی، بی‌توجهی
laissez-passer /lesepase/ *nm. inv*	پروانهٔ عبور، مجوز عبور، جواز عبور
lait /lɛ/ *nm*	شیر
dents de lait	دندان‌های شیری
frère de lait	برادر هم‌شیر
lait d'amendes	روغن بادام
laitage /lɛtaʒ/ *nm*	لبنیات
laiterie /lɛtʀi/ *nf*	۱. لبنیات‌فروشی، لبنیاتی ۲. لبنیات‌سازی
laiteux,euse /lɛtø,øz/ *adj*	شیری
laitier,ère /letje,letjɛR/ *n, adj*	۱. شیرفروش ▣ ۲. شیری، لبنی، (مربوط به) شیر، (مربوط به) لبنیات ۳. شیرده
laiton /lɛt/ *nm*	[فلز] برنج
laitue /lety/ *nf*	کاهو
laïus /lajys/ *nm*	[خودمانی] نطق
laïusser /lajyse/ *vt* (1)	[خودمانی] نطق کردن
lama[1] /lama/ *nm*	لاما (= نوعی شتر بی‌کوهان)
lama[2] /lama/ *nm*	لاما (= روحانی بودایی)
lambeau /lɑ̃bo/ *nm*	تکه، پاره
vêtement en lambeaux	لباس پاره
lambin,e /lɑ̃bɛ̃,in/ *adj, n*	[خودمانی] (آدم) فس‌فسو
vêtement en lambeaux	لباس پاره
lambiner /lɑ̃bine/ *vi* (1)	[خودمانی] فس‌فس کردن، لفتش دادن

lame /lam/ *nf*	۱. ورقه ۲. تیغه، لبه ۳. تیغ ۴. موج
lamelle /lamɛl/ *nf*	۱. ورقهٔ کوچک، ورقهٔ نازک ۲. [میکروسکوپ] لام، تیغه
lamellibranche /lamelibʀɑ̃ʃ/ *nm*	(جانور) دوکفه‌ای
lamentable lamɑ̃table/ *adj*	۱. رقت‌آور، رقت‌بار، ترحم‌انگیز ۲. أسف‌بار ۳. نالان
lamentablement lamɑ̃tablmɑ̃/ *adv*	به نحوی رقت‌آور، به نحوی ترحم‌انگیز
lamentation /lamɑ̃tasjɔ̃/ *nf*	آه و ناله، گله و شکایت، شکوه
lamenter (se) /s(ə)lamɑ̃te/ *vp* (1)	نالیدن، آه و ناله کردن، شکوه کردن
se lamenter sur son sort	از بخت خود نالیدن، از سرنوشت شکوه کردن
laminage /laminaʒ/ *nm*	نوردکاری، ورقه‌ورقه کردن
laminer /lamine/ *vt* (1)	۱. نورد کردن، ورقه‌ورقه کردن ۲. [مجازی] از بین بردن، خرد کردن
laminoir /laminwaR/ *nm*	ماشین نورد
lampadaire /lɑ̃padɛR/ *nm*	۱. تیر چراغ‌برق ۲. چراغ پایه‌دار، چراغ پایه‌بلند
lampant /lɑ̃pɑ̃/ *adj. m*, pétrole lampant	نفت چراغ
lampe /lɑ̃p/ *nf*	۱. چراغ ۲. [رادیو، دیود، ...] لامپ
lampe à pétrol	چراغ نفتی
lampe au néon	چراغ نئون
lampée /lɑ̃pe/ *nf*	[خودمانی] قلپ، جرعهٔ
lamper /lɑ̃pe/ *vt* (1)	(قورت‌قورت) سر کشیدن
lampion /lɑ̃pjɔ̃/ *nm*	۱. فانوس کاغذی
lampiste /lɑ̃pist/ *nm*	[تئاتر و غیره] متصدی نور
lance /lɑ̃s/ *nf*	نیزه، زوبین

lancée /lɑ̃se/ *nf* خیز، جهش

lance-flammes /lɑ̃sflam/ *nm. inv* [سلاح] شعله‌افکن

lance-fusées /lɑ̃sfyze/ *nm. inv* بازوکا

lance-grenades /lɑ̃sgʀənad/ *nm. inv* نارنجک‌انداز

lancement /lɑ̃smɑ̃/ *nm* ۱. پرتاب ۲. [کشتی] (عمل) به آب انداختن ۳. [برای معرفی کالا] تبلیغ

lance-pierre(s) /lɑ̃spjɛʀ/ *nm. inv* قلاب‌سنگ، فلاخن

lancer /lɑ̃se/ *vt* (3) ۱. پرت کردن، پرتاب کردن، انداختن ۲. [موشک] پرتاب کردن ۳. [نگاه، نظر] انداختن، کردن ۴. [فریاد و غیره] زدن، کشیدن ۵. [ضربه و غیره] زدن ۶. [فحش و غیره] دادن ۷. به حرکت در آوردن، راه انداختن ۸. [کشتی] به آب انداختن ۹. کشاندن ۱۰. سرزبان انداختن، تبلیغ کردن برایِ، مشهور کردن

se lancer *vp* ۱. خود را پرت کردن، خود را انداختن ۲. وارد شدن، درگیر شدن ۳. نام خود را سر زبان‌ها انداختن، مشهور شدن

lance-rockettes /lɑ̃sʀɔkɛt/ *nm. inv* بازوکا

lance-torpilles /lɑ̃stɔʀpij/ *nm. inv* اژدرافکن

lancette /lɑ̃sɛt/ *nf* نیشتر

lanceur,euse /lɑ̃sœʀ,øz/ *n* ۱. پرتاب‌کننده ۲. [کالا] تبلیغ‌کننده

lancier /lɑ̃sje/ *nm* [قدیمی] نیزه‌دار

lancinant,e /lɑ̃sinɑ̃,t/ *adj* عذاب‌آور

douleur lancinante تیر (کشیدن)

lanciner /lɑ̃sine/ *vi, vt* (1) ۱. تیر کشیدن ◘ ۲. عذاب دادن

lande /lɑ̃d/ *nf* بوته‌زار، خلنگ‌زار

langage /lɑ̃gaʒ/ *nm* زبان

langagier,ère /lɑ̃gaʒje,ɛʀ/ *adj* زبانی

lange /lɑ̃ʒ/ *nm* قُنداق، کهنهٔ بچه

langer /lɑ̃ʒe/ *vt* (3) قُنداق کردن، کهنه بستن به

langoureux,euse /lɑ̃guʀø,øz/ *adj* ملول، رنجور، دل‌مرده

langue /lɑ̃g/ *nf* ۱. زبان ۲. زبانه

langue de feu زبانهٔ آتش

langue de terre قطعه زمین باریک، باریکه زمین

langue maternelle زبان مادری

langue morte زبان مرده، زبان خاموش

langue verte زبان لاتی

langue vivante زبان زنده

languette /lɑ̃gɛt/ *nf* زبانه

langueur /lɑ̃gœʀ/ *nf* ۱. ملال، دل‌مردگی ۲. ضعف، سستی، رخوت، بی‌حالی

languide /lɑ̃gid/ *adj* ملول، بی‌حال

languir /lɑ̃giʀ/ *vi* (2) ۱. ضعیف شدن، تحلیل رفتن، از توان افتادن ۲. رنج بردن، عذاب کشیدن ۳. بی‌صبرانه منتظر (کسی یا چیزی) بودن، انتظار (کسی یا چیزی) کشیدن

languissant,e /lɑ̃gisɑ̃,t/ *adj* ۱. ملول، رنجور، دل‌مرده ۲. ضعیف، سست، بی‌حال

lanière /lanjɛʀ/ *nf* تسمه، بند

lanterne /lɑ̃tɛʀn/ *nf* ۱. فانوس ۲. [اتومبیل] چراغ کوچک

lanterner /lɑ̃tɛʀne/ *vi* (1) وقت تلف کردن، وقت‌گذرانی کردن

faire lanterner منتظر گذاشتن، منتظر نگه‌داشتن

lapalissade /lapalisad/ *nf* [طنزآمیز] توضیح واضحات

laper /lape/ *vt, vi* (1) زبان زدن، لیسیدن، لیس زدن

lapereau /lapʀo/ *nm* بچه خرگوش

lapidaire[1] /lapidɛʀ/ *nm* گوهرتراش، جواهرتراش، جواهرساز

lapidaire[2] /lapidɛʀ/ *adj* گهربار، موجز، قصار

lapidation /lapidasjɔ/ *nf* سنگسار (کردن)

lapider /lapide/ *vt* (1) سنگسار کردن

lapin,e /lapɛ̃,in/ *n* ۱. خرگوش ۲. گوشت خرگوش ۳. پوست خرگوش

lapis /lapis/ *nm* → lapis-lazuli

511 lassitude

lapis-lazuli /lapislazyli / *nm* ۱. سنگ لاجورد ۲. (رنگ) لاجورد

laps /laps / *nm,* **laps de temps** مدت زمان

lapsus /lapsys / *nm* اشتباه لفظی، اشتباه قلمی

laquais /lakɛ / *nm* [قدیمی] نوکر، پیشخدمت

laque /lak / *nf* ۱. لاک ۲. لاک‌الکل ۳. روغن جلا ۴. [مو] تافت

laquelle /lakɛl / *pron. rel, pron. interr* → lequel

laquer /lake / *vt* (1) ۱. لاک زدن ۲. لاک‌الکل زدن، لاک الکل کردن ۳. جلا زدن

larbin /laʀbɛ̃ / *nm* [خودمانی؛ مجازی] نوکر، آدم نوکرصفت

larcin /laʀsɛ̃ / *nm* دله‌دزدی

lard /laʀ / *nm* ۱. پیه خوک، چربی خوک ۲. [عامیانه] پیه

gros lard آدم چاق و چله

larder /laʀde / *vt* (1) ۱. پیه خوک زدن به ۲. سوراخ‌سوراخ کردن

lardon /laʀdɔ̃ / *nm* پیه خوک، چربی خوک

large /laʀʒ / *adj, adv, nm* ۱. پهن، عریض، ۲. پهناور، وسیع ۳. گشاد ۴. بزرگ، عمده، مهم ۵. [ذهن، دید، ...] باز، روشن ۶. سخاوتمند، دست و دلباز، گشاده‌دست ۷. مرفه ◙ ۸. وسیع ۹. گشاد ۱۰. سخاوتمندانه ◙ ۱۱. پهنا، عرض ۱۲. وسط دریا

large ouvert کاملاً باز

largement /laʀʒəmɑ̃ / *adv* ۱. کاملاً ۲. به طور گسترده ۳. سخاوتمندانه ۴. دست کم

largesse /laʀʒɛs / *nf* سخاوت، بذل و بخشش، گشاده‌دستی

largeur /laʀʒœʀ / *nf* ۱. پهنا، عرض ۲. قطر، ضخامت ۳. وسعت، گستردگی

larguer /laʀge / *vt* (1) ۱. [دریانوردی] باز کردن ۲. فرو ریختن، ریختن ۳. خود را (از دست کسی یا چیزی) خلاص کردن، دَک کردن

larguer des bombes بمب انداختن

larme /laʀm / *nf* ۱. اشک ۲. [خودمانی؛ مجازی] قطره، چکه

larmes de crocodile [خودمانی] گریهٔ دروغی، اشک تمساح

larmoiement /laʀmwamɑ̃ / *nm* ۱. ریزش اشک، اشک ریختن ۲. گریه و زاری، آه و ناله

larmoyant,e /laʀmwajɑ̃,t / *adj* اشک‌ریزان، گریان

larmoyer /laʀmwaje / *vi* (8) ۱. اشک ریختن، گریه کردن، گریستن ۲. گریه و زاری کردن، نالیدن

larron /laʀɔ̃ / *nm* [قدیمی] دزد، سارق

larve /laʀv / *nf* لارو، کرم حشره، کِرمینه

laryngien,enne /laʀɛ̃ʒjɛ̃,ɛn / *adj* حنجره‌ای، (مربوط به) حنجره

laryngite /laʀɛ̃ʒit / *nf* التهاب حنجره، لارنژیت

laryngologie /laʀɛ̃gɔlɔʒi / *nf* حنجره‌شناسی

larynx /laʀɛ̃ks / *nm* حنجره

las[1],lasse /la,las / *adj* ۱. خسته، ازتوان‌افتاده، بی‌رمق ۲. بیزار، دلزده، سیر

las![2] /las / *interj* [قدیمی یا ادبی] افسوس! دریغ! دریغا!

lascar /laskaʀ / *nm* ۱. (آدم) حقه‌باز، مکار ۲. [خودمانی] (آدم) زبل

lascif,ive /lasif,iv / *adj* ۱. شهوی، شهوانی ۲. شهوت‌انگیز ۳. شهوتران

laser /lazɛʀ / *nm* لِیزر

lassant,e /lasɑ̃,t / *adj* خسته‌کننده، کسل‌کننده، ملال‌آور

lasser /lase / *vt* (1) ۱. خسته کردن ۲. به ستوه آوردن، ذله کردن، عاصی کردن ۳. [حوصله] سر بردن

se lasser *vp* ۱. خسته شدن ۲. به ستوه آمدن، بیزار شدن، سیر شدن

lassitude /lasityd / *nf* ۱. خستگی، کوفتگی ۲. بیزاری، ملال، بی‌حوصلگی، کسالت

lasso /laso/ *nm* کمند
latence /latɑ̃s/ *nf* نهفتگی، کمون
latent,e /latɑ̃,t/ *adj* پنهان، نهان، نهفته
latéral,e,aux /lateʀal,o/ *adj* ۱. کناری، جانبی، پهلویی ۲. [آواشناسی] کناری
latéralement /lateʀalmɑ̃/ *adv* از کنار، از بغل، از پهلو
latex /latɛks/ *nm. inv* شیرابه
latin[1],e /latɛ̃,in/ *adj* ۱. لاتینی، لاتین ۲. رومی، (مربوط به) روم
latin[2] /latɛ̃/ *nm* زبان لاتین، لاتین
latiniste /latinist/ *n* ۱. لاتین‌شناس، متخصص زبان لاتین ۲. دانشجوی زبان لاتین
latitude /latityd/ *nf* ۱. عرض جغرافیایی ۲. ناحیه، اقلیم ۳. آزادی عمل، آزادی، اختیار
latrines /latʀin/ *nf. pl* توالت (صحرایی)، مستراح (صحرایی)
latte /lat/ *nf* ۱. توفال ۲. [قدیمی] شمشیر (بلند)
latter /late/ *vt* (1) توفال‌کوبی کردن
laudateur,trice /lodatœʀ,tʀis/ *n* [ادبی] ستایشگر
laudatif,ive /lodatif,iv/ *adj* ۱. ستایش‌آمیز، تحسین‌آمیز ۲. ستایشگر
lauréat,e /lɔʀea,t/ *n, adj* [جوایز علمی و ادبی] برنده
laurier /lɔʀje/ *nm* برگ بو
lavable /lavabl/ *adj* قابل شستشو
lavabo /lavabo/ *nm* ۱. دستشویی ـــ [صورت جمع] ۲. توالت، مستراح
lavage /lavaʒ/ *nm* شستشو
lavande /lavɑ̃d/ *nf* [گیاه] اسطوخودوس، استوقدوس
lavandière /lavɑ̃djɛʀ/ *nf* رختشور، رختشو
lavasse /lavas/ *nf* [خودمانی] آب زیپو
lave /lav/ *nf* [آتش‌فشان] گدازه
lave-glace /lavglas/ *nm* [اتومبیل] شیشه‌شو(ر)

lavement /lavmɑ̃/ *nm* تنقیه، اماله
laver /lave/ *vt* (1) ۱. شستن ۲. [از سوءظن و غیره] مبرا کردن ۳. [لکه و غیره] پاک کردن، از بین بردن
laver qqn d'une accusation از کسی رفع اتهام کردن
machine à laver ماشین لباسشویی
machine à laver la vaiselle ماشین ظرفشویی
se laver *vp* (عضوی از بدن خود را) شستن
se laver les mains دست‌های خود را شستن
laverie /lavʀi/ *nf* (مغازهٔ) لباس‌شویی
lavette /lavɛt/ *nf* ۱. ابر ظرفشویی ۲. [خودمانی] آدم شُل و ول، آدم وارفته
laveur,euse /lavœʀ,øz/ *n* ۱. شوینده، [در ترکیب] ـشو(ر) ۲. رختشو(ر)
lave-vaisselle /lavvɛsɛl/ *nm* ماشین ظرف‌شویی
lavoir /lavwaʀ/ *nm* ۱. (محل) لباس‌شویی، رختشورخانه ۲. تشت سیمانی
lavure /lavyʀ/ *nf* ۱. آب شستشو، آب ظرف‌شویی ۲. آب زیپو
laxatif[1],ive /laksaif,iv/ *adj* ملیّن
laxatif[2] /laksatif/ *nm* (داروی) ملیّن
laxisme /laksism/ *nm* آسان‌گیری، تساهل، تسامح
layette /lɛjɛt/ *nf* لباس نوزاد
layon /lɛjɔ̃/ *nm* کوره‌راه
lazaret /lazaʀɛ/ *nm* قرنطینه
lazzi /la(d)zi/ *nm* شوخی زننده
le[1] /l(ə)/ *art. déf. m* [حرف تعریف معرفه، مذکر مفرد]
le[2] /l(ə)/ *pron. pers* [ضمیر مفعولی، سوم‌شخص مذکر] او را، به او، آن را
leader /lidœʀ/ *nm* ۱. رهبر، پیشوا، سردسته ۲. [ورزش] سردسته، سرگروه
léchage /leʃaʒ/ *nm* ۱. (عمل) لیسیدن ۲. (عمل) ساخته و پرداخته کردن، شسته و رُفته کردن

lèche /lɛʃ/ *nf* [خودمانی] چاپلوسی، کاسه‌لیسی

lèche-bottes /lɛʃbɔt/ *nm. inv* [خودمانی] کاسه‌لیس، بادمجان‌دورقاب‌چین

lèche-cul /lɛʃky/ *nm. inv* [رکیک] خایه‌مال

lécher /leʃe/ *vt* (6) ۱. لیسیدن ۲. [اثر ادبی یا هنری] ساخته و پرداخته کردن، شسته و رُفته کردن

un ours mal léché آدم زمخت

lécheur,euse /leʃœʀøz/ *n* (آدم) کاسه‌لیس، بادمجان دورقاب‌چین، چاپلوس

leçon /l(ə)sɔ̃/ *nf* ۱. درس ۲. نصیحت، پند، اندرز ۳. درس عبرت

leçons particulières درس خصوصی

lecteur,trice /lɛktœʀ,tʀis/ *n* [کتاب، و غیره] خواننده

lecture /lɛktyʀ/ *nf* خواندن، قرائت

légal,e,aux /legal,o/ *adj* قانونی

âge légal سن قانونی

médecine légale پزشکی قانونی

légalement /legalmɑ̃/ *adv* قانوناً، مطابق قانون، به طور قانونی

légalisation /legalizasjɔ̃/ *nf* ۱. (عمل) قانونی کردن، رسمیت دادن ۲. تصدیق امضا

légaliser /legalize/ *vt* (1) ۱. قانونی کردن، رسمیت دادن به، اعتبار قانونی دادن به ۲. [امضا، سند و غیره] تصدیق کردن، تأیید کردن

légalité /legalite/ *nf* ۱. قانونی بودن، تطابق با قانون ۲. مشروعیت

légat /lega/ *nm* نمایندهٔ پاپ، سفیر پاپ

légataire /legatɛʀ/ *n* [حقوقی] وارث

légation /legasjɔ̃/ *nf* ۱. [سیاسی] نمایندگی ۲. مقر نمایندگی

légendaire /leʒɑ̃dɛʀ/ *adj* ۱. افسانه‌ای، اساطیری ۲. زبانزد، ضرب‌المثل

légende /leʒɑ̃d/ *nf* ۱. افسانه، اسطوره ۲. نوشته (روی سکه یا مدال) ۳. [تصویر، نقشه، ...] شرح

léger,ère /leʒe,ɛʀ/ *adj* ۱. سبُک ۲. مختصر، جزئی، کم، اندک ۳. خفیف ۴. سطحی ۵. جلف، سبک ۶. بی‌بند و بار ۷. چابک، چالاک ۸. ظریف ۹. کم‌رنگ

à la légère ۱. نسنجیده ۲. سرسری

femme légère زن جلف، زن بی‌بند و بار

parfum léger عطر ملایم

repas léger غذای سبک

légèrement /leʒɛʀmɑ̃/ *adv* ۱. سبُک ۲. به طرز جلفی ۳. کمی، یک کم، به طور مختصر ۴. با ظرافت ۵. با چابکی، با چالاکی ۶. سرسری، سطحی

légèreté /leʒɛʀte/ *nf* ۱. سبکی، سبک بودن ۲. چابکی، چالاکی ۳. ظرافت ۴. جلفی، سبکی ۵. بی‌بند و باری ۶. نسنجیدگی، بی‌فکری، سهل‌انگاری

légiférer /leʒifeʀe/ *vi* (6) قانونگذاری کردن، قانون وضع کردن

légion /leʒɔ̃/ *nf* ۱. لِژیون ۲. خیل، فوج، لشکر

Légion d'honneur /leʒɔ̃dɔnœʀ/ *nf* (نشان) لِژیون دونور

légionnaire /leʒjɔnɛʀ/ *nm* ۱. سرباز لِژیون، لِژیونِر ۲. دارندهٔ نشانِ لِژیون دونور

législateur,trice /leʒislatœʀ,tʀis/ *adj, n* قانونگذار

législatif,ive /leʒislatif,iv/ *adj* ۱. مقننه، (مربوط به) قانونگذاری ۲. قانونی

assemblée législative مجلس قانونگذاری

pouvoir législatif قوهٔ مقننه

législation /leʒislasjɔ̃/ *nf* ۱. قانونگذاری ۲. قوانین، قانون

législature /leʒislatyʀ/ *nf* ۱. [مجلس] دورهٔ قانونگذاری ۲. [نادر] هیئت مقننه

= bas, plat	e = blé, jouer	ɛ = lait, jouet, merci	i = il, lyre	o = mot, dôme, eau, gauche	ɔ = mort
= roue	y = rue	ø = peu	œ = peur	ə = le, premier	ɑ̃ = sans, vent	ɛ̃ = matin, plein, lundi
= bon, ombre	ʃ = chat, tache	ʒ = je, gilet	j = yeux, paille, pied	w = oui, nouer	ɥ = huile, lui

légiste /leʒist/ *nm* قانون‌دان

médecin légiste پزشک قانونی

léigitimation /leʒitimasjɔ̃/ *nf* ۱. مشروعیت دادن، مشروعیت ۲. توجیه

légitime /leʒitim/ *adj* ۱. قانونی، مشروع ۲. حلال‌زاده ۳. برحق، بحق ۴. موجه

légitimement /leʒitimmɑ̃/ *adv* به طور قانونی، قانوناً، شرعاً

légitimer /leʒitime/ *vt* (1) ۱. مشروعیت دادن، مشروع ساختن ۲. توجیه کردن، موجه ساختن

légitimité /leʒitimite/ *nf* ۱. مشروعیت، قانونی بودن ۲. حقانیت ۳. حلال‌زادگی

legs /lɛ(g)/ *nm* ۱. ارث، میراث ۲. یادبود، یادگار

léguer /lege/ *vt* (1) ۱. به ارث گذاشتن ۲. منتقل کردن، انتقال دادن

légume /legym/ *nm* گیاهان خوراکی، سبزیجات

légumes verts سبزیجات

légumier[1] /legymje/ *adj* ظرف سبزیجات

légumier[2]**,ère** /legymje,ɛR/ *adj* (مربوط به) گیاهان خوراکی، سبزیجات

lendemain /lɑ̃dmɛ̃/ *nm* ۱. روز بعد، فردا(ی آن‌روز) ۲. آینده، فردا

lénifiant,e /lenifjɑ̃,t/ *adj* آرامش‌بخش، تسکین‌دهنده

lénifier /lenifje/ *vt* (7) آرام کردن، تسکین دادن

lénitif,ive /lenitif,iv/ *adj, nm* آرامش‌بخش، مسکّن

lent,e[1] /lɑ̃,t/ *adj* ۱. آرام، آهسته ۲. کُند، کم‌تحرک

avoir l'esprit lent کندذهن بودن

mort lente مرگ تدریجی

lente[2] /lɑ̃t/ *nf* تخم شپش

lentement /lɑ̃tmɑ̃/ *adv* آرام، آهسته، کُند، به آرامی، به کُندی

lenteur /lɑ̃tœR/ *nf* کُندی، آهستگی

lentigo /lɑ̃tigo/ *nm* خال

lentille /lɑ̃tij/ *nf* ۱. عدس ۲. عدسی

léonin,e /leɔnɛ̃,in/ *adj* ۱. شیرمانند، شیروَش، مثل شیر ۲. یک‌جانبه، غیرمنصفانه

léopard /leɔpaR/ *nm* پلنگ

lèpre /lɛpR/ *nf* جذام، خوره

lépreux,euse /lepRø,øz/ *adj, n* جذامی، مبتلا به جذام

léproserie /lepRozRi/ *nf* بیمارستان جذامیان، جذام‌خانه

lequel, laquelle /ləkɛl, lakɛl/ *pron. rel, pron. interr* ۱. آن‌که، که ◘ ۲. کدام، کدام‌یک، کدامین

la table sur laquelle j'écris میزی که روی آن می‌نویسم

Le mari de cette femme, lequel l'a aidé. شوهر این زن، آن‌که به او کمک کرد.

Lequel des deux préférez-vous? شما کدام را ترجیح می‌دهید؟

lesbienne /lɛsbjɛn/ *nf, adj* ۱. زن همجنس‌باز ۲. [زن] همجنس‌باز

lèse-majesté /lezmaʒɛste/ *nf,*

crime de lèse-majesté اقدام ضدسلطنت، توطئه علیه شاه و مملکت

léser /leze/ *vt* (6) ۱. آسیب رساندن به، صدمه زدن به ۲. لطمه زدن به، ضرر زدن به، زیان رساندن به

lésine /lezin/ *nf* [قدیمی یا ادبی] خِست

lésiner /lezine/ *vi* (1) بیش از اندازه صرفه‌جویی کردن، خست نشان دادن

lésinerie /lezinRi/ *nf* [قدیمی] خست

lésion /lezjɔ̃/ *nf* ۱. زخم، جراحت ۲. ضایعه، آسیب

lesquels, lesqulles /lekɛl/ *pron. rel. pl, pron. interr. pl* ۱. آنان‌که، که ◘ ۲. کدام، کدام‌یک، کدامین

lessivage /lesivaʒ/ *nm* شستشو (با مواد پاک‌کننده)

lessive /lesiv/ *nf* ۱. مایع رختشویی، پودر لباس‌شستنی ۲. رختِ شستنی، رخت چرک ۳. شستشو، رختشویی، لباس‌شویی

lessiver /lesive/ *vt* (1) (با مواد پاک‌کننده) شستن

leste /lɛst/ *adj* ۱. چابک، چالاک، چست ۲. جلف، گستاخانه

lestement /lɛstəmɑ̃/ *adv* با چابکی، به چالاکی، چست و چالاک

léthargie /letaʀʒi/ *nf* ۱. خواب‌آلودگی مرضی ۲. رخوت، خمودی

lettre /lɛtʀ/ *nf* ۱. [در الفبا] حرف ۲. نامه — [صورت جمع] ۳. ادبیات
 à la lettre/au pied de la lettre
۱. به معنی واقعی کلمه، حقیقتاً ۲. دقیقاً، عیناً، مو به مو
 en toutes lettres با حروف کامل
 faculté des lettres دانشکدهٔ ادبیات
 homme/femme de lettres ادیب

lettré,e /letʀe/ *adj* ادیب، عالِم، فرهیخته

leucémie /løsemi/ *nf* سرطان خون

leucémique /løsemik/ *adj, n* مبتلا به سرطان خون

leucocyte /løkɔsit/ *nm* گلبول سفید، گویچهٔ سفید

leur[1] /lœʀ/ *adj. poss, pron. poss* ۱. [در ترکیب] ـشان، ـِ آنها ◼ ۲. مال آنها، مال خودشان
 Il ne connaît pas mon père, mais je connais le leur.
او پدر مرا نمی‌شناسد، اما من پدر او را می‌شناسم.
 leurs parents والدینشان، پدر و مادرشان

leur[2] /lœʀ/ *pron. pers. inv* به آنها، از آنها

leurre /lœʀ/ *nm* ۱. حیله، فریب، نیرنگ ۲. طعمه، دام

leurrer /lœʀe/ *vt* (1) ۱. فریفتن، گول زدن، از راه به در کردن ۲. به دام انداختن
 se leurrer *vp* ۱. فریب خوردن، گول خوردن ۲. خود را گول زدن

levage /ləvaʒ/ *nm* ۱. (عمل) بلند کردن، بالا بردن ۲. [خمیر] ور آمدن

levain /ləvɛ̃/ *nm* خمیرمایه

levant[1] /ləvɑ̃/ *adj. m,* au soleil levant هنگام طلوع آفتاب

levant[2] /ləvɑ̃/ *nm* مشرق

levé[1],**e** /l(ə)ve/ *adj,* au pied levé بی‌مقدمه
 voter à mains levées رأی‌گیری با بلند کردن دست

levé[2] /l(ə)ve/ *nm,* voter par assis et levés رأی‌گیری به قیام و قعود

levée /l(ə)ve/ *nf* ۱. (عمل) برداشتن ۲. جمع‌آوری نامه‌ها (از صندوق) ۳. [جلسه] ختم ۴. [مالیات] دریافت، وصول ۵. بسیج، سربازگیری ۶. خاکریز، سیل‌برگردان، لَوار
 levée de boucliers شورش، قیام
 levée d'un siège ترک محاصره

lever[1] /l(ə)ve/ *vt, vi* (5) ۱. بلند کردن ۲. بالا بردن ۳. بالا کشیدن، بالا زدن ۴. بالا کردن ۵. بالا گرفتن ۶. برداشتن ۷. کنار زدن ۷. [جلسه] ختم کردن ۸. [مالیات] گرفتن ۹. بسیج کردن ◼ ۱۰. رُستن، روییدن ۱۱. [خمیر] ور آمدن
 lever les épaules شانه بالا انداختن
 lever une difficulté مشکلی را رفع کردن، مشکلی را از میان برداشتن
 se lever *vp* ۱. بلند شدن، برخاستن، پا شدن ۲. از خواب برخاستن، از خواب پا شدن ۳. طلوع کردن، دمیدن ۴. [باد، نسیم] درگرفتن، شروع به وزیدن کردن ۵. [هوا] روشن شدن

lever[2] /l(ə)ve/ *nm* برخاستن از خواب
 lever du soleil طلوع خورشید

levier /ləvje/ *nm* اهرم، دسته
levraut /ləvʀo/ *nm* بچه خرگوش
lèvre /lɛvʀ/ *nf* لب
levrette /ləvʀɛt/ *nf* [سگ] ماده تازی
lévrier /levʀije/ *nm* سگ تازی، تازی
levure /l(ə)vyʀ/ *nf* مخمر
lexical,e,aux /lɛksikal,o/ *adj* ۱. واژگانی ۲. قاموسی
lexicographe /lɛksikɔgʀaf/ *n* فرهنگ‌نویس
lexicographie /lɛksikɔgʀafi/ *nf* فرهنگ‌نویسی
lexicgraphique /lɛksikɔgʀfik/ *adj* (مربوط به) فرهنگ‌نویسی
lexicologie /lɛksikɔlɔʒi/ *adj* واژه‌شناسی
lexicologique /lɛksikɔlɔʒik/ *adj* واژه‌شناختی، (مربوط به) واژه‌شناسی
lexicologue /lɛksikɔlɔg/ *n* واژه‌شناس
lexique /lɛksik/ *nm* واژگان
lézard /lezar/ *nm* ۱. مارمولک ۲. بزمجه، سوسمار ۳. پوست سوسمار
faire le lézard [خودمانی] آفتاب گرفتن
lézarde /lezaʀd/ *nf* ترک، شکاف
lézarder[1] /lezaʀde/ *vt* (1) ترک انداختن، ترک دادن، شکاف دادن
se lézarder *vp* ترک خوردن، ترک برداشتن، شکاف خوردن
lézarder[2] /lezaʀde/ *vi* (1) [خودمانی] آفتاب گرفتن
liaison /ljɛzɔ̃/ *nf* ۱. رابطه، ارتباط ۲. پیوند ۳. رابطه (عشقی)، سَر و سِر ۴. پیوند آوایی
liant,e /ljɑ̃,t/ *adj, n* (آدم) معاشرتی، اجتماعی، زودآشنا، خوش‌مشرب، خونگرم
liasse /ljas/ *nf* [کاغذ، نامه، اسکناس، ...] دسته
libation /libasjɔ̃/ *nf* ۱. شراب‌فشانی بر خاک ۲. میگساری
libelle /libɛl/ *nm* هجو، هجویه
libellé /libele/ *nm* [اَسناد] (شیوهٔ) نگارش، شیوهٔ تحریر، انشا
libeller /libele/ *vt* (1) ۱. انشا کردن، تحریر کردن ۲. [چک] صادر کردن، کشیدن
libellule /libelyl/ *nf* سنجاقک
liber /libɛr/ *nm* آوند آبکش
libérable /libeʀabl/ *adj* مشمول معافیت
libéral,e,aux /libeʀal,o/ *adj, n* ۱. [سیاست] آزادی‌خواه، لیبرال ۲. [اقتصاد] آزادی‌گرا ◘ ۳. آزادی‌خواهانه، لیبرالیستی ۴. آزادمنش، آزاداندیش ۵. [قدیمی یا ادبی] سخاوتمند، گشاده‌دست
profession libérale شغل آزاد
libéralement /libeʀalmɑ̃/ *adv* سخاوتمندانه، فراوان، به وفور
libéralisation /libeʀalizasjɔ̃/ *nf* [سیاست، اقتصاد] آزادسازی
libéraliser /libeʀalize/ *vt* (1) [سیاست، اقتصاد] آزاد ساختن
libéralisme /libeʀalism/ *nm* ۱. [سیاست] آزادی‌خواهی، لیبرالیسم ۲. [اقتصاد] آزادی‌گرایی ۳. آزادمنشی
libéralité /libeʀalite/ *nf* ۱. [ادبی] بخشندگی، سخاوت، کرم، گشاده‌دستی ۲. هدیهٔ سخاوتمندانه
libérateur,trice /libeʀatœʀ,tʀis/ *adj, n* آزادکننده، ناجی، منجی، رهایی‌بخش
libération /libeʀasjɔ̃/ *nf* ۱. آزادسازی، آزادی ۲. [سربازی] ترخیص
libéré,e /libeʀe/ *adj* آزادشده، آزاد، رها
libérer /libeʀe/ *vt* (6) ۱. آزاد کردن ۲. [راه] باز کردن ۳. رها کردن، خلاص کردن ۴. معاف کردن
se libérer *vp* ۱. خود را آزاد کردن، خود را رهانیدن، خلاص شدن ۲. بدهی خود را پرداختن، دین خود را ادا کردن
libertaire /libɛʀtɛʀ/ *n, adj* ۱. آزادی‌طلب، هرج و مرج‌طلب ◘ ۲. آزادی‌طلبانه، هرج و مرج‌طلبانه

liberté /libɛʀte/ *nf* ۱. آزادی ۲. اختیار، حق ۳. [فلسفه] اختیار

libertin,e /libɛʀtɛ̃,in/ *n, adj* ۱. [ادبی] کامجو، عیاش ۲. آزاداندیش ۳. زننده، جلف، گستاخانه

libertinage /libɛʀtinaʒ/ *nm* کامجویی، عیاشی

libidineux,euse /libidinø,øz/ *adj* ۱. [ادبی یا طنزآمیز] شهوتران، شهوت‌پرست ۲. شهوت‌آلود، شهوی، شهوانی

libido /libido/ *nf* سائقهٔ جنسی، لیبیدو

libraire /libʀɛʀ/ *n* کتاب‌فروش

librairie /libʀeʀi/ *nf* کتاب‌فروشی

libre /libʀ/ *adj* ۱. آزاد ۲. مختار، مجاز ۳. آزادنه ۴. راحت ۵. [جا، تاکسی، ...] خالی ۶. [راه] باز ۷. [خط تلفن] آزاد ۸. گستاخانه، بی‌پرده

appartement libre آپارتمان خالی

être libre ۱. آزاد بودن ۲. کاری نداشتن

être libre avec qqn با کسی راحت بودن

libre penseur آزاداندیش

vers libre شعر آزاد

libre-échange /libʀeʃɑ̃ʒ/ *nm* تجارت آزاد

librement /libʀəmɑ̃/ *adv* ۱. آزادنه، آزاد ۲. بی‌پرده، رُک

libre-service /libʀəsɛʀvis/ *nm* سِلف‌سرویس

lice /lis/ *nf* میدان مبارزه، عرصهٔ پیکار

entrer en lice پا به میدان گذاشتن، وارد گود شدن

licence /lisɑ̃s/ *nf* ۱. پروانه، جواز ۲. لیسانس، کارشناسی ۳. [ادبی] اختیار، حق ۴. افسارگسیختگی، بی‌بند و باری ۵. گستاخی، بی‌ادبی

licence poétique اختیار شاعری

licencié,e /lisɑ̃sje/ *adj, n* لیسانسیه، دارای مدرک کارشناسی

licenciement /lisɑ̃simɑ̃/ *nm* اخراج، بیرون کردن

licencier /lisɑ̃sje/ *vt* (7) اخراج کردن، بیرون کردن

licencieux,euse /lisɑ̃sjø,øz/ *adj* ۱. وقیح، گستاخ ۲. وقیحانه، خلاف ادب، زننده

lichen /likɛn/ *nm* گل‌سنگ

licite /lisit/ *adj* مجاز، مشروع، قانونی

licol /likɔl/ *nm* افسار

licorne /likɔʀn/ *nf* [موجود افسانه‌ای] تک‌شاخ

licou /liku/ *nm* → licol

lie /li/ *nf* ۱. لِرد، ته‌نشست، دُرد، ته ۲. طبقهٔ پست، طبقهٔ پایین

liège /ljɛʒ/ *nm* چوب‌پنبه

chêne-liège درخت چوب‌پنبه

lien /ljɛ̃/ *nm* ۱. بند ۲. رشته ۳. پیوند، رابطه ۴. ارتباط، ربط، بستگی

lier /lje/ *vt* (7) ۱. (با بند) بستن ۲. (به هم) وصل کردن ۳. (به هم) پیوند دادن، پیوند برقرار کردن میانِ ۴. مقید کردن، ملزم کردن، موظف کردن

lier conversation سرِ صحبت را باز کردن، به گفتگو نشستن

se lier *vp* رابطهٔ دوستانه برقرار کردن، دوست شدن، با هم صمیمی شدن

lierre /ljɛʀ/ *nf* پیچک، پاپیتال

liesse /ljɛs/ *nf* [ادبی] سرور، شعف، وجد

lieu /ljø/ *nm* جا، مکان، محل

au lieu de به جایِ، در عوضِ

au lieu que در حالی که

avoir lieu ۱. روی دادن، واقع شدن، رخ دادن ۲. برگزار شدن ۳. تشکیل شدن

avoir lieu de حق داشتن

donner lieu فرصت دادن، مجال دادن، امکان دادن

en dernier lieu بالاخره، در آخر

lieue

Il ya lieu de	بجاست، جا دارد
lieux (d'aisances)	[قدیمی] توالت، مستراح
mauvais lieu	جای بد، فاحشه‌خانه
tenir lieu de	جای (کسی یا چیزی را) گرفتن، به شمار رفتن
lieue / ljø / *nf*	فرسخ، فرسنگ (= واحد قدیم اندازه‌گیری مسافت تقریباً برابر با ۴ کیلومتر)
lieutenant / ljøtnɑ̃ / *nm*	۱. ستوان ۲. نایب، قائم‌مقام
lieutenant-colonel / ljøtnɑ̃kɔlɔnɛl / *nm*	سرهنگ دوم
lièvre / ljɛvʀ / *nm*	خرگوش (صحرایی)
liftier / liftje / *nm*	متصدی آسانسور، آسانسورچی
lifting / liftiŋ / *nm*	کشیدن پوست صورت، لیفتینگ
ligament / ligamɑ̃ / *nm*	رباط، لیگمان
ligature / ligatyʀ / *nf*	۱. [پزشکی] رگ‌بند، لیگاتور ۲. (عمل) بستن ۳. بند
ligaturer / ligatyʀe / *vt* (1)	[پزشکی] با رگ‌بند بستن ۲. (با بند) بستن
lige / liʒ / *adj*	[قدیمی] رعیت، بنده
homme lige	مخلص، فدایی، مطیع
ligne / liɲ / *nf*	۱. خط ۲. خط (تلفن) ۳. سیم ۴. نخ ماهیگیری ۵. خط مشی ۶. سطر ۷. ردیف، صف ۸. مرز ۹. مسیر ۱۰. [نظامی] خط ۱۱. تبار، دودمان
aller à la ligne	(به) سر سطر رفتن
avoir la ligne	خوش‌قد و قواره بودن
hors ligne	استثنایی، عالی، بی‌نظیر
lignée / liɲe / *nf*	تبار، نسل، نسب
ligneux,euse / liɲø,øz / *adj*	[گیاه] چوبی، چوب‌سان
lignifier (se) / s(ə)liɲifje / *vp* (7)	[گیاه‌شناسی] چوبی شدن
lignite / liɲit / *nm*	زغال قهوه‌ای، لینیت
ligotage / ligɔtaʒ / *nm*	(عمل) محکم بستن
ligoter / ligɔte / *vt* (1)	۱. محکم بستن ۲. [مجازی] دست و پای (کسی را) در پوست گردو گذاشتن، ملزم کردن، مقید کردن
ligue / lig / *nf*	۱. اتحاد، پیمان ۲. مجمع، جامعه، انجمن
liguer / lige / *vt* (1)	متحد کردن، هم‌پیمان کردن
se liguer	متحد شدن، هم‌پیمان شدن
lilas / lila / *nm*	۱. بوتهٔ یاس ۲. گل یاس
liliputien,enne / lilipysjɛ̃,ɛn / *adj*	خیلی کوچک، ریزه
limace / limas / *nf*	حلزون بی‌صدف
limaçon / limasɔ̃ / *nm*	۱. حلزون ۲. حلزون گوش
limage / limaʒ / *nm*	(عمل) سوهان زدن
limaille / limaj / *nf*	براده (فلز)
lime / lim / *nf*	سوهان
limer / lime / *vt* (1)	سوهان زدن، سوهان کشیدن
liminaire / liminɛʀ / *adj*	مقدماتی
limitatif,ive / limitatif,iv / *adj*	محدودکننده
limitation / limitasjɔ̃ / *nf*	۱. تعیین حدود، محدود کردن ۲. محدودیت
limite / limit / *nf*	۱. مرز، سرحد ۲. حد، حد و مرز، اندازه ۳. محدوده ۴. حد نهایی، نهایت، حداکثر
sans limites	بی‌حد و مرز، بی‌اندازه
limité,e / limite / *adj*	محدود
limiter / limite / *vt* (1)	۱. محدود کردن، حد (چیزی را) تعیین کردن ۲. در مرز (جایی) قرار داشتن
limitorphe / limitʀɔf / *adj*	۱. هم‌مرز ۲. مرزی ۳. مجاور
limon / limɔ̃ / *nm*	لای، سیلت
limonade / limɔnad / *nf*	۱. لیموناد ۲. شربت آبلیمو
limonadier,ère / limɔnadje,ɛʀ / *n*	۱. لیموناد‌ساز ۲. کافه‌چی

limoneux,euse / limɔnø,øz / *adj* سیلتی
limpide / lɛ̃pid / *adj* ۱. زلال ۲. شفاف، صاف ۳. روشن، واضح، قابل فهم
limpidité / lɛ̃pidite / *nf* ۱. زلالی ۲. شفافیت، صافی ۳. روشنی، وضوح
lin / lɛ̃ / *nm* ۱. گیاه کتان ۲. کتان، پارچهٔ کتانی
linceul / lɛ̃sœl / *nm* کفن
linéaire / lineɛʀ / *adj* خطی، یک‌بُعدی
linéament / lineamɑ̃ / *nm* ۱. [ادبی] طرح کلی، طرح ۲. [چهره] خطوط
linge / lɛ̃ʒ / *nm* ۱. ملافه ۲. لباس زیر ۳. کهنهٔ بچه ۴. کهنه، دستمال
étendre le linge لباس‌ها را پهن کردن، رخت پهن کردن
linge de maison ملافه و رومیزی
lingerie / lɛ̃ʒʀi / *nf* لباس زیر
lingot / lɛ̃go / *nm* شمش
lingual,e,aux / lɛ̃gɥal,o / *adj* (مربوط به) زبان
muscle lingual عضلهٔ زبان
linguiste / lɛ̃gɥist / *n* زبان‌شناس
linguistique / lɛ̃gɥistik / *nf, adj* ۱. زبان‌شناسی ◙ ۲. زبانی ۳. زبان‌شناختی، (مربوط به) زبان‌شناسی
linguistiquement / lɛ̃gɥistikmɑ̃ / *adv* ۱. از نظر زبانی، به لحاظ زبانی ۲. از نظر زبان‌شناسی، از نظر زبان‌شناختی
liniment / linimɑ̃ / *nm* لینیمان (= محلول روغنی مالیدنی)
linoléum / linɔleɔm / *nm* لینولئوم (= نوعی کف‌پوش)
linon / linɔ̃ / *nm* (پارچهٔ) مَلمل
linteau / lɛ̃to / *nm* نعل درگاه
lion / ljɔ̃ / *nm* ۱. شیر ۲. (صورت فلکی) اسد
la part du lion بزرگترین سهم، سهم عمده
lionceau / ljɔ̃so / *nm* بچه‌شیر
lionne / ljɔn / *nf* ماده‌شیر، شیر ماده
lippe / lip / *nf* لب (کلفت) زیرین
liquéfaction / likefaksjɔ̃ / *nf* مَیَعان، تبدیل به مایع
liquéfier / likefje / *vt* (7) به مایع تبدیل کردن، مایع کردن، آب کردن
se liquéfier *vp* به مایع تبدیل شدن، مایع شدن، آب شدن
liquette / likɛt / *nf* [خودمانی] پیرهن (مردانه)
liqueur / likœʀ / *nf* لیکور
liquidation / likidasjɔ̃ / *nf* ۱. تسویه، پرداخت ۲. فروش به بهای نازل، حراج فوق‌العاده
liquide / likid / *adj, nm* ۱. مایع ۲. آبکی، رقیق ۳. [پول] نقد ۴. [آواشناسی] روان ◙ ۵. مایع ۶. پول نقد
liquider / likide / *vt* (1) ۱. تسویه کردن، پرداخت کردن، پرداختن ۲. زیر قیمت فروختن، به بهای نازل فروختن، چوب حراج زدن ۳. [خودمانی] خود را از شر (کسی یا چیزی) خلاص کردن، کلک (کسی را) کندن، ترتیب (کسی یا چیزی را) دادن
liquidité / likidite / *nf* ۱. نقدینگی، نقدینه، دارایی نقدی ۲. حالت مایع
lire / liʀ / *vt* (43) ۱. خواندن، قرائت کردن ۲. مطالعه کردن ۳. (از قرائن) پی بردن، خواندن، فهمیدن
lire / liʀ / *nf* لیر (= واحد پول ایتالیا)
lis / lis / *nm* (گل) سوسن
liseré / lizʀe / *nm* [خیاطی] سجاف
liséré / lizeʀe / *nm* → liseré
liseron / lizʀɔ̃ / *nm* نیلوفر پیچ، پیچک صحرایی
liseur,euse / lizœʀ,øz / *adj, n* کتاب‌خوان، خواننده

a = bas, plat e = blé, jouer ɛ = lait, jouet, merci i = il, lyre o = mot, dôme, eau, gauche ɔ = mort
u = roue y = rue ø = peu œ = peur ə = le, premier ɑ̃ = sans, vent ɛ̃ = matin, plein, lundi
ɔ̃ = bon, ombre ʃ = chat, tache ʒ = je, gilet j = yeux, paille, pied w = oui, nouer ɥ = huile, lui

lisibilité 520

lisibilité / lizibilite / *nf* ۱. خوانایی، خوانا بودن ۲. [مجازی] وضوح، شفافیت

lisible / lizibl / *adj* ۱. خوانا ۲. خواندنی، قابل خواندن ۳. واضح

lisiblement / lizibləmɑ̃ / *adv* خوانا، به طور خوانا

lisière / lizjɛʀ / *nf* حاشیه، لبه، کناره

lissage / lisaʒ / *nm* ۱. (عمل) صاف کردن، مرتب کردن ۲. [چرم و غیره] پرداخت

lisse / lis / *adj* ۱. صاف، هموار ۲. صیقلی

lisser / lise / *vt* (1) ۱. صاف کردن، مرتب کردن ۲. [چرم و غیره] پرداخت کردن

liste / list / *nf* فهرست، صورت، سیاهه، لیست

lit / li / *nm* ۱. تختخواب، تخت ۲. بستر

Il va/se met au lit. می‌رود بخوابد.

lit de camp تخت سفری

lit du vent جهت باد

literie / litʀi / *nf* رختخواب

litho / lito / *nf* → lithographie

lithographie / litɔgʀafi / *nf* ۱. لیتوگرافی ۲. چاپ سنگی

litière / litjɛʀ / *nf* ۱. تخت‌روان ۲. بستر کاه (= بستری از کاه یا علوفه برای خوابیدن چارپایان)

litige / litiʒ / *nm* ۱. دعوا(ی حقوقی)، دادخواهی ۲. دعوا، مرافعه

litigieux,e,aux / litiʒjø,øz / *adj* مورد دعوا، مورد اختلاف

litre / litʀ / *nm* لیتر

littéraire / liteʀɛʀ / *adj, n* ۱. ادبی، (مربوط به) ادبیات ◙ ۲. اهل ادب، ادیب

littéral,e,aux / liteʀal,o / *adj* ۱. الفبایی، حرفی ۲. لفظ به لفظ، تحت‌اللفظی ۳. مو به مو، دقیق

littéralement / liteʀalmɑ̃ / *adv* ۱. لفظ به لفظ، تحت‌اللفظی ۲. مو به مو، دقیقاً ۳. به معنی واقعی کلمه، واقعاً، به راستی

littérateur / liteʀatœʀ / *nm* [غالباً تحقیرآمیز] ادب‌پیشه

littérature / liteʀatyʀ / *nf* ۱. ادبیات ۲. آثار ادبی ۳. نویسندگی ۴. نوشتجات، آثار نوشته

littoral[1],e,aux / litɔʀal,o / *adj* ساحلی، کرانه‌ای

littoral[2] / litɔʀal / *nm* ناحیهٔ ساحلی

liturgie / lityʀʒi / *nf* [کلیسا] آیین عبادی، مراسم عبادت

liturgique / lityʀʒik / *adj* عبادی، نیایشی

livide / livid / *adj* ۱. [ادبی] کبود ۲. رنگ‌پریده ۳. [رنگ چهره] خفه

lividité / lividite / *nf* ۱. کبودی ۲. رنگ‌پریدگی

living / liviŋ / *nm* → living-room

living-room / liviŋʀum / *nm* اتاق نشیمن

livraison / livʀɛzɔ̃ / *nf* ۱. تحویل ۲. بستهٔ ارسالی، محموله

livre[1] / livʀ / *nm* ۱. کتاب ۲. دفتر ۳. جلد، مجلد

livre[2] / livʀ / *nf* ۱. لیوْر (= واحد وزن برابر با پانصد گرم)، نیم کیلو ۲. لیره، پوند (= واحد پول بریتانیا و چند کشور دیگر) ۳. لیوْر (= واحد قدیمی پول در فرانسه)

livre sterling لیرهٔ استرلینگ

une demi-livre de beurre دویست و پنجاه گرم کَره

livrée / livʀe / *nf* لباس (مخصوص)

livrée de la misère [ادبی] جامهٔ فقر

livrer / livʀe / *vt* (1) ۱. تحویل دادن ۲. واگذار کردن، تسلیم کردن، دادن ۳. فاش کردن، برملا کردن ۴. [نبرد و غیره] آغاز کردن

se livrer *vp* ۱. خود را تسلیم کردن، تسلیم شدن ۲. تن دادن ۳. پرداختن، مبادرت کردن

livresque / livʀɛsk / *adj* کتابی

livret / livʀɛ / *nm* ۱. کتابچه، دفترچه ۲. [به ویژه برای نمایشگاه] کاتالوگ

livreur,euse / livʀœʀ,øz / *n* مأمور تحویل (کالا)

lobe / lɔb / *nm* ۱. [کالبدشناسی] لُب، قطعه

logiciel /lɔʒisjɛl/ *nm* [کامپیوتر] نرم‌افزار
logicien,enne /lɔʒisjɛ̃,ɛn/ *n* منطق‌دان
logique /lɔʒik/ *nf* منطق
logique /lɔʒik/ *adj* منطقی
logiquement /lɔʒikmɑ̃/ *adv* ۱. از نظر منطقی، به لحاظ منطقی ۲. منطقاً، قاعدتاً
logis /lɔʒi/ *nm* [قدیمی یا ادبی] منزل، خانه
loi /lwa/ *nf* ۱. قانون ۲. قاعده ۳. آیین، رسم، رسم و رسوم
faire la loi حکم کردن، امر کردن، دستور دادن
loin /lwɛ̃/ *adv, nm* دور
de loin en loin ۱. به فواصل زیاد ۲. دیر به دیر
lointain,e /lwɛ̃tɛ̃,ɛn/ *adj* دور، دوردست
lointain /lwɛ̃tɛ̃/ *nm* ۱. دوردست ۲. [نقاشی] پس‌زمینه
loir /lwaʀ/ *nm* موش صحرایی، موش زمستان‌خواب
loisible /lwazibl/ *adj* ۱. جایز، روا ۲. مجاز، مختار
loisir /lwaziʀ/ *nm* ۱. فراغت ۲. مجال، فرصت
ــ [صورت جمع] ۳. سرگرمی، تفریح
à loisir سر فرصت، با فراغ بال
lokoum /lɔkum/ *nm* → loukoum
lolo /lolo/ *nm* [زبان بچه‌ها] شیر
lombago /lɔ̃bago/ *nm* → lumbago
lombaire /lɔ̃bɛʀ/ *adj* کمری، (مربوط به) کمر
lombes /lɔ̃b/ *nf. pl* کمر
lombric /lɔ̃bʀik/ *nm* کرم خاکی
long[1],longue /lɔ̃,lɔ̃g/ *adj* ۱. دراز، بلند ۲. طولانی ۳. قدیمی
à la longue ۱. در درازمدت، با گذشت زمان ۲. سرانجام، بالاخره
de longue date از دیرباز
une longue habitude یک عادت قدیمی

۲. [گوش] نرمه ۳. [گیاه‌شناسی] لُب ۴. [معماری] پره، مقطع دایره
local[1],e,aux /lɔkal,o/ *adj* ۱. محلی ۲. [پزشکی] موضعی
local[2] /lɔkal/ *nm* جا، مکان، محل
localisation /lɔkalizasjɔ̃/ *nf* ۱. تعیین محل، موضع‌یابی ۲. مهار، محدود کردن
localiser /lɔkalize/ *vt* (1) ۱. محل (چیزی را) مشخص کردن ۲. زمان (چیزی را) مشخص کردن ۳. محدود کردن، مهار کردن
localité /lɔkalite/ *nf* ۱. جا، محل، مکان ۲. محله، منطقه
locataire /lɔkatɛʀ/ *n* اجاره‌نشین، مستأجر
locatif,ive /lɔkatif,iv/ *adj* اجاره‌ای، (مربوط به) اجاره
préposition locative حرف اضافهٔ مکان
location /lɔkasjɔ̃/ *nf* ۱. اجاره ۲. کرایه
locomoteur,trice /lɔkɔmɔtœʀ,tʀis/ *adj* حرکتی، جنبشی
locomotion /lɔkɔmosjɔ̃/ *nf* ۱. حرکت ۲. حمل و نقل
moyens de locomotion وسایل حمل و نقل
locomotive /lɔkɔmɔtiv/ *nf* لکوموتیو
locution /lɔkysjɔ̃/ *nf* عبارت، اصطلاح
logarithme /lɔgaʀitm/ *nm* لگاریتم
logarithmique /lɔgaʀitmik/ *adj* لگاریتمی
loge /lɔʒ/ *nf* ۱. اتاق سرایدار ۲. حجره، اتاقک، غرفه ۳. [تئاتر، جایگاه تماشاچیان] لُژ ۴. [تئاتر] رختکن (بازیگران)
logeable /lɔʒabl/ *adj* قابل سکونت، مسکونی
logement /lɔʒmɑ̃/ *nm* ۱. اسکان ۲. مسکن ۳. منزل، خانه
loger /lɔʒe/ *vi, vt* (3) ۱. سکونت کردن، منزل کردن ◘ ۲. منزل دادن، سکنا دادن، جا دادن ۳. (در خود) جا دادن ۴. گذاشتن، قرار دادن

a = bas, plat e = blé, jouer ɛ = lait, jouet, merci i = il, lyre o = mot, dôme, eau, gauche ɔ = mort
u = roue y = rue ø = peu œ = peur ə = le, premier ɑ̃ = sans, vent ɛ̃ = matin, plein, lundi
ɔ̃ = bon, ombre ʃ = chat, tache ʒ = je, gilet j = yeux, paille, pied w = oui, nouer ɥ = huile, lui

long[2] /lɔ̃/ *nm, adv* ۱. طول، درازا ۲. مدت ◙ ۳. خیلی، زیاد

au long/tout au long مفصلاً، به تفصیل

au long de در طولِ

de long en large/en long et en large هر طرف، همه جا

en savoir long خیلی دانستن، کاملاً آگاه بودن، ید طولایی داشتن

longanimité /lɔ̃ganimite/ *nf* شکیبایی، بردباری، صبر، حوصله

longe /lɔ̃ʒ/ *nf* افسار

longer /lɔ̃ʒe/ *vt* (3) ۱. در طول (چیزی) رفتن، از کنار (جایی) گذشتن ۲. در امتداد (جایی) قرار داشتن، در کنار (جایی) واقع شدن

longévité /lɔ̃ʒevite/ *nf* ۱. عمر طولانی ۲. طول عمر

longitude /lɔ̃ʒityd/ *nf* طول جغرافیایی

longitudinal,e,aux /lɔ̃ʒitydinal,o/ *adj* طولی

longtemps /lɔ̃tɑ̃/ *adv, nm* مدت زیادی، مدت مدیدی، خیلی وقت

longue[1] /lɔ̃g/ *adj.f* → long[2],longue

longue[2] /lɔ̃g/ *nf* ۱. هجای بلند ۲. واکهٔ کشیده، مصوت بلند

longuement /lɔ̃gmɑ̃/ *adv* ۱. مدت زیادی، مدت‌ها ۲. به تفصیل، مفصلاً

longuet,ette /lɔ̃gɛ,ɛt/ *adj* [خودمانی] کمی بلند، کمی دراز، کمی طولانی

longueur /lɔ̃gœʀ/ *nf* ۱. طول، درازا ۲. طولانی بودن ــ [صورت جمع] ۳. اِطناب، درازگویی

longue-vue /lɔ̃gvy/ *nf* دوربین یک‌چشمی

lopin /lɔpɛ̃/ *nm* [زمین] قطعه، تکه

loquace /lɔk(w)as/ *adj* پرحرف، پرچانه

loquacité /lɔk(w)asite/ *nf* پرحرفی، پرچانگی، روده‌درازی

loque /lɔk/ *nf* ۱. لباس پاره، لباس ژنده ۲. [محلی] (تکه) کهنه ۳. آدم بی‌توش و توان، آدم زهواردررفته

loquet /lɔkɛ/ *nm* چِفت

loqueteau /lɔkto/ *nm* چِفت کوچک

loqueteux,euse /lɔktø,øz/ *adj* ۱. ژنده‌پوش، پاره‌پوش ۲. پاره‌پوره، ژنده

lord /lɔʀ/ *nm* لُرد (= لقبی در بریتانیا)

lorgner /lɔʀɲe/ *vt* (1) ۱. دید زدن ۲. چشم (کسی) دنبال (چیزی) بودن، چشم طمع داشتن به

lorgnette /lɔʀɲɛt/ *nf* دوربین (یک‌چشمی) جیبی

lorgnon /lɔʀɲɔ̃/ *nm* عینک دستی، عینک فنری

loriot /lɔʀjo/ *nm* [پرنده] پری‌شاهرخ

lors /lɔʀ/ *adv*, **depuis lors** از آن زمان، از آن وقت، از آن هنگام

dès lors ۱. از آن زمان، از آن وقت، از آن هنگام ۲. بنابراین، به همین خاطر، برای همین

dès lors que از زمانی که، از وقتی که، همین‌که

lors de هنگامِ، موقعِ، زمانِ

lors même que در صورتی هم که، حتی اگر

lorsque /lɔʀsk(ə)/ *conj* وقتی که، هنگامی که، زمانی که، موقعی که

losange /lɔzɑ̃ʒ/ *nm* لوزی

lot /lo/ *nm* ۱. سهم، قسمت ۲. جایزه ۳. نصیب، قسمت، اقبال

un lot de دست، سِری

loterie /lɔtʀi/ *nf* ۱. بخت‌آزمایی، لاتاری ۲. [مجازی] قمار

loti,e /lɔti/ *adj*, **être bien loti** خوشبخت بودن

lotion /losjɔ̃/ *nf* لوسیون، محلول

lotionner /losjɔne/ *vt* (1) لوسیون زدن به

lotir /lɔtiʀ/ *vt* (2) ۱. تقسیم کردن ۲. سهم دادن ۳. [زمین] (برای فروش) تفکیک کردن

lotissement /lɔtismɑ̃/ *nm* ۱. تقسیم، تقسیم‌بندی ۲. [زمین] تفکیک (برای فروش)، قطعات تفکیک‌شده

louable¹ / lwabl / *adj* قابل ستایش، درخور تحسین، قابل تمجید

louable² / lwabl / *adj* قابل اجاره دادن

louage / lwaʒ / *nm* اجاره، کرایه

louange / lwɑ̃ʒ / *nf* [ادبی] ستایش، تحسین، تمجید، مدح

louanger / lwɑ̃ʒe / *vt* (3) [ادبی] ستودن، تحسین کردن، مدح (کسی را) گفتن

louangeur, euse / lwɑ̃ʒœR, øz / *n, adj* ۱. [قدیمی] متملق، چاپلوس ▫ ۲. ستایش‌آمیز

louche¹ / luʃ / *adj* ۱. مشکوک ۲. کدر ۳. [قدیمی] لوچ

louche² / luʃ / *nf* ملاقه

loucher / luʃe / *vi* (1) ۱. لوچ بودن ۲. چشم (کسی به چیزی) بودن، برانداز کردن

faire loucher qqn [خودمانی] کنجکاوی کسی را تحریک کردن، تحریک کردن، سیخونک زدن

louer¹ / lwe / *vt* (1) ۱. ستودن، تمجید کردن، تعریف کردن از، تحسین کردن ۲. [خدا] ستودن، شکر کردن

se louer *vp* اظهار رضایت کردن، رضایت داشتن، راضی بودن

louer² / lwe / *vt* (1) ۱. اجاره دادن، کرایه دادن ۲. اجاره کردن، کرایه کردن ۳. رزرو کردن، گرفتن

à louer اجاره‌ای، کرایه‌ای

loueur, euse / lwœR, øz / *n* موجر، کرایه‌دهنده

loufoque / lufɔk / *adj* [خودمانی] خُل، خُل مشنگ ۲. جفنگ

loufoquerie / lufɔkRi / *nf* خُل‌بازی

Louis / lwi / *nm* ۱. لوئی (= سکهٔ طلای قدیمی، رایج در فرانسه) ۲. [در قمار] سکهٔ بیست فرانکی

Louis d'or سکهٔ بیست فرانکی طلا

loukoum / lukum / *nm* راحةالحلقوم، راحتی

loup / lu / *nm* ۱. گرگ ۲. ماهی خاردار ۳. [در بالماسکه] نقاب سیاه

hurler avec les loups هم‌رنگ جماعت شدن

marcher à pas de loup پاورچین‌پاورچین راه رفتن

loup-cervier / lusɛRvje / *nm* [جانور] سیاه‌گوش

loup-garou / lugaRu / *nm* [درافسانه‌ها] گرگ‌انسان

loupe / lup / *nf* ۱. ذره‌بین ۲. کیست ۳. [چوب] گره

louper / lupe / *vt* (1) ۱. [خودمانی؛ کار، امتحان، ...] خراب کردن ۲. [قطار و غیره] جا ماندن از، نرسیدن به ۳. [فرصت] از دست دادن

C'est loupé! [خودمانی] خیط کردی! خیط کاشتی!

loupiote / lupjɔt / *n* [خودمانی] لامپ کوچولو، نور کم

lourd¹, e / luR, d / *adj* ۱. سنگین ۲. دشوار، طاقت‌فرسا، کمرشکن ۳. دیرهضم، ثقیل ۴. آکنده، پُر ۵. خرفت، کودن، خنگ ۶. ناشی، بی‌دست و پا ۷. کُند ۸. زمخت، بی‌ظرافت

esprit lourd کندذهن، خرفت

lourde faute اشتباه بزرگ، خطای فاحش

parfum lourd عطر تند

temps lourd هوای گرفته، هوای خفه

lourd² / luR / *adv* [خودمانی] خیلی

peser lourd خیلی سنگین بودن

lourdaud, e / luRdo, d / *adj, n* (آدم) دست و پاچلفتی، ناشی

lourdement / luRdəmɑ̃ / *adv* ۱. سنگین ۲. به شدت ۳. ناشیانه

lourdeur / luRdœR / *nf* ۱. سنگینی ۲. ناشیگری ۳. کندی ۴. زمختی، عدم ظرافت

loustic / lustik / *nm* ۱. لوده ۲. [خودمانی؛ تحقیرآمیز] آدم

loutre / lutR / *nf* ۱. سمور آبی ۲. پوست سمور آبی

louve /luv/ *nf* ماده‌گرگ، گرگ ماده

louveteau /luvto/ *nm* توله‌گرگ، بچه گرگ

louvoyer /luvwaje/ *vi* (1) ۱. [کشتیرانی] زیگزاگ رفتن ۲. طفره رفتن

lover /lɔve/ *vt* (1) [دریانوردی؛ طناب یا کابل] پیچیدن

se lover *vp* ۱. به دور خود پیچیدن ۲. حلقه زدن، چنبره زدن

loyal,e,aux /lwajal,o/ *adj* ۱. درستکار، صادق ۲. وفادار، باوفا ۳. صادقانه، درست

loyalement /lwajalmɑ̃/ *adv* ۱. صادقانه، با درستی، درست ۲. وفادارانه، با وفاداری

loyalisme /lwajalism/ *nm* [سیاست و غیره] وفاداری

loyaliste /lwajalist/ *n* [سیاست و غیره] وفادار

loyauté /lwajote/ *nf* ۱. وفاداری ۲. درستی، راستی، صداقت

loyer /lwaje/ *nm* اجاره‌بها، اجاره، کرایه

L.S.D. /ɛlɛsdi/ *nm* اِل‌اِس‌دی (= نوعی مادهٔ مخدر)

lu,e /ly/ *part. passé* [اسم مفعول فعلِ lire]

lubie /lybi/ *nf* هوا و هوس، هوس

lubricité /lybʀisite/ *nf* شهوت‌پرستی، شهوت‌رانی، هرزگی

lubrification /lybʀifikasjɔ̃/ *nf* روغن‌کاری

lubrifier /lybʀifje/ *vt* (1) روغن‌کاری‌کردن، روغن زدن

lubrique /lybʀik/ *adj* ۱. شهوت‌پرست، شهوت‌ران ۲. شهوانی، شهوت‌آلود، هرزه

lucarne /lykaʀn/ *nf* ۱. نورگیر بام، پنجرهٔ زیر سقف ۲. روزن

lucide /lysid/ *adj* ۱. روشن‌بین، فهمیده ۲. روشن‌بینانه، روشن ۳. هشیار، بهوش

lucidement /lysidmɑ̃/ *adv* روشن‌بینانه، به روشنی، به وضوح

lucidité /lysidite/ *nf* ۱. روشن‌بینی ۲. هشیاری

lucratif,ive /lykʀatif,iv/ *adj* سودآور، پرسود، پرمنفعت

ludique /lydik/ *adj* (مربوط به) بازی

luette /lɥɛt/ *nf* ملاز، زبان کوچک

lueur /lɥœʀ/ *nf* ۱. نور اندک، کورسو، پرتو ۲. [مجازی] بارقه، جرقه

luge /lyʒ/ *nf* سورتمه، لوژ

lugubre /lygybʀ/ *adj* ۱. ماتم‌زده، محزون ۲. حزن‌انگیز، اندوهبار

lugubrement /lygybʀəmɑ̃/ *adv* با حزن و اندوه، ماتم‌زده

lugubre /lygybʀ/ *adj* ۱. ماتم‌زده،

lui /lɥi/ *pron. pers. m* ۱. به او، با او، برای او ۲. او ۳. خود، خودش

lui-même خودش، خود او

luire /lɥiʀ/ *vi* (38) ۱. درخشیدن، پرتو افکندن، برق زدن ۲. [ادبی] رخ نمودن، پدیدار شدن

luisant,e /lɥizɑ̃,t/ *adj* درخشان، درخشنده، تابان، براق

ver luisant کرم شب‌تاب

lumbago /lɔ̃bago/ *nm* کمردرد (حاد)

lumière /lymjɛʀ/ *nf* ۱. نور ۲. روشنی، روشنایی ۳. پرتو، فروغ ۴. چراغ ۵. چهرهٔ درخشان ـــ [صورت جمع] ۶. آگاهی، دانش

lumignon /lymiɲɔ̃/ *nm* چراغ کم‌نور

luminaire /luminɛʀ/ *nm* ۱. [در کلیسا] وسایل روشنایی ۲. وسیلهٔ روشنایی، چراغ

luminance /lyminɑ̃s/ *nf* [فیزیک] درخشایی

luminescence /lyminesɑ̃s/ *nf* [فیزیک] لَیانی

luminescent,e /lyminesɑ̃,t/ *adj* [فیزیک] لَیان

tube luminescente لامپ فلورسنت

lumineux,euse /lyminø,øz/ *adj* ۱. درخشان، نورانی ۲. فروزان، تابان، تابناک ۳. روشنگر

luminosité /lyminozite/ *nf* درخشش، درخشندگی، تابندگی

lunaire /lynɛʀ/ *adj* ۱. (مربوط به) ماه ۲. قمری
lunaison /lynɛzɔ̃/ *nf* ماه قمری، دور قمری
lunatique /lynatik/ *adj, n* بُلهوس، دمدمی‌مزاج، دمدمی
lunch /lœntʃ;lɛ̃ʃ/ *nm* ناهار مختصر، ناهار سرپایی
lundi /lɛ̃di/ *nm* دوشنبه
lune /lyn/ *nf* ۱. ماه ۲. قمر
clair de lune مهتاب
demander la lune چیز محال خواستن
lune d'eau نیلوفر سفید
lune de miel ماه عسل
nouvelle lune ماه نو
pleine lune ماه شب چهارده، بدر
luné,e /lyne/ *adj*, **bien luné** خوش‌خلق
mal luné بدخلق، عُنُق
lunetier,ère /lyntje,ɛʀ/ *n* عینک‌ساز، عینک‌فروش
lunette /lynɛt/ *nf* ۱. دوربین ۲. [توالت‌فرنگی] دهانه، دوره ۳. [قاب ساعت] زهوار — [صورت جمع] ۴. عینک
lunette arrière شیشهٔ عقب (اتومبیل)
lunetterie /lynɛtʀi/ *nf* عینک‌سازی، عینک‌فروشی
lupanar /lypanaʀ/ *nm* [ادبی] عشرتکده، فاحشه‌خانه
lupus /lypys/ *nm* [پزشکی] لوپوس (= نوعی بیماری پوستی)
lupus tuberculeux سل پوستی
lurette /lyʀɛt/ *nf*, **Il y a belle lurette** [خودمانی] خیلی وقت است، مدت‌هاست
luron,onne /lyʀɔ̃,ɔn/ *n* آدم سرزنده، آدم بانشاط، آدم بَشاش
lustrage /lystʀaʒ/ *nm* (عمل) برق انداختن، براق کردن

lustral,e,aux /lystʀal,o/ *adj* [ادبی] تطهیرکننده، (ویژهٔ) تطهیر
lustre[1] /lystʀ/ *nm* [ادبی] پنج سال
Il y a des lustres [ادبی] دیرزمانی است، دیری است
lustre[2] /lystʀ/ *nm* ۱. جلا، برق، درخشش ۲. جلوه ۳. لوستر، چلچراغ
lustrer /lystʀe/ *vt* (1) برق انداختن، براق کردن
luth /lyt/ *nm* عود (= نوعی ساز زهی زخمه‌ای)
lutherie /lytʀi/ *nf* ساخت سازهای زهی
luthier /lytje/ *nm* سازندهٔ سازهای زهی
lutin /lytɛ̃/ *nm* ۱. جن، بچه جن ۲. [خودمانی] بچهٔ شیطان، وروجک
lutiner /lytine/ *vt* (1) سر به سر (زنی) گذاشتن
lutte /lyt/ *nf* ۱. مبارزه، پیکار، نبرد، جدال ۲. نزاع، کشمکش، ستیز ۳. کُشتی
de haute lutte به زور
lutter /lyte/ *vi* (1) ۱. مبارزه کردن، پیکار کردن، جدال کردن ۲. نزاع کردن، گلاویز شدن ۳. رقابت کردن، مسابقه دادن ۴. کشتی گرفتن
lutter contre la maladie با بیماری دست و پنجه نرم کردن
lutteur,euse /lytœʀ,øz/ *n* ۱. کشتی‌گیر ۲. مبارز
luxation /lyksasjɔ̃/ *nf* دررفتگی
luxe /lyks/ *nm* ۱. تجمل ۲. شکوه، جلال ۳. رفاه ۴. چیز گرانبها، نعمت ۵. تفنن
de luxe ۱. لوکس، دولوکس، مجلل، شیک ۲. تجملی، تجملاتی، پرتجمل ۳. گران‌قیمت، پرهزینه
luxer /lykse/ *vt* (1) ایجاد دررفتگی کردن، باعث دررفتگی (عضوی) شدن
un luxe de افراط در
luxueusement /lykɥøzmɑ̃/ *adv* ۱. با تجمل ۲. به طور مجللی، به طرز باشکوهی
luxueux,euse /lyksɥø,øz/ *adj* مجلل، باشکوه، لوکس

a = bas, plat e = blé, jouer ɛ = lait, jouet, merci i = il, lyre o = mot, dôme, eau, gauche ɔ = mort
u = roue y = rue ø = peu œ = peur ə = le, premier ɑ̃ = sans, vent ɛ̃ = matin, plein, lundi
ɔ̃ = bon, ombre ʃ = chat, tache ʒ = je, gilet j = yeux, paille, pied w = oui, nouer ɥ = huile, lui

luxure /lyksyʀ/ *nf* شهوت‌رانی، هرزگی
luxuriance /lyksyʀjɑ̃s/ *nf* ۱. پُرپشتی، انبوهی ۲. فراوانی، وفور
luxuriant,e /lyksyʀjɑ̃,t/ *adj* ۱. پُرپشت، انبوه ۲. غنی
luxurieux,euse /lyksyʀjø,øz/ *adj* ۱. شهوتران، هرزه ۲. شهوانی، شهوت‌آلود
luzerne /lyzɛʀn/ *nf* یونجه
luzernière /lyzɛʀnjɛʀ/ *nf* یونجه‌زار
lycée /lise/ *nm* دبیرستان
lycéen,enne /liseɛ̃,ɛn/ *n* دبیرستانی، دانش‌آموز دبیرستان
lymphatique /lɛ̃fatik/ *adj* ۱. لَنفی، لنفاوی ۲. سست، بی‌حال، کُند

lymphe /lɛ̃f/ *nf* لَنف
lynchage /lɛ̃ʃaʒ/ *nm* خِره‌کُشی، اعدام بدون محاکمه
lyncher /lɛ̃ʃe/ *vt* (1) خِره کردن، بدون محاکمه اعدام کردن
lynx /lɛ̃ks/ *nm* [جانور] سیاه‌گوش
lyre /liʀ/ *nf* چنگ
lyrique /liʀik/ *adj* ۱. غنایی ۲. تغزلی ۳. پرشور، شوریده‌حال، شورانگیز، پراحساس
lyrisme /liʀism/ *nm* ۱. شعر غنایی، سبک غنایی ۲. سبک تغزلی، تغزل ۳. غلیان احساسات، شور
lys /liz/ *nm* → lis

M,m

M[1],m /ɛm/ *nm, nf. inv* اِم (= سیزدهمین حرف الفبای فرانسه)

M[2] /ɛm/ *nm* [عددنویسی رومی] هزار

M. /məsjø/ *nm* → monsieur

m /mɛtʀ/ *nm* → mètre

m' /m/ *pron. pers* → me

ma /ma/ *adj. poss. f* → mon

maboul,e /mabul/ *adj, n* [خودمانی] خُل، خُل و چِل، خُل‌مَشَنگ

macabre /makabʀ/ *adj* ۱. (مربوط به) مردگان ۲. شوم، کریه، هولناک، خوفناک، مخوف

macadam /makadam/ *nm* ۱. [راه‌سازی] ماکادام (= لایهٔ فشرده از سنگ شکسته) ۲. (زیرسازی) آسفالت

macadamiser /makadamize/ *vt* (1) [راه‌سازی] ماکادام کردن، با ماکادام پوشاندن، زیرسازی کردن

macaque /makak/ *nm* ۱. (میمون) ماکاک ۲. [زننده] میمون، عنتر

macaroni /makaʀɔni/ *nm* ماکارونی

macédonien,enne[1] /masedɔnjɛ̃,ɛn/ *adj* (مربوط به) مقدونیه، مقدونی

macédonien,enne[2] /masedɔnjɛ̃,ɛn/ *n* اهل مقدونیه، مقدونی

macération /maseʀasjɔ̃/ *nf* ۱. (عمل) خیساندن، خواباندن ۲. ریاضت

macérer /maseʀe/ *vt, vi* (6) ۱. خیساندن، (در مایعی) خواباندن ۲. ریاضت دادن ▣ ۳. خیس خوردن

mâche /maʃ/ *nf* شُمنه خوراکی (= نوعی گیاه که از برگ‌های آن در تهیهٔ سالاد استفاده می‌شود.)

mâchefer /maʃfɛʀ/ *nm* خاکه‌جوش (= خاکستر ذوب‌شدهٔ زغال‌سنگ)

mâcher /maʃe/ *vt* (1) جویدن

ne pas mâcher ses mots حرف خود را مزه‌مزه نکردن، رک حرف زدن

machiavélique /makjavelik/ *adj* ۱. ماکیاولی، ماکیاولی‌وار ۲. خدعه‌آمیز، پرفریب ۳. ترفندباز، حقه‌باز، مکار، فریبکار

machiavélisme /makjavelism/ *nm* ۱. ماکیاولیسم، ماکیاول‌گرایی ۲. ترفندبازی، حقه‌بازی، فریبکاری

machin[1] /maʃɛ̃/ *nm* [خودمانی] چیز

Machin[2],e /maʃɛ̃,in/ *n* [خودمانی] فلانی، فلان کس، یارو

Tu as vu Machin? فلانی رو دیدی؟ یارو رو دیدی؟

machinal,e,aux /maʃinal,o/ *adj* بی‌اختیار، غیرارادی، خودبخود

machinalement /maʃinalmɑ̃/ *adv* به طور غیرارادی، بی‌اختیار

machination /maʃinasjɔ̃/ *nf* دسیسه، توطئه، پاپوش

machine /maʃin/ *nf* ماشین، دستگاه

machine (à écrire) ماشین تحریر، ماشین تایپ

machines agricoles ماشین‌آلات کشاورزی

machiner /maʃine/ *vt* (1) [قدیمی] دسیسه کردن، توطئه چیدن

machinerie /maʃinʀi/ *nf* ۱. ماشین‌آلات ۲. (اتاق) تأسیسات ۳. [کشتی] موتورخانه

machinisme /maʃinism/ *nm* ماشینیسم

machiniste /maʃinist/ *nm* ۱. متصدی ماشین‌آلات، ماشین‌چی ۲. رانندهٔ اتوبوس ۳. [تئاتر] کارگر صحنه

mâchoire /maʃwaʀ/ *nf* فک، آرواره

mâchonner /maʃɔne/ *vt* (1) ۱. (مدت‌ها) جویدن ۲. جویده‌جویده گفتن

maçon /masɔ̃/ *nm* ۱. بنا ۲. فراماسون

maçonnage /masɔnaʒ/ *nm* بنایی

maçonner /masɔne/ *vt* (1) ۱. بنا کردن، ساختن ۲. [بنایی] روکش کردن ۳. تیغه کردن

maçonnerie /masɔnʀi/ *nf* ۱. بنایی ۲. سازه، ساختمان، بنا ۳. فراماسونری

grosse maçonnerie سفت‌کاری

petite maçonnerie نازک‌کاری

maçonnique /masɔnik/ *adj* (مربوط به) فراماسونری

macreuse /makʀøz/ *nf* [پرنده] اسکوتر

macrocéphale /makʀɔsefal/ *adj, n* بزرگ‌سر

macrocosme /makʀɔkɔsm/ *nm* عالَم اکبر، عالَم، جهان

macule /makyl/ *nf* ۱. لک، لکه ۲. [پزشکی] لکه، ماکول

maculer /makyle/ *vt* (1) ۱. لک کردن ۲. کثیف کردن

madame /madam/ *nf* خانم، بانو

madeleine /madlɛn/ *nf* مادلِن (= نوعی شیرینی شبیه به کیک یزدی)

mademoiselle /madmwazɛl/ *nf* دخترخانم، دوشیزه

Madone /madɔn/ *nf* ۱. [در ایتالیا] حضرت مریم ۲. تمثال حضرت مریم ۳. پیکرهٔ حضرت مریم

visage de madone چهرهٔ مریم‌وار

madré,e /madʀe/ *adj* حیله‌گر، مکار، فریبکار، حقه‌باز

madrier /madʀije/ *nm* تیر چوبی، تیر

madrigal /madʀigal/ *nm* ۱. آواز گروهی ۲. شعر عاشقانه ۳. تعریف، تمجید

maestria /maɛstʀija/ *nf* استادی، مهارت زیاد

maf(f)ia /mafja/ *nf* مافیا

maf(f)ioso /mafjozo/ *nm* عضو مافیا

magasin /magazɛ̃/ *nm* ۱. مغازه، دکان ۲. انبار ۳. مخزن (مهمات) ۴. خشاب‌گیر

grand magasin فروشگاه

magasinage /magazinaʒ/ *nm* (عمل) در انبار گذاشتن، انبار کردن

magasinier /magazinje/ *nm* انباردار

magazine /magazin/ *nm* مجله

mage /maʒ/ *nm* ۱. مغ، مجوس ۲. جادوگر، ساحر، افسونگر

magicien,enne /maʒisjɛ̃,ɛn/ *n* جادوگر، ساحر، افسونگر

magie /maʒi/ *nf* جادو، سحر، افسون

magique /maʒik/ *adj* ۱. جادویی، سحرآمیز ۲. خارق‌العاده، شگفت‌انگیز

magistral,e,aux /maʒistʀal,o/ *adj* ۱. (مربوط به) استاد ۲. استادانه ۳. [اثر و غیره] شامخ، بی‌نظیر ۴. آمرانه، تحکم‌آمیز

magistrat /maʒistʀa/ *nm* صاحب‌منصب قضایی، صاحب‌منصب کشوری، هیئت قضات

magistrature /maʒistʀatyʀ/ *nf* ۱. شغل قضایی ۲. صاحب‌منصبان قضایی

magot[1] /mago/ *nm* عنتر

magot[2] /mago/ *nm* پول قایم‌کرده، پول کنارگذاشته، پس‌انداز

magyar,e[1] /magjaʀ/ *adj* مجاری، مجارستانی، مجار

Magyar,e[2] /magjaʀ/ *n* اهل مجارستان، مجارستانی، مجار

mahara(d)jah /maaʀa(d)ʒa/ *nm* مهاراجه

mahométan,e /maɔmetɑ̃,an/ *adj* [قدیمی] پیرو دین محمد، مسلمان

mai /mɛ/ *nm* مِه (= ماه پنجم سال میلادی)

maigre /mɛgʀ/ *adj, n* ۱. لاغر ۲. بی‌چربی ۳. بدون گوشت و چربی ۴. باریک، نازک ۵. کم، اندک، ناکافی، ناچیز ۶. کم‌پشت ◙ ۷. آدم لاغر

repas maigre غذای بدون گوشت و چربی

un maigre repas غذای کم، غذای ناکافی

maigrelet,ette /mɛgʀəlɛ,ɛt/ *adj* کمی لاغر، نسبتاً لاغر

maigrement /mɛgʀəmɑ̃/ *adv* کم، ناکافی

maigreur /mɛgʀœʀ/ *nf* ۱. لاغری ۲. کمی ۳. کم‌پشتی

maigrichon,onne /megʀiʃɔ̃,ɔn/ *adj* → maigrelet,ette

maigriot,otte /megʀijo,t/ *adj* → maigrelet,ette

maigrir /megʀiʀ/ *vi, vt* (2) ۱. لاغر شدن ◙ ۲. لاغر کردن ۳. لاغر نشان دادن

maille /maj/ *nf* ۱. [تور، زره، ...] حلقه، چشمه، شبکه ۲. [بافتنی] دانه

cotte de mailles زره

maillechort /majʃɔʀ/ *nm* ورشو

maillet /majɛ/ *nm* چکش چوبی

mailloche /majɔʃ/ *nf* تخماق

maillon /majɔ̃/ *nm* [زنجیر] حلقه

maillot /majo/ *nm* ۱. بادی (= لباس چسبان

magma /magma/ *nm* ماگما (= مواد گداختهٔ درون زمین)

un magma d'informations اطلاعات درهم، اطلاعات قر و قاطی

magnat /magna/ *nm* [صنعت، تجارت، ...] صاحب قدرت

magnanerie /maɲanʀi/ *nf* محل پرورش کرم ابریشم

magnanime /maɲanim/ *adj* ۱. بزرگوار، بخشنده ۲. بزرگوارانه

magnanimité /maɲanimite/ *nf* بزرگواری، بخشش، علو طبع

magnésium /maɲezjɔm/ *nm* منیزیم

magnétique /maɲetik/ *adj* ۱. مغناطیسی، آهن‌ربایی ۲. جادویی، مسحورکننده، جذاب

magnétisation /maɲetizasjɔ̃/ *nf* (عمل) مغناطیسی کردن، آهن‌ربا کردن

magnétiser /maɲetize/ *vt* (1) ۱. مغناطیسی کردن، آهن‌ربا کردن ۲. مجذوب کردن، شیفته کردن، مسحور کردن

magnétisme /maɲetism/ *nm* ۱. مغناطیس ۲. جذبه، جاذبه، سحر

magnétite /maɲetit/ *nf* سنگ آهن مغناطیسی

magnétophone /maɲetɔfɔn/ *nm* ضبط صوت

magnificence /maɲifisɑ̃s/ *nf* ۱. شکوه، جلال ۲. سخاوت، کَرَم، گشاده‌دستی

magnifier /maɲifje/ *vt* (7) ۱. ستودن، تمجید کردن ۲. بزرگ کردن، تعالی بخشیدن

magnifique /maɲifik/ *adj* ۱. باشکوه، شکوهمند، مجلل ۲. عالی، فوق‌العاده

magnitude /maɲityd/ *nf* [اخترشناسی] قدر

magnolia /maɲ(gn)ɔlja/ *nm* (درخت) ماگنولیا

a = bas, plat e = blé, jouer ɛ = lait, jouet, merci i = il, lyre o = mot, dôme, eau, gauche ɔ = mort
u = roue y = rue ø = peu œ = peur ə = le, premier ɑ̃ = sans, vent ɛ̃ = matin, plein, lundi
ɔ̃ = bon, ombre ʃ = chat, tache ʒ = je, gilet j = yeux, paille, pied w = oui, nouer ɥ = huile, lui

ویژهٔ رقص یا ورزش) ۲. بلوز کشباف ۳. مایو ۴. [قدیمی] قُنداق

maillot de corps زیرپیراهنی (مردانه)، عرق‌گیر

main /mɛ̃/ *nf* دست

à main armée مسلحانه

à pleines mains سخاوتمندانه

avoir la haute main sur حکومت کردن بر، اداره کردن

avoir la main heureuse کامیاب بودن، خوش‌شانس بودن

avoir sous la main در اختیار داشتن، در دست داشتن

battre des mains دست زدن، کف زدن

coup de main ۱. کمک، یاری ۲. مهارت، استادی ۳. اقدام جسورانه

de la main à la main دست به دست، بدون واسطه

de longue main از مدتی مدید

de main en main دست به دست

demander la main de qqn از کسی خواستگاری کردن

forcer la main مجبور کردن، وادار کردن

Haut les mains! [تهدید مسلحانه] دست‌ها بالا!

mettre la dernière main کارهای نهایی را انجام دادن، به پایان رساندن، تمام کردن

prêter la main کمک کردن، یاری دادن، یاری رساندن

sac à main کیف دستی

sous main پشت پرده، پنهانی

tendre la main [برای دست دادن] دست دراز کردن

main-d'œuvre /mɛ̃dœvʀ/ *nf* ۱. (نیروی) کار ۲. کارکنان

frais de main-d'œuvre مزد، کارمزد، دستمزد، مزدساخت

main-forte /mɛ̃fɔʀt/ *nf* یاری، کمک، مساعدت

mainlevée /mɛ̃lve/ *nf* رفع توقیف

mainmise /mɛ̃miz/ *nf* تصرف

maint,e /mɛ̃,t/ *adj* بسیار، خیلی، متعدد، چندین

mainte fois بارها، به کرات، اغلب

maintenance /mɛ̃tnɑ̃s/ *nf* [ماشین‌آلات] تعمیر و نگهداری

maintenant /mɛ̃tnɑ̃/ *adv* حالا، اکنون، الان

maintenir /mɛ̃tniʀ/ *vt* (22) ۱. نگه داشتن، حفظ کردن ۲. تأکید کردن، مُصر بودن

se maintenir *vp* ۱. (به یک حال) ماندن، باقی ماندن ۲. دوام آوردن، مقاومت کردن

maintien /mɛ̃tjɛ̃/ *nm* ۱. نگهداری، حفظ ۲. دوام ۳. رفتار، طرز رفتار، برخورد

maire /mɛʀ/ *nm* شهردار

mairie /meʀi/ *nf* شهرداری

mais /mɛ/ *conj* ۱. اما، ولی، لیکن ۲. بلکه

maïs /mais/ *nm* ۱. ذرت ۲. بلال

maison /mɛzɔ̃/ *nf* ۱. خانه، منزل ۲. خانواده ۳. خاندان ۴. تجارت‌خانه، بنگاه، مؤسسه (بازرگانی)، شرکت

Maison-Blanche [در آمریکا] کاخ سفید

maison d'arrêt بازداشتگاه

maison de correction دارالتأدیب

maison de jeu قمارخانه

maison de santé بیمارستان، درمانگاه، کلینیک

maison de tolérance فاحشه‌خانه

maisonnée /mɛzɔne/ *nf* اهل خانه، خانوار

maisonnette /mɛzɔnɛt/ *nf* خانهٔ کوچک، کلبه، آلونک

maître,maîtresse[1] /mɛtʀ,mɛtʀɛs/ *n, adj* ۱. ارباب، سرور، آقا، بزرگ ۲. حاکم، فرمانروا ۳. رئیس ۴. صاحب ۵. معلم ۶. استاد ۷. استادکار ◘ ۸. اصلی، عمده ۹. [در ترکیب] سر-

maître/maîtresse de maison میزبان

maîtresse[2] /mɛtʀɛs/ *nf* معشوقه، مِترس

maîtrise /metʀiz/ *nf* ۱. تسلط

۲. کنترل ۳. حاکمیت، سلطه ۴. استادی، مهارت ۵. (درجهٔ) فوق لیسانس، کارشناسی ارشد

maîtriser /metʀize/ *vt* (1) ۱. کنترل کردن، مهار کردن، جلوی (چیزی را) گرفتن ۲. تسلط پیدا کردن در، مسلط بودن

majesté /maʒɛste/ *nf* ۱. شکوه، جلال، عظمت، اقتدار ۲. [همراه با صفات ملکی] اعلیحضرت، علیاحضرت

majestueux,euse /maʒɛstɥø,øz/ *adj* باشکوه، شکوهمند، مجلل، باعظمت، باابهت

majeur[1],e /maʒœʀ/ *adj* ۱. بزرگ، بزرگ‌تر ۲. کبیر، رشید، بالغ ۳. اصلی، عمده، مهم ۴. [موسیقی] ماژور ۵. [منطق] کبریٰ

majeur[2] /maʒœʀ/ *nm* انگشت میانه، انگشت وسطی

majeure /maʒœʀ/ *nf* [منطق] کبریٰ، مقدمهٔ کبریٰ

major /maʒɔʀ/ *adj, nm* ۱. ارشد، [در ترکیب] سر- ▣ ۲. [در برخی ارتش‌های غیرفرانسوی] سرگرد

médecin major پزشک ارتش

majoration /maʒɔʀasjɔ̃/ *nf* [قیمت، حقوق، ...] افزایش

majordome /maʒɔʀdɔm/ *nm* پیشکار، سرپیشخدمت

majorer /maʒɔʀe/ *vt* (1) [قیمت، حقوق، ...] افزایش دادن، بالا بردن

majorité /maʒɔʀite/ *nf* ۱. اکثریت ۲. سن قانونی

majoritaire /maʒɔʀitɛʀ/ *adj, n* حائز اکثریت

majuscule /maʒyskyl/ *nf, adj* ۱. [الفبا] حرف بزرگ ▣ ۲. [حرف الفبا] بزرگ

mal[1],maux /mal,mo/ *nm* ۱. بدی، بد ۲. شَر، شرارت ۳. درد ۴. رنج، اندوه، غم ۵. آزار، اذیت ۶. صدمه، آسیب ۷. زحمت ۸. بیماری

dire du mal بدگویی کردن، بد گفتن

faire du mal بدی کردن، بدجنسی کردن

faire mal (به) درد آوردن

J'ai mal à la tête. سرم درد می‌کند.

mal au cœur تهوع

mal de mer دریازدگی، دریاگرفتگی

mal du pays احساس غربت، غم غربت

mal[2] /mal/ *adj. m, adv* ۱. بد ▣ ۲. بد ۳. ناجور، نادرست

bon gré mal gré خواهی نخواهی

être mal payé مزد کافی نگرفتن، حقوق (کسی) کم بودن

pas mal de مقدار نسبتاً زیادی، تعداد نسبتاً زیادی

malade /malad/ *adj, n* ۱. بیمار، مریض، ناخوش ۲. [خودمانی] معیوب، خراب

maladie /maladi/ *nf* ۱. بیماری، ناخوشی، مرض ۲. [مجازی] علاقهٔ مفرط، وسواس، مرض

maladif,ive /maladif,iv/ *adj* ۱. مریض‌احوال ۲. بیمارگونه

maladresse /maladʀɛs/ *nf* عدم مهارت، ناشیگری

maladroit,e /maladʀwa,t/ *n, adj* ۱. ناشی، ناوارد ۲. بی‌دست و پا، دست و پاچلفتی ▣ ۳. ناشیانه

maladroitement /maladʀwatmɑ̃/ *adv* ناشیانه، با ناشیگری، بد

malaise /malɛz/ *nm* ۱. کسالت، ناخوشی ۲. تشویش، نگرانی، ناراحتی ۳. نارضایتی، ناخشنودی

malaisé,e /maleze/ *adj* [ادبی] دشوار، سخت، مشکل، پرزحمت

malaisément /malezemɑ̃/ *adv* به دشواری، به سختی، سخت

malandrin /malɑ̃dʀɛ̃/ *nm* [ادبی یا قدیمی] دزد خطرناک، راهزن

malappris,e /malapʀi,z/ *adj* [قدیمی] بی‌تربیت، بی‌ادب، بی‌نزاکت

---

a = bas, plat e = blé, jouer ɛ = lait, jouet, merci i = il, lyre o = mot, dôme, eau, gauche ɔ = mort
u = roue y = rue ø = peu œ = peur ə = le, premier ɑ̃ = sans, vent ɛ̃ = matin, plein, lundi
ɔ̃ = bon, ombre ʃ = chat, tache ʒ = je, gilet j = yeux, paille, pied w = oui, nouer ɥ = huile, lui

malaria 532

malaria /malaʀja/ *nf* مالاریا

malavisé,e /malavize/ *adj* [ادبی] نسنجیده، نامعقول

malaxer /malakse/ *vt* (1) ۱. ورز دادن ۲. خمیر کردن ۳. هم زدن، مخلوط کردن، قاطی کردن

malaxeur /malaksœʀ/ *nm* همزن، مخلوط کن

malchance /malʃɑ̃s/ *nf* بدبیاری، بدشانسی، بداقبالی، بخت‌برگشتگی

malchanceux,euse /malʃɑ̃sø,øz/ *adj* بداقبال، بدشانس، بخت‌برگشته

malcommode /malkɔmɔd/ *adj* نامناسب، ناجور، ناراحت

maldonne /maldɔn/ *nf* ۱. [ورق‌بازی] (عمل) بد ورق دادن ۲. سوءتفاهم، اشتباه

mâle /mal/ *nm, adj* ۱. نر ۲. مذکر ◻ ۳. نر ۴. مردانه ــــ [صورت جمع] ۵. [حقوقی] ذکور

héritier mâle وارث ذکور

prise mâle [برق] دوشاخه

malédiction /malediksjɔ̃/ *nf* ۱. نفرین، لعنت، لعن ۲. بدبختی، مصیبت، بلا

maléfice /malefis/ *nf* طلسم شوم، جادو

maléfique /malefik/ *adj* ۱. شوم، نحس ۲. شیطانی، اهریمنی

malencontreux,euse /malɑ̃kɔ̃tʀø,øz/ *adj* نابهنگام، بی‌موقع، بدموقع، نابجا

mal-en-point /malɑ̃pwɛ̃/ *loc. adj. inv* در وضعیت بد

malentendant,e /malɑ̃tɑ̃dɑ̃,t/ *adj, n* کم‌شنوا

être malentendant گوش (کسی) سنگین بودن، سنگین بودن، کم‌شنوا بودن

malentendu /malɑ̃tɑ̃dy/ *nm* ۱. سوءتعبیر، درک غلط ۲. سوءتفاهم

malfaçon /malfasɔ̃/ *nf* نقص، عیب

malfaisant,e /malfəzɑ̃,t/ *adj* ۱. بدکار، بد، شرور، بدجنس، موذی ۲. مضر، زیانبار

malfaiteur /malfɛtœʀ/ *nm* تبهکار، جانی، جنایتکار

malformation /malfɔʀmasjɔ̃/ *nf* نقص (مادرزادی)، نقص عضو

malgache[1] /malgaʃ/ *adj* (مربوط به) ماداگاسکار، ماداسگاری

Malgache[2] /malgaʃ/ *n* اهل ماداگاسکار، ماداسگاری

malgré /malgʀe/ *prép* با وجودِ، علی‌رغمِ

malhabile /malabil/ *adj* ناشی، ناوارد

malheur /malœʀ/ *nm* ۱. بدبختی، تیره‌بختی، سیه‌روزی، بخت‌برگشتگی ۲. بدبیاری، بداقبالی، بدشانسی

par malheur بدبختانه، متأسفانه، از بخت بد

porter malheur شوم بودن

malheureusement /malœʀøzmɑ̃/ *adv* متأسفانه، بدبختانه

malheureux,euse /malœʀø,øz/ *n, adj* ۱. بدبخت، تیره‌بخت، سیه‌روز، بخت‌برگشته ۲. بداقبال، بدشانس، بدبیار ◻ ۳. ناگوار، شوم، بد ۴. ناموفق ۵. حاکی از بدبختی ۶. بی‌ارزش، ناچیز

malhonnête /malɔnɛt/ *adj* ۱. نادرست، متقلب، دغل ۲. [قدیمی] خلاف نزاکت، گستاخانه، زننده

malhonnêteté /malɔnɛtte/ *nf* ۱. نادرستی، دغل‌کاری ۲. [قدیمی] بی‌ادبی، بی‌تربیتی، بی‌نزاکتی

malice /malis/ *nf* ۱. شیطنت ۲. [قدیمی] شرارت، بدجنسی، بدخواهی، خباثت

malicieusement /malisjøzmɑ̃/ *adv* شیطنت‌آمیز، از روی شیطنت

malicieux,euse /malisjø,øz/ *adj* ۱. شیطان، شیطنت‌آمیز ۲. [قدیمی] شرور، بدجنس، خبیث

malignité /maliɲite/ *nf* ۱. شرارت، بدخواهی، خباثت ۲. زیان‌آوری ۳. بدخیمی، بدخیم بودن

malin,maligne /malɛ̃,maliɲ/ *adj*

533 mandarin

بدرفتاری کردن با، با خشونت رفتار کردن با، بد برخورد کردن با

malveillance /malvɛjɑ̃s/ *nf* بدخواهی، سوء نیت، غرض‌ورزی، شرارت

malveillant,e /malvɛjɑ̃,t/ *adj* ۱. بدخواه، مغرض، شریر، بداندیش ۲. بدخواهانه، مغرضانه، غرض‌آلود

malvenu,e /malvəny/ *adj*, **Il est malvenu à/de** درست نیست، نابجاست، نباید

malversation /malvɛʀsasjɔ̃/ *nf* حیف و میل، اختلاس

maman /mamɑ̃/ *nf* مامان

mamelle /mamɛl/ *nf* پستان

mamelon /mamlɔ̃/ *nm* ۱. نوک پستان ۲. سرِ تپه، نوک کوه

mammaire /mamɛʀ/ *adj* (مربوط به) پستان، پستانی

mammifère /mamifɛʀ/ *adj* پستاندار

mammouth /mamut/ *nm* ماموت

mam'selle /mamzɛl/ *nf* → mademoiselle

mam'zelle /mamzɛl/ *nf* → mademoiselle

manager /manadʒɛʀ/ *nm* ۱. [ورزش] مربی ۲. مدیر (شرکت)

manant /manɑ̃/ *nm* [ادبی] آدم بی‌تربیت

manche[1] /mɑ̃ʃ/ *nf* ۱. آستین ۲. لوله

manche[2] /mɑ̃ʃ/ *nm* دسته

manche de couteau دستهٔ چاقو

manche de guitare دستهٔ گیتار

mancheron /mɑ̃ʃʀɔ̃/ *nm* [خیش] دسته

manchette /mɑ̃ʃɛt/ *nf* ۱. سرآستین، سردست ۲. [روزنامه] عنوان درشت صفحهٔ اول

manchon /mɑ̃ʃɔ̃/ *nm* دست‌پوش، خز دست

manchot,e /mɑ̃ʃo,ɔt/ *adj* ۱. چلاق ۲. دست و پاچلفتی، بی‌دست و پا

mandarin /mɑ̃daʀɛ̃/ *nm* ۱. دانشمند بانفوذ،

۱. شرور، بدخواه، خبیث ۲. بدخواهانه، شرورانه، مغرضانه ۳. شیطان، مکار، حقه‌باز ۴. زیرک، زبل، ناقلا ۵. شیطنت‌آمیز ۶. بدخیم ۷. [قدیمی] زیانبار، مضر

tumeur maligne تومور بدخیم

malingre /malɛ̃gʀ/ *adj* ضعیف، نحیف، رنجور

malintentionné,e /malɛ̃tɑ̃sjɔne/ *adj* بدخواه، بدنیت، بدجنس، خبیث

malle /mal/ *nf* چمدان

malle arrière صندوق عقب (اتومبیل)

malléabilité /maleabilite/ *nf* ۱. چکش‌خوری ۲. انعطاف‌پذیری، سربراهی

malléable /maleabl/ *adj* ۱. چکش‌خور ۲. انعطاف‌پذیر، سربراه، حرف‌شنو

mallette /malɛt/ *nf* کیف دستی، چمدان کوچک

malmener /malməne/ *vt* (5) ۱. بدرفتاری کردن، با خشونت رفتار کردن ۲. ضرب شست نشان دادن

malnutrition /malnytʀisjɔ̃/ *nf* بدی تغذیه، سوء تغذیه

malodorant,e /malɔdɔʀɑ̃,t/ *adj* بدبو، متعفن

malotru,e /malɔtʀy/ *n* آدم بی‌نزاکت

malpoli,e /malpɔli/ *adj, n* بی‌ادب، بی‌تربیت

malpropre /malpʀɔpʀ/ *adj* ۱. کثیف، چرک ۲. مبتذل، زننده، مستهجن ۳. نادرست، دغل

malproprement /malpʀɔpʀəmɑ̃/ *adv* (به طرزی) کثیف، بد

malpropreté /malpʀɔpʀəte/ *nf* ۱. کثیفی، کثافت، چرکی ۲. عمل زشت ۳. حرف زننده

malsain,e /malsɛ̃,ɛn/ *adj* ۱. ناسالم ۲. ناخوش، مریض‌احوال ۳. مضر، زیانبار

malséant,e /malseɑ̃,t/ *adj* [ادبی] خلاف نزاکت، ناشایست، بیجا، نامربوط

malt /malt/ *nm* مالت

maltraiter /maltʀete/ *vt* (1)

ادیب بانفوذ ۲. [در امپراتوری چین] صاحب‌منصب، مقام عالی‌رتبه

mandarine /mɑ̃daʀin/ *nf* نارنگی

mandarinier /mɑ̃daʀinje/ *nm* درخت نارنگی

mandat /mɑ̃da/ *nm* ۱. وکالت، تفویض اختیار ۲. وکالت‌نامه ۳. حواله ۴. حکم

mandataire /mɑ̃datɛʀ/ *n* [رسمی، حقوقی] نماینده، وکیل

mandater /mɑ̃date/ *vt* (1) ۱. حواله کردن ۲. به نمایندگی انتخاب کردن، منصوب کردن ۳. تفویض اختیار کردن به

mander /mɑ̃de/ *vt* (1) ۱. [ادبی یا قدیمی] احضار کردن ۲. (کتباً) آگاه کردن، خبر دادن، نوشتن

mandibulaire /mɑ̃dibylɛʀ/ *adj* (مربوط به) فک پایین

mandibule /mɑ̃dibyl/ *nf* فک پایین

mandoline /mɑ̃dɔlin/ *nf* ماندولین (= نوعی ساز زهی شبیه عود)

manège /manɛʒ/ *nm* ۱. تعلیم سوارکاری ۲. میدان سوارکاری، مانِژ ۳. چرخ و فلک (اسبی) ۴. کلک، حقه، ترفند

mânes /man/ *nm. pl* [آیین رومیان] ارواح مردگان

manette /manɛt/ *nf* دسته، اهرم

manganèse /mɑ̃ganɛz/ *nm* منگنز

mangeable /mɑ̃ʒabl/ *adj* خوردنی، خوراکی، قابل خوردن

mangeaille /mɑ̃ʒaj/ *nf* ۱. غذای شکم‌پرکن ۲. [قدیمی] خوراکی، غذا

mangeoire /mɑ̃ʒwaʀ/ *nf* آخور

mangeotter /mɑ̃ʒɔte/ *vt* (1) [خودمانی] یک‌ریزه خوردن، یک نوک زدن

manger[1] /mɑ̃ʒe/ *vt* (3) ۱. خوردن ۲. مصرف کردن، به مصرف رساندن ۳. خرج کردن

manger[2] /mɑ̃ʒe/ *nm* ۱. غذا، خوراکی ۲. [قدیمی] (عمل) خوردن

mangeur,euse /mɑ̃ʒœʀ,øz/ *n* [در ترکیب] ـخور، ـخوار

grand/gros mangeur آدم پرخور

mangue /mɑ̃g/ *nf* انبه

manguier /mɑ̃gje/ *nm* درخت انبه

maniable /manjabl/ *adj* ۱. خوش‌دست ۲. سربراه، مطیع، رام، حرف‌شنو

maniaque /manjak/ *adj* ۱. [روان‌شناسی] شیدا، مانیایی ۲. وسواسی

manichéisme /manikeism/ *nm* آیین مانی، دین مانی، مانویت

manichéen,enne /manikeɛ̃,ɛn/ *adj, n* (مربوط به) مانی، مانوی

manie /mani/ *nf* ۱. [روان‌شناسی] شیدایی، مانی ۲. [مجازی] جنون، عشق ۳. وسواس، عادت عجیب

maniement /manimɑ̃/ *nm* ۱. به‌کارگیری، کاربرد، (طرز) استفاده ۲. اداره (کردن)

manier /manje/ *vt* (7) ۱. دستکاری کردن ۲. در دست داشتن ۳. به کار بردن، به کار گرفتن، استفاده کردن ۴. اداره کردن، کنترل (کسی را) به دست گرفتن

manière /manjɛʀ/ *nf* ۱. شیوه، روش، طریقه، طرز، راه ۲. سبک، اسلوب ــــ [صورت جمع] ۳. رفتار، برخورد

à la manière de به شیوهٔ، به سبکِ

de manière à طوری که، برایِ اینکه

de manière que (به) طوری که، چنانکه

faire des manières ۱. تظاهر کردن ۲. تعارف کردن

une manière de [ادبی] نوعی، یک نوع، گونه‌ای

maniéré,e /manjeʀe/ *adj* ۱. ظاهری، ساختگی، تصنعی ۲. متکلف، پرتکلف

manieur,euse /manjœʀ,øz/ *n* اداره‌کننده، گرداننده

manieur d'argent تاجر

manifestant,e /manifɛstɑ̃,t/ *n* تظاهرکننده

manifestation /manifɛstasjɔ̃/ *nf*

manquer

مانور ۲. عملیات ۳. راه‌اندازی ۴. نمایش رزمی، رزمایش، مانور ۵. دسیسه، توطئه ۶. ترفند، تمهید، شگرد، تدبیر ۷. [کشتی] طناب‌های بادبان و دکل

manœuvre² /manœvR/ *nm*   کارگر (ساده)

manœuvrer /manœvRe/ *vi, vt* (1)
۱. مانور دادن ۲. زیرکانه عمل کردن، چاره کردن ۳. راه انداختن، به حرکت درآوردن ۴. اداره کردن، نفوذ داشتن روی

manoir /manwaR/ *nm*   خانهٔ اربابی، کوشک

manomètre /manɔmɛtR/ *nm*   فشارسنج

manquant,e /mãkã,t/ *adj, n*   ۱. کسری، ناقص ۲. غایب

manque /mãk/ *nm*   ۱. فقدان، عدم، نبود ۲. کمبود، نیاز

manqué,e /mãke/ *adj*   ۱. هدررفته، ازدست‌رفته ۲. ناموفق ۳. معیوب
C'est un garçon manqué.   این دختر باید پسر می‌شد.

manquement /mãkmã/ *nm*   ۱. کوتاهی، قصور ۲. [قدیمی] فقدان، عدم

manquer /mãke/ *vi, vt* (1)   ۱. نایاب بودن، قحط بودن، پیدا نشدن، نبودن ۲. کم بودن ۳. جای (کسی یا چیزی) خالی بودن ۴. غایب بودن ۵. ناموفق بودن، به نتیجه نرسیدن ۶. موفق نشدن، خراب کردن ۷. (به هدف) نزدن، (به هدف) نخوردن ۸. نرسیدن به، جا ماندن از ۹. موفق به دیدار (کسی) نشدن ۱۰. از دست دادن ۱۱. حاضر نشدن در، غیبت کردن از

manquer à   ۱. عمل نکردن به، کوتاهی کردن، شانه خالی کردن از ۲. [ادبی] بی‌احترامی کردن به، اهانت کردن به

manquer de   ۱. نداشتن، کم داشتن، نیاز داشتن به ۲. بی‌بهره بودن از، عاری بودن از، برخوردار نبودن از ۳. [همراه مصدر] نزدیک بود، چیزی نمانده بود

---

۱. اظهار، ابراز ۲. بروز، ظهور ۳. تجلی ۴. تظاهرات

manifeste¹ /manifɛst/ *adj*   آشکار، واضح، روشن، بدیهی

manifeste² /manifɛst/ *nm*   [سیاسی، ادبی] بیانیه

manifestement /manifɛstəmã/ *adv*   آشکارا، به وضوح، علناً

manifester /manifɛste/ *vt, vi* (1)
۱. ابراز کردن، بروز دادن، اظهار نمودن، آشکار کردن ۲. تظاهرات کردن، در تظاهرات شرکت کردن

se manifester *vp*   ۱. آشکار شدن، ظاهر شدن، بروز کردن ۲. تجلی کردن

manigance /manigãs/ *nf*   کلک، حقه

manigancer /manigãse/ *vt* (3)   نقشه (کاری را) کشیدن، کلک سوار کردن

manipulation /manipylasjɔ̃/ *nf*   ۱. دستکاری ۲. به‌کارگیری، به کار بردن ۳. تردستی ۴. تقلب ۵. [سیاسی] بازی دادن، اداره کردن

manipuler /manipyle/ *vt* (1)   ۱. (به دقت) به کار بردن ۲. دستکاری کردن ۳. (با دست) جابجا کردن ۴. اداره کردن ۵. دست بردن توی، تقلب کردن در

manitou /manitu/ *nm*   [خودمانی] (آدم) کله‌گنده

manivelle /manivɛl/ *nf*   ۱. دسته، اهرم ۲. هندل

manne /man/ *nf*   ۱. مَن (= غذایی که خداوند برای بنی‌اسرائیل در بیابان نازل کرد.) ۲. موهبت الهی، موهبت

mannequin /mankɛ̃/ *nm*   ۱. مانکن ۲. مانکن (چوبی)، آدمک مدل ۳. آلت دست

manœuvre¹ /manœvR/ *nf*   ۱. حرکت،

---

a = bas, plat   e = blé, jouer   ɛ = lait, jouet, merci   i = il, lyre   o = mot, dôme, eau, gauche   ɔ = mort
u = roue   y = rue   ø = peu   œ = peur   ə = le, premier   ã = sans, vent   ɛ̃ = matin, plein, lundi
ɔ̃ = bon, ombre   ʃ = chat, tache   ʒ = je, gilet   j = yeux, paille, pied   w = oui, nouer   ɥ = huile, lui

mansarde 536

Il a manqué de se noyer. نزدیک بود غرق شود. چیزی نمانده بود که غرق شود. داشت غرق می‌شد.

mansarde /mɑ̃saʀd/ *nf* ۱. شیروانی ۲. اتاق زیرشیروانی

mansardé,e /mɑ̃saʀde/ *adj* زیرشیروانی

mansuétude /mɑ̃sɥetyd/ *nf* [ادبی] گذشت، بخشندگی

mante /mɑ̃t/ *nf* [حشره] آخوندک

manteau /mɑ̃to/ *nm* ۱. مانتو ۲. پالتو

mantille /mɑ̃tij/ *nf* مانتیلا (= نوعی روسری تزیینی)

manucure /manykyʀ/ *n* مانیکوریست

manucurer /manykyʀe/ *vt* (1) [خودمانی] مانیکور کردن

manuel[1],elle /manɥɛl/ *adj* دستی

manuel[2] /manɥɛl/ *nm* ۱. (کتاب) راهنما، جزوه ۲. خودآموز

manufacture /manyfaktyʀ/ *nf* ۱. کارگاه (صنایع دستی) ۲. [قدیمی] ساخت ۳. [قدیمی] کارخانه، کارگاه

manufacturer /manyfaktyʀe/ *vt* (1) ۱. تولید کردن، فرآوردن ۲. [قدیمی] ساختن

manufacturier,ère /manyfaktyʀje,ɛʀ/ *adj, n* ۱. تولیدکننده ◙ ۲. [قدیمی] کارخانه‌دار، صاحب کارگاه

manuscrit[1],e /manyskʀi,t/ *adj* ۱. دست‌نویس ۲. خطی

manuscrit[2] /manyskʀi/ *nm* ۱. (نسخهٔ) دست‌نویس، دست‌نوشته ۲. نسخهٔ خطی

manutention /manytɑ̃sjɔ̃/ *nf* ۱. [کالا] نگهداری و ارسال ۲. انبار، مخزن

maoïsme /maɔism/ *nm* مائوئیسم

maoïste /maɔism/ *n, adj* ۱. مائوئیست ◙ ۲. مائوئیستی

mappemonde /mapmɔ̃d/ *nf* ۱. نقشهٔ جهان ۲. کرهٔ جغرافیایی

maquereau[1] /makʀo/ *nm* ماهی ماکرو، سیباه

maquereau[2],elle /makʀo,ɛl/ *n* جاکش

maquette /makɛt/ *nf* ۱. ماکت ۲. [تصویر، طرح، ...] نمونهٔ اصلی

maquettiste /maketist/ *n* ۱. ماکت‌ساز ۲. نمونه‌ساز

maquignon /makiɲɔ̃/ *nm* ۱. اسب‌فروش ۲. فروشندهٔ متقلب

maquignonnage /makiɲɔnaʒ/ *nm* ۱. اسب‌فروشی ۲. [معامله، انتخابات، ...] تقلب

maquillage /makijaʒ/ *nm* ۱. آرایش، توالت، بزک ۲. لوازم آرایش ۳. چهره‌پردازی، گریم ۴. جعل، دستکاری

maquiller /makije/ *vt* (1) ۱. آرایش کردن، بزک کردن ۲. جعل کردن، دستکاری کردن، دست بردن توی

se maquiller *vp* ۱. (خود را) آرایش کردن، توالت کردن ۲. خود را گریم کردن

maquilleur,euse /makijœʀ,øz/ *n* ۱. آرایشگر ۲. چهره‌پرداز، گریمور

maquis /maki/ *nm* ۱. بوته‌زار، تیماس ۲. پیچیدگی، درهم‌برهمی ۳. [در جنگ جهانی دوم در فرانسه] مخفی‌گاه بیرون از شهر ۴. [مجازی] جنبش چریکی

marabout /maʀabu/ *nm* لک‌لک افریقایی

maraîchage /maʀɛʃaʒ/ *nm* صیفی‌کاری، جالیزکاری

maraîcher,ère /maʀeʃe,ɛʀ/ *n, adj* ۱. صیفی‌کار، جالیزکار ◙ ۲. (مربوط به) صیفی‌کاری، جالیزکاری

marais /maʀɛ/ *nm* باتلاق، مانداب

marasme /maʀasm/ *nm* ۱. پژمردگی جسمانی ۲. افسردگی ۳. رکود، کسادی

marathon /maʀatɔ̃/ *nm* ۱. (مسابقهٔ) دوی ماراتن ۲. [مجازی] آزمایش طاقت

marâtre /maʀatʀ/ *nf* ۱. [قدیمی] نامادری، زن‌بابا ۲. مادر بد

maraudage /maʀodaʒ/ *nm* → maraude

537 **maréchalerie**

maraud,e[1] /maRo,d/*n* [قدیمی] آدم رذل

maraude[2] /maRod/*nf* دزدی از باغ، دزدی از مزرعه، میوه‌دزدی

marauder /maRode/*vi* (1) (از باغ یا مزرعه) دزدیدن، میوه دزدیدن

maraudeur,euse /maRodœR,øz/*adj, n* دزد باغ، دزد مزرعه، میوه‌دزد

marbre /maRbR/*nm* ۱. سنگ مرمر، مرمر ۲. شیء مرمرین، مجسمهٔ مرمر ۳. [چاپ] لوح فرم‌بندی

carrière de marbre معدن مرمر

en marbre مرمری، مرمرین

marbré,e /maRbRe/*adj* مرمرنما، رگه‌دار

marbrer /maRbRe/*vt* (1) مرمرنما کردن، رگه‌دار کردن

marbrerie /maRbRəRi/*nf* مرمرتراشی

marbrier /maRbRije/*nm* مرمرتراش

marbrière /maRbRijεR/*nf* معدن مرمر

marbrure /maRbRyR/*nf* نقش مرمرنما، رگه‌رگه

marc /maR/*nm* تفاله

lire dans le marc de café فال قهوه گرفتن

marcassin /maRkasε̃/*nm* بچه‌گراز

marchand,e /maRʃɑ̃,d/*n, adj* ۱. فروشنده ۲. [در ترکیب] ـفروش ۳. تاجر، بازرگان ◘ ۴. تجاری

marchandage /maRʃɑ̃daʒ/*nm* ۱. (عمل) چانه زدن ۲. زد و بند، ساخت و پاخت

marchander /maRʃɑ̃de/*vt* (1) (سرِ چیزی) چانه زدن

marchandise /maRʃɑ̃diz/*nf* کالا، جنس

marche[1] /maRʃ/*nf* ۱. پیاده‌روی ۲. راه‌پیمایی ۳. حرکت ۴. روند، سیر ۵. عملکرد ۶. پله ۷. [موسیقی] مارش

marche[2] /maRʃ/*nf* [قدیمی] منطقهٔ مرزی، ایالت مرزی

marché /maRʃe/*nm* ۱. بازار ۲. خرید و فروش ۳. قرارداد، معامله

(à) bon marché ارزان

faire bon marché ارزش کمی قائل شدن، اهمیت چندانی ندادن

faire le marché خرید کردن

marché noir بازار سیاه

par-dessus le marché علاوه بر آن

marchepied /maRʃəpje/*nm* ۱. [خودرو] رکاب ۲. زیرپایی

marcher /maRʃe/*vi* (1) ۱. راه رفتن ۲. پیاده‌روی کردن، قدم زدن ۳. پیش رفتن ۴. خوب پیش رفتن ۵. [وسیله و غیره] کار کردن ۶. [خودمانی] قبول کردن، راه آمدن ۷. از روی سادگی باور کردن

marcheur,euse /maRʃœR,øz/*n* ۱. راه‌نورد، پیاده‌روی‌کننده ۲. راه‌پیما، تظاهرکننده

marcottage /maRkɔtaʒ/*nm* [کشاورزی] (عمل) خواباندن (شاخه یا ساقه)

marcotter /maRkɔte/*vt* (1) [کشاورزی] شاخه (یا ساقهٔ گیاهی را) خواباندن، در خاک خواباندن

mardi /maRdi/*nm* سه‌شنبه

mare /maR/*nf* آبگیر، برکه

mare de sang جوی خون

marécage /maRekaʒ/*nm* باتلاق

marécageux,euse /maRekaʒø,øz/*adj* باتلاقی

maréchal,aux /maReʃal/*nm* ۱. مارشال (= عنوان افتخاری در ارتش فرانسه) ۲. افسر سواره‌نظام ۳. نعل‌بند

maréchal de camp [قدیمی] سرتیپ

maréchal des logis ۱. گروهبان سواره‌نظام ۲. گروهبان توپخانه

maréchalerie /maReʃalRi/*nf* نعل‌بندی

a = bas, plat — e = blé, jouer — ε = lait, jouet, merci — i = il, lyre — o = mot, dôme, eau, gauche — ɔ = mort
u = roue — y = rue — ø = peu — œ = peur — ə = le, premier — ɑ̃ = sans, vent — ε̃ = matin, plein, lundi
ɔ̃ = bon, ombre — ʃ = chat, tache — ʒ = je, gilet — j = yeux, paille, pied — w = oui, nouer — ɥ = huile, lui

maréchal-ferrant /mareʃalfɛʀɑ̃/ *nm* نعل‌بند

maréchaussée /maʀeʃose/ *nf* [درگذشته] ژاندارمری

marée /maʀe/ *nf* ۱. جزر و مد، کشند ۲. ماهی تازه

marée basse جزر، فروکشند

marée descendante پس‌کشند (= مرحلهٔ پس‌نشینی آب دریا پس از برکشند)

marée haute مد، برکشند

marée montante کشند سیل (= مرحلهٔ بالا آمدن سطح آب دریا پس از فروکشند)

marée noire آلودگی نفتی دریا، نفت‌آلودگی دریا

margarine /maʀgaʀin/ *nf* مارگارین

marge /maʀʒ/ *nf* ۱. حاشیه ۲. حد، مرز ۳. مهلت، فرصت

margelle /maʀʒɛl/ *nf* [چاه، حوض، چشمه] سنگ‌چین لبه

marginal,e,aux /maʀʒinal,o/ *adj* ۱. حاشیه‌ای، در حاشیه ۲. فرعی، جانبی

marginalité /maʀʒinalite/ *nf* [مجازی] در حاشیه بودن

margoulette /maʀgulɛt/ *nf* [خودمانی] پک و پوز، چک و چانه، دَک و دَهن

marguerite /maʀgəʀit/ *nf* (گل) مینای چمنی، مارگریت

mari /maʀi/ *nm* شوهر

mariable /maʀjabl/ *adj* دارای شرایط ازدواج، در سن ازدواج، دَم‌بخت

mariage /maʀjaʒ/ *nm* ۱. ازدواج، زناشویی ۲. عقد ازدواج ۳. عروسی ۴. درآمیختگی، آمیزش، پیوند

marié /maʀje/ *adj. m, nm* ۱. متأهل، زن‌دار ◙ ۲. داماد

mariée /maʀje/ *adj. f, nf* ۱. متأهل، شوهردار ◙ ۲. عروس

marier /maʀje/ *vt* (7) ۱. به عقد (کسی) درآوردن، عقد کردن ۲. زن دادن ۳. شوهر دادن ۴. جور کردن، پیوند دادن، درآمیختن

se marier *vp* ۱. ازدواج کردن، عروسی کردن ۲. با هم ازدواج کردن

marieur,euse /maʀjœʀ,øz/ *n* [خودمانی] دلال ازدواج

marijuana /maʀiʒɥana/ *nf* ماری‌جوانا، علف

marin[1],e /maʀɛ̃,in/ *adj* ۱. (مربوط به) دریا ۲. دریـــایی ۳. دریـــازی، آبـزی ۴. (مـربوط بـه) دریانوردی، کشتیرانی

marin[2] /maʀɛ̃/ *nm* دریانورد، ملوان، ملاح

marinade /maʀinad/ *nf* ۱. محلول نمک‌سود (= محلولی مرکب از آب، نمک، سرکه، ادویه و غیره) ۲. [خوراک] نمک‌سود

marine /maʀin/ *nf* ۱. دریانوردی، کشتیرانی ۲. ناوگان ۳. نیروی دریایی

mariner /maʀine/ *vt, vi* (1) ۱. نمک‌سود کردن ◙ ۲. نمک‌سود شدن

marinier,ère /maʀinje,ɛʀ/ *n* قایق‌ران، ...وبه‌ران

officier marinier [نیروی دریایی] درجه‌دار

marionnette /maʀjɔnɛt/ *nf* ۱. عروسک خیمه‌شب‌بازی ۲. آلت دست، بازیچه ــ [صورت جمع] ۳. نمایش عروسکی

théâtre de marionnettes نمایش عروسکی

marital,e,aux /maʀital,o/ *adj* شوهری، (مربوط به) شوهر

maritalement /maʀitalmɑ̃/ *adv* مانند زن و شوهر

maritime /maʀitim/ *adj* ۱. دریایی ۲. (مربوط به) کشتیرانی، دریانوردی ۳. کنار دریا، ساحلی

commerce maritime تجارت دریایی

ville maritime شهر ساحلی، شهر بندری

maritorne /maʀitɔʀn/ *nf* [قدیمی] زن زشت و کثیف

marivaudage /maʀivodaʒ/ *nm* [نسبت به زنان] چرب‌زبانی، زبان‌بازی
marjolaine /maʀʒɔlɛn/ *nf* [گیاه] مرزنگوش، مرزنجوش
mark /maʀk/ *nm* مارک (= واحد پول آلمان)
marketing /maʀkətiŋ/ *nm* بازاریابی
marmelade /maʀməlad/ *nf* مارمالاد
en marmelade ۱. [غذا] لِه ۲. [خودمانی] خرد و خمیر، لت و پار، له و لورده
marmite /maʀmit/ *nf* دیگ، کماجدان
marmiton /maʀmitɔ̃/ *nm* شاگرد آشپز
marmonnement /maʀmɔnmɑ̃/ *nm* زمزمه
marmonner /maʀmɔne/ *vt* (1) زیرلب گفتن، زمزمه کردن
marmoréen,enne /maʀmɔʀeɛ̃,ɛn/ *adj* ۱. مرمری، مرمرین، مرمر ۲. [ادبی] سرد و رنگ‌پریده
marmot /maʀmo/ *nm* ۱. [خودمانی] پسربچه ــ [صورت جمع] ۲. بچه‌ها
marmotte /maʀmɔt/ *nf* موش خرما
marmottement /maʀmɔtmɑ̃/ *nm* زمزمه
marmotter /maʀmɔte/ *vt* (1) زیر لب گفتن، زمزمه کردن
marne /maʀn/ *nf* آهکرُس
marner /maʀne/ *vi* (1) [عامیانه] مثل خر کار کردن، جان کندن
marocain,e[1] /maʀɔkɛ̃,ɛn/ *adj* (مربوط به) مراکش، مراکشی
Marocain,e[2] /maʀɔkɛ̃,ɛn/ *n* اهل مراکش، مراکشی
maronner /maʀɔne/ *vi* (1) [خودمانی] غرغر کردن، غر زدن، غرولند کردن
maroquin /maʀɔkɛ̃/ *nm* ۱. تیماج ۲. [مجازی] پست وزارت
maroquinerie /maʀɔkinʀi/ *nf* تیماج‌سازی

maroquinier /maʀɔkinje/ *nm* تیماج‌ساز
marotte /maʀɔt/ *nf* [مجازی] میل مفرط، علاقهٔ زیاد، عشق
maroufle /maʀufl/ *nf* چسب قوی
maroufler /maʀufle/ *vt* (1) (با چسب قوی) چسباندن
marquage /maʀkaʒ/ *nm* [حیوانات، اجناس، ...] علامت‌گذاری
marquant,e /maʀkɑ̃,t/ *adj* ۱. بارز، شاخص ۲. قابل توجه، مهم، به‌یادماندنی ۳. برجسته، معروف
marque /maʀk/ *nf* ۱. علامت، نشان، نشانه ۲. اثر، رد، مارک (تجارتی) ۳. [بازی، مسابقه] امتیاز ۴. دلیل، نشانه، گواه
de marque ۱. درجه‌یک، مرغوب، اعلا ۲. برجسته، سطح بالا
marqué,e /maʀke/ *adj* ۱. مارک‌دار ۲. آشکار، واضح، بارز، چشمگیر ۳. مشخص
marquer /maʀke/ *vt, vi* (1) ۱. علامت گذاشتن، علامت زدن ۲. نشان دادن ۳. تعیین کردن ۴. ابراز کردن، اظهار کردن ۵. رد به جا گذاشتن ۶. معرف (کسی یا چیزی) بودن ۷. نشانهٔ (چیزی) بودن، دلالت کردن بر ۸. [خودمانی] یادداشت کردن، نوشتن ◙ ۹. بارز بودن، چشمگیر بودن ۱۰. رد به جا گذاشتن، جای (چیزی) ماندن
marquer au fer rouge داغ زدن، داغ کردن
marquer les points امتیازها را ثبت کردن
marquer un numéro de téléphone شمارهٔ تلفن را یادداشت کردن
marquis /maʀki/ *nm* مارکی (= لقب اشرافی، پایین‌تر از دوک و بالاتر از کُنت)
marquise /maʀkiz/ *nf* مارکیز (= مؤنث مارکی)
marraine /maʀɛn/ *nf* مادر تعمیدی
marrant,e /maʀɑ̃,t/ *adj* ۱. [خودمانی] خنده‌دار، بامزه ۲. عجیب

marre /maʀ/ *adv,* **en avoir marre** [خودمانی] ذله شدن، به ستوه آمدن

marrer (se) /s(ə)maʀe/ *vp* (1) [خودمانی] خندیدن

marri,e /maʀi/ *adj* [قدیمی یا ادبی] ناراحت، متأثر

marron[1] /maʀɔ̃/ *nm, adj. inv* ۱. شاه‌بلوط ۲. رنگ بلوطی، رنگ خرمایی ۳. [عامیانه] (ضربهٔ) مشت ◻ ۴. (به رنگِ) بلوطی، خرمایی

marron[2]**,onne** /maʀɔ̃,ɔn/ *adj* [پزشک، وکیل] قلابی، بدون مجوز

esclave marron بردهٔ فراری

marronier /maʀɔnjɛ/ *nm* درخت شاه‌بلوط

mars /maʀs/ *nm* مارس (= ماه سوم سال میلادی)

marseillais,e[1] /maʀsɛjɛ,z/ *adj* (مربوط به) مارسِی (= نام شهری در فرانسه)

Marseillais,e[2] /maʀsɛjɛ,z/ *n* اهل مارسی

Marseillaise[3] /maʀsɛjɛz/ *nf* مارسِیز (= سرود ملی فرانسه)

marsupial,aux /maʀsypjal,o/ *nm* (جانور) کیسه‌دار

marteau /maʀto/ *nm, adj* ۱. چکش ۲. [در] کوبه ۳. [گوش] استخوان چکشی ◻ ۴. [خودمانی] خُل، خُل‌مشنگ

martel /maʀtɛl/ *nm,* **se mettre martel en tête** [خودمانی] فکر و خیال کردن، دل (کسی) شور زدن

martelage /maʀtəlaʒ/ *nm* چکش‌کاری

marteler /maʀtəle/ *vt* (5) ۱. چکش‌کاری کردن، چکش زدن ۲. چند بار کوبیدن رویِ، مکرر زدن به ۳. با تأکید اَدا کردن، بلند و شمرده بیان کردن

martial,e,aux /maʀsjal,o/ *adj* ۱. (مربوط به) جنگ، جنگی، نظامی ۲. رزمجو، جنگجو

martien,enne[1] /maʀsjɛ̃,ɛn/ *adj* (مربوط به) مریخ، مریخی

Martien,enne[2] /maʀsjɛ̃,ɛn/ *n* موجود مریخی، مریخی

martin-pêcheur /maʀtɛ̃pɛʃœʀ/ *nm* [پرنده] ماهی‌خورک

martyre[1] /maʀtiʀ/ *nm* ۱. شهادت ۲. عذاب، مصیبت، شکنجه

martyr,e[2] /maʀtiʀ/ *n, adj* ۱. شهید ۲. ستم‌کش، محنت‌کش

martyriser /maʀtiʀize/ *vt* (1) ۱. عذاب دادن، شکنجه دادن ۲. شهید کردن، به شهادت رساندن

martyrologe /maʀtiʀɔlɔʒ/ *nm* [مذهبی] تذکرهٔ شهدا، (اسامی) شهدا

marxien,enne /maʀksjɛ̃,ɛn/ *adj* (مربوط به) مارکس

marxisme /maʀksism/ *nm* مارکسیسم

marxiste /maʀksiste/ *adj, n* ۱. مارکسیستی ◻ ۲. مارکسیست

marxologue /maʀksɔlɔg/ *n* مارکس‌شناس

mascara /maskaʀa/ *nm* [لوازم آرایش] ریمِل

mascarade /maskaʀad/ *nm* ۱. بالماسکه ۲. افراد نقابدار ۳. فریبکاری، عوام‌فریبی، صحنه‌سازی

masculin[1] /maskylɛ̃/ *nm* [دستور زبان] (جنس) مذکر

masculin[2]**,e** /maskylɛ̃,in/ *adj* ۱. نر ۲. مردانه ۳. (مربوط به) مردان ۴. [دستور زبان] مذکر

métier masculin شغل مردانه، حرفهٔ مردانه

nom masculin [دستورزبان] اسم مذکر

masculinité /maskylinite/ *nf* مردی

masochisme /mazɔʃism/ *nm* آزارخواهی، آزارطلبی، مازوخیسم

masochiste /mazɔʃist/ *n, adj* ۱. آزارخواه، آزارطلب، مازوخیست ◻ ۲. آزارخواهانه، آزارطلبانه، مازوخیستی

masquage /maskaʒ/ *nm* (عمل) نقاب زدن، ماسک زدن

masque /mask/ *nm* ۱. ماسک ۲. نقاب ۳. قیافه، چهره ۴. ظاهر (فریبنده)

pرحجم، سنگین ۲. پُر، توپُر ۳. تنومند ۴. یکپارچه ۵. جمعی، انبوه

mass media(s) /masmedja/ *nm. pl* رسانه‌های گروهی، وسایل ارتباط جمعی

massue /masy/ *nf* ۱. چماق ۲. گرز

coup de massue ۱.ضربهٔ چماق ۲. واقعهٔ ناگوار، بلای ناگهانی

mastic /mastik/ *nm* ۱. ماستیک ۲. بتونه

masticage /mastikaʒ/ *nm* (عمل) بتونه کردن

mastication /mastikasjɔ̃/ *nf* (عمل) جویدن

masticatiore /mastikatwaʀ/ *nm, adj* جویدنی

mastiquer[1] /mastike/ *vt* (1) جویدن

mastiquer[2] /mastike/ *vt* (1) بتونه کردن، بتونه مالیدن

mastoc /mastɔk/ *adj. inv* یُغور، زمخت

mastodonte /mastɔdɔ̃t/ *nm* ۱. ماستودون (= جانوری عظیم‌الجثه شبیه فیل که نسل آن منقرض شده است.) ۲. آدم غول‌پیکر، غول ۳. ماشین غول‌پیکر

mastroquet /mastʀɔkɛ/ *nm* ۱. [خودمانی] مشروب‌فروش ۲. مشروب‌فروشی

masturbation /mastyʀbasjɔ̃/ *nf* استمنا، جَلق

masturber /mastyʀbe/ *vt* (1) استمنا کردن، جَلق زدن

m'as-tu-vu /matyvy/ *nm. inv, adj* (آدم) خودنما، خودستا

masure /mazyʀ/ *nf* کلبه خرابه، زاغه

mât /ma/ *nm* دکل

mat[1] /mat/ *adj. inv, nm* [شطرنج] مات

mat[2],e /mat/ *adj* ۱. [رنگ و غیره] مات ۲. [صدا] گرفته، خفه

matador /matadɔʀ/ *nm* گاوباز

mataf /mataf/ *nm* [عامیانه] ملوان، جاشو

matamore /matamɔʀ/ *nm* پهلوان‌پنبه

masqué,e /maske/ *adj* ۱. نقابدار ۲. پوشیده، پنهان

bal masqué بالماسکه

masquer /maske/ *vt* (1) ۱. پنهان کردن، مخفی کردن ۲. از نظر پنهان کردن، جلوی (چیزی را) گرفتن ۳. نقاب زدن، ماسک زدن

massacrante /masakʀɑ̃t/ *adj. f,*

humeur massacrante اخلاق غیرقابل تحمل

massacre /masakʀ/ *nm* ۱. کشتار (جمعی)، قتل‌عام ۲. خرابکاری، (کار) افتضاح

massacrer /masakʀe/ *vt* (1) ۱. کشتار کردن، قتل‌عام کردن ۲. خراب کردن ۳. [خودمانی] درب و داغون کردن، لت و پار کردن، دخل (کسی یا چیزی را) آوردن

se massacrer *vp* همدیگر را کشتن

massacreur /masakʀœʀ/ *nm* ۱. عامل کشتار، سلاخ ۲. خرابکار، ناشی

massage /masaʒ/ *nm* مشت و مال، مالش، ماساژ

masse[1] /mas/ *nf* ۱. توده ۲. تل، پشته، کپه ۳. عده، دسته ۴. توده (مردم)، مردم، جماعت ۵. [فیزیک] جِرم ــ [صورت جمع] ۶. تودهٔ مردم، عوام ۷. [خودمانی] یک عالمه، کلّی

en masse دسته‌جمعی، جمعی، گروهی

masse[2] /mas/ *nf* ۱. پتک ۲. چماق ۳. گرز

masser[1] /mase/ *vt* (1) جمع کردن

se masser *vp* جمع شدن، گرد آمدن

masser[2] /mase/ *vt* (1) مشت و مال دادن، مالیدن، مالش دادن، ماساژ دادن

massette /masɛt/ *nf* پُتک

masseur,euse /masœʀ,øz/ *n* ماساژور، مشت و مالچی

massif[1] /masif/ *nm* ۱. [گل و گیاه] توده، دسته ۲. [جغرافی] گرانکوه

massif[2],ive /masif,iv/ *adj* ۱. حجیم،

match /matʃ/ *nm* مسابقه
faire match nul مسابقه را مساوی کردن
match de box مسابقهٔ مشت‌زنی، مسابقهٔ بوکس
matelas /matla/ *nm* تُشک، دُشک
matelassier,ère /matlasjɛ,ɛʀ/ *n* تشک‌دوز، دُشک‌دوز
matelot /matlo/ *nm* ملوان، دریانورد
apprenti matelot جاشو
mater[1] /mate/ *vt* (1) ۱. [شطرنج] مات کردن ۲. مطیع کردن، به اطاعت واداشتن ۳. سرکوب کردن ۴. مهار کردن
mater[2] /mate/ *vt* (1) [عامیانه] دزدکی نگاه کردن، دید زدن
mâter /mate/ *vt* (1) دکل زدن
mâtereau /matʀo/ *nm* دکل کوچک
matérialisation /mateʀjalizasjɔ̃/ *nf* تحقق، عینیت
matérialiser /mateʀjalize/ *vt* (1) ۱. تحقق بخشیدن، عینیت دادن ۲. شکل مادی دادن به، مادی کردن
se matérialiser *vp* تحقق یافتن، عینیت یافتن
matérialisme /mateʀjalism/ *nm* ۱. ماده‌گرایی، ماتریالیسم ۲. مادی‌گری
matérialiste /mateʀjalist/ *n, adj* ۱. ماده‌گرا، ماتریالیست ۲. آدم مادی ◙ ۳. ماده‌گرایانه، ماتریالیستی
matériau /mateʀjo/ *nm* مصالح ساختمانی
matériaux /mateʀjo/ *nm. pl* ۱. مصالح ساختمانی ۲. مصالح، مواد
matériel[1] /mateʀjɛl/ *nm* وسایل، لوازم، تجهیزات
matériel[2] /mateʀjɛl/ *nm* ۱. مادی ۲. مالی
maternel,elle[1] /matɛʀnɛl/ *adj* ۱. (مربوط به) مادر ۲. مادری ۳. مادرانه
école maternelle مهد کودک
maternelle[2] /matɛʀnɛl/ *nf* مهد کودک
maternellement /matɛʀnɛlmɑ̃/ *adv* مادرانه

materner /matɛʀne/ *vt* (1) مادرانه رفتار کردن با، مثل مادر رفتار کردن با
maternité /matɛʀnite/ *nf* ۱. مادری ۲. زایمان، وضع حمل ۳. زایشگاه
math(s) /mat/ *nf. pl* → mathématiques
mathématicien,enne /matematisjɛ̃, ɛn/ *n* ریاضی‌دان
mathématique /matematik/ *adj* ۱. ریاضی ۲. ریاضی‌وار ۳. بدون ردخور، قطعی
matématiquement /matematikmɑ̃/ *adv* ۱. طبق قواعد ریاضی، از لحاظ ریاضی ۲. دقیقاً
mathématiques /matematik/ *nf. pl* ریاضیات، ریاضی
matière /matjɛʀ/ *nf* ۱. ماده ۲. موضوع، محتوا، مضمون ۳. موضوع (درسی)، درس ۴. زمینه، مبحث
en matière de در زمینهٔ، در بابِ
matin /matɛ̃/ *nm, adv* ۱. صبح ۲. صبحگاه، بامداد ۳. بعد از نیمه‌شب ◙ ۴. صبح زود، سحر ۵. زود
de bon matin صبح زود
un beau matin روزی، یک روز
une heure du matin (ساعتِ) یکِ بعد از نیمه‌شب
matinal,e,aux /matinal,o/ *adj* ۱. صبحگاهی، صبح، بامدادی، سحرگاهی ۲. سحرخیز
mâtiné,e /matine/ *adj* ۱. [سگ] دورگه ۲. آمیخته
matinée /matine/ *nf* ۱. صبح ۲. [سینما، تئاتر] سئانس بعدازظهر
mâtiner /matine/ *vt* (1) [سگ] (با نژاد دیگر) جفت کردن
matité /matite/ *nf* [رنگ و غیره] ماتی، مات بودن
matois,e /matwa,z/ *adj, n* [ادبی] مکار، موذی، فریبکار
maton,onne /matɔ̃,ɔn/ *n* [عامیانه] زندانبان

matou /matu/ *nm* گربهٔ نر
matraque /matʀak/ *nf* ۱. باتوم ۲. چماق
matriarcal,e,aux /matʀjaʀcal,o/ *adj* (مربوط به) مادرسالاری
matriarcat /matʀjaʀka/ *nm* مادرسالاری
matrice /matʀis/ *nf* ۱. قالب ۲. [ریاضیات] ماتریس
matricule /matʀikyl/ *nf, nm* ۱. دفتر ثبت اسامی، فهرست اسامی ▣ ۲. شمارهٔ ثبت (نام) (با شماره)
matriculer /matʀikyle/ *vt* (1) در دفتر ثبت کردن
matrimonial,e,aux /matʀimɔnjal,o/ *adj* (مربوط به) ازدواج، زناشویی
maturation /matyʀasjɔ̃/ *nf* بلوغ، رَسِش
maturité /matyʀite/ *nf* ۱. بلوغ ۲. پختگی ۳. [میوه] رسیدن، رَسِش
maudire /modiʀ/ *vt* (2) ۱. نفرین کردن، لعنت کردن، لعن کردن ۲. به عذاب الهی گرفتار کردن
maudit,e /modi,t/ *adj* ۱. نفرین‌شده ۲. ملعون ۳. لعنتی، کوفتی، نکبتی، مزخرف
maudit soit... لعنت بر ...
maugréer /mogʀee/ *vi, vt* (1) تغیّر کردن، غرولند کردن
mausalée /mozɔle/ *nf* آرامگاه، مقبره، مرقد
maussade /mosad/ *adj* ۱. بدخلق، اخمو، عبوس، عُنُق، ترش‌رو ۲. ملال‌انگیز، غم‌انگیز، گرفته
maussaderie /mɔsadʀi/ *nf* ۱. بدخلقی، ترش‌رویی، عبوسی ۲. غم‌انگیز بودن، گرفتگی
mauvais[1]**,e** /movɛ,z/ *adj, adv* ۱. بد ۲. ناپسند ۳. ناخوشایند، نامطبوع، زننده ۴. نامناسب، ناجور ۵. خراب ۶. ناخوش ۷. نادرست، غلط، اشتباه ۸. مضر، زیان‌آور ۹. خطرناک ۱۰. ناشی ۱۱. بدردنخور، بیخود ۱. بوی بد میده ۲. هوا پَسه
Ça sent mauvais.
être en mauvaise santé ناخوش بودن، کسالت داشتن
mauvaise action عمل ناپسند، عمل زشت
mauvais temps هوای بد
mauvais[2] /movɛ/ *nm, adv* بد
mauve /mov/ *nf, adj. inv* ۱. [گیاه] پنیرک ▣ ۲. (به رنگِ) ارغوانی روشن
mauviette /movjɛt/ *nf* [خودمانی] آدم نزار، لاغرمردنی
maux /mo/ *nm. pl* → mal
maxillaire /maksilɛʀ/ *adj, nm* ۱. (مربوط به) فک، آرواره، فکی ▣ ۲. استخوان فک
maximal,e,aux /maksimal,o/ *adj* حداکثر، بیشترین
maximaliste /maksimalist/ *n, adj* افراط‌گرا، افراطی
maxime /maksim/ *nf* ۱. اصل اخلاقی، ضابطهٔ اخلاقی ۲. مَثَل، ضرب‌المثل
maximisation /maksimizasjɔ̃/ *nf* به حداکثر رساندن، بیشینه‌سازی
maximiser /maksimizɛ/ *vt* (1) به حداکثر رساندن، به بیشترین حد رساندن
maximum /maksimɔm/ *nm, adj* حداکثر، بیشینه، بیشترین حد، منتها درجه
mayonnaise /majɔnɛz/ *nf* مایونز
mazdéen,enne /mazdeɛ̃,ɛn/ *adj* مزدایی، زرتشتی
mazout /mazut/ *nm* مازوت
me /m(ə)/ *pron. pers* ۱. مرا، به من ۲. برای من ۳. [در افعال دوضمیره] خود، خودم
mea culpa /meakylpa/ *nm. inv,* **faire son mea culpa** به خطای خود اعتراف کردن
méandre /meɑ̃dʀ/ *nm* ۱. [رود] پیچ و خم ۲. [مجازی] پیچیدگی، پیچ و خم

a = bas, plat e = blé, jouer ɛ = lait, jouet, merci i = il, lyre o = mot, dôme, eau, gauche ɔ = mort
u = roue y = rue ø = peu œ = peur ə = le, premier ɑ̃ = sans, vent ɛ̃ = matin, plein, lundi
ɔ̃ = bon, ombre ʃ = chat, tache ʒ = je, gilet j = yeux, paille, pied w = oui, nouer ɥ = huile, lui

méat /mea/ *nm* [پزشکی] مجرا

mec /mɛk/ *nm* [خودمانی] مرد، آدم، یارو

mécanicien,enne /mekanisjɛ̃,jɛn/ *adj, n* ۱. مکانیسین، متخصص مکانیک ۲. مکانیک، تعمیرکار ۳. لکوموتیوران، رانندهٔ لکوموتیو

mécanicien-dentiste /mekanisjɛ̃dɑ̃-tist/ *nm* دندانساز

mécanique /mekanik/ *nf, adj* ۱. مکانیک ۲. مهندسی مکانیک ۳. مکانیسم ◘ ۴. مکانیکی ۵. خودبه‌خود، خودکار، غیرارادی، ماشینی

mécaniquement /mekanikmɑ̃/ *adv* ۱. به طور مکانیکی ۲. از نقطه نظر مکانیک ۳. به طور غیرارادی، خودبه‌خود، خودکار

mécanisation /mekanizasjɔ̃/ *nf* (عمل) مکانیزه کردن، ماشینی کردن

mécaniser /mekanize/ *vt* (1) مکانیزه کردن، ماشینی کردن

mécanisme /mekanism/ *nm* ۱. مکانیسم، ساز و کار، ساختکار ۲. نظام

mécano /mekano/ *nm* [خودمانی] میکانیک، تعمیرکار

mécénat /mesena/ *nm* هنرپروری، ادب‌پروری

mécène /mesɛn/ *nm* هنرپرور، ادب‌پرور (= فرد یا نهادی که به هنرمندان یا نویسندگان کمک مالی می‌کند.)

méchamment /meʃamɑ̃/ *adv* با بدجنسی، با شرارت، خبیثانه

méchanceté /meʃɑ̃ste/ *nf* ۱. بدجنسی، بدخواهی، شرارت، خباثت ۲. شیطنت

méchant,e /meʃɑ̃,t/ *adj, n* ۱. بدجنس، بدخواه، بدذات، خبیث، شرور ۲. شیطان، تُخس ۳. شیطنت‌آمیز ۴. خطرناک ۵. [خودمانی] بد، ناجور ۶. [ادبی] بی‌ارزش، بی‌اهمیت، ناچیز ۷. [خودمانی] محشر، معرکه ۸. حسابی، جانانه ◘ ۹. [ادبی] آدم بدجنس، آدم خبیث

chien méchant سگ خطرناک، سگی که حمله می‌کند

pour une méchante somme برای مبلغی ناچیز، برای چندرغاز

un méchant succès یک موفقیت جانانه

mèche[1] /mɛʃ/ *nf* ۱. فتیله ۲. [مو] دسته ۳. سرمته

mèche[2] /mɛʃ/ *nf*, **être de mèche avec qqn** [خودمانی] همدست کسی بودن

y a pas mèche [خودمانی] راهی ندارد، نمی‌شود

mécompte /mekɔ̃t/ *nf* اشتباه، تصور غلط، امید واهی

méconnaissable /mekɔnɛsabl/ *adj* غیرقابل شناختن، غیرقابل تشخیص

méconnaissance /mekɔnɛsɑ̃s/ *nf* ۱. عدم شناخت، ناآگاهی ۲. قدرناشناسی، حق‌ناشناسی

méconnaître /mekɔnɛtʀ/ *vt* (57) ۱. نشناختن، بجا نیاوردن ۲. نادیده گرفتن ۳. قدر (کسی را) نشناختن، قدر (کسی را) ندانستن

méconnu,e /mekɔny/ *adj, part. passé* ۱. قدرناشناخته ◘ ۲. [اسم مفعول فعلِ méconnaître]

mécontent,e /mekɔ̃tɑ̃,t/ *adj* ناراضی، ناخشنود، ناخرسند

mécontentement /mekɔ̃tɑ̃tmɑ̃/ *nm* نارضایتی، ناخشنودی، ناخرسندی

mécontenter /mekɔ̃tɑ̃te/ *vt* (1) ناراضی کردن، ناخشنود کردن، ناخرسند کردن

mécréant,e /mekʀeɑ̃,t/ *adj, n* بی‌دین، لامذهب

médaille /medaj/ *nf* مدال، نشان

médaillé,e /medaje/ *adj* صاحب مدال، برندهٔ مدال، دارندهٔ نشان

médaillier /medaje/ *vt* (1) مدال دادن به

médaillon /medajɔ̃/ *nm* ۱. [هنر] قاب‌بند تزیینی ۲. گردن‌بند (گرد یا بیضی)، قابِ آویز ۳. [گوشت] برش نازک

mède /mɛd/ *adj* (مربوط به) مادها، مادی

médecin /mɛdsɛ̃/ *nm* پزشک، دکتر، طبیب

médecine /mɛdsin/ *nf* ۱. پزشکی، طب ۲. طبابت ۳. [قدیمی] دوا، دارو

média /medja/ *nm* رسانه (گروهی)

médian,e /medjɑ̃,an/ *adj* میانی، وسط، وسطی

médiat,e /media,t/ *adj* باواسطه، غیرمستقیم

médiateur,trice /medjatœR,tRis/ *adj, n* میانجی

médiation /medijasjɔ̃/ *nf* میانجی‌گری، وساطت، پادرمیانی

médical,e,aux /medikal,o/ *adj* پزشکی

médicalement /medikalmɑ̃/ *adv* از نظر پزشکی، از لحاظ پزشکی

médicament /medikamɑ̃/ *nm* دارو، دوا

médicamenteux,euse /medikamɑ̃tø,øz/ *adj* دارویی

médicastre /medikastR/ *nm* [قدیمی] پزشک بد، دکتر قلابی

médication /medikasjɔ̃/ *nf* دارودرمانی

médicinal,e,aux /medisinal,o/ *adj* ۱. دارویی ۲. شفابخش

médiéval,e,aux /medjeval,o/ *adj* (مربوط به) قرون وسطایی، قرون وسطایی

médiocre /medjɔkR/ *adj* ۱. پیش‌پاافتاده، بی‌ارزش، بی‌اهمیت ۲. کم، اندک، ناکافی، ناچیز ۳. سطح پایین، حقیر ۴. ضعیف ۵. [قدیمی] معمولی *salaire médiocre* حقوق کم، حقوق ناکافی

médiocrement /medjɔkRəmɑ̃/ *adv* ۱. کم، کمی ۲. بد ۳. تا حدی، نسبتاً

médiocrité /medjɔkRite/ *nf* ۱. پیش‌پاافتادگی ۲. کیفیت پایین، بی‌ارزشی ۳. آدم سطح پایین، آدم حقیر

médire /mediR/ *vi* (37) بدگویی کردن، غیبت کردن، بد (کسی) را گفتن

médisance /medizɑ̃s/ *nf* بدگویی، غیبت

médisant,e /medizɑ̃,t/ *adj, n* ۱. حاکی از بدگویی ▨ ۲. بدگو

méditatif,ive /meditatif,iv/ *adj* ۱. فکور، متفکر ۲. متفکرانه

méditation /meditasjɔ̃/ *nf* تفکر، تعمق، تأمل، اندیشه

méditer /medite/ *vt, vi* (1) ۱. تعمق کردن، تأمل کردن، اندیشیدن ۲. در اندیشهٔ (چیزی) بودن، در سر پروراندن ۳. به فکر فرو رفتن

méditerranéen,enne /mediteRaneɛ̃,ɛn/ *adj* (مربوط به) مدیترانه، مدیترانه‌ای

médium /medjɔm/ *nm* ۱. [احضار روح] واسطه، مدیوم ۲. صدای میانه

médius /medjys/ *nm* انگشت میانه، انگشت وسط

méduse /medyz/ *nf* عروس دریایی، چتر دریایی

méduser /medyze/ *vt* (1) بهت‌زده کردن، مات و مبهوت کردن، متحیر کردن، حیرت‌زده کردن

meeting /mitiɲ/ *nm* ۱. گردهمایی، همایش، اجتماع ۲. نشست، اجلاس، جلسه

méfait /mefɛ/ *nm* ۱. کار بد، عمل بد، بدی، خطا ۲. زیان، ضرر

méfiance /mefjɑ̃s/ *nf* بدگمانی، بی‌اعتمادی، سوء ظن، شک

méfiant,e /mefjɑ̃,t/ *adj, n* بدگمان، بی‌اعتماد، ظنین

méfier (se) /s(ə)mefje/ *vp* (7) ۱. بدگمان بودن، بی‌اعتماد بودن، سوءظن داشتن، شک داشتن ۲. دوری کردن، پرهیز کردن، احتراز کردن ۳. مواظب بودن، مراقب بودن

mégahertz /megaɛRtz/ *nm* مگاهرتز (= واحد فرکانس برابر با یک میلیون هرتز یا یک میلیون دور در ثانیه)

mégalomane /megalɔman/ *adj, n* خودبزرگ‌بین، دچار خودبزرگ‌بینی

mégalomanie / megalɔmani / *nf*
خودبزرگ'بینی

mégarde (par) / paʀmegaʀd / *loc. adv*
سهواً، از روی بی‌توجهی، ناخواسته، اتفاقی

mégatonne / megatɔn / *nf* مِگاتُن
(= واحد نیروی تخریبی، معادل یک میلیون تُن تی‌ان‌تی)

mégawatt / megawat / *nm* مِگاوات
(= واحد نیروی الکتریکی، برابر با یک میلیون وات)

mégère / meʒɛʀ / *nf* زن بدجنس، پتیاره

mégir / meʒiʀ / *vt* (2) → mégisser

mégisser / meʒise / *vt* (1) دباغی کردن

mégisserie / meʒisʀi / *nf* دباغی

mégissier / meʒisje / *nm* دباغ

mégot / mego / *nm* [خودمانی] تَه‌سیگار

meilleur¹,e / mɛjœʀ / *adj* بهتر

meilleur² / mɛjœʀ / *adv, nm*
۱. بهتر
۲. بهترین ۳. بهتر از همه ۴. بهترین فرد، برترین فرد ۵. بهترین قسمت
Il est meilleur que son frère. او بهتر از برادرش است.
meilleur marché ارزان‌تر
Meilleure santé! انشاءالله بهتر شوید!

méjuger / meʒyʒe / *vt* (3)
۱. [ادبی] قضاوت بد کردن دربارهٔ ۲. [ادبی] قضاوت نادرست کردن در موردِ، دست کم گرفتن، کم ارزش دادن

se méjuger *vp* خود را دست کم گرفتن

mélancolie / melɑ̃kɔli / *nf*
۱. مالیخولیا، افسردگی، سودا ۲. اندوه، غم، حزن

mélancolique / melɑ̃kɔlik / *adj*
۱. مالیخولیایی، سودایی، سودازده ۲. افسرده، غمگین ۳. غم‌انگیز، غمناک، حزن‌انگیز

mélancoliquement / melɑ̃kɔlikmɑ̃ / *adv*
با افسردگی، با اندوه، غمگینانه

mélange / melɑ̃ʒ / *nm*
۱. آمیزش، مخلوط کردن، اختلاط ۲. مخلوط، آمیزه، ترکیب — [صورت جمع] ۳. جُنگ

mélanger / melɑ̃ʒe / *vt* (3)
۱. مخلوط کردن، (در هم) آمیختن، قاطی کردن ۲. به هم ریختن

mélasse / melas / *mf*
۱. مَلاس ۲. دردسر، مخمصه ۳. شیر توشیر ۴. [خودمانی] مِه غلیظ

mêlé,e¹ / mele / *adj*
۱. مخلوط، درهم
۲. آمیخته
noir mêlé de rouge سیاهِ آمیخته به قرمز، ترکیب سیاه و قرمز

mêlée² / mele / *mf*
۱. جنگ تن به تن
۲. زد و خورد، نبرد ۳. نزاع، دعوا، مشاجره

mêler / mele / *vt* (1)
۱. آمیختن، مخلوط کردن
۲. به هم ریختن ۳. [ورق‌بازی] بُر زدن ۴. وارد کردن، شرکت دادن، درگیر کردن

se mêler *vp*
۱. در هم آمیختن، با هم درآمیختن
۲. داخل شدن، قاطی شدن، ملحق شدن ۳. پرداختن، مشغول شدن، سرگرم (کاری) شدن

méli-mélo / melimelo / *nm* [خودمانی] پل‌بشو، هرج و مرج

mélisse / melis / *nf* بادرنجبویه
eau de mélisse عرق بادرنجبویه

mélodie / melɔdi / *nf*
۱. ملودی، نغمه
۲. آهنگ

mélodieusement / melɔdjøzmɑ̃ / *adv*
(به طرزی) خوش‌آهنگ

mélodieux,euse / melɔdjø,øz / *adj*
خوش‌آهنگ، خوش‌آوا، خوش‌نوا

mélodique / melɔdik / *adj*
۱. آهنگین
۲. (مربوط به) ملودی

mélodrame / melɔdʀam / *nm* ملودرام
(= نوعی اثر نمایشی)

mélomane / melɔman / *n*
دوستدار موسیقی، موسیقی‌دوست

melon / m(ə)lɔ̃ / *nm* ۱. خربزه ۲. طالبی
melon d'eau هندوانه

membrane / mɑ̃bʀan / *nf* پرده، غشا

membraneux,euse / mɑ̃bʀanø,øz / *adj*
غشایی، پرده‌ای

membre /mɑ̃bʀ/ *nm* ۱. عضو ۲. اندام، عضو (بدن) ۳. آلت (تناسلی مرد) ۴. قسمت، جزء

membré,e /mɑ̃bʀe/ *adj*, **bien membré** قوی‌هیکل، خوش‌هیکل

membrure /mɑ̃bʀyʀ/ *nf* [ادبی] اندام

même /mɛm/ *adj, pron, adv* ۱. همان، همین ۲. خود ۳. همانند، یک‌جور ▣ ۴. همان، همان چیز، همان فرد ▣ ۵. حتی ۶. همین، درست

à même (درست) رویِ

à même de در وضعیتِ، قادر به

Aujourd'hui même همین امروز

de même ۱. همان طور، همان جور، به همان ترتیب ۲. هم، نیز

de même que ۱. همچنین، مثلِ، مانندِ ۲. همان قدر که، به همان اندازه که

en même temps ۱. در همان موقع، همان وقت، (به طورِ) هم‌زمان ۲. در عین حال

tout de même با این همه، با این وجود، مع‌ذالک

mémé /meme/ *nf* [خودمانی] مامان‌بزرگ

mémento /memɛ̃to/ *nm* یادداشت

mémère /memɛʀ/ *nf* [خودمانی] مامان‌بزرگ

mémoire[1] /memwaʀ/ *nf* ۱. حافظه ۲. ذهن ۳. خاطره، یاد ۴. یادبود

de mémoire از حفظ، از بر

mémoire[2] /memwaʀ/ *nm* ۱. گزارش ۲. رساله ۳. صورت‌حساب، صورت بدهی ــ [صورت جمع] ۴. وقایع، خاطرات

mémorable /memɔʀabl/ *adj* به‌یادماندنی، فراموش‌نشدنی

mémorandum /memɔʀɑ̃dɔm/ *nm* ۱. [سیاسی] یادداشت غیررسمی ۲. یادداشت

mémorial[1] /memɔʀjal/ *nm* بنای یادبود، یادمان

mémorial[2] /memɔʀjal/ *nm* ۱. یادداشت ۲. وقایع، خاطرات

mémorialiste /memɔʀjalist/ *n* وقایع‌نگار

mémorisation /memɔʀizasjɔ̃/ *nf* یادسپاری، به خاطر سپردن

mémoriser /memɔʀize/ *vt* (1) به یاد سپردن، به خاطر سپردن، حفظ کردن

menaçant,e /mənasɑ̃,t/ *adj* ۱. تهدیدآمیز ۲. نگران‌کننده

menace /mənas/ *nf* ۱. تهدید ۲. اِرعاب ۳. خطر

menacer /mənase/ *vt* (3) ۱. تهدید کردن ۲. ترساندن ۳. به خطر انداختن، در معرض خطر قرار دادن

ménage /menaʒ/ *nm* ۱. خانه‌داری، کارِ خانه ۲. زندگی مشترک ۳. زن و شوهر، زوج ۴. خانواده، خانوار ۵. [قدیمی] لوازم خانه، اثاث ۶. [قدیمی] خانه، منزل

de ménage خانگی

faire bon ménage تفاهم داشتن

ménagement /menaʒmɑ̃/ *nm* ۱. ملاحظه، رعایت حال، مراعات ۲. توجه، عنایت، اعتنا

ménager[1] /menaʒe/ *vt* (3) ۱. ترتیب دادن، تدارک دیدن، فراهم ساختن ۲. صرفه جویی کردن در، به دقت استفاده کردن از ۳. ملاحظهٔ (کسی را) کردن، رعایت (کسی یا چیزی را) کردن ۴. (جایی را برای کسی) در نظر گرفتن ۵. تعبیه کردن

se ménager *vp* مراقب خود بودن، رعایت حال خود را کردن

ménager[2]**,ère** /menaʒe,ɛʀ/ *adj* ۱. (مربوط به) خانه‌داری، خانه ۲. خانگی

ménagère /menaʒɛʀ/ *nf* ۱. کدبانو، خانه‌دار ۲. جعبهٔ قاشق و چنگال

ménagerie /menaʒʀi/ *nf* ۱. باغ وحش (جانوران کمیاب) ۲. جانوران (کمیاب)

mendiant,e /mɑ̃djɑ̃,t/ *n* گدا، فقیر

mendicité /mɑ̃disite/ *nf* گدایی، تکدی

mendier /mɑ̃dje/ *vt, vi* (7) گدایی کردن

mendigot,e /mɑ̃digo,t/ *n* [عامیانه] گدا

mendigoter /mɑ̃digɔte/ *vt, vi* (1) [عامیانه] گدایی کردن

menées /məne/ *nf. pl* توطئه‌ها، دسایس، دوز و کلک

mener /məne/ *vt* (5) ۱. با خود بردن، بردن ۲. اداره کردن ۳. هدایت کردن ۴. تحت کنترل خود داشتن، پیش بردن ۵. پیشاپیش (گروهی) حرکت کردن ۶. [راه] منتهی شدن، رفتن ۷. [زندگی] گذراندن، داشتن ۸. [هندسه] رسم کردن، کشیدن

Cela ne te mène à rien. این تو را به جایی نمی‌رساند. برایت بی‌نتیجه است.

mener une vie tranquille زندگی آرامی داشتن

ménestrel /menɛstʀɛl/ *nm* [در قرون وسطی] خُنیاگر دوره‌گرد

ménétrier /menetʀije/ *nm* ویولن‌زن روستایی

meneur,euse /mənœʀ,øz/ *n* رهبر، سردسته، گرداننده

méninge /menɛ̃ʒ/ *nf* پردهٔ مغز، مننژ

méningé,e /menɛ̃ʒe/ *adj* (مربوط به) پرده‌های مغز، مننژی

méningite /menɛ̃ʒit/ *nf* التهاب پرده‌های مغز، مننژیت

ménopause /menɔpoz/ *nf* یائسگی

ménopausée /menɔpoze/ *adj. f* یائسه

ménopausique /menɔpozik/ *adj* (مربوط به) یائسگی

menotte /mənɔt/ *nf* ۱. دست (بچه)، دست کوچک ـ [صورت جمع] ۲. دستبند

mensonge /mɑ̃sɔ̃ʒ/ *nm* ۱. دروغ، کذب ۲. دروغگویی ۳. فریب، خیال باطل

mensonger,ère /mɑ̃sɔ̃ʒe,ɛʀ/ *adj* ۱. دروغین، دروغی، دروغ ۲. واهی، کاذب

menstruation /mɑ̃stʀyasjɔ̃/ *nf* قاعدگی، عادت ماهانه، حیض

menstruel,elle /mɑ̃stʀyɛl/ *adj* (مربوط به) قاعدگی، حیض

menstrues /mɑ̃stʀy/ *nf. pl* خون قاعدگی، طَمْث

mensualiser /mɑ̃sɥalize/ *vt* (1) [حقوق، دستمزد] به صورت ماهانه درآوردن، ماهانه پرداخت کردن، ماهانه کردن

mensualité /mɑ̃sɥalite/ *nf* ۱. حقوق ماهانه، ماهانه ۲. پرداخت ماهانه

mensuel[1]**,elle** /mɑ̃sɥɛl/ *adj* ماهانه

mensuel[2] /mɑ̃sɥɛl/ *nm* ماهنامه

mensuellement /mɑ̃sɥɛlmɑ̃/ *adv* ماهانه، به صورت ماهانه، هر ماه

mensuration /mɑ̃syʀasjɔ̃/ *nf* ۱. اندازه‌گیری ۲. اندازه

mental,e,aux /mɑ̃tal,o/ *adj* ۱. ذهنی ۲. روانی

âge mental سن عقلی

mentalement /mɑ̃talmɑ̃/ *adv* ۱. (به طور) ذهنی، در ذهن ۲. از نظر روانی

mentalité /mɑ̃talite/ *nf* ۱. ذهنیت، طرز فکر، نگرش ۲. وضعیت روحی، روحیه

menterie /mɑ̃tʀi/ *nf* [قدیمی یا محلی] دروغ

menteur,euse /mɑ̃tœʀ,øz/ *n, adj* ۱. دروغگو ◙ ۲. دروغین، دروغ، کاذب، فریبنده

menthe /mɑ̃t/ *nf* نعنا

mention /mɑ̃sjɔ̃/ *nf* ذکر، اشاره، بیان

mentionner /mɑ̃sjɔne/ *vt* (1) ذکر کردن، اشاره کردن، نام بردن، بیان کردن

mentir /mɑ̃tiʀ/ *vi* (16) ۱. دروغ گفتن ۲. دروغ بودن، کذب بودن، خلاف واقع بودن

menton /mɑ̃tɔ̃/ *nm* چانه

menton en galoche چانهٔ برآمده

mentonnier,ère[1] /mɑ̃tɔnje,ɛʀ/ *adj* (مربوط به) چانه

mentonnière[2] /mɑ̃tɔnjɛʀ/ *nf* [کلاه] بند

mentor /mɛ̃tɔʀ/ *nm* [ادبی] راهنما، مربی، معلم، مرشد

menu¹,e /məny/ *adj*	۱. ریز، کوچک ۲. ریزه، ریزنقش ۳. جزئی، کوچک، کم‌اهمیت
menu² /məny/ *nm*	۱. صورت غذا، منو ۲. [کامپیوتر] فهرست (انتخاب)، منو
menuiser /mənɥize/ *vt* (1)	نجاری کردن، کار کردن روی
menuiserie /mənɥizʀi/ *nf*	۱. نجاری، درودگری ۲. کارهای چوبی
menuisier /mənɥizje/ *nm*	نجار، درودگر
méphistophélique /mefistɔfelik/ *adj*	شیطانی، اهریمنی، ابلیس‌وار
méphitique /mefitik/ *adj*	متعفن، سمی
méplat /mepla/ *nm*	قسمت صاف، سطح هموار
méprendre (se) /s(ə)mepʀɑ̃dʀ/ *vp* (58)	[ادبی] اشتباه کردن، اشتباه گرفتن
mépris /mepʀi/ *nm*	۱. تحقیر، خوار شمردن ۲. بی‌اعتنایی، بی‌توجهی
au mépris de	بدون در نظر گرفتن، بدون توجه به، بدون رعایتِ (بر) خلافِ
méprisable /mepʀizabl/ *adj*	۱. قابل تحقیر، خفت‌بار ۲. حقیر، پست
méprisant,e /mepʀizɑ̃,t/ *adj*	تحقیرآمیز، تحقیرکننده
méprise /mepʀiz/ *nf*	اشتباه
mépriser /mepʀize/ *vt* (1)	۱. تحقیر کردن، خوار شمردن ۲. بی‌اعتنا بودن (نسبت) به، بی‌توجه بودن به
mer /mɛʀ/ *nf*	دریا
coup de mer	طوفان زودگذر
gens de mer	دریانوردان، ملاحان
haute/pleine mer	وسط دریا، دور از ساحل
mercanti /mɛʀkɑ̃ti/ *nm*	تاجر سودجو
mercantile /mɛʀkɑ̃til/ *adj*	سودجو، سودجویانه، مادّی
mercantilisme /mɛʀkɑ̃tilism/ *nm*	۱. سودجویی، نفع‌پرستی ۲. سوداگری
mercenaire /mɛʀsənɛʀ/ *adj, n*	۱. (سرباز) مزدور ۲. پولکی، مادّی
mercerie /mɛʀsəʀi/ *nf*	خرازی، دکمه‌فروشی
merci¹ /mɛʀsi/ *nf*, **à la merci de**	۱. در اختیارِ، تحتِ تسلطِ ۲. در معرضِ، دچارِ
demander merci	طلب رحم و شفقت کردن
Dieu merci	شکر خدا، الحمدلله
sans merci	بی‌رحم، بی‌رحمانه
merci² /mɛʀsi/ *nm, interj*	۱. تشکر، سپاسگزاری ▣ ۲. متشکرم! سپاسگزارم! ممنونم! مرسی!
mercier,ère /mɛʀsje,ɛʀ/ *n*	خراز، دکمه‌فروش
mercredi /mɛʀkʀədi/ *nm, adv*	چهارشنبه
mercure¹ /mɛʀkyʀ/ *nm*	جیوه
Mercure² /mɛʀkyʀ/ *nm*	(سیاره) تیر، عطارد
mercuriel,elle /mɛʀkyʀjɛl/ *adj*	جیوه‌دار، جیوه‌ای
merde /mɛʀd/ *nf, interj*	۱. گُه، اَن ۲. آشغال، مزخرف، گند ▣ ۳. آه!
merdeux,euse /mɛʀdø,øz/ *adj*	۱. اَنی، گُهی ۲. گند، گُه، کثافت
mère /mɛʀ/ *nf*	۱. مادر ۲. مادر روحانی ۳. سرچشمه، منشأ، منبع، مسبب
langue mère	زبان مادری
maison mère	شرکت مادر
mère de vinaigre	بچه‌سرکه
mère patrie	وطن اصلی، موطن
méridien¹ /meʀidjɛ̃/ *nm*	نصف‌النهار
méridien²,enne /meʀidjɛ̃,ɛn/ *adj*	۱. [ادبی] نیمروزی ۲. نصف‌النهاری
méridienne /meʀidjɛn/ *nf*	۱. خواب بعدازظهر ۲. خط نصف‌النهار

méridional,e,aux¹ /meʀidjɔnal,o/ *adj*
۱. جنوبی ۲. (مربوط به) جنوب فرانسه
Méridional,e,aux² /meʀidjɔnal,o/ *n*
اهل جنوب فرانسه
meringue /məʀɛ̃g/ *nf* مُرَنگ (= نوعی شیرینی شبیه پشمک)
mérinos /meʀinos/ *nm* ۱. گوسفند مرینوس
۲. پشم مرینوس
merise /məʀiz/ *nf* گیلاس وحشی
merisier /məʀizje/ *nm* (درخت) گیلاس وحشی
méritant,e /meʀitɑ̃,t/ *adj* [اغلب طعنه‌آمیز]
شایسته، لایق
mérite¹ /meʀit/ *nm* ۱. شایستگی، لیاقت،
استحقاق، قابلیت ۲. فضیلت ۳. مزیت، امتیاز
Mérite² /meʀit/ *nm* [در فرانسه] نشان (لیاقت)
mériter /meʀite/ *vt* (1) شایستهٔ (چیزی)
بودن، سزاوار (چیزی) بودن، مستحق (چیزی) بودن،
لیاقت (چیزی را) داشتن
méritoire /meʀitwaʀ/ *adj* ارزشمند،
درخور ستایش، شایان تقدیر
merlan /mɛʀlɑ̃/ *nm* (ماهی) مرلان
merle /mɛʀl/ *nm* [پرنده] توکا
merle blanc ۱. آدم نادر، نادره ۲. چیز نایاب،
کیمیا
merlin /mɛʀlɛ̃/ *nm* ۱. تبر ۲. پتک گاوکشی
merveille /mɛʀvɛj/ *nf* ۱. شگفتی، اعجاز،
معجزه — [صورت جمع] ۲. عجایب، شگفتی‌ها
à merveille خیلی خوب، عجیب، فوق‌العاده
merveilleusement /mɛʀvɛjøzmɑ̃/ *adv*
(به طرزی) عالی، فوق‌العاده، عجیب
merveilleux¹,euse /mɛʀvɛjø,øz/ *adj*
۱. شگفت‌انگیز، جادویی ۲. درخور ستایش،
عالی، فوق‌العاده
merveilleux² /mɛʀvɛjø/ *nm* پدیدهٔ شگفت،
شگفتی
mes /mɛ/ *adj. poss. pl* [در ترکیب] ـهایم،
ـهای من

mes livres کتاب‌هایم، کتاب‌های من
mésalliance /mezaljɑ̃s/ *nf*
ازدواج با فردی از طبقهٔ پایین‌تر، وصلت ناجور
mésallier (se) /s(ə)mezalje/ *vp* (7)
با پایین‌تر از خود وصلت کردن، وصلت ناجور کردن
mésange /mezɑ̃ʒ/ *nf* [پرنده] چرخ‌ریسک
mésaventure /mezavɑ̃tyʀ/ *nf*
پیشامد ناگوار، حادثه
mescaline /mɛskalin/ *nf* مِسکالین
(= نوعی مادهٔ توهم‌زا)
mesdames /medam/ *nf.pl* خانم‌ها، بانوان
mesdemoiselles /medmwazɛl/ *nf.pl*
دوشیزگان، دخترخانم‌ها، دخترها
mésentente /mezɑ̃tɑ̃t/ *nf* ناسازگاری،
اختلاف، نفاق
mésentère /mezɑ̃tɛʀ/ *nf* روده‌بند
mésestime /mezɛstim/ *nf* [ادبی] بی‌اعتنایی،
بی‌توجهی، بی‌عنایتی
mesestimer /mezɛstime/ *vt* (1)
[ادبی] کوچک شمردن، دست کم گرفتن
mésintelligence /mezɛ̃teliʒɑ̃s/ *nf*
[ادبی] ناسازگاری، اختلاف، نفاق
mesquin,e /mɛskɛ̃,in/ *adj* ۱. حقیر، کوچک،
فرومایه ۲. ناچیز، کم ۳. تنگ‌نظر، بخیل، خسیس
mesquinerie /mɛskinʀi/ *nf* ۱. حقارت،
کوچکی، فرومایگی ۲. تنگ‌نظری، خست
mess /mɛs/ *nm* غذاخوری افسران
message /mesaʒ/ *nm* پیام، پیغام، خبر
messager,ère /mesaʒe,ɛʀ/ *n* پیام‌آور،
قاصد، پیک
messagerie /mesaʒʀi/ *nf* (سرویس) حمل و نقل سریع، پیک
messagerie de presse سرویس توزیع مطبوعات، مؤسسهٔ پخش مطبوعات
messe /mɛs/ *nf* آیین عشاء ربانی
messie¹ /mesi/ *nf* ناجی، منجی

métaphysique

Messie² /mesi/ *nm* — مسیح
messieurs /mesjø/ *nm.pl* — آقایان
messire /mesiʀ/ *nm* — [قدیمی] عالی‌جناب، حضرت والا، حضرت اشرف
mesurable /məzyʀabl/ *adj* — قابل اندازه‌گیری
mesurage /məzyʀaʒ/ *nm* — [فنی] اندازه‌گیری
mesure /m(ə)zyʀ/ *nf* — ۱. اندازه‌گیری ۲. اندازه ۳. میزان، حد ۴. مقیاس ۵. پیمانه ۶. میانه‌روی، اعتدال ۷. ملاحظه ۸. اقدام، تدبیر ۹. [موسیقی] میزان ۱۰. [وزن شعر] بحر

- **à la mesure de** — به نسبتِ، متناسب با
- **à mesure que** — به میزانی که، به تدریج که
- **dans la mesure du possible** — در حدِ امکان
- **dans une certaine mesure** — تا اندازه‌ای، تا حدی، نسبتاً
- **être en mesure de** — قادر بودن به، امکان (انجام کاری را) داشتن

mesuré,e /məzyʀe/ *adj* — ۱. منظم ۲. موزون ۳. متعادل
mesurer /məzyʀe/ *vt* (1) — ۱. اندازه گرفتن ۲. سنجیدن، برآورد کردن، حساب کردن ۳. متناسب کردن، تنظیم کردن ۴. حد (چیزی را) نگه داشتن، اندازه نگه داشتن

- **Il mesure un mètre quatre vingts.** — (قد) او یک متر و هشتاد سانتیمتر است.

se mesurer *vp* — ۱. قابل اندازه‌گیری بودن ۲. خود را (با کسی) مقایسه کردن ۳. (با کسی) درافتادن
mésuser /mezyze/ *vt* (1) — سوء استفاده کردن، استفادۀ نابجا کردن
métabolisme /metabɔlism/ *nm* — سوخت و ساز، متابولیسم
métacarpe /metakaʀp/ *nm* — استخوان‌های کف دست
métacarpien,enne /metakaʀpjɛ̃,ɛn/ *adj* — (مربوط به) کف دست، کف‌دستی

métairie /meteʀi/ *nf* — مزرعه (ای که به مُزارعه داده‌اند)
métal,aux /metal,o/ *nm* — فلز
métalangage /metalɑ̃gaʒ/ *nm* — → métalangue
métalangue /metalɑ̃g/ *nf* — فرازَبان
métallifère /metalifɛʀ/ *adj* — فلزدار، فلزخیز
métallique /metalik/ *adj* — ۱. فلزی ۲. فلزمانند، (خاصِ) فلز ۳. [رنگ] متالیک ۴. [صدا] زنگ‌دار
métalliser /metalize/ *vt* (1) — ۱. آب فلز دادن ۲. جلای فلز را دادن به، متالیک کردن
métallographie /metalɔgʀafi/ *nf* — متالوگرافی، ساختارشناختی (فلزات)
métalloïde /metalɔid/ *nm* — شبه‌فلز، فلزنما
métallurgie /metalyʀʒi/ *nf* — متالورژی، فلزکاری
métallurgique /metalyʀʒik/ *adj* — متالورژیکی، (مربوط به) متالورژی، فلزکاری
métallurgiste /metalyʀʒist/ *adj,n* — فلزکار
métamorphisme /metamɔʀfism/ *nm* — [زمین‌شناسی] دگرگونگی
métamorphose /metamɔʀfoz/ *nf* — ۱. دگرگونی، استحاله ۲. مسخ ۳. [زیست‌شناسی] دگردیسی
métamorphoser /metamɔʀfoze/ *vt* (1) — ۱. دگرگون کردن، تبدیل کردن ۲. مسخ کردن
métaphore /metafɔʀ/ *nf* — استعاره
métaphorique /metafɔʀik/ *adj* — ۱. استعاری، مجازی ۲. پراستعاره
métaphoriquement /metafɔʀikmɑ̃/ *adv* — به صورت استعاره، مجازاً
métaphysicien,enne /metafizisjɛ̃,ɛn/ *n* — مابعدطبیعه‌شناس، متافیزیک‌دان
métaphysique /metafizik/ *nf, adj*

---
a = bas, plat e = blé, jouer ɛ = lait, jouet, merci i = il, lyre o = mot, dôme, eau, gauche ɔ = mort
u = roue y = rue ø = peu œ = peur ə = le, premier ɑ̃ = sans, vent ɛ̃ = matin, plein, lundi
ɔ̃ = bon, ombre ʃ = chat, tache ʒ = je, gilet j = yeux, paille, pied w = oui, nouer ɥ = huile, lui

métastase

métastase / metastaz / *nf* متاستاز [پزشکی]
métatarse / metataʀs / *nf* استخوان‌های کف پا
métatarsien,enne / metataʀsjɛ̃,ɛn / *adj* (مربوط به) کف پا، کف پایی
métayage / metɛjaʒ / *nm* مُزارعه [کشاورزی]
métayer,ère / meteje,ɛʀ / *n* (کشاورز) طرف مُزارعه
métazoaire / metazɔɛʀ / *adj* پُریاخته، پُرسلول
métempsycose / metɑ̃psikoz / *nf* تناسخ
météo / meteo / *nf, adj. inv*
→ météorologie; météorologique
météore / meteɔʀ / *nm* ۱. شهاب ۲. پدیدهٔ جَوی
météorique / meteɔʀik / *adj* شهابی، (مربوط به) شهاب
météorite / meteɔʀit / *nf* شهاب‌سنگ، سنگ آسمانی
météorologie / meteɔʀɔlɔʒi / *nf* هواشناسی
météorologique / meteɔʀɔlɔʒik / *adj* ۱. جَوی ۲. هواشناختی
météorologiste / meteɔʀɔlɔʒist / *n*
→ météorologue
météorologue / meteɔʀɔlɔg / *n* هواشناس
méthane / metan / *nm* مِتان (گاز)
méthode / metɔd / *nf* ۱. روش، شیوه، اسلوب، مُتد ۲. نظم، نظم و ترتیب ۳. [خودمانی] راه، راه و رسم
indiquer à qqn la méthode à suivre راه را به کسی نشان دادن
méthodique / metɔdik / *adj* روشمند، منظم، بانظم و ترتیب
méthodiquement / metɔdikmɑ̃ / *adv* با نظم و ترتیب، منظم، روشمندانه
méthodologie / metɔdɔlɔʒi / *nf* روش‌شناسی

méthodologique / metɔdɔlɔʒik / *adj* روش‌شناختی، (مربوط به) روش‌شناسی
méticuleusement / metikyløzmɑ̃ / *adv* با دقت تمام، با وسواس
méticuleux,euse / metikylø,øz / *adj* ۱. موشکاف، بسیار دقیق، وسواسی ۲. موشکافانه، بسیار دقیق
méticulosité / metikylozite / *nf* دقت [ادبی] بسیار، وسواس
métier / metje / *nm* ۱. شغل، کار، حرفه، پیشه ۲. مهارت، ورزیدگی ۳. [بافندگی] دستگاه، ماشین ۴. [قالی‌بافی] دار
de métier شغلی، حرفه‌ای
être du métier وارد بودن، خِبره بودن
manquer de métier مهارت نداشتن
métis,isse / metis / *adj, n* ۱. دورگه ۲. [گیاه] پیوندی
métissage / metisaʒ / *nm* ۱. آمیزش نژاد، اختلاط نژاد ۲. [جانوران] دورگ‌گیری ۳. [گیاهان] پیوند (با گونهٔ دیگر)، دگرگشنگیری
métisser / metise / *vt* (1) ۱. از دو نژاد مختلف با هم جفت کردن ۲. [گیاهان] با گونهٔ دیگر پیوند زدن، دگرگشنگیری کردن
métonymie / metɔnimi / *nf* کنایه
métonymique / metɔnimik / *adj* کنایی، کنایه‌آمیز
métrage / metʀaʒ / *nm* ۱. اندازه‌گیری با متر، متر کردن ۲. اندازه به متر، متراژ
mètre / mɛtʀ / *nm* ۱. متر ۲. [شعر] وزن
métré / metʀe / *nm* ۱. [ساختمان، زمین] اندازه، ابعاد ۲. [ساختمان] برآورد
métrer / metʀe / *vt* (6) [ساختمان، زمین] متر کردن، با متر اندازه گرفتن
métreur,euse / metʀœʀ,øz / *n* مساح
métrique / metʀik / *adj, nf* ۱. متری، متریک ۲. عروضی ۳. [شعر] وزن‌دار ۴. عروض
métro / metʀo / *nm* مترو، راه‌آهن شهری

métrologie /metʀɔlɔʒi/ *nf* اندازه‌شناسی
métropole /metʀɔpɔl/ *nf* ۱. کلان‌شهر، شهرِ عمده، شهر بزرگ ۲. مرکز، پایتخت
métropolitain[1],e /metʀɔpɔlitɛ̃,ɛn/ *adj* (مربوط به) پایتخت، مرکزی
archevêque métropolitain سراسقف
chemin de fer métropolitain راه‌آهن شهری، مترو
métropolitain[2] /metʀɔpɔlitɛ̃/ *nm* ۱. مترو، راه‌آهن شهری ۲. سراسقف
mets /mɛ/ *nm* غذا، خوراک
mettable /mɛtabl/ *adj* قابل پوشیدن، پوشیدنی
metteur /mɛtœʀ/ *nm,*
metteur en pages حروف‌چین
metteur en scène کارگردان
mettre /mɛtʀ/ *vt* (56) ۱. گذاشتن ۲. قرار دادن ۳. پوشیدن، تن کردن، پوشاندن ۴. افزودن، زدن (به)، ریختن (در) ۵. صرف (کاری یا چیزی) کردن، اختصاص دادن ۶. ایجاد کردن، باعث شدن، موجب شدن ۷. کار انداختن، روشن کردن ۸. [میز، سفره] چیدن ۹. خرج (کاری یا چیزی) کردن ۱۰. نوشتن
mettons que فرض کنیم که، بر فرض که، گیریم که
mettre à mort کشتن، به قتل رساندن
mettre au monde/au jour به دنیا آوردن، زاییدن
mettre de côté ۱. کنار گذاشتن ۲. ذخیره کردن، پس‌انداز کردن
mettre ses gants دستکش (به) دست کردن
se mettre *vp* ۱. قرار گرفتن، جا گرفتن ۲. شروع کردن، بنا کردن (به انجام کاری)
se mettre à genoux زانو زدن
se mettre au lit به رختخواب رفتن
se mettre en colère عصبانی شدن، خشمگین شدن
se mettre en route به راه افتادن، راهی شدن

meuble /mœbl/ *adj, nm* ۱. [خاک] نرم، سست ۲. اثاث، اسباب و اثاثیه، مبلمان
biens meubles اموال منقول
meublé[1],e /mœble/ *adj* مبله
meublé[2] /mœble/ *nm* آپارتمان مبله، خانهٔ مبله
meubler /mœble/ *vt* (1) ۱. مبله کردن ۲. تزیین کردن ۳. زینت بخشیدن، آراستن، غنی کردن
meuglement /møgləmɑ̃/ *nm* [صدای گاو] ماغ، ما، نعره
meugler /møgle/ *vi* (1) [گاو] ماغ کشیدن، نعره کشیدن
meule[1] /møl/ *nf* ۱. سنگ آسیا ۲. سنگ سمباده
meule[2] /møl/ *nf* خرمن
meulière /møljɛʀ/ *adj, nf,*
(pierre) meulière آسیاسنگ
meunerie /mønʀi/ *nf* ۱. آسیابانی ۲. آسیابانان
meunier,ère /mønje,ɛʀ/ *n, adj* ۱. آسیابان ▣ ۲. (مربوط به) آسیابانی
meurtre /mœʀtʀ/ *nm* آدمکشی، قتل
meurtrier,ère[1] /mœʀtʀije,ɛʀ/ *n, adj* ۱. آدمکش، قاتل، جانی ▣ ۲. کشنده، مرگبار، مهلک
meurtrière[2] /mœʀtʀijɛʀ/ *nf* [استحکامات] مَزغَل، تیرکش
meurtrir /mœʀtʀiʀ/ *vt* (2) ۱. کبود کردن، مضروب کردن ۲. [میوه] لک انداختن، لک کردن ۳. جریحه‌دار کردن
meurtrissure /mœʀtʀisyʀ/ *nf* ۱. کبودی، خون‌مردگی، ضرب‌دیدگی ۲. [میوه] لک ۳. [مجازی] جراحت
meute /møt/ *nf* ۱. (دستهٔ) سگان شکاری ۲. دسته، خِیل

mévente /mevɑ̃t/ *nf* اُفتِ فروش، کسادی

mexicain,e[1] /mɛksikɛ̃,ɛn/ *adj* مکزیکی، (مربوط به) مکزیک

Mexicain,e[2] /mɛksikɛ̃,ɛn/ *n* اهل مکزیک، مکزیکی

mezzanine /mɛdzanin/ *nf* طبقهٔ میانی، میان‌اشکوب

mi /mi/ *nm. inv* (نت) می

miaou /mjau/ *nm* [صدای گربه] میومیو، مئومئو

miasme /mjasm/ *nm* بوی تعفن

miaulement /mjolmɑ̃/ *nm* [صدای گربه] میومیو، مئومئو

miauler /mjole/ *vi* (1) ۱. [گربه] میومیو کردن، مئومئو کردن ۲. صدای گربه درآوردن

mica /mika/ *nm* میکا (= نوعی کانی)، طلق نسوز

miche /miʃ/ *nf* گرده نان

mi-chemin (à) /amiʃmɛ̃/ *loc. adv* (در) نیمهٔ راه، بین راه، وسط راه

micmac /mikmak/ *nm* [خودمانی] دوز و کلک، کلک، حقه

mi-corps (à) /amikɔʀ/ *loc. adv* (تا) کمر

micro /mikʀo/ *nm* → microphone

microbe /mikʀɔb/ *nm* میکروب

microbien,enne /mikʀɔbjɛ̃,ɛn/ *adj* میکروبی

microbiologie /mikʀɔbjɔlɔʒi/ *nf* میکروب‌شناسی

microbiologique /mikʀɔbjɔlɔʒik/ *adj* میکروب‌شناختی، (مربوط به) میکروب‌شناسی

microbiologiste /mikʀɔbjɔlɔʒist/ *n* میکروب‌شناس

microcosme /mikʀɔkɔsm/ *nm* ۱. [فلسفه] عالم صغیر، عالم اصغر ۲. [مجازی؛ ادبی] جهان خُرد

micro-économie /mikʀoekɔnɔmi/ *nf* اقتصاد خرد

microfilm /mikʀɔfilm/ *nm* میکروفیلم

micron /mikʀɔ̃/ *nm* میکرون (= یک‌میلیونیم متر)

micro-onde /mikʀoɔ̃d/ *nm* ریزموج، مایکروویو

four à micro-onde (اجاق) مایکروویو، ماکروفِر، تندپز

micro-organisme /mikʀoɔʀganism/ *nm* موجود ذره‌بینی، میکروب

microphone /mikʀɔfɔn/ *nm* میکروفن

microscope /mikʀɔskɔp/ *nm* میکروسکوپ

microscopique /mikʀɔskɔpik/ *adj* ۱. میکروسکوپی، ذره‌بینی ۲. ریز، خیلی کوچک

miction /miksjɔ̃/ *nf* [پزشکی] ادرار (کردن)

midi[1] /midi/ *nm* ۱. ظهر، نیمروز ۲. جنوب

Midi[2] /midi/ *nm* ۱. جنوب ۲. جنوب فرانسه

mie /mi/ *nf* خمیر (وسط) نان

miel /mjɛl/ *nm* عسل

miellé,e /mjele/ *adj* [ادبی] عسلی

mielleux,euse /mjɛlø,øz/ *adj* ۱. [زبان] خوش، چرب و نرم ۲. چاپلوسانه، تملق‌آمیز ۳. چاپلوس، متملق، زبان‌باز ۴. [قدیمی] عسلی

mien[1]**,mienne** /mjɛ̃,mjɛn/ *adj. poss, pron.* ۱. [ادبی] (مالِ) من، مال خودم ◻ ۲. مالِ من *poss*

mien[2] /mjɛ̃/ *nm* ۱. مال من ـــ [صورت جمع] ۲. بستگانم، خویشاوندانم، نزدیکانم، خانواده‌ام، دوستانم

miette /mjɛt/ *nf* ۱. خرده‌نان ۲. خرده، ریزه، ذره

mieux /mjø/ *adv, adj, nm* ۱. بهتر ۲. بیشتر ◻ ۳. (چیز) بهتر ۴. بهبود

aimer mieux ترجیح دادن

aller mieux [حال] بهتر بودن

à qui mieux mieux به رقابت با هم، به چشم و هم‌چشمی

au mieux ۱. به بهترین نحو ۲. در بهترین وضعیت

de mieux بهتر

de mieux en mieux باز هم بهتر، هر چه بهتر

de mon mieux تا آنجا که از دستم برآید

être au mieux روابط بسیار خوبی داشتن، روابط حسنه داشتن
il vaut mieux بهتر است
le mieux ۱. بهترین ۲. به بهترین وجه، بهتر از همه
mieux que بهتر از
tant mieux! چه بهتر!
mieux-être /mjøzɛtʀ/ *nm. inv* بهبود
mièvre /mjɛvʀ/ *adj* بی‌نمک، خنک، لوس، تصنعی
mignard,e /miɲaʀ,d/ *adj* ۱. ملوس، قشنگ، خوشگلک ۲. تصنعی
mignardise /miɲaʀdiz/ *nf* ۱. زیبایی تصنعی ۲. [ادبی] ملاحت، خوبرویی ــ [صورت جمع] ۳. ناز و ادا، ادا و اطوار
mignon,onne /miɲɔ̃,ɔn/ *adj* ۱. قشنگ، ناز، ملوس ۲. مهربان، دوست‌داشتنی، نازنین
mignoter /miɲɔte/ *vt* (1) [قدیمی] ناز و نوازش کردن
migraine /migʀɛn/ *nf* ۱. میگرن ۲. سردرد
migraineux,euse /migʀɛnø,øz/ *adj, n* ۱. میگرنی، (مربوط به) میگرن ◘ ۲. مبتلا به میگرن
migrateur,trice /migʀatœʀ,tʀis/ *adj, n* مهاجر
migration /migʀasjɔ̃/ *nf* مهاجرت، کوچ
migratoire /migʀatwaʀ/ *adj* (مربوط به) مهاجرت
mihrâb /miʀab/ *nm* [مسجد] محراب
mi-jambe (à) /amiʒɑ̃b/ *loc. adv* (تا) ساق پا، (تا) زانو
mijaurée /miʒɔʀe/ *nf* دختر اطواری، زن اطواری
mijoter /miʒɔte/ *vt, vi* (1) ۱. به آرامی پختن، روی شعلهٔ کم پختن ۲. [غذا] تهیه دیدن ۳. (پنهانی) تدارک دیدن ◘ ۴. به آرامی پختن
mikado /mikado/ *nm* میکادو (= امپراتور ژاپن)

mil[1] /mil/ *adj. num* → mille[1]
mil[2] /mij,mil/ *nm* → millet
milan /milɑ̃/ *nm* [پرنده] کورکور
milanais,e[1] /milanɛ,z/ *adj* (مربوط به) میلان (= یکی از شهرهای بزرگ ایتالیا)، میلانی
Milanais,e[2] /milanɛ,z/ *n* اهل میلان، میلانی
mildiou /mildju/ *nm* بادزدگی (= نوعی بیماری گیاهی)، لکهٔ قارچی
mile /majl/ *nm* میل، مایل (= واحد طول برابر با ۱۶۰۹ متر)
milice /milis/ *nf* ۱. نیروی شبه‌نظامی، ارتش چریکی، میلیشیا ۲. [در بعضی از کشورها] نیروی انتظامی، پلیس
milicien,enne /milisjɛ̃,ɛn/ *n* شبه‌نظامی، چریک
milieu /miljø/ *nm* ۱. وسط، میان ۲. محیط ۳. [مجازی] فضا، جو ۴. حد وسط ۵. طبقهٔ تبهکار
le juste milieu حد وسط، اعتدال
les milieux littéraires محافل ادبی
militaire /militɛʀ/ *adj, nm* ۱. نظامی ۲. ارتشی ◘ ۳. (فرد) نظامی، ارتشی
service militaire (خدمت) سربازی، نظام وظیفه
militairement /militɛʀmɑ̃/ *adv* ۱. از نظر نظامی، به لحاظ نظامی ۲. به طریق نظامی
militant,e /militɑ̃,t/ *adj, n* مبارز
militarisation /militaʀizasjɔ̃/ *nf* سازماندهی نظامی
militariser /militaʀize/ *vt* (1) به طریق نظامی سازمان دادن، نظامی کردن
militarisme /militaʀism/ *nm* نظامی‌گری
militariste /militaʀist/ *adj, n* نظامی‌گرا
militer /milite/ *vi* (1) مبارزه کردن
militer pour/en faveur de توجیه کردن

mille 556

mille[1] /mil/ *adj. num, nm. inv* ۱. هزار ▣ ۲. (عدد) هزار، شمارهٔ هزار، هزار

des mille et des cents مبالغ کلان، مبالغ هنگفت

mille[2] /mil/ *nm* ۱. میل (= واحد قدیمی طول در بعضی از کشورها) ۲. میل، مایل (= واحد طول برابر با ۱۶۰۹ متر)

mille marin میل دریایی (= ۱۸۵۲ متر)

mille-feuille[1] /milfœj/ *nf* [گیاه] بومادران

mille-feuille[2] /milfœj/ *nf* شیرینی ناپلئونی

millénaire /milenɛʀ/ *adj, nm* ۱. هزارساله ▣ ۲. هزاره

mille-pattes /milpat/ *nm* هزارپا

mille-pertuis /milpɛʀtɥi/ *nm* گل راعی، گل هزارچشم، گل چای

millésime /milezim/ *nm* ۱. عدد هزار ۲. [پول، تمبر، شراب] (عدد) تاریخ

millet /mijɛ/ *nm* ارزن

milliard /miljaʀ/ *nm* میلیارد

milliardaire /miljaʀdɛʀ/ *adj, n* میلیاردِر

millième /miljɛm/ *adj. num. ord, nm* ۱. هزارم، هزارمین ▣ ۲. یک‌هزارم

millier /milje/ *nm* هزار، هزار تا، درحدود هزار

milligramme /miligʀam/ *nm* میلی‌گرم (= یک‌هزارم گرم)

millimètre /milimɛtʀ/ *nm* میلی‌متر (= یک‌هزارم متر)

millimétré,e /milimetʀe/ *adj* دارای درجه‌بندی میلی‌متری، میلی‌متری

million /miljɔ̃/ *nm* میلیون

millionième /miljɔnjɛm/ *adj. num. ord, nm* ۱. میلیونیم، میلونیمین ▣ ۲. یک‌میلونیم

millionnaire /miljɔnɛʀ/ *adj, n* میلیونر

mime /mim/ *nm* ۱. مقلد ۲. [قدیمی] نمایش لال‌بازی ۳. هنرپیشهٔ لال‌بازی

mimer /mime/ *vt* (1) ۱. با حرکات سر و دست فهماندن، با اشاره فهماندن ۲. ادای (کسی را) درآوردن

mimétisme /mimetism/ *nm* ۱. تقلید ۲. همرنگی با محیط، همرنگی استتاری

mimique /mimik/ *nf* ۱. [موقع صحبت] حرکات سر و دست ۲. ایما و اشاره

mimosa /mimoza/ *nm* (درخت) گل ابریشم

minable /minabl/ *adj, n* ۱. رقت‌آور ۲. [خودمانی] بیخود، الکی، مزخرف، تخمی ۳. [خودمانی] ناقابل، ناچیز ▣ ۴. (آدم) بیچاره، مفلوک

minaret /minaʀɛ/ *nm* منار، مناره

minauder /minode/ *vi* (1) اطوار ریختن، عشوه آمدن، ناز کردن

minauderie /minodʀi/ *nf* ۱. اطوار (ریختن) ـــ [صورت جمع] ۲. ناز و ادا، ناز و غمزه، عشوه

minaudier,ère /minodje,ɛʀ/ *adj* عشوه‌گر، پرناز و غمزه

mince[1] /mɛ̃s/ *adj* ۱. نازک، باریک ۲. لاغر ۳. مختصر، ناچیز، جزیی، ناقابل

mince![2] /mɛ̃s/ *interj* [خودمانی] ای وای! آه!

minceur /mɛ̃sœʀ/ *nf* ۱. نازکی، باریکی ۲. لاغری ۳. ناچیزی، ناقابلی

mine[1] /min/ *nf* ۱. قیافه، حالت چهره، چهره ۲. ظاهر ـــ [صورت جمع] ۳. ادا و اطوار

avoir une bonne mine رنگ و روی (کسی) خوب بودن، حال (کسی) خوب بودن

faire bonne mine روی خوش نشان دادن، خوش‌رو بودن

faire mine de وانمود کردن، تظاهر کردن

mine de rien بی‌آنکه معلوم شود

mines affectées اطوار، عشوه

mine[2] /min/ *nf* ۱. معدن، کان ۲. نقب ۳. منبع (سرشار) ۴. مغز (مداد) ۵. مین

miner /mine/ *vt* (1) ۱. به زیر (جایی) رسوخ کردن، زیر (جایی را) خالی کردن ۲. تحلیل بردن، فرسودن ۳. مین‌گذاری کردن ۴. مواد منفجره کار گذاشتن

minerai /minRɛ/ *nm* کانه، سنگ معدن
minéral¹,e,aux /mineRal,o/ *adj*
۱. معدنی
۲. کانی
eau minérale آب معدنی
minéral² /mineRal/ *nm* کانی، مادهٔ معدنی
minéralogie /mineRalɔʒi/ *nf* کانی‌شناسی
minéralogique /mineRalɔʒik/ *adj*
کانی‌شناختی، (مربوط به) کانی‌شناسی
numéro/plaque minéralogique [وسایل نقلیه]
پلاک، نمره
minéralogiste /mineRalɔʒist/ *n* کانی‌شناس
minet,ette /minɛ,ɛt/ *n* ۱. بچه گربه
۲. [در خطاب] عزیزم! ملوسم!
mineur¹ /minœR/ *nm, adj. m* ۱. کارگر معدن،
معدنچی ۲. مین‌گذار
mineur²,e /minœR/ *adj* ۱. کوچک‌تر،
کــم‌اهمیــت‌تر، فرعی، جــزئی ۲. درجــه دو ۳.
[موسیقی] کوچک، مینور ▣ ۴. صغیر، نابالغ
mineure /minœR/ *nf* [منطق] صغری
miniature /minjatyR/ *nf* ۱. مینیاتور
۲. تصویر مینیاتوری
en miniature در ابعاد کوچک
miniaturisation /minjatyRizasjɔ̃/ *nf*
[فنی] ریزه‌سازی
miniaturiser /minjatyRize/ *vt* (1)
[فنی] ریزه‌سازی کردن، خیلی کوچک کردن
miniaturiste /minjatyRist/ *n* مینیاتورساز،
مینیاتوریست
minibus /minibys/ *nm* مینی‌بوس
minier,ère¹ /minje,ɛR/ *adj* ۱. معدنی،
(مربوط به) معدن ۲. دارای معادن
minière² /minjɛR/ *nf* ۱. [حقوقی] معدن
روباز ۲. [قدیمی] معدن
mini-jupe /miniʒyp/ *nf* مینی‌ژوپ
minima /minima/ *nm. pl, adj. f* → minimum

minimal,e,aux /minimal,o/ *adj* کم‌ترین،
پایین‌ترین، حداقل
minime /minim/ *adj* ۱. جزئی، ناچیز، مختصر
▣ ۲. [ورزش] نوجوانان
minimiser /minimize/ *vt* (1) کم‌اهمیت جلوه
دادن، کوچک شمردن، دست کم گرفتن
minimum /minimɔm/ *adj, nm* ۱. حداقل،
کم‌ترین، کمینه، پایین‌ترین ▣ ۲. [حقوقی] حداقل
مجازات
au minimum دست‌کم، حداقل، لااقل
ministère /ministɛR/ *nm* ۱. وزارت
۲. وزارتخانه ۳. (هیئت) دولت، کـابینه ۴. (حـرفهٔ)
کشیشی
ministère public دادستانی، دادسرا
ministériel,elle /ministeRjɛl/ *adj*
۱. وزارتی ۲. (مربوط به) دولت ۳. (مربوط به) وزیر،
وزارتخانه
ministre /ministR/ *nm* وزیر
ministre (du culte) کشیش
ministre plénpiotentiaire وزیر مختار،
نمایندهٔ تام‌الاختیار
minium /minjɔm/ *nm* ضدزنگ، سرنج
minois /minwa/ *nm* قیافهٔ بانمک، چهرهٔ بانمک
minorer /minɔRe/ *vt* (1) ۱. ارزش (چیزی را)
پایین آوردن، کم‌اهمیت جلوه دادن ۲. تخفیف دادن
minoritaire /minɔRitɛR/ *adj, n* اقلیت
minorité /minɔRite/ *nf* ۱. اقلیت
۲. گروه اقلیت ۳. خردسالی ۴. [حقوقی] صِغَر
minoterie /minɔtRi/ *nf* ۱. کارخانهٔ آردسازی
۲. (صنعت) آردسازی
minotier /minɔtje/ *nm* صاحب کارخانهٔ
آردسازی
minou /minu/ *nm* [زبان بچه‌ها] پیشی
minuit /minɥi/ *nm* ۱. نیمه‌شب، نصف‌شب
۲. ریز

minuscule

Il est minuit et demi. ساعت دوازده و نیم شب است. ساعت نیم بامداد است.

minuscule /minyskyl/ *adj, nf*
۱. [خیلی] کوچک، ریز ▫ ۲. [در نوشتار] حرف کوچک

minutage /minytaʒ/ *nm*
۱. زمان‌بندی
۲. [حقوقی] تنظیم پیش‌نویس

minute /minyt/ *nf, interj*
۱. دقیقه ۲. لحظه
۳. [حقوقی] پیش‌نویس ▫ ۴. [خودمانی] یک لحظه (صبر کن)!، وایسا! تند نرو!

minuter /minyte/ *vt* (1)
۱. زمان (کاری را)
تنظیم کردن، زمان‌بندی کردن ۲. [حقوقی] پیش‌نویس (چیزی را) تنظیم کردن

minuterie /minytʀi/ *nf*
۱. کلید زمانی، تایمر
۲. [ساعت] تنظیم‌کننده، رگلاتور

minutie /minysi/ *nf*
۱. دقت زیاد، وسواس،
موشکافی ۲. [قدیمی] چیز جزئی، جزئیات

minutieusement /minysjøzmɑ̃/ *adv*
با دقت تمام، با نهایت دقت، با وسواس

minutieux,euse /minysjø,øz/ *adj*
بسیار دقیق، وسواسی، موشکاف

mioche /mjɔʃ/ *n*
[خودمانی] بچه

mirabelle /miʀabɛl/ *nf*
آلوزرد، آلو، گوجه

mirabellier /miʀabelje/ *nm*
درخت آلوزرد، درخت آلو

miracle /miʀakl/ *nm*
معجزه

crier (au) miracle
مات و مبهوت شدن، بهت‌زده شدن، متحیر شدن

faire des miracles
معجزه کردن، گل کاشتن

par miracle
با معجزه، به طور معجزه‌آسایی

miraculeusement /miʀakyløzmɑ̃/ *adv*
۱. به طور معجزه‌آسایی ۲. به طرز اعجاب‌آوری، فوق‌العاده، عجیب

miraculeux,euse /miʀakylø,øz/ *adj*
۱. معجزه‌آسا ۲. اعجاب‌انگیز، اعجاب‌آور

mirage /miʀaʒ/ *nm*
سراب

mire /miʀ/ *nf*
۱. وسیلهٔ نشانه‌گیری

۲. [تلویزیون] برگ آزمون (= تصویر ثابتی که برای بررسی کیفیت پخش به کار می‌رود.)

point de mire
۱. [نقطهٔ] هدف، آماجگاه
۲. [مجازی] کانون توجه، آماجگاه

prendre sa mire
هدف گرفتن، نشانه گرفتن، نشانه‌گیری کردن

mirer /miʀe/ *vt* (1)
۱. [ادبی] (در آینه یا سطح شفاف) نگاه کردن ۲. [قدیمی] نشانه گرفتن، قراول رفتن

mirer un œuf
[برای اطمینان از تازگی] تخم‌مرغ را جلوی نور گرفتن

se mirer *vp*
۱. تصویر خود را (در یک سطح شفاف) دیدن ۲. تصویر (چیزی) منعکس شدن، عکس (چیزی) افتادن (در)

mirifique /miʀifik/ *adj*
[طنزآمیز] عجیب و غریب، عجیب، آنچنانی

promesse mirifique
وعده‌های آنچنانی

mirmidon /miʀmidɔ̃/ *nm* → myrmidon

mirobolant,e /miʀɔbɔlɑ̃,t/ *adj*
[خودمانی] محشر، معرکه، عالی

miroir /miʀwaʀ/ *nm*
آینه

miroitant,e /miʀwatɑ̃,t/ *adj*
درخشان، براق، شفاف

miroitement /miʀwatmɑ̃/ *nm*
درخشش، برق

miroiter /miʀwate/ *vi* (1)
درخشیدن، برق زدن

faire miroiter
آب و تاب دادن

miroiterie /miʀwatʀi/ *nf*
آینه‌سازی

miroitier /miʀwatje/ *nm*
۱. آینه‌ساز
۲. آینه‌فروش

mis,e /mi,z/ *part. passé*
[اسم مفعول فعل] [mettre]

misanthrope /mizɑ̃tʀɔp/ *adj, n*
مردم‌گریز

misanthropie /mizɑ̃tʀɔpi/ *nf*
مردم‌گریزی

misanthropique /mizɑ̃tʀɔpik/ *adj*
مردم‌گریزانه

mise /miz/ *nf* ۱. (عمل) گذاشتن ۲. [قمار] شرط، پول وسط، داو ۳. طرز لباس پوشیدن، سر و وضع

de mise جایز، مناسب، شایسته

mise de fonds سرمایه‌گذاری

miser /mize/ *vt* (1) ۱. (سر چیزی) قمار کردن، شرط بستن ۲. [خودمانی] (روی چیزی) حساب کردن

misérable /mizeʀabl/ *n, adj* ۱. بینوا، بیچاره، بدبخت، سیه‌روز ۲. فقیر، تهیدست، مستمند ◻ ۳. فقیرانه، محقر ۴. فلاکت‌بار، اسف‌بار ۵. جزئی، ناچیز، ناقابل ۶. بی‌اهمیت، بی‌ارزش، پیش‌پاافتاده

misérablement /mizeʀabləmɑ̃/ *adv* ۱. با بدبختی، با بیچارگی، با فلاکت، به طرز فلاکت‌باری ۲. فقیرانه

misère /mizɛʀ/ *nf* ۱. بدبختی، بیچارگی، فلاکت، سیه‌روزی ۲. فقر، تهیدستی ۳. مصیبت، گرفتاری ۴. چیز بی‌ارزش، هیچ و پوچ

crier/plaindre misère از فقر نالیدن

faire des misères دردسر ایجاد کردن، اذیت کردن

miséreux,euse /mizeʀø,øz/ *adj* فقیر، محتاج، تهیدست، مستمند

miséricorde /mizeʀikɔʀd/ *nf* رحمت، بخشش

miséricordieux,euse /mizeʀikɔʀdjø,øz/ *adj* بخشنده، رحیم، مهربان

miss /mis/ *nf* ۱. [در اشاره به یک دختر انگلیسی] دوشیزه ۲. ملکهٔ زیبایی

missel /misɛl/ *nm* کتاب دعا

missile /misil/ *nm* موشک

mission /misjɔ̃/ *nf* ۱. مأموریت ۲. رسالت ۳. هیئت نمایندگی، هیئت (اعزامی) ۴. تبلیغ (مذهبی) ۵. (هیئت) مُبلغان مذهبی

missionnaire /misjɔnɛʀ/ *n* مُبلغ (مذهبی)

missive /misiv/ *nf, adj,* **(lettre) missive** نامه، کاغذ، مکتوب

mistral /mistʀal/ *nm* [در جنوب فرانسه] باد شمال

mitaine /mitɛn/ *nf* دستکش بدون پنجه

mite /mit/ *nf* بید

mité,e /mite/ *adj* بیدزده

mi-temps /mitɑ̃/ *nf* ۱. [ورزش] نیمه ۲. [ورزش] زمان بین دو نیمه، وقت استراحت

à mi-temps نیمه‌وقت

miter (se) /s(ə)mite/ *vt* (1) بید زدن

miteux,euse /mitø,øz/ *adj, n* ۱. فقیرانه ۲. محقر ◻ ۳. (آدم) فقیر، بیچاره، بدبخت، بینوا

mitigé,e /mitiʒe/ *adj* ۱. ملایم، میانه‌حال ۲. آبکی، سست

mitonner /mitɔne/ *vi, vt* (1) ۱. به آرامی پختن، روی شعلهٔ کم پختن ۲. تهیه دیدن، تدارک دیدن ۳. ناز و نوازش کردن

mitoyen,enne /mitwajɛ̃,ɛn/ *adj* [دیوار، جدار، ...] بینابین، مشترک

mitoyenneté /mitwajɛnte/ *nf* بینابینی، اشتراک (در حد فاصل)

mitraillage /mitʀajaʒ/ *nm* گلوله‌باران

mitraille /mitʀaj/ *nf* ۱. آهن‌پاره ۲. شلیک توپ و خمپاره ۳. [قدیمی] گلوله ۴. [خودمانی] پول خرد

mitrailler /mitʀaje/ *vt* (1) ۱. گلوله‌باران کردن، به رگبار بستن ۲. [خودمانی] پشت سرهم عکس و فیلم گرفتن

mitraillette /mitʀajɛt/ *nf* مسلسل دستی، مسلسل سبک

mitrailleur /mitʀajœʀ/ *nm* مسلسلچی

mitrailleuse /mitʀajøz/ *nf* مسلسل

mitrale /mitʀal/ *adj.f,* **valvule mitrale** [قلب] دریچهٔ میترال

a = bas, plat   e = blé, jouer   ɛ = lait, jouet, merci   i = il, lyre   o = mot, dôme, eau, gauche   ɔ = mort
u = roue   y = rue   ø = peu   œ = peur   ə = le, premier   ɑ̃ = sans, vent   ɛ̃ = matin, plein, lundi
ɔ̃ = bon, ombre   ʃ = chat, tache   ʒ = je, gilet   j = yeux, paille, pied   w = oui, nouer   ɥ = huile, lui

mitre

mitre /mitʀ/ *nf* کلاه اسقفی
mitron /mitʀɔ̃/ *nm* ۱. شاگرد نانوا
۲. شاگرد قناد
mi-voix (à) /amivwa/ *loc. adv* (با صدایِ)
آهسته، یواش
mixer /miksœʀ/ *nm* مخلوط‌کن
mixeur /miksœʀ/ *nm* → mixer
mixité /miksite/ *nf* [آموزشی، اداری] مختلط بودن
mixte /mikst/ *adj* مختلط
   commission mixte کمیسیون مشترک
   cuisinière mixte اجاق گازی و برقی
   école mixte مدرسهٔ مختلط
   mariage mixte ازدواج میان‌مذهبی
mixture /mikstyʀ/ *nf* ۱. مخلوط، ترکیب
۲. [خوراکی] مخلوط قر و قاطی، آت و آشغال
Mlle /madmwazɛl/ *nf* → mademoiselle
Mme /madam/ *nf* → madame
mnémonique /mnemɔnik/ *adj* (مربوط به)
حافظه
mnémotechnique /mnemɔtɛknik/ *adj*
(مربوط به) تقویت حافظه، یادیار
mobile /mɔbil/ *adj, nm* ۱. متحرک ۲. سیار
۳. متغیر ۴. بی‌ثبات ▫ ۵. جرم متحرک ۶. انگیزه
۷. [هنر] پیکرهٔ جنبان
mobilier¹, ère /mɔbilje, ɛʀ/ *adj* منقول
mobilier² /mɔbilje/ *nm* ۱. اسباب و اثاثیه،
اثاث، مبلمان ۲. [حقوقی] اموال منقول
mobilisable /mɔbilizabl/ *adj* قابل بسیج
mobilisation /mɔbilizasjɔ̃/ *nf* ۱. بسیج
۲. [حقوقی] تبدیل به منقول
mobiliser /mɔbilize/ *vt (1)* ۱. بسیج کردن
۲. [حقوقی] منقول کردن، به منقول تبدیل کردن
mobilité /mɔbilite/ *nf* ۱. تحرک، جنبش
۲. تغییرپذیری ۳. ناپایداری، بی‌ثباتی
moche /mɔʃ/ *adj* ۱. [خودمانی] بی‌ریخت،
بدترکیب، بدقیافه، اِکبیری ۲. مزخرف، بیخود، گند
۳. بد، زشت، ناپسند

mocheté /mɔʃte/ *nf* ۱. [خودمانی] آدم بی‌ریخت،
آدم بدترکیب
modal, e, aux /mɔdal, o/ *adj* [دستور زبان]
وجهی، وجه‌نما
modalité /mɔdalite/ *nf* چگونگی، نحوه، طرز
mode¹ /mɔd/ *nf* ۱. مُد ۲. رسم، چیز مرسوم
۳. سبک
   à la mode ۱. باب روز، مرسوم ۲. تابع مُد روز
   à la mode de به روشِ، به شیوهٔ، به سبکِ
mode² /mɔd/ *nm* ۱. [دستور زبان] وجه
۲. [موسیقی] مقام
   mode de شیوهٔ، طرزِ، طریقهٔ، روشِ، نحوهٔ
modelage /mɔdlaʒ/ *nm* ۱. شکل‌دهی
۲. ساخت، درست کردن
modèle /mɔdɛl/ *nm* ۱. مُدل ۲. نمونه، الگو،
سرمشق ۳. طرح، قالب، الگو ۴. ماکت
modelé /mɔdle/ *nm* [هنرهای تجسمی]
برجستگی
modeler /mɔdle/ *vt (5)* ۱. شکل دادن
۲. ساختن، درست کردن ۳. منطبق کـردن، وفـق
دادن
modéliste /mɔdelist/ *n* ۱. طراح (لباس)
۲. ماکت‌ساز
modem /mɔdɛm/ *nm* [کامپیوتر] مُدم
modérateur, trice /mɔdeʀatœʀ, tʀis/ *n,*
adj ۱. تعدیل‌کننده ۲. تنظیم‌گر
modération /mɔdeʀasjɔ̃/ *nf* ۱. میانه‌روی،
اعتدال ۲. تعدیل، تخفیف، کاهش
modéré, e /mɔdeʀe/ *adj, n* ۱. متعادل،
معقول ۲. میانه‌رو ۳. ملایم، معتدل ۴. کم، پایین ▫
۵. (آدم) میانه‌رو
modérément /mɔdeʀemɑ̃/ *adv* به اعتدال،
به طور متعادل
modérer /mɔdeʀe/ *vt (6)* ۱. تعدیل کردن
۲. مهار کردن، کاستن از
   se modérer *vp* خود را کنترل کردن،
خویشتن‌داری کردن

moderne /mɔdɛʀn/ *adj* ۱. نوین، نو، جدید، مدرن ۲. معاصر ۳. امروزی، متجدد

modernisation /mɔdɛʀnizasjɔ̃/ *nf* نوسازی، نوین‌سازی

moderniser /mɔdɛʀnize/ *vt* (1) امروزی کردن، نو کردن

modernisme /mɔdɛʀnism/ *nm* نوگرایی

moderniste /mɔdɛʀnist/ *n* نوگرا

modernité /mɔdɛʀnite/ *nf* تجدد، نوگرایی، مدرنیته

modeste /mɔdɛst/ *adj* ۱. ساده، معمولی ۲. کم، ناچیز، جزئی، ناقابل ۳. کم‌اهمیت، کوچک ۴. فروتن، متواضع، افتاده ۵. فروتنانه، متواضعانه ۶. محجوب، باحیا

salaire très modeste حقوق خیلی کم، حقوق خیلی ناچیز

modestement /mɔdɛstəmɑ̃/ *adv* ۱. ساده ۲. با فروتنی، با تواضع، فروتنانه، متواضعانه ۳. با حجب و حیا، محجوبانه

modestie /mɔdɛsti/ *nf* ۱. فروتنی، تواضع، افتادگی ۲. حجب، حیا

modicité /mɔdisite/ *nf* ۱. کمی، قِلت، ناچیزی ۲. کوچکی، حقارت

modifiable /mɔdifjabl/ *adj* ۱. تغییرپذیر، قابل تغییر ۲. اصلاح‌پذیر، قابل اصلاح، اصلاح‌شدنی

modificateur,trice /mɔdifikatœʀ,tʀis/ *adj* اصلاحی

modificatif,ive /mɔdifikatif,iv/ *adj* ۱. تغییردهنده ۲. [دستور زبان] تعریف‌کننده

modification /mɔdifikasjɔ̃/ *nf* ۱. تغییر ۲. اصلاح

modifier /mɔdifje/ *vt* (7) ۱. تغییر دادن، تغییر ایجاد کردن در ۲. اصلاح کردن

se modifier *vp* تغییر کردن

modique /mɔdik/ *adj* کم، اندک، ناچیز، جزئی، ناقابل

une modique somme یک مبلغ ناچیز

modiste /mɔdist/ *n* ۱. سازندهٔ کلاه زنانه ۲. فروشندهٔ کلاه زنانه

modulation /mɔdylasjɔ̃/ *nf* ۱. [آواز] تحریر ۲. [موسیقی] تغییر مقام، تغییر پرده ۳. [فیزیک و غیره] مدوله‌سازی، مدولاسیون

module /mɔdyl/ *nf* ۱. اندازه ۲. ضریب ۳. [فنی، فیزیک] مدول

moduler /mɔdyle/ *vt* (1) ۱. [آواز] تحریر دادن ۲. [موسیقی] تغییر مقام دادن، از پرده‌ای به پردهٔ دیگر رفتن ۳. [فیزیک و غیره] مدوله کردن ۴. (بنابر وضعیت) تغییر دادن، تنظیم کردن

modus vivendi /mɔdysvivɛ̃di/ *nm. inv* (راه حل) سازش، توافق

moelle /mwal/ *nf* مغز استخوان

moelle épinière نخاع، نخاع شوکی، مغز تیره، مغز حرام

moelleux,euse /mwalø,øz/ *adj* ۱. نرم ۲. لطیف ۳. مطبوع، ملایم ۴. [صدا] دلنشین، گوش‌نواز، خوش‌آهنگ ۵. ظریف

moellon /mwalɔ̃/ *nm* قلوه‌سنگ

mœurs /mœʀ(s)/ *nf. pl* ۱. اخلاق، اخلاقیات ۲. خلق و خو، خصلت ۳. آداب، رسوم ۴. رویه، رفتار

moi /mwa/ *pron. pers, nm* ۱. من ۲. مرا، به من ۳. من، خود، خویش، خویشتن

moi-même خودم، خود من

moignon /mwaɲɔ̃/ *nm* ۱. ته، ته‌مانده (= قسمت بجامانده از عضو یا شاخهٔ بریده‌شده) ۲. اندام اولیه

moindre /mwɛ̃dʀ/ *adj* کم‌تر

le/la (les) moindre(s) کم‌ترین

moine /mwan/ *nm* راهب

moineau /mwano/ *nm* گنجشک

moins /mwɛ̃/ *adv, adj, prép, nm* ۱. کم‌تر ◘ ۲. منهایِ ۳. منفیِ ۴. [وقت، ساعت] مانده به ◘ ۵. کم‌ترین چیز، کم‌ترین کار

à moins ۱. کم‌تر ۲. ارزان‌تر

à moins de ۱. کم‌تر از ۲. ارزان‌تر از ۳. مگر اینکه، مگر با

à moins que مگر اینکه

au moins/du moins/à tout le moins دست کم، لااقل

dix heures moins dix ده دقیقه به ده

dix puissance moins deux ده به توانِ منفیِ دو (10^{-2})

Il fait moins dix. هوا ده درجه زیر صفر است.

Il y a dix francs de moins. ده فرانک کم است.

le/la moins کم‌ترین

le signe moins علامتِ منها

moire /mwaʀ/ *nf* ۱. پارچهٔ موج‌دار ۲. موج پارچه، سایه‌روشن

moiré,e /mwaʀe/ *adj* [پارچه] موج‌دار

moirer /mwaʀe/ *vt* (1) [پارچه] سایه‌روشن انداختن

mois /mwa/ *nm* ۱. ماه ۲. حقوق ماهانه، دستمزد ماهانه

toucher son mois حقوق ماهانهٔ خود را دریافت کردن

moïse /mɔiz/ *nm* ننو

moisi[1],e /mwazi/ *adj* کپک‌زده

moisi[2] /mwazi/ *nm* قسمت کپک‌زده، کپک

moisir /mwaziʀ/ *vi, vt* (1) ۱. کپک زدن ۲. [خودمانی] عاطل و باطل ماندن، پوسیدن ◘ ۳. ایجاد کپک کردن، کپک‌زده کردن

moisissure /mwazisyʀ/ *nf* کپک، کپک‌زدگی

moisson /mwasɔ̃/ *nf* ۱. درو ۲. فصل درو، هنگام برداشت ۳. خرمن، محصول، برداشت ۴. جمع‌آوری

moissonner /mwasɔne/ *vt* (1) ۱. درو کردن، برداشت کردن ۲. [ادبی] جمع‌آوری کردن، جمع کردن

moissonneur,euse[1] /mwasɔnœʀ,øz/ *n* دروگر

moissonneuse[2] /mwasɔnøz/ *nf* ماشین درو

moite /mwat/ *adj* نمناک، نم‌دار، مرطوب

moiteur /mwatœʀ/ *nf* رطوبت، نم

moitié /mwatje/ *nf* ۱. نیم، نیمه، نصف، نصفه ۲. [طنزآمیز] عیال، زوجه

à moitié نیمه، نصفه، نصف

à moitié chemin در نیمهٔ راه، بین راه

mol /mɔl/ *adj* → mou,mol,molle

molaire /mɔlɛʀ/ *nf* دندان آسیای بزرگ، دندان کرسی

môle /mol/ *nm* ۱. موج‌شکن ۲. اسکله

moléculaire /mɔlekylɛʀ/ *adj* مولکولی

molécule /mɔlekyl/ *nf* مولکول

molester /mɔlɛste/ *vt* (1) با خشونت رفتار کردن با، اذیت کردن، آزار دادن

molette /mɔlɛt/ *nf* ۱. [فنی] پیچ تنظیم ۲. مهمیز

clef à molette آچارفرانسه

mollah /mɔla/ *nm* مُلا

mollasse /mɔlas/ *adj, n* ۱. شُل و ول، شُل ۲. بی‌حال، وارفته ◘ ۳. آدم شُل و ول

mollasson,onne /mɔlasɔ̃,ɔn/ *n* [خودمانی] آدم بی‌حال، آدم وارفته

molle /mɔl/ *adj.f* → mou,mol,molle

mollement /mɔlmɑ̃/ *adv* ۱. با بی‌حالی، شُل ۲. به آرامی، آرام

mollesse /mɔlɛs/ *nf* ۱. نرمی ۲. شُلی ۳. سستی، بی‌حالی

mollet[1],ette /mɔlɛ,ɛt/ *adj* نرم

œuf mollet تخم‌مرغ نیم‌بند، تخم‌مرغ عسلی

mollet[2] /mɔlɛ/ *nm* عضلهٔ پشت ساق پا، نرمهٔ ساق پا

563 mongol

molletière /mɔltjɛʀ/ *nf* ساق‌بند
molleton /mɔltɔ̃/ *nm* پارچهٔ نخی نرم
mollir /mɔliʀ/ *vi* (2) ۱. نرم شدن ۲. شُل شدن ۳. سست شدن، بی‌حال شدن ۴. وادادن
mollo /mɔlo/ *adv* [عامیانه] یواش، یواش‌تر
mollusque /mɔlysk/ *nm* (جانور) نرم‌تن
molosse /mɔlɔs/ *nm* [ادبی] سگ بزرگ
môme /mom/ *n* [خودمانی] بچه
moment /mɔmɑ̃/ *nm* ۱. لحظه، آن ۲. موقع، وقت، زمان، هنگام ۳. فرصت ۴. [مکانیک] گشتاور
à tout moment مدام، یکریز، پیوسته
au moment de هنگامِ، موقعِ، وقتِ
au moment où/que هنگامی‌که، وقتی که، موقعی که، زمانی که
dans un moment یک لحظهٔ دیگر، زود
du moment que حالا که، چون
d'un moment à l'autre به زودی
en ce moment الآن، حالا، هم‌اکنون، اینک
en un moment در یک آن، در یک لحظه
le bon moment فرصت مناسب
par moments گاهی، گه گاه
un moment! یک لحظه صبر کنید!
momentané,e /mɔmɑ̃tane/ *adj* موقتی، گذرا، زودگذر، کوتاه
momentanément /mɔmɑ̃tanemɑ̃/ *adv* موقتاً، (برای) یک لحظه
momie /mɔmi/ *nf* (جسد) مومیایی
momification /mɔmifikasjɔ̃/ *nf* مومیایی (کردن)
momifier /mɔmifje/ *vt* (7) مومیایی کردن
se momifier *vp* [مجازی] متحجر شدن، فسیل شدن
mon,ma /mɔ̃,ma/ *adj. poss* (مالِ) من، [در ترکیب] ـَم، ـاَم
monacal,e,aux /mɔnakal,o/ *adj* ۱. (مربوط به) راهبان، رهبانی ۲. راهبانه، زاهدانه

monarchie /mɔnaʀʃi/ *nf* ۱. سلطنت، پادشاهی ۲. کشور سلطنتی
monarchique /mɔnaʀʃik/ *adj* سلطنتی، پادشاهی
monarchisme /mɔnaʀʃism/ *nm* سلطنت‌طلبی
monarchiste /mɔnaʀʃist/ *n, adj* سلطنت‌طلب
monarque /mɔnaʀk/ *nm* پادشاه، فرمانروا
monastère /mɔnastɛʀ/ *nm* صومعه، دیر، خانقاه
monastique /mɔnastik/ *adj* ۱. (مربوط به) راهبان، رهبانی ۲. راهبانه، زاهدانه
monceau /mɔ̃so/ *nm* توده، تل، کپه
mondain,e /mɔ̃dɛ̃,ɛn/ *adj* ۱. محفل‌باز، اهل محافل سطح بالا ۲. اجتماعی، معاشرتی ۳. دنیوی
mondanité /mɔ̃danite/ *nf* ۱. محفل‌بازی ۲. معاشرتی بودن
monde /mɔ̃d/ *nm* ۱. دنیا، جهان ۲. عالَم ۳. مردم ۴. جمعیت ۵. دسته، جرگه ۶. طبقهٔ ممتاز
l'autre monde آن دنیا
le beau monde محافل سطح بالا
mettre au monde به دنیا آوردن، زاییدن
pour rien du monde به‌هیچ‌وجه، ابداً، اصلاً
tout le monde همه، همه کس
mondial,e,aux /mɔ̃djal,o/ *adj* جهانی، (مربوط به) دنیا
monégasque[1] /mɔnegask/ *adj* موناکویی، (مربوط به) موناکو
Monégasque[2] /mɔnegask/ *n* اهل موناکو، موناکویی
monétaire /mɔnetɛʀ/ *adj* پولی، (مربوط به) پول
mongol[1]**,e** /mɔ̃gɔl/ *adj* مغولی، مغول، (مربوط به) مغولستان

Mongol²,e /mɔ̃gɔl/ *n*	اهل مغولستان، مغول
mongol³ /mɔ̃gɔl/ *nm*	زبان مغولی، مغولی
moniteur,trice /mɔnitœR,tRis/ *n*	مربی،
	معلم
monnaie /mɔnɛ/ *nf*	۱. سکه ۲. پول
battre monnaie	سکه زدن
fausse monnaie	پول تقلبی، پول جعلی
monnaie de papier	پول کاغذی، اسکناس
monnaie fiduciaire	پول اعتباری
monnaie métallique	سکه
petite monnaie	پول خرد
monnayer /mɔneje/ *vt* (8)	۱. نقد کردن
	۲. پول درآوردن از
monnayeur /mɔnɛjœR/ *nm,*	
faux monnayeur	جاعل
monochrome /mɔnɔkRom/ *adj*	تک‌رنگ،
	تک‌فام
monocle /mɔnɔkl/ *nm*	عینک تک‌عدسی،
monolithique /mɔnɔlitik/ *adj*	۱. تک‌سنگی
	۲. یکپارچه، همگن
monologue /mɔnɔlɔg/ *nm*	۱. تک‌گویی
	۲. گفتار طولانی
monologuer /mɔnɔlɔge/ *vi* (1)	۱. [نمایش]
	تک‌گویی کردن ۲. با خود حرف زدن
monomoteur¹,trice /mɔnɔmɔtœR,tRis/	
adj	یک‌موتوره
monomoteur² /mɔnɔmɔtœR/ *nm*	
	هواپیمای یک‌موتوره
monoplace /mɔnɔplas/ *adj*	[وسیلۀ نقلیه]
	تک‌سرنشین، یک‌نفره
monopole /mɔnɔpɔl/ *nm*	۱. انحصار
	۲. حق انحصار ۳. امتیاز ویژه، مزیت خاص
monopolisateur,trice /mɔnɔpɔlizatœR,tRis/ *n*	
	انحصارگر، انحصارطلب
monopolisation /mɔnɔpɔlizasjɔ̃/ *nf*	
	انحصارگری، انحصار
monopoliser /mɔnɔpɔlize/ *vt* (1)	

۱. انحصاری کردن، به انحصار خود درآوردن ۲. به خود اختصاص دادن

monosyllabe /mɔnɔsilab/ *adj, nm*	
۱. یک‌هجایی، تک‌هجایی ▣ ۲. واژۀ یک‌هجایی،	
واژۀ تک‌هجایی	
monosyllabique /mɔnɔsilabik/ *adj*	
یک‌هجایی، تک‌هجایی	
monothéisme /mɔnɔteism/ *nm*	
یکتاپرستی، توحید	
monothéiste /mɔnɔteist/ *n, adj*	
یکتاپرست،	
موحد	
monotone /mɔnɔtɔn/ *adj*	۱. یکنواخت
۲. خسته‌کننده، کسل‌کننده، ملال‌آور	
monotonie /mɔnɔtɔni/ *nf*	یکنواختی
monseigneur /mɔ̃sɛɲœR/ *nm*	
۱. [در خطاب به اسقف و غیره] عالی‌جناب ۲. [در	
خطاب به شاهزاده] والاحضرت	
monsieur /məsjø/ *nm*	۱. آقا ۲. آقای
monstre /mɔ̃stR/ *nm, adj*	۱. هیولا
۲. موجود عجیب‌الخلقه ▣ ۳. [خودمانی] خیلی	
بزرگ، عظیم	
petit monstre	[خودمانی] بچۀ تخس، بچۀ شیطان
un travail monstre	یک کار خیلی بزرگ
monstrueux,euse /mɔ̃stRyø,øz/ *adj*	
۱. عجیب‌الخلقه ۲. عظیم، غول‌آسا ۳. مهیب،	
موحش، وحشتناک، مخوف، هولناک	
monstruosité /mɔ̃stRyozite/ *nf*	
۱. عجیب‌الخلقه بودن ۲. هولناکی، مهابت ــ	
[صورت جمع] ۳. فجایع	
mont /mɔ̃/ *nm*	کوه
voyager par monts et par vaux	
به همه جای کشور سفر کردن	
montage /mɔ̃taʒ/ *nm*	۱. سرهم کردن،
سوار کردن، مونتاژ ۲. [فیلم] تدوین، مونتاژ	
montagnard,e /mɔ̃taɲaR,d/ *n, adj*	
۱. کوه‌نشین ▣ ۲. (مربوط به) کوه، کوهستانی،	
کوهی	

montagne /mɔ̃taɲ/ *nf* ۱. کوه ۲. کوهستان ۳. [مجازی] تل، خروار، کوه

montagneux,euse /mɔ̃taɲø,øz/ *adj* کوهستانی

montant[1],e /mɔ̃tɑ̃,t/ *adj* ۱. بالارونده، رو به بالا، صعودی ۲. سربالا

montant[2] /mɔ̃tɑ̃/ *nm* ۱. تیر عمودی، میلهٔ عمودی ۲. مبلغ کل، جمع، سرجمع

mont-de-piété /mɔ̃dpjete/ *nm* مغازهٔ گروبرداری، بنگاه کارگشایی

monte /mɔ̃t/ *nf* ۱. [سوارکاری] (عمل) سوار شدن ۲. [چارپایان] جفت‌گیری

monte-charge /mɔ̃tʃaʀʒ/ *nm. inv* بالابر (ویژهٔ بار)

montée /mɔ̃te/ *nf* ۱. صعود، بالا رفتن ۲. سربالایی ۳. افزایش

monter[1] /mɔ̃te/ *vi, vt* (1) ۱. بالا رفتن ۲. بالا آمدن ۳. سوار شدن ۴. ترقی کردن ۵. سربالا بودن ۶. (تا ارتفاعی) رسیدن ۷. افزایش یافتن ۸. گران شدن ۹. بالغ شدن ◘ ۱۰. بالا رفتن از ۱۱. بالا آمدن از ۱۲. [اسب و غیره] سوار شدن ۱۳. بالا بردن

monter[2] /mɔ̃te/ *vt* (1) ۱. مونتاژ کردن، سرهم کردن، سوار کردن ۲. نصب کردن، کار گذاشتن ۳. [چادر و غیره] زدن، برپا کردن ۴. سازمان دادن، تشکیل دادن ۵. [فیلم] تدوین کردن، مونتاژ کردن ۶. تدارک دیدن، تهیه دیدن

monteur,euse /mɔ̃tœʀ,øz/ *n* ۱. نصب‌کننده، متصدی نصب، نَصّاب ۲. [فیلم] تدوین‌گر، مسئول مونتاژ

monticule /mɔ̃tikyl/ *nf* تَل، تپه

montre[1] /mɔ̃tʀ/ *nf* ساعت (مچی یا جیبی)

montre[2] /mɔ̃tʀ/ *nf* نمایش، خودنمایی

en montre پشت ویترین، داخل ویترین

faire montre de ۱. به رخ کشیدن ۲. نشان دادن، آشکار ساختن

montre-bracelet /mɔ̃tʀəbʀaslɛ/ *nf* ساعت مچی

montrer /mɔ̃tʀe/ *vt* (1) ۱. نشان دادن ۲. نمایان کردن، آشکار ساختن ۳. ابراز کردن، بروز دادن ۴. حاکی از (چیزی) بودن ۵. ثابت کردن

se montrer *vp* ۱. خود را نشان دادن ۲. ظاهر شدن

montreur,euse /mɔ̃tʀœʀ,øz/ *n* نمایش‌دهنده

montreur de marionnettes عروسک‌گردان

montueux,euse /mɔ̃tɥø,øz/ *adj* [قدیمی] ناهموار، پر از پستی و بلندی

monture /mɔ̃tyʀ/ *nf* ۱. مَرکب ۲. [عینک] قاب ۳. [نگین] جا، محل نصب

monument /mɔnymɑ̃/ *nm* ۱. بنای یادبود، یادمان ۲. بنا ۳. اثر جادوان، اثر فناناپذیر

monumental,e,aux /mɔnymɑ̃tal,o/ *adj* ۱. (مربوط به) بناها ۲. باشکوه ۳. غول‌پیکر ۴. [اثر] جاودان، ماندگار، فناناپذیر

moquer (se) /s(ə)mɔke/ *vp* (1) ۱. دست انداختن، سر به سر (کسی) گذاشتن ۲. مسخره کردن ۳. شوخی کردن ۴. اهمیت ندادن، اعتنا نکردن ۵. حقیر شمردن، تحقیر کردن

Je m'en moque. برایم مهم نیست. اهمیتی به آن نمی‌دهم.

moquerie /mɔkʀi/ *nf* ۱. ریشخند، تمسخر، استهزا ۲. شوخی

moqueur,euse /mɔkœʀ,øz/ *n, adj* ۱. لوده، شوخ ◘ ۲. تمسخرآمیز، ریشخندآمیز

moquette /mɔkɛt/ *nf* موکت

moquetter /mɔkete/ *vt* (1) موکت کردن

moral[1],e,aux /mɔʀal,o/ *adj* ۱. اخلاقی ۲. روحی، معنوی ۳. درست، شایسته

moral[2] /mɔʀal/ *nm* روحیه

morale /mɔʀal/ *nf* ۱. اخلاق ۲. نتیجهٔ اخلاقی، درس اخلاقی، درس

conforme à la morale مطابق با اخلاق، طبق موازین اخلاقی

faire la morale سرزنش کردن

moralement /mɔʀalmɑ̃/ *adv*
۱. از نظر اخلاقی، اخلاقاً ۲. طبق موازین اخلاقی ۳. از نظر روحی، روحاً، از نظر معنوی

moralisateur,trice /mɔʀalizatœʀ,tʀis/ *adj, n*
۱. تهذیب‌کننده، موعظه‌گرانه
▣ ۲. معلم اخلاق، مهذب، موعظه‌گر

moralisation /mɔʀalizasjɔ̃/ *nf* تهذیب

moraliser /mɔʀalize/ *vi, vt* (1)
۱. اخلاقی کردن، تهذیب کردن ▣ ۲. درس اخلاق دادن به، موعظه کردن

moralisme /mɔʀalism/ *nm* اخلاق‌گرایی

moraliste /mɔʀalist/ *adj, n* ۱. اخلاق‌گرا
▣ ۲. معلم اخلاق

moralité /mɔʀalite/ *nf* ۱. اصول اخلاقی، اخلاقیات، اخلاق ۲. پای‌بندی اخلاقی ۳. نتیجهٔ اخلاقی، درس

morasse /mɔʀas/ *nf* [چاپ] نمونهٔ نهایی

moratoire[1] /mɔʀatwaʀ/ *adj* [حقوقی] مهلت‌دار، استمهالی

moratoire[2] /mɔʀatwaʀ/ *nm* ۱. استمهال
۲. مهلت قانونی ۳. تعلیق

moratorium /mɔʀatɔʀjɔm/ *nm*
→ maratoire[2]

morbide /mɔʀbid/ *adj* ۱. (مربوط به) بیماری
۲. بیمارگون، بیمار

morbidité /mɔʀbidite/ *nf* ۱. بیمارگونگی
۲. اثر مخرب، تأثیر سوء

morceau /mɔʀso/ *nm* ۱. قطعه، تکه
۲. [موسیقی] قطعه ۳. [متن] قطعه، بخش، عبارت ۴. اثر هنری

morceler /mɔʀsəle/ *vt* (4) قطعه‌قطعه کردن، (به چند بخش) تقسیم کردن

morcellement /mɔʀsɛlmɑ̃/ *nm* تقسیم، قطعه‌قطعه کردن

mordant[1]**,e** /mɔʀdɑ̃,t/ *adj* ۱. تند، نیش‌دار ۲. سوزدار، گزنده

mordant[2] /mɔʀdɑ̃/ *nm* ۱. سرزندگی، شور
۲. [اره] تیزی، دندانه ۳. [فنی] جوهر خورنده ۴. [رنگرزی] دندانه (= ماده‌ای برای رنگ‌پذیری پارچه)

mordicus /mɔʀdikys/ *adv* [خودمانی] با سماجت، با یک‌دندگی، لجوجانه

mordiller /mɔʀdije/ *vt* (1) دندان زدن (به)، دندان‌دندان کردن، جویدن

mordre /mɔʀdʀ/ *vt, vi* (41) ۱. گاز گرفتن
۲. نیش زدن، گزیدن ۳. نوک زدن ۴. [سرما] زدن، گزیدن ۵. [فلز] خوردن ▣ ۶. گاز زدن ۷. باب دندان (کسی) بودن

Je n'ai jamais mordu aux maths.
هیچ‌وقت از ریاضیات خوشم نیامده است.

se mordre *vp* همدیگر را گاز گرفتن

se mordre les doigts انگشت ندامت به دندان گزیدن، پشیمان شدن

mordu,e /mɔʀdy/ *adj, npart. passé* ۱. عاشق
۲. کشته‌مرده، دیوانه ▣ ۳. [اسمِ مفعول فعلِ mordre]

morfil /mɔʀfil/ *nm* براده

morfondre (se) /s(ə)mɔʀfɔ̃dʀ/ *vp* (42)
(از انتظار) حوصله (کسی) سر رفتن، بی‌حوصله شدن، خسته شدن

morfondu,e /mɔʀfɔ̃dy/ *adj, part. passé*
۱. دلسرد، افسرده، دمغ ▣ ۲. [اسمِ مفعول فعلِ morfondre]

morgue[1] /mɔʀg/ *nf* تکبر، افاده، خودپسندی

morgue[2] /mɔʀg/ *nf* سردخانه (= محل نگهداری اجساد)

moribond,e /mɔʀibɔ̃,d/ *adj* محتضر، در حال احتضار، رو به مرگ

moricaud,e /mɔʀiko,d/ *adj, n* [خودمانی] سیاه‌توه، سیاه

morigéner /mɔʀiʒene/ *vt* (6) [ادبی] سرزنش کردن، مؤاخذه کردن

567 mortification

morne /mɔʀn/ *adj* ۱. غمگین، دلتنگ، افسرده ۲. غم‌انگیز، حزن‌انگیز، گرفته

morose /mɔʀoz/ *adj* غمگین، اندوهگین، دلتنگ، افسرده

morosité /mɔʀozite/ *nf* [ادبی] اندوه، دلتنگی، افسردگی

morphème /mɔʀfɛm/ *nm* [زبان‌شناسی] تکواژ، واژک

morphine /mɔʀfin/ *nf* مُرفین

morphinomane /mɔʀfinɔman/ *adj, n* معتاد به مُرفین، مُرفینی

morphologie /mɔʀfɔlɔʒi/ *nf* ۱. ریخت‌شناسی ۲. ریخت ۳. [زبان‌شناسی] صرف، ساخت‌واژه، تکواژشناسی

morphologique /mɔʀfɔlɔʒik/ *adj* صرفی، ساخت‌واژه‌ای، تکواژی

mors /mɔʀ/ *nm* [اسب] دهنه

morse[1] /mɔʀs/ *nm* فیل دریایی، مُرس

morse[2] /mɔʀs/ *nm* [تلگراف] الفبای مورس، مورس

morsure /mɔʀsyʀ/ *nf* ۱. گازگرفتگی، گاز گرفتن ۲. گزش، گزیدن ۳. جای دندان، جای گازگرفتگی ۴. جای نیش ۵. سوز، سوزش

mort[1] /mɔʀ/ *nf* ۱. مرگ، درگذشت، فوت ۲. نابودی، زوال، پایان

à la vie (et) à la mort تا پای مرگ، برای همیشه

à mort ۱. تا سرحد مرگ ۲. بی‌اندازه

à mort! مرگ بر! مرده باد!

être à la mort محتضر بودن، رو به مرگ بودن

mort civile محرومیت از حقوق مدنی

peine de mort مجازات اعدام، اعدام

se donner la mort خودکشی کردن، خود را کشتن

souffrir mille mort رنج بسیار کشیدن، عذاب کشیدن

mort[2]**,e** /mɔʀ,t/ *adj, part. passé* ۱. مرده ۲. بی‌جان ۳. ازپادرآمده، کوفته، هلاک ۴. [خودمانی] ازکارافتاده، مرخص ◘ ۵. [اسم مفعول فعلِ mourir]

eau morte آب راکد

feuille morte برگ خشک

ivre mort سیاه‌مست، مست لایعقل

mort[3]**,e** /mɔʀ,t/ *n* ۱. مرده ۲. کشته(شده) ۳. جسد، نعش

faire le mort خود را به مردن زدن

les morts de la guerre کشته‌شدگان جنگ

mortadelle /mɔʀtadɛl/ *nf* مارتادلا (= نوعی کالباس)

mortaise /mɔʀtɛz/ *nf* [نجاری] کام، فاق

mortalité /mɔʀtalite/ *nf* ۱. میرایی، میرندگی ۲. مرگ و میر

mort-aux-rats /mɔʀ(t)oʀa/ *nf. sing* مرگ موش

mortel,elle /mɔʀtɛl/ *adj, n* ۱. میرا، میرنده، فانی، فناپذیر ۲. کشنده، مهلک، مرگبار ۳. سهمگین، هولناک ۴. [خودمانی] عذاب‌آور، کسل‌کننده ◘ ۵. انسان (فانی)، آدمیزاد، آدمی، آدم

ennemi mortel دشمن خونی

péché mortel گناه کبیره

mortellement /mɔʀtɛlmɑ̃/ *adv* ۱. به طور مهلکی، تا سرحد مرگ ۲. بی‌اندازه، به شدت، شدیداً

morte-saison /mɔʀt(ə)sɛzɔ̃/ *nf* دورهٔ رکود

mortier[1] /mɔʀtje/ *nm* هاون

mortier[2] /mɔʀtje/ *nm* ملات

mortier[3] /mɔʀtje/ *nm* خمپاره‌انداز

mortifiant,e /mɔʀtifjɑ̃,t/ *adj* ۱. ریاضت‌کشانه ۲. خفت‌بار، تحقیرآمیز

mortification /mɔʀtifikasjɔ̃/ *nf* ۱. ریاضت ۲. تحقیر، خواری، سرشکستگی، سرافکندگی

a = bas, plat e = blé, jouer ɛ = lait, jouet, merci i = il, lyre o = mot, dôme, eau, gauche ɔ = mort
u = roue y = rue ø = peu œ = peur ə = le, premier ɑ̃ = sans, vent ɛ̃ = matin, plein, lundi
ɔ̃ = bon, ombre ʃ = chat, tache ʒ = je, gilet j = yeux, paille, pied w = oui, nouer ɥ = huile, lui

mortifier /mɔʀtifje/ *vt* (7) ۱. ریاضت دادن ۲. تحقیر کردن، خوار کردن، سرافکنده کردن ۳. [گوشت] ترد کردن
se mortifier *vp* ریاضت کشیدن
mort-né,e /mɔʀne/ *adj, n* ۱. [نوزاد، بچه] مرده (به‌دنیاآمده) ۲. نافرجام، عقیم ◙ ۳. نوزاد مرده، بچهٔ مرده
mortuaire /mɔʀtɥɛʀ/ *adj* ۱. (مربوط به) مرده ۲. (مربوط به) تدفین، خاک‌سپاری
cérémonie mortuaire مراسم تدفین، مراسم خاک‌سپاری، مراسم کفن و دفن
maison mortuaire خانهٔ شخص متوفی
registre mortuaire دفتر ثبت اموات
morue /mɔʀy/ *nf* ۱. ماهی روغن ۲. [رکیک] جنده
huile de foie de morue روغنِ ماهی
morve /mɔʀv/ *nf* ۱. مِشمِشه (= نوعی بیماری دام، قابل سرایت به انسان) ۲. آبِ بینی، آبِ دماغ
morveux,euse /mɔʀvø,øz/ *adj, n* ۱. مبتلا به مشمشه ۲. دماغو، فین‌فینی ۳. [خودمانی، تحقیرآمیز] بچه
mosaïque[1] /mɔzaik/ *nf* ۱. معرق‌کاری، موزاییک ۲. آمیزه، مخلوط، ترکیب ۳. [گیاه‌شناسی] موزاییک (= نوعی بیماری گیاهی)
mosaïque[2] /mɔzaik/ *adj* (مربوط به) موسی، موسوی، موسایی
mosquée /mɔske/ *nf* مسجد
mot /mo/ *nm* ۱. واژه، کلمه، لغت ۲. کلام، سخن، حرف ۳. پیغام، نوشته ۴. نامهٔ کوتاه
avoir son mot à dire حق ابراز عقیده داشتن
bon mot شوخی، بذله
dernier mot کلام آخر
en un mot در یک کلام، (به طور) خلاصه
grands mots کلمات غلنبه
gros mot حرف رکیک، حرف زشت
mot à mot ۱. کلمه‌به کلمه ۲. تحت‌اللفظی
mot de passe ۱. اسم شب ۲. کلمهٔ رمز
mots croisés جدول (کلمات متقاطع)
motard /mɔtaʀ/ *nm* [خودمانی] موتوری، موتورسوار
motel /mɔtɛl/ *nm* مُتل
moteur[1]**,trice** /mɔtœʀ,tʀis/ *adj* ۱. محرک، محرکه ۲. حرکتی
moteur[2] /mɔtœʀ/ *nm* ۱. موتور ۲. محرک، عامل، بانی
motif /mɔtif/ *nm* ۱. انگیزه ۲. علت، سبب ۳. نقش، طرح
motion /mosjɔ̃/ *nf* پیشنهاد، طرح
motion de censure [مجلس] استیضاح
motivation /mɔtivasjɔ̃/ *nf* ۱. انگیزه ۲. رغبت، اشتیاق
motiver /mɔtive/ *vt* (1) ۱. توجیه کردن، علت (چیزی را) بیان کردن ۲. باعث شدن، موجب شدن، سبب شدن ۳. ترغیب کردن، به شوق آوردن
moto /mɔto/ *nf* موتورسیکلت، موتور
moto-crosse /mɔtɔkʀɔs/ *nm* مسابقهٔ موتورسواری در پیست خاکی
motoculteur /mɔtɔkyltœʀ/ *nm* تراکتور دوچرخ
motocyclette /mɔtɔsiklɛt/ *nf* موتورسیکلت، موتور
motocycliste /mɔtɔsiklist/ *n* موتورسوار
motopompe /mɔtɔpɔ̃p/ *nf* موتورپمپ
motoriser /mɔtɔʀize/ *vt* (1) مکانیزه کردن
motte /mɔt/ *nf* کلوخ
motus! /mɔtys/ *interj* صداش را در نیار! ساکت! نگو!
mou[1]**,mol,molle** /mu,mɔl/ *adj, adv* ۱. نرم ۲. شل ۳. سست، ضعیف ◙ ۴. [عامیانه] یواش، آرام
mou[2] /mu/ *nm* [جانوران] ریه، شش
mouchard,e /muʃaʀ,d/ *adj, n* خبرچین، جاسوس
moucharder /muʃaʀde/ *vt* (1) خبرچینی کردن، جاسوسی کردن

moulinet

mouche / muʃ / *nf*	۱. مگس ۲. نقطهٔ وسط هدف، خال ۳. موی زیرلب ۴. خال مصنوعی
faire mouche	وسط هدف زدن، تو خال زدن
fine mouche	آدم زرنگ، آدم زیرک
pattes de mouche	خط ریز و ناخوانا، مورچه
poids mouche	[مشت‌زنی] مگس‌وزن
prendre la mouche	از کوره در رفتن، جوش آوردن، کفری شدن
moucher / muʃe / *vt* (1)	۱. بینی (کسی را) پاک کردن، دماغ (کسی را) گرفتن ۲. [خودمانی] (کسی را) سر جایش نشاندن، حالی (کسی را) کردن، درستش کردن
se moucher *vp*	فین کردن، دماغ گرفتن
moucheron / muʃRɔ̃ / *nm*	مگس‌ریزه
moucheté,e / muʃte / *adj*	خالدار، خال‌خال
moucheter / muʃte / *vt* (4)	خالدار کردن، خال‌خال کردن
moucheture / muʃtyR / *nf*	[روی پارچه یا بدن جانوران] خال
mouchoir / muʃwaR / *nm*	۱. دستمال ۲. دستمال‌گردن (زنانه)
moudre / mudR / *vt* (47)	۱. آسیا کردن ۲. [خودمانی] لت و پار کردن، خرد و خاکشیر کردن، درب و داغون کردن
moue / mu / *nf*	آویزان شدن لب و لوچه
faire la moue	۱. لب و لوچه (کسی) آویزان شدن ۲. لب ورچیدن
moue boudeuse	اخم
mouette / mwɛt / *nf*	[پرنده] کاکایی، مرغ نوروزی
moufle / mufl / *nf*	۱. دستکش (یک‌انگشتی) ۲. بالابر قرقره‌ای
mouflet,ette / muflɛ,ɛt / *n*	[خودمانی] بچه
mouflon / muflɔ̃ / *nm*	قوچ کوهی
mouillage / mujaʒ / *nm*	۱. (عمل) تر کردن

۲. اضافه کردن آب (به)، ریختن آب (در) ۳. به آب انداختن ۴. لنگر انداختن ۵. لنگرگاه

mouiller / muje / *vt, vi* (1)	۱. تر کردن، خیس کردن ۲. آب اضافه کردن (به)، آب ریختن (در)، رقیق کردن ۳. [دریانوردی] به آب انداختن ۴. [آواشناسی] کامی کردن ▪ ۵. لنگر انداختن
se mouiller *vp*	۱. خیس شدن ۲. خود را خیس کردن ۳. [خودمانی] خود را به خطر انداختن، ریسک کردن
mouilleur / mujœR / *nm*	[برای تر کردن تمبر، انگشت و غیره] ابر
moilleur de mines	کشتی مین‌گذار
mouillure / mujyR / *nf*	۱. (عمل) تر کردن ۲. نم، تری ۳. [آواشناسی] کامی‌شدگی
moujingue / muʒɛ̃g / *n*	[عامیانه] بچه، توله
moulage[1] / mulaʒ / *nm*	۱. قالب‌ریزی، ریخته‌گری ۲. قالب‌گیری، قالب‌برداری ۳. شیء قالب‌ریزی‌شده، شیء ریخته
moulage[2] / mulaʒ / *nm*	(عمل) آسیا کردن
moulant,e / mulɑ̃,t / *adj*	[لباس] چسبان، تنگ
moule[1] / mul / *nm*	قالب
moule[2] / mul / *nf*	۱. (نوعی) صدف ۲. [خودمانی] آدم شل
mouler / mule / *vt* (1)	۱. در قالب ریختن، قالب زدن ۲. قالب گرفتن، قالب برداشتن (از) ۳. الگو قرار دادن، سرمشق گرفتن ۴. قالب (تن کسی)بودن، چسبیدن به
mouleur / mulœR / *nm*	قالب‌ریز، قالب‌گیر، ریخته‌گر
moulin / mulɛ̃ / *nm*	آسیا، آسیاب
mouliner / muline / *vt* (1)	۱. [ابریشم خام] تابیدن ۲. [خودمانی؛ سیب‌زمینی و غیره] آسیا کردن
moulinet / mulinɛ / *nm*	[قلاب ماهیگیری و غیره] قرقره
faire des moulinets	در هوا چرخاندن

moulu,e /muly/ *adj, part. passé* ۱. آسیاشده ۲. کوفته، خرد و خمیر ◙ ۳. [اسم مفعول فعلِ moudre]

moulure /mylyʀ/ *nf* گچ‌بری

mourant,e /muʀɑ̃,t/ *adj* ۱. محتضر، رو به مرگ ۲. رو به زوال، رو به نابودی ۳. بی‌حال، ضعیف

mourir /muʀiʀ/ *vi* (19) ۱. مردن، درگذشتن، جان سپردن ۲. [مجازی] هلاک شدن، مردن ۳. از بین رفتن، نابود شدن ۴. [گیاه] خشک شدن ۵. [آتش، شعله] خاموش شدن ۶. تحلیل رفتن

à mourir بی‌اندازه، بی‌نهایت

mourir de rire از خنده رودەبر شدن

mourir de sa belle mort به مرگ طبیعی درگذشتن

s'ennuyer à mourir از بی‌حوصلگی هلاک شدن

se mourir *vp* ۱. در حال احتضار بودن، رو به مرگ بودن ۲. رو به زوال بودن، رو به نابودی بودن

mousquet /muskɛ/ *nm* تفنگ سرپُر

mousquetaire /muskətɛʀ/ *nm* تفنگچی، تفنگدار

mousse[1] /mus/ *nf* ۱. [برسطح مایعات] کف ۲. موس (= نوعی دسر از سفیدهٔ تخم‌مرغ) ۳. خزه

mousse[2] /mus/ *nm* جاشو

mousse[3] /mus/ *adj* [قدیمی] کند

mousseline /muslin/ *nf* (پارچهٔ) وال

mousser /muse/ *vi* (1) کف کردن

faire mousser qqn [خودمانی] کسی را گنده کردن

mousseux,euse /musø,øz/ *adj* کف‌آلود، کف‌دار

mousson /musɔ̃/ *nf* بادهای موسمی، مونسون

moussu,e /musy/ *adj* پوشیده از خزه

moustache /mustaʃ/ *nf* سبیل

moustachu,e /mustaʃy/ *adj* سبیلو، سبیل‌دار

moustiquaire /mustikɛʀ/ *nf* ۱. پشه‌بند ۲. [در و پنجره] توری

moustique /mustik/ *nm* پشه

moutard /mutaʀ/ *nm* ۱. [خودمانی] پسربچه ـ [صورت جمع] ۲. بچه‌ها

moutarde /mutaʀd/ *nf, adj. inv* ۱. خردل ◙ ۲. (به رنگِ) خردلی

moutardier /mutaʀdje/ *nm* ظرف خردل

mouton /mutɔ̃/ *nm* ۱. گوسفند ۲. پوست گوسفند، پوستین ۳. گوشت گوسفند ۴. آدم رام، بره ۵. [در زندان] خبرچین ۶. [دریا] موج کف‌آلود ۷. [آسمان] ابر پفکی ۸. [فنی] کوبه

moutonné,e /mutɔne/ *adj* ۱. فِرفِری، فِری، مجعد ۲. [آسمان] پوشیده از ابرهای پفکی

moutonner /mutɔne/ *vi* (1) ۱. [دریا] کف‌آلود شدن ۲. فِرفری شدن

moutonneux,euse /mutɔnø,øz/ *adj* ۱. [دریا] کف‌آلود ۲. [آسمان] پوشیده از ابرهای پفکی

moutonnier,ère /mutɔnje,ɛʀ/ *adj* ۱. (مربوط به) گوسفندوار ۲. دنباله‌رو، مقلد

mouture /mutyʀ/ *nf* (عمل) آسیا کردن

mouvant,e /muvɑ̃,t/ *adj* ۱. متحرک، مواج ۲. متغیر، ناپایدار، بی‌ثبات

mouvement /muvmɑ̃/ *nm* ۱. حرکت، جنبش ۲. تحرک، جنب و جوش، فعالیت ۳. جابجایی، نقل و انتقال ۴. تغییر، تحول ۵. نهضت، جنبش ۶. [خشم، شادی، ...] بروز ۷. ناهمواری ۸. [موسیقی] بند، مووِمان

mettre en mouvement راه انداختن

mouvement politique جنبش سیاسی، نهضت سیاسی

mouvements de l'âme [ادبی] حالات روحی، روحیات

mouvementé,e /muvmɑ̃te/ *adj* ۱. پرجنب و جوش، پرتلاطم، پرماجرا ۲. ناهموار، دارای پستی و بلندی

mouvoir /muvwaʀ/ *vt* (27) ۱. حرکت دادن، به حرکت درآوردن، تکان دادن ۲. برانگیختن، فعال کردن

571 multilatéral,e,aux

se mouvoir *vp* حرکت کردن، در حرکت بودن، به حرکت درآمدن

moyen[1],enne /mwajɛ̃,ɛn/ *adj* ۱. متوسط، میانه، حد وسط ۲. معمولی

moyen[2] /mwajɛ̃/ *nm* ۱. راه، وسیله، شیوه، طریقه، روش ــ [صورت جمع] ۲. قابلیت‌ها، توانایی‌ها ۳. استطاعت ۴. توان مالی، دارایی

au moyen de/par le moyen de به وسیلهٔ، با، توسطِ

par tous les moyens به هر وسیله‌ای شده، با همهٔ امکانات

Moyen Âge /mwajɛnaʒ/ *nm* قرون وسطیٰ

moyenâgeux,euse /mwajɛnaʒø,øz/ *adj* قرون وسطایی

moyennant /mwajɛnɑ̃/ *prép* به وسیلهٔ، با، توسطِ

moyenne /mwajɛn/ *nf* ۱. میانگین ۲. حد وسط، حد متوسط

moyennement /mwajɛnmɑ̃/ *adv* نسبتاً، تا حدی

aller moyennement vite نسبتاً تند رفتن، تا حدی تند رفتن

moyeu /mwajø/ *nm* توپی (چرخ)

mû,mue /my/ *part. passé* [اسم مفعول فعلِ mouvoir]

mucosité /mykozite/ *nf* ۱. مخاط ۲. مادهٔ لزج

mucus /mykys/ *nm* مخاط

mue /my/ *nf* ۱. پوست‌اندازی، شاخ‌اندازی، پرریزی، موریزی ۲. زمان پوست‌اندازی، زمان شاخ‌اندازی، زمان پرریزی ۳. پوست، شاخ، پشم، پر ۴. [هنگامِ بلوغ] دورگه شدن صدا، کلفت شدن صدا

muer /mɥe/ *vi, vt* (1) ۱. [حیوانات] پوست انداختن، شاخ انداختن، تولک رفتن، پر ریختن، مو ریختن ۲. [صدا] دورگه شدن، کلفت شدن ◙ ۳. [قدیمی] تغییر دادن

se muer *vp* [ادبی] تغییر کردن، دگرگون شدن

muet,ette /mɥɛ,ɛt/ *adj, n* ۱. لال، گنگ ۲. بی‌صدا، آرام ۳. ساکت، خاموش ۴. [سینما، فیلم] صامت ۵. [حرف] ناملفوظ، غیرملفوظ ۶. سفید، ننوشته ◙ ۷. (آدم) لال

rester muet ساکت ماندن، حرفی نزدن

rester muet d'étonnement از تعجب زبان کسی بند آمدن

muezzin /mɥɛdzin/ *nm* مؤذن، اذان‌گو

mufle /myfl/ *nm* ۱. پوزه ۲. آدم بی‌نزاکت، (آدم) لات

muflerie /myfləʀi/ *nf* بی‌تربیتی، بی‌ادبی

muflier /myflije/ *nm* گل میمون

mufti /myfti/ *nm* مفتی (= فتوادهنده)

mugir /myʒiʀ/ *vi* (2) ۱. [گاو و غیره] ماغ کشیدن، نعره کشیدن ۲. خروشیدن

mugissement /myʒismɑ̃/ *nm* ۱. [گاو و غیره] نعره ۲. [امواج و غیره] (صدایِ) خروش

muguet /mygɛ/ *nm* (گل) موگه

mûlatre,resse /mylatʀ,ʀɛs/ *adj, n* دورگه

mule[1] /myl/ *nf* قاطر ماده

mule[2] /myl/ *nf* کفش راحتی

mulet /mylɛ/ *nm* قاطر نر

muletier,ère /myltje,ɛʀ/ *adj, n* ۱. مال‌رو ◙ ۲. قاطرچی

mullah /myla/ *nm* → mollah

mulot /mylo/ *nm* موش صحرایی

multicolore /myltikɔlɔʀ/ *adj* رنگارنگ، چندرنگ

multiforme /myltifɔʀm/ *adj* چندگونه، چندشکل، به اشکال مختلف

multilatéral,e,aux /myltilateʀal,o/ *adj* چندجانبه

a = bas, plat e = blé, jouer ɛ = lait, jouet, merci i = il, lyre o = mot, dôme, eau, gauche ɔ = mort
u = roue y = rue ø = peu œ = peur ə = le, premier ɑ̃ = sans, vent ɛ̃ = matin, plein, lundi
ɔ̃ = bon, ombre ʃ = chat, tache ʒ = je, gilet j = yeux, paille, pied w = oui, nouer ɥ = huile, lui

multimillionnaire /myltimiljɔnɛʀ/ *adj, n*
مولتی میلیونر، خیلی ثروتمند
multinational,e,aux /myltinasjɔnal,o/ *adj*
چندملیتی
multiple /myltipl/ *adj, nm* ۱. چندگانه
۲. مـتعدد، بسیـار ۳. گـونـاگـون، مـتنوع ۴. ⬛
[ریاضیات] مضرب
fracture multiple [پزشکی] شکستگی مرکب (استخوان)
multipliable /myltiplijabl/ *adj* قابل ضرب، ضرب‌کردنی
multiplicande /myltiplikɑ̃d/ *nm*
[ریاضیات] مضروب
multiplicateur /myltiplikatœʀ/ *nm*
[ریاضیات] مضروبٌ‌فیه
multiplicatif,ive /myltiplikatif,iv/ *adj,*
signe multiplicatif علامت ضرب «×»
multiplication /myltiplikasjɔ̃/ *nf*
۱. افزایش ۲. تکثیر، ازدیاد ۳. [حساب] ضرب
multiplicité /myltiplisite/ *nf* ۱. تعدد،
کثرت، فراوانی ۲. چندگانگی، گوناگونی، تنوع
multiplier /myltiplije/ *vt* (7) ۱. افزایش
دادن، زیاد کردن ۲. تکثیر کردن ۳. ضرب کردن
se multiplier *vp* ۱. افزایش یافتن، زیاد شدن
۲. تولید مثل کردن، زاد و ولد کردن
multitude /myltityd/ *nf* ۱. تعداد زیاد،
عدۀ زیاد، انبوهی (از) ۲. جـمعیت، جـماعت ۳.
[ادبی] تودۀ مردم
municipal,e,aux /mynisipal,o/ *adj*
(مربوط به) شهرداری
municipalité /mynisipalite/ *nf* شهرداری
munificence /mynifisɑ̃s/ *nf* کَرَم،
بخشش، سخاوت، جود
munificent,e /mynifisɑ̃,t/ *adj*
[ادبی] سخاوتمند، بخشنده، کریم
munir /myniʀ/ *vt* (2) ۱. فراهم کردن،
تهیه کردن ۲. مجهز کردن

se munir *vp* ۱. مجهز شدن ۲. برداشتن
se munir d'une arme
سلاح برگرفتن،
سلاح برداشتن، مسلح شدن
munitions /mynisjɔ̃/ *nf. pl* مهمات
muphti /myfti/ *nm* → mufti
muqueux,euse /mykø,øz/ *adj* مخاطی
mur /myʀ/ *nm* ۱. دیوار ۲. [مجازی] سد، مانع
franchir le mur du son دیوار صوتی را شکستن
mettre au pied du mur راه گریز را بر کسی
بستن، در تنگنا گذاشتن، وادار به تصمیم‌گیری کردن
mur de soutènement دیوار حائل، دیوار
نگهدارنده
mûr,e /myʀ/ *adj* ۱. رسیده ۲. جاافتاده،
پخته ۳. سنجیده ۴. آماده، مهیا
muraille /myʀaj/ *nf* ۱. دیوار، دیواره
۲. حصار
mural,e,aux /myʀal,o/ *adj* دیواری
mûre /myʀ/ *nf* ۱. توت ۲. تمشک
mûrement /myʀmɑ̃/ *adv* سنجیده
ayant mûrement réfléchi بسیار سنجیده،
پس از تعمق زیاد
murer /myʀe/ *vt* (1) ۱. دیوار کشیدن
۲. تیغه کردن، تیغه کشیدن ۳. محصور کردن
se murer *vp* منزوی شدن
muret /myʀɛ/ *nm* → murette
murette /myʀɛt/ *nf* دیوار کوتاه،
دیوار کوچک، دیوارک
mûrier /myʀje/ *nm* درخت توت
mûrir /myʀiʀ/ *vt, vi* (2) ۱. [میوه] رسیده
کردن ۲. پخته کردن، ساخته و پرداخته کردن ۳. ⬛
[میوه] رسیدن ۴. پخته شدن، جا افتادن
mûrissant,e /myʀisɑ̃,t/ *adj* ۱. [میوه]
در حال رسیدن ۲. رو به پختگی
murmure /myʀmyʀ/ *nm* ۱. زمزمه ۲. همهمه،
پچ‌پچ ۳. غرغر، نق‌نق، غرولند
murmurer /myʀmyʀe/ *vi, vt* (1)
۱. زمزمه کردن ۲. همهمه کردن، پچ‌پچ کـردن ۳.

573 mutilé,e

muséum /myzeɔm/ *nm* موزهٔ علوم طبیعی

musical,e,aux /myzikal,o/ *adj*

۱. (مربوط به) موسیقی، موسیقایی ۲. همراه با موسیقی، موزیکال ۳. آهنگین، خوش‌آهنگ

musicalement /myzikalmɑ̃/ *adv*

۱. در زمینهٔ موسیقی، از نظر موسیقی ۲. به طرزی خوش‌آهنگ

musicalité /myzikalite/ *nf* خوش‌آهنگی

music-hall /myzikol/ *nm* ۱. تماشاخانه ۲. واریته، شو

musicien,enne /myzisjɛ̃,ɛn/ *n, adj*

۱. موسیقی‌دان، موسیقی‌شناس ۲. آهنگساز ۳. نوازنده

musicologie /myzikɔlɔʒi/ *nf* موسیقی‌شناسی

musicologue /myzikɔlɔg/ *n* موسیقی‌شناس

musique /myzik/ *nf* ۱. موسیقی ۲. آهنگ ۳. نغمه، نوای موسیقی، موزیک

C'est toujours la même musique.

همیشه همین بساط است. باز هم همان حرف‌هاست.

musique de danse آهنگ رقص

musique des oiseaux نغمهٔ پرندگان

musqué,e /myske/ *adj* مُشکین

musulman,e /myzylmɑ̃,an/ *adj, n*

۱. مسلمان ۲. اسلامی، (مربوط به) اسلام ◙ ۳. مسلمان

mutabilité /mytabilite/ *nf* [ادبی] تغییرپذیری، قابلیت تغییر

mutation /mytasjɔ̃/ *nf* ۱. دگرگونی، تحول، تغییر ۲. [اداری، حقوقی] انتقال ۳. [زیست‌شناسی] جهش

mutiler /mytile/ *vt* (1) [کارمند] منتقل کردن

mutilation /mytilasjɔ̃/ *nf* ۱. قطع عضو ۲. معلولیت ۳. تخریب ۴. [متن] حذف (یک بخش)، زدن ۵. تحریف

mutilé,e /mytile/ *adj, n* معلول

غرغر کردن، غرولند کردن ◙ ۴. زیر لب گفتن، زمزمه کردن

musaraigne /myzaʀɛɲ/ *nf* موش پوزه‌دراز

musarder /myzaʀde/ *vi* (1) وقت خود را به بطالت گذراندن

musc /mysk/ *nm* مُشک

muscade /myskad/ *nf, adj,*

(noix) muscade جوز بویا

muscle /myskl/ *nm* ماهیچه، عضله

musclé,e /myskle/ *adj* ۱. عضلانی، پرعضله، عضله‌دار ۲. پرزور، نیرومند

muscler /myskle/ *vt* (1) عضلانی کردن، عضله آوردن، عضلهٔ (عضوی را) سفت کردن

musculaire /myskylɛʀ/ *adj* عضلانی، ماهیچه‌ای

musculation /myskylasjɔ̃/ *nf* پرورش اندام

musculature /myskylatyʀ/ *nf* عضله‌بندی، عضلات

musculeux,euse /myskylø,øz/ *adj*

۱. عضلانی، ماهیچه‌ای ۲. پرعضله، عضله‌دار

muse[1] /myz/ *nf* ۱. قریحهٔ شاعری ۲. منبع الهام

Muse[2] /myz/ *nf* [اساطیر یونان] الاههٔ هنر

museau /myzo/ *nm* ۱. پوزه ۲. [خودمانی] پک و پوز، صورت

musée /myze/ *nm* موزه

museler /myzle/ *vt* (4) ۱. پوزه‌بند زدن ۲. جلوی حرف زدن (کسی را) گرفتن، به سکوت واداشتن، خفقان ایجاد کردن

muselière /myzəljɛʀ/ *nf* پوزه‌بند

musellement /myzɛlmɑ̃/ *nm* ۱. (عمل) پوزه‌بند زدن ۲. به سکوت واداشتن، ایجاد خفقان

muser /myze/ *vi* (1) [ادبی] وقت‌گذرانی کردن، وقت خود را به بطالت گذراندن

musette /myzɛt/ *nf* ۱. نی‌انبان ۲. توبره

mutiler / mytile / vt (1) ۱. [عضو] قطع کردن، بریدن ۲. علیل کردن، مثله کردن ۳. خسارت وارد آوردن به، شکستن ۴. بخشی (از متن) را حذف کردن، زدن از ۵. تحریف کردن

mutin¹,e / mytɛ̃,in / adj ۱. شیطان، بلا ۲. شوخ ۳. شیطنت‌آمیز

mutin² / mytɛ̃ / nm یاغی، شورشی

mutiné,e / mytine / adj, n یاغی، شورشی

mutiner (se) / s(ə)mytine / vp (1) شورش کردن، شوریدن، طغیان کردن

mutinerie / mytinʀi / nf شورش، طغیان

mutisme / mytism / nm ۱. لالی، گنگی ۲. سکوت، خاموشی

mutité / mytite / nf لالی، گنگی

mutualité / mytɥalite / nf همیاری، تعاون، مشارکت

mutuel,elle / mytɥɛl / adj متقابل، دوجانبه، دوطرفه

mutuellement / mytɥɛlmɑ̃ / adv متقابلاً، به طور متقابل

mycologie / mikɔlɔʒi / nf قارچ‌شناسی

myélite / mjelit / nf [پزشکی] التهاب نخاع

myope / mjɔp / n, adj [چشم‌پزشکی] نزدیک‌بین

myopie / mjɔpi / nm [چشم‌پزشکی] نزدیک‌بینی

myriade / miʀjad / nf تعداد بسیار زیادی، هزاران

myrmidon / miʀmidɔ̃ / nm [تحقیرآمیز] چلغوز، جوجه

mystère / mistɛʀ / nm ۱. راز، سرّ ۲. معما ۳. ابهام ۴. آیین رمزی، آیین

Ne faites pas tant de mystères. این قدر رمزی حرف نزنید. پرده‌پوشی را کنار بگذارید.

mystérieusement / misteʀjøzmɑ̃ / adv به طور اسرارآمیزی، به طرز مرموزی

mystérieux / misteʀjø,øz / adj ۱. اسرارآمیز، مرموز ۲. سرّی ۳. تودار ۴. پنهان‌کار ۵. پیچیده، مبهم

homme mystérieux آدم تودار، آدم مرموز

mysticisme / mistisism / nm عرفان، تصوف، رازورزی

mystification / mistifikasjɔ̃ / nf ۱. ریشخند، دست انداختن ۲. فریب، اغفال

mystifier / mistifje / vt (7) ۱. دست انداختن، سر به سر (کسی) گذاشتن، ریشخند کردن ۲. فریب دادن، گول زدن، اغفال کردن

mystique / mistik / adj, nm ۱. عرفانی، عارفانه، رازورزانه ▪ ۲. عارف، صوفی ▪ ۳. تصوف، صوفی‌گری، رازورزی

mythe / mit / nm ۱. اسطوره ۲. افسانه

mythique / mitik / adj ۱. اسطوره‌ای، اساطیری ۲. افسانه‌ای

mythologie / mitɔlɔʒi / nf ۱. اسطوره‌شناسی ۲. اساطیر

mythologique / mitɔlɔʒik / adj ۱. اسطوره‌شناختی، (مربوط به) اسطوره‌شناسی ۲. اساطیری، اسطوره‌ای ۳. افسانه‌ای

mythomane / mitɔman / adj, n افسانه‌باف، دروغ‌باف

mythomanie / mitɔmani / nf افسانه‌بافی، دروغ‌بافی

N,n

N;n /ɛn/ *nm. inv* اِن (= چهاردهمین حرف الفبای فرانسه)

n'/n/ *adv* → ne

nabab /nabab/ *nm* ۱. (آدم) ثروتمند ۲. [قدیمی] نواب (= حاکم مسلمان در هند)

une vie de nabab زندگی اشرافی

nabot,e /nabo,t/ *n* [تحقیرآمیز] کوتوله

nacelle /nasɛl/ *nf* ۱. [بالون] سبد ۲. [قدیمی یا شاعرانه] زورق، قایق

nacre /nakʀ/ *nf* صدف (مروارید)

nacré,e /nakʀe/ *adj* صدفی

nadir /nadiʀ/ *nm* [اخترشناسی] سمت‌القدم

nage /naʒ/ *nm* ۱. شنا ۲. پاروزنی

à la nage در حال شنا، با شنا، شناکنان

être en nage خیس عرق بودن

nageoire /naʒwaʀ/ *nf* [ماهیان] باله

nager /naʒe/ *vi* (3) ۱. شنا کردن ۲. غوطه‌ور بودن، غوطه خوردن ۳. پارو زدن ۴. [مجازی] غرق بودن (در)

nager dans la joie غرق در شادی بودن

nageur,euse /naʒœʀ,øz/ *n* ۱. شناگر ۲. [دریانوردی] پاروزن

naguère /nagɛʀ/ *adv* [ادبی] چندی پیش، اخیراً

naïf,naïve /naif,naiv/ *n, adj* ۱. ساده‌دل، ساده، زودباور ۲. ساده‌لوح، هالو ▣ ۳. ساده، بی‌ریا، ساده‌دلانه

nain,e /nɛ̃,nɛn/ *n, adj* ۱. کوتوله ▣ ۲. ریز ۳. [گیاهان، درختان] مینیاتوری

naissance /nɛsɑ̃s/ *nf* ۱. تولد، ولادت ۲. زایمان ۳. پیدایش، آغاز ۴. خاستگاه، منبع، سرچشمه

acte de naissance گواهی ولادت، سند ولادت

de naissance مادرزادی

donner naissance à به دنیا آوردن، زاییدن

naissant,e /nɛsɑ̃,t/ *adj* ۱. در حال پیدایش ۲. نورسته، نوشکفته ۳. نوپا، نوبنیاد

naître /nɛtʀ/ *vi* (59) ۱. به دنیا آمدن، متولد شدن، زاده شدن ۲. آغاز شدن ۳. پدید آمدن، به وجود آمدن

naïvement /naivmɑ̃/ *adv* ساده‌لوحانه، از روی سادگی، با سادگی

naïveté /naivte/ *nf* ۱. ساده‌دلی، سادگی ۲. ساده‌لوحی

naja /naʒa/ *nm* مار کبرا

nana /nana/ *nf* [خودمانی] زن، دختر، معشوقه

nanisme /nanism/ *nm* کوتولگی

nanti,e /nɑ̃ti/ *adj, n* پولدار، مرفه

a = bas, plat   e = blé, jouer   ɛ = lait, jouet, merci   i = il, lyre   o = mot, dôme, eau, gauche   ɔ = mort
u = roue   y = rue   ø = peu   œ = peur   ə = le, premier   ɑ̃ = sans, vent   ɛ̃ = matin, plein, lundi
ɔ̃ = bon, ombre   ʃ = chat, tache   ʒ = je, gilet   j = yeux, paille, pied   w = oui, nouer   ɥ = huile, lui

nantir /nɑ̃tiʀ/ *vt* (2) ۱. فراهم کردن، تهیه کردن، در اختیار (کسی) گذاشتن ۲. دست و پا کردن، جور کردن ۳. [حقوقی؛ قدیمی] وثیقه گذاشتن
nantissement /nɑ̃tismɑ̃/ *nm* وثیقه
naphtaline /naftalin/ *nf* نفتالین
naphte /naft/ *nm* نفت
napoléonien[1] /napɔleɔ̃/ *nm* (سکهٔ) ناپلئون (= سکهٔ طلای رایج در فرانسه)
napoléonien,enne[2] /napɔleɔnjɛ̃,ɛn/ *adj* (مربوط به) ناپلئون (اول یا سوم)
napolitain,e[1] /napɔlitɛ̃,ɛn/ *adj* (مربوط به) ناپل (= از شهرهای ایتالیا)، ناپلی
Napolitain,e[2] /napɔlitɛ̃,ɛn/ *n* اهل ناپل، ناپلی
nappe /nap/ *nf* ۱. سفره ۲. [آب، نفت، ...] لایه، سفره
napper /nape/ *vt* (1) ۱. [گوشت، شیرینی، ...] با لایه‌ای از (چیزی) پوشاندن ۲. [سس وغیره] ریختن (رویِ)
napperon /napʀɔ̃/ *nm* رومیزی (کوچک)
napperon individuel زیربشقابی
naquis /naki/ *v* [صورت صرف‌شدهٔ فعلِ naître]
narcisse /naʀsis/ *nm* ۱. (گل) نرگس ۲. [ادبی] (آدم) خودشیفته
narcissique /naʀsisik/ *adj, n* ۱. خودشیفتگانه، (مربوط به) خودشیفتگی ◙ ۲. خودشیفته
narcissime /naʀsisism/ *nm* خودشیفتگی
narcose /naʀkoz/ *nf* خواب شیمیایی
narcotique /naʀkɔtik/ *adj. nm* ۱. مخدر ◙ ۲. مادهٔ مخدر
narghilé /naʀgile/ *nm* → narguilé
narghileh /naʀgile/ *nm* → narguilé
narguer /naʀge/ *vt* (1) ۱. به مسخره گرفتن، ریشخند کردن، تمسخر کردن ۲. دست کم گرفتن
narguilé /naʀgile/ *nm* قلیان

narine /naʀin/ *nf* سوراخ بینی، منخر
narquois,e /naʀkwa,z/ *adj* تمسخرآمیز، ریشخندآمیز
narquoisement /naʀkwazmɑ̃/ *adv* با تمسخر، تمسخرآمیز
narrateur,trice /naʀatœʀ,tʀis/ *n* راوی، قصه‌گو، داستان‌سرا
narratif,ive /naʀatif,iv/ *adj* داستانی، روایی
narration /naʀasjɔ̃/ *nf* ۱. روایت ۲. حکایت، داستان، قصه ۳. انشا
faire une narration précise des évènements وقایع را به دقت نقل کردن، وقایع را به دقت شرح دادن
narrer /naʀe/ *vt* (1) [ادبی] روایت کردن، حکایت کردن، نقل کردن، تعریف کردن
narthex /naʀtɛks/ *nm* راهرو(ی کلیسا)
narval /naʀval/ *nm* نیزه‌ماهی
nasal,e,aux /nazal,o/ *adj* ۱. (مربوط به) بینی ۲. [آواشناسی] خیشومی، غُنه، غُنه‌ای، تودماغی
consonnes nasales [آواشناسی] همخوان‌های خیشومی، همخوان غُنه
fosses nasales حفره‌های بینی
nasalisation /nazalizasjɔ̃/ *nf* [آواشناسی] خیشومی‌شدگی، غُنه‌شدگی، غُنگی
nasaliser /nazalize/ *vt* (1) [آواشناسی] خیشومی کردن، غُنه کردن
se nasaliser *vp* خیشومی شدن، غُنه شدن
nase /naz/ *adj* ۱. [خودمانی] خُل ۲. [خودمانی] کهنه، خراب
naseau /nazo/ *nm* [برخی جانوران] سوراخ بینی
naisillard,e /nazijaʀ,d/ *adj* تودماغی
nasillement /nazijmɑ̃/ *nm* (عمل) تودماغی حرف زدن
nasiller /nazije/ *vi, vt* (1) ۱. تودماغی حرف زدن ◙ ۲. تودماغی گفتن، تودماغی خواندن

natal,e /natal/ *adj* (مربوط به) زادگاه
langue natale زبان مادری
maison natale خانهٔ پدری
natalité /natalite/ *nf* (میزان) موالید، زاد و ولد
natation /natasjɔ̃/ *nf* شنا
natif,ive /natif,iv/ *adj* ۱. ذاتی، فطری ۲. [فلزات] طبیعی
natif de متولدِ، اهلِ
nation /nasjɔ̃/ *nf* ۱. ملت ۲. امت، خلق، مردم ۳. کشور
Organisation des Nations Unies سازمان ملل متحد
national,e,aux /nasjɔnal,o/ *adj* ۱. ملی ۲. دولتی
nationalisation /nasjɔnalizasjɔ̃/ *nf* (عمل) ملی کردن
nationaliser /nasjɔnalize/ *vt* (1) ملی کردن
nationalisme /nasjɔnalism/ *nm* ۱. ملی‌گرایی، ملیت‌گرایی ۲. وطن‌پرستی، میهن‌پرستی
nationaliste /nasjɔnalist/ *n, adj* ۱. ملی‌گرا، ملیت‌گرا، ملی ۲. وطن‌پرست، میهن‌پرست ◻ ۳. ملی‌گرایانه ۴. وطن‌پرستانه، میهن‌پرستانه
nationalité /nasjɔnalite/ *nf* ۱. ملیت ۲. تابعیت
national-socialisme /nasjɔnalsɔsjalism/ *nm* ناسیونال سوسیالیسم، نازیسم
nativité[1] /nativite/ *nf* عید میلاد مسیح، نوئل، کریسمس
Nativité[2] /nativite/ *nf* میلاد مسیح
natte /nat/ *nf* ۱. حصیر، بوریا ۲. گیس بافته، موی بافته
natter /nate/ *vt* (1) بافتن
nattier,ère /natje,ɛʀ/ *n* حصیرباف، بوریاباف

naturalisation /natyʀalizasjɔ̃/ *nf* ۱. اعطای تابعیت ۲. (عمل) بومی کردن ۳. [جانور مرده] نگهداری به حالت طبیعی، پوست‌آکنی ۴. [گیاه] خشک کردن (به حالت طبیعی)
naturaliser /natyʀalize/ *vt* (1) ۱. تابعیت دادن (به)، تبعه کردن ۲. بومی کردن ۳. [جانور مرده] به حالت طبیعی نگه داشتن ۴. [گیاه] (به حالت طبیعی) خشک کردن
naturalisme /natyʀalism/ *nm* طبیعت‌گرایی
naturaliste /natyʀalist/ *n, adj* ۱. طبیعی‌دان ◻ ۲. طبیعت‌گرا
nature /natyʀ/ *nf, adj. inv* ۱. طبیعت ۲. ماهیت ۳. فطرت، ذات، سرشت، طبع ۴. خصلت ۵. نوع، گونه، جور ◻ ۶. بدون چاشنی، ساده ۷. [خودمانی] بی‌ریا، خاکی
de/par nature طبعاً، ذاتاً
en nature غیرنقدی، جنسی
grandeur nature به اندازهٔ طبیعی
nature humaine طبع بشر، سرست انسان
naturel[1]**,elle** /natyʀɛl/ *adj* ۱. طبیعی ۲. فطری، ذاتی ۳. عادی، معمولی ۴. ساده، بی‌تکلف، بی‌ریا
enfant naturel فرزند نامشروع
naturel[2] /natyʀɛl/ *nm* ۱. سرشت، طبع، فطرت، ذات ۲. سادگی، بی‌ریایی ۳. [ادبی] اهل، بومی
au naturel ۱. به طور طبیعی ۲. بدون چاشنی، ساده
naturellement /natyʀɛlmɑ̃/ *adv* ۱. به طور طبیعی، طبیعی ۲. طبیعتاً، طبعاً ۳. ذاتاً، فطرتاً ۴. [خودمانی] مسلماً، البته
nature morte /natyʀmɔʀt/ *nf* [نقاشی] طبیعت بی‌جان
naturisme /natyʀism/ *nm* عریان‌گری، عریان‌گرایی

naturiste /natyRist/ *n, adj* عریان‌گرا

naufrage /nofRaʒ/ *nm* ۱. [کشتی] شکستگی، غرق شدن ۲. [ادبی] نابودی، تباهی

naufragé,e /nofRaʒe/ *n, adj* ۱. کشتی‌شکسته ◘ ۲. [کشتی] غرق‌شده، شکسته

naufrageur /nofRaʒœR/ *nm* ۱. عامل غرق کشتی ۲. ویرانگر، نابودکننده، خرابکار

nauséabond,e /nozeabɔ̃,d/ *adj* ۱. تهوع‌آور ۲. مشمئزکننده، انزجارآور

nausée /noze/ *nf* ۱. تهوع، دل‌آشوبه، دل‌به‌هم‌خوردگی، غثیان ۲. انزجار

nauséeux,euse /nozeø,øz/ *adj* تهوع‌آور

nautique /notik/ *adj* (مربوط به) دریانوردی

ski nautique اسکی روی آب

nautisme /notism/ *nm* ورزش‌های آبی

naval,e /naval/ *adj* ۱. دریایی ۲. (مربوط به) نیروی دریایی ۳. (مربوط به)دریانوردی

chantier naval کارگاه کشتی‌سازی

navet /navɛ/ *nm* ۱. شلغم ۲. [خودمانی] اثر مزخرف ۳. فیلم مزخرف

navette /navɛt/ *nf* ۱. ماکو ۲. سرویس رفت و برگشت

navette spatiale اتوبوس فضایی، شاتِل

navigabilité /navigabilite/ *nf* ۱. قابلیت کشتیرانی ۲. [کشتی، هواپیما] قابلیت هدایت

navigable /navigabl/ *adj* قابل کشتیرانی

navigateur /navigatœR/ *nm* ۱. افسر ناوبر، ناوبر ۲. [ادبی] دریانورد ۳. کمک‌خلبان

navigation /navigasjɔ̃/ *nf* ۱. دریانوردی، کشتیرانی ۲. ناوبری

naviguer /navige/ *vi* (1) ۱. دریانوردی کردن، کشتیرانی کردن ۲. به سفر دریایی رفتن ۳. [کشتی، هواپیما] هدایت کردن ۴. [خودمانی] مدام در سفر بودن

navire /naviR/ *nm* کشتی (بزرگ)، ناو

navrant,e /navRɑ̃,t/ *adj* ناراحت‌کننده، غم‌انگیز، اندوهبار، اسف‌بار، ناگوار

navrer /navRe/ *vt* (1) [ادبی] عمیقاً متأثر کردن، اندوهگین کردن، دل (کسی را) به درد آوردن

être navré de متأسف بودن از

naze /naz/ *adj* → nase

nazi,e /nazi/ *adj, n* [سیاسی] نازی

nazisme /nazism/ *nm* [سیاسی] نازیسم

ne /ne(ə)/ *adv* ۱. [نشانهٔ نفی فعل که معمولاً همراهِ واژهٔ دیگری می‌آید] نـــ ۲. [پیش از برخی افعال حاکی از ترس، منع یا احتیاط] مبادا

De peur qu'il ne tombe. از ترس اینکه (مبادا) بیافتد.

Il n'a rien dit. او هیچ حرفی نزد. او چیزی نگفت.

Ne dites pas cela. این حرف را نزنید.

né,e /ne/ *adj, part. passé* ۱. متولد، زاده ◘ ۲. [اسم مفعول فعلِ naître]

bien-né اصیل‌زاده، با اصل و نسب

être né pour [شخص] ساخته شدن برایِ، به درد (کاری) خوردن

Il est un artiste né. او هنرمند به دنیا آمده است.

néanmoins /neɑ̃mwɛ̃/ *adv* با وجود این، با این همه، مع‌هذا، مع‌ذالک

néant /neɑ̃/ *nm* ۱. [ادبی] نیستی، عدم، فنا ۲. پوچی

néantiser /neɑ̃tize/ *vt* (1) [ادبی] نیست کردن، معدوم کردن

nébuleuse[1] /nebyløz/ *nf* ۱. سحابی ۲. تودهٔ مبهم

nébuleux,euse[2] /nebylø,øz/ *adj* ۱. ابری، گرفته، مه‌آلود ۲. مبهم، گنگ، آشفته

nébulosité /nebylozite/ *nf* ۱. ابری بودن، گرفتگی ۲. ابهام، گنگی، آشفتگی

nécessaire /nesesɛR/ *adj, nm* ۱. لازم، ضروری ۲. واجب ۳. محتوم، حتمی ◘ ۴. لوازم، مایحتاج ۵. جعبهٔ لوازم، کیف (لوازم)

Il est nécessaire que لازم است که

Nous ferons le nécessaire. ما هر کاری که لازم باشد می‌کنیم.

négliger

nécessairement /nesesɛRmɑ̃/ *adv*
ناگزیر، ناچار، لزوماً، الزاماً، ضرورتاً

nécessité /nesesite/ *nf*
۱. لزوم، الزام، ضرورت ۲. نیاز، احتیاج ۳. مایحتاج (اولیه)، احتیاجات، ضروریات ۴. [فلسفه] جبر، وجوب

nécessiter /nesesite/ *vt* (1)
ایجاب کردن، مستلزم (چیزی) بودن

nécessiteux,euse /nesesitø,øz/ *adj, n*
نیازمند، محتاج، فقیر

nécrologie /nekRɔlɔʒi/ *nf*
۱. شرح حال مرحوم (یا مرحومه) ۲. آگهی درگذشت، آگهی ترحیم

nécrologique /nekRɔlɔʒik/ *adj*
(مربوط به) شرح حال مرحوم (یا مرحومه)
rubrique nécrologique [روزنامه] ستون ترحیم

nécromancie /nekRɔmɑ̃si/ *nf*
روح‌بینی، ارتباط با مردگان

nécrophage /nekRɔfaʒ/ *adj*
مردارخوار

nécropole /nekRɔpɔl/ *nf*
[ادبی] گورستان، قبرستان

nécrose /nekRoz/ *nf*
بافت‌مردگی

nécrosé,e /nekRoze/ *adj*
بافت‌مرده، دچار بافت‌مردگی

nectar /nɛktaR/ *nm*
۱. شهد، نوش ۲. شراب اعلا، نوشابهٔ گوارا ۳. [اسطوره‌شناسی] نوشابهٔ خدایان

nectarine /nɛktaRin/ *nf*
شلیل

néerlandais,e[1] /neɛRlɑ̃dɛ,z/ *adj*
هلندی، (مربوط به) هلند

Néerlandais,e[2] /neɛRlɑ̃dɛ,z/ *n*
اهل هلند، هلندی

néerlandais /neɛRlɑ̃dɛ/ *nm*
زبان هلندی، هلندی

nef /nɛf/ *nm*
[کلیسا] شبستان

néfaste /nefast/ *adj*
شوم، بدیمن، نحس

nèfle /nɛfl/ *nf*
ازگیل

néflier /neflije/ *nm*
درخت ازگیل

négateur,trice /negatœR,tRis/ *adj, n*
[ادبی] انکارکننده، منکر

négatif[1]**,ive** /negatif,iv/ *adj*
۱. منفی ۲. منفی‌باف ۳. [عکاسی] نگاتیو

négatif[2] /negatif/ *nm*
[عکاسی] نگاتیو

négation /negasjɔ̃/ *nf*
نفی، انکار

négative /negativ/ *nf* جواب رد
پاسخ منفی، *répondre par la négative*
پاسخ منفی دادن، جواب رد دادن

négativement /negativmɑ̃/ *adv*
به طور منفی، منفی

négligé[1] /negliʒe/ *nm*
۱. بی‌پیرایگی، بی‌زیور و زیور بودن ۲. نامرتب بودن، شلختگی ۳. لباس خانه (زنانه)، لباس خواب (زنانه)

négligé[2]**,e** /negliʒe/ *adj*
۱. رهاشده، فراموش‌شده ۲. نامرتب، شلخته ۳. به‌هم‌ریخته

négligeable /negliʒabl/ *adj*
۱. قابل صرف‌نظر، قابل اغماض ۲. ناچیز، جزئی، بی‌اهمیت، پیش‌پاافتاده

négligemment /negliʒamɑ̃/ *adv*
۱. با بی‌توجهی، با بی‌مبالاتی ۲. با سهل‌انگاری، با بی‌قیدی، با بی‌خیالی

négligence /negliʒɑ̃s/ *nf*
۱. غفلت، اهمال، قصور، کوتاهی، سهل‌انگاری، مسامحه، تسامح ۲. بی‌توجهی، بی‌مبالاتی

négligent,e /negliʒɑ̃,t/ *adj, n*
۱. بی‌توجه، بی‌مبالات ۲. بی‌خیال ۳. مسامحه‌کار، سهل‌انگار، فراموشکار، غافل

négliger /negliʒe/ *vt* (3)
۱. غفلت کردن، کوتاهی کردن، اهمال کردن، مسامحه کردن ۲. بی‌توجه بودن به، نرسیدن به، بی‌اعتنا بودن به ۳. اهمیت ندادن به، از نظر دور داشتن، نادیده گرفتن، غافل شدن، فراموش کردن

négoce

négliger sa personne	به خود اهمیت ندادن، از خود غافل شدن
se négliger *vp*	به خود نرسیدن
négoce /negɔs/ *nm*	[قدیمی] تجارت، داد و ستد
négociable /negɔsjabl/ *adj*	قابل معامله، قابل خرید و فروش، قابل انتقال
négociant,e /negɔsjɑ̃,t/ *n*	تاجر (عمده)، بازرگان
négociateur,trice /negɔsjatœʀ,tʀis/ *n*	۱. واسطه، میانجی ۲. واسطهٔ مذاکرات
négociation /negɔsjasjɔ̃/ *nf*	۱. مذاکره ۲. معامله، مبادله
négocier /negɔsje/ *vi, vt* (7)	۱. مذاکره کردن ۲. معامله کردن، تجارت کردن ▫ ۳. حل و فصل کردن ۴. معامله کردن، مبادله کردن
nègre¹,négresse /nɛgʀ,negʀɛs/ *n*	[تحقیرآمیز] سیاه، سیاه برزنگی
nègre² /nɛgʀ/ *adj, nm*	۱. (مربوط به) سیاهان، سیاه‌پوست ▫ ۲. نویسندهٔ اصلی (= نویسنده‌ای که اثرش به نام فرد مشهورتر دیگری منتشر می‌شود.)
s'exprimer en petit nègre	[خودمانی] فرانسه را غلط‌غلوط حرف زدن
négrier¹ /negʀije/ *nm*	۱. برده‌فروش ۲. کشتی حمل برده
négrier²,ère /negʀije/ *adj*	(مربوط به) برده‌فروشی
négrillon,onne /negʀijɔ̃,ɔn/ *n*	[تحقیرآمیز] بچه زنگی
négritude /negʀityd/ *nf*	۱. [ادبی] ویژگی‌های نژاد سیاه ۲. سیاه‌پوست بودن
négro-africain,e /negʀoafʀikɛ̃,ɛn/ *adj*	(مربوط به) سیاهان آفریقا
négroïde /negʀɔid/ *adj*	سیاه‌ریخت
négus /negys/ *nm*	نجاشی (= عنوان پادشاهان اتیوپی)
neige /nɛʒ/ *nf*	برف
blanc comme neige	۱. سفید مثل برف، به سفیدی برف ۲. معصوم، پاک
neiger /neʒe/ *v. impers* (3)	برف باریدن، برف آمدن
neigeux,euse /nɛʒø,øz/ *adj*	برفی، پوشیده از برف
temps neigeux	هوای برفی
néné /nene/ *nm*	[خودمانی] پستان، مَمه
nénuphar /nenyfaʀ/ *nm*	نیلوفر آبی
néo-colonialisme /neɔkɔlɔnjalism/ *nm*	استعمار نو، نواستعمار
néolithique /neɔlitik/ *adj*	نوسنگی
néologisme /neɔlɔʒism/ *nm*	۱. واژهٔ نو، نوواژه ۲. معنی جدید ۳. کاربرد واژهٔ نو
néon /neɔ̃/ *nm*	نئون
tube au néon	چراغ نئون
néo-natal,e /neonatal/ *adj*	(مربوط به) نوزاد
néophyte /neɔfit/ *n*	۱. نوآیین ۲. تازه‌کار، مبتدی
néo-platonicien,enne /neɔplatɔnisjɛ̃,ɛn/ *adj, n*	نوافلاطونی
néphrétique /nefʀetik/ *adj, n*	۱. کلیوی، (مربوط به) کلیه ▫ ۲. بیمار کلیوی
néphrite /nefʀit/ *nf*	التهاب کلیه، نِفریت
néphrologie /nefʀɔlɔʒi/ *nf*	کلیه‌شناسی
nephrologue /nefʀɔlɔg/ *n*	متخصص بیماری‌های کلیه
népotisme /nepotism/ *nm*	تبارگماری (= انتصاب خویشاوندان و دوستان)، آشناپروری
nerf /nɛʀ/ *nm*	۱. عصب، پی ۲. رگ و پی — [صورت جمع] ۳. اعصاب
avoir du nerf	قوی بودن
nervation /nɛʀvasjɔ̃/ *nf*	۱. [گیاه‌شناسی] رگ‌برگ‌آذین (= ترتیب قرار گرفتن رگ‌برگ‌ها) ۲. [جانورشناسی] رگبال‌آذین
nerveusement /nɛʀvøzmɑ̃/ *adv*	با حالت عصبی

nerveux,euse /nɛʀvø,øz/ *adj, n* ۱. (مربوط به) اعصاب ۲. عصبی ۳. نیرومند، قوی ◘ ۴. آدم عصبی، آدم عصبی‌مزاج

nervi /nɛʀvi/ *nm* جانی (مزدور)، آدمکش

nervosité /nɛʀvozite/ *nf* حالت عصبی

nervure /nɛʀvyʀ/ *nf* ۱. [گیاهان] رگبرگ ۲. [جانوران] رگبال ۳. [معماری] تُویزه، رگهٔ قوسی

n'est-ce pas /nɛspa/ *loc. adv. interr* این‌طور نیست؟ مگر نه؟ نه؟

net[1]**,nette** /nɛt/ *adj* ۱. تمیز، پاک، پاکیزه ۲. واضح، آشکار، روشن ۳. بارز، چشمگیر، مشخص، فاحش ۴. [درآمد، سود، ...] خالص ۵. [تصویر] واضح

net[2] /nɛt/ *adv* ۱. یکدفعه، یکهو ۲. صریحاً، به صراحت، رک و راست

nettement /nɛtmɑ̃/ *adv* ۱. به وضوح، صریحاً، به صراحت، بی‌پرده ۲. آشکارا، به طرز چشمگیری

netteté /nɛtte/ *nf* ۱. تمیزی، پاکی، پاکیزگی ۲. وضوح ۳. صراحت، روشنی

nettoiement /netwamɑ̃/ *nm* نظافت، پاکیزه‌سازی

nettoyage /netwajaʒ/ *nm* ۱. نظافت، رفت و روب ۲. شست و شو ۳. پاک‌سازی

nettoyer /netwaje/ *vt* (8) ۱. تمیز کردن، پاک کردن ۲. شستن ۳. نظافت کردن ۴. پاک‌سازی کردن ۵. [خودمانی] خالی کردن، لخت کردن ۶. [عامیانه] سر (کسی را) زیر آب کردن، دخل (کسی را) آوردن، کلک (کسی را) کندن

nettoyeur,euse /netwajœʀ,øz/ *n* [در ترکیب] ـشور، ـپاک‌کن

nettoyeur de vitres شیشه‌شور

neuf[1] /nœf/ *adj. num, nm. inv* ۱. نُه ۲. نهم ◘ ۳. عدد نُه، شمارهٔ نه، نه

neuf[2]**,neuve** /nœf,nœv/ *adj* ۱. نو، کارنکرده ۲. جدید، تازه ۳. تازه‌کار، بی‌تجربه

neuf[3] /nœf/ *nm* ۱. چیز نو ۲. رویداد تازه، خبر جدید

être habillé de neuf لباس نو به تن داشتن

Quoi de neuf? تازه چه خبر؟

remettre à neuf نو کردن، نوسازی کردن

neurasthénie /nøʀasteni/ *nf* خسته‌روانی، نوراستِنی

neurochirurgie /nøʀoʃiʀyʀʒi/ *nf* جراحی اعصاب

neurochirurgien,enne /nøʀoʃiʀyʀʒiɛ̃,ɛn/ *n* جراح اعصاب

neurologie /nøʀɔlɔʒi/ *nf* عصب‌شناسی

neurologique /nøʀɔlɔʒik/ *adj* عصب‌شناختی، عصبی، (مربوط به) عصب‌شناسی

neurologiste /nøʀɔlɔʒist/ *n* → neurologue

neurologue /nøʀɔlɔg/ *n* عصب‌شناس، متخصص اعصاب

neurone /nøʀɔn/ *nm* یاختهٔ عصبی، نورون

neutralisant,e /nøtʀalizɑ̃,t/ *adj* خنثی‌کننده

neutralisation /nøtʀalizasjɔ̃/ *nf* ۱. خنثی‌سازی ۲. خنثی‌شدگی ۳. اعلام بی‌طرفی

neutraliser /nøtʀalize/ *vt* (1) ۱. خنثی کردن، بی‌اثر کردن ۲. بی‌طرف اعلام کردن

se neutraliser *vp* همدیگر را خنثی کردن

neutralisme /nøtʀalism/ *nm* سیاست بی‌طرفی، سیاست عدم تعهد

neutraliste /nøtʀalist/ *adj* بی‌طرف

neutralité /nøtʀalite/ *nf* بی‌طرفی

neutre /nøtʀ/ *adj, n* ۱. خنثی ۲. بی‌اثر ۳. بی‌طرف ۴. بی‌تفاوت، عادی ◘ ۵. کشور بی‌طرف ۶. [دستور زبان] جنس خنثی

neutron /nøtʀɔ̃/ *nm* نوترون

neuvaine /nœvɛn/ *nf* عبادت نه‌روزه

neuvième /nœvjɛm/ *adj. num. ord, n, nm*

۱. نهم، نهمین ▣ ۲. نهمین نفر ▣ ۳. (یک)نهم

neuvièmement /nœvjɛmmɑ̃/ *nm* نهم آنکه

névé /neve/ *nm* یخبرف

neveu /n(ə)vø/ *nm* ۱. پسر برادر، برادرزاده

۲. پسر خواهر، خواهرزاده

névralgie /nevʀalʒi/ *nf* درد عصب

névralgique /nevʀalʒik/ *adj* (مربوط به) درد عصب، عصبی

point névralgique نقطهٔ حساس

névrite /nevʀit/ *nf* التهاب عصبی

névropathe /nevʀɔpat/ *adj, n*

۱. روان‌رنجور ۲. [قدیمی] بیمار عصبی

névrose /nevʀoz/ *nf* روان‌رنجوری، نِوروز

névrosé,e /nevʀoze/ *adj, n* روان‌رنجور، مبتلا به روان‌رنجوری، مبتلا به نِوروز

névrotique /nevʀɔtik/ *adj* (مربوط به) روان‌رنجوری، ناشی از روان‌رنجوری

nez /ne/ *nm* ۱. بینی، دماغ ۲. شامه، (حس) بویایی ۳. شامهٔ تیز، شم (قوی) ۴. دماغه، سر، جلو ۵. [جانوران] دماغ، پوزه

au nez de qqn جلو روی کسی، جلوی کسی

fourrer son nez partout در هر کاری فضولی کردن، فضول بودن، نخود هر آش بودن

ni /ni/ *conj* نَه، و نه

Ce n'est ni bon ni mauvais. نه خوب است (و) نه بد.

niable /njabl/ *adj* انکارکردنی، قابل انکار، انکارپذیر

niais,e /njɛ,z/ *n, adj* ۱. هالو، ساده‌لوح

۲. ابله، نادان، احمق، نفهم، خر ▣ ۳. ساده‌لوحانه، از روی ساده‌لوحی ۴. ابلهانه، احمقانه

niaisement /njɛzmɑ̃/ *adv* ۱. ساده‌لوحانه، از روی ساده‌لوحی ۲. ابلهانه، احمقانه

niaiserie /njɛzʀi/ *nf* ۱. ساده‌لوحی

۲. ابلهی، نادانی، حماقت، نفهمی، خریت ۳. یاوه، چرند، مزخرف، چرت

niche[1] /niʃ/ *nf* ۱. تاقچه ۲. لانه (سگ)

niche[2] /niʃ/ *nf* کَلک، حقه

nichée /niʃe/ *nf* پرندگان هم‌آشیانه، آشیانه، لانه

nicher /niʃe/ *vi* (1) ۱. [پرندگان] آشیانه کردن، لانه کردن، لانه ساختن ۲. [خودمانی] جـا خوش کردن

se nicher *vp* ۱. لانه کردن، لانه ساختن ۲. قایم شدن

nichon /niʃɔ̃/ *nm* [عامیانه] پستون، مَمه

nickel /nikɛl/ *nm* نیکل

nickelage /niklaʒ/ *nm* آب نیکل‌کاری

nickeler /nikle/ *vt* (4) آب نیکل دادن، روکش نیکل کردن

niçois,e[1] /niswa,z/ *adj* (مربوط به) نیس (= شهری در جنوب فرانسه)، نیسی

Niçois,e[2] /niswa,az/ *adj* اهل نیس، نیسی

nicotine /nikɔtin/ *nf* نیکوتین

nid /ni/ *nm* ۱. لانه، آشیانه ۲. کاشانه، کانون ۳. پاتوق

nid de brigands پاتوق دزدها

nid de poule دست‌انداز، چاله

nièce /njɛs/ *nf* ۱. دختر برادر، برادرزاده

۲. دختر خواهر، خواهرزاده

nielle[1] /njɛl/ *nf* زنگ گندم

nielle[2] /njɛl/ *nm* مینای سیاه، سیاه‌قلم

nieller /njele/ *vt* (1) مینای سیاه کار کردن، سیاه‌قلم کار کردن

nième /enjɛm/ *adj, n* [مبالغه] دهمین، صدمین

nier /nje/ *vt* (7) ۱. انکار کردن، منکر شدن، تکذیب کردن ۲. رد کردن ۳. حاشا کردن

nigaud,e /nigo,d/ *adj, n* ۱. هالو، ساده‌لوح

۲. ابله، نادان، احمق، خر

nigauderie /nigodʀi/ *nf* ۱. ساده‌لوحی

۲. ابلهی، نادانی، حماقت، خریت

nigelle /niʒɛl/ *nf* سیاه‌دانه

nihilisme /niilism/ *nm* ۱. نیست‌انگاری ۲. پوچ‌انگاری

nihiliste /niilist/ *n, adj* ۱. نیست‌انگار ۲. پوچ‌انگار ◼ ۳. نیست‌انگارانه ۴. پوچ‌انگارانه

nimbe /nɛ̃b/ *nm* هالهٔ نور (دور سرِ قدیسین)

nimber /nɛ̃be/ *vt* (1) [ادبی] (دور سرِ قدیسین) هالهٔ نور کشیدن

nimbus /nɛ̃bys/ *nm* ابر باران‌زا، ابر نیمبوس

nipper /nipe/ *vt* (1) [خودمانی] رخت تن (کسی) کردن

se nipper *vp* رخت پوشیدن، لباس پوشیدن

nippes /nip/ *nf. pl* ۱. رخت کهنه، لباس کهنه ۲. [خودمانی] رخت، لباس

nippon,on(n)e[1] /nipɔ̃,ɔn/ *adj* ژاپنی، (مربوط به) ژاپن

Nippon,on(n)e[2] /nipɔ̃,ɔn/ *ad* اهل ژاپن، ژاپنی

nique /nik/ *nf,* **faire la nique à** تمسخر کردن، مسخره کردن

nirvana /niʀvana/ *nm* ۱. [در آیین بودا] نیروانا ۲. آرامش ابدی، اوج سعادت

nitrate /nitʀat/ *nm* نیترات

nitrique /nitʀik/ *adj,* **acide nitrique** اسید نیتریک، تیزاب، جوهر شوره

nitrogène /nitʀɔʒɛn/ *nm* نیتروژن، ازت

niveau /nivo/ *nm* ۱. [بنایی و غیره] تراز ۲. سطح ۳. میزان ۴. طبقه

au niveau de ۱. هم‌سطحِ ۲. در سطحِ ۳. تا (ارتفاعِ)

niveau de vie سطح زندگی

nivelage /nivlaʒ/ *nm* تسطیح، هموارسازی

niveler /nivle/ *vt* (4) ۱. هم‌سطح کردن، مسطح کردن، هموار کردن ۲. تراز کردن ۳. برابر کردن، تعدیل کردن

nivellement /nivɛlmɑ̃/ *nm* ۱. تسطیح، هموارسازی، تراز ۲. تعدیل، برابرسازی

nobiliaire /nɔbiljɛʀ/ *adj, nm* ۱. اشرافی ◼ ۲. فهرست اشراف

noblaillon,onne /nɔblɛjɔ̃,ɔn/ *n* → noblaillon,onne

noble /nɔbl/ *n, adj* ۱. اشرافی ۲. بزرگ‌منش، اصیل، شریف ۳. بزرگ‌منشانه، والا، شرافتمندانه ۴. شکوهمند، باعظمت ۵. متین، موقرانه، محترمانه ۶. [فلزات] نجیب ◼ ۷. اشراف‌زاده

noblement /nɔbləmɑ̃/ *adv* با بزرگواری، بزرگوارانه، از روی بزرگ‌منشی

noblesse /nɔblɛs/ *nf* ۱. اشرافیت ۲. (طبقهٔ) اشراف، اعیان ۳. بزرگ‌منشی، اصالت، شرافت ۴. شکوهمندی ۵. متانت، وقار

nobliau /nɔblijo/ *nm* [تحقیرآمیز] اعیان، اعیان‌نما

noce /nɔs/ *nf* ۱. جشن عروسی، عروسی ۲. سالگرد ازدواج ۳. مدعوین عروسی ـ [صورت جمع] ۴. عروسی، ازدواج

épouser en secondes noces دوباره ازدواج کردن، همسر دوم اختیار کردن

faire la noce خوشگذرانی کردن، عیاشی کردن

n'être pas à la noce در وضعیت بدی بودن

nuit de noces شب زفاف

voyage de noces (سفر) ماه عسل

noceur,euse /nɔsœʀ,øz/ *n* [خودمانی] عیاش

nocif,ive /nɔsif,iv/ *adj* مضر، زیان‌آور، زیانمند، خطرناک

nocivité /nɔsivite/ *nf* زیانمندی، خطرناکی

noctambule /nɔktɑ̃byl/ *adj, n* شب‌زنده‌دار

noctambulisme /nɔktɑ̃bylism/ *nm* [خودمانی] شب‌زنده‌داری

nocturne /nɔktyʀn/ *adj, nm, n* ۱. شبانه

noircissement /nwaRsismã/ nm	سیاه شدن
noircissure /nwaRsisyR/ nf	لکهٔ سیاه
noise /nwaz/ nf, chercher noise à	سر جنگ داشتن با، دعوا داشتن با
noisetier /nwaztje/ nm	درخت فندق
noisette /nwazɛt/ nf, adj. inv	۱. فندق ▫ ۲. (به رنگِ) فندقی
noix /nwa/ nf	۱. گردو ۲. [خودمانی] احمق، خر
à la noix (de coco)	چرند، چرت
noix de coco	نارگیل
noix muscade	جوز بویا
noliser /nɔlize/ vt (1)	[کشتی، هواپیما] کرایه دادن
nom /nɔ̃/ nm	۱. اسم، نام ۲. شهرت، اسم و رسم ۳. [دستور زبان] اسم
au nom de	۱. به نامِ ۲. از طرفِ ۳. به خاطرِ
de nom	اسماً، به اسم
nom de famille	نام خانوادگی، فامیل
nomade /nɔmad/ adj, n	۱. چادرنشین ۲. خانه‌به‌دوش، آواره
nomadisme /nɔmadism/ nm	چادرنشینی
no man's land /nomanslɑ̃d/ nm	۱. منطقهٔ بین دو جبههٔ متخاصم ۲. منطقهٔ بی‌طرف
nombrable /nɔ̃bRabl/ adj	قابل شمارش
nombre /nɔ̃bR/ nm	۱. عدد ۲. رقم ۳. تعداد، عده، شمار
au nombre de	۱. در شمارِ، جزوِ، در زمرهٔ ۲. [تعداد] تا
en nombre	با عدهٔ بسیار، (به تعدادِ) زیاد
nombre de	بسیاری از، عدهٔ زیادی از
sans nombre	بی‌شمار، بسیار زیاد
nombreux,euse /nɔ̃bRø,øz/ adj	متعدد، کثیر، بسیار، زیاد
nombril /nɔ̃bRi/ nm	ناف
Il se prend pour le nombril du monde.	خیال می‌کنه که از دماغ فیل افتاده.

	۲. [پرنده، حشره] شب‌خیز، شب‌گرد، شب ▫ ۳. [موسیقی] نغمهٔ شبانه، نُکتورْن ۴. پرندهٔ شب ▫ ۵. [ورزش] مسابقهٔ شبانه ۶. مغازهٔ شبانه‌روزی
nodosité /nɔdozite/ nf	[پزشکی، گیاه‌شناسی] گره
nodule /nɔdyl/ nm	[پزشکی] گرهک
Noël[1] /nɔɛl/ nm, nf	عید نوئل، کریسمس
père Noël	بابانوئل
noël[2] /nɔɛl/ nm	۱. سرود نوئل، سرود کریسمس ۲. [خودمانی] هدیهٔ کریسمس
nœud /nø/ nm	۱. گره ۲. روبان گره‌زده ۳. [مار] چنبره، حلقه ۴. [چوب، گیاه] گره ۵. [ادبی] پیوند ۶. اشکال، گره ۷. گره دریایی، میل دریایی (= ۱۸۵۲ متر) ۸. تقاطع عمده
noir[1],e /nwaR/ adj, n	۱. سیاه، مشکی ۲. سیاه‌پوست، سیاه ۳. (مربوط به) سیاهان، سیاه‌پوستان ۴. تیره ۵. تاریک ۶. کثیف ۷. ناامیدکننده، یأس‌آور، بدبینانه ۸. غمگین، افسرده ۹. [عامیانه] پاتیل، مست ▫ ۱۰. سیاه‌پوست، سیاه
café noir	قهوه غلیظ (بدون شیر)
film noir	فیلم ترسناک
marché noir	بازار سیاه
noir[2] /nwaR/ nm	۱. رنگ سیاه، سیاه، مشکی ۲. سیاهی ۳. تاریکی ۴. لباس سیاه، (لباس)مشکی
noir de fumée	دوده
voir tout en noir	[کنایه از بدبینی] دنیا را از پشت عینک تیره دیدن
noirâtre /nwaRatR/ adj	مایل به سیاه، سیه‌فام
noiraud,e /nwaRo,d/ adj, n	۱. [چهره] سیه‌چرده، سیاه‌توه ▫ ۲. (آدم) سیه‌چرده
noirceur /nwaRsœR/ nf	۱. [ادبی] سیاهی ۲. پلیدی، رذالت ۳. [ادبی] عمل پلید
noircir /nwaRsiR/ vi, vt (1)	۱. سیاه شدن ▫ ۲. سیاه کردن ۳. بد جلوه دادن ۴. [ادبی] بدنام کردن، لکه‌دار کردن
se noircir vp	۱. سیاه شدن ۲. تیره شدن ۳. خود را بدنام کردن ۴. [عامیانه] مست کردن

nomenclature /nɔmãklatyʀ/ *nf*
اصطلاحات، واژگان
nominal,e,aux /nɔminal,o/ *adj* ۱. اسمی
۲. (مربوط به) اسامی
valeur nominale ارزش اسمی
nominalement /nɔminalmã/ *adv* ۱. اسماً،
به نام ۲. [دستور زبان] به صورت اسم
nominatif[1] /nɔminatif/ *nm* [زبان‌شناسی]
حالت فاعلی
nominatif[2]**,ive** /nɔminatif,iv/ *adj* اسمی،
(شامل) اسامی
nomination /nɔminasjɔ̃/ *nf* ۱. انتصاب
۲. ترفیع
nominé,e /nɔmine/ *adj* نامزد دریافت جایزه
nommé,e /nɔme/ *adj* ۱. به نام، به اسم،
موسوم به ۲. نامبرده، مذکور ۳. انتصابی
nommément /nɔmemã/ *adv* به اسم، به نام
nommer /nɔme/ *vt* (1) ۱. اسم گذاشتن،
نامیدن، نام‌گذاری کردن ۲. نام بردن، اسم بردن، ذکر کردن ۳. منصوب کردن ۴. در نظر گرفتن، تعیین کردن
se nommer *vp* نام داشتن، اسم (کسی) ... بودن
non /nɔ̃/ *adv, nm. inv* نه، خیر
non (pas) que نه اینکه، این‌طور نیست که
non plus [دارای بار منفی] هم (نه)، همچنین
non seulement ... mais نه تنها ... بلکه
non-activité /nɔnaktivite/ *nf* انتظار خدمت
nonagénaire /nɔnaʒenɛʀ/ *adj, n* نودساله
non-agression /nɔnagʀesjɔ̃/ *nf* عدم تجاوز
non(-)aligné,e /nɔnaliɲe/ *adj, n* [سیاسی]
غیرمتعهد
non-alignement /nɔnaliɲmã/ *nm*
[سیاسی] عدم تعهد
nonante /nɔnãt/ *adj. num* [در بلژیک و سوئیس] نود

nonantième /nɔnãtjɛm/ *adj. ord, n*
[در بلژیک و سوئیس] نودم، نودمین
non-assistance /nɔnasistãs/ *nf* (جرم)
کوتاهی در یاری رساندن، کمک نکردن
non-assistance à personne en danger
(جرم) عدم کمک به فرد در معرض خطر
nonce /nɔ̃s/ *nm* سفیر پاپ
nonchalamment /nɔ̃ʃalamã/ *adv*
با بی‌قیدی، با بی‌حالی
nonchalance /nɔ̃ʃalãs/ *nf* بی‌قیدی،
سهل‌انگاری، تنبلی، بی‌حالی
nonchalant,e /nɔ̃ʃalã,t/ *adj, n* بی‌قید،
سهل‌انگار، تنبل، بی‌حال
nonciature /nɔ̃sjatyʀ/ *nf* سفارت پاپ
non-conformisme /nɔ̃kɔ̃fɔʀmism/ *nm*
ناهمنوایی، ناهمرنگی
non-conformiste /nɔ̃kɔ̃fɔʀmist/ *adj, n*
ناهمنوا، ناهمرنگ
non-engagé,e /nɔnãgaʒe/ *adj, n* [سیاست]
غیرمتعهد
non-engagement /nɔnãgaʒmã/ *nm*
[سیاست] عدم تعهد
non-être /nɔnɛtʀ/ *nm. inv* [فلسفه] نیستی،
عدم
non(-)euclidien,enne /nɔnøklidjɛ̃,ɛn/
adj
نااقلیدسی
non-exécution /nɔnɛgzekysjɔ̃/ *nf*
[حقوقی] عدم اجرا
non-existence /nɔnɛgzistãs/ *nf* [فلسفه]
عدم وجود، عدم، نیستی
non-intervention /nɔnɛ̃tɛʀvãsjɔ̃/ *nf*
[سیاست] عدم مداخله
non-lieu /nɔ̃ljø/ *nm* [حقوقی] قرار منع تعقیب
nonne /nɔn/ *nf* [قدیمی یا طنزآمیز] راهبه،
تارک دنیا

nonobstant 586

nonobstant /nɔnɔpstɑ̃/ *prép, adv* ۱. [قدیمی یا اداری] با وجودِ، علی‌رغمِ ◙ ۲. با وجود این، مع‌هذا، مع‌ذالک

non-paiement /nɔ̃pɛmɑ̃/ *nm* [حقوقی] عدم پرداخت

non-sens /nɔ̃sɑ̃s/ *nm* ۱. حرف بی‌معنی، یاوه ۲. جملهٔ بی‌معنی ۳. چیز بی‌معنی

non-stop /nɔnstɔp/ *adj. inv* ۱. [پرواز] یک‌سره، بدون توقف ۲. بی‌وقفه

non-usage /nɔnyzaʒ/ *nm* عدم استفاده، عدم استعمال

non-valeur /nɔ̃valœʀ/ *nf* ۱. بی‌حاصلی، بی‌ارزش بودن ۲. وجه غیرقابل وصول ۳. آدم بی‌ارزش

non-violence /nɔ̃vjɔlɑ̃s/ *nf* عدم خشونت، خشونت‌پرهیزی

non-violent,e /nɔ̃vjɔlɑ̃,t/ *n, adj* ۱. طرفدار عدم خشونت، خشونت‌پرهیز ◙ ۲. خشونت‌پرهیزانه، مسالمت‌آمیز، مبتنی بر عدم خشونت

nord /nɔʀ/ *nm, adj. inv* شمال

hémisphère nord نیمکرهٔ شمالی

le Grand Nord نواحی قطب شمال

nord-africain,e[1] /nɔʀafʀikɛ̃,ɛn/ *adj* شمال آفریقایی، (مربوط به) شمال آفریقا

Nord-africain,e[2] /nɔʀafʀikɛ̃,ɛn/ *n* اهل شمال آفریقا، شمال آفریقایی

nord-américain,e[1] /nɔʀameʀikɛ̃,ɛn/ *adj* (مربوط به) آمریکای شمالی

Nord-américain,e[2] /nɔʀame-ʀikɛ̃,ɛn/ *n* اهل آمریکای شمالی

nord-est /nɔʀɛst/ *nm, adj. inv* شمال شرقی

nordique /nɔʀdik/ *adj* نوردیک، (مربوط به) اروپای شمالی، اسکاندیناویایی

nordiste /nɔʀdist/ *n, adj* [در جنگ‌های انفصال] طرفدار ایالات شمالی آمریکا

nord-ouest /nɔʀwɛst/ *nm, adj. inv* شمال غربی

noria /nɔʀja/ *nf* چرخ آبکشی

normal,e[1]**,aux** /nɔʀmal,o/ *adj* ۱. عادی، معمولی، طبیعی، بهنجار ۲. [هندسه] قائم، عمود

école normale primaire دانشسرای مقدماتی

école normale supérieure دانشسرای عالی

normale[2] /nɔʀmal/ *nf* ۱. میزان عادی، حد طبیعی ۲. [هندسه] قائم، عمود

normalement /nɔʀmalmɑ̃/ *adv* ۱. به طور عادی، عادی ۲. معمولاً

normalien,enne /nɔʀmaljɛ̃,ɛn/ *n* دانشجوی دانشسرا

normalisation /nɔʀmalizasjɔ̃/ *nf* ۱. (عمل) استاندارد کردن ۲. عادی‌سازی ۳. یکدست‌سازی، یکدست کردن

normaliser /nɔʀmalize/ *vt* (1) ۱. استاندارد کردن ۲. عادی کردن ۳. یکدست کردن

normalité /nɔʀmalite/ *nf* حالت طبیعی، حالت عادی، عادی بودن

normand,e[1] /nɔʀmɑ̃,d/ *adj* ۱. (مربوط به) نرماندی (= ناحیه‌ای در فرانسه) ۲. [تاریخی] نورمان، (مربوط به) نورمان‌ها

Normand,e[2] /nɔʀmɑ̃,d/ *n* ۱. اهل نرماندی ۲. [تاریخی] نورمان

réponse de Normand جواب سربالا، جواب مبهم

normatif,ive /nɔʀmatif,iv/ *adj* ۱. هنجاری ۲. تجویزی

norme /nɔʀm/ *nf* ۱. معیار، میزان، هنجار ۲. ضابطه ۳. استاندارد

nos /no/ *adj. poss* [در ترکیب] ـ‌های ما، ـ‌هایمان

nos livres کتاب‌های ما، کتاب‌هایمان

norvégien,enne[1] /nɔʀveʒjɛ̃,ɛn/ *adj* نروژی، (مربوط به) نروژ

Norvégien,enne[2] /nɔʀveʒjɛ̃,ɛn/ *n* اهل نروژ، نروژی

nostalgie /nɔstalʒi/ *nf* ۱. حسرت گذشته ۲. غم غربت ۳. دلتنگی

nostalgique / nɔstalʒik / *adj* ۱. حسرت‌بار
۲. غم‌انگیز، اندوه‌بار

nota (bene) / nɔta(bene) / *loc, nm. inv*
توجه، تذکر

notabilité / nɔtabilite / *nf* شخصیت برجسته،
شخصیت، آدم مهم

notable / nɔtabl / *adj* ۱. درخور توجه،
قابل توجه، شایان ذکر ۲. مهم، برجسته ▫ ۳.
شخصیت برجسته، شخصیت، آدم مهم

notablement / nɔtabləmɑ̃ / *adv* به طور قابل
ملاحظه‌ای، به طرز چشمگیری

notaire / nɔtɛʁ / *nm* سردفتر (اسناد رسمی)،
محضردار

cabinet/étude de notaire   دفتر اسناد رسمی،
دفترخانه، محضر

notamment / nɔtamɑ̃ / *adv* مخصوصاً،
به ویژه، به خصوص

notarial,e,aux / nɔtaʁjal,o / *adj*
(مربوط به) سردفتر (اسناد رسمی)

notariat / nɔtaʁja / *nm* شغل سردفتر
(اسناد رسمی)، محضرداری

notarié,e / nɔtaʁje / *adj* محضری، ثبتی،
گواهی شده

notation / nɔtasjɔ̃ / *nf* ۱. نشانه‌گذاری
۲. دستگاه علائم، علائم ۳. یادداشت، ملاحظه ۴.
(عمل) نمره دادن ۵. [موسیقی] نت‌نویسی

note / nɔt / *nf* ۱. یادداشت ۲. [در کنار متن]
توضیح، حواشی ۳. صورت‌حساب ۴. [موسیقی]
نت ۵. [امتحان و غیره] نمره

note d'électricité   قبض برق، فیش برق
prendre note   یادداشت کردن، نُت برداشتن

noter / nɔte / *vt* (1) ۱. علامت زدن
۲. یادداشت کردن، نوشتن ۳. توجه کردن (به)،
ملاحظه کردن، دقت کردن، به خاطر داشتن ۴.
نمره دادن (به) ۵. نت‌نویسی کردن

notice / nɔtis / *nf* ۱. [مقدمهٔ کتاب] یادداشت
۲. خلاصه، شرح مختصر، گزارش (کوتاه)

notification / nɔtifikasjɔ̃ / *nf* ۱. ابلاغ
۲. اطلاعیه، اخطاریه

notifier / nɔtifje / *vt* (7) ۱. خبر دادن،
اطلاع دادن ۲. ابلاغ کردن

notion / nosjɔ̃ / *nf* ۱. اطلاعات اندک،
شناخت سطحی ۲. تصور، برداشت ۳. مفهوم، ایده

notoire / nɔtwaʁ / *adj* ۱. معروف، مشهور،
زبانزد، شهرهٔ خاص و عام ۲. آشکار، مسلم

notoirement / nɔtwaʁmɑ̃ / *adv* ۱. آشکارا،
به وضوح ۲. شهره به، معروف به

notoriété / nɔtɔʁjete / *nf* ۱. شهرت،
معروفیت ۲. آشکاری، قطعیت

notre / nɔtʁ / *adj. poss* (مال‌هاي) ما، ـِ مان

nôtre / nɔtʁ / *adj. poss, pron. poss* مال ما،
مال خودمان

nôtres / nɔtʁ / *nm. pl* خانواده‌مان، بستگانمان،
دوستانمان، نزدیکانمان

Notre-Dame / nɔtʁədam / *nf* ۱. حضرت
مریم، مریم مقدس ۲. کلیسای نُتردام (= نام کلیسای
معروفی در پاریس)

nouba / nuba / *nf,* **faire la nouba** [خودمانی]
خوش‌گذرانی کردن، خوش گذراندن

nouer / nwe / *vt* (1) ۱. گره زدن ۲. بستن
۳. برقرار کردن، ایجاد کردن

nouer conversation avec qqn   با کسی سرگرم
صحبت شدن، با کسی سر صحبت را باز کردن

nouer des liens d'amitié avec qqn   با کسی
رابطهٔ دوستی برقرار کردن، با کسی دوست شدن

noueux,euse / nwø,øz / *adj* ۱. گره‌دار،
پرگره ۲. استخوانی، تکیده

nounou / nunu / *nf* [زبان بچه‌ها] دایه

nourrice / nuʁis / *nf* ۱. دایه ۲. باک یدک

épingle de nourrice   سنجاق قفلی

nourricier,ère /nuʀisje,ɛʀ/ *adj* مُغذی
père nourricier پدرخوانده
nourrir /nuʀiʀ/ *vt* ۱. غذا دادن (به) (۲)
۲. تغذیه کردن ۳. شکم (کسی را) سیر کردن، معاش
(کسی را) تأمین کردن ۴. مُغذی بودن ۵. غنی کردن
۶. پروراندن
se nourrir *vp* ۱. خوردن، تغذیه کردن
۲. در سر پروراندن
nourrissant,e /nuʀisɑ̃,t/ *adj* مُغذی
nourrisson /nuʀisɔ̃/ *nm* شیرخوار (کودک)
nourriture /nuʀityʀ/ *nf* غذا، خوراک، خوردنی
nous /nu/ *pron. pers* ۱. ما ۲. به ما، ما را
nous-même(s) خودمان، خود ما
nouveau¹,nouvel,nouvelle /nuvo, nuvɛl/ *adj, n* ۱. جدید، تازه، نو ۲. بدیع
▫ ۳. تازه‌وارد
nouveau² /nuvo/ *nm* چیز تازه، چیز نو
à /de nouveau دوباره، از نو، بار دیگر، باز، باز هم
Quoi de nouveau? تازه چه خبر؟
nouveau-né,e /nuvone/ *adj, nm* نوزاد
nouveauté /nuvote/ *nf* ۱. تازگی
۲. چیز تازه ۳. کتاب تازه
nouvelle /nuvɛl/ *nf* ۱. خبر
۲. داستان کوتاه — [صورت جمع] ۳. اخبار
nouvellement /nuvɛlmɑ̃/ *adv* به تازگی، تازه، اخیراً
nouvelliste /nuvelist/ *n* نویسندهٔ داستان کوتاه
nova /nɔva/ *nf* [اخترشناسی] نواختر
novateur,trice /nɔvatœʀ,tʀis/ *adj, n* مبتکر، نوآور، مبدع
nover /nɔve/ *vt* (۱) [حقوقی] تجدید کردن
novembre /nɔvɑ̃bʀ/ *nm* نوامبر (= یازدهمین ماه سال میلادی)
novice /nɔvis/ *adj, n* ۱. تازه‌کار، نوآموز، مبتدی ▫ ۲. کشیش کارآموز

noviciat /nɔvisja/ *nm* دورهٔ کارآموزی
noyade /nwajad/ *nm* غرق شدن
noyau /nwajo/ *nm* ۱. هسته ۲. کانون
noyautage /nwajotaʒ/ *nm* تفرقه‌اندازی
noyauter /nwajote/ *vt* (۱) تفرقه انداختن
noyé,e /nwaje/ *n, adj* ۱. غریق، غرق‌شده
۲. [مجازی] ازدست‌رفته، نابود
des yeux noyés de pleurs چشمان غرقه در اشک
noyer¹ /nwaje/ *vt* (۸) ۱. غرق کردن، در آب خفه کردن ۲. غرق آب کردن، به زیر آب فرو بردن ۳. آبکی کردن ۴. محو کردن، گم کردن
se noyer *vp* ۱. غرق شدن، (در آب) خفه شدن
۲. [مجازی] گم شدن
noyer² /nwaje/ *nm* ۱. درخت گردو
۲. چوب گردو
nu¹,e /ny/ *adj* ۱. برهنه، لخت، عریان
۲. بدون اثاث، خالی ۳. بی‌شاخ و برگ
à l'œil nu با چشم غیرمسلح
être tête nue سربرهنه بودن، سر باز بودن
mettre à nu ۱. لخت کردن ۲. پرده برداشتن از، فاش کردن
nu² /ny/ *nm* ۱. تصویر برهنه ۲. برهنه‌نمایی
nuage /nɥaʒ/ *nm* ۱. ابر ۲. خلل، خدشه
nuageux,euse /nɥaʒø,øz/ *adj* ابری
nuance /nɥɑ̃s/ *nf* ۱. پردهٔ رنگ، پرده
۲. اختلاف جزئی، تفاوت ظریف
une nuance de اندکی، ذره‌ای
nuancer /nɥɑ̃se/ *vt* (۳) ۱. تدریجاً به رنگ دیگر درآوردن ۲. جزئیات (چیزی را) بیان کردن، دقیق‌تر بیان کردن
nubile /nybil/ *adj* ۱. دم‌بخت، به سن ازدواج رسیده ۲. [به ویژه دختر] بالغ
âge nubile [سن] اواخر بلوغ
nubilité /nybilite/ *nf* قابلیت ازدواج، دم‌بخت بودن، رسیدن به سن ازدواج
nucléaire /nykleɛʀ/ *adj* هسته‌ای
nudisme /nydism/ *nm* برهنه‌گرایی، عریان‌گرایی

nudiste /nydist/ *n, adj* برهنه‌گرا، عریان‌گرا
nudité /nydite/ *nf* برهنگی، عریانی
nuée /nɥe/ *nf* ۱. [ادبی] ابر ضخیم، ابر غلیظ ۲. انبوه، خیل، سیل
nues /ny/ *nf. pl,* **porter aux nues** به عرش بردن
tomber des nues هاج و واج ماندن، (از تعجب) شاخ درآوردن، دهان (کسی) از تعجب باز ماندن، وارفتن
nue-propriété /nypʀɔpʀijete/ *nf* [حقوقی] مالکیت عین
nuire /nɥiʀ/ *vt* (38) ۱. آزار دادن، آزردن، اذیت کردن ۲. آسیب رساندن، صدمه زدن، ضرر زدن، لطمه زدن
se nuire *vp* ۱. خود را اذیت کردن، به خود لطمه زدن ۲. یکدیگر را آزار دادن
nuisance /nɥizɑ̃s/ *nf* ۱. مشکل (اجتماعی)، مُعضل ۲. گرفتاری، دردسر
nuisible /nɥizibl/ *adj* ۱. مضر، زیان‌بخش ۲. خطرناک ۳. [جانور، حشره] موذی
nuit /nɥi/ *nf* ۱. شب ۲. [ادبی] ظلمات
de nuit شبانه، (مربوط به) شب
nuitamment /nɥitamɑ̃/ *adv* [ادبی] شبانه، شب‌هنگام
nuitée /nɥite/ *nf* [قدیمی] (مدت) یک شب، شب
nul,nulle /nyl/ *adj, pron* ۱. [ادبی] هیچ ۲. پوچ ۳. بی‌وجود، بی‌مصرف، بی‌خاصیت ۴. بی‌اعتبار، باطل ◙ ۵. هیچ‌کس
Il est nul en maths. از ریاضی هیچی سرش نمی‌شود.
nullard,e /nylaʀ,d/ *n, adj* [خودمانی] کودن
nullement /nylmɑ̃/ *adv* به هیچ وجه، ابداً، اصلاً
nullité /nylite/ *nf* ۱. بطلان، بی‌اعتباری ۲. پوچی ۳. عدم قابلیت ۴. بی‌استعدادی ۵. آدم بی‌وجود، آدم بی‌مصرف
nûment /nymɑ̃/ *adv* [ادبی] بی‌پرده، به صراحت
numéraire /nymeʀɛʀ/ *nm* پول نقد، نقدینه
numéral,e,aux /nymeʀal,o/ *adj* عددی
numérateur /nymeʀatœʀ/ *nm* [کسر] صورت
numération /nymeʀasjɔ̃/ *nf* ۱. شمارش ۲. حساب
numération décimale حساب ده‌دهی، حساب اعشاری
numérique /nymeʀik/ *adj* ۱. عددی ۲. کمّی
numériquement /nymeʀikmɑ̃/ *adv* از نظر تعداد، از لحاظ عددی
numéro /nymeʀo/ *nm* ۱. شماره، نمره ۲. [خودمانی] آدم عجیب
numéro de téléphone شماره تلفن
numéro d'une maison پلاک یک خانه، شمارهٔ یک خانه
numérotage /nymeʀɔtaʒ/ *nm* شماره‌گذاری
numérotation /nymeʀɔtasjɔ̃/ *nf* ترتیب شماره‌ها، شماره‌گذاری
numéroter /nymeʀɔte/ *vt* (1) شماره زدن، شماره‌گذاری کردن
numismate /nymismat/ *n* سکه‌شناس
numismatique /nymismatik/ *nf, adj* ۱. سکه‌شناسی ◙ ۲. سکه‌شناختی، (مربوط به) سکه‌شناسی
nu-pieds /nypje/ *nm. inv* دمپایی بندی، کفشِ بندی
nuptial,e,aux /nypsjal,o/ *adj* (مربوط به) عروسی، (مربوط به) ازدواج
chambre nuptiale حجله
nuptialité /nypsjalite/ *nf* آمار ازدواج

nuque /nyk/ *nf* پس گردن، پشت گردن

nurse /nœRs/ *nf* پرستار بچه

nutritif, ive /nytRitif,iv/ *adj* ۱. مُغذی
۲. غذایی، تغذیه‌ای، (مربوط به) تغذیه

nutrition /nytRisjɔ̃/ *nf* تغذیه

nutritionnel, elle /nytRisjɔnɛl/ *adj*
(مربوط به) تغذیه، غذایی

nutritionniste /nytRisjɔnist/ *n* متخصص تغذیه، تغذیه‌شناس

nyctalope /niktalɔp/ *adj* [جانور] روزکور

nyctalopie /niktalɔpi/ *nf* روزکوری

nylon /nilɔ̃/ *nm* نایلون

nymphe /nɛ̃f/ *nf* ۱. حوری، پری
۲. شفیره (= مرحلهٔ دوم دگردیسی حشرات)

nymphéa /nɛ̃fea/ *nm* نیلوفر آبی سفید

nymphomane /nɛ̃fɔman/ *adj, nf*
۱. [زن] حَشَری ▪ ۲. زن حَشَری

nymphomanie /nɛ̃fɔmani/ *nf*
[زنان] حَشَری بودن

O,o

O,o /o/ *nm. inv* اُ (= پانزدهمین حرف الفبای فرانسه)
ô! /o/ *interj* اِی
Ô ciel! ای آسمان! ای خدا! خدایا!
oasien,enne /ɔazjɛ̃,ɛn/ *n, adj* ۱. واحه‌نشین ▣ ۲. [مربوط به] واحه
oasis /ɔazis/ *nf* واحه
oasis de calme/paix مایهٔ آرامش، جای آسایش
obédience /ɔbedjɑ̃s/ *nf* [ادبی] فرمانبرداری، اطاعت، تبعیت
d'obédience زیر سلطهٔ، تحتِ نفوذِ
obéir /ɔbeiʀ/ *vt* (3) ۱. اطاعت کردن، پیروی کردن، فرمان بردن، تمکین کردن ۲. حرف (کسی را) گوش کردن، حرف‌شنوی داشتن ۳. تابع (چیزی) بودن، تبعیت کردن
obéissance /ɔbeisɑ̃s/ *nf* فرمانبرداری، اطاعت، پیروی، تمکین، حرف‌شنوی، تبعیت
obéissant,e /ɔbeisɑ̃,t/ *adj* فرمانبردار، مطیع، حرف‌شنو، سربراه
obélisque /ɔbelisk/ *nm* تک‌ستون هرمی
obérer /ɔbeʀe/ *vt* (6) زیر بار قرض بردن، مقروض کردن
obèse /ɔbɛz/ *adj, n* ۱. (خیلی) چاق، فربه ▣ ۲. آدم (خیلی) چاق
obésité /ɔbezite/ *nf* چاقی (مفرط)، فربهی
objecter /ɔbʒɛkte/ *vt* (1) ۱. ایراد گرفتن، اعتراض کردن، مخالفت کردن، اِشکال تراشیدن ۲. [ایراد و غیره] مطرح کردن، پیش کشیدن
objecteur /ɔbʒɛktœʀ/ *nm*, **objecteur de conscience** (مشمول) معترض جنگ، مخالف جنگ
objectif[1],ive /ɔbʒɛktif,iv/ *adj* ۱. عینی، بیرونی، واقعی ۲. بی‌غرض، بی‌طرف ۳. بی‌طرفانه
objectif[2] /ɔbʒɛktif/ *nm* ۱. هدف، منظور، مراد، مقصود ۲. [نظامی] هدف ۳. عدسی شیئی ۴. دوربین (عکاسی یا فیلمبرداری)
objection /ɔbʒɛksjɔ̃/ *nf* ۱. ایراد، اعتراض، مخالفت ۲. اِشکال، مانع
objectivation /ɔbʒɛktivasjɔ̃/ *nf* عینیت‌بخشی، عینی کردن
objectivement /ɔbʒɛktivmɑ̃/ *adv* ۱. به طور عینی ۲. بی‌طرفانه
objectiver /ɔbʒɛktive/ *vt* (1) عینیت بخشیدن، عینی کردن
objectivisme /ɔbʒɛktivism/ *nm* عینیت‌گرایی، عینی‌گرایی
objectivité /ɔbʒɛktivite/ *nf* ۱. عینیت ۲. بی‌طرفی، بی‌غرضی
objet /ɔbʒɛ/ *nm* ۱. شیء، چیز ۲. موضوع

۳. مقصود، منظور، قصد، هدف ــ [صورت جمع] ۴. وسایل، لوازم

complément d'objet مفعول

objet direct مفعول بی‌واسطه، مفعول صریح

remplir son objet به هدف خود رسیدن، به مقصود رسیدن

objurgation /ɔbʒyʀgasjɔ̃/ *nf* ۱. نکوهش، سرزنش، ملامت ۲. خواهش، تمنا

oblation /ɔblasjɔ̃/ *nf* وقف، نذر

obligation /ɔbligasjɔ̃/ *nf* ۱. اجبار، الزام ۲. لزوم ۳. وظیفه، تکلیف، تعهد ۴. دِین

obligatoire /ɔbligatwaʀ/ *adj* ۱. اجباری، الزامی ۲. لازم، ضروری ۳. [خودمانی] اجتناب‌ناپذیر

obligatoirement /ɔbligatwaʀmɑ̃/ *adv* ۱. اجباراً، الزاماً ۲. حتماً

obligé,e /ɔbliʒe/ *adj, n* ۱. مجبور، ملزم، موظف ۲. واجب، لازم، ضروری ◙ ۳. ممنون، سپاسگزار ۴. مدیون

obligeamment /ɔbliʒamɑ̃/ *adv* از روی محبت، از سر لطف

obligeance /ɔbliʒɑ̃s/ *nf* لطف، محبت

obligeant,e /ɔbliʒɑ̃,t/ *adj* ۱. مهربان، خدمتگزار، مددکار ۲. محبت‌آمیز، ملاطفت‌آمیز

obliger /ɔbliʒe/ *vt* (3) ۱. مجبور کردن، وادار کردن، واداشتن، ملزم کردن، موظف کردن ۲. رهین منت کردن، منت گذاشتن بر، لطف کردن به

oblique /ɔblik/ *adj, nf* ۱. مایل، مورب، اُریب، کج ۲. غیرمستقیم ◙ ۳. خط مایل

obliquement /ɔblikmɑ̃/ *adv* ۱. (به طور) مایل، مورب، کج ۲. (به طور) غیرمستقیم

obliquer /ɔblike/ *vi* (1) اریب رفتن، کج رفتن، منحرف شدن

obliquité /ɔblikɥite/ *nf* [اشعه، نگاه، ...] مِیل، مایل بودن

oblitération /ɔbliteʀasjɔ̃/ *nf* ۱. [پزشکی] انسداد، بسته شدن ۲. [تمبر] اِبطال، باطل کردن

oblitérer /ɔbliteʀe/ *vt* (1) ۱. [پزشکی] بستن، مسدود کردن ۲. [قدیمی] محو کردن

oblitérer un timbre تمبری را باطل کردن

oblong,ue /ɔblɔ̃,g/ *adj* کشیده، دراز

visage oblong صورت کشیده

obnubiler /ɔbnybile/ *vt* (1) [ذهن، فکر، ...] مشوش کردن، به خود مشغول کردن

obole /ɔbɔl/ *nf* ۱. سهم ناچیز، تحفهٔ ناچیز ۲. پشیز

obscène /ɔpsɛn/ *adj* جِلف، مبتذل، رکیک، زننده، هرزه

obscénité /ɔpsenite/ *nf* ۱. جلفی، ابتذال، هرزگی ۲. حرف رکیک ۳. عمل وقیحانه، کار زننده

obscur,e /ɔpskyʀ/ *adj* ۱. تاریک ۲. تیره ۳. مبهم، گنگ، پیچیده، نامفهوم ۴. گمنام، ناشناس ۵. مشکوک

obscurantisme /ɔpskyʀɑ̃tism/ *nm* تاریک‌اندیشی

obscurantiste /ɔpskyʀɑ̃tist/ *n, adj* ۱. تاریک‌اندیش ◙ ۲. تاریک‌اندیشانه

obscurcir /ɔpskyʀsiʀ/ *vt* (1) ۱. تاریک کردن ۲. تیره کردن ۳. پوشاندن، جلوی دید را گرفتن، تار کردن ۴. مبهم کردن، پیچیده کردن، گنگ کردن

s'obscurcir *vp* ۱. تاریک شدن ۲. تیره شدن ۳. مبهم شدن، پیچیده شدن

obscurcissement /ɔpskyʀsismɑ̃/ *nm* ۱. تاریک کردن، تاریک شدن، تاریکی ۲. مبهم کردن، پیچیده‌کردن

obscurément /ɔpskyʀemɑ̃/ *adv* ۱. (به طور) مبهم ۲. در گمنامی، گمنام، ناشناخته

obscurité /ɔpskyʀite/ *nf* ۱. تاریکی ۲. ابهام، پیچیدگی، گنگی ۳. عبارت مبهم، نقطهٔ تاریک ۴. گمنامی

obsécration /ɔpsekʀasjɔ̃/ *nf* استغاثه

obsédant,e /ɔpsedɑ̃,t/ *adj* عذاب‌آور، آزاردهنده

obsédé,e /ɔpsede/ *n* آدم وسواسی

obsédé sexuel بیمار جنسی

obséder /ɔpsede/ *vt* (6) ۱. عذاب دادن، آزار دادن، کلافه کردن، به ستوه آوردن ۲. فکر (کسی را) مشغول کردن، در فکر فرو بردن

obsèques /ɔpsɛk/ *nf. pl* [رسمی] مراسم تدفین، خاک‌سپاری، (مراسم) تشییع

obséquieusement /ɔpsekjøzmɑ̃/ *adv* ۱. چاپلوسانه، از روی تملق ۲. بنده‌وار

obséquieux,euse /ɔpsekjø,øz/ *adj* ۱. چاپلوس، متملق ۲. نوکرصفت ۳. چاپلوسانه، تملق‌آمیز

obséquiosité /ɔpsekjozite/ *nf* ۱. چاپلوسی، تملق ۲. نوکرصفتی

observable /ɔpsɛʀvabl/ *adj* قابل مشاهده، قابل رؤیت

observance /ɔpsɛʀvɑ̃s/ *nf* ۱. رعایت، پیروی ۲. آداب، آیین

observateur,trice /ɔpsɛʀvatœʀ,tʀis/ *n, adj* ۱. ناظر، شاهد ۲. نظاره‌گر، مشاهده‌گر ۳. دیده‌بان

observation /ɔpsɛʀvasjɔ̃/ *nf* ۱. رعایت، مراعات، پیروی، تبعیت ۲. مشاهده ۳. بررسی، مطالعه ۴. اظهارنظر، نظر ۵. تذکر، گوشزد ۶. سرزنش، ملامت ۷. مراقبت ۸. دیده‌بانی ۹. رصد

mettre en observation تحت مراقبت قرار دادن، مراقبت کردن از

observatoire /ɔpsɛʀvatwaʀ/ *nm* ۱. رصدخانه ۲. پست دیده‌بانی

observer /ɔpsɛʀve/ *vt* (1) ۱. رعایت کردن، مراعات کردن، پیروی کردن از، عمل کردن به، تبعیت کردن از ۲. مشاهده کردن ۳. بررسی کردن، مطالعه کردن ۴. زیر نظر گرفتن، پاییدن ۵. رصد کردن

faire observer qqch à qqn چیزی را به کسی خاطرنشان کردن، توجه کسی را به چیزی جلب کردن

observer les règles du jeu مقررات‌بازی را رعایت کردن

s'observer *vp* ۱. خود را بررسی کردن، به خود پرداختن ۲. مشاهده شدن ۳. یکدیگر را زیر نظر گرفتن

obsession /ɔpsesjɔ̃/ *nf* ۱. اشتغال ذهن، دل‌مشغولی ۲. مشغلهٔ ذهنی، فکر و خیال ۳. [روان‌شناسی] وسواس فکری

obsidienne /ɔpsidijɛn/ *nf* شیشهٔ آذرین، شیشهٔ آتشفشانی، اُبسیدین

obstacle /ɔpstakl/ *nm* ۱. مانع ۲. اِشکال، مشکل، دردسر

faire obstacle جلوگیری کردن، جلوی (چیزی را) گرفتن، مانع (چیزی) شدن

obstétrical,e,aux /ɔpstetʀikal,o/ *adj* (مربوط به) مامایی

obstétricien,enne /ɔpstetʀisjɛ̃,ɛn/ *n* ماما

obstétrique /ɔpstetʀik/ *nf, adj* مامایی

obstination /ɔpstinasjɔ̃/ *nf* ۱. سماجت، سرسختی، اصرار ۲. لجاجت، یکدندگی، خیره‌سری

obstiné,e /ɔpstine/ *n, adj* ۱. مصُر، سرسخت، سمج ۲. لجوج، لجباز، یکدنده، خیره‌سر ◘ ۳. سرسختانه، پیگیر ۴. لجوجانه

obstinément /ɔpstinemɑ̃/ *adv* ۱. مُصرانه، سرسختانه، با سماجت ۲. لجوجانه، با یکدندگی

obstiner (s') /sɔpstine/ *vp* (1) ۱. پافشاری کردن، مُصر بودن، اصرار ورزیدن، سماجت به خرج دادن ۲. لجاجت کردن

obstruction /ɔpstʀyksjɔ̃/ *nf* ۱. انسداد، گرفتگی ۲. مانع‌تراشی، کارشکنی ۳. [مجلس] از اکثریت انداختن، دفع‌الوقت، اُبستروکسیون

obstruer /ɔpstʀye/ *vt* (1) بستن، مسدود کردن، سد کردن، بند آوردن

obtempérer /ɔptɑ̃peʀe/ *vt* (6) [اداری، حقوقی] اطاعت کردن، پیروی کردن، تبعیت کردن

obtenir /ɔptəniʀ/ *vt* (22) ۱. گرفتن
۲. به دست آوردن، دست یافتن به، کسب کردن ۳. خبر پیدا کردن، اطلاع یافتن، دریافتن

s'obtenir *vp* به دست آمدن

obtention /ɔptɑ̃sjɔ̃/ *nf* ۱. دریافت، اخذ
۲. دستیابی

obturation /ɔptyʀasjɔ̃/ *nf*
۱. [مجرا، سوراخ، ...] انسداد، گرفتن ۲. [دندان] پر کردن، پرشدگی

obturer /ɔptyʀe/ *vt* (1)
[مجرا، سوراخ، ...] بستن، گرفتن، مسدود کردن

obturer la cavité d'une dent carriée
حفرهٔ یک دندان کرم‌خورده را پر کردن

obtus,e /ɔpty,z/ *adj* کندذهن

angle obtus زاویهٔ باز، زاویه منفرجه

obus /ɔby/ *nm* خمپاره، (گلولهٔ) توپ

obusier /ɔbyzje/ *nm* خمپاره‌انداز

obvier /ɔbvje/ *vt* (7) [ادبی] چاره کردن،
جلوگیری کردن

occasion /ɔkazjɔ̃/ *nf* ۱. فرصت، مجال
۲. موقعیت ۳. موجب، علت، دلیل ۴. جنس دست دوم

à l'occasion سر فرصت، اگر فرصت شد

à l'occasion de به مناسبتِ

d'occasion ۱. اتفاقی، تصادفی ۲. دست دوم

occasionnel,elle /ɔkazjɔnɛl/ *adj* اتفاقی، تصادفی

occasionnellement /ɔkazjɔnɛlmɑ̃/ *adv*
به طور اتفاقی، به طور تصادفی

occasionner /ɔkazjɔne/ *vt* (1) موجب شدن،
سبب شدن، به بار آوردن

occident¹ /ɔksidɑ̃/ *nm* غرب، باختر

Occident² /ɔksidɑ̃/ *nm* غرب، باخترزمین

occidental,e,aux /ɔksidɑ̃tal,o/ *adj, n*
غربی

occidentalisation /ɔksidɑ̃talizasjɔ̃/ *nf*
(عمل) غربی کردن

occidentaliser /ɔksidɑ̃talize/ *vt* (1)
غربی کردن

occipital¹,e,aux /ɔksipital,o/ *adj* پس‌سری

occipital² /ɔksipital/ *nm* استخوان پس‌سری

occiput /ɔksipyt/ *nm* پشت سر، پس‌سر

occire /ɔksiʀ/ *vt* [قدیمی، طنزآمیز] کشتن،
به قتل رساندن

occlusif,ive /ɔklyzif,iv/ *adj* [آواشناسی]
انسدادی، بَندشی

occlusion /ɔklyzjɔ̃/ *nf* انسداد، گرفتگی

occlusive /ɔklyziv/ *nf* [آواشناسی] صامت
انسدادی، همخوان بَندشی

occultation /ɔkyltasjɔ̃/ *nf* [ستاره‌شناسی، ادبی]
اختفا، پنهان کردن

occulte /ɔkylt/ *adj* ۱. نهان، مخفی
۲. اسرارآمیز، سرّی ۳. غیبی

occulter /ɔkylte/ *vt* (1) [ستاره‌شناسی، ادبی]
پنهان کردن، مخفی کردن

occultisme /ɔkyltism/ *nm* علم غیب،
نیروهای غیبی

occupant,e /ɔkypɑ̃,t/ *adj, n* ۱. اشغال‌کننده،
متصرف ۲. اشغالگر

occupation /ɔkypasjɔ̃/ *nf* ۱. تصرف،
اشغال ۲. سرگرمی، مشغولیت ۳. کار، شغل، حرفه

occupé,e /ɔkype/ *adj* ۱. اشغال‌شده، اشغالی،
گرفته(شده) ۲. مشغول، سرگرم، پرمشغله، گرفتار
۳. [تلفن] اشغال

occuper /ɔkype/ *vt* (1) ۱. اشغال کردن،
تصرف کردن، گرفتن ۲. سکونت داشتن ۳. صرف
(کاری) کردن، پرداختن، گذراندن ۴. مشغول کردن،
سرگرم کردن ۵. به کار گماشتن ۶. در تصدی داشتن

s'occuper *vp* ۱. مشغول شدن، سرگرم (کاری)
شدن، پرداختن ۲. خود را سرگرم کردن، سرگرم شدن ۳.
رسیدگی کردن، رسیدن

occurrence /ɔkyʀɑ̃s/ *nf* ۱. [ادبی] موقعیت،
وضعیت، مورد ۲. [زبان‌شناسی] وقوع

en l'occurrence در این مورد

océan /ɔseã/ *nm*	اقیانوس
océanien,enne[1] /ɔseanjɛ̃,ɛn/ *adj*	(مربوط به) اقیانوسیه
Océanien,enne[2] /ɔseanjɛ̃,ɛn/ *n*	اهل اقیانوسیه
océanique /ɔseanik/ *adj*	اقیانوسی، (مربوط به) اقیانوس
océanographe /ɔseanɔgʀaf/ *n*	اقیانوس‌شناس
océanographie /ɔseanɔgʀafi/ *nf*	اقیانوس‌شناسی
océanographique /ɔseanɔgʀafik/ *adj*	اقیانوس‌شناختی، (مربوط به) اقیانوس‌شناسی
océanologie /ɔseanɔlɔʒi/ *nf*	علم اقیانوس‌شناسی
ocelle /ɔsɛl/ *nf*	۱. [در بندپایان] چشم ۲. خال چشمی (= لکهٔ چشم‌مانند روی پر و بال برخی حشرات و پرندگان)
ocelot /ɔslo/ *nm*	گربهٔ وحشی
ocre /ɔkʀ/ *nf*	۱. گِل اُخرا، اُخرا ۲. اُخرایی، زرد مایل به سرخ
ocreux,euse /ɔkʀø,øz/ *adj*	اُخرایی، زرد مایل به سرخ
octaèdre /ɔktaɛdʀ/ *nm, adj*	هشت‌وجهی
octaédrique /ɔktaedʀik/ *adj*	هشت‌وجهی
octave /ɔktav/ *nf*	۱. [اعیاد مسیحی] هشتمین روز، دورهٔ هشت‌روزهٔ عید، هشته، هشتگان ۲. [موسیقی] اُکتاو
octobre /ɔktɔbʀ/ *nm*	اُکتبر (= دهمین ماه سال میلادی)
octogénaire /ɔktɔʒenɛʀ/ *adj, n*	هشتادساله
octogonal,e,aux /ɔktɔgɔnal,o/ *adj*	هشت‌ضلعی، هشت‌گوش
octogone /ɔɔtɔgɔn/ *nm, adj*	هشت‌ضلعی، هشت‌گوش
octopode /ɔktɔpɔd/ *nm, adj*	هشت‌پا، اختاپوس
octostyle /ɔktɔstil/ *adj*	[معماری] هشت‌ستونی
octosyllabe /ɔktɔsilab/ *adj*	هشت‌هجایی
octroi /ɔktʀwa/ *nm*	۱. اعطا، واگذاری ۲. [در قدیم] عوارض ۳. [در قدیم؛ شهرداری] عوارض ورود کالا(ی مصرفی)، دفتر دریافت عوارض ورود کالا
octroyer /ɔktʀwaje/ *vt* (8)	[ادبی] اعطا کردن، واگذار کردن
s'octroyer *vp*	به خود دادن، برای خود قائل شدن
oculaire /ɔkylɛʀ/ *adj, nm*	۱. چشمی، (مربوط به) چشم ۲. عدسی چشمی
témoin oculaire	شاهد عینی
troubles oculaires	اختلالات بینایی
oculiste /ɔkylist/ *n*	چشم‌پزشک
odalisque /ɔdalisk/ *nf*	کنیز (حرمسرا)
ode /ɔd/ *nf*	قصیده، چکامه
odeur /ɔdœʀ/ *nf*	بو
odieusement /ɔdjøzmã/ *adv*	۱. به طرز نفرت‌انگیزی ۲. به طرز هولناکی، به نحو فجیعی ۳. به طور تحمل‌ناپذیری
odieux,euse /ɔdjø,øz/ *adj*	۱. نفرت‌انگیز ۲. هولناک، فجیع ۳. غیرقابل تحمل، تحمل‌ناپذیر
odontologie /ɔdɔ̃tɔlɔʒi/ *nf*	دندان‌شناسی
odorant,e /ɔdɔʀã,t/ *adj*	۱. خوشبو، معطر، عطرآگین ۲. بودار
odorat /ɔdɔʀa/ *nm*	بویایی، شامه
odoriférant,e /ɔdɔʀifeʀã,t/ *adj*	خوشبو، معطر، عطرآگین
odyssée /ɔdise/ *nf*	سفر پرماجرا
œcuménique /ekymenik/ *adj*	[کلیسا و غیره] جهانی
œdémateux,euse /edematø,øz/ *adj*	[پزشکی] خیزدار

---

a = bas, plat   e = blé, jouer   ɛ = lait, jouet, merci   i = il, lyre   o = mot, dôme, eau, gauche   ɔ = mort
u = roue   y = rue   ø = peu   œ = peur   ə = le, premier   ã = sans, vent   ɛ̃ = matin, plein, lundi
ɔ̃ = bon, ombre   ʃ = chat, tache   ʒ = je, gilet   j = yeux, paille, pied   w = oui, nouer   ɥ = huile, lui

œdème /edɛm/ *nm* [پزشکی] خیز

œil,yeux /œj,jø/ *nm* ۱. چشم ۲. نگاه ۳. نظر، دید، بینش، نگرش ۴. [سوزن، چکش، ...] سوراخ ۵. [سیب‌زمینی] چشم

à l'œil [خودمانی] مجانی، مفتکی

à l'œil nu با چشم (غیرمسلح)

avoir l'œil مراقب بودن

avoir l'œil sur qqn/avoir qqn à l'œil کسی را زیر نظر گرفتن، زیر نظر داشتن

coup d'œil نگاه گذرا، (یک) نگاه، (یک) نظر

entre quatre yeux بین دو نفر، در خلوت

faire de l'œil à qqn به کسی چشمک زدن

fermer les yeux de qqn (پس از مرگ) چشم‌های (کسی را) بستن

fermer les yeux sur چشم‌های خود را هم گذاشتن، ندید گرفتن، ترتیب اثر ندادن

mauvais œil چشمِ بد، چشم شور

Mon œil! [خودمانی] ای چاخان! خودتی!

ouvrir l'œil چشم و گوش خود را باز کردن، مراقب بودن

sauter aux yeux مثل روز روشن بودن، پرواضح بودن

œil-de-bœuf /œjdəbœf/ *nm* [معماری] پنجرهٔ گرد، پنجرهٔ بیضی

œillade /œjad/ *nm* چشمک

œillère /œjɛʀ/ *nf* ۱. چشم‌شویه (= ظرف شستشوی چشم) ۲. [اسب] چشم‌بند

œillet /œjɛ/ *nm* ۱. (گل) میخک ۲. [لباس، کفش، ...] سوراخ منگنه

œillette /œjɛt/ *nf* ۱. [گیاه] خشخاش ۲. روغن خشخاش

œnologie /enɔlɔʒi/ *nf* شراب‌سازی

œnologique /enɔlɔʒik/ *adj* (مربوط به) شراب‌سازی

œsophage /ezɔfaʒ/ *nm* [دستگاه گوارش] مِری

œsophagien,enne /ezɔfaʒjɛ̃,ɛn/ *adj* → œsophagique

œsophagique /ezɔfaʒik/ *adj* (مربوط به) مری

œuf,œufs /œf,ø/ *nm* ۱. تخم‌مرغ ۲. [ماهی، مار، ...] تخم ۳. [زیست‌شناسی] تخمک

œuf à la coque تخم‌مرغ نیم‌بند، تخم‌مرغ عسلی

œuf sur le plat/œuf au plat نیمرو

Quel œuf! [خودمانی] عجب کله‌پوکیه! چه خره؟

œuvre[1] /œvʀ/ *nf* ۱. اثر ۲. کار، عمل ۳. [معماری] سازه، بنا

mettre en œuvre ۱. به کار بردن، به کار گرفتن ۲. اجرا کردن

œuvre[2] /œvʀ/ *nm* اثر، اثر هنری، اثر ادبی

le grand œuvre کیمیاگری، تبدیل فلزات به طلا

le gros œuvre [ساختمان] سفت‌کاری

œuvrer /œvʀe/ *vi* (1) [ادبی] کار کردن

offensant,e /ɔfɑ̃sɑ̃,t/ *adj* ۱. زننده، زشت، بد ۲. توهین‌آمیز، اهانت‌آمیز، موهن

offense /ɔfɑ̃s/ *nf* توهین، اهانت، بی‌حرمتی

offenser /ɔfɑ̃se/ *vt* (1) ۱. توهین کردن، اهانت کردن، بی‌حرمتی کردن ۲. [قاعدهٔ اخلاقی و غیره] زیر پا گذاشتن، نقض کردن ۳. [ادبی] آزردن، آزار دادن، ناراحت کردن

s'offenser *vp* رنجیدن، ناراحت شدن

offenseur /ɔfɑ̃sœʀ/ *nm* توهین‌کننده، هتّاک

offensif,ive[1] /ɔfɑ̃sif,iv/ *adj* ۱. تهاجمی ۲. ناگهانی، غافلگیرانه

le retour offensif d'une épidémie بازگشت ناگهانی یک بیماری همه‌گیر

offensive[2] /ɔfɑ̃siv/ *nf* هجوم، حمله، یورش

office[1] /ɔfis/ *nm* ۱. کار، نقش ۲. شغل، منصب ۳. اداره ۴. دفتر ۵. [مسیحیت] ادعیه، دعا، مراسم (مذهبی)

avocat d'office وکیل تسخیری

bons offices ۱. خدمات، کمک‌ها ۲. میانجیگری

Monsieur bons offices سفیر حسن نیت

office[2] /ɔfis/ *nm, nf* انباری (آشپزخانه)

officialisation /ɔfisjalizasjɔ̃/ *nf* (عمل) رسمی کردن

597 oiselle

officialiser /ɔfisjalize/ *vt* (1) رسمی کردن

officiant,e /ɔfisjɑ̃,t/ *n, adj* [مسیحیت] برپاکنندهٔ مراسم (مذهبی)، کشیش برگزارکنندهٔ مراسم

officiel,elle /ɔfisjɛl/ *adj* ۱. رسمی ۲. اداری، دولتی

officiellement /ɔfisjɛlmɑ̃/ *adv* رسماً، به طور رسمی

officier[1] /ɔfisje/ *vi* (7) مراسم مذهبی را برپا کردن، دعا خواندن

officier[2] /ɔfisje/ *nm* ۱. افسر ۲. صاحب‌منصب، کارمند عالی‌رتبه، مقام ۳. مأمور

officier de l'état civil مأمور ثبت احوال

officieusement /ɔfisjøzmɑ̃/ *adv* به طور غیررسمی

officieux,euse /ɔfisjø,øz/ *adj* غیررسمی، تأییدنشده

officinal,e,aux /ɔfisinal,o/ *adj* دارویی

officine /ɔfisin/ *nf* ۱. آزمایشگاه داروخانه ۲. [شایعه‌سازی، توطئه، ...] کانون، مرکز

offrande /ɔfʀɑ̃d/ *nf* ۱. نذر، نذر و نیاز ۲. هدیه، پیشکش، تحفه

offrant /ɔfʀɑ̃/ *nm,* **au plus offrant** به بالاترین قیمت، به کسی که بالاترین قیمت را پیشنهاد کند

offre /ɔfʀ/ *nf* ۱. اهدا، تقدیم، پیشکش ۲. هدیه، تحفه ۳. پیشنهاد ۴. [اقتصاد] عرضه

offrir /ɔfʀiʀ/ *vt* (18) ۱. هدیه دادن، پیشکش کردن، تقدیم کردن ۲. پیشنهاد کردن ۳. عرضه کردن، دادن ۴. دربر داشتن، داشتن

ofrrir des avantages مزایایی داشتن

s'offrir *vp* ۱. به خود دادن ۲. عرضه شدن ۳. خود را در معرض (چیزی) قرار دادن

offset /ɔfsɛt/ *nm. inv* [چاپ] افست

offusquer /ɔfyske/ *vt* (1) مخالف میل (کسی) بودن، رنجاندن، ناراحت کردن، تو ذوق (کسی) زدن

s'offusquer *vp* رنجیدن، ناراحت شدن

ogive /ɔʒiv/ *nf* ۱. [معماری] قوس چهارخم، قوس جناغی ۲. [موشک و غیره] کلاهک

ogre,ogresse /ɔgʀ,ɔgʀɛs/ *n* غول، دیو

oh! /o/ *interj, nm. inv* اوه! آه! بَه!

ohé! /ɔe/ *interj* آهای! هِی!

ohm /om/ *nm* اُهم (= واحد مقاومت الکتریکی)

ohmmètre /ommɛtʀ/ *nm* اُهم‌سنج، اُهم‌متر

oie /wa/ *nf* ۱. غاز ۲. (آدم) احمق، نفهم، نادان، خر

oie blanche دختر چشم و گوش‌بسته

oignon /ɔɲɔ̃/ *nm* ۱. پیاز ۲. پیاز (گُل) ۳. [پزشکی] برآمدگی کیسهٔ زلالی

Ce n'est pas mes oignons. به من مربوط نیست. به من چه!

en rang d'oignons در یک ردیف، قطار

oindre /wɛ̃dʀ/ *vt* (49) ۱. تدهین کردن، (با روغن) مسح کردن ۲. [قدیمی] چرب کردن، روغن مالیدن

oint,e /wɛ̃,t/ *adj, part. passé* ۱. روغن‌مالی‌شده، چرب ۲. تدهین‌شده ▣ ۳. [اسم مفعول فعلِ oindre]

oiseau /wazo/ *nm* ۱. پرنده ۲. [خودمانی، تحقیرآمیز] یارو، آدم

à vol d'oiseau [فاصله، مسیر] مستقیم، یک‌راست

être comme l'oiseau sur la branche پادرهوا بودن، بلاتکلیف بودن

oiseau-mouche /wazomuʃ/ *nm* مرغ مگس

oiseler /wazle/ *vi, vt* (4) ۱. [برای شکار پرندگان] دام گستردن، دام پهن کردن ▣ ۲. [پرندگان شکاری] برای شکار تربیت کردن

oiselet /wazlɛ/ *nm* پرندهٔ کوچک، مرغک

oiseleur /wazlœʀ/ *nm* شکارچی پرنده

oiselier,ère /wazəlje,ɛʀ/ *n* پرنده‌فروش

oiselle /wazɛl/ *nf* [خودمانی] دختر نادان

a = bas, plat e = blé, jouer ɛ = lait, jouet, merci i = il, lyre o = mot, dôme, eau, gauche ɔ = mort
u = roue y = rue ø = peu œ = peur ə = le, premier ɑ̃ = sans, vent ɛ̃ = matin, plein, lundi
ɔ̃ = bon, ombre ʃ = chat, tache ʒ = je, gilet j = yeux, paille, pied w = oui, nouer ɥ = huile, lui

oisellerie /wazlɛʀi/ *nf* پرنده‌فروشی

oiseux,euse /wazø,øz/ *adj* بی‌فایده، بیهوده، پوچ، بی‌سر و ته

oisif,ive /wazif,iv/ *adj, n* ۱. بیکار ◙ ۲. بیکاره، عاطل و باطل

oisillon /wazijɔ̃/ *nm* جوجه

oisivement /wazivmɑ̃/ *adv* عاطل و باطل، به بیکاری، به بطالت

oisiveté /wazivte/ *nf* بیکاری، بطالت، وقت‌گذرانی

oison /wazɔ̃/ *nm* ۱. جوجه غاز ۲. [قدیمی] آدم ساده‌لوح

O.K. /okɛ/ *adv. adj. inv* ۱. [خودمانی] باشه، خُب ◙ ۲. خوب، روبراه

À demain? - O.K. تا فردا؟ ـ باشه. فردا می‌آیی؟ ـ آره.

Tout est O.K. [خودمانی] همه چی روبراهه.

oléagineux[1],euse /ɔleaʒinø,øz/ *adj* روغنی، روغن‌دار، چرب

oléagineux[2] /ɔleaʒinø/ *nm* گیاه روغنی

oléiculteur,trice /ɔleikytœʀ,tʀis/ *n* زیتون‌کار

oléiculture /ɔleikyltyʀ/ *nf* کشت زیتون، زیتون‌کاری

oléifère /ɔleifɛʀ/ *adj* روغن‌دار، روغنی

oléoduc /ɔleɔdyk/ *nm* لولهٔ نفت

olfactif,ive /ɔlfaktif,iv/ *adj* (مربوط به) بویایی

olifant /ɔlifɑ̃/ *nm* بوق (عاجی)

oligarchie /ɔligaʀʃi/ *nf* اولیگارشی، جَرگه‌سالاری

oligarchique /ɔligaʀʃik/ *adj* (مربوط به) اولیگارشی، جرگه‌سالاری

oligo-élément /ɔligɔelemɑ̃/ *adj* عنصر کمینه (= عنصر شیمیایی که مقدار کمی از آن برای رشد موجودات زنده لازم است، مثل آهن.)

oliphant /ɔlifɑ̃/ *nm* → olifant

olivaie /ɔlivɛ/ *nf* → oliveraie

olivaison /ɔlivɛzɔ̃/ *nf* ۱. برداشت زیتون، زیتون‌چینی ۲. فصل زیتون‌چینی

olivâtre /ɔlivatʀ/ *adj* ۱. مایل به زیتونی ۲. [رنگ پوست] زرد تیره

olive /ɔliv/ *nf, adj. inv* ۱. زیتون ۲. [برق] کلید (بیضی‌شکل) ۳. [معماری] ابزار مرواریدی ◙ ۴. سبز زیتونی، زیتونی، ماشی

oliveraie /ɔlivʀɛ/ *nf* باغ زیتون

olivette /ɔlivɛt/ *nf* (زمین) زیتون‌کاری

olivier /ɔlivje/ *nm* ۱. درخت زیتون ۲. چوب زیتون

olympiade /ɔlɛ̃pjad/ *nf* المپیاد، بازی‌های المپیک

olympien,enne /ɔlɛ̃pjɛ̃,ɛn/ *adj* ۱. [اسطوره‌شناسی] (مربوط به) اُلمپ ۲. بـاابـهت، شکوهمندانه

olympique /ɔlɛ̃pik/ *adj* ۱. المپیک ۲. مطابق مقررات بازی‌های المپیک

ombelle /ɔ̃bɛl/ *nf* [گیاه‌شناسی] چتر، گل‌آذین چتری

ombellifère /ɔ̃belifɛʀ/ *nf* [گیاه‌شناسی] چتری

ombelliforme /ɔ̃belifɔʀm/ *adj* چتری‌شکل، چتری

ombilic /ɔ̃bilik/ *nm* ۱. ناف ۲. [ادبی] مرکز

ombilical,e,aux /ɔ̃bilikal,o/ *adj* (مربوط به) ناف

ombrage /ɔ̃bʀaʒ/ *nm* سایهٔ (درخت)

porter/faire ombrage تحت‌الشعاع قرار دادن، مایهٔ رشک (کسی) شدن

prendre ombrage رشک بردن، ناراحت شدن، بر (کسی) گران آمدن

ombrager /ɔ̃bʀaʒe/ *vt* (3) [درخت] سایه انداختن روی، سایه کردن

ombrageux,euse /ɔ̃bʀaʒø,øz/ *adj* حساس، زودرنج

ombre /ɔ̃bʀ/ *nf* ۱. سایه ۲. تاریکی ۳. روح، شبح

mettre à l'ombre [خودمانی] تو هلفدونی انداختن، زندانی کردن
ombre à paupières [لوازم آرایش] سایه چشم، سایه
ombres chinoises سایه‌بازی
vivre/rester dans l'ombre در گمنامی به سر بردن
ombrelle /ɔ̃bRɛl/ *nf* چتر (زنانه)
ombrer /ɔ̃bRe/ *vt* (1) [نقاشی] سایه زدن
ombreux,euse /ɔ̃bRø,øz/ *adj* ۱. [ادبی] سایه‌دار، سایه‌گستر ۲. تاریک
omelette /ɔmlɛt/ *nf* اُملت
omettre /ɔmɛtR/ *vt* (56) ۱. از قلم انداختن، فراموش کردن ۲. غفلت کردن، اهمال کردن، کوتاهی کردن
n'omettre aucun détail هیچ یک از جزئیات را فراموش نکردن، چیزی را از قلم نینداختن
omis,e /ɔmi,z/ *part. passé* [اسم مفعول فعلِ omettre]
omission /ɔmisjɔ̃/ *nf* ۱. ازقلم‌افتادگی ۲. حذف ۳. غفلت، اهمال، قصور
omnibus /ɔmnibys/ *nm, adj,*
(train) omnibus قطار محلی (= قطاری که در همهٔ ایستگاه‌ها توقف می‌کند.)
omnicolore /ɔmnikɔlɔR/ *adj* همه‌رنگ
omnipotence /ɔmnipɔtɑ̃s/ *nf* قدرت مطلق
omnipotent,e /ɔmnipɔtɑ̃,t/ *adj* قادر مطلق، قدرقدرت، مقتدر
omnipraticien,enne /ɔmnipRatisjɛ̃,ɛn/ *n* [اداری] پزشک عمومی
omniprésence /ɔmnipRezɑ̃s/ *nf* [ادبی] حضور فراگیر، همه جا بودن
omniprésent,e /ɔmnipRezɑ̃,t/ *adj* [ادبی] همه‌جاحاضر
omniscience /ɔmnisjɑ̃s/ *nf* [ادبی] همه‌آگاهی، علم مطلق
omniscient,e /ɔmnisjɑ̃,t/ *adj* [ادبی] همه‌آگاه، دانای کل، عالِم مطلق
omnium /ɔmnijɔm/ *nm* [اقتصاد] شرکت همه‌کاره، شرکت فراگیر (= شرکتی که در همهٔ زمینه‌های یک رشته فعالیت دارد.)
omnivore /ɔmnivɔR/ *adj* همه‌چیزخوار
omoplate /ɔmɔplat/ *nf* ۱. استخوان کتف ۲. شانه
on /ɔ̃/ *pron. indéf* ۱. آدم ۲. کسی، یک نفر ۳. آنها، مردم، همه ۴. تو، شما ۵. من، ما
on dit que می‌گویند که...
On ne meurt qu'une fois. آدم فقط یک بار می‌میرد.
onagre[1] /ɔnagR/ *nm* ۱. گورخر، خر وحشی ۲. منجنیق
onagre[2] /ɔnagR/ *nf* گل مغربی، علفِ خر
once /ɔ̃s/ *nf* اونس (= واحد وزن برابر با ۲۸/۳۵ گرم)
une once de یک ذره، یک خرده، یک ریزه، یک جو
oncle /ɔ̃kl/ *nm* ۱. عمو ۲. دایی ۳. شوهرعمه ۴. شوهرخاله
oncologie /ɔ̃kɔlɔʒi/ *nf* تومورشناسی
onction /ɔ̃ksjɔ̃/ *nf* ۱. مالیدن روغن مقدس، تدهین، مراسم تدهین ۲. [پزشکی] چرب کردن، پماد مالیدن ۳. ملایمت
onctueusement /ɔ̃ktɥøzmɑ̃/ *adv* با ملایمت
onctueux,euse /ɔ̃ktɥø,øz/ *adj* ۱. چرب و نرم ۲. ملایم، لطیف
onctuosité /ɔ̃ktɥozite/ *nf* چرب و نرمی
onde /ɔ̃d/ *nf* ۱. [ادبی، فیزیک] موج ۲. طغیان، غلیان ـ [صورت جمع] ۳. امواج رادیویی ۴. [مجازی] رادیو
ondée /ɔ̃de/ *nf* رگبار

ondine /õdin/ *n* [در اساطیر اروپای شمالی] پری آب‌ها

on-dit /õdi/ *nm. inv* شایعه

ondoiement /õdwamɑ̃/ *nm* ۱. پیچ و تاب، تموج ۲. اهتزاز ۳. [آیین کاتولیک] غسل تعمید موقت

ondoyant,e /õdwajɑ̃,t/ *adj* ۱. مواج، موج‌دار ۲. در اهتزاز ۳. ناپایدار، متغیر، بُلهوس

ondoyer /õdwaje/ *vi, vt* (8) ۱. پیچ و تاب خوردن، موج زدن ۲. در اهتزاز بودن ◻ ۳. [آیین کاتولیک] غسل تعمید موقت دادن

ondulant,e /õdylɑ̃,t/ *adj* ۱. مواج، موج‌دار ۲. متغیر

ondulation /õdylasjõ/ *nf* ۱. تموج، حرکت موجی ۲. ناهمواری، پستی و بلندی ۳. پیچ و خم ۴. فِر، فِر زدن

ondulatoire /õdylatwaʀ/ *adj* ۱. موجی، موجی‌شکل ۲. (مربوط به) امواج

ondulé,e /õdyle/ *adj* ۱. موج‌دار ۲. مجعد، فِری، فِردار

onduler /õdyle/ *vi, vt* (1) ۱. پیچ و تاب خوردن، موج زدن ۲. فِر خوردن، تاب برداشتن ◻ ۳. فِر زدن

onduleux,euse /õdylø,øz/ *adj* ۱. مواج، موج‌دار ۲. ناهموار ۳. پرپیچ و خم، کج و معوج

onéreux,euse /ɔneʀø,øz/ *adj* پرهزینه، پرخرج

à titre onéruex [حقوقی] مستلزم هزینه

ongle /õgl/ *nm* ۱. ناخن ۲. [برخی جانوران] چنگ، چنگال

jusqu'au bout des ongles ۱. تمام‌عیار، به‌تمام‌معنی، همه‌چیز تمام ۲. تمام و کمال

se faire les ongles ناخن‌های خود را گرفتن

onglée /õgle/ *nf* سرمازدگی انگشت‌ها، کرخی انگشت (از سرما)

onguent /õgɑ̃/ *nm* مرهم، پماد

ongulé,e /õgyle/ *adj* سُم‌دار

ongulés /õgyle/ *nm. pl* سُم‌داران

onirique /ɔniʀik/ *adj* ۱. رؤیامانند، رؤیاگونه ۲. [ادبی] رؤیایی، خیال‌انگیز

onirologie /ɔniʀɔlɔʒi/ *nf* [روان‌شناسی] رؤیاشناسی

oniromancie /ɔniʀɔmɑ̃si/ *nf* تعبیر خواب، خواب‌گزاری

onomastique /ɔnɔmastik/ *nf, adj* ۱. مطالعهٔ اسامی خاص، نامگان‌شناسی ◻ ۲. (مربوط به) اسامی خاص، نامگانی، نامگان‌شناختی

onomatopée /ɔnɔmatɔpe/ *nf* [زبان‌شناسی] نام‌آوا

onomatopéique /ɔnɔmatɔpeik/ *adj* [زبان‌شناسی] نام‌آوایی، (مربوط به) نام‌آوا

ontologie /õtɔlɔʒi/ *nf* [فلسفه] هستی‌شناسی

ontologique /õtɔlɔʒik/ *adj* هستی‌شناختی، (مربوط به) هستی‌شناسی، هستی‌شناسانه

ontologisme /õtɔlɔʒism/ *nm* [فلسفه] هستی‌گرایی، هستی‌باوری

onyx /ɔniks/ *nm* سنگ باباغوری، سنگ سلیمانی

onze /õz/ *adj. num. inv, nm* ۱. یازده ۲. یازدهم ◻ ۳. عدد یازده، شمارهٔ یازده، یازده ۴. تیم (فوتبال)

Louis XI لویی یازدهم (= نام یکی از پادشاهان فرانسه)

onzième /õzjɛm/ *adj. ord, n, nm* ۱. یازدهم، یازدهمین ◻ ۲. یک‌یازدهم

onzièmement /õzjɛmmɑ̃/ *adv* یازدهم آنکه

opacifier /ɔpasifje/ *vt* (7) تار کردن، کدر کردن، مات کردن

opacité /ɔpasite/ *nf* ۱. تاری، کدری، ماتی ۲. تاریکی، تیرگی

opale /ɔpla/ *nf* عقیق سلیمانی، اوپال

opalescent,e /ɔpalesɑ̃,t/ *adj* ۱. [ادبی] رنگین‌کمانی، قزح‌سان ۲. شیری‌رنگ، شیری

opalin,e /ɔpalɛ̃,in/ *adj* ۱. رنگین‌کمانی ۲. شیری‌رنگ، شیری

opaque /ɔpak/ *adj*	۱. مات، تار، کدر
	۲. تاریک، تیره
opéra /ɔpeʀa/ *nm*	اُپرا
opérable /ɔpeʀabl/ *adj*	قابل عمل
	(جراحی)، قابل درمان با عمل جراحی
opéra-comique /ɔpeʀakɔmik/ *nm*	اُپرای نمایشی
opérant,e /ɔpeʀɑ̃,t/ *adj*	مؤثر، ثمربخش،
	کارآمد
opérateur,trice /ɔpeʀatœʀ,tʀis/ *n*	
۱. متصدی ۲. فیلمبردار ۳. اُپراتور ۴. [قدیمی]	
جراح	
opération /ɔpeʀasjɔ̃/ *nf*	۱. عمل، کار
۲. عمل جراحی، جراحی، عمل ۳. [بازرگانی]	
معامله، عملیات ۴. [ارتش، پلیس] عملیات ۵.	
[ریاضیات] عمل	
opérations de banque	عملیات بانکی
opérationnle,elle /ɔpeʀasjɔnɛl/ *adj*	
۱. عملیاتی ۲. کاربردی ۳. [خودمانی] قابل استفاده	
Cet appareil n'est pas encore operationnel.	
این دستگاه هنوز به کار نیافتاده است.	
opératoire /ɔpeʀatwaʀ/ *adj*	۱. (مربوط به)
جراحی، عمل ۲. کاربردی	
opérer /ɔpeʀe/ *vt* (6)	۱. اقدام کردن
۲. اجرا کردن ۳. اثر کردن ۴. جراحی کردن، عمل	
(جراحی) کردن	
s'opérer *vp*	ایجاد شدن، به وجود آمدن،
	صورت گرفتن
opérette /ɔpeʀɛt/ *nf*	اُپرت (= نوعی اُپرای
	فکاهی)
ophidien,enne /ɔfidjɛ̃,ɛn/ *adj*	(مربوط به)
	مار، مارها
ophidiens /ɔfidjɛ̃/ *nm. pl*	[جانورشناسی]
	ماران
ophtalmie /ɔftalmi/ *nf*	التهاب چشم

601   opportunisme

ophtalmique /ɔftalmik/ *adj*	چشمی،
	(مربوط به) چشم
ophtalmologie /ɔftalmɔlɔʒi/ *nf*	
	چشم‌پزشکی
ophtalmologique /ɔftalmɔlɔʒik/ *adj*	
	(مربوط به) چشم‌پزشکی
ophtalmologiste /ɔftalmɔlɔʒist/ *n*	
→ ophtalmologue	
ophtalmologue /ɔftalmɔlɔg/ *n*	
	چشم‌پزشک
opiner /ɔpine/ *vi* (1)	۱. تأیید کردن،
موافقت کردن ۲. [قدیمی یا حقوقی] نظر دادن، اظهار	
عقیده کردن	
opiniâtre /ɔpinjatʀ/ *adj*	۱. سرسخت
۲. لجوج، خودرأی، یکدنده ۳. مداوم، پیگیر ۴.	
مزمن	
opiniâtrement /ɔpinjatʀəmɑ̃/ *adv*	
سرسختانه، مُصرانه، با یکدندگی	
opiniâtreté /ɔpinjatʀəte/ *nf*	۱. سرسختی،
پافشاری، استقامت ۲. خودرأیی، یکدندگی،	
لجاجت ۳. مداومت	
opiniâtreté des efforts	تلاش مداوم
opinion /ɔpinjɔ̃/ *nf*	۱. نظر، رأی، عقیده،
	فکر ۲. افکار، آرا
opiomane /ɔpiɔman/ *adj, n*	معتاد به
	مصرف تریاک، تریاکی
opiomanie /ɔpjɔmani/ *nf*	اعتیاد به مصرف
	تریاک
opium /ɔpjɔm/ *nm*	تریاک، افیون
opportun,e /ɔpɔʀtɛ̃,yn/ *adj*	بجا، مناسب،
	به‌موقع
opportunément /ɔpɔʀtynemɑ̃/ *adv*	
	به‌موقع، بجا
opportunisme /ɔpɔʀtynism/ *nm*	
	فرصت‌طلبی

---

a = bas, plat   e = blé, jouer   ɛ = lait, jouet, merci   i = il, lyre   o = mot, dôme, eau, gauche   ɔ = mort
u = roue   y = rue   ø = peu   œ = peur   ə = le, premier   ɑ̃ = sans, vent   ɛ̃ = matin, plein, lundi
ɔ̃ = bon, ombre   ʃ = chat, tache   ʒ = je, gilet   j = yeux, paille, pied   w = oui, nouer   ɥ = huile, lui

opportuniste / ɔpɔʀtynist / *n, adj*
۱. فرصت‌طلب ▫ ۲. فرصت‌طلبانه
opportunité / ɔpɔʀtynite / *nf*
۱. مناسبت، بجا بودن ۲. موقعیت مناسب، فرصت
opposable / ɔpozabl / *adj,* **opposable à**
(در) مقابل، در برابر
opposant,e / ɔpozɑ̃,t / *adj, n* مخالف
opposé,e / ɔpoze / *adj* ۱. روبرو، مقابل ۲. پشت به پشت هم، پشت به پشت هم ۳. مخالف، ضد، عکس
opposé / opoze / *nm* ۱. مقابل ۲. مخالف، ضد، عکس
à l'opposé de بر عکس، برخلافِ
opposer / ɔpoze / *vt* (1) ۱. رو در رو قرار دادن ۲. مقابل (چیزی) قرار دادن ۳. در تقابل قرار دادن ۴. مقایسه کردن
opposer un argument دلیل آوردن
opposer une objection اعتراض کردن، مخالفت کردن
s'opposer *vp* ۱. مخالفت کردن ۲. مانع شدن ۳. مخالف هم بودن، تضاد داشتن، متضاد (چیزی) بودن ۴. مغایرت داشتن، مغایر بودن
opposite / ɔpozit / *nm,* **à l'opposite**
در طرف مقابل، آن طرف
à l'opposite de روبروی، مقابل
opposition / ɔpozisjɔ̃ / *nf* ۱. ضدیت، تضاد، تقابل ۲. مخالفت، منع، ممانعت ۳. مقابله ۴. جناح مخالف، مخالفان
être en opposition avec مخالف بودن با، در تضاد بودن با
faire opposition à un chèque
چکی را مسدود کردن
oppressant,e / ɔpʀesɑ̃,t / *adj* ۱. خفقان‌آور ۲. طاقت‌فرسا، توان‌فرسا، غیرقابل تحمل، تحمل‌ناپذیر ۳. عذاب‌آور، آزاردهنده
oppresser / ɔpʀese / *vt* (1) ۱. نفس (کسی را) تنگ کردن ۲. عذاب دادن، آزار دادن ۳. به ستوه آوردن، کلافه کردن

oppresseur / ɔpʀesœʀ / *nm* ستمگر، ظالم
oppressif,ive / ɔpʀesif,iv / *adj* ستمگر، ستمگرانه، ظالمانه
oppression / ɔpʀesjɔ̃ / *nf* ۱. ستمگری، ستم، ظلم ۲. خفقان، تنگی نفس
opprimé,e / ɔpʀime / *adj, n* ستمدیده، ستمکش، مظلوم
opprimer / ɔpʀime / *vt* (1) ۱. ستم کردن به، ظلم کردن به ۲. سرکوب کردن، خفه کردن ۳. رنج دادن، عذاب دادن، آزار دادن
opprobre / ɔpʀɔbʀ / *nm* ۱. [ادبی] اهانت ۲. رسوایی، بدنامی ۳. مایهٔ بدنامی، مایهٔ ننگ، ننگ
optatif,ive / ɔptatif,iv / *adj, nm*
۱. [دستور زبان] تمنایی، دعایی ▫ ۲. وجه تمنایی، وجه دعایی
opter / ɔpte / *vi* (1) برگزیدن، انتخاب کردن، اختیار کردن
opticien,enne / ɔptisjɛ̃,ɛn / *n* ۱. عینک‌ساز ۲. سازندهٔ ابزار نوری
optimal,e,aux / ɔptimal,o / *adj* بهترین، بهینه، مطلوب‌ترین
optimisme / ɔptimism / *nm* خوش‌بینی
optimiste / ɔptimist / *n, adj* ۱. (آدم) خوش‌بین ▫ ۲. خوش‌بینانه ۳. امیدوارکننده
optimum / ɔptimɔm / *nm, adj* ۱. بهترین وضعیت، بهترین میزان، بهینه ▫ ۲. بهترین، بهینه، مطلوب‌ترین
option / ɔpsjɔ̃ / *nf* ۱. گزینش، انتخاب ۲. حق انتخاب، اختیار ۳. گزینه ۴. شِق، راه، امکان
à option اختیاری، انتخابی
optionnel,elle / ɔpsjɔnɛl / *adj* اختیاری، انتخابی
optique / ɔptik / *adj, nf* ۱. (مربوط به) چشم، چشمی ۲. بینایی، بصری ۳. نوری ▫ ۴. نورشناسی، اُپتیک ۵. ابزار نوری ۶. دید، نظر، نگرش
changer d'optique نحوهٔ نگرش خود را عوض کردن

opulence /ɔpylɑ̃s/ *nf* ۱. ثروت ۲. رفاه، ناز و نعمت

opulent,e /ɔpylɑ̃,t/ *adj* ۱. ثروتمند، متمول ۲. مرفه ۳. غنی ۴. فراخ، پهن

opuscule /ɔpyskyl/ *nm* جزوه، کتابچه

or[1] /ɔʀ/ *nm, adj. inv* ۱. طلا، زر ۲. سکهٔ طلا ◙ ۳. طلایی

d'or طلایی، طلا، زرین

or[2] /ɔʀ/ *conj* ۱. خُب، خوب ۲. آن‌وقت ۳. درحالی‌که، حال‌آنکه

oracle /ɔʀakl/ *nm* ۱. ندای غیبی، پیام غیبی ۲. کاهن ۳. معبد ۴. [ادبی] سخن معتبر ۵. دانا، عقل کل

orage /ɔʀaʒ/ *nm* ۱. توفان ۲. آشوب، هیاهو ۳. [مجازی؛ ادبی] طغیان

Le temps est à l'orage. هوا توفانی است.

orageux,euse /ɔʀaʒø,øz/ *adj* ۱. توفانی ۲. پرآشوب، پرتلاطم، پرهیاهو

oraison /ɔʀɛzɔ̃/ *nf* دعا

oraison funèbre خطابهٔ سوگواری

oral,e,aux[1] /ɔʀal,o/ *adj* ۱. شفاهی، گفتاری ۲. دهانی، (مربوط به) دهان

oral,aux[2] /ɔʀal,o/ *nm* امتحان شفاهی

oralement /ɔʀalmɑ̃/ *adv* شفاهاً، به طور شفاهی، شفاهی

orange /ɔʀɑ̃ʒ/ *nf, adj. inv, nm* ۱. پرتقال ◙ ۲. نارنجی، پرتقالی ◙ ۳. رنگ نارنجی، رنگ پرتقالی

orange amère نارنج

orange sanguine توسرخ

orangé,e /ɔʀɑ̃ʒe/ *adj, nm* ۱. نارنجی، پرتقالی ◙ ۲. رنگ نارنجی، رنگ پرتقالی

orangeade /ɔʀɑ̃ʒad/ *nf* شربت پرتقال

oranger /ɔʀɑ̃ʒe/ *nm* ۱. درخت پرتقال ۲. درخت نارنج

orangeraie /ɔʀɑ̃ʒʀɛ/ *nf* ۱. باغ پرتقال ۲. باغ نارنج، نارنجستان

orang-outan(g) /ɔʀɑ̃utɑ̃/ *nm* اورانگوتان

orateur,trice /ɔʀatœʀ,tʀis/ *n* سخنور، سخنران، ناطق، خطیب

oratoire[1] /ɔʀatwaʀ/ *adj* (مربوط به) سخنوری

oratoire[2] /ɔʀatwaʀ/ *nm* نمازخانه

orbe /ɔʀb/ *nm* ۱. [سیارات] مدار ۲. [ادبی] گوی، کُره

orbital,e,aux /ɔʀbital,o/ *adj* مداری

orbite /ɔʀbit/ *nf* ۱. مدار ۲. حوزه، حیطه ۳. حدقه، کاسهٔ چشم

orchestal,e,aux /ɔʀkɛstʀal,o/ *adj* برای ارکستر، (مربوط به) ارکستر

orchestration /ɔʀkɛstʀasjɔ̃/ *nf* ۱. تنظیم، هماهنگ‌سازی ۲. تنظیم برای ارکستر

orchestre /ɔʀkɛstʀ/ *nm* ۱. ارکستر، نوازندگان ۲. محل ارکستر، جایگاه نوازندگان ۳. [در تماشاخانه] ردیف جلو (همکف)

orchestrer /ɔʀkɛstʀe/ *vt* (1) ۱. تنظیم کردن، هماهنگ کردن ۲. برای ارکستر تنظیم کردن

orchidée /ɔʀkide/ *nf* (گل) اُرکیده

ordinaire /ɔʀdinɛʀ/ *adj, nm* ۱. عادی، معمولی ۲. معمول ۳. پیش‌پاافتاده ◙ ۴. حد معمول ۵. غذای معمول

à l'ordinaire/d'ordinaire معمولاً، به طور معمول

ordinairement /ɔʀdinɛʀmɑ̃/ *adv* معمولاً، عموماً، به طور معمول

ordinal,e,aux /ɔʀdinal,o/ *adj* ترتیبی

nombre ordinal عدد ترتیبی

ordinateur /ɔʀdinatœʀ/ *nm* رایانه، کامپیوتر

ordination /ɔʀdinasjɔ̃/ *nf* رتبه‌بخشان (= آیین اعطای رتبه در کلیسا)

ordonnance /ɔRdɔnɑ̃s/ *nf* ۱. ترتیب، تلفیق، آرایش ۲. فرمان، دستور، حکم ۳. [طبابت] نسخه ۴. [نظامی] مصدر، گماشته

ordonnateur,trice /ɔRdɔnatœR,tRis/ *n* برگزارکننده، گرداننده، بانی

ordonné,e /ɔRdɔne/ *adj* منظم، مرتب، با نظم و ترتیب، منضبط

ordonner /ɔRdɔne/ *vt* (1) ۱. منظم کردن، مرتب کردن، نظم و ترتیب دادن، سامان دادن ۲. دستور دادن، امر کردن، فرمان دادن، حکم کردن ۳. تجویز کردن ۴. به رتبهٔ (کشیشی) منصوب کردن

ordre /ɔRdR/ *nm* ۱. نظم، ترتیب، سامان ۲. دستور، امر، فرمان، حکم ۳. [خرید و فروش] سفارش ۴. رده، مرتبه، تراز ۵. کانون، انجمن ۶. فرقه (مذهبی) ۷. شیوهٔ معماری

de/du même ordre از همان دست، مشابه

ordre de bataille آرایش جنگی

ordre du jour دستور جلسه

ordure /ɔRdyR/ *nf* ۱. آشغال، زباله، خاکروبه ۲. حرف رکیک ۳. کار کثیف، کثافت‌کاری ۴. [فحش] کثافت، آشغال

ordurier,ère /ɔRdyRje,ɛR/ *adj* ۱. رکیک، مستهجن ۲. وقیح، دریده

orée /ɔRe/ *nf* [جنگل و غیره] حاشیه

oreille /ɔRɛj/ *nf* ۱. گوش ۲. شنوایی ۳. [قابلمه، فنجان، ...] دسته ۴. [صندلی راحتی] تکیه‌گاه سر ۵. [کلاه] روگوشی

à l'oreille درِ گوشی

avoir de l'oreille گوش‌های حساسی داشتن

tendre l'oreille گوش‌ها را تیز کردن

oreiller /ɔReje/ *nm* بالش، متکا

oreillette /ɔRɛjɛt/ *nf* ۱. [کلاه] روگوشی ۲. [قلب] زائدهٔ دیوارهٔ دهلیز، گوشک

oreillons /ɔRɛjɔ̃/ *nm. pl* اوریون، گوشک

ores /ɔR/ *adv,* **d'ores et déjà** از حالا، از هم‌اکنون، از الان

orfèvre /ɔRfɛvR/ *nm* زرگر

être orfèvre en la matière خبرهٔ کار بودن، وارد بودن، سررشته داشتن

orfèvrerie /ɔRfɛvRəRi/ *nf* ۱. زرگری ۲. طلاجات

organdi /ɔRgɑ̃di/ *nm* [پارچه] اُرگاندی

organe /ɔRgan/ *nm* ۱. اندام، عضو ۲. سازمان، تشکیلات، نهاد، اُرگان ۳. وسیله، ابزار ۴. [خواننده، سخنران، ...] صدا ۵. [حزب و غیره] نشریه، اُرگان

organe bien timbré صدای پُرطنین

organes sexuels اندام جنسی

organique /ɔRganik/ *adj* ۱. عضوی ۲. آلی ۳. سازمند، تشکل‌یافته

organisateur,trice /ɔRganizatœR,tRis/ *adj, n* سازمان‌دهنده، گرداننده، بانی

organisation /ɔRganizasjɔ̃/ *nf* ۱. سازمان، تشکیلات ۲. سازمان‌دهی ۳. سازمان‌مندی

organisé,e /ɔRganize/ *adj* ۱. سازمان‌یافته، منظم، متشکل ۲. دارای اندام

organiser /ɔRganize/ *vt* (1) ۱. منظم کردن، نظم دادن، مرتب کردن ۲. سازمان دادن، سازمان‌دهی کردن ۳. ترتیب دادن، تدارک دیدن

s'organiser *vp* ۱. کارهای خود را نظم و ترتیب دادن ۲. منظم شدن، نظم یافتن

organisme /ɔRganism/ *nm* ۱. سازواره، موجود زنده، اُرگانیسم ۲. بدن (انسان) ۳. تشکیلات، دستگاه، سامانه

organiste /ɔRganist/ *n* نوازندهٔ ارگ، ارگ‌نواز، ارگ‌زن

orgasme /ɔRgasm/ *nm* اوج لذت جنسی

orge /ɔRʒ/ *nf* [گیاه یا دانه] جو

orgelet /ɔRʒəlɛ/ *nm* گل‌مژه

orgiaque /ɔRʒjak/ *adj* ۱. توأم با عیاشی ۲. افراط‌آمیز

orgie /ɔRʒi/ *nf* ۱. عیاشی، عیش و نوش ۲. زیادی، وفور ۳. زیاده‌روی، افراط

orgue /ɔRg/ *nm, nf* اُرگ

ornement

orgues basaltiques ستون‌های بازالتی
orgue de barbarie ارگ دندانه‌ای، جعبهٔ موسیقی

orgueil /ɔʀgœj/ *nm* ۱. خودپسندی،
خودخواهی، تکبر، نخوت ۲. غرور ۳. فخر،
مباهات ۴. مایهٔ غرور، مایهٔ مباهات

orgueilleux, euse /ɔʀgœjø,øz/ *n, adj*
۱. خودپسند، خودخواه، متکبر، ازخودراضی ۲.
مغرور ◼ ۳. خودپسندانه، خودخواهانه، متکبرانه
۴. حاکی از غرور، مغرورانه

orgueilleusement /ɔʀgœjøzmɑ̃/ *adv*
۱. خودپسندانه، خودخواهانه، متکبرانه ۲. با
غرور، مغرورانه

orient[1] /ɔʀjɑ̃/ *nm* ۱. شرق، مشرق، خاور
۲. [مروارید] جلا، درخشش، تلألؤ

Orient[2] /ɔʀjɑ̃/ *nm* مشرق‌زمین، شرق،
خاورزمین، خاور

oriental, e, aux[1] /ɔʀjɑ̃tal,o/ *adj* شرقی،
خاوری، (مربوط به) مشرق‌زمین

Oriental, e, aux[2] /ɔʀjɑ̃tal,o/ *n*
اهل مشرق‌زمین، شرقی

orientalisme /ɔʀjɑ̃talism/ *nm*
۱. خاورشناسی، شرق‌شناسی ۲. ویژگی شرقی،
خصلت شرقی

orientaliste /ɔʀjɑ̃talist/ *n* خاورشناس،
شرق‌شناس

orientation /ɔʀjɑ̃tasjɔ̃/ *nf* ۱. جهت‌یابی
۲. جهت، موقعیت ۳. جهت‌گیری ۴. راهنمایی ۵.
ارشاد

orienter /ɔʀjɑ̃te/ *vt* (1) ۱. رو به (جهتی)
قرار دادن ۲. راه را نشان دادن به ۳. راهنمایی
کردن ۴. ارشاد کردن

s'orienter *vp* ۱. موقعیت خود را مشخص کردن،
جهت‌یابی کردن ۲. گرایش پیدا کردن، رو آوردن

orifice /ɔʀifis/ *nm* دهانه

oriflamme /ɔʀiflam/ *nf* پرچم، عَلَم

origan /ɔʀigɑ̃/ *nm* [گیاه] مرزنگوش،
مرزنجوش

originaire /ɔʀiʒinɛʀ/ *adj* ۱. بومی، اهل
۲. اصلی ۳. نخستین، اولیه

origionairement /ɔʀiʒinɛʀmɑ̃/ *adv*
در اصل، در ابتدا

original[1]**, e, aux** /ɔʀiʒinal,o/ *adj, n*
۱. اصلی، اصل ۲. نخستین، اولیه ۳. بدیع، تازه، نو،
بی‌سابقه ۴. اصیل ۵. مبتکرانه، بکر ۶. مبتکر،
خلاق ۷. عجیب، غریب ◼ ۸. آدم عجیب

édition originale نسخهٔ اصلی، اصل
idées originales افکار بدیع، افکار تازه،
اندیشه‌های نو

original[2] /ɔʀiʒinal/ *nm* ۱. نسخهٔ اصلی،
متن اصلی، اصل ۲. نمونهٔ اصلی، اصل

originalité /ɔʀiʒinalite/ *nf* ۱. تازگی،
اصالت ۲. بدعت، خلاقیت، ابتکار ۳. غرابت،
عجیب بودن

origine /ɔʀiʒin/ *nf* ۱. خاستگاه، منشأ،
مبدأ، سرچشمه، اصل ۲. آغاز، ابتدا ۳. نژاد، تبار،
اصلیت

à/dès l'origine (در) ابتدا، اول، نخست

originel, elle /ɔʀiʒinɛl/ *adj* اصلی،
نخستین، اولیه

originellement /ɔʀiʒinɛlmɑ̃/ *adv*
(در) ابتدا، از همان اول، اول

oripeaux /ɔʀipo/ *nm. pl* لباس کهنه

orlon /ɔʀlɔ̃/ *nm* اُرلُن (= نوعی الیاف مصنوعی)

ormaie /ɔʀmɛ/ *nf* باغ نارون

orme /ɔʀm/ *nm* ۱. (درخت) نارون
۲. چوب نارون

ormeau /ɔʀmo/ *nm* نارون جوان

ormoie /ɔʀmwa/ *nf* → ormaie

ornement /ɔʀnəmɑ̃/ *nm* ۱. تزیین، زینت،
آرایش ۲. زیور، آذین، آرایه

ornemental,e,aux 606

d'ornement تزیینی، زینتی

ornemental,e,aux /ɔʀnəmɑ̃tal,o/ *adj* تزیینی، زینتی

ornementation /ɔʀnəmɑ̃tasjɔ̃/ *nf* تزیینات، زینت‌کاری

ornementer /ɔʀnəmɑ̃te/ *vt* (1) آراستن، تزیین کردن

orner /ɔʀne/ *vt* (1) آراستن، تزیین کردن، زینت کردن، مزین کردن

ornière /ɔʀnjɛʀ/ *nf* ۱. [ماشین و غیره] جای چرخ، رد چرخ ۲. روال همیشگی

ornithologie /ɔʀnitɔlɔʒi/ *nf* پرنده‌شناسی

ornithologique /ɔʀnitɔlɔʒik/ *adj* پرنده‌شناختی، (مربوط به) پرنده‌شناسی

ornithologiste /ɔʀnitɔlɔʒist/ *n* → ornithologue

ornithologue /ɔʀnitɔlɔg/ *n* پرنده‌شناس

orpaillage /ɔʀpajaʒ/ *nm* طلاشویی

orpailleur /ɔʀpajœʀ/ *nm* ۱. طلاشور، طلاشو(ی) ۲. [مجازی] جویندهٔ طلا

orphelin,e /ɔʀfəlɛ̃,in/ *n* یتیم

orphelinat /ɔʀfəlina/ *nm* پرورشگاه، یتیم‌خانه

orteil /ɔʀtɛj/ *nm* انگشت پا

gros orteil شست پا

orthodoxe /ɔʀtɔdɔks/ *n, adj* ۱. درست‌آیین، حنیف ۲. (مذهب) اُرتُدکس ۳. جزمی ◙ ۴. معمول، متداول، درست، پذیرفته

orthodxie /ɔʀtɔdɔksi/ *nf* ۱. درست‌آیینی ۲. مذهب اُرتُدکس ۳. جزمیت ۴. عرف، تداول، درستی، پذیرفتگی

orthogonal,e,aux /ɔʀtɔgɔnal,o/ *adj* [هندسه] متعامد، قائم

orthogonalement /ɔʀtɔgɔnalmɑ̃/ *adv* [هندسه] به طور متعامد، (به طور) قائم

orthographe /ɔʀtɔgʀaf/ *nf* ۱. درست‌نویسی، املای صحیح ۲. املا، رسم‌الخط ۳. دستگاه خط، نظام خط

faute d'orthographe غلط املایی

orthographier /ɔʀtɔgʀafje/ *vt* (7) (املای واژه‌ای را) نوشتن

orthographique /ɔʀtɔgʀafik/ *adj* (مربوط به) املا، املایی

orthopédie /ɔʀtɔpedi/ *nf* ۱. اُرتوپدی، استخوان‌پزشکی ۲. شکسته‌بندی

orthopédique /ɔʀtɔpedik/ *adj* ۱. (مربوط به) اُرتوپدی، استخوان‌پزشکی ۲. (مربوط به) شکسته‌بندی

orthopédiste /ɔʀtɔpedist/ *n, adj* ۱. اُرتوپد، استخوان‌پزشک ۲. شکسته‌بند

orthophonie /ɔʀtɔfɔni/ *nf* ۱. تلفظ درست ۲. گفتاردرمانی

orthophoniste /ɔʀtɔfɔnist/ *n* متخصص گفتاردرمانی، گفتاردرمانگر

ortie /ɔʀti/ *nf* [گیاه] گزنه

ortolan /ɔʀtɔlɑ̃/ *nm* [پرنده] توکا

os /ɔs;o/ *nm* استخوان

oscar /ɔskaʀ/ *nm* [سینما و غیره] جایزهٔ اُسکار، اُسکار

oscillant,e /ɔsilɑ̃,t/ *adj* ۱. در نوسان ۲. مردد، دودل

oscillateur /ɔsilatœʀ/ *nm* [فیزیک] نوسانگر

oscillation /ɔsilasjɔ̃/ *nf* نوسان

oscillatoire /ɔsilatwaʀ/ *adj* نوسانی

osciller /ɔsile/ *vi* (1) ۱. در نوسان بودن، نوسان داشتن ۲. مردد بودن، دودل بودن

oscillographe /ɔsilɔgʀaf/ *nm* نوسان‌نگار

oscilloscope /ɔsilɔskɔp/ *nm* نوسان‌نما

osé,e /oze/ *adj* ۱. جسورانه، متهورانه، دلیرانه ۲. گستاخانه، وقیحانه، بی‌شرمانه ۳. زننده، زشت

oseille /ozɛj/ *nf* ۱. [گیاه] تُرشک ۲. [عامیانه] پول، مایه

oser /oze/ *vt* (1) ۱. جرئت کردن، جرئت داشتن، جسارت کردن ۲. شهامت (کاری را) داشتن ۳. به خود اجازه دادن

Je n'ose plus rien dire. دیگر جرئت نمی‌کنم چیزی بگویم.

oseraie /ozʀɛ/ *nf* بیدستان

osier /ozje/ *nm* بید سبدی

d'osier/en osier حصیری

panier d'osier سبد حصیری

osmose /ɔsmoz/ *nf* ۱. [زیست‌شناسی] اُسمز، رانْد ۲. تأثیر متقابل، تأثیرگذاری

osmotique /ɔsmɔtik/ *adj* [زیست‌شناسی] اُسمُزی، رانْدی

ossature /ɔsatyʀ/ *nf* ۱. استخوان‌بندی، اسکلت ۲. چارچوب، اسکلت، بدنه

osselet /ɔslɛ/ *nm* ۱. استخوان کوچک، استخوانچه ۲. [قاب‌بازی] قاب

ossements /ɔsmɑ̃/ *nm. pl* استخوان‌ها

osseux,euse /ɔsø,øz/ *adj* ۱. استخوانی ۲. (مربوط به) استخوان

ossification /osifikasjɔ̃/ *nf* ۱. استخوانی‌شدگی ۲. استخوان‌سازی

ossifier /ɔsifje/ *vt* (7) استخوانی کردن

s'ossifier *vp* استخوانی شدن

osso buco /ɔsɔbykɔ/ *nm. inv* اُسو بوکو (= نوعی غذا با ماهیچهٔ گوساله)

ossuaire /ɔsɥɛʀ/ *nm* ۱. تل استخوان ۲. محل نگهداری استخوان‌ها(ی مردگان)، اُستدان

ostéite /ɔsteit/ *nf* التهاب استخوان

ostensible /ɔstɑ̃sibl/ *adj* آشکار، نمایان، مشخص، چشمگیر

ostensiblement /ɔstɑ̃sibləmɑ̃/ *adv* آشکارا، به طرز چشمگیری

ostentation /ɔstɑ̃tasjɔ̃/ *nf* خودنمایی، فخرفروشی، تظاهر

ostentatoire /ɔstɑ̃tatwaʀ/ *adj* [ادبی] از روی خودنمایی، حاکی از خودنمایی، متظاهرانه

ostéologie /ɔsteɔlɔʒi/ *nf* استخوان‌شناسی

ostracisme /ɔstʀasism/ *nm* طرد

ostréicole /ɔstʀeikɔl/ *adj* (مربوط به) پرورش صدف

ostréiculteur,trice /ɔstʀeikyltœʀ,tʀis/ *n* پرورش‌دهندهٔ صدف

ostréiculture /ɔstʀeikyltyʀ/ *nf* پرورش صدف

ostrogot(h),e /ɔstʀɔgo,t/ *adj, n* (آدم) بی‌فرهنگ، آدم بی‌نزاکت

otage /ɔtaʒ/ *nm* گروگان

otarie /otaʀi/ *nf* شیر دریایی

ôter /ote/ *vt* (1) ۱. برداشتن ۲. حذف کردن ۳. کم کردن ۴. درآوردن ۵. از بین بردن، زدودن ۶. گرفتن

6 ôté de 10 égale 4. ۶ را از ۱۰ کم کنیم می‌شود ۴.

Ôtez vos lunettes. عینکتان را بردارید.

Ôtez votre manteau. پالتویتان را درآورید.

s'ôter *vp* رفتن، کنار رفتن، دور شدن

otite /ɔtit/ *nf* التهاب گوش

oto-rhino /ɔtɔʀinɔ/ *n* → oto-rhino-laryngologiste

oto-rhino-laryngologie /ɔtɔʀinɔlaʀɛ̃gɔlɔʒi/ *nf* گوش و حلق و بینی‌شناسی، تخصص گوش و حلق و بینی

oto-rhino-laryngologiste /ɔtɔʀinɔlaʀɛ̃gɔlɔʒist/ *n* پزشک گوش و حلق و بینی

ottoman,e /ɔtɔmɑ̃,an/ *adj* عثمانی

ou /u/ *conj* یا

où /u/ *pron, adv. rel, adv. interr* ۱. که در آنجا ۲. جایی که ۳. که در آن، که ◙ ۴. کجا

d'où ۱. از کجا ۲. از جایی که، از آنجا

la ville où je suis né شهری که در آن زاده شده‌ام، شهر زادگاهم

n'impotre où هر جا که باشد، هر جا که بشود

a = bas, plat e = blé, jouer ɛ = lait, jouet, merci i = il, lyre o = mot, dôme, eau, gauche ɔ = mort
u = roue y = rue ø = peu œ = peur ə = le, premier ɑ̃ = sans, vent ɛ̃ = matin, plein, lundi
ɔ̃ = bon, ombre ʃ = chat, tache ʒ = je, gilet j = yeux, paille, pied w = oui, nouer ɥ = huile, lui

ouais! /wɛ/ *interj*	۱. [خودمانی] آره! آهان!
	۲. [قدیمی] عجب!
ouate /wat/ *nf*	۱. لایی ۲. پنبه (بهداشتی)
ouaté,e /wate/ *adj*	لایی‌دار
ouater /wate/ *vt* (1)	لایی گذاشتن
oubli /ubli/ *nm*	۱. فراموشی ۲. (عمل)
	فراموش کردن ۳. فراموشکاری، حواس‌پرتی، غفلت
oubli de soi(-même)	ازخودگذشتگی، فداکاری، ایثار
oublier /ublije/ *vt* (7)	۱. فراموش کردن،
	از یاد بردن، یاد (کسی) رفتن ۲. به دست فراموشی سپردن، فکر (چیزی را) از سر خود بیرون کردن
s'oublier *vp*	۱. فراموش شدن، از یاد رفتن
	۲. خود را از یاد بردن، (منافع) خود را در نظر نگرفتن
oubliette /ubilijɛt/ *nf*	سیاه‌چال
oublieux,euse /ublijø,øz/ *adj*	[ادبی] ۱.
	فراموشکار، کم‌حافظه ۲. بی‌توجه
oued /wɛd/ *nm*	[در نواحی خشک، به‌ویژه
	افریقای شمالی] رود موسمی
ouest /wɛst/ *nm, adj. inv*	۱. غرب، مغرب،
	باختر ▪ ۲. غربی، باختری
ouf! /uf/ *interj*	۱. آه! اوه! ۲. آخی! آخیش!
oui /wi/ *adv, nm. inv*	بله، بلی، آری
ouï-dire /widiʀ/ *nm*	شایعه
ouïe¹ /wi/ *nf*	۱. حس شنوایی، شنوایی
	ــ [صورت جمع] ۲. آبشش
ouïe!² /uj/ *interj* → *ouille!*	
ouille! /uj/ *interj*	آی! آخ!
ouïr /wiʀ/ *vt* (10)	[قدیمی] شنیدن، گوش دادن
ouistiti /'wistiti/ *nm*	مارموست (=نوعی میمون)
ouragan /uʀagɑ̃/ *nm*	توفند، تندباد، توفان
un ouragan d'injures	سیل دشنام، سیل ناسزا
ourdir /uʀdiʀ/ *vt* (2)	[توطئه] ترتیب دادن، چیدن
ourdou /uʀdu/ *nm*	زبان اردو، اردو
ourler /uʀle/ *vt* (1)	تو گذاشتن
ourlet /uʀlɛ/ *nm*	توگذاشتگی، تو
ours /uʀs/ *nm*	۱. خرس ۲. آدم غیراجتماعی
ours mal léché	آدم زمخت
ourse¹ /uʀs/ *nf*	ماده‌خرس
Ourse² /uʀs/ *nf*	[ستاره‌شناسی] دُب
La Grande Ourse	دُب اکبر
La Petite Ourse	دُب اصغر
oursin /uʀsɛ̃/ *nm*	توتیا (=نوعی جانور دریایی)
oust(e)! /ust/ *interj*	[خودمانی] یالّا! معطلش نکن! بجنب!
outarde /uʀaʀd/ *nf*	[پرنده] هوبره
outil /uti/ *nm*	۱. وسیله، ابزار، لوازم
	۲. [خودمانی] چیز
outillage /utijaʒ/ *nm*	ابزارآلات، لوازم
outiller /utije/ *vt* (1)	ابزار (کاری را) فراهم
	کردن، ابزار تهیه کردن برای
outrage /utʀaʒ/ *nm*	۱. دشنام، ناسزا، فحش
	۲. توهین، اهانت ۳. هتک ۴. [ادبی] لطمه
outrageant,e /utʀaʒɑ̃,t/ *adj*	توهین‌آمیز، اهانت‌آمیز، موهن
outrager /utʀaʒe/ *vt* (3)	۱. دشنام دادن (به)،
	ناسزا گفتن به، فحش دادن به ۲. توهین کردن، اهانت کردن ۳. هتک کردن
outrageusement /utʀaʒøzmɑ̃/ *adv*	به حد افراط، بیش از اندازه، بی‌نهایت
outrance /utʀɑ̃s/ *nf*	۱. افراط، زیاده‌روی
	۲. اغراق
à outrance	بی‌اندازه، بیش از حد، زیادی
outrancier,ère /utʀɑ̃sje,ɛʀ/ *adj*	۱. افراط‌کار، افراطی ۲. مفرط ۳. اغراق‌آمیز
outre¹ /utʀ/ *nf*	مشک، خیک
outre² /utʀ/ *prép, adv*	۱. علاوه بر، بجز
	▪ ۲. ماورای، آن سوی
en outre	علاوه بر این، به علاوه
outre mesure	بیش از اندازه، زیاده از حد، زیادی
passer outre	توجه نکردن، اعتنا نکردن

outré,e /utRe/ *adj* ۱. مفرط، زیاده از حد، زیادی، اغراق‌آمیز ۲. بیزار، منزجر، عصبانی

outrecuidance /utRəkɥidɑ̃s/ *nf* ۱. [ادبی] خودپسندی، خودستایی ۲. وقاحت، بی‌شرمی، گستاخی

outrecuidant,e /utRəkɥidɑ̃,t/ *adj* ۱. [ادبی] خودپسند، خودستا ۲. وقیحانه، بی‌شرمانه، گستاخانه

outremer /utRəmɛR/ *nm, adj. inv* ۱. سنگ لاجورد ۲. رنگ لاجوردی ◙ ۳. لاجوردی

outre-mer /utRəmɛR/ *adv* آن سویِ دریا، ماورای بحار

outrepasser /utRəpase/ *vt* (1) پا فراتر گذاشتن از، فراتر رفتن از، تجاوز کردن از

outrer /utRe/ *vt* (1) ۱. [ادبی] از حد گذراندن، زیاده‌روی کردن ۲. خشمگین کردن، از کوره در بردن

ouvert,e /uvɛR,t/ *adj* ۱. باز ۲. گشوده ۳. آزاد ۴. بی‌پرده، راحت ۵. آشکار، علنی ۶. آزاداندیش، دارای فکر باز

à cœur ouvert صادقانه، بی‌پرده، راحت

ville ouverte شهر بی‌دفاع

ouvertement /uvɛRtəmɑ̃/ *adv* آشکارا، علناً، بی‌پرده

ouverture /uvɛRtyR/ *nf* ۱. (عمل) باز کردن ۲. گشایش، باز شدن، افتتاح ۳. احداث ۴. شروع، آغاز ۵. ورودی، مدخل، دهانه ۶. سوراخ، روزنه ۷. [موسیقی] پیش‌درآمد، اُوِرتور

ouvrable /uvRabl/ *adj*, **jour ouvrable** روزِ کاری، روز غیرتعطیل

ouvrage /uvRaʒ/ *nm* ۱. کار، شغل ۲. اثر ۳. کتاب ۴. بنا، سازه

boîte à ouvrage جعبهٔ (لوازم) خیاطی

ouvragé,e /uvRaʒe/ *adj* [اشیاء کارِ دست] کارشده، پرکار

ouvrager /uvRaʒe/ *vt* (3) [ادبی] (به دقت) کار کردن رویِ

ouvrant,e /uvRɑ̃,t/ *adj* [سقف اتومبیل و غیره] متحرک

ouvré,e /uvRe/ *adj* [اشیاء کارِ دست] کارشده

jour ouvré روزِکاری، روز غیرتعطیل

ouvre-boîte(s) /uvRəbwat/ *nm. inv* قوطی‌بازکن، دربازکن

ouvre-bouteille(s) /uvRəbutɛj/ *nm. inv* [بطری] دربازکن

ouvreuse /uvRøz/ *nf* [سینما و تئاتر] کنترلچی (زن)، راهنما (زن)

ouvrier,ère /uvRije,ɛR/ *n, adj* ۱. کارگر ۲. [ادبی] صنعتگر، هنرمند ◙ ۳. (مربوط به) کارگران، کارگری

ouvrir /uvRiR/ *vt, vi* (18) ۱. باز کردن، گشودن ۲. درِ (چیزی را) باز کردن ۳. [راه، جاده] احداث کردن، باز کردن، زدن ۴. افتتاح کردن، تأسیس کردن ۵. شروع کردن، آغاز کردن ◙ ۶. باز شدن ۷. باز بودن ۸. شروع شدن، آغاز شدن

ouvrir le dialogue سر صحبت را باز کردن

ouvrir l'esprit de qqn ذهن کسی را روشن کردن

ouvrir son cœur حرف دل خود را زدن، درد دل کردن

ouvrir sur رو به (جایی) باز شدن، مشرف بودن به

s'ouvrir *vp* ۱. باز شدن، گشوده شدن ۲. شکوفا شدن، شکفتن ۳. آغاز شدن، شروع شدن

s'ouvrir à qqn ۱. با کسی در میان گذاشتن ۲. حرف دل خود را زدن، درد دل کردن

ouvroir /uvRwaR/ *nm* [دیر، صومعه، ...] اتاق کار، کارگاه، کارگاه خیاطی

ovaire /ɔvɛR/ *nm* تخمدان

ovale /ɔval/ *adj, nm* ۱. بیضی‌شکل، بیضی ◙ ۲. بیضی

ovarien,enne /ɔvaRjɛ̃,ɛn/ *adj* (مربوط به) تخمدان، تخمدانی

ovarite /ɔvaRit/ *nf* التهاب تخمدان

ovation /ɔvasjɔ̃/ *nf* ابزار احساسات، تشویق

ovationner /ɔvasjɔne/ *vt* (1) ابزار احساسات کردن، تشویق کردن

overdose /ɔvœʀdoz/ *nf* ۱. مصرف بیش از حد مواد مخدر ۲. افراط، زیاده‌روی

ovidé /ɔvide/ *nm* خانوادهٔ گوسفند و بز

ovin,e /ɔvɛ̃,in/ *adj* (مربوط به) خانوادهٔ گوسفند و بز

oviné /ɔvine/ *nm* → ovidé

ovipare /ɔvipaʀ/ *adj* تخم‌گذار

ovoïde /ɔvɔid/ *adj* تخم‌مرغی‌شکل، تخم‌مرغی

ovulaire /ɔvylɛʀ/ *adj* (مربوط به) تخمک

ovulation /ɔvylasjɔ̃/ *nf* تخمک‌گذاری

ovule /ɔvyl/ *nf* ۱. تخمک ۲. (نوعی) شیاف مهبلی

oxydation /ɔksidasjɔ̃/ *nf* اُکسایش

oxyde /ɔksid/ *nm* اُکسید

oxyder /ɔkside/ *vt* (1) اُکسیده کردن، اُکسیدن

s'oxyder *vp* ۱. اکسیده شدن، اکسیدن ۲. زنگ زدن

oxygène /ɔksiʒɛn/ *nm* اکسیژن

oxygéné,e /ɔksiʒene/ *adj* اکسیژن‌دار، اکسیژنه

oxygéner /ɔksiʒene/ *vt* (1) ۱. اکسیژن‌دار کردن، اکسیژن دادن به ۲. [مو] (با آب اکسیژنه) بی‌رنگ کردن، دکُلُره کردن

ozone /ozon/ *nm* [گاز] اوزون

P,p

P,p /pe/ *nm. inv* پ (= شانزدهمین حرف الفبای فرانسه)

pacage /pakaʒ/ *nm* ۱. چرا ۲. چراگاه

pacager /pakaʒe/ *vt, vi* (3) ۱. چراندن، به چرا بردن ◻ ۲. چریدن

pacha /paʃa/ *nm* پاشا (= عنوان والیان در دولت عثمانی)

vie de pacha زندگی مرفه، زندگی اشرافی

pachyderme /paʃidɛʀm;pakidɛʀm/ *nm* جانور ستبرپوست

pacificateur,trice /pasifikatœʀ,tʀis/ *n, adj* ۱. بانی صلح، میانجی صلح ◻ ۲. صلح‌طلبانه

pacification /pasifikasjɔ̃/ *nf* برقراری صلح

pacifier /pasifje/ *vt* (7) ۱. صلح برقرار کردن ۲. آرام کردن، آرامش بخشیدن

pacifique /pasifik/ *adj* ۱. صلح‌جو، صلح‌طلب، صلح‌دوست ۲. صلح‌جویانه، صلح‌طلبانه، صلح‌آمیز ۳. آرام، مسالمت‌آمیز

pacifiquement /pasifikmɑ̃/ *adv* (به طرزی) صلح‌طلبانه، به طریق مسالمت‌آمیز

pacifisme /pasifism/ *nm* صلح‌طلبی، صلح‌دوستی

pacifiste /pasifist/ *n, adj* ۱. صلح‌طلب، صلح‌دوست ◻ ۲. صلح‌طلبانه، صلح‌دوستانه

pacotille /pakɔtij/ *nf* جنس بنجل

de pacotille بنجل

pacte /pakt/ *nm* پیمان، توافق‌نامه، عهدنامه، قرارداد

conclure/signer un pacte پیمان بستن، عهدنامه‌ای را امضا کردن

rompre/violer un pacte پیمانی را نقض کردن، پیمانی را شکستن

pactiser /paktize/ *vt* (1) ۱. پیمان بستن، عهد بستن ۲. همدست شدن، ساختن

pactole /paktɔl/ *nm* [ادبی] منبع ثروت

paf[1] /paf/ *interj* ۱. [صدای افتادن] تالاپ! تِلِپی! ۲. [صدای ضربه] شَرق! شَتَرَق! دَرقی!

paf[2] /paf/ *adj. inv* [خودمانی] مست، پاتیل

pagaie /pagɛ/ *nf* پارو(ی کوتاه)

pagaïe /pagaj/ *nf* → pagaille

pagaille /pagaj/ *nf* [خودمانی] به‌هم‌ریختگی، بِل‌بشو

en pagaille ۱. به‌هم‌ریخته، بازار شام ۲. زیاد، یک عالمه، یک خروار

paganiser /paganize/ *vt* (1) بت‌پرست کردن، مشرک کردن، کافر کردن

paganisme /paganism/ *nm* [از دید مسیحیان و یهودیان] بت‌پرستی، شِرک

a = bas, plat   e = blé, jouer   ɛ = lait, jouet, merci   i = il, lyre   o = mot, dôme, eau, gauche   ɔ = mort
u = roue   y = rue   ø = peu   œ = peur   ə = le, premier   ɑ̃ = sans, vent   ɛ̃ = matin, plein, lundi
ɔ̃ = bon, ombre   ʃ = chat, tache   ʒ = je, gilet   j = yeux, paille, pied   w = oui, nouer   ɥ = huile, lui

pagayer / pageje / *vi* (8)	پارو زدن
pagayeur,euse / pagɛjœʀ,øz / *n*	پاروزن
page / paʒ / *nm*	۱. صفحه ۲. ورق ۳. [اثر ادبی یا موسیقی] قطعه
pageot / paʒo / *nm*	[عامیانه] تخت، تختخواب
pagination / paʒinasjɔ̃ / *nf*	شماره‌گذاری صفحات
paginer / paʒine / *vt* (1)	صفحات (کتاب یا جزوه‌ای) را شماره زدن، شماره‌گذاری کردن
pagode / pagɔd / *nf*	[در خاور دور] معبد، پاگودا
paie / pɛ / *nf*	۱. پرداخت حقوق، پرداخت دستمزد ۲. حقوق، دستمزد
paiement / pɛmɑ̃ / *nm*	پرداخت
païen,enne / pajɛ̃,ɛn / *adj, n*	[از دید مسیحیان و یهودیان] بت‌پرست، مشرک، کافر
paillard,e / pajaʀ,d / *n, adj*	۱. [قدیمی یا طنزآمیز] عیاش، الواط ◙ ۲. زننده، رکیک، مستهجن
paillardise / pajaʀdiz / *nf*	۱. عیاشی، الواطی ۲. حرف زننده، حرف رکیک
paillasse[1] / pajas / *nf*	۱. تشک کاه ۲. [ظرف‌شویی آشپزخانه] سینی
paillasse[2] / pajas / *nm*	[ادبی] دلقک
paillasson / pajasɔ̃ / *nm*	پادری
paille / paj / *nf, adj. inv*	۱. کاه ۲. پَر کاه ۳. [برای نوشیدن] نی ۴. درز، ترک، مو ◙ ۵. زرد روشن ۶. [مو] بور
chapeau de paille	کلاه حصیری
coucher/être sur la paille	در فقر و فاقه به‌سر بردن
tirer à la courte paille	پشک انداختن، قرعه کشیدن
paillé,e / paje / *adj*	۱. به رنگ کاه، کاهی ۲. پُر از کاه ۳. [فنی] درزدار، ترک‌دار
pailler / paje / *vt* (1)	۱. (درون چیزی را) از کاه پر کردن ۲. با کاه پوشاندن

pailleté,e / pajte / *adj*	پولک‌نشان، پولک‌دوزی (شده)
pailleter / pajte / *vt* (4)	پولک‌زدن (به)، پولک‌دوزی کردن
paillette / pajɛt / *nf*	۱. پولک ۲. ذرات طلا، خاک طلا
paillote / pajɔt / *nf*	کلبهٔ پوشالی
pain / pɛ̃ / *nm*	۱. نان ۲. [صابون] قالب
pain de sucre	کله‌قند
pair[1] / pɛʀ / *nm*	۱. همتا، نظیر، مانند ۲. هم‌شأن، هم‌تراز، هم‌ردیف ۳. [در انگلستان] عضو مجلس اعیان
de pair	در کنار هم، پا به پای هم
hors (de) pair	بی‌نظیر، بی‌همتا، بی‌مانند، بی‌رقیب
travailler au pair	[به ویژه دختران] در مقابل جا و غذا کار کردن
pair[2],**e** / pɛʀ / *adj*	زوج
paire / pɛʀ / *nf*	[اشیاء و غیره] جفت
paisible / pezibl / *adj*	۱. آرام، ساکت ۲. راحت، آسوده، بی‌دغدغه
paisiblement / pezibləmɑ̃ / *adv*	۱. آرام، به آرامی ۲. در آرامش، آسوده
paître / pɛtʀ / *vi* (57)	چریدن
paix / pɛ / *nf, interj*	۱. صلح ۲. آشتی ۳. آرامش، آسودگی ◙ ۴. [قدیمی] ساکت! آرام بگیر! آرام باشید!
pajot / paʒo / *nm* → pageot	
pal / pal / *nm*	تیر، چوب
palabre / palabʀ / *nm, nf*	جر و بحث (بیهوده)
palabrer / palabʀe / *vi* (1)	(بیهوده) جر و بحث کردن
palace / palas / *nm*	هتل مجلل
paladin / paladɛ̃ / *nm*	[در قرون وسطی] شوالیهٔ سرگردان
palais[1] / palɛ / *nm*	کاخ، قصر
palais de justice	کاخ دادگستری، ساختمان دادگستری

palais² /palɛ/ *nm* ۱. کام، سق ۲. ذائقه
palan /palɑ̃/ *nm* بالابر (قرقره‌ای)
palanquin /palɑ̃kɛ̃/ *nm* کجاوه، تخت‌روان، محمل
palatal,e,aux /palatal,o/ *adj* کامی
palatalisation /palatalizasjɔ̃/ *nf* [آواشناسی] کامی‌شدگی
palatalisé,e /palatalize/ *adj* [آواشناسی] کامی‌شده
pale /pal/ *nf* ۱. کفهٔ پارو ۲. [فنی؛ پروانه یا ملخ] پره
pâle /pal/ *adj* ۱. رنگ‌پریده ۲. کم‌رنگ ۳. [نور] کم‌سو، ضعیف ۴. بی‌فروغ، بدون جلوه، بی‌رنگ و رو
bleu pâle آبی کم‌رنگ
palefrenier /palfʀənje/ *nm* مهتر
paléographe /paleɔgʀaf/ *n* کارشناس خطوط کهن، کتیبه‌شناس
paléographie /paleɔgʀafi/ *nf* شناخت خطوط کهن، کتیبه‌شناسی
paléolithique /paleɔlitik/ *nm, adj* ۱. دورهٔ دیرینه‌سنگی ▪ ۲. (مربوط به) دیرینه‌سنگی
paléontologie /paleɔ̃tɔlɔʒi/ *nf* دیرین‌شناسی
paléontologique /paleɔ̃tɔlɔʒik/ *adj* ۱. دیرین‌شناختی، (مربوط به) دیرین‌شناسی ۲. [ادبی] کهن
paléontologiste /paleɔ̃tɔlɔʒist/ *n* → paléontologue
paléontologue /paleɔ̃tɔlɔg/ *n* دیرین‌شناس
palet /palɛ/ *nm* تیله
paletot /palto/ *nm* پالتو(ی کوتاه)
palette /palɛt/ *nf* ۱. پارو ۲. [نقاشی] تخته‌شستی، تخته‌رنگ ۳. رنگ‌گزینی، رنگ‌آمیزی
pâleur /palœʀ/ *nf* ۱. رنگ‌پریدگی ۲. کم‌رنگی
pâlichon,onne /paliʃɔ̃,ɔn/ *adj* [خودمانی] کمی رنگ‌پریده

palier /palje/ *nm* ۱. پاگرد ۲. یاتاقان
par paliers به تدریج، تدریجاً، کم‌کم، پله‌پله
palingénésie /palɛ̃ʒenezi/ *nf* ۱. بازگشت به زندگی ۲. پیدایش دوباره
palinodies /palinɔdi/ *nf. pl* تغییر عقیده
pâlir /paliʀ/ *vi, vt* (2) ۱. رنگ (کسی) پریدن ۲. رنگ باختن، کم‌رنگ شدن ۳. جلوهٔ خود را از دست دادن ▪ ۴. رنگ‌پریده کردن
palissade /palisad/ *nf* ۱. پرچین ۲. نرده، حصار
palissader /palisade/ *vt* (1) ۱. پرچین کشیدن ۲. نرده کشیدن، حصار کشیدن
palissage /palisaʒ/ *nm* چفته‌بندی
palissandre /palisɑ̃dʀ/ *nm* (چوب) صندل سرخ
palliatif,ive /paljatif,iv/ *adj, nm* ۱. مُسکِّن ▪ ۲. داروی مُسکِّن ۳. چارهٔ موقت
pallier /palje/ *vt* (7) ۱. موقتاً تسکین دادن ۲. موقتاً چاره کردن ۳. [ادبی] پنهان کردن، پوشاندن
palmarès /palmaʀɛs/ *nm* اسامی برندگان (جوایز)
palme /palm/ *nf* ۱. برگ نخل ۲. نشان برگ نخل ۳. کفش غواصی
palmé,e /palme/ *adj* ۱. [جانورشناسی] پرده‌دار ۲. [گیاه‌شناسی] پنجه‌ای
palmeraie /palməʀɛ/ *nf* نخلستان
palmier /palmje/ *nm* (درخت) نخل، درخت خرما
palmipède /palmipɛd/ *adj, nm* [برخی پرندگان] پاپرده‌دار، پاپرده‌ای
palonnier /palɔnje/ *nm* ۱. تیر مالبند ۲. [هواپیما] میلهٔ سکان
pâlot,otte /palo,ɔt/ *adj* (کمی) رنگ‌پریده
palpable /palpabl/ *adj* ۱. قابل لمس، ملموس، محسوس ۲. آشکار، مشهود، معلوم، بارز

palpation 614

palpation /palpasjɔ̃/ *nf* معاینه با دست، لمس

palper /palpe/ *vt* (1) ۱. لمس کردن، دست مالیدن (به) ۲. با دست معاینه کردن ۳. [خودمانی] به جیب زدن، پول درآوردن، پول گیر آوردن

Elle a palpé pas mal d'argent. پول خوبی به جیب زد.

palpitant /palpitɑ̃/ *adj* ۱. تپنده ۲. هیجان‌انگیز، مهیج ۳. هیجان‌زده

palpitation /palpitasjɔ̃/ *nf* ۱. [قلب] تپش ۲. [پلک و غیره] زنش غیرارادی، پرش ۳. لرزش، لرزه

palpiter /palpite/ *vi* (1) ۱. [قلب] تپیدن، تپش داشتن، تند زدن ۲. [زخم و غیره] زُق‌زُق کردن ۳. [از ترس و غیره] به خود لرزیدن، لرزه بر اندام (کسی) افتادن ۴. [از شادی و غیره] در پوست خود نگنجیدن، روی پای خود بند نبودن

paltoquet /paltɔkɛ/ *nm* [قدیمی یا طنزآمیز] آدم پرمدعا

paluche /palyʃ/ *nf* [عامیانه] دست

paludéen,enne /palydeɛ̃,ɛn/ *adj* ۱. (مربوط به) مالاریا ۲. مبتلا به مالاریا ۳. [قدیمی] مردابی، باتلاقی

paludisme /palydism/ *nm* مالاریا

pâmer (se) /s(ə)pame/ *vp* (1) ۱. مدهوش شدن، از خود بیخود شدن ۲. [قدیمی] غش کردن، از حال رفتن، از هوش رفتن

pâmoison /pamwazɔ̃/ *nf* ۱. از خود بیخودشدگی، مدهوش شدن ۲. [قدیمی] غش، از حال رفتن

pampa /pɑ̃pa/ *nf* [در آمریکای جنوبی] علفزار

pamphlet /pɑ̃flɛ/ *nm* هجونامه

pamphlétaire /pɑ̃fletɛʀ/ *n* هجونامه‌نویس

pamplemousse /pɑ̃pləmus/ *nm, nf* گریپ‌فروت، (نوعی) دارابی

pamplemoussier /pɑ̃pləmusje/ *nm* درخت گریپ‌فروت، درخت دارابی

pampre /pɑ̃pʀ/ *nm* شاخهٔ مو

pan[1] /pɑ̃/ *nm* [کت، مانتو، ...] پایین، دنباله

pan de mur قسمتی از دیوار

relever les pans d'un rideau پایین پرده را بالا زدن

pan![2] /pɑ̃/ *interj* دَرق! دَرقی! شَترق!

panacée /panase/ *nf* اِکسیر، داروی هر درد

panache /panaʃ/ *nm* ۱. [کلاه] جِقه، پر ۲. غرور و افاده، طمطراق

panaché,e /panaʃe/ *adj* ۱. چندرنگ، رنگارنگ ۲. متنوع

panacher /panaʃe/ *vt* (1) ۱. جِقه زدن، پر زدن ۲. رنگارنگ کردن ۳. متنوع کردن

panafricain,e /panafʀikɛ̃,ɛn/ *adj* (مربوط به) اتحاد ملل افریقا

panafricanisme /panafʀikanism/ *nm* (طرفداری از) اتحاد ملل افریقا

panama /panama/ *nm* کلاه حصیری

panaméen,enne[1] /panameɛ̃,ɛn/ *adj* پانامایی، (مربوط به) پاناما

Panaméen,enne[2] /panameɛ̃,ɛn/ *n* اهل پاناما، پانامایی

panaméricain,e /panameʀikɛ̃,ɛn/ *adj* (مربوط به) ملل آمریکا

panamien,enne /panamjɛ̃,ɛn/ *adj* → panaméen,enne

panarabe /panaʀab/ *adj* (مربوط به) اتحاد اعراب

panarabisme /panaʀabism/ *nm* (طرفداری از) اتحاد اعراب

panard /panaʀ/ *nm* [خودمانی] لِنگ، پا

pancarte /pɑ̃kaʀt/ *nf* اعلان، پلاکارد

pancréas /pɑ̃kʀeas/ *nm* لوزالمعده

pancréatique /pɑ̃kʀeatik/ *adj* (مربوط به) لوزالمعده، لوزالمعدی

panda /pɑ̃da/ *nm* [جانور] پاندا

pandémonium /pɑ̃demɔnjɔm/ *nm*

۱. پایتخت دوزخ ۲. [ادبی] محل هرج و مرج، غوغاسرا

panégyrique /paneʒiRik/ *nm* مدیحه، مدح، ثنا

panégyriste /paneʒiRist/ *n* ۱. مداح، مدیحه‌سرا، ثناگو ۲. مجیزگو

panier /panje/ *nm* ۱. سبد، زنبیل ۲. [بسکتبال] حلقه

Il a mis tous ses œufs dans le même panier. هرچی داشت رو کرد.

mettre au panier دور ریختن

panier percé آدم ولخرج

panière /panjɛR/ *nf* سبد بزرگ

panification /panifikasjɔ̃/ *nf* درست کردن نان

panifier /panifje/ *vt* (7) نان درست کردن

paniquard /panikaR/ *nm* آدم بزدل

panique /panik/ *nf* هول، هراس، وحشت

paniquer /panike/ *vt, vi* (1) ۱. هراساندن، وحشت‌زده کردن، به وحشت انداختن ◙ ۲. وحشت کردن، به وحشت افتادن، به هراس افتادن، هول کردن

panne[1] /pan/ *nf* خرابی، نقص، ازکارافتادگی

panne d'électricité قطع برق، خاموشی

tomber en panne خراب شدن، از کار افتادن

panne[2] /pan/ *nf* ۱. پیه خوک ۲. پارچهٔ مخملی

panneau /pano/ *nm* ۱. صفحه، تابلو ۲. [شکار] تور

panneau de boiserie چوبکاری ساختمان

panonceau /panɔ̃so/ *nm* لوح، پلاک

panoplie /panɔpli/ *nf* ۱. کلکسیون اسلحه ۲. [وسیلهٔ بازی بچه‌ها] لباس، وسایل ۳. مجموعه

panoplie d'Indien [برای بازی بچه‌ها] وسایل سرخ‌پوستی، لباس سرخ‌پوستی

panorama /panɔRama/ *nm* منظره، دورنما، چشم‌انداز

panoramique /panɔRamik/ *adj* دارای چشم‌انداز گسترده

vue panoramique دید تمام‌نما، دید کلی

pansage /pɑ̃saʒ/ *nm* تیمار

panse /pɑ̃s/ *nf* ۱. شکنبه، سیرابی ۲. [خودمانی] شکمِ گنده، شکم

pansement /pɑ̃smɑ̃/ *nm* پانسمان

panser /pɑ̃se/ *vt* (1) ۱. پانسمان کردن، بستن ۲. [اسب] تیمار کردن

pansu,e /pɑ̃sy/ *adj* ۱. شکم‌گنده ۲. شکم‌دار

pantalon /pɑ̃talɔ̃/ *nm* شلوار

pantalonnade /pɑ̃talɔnad/ *nf* ۱. لودگی، مسخره‌بازی ۲. عوام‌فریبی، ظاهرفریبی

pantelant,e /pɑ̃tlɑ̃,t/ *adj* ۱. نفس‌زنان، نفس‌بریده ۲. بی‌قرار

panthéisme /pɑ̃teism/ *nm* همه‌خداانگاری، (آیین) وحدت وجود

panthéiste /pɑ̃teist/ *n, adj* ۱. همه‌خداانگار، پیرو آیین وحدت وجود ◙ ۲. وحدت وجودی، وحدت وجودگرایانه، همه‌خداانگارانه

panthéon /pɑ̃teɔ̃/ *nm* ۱. آرامگاه مشاهیر ۲. [در یونان و روم] معبد خدایان، پانتئون

panthère /pɑ̃tɛR/ *nf* ۱. پلنگ ۲. پوست پلنگ

pantin /pɑ̃tɛ̃/ *nm* ۱. آدمک مقوایی متحرک ۲. آلت دست، بازیچه

pantois,e /pɑ̃twa,z/ *adj* هاج و واج، مبهوت، مات و مبهوت

pantomime /pɑ̃tɔmim/ *nf* نمایش بدون کلام، لال‌بازی، پانتومیم

pantoufle /pɑ̃tufl/ *nf* دمپایی، سرپایی

paon /pɑ̃/ *nm* طاووس

paonne /pan/ *nf* طاووس ماده

papa /papa/ *nm* بابا، پاپا

à la papa ۱. [خودمانی] یواش ۲. بی‌دردسر، راحت

de papa [خودمانی] قدیمی، (مالِ) عهد بوق

fils à papa بچه‌ننه

papal,e,aux /papal,o/ *adj* (مربوط به) پاپ، پاپی

papauté /papote/ *nf* ۱. مقام پاپ، مقام پاپی ۲. حکومت پاپ، نظام پاپی

pape /pap/ *nm* پاپ

papelard[1]**,e** /paplaʀ,d/ *adj* ۱. [ادبی] متملق، ریاکار، متظاهر ۲. تملق‌آمیز، ریاکارانه، متظاهرانه

papelard[2] /paplaʀ/ *nm* تکه‌کاغذ، کاغذپاره

papelardise /paplaʀdiz/ *nf* تملق، ظاهرفریبی

paperasse /papʀas/ *nf* کاغذپاره

paperasserie /papʀasʀi/ *nf* کاغذها، کاغذپاره‌ها، یک مشت کاغذپاره

papeterie /papetʀi/ *nf* ۱. کاغذسازی ۲. نوشت‌افزارفروشی

papetier,ère /paptje,ɛʀ/ *n* ۱. کاغذساز ۲. فروشندهٔ نوشت‌افزار، نوشت‌افزارفروش

papi /papi/ *nm* [زبان بچه‌ها] بابابزرگ

papier /papje/ *nm* ۱. کاغذ ۲. ورق، ورقه ۳. نوشته ۴. مقاله ۵. سند، مدرک

papiers d'identité مدارک شناسایی، اسناد هویت

papier-calque /papjekalk/ *nm* کاغذ گرده‌برداری، کاغذ کالک

papier-émerie /papjeemʀi/ *nm* کاغذ سنباده

papier-filtre /papjefiltʀ/ *nm* کاغذ صافی

papier-monnaie /papjemɔnɛ/ *nm* اسکناس

papille /papij(l)/ *nf* پُرز

papillon /papijɔ̃/ *nm* ۱. پروانه ۲. برگ جریمه ۳. [کتاب و غیره] برگهٔ پیوست ۴. مهرهٔ خروسکی، مهرهٔ پروانه‌ای

nœud papillon گرهٔ پاپیونی

papillonner /papijɔne/ *vi* (1) ۱. از این شاخ به آن شاخ پریدن ۲. پلکیدن، چرخیدن

papillotant,e /papijɔtɑ̃,t/ *adj* خیره‌کننده، زننده

papillote /papijɔt/ *nf* ۱. بیگودی کاغذی ۲. کاغذ آب‌نبات

papillotement /papijɔtmɑ̃/ *nm* سوسو، برق

papilloter /papijɔte/ *vi* (1) ۱. سوسوزدن، برق زدن ۲. [چشم] دودو زدن ۳. پلک زدن

papotage /papɔtaʒ/ *nm* وراجی، پرچانگی

papoter /papɔte/ *vi* (1) وراجی کردن، ور زدن، پرچانگی کردن

papy /papi/ *nm* → papi

papyrus /papiʀys/ *nm* ۱. (گیاه) پاپیروس ۲. کاغذ پاپیروس ۳. دست‌نویس پاپیروس

pâque /pak/ *nf* [دین یهود] عید فصح، عید فطیر

paquebot /pakbo/ *nm* کشتی‌مسافربری، کشتی مسافری

pâquerette /pakʀɛt/ *nf* (گل) مینا

Pâques /pak/ *nm* [مسیحیت] عید پاک

paquet /pakɛ/ *nm* ۱. بسته ۲. [سیگار و غیره] پاکت، بسته

des paquets de neiges توده‌های برف

un paquet de ۱. یک بسته ۲. یک دسته

paquetage /paktaʒ/ *nm* [نظامی] وسایل انفرادی، وسایل شخصی

par /paʀ/ *prép* ۱. از ۲. از راهِ، از طریقِ ۳. به وسیلهٔ، توسطِ ۴. با ۵. در ۶. به خاطرِ، به لحاظِ

de par به حکمِ، به نامِ

deux fois par jour دو بار در روز، روزی دو بار

deux par deux دو به دو، دوتا دوتا

par-ci par-là اینجا و آنجا

par trop زیادی، بیش از حد

répondre par oui با بله پاسخ دادن

voyager (de) par le monde دورِ دنیا سفر کردن

para /paʀa/ *nm* → parachutiste

parabole[1] /paʀabɔl/ *nf* ۱. تمثیل، حکایت ۲. کنایه، رمز

parabole[2] /paʀabɔl/ *nf* [ریاضیات] سهمی، شَلجمی

parabolique[1] /paʀabɔlik/ *adj* تمثیلی

parabolique[2] /paʀabɔlik/ *adj* ۱. [ریاضیات] سهمَوی ۲. شَلجمی‌شکل

parachèvement /paʀaʃɛvmɑ̃/ *nm* [ادبی] تکمیل، اتمام، انجام

parachever /paʀaʃve/ *vt* (5) تکمیل کردن، تمام کردن، به پایان رساندن

parachutage /paʀaʃytaʒ/ *nm* [از هواپیما] با چتر پیاده کردن، با چتر پریدن

parachute /paʀaʃyt/ *nm* چتر نجات

parachuter /paʀaʃyte/ *vt* (1) [از هواپیما] با چتر پیاده کردن

parachutisme /paʀaʃytism/ *nm* چتربازی

parachutiste /paʀaʃytist/ *n, adj* چترباز

parade /paʀad/ *nf* ۱. سان، سان و رژه ۲. خودنمایی، پز، به رخ کشیدن ۳. نمایش ۴. [حمله و غیره] دفع، جاخالی

de parade تشریفاتی

faire parade de (چیزی را) به رخ کشیدن، پز (چیزی را) دادن

parader /paʀade/ *vi* (1) خودنمایی کردن، خودی نشان دادن

paradigmatique /paʀadigmatik/ *adj* [زبان‌شناسی] (مربوط به) جانشینی

axe paradigmatique [زبان‌شناسی] محور جانشینی

paradigme /paʀadigm/ *nm* [زبان‌شناسی] صورت‌های صرفی، ستون صرفی

paradis /paʀadi/ *nm* بهشت، فردوس، پردیس، جنت

paradisiaque /paʀadizjak/ *adj* ۱. بهشتی ۲. مثل بهشت

paradisier /paʀadizje/ *nm* پرندهٔ بهشتی

paradoxal,e,aux /paʀadɔksal,o/ *adj* دارای تناقض، متناقض، متناقض‌نما

paradoxe /paʀadɔks/ *nm* ۱. گفتهٔ خلاف عرف ۲. گفتهٔ تناقض‌نما ۳. تناقض، تناقض‌گویی

paraf /paʀaf/ *nm* → paraphe

parafer /paʀafe/ *vt* (1) → parapher

paraffine /paʀafin/ *nf* پارافین

paraffiner /paʀafine/ *vt* (1) به پارافین آغشتن، پارافین زدن

parages /paʀaʒ/ *nm. pl* [دریانوردی] آب‌ها، منطقه

dans les parages de (در) اطرافِ، حول و حوشِ، حوالیِ، دور و برِ

paragraphe /paʀagʀaf/ *nm* بند، پاراگراف

paragrêle /paʀagʀɛl/ *adj* ضدتگرگ

paraître /paʀɛtʀ/ *vi* (57) ۱. پدیدار شدن، آشکار شدن، ظاهر شدن، نمودار شدن ۲. حضور یافتن، حاضر شدن ۳. به نظر رسیدن، به نظر آمدن ۴. منتشر شدن ۵. خودنمایی کردن، جلوه کردن

Il paraît que به نظر می‌رسد که، ظاهراً، انگار

parallèle /paʀalɛl/ *adj, nf, nm* ۱. موازی ۲. همانند، مشابه ◘ ۳. خط موازی ◘ ۴. [جغرافیا] مدار ۵. مقایسه

barres parallèles [ژیمناستیک] پارالِل

établir/faire un parallèle مقایسه کردن

marché parallèle بازار سیاه

police parallèle پلیس مخفی

parallèlement /paʀalɛlmɑ̃/ *adv* ۱. به موازاتِ (آن) ۲. در عین حال، (به طور) هم‌زمان

parallélépipède /paʀalelepipɛd/ *nm* متوازی‌السطوح

parallélipipède /paʀalelepipɛd/ *nm* → parallélépipède

parallélisme /paʀalelism/ *nm*
۱. موازی بودن، توازی ۲. تشابه
parallélogramme /paʀalelɔgʀam/ *nm*
متوازی‌الاضلاع
paralysant,e /paʀalizɑ̃,t/ *adj* فلج‌کننده
paralysé,e /paʀalize/ *adj, n* (فرد) فلج
paralyser /paʀalize/ *vt* (1) ۱. فلج کردن
۲. از کار انداختن، مختل کردن ۳. بر جای خود میخکوب کردن
paralysie /paʀalizi/ *nf* ۱. فلج
۲. ازکارافتادگی، اختلال
paralytique /paʀalitik/ *adj, n* (فرد) فلج، افلیج
paramédical,e,aux /paʀamedikal,o/ *adj*
(مربوط به) پیراپزشکی
paramètre /paʀamɛtʀ/ *nm* ۱. [ریاضی] پارامتر ۲. شاخص
paramilitaire /paʀamilitɛʀ/ *adj* شبه‌نظامی
parangon /paʀɑ̃gɔ̃/ *nm* [ادبی] نمونه، الگو، سرمشق
paranoïa /paʀanɔja/ *nf* [روان‌شناسی] پارانویا
paranoïaque /paʀanɔjak/ *adj*
۱. [روان‌شناسی] پارانویایی، (مربوط به) پارانویا ◻ ۲. بیمار پارانویایی، مبتلا به پارانویا
parapet /paʀapɛ/ *nm* حفاظ، جان‌پناه، دیواره
paraphe /paʀaf/ *nm* پاراف
parapher /paʀafe/ *vt* (1) پاراف کردن
paraphrase /paʀafʀaz/ *nf* بیانِ دیگر، تعبیر، تفسیر، شرح
paraphraser /paʀafʀaze/ *vt* (1) به بیانِ دیگر گفتن، تعبیر کردن، تفسیر کردن، شرح دادن
paraplégie /paʀapleʒi/ *nf* فلج پایین‌تنه
paraplégique /paʀapleʒik/ *adj, n*
مبتلا به فلج پایین‌تنه
parapluie /paʀaplɥi/ *nf* چتر

parapsychologie /paʀapsikɔlɔʒi/ *nf*
فراروان‌شناسی، پیراروان‌شناسی
parasitaire /paʀazitɛʀ/ *adj* انگلی
parasite /paʀazit/ *adj, nm* ۱. انگل
۲. طفیلی، سربار ◻ ۳. پارازیت
parasiter /paʀazite/ *vt* (1) ۱. انگل (چیزی) شدن، زندگی انگلی کردن ۲. پارازیت انداختن
parasitique /paʀazitik/ *adj* انگلی
parasitisme /paʀazitism/ *nm* زندگی انگلی
parasol /paʀasɔl/ *nm* چتر آفتابی
paratonnerre /paʀatɔnɛʀ/ *nm* برقگیر
paravent /paʀavɑ̃/ *nm* پاراوان
parc /paʀk/ *nm* ۱. پارک، گردشگاه، باغ
۲. آغل ۳. پارکینگ، توقفگاه ۴. پارک بچه ۵. ماشین‌آلات (= مجموعهٔ دستگاه‌ها یا خودروهای یک مؤسسه یا یک کشور)
parc à bestiaux آغل، طویله
parc zoologique باغ‌وحش
parcellaire /paʀselɛʀ/ *adj* ذره‌ذره، خرده‌خرده
parcelle /paʀsɛl/ *nf* ۱. ذره، خرده، ریزه
۲. قطعه (زمین زراعی)
parce que /paʀsk/ *loc. conj* چون، چون که، برای اینکه، زیرا
parchemin /paʀʃəmɛ̃/ *nm* ۱. [برای نوشتن] پوست ۲. نوشتهٔ روی پوست، پوست‌نوشته
parcheminé,e /paʀʃəmine/ *adj* ۱. پوستی
۲. [صورت و غیره] پلاسیده، چروکیده
parcimonie /paʀsimɔni/ *nf* امساک، صرفه‌جویی
parcimonieusement /paʀsimɔnjøz-mɑ̃/ *adv* با امساک، با صرفه‌جویی
parcimonieux,euse /paʀsimɔnjø,øz/ *adj* ۱. ممسک، صرفه‌جو ۲. با امساک، با صرفه‌جویی
par-ci par-là /paʀsipaʀla/ *loc. adv*
→ par

parcourir /paʀkuʀiʀ/ *vt* (11) ۱. پیمودن، طی کردن، زیر پا گذاشتن، درنوردیدن ۲. نظر انداختن به، از نظر گذراندن

parcours /paʀkuʀ/ *nm* ۱. مسیر، خط سیر ۲. مسافت

par-derrière[1] /paʀdɛʀjɛʀ/ *prép, adv* → derrière[1]

par-dessous /paʀdəsu/ *prép, adv* → dessous[1]

par-dessus[1] /paʀdəsy/ *prép, adv* → dessus[1]

pardessus[2] /paʀdəsy/ *nm* پالتو

par-devant /paʀdəvɑ̃/ *nm* → devant[1]

pardi /paʀdi/ *interj* [خودمانی] البته! معلومه!

pardon /paʀdɔ̃/ *nm, interj* ۱. بخشش، بخشایش، عفو، گذشت ۲. معذرت، عذر، پوزش ◙ ۳. ببخشید! عذر می‌خواهم! معذرت می‌خواهم! ۴. بله؟ چی فرمودید؟

pardonnable /paʀdɔnabl/ *adj* بخشودنی، قابل بخشش، قابل گذشت، قابل اغماض

pardonner /paʀdɔne/ *vt* (1) بخشیدن، عفو کردن، گذشت کردن، چشم پوشیدن

Pardonnez-moi! معذرت می‌خواهم! عذر می‌خواهم! (مرا) ببخشید!

pare-balles /paʀbal/ *adj. inv,*

gilet pare-balles جلیقهٔ ضد گلوله

pare-boue /paʀbu/ *nm. inv* گلگیر

pare-brise /paʀbʀiz/ *nm. inv* [وسایل نقلیه] شیشهٔ جلو

pare-chocs /paʀʃɔk/ *nm. inv* [وسایل نقلیه] سپر

pare-étincelles /paʀetɛ̃sɛl/ *nm. inv* حائل آتش، حفاظ

pare-feu /paʀfø/ *nm. inv* حائل آتش، حفاظ

pareil,eille /paʀɛj/ *adj* ۱. همانند، شبیه، مثل، نظیر ۲. یک‌جور، یکسان، یکی ۳. چنین، اینگونه

C'est pareil. همان است. فرقی نمی‌کند.

en pareil cas در چنین موردی، در این‌گونه موارد

sans pareil بی‌مانند، بی‌نظیر، بی‌همتا

pareillement /paʀɛjmɑ̃/ *adv* ۱. هم، همچنین، نیز ۲. به همان شکل، مثل هم

parement /paʀmɑ̃/ *nm* ۱. روکار، نما ۲. [لباس] رویه، رو

parenchyme /paʀɑ̃ʃim/ *nm* [گیاه‌شناسی،کالبدشناسی] پارانشیم

parent,e /paʀɑ̃,t/ *adj, n* خویشاوند، قوم و خویش، فامیل

parents /paʀɑ̃/ *nm. pl* پدر و مادر، والدین

parental,e,aux /paʀɑ̃tal,o/ *adj* پدر و مادری، (مربوط به) والدین

parenté /paʀɑ̃te/ *nf* ۱. خویشاوندی، خویشی، نسبت ۲. خویشاوندان

parenthèse /paʀɑ̃tɛz/ *nf* ۱. پرانتز ۲. جملهٔ معترضه

parer[1] /paʀe/ *vt* (1) ۱. آراستن، تزیین کردن، زینت دادن ۲. [پارچه و غیره] آماده کردن ۳. [گوشت] پاک کردن ۴. نسبت دادن به

se parer *vp* ۱. خود را آراستن ۲. به خود نسبت دادن، به خود بستن ۳. [قدیمی یا ادبی] مزین بودن

parer[2] /paʀe/ *vt* (1) ۱. [ضربه] جاخالی دادن ۲. [حمله] دفع کردن ۳. چاره کردن، علاج کردن، جلوگیری کردن

se parer *vp* از خود دفاع کردن

pare-soleil /paʀsɔlɛj/ *nm. inv* [اتومبیل] آفتاب‌گیر

paresse /paʀɛs/ *nf* ۱. تنبلی، کاهلی، تن‌پروری ۲. کُندی، کم‌تحرکی

paresser /paʀese/ *vi* (1) تنبلی کردن

paresseusement /paʀɛsøzmɑ̃/ *adv* ۱. با تنبلی ۲. آرام، به آرامی، به کندی

paresseux,euse / paʀɛsø,øz / *n, adj* ۱. تنبل، تن‌پرور، کاهل ▣ ۲. کُند، کم‌تحرک

parfaire / paʀfɛʀ / *vt* (60) کامل کردن، تکمیل کردن، تمام کردن، به اتمام رساندن

parfait[1],e / paʀfɛ,t / *adj* ۱. کامل ۲. تمام‌عیار، به‌تمام‌معنی، همه‌چیزتمام ۳. بی‌نقص، بی‌عیب

parfait[2] / paʀfɛ / *nm* [ادبی] کمال

parfaitement / paʀfɛtmɑ̃ / *adv* کاملاً، به طور کامل

parfois / paʀfwa / *adv* گاهی، گه‌گاه، بعضی وقت‌ها

parfum / paʀfɛ̃ / *nm* ۱. عطر ۲. بوی خوش، رایحه

parfumer / paʀfyme / *vt* (1) ۱. خوشبو کردن، معطر کردن، عطرآگین کردن ۲. عطر زدن به

parfumerie / paʀfymʀi / *nf* ۱. عطرفروشی ۲. عطرسازی ۳. کارخانهٔ عطرسازی ۴. عطریات

parfumeur,euse / paʀfymœʀ,øz / *n* ۱. عطرفروش ۲. عطرساز

pari / paʀi / *nm* شرط‌بندی، شرط

paria / paʀja / *nm* ۱. پاریا (= عضوِ پایین‌ترین طبقهٔ اجتماعی در هند)، نجس ۲. (فرد) مطرود

parier / paʀje / *vt* (7) (سرِ چیزی) شرط بستن، شرط‌بندی کردن

parieur,euse / paʀjœʀ,øz / *n* شرط‌بندی‌کننده

pariétal,e,aux / paʀjetal,o / *adj,*

os pariétal (استخوان) آهیانه

parigot,e / paʀigo,t / *adj* [خودمانی] پاریسی

parisien,enne[1] / paʀizjɛ̃,ɛn / *adj* (مربوط به) پاریس، پاریسی

Parisien,enne[2] / paʀizjɛ̃,ɛn / *n* اهل پاریس، پاریسی

paritaire / paʀitɛʀ / *adj,*

commission paritaire کمیسیون مشترک

parité / paʀite / *nf* ۱. برابری، تساوی، یکسانی ۲. [ارز] برابری نرخ مبادله

parjure / paʀʒyʀ / *nm* ۱. قسم دروغ، شکستن سوگند ۲. پیمان‌شکنی، عهدشکنی، نقض قولی ۳. آدم پیمان‌شکن

parjurer (se) / s(ə)paʀʒyʀe / *vp* (1) ۱. قسم دروغ خوردن، قسم خود را شکستن ۲. پیمان‌شکنی کردن، خلف وعده کردن، نقض قول کردن

parka / paʀka / *nm, nf* اُورکُت (کلاه‌دار)

parking / paʀkiŋ / *nm* ۱. توقف، پارک، پارک کردن ۲. توقفگاه، پارکینگ

parlant,e / paʀlɑ̃,t / *adj* ۱. گویا، سخنگو، ناطق ۲. حراف، سر و زبان‌دار

sujet parlant (فرد) گوینده

parlé,e / paʀle / *adj* گفتاری

journal parlé اخبار رادیو

Parlement / paʀləmɑ̃ / *nm* مجلس، پارلمان

parlementaire / paʀləmɑ̃tɛʀ / *adj, n* ۱. (مربوط به) مجلس، پارلمانی ▣ ۲. نمایندهٔ مجلس، عضو پارلمان

parlementarisme / paʀləmɑ̃taʀism / *nm* نظام پارلمانی، حکومت پارلمانی

parlementer / paʀləmɑ̃te / *vi* (1) با دشمن وارد مذاکره شدن، مذاکره کردن

parler[1] / paʀle / *vt, vi* (1) ۱. حرف زدن، صحبت کردن، سخن گفتن ▣ ۲. به حرف آمدن، مقر آمدن ۳. گویا بودن ۴. [ورق‌بازی] اعلام کردن

sans parler de به غیر از، بجز، جز

se parler *vp* ۱. با هم حرف زدن، با هم گفتگو کردن ۲. با خود حرف زدن ۳. صحبت شدن، تکلم شدن

langue qui se parle dans le monde entier زبانی که در تمام دنیا به آن تکلم می‌شود

parler[2] / paʀle / *nm* ۱. گفتار ۲. گویش

parleur,euse / paʀlœʀ,øz / *n,*

beau parleur آدم حراف، زبان‌آور، آدم سر و زبان‌دار

parloir / paʀlwaʀ / *nm* [اماکن مذهبی، مدارس، ...] دفتر، اتاق گفتگو

parlot(t)e /paʀlɔt/ *nf*	وراجی، پرحرفی، پرچانگی، روده‌درازی
parmi /paʀmi/ *prép*	۱. (در) میانِ، (در) بینِ ۲. نزدِ
parodie /paʀɔdi/ *nf*	۱. [اثر ادبی] تقلید شوخی‌آمیز ۲. ادا
parodier /paʀɔdje/ *vt* (7)	۱. برای شوخی تقلید کردن ۲. ادای (کسی را) درآوردن
parodique /paʀɔdik/ *adj*	[اثر ادبی] تقلیدی، شوخی‌آمیز
paroi /paʀwa/ *nf*	۱. دیواره، جدار ۲. دیوار
paroisse /paʀwas/ *nf*	کلیسا(ی محل)
paroissial,e,aux /paʀwasjal,o/ *adj*	(مربوط به) کلیسا(ی محل)
paroissien¹,enne /paʀwasjɛ̃,ɛn/ *n*	۱. وابسته (به کلیسای محل) ۲. [خودمانی] آدم
paroissien² /paʀwasjɛ̃/ *nm*	کتاب دعا
parole /paʀɔl/ *nf*	۱. حرف، کلام، سخن ۲. قول، عهد، وعده ۳. گفتار
parole d'honneur	قول شرف
parolier,ère /paʀɔlje,ɛʀ/ *n*	۱. ترانه‌سرا ۲. اُپرانویس
paroxysme /paʀɔksism/ *nm*	اوج، منتها درجه
parquer /paʀke/ *vt* (1)	۱. [جانوران] در آغل کردن، جا کردن ۲. [تحقیرآمیز] چپاندن (توی)، حبس کردن ۳. [اتومبیل] پارک کردن
parquet¹ /paʀkɛ/ *nm*	کفپوش چوبی، پارکت
parquet² /paʀkɛ/ *nm*	دادسرا
parqueter /paʀkəte/ *vt* (4)	کفپوش چوبی کردن، پارکت کردن
parrain /paʀɛ̃/ *nm*	پدر تعمیدی
parricide /paʀisid/ *nm, n*	۱. پدرکُشی، مادرکشی ۲. پدرکش، مادرکش

parsemer /paʀsəme/ *vt* (5)	پراکنده بودن در، پخش بودن در، پوشاندن
part /paʀ/ *nf*	۱. قسمت، بخش ۲. سهم
à part	۱. کنار، جدا، یک‌طرف ۲. بجز، (به) غیر از، به استثنایِ
autre part	(در) جای دیگر
avoir part à	سهیم بودن در، شریک بودن در
d'autre part	۱. از طرف دیگر، از سویِ دیگر ۲. وانگهی، از این گذشته، علاوه بر این
de la part de	از طرفِ، از سویِ
de part en part	از طرفی به طرف دیگر، از این طرف به آن طرف
de part et d'autre	از هر دو طرف
de toute(s) part(s)	از هر طرف، از هر سو
faire la part de	در نظر گرفتن، توجه کردن به
faire part de	خبر دادن، باخبر کردن از، آگاه کردن از
nulle part	هیچ کجا، هیچ جا
pour ma part	در موردِ من، راجع به من، تا آنجا که به من مربوط می‌شود
prendre part à	۱. شرکت کردن ۲. سهیم شدن
quelque part	جایی، یک جا
partage /paʀtaʒ/ *nm*	۱. تقسیم ۲. قسمت، سهم، نصیب
partageable /paʀtaʒabl/ *adj*	قابل تقسیم، تقسیم‌شدنی
partager /paʀtaʒe/ *vt* (3)	۱. تقسیم کردن، قسمت کردن ۲. شریک بودن، سهیم بودن
partager les idées de qqn	با کسی هم‌عقیده بودن
se **partager** *vp*	۱. تقسیم شدن ۲. بین خود تقسیم کردن
partance /paʀtɑ̃s/ *nf,* en partance pour	(آمادهٔ حرکت) به مقصدِ
partant¹,e /paʀtɑ̃,t/ *n, adj*	عازم

partant

être partant (pour)	آمادگی (چیزی را) داشتن، استقبال کردن (از)
partant² / paʀtɑ̃ / *conj*	[قدیمی یا ادبی] بنابراین، پس
partenaire / paʀtənɛʀ / *n*	[بازی، مسابقه] یار، شریک، همبازی
parterre / paʀtɛʀ / *nm*	باغچه، کرت
parthénogénèse / paʀtenɔʒenɛz / *nf*	[زیست‌شناسی] بکرزایی
parti¹ / paʀti / *nm*	۱. حزب ۲. دسته، گروه ۳. طرف ۴. تصمیم ۵. همسر
en prendre son parti	به ناچار پذیرفتن، کنار آمدن، راه آمدن (با)
parti pris	تصمیم قبلی، پیشداوری
prendre le parti de	تصمیم گرفتن
prendre son parti	تصمیم خود را گرفتن
tirer parti de	استفاده کردن از، سود جستن از، بهره بردن از
parti²,e / paʀti / *adj*	[خودمانی] مست، پاتیل
partial,e,aux / paʀsjal,o / *adj*	۱. مغرض، جانبدار ۲. مغرضانه، جانبدارانه
partialement / paʀsjalmɑ̃ / *adv*	مغرضانه، با غرض‌ورزی، جانبدارانه
partialité / paʀsjalite / *nf*	جانبداری، غرض‌ورزی، طرفداری، تبعیض
participant,e / paʀtisipɑ̃,t / *adj, n*	شرکت‌کننده
participation / paʀtisipasjɔ̃ / *nf*	شرکت، مشارکت
participe / paʀtisip / *nm*	[دستور زبان] وجه وصفی
participe passé	اسم مفعول
participe présent	اسم فاعل
participer / paʀtisipe / *vt* (1)	۱. شرکت کردن، شرکت جستن ۲. سهیم بودن، شریک بودن ۳. [ادبی] نشأت گرفتن
particularisation / paʀtikylaʀizasjɔ̃ / *nf*	تخصیص، ویژه‌گردانی
particulariser / pʀtikylaʀize / *vt* (1)	ویژه گردانیدن، مختص کردن
particularité / paʀtikylaʀite / *nf*	ویژگی، خصوصیت
particule / paʀtikyl / *nf*	۱. ذره ۲. [دستور زبان] أداة
particulier,ère / paʀtikylje,ɛʀ / *adj*	۱. خاص، بخصوص ۲. ویژه، مخصوص، مختص ۳. خصوصی ۴. شخصی
en particulier	به ویژه، مخصوصاً، بخصوص، بالاخص
hôtel particulier	ویلای (بزرگ) شخصی
particulièrement / paʀtikyljɛʀmɑ̃ / *adv*	به ویژه، مخصوصاً، بخصوص، بالاخص
partie / paʀti / *nf*	۱. قسمت، بخش، جزء ۲. قطعه ۳. زمینه، رشته، تخصص ۴. طرف دعوا ۵. حریف، طرف ۶. تفریح، بازی ۷. [بازی، مسابقه] دست، دور ۸. مبارزه، نبرد
abandonner/quitter la partie	کنار رفتن، کنار کشیدن، دست کشیدن
Ce n'est pas ma partie.	در تخصص من نیست. از آن سررشته ندارم.
en partie	تا اندازه‌ای، تا حدی
faire partie de	جزو (چیزی) بودن، به (چیزی) تعلق داشتن
prendre à partie	حمله کردن به، شدیداً اعتراض کردن به
partiel,elle / paʀsjɛl / *adj*	جزئی، ناقص، ناتمام، محدود
partiellement / paʀsjɛlmɑ̃ / *adv*	۱. به طور جزئی، به طور ناقص ۲. تا اندازه‌ای، تا حدی
partir / paʀtiʀ / *vi* (16)	۱. رفتن، راهی شدن، عازم شدن ۲. راه افتادن، حرکت کردن ۳. پیش رفتن ۴. شروع کردن ۵. نشأت گرفتن، سرچشمه گرفتن ۶. محو شدن، از بین رفتن
à partir de	[مکان، زمان] از ... به بعد، از ...
L'affaire est mal partie.	[خودمانی] هوا یَسَه.

می‌آید و برای منفی کردن فعل به کار می‌رود.] ۲. نه

Il n'est pas... او ... نیست.

pas encore نه هنوز

pascal,e,aux /paskal,o/ *adj*

۱. (مربوط به) عید پاک ۲. (مربوط به) عید فصح

passable /pasabl/ *adj* قابل قبول

passablement /pasabləmɑ̃/ *adv*

۱. به نحو قابل قبولی ۲. تا حدی، نسبتاً

passade /pasad/ *nf* ۱. هوا و هوس

۲. عشق زودگذر

passage /pasaʒ/ *nm* ۱. عبور، گذر

۲. حق عبور ۳. گذرگاه، معبر، راه ۴. پاساژ ۵. عبارت، قطعه

passager,ère[1] /pasaʒe,ɛʀ/ *n* مسافر

passager,ère[2] /pasaʒe,ɛʀ/ *adj* گذرا، زودگذر، کوتاه‌مدت، کوتاه، موقت

une rue très passagère یک خیابان پررفت و آمد، یک خیابان پرتردد، یک خیابان خیلی شلوغ

passagèrement /pasaʒɛʀmɑ̃/ *adv*

برای مدتی کوتاه، موقتاً، به طور موقت

passant,e /pasɑ̃,t/ *adj, n* ۱. پررفت و آمد، پرتردد، شلوغ ◙ ۲. رهگذر، عابر

passation /pasasjɔ̃/ *nf* [قرارداد، پیمان، ...] عقد، بستن

passation des pouvoirs واگذاری اختیارات

passe[1] /pas/ *nf* ۱. [بازی] پاس

۲. [دریانوردی] کانال، تنگه

être dans une bonne passe وضع (کسی) روبراه بودن، در وضع مساعدی بودن

être en passe de... در حال... بودن

maison/hôtel de passe فاحشه‌خانه

mot de passe اسم شب، گذرواژه، کلمهٔ رمز

passe[2] /pas/ *nm* → passe-partout

passé[1] /pase/ *nm* ۱. گذشته ۲. ایام گذشته، دوران گذشته ۳. [دستور زبان] (زمان) گذشته، ماضی

La tache ne part pas. لکه از بین نمی‌رود.

partisan[1]**,e** /paʀtizɑ̃,an/ *n, adj* هوادار، طرفدار

partisan[2] /paʀtizɑ̃/ *nm* چریک، پارتیزان

partitif,ive /paʀtitif,iv/ *adj*

[دستور زبان] بخشی، بخش‌نما، بَهری

partition /paʀtisjɔ̃/ *nf* تقسیم، تجزیه

partout /paʀtu/ *adv* همه جا، هر جا

partouze /paʀtuz/ *nf* [عامیانه] عیاشی

parturiente /paʀtyʀjɑ̃t/ *nf* [پزشکی] زائو

parturition /paʀtyʀisjɔ̃/ *nf* [پزشکی] زایمان (طبیعی)، وضع حمل

parure /paʀyʀ/ *nf* ۱. زیورآلات، زر و زیور ۲. [جواهر] سرویس ۳. [لباس زیر] دست

parution /paʀysjɔ̃/ *nf* [کتاب، نشریه] (زمان) انتشار

parvenir /paʀvəniʀ/ *vt* (22) ۱. رسیدن

۲. دست یافتن، نایل شدن ۳. موفق شدن، توانستن

parvenu,e /paʀvəny/ *n*

(آدم) تازه‌به‌دوران‌رسیده، نوکیسه

parvis /paʀvi/ *nm* میدان (جلوی کلیسا)

pas[1] /pa/ *nm* ۱. گام، قدم ۲. جای پا، رد پا، رد ۳. (طرز) راه رفتن ۴. قدم‌رو ۵. گذرگاه ۶. [پیچ] دنده

à pas de loup پاورچین‌پاورچین

de ce pas همین الان، فوراً

faux pas قدم اشتباه، خطا

franchir/sauter le pas بالاخره تصمیم گرفتن

mettre qqn au pas مجبور به اطاعت کردن، به اطاعت واداشتن، مطیع خود کردن

pas à pas قدم به قدم، یواش‌یواش

pas de course دو

pas de deux [باله] رقص دونفره

prendre le pas پیشی گرفتن، جلو افتادن

pas[2] /pa/ *adv* ۱. [واژه‌ای که همراهِ ne یا n'

a = bas, plat e = blé, jouer ɛ = lait, jouet, merci i = il, lyre o = mot, dôme, eau, gauche ɔ = mort
ʀ = roue y = rue ø = peu œ = peur ə = le, premier ɑ̃ = sans, vent ɛ̃ = matin, plein, lundi
ɔ̃ = bon, ombre ʃ = chat, tache ʒ = je, gilet j = yeux, paille, pied w = oui, nouer ɥ = huile, lui

passé

par le passé (در) گذشته، سابق
passé² /pase/ *prép* بعد از، پس از
passé³,e /pase/ *adj* ۱. گذشته، قبل، قبلی ۲. رنگ و رو رفته
passe-droit /pasdʀwa/ *nm* [در إعمال مقررات] تبعیض
passée /pase/ *nf* رد پا(ی حیوان)
passe-lacet /paslasɛ/ *nm* سنجاق بندکش
passe-partout /paspaʀtu/ *nm, adj* ۱. شاه‌کلید ▪ ۲. همه‌منظوره، همه‌جایی
passe-passe /paspas/ *nm. inv,*
tour de passe-passe تردستی، شعبده‌بازی
passepoil /paspwal/ *nm* قیطان، مغزی
passeport /paspɔʀ/ *nm* گذرنامه
passer /pase/ *vi, vt* (1) ۱. گذشتن، رد شدن، عبور کردن ۲. رسیدن ۳. [فیلم] به نمایش درآمدن ۴. قبول شدن ۵. تصویب شدن ۶. رفتن ۷. حضور یافتن ۸. شدن ۹. سپری شدن، گذشتن ▪ ۱۰. گذشتن از، رد شدن از، عبور کردن از ۱۱. رد کردن ۱۲. گذراندن ۱۳. [امتحان] دادن ۱۴. [خشم، هوس، ...] فرو نشاندن، خواباندن ۱۵. جا انداختن، از قلم انداختن ۱۶. از صافی رد کردن، صاف کردن
Il est passé maître dans cet art. در این فن استاد شده است.
laisser passer امکان عبور دادن، راه دادن
passer derrière qqn پشت سر کسی رفتن، دنبال کسی رفتن
passer devant qqn ۱. پیش از کسی رفتن، جلوتر از کسی رفتن ۲. مهم‌تر از کسی بودن
passer pour قلمداد شدن، شهرت یافتن به
passer sur ۱. از روی (چیزی) گذشتن ۲. چشم‌پوشی کردن، گذشت کردن ۳. گذشتن از، اعتنا نکردن به، توجه نکردن به
se passer *vp* ۱. گذشتن، سپری شدن، طی شدن ۲. پیش آمدن، روی دادن، اتفاق افتادن ۳. صرف‌نظر کردن، چشم‌پوشی کردن

passereau /pasʀo/ *nm* ۱. [قدیمی] گنجشک ــ [صورت جمع] ۲. گنجشک‌سانان
psserelle /pasʀɛl/ *nf* ۱. پل عابر پیاده ۲. [برای سوار شدن به کشتی] پل، پلکان ۳. [برای سوار شدن به هواپیما] پلکان
passe-temps /pastɑ̃/ *nm. inv* سرگرمی، تفریح
pasee-thé /paste/ *nm. inv* چای‌صاف‌کن
passeur,euse /pasœʀ,øz/ *n* ۱. قایق‌ران، کرجی‌ران ۲. [مرز، منطقۀ ممنوعه] قاچاقچی آدم
passible /pasibl/ *adj* مستوجب، سزاوار
être passible d'une amende مستوجب جریمه بودن
passif¹,ive /pasif,iv/ *adj* ۱. غیرفعال ۲. منفعل، کنش‌پذیر، تأثیرپذیر ۳. تسلیم، بی‌اراده، بی‌اعتنا ۴. [دستور زبان] مجهول
résistance passive مقاومت منفی
passif² /pasif/ *nm* ۱. بدهی‌ها، دیون ۲. [دستور زبان] صیغۀ مجهول
passiflore /pasiflɔʀ/ *nf* گل ساعتی
passion¹ /pasjɔ̃/ *nf* ۱. شور، هیجان ۲. سودا، هوس ۳. عشق، شیفتگی ۴. تعصب
Passion² /pasjɔ̃/ *nf* مصائب حضرت مسیح
passionnant,e /pasjɔnɑ̃,t/ *adj* پرشور، جذاب، دلفریب
passoinné,e /pasjɔne/ *adj, n* ۱. پرشور، پرحرارت ۲. شیفته، فریفته، عاشق ۳. شدید، تند
passionnel,elle /pasjɔnɛl/ *adj* عشقی، عاشقانه
crime passionnel جنایت عشقی، جنایت ناموسی
passionnément /pasjɔnemɑ̃/ *adv* ۱. عاشقانه ۲. با شور و شوق ۳. به شدت، شدیداً
passionner /pasjɔne/ *vt* (1) ۱. به شور و شوق آوردن، به هیجان آوردن، مجذوب کردن ۲. شیفته کردن، سخت علاقه‌مند کردن
se passionner *vp* مجذوب شدن، شیفته شدن، سخت علاقه‌مند شدن

625 **pathétiquement**

passivement /pasivmɑ̃/ *adv* بدون واکنش، بی‌اعتنا
passivité /pasivite/ *nf* تأثیرپذیری، بی‌ارادگی، بی‌اعتنایی، بی‌حالی
passoire /paswaʀ/ *nf* ۱. آبکش ۲. صافی
pastel /pastɛl/ *nm, adj. inv* ۱. پاستِل، گچ رنگی ۲. نقاشی پاستِل ◻ ۳. [رنگ] خفیف، ملایم، کم‌رنگ
pastelliste /pastelist/ *n* نقاش پاستِل
pastèque /pastɛk/ *nf* هندوانه
pasteur /pastœʀ/ *nm* ۱. [ادبی] چوپان، شبان ۲. کشیش (پروتستان)
pasteurisation /pastœʀizasjɔ̃/ *nf* (عمل) پاستوریزه کردن
pasteuriser /pastœʀize/ *vt* (1) پاستوریزه کردن
pastiche /pastiʃ/ *nf* ۱. اثر تقلیدی، اثر التقاطی ۲. تقلید ادبی، تقلید هنری
pasticher /pastiʃe/ *vt* (1) [اثر ادبی یا هنری] تقلید کردن از
pasticheur,euse /pastiʃœʀ,øz/ *n* مقلد (ادبی یا هنری)
pastille /pastij/ *nf* قرص (مکیدنی)
pastille de menthe قرص نعنا
tissu à pastilles پارچهٔ خالدار
pastoral,e[1],aux /pastɔʀal,o/ *adj* ۱. [ادبی] چوپانی، شبانی ۲. روستایی ۳. کشیشی، (مربوط به) کشیشان
pastorale[2] /pastɔʀal/ *nf* ۱. شعر شبانی ۲. هنر شبانی ۳. موسیقی شبانی
pastoureau,elle /pastuʀo,ɛl/ *n* [ادبی] بچه چوپان، بچه شبان
patate /patat/ *nf* ۱. سیب‌زمینی شیرین ۲. [خودمانی یا محلی] سیب‌زمینی ۳. [عامیانه] آدم احمق، گوساله
en avoir gros sur la patate [خودمانی] دل پُری داشتن
pataud,e /pato,d/ *adj* ۱. کُند، وارفته ۲. دست و پاچلفتی
patauger /patoʒe/ *vi* (3) ۱. [در گل و لای و غیره] راه رفتن ۲. درماندن، واماندن، وادادن
pâte /pat/ *nf* ۱. خمیر ـــ [صورت جمع] ۲. پاستا (= ماکارونی، اسپاگتی، راویولی، ...)
être comme un coq en pâte در ناز و نعمت بودن
pâte dentifrice خمیر دندان
pâté /pate/ *nm* ۱. [آشپزی] پاته ۲. لکهٔ بزرگ جوهر
pâté de foie [آشپزی] پاتهٔ جگر
patelin[1] /patlɛ̃/ *nm* [خودمانی] ده، دهات
patelin[2],e /patlɛ̃,in/ *adj* ۱. [ادبی] چاپلوس، مزور، زبانباز ۲. چاپلوسانه، مزورانه
patent,e[1] /patɑ̃,t/ *adj* آشکار، واضح، مسلم، نمایان
patente[2] /patɑ̃t/ *nf* [در فرانسه] مالیات شغلی، مالیات صنفی
patère /patɛʀ/ *nf* جارختی، رخت‌آویز
paterne /patɛʀn/ *adj* [ادبی] مهرآمیز، محبت‌آمیز، پرعطوفت
paternel,elle /patɛʀnɛl/ *adj* ۱. پدری ۲. پدرانه، پدروار
paternellement /patɛʀnɛlmɑ̃/ *adv* پدرانه
paternité /patɛʀnite/ *nf* ۱. پدری ۲. احساس پدری
pâteux,euse /patø,øz/ *adj* ۱. خمیری ۲. غلیظ
pathétique /patetik/ *adj, nm* ۱. تأثرانگیز، اسف‌بار، اسفناک، رقت‌انگیز ◻ ۲. [ادبی] اسفناکی، حالت رقت‌بار
pathétiquement /patetikmɑ̃/ *adv* به طور تأثرانگیزی، به طور اسف‌باری، به طرز اسفناکی

a = bas, plat e = blé, jouer ɛ = lait, jouet, merci i = il, lyre o = mot, dôme, eau, gauche ɔ = mort
u = roue y = rue ø = peu œ = peur ə = le, premier ɑ̃ = sans, vent ɛ̃ = matin, plein, lundi
ɔ̃ = bon, ombre ʃ = chat, tache ʒ = je, gilet j = yeux, paille, pied w = oui, nouer ɥ = huile, lui

pathogène /patɔʒɛn/ *adj*	بیماری‌زا
pathologie /patɔlɔʒi/ *nf*	آسیب‌شناسی
pathologique /patɔlɔʒik/ *adj*	۱. (مربوط به) آسیب‌شناسی، آسیب‌شناختی ۲. (ناشی از) بیماری، بیمارگونه ۳. [خودمانی] غیرعادی
pathologiste /patɔlɔʒist/ *n, adj*	آسیب‌شناس
patiemment /pasjamɑ̃/ *adv*	صبورانه، با شکیبایی، با بردباری، با حوصله
patience /pasjɑ̃s/ *nf*	۱. صبر، شکیبایی، بردباری، حوصله ۲. طاقت، تحمل ۳. استقامت، پشتکار، پایداری ۴. فال ورق
jeu de patience	پازل
perdre patience	صبر (کسی) تمام شدن، طاقت (کسی) طاق شدن
prendre en patience	تحمل کردن
prendre patience	صبر کردن، حوصله کردن
patient,e /pasjɑ̃,t/ *adj, n*	۱. صبور، شکیبا، بردبار، باحوصله ۲. پرطاقت، پرتحمل ۳. بااستقامت، باپشتکار ۴. صبورانه ۵. فرد تحت معالجه، بیمار
patienter /pasjɑ̃te/ *vi* (1)	صبر کردن، منتظر ماندن، حوصله به خرج دادن
patin /patɛ̃/ *nm*	[برای جلوگیری از کثیف شدن کفپوش] زیرکفشی
patin (à glace)	کفش پاتیناژ
patin à roulettes	کفش اسکیت
patinage /patinaʒ/ *nm*	پاتیناژ
patine /patin/ *nf*	زنگار
patiner /patine/ *vi* (1)	۱. پاتیناژ بازی کردن ۲. اسکیت بازی کردن ۳. بکسوات کردن
patinette /patinɛt/ *nf*	روروک
patineur,euse /patinœʀ,øz/ *n*	۱. پاتیناژباز ۲. اسکیت‌باز
patinoire /patinwaʀ/ *nf*	زمین پاتیناژ
patio /patjo;pasjo/ *nm*	پاسیو
pâtir /patiʀ/ *vi* (2)	۱. رنج بردن، عذاب کشیدن،

	کشیدن (از دستِ) ۲. لطمه دیدن، لطمه خوردن، آسیب دیدن، صدمه دیدن
pâtisserie /patisʀi/ *nf*	۱. شیرینی‌فروشی، قنادی ۲. شیرینی‌پزی ۳. شیرینی
pâtissier,ère /patisje,ɛʀ/ *n, adj*	قناد، شیرینی‌فروش
patois /patwa/ *nm*	خرده‌گویش، گویش محلی
patoisant,e /patwazɑ̃,t/ *n, adj*	۱. گویشور ۲. دارای گویش محلی
patraque /patʀak/ *adj*	[خودمانی] ناخوش
pâtre /patʀ/ *nm*	[ادبی] چوپان، شبان
patriarcal,e,aux /patʀijaʀkal,o/ *adj*	۱. (مربوط به) اسقف، اسقفی ۲. پدرسالار، مردسالار ۳. (مربوط به) پدرسالاری، مردسالاری ۴. پدرسالارانه، مردسالارانه
patriarcat /patʀijaʀka/ *nm*	۱. مقام اسقفی، مقام مَطرانی ۲. پدرسالاری، مردسالاری
patriarche /patʀijaʀʃ/ *nm*	۱. بزرگ قوم، ریش‌سفید، شیخ ۲. اسقف اعظم، مَطران
patricien,enne /patʀisjɛ̃,ɛn/ *n, adj*	۱. اشراف‌زاده، اعیان ۲. [روم قدیم] نجیب‌زاده ۳. اشرافی
patrie /patʀi/ *nf*	۱. میهن، وطن ۲. زادگاه
patrimoine /patʀimwan/ *nm*	ارث، میراث
patrimonial,e,aux /patʀimɔnjal,o/ *adj*	[حقوقی یا تاریخی] موروثی
patriotard,e /patʀiɔtaʀ,d/ *adj, n*	میهن‌پرست افراطی
patriote /patʀijɔt/ *adj, n*	میهن‌پرست، وطن‌پرست
patriotique /patʀijɔtik/ *adj*	۱. میهن‌پرستانه، وطن‌پرستانه ۲. میهنی
patriotiquement /patʀijɔtikmɑ̃/ *adv*	میهن‌پرستانه، از روی وطن‌پرستی
patriotisme /patʀijɔtism/ *nm*	میهن‌پرستی، وطن‌پرستی

patron[1],onne /patʀɔ̃,ɔn/ *n* ۱. کارفرما ۲. رئیس، مدیر ۳. ارباب ۴. (قدیس) حامی

patron de thèse استاد راهنمای رساله

patron d'une usine مدیر یک کارخانه، رئیس یک کارخانه

rapports entre patrons et employés روابط میان کارفرمایان و کارکنان

patron[2] /patʀɔ̃/ *nm* ۱. [خیاطی] الگو ۲. نمونه، الگو، طرح

patronage /patʀɔnaʒ/ *nm* پشتیبانی، حمایت

patronal,e,aux /patʀɔnal,o/ *adj* ۱. (مربوط به) کارفرمایان ۲. [مربوط‌به] رؤسا، مدیران

patronat /patʀɔna/ *nm* کارفرمایان

patronner /patʀɔne/ *vt* (1) حمایت کردن، پشتیبانی کردن

patronnesse /patʀɔnɛs/ *adj. f,*

dame patronnesse [اغلب طنزآمیز] زن خَیِر

patronyme /patʀɔnim/ *nm* [ادبی] نام خانوادگی

patrouille /patʀuj/ *nf* ۱. [دژبانی، نیروی انتظامی] گشت ۲. اکیپ گشت، گشتی‌ها

patrouiller /patʀuje/ *vi* (1) [دژبانی، نیروی انتظامی] گشت زدن

patrouilleur /patʀujœʀ/ *nm* ۱. سرباز گشت ۲. گشتی

patte /pat/ *nf* ۱. [حیوانات] پا، پنجه ۲. [خودمانی] پا، لِنگ ۳. [خودمانی] دست

patte(-)d'oie /patdwa/ *nf* ۱. تقاطع عمده ۲. چین و چروک دور چشم

pattemouille /patmuj/ *nf* [برای اطو کردن] کهنهٔ تر

pâturage /patyʀaʒ/ *nm* ۱. چرا ۲. چراگاه، مرتع

pâture /patyʀ/ *nf* ۱. [حیوانات] خوراک، غذا ۲. چراگاه ۳. [مجازی] خوراک

paturon /patyʀɔ̃/ *nm* [اسب] بَخولُق

paume /pom/ *nf* ۱. کف دست ۲. پُم (= در گذشته، نوعی بازی شبیه تنیس)

paumé,e /pome/ *adj* ۱. [خودمانی] پرت، دورافتاده، گم و گور ◙ ۲. [عامیانه] (آدم) بیچاره، فلک‌زده

paumer /pome/ *vt* (1) ۱. [خودمانی] گرفتن، گیر انداختن، دستگیر کردن ۲. [خودمانی] گم کردن ۳. [خودمانی؛ کتک، ضربه] خوردن، نوش جان کردن

paupérisation /popeʀizasjɔ̃/ *nf* فقر (عمومی)، فقیر شدن

paupériser /popeʀize/ *vt* (1) فقیرتر کردن، فقیر کردن

paupérisme /popeʀism/ *nm* فقر دائم

paupière /popjɛʀ/ *nf* پلک

fermer les paupières ۱. چشم بر هم گذاشتن، خوابیدن ۲. چشم از جهان فرو بستن، مردن

pause /poz/ *nf* ۱. مکث، درنگ، وقفه ۲. استراحت، زنگ تفریح

pauvre /povʀ/ *adj, n* ۱. فقیر، تهیدست، بی‌چیز ۲. بیچاره، بدبخت ۳. [زمین، خاک] ناحاصلخیز، بی‌حاصل ۴. ناچیز، ناکافی ◙ ۵. (آدم) فقیر، تهیدست

pauvrement /povʀəmɑ̃/ *adv* فقیرانه، با تهیدستی

pauvret,ette /povʀɛ,ɛt/ *adj, n* بیچاره، طفلک

pauvreté /povʀəte/ *nf* ۱. فقر، تهیدستی، تنگدستی ۲. [زمین، خاک] ناحاصلخیزی، بی‌حاصلی ۳. ناچیزی، کمی

pavage /pavaʒ/ *nm* ۱. سنگفرش ۲. کف‌سازی

pavaner (se) /s(ə)pavane/ *vp* (1) خرامیدن

pavé /pave/ *nm* سنگفرش

a = bas, plat e = blé, jouer ɛ = lait, jouet, merci i = il, lyre o = mot, dôme, eau, gauche ɔ = mort
u = roue y = rue ø = peu œ = peur ə = le, premier ɑ̃ = sans, vent ɛ̃ = matin, plein, lundi
ɔ̃ = bon, ombre ʃ = chat, tache ʒ = je, gilet j = yeux, paille, pied w = oui, nouer ɥ = huile, lui

pavement / pavmã / *nm* سنگفرش
paver / pave / *vt* (1) سنگفرش کردن
[با موزائیک و غیره] فرش کردن
pavillon / pavijõ / *nm*
۱. پاویون ۲. [معماری] کلاه‌فرنگی ۳. خانهٔ ویلایی، ویلا ۴. لالهٔ گوش ۵. [سازهای بادی] دهانه ۶. [کشتی] پرچم
pavois / pavwa / *nm* [در قرون وسطی] سپر
élever/hisser sur le pavois (کسی را) مهم جلوه دادن، بالا بردن
grand pavois [کشتی] پرچم‌های افراشته
pavoiser / pavwaze / *vt, vi* (1)
۱. با پرچم آراستن، پرچم زدن (به) ▫ ۲. شادی کردن، جشن گرفتن
pavot / pavo / *nm* خشخاش
payable / pɛjabl / *adj* قابل پرداخت، پرداختنی
payant,e / pɛjã,t / *adj*
۱. پرداخت‌کننده ۲. پولی ۳. پرسود، پرمنفعت، سودآور
paye / pɛj / *nf* → paie
payement / pɛjmã / *nm* → paiement
payer / peje / *vt* (8)
۱. پرداختن، پرداخت کردن، دادن ۲. پول (کسی یا چیزی را) دادن ۳. حقوق (کسی را) دادن، مزد (کسی یا کاری را) دادن ۴. تاوان (چیزی را) دادن، تقاص (کاری را) پس دادن، سزای (کاری را) دیدن ۵. هزینهٔ (چیزی را) جبران کردن، خرج (چیزی را) درآوردن ۶. سودآور بودن، منفعت داشتن
payer de retour معامله‌به‌مثل کردن، تلافی کردن، جبران کردن
payer de sa personne از خود مایه گذاشتن
se payer *vp* ۱. پول خود را گرفتن ۲. [خودمانی] به خود دادن ۳. پرداخت شدن
payeur,euse / pɛjœʀ,øz / *n, adj*
۱. پرداخت‌کننده ۲. مأمور پرداخت
pays[1] / pei / *nm* ۱. کشور، مملکت ۲. میهن، وطن، زادگاه ۳. سرزمین، دیار ۴. منطقه، ناحیه ۵. روستا، دهکده ۶. مردم

du pays محلی
Il habite un petit pays. او در روستای کوچکی زندگی می‌کند.
Il n'est pas du pays. او مال این طرف‌ها نیست.
mal du pays دلتنگی دوری از وطن، غم غربت، غربت‌زدگی
voir du pays سفر کردن
pays[2] / pei / *nm* → payse
pays[3]**,e** / pei,z / *n* [خودمانی یا محلی] هم‌ولایتی، همشهری
paysage / peizaʒ / *nm* چشم‌انداز، دورنما، منظره
paysagiste / peizaʒist / *n* نقاش منظره، دورنماانگار
paysan,anne / peizã,an / *n, adj*
۱. دهقان، زارع ۲. روستایی، دهاتی ۳. [تحقیرآمیز] دهاتی
paysannat / peizana / *nm* دهقانان، زارعین
paysanneri / peizanʀi / *nf* دهقانان، زارعین
péage / peaʒ / *nm* عوارض راه
autoroute à péage بزرگراه عوارضی
peau / po / *nf*
۱. [انسان، جانوران، میوه] پوست ۲. [در برخی اصطلاحات] جان، زندگی
avoir qqn dans la peau [خودمانی] گلوی (کسی پیش کسی) گیر کردن، خاطرخواه کسی بودن، خاطر کسی را خواستن
être bien dans sa peau راحت بودن، راضی بودن
jouer/risquer sa peau جان خود را به خطر انداختن، زندگی خود را به خطر انداختن
peau-rouge / poʀuʒ / *n* سرخ‌پوست
peausserie / posʀi / *nf*
۱. تجارت پوست، پوست‌فروشی ۲. دباغی ۳. [جانوران] پوست (دباغی‌شده)
peaussier / posje / *nm, adj. m*
۱. تاجر پوست، پوست‌فروش ۲. دباغ
pécari / pekaʀi / *nm*
۱. گراز آمریکایی ۲. پوست گراز آمریکایی
peccadille / pekadij / *nf* [ادبی] گناه کوچک، اشتباه جزئی

pêche¹ /pɛʃ/ nf	۱. هلو ۲. [عامیانه] توگوشی، چَک، کشیده
pêche² /pɛʃ/ nf	۱. ماهیگیری، صید ماهی ۲. محل صید، صیدگاه ۳. ماهی‌های صیدشده، صید
péché /peʃe/ nm	۱. گناه، معصیت ۲. خطا، اشتباه، تقصیر
pécher /peʃe/ vi (1)	۱. گناه کردن ۲. مرتکب اشتباه شدن ۳. رعایت نکردن ۴. اشتباه داشتن
pêcher¹ /peʃe/ nm	درخت هلو
pêcher² /peʃe/ vt (1)	۱. صید کردن، (ماهی) گرفتن ۲. [خودمانی] گیر آوردن
pêcher en eau trouble	از آب گل‌آلود ماهی گرفتن
pêcherie /pɛʃʀi/ nf	محل صید، صیدگاه
pêcheur, pêcheresse /peʃœʀ,peʃʀɛs/ n	گناهکار
pêcheur, euse /pɛʃœʀ,øz/ n	ماهیگیر، صیاد
pécore /pekɔʀ/ nf	[قدیمی] زن احمق پرمدعا
pectoral,e,aux /pɛktɔʀal,o/ adj	سینه‌ای، (مربوط به) سینه، صدری
muscles pectoraux	عضلات سینه، ماهیچه‌های سینه
sirop pectoral	شربت سینه
pécule /pekyl/ nm	۱. پس‌انداز جزیی ۲. [زندانی، سرباز] دستمزد، عایدی
pécuniaire /pekynjɛʀ/ adj	پولی، مالی، نقدی
pécuniairement /pekynjɛʀmɑ̃/ adv	از نظر مالی
pédagogie /pedagɔʒi/ nf	۱. آموزش و پرورش، تعلیم و تربیت ۲. روش تعلیم، فن آموزش
pédagogique /pedagɔʒik/ adj	تربیتی، آموزشی، (مربوط به) آموزش و پرورش
pédagogue /pedagɔg/ n	[تعلیم و تربیت] معلم، مربی
pédale /pedal/ nf	۱. پدال ۲. [دوچرخه] پنجه‌رکاب
pédaler /pedale/ vi (1)	۱. [دوچرخه] پا زدن، رکاب زدن ۲. به پدال فشار آوردن ۳. [خودمانی] عجله کردن، پشتش گذاشتن
pédalo /pedalo/ nm	قایق پایی، پدالو
pédant,e /pedɑ̃,t/ n, adj	۱. عالم‌نما، فضل‌فروش ۲. فضل‌فروشانه
pédanterie /pedɑ̃tʀi/ nf	[ادبی] فضل‌فروشی
pédantesque /pedɑ̃tɛsk/ adj	فضل‌فروشانه
pédantisme /pedɑ̃tism/ nm	فضل‌فروشی
pédéraste /pedeʀast/ nm	لواط‌کار، مرد همجنس‌باز، بچه‌باز
pédérastie /pedeʀasti/ nf	همجنس‌بازی (مردانه)، بچه‌بازی
pédestre /pedɛstʀ/ adj	پیاده، با پای پیاده
pédiatre /pedjatʀ/ n	پزشک اطفال، متخصص کودکان
pédiatrie /pedjatʀi/ nf	پزشکی اطفال
pédicure /pedikyʀ/ n	متخصص بهداشت پا
pedigree /pedigʀe/ nm	[حیوانات اصیل] شجره‌نامه، نسب‌نامه
pédologie¹ /pedɔlɔʒi/ nf	کودک‌شناسی
pédologie² /pedɔlɔʒi/ nf	خاک‌شناسی
pédologue /pedɔlɔg/ n	خاک‌شناس
pédoncule /pedɔ̃kyl/ nm	۱. [اندام] پایک ۲. [گیاه‌شناسی] دُمگُل
pédophilie /pedɔfili/ nf	میل جنسی به کودکان، کودک‌بارگی، بچه‌بازی
pedzouille /pedzuj/ n	[عامیانه] دهاتی
Pégase /pegaz/ nm	[موجود اساطیری] اسب بالدار
pègre /pɛgʀ/ nf	طایفهٔ دزدان
peignage /pɛɲaʒ/ nm	[ریسندگی] شانه‌زنی
peigne /pɛɲ/ nm	شانه

a = bas, plat   e = blé, jouer   ɛ = lait, jouet, merci   i = il, lyre   o = mot, dôme, eau, gauche   ɔ = mort
u = roue   y = rue   ø = peu   œ = peur   ə = le, premier   ɑ̃ = sans, vent   ɛ̃ = matin, plein, lundi
ɔ̃ = bon, ombre   ʃ = chat, tache   ʒ = je, gilet   j = yeux, paille, pied   w = oui, nouer   ɥ = huile, lui

peigner /peɲe/ *vt* (1) شانه کردن، شانه زدن

peignoir /pɛɲwaʀ/ *nm* ۱. حولهٔ پالتویی، حوله تنی ۲. [آرایشگاه] روپوش ۳. لباس راحتی، لباس خانه

peinard,e /pɛnaʀ,d/ *adj* ۱. [خودمانی] بی‌سر و صدا، آرام ۲. راحت و آسوده

peindre /pɛ̃dʀ/ *vt* (52) ۱. رنگ کردن، رنگ زدن ۲. نقاشی کردن، کشیدن ۳. تصویر کردن، توصیف کردن، شرح دادن

se peindre *vp* ۱. به تصویر درآمدن، وصف شدن ۲. [مجازی] نقش بستن، نمودار بودن

peine /pɛn/ *nf* ۱. کیفر، مجازات، جزا ۲. جریمه ۳. غم، غصه، اندوه ۴. رنج، عذاب ۵. زحمت، مشقت، سختی ۶. مشکل، اِشکال، دشواری

à peine ۱. به سختی، به زحمت ۲. تازه، الان

avoir de la peine à ... به سختی...، مشکل توانستن...

Donnez-vous la peine de بی‌زحمت، لطفاً، لطف کنید

faire de la peine غمگین کردن، ناراحت کردن، غصه‌دار کردن

homme de peine آدم زحمتکش

perdre sa peine زحمت بیهوده کشیدن، کوشش بی‌فایده کردن

sans peine بدون زحمت، راحت، آسان

valoir la peine به زحمتش ارزیدن

peiner /pene/ *vt, vi* (1) ۱. غمگین کردن، غصه‌دار کردن، ناراحت کردن ◙ ۲. زحمت کشیدن، در زحمت بودن ۳. مشکل داشتن

peintre /pɛ̃tʀ/ *nm* ۱. نقاش ۲. نقاش ساختمان ۳. [ادبی] تصویرگر

peinture /pɛ̃tyʀ/ *nf* ۱. نقاشی ۲. رنگ ۳. تصویر، توصیف، وصف ۴. تابلوی نقاشی

peinturlurer /pɛ̃tyʀlyʀe/ *vt* (1) [خودمانی] اَجق‌وَجق رنگ کردن

péjoratif,ive /peʒɔʀatif,iv/ *adj* تحقیرآمیز

péjoration /peʒɔʀasjɔ̃/ *nf* (واژه‌ای را) تحقیرآمیز کردن

péjorativement /peʒɔʀativmɑ̃/ *adv* به طرز تحقیرآمیزی

pékin /pekɛ̃/ *nm* ۱. [عامیانه] غیرنظامی ۲. [خودمانی؛ در مقابل نظامی] شخصی

pelade /pəlad/ *nf* ریزش مو، تاسی

pelage /pəlaʒ/ *nm* ۱. [حیوانات] مو، پشم ۲. (عمل) پوست کندن

pélagique /pelaʒik/ *adj* (مربوط به) وسط دریا، اعماق دریا

pélargonium /pelaʀgɔnjɔm/ *nm* شمعدانی

pelé,e /pəle/ *adj* ۱. بی‌مو، گَر ۲. بی‌گل و گیاه، بایر

pêle-mêle /pɛlmɛl/ *adv, nm. inv* ۱. درهم، درهم‌برهم ◙ ۲. درهم‌برهمی

peler /pəle/ *vt, vi* (5) ۱. [میوه] پوست کندن ◙ ۲. پوست انداختن

pèlerin /pɛlʀɛ̃/ *nm* زائر

pèlerins de la Mecque زائران مکه، زوار مکه، حاجیان، حجاج

pèlerinage /pɛlʀinaʒ/ *nm* ۱. زیارت ۲. دیدار

pèlerine /pɛlʀin/ *nf* شنل

pélican /pelikɑ̃/ *nm* مرغ سقا، مرغ ماهی‌خوار، پلیکان

pelisse /pəlis/ *nf* پالتوی خزدار

pellagre /pelagʀ/ *nf* [بیماری] پلاگْر

pelle /pɛl/ *nf* ۱. بیل ۲. بیلچه ۳. خاک‌انداز ۴. پارو

pelle mécanique بیل مکانیکی

remuer l'argent à la pelle پول پارو کردن

pelletage /pɛltaʒ/ *nm* ۱. بیل‌زنی، بیل زدن ۲. (عمل) پارو کردن

pelleter /pɛlte/ *vt* (4) ۱. بیل زدن، با بیل زیر و رو کردن ۲. پارو کردن

pelleterie /pɛltʀi;pɛlɛtʀi/ *nf* ۱. پوست، خز ۲. پوست‌پیرایی ۳. تجارت پوست، خزفروشی

pelletier,ère / pɛltje,ɛʀ / *adj, n* ۱. پوست‌پیرا
۲. خزفروش
pellicule / pelikyl / *nf* ۱. شوره (سر)
۲. قشر، لایه ۳. [دوربین] فیلم
pelote / p(ə)lɔt / *nf* ۱. کلاف، گلوله ۲. جاسوزنی
  pelote (basque) پلوتا (= نوعی بازی با توپ)
peloter / p(ə)lɔte / *vt* (1) ۱. کلاف کردن،
گلوله کردن ۲. [خودمانی؛ بدن] مالیدن، مالاندن ۳.
تملق (کسی را) گفتن، مجیز (کسی را) گفتن
peloton / p(ə)lɔtɔ̃ / *nm* ۱. کلاف کوچک،
گلولهٔ کوچک ۲. دسته، گروه
pelotonner / p(ə)lɔtɔne / *vt* (1) کلاف کردن،
گلوله کردن
  se pelotonner *vp* [خودمانی] گوله شدن
pelouse / p(ə)luz / *nf* چمنزار، چمن
peluche / p(ə)lyʃ / *nf* ۱. پارچه مخملی
۲. پُرز، کُرک
  ours en peluche [اسباب‌بازی] خرس مخملی
pelucher / p(ə)lyʃe / *vi* (1) پُرز دادن،
پُرز گرفتن، کُرک گرفتن
pelucheux,euse / p(ə)lyʃø,øz / *adj*
۱. پرزدار، کرک‌دار ۲. پرزگرفته، کرک‌گرفته
pelure / p(ə)lyʀ / *nf* ۱. [میوه، پیاز،...] پوست
۲. [خودمانی] رخت
pelvien,enne / pɛlvjɛ̃,ɛn / *adj* لگنی،
(مربوط به) لگن خاصره
pelvis / pɛlvis / *nm* لگن خاصره، لگن
pénal,e,aux / penal,o / *adj* جزایی، کیفری
penaliser / penalize / *vt* (1) جریمه کردن
pénalité / penalite / *nf* ۱. جزا، کیفر
۲. جریمه ۳. [ورزش] پنالتی
penalty / penalti / *nm* [فوتبال] پنالتی،
ضربهٔ پنالتی
pénates / penat / *nm. pl* ۱. [اسطوره‌شناسی روم]
خدایان خانه ۲. [طنزآمیز] خانه، منزل

penaud,e / pəno,d / *adj* شرمنده، خجل،
خجالت‌زده، شرمسار، سرافکنده
pence / p / *nm. pl* [صورت جمع واژهٔ penny]
penchant / pɑ̃ʃɑ̃ / *nm* ۱. تمایل، گرایش،
میل ۲. علاقه
pencher / pɑ̃ʃe / *vi, vt* (1) ۱. خم شدن،
کج بودن ۲. سرازیر شدن ۳. گرایش داشتن، تمایل
داشتن ▢ ۴. خم کردن، دولا کردن
  se pencher *vp* خم شدن، دولا شدن
  se pencher sur تمایل به بررسی (چیزی) داشتن،
پرداختن به
pendable / pɑ̃dabl / *adj* [قدیمی] مستحق
طناب دار، مستوجب به دار آویختن
  tour pendable حیلهٔ رذیلانه
pendaison / pɑ̃dɛzɔ̃ / *nf* ۱. (عمل) دار زدن
۲. اعدام (با طناب دار) ۳. (عمل) خود را حلق‌آویز
کردن
pendant[1],e / pɑ̃dɑ̃,t / *adj* ۱. آویزان،
آویخته ۲. معلق، پادرهوا، بلاتکیف
pendant[2] / pɑ̃dɑ̃ / *nm* قرینه، جفت
  pendants d'oreilles گوشواره
pendant[3] / pɑ̃dɑ̃ / *prép* ۱. در مدتِ،
(در) طیِ ۲. هنگامِ، موقعِ
  pendant ce temps در این مدت، طی این مدت
  pendant que تا وقتی که، تا زمانی که، در مدتی که
pendard,e / pɑ̃daʀ,d / *n* [قدیمی] (آدم) رذل
pendeloque / pɑ̃dlɔk / *nf* [گوشواره، چلچراغ]
آویز
pendentif / pɑ̃dɑ̃tif / *nm* گردنبند
penderie / pɑ̃dʀi / *nf* گنجهٔ لباس، صندوق‌خانه
pendiller / pɑ̃dije / *vi* (1) آویزان بودن،
تاب خوردن
pendouiller / pɑ̃duje / *vi* (1) [خودمانی]
به طور مضحکی آویزان بودن
pendre / pɑ̃dʀ / *vt, vi* (41) ۱. آویختن،

pendu,e 632

pénien,enne / penjɛ̃,ɛn / *adj* قضیبی، (مربوط به) قضیب

péninsulaire / penɛ̃sylɛʀ / *adj* شبه‌جزیره‌ای، (مربوط به) شبه‌جزیره

péninsule / penɛ̃syl / *nf* شبه‌جزیره

pénis / penis / *nm* قضیب، آلت مردی

pénitence / penitɑ̃s / *nf* ۱. توبه، استغفار ۲. کفاره ۳. مجازات، کیفر، جزا

faire pénitence توبه کردن

pénitencier / penitɑ̃sje / *nm* ندامتگاه، زندان

pénitent,e / penitɑ̃,t / *n* توبه‌کار، تائب، تواب

pénitentiaire / penitɑ̃sjɛʀ / *adj* ۱. (مربوط به) ندامتگاه، زندان ۲. (مربوط به) زندانیان

penne / pɛn / *nf* [بال پرندگان] شَهپر

penny / peni / *nm* پنی (= واحد پول بریتانیا، معادل یک‌صدم پوند)

pénombre / penɔ̃bʀ / *nf* تاریک‌روشن، سایه‌روشن

pensable / pɑ̃sabl / *adj* قابل تصور، باورکردنی

pensant,e / pɑ̃sɑ̃,t / *adj* اندیشمند، متفکر

pensée[1] / pɑ̃se / *nf* ۱. اندیشه، فکر ۲. طرز فکر، (نحوهٔ) تفکر ۳. عقیده، نظر ۴. ذهن

pensée[2] / pɑ̃se / *nf* بنفشه فرنگی

penser / pɑ̃se / *vt, vi* (1) ۱. فکر کردن (به)، اندیشیدن (به) ۲. در فکر (کسی یا چیزی) بودن ۳. تصور کردن، گمان کردن، خیال کردن ۴. به یاد (کسی یا چیزی) بودن، به خاطر آوردن ۵. در نظر داشتن، قصد داشتن، خیال داشتن ۶. امیدوار بودن ◙ ۷. فکر کردن، اندیشیدن

faire penser à به یاد (چیزی) انداختن

Je pense partir demain. قصد دارم فردا بروم. خیال دارم فردا بروم.

penseur,euse / pɑ̃sœʀ,øz / *n* متفکر، اندیشمند

libre penseur آزاداندیش

آویزان کردن ۲. دار زدن، حلق‌آویز کردن ◙ ۳. آویزان بودن

être pendu à چسبیدن به، ول نکردن

se pendre *vp* ۱. آویزان شدن ۲. خود را دار زدن، خود را حلق‌آویز کردن

pendu,e / pɑ̃dy / *adj, n, part. passé* ۱. آویخته، آویزان ◙ ۲. دارزده، به‌دارآویخته ◙ ۳. [اسم مفعول فعلِ pendre]

pendulaire / pɑ̃dylɛʀ / *adj* آونگی، پاندولی، نوسانی

pendule / pɑ̃dyl / *nf* ۱. آونگ، پاندول ۲. ساعت آونگ‌دار، ساعت پاندولی

pendulette / pɑ̃dylɛt / *nf* ساعت کوچک پاندولی

pêne / pɛn / *nf* زبانهٔ قفل

pénéplaine / peneplɛn / *nf* [جغرافیا] دشتگـون

pénétrable / penetʀabl / *adj* ۱. نفوذپذیر، قابل نفوذ، قابل رسوخ، رخنه‌پذیر ۲. قابل فهم، دریافتنی، پی‌بردنی

pénétrant,e / penetʀɑ̃,t / *adj* ۱. نافذ ۲. [بو] تند ۳. زیرک، تیزهوش ۴. زیرکانه

pénétration / penetʀasjɔ̃ / *nf* ۱. نفوذ، رسوخ، رخنه ۲. تیزهوشی، زیرکی ۳. [آمیزش جنسی] دخول

pénétré,e / penetʀe / *adj* ۱. آکنده ۲. مجذوب ۳. [اغلب طعنه‌آمیز] متقاعد، مجاب

pénétrer / penetʀe / *vi, vt* (6) ۱. نفوذ کردن، رخنه کردن، رسوخ کردن ۲. داخل شدن، وارد شدن ◙ ۳. نفوذ کردن (در)، رخنه کردن (در) ۴. پی بردن به، دریافتن، فهمیدن ۵. سرشار کردن، آکندن

pénible / penibl / *adj* ۱. پرزحمت، پرمشقت، دشوار، سخت ۲. غم‌انگیز، تأثرآور ۳. غیرقابل تحمل، تحمل‌ناپذیر

péniblement / peniblǝmɑ̃ / *adv* ۱. به زحمت، با مشقت ۲. به سختی، سخت، به شدت

péniche / peniʃ / *nf* دوبه، کرجی

pépère /pepɛʀ/ *nm, adj* ۱. [زبان بچه‌ها] بـــابابزرگ ۲. [خـودمانی] آدم بـی‌سروصدا، بـچهٔ بی‌سروصدا ▣ ۳. بی‌سروصدا

pépiement /pepimɑ̃/ *nm* جیک‌جیک

pépier /pepje/ *vi* (7) جیک‌جیک کردن

pépin[1] /pepɛ̃/ *nm* ۱. [سیب، پرتقال، انگور،...] دانه ۲. [خودمانی] دردسر، گرفتاری، ناراحتی

pépin[2] /pepɛ̃/ *nm* [خودمانی] چتر

pépinière /pepinjɛʀ/ *nf* ۱. قلمستان، خزانه ۲. خاستگاه

pépiniériste /pepinjeʀist/ *n, adj* [گیاه‌شناسی] خزانه‌کار

pépite /pepit/ *nf* تکهٔ طلا

péquenaud,e /pɛkno,d/ *n* [تحقیرآمیز] دهاتی

péquenot /pɛkno/ *nm* → péquenaud,e

péquin /pekɛ̃/ *nm* → pékin

perçage /pɛʀsaʒ/ *nm* (عمل) سوراخ کردن

perçant,e /pɛʀsɑ̃,t/ *adj* ۱. تیزبین ۲. نافذ ۳. گوش‌خراش

perce /pɛʀs/ *nm* ۱. مته ۲. [سازهای بادی] سوراخ

mettre en perce [بشکهٔ شراب] سوراخ کردن

percée /pɛʀse/ *nf* ۱. سوراخ، منفذ ۲. نفوذ

ouvrir une percée [در جنگل و غیره] راه باز کردن

percement /pɛʀsəmɑ̃/ *nm* [تونل، راه، ...] احداث

perce-neige /pɛʀsənɛʒ/ *nm, nf. inv* گل بهمن، گل شیر

perce-oreille /pɛʀsɔʀɛj/ *nm* [حشره] گوش‌خزک، گوش‌خیزک

percepteur /pɛʀsɛptœʀ/ *nm* ۱. مأمور وصول مالیات ۲. تحصیلدار

perceptible /pɛʀsɛptibl/ *adj* ۱. محسوس ۲. [مالیات] قابل وصول

perception /pɛʀsɛpsjɔ̃/ *nf* ۱. ادراک،

pensif,ive /pɑ̃sif,iv/ *adj* ۱. متفکر، فکور، غرقه در فکر ۲. متفکرانه

pension /pɑ̃sjɔ̃/ *nf* ۱. مستمری، مقرری، حقوق ۲. پانسیون ۳. شاگردان پـانسیون ۴. هزینهٔ پانسیون

mettre en pension (در) پانسیون گذاشتن، پانسیون کردن

prendre qqn en pension از کسی نگهداری کردن

pensionnaire /pɑ̃sjɔnɛʀ/ *n* ۱. پانسیونر ۲. [قدیمی] مستمری‌بگیر، وظیفه‌بگیر

pensionnat /pɑ̃sjɔna/ *nm* ۱. مدرسهٔ شبانه‌روزی ۲. شاگردان (مدرسهٔ) شبانه‌روزی

pensionné,e /pɑ̃sjɔne/ *adj, n* مستمری‌بگیر

pensionner /pɑ̃sjɔne/ *vt* (1) مستمری دادن به

pensum /pɛ̃sɔm/ *nm* [قدیمی؛ در مدارس] جریمه

pentadactyle /pɛ̃tadaktil/ *adj* پنج‌انگشتی

pentaèdre /pɛ̃taɛdʀ/ *nm, adj* پنج‌وجهی

pentagonal,e,aux /pɛ̃tagɔnal,o/ *adj* پنج‌ضلعی، پنج‌گوش

pentagone[1] /pɛ̃tagɔn/ *nm, adj* پنج‌ضلعی، پنج‌گوش

Pentagone[2] **(le)** /lapɛ̃tagɔn/ *nm* پنتاگون (= مقر ستاد مشترک ارتش آمریکا)

pentathlon /pɛ̃tatlɔ̃/ *nm* [ورزش] مسابقات پنجگانه

pente /pɑ̃t/ *nf* ۱. شیب ۲. سرازیری، سراشیبی ۳. سربالایی ۴. تمایل، میل

en pente ۱. شیب‌دار ۲. سراشیب، سرازیر

pénultième /penyltjɛm/ *adj, nf* ۱. ماقبل آخر، یکی مانده به آخر ▣ ۲. هجای ماقبل آخر

pénurie /penyʀi/ *nf* کمبود، نبود، قحطی

pépé /pepe/ *nm* [زبان بچه‌ها] بابابزرگ

pépée /pepe/ *nf* ۱. [زبان بچه‌ها] نی‌نی ۲. [عامیانه] زن، تیکه، جیگر

percer /pɛRse/ *vt, vi* (3)
۱. سوراخ کردن ۲. از میان (چیزی) راه باز کردن ۳. نفوذ کردن در، رسوخ کردن در، رخنه کردن در ۴. (با سلاح تیز) زخمی کردن ۵. پی بردن به، باخبر شدن از، فهمیدن ۶. [خیابان و غیره] احداث کردن ▫ ۷. [دمل و غیره] سر باز کردن ۸. آشکار شدن، ظاهر شدن ۹. نفوذ کردن، رخنه کردن ۱۰. [هنرپیشه، هنرمند] معروف شدن، موفق بودن

cœur percé d'une flèche قلب تیرخورده (= نماد عشق)

Son départ m'a percé le cœur. او با رفتنش دلم را شکست.

perceur,euse[1] /pɛRsœR,øz/ *n, adj* سوراخ‌کننده

perceuse[2] /pɛRsøz/ *nf* مته

percevable /pɛRsəvabl/ *adj* قابل وصول، قابل دریافت

percevoir /pɛRsəvwaR/ *vt* (28)
۱. دریافت کردن، وصول کردن ۲. دریافتن، درک کردن ۳. احساس کردن، متوجه (چیزی) شدن

perche[1] /pɛRʃ/ *nf* ماهی خاردار

perche[2] /pɛRʃ/ *nf* ۱. چوب (دراز) ۲. میله (گرد) ۳. [خودمانی] (آدم) لندوک، چوب سیگار، نی قلیان

saut à la perche [ورزش] پرش با نیزه

percher /pɛRʃe/ *vi, vt* (1)
۱. [پرندگان] روی شاخه نشستن، روی چوب نشستن ۲. [خودمانی] خانه کردن ▫ ۳. [خودمانی] (در جایی مرتفع) گذاشتن

se percher *vp* (روی شاخه و غیره) نشستن

perchoir /pɛRʃwaR/ *nm* [پرندگان] جای نشستن

perclus,e /pɛRkly,z/ *adj* زمین‌گیر، فلج

percolateur /pɛRkɔlatœR/ *nm* [در کافه و غیره] (ظرف) قهوه‌جوش

percussion /pɛRkysjɔ̃/ *nf* ۱: کوبش، ضربه، ضربت ۲. [معاینۀ پزشکی] دَق

armes à percussion سلاح‌های ضربتی

instruments à percussion سازهای کوبه‌ای

percussionniste /pɛRkysjɔnist/ *n* نوازندۀ ساز کوبه‌ای

percutant,e /pɛRkytɑ̃,t/ *adj*
۱. [سلاح] ضربتی ۲. [مجازی] تکان‌دهنده

percuter /pɛRkyte/ *vt, vi* (1)
۱. زدن به، خوردن به، برخورد کردن با ۲. [معاینۀ پزشکی] دَق کردن ▫ ۳. [نارنجک و غیره] بر اثر برخورد (به جایی) منفجر شدن ۴. به شدت برخورد کردن، محکم خوردن

percuteur /pɛRkytœR/ *nm* [اسلحه] سوزن

perdant,e /pɛRdɑ̃,t/ *adj, n* بازنده

perdition /pɛRdisjɔ̃/ *nf* ۱. [مذهبی] تباهی، گمراهی

lieu de perdition عشرتکده، عشرتخانه

navire en perdition کشتی در حالِ غرق شدن

perdre /pɛRdR/ *vt, vi* (41)
۱. از دست دادن ۲. گم کردن ۳. باختن ۴. تلف کردن، (به) هدر دادن ۵. شکست خوردن، مغلوب شدن ۶. ضایع کردن، بی‌اعتبار کردن، بی‌آبرو کردن ۷. [ادبی] تباه کردن، گمراه کردن

perdre de vue ۱. به سراغِ (کسی) نرفتن، از یاد بردن ۲. از نظر دور داشتن

perdre la vie جان خود را از دست دادن، جان باختن

perdre l'esprit/la raison/la tête عقل خود را از دست دادن، خُل شدن

perdre ses cheveux موهای (کسی) ریختن، کچل شدن

perdre son temps وقت خود را تلف کردن

se perdre *vp* ۱. گم شدن، ناپدید شدن ۲. از بین رفتن، از دست رفتن ۳. خراب شدن ۴. [مجازی] غرق شدن

Je m'y perds. چیزی از آن سر درنمی‌آورم.

perdreau /pɛRdRo/ *nm* جوجه کبک
perdrix /pɛRdRi/ *nm* کبک
perdu,e /pɛRdy/ *adj, part. passé* ۱. گمشده
۲. ازدست‌رفته ۳. هدررفته، تلف‌شده ۴. باخته ۵.
شکست خورده، مغلوب ۶. خراب، ضایع ۷. دور
افتاده، پرت ۸. ناپیدا ۹. [در رؤیا، افکار، ...] غرق،
غرقه ◙ ۱۰. [اسم مفعول فعل perdre]
peine perdue زحمت بیهوده، کوشش بی‌فایده
perdurer /pɛRdyRe/ *vi* (1) [قدیمی یا ادبی]
دوام ابدی داشتن، دائمی بودن
père /pɛR/ *nm* ۱. پدر، بابا ۲. بنیانگذار، بانی،
مؤسس — [صورت جمع] ۳. [ادبی] پدران، اجداد،
نیاکان
Mon père! [در خطاب به کشیش] پدر روحانی
pérégrination /peRegRinasjɔ̃/ *nf*
۱. [قدیمی] سفر طولانی، سفر قندهار — [صورت
جمع] ۲. سفرهای پیاپی
péremption /peRɑ̃psjɔ̃/ *nf* [حقوقی] ابطال،
انقضا
péremptoire /peRɑ̃ptwaR/ *adj* قاطع،
محکم، بی‌چون چرا
péremptoirement /peRɑ̃ptwaRmɑ̃/ *adv*
قاطعانه
pérennité /peRenite/ *nf* ماندگاری، دوام،
پایداری، بقا
perfectibilité /pɛRfɛktibilite/ *nf*
[ادبی] کمال‌پذیری
perfectible /pɛRfɛktibl/ *adj* کمال‌پذیر
perfection /pɛRfɛksjɔ̃/ *nf* ۱. کمال
۲. آدم تمام‌عیار ۳. چیز بی‌عیب و نقص
à la perfection به حد کمال، عالی، فوق‌العاده
perfectionnement /pɛRfɛksjɔnmɑ̃/ *nm*
۱. تکمیل ۲. تکامل، بهبود، اصلاح
stage de perfectionnement دورهٔ تکمیلی
perfectionner /pɛRfɛksjɔne/ *vt* (1)

۱. کامل کردن، تکمیل کردن ۲. بهبود بـخشیدن،
بهتر کردن
se perfectionner *vp* ۱. کامل شدن، کمال یافتن
۲. بهبود یافتن، بهتر شدن
perfectionnisme /pɛRfɛksjɔnism/ *nm*
کمال‌گرایی
perfectionniste /pɛRfɛksjɔnist/ *n, adj*
۱. کمال‌گرا ◙ ۲. کمال‌گرایانه
perfide /pɛRfid/ *n, adj* ۱. خائن، خیانتکار،
پیمان‌شکن، نابکار ◙ ۲. خـائنانه، خـیانتکارانـه،
مزورانه
perfidement /pɛRfidmɑ̃/ *adv* (به طرزی)
خائنانه، خیانتکارانه
perfidie /pɛRfidi/ *nf* خیانت، خیانتکاری،
پیمان‌شکنی، نابکاری
perforateur[1]**,trice** /pɛRfɔRatœR,tRis/ *adj*
سوراخ‌کن
perorateur[2] /pɛRfɔRatœR/ *nm* منگنه،
دستگاه پانچ
perforation /pɛRfɔRasjɔ̃/ *nf* ۱. (عمل)
سوراخ کردن ۲. منگنه کردن ۳. سوراخ
perforatrice /pɛRfɔRatRis/ *nf* ۱. منگنه
۲. [برای سوراخ کردن زمین یا سنگ] مته
perforatrice à air comprimé مته بادی
perforer /pɛRfɔRe/ *vt* (1) ۱. سوراخ کردن
۲. منگنه کردن، پانچ کردن
performance /pɛRfɔRmɑ̃s/ *nf*
۱. [ورزشکـار، دستگـاه، ...] عـملکرد ۲. مـوفقیت
چشمگیر، کار بزرگ ۳. [زبان‌شناسی] کُنش
performant,e /pɛRfɔRmɑ̃,t/ *adj*
بسیار کارامد، با کارایی بالا
perfusion /pɛRfyzjɔ̃/ *nf* تزریق آرام
pergola /pɛRgola/ *nf* آلاچیق، داربست
périanthe /peRjɑ̃t/ *nm* [گیاه‌شناسی] گل‌پوش
péricarde /peRikaRd/ *nm*

péricardique *636*

[کالبدشناسی] برون‌شامهٔ قلب، آبشامهٔ قلب، پِریکارد

péricardique /peʀikaʀdik/ *adj* (مربوط به) برون‌شامهٔ قلب، پِریکارد

péricarpe /peʀikaʀp/ *nm* [گیاه‌شناسی] فرابر، برون‌بر

péricliter /peʀiklite/ *vi* (1) در معرض نابودی بودن، رو به زوال رفتن، رو به انهدام بودن

périgée /peʀiʒe/ *nf* [اخترشناسی] حضیض

péril /peʀil/ *nm* [ادبی] خطر، مخاطره

mettre en péril به خطر انداختن، به مخاطره افکندن

périlleusement /peʀijøzmɑ̃/ *adv* [ادبی] به طور خطرناکی

périlleux,euse /peʀijø,øz/ *adj* خطرناک، پُرمخاطره، مخاطره‌آمیز

saut périlleux پشتک، معلق

périmé,e /peʀime/ *adj* ۱. کهنه، منسوخ ۲. تاریخ‌گذشته، منقضی، بی‌اعتبار

périmer (se) /s(ə)peʀime/ *vp* (1) ۱. مشمول مرور زمان شدن ۲. تاریخ (چیزی) گذشتن، اعتبار (چیزی) تمام شدن

périmètre /peʀimɛtʀ/ *nm* [هندسه] محیط، پیرامون

périnée /peʀine/ *nf* [کالبدشناسی] میاندوراه، عِجان

période /peʀjɔd/ *nf* ۱. دوره ۲. مدت، زمان ۳. [اخترشناسی] دور، گردش ۴. [ریاضی، فیزیک] دورهٔ تناوب

période menstruelle عادت ماهانه، قاعدگی، پریود

périodicité /peʀjɔdisite/ *nf* دوره (تناوب)

périodique /peʀjɔdik/ *adj, nm* ۱. دوره‌ای، ادواری، متناوب ◻ ۲. نشریهٔ ادواری

tempon/serviette/garniture périodique نوار بهداشتی

périodiquement /peʀjɔdikmɑ̃/ *adv* متناوباً، مرتب

périoste /peʀjɔst/ *nm* [کالبدشناسی] (استخوان) ضریع

péripatéticien,enne[1] /peʀipatetisjɛ̃, ɛn/ *adj* مَشایی، ارسطویی

péripatéticienne[2] /peʀipatetisjɛn/ *nf* فاحشهٔ خیابانی

péripatétisme /peʀipatetism/ *nm* آیین مَشاء، آیین ارسطو

péripétie /peʀipesi/ *nf* ۱. تحول (ناگهانی) ۲. حادثه (ناگهانی)، واقعهٔ غیرمنتظره

périphérie /peʀifeʀi/ *nf* ۱. پیرامون، محیط ۲. حومه، اطراف، حاشیه

périphérique /peʀifeʀik/ *adj, nm* ۱. پیرامونی، محیطی ۲. کناری، حاشیه‌ای ◻ ۳. جاده کمربندی

périphrase /peʀifʀaz/ *nf* درازگویی، اِطناب

user de périphrase حاشیه رفتن

périple /peʀipl/ *nm* ۱. سفر دریایی ۲. سفر، سیاحت، گشت

périr /peʀiʀ/ *vi* (2) ۱. [ادبی] جان سپردن، جان باختن، هلاک شدن، تلف شدن ۲. از بین رفتن، نابود شدن، از دست رفتن ۳. زوال یافتن

périscope /peʀiskɔp/ *nm* پریسکوپ

périssable /peʀisabl/ *adj* ۱. [ادبی] نابودشدنی، فناپذیر، زوال‌یافتنی ۲. [مواد غذایی] فاسدشدنی، خراب‌شدنی

périssodactyles /peʀisɔdaktil/ *nm. pl* [جانورشناسی] فردسُمان

périssoire /peʀiswaʀ/ *nf* قایق (باریک)

péristaltique /peʀistaltik/ *adj,* [گوارش]

mouvements péristaltiques حرکات دودی

péristyle /peʀistil/ *nm* ۱. ایوان ستون‌دار، حیاط دورستون ۲. ستون‌بندی نما

péritoine /peʀitwan/ *nm* [کالبدشناسی] صِفاق

péritonéal,e,aux /peʀitɔneal,o/ *adj* صِفاقی، (مربوط به) صِفاق

637 perpétration

péritonite /peʀitɔnit/ *nf* التهاب صِفاق

perle /pɛʀl/ *nf* ۱. مروارید ۲. [تسبیح و غیره] دانه، مهره ۳. قطره ۴. [مجازی] (تکه) جواهر، گل سرسبد ۵. اشتباه لُپی، گاف

perles de rosée قطره‌های شبنم

perles d'un chapelet دانه‌های یک تسبیح

perlé,e /pɛʀle/ *adj* ۱. مرواریدگون، صدفی ۲. مرواریدشکل، مرواریدی ۳. مرواریدنشان، مرواریددوزی ۴. [کار و غیره] بی‌عیب و نقص، عالی

perler /pɛʀle/ *vt, vi* (1) ۱. به دقت انجام دادن ۲. (به صورت قطرات گِرد) ظاهر شدن، نقش بستن

perlier,ère /pɛʀlje,ɛʀ/ *adj* (مربوط به) مروارید

permanence /pɛʀmanɑ̃s/ *nf* ۱. ثبات، تداوم، دوام، استمرار، پایداری ۲. سرویس شبانه‌روزی، دفتر شبانه‌روزی ۳. [در مدارس] سالن مطالعه

en permanence به طور دائم، مدام، پیوسته، همیشه، دائماً

permanent,e[1] /pɛʀmanɑ̃,t/ *adj* همیشگی، دائم، دائمی، پایدار، ثابت

permanente[2] /pɛʀmanɑ̃t/ *nf* فِر شش‌ماهه

permanganate /pɛʀmɑ̃ganat/ *nm* پِرمنگنات

perméabiliser /pɛʀmeabilize/ *vt* (1) نفوذپذیر کردن

perméabilité /pɛʀmeabilite/ *nf* نفوذپذیری، تراوایی

perméable /pɛʀmeabl/ *adj* ۱. نفوذپذیر، تراوا ۲. پذیرا

permettre /pɛʀmɛtʀ/ *vt* (56) ۱. اجازه دادن، گذاشتن ۲. مجاز دانستن ۳. جایز دانستن، جایز شمردن ۴. امکان‌پذیر ساختن، امکان دادن

se permettre *vp* ۱. به خود اجازه دادن، خود را مجاز دانستن، بر خود روا داشتن ۲. جسارت کردن

permis /pɛʀmi/ *nm* جواز، مجوز، اجازه، پروانه، گواهینامه

permis (de conduire) گواهینامه (رانندگی)

permis de construire جواز ساختمان

permission /pɛʀmisjɔ̃/ *nf* ۱. اجازه ۲. [سربازی] مرخصی

permissionnaire /pɛʀmisjɔnɛʀ/ *adj* سربازِ در (حال) مرخصی

permutable /pɛʀmytabl/ *adj* قابل جابجایی

permutation /pɛʀmytasjɔ̃/ *nf* ۱. جابجایی ۲. [ریاضیات] جایگشت

permuter /pɛʀmyte/ *vt, vi* (1) ۱. جایِ (دو چیز را) با هم عوض کردن، جابجا کردن ◙ ۲. جای خود را با هم عوض کردن

pernicieux,euse /pɛʀnisjø,øz/ *adj* ۱. [پزشکی] حاد ۲. [ادبی] زیان‌آور، مضر، خطرناک، مخرب

péroné /peʀɔne/ *nm* استخوان نازک‌نِی

péronnelle /peʀɔnɛl/ *nf* [خودمانی] زن نفهم و وراج

péroraison /peʀɔʀɛzɔ̃/ *nf* [سخنرانی و غیره] خاتمه، ختم کلام، نتیجه‌گیری

pérorer /peʀɔʀe/ *vi* (1) نطق کردن، لفظ قلم حرف زدن

peroxyde /pɛʀɔksid/ *nm* پروکسید

peroxyde d'hydrogène آب اکسیژنه

perpendiculaire /pɛʀpɑ̃dikylɛʀ/ *adj, nf* ۱. قائم، عمود، عمودی ◙ ۲. خط عمود، عمود

perpendiculairement /pɛʀpɑ̃dikylɛʀmɑ̃/ *adv* به طور عمودی، (به طور) قائم

perpète (à) /apɛʀpɛt/ *loc. adv* ۱. [خودمانی] تا ابد، برای ابد ۲. [قدیمی] خیلی دور، آن سرِ دنیا

perpétration /pɛʀpetʀasjɔ̃/ *nf* [حقوقی یا ادبی] ارتکاب

perpétrer /pɛʀpetʀe/ *vt* (6) [حقوقی یا ادبی] مرتکب شدن

perpette (à) /apɛʀpɛt/ *loc. adv* → perpète (à)

perpétuation /pɛʀpetɥasjɔ̃/ *nf* [ادبی] دوام‌بخشی، تداوم، پایندگی

perpétuel,elle /pɛʀpetɥɛl/ *adj* ۱. جاودانه، ابدی، همیشگی ۲. دائمی، دائم، مداوم

perpétuellement /pɛʀpetɥɛlmɑ̃/ *adv* همیشه، دائماً، همواره، پیوسته

Il arrive perpétuellement en retard.

او همیشه دیر می‌رسد. دائماً تأخیر دارد.

perpétuer /pɛʀpetɥe/ *vt* (6) جاودانه کردن، ابدی کردن، تداوم بخشیدن، زنده نگه داشتن

se perpétuer *vp* جاودانه شدن، تداوم یافتن، ماندگار شدن

perpétuité /pɛʀpetɥite/ *nf* جاودانگی، ابدیت

à perpétuité برای همیشه، تا ابد، دائمی

être condamné à perpétuité به حبس ابد محکوم شدن

perplexe /pɛʀplɛks/ *adj* ۱. سردرگم، گیج ۲. دودل، مردد

perplexité /pɛʀplɛksite/ *nf* ۱. سردرگمی، گیجی ۲. دودلی، تردید، شک

perquisition /pɛʀkizisjɔ̃/ *nf* بازرسی، تفتیش، تجسس

perquisitionner /pɛʀkizisjɔne/ *vi* (1) بازرسی کردن، تفتیش کردن، تجسس کردن

perron /pɛʀɔ̃/ *nm* پلکان پیشخان، پلکان ورودی

perroquet /pɛʀɔkɛ/ *nm* طوطی

perruche /peʀyʃ/ *nf* ۱. مرغ عشق ۲. زن وراج ۳. [قدیمی] طوطی ماده

perruque /peʀyk/ *nf* کلاه‌گیس

perruquier /peʀykje/ *nm* سازندهٔ کلاه‌گیس

pers,e /pɛʀ,s/ *adj* مایل به آبی

persan[1],e /pɛʀsɑ̃,an/ *adj* ۱. ایرانی، (مربوط به) ایران ۲. فارسی

Persan[2],e /pɛʀsɑ̃,an/ *n* ایرانی، اهل ایران

persan[3] /pɛʀsɑ̃/ *nm* زبان فارسی، فارسی

perse /pɛʀs/ *adj* [پیش از ظهور اسلام] پارسی، ایرانی

persécuter /pɛʀsekyte/ *vt* (1) ۱. زجر دادن، شکنجه دادن، عذاب دادن، ستم کردن به ۲. به ستوه آوردن، ذله کردن

persécuteur,trice /pɛʀsekytœʀ,tʀis/ *n, adj* آزاررساننده، ستمگر

persécution /pɛʀsekysjɔ̃/ *nf* زجر، شکنجه، عذاب، آزار

persévérance /pɛʀseveʀɑ̃s/ *nf* پشتکار، استقامت

persévérant,e /pɛʀseveʀɑ̃,t/ *adj* باپشتکار، کوشا، بااستقامت، مُصر

persévérer /pɛʀseveʀe/ *vi* (6) پشتکار داشتن، کوشا بودن، استقامت نشان دادن

persienne /pɛʀsjɛn/ *nf* پنجرهٔ کرکره‌ای

persiflage /pɛʀsiflaʒ/ *nm* استهزا، ریشخند، تمسخر

persifler /pɛʀsifle/ *vt* (1) [ادبی] ریشخند کردن، تمسخر کردن، به سخره گرفتن

persifleur,euse /pɛʀsiflœʀ,øz/ *n, adj* ۱. ریشخندکننده، مسخره‌چی ◘ ۲. ریشخندآمیز، تمسخرآمیز

persil /pɛʀsi/ *nm* جعفری

persistance /pɛʀsistɑ̃s/ *nf* ۱. پافشاری، اصرار، سماجت ۲. پایداری، تداوم، استمرار

persistant,e /pɛʀsistɑ̃,t/ *adj* ۱. ماندگار، دیرپا، دائم ۲. مزمن

persister /pɛʀsiste/ *vt* (1) ۱. پافشاری کردن، اصرار ورزیدن، مصر بودن، سماجت کردن ۲. باقی ماندن، ادامه داشتن

persona grata /pɛʀsɔnagʀata/ *loc. adj* [سیاست خارجی] نمایندهٔ مورد قبول

personnage /pɛʀsɔnaʒ/ *nm* ۱. [اثر ادبی و غیره] شخصیت ۲. چهرهٔ سرشناس ۳. شخص، فرد، آدم ۴. نقش

personnalisme /pɛʀsɔnalism/ *nm* [فلسفه] شخص‌باوری، شخص‌انگاری، شخص‌گرایی

personnaliste /pɛʀsɔnalist/ *n, adj* ۱. شخص‌باور، شخص‌انگار، شخص‌گرا ◙ ۲. شخص‌باورانه، شخص‌انگارانه، شخص‌گرایانه

personnalité /pɛʀsɔnalite/ *nf* ۱. شخصیت ۲. چهرهٔ سرشناس

personne[1] /pɛʀsɔn/ *nf* ۱. شخص، فرد، آدم، کس، نفر ۲. خود، شخصیت ۳. [دستور زبان] شخص

en personne شخصاً، خودش

grandes personnes اشخاص بزرگ، بزرگسالان، بزرگ‌ها

personne à charge فرد تحت تکفل، عائله

personne morale شخص حقوقی

pesonne physique شخص حقیقی

personne[2] /pɛʀsɔn/ *pron. indéf* هیچ کس، کسی

Personne ne le sait. هیچ کس این را نمی‌داند. کسی نمی‌داند.

personnel[1]**,elle** /pɛʀsɔnɛl/ *adj* ۱. شخصی، فردی ۲. خصوصی ۳. [قدیمی] خودخواه

personnel[2] /pɛʀsɔnɛl/ *nm* کارکنان، خدمه، پرسنل

personnellement /pɛʀsɔnɛlmɑ̃/ *adv* شخصاً، خود

personnification /pɛʀsɔnifikasjɔ̃/ *nf* ۱. تجسم، مظهر ۲. انسان‌انگاری، شخص‌نمایی

personnifier /pɛʀsɔnifje/ *vt* (7) ۱. به شکل انسان نمایش دادن ۲. انسان انگاشتن، شخصیت دادن به ۳. مظهر (چیزی) بودن

perspectif,ive[1] /pɛʀspɛktif,iv/ *adj* بُعدنما، ژرفانما، سه‌بُعدی

perspective[2] /pɛʀspɛktiv/ *nf* ۱. بُعدنمایی، ژرفانمایی، پِرسپِکتیو ۲. چشم‌انداز، منظره ۳. احتمال ۴. [مجازی] دورنما، افق ۵. [مجازی] بُعد، زاویه، دید

en perspective ۱. به صورت بُعدنما، (به صورتِ) سه‌بعدی ۲. در نظر ۳. پیشِ رو

perspicace /pɛʀspikas/ *adj* زیرک، تیزبین، تیزهوش، باذکاوت

perspicacité /pɛʀspikasite/ *nf* زیرکی، ذکاوت، تیزبینی، تیزهوشی

persuader /pɛʀsɥade/ *vt* (1) قانع کردن، متقاعد کردن، قبولاندن

se persuader *vp* ۱. قانع شدن، یقین پیدا کردن، مطمئن شدن، اطمینان یافتن ۲. به یکدیگر اطمینان دادن

persuasif,ive /pɛʀsɥazif,iv/ *adj* قانع‌کننده، متقاعدکننده

persuasion /pɛʀsɥazjɔ̃/ *nf* ۱. (عمل) قانع کردن، متقاعد کردن ۲. یقین، اعتقاد، باور

perte /pɛʀt/ *nf* ۱. گم شدن، گم کردن ۲. اتلاف، هدر رفتن ۳. فقدان، از دست دادن ۴. زیان، ضرر، خسارت ۵. باخت، شکست ۶. نابودی، اضمحلال

à perte de vue تا (آنجا که) چشم کار می‌کند

en pure perte بی‌فایده، بیهوده، بیخود

vendre à perte زیر قیمت فروختن، با ضرر فروختن، ضرر کردن

pertinemment /pɛʀtinamɑ̃/ *adv* چنانکه باید، به درستی، خوب

pertinence /pɛʀtinɑ̃s/ *nf* ۱. مناسبت، درستی، بجا بودن ۲. [زبان‌شناسی] اعتبار

pertinent,e /pɛʀtinɑ̃,t/ *adj* ۱. مناسب، بجا، درست ۲. [زبان‌شناسی] معتبر

pertuis /pɛʀtɥi/ *nm* [جغرافی] تَنگه

perturbateur,trice /pɛʀtyʀbatœʀ,tʀis/ *adj, n* آشوبگر، اخلالگر

perturbation /pɛʀtyʀbasjɔ̃/ *nf* ۱. اختلال ۲. اغتشاش، اخلال، آشوب

perturber /pɛʀtyʀbe/ *vt* (1) مختل کردن، بر هم زدن، مغشوش کردن

péruvien,enne[1] /peʀyvjɛ̃,ɛn/ *adj* (مربوط به) پرو، پِرویی

Péruvien,enne[2] /peʀyvjɛ̃,ɛn/ *n* اهل پرو، پِرویی

pervenche /pɛʀvɑ̃ʃ/ *nf* (گُل) پِروانْش، پیچ تلگرافی

pervers,e /pɛʀvɛʀ,s/ *n, adj* [ادبی] منحرف، فاسد، مفسد، منحط

perversion /pɛʀvɛʀsjɔ̃/ *nf* [ادبی] انحراف، فساد

perversité /pɛʀvɛʀsite/ *nf* [ادبی] انحراف، تباهی، فساد

perversité des mœurs فساد اخلاق

pervertir /pɛʀvɛʀtiʀ/ *vt* (2) ۱. خراب کردن، بد کردن ۲. منحرف کردن، از راه به‌در کردن، تباه کردن، فاسد کردن

pervertissement /pɛʀvɛʀtismɑ̃/ *nm* [ادبی] انحراف، تباهی، فساد

pesage /pəzaʒ/ *nm* ۱. توزین، وزن کردن، کشیدن ۲. [سوارکاری] محل توزین

pesamment /pəzamɑ̃/ *adv* ۱. سنگین، با سنگینی ۲. بدون ظرافت ۳. به کندی، کند

pesant,e /pəzɑ̃,t/ *adj* ۱. سنگین ۲. سخت، پرمشقت، طاقت‌فرسا ۳. ثقیل ۴. بدون ظرافت ۵. [ذهن و غیره] کند

sommeil pesant خواب سنگین

pesanteur /pəzɑ̃tœʀ/ *nf* ۱. سنگینی، ثقل ۲. نیروی جاذبه ۳. [ذهن و غیره] کندی

pèse-bébé /pɛzbebe/ *nm* ترازوی بچه

pesée /pəze/ *nf* توزین، وزن کردن، کشیدن

pèse-lettre /pɛzlɛtʀ/ *nm* ترازوی نامه

pèse-personne /pɛzpɛʀsɔn/ *nm* [برای وزن کردن انسان] ترازو

peser /pəze/ *vt, vi* (5) ۱. وزن کردن، کشیدن ۲. سنجیدن، بررسی کردن، سبک‌سنگین کردن ◙ ۳. وزن داشتن، وزن (چیزی)... بودن ۴. سنگینی کردن ۵. فشار آوردن، فشار دادن ۶. آزار دادن، ناراحت کردن ۷. تأثیر گذاشتن، تحت‌الشعاع قرار دادن

aliment qui pèse sur l'estomac غذایی که برای معده سنگین است

peser ses mots حرف خود را مزه‌مزه کردن، سنجیده حرف زدن

se peser *vp* خود را وزن کردن، خود را کشیدن

peseta /pezeta;peseta/ *nf* پِزتا (= واحد پول اسپانیا)

pesette /pəzɛt/ *nf* ترازوی دقیق، ترازوی حساس

peseur,euse /pəzœʀ,øz/ *n* وزن‌کننده، ترازودار

peso /pezo;peso/ *nm* پِزو (= واحد پول چند کشور آمریکای لاتین و فیلیپین)

pessimisme /pesimism/ *nm* بدبینی

pessimiste /pesimist/ *n, adj* ۱. (آدم) بدبین ◙ ۲. بدبینانه

peste /pɛst/ *nf* ۱. طاعون ۲. آفت، بلا

pester /pɛste/ *vi* (1) اوقات‌تلخی کردن، بد و بیراه گفتن، ناسزا گفتن

pesteux,euse /pɛstø,øz/ *adj* ۱. طاعونی، (مربوط به) طاعون ۲. طاعون‌زده، مبتلا به طاعون

pesticide /pɛstisid/ *adj, nm* آفت‌کُش

pestiféré,e /pɛstifeʀe/ *adj, n* طاعون‌زده، مبتلا به طاعون

pestilence /pɛstilɑ̃s/ *nf* بوی تعفن، بوی گند، بوگند

pestilentiel,elle /pɛstilɑ̃sjɛl/ *adj* متعفن

pet /pɛ/ *nm* [عامیانه] گوز

lâcher/faire un pet گوزیدن، گوز دادن

pétale /petal/ *nm* گلبرگ

pétarade /petaʀad/ *nf* قار و قور

641 pétrir

pétarader /petaʀade/ *vi* (1) قار و قور کردن

pétard /petaʀ/ *nm* ۱. ترقه ۲. [خودمانی] جـار و جنجال، سر و صدا، قشـقرق ۳. [عـامیانه] کـون

pétaudière /petodjɛʀ/ *nf* بازار شام

péter /pete/ *vi* (6) ۱. [عامیانه] گوزیدن، گوز دادن ۲. ترکیدن

péteux,euse /petø,øz/ *n* [خودمانی] آدم بزدل، ترسو

pétillant,e /petijɑ̃,t/ *adj* ۱. جوشان، گازدار ۲. درخشان

pétiller /petije/ *vi* (1) ۱. ترق و تروق کردن ۲. جـوشیدن، کـف کـردن ۳. [ادبـی] بـرق زدن، درخشیدن

pétiole /pesjɔl/ *nm* [گیاه‌شناسی] دُمبرگ

petiot,e /pətjo,t/ *adj, n* [خودمانی] کوچولو

petit[1],e /p(ə)ti,t/ *adj* ۱. کوچک، کوچولو ۲. خردسال، کم‌سن ۳. مـحقر ۴. کـم، انـدک ۵. مختصر، کوتاه ۶. جزئی، کم‌اهمیت، خُرد ۷. جزء، خرده‌پا ۸. حقیر، فرومایه ۹. ضعیف، خفیف ◙ ۱۰. بچه، کوچولو ۱۱. توله، جوجه

ma petite maman مامان جونم، مامان جون

petit[2] /p(ə)ti/ *adv,* **en petit** در ابعاد کوچک، کوچک‌شده

petit à petit کم‌کم، اندک‌اندک، به تدریج

petit-beurre /p(ə)tibœʀ/ *nm* پتی‌بور

petit-bourgeois,petite-bourgeoise /p(ə)tibuʀʒwa,p(ə)titbuʀʒwaz/ *n, adj* خرده‌بورژوا

petite-fille /p(ə)titfij/ *nf* نوه (دختر)

petitement /pətitmɑ̃/ *adv* ۱. فقیرانه ۲. با فرومایگی

petite-nièce /p(ə)titnjɛs/ *n* ۱. نوهٔ خواهر (دختر) ۲. نوهٔ برادر (دختر)

petitesse /p(ə)titɛs/ *nf* ۱. کوچکی ۲. کمی ۳. ناچیزی، کـم‌اهـمیتی، خـردی ۴. کـوتاهی ۵. حقارت، فرومایگی

petitesse de la taille کوچکی اندام

petitesse des revenus کمی درآمد

petit-fils /p(ə)tifis/ *nm* نوه (پسر)

petit-four /p(ə)tifuʀ/ *nm* پُتی‌فور (= نوعی شیرینی ریز)

pétition /petisjɔ̃/ *nf* ۱. عریضه، عرضحال، درخواست ۲. دادخواست

pétition de principe [منطق] مصـادرهٔ بـر مطلوب

pétitionnaire /petisjɔnɛʀ/ *n* [حقوقی] عارض، خواهان، درخواست‌کننده

petit-lait /p(ə)tilɛ/ *nm* آب پنیر

petit-neveu /p(ə)tinvø *n* ۱. نوهٔ برادر (پسر) ۲. نوهٔ خواهر (پسر)

petits-enfants /p(ə)tizɑ̃fɑ̃/ *nm.pl* نوادگان، نوه‌ها

pétochard,e /petɔʃaʀ,d/ *adj, n* [خودمانی] بزدل، ترسو

pétoche /petɔʃ/ *nf* [خودمانی] ترس

peton /pətɔ̃/ *nm* [خودمانی] پای کوچولو

pétrel /petʀɛl/ *nm* مرغ توفان

pétrification /petʀifikasjɔ̃/ *nf* سنگ‌شدگی، تحجر

pétrifier /petʀifje/ *vt* (7) ۱. به سنگ تبدیل کردن، سنگ کردن ۲. با لایـه‌ای از سـنگ پوشاندن ۳. [از تعجب، ترس، ...] میخکوب کردن

être pétrifié [از تعجب، ترس، ...] بر جای خود میخکوب شدن، خشکش زدن

se pétrifier *vp* به سنگ تبدیل شدن، سنگ شدن

pétrin /petʀɛ̃/ *nm* ۱. تغار خمیرگیری ۲. [خودمانی] مخمصه، دردسر، هچل

pétrir /petʀiʀ/ *vt* (2) ۱. خمیر کردن ۲. ورز دادن ۳. ساختن، شکل دادن

pétrissage /petʀisaʒ/ *nm* خمیرگیری، ورز (دادن)

pétrochimie /petʀɔʃimi/ *nf* شیمی نفت، پتروشیمی

pétrochimique /petʀɔʃimik/ *adj* (مربوط به) پتروشیمی، نفتی‌ـشیمیایی

pétrodollar /petʀɔdɔlaʀ/ *nm* دلارِ نفتی

pétrographie /petʀɔgʀafi/ *nf* سنگ‌شناسی

pétrographique /petʀɔgʀafik/ *adj* سنگ‌شناختی، (مربوط به) سنگ‌شناسی

pétrole /petʀɔl/ *nm* نفت

bleu pétrole آبی نفتی

pétrolier[1],ère /petʀɔlje,ɛʀ/ *adj* نفتی، (مربوط به) نفت

industrie pétrolière صنعت نفت

pétrolier[2] /petʀɔlje/ *nm* ۱. نفتکش ۲. مهندس نفت

pétrolifère /petʀɔlifɛʀ/ *adj* نفت‌خیز

pétrolochimie /petʀɔlɔʃimi/ *nf* → pétrochimie

pétrolochimique /petʀɔlɔʃimik/ *adj* → pétrochimique

pétulance /petylɑ̃s/ *nf* تندی، حدت، جنب و جوش، سرزندگی

pétulant,e /petylɑ̃,t/ *adj* پرجنب و جوش، سرزنده

pétunia /petynja/ *nm* گل اطلسی

peu /pø/ *adv* کم، اندک، مختصر

à peu (de chose) près تقریباً

avant/dans/sous peu به زودی

de peu با اختلاف کم

depuis peu به تازگی، تازه، الان

peu à peu کم‌کم، به تدریج، ذره‌ذره

pour peu que هر قدر هم کم

qelque peu کمی، اندکی، یک خرده

tant soit peu ۱. یک کم، کمی، یک ذره ۲. [ریشخندآمیز] خیلی، زیادی

un peu کمی، یک کم، اندکی

peuh! /pø/ *interj* [حاکی از بی‌اعتنایی] بَه!

peuplade /pœplad/ *nf* طایفه، قبیله

peuple /pœpl/ *nm* ۱. مردم ۲. ملت، امت، خلق، جماعت ۳. جمعیت

un peuple de تعدادِ زیادی، جمع کثیری

peuplé,e /pœple/ *adj* دارای سکنه، مسکونی

très peuplé دارای جمعیت زیاد، پرجمعیت

peuplement /pœpləmɑ̃/ *nm* ۱. (عمل) مسکونی کردن ۲. [جنگل] درختکاری ۳. [برکه] ماهی‌ریزی

peupler /pœple/ *vt* (1) ۱. مسکونی کردن ۲. پر کردن ۳. سکونت کردن، اشغال کردن

peupler une forêt جنگلی را درختکاری کردن

peupler un étang در یک برکه ماهی ریختن

se peupler *vp* ۱. مسکونی شدن ۲. پر شدن

peuplier /pøplije/ *nm* درخت تبریزی

peuplier blanc درخت سپیدار

peupleraie /pøpləʀɛ/ *nf* باغ تبریزی و سپیدار

peur /pœʀ/ *nf* ترس، بیم، خوف، وحشت

avoir peur ترسیدن، وحشت داشتن، بیم داشتن، بیمناک بودن

faire peur ترساندن، به وحشت انداختن

prendre peur ترسیدن، وحشت کردن

peureusement /pœʀøzmɑ̃/ *adv* از ترس، وحشت‌زده

peureux,euse /pœʀø,øz/ *adj* ۱. ترسو، بزدل ۲. بیمناک، وحشت‌زده

peut-être /pøtɛtʀ/ *adv* شاید، ممکن است، امکان دارد، احتمالاً

peux /pø/ *v* [صورت صرف‌شدهٔ فعلِ pouvoir]

pèze /pɛz/ *nm* [عامیانه] پول، مایه

pff(t) /pf(t)/ *interj* [حاکی از بی‌اعتنایی] بَه!

phaéton /faetɔ̃/ *nm* درشکه، کالسکه

phagocytaire /fagɔsitɛʀ/ *adj* [یاخته] (مربوط به) بیگانه‌خواری، (مربوط به) بیگانه‌خواران

643 philanthropique

phagocyte / fagɔsit / *nm* [یاخته] بیگانه‌خوار
phagocyter / fagɔsite / *vt* (1) ۱. [یاخته] بیگانه‌خواری کردن ۲. از بین بردن، جذب کردن
phagocytose / fagɔsitoz / *nf* [زیست‌شناسی، فیزیولوژی] بیگانه‌خواری
phalange / falɑ̃ʒ / *nf* ۱. بند انگشت ۲. فوج، قشون ۳. فالانژ
phalène / falɛn / *nf* شب‌پره
phallique / falik / *adj* (مربوط به) قضیب
phalloïde / falɔid / *adj* قضیب‌مانند، قضیب‌شکل، به شکل قضیب
phallus / falys / *nm* قضیب
phanérogame / faneʀɔgam / *nf, adj* [گیاه‌شناسی] پیدازا
phantasme / fantasm / *nm* → fantasme
pharaon / faʀaɔ̃ / *nm* فرعون
phare / faʀ / *nm* ۱. فانوس دریایی، برج فانوس ۲. [وسایل نقلیه] چراغ جلو، نور بالا
appels de phares [رانندگی] چراغ زدن
phares antibrouillards چراغِ مه‌شکن
pharisaïque / faʀizaik / *adj* ۱. [ادبی] زهدفروشانه، ریاکارانه ۲. [دین یهود] فَریسیانه
pharisaïsme / faʀizaism / *nm* ۱. [ادبی] زهدفروشی، ریا ۲. [دین یهود] فَریسی‌گری
pharisien,enne / faʀizjɛ̃,ɛn / *n* ۱. [ادبی] زهدفروشی، ریاکار ۲. فَریسی (= عضو فرقه‌ای یهودی)
pharmaceutique / faʀmasøtik / *adj* ۱. (مربوط به) داروسازی ۲. دارویی
pharmacie / faʀmasi / *nf* ۱. داروسازی ۲. داروخانه ۳. قفسهٔ دارو
docteur en pharmacie دکتر داروساز
pharmacien,enne / faʀmasjɛ̃,ɛn / *n* ۱. داروساز ۲. داروفروش، داروخانه‌چی
pharmacologie / faʀmakɔlɔʒi / *nf* داروشناسی
pharmacologique / faʀmakɔlɔʒik / *adj* داروشناختی، (مربوط به) داروشناسی
pharmacopée / faʀmakɔpe / *nf* فهرست دارویی، دارونامه
pharyngal,e,aux / faʀɛ̃gal,o / *adj* [آواشناسی] حلقی، گلوگاهی
pharyngé,e / faʀɛ̃ʒe / *adj* حلقی، گلوگاهی، (مربوط به) حلق
pharyngien,enne / faʀɛ̃ʒjɛ̃,ɛn / *adj* حلقی، گلوگاهی، (مربوط به) حلق
pharyngite / faʀɛ̃ʒit / *nf* التهاب حلق، التهاب گلوگاه
pharynx / faʀɛ̃ks / *nm* حلق، گلوگاه
phase / faz / *nf* ۱. مرحله، دوره ۲. [فیزیک] فاز
les phases de la lune اهلهٔ ماه
phénix / feniks / *nm* ۱. قُقنوس ۲. آدم بی‌نظیر، آدم فوق‌العاده ۳. [گیاه] فِنیکس
phénoménal,e,aux / fenɔmenal,o / *adj* ۱. خارق‌العاده، عجیب ۲. [فلسفه] پدیداری، (مربوط به) پدیده
phénomène / fenɔmɛn / *nm* ۱. پدیده ۲. [خودمانی] اعجوبه، آدم عجیب
phénoménologie / fenɔmenɔlɔʒi / *nf* [فلسفه] پدیدارشناسی
phénoménologique / fenɔmenɔlɔʒik / *adj* [فلسفه] پدیدارشناختی، (مربوط به) پدیدارشناسی
phénoménologue / fenɔmenɔlɔg / *n* [فلسفه] پدیدارشناس
philanthrope / filɑ̃tʀɔp / *n* بشردوست، انسان‌دوست، نوع‌دوست
philanthropie / filɑ̃tʀɔpi / *nf* بشردوستی، انسان‌دوستی، نوع‌دوستی
philanthropique / filɑ̃tʀɔpik / *adj*

phlébologie / flebɔlɔʒi / *nf* سیاهرگ‌شناسی، وریدشناسی

phobie / fɔbi / *nf* ۱. [روان‌شناسی] هراس ۲. ترس، واهمه

phonateur,trice / fɔnatœʀ,tʀis / *adj* (مربوط به) تولید آوا

phonation / fɔnasjɔ̃ / *nf* تولید آوا

phonatoire / fɔnatwaʀ / *adj* (مربوط به) تولید آوا

phonème / fɔnɛm / *nm* [آواشناسی] واج (= واحد آوایی)

phonémique / fɔnemik / *adj* [آواشناسی] واجی

phonéticien,enne / fɔnetisjɛ̃,ɛn / *n* آواشناس

phonétique / fɔnetik / *nf, adj* ۱. آواشناسی ◘ ۲. آواشناختی، (مربوط به) آواشناسی ۳. آوایی ۴. آوانگار

alphabet phonétique الفبای آوانگار

phonétiquement / fɔnetikmɑ̃ / *adv* ۱. از نظر آواشناختی ۲. از لحاظ تلفظ

phonique / fɔnik / *adj* آوایی

phono / fɔno / *nm* گرام، گرامافون

phonographe / fɔnɔgʀaf / *nm* → phono

phonologie / fɔnɔlɔʒi / *nf* ۱. واج‌شناسی ۲. نظام آوایی (زبان)

phonologique / fɔnɔlɔʒik / *adj* واجی، واج‌شناختی، (مربوط به) واج‌شناسی

phoque / fɔk / *nm* ۱. فُک ۲. پوست فُک

phosphate / fɔsfat / *nm* ۱. فسفات ۲. کود شیمیایی فسفردار

phosphore / fɔsfɔʀ / *nm* فسفر

phosphorescence / fɔsfɔʀesɑ̃s / *nf* تابندگی، شب‌تابی، شب‌نمایی

phosphorescent,e / fɔsfɔʀesɑ̃,t / *adj* تابان، شب‌تاب، شب‌نما

photo / fɔto / *nf* ۱. عکس ۲. عکاسی

۱. بشردوستانه، انسان‌دوستانه، نوع‌دوستانه ۲. خیریه

philatélie / filateli / *nf* ۱. تمبرشناسی ۲. جمع‌آوری تمبر

philatélique / filatelik / *adj* (مربوط به) (جمع‌آوری) تمبر، تمبرشناختی

philatéliste / filatelist / *n* کلکسیونر تمبر، تمبرجمع‌کن

philharmonique / filaʀmɔnik / *adj* [موسیقی] فیلارمونیک

philippin,e[1] / filipɛ̃,in / *adj* فیلیپینی، (مربوط به) فیلیپین

Philippin,e[2] / filipɛ̃,in / *n* اهل فیلیپین، فیلیپینی

philistin / filistɛ̃ / *nm* آدم هنرنشناس، آدم بی‌فرهنگ

philo / filo / *nf* [خودمانی] فلسفه

philologie / filɔlɔʒi / *nf* متن‌شناسی، فقه‌اللغه

philologique / filɔlɔʒik / *adj* متن‌شناختی، (مربوط به) متن‌شناسی، فقه‌اللغه

philologue / filɔlɔg / *n* متن‌شناس

philosophale / filɔzɔfal / *adj.f,*

pierre philosophale اکسیر، کیمیا

philosophe / filɔzɔf / *adj, n* ۱. فیلسوف ۲. فلسفه‌دان ۳. (آدم) فیلسوف‌منش ۴. [قدیمی] حکیم

philosopher / filɔzɔfe / *vi* (1) ۱. (به) فلسفه پرداختن ۲. فلسفه بافتن

philosophie / filɔzɔfi / *nf* ۱. فلسفه ۲. بینش فلسفی، نگرش فلسفی ۳. [قدیمی] حکمت

philosophique / filɔzɔfik / *adj* ۱. فلسفی ۲. فیلسوفانه ۳. فیلسوف‌منشانه ۴. حکیمانه

philtre / filtʀ / *nm* مِهرْدارو (= معجونی سحرآمیز که هر کس آن را بنوشد عاشق می‌شود.)

phlébite / flebit / *nf* التهاب سیاهرگ، التهاب ورید

album de photos آلبوم عکس
appareil photo دوربین عکاسی
prendre une photo یک عکس گرفتن
photocopie / fɔtɔkɔpi / *nf* فتوکپی، کپی، رونوشت
photocopier / fɔtɔkɔpje / *vt* (7) فتوکپی کردن، فتوکپی گرفتن از، کپی گرفتن از
photocopieur / fɔtɔkɔpjœʀ / *nm* → photocopieuse
photocopieuse / fɔtɔkɔpjøz / *nf* دستگاه فتوکپی
photogénique / fɔtɔʒenik / *adj* ۱. خوش‌عکس ۲. مولد نور، روشنایی‌زا
photographe / fɔtɔgʀaf / *n* عکاس
photographie / fɔtɔgʀafi / *nf* ۱. عکاسی ۲. عکس
photographier / fɔtɔgʀafje / *vt* (7) ۱. عکس گرفتن از، عکسبرداری کردن از ۲. تصویر (کسی یا چیزی را) به ذهن سپردن ۳. به دقت توصیف کردن، ترسیم کردن
photographique / fɔtɔgʀafik / *adj* ۱. (مربوط به) عکاسی ۲. دقیق، موبه‌مو
photomètre / fɔtɔmɛtʀ / *nm* نورسنج
photométrie / fɔtɔmetʀi / *nf* نورسنجی
photon / fɔtɔ̃ / *nm* فوتون
photosynthèse / fɔtɔsɛ̃tɛz / *nf* نورساخت، فتوسنتز
phrase / fʀaz / *nf* جمله
phraséologie / fʀazeɔlɔʒi / *nf* ۱. جمله‌بندی، عبارت‌پردازی ۲. لفاظی
phraseur,euse / fʀazœʀ,øz / *n* نطاق
phtisie / ftizi / *nf* [قدیمی] سِل
phtisiologie / ftizjɔlɔʒi / *nf* سِل‌شناسی
phtisiologue / ftizjɔlɔg / *n* سِل‌شناس
physicien,enne / fizisjɛ̃,ɛn / *n* فیزیک‌دان
physico-chimique / fizikɔʃimik / *adj* فیزیکی-شیمیایی
physiognomonie / fizjɔgnɔmɔni / *nf* [قدیمی] قیافه‌شناسی
physiologie / fizjɔlɔʒi / *nf* فیزیولوژی
physiologique / fizjɔlɔʒik / *adj* فیزیولوژیکی
physiologiquement / fizjɔlɔʒikmɑ̃ / *adv* از نظر فیزیولوژیکی
physiologiste / fizjɔlɔʒist / *n* فیزیولوژی‌دان، متخصص فیزیولوژی
physionomie / fizjɔnɔmi / *nf* قیافه، چهره، سیما
physionomiste / fizjɔnɔmist / *n* قیافه‌شناس
physique[1] / fizik / *nf* فیزیک
physique[2] / fizik / *adj* ۱. مادی ۲. فیزیکی، (مربوط به) فیزیک ۳. طبیعی ۴. بدنی، جسمانی، جسمی ۵. شهوانی، جنسی
amour physique عشق شهوانی
éducation physique تربیت بدنی
le monde physique جهان مادی
physique[3] / fizik / *nm* قیافه، چهره، سیما
au physique از نظر بدنی، به لحاظ جسمی
physiquement / fizikmɑ̃ / *adv* ۱. جسماً، به لحاظ جسمی ۲. از نظر قیافه، از لحاظ ظاهر ۳. از نظر فیزیکی
piaffement / pjafmɑ̃ / *nm* [اسب] (عمل) سُم زمین زدن
piaffer / pjafe / *vi* (1) ۱. [اسب] سُم زمین زدن، سم به زمین کوبیدن ۲. این پا و آن پا کردن
piaillement / pjajmɑ̃ / *nm* [خودمانی؛ پرندگان و نیز مجازی] جیغ و ویغ، جیغ‌جیغ
piailler / pjaje / *vi* (1) [خودمانی؛ پرندگان و نیز مجازی] جیغ و ویغ کردن، جیغ‌جیغ کردن

a = bas, plat   e = blé, jouer   ɛ = lait, jouet, merci   i = il, lyre   o = mot, dôme, eau, gauche   ɔ = mort
u = roue   y = rue   ø = peu   œ = peur   ə = le, premier   ɑ̃ = sans, vent   ɛ̃ = matin, plein, lundi
ɔ̃ = bon, ombre   ʃ = chat, tache   ʒ = je, gilet   j = yeux, paille, pied   w = oui, nouer   ɥ = huile, lui

piailleur,euse / pjajœʀ,øz / *adj, n*
[خودمانی] (آدم) جیغ‌جیغو

pianissimo / pjanisimo / *adv*
۱. [موسیقی] خیلی آرام، ملایم ۲. [خودمانی] خیلی یواش

pianiste / pjanist / *n*
نوازندهٔ پیانو، پیانیست

piano¹ / pjano / *nm*
پیانو

piano² / pjano / *adv*
۱. [موسیقی] آرام، ملایم ۲. [خودمانی] یواش

pianoter / pjanɔte / *vi* (1)
۱. بد پیانو زدن
۲. با انگشت (روی چیزی) زدن

piaule / pjol / *nf*
[خودمانی] اتاق، خانه، جا

piaulement / pjolmɑ̃ / *nm*
۱. جیک‌جیک
۲. جیغ و ویغ

piauler / pjole / *vi* (1)
۱. جیک‌جیک کردن
۲. جیغ و ویغ کردن

pic¹ / pik / *nm*
دارکوب

pic² / pik / *nm*
کلنگ

pic³ / pik / *nm*
قُله

pic⁴ (à) / apik / *loc. adv, adj*
۱. به طور عمودی، عمودی ◙ ۲. عمودی ۳. [خودمانی] بـه موقع

Ça tombe à pic!
خیلی به موقع است!
عجب به موقع بود!

picaillons / pikajɔ̃ / *nm. pl*
[عامیانه] پول و پله، مایه

pichenette / piʃnɛt / *nf*
تلنگر

pichet / piʃɛ / *nm*
تُنگ

pickles / pikœls / *nm. pl*
ترشی

pickpocket / pikpɔkɛt / *nm*
جیب‌بُر

pick-up / pikœp / *nm. inv*
۱. [گرامافون] پیکاپ ۲. گرام، گرامافون

picoler / pikɔle / *vi* (1)
[عامیانه] عرق‌خوری کردن

picoleur,euse / pikɔlœʀ,øz / *n*
[عامیانه] عرق‌خور

picorer / pikɔʀe / *vi, vt* (1)
۱. [پرندگان] دانه چیدن ۲. با بی‌میلی خوردن، بازی‌بازی کردن،

به غذا ور رفتن ◙ ۳. از این طرف و آن طرف برداشتن

picotement / pikɔtmɑ̃ / *nm*
۱. سوزش (خفیف) ۲. گزگِز

picoter / pikɔte / *vt* (1)
۱. نوک زدن
۲. ایجاد سوزش کردن، سوزانـدن ۳. [بـا سـوزن و غیره] سوراخ‌سوراخ کردن

pictural,e,aux / piktyʀal,o / *adj*
تصویری

pie¹ / pi / *nf, adj. inv*
۱. کلاغ زاغی، زاغی، زاغچه ◙ ۲. ابلق

pie² / pi / *adj, œuvre pie*
امور خیریه

pièce / pjɛs / *nf*
۱. تکه ۲. قطعه ۳. جزء ۴. خرده، ریزه، شکسته ۵. دانه، عـدد، تـا ۶. [جانوران] رأس ۷. اتاق ۸. سکه ۹. سند، مـدرک ۱۰. نمایش، نمایشنامه ۱۱. [اثر ادبی یا هنری] قطعه ۱۲. [پارچه و غیره] تاقه، توپ ۱۳. [شطرنج] مـهره ۱۴. وصله

à la pièce/aux pièces
کارمزدی

faire pièce à qqn
به کسی حقه زدن

mettre en pièces
۱. شکستن، درب و داغون کردن ۲. تکه‌تکه کردن، تکه‌پاره کردن

pièce à pièce
یکی‌یکی، یک به یک

pièce d'eau
استخر، آبگیر، برکه

pièce de vin
چلیک شراب، بشکهٔ شراب

tailler en pièces
[ادبی] تار و مار کردن، نابود کردن

tout d'une pièce
۱. یک‌تکه، یکپارچه ۲. روراست ۳. (آدم) خشک

piécette / pjesɛt / *nf*
سکهٔ کوچک

pied / pje / *nm*
۱. پا ۲. پایه ۳. پا، فوت (= واحد طول برابر با ۳۰/۴۸ سانتی‌متر) ۴. [شعر] رکن، پایه، هجا

à pied
پیاده، پای پیاده

coup de pied
لگد

de pied ferme
مصمم، با عزم راسخ

des pieds à la tête
سر تا پا، سراپا

en pied
تمام‌قد

mettre à pied	منتظرخدمت کردن
mettre qqch sur pied	راه انداختن، روبراه کردن
pied à pied	۱. قدم به قدم ۲. کم‌کم، به تدریج
pied plat	(کف) پای صاف
sauter à pieds joints	جفت‌پا پریدن
se jeter/tomber aux pieds de qqn	
	به پای کسی افتادن
sur le pied de	بر پایهٔ
sur pied	۱. برخاسته، ایستاده ۲. چیده‌نشده
	۳. سر پا، سلامت
pied-à-terre / pjetatɛR / nm. inv	منزل موقت
pied-bot / pjebo / nm	پاچنبری
pied-d'alouette / pjedalwɛt / nm	[گیاه]
	زبان‌درقفا
pied-de-biche / pjedbiʃ / nm	۱. میخ‌کش
	۲. [چرخ خیاطی] پایهٔ دوخت
piédestal,aux / pjedɛstal,o / nm	
	[مجسمه و غیره] پایه
piège / pjɛʒ / nm	دام، تله
piéger / pjeʒe / vt (3)	به دام انداختن،
	تو تله انداختن
pie-grièche / pigRijɛʃ / nf	۱. [پرنده]
	سنگ‌چشم ۲. سلیطه
pierraille / pjɛRaj / nf	۱. خرده‌سنگ،
	سنگ‌شکسته ۲. زمین شنی
pierre / pjɛR / nf	سنگ
pierre de touche	سنگ محک
pierre précieuse	سنگ قیمتی، جواهر، گوهر
pierreries / pjɛRRi / nf. pl	جواهرات
pierreux,euse / pjɛRø,øz / adj	سنگلاخ،
	پر از سنگ
pierrot / pjɛRo / nm	۱. گنجشک ۲. دلقک
	سفید (= دلقکی که لباس سفید گشاد می‌پوشد و صورتش را سفید می‌کند.)
piétaille / pjetaj / nf	۱. [تحقیرآمیز]

	زیردستان، خرده‌پاها ۲. [طنزآمیز] پیاده‌ها
piété / pjete / nf	۱. پرهیزگاری، تقوا،
	پارسایی، دیانت ۲. [ادبی] دلبستگی، عشق، مهر
piété filiale	عشق به والدین
piétinement / pjetinmɑ̃ / nm	۱. (عمل) پا
	زمین زدن، پا به زمین کوبیدن ۲. (عمل) درجا زدن
piétiner / pjetine / vi, vt (1)	۱. پا زمین زدن،
	پا به زمین کوبیدن ۲. پیشرفت نکردن، درجا زدن
	۳. لگد کردن، لگدمال کردن، زیر پا له کردن ۴.
	زیر پا گذاشتن، ضایع کردن
piéton[1] / pjetɔ̃ / nm	عابر (پیاده)، پیاده
piéton[2]**,onne** / pjetɔ̃,ɔn / adj	(ویژهٔ) عابر
	(پیاده)
porte piétonne	در عابر
piétonnier,ère / pjetɔnje,ɛR / adj	
	(مربوط به) عابر (پیاده)، (ویژهٔ) عابرین
rue piétonnière	کوچهٔ عابرگذر
piètre / pjɛtR / adj	[ادبی] حقیر، کم‌بها،
	پیش‌پاافتاده، بی‌ارزش
piètrement / pjɛtRəmɑ̃ / adv	ناشیانه،
	به طور بدی، بد
pieu / pjø / nm	۱. تیرک، تیر
	۲. [خودمانی] تخت، تخت‌خواب
pieusement / pjøzmɑ̃ / adv	۱. پرهیزگارانه،
	از سر ایمان ۲. محترمانه، با احترام
pieuter (se) / s(ə)pjøte / vp (1)	
	[خودمانی] به تخت‌خواب رفتن
pieuvre / pjœvR / nf	هشت‌پا، اختاپوس
pieux,euse / pjø,øz / adj	۱. پرهیزگار،
	باتقوا، مؤمن، پارسا ۲. پرهیزگارانه ۳. مشفق ۴.
	محبت‌آمیز، صمیمانه، مخلصانه
pif / pif / nm	[خودمانی] دَماغ
pige / piʒ / nf	[خودمانی] سال، سن و سال
Il a bien quarante-cinq piges.	
	چهل و پنج سالشه. چهل و پنج سال رو داره.

pigeon 648

pigeon /piʒɔ̃/ *nm* ۱. کبوتر ۲. [خودمانی] هالو
pigeon vole (بازی) کلاغ‌پَر
pigeonne /piʒɔn/ *nf* کبوتر ماده
pigeonneau /piʒɔno/ *nm* جوجه کبوتر
pigeonner /piʒɔne/ *vt* (1) [خودمانی] سر (کسی را) کلاه گذاشتن
pigeonnier /piʒɔnje/ *nm* کبوترخان، لانه کبوتر
piger /piʒe/ *vt* (3) [خودمانی] سر درآوردن، حالی (کسی) شدن
pigment /pigmɑ̃/ *nm* ۱. رنگ‌دانه ۲. رنگ‌مایه
pigmentaire /pigmɑ̃tɛʀ/ *adj* رنگ‌دانه‌ای، (مربوط به) رنگ‌دانه
pigne /piɲ/ *nm* میوهٔ کاج
pignocher /piɲɔʃe/ *vi* (1) با بی‌میلی غذا خوردن، بازی‌بازی کردن، به غذا وررفتن
pignon[1] /piɲɔ̃/ *nm* چرخ‌دنده
pignon[2] /piɲɔ̃/ *nm* ۱. بام دوشیب ۲. سردر دوشیب، سنتوری
pignon[3] /piɲɔ̃/ *nm* دانهٔ کاج
pignouf /piɲuf/ *nm* [عامیانه] آدم بی‌تربیت
pilage /pilaʒ/ *nm* (عمل) کوبیدن، خرد کردن، ساییدن
pilastre /pilastʀ/ *nm* ستون‌نما، ستون تزیینی
pile[1] /pil/ *nf* ۱. تل، توده ۲. [پل] پایه، ستون ۳. باتری، قوه، پیل
pile[2] /pil/ *nf* پشت سکه، شیر
pile ou face شیر یا خط
pile[3] /pil/ *nf* ۱. [خودمانی] کتک ۲. شکست مفتضحانه، تار و مار
pile[4] /pil/ *adv* (درست) به موقع
arrêter pile یکدفعه وایسادن
Ça tombe pile! خوب به موقع بود! بجا بود!
piler /pile/ *vt* (1) ۱. کوبیدن، خرد کردن، ساییدن ۲. [خودمانی] کتک زدن
pileux,euse /pilø,øz/ *adj* (مربوط به) موها
le système pileux موهای بدن

pilier /pilje/ *nm* ۱. ستون ۲. پشتوانه، پشتیبان، رکن، حامی، تکیه‌گاه ۳. [تحقیرآمیز] مشتری دائم، پای ثابت
pillage /pijaʒ/ *nm* غارت، چپاول، تاراج
pillard,e /pijaʀ,d/ *adj, n* غارتگر، چپاولگر
piller /pije/ *vt* (1) ۱. غارت کردن، چپاول کردن، تاراج کردن، به یغما بردن ۲. دستبرد زدن به، خالی کردن، دزدیدن ۳. سرقت (ادبی) کردن، انتحال کردن
pilleur,euse /pijœʀ,øz/ *adj* ۱. غارتگر، چپاولگر ۲. سارق ادبی
pilon /pilɔ̃/ *nm* دسته هاون
pilonnage /pilɔnaʒ/ *nm* ۱. (عمل) کوبیدن ۲. گلوله‌باران، بمباران
pilonner /pilɔne/ *vt* (1) ۱. کوبیدن ۲. گلوله‌باران کردن، به توپ بستن، بمباران کردن
pilotage /pilɔtaʒ/ *nm* ۱. ناوبری (ساحلی) ۲. خلبانی
pilote /pilɔt/ *nm* ۱. ناوبر (ساحلی) ۲. خلبان ۳. [اتومبیل مسابقه] راننده ۴. [مجازی] راهنما
pilote automatique [هواپیما] سیستم هدایت خودکار
piloter /pilɔte/ *vt* (1) ۱. [کشتی، هواپیما، اتومبیل مسابقه] راندن، هدایت کردن ۲. [مجازی] راهنمای (کسی) بودن، راهنمایی کردن
pilou /pilu/ *nm* پارچهٔ نخی کرک‌دار
pilule /pilyl/ *nf* [دارو] قرص
pilule (contraceptive) قرص ضدبارداری، قرص ضدآبستنی
pimbêche /pɛ̃bɛʃ/ *nf* زن پرمدعا
piment /pimɑ̃/ *nm* ۱. [گیاه] فلفل ۲. [مجازی] چاشنی، گیرایی، شور و حال
piment (rouge) فلفل قرمز
pimenter /pimɑ̃te/ *vt* (1) ۱. فلفل زدن (به) ۲. گزنده کردن
pimpant,e /pɛ̃pɑ̃,t/ *adj* شنگ، ناز، دلپسند
pin /pɛ̃/ *nm* ۱. (درخت) کاج ۲. چوب کاج

pinacle /pinakl/ *nm* ۱. نوک ساختمان ۲. سرمنارهٔ تزیینی ۳. قلهٔ افتخار
porter au pinacle به عرش بردن
pinacothèque /pinakɔtɛk/ *nf* [در ایتالیا و آلمان] نگارخانه
pinard /pinaR/ *nm* [خودمانی] شراب، مشروب
pinardier /pinaRdje/ *nm* [خودمانی، تحقیرآمیز] تاجر شراب، عرق‌فروش
pinasse /pinas/ *nf* قایق ماهیگیری
pince /pɛ̃s/ *nf* ۱. انبر، انبرک ۲. پنس ۳. [فنی] گیره ۴. انبردست ۵. [خرچنگ و غیره] چنگ ۶. [خیاطی] ساسون ۷. [خودمانی] دست
pince à linge گیرهٔ لباس، گیرهٔ رخت
pince à épiler موچین
pincé,e /pɛ̃se/ *adj* ۱. خشک، سرد، نچسب ۲. باریک
pinceau /pɛ̃so/ *nm* ۱. قلم‌مو ۲. [عامیانه] پا، لِنگ
pincée /pɛ̃se/ *nf,* **une pincée de** یک نوکِ انگشت، یک گَرد، یک ریزه
pincement /pɛ̃smɑ̃/ *nm* ۱. نیشگون ۲. زدن سرشاخه‌ها ۳. [ساز] به صدا درآوردن، زدن
pincement au cœur دلهره
pince-nez /pɛ̃sne/ *nm. inv* عینک رودماغی، عینک بی‌دسته
pincer /pɛ̃se/ *vt* (3) ۱. نیشگون گرفتن ۲. با انبر گرفتن، با پنس گرفتن ۳. (به هم) فشردن ۴. [ساز] به صدا درآوردن، زدن ۵. سرشاخه‌های (درختی را) زدن ۶. [هوا] سوز داشتن ۷. [خیاطی] ساسون دادن ۸. [خودمانی] گیر انداختن، گرفتن، دستگیر کردن ۹. [خودمانی] مچ (کسی را) گرفتن
pincer les lèvres لب‌ها را به هم فشردن
se pincer le nez [برای به مشام نرسیدن بو] بینی خود را گرفتن

pince-sans-rire /pɛ̃ssɑ̃RiR/ *n. inv* آدم شوخ با لحن جدی
pincette /pɛ̃sɛt/ *nf* ۱. انبرک، انبر ۲. پنس
pinçon /pɛ̃sɔ̃/ *nm* جای نیشگون
pinéal,e,aux /pineal,o/ *adj* صنوبری
pinède /pinɛd/ *nf* جنگل کاج، بیشهٔ کاج، کاجستان
pineraie /pinRɛ/ *nf* → pinède
pingouin /pɛ̃gwɛ̃/ *nm* پنگوئن
ping-pong /piŋpɔ̃g/ *nm* پینگ‌پنگ، تنیس روی میز
pingre /pɛ̃gR/ *n, adj* کنس، ناخن‌خشک، خسیس
pingrerie /pɛ̃gRəRi/ *nf* کنسی، خِست، ناخن‌خشکی
pinière /pinjɛR/ *nf* → pinède
pinson /pɛ̃sɔ̃/ *nm* سهرهٔ جنگلی
pintade /pɛ̃tad/ *nf* مرغ شاخدار
pintadeau /pɛ̃tado/ *nm* جوجهٔ مرغ شاخدار
piochage /pjɔʃaʒ/ *nm* ۱. کلنگ‌زنی ۲. کار شاق، کار سخت، خرحمالی
pioche /pjɔʃ/ *nf* کلنگ
piocher /pjɔʃe/ *vt, vi* (1) ۱. کلنگ زدن ۲. زیر و رو کردن ۳. [خودمانی] سخت کار کردن (رویِ)، جان کندن ۴. [خودمانی] خرخونی کردن ▫ ۵. گشتن، زیر و رو کردن
piocheur,euse /pjɔʃœR,øz/ *adj, n* ۱. کلنگ‌زن ۲. سخت‌کوش، پرکار ۳. [دانش‌آموز] خَرخون
pion[1] /pjɔ̃/ *nm* [شطرنج] پیاده، سرباز
pion[2]**,onne** /pjɔ̃,ɔn/ *n* ۱. [تحقیرآمیز] ناظم ۲. (آدم) عالم‌مآب، ادیب‌نما
pioncer /pjɔ̃se/ *vi* (3) [عامیانه] کَپیدن، کپهٔ مرگ خود را گذاشتن
pionnier /pjɔnje/ *nm* ۱. [نظامی]

a = bas, plat e = blé, jouer ɛ = lait, jouet, merci i = il, lyre o = mot, dôme, eau, gauche ɔ = mort
u = roue y = rue ø = peu œ = peur ə = le, premier ɑ̃ = sans, vent ɛ̃ = matin, plein, lundi
ɔ̃ = bon, ombre ʃ = chat, tache ʒ = je, gilet j = yeux, paille, pied w = oui, nouer ɥ = huile, lui

سرباز یکان مهندسی ۲. آبادکننده ۳. پیشگام، پیشتاز

pipe /pip/ *nf* ۱. چپق، پیپ ۲. [عامیانه] سیگار ۳. [قدیمی] مجرا، لوله

pipeau /pipo/ *nm* نی‌لبک، نی

pipelet,ette /piplɛ,ɛt/ *n* ۱. [عامیانه] دربان، سرایدار ۲. [عامیانه] (آدم) وراج

pipe-line /piplin/ *nm* خط لوله

piper /pipe/ *vt* (1), **ne pas piper (mot)** دم نزدن، لام تا کام حرف نزدن، جیک (کسی) درنیامدن

piper des cartes (در ورق‌بازی) تقلب کردن

pipette /pipɛt/ *nf* پیپت (= نوعی لولهٔ آزمایش)

pipi /pipi/ *nm* [خودمانی یا زبان بچه‌ها] جیش

faire pipi جیش کردن

piquant[1],e /pikɑ̃,t/ *adj* ۱. نوک‌تیز، تیز ۲. زبر ۳. زننده، نیشدار ۴. [طعم و غیره] تند ۵. [ادبی] جالب ۶. جذاب، گیرا

piquant[2] /pikɑ̃/ *nm* ۱. خار، تیغ ۲. [ادبی] گیرایی، جذابیت

pique[1] /pik/ *nf* ۱. نیزه ۲. گوشه و کنایه، نیش و کنایه، نیش، زخم زبان

pique[2] /pik/ *nm* [ورق‌بازی] پیک

piqué[1],e /pike/ *adj* ۱. بیدزده، موریانه‌خورده ۲. [خودمانی] خُل، مشنگ

piqué[2] /pike/ *nm*, **bombardement en piqué** بمباران در حال شیرجه

pique-assiette /pikasjɛt/ *n* (آدم) سورچران، خاله خوش‌وعده

pique-feu /pikfø/ *nm. inv* سیخ (بخاری)، انبر

pique-nique /piknik/ *nm* پیک‌نیک

pique-niquer /piknike/ *vi* (1) (به) پیک‌نیک رفتن

pique-niqueur,euse /piknikœʀ,øz/ *n* پیک‌نیک‌رو، پیک‌نیک‌رونده

piquer /pike/ *vt, vi* (1) ۱. سوراخ کردن ۲. گزیدن، زدن، نیش زدن ۳. [بید، موریانه، ...] خوردن، زدن ۴. آمپول زدن، واکسن زدن ۵. سنجاق زدن، زدن ۶. [خیاطی] چرخ کردن ۷. [طعم تند، فلفل، ...] سوزاندن ۸. برانگیختن، تحریک کردن ۹. عصبانی کردن، ناراحت کردن ۱۰. [خودمانی] کش رفتن، زدن، بلند کردن ۱۱. گیر انداختن، گرفتن، دستگیر کردن ◻ ۱۲. یکراست رفتن ۱۳. [هواپیما و غیره] شیرجه رفتن، شیرجه زدن

se piquer *vp* ۱. خراش برداشتن ۲. (به خود) تزریق کردن ۳. [چوب و غیره] خورده شدن، بید زدن، کرم خوردن ۴. به خود بالیدن، مباهات کردن

piquet /pikɛ/ *nm* تیر، دیرک

mettre au piquet [برای تنبیه، در کلاس] سرپا نگه‌داشتن

piqueter /pikte/ *vt* (4) نرده (چوبی) کشیدن

piqueur,euse /pikœʀ,øz/ *n, adj* ۱. چرخکار ◻ ۲. [حشرات] گزنده

piqûre /pikyʀ/ *nf* ۱. خراش، سوراخ ۲. گزیدگی، جای نیش ۳. سوزش ۴. تزریق ۵. دوخت ۶. سوراخ (کوچک) ۷. خوردگی

faire une piqûre آمپول زدن

piqûre de ver کرم‌خوردگی

pirate /piʀat/ *nm, adj* ۱. دزد دریایی ۲. کلاهبردار، دزد ◻ ۳. [رادیو، فرستنده] مخفی ۴. غیرمجاز

pirate de l'air هواپیماربا

piraterie /piʀatʀi/ *nf* ۱. دزدی دریایی ۲. چپاول، دزدی، کلاهبرداری

piraterie aérienne هواپیماربایی

pire /piʀ/ *adj, nm* بدتر

le/la pire بدترین

piriforme /piʀifɔʀm/ *adj* گلابی‌شکل، به شکل گلابی

pirogue /piʀɔg/ *nf* [در آفریقا و اقیانوسیه] بلم

piroguier /piʀɔgje/ *nm* بلم‌ران

pirouette /piʀwɛt/ *nf* ۱. [رقص و غیره]

pitoyable

pirouetter / piʀwete / vi (1) [رقص و غیره] (روی یک پا) چرخیدن، چرخ خوردن، چرخ زدن
چرخش (روی یک پا)، چرخ زدن ۲. تغییر ناگهانی عقیده، از این رو به آن رو شدن

pis¹ / pi / nm [گاو و گوسفند] پستان
pis² / pi / adj, adv, nm ۱. [ادبی] بدتر
▫ ۲. بدترین چیز، بدترین وضع
au pis aller در بدترین وضع، آخرش اینکه
pis-aller / pizale / nm. inv تنها چاره
piscicole / pisikɔl / adj (مربوط به) پرورش ماهی
pisciulteur, trice / pisikyltœr, tris / n پرورش‌دهندهٔ ماهی
pisciculture / pisikyltyʀ / nf پرورش ماهی
pisciforme / pisifɔʀm / adj به شکل ماهی، ماهی‌شکل
piscine / pisin / nf ۱. استخر ۲. حوض تطهیر
pisé / pize / nm [معماری] چینه
pissat / pisa / nm [اسب، الاغ، ...] شاش، ادرار
pisse / pis / nf [عامیانه] شاش
pisse-froid / pisfʀwa / nm. inv [خودمانی] آدم عنق، آیینهٔ دق
pissement / pismɑ̃ / nm (عمل) ادرار کردن، شاشیدن
pissement du sang خون ادرار کردن
pissenlit / pisɑ̃li / nm گل قاصدک، قاصدک
pisser / pise / vt, vi (1) [عامیانه] شاش کردن، شاشیدن
pisser du sang خون شاشیدن
pisseur, euse / pisœʀ, øz / n [عامیانه] شاشو
pisseux, euse / pisø, øz / adj ۱. [عامیانه] شاشی ۲. زرد، زردنبو
pissoir / piswaʀ / nm [خودمانی یا محلی] آبریزگاه (عمومی)

pissotière / pisɔtjɛʀ / nf [خودمانی] آبریزگاه (= محل ادرار)
pistache / pistaʃ / nf, adj. inv پسته
couleur / vert pistache (سبز) مغزپسته‌ای
pistachier / pistaʃje / nm درخت پسته
piste / pist / nf ۱. [جانوران] جای پا، رد پا، رد ۲. سر نخ، رد پا، رد، پی ۳. میدان، پیست
piste de ski پیست اسکی
pister / piste / vt (1) رد پای (حیوانی یا کسی را) دنبال کردن، رد (حیوانی یا کسی را) گرفتن
pistil / pistil / nm [گیاه‌شناسی] مادگی
pistolet / pistɔlɛ / nm ۱. تپانچه، هفت‌تیر، اسلحه (کمری) ۲. پیستوله، افشانک، رنگ‌پاش
un drôle de pistolet آدم عجیب و غریب
piston / pistɔ̃ / nm ۱. پیستون ۲. پارتی‌بازی، سفارش ۳. پارتی، آشنا
pistonner / pistɔne / vt (1) سفارش (کسی را) کردن، پارتی (کسی) شدن
pitance / pitɑ̃s / nf [تحقیرآمیز] جیره، خوراک ناچیز
pitchpin / pitʃpɛ̃ / nm کاج قیری
piteusement / pitøzmɑ̃ / adv به طرز اسف‌باری، به طور ترحم‌انگیزی
piteux, euse / pitø, øz / adj اسف‌بار، رقت‌بار، ترحم‌انگیز
pitié / pitje / nf, interj ۱. دلسوزی، ترحم، رقت ▫ ۲. رحم کنید! رحم کن!
avoir pitié de qqn دل (کسی) برای کسی سوختن، به کسی رحم کردن
une personne sans pitié یک آدم بی‌رحم، یک آدم سنگدل
piton / pitɔ̃ / nm ۱. پیچ قلاب‌دار، قلاب پیچی ۲. قله
pitoyable / pitwajabl / adj ۱. ترحم‌انگیز، رقت‌انگیز، رقت‌بار، اسف‌بار ۲. مفلوک ۳. مفلوکانه

pitoyablement /pitwajabləmɑ̃/ *adv* ۱. به طرز اسف‌باری، به طور رقت‌انگیزی ۲. به طرز بدی، بدجوری

pitre /pitʀ/ *nm* دلقک

faire le pitre دلقک‌بازی درآوردن، لودگی کردن

pitrerie /pitʀəʀi/ *nf* دلقک‌بازی، لودگی

pittoresque /pitɔʀɛsk/ *adj* ۱. تماشایی، جالب ۲. بدیع، رسا

pivert /pivɛʀ/ *nm* دارکوب سبز

pivoine /pivwan/ *nf* گل صدتومانی

pivot /pivo/ *nm* ۱. محور ۲. محور اصلی، هستهٔ مرکزی، اساس

pivotant,e /pivɔtɑ̃,t/ *adj* گردان، چرخان

pivoter /pivɔte/ *vi* (1) (به دور محوری) چرخیدن

pizza /pidza/ *nf* پیتزا

pizzeria /pidzeʀja/ *nf* پیتزافروشی

placage /plakaʒ/ *nm* ۱. روکشی، روکش کردن ۲. روکش

placard /plakaʀ/ *nm* ۱. اعلامیه، اعلان، پلاکارد، پوستر ۲. گنجه، کمد

placard de publicité [در مجلات] متن تبلیغاتی

placarder /plakaʀde/ *vt* (1) ۱. اعلان کردن، روی اعلامیه نوشتن ۲. اعلامیه چسباندن، پلاکارد زدن، پوستر چسباندن

place /plas/ *nf* ۱. جا ۲. مکان، محل ۳. جایگاه، موقعیت، رده ۴. مقام، منصب ۵. کار ۶. میدان ۷. [تجارت] بازار

à la place de به جایِ

chercher une place ۱. دنبال جایی گشتن ۲. دنبال کار گشتن

en place در جای خود، سر جای خود

place d'armes میدان رژه

place (forte) دژ مستحکم

placement /plasmɑ̃/ *nm* ۱. سرمایه‌گذاری ۲. کاریابی

placenta /plasɛ̃ta/ *nm* [جنین] جفت

placentaire /plasɛ̃tɛʀ/ *adj* [جنین] جفتی، (مربوط به) جفت

placer[1] /plase/ *vt* (3) ۱. قرار دادن، گذاشتن ۲. جا دادن ۳. به کار گماردن ۴. به فروش رساندن، فروختن ۵. سرمایه‌گذاری کردن

se placer *vp* ۱. قرار گرفتن ۲. نشستن ۳. [به عنوان مستخدم، پادو و غیره] مشغول کار شدن

placer[2] /plasɛʀ/ *nm* معدن طلا

placet /plasɛ/ *nm* [قدیمی] عریضه، عرضحال

placeur,euse /plasœʀ,øz/ *n* [سالن نمایش] کنترلچی، راهنما

placide /plasid/ *adj* آرام، خونسرد

placidement /plasidmɑ̃/ *adv* به آرامی، با خونسردی، خونسرد

placidité /plasidite/ *nf* آرامش، خونسردی

placier,ère /plasje,ɛʀ/ *n* عامل فروش

plafond /plafɔ̃/ *nm* ۱. سقف، تاق ۲. [هواپیما] سقف پرواز ۳. حداکثر، بالاترین میزان، سقف

plafonnage /plafɔnaʒ/ *nm* سقف‌سازی

plafonnement /plafɔnmɑ̃/ *nm* رسیدن به بالاترین میزان

plafonner /plafɔne/ *vt, vi* (1) ۱. سقف (گچی) ساختن ◙ ۲. به بالاترین میزان رسیدن، به حداکثر رسیدن ۳. [هواپیما] به سقف پرواز رسیدن

plafonnier /plafɔnje/ *nm* ۱. چراغ سقفی ۲. [خودرو] چراغ سقف

plage /plaʒ/ *nf* ۱. دریاکنار، ساحل دریا ۲. پلاژ

plagiaire /plaʒjɛʀ/ *n* سارق ادبی

plagiat /plaʒja/ *nm* سرقت ادبی، انتحال

plagier /plaʒje/ *vt* (7) ۱. سرقت ادبی کردن، انتحال کردن، (اثر مؤلفی را) دزدیدن ۲. [ادبی] تقلید کردن

plaid /plɛ/ *nm* پتوی سفری چهارخانه

plaidant,e /plɛdɑ̃,t/ *adj,*

avocat plaidant وکیل مدافع

parties plaidantes طرفین دعوا

planchette

plaider /plede/ *vi, vt* (1) ۱. اقامهٔ دعوا کردن، ادعا کردن، شکایت کردن ۲. [در دادگاه] دفاع کردن ۳. پشتیبانی کردن، جانبداری کردن، طرفداری کردن

plaideur, euse /plɛdœʀ, øz/ *n* [حقوقی] طرف دعوا (= خواهان یا خوانده)

plaidoirie /plɛdwaʀi/ *nf* دفاعیه

plaidoyer /plɛdwaje/ *nm* ۱. دفاعیه، مدافعه ۲. دفاع، حمایت

plaie /plɛ/ *nf* ۱. زخم، جراحت ۲. [قدیمی یا خودمانی] بلا، مصیبت

plaignant, e /plɛɲɑ̃, t/ *adj, n* [حقوقی] خواهان، شاکی، عارض، مدعی

plaindre /plɛ̃dʀ/ *vt* (52) دلسوزی کردن برای، دل (کسی) سوختن برای، دل سوزاندن برای
se plaindre *vp* گله کردن، شکایت کردن، شکوه کردن، نالیدن

plaine /plɛn/ *nf* دشت، جلگه

plain-pied (de) /dəplɛ̃pje/ *loc. adv* همسطح، همتراز
être de plain-pied avec qqn همسطح کسی بودن

plainte /plɛ̃t/ *nf* ۱. ناله، آه و ناله ۲. گله، شکوه ۳. شکایت

plaintif, ive /plɛ̃tif, iv/ *adj* ۱. نالان ۲. شکوهآمیز

plaintivement /plɛ̃tivmɑ̃/ *adv* نالهکنان، نالان، با آه و ناله

plaire /plɛʀ/ *vt* (54) خوشایند (کسی) بودن، خوش آمدن، مورد پسند (کسی) بودن
plaise/plût à Dieu/au ciel خداکند
s'il vous plaît لطفاً، لطف کنید، بیزحمت
se plaire *vp* ۱. دوست داشتن، خوش آمدن ۲. همدیگر را دوست داشتن ۳. خوش بودن

plaisamment /plɛzamɑ̃/ *adv* ۱. به طرز دلپذیری، به نحو خوشایندی ۲. به طور مضحکی، به طرز خندهداری

plaisance /plɛzɑ̃s/ *nf*, de plaisance تفریحی
navire de plaisance کشتی تفریحی

plaisant¹, e /plɛzɑ̃, t/ *adj* ۱. دلپذیر، دلپسند، خوشایند، مطبوع ۲. خندهدار، مضحک

plaisant² /plɛzɑ̃/ *nm* [ادبی] جنبهٔ مضحک
mauvais plaisant ۱. متلکگو ۲. مزاحم

plaisanter /plɛzɑ̃te/ *vi, vt* (1) ۱. شوخی کردن ۲. شوخی کردن با، سر به سر (کسی) گذاشتن

plaisanterie /plɛzɑ̃tʀi/ *nf* ۱. شوخی ۲. کار پیشپاافتاده، کار جزئی

plaisantin /plɛzɑ̃tɛ̃/ *nm* ۱. آدم شوخ، لوده ۲. آدم متلکگو

plaisir /pleziʀ/ *nm* ۱. خوشی، لذت ۲. تفریح
à plaisir ۱. تا بخواهی، هر قدر دلت بخواهد ۲. بیدلیل، بیجهت، بیخودی
avec plaisir از روی میل، با کمال میل
pour le plaisir/par plaisir برای تفریح، تفریحی

plan¹, e /plɑ̃, an/ *adj* ۱. صاف، هموار، مسطح ۲. [هندسه] مسطح، مستوی

plan² /plɑ̃/ *nm* ۱. سطح صاف، سطح مستوی ۲. [هندسه، فیزیک] صفحه ۳. [سینما] نما، پلان ۴. [نقاشی، عکاسی] زمینه
au plan de در سطح
sur le plan de از نظر، از حیث

plan³ /plɑ̃/ *nm* ۱. طرح ۲. نقشه ۳. [معماری] نقشهٔ کف، پلان

planche /plɑ̃ʃ/ *nf* ۱. تخته، الوار ۲. [قفسه و غیره] طبقه ۳. [چاپ] زینک ۴. [کتاب] عکس، تصویر ۵. تختهٔ اسکیت، اسکیتبورد ۶. [بازی یا ورزش] اسکیت ۷. باغچه — [صورت جمع] ۸. صحنهٔ نمایش، صحنهٔ تئاتر

plancher /plɑ̃ʃe/ *nm* ۱. کف اتاق ۲. کف ۳. [حقوق و غیره] حداقل، پایینترین میزان

planchette /plɑ̃ʃɛt/ *nf* تخته، طبقه

plancton /plɑ̃ktɔ̃/ *nm* [زیست‌شناسی] دروازی، پلانکتون

planer /plane/ *vi* (1) ۱. [پرندگان] با بال باز پرواز کردن، در هوا بال گستردن ۲. در هوا شناور بودن ۳. [ادبی] از بالا نگریستن ۴. به رؤیا فرو رفتن ۵. [خودمانی] نشئه شدن، نشئه بودن

planétaire /planetɛʀ/ *adj* ۱. سیاره‌ای ۲. جهانی

planétarium /planetaʀjɔm/ *nm* افلاک‌نما، آسمان‌نما

planète /planɛt/ *nf* سیاره

planétoïde /planetɔid/ *nm* سیارک

planeur /planœʀ/ *nm* هواپیمای بی‌موتور، گلایدِر

planification /planifikasjɔ̃/ *nf* برنامه‌ریزی، طرح‌ریزی

planifier /planifje/ *vt* (7) برنامه‌ریزی کردن، طرح‌ریزی کردن

planisphère /planisfɛʀ/ *nm* نقشهٔ جهان‌نما

planning /planiŋ/ *nm* برنامه‌ریزی

planque /plɑ̃k/ *nf* [عامیانه] مخفی‌گاه

planquer /plɑ̃ke/ *vt* (1) [خودمانی] قایم کردن

se planquer *vp* مخفی شدن، قایم شدن

plant /plɑ̃/ *nm* ۱. کشتزار، کَرت، باغچه ۲. نشا ۳. نهال

plantain /plɑ̃tɛ̃/ *nm* بارهنگ

plantaire /plɑ̃tɛʀ/ *adj* (مربوط به) کف پا

plantation /plɑ̃tasjɔ̃/ *nf* ۱. کاشت، کشت ۲. کشتزار، مزرعه، کرت

plante[1] /plɑ̃t/ *nf* گیاه، رستنی، نبات

plante[2] /plɑ̃t/ *nf* کف پا

planter /plɑ̃te/ *vt* (1) ۱. کاشتن ۲. در زمین فرو کردن ۳. فرو کردن، کردن (توی) ۴. [میخ] کوبیدن ۵. بر پا کردن، زدن، افراشتن

planter là به یکباره رها کردن، ول کردن

planter son regard/ses yeux چشم دوختن، خیره شدن

se planter *vp* راست ایستادن، صاف وایسادن

planteur,euse /plɑ̃tœʀ,øz/ *n* ۱. [در مناطق حاره] کشتکار، زارع ۲. [در ترکیب] ـکار

plantigrade /plɑ̃tigʀad/ *adj, nm* ۱. [حیوان] کف‌رو ◙ ۲. حیوان کف‌رو

planton /plɑ̃tɔ̃/ *nm* گماشته، مصدر

plantureusement /plɑ̃tyʀøzmɑ̃/ *adv* زیاد، خیلی، فراوان

plantureux,euse /plɑ̃tyʀø,øz/ *adj* ۱. فراوان، زیاد ۲. حاصلخیز ۳. چاق و چله، گوشتالو

plaque /plak/ *nf* ۱. صفحه، ورقه، لوح، لوحه ۲. پلاک ۳. [به ویژه روی صورت] لکه

plaqué /plake/ *nm* [طلا یا نقره] روکش

plaqué d'or روکش طلا، آب طلا

plaquer /plake/ *vt* (1) ۱. آب دادن، روکش کردن ۲. چسباندن ۳. [خودمانی] ول کردن

plaquette /plakɛt/ *nf* ۱. لوح کوچک ۲. ورقهٔ نازک ۳. کتاب کم‌حجم

plaquette sanguine پلاکت خون

plasma /plasma/ *nm* پلاسما

plastic /plastik/ *nm* مادهٔ منفجرهٔ خمیری، خرج خمیری

plasticité /plastisite/ *nf* ۱. شکل‌پذیری ۲. انعطاف‌پذیری

plasticien,enne /plastisjɛ̃,ɛn/ *n* ۱. متخصص هنرهای تجسمی ۲. متخصص جراحی پلاستیک

plastifier /plastifje/ *vt* (7) ۱. روکش پلاستیکی کردن ۲. پلاستیکی کردن

plastique[1] /plastik/ *adj* ۱. پلاستیکی، پلاستیک ۲. شکل‌پذیر ۳. [هنر] تجسمی ۴. خوش‌فُرم

arts plastiques هنرهای تجسمی

chirurgie plastique جراحی پلاستیک

explosif plastique خرج خمیری

matières plastiques مواد پلاستیکی

plastique[2] /plastik/ *nm* پلاستیک

plastique[3] /plastik/ *nf* ۱. پیکره‌برداری ۲. اندام

plastiquer /plastike/ *vt* (1) (با مواد منفجرهٔ خمیری) منفجر کردن

plastron /plastʀɔ̃/ *nm* ۱. زره سینه ۲. جلوی سینه

plastronner /plastʀɔne/ *vi* (1) سینهٔ خود را جلو دادن، باد به غبغب انداختن

plat[1]**,e** /pla,t/ *adj* ۱. صاف، هموار، مسطح ۲. تخت ۳. بی‌نمک، خنک ۴. بی‌روح، یکنواخت، بی‌حال ۵. متملق، بله‌قربان‌گو

à plat ۱. از پهنا ۲. کوفته، درب و داغون

à plat ventre دَمَر، به روی شکم

bourse plate کیف خالی

mer plate دریای آرام

tomber (à) plat نقش بر آب شدن، ناکام ماندن، عقیم ماندن

plat[2] /pla/ *nm* ۱. قسمت صاف، قسمت مسطح ۲. کف ۳. زمین صاف، زمین هموار

plat[3] /pla/ *nm* ۱. دیس ۲. غذا، خوراک

platane /platan/ *nm* چنار

plateau /plato/ *nm* ۱. سینی ۲. [ترازو] کفه ۳. صحنه، سِن ۴. فلات

plate-bande /plat bɑ̃d/ *nf* ردیف درختکاری، ردیف گلکاری، کَرت

platée /plate/ *nf* (محتوی) دیس

plate-forme /platfɔʀm/ *nf* ۱. سکو ۲. بلندیگاه ۳. [اتوبوس، قطار، ...] قسمت روباز ۴. واگن (باری) تخت، واگن روباز ۵. [جغرافی] سطحه، ایوان ۶. خط مشی

toit en plate-forme بام مسطح

platement /platmɑ̃/ *adv* بی‌حال، بی‌روح

platine[1] /platin/ *nm, adj. inv* ۱. پلاتین، طلایِ سفید ◻ ۲. [مو] نقره‌ای ۳. مونقره‌ای

platine[2] /platin/ *nf* ۱. [دستگاه صوتی] دِک ۲. [گرامافون] صفحه‌گردان ۳. [ساعت] صفحهٔ نگهدارنده

platiné,e /platine/ *adj* ۱. بلوند مونقره‌ای ۲. [مو] نقره‌ای

platiner /platine/ *vt* (1) آب پلاتین دادن

platinifère /platinifɛʀ/ *adj* پلاتین‌دار

platitude /platityd/ *nf* ۱. بی‌روحی، یکنواختی ۲. بی‌مزگی، خنکی ۳. کوچکی، بندگی

platonicien,enne /platɔnisjɛ̃,ɛn/ *adj, n* افلاطونی

platonique /platɔnik/ *adj* ۱. افلاطونی ۲. ملکوتی، معنوی ۳. بی‌نتیجه، بیهوده، غیرعملی

amour platonique عشق افلاطونی

platoniquement /platɔnikmɑ̃/ *adv* افلاطون‌وار، به طرزی معنوی

platonisme /platɔnism/ *nm* آیین افلاطون

plâtrage /platʀaʒ/ *nm* گچ‌کاری

platras /platʀa/ *nm* ۱. خرده گچ ۲. خرده مصالح

plâtre /platʀ/ *nm* ۱. گچ ۲. مجسمهٔ گچی، شیء گچی

plâtrer /platʀe/ *vt* (1) ۱. گچ کردن ۲. گچ گرفتن

plâtrerie /platʀəʀi/ *nf* ۱. کارخانهٔ گچ، گچ‌پزی ۲. گچ‌بری

plâtreux,euse /platʀø,øz/ *adj* گچ‌دار، گچ‌اندود

plâtrier /platʀije/ *nm, adj* ۱. گچ‌کار ۲. گچ‌بر

plâtrière /platʀijɛʀ/ *nf* ۱. معدن گچ ۲. کورهٔ گچ‌پزی ۳. (کارخانهٔ) گچ‌پزی

plausibilité /plozibilite/ *nf* قابلیت‌پذیرش، پذیرفتگی، صحت

plausible /plozibl/ *adj* قابل قبول، موجه، محتمل

play-back /plɛbak/ *nm* [خواننده و غیره] لب زدن

play-boy /plɛbɔj/ *nm* جوان عیاش، جوان زن‌باز

plèbe /plɛb/ *nf* عوام

plébéien,enne /plebejɛ̃,ɛn/ *n, adj* ۱. [ادبی] (آدم) عامی ◻ ۲. عوامانه

plébiscitaire /plebisitɛʀ/ *adj* (مربوط به) همه‌پرسی

plébiscite /plebisit/ *nm* همه‌پرسی

plébisciter /plebisite/ *vt* (1) ۱. از طریق همه‌پرسی برگزیدن، بر اساس آراء عمومی انتخاب کردن ۲. به اکثریت قریب به اتفاق تصویب کردن، به اتفاق آراء برگزیدن

Pléiade[1] /plejad/ *nf* ۱. (صورت فلکی) پروین ۲. (گروه) پِلیاد (=گروهی مرکب از هفت شاعر فرانسوی دورهٔ رنسانس)

pléiade[2] /plejad/ *nf* نخبگان، زبدگان

plein[1]**,e** /plɛ̃,ɛn/ *adj* ۱. پُر، مملو، لبریز، انباشته ۲. توپُر ۳. کامل، تمام، تمام و کمال ۴. سرشار، آکنده ۵. گرد و غلنبه، گِرد، تپل ۶. [جانوران] آبستن

à plein کاملاً

à pleine main با دست پُر

à plein temps تمام‌وقت

en plein ۱. وسطِ ۲. در بحبوحهٔ، در گرماگرمِ ۳. کاملاً

en plein vent در معرضِ باد

plein de soi غره‌به‌خود، ازخودراضی، خودخواه

pleine lune ماه تمام، بدر، ماه شب چهارده

plein pouvoir اختیار تام

plein[2] /plɛ̃/ *nm* ۱. فضای پر، پری ۲. وسط، بحبوحه، گرماگرم

faire le plein پر کردن

faire le plein (d'essence) باک بنزین را پر کردن

le plein de la lune قرص ماه، بدر

plein[3] /plɛ̃/ *prép, adv,*

avior de l'argent plein les poches جیب پر از پول داشتن

plein de خیلی

tout plein خیلی

pleinement /plɛnmɑ̃/ *adv* کاملاً

plein-emploi /plɛnɑ̃plwa/ *nm* اشتغال کامل

plénier,ère /plenje,ɛʀ/ *adj* [مجلس، گردهمایی] با تمام اعضا

plénipotentiaire /plenipɔtɑ̃sjɛʀ/ *nm, adj* ۱. نمایندهٔ تام‌الاختیار ◻ ۲. تام‌الاختیار، مختار

plénitude /plenityd/ *nf* ۱. کمال، اوج ۲. غنا ۳. [قدیمی] فراوانی، وفور

pléonasme /pleɔnasm/ *nm* [دستور زبان] حشو

pléonastique /pleɔnastik/ *adj* [دستور زبان] حشوآمیز، حشو

pléthore /pletɔʀ/ *nf* زیادی، کثرت

pléthorique /pletɔʀik/ *adj* ۱. مملو، لبریز ۲. بسیار زیاد

pleurs /plœʀ/ *nm. pl* [قدیمی یا ادبی] اشک، گریه، زاری، مویه

en pleurs گریان، اشک‌ریزان

pleural,e,aux /plœʀal,o/ *adj* (مربوط به) پردهٔ جنب

pleurard,e /plœʀaʀ,d/ *adj* ۱. [خودمانی] همیشه گریان ۲. گریان ۳. نالان، شکوه‌آمیز

pleurer /plœʀe/ *vi, vt* (1) ۱. گریه کردن، گریستن، اشک ریختن ۲. آب از چشم (کسی) آمدن ۳. التماس کردن، گریه و زاری کردن ◻ ۴. گریه کردن برایِ ۵. افسوس (چیزی را) خوردن

pleurer des larmes اشک ریختن، گریستن

pleurer sa jeunesse افسوس جوانی را خوردن

pleurésie /plœʀezi/ *nf* سینه‌پهلو، ذات‌الجنب

pleurétique /plɛ̃ʀetik/ *adj, n* (مربوط به) سینه‌پهلو ◻ ۲. مبتلا به سینه‌پهلو

pleureur /plœʀœʀ/ *adj,* **saule pleureur** مجنون

pleurnichard,e /plœʀniʃaʀ,d/ *adj, n*
[خودمانی] همیشه‌گریان، اهل زنجموره
pleurnichement /plœʀniʃmɑ̃/ *nm*
[خودمانی] گریه‌زاری، زنجموره
pleurnicher /plœʀniʃe/ *vi* (1)
[خودمانی] گریه‌زاری کردن، زنجموره کردن، آبغوره گرفتن
pleurnicherie /plœʀniʃʀi/ *nf*
→ pleurnichement
pleurnicheur,euse /plœʀniʃœʀ,øz/ *adj, n* → pleurnichard,e
pleutre /pløtʀ/ *nm* [ادبی] [آدم] ترسو، جَبون
pleuvasser /pløvase/ *v. impers* (1)
نم‌نم باریدن، نم‌نم باران آمدن
pleuviner /pløvine/ *v. impers* (1)
→ pleuvasser
pleuvoir /pløvwaʀ/ *v. impers, vi* (23)
۱. باران باریدن، باران آمدن ◘ ۲. باریدن ۳. فرو ریختن
Il pleuvait à verse. سیل‌آسا باران می‌بارید.
pleuvoter /pløvɔte/ *v. impers* (1)
→ pleuvasser
plèvre /plɛvʀ/ *nf* پردهٔ جنب
plexiglas /plɛksiglas/ *nm* شیشهٔ محافظ
plexus /plɛksys/ *nm* [اعصاب و غیره] شبکه
pli /pli/ *nm* ۱. تا ۲. چین، چین‌خوردگی ۳. [خیاطی] چین، پیلی، پیله ۴. [اداری] نامه
(faux) pli چروک
mise en plis [آرایشگری] میزامپیلی، حالت دادن مو
pli cacheté نامهٔ سربه‌مُهر
prendre un mauvais pli عادت بدی پیدا کردن
pliable /plijabl/ *adj* تاشدنی، انعطاف‌پذیر
pliage /plijaʒ/ *nm* ۱. (عمل) تا کردن ۲. تاخوردگی، تا
pliant[1]**,e** /plijɑ̃,t/ *adj* تاشو
pliant[2] /plijɑ̃/ *nm* صندلی تاشو
plier /plije/ *vt, vi* (7) ۱. تا کردن ۲. خم کردن ۳. جمع کردن، بستن ۴. جمع و جور کردن، مرتب کردن ۵. مجبور به اطاعت (از چیزی) کردن، مطیع (چیزی) کردن ◘ ۶. خم شدن ۷. سر تسلیم فرود آوردن، تسلیم شدن
se plier *vp* ۱. تا شدن ۲. مطیع شدن، تسلیم شدن، تبعیت کردن
plinthe /plɛ̃t/ *nf* [معماری] پاسنگ
plissage /plisaʒ/ *nm* (عمل) چین دادن، پلیسه کردن
plissé[1]**,e** /plise/ *adj* ۱. چین‌دار، چین‌چین، پلیسه ۲. چین‌خورده ۳. چروکیده
plissé[2] /plise/ *nm* چین، پلیسه
plissement /plismɑ̃/ *nm* ۱. (عمل) چروک انداختن ۲. چین‌خوردگی، چین
plisser /plise/ *vt* (1) ۱. چین دادن، چین‌چین کردن، پلیسه کردن ۲. [صورت و غیره] چروک انداختن، جمع کردن
pliure /plijyʀ/ *nf* ۱. تا، تاخوردگی ۲. خم، خمیدگی
plomb /plɔ̃/ *nm* ۱. سرب ۲. گلوله ۳. ساچمه ۴. حروف چاپ، حروف سربی ۵. پلُمب، مهر و موم ۶. فیوز
à plomb (به صورتِ) عمودی، قائم
fil à plomb شاقول
soleil à plomb آفتاب سوزان، آفتاب داغ
plombage /plɔ̃baʒ/ *nm* ۱. (عمل) سرب زدن ۲. پلمب (کردن) ۳. [دندان] پر کردن، پرشدگی ۴. تراز کردن با شاقول
plombé,e /plɔ̃be/ *adj* ۱. سرب‌زده ۲. پلمب‌شده ۳. سربی‌رنگ
plomber /plɔ̃be/ *vt* (1) ۱. سرب زدن ۲. پلمب کردن، مهر و موم کردن ۳. [دندان] پُر کردن ۴. با شاقول تراز کردن

plomberie /plɔ̃bʀi/ *nf* ۱. سرب‌ریزی ۲. کارگاه سازنده اشیاء سربی ۳. لوله‌کشی
plombier /plɔ̃bje/ *nm* لوله‌کش
plonge /plɔ̃ʒ/ *nf,* **faire la plonge** [در رستوران] ظرف شستن
plongée /plɔ̃ʒe/ *nf* غوطه‌وری، غوطه زدن
plongeon /plɔ̃ʒɔ̃/ *nm* ۱. شیرجه ۲. [پرنده] غواص
plonger /plɔ̃ʒe/ *vt, vi* (3) ۱. (در مایعی) فرو بردن ۲. فرو کردن، کردن (توی) ◙ ۳. زیر آب رفتن، در آب فرو رفتن ۴. شیرجه رفتن، شیرجه زدن ۵. [مجازی] فرو رفتن، غرق شدن
se plonger *vp* ۱. غوطه‌ور شدن ۲. [مجازی] فرو رفتن، غرق شدن
plongeur,euse /plɔ̃ʒœʀ,øz/ *n* ۱. غواص ۲. ظرف‌شور (رستوران)
plot /plo/ *nm* اتصال الکتریکی
plouf! /pluf/ *interj* شلپ! شلپی!
ploutocrate /plutɔkʀat/ *nm* [سیاست] ثروتمند (بانفوذ)، پول‌سالار
ploutocratie /plutɔkʀasi/ *nf* حکومت ثروتمندان، توانگرسالاری، پول‌سالاری
ployer /plwaje/ *vt, vi* (8) ۱. خم کردن، تا کردن ۲. مطیع کردن، به اطاعت واداشتن ◙ ۳. خم شدن، تا شدن ۴. [ادبی] سر تسلیم فرود آوردن، تمکین کردن، تبعیت کردن
pluches /plyʃ/ *nf.pl* [خودمانی یا در ارتش] سبزی پاک کردن
pluie /plɥi/ *nf* ۱. باران ۲. [مجازی] باران، سیل
plumage /plymaʒ/ *nm* ۱. پر و بال، پرها ۲. (عمل) پَر کندن
plumard /plymaʀ/ *nm* [خودمانی] تختخواب، تخت
plume /plym/ *nf* ۱. پَر ۲. قلم
plumeau /plymo/ *nm* چوب‌پَر، گردگیر
plumer /plyme/ *vt* (1) ۱. پَر کندن ۲. مال (کسی را) بردن، لخت کردن
plumet /plymɛ/ *nm* پَر کلاه، جِقه
plumier /plymje/ *nm* ۱. قلمدان ۲. جامدادی
plumitif /plymitif/ *nm* قلم‌به‌دست، میرزابنویس، کاتب
plupart (la) /laplypaʀ/ *nf* اکثریت
la plupart de بیشترِ، اکثرِ، اغلبِ
plural,e,aux /plyʀal,o/ *adj* چندگانه
pluralisme /plyʀalism/ *nm* چندگرایی، کثرت‌گرایی
pluraliste /plyʀalist/ *adj, n* ۱. چندگرا، کثرت‌گرا ۲. چندگرایانه، کثرت‌گرایانه
pluralité /plyʀalite/ *nf* کثرت، تعدد
pluriannuel,elle /plyʀianɥɛl/ *adj* چندساله
pluricellulaire /plyʀiselylɛʀ/ *adj* پریاخته، پرسلولی
pluridisciplinaire /plyʀidisiplinɛʀ/ *adj* چندرشته‌ای
pluriel[1],elle /plyʀjɛl/ *adj* [دستور زبان] جمع
pluriel[2] /plyʀjɛl/ *nm* [دستور زبان] صورت جمع، صیغهٔ جمع، جمع
plurilatéral,e,aux /plyʀilateʀal,o/ *adj* چندجانبه
pluripartisme /plyʀipaʀtism/ *nm* نظام چندحزبی
plurivalent,e /plyʀivalɑ̃,t/ *adj* چندارزشی
plus /ply(s)/ *adv, nm* ۱. بیشتر ۲. [نشانهٔ صفت تفضیلی] ـ‌تر ۳. به علاوهٔ، به اضافهٔ ◙ ۴. علامت جمع، بعلاوه
au plus/tout au plus حداکثر
de plus ۱. بیشتر ۲. دیگر
de plus en plus بیش از بیش، هر چه بیشتر
Je ne suis plus fatigué. دیگر خسته نیستم.
le/la plus ۱. بیشترین ۲. [نشانهٔ صفت عالی] ـ‌ترین ۳. بیش از هر چیز، بیش از همه
non plus [در جملات منفی] هم، نیز
plus ou moins کمابیش

659 **poignarder**

plus... que ـ تر ... از
sans plus همین و بس، و نه بیشتر
plusieurs /plyzjœʀ/ *adj, pron. indéf*
۱. چند، چندین ◙ ۲. چند نفر، بعضی، بعضی‌ها
plus-que-parfait /plyskəpaʀfɛ/ *nm*
[دستور زبان] ماضی بعید
plus-value /plyvaly/ *nf* ارزش اضافی، افزایش ارزش
plutôt /plyto/ *adv* ۱. بیشتر ۲. نسبتاً، تا حدی، تا اندازه‌ای ۳. [خودمانی] خیلی ۴. [قدیمی] زودتر
Il faisait plutôt froid. هوا نسبتاً سرد بود.
Plutôt que de plaindre, il ferait mieux d'agir. به جای نالیدن، بهتر است کاری کنیم.
pluvial,e,aux /plyvjal,o/ *adj* (مربوط به) باران
pluvier /plyvje/ *nm* [پرنده] سلیم
pluvieux,euse /plyvjø,øz/ *adj* ۱. بارانی ۲. پُرباران
pluviomètre /plyvjɔmɛtʀ/ *nm* باران‌سنج
pluviosité /plyvjozite/ *nf* (میزان) بارش
pneu /pnø/ *nm* [وسایل نقلیه] لاستیک
pneumatique /pnømatik/ *adj* بادی
pneumonie /pnømɔni/ *nf* ذات‌الریه
pneumonique /pnømɔnik/ *adj, n*
۱. (مربوط به) ذات‌الریه ◙ ۲. مبتلا به ذات‌الریه
pochard,e /pɔʃaʀ,d/ *n, adj* [خودمانی] مست، خراب، پاتیل
poche /pɔʃ/ *nf* ۱. جیب ۲. کیسه‌نایلون، ساک (کاغذی)، پاکت ۳. [کانگورو] کیسه ۴. گودال، حفره
argent de poche پول توجیبی
Ce pantalon fait des poches aux genoux.
این شلوار زانو انداخته است.
de poche جیبی
pocher /pɔʃe/ *vt* (1), **pocher un œil à qqn** پای چشم کسی را کبود کردن

pochette /pɔʃɛt/ *nf* ۱. پاکت ۲. جلد ۳. دستمال‌جیب، پُشِت
podium /pɔdjɔm/ *nm* سکوی قهرمانی، سکو
podologie /pɔdɔlɔʒi/ *nf* پاشناسی
poêle[1] /pwal/ *nm* بخاری
poêle[2] /pwal/ *nf* ماهی‌تابه، تابه
poêlée /pwale/ *nf* [محتوی] ماهیتابه
poêler /pwale/ *vt* (1) (در ماهیتابه) سرخ کردن
poêlon /pwalɔ̃/ *nm* قابلمه
poème /pɔɛm/ *nm* شعر
poésie /pɔezi/ *nf* ۱. شعر، نظم ۲. (قطعه) شعر ۳. شاعری ۴. حالت شاعرانه، فضای شاعرانه
poète /pɔɛt/ *nm* ۱. شاعر ۲. شاعرمسلک
poétesse /pɔetɛs/ *nf* شاعره، شاعر (زن)
poétique[1] /pɔetik/ *adj* ۱. شعری، شاعری، (مربوط به) شعر ۲. شاعرانه ۳. منظوم
licence poétique اختیارات شاعری، ضرورت شعری
poétique[2] /pɔetik/ *adj* فن شعر، بوطیقا
poétiquement /pɔetikmɑ̃/ *adv*
۱. به لحاظ شعری ۲. شاعرانه
poétisation /pɔetizasjɔ̃/ *nf* (عمل) شاعرانه کردن
poétiser /pɔetize/ *vt* (1) شاعرانه کردن
pogne /pɔɲ/ *nf* [خودمانی] دست
pognon /pɔɲɔ̃/ *nm* [خودمانی] پول و پله، پول، مایه
poids /pwa/ *nm* ۱. وزن ۲. سنگینی ۳. وزنه ۴. فشار، بار ۵. اهمیت، ارزش، قدرت
poignant,e /pwaɲɑ̃,t/ *adj* دلخراش، اندوهبار، دردناک، تأثرانگیز
poignard /pwaɲaʀ/ *nm* خنجر، دشنه، قَمه
poignarder /pwaɲaʀde/ *vt* (1)
(با) خنجر زدن به، با دشنه زدن به

a = bas, plat e = blé, jouer ɛ = lait, jouet, merci i = il, lyre o = mot, dôme, eau, gauche ɔ = mort
u = roue y = rue ø = peu œ = peur ə = le, premier ɑ̃ = sans, vent ɛ̃ = matin, plein, lundi
ɔ̃ = bon, ombre ʃ = chat, tache ʒ = je, gilet j = yeux, paille, pied w = oui, nouer ɥ = huile, lui

poigne /pwaɲ/ *nf*	۱. ضرب دست ۲. قدرت
poignée /pwaɲe/ *nf*	۱. [محتوی] مشت
	۲. دسته ۳. دستگیره
une poignée de	[آدم] چند (تا)، چند نفر، (یک) مشت
poignet /pwaɲɛ/ *nm*	۱. مچ ۲. سرآستین
poil /pwal/ *nm*	مو، کرک، پشم
à poil	[خودمانی] لخت و عور
de tout poil	از هر نوع، از هر قماش
être de mauvais poil	بدعنق بودن
un poil	یک خرده، یک ذره، یک ریز، یک جو
poilant,e /pwalɑ̃,t/ *adj*	[خودمانی] خیلی خنده‌دار
poiler (se) /s(ə)pwale/ *vp* (1)	[خودمانی] قاه‌قاه خندیدن، از خنده روده‌بر شدن
poilu¹,e /pwaly/ *adj*	پشمالو، پُرمو
poilu² /pwaly/ *nm*	سرباز فرانسوی (در جنگ جهانی اول)
poinçon /pwɛ̃sɔ̃/ *nm*	۱. درفش (= وسیله‌ای نوک‌تیز برای سوراخ کردن) ۲. قالب سکه ۳. مارک، انگ
poinçonner /pwɛ̃sɔne/ *vt* (1)	۱. با درفش سوراخ کردن ۲. مارک زدن، انگ زدن ۳. [بلیت راه‌آهن و مترو] سوراخ کردن
poinçonneur,euse /pwɛ̃sɔnœʀ,øz/ *n*	[در راه‌آهن و مترو] مأمور سوراخ کردن بلیت
poindre /pwɛ̃dʀ/ *vt, vi* (49)	۱. [ادبی] رنجاندن، آزردن ▪ ۲. [ادبی] نمودار شدن، پدیدار شدن، هویدا شدن ۳. جوانه زدن
poing /pwɛ̃/ *nm*	مشت
point¹ /pwɛ̃/ *nm*	۱. نقطه ۲. جا، مکان، محل ۳. نکته، مورد، موضوع ۴. نمره ۵. امتیاز ۶. درجه ۷. حد، میزان ۸. [دریانوردی] وضعیت، موقعیت
à point	۱. به موقع، بجا ۲. به اندازه
à point nommé	سر وقت، به موقع
de point en point	مو به مو، دقیقاً
être sur le point de	۱. در حال (انجام کاری) بودن، داشتن ۲. نزدیک بودن، چیزی نمانده بودن
mal en point	ناخوش، مریض
mettre au point	تنظیم کردن، میزان کردن
marquer un point	یک امتیاز گرفتن
point d'appui	نقطهٔ اتکا، تکیه‌گاه
point d'articulation	[آواشناسی] واجگاه، محل تولید (صدا)، مخرج
point de côté	دردِ پهلو
point du jour	سپیده‌دم، پگاه
point faible	نقطه ضعف
points cardinaux	جهات اصلی
rendre des points	امتیاز قائل شدن، آوانس دادن
point² /pwɛ̃/ *adv*	[قدیمی یا ادبی؛ همراه با ne یا n'] اصلاً، ابداً، به‌هیچ‌وجه
Elle n'est point belle.	او اصلاً زیبا نیست.
point du tout	به‌هیچ‌وجه، ابداً، اصلاً
pointage /pwɛ̃taʒ/ *nm*	۱. علامت‌گذاری، علامت زدن ۲. [در ادارات] (عمل) ساعت زدن ۳. نشانه‌روی، هدف‌گیری
point de vue /pwɛ̃dvy/ *nf*	دیدگاه، دید، نقطه نظر، نظر
pointe /pwɛ̃t/ *nf*	۱. نوک، سر، تیزی ۲. میخ ۳. دماغه ۴. لچک ۵. کهنه (بچه) ۶. گوشه (و) کنایه، گوشه
en pointe	نوک‌تیز، تیز
heures de pointe	۱. [ترافیک] ساعات شلوغی، ساعات ازدحام ۲. [برق، گاز، ...] ساعات حداکثر مصرف
pointe du jour	[ادبی] سپیده‌دم، پگاه
une pointe de	یک ریز، یک ذره، یک خرده
vitesse de pointe	حداکثر سرعت
pointer¹ /pwɛ̃te/ *vt, vi* (1)	۱. راست کردن، سیخ کردن ▪ ۲. سر برداشتن، سر کشیدن (به) ۳. سر برآوردن
pointer² /pwɛ̃te/ *vt, vi* (1)	۱. علامت زدن ۲. [در ادارات] ساعت زدن ۳. نشانه رفتن، هدف گرفتن ▪ ۴. [در ادارات] ساعت زدن
se pointer *vp*	[خودمانی] سررسیدن، آمدن

pointillage /pwɛ̃tijaʒ/ *nm* نقطه‌پردازی

pointillé /pwɛ̃tije/ *nm* ۱. نقطه‌پردازی ۲. نقطه‌چین ۳. زبره‌کاری تزیینی

pointiller /pwɛ̃tije/ *vt, vi* (1) ۱. نقطه‌پردازی کردن ۲. نقطه‌چین کردن

pointilleux,euse /pwɛ̃tijø,øz/ *adj* ایرادگیر، وسواسی، سختگیر

pointillisme /pwɛ̃tijism/ *nm* [نقاشی] پرداز رنگ، نقطه‌چین رنگ

pointu,e /pwɛ̃ty/ *adj* ۱. نوک‌تیز، تیز ۲. کج‌خلق، بدعنق ۳. [صدا] زیر

pointure /pwɛ̃tyʀ/ *nf* [کفش، کلاه، دستکش] نمره، اندازه

poire /pwaʀ/ *nf* ۱. گلابی ۲. [خودمانی] هالو ۳. [خودمانی] پک و پوز، دک و دهن، چک و چانه

poireau /pwaʀo/ *nm* تره‌فرنگی

poireauter /pwaʀote/ *vi* (1) [خودمانی] معطل شدن، وایسادن

poiroter /pwaʀɔte/ *vi* (1) → poireauter

poirier /pwaʀje/ *nm* ۱. درخت گلابی ۲. چوب (درخت) گلابی

pois /pwa/ *nm* نخودفرنگی، نخودسبز، نخود

à pois خال‌خال، خالدار

petits pois نخودفرنگی، نخودسبز

pois chiche نخود

purée de pois ۱. پورهٔ نخودفرنگی ۲. مِه خیلی غلیظ

poison /pwazɔ̃/ *nm* ۱. زهر، سم ۲. [خودمانی] آدم غیرقابل تحمل، بلا ۳. [خودمانی] مصیبت

Quel poison d'y aller! [خودمانی] رفتن به آنجا عجب مصیبتی است!

poissard,e[1] /pwasaʀ,d/ *adj* چاروادارى، چاله‌میدانی

poissarde[2] /pwasaʀd/ *nf* سلیطه

poisse /pwas/ *nf* [خودمانی] بدشانسی، بدبیاری، بدبختی

porter la poisse شوم بودن، بدقدم بودن

poisser /pwase/ *vt* (1) ۱. زِفت‌اندود کردن ۲. نوچ کردن، چسبناک کردن ۳. [عامیانه] گیر انداختن، گرفتن

poisseux,euse /pwasø,øz/ *adj* نوچ، چسبناک

poisson /pwasɔ̃/ *nm* ماهی

Poissons /pwasɔ̃/ *nm. pl* ۱. حوت (= برج دوازدهم از برج‌های منطقةالبروج) ۲. صورت فلکی حوت

poissonnerie /pwasɔnʀi/ *nf* ۱. [شغل] ماهی‌فروشی ۲. (مغازهٔ) ماهی‌فروشی

poissonneux,euse /pwasɔnø,øz/ *adj* پرماهی، پر از ماهی

poissonnier,ère /pwasɔnje,ɛʀ/ *n* ماهی‌فروش

poitrail /pwatʀaj/ *nm* ۱. [اسب، فیل، ...] سینه ۲. [طنزآمیز] سینه

poitrinaire /pwatʀinɛʀ/ *adj, n* [قدیمی] مسلول

poitrine /pwatʀin/ *nf* سینه (= ۱. قفسهٔ سینه ۲. پستان)

poivre /pwavʀ/ *nm* [ادویه] فلفل

cheveux poivre et sel موهای جوگندمی

poivré,e /pwavʀe/ *adj* ۱. فلفل‌دار ۲. [طعم، بو] تند ۳. زننده، رکیک

poivrer /pwavʀe/ *vt* (1) فلفل زدن (به)

se poivrer *vp* [خودمانی] مست کردن

poivrier /pwavʀije/ *nm* ۱. بوتهٔ فلفل ۲. فلفل‌دان، فلفل‌پاش

poivrière /pwavʀijɛʀ/ *nf* فلفل‌دان، ظرف فلفل

poivron /pwavʀɔ̃/ *nm* [گیاه] فلفل

poivron rouge	فلفل قرمز
poivron vert	فلفل دلمه‌ای، فلفل سبز
poix /pwa/ *nf*	زِفت، قیر
poker /pɔkɛʀ/ *nm*	پوکِر (= نوعی بازی ورق)
polaire /pɔlɛʀ/ *adj*	۱. قطبی ۲. (مربوط به) قطب مغناطیسی
polarisation /pɔlaʀizasjɔ̃/ *nf*	۱. [فیزیک] قطبش، پولاریزاسیون ۲. تمرکز
polariser /pɔlaʀize/ *vt* (1)	۱. [فیزیک] قطبی کردن، قطبیدن، پولاریزه کردن ۲. متمرکز کردن
pôle /pol/ *nm*	قطب
polémique /pɔlemik/ *nf, adj*	۱. مجادله، جدل ۲. مشاجرهٔ قلمی ▫ ۳. جدلی ۴. بحث‌انگیز، جنجالی
polémiquer /pɔlemike/ *vi* (1)	۱. مجادله کردن ۲. به مشاجرهٔ قلمی پرداختن
polémiste /pɔlemist/ *n*	اهل مجادله، اهل جدل
poli¹,e /pɔli/ *adj*	۱. صیقلی، صیقل‌خورده، صاف، براق ۲. مؤدب، باادب، باتربیت، بانزاکت ۳. مؤدبانه
poli² /pɔli/ *nm*	صیقل، جلا، برق
police¹ /pɔlis/ *nf*	۱. پلیس ۲. نیروی انتظامی ۳. انتظامات
police de la circulation	پلیس راهنمایی
police militaire	دژبان
police secrète	پلیس مخفی
préfecture de police	شهربانی
police² /pɔlis/ *nf*, police (d'assurance)	بیمه‌نامه
policer /pɔlise/ *vt* (1)	[قدیمی یا ادبی] متمدن کردن
polichinelle /pɔliʃinɛl/ *nm*	[در کمدی ایتالیایی] لوده
policier¹,ère /pɔlisje,ɛʀ/ *adj*	(مربوط به) پلیس، پلیسی، انتظامی
roman policier	رُمان پلیسی
policier² /pɔlisje/ *nm*	مأمور پلیس، پلیس
policlinique /pɔliklinik/ *nf*	درمانگاه شهرداری
poliment /pɔlimɑ̃/ *adv*	مؤدبانه، با ادب، با نزاکت
polio /pɔljo/ *nf* → poliomyélite
poliomyélite /pɔljɔmjelit/ *nf*	فلج اطفال
poliomyélitique /pɔljɔmjelitik/ *adj*	۱. (مربوط به) فلج اطفال ▫ ۲. مبتلا به فلج اطفال
polir /pɔliʀ/ *vt* (2)	۱. صیقل دادن، پرداخت کردن، جلا دادن، برق انداختن ۲. اصلاح کردن، بهتر کردن
polissage /pɔlisaʒ/ *nm*	پرداخت، صیقل
polisseur,euse /pɔlisœʀ,øz/ *n*	پرداخت‌کار، صیقل‌کار
polisson,onne /pɔlisɔ̃,ɔn/ *n, adj*	۱. بچهٔ تخس، بچهٔ شیطان ▫ ۲. شیطنت‌آمیز ۳. مبتذل، زننده
polissonner /pɔlisɔne/ *vi* (1)	[کودکان] شیطنت کردن
polissonnerie /pɔlisɔnʀi/ *nf*	۱. [کودکان] شیطنت ۲. حرف زشت ۳. کار زشت، عمل زننده
politesse /pɔlitɛs/ *nf*	۱. ادب، نزاکت، تربیت ۲. عرض ادب
politicard /pɔlitikaʀ/ *nm*	سیاست‌باز
politicien,enne /pɔlitisjɛ̃,ɛn/ *n*	۱. سیاستمدار ۲. سیاست‌باز
politique¹ /pɔlitik/ *adj, nm*	۱. سیاسی ۲. باسیاست ▫ ۳. سیاستمدار ۴. امور سیاسی
géographie politique	جغرافیای سیاسی
politique² /pɔlitik/ *nf*	سیاست
politisation /pɔlitizasjɔ̃/ *nf*	سیاسی‌شدگی، سیاسی کردن
politiser /pɔlitize/ *vt* (1)	سیاسی کردن
pollen /pɔlɛn/ *nm*	[گیاه‌شناسی] گرده
polluer /pɔlɥe/ *vt* (1)	آلوده کردن، آلودن
pollueur,euse /pɔlɥœʀ,øz/ *adj*	آلوده‌کننده، آلاینده

pollution /pɔlysjɔ̃/ *nf* آلودگی
polo /pɔlo/ *nm* ۱. چوگان ۲. پیراهن ورزشی یقه‌دار
polochon /pɔlɔʃɔ̃/ *nm* [خودمانی] متکا
polonais[1],**e** /pɔlɔnɛ,z/ *adj* لهستانی، (مربوط به) لهستان
Polonais[2],**e** /pɔlɔnɛ,z/ *n* اهل لهستان، لهستانی
polonais[3] /pɔlɔnɛ/ *nm* زبان لهستانی
polonaise /pɔlɔnɛz/ *nf* رقص لهستانی، پولونز
poltron,onne /pɔltʀɔ̃,ɔn/ *adj, n* ترسو، بزدل
poltronnerie /pɔltʀɔnʀi/ *nf* ترسویی، بزدلی
polyandre /pɔljɑ̃dʀ/ *adj* ۱. چندشوهره ۲. [گیاه‌شناسی] پُرپرچم
polyandrie /pɔliɑ̃dʀi/ *nf* ۱. چندشوهری ۲. [گیاه‌شناسی] پُرپرچمی
polychrome /pɔlikʀom/ *adj* چندرنگ
polychromie /pɔlikʀɔmi/ *nf* چندرنگی
polyclinique /pɔliklinik/ *nf* پلی‌کلینیک، درمانگاه (عمومی)
polycopie /pɔlikɔpi/ *nf* پلی‌کپی، تکثیر
polycopier /pɔlikɔpje/ *vt* (7) پلی‌کپی گرفتن از، تکثیر کردن
polyculture /pɔlikyltyʀ/ *nf* کشت چند محصول
polyèdre /pɔljɛdʀ/ *adj* چندوجهی
polyédrique /pɔliedʀik/ *adj* چندوجهی
polyester /pɔliɛstɛʀ/ *nm* پُلی‌استر
polygame /pɔligam/ *adj, n* (فرد) دارای چند همسر، (مرد) چندزنه، (زن) چندشوهره
polygamie /pɔligami/ *nf* چندهمسری، تعدد زوجات
polyglotte /pɔliglɔt/ *adj, n* ۱. چندزبانه ◻ ۲. شخص چندزبانه
polygonal,e,aux /pɔligɔnal,o/ *adj* چندضلعی
polygone /pɔligɔn/ *nm* چندضلعی
polymère /pɔlimɛʀ/ *adj, nm* بَسپار، پُلیمر
polymérisation /pɔlimeʀizasjɔ̃/ *nf* بَسپارش، پلیمر شدن
polymériser /pɔlimeʀize/ *vt* (1) بَسپار کردن، پلیمر کردن، به پولیمر تبدیل کردن
polymorphe /pɔlimɔʀf/ *adj* چندریخت، چندشکل
polymorphie /pɔlimɔʀfi/ *nf* → polymorphisme
polymorphisme /pɔlimɔʀfism/ *nm* چندریختی، چندشکلی
polynévrite /pɔlinevʀit/ *nf* التهاب چند عصب
polynôme /pɔlinom/ *nm* [ریاضیات] چندجمله‌ای
polynucléaire /pɔlinykleɛʀ/ *adj* چندهسته‌ای
polype /pɔlip/ *nm* [پزشکی، زیست‌شناسی] پولیپ
polyphonie /pɔlifɔni/ *nf* [موسیقی] چندصدایی
polyphonique /pɔlifɔnik/ *adj* [موسیقی] چندصدایی
polysémie /pɔlisemi/ *nf* چندمعنایی
polysémique /pɔlisemik/ *adj* (مربوط به) چندمعنایی، چندمعنا
polysyllabe /pɔlisilab/ *adj, nm* ۱. چندهجایی ◻ ۲. واژهٔ چندهجایی
polysyllabique /pɔlisilabik/ *adj* چندهجایی
polytechnicien,enne /pɔlitɛknisjɛ̃,ɛn/ *n* شاگرد پلی‌تکنیک، شاگرد دارالفنون
polytechnique /pɔlitɛknik/ *adj, nf* پلی‌تکنیک، دارالفنون

École polytechnique [در فرانسه] مدرسهٔ پلی‌تکنیک

polythéisme /pɔliteism/ *nm* (آیین) چندخدایی، تعدد خدایان، ایزدان‌پرستی

polythéiste /pɔliteist/ *adj, n* چندخداگرا، ایزدان‌پرست

polyvalent,e /pɔlivalɑ̃,t/ *adj* ۱. چندکاره ۲. [شیمی] چندارزشی

pomélo /pɔmelo/ *nm* گریپ‌فروت، (نوعی) دارابی

pommade /pɔmad/ *nf* ۱. پُماد ۲. روغن

pommader /pɔmade/ *vt* (1) ۱. پُماد مالیدن ۲. روغن مالیدن، چرب کردن

pomme[1] /pɔm/ *nf* ۱. سیب ۲. گردی، گِرده، برآمدگی ۳. [کلم، کاهو] مغز

pomme d'Adam سیب آدم

pomme de pin میوهٔ کاج

pomme[2] , pɔm/ *nf* [به ویژه در رستوران] سیب‌زمینی

pommé,e /pɔme/ *adj* گِرد، گِرد و غلنبه

pommeau /pɔmo/ *nm* [دستهٔ عصا و غیره] گِردی، برآمدگی، قبه

pomme de terre /pɔmdətɛʀ/ *nf* سیب‌زمینی

pommes de terre frites سیب‌زمینی سرخ‌کرده

pommelé,e /pɔmle/ *adj* ۱. [آسمان] دارای لکه‌های ابر ۲. [اسب و غیره] اَبلق، اَبرش

pommeler (se) /s(ə)pɔmle/ *vp* (4) [آسمان] از لکه‌های ابر پوشیده شدن

pommette /pɔmɛt/ *nf* لُپ، گونه

pommier /pɔmje/ *nm* درخت سیب

pompage /pɔ̃paʒ/ *nm* تلمبه‌زنی، پمپاژ

pompe[1] /pɔ̃p/ *nf* [ادبی] شکوه، شکوه و جلال

pompes funèbres مؤسسهٔ متوفیات، بنگاه کفن و دفن

pompe[2] /pɔ̃p/ *nf* ۱. تلمبه، پمپ ۲. [خودمانی] کفش

à toute pompe [خودمانی] به سرعت، جنگی

pompe à essence پمپ بنزین

pomper /pɔ̃pe/ *vt* (1) ۱. تلمبه زدن ۲. با تلمبه بیرون کشیدن، پمپاژ کردن ۳. (به خود) جذب کردن، به خود کشیدن ۴. مکیدن ۵. [خودمانی؛ مدرسه] تقلب کردن (از رویِ)

pompette /pɔ̃pɛt/ *adj* [خودمانی] کمی مست، شنگول

pompeusement /pɔ̃pøzmɑ̃/ *adj* (به طرزی) پرطمطراق

pompeux,euse /pɔ̃pø,øz/ *adj* ۱. پرطمطراق، مُغلق، مُطنطن ۲. [قدیمی] باشکوه، شکوهمند، پرجلال

pompier /pɔ̃pje/ *nm* مأمور آتش‌نشانی

pompiste /pɔ̃pist/ *n* متصدی پمپ بنزین

pompon /pɔ̃pɔ̃/ *nm* منگوله

pomponner /pɔ̃pɔne/ *vt* (1) آرایش کردن، بزک کردن

ponant /pɔnɑ̃/ *nm* [ادبی یا قدیمی] باختر، مغرب

ponçage /pɔ̃saʒ/ *nm* ۱. سمباده‌زنی ۲. [نقاشی] گرده‌برداری

ponce /pɔ̃s/ *nf,* **(pierre) ponce** سنگ پا

ponceau /pɔ̃so/ *adj. inv* (به رنگِ) زرشکی

poncer /pɔ̃se/ *vt* (3) ۱. سمباده زدن، ساب زدن ۲. [نقاشی] گرده‌برداری کردن

poncif /pɔ̃sif/ *nm* تقلید عین، کار مبتذل

ponction /pɔ̃ksjɔ̃/ *nf* ۱. [پزشکی] بَزل (= سوراخ کردن بافت برای خارج کردن مایع درون آن، به منظور آزمایش) ۲. [پول و غیره] برداشت، کسری

ponctualité /pɔ̃ktɥalite/ *nf* ۱. وظیفه‌شناسی، دقت ۲. وقت‌شناسی، خوش‌قولی

ponctuation /pɔ̃ktɥasjɔ̃/ *nf* نقطه‌گذاری

ponctuel,elle /pɔ̃ktɥɛl/ *adj* ۱. وظیفه‌شناس، دقیق ۲. وقت‌شناس، خوش‌قول ۳. نقطه‌ای

ponctuellement /pɔ̃ktɥɛlmɑ̃/ *adv* ۱. با خوش‌قولی ۲. سرِ وقت، به موقع

665 populairement

ponctuer /pɔ̃ktɥe/ *vt* (1) ۱. نقطه‌گذاری کردن ۲. تأکید کردن

pondaison /pɔ̃dɛzɔ̃/ *nf* [پرندگان] فصل تخمگذاری

pondérable /pɔ̃deʀabl/ *adj* قابل توزین، قابل وزن کردن

pondération /pɔ̃deʀasjɔ̃/ *nf* موازنه، تعادل

pondéré,e /pɔ̃deʀe/ *adj* متعادل، معقول

pondérer /pɔ̃deʀe/ *vt* (6) متعادل کردن، توازن برقرار کردن (میانِ)

pondéreux,euse /pɔ̃deʀø,øz/ *adj* [فنی] خیلی سنگین

pondeuse /pɔ̃døz/ *adj* ۱. [مرغ] تخم‌کن، تخمی ۲. [خودمانی؛ زن] پرزاد و ولد

pondre /pɔ̃dʀ/ *vt* (41) ۱. تخم کردن، تخم گذاشتن ۲. [خودمانی] زاییدن، پس انداختن

Elle pondait un enfant tous les ans.

هر سال یک بچه پس می‌انداخت.

poney /pɔnɛ/ *n* اسب کوتوله، تاتو

pongiste /pɔ̃ʒist/ *n* پینگ‌پنگ‌باز، بازیکن تنیس روی میز

pont /pɔ̃/ *nm* ۱. پل ۲. [کشتی] عرشه ۳. [اتومبیل] محور

couper/brûler les ponts ۱. [مجازی] پل‌ها را پشت سر خود خراب کردن، راه برگشت برای خود باقی نگذاشتن ۲. (به طور کامل) قطع رابطه کردن

pont aérien پل هوایی

pont suspendu پل معلق

pont tournant پل گردان

ponte[1] /pɔ̃t/ *nf* تخم‌گذاری، تخم کردن

ponte[2] /pɔ̃t/ *nm* [خودمانی] آدم کله گنده، آدم حسابی

ponté,e /pɔ̃te/ *adj* عرشه‌دار، دارای عرشه

ponter[1] /pɔ̃te/ *vi* (1) [قمار] (پول) گذاشتن، خواندن

ponter[2] /pɔ̃te/ *vt* (1) عرشه ساختن برایِ

pontife /pɔ̃tif/ *nm* ۱. [مذهب کاتولیک] کشیش عالی‌مقام ۲. [خودمانی، اغلب طعنه‌آمیز] فضل‌فروش، فاضل، صاحب‌نظر

pontifiant,e /pɔ̃tifjɑ̃,t/ *adj* پرطمطراق، فضل‌فروشانه

pontifical,e,aux /pɔ̃tifikal,o/ *adj* (مربوط به) پاپ

pontificat /pɔ̃tifika/ *nm* مقام پاپ

pontifier /pɔ̃tifje/ *vi* (7) فضل‌فروشی کردن، اظهار فضل کردن

pont-levis /pɔ̃lvi/ *nm* پل متحرک

ponton /pɔ̃tɔ̃/ *nm* ۱. سکوی شناور ۲. اسکلهٔ شناور

pontonnier /pɔ̃tɔnje/ *nm* سرباز پلساز

pool /pul/ *nm* ۱. [بازرگانی] اتحادیه، ائتلاف ۲. [تولیدکنندگان، ماشین‌نویس‌ها] گروه

pop /pɔp/ *adj, nm* [موسیقی] پاپ

pop-corn /pɔpkɔʀn/ *nm. inv* ذرت بوداده، پُف فیل، چس فیل

pope /pɔp/ *nm* کشیش ارتدوکس

popote /pɔpɔt/ *nf* ۱. ناهارخوری افسران ۲. [خودمانی] پخت و پز

populace /pɔpylas/ *nf* [تحقیرآمیز] عوام، عوام‌الناس، جماعت

populacier,ère /pɔpylasje,ɛʀ/ *adj* (مربوط به) عوام، عوامانه

populaire /pɔpylɛʀ/ *adj* ۱. مردمی، (مربوط به) مردم ۲. محبوب، پرطرفدار ۳. مردم‌پسند، عامه‌پسند ۴. عامیانه

front populaire جبههٔ مردمی، جبههٔ خلق

langue populaire زبان عامیانه

milieux populaires محافل مردمی

populairement /pɔpylɛʀmɑ̃/ *adv* عامیانه

parler populairement عامیانه حرف زدن

populariser 666

populariser /pɔpylaʀize/ *vt* (1) ۱. مردمی کردن ۲. باب کردن، رایج کردن ۳. همه‌فهم کردن، درخور فهم عوام کردن

popularité /pɔpylaʀite/ *nf* محبوبیت، وجهه، شهرت

population /pɔpylasjɔ̃/ *nf* ۱. جمعیت ۲. اهالی، سکنه، ساکنین

populeux,euse /pɔpylø,øz/ *adj* ۱. پرجمعیت ۲. پرازدحام، شلوغ

populo /pɔpylo/ *nm* ۱. [خودمانی] عوام ۲. [خودمانی] جمعیت، مردم

porc /pɔʀ/ *nm* ۱. خوک ۲. گوشت خوک ۳. پوست خوک ۴. آدم کثیف

porcelaine /pɔʀsəlɛn/ *nf* چینی

porcelainier,ère /pɔʀsəlenje,ɛʀ/ *n, adj* ۱. چینی‌ساز ۲. چینی‌فروش ◻ ۳. (مربوط به) چینی، چینی‌سازی

porcelet /pɔʀsəlɛ/ *nm* بچه‌خوک، توله‌خوک

porc-épic /pɔʀkepik/ *nm* جوجه‌تیغی، خارپشت

porche /pɔʀʃ/ *nm* ورودی سرپوشیده، هشتی

porcher,ère /pɔʀʃe,ɛʀ/ *n* خوک‌چران

porcherie /pɔʀʃəʀi/ *nf* ۱. خوکدانی ۲. [مجازی] طویله، آشغالدونی

porcin,e /pɔʀsɛ̃,in/ *adj* ۱. (مربوط به) خوک ۲. خوک‌مانند، مثل خوک

pore /pɔʀ/ *nm* منفذ، روزن، خلل و فرج

poreux,euse /pɔʀø,øz/ *adj* منفذدار، روزن‌دار، خلل و فرج‌دار، متخلخل

porion /pɔʀjɔ̃/ *nm* سرمعدنچی

porno /pɔʀnɔ/ *adj* → pornographique

pornographe /pɔʀnɔgʀaf/ *n* هرزه‌نگار

pornographie /pɔʀnɔgʀafi/ *nf* هرزه‌نگاری

pornographique /pɔʀnɔgʀafik/ *adj* سکسی، مبتذل، هرزه

porosité /pɔʀøzite/ *nf* تخلخل، روزن‌داری

porphyre /pɔʀfiʀ/ *nm* سنگ شماک، سنگ سماق

port[1] /pɔʀ/ *nm* ۱. بندر، بندرگاه، لنگرگاه ۲. [مجازی] پناهگاه، پناه ۳. [در پیرنه] گردنه

arriver à bon port به سلامت رسیدن

port franc بندر آزاد

port[2] /pɔʀ/ *nm* ۱. حمل ۲. هزینهٔ حمل ۳. هیئت، رفتار، حالت

port d'armes ۱. حمل اسلحه ۲. پیش‌فنگ

portable /pɔʀtabl/ *adj* ۱. قابل حمل، دستی ۲. قابل پوشیدن

portage /pɔʀtaʒ/ *nm* باربری، حمالی

portail /pɔʀtaj/ *nm* در بزرگ، دروازه

portant[1] /pɔʀtɑ̃/ *nm* [چمدان، صندوق، ...] دسته

portant[2]**,e** /pɔʀtɑ̃,t/ *adj* حامل، نگهدارنده

être bien portant سالم بودن، تندرست بودن

portatif,ive /pɔʀtatif,iv/ *adj* قابل حمل، دستی، سفری

porte /pɔʀt/ *nf* ۱. در ۲. دروازه ۳. مدخل، ورودی

de porte en porte خانه‌به‌خانه، دربه‌در

fermer sa porte نزد خود راه ندادن، به خانهٔ خود راه ندادن

mettre à la porte بیرون کردن، بیرون انداختن

prendre/gagner la porte رفتن، بیرون رفتن

porte /pɔʀt/ *adj*, **veine porte** سیاهرگ باب، ورید باب

porte(-)à(-)faux /pɔʀtafo/ *nm. inv* ۱. ساختمان کج ۲. چیز کج

en porte à faux ۱. کج ۲. در وضعیت ناجور

porte-affiches /pɔʀtafiʃ/ *nm. inv* محل نصب اعلانات

porte-aiguilles /pɔʀtegɥij/ *nm. inv* جاسوزنی، سوزندان

porte-autos /pɔʀtoto/ *nm. inv* ۱. واگن حمل اتومبیل ۲. تریلی حمل اتومبیل

porte-avions /pɔʀtavjɔ̃/ *nm. inv*
ناو هواپیمابر
porte-bagages /pɔʀtbagaʒ/ *nm. inv*
۱. باربند ۲. [قطار، اتوبوس] رف اثاثیه
porte-bannière /pɔʀtbanjɛʀ/ *n* پرچمدار، علمدار
porte-bonheur /pɔʀtbɔnœʀ/ *nm. inv*
طلسم شانس، مایهٔ خوش‌شانسی
Le fer à cheval est une porte-bonheur.
نعل اسب خوش‌شانسی می‌آورد.
porte-bouquet /pɔʀtbukɛ/ *nm*
گلدان (کوچکِ) آویز
porte-bouteilles /pɔʀtbutɛj/ *nm. inv*
جابطری، جعبهٔ بطری
porte-cartes /pɔʀtəkaʀt/ *nm. inv*
جاکارتی (= کیف بغلی دارای جای کارت)
porte-cigarettes /pɔʀtsigaʀɛt/ *nm. inv*
جعبهٔ سیگار، جاسیگاری
porte-clefs /pɔʀtəkle/ *nm. inv* جاکلیدی
porte-clés /pɔʀtəkle/ *nm. inv*
→ porte-clefs
porte-couteau /pɔʀtkuto/ *nm* جاکاردی، جای چاقو، جاچاقویی
porte-crayon /pɔʀtkʀɛjɔ̃/ *nm* جای مداد، جامدادی
porte-documents /pɔʀtdɔkymɑ̃/ *nm. inv*
کیف اَسناد، کیف دستی (باریک)
porte-drapeau /pɔʀtdʀapo/ *nm* پرچمدار، علمدار
portée /pɔʀte/ *nf* ۱. بُرد ۲. تیررس ۳. توله‌های یک شکم ۴. [موسیقی] حامل
à (la) portée در دسترس
à portée de در خور فهمِ، در سطحِ، در حدِ
à portée de la main دَمِ دست، جلوی دست
à portée de la vue در دیدرس
hors de (la) portée دور از دسترس
portée d'intelligence قدرت فهم، قدرت درک
porte-épée /pɔʀtepe/ *nm* بند شمشیر
porte-étendard /pɔʀtetɑ̃daʀ/ *nm*
پرچمدار سواره‌نظام
portefaix /pɔʀtəfɛ/ *nm. inv* [قدیمی] باربر، حمال
porte-fenêtre /pɔʀtfənɛtʀ/ *nf*
پنجرهٔ قدی (بازشو)
portefeuille /pɔʀtəfœj/ *nm* ۱. کیف (بغلی)، کیف پول ۲. اوراق بهادار، موجودی اوراق بهادار ۳. مسند وزارت، منصب وزارت
porte-greffe /pɔʀtəgʀɛf/ *nm. inv*
[گیاه‌شناسی] پایهٔ پیوند
porte-malheur /pɔʀtmalœʀ/ *nm. inv*
آدم شوم، چیز شوم، مایهٔ بدبختی
portemanteau /pɔʀtmɑ̃to/ *nm* جالباسی، جارختی
porte(-)menu /pɔʀtməny/ *nm. inv*
تابلوی صورت‌غذا
porte-mine /pɔʀtəmin/ *nm* مداد فشاری، (مداد) اِتود
porte-monnaie /pɔʀtmɔnɛ/ *nm. inv*
کیف پول (بغلی)
porte-objet /pɔʀtɔbʒɛ/ *nm* لام میکروسکوپ
porte-parapluies /pɔʀtpaʀaplɥi/ *nm. inv*
جاچتری، جای چتر
porte-parole /pɔʀtpaʀɔl/ *nm. inv* سخنگو، نماینده
porte-plume /pɔʀtəplym/ *nm. inv* چوب‌قلم
porter /pɔʀte/ *vt, vi* (1) ۱. حمل کردن، بردن ۲. همراه داشتن، با خود داشتن ۳. داشتن ۴. به تن داشتن، پوشیدن ۵. به ارمغان آوردن، به بار آوردن ۶. موجب شدن، باعث شدن ۷. واداشتن، برانگیختن ۸. معطوف داشتن، متوجه کردن ۹.

راجع (به چیزی) بودن، بر سرِ (چیزی) بودن ۱۰. قرار گرفتن، تکیه کردن ۱۱. حامله بودن ۱۲. بُرد داشتن ۱۳. به هدف خوردن ۱۴. مؤثر بودن، نتیجه داشتن

être porté sur علاقه داشتن، دوست داشتن

Je me porte mieux. حالم بهتر است. بهترم.

Les juments portent onze mois. دورهٔ بارداری مادیان یازده ماه است.

porter chance شانس آوردن (برایِ)

porter des lunettes عینک زدن

porter la barbe ریش داشتن

porter la plainte contre qqn از کسی شکایت کردن

porter la responsabilité de مسئولیت (چیزی را) به عهده گرفتن

porter secours کمک رساندن، یاری رساندن

porter une somme sur un registre مبلغی را وارد دفتر کردن

se porter *vp* ۱. حال (کسی) ... بودن، بودن ۲. [لباس] مُد بودن ۳. [ادبی] رفتن، شتافتن

se porter candidat کاندید شدن، نامزد شدن

se porter garant ضامن شدن

porte-savon /pɔrtsavɔ̃/ *nm* جاصابونی

porte-serviettes /pɔrtsɛrvjɛt/ *nm. inv* جاحوله‌ای

porteur[1] /pɔrtœr/ *nm* ۱. باربر، حمال ۲. حامل ۳. پیک، [در ترکیب] ـرسان

porteur[2]**,euse** /pɔrtœr,øz/ *n* حامل

porte-voix /pɔrtəvwa/ *nm. inv* بلندگوی دستی

portier,ère /pɔrtje,ɛr/ *nm* دربان، نگهبان

portière /pɔrtjɛr/ *nf* ۱. [اتومبیل، قطار] در ۲. پردهٔ جلوی در

portillon /pɔrtijɔ̃/ *nm* [ورودی مترو و غیره] در

portion /pɔrsjɔ̃/ *nf* ۱. قسمت، بخش، تکه ۲. سهم، قسمت ۳. [غذا] پُرس

portique /pɔrtik/ *nm* رواق

porto /pɔrto/ *nm* شراب پُرتو

portrait /pɔrtrɛ/ *nm* ۱. [نقاشی، عکاسی] چهره، تک‌چهره، پُرتره ۲. تصویر، عکس

portraitiste /pɔrtretist/ *n* چهره‌نگار، چهره‌پرداز، صورتگر

portraiturer /pɔrtretyre/ *vt* (1) [طنزآمیز] قیافهٔ (کسی را) کشیدن

portuaire /pɔrtɥɛr/ *adj* بندری، (مربوط به) بندر

portugais,e[1] /pɔrtygɛ,z/ *adj* پرتغالی، (مربوط به) پرتغال

Portugais,e[2] /pɔrtygɛ,z/ *n* اهل پرتغال، پرتغالی

portugais /pɔrtygɛ/ *nm* زبان پرتغالی

pose /poz/ *nf* ۱. (عمل) گذاشتن ۲. نصب ۳. ژست، حالت (بدن) ۴. خودنمایی، تظاهر

posé,e /poze/ *adj* متین، موقر، سنگین

posément /pozemɑ̃/ *adv* با متانت، به آرامی، آرام

poser /poze/ *vt, vi* (1) ۱. گذاشتن، قرار دادن ۲. [موکت، پرده، ...] نصب کردن ۳. مطرح کردن، طرح کردن، پیش کشیدن ۶. ارزش دادن به، بها دادن به، اعتبار بخشیدن ▣ ۷. قرار داشتن، قرار گرفتن ۸. متکی بودن ۹. ژست گرفتن

se poser *vp* ۱. قرار گرفتن، نشستن ۲. مطرح بودن

se poser en... خود را... جا زدن

poseur,euse /pozœr,øz/ *n* ۱. خودنما ۲. [پارکت، موزاییک، ...] نصّاب

positif[1]**,ive** /pozitif,iv/ *adj* ۱. مثبت ۲. مسلم، قطعی ۳. سازنده، مفید

positif[2] /pozitif/ *nm* خصوصیت مثبت

position /pozisjɔ̃/ *nf* ۱. وضعیت، وضع، حالت ۲. موضع، جایگاه ۳. مقام، موقعیت ۴. دیدگاه

position philosophique دیدگاه فلسفی

prise de position موضع‌گیری

positivement /pozitivmɑ̃/ *adv* ۱. قطعاً، یقیناً ۲. به طور مثبت، مثبت

positivisme /pozitivism/ *nm* اثبات‌گرایی

positiviste /pozitivist/ *n, adj* ۱. اثبات‌گرا ۲. ◙ اثبات‌گرایانه

posologie /pozɔlɔʒi/ *nf* ۱. مبحث مقادیر دارویی ۲. [دارو] مقدار مصرف

possédant,e /pɔsedɑ̃,t/ *adj, n* سرمایه‌دار، ثروتمند، توانگر

possédé,e /pɔsede/ *n, adj* جن‌زده، جنی

posséder /pɔsede/ *vt* (6) ۱. داشتن، دارای (چیزی) بودن، مالک (چیزی) بودن ۲. در اختیار داشتن، در دست داشتن ۳. برخوردار بودن از، بهره‌مند بودن از ۴. تسلط داشتن به، وارد بودن به ۵. [خودمانی] گول زدن، سر (کسی را) شیره مالیدن ۶. تسخیر کردن

posséder une femme زنی را تصاحب کردن، با زنی معاشقه کردن

se posséder *vp* به خود مسلط بودن

possesseur /pɔsesœʀ/ *nm* صاحب، مالک، دارنده

possessif,ive /pɔsesif,iv/ *adj* ۱. [دستور زبان] مِلکی ۲. انحصارطلب

possessif /pɔsesif/ *nm* ۱. [دستور زبان] حالت ملکی ۲. صفت ملکی، ضمیر ملکی

possession /pɔsesjɔ̃/ *nf* ۱. مالکیت، تملک ۲. تصاحب، تصرف ۳. تسلط ۴. [رابطهٔ جنسی] تصاحب ۵. جن‌زدگی، تسخیر ۶. دارایی، مایملک ۷. مستعمره

possibilité /pɔsibilite/ *nf* ۱. امکان ۲. احتمال ــ [صورت جمع] ۳. امکانات ۴. توان

possible /pɔsibl/ *adj, nm* ۱. ممکن، امکان‌پذیر، شدنی، عملی ۲. احتمالی ۳. قابل تحمل، قابل قبول ◙ ۴. چیز ممکن ۵. امکان ۶. توان

au possible بی‌نهایت، بی‌اندازه، فوق‌العاده

dans les mesures du possible در حد امکان، تا آنجا که ممکن است

faire tout son possible همهٔ سعی خود را کردن

Il est possible que ممکن است (که)، شاید، امکان دارد (که)

postage /pɔstaʒ/ *nm* ۱. (عمل) پُست کردن ۲. پُست دریایی، ارسال از راه دریا

postal,e,aux /pɔstal,o/ *adj* پُستی

postdater /pɔstdate/ *vt* (1) تاریخ (چیزی را) دیرتر گذاشتن، تاریخ بعد گذاشتن رویِ

poste[1] /pɔst/ *nf* ۱. پُست ۲. پستخانه، دفتر پُست ۳. صندوق پُست

poste[2] /pɔst/ *nm* ۱. سِمت، منصب، پُست، مقام ۲. جایگاه، مقر، پُست ۳. پاسگاه، قرارگاه ۴. [رادیو، تلویزیون] گیرنده

poste de police کلانتری، پاسگاه

poster[1] /pɔste/ *vt* (1) ۱. (در پاسگاه) گماردن ۲. پُست کردن، با پُست فرستادن

se poster *vp* کشیک دادن، کمین کردن

poster[2] /pɔstɛʀ/ *nm* پوستِر

postérieur[1]**,eure** /pɔsteʀjœʀ/ *adj* ۱. پسین، عقبی، خَلفی ۲. بعدی، بعد

postérieur[2] /pɔsteʀjœʀ/ *nm* [خودمانی] نشیمن، عقب

postérieurement /pɔsteʀjœʀmɑ̃/ *adv* ۱. بعداً، بعد ۲. دیرتر، عقب‌تر

postériori (a) /apɔsteʀjɔʀi/ *loc. adv* → a postériori

postériorité /pɔsteʀjɔʀite/ *nf* تأخر

postérité /pɔsteʀite/ *nf* ۱. [ادبی] اولاد، اعقاب ۲. نسل‌های آینده، آیندگان ۳. آتیه

postface /pɔstfas/ *nf* مؤخره، پسگفتار

posthume /pɔstym/ *adj* ۱. زاده‌شده پس از مرگ پدر ۲. منتشرشده پس از مرگ مؤلف ۳. پس از مرگ

enfant posthume	فرزندی که پس از مرگ پدر زاده شده
œuvre posthume	اثری که پس از مرگ مؤلف منتشر شده، اثر پس از مرگ
postiche / pɔstiʃ / *adj, nm*	۱. مصنوعی ۲. کلاه‌گیس، پوستیژ، هِرپیس
postier,ère / pɔstje,ɛʀ / *n*	۱. کارمند پستخانه ۲. پستچی، نامه‌رسان
postillon / pɔstijɔ̃ / *nm*	۱. آب دهان ۲. [قدیمی] چاپار، پیک، قاصد
envoyer/lancer des postillons	[هنگام حرف زدن] آب دهان پراندن
postillonner / pɔstijɔne / *vi* (1)	[هنگام حرف زدن] آب دهان پراندن
post-natal,e / pɔstnatal / *adv*	۱. پس از تولد ۲. پس از زایمان
postopératoire / pɔstɔpeʀatwaʀ / *adj*	پس از جراحی، بعد از عمل
postposer / pɔstpoze / *vt* (1)	بعد از (واژۀ دیگر) آوردن، پساوردن
postposition / pɔstpozisjɔ̃ / *nf*	[دستور زبان] پسایند
postposition du sujet	پسایند فاعل (= آمدن فاعل پس از فعل)
verbe à postposition	فعلی دارای حرف اضافه
postscolaire / pɔstskɔlɛʀ / *adj*	پس از مدرسه
post-scriptum / pɔstskʀiptɔm / *nm. inv*	پی‌نوشت، بعدالتحریر
postsynchronisation / pɔstsɛ̃kʀɔnizasjɔ̃ / *nf*	صداگذاری پس از فیلمبرداری
postsynchroniser / pɔstsɛ̃kʀɔnize / *vt* (1)	پس از فیلمبرداری صداگذاری کردن
postulant,e / pɔstylɑ̃,t / *n*	متقاضی، داوطلب، درخواست‌کننده
postulat / pɔstyla / *nm*	اصل موضوع، اصل، امر مسلم
postuler / pɔstyle / *vt* (1)	۱. [شغل، منصب] درخواست کردن، تقاضا کردن ۲. مسلم فرض کردن، اصل قرار دادن
posture / pɔstyʀ / *nf*	وضعیت (بدن)، حالت
pot / po / *nm*	۱. کوزه ۲. بانکه، شیشه ۳. ظرف ۴. [خودمانی] نوشابه، نوشیدنی ۵. [خودمانی] شانس ۶. [عامیانه] کون
cuiller à pot	ملاقه
pot (de chambre)	ظرف ادرار، لگن
pot d'échappement	لوله اگزوز
pot (de fleurs)	گلدان
potable / pɔtabl / *adj*	۱. آشامیدنی، قابل شرب ۲. [خودمانی] قابل قبول، نسبتاً خوب
potache / pɔtaʃ / *nm*	[خودمانی] دبیرستانی، شاگرد دبیرستان
potage / pɔtaʒ / *nm*	آش، سوپ
potager¹,ère / pɔtaʒe,ɛʀ / *adj*	۱. [سبزیجات و گیاهان] خوراکی ۲. (مربوط به) سبزیجات، سبزیکاری
culture potagère	سبزیکاری
potager² / pɔtaʒe / *nm*	(باغ) سبزیکاری
potard / pɔtaʀ / *nm*	[قدیمی؛ خودمانی] دواروش
potasse / pɔtas / *nf*	[شیمی] پُتاس
potassium / pɔtasjɔm / *nm*	[شیمی] پتاسیم
pot-au-feu / pɔtofø / *nm. inv*	پُتوفو (= غذایی که با گوشت و چند نوع سبزیجات تهیه می‌شود.)
pot-de-vin / pɔdvɛ̃ / *nm*	رشوه، پول چایی
pote / pɔt / *nm*	[خودمانی] رفیق
poteau / poto / *nm*	تیر، دیرک
poteau (d'exécution)	چوبۀ اعدام
potée / pɔte / *nf*	آبگوشت سبزیجات
potelé,e / pɔtle / *adj*	تپل، چاق، گوشتالو
potence / pɔtɑ̃s / *nf*	۱. چوبۀ دار ۲. تیر
potentat / pɔtɑ̃ta / *nm*	۱. فرمانروای مطلق ۲. آدم قدرتمند، قدرقدرت
potentialité / pɔtɑ̃sjalite / *nf*	۱. امکان ۲. استعداد، توانش

potentiel[1],elle /pɔtɑ̃sjɛl/ *adj* ۱. بالقوه ۲. ممکن ۳. پتانسیل

potentiel[2] /pɔtɑ̃sjɛl/ *nm* ۱. توان ۲. امکان ۳. پتانسیل ۴. ولتاژ

poterie /pɔtʀi/ *nf* ۱. سفالگری، کوزه‌گری ۲. ظرف سفالی، سفالینه

poterne /pɔtɛʀn/ *nf* درِ مخفی دژ

potiche /pɔtiʃ/ *nf* ۱. گلدان (بزرگ) چینی ۲. [خودمانی] آدم کله‌گنده

potier,ère /pɔtje,ɛʀ/ *n* سفالگر، کوزه‌گر

potin /pɔtɛ̃/ *nm* ۱. [خودمانی] هیاهو، قیل و قال، سر و صدا ــ [صورت جمع] ۲. غیبت، بدگویی

potiner /pɔtine/ *vi* (1) غیبت کردن، بدگویی کردن

potion /posjɔ̃/ *nf* [دارو] شربت

potiron /pɔtiʀɔ̃/ *nm* کدو تنبل، کدو حلوایی

pou /pu/ *nm* شپش

pouah! /pwa/ *interj* [خودمانی] پیف! اَه!

poubelle /pubɛl/ *nf* سطل آشغال، سطل زباله، زباله‌دان

pouce /pus/ *nm* ۱. (انگشت) شست ۲. ذره، خرده، ریزه

pouding /pudiɲ/ *nm* → pudding

poudre /pudʀ/ *nf* ۱. پودر، گرد ۲. باروت ۳. [قدیمی] گرد و خاک

lait en poudre شیر خشک

poudre insecticide گرد حشره‌کش

réduire en poudre پودر کردن، ساییدن، سابیدن، آسیا کردن

sucre en poudre شکر

poudrer /pudʀe/ *vt* (1) پودر زدن (به)

poudrerie /pudʀəʀi/ *nf* ۱. کارخانهٔ باروت‌سازی ۲. [در کانادا] بوران برف

poudreuse /pudʀøz/ *nf* ۱. شکردان، جاشکری ۲. [نادر] میز آرایش، میز توالت

poudreux,euse /pudʀø,øz/ *adj* گردآلود، غبارآلود

poudrier /pudʀije/ *nm* جعبهٔ پودر، جاپودری

poudrière /pudʀijɛʀ/ *nf* انبار باروت

poudroiement /pudʀwamɑ̃/ *nm* غبارآلودگی، گردآلودگی

poudroyer /pudʀwaje/ *vi* (8) ۱. گرد و خاک کردن ۲. غبارآلود بودن، گردآلود به نظر آمدن

pouf![1] /puf/ *interj* [صدای افتادن] تالاپ! تالاپی! تِلپی!

pouf[2] /puf/ *nm* مبل کوسنی، پوف

pouffer /pufe/ *vi* (1), **pouffer (de rire)** پِکی زیر خنده زدن

pouillerie /pujʀi/ *nf* فلاکت، نکبت

pouilles /puj/ *nf.pl*, **chanter pouilles** [ادبی] به باد دشنام گرفتن، به باد ناسزا گرفتن

pouilleux,euse /pujø,øz/ *adj, n* ۱. شپشو ۲. مفلوک ۳. نکبتی، نکبت

poulailler /pulaje/ *nm* ۱. مرغدانی ۲. [تئاتر؛ خودمانی] بالکن

poulain /pulɛ̃/ *nm* ۱. کُره اسب ۲. نوچه، شاگرد

poularde /pulaʀd/ *nf* جوجهٔ پروار

poulbot /pulbo/ *nm* بچهٔ محلهٔ مونْمارْتْر (= نام محله‌ای در پاریس)

poule /pul/ *nf* ۱. مرغ ۲. [خودمانی] دختر جلف ۳. رفیقه، مِترِس

avoir la chair de poule چندش شدن، مو به تن (کسی) راست شدن

Ma poule! [در خطاب به زن] عزیزم! ملوسم!

poulet /pulɛ/ *nm* ۱. جوجه ۲. [گوشت یا خوراک] مرغ ۳. [خودمانی] پاسبان، آجان ۴. [قدیمی؛ خودمانی] نامهٔ عاشقانه، نامهٔ فدایت‌شوم

Mon (petit) poulet! [در خطاب به مرد] عزیزکم! عزیز دلم!

poulette /pulɛt/ *nf* جوجه

a = bas, plat   e = blé, jouer   ɛ = lait, jouet, merci   i = il, lyre   o = mot, dôme, eau, gauche   ɔ = mort
u = roue   y = rue   ø = peu   œ = peur   ə = le, premier   ɑ̃ = sans, vent   ɛ̃ = matin, plein, lundi
ɔ̃ = bon, ombre   ʃ = chat, tache   ʒ = je, gilet   j = yeux, paille, pied   w = oui, nouer   ɥ = huile, lui

pouliche /puliʃ/ *nf* کرهٔ مادیان

poulie /puli/ *nf* [فنی] قرقره

poulinière /pulinjɛʀ/ *adj, nf,*

(jument) poulinière مادیان تخم‌کشی

poulpe /pulp/ *nm* هشت‌پا، اختاپوس

pouls /pu/ *nm* نبض

poumon /pumɔ̃/ *nm* شُش، ریه

poupard,e /pupaʀ,ard/ *n, adj* ۱. بچهٔ تپل ▣ ۲. تپل

poupe /pup/ *nf* عقب کشتی

avoir le vent en poupe موفق بودن، کامیاب بودن، رو دور بودن

poupée /pupe/ *nf* ۱. عروسک ۲. [عامیانه] تیکه، لعبت، جیگر ۳. انگشت باندپیچی‌شده ۴. باندپیچی

poupin,e /pupɛ̃,in/ *adj* عروسک‌مانند، عروسکی

poupon /pupɔ̃/ *nm* ۱. بچه (کوچولو)، نی‌نی ۲. عروسک (به شکل بچه)

pouponner /pupɔne/ *vi* (1) نازپرورده کردن

pouponnière /pupɔnjɛʀ/ *nf* مهد کودک

pour /puʀ/ *prép, nm. inv* ۱. برایِ ۲. به منظورِ، جهتِ ۳. به قیمتِ، از قرارِ ۴. به عنوانِ، به منزلهٔ ۵. به جایِ، (در) عوضِ ۶. به مدتِ، برای مدتِ ۷. به مقصدِ ۸. راجع به، در موردِ ۹. به خاطرِ ۱۰. نسبت به، در حقِ ▣ ۱۱. [با حرف تعریفِ le] جنبهٔ خوب، حُسن

agir pour qqn از طرف کسی اقدام کردن، به جای کسی عمل کردن

être pour (qqch ou qqn) طرف (کسی یا چیزی) بودن، (با کسی یا چیزی) موافق بودن

Je l'ai dit pour rire. این را محض خنده گفتم.

le pour et le contre (جنبهٔ) خوب و بد، خوبی‌ها و بدی‌ها، محسنات و معایب

Merci pour tout. به خاطر همه چیز متشکرم.

pour deux ans به مدت دوسال

pour moi از نظر من، تا جایی که به من مربوط است

pour que برای اینکه، برای آنکه

pourboire /puʀbwaʀ/ *nm* انعام

pourceau /puʀso/ *nm* [قدیمی یا ادبی] خوک

pourcentage /puʀsɑ̃taʒ/ *nm* ۱. درصد ۲. میزان ۳. حق‌العمل، پورسانتاژ، پورسانت

pourchasser /puʀʃase/ *vt* (1) تعقیب کردن، دنبال‌کردن، به دنبال (کسی یا چیزی) بودن

pourfendre /puʀfɑ̃dʀ/ *vt* (41) ۱. [قدیمی] (به) دونیم کردن ۲. [ادبی یا طنزآمیز] هجوم بردن به

pourlécher (se) /səpuʀleʃe/ *vp* (6) [به نشانهٔ لذیذ بودن غذا] لب‌های خود را لیسیدن

pourparler /puʀpaʀle/ *nm* مذاکره، گفتگو

pourpre /puʀpʀ/ *nf, nm, adj* ۱. [ادبی] (رنگ) ارغوانی ۲. [ادبی] پارچهٔ ارغوانی (= نشانهٔ جاه و مقام در قدیم) ۳. فِرفیریه (= مادهای رنگی که در قدیم آن را از نوعی صدف می‌گرفتند.) ▣ ۴. رنگ ارغوانی، زرشکی ▣ ۵. ارغوانی، زرشکی

la pourpre romaine [استعاره] ردای رومی سرخ (= مقام کاردینالی)

pourpré,e /puʀpʀe/ *adj* ارغوانی، زرشکی

pourquoi /puʀkwa/ *adv, conj, nm. inv* ۱. چرا، برای چه، به چه علت ▣ ۲. دلیل، علت ۳. پرسش، سؤال

c'est pouquoi به همین دلیل، برای همین، از این رو

le pourquoi et le comment علت و چگونگی

Pourquoi pas? چرا نه؟

pourri[1],e /puʀi/ *adj* ۱. پوسیده ۲. گندیده، فاسد، خراب ۳. [مجازی] خراب، فاسد، تباه

temps pourri هوای خراب

pourri[2] /puʀi/ *nm* چیز گندیده، گندیدگی

pourrir /puʀiʀ/ *vi, vt* (2) ۱. پوسیدن ۲. گندیدن، فاسد شدن، خراب شدن ۳. [مجازی] پوسیدن، تحلیل رفتن ▣ ۴. پوساندن ۵. گنداندن، فاسد کردن ۶. بد کردن، خراب کردن، تباه کردن

pourrissant,e /puʀisɑ̃,t/ *adj* ۱. در حالِ گندیدن ۲. در حال پوسیدن، رو به فساد

pourrissement /puʀismɑ̃/ *nm* وخامت

pourriture /puʀityʀ/ *nf*
۱. پوسیدگی، فساد ۲. گندیدگی ۳. فساد (اخلاقی)، تباهی ۴. آدم فاسد

poursuite /puʀsɥit/ *nf*
۱. تعقیب ۲. جستجو، طلب ۳. پیگیری

poursuivant,e /puʀsɥivɑ̃,t/ *n* تعقیب‌کننده

poursuivre /puʀsɥivʀ/ *vt* (40)
۱. تعقیب کردن، دنبال کردن ۲. در طلب (چیزی) بودن، به دنبال (چیزی) بودن ۳. دنبال (کاری را)گرفتن، پیگیری کردن ۴. ادامه دادن ۵. راحت نگذاشتن، ذله کردن

pourtant /puʀtɑ̃/ *adv*
با این حال، با این همه، با وجود این، معذالک

pourtour /puʀtuʀ/ *nm*
۱. دور، گرداگرد ۲. محیط

pourvoi /puʀvwa/ *nm*
استیناف، تقاضای فرجام، پژوهش‌خواهی

pourvoir /puʀvwaʀ/ *vt* (25)
۱. تأمین کردن، تهیه کردن، فراهم کردن، تدارک دیدن ۲. مجهز کردن، برخوردار کردن

se pourvoir *vp*
۱. (برای خود) تهیه کردن ۲. استیناف دادن، فرجام خواستن، پژوهش خواستن

pourvoyeur,euse /puʀvwajœʀ,øz/ *n*
۱. تأمین‌کننده ۲. فراهم‌کننده، موجب

pourvu,e /puʀvy/ *adj, part. passé*
۱. برخوردار، مجهز، دارا ▫ ۲. [اسم مفعول فعلِ pourvoir]

pourvu que /puʀvyk(ə)/ *loc. conj*
۱. به شرط اینکه ۲. اگر

pousse /pus/ *nf*
۱. نمو، رشد ۲. جوانه

poussée /puse/ *nf*
۱. فشار ۲. هجوم، حمله ۳. بروز ناگهانی، شدت گرفتن

pousse-pousse /puspus/ *nm. inv*
ریکشا (= نوعی درشکه دوچرخ در خاور دور که به وسیلۀ انسان کشیده می‌شود.)

pousser /puse/ *vt, vi* (1)
۱. هُل دادن ۲. زور دادن، فشار دادن ۳. به جلو راندن ۴. واداشتن ۵. ترغیب کردن ۶. [داد، جیغ، ...] زدن ۷. [مجازی] رساندن، کشاندن ۸. پیش بردن ▫ ۹. روییدن، سبز شدن، رشد کردن ۱۰. [ریش و غیره] درآمدن ۱۱. زور زدن ۱۲. اغراق کردن، غلو کردن

pousser jusqu'à bout به آخر رساندن

pousser un soupir آه کشیدن

se pousser *vp*
۱. پیش رفتن ۲. جا باز کردن ۳. همدیگر را هُل دادن

poussette /pusɛt/ *nf* کالسکۀ تاشو(ی بچه)

poussier /pusje/ *nm* گرد زغال

poussière /pusjɛʀ/ *nf* غبار، گرد، گرد و خاک، گرد و غبار

poussiéreux,euse /pusjeʀø,øz/ *adj*
۱. پرگرد و خاک، گردگرفته، غبارآلود، خاکی ۲. [مجازی] کهنه، فسیل

poussif,ive /pusif,iv/ *adj* تنگ‌نفس

poussin /pusɛ̃/ *nm* جوجه
Mon poussin! [خودمانی] عزیزکم! ملوسم!

poussoir /puswaʀ/ *nm* شستی، شاسی، دکمه

poutre /putʀ/ *nf* [ساختمان] شاه‌تیر، تیر (چوبی، سیمانی یا آهنی)

poutrelle /putʀɛl/ *nf* تیرچه، تیر

pouvoir /puvwaʀ/ *vt* (33)
۱. توانستن، توان (کاری را) داشتن، قدرت (انجام کاری را) داشتن ۲. اجازه داشتن، مجاز بودن، حق داشتن ۳. ممکن بودن، امکان داشتن

n'en pouvoir plus از توان افتادن، از پا درآمدن، درماندن

puisse [ادبی] کاش، کاشکی، خدا کند (که)

se pouvoir *vp* ممکن بودن، امکان داشتن

Il se peut que ممکن است که، امکان دارد که

pouvoir /puvwaʀ/ *nm*
۱. توانایی، توان،

قدرت، یارا ۲. نیرو ۳. اختیار ۴. سلطه، نفوذ ۵. دولت، حکومت

pouvoir exécutif قوهٔ مجریه

pouvoirs publics اولیای امور، دولت

pragmatique /pRagmatik/ *adj* ۱. عملی ۲. عمل‌گرایانه

pragmatisme /pRagmatism/ *nm* عمل‌گرایی

pragmatiste /pRagmatist/ *n, adj* ۱. عمل‌گرا ◙ ۲. عمل‌گرایانه

prairie /pReRi/ *nf* علفزار، مرغزار، مرتع

praline /pRalin/ *nf* نقل بادامی

prairial /pRɛRjal/ *nm* پره‌ریال (= نهمین ماه تقویم انقلاب فرانسه)

praticable /pRatikabl/ *adj* ۱. عملی، ممکن، قابل اجرا ۲. [راه] قابل عبور

praticien,enne /pRatisjɛ̃,ɛn/ *n* ۱. [فن، هنر، ...] متخصص، کارآزموده ۲. پزشک (معالج)، طبیب

pratiquant,e /pRatikɑ̃,t/ *n, adj* بجاآورندهٔ اعمال مذهبی، عامل به فرایض

pratique[1] /pRatik/ *adj* ۱. عملی ۲. راحت، قابل استفاده ۳. خوش‌دست ۴. عامل، اهل عمل ۵. واقع‌بین

pratique[2] /pRatik/ *nf* ۱. عمل ۲. کاربرد ۳. تجربه ۴. تمرین ۵. بجا آوردن، رعایت، اجرا ۶. روال، رویه، رسم، عادت ـ [صورت جمع] ۷. اعمال مذهبی

en pratique در عمل، عملاً

mettre en pratique عمل کردن به، به کار بستن، اجرا کردن

pratiquement /pRatikmɑ̃/ *adv* ۱. عملاً، در عمل ۲. تقریباً

C'est pratiquement fini. تقریباً تمام شده.

pratiquer /pRatike/ *vt* (1) ۱. عمل کردن به، به کار بستن ۲. [اعمال مذهبی] بجا آوردن ۳. [جراحی، وساطت، ...] کردن ۴. پرداختن به ۵. بازی کردن، تمرین کردن ۶. تعبیه کردن، جاسازی کردن ۷. [قدیمی] مجالست کردن با، مراوده داشتن با

se pratiquer *vp* معمول بودن

pré /pRe/ *nm* علفزار، چمنزار، مرتع

préalable /pRealabl/ *adj, nm* ۱. قبلی، از پیش، اولیه ۲. مقدم ◙ ۳. شرط (اولیه)

au préalable قبلاً، پیش از هر چیز، اول

préalablement /pRealabləmɑ̃/ *adv* قبلاً، از قبل، از پیش

préambule /pReɑ̃byl/ *nm* ۱. مقدمه ۲. مقدمه‌چینی

préau /pReo/ *nm* ۱. [مدرسه] محوطهٔ سرپوشیده، حیاط سرپوشیده ۲. [زندان، بیمارستان، ...] حیاط داخلی، حیاط میانی

préavis /pReavi/ *nm* اخطار قبلی، اخطار

prébende /pRebɑ̃d/ *nf* ۱. [کشیش] درآمد ۲. حقوق مفت، پول مفت

précaire /pRekɛR/ *adj* ۱. ناپایدار، بی‌ثبات، متزلزل ۲. گذرا، موقت ۳. قابل فسخ

précarité /pRekaRite/ *nf* [ادبی] ناپایداری، بی‌ثباتی

précaution /pRekosjɔ̃/ *nf* ۱. احتیاط ۲. پیش‌بینی، دوراندیشی

précautionner (se) /s(ə)pRekosjɔne/ *vp* (1) تدارک دیدن، فراهم آوردن

précautionneusement /pRekosjɔnøzmɑ̃/ *adv* محتاطانه، بااحتیاط

précautionneux,euse /pRekosjɔnø,øz/ *adj* ۱. محتاط، دوراندیش ۲. محتاطانه

précédemment /pResedamɑ̃/ *adv* قبلاً، پیش از این، پیشتر

précédent[1]**,e** /pResedɑ̃,t/ *adj* پیشین، قبلی، پیش، قبل، گذشته

précédent[2] /pResedɑ̃/ *nm* ۱. سابقه ۲. روال، عادت

précéder /pResede/ *vt* (6) ۱. مقدم بودن بر ۲. جلوتر واقع شدن، قبل از (کسی یا چیزی) بودن ۳. جلو(تر) رفتن، پیشاپیش (چیزی) حرکت کردن ۴.

پیشی گـرفتن، جلو افتادن ۵. زودتر رسیـدن از

Sa mauvaise réputation l'avait précédé.
به بدی شهرت داشت. بدنامی‌اش زبانزد بود.

texte précédé d'une longue introduction
متنی با مقدمهٔ مفصل

précepte /pʀesɛpt/ *nm* حکم، دستور، تعلیم

précepteur,trice /pʀesɛptœʀ,tʀis/ *n* معلم سرخانه

prêche /pʀɛʃ/ *nm* ۱. موعظهٔ کشیش پروتستان ۲. موعظه

prêcher /pʀeʃe/ *vi, vt* (1) ۱. موعظه کردن، وعظ کردن ◙ ۲. [مذهبی] تعلیم دادن ۳. توصیه کردن، سفارش کردن

prêcheur,euse /pʀɛʃœʀ,øz/ *adj, n* واعظ

précieusement /pʀesjøzmɑ̃/ *adv* ۱. با دقت بسیار ۲. با تکلف، لفظ قلم

précieux,euse /pʀesjø,øz/ *adj* ۱. قیمتی، گرانبها ۲. باارزش، ارزشمند، ارزنده ۳. متکلف، پرتکلف

préciosité /pʀesjozite/ *nf* تکلف

précipice /pʀesipis/ *nm* پرتگاه، دره

précipitamment /pʀesipitamɑ̃/ *adv* با عجله، به شتاب، شتابان

précipitation /pʀesipitasjɔ̃/ *nf* ۱. عجله، شتابزدگی، دستپاچگی ۲. نشست، رسوب‌گیری ــ [صورت جمع] ۳. بارندگی، نزولات آسمانی

précipité[1],e /pʀesipite/ *adj* شتابزده، عجولانه

précipité[2] /pʀesipite/ *nm* ته‌نشست، رسوب

précipiter /pʀesipite/ *vt, vi* (1) ۱. انداختن، پرتاب کردن، پرت کردن ۲. کشاندن، هُل دادن ۳. تندتر کردن ۴. تعجیل کردن، شتاب کردن ۵. ته‌نشین کردن ◙ ۶. ته‌نشین شدن، رسوب کردن

précipiter ses pas/sa marche تندتر راه رفتن، قدم‌ها را تندتر برداشتن

se précipiter *vp* ۱. خود را انداختن، خود را پرت کردن ۲. [جوی، چشمه، ...] فرو ریختن ۳. تندتر شدن ۴. عجله کردن

L'enfant se précipite dans mes bras.
کودک خود را در آغوش من انداخت.

Les battements du cœur se précipitent.
ضربان قلب تندتر شد.

se précipiter vers la sortie به طرف خروجی هجوم بردن، به طرف در هجوم بردن

précis[1],e /pʀesi,z/ *adj* ۱. دقیق ۲. مشخص، معین، درست

précis[2] /pʀesi/ *nm* خلاصه

précisément /pʀesizemɑ̃/ *adv* ۱. دقیقاً، درست ۲. با دقت، دقیق

préciser /pʀesize/ *vt* (1) تصریح کردن، مشخص کردن، توضیح دادن

se préciser *vp* مشخص شدن

précision /pʀesizjɔ̃/ *nf* ۱. دقت ۲. صراحت ــ [صورت جمع] ۳. توضیحات

précoce /pʀekɔs/ *adj* ۱. زودرس، پیش‌رس ۲. [کودک] استثنایی ۳. پیش از موقع، زود

précocement /pʀekɔsmɑ̃/ *adv* [ادبی] پیش از موقع، به طور پیش‌رس، زود

précocité /pʀekɔsite/ *nf* پیش‌رسی، پیش‌رس بودن، زودرس بودن

précolombien,enne /pʀekɔlɔ̃bjɛ̃,ɛn/ *adj* (مربوط به) پیش از ورود کریستف کلمب

préconception /pʀekɔ̃sɛpsjɔ̃/ *nf* پیش‌پندار

préconçu,e /pʀekɔ̃sy/ *adj* ۱. پیش‌پنداشته ۲. نسنجیده

préconiser /pʀekɔnize/ *vt* (1) توصیه کردن، سفارش کردن

précurseur /pʀekyʀsœʀ/ *nm, adj. m* ۱. زمینه‌ساز، پیشگام ◙ ۲. هشداردهنده

prédateur¹,trice /pRedatœR,tRis/ *adj*
[حیوان] شکارگر

prédateur² /pRedatœR/ *nm*
۱. (حیوان) شکارگر ۲. [قدیمی] غارتگر، چپاولگر

prédécesseur /pRedesesœR/ *nm*
۱. سَلَف، متصدی قبلی ــ [صورت جمع] ۲. پیشینیان، گذشتگان، اَسلاف

prédestination /pRedɛstinasjɔ̃/ *nf*
۱. تقدیر، سرنوشت، قضا و قدر، قسمت ۲. [در مقابل اختیار] جبر

prédestiné /pRedestine/ *adj*
مقدر
Il était prédestiné à... تقدیرش ... بود.
قسمتش ... بود.

prédétermination /pRedetɛRminasjɔ̃/ *nf*
۱. تعیین از قبل ۲. تقدیر

prédéterminer /pRedetɛRmine/ *vt* (1)
۱. از پیش تعیین کردن، از قبل مشخص کردن ۲. مقدر کردن

prédicat /pRedika/ *nm*
۱. [دستور زبان] گزاره، خبر ۲. [منطق] محمول

prédicateur,trice /pRedikatœR,tRis/ *n*
واعظ، خطیب

prédicatif,ive /pRedikatif,iv/ *adj*
[دستور زبان] گزاره‌ای، خبری، اِسنادی

prédication /pRedikasjɔ̃/ *nf*
وعظ، موعظه

prédiction /pRediksjɔ̃/ *nf*
۱. پیشگویی ۲. پیش‌بینی

prédilection /pRedilɛksjɔ̃/ *nf*
تمایل بیشتر، علاقهٔ خاص
...de prédilection مورد علاقه ...

prédire /pRediR/ *vt* (37)
۱. پیشگویی کردن ۲. پیش‌بینی کردن

prédisposer /pRedispoze/ *vt* (1)
۱. مستعد کردن، آماده کردن ۲. سوق دادن، متمایل کردن

prédisposition /pRedispozisjɔ̃/ *nf*
زمینه (قبلی)، آمادگی، استعداد

prédominance /pRedominɑ̃s/ *nf*
۱. تفوق، سلطه، سیطره، غلبه ۲. فراوانی، کثرت

prédominant,e /pRedominɑ̃,t/ *adj*
۱. غالب، برتر، بارز ۲. عمده، اصلی، اساسی

prédominer /pRedomine/ *vt* (1)
۱. غالب بودن، غلبه داشتن، بارزتر بودن ۲. تفوق داشتن، برتری داشتن ۳. بیشتر بودن

prééminence /pReeminɑ̃s/ *nf*
برتری، رجحان، تفوق

prééminent,e /pReeminɑ̃,t/ *adj* [ادبی]
برتر، بالاتر، ممتاز

préemption /pReɑ̃psjɔ̃/ *nf* [حقوقی]
حق شُفعه، حق تقدم خرید

préétabli,e /pReetabli/ *adj*
ازپیش‌مقررشده، مقرر

préétablir /pReetabliR/ *vt* (2)
از پیش مقرر کردن

préexistant,e /pReɛgzistɑ̃,t/ *adj*
قدیمی‌تر، پیشین

préexistence /pReɛgzistɑ̃s/ *nf*
تقدم (زمانی)

préexister /pReɛgziste/ *vi* (1)
پیشتر وجود داشتن، قبل از (چیزی) وجود داشتن

préfabrication /pRefabRikasjɔ̃/ *nf*
پیش‌سازی، پیش‌ساخت

préfabriqué,e /pRefabRike/ *adj*
۱. پیش‌ساخته ۲. ساختگی، تصنعی

préface /pRefas/ *nf*
۱. [کتاب] پیشگفتار، مقدمه، دیباچه ۲. سرآغاز، مقدمه

préfacer /pRefase/ *vt* (3)
پیشگفتار نوشتن بر، مقدمه نوشتن بر

préfacier /pRefasje/ *nm*
پیشگفتارنویس، نویسندهٔ مقدمه

préfectoral,e,aux /pRefɛktɔRal,o/ *adj*
(مربوط به) فرماندار

préfecture /pRefɛktyR/ *nf*
[تقسیمات کشوری فرانسه] فرمانداری

préfecture de police [در پاریس] ادارهٔ پلیس، ادارهٔ شهربانی	**préglaciaire** / pʀeglasjɛʀ / adj [زمین‌شناسی] پیش از یخبندان
préférable / pʀefeʀabl / adj بهتر، ارجح	**préhenseur** / pʀeɑ̃sœʀ / adj. m (ویژهٔ) گرفتن
préféré,e / pʀefeʀe / adj, n ۱. مورد علاقه، محبوب ۲. عزیزکرده ▫ ۳. فرد مورد علاقه، محبوب، سوگلی	**organe préhenseur** اندام گرفتن (= اندامی که برای گرفتن اشیا به کار می‌رود، مانندِ دست.)
	préhensile / pʀeɑ̃sil / adj [اندام، گیره] قادر به گرفتن اشیا
préférence / pʀefeʀɑ̃s / nf ۱. ترجیح، علاقهٔ بیشتر ۲. اولویت	**préhension** / pʀeɑ̃sjɔ̃ / nf (عمل) گرفتن (اشیا)
de préférence ترجیحاً	**préhistoire** / pʀeistwaʀ / nf ۱. دورهٔ پیش از تاریخ، دوران ماقبل تاریخ ۲. تاریخچهٔ تکوین
de/par préférence à به جایِ	
Je n'ai pas de préférence. برایم فرقی نمی‌کند، تفاوتی برایم ندارد.	**préhistorien,enne** / pʀeistɔʀjɛ̃,ɛn / n کارشناس دورهٔ پیش از تاریخ
préférentiel,elle / pʀefeʀɑ̃sjɛl / adj ترجیحی، خاص	**préhistorique** / pʀeistɔʀik / adj ۱. پیش از تاریخ، ماقبل تاریخ ۲. خیلی قدیمی، مال عهد بوق
préférer / pʀefeʀe / vt (6) ترجیح دادن، بیشتر دوست داشتن، بهتر دانستن	**préjudice** / pʀeʒydis / nm ضرر، زیان، خسارت
préfet / pʀefɛ / nm فرماندار	**au préjudice de** ۱. به ضررِ، به زیانِ، بر علیهِ ۲. (بر) خلافِ
préfet de police [درپاریس] رئیس پلیس	**préjudiciable** / pʀeʒydisjabl / adj زیان‌آور، زیانمند، مضر
préfète / pʀefɛt / nf ۱. زن استاندار ۲. [در بلژیک] مدیر (زن) دبیرستان	**préjugé** / pʀeʒyʒe / nm ۱. پیش‌داوری ۲. تعصب
préfiguration / pʀefigyʀasjɔ̃ / nf [ادبی] نشانه، خبر	**préjugé de race** تعصب نژادی
préfigurer / pʀefigyʀe / vt (1) خبر دادن از، حاکی (از چیزی) بودن	**préjuger** / pʀeʒyʒe / vt (3) [ادبی یا حقوقی] پیش‌داوری کردن، زود قضاوت کردن
préfixal,e,aux / pʀefiksal,o / adj پیشوندی، (مربوط به) پیشوند	**prélasser (se)** / səpʀelase / vp (1) لَمیدن، لَم دادن
préfixation / pʀefiksasjɔ̃ / nf پیشوندگذاری	**prélat** / pʀela / nm اسقف اعظم، اسقف، خلیفه
préfixe / pʀefiks / nm پیشوند	**prélature** / pʀelatyʀ / nf [ادبی] مقام اسقفی
préfixer / pʀefikse / vt (1) پیشوند (به واژه‌ای) اضافه کردن	**prélèvement** / pʀelɛvmɑ̃ / nm ۱. (عمل) برداشتن، گرفتن ۲. [از حساب و غیره] برداشت ۳. [حقوقی] برداشت پیش از تقسیم
préfixion / pʀefiksjɔ̃ / nf ۱. [حقوقی] تعیین مهلت ۲. مهلت	**prélever** / pʀelve / vt (5) ۱. برداشتن، گرفتن ۲. [از حساب و غیره] برداشت کردن ۳. [حقوقی] پیش از تقسیم برداشتن
préformé,e / pʀefɔʀme / adj شکل‌گرفته، از قبل، پیش‌شکل‌یافته	

a = bas, plat	e = blé, jouer	ɛ = lait, jouet, merci	i = il, lyre	o = mot, dôme, eau, gauche	ɔ = mort
u = roue	y = rue	ø = peu	œ = peur	ə = le, premier	ɑ̃ = sans, vent	ɛ̃ = matin, plein, lundi
ɔ̃ = bon, ombre	ʃ = chat, tache	ʒ = je, gilet	j = yeux, paille, pied	w = oui, nouer	ɥ = huile, lui

préliminaire /pʀeliminɛʀ/ *nm, adj*
۱. [صورت جمع] مقدمات ◼ ۲. مقدماتی

prélude /pʀelyd/ *nm*
۱. [موسیقی] درآمد، پیش‌درآمد ۲. مقدمه، سرآغاز

préluder /pʀelyde/ *vt* (1)
۱. [موسیقی] پیش‌درآمد زدن ۲. مقدمهٔ (چیزی) بودن، حاکی بودن از، خبر دادن از

prématuré,e /pʀematyʀe/ *adj*
۱. پیش از موقع، زودرس، زود هنگام، نابهنگام ۲. عجولانه، شتاب‌زده
accouchement prématuré زایمان زودهنگام، زایمان پیش از موقع

prématurément /pʀematyʀemɑ̃/ *adv*
پیش از موقع، زود

prématurité /pʀematyʀite/ *nf* [نوزاد] زودرس بودن، زودرسی

préméditer /pʀemedite/ *vt* (1)
از قبل طرح‌ریزی کردن، از پیش تدارک دیدن، برنامه‌ریزی کردن

prémices /pʀemis/ *nf. pl* [قدیمی یا ادبی] سرآغاز، آغاز، ابتدا

premier¹, ère /pʀəmje, ɛʀ/ *adj, n*
۱. اول، نخست ۲. اولین، نخستین ۳. اولیه ◼ ۴. اولین نفر، نفر اول
en premier ۱. نفر اول، اول ۲. در وهلهٔ اول، نخست
première personne du singulier [دستور زبان] اول شخص مفرد

premier² /pʀəmje/ *nm* طبقهٔ اول

Premier³ (le) /l(ə)pʀəmje/ *nm* [در انگلستان] نخست‌وزیر

première /pʀəmjɛʀ/ *nf* ۱. [فیلم، تئاتر] اولین اجرا، نمایش اول ۲. [اتومبیل] دندهٔ یک ۳. [وسایل نقلیه] درجه یک ۴. کلاس سوم نظری، کلاس یازدهم

premièrement /pʀəmjɛʀmɑ̃/ *adv* ۱. اول، نخست ۲. اولاً

premier-né, première-née /pʀəmjene, pʀəmjɛʀne/ *n*
بچهٔ اول، فرزند اول

prémilitaire /pʀemilitɛʀ/ *adj*
قبل از سربازی

prémisse /pʀemis/ *nf*
۱. [منطق] مقدمه ۲. مقدمه، سرآغاز

prémolaire /pʀemɔlɛʀ/ *nf*
[دندان] آسیای کوچک، دندان کرسی کوچک

prémonition /pʀemɔnisjɔ̃/ *nf*
دلشوره، دلواپسی، احساس (قبلی)

prémonitoire /pʀemɔnitwaʀ/ *adj*
۱. [پزشکی] هشداردهنده ۲. هشداردهنده، آگاه‌کننده

prémunir /pʀemyniʀ/ *vt* (2) [ادبی] مصون نگه‌داشتن، حفظ کردن، محافظت کردن
se prémunir vp خود را حفظ کردن، از خود محافظت کردن

prenable /pʀənabl/ *adj*
قابل تصرف، تسخیرپذیر

prenant,e /pʀənɑ̃,t/ *adj* ۱. گیرا، جذاب، دلچسب ۲. طالب، خواهان، مشتری
partie prenante [حقوقی] ذی‌نفع

prénatal,e, als /pʀenatal/ *adj*
۱. پیش از زایمان، قبل از وضع حمل ۲. پیش از تولد، قبل از تولد

prendre /pʀɑ̃dʀ/ *vt, vi* (58) ۱. برداشتن ۲. گرفتن ۳. تصاحب کردن، صاحب شدن ۴. تصرف کردن، اشغال کردن ۵. خوردن ۶. صرف (خود) کردن ۷. به خدمت گرفتن، استخدام کردن ۸. دستگیر کردن ۹. به عهده گرفتن، عهده‌دار شدن ۱۰. دل (کسی را) به دست آوردن، رام کردن ۱۱. گول زدن، فریب دادن ۱۲. غافلگیر کردن، مچ (کسی را) گرفتن ۱۳. دزدیدن، زدن ۱۴. اختیار کردن، اتخاذ کردن، در پیش گرفتن ۱۵. برای خود قائل شدن، به خود دادن ۱۶. استفاده کردن از، به کار گرفتن ۱۷. سوار کردن ۱۸. دنبال (کسی) رفتن ۱۹. [ترس، درد، ...] فرا گرفتن، به سراغ (کسی) آمدن ۲۰. [ضربه و غیره] خوردن ◼ ۲۱. سفت شدن،

prendre sur soi	مسئولیت (کاری را) به عهده گرفتن
se prendre *vp*	۱. گیر کردن، گرفتن
	۲. گیر افتادن، گرفتار شدن ۳. همدیگر را گرفتن ۴. سفت شدن، سخت شدن ۵. یخ زدن، منجمد شدن
s'en prendre à	مقصر دانستن
se prendre à	شروع کردن به، بنا کردن به
se prendre par la main	۱. دست هم را گرفتن
	۲. کاری کردن
se prendre pour	خود را... دانستن، خیال کردن
s'y prendre	عمل کردن، اقدام کردن
preneur, euse /pRənœR,øz/ *n*	۱. خریدار
	۲. [حقوقی] مستأجر
Je suis preneur à tel prix.	من به فلان قیمت خریدارم.
prénom /pRenɔ̃/ *nm*	اسم کوچک، نام
prénommé,e /pRenɔme/ *adj*	[حقوقی] نامبرده
prénommer /pRenɔme/ *vt* (1)	[اسم کوچک] نامیدن، اسم گذاشتن
se prénommer *vp*	[اسم کوچک] نام داشتن، اسم (کسی) ... بودن
prénuptial,e,aux /pRenypsjal,o/ *adj*	پیش از ازدواج
préoccupant,e /pReɔkypɑ̃,t/ *adj*	نگران‌کننده
préoccupation /pReɔkypasjɔ̃/ *nf*	۱. اشتغال فکر، دل‌مشغولی ۲. نگرانی، فکر و خیال
préoccupé,e /pReɔkype/ *adj*	۱. نگران ۲. مشغول ۳. در فکر
préoccuper /pReɔkype/ *vt* (1)	۱. ذهن (کسی را) به خود مشغول کردن، تو فکر بردن ۲. نگران کردن
se préoccuper *vp*	به فکر (کسی یا چیزی) بودن، نگران (کسی یا چیزی) بودن، دلواپس شدن

	گرفتن، بستن ۲۲. چسبیدن ۲۳. ریشه کردن، گرفتن ۲۴. اثر کردن ۲۵. (به سمتی) رفتن
à tout prendre	با در نظر گرفتن همهٔ جوانب، با توجه به همهٔ نکات، روی‌هم‌رفته
C'est à prendre ou à laisser.	یا این‌وری یا آن‌وری. باید تصمیمت را بگیری.
Combien prend-il?	(قیمتش) چند است؟
prendre de l'âge	سن (کسی) بالا رفتن، پیر شدن
prendre de l'air	هواخوری رفتن
prendre de l'argent à la banque	پول از بانک برداشتن
prendre de l'arme	سلاح برداشتن، اسلحه به دست گرفتن، مسلح شدن
prendre des mesures	تدابیری اتخاذ کردن
prendre en considération	در نظر گرفتن، مورد توجه قرار دادن
prendre feu	آتش گرفتن
prendre la fuite	فرار کردن، گریختن، در رفتن
prendre la mer	سوار کشتی شدن
prendre la porte	بیرون رفتن، خارج شدن
prendre son parapluie	چتر خود را برداشتن، چتر با خود بردن
prendre son repas	غذای خود را خوردن
prendre un bain	حمام کردن
prendre une route	راهی را در پیش گرفتن، به راهی رفتن
prendre une ville	شهری را تصرف کردن
prendre pour	۱. (کسی را) به جای (کس دیگر) گرفتن، عوضی گرفتن ۲. به حساب آوردن، تصور کردن، دانستن
prendre qqn en pitié	به کسی ترحم کردن، برای کسی دلسوزی کردن
prendre son temps	از وقت خود استفاده کردن، فرصت داشتن، عجله نکردن
prendre son vol	پرواز کردن، پریدن

préparateur,trice / pʀepaʀatœʀ,tʀis / *n* دستیار آزمایشگاه

préparateur en pharmacie دستیار داروسازی، کمک‌داروساز

préopératoire / pʀeɔpeʀatwaʀ / *adj* پیش از عمل جراحی، قبل از عمل

préparatifs / pʀepaʀatif / *nm.pl* تدارکات

préparation / pʀepaʀasjɔ̃ / *nf* ۱. آماده‌سازی، آماده کردن ۲. تهیه ۳. تدارک ۴. آمادگی

préparation pharmaceutique داروی ترکیبی

préparatoire / pʀepaʀatwaʀ / *adj* مقدماتی

préparer / pʀepaʀe / *vt* (1) ۱. آماده کردن، حاضر کردن ۲. تهیه کردن، درست کردن ۳. تدارک دیدن

se préparer *vp* ۱. آماده شدن، خود را آمادهٔ (انجام کاری) کردن ۲. در شرف وقوع بودن

prépondérance / pʀepɔ̃deʀɑ̃s / *nf* برتری، تفوق

prépondérant,e / pʀepɔ̃deʀɑ̃,t / *adj* برتر، مهمتر، غالب

préposé,e / pʀepoze / *n* ۱. مأمور، متصدی ۲. [عنوان رسمی] پستچی، نامه‌رسان

préposer / pʀepoze / *vt* (1) (به کاری) گماشتن، مأمور (انجام کاری) کردن

prépositif,ive / pʀepozitif,iv / *adj* [دستور زبان] حرف اضافه‌ای، (مربوط به) حرف اضافه

préposition / pʀepozisjɔ̃ / *nf* [دستور زبان] حرف اضافه

prépuce / pʀepys / *nf* [آلت تناسلی مرد] قَلَفه، پوست حَشفه

prérogative / pʀeʀɔgativ / *nf* امتیاز، امتیاز ویژه

préromantique / pʀeʀɔmɑ̃tik / *adj* (مربوط به) پیش از رُمانتیسم

préromantisme / pʀeʀɔmɑ̃tism / *nm* دورهٔ پیش از رُمانتیسم

près / pʀɛ / *adv* نزدیک

à beaucoup près با اختلاف زیاد، خیلی

à cela près que صرف‌نظر از اینکه، جدا از اینکه، بگذریم که

à peu de chose près تقریباً

à peu près تقریباً، در حدودِ

de près ۱. از نزدیک ۲. به دقت

être près de چیزی نمانده (که)

près de ۱. نزدیکِ ۲. کنارِ، پهلویِ ۳. نزدیک به، در حدودِ

présage / pʀezaʒ / *nm* ۱. فال، شگون، یمن ۲. نشانه، علامت

présager / pʀezaʒe / *vt* (3) ۱. [ادبی] نشان (چیزی) بودن، خبر دادن از ۲. [ادبی] پیش‌بینی کردن

presbyte / pʀɛsbit / *adj.n* ۱. مبتلا به دوربینی، دوربین ◻ ۲. فرد دوربین

presbytéral,e,aux / pʀɛsbiteʀal,o / *adj* کشیشی

presbytère / pʀɛsbitɛʀ / *nm* بیت کشیش (کاتولیک)

presbytie / pʀɛsbisi / *nf* دوربینی

prescience / pʀesjɑ̃s / *nf* پیش‌آگاهی، علم غیب

préscolaire / pʀeskɔlɛʀ / *adj* پیش از دبستان، پیش‌دبستانی

prescriptible / pʀɛskʀiptibl / *adj* [حقوقی] مشمول مرور زمان

prescription / pʀɛskʀipsjɔ̃ / *nf* ۱. دستور، حکم ۲. تجویز ۳. [حقوقی] احراز حق در اثر مرور زمان، مرور زمان

les prescription du médecin تجویز پزشک، دستور پزشک، نسخهٔ پزشک

prescrire / pʀɛskʀiʀ / *vt* (39) ۱. دستور دادن، حکم کردن، مقرر داشتن ۲. تجویز کردن ۳. ملزم کردن، واداشتن ۴. [حقوقی] در اثر مرور زمان (چیزی را) به دست آوردن ۵. مشمول مرور زمان کردن

681 présomptueux,euse

prescrit,e /pʀɛskʀi,t/ *adj, part. passé* ۱. تعیین‌شده، مقرر، تجویزشده ۲. [اسم مفعول فعلِ prescrire]

préséance /pʀeseɑ̃s/ *nf* حق تقدم، تقدم، اولویت

présence /pʀezɑ̃s/ *nf* ۱. حضور ۲. وجود ۳. همنشین ۴. [هنرپیشه] شخصیت گیرا

en présence de در حضورِ، جلويِ، در مقابلِ

présence d'esprit حضور ذهن

présent[1],e /pʀezɑ̃,t/ *adj* ۱. حاضر ۲. موجود ۳. فعلی، کنونی، حال

présent[2] /pʀezɑ̃/ *nm* ۱. زمان حال، حال ۲. وضع موجود، وضع حاضر ۳. [دستور زبان] مضارع

à présent حالا، اکنون، الآن

présent[3] /pʀezɑ̃/ *nm* [ادبی] هدیه، کادو، تحفه، چشم‌روشنی

présentable /pʀezɑ̃tabl/ *adj* ۱. قابل عرضه ۲. دارای سر و وضع مناسب، آراسته

présentateur,trice /pʀezɑ̃tatœʀ,tʀis/ *n* ۱. [کالا و غیره] عرضه‌کننده ۲. [رادیو، تلویزیون] مُجری، گوینده

présentation /pʀezɑ̃tasjɔ̃/ *nf* ۱. ارائه، عرضه ۲. نمایش، اجرا ۳. معرفی ۴. سر و وضع، ظاهر ۵. [جنین] نما

présentement /pʀezɑ̃tmɑ̃/ *adv* اکنون، حالا، الآن، در حال حاضر، فعلاً

présenter /pʀezɑ̃te/ *vt* (1) ۱. ارائه کردن، ارائه دادن، عرضه کردن ۲. معرفی کردن ۳. نشان دادن، نمایش دادن، در معرض دید قرار دادن ۴. اظهار داشتن، گفتن

présenter bien ظاهر خوبی داشتن

présenter les armes [نظامی] پیش‌فنگ کردن

présenter ses excuses معذرت خواستن، عذرخواهی کردن، عذر خواستن

se présenter *vp* ۱. حضور یافتن، حاضر شدن، آمدن ۲. خود را معرفی کردن ۳. داوطلب شدن، نامزد شدن ۴. ظاهر شدن، پیدا شدن

présentoir /pʀezɑ̃twaʀ/ *nm* قفسه، ویترین

préservatif[1],ive /pʀezɛʀvatif,iv/ *adj* [قدیمی] پیش‌گیر، پیش‌گیرنده

préservatif[2] /pʀezɛʀvatif/ *nm* کاندوم، کاپوت (= وسیله‌ای برای جلوگیری از بارداری)

préservation /pʀezɛʀvasjɔ̃/ *nf* حفاظت، حفظ، نگهداری

préserver /pʀezɛʀve/ *vt* (1) حفظ کردن، محافظت کردن، در امان نگه‌داشتن

présidence /pʀezidɑ̃s/ *nf* ۱. ریاست ۲. دورهٔ ریاست ۳. دفتر ریاست

présidence de la République ریاست جمهوری

président /pʀezidɑ̃/ *nm* رئیس

président (de la République) رئیس‌جمهور

président-directeur général رئیس هیئت‌مدیره و مدیرعامل

présidente /pʀezidɑ̃t/ *nf* ۱. رئیس (زن) ۲. [قدیمی] خانمِ رئیس

présidentiel,elle /pʀezidɑ̃sjɛl/ *adj* ۱. (مربوط به) ریاست جمهوری ۲. (مربوط به) رئیس، ریاست

présider /pʀezide/ *vt* (1) ۱. ریاست (چیزی را) به عهده داشتن ۲. نظارت کردن، اداره کردن ۳. نقش اساسی داشتن

présomptif,ive /pʀezɔ̃ptif,iv/ *adj,*

héritier présomptif وارث بدون معارض، وارث مسلم

présomption /pʀezɔ̃psjɔ̃/ *nf* ۱. استنباط (از روی قراین)، فرض، ظن ۲. خودپسندی، ادعا

présomptueusement /pʀezɔ̃ptɥøz-mɑ̃/ *adv* [ادبی] خودپسندانه

présomptueux,euse /pʀezɔ̃ptɥø,øz/ *adj, n* ۱. خودپسند، پرمدعا ۲. خودپسندانه

presque /pRɛsk/ *adv* تقریباً، کمابیش

presqu'île /pRɛskil/ *nf* شبه‌جزیره

pressant,e /pRɛsɑ̃,t/ *adj* ۱. مُصر ۲. مُصرانه ۳. مبرم، فوری

presse /pRɛs/ *nf* ۱. (دستگاه) پرس ۲. ماشین چاپ ۳. چاپ ۴. مطبوعات ۵. [قدیمی یا ادبی] ازدحام، جمعیت ۶. [تجارت] اوج فعالیت

pressé,e /pRese/ *adj* ۱. آبگیری‌شده، آب‌گرفته ۲. عجول، شتابزده ۳. فوری

être pressé عجله داشتن

presse-citron /pRɛssitRɔ̃/ *nm. inv* آبلیموگیر(ی)

pressentiment /pRɛsɑ̃timɑ̃/ *nm* احساس (قبل از وقوع)، پیش‌آگاهی، دلشوره

pressentir /pRɛsɑ̃tiR/ *vt* (16) ۱. حس کردن، دل (کسی) گواهی دادن ۲. مزهٔ دهن (کسی را) فهمیدن، زمینه‌یابی کردن

presse-papier /pRɛspapje/ *nm. inv* وزنهٔ کاغذگیر، کاغذنگهدار

presser /pRese/ *vt, vi* (1) ۱. [میوه] آب گرفتن ۲. فشار دادن، فشردن ۳. زور دادن ۴. در فشار گذاشتن، تحت فشار قرار دادن، فشار آوردن به ۵. به تعجیل واداشتن ۶. سریع کردن، تند کردن ◙ ۷. فوری بودن، اضطراری بودن

Le temps presse. وقت تنگ است.

se presser *vp* ۱. فشرده شدن ۲. عجله کردن، شتاب کردن ۳. ازدحام کردن

sans se presser بدون عجله، بدون شتابزدگی، سرِ صبر

pressing /pRɛsiŋ/ *nm* ۱. اتوبخار ۲. (مغازهٔ) خشک‌شویی

pression /pRɛsjɔ̃/ *nf* فشار

pressoir /pRɛswaR/ *nm* ۱. (دستگاه) آبمیوه‌گیری ۲. دستگاه انگورفشاری

pressurer /pResyRe/ *vt* (1) ۱. عصارهٔ (چیزی را) گرفتن ۲. شیرهٔ (کسی را) کشیدن، دوشیدن، استثمار کردن، بهره‌کشی کردن از

pressureur,euse /pResyRœR,øz/ *n* استثمارگر

pressurisation /pResyRizasjɔ̃/ *nf* تنظیم فشار هوا

pressuriser /pResyRize/ *vt* (1) فشار هوای (جایی را) تنظیم کردن

prestance /pRɛstɑ̃s/ *nf* وقار، هیبت

prestation /pRɛstasjɔ̃/ *nf* ۱. کمک (مالی) ۲. [حقوقی] تعهد، دِین ۳. [ورزشکار، هنرپیشه] (نحوهٔ) اجرا، بازی

prestation de serment تحلیف، سوگند یاد کردن

preste /pRɛst/ *adj* [ادبی] چابک، چست، چالاک

prestement /pRɛstəmɑ̃/ *adv* با چابکی، به چالاکی، چست و چالاک

prestesse /pRɛstɛs/ *nf* [ادبی] چابکی، چالاکی، چستی

prestidigitateur,trice /pRɛstidiʒitatœR,tRis/ *n* شعبده‌باز، تردست

prestidigitation /pRɛstidiʒitasjɔ̃/ *nf* شعبده‌بازی، تردستی، چشم‌بندی

prestige /pRɛstiʒ/ *nm* اعتبار، وجهه، حیثیت، آبرو

prestigieux,euse /pRɛstiʒjø,øz/ *adj* ۱. معتبر، صاحب‌نام ۲. آبرومند ۳. شگفت

prestissimo /pRɛstisimo/ *adv* [موسیقی] بسیار تند

presto /pRɛsto/ *adv* ۱. [موسیقی] تند ۲. [خودمانی] زود، تند، سریع

présumer /pRezyme/ *vt* (1) ۱. تصور کردن، فکر کردن، حدس زدن ۲. فرض کردن

trop présumer de بیش از اندازه روی چیزی یا کسی) حساب کردن، بیش از حد (به کسی) خوش‌بین بودن

présupposé /pResypoze/ *nm* ادبی] فرض، پیش‌انگاری، پیش‌انگاشت

présupposer /pResypoze/ *vt* (1)

[ادبی] متضمن (چیزی) بودن، حاکی (از چیزی) بودن، دلالت کردن بر

présupposition /pResypozisjɔ̃/ *nf* [ادبی] فرض، پیش‌انگاری، پیش‌انگاشت

présure /pRezyR/ *nf* مایه پنیر

prêt[1] /pRɛ/ *nm* ۱. قرض، وام ۲. استقراض، امانت ۳. [سرباز، درجه‌دار] مقرری، مواجب

prêt[2]**,e** /pRɛ,t/ *adj* حاضر، آماده، مهیا

prêt-à-porter /pRɛtapɔRte/ *nm* لباسِ آماده، لباسِ دوخته

prêté /pRete/ *nm,* **prêté pour un rendu** معامله‌به‌مثل

prétendant /pRetɑ̃dɑ̃/ *nm* ۱. مدعی تاج و تخت ۲. خواستگار

prétendre /pRetɑ̃dR/ *vt* (41) ۱. ادعا کردن، مدعی بودن، مدعی شدن ۲. وانمود کردن ۳. خواستن، مطالبه کردن

prétendu,e /pRetɑ̃dy/ *adj, part. passé* ۱. خیالی، دروغین، قلابی ۲. [اسم مفعول فعلِ prétendre]

prétendument /pRetɑ̃dymɑ̃/ *adv* که ادعا می‌شود، به اصطلاح، فرضاً

prête-nom /pRɛtnɔ̃/ *nm* [معامله، قرارداد، ...] نمایندهٔ اسمی، مسئول ظاهری

prétentieusement /pRetɑ̃sjøzmɑ̃/ *adv* خودپسندانه، با تکبر

prétentieux,euse /pRetɑ̃sjø,øz/ *adj* ۱. پرمدعا، خودپسند، متکبر ۲. پرتوقع، طلبکار ۳. خودپسندانه

prétention /pRetɑ̃sjɔ̃/ *nf* ۱. ادعا ۲. توقع ۳. خودپسندی، تکبر

sans prétention ۱. بی‌ادعا ۲. ساده، بی‌تکلف

prêter /pRete/ *vt, vi* (1) ۱. قرض دادن، وام دادن، امانت دادن ۲. نسبت دادن ۳. عطا کردن، دادن ◘ ۴. [پارچه، چرم، ...] باز شدن، کشیده شدن

pêter à rire باعث خنده شدن

prêter attention توجه کردن، دقت کردن

pêter la main à qqn دست یاری دادن

pêter l'oreille گوش فرا دادن، گوش کردن

pêter serment سوگند یاد کردن

pêter son aide یاری کردن، کمک دادن

se prêter *vp* ۱. رضایت دادن، تن دادن ۲. مناسب بودن

prétérit /pReteRit/ *nm* [در بعضی از زبان‌ها] ماضی، صیغهٔ ماضی

préteur /pRetœR/ *nm* [در روم قدیم] صاحب‌منصب قضایی

prêteur,euse /pRɛtœR,øz/ *adj, n* قرض‌دهنده، وام‌دهنده، امانت‌دهنده

prétexte /pRetɛkst/ *nm* ۱. بهانه، عذر، دستاویز ۲. مجال، فرصت، موقعیت

sous prétexte de به بهانهٔ

prétexter /pRetɛkste/ *vt* (1) بهانه کردن، دستاویز قرار دادن، عذر آوردن

prétoire /pRetwaR/ *nm* [ادبی] (تالار) دادگاه

prêtre /pRɛtR/ *nm* ۱. کشیش ۲. روحانی

prêtresse /pRɛtRɛs/ *nf* [آیین بت‌پرستی] روحانی (زن)

prêtrise /pRetRiz/ *nf* [مذهب کاتولیک] (مقام) کشیشی

preuve /pRœv/ *nf* ۱. دلیل، مدرک، سند ۲. برهان، حجت ۳. نشانه، گواه

faire preuve de نشان دادن، ابراز کردن

faire ses preuves لیاقت خود را نشان دادن

preux /pRø/ *adj. m, nm* [قدیمی] دلاور

prévaloir /pRevalwaR/ *vi* (29) [ادبی] برتری داشتن، غالب بودن، غالب آمدن

se prévaloir *vp* ۱. بهره بردن، بهره جستن، استفاده کردن ۲. (به خود) بالیدن، غَره شدن

prévaricateur,trice 684

prévaricateur,trice /pʀevaʀikatœʀ, tʀis/ *adj, n* [ادبی] کوتاهی‌کننده (در انجام وظیفه)، مقصر

prévarication /pʀevaʀikasjɔ̃/ *nf* [ادبی] کوتاهی (در انجام وظیفه)، قصور

prévariquer /pʀevaʀike/ *vi* (1) [حقوقی] در انجام وظیفه کوتاهی کردن، قصور ورزیدن

prévenance /pʀɛvnɑ̃s/ *nf* لطف، محبت، مهربانی

prévenant,e /pʀɛvnɑ̃,t/ *adj* بامحبت، مهربان

prévenir /pʀɛvniʀ/ *vt* (22) ۱. خبر کردن، خبر دادن به، اطلاع دادن به، آگاه کردن ۲. پیشگیری کردن از ۳. جلوگیری کردن از ۴. از پیش برآوردن ۵. برانگیختن، سوق دادن

Elle m'a prévenu contre lui. مرا بر ضد او برانگیخت.

prévenir d'une maladie از یک بیماری پیشگیری کردن

préventif,ive /pʀevɑ̃tif,iv/ *adj* پیشگیرانه، احتیاطی

prévention /pʀevɑ̃sjɔ̃/ *nf* ۱. پیشگیری ۲. بازداشت احتیاطی، بازداشت موقت ۳. [ادبی] اتهام ۴. پیش‌داوری، غرض، جانبداری

préventorium /pʀevɑ̃tɔʀjɔm/ *nm* آسایشگاه بیماران در معرض ابتلا به سل

prévenu,e /pʀɛvny/ *n, adj, part. passé* ۱. [حقوقی] متهم ◙ ۲. مغرض ◙ ۳. [اسم مفعول فعلِ prévenir]

prévisibilité /pʀevizibilite/ *nf* قابل پیش‌بینی بودن، پیش‌بینی‌پذیری

prévisible /pʀevizibl/ *adj* قابل پیش‌بینی، پیش‌بینی‌پذیر

prévision /pʀevizjɔ̃/ *nf* ۱. پیش‌بینی ۲. آینده‌نگری، مآل‌اندیشی

prévisionnel,elle /pʀevizjɔnɛl/ *adj* مبتنی بر آینده‌نگری، مآل‌اندیشانه

prévoir /pʀevwaʀ/ *vt* (24) ۱. پیش‌بینی کردن ۲. (از پیش) در نظر گرفتن، فکر (چیزی را) کردن

prévôt /pʀevo/ *nm* [در قدیم] صاحب‌منصب حکومتی

prévoyance /pʀevwajɑ̃s/ *nf* دوراندیشی، مآل‌اندیشی، آینده‌نگری

prévoyant,e /pʀevwajɑ̃,t/ *adj* دوراندیش، مآل‌اندیش، آینده‌نگر

prier /pʀije/ *vi, vt* (22) ۱. دعا کردن، نیایش کردن ۲. دعا خواندن ۳. نماز خواندن ◙ ۴. [از خدا و غیره] خواستن، طلبیدن، مسئلت کردن، استغاثه کردن ۵. خواهش کردن، تقاضا کردن، تمنا کردن، استدعا کردن ۶. [ادبی] دعوت کردن

je vous (en) prie ۱. خواهش می‌کنم، لطفاً ۲. [در تعارف] اختیار دارید!

prière /pʀijɛʀ/ *nf* ۱. دعا ۲. نماز ۳. نیایش، عبادت ۴. خواهش، تقاضا، تمنا، استدعا

prieur,e /pʀijœʀ/ *n* سرپرست دیر

prieuré /pʀijœʀe/ *nm* دیر، صومعه

primaire /pʀimɛʀ/ *adj, nm* ۱. ابتدایی، نخستین، اولیه ◙ ۲. آموزش ابتدایی ۳. [زمین‌شناسی] دوران اول

enseignement primaire آموزش ابتدایی

primat /pʀima/ *nm* اسقف اعظم

primate /pʀimat/ *nm* ۱. نخستی، پریمات، پستاندار عالی ۲. [خودمانی] (آدم) کودن

primatial,e,aux /pʀimasjal,o/ *adj* (مربوط به) اسقف اعظم

primatie /pʀimasi/ *nf* مقام اسقف اعظم

primauté /pʀimote/ *nf* ۱. تفوق، برتری ۲. اولویت

prime[1] /pʀim/ *adj* ۱. [ادبی یا قدیمی] اول، اوان ۲. [جبر] پریم

prime jeunesse اوان جوانی، عنفوان جوانی

prime[2] /pʀim/ *nf* ۱. حق بیمه ۲. پاداش ۳. [تشویق برای خرید کالا] جایزه

primer[1] /pʀime/ *vi, vt* (1)

پیشی گرفتن (بر)، بالاتر بودن (از)، اول بودن

primer^{2} /pʀime/ *vt* (1) پاداش دادن، جایزه دادن

primesautier,ère /pʀimsotje,ɛʀ/ *adj* جَلد، تیز، فرز

primeur /pʀimœʀ/ *nf* ۱. [ادبی] تازگی ۲. نوبر

avoir la primeur d'une chose پیش از دیگران (از چیزی) بهره‌مند شدن

primevère /pʀimvɛʀ/ *nf* (گل) پامچال

primitif^{1}**,ive** /pʀimitif,iv/ *adj* ۱. اولیه، ابتدایی، نخستین، بدوی ۲. اصلی

primitif^{2} /pʀimitif/ *nm* ۱. انسان بدوی، انسان نخستین ۲. هنرمند قبل از رنسانس، نقاش قبل از رنسانس

primitivement /pʀimitivmɑ̃/ *adv* ابتدا، اول، در اصل

primo /pʀimo/ *adv* نخست اینکه، اولاً

primordial,e,aux /pʀimɔʀdal,o/ *adj* ۱. نخستین، آغازین ۲. اساسی، اصلی، عمده

prince /pʀɛ̃s/ *nm* ۱. [ادبی] پادشاه، امیر ۲. شاهپور، شاهزاده، پرنس، امیرزاده

princeps /pʀɛ̃sɛps/ *adj. inv,*

édition princeps [اثر قدیمی] چاپ اول، نسخهٔ اصلی

princier,ère /pʀɛ̃sje,ɛʀ/ *adj* (مربوط به) شاهزاده

princesse /pʀɛ̃sɛs/ *nf* ۱. شاهدخت، شاهزاده‌خانم، پرنسس ۲. همسر شاهزاده

princièrement /pʀɛ̃sjɛʀmɑ̃/ *adv* ۱. شاهانه، مجلل، شکوهمند ۲. (مربوط به) شاهزاده

principal^{1}**,e,aux** /pʀɛ̃sipal,o/ *adj* اصلی، عمده، مهم(ترین)

principal^{2} /pʀɛ̃sipal/ *nm, n* ۱. اصل، مهمترین چیز، مهم ۲. [حقوقی] اصل سرمایه ۳. [دفتر اسناد رسمی] منشی، دبیر ◙ ۴. مدیر مدرسهٔ راهنمایی

principalement /pʀɛ̃sipalmɑ̃/ *adv* پیش از هر چیز، در درجهٔ اول، به ویژه، بیشتر

principauté /pʀɛ̃sipote/ *nf* امیرنشین

principe /pʀɛ̃sip/ *nm* ۱. اصل ۲. مبدأ، منشأ، اساس ۳. ماده، جزء ــ [صورت جمع] ۴. اصول ۵. اصول اخلاقی، ضوابط اخلاقی

en principe در اصل، اصولاً

les principes constituants d'un remède مواد سازندهٔ یک دارو، ترکیبات یک دارو

printanier,ère /pʀɛ̃tanje,ɛʀ/ *adj* بهاری، (مربوط به) بهار

printemps /pʀɛ̃tɑ̃/ *nm* بهار

prioritaire /pʀijɔʀitɛʀ/ *adj* ۱. دارای حق تقدم ۲. مقدم، مهمتر

priorité /pʀijɔʀite/ *nf* ۱. تقدم، حق تقدم ۲. اولویت

pris,e^{1} /pʀi,z/ *adj, part. passé* ۱. گرفته‌شده، اشغال ۲. گرفتار ۳. سفت‌شده، بسته، گرفته ۴. منجمد، یخ‌بسته، یخ‌زده ۵. [بینی] گرفته، کیپ ◙ ۶. [اسم مفعول فعلِ prendre]

taille bien prise اندام متناسب، اندام باریک

prise^{2} /pʀiz/ *nf* ۱. گرفتن، گیرش، گرفت ۲. جای گرفتن، جای دست ۳. تصرف، فتح، تسخیر ۴. غنیمت ۵. پریز ۶. [کُشتی] فن

être aux prises درگیر بودن، در جدال بودن

lâcher prise ول کردن، رها کردن

prise d'air (کانال) هواکش

prise d'eau شیرِ آب، لولهٔ آب

prise de conscience تَنَبُّه، به خود آمدن

prise de contact اولین برخورد

prise de corps [حقوقی] توقیف، بازداشت

prise de courant پریز (برق)

prise de possession تصاحب

prise de sang	خون گرفتن
prise du béton	گیرش بتن
prise femell	[برق] مادگی
prisée /pRize/ *nf*	[در حراج و غیره] قیمت‌گذاری، تعیین قیمت، برآورد
priser[1] /pRize/ *vt* (1)	۱. [ادبی] ارزش قائل شدن برای، اهمیت دادن به ۲. [قدیمی] قیمت گذاشتن، قیمت (چیزی را) برآورد کردن
priser[2] /pRize/ *vt* (1)	[انفیه] به بینی کشیدن
prismatique /pRismatik/ *adj*	۱. منشوری ۲. منشوردار
prisme /pRism/ *nm*	منشور
prison /pRizɔ̃/ *nf*	۱. زندان، محبس ۲. بازداشتگاه
prisonnier,ère /pRizɔnje,ɛR/ *adj, n*	۱. زندانی، محبوس ۲. اسیر
privatif,ive /pRivatif,iv/ *adj*	۱. سلب‌کننده ۲. اختصاصی
privation /pRivasjɔ̃/ *nf*	۱. محرومیت ۲. سلب
privautés /pRivote/ *nf. pl*, **avoir des privautés**	خیلی خودمانی بودن
prendre des privautés	خیلی خودمانی شدن
privé,e /pRive/ *adj*	۱. شخصی ۲. اختصاصی ۳. خصوصی ۴. محرمانه ۵. غیررسمی
priver /pRive/ *vt* (1)	محروم کردن، بی‌بهره کردن، سلب کردن
se priver *vp*	خود را محروم کردن، صرف‌نظر کردن، چشم پوشیدن
privilège /pRivilɛʒ/ *nm*	۱. امتیاز ۲. مزیت ۳. حق ویژه، حق
privilégié,e /pRivileʒje/ *adj*	۱. ممتاز، برتر ۲. ثروتمند، مرفه ۳. خوش‌اقبال
privilégier /pRivileʒje/ *vt* (7)	۱. امتیاز دادن به ۲. مزیت قائل شدن برای ۳. برتر شمردن، بهتر دانستن
prix /pRi/ *nm*	۱. قیمت ۲. ارزش، بها ۳. جایزه
à aucun prix	به هیچ قیمت، به‌هیچ‌وجه

à tout prix	به هر قیمتی شده، هر طور شده
au prix de	به بهایِ، در قبالِ، در ازایِ
de prix	گرانبها، قیمتی
prix fixe	قیمت مقطوع
probabilité /pRobabilite/ *nf*	۱. احتمال ـ [صورت جمع] ۲. احتمالات
probable /pRobabl/ *adj*	۱. محتمل ۲. احتمالی
Il est probable que	احتمال دارد که، احتمالاً
	ممکن است که، شاید
probablement /pRobabləmã/ *adv*	احتمالاً، احتمال دارد که
probant,e /pRobã,t/ *adj*	قانع‌کننده، قاطع
probatoire /pRobatwaR/ *adj*, **examen probatoire**	آزمون تعیین سطح
stage probatoire	دورهٔ آزمایشی
probe /pRob/ *adj*	[ادبی] درستکار، شرافتمند، شریف
probité /pRobite/ *nf*	درستکاری، درستی، شرافت
problématique /pRoblematik/ *adj, nf*	۱. نـامعلوم، غـیرقابل پـیش‌بینی ▪ ۲. [در زمینهٔ شناخت] مسائل
problème /pRoblɛm/ *nm*	۱. مسئله ۲. مشکل، اِشکال، گرفتاری، معضل
procédé /pRosede/ *nm*	۱. روش، شیوه ۲. رفتار ۳. فرآیند، روند
procéder /pRosede/ *vt, vi* (6)	۱. مبادرت کردن، اقدام کردن، دست زدن، پرداختن ۲. اقامهٔ دعوا کردن (علیهِ)، دادخواهی کـردن ▪ ۳. [ادبی] ناشی شدن، نشأت گرفتن، منبعث شدن ۴. عـمل کردن
procédure /pRosedyR/ *nf*	۱. آئین دادرسی ۲. دعوای حقوقی، اقامهٔ دعوا
procès /pRosɛ/ *nm*	۱. دعوای حقوقی، اقامهٔ دعوا ۲. [قدیمی یا ادبی] فرایند، روند، جریان
faire le procès de	محکوم کردن

procession /pRɔsesjɔ̃/ *nf* صف، دسته

processionnel,elle /pRɔsesjɔnɛl/ *adj* [ادبی] در حال حرکت، روان

processus /pRɔsesys/ *nm* فرایند، روند، جریان

procès-verbal,aux /pRɔsɛvɛRbal,o/ *nm* ۱. صورتمجلس ۲. صورتجلسه

prochain¹,e /pRɔʃɛ̃,ɛn/ *adj* ۱. بعد، بعدی ۲. آینده ۳. نزدیک ۴. قریبالوقوع

dans un avenir prochain در آیندهٔ نزدیک

la prochaine fois دفعهٔ بعد، دفعهٔ دیگر

le mois prochain ماه بعد، ماه آینده، ماه دیگر

prochain² /pRɔʃɛ̃/ *nm* همنوع

prochainement /pRɔʃɛnmɑ̃/ *adv* به زودی، زود، در آیندهٔ نزدیک

proche /pRɔʃ/ *adj* ۱. نزدیک ۲. [ادبی] قریبالوقوع ۳. مجاور ۴. شبیه

de proche en proche به تـدریج، کمکم، اندکاندک

proclamation /pRɔklamasjɔ̃/ *nf* ۱. اعلام، اعلان ۲. اعلامیه، بیانیه

proclamer /pRɔklame/ *vt* (1) ۱. اعلام کردن، اعلان کردن ۲. با صدای بلند اعلام کردن ۳. اظهار داشتن، ابراز داشتن

procréation /pRɔkReasjɔ̃/ *nf* تولید مثل، زاد و ولد

procréer /pRɔkRee/ *vt* (1) [ادبی] به دنیا آوردن، زادن

procuration /pRɔkyRasjɔ̃/ *nf* ۱. وکالت ۲. وکالتنامه

procurer /pRɔkyRe/ *vt* (1) ۱. فراهم کردن، تهیه کردن ۲. موجب شدن، فراهم آوردن، باعث شدن

procureur /pRɔkyRœR/ *nm* [حقوقی] وکیل، نماینده

procureur de la République دادستان بدایت، دادستان شهرستان

procureur général دادستان کل، دادستان استان

prodigalité /pRɔdigalite/ *nf* اسراف، ولخرجی

prodige /pRɔdiʒ/ *nm* ۱. اعجاز، معجزه ۲. کار خارقالعاده ۳. اعجوبه

prodigieusement /pRɔdiʒjøzmɑ̃/ *adv* به طرز چشمگیری، به طور حیرتآوری، به طرز عجیبی

prodigieux,euse /pRɔdiʒjø,øz/ *adj* ۱. عظیم، چشمگیر ۲. حیرتانگیز، حیرتآور، عجیب

prodigue /pRɔdig/ *adj* ۱. اسرافکار، ولخرج ۲. بیمضایقه

prodiguer /pRɔdige/ *vt* (1) ۱. اسراف کردن، ولخرجی کردن ۲. بیحساب دادن، اشباع کردن

se prodiguer *np* بیحساب خرج کردن، ولخرجی کردن

prodrome /pRɔdRom/ *nm* ۱. سرآغاز، مقدمه، نشانه ــ [صورت جمع] ۲. [بیماری] نشانهٔ اولیه

producteur,trice /pRɔdyktœR,tRis/ *n, adj* ۱. مولد، خلاق ۲. تولیدکننده ۳. [فیلم] تهیهکننده

productible /pRɔdyktibl/ *adj* قابل تولید

productif,ive /pRɔdyktif,iv/ *adj* ۱. بارور، پربار ۲. سودمند، سودآور، پُرسود ۳. مولد

production /pRɔdyksjɔ̃/ *nf* ۱. تولید ۲. ایجاد ۳. محصول ۴. [هنری، ادبی] اثر، آثار ۵. [فیلم] تهیه ۶. فیلم، نمایش

production à grand spectacle فیلم پرهزینه، نمایش پرخرج

productivité /pRɔdyktivite/ *nf* ۱. قدرت تولید، (میزان) بازدهی ۲. بهرهوری

produire /pRɔdɥiR/ *vt* (38) ۱. ایجاد کردن، به وجود آوردن، باعث شدن، موجب شدن ۲. [اثر]

produit

ساختن، خلق کردن ۳. [محصول و غیره] به بار آوردن، دادن ۴. تولید کردن ۵. [فیلم] تهیه کردن ۶. [مدرک و غیره] ارائه دادن

se produire *vp* ۱. ظاهر شدن، خود را نشان دادن ۲. خود را شناساندن ۳. پیش آمدن، رخ دادن، اتفاق افتادن

produit /pʀɔdɥi/ *nm* ۱. فرآورده، محصول ۲. کالا، جنس ۳. عایدی، درآمد، منفعت، سود ۴. حاصل ضرب ۵. نتیجه، حاصل

produits de beauté فرآورده‌های آرایشی، لوازم آرایش

produits de la terre محصولات کشاورزی، فرآورده‌های زراعی

proéminence /pʀɔeminɑ̃s/ *nf* برآمدگی، برجستگی

proéminent,e /pʀɔeminɑ̃,t/ *adj* برآمده، برجسته

prof /pʀɔf/ *n* → professeur

profanateur,trice /pʀɔfanatœʀ,tʀis/ *n, adj* توهین‌کننده به مقدسات، کفرگو

profanation /pʀɔfanasjɔ̃/ *nf* بی‌حرمتی (به مقدسات)، توهین (به مقدسات)

profane /pʀɔfan/ *n, adj* ۱. [ادبی] بی‌دین، لامذهب ۲. بی‌اطلاع، ناوارد ▫ ۳. [ادبی] غیرمذهبی

profaner /pʀɔfane/ *vt* (1) ۱. [به مقدسات] بی‌حرمتی کردن، توهین کردن ۲. ضایع کردن، خراب کردن، ارزش (چیزی را) از بین بردن

proférer /pʀɔfeʀe/ *vt* (6) با صدای بلند گفتن

proférer des injures با صدای بلند دشنام دادن

professer /pʀɔfese/ *vt* (1) ۱. [ادبی] اظهار کردن، ابراز کردن، اقرار کردن ۲. [قدیمی] تدریس کردن، درس دادن

professeur /pʀɔfesœʀ/ *nm* ۱. معلم، آموزگار ۲. استاد

profession /pʀɔfesjɔ̃/ *nf* ۱. شغل، حرفه ۲. [ادبی] اظهار، ابراز، اقرار

de profession حرفه‌ای

profession de foi بیان اعتقادات

professionnel,elle /pʀɔfesjɔnɛl/ *adj* ۱. شغلی ۲. حرفه‌ای ۳. تخصصی ۴. متخصص

professionnellement /pʀɔfesjɔnɛlmɑ̃/ *adv* ۱. از لحاظ شغلی ۲. (به طور) حرفه‌ای

professoral,e,aux /pʀɔfesɔʀal,o/ *adj* ۱. (مربوط به) معلمان ۲. (مربوط به) استادان ۳. پرفسورمآب

professorat /pʀɔfesɔʀa/ *nm* ۱. معلمی ۲. استادی

profil /pʀɔfil/ *nm* ۱. نیمرخ ۲. نما ۳. مقطع

profiler /pʀɔfile/ *vt* (1) ۱. از نیمرخ نشان دادن ۲. نمودار ساختن

profit /pʀɔfi/ *nm* سود، بهره، فایده، نفع، منفعت

au profit de به نفع، به سود

profitable /pʀɔfitabl/ *adj* سودمند، مفید، فایده‌بخش، نافع

profiter /pʀɔfite/ *vt, vi* (1) ۱. بهره بردن، بهره‌مند شدن، سود بردن، استفاده کردن ۲. مفید بودن، سودمند بودن ▫ ۳. [خودمانی یا محلی] بزرگ شدن، رو آمدن

profiteur,euse /pʀɔfitœʀ,øz/ *n* سودجو، منفعت‌طلب، سوءاستفاده‌چی

profond,e /pʀɔfɔ̃,d/ *adj* ۱. ژرف، عمیق، گود ۲. [مجازی] عمیق ۳. ژرف‌اندیش ۴. شدید، بی‌حد ۵. [سکوت، خواب] سنگین ۶. [خطا و غیره] فاحش ۷. [نگاه] نافذ ۸. [صدا] بم ۹. [رنگ] سیر

profondément /pʀɔfɔ̃demɑ̃/ *adv* ۱. (به طور) عمیق، عمقی ۲. عمیقاً ۳. به شدت، شدیداً ۴. از ته دل

profondeur /pʀɔfɔ̃dœʀ/ *nf* ۱. ژرفا، عمق، گودی ۲. [مجازی] عمق ۳. ژرف‌اندیشی — [صورت جمع] ۴. اعماق، قعر، دل

pro forma /pʀɔfɔʀma/ *loc. adj. inv,* صورت‌حساب موقت،

facture pro forma پیش‌فاکتور، پروفرما

689 **prolétarien,enne**

profus,e /pRɔfy,z/ *adj* [ادبی؛ نور و غیره] فراوان، بسیار، شدید

profusément /pRɔfyzemɑ̃/ *adv* [ادبی] بسیار، بیش از حد

profusion /pRɔfyzjɔ̃/ *nf* فراوانی، کثرت، زیادی، وفور

à profusion به فراوانی، فراوان، زیاد

progéniture /pRɔʒenityR/ *nf* ۱. [ادبی] فرزندان ۲. [جانوران] بچه‌ها، توله‌ها

programmateur,trice /pRɔgRamatœR, tRis/ *n* تنظیم‌کنندهٔ برنامه، برنامه‌ریز

programmation /pRɔgRamasjɔ̃/ *nf* ۱. برنامه‌ریزی ۲. [کامپیوتر] برنامه‌نویسی

programme /pRɔgRam/ *nm* برنامه

programmer /pRɔgRame/ *vt, vi* (1) ۱. برنامه‌ریزی کردن ◙ ۲. [کامپیوتر] برنامه نوشتن

programmeur,euse /pRɔgRamœR,øz/ *n* [کامپیوتر] برنامه‌نویس

progrès /pRɔgRɛ/ *nm* ۱. پیشرفت ۲. ترقی ۳. پیشروی ۴. توسعه، انتشار

progresser /pRɔgRese/ *vi* (1) ۱. پیشرفت کردن ۲. ترقی کردن ۳. توسعه یافتن ۴. پیشروی کردن

progressif,ive /pRɔgResif,iv/ *adj* ۱. پیشرونده ۲. فزاینده ۳. [مالیات و غیره] تصاعدی ۴. تدریجی

progression /pRɔgRɛsjɔ̃/ *nf* ۱. پیشرفت ۲. پیشروی ۳. [ریاضیات] تصاعد

progressisme /pRɔgResism/ *nm* ترقی‌خواهی، پیشرفت‌گرایی

progressiste /pRɔgResist/ *n, adj* ۱. ترقی‌خواه، پیشرفت‌گرا ◙ ۲. ترقی‌خواهانه، پیشرفت‌گرایانه

progressivement /pRɔgResivmɑ̃/ *adv* به تدریج، تدریجاً، کم‌کم، اندک‌اندک

prohibé,e /pRɔibe/ *adj* ممنوع، ممنوعه، قدغن

prohiber /pRɔibe/ *vt* (1) ممنوع کردن، منع کردن، قدغن کردن

prohibitif,ive /pRɔibitif,iv/ *adj* ۱. منع‌کننده، بازدارنده ۲. [قیمت] سرسام‌آور، گزاف

prohibition /pRɔibisjɔ̃/ *n* منع، ممنوعیت

proie /pRwa/ *nf* طعمه، صید، شکار

oiseau de proie پرندهٔ شکاری

être en proie de در معرض (چیزی) بودن، دستخوش (چیزی) بودن

La vieille dame était une bonne proie pour les voleurs. پیرزن شکار خوبی برای دزدان بود.

projecteur /pRɔʒɛktœR/ *nm* ۱. نورافکن، پروژکتور ۲. [دستگاه نمایش فیلم] آپارات، پروژکتور

projectile /pRɔʒɛktil/ *nm* ۱. پرتابه، پرانه (= جسمی که به سویی پرتاب شود.) ۲. [اسلحه و غیره] گلوله

projection /pRɔʒɛksjɔ̃/ *nf* ۱. پرتاب ۲. پرتوافکنی ۳. پرتو ۴. نمایش (فیلم یا اسلاید) ۵. تصویر ۶. [روانکاوی] فرافکنی

projet /pRɔʒe/ *nm* طرح، برنامه، پروژه

projeter /pRɔʒte/ *vt* (4) ۱. پرتاب کردن، پرت کردن ۲. طرح‌ریزی کردن، برنامه‌ریزی کردن، قصد (کاری را) کردن ۳. نمایش دادن ۴. [روان‌شناسی] فرافکنی کردن، به دیگری نسبت دادن

prolégomènes /pRɔlegɔmɛn/ *nm. pl* ۱. [کتاب] مقدمه (مفصل) ۲. درآمد، مقدمه، مقدمات

prolétaire /pRɔletɛR/ *nm, adj* ۱. کارگر، زحمتکش، پرولتر ◙ ۲. کارگری، (مربوط به) کارگران، زحمتکش، پرولتاریایی

prolétariat /pRɔletaRja/ *nm* طبقهٔ کارگر، طبقهٔ زحمتکش، پرولتاریا

prolétarien,enne /pRɔletaRjɛ̃,ɛn/ *adj*

a = bas, plat e = blé, jouer ɛ = lait, jouet, merci i = il, lyre o = mot, dôme, eau, gauche ɔ = mort
u = roue y = rue ø = peu œ = peur ə = le, premier ɑ̃ = sans, vent ɛ̃ = matin, plein, lundi
ɔ̃ = bon, ombre ʃ = chat, tache ʒ = je, gilet j = yeux, paille, pied w = oui, nouer ɥ = huile, lui

کارگری، (مربوط به) کارگر، زحمتکش، پرولتاریایی

prolifération /pRɔlifeRasjɔ̃/ *nf* ۱. [زیست‌شناسی] تکثیر ۲. افزایش سریع، ازدیاد

proliférer /pRɔlifeRe/ *vi* (6) ۱. [زیست‌شناسی] تکثیر شدن ۲. (به سرعت) زیاد شدن، افزایش یافتن

prolifique /pRɔlifik/ *adj* ۱. پرزاد و ولد ۲. پربار، پرکار

prolixe /pRɔliks/ *adj* ۱. پرگو، زیاده‌گو ۲. طولانی، مطول، دارای اِطناب

prolixité /pRɔliksite/ *nf* [ادبی] پرگویی، زیاده‌گویی، اِطناب

prolo /pRɔlo/ *n, adj* → prolétaire

prologue /pRɔlɔg/ *nm* درآمد، مقدمه، سرآغاز

prolongation /pRɔlɔ̃gasjɔ̃/ *nf* ۱. تمدید ۲. تمدید مهلت، مهلت اضافی ۳. [ورزش] وقت اضافی

prolongement /pRɔlɔ̃ʒmɑ̃/ *nm* ۱. امتداد (دادن) ۲. دنباله، ادامه ۳. پیامد، دستاورد

prolonger /pRɔlɔ̃ʒe/ *vt* (3) ۱. تمدید کردن ۲. طولانی‌تر کردن ۳. امتداد دادن ۴. ادامهٔ (چیزی) بودن، در امتداد (چیزی) قرار داشتن

promenade /pRɔmnad/ *nf* ۱. گردش، گشت ۲. گردشگاه

promener /pRɔmne/ *vt* (5) ۱. به گردش بردن، گرداندن ۲. (چیزی را) بردن و آوردن ۳. با خود بردن، همراه خود بردن

envoyer promener [خودمانی] دَک کردن، از سر باز کردن

promener ses regards وارنداز کردن

se promener *vp* به گردش رفتن، گردش کردن، گشتن

promeneur,euse /pRɔmnœR,øz/ *n* گردش‌کننده

promenoir /pRɔm(ə)nwaR/ *nm* [بیمارستان، زندان، صومعه، ...] گردشگاه

promesse /pRɔmɛs/ *nf* ۱. قول، عهد، وعده، تعهد ۲. نوید، امید

prometteur,euse /pRɔmɛtœR,øz/ *adj* نویدبخش، امیدبخش، امیدوارکننده

promettre /pRɔmɛtR/ *vt* (56) ۱. قول دادن، عهد کردن، وعده دادن، تعهد کردن ۲. نوید دادن، خبر از (چیزی) دادن، امیدوار کردن

C'est un enfant qui promet. این بچه آیندهٔ خوبی دارد.

se promettre *vp* ۱. عهد کردن، عزم کردن، تصمیم گرفتن ۲. به هم قول دادن، با هم عهد کردن

promis,e /pRɔmi,z/ *adj, n, part. passé* ۱. موعود، وعده‌داده‌شده ◻ ۲. [قدیمی یا محلی] نامزد، شیرینی‌خورده ◻ ۳. [اسم مفعول فعلِ promette]

promontoire /pRɔmɔ̃twaR/ *nm* [جغرافیا] سنگ‌پوز

promoteur,trice /pRɔmɔtœR,tRis/ *n* ۱. بانی، موجد ۲. مسبب

promotion /pRɔmɔsjɔ̃/ *nf* ۱. ترفیع، ارتقا ۲. شاگردان هم‌دوره، هم‌شاگردی‌ها

promotion des ventes [بازرگانی] ترقی فروش، تبلیغ فروش

promouvoir /pRɔmuvwaR/ *vt* (27) ۱. ترفیع دادن، ارتقا دادن ۲. موجب شدن، ایجاد کردن

prompt,e /pRɔ̃,t/ *adj* ۱. [ادبی] چالاک، فرز، چست و چالاک، جَلد ۲. سریع، فوری ۳. [قدیمی] زودگذر

prompt à la colère زودخشم

promptement /pRɔ̃tmɑ̃/ *adv* [ادبی] به سرعت، سریع، زود، فوری

promptitude /pRɔ̃tityd/ *nf* ۱. [ادبی] چالاکی، فرزی، چُستی ۲. سرعت

promulgation /pRɔmylgasjɔ̃/ *nf* اعلام رسمی، انتشار رسمی

promulguer /pRɔmylge/ *vt* (1) رسماً اعلام کردن، رسماً منتشر کردن

prône /pRon/ *nm* موعظه

prôner /pRone/ *vt* (1) ۱. تمجید کردن، ستودن ۲. توصیه کردن

pronom /pRɔ̃/ *nm* [دستور زبان] ضمیر

pronominal,e,aux /pRɔnɔminal,o/ *adj* [دستور زبان] ضمیری، (مربوط به) ضمیر

verbe pronominal [دستور زبان فرانسه] فعل دوضمیره

pronominalement /pRɔnɔminalmɑ̃/ *adv* ۱. به صورت ضمیر، در نقش ضمیر ۲. [کاربرد فعل در زبان فرانسه] به صورت دوضمیره

prononçable /pRɔnɔ̃sabl/ *adj* قابل تلفظ، تلفظ‌شدنی

prononcé,e /pRɔnɔ̃se/ *adj* ۱. مشخص، برجسته، آشکار ۲. [حکم، رأی، ...] صادره

prononcer /pRɔnɔ̃se/ *vt, vi* (3) ۱. تلفظ کردن ۲. به زبان آوردن، گفتن، بیان کردن ۳. [نطق و غیره] ایراد کردن ۴. اظهار داشتن، ابراز کردن ۵. اعلام کردن ۶. [حکم، رأی، ...] صادر کردن ◙ ۷. [حقوقی] حکم صادر کردن، رأی دادن

se prononcer *vp* ۱. اظهار نظر کردن، نظر دادن ۲. تلفظ شدن

prononciation /pRɔnɔ̃sjasjɔ̃/ *nf* ۱. تلفظ ۲. [حکم، رأی، ...] اعلام، صدور

pronostic /pRɔnɔstik/ *nm* ۱. پیشگویی، پیش‌بینی ۲. [پزشکی] پیش‌آگهی

pronostiquer /pRɔnɔstike/ *vt* (1) ۱. پیشگویی کردن، پیش‌بینی کردن ۲. [پزشکی] پیش‌آگهی دادن، پیش‌بینی کردن

pronostiqueur,euse /pRɔnɔstikœR,øz/ *n* پیش‌بینی‌کننده

propagande /pRɔpagɑ̃d/ *nf* تبلیغ، تبلیغات

propagandiste /pRɔpagɑ̃dist/ *n, adj* مُبلغ

propagateur,trice /pRɔpagatœR,tRis/ *adj, n* مُبلغ، مروج

propagation /pRɔpagasjɔ̃/ *nf* ۱. تبلیغ، ترویج، اشاعه ۲. انتشار، گسترش، توسعه ۳. شیوع ۴. تولید مثل، تکثیر ۵. [فیزیک] انتشار

propagation de la lumière انتشار نور

propagation de l'incendie گسترش حریق، توسعهٔ حریق

propager /pRɔpaʒe/ *vt* (3) ۱. انتشار دادن، منتشر کردن، پخش کردن، رواج دادن ۲. تکثیر کردن

se propager *vp* ۱. منتشر شدن، گسترش یافتن ۲. رواج یافتن ۳. شیوع پیدا کردن ۴. تولید مثل کردن، زاد و ولد کردن

propane /pRɔpan/ *nm* (گاز) پروپان

propension /pRɔpɑ̃sjɔ̃/ *nf* گرایش، تمایل، میل

prophète,prophétesse /pRɔfɛt,pRɔfetɛs/ *n* ۱. پیامبر، پیغمبر، نبی ۲. پیشگو، غیبگو

prophétie /pRɔfesi/ *nf* ۱. پیامبری، نبوت ۲. پیشگویی

prophétique /pRɔfetik/ *adj* ۱. پیامبرانه، نبوی، (مربوط به) پیامبر ۲. پیشگویانه، ناظر به حوادث آینده

prophétiser /pRɔfetize/ *vt* (1) ۱. (از راه وحی) خبر دادن از ۲. پیشگویی کردن

prophylactique /pRɔfilaktik/ *adj* [بیماری] پیشگیری‌کننده، پیشگیرنده

prophylaxie /pRɔfilaksi/ *nf* [بیماری] پیشگیری

propice /pRɔpis/ *adj* ۱. مساعد، سازگار ۲. مناسب، مقتضی

proportion /pRɔpɔRsjɔ̃/ *nf* ۱. نسبت، تناسب ۲. [ریاضیات] تناسب ــ [صورت جمع] ۳. ابعاد، مقیاس

a = bas, plat e = blé, jouer ɛ = lait, jouet, merci i = il, lyre o = mot, dôme, eau, gauche ɔ = mort
u = roue y = rue ø = peu œ = peur ə = le, premier ɑ̃ = sans, vent ɛ̃ = matin, plein, lundi
ɔ̃ = bon, ombre ʃ = chat, tache ʒ = je, gilet j = yeux, paille, pied w = oui, nouer ɥ = huile, lui

à proportion به نسبت، نسبتاً
en proportion de به نسبتِ، متناسب با
proportionnalité / pRɔpɔRsjɔnalite / *nf* تناسب
proportionné,e / pRɔpɔRsjɔne / *adj,*
bien proportionné [اندام و غیره] متناسب
proportioné à متناسب با، به نسبتِ
proportionnel,elle / pRɔpɔRsjɔnɛl / *adj* ۱. متناسب ۲. نسبی
proportionnellement / pRɔpɔRsjɔnɛl-mɑ̃ / *adv* ۱. نسبتاً، به نسبت، به طور نسبی ۲. به همان نسبت
proportionner / pRɔpɔRsjɔne / *vt* (1) متناسب کردن
propos / pRɔpo / *nm* ۱. حرف، صحبت، گفته ۲. [ادبی] قصد، نیت
à propos ۱. بجا، به‌موقع ۲. [برای بیان سخنی که یکباره به ذهن خطور کند] راستی
à propos de دربارهٔ، در موردِ، راجع به
à tout propos هر لحظه، هر دَم، دَم‌به‌دَم
hors de propos/mal à propos نابجا، بیجا، بی‌موقع
proposable / pRɔpozabl / *adj* قابل پیشنهاد، قابل طرح
proposer / pRɔpoze / *vt* (1) ۱. پیشنهاد کردن، پیشنهاد دادن ۲. مطرح کردن
se proposer *vp* ۱. داوطلب شدن ۲. قصد داشتن، در نظر داشتن
proposition / pRɔpozisjɔ̃ / *nf* ۱. پیشنهاد ۲. [دستور زبان] تک‌جمله (= جملهٔ ساده که معمولاً دارای یک فعل است.)، جمله (ساده) ۳. [منطق، ریاضیات] قضیه، گزاره
propre[1] / pRɔpR / *adj* ۱. تمیز، پاک، پاکیزه ۲. صحیح، درست ۳. مناسب ۴. خاص، خاص خود، بخصوص ۵. خود ۶. درستکار، درست، شریف ۷. شرافتمندانه
sens propre معنی حقیقی

propre[2] / pRɔpR / *nm* ویژگی، خصوصیت
au propre در معنای حقیقی
en propre خاص خود، برای خود
proprement / pRɔpRəmɑ̃ / *adv* ۱. درست ۲. دقیقاً ۳. به ویژه، منحصراً ۴. به معنی واقعی کلمه ۵. تمیز ۶. شرافتمندانه
à proprement parler/proprement dit به معنی واقعی کلمه
propret,ette / pRɔpRɛ,ɛt / *adj* تر و تمیز، ترگل‌ورگل
propreté / pRɔpRəte / *nf* پاکیزگی، پاکی، تمیزی
propriétaire / pRɔpRijetɛR / *n* ۱. صاحب، مالک، دارنده ۲. زمین‌دار، مالک ۳. صاحبخانه
propriété / pRɔpRijete / *nf* ۱. مالکیت ۲. دارایی، مال، اموال ۳. مِلک ۴. خاصیت ۵. [کاربرد واژه، اصطلاح و غیره] درستی، دقت
proprio / pRɔpRi(j)o / *n* [خودمانی] صاب‌خونه
propulser / pRɔpylse / *vt* (1) ۱. به پیش راندن، به جلو راندن ۲. پرتاب کردن، پرت کردن
propulsion / pRɔpylsjɔ̃ / *nf* رانش، پیش‌رانش
prorata / pRɔRata / *nm. inv,* **au prorata de** متناسب با، به نسبتِ
prorogation / pRɔRɔgasjɔ̃ / *nf* ۱. تمدید مهلت ۲. تعویق
proroger / pRɔRɔʒe / *vt* (3) ۱. تمدید کردن ۲. به تعویق انداختن، به بعد موکول کردن
prosaïque / pRozaik / *adj* ۱. بی‌روح، خالی از لطف، یکنواخت ۲. پیش‌پاافتاده، معمولی ۳. منثور
prosaïsme / pRozaism / *nm* [ادبی] خالی از لطف بودن، یکنواختی
prosateur / pRozatœR / *nm* نثرنویس، نویسنده
proscription / pRɔskRipsjɔ̃ / *nf* ۱. تبعید ۲. [ادبی] ممنوعیت، منع
proscrire / pRɔskRiR / *vt* (39) ۱. تبعید کردن ۲. [ادبی] منع کردن، ممنوع کردن
proscrit,e / pRɔskRi,t / *adj, part. passé*

۱. تبعیدی، تبعیدشده ۲. ممنوعه ◙ ۳. [اسم مفعولِ فعلِ proscrire]

prose /pRoz/ *nf* نثر

prosélyte /pRozelit/ *n* نوآیین، نوکیش

prose poétique نثر شاعرانه

prosodie /pRɔzɔdi/ *nf* ۱. عروض ۲. [زبان‌شناسی] نوای گفتار

prosodique /pRɔzɔdik/ *adj* ۱. عروضی، (مربوط به) عروض ۲. [زبان‌شناسی] نواگفتاری

prospecter /pRɔspɛkte/ *vt* (1) ۱. (برای یافتن ذخایر معدنی) مورد مطالعه قرار دادن، دست به اکتشاف زدن ۲. بازاریابی کردن

prospectif,ive /pRɔspɛktif,iv/ *adj* (مربوط به) آینده

prospection /pRɔspɛksjɔ̃/ *nf* ۱. جستجوی ذخایر معدنی ۲. بازاریابی

prospective /pRɔspɛktiv/ *nf* آینده‌نگری، دورنگری

prospectus /pRɔspɛktys/ *nm* [برای معرفی نشریه، مؤسسه، هتل، ...] اعلان، تبلیغ، بروشور

prospère /pRɔspɛR/ *adj* ۱. پررونق، شکوفا ۲. خوش و خرم، شاداب ۳. موفق، کامیاب

prospérer /pRɔspeRe/ *vi* (6) ۱. موفق شدن، خوب از آب درآمدن، گرفتن ۲. رونق گرفتن، رونق یافتن

prospérité /pRɔspeRite/ *nf* ۱. رونق، شکوفایی ۲. کامیابی، سعادت، رفاه

prostate /pRɔstat/ *nf* پروستات

prostatique /pRɔstatik/ *adj, nm* ۱. (مربوط به) پروستات ◙ ۲. مبتلا به بیماری پروستات

prosternation /pRɔstɛRnasjɔ̃/ *nf* ۱. سجده ۲. کرنش

prosternement /pRɔstɛRnəmɑ̃/ *nm* → prosternation

prosterner (se) /s(ə)pRɔstɛRne/ *vp* (1) ۱. سجده کردن ۲. به پای (کسی) افتادن، کرنش کردن

prostituée /pRɔstitɥe/ *nf* فاحشه، روسپی

prostituer /pRɔstitɥe/ *vt* (1) ۱. فاحشه کردن، به فحشا کشاندن ۲. [ادبی] به ابتذال کشیدن، بی‌مقدار کردن

se prostituer *vp* ۱. تن به فاحشگی دادن، فاحشگی کردن، به فحشا رو آوردن ۲. خود را به ابتذال کشیدن، خود را فروختن

prostitution /pRɔstitysjɔ̃/ *nf* ۱. فاحشگی، روسپیگری، خودفروشی ۲. فحشا ۳. ابتذال

établissement/maison de prostitution فاحشه‌خانه، عشرتکده

prostration /pRɔstRasjɔ̃/ *nf* ۱. ازپاافتادگی، کوفتگی ۲. درماندگی ۳. [مذهبی] به خاک افتادن، سجده

prostré,e /pRɔstRe/ *adj* ۱. ازپاافتاده، کوفته ۲. درمانده

protagoniste /pRɔtagɔnist/ *n* ۱. بانی، سردمدار، عامل ۲. بازیگر نقش اصلی، قهرمان داستان

prote /pRɔt/ *nm* سرکارگر چاپخانه

protecteur,trice /pRɔtɛktœR,tRis/ *adj, n* حامی، پشتیبان، مدافع

protection /pRɔtɛksjɔ̃/ *nf* ۱. حمایت، پشتیبانی ۲. محافظت، حفاظت

protectionnisme /pRɔtɛksjɔnism/ *nm* حمایت از تولیدات داخلی

protectionniste /pRɔtɛksjɔnist/ *n, adj* ۱. طرفدار حمایت از تولیدات داخلی ◙ ۲. (مربوط به) حمایت از تولیدات داخلی

protectorat /pRɔtɛktɔRa/ *nm* ۱. تحت‌الحمایگی ۲. کشور تحت‌الحمایه

protée /pRɔte/ *nm* آدم دمدمی‌مزاج

protégé,e /pʀɔteʒe/ *n, adj* ۱. حفاظت‌شده ۲. فرد تحت‌الحمایه ☐ ۳. دست‌پرورده

protège-cahier /pʀɔtɛʒkaje/ *nm* جلد دفتر

protéger /pʀɔteʒe/ *vt* (6,3) ۱. حمایت کردن از، پشتیبانی کردن از، دفاع کردن از ۲. محافظت کردن از، حفاظت کردن از، حفظ کردن

protéger la vie de qqn از جان کسی محافظت کردن

protéger les faibles از ضعفا حمایت کردن

proteine /pʀɔtein/ *nf* پروتئین

protestant,e /pʀɔtɛstɑ̃,t/ *adj, n* پروتستان

protestantisme /pʀɔtɛstɑ̃tism/ *nm* ۱. مذهب پروتستان ۲. پروتستان‌ها

protestataire /pʀɔtɛstatɛʀ/ *adj, n* معترض، مخالف

protestation /pʀɔtɛstasjɔ̃/ *nf* ۱. اعتراض ۲. اظهار، ابراز ۳. [سفته، برات] واخواست (کردن)

protester /pʀɔtɛste/ *vi, vt* (1) ۱. اعتراض کردن ۲. اظهار کردن، تأکید کردن ☐ ۳. [سفته، برات] واخواست کردن

protêt /pʀɔtɛ/ *nm* [سفته، برات] واخواست

prothèse /pʀɔtɛz/ *nf* عضو مصنوعی، پروتز

prothèse oculaire چشم مصنوعی

protocolaire /pʀɔtɔkɔlɛʀ/ *adj* تشریفاتی، رسمی، مطابق آداب

protocole /pʀɔtɔkɔl/ *nm* ۱. مقاوله‌نامه، توافق‌نامه، پروتُکُل ۲. تشریفات، آداب

proton /pʀɔtɔ̃/ *nm* پروتون

protoplasme /pʀɔtɔplasm/ *nm* پروتوپلاسم

prototype /pʀɔtɔtip/ *nm* ۱. نخستین نمونه، نمونهٔ اصلی، الگوی اصلی ۲. [ادبی] نمونه، مدل

protozoaire /pʀɔtɔzɔɛʀ/ *nm* جاندار تک‌یاخته

protubérance /pʀɔtybeʀɑ̃s/ *nf* برجستگی، برآمدگی

protubérant,e /pʀɔtybeʀɑ̃,t/ *adj* برجسته، برآمده

prou /pʀu/ *adv,* **peu ou prou** [ادبی] کمابیش، بیش و کم

proue /pʀu/ *nf* جلوی کشتی

prouesse /pʀuɛs/ *nf* [ادبی] دلاوری، دلیری، رشادت، شجاعت

prouver /pʀuve/ *vt* (1) ۱. ثابت کردن، اثبات کردن، به اثبات رساندن ۲. نشان دادن ۳. حاکی از (چیزی) بودن

provenance /pʀɔvnɑ̃s/ *nf* ۱. مبدأ ۲. منشأ

provençal,e,aux¹ /pʀɔvɑ̃sal,o/ *adj* (مربوط به) پرووانس (= ناحیه‌ای در جنوب فرانسه)، پرووانسی

Provençal,e,aux² /pʀɔvɑ̃sal,o/ *n* اهل پرووانس، پرووانسی

provenir /pʀɔvniʀ/ *vi* (22) ۱. (از جایی) آمدن، رسیدن ۲. (از جایی یا چیزی) ناشی شدن، منشأ گرفتن ۳. به دست آمدن

proverbe /pʀɔvɛʀb/ *nm* ضرب‌المثل، مَثَل

proverbial,e,aux /pʀɔvɛʀbjal,o/ *adj* ۱. ضرب‌المثلی، (مربوط به) ضرب‌المثل ۲. زبانزد، انگشت‌نما، شهرهٔ خاص و عام

proverbialement /pʀɔvɛʀbjalmɑ̃/ *adv* به صورت ضرب‌المثل، در مثل

providence /pʀɔvidɑ̃s/ *nf* مشیت الهی، خواست خدا

providentiel,elle /pʀɔvidɑ̃sjɛl/ *adj* ۱. ناشی از مشیت الهی ۲. خوش، خیر، خدایی

providentiellement /pʀɔvidɑ̃sɛlmɑ̃/ *adv* ۱. بنابر مشیت الهی، به خواست خدا ۲. خواست خدا بود که، به یاری بخت

province /pʀɔvɛ̃s/ *nf* ۱. ایالت، استان ۲. شهرستان

provincial,e,aux /pʀɔvɛ̃sjal,o/ *adj* ۱. ایالتی، (مربوط به) استان ۲. شهرستانی، (مربوط به) شهرستان

avoir des manières provinciales [تحقیرآمیز] دهاتی بودن

la vie provinciale زندگی در شهرستان

proviseur /pRɔvizœR/ *nm* مدیر دبیرستان

provision /pRɔvizjɔ̃/ *nf* ۱. مایحتاج، آذوقه، خواربار ۲. خرید مایحتاج، خرید ۳. ذخیره ۴. پیش‌پرداخت

chèque sans provision چک بی‌محل

provisionnel,elle /pRɔvizjɔnɛl/ *adj* [حقوقی] موقت، موقتی

provisoire /pRɔvizwaR/ *adj* موقت، موقتی

à titre provisoire به طور موقت، موقتاً

provisoirement /pRɔvizwaRmɑ̃/ *adv* به طور موقت، موقتاً، عجالتاً

provocant,e /pRɔvɔkɑ̃,t/ *adj* ۱. تحریک‌کننده، تحریک‌آمیز ۲. شهوت‌انگیز

provocateur,trice /pRɔvɔkatœR,tRis/ *adj, n* آشوبگر، اخلالگر

provocation /pRɔvɔkasjɔ̃/ *nf* تحریک

provoquer /pRɔvɔke/ *vt* (1) ۱. تحریک کردن، برانگیختن، واداشتن ۲. عصبانی کردن، از کوره به‌در کردن ۳. ایجاد کردن، باعث (چیزی) شدن، موجب شدن

proxénète /pRɔksenɛt/ *n* دلال محبت، پانداز

proxénétisme /pRɔksenetism/ *nm* دلالی محبت، پااندازی

proximité /pRɔksimite/ *nf* نزدیکی، مجاورت

à proximité de نزدیکِ، در جوارِ

prude /pRyd/ *adj* جانمازآب‌کش، عفیف‌نما، عفت‌فروش، زاهدمآب

prudemment /pRydamɑ̃/ *adv* محتاطانه، با احتیاط، از روی احتیاط

prudence /pRydɑ̃s/ *nf* ۱. احتیاط ۲. دوراندیشی، سنجیدگی

prudent,e /pRydɑ̃,t/ *n, adj* ۱. محتاط ۲. دوراندیش، عاقل ◘ ۳. محتاطانه ۴. سنجیده، عاقلانه، حساب‌شده

pruderie /pRydRi/ *nf* [ادبی] عفت‌فروشی، زاهدمآبی

prud'homme /pRydɔm/ *nm* [حقوقی] عضو شورای کارگران و کارفرمایان

prune /pRyn/ *nf, adj. inv* ۱. آلو، گوجه ◘ ۲. بنفش تیره

pour des prunes [خودمانی] برای هیچ و پوچ، سرِ هیچ، بیخود

pruneau /pRyno/ *nm* ۱. آلو (خشک) ۲. [عامیانه؛ تفنگ] تیر، گوله

prunelle[1] /pRynɛl/ *nf* آلوچه

prunelle[2] /pRynɛl/ *nf* مردمک (چشم)

comme les prunelles de nos yeux [مجازی] مثل تخم چشممان

prunellier /pRynelje/ *nm* درخت آلوچه

prunier /pRynje/ *nm* درخت آلو، درخت گوجه

prurit /pRyRit/ *nm* ۱. [پزشکی] خارش ۲. [ادبی] وسوسه

P.S. /peɛs/ *nm* → post-scriptum

psalmodie /psalmɔdi/ *nf* ۱. زبورخوانی ۲. مزمورسرایی ۳. (عمل) یکریز گفتن، یکنواخت خواندن

psalmodier /psalmɔdje/ *vi, vt* (7) ۱. زبور خواندن ◘ ۲. یکریز گفتن، یکنواخت خواندن

psaume /psom/ *nm* ۱. مزمور (= سرود مذهبی در دین یهود و مسیحیت) ۲. مزامیر داود، زبور

psautier /psotje/ *nm* کتاب مزامیر

pseudonyme /psødɔnim/ *nm* نام مستعار

psitt! /psit/ *interj* هِی! آهای!

pst /pst/ *interj* → psitt

psychanalyse /psikanaliz/ *nf* روانکاوی

psychanalyser /psikanalize/ *vt* (1) روانکاوی کردن

psychanalyste /psikanalist/ *n* روانکاو

psychanalytique / psikanalitik / *adj* (مربوط به) روانکاوی، روانکاوانه
psyché[1] / psiʃe / *nf* آینهٔ قدی
psyché[2] / psiʃe / *nf* روان
psychédélique / psikedelik / *adj* توهم‌زا
psychiatre / psikjatʀ / *n* روان‌پزشک
psychiatrie / psikjatʀi / *nf* روان‌پزشکی
psychiatrique / psikjatʀik / *adj* ۱. (مربوط به) روان‌پزشکی ۲. روانی
hôpital psychiatrique آسایشگاه روانی
psychique / psiʃik / *adj* روانی
troubles psychiques اختلالات روانی، ناهنجاری‌های روانی
psychisme / psiʃism / *nm* نفسانیات، اعمال روانی
psychodrame / psikɔdʀam / *nm* درامِ روانی
psycholinguistique / psikɔlɛ̃gɥistik / *nf, adj* ۱. روان‌شناسی زبان ◻ ۲. (مربوط به) روان‌شناسی زبان
psychologie / psikɔlɔʒi / *nf* روان‌شناسی
psychologie des profondeurs روانکاوی
psychologique / psikɔlɔʒik / *adj* ۱. روان‌شناختی، (مربوط به) روان‌شناسی ۲. روانی
psychologiquement / psikɔlɔʒikmɑ̃ / *adv* از نظر روانی، به لحاظ روانی
psychologue / psikɔlɔg / *n, adj* روان‌شناس
psychométrie / psikɔmetʀi / *nf* روان‌سنجی
psychométrique / psikɔmetʀik / *adj* (مربوط به) روان‌سنجی
psychomoteur,trice / psikɔmɔtœʀ, tʀis / *adj* روان‌جنبشی، روانی-حرکتی
psychopathe / psikɔpat / *n* ۱. [روان‌شناسی] جامعه‌ستیز ۲. [قدیمی] بیمار روانی
psychose / psikoz / *nf* روان‌پریشی
psychosocial,e,aux / psikɔsɔsjal,o / *adj* روانی-اجتماعی

psychosociologie / psikɔsɔsjɔlɔʒi / *nf* روان‌شناسی اجتماعی
psychosomatiqe / psikɔsɔmatik / *adj* روان‌تنی
psychotechnicien,enne / psikɔtɛknisjɛ̃,ɛn / *n* روان‌شناس فنی، روان-کارشناس
psychotechnique / psikɔtɛknik / *nf* روان‌شناسی فنی، روان-کارشناسی
psychothérapeute / psikɔteʀapøt / *n* روان‌درمانگر
psychothérapie / psikɔteʀapi / *nf* روان‌درمانی
psychotique / psikɔtik / *adj, n* روان‌پریش
pu / py / *part. passé* [اسم مفعول فعلِ pouvoir]
puant,e / pɥɑ̃,t / *adj* ۱. بدبو ۲. پُرافاده، افاده‌ای، متکبر
puanteur / pɥɑ̃tœʀ / *nf* بوی بد، بوی گند، بوگند
pub / pyb / *nf* → publicité
pubère / pybɛʀ / *adj, n* [ادبی] بالغ (از نظر جنسی)
puberté / pybɛʀte / *nf* بلوغ (جنسی)
pubien,enne / pybjɛ̃,ɛn / *adj* شرمگاهی، زِهاری، (مربوط به) شرمگاه
pubis / pybis / *nm* شرمگاه، زِهار، عانه
public[1],ique / pyblik / *adj* ۱. همگانی، عمومی، عامه ۲. دولتی ۳. علنی
les pouvoirs publics مقامات دولتی
rendre puclic به اطلاع عموم رساندن
séance publique جلسهٔ علنی
public[2] / pyblik / *nm* ۱. مردم، عامهٔ مردم ۲. حُضار ۳. طرفداران
en public در أنظار، در حضور دیگران، در ملأ عام
publication / pyblikasjɔ̃ / *nf* ۱. انتشار، نشر ۲. اثر، نشریه، کتاب ۳. اعلام
publication des résultats d'un examen اعلام نتایج یک آزمون
publiciste / pyblisist / *n*

697 puissant,e

puérilement /pɥeʀilmɑ̃/ *adv* کودکانه، بچگانه، مثل بچه‌ها

puérilité /pɥeʀilite/ *nf* ۱. بچگی، بچه‌بازی، حالت کودکانه ۲. [ادبی] سخن کودکانه، رفتار کودکانه

puerpéral,e,aux /pɥɛʀpeʀal,o/ *adj* پس از زایمان

pugilat /pyʒila/ *nm* ۱. مشت‌زنی ۲. زد و خورد، کتک‌کاری

pugiliste /pyʒilist/ *nm* [ادبی] مشت‌زن

puîné,e /pɥine/ *adj* [قدیمی] کهتر، کوچک‌تر

puis /pɥi/ *adv* سپس، بعد، بعد از آن

et puis وانگهی، به‌علاوه، از این گذشته

puisard /pɥizaʀ/ *nm* چاه، چاهک

puisatier /pɥizatje/ *nm* چاه‌کن، مقنی

puiser /pɥize/ *vt* (1) ۱. [از چاه یا چشمه] (آب) برداشتن، کشیدن ۲. اقتباس کردن، گرفتن

puiser dan son sac/porte-monnaie از کیف خود پول درآوردن

puisque /pɥisk/ *conj* چون، چونکه، حالا که، از آنجا که

puissamment /pɥisamɑ̃/ *adv* ۱. با قدرت، نیرومندانه، مقتدرانه ۲. [خودمانی] بی‌اندازه، خیلی‌خیلی، حسابی

puissance /pɥisɑ̃s/ *nf* ۱. قدرت، توان، توانایی، نیرو ۲. اقتدار، سلطه، نفوذ، تأثیر ۳. [برق] قدرت ۴. [ریاضیات] توان، قوه، نما ۵. [سیاسی] قدرت

élever un nombre à la puissance deux عددی را به توان دو رساندن

les grandes puissances [سیاسی] قدرت‌های بزرگ

puissant,e /pɥisɑ̃,t/ *adj* ۱. قوی، نیرومند، مقتدر، قدرتمند، قادر، توانا ۲. [دارو] مؤثر، قوی ۳. [دلیل و غیره] محکم، قانع‌کننده، مستدل

۱. [قدیمی و ادبی] روزنامه‌نگار ۲. مسئول تبلیغات، تبلیغات‌چی

publicitaire /pyblisitɛʀ/ *adj* تبلیغاتی، (مربوط به) تبلیغات

publicité /pyblisite/ *nf* ۱. تبلیغات ۲. آگهی، تبلیغ ۳. جار و جنجال، هیاهو

publier /pyblije/ *vt* (7) ۱. منتشر کردن، انتشار دادن ۲. اعلام کردن، به اطلاع عموم رساندن

publiquement /pyblikmɑ̃/ *adv* در اَنظار، در ملأ عام، جلوی همه

puce /pys/ *nf* کک

pucelage /pyslaʒ/ *nm* [خودمانی] پرده (بکارت)

pucelle /pysɛl/ *nf, adj.f* [طنزآمیز] باکره، دختر (باکره)

puceron /pysʀɔ̃/ *nm* ۱. شته ۲. [خودمانی] بچه کوچولو

pudding /pydiŋ/ *nm* پودینگ (= نوعی دسر)

pudeur /pydœʀ/ *nf* ۱. شرم، حیا، حُجب ۲. عفت

pudibond,e /pydibɔ̃,d/ *adj* عفت‌فروش، جانمازآبکش، عفیف‌نما، زاهدمآب

pudibonderie /pydibɔ̃dʀi/ *nf* عفت‌فروشی، زاهدمآبی

pudicité /pydisite/ *nf* [ادبی] حُجب، حیا، شرم

pudique /pydik/ *adj* ۱. محجوب، باحیا ۲. محجوبانه، باحجب و حیا ۳. [لباس] پوشیده، سنگین

pudiquement /pydikmɑ̃/ *adv* با حجب و حیا، محجوبانه

puer /pɥe/ *vi, vt* (1) بوگند دادن، بوی بد دادن

puéricultrice /pɥeʀikyltʀis/ *nf* پرستار بچه

puériculture /pɥeʀikyltyʀ/ *nf* کودکیاری

puéril,e /pɥeʀil/ *adj* کودکانه، بچگانه

a = bas, plat e = blé, jouer ɛ = lait, jouet, merci i = il, lyre o = mot, dôme, eau, gauche ɔ = mort
u = roue y = rue ø = peu œ = peur ə = le, premier ɑ̃ = sans, vent ɛ̃ = matin, plein, lundi
ɔ̃ = bon, ombre ʃ = chat, tache ʒ = je, gilet j = yeux, paille, pied w = oui, nouer ɥ = huile, lui

puisse /pɥis/ *v* → pouvoir
puits /pɥi/ *nm* چاه
pull /pul;pyl/ *nm* → pull-over
pull-over /pulɔvœʀ;pylɔvɛʀ/ *nm* پولیور
pullulement /pylylmɑ̃/ *nm* تکثیر سریع
pulluler /pylyle/ *vi* (1) ۱. به سرعت تکثیر شدن ۲. پُر بودن، لول زدن، در هم لولیدن
pulmonaire /pylmɔnɛʀ/ *adj* ریوی
pulpe /pylp/ *nf* [میوه] گوشت
pulpe dentaire مغز دندان
pulpeux,euse /pylpø,øz/ *adj* گوشتالو، گوشت‌دار، گوشتی
pulsation /pylsasjɔ̃/ *nf* ۱. [قلب] تپش، ضربان ۲. [نبض] ضربان
pulsion /pylsjɔ̃/ *nf* [روان‌شناسی] سائق، میل
pulvérisateur /pylveʀizatœʀ/ *nm* ۱. افشانه، اسپری ۲. رنگ‌پاش، پیستوله
pulvérisation /pylveʀizasjɔ̃/ *nf* ۱. (عمل) ساییدن، به صورت گرد درآوردن ۲. (عمل) اسپری کردن
pulvériser /pylveʀize/ *vt* (1) ۱. ساییدن، آسیا کردن، به صورت گرد درآوردن ۲. اسپری کردن، (اسپری) زدن ۳. درهم شکستن، درهم کوبیدن، نابود کردن
pulvérulent,e /pylveʀylɑ̃,t/ *adj* به صورت گرد، گَردمانند، گَرد
puma /pyma/ *nm* پوما، شیر کوهی
punaise /pynɛz/ *nf* ۱. ساس ۲. پونز
punaiser /pyneze/ *vt* (1) [خودمانی] (با) پونز زدن
punique /pynik/ *adj* کارتاژی، (مربوط به) کارتاژ
punir /pyniʀ/ *vt* (2) ۱. تنبیه کردن ۲. مجازات کردن، به کیفر رساندن
être puni de ۱. محکوم شدن به ۲. سزای (کاری را) دیدن، چوب (عملی را) خوردن
punissable /pynisabl/ *adj* ۱. سزاوار تنبیه ۲. قابل مجازات، مستوجب کیفر ۳. مستوجب، سزاوار
punitif,ive /pynitif,iv/ *adj* تنبیهی
punition /pynisjɔ̃/ *nf* ۱. تنبیه ۲. مجازات، کیفر، جزا
pupillaire[1] /pypilɛʀ/ *adj* (مربوط به) صغیر
pupillaire[2] /pypilɛʀ/ *adj* (مربوط به) مردمک (چشم)
pupille[1] /pypil;pypij/ *n* [فرد] صغیر
pupilles de la Nation [در فرانسه] فرزندان شهدای جنگ
pupille[2] /pypil;pypij/ *nf* مردمک (چشم)
pupitre /pypitʀ/ *nm* میز تحریر، میز
pur,e /pyʀ/ *adj* ۱. خالص، ناب ۲. پاک ۳. محض ۴. [علم، تحقیق، ...] نظری
air pur هوای پاک
C'est la pure vérité. این حقیقت محض است.
purée /pyʀe/ *nf* [آشپزی] پوره
être dans la purée [خودمانی] در فقر و فلاکت بودن، آه در بساط نداشتن
purement /pyʀmɑ̃/ *adv* صرفاً، منحصراً
pureté /pyʀte/ *nf* ۱. خلوص ۲. پاکی
purgatif[1]**,ive** /pyʀgatif,iv/ *adj* مُلَیِّن
purgatif[2] /pyʀgatif/ *nm* مسهل
purgatoire /pyʀgatwaʀ/ *nm* برزخ
purge /pyʀʒ/ *nf* ۱. مسهل ۲. تصفیه، پاکسازی
purger /pyʀʒe/ *vt* (3) ۱. تخلیه کردن ۲. تصفیه کردن، پاکسازی کردن ۳. مسهل دادن به
purger une peine مجازات کشیدن، کیفر دیدن
purificateur,trice /pyʀifikatœʀ,tʀis/ *adj* تطهیرکننده
purification /pyʀifikasjɔ̃/ *nf* تطهیر، تزکیه، تنزیه
purificatoire /puʀifikatwaʀ/ *adj* تطهیرکننده، (ویژهٔ) تطهیر
purifier /puʀifje/ *vt* (7) ۱. تصفیه کردن، پالایش کردن ۲. [ادبی] از بدی پیراستن، اصلاح کردن ۳. تطهیر کردن، تزکیه کردن

purin /pyRɛ̃/ nm	کود مایع
purisme /pyRism/ nm	سره‌خواهی، بنیادگرایی زبانی
puriste /pyRist/ adj, n	سره‌خواه، بنیادگرای زبانی
puritain,e /pyRitɛ̃,ɛn/ n, adj	۱. (عضو فرقهٔ) پیوریتن، پیرایشگر، پاک‌دین ۲. وسواسی ۳. خشکه‌مقدس ⬛ ۴. خشکه‌مقدسانه
puritanisme /pyRitanism/ nm	[فرقهٔ پروتستان] پیوریتانیسم، پیرایشگری، پاک‌دینی
purotin /pyRɔtɛ̃/ nm	[عامیانه] آدم بی‌پول، آدم بی‌چیز
pur-sang /pyRsɑ̃/ nm. inv	اسب نژاد خالص، اسب اصیل
purulence /pyRylɑ̃s/ nf	۱. چرک‌آلودگی، چرکی بودن ۲. [مجازی؛ ادبی] فساد، تباهی
purulent,e /pyRylɑ̃,t/ adj	۱. چرکی، چرکین ۲. [مجازی؛ ادبی] فاسد، تباه
pus /py/ nm	[زخم و غیره] چرک
pusillanime /pyzilanim/ adj	[ادبی] جَبون، ترسو، کم‌جرئت
pusillanimité /pyzilanimite/ nf	[ادبی] جُبن، ترس
pustule /pystyl/ nf	پوستول، تاول چرکی
pustuleux,euse /pystylø,øz/ adj	پوستولی، تاولی
putain /pytɛ̃/ nf, interj	۱. [رکیک] جنده ۲. (زن) هرزه ⬛ ۳. [به نشانهٔ خشم و شگفتی] آه!
enfant/fils de putain	مادرجنده
putain de...	... کوفتی، ... لعنتی
pute /pyt/ nf	۱. [رکیک] جنده ۲. (زن) هرزه
putréfaction /pytRefaksjɔ̃/ nf	گندیدگی، فساد، خرابی
putréfiable /pytRefjabl/ adj	فاسدشدنی، خراب‌شدنی
putréfier /pytRefje/ vt (7)	گنداندن، فاسد کردن، خراب کردن
se putréfier vp	گندیدن، فاسد شدن، خراب شدن
putrescent,e /pytResɑ̃,t/ adj	در شرف گندیدن، رو به خرابی
putrescibilité /pytResibilite/ nf	فسادپذیری
putrescible /pytResibl/ adj	فاسدشدنی
putride /pytRid/ adj	گندیده، متعفن، فاسد
odeur putride	بوی گند، بوگند، بوی تعفن
putsch /pytʃ/ nm	کودتای نظامی
putschiste /pytʃist/ nm	کودتاچی
puzzle /pœzl/ nm	۱. پازل ۲. [مجازی] معما
pygmée /pigme/ nf	۱. پیگمه (= فردی از نژاد کوتاه‌قدان افریقا و خاور دور) ۲. [ادبی] گورزاد، کوتوله
pyjama /piʒama/ nm	لباس خانه، پیژامه
pylône /pilon/ nm	[برق و غیره] دکل
pylore /pilɔR/ nm	باب‌المعده
pylorique /pilɔRik/ adj	باب‌المعدی، (مربوط به) باب‌المعده
pyogène /pjɔʒɛn/ adj	چرک‌زا، مولد چرک
pyorrhée /pjɔRe/ nf	[پزشکی] پیوره
pyramidal,e,aux /piRamidal,o/ adj	هرمی، هرمی‌شکل، هرم‌مانند
pyramide /piRamid/ nf	۱. هِرم ۲. تَل، کپه
pyrex /piRɛks/ nm	[شیشه] پیرکس
pyrogène /piRɔʒɛn/ adj	[پزشکی] تب‌زا
pyromane /piRɔman/ n	بیمار آتش‌افروز
pyromanie /piRɔmani/ nf	جنون آتش‌افروزی
pyrotechnie /piRɔtɛkni/ nf	۱. (فن) آتش‌بازی ۲. ساخت وسایل آتش‌بازی
pythagoricien,enne /pitagɔRisjɛ̃,ɛn/ n, adj	فیثاغورثی، فیثاغورث‌گرا
python /pitɔ̃/ nm	اژدرمار
pythonisse /pitɔnis/ nf	[ادبی یا طنزآمیز] زن پیشگو، زن غیبگو

Q,q

Q,q /ky/ *nm, inv* (= هفدمین حرف الفبای فرانسه که معادل آوایی آن در زبان فارسی وجود ندارد.)

qu' /k/ *pron. rel, pron. interr, adv. exclam, conj* → que

quadragénaire /kwadʀaʒenɛʀ/ *adj, n* ۱. چهل پنجاه‌ساله ▣ ۲. آدم چهل پنجاه‌ساله

quadrangulaire /kwadʀɑ̃gylɛʀ/ *adj* چهارگوش

quadrant /k(w)adʀɑ̃/ *nm* ربع دایره

quadrature /kwadʀatyʀ/ *nf* [اخترشناسی، هندسه] تربیع

quadrichomie /k(w)adʀikʀɔmi/ *nf* چاپ چهاررنگ

quadriennal,e,aux/kwadʀijenal,o/ *adj* ۱. چهارساله ۲. چهار سال یک‌بار

quadrilatère /k(w)adʀilatɛʀ/ *nm* چهارضلعی

quadrillage /kadʀijaʒ/ *nm* ۱. چهارخانه ۲. [استقرار نیروی نظامی یا انتظامی] تفتیش، تجسس

quadriller /kadʀije/ *vt* (1) ۱. چهارخانه کردن، شطرنجی کردن ۲. [استقرار نیروی نظامی یا انتظامی] تفتیش کردن، تجسس کردن

quadrimoteur /k(w)adʀimɔtœʀ/ *adj, nm* ۱. چهارموتوره ▣ ۲. هواپیمای چهارموتوره

quadriparti,e /k(w)adʀipaʀti/ *adj* ۱. چهارجانبه، چهارطرفه ۲. چهارقسمتی، چهار-بخشی

quadrisyllabe /kwadʀisilab/ *nm* ۱. واژهٔ چهارهجایی ۲. مصرع چهارهجایی

quadrisyllabique /kwadʀisilabik/ *adj* چهارهجایی

quadrumane /k(w)adʀyman/ *adj, n* چهاردست

quadrupède /k(w)adʀypɛd/ *adj, n* چهارپا

quadruple /k(w)adʀypl/ *adj, nm* چهار برابر

quadrupler /k(w)adʀyple/ *vt, vi* (1) ۱. چهار برابر کردن ▣ ۲. چهار برابر شدن

quadruplés,ées /k(w)adʀyple/ *n. pl* چهارقلو

quai /ke/ *nm* ۱. بارانداز، اسکله ۲. [کنار رود، کنار خط آهن، ...] سکو

qualifiable /kalifjabl/ *adj* قابل وصف، وصف‌شدنی

qualificatif,ive /kalifikatif,iv/ *adj* [دستور زبان] وصفی، توصیفی

qualification /kalifikasjɔ̃/ *nf* ۱. وصف، توصیف ۲. صلاحیت، شایستگی

qualifié,e /kalifje/ *adj* صاحب صلاحیت، واجد شرایط

ouvrier qualifié کارگر متخصص

vol qualifié دزدی با آزار و تخریب

qualifier /kalifje/ *vt* (1) ۱. توصیف کردن ۲. واجد شرایط کردن

quatorizème

se qualifier /vp/ واجد شرایط شدن، صلاحیت پیدا کردن

qualitatif, ive /kalitatif,iv/ adj کیفی

qualitativement /kalitativmã/ adv از نظر کیفی، به لحاظ کیفی

qualité /kalite/ nf ۱. کیفیت ۲. صفت، ویژگی، خصوصیت ۳. فضیلت ۴. قابلیت ۵. وضعیت (اجتماعی، مدنی یا حقوقی)

de qualité ۱. عالی ۲. اعلا، ممتاز، مرغوب

en sa qualité de به عنوانِ، به منزلهٔ، در مقامِ

quand /kã/ adv, conj ۱. چه وقت، چه موقع، کِی ۲. وقتی که، هنگامی که، موقعی که، زمانی که

quand bien même حتی اگر هم، ولو اینکه

quand même با وجود این، با این حال، با این همه

quanta /kwãta/ nm. pl [فیزیک] کوانتوم‌ها

quant à /kãta/ loc. prép دربارهٔ، در موردِ، راجع به، در خصوصِ

quant à moi در مورد من، و اما من، تا جایی که به من مربوط می‌شود

quant-à-soi /kãtaswa/ nm. inv توداری

quantième /kãtjɛm/ nm [ادبی] چندم (ماه)، روز

quantique /k(w)ãtik/ adj کوانتومی، (مربوط به) کوانتوم

quantitatif, ive /kãtitatif,iv/ adj کمّی

quantitativement /kãtitativmã/ adv از نظر کمّی، به لحاظ کمّی

quantité /kãtite/ nf کمیت، مقدار

en quantité به مقدار زیاد، زیاد، خیلی

une quantité de مقدار زیادی، تعداد زیادی

quantum /kwãtɔm/ nm ۱. [حقوق اداری] مقدار، مبلغ ۲. [فیزیک] کوانتوم ۳. [فلسفه] مقدار (معین)

quarataine /kaRãtɛn/ nf ۱. در حدود چهل،

چهل‌تایی ۲. در حدود چهل سال، حدود چهل‌ـ سالگی ۳. قرنطینه

mettre/laisser en quarantaine قرنطینه کردن، در قرنطینه نگه‌داشتن

quarante /kaRãt/ adj. num, nm. inv ۱. چهل ▫ ۲. عدد چهل، شمارهٔ چهل، چهل

quarantième /kaRãtjɛm/ adj. ord, n ۱. چهلم، چهلمین ▫ ۲. یک‌چهلم

quart /kaR/ nm ۱. یک‌چهارم، چارک ۲. ربع (ساعت) ۳. بطری یک‌چهارم لیتری

les trois quarts سه‌چهارم

quarteron /kaRtəRɔ̃/ nm [تحقیرآمیز] عدهٔ کم، یک مشت

quartette /kaRtɛt/ nm [موسیقی جاز] کوارتت (= گروه چهار نفری نوازندگان)

quartier /kaRtje/ nm ۱. یک‌چهارم ۲. تکه ۳. محله ۴. بخش، ناحیه، منطقه ۵. تربیع

quartier général مرکز فرماندهی، ستاد

quartier-maitre /kaRtjemɛtR/ nm [دریانوردی] مهناوی یکم

quarto /kwaRto/ adv چهارم اینکه، رابعاً

quartz /kwaRts/ nm دُرّ کوهی، کوارتز

quasi /kazi/ nm گوشت بالای ران گاو

quasi /kazi/ adv ۱. تقریباً ۲. [در ترکیب] شبهـ، نماـ، ـمانند، نیمهـ

quasi-délit شبه‌جرم

quasiment /kazimã/ adv تقریباً، تا حدی، تا حدودی

quaternaire /kwatɛRnɛR/ adj چهارعنصری

ère quaternaire دوران چهارم

quatorze /katɔRz/ adj. num, nm. inv ۱. چهارده ۲. چهاردهم ▫ ۳. عدد چهارده، شمارهٔ چهارده، چهارده

quatorizème /katɔRzjɛm/ adj. ord, n

۱. چهاردهم، چهاردهمین ▣ ۲. چهاردهمی ۳. یک‌چهاردهم

quatorizèmement /katɔʀzjɛmmɑ̃/ *adv* چهاردهم آنکه

quatrain /katʀɛ̃/ *nm* شعرچهارمصرعی، دوبیتی، رباعی

quatre /katʀ/ *adj. num, nm. inv* ۱. چهار ۲. چهارم ▣ ۳. عدد چهار، شمارهٔ چهار، چهار

manger comme quatre به اندازهٔ چند نفر خوردن، خیلی خوردن

quatre-saisons /kat(ʀə)sɛzɔ̃/ *nf. inv,*

marchand,e de(s) quatre saisons میوه‌فروش دوره‌گرد، سبزی‌فروش دوره‌گرد

quatre-vingt-dix /katʀəvɛ̃dis/ *adj. num, nm. inv* ۱. نود ▣ ۲. عدد نود، شمارهٔ نود، نود

quatre-vingt-dixième /katʀəvɛ̃dizjɛm/ *adj. ord, n* ۱. نودم، نودمین ▣ ۲. یک‌نودم

quatre-vingtième /katʀəvɛ̃tjɛm/ *adj. ord, n* ۱. هشتادم، هشتادمین ▣ ۲. یک‌هشتادم

quatre-vingt(s) /katʀəvɛ̃/ *adj. num, nm. inv* ۱. هشتاد ▣ ۲. عدد هشتاد، شمارهٔ هشتاد، هشتاد

quatrième /katʀijɛm/ *adj. ord, n* ۱. چهارم، چهارمین ▣ ۲. یک‌چهارم

quatrièmement /katʀijɛmmɑ̃/ *adv* چهارم آنکه، رابعاً

que[1] /k(ə)/ *pron. rel, pron. interr* ۱. که ▣ ۲. چه، چی

la femme que j'aime زنی که دوستش دارم

Que faire? چه (کار) باید کرد؟

Qu'est-ce que/qui چه، چی

Qu'est-ce que c'est (que ça/cela)? این چیست؟ این چیه؟

que[2] /k(ə)/ *adv. interr, adv. exclam* ۱. چه ۲. چرا ▣ ۳. چه، چقدر، عجب

Que m'importe son opinion? عقیدهٔ او برایم چه اهمیتی دارد؟ نظر او برایم مهم نیست.

Que ne dites-vous la vérité? پس چرا حقیقت را نمی‌گویید؟

Qu'il fait beau! چه هوای خوبی است! عجب هوای خوبی!

que[3] /k(ə)/ *conj* ۱. که ۲. کاش، کاشکی

Il m'a dit que... او به من گفت که...

Que le Seigneur ait pitié de lui! [دعا] (باشد که) پروردگار بر او رحمت آورد! خدا به او رحم کند!

Qu'il entre! [آمرانه] (می‌خواهم که) بیاید تو! داخل شود!

ne...que فقط، تنها

Je n'aime que toi. فقط تو را دوست دارم. جز تو کسی را دوست ندارم.

plus...que بیشتر از، [در ترکیب] ـتر از

Il est plus jeune que moi. او جوان‌تر از من است.

québécois,e[1] /kebekwa,z/ *adj* (مربوط به) کِبِک، (= ایالت فرانسوی‌زبان کانادا)، کِبِکی

Québécois,e[2] /kebekwa,z/ *n* اهل کِبِک، کِبِکی

quel,quelle /kɛl/ *adj. inter, pron. interr, adj. exclam* ۱. چه ۲. کدام ۳. چه کسی، کی، که ▣ ۴. کدام، کدامیک ▣ ۵. چه، عجب

Quelle jolie maison! چه خانهٔ زیبایی! عجب خانهٔ زیبایی!

quel qu'il soit هر چه باشد، هر کدام که باشد

quelconque /kɛlkɔ̃k/ *adj. indéf* ۱. هر، هر... که باشد ۲. معمولی، پیش‌پاافتاده

pour une raison quelconque به هر دلیلی که باشد

quelque /kɛlk(ə)/ *adj, adv* ۱. [بیانگر ابهام] یک، ـی ۲. کمی — [صورت جمع] ۳. چند ۴. بعضی ▣ ۵. (در) حدودِ

quelque chose چیزی، یک چیز

quelque part جایی، یک جا

quelque...que ۱. هر... که ۲. هر قدر (هم) که، هر چقدر (هم که)

quincaillerie

quelquefois /kɛlkəfwa/ *adv* گاهی،
بعضی وقت‌ها، گه گاه
quelqu'un,e /kɛlkɛ̃,yn/ *pron. indéf*
۱. یک نفر، کسی، یکی ۲. آدم مهم، کسی —
[صورت جمع] ۳. بعضی، برخی، عده‌ای، بعضی‌ها
C'est quelqu'un! آدم مهمی است!
برای خود کسی است!
quémander /kemɑ̃de/ *vt* (1) ۱. گدایی کردن
۲. التماس کردن برای
quémandeur,euse /kemɑ̃dœʀ,øz/ *n, adj*
۱. گدا ▫ ۲. ملتمسانه
qu'en-dira-t-on /kɑ̃diʀatɔ̃/ *nm. inv*
حرف مردم، شایعه
quenotte /kənɔt/ *nf* [خودمانی] دندان بچه
quenouille /kənuj/ *nf* [ریسندگی] فَرموک
querelle /kəʀɛl/ *nf* دعوا، مشاجره، نزاع،
کشمکش
quereller /kəʀele/ *vt* (1) ۱. [ادبی] پرخاش
کردن به، سرزنش کردن، ایراد گرفتن به ۲. [قدیمی]
دعوا کردن با، نزاع کردن با، کشمکش کردن با
se quereller *vp* با هم دعوا کردن، با هم نزاع
کردن
querelleur,euse /kəʀelœʀ,øz/ *adj, n*
ستیزه‌جو، پرخاشجو
quérir /keʀiʀ/ *vt,* **aller quérir**
(به) دنبال (کسی) گشتن، دنبال (کسی یا چیزی) رفتن
question /kɛstjɔ̃/ *nf* ۱. پرسش، سؤال
۲. مسئله، موضوع ۳. [قدیمی] استنطاق
mettre en question (به) زیر سؤال بردن
questionnaire /kɛstjɔnɛʀ/ *nm* پرسش‌نامه
questionner /kɛstjɔne/ *vt* (1) پرسیدن،
سؤال کردن
quête /kɛt/ *nf* ۱. جمع‌آوری اعانه ۲. [قدیمی]
جستجو، کاوش
quêter /kete/ *vi, vt* (1) ۱. اعانه جمع کردن

▫ ۲. [ادبی] درخواست کردن، طلب کردن
quêteur,euse /kɛtœʀ,øz/ *n* ۱. جوینده،
[در ترکیب] ـجو ۲. مأمور جمع‌آوری اعانه
quetsche /kwɛtʃ/ *nf* آلوسیاه
queue[1] /kø/ *nf* ۱. دُم ۲. دنباله ۳. آخر، ته
۴. صف ۵. [رکیک] کیر
à la queue به صف
à la queue leu leu پشت سر هم
faire la queue صف بستن، صف کشیدن
queue de cheval ۱. دم اسب ۲. [مدل مو]
دم اسبی
queux[2] /kø/ *nm,* **maître queux**
[قدیمی] آشپزباشی
qui /ki/ *pron. rel, pron. interr* ۱. که ۲. آنکه،
کسی که ۳. کسی را که، هر کس را که ▫ ۴. چه
کسی، کی، که
Embrassez qui vous voudrez. هرکس را که
می‌خواهید ببوسید.
qui que ce soit هر کس که باشد، هر کس
quiconque /kikɔ̃k/ *pron. rel, pron. indéf*
هر کس (که)، هر که
quidam /kɥidam/ *nm* [طنزآمیز] فلانی، یارو
quiet,quiète /kjɛ,kjɛt/ *adj* [قدیمی] آرام،
آسوده
quiétisme /k(ɥi)jetism/ *nm* [عرفان] توکل،
رضا
quiétude /k(ɥi)jetyd/ *nf* آرامش، آسودگی
quignon /kiɲɔ̃/ *nm,* **quignon de pain**
تکۀ بزرگ نان
quille[1] /kij/ *nf* [عامیانه] تمام شدن خدمت
سربازی
quille[2] /kij/ *nf* ۱. [دربازی اسکیتلز] میلۀ
چوبی ۲. [خودمانی] لنگ
jeu de quille اسکیتلز (= نوعی بازی شبیهِ بولینگ)
quincaillerie /kɛ̃kajʀi/ *nf* ۱. لوازم فلزی،

quincailler,ère 704

ابزار و یراق، ابزارآلات ۲. فروشگاه لوازم فلزی، ابزار و یراق‌فروشی

quincaillerie d'outillage ابزار و یراق

quincailler,ère /kɛ̃kaje,ɛʀ/ *n* فروشندهٔ لوازم فلزی، ابزار و یراق‌فروش

quinconce /kɛ̃kɔ̃s/ *nm,* **en quinconce** (به صورتِ) چهار تا در اطراف و یکی در وسط

quinine /kinin/ *nf* گنه‌گنه

quinquagénaire /k(ɥ)ɛ̃k(w)aʒenɛʀ/ *adj, n* ۱. پنجاه‌شصت‌ساله ▣ ۲. آدم‌پنجاه‌شصت‌ساله

quinquennal,e,aux /k(ɥ)ɛ̃k(ɥ)enal,o/ *adj* ۱. پنج‌ساله ۲. پنج سال یک‌بار

quinquennat /k(ɥ)ɛ̃k(ɥ)ena/ *nm* دورهٔ پنج‌ساله

quinquet /kɛ̃kɛ/ *nm* ۱. پیه‌سوز ۲. [خودمانی] چشم، چشم و چار

quintal /kɛ̃tal/ *nm* کَنتال (= صد کیلوگرم)

quinte[1] /kɛ̃t/ *nf* [ورق‌بازی] پنج ورق همرنگ

quinte[2] /kɛ̃t/ *nf,* **quinte (de toux)** سرفه‌های شدید، سرفه‌های پی‌درپی

quintessence /kɛ̃tesɑ̃s/ *nf* زبده، چکیده، لُب، اصل

quintette[1] /k(y)ɛ̃tɛt/ *nm* کوئینتِت (= ۱. قطعهٔ موسیقی برای پنج‌ساز ۲. گروه پنج‌نفرهٔ نوازندگان)

quintuple /kɛ̃typl/ *adj, n* ۱. پنج برابر ۲. پنج‌تایی

quintupler /kɛ̃typle/ *vt* (1) ۱. پنج برابر کردن ▣ ۲. پنج برابر شدن

quintuplés,ées /kɛ̃typle/ *n. pl* پنج‌قلو

quinzaine /kɛ̃zɛn/ *nf* ۱. در حدود پانزده، پانزده، پانزده‌تایی ۲. دو هفته

quinze /kɛ̃z/ *adj. num, nm. inv* ۱. پانزده ▣ ۲. (عدد) پانزده ۳. شمارهٔ پانزده ۴. [راگبی] تیم پانزده‌نفره

quinzièm /kɛ̃zjɛm/ *adj. ord, n* ۱. پانزدهم، پانزدهمین ▣ ۲. یک‌پانزدهم

quinzièmement /kɛ̃zjɛmmɑ̃/ *adv* پانزدهم آنکه

quiproquo /kipʀɔko/ *nm* عوضی گرفتن، اشتباه

quittance /kitɑ̃s/ *nf* رسید، قبض رسید

quittancer /kitɑ̃se/ *vt* (3) [حسابداری، حقوقی] رسید دادن

quitte /kit/ *adj* ۱. بی‌حساب ۲. خلاص، رها

Amusons-nous, quitte à la regretter plus tard. خوش بگذرانیم، حتی اگر پشیمان شویم.

être quitte envers qqn با کسی بی‌حساب بودن

tenir quitte معاف کردن

quitter /kite/ *vt* (1) ۱. ترک کردن، از پیش (کسی) رفتن، جدا شدن ۲. (از جایی) رفتن، بیرون رفتن ۳. رها کردن، ول کردن، دست کشیدن از

se quitter *vp* همدیگر را ترک کردن، از هم جدا شدن

qui-vive /kiviv/ *loc. interj, nm* [نظامی] (آنجا) کیست؟

sur le qui-vive مراقب، مواظب

être sur le qui-vive ۱. [نظامی] (در حالتِ) آماده‌باش بودن ۲. [مجازی] گوش‌بزنگ بودن

quoi /kwa/ *pron. rel, pron. interr, interj* ۱. آنچه که، چیزی که ▣ ۲. چه، چی ▣ ۳. چی! عجب! ۴. [خودمانی] خلاصه

À quoi penses-tu? به چه (چیز) فکر می‌کنی؟

Il n'a pas de quoi vivre. او (از نظر مایحتاج زندگی) در مضیقه است.

Il n'y a pas de quoi. [در جواب تشکر] کاری نکردم.

la chose à quoi tu penses چیزی که به آن فکر می‌کنی، آنچه بدان می‌اندیشی

quoi que هر چه که، هر چی

quoi qu'il en soit به هر حال، هر چه باشد

sans quoi وگرنه، والاّ

quoique /kwak(ə)/ *conj* هر چند که، با وجود آنکه، با آنکه

quolibet /kɔlibɛ/ *nm* [ادبی] تمسخر، طعنه، گوشه و کنایه

quorum /k(w)ɔʀɔm/ *nm* حد نصاب

quota /k(w)ɔta/ *nm* [اداری] سهمیه، درصد

quote-part /kɔtpaʀ/ *nm* سهم، دانگ

quotidien[1],enne /kɔtidjɛ̃,ɛn/ *adj* روزانه، روزمره، هرروزه

quotidien[2] /kɔtidjɛ̃/ *nm* روزنامه

quotidiennement /kɔtidjɛnmɑ̃/ *adv* هر روز

quotient /kɔsjɑ̃/ *nm* [ریاضیات] خارج قسمت، بهر

quotient intellectuel/mental بهرهٔ هوشی، ضریب هوشی، هوش‌بهر

quotité /kɔtite/ *nf* [حقوقی] سهم

a = bas, plat e = blé, jouer ɛ = lait, jouet, merci i = il, lyre o = mot, dôme, eau, gauche ɔ = mort
u = roue y = rue ø = peu œ = peur ə = le, premier ɑ̃ = sans, vent ɛ̃ = matin, plein, lundi
ɔ̃ = bon, ombre ʃ = chat, tache ʒ = je, gilet j = yeux, paille, pied w = oui, nouer ɥ = huile, lui

R,r

R;r /ɛʀ/ *nm. inv* اِر (= هیجدهمین حرف الفبای فرانسه)

rab /ʀab/ *nm* → rabiot

rabâchage /ʀabaʃaʒ/ *nm* ۱. تکرار مِکررات ۲. [درس] مرور مداوم

rabâcher /ʀabaʃe/ *vt, vi* (1) ۱. مدام تکرار کردن، بارها و بارها گفتن ۲. [درس] بارها مرور کردن

rabais /ʀabɛ/ *nm* [قیمت] تخفیف

obtenir un rabais تخفیف گرفتن

rabaisser /ʀabese/ *vt* (1) پایین آوردن، تنزل دادن، کوچک کردن

se rabaisser *vp* خود را کوچک کردن، ارزش خود را پایین آوردن

rabat /ʀaba/ *nm* [لباس وکلا و کشیشان] دستمال‌گردن

rabat de poche برگردان جیب

rabat-joie /ʀabaʒwa/ *nm. inv* آئینهٔ دِق

rabattage /ʀabataʒ/ *nm* راندن شکار (به طرف شکارچیان)

rabattre /ʀabatʀ/ *vt* (41) ۱. (قسمتی از چیزی را) زدن، کم کردن ۲. [درِ ظرف، کاپوت، ...] پایین انداختن، خواباندن، گذاشتن ۳. (در چیزی را) گذاشتن ۴. [شکار] به طرف شکارچیان راندن

se rabattre *vp* ۱. (از مسیر خود) منحرف شدن ۲. راضی شدن (به)، رضایت دادن

rabbin /ʀabɛ̃/ *nm* خاخام (= پیشوای روحانی یهودیان)

rabbinique /ʀabinik/ *adj* خاخامی، (مربوط به) خاخام‌ها

rabibochage /ʀabibɔʃaʒ/ *nm* ۱. تعمیر موقت ۲. (عمل) آشتی دادن

rabibocher /ʀabibɔʃe/ *vt* (1) ۱. [خودمانی] موقتاً درست کردن، یک‌جوری درست کردن ۲. [خودمانی] آشتی دادن

se rabibocher *vp* (با هم) آشتی کردن

rabiot /ʀabjo/ *nm* ۱. [خودمانی] اضافی ۲. [سربازی] اضافه‌خدمت ۳. اضافه‌کار

rabioter /ʀabjɔte/ *vi, vt* (1) ۱. [خودمانی] زیادی برداشتن، زیاد گرفتن ▣ ۲. [خودمانی] (روی جنسی) کشیدن

rabique /ʀabik/ *adj* (مربوط به) هاری

râble /ʀabl/ *nm* [برخی جانوران] برآمدگی پشت

râblé,e /ʀable/ *adj* تنومند، گردن‌کلفت

rabot /ʀabo/ *nm* [نجاری] رنده

rabotage /ʀabɔtaʒ/ *nm* [نجاری] رنده‌کشی، رنده زدن، رنده کردن

raboter /ʀabɔte/ *vt* (1) [نجاری] رنده کشیدن، رنده زدن، رنده کردن

raboteux,euse /ʀabɔtø,øz/ *adj* ناصاف، ناهموار

racheter

rabougri,e /ʀabugʀi/ *adj* ۱. [گیاهان] رشدنکرده ۲. نزار، تکیده

rabougrir /ʀabugʀiʀ/ *vt* (2) [نادر] از رشد بازداشتن

se rabougrir *vp* از رشد بازایستادن، رشد نکردن

rabougrissement /ʀabugʀismɑ̃/ *nm* ۱. بازایستادن از رشد، عدم رشد ۲. تکیدگی، نزاری

rabrouement /ʀabʀumɑ̃/ *nm* [ادبی] تندی، درشتی

rabrouer /ʀabʀue/ *vt* (1) [ادبی] تندی کردن با، درشتی کردن با

racaille /ʀakaj/ *nf* اراذل، اوباش

raccommodable /ʀakɔmɔdabl/ *adj* قابل رفو، قابل تعمیر

raccommodage /ʀakɔmɔdaʒ/ *nm* رفو، تعمیر

raccommodement /ʀakɔmɔdmɑ̃/ *nm* [خودمانی] آشتی

raccommoder /ʀakɔmɔde/ *vt* (1) ۱. رفو کردن، تعمیر کردن ۲. [خودمانی] آشتی دادن

se raccommoder *vp* (با هم) آشتی کردن

raccommodeur,euse /ʀakɔmɔdœʀ, øz/ *n* رفوگر

raccommodeur de faïence چینی‌بندزن

raccompagner /ʀakɔ̃paɲe/ *vt* (1) (در بازگشت) بدرقه کردن، همراهی کردن

raccord /ʀakɔʀ/ *nm* ۱. [معماری] بندکشی ۲. [فنی] اتصال، بست

raccordement /ʀakɔʀdəmɑ̃/ *nm* [فنی] اتصال، ارتباط

raccorder /ʀakɔʀde/ *vt* (1) (به هم) وصل کردن، مرتبط کردن

raccorder deux tuyaux دو لوله را به هم وصل کردن

se raccorder *vp* ۱. متصل شدن، وصل شدن ۲. ربط داشتن، ارتباط داشتن

raccourci /ʀakuʀsi/ *nm* ۱. (راه) میان‌بُر ۲. ایجاز ۳. [نقاشی] کوتاه‌نمایی (اجزاء تصویر)

en raccourci به اختصار، به طور خلاصه

raccourcir /ʀakuʀsiʀ/ *vt, vi* (2) ۱. کوتاه کردن ۲. خلاصه کردن ▣ ۳. کوتاه شدن ۴. آب رفتن

raccourcir sa barbe ریش خود را کوتاه کردن

raccourcissement /ʀakuʀsismɑ̃/ *nm* کوتاهی، کوتاه بودن، کوتاه شدن

raccroc /ʀakʀo/ *nm*, **par raccroc** از روی شانس، شانسی، الله‌بختکی

raccrochage /ʀakʀɔʃaʒ/ *nm* [فروشندۀ دوره‌گرد و غیره] سر راه (کسی) قرار گرفتن، جلب مشتری

raccrocher /ʀakʀɔʃe/ *vt* (1) ۱. دوباره آویزان کردن ۲. (گوشی تلفن را) گذاشتن ۳. [فروشندۀ دوره‌گرد و غیره] سر راه (کسی) قرار گرفتن، جلب مشتری کردن، تور کردن

se raccrocher *vp* ۱. آویزان شدن، گیر کردن ۲. دودستی چسبیدن، متوسل شدن ۳. مربوط بودن، ربط داشتن

race /ʀas/ *nf* ۱. نژاد ۲. تبار، نسل

de race از نژاد خالص، اصیل

racé,e /ʀase/ *adj* اصیل

racer /ʀesœʀ/ *nm* قایق مسابقه

rachat /ʀaʃa/ *nm* ۱. بازخرید، خرید دوباره ۲. [خطا و غیره] جبران ۳. رستگاری، نجات

rachetable /ʀaʃtabl/ *adj* قابل بازخرید

racheter /ʀaʃte/ *vt* (5) ۱. دوباره خریدن، بازخریدن ۲. آزادی (کسی را) خریدن ۳. جبران کردن

se racheter *vp* اشتباهات خود را جبران کردن، خود را اصلاح کردن

rachidien,enne /Raʃidjɛ̃,ɛn/ *adj*
(مربوط به) ستون فقرات، نخاعی

rachis /Raʃis/ *nm* ستون فقرات، ستون مهره‌ها

rachitique /Raʃitik/ *adj, n*
۱. مبتلا به نرم‌استخوانی، مبتلا به راشی‌تیسم ۲. نزار

rachitisme /Raʃitism/ *nm* نرم‌استخوانی، راشی‌تیسم

racial,e,aux /Rasjal,o/ *adj* نژادی

discrimination raciale تبعیض نژادی

racine /Rasin/ *nf* ۱. [گیاه‌شناسی، ریاضیات، زبان‌شناسی] ریشه ۲. [ادبی] سرچشمه، منشأ

racine carrée جذر، ریشهٔ دوم

racine cubique کعب، ریشهٔ سوم

racinien,enne /Rasinjɛ̃,ɛn/ *adj*
(مربوط به آثار و افکار) راسین

racisme /Rasism/ *nm* ۱. نژادپرستی، تعصب نژادی ۲. تبعیض نژادی

raciste /Rasist/ *n, adj* ۱. نژادپرست
۲. نژادپرستانه

raclage /Raklaʒ/ *nm* ۱. (عمل) تراشیدن
۲. سابیدن

raclée /Rakle/ *nf* ۱. [خودمانی] کتک
۲. شکست فاحش

raclement /Rakləmɑ̃/ *nm* ۱. (عمل) تراشیدن
۲. سابیدن ۳. صدای سابیدن

raclement de gorge (عمل یا صدایِ) سینه صاف کردن

racler /Rakle/ *vt* (1) ۱. تراشیدن ۲. سابیدن
۳. خراشیدن، کشیده شدن به، گرفتن به ۴. [ساز زهی] بد زدن

se racler *vp*, **se racler la gorge**
سینه صاف کردن

racloir /RaklwaR/ *nm* لیسه (= ابزاری برای پرداخت)

raclure /RaklyR/ *nf* تراشه

racolage /Rakɔlaʒ/ *nm* [به ویژه روسپیان]
جلب (مشتری)، تور کردن

racoler /Rakɔle/ *vt* (1) ۱. [مشتری و غیره]
جلب کردن ۲. [روسپی] دنبال (مشتری) گشتن، تور کردن

racoleur,euse /RakɔlœR,øz/ *n, adj*
۱. مشتری‌تورکُن ۲. جلب‌کنندهٔ توجه

racontable /Rakɔ̃tabl/ *adj* حکایت‌کردنی، گفتنی، نقل‌کردنی

racontar /Rakɔ̃taR/ *nm* بدگویی، غیبت

raconter /Rakɔ̃te/ *vt* (1) ۱. حکایت کردن، نقل کردن، تعریف کردن ۲. گفتن

Qu'est-ce que tu me racontes là?
این چه حرفیه که می‌زنی؟ پرت و پلا نگو!

se raconter *vp* از خود گفتن

raconteur,euse /Rakɔ̃tœR,øz/ *n* راوی

racorni,e /RakɔRni/ *adj* ۱. سفت، چغر
۲. خشک، سرد، بی‌عاطفه

racornir /RakɔRniR/ *vt* (2) سفت کردن، چغر کردن

se racornir *vp* سفت شدن، چغر شدن

racornissement /RakɔRnismɑ̃/ *nm*
سفتی، چغری

radar /RadaR/ *nm* رادار

radariste /RadaRist/ *n* متخصص رادار

rade /Rad/ *nf* لنگرگاه

laisser en rade [خودمانی] پادرهوا گذاشتن، ول کردن

radeau /Rado/ *nm* کَلَک (= نوعی قایق)

radial,e,aux /Radjal,o/ *adj* ۱. شعاعی، پرتوی ۲. (مربوط به) زند زبرین

radiant,e /Radjɑ̃,t/ *adj* ۱. [قدیمی] تابان، تابناک ۲. [فیزیک] تابشی

radiateur /RadjatœR/ *nm* [اتومبیل، شوفاژ]
رادیاتور

radiatif,ive /Radjatif,iv/ *adj* [فیزیک]
تابشی

radiation[1] /Radjasjɔ̃/ *nf* ۱. تابش
۲. تشعشع، اشعه ۳. انرژی تابشی

radiation[2] /Radjasjɔ̃/ *nf* حذف، خط زدن (از لیست)

radical,e,aux[1] /Radikal,o/ *adj* ۱. ریشه‌ای، اساسی، بنیادی ۲. افراطی، تندرو، رادیکال

radical,aux[2] /Radikal,o/ *nm* ۱. [زبان‌شناسی] ریشه، بُن ۲. [ریاضیات] رادیکال، علامت رادیکال ۳. [شیمی] بنیان

changement radical تغییر اساسی، تغییر بنیادی

radicalement /Radikalmɑ̃/ *adv* اساساً، کاملاً، از ریشه

radicalisme /Radikalism/ *nm* افراط گرایی، تندروی، رادیکالیسم

radicelle /Radisɛl/ *nf* [گیاه‌شناسی] ریشه‌چه

radier /Radje/ *vt* (7) (از لیست) خط زدن، حذف کردن

radieux,euse /Radjø,øz/ *adj* ۱. درخشان، تابان، تابناک ۲. بَشاش، شاد، بانشاط

radin,e /Radɛ̃,in/ *adj* [خودمانی] ناخن‌خشک، خسیس

radiner /Radine/ *vi* (1) [عامیانه] سر و کلهٔ (کسی) پیدا شدن، پیدا شدن

se radiner *vp* → radiner

Tu te radines? باز پیدات شد؟

radinerie /RadinRi/ *nf* [خودمانی] ناخن‌خشکی، خِست

radio[1] /Radjo/ *nm* ۱. رادیو ۲. پخش رادیویی ۳. بی‌سیم

radio[2] /Radjo/ *nf* بی‌سیم‌چی

radio[3] /Radjo/ *nf* → radiographie; radioscopie

radioactif,ive /Radjɔaktif,iv/ *adv* پرتوزا، رادیواکتیو

radioactivité /Radjɔaktivite/ *nf* پرتوزایی، رادیواکتیویته

radiodiffuser /Radjɔdifyze/ *vt* (1) از رادیو پخش کردن

radiodiffusion /Radjɔdifyzjɔ̃/ *nf* پخش رادیویی

radioélectrique /Radjɔelɛktrik/ *adj* رادیویی

radiographie /RadjɔgRafi/ *nf* پرتونگاری، رادیوگرافی، عکسبرداری (با اشعهٔ ایکس)

radiographier /RadjɔgRafje/ *vt* (7) پرتونگاری کردن، رادیوگرافی کردن، (با اشعهٔ ایکس) عکس گرفتن از

radioguidage /Radjɔgidaʒ/ *nm* هدایت رادیویی، کنترل رادیویی

radioguider /Radjɔgide/ *vt* (1) با امواج رادیویی هدایت کردن. با امواج رادیویی کنترل کردن

radiologie /Radjɔlɔʒi/ *nf* پرتوشناسی، رادیولوژی

radiologique /Radjɔlɔʒik/ *adj* پرتوشناختی، رادیولوژی

radiologiste /Radjɔlɔʒist/ *n* → radiologue

radiologue /Radjɔlɔg/ *n* پرتوشناس، رادیولوژیست

radiophonique /Radjɔfɔnik/ *adj* رادیویی

radioreportage /RadjɔR(ə)pɔRtaʒ/ *nm* گزارش رادیویی

radioreporter /RadjɔRəpɔRtɛR/ *nm* گزارشگر رادیو، خبرنگار رادیو

radioscopie /Radjɔskɔpi/ *nf* پرتوبینی، رادیوسکوپی

radio-taxi /Radjɔtaksi/ *nm* تاکسی تلفنی

radiotélégraphie /RadjɔtelegRafi/ *nf* تلگراف بی‌سیم

radiotéléphonie /Radjɔtelefɔni/ *nf* تلفن بی‌سیم

radiotélévisé,e /Radjɔtelevize/ *adj*
پخش‌شده از رادیو و تلویزیون

radiothérapeute /RadjoteRapøt/ *nm*
پرتودرمانگر

radiothérapie /RadjɔteRapi/ *nf*
پرتودرمانی، اشعه‌درمانی

radis /Radi/ *nm* تربچه
ne plus avoir un radis [خودمانی] دیگر یک شاهی هم پول نداشتن

radium /Radjɔm/ *nm* [شیمی] رادیُم

radius /Radjys/ *nm* [کالبدشناسی] زند زبرین

radjah /Ra(d)ʒa/ *nm* → raja(h)

radotage /Radɔtaʒ/ *nm* یاوه‌گویی، پرت و پلا

radoter /Radɔte/ *vi* (1) یاوه گفتن، پرت و پلا گفتن

radoteur,euse /RadɔtœR,øz/ *n* یاوه‌گو

radoub /Radu(b)/ *nm* [کشتی] تعمیر، مرمت

radouber /Radube/ *vt* (1) ۱. [کشتی] تعمیر کردن، مرمت کردن ۲. [تور] وصله کردن، تعمیر کردن

radoucir /RadusiR/ *vt, vi* (2) ۱. [آب و هوا] ملایم کردن، معتدل کردن ◙ ۲. [قدیمی] ملایم شدن
Le vent a radouci le temps. وزش باد هوا را معتدل کرد.
se radoucir *vp* [آب و هوا] ملایم شدن، معتدل شدن

radoucissement /Radusismɑ̃/ *nm*
ملایمت، ملایم شدن

rafale /Rafal/ *nf* ۱. تندباد، توفان ۲. رگبار ۳. [شلیک توپخانه یا مسلسل] رگبار

raffermir /RafɛRmiR/ *vt* (2) ۱. سفت کردن، سخت کردن ۲. استوار کردن، تحکیم کردن
se raffermir *vp* به خود مسلط شدن

raffermissement /RafɛRmismɑ̃/ *adj*
۱. سفت شدن ۲. تحکیم، تقویت

raffinage /Rafinaʒ/ *nm* تصفیه، پالایش
raffinage du pétrol پالایش نفت، تصفیهٔ نفت

raffiné,e /Rafine/ *adj* ۱. تصفیه‌شده ۲. ظریف، موشکافانه ۳. موشکاف، باریک‌بین

raffinement /Rafinmɑ̃/ *nm* ظرافت، لطافت
un raffinement de... [احساس] طغیانِ، غلیانِ، اوجِ

raffiner /Rafine/ *vt, vi* (1) ۱. تصفیه کردن، پالودن ۲. تلطیف کردن ◙ ۳. موشکافی کردن، باریک شدن

raffinerie /RafinRi/ *nf*
پالایشگاه

raffineur,euse /RafinœR,øz/ *n*
متخصص پالایش، پالایشگر

raffoler /Rafɔle/ *vt* (1) عاشق (کسی یا چیزی) بودن، کشته مردهٔ (کسی یا چیزی) بودن

raffut /Rafy/ *nm* [خودمانی] جار و جنجال، هیاهو، قیل و قال

rafistolage /Rafistɔlaʒ/ *nm* ۱. [خودمانی] وصله‌پینه ۲. سرهم‌بندی

rafistoler /Rafistɔle/ *vt* (1) ۱. [خودمانی] وصله‌پینه کردن ۲. سرهم‌بندی کردن

rafle /Rafl/ *nf* ۱. دستگیری جمعی ۲. [قدیمی] سرقت

rafler /Rafle/ *vt* (1) [مجازی؛ خودمانی] تر و فرز بردن، جارو کردن

rafraîchir /RafReʃiR/ *vt, vi* (1)
۱. خنک کردن ۲. رنگ و روی تازه دادن، نو کردن ◙ ۳. خنک شدن
rafraîchir les cheveux موها را کمی کوتاه کردن
se rafraîchir *vp* ۱. خنک شدن ۲. [خودمانی] نوشابهٔ خنک خوردن

rafraîchissant,e /RafReʃisɑ̃,t/ *adj*
طراوت‌بخش، نشاط‌آور، دلچسب
boisson rafraîchissante نوشیدنی خنک

rafraîchissement /RafReʃismɑ̃/ *nm*
۱. خنکی، خنک کردن، خنک شدن ۲. نوشابهٔ خنک

ragaillardir /RagajaRdiR/ *vt* (2)
سرحال آوردن، قوت دادن به

711 **raison**

rage /ʀaʒ/ *nf* ۱. خشم، غضب ۲. میل شدید، شیفتگی، جنون ۳. (بیماری) هاری

faire rage به اوج خود رسیدن، بیداد کردن، کولاک کردن

rage de dents دندان‌درد شدید

rager /ʀaʒe/ *vi* (3) [خودمانی] جوش آوردن، از کوره دررفتن، آتشی شدن

rageur,euse /ʀaʒœʀ,øz/ *adj* ۱. عصبانی ۲. حاکی از عصبانیت، تند

rageusement /ʀaʒøzmɑ̃/ *adv* با خشم، با عصبانیت

raglan /ʀaglɑ̃/ *nm, adj* ۱. پالتوی آستین‌رِگلان، لباس آستین‌بارانی ◙ ۲. [لباس] آستین‌رِگلان، آستین‌بارانی ۳. [آستین] رِگلان، بارانی

ragot[1]**,e** /ʀago,t/ *adj* خپل، خپله

ragot[2] /ʀago/ *nm* [خودمانی] بدگویی، غیبت

ragoût /ʀagu/ *nm* راگو (= نوعی خوراک)

ragoûtant,e /ʀagutɑ̃,t/ *adj* ۱. اشتهاآور، اشتهابرانگیز ۲. دلپذیر، دلچسب، مطبوع

rai /ʀɛ/ *nm* [قدیمی یا ادبی] اشعه، شعاع، پرتو

raid /ʀɛd/ *nm* ۱. [نظامی] شبیخون، حمله، یورش ۲. حملهٔ هوایی ۳. آزمون استقامت

raide /ʀɛd/ *adj, adv* ۱. خشک، سفت، سخت ۲. خیلی کشیده ۳. شق و رق، صاف ۴. با شیب تند، خیلی سراشیب ۵. [خودمانی] بعید، باورنکردنی ۶. [حرف] تند، زننده ۷. [عامیانه] بی‌پول، بی‌مایه ◙ ۸. با شیب تند

pente raide شیب تند

tomber raide mort ناگهان مردن، قبض روح شدن

raideur /ʀɛdœʀ/ *nf* خشکی، سفتی، سختی

raidillon /ʀɛdijɔ̃/ *nm* شیب تند

raidir /ʀɛdiʀ/ *vt* (2) خشک کردن، سفت کردن

se raidir *vp* ۱. خشک شدن، سفت شدن ۲. [با دشمن، ترس، بدبختی، ...] مقابله کردن

raidissement /ʀɛdismɑ̃/ *nm* خشکی، سختی، خشک شدن

raie[1] /ʀɛ/ *nf* ۱. خط، راه، شیار ۲. فرق (سر)

à raie راه‌راه

raie[2] /ʀɛ/ *nf* سفره‌ماهی

rail /ʀaj/ *nm* ریل، خط آهن

railler /ʀaje/ *vt* (1) [ادبی] دست انداختن، ریشخند کردن، تمسخر کردن

se railler *vp* [ادبی] ریشخند کردن، تمسخر کردن، به استهزا گرفتن

raillerie /ʀajʀi/ *nf* ریشخند، تمسخر، استهزا

railleur,euse /ʀajœʀ,øz/ *adj* ریشخندآمیز، تمسخرآمیز

rainette /ʀɛnɛt/ *nf* قورباغه (درختی)

rainure /ʀenyʀ/ *nf* شیار

rais /ʀɛ/ *nm* → rai

raisin /ʀɛzɛ̃/ *nm* انگور

raisin sec کشمش

raisiné /ʀɛzine/ *nm* شیرهٔ انگور

raison /ʀɛzɔ̃/ *nf* ۱. عقل، خرد ۲. منطق، شعور ۳. علت، سبب ۴. دلیل ۵. [ریاضیات] نسبت

âge de raison سن عقل

à plus forte raison به طریقِ اولیٰ

à raison de از قرارِ، به قیمتِ

avoir raison حق داشتن، حق (با کسی) بودن

avoir raison de چیره شدن به، فائق آمدن بر

en raison de ۱. به علتِ، به سببِ، به جهتِ، به خاطرِ ۲. به نسبتِ، متناسب با

mariage de raison ازدواج عاقلانه

mettre à la raison ۱. (بر) سر عقل آوردن ۲. مطیع کردن، سربراه کردن

perdre la raison عقل خود را از دست دادن

plus que de raison بیش از حد معقول

raison sociale d'une société نام شرکت (برگرفته از نام شرکا)

a = bas, plat　e = blé, jouer　ɛ = lait, jouet, merci　i = il, lyre　o = mot, dôme, eau, gauche　ɔ = mort
u = roue　y = rue　ø = peu　œ = peur　ə = le, premier　ɑ̃ = sans, vent　ɛ̃ = matin, plein, lundi
ɔ̃ = bon, ombre　ʃ = chat, tache　ʒ = je, gilet　j = yeux, paille, pied　w = oui, nouer　ɥ = huile, lui

raisonnable /Rɛzɔnabl/ *adj* ۱. عاقل، معقول، منطقی ۲. عاقلانه، خردمندانه ۳. مناسب

raisonnablement /Rɛzɔnabləmɑ̃/ *adv* عاقلانه، به طرز معقولی

raisonné,e /Rɛzɔne/ *adj* ۱. معقول، عاقلانه ۲. سنجیده، حساب‌شده ۳. مستدل

raisonnement /Rɛzɔnmɑ̃/ *nm* ۱. تعقل ۲. استدلال ۳. دلیل، برهان

raisonner /Rɛzɔne/ *vi, vt* (1)

۱. تعقل کردن، اندیشیدن ۲. استدلال کردن، دلیل آوردن ◙ ۳. (بر) سر عقل آوردن ۴. با عقل و منطق بررسی کردن

se raisonner *vp* عاقل بودن، عقل خود را به کار انداختن

râja(h) /Ra(d)ʒa/ *nm* راجه (= لقب فرمانروایان برهمن هند)

rajeunir /Raʒœnir/ *vt, vi* (2) ۱. جوان کردن ۲. سن (کسی را) کم کردن ۳. جوان‌تر نشان دادن ۴. نو کردن ۵. مدرن کردن ◙ ۶. جوان شدن ۷. تر و تازه شدن، احیا شدن

se rajeunir *vp* خود را جوان‌تر نشان دادن

rajeunissant,e /Raʒœnisɑ̃,t/ *adj* جوانی‌بخش، طراوت‌بخش

rajeunissement /Raʒœnismɑ̃/ *nm* ۱. تجدید جوانی، جوان کردن ۲. تجدید، احیا، بازسازی

rajout /Raʒu/ *nm* افزودن (دوباره)

rajouter /Raʒute/ *vt* (1) (دوباره) افزودن

en rajouter اغراق کردن، مبالغه کردن، غلو کردن

rajustement /Raʒystəmɑ̃/ *nm,*

rajustement des salaires افزایش حقوق (متناسب با هزینهٔ زندگی)

rajuster /Raʒyste/ *vt* (1) ۱. درست کردن ۲. مرتب کردن

rajuster des salaires افزودن حقوق (متناسب با هزینهٔ زندگی)

râle /Ral/ *nm* خرخر، خس‌خس

râlement /Ralmɑ̃/ *nm* → râle

ralenti /Ralɑ̃ti/ *nm* [موتور] دور آهسته

projection au ralenti [سینما] نمایش آهسته، حرکت کند

ralentir /Ralɑ̃tir/ *vt, vi* (2) ۱. آهسته کردن، کُند کردن، آرام کردن ◙ ۲. سرعت خود را کم کردن، یواش‌تر رفتن

se ralentir *vp* کند(تر) شدن، آهسته‌تر شدن

ralentissement /Ralɑ̃tismɑ̃/ *nm*

۱. کاهش سرعت ۲. کندی، کند شدن ۳. کاهش

râler /Rale/ *vi* (1) ۱. خرخر کردن، خس‌خس کردن ۲. [خودمانی] غُر زدن، غرغر کردن، نق زدن

râleur,euse /RalœR,øz/ *adj, n* [خودمانی] غرغرو، نق‌نقو

ralliement /Ralimɑ̃/ *nm* ۱. اجتماع (کردن)، دور هم جمع شدن ۲. عضویت، ملحق شدن، گرویدن

rallier /Ralje/ *vt* (7) ۱. (دور هم) جمع کردن ۲. به دست آوردن ۳. ملحق شدن به

se rallier *vp* ۱. (به) دور هم گرد آمدن، دور هم جمع شدن ۲. گرویدن، پیوستن، ملحق شدن به

rallonge /Ralɔ̃ʒ/ *nf* ۱. سیم رابط ۲. [خودمانی] مبلغ اضافی ۳. مرخصی اضافی

rallongement /Ralɔ̃ʒmɑ̃/ *nm* (عمل) دراز کردن، بلند کردن

rallonger /Ralɔ̃ʒe/ *vt, vi* (3) ۱. بلند(تر) کردن، دراز(تر) کردن ◙ ۲. دراز(تر) شدن، بلند(تر) شدن

rallumer /Ralyme/ *vt* (1) ۱. دوباره روشن کردن ۲. (دوباره) دامن زدن، بر شدت (چیزی) افزودن

rallye /Rali/ *nm* [اتومبیلرانی] رالی

ramadan /Ramadɑ̃/ *nm* (ماه) رمضان

ramage /Ramaʒ/ *nm* ۱. [ادبی] نغمهٔ پرندگان ۲. (نقش) شاخ و برگ، گل و بته

ramassage /Ramasaʒ/ *nm* جمع‌آوری

ramassage scolaire سرویس مدرسه

ramassé,e /ʀamase/ *adj*	۱. گوله(شده) ۲. خپله ۳. موجز
ramasse-miettes /ʀamasmjɛt/ *nm. inv*	ظرف تهماندهها (= ظرف جمعآوری تهماندهٔ سفره)
ramasser /ʀamase/ *vt (1)*	۱. جمع کردن ۲. جمعآوری کردن، دسته کردن ۳. از زمین برداشتن ۴. برای خود برداشتن ۵. [خودمانی] دستگیر کردن، گرفتن ۶. [خودمانی؛ بیماری] گرفتن ۷. [خودمانی؛ کتک] خوردن
ramasser les ordures	زبالهها را جمعآوری کردن
se ramasser *vp*	۱. خود را جمع کردن، گوله شدن ۲. [خودمانی] (بعد از زمین خوردن) پاشدن ۳. زمین خوردن، افتادن
ramasseur,euse /ʀamasœʀ,øz/ *n*	جمعکننده، [در ترکیب] ـجمعکن
ramassis /ʀamasi/ *nm*	[تحقیرآمیز] دسته، (یک) مشت
rambarde /ʀɑ̃baʀd/ *nm*	نردهٔ ایمنی، نرده، حفاظ
rame¹ /ʀam/ *nf*	[قایق و کشتی] پارو
faire force de rames	با قدرت پارو زدن
rame² /ʀam/ *nf*	۱. [واحد شمارش کاغذ] بند ۲. [راهآهن] قطار
rame³ /ʀam/ *nf*	[گیاهان خزنده] چوب پای گیاه
ne pas en fiche une rame	[خودمانی] هیچ کاری نکردن، دست به سیاه و سفید نزدن
rameau /ʀamo/ *nm*	[درخت] شاخه (کوچک)
ramée /ʀame/ *nf*	[ادبی] شاخ و برگ
ramener /ʀamne/ *vt (5)*	۱. دوباره آوردن، بازآوردن ۲. بازگرداندن، برگرداندن ۳. (سر موضوعی) برگشتن، باز رفتن سر ۴. (از جایی) آوردن
se ramener *vp*	خلاصه شدن (در)، مربوط شدن به، برگشتن (به)
ramer¹ /ʀame/ *vi (1)*	پارو زدن
ramer² /ʀame/ *vt (1)*	[گیاهان خزنده] (پای گیاهی را) چوب زدن
rameur,euse /ʀamœʀ,øz/ *n*	پاروزن
rameux,euse /ʀamø,øz/ *adj*	[گیاهشناسی یا ادبی] پرشاخ و برگ
ramier /ʀamje/ *nm*	کبوتر جنگلی، گاوکبوتر
ramification /ʀamifikasjɔ̃/ *nf*	۱. انشعاب ۲. شاخهها ۳. شعبه، شاخه
ramifier (se) /s(ə)ʀamifje/ *vp (7)*	منشعب شدن، شاخهشاخه شدن
ramolli,e /ʀamɔli/ *adj*	۱. نرمشده ۲. شل و ول ۳. خِرِفت
ramollir /ʀamɔliʀ/ *vt (2)*	نرم کردن
se ramollir *vp*	نرم شدن
ramollissement /ʀamɔlismɑ̃/ *nm*	نرمی، نرم شدن
ramollo /ʀamɔlo/ *adj, n*	۱. [خودمانی] شل و ول، وارفته ۲. خِرِفت
ramonage /ʀamɔnaʒ/ *nm*	[بخاری، دودکش، ...] (عمل) پاک کردن
ramoner /ʀamɔne/ *vt (1)*	[بخاری، دودکش، ...] پاک کردن
ramoneur /ʀamɔnœʀ/ *nm*	بخاریپاککن
rampant,e /ʀɑ̃pɑ̃,t/ *adj*	۱. خزنده ۲. [گیاه] رونده ۳. نوکرصفت، بردهصفت
rampe /ʀɑ̃p/ *nf*	۱. شیب ۲. نرده، تارمی ۳. [تئاتر] چراغهای جلوی صحنه
ramper /ʀɑ̃pe/ *vi (1)*	۱. خزیدن ۲. سینهخیز رفتن ۳. کوچکی کردن، دولا و راست شدن
rampon(n)eau /ʀɑ̃pɔno/ *nm*	[عامیانه] ضربهٔ جانانه، ضرب شست
ramure /ʀamyʀ/ *nf*	۱. [ادبی] شاخ و برگ ۲. [گوزنسانان] شاخ، شاخها

---

a = bas, plat   e = blé, jouer   ɛ = lait, jouet, merci   i = il, lyre   o = mot, dôme, eau, gauche   ɔ = mort
u = roue   y = rue   ø = peu   œ = peur   ə = le, premier   ɑ̃ = sans, vent   ɛ̃ = matin, plein, lundi
ɔ̃ = bon, ombre   ʃ = chat, tache   ʒ = je, gilet   j = yeux, paille, pied   w = oui, nouer   ɥ = huile, lui

rancard /Rɑ̃kaR/ *nm* ۱. [عامیانه] خبر ۲. [عامیانه] قرار (و) مدار، قرار

rancarder /Rɑ̃kaRde/ *vt* (1) [عامیانه] خبر دادن به، باخبر کردن، در جریان گذاشتن

rancart /Rɑ̃kaR/ *nm*, **mettre/jeter au rancart** [خودمانی] دور انداختن، بیرون ریختن

rance /Rɑ̃s/ *adj, nm* ۱. ترشیده، تند ◙ ۲. ترشیدگی، تندی

ranch /Rɑ̃tʃ/ *nm* [در آمریکا] مزرعهٔ دامداری

rancir /Rɑ̃siR/ *vi* (2) تند شدن، ترشیدن

rancissement /Rɑ̃sismɑ̃/ *nm* تندشدگی، ترشیدگی

rancœur /Rɑ̃kœR/ *nf* [ادبی] کینه، بغض

rançon /Rɑ̃sɔ̃/ *nf* ۱. فدیه، سَربَها، باج ۲. [مجازی] تاوان

rançonnement /Rɑ̃sɔnmɑ̃/ *nm* پول گرفتن به زور، باج‌گیری

rançonner /Rɑ̃sɔne/ *vt* (1) به زور پول گرفتن از، باج گرفتن از

rancune /Rɑ̃kyn/ *nf* کینه، بغض، دق‌دلی

rancunier,ère /Rɑ̃kynje,ɛR/ *adj* کینه‌جو، کینه‌توز

randonnée /Rɑ̃dɔne/ *nf* گردش طولانی

rang /Rɑ̃/ *nm* ۱. ردیف، صف، خط ۲. رشته، رج ۳. رتبه، رده ۴. مقام، مرتبه، موقعیت

au rang de در ردیفِ، در شمارِ، در زمرهٔ

rang de fauteuils ردیف صندلی‌ها، ردیف مبل‌ها

rang de perles رشتهٔ مروارید

rangé,e[1] /Rɑ̃ʒe/ *adj* ۱. منظم، سامان‌یافته، بسامان ۲. منضبط

rangée[2] /Rɑ̃ʒe/ *nf* ردیف

rangement /Rɑ̃ʒmɑ̃/ *nm* ۱. (عمل) مرتب کردن، جمع و جور ۲. ترتیب، نظم و ترتیب

ranger /Rɑ̃ʒe/ *vt* (3) ۱. ردیف کردن، به صف کردن، به خط کردن ۲. مرتب کردن، منظم کردن، جمع و جور کردن، چیدن ۳. کنار بردن، کنار کشیدن، کنار زدن ۴. در ردیف ...قرار دادن، در زمرهٔ ...به شمار آوردن

se ranger *vp* ۱. ردیف شدن، صف کشیدن، به صف شدن ۲. قرار گرفتن ۳. خود را کنار کشیدن، کنار رفتن ۴. [مجازی؛ خودمانی] عاقل شدن، سر و سامان گرفتن

se ranger à un avis عقیده‌ای را پذیرفتن

ranimation /Ranimasjɔ̃/ *nf* → réanimation

ranimer /Ranime/ *vt* (1) ۱. (دوباره) جان دادن به، (دوباره) زنده کردن ۲. به هوش آوردن ۳. سر حال آوردن ۴. به جنب و جوش آوردن، برانگیختن ۵. دامن زدن، شدت بخشیدن

raout /Raut/ *nm* [قدیمی] ضیافت

rapace /Rapas/ *adj* ۱. تیزچنگ ۲. [پرندهٔ] شکاری ۳. طماع، طمع‌کار، حریص ◙ ۴. پرنده شکاری

rapacité /Rapasite/ *nf* طمع، حرص

rapatriement /RapatRimɑ̃/ *nm* بازگرداندن به میهن، بازگردانی به وطن

rapatrier /RapatRije/ *vt* (7) به میهن بازگرداندن، به کشور خود بازگرداندن

râpe /Rap/ *nf* ۱. [وسیلهٔ آشپزخانه] رنده ۲. سوهان

râpe à bois [نجاری] چوب‌ساب

râper /Rape/ *vt* (1) ۱. رنده کردن ۲. سوهان زدن، چوب‌ساب زدن ۳. نخ‌نما کردن

râper la gorge/le gosier [شراب] گلو را زدن، مزهٔ تندی داشتن

rapetassage /Raptasaʒ/ *nm* [خودمانی] وصله‌پینه

rapetasser /Raptase/ *vt* (1) [خودمانی] وصله‌پینه کردن

rapetissement /Raptismɑ̃/ *nm* (عمل) کوچک کردن، کوچک شدن

rapetisser /Raptise/ *vt, vi* (1) ۱. کوچک کردن ◙ ۲. کوچک شدن ۳. کوتاه شدن ۴. آب رفتن

râpeux,euse /Rapø,øz/ *adj* ۱. زبر ۲. [طعم شراب] تند

raphia /Rafija/ *nm* ۱. نخل آفریقایی، رافیا ۲. الیاف رافیا

rapiat,e /Rapja,t/ *adj, n* [خودمانی] ناخن‌خشک، خسیس

rapide /Rapid/ *adj* ۱. تند، سریع ۲. تندرو، سریع‌السیر ۳. فرز، چابک، چالاک ◙ ۴. [رودخانه] تندآب ۵. قطار تندرو، قطار سریع‌السیر

guérison rapide شفای عاجل

pente rapide شیب تند

rapidement /Rapidmɑ̃/ *adv* به سرعت، سریع، تند، شتابان، به شتاب

rapidité /Rapidite/ *nf* ۱. سرعت ۲. فرزی، چابکی، چالاکی

rapiéçage /Rapjesaʒ/ *nm* وصله کردن، وصله

rapiècement /Rapjɛsmɑ̃/ *nm* → rapiéçage

rapiécer /Rapjese/ *vt* (3,6) وصله کردن، وصله زدن

rapière /RapjɛR/ *nf* شمشیر (نازک)

rapin / Rapɛ̃/ *nm* ۱. نقاش ناشی ۲. [قدیمی] شاگرد نقاش

rapine /Rapin/ *nf* دستبرد، سرقت، دزدی

raplapla /Raplapla/ *adj. inv* [خودمانی] خرد و خمیر، لاجون

rappel /Rapɛl/ *nm* ۱. احضار، فراخوانی، فراخواندن ۲. یادآوری ۳. بازگرداندن ۴. پرداخت حساب قبلی، پرداخت حقوق معوقه ۵. احضار دوباره (به خدمت سربازی)

rappelé,e /Raple/ *adj, n* احضارشده، فراخوانده

rappeler /Raple/ *vt* (4) ۱. صدا زدن، صدا کردن ۲. فراخواندن، احضار کردن ۳. به یادآوردن، به خاطر آوردن ۴. یادآوری کردن، گوشزد کردن، تذکر دادن ۵. به یاد (کسی یا چیزی) انداختن ۶. شباهت داشتن به، شبیه (چیزی) بودن ۷. دوباره تلفن کردن ۸. دوباره به خدمت (سربازی) احضار کردن، دوباره به خدمت فرا خواندن

rappeler à la vie ۱. به هوش آوردن ۲. به زندگی امیدوار کردن

se rappeler *vp* ۱. به یاد آوردن، به خاطر آوردن، به یاد (کسی یا چیزی) افتادن ۲. به یاد داشتن، به خاطر داشتن، فراموش نکردن

rappliquer /Raplike/ *vi* (1) [خودمانی؛ تحقیرآمیز] سر و کلهٔ (کسی) پیدا شدن، پیدا شدن

rapport /RapɔR/ *nm* ۱. گزارش ۲. رابطه، ارتباط، ربط ۳. نسبت، بستگی ۴. شباهت، مشابهت ۵. درآمد، عایدی ۶. [ریاضیات] نسبت ـ [صورت جمع] ۷. روابط ۸. رابطه (جنسی)

en rapport avec متناسب با

par rapport à نسبت به

sous tous les rapports از هر لحاظ، از هر نظر، از هر حیث، از هر جهت

rapportage /RapɔRtaʒ/ *nm* [خودمانی] خبرچینی

rapporter /RapɔRte/ *vt* (1) ۱. برگرداندن، پس دادن ۲. (با خود) آوردن ۳. عایدی داشتن، بهره دادن ۴. [سود، محصول، ...] در برداشتن، دادن ۵. نقل کردن، بازگو کردن، گفتن ۶. گزارش دادن، خبر دادن، خبرچینی کردن ۷. ربط دادن، مربوط کردن ۸. [حقوقی] لغو کردن، فسخ کردن

se rapporter *vp* ربط داشتن، متناسب بودن

s'en rapporter اعتماد کردن

rapporteur,euse /RapɔRtœR,øz/ *n, adj* خبرچین، جاسوس

rapporteur /RapɔRtœR/ *nm* ۱. مخبر، گزارشگر ۲. نقاله (= وسیلهٔ اندازه‌گیری یا ترسیم زوایا)

rapprendre /RapRɑ̃dR/ *vt* (58) ۱. دوباره یاد گرفتن ۲. دوباره یاد دادن

a = bas, plat e = blé, jouer ɛ = lait, jouet, merci i = il, lyre o = mot, dôme, eau, gauche ɔ = mort
u = roue y = rue ø = peu œ = peur ə = le, premier ɑ̃ = sans, vent ɛ̃ = matin, plein, lundi
ɔ̃ = bon, ombre ʃ = chat, tache ʒ = je, gilet j = yeux, paille, pied w = oui, nouer ɥ = huile, lui

rapproché,e /RapRɔʃe/ *adj* ۱. نزدیک ۲. نزدیک به هم
rapprochement /RapRɔʃmɑ̃/ *nm* ۱. نزدیکی، نزدیک کردن، نزدیک شدن ۲. ارتباط، رابطه ۳. مقایسه
rapprocher /RapRɔʃe/ *vt* (1) ۱. نزدیک کردن ۲. به هم نزدیک کردن ۳. [دوربین و غیره] نزدیک آوردن ۴. مقایسه کردن
se rapprocher *vp* ۱. نزدیک شدن ۲. نزدیک رفتن، نزدیک آمدن ۳. به هم نزدیک شدن ۴. شبیه بودن
rapt /Rapt/ *nm* آدم‌ربایی، ربودن
rapter /Rapte/ *vt* (1) [آدم] ربودن، دزدیدن
râpure /RapyR/ *nf* براده
raquette /Rakɛt/ *nf* راکت
rare /RaR/ *adj* ۱. کمیاب، نادر ۲. ناچیز، خیلی کم ۳. کم‌نظیر، بی‌نظیر ۴. تُنُک، کم‌پشت ۵. رقیق ۶. [خودمانی] عجیب
se faire rare کم‌پیدا بودن، نادر بودن
raréfaction /RaRefaksjɔ̃/ *nf* ۱. رقیق شدن، رقت ۲. کمیاب شدن، کمیابی
raréfier /RaRefje/ *vt* (7) ۱. رقیق کردن ۲. کمیاب کردن، باعث کمیابی (چیزی) شدن
se raréfier *vp* ۱. رقیق شدن ۲. کمیاب شدن، به ندرت یافت شدن
rarement /RaRmɑ̃/ *adv* به ندرت، کم
rareté /RaRte/ *nf* ۱. کمیابی، نادر بودن، ندرت ۲. چیز نادر
rarissime /RaRisim/ *adj* بسیار نادر، نایاب
ras,e /Ra,z/ *adj* [مو و غیره] کوتاه
à ras bord لبالب، پُر پُر
à/au ras de هم‌سطحِ
en avoir ras le bol کاسهٔ صبر (کسی) لبریز شدن، (از دست چیزی) ذله شدن، کلافه شدن، به ستوه آمدن
rasade /Razad/ *nf* لیوان پر، پیالهٔ پر
rasage /Razaʒ/ *nm* تراشیدن ریش
rasant,e /Razɑ̃,t/ *adj* [خودمانی] خسته‌کننده، کسل‌کننده
rase-mottes /Razmɔt/ *nm. inv,*
(vol en) rase-mottes پرواز در سطح زمین
raser /Raze/ *vt* (1) ۱. تراشیدن، زدن ۲. ریش (کسی را) زدن، اصلاح کردن ۳. با خاک یکسان کردن، ویران کردن ۴. از بیخ (چیزی) گذشتن، از کنار (چیزی) رد شدن ۵. [خودمانی] خسته کردن، کسل کردن، حوصله (کسی را) سر بردن
raser le mur از بیخ دیوار گذشتن
raser un immeuble ساختمان را ویران کردن
se raser *vp* ۱. ریش (خود را) زدن ۲. [خودمانی] خسته شدن، کسل شدن، حوصله (کسی) سررفتن
raseur,euse /RazœR,øz/ *n* [خودمانی] (آدم) وراج، آدم خسته‌کننده
rash /Raʃ/ *nm* [پزشکی] دانهٔ پوستی، بثور جلدی
rasibus /Razibys/ *adv* [عامیانه] درست از کنار، از بیخ
rasoir /RazwaR/ *adj* ۱. ریش‌تراش ۲. خودتراش، تیغ ◘ ۳. [خودمانی] خسته‌کننده، کسل‌کننده، حال‌گیر
rasoir électrique ریش‌تراش برقی
rassasiement /Rasazimɑ̃/ *nm* سیری
rassasier /Rasazje/ *vt* (7) ۱. سیر کردن ۲. [ادبی] ارضا کردن، خشنود کردن
rassemblement /Rasɑ̃bləmɑ̃/ *nm* ۱. جمع‌آوری، گردآوری ۲. تجمع ۳. شیپور جمع ۴. [تشکیلات، احزاب] ائتلاف، اتحاد
rassembler /Rasɑ̃ble/ *vt* (1) ۱. (دور هم) جمع کردن ۲. جمع‌آوری کردن، گرد آوردن، جمع کردن
se rassembler *vp* ۱. دوباره دور هم جمع شدن ۲. تجمع کردن، جمع شدن، گرد (هم) آمدن
rasseoir /RaswaR/ *vt* (26) ۱. دوباره نشاندن ۲. دوباره گذاشتن

rationaliste

se rasseoir *vp*	دوباره نشستن
rasséréner /ʀaseʀene/ *vt* (6)	[ادبی] آرام کردن، آرامش بخشیدن به
se rasséréner *vp*	آرامش خود را بازیافتن، آرام شدن
rassir /ʀasiʀ/ *vi* (2)	[نان،نان‌شیرینی] بیات شدن
rassis,e /ʀasi,z/ *adj*	۱. [نان،نان‌شیرینی] بیات ۲. آرام، متین، معقول
rassortiment /ʀasɔʀtimɑ̃/ *nm* → réassortiment	
rassortir /ʀasɔʀtiʀ/ *vt* (2) → réassortir	
rassurant,e /ʀasyʀɑ̃,t/ *adj*	اطمینان‌بخش
rassurer /ʀasyʀe/ *vt* (1)	اطمینان دادن به، مطمئن کردن، خاطرجمع کردن
se rassurer *vp*	مطمئن شدن، اطمینان داشتن، خاطرجمع بودن
rat /ʀa/ *nm*	موش
ratage /ʀataʒ/ *nm*	شکست، عدم موفقیت
ratatiné,e /ʀatatine/ *adj*	۱. چروکیده، پلاسیده ۲. [خودمانی] درب و داغون
ratatiner /ʀatatine/ *vt* (1)	داغان کردن
se ratatiner *vp*	۱. چروکیدن، پلاسیدن ۲. تو هم رفتن، جمع شدن ۳. گوله شدن، خود را جمع کردن
rate¹ /ʀat/ *nf*	طحال
rate² /ʀat/ *nf*	[طنزآمیز] موش ماده
raté¹ /ʀate/ *nm*	۱. [اتومبیل] صدای نابهنجار موتور، صدای تِرتِر، صدای تِپ‌تِپ ۲. گلوله گیرکرده ۳. اِشکال، نقص
raté²,e /ʀate/ *adj, n*	۱. ناموفق، ناکام ۲. ازدست‌رفته، هدررفته ۳. خراب(شده)، خوباز- آب‌درنیامده ▫ ۴. آدم ناموفق، آدم ناکام
photo raté	عکسی که خراب شده، عکس خراب
râteau /ʀato/ *nm*	شِن‌کش

râtelier /ʀatəlje/ *nm*	۱. آخور ۲. [ابزار و غیره] جا ۳. [خودمانی] دندان مصنوعی
rater /ʀate/ *vi, vt* (1)	۱. [گلوله] شلیک نشدن، در نرفتن، گیر کردن ۲. به نتیجه نرسیدن، ناموفق ماندن ▫ ۳. تیر (کسی به چیزی) نخوردن، نتوانستن زدن ۴. از دست دادن، هدر دادن ۵. موفق نشدن در، خراب کردن ۶. موفق به دیدار (کسی) نشدن ۷. [قطار و غیره] جا ماندن از
Je ne le raterai pas!	[خودمانی] بهش نشون میدم! ادبش می‌کنم! درستش می‌کنم!
Il a raté le lièvre.	تیرش به خرگوش نخورد. نتوانست خرگوش را بزند.
ratiboiser /ʀatibwaze/ *vt* (1)	۱. [خودمانی؛ در قمار] به جیب زدن ۲. دزدیدن، زدن، بردن ۳. خانه‌خراب کردن
raticide /ʀatisid/ *nm*	مرگ موش
ratier /ʀatje/ *nm*	سگ موش‌گیر
ratière /ʀatjɛʀ/ *nf*	تله‌موش
ratification /ʀatifikasjɔ̃/ *nf*	۱. تصویب ۲. تصدیق، تأیید
ratifier /ʀatifje/ *vt* (7)	۱. تصویب کردن ۲. تصدیق کردن، تأیید کردن
ratiociner /ʀasjɔsine/ *vi* (1)	[ادبی] ۱. جر و بحث کردن، کلنجار رفتن ۲. [قدیمی] دلیل آوردن، استدلال کردن
ratio /ʀasjo/ *nm*	۱. نسبت ۲. ضریب
ration /ʀasjɔ̃/ *nf*	۱. جیره ۲. سهم
rationalisation /ʀasjɔnalizasjɔ̃/ *nf*	۱. (عمل) عقلایی کردن ۲. [اقتصاد] بهینه‌سازی
rationaliser /ʀasjɔnalize/ *vt* (1)	۱. دلیل تراشیدن برای، توجیه کردن ۲. [اقتصاد] بهینه ساختن ۳. عقلایی کردن، منطقی کردن
rationalisme /ʀasjɔnalism/ *n, adj*	خردگرایی
rationaliste /ʀasjɔnalist/ *adj, n*	۱. خردگرا ▫ ۲. خردگرایانه

---

a = bas, plat	e = blé, jouer	ɛ = lait, jouet, merci	i = il, lyre	o = mot, dôme, eau, gauche	ɔ = mort
u = roue	y = rue	ø = peu	œ = peur	ə = le, premier	ɑ̃ = sans, vent	ɛ̃ = matin, plein, lundi
ɔ̃ = bon, ombre	ʃ = chat, tache	ʒ = je, gilet	j = yeux, paille, pied	w = oui, nouer	ɥ = huile, lui

rationalité /ʀasjɔnalite/ *nf* ۱. عقلانیت ۲. جنبهٔ عقلایی

rationnaire /ʀasjɔnɛʀ/ *n* جیره‌بگیر

rationnel,elle /ʀasjɔnɛl/ *adj* ۱. عقلی، عقلانی ۲. عاقلانه، خردمندانه، معقول، منطقی

rationnellement /ʀasjɔnɛlmɑ̃/ *adv* عاقلانه، خردمندانه، به طرزی معقول

rationnement /ʀasjɔnmɑ̃/ *nm* جیره‌بندی، سهمیه‌بندی

rationner /ʀasjɔne/ *vt* ۱. جیره‌بندی کردن، سهمیه‌بندی کردن ۲. جیره دادن، سهمیه دادن

ratissage /ʀatisaʒ/ *nm* ۱. (عمل) شن‌کش کشیدن ۲. [پلیس، ارتش] تجسس

ratisser /ʀatise/ *vt* (1) ۱. شن‌کش کشیدن، با شن‌کش جمع کردن ۲. [پلیس، ارتش] تجسس کردن، (جایی را) زیر و رو کردن

raton /ʀatɔ̃/ *nm* بچه موش

rattachement /ʀataʃmɑ̃/ *nm* ۱. بستن دوباره ۲. اتصال ۳. الحاق

rattacher /ʀataʃe/ *vt* (1) ۱. دوباره بستن ۲. وصل کردن، متصل کردن ۳. ملحق کردن ۴. علاقه‌مند کردن، دلبسته کردن ۵. ربط دادن، مرتبط کردن

se rattacher *vp* ۱. متصل شدن ۲. مربوط شدن، ربط داشتن

rattrapage /ʀatʀapaʒ/ *nm* کلاس جبرانی (= برای شاگردان ضعیف)

rattraper /ʀatʀape/ *vt* (1) ۱. دوباره گرفتن، دوباره دستگیر کردن ۳. دوباره به دست آوردن، بازیافتن ۴. جبران کردن ۵. رسیدن به
rattraper une erreur اشتباهی را جبران کردن
rattraper un prisonnier évadé زندانی فراری را (دوباره) دستگیر کردن

se rattraper *vp* ۱. آویزان شدن، گرفتن ۲. جبران کردن

rature /ʀatyʀ/ *nf* قلم‌گرفتگی، خط‌خوردگی، خط بطلان

raturer /ʀatyʀe/ *vt* (1) خط زدن، قلم گرفتن

rauque /ʀok/ *adj* [صدا] خشن، دورگه

ravage /ʀavaʒ/ *nm* ۱. ویرانی، تخریب ۲. صدمه، اثر مخرب

ravager /ʀavaʒe/ *vt* (3) ۱. ویران کردن، تخریب کردن، نابود کردن ۲. صدمه زدن به ۳. [مجازی] داغان کردن

ravageur,euse /ʀavaʒœʀ,øz/ *adj, n* ۱. ویرانگر ۲. زیان‌رسان، موذی ۳. [کشاورزی] عامل مخرب، آفت

ravalement /ʀavalmɑ̃/ *nm* مرمت، پاکیزه‌سازی

ravaler /ʀavale/ *vt* (1) ۱. (دوباره) قورت دادن ۲. [خشم، نفرت، ...] فرو خوردن، جلوی (خشم خود را) گرفتن ۳. خوار کردن، بی‌ارزش کردن، کوچک کردن ۴. [نمای ساختمان و غیره] مرمت کردن، پاک کردن

se ravaler *vp* خوار شدن، کوچک شدن

ravaudage /ʀavodaʒ/ *nm* وصله (کردن)

ravauder /ʀavode/ *vt* (1) وصله کردن

rave /ʀav/ *nf* شلغم روغنی

ravi,e /ʀavi/ *adj* خیلی خوشحال، مسرور، مشعوف

ravier /ʀavje/ *nm* ظرف پیش‌غذا، (ظرف) اُردُورخوری

ravigotant,e /ʀavigɔtɑ̃,t/ *adj* [خودمانی] مقوی

ravigoter /ʀavigɔte/ *vt* (1) [خودمانی] نیرو دادن، حال آوردن

ravin /ʀavɛ̃/ *nm* آبکَند (= درهای کوچک که گاه آب در آن جاری است.)

ravinement /ʀavinmɑ̃/ *nm* تشکیل آبکَند

raviner /ʀavine/ *vt* (1) ۱. [سیلاب و غیره] کندن ۲. [صورت] چین و چروک انداختن

ravioli /ʀavjɔli/ *nm. pl* راویولی (= نوعی غذای ایتالیایی)

ravir /ʀaviʀ/ *vt* (2) ۱. شیفته کردن،

مجذوب کردن، مسحور کردن، فریفتن ۲. [ادبی] ربودن، به چنگ آوردن

à ravir به طور خیره کننده‌ای، عجیب

raviser (se) /s(ə)Ravize/ *vp* (1) تغییر عقیده دادن، عقیدهٔ (کسی) عوض شدن

ravissant,e /Ravisɑ̃,t/ *adj* دلربا، دلفریب، فریبا، زیبا

ravissement /Ravismɑ̃/ *nm* شیفتگی، سرور، شور و شعف

ravisseur,euse /RavisœR,øz/ *n* رباینده

ravitaillement /Ravitajmɑ̃/ *nm* تهیهٔ آذوقه، تأمین مایحتاج، تدارکات

ravitailler /Ravitaje/ *vt* (1) [آذوقه، مایحتاج، ...] تأمین کردن، فراهم کردن، تدارک دیدن

ravitailler un avion en vol به هواپیمای در حال پرواز سوخت رساندن

se ravitailler *vp* مایحتاج خود را تأمین کردن، آذوقهٔ خود را فراهم کردن

ravitailleur /RavitajœR/ *nm* [کشتی، هواپیما، خودرو] وسیلهٔ تدارکات

raviver /Ravive/ *vt* (1) ۱. [آتش] تند و تیز کردن ۲. [مجازی] زنده کردن، جان دادن ۳. دامن زدن

ravoir /RavwaR/ *vt* ۱. دوباره صاحب شدن ۲. [کاربرد منفی؛ خودمانی] پاک کردن، تمیز کردن

rayage /Rɛjaʒ/ *nm* (عمل) خط زدن، قلم گرفتن

rayé,e /Reje/ *adj* ۱. خط‌دار ۲. خط‌افتاده ۳. راه‌راه

rayer /Reje/ *vt* (8) ۱. خط کشیدن ۲. خط انداختن ۳. خط زدن، قلم گرفتن

rayon[1] /Rɛjɔ̃/ *nm* ۱. پرتو، شعاع، اشعه ۲. شعاع (دایره) ۳. [چرخ] پره

rayon[2] /Rɛjɔ̃/ *nm* ۱. [قفسه] طبقه ۲. [فروشگاه] قسمت، بخش ۳. شانهٔ عسل

C'est de mon rayon. به خودم مربوطه.

chef de rayon [در فروشگاه] مسئول غرفه

rayon de soleil پرتو خورشید، اشعهٔ خورشید

rayon[3] /Rɛjɔ̃/ *nm* [کشاورزی] شیار

rayonnage[1] /Rɛjɔnaʒ/ *nm* [قفسه] طبقات

rayonnage[2] /Rɛjɔnaʒ/ *nm* [کشاورزی] شیاربندی

rayonnant,e /Rɛjɔnɑ̃,t/ *adj* ۱. تابان، تابناک، فروزان ۲. شاد، بَشاش

un enfant rayonnant de santé کودکی سرشار از سلامتی

rayonne /Rɛjɔn/ *nf* ابریشم مصنوعی

rayonnement /Rɛjɔnmɑ̃/ *nm* ۱. تابش، تابندگی ۲. [مجازی] درخشش ۳. [فیزیک] تابش، تشعشع، پرتوافکنی

rayonner /Rɛjɔne/ *vi* (1) ۱. پرتو افکندن ۲. ساطع شدن ۳. دور (مکانی) واقع شدن ۴. (اطراف مکانی) گشتن

rayonner de joie از شادی در پوست خود نگنجیدن

rayure /RejyR/ *nf* [سطح پارچه و غیره] خط، راه

à rayures راه‌راه، خط‌دار

raz /Ra/ *nm* تلاطم امواج

raz(-)de(-)marée ۱. آبلرزه، امواج کشندی ۲. بَلوا، آشوب

razzia /Razja/ *nf* چپاول، غارت

razzier /Razje/ *vt* (7) غارت کردن، چپاول کردن

réabonnement /Reabɔnmɑ̃/ *nm* تجدید آبونمان، تجدید اشتراک

réabonner /Reabɔne/ *vt* (1) دوباره آبونه کردن، دوباره مشترک کردن

se réabonner *vp* دوباره آبونه شدن، دوباره مشترک شدن

réabsorber /ReapsɔRbe/ *vt* (1) دوباره جذب کردن، دوباره به خود کشیدن

a = bas, plat e = blé, jouer ɛ = lait, jouet, merci i = il, lyre o = mot, dôme, eau, gauche ɔ = mort
u = roue y = rue ø = peu œ = peur ə = le, premier ɑ̃ = sans, vent ɛ̃ = matin, plein, lundi
ɔ̃ = bon, ombre ʃ = chat, tache ʒ = je, gilet j = yeux, paille, pied w = oui, nouer ɥ = huile, lui

réabsorption /ReapsɔRpsjɔ̃/ *nf* جذب دوباره

réac /Reak/ *adj, n* → réactionnaire

réaccoutumer /Reakutyme/ *vt* (1) [ادبی] دوباره عادت دادن

se réaccoutumer *vp* دوباره عادت کردن

réacteur /ReaktœR/ *nm* واکنشگر، رآکتور

réactif,ive /Reaktif,iv/ *adj* واکنشی

réactif /Reaktif/ *nm* [شیمی] معرف، شناساگر

réaction /Reaksjɔ̃/ *nf* ۱. واکنش، عکس‌العمل ۲. اثر، تأثیر ۳. ارتجاع

avion à réaction هواپیمای جت

être sans réaction واکنش نشان ندادن

réaction nucléaire واکنش هسته‌ای

réactionnaire /ReaksjɔnɛR/ *n, adj* ۱. مرتجع ◙ ۲. ارتجاعی

réactiver /Reaktive/ *vt* (1) ۱. دوباره فعال کردن ۲. دوباره راه انداختن

réadaptation /Readaptasjɔ̃/ *nf* انطباق دوباره، سازگاری مجدد

réadapter /Readapte/ *vt* (1) دوباره وفق دادن، از نو سازگار کردن

se réadapter *vp* دوباره خود را وفق دادن، دوباره سازگار شدن

réaffirmer /ReafiRme/ *vt* (1) دوباره تأیید کردن، بار دیگر تصدیق کردن

réagir /ReaʒiR/ *vt* (2) ۱. واکنش نشان دادن، عکس‌العمل نشان دادن ۲. اثر گذاشتن، تحت تأثیر قرار دادن ۳. مقابله کردن

réajustement /Reaʒystəmɑ̃/ *nm* → rajustement

réajuster /Reaʒyste/ *vt* (1) → rajuster

réalisable /Realizabl/ *adj* ۱. قابل اجرا، عملی، ممکن، تحقق‌پذیر ۲. قابل تبدیل به پول، نقدشدنی

réalisateur,trice /RealizatœR,tRis/ *n* ۱. اجراکننده، مجری ۲. فیلم‌ساز، کارگردان

réalisation /Realizasjɔ̃/ *nf* ۱. اجرا ۲. تحقق ۳. خلق اثر، اثر ۴. تبدیل کردن به پول، نقدکردن ۵. فیلم‌سازی، ساخت (فیلم)

réaliser /Realize/ *vt* (1) ۱. اجرا کردن، به انجام رساندن ۲. تحقق بخشیدن، واقعیت بخشیدن ۳. توجه کردن، در نظر گرفتن ۴. متوجه شدن، فهمیدن ۵. به پول تبدیل کردن، نقد کردن

se réaliser *vp* تحقق یافتن، به حقیقت پیوستن، صورت پذیرفتن

réalisme /Realism/ *nm* ۱. واقع‌گرایی ۲. واقع‌بینی، واقع‌نگری

réaliste /Realist/ *n, adj* ۱. واقع‌گرا ۲. واقع‌بین، واقع‌نگر ◙ ۳. واقع‌گرایانه ۴. واقع‌بینانه

réalité /Realite/ *nf* ۱. واقعیت ۲. حقیقت

en réalité به راستی، در واقع، واقعاً

réanimation /Reanimasjɔ̃/ *nf* [فردِ دچار ایست قلبی یا تنفسی] (عمل) به هوش آوردن، زنده کردن

service de réanimation [بیمارستان] بخش مراقبت‌های ویژه

réanimer /Reanime/ *vt* (1) [فردِ دچار ایست قلبی یا تنفسی] به هوش آوردن، زنده کردن

réapparaître /ReapaRɛtR/ *vi* (57) ۱. دوباره ظاهر شدن، دوباره پدیدار شدن، دوباره پیدا شدن ۲. بازگشتن

réapparition /ReapaRisjɔ̃/ *nf* ۱. ظهور دوباره ۲. بازگشت

réapprendre /ReapRɑ̃dR/ *vt* (58) → rapprendre

réapprovisionner /ReapRɔvizjɔne/ *vt* (1) دوباره مایحتاج (جایی را) تأمین کردن

réarmement /ReaRməmɑ̃/ *nm* تجدید تسلیحات، دوباره مسلح کردن

réarmer /ReaRme/ *vt, vi* (1) ۱. [اسلحه] پُر کردن ۲. [قدیمی] دوباره مسلح کردن ◙ ۳. دوباره مسلح شدن

réassortiment /ReasɔRtimɑ̃/ *nm* جور کردنِ دوباره

réassortir /ReasɔRtiR/ *vt* (2) دوباره جور کردن
rebab /Rəbab/ *nm* رُباب (= نوعی ساز شبیه ویولن، دارای دو تار)
rébarbatif,ive /RebaRbatif,iv/ *adj* ناخوشایند، زننده
rebâtir /R(ə)batiR/ *vt* (2) دوباره ساختن، از نو بنا کردن
rebattre /R(ə)batR/ *vt* (41),
rebattre les oreilles à qqn سر کسی را بردن
rebattu,e /R(ə)baty/ *adj* مکرر، تکراری، کهنه
rebelle /Rəbɛl/ *n, adj* ۱. سرکش، نافرمان ۲. شورشی، یاغی، آشوبگر ۳. بدقلق ۴. مقاوم
Il est rebelle aux mathématiques. از ریاضیات سر درنمی‌آورد. ریاضیات به مغزش نمی‌رود.
rebelle à toute discipline مخالف هرگونه انضباط
rebeller (se) /səR(ə)bele/ *vp* (1) ۱. نافرمانی کردن، مخالفت کردن ۲. شورش کردن، سر به شورش برداشتن، طغیان کردن
rébellion /Rebeljɔ̃/ *nf* ۱. شورش، آشوب، بلوا ۲. سرکشی، نافرمانی، تمرد ۳. شورشیان، یاغیان، آشوبگران
rebiffer (se) /səR(ə)bife/ *vp* (1) [خودمانی] شورش کردن، صدای (کسی) درآمدن
rebiquer /R(ə)bike/ *vi* (1) [خودمانی] سیخ شدن
reblanchir /R(ə)blɑ̃ʃiR/ *vt* (2) دوباره سفید کردن
reboisement /R(ə)bwazmɑ̃/ *nm* درختکاری دوباره، جنگلکاری دوباره
reboiser /R(ə)bwaze/ *vt* (1) دوباره درختکاری کردن، دوباره جنگلکاری کردن
rebond /R(ə)bɔ̃/ *nm* جهش
rebondi,e /R(ə)bɔ̃di/ *adj* گِرد، تپل، چاق و چله
rebondir /R(ə)bɔ̃diR/ *vi* (2) ۱. [توپ و غیره] بالا و پایین پریدن ۲. پیشرفت تازه‌ای داشتن ۳. بالا گرفتن
rebondissement /R(ə)bɔ̃dismɑ̃/ *nm* پیشرفت تازه
rebord /R(ə)bɔR/ *nm* [پنجره، چاه، ...] لبه (برآمده)
reboucher /R(ə)buʃe/ *vt* (1) ۱. در (چیزی را) دوباره بستن ۲. [سوراخ و غیره] بستن، گرفتن، پُر کردن
rebours (à) /aR(ə)buR/ *loc. adv* ۱. در جهت مخالف ۲. وارونه، برعکس، معکوس
le compte à rebours شمارش معکوس
rebouter /R(ə)bute/ *vt* (1) [شکسته‌بندی] جا انداختن
rebouteux,euse /R(ə)butø,øz/ *n* [خودمانی] شکسته‌بند
reboutonner /R(ə)butɔne/ *vt* (1) دکمه (لباس را) بستن
se reboutonner *vp* دکمه(های) خود را بستن
rebroussement /R(ə)bRusmɑ̃/ *nm* [مو، پارچه] خواباندن خلاف جهت خواب
rebrousse-poil (à) /aRbRuspwal/ *loc. adv* [مو، پارچه] خلافِ جهتِ خواب، بیراه
rebrousser /R(ə)bRuse/ *vt* (1) [مو، پارچه] خلافِ جهت خواب خواباندن
rebuffade /R(ə)byfad/ *nf* [ادبی] برخورد بد، بی‌اعتنایی
rebut /Rəby/ *nm* پس‌مانده، تفاله
de rebut بدردنخور، بیخود
jeter/mettre au rebut دور انداختن، دور ریختن
rebutant,e /R(ə)bytɑ̃,t/ *adj* دلسردکننده، ناخوشایند، مشمئزکننده
rebuter /R(ə)byte/ *vt* (1) ۱. دلسرد کردن،

نسخهٔ خطی ۲. [اثر ادبی] معرفی، گزارش ۳. [مجازی] مرور

récent,e /Resɑ̃,t/ *adj* ۱. اخیر ۲. تازه، جدید

passé récent [دستور زبان فرانسه] (زمان) گذشتهٔ نزدیک

récépissé /Resepise/ *nm* رسید، قبض

réceptacle /Resεptakl/ *nm* ۱. محل تجمع ۲. [گیاه‌شناسی] نهنج

récepteur[1],trice /ResεptœR,tRis/ *adj* گیرنده

récepteur[2] /ResεptœR/ *nm* ۱. (دستگاه) گیرنده ۲. گوشی (تلفن)

réceptif,ive /Resεptif,iv/ *adj* تأثیرپذیر، حساس

réception /Resεpsjɔ̃/ *nf* ۱. دریافت، وصول، اخذ، تحویل گرفتن ۲. پذیرایی ۳. استقبال ۴. میهمانی، ضیافت ۵. پذیرش ۶. قسمت پذیرش

réceptionnaire /ResεpsjɔnεR/ *adj, n* ۱. مسئول تحویل ۲. [هتل] مدیر پذیرش

réceptionniste /Resεpsjɔnist/ *n* [هتل، مؤسسه، ...] متصدی پذیرش

réceptionner /Resεpsjɔne/ *vt* (1) [فنی یا حقوقی] تحویل گرفتن

réceptivité /Resεptivite/ *nf* ۱. تأثیرپذیری، حساسیت ۲. [بیماری] قابلیت ابتلا، استعداد (مبتلا شدن)

récessif,ive /Resesif,iv/ *adj,* **gène récessif** ژن نهفته، ژن مغلوب

récession /Resesjɔ̃/ *nf* [اقتصاد] رکود

recette /R(ə)sεt/ *nf* ۱. دریافتی، عایدی، درآمد ۲. دفتر وصول مالیات ۳. [غذا] طرز تهیه ۴. روش کار، شگرد، راه

recevable /Rəsvabl/ *adj* قابل قبول، موجه، پذیرفتنی

receveur,euse /RəsvœR,øz/ *n* ۱. تحصیلدار، مأمور وصول ۲. خون‌گیرنده ۳. [جراحی] گیرنده

تو ذوق (کسی) زدن، مأیوس کردن ۲. دلزده کردن، دل (کسی را) زدن، بیزار کردن، مشمئز کردن

recalcifier /Rəkalsifje/ *vt* (7) از نظر کلسیم غنی کردن

récalcitrant,e /RekalsitRɑ̃,t/ *adj, n* سرکش، نافرمان، یاغی

recalé,e /R(ə)kale/ *adj, n* [خودمانی] رفوزه، ردی، ردشده

recaler /R(ə)kale/ *vt* (1) [خودمانی] رفوزه کردن، رد کردن

récapitulatif,ive /Rekapitylatif,iv/ *adj* اجمالی، خلاصه

récapitulation /Rekapitylasjɔ̃/ *nf* ۱. تکرار رئوس مطالب، جمع‌بندی ۲. خلاصه، چکیده

récapituler /Rekapityle/ *vt* (1) رئوس (مطالب را) تکرار کردن، جمع‌بندی کردن، خلاصه کردن

recaser /R(ə)kaze/ *vt* (1) [خودمانی] جا کردن

recel /Rəsεl/ *nm* اختفا (اموال مسروقه)، اختفای جرم

recel de malfaiteur اختفای مجرم

receler /Rəs(ə)le/ *vt* (5) ۱. [اموال مسروقه] پنهان کردن، مخفی کردن ۲. [به مجرم و غیره] پناه دادن ۳. در بر داشتن، حاوی (چیزی) بودن

recéler /R(ə)sele/ *vt* (6) → receler

récemment /Resamɑ̃/ *adv* اخیراً، به تازگی، تازگی‌ها، چندی پیش

tout récemment همین اواخر، به تازگی، تازگی‌ها

recensement /R(ə)sɑ̃smɑ̃/ *nm* ۱. سرشماری ۲. آمارگیری

recenser /R(ə)sɑ̃se/ *vt* (1) ۱. سرشماری کردن ۲. آمار (چیزی را) گرفتن، آمارگیری کردن از

recenseur,euse /Resɑ̃sœR,øz/ *adj, n* ۱. مأمور سرشماری ۲. آمارگر

recension /R(ə)sɑ̃sjɔ̃/ *nf* ۱. [ادبی] مقابله با

récit

پُرطرفدار ۲. ارزشمند، کمیاب ۳. آراسته ۴. پُر-تکلف، تصنعی

rechercher /R(ə)ʃɛRʃe/ *vt* (1)
۱. جستجو کردن ۲. دنبال (کسی یا چیزی) گشتن، در پی (کسی یا چیزی) بودن ۳. تحقیق کردن، بررسی کردن ۴. دنبال (کسی یا چیزی) آمدن ۵. طالب (چیزی) بودن، خواهان (چیزی) بودن

rechigner /R(ə)ʃiɲe/ *vi* (1)
بی‌میلی نشان دادن، اکراه داشتن

rechute /R(ə)ʃyt/ *nf*
۱. ابتلای دوباره، عود بیماری ۲. انحراف، سقوط

récidivant,e /Residivã,t/ *adj*
[بیماری] عودکننده

récidive /Residiv/ *nf*
۱. تکرار جرم ۲. تکرار اشتباه ۳. [بیماری] عود

récidiver /Residive/ *vi* (1)
۱. دوباره مرتکب جرم شدن ۲. دوباره اشتباه کردن، اشتباه خود را تکرار کردن ۳. [بیماری] دوباره عود کردن، برگشتن

récidiviste /Residivist/ *n, adj*
۱. مجرم سابقه‌دار ▫ ۲. [مجرم] سابقه‌دار

récif /Resif/ *nm*
آبسنگ، صخره آبی

récipiendaire /ResipjãdɛR/ *n*
۱. [انجمن‌ها، محافل، ...] عضو پذیرفته‌شده، عضو تازه ۲. دریافت‌کننده (مدرک دانشگاهی)

récipient /Resipjã/ *nm*
ظرف

réciprocité /ResipRɔsite/ *nf*
رابطهٔ متقابل، دوجانبه بودن

réciproque /ResipRɔk/ *adj, nf*
۱. دوجانبه، دوطرفه، متقابل ▫ ۲. عکس، برعکس ۳. معامله به مثل، تلافی

réciproquement /ResipRɔkmã/ *adv*
متقابلاً، به طور متقابل
et réciproquement و متقابلاً و بالعکس

récit /Resi/ *nm*
۱. روایت، نقل، شرح ۲. حکایت، قصه

---

recevoir /RəsvwaR/ *vt* (28)
۱. گرفتن، دریافت کردن ۲. (نزد خود) پذیرفتن ۳. پذیرایی کردن ۴. استقبال کردن ۵. مهمانی دادن ۶. پذیرفتن، قبول کردن ۷. متحمل شدن ۸. جا دادن
recevoir des blessures زخم برداشتن
recevoir des coups کتک خوردن
recevoir des injures دشنام شنیدن
se recevoir *vp* ۱. با هم رفت و آمد کردن
۲. [ورزش] فرود آمدن

rechange /R(ə)ʃɑ̃ʒ/ *nm*
تعویض
de rechange ۱. یدک، یدکی ۲. زاپاس ۳. جایگزین (شونده)

rechanter /R(ə)ʃɑ̃te/ *vt* (1)
[آواز و غیره] دوباره خواندن

réchapper /Reʃape/ *vt* (1)
جان به در بردن، جان سالم به در بردن

recharge /R(ə)ʃaRʒ/ *nf*
۱. [اسلحه، فندک، ...] پر کردنِ دوباره ۲. بارگیری مجدد ۳. شارژ دوباره ۴. یدک

recharger /R(ə)ʃaRʒe/ *vt* (3)
۱. [اسلحه، فندک، ...] دوباره پر کردن ۲. دوباره بارگیری کردن، دوباره بار زدن ۳. دوباره شارژ کردن

réchaud /Reʃo/ *nm*
اجاق

réchauffé /Reʃofe/ *nm, du réchauffé*
(چیز) به ظاهر تازه

réchauffement /Reʃofmɑ̃/ *nm*
گرم شدن

réchauffer /Reʃofe/ *vt* (1)
۱. دوباره گرم کردن ۲. قوت دادن، جان دادن
se réchauffer *vp* ۱. خود را گرم کردن ۲. گرم شدن

rêche /Rɛʃ/ *adj*
۱. زبر ۲. [مزه] تند

recherche /R(ə)ʃɛRʃ/ *nf*
۱. جستجو، تجسس ۲. پژوهش، تحقیق ۳. ظرافت، دقت ۴. تکلف، تصنع

recherché,e /R(ə)ʃɛRʃe/ *adj*
۱. پُرخواهان،

récital /ʀesital/ *nm* [موسیقی] رسیتال،
تک‌نوازی، تک‌خوانی
récitation /ʀesitasjɔ̃/ *nf* ۱. ازبرخوانی،
از حفظ خواندن ۲. متن، قطعه (برای ازبرخوانی)
réciter /ʀesite/ *vt* (1) ۱. از حفظ خواندن،
از بر خواندن، خواندن ۲. (به دروغ) گفتن، (مطالب
نادرست) تحویل دادن
réclamation /ʀeklamasjɔ̃/ *nf*
۱. ادعا،
شکایت ۲. اعتراض
réclame /ʀeklam/ *nf* تبلیغ
en réclame [جنس] دارای تخفیف
faire de la réclame تبلیغ کردن
réclamer /ʀeklame/ *vt, vi* (1)
۱. درخواست کردن، خواستار (چیزی) بودن،
خواستن ۲. مطالبه کردن، طلب کردن، ادعا کردن
۳. نیازمند (چیزی) بودن، طلبیدن، ایجاب کردن،
لازم داشتن ◼ ۴. اعتراض کردن
Ce travail réclame beaucoup de soin.
این کار مستلزم دقت زیاد است.
se réclamer *vp* ۱. متوسل شدن، توسل جستن
۲. استناد کردن
reclassement /ʀ(ə)klasmɑ̃/ *nm*
طبقه‌بندی دوباره، دسته‌بندی مجدد
reclasser /ʀ(ə)klase/ *vt* (1)
دوباره طبقه‌بندی کردن، دوباره دسته‌بندی کردن
reclus,e /ʀəkly,z/ *n, adj* [ادبی] گوشه‌نشین،
منزوی
réclusion /ʀeklyzjɔ̃/ *nf* حبس با اعمال شاقه
recoiffer /ʀ(ə)kwafe/ *vt* (1) (دوباره) موهای
(کسی را) درست کردن
recoin /ʀəkwɛ̃/ *nm* ۱. گوشه‌کنار، گوشه،
کنج ۲. [مجازی] زوایای پنهان
recollage /ʀ(ə)kɔlaʒ/ *nm* چسباندن دوباره
récollection /ʀekɔlɛksjɔ̃/ *nf* ۱. [مذهبی]
اعتکاف ۲. [ادبی] خلوت‌گزینی
recollement /ʀ(ə)kɔlmɑ̃/ *nm*
دوباره چسبیدن

recoller /ʀ(ə)kɔle/ *vt* (1) دوباره چسباندن،
چسباندن
récolte /ʀekɔlt/ *nf* ۱. [گندم و غیره] درو،
برداشت ۲. [میوه] چیدن ۳. محصول ۴. دستاورد
La récolte est bonne cette année.
امسال محصول خوب است.
récolter /ʀekɔlte/ *vt* (1) ۱. [گندم و غیره]
درو کردن، برداشت کردن ۲. [میوه] چیدن
recommandable /ʀ(ə)kɔmɑ̃dabl/ *adj*
قابل، مطلوب، پسندیده
recommandation /ʀ(ə)kɔmɑ̃dasjɔ̃/ *nf*
سفارش، توصیه
recommandé,e /ʀ(ə)kɔmɑ̃de/ *adj* سفارشی
lettre recommandé نامهٔ سفارشی
recommander /ʀ(ə)kɔmɑ̃de/ *vt* (1)
۱. سفارش کردن، توصیه کردن ۲. [نامه، بسته]
سفارشی کردن، سفارشی فرستادن
se recommander *vp* (از کسی) یاری طلبیدن،
مدد جستن
recommencement /ʀ(ə)kɔmɑ̃smɑ̃/ *nm*
شروع دوباره، آغاز دوباره
recommencer /ʀ(ə)kɔmɑ̃se/ *vt, vi* (3)
۱. دوباره شروع کردن، از نو آغاز کردن، از سر
گرفتن ◼ ۲. دوباره شروع شدن، از سر گرفته شدن
۳. [جنگ، توفان] دوباره درگرفتن
récompense /ʀekɔ̃pɑ̃s/ *nf* ۱. پاداش
۲. جایزه ۳. اجر ۴. [قدیمی] غرامت، خسارت
récompenser /ʀekɔ̃pɑ̃se/ *vt* (1)
۱. پاداش دادن به ۲. [خدمات و غیره] جبران کردن
être récompensé de پاداش خود را گرفتن،
مزد کار خود را گرفتن
recomposer /ʀəkɔ̃poze/ *vt* (1) (دوباره)
ترکیب کردن ۲. دوباره حروفچینی کردن
recompter /ʀəkɔ̃te/ *vt* (1) دوباره حساب
کردن، دوباره شمردن
réconciliation /ʀekɔ̃siljasjɔ̃/ *nf* آشتی،
مصالحه، سازش

recopier

réconcilier /ʀekɔ̃silje/ vt (7)
١. آشتی دادن ٢. وفق دادن
se réconcilier vp
با هم آشتی کردن، آشتی کردن
recondamner /ʀ(ə)kɔ̃dane/ vt (1)
دوباره محکوم کردن
reconduction /ʀ(ə)kɔ̃dyksjɔ̃/ nf
١. [حقوقی] تجدید اجاره ٢. تجدید
reconduire /ʀ(ə)kɔ̃dɥiʀ/ vt (38)
١. بدرقه کردن، مشایعت کردن ٢. [حقوقی یا اداری] تجدید کردن
réconfort /ʀekɔ̃fɔʀ/ nm
قوت قلب، دلگرمی، دلداری، تسلی
réconfortant,e /ʀekɔ̃fɔʀtɑ̃,t/ adj
١. دلگرم‌کننده، تسلی‌دهنده ٢. نیروبخش، مقوی
réconforter /ʀekɔ̃fɔʀte/ vt (1)
١. قوت قلب دادن، دلگرم کردن، دلداری دادن، تسلی دادن ٢. نیرو دادن به، تقویت کردن
reconnaissable /ʀ(ə)kɔnɛsabl/ adj
١. قابل شناسایی ٢. قابل تشخیص
reconnaissance /ʀ(ə)kɔnɛsɑ̃s/ nf
١. شناسایی، بازشناسی ٢. تشخیص ٣. (عمل) به رسمیت شناختن ۴. قدردانی، حق‌شناسی، سپاس ۵. اذعان، اقرار، قبول
reconnaissant,e /ʀ(ə)kɔnɛsɑ̃,t/ adj
١. حق‌شناس ٢. سپاسگزار، ممنون، متشکر
reconnaître /ʀ(ə)kɔnɛtʀ/ vt (57)
١. شناختن، بازشناختن، بجا آوردن ٢. تشخیص دادن ٣. اقرار کردن به، اعتراف کردن به ۴. قبول داشتن، قبول کردن، اذعان داشتن، پذیرفتن ۵. دریافتن، فهمیدن، متوجه شدن ۶. به رسمیت شناختن ۷. شناسایی کردن
se reconnaître vp
١. خود را (باز) شناختن ٢. خود را (باز) یافتن ٣. همدیگر را شناختن، همدیگر را بجا آوردن ۴. خود را ...دانستن، قبول داشتن ۵. راه خود را پیدا کردن ۶. شناخته شدن

se reconnaître coupable
خود را مقصر دانستن
reconnu,e /ʀ(ə)kɔny/ adj, part. passé
١. مسلم، بی‌چون و چرا ▫ ٢. [اسم مفعول فعل reconnaître]
un auteur reconnu
یک نویسندهٔ صاحب‌نام، یک نویسندهٔ مطرح
reconquérir /ʀ(ə)kɔ̃keʀiʀ/ vt (21)
١. دوباره تصرف کردن، دوباره فتح کردن ٢. دوباره به دست آوردن، دوباره صاحب شدن
reconquête /ʀ(ə)kɔ̃kɛt/ nf
١. تصرف دوباره ٢. تصاحب دوباره
reconsidérer /ʀ(ə)kɔ̃sideʀe/ vt (1)
دوباره بررسی کردن
reconstituant¹,e /ʀ(ə)kɔ̃stitɥɑ̃,t/ adj
مقوی، تقویتی، نیروبخش
reconstituant² /ʀ(ə)kɔ̃stitɥɑ̃/ nm
داروی تقویتی
reconstituer /ʀ(ə)kɔ̃stitɥe/ vt (1)
١. دوباره تشکیل دادن ٢. بازسازی کردن
se reconstituer vp
١. دوباره تشکیل شدن ٢. بازسازی شدن
reconstitution /ʀ(ə)kɔ̃stitysjɔ̃/ nf
١. تشکیل دوباره، تجدید ساختار ٢. بازسازی
reconstruction /ʀ(ə)kɔ̃stʀyksjɔ̃/ nf
بازسازی، تجدید بنا
reconstruire /ʀ(ə)kɔ̃stʀɥiʀ/ vt (38)
بازسازی کردن، دوباره ساختن، تجدید بنا کردن
reconversion /ʀ(ə)kɔ̃vɛʀsjɔ̃/ nf
١. وفق دادن با نیازهای تازه ٢. تغییر شغل
reconvertir /ʀ(ə)kɔ̃vɛʀtiʀ/ vt (2)
١. با نیازهای تازه وفق دادن ٢. تغییر دادن
se reconvertir vp
تغییر شغل دادن
recopiage /ʀ(ə)kɔpjaʒ/ nm
١. رونویسی، بازنویسی ٢. پاکنویس (کردن)
recopier /ʀ(ə)kɔpje/ vt (7)
١. رونویسی

---
a = bas, plat   e = blé, jouer   ɛ = lait, jouet, merci   i = il, lyre   o = mot, dôme, eau, gauche   ɔ = mort
u = roue   y = rue   ø = peu   œ = peur   ə = le, premier   ɑ̃ = sans, vent   ɛ̃ = matin, plein, lundi
ɔ̃ = bon, ombre   ʃ = chat, tache   ʒ = je, gilet   j = yeux, paille, pied   w = oui, nouer   ɥ = huile, lui

record 726

۱. دوباره پوشاندن ۲. (کاملاً) پوشاندن ۳. [کتاب و غیره] دوباره جلد کردن ۴. دوباره روکش کردن، روکش نو انداختن به ۵. روی (کسی را) انداختن، پتو روی (کسی) کشیدن ۶. پنهان کردن ۷. در بر داشتن

se recouvrir *vp* ۱. پوشیده شدن ۲. همدیگر را پوشاندن

recracher /R(ə)kRaʃe/ *vt, vi* (1) ۱. از دهان بیرون انداختن، (به بیرون) تف کردن ۲.◙ دوباره تف کردن

récré /RekRe/ *nf* → récréation

récréatif,ive /RekReatif,iv/ *adj* سرگرم‌کننده، تفریحی

récréation /RekReasjɔ̃/ *nf* ۱. سرگرمی، تفریح ۲. زنگ تفریح

cour de récréation حیاط مدرسه

recréation /RəkReasjɔ̃/ *nf* بازآفرینی

recréer /R(ə)kRee/ *vt* (1) ۱. دوباره آفریدن، دوباره خلق کردن ۲. بازسازی کردن

recreuser /R(ə)kRøze/ *vt* (1) ۱. دوباره کندن، دوباره حفر کردن ۲. عمیق‌تر کردن

recrier (se) /s(ə)RekRije/ *vp* (7) ۱. [ادبی] فریاد برآوردن ۲. فریاد اعتراض سردادن

récrimination /RekRiminasjɔ̃/ *nf* ۱. اعتراض، شکایت ۲. [قدیمی] اتهام متقابل

récriminer /RekRimine/ *vi* (1) ۱. معترض شدن، به سختی انتقاد کردن، حمله کردن ۲. شکوه کردن، نالیدن ۳. [قدیمی] متقابلاً تهمت زدن

récrire /RekRiR/ *vt* (39) دوباره نوشتن، از نو نوشتن، بازنویسی کردن

recroqueviller (se) /səR(ə)kRɔkvije/ *vp* (1) ۱. جمع شدن، مچاله شدن ۲. گوله شدن، کِز کردن

recru,e /R(ə)kRy/ *adj* [ادبی] ازپاافتاده، ازپادرآمده، درمانده، کوفته

recrudescence /R(ə)kRydesɑ̃s/ *nf* ۱. عود، بازگشت ۲. بروز دوباره

کردن، (از روی چیزی) نوشتن ۲. پاکنویس کردن

record /R(ə)kɔR/ *nm, adj* رکورد

recoucher /R(ə)kuʃe/ *vt* (1) دوباره خواباندن

se recoucher *vp* دوباره خوابیدن

recoudre /R(ə)kudR/ *vt* (48) (دوباره) دوختن

recoupage /R(ə)kupaʒ/ *nm* [فنی] بریدنِ دوباره

recoupement /R(ə)kupmɑ̃/ *nm* مقایسه (اطلاعات)، بررسی (از راه مقایسهٔ اطلاعات)

recouper /R(ə)kupe/ *vt* (1) ۱. دوباره بریدن ۲. مطابقت داشتن با، تأیید کردن ۳. دوباره ورق‌ها را بُر زدن

recourbé,e /R(ə)kuRbe/ *adj* خمیده، کمانی (شکل)

recourbement /R(ə)kuRbəmɑ̃/ *nm* (عمل) خم کردن

recourber /R(ə)kuRbe/ *vt* (1) (به طور کامل) خم کردن

recourbure /R(ə)kuRbyR/ *nf* خمیدگی

recourir /R(ə)kuRiR/ *vi, vt* (11) ۱. دوباره دویدن ۲. (دوباره) مسابقهٔ دو دادن ◙ ۳. متوسل شدن، توسل جستن، یاری خواستن ۴. مراجعه کردن ۵. [حقوقی] فرجام خواستن، استیناف دادن، پژوهش خواستن

recourir à un mensonge به دروغ متوسل شدن

recours /R(ə)kuR/ *nm* ۱. توسل ۲. استمداد، طلب یاری ۳. مراجعه ۴. چاره، علاج، راه‌حل ۵. [حقوقی] تقاضای فرجام، استیناف، پژوهش‌خواهی

avoir recours à متوسل شدن به، توسل جستن به

recouvrement[1] /R(ə)kuvRəmɑ̃/ *nm* ۱. [ادبی] بازیابی ۲. وصول

recouvrement[2] /R(ə)kuvRəmɑ̃/ *nm* پوشش

recouvrer /R(ə)kuvRe/ *vt* (1) ۱. [ادبی] دوباره به دست آوردن، بازیافتن ۲. وصول کردن

recouvrir /R(ə)kuvRiR/ *vt* (18)

recrue /RəkRy/ *nf*	۱. سرباز جدید
	۲. عضو جدید
recrutement /RəkRytmã/ *nm*	
	۱. سربازگیری ۲. استخدام ۳. جذب (نیرو)
recruter /RəkRyte/ *vt* (1)	۱. [سرباز] گرفتن
	۲. استخدام کردن ۳. [نیرو، عضو، ...] جذب کردن، به عضویت پذیرفتن
se recruter *vp*	۱. استخدام شدن
	۲. [نیرو، عضو، ...] جذب شدن
recruteur /RəkRytœR/ *nm*	۱. مأمور سربازگیری ۲. مسئول استخدام ۳. مسئول جذب نیرو
recta /Rɛkta/ *adv*	۱. درست سر وقت
	۲. فی‌الفور، در دَم
rectal,aux /Rɛktal,o/ *adj*	۱. (مربوط به) راست‌روده ۲. مقعدی، (مربوط به) مقعد
rectangle /Rɛktãg/ *nm, adj*	۱. مستطیل، مستطیل‌شکل ◨ ۲. قائم‌الزاویه
rectangulaire /Rɛktãgylɛʁ/ *adj*	مستطیل، مستطیل‌شکل
recteur /RɛktœR/ *nm*	۱. [در فرانسه] رئیس حوزهٔ آموزشی ۲. کشیش منطقه
rectifiable /Rɛktifjabl/ *adj*	قابل اصلاح
rectificatif¹,ive /Rɛktifikatif,iv/ *adj*	اصلاحی
rectificatif² /Rɛktifikatif/ *nm*	اصلاحیه، متن اصلاحی
rectifcation /Rɛktifikasjɔ̃/ *nf*	
	۱. (عمل) راست کردن ۲. اصلاح، تصحیح
rectifier /Rɛktifje/ *vt* (7)	۱. راست کردن
	۲. اصلاح کردن، تصحیح کردن، درست کردن ۳. [عامیانه] سر (کسی را) زیر آب کردن، کلک (کسی را) کندن، ترتیب (کسی را) دادن
rectiligne /Rɛktiliɲ/ *adj*	۱. مستقیم
	۲. دارای خطوط راست، راست‌خط
rectitude /Rɛktityd/ *nf*	۱. درستی
	۲. [ادبی] راست بودن
recto /Rɛkto/ *nm*	[کاغذ، نوشته] روی صفحه
recto verso	(در) پشت و روی صفحه
rectorat /Rɛktɔʁa/ *nm*	[در فرانسه] ریاست حوزهٔ آموزشی
rectum /Rɛktɔm/ *nm*	۱. راست‌روده ۲. مقعد
reçu¹,e /R(ə)sy/ *n, part. passé*	۱. پذیرفته‌شده، پذیرفته، مورد قبول ◨ ۲. [اسم مفعول فعل recevior]
reçu² /R(ə)sy/ *nm*	رسید، قبض
recueil /R(ə)kœj/ *nm*	مجموعه، جُنگ
recueillement /R(ə)kœjmã/ *nm*	تأمل، تعمق
recueillir /R(ə)kœjiR/ *vt* (12)	۱. جمع کردن، جمع‌آوری کردن، گرد آوردن ۲. ثبت کردن، ضبط کردن ۳. به ارث بردن ۴. به دست آوردن ۵. پناه دادن به
recueillir des renseignements	اطلاعات جمع‌آوری کردن، جمع‌آوری اطلاعات
se recueillir *vp*	تأمل کردن، تعمق کردن، به فکر فرو رفتن
recuire /R(ə)kɥiR/ *vi, vt* (38)	دوباره پختن
recul /R(ə)kyl/ *nm*	۱. عقب‌نشینی ۲. [اسلحه] پس زدن، لگد زدن ۳. پس‌روی، انحطاط ۴. فاصله
prendre du recul	فاصله گرفتن، عقب رفتن
reculade /R(ə)kylad/ *nf*	۱. (عمل) جا زدن
	۲. [قدیمی] عقب‌نشینی
reculé,e /R(ə)kyle/ *adj*	۱. دورافتاده، پرت ۲. [زمان] دور
reculer /R(ə)kyle/ *vt, vi* (1)	۱. (به) عقب بردن، عقب کشیدن ۲. به تعویق انداختن، عقب انداختن ◨ ۳. (به) عقب رفتن ۴. عقب‌نشینی کردن ۵. جا زدن، شانه خالی کردن
faire reculer	به عقب راندن، پس زدن

---

a = bas, plat   e = blé, jouer   ɛ = lait, jouet, merci   i = il, lyre   o = mot, dôme, eau, gauche   ɔ = mort
u = roue   y = rue   ø = peu   œ = peur   ə = le, premier   ɑ̃ = sans, vent   ɛ̃ = matin, plein, lundi
ɔ̃ = bon, ombre   ʃ = chat, tache   ʒ = je, gilet   j = yeux, paille, pied   w = oui, nouer   ɥ = huile, lui

reculons (à) /aRkylɔ̃/ *loc. adv* عقب‌عقب، پس‌پسکی

récupérable /RekypeRabl/ *adj* ۱. قابل بازیابی ۲. قابل جبران، جبران‌پذیر

récupération /RekypeRasjɔ̃/ *nf* ۱. استرداد، پس گرفتن ۲. جمع‌آوری (برای استفادهٔ دوباره)، بازیابی ۳. [کار عقب‌مانده، قوای ازدست‌رفته، ...] جبران ۴. [سیاسی؛ تحقیرآمیز] جذب، اغوا

récupérer /RekypeRe/ *vt* (6) ۱. دوباره به دست آوردن، پس گرفتن، بازستاندن ۲. (برای استفادهٔ دوباره) جمع‌آوری کردن، بازیابی کردن ۳. [کار عقب‌مانده، قوای ازدست‌رفته، ...] جبران کردن ۴. (دوباره) پیدا کردن، بازیافتن ۵. [سیاسی؛ تحقیرآمیز] به طرف خود کشیدن، از راه به‌در کردن، اغوا کردن

récurage /RekyRaʒ/ *nm* (عمل) سابیدن

récurer /RekyRe/ *vt* (1) [ظرف و غیره] سابیدن

récusable /Rekyzabl/ *adj* قابل رد کردن، ردشدنی، مورد تردید

récusation /Rekyzasjɔ̃/ *nf* [عضو هیئت منصفه، کارشناس، ...] رد صلاحیت، عدم پذیرش

récuser /Rekyze/ *vt* (1) ۱. رد کردن، نپذیرفتن ۲. [عضو هیئت منصفه، کارشناس، ...] صلاحیت (کسی را) رد کردن، نپذیرفتن

recyclage /R(ə)siklaʒ/ *nm* ۱. [تحصیلی] ورود به دورهٔ جدید ۲. [اداری و غیره] بازآموزی، آموزش (تکمیلی) ۳. [فنی] بازیافت، بازیابی

recycler /R(ə)sikle/ *vt* (1) ۱. [تحصیلی] وارد دورهٔ جدید کردن ۲. [اداری و غیره] آموزش دادن ۳. [فنی] بازیابی کردن

rédacteur,trice /RedaktœR,tRis/ *n* ۱. نویسنده، نگارنده ۲. مؤلف

rédacteur en chef سردبیر

rédaction /Redaksjɔ̃/ *nf* ۱. نگارش، تحریر ۲. انشا ۳. نویسندگان، هیئت تحریریه

reddition /Redisjɔ̃/ *nf* [نظامی] تسلیم

reddition sans conditions تسلیم بی‌قید و شرط، تسلیم بلاشرط

redécouvrir /R(ə)dekuvRiR/ *vt* (18) دوباره کشف کردن

redéfinir /R(ə)definiR/ *vt* (2) دوباره تعریف کردن، تعریف تازه‌ای (به دست) دادن از

redemander /Rədmɑ̃de/ *vt* (1) ۱. دوباره تقاضا کردن، دوباره خواستن ۲. دوباره پرسیدن

redémarrage /RədmaRaʒ/ *nm* ۱. [خودرو] دوباره راه افتادن ۲. [اقتصاد] رونق دوباره

redémarrer /RədmaRe/ *vi* (1) ۱. [خودرو] دوباره راه افتادن ۲. [اقتصاد] دوباره رونق یافتن

rédempteur[1],trice /Redɑ̃(p)tœR,tRis/ *adj* رهایی‌بخش، رهاننده

Rédempteur[2] /Redɑ̃(p)tœR/ *nm* مسیح، ناجی، منجی

rédemption /Redɑ̃psjɔ̃/ *nf* رستگاری، نجات، رهایی

redescendre /R(ə)desɑ̃dR/ *vi, vt* (41) ۱. (دوباره) پایین آمدن، (به) پایین برگشتن ◙ ۲. (دوباره) پایین بردن، (به) پایین برگرداندن ۳. (دوباره) پایین رفتن از

redescente /Rədesɑ̃t/ *nf* پایین آمدنِ دوباره، پایین برگشتن

redevable /Rədvabl/ *adj* ۱. بدهکار ۲. مدیون، مرهون

redevance /Rədvɑ̃s/ *nf* ۱. بدهی ۲. مالیات، عوارض

redevenir /RədvəniR/ *vi* (22) دوباره شدن، دوباره بدل شدن به

rédhibition /Redibisjɔ̃/ *nf* [حقوقی] فسخ (معامله) به سبب عیب، خیار عیب

rédhibitoire /RedibitwaR/ *adj,*

vice rédhibitoire [حقوقی] عیب موجب فسخ (معامله)

rédiffusion /Rədifyzjɔ̃/ *nf* [برنامه رادیویی یا تلویزیونی] پخش دوباره، تکرار

rédiffuser /Rədifyze/ *vt* (1) [برنامه رادیویی یا تلویزیونی] دوباره پخش کردن، تکرار کردن

729 réduire

کردن، آستر تازه کردن ◘ ۵. شدت یافتن، شدت گرفتن

redoubler une classe کلاسی را دوباره گذراندن، یک سال درجا زدن

redoutable /R(ə)dutabl/ *adj* مهیب، هولناک، مخوف، موحش، هراسناک

redouter /R(ə)dute/ *vt* (1) هراس داشتن از، وحشت داشتن از، خیلی ترسیدن از

redresse (à la) /alaRdRɛs/ *loc. adj* [عامیانه] زورگو

redressement /R(ə)dRɛsmɑ̃/ *nm* ۱. (عمل) صاف کردن، راست کردن ۲. (عمل) راست ایستادن ۳. اصلاح ۴. احیا، ترقی

maison de redressement [قدیمی] دارالتأدیب

redresser /R(ə)dRese/ *vt* (1)

۱. صاف کردن، راست کردن ۲. دماغه (هواپیما را) بلند کردن ۳. فرمان (اتومبیل را) صاف کردن ۴. اصلاح کردن، درست کردن

se redresser *vp* ۱. راست ایستادن، صاف ایستادن ۲. [مجازی] روی پای خود ایستادن، احیا شدن

redresseur /R(ə)dRɛsœR/ *nm,*

redresseur de torts حامی ضعفا، مُصلح

réductibilité /Redyktibilite/ *nf*

۱. کاهش‌پذیری، تقلیل‌پذیری، قابلیت تقلیل ۲. قابلیت ساده شدن

réductible /Redyktibl/ *adj* ۱. کاهش‌پذیر، تقلیل‌پذیر ۲. ساده‌شدنی ۳. [استخوان، فتق، ...] قابل جاانداختن

fraction réductible کسر ساده‌شدنی

réduction /Redyksjɔ̃/ *nf* ۱. کاهش، تقلیل ۲. تخفیف ۳. ساخت نمونهٔ کوچکتر، کوچک کردن ۴. تبدیل (به اجزاء ساده‌تر) ۵. [ریاضیات] ساده کردن ۶. [استخوان، فتق، ...] (عمل) جا انداختن

réduire /Redɥir/ *vt* (38) ۱. کم کردن، کاهش دادن، کاستن از، تقلیل دادن ۲. کوچک (تر)

rédiger /Redi3e/ *vt* (3) نگاشتن، نوشتن، تحریر کردن، به رشتهٔ تحریر درآوردن

redingote /R(ə)dɛ̃gɔt/ *nf* ۱. مانتوی چسبان (زنانه) ۲. [قدیمی] رِدَنْگت (= کت بلند یا پالتوی کوتاه مردانه با برگردان یقه و سرآستین‌ها و یقهٔ پهن)

redire /R(ə)diR/ *vt* (37) دوباره گفتن، بازگو کردن، مکرر گفتن، تکرار کردن

Il n'y a rien à redire à cela. حرف ندارد. هیچ عیبی ندارد. هیچ ایرادی نمی‌شود گرفت.

rediscuter /R(ə)diskyte/ *vt* (1) (سرِ چیزی) دوباره بحث کردن، دوباره به بحث پرداختن

redistribuer /R(ə)distRibɥe/ *vt* (1)

دوباره توزیع کردن، دوباره تقسیم کردن، دوباره پخش کردن

redistribution /R(ə)distRibysjɔ̃/ *nf*

توزیع مجدد، تقسیم دوباره

redite /R(ə)dit/ *nf* ۱. تکرار ۲. تکرار مکررات، گزافه گویی

redondance /R(ə)dɔ̃dɑ̃s/ *nf* ۱. گزافه گویی، زیاده‌گویی، اِطناب ۲. حشو

redondant,e /R(ə)dɔ̃dɑ̃,t/ *adj*

۱. دارای اِطناب ۲. دارای حشو ۳. زیادی، زائد

redonner /R(ə)dɔne/ *vt* (1) ۱. دوباره دادن ۲. پس دادن، مسترد کردن، برگرداندن

redorer /R(ə)dɔRe/ *vt* (1)

دوباره طلایی کردن

redoublant,e /R(ə)dublɑ̃,t/ *n* شاگرد دوساله

redoublé,e /R(ə)duble/ *adj* مکرر

frapper à coups redoublés به شدت زدن

pas redoublés گام‌های سریع‌تر، تندتر

redoublement /R(ə)dubləmɑ̃/ *nm*

۱. تکرار ۲. تشدید

redoubler /R(ə)duble/ *vt, vi* (1)

۱. تکرار کردن ۲. مضاعف کردن، دو برابر کردن ۳. تشدید کردن، شدت بخشیدن ۴. دوباره آستر

کردن ۳. تبدیل کردن، (بدل) کردن ۴. خلاصه کردن، کوتاه کردن ۵. تنزل دادن ۶. کشاندن، سوق دادن ۷.واداشتن، مجبور کردن ۸. [مقاومت و غیره] از بین بردن، در هم شکستن ۹. [ریاضیات] ساده کردن ۱۰. [استخوان، فتق، ...] جا انداختن ۱۱. [سس] غلیظ کردن

réduire à rien نابود کردن، از بین بردن

réduire au silence به سکوت واداشتن

réduire en esclavage به بردگی کشاندن

se réduire *vp* ۱. محدود شدن، خلاصه شدن ۲. تبدیل شدن، بدل شدن، شدن ۳. از مخارج خود کاستن، کمتر خرج کردن

réduit¹,e /ʀedɥi,t/ *adj, part. passé* ۱. کوچک‌شده، کوچک‌تر ۲. با تخفیف، دارای تخفیف ۳. کم، اندک، مختصر ◙ ۴. [اسم مفعول فعلِ réduire]

réduit² /ʀedɥi/ *nm* ۱. جای محقر، جای تنگ و تاریک ۲. [اتاق] تورفتگی، کنج

réécrire /ʀeekʀiʀ/ *vt* (39) → récrire

réécriture /ʀeekʀityʀ/ *nf* بازنویسی، نگارش دوباره

réédification /ʀeedifikasjɔ̃/ *nf* بازسازی، تجدید بنا

réédifier /ʀeedifje/ *vt* (7) [ادبی] دوباره ساختن، بازسازی کردن

rééditer /ʀeedite/ *vt* (1) ۱. دوباره چاپ کردن، تجدید چاپ کردن ۲. [خودمانی] (کاری را) دوباره کردن، تکرار کردن

réédition /ʀeedisjɔ̃/ *nf* ۱. تجدید چاپ ۲. [خودمانی] تکرار

rééducation /ʀeedykasjɔ̃/ *nf* ۱. توان‌بخشی ۲. بازپروری

rééduquer /ʀeedyke/ *vt* (1) ۱. توان بخشیدن ۲. بازپروری کردن

réel¹,elle /ʀeɛl/ *adj* ۱. واقعی ۲. حقیقی ۳. موجود ۴. قابل توجه، قابل ملاحظه ۵. به‌تمام‌معنی، تمام و کمال

personnage réel [در فیلم، داستان، ...] شخصیت واقعی

salaire réel حقوق دریافتی، حقوق و مزایا

réel² /ʀeɛl/ *nm* واقعیت

réélection /ʀeeleksjɔ̃/ *nf* انتخاب مجدد

rééligible /ʀeeliʒibl/ *adj* قابل انتخاب مجدد

réélire /ʀeeliʀ/ *vt* (43) دوباره انتخاب کردن

réellement /ʀeɛlmɑ̃/ *adv* واقعاً، حقیقتاً، در واقع، در حقیقت، به راستی

réemballer /ʀeɑ̃bale/ *vt* (1) → remballer

réembarquer /ʀeɑ̃baʀke/ *vt* (1) → rembarquer

réemploi /ʀeɑ̃plwa/ *nm* ۱. استفادهٔ مجدد، به‌کارگیری دوباره ۲. استخدام مجدد

réemployer /ʀeɑ̃plwaje/ *vt* (8) ۱. دوباره استفاده کردن از، دوباره به کار بردن ۲. دوباره به خدمت گرفتن، دوباره استخدام کردن

réengagement /ʀeɑ̃gaʒmɑ̃/ *nm* استخدام مجدد

réengager /ʀeɑ̃gaʒe/ *vt* (3) دوباره استخدام کردن، دوباره به خدمت گرفتن

réensemencer /ʀeɑ̃smɑ̃se/ *vt* (3) دوباره (تخم) کاشتن، دوباره بذر افشاندن

réentendre /ʀeɑ̃tɑ̃dʀ/ *vt* (41) دوباره شنیدن، دوباره گوش دادن

rééquilibrage /ʀeekilibʀaʒ/ *nm* ایجاد دوبارهٔ تعادل، برقراری مجدد موازنه

rééquilibrer /ʀeekilibʀe/ *vt* (1) دوباره متعادل کردن، دوباره موازنه برقرار کردن

réessayage /ʀeesɛjaʒ/ *nm* ۱. کوشش دوباره، سعی مجدد ۲. [لباس] پِرو مجدد، دوباره پِرو کردن

réessayer /ʀeeseje/ *vt* (8) ۱. دوباره کوشیدن، باز سعی کردن، دوباره امتحان کردن ۲. [لباس] دوباره پِرو کردن

réévaluation /Reevalɥasjɔ̃/ *nf* [پول] تقویت ارزش، ترقی

réévaluer /Reevalɥe/ *vt* (1) [اقتصاد] ارزش (پولی را) بالا بردن، (پولی را) تقویت کردن

réexamen /Reegzamɛ̃/ *nm* بررسی دوباره، رسیدگی مجدد

réexaminer /Reɛgzamine/ *vt* (1) دوباره بررسی کردن، دوباره ارسال کردن، دوباره رسیدگی کردن به

réexpédier /Reɛkspedje/ *vt* (7) دوباره فرستادن، دوباره ارسال کردن، برگرداندن، برگشت دادن

réexpédition /Reɛkspedisjɔ̃/ *nf* ارسال مجدد، برگشت (دادن)

réfaction /Refaksjɔ̃/ *nf* [تجارت] کاهش بها در صورت نقص

refaire /R(ə)fɛR/ *vt* (60) ۱. دوباره کردن، تکرار کردن، از سر گرفتن ۲. تجدید کردن ۳. دوباره ساختن، از نو بنا کردن ۴. تعمیر کردن، درست کردن ۵. [سلامتی، قوا، ...] دوباره به دست آوردن، بازیافتن ۶. [خودمانی] سر (کسی را) کلاه گذاشتن

se refaire *vp* ۱. [کاربرد منفی] خود را عوض کردن، عوض شدن، به‌کلی تغییرکردن ۲. [قمار] باخت خود را جبران کردن

réfection /Refɛksjɔ̃/ *nf* بازسازی، تعمیر، مرمت

réfectoire /Refɛktwar/ *nf* [مدرسه، بیمارستان، ...] (سالن) غذاخوری

référé /Refere/ *nm* ۱. [حقوقی] رسیدگی فوری، دادرسی فوری ۲. [حقوقی] حکم موقت

référence /RefeRɑ̃s/ *nf* ۱. مراجعه ۲. ارجاع ۳. مرجع ۴. [نامه‌نگاری] عطف ـــ [صورت جمع] ۵. [برای استخدام و غیره] معرفی‌نامه، توصیه‌نامه

ouvrages de référence کتب مرجع

par référence à با توجه به، نظر به

référendaire /RefeRɑ̃dɛR/ *adj* (مربوط به) همه‌پرسی

référendum /RefeRɛ̃dɔm/ *nm* همه‌پرسی

referendum /RefeRɛ̃dɔm/ *nm* → référendum

référer /RefeRe/ *vt* (6), **en référer à** تصمیم را (به کسی) واگذار کردن

se référer *vp* ۱. مراجعه کردن، رجوع کردن ۲. مربوط شدن به، مربوط بودن به، ربط داشتن به

refermer /R(ə)fɛRme/ *vt* (1) دوباره بستن، مجدداً بستن

se refermer *vp* ۱. دوباره بسته شدن ۲. هم آمدن

refiler /R(ə)file/ *vt* (1) [خودمانی؛ جنس] قالب کردن، انداختن

réfléchi,e /Refleʃi/ *adj* ۱. فکور، بافکر، عاقل ۲. سنجیده، عاقلانه ۳. [دستور زبان] انعکاسی، بازتابی

réfléchir /RefleʃiR/ *vt, vi* (2) ۱. منعکس کردن، بازتاباندن، برگرداندن ◻ ۲. اندیشیدن، فکر کردن

se réfléchir *vp* منعکس شدن

réflecteur /Reflɛktœr/ *nm* بازتابنده

reflet /R(ə)flɛ/ *nm* ۱. بازتاب، انعکاس ۲. [در سطح شفاف] عکس، تصویر

refléter /R(ə)flete/ *vt* (6) ۱. منعکس کردن، بازتاباندن ۲. آشکار کردن، نشان دادن، بیانگر (چیزی) بودن

se refléter *vp* ۱. منعکس شدن ۲. آشکار شدن، نمایان بودن

refleurir /R(ə)flœRiR/ *vi, vt* (2) ۱. دوباره گل دادن ۲. [مجازی] دوباره شکوفا شدن، دوباره گل کردن ◻ ۳. با گل تزیین کردن، گل گذاشتن رویِ

réflexe /Reflɛks/ *nm, adj* ۱. بازتاب،

انعکاس ۲. واکنش غیرارادی، عکس‌العمل طبیعی ◙ ۳. بازتابی، انعکاسی ۴. غیرارادی

réflexible /ʀeflɛksibl/ *adj* قابل انعکاس، انعکاس‌پذیر

réflexion /ʀeflɛksjɔ̃/ *nf* ۱. انعکاس، بازتاب ۲. تفکر، فکر، اندیشه، تأمل

refluer /ʀ(ə)flye/ *vi* (1) برگشتن، عقب نشستن، پس رفتن

reflux /ʀəfly/ *nm* ۱. بازگشت، عقب‌گرد، پس‌روی ۲. جزر، فروکشند

refondre /ʀ(ə)fɔ̃dʀ/ *vt, vi* (41) ۱. دوباره آب کردن، دوباره ذوب کردن ۲. [متن] اصلاح اساسی کردن، بازنویسی کردن ◙ ۳. دوباره آب شدن، دوباره ذوب شدن

refonte /ʀ(ə)fɔ̃nt/ *nf* ۱. ذوب مجدد ۲. [متن] اصلاح اساسی، بازنویسی

réformateur,trice /ʀefɔʀmatœʀ,tʀis/ *n, adj* ۱. مصلح، اصلاح‌گر ◙ ۲. اصلاحی، اصلاح‌طلبانه

réformation /ʀefɔʀmasjɔ̃/ *nf* اصلاح

réforme[1] /ʀefɔʀm/ *nf* ۱. اصلاح ۲. اصلاح دین ۳. [سربازی] معافیت (پزشکی) ۴. (عمل) از دور خارج کردن، کنار گذاشتن

Réforme[2] /ʀefɔʀm/ *nf* نهضت اصلاح دین

réformer /ʀefɔʀme/ *vt* (1) ۱. اصلاح کردن ۲. به شکل اول برگرداندن ۳. [سربازی] از خدمت معاف کردن ۴. از دور خارج کردن، کنار گذاشتن

reformer /ʀ(ə)fɔʀme/ *vt* (1) دوباره تشکیل دادن

se reformer *vp* دوباره تشکیل شدن، دوباره شکل گرفتن

réformisme /ʀefɔʀmism/ *nm* اصلاح‌طلبی

réformiste /ʀefɔʀmist/ *adj, n* اصلاح‌طلب

refoulé,e /ʀ(ə)fule/ *adj, n* [خودمانی] سَرخورده

refoulement /ʀ(ə)fulmɑ̃/ *nm* ۱. (عمل) عقب راندن ۲. [روانشناسی] سرکوبی، واپس‌زدگی

refouler /ʀ(ə)fule/ *vt* (1) ۱. (به) عقب راندن، پس زدن ۲. وادار به عقب‌نشینی کردن ۳. [خشم و غیره] جلوی (چیزی را) گرفتن ۴. [روانشناسی] سرکوب کردن، واپس زدن

réfractaire /ʀefʀaktɛʀ/ *adj* ۱. نافرمان، سرکش ۲. مقاوم ۳. [آجر و غیره] نسوز، دیرگداز

refracter /ʀefʀakte/ *vt* (1) [نور و غیره] منکسر کردن، شکستن

refraction /ʀefʀaksjɔ̃/ *nf* [نور و غیره] انکسار، شکست

refrain /ʀ(ə)fʀɛ̃/ *nm* [ترجیع‌بند] برگردان، بند، ترجیع

C'est toujours le même refrain. [مجازی] باز هم همان حرف‌های همیشگی! همیشه همین بساط است.

Changez de refrain! حرف دیگری بزنید. این قدر حرفتان را تکرار نکنید!

refréner /ʀ(ə)fʀene/ *vt* (6) [امیال و غیره] مهار کردن، جلوی (چیزی را) گرفتن

réfrigérant,e /ʀefʀiʒeʀɑ̃,t/ *adj* ۱. سردکننده ۲. [خودمانی؛ رفتار] سرد، خشک ۳. [خودمانی؛ آدم] یُبس، نجوش

réfrigérateur /ʀefʀiʒeʀatœʀ/ *nm* یخچال

réfrigération /ʀefʀiʒeʀasjɔ̃/ *nf* تولید سرما، سرماسازی، سردسازی

refroidir /ʀ(ə)fʀwadiʀ/ *vt, vi* (2) ۱. سرد کردن، خنک کردن ۲. دلسرد کردن ◙ ۳. سرد شدن

refroidissement /ʀ(ə)fʀwaʀdismɑ̃/ *nm* ۱. کاهش حرارت، سرد شدن ۲. سرماخوردگی ۳. [روابط و غیره] سرد شدن، سردی

refuge /ʀ(ə)fyʒ/ *nm* ۱. پناهگاه ۲. پناه ۳. پاتوق

réfugié,e /ʀefyʒje/ *adj, n* پناهنده

réfugier (se) /s(ə)ʀefyʒje/ *vp* (7) ۱. پناه بردن، پناه جستن ۲. پناهنده شدن

refus /ʀ(ə)fy/ *nm* ۱. امتناع، خودداری، استنکاف ۲. رد

733 régime

Ce n'est pas de refus. [تعارف خودمانی] البته که می‌پذیرم. معلومه که قبول می‌کنم.

refuser /R(ə)fyze/ *vt* (1) ۱. نپذیرفتن، رد کردن ۲. امتناع کردن، سر باز زدن، خودداری کردن ۳. مردود کردن، (در امتحان) رد کردن ۴. راه ندادن، به حضور نپذیرفتن

se refuser *vp* ۱. خود را محروم کردن از، از خود دریغ کردن ۲. نپذیرفتن، زیر بار (چیزی) نرفتن

réfutable /Refytabl/ *adj* قابل رد، ردشدنی

réfutation /Refytasjɔ̃/ *nf* رد، اثبات نادرستی

réfuter /Refyte/ *vt* (1) ۱. رد کردن، نادرستی (چیزی را) ثابت کردن ۲. عقاید (کسی را) رد کردن

regagner /R(ə)gaɲe/ *vt* (1) ۱. دوباره به دست آوردن، بازیافتن، جبران کردن ۲. برگشتن به، بازگشتن به

regain /R(ə)gɛ̃/ *nm* [کشاورزی] چین دوم (= علف روییده پس از نخستین درو)

regain de [مجازی] بازگشتِ، تجدیدِ

régal /Regal/ *nm* غذای لذیذ، غذای مورد علاقه

un régal pour les yeux یک چیز چشم‌نواز

régalade /Regalade/ *nf*, **boire à la régalade** بدون تماس ظرف با دهان نوشیدن، در دهان ریختن

régaler /Regale/ *vt* (1) مهمان کردن

se régaler *vp* ۱. غذای خوبی خوردن ۲. لذت بردن، حظ کردن

regard /R(ə)gaR/ *nm* ۱. نگاه ۲. [فنی] دریچهٔ بازدید

au regard de از نظرِ، از دیدِ

en regard در مقابل، روبرو

en regard de نسبت به

lancer/jeter un regard sur نگاهی انداختن به، یک نظر انداختن به

regardant,e /R(ə)gaRdɑ̃,t/ *adj* حسابگر، کِنِس

regarder /R(ə)gaRde/ *vt* (1) ۱. نگاه کردن، نگریستن ۲. تماشا کردن، دیدن ۳. نظر انداختن ۴. در نظر گرفتن، ملاحظه کردن، متوجه (چیزی) بودن ۵. (رو به سمتی) بودن ۶. مربوط بودن به، ربط داشتن به

regarder à la dépense حسابگر بودن، کِنِس بودن

regarder comme... به چشم... نگاه کردن به، مثلِ... دانستن

se regarder *vp* ۱. خود را نگاه کردن، خود را دیدن ۲. به هم نگاه کردن، همدیگر را نگاه کردن ۳. روبروی هم بودن

régate /Regat/ *nf* مسابقهٔ کشتیرانی

régence /Reʒɑ̃s/ *nf* نیابت سلطنت

régénérateur,trice /eʒeneRatœR,tRis/ *adj* [ادبی] حیات‌بخش

régénération /Reʒeneʀasjɔ̃/ *nf* احیا، بازسازی

régénérer /Reʒenere/ *vt* (6) ۱. [مجازی] احیا کردن، جان تازه بخشیدن ۲. سرحال آوردن، دوباره جان دادن

régent,e /Reʒɑ̃,t/ *n, adj* نایب‌السلطنه

régenter /Reʒɑ̃te/ *vt* (1) مستبدانه اداره کردن

régicide /Reʒisid/ *n, adj, nm* ۱. شاه‌کُش، قاتل پادشاه ▣ ۲. (مربوط به) شاه‌کُشی ▣ ۳. شاه‌کُشی، قتل پادشاه

régie /Reʒi/ *nf* ۱. ادارهٔ اموال عمومی ۲. شرکت (انحصاری) ۳. [رادیو، تلویزیون] (بخش) تولید ۴. [قدیمی] وصول مالیات (توسط مأمورین پادشاه)

regimber /R(ə)ʒɛ̃be/ *vi* (1) ۱. جفتک انداختن ۲. زیر بار نرفتن، دست و پا زدن

régime[1] /Reʒim/ *nm* ۱. نظام، رژیم ۲. رژیم غذایی ۳. روند

a = bas, plat e = blé, jouer ɛ = lait, jouet, merci i = il, lyre o = mot, dôme, eau, gauche ɔ = mort
u = roue y = rue ø = peu œ = peur ə = le, premier ɑ̃ = sans, vent ɛ̃ = matin, plein, lundi
ɔ̃ = bon, ombre ʃ = chat, tache ʒ = je, gilet j = yeux, paille, pied w = oui, nouer ɥ = huile, lui

régime² /ʀeʒim/ *nm* [موز، خرما] خوشه
régiment /ʀeʒimɑ̃/ *nm* ۱. هنگ
۲. [مجازی] ایل، لشکر، فوج ۳. [خودمانی] ارتش، سربازی
région /ʀeʒjɔ̃/ *nf* ۱. منطقه، ناحیه
۲. [اندام] ناحیه ۳. حوزه، زمینه، قلمرو
régional,e,aux /ʀeʒjɔnal,o/ *adj*
۱. منطقه‌ای، ناحیه‌ای ۲. محلی
régionalisation /ʀeʒjɔnalizasjɔ̃/ *nf*
(عمل) منطقه‌ای کردن
régionaliser /ʀeʒjɔnalize/ *vt* (1)
اختیارات منطقه‌ای دادن به، منطقه‌ای کردن
régionalisme /ʀeʒjɔnalism/ *nm*
منطقه‌گرایی، ناحیه‌گرایی
régionaliste /ʀeʒjɔnalist/ *adj, n* منطقه‌گرا، ناحیه‌گرا
régir /ʀeʒiʀ/ *vt* (2) ۱. [قانون و غیره] تعیین کردن، حاکم بودن بر ۲. [قدیمی] اداره کردن
régisseur /ʀeʒisœʀ/ *nm* ۱. مدیر ۲. [تئاتر] مدیر صحنه
registre /ʀəʒistʀ/ *nm* ۱. دفتر (ثبت)
۲. [صدا، آواز] دانگ ۳. [اثر ادبی، گفتار] لحن، سبک
réglable /ʀeglabl/ *adj* ۱. قابل تنظیم
۲. قابل پرداخت
réglage /ʀeglaʒ/ *nm* ۱. تنظیم ۲. خط‌کشی
règle /ʀɛgl/ *nf* ۱. خط‌کش ۲. قاعده، اصل، قانون ــ [صورت جمع] ۳. قواعد، مقررات، قوانین ۴. قاعدگی، عادت ماهانه
 en bonne règle مطابق آداب
 en règle ۱. مطابق معمول، طبق قاعده، مرتب ۲. مطابق مقررات، طبق قوانین
 en règle générale طبق قاعدهٔ کلی، قاعدتاً
réglé,e /ʀegle/ *adj* ۱. خط‌کشی‌شده
۲. منظم، مرتب ۳. روبراه ۴. تنظیم‌شده
règlement /ʀɛgləmɑ̃/ *nm*
۱. تسویه (حساب)، پرداخت ۲. حل و فصل ۳. مقررات، قوانین ۴. آیین‌نامه

réglementaire /ʀɛgləmɑ̃tɛʀ/ *adj*
مطابق مقررات، رسمی
réglementairement /ʀɛgləmɑ̃tɛʀmɑ̃/ *adv*
مطابق مقررات
réglementation /ʀɛgləmɑ̃tasjɔ̃/ *nf*
۱. وضع مقررات، تدوین آیین‌نامه ۲. مقررات، قوانین ۳. آیین‌نامه ۴. [قیمت و غیره] کنترل
réglementer /ʀɛgləmɑ̃te/ *vt* (1)
مقررات وضع کردن برای
régler /ʀegle/ *vt* (6) ۱. خط‌کشی کردن
۲. میزان کردن، تنظیم کردن ۳. حل و فصل کردن، فیصله دادن، رفع و رجوع کردن ۴. تسویه کردن، پرداختن ۵. تسویه حساب کردن با
réglisse /ʀeglis/ *nf* [گیاه] شیرین‌بیان
réglure /ʀeglyʀ/ *nf* خط‌کشی
régnant,e /ʀeɲɑ̃,t/ *adj* ۱. فرمانروا، حاکم
۲. [مجازی؛ ادبی] غالب، حاکم
règne /ʀɛɲ/ *nm* سلطنت، پادشاهی، حکومت، فرمانروایی
régner /ʀeɲe/ *vi* (6) ۱. سلطنت کردن، حکومت کردن، فرمانروایی کردن ۲. حکمفرما بودن، حاکم بودن، برقرار بودن
regonflage /ʀ(ə)gɔ̃flaʒ/ *nm*
۱. باد کردن دوباره ۲. تورم دوباره
regonflement /ʀ(ə)gɔ̃fləmɑ̃/ *nm*
→ regonflage
regonfler /ʀ(ə)gɔ̃fle/ *vt, vi* (1)
۱. دوباره باد کردن ۲. [خودمانی] (کسی را) شیر کردن ▯ ۳. دوباره ورم کردن
regorger /ʀ(ə)gɔʀʒe/ *vi* (3) سرشار بودن، لبریز بودن، فراوان داشتن
regratter /ʀ(ə)gʀate/ *vt* (1) دوباره ساییدن
régresser /ʀegʀese/ *vi* (1)
۱. به عقب برگشتن، عقب رفتن، پس رفتن، سیر قهقرایی پیمودن ۲. تنزل کردن، کمتر شدن
régressif,ive /ʀegʀesif,iv/ *adj* قهقرایی، پسرو، واپس‌گرایانه

735 réinstallation

régression /ʀegʀesjɔ̃/ *nf* ۱. سیر قهقرایی، بازگشت به عقب، پسروی ۲. تنزل، کاهش

regret /ʀ(ə)gʀɛ/ *nm* ۱. افسوس، تأسف، حسرت ۲. پشیمانی

à regret برخلاف میل، با بی‌میلی، به اِکراه

J'ai le regret de متأسفم که، باکمال تأسف

regrettable /ʀ(ə)gʀɛtabl/ *adj* ۱. تأسف‌آور، مایهٔ تأسف ۲. اسف‌انگیز، اسف‌بار

regretter /ʀ(ə)gʀete/ *vt* (1) ۱. افسوس (چیزی را) خوردن، حسرت (چیزی را) خوردن ۲. متأسف بودن ۳. پشیمان بودن از

regroupement /ʀ(ə)gʀupmɑ̃/ *nm* ۱. گردآوری ۲. تمرکز

regrouper /ʀ(ə)gʀupe/ *vt* (1) ۱. دوباره (دور هم) جمع کردن، گرد هم آوردن ۲. تمرکز دادن

régularisation /ʀegylaʀizasjɔ̃/ *nf* ۱. (عمل) قانونی کردن ۲. سامان‌دهی ۳. تنظیم

régulairser /ʀegylaʀize/ *vt* (1) ۱. قانونی کردن ۲. سر و سامان دادن، سامان بخشیدن به ۳. تنظیم کردن

régularité /ʀegylaʀite/ *nf* ۱. نظم، ترتیب ۲. تناسب، هماهنگی ۳. مطابقت با قوانین

régulateur[1],trice /ʀegylatœʀ,tʀis/ *adj* تنظیم‌کننده

régulateur[2] /ʀegylatœʀ/ *nm* تنظیم‌گر، رِگلاتور

régulation /ʀegylasjɔ̃/ *nf* ۱. تنظیم ۲. کنترل، نظارت

regulier,ère[1] /ʀegyle,ɛʀ/ *adj* ۱. منظم، مرتب ۲. باقاعده ۳. متناسب، موزون ۴. [ارتش] منظم ۵. [ارتشی] عضو کادر

régulière[2] /ʀɛgyljɛʀ/ *nf* ۱. [عامیانه] عیال ۲. [عامیانه] رفیقه، معشوقه

régulièrement /ʀegyljɛʀmɑ̃/ *adv* ۱. (به طور) منظم، مرتب، مرتباً ۲. قاعدتاً، معمولاً

régurgitation /ʀegyʀʒitasjɔ̃/ *nf* [غذا] (عمل) بالا آوردن

régurgiter /ʀegyʀʒite/ *vt* (1) [غذا] بالا آوردن

réhabilitation /ʀeabilitasjɔ̃/ *nf* ۱. اعادهٔ حیثیت ۲. مرمت، تعمیر

réhabiliter /ʀeabilite/ *vt* (1) ۱. اعادهٔ حیثیت کردن ۲. حیثیت بخشیدن، دوباره اعتبار دادن ۳. مرمت کردن، تعمیر کردن

se réhabiliter *vp* اعتبار گذشته را بازیافتن، روسفید شدن

réhabituer /ʀeabitɥe/ *vt* (1) دوباره عادت دادن

se réhabituer *vp* دوباره عادت کردن، دوباره خو گرفتن

rehaussement /ʀəosmɑ̃/ *nm* ۱. (عمل) بالاتر بردن ۲. بلندتر کردن

rehausser /ʀəose/ *vt* (1) ۱. بالاتر بردن ۲. بلندتر کردن ۳. برجسته کردن

réimpression /ʀeɛ̃pʀesjɔ̃/ *nf* تجدید چاپ، چاپ مجدد

réimprimer /ʀeɛ̃pʀime/ *vt* (1) تجدید چاپ کردن، دوباره چاپ کردن

rein /ʀɛ̃/ *nm* ۱. کلیه ۲. قلوه ــ [صورت جمع] ۳. کمر، پهلو

réincarnation /ʀeɛ̃kaʀnasjɔ̃/ *nf* تناسخ

réincarner (se) /s(ə)ʀeɛ̃kaʀne/ *vp* (1) روح (کسی در بدن دیگری) حلول کردن، تناسخ یافتن

reine /ʀɛn/ *nf* ۱. شهبانو ۲. ملکه ۳. [حشرات] ملکه ۴. [شطرنج] وزیر ۵. گل سرسبد

reine-claude /ʀɛnklod/ *nf* گوجه‌سبز

reine-marguerite /ʀɛnmaʀgəʀit/ *nf* گل مینا

reinette /ʀɛnɛt/ *nf* سیب معطر

réinstallation /ʀeɛ̃stalasjɔ̃/ *nf*

a = bas, plat e = blé, jouer ɛ = lait, jouet, merci i = il, lyre o = mot, dôme, eau, gauche ɔ = mort
u = roue y = rue ø = peu œ = peur ə = le, premier ɑ̃ = sans, vent ɛ̃ = matin, plein, lundi
ɔ̃ = bon, ombre ʃ = chat, tache ʒ = je, gilet j = yeux, paille, pied w = oui, nouer ɥ = huile, lui

۱. نصب مجدد ۲. استقرار دوباره ۳. انتصاب مجدد

réinstaller /Reɛ̃stale/ *vt* (1) ۱. دوباره نصب کردن ۲. دوباره مستقر کردن ۳. دوباره منصوب کردن

réintégration /Reɛ̃tegRasjɔ̃/ *nf* ۱. بازگشت، بازگرداندن ۲. انتصاب دوباره

réintegrer /Reɛ̃tegRe/ *vt* (6) ۱. بازگشتن به، برگشتن به ۲. (دوباره) برگرداندن ۳. دوباره منصوب کردن

réintroduction /Reɛ̃tRɔdyksjɔ̃/ *nf* گنجاندنِ دوباره، دوباره وارد کردن

réintroduire /Reɛ̃tRɔdɥiR/ *vt* (38) دوباره گنجاندن، دوباره وارد کردن

réinviter /Reɛ̃vite/ *vt* (1) دوباره دعوت کردن

réitération /ReiteRasjɔ̃/ *nf* تکرار، تجدید

réitérer /ReiteRe/ *vt* (6) تکرار کردن، تجدید کردن

rejaillir /R(ə)ʒajiR/ *vi* (2) [گل و لای] پاشیدن

rejaillir sur (qqn) [رسوایی، سرافکندگی، ...] دامنگیر (کسی) شدن، گریبانگیر (کسی) شدن

rejaillissement /R(ə)ʒajismɑ̃/ *nm* ۱. [گل و لای] (عمل) پاشیدن ۲. [مجازی] بازتاب، انعکاس، تأثیر

rejet[1] /R(ə)ʒɛ/ *nm* ۱. رد، عدم پذیرش ۲. دفع

rejet[2] /R(ə)ʒɛ/ *nm* جوانه

rejeter /Rəʒte/ *vt* (4) ۱. برگرداندن ۲. (دوباره) انداختن ۳. استفراغ کردن، بالا آوردن ۴. رد کردن، نپذیرفتن ۵. دفع کردن ۶. طرد کردن

rejeton /Rəʒtɔ̃/ *nm* ۱. جوانه ۲. [خودمانی، طنزآمیز] بچه

rejoindre /R(ə)ʒwɛ̃dR/ *vt* (49) ۱. پیوستن، ملحق شدن ۲. رسیدن ۳. [مجازی] شباهت زیادی داشتن به، خیلی نزدیک بودن به

réjoui,e /Rejwi/ *adj, part. passé* ۱. شاد، خوشحال، خرسند ▣ ۲. [اسم مفعول فعلِ réjouir]

réjouir /Reʒwir/ *vt* (2) شاد کردن، خوشحال کردن، خرسند کردن

se réjouir *vp* شاد شدن، خوشحال شدن، خوشحالی کردن، خرسند شدن

réjouissance /Reʒwisɑ̃s/ *nf* ۱. شادمانی، شادی، خوشی ـ [صورت جمع] ۲. جشن‌ها ۳. تفریحات

réjouissant,e /Reʒwisɑ̃,t/ *adj* شادی‌بخش، خوشحال‌کننده، مسرت‌بخش

relâche /R(ə)laʃ/ *nf, nm* ۱. [ادبی یا قدیمی] وقفه، استراحت، تنفس ۲. [تئاتر] تعطیل

sans relâche بی‌وقفه، دائماً، مدام، یکریز، پیوسته

relâchement /R(ə)laʃmɑ̃/ *nm* ۱. شُلی ۲. سستی

relâcher /R(ə)laʃe/ *vt, vi* (1) ۱. شُل کردن ۲. سست کردن ۳. آزاد کردن، ول کردن ۴. کاستن از ▣ ۵. [کشتی] توقف کردن

se relâcher *vp* ۱. سست شدن ۲. سستی کردن، شُل دادن، شُل گرفتن

relais /R(ə)lɛ/ *nm* ۱. نوبت کار، شیفت ۲. [برق و غیره] رِله، تقویت‌کننده ۳. [قدیمی؛ جایگاه تعویض اسب] مرحله، منزل

course de relais (مسابقه) دوِ امدادی

prendre le relais de qqn (تحویل) کار را از کسی گرفتن، جانشین کسی شدن، کار کسی را ادامه دادن

relancer /R(ə)lɑ̃se/ *vt* (3) ۱. (دوباره) انداختن، (دوباره) پرتاب کردن ۲. دوباره راه انداختن ۳. پاپی (کسی) شدن، پیله کردن به

relaps,e /R(ə)laps/ *adj, n* ازدین‌برگشته، مرتد

relater /R(ə)late/ *vt* (1) به تفصیل نقل کردن، به دقت بازگو کردن

relatif,ive /R(ə)latif,iv/ *adj* ۱. نسبی ۲. [دستور زبان] موصولی

relatif à دربارهٔ، در موردِ، مربوط به، راجع به

relation /R(ə)lasjɔ̃/ *nf* ۱. ارتباط، ربط، بستگی ۲. رابطه ۳. آشنا ۴. نقل، گزارش ـ [صورت جمع] ۵. روابط، مناسبات

relativement /R(ə)lativmɑ̃/ *adv* نسبتاً، به نسبت
relativement à ۱. نسبت به، در مقایسه با ۲. مربوط به، دربارهٔ
relativisme /R(ə)lativism/ *nm* نسبیت‌گرایی، نسبیت‌باوری
relativiste /R(ə)lativist/ *adj, n* نسبیت‌گرا، نسبیت‌باور
relativité /R(ə)lativite/ *nf* نسبیت، نسبی بودن
relaxation /R(ə)laksasjɔ̃/ *nf* تمدد اعصاب، استراحت، آرامش
relaxer /R(ə)lakse/ *vt* (1) ۱. [عضلات] شُل کردن ۲. [حقوقی] آزاد کردن
se relaxer *vp* استراحت کردن، آرمیدن
relayer /R(ə)leje/ *vt* (8) [کار و غیره] جای (کسی را با دیگری) عوض کردن
se relayer *vp* [کار و غیره] جای خود را با هم عوض کردن، به نوبت کار کردن
relecture /R(ə)lɛktyR/ *nf* بازخوانی، دوباره خواندن
relégation /R(ə)legasjɔ̃/ *nf* [حقوقی] تبعید
reléguer /R(ə)lege/ *vt* (1) ۱. (به کناری) انداختن ۲. [حقوقی] تبعید کردن
relent /R(ə)lɑ̃/ *nm* ۱. بوی بد ۲. [مجازی] بو، رد
relève /R(ə)lɛv/ *nf* جایگزینی، تعویض
relevé[1] /Rəlve/ *nm* ۱. یادداشت، نوشتن ۲. صورت، فهرست ۳. نقشه
relevé[2]**,e** /Rəlve/ *adj* ۱. [یقه، آستین، ...] بالازده، برگردانده، برگشته ۲. سطح بالا، فخیم ۳. [طعم و غیره] تند
relever /Rəlve/ *vt* (5) ۱. بلند کردن ۲. بالا بردن ۳. بالا زدن ۴. بالا کشیدن ۵. جمع کردن ۶. دوباره بنا کردن ۷. احیا کردن ۸. مطرح کردن، مهم جلوه دادن ۹. برجسته کردن، مشخص کردن ۱۰. [غلط، اشتباه] گرفتن ۱۱. ذکر کردن ۱۲. یادداشت کردن ۱۳. بهبود یافتن ۱۴. (طعم چیزی را) تند کردن ۱۵. [کار، پُست] جای (کسی را با دیگری) عوض کردن، تعویض کردن ۱۶. از گردن (کسی) برداشتن، خلاص کردن ۱۷. عزل کردن ۱۸. وابسته بودن ۱۹. مربوط بودن
relever la tête سرِ (خود را) بلند کردن
relever le courage قوت قلب دادن، دلگرم کردن
relever une adresse نشانی را یادداشت کردن، آدرس نوشتن
se relever *vp* ۱. برخاستن، پا شدن، بلند شدن، ایستادن ۲. [مجازی] سر پا ایستادن، کمر راست کردن ۳. رو به بالا بودن ۴. جای خود را با هم عوض کردن، به نوبت کار کردن
releveur,euse /RəlvœR,øz/ *adj* [کالبدشناسی] بالابر
releveur des compteurs کنتورنویس
relief /Rəljɛf/ *nm* ۱. برجستگی ۲. نقش برجسته ۳. برجسته‌کاری ۴. برجسته‌ـ نمایی ۵. پستی و بلندی‌ها ــ [صورت جمع] ۶. ته‌مانده (سفره)
mettre en relief [مجازی] برجسته کردن
relier /Rəlje/ *vt* (7) ۱. به هم وصل کردن، به هم بستن ۲. به هم مرتبط کردن ۳. صحافی کردن
relieur,euse /RəljœR,øz/ *n* صحاف
religieusement /R(ə)liʒjøzmɑ̃/ *adv* ۱. با دیانت ۲. با دقت بسیار، با وسواس، مشتاقانه
religieux,euse /R(ə)liʒjø,øz/ *adj, n* ۱. دینی، مذهبی ۲. متدین، مؤمن ◙ ۳. راهب، راهبه، روحانی
religion /R(ə)liʒjɔ̃/ *nf* دین، مذهب، کیش، آیین
religiosité /R(ə)liʒjozite/ *nf* گرایش عاطفی به دین، دین‌پرستی

reliquaire 738

reliquaire /R(ə)likɛR/ *nm* صندوقچهٔ متبرکات

reliquat /R(ə)lika/ *nm* بقیهٔ حساب، تتمهٔ حساب، باقیمانده

relique /R(ə)lik/ *nf* ۱. پیکر مقدس، بازماندهٔ قدیس ۲. یادگار باارزش

relire /R(ə)liR/ *vt* (43) ۱. دوباره خواندن، باز خواندن، دوباره قرائت کردن ۲. (برای تصحیح) بازخوانی کردن

reliure /RəljyR/ *nf* ۱. صحافی ۲. جلد (کتاب)

relogement /R(ə)lɔʒmɑ̃/ *nm* اِسکانِ دوباره، اِسکانِ مجدد

reloger /R(ə)lɔʒe/ *vt* (3) دوباره جا دادن، دوباره اِسکان دادن

reluire /RəlɥiR/ *vi* (38) درخشیدن، برق زدن

faire reluire برق انداختن، پرداخت کردن

reluisant,e /Rəlɥizɑ̃,t/ *adj* ۱. براق ۲. [مجازی] درخشان، روشن

reluquer /R(ə)lyke/ *vt* (1) ۱. [خودمانی] دید زدن، زیرزیرکی نگاه کردن به ۲. چشم طمع داشتن به

remâcher /R(ə)maʃe/ *vt* (1) ۱. نشخوار کردن ۲. مدام در فکر (چیزی) بودن

remake /Rimɛk/ *nm* [فیلم] برداشت جدید

remaniement /R(ə)manimɑ̃/ *nm* دستکاری، تغییر، اصلاح

remanier /R(ə)manje/ *vt* (7) دست بردن در، تغییر دادن، اصلاح کردن

remariage /R(ə)maRjaʒ/ *nm* ازدواجِ دوباره، تجدیدِ فراش

remarier (se) /s(ə)R(ə)maRje/ *vp* (7) دوباره ازدواج کردن، تجدید فراش کردن

remarquable /R(ə)maRkabl/ *adj* ۱. درخور توجه، شایان توجه، مهم ۲. قابل ملاحظه، چشمگیر، درخشان

remarquablement /R(ə)maRkabləmɑ̃/ *adv* به طور قابل ملاحظه‌ای، به نحو چشمگیری، به طرز درخشانی

remarque /R(ə)maRk/ *nf* ۱. ملاحظه، توجه ۲. مطلب مهم، نکته

remarquer /R(ə)maRke/ *vt* (1) ۱. ملاحظه کردن، مشاهده کردن، دیدن ۲. متوجه شدن، توجه کردن، ملتفت شدن

faire remarquer خاطرنشان کردن، توجه (کسی را به نکته‌ای) جلب کردن

se faire remarquer جلب توجه کردن

se remarquer *vp* به چشم خوردن، دیده شدن

remballage /Rɑ̃balaʒ/ *nm* بسته‌بندیِ مجدد

remballer /Rɑ̃bale/ *vt* (1) دوباره بسته‌بندی کردن

rembarquement /Rɑ̃baRkəmɑ̃/ *nm* (عمل) دوباره سوار کشتی کردن، دوباره سوار کشتی شدن

rembarquer /Rɑ̃baRke/ *vt* (1) دوباره سوار کشتی کردن

se rembarquer *vp* دوباره سوار کشتی شدن

rembarrer /Rɑ̃baRe/ *vt* (1) سر جای خود نشاندن، منکوب کردن، تو دهان (کسی) زدن

remblai /Rɑ̃blɛ/ *nm* ۱. خاکریزی ۲. خاکریز ۳. خاکِ دستی

remblayer /Rɑ̃bleje/ *vt* (8) خاکریزی کردن

rembourrage /Rɑ̃buRaʒ/ *nm* [از پنبه، پوشال و غیره] (عمل) پر کردن

rembourrer /Rɑ̃buRe/ *vt* (1) [از پنبه، پوشال و غیره] درون (چیزی را) پر کردن

remboursable /Rɑ̃buRsabl/ *adj* قابل بازپرداخت، قابل تأدیه

remboursement /Rɑ̃buRsəmɑ̃/ *nm* بازپرداخت، تأدیه، تسویه

rembourser /Rɑ̃buRse/ *vt* (1) بازپرداخت کردن، مسترد کردن، تسویه (حساب) کردن

rembrunir (se) /s(ə)Rɑ̃bRyniR/ *vp* (2) ۱. غمگین شدن، اندوهگین شدن ۲. [چهره] در هم رفتن

remède /R(ə)mɛd/ *nm* ۱. دارو، دوا ۲. چاره، علاج

remédiable /R(ə)medjabl/ *adj* درمان‌پذیر، علاج‌پذیر

remédier /R(ə)medje/ *vt* (7) علاج کردن، چاره کردن، رفع کردن

remmener /Rãmne/ *vt* (1) (به جای اول) برگرداندن، بازگرداندن

remémorer (se) /səR(ə)memoRe/ *vp* (1) (جزئیات چیزی را) به یاد آوردن، به خاطر آوردن

remerciement /R(ə)mɛRsimã/ *nm* تشکر، سپاسگزاری، امتنان

remercier /R(ə)mɛRsje/ *vt* (7) ۱. تشکر کردن از، ممنون بودن از ۲. عذر (کسی را) خواستن

remettre /R(ə)mɛtR/ *vt* (56) ۱. دوباره گذاشتن ۲. دوباره برقرار کردن ۳. دوباره پوشیدن ۴. [استخوان] جا انداختن ۵. تحویل دادن، تسلیم کردن، دادن ۶. دوباره افزودن، باز اضافه کردن ۷. [طلب؛ دین، ...] صرف‌نظر کردن از، چشم پوشیدن از ۸. بخشیدن، عفو کردن ۹. (به بعد) موکول کردن، انداختن (به)

remettre ça [خودمانی] از سر گرفتن

remettre en état تعمیر کردن، درست کردن

remettre en marche (دوباره) راه انداختن، روبراه کردن، کار انداختن

remettre qqch à sa place چیزی را سر جایش گذاشتن

se remettre *vp* ۱. دوباره جا گرفتن ۲. دوباره نشستن ۳. دوباره شروع کردن، از سر گرفتن ۴. بهبودی یافتن، تسکین یافتن، سر حال آمدن ۵. آشتی کردن

s'en remettre à به اختیار (کسی) گذاشتن، سپردن به، اعتماد کردن به

rémige /Remiʒ/ *nf* شهپر

réminiscence /Reminisãs/ *nf* [ادبی] خاطره، یاد

remisage /R(ə)mizaʒ/ *nm* [نادر] [عمل] در پارکینگ گذاشتن

remise /R(ə)miz/ *nf* ۱. (عمل) دوباره گذاشتن ۲. تحویل، تسلیم، دادن ۳. [طلب، دین] صرف‌نظر، چشم‌پوشی ۴. تخفیف ۵. تعویق ۶. انباری، انبار

voiture de (grande) remise اتومبیل کرایه (با راننده)

remiser /R(ə)mize/ *vt* (1) ۱. در پارکینگ گذاشتن ۲. (در جای مطمئن) گذاشتن

rémissible /Remisibl/ *adj* بخشودنی، قابل عفو

rémission /Remisjɔ̃/ *nf* ۱. بخشش، عفو ۲. [بیماری، درد، ...] تسکین موقت، بهبودی موقت

sans rémission ۱. بدون گذشت ۲. بی‌کم و کاست ۳. بی‌برو برگرد

rémittent,e /Remitã,t/ *adj* [پزشکی] نوسانی

remontage /R(ə)mɔ̃taʒ/ *nm* ۱. [فنی] دوباره سوار کردن ۲. [ساعت] کوک کردن

remontant[1],e /R(ə)mɔ̃tã,t/ *adj* نیروبخش، مقوی، تقویتی

remontant[2] /R(ə)mɔ̃tã/ *nm* داروی تقویتی

remonte /R(ə)mɔ̃t/ *nf* (عمل) بر خلاف جریان آب رفتن

remontée /R(ə)mɔ̃te/ *nf* (عمل) بالا رفتن، بالا آمدن

remonter /R(ə)mɔ̃te/ *vi, vt* (1) ۱. دوباره بالا رفتن ۲. بالا آمدن ۳. دوباره سوار شدن ۴. بر خلافِ جریان آب رفتن ۵. [در زمان] به عقب رفتن، به گذشته رفتن، (به زمان ...) برگشتن ۶. دوباره بالا رفتن ۷. بالا کشیدن ۸. (به طرف بالا) رفتن ۹. بالا زدن ۱۰. [فنی] دوباره سوار کردن ۱۱. کوک کردن ۱۲. تقویت کردن ۱۳. قوت قلب دادن، دلگرم کردن ۱۴. مایحتاج (جایی را) تهیه کردن

se remonter *vp* قوت گرفتن، جان گرفتن

remontoir /R(ə)mɔ̃twaR/ *nm* کوک

remontrance /R(ə)mɔ̃tRɑ̃s/ *nf* مؤاخذه، سرزنش، بازخواست

remontrer /R(ə)mɔ̃tRe/ *vt* (1) دوباره نشان دادن

en remontrer à qqn ۱. بیشتر از کسی دانستن ۲. برتری خود را ثابت کردن

remords /R(ə)mɔR/ *nm* پشیمانی، ندامت

remorquage /R(ə)mɔRkaʒ/ *nm* یدک‌کشی، بکسل کردن

remorque /R(ə)mɔRk/ *nf* ۱. یدک‌کشی، بکسل (کردن) ۲. سیم بکسل ۳. تریلر ۴. کاراوان (= اتاقک چرخداری که برای سفر یا تفریح به پشت اتومبیل می‌بندند.)

être/se mettre à la remorque de qqn دنباله‌روی کسی بودن

remorquer /R(ə)mɔRke/ *vt* (1) ۱. یدک کشیدن، بکسل کردن ۲. (به) دنبال خود کشیدن

remorqueur /R(ə)mɔRkœR/ *nm* (کشتی) یدک‌کش

rémouleur /RemulœR/ *nm* (فرد) چاقوتیزکن

remous /R(ə)mu/ *nm* ۱. موج برگشتی ۲. گرداب ۳. گردباد ۴. جنب و جوش ۵. اغتشاش، ناآرامی

rempaillage /Rɑ̃pajaʒ/ *nm* [مبل و غیره] (عمل) دوباره با پوشال پر کردن

rempailler /Rɑ̃paje/ *vt* (1) [مبل و غیره] دوباره با پوشال پر کردن، پوشال تازه ریختن توی

rempart /Rɑ̃paR/ *nm* ۱. خاکریز، بارو، دیوار شهر ۲. [مجازی؛ ادبی] سنگر

remplaçable /Rɑ̃plasabl/ *adj* ۱. قابل تعویض ۲. قابل جایگزینی، جانشین‌پذیر

remplaçant,e /Rɑ̃plasɑ̃,t/ *n* ۱. جانشین، عوض ۲. (فرد) ذخیره

remplacement /Rɑ̃plasmɑ̃/ *nm* ۱. تعویض ۲. جایگزینی، جانشینی ۳. [شغل] جانشینی موقت

remplacer /Rɑ̃plase/ *vt* (3) ۱. عوض کردن، تعویض کردن ۲. جایگزین کردن، جانشین کردن ۳. جای (کسی یا چیزی را) گرفتن، جانشین (کسی یا چیزی) شدن

rempli,e /Rɑ̃pli/ *adj* ۱. پُر ۲. آکنده، سرشار ۳. پرمشغله

journée bien remplie روز پرمشغله

rempli de soi-même پرمدعا، خودخواه

remplir /Rɑ̃pliR/ *vt* (2) ۱. پر کردن ۲. آکنده کردن، آکندن، سرشار کردن ۳. [پرسش‌نامه و غیره] تکمیل کردن، پر کردن ۴. انجام دادن ۵. عمل کردن به، وفا کردن به ۶. از عهدهٔ (کاری) برآمدن

se remplir *vp* پر شدن

remplissage /Rɑ̃plisaʒ/ *nm* (عمل) پر کردن، پر شدن

faire du remplissage [متن] کش دادن، زیاده‌نویسی کردن

remploi /Rɑ̃plwa/ *nm* → réemploi

remployer /Rɑ̃plwaje/ *vt* (8) → réemployer

remplumer (se) /s(ə)Rɑ̃plyme/ *vp* (1) ۱. دوباره پَر درآوردن ۲. [خودمانی] جان گرفتن، آب زیر پوست (کسی) رفتن، رو آمدن ۳. [خودمانی] وضع (مالی کسی) خوب شدن، وضعی به هم زدن

remporter /Rɑ̃pɔRte/ *vt* (1) ۱. پس فرستادن، برگرداندن ۲. به دست آوردن، کسب کردن

remprunter /Rɑ̃pRɛ̃te/ *vt* (1) دوباره قرض کردن، دوباره قرض گرفتن

remuant,e /Rəmɥɑ̃,t/ *adj* ۱. پرجنب و جوش، پرشور و شَر، شلوغ ۲. پرمشغله

remue-ménage/R(ə)mymenaʒ/ *nm. inv* ۱. بکش‌واکش ۲. جار و جنجال ۳. جنب و جوش

remuement /R(ə)mymɑ̃/ *nm* حرکت، تکان

remuer /R(ə)mɥe/ *vt, vi* (1) ۱. جابجا کردن، جای (چیزی را) عوض کردن ۲. حرکت دادن، تکان دادن ۳. به هم زدن، زیر و رو کردن، قاطی کردن ۴. منقلب کردن، از این رو به

آن رو کردن ۵. متأثر کردن، ناراحت کردن ◙ ۶. حرکت کردن، تکان خوردن، جنبیدن ۷. وارد عمل شدن، دست به‌کار شدن

remuer ciel et terre خود را به آب و آتش زدن، دست به هر کاری زدن

se remuer *vp* ۱. حرکت کردن، تکان خوردن، جنبیدن، جابجا شدن ۲. دست به‌کار شدن، تلاش کردن

Allons, remue-toi! [خودمانی] یالا بجنب!

remugle /R(ə)mygl/ *nm* [ادبی] بوی ماندگی، بوی نا

rémunérateur,trice /RemyneRatœR, tRis/ *adj* پرسود، پرمنفعت، پردرآمد، نان و آب‌دار

rémunération /RemyneRasjɔ̃/ *nf* ۱. مزد، اجرت ۲. [قدیمی] اجر، پاداش

rémunérer /RemyneRe/ *vt* (6)
۱. مزد (کسی یا کاری را) دادن به، اجرت دادن به ۲. [قدیمی] اجر دادن، پاداش دادن

renâcler /R(ə)nakle/ *vi* (1) دماغ خود را بالا کشیدن، غرغر کردن

renaissance[1] /R(ə)nɛsɑ̃s/ *nf* نوزایی، تجدید حیات، تولد دوباره

Renaissance[2] /R(ə)nɛsɑ̃s/ *nf* (دورهٔ) نوزایی، رُنسانس

renaissant,e /R(ə)nɛsɑ̃,t/ *adj*
۱. تجدیدشونده ۲. (مربوط به دورهٔ) نوزایی، رُنسانس

renaître /R(ə)nɛtR/ *vi* (59) ۱. دوباره متولد شدن، دوباره به دنیا آمدن ۲. دوباره روییدن ۳. [مجازی] (دوباره) جان گرفتن، زنده شدن

rénal,e,aux /Renal,o/ *adj* کلیوی، (مربوط به) کلیه

renard /R(ə)naR/ *nm* ۱. روباه ۲. پوست روباه ۳. آدم حیله‌گر، آدم مکار

renarde /R(ə)naRd/ *nf* روباه ماده

renardeau /R(ə)naRdo/ *nm* بچه روباه

rencard /Rɑ̃kaR/ *nm* → rencard

rencarder /Rɑ̃kaRde/ *vt* (1) → rancarder

renchérir /Rɑ̃ʃeRiR/ *vi, vt* (1)
۱. گران‌تر شدن، گران شدن ◙ ۲. گران‌تر کردن، گران کردن

renchérir sur qqn رودست (کسی) بلند شدن

renchérissement /Rɑ̃ʃeRismɑ̃/ *n*
افزایش بها، گران شدن، گرانی

rencontre /Rɑ̃kɔ̃tR/ *nf* ۱. ملاقات، برخورد، رویارویی ۲. مسابقه ۳. مبارزه ۴. تلاقی، برخورد

aller à la rencontre de به پیشواز (کسی) رفتن

de rencontre [ادبی] اتفاقی، تصادفی

rencontrer /Rɑ̃kɔ̃tRe/ *vt* (1)
۱. برخوردن به، روبرو شدن با، دیدن ۲. ملاقات کردن با ۳. خوردن به، برخورد کردن با

se rencontrer *vp* ۱. به هم برخوردن، با هم روبرو شدن، همدیگر را دیدن ۲. با هم ملاقات کردن ۳. با هم تلاقی کردن ۴. هم‌فکر بودن ۵. به چشم خوردن، یافت شدن، وجود داشتن

rendement /Rɑ̃dmɑ̃/ *nm* ۱. بازده، حاصل، راندمان ۲. [زمین] (میزان) باردهی، (میزان) محصول

rendez-vous /Rɑ̃devu/ *nm. inv*
۱. قرار ملاقات، قرار، وعدهٔ دیدار، رانده‌وو ۲. محل ملاقات ۳. پاتوق

rendormir /Rɑ̃dɔRmiR/ *vt* (16)
دوباره خواب کردن، دوباره خواندن

se rendormir *vp* دوباره به خواب رفتن، دوباره خوابیدن

rendre /Rɑ̃dR/ *vt* (41) ۱. پس دادن، برگرداندن ۲. دادن ۳. بالا آوردن، برگرداندن، استفراغ کردن ۴. تحویل دادن ۵. بار دادن، محصول دادن ۶. بیان کردن، بازگو کردن ۷. ترجمه کردن ۸. عوض دادن، اجر دادن

rendre grâce بخشیدن، عفو کردن

rendre l'âme جان سپردن، جان دادن
rendre les armes سلاح بر زمین گذاشتن، تسلیم شدن
rendre service خدمت کردن
se rendre *vp* ۱. خود را تسلیم کردن، تسلیم شدن ۲. روانهٔ (جایی) شدن، رفتن ۳. شدن
se rendre malade خود را مریض کردن، مریض شدن، بیمار شدن
rendu [1],e /ʀɑ̃dy/ *adj, part. passé* ۱. خسته، کوفته ◻ ۲. [اسم مفعول فعلِ rendre]
Nous voilà rendus. بالاخره رسیدیم.
rendu [2] /ʀɑ̃dy/ *nm* (جنس) مرجوعی
rêne /ʀɛn/ *nf* ۱. عنان، دهنه ۲. زمام
renégat,e /ʀənega,t/ *n* ۱. ازدین‌برگشته، مرتد ۲. خائن، خیانتکار
reneiger /ʀ(ə)neʒe/ *v. impers* (3) دوباره برف باریدن، باز برف آمدن
renfermé [1],e /ʀɑ̃fɛʀme/ *adj* تودار
renfermé [2] /ʀɑ̃fɛʀme/ *nm* بوی فضای بسته، بوی نا
renfermer /ʀɑ̃fɛʀme/ *vt* (1) ۱. حاوی (چیزی) بودن، در برداشتن، در خود جا دادن ۲. [قدیمی] حبس کردن ۳. [قدیمی] پنهان کردن، مخفی کردن
renflement /ʀɑ̃fləmɑ̃/ *nm* برآمدگی
renfler /ʀɑ̃fle/ *vt* (1) برآمده کردن
renflouage /ʀɑ̃fluaʒ/ *nm* → renflouement
renflouement /ʀɑ̃flumɑ̃/ *nm* ۱. [کشتی غرق‌شده] آوردن به سطح آب ۲. احیای مالی، رهایی از ورشکستگی
renflouer /ʀɑ̃flue/ *vt* (1) ۱. [کشتی غرق‌شده] به سطح آب آوردن ۲. (از نظر مالی) احیا کردن، از ورشکستگی رهانیدن
renfoncement /ʀɑ̃fɔʀsəmɑ̃/ *nm* فرورفتگی، تورفتگی، گودی
renfoncer /ʀɑ̃fɔʀse/ *vt* (3) بیشتر فرو بردن
renforcement /ʀɑ̃fɔʀsəmɑ̃/ *nm* ۱. تقویت ۲. تحکیم ۳. تورفتگی

renforcer /ʀɑ̃fɔʀse/ *vt* (3) ۱. تقویت کردن ۲. استحکام بخشیدن، محکم‌تر کردن ۳. تشدید کردن، شدت بخشیدن
renfort /ʀɑ̃fɔʀ/ *nm* ۱. نیروی کمکی، قوای کمکی ۲. [خودمانی] کمک
à grand renfort de با مقدار زیادی
renfrogner (se) /s(ə)ʀɑ̃fʀɔɲe/ *vp* (1) اخم‌های (کسی) تو هم رفتن، سگرمه‌های (کسی) تو هم رفتن، چهره در هم کشیدن
rengagement /ʀɑ̃gaʒmɑ̃/ *nm* → réengagement
rengager /ʀɑ̃gaʒe/ *vt* (3) → réengager
rengaine /ʀɑ̃gɛn/ *nf* [خودمانی] حرف‌های تکراری
rengainer /ʀɑ̃gene/ *vt* (1) ۱. ناتمام گذاشتن، نیمه تمام گذاشتن ۲. [قدیمی] دوباره غلاف کردن
rengorger (se) /s(ə)ʀɑ̃gɔʀʒe/ *vp* (3) باد در غبغب انداختن، سینه را جلو دادن
rengraisser /ʀɑ̃gʀese/ *vi* (1) دوباره چاق شدن
reniement /ʀ(ə)nimɑ̃/ *nm* ۱. انکار ۲. روگردانی
renier /ʀənje/ *vt* (7) ۱. انکار کردن، منکر شدن ۲. روگرداندن از
reniflement /ʀ(ə)nifləmɑ̃/ *nm* فین‌فین، فرت‌فرت
renifler /ʀ(ə)nifle/ *vi, vt* (1) ۱. دماغ خود را بالا کشیدن، فین‌فین کردن، فرت‌فرت کردن ◻ ۲. استنشاق کردن، از راه بینی بالا کشیدن ۳. استشمام کردن، به مشام کشیدن
renne /ʀɛn/ *nm* گوزن شمالی
renom /ʀ(ə)nɔ̃/ *nm* ۱. [ادبی] وجهه، اعتبار ۲. شهرت، حسن شهرت، آوازه
renommé,e [1] /ʀ(ə)nɔme/ *adj* مشهور، معروف، نامی، نامدار، پرآوازه
renommée [2] /ʀ(ə)nɔme/ *nf* ۱. شهرت، معروفیت، آوازه ۲. [ادبی] وجهه، اعتبار

743 **renverse (à la)**

renoncement /R(ə)nɔ̃smɑ̃/ *nm* ۱. ترک ۲. [ادبی] کفّ نفس

renoncement (à soi-même) ازخودگذشتگی، فداکاری، ایثار

renoncer /R(ə)nɔ̃se/ *vt* (3) ۱. چشم پوشیدن، صرف‌نظر کردن ۲. منصرف شدن ۳. کناره‌گیری کردن، کناره گرفتن ۴. دست کشیدن، دست برداشتن ۵. ترک کردن

renonciation /R(ə)nɔ̃sjatsjɔ̃/ *nf* ۱. چشم‌پوشی، انصراف ۲. کناره‌گیری

renoncule /R(ə)nɔ̃kyl/ *nf* آلاله

renouer /Rənwe/ *vt, vi* (1) ۱. دوباره گره زدن، دوباره بستن ۲. از سر گرفتن ◻ ۳. دوباره رابطه برقرار کردن، روابط خود را از سر گرفتن

renouveau /R(ə)nuvo/ *nm* ۱. [ادبی] بازگشت بهار، نوبهار ۲. احیا، تجدید، نوزایی

renouvelable /R(ə)nuvlabl/ *adj* ۱. قابل تجدید، تجدیدشدنی ۲. قابل تمدید ۳. قابل تعویض، جایگزین‌شونده

renouveler /R(ə)nuvle/ *vt* (4) ۱. تجدید کردن ۲. نو کردن، تازه کردن ۳. عوض کردن، تعویض کردن ۴. از سر گرفتن ۵. [گذرنامه و غیره] تمدید کردن

se renouveler *vp* ۱. تجدید شدن ۲. نو شدن، تازه شدن ۳. عوض شدن، تعویض شدن ۴. دوباره شروع شدن، از سر گرفته شدن

renouvellement /R(ə)nuvɛlmɑ̃/ *nm* ۱. تعویض ۲. تجدید ۳. نوسازی ۴. تمدید

rénovateur,trice /Renɔvatœr,tRis/ *adj, n* اصلاح‌گر، مصلح

rénovation /Renɔvasjɔ̃/ *nf* ۱. نوسازی ۲. اصلاح، بهبود

rénover /Renɔve/ *vt* (1) ۱. نو کردن ۲. اصلاح کردن، بهبود بخشیدن

renseignement /Rɑ̃sɛɲmɑ̃/ *nm* ۱. خبر ۲. اطلاع، اطلاعات

agent de renseignements مأمور امنیتی، مأمور اطلاعاتی

prendre des renseignements sur اطلاعات کسب کردن در موردِ، تحقیق کردن دربارهٔ

renseigner /Rɑ̃seɲe/ *vt* (1) خبر دادن به، باخبر کردن، مطلع کردن، آگاه کردن

se renseigner *vp* مطلع شدن، اطلاع یافتن، کسب اطلاع کردن، باخبر شدن

rentable /Rɑ̃tabl/ *adj* ۱. دارای درآمد خوب، پردرآمد ۲. نتیجه‌بخش، ثمربخش، سودآور

rentamer /Rɑ̃tame/ *vt* (1) دوباره شروع کردن، از سر گرفتن

rente /Rɑ̃t/ *nf* عایدی، درآمد (حاصل از سرمایه، خانه و غیره)

rentier,ère /Rɑ̃tje,ɛR/ *n* عایدی‌بگیر

rentré,e[1] /Rɑ̃tRe/ *adj* ۱. [خشم و غیره] فروخورده ۲. تورفته، فرورفته، گود

rentrée[2] /Rɑ̃tRe/ *nf* ۱. بازگشت، مراجعت ۲. بازگشایی ۳. (عمل) به داخل بردن ۴. وصول، دریافت

la rentrée des classes آغاز سال تحصیلی، بازگشایی مدارس

rentrer /Rɑ̃tRe/ *vi, vt* (1) ۱. بازگشتن، برگشتن، مراجعت کردن، دوباره آمدن ۲. دوباره باز شدن، فعالیت خود را از سر گرفتن ۳. [مدارس، دادگاه] فعالیت خود را از سر گرفتن، باز شدن ۴. رفتن (توِ) ۵. جا شدن ۶. شامل شدن ۷. پرداخت شدن، وصول شدن ◻ ۸. (به) داخل بردن، دوباره تو بردن

rentrer sa colère خشم خود را فروخوردن، جلوی خشم خود را گرفتن

rentrer ses larmes جلوی گریهٔ خود را گرفتن

renversant,e /Rɑ̃vɛRsɑ̃,t/ *adj* بهت‌آور، مبهوت‌کننده، حیرت‌انگیز

renverse (à la) /alaRɑ̃vɛRs/ *loc. adv* به پشت، طاق‌باز

a = bas, plat   e = blé, jouer   ɛ = lait, jouet, merci   i = il, lyre   o = mot, dôme, eau, gauche   ɔ = mort
u = roue   y = rue   ø = peu   œ = peur   ə = le, premier   ɑ̃ = sans, vent   ɛ̃ = matin, plein, lundi
ɔ̃ = bon, ombre   ʃ = chat, tache   ʒ = je, gilet   j = yeux, paille, pied   w = oui, nouer   ɥ = huile, lui

renversé,e /Rɑ̃vɛRse/ *adj* ۱. وارونه، واژگون، معکوس ۲. واژگون‌شده، سرنگون، افتاده ۳. بهت‌زده، مبهوت، حیرت‌زده

renversement /Rɑ̃vɛRsəmɑ̃/ *nm* ۱. وارونگی، واژگونی ۲. براندازی، سرنگونی ۳. [سر، بدن، ...] عقب دادن

renverser /Rɑ̃vɛRse/ *vt* (1) ۱. واژگون کردن، برگرداندن ۲. انداختن، (به) زمین انداختن، زمین زدن ۳. ریختن (روی) ۴. وارونه کردن، معکوس کردن ۵. زیر و رو کردن، به هم ریختن ۶. برانداختن، سرنگون کردن ۷. [سر، بدن، ...] عقب دادن ۸. مات و مبهوت کردن، بهت‌زده کردن، متحیر کردن

piéton renversé par une voiture عابری که ماشین بهش زده، عابری که ماشین زیرش کرده

renverser les obstacles موانع را کنار زدن، موانع را در هم شکستن

se renverser *vp* ۱. واژگون شدن، برگشتن، چپ شدن ۲. افتادن ۳. به عقب خم شدن، خود را عقب دادن

renvoi /Rɑ̃vwa/ *nm* ۱. عودت، برگرداندن ۲. ارجاع، مراجعه ۳. اخراج، بیرون کردن ۴. تعویق ۵. آروغ

renvoyer /Rɑ̃vwaje/ *vt* (8) ۱. برگرداندن، باز گرداندن ۲. پس فرستادن، برگشت دادن ۳. بیرون کردن، اخراج کردن ۴. ارجاع دادن ۵. منعکس کردن ۶. به تعویق انداختن، عقب انداختن

réoccupation /Reɔkypasjɔ̃/ *nf* ۱. اشغال مجدد، تصرف دوباره ۲. تصاحب دوباره

réoccuper /Reɔkype/ *vt* (1) ۱. دوباره اشغال کردن، دوباره تصرف کردن، دوباره گرفتن ۲. دوباره تصاحب کردن، دوباره صاحب شدن

réorganisation /ReɔRganizasjɔ̃/ *nf* سازماندهی مجدد، تجدید سازمان

réorganiser /ReɔRganize/ *vt* (1) دوباره سازماندهی کردن، تجدید سازمان کردن

réouverture /ReuvɛRtyR/ *nf* بازگشایی

repaire /R(ə)pɛR/ *nm* ۱. [درندگان] کنام، لانه ۲. مخفی‌گاه (تبهکاران)

repaître /Rəpɛtr/ *vt* (57) ۱. [مجازی؛ ادبی] تغذیه کردن ۲. [قدیمی] غذا دادن به

se repaître *vp* ۱. [جانوران] خود را سیر کردن ۲. [مجازی] تغذیه کردن

se repaître d'illusions گرفتار وهم و خیال بودن، در اوهام سِیر کردن

répandre /Repɑ̃dR/ *vt* (41) ۱. ریختن ۲. پاشیدن ۳. پراکندن، دادن ۴. رواج دادن، باب کردن ۵. شایع کردن، پخش کردن، سر زبان‌ها انداختن

se répandre *vp* ۱. ریختن ۲. پراکنده شدن، پخش شدن ۳. رواج یافتن، باب شدن ۴. شایع شدن، سرزبان‌ها افتادن ۵. شیوع پیدا کردن

se répandre en injures یکریز دشنام دادن، به باد ناسزا گرفتن

répandu,e /Repɑ̃dy/ *adj, part. passé* ۱. پراکنده ۲. شایع، رایج، متداول ◘ ۳. [اسم مفعول فعلِ répandre]

réparable /ReparabI/ *adj* ۱. قابل تعمیر، درست‌شدنی ۲. قابل جبران، جبران‌شدنی، جبران‌پذیر

reparaître /R(ə)parɛtR/ *vi* (57) دوباره ظاهر شدن، دوباره نمودار شدن، دوباره پیدا شدن

réparateur,trice /ReparatœR,tRis/ *n, adj* ۱. تعمیرکار ◘ ۲. نیروبخش

chirurgie réparatrice جراحی ترمیمی

réparation /Reparasjɔ̃/ *nf* ۱. تعمیر، مرمت ۲. جبران ۳. غرامت

surface de réparation [فوتبال] محوطهٔ جریمه

réparer /Repare/ *vt* (1) ۱. تعمیر کردن، مرمت کردن، درست کردن ۲. رفع کردن ۳. جبران کردن

réparer sa faute اشتباه خود را جبران کردن

réparer ses forces تجدید قوا کردن

reparler /ʀ(ə)paʀle/ vi (1) دوباره صحبت کردن، باز (هم) حرف زدن
repartager /ʀ(ə)paʀtaʒe/ vt (3) دوباره تقسیم کردن، دوباره قسمت کردن
repartie /ʀəpaʀti;ʀepaʀti/ nf جواب تر و فرز، جواب دندان‌شکن
repartir[1] /ʀəpaʀtiʀ/ vi (16) ۱. دوباره رفتن، دوباره عازم شدن، دوباره (به) راه افتادن ۲. برگشتن ۳. از نو شروع کردن
repartir[2] /ʀəpaʀtiʀ/ vt (16) [قدیمی یا ادبی] سریع پاسخ دادن
répartir /ʀepaʀtiʀ/ vt (2) ۱. تقسیم کردن، قسمت کردن ۲. زمان‌بندی کردن
répartiteur /ʀepaʀtitœʀ/ nm [ادبی] مُقسِم
répartition /ʀepaʀtisjɔ̃/ nf تقسیم، توزیع
repas /ʀ(ə)pa/ nm ۱. غذا ۲. وعدهٔ غذا
repassage /ʀ(ə)pasaʒ/ nm ۱. اتوکشی، اتو (کردن) ۲. (عمل) تیز کردن
repasser /ʀ(ə)pase/ vi, vt (1) ۱. دوباره آمدن، برگشتن ۲. دوباره گذشتن از ۳. [امتحان] دوباره گذراندن، دوباره دادن ۴. دوباره (به ذهن) آوردن ۵. مرور کردن ۶. اتو کردن، اتو زدن، اتو کشیدن ۷. تیز کردن ۸. [خودمانی] (به دیگری) دادن
Il m'a repassé son rhume. زکامش را به من داد. ازش زکام گرفتم.
repasse-moi le pain. نان را به من بده.
repayer /ʀ(ə)peje/ vt (8) دوباره پرداختن، دوباره پرداخت کردن، دوباره پول (چیزی را) دادن
repêchage /ʀ(ə)peʃaʒ/ nm ۱. (عمل) از آب گرفتن ۲. [مجازی] نجات
repêcher /ʀ(ə)peʃe/ vt (1) ۱. [ماهی] دوباره صید کردن، دوباره گرفتن ۲. از آب گرفتن ۳. (از مخمصه) نجات دادن
repeindre /ʀ(ə)pɛ̃dʀ/ vt (52) ۱. (دوباره) رنگ (کردن، (دوباره) رنگ زدن، (دوباره) نقاشی کردن

repenser /ʀ(ə)pɑ̃se/ vi, vt (1) ۱. باز (هم) فکر کردن ۲. دوباره بررسی کردن
repentant,e /ʀ(ə)pɑ̃tɑ̃,t/ adj ۱. متأسف، پشیمان، نادم ۲. توبه‌کار
repenti,e /ʀ(ə)pɑ̃ti/ adj ۱. پشیمان، نادم ۲. توبه‌کار، تائب
repentir[1] (se) /səʀ(ə)pɑ̃tiʀ/ vp (16) ۱. پشیمان بودن، پشیمان شدن، متأسف شدن، متأسف بودن ۲. توبه‌کار شدن، توبه کردن
Il s'en repentira. [تهدیدآمیز] از این کارش پشیمان می‌شود.
repentir[2] /ʀ(ə)pɑ̃tiʀ/ nm ۱. پشیمانی، ندامت، تأسف ۲. توبه ۳. [نقاشی، متن] اصلاح، حک و اصلاح
repérage /ʀ(ə)peʀaʒ/ nm تعیین موقعیت
répercussion /ʀepɛʀkysjɔ̃/ nf ۱. انعکاس، بازتاب ـ [صورت جمع] ۲. عواقب، پیامد(ها)، نتایج
répercuter /ʀepɛʀkyte/ vt (1) منعکس کردن
se répercuter vp ۱. منعکس شدن ۲. تأثیر گذاشتن، تأثیر داشتن، اثر گذاشتن
repère /ʀ(ə)pɛʀ/ nm علامت، نشانه، نشان
repérer /ʀ(ə)peʀe/ vt (6) ۱. علامت گذاشتن، علامت زدن، نشان کردن ۲. [خودمانی] متوجه (کسی یا چیزی) شدن، پیدا کردن
se repérer vp ۱. [خودمانی] موقعیت خود را تشخیص دادن ۲. به چشم خوردن، جلب نظر کردن
répertoire /ʀ(ə)pɛʀtwaʀ/ nm ۱. فهرست، صورت، لیست ۲. [موسیقی، تئاتر] رپرتوار
répertorier /ʀepɛʀtɔʀje/ vt (7) فهرست تهیه کردن از، فهرست کردن
répété,e /ʀepete/ adj مکرر، پی‌درپی، پیاپی، مداوم
répéter /ʀepete/ vt (6) ۱. تکرار کردن،

répétiteur,trice 746

se replier *vp* ۱. تا شدن، جمع شدن
۲. [مار] حلقه زدن، چنبره زدن ۳. عقب‌نشینی کردن

réplique /Replik/ *nf* ۱. جواب دندان‌شکن، حاضرجوابی، جواب ۲. [تئاتر] جواب ۳. کُپی، بدل

répliquer /Replike/ *vt, vi* (1) جواب دندان‌شکن دادن (به)، حاضرجوابی کردن، جواب دادن (به)

replisser /R(ə)plise/ *vt* (1) بیشتر چین دادن، باز هم چین دادن

replonger /R(ə)plɔ̃ʒe/ *vt, vi* (3) ۱. دوباره فرو بردن ◘ ۲. دوباره فرو رفتن

se replonger *vp* غرق (در چیزی یا کاری) شدن

répondant,e /Repɔ̃dɑ̃,t/ *n* ضامن

répondeur /Repɔ̃dœR/ *nm* [تلفن] پیام‌گیر

répondre /Repɔ̃dR/ *vi, vt* (41) ۱. جواب دادن، پاسخ گفتن ◘ ۲. جواب (کسی یا چیزی را) دادن، پاسخ گفتن (به) ۳. واکنش نشان دادن، عکس‌العمل نشان دادن ۴. متناسب بودن، مطابق بودن ۵. [انتظار] برآوردن ۶. ضامن (چیزی) بودن، ضمانت کردن ۷. مسئول (کاری یا چیزی) بودن

réponse /Repɔ̃s/ *nf* ۱. جواب، پاسخ
۲. واکنش، عکس‌العمل

report /R(ə)pɔR/ *nm* ۱. تعویق، عقب انداختن
۲. [حساب، نوشته، ...] نقل، انتقال، وارد کردن

reportage /R(ə)pɔRtaʒ/ *nm* ۱. گزارش، خبر
۲. گزارشگری، خبرنگاری

reporter[1] /R(ə)pɔRte/ *nm* گزارشگر، خبرنگار

reporter[2] /R(ə)pɔRtɛR/ *vt* (1) ۱. برگرداندن
۲. به یاد (گذشته) انداختن، (به گذشته) بردن ۳. به تعویق انداختن، (به بعد) موکول کردن ۴. [حساب، نوشته، ...] وارد کردن، نقل کردن، منتقل کردن

se reporter *vp* ۱. رجوع کردن ۲. [زمان] به عقب) برگشتن

repos /R(ə)po/ *nm* ۱. استراحت ۲. آرامش، آسایش ۳. سکون ۴. [نظامی] راحت‌باش

de tout repos [وضعیت، کار] مطمئن، بی‌خطر

Repos! [فرمان نظامی] آزاد!

از سر گرفتن ۲. بازگو کردن ۳. [نقش، قطعه موسیقی، ...] تمرین کردن، مرور کردن

se répéter *vp* ۱. بیهوده تکرار کردن، تکرار مکررات کردن ۲. تکرار شدن

répétiteur,trice /RepetitœR,tRis/ *n* معلم تقویتی (= معلمی که دروس را با محصلین مرور می‌کند.)

répétitif,ive /Repetitif,iv/ *adj* تکراری

répétition /Repetisjɔ̃/ *nf* ۱. تکرار
۲. بازگویی ۳. [نقش، قطعه‌موسیقی، ...] تمرین، مرور

repeulement /Rəpœpləmɑ̃/ *nm* ۱. (عمل) دوباره مسکونی کردن ۲. [از جانور، درخت، ...] دوباره پر کردن

repeupler /Rəpœple/ *vt* (1) ۱. دوباره مسکونی کردن ۲. [از جانور، درخت، ...] دوباره پر کردن

repiquage /R(ə)pikaʒ/ *nm* ۱. نشا (کردن)، کاشت ۲. ازسرگیری

repiquer /R(ə)pike/ *vt* (1) ۱. نشا کردن، کاشتن ۲. [عکاسی] رتوش کردن ۳. از سر گرفتن

répit /Repi/ *nm* ۱. آرامش، استراحت
۲. مهلت، فرجه

sans répit بی‌وقفه، مدام، پیوسته، یکریز

replacer /R(ə)plase/ *vt* (3) (سر جای خود) گذاشتن

replanter /R(ə)plɑ̃te/ *vt* (1) دوباره کاشتن

replâtrage /R(ə)platRaʒ/ *nm* ۱. گچ‌کاری
۲. [خودمانی] سرهم‌بندی

replâtrer /R(ə)platRe/ *vt* (1) ۱. دوباره گچ کردن ۲. [خودمانی] سرهم‌بندی کردن، عَلَم کردن

replet,ète /Rəplɛ,ɛt/ *adj* چاق، فربه

repli /R(ə)pli/ *nm* ۱. چین ۲. پیچ و خم
۳. عقب‌نشینی ۴. [دل، روح، ...] زوایای نهانی، اعماق

repliement /R(ə)plimɑ̃/ *nm* (عمل) تا کردن

replier /R(ə)plije/ *vt* (7) ۱. تا کردن
۲. تا زدن ۳. برگرداندن، بالا زدن ۴. [لشکر] عقب کشیدن

Repos hebdomadaire تعطیل هفتگی

reposant,e /R(ə)pozɑ̃,t/ *adj* رفع‌کنندهٔ خستگی، آرامش‌بخش

reposé,e /R(ə)poze/ *adj* آسوده، آرام

à tête reposée با خیال راحت، سر فرصت

reposer /R(ə)poze/ *vt, vi* (1) ۱. (دوباره) گذاشتن ۲. دوباره مطرح کردن، دوباره پیش کشیدن ۳. آسوده کردن، آرام کردن، آرامش دادن ۴. تکیه دادن ۵. دراز کشیدن ۶. استراحت کردن، خستگی درکردن ۷. آرام بودن ۸. [مرده] مدفون بودن، آرمیدن، خفتن ۹. قرار گرفتن (رویِ)، قرار داشتن ۱۰. متکی بودن، مبتنی بودن، استوار بودن

laisser reposer la terre زمین را آیش دادن

laisser reposer un liquide مایعی را بگذارند تا ته‌نشین شود

se reposer *vp* استراحت کردن، خستگی درکردن

se reposer sur qqn کارها را به کسی واگذار کردن، روی کسی حساب کردن

repose-tête /R(ə)poztɛt/ *nm. inv* [صندلی] جاسری، زیرسری

repoussant,e /R(ə)pusɑ̃,t/ *adj* نفرت‌انگیز، مشمئزکننده، زننده

repousse /R(ə)pus/ *nf* رویش دوباره

repousser¹ /R(ə)puse/ *vt* (1) ۱. (به) عقب راندن، پس زدن ۲. [حمله] دفع کردن ۳. عقب زدن، کنار زدن ۴. رد کردن، نپذیرفتن ۵. منزجر کردن، مشمئز کردن، حال (کسی را) به هم زدن ۶. به تعویق انداختن، به بعد موکول کردن

repousser² /R(ə)puse/ *vi* (1) [علف و غیره] دوباره روییدن، دوباره درآمدن

répréhensible /RepReɑ̃sibl/ *adj* نکوهیده، سزاوار سرزنش

reprendre /R(ə)pRɑ̃dR/ *vt, vi* (58) ۱. دوباره برداشتن ۲. دوباره گرفتن ۳. پس گرفتن ۴. دوباره تصرف کردن، دوباره فتح کردن ۵. از سر گرفتن، دوباره شروع کردن ۶. دوباره به دست آوردن، بازیافتن ۷. تکرار کردن ۸. حرف را از سر گرفتن، ادامه دادن ۹. اصلاح کردن ۱۰. سرزنش کردن، اشتباه (کسی را) گوشزد کردن ۱۱. عود کردن ◻ ۱۲. (دوباره) جان گرفتن ۱۳. دوباره شروع شدن ۱۴. دوباره رونق یافتن

La fièvre l'a repris. دوباره تب کرد.

reprendre des forces نیرو گرفتن، قوت گرفتن، جان گرفتن

se reprendre *vp* ۱. گفتهٔ خود را اصلاح کردن ۲. خونسردی خود را بازیافتن، به خود مسلط شدن

représailles /R(ə)pRezaj/ *nf.pl* ۱. مقابله به‌مثل، انتقام، تلافی ۲. [سیاست] اقدام تلافی‌جویانه

représentable /R(ə)pRezɑ̃tabl/ *adj* قابل نمایش، قابل نشان‌دادن

représentant,e /R(ə)pRezɑ̃tɑ̃,t/ *n* نماینده

représentatif,ive /R(ə)pRezɑ̃tatif,iv/ *adj* ۱. نمایانگر، نشانگر، بیانگر ۲. نماینده، نمونه، معرف

représentation /R(ə)pRezɑ̃tasjɔ̃/ *nf* ۱. بازنمایی، بازنمود ۲. تصویرگری ۳. نمایش ۴. ارائه، عرضه ۵. نمایندگی ۶. (هیئت) نمایندگان

représenter /R(ə)pRezɑ̃te/ *vt* (1) ۱. نشان دادن، نمایاندن ۲. ارائه دادن، عرضه کردن ۳. به ذهن آوردن، به ذهن متبادر کردن ۴. حاکی (از چیزی) بودن، نمایانگر (چیزی) بودن ۵. نمایش دادن، بازی کردن ۶. نمایندهٔ (کسی یا جایی) بودن

se représenter *vp* تصور کردن

répressif,ive /RepResif,iv/ *adj* سرکوب‌کننده، سرکوبگر، سرکوبگرانه

répression /RepResjɔ̃/ *nf* ۱. سرکوبی، سرکوب ۲. [خشم و غیره] جلوگیری

réprimande /RepRimɑ̃d/ *nf* ۱. مؤاخذه، سرزنش ۲. توبیخ

réprimander /ʀepʀimɑ̃de/ *vt* (1)
۱. مؤاخذه کردن، سرزنش کردن ۲. توبیخ کردن
réprimer /ʀepʀime/ *vt* (1) ۱. سرکوب کردن
۲. [خشم و غیره] جلوگیری کردن از، جلوی (خشم،...) خود را گرفتن
repris /ʀ(ə)pʀi/ *nm*, **repris de justice** دارای سابقهٔ محکومیت، (مجرم) سابقه‌دار
reprise /ʀ(ə)pʀiz/ *nf* ۱. تصرف دوباره
۲. ازسرگیری ۳. تکرار ۴. (عمل) پس گرفتن ۵. [مسابقه] دور، راند ۶. رونق دوباره ۷. رفو
à plusieurs/maintes reprises بارها، به دفعات، به کَرّات
repriser /ʀ(ə)pʀize/ *vt* (1) رفو کردن
réprobateur,trice /ʀepʀɔbatœʀ,tʀis/ *adj* ملامت‌بار، سرزنش‌آمیز
réprobation /ʀepʀɔbasjɔ̃/ *nf* ۱. مذمت، ملامت، سرزنش ۲. تقبیح، نکوهش
reproche /ʀ(ə)pʀɔʃ/ *nm* سرزنش، ملامت
sans reproche(s) بی‌عیب و نقص، تمام و کمال، تمام‌عیار
reprocher /ʀ(ə)pʀɔʃe/ *vt* (1)
۱. سرزنش کردن، ملامت کردن ۲. عیب گرفتن
se reprocher *vp* خود را سرزنش کردن، خود را مقصر دانستن
reproducteur,trice /ʀ(ə)pʀɔdyktœʀ, tʀis/ *adj* ۱. (مربوط به) تولید مثل ۲. تناسلی
reproduction /ʀ(ə)pʀɔdyksjɔ̃/ *nf*
۱. تولید مثل ۲. تکثیر، نسخه‌برداری ۳. تولید، بازآفرینی ۴. تجدید چاپ
reproduire /ʀ(ə)pʀɔdɥiʀ/ *vt* (38)
۱. دوباره ایجاد کردن، دوباره تولید کردن ۲. نشان دادن، منعکس کردن ۳. تقلید کردن ۴. تکثیر کردن
se reprouire *vp* ۱. تولید مثل کردن ۲. تکثیر شدن ۳. دوباره ایجاد شدن، تکرار شدن
réprouvé,e /ʀepʀuve/ *n* ۱. مطرود
۲. ملعون
réprouver /ʀepʀuve/ *vt* (1) ۱. مذمت کردن،

ملامت کردن ۲. ناپسند شمردن، تقبیح کردن، نکوهش کردن ۳. لعنت کردن
reptation /ʀɛptasjɔ̃/ *nf* [جانوران] خزیدن، خزش
reptile /ʀɛptil/ *nm* ۱. (جانور) خزنده
۲. آدم برده‌صفت، آدم نوکرصفت
reptilien,enne /ʀɛptiljɛ̃,ɛn/ *adj* (مربوط به) خزندگان
repu,e /ʀəpy/ *adj* [در مقابل گرسنه] سیر
républicain,e /ʀepyblikɛ̃/ *n, adj*
۱. جمهوری‌خواه ▫ ۲. (مربوط به) جمهوری
république /ʀepyblik/ *nf* جمهوری
répudiation /ʀepydjasjɔ̃/ *nf* ۱. [در برخی جوامع] طلاق یک‌جانبه (= حقی که به موجب آن یکی از زوجین می‌تواند بدون رضایت دیگری او را طلاق دهد.)
۲. نفی، رد ۳. [حقوقی] صرف‌نظر، چشم‌پوشی
répudier /ʀepydje/ *vt* (7) ۱. (به طور یک‌جانبه) طلاق دادن ۲. نفی کردن، رد کردن، نپذیرفتن ۳. [حقوقی] صرف‌نظر کردن از، چشم پوشیدن از
répugnance /ʀepyɲɑ̃s/ *nf*
۱. دل‌به‌هم‌خوردگی، (حالت) تهوع، چندش ۲. انزجار، نفرت، تنفر، بیزاری ۳. اِکراه
faire qqch avec répugnance کاری را به اکراه انجام دادن
répugnant,e /ʀepyɲɑ̃,t/ *adj* نفرت‌انگیز، منفور، مشمئزکننده
répugner /ʀepyɲe/ *vt* (1) ۱. حال (کسی را) به هم زدن ۲. منزجر کردن، بیزار کردن ۳. [ادبی] اکراه داشتن، نفرت داشتن، بیزار بودن
répulsif,ive /ʀepylsif,iv/ *adj* ۱. [ادبی] نفرت‌انگیز، زننده ۲. [فیزیک] دافع، رانشی
répulsion /ʀepylsjɔ̃/ *nf* ۱. انزجار، نفرت، بیزاری ۲. [فیزیک] رانش، دفع
réputation /ʀepytasjɔ̃/ *nf* ۱. شهرت، معروفیت، آوازه ۲. وجهه، اعتبار ۳. آبرو، حیثیت
réputé,e /ʀepyte/ *adj* ۱. مشهور، معروف، بنام، پرآوازه ۲. معروف به، موسوم به

résidentiel,elle

être réputé ۱. به... معروف بودن، به... شهرت داشتن ۲. به شمار رفتن، به حساب آمدن، محسوب شدن

requérant,e /Rəkerɑ̃,t/ *adj, n* [حقوقی] عارض، مدعی

requérir /RəkeriR/ *vt* (21) ۱. درخواست کردن، تقاضا کردن ۲. مستلزم (چیزی) بودن، نیازمند (چیزی) بودن ۳. ایجاب کردن، اقتضا کردن

requête /Rəkɛt/ *nf* ۱. درخواست، خواهش، تقاضا ۲. عرض‌حال، دادخواست

requiem /Rekɥijɛm/ *nm,* (messe de) requiem [مذهب کاتولیک] نیایش مردگان

requin /R(ə)kɛ̃/ *nm* ۱. کوسه، کوسه‌ماهی ۲. [در کار و کسب و غیره] آدم زالوصفت، زالو

requinquer /R(ə)kɛ̃ke/ *vt* (1) [خودمانی] سر حال آوردن، حال (کسی را) جا آوردن، شنگول کردن

se requinquer *vp* [خودمانی] سر حال آمدن، حال (کسی) جاآمدن، شنگول شدن

requis,e /Rəki,z/ *adj, part. passé* ۱. مورد نظر، لازم، ضروری، مقتضی ▢ ۲. [اسم مفعول فعل requérir]

réquisition /Rekizisjɔ̃/ *nf* [حقوقی] ۱. تقاضا (از دادگاه)، درخواست ۲. مصادره، توقیف ۳. [نظامی] تصرف

réquisitionner /Rekizisjɔne/ *vt* (1) مصادره کردن، توقیف کردن

réquisitoire /Rekizitwar/ *nm* ۱. کیفرخواست ۲. [مجازی؛ در نوشته یا نطق] حمله

rescapé,e /Rɛskape/ *adj, n* [سانحه و غیره] نجات‌یافته، بازمانده

rescousse /Rɛskus/ *nf,* à la rescousse به کمک، به یاری

réseau /Rezo/ *nm* [راه، تلویزیون، ...] شبکه

résection /Resɛksjɔ̃/ *nf* [جراحی] قطع، برداشتن، بریدن

réséda /Rezeda/ *nm* [گیاه‌شناسی] اسپرک

réséquer /Reseke/ *vt* (6) [جراحی] برداشتن، بریدن، قطع کردن

réservation /RezɛRvasjɔ̃/ *nf* [جا و غیره] (عمل) رزرو کردن، گرفتن

réserve /RezɛRv/ *nf* ۱. ذخیره، اندوخته ۲. انبار ۳. خویشتن‌داری، خودداری ۶. [ارتش] نیروی ذخیره، نیروی احتیاط
sans réserve به طور کامل، دربست، بی‌چون و چرا
sous (toute) réserve (کاملاً) مشروط

réservé,e /Rezɛrve/ *adj* ۱. خوددار، خویشتن‌دار، تودار ۲. مختص، مخصوص، ویژه ۳. محفوظ ۴. [جا و غیره] رزروشده، گرفته‌شده

réserver /Rezɛrve/ *vt* (1) ۱. کنار گذاشتن، نگه‌داشتن ۲. اختصاص دادن، در نظر گرفتن ۳. ذخیره کردن ۴. [جا و غیره] گرفتن، رزرو کردن

se réserver *vp* ۱. برای خود نگه‌داشتن، به خود اختصاص دادن ۲. منتظر ماندن، صبر کردن، دست نگه‌داشتن

réserviste /Rezɛrvist/ *nm* سرباز ذخیره، عضو نیروی احتیاط

réservoir /Rezɛrvwar/ *nm* ۱. مخزن ۲. منبع ۳. [اتومبیل] باک

résidant,e /Rezidɑ̃,t/ *adj* ساکن
membre résidant [فرهنگستان و غیره] عضو پیوسته، عضو ثابت

résidence /Rezidɑ̃s/ *nf* اقامتگاه، محل سکونت

résident,e /Rezidɑ̃,t/ *n* ۱. مقیم (خارج از کشور) ۲. ساکن
les résidents espagnols en France اسپانیایی‌های مقیم فرانسه

résidentiel,elle /Rezidɑ̃sjɛl/ *adj* [محله‌های بالای شهر] مسکونی

résider /Rezide/ *vi* (1) سکونت داشتن، ساکن (جایی) بودن، اقامت داشتن
Le problème réside en ceci que... مسئله از این قرار است که...
résidu /Rezidy/ *nm* تفاله، ته‌مانده، پس‌مانده
résignation /Reziɲasjɔ̃/ *nf* تسلیم، رضا، تن دادن
résigné,e /Reziɲe/ *adj, n* ۱. تسلیم ۲. حاکی از تسلیم، بردبارانه
résigner /Reziɲe/ *vt* (1) [ادبی] استعفا دادن از، دست کشیدن از، کناره‌گیری کردن از
se résigner *vp* رضایت دادن، (به ناچار) پذیرفتن، تسلیم شدن، تن دادن
résiliable /Reziljabl/ *adj* قابل فسخ، فسخ‌شدنی، لغوشدنی
résiliation /Reziljasjɔ̃/ *nf* فسخ، لغو
résilier /Rezilje/ *vt* (7) فسخ کردن، لغو کردن
résine /Rezin/ *nf* ۱. صمغ ۲. رِزین
résiner /Rezine/ *vt* (1) ۱. صمغ (درختی را) گرفتن ۲. به رِزین آغشتن، رِزین زدن به
résineux,euse /Rezinø,øz/ *adj* ۱. صمغی، صمغ‌دار ۲. (مربوط به) صمغ
résipiscence /Resipisɑ̃s/ *nf* [ادبی] توبه، ندامت
résistance[1] /Rezistɑ̃s/ *nf* ۱. مقاومت، پایداری، ایستادگی ۲. [فنی] مقاومت
Résistance[2] /Rezistɑ̃s/ *nf* [در جنگ جهانی دوم] نهضت مقاومت (فرانسه)
résistant,e /Rezistɑ̃,t/ *adj, n* ۱. مقاوم ۲. بادوام ۳. سرسخت، جان‌سخت، قوی ◙ ۴. مبارز ۵. عضو نهضت مقاومت (فرانسه)
résister /Reziste/ *vt* (1) ۱. مقاومت کردن، پایداری کردن، ایستادگی کردن ۲. مقاوم بودن، دوام آوردن، تاب آوردن ۳. مخالفت کردن ۴. خویشتن‌داری کردن، جلوی خود را گرفتن
résolu,e /Rezɔly/ *adj, part. passé* ۱. مصمم، ثابت‌قدم ◙ ۲. [اسم مفعول فعلِ résoudre]

résoluble /Rezɔlybl/ *adj* ۱. قابل حل، حل‌شدنی ۲. قابل فسخ
résolument /Rezɔlymɑ̃/ *adv* مصمم، قاطعانه
résolution /Rezɔlysjɔ̃/ *nf* ۱. تصمیم، قصد ۲. عزم، اراده، ثبات‌قدم ۳. حل، رفع ۴. تجزیه
prendre la résolution de تصمیم گرفتن، قصد داشتن، عزم کردن
résonance /Rezɔnɑ̃s/ *nf* ۱. طنین ۲. [فیزیک] بازآوایی، بازخوانی، تشدید ۳. [مجازی؛ ادبی] بازتاب، انعکاس
résonner /Rezɔne/ *vi* (1) طنین انداختن، طنین‌انداز شدن، پیچیدن
résonner de از صدای (چیزی) پر بودن
résorber /RezɔRbe/ *vt* (1) ۱. [فیزیولوژی] جذب کردن ۲. [بیکاری و غیره] از بین بردن
résorption /RezɔRpsjɔ̃/ *nf* ۱. [فیزیولوژی] جذب ۲. [بیکاری و غیره] از بین بردن
résoudre /RezudR/ *vt* (51) ۱. [مسئله، معما، ...] حل کردن ۲. رفع کردن ۳. تجزیه کردن ۴. تبدیل کردن، بدل کردن، کردن ۵. تصمیم گرفتن ۶. [حقوقی] فسخ کردن، لغو کردن ۷. [تومور] تحلیل رفتن، از بین رفتن
résoudre qqn à (کاری را) به کسی قبولاندن، قانع کردن
se résoudre *vp* ۱. تصمیم گرفتن، تصمیم داشتن، قصد داشتن ۲. تبدیل شدن، بدل شدن، شدن
respect /Rɛspɛ/ *nm* ۱. احترام، اِکرام ۲. رعایت، توجه ۳. ملاحظه
présenter ses respects à qqn به کسی سلام رساندن
respect humain /Rɛspɛkymɛ̃/ ترس از حرف مردم
sauf votre respect بلانسبت، دور از جناب
respectabilité /Rɛspɛktabilite/ *nf* آبرو، حیثیت
respectable /Rɛspɛktabl/ *adj* ۱. محترم،

respecter /Rɛspɛkte/ vt (1) ۱. احترام گذاشتن، محترم شمردن ۲. رعایت کردن، مراعات کردن، ملاحظه کردن
se respecter vp احترام خود را نگه‌داشتن
respectif,ive /Rɛspɛktif,iv/ adj مربوط (به هر یک)، مربوطه، خاص
respectivement /Rɛspɛktivmɑ̃/ adv ۱. هر یک به نوبهٔ خود ۲. به ترتیب
respectueusement /Rɛspɛktɥøzmɑ̃/ adv محترمانه، (به طرزی) مؤدبانه
respectueux,euse /Rɛspɛktɥø,øz/ adj ۱. مؤدب، باادب ۲. محترمانه، مؤدبانه، حاکی از احترام
respirable /Rɛspiʀabl/ adj قابل تنفس
respiration /Rɛspiʀasjɔ̃/ nf تنفس
respirer /Rɛspiʀe/ vi, vt (1) ۱. نفس کشیدن، تنفس کردن ۲. نفس راحت کشیدن، راحت بودن ▣ ۳. تنفس کردن، استنشاق کردن ۴. نمودار کردن، نشان دادن، نمایانگر (چیزی) بودن
resplendir /Rɛsplɑ̃diʀ/ vi (2) درخشیدن
resplendissant,e /Rɛsplɑ̃disɑ̃,t/ adj ۱. درخشان، تابناک، تابان ۲. [چهره، قیافه] بَشّاش، باطراوت
responsabilité /Rɛspɔ̃sabilite/ nf ۱. مسئولیت ۲. وظیفه
prendre ses responsabilités مسئولیت پذیرفتن
responsable /Rɛspɔ̃sabl/ adj, n ۱. مسئول ۲. پاسخگو ۳. مسبب
resquillage /Rɛskijaʒ/ nm → resquille
resquille /Rɛskij/ nf ۱. تصاحب ناروا ۲. [سینما، وسایل نقلیه] ورود بدون بلیت
resquiller /Rɛskije/ vt, vi (1) ۱. به ناحق به دست آوردن ▣ ۲. [سینما، وسایل نقلیه] بدون بلیت وارد شدن ۳. بی‌نوبت وارد شدن
ressac /Rəsak/ nm برگشت شدید امواج
ressaisir /R(ə)seziʀ/ vt (2) ۱. دوباره گرفتن ۲. دوباره به دست آوردن، دوباره از آن خود کردن ۳. [احساس، میل، ...] دوباره فرا گرفتن، دوباره مستولی شدن بر، دوباره غلبه کردن بر
se ressaisir vp ۱. دوباره به خود مسلط شدن، خونسردی خود را بازیافتن ۲. به خود آمدن
ressasser /R(ə)sase/ vt (1) مدام تکرار کردن
ressaut /R(ə)so/ nm برآمدگی، برجستگی، پیش‌آمدگی
ressauter /R(ə)sote/ vt (1) دوباره پریدن
réssayage /Reseja ʒ/ nm → réessayage
ressayer /Reseje/ vt (8) → réessayer
ressemblance /R(ə)sɑ̃blɑ̃s/ nf شباهت، تشابه، همانندی
ressemblant,e /R(ə)sɑ̃blɑ̃,t/ adj شبیه، همانند، مشابه، مثل هم
ressembler /R(ə)sɑ̃ble/ vt (1) شبیه بودن، شباهت داشتن، همانند بودن، مثل (کسی یا چیزی) بودن
se ressembler vp به هم شبیه بودن، مانند هم بودن، مثل هم بودن
Ils se ressemblent comme deux gouttes d'eau. مثل سیبی هستند که از وسط نصف کرده باشند.
ressemelage /R(ə)səmlaʒ/ nm [کفش] (عمل) تخت انداختن، زیره انداختن
ressemeler /R(ə)səmle/ vt (4) [کفش] تخت انداختن به، زیره انداختن به
ressentiment /R(ə)sɑ̃timɑ̃/ nm کدورت، دلخوری، رنجش، بغض
ressentir /R(ə)sɑ̃tiʀ/ vt (16) حس کردن، احساس کردن
se ressentir vp متأثر بودن، تأثیر پذیرفتن
resserre /R(ə)sɛʀ/ nf انبار، انباری

resserré,e /R(ə)seRe/ *adj* [راه‌رو، درّه، ...] تنگ، باریک

resserrement /R(ə)sɛRmã/ *nm* ۱. فشردگی، تنگی ۲. تنگ‌تر شدن

resserrer /R(ə)seRe/ *vt* (1) ۱. (به هم) فشردن ۲. محکم‌تر کردن ۳. تنگ‌تر کردن
se resserrer *vp* ۱. تنگ‌تر شدن ۲. بسته شدن

resservir /R(ə)sɛRviR/ *vt, vi* (14) ۱. (دوباره) به کار بردن ۲. [غذا] دوباره پذیرایی کردن با، دوباره سرو کردن ▫ ۳. دوباره به کار رفتن، قابل استفاده بودن

ressort¹ /R(ə)sɔR/ *nm* ۱. فنر ۲. [ادبی] نیرو، محرک

ressort² /R(ə)sɔR/ *nm* ۱. [حقوقی] حوزهٔ صلاحیت ۲. حوزهٔ قضایی
en dernier ressort بالاخره، سرانجام، عاقبت
jugement en premier et dernier ressort رأی قطعی

ressortir¹ /R(ə)sɔRtiR/ *vt* (2) ۱. [حقوقی] در حوزهٔ صلاحیت (کسی یا جایی) بودن ۲. [ادبی] مربوط شدن، مربوط بودن، ربط داشتن

ressortir² /R(ə)sɔRtiR/ *vi, v. impers* (16) ۱. دوباره بیرون آمدن، خارج شدن ۲. برجسته بودن ۳. به خوبی پیدا بودن، تو چشم زدن، خود را نشان دادن ▫ ۴. نتیجه شدن

ressouder /R(ə)sude/ *vt* (1) ۱. دوباره جوش دادن ۲. دوباره لحیم کردن

ressource /R(ə)suRs/ *nf* ۱. چاره، راه، دستاویز ــ [صورت جمع] ۲. توان مالی، پول ۳. امکانات ۴. قابلیت
homme de ressource آدم دست و پادار
sans ressource بدون چاره، لاعلاج

ressouvenir (se) /s(ə)R(ə)suvniR/ *vp* (22) [ادبی] (از گذشته‌های دور) به یاد آوردن، به خاطر آوردن

ressusciter /Resysite/ *vi, vt* (1) ۱. دوباره زنده شدن، دوباره جان گرفتن، جان دوباره یافتن ▫ ۲. دوباره زنده کردن، جان دوباره دادن (به)، احیا کردن

restant¹,e /Rɛstã,t/ *adj* باقیمانده، مانده
restant² /Rɛstã/ *nm* باقیمانده، مانده، باقی، بقیه، تتمه

restau /Rɛsto/ *nm* → restaurant

restaurant /RɛstɔRã/ *nm* رستوران

restaurateur, trice¹ /RɛstɔRatœR,tRis/ *adj* ۱. مرمت‌کننده، ترمیم‌گر، تعمیرکار ۲. [ادبی] بازگرداننده، احیاکننده

restaurateur, trice² /RɛstɔRatœR,tRis/ *n* رستوران‌دار، صاحب رستوران

restauration¹ /RɛstɔRasjɔ̃/ *nf* ۱. مرمت ۲. احیا

Restauration² /RɛstɔRasjɔ̃/ *nf* (دوران) بازگشت سلطنت (= بازگشت خاندان بوربُن به سلطنت)

restauration³ /RɛstɔRasjɔ̃/ *nf* رستوران‌داری

restaurer¹ /RɛstɔRe/ *vt* (1) ۱. مرمت کردن، تعمیر کردن ۲. بازگرداندن، دوباره برقرار کردن، احیا کردن

restaurer² (se) /s(ə)RɛstɔRe/ *vt* (1) (با خوردن) نیرو گرفتن، یک چیزی خوردن

restauroute /RɛstɔRut/ *nm* رستوران کنار بزرگراه

reste /Rɛst/ *nm* ۱. بقیه، باقی ۲. باقیمانده ـ [صورت جمع] ۳. بقایا ۴. مانده، ته‌مانده
au reste/du reste وانگهی، به‌علاوه، گذشته از این
de reste بیش از حد، بیش از اندازه، زیادی
un reste de یک ذره، یک خرده

rester /Rɛste/ *vi* (1) ۱. ماندن ۲. بجا ماندن، باقی ماندن ۳. پایدار ماندن، دوام یافتن
en rester là جلوتر نرفتن، ادامه ندادن

restituable /Rɛstitɥabl/ *adj* قابل استرداد

restituer /Rɛstitɥe/ *vt* (1) ۱. پس دادن، مسترد کردن، برگرداندن ۲. به حالت اول برگرداندن، بازسازی کردن
restituer de l'énergie انرژی آزاد کردن

restitution /ʀɛstitysjɔ̃/ *nf* ۱. استرداد ۲. برگرداندن به حالت اول، بازسازی

resto /ʀɛsto/ *nm* → restaurant

restoroute /ʀɛstoʀut/ *nm* → restauroute

restreindre /ʀɛstʀɛ̃dʀ/ *vt* (52) ۱. محدود کردن ۲. کاستن (از)، کاهش دادن، کم کردن (از)

se restreindre *vp* ۱. محدود شدن ۲. کاهش یافتن، کم شدن ۳. از مخارج خود کاستن، قناعت کردن

restreint,e /ʀɛstʀɛ̃,t/ *adj, part. passé* ۱. محدود ۲. کم، اندک ◙ ۳. [اسم مفعول فعلِ restreindre]

restreint à محدود به، منحصر به

restrictif,ive /ʀɛstʀiktif,iv/ *adj* محدودکننده، تحدیدی

restriction /ʀɛstʀiksjɔ̃/ *nf* ۱. محدودیت ۲. تحدید، محدود کردن

restructuration /ʀəstʀyktyʀasjɔ̃/ *nf* تجدید ساختار

restructurer /ʀəstʀyktyʀe/ *vt* (1) ساختار (چیزی را) تغییر دادن، ساختار (چیزی را) دگرگون کردن

résultante /ʀezyltɑ̃t/ *nf* برآیند، نتیجه

résultat /ʀezylta/ *nm* ۱. نتیجه ۲. حاصل، ثمره، ماحصل

résulter /ʀezylte/ *vi* (1) نتیجۀ (چیزی) بودن، ناشی شدن (از)

résumé /ʀezyme/ *nm* خلاصه، چکیده

en résumé به طور خلاصه، خلاصه

résumer /ʀezyme/ *vt* (1) خلاصه کردن، تلخیص کردن، به طور خلاصه بیان کردن

se résumer *vp* ۱. حرف‌های خود را خلاصه کردن ۲. خلاصه شدن

résurrection /ʀezyʀɛksjɔ̃/ *nf* ۱. رستاخیز، قیامت ۲. احیا

---

rétablir /ʀetabliʀ/ *vt* (2) ۱. دوباره برقرار کردن ۲. به حال اول برگرداندن ۳. سر و سامان دادن ۴. دوباره منصوب کردن ۵. خوب کردن، شفا دادن

rétablir l'ordre نظم را دوباره برقرار کردن

se rétablir *vp* ۱. دوباره برقرار شدن ۲. خوب شدن، بهبود یافتن، شفا یافتن

rétablissement /ʀetablismɑ̃/ *nm* ۱. برقراری دوباره، استقرار مجدد ۲. شفا، بهبودی، خوب شدن

rétamage /ʀetamaʒ/ *nm* [ظروف] سفید کردن دوباره

rétamé,e /ʀetame/ *adj* ۱. [خودمانی] مست، پاتیل ۲. [خودمانی] ازپادرآمده، داغون ۳. قراضه، درب و داغون

rétamer /ʀetame/ *vt* (1) ۱. [ظروف] دوباره سفید کردن ۲. [خودمانی] مست کردن ۳. داغون کردن ۴. [در قمار] لخت کردن

retaper /ʀ(ə)tape/ *vt* (1) ۱. مرتب کردن ۲. روبراه کردن، تعمیر کردن ۳. [خودمانی] سر حال آوردن، حال آوردن

retard /ʀ(ə)taʀ/ *nm* ۱. تأخیر ۲. دیرکرد ۳. تعویق ۴. عقب‌ماندگی

retardataire /ʀ(ə)taʀdatɛʀ/ *adj, n* ۱. دیرآمده، دارای تأخیر ◙ ۲. فرد دیرآمده

retardé,e /ʀ(ə)taʀde/ *adj, n* عقب‌مانده

retardement (à) /aʀ(ə)taʀdəmɑ̃/ *loc. adj, loc. adv* ۱. [مکانیسم و غیره] تنظیم‌شونده ۲. [بمب] ساعتی ◙ ۳. [خودمانی] دیر

retarder /ʀ(ə)taʀde/ *vt, vi* (1) ۱. به تعویق انداختن، عقب انداختن ۲. باعث تأخیر (کسی یا چیزی) شدن ۳. [ساعت] عقب کشیدن ◙ ۴. [ساعت و غیره] عقب بودن ۵. [خودمانی] هنوز خبر نداشتن، از قافله عقب بودن

reteindre /ʀ(ə)tɛ̃dʀ/ *vt* (52) دوباره رنگ کردن

retendre /R(ə)tɑ̃dR/ *vt* (41) ۱. دوباره کشیدن ۲. [دام] دوباره پهن کردن، دوباره گستردن

retenir /RətniR;RtəniR/ *vt* (22) ۱. نگه‌داشتن ۲. گرفتن، رزرو کردن ۳. جلوگیری کردن از، جلوی (کسی یا چیزی را) گرفتن، مانع (کسی یا چیزی) شدن ۴. کسر کردن، کم کردن، برداشتن ۵. به خاطر سپردن، حفظ کردن

retenir l'attention جلب توجه کردن

se retenir *vp* ۱. خود را بند کردن ۲. خودداری کردن، جلوی خود را گرفتن

rétention /Retɑ̃sjɔ̃/ *nf* [پزشکی] احتباس، حبس

rétention d'urine حبس‌البول، شاش‌بند

retentir /R(ə)tɑ̃tiR/ *vi* (2) ۱. طنین انداختن، صدای (چیزی) پیچیدن، منعکس شدن ۲. از صدای (چیزی) به لرزه درآمدن ۳. اثر گذاشتن، تأثیر گذاشتن

retentissant,e /R(ə)tɑ̃tisɑ̃,t/ *adj* ۱. پرصدا، طنین‌انداز، پرطنین ۲. پرسر و صدا، جنجال‌برانگیز، چشمگیر

retentissement /R(ə)tɑ̃tismɑ̃/ *nm* ۱. طنین ۲. بازتاب، اثر، تأثیر

retenu,e[1] /Rətny;Rtəny/ *part. passé* [اسم مفعول فعلِ retenir]

retenue[2] /Rətny;Rtəny/ *nf* ۱. نگهداری، ذخیره ۲. [از حقوق و غیره] برداشت ۳. خویشتن‌داری، خودداری ۴. حجب، حیا ۵. منع خروج (هنگام زنگ تفریح)

rire sans retenue بی‌اختیار خندیدن، یکریز خندیدن

réticence /Retisɑ̃s/ *nf* ۱. کتمان ۲. خویشتن‌داری، خودداری، توداری ۳. (حرف) ناگفته ۴. تردید

réticent,e /Retisɑ̃,t/ *adj* ۱. خویشتن‌دار، خوددار، تودار ۲. مردد

réticulaire /RetikylɛR/ *adj* مشبک

réticule /Retikyl/ *nm* کیف پول (زنانه)

rétif,ive /Retif,iv/ *adj* ۱. [اسب و غیره] چموش، سرکش ۲. نافرمان، حرف‌نشنو

rétine /Retin/ *nf* [چشم] شبکیه

retiré,e /R(ə)tiRe/ *adj* ۱. دورافتاده، پرت ۲. بازنشسته ۳. منزوی، کناره‌گیر

retirer /R(ə)tiRe/ *vt* (1) ۱. بیرون آوردن، درآوردن ۲. بیرون کشیدن ۳. عقب کشیدن ۴. گرفتن ۵. [عینک] برداشتن ۶. [حرف، شکایت، ...] پس گرفتن، صرف‌نظر کردن از

se retirer *vp* ۱. رفتن، دور شدن ۲. پناه بردن ۳. عقب‌نشینی کردن ۴. (خود را) کنار کشیدن، کناره‌گیری کردن ۵. ترک کردن

retombées /R(ə)tɔ̃be/ *nf. pl* عواقب، پیامدها، نتایج

retombées radioactives باران رادیواکتیو

retomber /R(ə)tɔ̃be/ *vi* (1) ۱. دوباره افتادن ۲. دوباره زمین خوردن ۳. افتادن، سقوط کردن ۴. [پایین پرده، لباس، ...] آویزان بودن، آویختن

retomber dans l'erreur دوباره دچار اشتباه شدن، باز هم اشتباه کردن

retomber malade دوباره بیمار شدن، دوباره مریض شدن

retomber sur [مسئولیت، گناه، ...] متوجه (کسی یا چیزی) بودن

retordre /R(ə)tɔRdR/ *vt* (41) [ریسمان و غیره] تابیدن

rétorquer /RetɔRke/ *vt* (1) جواب دندان‌شکن دادن، تروچسبان جواب دادن

retors,e /R(ə)tɔR,s/ *adj* ۱. حیله‌گر، مکار، حقه‌باز ۲. حیله‌گرانه

rétorsion /RetɔRsjɔ̃/ *nf* معامله‌به‌مثل

retouche /R(ə)tuʃ/ *nf* ۱. اصلاح ۲. [عکاسی] رتوش

retoucher /R(ə)tuʃe/ *vt* (1) ۱. اصلاح کردن ۲. [عکاسی] رتوش کردن

retour /R(ə)tuR/ *nm* ۱. بازگشت، مراجعت ۲. اعاده، برگشت دادن ۳. ازسرگیری، تکرار

rétrograder

en retour	در عوض، به جاي آن
match retour	مسابقهٔ برگشت، دور برگشت
retour d'âge	سن یائسگی
retour de la fortune	بخت برگشتگی، اِدبار
sans retour	برای همیشه، برای ابد، ابدی

retournemnt /R(ə)tuRnəmã/ *nm*
۱. تغییر رویه، تغییر عقیده ۲. دگرگونی

retourner /R(ə)tuRne/ *vt, vi* (1)
۱. برگرداندن ۲. پشت و رو کردن ۳. زیر و رو کردن ۴. وارونه کردن، برعکس کردن ۵. [خودمانی] منصرف کردن ۶. منقلب کردن، از این رو به آن رو کردن ▫ ۷. بازگشتن، برگشتن، مراجعت کردن

se retourner *vp* ۱. برگشتن، از این رو به آن رو شدن ۲. واژگون شدن، چپه شدن، چپ کردن ۳. روی خود را برگرداندن

s'en retourner برگشتن، بازگشتن، مراجعت کردن

retracer /R(ə)tRase/ *vt* (3) ۱. دوباره رسم کردن، دوباره کشیدن ۲. شرح دادن، ترسیم کردن

rétractation /RetRaktasjõ/ *nf*
[حرف، ادعا، ...] پس‌گیری، پس گرفتن

rétracter[1] /RetRakte/ *vt* (1)
[حرف، ادعا، ...] پس گرفتن

se rétracter *vp* حرف خود را پس گرفتن

rétracter[2] /RetRakte/ *vt* (1) جمع کردن، تو دادن

se rétracter *vp* جمع شدن، تو هم رفتن

retrait /R(ə)tRɛ/ *nm* ۱. پس نشستن، عقب‌نشینی ۲. کناره‌گیری، انصراف ۳. استرداد، پس گرفتن

retraite /R(ə)tRɛt/ *nf* ۱. کناره‌گیری ۲. [ارتش] عقب‌نشینی ۳. بازنشستگی ۴. حقوق بازنشستگی ۵. گوشه‌نشینی، خلوت‌گزینی، انزوا ۶. خلوتگاه، گوشهٔ خلوت ۷. پناهگاه، مخفیگاه

retraité,e /R(ə)tRɛte/ *n, adj* بازنشسته

retranchement /R(ə)tRãʃmã/ *nm* سنگر

retrancher /R(ə)tRãʃe/ *vt* (1)
۱. حذف کردن، زدن ۲. کم کردن، کسر کردن، برداشتن ۳. بریدن، قطع کردن

se retrancher *vp* سنگر گرفتن، پناه گرفتن

retransmettre /R(ə)tRãsmɛtR/ *vt* (56)
[از رادیو و تلویزیون] پخش کردن

retransmission /R(ə)tRãsmisjõ/ *nf*
[از رادیو و تلویزیون] پخش

rétrécir /RetResiR/ *vt, vi* (2) ۱. تنگ کردن ۲. باریک کردن ▫ ۳. تنگ شدن ۴. باریک شدن ۵. آب رفتن

se rétrécir *vp* ۱. تنگ شدن ۲. باریک شدن

rétrécissement /RetResismã/ *nm* تنگی، تنگ شدن

retremper /R(ə)tRãpe/ *vt* (1)
۱. دوباره خیساندن ۲. [فولاد] دوباره آب دادن

se retremper *vp* ۱. دوباره خیس خوردن ۲. [مجازی] جان گرفتن

rétribuer /RetRibɥe/ *vt* (1) دستمزد دادن، مزد دادن، اجرت دادن

rétribution /RetRibysjõ/ *nf* ۱. دستمزد، مزد، اجرت ۲. [مجازی] پاداش، اجر

rétro /RetRo/ *nm* → rétroviseur

rétroactif,ive /RetRɔaktif,iv/ *adj*
[حقوقی] عطف به ماسبق‌شونده، معطوف به ماسبق

rétrocéder /RetRɔsede/ *vt* (6) برگرداندن، مسترد کردن، پس دادن

rétrocession /RetRɔsesjõ/ *nf* استرداد، برگرداندن، پس دادن

rétrogradation /RetRɔgRadasjõ/ *nf*
۱. [ادبی] پسروی، سیر قهقرایی ۲. تنزل درجه، تنزل مقام

rétrograde /RetRɔgRad/ *adj* ۱. پسرو، رو به عقب ۲. قهقرایی، ارتجاعی

rétrograder /RetRɔgRade/ *vi, vt* (1)

---
a = bas, plat   e = blé, jouer   ɛ = lait, jouet, merci   i = il, lyre   o = mot, dôme, eau, gauche   ɔ = mort
u = roue   y = rue   ø = peu   œ = peur   ə = le, premier   ã = sans, vent   ɛ̃ = matin, plein, lundi
õ = bon, ombre   ʃ = chat, tache   ʒ = je, gilet   j = yeux, paille, pied   w = oui, nouer   ɥ = huile, lui

rétrospectif,ive 756

در امتحانی قبول شدن **réussir à un examen**

réussite /ʀeysit/ *nf* ۱. موفقیت ۲. توفیق

réutilisation /ʀeytilizasjɔ̃/ *nf* استفادهٔ مجدد، به‌کارگیری دوباره

réutiliser /ʀeytilize/ *vt* (1) دوباره استفاده کردن از، دوباره به‌کار بردن

revaloir /ʀ(ə)valwaʀ/ *vt* (29) معامله به‌مثل کردن، تلافی کردن

revalorisation /ʀ(ə)valɔʀizasjɔ̃/ *nf* بالا بردن ارزش، ارزش‌دهی

revaloriser /ʀ(ə)valɔʀize/ *vt* (1) ارزش (چیزی را) بالا بردن، ارزش دادن به

revanchard,e /ʀ(ə)vɑ̃ʃaʀ,d/ *adj, n* انتقام‌جو، کینه‌جو، کینه‌توز

revanche /ʀ(ə)vɑ̃ʃ/ *nf* تلافی، انتقام

en revanche در عوض، در مقابل

revancher (se) /s(ə)ʀ(ə)vɑ̃ʃe/ *vp* (1) [قدیمی یا ادبی] انتقام گرفتن

rêvasser /ʀɛvase/ *vi* (1) خیال‌پردازی کردن، به رؤیا فرورفتن

rêvasserie /ʀɛvasʀi/ *nf* خیال‌پردازی

rêvasseur,euse /ʀɛvasœʀ,øz/ *n, adj* خیال‌پرداز

rêve /ʀɛv/ *nm* ۱. رؤیا، خواب ۲. خواب و خیال

de rêve خیالی، رؤیایی

rêvé,e /ʀeve/ *adj* دلخواه، مطلوب، ایده‌آل

revêche /ʀəvɛʃ/ *adj* ترش‌رو، بدخو، عنق

réveil /ʀevɛj/ *nm* ۱. بیداری، بیدار شدن ۲. [نظامی] بیدارباش ۳. آغاز فعالیت مجدد ۴. هشیاری، وقوف ۵. ساعت شماطه‌دار، ساعت‌ـ زنگ‌دار

réveille-matin /ʀevɛjmatɛ̃/ *nm. inv* ساعت شماطه‌دار، ساعت زنگ‌دار

réveiller /ʀeveje/ *vt* (1) ۱. بیدار کردن ۲. هشیار کردن ۳. تحریک کردن، برانگیختن

se réveiller *vp* ۱. بیدار شدن ۲. هشیار شدن ۳. فعال شدن

۱. پس رفتن، رو به عقب رفتن، عقب‌عقب رفتن ۲. سیر قهقرایی پیمودن، رو به انحطاط گذاشتن ۳. [اتومبیل] دنده کم کردن، دنده معکوس زدن ◙ ۴. تنزل درجه دادن، تنزل مقام دادن

rétrospectif,ive /ʀetʀɔspɛktif,iv/ *adj* (مربوط به) گذشته، ناشی از گذشته

retroussé,e /ʀ(ə)tʀuse/ *adj* ۱. [آستین، دامن، ...] بالازده ۲. [بینی، سبیل] سربالا، برگشته

retrousser /ʀ(ə)tʀuse/ *vt* (1) [آستین، دامن، ...] بالا زدن، تا زدن

retrouvailles /ʀ(ə)tʀuvaj/ *nf. pl* [خودمانی] دیدار دوباره (پس از مدت طولانی)

retrouver /ʀ(ə)tʀuve/ *vt* (1) ۱. بازیافتن، (دوباره) پیدا کردن ۲. دوباره به دست آوردن ۳. دوباره برخوردن به ۴. ملحق شدن به

se retrouver *vp* ۱. یافت شدن، پیدا شدن ۲. به هم رسیدن ۳. راه خود را پیدا کردن ۴. خود را... یافتن

rétroviseur /ʀetʀɔvizœʀ/ *nm* آینهٔ اتومبیل

rets /ʀɛ/ *nm* [قدیمی] تور، دام

réunification /ʀeynifikasjɔ̃/ *nf* اتحاد (دوباره)

réunifier /ʀeynifje/ *vt* (7) دوباره متحد کردن

réunion /ʀeynjɔ̃/ *nf* ۱. جمع‌آوری، گردآوری ۲. الحاق ۳. تجمع، اجتماع ۴. مجمع، گردهمایی ۵. نشست، جلسه، اجلاس

salle de réunion تالار گردهمایی، اتاق جلسه

réunir /ʀeyniʀ/ *vt* (2) جمع کردن، گرد آوردن، گرد هم آوردن

se réunir *vp* ۱. دور هم جمع شدن ۲. جلسه کردن ۳. به هم پیوستن، متحد شدن

réussi,e /ʀeysi/ *adj* موفق، خوب

réussir /ʀeysiʀ/ *vi, vt* (2) ۱. موفق شدن، به نتیجه رسیدن ۲. موفق بودن، درخشیدن ۳. قبول شدن ◙ ۴. موفق شدن در ۵. موفق بودن در ۶. قبول شدن در ۷. خوب درست کردن

757 **révérer**

réveillon /Revɛjɔ̃/ *nm* ۱. غذای شب کریسمس، غذای شب اول ژانویه ۲. جشن شب کریسمس، مهمانی شب اول ژانویه

réveillonner /Revɛjɔne/ *vi* (1) شب کریسمس را جشن گرفتن، شب اول ژانویه را جشن گرفتن

révélateur[1],trice /RevelatœR,tRis/ *adj, n* ۱. آشکارکننده، فاش‌کننده، گویا ۲. معنی‌دار

révélateur[2] /RevelatœR/ *nm* [عکاسی] داروی ظهور

révélation[1] /Revelasjɔ̃/ *nf* ۱. افشا، افشاگری، رازگشایی، پرده‌برداری ۲. وقوف، آگاهی ۳. کشف و شهود

Révélation[2] /Revelasjɔ̃/ *nf* وحی

révélé,e /Revele/ *adj* فاش‌شده، برملاشده

religion révélée دین وحی

révéler /Revele/ *vt* (6) ۱. فاش کردن، برملا کردن ۲. نشان دادن، آشکار کردن ۳. وحی کردن

se révéler *vp* آشکار شدن، فاش شدن

revenant /Rəvnɑ̃/ *nm* روحِ مرده، روح

Tiens, un revenant! [در دیدار پس از مدت طولانی] پارسال دوست امسال آشنا!

revendication /R(ə)vɑ̃dikasjɔ̃/ *nf* ۱. مطالبه، ادعا ۲. خواسته، تقاضا

revendiquer /R(ə)vɑ̃dike/ *vt* (1) ۱. مطالبه کردن، خواستن، ادعا کردن ۲. به عهده گرفتن، عهده‌دار شدن

revendre /R(ə)vɑ̃dR/ *vt* (41) [جنس خریداری‌شده] فروختن، دوباره فروختن

revente /R(ə)vɑ̃t/ *nf* [جنس خریداری‌شده] فروش دوباره

revenez-y /R(ə)vənezi/ *nm. inv*, **un goût de revenez-y** [خودمانی] طعم دلچسب

Ça a un goût de revenez-y. یک طعمی دارد که دلت می‌خواهد باز هم از آن بخوری.

revenir /RənіR/ *vi* (22) ۱. دوباره آمدن، باز آمدن ۲. برگشتن، بازگشتن، مراجعت کردن ۳. تکرار کردن ۴. به یاد آمدن، به خاطر آمدن ۵. از سر گرفتن، دوباره پرداختن ۶. حال (کسی) جا آمدن، به هوش آمدن ۷. (به قیمتی) تمام شدن ۸. تعلق گرفتن، رسیدن ۹. [حرف و غیره] پس گرفتن

n'en pas revenir حیرت‌زده شدن

revenir à soi به هوش آمدن

revenir d'une maladie شفا یافتن، حال (کسی) خوب شدن

revenir sur une promesse زیر قول خود زدن، نقض قول کردن، عهد شکستن

revenu /Rəvny/ *nm* درآمد، عایدی

rêver /Reve/ *vi, vt* (1) ۱. خواب دیدن ۲. خیال‌پردازی کردن، به رؤیا فرو رفتن ۳. [قدیمی] پرت و پلا گفتن، هذیان گفتن ◙ ۴. در خواب دیدن، خواب (چیزی را) دیدن ۵. آرزو کردن، آرزوی (چیزی را) داشتن، در سر پروراندن

réverbération /RevɛRbeRasjɔ̃/ *nf* ۱. [نور] انعکاس، بازگشت ۲. [صدا] پژواک، طنین

réverbère /RevɛRbɛR/ *nm* ۱. تیر چراغ برق ۲. [آینه] بازتابنده

réverbérer /RevɛRbeRe/ *vt* (6) منعکس کردن، برگرداندن

reverdir /R(ə)vɛRdiR/ *vt, vi* (2) ۱. دوباره سبز کردن ◙ ۲. دوباره سبز شدن

révérence /RevɛRɑ̃s/ *nf* ۱. [ادبی] احترام، حرمت، تکریم ۲. تعظیم

révérence parler بلانسبت، دور از جناب

révérencieux,euse /RevɛRɑ̃sjø,øz/ *adj* ۱. [ادبی] اکرام‌کننده ۲. احترام‌آمیز، محترمانه

Révérend,e /RevɛRɑ̃,d/ *adj*,

la Révérende Mère مادر روحانی

le Révérend Père پدر روحانی

révérer /RevɛRe/ *vt* (6) حرمت گذاشتن، تکریم کردن

rêverie /ʀɛvʀi/ *nf* ۱. خیال‌پردازی، خیال‌بافی ۲. خیال، رؤیا، تخیل ۳. خواب و خیال، خیال خام

revers /ʀ(ə)vɛʀ/ *nm* ۱. [در مقابل رو] پشت ۲. [خیاطی] برگردان، دوبل، پاکتی ۳. ناکامی، شکست

revers de fortune بخت‌برگشتگی، اِدبار

revers de main ۱. ضربهٔ پشت دست ۲. [تنیس و غیره] بَک‌هَند

reverser /ʀ(ə)vɛʀse/ *vt* (1) ۱. دوباره ریختن ۲. دوباره واریز کردن

réversibilité /ʀevɛʀsibilite/ *nf* برگشت‌پذیری، قابلیت برگشت

réversible /ʀevɛʀsibl/ *adj* ۱. برگشت‌پذیر، قابل برگشت ۲. [لباس] دورو

revêtement /ʀəvetmɑ̃/ *nm* روکش، پوشش

revêtir /ʀ(ə)vetiʀ/ *vt* (20) ۱. [لباس مخصوص] پوشیدن ۲. [لباس مخصوص] پوشاندن ۳. [عنوان، اختیار، ...] دادن ۴. [سند رسمی؛ مهر، امضا] زدن، کردن ۵. روکش کردن، پوشاندن ۶. (حالتی را) به خود گرفتن، (حالتی را) پیدا کردن

revêtir l'uniforme اونیفورم پوشیدن

rêveur,euse /ʀɛvœʀ,øz/ *adj* خیال‌پرداز، خیال‌باف

rêveusement /ʀɛvøzmɑ̃/ *adv* ۱. با خیال‌پردازی ۲. فکورانه

revient /ʀ(ə)vjɛ̃/ *nm*, **prix de revient** قیمت تمام‌شده

revigorant,e /ʀəvigoʀɑ̃,t/ *adj* نیروبخش، مقوی

revigoration /ʀəvigoʀasjɔ̃/ *nf* [ادبی] تجدید قوا

revigorer /ʀ(ə)vigoʀe/ *vt* (1) ۱. نیرو دادن به، نیرو بخشیدن به ۲. سرحال آوردن، جان دادن به

revirement /ʀ(ə)viʀmɑ̃/ *nm* ۱. تغییر جهت (کامل) ۲. تغییر اساسی، دگرگونی کامل، گردش صد و هشتاد درجه

réviser /ʀevize/ *vt* (1) ۱. تجدید نظر کردن، اصلاح کردن ۲. مرور کردن، دوره کردن ۳. بازبینی کردن، بازدید کردن، چِک کردن

réviseur /ʀevizœʀ/ *nm* ۱. تجدیدنظرکننده ۲. مرورکننده

révision /ʀevizjɔ̃/ *nf* ۱. تجدید نظر، اصلاح ۲. مرور، دوره ۳. بازبینی، بازدید ۴. [خودرو] سرویس

révisionnisme /ʀevizjɔnism/ *nm* تجدیدنظرطلبی

révisionniste /ʀevizjɔnist/ *adj, n* تجدیدنظرطلب

revivifier /ʀ(ə)vivifje/ *vt* (7) [ادبی] دوباره زنده کردن، جان دوباره دادن

revitalisation /ʀəvitalizasjɔ̃/ *nf* [مو، یاخته، ...] احیا، تقویت

revitaliser /ʀəvitalize/ *vt* (1) [مو، یاخته، ...] احیا کردن، تقویت کردن

revivre /ʀəvivʀ/ *vi, vt* (46) ۱. دوباره زنده شدن ۲. [مجازی] جان گرفتن، زنده شدن ◘ ۳. دوباره تجربه کردن

faire revivre زنده کردن، احیا کردن

révocable /ʀevɔkabl/ *adj* ۱. قابل فسخ، فسخ‌کردنی ۲. لغوکردنی، باطل‌کردنی ۳. قابل عزل

révocation /ʀevɔkasjɔ̃/ *nf* ۱. فسخ ۲. لغو، ابطال ۳. عزل

revoici /ʀ(ə)vwasi/ *prep* [خودمانی؛ در اشاره به کسی یا چیزی] باز هم

revoilà /ʀ(ə)vwala/ *prép* [خودمانی؛ در اشاره به کسی یا چیزی] باز هم

revoir /ʀ(ə)vwaʀ/ *vt* (30) ۱. دوباره دیدن ۲. دوباره ملاقات کردن ۳. بازبینی کردن ۴. مرور کردن

au revoir به امید دیدار، خداحافظ، خدانگهدار

se revoir *vp* ۱. دوباره همدیگر را دیدن ۲. (در عالم خیال) خود را دیدن

révoltant,e /Revɔltɑ̃,t/ *adj* نفرت‌انگیز، نفرت‌آور

révolte /Revɔlt/ *nf* ۱. شورش، طغیان ۲. سرکشی

révolté,e /Revɔlte/ *adj* ۱. شورشی، یاغی ۲. سرکش ۳. متنفر، منزجر، بیزار

révolter /Revɔlte/ *vt* (1) ۱. شوراندن، به شورش واداشتن ۲. متنفر کردن، منزجر کردن، بیزار کردن

se révolter *vp* شورش کردن، شوریدن، سر به شورش برداشتن، طغیان کردن

révolu,e /Revɔly/ *adj* ۱. [زمان] تمام، کامل ۲. به‌سررسیده، گذشته

20 ans révolu ۲۰ سال تمام

révolution /Revɔlysjɔ̃/ *nf* ۱. دَوَران، گردش (انتقالی) ۲. تحول ۳. انقلاب ۴. [خودمانی] جوش و خروش

les révolutions de la Terre گردش (انتقالی) زمین

révolutionnaire /RevɔlysjɔnɛR/ *adj, n* ۱. انقلابی ۲. شگرف، اساسی، انقلابی ◙ ۳. (فرد) انقلابی

révolutionner /Revɔlysjɔne/ *vt* (1) منقلب کردن، متحول کردن، انقلابی ایجاد کردن در

revolver /RevɔlvɛR/ *nm* رِولور، تپانچه

révoquer /Revɔke/ *vt* (1) ۱. فسخ کردن ۲. لغو کردن، باطل کردن ۳. عزل کردن، برکنار کردن

revoyure /R(ə)vwajyR/ *nf*, **à la revoyure** [عامیانه] می‌بینمت

revue /R(ə)vy/ *nf* ۱. بازدید، وارسی ۲. مرور ۳. سان ۴. مجله ۵. [نمایش] واریته

révulser (se) /s(ə)Revylse/ *vt* (1) [قیافه، چهره] به شدت درهم رفتن، چندش شدن

révulsif,ive /Revylsif,iv/ *adj* پس‌زنندهٔ خون به ناحیهٔ دیگر

révulsion /Revylsjɔ̃/ *nf* پس زدن خون به ناحیهٔ دیگر

rez-de-chaussée /Red∫ose/ *nm. inv* طبقهٔ همکف، همکف

rhabiller /Rabije/ *vt* (1) ۱. دوباره لباس پوشاندن، دوباره رخت تن (کسی) کردن ۲. تعمیر کردن

se rhabiller *vp* دوباره لباس پوشیدن، دوباره لباس‌های خود را (به) تن کردن

rhéostat /Reɔsta/ *nm* [برق] مقاومت متغیر، رئوستا

rhéteur /RetœR/ *nm* ۱. [در دوران باستان] خطیب ۲. آدم حراف، لفاظ

rhétoricien,enne /RetɔRisjɛ̃,ɛn/ *adj, n* ۱. بدیع‌دان، بدیع‌شناس ۲. سخنور

rhétorique /RetɔRik/ *nf, adj* ۱. معانی و بیان، بدیع ۲. بلاغت، سخنوری ۳. لفاظی ◙ ۴. (مربوط به) معانی و بیان ۵. بلاغی، سخنورانه

rhinite /Rinit/ *nf* التهاب پردهٔ مخاطی بینی، رینیت

rhinocéros /RinɔseRɔs/ *nm* کرگدن

rhizoïde /Rizɔid/ *nm* [گیاه‌شناسی] ریشه‌نما

rhizome /Rizom/ *nm* [گیاه‌شناسی] ساقهٔ زیرزمینی، ریزوم

rhizophage /Rizɔfaʒ/ *adj* ریشه‌خوار

rhizopodes /Rizɔpɔd/ *nm. pl* [جانورشناسی] ریشه‌پایان

rhombique /Rɔ̃bik/ *adj* لوزی‌شکل، لوزی

rhomboïdal,e,aux /Rɔ̃bɔidal,o/ *adj* لوزی‌شکل، لوزی

rhubarbe /RybaRb/ *nf* ریواس

rhum /Rɔm/ *nm* رُم (= نوعی مشروب الکلی که از عصارهٔ نیشکر به دست می‌آید.)

rhumatisant,e /Rymatizɑ̃,t/ *adj, n* مبتلا به روماتیسم، روماتیسمی

rhumatismal,e,aux /ʀymatismal,o/ *adj* روماتیسمی

rhumatisme /ʀymatism/ *nm* روماتیسم

rhumatologie /ʀymatɔlɔʒi/ *nf* روماتیسم‌شناسی

rhumatologist /ʀymatɔlɔʒist/ *n* → rhumatologue

rhumatologue /ʀymatɔlɔg/ *n* روماتیسم‌شناس، متخصص روماتیسم

rhume /ʀym/ *nm* نزله، زکام

ruhme de cerveau زکام

riant,e /ʀjɑ̃,t/ *adj* ۱. خندان، متبسم ۲. شاد، بشاش ۳. دلگشا، خرم

ribambelle /ʀibɑ̃bɛl/ *nf* دسته، قطار

ribote /ʀibɔt/ *nf* عیش و نوش

être en ribote مست بودن

ribouldingue /ʀibuldɛ̃g/ *nf* [قدیمی؛ خودمانی یا طنزآمیز] خوشگذرانی، عیش و نوش

ricanement /ʀikanmɑ̃/ *nm* ۱. پوزخند، ریشخند، خندهٔ تمسخرآمیز ۲. خندهٔ بیخودی، خندهٔ ابلهانه

ricaner /ʀikane/ *vi* (1) ۱. پوزخند زدن، خندهٔ تمسخرآمیز کردن ۲. بیخودی خندیدن، خندهٔ ابلهانه کردن

ricaneur,euse /ʀikanœʀ,øz/ *n, adj* [خودمانی یا تحقیرآمیز] تمسخرآمیز

richard,e /ʀiʃaʀ,d/ *n* خرپول

riche /ʀiʃ/ *n, adj* ۱. ثروتمند، پولدار، دارا، متمول ۲. غنی، پرمایه ۳. حاصلخیز ۴. گران‌بها، اشرافی، فاخِر ۵. مقوی، مغذی ◘ ۶. آدم پولدار، ثروتمند

gosse de riche [تحقیرآمیز] بچه‌پولدار

nouveau riche نوکیسه، تازه به دوران رسیده

richement /ʀiʃmɑ̃/ *adv* ۱. توانگرانه، (به طرزی) اشرافی ۲. سخاوتمندانه

marier richement sa fille دختر خود را به عقد مرد ثروتمندی درآوردن، دختر خود را به مرد پولداری دادن

richesse /ʀiʃɛs/ *nf* ۱. ثروت ۲. غنا، پرمایگی ۳. وفور، فراوانی ۴. تجمل، شکوه

richissime /ʀiʃisim/ *adj* فوق‌العاده ثروتمند

ricin /ʀisɛ̃/ *nm* کرچک

ricocher /ʀikɔʃe/ *vi* (1) کمانه کردن

ricochet /ʀikɔʃɛ/ *nm* کمانه

ride /ʀid/ *nf* ۱. چین، چروک ۲. موج (کوچک)

ridé,e /ʀide/ *adj* چین‌خورده، چروکیده

rideau /ʀido/ *nm* پرده

ridelle /ʀidɛl/ *nf* [گاری، کامیون و غیره] نرده

rider /ʀide/ *vt* (1) چین انداختن، چروک انداختن

se rider *vp* چین خوردن، چروک خوردن

ridicule /ʀidikyl/ *adj, nm* ۱. خنده‌دار، مضحک ۲. مسخره، مزخرف، احمقانه ◘ ۳. جنبهٔ مضحک

tourner en ridicule مسخره کردن، به سخره گرفتن، مضحک جلوه دادن

ridiculement /ʀidikylmɑ̃/ *adv* ۱. به طرز مضحکی ۲. به طور مسخره‌ای

ridiculiser /ʀidikylize/ *vt* (1) مسخره کردن، مضحک جلوه دادن

ridule /ʀidyle/ *nf* چین و چروک ریز، چین کوچک

rien /ʀjɛ̃/ *pron. indéf, nm, adv* ۱. هیچ، هیچ چیز، هیچی ۲. [در جملات منفی] چیزی ◘ ۳. هیچ، هیچ و پوچ، چیز جزئی، کمترین چیز ◘ ۴. [خودمانی] عجب، واقعاً که

Ça ne fait rien. ۱. اهمیتی ندارد. مهم نیست. ۲. اشکالی ندارد. عیبی ندارد.

de rien [در پاسخ تشکر] چیزی نبود، کاری نکردم، خواهش می‌کنم، اختیار دارید

de rien (du tout) بی‌ارزش، بی‌اهمیت، پیش‌پاافتاده

en moins de rien در اندک زمان

Il fait rien froid! هوا عجب سرده! عجب سرمائیه!

Il n'en est rien.	اصلاً درست نیست.
n'être rien	اهمیت نداشتن، مهم نبودن
pour rien	۱. برای هیچ، برای هیچ و پوچ ۲. مفت، مفتی
Rien à faire.	کاریش نمی‌شود کرد. فایده‌ای ندارد.
rien du tout	به هیچ وجه، ابداً، اصلاً
rien que	فقط، تنها
un(e) rien du tout	آدم بی‌سروپا
un rien (de)	یک ذره، یک خرده، یک ریزه
rieur, rieuse /Rjœr, Rjøz/ adj, n	۱. خندان، متبسم ۲. شاد، بشاش ▫ ۳. آدم خندان، آدم خنده‌رو
riflard /Riflar/ nm	[خودمانی] چتر
rigide /Riʒid/ adj	۱. سخت، سفت، محکم ۲. انعطاف‌ناپذیر، خشک ۳. سختگیر، مقرراتی، جدی
rigidement /Riʒidmɑ̃/ adv	سخت، به سختی، به شدت
rigidité /Riʒidite/ nf	۱. سختی، سفتی ۲. انعطاف‌ناپذیری، خشکی ۳. سختگیری
rigolade /Rigɔlad/ nf	[خودمانی] شوخی، خوشمزگی
rigolard,e /Rigɔlar,d/ adj	[خودمانی] شوخ
rigole /Rigɔl/ nf	[زهکشی و غیره] نهر، جوی
rigoler /Rigɔle/ vi (1)	۱. [خودمانی] خندیدن ۲. تفریح کردن ۳. شوخی کردن
rigolo,te /Rigɔlo,t/ adj, n	۱. [خودمانی] خنده‌دار، مضحک ۲. عجیب و غریب، عجیب ▫ ۳. آدم شوخ
rigorisme /Rigɔrism/ nm	سختگیری
rigoriste /Rigɔrist/ adj, n	سختگیر
rigoureusement /RiguRøzmɑ̃/ adv	۱. به سختی، به شدت، شدیداً ۲. اکیداً ۳. قطعاً ۴. با دقت بسیار، موشکافانه
rigoureux, euse /Riguʀø,øz/ adj	۱. سختگیر ۲. انعطاف‌ناپذیر، خشک ۳. سخت ۴. بسیار دقیق، موشکافانه
rigueur /Rigœr/ nf	۱. سختی، حدت ۲. سختگیری ۳. دقت، موشکافی
à la rigueur	۱. حداکثر اینکه، اگر لازم شود ۲. [قدیمی] با دقت بسیار، موشکافانه
de rigueur	الزامی، اجباری
rimailler /Rimaje/ vi (1)	شعر بندتنبانی گفتن
rime /Rim/ nf	۱. قافیه ۲. سجع
n'avoir ni rime ni raison	نامعقول بودن، بی‌سر و ته بودن، بی‌معنی بودن
rimé,e /Rime/ adj	۱. قافیه‌دار، مقفی ۲. مُسجع
rimer /Rime/ vi, vt (1)	۱. هم‌قافیه بودن، هم‌قافیه شدن ۲. شعر گفتن ▫ ۳. به شعر درآوردن، به نظم کشیدن
rimmel /Rimɛl/ nm	[لوازم آرایش] ریمل
rinçage /Rɛ̃saʒ/ nm	آبکشی
rinceau /Rɛ̃so/ nm	نقش شاخ و برگ
rincée /Rɛ̃se/ nf	۱. [خودمانی] رگبار ۲. [خودمانی] کتک
rincer /Rɛ̃se/ vt (3)	۱. با آب شستن ۲. آب کشیدن
ring /Riŋ/ nm	[مشت‌زنی و غیره] رینگ
ripaille /Ripaj/ nf	پرخوری، شکم‌چرانی
ripailler /Ripaje/ vi (1)	پرخوری کردن، پر خوردن، شکم‌چرانی کردن
ripailleur,euse /Ripajœr,øz/ n	پرخور، شکمو، شکم‌چران
ripaton /Riptɔ̃/ nm	[عامیانه] پا، پَر و پا
riposte /Ripɔst/ nf	۱. جواب تند ۲. ضدحمله، پاتک
riposter /Ripɔste/ vi (1)	۱. به تندی جواب دادن ۲. دست به ضدحمله زدن، پاتک زدن
rire[1] /Rir/ vi (36)	۱. خندیدن ۲. خندان بودن ۳. شوخی کردن، تفریح کردن

faire rire	خنداندن، به خنده انداختن
Vous voulez rire?	شوخی می‌کنید؟
se rire *vp*	۱. [ادبی] اهمیت ندادن، اعتنا نکردن
	۲. [قدیمی] (به کسی) خندیدن، مسخره کردن
rire² /ʀiʀ/ *nm*	خنده
risée /ʀize/ *nf*	۱. تمسخر، ریشخند، استهزا
	۲. اسباب خنده، مضحکه
risette /ʀizɛt/ *nf*	۱. [به ویژه کودکان] لبخند،
	تبسم ۲. [خودمانی] لبخند زورکی
risible /ʀizibl/ *adj*	خنده‌دار، خنده‌آور،
	مضحک
risque /ʀisk/ *nm*	خطر (احتمالی)،
	احتمال خطر، ریسک
à ses risques et périls	به مسئولیت خود
au risque de	با به خطر انداختن
risqué,e /ʀiske/ *adj*	۱. پرمخاطره، پرخطر،
	خطرناک ۲. گستاخانه
risquer /ʀiske/ *vt* (1)	۱. به خطر انداختن
	ریسک کردن ۲. مواجه بودن (با)، در معرض
	(چیزی) بودن ۳. [رویداد نگران‌کننده] ممکن بودن،
	احتمال داشتن
se risquer *vp*	۱. خود را به خطر انداختن
	۲. دل به دریا زدن، خطر کردن، ریسک کردن
risque-tout /ʀiskatu/ *n. inv*	آدم نترس،
	آدم پردل و جرئت
rissoler /ʀisɔle/ *vt, vi* (1)	۱. خوب سرخ کردن
	◙ ۲. خوب سرخ شدن
ristourne /ʀistuʀn/ *nf*	۱. [حقوقی] فسخ
	قرارداد بیمه (دریایی) ۲. [بخشی از حق بیمه و غیره]
	بازپرداخت، تخفیف
ristourner /ʀistuʀne/ *vt* (1)	۱. [حقوقی]
	(قرارداد بیمه دریایی را) فسخ کردن ۲. [بخشی از حق
	بیمه و غیره] بازپرداخت کردن، تخفیف دادن
rite /ʀit/ *nm*	۱. آیین مذهبی، مناسک، شعائر
	۲. آیین، آداب، تشریفات
ritualisme /ʀitɥalism/ *nm*	آیین‌پرستی،
	شعائرپرستی

ritualiste /ʀitɥalist/ *adj, n*	آیین‌پرست،
	شعائرپرست
rituel¹,elle /ʀitɥɛl/ *adj*	۱. آیینی،
	عبادی، مذهبی ۲. معمول
rituel² /ʀitɥɛl/ *nm*	۱. کتاب شعائر،
	کتاب مناسک ۲. آداب
rivage /ʀivaʒ/ *nm*	ساحل
rival,e,aux /ʀival,o/ *n, adj*	۱. رقیب،
	حریف، هماورد ◙ ۲. رقیب
rivaliser /ʀivalize/ *vi* (1)	۱. رقابت کردن،
	چشم و هم‌چشمی کردن ۲. برابری کردن
rivalité /ʀivalite/ *nf*	رقابت، چشم و هم‌چشمی
rive /ʀiv/ *nf*	ساحل، کرانه
river /ʀive/ *vt* (1)	۱. پرچ کردن ۲. محکم
	بستن ۳. (به کاری) چسبیدن ۴. [چشم، نگاه] دوختن
riverain,e /ʀivʀɛ̃,ɛn/ *n*	۱. ساحل‌نشین
	۲. [خیابان و غیره] ساکن حاشیه
rivet /ʀivɛ/ *nm*	میخ پرچ، پرچ
rivetage /ʀivtaʒ/ *nm*	پرچ (کردن)
riveter /ʀivte/ *vt* (4)	پرچ کردن
rivière /ʀivjɛʀ/ *nf*	۱. رود، رودخانه ۲. نهر،
	جویبار، جوی
rixe /ʀiks/ *nf*	زد و خورد، نزاع، دعوا، جدال
riz /ʀi/ *nm*	۱. (گیاه) برنج ۲. پلو، برنج
riz au lait	شیربرنج
rizière /ʀizjɛʀ/ *nf*	شالیزار
robe /ʀɔb/ *nf*	۱. لباس زنانه ۲. ردا، جامه،
	جبه ۳. رنگ شراب ۴. [اسب و غیره] مو، پوست ۵.
	[پیاز، باقالی، …] پوست
pomme de terre en robe de chambre	
	سیب‌زمینی پخته‌شده با پوست
robe de chambre	لباس خانه، روبدوشامبر
robin /ʀɔbɛ̃/ *nm*	[تحقیرآمیز؛ قدیمی] عدلیه‌چی
robinet /ʀɔbinɛ/ *nm*	[آب، گاز، …] شیر
robinetterie /ʀɔbinɛtʀi/ *nf*	
	۱. ساخت شیرآلات، شیرسازی ۲. شیرآلات
robot /ʀɔbo/ *nm*	۱. آدم‌واره، آدم‌ماشینی،

763 romance

rogatoire /Rɔgatwar/ *adj,*

commission rogatoire نیابت قضایی

rogaton /Rɔgatɔ̃/ *nm* [خودمانی] ته‌ماندهٔ غذا

rogne /Rɔɲ/ *nf* [خودمانی] عصبانیت

en rogne عصبانی، کج‌خلق

rogner[1] /Rɔɲe/ *vt* (1) ۱. [کاغذ و غیره] لبهٔ (چیزی را) زدن، لبهٔ (چیزی را) صاف کردن ۲. [مبلغ و غیره] زدن از، برداشتن از رویِ

rogner[2] /Rɔɲe/ *vt* (1) [خودمانی] جوش آوردن، آتشی شدن، از کوره در رفتن

rognon /Rɔɲɔ̃/ *nm* ۱. قلوه ۲. [قدیمی] کلیه

rognons blancs دنبلان

rognure /RɔɲyR/ *nf* براده، تراشه

rogue /Rɔg/ *adj* ۱. متکبر، پرتکبر، پرافاده ۲. متکبرانه

roi /Rwa/ *nm* ۱. شاه، پادشاه، شهریار ۲. [شطرنج، ورق‌بازی] شاه

roitelet /Rwatlɛ/ *nm* [طنزآمیز یا تحقیرآمیز] شاه کشور کوچک

rôle /Rol/ *nm* ۱. نقش، رُل ۲. فهرست، صورت ۳. [حقوقی] دفتر تعیین اوقات ۴. صورت اسامی مشمولین (خدمت وظیفه)

à tour de rôle هر کس به نوبهٔ خود

rôle d'impot صورت اسامی مودیان مالیات، فهرست مالیاتی

romain,e[1] /Rɔmɛ̃,ɛn/ *adj, n* ۱.(مربوط به) روم (باستان)، رومی، رومیایی ۲. رُمی، (مربوط به) رُم

caractères romains [در برابر حروف ایتالیک] حروف راست

Église romaine کلیسای رُم، کلیسای کاتولیک

romaine[2] /Rɔmɛn/ *nf* کاهوی پیچ

roman[1] /Rɔmɑ̃/ *nm* زبان رومیایی (= زبان لاتین عامیانه)

roman[2] /Rɔmɑ̃/ *nm* رُمان، داستان (بلند)

romance /Rɔmɑ̃s/ *nf* ترانهٔ عاشقانه

روبات ۲. [مجازی] آدم‌ماشینی، آدم بی‌اراده

robuste /Rɔbyst/ *adj* ۱. خوش‌بنیه، قوی، قبراق، نیرومند ۲. مقاوم، محکم، استوار

robustesse /Rɔbystɛs/ *nf* قدرت، قوت، نیرومندی

roc /Rɔk/ *nm* ۱. [ادبی] صخره، تخته‌سنگ ۲. سنگ

rocaille /Rɔkaj/ *nf* ۱. ریگزار ۲. زمین سنگلاخ

rocailleux,euse /Rɔkajø,øz/ *adj* ۱. سنگلاخ ۲. خشن، زمخت

rocambolesque /Rɔkɑ̃bɔlɛsk/ *adj* [ماجرا و غیره] عجیب و غریب، شگفت‌انگیز

roche /Rɔʃ/ *nf* ۱. سنگ ۲. [ادبی] صخره، تخته‌سنگ

eau de roche آب زلال چشمه

rocher /Rɔʃe/ *nm* ۱. صخره، تخته‌سنگ ۲. استخوان خاره

faire du rocher صخره‌نوردی کردن

rocheux,euse /Rɔʃø,øz/ *adj* ۱. صخره‌ای ۲. سنگی

rock (and roll) /Rɔk(ɛnRɔl)/ *nm* [موسیقی، رقص] راک‌اندرول، راک

rocking-chair /Rɔkiŋ(t)ʃɛR/ *nm* صندلی گهواره‌ای

rococo /Rokoko/ *nm, adj. inv* ۱. (سبک) روکوکو (= سبک هنری که در سدهٔ هجدهم در اروپا رواج داشت.) ◙ ۲. (به سبکِ) روکوکو، روکوکویی ۳. ازمدافتاده

rôder /Rode/ *vi* (1) ۱. [با سوءنیت] دور و بر (کسی) پلکیدن، پرسه زدن ۲. ول گشتن، گشتن، علاف بودن

rôdeur,euse /RodœR,øz/ *n* ولگرد، علاف

rodomontade /Rɔdɔmɔ̃tad/ *nf* لاف، لاف و گزاف

a = bas, plat e = blé, jouer ɛ = lait, jouet, merci i = il, lyre o = mot, dôme, eau, gauche ɔ = mort
u = roue y = rue ø = peu œ = peur ə = le, premier ɑ̃ = sans, vent ɛ̃ = matin, plein, lundi
ɔ̃ = bon, ombre ʃ = chat, tache ʒ = je, gilet j = yeux, paille, pied w = oui, nouer ɥ = huile, lui

romancer /ʀɔmãse/ *vt* (3) به صورت رُمان درآوردن

romancier, ère /ʀɔmãsje,ɛʀ/ *n* رُمان‌نویس، داستان‌نویس

romand, e /ʀɔmã,d/ *adj* رُمان (مربوط به) (= بخش فرانسوی‌زبان سوئیس)

romaneque /ʀɔmanɛsk/ *adj* ۱. (مربوط به) رُمان، (خاصِ) رُمان، داستانی ۲. خیالی، افسانه‌ای ۳. خیال‌پرداز

roman-feuilleton /ʀɔmãfœjtɔ̃/ *nm* [در نشریات ادواری] رُمان پاورقی، داستان دنباله‌دار

roman-fleuve /ʀɔmãflœv/ *nm* رُمان شطّی، داستان بلند

romanichel, elle /ʀɔmaniʃɛl/ *n* [تحقیرآمیز] کولی

romaniste /ʀɔmanist/ *n* متخصص زبان‌های رومیایی

romantique /ʀɔmãtik/ *adj* ۱. (مربوط به) رمانتیسم، رمانتیک ۲. خیال‌انگیز، احساس‌برانگیز، شاعرانه ۳. احساساتی

romantisme /ʀɔmãtism/ *nm* ۱. رمانتیسم، مکتب رمانتیسم ۲. احساسات‌گرایی

romarin /ʀɔmaʀɛ̃/ *nm* اکلیل کوهی، رُزماری (= نوعی گیاه معطر)

rompre /ʀɔ̃pʀ/ *vt, vi* (41) ۱. شکستن، درهم شکستن ۲. خرد کردن، چند تکه کردن ۳. گسستن، پاره کردن ۴. [رابطه، قرارداد، ...] بـه هـم زدن ▫ ۵. شکستن ۶. خرد شدن ۷. (از هم) گسستن ۸. (با هم) قطع رابطه کردن، (از هم) جدا شدن ۹. کنار گذاشتن، رها کردن

rompre l'équilibre تعادل را برهم زدن
rompre le silence سکوت را شکستن
se rompre *vp* ۱. شکستن ۲. (از هم) گسستن ۳. جدا شدن

rompu, e /ʀɔ̃py/ *adj, part. passé* ۱. کوفته، ازپادر آمده، هلاک ۲. خبره، کارکشته، کارآزموده ▫ ۳. [اسم مفعول فعلِ rompre]

ronce /ʀɔ̃s/ *nf* ۱. تمشک جنگلی ۲. شاخهٔ خاردار، خار ۳. قسمت گره‌دار چوب، گرهٔ چوب

ronceraie /ʀɔ̃sʀɛ/ *nf* خارزار

ronchon /ʀɔ̃ʃɔ̃/ *adj, n* [خودمانی] غرغرو، نق‌نقو

ronchonnement /ʀɔ̃ʃɔnmã/ *nm* [خودمانی] غرغر، نق‌نق، نق و نوق

ronchonner /ʀɔ̃ʃɔne/ *vi* (1) [خودمانی] غرغر کردن، غر زدن، نق زدن

rond¹, e /ʀɔ̃,d/ *n, adj* ۱. گِرد، مدور ۲. خمیده، منحنی ۳. غلنبه، تپل ۴. گرد و غلنبه، خپله ۵. رک و راست، روراست ۶. سرراست، روند ۷. [خودمانی] مست، پاتیل

rond² /ʀɔ̃/ *nm, adv* ۱. گِردی ۲. دایره ۳. [سـوسیس، لیمو، ...] بـرش (گِـرد)، حـلقه ۴. [خودمانی] پول، مایه

en rond ۱. به شکل دایره ۲. دور هم
tourner rond منظم کار کردن

rond-de-cuir /ʀɔ̃dkɥiʀ/ *nm* [تحقیرآمیز] پشت‌میزنشین

ronde /ʀɔ̃d/ *nf* ۱. [پلیس و غیره] گشت ۲. افراد گشت، گشتی‌ها ۳. [رقص] حلقه

à la ronde ۱. دورتادور، پیرامون، اطراف ۲. هر کس به نوبهٔ خود، به نوبت

rondelet, ette /ʀɔ̃dlɛ,ɛt/ *adj* چاق و چله، تپل
somme rondelette پول غلنبه، پول گنده

rondelle /ʀɔ̃dɛl/ *nf* ۱. واشر ۲. [سوسیس، لیمو، ...] برش (گِرد)، حلقه

rondement /ʀɔ̃dmã/ *adv* ۱. تر و فرز، با چالاکی ۲. روراست، رُک و راست

rondeur /ʀɔ̃dœʀ/ *nf* ۱. گِردی ۲. [در مورد عضوی از بدن] چاقی، تپلی ۳. روراستی، درستی

rondin /ʀɔ̃dɛ̃/ *nm* کُنده (درخت)

rondouillard, e /ʀɔ̃dujaʀ,d/ *adj* [خودمانی، طنزآمیز] چاقالو، چاق و چله

765 rotin

rond-point /Rɔ̃pwɛ̃/ *nm* [خیابان‌بندی] میدان، فلکه

ronflant,e /Rɔ̃flɑ̃,t/ *adj* [خودمانی] غلنبه‌سلمبه، گنده

promesses ronflantes وعده‌های فریبنده، وعده‌های آنچنانی، وعده و وعید

ronflement /Rɔ̃fləmɑ̃/ *nm* خُرخُر، خُر و پُف، خُرناس

ronfler /Rɔ̃fle/ *vi* (1) خُرخُر کردن، خُر و پُف کردن، خُرناس کشیدن

ronfleur,euse /Rɔ̃flœR,øz/ *n* خُرخُرو

ronger /Rɔ̃ʒe/ *vt* (3) ۱. جویدن ۲. [اسید و غیره] خوردن، پوساندن، از بین بردن ۳. فرسودن، آزار دادن، عذاب دادن

rongeur,euse /Rɔ̃ʒœR,øz/ *adj, n* جونده

ronron /Rɔ̃Rɔ̃/ *nm* ۱. [گربه] خُرخُر ۲. [خودمانی؛ صدای موتور و غیره] غیژغیژ

ronronnement /Rɔ̃Rɔnmɑ̃/ *nm* → ronron

ronronner /Rɔ̃Rɔne/ *vi* (1) ۱. [گربه] خُرخُر کردن ۲. [خودمانی؛ صدای موتور و غیره] غیژغیژ کردن

roquer /Rɔke/ *vi* (1) [شطرنج] قلعه رفتن

roquefort /RɔkfɔR/ *nm* روکفور (= نوعی پنیر کپک‌دار از شیر میش)

roquette /Rɔkɛt/ *nf* [سلاح] موشک، راکِت

rosace /Rozas/ *nf* ۱. آذین گلسرخی ۲. [به ویژه در کلیسا] پنجرهٔ خورشیدی

rosacées /Rɔzase/ *nf. pl* [گیاه‌شناسی] گل‌سرخیان

rosâtre /RozatR/ *adj* مایل به صورتی

rose /Roz/ *nf* گل سرخ، گل رُز، رُز

eau de rose گلاب

rose des vents گلباد

rose trémière [گیاه] ختمی فرنگی

rose /Roz/ *adj, nm* ۱. صورتی ۲. سرخ

rosé[1],e /Roze/ *adj* (مایل به) صورتی

rosé[2] /Roze/ *nm* رُزه، شراب صورتی

roseau /Rozo/ *nm* [گیاه] نِی

rosée /Roze/ *nf* شبنم

roséole /Rozeɔl/ *nf* [پزشکی] دانهٔ قرمزرنگ، گلگونه

roseraie /RozRɛ/ *nf* باغ گل سرخ

rosette /Rozɛt/ *nf* ۱. گرهٔ فکلی ۲. نشان گل‌سرخی (= نوعی نشان نظامی)

rosier /Rozje/ *nm* بوتهٔ گل سرخ

rosir /RoziR/ *vi, vt* (2) ۱. سرخ شدن، گلگون شدن ۲. سرخ کردن، گلگون کردن

rosse /Rɔs/ *nf* ۱. (آدم) رذل، آدم خبیث ۲. [قدیمی] اسب مردنی ۳. سختگیر

rossée /Rɔse/ *nf* [خودمانی] کتک

rosser /Rɔse/ *vt* (1) کتک مفصل زدن، حسابی کتک زدن، حسابی زدن

rossignol /Rɔsiɲɔl/ *nm* ۱. بلبل ۲. [معمولاً برای دزدی] قفل‌بازکن، قفل‌گشا ۳. [خودمانی] جنس بنجل ۴. کتاب بدردنخور، کتاب بنجل

rot /Ro/ *nm* [خودمانی] آروغ، بادگلو

rôt /Ro/ *nm* [ادبی یا قدیمی] گوشت کباب‌شده، کباب، گوشت بریان

rotatif,ive /Rɔtatif,iv/ *adj* چرخان، دوار، دَوَرانی

rotation /Rɔtasjɔ̃/ *nf* چرخش، گردش، دَوَران، حرکت وضعی

rotatoire /RɔtatwaR/ *adj* چرخشی، دَوَرانی

roter /Rɔte/ *vi* (1) [خودمانی] آروغ زدن، بادگلو زدن

rôti /Roti/ *nm* گوشت کباب‌شده، کباب، گوشت بریان

rôtie /Roti/ *nf* نان تُست

rotin /Rɔtɛ̃/ *nm* راتان (= از انواع نی‌های پیچنده در مناطق گرمسیری آسیا)

a = bas, plat e = blé, jouer ɛ = lait, jouet, merci i = il, lyre o = mot, dôme, eau, gauche ɔ = mort
u = roue y = rue ø = peu œ = peur ə = le, premier ɑ̃ = sans, vent ɛ̃ = matin, plein, lundi
ɔ̃ = bon, ombre ʃ = chat, tache ʒ = je, gilet j = yeux, paille, pied w = oui, nouer ɥ = huile, lui

rotin /Rɔtɛ̃/ *nm* [در جملات منفی] پشیز، دینار، شاهی

rôtir /RotiR/ *vt, vi* (2) ۱. کباب کردن، بریان کردن ◙ ۲. کباب شدن، بریان شدن

se rôtir *vp* کباب شدن

rôtisserie /RotisRi/ *nf* کباب‌پزی

rôtisseur,euse /RotisœR,øz/ *n* کباب‌پز، کبابی

rôtissoire /RotiswaR/ *nf* کباب‌پز

rotonde /Rɔtɔ̃d/ *nf* ۱. گنبدخانه ۲. سرسرای گرد

rotondité /Rɔtɔ̃dite/ *nf* ۱. گِردی ۲. [خودمانی] چاقی

rotule /Rɔtyle/ *nf* (استخوان) کشکک زانو، کاسهٔ زانو

être sur les rotules [خودمانی] خسته و کوفته بودن، درب و داغون بودن

rotulien,enne /Rɔtyljɛ̃,ɛn/ *adj* (مربوط به) کشکک، کاسهٔ زانو

roture /RɔtyR/ *nf* [ادبی؛ قدیمی] طبقهٔ عوام

roturier,ère /RɔtyRje,ɛR/ *adj, n* ۱. عامی ◙ ۲. [در مقابل نجیب‌زاده] فرد عادی

rouage /Rwaʒ/ *nm* چرخ‌دنده

roublard,e /RublaR,d/ *adj, n* [خودمانی] مردرِند، زرنگ، حقه‌باز

roublardise /RublaRdiz/ *nf* مردرِندی، زرنگی، حقه‌بازی

rouble /Rubl/ *nm* روبل (= واحد پول روسیه)

roucoulement /Rukulmɑ̃/ *nm* [صدای کبوتر] بغ‌بغو

roucouler /Rukule/ *vi, vt* (1) ۱. [کبوتر] بغ‌بغو کردن ◙ ۲. حرف‌های عاشقانه زدن

roue /Ru/ *nf* چرخ

faire la roue ۱. [طاووس] چتر زدن ۲. با ادا و اطوار راه رفتن ۳. [ژیمناستیک] چرخ و فلک زدن

roue de secours (چرخ) زاپاس

supplice de la roue شکنجهٔ چرخ (= شیوه‌ای برای شکنجه در قدیم که در آن دست و پای مجرم را می‌شکستند و او را به چرخ می‌بستند تا جان دهد.)

roué,e /Rwe/ *adj, n* زرنگ، زبل، ناقلا

rouer /Rwe/ *vt* (1) ۱. حسابی کتک زدن ۲. [شکنجه] به چرخ بستن

rouerie /RuRi/ *nf* زرنگی، زبلی

rouflaquettes /Ruflakɛt/ *nf. pl* خطِ ریش

rouge /Ruʒ/ *adj, nm, adv* ۱. قرمز، سرخ، گُلی ۲. [فلز] گداخته، تفته ◙ ۳. (رنگ) قرمز، سرخ ۴. سرخی، قرمزی

se fâcher tout rouge از خشم سرخ شدن

voir rouge خون جلوی چشمان (کسی را) گرفتن

rouge (à joues) سُرخاب، رُژ گونه

rouge (à lèvres) رُژ لب، ماتیک

rougeâtre /RuʒatR/ *adj* مایل به قرمز، سرخگون

rougeaud,e /Ruʒo,d/ *adj* سرخ، سرخ‌رو

rouge-gorge /RuʒgɔRʒ/ *nm* [پرنده] سینه‌سرخ

rougeoiement /Ruʒwamɑ̃/ *nm* سرخی

rougeole /Ruʒɔl/ *nf* (بیماری) سُرخک

rougeoleux,euse /Ruʒɔlø,øz/ *adj, n* مبتلا به سُرخک

rougeoyer /Ruʒwaje/ *vi* (8) به سرخی زدن، سرخ شدن

rougeur /RuʒœR/ *nf* ۱. سرخی ـ [صورت جمع] ۲. لکه‌های سرخ (روی پوست)

rougir /RuʒiR/ *vi, vt* (2) ۱. سرخ شدن، قرمز شدن ۲. [از خجالت و غیره] سرخ شدن ◙ ۳. سرخ کردن ۴. [فلز] گداختن

rougissant,e /Ruʒisɑ̃,t/ *adj* ۱. رو به سرخی، در حال سرخ شدن ۲. کم‌رو، خجالتی

rougissement /Ruʒismɑ̃/ *nm* [از خجالت و غیره] سرخ شدن

rouille /Ruj/ *nf, adj. inv* ۱. زنگ (فلز)، زنگار ۲. [گیاه‌شناسی] زنگ ◙ ۳. قرمز مایل به قهوه‌ای

rouillé,e /Ruje/ adj	زنگ‌زده
rouiller /Ruje/ vt, vi (1)	۱. زنگ‌زده کردن ۲. از زرنگی (کسی) کاستن، تنبل کردن ◙ ۳. [فلز] زنگ زدن
se rouiller vp	۱. [فلز] زنگ زدن ۲. [بر اثر پیری، کم‌کاری، ...] تنبل شدن، اُفت کردن
rouir /RwiR/ vt (2)	[کتان، کنف] خیساندن
rouissage /Rwisaʒ/ nm	[کتان، کنف] (عمل) خیساندن
roulade /Rulad/ nf	۱. چهچهه ۲. [آواز] تحریر
roulage /Rulaʒ/ nm	باربری (با خودرو)
roulant,e /Rulɑ̃,t/ adj	۱. متحرک ۲. چرخ‌دار ۳. [خودمانی] خیلی‌خنده‌دار
escalier roulant	پله‌برقی
feu roulant	رگبار (تیر)
matériel roulant	[راه‌آهن] تجهیزات متحرک
roulé,e /Rule/ adj	لوله‌ای، لوله‌شده
bien roulé	[خودمانی؛ زن] خوش‌هیکل
"r" roulé	[آواشناسی] «ر» غلتان
rouleau /Rulo/ nm	۱. [کاغذ، پارچه، ...] لوله، توپ، رول ۲. غلتک ۳. وردنه ۴. موج عظیم
roulement /Rulmɑ̃/ nm	۱. غلت ۲. چرخش ۳. [اتومبیل و غیره] حرکت ۴. [اتومبیل و غیره] صدا(ی حرکت) ۵. [رعد] (صدای) غرش
roulement à billes	بُلبُرینگ
roulement de tambour	صدای طبل
travailler par roulement	به نوبت کار کردن
rouler /Rule/ vt, vi (1)	۱. غلتاندن، قِل دادن ۲. [وسیلهٔ چرخ‌دار] به جلو راندن، هُل دادن ۳. پیچیدن، لوله کردن ۴. چرخاندن ۵. [خودمانی] گول زدن ◙ ۶. غلتیدن، قِل خوردن، غلت زدن ۷. [اتومبیل و غیره] حرکت کردن، رفتن، راندن ۸. [پول، سرمایه] در گردش بودن ۹. [رعد] زدن، غریدن
se rouler vp	۱. غلتیدن، غلت خوردن، غلت زدن ۲. خود را پیچیدن ۳. به خود پیچیدن
roulette /Rulɛt/ nf	۱. چرخ قرقره‌ای، چرخ (کوچک) ۲. [خیاطی] رولت ۳. [بازی] رولت ۴. [دندانپزشکی؛ خودمانی] چرخ
roulis /Ruli/ nm	[کشتی] حرکت متناوب به طرفین (بر اثر تلاطم)
roulotte /Rulɔt/ nf	[کولی‌ها و غیره] خانه درشکه‌ای
roumain,e[1] /Rumɛ̃,ɛn/ adj	رومانیایی، (مربوط به) رومانی
Roumain[2],e /Rumɛ̃,ɛn/ n	اهل رومانی، رومانیایی
roumain[3] /Rumɛ̃/ nm	زبان رومانیایی، رومانیایی
round /Rawnd;Rund/ nm	[مشت‌زنی] راند
roupie[1] /Rupi/ nf	[قدیمی] آب بینی، دماغ
roupie[2] /Rupi/ nf	روپیه (= واحد پول هند و پاکستان)
roupiller /Rupije/ vt (1)	[خودمانی] خوابیدن
roupillon /Rupijɔ̃/ nm	[خودمانی] پول کم، چندرغاز
rouquin,e /Rukɛ̃,in/ n, adj	[خودمانی] موحنایی
rouscailler /Ruskaje/ vi (1)	۱. [عامیانه] نق زدن، غر زدن، غرغر کردن ۲. [عامیانه] زِر زدن، زِرزِر کردن
rouspéter /Ruspete/ vi (6)	[خودمانی] نق زدن، غر زدن، غرغر کردن
rouspéteur,euse /RuspetœR,øz/ adj, n	نق‌نقو، غرغرو
roussâtre /RusatR/ adj	مایل به حنایی
roussette /Rusɛt/ nf	۱. سگ‌ماهی (= نوعی کوسه‌ماهی) ۲. خفاش میوه‌خوار ۳. قورباغهٔ حنایی
rousseur /RusœR/ nf	(رنگِ) حنایی

roussi /Rusi/ *nm* بوی سوختگی
roussir /RusiR/ *vt, vi* (2) ۱. حنایی کردن ۲. [با اتو] سوزاندن ◙ ۳. حنایی شدن
routard /RutaR/ *nm* خیابانگرد
route /Rut/ *nf* ۱. جاده ۲. راه ۳. مسیر
grande route جادهٔ اصلی، راه اصلی
mettre en route راه انداختن، به حرکت درآوردن
routier,ère /Rutje,ɛR/ *adj* (مربوط به) جاده‌ها، راهها
routier /Rutje/ *nm* رانندهٔ کامیون، کامیون‌دار
vieux routier (آدم) کهنه کار، کارکشته، خبره
routine /Rutin/ *nf* امور روزمره، جریان عادی، رَوند
de routine معمول
routinier,ère /Rutinje,ɛR/ *adj* عادی، معمولی، پیش‌پاافتاده
rouvrir /RuvRiR/ *vt, vi* (18) ۱. دوباره باز کردن ◙ ۲. دوباره باز شدن
roux[1]**,rousse** /Ru,Rus/ *adj, n* ۱. حنایی ◙ ۲. (آدم) موحنایی
roux[2] /Ru/ *nm* (رنگِ) حنایی
royal,e,aux /Rwajal,o/ *adj* ۱. شاهی، پادشاهی، سلطنتی ۲. شاهانه
prince royal ولیعهد
royalement /Rwajalmɑ̃/ *adv* شاهانه
royalisme /Rwajalism/ *nm* سلطنت‌طلبی
royaliste /Rwajalist/ *n, adj* سلطنت‌طلب
royaume /Rwajom/ *nm* ۱. کشور پادشاهی ۲. [ادبی] دیار، سرزمین، مملکت
royauté /Rwajote/ *nf* پادشاهی، سلطنت
ru /Ry/ *nm* [محلی یا قدیمی] جو(ی)
ruade /Ryad/ *nf* جفتک
ruban /Rybɑ̃/ *nm* ۱. نوار، روبان ۲. [ماشین تحریر، چاپگر] ریبون
rubéole /Rybeɔl/ *nf* سرخجه
rubicond,e /Rybikɔ̃,d/ *adj* [صورت] سرخ
rubis /Rybi/ *nm* یاقوت
rubrique /RybRik/ *nf* ۱. [مقاله] سرعنوان ۲. [نشریه] ستون، صفحه
ruche /Ryʃ/ *nf* ۱. کندو، لانهٔ زنبور ۲. زنبورها(ی کندو) ۳. [مجازی] جای پرازدحام، لانهٔ زنبور
rude /Ryd/ *adj* ۱. خشن، زمخت ۲. شاق، پرزحمت، دشوار ۳. طاقت‌فرسا، سخت ۴. زبر ۵. گوش‌خراش، زننده، ناهنجار ۶. [خودمانی] حسابی، درست و حسابی
rudement /Rydmɑ̃/ *adv* ۱. با خشونت، خشن، بدون ظرافت ۲. به سختی، سخت ۳. [خودمانی] خیلی، بدجوری، عجیب
rudesse /Rydɛs/ *nf* ۱. خشونت، تندی ۲. زبری ۳. زمختی، ناهنجاری
rudimentaire /Rydimɑ̃tɛR/ *adj* ۱. اولیه، ابتدایی ۲. مختصر، جزئی
rudiments /Rydimɑ̃/ *nm.pl* مبانی، اصول، مقدمات
rudoiment /Rydwamɑ̃/ *nm* رفتار خشن، خشونت، بدرفتاری
rudoyer /Rydwaje/ *vt* (8) با خشونت رفتار کردن با، بدرفتاری کردن با
rue /Ry/ *nf* ۱. کوی، کوچه ۲. خیابان
être à la rue بی‌خانمان بودن، بی‌سرپناه بودن
rue sans issue کوچهٔ بن‌بست
ruée /Rɥe/ *nf* هجوم، ازدحام
ruelle /Rɥɛl/ *nf* ۱. کوچهٔ تنگ، کوچه ۲. فضای بین تخت‌خواب و دیوار، فضای بین دو تخت
ruer /Rɥe/ *vi* (1) جفتک انداختن
se ruer *vp* هجوم آوردن، حمله کردن، پریدن (به طرفِ)
rugby /Rygbi/ *nm* راگبی
rugbyman /Rygbiman/ *nm* بازیکن راگبی
rugir /RyʒiR/ *vi* (2) ۱. غریدن، غرش کردن ۲. نعره کشیدن، نعره زدن، هوار کشیدن، عربده زدن

769 rythmique

rugissement /ʀyʒismɑ̃/ *nm* ۱. غرش شیر، غرش (درندگان) ۲. نعره، هوار، عربده

rugosité /ʀygozite/ *nf* زبری

rugueux,euse /ʀygø,øz/ *adj* زبر

ruine /ʀɥin/ *nf* ۱. ویرانی، خرابی ۲. ویرانه، خرابه، مخروبه ۳. زوال، نابودی ۴. ورشکستگی

ruiner /ʀɥine/ *vt* (1) ۱. خراب کردن، از بین بردن، نابود کردن، ضایع کردن ۲. ورشکست کردن، خانه‌خراب کردن

se ruiner *vp* خانه‌خراب شدن، همه چیز خود را از دست دادن، ورشکست شدن

ruineux,euse /ʀɥinø,øz/ *adj* ۱. ورشکست‌کننده، خانمان‌برانداز ۲. پرهزینه، خیلی گران

ruisseau /ʀɥiso/ *nm* ۱. جوی، جو ۲. جویبار، نهر

ruisselant,e /ʀɥislɑ̃,t/ *adj* جاری، روان

ruisselant de [عرق، آب، ...] خیسِ، غرقِ

ruisseler /ʀɥisle/ *vi* (4) ۱. بر زمین جاری شدن ۲. جاری شدن، جاری بودن، سرازیر شدن ۳. [عرق، آب، ...] خیس ... بودن، غرق ... بودن

ruisselet /ʀɥislɛ/ *nm* جو(ی کوچک)

ruissellement /ʀɥisɛlmɑ̃/ *nm* جریان

eaux de ruissellement آب‌های جاری

rumeur /ʀymœʀ/ *nf* ۱. سر و صدا، هیاهو، همهمه ۲. شایعه

ruminant /ʀyminɑ̃/ *nm* (حیوان) نشخوارکننده

rumination /ʀyminasjɔ̃/ *nf* نشخوار

ruminer /ʀymine/ *vt* (1) ۱. نشخوار کردن ۲. در فکر (چیزی) بودن، حلاجی کردن

rupestre /ʀypɛstʀ/ *adj* ۱. [گیاه‌شناسی] صخره‌زی ۲. صخره‌ای

rupin,e /ʀypɛ̃,in/ *adj, n* ۱. [عامیانه] اعیانی ۲. خرپول ◙ ۳. آدم خرپول

rupiner /ʀypine/ *vi* (1) [خودمانی] گل کاشتن، شاهکار کردن

rupture /ʀyptyʀ/ *nf* ۱. گسیختگی، قطع ۲. قطع رابطه ۳. فسخ

rural,e,aux /ʀyʀal,o/ *adj* روستایی

ruse /ʀyz/ *nf* ۱. حیله، نیرنگ، حقه، کلک، خدعه ۲. حیله‌گری، حقه‌بازی، مکر

ruses de guerre حیله‌های جنگی، خدعه‌های جنگی

rusé,e /ʀyze/ *adj, n* حیله‌گر، مکار، دغل، حقه‌باز

ruser /ʀyze/ *vi* (1) حیله به کار بردن، حقه زدن، کلک سوار کردن

rush /ʀœʃ/ *nm* هجوم، ازدحام

russe[1] /ʀys/ *adj* روسی، (مربوط به) روسیه

Russe[2] /ʀys/ *n* اهل روسیه، روسی، روس

russe[3] /ʀys/ *nm* زبان روسی، روسی

russification /ʀysifikasjɔ̃/ *nf* (عمل) روسی کردن

russifier /ʀysifje/ *vt* (7) روسی کردن

rustaud,e /ʀysto,d/ *adj, n* ۱. دهاتی، زمخت، خشن ◙ ۲. (آدم) دهاتی

rusticité /ʀustisite/ *nf* [ادبی] حالت روستایی، ویژگی روستایی

rustique /ʀystik/ *adj* ۱. روستایی، دهاتی ۲. [ادبی] صاف و ساده ۳. [تحقیرآمیز] دهاتی ۴. [گیاه] مقاوم

rustre /ʀystʀ/ *nm* زمخت و خشن، آدم دهاتی

rut /ʀyt/ *nm* [جانوران پستاندار] فصل جفت‌گیری

rutilant,e /ʀytilɑ̃,t/ *adj* بَراق، پرزرق و برق

rythme /ʀitm/ *nm* ۱. ضرب‌آهنگ، وزن، ریتم ۲. روند، آهنگ

rythmer /ʀitme/ *vt* (1) موزون کردن، وزن دادن به

rythmique /ʀitmik/ *adj* موزون

a = bas, plat   e = blé, jouer   ɛ = lait, jouet, merci   i = il, lyre   o = mot, dôme, eau, gauche   ɔ = mort
u = roue   y = rue   ø = peu   œ = peur   ə = le, premier   ɑ̃ = sans, vent   ɛ̃ = matin, plein, lundi
ɔ̃ = bon, ombre   ʃ = chat, tache   ʒ = je, gilet   j = yeux, paille, pied   w = oui, nouer   ɥ = huile, lui

S,s

S,s / ɛs / *nm. inv* اِس (= نوزدهمین حرفِ الفبای فرانسه)

s'¹ / s / *pron. pers* → se

s'² / s / *conj* → si¹

sa / sa / *adj. poss. f* → son¹, sa

sabbat / saba / *nm* ۱. [آیین یهود] سَبَت، شنبه ۲. [در قرون وسطی] انجمن شبانه جادوگران

sabbatique / sabatik / *adj*,

année sabbatique [دانشگاه] فرصت مطالعاتی

sablage / sablaʒ / *nm* شن‌ریزی

sable / sabl / *nm* ۱. شن، ریگ ۲. ماسه

sabler / sable / *vt* (1) شن‌ریزی کردن، از شن پوشاندن، با شن پوشاندن

sableux,euse / sablø,øz / *adj* شن‌دار، ماسه‌دار

sablier / sablije / *nm* ساعت شنی

sablière / sablijɛʀ / *nf* معدن شن، معدن ماسه

sablonneux,euse / sablɔnø,øz / *adj* شنزار، ریگزار، ماسه‌زار

sabot / sabo / *nm* ۱. کفش چوبی ۲. سُم ۳. ساز قراضه ۴. قایق قراضه، ماشین قراضه، ابوطیاره

sabots orthopédiques کفش طبی

sabotage / sabɔtaʒ / *nm* خرابکاری

saboter / sabɔte / *vt* (1) ۱. سرهم‌بندی کردن ۲. خراب کردن، دستکاری کردن

saboteur,euse / sabɔtœʀ,øz / *n* خرابکار

sabotier,ère / sabɔtje,ɛʀ / *n* سازندهٔ کفش چوبی، فروشندهٔ کفش چوبی

sabre / sabʀ / *nm* شمشیر (خمیده)

sabrer / sabʀe / *vt* (1) ۱. با شمشیر زدن ۲. [مجازی؛ متن یا نوشته] مثله کردن، زدن از

sabreur / sabʀœʀ / *nm* ۱. شمشیرزن ۲. سرباز خشن

sac¹ / sak / *nm* ۱. ساک ۲. کیف ۳. کیسه

prendre qqn la main dans le sac مچ کسی را گرفتن، کسی را غافلگیر کردن

sac à dos کوله‌پشتی

sac (à main) کیف (دستی)

sac à vin مشروب‌خور قهار، عرق‌خور

sac de couchage کیسهٔ خواب

vider son sac هر چه در دل داشتن گفتن، درد دل کردن

sac² / sak / *nm* غارت، چپاول

mettre à sac غارت کردن، چپاول کردن

saccade / sakad / *nf* ۱. تکان شدید ۲. حرکت منقطع، حرکت نامنظم

saccadé,e / sakade / *adj* بریده‌بریده، منقطع، نامنظم

saccage / sakaʒ / *nm* [ادبی] تاراج، غارت، چپاول

saccager / sakaʒe / *vt* (3) ۱. [ادبی] تاراج

771 sadique

sacré,e[2] /sakʀe/ *adj* [کالبدشناسی] خاجی

sacrement /sakʀəmɑ̃/ *nm* [مسیحیت] آیین مقدس، آیین عشاء ربانی

sacrer /sakʀe/ *vt, vi* (1) ۱. تقدیس کردن ۲. رسماً اعلام کردن ◙ ۳. فحش دادن، بد و بیراه گفتن

sacrificateur,trice /sakʀifikatœʀ,tʀis/ *n* قربانی‌کننده

sacrifice /sakʀifis/ *nm* ۱. قربانی ۲. فداکاری، ایثار، ازخودگذشتگی

sacrifier /sakʀifje/ *vt* (7) ۱. قربانی کردن ۲. فدا کردن، گذشتن از ۳. [ادبی] سخت تبعیت کردن، پیروی کردن

sacrifier son intérêt au bien public

نفع خود را فدای نفع عام کردن، به خاطر منافع مردم از منافع خود گذشتن

se sacrifier *vp* خود را فدا کردن، فداکاری کردن، از خود گذشتن

sacrilège[1] /sakʀilɛʒ/ *nm* بی‌حرمتی (به مقدسات)، حرمت‌شکنی، هتک حرمت

sacrilège[2] /sakʀilɛʒ/ *n, adj* ۱. حرمت‌شکن ◙ ۲. کفرآمیز، حاکی از بی‌حرمتی، نشانهٔ حرمت‌ـ شکنی

sacripant /sakʀipɑ̃/ *nm* [قدیمی، خودمانی] رذل

sacristain /sakʀistɛ̃/ *nm* ۱. خادم کلیسا، متولی کلیسا ۲. (آدم)خشکه‌مقدس

sacristie /sakʀisti/ *nf* صندوقخانه (کلیسا)

sacro-saint,e /sakʀosɛ̃,t/ *adj* ۱. [اغلب طعنه‌آمیز] به اصطلاح مقدس ۲. [قدیمی] پاک و مقدس

sacrum /sakʀɔm/ *nm* استخوان خاجی

sadique /sadik/ *adj, n* ۱. آزارگر ۲. آزاررسان، مردم‌آزار، مبتلا به سادیسم ◙ ۳. آزارگرانه، سادیستی

کردن، غارت کردن، چپاول کردن ۲. زیر و رو کردن، به هم ریختن، ریخت و پاش کردن

saccageur,euse /sakaʒœʀ,øz/ *n* غارتگر، چپاولگر

sacchareux,euse /sakaʀø,øz/ *adj* قندی

saccharifère /sakaʀifɛʀ/ *adj* قنددار

saccharification /sakaʀifikasjɔ̃/ *nf* تبدیل به قند

saccharifier /sakaʀifje/ *vt* (7) به قند تبدیل کردن

saccharine /sakaʀin/ *nf* ساخارین، ساکارین

saccharose /sakaʀoz/ *nm* ساخاروز، ساکاروز

sacerdoce /sasɛʀdɔs/ *nm* ۱. مقام کشیشی ۲. [مجازی] پیشهٔ مقدس

sacerdotal,e,aux /sasɛʀdɔtal,o/ *adj* کشیشی، (مربوط به) کشیشان

sachet /saʃɛ/ *nm* کیسهٔ کوچک

sacoche /sakɔʃ/ *nf* ۱. چنته، توبره، خورجین ۲. کیف (بندی)

sacoche à outils کیف ابزار

sacquer /sake/ *vt* (1) ۱. [خودمانی] بیرون کردن، بیرون انداختن ۲. رد کردن

sacralisation /sakʀalizasjɔ̃/ *nf* تقدیس، مقدس شمردن

sacraliser /sakʀalize/ *vt* (1) مقدس شمردن، تقدیس کردن

sacramentel,elle /sakʀamɑ̃tɛl/ *adj* (مربوط به) آیین مقدس

sacre /sakʀ/ *nm* ۱. [شاه] (مراسم) تاجگذاری (از سوی کلیسا) ۲. [اسقف] مراسم انتصاب

sacré,e[1] /sakʀe/ *adj* ۱. مقدس ۲. مذهبی ۳. محترم ۴. [خودمانی] حسابی، تمام و کمال، تمام‌عیار ۵. [عامیانه] لعنتی، کوفتی، نکبتی

sadisme 772

sadisme / sadism / *nm* ۱. آزارگری جنسی ۲. آزارگری، (جنون) آزاررسانی، مردم‌آزاری، سادیسم

safari / safaʀi / *nm* [در افریقا] گشت و شکار (جانوران وحشی)

safran / safʀɑ̃ / *nm. adj. inv* ۱. زعفران ۲. رنگ زعفرانی، (رنگِ) نارنجی روشن ◻ ۳. (به رنگِ) زعفرانی، نارنجی روشن

safrané,e / safʀane / *adj* (به رنگِ) زعفرانی، نارنجی روشن

sagace / sagas / *adj* [ادبی] بافراست، مدبر، بابصیرت، باریک‌بین، زیرک

sagacité / sagasite / *nf* فراست، بصیرت، باریک‌بینی، زیرکی

sagaie / sagɛ / *nf* [نزد قبایل بدوی] نیزه، زوبین

sage / saʒ / *adj, nm* ۱. عاقل، خردمند، دانا، فرزانه ۲. عاقلانه، معقول، خردمندانه، سنجیده ۳. سربراه، حرف‌شنو، مطیع ۴. عفیف، باحیا ◻ ۵. [ادبی] خردمند، دانا، حکیم، فرزانه ۶. (آدم) عاقل

sage-femme / saʒfam / *nf* ماما، قابله

sagement / saʒmɑ̃ / *adv* ۱. عاقلانه، معقول، درست ۲. آرام، به آرامی، با خونسردی

sagesse / saʒɛs / *nf* ۱. عقل، خرد ۲. دانایی، سنجیدگی ۳. [ادبی] خردمندی، فرزانگی، حکمت ۴. [بچه] حرف‌شنوی

Sagittaire / saʒitɛʀ / *nm* ۱. قوس، رامی (= نهمین برج از برج‌های منطقةالبروج) ۲. صورت فلکی قوس، صورت فلکی رامی

sagouin / sagwɛ̃ / *nm* ۱. [خودمانی] آدم کثیف، بچهٔ کثیف ۲. [توهین‌آمیز] رذل، پست

signant,e / sɛɲɑ̃,t / *adj* ۱. آغشته به خون، خونی ۲. [بیفتک و غیره] آبدار، کم‌سرخ

saignée / seɲe / *nf* ۱. حجامت، رگ‌زنی ۲. [بر اثر جنگ، مهاجرت، ...] تلفات جانی (هنگفت)

saignement / sɛɲmɑ̃ / *nm* خونریزی

saignement de nez خون‌دماغ

saigner / seɲe / *vt, vi* (1) ۱. حجامت کردن، رگ زدن ۲. ذبح کردن، سربریدن ۳. [خودمانی؛ با سلاح سرد] خون (کسی را) ریختن، دخل (کسی را) آوردن ۴. [مجازی] (کسی را) غارت کردن، لخت کردن، گوش بریدن، تلکه کردن ◻ ۵. خون رفتن (از)، خون آمدن از، خونریزی داشتن

saigner du nez خون‌دماغ شدن

saigner un mouton گوسفندی را ذبح کردن، گوسفندی را سر بریدن

se saigner *vp,* **se saigner (aux quatre veines)** دار و ندار خود را دادن، هر چه داشتن دادن

saillant[1],e / sajɑ̃,t / *adj* ۱. برجسته، برآمده ۲. قابل توجه، قابل ملاحظه، مهم

saillant[2] / sajɑ̃ / *nm* قسمت برجسته، برجستگی، برآمدگی

saillie[1] / saji / *nf* ۱. برجستگی، برآمدگی، قسمت برجسته ۲. [ادبی] نکتهٔ ظریف، نکته، ظرافت

saillie[2] / saji / *nf* جفتگیری

saillir[1] / sajiʀ / *vt* (2) ۱. جفتگیری کردن ۲. [قدیمی] جَستن، جهیدن

saillir[2] / sajiʀ / *vi* (13) برجسته بودن، برآمده بودن، جلو آمدن، جلو نشستن

sain,e / sɛ̃,ɛn / *adj* ۱. سالم ۲. تندرست، سلامت ۳. [آدم] معقول ۴. درست، سنجیده ۵. بی‌خطر

sain et sauf صحیح و سالم

saindoux / sɛ̃du / *nm* پیهٔ آب‌کردهٔ خوک

sainement / sɛnmɑ̃ / *adv* ۱. سالم ۲. (به طرزی) معقول، درست، سنجیده

sainfoin / sɛ̃fwɛ̃ / *nm* [گیاه] اِسپِرس

saint,e / sɛ̃,t / *adj, n* ۱. مقدس ۲. پارسا، متقی ۳. [در مذهب کاتولیک] سَن، سَنت ۴. پارسایانه ◻ ۵. قِدیس

sainte nitouche ۱. زن مظلوم‌نما ۲. زن عفیف‌نما، دختر عفیف‌نما

saintement / sɛ̃tmɑ̃ / *adv* مقدس‌وار، مانند قدیسان، پارسایانه

salé,e

Saint-Esprit /sɛ̃tɛspʀi/ *nm*	روح‌القدس
sainteté /sɛ̃tte/ *nf*	قداست
Sa/Votre Sainteté	[در خطاب به پاپ] حضرت
saint-glinglin (à la) /alasɛ̃glɛ̃glɛ̃/ *lco. adv*	[خودمانی] وقت گل نی
Saint-Père /sɛ̃pɛʀ/ *nm*	[لقب پاپ] پدر مقدس
Saint-Siège /sɛ̃sjɛʒ/ *nm*	مقام پاپ
saisie /sezi/ *nf*	۱. ضبط (اموال)، توقیف (اموال)، مصادره ۲. [کامپیوتر] داده‌دهی
saisir /seziʀ/ *vt* (2)	۱. گرفتن، به چنگ آوردن ۲. [فرصت و غیره] استفاده کردن از، غنیمت شمردن، سود جستن از ۳. فهمیدن، متوجه شدن، دریافتن ۴. مجذوب کردن، مسحور کردن ۵. [احساس و غیره] غلبه کردن بر، ناگهان فرا گرفتن ۶. [اموال] ضبط کردن، توقیف کردن، مصادره کردن ۷. [اطلاعات] وارد (کامپیوتر) کردن، به کامپیوتر دادن ۸. [به دادگاه و غیره] ارجاع دادن، محول کردن ۹. روی آتش تند گرفتن
Le froid l'a saisi.	ناگهان سرما او را فرا گرفت.
se saisir *vp*	۱. گرفتن، به چنگ آوردن ۲. تصرف کردن، متصرف شدن
saisissable /sezisabl/ *adj*	۱. قابل فهم ۲. محسوس ۳. [اموال] قابل ضبط
saisissant,e /sezisɑ̃,t/ *adj*	بارز، چشمگیر
froid saisissant	سرمای گزنده
ressemblance saisissante	شباهت عجیب
spectacle saisissant	نمایش گیرا
saisissement /sezismɑ̃/ *nm*	۱. احساس سرما ۲. هیجان، سراسیمگی
saison /sɛzɔ̃/ *nf*	۱. فصل ۲. موسم، موعد، زمان، وقت
être de saison	بجا بودن، مناسبت داشتن
hors de saison	نابجا، بیجا، بی‌مورد
saisonnier,ère /sɛzɔnje,ɛʀ/ *adj*	فصلی، (مربوط به) فصل
salace /salas/ *adj*	[ادبی] (مرد) شهوتران
salacité /salasite/ *nf*	[ادبی] شهوترانی
salade /salad/ *nf*	۱. سالاد ۲. سبزیجات سالادی ۳. کاهو ۴. [خودمانی] هرج و مرج — [صورت جمع] ۵. پرت و پلا، چرند، چرت
saladier /saladje/ *nm*	سالادخوری، ظرف سالاد
salage /salaʒ/ *nm*	نمک‌زنی
salaire /salɛʀ/ *nm*	۱. حقوق، مواجب، مقرری ۲. اجرت، مزد، دستمزد ۳. [ادبی؛ مجازی] مزد، مزد عمل
salaison /salɛzɔ̃/ *nf*	۱. (عمل) نمک‌سود کردن ۲. غذای نمک‌سود
salamalecs /salamalɛk/ *nm. pl*	[خودمانی] تعارفات، تعارف
salamandre /salamɑ̃dʀ/ *nf*	سمندر
salami /salami/ *nm*	سالامی (= نوعی کالباس)
salant /salɑ̃/ *nm*	نمکزار، شوره‌زار
salarial,e,aux /salaʀjal,o/ *adj*	(مربوط به) حقوق، (مربوط به) پرداخت حقوق، پرداختی
salariat /salaʀja/ *nm*	۱. حقوق‌بگیری ۲. حقوق‌بگیران، کارکنان
salarié,e /salaʀje/ *adj, n*	حقوق‌بگیر
salaud /salo/ *nm*	[خودمانی] (آدم) رذل، کثافت، پست‌فطرت، بی‌شرف
sale /sal/ *adj*	۱. کثیف، چرک ۲. مزخرف، گند، نکبتی ۳. [آدم] کثیف، رذل ۴. [رنگ] چرک‌کتاب، کدر
salé,e /sale/ *adj*	۱. نمک‌زده، نمکدار، نمکی، شور ۲. نمک‌سود ۳. زننده، وقیحانه، گستاخانه ۴. اغراق‌آمیز
eau salée	آب‌نمک
lac salé	دریاچهٔ نمک

---

a = bas, plat   e = blé, jouer   ɛ = lait, jouet, merci   i = il, lyre   o = mot, dôme, eau, gauche   ɔ = mort
u = roue   y = rue   ø = peu   œ = peur   ə = le, premier   ɑ̃ = sans, vent   ɛ̃ = matin, plein, lundi
ɔ̃ = bon, ombre   ʃ = chat, tache   ʒ = je, gilet   j = yeux, paille, pied   w = oui, nouer   ɥ = huile, lui

salement / salmã / *adv*	۱. کثیف ۲. وقیحانه ۳. [خودمانی] بدجوری
saler / sale / *vt* (1)	۱. نمک زدن (به) ۲. نمک‌سود کردن ۳. [خودمانی] بدجوری تنبیه کردن ۴. [مشتری] گوش بریدن
saleté / salte / *nf*	۱. کثیفی، چرکی ۲. کثافت ۳. کار کثیف، عمل پست ۴. حرف رکیک، حرف مستهجن ۵. چیز بنجل، آشغال، آت و آشغال
salière / saljɛʀ / *nf*	۱. نمکدان، نمک‌پاش ــ [صورت جمع] ۲. [در افراد لاغر] گودی پشتِ استخوان ترقوه
saligaud,e / saligo,d / *n*	[خودمانی] آدم کثیف، کثافت، رذل
salin,e[1] / salɛ̃,in / *adj*	نمکدار، نمکی
saline[2] / salin / *nf*	کارخانهٔ نمک
salinité / salinite / *nf*	میزان نمک، شوری
salir / saliʀ / *vt* (2)	۱. کثیف کردن، چرک کردن ۲. (آبروی کسی را) بردن، بی‌آبرو کردن، مفتضح کردن
se salir *vp*	۱. کثیف شدن، چرک شدن ۲. خود را کثیف کردن ۳. آبروی خود را بردن، مفتضح شدن
salissant,e / salisɑ̃,t / *adj*	کثیف‌کننده، کثیف — *un tissu salissant* پارچه‌ای که زود کثیف می‌شود
salissure / salisyʀ / *nf*	کثافت، کثیفی
salivaire / salivɛʀ / *adj*	بزاقی، (مربوط به) بزاق
salive / saliv / *nf*	بزاق، آب دهان
saliver / salive / *vi* (1)	بزاق ترشح کردن، آب دهان (کسی) راه افتادن
faire saliver	دهان را آب انداختن
salle / sal / *nf*	۱. سالن، تالار ۲. [سالن نمایش] حضار، تماشاگران
salle à manger	اتاق غذاخوری، ناهارخوری
salle de bains	حمام
salle de séjour	اتاق نشیمن
salmigondis / salmigɔ̃di / *nm*	ملغمه، شلم‌شوربا

saloir / salwaʀ / *nm*	ظرف (مخصوص) نمک‌سود کردن
salon / salɔ̃ / *nm*	۱. سالن ۲. اتاق پذیرایی ۳. اثاث اتاق پذیرایی ۴. نمایشگاه
salopard / salɔpaʀ / *nm*	[خودمانی] رذل، کثافت، پست‌فطرت
saloper / salɔp / *nf*	سلیطه، پتیاره
saloper / salɔpe / *vt* (1)	[خودمانی] گند زدن به، ریدن به
saloperie / salɔpʀi / *nf*	۱. [خودمانی] کار کثیف، عمل پست ۲. [خودمانی] حرف رکیک، حرف مستهجن ۳. آت و آشغال، آشغال
salopette / salɔpɛt / *nf*	۱. لباس کار ۲. شلوار پیش‌سینه‌دار
salpêtre / salpɛtʀ / *nm*	شوره (= نیترات پتاسیم)
salpingite / salpɛ̃ʒit / *nf*	التهاب لولهٔ رحم
saltimbanque / saltɛ̃bɑ̃k / *n*	معرکه‌گیر، آکروبات‌باز دوره‌گرد
salubre / salybʀ / *adj*	[هوا، محیط، ...] سالم، پاک، بهداشتی
salubrité / salybʀite / *nf*	سلامت، بهداشت
saluer / salɥe / *vt* (1)	۱. سلام کردن به، سلام دادن به ۲. درود گفتن به، درود فرستادن ۳. احترام کردن، تکریم کردن ۴. سلام (نظامی) دادن ۵. استقبال کردن از
se saluer *vp*	به هم سلام کردن
salut / saly / *nm*	۱. نجات، رهایی ۲. رستگاری ۳. [خودمانی] سلام ۴. [خودمانی] خداحافظ ۵. [ادبی] درود، تحیت
salut militaire	سلام نظامی
salutaire / salytɛʀ / *adj*	۱. [هوا] سالم ۲. سودمند، مفید ۳. آموزنده، پندآمیز، عبرت‌آموز
salutation / salytasjɔ̃ / *nf*	عرض سلام، درود
salvateur,trice / salvatœʀ,tʀis / *adj*	[ادبی] رهایی‌بخش، مایهٔ رستگاری
salve / salv / *nf*	گلوله‌باران، رگبار، شلیک
samedi / samdi / *nm*	شنبه

samouraï /samuʀaj/ *nm* سامورایی

samovar /samɔvaʀ/ *nm* سماور

sampan /sɑ̃pɑ̃/ *nm* قایق چینی

sanatorium /sanatɔʀjɔm/ *nm* آسایشگاه مسلولین

sanctifiant,e /sɑ̃ktifjɑ̃,t/ *adj* تقدیس‌کننده

sanctification /sɑ̃ktifikasjɔ̃/ *nf* ۱. [مذهب کاتولیک] مقدس کردن، در شمار قدیسین قرار دادن ۲. تقدیس

sanctifier /sɑ̃ktifje/ *vt* (7) ۱. [مذهب کاتولیک] مقدس کردن، در شمار قدیسین قرار دادن ۲. تقدیس کردن، مقدس شمردن

sanction /sɑ̃ksjɔ̃/ *nf* ۱. تصویب (قانونی) ۲. تأیید، صحه‌گذاری ۳. جزا، مجازات ۴. [سیاسی] تحریم

sanctionner /sɑ̃ksjɔne/ *vt* (1) ۱. [قانون و غیره] تصویب کردن ۲. تأیید کردن، صحه گذاشتن بر ۳. مجازات کردن

sanctuaire /sɑ̃ktɥɛʀ/ *nm* ۱. پرستشگاه، حرم، معبد ۲. مکان مقدس، حریم مقدس

sandale /sɑ̃dal/ *nf* صندل

sandalette /sɑ̃dalɛt/ *nf* صندل ظریف، صندل سبک

sandwich /sɑ̃dwi(t)ʃ/ *nm* ساندویچ

sang /sɑ̃/ *nm* ۱. خون ۲. اصل و نسب، تبار

avoir du sang dans les veines دل و جرئت داشتن، آدم باجرئتی بودن

avoir le sang chaud آدم خونگرمی بودن، باحرارت بودن، پرشور بودن

liens du sang همخونی

suer sang et eau جان کندن

sang-froid /sɑ̃fʀwa/ *nm* خونسردی

sanglant,e /sɑ̃glɑ̃,t/ *adj* ۱. خونی، خونین، خون‌آلود، آغشته به خون ۲. توأم با خونریزی، خونین، خونبار ۳. بسیار زننده

sangle /sɑ̃gl/ *nf* ۱. بند، تسمه ۲. [اسب] تَنگ

sangler /sɑ̃gle/ *vt* (1) ۱. [اسب] تَنگ بستن ۲. سفت بستن

sanglier /sɑ̃glije/ *nm* گراز

sanglot /sɑ̃glo/ *nm* هق‌هق، زاری

sangloter /sɑ̃glɔte/ *vi* (1) هق‌هق کردن، هق‌هق گریه کردن، هق‌هق گریستن، زاری کردن

sang-mêlé /sɑ̃mele/ *n. inv* (آدمِ) دورگه

sangsue /sɑ̃sy/ *nf* ۱. زالو ۲. [خودمانی] مزاحم سمج، کَنه ۳. [قدیمی] آدم زالوصفت، زالو

sanguin,e /sɑ̃gɛ̃,in/ *adj, n* ۱. خونی، (مربوط به) خون ۲. سرخ ◻ ۳. آدم دموی‌مزاج

tempérament sanguin مزاج دموی

sanguinaire /sɑ̃ginɛʀ/ *adj* ۱. خونخوار، خون‌آشام ۲. خونین، خونبار

sanguine /sɑ̃gin/ *nf* ۱. پرتقال خونی، (پرتقال) توسرخ ۲. مداد قرمز ۳. نقاشی با مداد قرمز

sanguinolent,e /sɑ̃ginɔlɑ̃,t/ *adj* آغشته به خون، خونی

sanie /sani/ *nf* چرک و خون، خونابه

sanitaire /sanitɛʀ/ *adj* بهداشتی

établissement sanitaire درمانگاه، کلینیک

sans /sɑ̃/ *prép* بدونِ، [در ترکیب] بی ـ

non sans peine با زحمت

sans que بدون اینکه، بی‌آنکه

sans quoi وگرنه، وِالاّ

sans-abri /sɑ̃zabʀi/ *n. inv* (آدم) بی‌خانمان، بی‌سرپناه

sans-cœur /sɑ̃kœʀ/ *adj, n. inv* سنگدل، بی‌رحم، قسی‌القلب

sanscrit,e /sɑ̃skʀi,t/ *adj, nm* → sanskrit,e

sans-emploi /sɑ̃zɑ̃plwa/ *n. inv* (فرد) بیکار

sans-fil /sɑ̃fil/ *nm* تلگراف بی‌سیم

a = bas, plat e = blé, jouer ɛ = lait, jouet, merci i = il, lyre o = mot, dôme, eau, gauche ɔ = mort
u = roue y = rue ø = peu œ = peur ə = le, premier ɑ̃ = sans, vent ɛ̃ = matin, plein, lundi
ɔ̃ = bon, ombre ʃ = chat, tache ʒ = je, gilet j = yeux, paille, pied w = oui, nouer ɥ = huile, lui

sans-gêne / sãʒɛn / *nm. inv, adj*
۱. بی‌ملاحظگی ▪ ۲. بی‌ملاحظه

sanskrit,e / sãskʀi,t / *adj, nm. inv* سانسکریت

sans-le-sou / sãlsu / *n. inv* [خودمانی]
آدم بی‌پول، آدم ندار

sans-logis / sãlɔʒi / *n. inv* فرد فاقد مسکن،
(آدم) بی‌خانمان

sans-souci / sãsusi / *adj* بی‌خیال، بی‌قید،
بی‌فکر، بی‌هم و غم

santé / sãte / *nf* سلامتی، سلامت، تندرستی
(À votre) santé! [مشروب‌خوری] به سلامتی!
maison de santé آسایشگاه روانی (خصوصی)
santé publique بهداری

saoul,e / su(l) / *adj* → soûl,e

sape / sap / *nf* ۱. [نظامی] نقب ۲. تخریب
ــ [صورت جمع] ۳. رخت، لباس

saper / sape / *vt* (1) ۱. پی (بنایی را) خراب
کردن ۲. تیشه به ریشهٔ (چیزی) زدن، پایه‌های
(چیزی را) سست کردن

se saper *vp* [خودمانی] رخت پوشیدن

sapeur / sapœʀ / *nm* [ارتش] جمعی
رستهٔ مهندسی

sapeur-pompier / sapœʀpɔ̃pje / *nm*
مأمور آتش‌نشانی، آتش‌نشان

saphir / safiʀ / *nm* ۱. یاقوت کبود
۲. [گرامافون] سوزن یاقوتی

sapin / sapɛ̃ / *nm* ۱. (درخت) صنوبر
۲. چوب صنوبر
sapin de Noël درخت کریسمس، درخت نوئل

sapinière / sapinjɛʀ / *nf* باغ صنوبر،
جنگل صنوبر

saponifiable / saponifjable / *adj*
[فنی] قابل تبدیل به صابون

saponification / saponifikasjɔ̃ / *nf*
[فنی] تبدیل به صابون

saponifier / saponifje / *vt* (7) [فنی]
به صابون تبدیل کردن، صابونی کردن، صابونی شدن

sapristi! / sapʀisti / *interj*
[نشانهٔ تعجب یا عصبانیت] اَک‌که! اَک‌که هی!

saprophyte / sapʀɔfit / *adj* [گیاه‌شناسی]
گندرو، پوده‌رُست

saquer / sake / *vt* (1) → sacquer

sarcasme / saʀkasm / *nm* ۱. طعنه، نیش و
کنایه، گوشه‌کنایه، متلک ۲. تمسخر، ریشخند

sarcastique / saʀkastik / *adj* ۱. طعنه‌آمیز،
نیشدار، کنایه‌آمیز ۲. طعنه‌زن، کنایه‌زن، متلک‌گو

sarcastiquement / saʀkastikmã / *adv*
به طعنه، با حالت تمسخر

sarclage / saʀklaʒ / *nm* وجین‌کاری

sarcler / saʀkle / *vt* (1) وجین کردن

sarcome / saʀkom / *nm* [پزشکی] سارکوم

sarcophage / saʀkɔfaʒ / *nm* تابوت سنگی

sardine / saʀdin / *nf* (ماهی) ساردین

sardinerie / saʀdinʀi / *nf* کارخانهٔ سازندهٔ
کنسرو ساردین

sardinier,ère / saʀdinje,ɛʀ / *n, adj*
۱. صیاد ساردین ▪ ۲. (مربوط به) صید ساردین ۳.
(مربوط به) ساخت کنسرو ساردین

sardonique / saʀdɔnik / *adj* تمسخرآمیز،
نیشدار
rire sardonique نیشخند، پوزخند

sari / saʀi / *nm* ساری (= لباس زنان هندی)

sarment / saʀmã / *nm* شاخهٔ مو، شاخهٔ تاک

sarrasin[1],e / saʀazɛ̃,in / *adj* [در قرون وسطی]
(مربوط به) شرقیون (= مسلمانان مشرق زمین، افریقا و
اسپانیا)

sarrasin[2] / saʀazɛ̃ / *nm* گندم سیاه، گندم گاوی

sarrau / saʀo / *nm* لباس کار، روپوش کار

sarriette / saʀjɛt / *nf* [گیاه] مرزه

sas / sa / *nm* ۱. الک، غربال ۲. حوضچهٔ آب‌بند
۳. [زیردریایی، سفینهٔ فضایی] اتاقک تنظیم فشار

sasser / sase / *vt* (1) الک کردن، غربال کردن،
بیختن

satané,e / satane / *adj* لعنتی

satanique — saumon

satanique / satanik / *adj* — شیطانی، اهریمنی، جهنمی

satellite / satelit / *nm* — ۱. قمر ۲. ماهواره ۳. [فرد، کشور، ...] تابع، وابسته

satiété / sasjete / *nf* — سیری، اشباع

satin / satɛ̃ / *nm* — [پارچهٔ] ساتَن

satiné,e / satine / *adj* — ۱. طرح ساتَن، ساتَنی ۲. براق

satinette / satinɛt / *nf* — پارچهٔ طرح ساتَن، ساتَنی

satire / satiʀ / *nf* — ۱. هجو، هجویه، هجونامه ۲. انتقاد

satirique / satiʀik / *adj* — هجوآمیز، هجایی، تمسخرآمیز

satisfaction / satisfaksjɔ̃ / *nf* — ۱. ارضا، اقناع، اجابت ۲. خشنودی، خرسندی، رضایت ۳. مایهٔ خشنودی ۴. جبران

satisfaire / satisfɛʀ / *vt* (60) — ۱. خشنود کردن، خرسند کردن، راضی کردن، ارضاکردن ۲. اجابت کردن، برآوردن، پاسخگو بودن ۳. [تعهد و غیره] عمل کردن، انجام دادن، به جا آوردن

satisfaire sa curiosité — کنجکاوی خود را ارضا کردن

satisfaire un désir — خواسته‌ای را برآوردن

se satisfaire *vp* — خشنود شدن، راضی شدن، راضی بودن، بسنده کردن

satisfaisant,e / satisfəzɑ̃,t / *adj* — رضایت‌بخش

satisfait,e / satisfɛ,t / *adj, part. passé* — ۱. راضی، خشنود، خرسند ۲. رضایتمندانه، حاکی از رضایت ▫ ۳. [اسم مفعول فعل satisfaire]

satisfecit / satisfesit / *nm. inv* — ۱. [برای تشویق محصل] کارت‌آفرین، ستاره ۲. [ادبی] تأیید، صحه گذاشتن

satrape / satʀap / *nm* — ۱. [ادبی] توانگر کامجو ۲. [در ایران باستان] فرماندار، والی، ساتراپ

saturation / satyʀasjɔ̃ / *nf* — اِشباع

saturé,e / satyʀe / *adj* — ۱. اِشباع‌شده ۲. آکنده، پر ۳. دلزده، سیر، خسته

saturer / satyʀe / *vt* (1) — اِشباع کردن

saturnisme / satyʀnism / *nm* — مسمومیت از سرب

satyre / satiʀ / *nm* — ۱. [اساطیر یونان] ساتیر، بُزمَرد ۲. (مرد) شهوت‌پرست خشن

sauce / sos / *nf* — سُس

saucée / sose / *nf* — [خودمانی] رگبار

saucer / sose / *vt* (1) — ۱. سُس (ته ظرف را) پاک کردن و خوردن ۲. [قدیمی] در سُس خیساندن

saucer son assiette avec un morceau de pain — ته بشقاب خود را با نان کشیدن

saucière / sosjɛʀ / *nf* — سُس‌خوری، ظرف سُس

saucisse / sosis / *nf* — ۱. سوسیس ۲. [عامیانه] احمق

saucisson / sosisɔ̃ / *nm* — کالباس

saucisson (sec) — کالباس خشک

sauf[1] / sof / *prép* — بجز، (به) غیر از، مگر، به استثنای

sauf[2]**, sauve** / sof, sov / *adj* — [در برخی عبارات] ازخطررسته، سالم

saint et sauf — صحیح و سالم

sauf-conduit / sofkɔ̃dɥi / *nm* — پروانهٔ عبور

sauge / soʒ / *nf* — مریم‌گُلی

saugrenu,e / sogʀəny / *adj* — عجیب، عجیب و غریب، نامربوط

saule / sol / *nm* — درخت بید

saule pleureur — بید مجنون

saumâtre / somatʀ / *adj* — [آب] شورمزه

saumon / somɔ̃ / *nm, adj. inv* — ۱. ماهی آزاد ▫ ۲. گل‌بهی

saumoné,e /somɔne/ *adj. inv,* rose saumoné رنگ گل‌بهی

sauna /sona/ *nm* سونا، حمام‌بخار

saupoudrage /sopudʀaʒ/ *nm* [آرد، پودر، ...] (عمل) پاشیدن

saupoudrer /sopudʀe/ *vt* (1) [آرد، پودر، ...] پاشیدن

saur /sɔʀ/ *adj. m,* **hareng saur** شاه‌ماهی دودی

sauriens /sɔʀjɛ̃/ *nm. pl* تیرهٔ سوسماران

saut /so/ *nm* ۱. پرش، جهش، جست ۲. حرکت تند، خیز ۳. سقوط (در پرتگاه) ۴. آبشار (کوچک)

faire un saut chez qqn فی‌الفور پیش کسی رفتن

saut périlleux پشتک، معلق

saute /sot/ *nf* [هوا، اخلاق، ...] تغییر ناگهانی

saute de vent تغییر ناگهانی جهت وزش باد

sauté¹,e /sote/ *adj* سرخ‌شده، سرخ‌کرده

sauté² /sote/ *nm* (غذای) سرخ‌شده

sauté de veau گوشت گوسالهٔ سرخ‌شده

saute-mouton /sotmutɔ̃/ *nm* (بازی) جفتک‌چارکش

sauter /sote/ *vi, vt* (1) ۱. پریدن، جست زدن، جهش کردن، جستن ۲. از جا در رفتن ۳. منفجر شدن ◘ ۴. پریدن از رویِ، جست زدن از رویِ ۵. جا انداختن، از نظر انداختن

sauter aux yeux مشخص بودن، پرواضح بودن، بدیهی بودن، تو چشم زدن

sauter qqn [خودمانی؛ رابطهٔ جنسی] با کسی خوابیدن، ترتیب کسی را دادن

se faire sauter la cervelle (با اسلحه) مغز خود را متلاشی کردن

sauterelle /sotʀɛl/ *nf* ۱. ملخ ۲. لاغرمردنی، نی‌قلیان

sauterie /sotʀi/ *nf* مجلس بزن و برقص

sauteur,euse¹ /sotœʀ,øz/ *n, adj* ۱. [دو و میدانی] پرنده ۲. آدم بی‌ثبات

sauteuse² /sotøz/ *nf* ماهی‌تابه

sautillant,e /sotijɑ̃,t/ *adj* ۱. جست و خیزکننده، جست و خیزکنان ۲. بی‌ثبات

sautillement /sotijmɑ̃/ *nm* جست و خیز، ورجه‌ورجه

sautiller /sotije/ *vi* (1) جست و خیز کردن، ورجه‌ورجه کردن

sautoir /sotwaʀ/ *nm* زنجیر، گردن‌بند

porter en sautoir به گردن انداختن

sauvage /sovaʒ/ *adj, n* ۱. وحشی ۲. [گیاه] خودرو، جنگلی، وحشی ۳. [منطقه و غیره] بی‌سکنه، وحشی ۴. بی‌تمدن، بدوی ۵. وحشیانه، سَبعانه ۶. مردم‌گریز، نجوش، غیراجتماعی ◘ ۷. (آدم) وحشی

sauvagement /sovaʒmɑ̃/ *adv* وحشیانه، با وحشیگری، سَبعانه

sauvagerie /sovaʒʀi/ *nf* ۱. وحشیگری، توحش، سبعیت ۲. مردم‌گریزی، غیراجتماعی

sauvegarde /sovgaʀd/ *nf* ۱. حفظ، حفاظت، حمایت ۲. حافظ

sauvegarder /sovgaʀde/ *vt* (1) حفظ کردن، حفاظت کردن از، حمایت کردن از

sauve-qui-peut /sovkipø/ *nm. inv* ۱. فریادِ در بروید، فریادِ الفرار ۲. فرار جمعی

sauver /sove/ *vt* (1) ۱. نجات دادن، رهانیدن، رهایی بخشیدن ۲. رستگار کردن

se sauver *vp* ۱. خود را نجات دادن، از خطر گریختن، فرار کردن ۲. [خودمانی] زود رفتن، عجله کردن

sauvetage /sovtaʒ/ *nm* [کشتی یا فرد در حال غرق شدن] نجات

bateau de sauvetage قایق نجات

sauveteur /sovtœʀ/ *nm* [کشتی شکسته] امدادگر، نجات‌دهنده

sauvette (à la) /alasovɛt/ *lco. adv* شتاب‌زده، هول‌هولکی

vente à la sauvette دستفروشی غیرقانونی

779 scandale

savonnerie / savɔnʀi / *nf* ۱. کارخانهٔ صابون‌سازی ۲. صابون‌سازی

savonnette / savɔnɛt / *nf* صابون کوچک

savonneux,euse / savɔnø,øz / *adj* صابون‌دار، صابونی

eau savonneuse آب صابون

savonnier,ère[1] / savɔnje,ɛʀ / *adj* (مربوط به) صابون، صابون‌سازی

savonnier[2] / savɔnje / *nm* صابون‌ساز

savourer / savuʀe / *vt* (1) ۱. مزه‌مزه کردن، با لذت چشیدن ۲. لذت بردن از

savoureux,euse / savuʀø,øz / *adj* ۱. خوشمزه، خوش‌طعم، لذیذ ۲. جالب، دلچسب

saxo / saksɔ / *nm* → saxophone; saxophoniste

saxophone / saksɔfɔn / *nm* ساکسوفون (= نوعی ساز بادی)

saxophoniste / saksɔfɔnist / *n* نوازندهٔ ساکسوفون

sbire / sbiʀ / *nm* ۱. مزدور، سرسپرده ۲. [تحقیرآمیز] پلیس رشوه‌بگیر

scabieuse / skabjøz / *nf* [گیاه] مامیسا، گل کبوتر، توسک

scabieux,euse / skabjø,øz / *adj* [پزشکی] جَرَبی، (مربوط به) جَرَب، گال

scabreux,euse / skabʀø,øz / *adj* ۱. [ادبی] خطیر، پرمخاطره، خطرناک ۲. خلاف نزاکت، زننده، وقیحانه

scalène / skalɛn / *adj* مختلف‌الاضلاع

scalp / skalp / *nm* ۱. کندن پوست سر ۲. پوست (کنده‌شدهٔ) سر

scalpel / skalpɛl / *nm* چاقوی جراحی

scalper / skalpe / *vt* (1) پوست سر (کسی را) کندن

scandale / skɑ̃dal / *nm* ۱. رسوایی،

sauveur / sovœʀ / *nm* [به ویژه مذهبی] ناجی، رهاننده، منجی، نجات‌دهنده

savamment / savamɑ̃ / *adv* ۱. عالمانه، فاضلانه ۲. استادانه، ماهرانه

savane / savan / *nf* علفزار استوایی، ساوان

savant,e / savɑ̃,t / *adj, n* ۱. دانشمند، دانا، عالِم، فاضل ۲. خبره، مطلع، استاد ▣ ۳. عالمانه، دانشمندانه، فاضلانه ۴. استادانه

animal savant حیوان تربیت‌شده

savate / savat / *nf* ۱. کفش کهنه ۲. [خودمانی] آدم دست و پاچلفتی ۳. [ورزش] ساواته (= بوکس فرانسوی)

savetier / savtje / *nm* [قدیمی] پینه‌دوز، کفاش

saveur / savœʀ / *nf* ۱. مزه، طعم ۲. [مجازی] رنگ و بو، نمک، چاشنی

savoir[1] / savwaʀ / *vt* (32) ۱. دانستن ۲. بلد بودن ۳. خبر داشتن از، باخبر بودن از، مطلع بودن از، آگاه بودن از ۴. آشنا بودن به، وارد بودن به ۵. [در برخی جملات شرطی و منفی] توانستن

(à) savoir از این قرار، یعنی

Je ne saurais vous répondre. نمی‌توانم پاسخ شما را بدهم.

que je sache تا آنجا که من می‌دانم

qui sait کسی چه می‌داند، امکان دارد

savoir[2] / savwaʀ / *nm* معلومات، دانسته‌ها، دانش، سواد

savoir-faire / savwaʀfɛʀ / *nm. inv* کاردانی، مهارت، استادی

savoir-vivre / savwaʀvivʀ / *nm. inv* آداب‌دانی

savon / savɔ̃ / *nm* صابون

savonnage / savɔnaʒ / *nm* شستشو با صابون

savonner / savɔne / *vt* (1) با صابون شستن، صابون زدن

a = bas, plat   e = blé, jouer   ɛ = lait, jouet, merci   i = il, lyre   o = mot, dôme, eau, gauche   ɔ = mort
u = roue   y = rue   ø = peu   œ = peur   ə = le, premier   ɑ̃ = sans, vent   ɛ̃ = matin, plein, lundi
ɔ̃ = bon, ombre   ʃ = chat, tache   ʒ = je, gilet   j = yeux, paille, pied   w = oui, nouer   ɥ = huile, lui

scandaleux,euse 780

آبروریزی، افتضاح ۲. مایهٔ رسوایی، ننگ ۳. جار و جنجال، قشقرق، اَلَم‌شنگه

scandaleux,euse /skɑ̃dalø,øz/ *adj* ۱. ننگ‌آور، ننگین، شرم‌آور ۲. [قیمت و غیره] سرسام‌آور، وحشتناک

scandaliser /skɑ̃dalize/ *vt* (1) ۱. منزجر کردن، خشم و نفرت (کسی را) برانگیختن، تو ذوق (کسی) زدن ۲. [مذهبی] به گناه واداشتن، گمراه کردن

se scandaliser *vp* منزجر شدن، تو ذوق (کسی) خوردن

scander /skɑ̃de/ *vt* (1) ۱. [شعر] تقطیع کردن ۲. شمرده ادا کردن

scandinave /skɑ̃dinav/ *adj* اسکاندیناویایی، (مربوط به) اسکاندیناوی

scansion /skɑ̃sjɔ̃/ *nf* [شعر] تقطیع

scaphandre /skafɑ̃dʀ/ *nm* لباس غواصی

scaphandrier /skafɑ̃dʀije/ *nm* غواص (مجهز به لباس غواصی)

scapulaire /skapylɛʀ/ *adj* کتفی، (مربوط به) کتف، شانه

scarabée /skaʀabe/ *nm* [حشره] سرگین‌غلتان، جُعَل

scarificateur /skaʀifikatœʀ/ *nm* [پزشکی] نیشتر

scarification /skaʀifikasjɔ̃/ *nf* [پزشکی] ایجاد خراش، نیشتر زدن

scarifier /skaʀifje/ *vt* (7) [پزشکی] خراش دادن، نیشتر زدن

scarlatine /skaʀlatin/ *nf* مخملک

sceau /so/ *nm* ۱. مُهر (رسمی) ۲. [مجازی؛ ادبی] نشان، مُهر، مُهر تأیید

mettre/apposer son seau مهر و موم کردن، لاک و مهر

scélérat,e /seleʀa,t/ *n, adj* ۱. [ادبی] تبهکار، مجرم، جانی، جنایتکار ۲. [قدیمی یا ادبی] آدم شرور ◻ ۳. تبهکارانه، شریرانه

scélératesse /seleʀatɛs/ *nf* [ادبی] شرارت، تبهکاری

scellage /sɛlaʒ/ *nm* (عمل) بر جای خود محکم کردن

scellé /sele/ *nm* [حقوقی] مهر و موم، لاک و مهر

sceller /sele/ *vt* (1) ۱. [اسناد رسمی] مُهر زدن، مُهر کردن، ممهور کردن ۲. مُهر و موم کردن، لاک و مهر کردن ۳. [مجازی] تأیید کردن، مُهر تأیید زدن بر ۴. خوب بستن ۵. (با مصالح) بر جای خود محکم کردن

scénario /senaʀjo/ *nm* فیلمنامه، سناریو

scénariste /senaʀist/ *n* فیلمنامه‌نویس، سناریست

scène /sɛn/ *nf* ۱. [نمایش] صحنه ۲. (هنر) تئاتر ۳. ماجرا، واقعه، صحنه، منظره ۴. مشاجره، دعوا

avoir une scène avec qqn با کسی دعوا کردن

mettre en scène [تئاتر] به روی صحنه آوردن، به نمایش درآوردن، کارگردانی کردن

scène de ménage مشاجرهٔ خانوادگی، دعوای زن و شوهر

scénique /senik/ *adj* نمایشی

scepticisme /sɛptisism/ *nm* ۱. شک‌گرایی، آیین شک ۲. ناباوری ۳. [مذهبی] شک

sceptique /sɛptik/ *n, adj* ۱. شکاک ◻ ۲. تردیدآمیز، ناباورانه

sceptre /sɛptʀ/ *nm* چوگان شاهی

schah /ʃa/ *nm* شاه (ایران)

schéma /ʃema/ *nm* طرح کلی، نمای کلی، چارچوب کلی

schématique /ʃematik/ *adj* [طرح و غیره] کلی، اجمالی

schématiquement /ʃematikmɑ̃/ *adv* به طور کلی، به اختصار، به اجمال

schématiser /ʃematize/ *vt* (1) طرح کلی (چیزی را) نشان دادن، نمای کلی (از چیزی) به دست دادن

781 scolaire

schilling / ʃiliŋ / *nm* شیلینگ (= واحد پول اتریش)

schisme / ʃism / *nm* ۱. [مذهبی] انشقاق، شِقاق ۲. [حزب و غیره] دودستگی، تفرقه، نفاق

schiste / ʃist / *nm* شیست (= نوعی سنگ متورق)

schisteux,euse / ʃistø,øz / *adj* شیستی

schizophrène / skizɔfʀɛn / *adj, n* مبتلا به اسکیزوفرنی، روان‌گسیخته

schizophrénie / skizɔfʀeni / *nf* اسکیزوفرنی، روان‌گسیختگی

schlass / ʃlas / *adj. inv* [خودمانی] مست، پاتیل

schlinguer / ʃlɛ̃ge / *vi* (1) [عامیانه] بوگند دادن

schnock / ʃnɔk / *n* [عامیانه] احمق

schnoque / ʃnɔk / *n* → schnock

sciage / sjaʒ / *nm* اره‌کشی، برش

sciatique / sjatik / *adj, nf* [پزشکی] سیاتیک

scie / si / *nf* ۱. اَره ۲. آدم کسل‌کننده، چیز کسل‌کننده

(poisson) scie اره‌ماهی

sciemment / sjamɑ̃ / *adv* دانسته، آگاهانه، عمداً، از قصد

science / sjɑ̃s / *nf* ۱. دانش، علم ۲. [ادبی] کارکشتگی، خبرگی

science-fiction / sjɑ̃sfiksjɔ̃ / *nf* ۱. ادبیات علمی-تخیلی ۲. داستان‌های علمی-تخیلی

scientifique / sjɑ̃tifik / *adj, n* ۱. علمی ▣ ۲. دانشمند، عالِم

scientifiquement / sjɑ̃tifikmɑ̃ / *adv* از نظر علمی، به لحاظ علمی

scientisme / sjɑ̃tism / *nm* علم‌باوری، علم‌گرایی

scientiste / sjɑ̃tist / *n, adj* ۱. علم‌باور، علم‌گرا ▣ ۲. علم‌باورانه، علم‌گرایانه

scier / sje / *vt* (7) ۱. اره کردن ۲. [خودمانی] مات و مبهوت کردن

scierie / siʀi / *nf* ۱. (کارخانهٔ) چوب‌بُری ۲. (کارخانهٔ) سنگ‌بُری

scieur / sjœʀ / *nm* ۱. چوب‌بُر ۲. سنگ‌بُر

scinder / sɛ̃de / *vt* (1) [چیزهای انتزاعی] به چند قسمت کردن، (به چند دسته) تقسیم کردن

se scinder *vp* چند قسمت شدن، تقسیم شدن، چند دسته شدن

scintillant,e / sɛ̃tijɑ̃,t / *adj* ۱. براق، پرزرق و برق ۲. چشمک‌زن

scintillation / sɛ̃tijasjɔ̃ / *nf* [ستاره و غیره] سوسوزنی

scintillement / sɛ̃tijmɑ̃ / *nm* درخشش، تلألؤ، برق، زرق و برق

scintiller / sɛ̃tije / *vt* (1) ۱. درخشیدن، برق زدن ۲. سوسو زدن

scission / sisjɔ̃ / *nf* انشعاب، دودستگی، تفرقه

scissionniste / sisjɔnist / *n, adj* ۱. تفرقه‌جو، انشعاب‌طلب ▣ ۲. تفرقه‌جویانه، انشعاب‌طلبانه

sciure / sjyʀ / *nf* خاک‌اره

sclérose / skleʀoz / *nf* [پزشکی] تصلب، سخت‌شدگی، اِسکِلِروز

sclérosé,e / skleʀoze / *adj* ۱. [پزشکی] سخت‌شده، مبتلا به اِسکِلِروز ۲. متحجر

scléroser (se) / səskleʀoze / *vp* (1) ۱. [پزشکی] سخت شدن، دچار تصلب شدن ۲. متحجر شدن

sclérotique / skleʀɔtik / *nf* [چشم] صُلبیه

scolaire / skɔlɛʀ / *adj* ۱. تحصیلی، درسی ۲. کتابی، کلیشه‌ای

année scolaire سال تحصیلی

scolarise 782

obligation scolaire اجبار به تحصیل

scolariser / skɔlaʀize / *vt* (1) ۱. دارای مدرسه کردن، آموزشگاه‌های کافی تدارک دیدن ۲. به مدرسه فرستادن

scolarité / skɔlaʀite / *nf* ۱. تحصیل، تحصیلات ۲. دورهٔ تحصیل

scolastique / skɔlatik / *nf, nm, adj* ۱. فلسفهٔ مَدرَسی، فلسفهٔ اِسکولاستیک ◙ ۲. حکیم مَدرَسی، عالم اِسکولاستیک ◙ ۳. [فلسفه] مَدرَسی، اِسکولاستیک ۴. جزمی

scoliose / skɔljoz / *nf* انحراف جانبی ستون مهره‌ها

scolopendre / skɔlɔpɑ̃dʀ / *nf* [اصطلاح تخصصی] هزارپا

scoop / skup / *nm* خبر دست‌اول، خبر داغ

scooter / skutœʀ;skutɛʀ / *nm* موتور وِسپا، وِسپا

scopie / skɔpi / *nf* → radioscopie

scorbut / skɔʀbyt / *nm* (بیماری) اِسکوربوت (= نوعی بیماری ناشی از کمبود ویتامین ث)

scorbutique / skɔʀbytik / *adj* ۱. مبتلا به اِسکوربوت ۲. اِسکوربوتی، (مربوط به) اِسکوربوت

score / skɔʀ / *nm* [مسابقه] امتیاز

scorpion / skɔʀpjɔ̃ / *nm* عقرب، کژدم

scotch[1] / skɔtʃ / *nm* نوارچسب، چسب اِسکاچ

scotch[2] / skɔtʃ / *nm* ویسکی اسکاتلندی، ویسکی اِسکاچ

scotcher / skɔtʃe / *vt* (1) با نوارچسب چسباندن، نوارچسب زدن

scout[1] / skut / *nm* پیشاهنگ

scout[2]**,e** / skut / *adj* (مربوط به) پیشاهنگی

scoutisme / skutism / *nm* پیشاهنگی

scrabble / skʀabl / *nm* اِسکرابل (= نوعی بازی با حروف برای ساختن کلمات)

scribe / skʀib / *nm* ۱. کاتب، منشی ۲. فقیه یهودی

scribouillard,e / skʀibujaʀ,d / *n* [تحقیرآمیز] میرزابنویس

script / skʀipt / *nm* [دستخط] خط کتابی

scripte / skʀipt / *nf* منشی صحنه

scrofule / skʀɔfyl / *nf* [پزشکی] خَنازیر (= سل غدد لنفاوی گردن)

scrofuleux,euse / skʀɔfylø,øz / *adj* مبتلا به خِنازیر

scrupule / skʀypyl / *nm* ۱. دل‌نگرانی، دغدغهٔ خاطر، عذاب وجدان ۲. وسواس، موشکافی

scrupuleusement / skʀypyløzmɑ̃ / *adv* ۱. با دقت تمام ۲. موشکافانه، دقیق ۳. شرافتمندانه

scrupuleux,euse / skʀypylø,øz / *adj* ۱. وسواسی، موشکاف، دقیق ۲. موشکافانه ۳. شریف، باوجدان

scrutateur,trice / skʀytatœʀ,tʀis / *adj, n* ۱. پژوهنده، موشکاف ◙ ۲. بازرس (انتخابات)

scruter / skʀyte / *vt* (1) ۱. به دقت بررسی کردن، موشکافی کردن ۲. به دقت نگریستن به، وارانداز کردن

scrutin / skʀytɛ̃ / *nm* ۱. رأی ۲. رأی‌گیری، انتخابات

sculpter / skylte / *vt* (1) ۱. مجسمه ساختن ۲. شکل دادن، تراشیدن، ساختن

sculpteur / skyltœʀ / *nm* مجسمه‌ساز، پیکرتراش

sculptural,e,aux / skyltyʀal,o / *adj* ۱. (مربوط به) مجسمه‌سازی، پیکرتراشی ۲. تندیس‌گون، خوش‌پیکر

sculpture / skyltyʀ / *nf* ۱. مجسمه‌سازی، پیکرتراشی ۲. مجسمه، پیکره، تندیس

se / s(ə) / *pron. pres* ۱. خود را، به خود ۲. همدیگر را، یکدیگر را، به یکدیگر، به هم

séance / seɑ̃s / *nf* ۱. جلسه، نشست، اجلاس ۲. [نمایش] سئانس

séance tenante فوراً، بی‌درنگ، فی‌الفور

séant,e / seɑ̃,t / *adj* [قدیمی یا ادبی] شایسته، مناسب، بجا، درست

seau / so / *nm* سطل

sébile / sebil / *nf* کاسهٔ گدایی، کاسهٔ چوبی

sec[1],sèche / sɛk, sɛʃ / *adj* ۱. خشک ۲. بی‌آب، بدون آب ۳. لاغر ۴. بی‌روح، سرد، خشک، خشن

aussi sec [خودمانی] بدون معطلی، فی‌الفور

gâteau sec شیرینی خشک

pain sec نان خالی

raisin sec کشمش

tout sec خشک و خالی

sec[2] / sɛk / *nm, adv* ۱. خشکی ۲. جای خشک ◘ ۳. [کتک و غیره] سخت، حسابی، جانانه ۴. [خودمانی] خیلی، حسابی

à sec خشک، بی‌آب

boire sec مشروب را بدون آب خوردن

être à sec ۱. [خودمانی] بی‌پول بودن، مایه نداشتن ۲. چیزی برای گفتن نداشتن

Il pleut sec. حسابی بارون می‌یاد.

sécable / sekabl / *adj* قابل بریدن، قابل شکافتن

sécante / sekɑ̃t / *nf* [هندسه] خط قاطع، سِکانت

sécateur / sekatœʀ / *nm* قیچی باغبانی

sécession / sesesjɔ̃ / *nf* [سیاست] جدایی، انفصال

la guerre de Sécessions جنگ انفصال (= نبرد میان شمال و جنوب ایالات متحدهٔ امریکا در سال‌های ۱۸۶۱ تا ۱۸۶۵.)

sécessionniste / sesesjɔnist / *adj, n* [سیاست] جدایی‌طلب، جدایی‌خواه

séchage / seʃaʒ / *nm* (عمل) خشک کردن، خشک شدن

sèche / sɛʃ / *nf* [خودمانی] سیگار

sèche-cheveux / sɛʃʃəvœ / *nm. inv* موخشک‌کن، سِشوار

séchement / sɛʃmɑ̃ / *adv* ۱. به سختی، با خشونت ۲. با سردی، سرد، با بی‌اعتنایی

sécher / seʃe / *vt, vi* (6) ۱. خشک کردن ◘ ۲. خشک شدن ۳. تحلیل رفتن ۴. [خودمانی؛ امتحان] خراب کردن

sécher les larmes de qqn ۱. اشک‌های کسی را پاک کردن ۲. کسی را تسلی دادن

sécher une classe/un cours [خودمانی] سرِ کلاس نرفتن

sécheresse / seʃʀɛs / *nf* ۱. خشکی ۲. خشکسالی ۳. عدم لطافت، سردی

séchoir / seʃwaʀ / *nm* ۱. [لباس و غیره] محلِ خشک کردن ۲. موخشک‌کن، سِشوار

second[1],e / s(ə)gɔ̃,d / *adj* دوم، دومین

de seconde main دست دوم

en second lieu در وهلهٔ بعد، بعد، سپس

sans second [ادبی] بی‌همتا، بی‌نظیر، بی‌همانند، منحصربه‌فرد

second[2] / s(ə)gɔ̃ / *nm* ۱. دستیار، کمک ۲. طبقهٔ دوم

secondaire / s(ə)gɔ̃dɛʀ / *adj* ۱. ثانوی ۲. فرعی، درجه دو

effets secondaires [دارو] عوارض جانبی

enseignement secondaire آموزش متوسطه

ère secondaire [زمین‌شناسی] دوران دوم

secondairement / s(ə)gɔ̃dɛʀmɑ̃ / *adv* در درجهٔ دوم، به طور فرعی

seconde / s(ə)gɔ̃d / *nf* ۱. ثانیه ۲. لحظه، آن

secondement / s(ə)gɔ̃dmɑ̃ / *adv* در وهلهٔ بعد، بعد

seconder / s(ə)gɔ̃de / *vt* (1) ۱. دستیار (کسی) بودن ۲. کمک کردن به، یاری دادن

secouement / s(ə)kumɑ̃ / *nm* [ادبی] تکان

secouer / s(ə)kwe / *vt* (1) ۱. (به شدت) تکان دادن ۲. جنباندن ۳. تکاندن ۴. [سالاد و غیره] خوب (به) هم زدن ۵. منقلب کردن ۶. [خودمانی] (کسی را) دعوا کردن

secouer la tête سر جنباندن

secourable / s(ə)kuʀabl / *adj* یاری‌کننده، همراه، یاور

secourir / s(ə)kuʀiʀ / *vt* (11) [ادبی] یاری رساندن به، یاری دادن، کمک کردن به، مساعدت کردن

secouriste / s(ə)kuʀist / *n* امدادگر

secours / s(ə)kuʀ / *nm* ۱. کمک، یاری، مساعدت، همراهی ۲. کمک مالی، اعانه ۳. [به مصدومین و غیره] امداد، کمک

de secours اضطراری

roue de secours لاستیک یدک، زاپاس

secousse / s(ə)kus / *nf* ۱. تکان شدید، جنبش ۲. ضربه (روحی)

secret[1],ète / səkʀɛ,ɛt / *adj* ۱. پنهان، سِرّی، مخفی ۲. محرمانه ۳. [ادبی] تودار، خوددار

secret[2] / səkʀɛ / *nm* ۱. راز، سِر ۲. رمز ۳. رازداری

cadenas à secret قفل (آویز) رمزی

en secret نهانی، مخفیانه، محرمانه

secrétaire / s(ə)kʀetɛʀ / *n, nm* ۱. منشی ۲. دبیر ◙ ۳. میز تحریر

secrétaire général دبیر کل

secrétariat / s(ə)kʀetaʀja / *nm* ۱. منشیگری ۲. دبیری ۳. دبیرخانه ۴. کارکنان دبیرخانه

secrètement / sekʀɛtmɑ̃ / *adv* ۱. پنهانی، مخفیانه، در خفا ۲. (به طورِ) محرمانه ۳. در باطن، در دل

sécréter / sekʀete / *vt* (6) ترشح کردن، تراوش کردن

Cette maison sécrète l'ennui. از این خانه غم می‌بارد. این خانه ملال‌آور است.

sécréteur,euse / sekʀetœʀ,øz / *adj* → sécréteur,trice

sécréteur,trice / sɛkʀetœʀ,tʀis / *adj* ترشح‌کننده

sécrétion / sekʀesjɔ̃ / *nf* ترشح، تراوش

sectaire / sɛktɛʀ / *adj, n* ۱. فرقه‌گرا ۲. متعصب، تنگ‌نظر

sectarisme / sɛktaʀism / *nm* ۱. فرقه‌گرایی ۲. تعصب

sectateur,trice / sɛktatœʀ,tʀis / *n* [قدیمی] مرید، پیرو

secte / sɛkt / *nf* ۱. فرقه ۲. [تحقیرآمیز] گروهک

secteur / sɛktœʀ / *nm* ۱. بخش ۲. منطقه، ناحیه ۳. [خودمانی] جا ۴. [ریاضی] قطاع

changer de secteur به جای دیگر رفتن

secteur privé بخش خصوصی

secteur pulique بخش دولتی، بخش عمومی

section / sɛksjɔ̃ / *nf* ۱. بخش، قسمت ۲. [کتاب] بخش ۳. برش، مقطع ۴. [نظامی] دسته

sectionnement / sɛksjɔnmɑ̃ / *nm* ۱. تقسیم (به چند بخش)، تقسیم‌بندی ۲. قطع

sectionner / sɛksjɔne / *vt* (1) ۱. (به چند بخش) تقسیم کردن، تقسیم‌بندی کردن ۲. قطع کردن

séculaire / sekylɛʀ / *adj* ۱. صدسال یک‌بار ۲. صدساله، چندصدساله

séculariser / sekylaʀize / *vt* (1) ۱. غیرمذهبی کردن ۲. دنیوی کردن

séculier,ère / sekylje,ɛʀ / *adj* ۱. غیرمذهبی ۲. دنیادوست

secundo / s(ə)gɔ̃do;sekɔ̃do / *adv* دوم آنکه، ثانیاً

sécuriser / sekyʀize / *vt* (1) آسوده‌خاطر کردن، آرامش بخشیدن به

securité / sekyʀite / *nf* ۱. امنیت، ایمنی ۲. آرامش خاطر، آسودگی خاطر، بی‌هراسی

ceinture de sécurité کمربند ایمنی

Conseil de sécurité [سازمان ملل] شورای امنیت

sécurité sociale (سازمان) تأمین اجتماعی، بیمهٔ اجتماعی

sédatif,ive /sedatif,iv/ *nm* (داروی) مُسکن، آرام‌بخش

sédentaire /sedɑ̃tɛʀ/ *adj* ۱. [شغل و غیره] ثابت ۲. خانه‌نشین ۳. ساکن، مستقر

sédiment /sedimɑ̃/ *nm* رسوب، ته‌نشست، ته‌نشین

sédimentaire /semɑ̃tɛʀ/ *adj* رسوبی

sédimentation /sedimɑ̃tasjɔ̃/ *nf* رسوب‌گذاری، تشکیل رسوب، ته‌نشینی

séditieux,euse /sedisjø,øz/ *adj* ۱. [ادبی] آشوبگر، فتنه‌انگیز ۲. آشوبگرانه

sédition /sedisjɔ̃/ *nf* [ادبی] آشوب، بلوا، شورش، فتنه

séducteur /sedyktœʀ/ *n, adj* اِغواگر، دلفریب

séduction /sedyksjɔ̃/ *nf* ۱. اغوا، فریب ۲. جذبه، فریبندگی

séduire /sedɥiʀ/ *vt* (38) ۱. اغوا کردن، از راه به‌در کردن، فریب دادن، اغفال کردن، گول زدن ۲. مجذوب خود کردن، دل (کسی را) ربودن، شیفته کردن، فریفتن

séduisant,e /sedɥizɑ̃,t/ *adj* ۱. اغواکننده، فریبنده، وسوسه‌انگیز ۲. دلربا، جذاب، دلفریب

ségment /sɛgmɑ̃/ *nm* ۱. [هندسه، فنی] قطعه ۲. قطعه، قسمت، برش، برش‌بندی

ségmentation /sɛgmɑ̃tasjɔ̃/ *nf* تقسیم به قطعات، قطعه‌قطعه کردن، تقطیع

ségmenter /sɛgmɑ̃te/ *vt* (1) قطعه‌قطعه کردن، چند قطعه کردن

ségrégation /segʀegasjɔ̃/ *nf* جدایی، تفکیک، افتراق

ségrégation raciale تفکیک نژادی

seiche /sɛʃ/ *nf* ماهی مرکب

seigle /sɛgl/ *nm* چاودار

seigneur[1] /sɛɲœʀ/ *nm* ۱. ارباب، مالک ۲. عالیجناب ۳. آقا، سرور

Seigneur[2] /sɛɲœʀ/ *nm* خداوند، پروردگار

seigneurial,e,aux /sɛɲœʀjal,o/ *adj* ۱. اربابی، متعلق به ارباب ۲. [ادبی] مجلل، اعیانی

seigneurie /sɛɲœʀi/ *nf* ۱. اربابی ۲. حق اربابی، قلمروی ارباب، املاک ارباب

seille /sɛj/ *nf* [محلی] سطل چوبی، ظرف چوبی

seime /sɛm/ *nf* شِقاق سُم (= نوعی بیماری ویژهٔ سُمداران)

sein /sɛ̃/ *nm* ۱. سینه ۲. پستان ۳. آغوش ۴. [ادبی] دل، بطن

seing /sɛ̃/ *nm* [قدیمی] امضا

séisme /seism/ *nm* زمین‌لرزه، زلزله

seize /sɛz/ *adj. num, nm. inv* ۱. شانزده ۲. شانزدهم ▣ ۳. عدد شانزده، شمارهٔ شانزده، شانزده

seizième /sɛzjɛm/ *adj. ord, n* شانزدهم، شانزدهمین

seiziémement /sɛzjɛmmɑ̃/ *adv* شانزدهم آنکه

séjour /seʒuʀ/ *nm* ۱. اقامت (موقت) ۲. مدت اقامت ۳. [ادبی] اقامتگاه

carte de séjour کارت اقامت

salle de séjour اتاق نشیمن

séjourner /seʒuʀue/ *vi* (1) ۱. اقامت کردن، اقامت گزیدن ۲. (یک جا) ماندن

sel /sɛl/ *nm* ۱. نمک ۲. [مجازی] ملاحت، لطف، نمک

sélect /selɛkt/ *adj* [خودمانی] ناب، شیک، اعیانی

sélectif,ive /selɛktif,iv/ *adj* گزینشی، انتخابی

sélection /selɛksjɔ̃/ *nf* ۱. گزینش، انتخاب
۲. جُنگ، گلچین، منتخب

sélectionné,e /selɛksjɔne/ *adj* برگزیده، گزیده، منتخب، دستچین

sélectionner /selɛksjɔne/ *vt* (1) برگزیدن، انتخاب کردن

sélectionneur,euse /selɛksjɔnœʀ,øz/ *n* برگزیننده، انتخاب‌کننده

sélénium /selenjɔm/ *nm* سِلِنیوم (= یکی از عناصر شیمیایی)

self /sɛlf/ *nm* → self-service

self-induction /sɛlfɛ̃dyksjɔ̃/ *nm* خودالقایی

self-made man /sɛlfmɛdman/ *nm* مرد خودساخته

self-service /sɛlfsɛʀvis/ *nm* سِلف‌سرویس

selle /sɛl/ *nf* ۱. زین ــ [صورت جمع] ۲. مدفوع

aller à la selle عمل دفع را انجام دادن، شکم (کسی) کار کردن

se mettre en selle روی زین نشستن، سوار اسب شدن

seller /sele/ *vt* (1) زین کردن

sellerie /sɛlʀi/ *nf* ۱. سَراجی، زین‌سازی، زین‌فروشی ۲. ساز و برگ اسب

sellette /sɛlɛt/ *nf* چارپایهٔ محکومین

sellier /selje/ *nm* سَراج، زین‌ساز، زین‌فروش

selon /s(ə)lɔ̃/ *prép* ۱. بنابر، مطابقِ، بر طبقِ، به موجبِ ۲. بر حسبِ ۳. به نسبتِ، متناسب با ۴. به نظرِ، از نظرِ، به عقیدهٔ ۵. به گفتهٔ، به قولِ، به روایتِ

c'est selon [خودمانی] بستگی دارد

Évangile selon saint Jean انجیل به روایتِ یوحنای قدیس، انجیل یوحنا

selon que بر حسب اینکه، بسته به اینکه

semailles /s(ə)maj/ *nf.pl* بذرافشانی، کاشت

semaine /s(ə)mɛn/ *nf* ۱. هفته ۲. مزد هفتگی

semainier,ère /s(ə)menje,ɛʀ/ *n* کارگر هفتگی

sémanticien,enne /semɑ̃tisjɛ̃,ɛn/ *n* معنی‌شناس، معناشناس

sémantique /semɑ̃tik/ *nf, adj* ۱. معنی‌شناسی، معناشناسی ◻ ۲. معنایی ۳. معنی‌شناختی، معناشناختی

semblable /sɑ̃blabl/ *adj, nm* ۱. همانند، شبیه، مشابه ۲. مثل هم، شبیه به هم ۳. [ادبی] چنین، این‌چنین، این‌گونه ◻ ۴. همنوع

semblant /sɑ̃blɑ̃/ *nm,*

faire semblant وانمود کردن، تظاهر کردن

faux semblant [ادبی] ظاهر فریبنده

ne faire semblant de rien به روی خود نیاوردن

sembler /sɑ̃ble/ *vi, v. impers* (1) به نظر رسیدن، به نظر آمدن، نمودن

Il me semble به نظر من، به گمان من، فکر می‌کنم، تصور می‌کنم

semelle /s(ə)mɛl/ *nf* کفِ کفش، تختِ کفش، زیره

semence /s(ə)mɑ̃s/ *nf* ۱. دانه، بذر، تخم ۲. میخ ریز ۳. [قدیمی] منی

semer /s(ə)me/ *vt* (5) ۱. کاشتن، بذر افشاندن ۲. پراکندن، پخش کردن، پاشیدن ۳. [خودمانی] از دست (کسی) خلاص شدن، (کسی را) جا گذاشتن

semer la discorde تخم نفاق کاشتن

semestre /s(ə)mɛstʀ/ *nm* ۱. نیم‌سال تحصیلی، ترم (شش‌ماهه) ۲. دورهٔ شش‌ماهه، شش ماه ۳. اجارهٔ شش‌ماهه، شهریهٔ شش‌ماهه

semestriel,elle /səmɛstʀijɛl/ *adj* شش ماه یک‌بار، نیم‌سالانه

semeur,euse /s(ə)mœʀ,øz/ *n* بذرکار، کشتکار

semeur de discordes نفاق‌افکن

semi-aride /səmiaʀid/ *adj* [جغرافیا] نیمه‌خشک

sense,e

semi-automatique / səmiotɔmatik / *adj*
نیمه‌خودکار، نیمه‌اتوماتیک

semi-circulaire / səmisiʀkylɛʀ / *adj*
نیم‌دایره

semi-conducteur / səmikɔ̃dyktœʀ / *nm*
[الکترونیک] نیمه‌هادی، نیمه‌رسانا

semi-consonne / səmikɔ̃sɔn / *nf*
[آواشناسی] نیم‌همخوان، نیم‌صامت

semi-fini / səmifini / *adj. m,*
produit semi-fini [اقتصاد] کالای نیمه‌تمام

sémillant,e / semijɑ̃,t / *adj*
[ادبی] سرزنده، بانشاط، بشاش

séminaire / seminɛʀ / *nm* ۱. [مذهبی]
حوزهٔ علمیه ۲. سمینار، همایش

séminal,e,aux / seminal,o / *adj*
(مربوط به) منی

séminariste / seminaʀist / *nm*
[مذهب کاتولیک] طلبه

sémiologie / semjɔlɔʒi / *nf*
[پزشکی، زبان‌شناسی] نشانه‌شناسی

sémiologique / semjɔlɔʒik / *adj*
[پزشکی، زبان‌شناسی] نشانه‌شناختی، (مربوط به) نشانه‌شناسی

sémiologue / semjɔlɔg / *n*
[پزشکی، زبان‌شناسی] نشانه‌شناس

sémiotique / semjɔtik / *nf, adj*
۱. نشانه‌شناسی، نظریهٔ نشانه‌ها ۲. نشانه‌شناختی، (مربوط به) نشانه‌شناسی

semis / s(ə)mi / *nm* ۱. کاشت، بذرافشانی
۲. گیاه نورسته ۳. زمین کاشته، کشتگاه

sémite / semit / *n* ۱. سامی ۲. یهودی، کلیمی

sémitique / semitik / *adj* [زبان‌شناسی]
سامی

semi-voyelle / semivwajɛl / *nf* [زبان‌شناسی]
نیم‌واکه، نیم‌مصوت

semoir / səmwaʀ / *nm* ماشین بذرافشان

semonce / səmɔ̃s / *nf* بازخواست، سرزنش

sempiternel,elle / sɛ̃pitɛʀnɛl / *adj*
یکریز، دائم، همیشگی، تمام‌نشدنی

sempiternellement / sɛ̃pitɛʀnɛlmɑ̃ / *adv*
دائماً، مدام، یکریز

sénat / sena / *nm* سنا، مجلس سِنا

sénateur / senatœʀ / *nm* سناتور

sénatorial,e,aux / senatɔʀjal,o / *adj*
(مربوط به) سنا، سناتوری

sénile / senil / *adj* ۱. (مربوط به) پیری، پیر،
(ویژهٔ) سالخوردگان ۲. [خودمانی] خرفت
démence sénile زوال عقل پیری
voix sénile صدای پیر

sénilité / senilite / *nf* اختلالات پیری، فرتوتی

sens / sɑ̃s / *nm* ۱. حس ۲. قوهٔ درک، شعور،
فهم ۳. معنی، مفهوم ۴. عقیده، نظر ۵. جهت،
سمت، راستا ــ [صورت جمع] ۶. میل جنسی، شهوت
à mon sens به نظر من، به عقیدهٔ من
le bon sens ۱. عقل سلیم ۲. [مجازی] منطق، شعور
sens commun ۱. عقل سلیم، شعور متعارف
۲. عرف عام
sens dessus dessous ۱. وارونه ۲. زیر و رو
sens devant derrière پس و پیش
voie à sens unique راه یک‌طرفه، خیابان یک‌طرفه

sensation / sɑ̃sasjɔ̃ / *nf* ۱. احساس
۲. هیجان، شور

sensationnel,elle / sɑ̃sasjɔnɛl / *adj*
۱. احساس‌برانگیز، هیجان‌انگیز، مهیج ۲.
[خودمانی] معرکه، محشر

sensé,e / sɑ̃se / *adj* ۱. باشعور، فهمیده
۲. عاقل، معقول، منطقی ۳. عاقلانه

sensibilisation / sɑ̃sibilizasjɔ̃ / *nf* ۱.(عمل) احساس کردن ۲. حساس شدن، حساسیت

sensibiliser / sɑ̃sibilize / *vt* (1) ۱. حساس کردن ۲. توجه (کسی را به چیزی)معطوف داشتن

sensibilité / sɑ̃sibilite / *nf* ۱. حساسیت ۲. احساس ۳. نازک‌دلی، شفقت، رحم، عاطفه

sensible / sɑ̃sibl / *adj* ۱. حساس ۲. نازک‌دل، زودرنج ۳. محسوس، ملموس ۴. قابل توجه، قابل ملاحظه

sensiblement / sɑ̃siblǝmɑ̃ / *adv* ۱. به طور محسوسی، کمابیش ۲. به طور قابل توجهی

sensiblerie / sɑ̃siblǝʀi / *nf* حساسیت بیش از حد، عاطفۀ دروغین، حساس‌بازی

sensitif,ive / sɑ̃sitif,iv / *adj* ۱. [عصب و غیره] حسی ۲. حساس، زودرنج

sensoriel,elle / sɑ̃sɔʀjɛl / *adj* [اندام و غیره] حسی

sensualisme / sɑ̃sɥalism / *nm* [فلسفه] حس‌باوری

sensualiste / sɑ̃sɥalist / *adj, n* [فلسفه] حس‌باور

sensualité / sɑ̃sɥalite / *nf* شهوت‌پرستی

sensuel,elle / sɑ̃sɥɛl / *adj* ۱. شهوانی، شهوی ۲. شهوتران، شهوت‌پرست ۳. شهوت‌انگیز ۴. جسمانی، نفسانی

sente / sɑ̃t / *nf* [محلی] کوره‌راه، راه باریک

sentence / sɑ̃tɑ̃s / *nf* ۱. حکم، رأی ۲. [ادبی] کلمات قصار، عبارت حکیمانه

sentencieux,euse / sɑ̃tɑ̃sjø,øz / *adj* ۱. موعظه‌گر ۲. موعظه‌گرانه، تصنعی

senteur / sɑ̃tœʀ / *nf* بوی خوش، عطر

senti,e / sɑ̃ti / *adj* [ادبی] صادقانه، صمیمانه
bien senti از ته دل

sentier / sɑ̃tje / *nm* کوره‌راه، راه باریک

sentiment / sɑ̃timɑ̃ / *nm* ۱. احساس ۲. علاقه، عاطفه ۳. [ادبی یا قدیمی] عقیده، نظر

sentimental,e,aux / sɑ̃timɑ̃tal,o / *adj* ۱. احساسی ۲. عاطفی ۳. احساساتی، پراحساس ۴. عشقی، عاشقانه

sentimentalement / sɑ̃timɑ̃talmɑ̃ / *adv* ۱. از نظر عاطفی، از نظر احساسی ۲. با احساس، عاشقانه

sentimentalité / sɑ̃timɑ̃talite / *nf* احساساتی‌گری، احساساتی بودن

sentine / sɑ̃tin / *nf* ۱. گندابرو کشتی ۲. [ادبی] محل کثیف

sentinelle / sɑ̃tinɛl / *nf* قراول، دیده‌بان

sentir / sɑ̃tiʀ / *vt* (16) ۱. حس کردن، احساس کردن ۲. بوی (چیزی را) فهمیدن ۳. بو کردن، بوییدن، استشمام کردن ۴. بوی (چیزی را) دادن، بوی (چیزی) به مشام رسیدن ۵. بوی بد دادن، بو دادن ۶. حاکی بودن از، بیانگر (چیزی) بودن
faire sentir متوجه (چیزی) کردن، نشان دادن
Je me sens fatigué. احساس خستگی می‌کنم.
se sentir *vp* ۱. خود را (در حالتی) احساس کردن، حس کردن ۲. احساس شدن ۳. با هم تفاهم داشتن
se faire sentir احساس شدن، آشکار شدن، معلوم بودن، به چشم خوردن

seoir / swaʀ / *vi, v. impers* (26) ۱. [قدیمی یا ادبی] برازنده بودن ▣ ۲. شایسته بودن
Comme il sied. چنان که شایسته است.

sépale / sepal / *nm* [گیاه‌شناسی] کاسبرگ

séparable / sepaʀabl / *adj* جداشدنی، جداکردنی، قابل تفکیک

séparation / sepaʀasjɔ̃ / *nf* ۱. تفکیک، جدا کردن، تجزیه ۲. جدایی ۳. [زناشویی] متارکه ۴. حایل

séparatisme / sepaʀatism / *nm* جدایی‌طلبی، تجزیه‌طلبی

séparatiste / sepaʀatist / *n, adj* جدایی‌طلب، تجزیه‌طلب

séparé,e / sepaʀe / *adj* ۱. جدا، جداگانه، مجزا، سوا ۲. جدا از هم ۳. [زناشویی] جداشده، متارکه کرده

séparément /separemɑ̃/ *adv* ۱. (به طورِ) جداگانه، جدا از هم، به طور مجزا ۲. تک‌تک، یکی‌یکی

séparer /separe/ *vt* (1) ۱. جدا کردن، از هم جدا کردن ۲. تفکیک کردن، مجزا کردن

se séparer *vp* ۱. جدا شدن ۲. از هم جدا شدن ۳. [زناشویی] متارکه کردن

sépia /sepja/ *nf* سوبیا، سِپیا (= نوعی مادهٔ رنگی به رنگِ قهوه‌ای مایل به قرمز)

sept /sɛt/ *adj. num, nm. inv* ۱. هفت ۲. هفتم ◻ ۳. عدد هفت، شمارهٔ هفت، هفت

septante /sɛptɑ̃t/ *adj. num* [در بلژیک و سوئیس] هفتاد

septembre /sɛptɑ̃bʀ/ *nm* سپتامبر (= نهمین ماه سال میلادی)

septennal,e,aux /sɛptenal,o/ *adj* هفت‌ساله

septennat /sɛptena/ *nm* [به ویژه دورهٔ ریاست جمهوری] دورهٔ هفت‌ساله

septentrional,e,aux /sɛptɑ̃tʀijɔnal,o/ *adj* شمالی

septicémie /sɛptisemi/ *nf* [پزشکی] عفونت خون، مسمومیت خون، سِپتی‌سِمی

septième /sɛtjɛm/ *adj. ord, n* هفتم، هفتمین

septièmement /sɛtjɛmmɑ̃/ *adv* هفتم آنکه

septique /sɛptik/ *adj* عفونی، چرکی، عفونت‌زا

fosse septique [ساختمان] گندابار (= مخزن فاضلاب برای تجزیهٔ فضولات)

septuagénaire /sɛptɥaʒenɛʀ/ *adj* هفتاد هشتادساله

septum /sɛptɔm/ *nm* [علوم طبیعی و کالبدشناسی] دیواره، جداره، تیغه

septuple /sɛptypl/ *adj, nm* هفت برابر

septupler /sɛptyple/ *vt, vi* (1) ۱. هفت برابر کردن ◻ ۲. هفت برابر شدن

sépulcre /sepylkʀ/ *nm* [ادبی] آرامگاه، مقبره، مزار

le (saint) sépulcre مرقد حضرت مسیح

sépulture /sepyltyʀ/ *nf* ۱. [ادبی] خاکسپاری، تدفین ۲. گور، قبر

séquelle /sekɛl/ *nf* ۱. [بیماری] عوارض ۲. عواقب، پیامد

séquence /sekɑ̃s/ *nf* ۱. [تخصصی] رشته، زنجیره ۲. [سینما] فصل، سِکانس

séquestration /sekɛstʀasjɔ̃/ *nf* ۱. توقیف غیرقانونی ۲. حبس

séquestre /sekɛstʀ/ *nm* [حقوقی] امانت‌گذاری مال متنازع نزد شخص ثالث

séquestrer /sekɛstʀe/ *vt* (1) ۱. غیرقانونی توقیف کردن ۲. به زور حبس کردن، به زور نگه‌داشتن ۳. [حقوقی] (مال متنازع را) نزد شخص ثالث امانت گذاشتن

sérail /seʀaj/ *nm* ۱. [در امپراتوری عثمانی] سرا، قصر سلطان ۲. [قدیمی] حرمسرا

Séraphin /seʀafɛ̃/ *nm* اسرافیل

séraphique /seʀafik/ *adj* ۱. اسرافیلی ۲. [ادبی] فرشته‌وار، فرشته‌گون

serbe /sɛʀb/ *adj* (مربوط به) صِربستان، صِرب

serein,e /saʀɛ̃,ɛn/ *adj* ۱. آرام، آسوده ۲. [هوا، آسمان] صاف

visage serein چهرهٔ آرام

sereinement /səʀɛnmɑ̃/ *adv* با آرامش، آرام

sérénité /seʀenite/ *nf* آرامش، آسودگی

serf,serve /sɛʀ(f),sɛʀv/ *adj, n* [در نظام فئودالی] رعیت، سِرف

sergent /sɛʀʒɑ̃/ *nm* گروهبان

sergent-chef /sɛʀʒɑ̃ʃɛf/ *nm* سرگروهبان

séricicole /seʀisikɔl/ *adj* (مربوط به) پرورش کرم ابریشم

---

a = bas, plat e = blé, jouer ɛ = lait, jouet, merci i = il, lyre o = mot, dôme, eau, gauche ɔ = mort
u = roue y = rue ø = peu œ = peur ə = le, premier ɑ̃ = sans, vent ɛ̃ = matin, plein, lundi
ɔ̃ = bon, ombre ʃ = chat, tache ʒ = je, gilet j = yeux, paille, pied w = oui, nouer ɥ = huile, lui

sériciculteur,trice /seʀisikyltœʀ/ *n* پرورش‌دهندهٔ کرم ابریشم

sériciculture /seʀisikyltyʀ/ *nf* پرورش کرم ابریشم

série /seʀi/ *nf* رشته، سلسله، ردیف، دسته، مجموعه، سِری

sérier /seʀje/ *vt* (7) دسته‌بندی کردن، طبقه‌بندی کردن

sérieusement /seʀjøzmɑ̃/ *adv* به طور جدی، با جدیت، جداً

sérieux[1]**,euse** /seʀjø,øz/ *adj* ۱. جدی ۲. باجدیت ۳. متین، سنگین ۴. مهم، قابل توجه ۵. خطیر، حاد، وخیم

sérieux[2] /seʀjø/ *nm* ۱. جدیت ۲. متانت ۳. اهمیت

prendre au sérieux جدی گرفتن

serin /səʀɛ̃/ *nm* ۱. قناری ۲. [خودمانی] ابله، هالو

jaune serin [رنگ] زرد قناری

seriner /s(ə)ʀine/ *vt* (1) مدام تکرار کردن

seringue /s(ə)ʀɛ̃g/ *nf* سرنگ

serment /sɛʀmɑ̃/ *nm* ۱. سوگند، قسم ۲. عهد، پیمان

sermon /sɛʀmɔ̃/ *nm* ۱. موعظه، وعظ ۲. مؤاخذه، سرزنش، ملامت

sermonnaire /sɛʀmɔnɛʀ/ *nm* ۱. واعظ ۲. کتاب وعظ

sermonner /sɛʀmɔne/ *vt* (1) ۱. مؤاخذه کردن، سرزنش کردن، ملامت کردن ۲. [قدیمی] موعظه کردن

sermonneur,euse /sɛʀmɔnœʀ,øz/ *n, adj* ۱. عیب‌جو، ملامت‌جو ◙ ۲. ملامت‌بار، سرزنش‌بار

serologie /seʀɔlɔʒi/ *nf* سرم‌شناسی

sérologiste /seʀɔlɔʒist/ *n* سرم‌شناس

serpe /sɛʀp/ *nf* کارد باغبانی

serpent /sɛʀpɑ̃/ *nm* مار

serpenteau /sɛʀpɑ̃to/ *nm* ۱. بچه مار ۲. فشفشه

serpenter /sɛʀpɑ̃te/ *vi* (1) مارپیچ بودن، پیچ‌درپیچ بودن، پیچ و خم خوردن

serpentin /sɛʀpɑ̃tɛ̃/ *nm* لولهٔ مارپیچ

serpillière /sɛʀpijɛʀ/ *nf* کهنهٔ زمین‌شویی

serre /sɛʀ/ *nf* گلخانه

serres /sɛʀ/ *nf. pl* [عقاب و غیره] چنگال

serré,e /seʀe/ *adj* ۱. (به هم) فشرده، تنگ‌هم، چفت‌هم ۲. ریزبافت ۳. چسبان، تنگ

café serré قهوهٔ غلیظ

serrement /sɛʀmɑ̃/ *nm* ۱. (عمل) فشردن ۲. فشردگی

serrer /seʀe/ *vt* (1) ۱. فشردن، فشار دادن ۲. به هم فشردن، تنگ کردن ۳. محکم کردن، سفت کردن ۴. (برای کسی) تنگ بودن ۵. [محلی] (در جای امن) گذاشتن

serrer dans ses bras در آغوش فشردن، محکم در آغوش گرفتن

serrer le cœur دل (کسی را) به درد آوردن

se serrer *vp* ۱. (به کسی یا چیزی) خود را چسباندن، چسبیدن ۲. به هم چسبیدن، جمع شدن

serre-tête /sɛʀtɛt/ *nm. inv* تِلِ سر، تِل

serrure /seʀyʀ/ *nf* قفل

serrurerie /seʀyʀʀi/ *nf* [حرفه و مغازه] قفل‌سازی، کلیدسازی

serrurier /seʀyʀje/ *nm* قفل‌ساز، کلیدساز

sertir /sɛʀtiʀ/ *vt* (2) [جواهرسازی] نصب کردن، سوار کردن، کار گذاشتن

sertissage /sɛʀtisaʒ/ *nm* [جواهرسازی] نصب، سوار کردن

sérum /seʀɔm/ *nm* سرم

servage /sɛʀvaʒ/ *nm* ۱. [در نظام فئودالی] رعیت‌داری، سِرف‌داری ۲. بندگی

servante /sɛʀvɑ̃t/ *nf* [قدیمی یا محلی] کلفت، مستخدمه، خدمتکار

serveur,euse /sɛʀvœʀ,øz/ *n*

۱. [رستوران] پیشخدمت ۲. [ورزش] سِروزن، زنندهٔ سِرو ۳. [ورقبازی] توزیع‌کننده

serviablilité /sɛʀvjabilite/ *nf* حاضرخدمتی، حس همکاری

serviable /sɛʀvjabl/ *adj* حاضرخدمت، خوش‌خدمت

service /sɛʀvis/ *nm* ۱. خدمت ۲. خدمتگزاری ۳. خدمات، سرویس ۴. خدمات‌رسانی، سرویس‌دهی ۵. کمک، یاری، کار ۶. [اداری و غیره] بخش، سرویس ۷. [ظرف] سرویس ۸. [ورزش] سِرو، سرویس ۹. [مذهبی] مراسم

escalier de service پلکان خدمه

mettre en service به راه انداختن، کار انداختن

rendre service à qqn ۱. به کسی کمک کردن، کاری برای کسی کردن ۲. بدرد کسی خوردن، مورد استفادهٔ کسی بودن

service (militaire) خدمت نظام، سربازی

serviette /sɛʀvjɛt/ *nf* ۱. حوله ۲. دستمال سفره ۳. کیف (دستی)

servile /sɛʀvil/ *adj* ۱. برده‌وار، بردگی ۲. نوکرصفتانه، پست ۳. [تقلید، ترجمه، ...] جزء به جزء، فاقد ابتکار، کورکورانه

servilement /sɛʀvilmɑ̃/ *adv* ۱. برده‌وار، نوکرصفتانه ۲. کورکورانه

servilité /sɛʀvilite/ *nf* نوکرصفتی، سرسپردگی، بندگی، بردگی

servir /sɛʀviʀ/ *vt* (14) ۱. خدمت کردن به ۲. انجام وظیفه کردن ۳. خدمات دادن، سرویس دادن ۴. [مشتری] راه انداختن ۵. [غذا] سِرو کردن، کشیدن، دادن ۶. کمک کردن (به)، یاری رساندن (به) ۷. به درد (کسی یا کاری) خوردن، مورد استفاده (کسی) قرار گرفتن، فایده داشتن ۸. [ورق‌بازی] دست دادن

Ça ne sert à rien. به هیچ دردی نمی‌خورد. هیچ استفاده‌ای ندارد.

se servir *vp* ۱.استفاده کردن، به کار بردن ۲. [غذا] میل کردن، برداشتن، کشیدن

serviteur /sɛʀvitœʀ/ *nm* ۱. [ادبی] خدمتگزار، خادم ۲. خدمتکار، پیشخدمت

servitude /sɛʀvityd/ *nf* ۱. بندگی، بردگی ۲.انقیاد، تابعیت ۳. الزام، قید و بند

ses /se/ *adj. poss. pl* [در ترکیب] ـهایِ او، ـهایش

sésame /sezam/ *nm* کنجد

session /sesjɔ̃/ *nf* جلسه، اجلاس، نشست

set /sɛt/ *nm* [ورزش] سِت

seuil /sœj/ *nm* ۱. درگاه، آستانه (در) ۲. [علمی] آستانه

au seuil de در آستانهٔ، در آغازِ

seul,e /sœl/ *adj* ۱. تنها ۲. تک و تنها، بیکس ۳. دست‌تنها، یک‌تنه ۴. منحصر به فرد، یگانه، یکتا ۵. فقط، تنها

seul dans son genre/espèce در نوع خود منحصربه‌فرد

seulement /sœlmɑ̃/ *adv* فقط، تنها

non seulement...mais نه تنها... بلکه

sève /sɛv/ *nf* ۱. شیرهٔ گیاهی ۲. نیرو، توان

sévère /seveʀ/ *adj* ۱. سختگیر ۲. سخت، شدید ۳. خشک، انعطاف‌ناپذیر، جدی ۴. [تلفات، نبرد، ...] سهمگین، سنگین

sévèrement /sevɛʀmɑ̃/ *adv* به سختی، سخت، به شدت

sévérité /seveʀite/ *nf* ۱. سختگیری ۲. سختی، شدت ۳. خشکی، انعطاف‌ناپذیری

sévices /sevis/ *nm. pl* بدرفتاری، خشونت، رفتار خشن

sévir /seviʀ/ *vi* (2) ۱. شدت به خرج دادن، به شدت مجازات کردن ۲. با خشونت رفتار کردن ۳. سخت آسیب رساندن، بیداد کردن

sevrage /səvʀaʒ/ *nm* ۱. از شیر گرفتن، ازشیرگیری ۲. [اعتیاد] ترک دادن

sevrer /səvʀe/ *vt* (5) ۱. از شیر گرفتن ۲. [ادبی] محروم کردن

sexagénaire /sɛgz(ks)aʒenɛʀ/ *adj, n* (آدم) شصت هفتادساله

sex-appeal /sɛksapil/ *nm* جاذبهٔ جنسی

sexe /sɛks/ *nm* ۱. جنسیت ۲. جنس ۳. موضوعات جنسی، سِکس ۴. آلت تناسلی

sexisme /sɛksism/ *nm* جنسیت‌گرایی، جنسیت‌باوری

sexiste /sɛksist/ *n, adj* جنسیت‌گرا، جنسیت‌باور

sexologie /sɛksɔlɔʒi/ *nf* رفتارشناسی جنسی

sexologue /sɛksɔlɔg/ *n* رفتارشناس جنسی

sex-shop /sɛksʃɔp/ *nm* مغازهٔ کالاهای جنسی

sextuple /sɛkstypl/ *adj, nm* شش برابر

sextupler /sɛkstyple/ *vt, vi* (1) ۱. شش برابر کردن ◙ ۲. شش برابر شدن

sexualité /sɛksɥalite/ *nf* ۱. جنسیت ۲. تمایلات جنسی

sexué,e /sɛksɥe/ *adj* دارای تمایز جنسی

reproduction sexuée تولید مثل جنسی

sexuel,elle /sɛksɥɛl/ *adj* جنسی

sexuellement /sɛksɥɛlmɑ̃/ *adv* از نظر جنسی

sexy /sɛksi/ *adj. inv* شهوت‌انگیز، سکسی

seyant,e /sɛjɑ̃,t/ *adj* [ادبی] برازنده

shah /ʃa/ *nm* → schah

shako /ʃako/ *nm* (کلاه) شاکو، (نوعی) کلاه نظامی

schako /ʃako/ *nm* → shako

shampooiner /ʃɑ̃pwine/ *vt* (1) → shampouiner

shampo(o)ing /ʃɑ̃pwɛ̃/ *nm* ۱. شستشو با شامپو ۲. شامپو

shampouiner /ʃɑ̃pwine/ *vt* (1) شامپو زدن، با شامپو شستن

shérif /ʃeʀif/ *nm* [در امریکا] کلانتر

shilling /ʃiliŋ/ *nm* شیلینگ (= سکه‌ای که در قدیم در بریتانیا رایج بود.)

shoot /ʃut/ *nm* [فوتبال] شوت

shooter /ʃute/ *vi, vt* (1) ۱. [فوتبال] شوت کردن، شوت زدن، شوتیدن ◙ ۲. [عامیانه؛ تزریق مادهٔ مخدر] زدن

short /ʃɔʀt/ *nm* شلوار کوتاه، شورت

show /ʃo/ *nm* نمایش، شو

si[1] /si/ *conj* ۱. اگر ۲. چنانچه ۳. کاش، کاشکی ۴. [جملات پرسشی غیرمستقیم] آیا

si ce n'est اگر نه

si[2] /si/ *adv* ۱. این‌قدر، چنین، چنان ۲. [در پاسخ مثبت به سؤال منفی] چرا

si bien que به طوری که، به حدی که

si fait [به نشانهٔ تأیید] البته

si...que هر قدر که

si[3] /si/ *nm. inv* (نُت) سی

siamois,e /sjamwa,z/ *adj* سیامی، تایلندی

frères siamois, sœurs siamoises دوقلوهای به‌هم‌چسبیده

sibérien,enne /sibeʀjɛ̃,ɛn/ *adj* سیبریایی

sibyllin,e /sibilɛ̃,in/ *adj* مبهم، گنگ

sicilien,enne[1] /sisilɛ̃,ɛn/ *adj* (مربوط به) سیسیل، سیسیلی

Sicilien,enne[2] /sisilɛ̃,ɛn/ *n* اهل سیسیل، سیسیلی

SIDA /sida/ *nm* (بیماری) اِیدز

sidéral,e,aux /sideʀal,o/ *adj* ستاره‌ای، ستارگانی، (مربوط به) ستارگان

année sidérale سال نجومی

sidérant,e /sideʀɑ̃,t/ *adj* [خودمانی] بهت‌آور

sidérer /sideʀe/ *vt* (6) [خودمانی] هاج و واج کردن، مات و مبهوت کردن

siècle /sjɛkl/ *nm* قرن، سده

siège /sjɛʒ/ *nm* ۱. صندلی، نیمکت ۲. جایگاه ۳. مقر، مرکز ۴. مسند ۵. مسند قضاوت، کرسی

قضـاوت ۶. نشیمنگـاه ۷. محاصـره (نظـامی) حکومت نظامی **État de siège**

lever le siège ۱. ترک محاصره کردن ۲. محل را ترک کردن

Prenez un siège. بفرمایید بنشینید.

siéger /sjeʒe/ *vi* (3,6) ۱. جای گرفتن، حضور یافتن ۲. (در محلی) تشکیل جلسه دادن، تشکیل شدن

sien,sienne /sjɛ̃,sjɛn/ *pron. poss, adj, n* ۱. مال او، مال خود، مال خودش — [صورت جمع] ۲. خانواده‌اش، نزدیکانش، دوستانش

sieste /sjɛst/ *nf* خواب بعدازظهر

sieur /sjœʀ/ *nm* [قدیمی یا طنزآمیز] آقا

sifflant,e /siflɑ̃,t/ *adj* ۱. صفیری ۲. [آواشناسی] صفیری، سوتواره

sifflement /sifləmɑ̃/ *nm* ۱. سوت (زدن) ۲. صفیر، صدای سوت

siffler /sifle/ *vi, vt* (1) ۱. سوت زدن ۲. سوت کشیدن، صفیر کشیدن، صفیر زدن ◻ ۳. با سوت صدا کردن ۴. [آهنگ] با سوت زدن ۵. سوت زدن برایِ ۶. [خودمانی] یکجا سرکشیدن

sifflet /siflɛ/ *nm* ۱. سوت‌سوتک، سوت ۲. صفیر، سوت

siffleur,euse /siflœʀ,øz/ *adj* ۱. [پرنده] صفیرزن ۲. سوت‌زن

sifflotement /siflɔtmɑ̃/ *nm* سوت آرام

siffloter /siflɔte/ *vi, vt* (1) بی‌خیال سوت زدن

sigillaire /siʒilɛʀ/ *adj* (مربوط به) مُهر

sigillé,e /siʒile/ *adj* مُهردار، ممهور

sigle /sigl/ *nm* واژهٔ اختصاری، سَرنام (= واژه‌ای که از ترکیب حروف اول واژه‌های یک گروه اسمی ساخته می‌شود.)

signal,aux /siɲal,o/ *nm* ۱. علامت ۲. سیگنال (= علامت صوتی یا نوری) ۳. [سیستم ارتباطی یا اطلاعاتی] پیام

signalé,e /siɲale/ *adj* [ادبی] شایان توجه، درخور توجه

signalement /siɲalmɑ̃/ *nm* مشخصات، نشانی

signaler /siɲale/ *vt* (1) ۱. علامت دادن ۲. اعلام کردن، مشخص کردن ۳. مشخصات (کسی را) دادن، نشانی (کسی را) دادن

se signaler *vp* خود را متمایز کردن، خودنمایی کردن

signalétique /siɲaletik/ *adj* (مربوط به) مشخصات

fiche signalétique برگهٔ مشخصات

signalisation /siɲalizasjɔ̃/ *nf* ۱. نصب علائم ۲. علائم

signaliser /siɲalize/ *vt* (1) علائم نصب کردن در

signataire /siɲatɛʀ/ *n* امضاکننده

sitnature /siɲatyʀ/ *nf* امضا

signe /siɲ/ *nm* علامت، نشانه، نشان

en signe de به علامتِ، به نشانهٔ

signer /siɲe/ *vt* (1) امضا کردن

se signer *vp* [مسیحیت] صلیب کشیدن

signet /siɲɛ/ *nm* [کتاب] نوار نشانگر

signifiant[1],e /siɲifjɑ̃,t/ *adj* ۱. پرمعنی ۲. معنی‌دار

signifiant[2] /siɲifjɑ̃/ *nm* [زبان‌شناسی] دال، صورت

significatif,ive /siɲifikatif,iv/ *adj* ۱. معنی‌دار ۲. گویا

signification /siɲifikasjɔ̃/ *nf* ۱. دلالت ۲. معنی، مفهوم ۳. [حقوقی] ابلاغ

signifié /siɲifje/ *nm* [زبان‌شناسی] مدلول، معنی

signifier /siɲifje/ *vt* (7) ۱. دلالت داشتن بر، معنی دادن، مفهوم داشتن ۲. اعلام داشتن ۳. [حقوقی] ابلاغ کردن

Qu'est-ce que cela signifie?	معنی این کار چیست؟ این کار چه معنی دارد؟
signifier un jugement	حکمی را ابلاغ کردن
silence /silɑ̃s/ *nm*	سکوت، خاموشی
silencieusement /silɑ̃sjøzmɑ̃/ *adv*	ساکت، در سکوت، بی‌سر و صدا، به آرامی، آرام
silencieux¹,euse /silɑ̃sjø,øz/ *adj*	۱. ساکت، خاموش ۲. بی‌صدا ۳. کم‌حرف
silencieux² /silɑ̃sjø/ *nm*	[اسلحه] صداخفه‌کن
silex /silɛks/ *nm. inv*	۱. سنگ آتش‌زنه، سنگ چخماق ۲. سنگ فندک
silhouette /silwɛt/ *nf*	۱. تصویر سایه‌نما ۲. شبح، هیئت
silice /silis/ *nf*	سیلیس
silicieux,euse /silisjø,øz/ *adj*	سیلیسی
sillage /sijaʒ/ *nm*	[روی آب] رد قایق، رد کشتی
sillon /sijɔ̃/ *nm*	۱. شیار ۲. چین، چین‌خوردگی
sillonner /sijɔne/ *vt* (1)	۱. شیار انداختن ۲. چین انداختن ۳. رد به جا گذاشتن ۴. از هر طرف گذشتن
silo /silo/ *nm*	سیلو
simagrée /simagʀe/ *nf*	ادا و اصول
simiens /simjɛ̃/ *nm. pl*	(تیرهٔ) میمون‌ها
simien,enne /simjɛ̃,ɛn/ *adj*	[جانورشناسی] میمونی، (مربوط به) میمون‌ها
simiesque /simjɛsk/ *adj*	مثل میمون، مانند میمون، میمون‌وار
similaire /similɛʀ/ *adj*	همانند، مشابه، شبیه
similarité /similaʀite/ *nf*	همانندی، شباهت، تشابه، مشابهت
similitude /similityd/ *nf*	همانندی، شباهت، تشابه، مشابهت
simoun /simun/ *nm*	(باد) سَموم، باد سام
simple¹ /sɛ̃pl/ *adj*	۱. ساده ۲. ساده‌دل، صاف و ساده ۳. ساده‌لوح، خوش‌باور ۴. آسان، راحت، سهل ۵. بَسیط ۶. بی‌پیرایه، بی‌تکلف ۷. صِرف
simple² /sɛ̃pl/ *nm*	تنیس انفرادی
simplement /sɛ̃pləmɑ̃/ *adv*	۱. به سادگی، ساده ۲. فقط، تنها، صِرفاً
simplet,ette /sɛ̃plɛ,ɛt/ *adj*	۱. ساده‌دل، ساده ۲. (خیلی) ساده، خشک و خالی
simplicité /sɛ̃plisite/ *nf*	۱. سادگی ۲. ساده‌دلی، صاف و سادگی ۳. ساده‌لوحی، خوش‌باوری ۴. آسانی، سهولت ۵. بی‌پیرایگی
simplifiable /sɛ̃plifjabl/ *adj*	ساده‌شدنی
simplification /sɛ̃plifikasjɔ̃/ *nf*	۱. تسهیل، آسان کردن ۲. ساده کردن، ساده‌سازی
simplifier /sɛ̃plifje/ *vt* (7)	۱. آسان کردن، راحت کردن ۲. ساده کردن
simplisme /sɛ̃plism/ *nm*	۱. ساده‌انگاری ۲. سادگی بیش از حد
simpliste /sɛ̃plist/ *adj*	۱. ساده‌انگار ۲. ساده‌انگارانه، بیش از حد ساده
simulacre /simylakʀ/ *nm*, un simulacre de...	...ظاهری، ...ساختگی، ...قلابی
simulateur,trice /simylatœʀ,tʀis/ *n*	۱. متظاهر ۲. تمارض‌کننده، متمارض، بیمارنما
simulation /simylasjɔ̃/ *nf*	۱. تظاهر، وانمود ۲. تمارض ۳. شبیه‌سازی
simulé,e /simyle/ *adj*	ظاهری، ساختگی، دروغین
simuler /simyle/ *vt* (1)	۱. وانمود کردن، تظاهر کردن به ۲. واقعی نشان دادن ۳. شبیه‌سازی کردن
simultané,e /simyltane/ *adj*	۱. هم‌زمان، مقارن ۲. توأم
simultanément /simyltanemɑ̃/ *adv*	به طور هم‌زمان، هم‌زمان، با هم، توأماً
simultanéité /simyltaneite/ *nf*	هم‌زمانی، تقارن
sinapisme /sinapism/ *nm*	مرهم خردل

sincère / sɛ̃sɛʀ / *adj* ۱. راستگو، صادق
۲. واقعی، حقیقی، راستین ۳. صادقانه
sincèrement / sɛ̃sɛʀmɑ̃ / *adv* ۱. صادقانه
۲. به راستی، حقیقتاً، واقعاً
sincérité / sɛ̃seʀite / *nf* صداقت،
راستی، درستی، خلوص نیت
sinécure / sinekyʀ / *nf* شغل تشریفاتی،
شغل بدون زحمت
sine die / sinedje / *loc. adv* [حقوقی یا اداری]
به مدت نامعلومی، تا تاریخ نامشخص
singe / sɛ̃ʒ / *nm* ۱. میمون ۲. [کنایه از آدم زشت]
میمون، انتر، بوزینه
une boîte de singe [خودمانی] یک قوطی کنسرو
گوشت گاو
singer / sɛ̃ʒe / *vt* (3) ۱. ادای (کسی را)
درآوردن ۲. تظاهر کردن به، وانمود کردن
singerie / sɛ̃ʒʀi / *nf* ۱. [باغ وحش] قسمت
میمون‌ها ۲. ادا، دلقک‌بازی، مسخره‌بازی
faire des singeries ادا درآوردن،
مسخره‌بازی درآوردن
singulariser / sɛ̃gylaʀize / *vt* (1)
(از دیگران) متمایز کردن، انگشت‌نما کردن
singularité / sɛ̃gylaʀite / *nf* ۱. غرابت،
عجیب بودن ۲. ویژگی، خصوصیت
singulier¹, ère / sɛ̃gylje, ɛʀ / *adj* ۱. عجیب،
غیرعادی ۲. خاص، بخصوص، استثنایی ۳.
[دستور زبان] مفرد
combat singulier نبرد تن‌به‌تن
singulier² / sɛ̃gylje / *nm* [دستور زبان]
صورت مفرد، صیغۀ مفرد
singulièrement / sɛ̃gyljɛʀmɑ̃ / *adv*
۱. به طرز عجیبی، عجیب، به طرزی غیرعادی ۲.
بخصوص، مخصوصاً، به ویژه ۳. خیلی، فوق‌العاده
sinistre¹ / sinistʀ / *adj* ۱. شوم، نحس،
بدیمن، بدشگون ۲. حزن‌انگیز، ماتم‌زا، اندوهبار

sinistre² / sinistʀ / *nm* ۱. حادثۀ ناگوار،
سانحه، مصیبت، فاجعه، بلا ۲. [بیمه] خسارت
sinistré,e / sinistʀe / *adj, n* مصیبت‌زده،
آسیب‌دیده، قربانی فاجعه
sinon / sinɔ̃ / *conj* ۱. بجز، مگر، به غیر از،
جز اینکه ۲. وگرنه، والا
Qu'est-ce qu'on peut faire sinon accepter?
غیر از پذیرفتن چکار می‌شود کرد؟ چاره‌ای جز
پذیرفتن نیست.
sinoque / sinɔk / *adj* [خودمانی] خل، دیوانه
sinueux, euse / sinɥø, øz / *adj* پرپیچ و خم،
پیچ‌درپیچ
sinuousité / sinɥozite / *nf* پیچ و خم
sinus / sinys / *nm* ۱. [پزشکی] سینوس،
جیب، حفره ۲. [ریاضیات] سینوس
sinusite / sinyzit / *nf* [پزشکی] سینوزیت،
التهاب سینوس‌ها
sionisme / sjɔnism / *nm* صهیونیسم
sioniste / sjɔnist / *n, adj* ۱. صهیونیست
۲. صهیونیستی
siphon / sifɔ̃ / *nm* ۱. سیفون
۲. [لولۀ فاضلاب] شترگلو
siphonné,e / sifɔne / *adj* [خودمانی] خل،
دیوانه، بی‌مخ
sire¹ / siʀ / *nm* ۱. [قدیمی] آقا، جناب
۲. عالی‌جناب
Sire² / siʀ / *nm* [در خطاب] اعلیحضرت،
حضرت اجل
sirène / siʀɛn / *nf* ۱. پری دریایی ۲. زن
افسونگر، پری ۳. [کشتی، کارخانه] سوت ۴. آژیر
sirocco / siʀɔko / *nm* سیروکو (= باد گرمی
که از افریقا به جنوب اروپا می‌وزد.)
sirop / siʀo / *nm* شربت
siroter / siʀɔte / *vt* (1) [خودمانی؛ نوشیدنی]
مزمزه کردن، جرعه جرعه خوردن

sirupeux, euse / siʀypø,øz / *adj*	شربت‌مانند
musique sirupeuse	آهنگ پرسوز و گداز، موسیقی سوزناک
sis, e / si,z / *adj*	[حقوقی] واقع (در)
sismique / sismik / *adj*	زلزله‌ای، لرزه‌ای، (مربوط به) زمین‌لرزه
sismographe / sismɔgʀaf / *nm*	لرزه‌نگار، زلزله‌نگار
sismologie / sismɔlɔʒi / *nf*	لرزه‌شناسی، زلزله‌شناسی
site / sit / *nm*	چشم‌انداز، دورنما، منظره
sitôt / sito / *adv*	به محضِ، همین‌که
de sitôt	[در جملات منفی] به این زودی
sitôt après	بلافاصله بعد
sitôt que	به محض اینکه، همین که، تا
situation / sitɥasjɔ̃ / *nf*	۱. وضعیت، موقعیت، اوضاع و احوال ۲. منصب، شغل، کار
situé, e / sitɥe / *adj,*	
bien situé	[از نظر مکانی] دارای موقعیت خوب
situé à	واقع در
situer / sitɥe / *vt* (1)	قرار دادن، جا دادن
se situer *vp*	قرار گرفتن، جا گرفتن
six / si(s) / *adj. num, nm. inv*	۱. شش ۲. ششم ▣ ۳. عدد شش، شمارهٔ شش، شش
sixième / sizjɛm / *adj. ord, n, nm*	۱. ششم، ششمین ▣ ۲. (یک) ششم
sixièmement / sizjɛmmɑ̃ / *adv*	ششم آنکه
six-quatre-deux (à la) / alasiskatdø / *loc. adv*	[خودمانی] هول‌هولکی، سرسری
skate / sket / *nm* → skateboard	
skateboard / sketbɔʀd / *nm*	تخته‌اسکیت
ski / ski / *nm*	۱. چوب اسکی ۲. اسکی
faire du ski	اسکی کردن
ski nautique	اسکی روی آب
skier / skje / *vi* (7)	اسکی کردن
skieur, euse / skjœʀ,øz / *n*	اسکی‌باز
skif(f) / skif / *nm*	اِسکیف (= نوعی قایق یک‌نفره)
slalom / slalɔm / *nm*	۱. [اسکی] مسابقهٔ مارپیچ ۲. (حرکت) مارپیچ، زیگزاگ
slave / slav / *adj*	اسلاو، اسلاوی
sleeping / slipiŋ / *nm*	واگن خواب
slip / slip / *nm*	۱. شورت (بدون پاچه) ۲. مایو
slogan / slɔgɑ̃ / *nm*	شعار
slovaque[1] / slɔvak / *adj*	(مربوط به) اسلواکی، اسلواک، اسلواکیایی
Slovaque[2] / slɔvak / *n*	اهل اسلواکی، اسلواک، اسلواکیایی
slovène[1] / slɔvɛn / *adj*	(مربوط به) اِسلوونی، اِسلوونیایی
Slovène[2] / slɔvɛn / *n*	اهل اِسلوونی، اِسلوونیایی
smala(h) / smala / *nf*	۱. [در کشورهای عربی] طایفه، قبیله ۲. [خودمانی] اهل و عیال
smash / sma / *nm*	[تنیس، والیبال] آبشار، اِسمَش
smoking / smɔkiŋ / *nm*	اِسموکینگ (= نوعی لباس رسمی مردانه)
snack(-bar) / snak(baʀ) / *nm*	اغذیه‌فروشی، ساندویچی
snob / snɔb / *adj, n*	متشخص‌نما، متشخص‌مآب
snobisme / snɔbism / *nm*	متشخص‌نمایی، متشخص‌مآبی
sobre / sɔbʀ / *adj*	۱. میانه‌رو در خوراک، کم‌خوراک، کم‌غذا ۲. مشروب‌نخور ۳. ساده، بی‌پیرایه
	Il est toujours sobre quand il conduit. همیشه وقتی رانندگی می‌کند مشروب نمی‌خورد.
sobrement / sɔbʀəmɑ̃ / *adv*	۱. با میانه‌روی ۲. به سادگی، ساده
sobriété / sɔbʀijete / *nf*	۱. میانه‌روی در خوراک، کم‌خوراکی ۲. پرهیز از صرف مشروب ۳. سادگی، بی‌پیرایگی
sobriquet / sɔbʀikɛ / *nm*	اسم خودمانی، لقب

soc /sɔk/ *nm* تیغهٔ گاوآهن، تیغهٔ خیش

sociabilité /sɔsjabilite/ *nf* خوش‌مشربی، معاشرتی بودن، خونگرمی

sociable /sɔsjabl/ *adj* اجتماعی، معاشرتی، خوش‌مشرب، بجوش، خونگرم

social,e,aux /sɔsjal,o/ *adj* اجتماعی

sciences sociales علوم اجتماعی

socialement /sɔsjalmɑ̃/ *adv* از نظر اجتماعی، به لحاظ اجتماعی

socialisation /sɔsjalizasjɔ̃/ *nf* ۱. (عمل) اجتماعی شدن ۲. به خدمت جامعه درآمدن

socialiser /sɔsjalize/ *vt* (1) ۱. اجتماعی کردن ۲. به خدمت جامعه درآوردن

socialisme /sɔsjalism/ *nm* سوسیالیسم

socialiste /sɔsjalist/ *n, adj* ۱. سوسیالیست ◙ ۲. سوسیالیستی

société /sɔsjete/ *nf* ۱. جامعه ۲. اجتماع، جمع، گروه ۳. انجمن ۴. معاشرت، رفت و آمد ۵. شرکت

socioculturel,elle /sɔsjokyltyʀɛl/ *adj* اجتماعی ـ فرهنگی

socio-économique /sɔsjoekɔnɔmik/ *adj* اجتماعی ـ اقتصادی

sociolinguistique /sɔsjɔlɛ̃gɥistik/ *nf* زبان‌شناسی اجتماعی، جامعه‌شناسی زبان

sociologie /sɔsjɔlɔʒi/ *nf* جامعه‌شناسی

sociologique /sɔsjɔlɔʒik/ *adj* ۱. جامعه‌شناختی، (مربوط به) جامعه‌شناسی ۲. اجتماعی

sociologue /sɔsjɔlɔg/ *n* جامعه‌شناس

socle /sɔkl/ *nm* [ستون، مجسمه، ...] پاسنگ، پاپیکره، پایه

socratique /sɔkʀatik/ *adj* سقراطی، (مربوط به) سقراط

soda /sɔda/ *nm* سودا

sodium /sɔdjɔm/ *nm* سُدیم

sodomie /sɔdɔmi/ *nf* لواط، وَطی دُبُر

sodomiser /sɔdɔmize/ *vt* (1) لواط کردن با، وَطی کردن با

sodomite /sɔdɔmit/ *n* لواط‌کار، لوّاط

sœur /sœʀ/ *nf* ۱. خواهر ۲. خواهر روحانی

sœurette /sœʀɛt/ *nf* خواهر کوچولو

sofa /sɔfa/ *nm* کاناپه (سه‌نفره)

soi /swa/ *pron. pers* خود، خویش

à part soi با خود، در دل خود

Cela va de soi. بدیهی است. معلوم است.

en soi فی‌نفسه، به خودی خود

soi-même خودش، خود، شخصاً

sur soi با خود، همراه خود

soi-disant /swadizɑ̃/ *adj. inv, loc. adv* ۱. به گفتهٔ خود، به قول خود ۲. به اصطلاح ◙ ۳. ظاهراً

soie /swa/ *nf* ۱. ابریشم ۲. پارچهٔ ابریشمی ۳. [گراز، خوک] مو

soierie /swaʀi/ *nf* ۱. پارچهٔ ابریشمی ۲. ابریشم‌بافی

soif /swaf/ *nf* ۱. تشنگی، عطش ۲. اشتیاق، شوق، عطش

avoir soif تشنه بودن

soiffard,e /swafaʀd,e/ *adj, n* [عامیانه] عرق‌خور

soignant,e /swaɲɑ̃,t/ *adj,* **aide soignant** بهیار

soigné,e /swaɲe/ *adj* ۱. دقیق ۲. آراسته، مرتب

soigner /swaɲe/ *vt* (1) ۱. مراقبت کردن از، مراقب (کسی یا چیزی) بودن، مواظبت کردن از ۲. دقت کردن در ۳. پرستاری کردن

se soigner *vp* ۱. مراقب خود بودن، از خود مراقبت کردن ۲. [بیماری] درمان شدن

a = bas, plat　e = blé, jouer　ɛ = lait, jouet, merci　i = il, lyre　o = mot, dôme, eau, gauche　ɔ = mort
u = roue　y = rue　ø = peu　œ = peur　ə = le, premier　ɑ̃ = sans, vent　ɛ̃ = matin, plein, lundi
ɔ̃ = bon, ombre　ʃ = chat, tache　ʒ = je, gilet　j = yeux, paille, pied　w = oui, nouer　ɥ = huile, lui

soigneusement /swaɲøzmɑ̃/ *adv*
به دقت، با دقت
soigneux,euse /swaɲø,øz/ *adj*
۱. دقیق ۲. مراقب، مواظب ۳. دلسوز
soin /swɛ̃/ *nm* ۱. مراقبت، مواظبت ۲. دقت، توجه ۳. پرستاری ۴. [ادبی] همّ و غم، دغدغهٔ خاطر
soir /swaʀ/ *nm* ۱. سرِشب، شب، شامگاه ۲. عصر
soirée /swaʀe/ *nf* ۱. شب، شامگاه ۲. شب‌نشینی
soit[1] /swa/ *conj* یا، خواه، چه
soit...soit... یا...یا...، خواه... خواه...، چه... چه...
tant soit peu... هر قدر هم کم... باشد
soit[2] /swat/ *adv* باشه، قبول، خُب
soixantaine /swasɑ̃tɛn/ *nf* ۱. (در حدود) شصت، شصت‌تایی ۲. (حدودِ) شصت سال
soixante /swasɑ̃t/ *adj. num, nm. inv*
۱. شصت ▣ ۲. عدد شصت، شمارهٔ شصت، شصت
soixante-dix /swasɑ̃tdi(s)/ *adj. num, nm. inv*
۱. هفتاد ▣ ۲. عدد هفتاد، شمارهٔ هفتاد، هفتاد
soixante-dixième /swasɑ̃tdizjɛm/ *adj. ord, n*
هفتادم، هفتادمین
soixantième /swasɑ̃tjɛm/ *adj. ord, n, nm*
۱. شصتم، شصتمین ▣ ۲. (یک)شصتم
soja /sɔʒa/ *nm* سویا
sol[1] /sɔl/ *nm* ۱. زمین ۲. خاک
sol[2] /sɔl/ *nm. inv* (نت) سُل
solaire /sɔlɛʀ/ *adj* ۱. خورشیدی، (مربوط به) خورشید ۲. شمسی، خورشیدی
soldat /sɔlda/ *nm* ۱. سرباز ۲. [ادبی؛ مجازی] پاسدار، مدافع، سرباز
soldatesque /sɔldatɛsk/ *adj, nf*
۱. سربازی، (مربوط به) سربازان ▣ ۲. [تحقیرآمیز] یک مشت سرباز خشن
solde[1] /sɔld/ *nf* [نظامیان، دریانوردان] حقوق، مواجب
être à la solde de qqn مزدور (کسی) بودن، جیره‌خوار (کسی) بودن
solde[2] /sɔld/ *nf* ۱. [بانک] موجودی ـــ [صورت جمع] ۲. [در مغازه] حراج
en solde با تخفیف، به بهای نازِل
solder[1] /sɔlde/ *vt* (1) ۱. [حساب] (پس از تسویه) بستن ۲. [جنس] به بهای نازل فروختن، حراج کردن
se solder *vp* منجر شدن، منتهی شدن، انجامیدن
solder[2] /sɔlde/ *vt* (1) [قدیمی] مواجب دادن
sole /sɔl/ *nf* سفره‌ماهی
solécisme /sɔlesism/ *nm* اشتباه نحوی
soleil /sɔlɛj/ *nm* ۱. خورشید ۲. آفتاب ۳. گل آفتاب‌گردان ۴. [آتش‌بازی] حلقهٔ آتشین
avoir des biens au soleil مِلک و املاک داشتن
coup de soleil آفتاب‌زدگی
sous le soleil زیر آسمان، روی زمین، در جهان
solennellement /sɔlanɛlmɑ̃/ *adv*
۱. با تشریفات ۲. رسماً، به طور رسمی
solennel,elle /sɔlanɛl/ *adj* ۱. رسمی ۲. باشکوه، مجلل ۳. موقرانه، باطمطراق
solennité /sɔlanite/ *nf* ۱. مراسم رسمی، تشریفات ۲. طمطراق
solfège /sɔlfɛʒ/ *nm* مبانی موسیقی، نت‌نویسی، سُلفِژ
solidaire /sɔlidɛʀ/ *adj* همبسته، منسجم، یکپارچه، متحد
solidariser (se) /səsɔlidaʀize/ *vp* (1)
متحد شدن، (به هم) پیوستن
solidarité /sɔlidaʀite/ *nf* همبستگی، انسجام، یکپارچگی، اتحاد
solide /sɔlid/ *adj, nm* ۱. جامد ۲. سفت، قرص ۳. محکم، استوار، پایدار، بادوام ۴. نیرومند، قوی ۵. سه‌بُعدی، فضایی ۶. [خودمانی] جانانه، حسابی ▣ ۷. مادهٔ جامد، جسم جامد، جامد ۸. [هندسه] شکل فضایی
des arguments solides دلایل محکم

un solide coup de poing [خودمانی] یک مشتِ جانانه	sollicitude /sɔlisityd/ nf [ادبی] توجه، عنایت، لطف
solidement /sɔlidmɑ̃/ adv ۱. محکم، به طرزی استوار ۲. به طرزی نیرومند	solo /sɔlo/ nm ۱. تک‌نوازی ۲. تک‌خوانی
	solstice /sɔlstis/ nm [اخترشناسی] انقلاب
solidification /sɔlidifikasjɔ̃/ nf ۱. سخت‌شدگی ۲. انجماد	solubilité /sɔlybilite/ nf قابلیت حل شدن
	soluble /sɔlybl/ adj حل‌شدنی، قابل حل
solidifier /sɔlidifje/ vt (7) ۱. به صورت جامد درآوردن، سفت کردن ۲. منجمد کردن	soluté /sɔlyte/ nm محلول (دارویی)
	solution /sɔlysjɔ̃/ nf ۱. راه حل، جواب ۲. حل، حل کردن ۳. محلول
se solidifier vp ۱. به صورت جامد درآمدن، سفت شدن ۲. منجمد شدن	solution de continuité گسیختگی
solidité /sɔlidite/ nf استحکام، استواری، پایداری، دوام	solvabilité /sɔlvabilite/ nf توانایی پرداخت (دیون)
soliloque /sɔlilɔk/ nm ۱. گفتگو با خود ۲. [نمایش] تک‌گویی	solvable /sɔlvabl/ adj قادر به پرداخت (بدهی)
soliloquer /sɔlilɔke/ vi (1) ۱. با خود حرف زدن ۲. [نمایش] تک‌گویی کردن	solvant /sɔlvɑ̃/ nm حلّال
	somatique /sɔmatik/ adj بدنی، جسمی، جسمانی
soliste /sɔlist/ n ۱. تک‌نواز ۲. تک‌خوان	
solitaire /sɔlitɛR/ adj, n, nm ۱. تنها، تک و تنها ۲. گوشه‌گیر، منزوی ۳. تک ۴. (خیلی)خلوت، پرت، متروکه ◼ ۵. آدم منزوی، گوشه‌نشین، آدم گوشه‌گیر ◼ ۶. انگشتر تک‌نگین	sombre /sɔ̃bR/ adj ۱. تاریک، تیره، کم‌نور ۲. [رنگ] تیره، سیر ۳. اندوهگین، غمگین، غصه‌دار ۴. گرفته، غم‌انگیز، اندوهبار ۵. [مجازی] تیره و تار، یأس‌آور، نگران‌کننده
	sombrer /sɔ̃bRe/ vi (1) ۱. [کشتی] غرق شدن ۲. [مجازی] تلف شدن، زایل شدن
solitairement /sɔlitɛRmɑ̃/ adv ۱. تنها، به تنهایی، تک و تنها	sommaire /sɔmɛR/ adj, nm ۱. خلاصه، کوتاه ۲. مختصر ◼ ۳. خلاصه
solitude /sɔlityd/ nf ۱. تنهایی، انزوا ۲. [ادبی] مکان خلوت، خلوت	sommairement /sɔmɛRmɑ̃/ adv ۱. به طور خلاصه، به اجمال ۲. (به طرزی) ساده
sollicitation /sɔlisitasjɔ̃/ nf ۱. تمنا، استدعا، درخواست، خواهش، تقاضا ۲. [ادبی] وسوسه، اغوا، تحریک	sommation¹ /sɔmasjɔ̃/ nf اخطار
	sommation² /smasjɔ̃/ nf جمع‌بندی
solliciter /sɔlisite/ vt (1) ۱. تمنا کردن از، درخواست کردن از، تقاضا کردن از ۲. [توجه و غیره] جلب کردن ۳. توسل جستن به ۴. [قدیمی یا ادبی] وسوسه کردن، اغوا کردن، تحریک کردن	somme¹ /sɔm/ nf ۱. جمع، جمع‌بندی ۲. حاصل جمع، مجموع ۳. مقدار، اندازه ۴. مبلغ
	en somme روی‌هم‌رفته، مِن‌حیث‌المجموع
	toute somme خلاصه، بالاخره
solliciteur, euse /sɔlisitœR,øz/ n حاجتمند، مستدعی، متقاضی، خواستار	somme² /sɔm/ nf, bête de somme حیوان بارکش

---

a=bas, plat　e=blé, jouer　ɛ=lait, jouet, merci　i=il, lyre　ɔ=mot, dôme, eau, gauche　ɔ=mort
u=roue　y=rue　ø=peu　œ=peur　ə=le, premier　ɑ̃=sans, vent　ɛ̃=matin, plein, lundi
ɔ̃=bon, ombre　ʃ=chat, tache　ʒ=je, gilet　j=yeux, paille, pied　w=oui, nouer　ɥ=huile, lui

somme³ /sɔm/ *nm*	خواب، چرت
sommeil /sɔmɛj/ *nm*	۱. خواب
	۲. رکود موقت، تعلیق
j'ai sommeil.	خوابم می‌آید.
sommeil éternel	خواب ابدی (= مرگ)
sommeiller /sɔmeje/ *vi* (1)	چرت زدن
sommer¹ /sɔme/ *vt* (1)	اخطار کردن به
sommer² /sɔme/ *vt* (1)	جمع کردن،
	جمع زدن
sommet /sɔmɛ/ *nm*	۱. قله ۲. نوک، سر
	۳. اوج، منتها درجه
sommier /sɔmje/ *nm*	۱. کف تخت‌خواب
	۲. [اداری] دفتر (ثبت)
sommier à ressort	فنربندی تخت
sommité /sɔmite/ *nf*	۱. نوک ساقه،
	سر شاخه ۲. شخص برجسته، چهرهٔ درخشان
somnambule /sɔmnɑ̃byl/ *adj, n*	خوابگرد
somnambulique /sɔmnɑ̃bylik/ *adj*	(مربوط به) خوابگردی
somnambulisme /sɔmnɑ̃bylism/ *nm*	خوابگردی
somnifère /sɔmnifɛʀ/ *nm, adj*	۱. داروی خواب‌آور ▫ ۲. خواب‌آور
somnolence /sɔmnɔlɑ̃s/ *nf*	۱. خواب‌آلودگی ۲. چُرت ۳. [مجازی] بی‌حالی، رخوت
somnolent,e /sɔmnɔlɑ̃,t/ *adj*	۱. خواب‌آلود ۲. بی‌جنب و جوش، بی‌حال
somnoler /sɔmnɔle/ *vi* (1)	خواب‌آلود بودن، تو چرت بودن، چرت زدن
somptuaire /sɔ̃ptɥɛʀ/ *adj*	[قدیمی] (مربوط به) هزینه
somptueusement /sɔ̃ptɥøzmɑ̃/ *adv*	به طرزی باشکوه، شکوهمندانه، شاهانه
somptueux,euse /sɔ̃ptɥø,øz/ *adj*	باشکوه، مجلل، پرتجمل، شاهانه
somptuosité /sɔ̃ptɥozite/ *nf*	تجمل، شکوه

son¹,**sa** /sɔ̃,sa/ *adj. poss*	۱. (مالِ) او، [در ترکیب] ـَش، ـَاَش ۲. (مالِ) خود، خودش
sa maison	خانهٔ او، خانه‌اش
son² /sɔ̃/ *nm*	۱. صوت ۲. صدا
son³ /sɔ̃/ *nm*	سبوس
sonar /sɔnaʀ/ *nm*	[زیردریایی] ردیاب صوتی، سونار
sonate /sɔnat/ *nf*	[موسیقی] سونات
sondage /sɔ̃daʒ/ *nm*	۱. عمق‌یابی، ژرفایابی ۲. [پزشکی] میل‌زنی، سوند زدن ۳. [فنی] گمانه‌زنی ۴. نظرسنجی، زمینه‌یابی
sonde /sɔ̃d/ *nf*	۱. عمق‌یاب، ژرفایاب ۲. [پزشکی] میل، سوند ۳. [فنی] میل گمانه‌زنی، متهٔ حفاری
sonder /sɔ̃de/ *vt* (1)	۱. عمق‌یابی کردن، ژرفایابی کردن ۲. [پزشکی] میل زدن، سوند زدن ۳. [فنی] گمانه‌زنی کردن ۴. در صدد فهم (مطلبی) برآمدن ۵. زمینه‌یابی کردن، مزهٔ دهن (کسی را) فهمیدن
songe /sɔ̃ʒ/ *nm*	[ادبی یا قدیمی] رؤیا، خواب
songer /sɔ̃ʒe/ *vt* (3)	۱. فکر کردن، در فکر (چیزی) بودن، در سر داشتن ۲. خواب (کسی یا چیزی را) دیدن
songerie /sɔ̃ʒʀi/ *nf*	خیال‌پروری، خیال
songeur,euse /sɔ̃ʒœʀ,øz/ *adj*	در فکر، فکور
sonnaille /sɔnaj/ *nf*	۱. زنگوله ۲. صدای زنگوله
sonnant,e /sɔnɑ̃,t/ *adj*	[ساعت] زنگ‌دار
à cinq heures sonnantes	سر ساعتِ پنج
espèces/pièces sonnantes et trébuchantes	پول فلزی، مسکوک
sonné,e /sɔne/ *adj*	۱. [خودمانی] گیج (بر اثر ضربه)، منگ ۲. [خودمانی] خُل، دیوانه
Il est trois heures sonnées.	زنگ ساعت سه زده شد.
sonner /sɔne/ *vi, vt* (1)	۱. زنگ زدن

sophistiqué,e /sɔfistike/ *adj* ۱. پیچیده ۲. مغلق، پرتکلف، متکلف
soporifique /sɔpɔʀifik/ *adj, nm* ۱. خواب‌آور ۲. کسل‌کننده ◘ ۳. مادهٔ خواب‌آور
sorbet /sɔʀbɛ/ *nm* بستنی میوه‌ای (رقیق)
sorbetière /sɔʀbətjɛʀ/ *nf* دستگاه بستنی‌سازی، بستنی‌ساز
sorbier /sɔʀbje/ *nm* [گیاه] تیس
sorbonnard,e /sɔʀbɔnaʀ,d/ *adj, n* [تحقیرآمیز] محصل سوربُن، مدرس سوربُن
sorcellerie /sɔʀsɛlʀi/ *nf* جادوگری، جادو
sorcier,ère /sɔʀsje,ɛʀ/ *n* ۱. جادوگر، افسونگر، ساحر، ساحره ۲. [قدیمی؛ خودمانی] پتیاره
sordide /sɔʀdid/ *adj* ۱. کثیف، نکبت، نکبت‌بار، فلاکت‌بار ۲. پست، نفرت‌انگیز، شرم‌آور
sordidement /sɔʀdidmɑ̃/ *adv* (به طرزی) نکبت‌بار، فلاکت‌بار
sordidité /sɔʀdidite/ *nf* ۱. [ادبی] کثافت، نکبت ۲. پستی
sornette /sɔʀnɛt/ *nf* یاوه، مهمل، چرند
sort /sɔʀ/ *nm* ۱. سرنوشت، تقدیر، اقبال، بخت، قسمت ۲. افسون، جادو، طلسم
jeter un sort à افسون کردن، جادو کردن، طلسم کردن
tirer au sort قرعه کشیدن، پشک انداختن
sortable /sɔʀtabl/ *adj* ۱. برازنده، مناسب ۲. آراسته، شیک
sortant,e /sɔʀtɑ̃,t/ *adj, n* ۱. [قرعه‌کشی و غیره] برنده ◘ ۲. (فرد) خارج‌شونده
député sortant نماینده‌ای که دورهٔ وکالتش به سر رسیده
sorte /sɔʀt/ *nf* نوع، گونه، جور، قسم
de la sorte به این شکل، بدین طریق، بدین نحو، این‌گونه، این طور

۲. صدا دادن ◘ ۳. [زنگ] زدن ۴. به صدا درآوردن ۵. [سازهای بادی] زدن، نواختن ۶. با صدای زنگ اعلام کردن ۷. با زنگ خبر کردن ۸. [خودمانی؛ بر اثر ضربه] گیج کردن، منگ کردن
sonner creux ۱. صدای شیء توخالی را دادن، توخالی بودن ۲. پوچ بودن، بی‌محتوا بودن
sonner faux مشکوک بودن، بودار بودن، به نظر رسیدن
sonnerie /sɔnʀi/ *nf* ۱. (صدای) زنگ ۲. زنگ اخبار، زنگ ۳. [در شکار] صدای شیپور، صدای بوق
sonnet /sɔnɛ/ *nm* (نوعی) شعر تغزلی، سونِت
sonnette /sɔnɛt/ *nf* ۱. زنگ ۲. زنگوله ۳. صدای زنگ
sonnette d'alarme زنگ خطر، آژیر
sonneur /sɔnœʀ/ *nm* ناقوس‌زن
sonore /sɔnɔʀ/ *nm* ۱. صدادار، ناطق ۲. زنگ‌دار، پرطنین، رسا ۳. صوتی، (مربوط به) صوت ۴. [آواشناسی] واکدار
sonorisation /sɔnɔʀizasjɔ̃/ *nf* ۱. صداگذاری ۲. نصب سیستم پخش صوت ۳. [آواشناسی] (عمل) واکدار کردن
sonoriser /sɔnɔʀize/ *vt* (1) ۱. صداگذاری کردن، صدا گذاشتن رویِ ۲. سیستم پخش صوت نصب کردن در ۳. [آواشناسی] واکدار کردن
sonorité /sɔnɔʀite/ *nf* ۱. کیفیت صدا، کیفیت صوتی ۲. طنین، آهنگ صدا
sophisme /sɔfism/ *nm* سَفسَطه، سفسطه‌گری
sophiste /sɔfist/ *nm* ۱. سوفسطایی ۲. سَفسَطه‌گر، سَفسَطه‌باز
sophistication /sɔfistikasjɔ̃/ *nf* ۱. پیچیدگی ۲. تکلف
sophistique /sɔfistik/ *adj* سَفسَطه‌گرانه، سفسطه‌آمیز

de sorte que به طوری که، به نحوی که
en quelque sorte به عبارتی، می‌توان گفت
fais en sorte que کاری کن که، چنان کن که
sortie / sɔRti / *nf* ۱. خروج، بیرون رفتن ۲. خروجی، دررو ۳. درِ خروجی، درِ خروج ۴. نشت ۵. عرضه ۶. نشر، انتشار ۷. صدور ۸. پرخاش
à la sortie de موقع بیرون رفتن از، هنگام خروج از، زمان خارج شدن از
sortilège / sɔRtilɛʒ / *nm* افسون، جادو، سحر، طلسم
sortir[1] / sɔRtiR / *vi, vt* (16) ۱. خارج شدن، بیرون رفتن، بیرون آمدن ۲. (به) گردش رفتن ۳. [گیاه] بیرون زدن، سر برآوردن ۴. منتشر شدن ۵. [گرفتاری، بیماری، ...] رهایی یافتن، خلاص شدن، نجات پیدا کردن ۶. (از فلان تبار) بودن ◙ ۷. بیرون بردن ۸. بیرون آوردن، درآوردن، خارج کردن ۹. [خودمانی] بیرون کردن، بیرون انداختن ۱۰. عرضه کردن ۱۱. منتشر کردن
sortir[2] / sɔRtiR / *nm*, **au sortir de** ۱. (به) هنگام خروج از، موقع بیرون آمدن از ۲. پس از ترکِ ۳. پس از به پایان رسیدنِ
sosie / sɔzi / *nm* [افراد شبیه به هم] قرینه، لنگه، بدل
sot,sotte / so,sɔt / *n, adj* ۱. [ادبی] ابله، احمق، نادان، نفهم ۲. [بازیگر] دلقک ◙ ۳. [ادبی] ابلهانه، احمقانه
sottement / sɔtmɑ̃ / *adv* احمقانه، ابلهانه، از روی نادانی، از روی نفهمی
sottise / sɔtiz / *nf* ۱. حماقت، ابلهی، نادانی، نفهمی ۲. کار احمقانه، عمل احمقانه ۳. حرف احمقانه، چرت، مزخرف ۴. [خودمانی] بد و بیراه
sottisier / sɔtizje / *nm* اشتباهات مضحک
sou / su / *nm* ۱. سو (= سکهٔ قدیمی رایج در فرانسه برابر با پنج سانتیم یا یک‌بیستم فرانک) ۲. پشیز، پاپاسی، پول سیاه
de quatre sous بی‌ارزش
n'avoir pas le sou پشیزی نداشتن
n'avoir pas un sou de... یک ذره... نداشتن، یک ریزه... نداشتن، یک جو نداشتن
soubassement / subasmɑ̃ / *nm* ۱. [ساختمان] قسمت پایین بنا، قاعدهٔ بنا ۲. [ستون، مجسمه] پایه
soubresaut / subRəso / *nm* ۱. جهش ناگهانی ۲. تکان
soubrette / subRɛt / *nf* ۱. [نمایش کمدی] خدمتکار (زن)، کلفت ۲. [خودمانی] کلفت تودل‌برو
souche / suʃ / *nf* ۱. کُنده ۲. سرسلسله ۳. منشأ، ریشه ۴. ته‌قبض ۵. ته‌چک
souci[1] / susi / *nm* ۱. نگرانی، فکر و خیال، دلواپسی، دغدغهٔ خاطر، غصه ۲. مایهٔ نگرانی، همّ و غم
souci[2] / susi / *nm* گل همیشه‌بهار
soucier (se) / s(ə)susje / *vp* (7) ۱. نگران (چیزی) بودن، دلواپس (چیزی) بودن، غصهٔ (چیزی را) خوردن ۲. در فکر (چیزی) بودن
soucieux,euse / susjø,øz / *adj* ۱. نگران، دلواپس ۲. مقید، در فکر
soucoupe / sukup / *nf* نعلبکی
soucoupe volante بشقاب پرنده
soudage / sudaʒ / *nm* ۱. جوشکاری ۲. لحیم‌کاری
soudain[1]**,e** / sudɛ̃,ɛn / *adj* ناگهانی، آنی
soudain[2] / sudɛ̃ / *adv* ناگهان، یکدفعه، ناگاه
soudainement / sudɛnmɑ̃ / *adv* ناگهان، یکدفعه، ناگاه
soudaineté / sudɛnte / *nf* ناگهانی بودن
soudard / sudaR / *nm* [ادبی] جنگجوی وحشی
soude / sud / *nf* سود
soude caustique سود سوزآور
souder / sude / *vt* (1) ۱. جوش دادن ۲. لحیم کردن ۳. (به هم) پیوند دادن، در هم ادغام کردن
soudeur,euse / sudœR,øz / *n* جوشکار

soudoyer / sudwaje / *vt* (8) اجیر کردن
soudure / sudyʀ / *nf* ۱. جوشکاری، جوش ۲. لحیم ۳. سیم لحیم
soufflage / sufla3 / *nm* [شیشه‌سازی] دمش، دمیدن
soufflant,e / suflɑ̃,t / *adj* [خودمانی] بهت‌آور
souffle / sufl / *nm* ۱. دَم ۲. نفس ۳. فوت ۴. جریان هوا، باد، نسیم ۵. موج انفجار ۶. [پزشکی] سوفل (= صدای غیرعادی قلب)
  couper le souffle ۱. نفس (کسی را) بند آوردن ۲. مات و مبهوت کردن، هاج و واج کردن
  être à bout de souffle ۱. به نفس‌نفس افتادن، نفس کم آوردن ۲. از پا درآمدن، قادر به ادامهٔ کار نبودن
soufflé[1] / sufle / *nm* [آشپزی] سوفله
soufflé[2]**,e** / sufle / *adj* پف‌کرده، پف‌دار
soufflement / sufləmɑ̃ / *nm* (عمل) فوت کردن، دمیدن
souffler / sufle / *vi, vt* (1) ۱. فوت کردن، دمیدن ۲. نفس‌نفس زدن ۳. [باد] وزیدن ۴. نفس تازه کردن، خستگی درکردن ۵. فوت کردن ۶. دمیدن در ۷. (بر اثر موج انفجار) ویران کردن ۸. آهسته گفتن، نجوا کردن، درِگوشی گفتن ۹. [در امتحان و غیره] (به کسی) رساندن ۱۰. [خودمانی] مات و مبهوت کردن، هاج و واج کردن
  Laisse-moi le temp de souffler. بگذار نفس تازه کنم.
  ne pas souffler mot هیچ نگفتن، لام تا کام حرف نزدن
  souffler une bougie شمعی را فوت کردن
soufflet[1] / suflɛ / *nm* دَم آهنگری
soufflet[2] / suflɛ / *nm* ۱. [ادبی] سیلی، چک ۲. [ادبی] اهانت
souffleter / sufləte / *vt* (4) ۱. [قدیمی یا ادبی] سیلی زدن، چک زدن ۲. [ادبی] اهانت کردن به
souffleur,euse / suflœʀ,øz / *n* [تئاتر] متن‌رسان، سوفلور
souffrance / sufʀɑ̃s / *nf* رنج، درد
  en souffrance معلق، بلاتکلیف
souffrant,e / sufʀɑ̃,t / *adj* ناخوش، مریض‌احوال
souffre-douleur / sufʀədulœʀ / *nm. inv* محنت‌کش، ستمکش، توسری‌خور
souffreteux,euse / sufʀətø,øz / *adj* ۱. مریض‌احوال ۲. [قدیمی] رنجور، دردمند
souffrir / sufʀiʀ / *vi, vt* (18) ۱. رنج بردن، رنج کشیدن ۲. درد بردن، درد کشیدن ۳. صدمه دیدن، لطمه خوردن، آسیب دیدن ◘ ۴. [ادبی] تحمل کردن، طاقت آوردن، تاب آوردن، برتافتن ۵. [ادبی] اجازه دادن، گذاشتن، پذیرفتن
  souffrir la faim گرسنگی کشیدن
  souffrir mille morts سخت عذاب کشیدن، جان کندن
soufisme / sufism / *nm* تصوف، صوفی‌گری
soufrage / sufʀa3 / *nm* آغشتن به گوگرد
soufre / sufʀ / *nm* گوگرد
soufrer / sufʀɛ / *vt* (1) به گوگرد آغشتن، گوگرد زدن، گوگرد مالیدن
souhait / swɛ / *nm* آرزو، خواست
  à souhait مطابق میل، آن‌طور که باید، عالی
  À vos souhaits! [هنگام عطسه] عافیت باشد!
souhaitable / swɛtabl / *adj* دلخواه، خواستنی، مطلوب
souhaiter / swete / *vt* (1) آرزو کردن، آرزو داشتن، دل (کسی) خواستن
souiller / suje / *vt* (1) ۱. [ادبی] آلوده کردن، کثیف کردن ۲. خدشه‌دار کردن، لطمه زدن به
souillon / sujɔ̃ / *n* ۱. زن شلخته، زن ولنگار ۲. خدمتکار شلخته

souillure /sujyʀ/ *nf* ۱. [ادبی] آلودگی، کثیفی، لک ۲. خدشه
souk /suk/ *nm* ۱. [در کشورهای عربی] بازار ۲. [مجازی] بازار شام
soûl,e /su,l/ *adj* ۱. [خودمانی] مست، پاتیل ۲. [مجازی] مست
soulagement /sulaʒmɑ̃/ *nm* ۱. تسکین، تسلی ۲. یاری
soulager /sulaʒe/ *vt* (3) ۱. بار (کسی را) سبک کردن ۲. تسکین دادن ۳. تسلی دادن، از رنج (کسی) کاستن، سبک کردن ۴. زحمت (کسی را) کم کردن ۵. کمک کردن، یاری کردن
soûlant,e /sulɑ̃,t/ *adj* [خودمانی] کسل‌کننده، حال‌گیر
soûlard,e /sulaʀ,d/ *n* [عامیانه] عرق‌خور، همیشه‌پاتیل
soûlaud,e /sulo,d/ *n* → soûlard,e
soûler /sule/ *vt* (1) ۱. [خودمانی] (کسی را) مست کردن ۲. [مجازی؛ ادبی] سرمست کردن ۳. [خودمانی] کسل کردن، حال (کسی را) گرفتن
se soûler *vp* [خودمانی] مست شدن، مست کردن، پاتیل شدن
soûlerie /sulʀi/ *nf* [عامیانه] عرق‌خوری، مست کردن
soulèvement /sulɛvmɑ̃/ *nm* ۱. بلند شدن، برآمدگی ۲. شورش، قیام
soulever /sulve/ *vt* (5) ۱. بلند کردن، برداشتن ۲. برانگیختن، تحریک کردن ۳. شوراندن، به شورش واداشتن ۴. مطرح کردن ۵. [عامیانه] قُر زدن، بلند کردن
soulever le cœur حال (کسی را) به هم زدن، دل (کسی را) آشوب کردن
se soulever *vp* ۱. برخاستن، بلند شدن ۲. شوریدن، شورش کردن، قیام کردن
soulier /sulje/ *nm* کفش (معمولاً مدل سنتی)
souligner /suliɲe/ *vt* (1) ۱. زیر (چیزی را) خط کشیدن ۲. خاطرنشان کردن، تأکید کردن بر، تکیه کردن بر
soulignage /suliɲaʒ/ *nm* (عمل) خط کشیدن (زیرچیزی)
soûlographie /sulɔgʀafi/ *nf* [خودمانی] مشروب‌خوری، عرق‌خوری
soulte /sult/ *nf* باقی حساب، تتمهٔ حساب
soumettre /sumɛtʀ/ *vt* (56) ۱. مطیع کردن، به اطاعت واداشتن، فرمانبردار کردن ۲. [مالیات، قانون، ...] مشمول (چیزی) کردن ۳. (مورد عملی) قرار دادن ۴. ارائه دادن، تسلیم کردن
se soumettre *vp* اطاعت کردن، فرمان بردن، تبعیت کردن، گردن نهادن
soumis,e /sumi,z/ *adj, part. passé* ۱. فرمانبردار، مطیع، سربراه، رام ◙ ۲. [اسم مفعول فعلِ soumettre]
soumission /sumisjɔ̃/ *nf* ۱. فرمانبرداری، اطاعت، تبعیت ۲. تسلیم ۳. [معامله، مقاطعه، مناقصه] پیشنهاد کتبی
soumissionnaire /sumisjɔnɛʀ/ *n* [معامله، مقاطعه، مناقصه] پیشنهاددهنده
soumissionner /sumisjɔne/ *vt* (1) [معامله، مقاطعه، مناقصه] پیشنهاد دادن
soupape /supap/ *nf* سوپاپ، دریچه
soupçon /supsɔ̃/ *nm* ۱. بدگمانی، سوءظن، ظن، شک ۲. حدس، گمان
un soupçon de یک ریزه، یک خرده، یک ذره
soupconner /supsɔne/ *vt* (1) ۱. بدگمان بودن به، سوءظن داشتن به، ظن بردن به ۲. حدس زدن، احتمال دادن، گمان کردن
soupçonneusement /supsɔnøzmɑ̃/ *adv* با بدگمانی
soupçonneux,euse /supsɔnø,øz/ *adj* ۱. بدگمان، ظنین ۲. حاکی از بدگمانی
soupe /sup/ *nf* ۱. سوپ ۲. آش
souper[1] /supe/ *nm* ۱. شام آخر شب ۲. [محلی] شام

souper[2] /supe/ *vi* (1) شام (آخر شب) خوردن

soupeser /supəze/ *vt* (1) ۱. (با دست) وزن (چیزی را) تخمین زدن ۲. سبک‌سنگین کردن

soupière /supjɛʀ/ *nf* سوپ‌خوری، ظرف سوپ

soupir /supiʀ/ *nm* آه

pousser des soupirs آه کشیدن

render le dernier soupir نفس آخر را کشیدن، جان دادن

soupirail,aux /supiʀaj,o/ *nm* پنجرهٔ زیرزمین

soupirant /supiʀɑ̃/ *adj, nm* ۱. [ادبی] نالان ▣ ۲. [طنزآمیز] خاطرخواه، عاشق، کشته‌مرده

soupirer /supiʀe/ *vi* (1) آه کشیدن

soupirer après/pour [ادبی یا قدیمی] دلباختهٔ (کسی یا چیزی) بودن، شیفتهٔ (کسی یا چیزی) بودن، هلاک بودن برایِ

souple /supl/ *adj* ۱. نرم، انعطاف‌پذیر ۲. سربراه، رام، مطیع

souplesse /suplɛs/ *nf* ۱. نرمی، انعطاف ۲. نرمش، انعطاف‌پذیری

souquer /suke/ *vi* (1) [دریانوردی] (سخت) پارو زدن

sourate /suʀat/ *nf* → surate

source /suʀs/ *nf* ۱. چشمه ۲. سرچشمه، منبع، منشأ

sourcil /suʀsi/ *nm* ابرو

sourcilier,ère /suʀsilje,ɛʀ/ *adj* (مربوط به) ابرو

sourciller /suʀsije/ *vi* (1) [در جملات منفی] روی درهم کشیدن، خم به ابرو آوردن

sourcilleux,euse /suʀsijø,øz/ *adj* ۱. [ادبی] متکبر ۲. موشکافانه، توأم با وسواس

sourd,e /suʀ,d/ *adj* ۱. ناشنوا، کر ۲. بی‌توجه، بی‌اعتنا ۳. [صدا] گرفته، خفه ۴. [آواشناسی] بیواک

douleur sourde درد مبهم

lutte sourde مبارزهٔ پنهان

sourdement /suʀdəmɑ̃/ *adv* ۱. [ادبی] با صدای خفه ۲. [ادبی] پنهانی، مخفیانه

sourdingue /suʀdɛ̃g/ *adj, n* [خودمانی؛ تحقیرآمیز] کر

sourd-muet, sourde-muette /suʀmyɛ,suʀdmyɛt/ *n* کر و لال

sourdre /suʀdʀ/ *vi* (il sourd, ils sourdent; il sourdait, ils sourdaient) [قدیمی یا ادبی] از زمین جوشیدن

souriant,e /suʀjɑ̃,t/ *adj* خندان

souriceau /suʀiso/ *nm* بچه‌موش

souricière /suʀisjɛʀ/ *nf* ۱. تله‌موش ۲. [پلیس] تله، دام

sourire[1] /suʀiʀ/ *vi* (36) ۱. لبخند زدن، تبسم کردن ۲. خوشایند (کسی) بودن ۳. مساعد بودن، مناسب حال (کسی) بودن

Cela fait sourir. آدم خنده‌اش می‌گیرد. خنده‌دار است.

Enfin la chance lui sourit. بالاخره شانس به او رو کرد.

sourire[2] /suʀiʀ/ *nm* لبخند، تبسم

avoir le sourire [خودمانی] خوشحال بودن، خندان بودن

souris /suʀi/ *nf* موش

sournois,e /suʀnwa,z/ *n, adj* ۱. آب‌زیرکاه، موذی، مزور، مکار ▣ ۲. موذیانه، مزورانه

sournoisement /suʀnwazmɑ̃/ *adv* موذیانه، مزورانه

sournoiserie /suʀnwazʀi/ *nf* [ادبی] فریبکاری، مکر

sous /su/ *prép* ۱. زیرِ ۲. تحتِ

۳. در دورانِ (حکومت)، در زمانِ، در عهدِ ۴. بر اثرِ
sous peu به زودی

sous-alimentation /suzalimɑ̃tasjɔ̃/ *nf* بدی تغذیه، سوء تغذیه

sous-alimenté,e /suzalimɑ̃te/ *adj* دارای تغذیهٔ بد، دچار سوءتغذیه

sous-bois /subwa/ *nm. inv* ۱. [جنگل] زیردرختان جنگلی (= گیاهان به‌هم‌تنیدهٔ زیر درختان) ۲. [در جنگل‌های انبوه] بیشه

sous-chef /suʃɛf/ *nm* معاون

sous-commission /sukɔmisjɔ̃/ *nf* کمیسیون فرعی

sous-continent /sukɔ̃tinɑ̃/ *nm* شبه‌قاره

souscripteur,trice /suskʀiptœʀ,tʀis/ *n* ۱. [حواله، برات] امضاکننده، صادرکننده ۲. [کتاب] پیش‌خریدار

souscription /suskʀipsjɔ̃/ *nf* ۱. [کتاب، نشریه] پیش‌خرید ۲. مبلغ پیش‌خرید ۳. [مؤسسهٔ خیریه] اعانه، کمک مالی

souscrire /suskʀiʀ/ *vt* (39) ۱. پرداخت (مبلغی را) تعهد کردن، تقبل کردن ۲. [کتاب، نشریه] پیش‌خرید کردن ۳. قبول کردن، پذیرفتن

sous-cutané,e /sukytane/ *adj* زیرپوستی، زیرجلدی

sous-développé,e /sudevlɔpe/ *adj* توسعه‌نیافته، در حال رشد

sous-développement /sudevlɔpmɑ̃/ *n* توسعه‌نیافتگی، عدم رشد

sous-directeur,trice /sudiʀɛktœʀ, tʀis/ *n* مدیر (قسمت)، معاون مدیر

sous-emploi /suzɑ̃plwa/ *nm* اشتغال ناقص، اشتغال ناکافی

sous-ensemble /suzɑ̃sɑ̃bl/ *nm* زیرمجموعه

sous-entendre /suzɑ̃tɑ̃dʀ/ *vt* (41) تلویحاً بیان کردن، اشاره داشتن به، به کنایه فهماندن

sous-entendu /suzɑ̃tɑ̃dy/ *nm* کنایه، اشاره، گوشه‌کنایه

sous-estimation /suzɛstimasjɔ̃/ *nf* ۱. برآورد کمتر از ارزش واقعی ۲. دست کم گرفتن، کوچک‌شماری

sous-estimer /suzɛstime/ *vt* (1) ۱. کمتر از ارزش واقعی برآورد کردن ۲. دست کم گرفتن، کوچک شمردن

sous-jacent,e /suʒasɑ̃,t/ *adj* ۱. زیرین ۲. نهفته، درونی

sous-lieutenant /suljøtnɑ̃/ *nm* ستوان دوم

sous-locataire /sulɔkatɛʀ/ *n* مستأجر ثانوی (= مستأجری که ملک را از مستأجر اصلی اجاره کرده است.)

sous-location /sulɔkasjɔ̃/ *nf* اجارهٔ تبعی (= اجاره کردن از مستأجر اصلی یا اجاره دادن به مستأجر ثانوی)

sous-louer /sulwe/ *vt* (1) ۱. از مستأجر اصلی اجاره کردن ۲. به مستأجر ثانوی اجاره دادن

sous-main /sumɛ̃/ *nm. inv* زیردستی

sous-marin[1],e /sumaʀɛ̃,in/ *adj* زیرِ دریا، زیردریایی

sous-marin[2] /sumaʀɛ̃/ *nm* ۱. زیردریایی ۲. [تشکیلات] مأمور مخفی ۳. [خودمانی] آدم آب‌زیرکاه، موذی، مارمولک

sous-officier /suzɔfisje/ *nm* [ارتش] درجه‌دار

sous-ordre /suzɔʀdʀ/ *nm* کارمند دون‌پایه، زیردست

sous-préfecture /supʀefɛktyʀ/ *nf* [تقسیمات کشوری فرانسه] بخشداری

sous-préfet /supʀefɛ/ *nm* [تقسیمات کشوری فرانسه] بخشدار

sous-production /supʀɔdyksjɔ̃/ *nf* تولید ناکافی

sous-produit /supʀɔdɥi/ *nm* محصول فرعی

soussigné,e / susiɲe / adj صاحب امضای زیر، امضاکنندهٔ زیر
sous-sol / susɔl / nm ۱. زیرزمین ۲. زیر خاک
sous-tendre / sutɑ̃dR / vt (41) ۱. وتر واقع شدن ۲. [استدلال، سیاست، ...] مبنای (چیزی) قرار گرفتن، اساس (چیزی) تشکیل دادن
sous-titre / sutitR / nm ۱. عنوان فرعی ۲. [فیلم] زیرنویس
soustraction / sustRaksjɔ̃ / nf ۱. تفریق، کسر، منها ۲. [اسناد و غیره] سرقت، ربودن
soustraire / sustRER / vt (50) ۱. کم کردن، کسر کردن، تفریق کـردن ۲. [سـند و غیره] از چنگ (کسی) درآوردن، ربـودن، سـرقت کردن ۳. خلاص کردن، نجات دادن
se soustraire vp خود را خلاص کردن، شانه خالی کردن
se soustraire à un devoir از انجام وظیفه‌ای شانه خالی کردن
sous-traitance / sutRɛtɑ̃s / nf پیمانکاری دست دوم، پیمانکاری فرعی
sous-traitant / sutRɛtɑ̃ / nm پیمانکار دست دوم، پیمانکار فرعی
sous-traiter / sutRete / vi (1) ۱. از پیمانکار اصلی به مقاطعه گرفتن، به عنوان پیمانکار دست دوم قرارداد بستن ۲. با پیمانکار دست دوم قرارداد بستن
sous-vêtement / suvɛtmɑ̃ / nm لباس زیر، زیرپوش
soute / sut / nf انبار (کشتی)
soutenable / sutnabl / adj [نظر و غیره] قابل دفاع، قابل قبول، پذیرفتنی
soutenance / sutnɑ̃s / nf دفاع (از پایان‌نامه)
soutènement / sutɛnmɑ̃ / nm, **mur de soutènement** دیوار حائل
soutenir / sutniR / vt (22) ۱. نگه‌داشتن،

حائل (چیزی را) نگه‌داشتن، تکیه‌گاه (چیزی) بودن ۲. سر پا نگه‌داشتن ۳. تقویت کردن ۴. پشتیبانی کردن از، حمایت کردن از، کمک کردن به ۵. دفاع کردن از ۶. تداوم بخشیدن ۷. تاب آوردن، پایداری کردن در برابر، مقاومت کردن در برابر ۸. تأیید کردن
soutenir une thèse [دانشگاهی] از رساله‌ای دفاع کردن، از پایان‌نامه‌ای دفاع کردن
soutenir un gouvernement از دولتی حمایت کردن
se soutenir vp ۱. خود را (در حالتی) نگه‌داشتن ۲. ادامه یافتن، دوام آوردن ۳. از یکدیگر حمایت کردن، از هم پشتیبانی کردن
soutenu,e / sutny / adj, part. passé ۱. مداوم، مستمر، پیگیر، دائمی ۲. [سبک و غیره] متعالی، فرهیخته، منزه ۳. [رنگ] تند ۴. [اسم مفعول فعلِ soutenir]
souterrain¹,e / sutɛRɛ̃,ɛn / adj ۱. زیرزمینی ۲. پنهانی، نهانی، مخفی ۳. [خودمانی] آب‌زیرکاه، موذی
souterrain² / sutɛRɛ̃ / nm (راهِ) زیرگذر، گذرگاه زیرزمینی، راهروی زیرزمینی
soutien / sutjɛ̃ / nm ۱. پشتیبانی، حمایت ۲. پشتیبان، حامی، مدافع
soutien de famille نان‌آور خانواده
soutien-gorge / sutjɛ̃gɔRʒ / nm سینه‌بند، کُرست، پستان‌بند
soutier / sutje / nm مسئول انبار (کشتی)
soutirage / sutiRaʒ / nm (عملِ) ظرف به ظرف کردن
soutirer / sutiRe / vt (1) ۱. ظرف به ظرف کردن ۲. با دوز و کلک گرفتن، تیغ زدن
souvenance / suvnɑ̃s / nf, **avoir/garder souvenance de** [ادبی] به خاطر داشتن، به یاد داشتن، در خاطر نگه‌داشتن

souvenir

souvenir¹ / suvniʀ / *nm* — ۱. یاد، خاطره
۲. یادبود ۳. یادگاری، یادگار
en souvenir de — به یادبودِ، به یادِ
souvenir² (se) / s(ə)suvniʀ / *vp* (22)
۱. به یاد آوردن، به خاطر آوردن، یاد (کسی) آمدن
۲. به یاد داشتن، به خاطر داشتن، فراموش نکردن
souvent / suvɑ̃ / *adv* — اغلب، غالباً،
بیشتر وقت‌ها، اغلب اوقات، اکثراً
souverain,e¹ / suvʀɛ̃,ɛn / *adj* — ۱. عالی،
برتر، والا ۲. عالی‌مقام ۳. خودمختار ۴. بی‌اندازه،
به منتها درجه، مطلق
souverain,e² / suvʀɛ̃,ɛn / *n* — فرمانروا،
پادشاه، حاکم
souverainement / suvʀɛnmɑ̃ / *adv*
۱. به منتها درجه، به حد اعلیٰ، بی‌اندازه ۲. با اقتدار
souveraineté / suvʀɛnte / *nf* — ۱. حاکمیت،
فرمانروایی، سلطه، اقتدار ۲. سلطنت
soviet / sɔvjɛt / *nm* — [در شوروی سابق] شورا
soviétique / sɔvjetik / *adj* — شوروی
soya / sɔja / *nm* → soja
soyeux¹,euse / swajø,øz / *adj* — ابریشمی،
ابریشمین
soyeux² / swajø / *nm* — [در شهر لیون]
ابریشم‌بافی
spacieux,euse / spasjø,øz / *adj*
جادار، وسیع
spadassin / spadasɛ̃ / *nm* — ۱. [ادبی] قاتل
مزدور ۲. [قدیمی] شمشیرزن
spaghetti / spageti / *nm.pl* — اسپاگتی
sparadrap / spaʀadʀa / *nm* — چسب زخم
spasme / spasm / *nm* — گرفتگی عضله،
انقباض عضلانی، اسپاسم
spasmodique / spasmɔdik / *adj* — ناشی از
انقباض عضلانی، اسپاسمی، (مربوط به) اسپاسم
spath / spat / *nm* — اِسپات (= نام برخی کانی‌های
دارای جلای شیشه‌ای)
spatial,e,aux / spasjal,o / *adj* — فضایی

spatule / spatyl / *nf* — کاردک
speaker / spikœʀ / *n* — ۱. [در انگلستان] رئیس
مجلس عوام ۲. [قدیمی؛ رادیو، تلویزیون] گوینده
speakerine / spikʀin / *nf* — [رادیو، تلویزیون]
(زن) گوینده
spécial,e,aux / spesjal,o / *adj* — ۱. ویژه،
مخصوص، خاص ۲. غریب، عجیب، غیرعادی
spécialement / spesjalmɑ̃ / *adv*
۱. به ویژه، مخصوصاً، علی‌الخصوص، بخصوص
۲. به طریق خاص
spécialisation / spesjalizasjɔ̃ / *nf*
تخصصی شدن
spécialiser / spesjalize / *vt* (1)
تخصصی کردن، اختصاصی کردن
se spécialiser *vp* — تخصص پیدا کردن،
متخصص شدن
spécialiste / spesjalist / *n* — متخصص،
ویژه‌کار
spécialité / spesjalite / *nf* — ۱. تخصص
۲. رشتهٔ تخصصی، زمینهٔ تخصصی ۳. فرآوردهٔ
خاص
spécieux,euse / spesjø,øz / *adj* — [ادبی]
ظاهرفریب، غلط‌انداز، به ظاهر موجه، درست‌نما
spécification / spesifikasjɔ̃ / *nf*
مشخص کردن، تصریح
spécifier / spesifje / *vt* (7) — تصریح کردن،
مشخص کردن
spécifique / spesifik / *adj* — خاص،
مخصوص، ویژه
spécifiquement / spesifikmɑ̃ / *adv*
خصوصاً، بالاخص
spécimen / spesimɛn / *nm* — ۱. نمونه،
معرف ۲. [نشریه] نسخهٔ نمونه، نسخهٔ تبلیغاتی
spectacle / spɛktakl / *nm* — ۱. منظره،
صحنه ۲. نمایش
se donner en spectacle — [تحقیرآمیز] جلب
توجه کردن، فخر فروختن

809 spirituel,elle

spectaculaire / spɛktakylɛʀ / *adj*
۱. تماشایی، دیدنی ۲. چشمگیر
spectateur,trice / spɛktatœʀ,tʀis / *n*
۱. ناظر، بیننده، شاهد ۲. تماشاچی، تماشاگر
spectral,e,aux / spɛktʀal,o / *adj*
۱. شبح‌مانند، شبح‌گونه، شبح‌وار ۲. طیفی، (مربوط به) طیف
spectre / spɛktʀ / *nm* ۱. شبح، روح
۲. [مجازی] شبح، کابوس ۳. طیف
spectre de la guerre شبح جنگ
spectrographe / spɛktʀɔgʀaf / *nm*
طیف‌نگار
spectromètre / spɛktʀɔmɛtʀ / *nm* طیف‌سنج
spectroscope / spɛktʀɔskɔp / *nm* طیف‌نما
spectroscopie / spɛktʀɔskɔpi / *nf*
۱. طیف‌نمایی ۲. طیف‌شناسی
spéculaire / spekylɛʀ / *adj* آینه‌ای، (مربوط به) آینه
spéculateur,trice / spekylatœʀ,tʀis / *n*
سوداگر، سفته‌باز
spéculatif,ive / spekylatif,iv / *adj*
۱. سوداگرانه، (مربوط به) سفته‌بازی ۲. [فلسفه] نظری
spéculation / spekylasjɔ̃ / *nf* ۱. سوداگری، سفته‌بازی ۲. [فلسفه، ادبی] تأمل نظری
spéculer / spekyle / *vi* (1) ۱. سوداگری کردن، سفته‌بازی کردن ۲. [ادبی] تعمق کردن، تأمل کردن، تعقل کردن
speech / spitʃ / *nm* [خودمانی] نطق
spéléologie / speleɔlɔʒi / *nf* ۱. غارشناسی
۲. غارنوردی
spéléologique / speleɔlɔʒik / *adj*
غارشناختی، (مربوط به) غارشناسی
spéléologue / speleɔlɔg / *n* غارشناس
spéléonaute / speleɔnot / *n* غارنورد

spermaticide / spɛʀmatisid / *adj*
→ spermicide
spermatozoïde / spɛʀmatozɔid / *nm*
اسپرماتوزوئید، منی‌دانه
sperme / spɛʀm / *nm* ۱. منی، اسپرم
۲. [تسامحاً] نطفه
spermicide / spɛʀmisid / *adj, nm* اِسپرم‌کُش
sphère / sfɛʀ / *nf* ۱. کُره ۲. گوی ۳. حوزه، قلمرو
sphère celeste سپهر، فلک
sphérique / sfeʀik / *adj* کروی، گِرد
sphéroïde / sfeʀɔid / *nm* شبه کره
sphincter / sfɛ̃ktɛʀ / *nm* [پزشکی] اِسفَنکتِر
Sphinx[1] / sfɛ̃ks / *nm. inv* ابوالهول
sphinx[2] / sfɛ̃ks / *nm. inv* آدم مرموز
spinal,e,aux / spinal,o / *adj* ۱. (مربوط به) ستون مهره‌ها ۲. (مربوط به) نخاع، نخاعی
spirale / spiʀal / *nf* مارپیچ
en spirale مارپیچی، مارپیچ، حلزونی
spirite / spiʀit / *nf, adj* ۱. احضارکنندهٔ ارواح
۲. معتقد به احضار ارواح ◻ ۳. (مربوط به) احضار ارواح
spiritisme / spiʀitism / *nm* ۱. احضار ارواح
۲. اعتقاد به احضار ارواح
spiritualiser / spiʀitɥalize / *vt* (1)
[ادبی] جنبهٔ معنوی بخشیدن به
spiritualisme / spiʀitɥalism / *nm*
[در برابر ماده‌گرایی یا مادی‌گری] روح‌باوری، روح‌گرایی
spiritualiste / spiʀitɥalist / *n, adj* روح‌باور، روح‌گرا
spiritualité / spiʀitɥalite / *nf* معنویت
spirituel,elle / spiʀitɥɛl / *adj* ۱. روحانی
۲. معنوی، غیرمادی ۳. فراطبیعی، فوق طبیعی ۴. موشکافانه، ظریف

spirituellement / spiʀitɥɛlmɑ̃ / *adv* ۱. به لحاظ معنوی ۲. موشکافانه، با ظرافت

spiritueux,euse / spiʀitɥø,øz / *adj* [مشروب] قوی

spleen / splin / *nm* [ادبی] ملال، اندوه، دلتنگی

splendeur / splɑ̃dœʀ / *nf* ۱. شکوه، جلال ۲. چیز باشکوه ۳. [ادبی] درخشندگی، درخشش

dans toute sa splendeur در اوج شکوه خود، با همهٔ شکوهش

splendide / splɑ̃did / *adj* ۱. درخشان، تابناک ۲. باشکوه، شکوهمند، مجلل

splendidement / splɑ̃didmɑ̃ / *adv* (به طرزی) باشکوه، به طرز شکوهمندی، شکوهمندانه

spoliateur,trice / spɔljatœʀ,tʀis / *adj, n* غاصب

spoliation / spɔljasjɔ̃ / *nf* ۱. غصب، سلب حق ۲. مال غصب‌شده

spolier / spɔlje / *vt* (7) غصب کردن، حق (کسی را) سلب کردن، از چنگ (کسی) درآوردن

spongieux,euse / spɔ̃ʒjø,øz / *adj* اسفنجی، اسفنج‌مانند، ابری

spontané,e / spɔ̃tane / *adj* ۱. خودبخود، خودانگیخته، خودجوش ۲. غیرارادی، بی‌اختیار، ناخواسته

spontanéité / spɔ̃taneite / *nf* خودبخودی، خودانگیختگی، خودجوشی

spontanément / spɔ̃tanemɑ̃ / *adv* ۱. (به طورِ) خودبخود ۲. (به طورِ) غیرارادی، بی‌اختیار، ناخواسته

sporadique / spɔʀadik / *adj* ۱. پراکنده، گهگاهی ۲. [پزشکی] تک‌گیر

sporange / spɔʀɑ̃ʒ / *nm* [گیاه‌شناسی] هاگدان

spore / spɔʀ / *nf* [گیاه‌شناسی] هاگ

sport / spɔʀ / *nm* ورزش

chaussures sport کفش ورزشی

sports d'hiver ورزش‌های زمستانی

sportif,ive / spɔʀtif,iv / *adj, n* ۱. ورزشی ۲. ورزشکاری، ورزشکارانه ۳. ورزش‌دوست ▣ ۴. ورزشکار ۵. (آدم) ورزش‌دوست

sportivité / spɔʀtivite / *nf* روحیهٔ ورزشکاری

spot / spɔt / *nm* ۱. نقطهٔ نورانی ۲. [صحنه و غیره] نور موضعی، نورافکن (موضعی)

spot publicitaire پیام بازرگانی

spray / spʀɛ / *nm* افشانه، اسپری

sprint / spʀint / *nm* ۱. [دوِ سرعت] افزایش سرعت نزدیک خط پایان ۲. دوِ سرعت ۳. [دوچرخه‌سواری] مسابقهٔ سرعت

sprinter[1] / spʀintœʀ / *nm* ۱. دوندهٔ دوِ سرعت ۲. [دوچرخه‌سواری] شرکت‌کننده در مسابقهٔ سرعت

sprinter[2] / spʀinte / *vi* (1) ۱. [مسابقهٔ دو] با سرعت تمام دویدن ۲. [دوچرخه‌سواری] به سرعت رکاب زدن

squale / skwal / *nm* کوسه‌ماهی

squame / skwam / *nf* ۱. [پزشکی] پوسته ۲. [قدیمی یا ادبی] فَلس، پولک

squameux,euse / skwamø,øz / *adj* [پزشکی] پوسته‌پوسته

square / skwaʀ / *nm* باغچهٔ وسط میدان، میدان (گلکاری‌شده)

squelette / skəlɛt / *nm* ۱. استخوان‌بندی، اسکلت ۲. طرح کلی

squelettique / skəletik / *adj* ۱. (مربوط به) استخوان‌بندی، اسکلت ۲. اسکلت‌مانند، استخوانی ۳. [پرسنل و غیره] ناچیز، اندک

stabilisateur,trice / stabilizatœʀ,tʀis / *adj* تثبیت‌کننده، متعادل‌کننده

stabilisation / stabilizasjɔ̃ / *nf* [پول، موقعیت، ...] تثبیت

stabiliser / stabilize / *vt* (1) ۱. [پول، موقعیت، ...] تثبیت کردن ۲. در حال موازنه نگه‌داشتن، متعادل نگه‌داشتن

stabilité / stabilite / *nf* ثبات، پایداری، استواری، استحکام

stable / stabl / *adj*	ثابت، باثبات، استوار، پایدار
stade / stad / *nm*	۱. ورزشگاه، استادیوم ۲. مرحله، درجه
staff¹ / staf / *nm*	اندود گچ و الیاف
staff² / staf / *nm*	کارکنان، پرسنل
stage / staʒ / *nm*	دورۀ کارآموزی، دوره
stagiaire / staʒjɛʀ / *adj, n*	کارآموز
stagnant,e / stagnɑ̃,t / *adj*	۱. [مایعات] راکد ۲. [تجارت و غیره] راکد، کساد، بی‌رونق،
stagnation / stagnasjɔ̃ / *nf*	۱. [مایعات] رکود. راکد ماندن ۲. [تجارت و غیره] رکود، راکد بـودن، کسادی
stagner / stagne / *vi* (1)	۱. [مایعات] راکد ماندن، راکد بودن ۲. [تجارت و غیره] راکد بـودن، کساد بودن
Ses affaires stagnent.	کار و کاسبی‌اش کساد است.
stalactite / stalaktit / *nf*	چکنده، اِستالاکتیت
stalagmite / stalagmit / *nf*	چکیده، اِستالاگمیت
stalinien,enne / stalinjɛ̃,ɛn / *n, adj*	۱. طرفدار استالین، استالین‌گرا ▫ ۲. استالینی، (مربوط به) استالین
stalinisme / stalinism / *nm*	طرفداری از استالین، استالین‌گرایی
stalle / stal / *nf*	۱. صندلی کشیشان ۲. [اصطبل] جایگاه، اتاقک
stance / stɑ̃s / *nf*	۱. [قدیمی؛ شعر] قطعه، بند ۲. (نوعی) شعر تغزلی
stand¹ / stɑ̃d / *nm*	سالن تیراندازی
stand² / stɑ̃d / *nm*	[نمایشگاه] غرفه
standard¹ / stɑ̃daʀ / *nm, adj. inv*	۱. معیار، میزان، اِستاندارد ▫ ۲. مـطابق مـعیار، اِستاندارد، استانده ۳. معمول، متعارف
standard² / stɑ̃daʀ / *nm*	[شبکۀ تلفن] صفحۀ سوییچ، صفحۀ گزینه
standardisation / stɑ̃daʀdizasjɔ̃ / *nf*	مطابقت با معیار، مطابقت با استاندارد، اِستاندگی
standardiser / stɑ̃daʀdize / *vt* (1)	مطابق معیار کردن، استاندارد کردن، استانده کردن
standing / stɑ̃diŋ / *nm*	موقعیت، مقام، منزلت
de grand/bon standing	مجلل [بنا، هتل، ...]
star / staʀ / *nf*	[سینما] هنـرپیشۀ مـعروف، ستاره
starlette / staʀ / *nf*	[سینما] نوستاره، ستارۀ آینده
starter / staʀtɛʀ / *nm:*	[اتومبیل] استارت
starting-block / staʀtiŋblɔk / *nm*	[دو و میدانی] تخته‌استارت
station / stasjɔ̃ / *nf*	۱. ایستگاه ۲. توقف، ایست ۳. [بدن] وضعیت
station de graissage	جایگاه تعویض روغن
station de lavage	جایگاه خودروشویی، کارواش
stationnaire / stasjɔnɛʀ / *adj*	ساکن، ثابت
stationnement / stasjɔnmɑ̃ / *nm*	[خودرو] توقف، ایستادن
panneau de stationnement interdit	تابلوی توقف ممنوع
stationner / stasjɔne / *vi* (1)	[خودرو] توقف کردن، ایستادن
statique / statik / *nf, adj*	۱. [فیزیک] ایستایی‌شناسی، اِستاتیک ▫ ۲. ایستا، ساکن
statisticien,enne / statistisjɛ̃,ɛn / *n*	آماردان، کارشناس آمار
statistique / statistik / *nf, adj*	۱. علم آمار ۲. آمار ▫ ۳. آماری
statistiquement / statistikmɑ̃ / *adv*	از نظر آماری، به لحاظ آماری
statuaire / statyɛʀ / *nf, n*	

statue — 812

statue / staty / *nf* — ۱. پیکرتراشی، مجسمه‌سازی ▢ ۲. [ادبی] پیکر، پیکرتراش، مجسمه‌ساز، مجسمه، پیکره، تندیس

statuer / statɥe / *vi* (1) — حکم کردن، تصمیم گرفتن

statuette / statɥɛt / *nf* — مجسمهٔ کوچک، تندیسک

statufier / statyfje / *vt* (7) — ۱. [طنزآمیز] مجسمهٔ (کسی را) ساختن ۲. بر جای خود میخکوب کردن

stature / statyʀ / *nf* — ۱. قامت، قد و بالا ۲. [مجازی] توانمندی، اهمیت

statut / staty / *nm* — ۱. اساسنامه، مقررات، قوانین ۲. موقعیت اجتماعی، منزلت، پایگاه

statutaire / statytɛʀ / *adj* — مطابق مقررات، قانونی

steak / stɛk / *nm* — اِستیک، بیفتک

steamer / stimœʀ / *nm* — [قدیمی] کشتی بخار

stéarine / steaʀin / *nf* — پیه

steeple-chase / stipəlʃɛz / *nm* — اسب‌دوانی با مانع

stèle / stɛl / *nf* — لوح منقوش (قائم)
stèle commémorative — ستون یادبود
stèle funéraire — سنگ قبر (قائم)

stellaire / stelɛʀ / *adj* — ستاره‌ای، (مربوط به) ستارگان

stencil / stɛnsil / *nm* — اِستَنسیل

sténo / steno / *n* → sténographie

sténographe / stenɔɡʀaf / *n* — تندنویس

sténographie / stenɔɡʀafi / *nf* — تندنویسی

sténographier / stenɔɡʀafje / *vt* (7) — تندنویسی کردن

sténographique / stenɔɡʀafik / *adj* — (مربوط به) تندنویسی

steppe / stɛp / *nf* — [جغرافیا] اِستِپ

steppique / stepik / *adj* — [جغرافیا] اِستِپی، (مربوط به) اِستِپ

stéréo / steʀeo / *adj* → stéréophonique

stéréophonique / steʀeɔfɔnik / *adj* — اِستریو

stéréoscope / steʀeɔskɔp / *nm* — دستگاه سه‌بعدی‌نما، دستگاه ژرفانما

stéréoscopie / steʀeɔskɔpi / *nf* — سه‌بعدی‌نمایی، ژرفانمایی

stéréotype / steʀeɔtip / *nm* — دید قالبی، پندار قالبی، کلیشه

stéréotypé,e / steʀeɔtipe / *adj* — قالبی، کلیشه‌ای

stérile / steʀil / *adj* — ۱. نازا، عقیم، سترون ۲. بایر، نابارور، نااحاصلخیز، لم‌یزرع ۳. بی‌حاصل، بی‌نتیجه، بی‌ثمر، بیهوده، بی‌فایده ۴. عاری از میکروب، ضدعفونی‌شده، اِستریل، سترون
تلاش‌های بیهوده، کوشش‌های بی‌ثمر **efforts stériles**
محیط عاری از میکروب **milieu stérile**

stérilement / steʀilmɑ̃ / *adv* — بیهوده، بی‌نتیجه، بی‌ثمر، به عبث

stérilisation / steʀilizasjɔ̃ / *nf* — ۱. عقیم‌سازی، نابارورسازی، نازا کردن ۲. ضدعفونی (کردن)، اِستریل کردن

stériliser / steʀilize / *vt* (1) — ۱. نازا کردن، عقیم کردن، سترون کردن ۲. عاری از میکرب کردن، ضدعفونی کردن، اِستریل کردن، سترون کردن ۳. [قدیمی] بایر کردن، نابارور کردن

stérilité / steʀilite / *nf* — ۱. نازایی، عقم، عقیمی، سترونی ۲. ضدعفونی‌شدگی، اِستریل بودن، سترونی ۳. ناباروری، نااحاصلخیزی، بایر بودن ۴. بی‌حاصلی، بی‌ثمری، بیهودگی، بی‌فایدگی

sternum / stɛʀnɔm / *nm* — استخوان جناغ، جناغ سینه

sternutatoire / stɛʀnytatwaʀ / *adj* — عطسه‌آور، عطسه‌زا

stéthoscope / stetɔskɔp / *nm* — [پزشکی] گوشی

stick / stik / *nm* — ۱. چوبدستی (قابل انعطاف) ۲. [چسب، رُژ لب، ...] لوله، قلم

813 **stratification**

stigmate /stigmat/ *nm* ۱. [بر بدن مجرمین و غیره] داغ ۲. اثر زخم ۳. [مجازی] داغ، لکهٔ ننگ، ننگ ۴. [گُل] کُلاله

stigmatiser /stigmatize/ *vt* (1) ۱. داغ زدن، داغ کردن، داغ گذاشتن ۲. داغ ننگ زدن ۳. [ادبی] به شدت محکوم کردن، به شدت تقبیح کردن

stimulant,e /stimylɑ̃,t/ *adj* برانگیزنده، محرک، تحریک‌کننده

stimulant /stimylɑ̃/ *nm* محرک

stimulation /stimylasjɔ̃/ *nf* انگیزش، برانگیزش، تحریک

stimulus /stimylys/ *nm* [فیزیولوژی] محرک

stipendier /stipɑ̃dje/ *vt* (7) [ادبی] اجیر کردن، رشوه دادن به، خریدن

stipulation /stipylasjɔ̃/ *nf* قید و شرط، شرط

stipuler /stipyle/ *vt* (1) ۱. مشروط کردن به، شرط قرار دادن ۲. قید کردن

stock /stɔk/ *nm* موجودی، ذخیره

J'en ai un stock. [خودمانی] از آن یک عالمه دارم.

stockage /stɔkaʒ/ *nm* ذخیره‌سازی، انبار کردن

stocker /stɔke/ *vt* (1) ذخیره کردن، انبار کردن

stoïcien,enne /stɔisjɛ̃,ɛn/ *adj, n* [فلسفهٔ کهن] رواقی

stoïcisme /stɔisism/ *nm* ۱. آیین رواقی ۲. شکیبایی، بردباری، خویشتن‌داری، حِلم

stoïque /stɔik/ *adj* ۱. شکیبا، بردبار، خویشتن‌دار ۲. [قدیمی] رواقی

stoïquement /stɔikmɑ̃/ *adv* با شکیبایی، بردبارانه، با خویشتن‌داری

stomacal,e,aux /stɔmakal,o/ *adj* معدی، (مربوط به) معده

stomatite /stɔmatit/ *nf* التهاب دهان

stomatologie /stɔmatɔlɔʒi/ *nf* شناخت بیماری‌های دهان و دندان

stomatologiste /stɔmatɔlɔʒist/ *n* → stomatologue

stomatologue /stɔmatɔlɔg/ *n* متخصص بیماری‌های دهان و دندان

stop! /stɔp/ *inter, nm* ۱. ایست! ◙ ۲. تابلوی ایست ۳. چراغ ترمز ۴. [خودمانی] اُتواِستاپ

faire du stop [خودمانی] اتواستاپ زدن

stoppage /stɔpaʒ/ *nm* رفو

stopper¹ /stɔpe/ *vt* (1) رفو کردن

stopper² /stɔpe/ *vt, vi* (1) ۱. [وسایل نقلیه] متوقف کردن ۲. از کار انداختن، نگه‌داشتن ۳. مانع (کاری) شدن، جلوگیری کردن از ◙ ۴. [وسایل نقلیه] توقف کردن، متوقف شدن، ایستادن

store /stɔʀ/ *nm* سایبان پنجره، پشت‌پنجره‌ای

strabisme /stʀabism/ *nm* لوچی

strangulation /stʀɑ̃gylɑ̃sjɔ̃/ *nf* [ادبی] (عمل) خفه کردن، خفگی

strapontin /stʀapɔ̃tɛ̃/ *nm* [اتومبیل، سالن نمایش، ...] صندلی تاشو

strass /stʀas/ *nm* اِشتراس (= گونه‌ای شیشهٔ مصنوعی که برای ساختن گوهر بدلی به کار می‌رود.)

stratagème /stʀataʒɛm/ *nm* حیله، ترفند، کلک

strate /stʀat/ *nf* لایه، قشر، چینه

stratège /stʀatɛʒ/ *nm* رزم‌آرا، کارشناس جنگ

stratégie /stʀateʒi/ *nf* ۱. رزم‌آرایی، راه‌بُرد جنگ ۲. استراتژی، راه‌بُرد ۳. تدبیر، ترفند

stratégique /stʀateʒik/ *adj* ۱. (مربوط به) رزم‌آرایی، سوق‌الجیشی، استراتژیکی ۲. مهم از نظر نظامی ۳. اساسی، کلیدی

stratification /stʀatifikasjɔ̃/ *nf* قشربندی، لایه‌بندی

stratifié,e / stʀatifje / *adj* لایه‌لایه
stratigraphie / stʀatigʀafi / *nf* [زمین‌شناسی] چینه‌شناسی
stratigraphique / stʀatigʀafik / *adj* [زمین‌شناسی] چینه‌شناختی، (مربوط به) چینه‌شناسی
stratosphère / stʀatɔsfɛʀ / *nf* پوش‌کُره، اِستراتوسفر (= یکی از لایه‌های جو زمین)
stratosphérique / stʀatɔsfeʀik / *adj* (مربوط به) پوشکُره، اِستراتوسفر
stratus / stʀatys / *nm* (ابر) اِستراتوس
stress / stʀɛs / *nm. inv* فشار روحی، اِسترِس
strict,e / stʀikt / *adj* ۱. سخت، دقیق، اکید ۲. سختگیر، خشک ۳. حداقل ۴. [لباس] خشک و رسمی
sens strict معنی دقیق، معنی اصلی
strictement / stʀiktəmɑ̃ / *adv* ۱. اکیداً، مطلقاً ۲. خیلی ساده
strident,e / stʀidɑ̃,t / *adj* جیغ‌مانند، گوش‌خراش، ناهنجار
strie / stʀi / *nf* شیار، خط
strié,e / stʀije / *adj* شیاردار، خط‌دار، مخطط
strier / stʀije / *vt* (7) شیاردار کردن، شیارشیار کردن، خط‌دار کردن
strip-tease / stʀiptiz / *nm* اِستریپ‌تیز
striure / stʀijyʀ / *nf* شیاربندی، ترتیب شیـارها
strontium / stʀɔ̃sjɔm / *nm* اِسترُنسیُم (= یکی از عناصر شیمیایی)
strophe / stʀɔf / *nf* [شعر] بند، قطعه
structural,e,aux / stʀyktyʀal,o / *adj* ساختی، ساختاری
structuralisme / stʀyktyʀalism / *nm* ساخت‌گرایی
structuraliste / stʀyktyʀalist / *n, adj* ۱. ساخت‌گرا ◘ ۲. ساخت‌گرایانه
structure / stʀyktyʀ / *nf* ساخت، ساختار

structurer / stʀyktyʀe / *vt* (1) نظام دادن، سامان دادن
stuc / styk / *nm* گچ تزیینی
studieux,euse / stydjø,øz / *adj* درس‌خوان، کوشا (در درس)
studio / stydjo / *nm* ۱. کارگاه هنری، آتلیه ۲. [سینما و غیره] استودیو ۳. [آپارتمان] سوئیت، استودیو
stupéfaction / stypefaksjɔ̃ / *nf* بهت، حیرت، تحیر
stupéfait,e / stypefɛ,t / *adj* مبهوت، بهت‌زده، متحیر، حیران
stupéfiant,e / stypefjɑ̃,t / *adj* بهت‌آور، حیرت‌آور، حیرت‌انگیز
stupeur / stypœʀ / *nf* ۱. منگی، گیجی، بی‌حسی ۲. بهت، حیرت، شگفتی
stupide / stypid / *adj* ۱. احمق، ابله، بی‌شعور ۲. کودن، خرفت، خنگ ۳. منگ، گیج ۴. احمقانه، ابلهانه ۵. [ادبی] مبهوت، متحیر
stupidement / stypidmɑ̃ / *adv* احمقانه، ابلهانه
stupidité / stypidite / *nf* ۱. حماقت، ابلهی، نفهمی ۲. خنگی، کودنی، خرفتی
stupre / stypʀ / *nm* [ادبی] هرزگی، فساد، عیاشی
style / stil / *nm* ۱. سبک، اسلوب ۲. رَویه، طرز، شیوه ۳. [گل] خامه
styliste / stilist / *n* ۱. نویسندهٔ صاحب‌سبک ۲. [مُد و غیره] طراح
stylisticien,enne / stilistisjɛ̃,ɛn / *n* سبک‌شناس
stylistique / stilistik / *nf, adj* ۱. سبک‌شناسی ◘ ۲. سبک‌شناختی، سبکی، (مربوط به) سبک
stylo / stilo / *nm* خودنویس، قلم
stylo à bille خودکار
stylographe / stilɔgʀaf / *nm* → stylo
su / sy / *part. passé* [اسم مفعول فعلِ savoir]

submerger

au su de
Elle vit avec Jean au su de tout le monde.
[ادبی] با اطلاع
همه می‌دانند که او با ژان زندگی می‌کند.

suaire / sɥɛʀ / *nm* [ادبی] کفن

suant,e / sɥɑ̃,t / *adj* ۱. [خودمانی] خیس عرق، عرق‌ریزان، عرق‌کرده ۲. [خودمانی] کسل‌کننده، حالگیر

suave / sɥav / *adj* [ادبی] دلپذیر، مطبوع، خوش، دل‌انگیز

suavement / sɥavmɑ̃ / *adv* به طور دلپذیری، به طور مطبوعی، به طرز دل‌انگیزی

suavité / sɥavite / *nf* [ادبی] دلپذیری، مطبوعی، دل‌انگیزی

subalterne / sybaltɛʀn / *adj, n* ۱. زیردست، تابع، دون ۲. درجه دوم، فرعی ▪ ۳. (آدم) زیردست

subconscient¹,e / sypkɔ̃sjɑ̃,t / *adj* ۱. نیمه‌آگاه ۲. ناخودآگاه

subconscient² / sypkɔ̃sjɑ̃ / *nm* [قدیمی] ضمیر ناخودآگاه

subdiviser / sybdivize / *vt* تقسیم جزء کردن، به اجزاء کوچک‌تر تقسیم کردن، ریزبخش کردن

subdivision / sybdivizjɔ̃ / *nf* تقسیم جزء، تقسیم کوچک‌تر، ریزبخش

subir / sybiʀ / *vt* (2) ۱. تحمل کردن ۲. زیر بار (چیزی) رفتن، تن دادن به ۳. دستخوش (حالتی) شدن

faire subir qqch à qqn چیزی را به کسی تحمیل کردن

subir une opération chirurgicale تحت عمل جراحی قرار گرفتن

subit,e / sybi,t / *adj* ناگهانی، آنی

subitement / sybitmɑ̃ / *adv* به طور ناگهانی، ناگهان، یکدفعه

subito / sybito / *adv* [خودمانی] یکدفعه، یکهو، جلدی

subjectif,ive / sybʒɛktif,iv / *adj* ۱. ذهنی، درونی ۲. شخصی، فردی ۳. [دستور زبان] فاعلی، (مربوط به) فاعل

subjectivement / sybʒɛktivmɑ̃ / *adv* به طور ذهنی، باطناً

subjectivisme / sybʒɛktivism / *nm* ذهن‌گرایی، ذهن‌باوری

subjectiviste / sybʒɛktivist / *adj, n* ذهن‌گرا، ذهن‌باور

subjectivité / sybʒɛktivite / *nf* [فلسفه] ذهنیت

subjonctif¹,ive / sybʒɔ̃ktif,iv / *adj* [دستور زبان] التزامی

subjonctif² / sybʒɔ̃ktif / *nm* [دستور زبان] وجه التزامی

subjuguer / sybʒyge / *vt* (1) ۱. [ادبی] مقهور ساختن، مطیع و منقاد کردن ۲. مجذوب کردن، شیفته کردن

sublimation / syblimasjɔ̃ / *nf* ۱. [روان‌شناسی] والایش، تعالی ۲. تصعید

sublime / syblim / *adj, nm* ۱. والا، عالی، برین، رفیع ۲. استثنایی، اعجاب‌انگیز ▪ ۳. عُلو، رفعت

sublimement / syblimmɑ̃ / *adv* [ادبی] عالی، به طرز تحسین برانگیزی، فوق‌العاده

sublimer / syblime / *vt* (1) ۱. [روان‌شناسی] والایش بخشیدن، تعالی بخشیدن، متعالی کردن ۲. تصعید کردن

sublimité / syblimite / *nf* [ادبی] والایی، علو، رفعت

submerger / sybmɛʀʒe / *vt* (3) ۱. (به) زیر آب بردن، (جایی را) آب گرفتن، غرق آب کردن ۲. [مجازی] فراگرفتن، در خود غرق کردن

---

a = bas, plat	e = blé, jouer	ɛ = lait, jouet, merci	i = il, lyre	o = mot, dôme, eau, gauche	ɔ = mort
u = roue	y = rue	ø = peu	œ = peur	ə = le, premier	ɑ̃ = sans, vent	ɛ̃ = matin, plein, lundi
ɔ̃ = bon, ombre	ʃ = chat, tache	ʒ = je, gilet	j = yeux, paille, pied	w = oui, nouer	ɥ = huile, lui

submersible / sybmɛʀsibl / *adj, nm*
۱. زیر آبی ◘ ۲. کشتی زیردریایی
submersion / sybmɛʀsjɔ̃ / *nf* آب‌گرفتگی، زیر آب رفتن
subodorer / sybɔdɔʀe / *vt* (1) [خودمانی] بو بردن، حس کردن
subordination / sybɔʀdinasjɔ̃ / *nf*
وابستگی، تبعیت
subordonné,e / sybɔʀdɔne / *adj, n*
۱. [دستور زبان] وابسته، پیرو، تابع ◘ ۲. (فرد) زیردست، تابع، مرئوس
subordonner / sybɔʀdɔne / *vt* (1)
۱. زیر دست (کسی) قرار دادن ۲. منوط کردن به
être subordonné à منوط بودن به، بستگی داشتن به
subornation / sybɔʀnasjɔ̃ / *nf*
[حقوقی؛ شاهد و غیره] تطمیع
suborner / sybɔʀne / *vt* (1) ۱. [شاهد و غیره] تطمیع کردن، خریدن ۲. [قدیمی یا ادبی؛ زن] اغفال کردن، فریب دادن
suborneur,euse / sybɔʀnœʀ,øz / *adj, n*
[قدیمی یا طنزآمیز] فریب‌دهنده، اغفال‌کننده
subreptice / sybʀɛptis / *adj* مخفیانه، پنهانی
subrepticement / sybʀɛptismɑ̃ / *adv*
مخفیانه، در خفا، پنهانی
subrogé,e / sybʀɔʒe / *adj, n*, **subrogé tuteur, subrogée tutrice** ناظر قیم
subside / sypsid;sybzid / *nm* کمک مالی، کمک بلاعوض، یارانه
subsidiaire / sypsidjɛʀ;sybzidjɛʀ / *adj*
فرعی، جنبی
subsidiairement / sypsidjɛʀmɑ̃;sybzidjɛʀmɑ̃ / *adv* به طور فرعی، به طور جنبی
subsistance / sybzistɑ̃s / *nf* ۱. امرار معاش، تأمین معاش، گذران ــ [صورت جمع] ۲. ارزاق
subsister / sybziste / *vi* (1) ۱. بجا ماندن، باقی ماندن، دوام یافتن ۲. امرار معاش کردن، معاش خود را تأمین کردن
subsonique / sypsɔnik / *adj* [سرعت هواپیما] زیر صوت، فروصوتی
substance / sypstɑ̃s / *nf* ۱. جوهر، ذات ۲. ماده، جسم ۳. اصل، محتوا
en substance کلاً، عمدتاً
substantiel,elle / sypstɑ̃sjɛl / *adj*
۱. مُغذی ۲. اساسی، بنیادی ۳. جوهری، ذاتی ۴. قابل توجه، کلان
substantif / sypstɑ̃tif / *nm* [دستور زبان] اسم، موصوف
substantivement / sypstɑ̃tivmɑ̃ / *adv*
[دستور زبان] به صورت اسم، به عنوان اسم
substantiver / sypstɑ̃tive / *vt* (1)
[دستور زبان] تبدیل به اسم کردن، اسم کردن، به صورت اسم درآوردن
substituer / sypstitɥe / *vt* (1) جانشین (کسی یا چیزی) کردن، جایگزین (کسی یا چیزی) کردن
se substituer *vp* جانشین (کسی یا چیزی) شدن، جایگزین (کسی یا چیزی) شدن
substitut / sypstity / *nm* (شیء) جایگزین
substitut (du procureur) قائم‌مقام دادستان
substitution / sypstitysjɔ̃ / *nf* جانشینی، جانشین‌سازی، جایگزینی، جایگزین‌سازی
substrat / sybstʀa / *nm* ۱. شالوده، اساس، بنیاد ۲. [زمین‌شناسی] زیرلایه ۳. [زبان‌شناسی] لایهٔ زیرین
subterfuge / syptɛʀfyʒ / *nm* ترفند، تدبیر، کلک
subtil,e / syptil / *adj* ۱. موشکاف، نکته‌سنج، دقیق، باریک‌بین ۲. موشکافانه، باریک‌بینانه، زیرکانه، هوشمندانه ۳. ظریف، حساس
subtilement / syptilmɑ̃ / *adv* موشکافانه، زیرکانه، هوشمندانه، با زیرکی
subtiliser / syptilize / *vi, vt* (1) ۱. موشکافی

successivement / syksesivmɑ̃ / *adv*
پی‌درپی، به طور متوالی

succession / syksesjɔ̃ / *nf* ۱. توالی ۲. رشته، ردیف، سلسله ۳. وراثت، توارث ۴. ارث، میراث ۵. جانشینی

successoral,e,aux / syksesɔʀal,o / *adj*
[حقوقی] وراثتی، ارثی، (مربوط به) ارث

succinct,e / syksɛ̃,t;syksɛ̃kt / *adj* خلاصه، مختصر، موجز، کوتاه

succinctement / syksɛ̃(k)tmɑ̃ / *adv*
به طور خلاصه، به اختصار

succion / syksjɔ̃ / *nf* مک، مکش، مکیدن

succomber / sykɔ̃be / *vi* (1) ۱. از پا درآمدن ۲. شکست خوردن، مغلوب شدن ۳. جان باختن، جان سپردن ۴. تن دادن، گردن نهادن، تسلیم شدن

succulence / sykylɑ̃s / *nf* [ادبی] خوشمزگی، لذیذ بودن

succulent,e / sykylɑ̃,t / *adj* ۱. خوشمزه، لذیذ ۲. [قصه و غیره] جذاب ۳. [قدیمی؛ میوه] آبدار

succursale / sykyʀsal / *nf*
[بانک، فروشگاه، ...] شعبه

sucer / syse / *vt* (3) مکیدن، مک زدن

sucette / sysɛt / *nf* ۱. پستانک ۲. آب‌نبات چوبی

suceur,euse / sysœʀ,øz / *adj, n* مکنده

suceur de sang [ادبی] آدم زالوصفت

suçoir / syswaʀ / *nm* [حشرات] خرطوم

suçoter / sysɔte / *vt* (1) با لذت مکیدن، پشت سر هم مک زدن

sucre / sykʀ / *nm* ۱. قند ۲. شکر

sucre en morceaux قند (حبه)

sucre en poudre شکر

sucré,e / sykʀe / *adj* ۱. شیرین ۲. مطبوع، دلپذیر

sucrer / sykʀe / *vt* (1) شیرین کردن

کردن، باریک شدن ◙ ۲. [خودمانی] کش رفتن، بلند کردن

subtilité / syptilite / *nf* ۱. موشکافی، نکته‌سنجی، دقت، باریک‌بینی ۲. ظرافت، نکتهٔ ظریف

des subtilités de langage ظرافت‌های زبان

suburbain,e / sybyʀbɛ̃ / *adj* [ادبی] نزدیک شهر، حومهٔ شهر، اطراف شهر

subvenir / sybvəniʀ / *vt* (22) [نیاز و غیره] برآوردن، تأمین کردن، تهیه کردن، فراهم کردن

subvention / sybvɑ̃sjɔ̃ / *nf* [از طرف دولت، نهادها و غیره] کمک مالی، کمک بلاعوض، یارانه

subventionner / sybvɑ̃sjɔne / *vt* (1)
کمک مالی کردن به، کمک بلاعوض دادن به، یارانه دادن به

subversif,ive / sybvɛʀsif,iv / *adj* ویرانگر، مخرب

subversion / sybvɛʀsjɔ̃ / *nf* براندازی، انهدام، سرنگونی

suc / syk / *nm* شیرهٔ گیاهی، شیره

succédané,e / syksedane / *adj, nm*
[دارو و غیره] مشابه، جانشین

succéder / syksede / *vt* (6)
۱. جانشین (کسی) شدن، جای (کسی یا چیزی را) گرفتن، جایگزین (کسی یا چیزی) شدن ۲. به دنبال (کسی یا چیزی) آمدن، بعد از (کسی یا چیزی) آمدن ۳. به ارث بردن

se succéder *vp* ۱. جانشین هم شدن ۲. به دنبال هم آمدن ۳. پشت سر هم آمدن

succès / syksɛ / *nm* ۱. موفقیت ۲. توفیق، کامیابی ۳. محبوبیت

successeur / syksesœʀ / *nm* ۱. جانشین ۲. وارث

successif,ive / syksésif,iv / *adj* پی‌درپی، پیاپی، متوالی

a = bas, plat e = blé, jouer ɛ = lait, jouet, merci i = il, lyre o = mot, dôme, eau, gauche ɔ = mort
u = roue y = rue ø = peu œ = peur ə = le, premier ɑ̃ = sans, vent ɛ̃ = matin, plein, lundi
ɔ̃ = bon, ombre ʃ = chat, tache ʒ = je, gilet j = yeux, paille, pied w = oui, nouer ɥ = huile, lui

sucrerie 818

se sucrer *vp* ۱. (قهوه یا چای خود را) شیرین کردن ۲. [خودمانی] پول خوبی به جیب زدن

sucrerie /sykʀəʀi/ *nf* ۱. کارخانهٔ قند ــ [صورت جمع] ۲. شیرینی‌جات

sucrier[1],ère /sykʀije,ɛʀ/ *adj* (مربوط به) قند و شکر

betterave sucrière چغندر قند

sucrier[2] /sykʀije/ *nm* ۱. قندان ۲. شکردان، ظرف شکر، جاشکری

sud /syd/ *nm, adj. inv* ۱. جنوب ◻ ۲. جنوبی، (مربوط به) جنوب

sud-africain,e[1] /sydafʀikɛ̃,ɛn/ *adj* (مربوط به) افریقایی جنوبی

Sud-africain,e[2] /sydafʀikɛ̃,ɛn/ *n* اهل افریقای جنوبی

sud-américain,e[1] /sydameʀikɛ̃,ɛn/ *adj* (مربوط به) امریکای جنوبی

Sud-américain,e[2] /sydameʀikɛ̃,ɛn/ *n* اهل امریکای جنوبی

sudation /sudasjɔ̃/ *nf* تعریق

sud-coréen,enne[1] /sydkɔʀeɛ̃,ɛn/ *adj* (مربوط به) کره جنوبی

Sud-coréen,enne[2] /sydkɔʀeɛ̃,ɛn/ *n* اهل کره جنوبی

sud-est /sydɛst/ *nm, adj. inv* جنوب شرقی

sudiste /sydist/ *n, adj* [در جنگ‌های انفصال آمریکا] طرفدار جنوب

sudoripare /sydɔʀipaʀ/ *adj* مولد عرق

sud-ouest /sydwɛst/ *nm, adj. inv* جنوب غربی

suédois[1],e /sɥedwa,z/ *adj* (مربوط به) سوئد، سوئدی

Suédois[2],e /sɥedwa,z/ *n* اهل سوئد، سوئدی

suédois[3] /sɥedwa,z/ *nm* (زبان) سوئدی

suée /sɥe/ *nf* [خودمانی] عرق کردن زیاد، عرق ریختن

suer /sɥe/ *vi, vt* (1) ۱. عرق کردن، عرق ریختن ۲. نم پس دادن، رطوبت دادن ◻ ۳. [عرق] ریختن ۴. [نم] پس دادن ۵. [مجازی؛ غم، بدبختی، ...] باریدن

faire suer [خودمانی] خسته کردن، هلاک کردن

suer sang et eau [مجازی] جان کندن

sueur /sɥœʀ/ *nf* ۱. عرق ۲. مشقت، زحمت

suffire /syfiʀ/ *vt* (37) بس بودن، کافی بودن، کفایت کردن، بسنده بودن

Ça suffit! [خودمانی] بسه! کافیه!

Ce pays se suffit à lui-même. این کشور خودکفاست.

se suffire *vp* از عهدهٔ تأمین نیازهای خود برآمدن، روی پای خود ایستادن، خودکفا بودن

suffisamment /syfizamɑ̃/ *adv* به اندازهٔ کافی، به اندازه، به قدر کفایت

suffisance /syfizɑ̃s/ *nf* ۱. [ادبی] خودپسندی، خودستایی، تفرعن ۲. [قدیمی یا محلی] مقدار کافی

suffisant,e /syfizɑ̃,t/ *adj* ۱. کافی، بس، بسنده ۲. [ادبی] خودپسند، خودستا

suffixe /syfiks/ *nm* [دستور زبان] پسوند

suffixer /syfikse/ *vt* (1) [زبان‌شناسی] پسوند اضافه کردن به

suffocant,e /syfɔkɑ̃,t/ *adj* ۱. خفقان‌آور ۲. بهت‌آور

suffocation /syfɔkasjɔ̃/ *nf* ۱. نفس‌تنگی، خفقان ۲. اختناق، خفگی

suffoquer /syfɔke/ *vt, vi* (1) ۱. نفس (کسی را) تنگ کردن، خفه کردن ۲. مبهوت کردن ◻ ۳. احساس خفگی کردن، خفه شدن ۴. [از تعجب، خشم، ...] نفس (کسی) بند آمدن

suffrage /syfʀaʒ/ *nm* ۱. [سیاسی] رأی‌گیری ۲. رأی ۳. [ادبی] رأی موافق، تأیید

suggérer /sygʒeʀe/ *vt* (6) ۱. القا کردن، تلقین کردن ۲. توصیه کردن، پیشنهاد کردن ۳. به ذهن متبادر ساختن

suggestibilité /sygʒɛstibilite/ *nf* تلقین‌پذیری

suggestible / sygʒɛstibl / *adj* تلقین‌پذیر

suggestif,ive / sygʒɛstif,iv / *adj*
۱. تجسم‌گر، بلیغ ۲. تحریک‌آمیز، شهوت‌انگیز

suggestion / sygʒɛstjɔ̃ / *nf* ۱. القا، تلقین
۲. توصیه، پیشنهاد

suggestionner / sygʒɛstjɔne / *vt* (1)
تلقین کردن به، تحت تأثیر قرار دادن

suicidaire / sɥisidɛʀ / *adj* ۱. انتحاری،
(مربوط به) خودکشی ۲. خودکشی‌گرا، مستعد
خودکشی ۳. نابودکننده

suicide / sɥisid / *nm* خودکشی، انتحار

suicidé,e / sɥiside / *adj, n*
(شخص) خودکشی‌کرده

suicider (se) / səsɥiside / *vp* (1) خودکشی
کردن، خود را کشتن، دست به خودکشی زدن

suie / sɥi / *nf* دوده

suif / sɥif / *nm* پیه

suiffer / sɥife / *vt* (1) پیه مالیدن به

suint / sɥɛ̃ / *nm* چربی پشم گوسفند

suintement / sɥɛ̃tmɑ̃ / *nm* تراوش

suinter / sɥɛ̃te / *vi* (1) ۱. تراوش کردن،
تراویدن ۲. نم پس دادن

suisse¹ / sɥis / *adj* سوئیسی، (مربوط به)
سوئیس

Suisse² / sɥis / *n* اهل سوئیس، سوئیسی

suite / sɥit / *nf* ۱. رشته، سلسله، پیری
۲. دنباله، بقیه، ادامه ۳. پیامد، عاقبت، نتیجه،
سرانجام ۴. ملتزمین، همراهان ۵. [هتل] سوئیت
۶. [موسیقی] سوئیت

à la suite de به دنبالِ، پس از، در پی
de suite پی‌درپی، پیاپی، متوالی
et ainsi de suite و به همین ترتیب
par/dans la suite سپس، بعداً، بعد
par suite de در پیِ، به علتِ، به دلیلِ
tout de suite بی‌درنگ، بلافاصله، فوراً

suivant¹,e / sɥivɑ̃,t / *adj* ۱. بعدی، بعد
۲. آینده

suivant² / sɥivɑ̃ / *prép* مطابق، بنابر،
به موجب، بر حسبِ

suivant que بر حسب اینکه، بسته به اینکه

suiveur / sɥivœʀ / *nm* ۱. دنباله‌رو، مقلد
۲. [مسابقه] همراه ۳. [قدیمی] مزاحم خیابانی

suivi,e / sɥivi / *adj, part. passé* ۱. مداوم،
پیوسته، منظم ۲. منسجم ⬛ ۳. [اسم مفعول فعلِ
suivre]

suivisme / sɥivism / *nm* دنباله‌روی

suivre / sɥivʀ / *vt* (40) ۱. پشت سر
(کسی یا چیزی) رفتن، دنبال (کسی یا چیزی) رفتن ۲.
دنبال کردن، تعقیب کردن ۳. همراهی کردن ۴. بعد
از (کسی یا چیزی) آمدن، بعداً آمدن ۵. در طول
(مسیری) رفتن، (به راهی) رفتن ۶. ادامه دادن،
پیگیری کردن ۷. پیروی کردن، تبعیت کردن ۸.
توجه کردن، گوش دادن ۹. سر درآوردن، فهمیدن،
درک کردن

à suivre [داستان و غیره] ادامه در قسمت بعد،
دنباله دارد

se suivre *vp* ۱. به دنبال هم آمدن، دنبال هم بودن،
پی‌درپی بودن ۲. به هم مرتبط بودن

sujet¹ / syʒɛ / *nm* ۱. موضوع ۲. دلیل، علت
۳. [دستور زبان] فاعل ۴. فرد، شخص ۵. مورد

au sujet de در موردِ، دربارۀ، راجع به

sujet²,ette / syʒɛ,ɛt / *adj* ۱. در معرض،
دستخوش ۲. دچار

sujet³,ette / syʒɛ,ɛt / *n* ۱. تبعه ۲. تابع،
رعیت

sujétion / syʒesjɔ̃ / *nf* ۱. تابعیت، انقیاد
۲. الزام، قید ۳. دردسر

sulfate / sylfat / *nm* سولفات

sulfure / sylfyʀ / *nm* سولفور

sulfuré,e / sylfyʀe / *adj* گوگردی

sulfurer /sylfyʀe/ *vt* (1) با گوگرد ترکیب کردن

sulfureux,euse /sylfyʀø,øz/ *adj* گوگردی، گوگرددار

sulfurique /sylfyʀik/ *adj*, **acide sulfurique** اسید سولفوریک، جوهر گوگرد

sultan /syltɑ̃/ *nm* سلطان

sultanat /syltana/ *nm* ۱. سلطنت ۲. کشور سلطنتی

summum /sɔmɔm/ *nm* [افتخار، شهرت، ...] اوج، قله

super[1] /sypeʀ/ *adj. inv* [خودمانی] عالی، معرکه، محشر

super[2] /sypeʀ/ *nm* → supercarburant

superbe /sypɛʀb/ *adj* ۱. عالی، بی‌نظیر ۲. بسیار زیبا ۳. باشکوه، شکوهمند ۴. [ادبی] متکبر، خودپسند ◘ ۵. [ادبی] غرور

superbement /sypɛʀbəmɑ̃/ *adv* به طرزی باشکوه، شکوهمندانه

supercarburant /sypɛʀkaʀbyʀɑ̃/ *nm* بنزین سوپر

supercherie /sypɛʀʃəʀi/ *nf* تقلب، حقه‌بازی، فریب‌کاری

superfétatoire /sypɛʀfetatwaʀ/ *adj* [ادبی] زاید، غیرضروری

supérette /sypeʀet/ *nf* [تجارت] سوپر (کوچک)، فروشگاه (کوچک)

superficie /sypɛʀfisi/ *nf* ۱. سطح ۲. مساحت ۳. [مجازی؛ ادبی] ظاهر، صورت ظاهر

superficiel,elle /sypɛʀfisjɛl/ *adj* ۱. سطحی ۲. ظاهری

amabilité superficielle محبت ظاهری

brûlure superficielle سوختگی سطحی

superficiellement /sypɛʀfisjɛlmɑ̃/ *adv* ۱. به طور سطحی ۲. به ظاهر، در ظاهر

superflu,e /sypɛʀfly/ *adj* ۱. اضافی، زیادی ۲. زاید، غیرضروری ۳. بیهوده، بیخود

superfluité /sypɛʀflyite/ *nf* [ادبی] چیز زاید، زیادی

supérieur,e /sypeʀjœʀ/ *adj, n* ۱. بالایی، فوقانی، بالا ۲. برتر، بالاتر، بهتر ۳. بالادست، علیا ۴. عالی، ممتاز ◘ ۵. ارشد، مافوق

supérieurement /sypeʀjœʀmɑ̃/ *adv* ۱. (به طرزی) عالی، فوق‌العاده ۲. [خودمانی] خیلی‌خیلی

supériorité /sypeʀjɔʀite/ *nf* برتری، تفوق

superlatif[1]**,ive** /sypɛʀlatif,iv/ *adj* ۱. [دستور زبان] عالی، برین ۲. اغراق‌آمیز، مفرط

superlatif[2] /sypɛʀlatif/ *nm* [دستور زبان] صفت عالی، صفت برین

superman /sypɛʀman/ *nm* اَبَرمرد

supermarché /sypɛʀmaʀʃe/ *nm* فروشگاه (بزرگ)

superphosphate /sypɛʀfɔsfat/ *nm* کود فسفات

superposable /sypɛʀpozabl/ *adj* قابل روی هم گذاشتن، روی‌هم‌گذاشتنی

superposer /sypɛʀpoze/ *vt* (1) بالای هم قرار دادن، روی هم گذاشتن

superposition /sypɛʀpozisjɔ̃/ *nf* (عمل) روی هم گذاشتن، روی هم قرار گرفتن

superprofit /sypɛʀpʀɔfi/ *nm* منافع کلان

superpuissance /sypɛʀpɥisɑ̃s/ *nf* اَبَرقدرت

supersonique /sypɛʀsɔnik/ *adj* فراصوتی، مافوق صوت

superstar /sypɛʀstaʀ/ *nf* [هنرپیشه] فوق‌ستاره

superstitieux,euse /sypɛʀstisjø,øz/ *adj* ۱. خرافاتی، خرافه‌پرست، موهوم‌پرست ۲. خرافی

superstition /sypɛʀstisjɔ̃/ *nf* ۱. خرافات، خرافه ۲. خرافه‌پرستی، موهوم‌پرستی ۳. وسواس

superstructure /sypɛʀstʀyktyʀ/ *nf* روبنا، روساخت

superviser /sypɛʀvize/ *vt* (1) (بر انجام کاری) نظارت کردن

supervision /sypɛʀvizjɔ̃/ *nf* نظارت

supplanter /syplɑ̃te/ *vt* (1) جای (کسی یا چیزی را) گرفتن

suppléance /sypleɑ̃s/ *nf* جانشینی

suppléant,e /sypleɑ̃,t/ *adj* جانشین

suppléer /syplee/ *vt* (1) ۱. اضافه کردن، کامل کردن، تکمیل کردن ۲. جانشین شدن، جای (کسی یا چیزی را) گرفتن ۳. [نقص، کمبود، ...] جبران کردن، برطرف کردن، چاره کردن

supplément /syplemɑ̃/ *nm* ۱. مکمل، متمم ۲. پی‌افزود، ضمیمه ۳. مبلغ اضافی، هزینهٔ اضافی

en supplément اضافی، اضافه

supplémentaire /syplemɑ̃tɛʀ/ *adj* اضافی

heures supplémentaires اضافه کار

suppliant,e /syplijɑ̃,t/ *adj, n* ۱. ملتمس، ملتمسانه، تضرع‌آمیز ◻ ۲. ملتمس، حاجت‌مند، مستدعی

supplication /syplikasjɔ̃/ *nf* ۱. التماس، تضرع، استغاثه ۲. استدعا، تمنا

supplice /syplis/ *nm* ۱. شکنجه ۲. عذاب، زجر

supplicier /syplisje/ *vt* (7) ۱. شکنجه کردن، شکنجه دادن ۲. [ادبی] عذاب دادن، زجر دادن

supplier /syplije/ *vt* (7) ۱. التماس کردن، استغاثه کردن ۲. استدعا کردن، تمنا کردن

supplique /syplik/ *nf* عریضه

support /sypɔʀ/ *nm* ۱. تکیه‌گاه، پایه ۲. حائل ۳. [ادبی] پشتوانه، کمک

supportable /sypɔʀtabl/ *adj* قابل تحمل، تحمل‌کردنی، تحمل‌پذیر

supporter[1] /sypɔʀte/ *vt* (1) ۱. نگه‌داشتن ۲. تحمل کردن، تاب آوردن، متحمل شدن، بر خود هموار کردن

supporter[2] /sypɔʀtɛʀ/ *nm* [بازیکن و غیره] طرفدار، هوادار

supposer /sypoze/ *vt* (1) ۱. فرض کردن ۲. پنداشتن، تصور کردن ۳. مستلزم (چیزی) بودن، نیاز داشتن به ۴. [حقوقی] جعل کردن

supposition /sypozisjɔ̃/ *n* ۱. فرض ۲. پندار، گمان، تصور ۳. [حقوقی] جعل

supposition de testament جعل وصیت‌نامه

une supposition que [خودمانی] بر فرض که، فرض کنیم که، گیریم که

suppositoire /sypozitwaʀ/ *nm* شیاف

suppôt /sypo/ *nm* [ادبی] همدست، عامل

suppression /sypʀesjɔ̃/ *nf* ۱. حذف ۲. لغو ۳. سربه‌نیست کردن

supprimer /sypʀime/ *vt* (1) ۱. حذف کردن ۲. لغو کردن ۳. از میان برداشتن ۴. از بین بردن، سربه‌نیست کردن

supprimer qqch à qqn چیزی را از کسی گرفتن، کسی را از چیزی محروم کردن

suppuration /sypyʀasjɔ̃/ *nf* (عمل) چرک کردن

suppurer /sypyʀe/ *vi* (1) چرک کردن، چرکی شدن

supputation /sypytasjɔ̃/ *nf* برآورد، تخمین

supputer /sypyte/ *vt* (1) برآورد کردن، حساب کردن، تخمین زدن

supranational,e,aux /sypʀanasjɔnal,o/ *adj* فراملی، فراملیتی

supraterrestre /sypʀatɛʀɛstʀ/ *adj*,

monde supraterrestre جهان آخرت، آن جهان، آن دنیا

suprématie /sypʀemasi/ *nf* برتری، تفوق

suprême /sypʀɛm/ *adj* ۱. برین، برتر، متعالی، بالاترین ۲. آخرین، واپسین
l'Être suprême باریتعالی
suprêmement /sypʀɛmmɑ̃/ *adv* به حد اعلا، بی‌اندازه، بی‌نهایت
sur[1] /syʀ/ *prép* ۱. رویِ، بر رویِ ۲. بالایِ، بر فرازِ ۳. به، بر ۴. از رویِ، بنابر، بر طبقِ ۵. دربارهٔ، راجع به، در خصوصِ، در موردِ ۶. حوالیِ ۷. در شرفِ، در حالِ ۸. [نسبت] از
Il est sur le départ. او دارد می‌رود. او در شرف رفتن است.
juger les gens sur la mine از روی ظاهر افراد در مورد آنها قضاوت کردن
sur le soir حوالی شب
sur soi همراه خود، با خود
tirer sur qqn به (طرف) کسی تیراندازی کردن
un homme sur dix یک مرد از ده مرد، از هر ده مرد یک مرد
sur[2] /syʀ/ *adj* ترش
sûr,e /syʀ/ *adj* ۱. مطمئن، خاطرجمع ۲. قابل اطمینان، قابل اعتماد ۳. امن ۴. مسلم، حتمی، قطعی
bien sûr مسلماً، قطعاً، به طور حتم، البته
pour sûr [خودمانی] معلومه، مسلمه
surabondamment /syʀabɔ̃damɑ̃/ *adv* زیادی، زیاد
surabondance /syʀabɔ̃dɑ̃s/ *nf* زیادی، کثرت، وفور
surabondant,e /syʀabɔ̃dɑ̃,t/ *adj* زیاد، فراوان، بیش از اندازه
surabonder /syʀabɔ̃de/ *vi* (1) [ادبی] زیاد بودن، به حد وفور بودن، فراوان بودن، فراوان داشتن
suraigu,ë /syʀegy/ *adj* [صدا] خیلی زیر، جیغ‌مانند
surajouter /syʀaʒute/ *vt* (1) بیش از حد افزودن، باز هم افزودن، زیادتر کردن، بیشتر کردن
se surajouter *vp* باز هم افزوده شدن، زیادتر شدن، بیشتر شدن
suralimentation /syʀalimɑ̃tasjɔ̃/ *nf* ۱. تغذیهٔ بیش از اندازه ۲. پرخوری
suralimenter /syʀalimɑ̃te/ *vt* (1) ۱. بیش از اندازه غذا دادن به، پُر خوراندن ۲. [موتور] سوخت بیشتر رساندن به
suranné,e /syʀane/ *adj* [ادبی] کهنه، منسوخ، قدیمی، ازمُدافتاده
surate /syʀat/ *nf* [قرآن] سوره
surcharge /syʀʃaʀʒ/ *n* ۱. اضافه‌بار، بار اضافی ۲. مطلب افزوده‌شده، واژهٔ اصلاحی
surcharge de... ... اضافه، ... اضافی، ... زیادی
surcharger /syʀʃaʀʒe/ *vt* (3) ۱. بیش از اندازه بار کردن ۲. بیش از اندازه کار کشیدن از ۳. انباشتن، آکندن ۴. بیش از حد تحمیل کردن به
surchauffe /syʀʃof/ *nf* [فنی] افزایش حرارت، حرارت‌دهی بیشتر
surchauffer /syʀʃofe/ *vt* (1) ۱. بیش از اندازه گرم کردن ۲. [فنی] حرارت را افزایش دادن، بیشتر حرارت دادن
surchoix /syʀʃwa/ *nm* [تجارت] اعلا، درجه یک، ممتاز
surclasser /syʀklase/ *vt* (1) ۱. پشت سر گذاشتن ۲. برتر بودن
surcroît /syʀkʀwa/ *nm*, **de par surcroît** به علاوه، علاوه بر این، وانگهی
un surcroît de اضافه، اضافی، زیادی
surdi-mutité /syʀdimytite/ *nf* کر و لالی
surdité /syʀdite/ *nf* ناشنوایی، کری
surdoué,e /syʀdwe/ *adj* [کودک] تیزهوش، استثنائی
sureau /syʀo/ *nm* [گیاه] آقطی
surélévation /syʀelevasjɔ̃/ *nf* افزایش ارتفاع، بلندتر کردن
surélever /syʀɛlve/ *vt* (5) بر ارتفاع (چیزی) افزودن، بلندتر کردن

sûrement / syRmã / adv — به طور قطع، قطعاً، مطمئناً، مسلماً، حتماً

surenchère / syRãʃɛR / nf — ۱. [مزایده] پیشنهاد بالاتر ۲. [انتخابات] وعدهٔ بهتر

surenchérir / syRãʃeRiR / vt (2) — ۱. [مزایده] پیشنهاد بالاتری دادن ۲. رو دست (کسی) بلند شدن

surestimation / syRɛstimasjɔ̃ / nf — ۱. برآورد بیش از ارزش واقعی، برآورد اضافی ۲. مبالغه

surestimer / syRɛstime / vt (1) — ۱. بیش از ارزش واقعی برآورد کردن، قیمت بالاتر گذاشتن روی ۲. مبالغه کردن

sûreté / syRte / nf — ۱. امنیت، ایمنی ۲. اطمینان، خاطرجمعی ۳. تضمین

de sûreté — (ویژهٔ) ایمنی

en sûreté — در جای امن

Sûreté (nationale) — [در فرانسه] سازمان امنیت

surexcitation / syRɛksitasjɔ̃ / nf — هیجان مفرط، هیجان‌زدگی

surexciter / syRɛksite / vt (1) — بیش از حد به هیجان آوردن، هیجان‌زده کردن

surexploiter / syRɛksplwate / vt (1) — ۱. بیش از اندازه بهره‌برداری کردن ۲. بیش از حد استثمار کردن

surf / sœRf / nm — [ورزش] موج‌سواری

surface / syRfas / nf — ۱. سطح ۲. مساحت ۳. ظاهر، بیرون

surfaire / syRfɛR / vt (60) — [ادبی] بیش از حد بها دادن به، بیش از اندازه ارزش دادن به

surfait,e / syRfɛ,t / adj, part. passé — ۱. بیش از حد بهاداده‌شده، مبالغه‌شده ۲. [اسم مفعول فعل] surfaire

surgeler / syRʒəle / vt (5) — به سرعت منجمد کردن، (در دمای بسیار پایین) منجمد کردن

surgir / syRʒiR / vi (2) — ناگهان ظاهر شدن، یکدفعه پدیدار شدن، یکباره پیدا شدن

surgissement / syRʒismã / nm — [ادبی] ظهور ناگهانی

surhomme / syRɔm / nm — انسان برتر، اَبَرمرد

surhumain,e / syRymɛ̃,ɛn / adj — فوق‌بشری، فوق‌انسانی

surintendant / syRɛ̃tãdã / nm — [عنوان برخی از صاحب‌منصبان یک وزارتخانه در رژیم سابق فرانسه] ناظر، بازرس

surir / syRiR / vi (2) — ترش شدن

sur-le-champ / syRləʃã / loc. adv — همان‌دم، بی‌درنگ، فوراً

surlendemain / syRlãdmɛ̃ / nm — پس‌فردای آن روز، پس‌فردا

surmenage / syRmənaʒ / nm — خستگی بیش از حد، کوفتگی

surmener / syRməne / vt (5) — بیش از حد خسته کردن، از پا درآوردن، زیادی کار کشیدن از

se surmener vp — خود را بیش از حد خسته کردن

surmontable / syRmɔ̃tabl / adj — [مشکل و غیره] قابل رفع، قابل حل، حل‌شدنی

surmonter / syRmɔ̃te / vt (1) — ۱. بالای (چیزی) قرار داشتن، روی (چیزی) بودن ۲. [مشکل و غیره] چیره شدن بر، غالب آمدن بر، رفع کردن، پشت سر گذاشتن

surnager / syRnaʒe / vi (3) — ۱. روی آب شناور بودن ۲. [خاطرات و غیره] باقی ماندن، زنده ماندن

surnaturel,elle / syRnatyRɛl / adj — ۱. فوق‌طبیعی، خارق‌العاده ۲. غیردنیوی، ملکوتی

surnom / syRnɔ̃ / nm — لقب

surnombre (en) / ãsyRnɔ̃bR / loc. adv — بیش از اندازه، زیادی، اضافی

surnommer / syRnɔme / vt (1) — لقب دادن به، ملقب کردن

surnuméraire /syʀnymeʀɛʀ/ *adj*
اضافی، زیادی، مازاد

suroffre /suʀɔfʀ/ *nf* [حقوقی] پیشنهاد قیمت بالاتر، پیشنهاد بالاتر

surpasser /syʀpase/ *vt* (1) بهتر بودن از، برتری داشتن بر، سر بودن از

se surpasser *vp* به نحو احسن کار کردن

surpayer /syʀpeje/ *vt* (8) ۱. گران خریدن، گران تمام شدن ۲. زیادی پول دادن به

surpeuplé,e /syʀpœple/ *adj*
بسیار پرجمعیت

surpeuplement /syʀpœpləmɑ̃/ *nm*
جمعیت بیش از حد

surplomb /syʀplɔ̃/ *nm* [ساختمان، دیوار، ...] پیش‌نشستگی، بیرون‌زدگی، برآمدگی

en surplomb پیش‌نشسته، بیرون‌زده، برآمده

surplomber /syʀplɔ̃be/ *vi, vt* (1)
۱. [ساختمان، دیوار، ...] پیش‌نشستگی، پیش نشستن، جلو آمدن، شکم دادن ◻ ۲. بالا سرِ (جایی) بودن، مشرف بودن به

surplus /syʀply/ *nm* اضافه، زیادی، مازاد

au surplus [ادبی] به علاوه، وانگهی

surpopulation /syʀpɔpylasjɔ̃/ *nf*
اضافه جمعیت

surprenant,e /syʀpʀənɑ̃,t/ *adj*
۱. شگفت‌انگیز، تعجب‌آور، عجیب ۲. چشمگیر

surprendre /syʀpʀɑ̃dʀ/ *vt* (58)
۱. در حین ارتکاب گرفتن، مچ (کسی را) گرفتن ۲. غافلگیر کردن ۳. شگفت‌زده کردن، متعجب کردن ۴. پی بردن به، کشف کردن

surprendre un secret به رازی پی بردن

surprise /syʀpʀiz/ *nf* ۱. غافلگیری ۲. شگفتی، تعجب ۳. چیز غیرمنتظره، حادثهٔ غیرمترقبه ۴. هدیه غیرمنتظره

attaque-surprise حملهٔ غافلگیرانه، شبیخون

surproduction /syʀpʀɔdyksjɔ̃/ *nf*
تولید بیش از اندازه، اضافه تولید

surréalisme /syʀʀealism/ *nm* سوررئالیسم، فراواقع‌گرایی

surréaliste /syʀʀealist/ *adj, n*
۱. سوررئالیستی، فراواقع‌گرایانه ◻ ۲. سوررئالیست، فراواقع‌گرا

surrénal,e,aux /syʀʀenal,o/ *adj*
فوق‌کلیوی

sursaut /syʀso/ *nm* تکان (ناگهانی)، از جا پریدن

en sursaut به طور ناگهانی، یکدفعه، به یکباره، یکهو

sursaut d'énergie یکدفعه نیرو گرفتن

sursauter /syʀsote/ *vi* (1) (ناگهان) از جا پریدن، یکدفعه تکان خوردن

surseoir /syʀswaʀ/ *vt* (26) [حقوقی] به تعویق انداختن، معلق گذاشتن

sursis /syʀsi/ *nm* ۱. [حقوقی] تعویق، تعلیق ۲. مهلت، مجال

sursitaire /syʀsitɛʀ/ *adj, n* مهلت‌گیرنده

surtaxe /syʀtaks/ *nf* مالیات اضافی، مالیات فوق‌العاده

surtaxer /syʀtakse/ *vt* (1) مالیات اضافی گرفتن

surtout[1] /syʀtu/ *adv* ۱. به ویژه، مخصوصاً، بخصوص ۲. پیش از هر چیز

surtout[2] /syʀtu/ *nm* ۱. ظرف تزیینی (روی میز) ۲. [قدیمی] پالتوی گشاد

surveillance /syʀvɛjɑ̃s/ *nf* ۱. مراقبت ۲. نظارت

surveillant,e /syʀvɛjɑ̃,t/ *n*
۱. [زندان] نگهبان ۲. ناظر ۳. ناظم (مدرسه)

surveiller /syʀveje/ *vt* (1)
۱. مراقبت کردن از، مراقب (کسی) بودن ۲. مراقب (چیزی) بودن، حواس (کسی به چیزی) بودن ۳. نظارت کردن ۴. زیر نظر گرفتن

survenir /syʀvəniʀ/ *vi* (22) ۱. پیش آمدن، روی دادن، رخ دادن ۲. (یکدفعه) سر رسیدن

survêtement / syRvεtmã / nm گرمکن (ورزشی)

survie / syRvi / nf ۱. زندگی پس از مرگ ۲. بقا، ماندگاری

survivance / syRvivãs / nf ۱. بازمانده، بقایا ۲. [ادبی] بقا

survivant,e / syRvivã,t / adj, n ۱. [پس از مرگ دیگری] بازمانده ۲. [پس از سانحه] زنده‌مانده، بازمانده، نجات‌یافته

survivre / syRvivR / vi, vt (46) ۱. زنده ماندن، به زندگی خود ادامه دادن، بقا یافتن ۲. باقی ماندن، ماندن ۳. بیشتر عمر کردن ۴. جان سالم به در بردن

survol / syRvɔl / nm ۱. پرواز (بر فراز) ۲. بررسی سطحی

survoler / syRvɔle / vt (1) ۱. بر فراز (چیزی) پرواز کردن، از بالای (چیزی) گذشتن ۲. به طور سطحی بررسی کردن، نظری انداختن بر

sus / sy(s) / adv, **en sus de** [حقوقی یا اداری؛ قیمت] علاوه بر، جدا از
Le service est en sus du prix indiqué.
هزینهٔ سرویس جدا از قیمتِ اعلام‌شده است. هزینهٔ سرویس حساب نشده است.

susceptibilité / sysεptibilite / nf حساسیت، زودرنجی

susceptible / sysεptibl / adj ۱. قابل، مستعد ۲. حساس، زودرنج

susciter / sysite / vt (1) ۱. برانگیختن ۲. ایجاد کردن، باعث (چیزی) شدن، فراهم آوردن

suscription / syskRipsjɔ̃ / nf [اداری] نشانی نامه

susdit,e / sysdi,t / adj [حقوقی] فوق، فوق‌الذکر، مذکور

susmentionné,e / sysmãsjɔne / adj [اداری] فوق‌الذکر، مذکور

susnommé,e / sysnɔme / adj [اداری، حقوقی] نامبرده، فوق‌الذکر، مذکور

suspect,e / syspε(kt),kt / adj, n ۱. مظنون، مشکوک ▣ ۲. فرد مظنون

suspecter / syspεkte / vt (1) بدگمان بودن به، سوء ظن داشتن به، مشکوک بودن به، شک داشتن به

suspendre / syspãdR / vt (41) ۱. آویزان کردن، آویختن، زدن ۲. به حال تعلیق درآوردن، معلق کردن ۳. به تعویق انداختن، به بعد موکول کردن
suspendre une séance جلسه‌ای را به حال تعلیق درآوردن

suspendu,e / syspãdy / adj, part. passé ۱. آویزان ۲. معلق ▣ ۳. [اسم مفعول فعل [suspendre
pont suspendu پل معلق

suspens (en) / ãsyspã / loc. adv معلق، بلاتکلیف

suspension / syspãsjɔ̃ / nf ۱. آویزش، آویختگی ۲. توازن ۳. تعلیق، حالت تعلیق ۴. تعویق ۵. لوستر، چراغ (سقفی) ۶. [وسایل نقلیه] فنربندی
en suspension (به صورتِ) سوسپانسیون (= ذرات جامد معلق در مایع یا گاز)
points de suspension [نشانه‌گذاری] سه‌نقطه «...»

suspicieux,euse / syspisjø,øz / adj مشکوک، شبهه‌انگیز

suspicion / syspisjɔ̃ / nf بدگمانی، سوء ظن، شک

sustentation / systãtasjɔ̃ / nf ۱. برقراری تعادل، حفظ تعادل ۲. [قدیمی] تغذیه

sustenter (se) / s(ə)systãte / vp (1) تغذیه کردن، غذا خوردن

susurrement / sysyRmã / nm زمزمه، نجوا

susurrer / sysyRe / vi, vt (1) زمزمه کردن، نجوا کردن

suture / sytyʀ / *nf* بخیه (زدن)
point de suture بخیه
suturer / sytyʀe / *vt* (1) بخیه زدن، بخیه کردن
suzerain,e / syzʀɛ̃,ɛn / *n* فئودال بزرگ، خاوند، سالار
svelte / svɛlt / *adj* بلندبالا، باریک‌اندام، رعنا
sveltesse / svɛltɛs / *nf* باریک‌اندامی، رعنایی
sweater / switœʀ / *nm* پُلیور
sweat-shirt / switʃœʀt / *nm* پُلیور ورزشی
sybarite / sibaʀit / *adj, n* [ادبی] لذت‌جو، کامجو، خوشگذران
sybaritisme / sibaʀitism / *nm* لذت‌جویی، کامجویی، خوشگذرانی
syllabe / silab / *nf* هجا
syllabique / silabik / *adj* هجایی
syllogisme / silɔʒism / *nm* قیاس صوری
syllogistique / silɔʒistik / *adj* [استدلال] قیاسی
sylvestre / silvɛstʀ / *adj* [ادبی؛ مربوط به] جنگل، جنگلی
sylvicole / silvikɔl / *adj* [فنی؛ مربوط به] جنگلداری
sylviculture / silvikyltyʀ / *nf* جنگلداری
symbiose / sɛ̃bjoz / *nf* ۱. [زیست‌شناسی] هم‌زیستی ۲. [مجازی] پیوند تنگاتنگ
symbole / sɛ̃bɔl / *nm* نماد، مظهر، نشانه، علامت، سَمبُل
symbolique / sɛ̃bɔlik / *adj, nf* ۱. نمادی، نمادین، سَمبولیک ▣ ۲. نمادها، نمادگان
symboliser / sɛ̃bɔlize / *vt* (1) ۱. با نماد بیان کردن، نمادی کردن، به نماد درآوردن ۲. مظهر (چیزی) بودن
symbolisme / sɛ̃bɔlism / *nm* نمادگرایی، نمادپردازی، سَمبولیسم
symboliste / sɛ̃bɔlist / *n, adj* ۱. نمادگرا، نمادپرداز، سَمبولیست ▣ ۲. نمادگرایانه، نمادپردازانه، سَمبولیستی
symétrie / simetʀi / *nf* ۱. تقارن ۲. [ادبی] تناسب، هماهنگی
symétrique / simetʀik / *adj* ۱. متقارن، قرینه‌ای ۲. قرینه
sympa / sɛ̃pa / *adj* → sympathique
sympathie / sɛ̃pati / *nf* ۱. همدلی، همنوایی ۲. همدردی، غمخواری ۳. علاقه
avoir de la sympathie pour qqn به کسی علاقه داشتن
sympathique[1] / sɛ̃patik / *adj* ۱. دوست‌داشتنی، نازنین، خواستنی ۲. دلپذیر، خوشایند، مطبوع، دلپسند
sympathique[2] / sɛ̃patik / *nm* عصب سمپاتیک
sympathiquement / sɛ̃patikmɑ̃ / *adv* صمیمانه، دوستانه، گرم
sympathisant,e / sɛ̃patizɑ̃,t / *n, adj* [حزب و غیره] هوادار، طرفدار
sympathiser / sɛ̃patize / *vi* (1) همدل بودن، همدلی نشان دادن، تفاهم داشتن
symphonie / sɛ̃fɔni / *nf* ۱. سَمفونی ۲. [ادبی] همسازی، هماهنگی
symphonique / sɛ̃fɔnik / *adj* سَمفونیک
symposium / sɛ̃pozjɔm / *nm* همایش (علمی)، سَمپوزیوم
symptomatique / sɛ̃ptɔmatik / *adj* ۱. حاکی از بیماری، نمایانگر بیماری ۲. معنی‌دار
symptôme / sɛ̃ptom / *nm* ۱. نشانه (بیماری) ۲. نشانه، علامت
synagogue / sinagɔg / *nf* کنیسه
synchrone / sɛ̃kʀɔn / *adj* هم‌زمان
synchronie / sɛ̃kʀɔni / *nf* [زبان‌شناسی] هم‌زمانی
synchronique / sɛ̃kʀɔnik / *adj* ۱. هم‌زمان ۲. هم‌زمانی
synchronisation / sɛ̃kʀɔnizasjɔ̃ / *nf* هم‌زمان کردن، هم‌زمان‌سازی

synchroniser /sɛ̃kʀɔnize/ *vt* (1)
همزمان کردن

synchronisme /sɛ̃kʀɔnism/ *nm*
[فنی] همزمانی

syncope /sɛ̃kɔp/ *nf* غش، سَنکوپ، ایست قلبی

syndic /sɛ̃dik/ *nm* ۱. [انجمن شهر پاریس و غیره] ناظر، کارگزار ۲. [مجتمع ساختمانی] کارگزار هیئت مدیره

syndical,e,aux /sɛ̃dikal,o/ *adj*
اتحادیه‌ای، سندیکایی، (مربوط به) اتحادیه

syndicalisme /sɛ̃dikalism/ *nm* سندیکالیسم

syndicaliste /sɛ̃dikalist/ *n, adj*
۱. سندیکالیست ۲. عضو فعال سندیکا ◙ ۳. سندیکایی، سندیکالیستی

syndicat /sɛ̃dika/ *nm* اتحادیه، سندیکا

syndiqué,e /sɛ̃dike/ *adj, n* عضو اتحادیه، عضو سندیکا

syndiquer (se) /səsɛ̃dike/ *vp* (1)
۱. تشکیل اتحادیه دادن ۲. عضو اتحادیه شدن

syndrome /sɛ̃dʀom/ *nm* [بیماری] نشانگان، سَندروم

synode /sinɔd/ *nm* شورای کلیسایی

synonyme /sinɔnim/ *adj, nm* هم‌معنا، هم‌معنی، مترادف

synonymie /sinɔnimi/ *nf* هم‌معنایی

synoptique /sinɔptik/ *adj* کلی، اجمالی

syntacticien,enne /sɛ̃taktisjɛ̃,ɛn/ *n*
نحودان، نحوی

syntactique /sɛ̃taktik/ *adj*
→ syntaxique

syntagmatique /sɛ̃tagmatik/ *adj*
[زبان‌شناسی] همنشینی، زنجیره‌ای

axe syntagmatique [زبان‌شناسی] محور همنشینی

syntagme /sɛ̃tagm/ *nm* [زبان‌شناسی]
زنجیره، عناصر همنشین

syntaxe /sɛ̃taks/ *nf* نحو

syntaxique /sɛ̃taksik/ *adj* نحوی

synthèse /sɛ̃tɛz/ *nf* ۱. ترکیب، تلفیق ۲. [فلسفه] هم‌نهاد، سَنتز

synthétique /sɛ̃tetik/ *adj* ۱. ترکیبی، تلفیقی ۲. [فرآورده‌های شیمیایی] مصنوعی، ساختگی

synthétiser /sɛ̃tetize/ *vt* (1)
ترکیب کردن، (با هم) تلفیق کردن

syphilis /sifilis/ *nf* سیفلیس

syphilitique /sifilitik/ *adj, n* ۱. سیفلیسی، (مربوط به) سیفلیس ◙ ۲. مبتلا به سیفلیس

syrien,enne[1] /siʀjɛ̃,ɛn/ *adj*
(مربوط به) سوریه، سوری

Syrien,enne[2] /siʀjɛ̃,ɛn/ *n* اهل سوریه، سوری

systématique /sistematik/ *adj* ۱. منظم، روشمند، قاعده‌مند ۲. حساب‌شده، برنامه‌ریزی‌شده، اصولی

systématiquement /sistematikmɑ̃/ *adv* ۱. به طور منظم ۲. به طور حساب‌شده، به طور اصولی

systématisation /sistematizasjɔ̃/ *nf*
نظام‌دهی، تنظیم

systématiser /sistematize/ *vt* (1)
سازمان دادن به، منظم کردن

système /sistɛm/ *nm* ۱. نظام، دستگاه، سیستم ۲. منظومه ۳. [خودمانی] ترفند، شگرد

système nerveux دستگاه عصبی، سیستم اعصاب

système politique نظام سیاسی

système solaire منظومهٔ شمسی

T,t

T,t /te/ *nm. inv* تِ (= بیستمین حرف الفبای فرانسه)
t' /t/ *pron. pers* → te
ta /ta/ *adj. poss. f* → ton,ta
tabac /taba/ *nm* ۱. توتون ۲. تنباکو
tabac à priser انفیه
tabatière /tabatjɛʀ/ *nf* انفیه‌دان
tabernacle /tabɛʀnakl/ *nm* ۱. [در کلیسا] گنجهٔ اشیاء متبرک ۲. [در آیین یهود] خیمهٔ مقدس
table /tabl/ *nf* ۱. میز ۲. غذای روی میز ۳. فهرست ۴. جدول
À table! [برای صرف غذا] بفرمایید سرِ میز
les tables de la Loi الواح قوانین موسی، ده فرمان
mettre/dresser la table میز غذا را چیدن
se mettre à table سر میز غذا نشستن
table de nuit/de chevet پاتختی
tableau /tablo/ *nm* ۱. تابلوی نقاشی ۲. [کلاس درس] تخته، تابلو ۳. تابلوی اعلانات ۴. صحنه، منظره ۵. شرح، تصویر ۶. فهرست، صورت ۷. جدول
tableautin /tablotɛ̃/ *nm* تابلوی کوچک
tablée /table/ *nf* افراد سرِ میز
tabler /table/ *vi* (1), **tabler sur qqch** روی چیزی حساب کردن
tablette /tablɛt/ *nf* ۱. [کمد و غیره] طبقه ۲. تاقچه، رف ۳. [کاکائو و غیره] ورقه ۴. لوح، لوحه

tablier /tablije/ *nm* ۱. پیش‌بند ۲. روپوش ۳. [شومینه و غیره] حفاظ
tabou /tabu/ *nm, adj* ۱. حرام، محرمات، تابو ◙ ۲. تحریم‌شده، نهی‌شده، منع‌شده، ممنوعه
tabouret /tabuʀɛ/ *nm* چهارپایه
tac /tak/ *nm. interj* تَق، دَق
tache /taʃ/ *nf* ۱. لکه، لک ۲. خال ۳. [قدیمی] خدشه
tâche /taʃ/ *nf* کار، وظیفه، تکلیف
tacher /taʃe/ *vt* (1) ۱. لک کردن، کثیف کردن ۲. [قدیمی] لکه‌دار کردن، ضایع کردن
se tacher *vp* ۱. لباس خود را لک کردن، لباس خود را کثیف کردن ۲. لک شدن، کثیف شدن
tâcher /taʃe/ *vt* (1) سعی کردن، کوشیدن
tâcheron /taʃʀɔ̃/ *nm* ۱. پیمانکار دست دوم ۲. آدم کوشا
tacheté,e /taʃte/ *adj* خالدار، خال‌خال
tachisme /taʃism/ *nm* [نقاشی] رنگ‌افشانی، تاشیسم
tachycardie /takikaʀdi/ *nf* [پزشکی] افزایش ضربان قلب، تاکیکاردی
tacite /tasit/ *adj* ضمنی، تلویحی
tacitement /tasitmɑ̃/ *adv* به طور ضمنی، تلویحاً
taciturne /tasityʀn/ *adj* کم‌حرف، ساکت

taciturnité /tasityʀnite/ *nf* کم‌حرفی، خاموشی، ساکت بودن

tacot /tako/ *nm* [خودمانی] ماشین قراضه، ابوطیاره

tact /takt/ *nm* ۱. ظرافت، سنجیدگی، باریک‌بینی ۲. تدبیر ۳. [قدیمی] لامسه

tacticien,enne /taktisjɛ̃,ɛn/ *nm* کارشناس فنون جنگی، رزم‌آرا

tactile /taktil/ *adj* ۱. (مربوط به) لامسه، لامسه‌ای، لمسی ۲. ملموس، قابل لمس

tactique /taktik/ *nf* ۱. تدابیر جنگی، رزم‌آرایی ۲. راهکار، تدبیر، شگرد، نقشه، تاکتیک

tænia /tenja/ *nm* → ténia

taffetas /tafta/ *nm* [پارچه] تافته

tahitien,enne[1] /taisjɛ̃,ɛn/ *adj* (مربوط به) تاهیتی، تاهیتیایی

Tahitien,enne[2] /taisjɛ̃,ɛn/ *n* اهل تاهیتی، تاهیتیایی

taie /tɛ/ *nf* ۱. روبالشی ۲. لک قرنیه

taillable /tajabl/ *adj* خراج‌گزار

taillader /tajade/ *vt* (1) بریدن، خراش انداختن

taille /taj/ *nf* ۱. قد، قامت ۲. نیمهٔ بدن، نیم‌تنه ۳. اندازه، سایز ۴. [لباس] بالاتنه ۵. برش ۶. [سنگ، الماس، ...] تراش ۷. [شمشیر و غیره] لبه، تیزی، دَم ۸. خراج

être de taille à توانستن، قادر بودن (به)

taillé,e /taje/ *adj* ۱. بریده ۲. تراشیده ۳. [ریش و سبیل] مرتب

être taillé en... دارای اندامِ... بودن

être taillé pour برای... ساخته شدن

taille-crayon(s) /tajkʀɛyɔ̃/ *nm. inv* مدادتراش

tailler /taje/ *vt* (1) ۱. بریدن، برش دادن ۲. [سنگ، الماس، ...] تراشیدن، تراش دادن ۳. هرس کردن ۴. (اندازهٔ لباسی) ... بودن

se tailler *vp* ۱. [ریش و سبیل] مرتب کردن، کوتاه کردن ۲. [عامیانه] به چاک زدن، در رفتن

tailleur /tajœʀ/ *nm* ۱. خیاط مردانه ۲. کت‌دامن ۳. تراشکار، [در ترکیب] ـتراش

tain /tɛ̃/ *nm* آلیاژ جیوه، آلیاژ قلع (= آلیاژی که در ساخت آینه به کار می‌رود.)

taire /tɛʀ/ *vt* (54) نگفتن، پنهان کردن، مسکوت گذاشتن

faire taire ساکت کردن، به سکوت واداشتن

se taire *vp* سکوت کردن، ساکت ماندن، چیزی نگفتن، حرف نزدن

tais-toi! ساکت باش! حرف نزن!

talc /talk/ *nm* پودر تالک

talé,e /tale/ *adj* [میوه] لِه، لهیده

talent /talɑ̃/ *nm* ۱. استعداد ۲. فرد بااستعداد، فرد مستعد

talentueux,euse /talɑ̃tɥø,øz/ *adj* بااستعداد، مستعد

talion /taljɔ̃/ *nm* قصاص (به عین)

la loi du talion قانون قصاص

talisman /talismɑ̃/ *nm* طلسم

Talmud /talmyd/ *nm* تلمود (= سنن ربانی دین یهود)

talmudique /talmydik/ *adj* تلمودی، (مربوط به) تلمود

taloche /talɔʃ/ *nf* [خودمانی] چَک، توگوشی، کشیده

talocher /talɔʃe/ *vt* (1) [خودمانی] چَک زدن (به)، کشیده زدن (به)، توگوش (کسی) زدن

talon /talɔ̃/ *nm* ۱. پاشنه ۲. ته

marcher/être sur les talons de qqn از نزدیک کسی را دنبال کردن، سایه به سایهٔ کسی رفتن

montrer/tourner les talons ۱. چرخ خوردن، چرخ زدن ۲. در رفتن، پا به فرار گذاشتن

talon d'Achille [مجازی] نقطه ضعف

talonner /talɔne/ *vt* (1) ۱. (از نزدیک) دنبال کردن، تعقیب کردن ۲. (به کسی) پیله کردن، ول نکردن

talus /taly/ *nm* ۱. شیب، دامنه ۲. خاکریز

tamanoir /tamanwaʀ/ *nm* مورچه‌خوار

tamarin /tamaʀɛ̃/ *nm* ۱. تمر هندی ۲. درخت تمر هندی

tamarinier /tamaʀinje/ *nm* درخت تمر هندی

tamaris /tamaʀis/ *nm* [درخت یا درختچه] گز

tamarix /tamaʀiks/ *nm* → tamaris

tambour /tɑ̃buʀ/ *nm* ۱. طبل، دهل، کوس ۲. طبل‌زن، دهل‌زن ۳. [فنی] استوانه، غلتک

tambouriner /tɑ̃buʀine/ *vi, vt* (1) ۱. طبل زدن، دهل زدن ۲. محکم زدن، کوبیدن ◙ ۳. با طبل زدن ۴. با صدای طبل اعلام کردن، جار زدن

tamis /tami/ *nm* الک

tamisage /tamizaʒ/ *nm* (عمل) الک کردن

tamiser /tamize/ *vt* (1) الک کردن

tampon /tɑ̃pɔ̃/ *nm* ۱. درپوش، در، توپی ۲. رول‌پلاک ۳. [پزشکی] تامپون ۴. کهنه ۵. نقش تمبر ۶. مُهر ۷. ضربه‌گیر

tampon buvard جوهر خشک‌کن

tampon encreur اِستامپ

tampon hygiénique/périodique (نوعی) نوار بهداشتی، نوار بهداشتی لوله‌ای

tamponnement /tɑ̃pɔnmɑ̃/ *nm* ۱. برخورد، تصادم ۲. تامپون گذاشتن

tamponner /tɑ̃pɔne/ *vt* (1) ۱. به شدت برخورد کردن، تصادف کردن ۲. با تامپون مالیدن، با تامپون تمیز کردن ۳. تمیز کردن، خشک کردن

tam-tam /tamtam/ *nm* ۱. تام‌تام (= نوعی طبل که بیشتر در آفریقا رواج دارد و با دست نواخته می‌شود.) ۲. صدای تام‌تام ۳. هیاهو، جنجال

tancer /tɑ̃se/ *vt* (3) [ادبی] سرزنش کردن، مؤاخذه کردن

tandis que /tɑ̃dik/ *loc. conj* ۱. در حالی که، در صورتی که، حال آنکه ۲. زمانی که، موقعی که، وقتی که

tangage /tɑ̃gaʒ/ *nm* ۱. نوسان طولی کشتی ۲. تکان تکان

tangence /tɑ̃ʒɑ̃s/ *nf* [هندسه] تماس

tangent,e /tɑ̃ʒɑ̃,t/ *adj* [هندسه] مماس، تانژانت

tangentiel,elle /tɑ̃ʒɑ̃sjɛl/ *adj* [هندسه] مماسی

tangible /tɑ̃ʒibl/ *adj* ۱. ملموس، قابل لمس ۲. واقعی، عینی

tango /tɑ̃go/ *nm* [رقص] تانگو

tanguer /tɑ̃ge/ *vi* (1) [کشتی] بالا و پایین رفتن

tanière /tanjɛʀ/ *nf* ۱. کُنام، لانه ۲. مخفیگاه

tank /tɑ̃k/ *nm* ۱. مخزن، منبع ۲. تانک

tanker /tɑ̃kɛʀ/ *nm* نفتکش

tankiste /tɑ̃kist/ *nm* جمعی یکان زرهی

tannage /tanaʒ/ *nm* دباغی

tannant,e /tanɑ̃,t/ *adj* ۱. (مخصوصِ) دباغی ۲. [خودمانی] اعصاب‌خوردکن

tanné,e /tane/ *adj* ۱. دباغی‌شده ۲. آفتاب‌سوخته

tanner /tane/ *vt* (1) ۱. دباغی کردن ۲. [خودمانی] اذیت کردن، اعصاب (کسی را) خرد کردن، کلافه کردن

tannerie /tanʀi/ *nf* ۱. دباغ‌خانه ۲. دباغی

tant /tɑ̃/ *adv* ۱. آن‌قدر، به حدی، چندان، چنان ۲. خیلی ۳. فلان قدر

en tant que ۱. به عنوانِ، به منزلهٔ ۲. از لحاظِ اینکه، به خاطر اینکه

tant et plus بیش از اینها، باز هم بیشتر

tant mieux چه بهتر، خوب شد

tant pis ۱. عیبی ندارد، مهم نیست ۲. چه بد، بد شد

tant que ۱. هر قدر که، چندان که، به حدی که، به طوری که ۲. تا وقتی که، تا زمانی که

tant soit peu... هر قدر هم کم... باشد

tante /tɑ̃t/ *nf* ۱. عمه ۲. خاله ۳. زن‌عمو ۴. زن‌دایی ۵. [رکیک] کونی

tantième /tɑ̃tjɛm/ *nm* مقدار، درصد

le tantième des bénéfices درصدی از منافع

tantinet /tɑ̃tinɛ/ *nm*, **un tantinet (de)** یک خرده، یک ذره، یک ریزه

tantôt /tɑ̃to/ *adv* ۱. گاهی، گاه، بعضی وقت‌ها، یک وقت(ها) ۲. [خودمانی یا محلی] (امروز) بعدازظهر، عصر ۳. [قدیمی] به‌زودی

taon /tɑ̃/ *nm* خرمگس

tapage /tapaʒ/ *nm* جنجال، هیاهو، سر و صدا

tapageur,euse /tapaʒœʀ,øz/ *adj* ۱. شلوغ، پرسر و صدا ۲. پرجنجال، پرهیاهو ۳. پرزرق و برق

tapant,e /tapɑ̃,t/ *adj* [زمان] درست، سرِ

à neuf heure tapante سر ساعتِ نه

tape /tap/ *nf* ۱. ضربه (دست) ۲. سیلی، چَک، کشیده

tapé,e /tape/ *adj* ۱. [میوه] لِه، لهیده، لک‌دار ۲. [خودمانی] خُل، خُل‌مشنگ

bien tapé [خودمانی] بجا، درست و حسابی

tape-à-l'œil /tapalœj/ *nm. inv, adj. inv* ۱. زرق و برق ◙ ۲. پرزرق و برق

tapée /tape/ *nf*, **une tapée** [خودمانی] یک عالمه، یک خروار، یک ایل

taper /tape/ *vt, vi* (1) ۱. زدن ۲. تایپ کردن ۳. [خودمانی] (کسی را) تیغ زدن، سُلفیدن از ◙ ۴. زدن ۵. ضربه زدن، مشت زدن ۶. تایپ کردن

se taper *vp* ۱. همدیگر را زدن، کتک‌کاری کردن ۲. [عامیانه] خوردن، کوفت کردن

tapette /tapɛt/ *nf* ۱. ضربهٔ خفیف ۲. چوب قالی‌تکانی ۳. مگس‌کش ۴. [خودمانی] زبان ۵. [رکیک] کونی

Quelle tapette! [خودمانی] عجب زن وراجیه!

tapinois (en) /ɑ̃tapinwa/ *loc. adv* پنهانی، یواشکی

tapir (se) /s(ə)tapiʀ/ *vp* (2) ۱. چنباتمه زدن، کِز کردن ۲. قایم شدن

tapis /tapi/ *nm* ۱. فرش، قالی ۲. زیرانداز ۳. پوشش

mettre sur le tapis در میان گذاشتن، پیش کشیدن

tapis de prière سجاده

tapis roulant تسمه نقاله

tapisser /tapise/ *vt* (1) ۱. فرش کردن ۲. کاغذدیواری کردن ۳. [دیوار، جداره، ...] پوشاندن

tapisserie /tapisʀi/ *nf* ۱. فرشینه، (پردهٔ) دیوارکوب ۲. کاغذدیواری ۳. قالی‌بافی

tapissier[1],ère /tapisje,ɛʀ/ *n* ۱. قالی‌باف ۲. فرشینه‌باف

tapissier[2] /tapisje/ *nm* ۱. نَصاب کاغذدیواری ۲. تشک‌دوز، رویه‌دوز

tapoter /tapɔte/ *vt* (1) (ضربه‌های) آرام زدن به، با انگشت زدن رویِ

tapoter sur la table روی میز ضرب گرفتن

taquet /takɛ/ *nm* ۱. گُوه ۲. چفت ۳. (قطعهٔ) نگهدارنده

taquin,e /takɛ̃,in/ *adj* شیطان، تخس

taquiner /takine/ *vt* (1) ۱. سربه‌سر (کسی) گذاشتن ۲. اذیت کردن، ناراحت کردن

taquinerie /takinʀi/ *nf* شیطنت، اذیت

tarabiscoté,e /taʀabiskɔte/ *adj* ۱. پرزرق و برق، اَجق‌وَجق ۲. پرتصنع

tarabuster /taʀabyste/ *vt* (1) اذیت کردن، آزار دادن، به ستوه آوردن

taraud /taʀo/ *nm* قلاویز

tarauder /taʀode/ *vt* (1) ۱. قلاویز کردن

a = bas, plat   e = blé, jouer   ɛ = lait, jouet, merci   i = il, lyre   o = mot, dôme, eau, gauche   ɔ = mort
u = roue   y = rue   ø = peu   œ = peur   ə = le, premier   ɑ̃ = sans, vent   ɛ̃ = matin, plein, lundi
ɔ̃ = bon, ombre   ʃ = chat, tache   ʒ = je, gilet   j = yeux, paille, pied   w = oui, nouer   ɥ = huile, lui

۲. با مته سوراخ کردن، مته زدن ۳. سوراخ کردن

tard /taR/ *adv* دیر، دیروقت

tarder /taRde/ *vi, v. impers* (1) ۱. دیر کردن، دیر آمدن، تأخیر داشتن ۲. معطل کردن، درنگ کردن ◙ ۳. بی‌صبرانه منتظر بودن

sans tarder بدون معطلی، بدون فوت وقت، بی‌درنگ

tardif,ive /taRdif,iv/ *adj* ۱. دیررس ۲. دیر، با تأخیر

tardivement /taRdivmɑ̃/ *adv* ۱. دیر ۲. دیروقت

tare /taR/ *nf* ۱. [کالا] وزنِ ظرف ۲. عیب، نقص

taré,e /taRe/ *adj* ۱. معیوب، ناقص ۲. فاسد، منحط

tarer /taRe/ *vt* (1) وزن ظرف را حساب کردن

targette /taRʒɛt/ *nf* چِفت

targuer (se) /sətaRge/ *vp* (1) [ادبی] (به خود) بالیدن، مباهات کردن، غَره شدن

tarière /taRjɛR/ *nf* مته

tarif /taRif/ *nm* ۱. تعرفه ۲. نرخ

tarifaire /taRifɛR/ *adj* تعرفه‌ای

tarifer /taRife/ *vt* (1) تعرفه بستن، نرخ‌گذاری کردن، نرخ (چیزی را) تعیین کردن

tarification /taRifikasjɔ̃/ *nf* تعرفه‌بندی، نرخ‌گذاری

tarin /taRɛ̃/ *nm* [عامیانه] دماغ

tarir /taRiR/ *vt, vi* (2) ۱. [رود و غیره] خشکاندن، خشک کردن ◙ ۲. خشکیدن، خشک‌شدن

se tarir *vp* خشکیدن، خشک شدن

tarissement /taRismɑ̃/ *nm* (عمل) خشکاندن

tarse /taRs/ *nm* (استخوان‌های) مچ پا

tarsien,enne /taRsjɛ̃,ɛn/ *adj* مچ‌پایی، (مربوط به) مچ پا

tarte /taRt/ *nf, adj* ۱. تارت (= نوعی شیرینی) ۲. [عامیانه] توگوشی، کشیده، چَک ◙ ۳. [خودمانی] احمق مسخره، بدترکیب

tartine /taRtin/ *nf* نان‌کره، نان‌کره‌مربا

tartiner /taRtine/ *vt* (1) [کره، مربا، ...] روی نان مالیدن

tartre /taRtR/ *nf* ۱. دُرد ۲. جِرم

tartuf(f)e /taRtyf/ *nm* ریاکار، دورو، مزور

tartuf(f)erie /taRtyfRi/ *nf* ریا، ریاکاری، دورویی، تزویر

tas /ta/ *nm* ۱. توده، تل، پشته، کپه ۲. مقداری زیادی، یک عالمه

un tas de ۱. توده‌ای از، تلِ، یک کپه ۲. [خودمانی] یک عده، یک دسته، یک مشت

sur le tas [مجازی] در محل کار

tasse /tas/ *nf* فنجان

tasseau /taso/ *nm* بست، نگهدارنده

tassement /tasmɑ̃/ *nm* ۱. [خاک، برف، ...] (عمل) کوبیدن، صاف کردن ۲. [زمین] نشست ۳. فشردگی، تو هم رفتن

tasser /tase/ *vt* (1) چپاندن، جا کردن

se tasser *vp* ۱. [زمین] نشست کردن ۲. تو هم رفتن، در هم فشرده شدن ۳. چمباتمه زدن ۴. [خودمانی] روبراه شدن، درست شدن

tâter /tate/ *vt* (1) ۱. (به دقت) لمس کردن ۲. دست کشیدن به، دست مالیدن ۳. سنجیدن، ارزیابی کردن، درصدد شناخت (کسی یا چیزی) برآمدن ۴. از نظر (کسی) باخبر شدن، مزهٔ دهان (کسی را) فهمیدن ۵. آزمودن، تجربه کردن

tâter le pouls de qqn نبض کسی را گرفتن

tâter le terrain زمینه را سنجیدن

se tâter *vp* مردد بودن، دودل بودن، تردید داشتن، تردید کردن

tatillon,onne /tatijɔ̃,ɔn/ *adj* خرده‌بین، وسواسی

tâtonnant,e /tatɔnɑ̃,t/ *adj* مردد، تردیدآمیز

tâtonnement /tatɔnmɑ̃/ *nm* ۱. کورمالی ۲. آزمودن راه‌های مختلف، جستجوی راه حل

tâtonner /tatɔne/ *vi* (1) ۱. کورمال کورمال

رفتن ۲. کورمال‌کورمال دنبال (چیزی) گشتن ۳. مردد بودن، تردید داشتن ۴. راه‌های مختلف را آزمودن، دنبال راه حل گشتن

tâtons (à) /atatɔ̃/ *loc. adv* ۱. کورمال‌کورمال ۲. بدون برنامه، همین‌جوری، یک‌طوری

tatouage /tatwaʒ/ *nm* خالکوبی

tatouer /tatwe/ *vt* (1) خالکوبی کردن، خال کوبیدن

tatoueur /tatwœʀ/ *adj, nm* خالکوب

taudis /todi/ *nm* زاغه

taulard,e /tolaʀ,d/ *n* ۱. [عامیانه] زندانی ۲. [عامیانه] (زندانی) سابقه‌دار، حرفه‌ای

taule /tol/ *nf* ۱. [خودمانی] هُلفدونی، زندان ۲. [عامیانه] اتاق، اتاق هتل

taulier,ère /tolje,ɛʀ/ *n* [عامیانه] صاحب هتل، هتل‌چی

taupe /top/ *nf* ۱. موش کور ۲. پوست موش کور ۳. عامل نفوذی، جاسوس

taureau[1] /tɔʀo/ *nm* گاو نر

Taureau[2] /tɔʀo/ *nm* ۱. ثور (= دومین برج از برج‌های منطقةالبروج) ۲. صورت فلکی ثور

taurillon /tɔʀijɔ̃/ *nm* گوسالهٔ نر

taurin,e /tɔʀɛ̃,in/ *adj* (مربوط به) گاو نر

jeux taurins (مسابقات) گاوبازی

tauromachie /tɔʀɔmaʃi/ *nf* گاوبازی

tauromachique /tɔʀɔmaʃik/ *adj* (مربوط به) گاوبازی

tautologie /tɔtɔlɔʒi/ *nf* ۱. [منطق] همان‌گویی ۲. تکرار مکررات، توضیح واضحات، حشو

tautologique /tɔtɔlɔʒik/ *adj* ۱. [منطق] همان‌گویانه ۲. حشوآمیز

taux /to/ *nm* ۱. نرخ ۲. (نرخ) بهره، سود، ربح ۳. میزان، نسبت، درصد

tavelé,e /tavle/ *adj* لک‌دار، لک‌زده

taveler /tavle/ *vt* (4) لک کردن، لک انداختن

tavelure /tavlyʀ/ *nf* لک

taverne /tavɛʀn/ *nf* میخانه، میکده، می‌فروشی

tavernier,ère /tavɛʀnje,ɛʀ/ *n* [قدیمی یا طنزآمیز] میخانه‌دار، می‌فروش، میخانه‌چی

taxation /taksasjɔ̃/ *nf* ۱. نرخ‌گذاری، نرخ‌بندی، تعیین نرخ ۲. مالیات‌بندی

taxe /taks/ *nf* ۱. مالیات ۲. نرخ تعیین‌شده

taxer /takse/ *vt* (1) ۱. نرخ‌گذاری کردن، نرخ (چیزی را) تعیین کردن ۲. مالیات بستن به، مالیات وضع کردن برایِ ۳. متهم کردن ۴. نسبت (چیزی به کسی) دادن، قلمداد کردن

taxer de méchanceté نسبت بدجنسی دادن، بدجنس قلمداد کردن

taxi /taksi/ *nm* ۱. تاکسی ۲. [خودمانی] شوفرِ تاکسی

taxidermie /taksidɛʀmi/ *nf* پوست‌آکنی (= فن آماده‌سازی و پر کردن پوست جانوران)

taxidermiste /taksidɛʀmist/ *n* پوست‌آکن، متخصص پوست‌آکنی

taximètre /taksimɛtʀ/ *nm* تاکسی‌متر

taxinomie /taksinɔmi/ *nf* ۱. رده‌بندی‌شناسی، علم طبقه‌بندی ۲. رده‌بندی، طبقه‌بندی

taxinomique /taksinɔmik/ *adj* ۱. (مربوط به) رده‌بندی، طبقه‌بندی ۲. طبقه‌ای

taxinomiste /taksinɔmist/ *n* رده‌بندی‌شناس، متخصص طبقه‌بندی

taxonomie /taksɔnɔmi/ *nf* → taxinomie

taxonomique /taksɔnɔmik/ *adj* → taxinomique

tchèque[1] /tʃɛk/ *adj* (مربوط به) جمهوری چک، چِک

Tchèque[2] /tʃɛk/ *n* اهل جمهوری چِک، چِک

te /tə/ *pron. pers* ۱. تو را، به تو، با تو ۲. برای تو

Il t'en a parlé. او دراین‌باره با تو صحبت کرده.

té /te/ *nm* خط‌کش تی

technicien,enne /tɛknisjɛ̃,ɛn/ *n* ۱. کاردان فنی، تکنیسین ۲. متخصص، اهل فن

technicité /tɛknisite/ *nf* ویژگی فنی، تخصصی بودن

technique /tɛknik/ *adj, nf* ۱. فنی ۲. تخصصی ◘ ۳. فن، راهکار، شیوه، تکنیک ۴. کاردانی، مهارت

techniquement /tɛknikmɑ̃/ *adv* از نظر فنی، به لحاظ فنی

technocrate /tɛknɔkʀat/ *nm* فن‌مدار، فن‌سالار

technocratie /tɛknɔkʀasi/ *nf* فن‌مداری، فن‌سالاری

technologie /tɛknɔlɔʒi/ *nf* فن‌آوری، فن‌شناسی، دانش فنی، تکنولوژی

technologique /tɛknɔlɔʒik/ *adj* فن‌شناختی، فنی، تکنولوژیکی

tégument /tegymɑ̃/ *nm* [جانوران، گیاهان] پوست

teigne /tɛɲ/ *nf* ۱. بید ۲. کچلی

teigneux,euse /tɛɲø,øz/ *adj, n* کچل، مبتلا به کچلی

teindre /tɛ̃dʀ/ *vt* (52) [پارچه، مو، ...] رنگ کردن

se teindre *vp* موهای خود را رنگ کردن

teint[1] /tɛ̃/ *nm* ۱. (رنگ) چهره، رنگ و رو ۲. رنگ پارچه

teint,e[2] /tɛ̃,t/ *adj, part. passé* ۱. رنگ‌کرده، رنگ‌شده ◘ ۲. [اسم مفعول فعلِ teindre]

teinte /tɛ̃t/ *nf* رنگ‌آمیزی، رنگ

teinter /tɛ̃te/ *vt* (1) کمی رنگ کردن، رنگ مختصر زدن به

teinture /tɛ̃tyʀ/ *nf* ۱. [پارچه، مو، ...] (عمل) رنگ کردن ۲. رنگ ۳. شناخت سطحی، آشنایی (مختصر)

teinturerie /tɛ̃tyʀʀi/ *nf* ۱. رنگرزی ۲. (مغازهٔ) خشک‌شویی

teinturier,ère /tɑ̃tyʀje,ɛʀ/ *n* ۱. رنگرز ۲. کارگر خشک‌شویی

tel,telle /tɛl/ *adj, pron* ۱. چنین ۲. این‌گونه ۳. فلان ۴. [ادبی] به سانِ، چون ۵. [ادبی] یکی، یک نفر، کسی

Monsieur Un tel آقای فلان

tel que ۱. چون، مثلِ، مانند ۲. همان‌طور که، همان‌گونه که، چنان که

tel quel همان‌طور (که هست)

télé /tele/ *nf* → télévision

télécabine /telekabin/ *nf* تله‌کابین

télécommande /telekɔmɑ̃d/ *nf* کنترل از راه دور، دورفرمان

télécommander /telekɔmɑ̃de/ *vt* (1) از راه دور کنترل کردن

télécommunication /telekɔmynikasjɔ̃/ *nf* ارتباط دوربرد، ارتباط از راه دور

télédiffuser /teledifyze/ *vt* (1) از تلویزیون پخش کردن

télédiffusion /teledifyzjɔ̃/ *nf* پخش تلویزیونی

téléférique /telefeʀik/ *nm* تله‌کابین

téléfilm /telefilm/ *nm* فیلم تلویزیونی

télégramme /telegʀam/ *nm* تلگرام، پیام تلگرافی

télégraphe /telegʀaf/ *nm* (سیستم) تلگراف

télégraphie /telegʀafi/ *nf* (فن) تلگراف

télégraphier /telegʀafje/ *vt, vi* (7) تلگراف زدن، تلگراف کردن

télégraphique /telegʀafik/ *adj* ۱. (مربوط به) تلگراف ۲. تلگرافی

télégraphiste /telegʀafist/ *n, adj* تلگرافچی

téléguidage /telegidaʒ/ *nm* هدایت از راه دور

téléguider /telegide/ *vt* (1) از راه دور هدایت کردن

télémètre /telemɛtʀ/ *nm* مسافت‌یاب

télémétrie /telemetʀi/ *nf* مسافت‌یابی
téléobjectif /teleɔbʒɛktif/ *nm* لنز تِله
téléologie /teleɔlɔʒi/ *nf* ۱. [فلسفه] غایت‌شناسی، فرجام‌شناسی ۲. [فلسفه] غایت‌مندی
téléologique /teleɔlɔʒik/ *adj* [فلسفه] غایت‌شناختی، فرجام‌شناختی
télépathe /telepat/ *n, adj* دورآگاه، تِله‌پات
télépathie /telepati/ *nf* دورآگاهی، تِله‌پاتی
télépathique /telepatik/ *adj* دورآگاهانه، (مربوط به) تِله‌پاتی
téléphérique /telefeʀik/ *nm*
→ téléférique
téléphone /telefɔn/ *nm* تلفن
annuaire du téléphone دفتر راهنمای تلفن
donner un coup de téléphone [خودمانی] تلفن کردن، تلفن زدن، زنگ زدن
téléphoner /telefɔne/ *vt* (1) تلفن کردن، تلفن زدن
téléphonique /telefɔnik/ *adj* ۱. (مربوط به) تلفن ۲. تلفنی
téléphoniste /telefɔnist/ *n* تلفنچی
télescope /telɛskɔp/ *nm* دوربین نجومی، تلسکوپ
télescoper /telɛskɔpe/ *vt* (1) محکم زدن به
se télescoper *vp* به شدت با هم برخورد کردن، تو هم رفتن
télescopique /telɛskɔpik/ *adj* ۱. تلسکوپی ۲. جمع‌شو
télésiège /telɛsjɛʒ/ *nm* تِلِسی‌یِژ
téléski /teleski/ *nm* تِلِسکی
téléspectateur,trice /telespɛktatœʀ, tʀis/ *n* بینندهٔ تلویزیون
téléviser /televize/ *vt* (1) از تلویزیون پخش کردن
téléviseur /televizœʀ/ *nm* (دستگاه) تلویزیون

télévision /televizjɔ̃/ *nf* ۱. پخش تلویزیونی ۲. تلویزیون
télévisuel,elle /televizɥel/ *adj* تلویزیونی
télex /telɛks/ *nm* تِلکس
télexer /telɛkse/ *vt* (1) تِلکس زدن، تِلکس کردن
télexiste /telɛksist/ *n* متصدی تِلکس
tellement /tɛlmɑ̃/ *adv* ۱. به قدری، آن‌قدر، چنان ۲. خیلی
tellurique /telyʀik/ *adj* (مربوط به) زمین
secousse tellurique زمین‌لرزه، زلزله
téméraire /temeʀɛʀ/ *adj* ۱. گستاخ، جسور، بی‌پروا، نترس ۲. بی‌احتیاط، بی‌کله ۳. گستاخانه، جسورانه ۴. نسنجیده
témérairement /temeʀɛʀmɑ̃/ *adv* ۱. گستاخانه، جسورانه ۲. با بی‌احتیاطی، نسنجیده
témérité /temeʀite/ *nf* ۱. گستاخی، جسارت، بی‌پروایی ۲. بی‌احتیاطی، نسنجیدگی
témoignage /temwaɲaʒ/ *nm* ۱. شهادت، گواهی ۲. ابراز ۳. نشانه
en témoignage de به نشانهٔ، به نشانِ
témoigner /temwaɲe/ *vt* (1) ۱. شهادت دادن، گواهی دادن ۲. ابراز کردن، نشان دادن ۳. نشانهٔ (چیزی) بودن، دلیل (بر چیزی) بودن
témoin /temwɛ̃/ *nm* ۱. شاهد، گواه، ناظر ۲. نشانه، دلیل
lampe de témoin [فنی] چراغ هشدار، چراغ خطر
prendre qqn à témoin کسی را شاهد گرفتن، کسی را گواه گرفتن
témoin oculaire شاهد عینی
tempe /tɑ̃p/ *nf* گیجگاه، شقیقه
tempérament /tɑ̃peʀamɑ̃/ *nm* ۱. طبع، خلق و خو، خو ۲. [طب قدیم] مزاج
vente à tempérament فروش به اقساط، فروش قسطی

tempérance /tãpeRãs/ *nf* ۱. [ادبی]
میانه‌روی، اعتدال ۲. میانه‌روی در خوراک،
میانه‌روی در مصرف مشروب
tempérant,e /tãpeRã,t/ *adj, n* ۱. میانه‌رو
۲. میانه‌رو در خوراک، میانه‌رو در مصرف مشروب
température /tãpeRatyR/ *nf* ۱. دما،
درجهٔ حرارت ۲. دمای بدن، حرارت بدن
avoir la température تب داشتن
tempéré,e /tãpeRe/ *adj* ۱. معتدل
۲. [ادبی] میانه‌رو
tempérer /tãpeRe/ *vt* (16) تعدیل کردن،
از (شدت چیزی) کاستن
tempête /tãpɛt/ *nm* ۱. توفان ۲. خروش،
غوغا، همهمه
tempête d'injures سیل دشنام
tempêter /tãpete/ *vi* (1) جنجال به راه
انداختن، داد و بیداد کردن، (به کسی) توپیدن
tempétueux,euse /tãpetɥø,øz/ *adj*
۱. [ادبی] توفانی ۲. پرهیاهو، جنجالی
temple /tãpl/ *nm* پرستشگاه، معبد
tempo /tɛmpo;tãpo/ *nm*
۱. [موسیقی؛ شیوهٔ نواختن] ضرب ۲. روند، آهنگ
temporaire /tãpɔRɛR/ *adj* موقت، موقتی
temporairement /tãpɔRɛRmã/ *adv*
موقتاً، به طور موقت
temporal¹,e,aux /tãpɔRal,o/ *adj*
گیجگاهی، (مربوط به) گیجگاه
temporal² /tãpɔRal/ *nm* استخوان گیجگاه
temporalité /tãpɔRalite/ *nf* [فلسفه]
زمانمندی
temporel,elle /tãpɔRɛl/ *adj* ۱. زمانی،
زمانمند ۲. دنیوی، ناسوتی، این‌جهانی
temporisation /tãpɔRizasjɔ̃/ *nf*
انتظار فرصت مناسب، فرصت‌طلبی
temporiser /tãpɔRize/ *vi* (1) در انتظار
فرصت مناسب بودن، منتظر فرصت بودن
temps /tã/ *nm* ۱. زمان ۲. وقت ۳. مدت
۴. موقع، هنگام ۵. فرصت، مجال ۶. دوران، دوره،
زمانه، عهد، عصر ۷. روزگار ۸. موعد، فصل ۹.
هوا ۱۰. [دستور زبان] زمان ۱۱. [موسیقی] ضرب،
فاصلهٔ ضربی
à temps به موقع، سر وقت
avant le temps پیش از موقع
de temps en temps/de temps à autre
گه گاه، گاهی، بعضی وقت‌ها
de tout temps همیشه، مدام
en même temps ۱. هم‌زمان، با هم ۲. در عین حال
perdre son temps وقت تلف کردن
tenable /t(ə)nabl/ *adj* [با فعل منفی] قابل تحمل،
تحمل‌کردنی
tenace /tənas/ *adj* ۱. پیگیر، مُصر، سرسخت،
سمج ۲. ماندگار، دیرپا، پابرجا ۳. [چسب] قوی
tenacement /tənasmã/ *adv* سرسختانه،
مُصرانه، با سرسختی، با سماجت
ténacité /tenasite/ *nf* ۱. سرسختی، پیگیری،
سماجت ۲. ماندگاری، پابرجایی ۳. چسبندگی
tenaille /t(ə)naj/ *nf* گازانبر
tenailler /tənaje/ *vt* (1) عذاب دادن،
زجر دادن، رنج دادن
tenancier,ère /tənãsje,ɛR/ *n*
[هتل، قمارخانه، ...] مدیر، رئیس
tenant¹,e /tənã,t/ *adj,* **séance tenante**
فی‌الفور، فوراً
tenant² /tənã/ *nm* ۱. [عنوان قهرمانی و غیره]
دارنده، صاحب ۲. هوادار، طرفدار، مدافع
tendance /tãdãs/ *nf* گرایش، تمایل، میل،
رغبت، کشش
tendancieusement /tãdãsjøzmã/ *adv*
مغرضانه، با غرض‌ورزی
tendancieux,euse /tãdãsjø,øz/ *adj*
مغرض، مغرضانه
tender /tãdɛR/ *nm* [قطار] واگن سوخت و آب
tendineux,euse /tãdinø,øz/ *adj*
(مربوط به) زردپی

viande tendineuse	گوشت پررگ و ریشه
tendon /tãdɔ̃/ nm	زردپی، تاندون
tendre¹ /tãdr/ adj	۱. تُرد، نرم ۲. ظریف، حساس ۳. بامحبت، رئوف، باعاطفه، مهربان ۴. مهرآمیز، پُرمهر، صمیمانه ۵. [رنگ] ملایم، خفیف
âge tendre	اوان جوانی
tendre² /tãdR/ vt (41)	۱. کشیدن ۲. دراز کردن، پیش آوردن ۳. پهن کردن، گستردن ۴. پوشاندن ۵. تعارف کردن ۶. گرایش داشتن، تمایل داشتن ۷. در جهت ... بودن، رو به ... بودن
tendre l'oreille	گوش فرادادن، گوش تیز کردن
tendrement /tãdRəmã/ adv	با محبت، با مهربانی، صمیمانه
tendresse /tãdREs/ nf	محبت، مهر، عطوفت، علاقه
tendron /tãdRɔ̃/ nm	[خودمانی] دختربچه
tendu,e /tãdy/ adj, part. passé	۱. کشیده، سفت ۲. پوشیده(شده) ۳. عصبی ۴. متشنج، پُرتنش، نگران‌کننده ▣ ۵. [اسم مفعول فعلِ tendre]
ténèbres /tenɛbR/ nf. pl	تاریکی، ظلمات، ظلمت
ténébreux,euse /tenebRø,øz/ adj	۱. [ادبی] تاریک، ظلمانی ۲. پیچیده، مبهم ۳. مرموز، سرّی ۴. عبوس، گرفته‌خاطر، گرفته
teneur /tənœR/ nf	۱. مضمون، مفاد ۲. میزان، مقدار
ténia /tenja/ nm	کرم کدو، تِنیا
tenir /t(ə)niR/ vt, vi (22)	۱. گرفتن ۲. در دست گرفتن، با دست نگه‌داشتن ۳. نگه‌داشتن ۴. در اختیار داشتن، داشتن ۵. اشغال کردن، جا گرفتن ۶. عهده‌دار بودن، در تصدی داشتن ۷. [نقش] ایفا کردن، اجرا کردن، بازی کردن ۸. اداره کردن، سرپرستی کردن، گرداندن ۹. دستگیر کردن ۱۰. [قول و غیره] عمل کردن، وفا کردن ۱۱. [حرف و غیره] زدن، گفتن، به زبان آوردن

	▣ ۱۲. (در یک حالت) ماندن، ثابت ماندن ۱۳. دوام آوردن، ماندگار بودن، برقرار ماندن ۱۴. تاب آوردن، مقاومت کردن، پایداری کردن ۱۵. جا شدن، جا گرفتن، گنجیدن
Cela tient du miracle.	این دیگر معجزه است.
Tenez votre droite.	[رانندگی] از سمت راست حرکت کنید.
tenir à	۱. دلبسته بودن به، علاقه‌مند بودن به، علاقه داشتن به ۲. ناشی شدن از، معلول (چیزی) بودن
tenir conseil	مشاوره کردن
tenir de	شبیه بودن به، شباهت داشتن به
tenir la caisse	متصدی صندوق بودن، صندوق‌دار بودن
tenir le lit	در بستر ماندن
tenir ... pour ...	به حساب آوردن، قلمداد کردن، پنداشتن، تصور کردن
tenir un chemin	راهی را در پیش گرفتن، به راهی رفتن
Tiens!	عجب! وا!
se tenir vp	۱. خود را بند کردن، (چیزی را) گرفتن ۲. (درحالی) قرار گرفتن، خود را (در حالی) نگه‌داشتن ۳. [اجلاس و غیره] (در فلان جا) برگزار شدن
s'en tenir	اکتفا کردن، بسنده کردن، قانع بودن، قناعت کردن
se tenir par la main	دست هم را گرفتن، دست به دست هم دادن
tennis /tenis/ nm	۱. تنیس ۲. زمین تنیس
tennis de table	تنیس روی میز، پینگ‌پنگ
tennisman /tenisman/ nm	تنیس‌باز
tenon /tənɔ̃/ nm	[نجاری] زبانه
ténor /tenɔR/ nm	۱. [موسیقی] تنور (=زیرترین صدای مرد) ۲. فرد صاحب‌نام
les ténors de la politique	سیاستمداران نامی، سیاستمداران برجسته

tension 838

tension /tɑ̃sjɔ̃/ *nf* ۱. کشیدگی ۲. کشش ۳. تنش ۴. ولتاژ
tension (artérielle/veineuse) فشار خون
tentacule /tɑ̃takyl/ *nf* ۱. [در برخی جانوران] شاخک ۲. [هشت‌پا] بازو
tentant,e /tɑ̃tɑ̃,t/ *adj* وسوسه‌انگیز، هوس‌انگیز، فریبنده
tentateur,trice /tɑ̃tatœʀ,tʀis/ *adj, n* ۱. اغواکننده، گمراه‌کننده، فریبنده ۲. اغواگر
tentation /tɑ̃tasjɔ̃/ *nf* ۱. وسوسه‌انگیزی، اغواگری ۲. وسوسه، اغوا ۳. میل، تمایل
tentative /tɑ̃tativ/ *nf* ۱. اقدام، مبادرت ۲. کوشش، تلاش
tente /tɑ̃t/ *nf* خیمه، چادر
tenter /tɑ̃te/ *vt* (1) ۱. اقدام کردن، در صدد برآمدن، مبادرت کردن، دست زدن ۲. کوشیدن، سعی کردن، تلاش کردن ۳. وسوسه کردن ۴. اغوا کردن، فریفتن
tenture /tɑ̃tyʀ/ *nf* [دیوار و غیره] پوشش
ténu,e /teny/ *adj* ۱. ظریف ۲. ریز
tenu,e[1] /teny/ *adj, part. passé* ۱. ملزم، موظف ◙ ۲. [اسم مفعول فعلِ tenir]
bien tenu... [خانه و غیره] مرتب، بانظم و ترتیب
être tenu à موظف (به انجام کاری) بودن
être tenu de ۱. موظف بودن، ملزم بودن ۲. [حقوقی] مسئول (کاری) بودن
tenue[2] /t(ə)ny/ *nf* ۱. اداره، نگهداری ۲. سر و وضع، هیئت ۳. رفتار شایسته، نزاکت، ادب ۴. حالت بدن ۵. لباس (ویژه)
tenue militaire لباس نظامی
ténuité /tenɥite/ *nf* [ادبی] ظرافت
ter /tɛʀ/ *adj* [بعد از عدد] سوم، سومین
le douze ter [شمارهٔ کوچه، خانه، ...] سومین دوازده، ۱۲/۳
tercet /tɛʀsɛ/ *nm* شعر سه‌مصرعی، سه‌بیتی
térébenthine /teʀebɑ̃tin/ *nf* ۱. تربانتین ۲. سقز
térébrant,e /teʀebʀɑ̃,t/ *adj* ۱. [حشرات] سوراخ‌کننده ۲. [ادبی؛ درد] نافذ
tergal /tɛʀgal/ *nm* [پارچه] تِرگال
tergiversation /tɛʀʒivɛʀsasjɔ̃/ *nf* تعلل، طفره
tergiverser /tɛʀʒivɛʀse/ *vt* (1) [ادبی] تعلل کردن، دست جنباندن، طفره رفتن
terme /tɛʀm/ *nm* ۱. پایان، آخر، انتها ۲. دوره، مدت ۳. موعد ۴. مهلت ۵. موعد پرداخت ۶. لفظ، عبارت ۷. اصطلاح ۸. [منطق] حد، لفظ
à terme مدت‌دار
emprunt à court terme وام کوتاه‌مدت
en d'autres termes به عبارت دیگر
être en bons termes avec qqn روابط خوبی با کسی داشتن
payer son terme اجاره‌بهای خود را پرداختن
terminaison /tɛʀminɛzɔ̃/ *nf* ۱. [زبان‌شناسی] جزء پایانی، پی‌بند، پایانه ۲. [فعل] ضمیر متصل فاعلی، پی‌بند فاعلی ۳. [کالبدشناسی] پایانه
terminal[1] /tɛʀminal/ *nm* ترمینال، پایانه
terminal[2]**,e,aux** /tɛʀminal,o/ *adj* پایانی، نهایی
terminale /tɛʀminal/ *nf* سال آخر دبیرستان
terminer /tɛʀmine/ *vt* (1) به پایان رساندن، پایان دادن، خاتمه دادن (به)، تمام کردن
se terminer *vp* به پایان رسیدن، پایان یافتن، خاتمه یافتن، تمام شدن
terminologie /tɛʀminɔlɔʒi/ *nf* ۱. اصطلاحات ۲. اصطلاح‌شناسی
terminus /tɛʀminys/ *nm* [اتوبوس، قطار] آخر خط، ترمینال
termite /tɛʀmit/ *nm* موریانه
termitière /tɛʀmitjɛʀ/ *nf* لانهٔ موریانه
ternaire /tɛʀnɛʀ/ *adj* سه‌تایی، سه‌گانه
terne /tɛʀn/ *adj* ۱. کدر، مات، تیره

839 terroriser

terreur /tɛʀœʀ/ *nf* ۱. وحشت، هراس ۲. عامل وحشت، مایهٔ هراس

terreux,euse /tɛʀø,øz/ *adj* ۱. (مربوط به) خاک ۲. خاکی ۳. خاک‌آلود، گِلی

terrible /tɛʀibl/ *adj* ۱. وحشتناک، هولناک، مهیب، مخوف ۲. سهمگین، طاقت‌فرسا، شدید ۳. [خودمانی] عجیب، فوق‌العاده ۴. شرور، شیطان

appétit terrible اشتهای عجیب، اشتهای فوق‌العاده

enfant terrible بچهٔ شرور، بچهٔ شیطان

froid terrible سرمای طاقت‌فرسا، سرمای شدید

terriblement /tɛʀibləmɑ̃/ *adv* بی‌اندازه، به طرز وحشتناکی، عجیب، بدجوری

terrien,enne /tɛʀjɛ̃,ɛn/ *adj, n* ۱. روستایی ◘ ۲. زمینی، ساکن (کره) زمین ۳. ساکن خشکی ۴. زارع، دهقان

propriétaire terrien مالک (زمین)، مَلاّک، زمین‌دار

terrier /tɛʀje/ *nm* لانه (زیرزمینی)، سوراخ

terrifiant,e /tɛʀifjɑ̃,t/ *adj* ۱. وحشتناک، وحشت‌انگیز، هولناک، هراسناک، مهیب ۲. [حاکی از شدت] عجیب، وحشتناک

terrifier /tɛʀifje/ *vt* (7) وحشت‌زده کردن، به وحشت انداختن، هراساندن

terrine /tɛʀin/ *nf* ۱. تغار ۲. دیزی (سفالی)

territoire /tɛʀitwaʀ/ *nm* ۱. سرزمین، خِطه، قلمرو ۲. کشور، خاک ۳. منطقه، ناحیه

territorial,e,aux /tɛʀitɔʀjal,o/ *adj* ۱. (مربوط به) سرزمین، کشور ۲. (مربوط به) نیروی زمینی

terroir /tɛʀwaʀ/ *nm* ۱. [زراعت] خاک، زمین ۲. منطقهٔ زراعی

accent du terroir لهجهٔ دهاتی

terroriser /tɛʀɔʀize/ *vt* (1) ۱. به وحشت انداختن، وحشت‌زده کردن، هراساندن ۲. مرعوب کردن

۲. کسل‌کننده، بی‌روح، ملال‌آور ۳. بی‌شور و حال، کم‌اهمیت

ternir /tɛʀniʀ/ *vt* (2) ۱. کدر کردن، تیره کردن ۲. ضایع کردن، خراب کردن

terrain /tɛʀɛ̃/ *nm* ۱. زمین ۲. خاک ۳. [نظامی] منطقه ۴. [مجازی] زمینه

céder du terrain عقب نشستن

gagner du terrain پیشروی کردن

reconnaître le terrain منطقه را شناسایی کردن

terrasse /tɛʀas/ *nf* مهتابی، تختتان، تراس

terrassement /tɛʀasmɑ̃/ *nm* خاکبرداری

terrasser /tɛʀase/ *vt* (1) ۱. [در نبرد] (به) زمین زدن ۲. از پا درآوردن ۳. خاک ریختن پایِ ۴. کندن، خاکبرداری کردن

terrassier /tɛʀasje/ *nm* کارگر (خاکبردار)، عمله

terre[1] /tɛʀ/ *nf* ۱. زمین ۲. خاک ۳. خشکی ۴. سرزمین ۵. ملک ــ [صورت جمع] ۶. املاک، اراضی ۷. مزرعه، زمین

à terre در زمین، در روی زمین

avoir les (deux) pieds sur terre واقع‌بین بودن

être sur terre وجود داشتن، زنده بودن

terre à terre ۱. عادی، پیش‌پاافتاده ۲. واقع‌بین

terre cuite ۱. سفال ۲. شیء سفالی، سفالینه

Terre[2] /tɛʀɔ/ *nf*, **la Terre** کرهٔ زمین، سیارهٔ زمین، زمین

terreau /tɛʀo/ *nm* خاک برگ

terre-plein /tɛʀplɛ̃/ *nm* سکو، صُفه

terrer /tɛʀe/ *vt* (1) ۱. (پای گیاهی) خاک ریختن ۲. خاک ریختن رویِ، با خاک پوشاندن

se terrer *vp* ۱. زیرِ زمین پنهان شدن ۲. پنهان شدن، مخفی شدن

terrestre /tɛʀɛstʀ/ *adj* ۱. (مربوط به) زمین ۲. زمینی ۳. خشکی ۴. دنیوی

a = bas, plat   e = blé, jouer   ɛ = lait, jouet, merci   i = il, lyre   o = mot, dôme, eau, gauche   ɔ = mort
u = roue   y = rue   ø = peu   œ = peur   ə = le, premier   ɑ̃ = sans, vent   ɛ̃ = matin, plein, lundi
ɔ̃ = bon, ombre   ʃ = chat, tache   ʒ = je, gilet   j = yeux, paille, pied   w = oui, nouer   ɥ = huile, lui

terrorisme /tɛRɔRism/ *nm* تروریسم، هراسگری، دهشت‌آفرینی

terroriste /tɛRɔRist/ *n, adj* ۱. تروریست، هراسگر، دهشت‌آفرین ▣ ۲. تروریستی، هراسگرانه

tertiaire /tɛRsjɛR/ *adj,* **ère tertiaire** [زمین‌شناسی] دوران سوم

tertio /tɛRsjo/ *adv* سوم آنکه، ثالثاً

tertre /tɛRtR/ *nm* تَل، تپهٔ کوچک

tes /te/ *adj. poss. pl* [در ترکیب] -هایِ تو، -هایت

tes livres کتاب‌های تو، کتاب‌هایت

tesson /tesɔ̃/ *nm* [شیشه، سفال، ...] خرده، خرده‌شکسته، شکسته

test /tɛst/ *nm* ۱. آزمون، تِست ۲. آزمایش، امتحان

testament[1] /tɛstamɑ̃/ *nm* ۱. وصیت‌نامه ۲. آخرین اثر

Testament[2] /tɛstamɑ̃/ *nm,*

l'Ancien Testament [کتاب مقدس] عهد عتیق

le Nouveau Testament [کتاب مقدس] عهد جدید

testamentaire /tɛstamɑ̃tɛR/ *adj* وصیت‌نامه‌ای، (مربوط به) وصیت‌نامه

testateur,trice /tɛstatœR,tRis/ *n* وصیت‌کننده، موصی

tester[1] /tɛste/ *vt* (1) ۱. آزمایش کردن، آزمودن، امتحان کردن ۲. آزمون به عمل آوردن از

tester[2] /tɛste/ *vi* (1) وصیت کردن، وصیت‌نامه نوشتن

testicule /tɛstikyl/ *nm* بیضه، تخم، خایه

tétanique /tetanik/ *adj, n* ۱. (مربوط به) کزاز، ناشی از کزاز ▣ ۲. مبتلا به کزاز

tétaniser /tetanize/ *vt* (1) به کزاز مبتلا کردن

tétanos /tetanos/ *nm* (بیماری) کزاز

tête /tɛt/ *nf* ۱. سر، کله ۲. نوک، سر ۳. ابتدا، اول ۴. قسمت جلو، جلو ۵. قیافه، چهره ۶. عقل ۷. مخ، مغز ۸. آدم، نفر، کس ۹. [حیوان] رأس ۱۰. یاد، ذهن ۱۱. جان، زندگی ۱۲. رئیس، مدیر، فرمانده، رهبر

à la tête de در رأسِ

avoir une bonne tête خوش‌چهره بودن

calculer de tête به طور ذهنی حساب کردن

d'une tête (به اندازهٔ) یک سر و گردن

faire la tête اخم کردن

risquer sa tête جان خود را به خطر انداختن

tenir tête ۱. مقاومت کردن، ایستادگی کردن ۲. سخت مخالفت کردن

tête baissée چشم‌بسته، بدون فکر، نسنجیده

tête(-)à(-)queue /tɛtakø/ *nm* [خودرو] چرخش (به دور خود)

tête-à-tête /tɛtatɛt/ *nm. inv, loc. adv* ۱. گفتگوی دونفره ▣ ۲. تنها (با هم)

laisser en tête à tête با هم تنها گذاشتن

tête-bêche /tɛtbɛʃ/ *loc. adv* سر ته

tête-de-nègre /tɛtdənɛgR/ *adj. inv* قهوه‌ای سیر

tétée /tete/ *nf* مکیدنِ شیر، شیر خوردن

téter /tete/ *vt* (6) [شیر، پستان، ...] مکیدن، خوردن

tétine /tetin/ *nf* ۱. پستان (گاو) ۲. [شیشهٔ شیر بچه] سرشیشه

téton /tetɔ̃/ *nm* [خودمانی] پستان

tétraèdre /tetRaɛdR/ *nm* چهاروجهی

tétraédrique /tetRaedRik/ *adj* چهاروجهی

tétralogie /tetRalɔʒi/ *nf* [ادبی] اثر چهارگانه

tétrapodes /tetRapɔd/ *nm. pl* [جانورشناسی] چاراَندامان

têtu,e /tety/ *adj* لجباز، کله‌شق، یکدنده، قُد، سمج

teuf-teuf /tœftœf/ *nm* ۱. [صدای اتومبیل] پِت‌پِت، قارقار، تِرتِر ۲. [خودمانی] ماشین(های) قدیمی

teuton,onne /tøtɔ̃,ɔn/ *adj, n* ۱. [دوران کهن] ژرمنی ۲. [تحقیرآمیز] آلمانی

teutonique / tøtɔnik / *adj*	ژرمنی
texte / tɛkst / *nm*	متن
textile / tɛkstil / *adj, nm*	۱. (مربوط به) نساجی ۲. الیاف ۳. نساجی، بافندگی
textuel,elle / tɛkstɥɛl / *adj*	۱. (مربوط به) متن ۲. مطابق متن ۳. لفظ به لفظ، مو به مو
textuellement / tɛkstɥɛlmɑ̃ / *adv*	۱. مطابق متن ۲. لفظ به لفظ، دقیقاً
texture / tɛkstyʀ / *nf*	۱. بافت ۲. ساختار
thaï / tai / *nm. inv*	زبان تایلندی
thaïlandais,e[1] / tailɑ̃dɛ,z / *adj*	(مربوط به) تایلند، تایلندی
Thaïlandais,e[2] / tailɑ̃dɛ,z / *n*	اهل تایلند، تایلندی
thalamus / talamys / *nm*	[کالبدشناسی] لایه دیدگانی، تالاموس
thalassémie / talasemi / *nf*	(بیماری) تالاسِمی
thalassothérapie / talasɔteʀapi / *nf*	دریادرمانی (معالجه با آب دریا)
thalle / tal / *nf*	[گیاه‌شناسی] ریسه
thalweg / talvɛg / *nm*	[جغرافیا؛ نظامی] خط‌القعر، تالوگ
thaumaturge / tomatyʀʒ / *adj, nm*	معجزه‌گر، اعجازگر، معجزه‌نما
thé / te / *nm*	۱. چای ۲. بوتهٔ چای ۳. صرف چای
théâtral,e,aux / teatʀal,o / *adj*	۱. (مربوط به) تئاتر، تئاتری ۲. نمایشی ۳. تصنعی، متظاهرانه
théâtralement / teatʀalmɑ̃ / *adv*	۱. طبق قواعد تئاتر ۲. به طور نمایشی، (به طور) تصنعی
théâtre / teatʀ / *nm*	۱. تماشاخانه، (سالن) تئاتر ۲. (هنر) تئاتر ۳. کار تئاتر، بازیگری ۴. نمایش ۵. صحنه، میدان، عرصه ‖ **C'est du théâtre.** همه‌اش نمایش است. الکیه. فیلمه.
coup de théâtre	تغییر ناگهانی، واقعهٔ غیرمنتظره
faire du théâtre	تئاتر بازی کردن، در کار تئاتر بودن
pièce de théâtre	نمایشنامه
théier / teje / *nm*	بوتهٔ چای
théière / tejɛʀ / *nf*	قوری
théisme / teism / *nm*	خداپرستی، خداشناسی، اعتقاد به خدا
théiste / teist / *n, adj*	۱. خداپرست، خداشناس ‖ ۲. خداپرستانه، خداشناسانه
thématique / tematik / *adj*	۱. موضوعی ۲. مضمونی، درون‌مایه‌ای
thème / tɛm / *nm*	۱. موضوع ۲. مضمون، درون‌مایه ۳. [تکلیف مدرسه] ترجمه (به زبان خارجی) ۴. [دستور زبان] ستاک
théocratie / teɔkʀasi / *nf*	دین‌سالاری، حکومت مذهبی، حکومت روحانیون
théocratique / teɔkʀatik / *adj*	دین‌سالارانه، (مربوط به) حکومت دینی، حکومت روحانیون
théodicée / teɔdise / *nf*	دادباوری (= اعتقاد به عدل الهی)
théogonie / teɔgɔni / *nf*	(روایتِ) پیدایش خدایان، خدایان‌زاد
théologal,e,aux / teɔlɔgal,o / *adj*	الهی، ربانی، خدایی
théologie / teɔlɔʒi / *nf*	الهیات، علم کلام، خداشناسی
théologien / teɔlɔʒjɛ̃ / *nm*	عالِم الهیات، متکلم، خداشناس
théoologique / teɔlɔʒik / *adj*	(مربوط به) الهیات، خداشناسانه
théorème / teɔʀɛm / *nm*	[منطق، ریاضیات] قضیه
théoricien,enne / teɔʀisjɛ̃,ɛn / *n*	۱. نظریه‌پرداز ۲. صاحب‌نظر

théorie /teɔʀi/ *nf* ۱. نظریه، تئوری
۲. [ادبی] دسته، صف
théorique /teɔʀik/ *adj* ۱. نظری
۲. ظاهری، صوری
théoriquement /teɔʀikmɑ̃/ *adv*
۱. به طور نظری، به لحاظ نظری ۲. ظاهراً، به ظاهر
théoriser /teɔʀize/ *vi, vt* (1)
۱. نظریه پرداختن، نظریه‌پردازی کردن ◘ ۲. به صورت نظریه درآوردن
théosophe /teɔzɔf/ *n* عارف، صوفی
théosophie /teɔzɔfi/ *nf* عرفان، تصوف
thérapeute /teʀapøt/ *n* ۱. درمانگر
۲. روان‌درمانگر
thérapeutique /teʀapøtik/ *adj, nf*
۱. درمانی ۲. شفابخش ◘ ۳. درمان‌شناسی ۴. درمان، معالجه
thérapie /teʀapi/ *nf* ۱. درمان، معالجه
۲. روان‌درمانی
thermal,e,aux /tɛʀmal,o/ *adj*
(مربوط به) آب‌گرم (معدنی)
eau thermale آب‌گرم (معدنی)
thermes /tɛʀm/ *nm. pl* ۱. چشمهٔ آب‌گرم
۲. [در روم قدیم] گرمابه، حمام
thermidor /tɛʀmidɔʀ/ *nm* تِرمیدور
(= یازدهمین ماه تقویم انقلاب فرانسه)
thermique /tɛʀmik/ *adj* گرمایی، حرارتی
thermochimie /tɛʀmɔʃimi/ *nf*
شیمی گرمایی، شیمی حرارتی، گرماشیمی
thermodynamique /tɛʀmodinamik/ *nf*
ترمودینامیک
thermogène /tɛʀmɔʒɛn/ *adj* گرماز
thermographe /tɛʀmɔgʀaf/ *nm* دمانگار
thermométre /tɛʀmɔmɛtʀ/ *nm* دماسنج، حرارت‌سنج، گرماسنج
thermométrie /tɛʀmɔmetʀi/ *nf*
دماسنجی، حرارت‌سنجی، گرماسنجی

thermonucléaire /tɛʀmɔnykleɛʀ/ *adj*
گرماهسته‌ای
thermos /tɛʀmos/ *nm* فلاسک
thermostat /tɛʀmɔsta/ *nm* ترموستات، دماپا
thésaurisation /tezɔʀizasjɔ̃/ *nf*
[ادبی] مال‌اندوزی، ثروت‌اندوزی، ثروت انباشتن
thésauriser /tezɔʀize/ *vi, vt* (1)
۱. مال اندوختن، ثروت اندوختن، ثروت انباشتن ◘ ۲. [مال، ثروت، ...] اندوختن، انباشتن، جمع کردن
thésauriseur,euse /tezɔʀizœʀ,øz/ *n, adj*
[ادبی] مال‌اندوز، ثروت‌اندوز، زراندوز
thèse /tɛz/ *nf* ۱. نظر، تِز ۲. پایان‌نامه، رساله، تِز ۳. [فلسفه] نهاد، برنهاد، پیش‌نهاد
thon /tɔ̃/ *nm* [ماهی] تُن
thonier /tɔnje/ *nm* کشتی صید تُن
Thora(h) /tɔʀa/ *nf* تورات
thoracique /tɔʀasik/ *adj* سینه‌ای، (مربوط به) سینه، صدری
thorax /tɔʀaks/ *nm* قفسهٔ سینه، سینه
thuriféraire /tyʀifeʀɛʀ/ *nm* [ادبی] متملق، چاپلوس
thuya /tyja/ *nm* سروخمره‌ای
thym /tɛ̃/ *nm* آویشن
thyroïde /tiʀɔid/ *adj* (غدهٔ) تیروئید
thyroïdien,enne /tiʀɔidjɛ̃,ɛn/ *adj*
(مربوط به) تیروئید
tiare /tjaʀ/ *nf* تاج پاپ
tibétain[1]**,e** /tibetɛ̃,ɛn/ *adj* (مربوط به) تبت، تبتی
Tibétain[2]**,e** /tibetɛ̃,ɛn/ *n* اهل تبت، تبتی
tibétain[3] /tibetɛ̃/ *nm* زبان تبتی، تبتی
tibia /tibja/ *nm* (استخوان) درشت‌نی
tic /tik/ *nm* ۱. تیک (= زنش غیرارادی عضلات)
۲. عادت مضحک، ادا و اصول
ticket /tikɛ/ *nm* بلیت
tic-tac /tiktak/ *nm. inv* [صدای ساعت] تیک‌تاک

tiède /tjɛd/ *adj* ۱. ولرم ۲. معتدل ۳. ملایم
۴. بی‌قید، بی‌تفاوت ۵. کم‌تعصب، میانه‌رو
tièdement /tjɛdmɑ̃/ *adv* با بی‌قیدی،
با بی‌تفاوتی، بی‌قید، بی‌تفاوت، سرد
tiédeur /tjedœʀ/ *nf* ۱. ولرمی ۲. اعتدال
۳. بی‌قیدی، بی‌تفاوتی، سردی ۴. بی‌تعصبی ۵. لطافت
tiédir /tjediʀ/ *vi, vt* (2) ۱. ولرم شدن
۲. معتدل شدن ◘ ۳. ولرم کردن ۴. معتدل کردن
tien,tienne /tjɛ̃,tjɛn/ *adj. poss, pron. poss, n*
۱. [ادبی] (مالِ) تو، از آنِ تو ◘ ۲. مالِ تو، مالِ خودت
les tiens پدر و مادرت، بستگانت، دوستانت
tierce /tjɛʀs/ *nf* ۱. یک‌شصتم ثانیه
۲. [موسیقی] فاصلهٔ ثلث ۳. [ورق‌بازی] سه کارت هم‌رنگ پیاپی ۴. [حروف‌چینی] نمونهٔ نهایی
tiers[1] /tjɛʀ/ *nm* ۱. یک‌سوم، ثلث
۲. شخص ثالث ۳. کس دیگر، دیگری، غریبه
Ils se disputent devant un tiers.
آنها جلوی دیگران با هم دعوا می‌کنند.
tiers[2]**,tierce** /tjɛʀ,tjɛʀs/ *adj* [قدیمی] سوم
tiers monde جهان سوم
tif /tif/ *nm* [عامیانه] گیس، مو
tiffe /tif/ *nm* → tif
tige /tiʒ/ *nf* ۱. ساقه ۲. نهال ۳. [کفش] ساق
tige (de fer) میله
tignasse /tiɲas/ *nf* ۱. گیسوی پریشان،
موهای درهم و برهم ۲. [خودمانی] گیس، موها
tigre /tigʀ/ *nm* ببر
tigré,e /tigʀe/ *adj* ببری، خال‌خال، خالدار
tigresse /tigʀɛs/ *nf* ۱. ماده‌ببر، ببر ماده
۲. زن حسود و تندخو
tillac /tijak/ *nm* [در کشتی‌های قدیمی] عرشهٔ فوقانی
tilleul /tijœl/ *nm* ۱. درخت زیزفون،
زیزفون ۲. چوب زیزفون ۳. جوشاندهٔ زیزفون
timbale /tɛ̃bal/ *nf* ۱. تیمپانی
(= نوعی ساز کوبه‌ای) ۲. پیاله، جام، بادیه ۳. قالبِ گِرد
timbre /tɛ̃bʀ/ *nf* ۱. زنگ ۲. طنین ۳. تمبر
۴. دسته‌مُهر، مُهر
timbre-poste /tɛ̃bʀəpɔst/ *nm* تمبر پستی،
تمبر
timbré,e /tɛ̃bʀe/ *adj* ۱. طنین‌دار
۲. تمبردار ۳. [خودمانی] خُل، خُل‌مشنگ
acte timbré سند ممهور، سند تمبردار
timbrer /tɛ̃bʀe/ *vt* (1) ۱. تمبر کردن،
تمبر زدن، تمبر چسباندن ۲. مُهر کردن
timide /timid/ *adj* ۱. کم‌رو، خجالتی،
خجول ۲. [قدیمی] کم‌شهامت، بزدل ۳. [قدیمی] بزدلانه
timidement /timidmɑ̃/ *adv* با کم‌رویی،
با خجالت، خجولانه
timidité /timidite/ *nf* ۱. کم‌رویی
۲. [قدیمی] کم‌شهامتی، بزدلی
surmonter sa timidité. کم‌رویی را کنار
گذاشتن
timon /timɔ̃/ *nm* ۱. مالبند ۲. [کشتی] سکان
timonerie /timɔnʀi/ *nf* ۱. سکانداری
۲. [کشتی] اتاق سکان
timonier /timɔnje/ *nm* سکاندار
timoré,e /timɔʀe/ *adj* کم‌شهامت، بزدل،
ترسو
tinctorial,e,aux /tɛ̃ktɔʀjal,o/ *adj*
(مخصوصِ) رنگرزی، (مربوط به) رنگرزی
tinette /tinɛt/ *nf* ۱. لگن
ــ [صورت جمع] ۲. [خودمانی] مستراح، توالت
tintamarre /tɛ̃tamaʀ/ *nm* هیاهو،
همهمه، جنجال، غوغا
tintement /tɛ̃tmɑ̃/ *nm* (صدایِ) زنگ

tinter /tɛ̃te/ *vi, vt* (1) ۱. زنگ زدن ۲. به صدا درآوردن

Les oreilles me tintent. گوش‌هایم زنگ می‌زنند.

tintinnabuler /tɛ̃tinabyle/ *vi* (1) [ادبی] زنگ زدن

tintouin /tɛ̃twɛ̃/ *nm* ۱. [خودمانی] سر و صدا، جار و جنجال ۲. [خودمانی] دلشوره، ناراحتی

tique /tik/ *nf* کَنه

tiquer /tike/ *vi* (1) چهره در هم کشیدن، تو هم رفتن

tir /tiʀ/ *nm* ۱. تیراندازی ۲. شلیک ۳. [فوتبال] شوت

tirade /tiʀad/ *nm* [در تئاتر یا نمایشنامه] گفتار پرطول و تفصیل، نطق بلندبالا

tirage /tiʀaʒ/ *nm* ۱. (عمل) کشیدن ۲. تیراژ ۳. چاپ

tirage (au sort) قرعه‌کشی

tiraillement /tiʀajmɑ̃/ *nm* ۱. کش و واکش ۲. تیر، تیر کشیدن

tirailler /tiʀaje/ *vt, vi* (1) ۱. به این طرف و آن طرف کشیدن ۲. سردرگم کردن ◻ ۳. (به طورِ) نامنظم شلیک کردن

tirailleur /tiʀajœʀ/ *nm* تیرانداز

tire[1] /tiʀ/ *nf*, **vol à la tire** کیف‌زنی، جیب‌بری

voleur à la tire کیف‌زن، جیب‌بر

tire[2] /tiʀ/ *nf* [عامیانه] ماشین، اتول

tire-bouchon /tiʀbuʃɔ̃/ *nm* چوب‌پنبه کِش، دربازکن

en tire-bouchon مارپیچ

tire-jus /tiʀʒy/ *nm. inv* [عامیانه] دستمال دماغی

tire-lait /tiʀlɛ/ *nm. inv* شیردوش

tire-larigot (à) /atiʀlaʀigo/ *loc. adv* [خودمانی] حسابی، مفصل

tirelire /tiʀliʀ/ *nf* ۱. قلک ۲. [خودمانی] شکم ۳. [خودمانی] کله، مخ

tirer /tiʀe/ *vt, vi* (1) ۱. کشیدن ۲. درآوردن، بیرون آوردن ۳. بیرون کشیدن ۴. (به) دنبال خود کشیدن ۵. رسم کردن، کشیدن ۶. چاپ کردن ۷. شلیک کردن، درکردن ۸. [هدف و غیره] زدن ۹. شوت کردن (به طرفِ) ۱۰. برداشتن ۱۱. خلاص کردن، نجات دادن ۱۲. [پول، نتیجه، ...] گرفتن ۱۳. به دست آوردن، بردن ۱۴.استخراج کردن، گرفتن ۱۵. اقتباس کردن ◻۱۶. تیراندازی کردن، شلیک کردن ۱۷. شوت زدن، شوت کردن ۱۸. [کتاب، نشریه] تیراژ داشتن

Cela ne tire pas à conséquences. عواقبی در بر ندارد.

tirer à sa fin ۱. رو به پایان بودن، رو به اتمام بودن، آخرِ (چیزی) بودن ۲. آخر عمر (کسی) بودن، رو به مرگ بودن

tirer au sort قرعه کشیدن

tirer du sommeil (از خواب) بیدار کردن

tirer parti/avantage/profit de بهره بردن، سود جستن، استفاده کردن

tirer sur ۱. شلیک کردن به (طرفِ) ۲. [رنگ] مایل بودن به ۳. پُک زدن به

tirer un chèque چک کشیدن، چک صادر کردن

se tirer *vp* ۱. خود را نجات دادن، خلاص شدن، رهایی یافتن ۲. [خودمانی] رو به آخر بودن ۳. [عامیانه] به چاک زدن، در رفتن

ça ce tire. [خودمانی] بالاخره داره تموم می‌شه.

tiret /tiʀɛ/ *nm* خط فاصله، تیره

tireur,euse /tiʀœʀ,øz/ *n* ۱. [چِک] صادرکننده ۲. تیرانداز

tiroir /tiʀwaʀ/ *nm* کشو

tiroir-caisse /tiʀwaʀkɛs/ *nm* [فروشگاه و غیره] صندوق کشویی

tisane /tizan/ *nf* ۱. جوشانده ۲. [عامیانه] کتک

tison /tizɔ̃/ *nm* نیمسوز

tisonner /tizɔne/ *vt* (1) [آتش] به هم زدن

tissage /tisaʒ/ *nm* ۱. بافندگی، بافت ۲. پارچه‌بافی ۳. کارخانهٔ بافندگی

tisser /tise/ *vt* (1) ۱. بافتن ۲. [تار] تنیدن ۳. [توطئه] چیدن

tisserand,e /tisʀɑ̃,d/ *n* بافنده، نساج

tisseur,euse /tisœʀ,øz/ *n* ۱. بافنده ۲. [در ترکیب] ـباف

tissu /tisy/ *nm* ۱. پارچه ۲. بافت، نسج ۳. [مجازی] سری، رشته

un tissu de mensonge یک مشت دروغ

tissulaire /tisylɛʀ/ *adj* بافتی، نسجی، (مربوط به) بافت‌ها

titan /titɑ̃/ *nm* [ادبی] غول

titanesque /titanɛsk/ *adj* [ادبی] عظیم، سترگ

titi /titi/ *nm* بچهٔ ولگرد

titillation /titilasjɔ̃; titijasjɔ̃/ *nf* غلغلک

titiller /titile,titije/ *vt* (1) [ادبی یا طنزآمیز] غلغلک دادن

titrage /titʀaʒ/ *nm* ۱. تعیین میزان ترکیب ۲. [فیلم] عنوان‌گذاری، تیتراژ

titre /titʀ/ *nm* ۱. عنوان ۲. اسم ۳. سِمَت ۴. لقب ۵. سرفصل ۶. [حقوقی، مالی] سند ۷. اوراق بهادار ۸. عیار

à ce titre از این نظر، از این رو، به این دلیل

à juste titre بحق

à titre de به عنوانِ

en titre صاحب عنوان، رسمی

titré,e /titʀe/ *adj* صاحب عنوان، اسم و رسم‌دار

titrer /titʀe/ *vp* (1) ۱. عنوان دادن به، عنوان گذاشتن رویِ ۲. عنوان نجیب‌زادگی دادن به ۳. عیار (چیزی را) تعیین کردن، عیارگیری کردن ۴. میزان ترکیب (ماده‌ای را) مشخص کردن

titubant,e /titybɑ̃,t/ *adj* ۱. تلوتلوخوران، در حال تلوتلو خوردن ۲. متزلزل

tituber /titybe/ *vi* (1) تلوتلو خوردن، گیج‌گیجی خوردن

titulaire /titylɛʀ/ *adj* ۱. (صاحب عنوان) رسمی ۲. متصدی ۳. [مدرک و غیره] دارنده

titulariser /titylaʀize/ *vt* (1) عنوان دادن به، رسمی کردن

toast /tost/ *nm* ۱. (عمل) به سلامتی کسی نوشیدن، به افتخار (کسی) نوشیدن ۲. نان تُست

toboggan /tɔbɔgɑ̃/ *nm* ۱. سورتمه ۲. سرسره ۳. پل هوایی، روگذر

toc[1]**!** /tɔk/ *interj* تق!

toc[2] /tɔk/ *nm* چیز بدلی، جنس قلابی

tocande /tɔkɑ̃d/ *nf* → toquad,e

tocante /tɔkɑ̃t/ *nf* [عامیانه] ساعت (مچی)

tocard,e /tɔkaʀ,d/ *adj* [خودمانی] بدترکیب، مسخره

tocsin /tɔksɛ̃/ *nm* زنگ خطر

toge /tɔʒ/ *nf* ۱. جُبهٔ رومی، توگا ۲. ردا، جُبه

tohu-bohu /tɔybɔy/ *nm. inv* ۱. هرج و مرج، بِل‌بشو ۲. هیاهو، همهمه

toi /twa/ *pron. pers* تو

toi-même خودت

toile /twal/ *nf* ۱. پارچه ۲. برزنت ۳. بوم [نمایش] ۴. (تابلوی) نقاشی ۵. بادبان

toile d'araignée تار عنکبوت

toilette /twalɛt/ *nf* ۱. آرایش، توالت ۲. نظافت ۳. میز آرایش ــ [صورت جمع] ۴. توالت، دست‌شویی، مستراح

toise /twaz/ *nf* ۱. میلهٔ اندازه‌گیری قد ۲. تواز (= واحد قدیمی طول، در حدودِ دو متر)

toiser /twaze/ *vt* (1) ۱. وارانداز کردن ۲. با تحقیر نگاه کردن ۳. [قدیمی] با چشم اندازه گرفتن

toison /twazɔ̃/ *nf* ۱. پشم (گوسفند) ۲. گیسوان انبوه، موی انبوه

toit /twa/ *nm* ۱. سقف، تاق، بام ۲. خانه، سرپناه

a = bas, plat e = blé, jouer ɛ = lait, jouet, merci i = il, lyre o = mot, dôme, eau, gauche ɔ = mort
u = roue y = rue ø = peu œ = peur ə = le, premier ɑ̃ = sans, vent ɛ̃ = matin, plein, lundi
ɔ̃ = bon, ombre ʃ = chat, tache ʒ = je, gilet j = yeux, paille, pied w = oui, nouer ɥ = huile, lui

toiture / twatyʀ / *nf* بام، سقف

tôle[1] / tol / *nf* ورق (فلز)

tôle[2] / tol / *nf* → taule

tolérable / tɔleʀabl / *adj* ۱. قابل تحمل، تحمل‌پذیر ۲. قابل اِغماض، قابل چشم‌پوشی، قابل گذشت

tolérance / tɔleʀɑ̃s / *nf* ۱. تحمل، طاقت، تاب ۲. بردباری، شکیبایی ۳. مدارا، رواداری، تساهل ۴. [فنی] خطای مجاز، تولرانس

tolérant,e / tɔleʀɑ̃,t / *adj* ۱. بردبار، باتحمل، شکیبا ۲. بامدارا، باگذشت، روادار

tolérer / tɔleʀe / *vt* (6) ۱. تحمل کردن، تاب آوردن ۲. اجازه دادن ۳. چشم‌پوشی کردن، گذشت کردن، اِغماض کردن

tôlerie / tolʀi / *nf* [فلزات] ورق‌سازی

tollé / tɔle / *nm* فریاد اعتراض

tomahawk / tɔmaok;tɔmawak / *nm* تبر سرخ‌پوستی

toman / tɔman / *nm* تومان، تومن (= پول رایج در ایران)

tomate / tɔmat / *nf* گوجه‌فرنگی

tombal,e,aux / tɔ̃bal,o / *adj* (مربوط به) قبر، مزار

tombant,e / tɔ̃bɑ̃,t / *adj* ۱. آویزان، افتاده ۲. فروریخته، آویخته

à la nuit tombante سرِ شب

tombe / tɔ̃b / *nf* ۱. گور، قبر ۲. آرامگاه، مقبره، مزار

tombeau / tɔ̃bo / *nm* آرامگاه، مقبره، مزار

tombée / tɔ̃be / *nf,*

à la tombée du jour/de la nuit (هنگامِ) غروب، سرِ شب

tomber / tɔ̃be / *vi, vt* (1) ۱. افتادن ۲. زمین خوردن ۳. فرو ریختن، ریختن ۴. سقوط کردن، سرنگون شدن، ساقط شدن ۵. فروکش کردن، فرونشستن ۶. باریدن ۷. [گیسو، پایین‌لباس، ...] آویزان بودن، (پایین) ریختن ۸. پایین آمدن، کم شدن، تنزل کردن ۹. [مشکل، مانع، ...] رفع شدن، برطرف شدن، از بین رفتن ۱۰. [بیماری و غیره] دچار شدن، مبتلا شدن، شدن ۱۱. فرارسیدن، آمدن ۱۲. سرزده آمدن، (یکدفعه) از راه رسیدن ۱۳. [جشن، مناسبت، ...] افتادن به ◻ ۱۴. (به) زمین زدن

tomber amoureux عاشق شدن

tomber bien به موقع رسیدن

laisser tomber ول کردن، رها کردن

Le sort est tombé sur lui. قرعه به نام او افتاد.

tomber dans l'oubli فراموش شدن، به دست فراموشی سپرده شدن، از یاد رفتن

tomber sur ۱. هجوم آوردن به، یورش بردن به ۲. برخوردن به

tombereau / tɔ̃bʀo / *nm* گاری (بارکش)

tombola / tɔ̃bɔla / *nf* بخت‌آزمایی

tome / tɔm / *nm* [بخشی از یک اثر] مجلد، جلد، کتاب

tome-pouce / tɔmpus / *nm* ۱. [خودمانی] کوتوله ۲. چتر کوچک

ton[1]**,ta** / tɔ̃,ta / *adj. poss* (مالِ) تو، [در ترکیب] ـِ اَت، ـَ ت

ton[2] / tɔ̃ / *nm* ۱. آهنگ، نوا ۲. لحن ۳. پرده، نت، مایه ۴. [صدا] دانگ ۵. [زبان‌شناسی] نواخت ۶. رنگ‌مایه

tonalité / tɔnalite / *nf* ۱. [موسیقی] مایه، مایگانی، پردگانی، مقام ۲. طنین (صدا) ۳. [تلفن] بوق آزاد ۴. [نقاشی] رنگ‌مایه (سراسری)

tondeur,euse[1] / tɔ̃dœʀ,øz / *n* پشم‌چین

tondeuse[2] / tɔ̃døz / *nf* ۱. ماشین پشم‌چینی ۲. ماشین چمن‌زنی، چمن‌زن ۳. ماشین اصلاح

tondre / tɔ̃dʀ / *vt* (41) ۱. [پشم، چمن، ...] (از ته) زدن، چیدن ۲. موهای (کسی یا جانوری را) از ته زدن ۳. دار و ندار (کسی را) بردن، لخت کردن

tondu,e / tɔ̃dy / *adj, part. passé* ۱. [پشم، چمن، ...] از ته‌زده، چیده‌شده ۲. با موهای از ته‌زده ◻ ۳. [اسم مفعول فعلِ tondre]

tonifiant,e / tɔnifjɑ̃,t / *adj* نیروبخش، فرح‌بخش، جان‌بخش

tonifier /tɔnifje/ *vt* (7) نیرو دادن به، جان دادن به، جان بخشیدن به

tonique /tɔnik/ *adj, nm* ۱. نیروبخش، مقوی، تقویتی ۲. جان‌بخش، فرح‌بخش، روح‌افزا ◘ ۴. داروی تقویتی

accent tonique [زبان‌شناسی] تکیه زیر و بمی

tonitruant,e /tɔnitʀyɑ̃,t/ *adj* رعدآسا

tonnage /tɔnaʒ/ *nm* [کشتی] ظرفیت (بارگیری)

tonnant,e /tɔnɑ̃,t/ *adj* رعدآسا

tonne /tɔn/ *nf* ۱. تُن (= هزار کیلوگرم) ۲. بشکه (بزرگ) ۳. یک عالمه، یک خروار

tonneau /tɔno/ *nm* بشکه

tonnelet /tɔnlɛ/ *nm* چلیک، بشکه (کوچک)

tonnelier /tɔnəlje/ *nm* بشکه‌ساز، چلیک‌ساز

tonnelle /tɔnɛl/ *nf* آلاچیق

tonnellerie /tɔnɛlʀi/ *nf* بشکه‌سازی، چلیک‌سازی

tonner /tɔ̃ne/ *vi, v. impers* ۱. غریدن، غرش کردن ◘ ۲. رعد زدن

tonnerre /tɔnɛʀ/ *nm* ۱. رعد، تندر ۲. صدای رعدآسا، غرش ۳. [قدیمی یا ادبی] رعد و برق، صاعقه ۴. غضب

coup de tonnerre ۱. غرش رعد، رعد ۲. بلای ناگهانی

voix de tonnerre صدای رعدآسا

tonsure /tɔ̃syʀ/ *nf* [کشیش، راهب] فرق تراشیدهٔ سر

tonte /tɔ̃t/ *nf* ۱. پشم‌چینی ۲. فصل پشم‌چینی ۳. پشم چیده‌شده

tonte des gazons چمن‌زنی

tonton /tɔ̃tɔ̃/ *nm* [در زبان بچه‌ها] عمو، دایی

tonus /tɔnys/ *nm* قدرت، تحرک

tonus musculaire کشیدگی عضلات

topaze /tɔpaz/ *nf* زبرجد

toper /tɔpe/ *vi* (1) [به نشانهٔ موافقت] دست دادن، جام‌ها را به هم زدن

Tope là! بزن قدِش!

topinambour /tɔpinɑ̃buʀ/ *nm* سیب‌زمینی ترشی

topographie /tɔpɔgʀafi/ *nf* ۱. نقشه‌برداری از عوارض زمین، توپوگرافی ۲. وضع مکانی، موقعیت ارضی

topologie /tɔpɔlɔʒi/ *nf* [هندسه] توپولوژی

toponymie /tɔpɔnimi/ *nf* ۱. مکان‌شناسی ۲. اسامی مکان‌ها

toquade /tɔkad/ *nf* [خودمانی] هوس، ویر

toquante /tɔkɑ̃t/ *nf* → tocante

toqué,e /tɔke/ *adj, n* [خودمانی] (آدم) خُل، خُل‌مشنگ

toquer /tɔke/ *vi* (1) [خودمانی] یواش زدن

toquer à la porte یواش در زدن

torche /tɔʀʃ/ *nf* مشعل

torche électrique چراغ‌قوه

torcher /tɔʀʃe/ *vt* (1) ۱. [خودمانی] کهنه کشیدن، پاک کردن ۲. سرهم‌بندی کردن، سرسری انجام دادن ۳. با کاه‌گل ساختن ۴. [قدیمی؛ عامیانه] کتک زدن

torchis /tɔʀʃi/ *nm* کاه‌گل

torchon /tɔʀʃɔ̃/ *nm* ۱. کهنه، دستمال ۲. [خودمانی] نوشتهٔ مزخرف، اراجیف

torchonner /tɔʀʃɔne/ *vt* (1) ۱. [خودمانی] سرهم‌بندی کردن، سَمبَل کردن ۲. کهنه کشیدن

tordant,e /tɔʀdɑ̃,t/ *adj* [خودمانی] خیلی خنده‌دار

tordre /tɔʀdʀ/ *vt* (41) ۱. پیچاندن ۲. [مو] پیچیدن ۳. خم کردن ۴. چلاندن

se tordre *vp* ۱. به خود پیچیدن ۲. پیچ خوردن

se tordre (de rire) از خنده روده‌بر شدن، ریسه رفتن

a = bas, plat e = blé, jouer ɛ = lait, jouet, merci i = il, lyre o = mot, dôme, eau, gauche ɔ = mort
u = roue y = rue ø = peu œ = peur ə = le, premier ɑ̃ = sans, vent ɛ̃ = matin, plein, lundi
ɔ̃ = bon, ombre ʃ = chat, tache ʒ = je, gilet j = yeux, paille, pied w = oui, nouer ɥ = huile, lui

tordu,e / tɔʀdy / *adj, part. passé* ۱. پیچ‌خورده ۲. خمیده ۳. [خودمانی] خُل، خُل‌مشنگ ۴. [از فرط بیماری] از پا درآمده ◙ ۵. [اسم مفعول فعلِ tordre]

toréador / tɔʀeadɔʀ / *nm* [قدیمی] گاوباز

torero / tɔʀeʀo / *nm* گاوباز

torgnole / tɔʀɲɔl / *nf* [خودمانی] توگوشی، کشیده، چَک

tornade / tɔʀnad / *nf* گردباد

torpeur / tɔʀpœʀ / *nf* سستی، خمودی، رخوت

torpid / tɔʀpid / *adj* [ادبی] سست، بی‌حال

torpille / tɔʀpij / *nf* ۱. اژدر ۲. اژدرماهی

torpiller / tɔʀpije / *vt* (1) ۱. هدف اژدر قرار دادن، با اژدر زدن ۲. بر هم زدن، مختل کردن، اخلال کردن در

torpilleur / tɔʀpijœʀ / *nm* ناوچهٔ اژدرافکن

torréfaction / tɔʀefaksjɔ̃ / *nf* [قهوه، تنباکو] (عمل) بو دادن

torréfier / tɔʀefje / *vt* (7) [قهوه، تنباکو] بو دادن

torrent / tɔʀɑ̃ / *nm* ۱. سیلاب، سیل ۲. رود خروشان ۳. [مجازی] سیل

à torrent سیل‌آسا

torrentiel,elle / tɔʀɑ̃sjɛl / *adj* سیلابی، سیل‌آسا

torrentueux,euse / tɔʀɑ̃tɥø,øz / *adj* ۱. [ادبی] سیل‌آسا ۲. [مجازی] پرتلاطم

torride / tɔʀid / *adj* سوزان، داغ

tors,e / tɔʀ,s / *adj* تابیده، پیچیده

torsade / tɔʀsad / *nf* ۱. [برای تزیین] ریشه (به‌هم‌بافته) ۲. ابزار طنابی

torsader / tɔʀsade / *vt* (1) (به هم) بافتن

torse / tɔʀs / *nm* بالاتنه، نیم‌تنه

torsion / tɔʀsjɔ̃ / *nf* ۱. (عمل) تابیدن ۲. پیچ‌خوردگی، تابیدگی

tort / tɔʀ / *nm* ۱. خطا، اشتباه ۲. کار نادرست، کار غلط ۳. زیان، ضرر، خسارت

à tort به ناروا، به ناحق

avoir tort ۱. اشتباه کردن ۲. حق (با کسی) نبودن

donner tort à qqn کسی را مقصر دانستن، کسی را خطاکار قلمداد کردن

faire du tort ضرر زدن، زیان رساندن

torticolis / tɔʀtikɔli / *nm* ۱. [پزشکی] کج‌گردنی ۲. گردن‌درد

tortillement / tɔʀtijmɑ̃ / *nm* پیچ و تاب

tortiller / tɔʀtije / *vt, vi* (1) ۱. پیچ و تاب دادن ۲. [مو] بافتن ۳. [سبیل] تاب دادن ۴. قِر دادن ◙ ۵. [خودمانی] این پا و آن پا کردن، این دست و آن دست کردن

se tortiller *vp* پیچ و تاب خوردن، به خود پیچیدن

tortionnaire / tɔʀsjɔnɛʀ / *n* شکنجه‌گر

tortue / tɔʀty / *nf* لاک‌پشت

tortueusement / tɔʀtɥøzmɑ̃ / *adv* ۱. (به طور) پیچ‌درپیچ ۲. زیرزیرکی، موذیانه

tortueux,euse / tɔʀtyø,øz / *adj* ۱. پیچ‌درپیچ، پرپیچ و خم ۲. آب‌زیرکاه، موذی، دودوزه‌باز ۳. زیرزیرکی، موذیانه

torturant,e / tɔʀtyʀɑ̃,t / *adj* عذاب‌آور، زجرآور

torture / tɔʀtyʀ / *nf* ۱. شکنجه ۲. عذاب، زجر

torturer / tɔʀtyʀe / *vt* (1) ۱. شکنجه کردن، شکنجه دادن ۲. عذاب دادن، زجر دادن ۳. [متن] تحریف کردن

se torturer *vp* ۱. خود را عذاب دادن، خود را زجر دادن ۲. یکدیگر را عذاب دادن

torve / tɔʀv / *adj,* **regard torve** (نگاه) چپ‌چپ

tôt / to / *adv* زود

le plus tôt (possible)/au plus tôt هر چه زودتر، در اسرع وقت

Mon travail sera terminé dans quinze jours au plus tôt. کار من زودتر از پانزده روز تمام نمی‌شود.

total¹,e,aux /tɔtal,o/ *adj*	۱. کامل ۲. کل
total² /tɔtal/ *nm*	۱. مجموع ۲. جمع کل، سرجمع
au total	در مجموع، مجموعاً
totalement /tɔtalmɑ̃/ *adv*	کاملاً، به کلی
totalisation /tɔtalizasjɔ̃/ *nf*	جمع‌بندی، جمع زدن
totaliser /tɔtalize/ *vt* (1)	جمع کردن، جمع زدن
totalitaire /tɔtalitɛR/ *adj*	۱. خودکامه، مستبد، استبدادی ۲. کلی، فراگیر
totalitarisme /tɔtalitarism/ *nm*	خودکامگی، استبداد
totalité /tɔtalite/ *nf*	کُل، مجموع
en totalité	کلاً، کاملاً به کلی
totem /tɔtɛm/ *nm*	توتم
totémique /tɔtemik/ *adj*	۱. توتمی، (مربوط به) توتم ۲. توتم‌باورانه، (مربوط به) توتم‌پرستی
totémisme /tɔtemism/ *nm*	توتم‌باوری، توتم‌پرستی
toto /tɔto/ *nm*	[عامیانه] شپش (سر)
toton /tɔtɔ̃/ *nm*	[ادبی] فرفره
toubib /tubib/ *nm*	[خودمانی] دکتر، طبیب
touchant¹ /tuʃɑ̃/ *prép*	[ادبی] در باب، در زمینهٔ، در مورد، راجع به
touchant²,e /tuʃɑ̃,t/ *adj*	رقت‌انگیز، تأثرآور، غم‌انگیز، ناراحت‌کننده
touche /tuʃ/ *nf*	۱. [پیانو، ماشین تحریر] دکمه، شستی ۲. رنگ‌آمیزی ۳. [خودمانی] سر و وضع، حالت ۴. [ماهی] به قلاب‌افتادن
touche-à-tout /tuʃatu/ *nm. inv*	۱. فضول ۲. همه‌کاره
toucher¹ /tuʃe/ *vt* (1)	۱. دست زدن (به) ۲. لمس کردن ۳. تماس گرفتن با ۴. برخورد کردن، خوردن ۵. دریافت کردن، گرفتن ۶. رسیدن (به) ۷. تحت تأثیر قرار دادن، متأثر کردن، به رقت آوردن ۸. کنار (جایی) بودن، نزدیک (جایی) بودن ۹. نسبت داشتن با ۱۰. مربوط بودن (به)، مربوط بودن (به)، ارتباط داشتن (به) ۱۱. [بحث، مسئله، ...] پرداختن (به)
Le bateau a touché le port.	کشتی به بندر رسید.
toucher à sa fin	رو به اتمام بودن، به آخر رسیدن
toucher la cible/le but	به هدف زدن
toucher un chèque	چکی را نقد کردن
toucher² /tuʃe/ *nm*	۱. (حس) بساوایی، لامسه ۲. لمس ۳. [پیانو] طرز نواختن
touffe /tuf/ *nf*	[مو، علف، ...] دسته
touffu,e /tufy/ *adj*	۱. انبوه، پرپشت ۲. پیچیده، فشرده
touiller /tuje/ *vt* (1)	[خودمانی] قاطی کردن، هم زدن
toujours /tuʒuR/ *adv*	۱. همیشه، همواره ۲. دائماً، مدام، یکریز
comme toujours	مثل همیشه، طبق معمول
pour toujours	برای همیشه، تا ابد
toundra /tundRa/ *nf*	[جغرافیا] توندرا
toupet /tupɛ/ *nm*	۱. طُره، زلف ۲. [خودمانی] وقاحت، گستاخی
toupie /tupi/ *nf*	فرفره
tour¹ /tuR/ *nf*	۱. برج ۲. [شطرنج] رخ
tour² /tuR/ *nm*	۱. دور، گرداگرد ۲. چرخش ۳. پیچ، پیچ و خم ۴. گردش، گشت، سیاحت ۵. تردستی ۶. حیله، کلک، حقه ۷. روند، جریان ۸. نوبت، دور ۹. [دستگاه] چرخ ۱۰. ماشین تراش
à tour de bras	با تمام قدرت
C'est un problème qui le touche.	این مسئله‌ای است که به او مربوط می‌شود.

---

a = bas, plat   e = blé, jouer   ɛ = lait, jouet, merci   i = il, lyre   o = mot, dôme, eau, gauche   ɔ = mort
u = roue   y = rue   ø = peu   œ = peur   ə = le, premier   ɑ̃ = sans, vent   ɛ̃ = matin, plein, lundi
ɔ̃ = bon, ombre   ʃ = chat, tache   ʒ = je, gilet   j = yeux, paille, pied   w = oui, nouer   ɥ = huile, lui

tourbe

en un tour de main	در یک چشم به هم زدن
faire le tour de	۱. گشتن، سیاحت کردن
	۲. مرور کردن، بررسی کردن
le tour des évènements	روند رویدادها،
	جریان وقایع
Où peut-on vous toucher?	کجا می شود شما
	را پیدا کرد؟ کجا می توان با شما تماس گرفت؟
tour à tour	به نوبت، یکی یکی
tour de potier	چرخ سفالگری
tour (de phrase)	۱. طرز بیان، سیاق
	۲. عبارت، اصطلاح
tourbe¹ /tuʀb/ *nf*	تورب، زغال سنگ نارس
tourbe² /tuʀb/ *nf*	[قدیمی؛ تحقیرآمیز]
	جماعت
tourbière /tuʀbjɛʀ/ *nf*	معدن تورب
tourbillon /tuʀbijɔ̃/ *nm*	۱. گردباد
	۲. گرداب ۳. چرخش تند
tourbillonnaire /tuʀbijɔnɛʀ/ *adj*	چرخشی،
	دَوَرانی، دَوّار
tourbillonnant,e /tuʀbijɔnɑ̃,t/ *adj*	
	چرخان
tourbillonnement /tuʀbijɔnmɑ̃/ *nm*	
	چرخش، دَوَران
tourbillonner /tuʀbijɔne/ *vi* (1)	
	چرخیدن، چرخ زدن
tourelle /tuʀɛl/ *nf*	برج کوچک، برجک
tourie /tuʀi/ *nf*	غرابه، کُپ
tourisme /tuʀism/ *nm*	جهانگردی،
	گردشگری، توریسم
touriste /tuʀist/ *n*	جهانگرد، گردشگر،
	توریست
touristique /tuʀistik/ *adj*	
	(مربوط به) جهانگردی، توریستی
tourment /tuʀmɑ̃/ *nm*	۱. عذاب، زجر،
	شکنجه ۲. مایهٔ عذاب
tourmente /tuʀmɑ̃t/ *nf*	۱. [ادبی] توفان
	۲. بلوا، اغتشاش
tourmenté,e /tuʀmɑ̃te/ *adj*	۱. معذب،
	رنجور ۲. آشفته، مشوش ۳. پرتلاطم، متلاطم،
	توفانی ۴. ناهموار ۵. مغلق
tourmenter /tuʀmɑ̃te/ *vt* (1)	
	۱. عذاب دادن، زجر دادن، آزار دادن ۲. به شدت
	تکان دادن ۳. [ادبی] به شدت برانگیختن
se tourmenter *vp*	نگران بودن، دلواپس بودن،
	ناراحت بودن
tournage /tuʀnaʒ/ *nm*	۱. تراش ۲. خراطی
	۳. فیلمبرداری
tournant¹,e /tuʀnɑ̃,t/ *adj*	۱. چرخان،
	گردان ۲. پرپیچ و خم
tournant² /tuʀnɑ̃/ *nm*	۱. [جاده و غیره] پیچ،
	پیچ و خم ۲. نقطهٔ عطف
tourné,e /tuʀne/ *adj*	ترشیده، خراب
avoir l'esprit mal tourné	ذهن (کسی) خراب
	بودن، منحرف بودن
bien tourné	خوش ترکیب
tournebouler /tuʀnəbule/ *vt* (1)	
	[خودمانی] از این رو به آن رو کردن
tournebroche /tuʀnəbʀɔʃ/ *nm*	
	سیخ گردان، جوجه گردان
tourne-disque /tuʀnədisk/ *nm*	گرام،
	گرامافون
tournedos /tuʀnədo/ *nm*	فیله (گاو)
tournée /tuʀne/ *nf*	۱. بازدید، سرکشی
	۲. گشت ۳. [کافه] نوشیدنی (سفارش داده شده) ۴.
	[عامیانه] کتک
être en tournée	[بازیگر تئاتر، خواننده، ...]
	در شهرهای مختلف برنامه اجرا کردن
tournemain (en un) /ɑ̃nɛ̃tuʀnəmɛ̃/ *loc. adv*	
	[ادبی] در یک چشم به هم زدن
tourner /tuʀne/ *vt, vi* (1)	۱. چرخاندن،
	گرداندن ۲. هم زدن ۳. برگرداندن ۴. متوجه (چیزی
	یا کسی) کردن، معطوف کردن ۵. دور زدن ۶.
	اجتناب کردن از ۷. تراش دادن، شکل دادن ۸.
	فیلم برداشتن از، فیلم گرفتن ▫ ۹. چرخیدن، گشتن

tourtereau / tuRtəRo / nm	۱. جوجه قمری
	— [صورت جمع] ۲. عشاق جوان
tourterelle / tuRtəREl / nf	قُمری
Toussaint / tusɛ̃ / nf	تو سَن، عید قدیسان
tousser / tuse / vi (1)	۱. سرفه کردن
	۲. سینه صاف کردن
toussotement / tusotmã / nm	سرفهٔ آهسته
toussoter / tusote / vi (1)	آهسته سرفه کردن
tout¹, toute, tous / tu, tut, tu(s) / adj, pron, adv	
	۱. همه، تمام ۲. کامل، تمام و کمال
	۳. سرتاسر ۴. هر ۵. همه ☐ ۶. همه، همگی ۷. همه‌چیز ☐ ۸. کاملاً ۹. به کلی ۱۰. سراپا
après tout	بالاخره، هر چه باشد
à tout prendre	روی‌هم‌رفته، در مجموع، مِن حیث المجموع
en tout	۱. کاملاً، از هر نظر ۲. روی‌هم‌رفته، در مجموع، من‌حیث‌المجموع
être tout oreilles	سراپا گوش بودن
tout à coup	ناگهان، یک‌دفعه
tout à fait	کاملاً، به کلی
tout à l'heure	۱. به زودی ۲. همین الآن، یک لحظه پیش
tout autre	متفاوت، دیگر
tout de suite	فوراً، زود، بلافاصله
tout le monde	۱. همه، همه کس ۲. هر کس
tout² / tu / nm	۱. کل ۲. مسئلهٔ اصلی، اصل، مهم
Ce n'est pas le tout.	[خودمانی] همش این نیست.
du tout / pas du tout	اصلاً ابداً
du tout au tout	کاملاً، به کلی
toutefois / tutfwa / adv	با این همه، با وجود این، با این حال، مع‌الوصف
toute-puissance / tutpɥisɑ̃s / nf	قدرت مطلق

	۱۰. پیچیدن ۱۱. [موتور و غیره] کار کردن ۱۲. ترشیدن، خراب شدن
La chance a tourné.	بخت روی گردانده.
La tête lui tourne.	سرش گیج می‌رود.
tourner à	شدن، بدل شدن
tourner autour de qqn	دور و بر کسی پرسه زدن
tourner en plaisanterie	(به) شوخی گرفتن
tourner en ridicule	مسخره کردن، خندیدن به
tourner la page	ورق زدن
tourner le dos à qqn	به کسی پشت کردن
tourner un film	فیلم برداشتن
se tourner vp	۱. برگشتن ۲. رو کردن
tournesol / tuRnəsɔl / nm	گل آفتابگردان
tourneur / tuRnœR / nm	۱. تراشکار ۲. خراط
tournevis / tuRnəvis / nm	پیچ‌گوشتی
tournicoter / tuRnikɔte / vi (1)	[خودمانی] دور و بر (کسی یا چیزی) گشتن، پلکیدن
tourniquer / tuRnike / vi (1)	دور و بر (چیزی) گشتن، چرخیدن
tourniquet / tuRnike / nm	۱. نردهٔ گردان ۲. درِ گردان ۳. فوارهٔ گردان
tournoi / tuRnwa / nm	۱. (یک) دوره مسابقه، تورنمنت ۲. [ادبی] رقابت، مسابقه، مبارزه
tournoiement / tuRnwamɑ̃ / nm	چرخش، چرخ
tournoyant,e / tuRnwayɑ̃,t / adj	چرخان، چرخ‌زنان
tournoyer / tuRnwaje / vi (8)	چرخ زدن، (دور خود) چرخیدن
tournure / tuRnyR / nf	۱. عبارت، اصطلاح ۲. صورت، وضعیت ۳. ظاهر، شکل، وضع
prendre une mauvaise tournure	صورت بدی پیدا کردن

tout-fou / tufu / *adj. m, n* [خودمانی] خُل، مشنگ

toutou / tutu / *nm* [زبان بچه‌ها] هاپو

tout-petit / tup(ə)ti / *nm* کودک، بچه کوچولو

tout-puissant, toute-puissante / tupɥisɑ̃,tutpɥisɑ̃t / *adj, n* ۱. بسیار قوی ۲. قادر مطلق، ابرقدرت
le Tout puissant [از صفات خدا] قادر متعال

tout-venant / tuvnɑ̃ / *nm* همه‌جور آدم، همه‌جور کس

toux / tu / *nf* سرفه

toxicité / tɔksisite / *nf* سمیت، سمی بودن، مسموم‌کنندگی

toxicologie / tɔksikɔlɔʒi / *nf* سم‌شناسی، زهرشناسی

toxicologique / tɔksikɔlɔʒik / *adj* سم‌شناختی، زهرشناختی، (مربوط به) سم‌شناسی

toxicologue / tɔksikɔlɔg / *n* سم‌شناس، زهرشناس

toxicomane / tɔksikɔman / *adj, n* معتاد (به مواد مخدر)

toxicomanie / tɔksikɔmani / *nf* اعتیاد (به مواد مخدر)

toxine / tɔksin / *nf* زهرابه، توکسین

toxique / tɔksik / *adj, nm* ۱. سمی، مسموم‌کننده ▫ ۲. سم

trac / tʀak / *nm* دلهره، هراس، ترس

traçage / tʀasaʒ / *nm* ترسیم

tracas / tʀaka / *nm* ۱. گرفتاری، مشکل ۲. نگرانی، ناراحتی

tracasser / tʀakase / *vt* (1) عذاب دادن، آزار دادن، رنج دادن

tracasserie / tʀakasʀi / *nf* آزار، اذیت، دردسر، عذاب

tracassier,ère / tʀakasje,ɛʀ / *adj* ۱. آزاردهنده، عذاب‌آور ۲. مردم‌آزار

trace / tʀas / *nf* ۱. جایِ پا، ردِ پا ۲. اثر، رد، نشان

tracé / tʀase / *nm* ۱. طرح، نقشه ۲. خط سیر

tracer / tʀase / *vt* (3) ۱. رسم کردن، کشیدن ۲. نوشتن، نگاشتن ۳. نشان دادن ۴. [عامیانه یا محلی] چهارنعل رفتن

trachée / tʀaʃe / *nf* ۱. [کالبدشناسی] نای ۲. [گیاه‌شناسی] آوند کامل

trachée-artère / tʀaʃeaʀtɛʀ / *nf* [قدیمی] نای

trachéite / tʀakeit / *nf* التهاب نای

tract / tʀakt / *nm* ۱. [سیاسی، مذهبی] اعلامیه، تراکت ۲. [تبلیغاتی] بروشور

tractations / tʀaktasjɔ̃ / *nf. pl* معامله

tracter / tʀakte / *vt* (1) یدک کشیدن، کشیدن، حمل کردن

tracteur / tʀaktœʀ / *nm* تراکتور

traction / tʀaksjɔ̃ / *nf* ۱. کشش ۲. حمل

tradition / tʀadisjɔ̃ / *nf* ۱. سنت ۲. رسم ۳. عرف ۴. [مذهبی] روایت، حدیث

traditionalisme / tʀadisjɔnalism / *nm* سنت‌گرایی، سنت‌پرستی

traditionaliste / tʀadisjɔnalist / *n, adj* ۱. سنت‌گرا، سنت‌پرست ▫ ۲. سنت‌گرایانه، سنتی

traditionnel,elle / tʀadisjɔnɛl / *adj* ۱. سنتی ۲. مرسوم
musique traditionnelle موسیقی سنتی

traditionnellement / tʀadisjɔnɛlmɑ̃ / *adv* ۱. طبق سنت، به طور سنتی، به لحاظ سنتی ۲. به طور مرسوم

traducteur,trice / tʀadyktœʀ,tʀis / *n* مترجم

traduction / tʀadyksjɔ̃ / *nf* ترجمه، برگردان

traduire / tʀadɥiʀ / *vt* (38) ۱. ترجمه کردن، برگرداندن ۲. بیان کردن، ابراز کردن
traduire en justice به دادگاه کشاندن، محاکمه کردن

se traduire *vp* ظاهر شدن، آشکار شدن

trafic / tʀafik / *nm* ۱. آمد و شد، عبور و مرور،

traficoter / tRafikɔte / *vi* (1) ترافیک ۲. قاچاق، خرید و فروش غیرقانونی [خودمانی، تحقیرآمیز] تو کار قاچاق بودن، قاچاق کردن، جنس رد کردن

trafiquant,e / tRafikɑ̃,t / *n* قاچاقچی

trafiquer / tRafike / *vt* (1) ۱. قاچاق کردن ۲. غیرقانونی خرید و فروش کردن ۳. دست بردن در، دستکاری کردن

trafiqueur,euse / tRafikœR,øz / *n*
→ trafiquant,e

tragédie / tRaʒedi / *nf* ۱. سوگنامه، تراژدی ۲. مصیبت، فاجعه

tragédien,enne / tRaʒedjɛ̃,ɛn / *n* بازیگر تراژدی

tragi-comédie / tRaʒikɔmedi / *nf* تراژدی‑کمدی

tragi-comique / tRaʒikɔmik / *adj* ۱. (مربوط به) تراژدی‑کمدی، تراژدی کمیک ۲. غم‌انگیز اما خنده‌دار

tragique / tRaʒik / *adj, nm* ۱. [مربوط به] سوگنامه، تراژدی ۲. مصیبت‌بار، فاجعه‌آمیز، ناگوار، دردناک ▫ ۳. سبک تراژدی ۴. جنبهٔ مصیبت‌بار، مصیبت

auteur de tragédie سوگنامه‌نویس، نویسندهٔ تراژدی

tragiquement / tRaʒikmɑ̃ / *adv* به طرز فجیعی، فاجعه‌بار، به طور ناگواری، به طور دردناکی

trahir / tRaiR / *vt* (2) ۱. خیانت کردن به ۲. لو دادن ۳. پشت پا زدن به ۴. برملا کردن، فاش کردن، پرده برداشتن از ۵. [توان و غیره] یاری نکردن، ناکام کردن

se trahir *vp* ۱. خود را لو دادن، راز خود را فاش کردن، مشت خود را باز کردن ۲. لو رفتن ۳. برملا شدن، فاش شدن

trahison / tRaizɔ̃ / *nf* خیانت

train / tRɛ̃ / *nm* ۱. قطار، ترن ۲. ردیف، قطار ۳. روند، سیر، جریان ۴. [وسیلهٔ نقلیه، روند، ...] حرکت، سرعت ۵. [عامیانه] کون

à fond de train با سرعت تمام، مثل برق

être en train ۱. راحت بودن ۲. سر حال بودن

être en train de در حال (انجام کاری) بودن

mener grand train زندگی مجللی داشتن

mettre en train شروع کردن، دست گرفتن

train de devant/d'avant [در حیوانات باربر] قسمت جلو

train de vie رویهٔ زندگی، سبک زندگی

traînailler / tRɛnaje / *vi* (1) → traînasser

traînant,e / tRɛnɑ̃,t / *adj* [دامن و غیره] بلند تا روی زمین

voix traînante صدای کشدار

traînard,e / tRɛnaR,d / *nm* ۱. (آدم) عقب‌مانده، جامانده ۲. آدم کند

traînasser / tRɛnase / *vi* (1) ۱. [خودمانی، تحقیرآمیز] لفتش دادن، فس‌فس کردن ۲. پرسه زدن، ول گشتن، علاف بودن

traîne / tRɛn / *nf* دنبالهٔ لباس

à la traîne ۱. پشت سر (بقیه)، عقب، آخر از همه ۲. نامرتب، به‌هم‌ریخته

traîneau / tRɛno / *nm* سورتمه

traînée / tRɛne / *nf* ۱. رد، اثر ۲. دنباله ۳. [خودمانی] هرجایی، هرزه، فاحشه

traîner / tRɛne / *vt, vi* (1) ۱. کشیدن، دنبال خود کشیدن ۲. روی زمین کشیدن ۳. با خود بردن، همراه خود بردن ۴. (کسی را به جایی) کشاندن ۵. طولش دادن، کش دادن ۶. تحمل کردن، رنج بردن از ▫ ۷. روی زمین کشیده شدن ۸. عقب ماندن، دیر کردن ۹. طول کشیدن، به درازا کشیدن ۱۰. به‌هم‌ریخته بودن، پخش و پلا بودن ۱۱. ول گشتن، علاف بودن

traîne-savates

traîner la jambe/la patte لنگیدن، شلیدن
se traîner *vp* ۱. به زحمت راه رفتن
۲. خود را کشاندن ۳. چهاردست و پا رفتن، سینه‌خیز رفتن ۴. طول کشیدن، طولانی شدن، به درازا کشیدن
traîne-savates / tʀɛnsavat / *nm. inv*
[خودمانی] ولگردِ بی‌عار
traîneur, euse / tʀɛnœʀ, øz / *n*
پرسه‌زن،
آدم علاف
train-train / tʀɛ̃tʀɛ̃ / *nm. inv* روندِ یکنواخت
traire / tʀɛʀ / *vt* (50) دوشیدن
trait / tʀɛ / *nm* ۱. خط ۲. نشان، اثر
۳. ویژگی، مشخصه ۴. [قدیمی] تیر، پیکان، نیزه
۵. [ادبی؛ مجازی] نیش ۶. سیم بکسل — [صورت جمع] ۷. خطوط چهره

à grand traits [طراحی] با خطوط اصلی
avoir trait à مربوط بودن به، مربوط شدن به، متعلق بودن به
bête/animal de trait حیوان بارکش
boire d'un (seul) trait یک‌جا سر کشیدن
décrire/raconter à grand traits کلیات را شرح دادن، به اجمال تعریف کردن

traitable / tʀɛtabl / *adj* ۱. خوش‌برخورد، مصالحه‌جو ۲. قابل طرح، قابل بحث، قابل بررسی

traitant / tʀɛtɑ̃ / *adj. m*, **médecin traitant** پزشک معالج

trait d'union / tʀɛdynjɔ̃ / *nm*
[نشانه‌گذاری] خط رابط، خط پیوند (= تیرهٔ کوچکی «ـ» که میان دو واژه می‌آید و یک واژهٔ مرکب می‌سازد.)

traite / tʀɛt / *nf* ۱. (عمل) دوشیدن ۲. مسیر
۳. برات، حواله

boire d'une seule traite یک‌جا سرکشیدن، لاجرعه نوشیدن
d'une (seule) traite بدون توقف، بی‌وقفه
faire une longue traite مسیر طولانی را بی‌وقفه پیمودن
traite des nègres تجارت برده، برده‌فروشی

traité / tʀɛte / *nm* ۱. رساله ۲. قرارداد، پیمان، معاهده، عهدنامه
traitement / tʀɛtmɑ̃ / *nm* ۱. رفتار، برخورد ۲. معالجه، درمان، مداوا ۳. حقوق، مواجب ۴. [کامپیوتر؛ اطلاعات] پردازش
traiter / tʀɛte / *vt, vi* (1) ۱. رفتار کردن با، تا کردن با، برخورد کردن با ۲. [ادبی] مهمان کردن ۳. معالجه کردن، مداوا کردن، تحت درمان قرار دادن ۴. مطرح کردن، بررسی کردن، تحت درمان قرار دادن، پرداختن به ۵. [تحقیرآمیز] نسبتِ ... دادن به، به حساب آوردن، شمردن ۶. عمل آوردن ۷. [کامپیوتر؛ اطلاعات] پردازش کردن ▯ ۸. معامله کردن، قرارداد بستن

Il m'a traité d'imbécile. منو احمق فرض کرده.
traiter une question مسئله‌ای را بررسی کردن، به مسئله‌ای پرداختن

traiteur / tʀɛtœʀ / *nm* اغذیه‌فروش (برای مصرف در منازل)، مسئول تدارک غذا، اغذیه‌رسان

traître, traîtresse / tʀɛtʀ, tʀɛtʀɛs / *n, adj*
۱. خائن، خیانتکار ۲. خطرناک، موذی
en traître خائنانه، خیانتکارانه
ne pas dire un traître mot هیچ نگفتن، لام تا کام حرف نزدن

traîtreusement / tʀɛtʀøzmɑ̃ / *adv*
[ادبی] خائنانه، خیانتکارانه
traîtrise / tʀɛtʀiz / *nf* خیانت
trajectoire / tʀaʒɛktwaʀ / *nf* خط سیر
trajet / tʀaʒɛ / *nm* ۱. مسافت، فاصله
۲. مسیر، راه
tram / tʀam / *nm* → tramway
trame / tʀam / *nm* ۱. پود ۲. طرح، ساختار
usé jusqu'à la trame نخ‌نما، پوسیده
tramer / tʀame / *vt* (1) ۱. تار و پود را درهم آمیختن، بافتن ۲. توطئه کردن، دسیسه چیدن
tramontane / tʀamɔ̃tan / *nf* باد شمال
tramway / tʀamwɛ / *nm* تراموا

tranchant¹,e /tʀɑ̃ʃɑ̃,t/ *adj* ۱. تیز، برنده، بُرّا ۲. قاطع

tranchant² /tʀɑ̃ʃɑ̃/ *nm* تیزی، لبه، دَم

tranche /tʀɑ̃ʃ/ *nf* ۱. برش، تکه ۲. قاچ ۳. لبه، ضخامت ۴. قسمت

tranche d'âge گروه سنی

tranchée /tʀɑ̃ʃe/ *nf* ۱. گودال، چال ۲. سنگر

trancher /tʀɑ̃ʃe/ *vt, vi* (1) ۱. بریدن، زدن، قطع کردن ۲. حل و فصل کردن، فیصله دادن، حل کردن ▫ ۳. قاطعانه تصمیم گرفتن ۴. قال قضیه را کندن ۵. متمایز بودن، به چشم آمدن

trancher la gorge/la tête گردن زدن، سر بریدن

un rouge qui tranche sur un fond noir قرمزی که در زمینهٔ سیاه به چشم می‌آید

tranchet /tʀɑ̃ʃɛ/ *nm* گَزَن (= ابزاری برای بریدن چرم)

tranquille /tʀɑ̃kil/ *adj* ۱. آرام ۲. آسوده، بی‌دغدغه ۳. ساکت، بی‌سر و صدا

tranquillement /tʀɑ̃kilmɑ̃/ *adv* ۱. به آرامی، آرام ۲. آسوده

tranquillisant¹,e /tʀɑ̃kilizɑ̃,t/ *adj* آرام‌کننده، آرام‌بخش، آرامش‌بخش

tranquillisant² /tʀɑ̃kilizɑ̃/ *nm* (داروی) آرام‌بخش

tranquilliser /tʀɑ̃kilize/ *vt* (1) آرام کردن، آسوده کردن

tranquillité /tʀɑ̃kilite/ *nf* آرامش، آسودگی

transaction /tʀɑ̃zaksjɔ̃/ *nf* ۱. سازش، مصالحه ۲. معامله

transalpin,e /tʀɑ̃zalpɛ̃,in/ *adj* آن سویِ آلپ، ماوراء آلپ

transatlantique /tʀɑ̃zatlɑ̃tik/ *adj, nm* ۱. اطلس‌پیما، بین اروپا و آمریکا ▫ ۲. کشتی اقیانوس اطلس، اطلس‌پیما ۳. صندلی ساحلی، صندلی استخر

transbahuter /tʀɑ̃sbayte/ *vt* (1) [خودمانی] جابجا کردن

transbordement /tʀɑ̃sbɔʀdəmɑ̃/ *nm* انتقال (از یک کشتی) به کشتی دیگر

transborder /tʀɑ̃sbɔʀde/ *vt* (1) به کشتی دیگر انتقال دادن

transcendance /tʀɑ̃sɑ̃dɑ̃s/ *nf* تعالی، فراروندگی، تراگذری

transcendant,e /tʀɑ̃sɑ̃dɑ̃,t/ *adj* متعالی، فرارونده، برین، تراگذر

transcendantal,e,aux /tʀɑ̃sɑ̃dɑ̃tal,o/ *adj* برین، متعالی

transcendantalisme /tʀɑ̃sɑ̃dɑ̃talism/ *nm* فلسفهٔ برین، فلسفهٔ متعالی

transcender /tʀɑ̃sɑ̃de/ *vt* (1) فراتر بودن، فراتر رفتن، ورای (چیزی) بودن

transcontinental,e,aux /tʀɑ̃skɔ̃tinɑ̃-tal,o/ *adj* قاره‌پیما

transcription /tʀɑ̃skʀipsjɔ̃/ *nf* ۱. رونویسی (دقیق)، نسخه‌برداری، استنساخ ۲. رونوشت، نسخه

transcription (phonétique) آوانویسی

transcrire /tʀɑ̃skʀiʀ/ *vt* (39) دقیقاً رونویسی کردن، نسخه‌برداری کردن

transe /tʀɑ̃s/ *nf* هراس، دلهره، وحشت

transférable /tʀɑ̃sfeʀabl/ *adj* [حقوقی] قابل انتقال، انتقال‌پذیر

transfèrement /tʀɑ̃sfɛʀmɑ̃/ *nm* انتقال (زندانی و غیره)

transférer /tʀɑ̃sfeʀe/ *vt* (6) ۱. انتقال دادن، منتقل کردن ۲. جابجا کردن

transfert /tʀɑ̃sfɛʀ/ *nm* انتقال

transfiguration /tʀɑ̃sfigyʀasjɔ̃/ *nf* ۱. تجلی، شکفتگی ۲. [مسیحیت] تجلی

transfigurer /tʀɑ̃sfigyʀe/ *vt* (1)
۱. متجلی کردن، شکوفان کردن ۲. [مسیحیت] تجلی کردن
transfo /tʀɑ̃sfo/ *nm* → transfomateur
transformable /tʀɑ̃sfɔʀmabl/ *adj*
قابل تبدیل
transformateur /tʀɑ̃sfɔʀmatœʀ/ *nm*
مبدِل، ترانسفورماتور
transformation /tʀɑ̃sfɔʀmasjɔ̃/ *nf*
۱. تغییر، تغییر شکل ۲. تبدیل ۳. [زبان‌شناسی] گشتار
transformer /tʀɑ̃sfɔʀme/ *vt* (1)
۱. تغییر شکل دادن، شکل (چیزی را) عوض کردن ۲. تبدیل کردن، بدل کردن
se transformer *vp* ۱. تغییر کردن، تغییر یافتن ۲. تبدیل شدن، بدل شدن
transformisme /tʀɑ̃sfɔʀmism/ *nm*
تحول‌گرایی
transformiste /tʀɑ̃sfɔʀmist/ *adj, n*
تحول‌گرا
transfuge /tʀɑ̃sfyʒ/ *n* [در زمان جنگ] نظامی پناهنده
transfuser /tʀɑ̃sfyze/ *vt* (1)
۱. (خون کسی را) به دیگری زدن، منتقل کردن ۲. ظرف به ظرف کردن
transfusion /tʀɑ̃sfyzjɔ̃/ *nf* انتقال
transfusion (sanguine) انتقال خون
transgresser /tʀɑ̃sgʀese/ *vt* (1)
تخطی کردن، سرپیچی کردن، پا فراتر گذاشتن، رعایت نکردن
transgression /tʀɑ̃sgʀɛsjɔ̃/ *nf* تخطی، سرپیچی
transhumer /tʀɑ̃zyme/ *vt* (1)
[گله] (در تابستان) به مرتع بردن، به کوهستان بردن
transi,e /tʀɑ̃zi/ *adj* بی‌حس (از سرما)، منجمد
être transi de peur از ترس میخکوب شدن، هاج و واج ماندن

transiger /tʀɑ̃ziʒe/ *vi* (3) ۱. مصالحه کردن، صلح کردن، با هم ساختن ۲. کنار آمدن
transir /tʀɑ̃ziʀ/ *vt* (2) ۱. [ادبی؛ مجازی] منجمد کردن ۲. (از ترس) میخکوب کردن
transistor /tʀɑ̃zistɔʀ/ *nm* ۱. ترانزیستور ۲. رادیو ترانزیستوری
transistoriser /tʀɑ̃zistɔʀize/ *vt* (1)
ترانزیستوری کردن
transit /tʀɑ̃zit/ *nm* [مسافر، کالا] عبور، ترانزیت
la salle de transit [در فرودگاه] سالن ترانزیت
transitif,ive /tʀɑ̃zitif,iv/ *adj* [دستور زبان] متعدی
transition /tʀɑ̃zisjɔ̃/ *nf* گذر، گذار، انتقال
de transition موقت
transitivement /tʀɑ̃zitivmɑ̃/ *adv*
[دستور زبان] به صورت متعدی
transitoire /tʀɑ̃zitwaʀ/ *adj* موقت، گذرا، زودگذر
translation /tʀɑ̃slasjɔ̃/ *nf* ۱. [حقوقی] انتقال ۲. انتقال جسد
translucide /tʀɑ̃slysid/ *adj* ۱. نیمه‌شفاف ۲. مات
translucidité /tʀɑ̃slysidite/ *nf*
۱. نیمه‌شفافی ۲. ماتی
transmetteur /tʀɑ̃smɛtœʀ/ *nm*
(دستگاه) فرستنده
transmettre /tʀɑ̃smɛtʀ/ *vt* (56)
۱. انتقال دادن، منتقل کردن ۲. تفویض کردن ۳. ابلاغ کردن، رساندن ۴. [رادیو، تلویزیون] پخش کردن ۵. سرایت دادن
se transmettre *vp* ۱. منتقل شدن ۲. سرایت کردن
transmissible /tʀɑ̃smisibl/ *adj*
۱. قابل انتقال ۲. مسری، واگیردار
transmission /tʀɑ̃smisjɔ̃/ *nf* ۱. انتقال ۲. تفویض ۳. پخش ۴. سرایت ــ [صورت جمع] ۵. وسایل ارتباطی، ارتباطات

trapézoïdal,e,aux

transmuer /tʀɑ̃smɥe/ vt (1) [ادبی] تبدیل کردن
se transmuer vp تغییر ماهیت دادن، تبدیل شدن
transmutation /tʀɑ̃smytasjɔ̃/ nf تبدیل
transmuter /tʀɑ̃smyte/ vt (1)
→ transmuer
transparaître /tʀɑ̃spaʀɛtʀ/ vi (57)
۱. از پشت (چیزی) پیدا بودن، از پس (چیزی) نمایان شدن ۲. نمایان شدن، ظاهر شدن
transparence /tʀɑ̃spaʀɑ̃s/ nf
۱. شفافیت، شفافی ۲. وضوح، روشنی
transparence du texte روشنی متن
transparence du teint شفافیت رنگ
transparent,e /tʀɑ̃spaʀɑ̃,t/ adj
۱. شفاف ۲. واضح، روشن، آشکار
transpercer /tʀɑ̃spɛʀse/ vt (3)
۱. سوراخ کردن ۲. نفوذ کردن به، رد شدن از
transpiration /tʀɑ̃spiʀasjɔ̃/ nf ۱. تعریق ۲. عرق
transpirer /tʀɑ̃spiʀe/ vi (1) ۱. عرق کردن ۲. [ادبی] فاش شدن، درز کردن
transplantation /tʀɑ̃splɑ̃tasjɔ̃/ nf
۱. [گیاه] جابجاسازی، نشانزنی ۲. [پزشکی] پیوند، عمل پیوند
transplanter /tʀɑ̃splɑ̃te/ vt (1)
۱. (از خاک درآوردن و) در جای دیگر کاشتن، نشا کردن ۲. [پزشکی] پیوند زدن
transport /tʀɑ̃spɔʀ/ nm ۱. حمل، حمل و نقل، ترابری ۲. [ادبی] شور، هیجان ـ [صورت جمع] ۳. وسایل حمل و نقل، شبکهٔ حمل و نقل
transports de colère خشم شدید، غضب، غیظ
transports de joie ذوق‌زدگی

transportable /tʀɑ̃spɔʀtabl/ adj قابل حمل
transporter /tʀɑ̃spɔʀte/ vt (1)
۱. حمل کردن، بردن ۲. انتقال دادن، منتقل کردن ۳. به هیجان آوردن، از خود بیخود کردن
transposable /tʀɑ̃spozabl/ adj قابل جابجایی، جابجاشدنی
transposer /tʀɑ̃spoze/ vt (1)
۱. جابجا کردن، پس و پیش کردن ۲. [موسیقی] تغییر پرده دادن
transposition /tʀɑ̃spozisjɔ̃/ nf
۱. جابجاسازی، جابجایی ۲. [موسیقی] تغییر پرده
transsexualisme /tʀɑ̃ssɛksɥalism/ nf [روان‌شناسی] دگرجنسیت‌جویی
transsexuel,elle /tʀɑ̃ssɛksɥɛl/ adj, n
۱. [روان‌شناسی] دگرجنسیت‌جو ▨ ۲. تغییر‌ـ جنسیت‌داده، دگرجنسیت‌یافته
transsudation /tʀɑ̃ssydasjɔ̃/ nf تراوش، ترشح
transsuder /tʀɑ̃ssyde/ vi (1) تراوش کردن، تراویدن، ترشح شدن
transvasement /tʀɑ̃svazmɑ̃/ nm (عمل) ظرف به ظرف کردن
transvaser /tʀɑ̃svaze/ vt (1) از ظرفی به ظرف دیگر ریختن، ظرف به ظرف کردن
transversal,e,aux /tʀɑ̃svɛʀsal,o/ adj عرضی، از عرض، از پهنا
transversalement /tʀɑ̃svɛʀsalmɑ̃/ adv از عرض، از پهنا
transvider /tʀɑ̃svide/ vt (1) (در ظرف دیگر) ریختن
trapèze /tʀapɛz/ nm ۱. ذوزنقه ۲. طناب بندبازی، تاب
trapéziste /tʀapezist/ n بندباز
trapézoïdal,e,aux /tʀapezoidal,o/ adj ذوزنقه‌ای‌شکل، ذوزنقه‌ای

trappe /tRap/ *nf* ۱. دریچهٔ کف، دریچهٔ خوابیده ۲. دام، تله

trapu,e /tRapy/ *adj* خِپل، خپله

traquenard /tRaknaR/ *nm* دام، تله

traquer /tRake/ *vt* (1) ۱. حلقهٔ محاصره را تنگ‌تر کردن ۲. دنبال کردن، تعقیب کردن

trauma /tRoma/ *nm* ۱. [پزشکی] جراحت، آسیب ۲. [روان‌شناسی] ضربه (روحی)

traumatique /tRomatik/ *adj* [پزشکی] جراحتی

traumatiser /tRomatize/ *vt* (1) ۱. مجروح کردن، مصدوم کردن، آسیب رساندن به ۲. ضربهٔ روحی زدن به

traumatisme /tRomatism/ *nm* ۱. آسیب‌دیدگی ۲. ضربهٔ روحی

traumatologie /tRomatɔlɔʒi/ *nf* [پزشکی] جراحت‌شناسی

service de traumatologie [بیمارستان] بخش سوانح

travail,aux /tRavaj,o/ *nm* ۱. کار ۲. شغل ۳. اثر ۴. [دستگاه و غیره] عملکرد

ingénieur des travaux publics مهندس عمران، مهندس راه و ساختمان

salle de travail اتاق زایمان

travaux forcés [زندان] کار اجباری، اعمال شاقه

travaux publics عملیات عمرانی (= کارهای ساختمانی چون احداث پل، جاده و غیره)

travaillé,e /tRavaje/ *adj* ۱. [چوب و غیره] کارشده، پرکار ۲. ساخته و پرداخته

travailler /tRavaje/ *vi, vt* (1) ۱. کار کردن ۲. تمرین کردن ۳. تغییر شکل دادن، تاب برداشتن ۴. [خمیر] ور آمدن ⊡ ۵. روی (چیزی) کار کردن ۶. عمل آوردن ۷. مطالعه کردن، خواندن، فرا گرفتن ۸. [بیماری و غیره] آزار دادن، رنج دادن ۹. سعی کردن، کوشیدن

Cet élève ne travaille pas. این دانش‌آموز درس نمی‌خواند.

travailler l'opinion publique افکار عمومی را تحریک کردن

travailleur,euse /tRavajœR,øz/ *n, adj* ۱. کارگر ۲. شاغل ⊡ ۳. کوشا، ساعی ۴. زحمتکش

travailloter /tRavajɔte/ *vi* (1) کم کار کردن

travée /tRave/ *nf* ردیف صندلی‌ها

travers /tRavɛR/ *nm* ۱. عیب، نقص ۲. [قدیمی] عرض، پهنا

à tort et à travers نسنجیده، همین‌طوری، بی‌حساب و کتاب

à travers از میانِ، از وسطِ، از

au travers از میان آن، از وسط آن

de travers ۱. کج، یک‌وری ۲. عوضی، بد

en travers de در عرضِ

passer au travers [از خطر یا تنبیه] جان به در بردن

regarder de travers چپ‌چپ نگاه کردن

se mettre/se jeter en travers de مخالفت کردن با

traversable /tRavɛRsabl/ *adj* قابل عبور

traverse /tRavɛRs/ *nf* ۱. تیرک افقی، تیر عرضی ۲. [راه‌آهن] تراوِرس ۳. [ادبی یا قدیمی] مانع

chemin de traverse راه میان‌بر

traversée /tRavɛRse/ *nf* ۱. عبور، گذر ۲. سفر دریایی

traverser /tRavɛRse/ *vt* (1) ۱. گذشتن از (میانِ)، عبور کردن از (وسطِ) ۲. از عرض (جای) عبور کردن، رد شدن از ۳. (به ذهن) خطور کردن

traverser la rue از (عرضِ) خیابان رد شدن، به آن طرف خیابان رفتن

Une idée me traversa l'esprit. فکری به ذهنم خطور کرد. فکری به نظرم رسید.

traversin /tRavɛRsɛ̃/ *nm* متکا

travesti[1],e /tRavɛsti/ *adj* ۱. [مرد] با لباس مبدل، در هیئت مبدل

trémail /tʀemaj/ *nm* تور ماهیگیری

tremblant,e /tʀɑ̃blɑ̃,t/ *adj* ۱. لرزان ۲. ترسان و لرزان

tremblement /tʀɑ̃bləmɑ̃/ *nm* ۱. لرزش ۲. لرز

tremblement de terre زمین‌لرزه، زلزله

trembler /tʀɑ̃ble/ *vi* (1) ۱. لرزیدن ۲. لرزکردن ۳. از ترس لرزیدن، وحشت داشتن ۴. نگران بودن، دلواپس بودن

tremblotant,e /tʀɑ̃blɔtɑ̃,t/ *adj* (کمی) لرزان

tremblote /tʀɑ̃blɔt/ *nf* [خودمانی] لرز

avoir la tremblote از ترس لرزیدن

tremblotement /tʀɑ̃blɔtmɑ̃/ *nm* لرزش (خفیف)

trembloter /tʀɑ̃blɔte/ *vt* (1) (کمی) لرزیدن

trémière /tʀemjɛʀ/ *adj.f.* **rose trémière** گل ختمی درختی

trémoussement /tʀemusmɑ̃/ *nm* جنب و جوش

trémousser (se) /s(ə)tʀemuse/ *vp* (1) ۱. تکان‌تکان خوردن ۲. وَرجه‌وورجه کردن

trempage /tʀɑ̃paʒ/ *nm* (عمل) خیساندن

trempe /tʀɑ̃p/ *nf* ۱. [فولاد] آب دادن ۲. [خودمانی] کتک

trempé,e /tʀɑ̃pe/ *adj* ۱. [فولاد] آبدیده ۲. خیسِ آب، خیس

trempé de sueur خیس عرق

visage trempé de larmes چهرهٔ اشک‌آلود، چهرهٔ غرقه در اشک، صورت گریان

tremper /tʀɑ̃pe/ *vt, vi* (1) ۱. خیس کردن، تر کردن ۲. خیساندن ۳. فرو بردن ۴. [فولاد] آب دادن ◙ ۵. خیس خوردن، در آب غوطه‌ور بودن

tremper dans [توطئه و غیره] دست داشتن در

tremplin /tʀɑ̃plɛ̃/ *nm* ۱. تخته‌پرش، تخته‌شیرجه، دایوْ ۲. [مجازی] نردبان ترقی

travesti[2] /tʀavɛsti/ *nm* [مرد] مبدل‌پوشِ جنسی (= مردی که لباس زنانه می‌پوشد.)

travestir /tʀavɛstiʀ/ *vt* (2) ۱. [مرد] لباس مبدل پوشاندن ۲. تحریف کردن، قلب کردن

se travestir *vp* [مرد] لباس مبدل پوشیدن

travestissement /tʀavɛstismɑ̃/ *nm* ۱. مبدل‌پوشی، تغییر هیئت ۲. تحریف، قلب

traviole (de) /d(ə)tʀavjɔl/ *loc. adv* [خودمانی] کجکی، کج، یک‌وری

trébuchant,e /tʀebyʃɑ̃,t/ *adj* ۱. متزلزل ۲. مشکوک

trébucher /tʀebyʃe/ *vi, vt* (1) ۱. سِکندری خوردن ۲. به اشکال برخوردن، خطا کردن ◙ ۳. با ترازوی دقیق وزن کردن

trébuchet /tʀebyʃɛ/ *nm* ۱. تله (پرندگان) ۲. ترازوی دقیق

tréfilage /tʀefilaʒ/ *nm* مفتول‌سازی

tréfiler /tʀefile/ *vt* (1) مفتول کردن، به شکل مفتول درآوردن

tréfilerie /tʀefilʀi/ *nf* مفتول‌سازی

trèfle /tʀɛfl/ *nm* ۱. شبدر ۲. [ورق‌بازی] خاج

tréfonds /tʀefɔ̃/ *nm* [ادبی] اعماق

treillage /tʀɛjaʒ/ *nm* داربست، چفته

treille /tʀɛj/ *nf* داربست مو، چفتهٔ مو

treillis /tʀeji/ *nm* ۱. نرده، شبکه ۲. پارچهٔ کتانی، کتان ۳. [نظامی] لباس رزم

treize /tʀɛz/ *adj. num, nm. inv* ۱. سیزده ۲. سیزدهم ◙ ۳. عدد سیزده، شمارهٔ سیزده، سیزده

treizième /tʀɛzjɛm/ *adj. ord, n* ۱. سیزدهم، سیزدهمین ◙ ۲. سیزدهمی ۳. (یک)سیزدهم

treizièmement /tʀɛzjɛmmɑ̃/ *adv* سیزدهم آنکه

tréma /tʀema/ *nm* [نشانه‌گذاری] ترِما (= نشانه‌ای به شکل دو نقطه که گاه بر روی حروفِ e, i, u می‌آید، مثلاً روی حرفِ e در واژهٔ aiguë.)

a = bas, plat　e = blé, jouer　ɛ = lait, jouet, merci　i = il, lyre　o = mot, dôme, eau, gauche　ɔ = mort
u = roue　y = rue　ø = peu　œ = peur　ə = le, premier　ɑ̃ = sans, vent　ɛ̃ = matin, plein, lundi
ɔ̃ = bon, ombre　ʃ = chat, tache　ʒ = je, gilet　j = yeux, paille, pied　w = oui, nouer　ɥ = huile, lui

trentaine /tʀɑ̃tɛn/ *nf* ۱. (در حدود) سی، یک سی‌تایی ۲. سی‌سالگی
trente /tʀɑ̃t/ *adj. num, nm. inv* ۱. سی ۲. سی‌ام ◘ ۳. عدد سی، شمارهٔ سی، سی
trentième /tʀɑ̃tjɛm/ *adj. ord, n* ۱. سی‌اُم، سی‌اُمین ◘ ۲. سی‌اُمی ۳. (یک)سی‌اُم
trépan /tʀepɑ̃/ *nm* [جراحی، گمانه‌زنی] مته
trépanation /tʀepanasjɔ̃/ *nf* سوراخ کردن جمجمه
trépaner /tʀepane/ *vt* (1) جمجمهٔ (بیماری را) سوراخ کردن
trépas /tʀepa/ *nm* [ادبی] رحلت، فوت
trépassé,e /tʀepase/ *n* [ادبی] درگذشته، متوفی، مرحوم
trépasser /tʀepase/ *vi* (1) [ادبی] درگذشتن، فوت کردن، از دنیا رفتن
trépidant,e /tʀepidɑ̃,t/ *adj* ۱. لرزان ۲. [ریتم] تند ۳. [مجازی] پرجنب و جوش
trépidation /tʀepidasjɔ̃/ *nf* ۱. لرزش، تکان‌تکان ۲. [مجازی] جنب و جوش
trépider /tʀepide/ *vi* (1) لرزیدن، لرزش داشتن
trépied /tʀepje/ *nm* سه‌پایه
trépignement /tʀepiɲmɑ̃/ *nm* (عمل) پا به زمین کوبیدن
trépigner /tʀepiɲe/ *vt* (1) پا به زمین کوبیدن، پا کوبیدن
très /tʀɛ/ *adv* خیلی، بسیار
trésor /tʀezɔʀ/ *nm* ۱. گنج، گنجینه ۲. خزانه ۳. خزانه‌داری
trésorerie /tʀezɔʀʀi/ *nf* خزانه‌داری
trésorier,ère /tʀezɔʀje,ɛʀ/ *n* خزانه‌دار
tressaillement /tʀesajmɑ̃/ *nm* لرزش
tressaillir /tʀesajiʀ/ *vi* (13) ۱. لرزیدن، به خود لرزیدن ۲. تکان‌تکان خوردن
tressautement /tʀesotmɑ̃/ *nm* (عمل) از جا پریدن
tressauter /tʀesote/ *vi* (1) ازجا پریدن
tresse /tʀɛs/ *nf* ۱. موی بافته، گیس بافته ۲. طناب (تابیده)
tresser /tʀese/ *vt* (1) بافتن، به هم بافتن، تابیدن
tréteau /tʀeto/ *nm* پایه، خرک
treuil /tʀœj/ *nm* چرخ چاه
trêve /tʀɛv/ *nf* آتش‌بس موقت، صلح موقت، ترک مخاصمه
sans trêve بی‌وقفه، مدام، دائماً، یکریز
tri /tʀi/ *nm* ۱. تفکیک، سوا کردن ۲. دسته کردن، مرتب کردن
triade /tʀijad/ *nm* دستهٔ سه‌تایی
triage /tʀijaʒ/ *nm* تفکیک، جدا کردن
triangle /tʀijɑ̃gl/ *nm* ۱. مثلث، سه‌گوشه، سه‌گوش ۲. [ساز] مثلث، تری‌اَنگِل
triangulaire /tʀijɑ̃gylɛʀ/ *adj* مثلث‌شکل، مثلث، سه‌گوش
triangulation /tʀijɑ̃gylasjɔ̃/ *nf* مثلث‌بندی
trianguler /tʀijɑ̃gyle/ *vt* (1) به چند مثلث تقسیم کردن، مثلث‌بندی کردن
tribal,e,aux /tʀibal,o/ *adj* قبیله‌ای، ایلی
tribord /tʀibɔʀ/ *nm* قسمت راست کشتی
tribu /tʀiby/ *nf* ۱. قبیله، طایفه، ایل ۲. [تحقیرآمیز یا طنزآمیز] ایل و تبار، تیره و طایفه
tribulations /tʀibylasjɔ̃/ *nf. pl* [ادبی] سختی‌ها، مصائب
tribun /tʀibɛ̃/ *nm* سخنور، خطیب
tribunal,aux /tʀibynal,o/ *nm* دادگاه
tribune /tʀibyn/ *nf* ۱. [کلیسا، استادیوم، ...] جایگاه ۲. تریبون
tribut /tʀiby/ *nm* خراج، باج
tributaire /tʀibytɛʀ/ *adj* ۱. خراج‌گزار ۲. تابع ۳. وابسته
triche /tʀiʃ/ *nf* [خودمانی] حقه، دوز و کلک
tricher /tʀiʃe/ *vi* (1) ۱. تقلب کردن ۲. کلک زدن، کلک سوار کردن، حقه زدن

tricher sur l'âge سن واقعی خود را نگفتن
tricher sur les prix (به ناحق) روی قیمت‌ها کشیدن، گران فروختن
tricherie /tʀiʃʀi/ *nf* ۱. تقلب، حقه‌بازی ۲. حقه، دوز و کلک
tricheur,euse /tʀiʃœʀ,øz/ *n* متقلب، حقه‌باز، شیاد
tricolore /tʀikɔlɔʀ/ *adj, nm* ۱. سه‌رنگ ◘ ۲. پرچم سه‌رنگ (فرانسه)
tricorne /tʀikɔʀn/ *nm* کلاه سه‌گوش
tricot /tʀiko/ *nm* ۱. بافتنی ۲. کشباف
tricotage /tʀikɔtaʒ/ *nm* بافت، بافتن
tricoter /tʀikɔte/ *vt* (1) بافتن
tricoteur,euse[1] /tʀikɔtœʀ,øz/ *n* ۱. بافنده ۲. کشباف
tricoteuse[2] /tʀikɔtøz/ *nf* ماشین بافندگی
trictrac /tʀiktʀak/ *nm* (بازی) تخته‌نرد، تخته
tricycle /tʀisikl/ *nm* سه‌چرخه
trident /tʀidɑ̃/ *nm* چنگگ سه‌شاخه
tridimensionnel,elle /tʀidimɑ̃sjɔnɛl/ *adj* سه‌بُعدی
trièdre /tʀi(j)ɛdʀ/ *nm, adj* سه‌وجهی
triennal,e,aux /tʀi(j)ɛnal,o/ *adj* سه‌ساله، سه‌سالانه، سه سال یک‌بار
trier /tʀije/ *vt* (7) ۱. سوا کردن، جدا کردن ۲. انتخاب کردن ۳. [عدس و غیره] پاک کردن ۴. مرتب کردن، دسته کردن
trieur /tʀijœʀ/ *nm* دستگاه تفکیک
trifouiller /tʀifuje/ *vi, vt* (1) زیر و رو کردن، به هم ریختن
trigonométrie /tʀigɔnɔmetʀi/ *nf* مثلثات
trigonométrique /tʀigɔnɔmetʀik/ *adj* مثلثاتی
trilingue /tʀilɛ̃g/ *adj* سه‌زبانه
trillion /tʀiljɔ̃/ *nm* تریلیون (= ۱۰^۱۸؛ در قدیم ۱۰^۱۲)
trilogie /tʀilɔʒi/ *nf* [ادبی] اثر سه‌گانه
trimbal(l)age /tʀɛ̃balaʒ/ *nm* → trimballement
trimbal(l)ement /tʀɛ̃balmɑ̃/ *nm* [خودمانی] (عمل) با خود کشیدن
trimbal(l)er /tʀɛ̃bale/ *vt* (1) [خودمانی] با خود کشیدن، با خود این‌ور و آن‌ور بردن
trimer /tʀime/ *vi* (1) [خودمانی] جان کندن، خرحمالی کردن
trimestre /tʀimɛstʀ/ *nm* ۱. دورهٔ سه‌ماهه، سه‌ماهه ۲. قسط سه‌ماهه ۳. [دبستان، دبیرستان] ثلث
trimestriel,elle /tʀimɛstʀijɛl/ *adj* ۱. سه‌ماهه ۲. سه ماه یک‌بار
revue trimestrielle فصل‌نامه
trimestriellement /tʀimɛstʀijɛlmɑ̃/ *adv* سه ماه یک‌بار
trimoteur /tʀimɔtœʀ/ *adj, nm* ۱. [هواپیما] سه‌موتوره ◘ ۲. هواپیمای سه‌موتوره
tringle /tʀɛ̃gl/ *nf* میل، میله
tringle à rideaux میل‌پرده، چوب‌پرده
trinité[1] /tʀinite/ *nf* گروه سه‌گانه
Trinité[2] /tʀinite/ *nf* ۱. [مسیحیت] تثلیث ۲. عید تثلیث
trinôme /tʀinom/ *nm* [جبر] سه‌جمله‌ای
trinquer /tʀɛ̃ke/ *vi* (1) ۱. [نوشیدن مشروب] لب تر کردن ۲. جام‌ها را به هم زدن ۳. به هم خوردن ۴. [عامیانه؛ نوشیدنی] زهرمار کردن
trio /tʀijo/ *nm* ۱. قطعهٔ موسیقی سه‌نفری ۲. گروه سه‌نفری
triomphal,e,aux /tʀijɔ̃fal,o/ *adj* ۱. پیروزمندانه، فاتحانه، ظفرمندانه ۲. پرافتخار
triomphalement /tʀijɔ̃falmɑ̃/ *adv* ۱. پیروزمندانه، فاتحانه، ظفرمندانه ۲. با افتخار

triomphant,e 862

triomphant,e /tʀijɔ̃fɑ̃,t/ *adj* ۱. پیروز، پیروزمند، فاتح، ظفرمند ۲. پیروزمندانه، فاتحانه، ظفرمندانه ۳. موفق

triomphateur,trice /tʀijɔ̃fatœʀ,tʀis/ *n, adj* پیروز

triomphe /tʀijɔ̃f/ *nm* ۱. پیروزی، ظفر ۲. موفقیت

triompher /tʀijɔ̃fe/ *vt, vi* (1) ۱. پیروز شدن، فاتح شدن، ظفر یافتن ۲. فائق آمدن، چیره شدن ◘ ۳. (به خاطر پیروزی) شادی کردن ۴. موفق شدن

triparti,e /tʀipaʀti/ *adj* → tripartite

tripartite /tʀipaʀtit/ *adj* ۱. سه‌قسمتی ۲. سه‌جانبه، سه‌طرفه

tripes /tʀip/ *nf.pl* ۱. دل و روده ۲. سیرابی، سیراب‌شیردان ◘ ۳. [خودمانی] دل، شکم

tripette /tʀipɛt/ *nf*, **Ça ne vaut pas tripette.** مفت نمی‌ارزد.

triphasé,e /tʀifaze/ *adj* سه‌فاز

triplace /tʀiplas/ *adj* سه‌نفره

triple /tʀipl/ *adj* ۱. سه‌تایی ۲. سه‌جانبه، سه‌طرفه ۳. سه برابر، سه تا

au triple galop با سرعت زیاد، خیلی تند

un triple rang de perles سه رج مروارید، سه رشته مروارید

triplement[1] /tʀipləmɑ̃/ *adv* از سه نظر، از سه جهت

triplement[2] /tʀipləmɑ̃/ *nm* (عمل) سه برابر کردن، سه برابر شدن

tripler /tʀiple/ *vt, vi* (1) ۱. سه برابر کردن ◘ ۲. سه برابر شدن

triplés,ées /tʀiple/ *n.pl* سه‌قلو

tripot /tʀipo/ *nm* [تحقیرآمیز] قمارخانه

tripotage /tʀipɔtaʒ/ *nm* زد و بند

tripotée /tʀipɔte/ *nf* ۱. [خودمانی] کتک ۲. [خودمانی] یک عالمه

tripoter /tʀipɔte/ *vt, vi* (1) ۱. دستمالی کردن ۲. دست زدن به ◘ ۳. زد و بند کردن ۴. دست داشتن ۵. دست بردن، دست زدن

trique /tʀik/ *nf* چماق

trisaïeul /tʀizajœl/ *nm* پدرجد

trisaïeule /tʀizajœl/ *nf* مادرجد

triste /tʀist/ *adj* ۱. غمگین، اندوهگین، ناراحت، غصه‌دار ۲. غم‌انگیز، دلتنگ‌کننده، گرفته ۳. [رنگ، لباس] تیره ۴. [تحقیرآمیز] أسف‌انگیز، بد، ناجور

tristement /tʀistəmɑ̃/ *adv* ۱. با اندوه، با ناراحتی ۲. به طرز غم‌انگیزی، به نحو أسف‌انگیزی

tristesse /tʀistɛs/ *nf* ۱. غم، اندوه، غصه، ناراحتی ۲. غم‌انگیزی، اندوهناکی

trisyllabe /tʀisilab/ *adj* سه‌هجایی

trisyllabique /tʀisilabik/ *adj* سه‌هجایی

trituration /tʀityʀasjɔ̃/ *nf* (عمل) ساییدن، خرد کردن، آسیا کردن

triturer /tʀityʀe/ *vt* (1) ساییدن، خرد کردن، آسیا کردن

trivial,e,aux /tʀivjal,o/ *adj* ۱. مبتذل، زننده ۲. پیش‌پاافتاده، ناچیز، جزئی

trivialité /tʀivjalite/ *nf* ۱. ابتذال ۲. حرف زننده، حرف رکیک

troc /tʀɔk/ *nm* داد و ستد، مبادله

troglodyte /tʀɔglɔdit/ *nm* انسان غارنشین، غارنشین

trognon /tʀɔɲɔ̃/ *nm* ۱. [میوه] آشغال ۲. [خودمانی] بچه، کوچولو، دختربچه

troïka /tʀɔika/ *nf* سورتمهٔ سه‌اسبه

trois /tʀwa/ *adj. num, nm. inv* ۱. سه ۲. سوم ◘ ۳. عدد سه، شمارهٔ سه، سه

troisième /tʀwazjɛm/ *adj. ord, n* ۱. سوم، سومین ◘ ۲. سومی

troisièmement /tʀwazjɛmmɑ̃/ *adv* سوم آنکه، ثالثاً

trois-mâts /tʀwama/ *nm. inv* کشتی سه‌دکله

trombe /tʀɔ̃b/ *nf* گردباد دریایی، تنورهٔ دریایی

trombe d'eau باران سیل‌آسا

trombine /tʀɔ̃bin/ *nf* [خودمانی] قیافه

trombone /tʀɔ̃bɔn/ *nm* ۱. ترومبون (= نوعی ساز بادی) ۲. نوازندهٔ ترومبون ۳. گیرهٔ کاغذ

trompe /tʀɔ̃p/ *nf* ۱. شیپور ۲. بوق ۳. خرطوم

trompe de fallope لولهٔ رحم

trompe-la-mort /tʀɔ̃plamɔʀ/ *n. inv* ازمرگ‌جسته، نَمیر

trompe-l'œil /tʀɔ̃plœj/ *nm. inv* ۱. نقاشی دیدفریب، نقاشی سه‌بعدنما ۲. ظاهر فریبنده

tromper /tʀɔ̃pe/ *vt* (1) ۱. فریب دادن، فریفتن، گول زدن، اغفال کردن، کلاه سر (کسی) گذاشتن ۲. به اشتباه انداختن ۳. [زناشویی] خیانت کردن به

tromper sa faim موقتاً رفع گرسنگی کردن، ته دل (کسی را) گرفتن

tromper l'attente de qqn انتظار کسی را برنیاوردن

se tromper *vp* ۱. اشتباه کردن ۲. عوضی گرفتن ۳. [زناشویی] به هم خیانت کردن

si je ne me trompe اگر اشتباه نکنم

tromperie /tʀɔ̃pʀi/ *nf* ۱. فریب، اغفال ۲. فریبکاری، حقه‌بازی ۳. کلاهبرداری

trompeter /tʀɔ̃p(ə)te/ *vi, vt* (4) ۱. ترومپت زدن ◘ ۲. با صدای بلند اعلام کردن، (همه جا) جار زدن

trompette /tʀɔ̃pɛt/ *nf* ترومپت

nez en trompette بینی سربالا، بینی برگشته

trompettiste /tʀɔ̃petist/ *n* نوازندهٔ ترومپت، ترومپت‌نواز، ترومپت‌زن

trompeur,euse /tʀɔ̃pœʀ,øz/ *adj, n* ۱. فریبکار، حقه‌باز ۲. فریبنده، گول‌زننده

trompeusement /tʀɔ̃pøzmɑ̃/ *adv* فریبکارانه، با نیرنگ، با حقه‌بازی

tronc /tʀɔ̃/ *nm* تنه

tronche /tʀɔ̃ʃ/ *nf* [عامیانه] کَله، پک و پوز

tronçon /tʀɔ̃sɔ̃/ *nm* قطعه، قسمت، تکه

tronçonnage /tʀɔ̃sɔnaʒ/ *nm* (عمل) قطعه‌قطعه کردن، تکه‌تکه کردن

tronçonner /tʀɔ̃sɔne/ *vt* (1) قطعه‌قطعه کردن، چندقطعه کردن، تکه‌تکه کردن

trône /tʀon/ *nm* تخت (شاهی)، سریر

trôner /tʀone/ *vi* (1) ۱. به تخت نشستن ۲. جای گرفتن ۳. فخر فروختن

tronquer /tʀɔ̃ke/ *vt* (1) ۱. تنهٔ (درختی را) بریدن ۲. سر و ته (چیزی را) زدن، ناقص کردن

trop /tʀo/ *adv* ۱. بیش از اندازه، بیش از حد، زیادی ۲. خیلی، فوق‌العاده

de/en trop زیادی

trope /tʀɔp/ *nm* [ادبیات] مَجاز

trophée /tʀɔfe/ *nm* یادمان پیروزی، نشانهٔ پیروزی

trophée de chasse سرِ (بریدهٔ) شکار

trophée sportif جام، مدال

tropical,e,aux /tʀɔpikal,o/ *adj* ۱. استوایی ۲. (مربوط به) مناطق حاره، حاره‌ای

tropique /tʀɔpik/ *nm* ۱. مدار — [صورت جمع] ۲. مدارگان، منطقهٔ استوایی

tropique du Cancer مدار رأس‌السرطان

tropique du Capricorne مدار رأس‌الجدی

trop-plein /tʀɔplɛ̃/ *nm* سرریز

troquer /tʀɔke/ *vt* (1) مبادله کردن، تاخت زدن

troquet /tʀɔkɛ/ *nm* [خودمانی] کافه

trot /tʀo/ *nm* ۱. یورتمه ۲. [خودمانی] بدوبدو

trotte /tʀɔt/ *nf* [خودمانی] راه دراز

trotter /tʀɔte/ *vi* (1) ۱. یورتمه رفتن ۲. بدوبدو رفتن، تندتند راه رفتن

trotteur,euse[1] /tʀɔtœʀ,øz/ *n* اسب یورتمه‌رو

trotteuse[2] /tʀɔtøz/ *nf* [ساعت مچی یا جیبی] عقربهٔ ثانیه‌شمار

trottiner /tʀɔtine/ *vi* (1) ۱. (با گام‌های کوتاه) یورتمه رفتن ۲. تندتند راه رفتن

trottinette /tʀɔtinɛt/ *nf* روروک

trottoir /tʀɔtwaʀ/ *nm* پیاده‌رو

trou /tʀu/ *nm* ۱. سوراخ ۲. چاله، گودال ۳. دریچه، روزنه ۴. [حساب، بودجه] کسری ۵. [کالبدشناسی] حفره، سوراخ ۶. [خودمانی] ده‌کوره

trou d'air چاه هوایی

trou de mémoire فراموشی (لحظه‌ای)

troublant,e /tʀublɑ̃,t/ *adj* ۱. نگران‌کننده، اضطراب‌آور ۲. مشکوک

ressemblance troublante شباهت مشکوک

trouble[1] /tʀubl/ *adj* ۱. کدر، تیره ۲. تار ۳. گل‌آلود ۴. مبهم، مغشوش ۵. مشکوک

trouble[2] /tʀubl/ *nm* ۱. نفاق، کدورت ۲. آشفتگی، ناآرامی ۳. تشویش، پریشانی ۴. اختلال ــ [صورت جمع] ۵. آشوب، ناآرامی‌ها، اغتشاشات

troublé,e /tʀuble/ *adj* ۱. کدر ۲. آشفته، مغشوش، پریشان، مشوش

trouble-fête /tʀubləfɛt/ *n. inv* مزاحم، مخل آسایش

troubler /tʀuble/ *vt* (1) ۱. کدر کردن، تیره کردن ۲. تار کردن ۳. گل‌آلود کردن ۴. مختل کردن، برهم زدن ۵. مغشوش کردن، آشفته کردن ۶. مضطرب کردن، نگران کردن ۷. آرامش (کسی را) بر هم زدن، ناراحت کردن

troubler la vue دید را مختل کردن

troubler le repos آرامش را برهم زدن، سلب آسایش کردن

se troubler *vp* ۱. کدر شدن ۲. تار شدن ۳. گل‌آلود شدن ۴. برآشفتن، ناراحت شدن

trouée /tʀue/ *nf* ۱. روزنه، راه ۲. رخنه، نفوذ

trouer /tʀue/ *vt* (1) ۱. سوراخ کردن ۲. [مجازی] شکافتن

trouille /tʀuj/ *nf* [خودمانی] ترس

troupe /tʀup/ *nf* گروه، دسته، عده

troupeau /tʀupo/ *nm* گله، رمه

troupier /tʀupje/ *nm* [قدیمی] سرباز صفر، سرباز

trousse /tʀus/ *nf* کیف

aux trousses de به دنبالِ، در پیِ

trousseau /tʀuso/ *nm* ۱. لباس و زیورآلات عروس ۲. لباس پانسیون

trousseau de clefs دسته کلید

trousser /tʀuse/ *vt* (1) ۱. [ادبی؛ آستین و غیره] بالا زدن ۲. سریع انجام دادن ۳. [قدیمی] به هم بستن

se trousser *vp* لباس خود را بالا زدن

trouvaille /tʀuvaj/ *nf* ۱. کشف (بجا)، یافته ۲. فکر بکر

trouvé,e /tʀuve/ *adj* ۱. پیداشده ۲. بدیع، نو، تازه

enfant trouvé بچهٔ سرراهی

trouver /tʀuve/ *vt* (1) ۱. پیدا کردن، یافتن ۲. گیر آوردن، به دست آوردن ۳. برخوردن به، روبرو شدن با ۴. تشخیص دادن، یافتن

aller trouver qqn پیش کسی رفتن، (به) سراغ کسی رفتن

Je la trouve jolie. به نظر من او زیباست.

trouver bon خوب شمردن، خوب دانستن، صلاح دانستن

se trouver *vp* ۱. بودن، یافت شدن ۲. خود را (در موقعیتی) یافتن

truand,e /tʀyɑ̃,d/ *n* ۱. تبهکار، اوباش ۲. [قدیمی] گدا

truander /tʀyɑ̃de/ *vt* (1) کلاه (کسی را) برداشتن، گوش (کسی را) بریدن

trublion /tʀyblijɔ̃/ *nm* اخلالگر، آشوبگر

truc /tʀyk/ *nm* ۱. [خودمانی] ترفند، شگرد، راه ۲. حقه، کلک ۳. چیز

trucage /tʀukaʒ/ *nm* → truquage

truchement /tʀyʃmɑ̃/ *nm* ۱. [ادبی] ترجمان، بیانگر، معرف ۲. [قدیمی] ترجمان، مترجم

par le truchement de از طریقِ، توسطِ

trucider /tʀyside/ *vt* (1) [خودمانی، طنزآمیز] کلک (کسی را) کندن، سر (کسی را) زیر آب کردن

truculent,e /tʀykylɑ̃,t/ *adj* پرشور و نشاط، سرزنده

truelle /tʀyɛl/ *nf* ماله

truffe /tʀyf/ *nf* ۱. تروف (= نوعی خوراکی که از نوعی قارچ تهیه می‌شود.) ۲. [سگ] نوک پوزه

truie /tʀɥi/ *nf* ماده‌خوک، خوک ماده

truisme /tʀyism/ *nm* [ادبی] حقیقت آشکار، توضیح واضحات

truite /tʀɥit/ *nf* (ماهی) قزل‌آلا

trumeau /tʀymo/ *nm* [معماری] مجردی (= دیوار بین دو دهانه)

truquage /tʀykaʒ/ *nm* ۱. تقلب ۲. [سینما] جلوه‌های ویژه، تروکاژ

truquer /tʀyke/ *vt* (1) تقلب کردن در، حقه زدن

truqueur,euse /tʀykœʀ,øz/ *n* ۱. متقلب، حقه‌باز ۲. [سینما] متصدی جلوه‌های ویژه

trust /tʀœst/ *nm* [اقتصاد] تراست

tsar /tsaʀ;dzaʀ/ *nm* تِزار (= عنوان امپراتوران روسیه)

tsarévitch /tsaʀevitʃ;dzaʀevitʃ/ *nm* تزارِویچ (= عنوان پسر بزرگ تزار)

tsarine /tsaʀin;dzaʀin/ *nf* تزارین (= عنوان ملکهٔ روسیه)

tsarisme /tsaʀism;dzaʀism/ *nm* حکومت تزارها، حکومت تزاری

tsariste /tsaʀist;dzaʀist/ *adj* تزاری

Tsigane /tsigan/ *n* کولی

tu[1] /ty/ *pron. pers* تو

tu[2] /ty/ *v* [صورت صرف‌شدهٔ فعلِ taire]

tu[3]**,e** /ty/ *part. passé* [اسم مفعول فعلِ taire]

tuant,e /tɥɑ̃,t/ *adj* ۱. طاقت‌فرسا، کمرشکن، کشنده ۲. ذله‌کننده، خسته‌کننده

tub /tœb/ *nm* لگن (بزرگ) حمام

tubard,e /tybaʀ,d/ *adj, n* [خودمانی] مسلول

tube /tyb/ *nf* ۱. لوله ۲. ترانهٔ موفق

tubercule /tybɛʀkyl/ *nm* ۱. [پزشکی] دکمه، برآمدگی ۲. [گیاه‌شناسی] غده، دکمه

tuberculeux,euse /tybɛʀkylø,øz/ *adj, n* ۱. (مربوط به) سِل، سِلی ۲. [پزشکی] دکمه‌ای ▣ ۳. مبتلا به سِل، مسلول

tuberculose /tybɛʀkyloz/ *nf* (بیماریِ) سِل

tubéreuse /tybeʀøz/ *nf* گل مریم

tubulaire /tybylɛʀ/ *adj* لوله‌ای

tue-mouche(s) /tymuʃ/ *adj. inv* مگس‌کش

tuer /tɥe/ *vt* (1) ۱. کشتن، به قتل رساندن، هلاک کردن ۲. باعث مرگ (کسی) شدن ۳. نابود کردن، از بین بردن ۴. از پا درآوردن ۵. اثر (چیزی را) از بین بردن، از جلوه انداختن

tuer le temps وقت‌کشی کردن، وقت گذرانی کردن

se tuer *vp* ۱. خود را کشتن، خودکشی کردن ۲. خود را به کشتن دادن ۳. خود را فرسودن، خود را از بین بردن ۴. (از خستگی) خود را هلاک کردن ۵. همدیگر را کشتن

Je me tue à te le répéter.

مُردم از بس بهت گفتم.

tuerie /tyʀi/ *nf* کشتار، قتل عام

tue-tête (à) /atytɛt/ *loc. adv* [فریاد، آواز، ...] با تمام قوا، از تهِ دل

tueur,euse /tɥœʀ,øz/ *n* ۱. آدمکش، قاتل ۲. سلاخ

tuile /tɥil/ *nf* ۱. سفال ۲. [خودمانی] بدبیاری، بدشانسی

tuile (émaillée) کاشی
tuileau /tɥilo/ *nm* سفال شکسته
tuilerie /tɥilʀi/ *nf* سفال‌سازی
tulipe /tyip/ *nf* (گل) لاله
tulle /tyl/ *nm* پارچهٔ تور، تور
tuméfaction /tymefaksjɔ̃/ *nf* تورم، ورم
tuméfier /tymefje/ *vt* (7) متورم کردن
se tuméfier *vp* ورم کردن، باد کردن
tumeur /tymœʀ/ *nf* غده، تومُر
tumulte /tymylt/ *nm* ۱. جنجال، همهمه، غوغا، شلوغی ۲. آشفتگی
tumultueusement /tymyltɥøzmɑ̃/ *adv* با جار و جنجال
tumultueux,euse /tymyltɥø,øz/ *adj* پرهیاهو، جنجالی، شلوغ
tungstène /tɛ̃kstɛn/ *nm* [شیمی؛ فنی] تَنگستن
tunique /tynik/ *nf* ۱. [لباس] تونیک ۲. [نظامی] فرنج ۳. [کالبدشناسی] پرده، پوشش
tunisien,enne[1] /tynizjɛ̃,ɛn/ *adj* (مربوط به) تونس، تونسی
Tunisien,enne[2] /tynizjɛ̃,ɛn/ *n* اهل تونس، تونسی
tunnel /tynɛl/ *nm* تونل
turban /tyʀbɑ̃/ *nm* عمامه، دستار
turbin /tyʀbɛ̃/ *nm* [عامیانه] کار، کار و بار
turbine /tyʀbin/ *nf* توربین
turbot /tyʀbo/ *nm* ماهیِ توربو
turbulence /tyʀbylɑ̃s/ *nf* شیطنت، شلوغی
turbulent,e /tyʀbylɑ̃,t/ *adj* ۱. شیطان، شلوغ ۲. [ادبی] آشوبگر، هرج و مرج‌طلب
turc[1]**,turque** /tyʀk/ *adj* ۱. ترک، ترکی ۲. ترکیه‌ای، (مربوط به) ترکیه
Turc[2]**,Turque** /tyʀk/ *n* اهل ترکیه، ترک
turc[3] /tyʀk/ *nm* زبان ترکی
turf /tyʀf/ *nm* مسابقات اسب‌دوانی
turfiste /tyʀfist/ *n* علاقه‌مند به مسابقات اسب‌دوانی، علاقه‌مند به شرط‌بندی (بر روی اسب)
turgescence /tyʀʒesɑ̃s/ *nf* [پزشکی] تورم
turgescent,e /tyʀʒesɑ̃,t/ *adj* [پزشکی] متورم
turlupiner /tyʀlypine/ *vt* (1) [خودمانی] عذاب دادن
turne /tyʀn/ *nf* [عامیانه] زاغدونی، دخمه
turpitude /tyʀpityd/ *nf* ۱. [ادبی] رذالت، پستی ۲. کار ننگین، عمل رذیلانه
turquoise /tyʀkwaz/ *nf, adj. inv* ۱. فیروزه ◘ ۲. (به رنگِ) فیروزه‌ای
tutélaire /tytelɛʀ/ *adj* ۱. حامی، نگهدار ۲. (مربوط به) قیمومت
tutelle /tytɛl/ *nf* قیمومت، سرپرستی
tuteur,trice /tytœʀ,tʀis/ *n* قیم، سرپرست
tutoiement /tytwamɑ̃/ *nm* (عمل) «تو» خطاب کردن، «تو» گفتن
tutoyer /tytwaje/ *vt* (8) (کسی را) «تو» خطاب کردن به، «تو» گفتن به
tutti frutti /tytifʀyti/ *nm. inv, adj. inv* ۱. بستنی میوه‌دار ◘ ۲. میوه‌دار، میوه‌ای
tuyau /tɥijo/ *nm* ۱. لوله ۲. مجرا ۳. [خودمانی] خبر (محرمانه)، خبر دست اول
tuyauterie /tɥijotʀi/ *nf* لوله‌ها، لوله‌کشی
tympan /tɛ̃pɑ̃/ *nm* ۱. پردهٔ گوش، پردهٔ صماخ ۲. [معماری] سینهٔ سنتوری، سینهٔ سردر
type /tip/ *nm* ۱. نوع، سنخ ۲. نمونه ۳. قیافه، تیپ ۴. شخصیت ۵. [خودمانی] آدم ۶. حروف چاپ
avoir le type oriental قیافهٔ شرقی داشتن
typhique /tifik/ *adj, n* ۱. (مربوط به) تیفوس، تیفوسی ۲. حصبه‌ای، (مربوط به) حصبه، تیفوئیدی ◘ ۳. (بیمار) مبتلا به تیفوس ۴. (بیمار) مبتلا به حصبه، مبتلا به تیفوئید
typhoïd /tifɔid/ *nf, adj,* **(fièvre) typhoïde** حصبه، تیفوئید
typhoïdique /tifɔidik/ *adj* حصبه‌ای، تیفوئیدی، (مربوط به) حصبه

typhon /tifɔ̃/ *nm* [در دریای چین و اقیانوس هند] توفان، توفند

typhus /tifys/ *nm* تیفوس

typique /tipik/ *adj* ۱. نوعی، سنخی ۲. نمونه ۳. خاص

typiquement /tipikmɑ̃/ *adv* نوعاً، دارای خصلتِ خاص

un comportement typiquement anglais
یک رفتار انگلیسی‌مآبانه، یک رفتار خاص انگلیسی‌ها

typographe /tipɔgʀaf/ *n* حروف‌چین

typographie /tipɔgʀafi/ *nf* ۱. حروف‌چینی ۲. چاپ

typographique /tipɔgʀafik/ *adj* ۱. (مربوط به) حروف‌چینی ۲. چاپی، (مربوط به) چاپ

typologie /tipɔlɔʒi/ *nf* رده‌شناسی، گونه‌شناسی، نوع‌شناسی

typologique /tipɔlɔʒik/ *adj* رده‌شناختی، گونه‌شناختی، نوع‌شناختی

tyran /tiʀɑ̃/ *nm* ۱. فرمانروای مستبد ۲. دیکتاتور ۲. (آدم) مستبد ۳. (آدم) ظالم، ستمگر

tyrannie /tiʀani/ *nf* ۱. استبداد ۲. ستم، ظلم، جور ۳. [مجازی] انقیاد، سرسپردگی، یوغ

tyrannique /tiʀanik/ *adj* ۱. مستبد ۲. ظالم، ستمگر ۳. مستبدانه ۴. ظالمانه، جابرانه

tyranniquement /tiʀanikmɑ̃/ *adv* ۱. مستبدانه ۲. ظالمانه، جابرانه

tyranniser /tiʀanize/ *vt* (1) ۱. ظالمانه حکومت کردن بر ۲. ستم کردن به، ظلم کردن به ۳. [مجازی] بردهٔ خود کردن، به زیر یوغ خود بردن

tzar /dzaʀ/ *nm* → tsar

tzarévitch /dzaʀevitʃ/ *nm* → tsarévitch

tzarine /dzaʀin/ *nf* → tsarine

Tzigane /dzigan/ *n* → tsigane

U,u

U,u /y/ *nm. inv* [بیست و یکمین حرف الفبای فرانسه که معادل آوایی آن در زبان فارسی وجود ندارد.]

ubiquité /ybikɥite/ *nf* همه‌جاحاضری، حضور همه‌جایی

ukase /ykaz/ *nm* ۱. فرمان تزار ۲. رأی مستبدانه، حکم حاکم

ukrainien,enne[1] /ykʀɛnjɛ̃,ɛn/ *adj* (مربوط به) اوکراین، اوکراینی

Ukrainien,enne[2] /ykʀɛnjɛ̃,ɛn/ *n* اهل اوکراین، اوکراینی

ulcération /ylseʀasjɔ̃/ *nf* تشکیل زخم، ایجاد زخم

ulcère /ylsɛʀ/ *nm* زخم، قُرحه، اولسِر

ulcère de/à l'estomac زخم معده

ulcérer /ylseʀe/ *vt* (6) ۱. زخم کردن، ایجاد زخم کردن ۲. به شدت رنجاندن، سخت دلگیر کردن

ulcéreux,euse /ylseʀø,øz/ *adj* ۱. قُرحه‌ای، زخم‌مانند، اولسِری ۲. مبتلا به زخم معده، مبتلا به زخم اثنی‌عشر

ultérieur,eure /ylteʀjœʀ/ *adj* بعدی، بعد، آتی

ultérieurement /ylteʀjœʀmɑ̃/ *adv* بعداً، بعد

ultimatum /yltimatɔm/ *nm* اتمام حجت، اولتیماتوم

ultime /yltim/ *adj* آخرین، نهایی، واپسین

ultra /yltʀa/ *n, adj* افراطی، تندرو

ultramoderne /yltʀamɔdɛʀn/ *adj* فرامدرن، فوق مدرن

ultra-rapide /yltʀaʀapid/ *adj* خیلی سریع

ultra-sensible /yltʀasɑ̃sibl/ *adj* فوق‌العاده حساس

ultra(-)son /yltʀasɔ̃/ *nm* فراصوت

ultra(-)sonique /yltʀasɔnik/ *adj* فراصوتی

ultraviolet,ette /yltʀavjɔlɛ,ɛt/ *adj* فرابنفش، ماوراءبنفش

ululement /ylylmɑ̃/ *nm* → hululment

ululer /ylyle/ *vt* (1) → hululer

un[1]**,e** /ɛ̃,yn/ *adj. num, adj. qualif, art. indéf, pron. indéf* ۱. یک ۲. اول ◻ ۳. یگانه، یکی، واحد ◻ ۴. یک ◻ ۵. یکی

les uns les autres یکدیگر، همدیگر

l'un et l'autre هر دو

ni l'un ni l'autre نه این (و) نه آن، هیچ‌یک

pas un ۱. هیچ‌یک، هیچ‌کس ۲. هیچ‌چیز، هیچ

un à un یکی‌یکی، یک به یک، تک‌تک

un[2] /ɛ̃/ *nm* ۱. یک، عدد یک ۲. شمارهٔ یک

unanime /ynanim/ *adj* هم‌رأی، هم‌عقیده، هم‌داستان، متفق‌القول

unanimement /ynanimmɑ̃/ *adv* به اتفاق آرا، از سوی همه

unanimité / ynanimite / *nf* ۱. وحدت نظر، اتفاق، اتفاق آرا، هم‌رأیی ۲. مقبولیت عام، پذیرش از سوی همگان

uni,e / yni / *adj* ۱. متحد، متفق ۲. پیوسته ۳. مرتبط ۴. هموار، صاف ۵. یکدست، یکجور ۶. یکپارچه ۷. [ادبی] یکنواخت

unicellulaire / yniselylɛʀ / *adj* تک‌یاخته‌ای، تک‌سلولی

unicité / ynisite / *nf* منحصر بودن

unicolore / ynikɔlɔʀ / *adj* یک‌رنگ، تک‌رنگ

unième / ynjɛm / *adj. ord* یکم، یکمین

unificateur,trice / ynifikatœʀ,tris / *adj* وحدت‌بخش، وحدت‌آفرین

unification / ynifikasjɔ̃ / *nf* ۱. اتحاد ۲. وحدت

unifier / ynifje / *vt* (7) ۱. متحد کردن ۲. یکسان کردن، یکنواخت کردن، یکدست کردن

s'unifier *vp* ۱. متحد شدن ۲. یکنواخت شدن، یکدست شدن

uniforme / ynifɔʀm / *adj, nm* ۱. یک‌شکل، هم‌شکل، یکسان ۲. یکدست ۳. یکنواخت ◘ ۴. لباس فرم، اونیفورم

endosser l'uniforme لباس سربازی پوشیدن، نظامی شدن

uniformément / ynifɔʀmemɑ̃ / *adv* ۱. یک‌شکل، یکجور ۲. به طور یکدست، (به طور) یکنواخت

uniformisation / ynifɔʀmizasjɔ̃ / *nf* یکسان‌سازی، یکدست کردن

uniformiser / ynifɔʀmize / *vt* (1) یکسان کردن، یکدست کردن

uniformité / ynifɔʀmite / *nf* یکسانی، یکدستی، یکنواختی

unijambiste / yniʒɑ̃bist / *n, adj* (آدم) یک‌پا، چلاق، شَل

unilatéral,e,aux / ynilateʀal,o / *adj* یک‌طرفه، یک‌جانبه، یک‌سویه

unilatéralement / ynilateʀalmɑ̃ / *adv* (به طور) یک‌جانبه، یک‌طرفه

unilingue / ynilɛ̃g / *adj* یک‌زبانه

uniment / ynimɑ̃ / *adv* (به طور) یکنواخت، به طور منظم

tout uniment خیلی ساده، به سادگی

union / ynjɔ̃ / *nf* ۱. اتحاد ۲. وحدت، یگانگی ۳. پیوند (زناشویی)، وصلت ۴. اتحادیه

unique / ynik / *adj* ۱. یگانه، یکتا، تک، تنها، واحد، منحصربه‌فرد ۲. بی‌همتا، بی‌نظیر، بی‌مانند ۳. [خودمانی] عجیب، غریب

enfant unique تنها فرزند، یگانه فرزند

prix unique قیمت واحد

uniquement / ynikmɑ̃ / *adv* منحصراً، فقط، تنها

unir / yniʀ / *vt* (2) ۱. متحد کردن، یکی کردن ۲. (به هم) پیوند دادن ۳. به ازدواج هم درآوردن

s'unir *vp* ۱. متحد شدن، یکی شدن ۲. به هم پیوستن ۳. با هم ازدواج کردن

unisexué,e / ynisɛksɥe / *adj* [جانور، گیاه] یک‌جنسی، تک‌جنسی

unisson / ynisɔ̃ / *nm* همنوایی، هم‌کوکی

à l'unisson هم‌صدا، هماهنگ، متفق

unitaire / ynitɛʀ / *adj* ۱. واحد ۲. [سیاسی] متحد، یکپارچه

unité / ynite / *nf* ۱. یگانگی، وحدت، اتفاق ۲. اتحاد ۳. یکدستی، یکپارچگی ۴. واحد، یکا ۵. [ارتش؛ ریاضیات] یکان

univalve / ynivalv / *adj* یک‌کفه‌ای

univers / ynivɛʀ / *nm* ۱. کیهان، عالم، گیتی ۲. جهان، دنیا

universalisation / ynivɛʀsalizasjɔ̃ / *nf* ۱. تعمیم ۲. عالمگیر کردن، جهانی کردن، جهانی شدن

universaliser

universaliser /yniveRsalize/ *vt* (1)
۱. عمومیت دادن، فراگیر کردن ۲. عالمگیر کردن، جهانی کردن

universalité /yniveRsalite/ *nf* ۱. عمومیت، کلیت ۲. جهان‌شمولی ۳. همه‌چیزدانی

universel,elle /yniveRsɛl/ *adj* ۱. عمومی، همگانی، کلی ۲. جهانی ۳. همه‌چیزدان، جامع‌العلوم

universellement /yniveRsɛlmã/ *adv* ۱. عموماً، به‌طور همگانی، از سوی همه ۲. در جهان، به طور جهانی

universitaire /yniveRsiteR/ *adj* دانشگاهی، (مربوط به) دانشگاه

université /yniveRsite/ *nf* دانشگاه
l'Université کادر آموزشی دانشگاه

univocité /ynivɔsite/ *nf* بی‌ابهامی، تک‌معنایی

univoque /ynivɔk/ *adj* بی‌ابهام، تک‌معنا

uranium /yRanjɔm/ *nm* اورانیُم

urbain,e /yRbɛ̃,ɛn/ *adj* ۱. شهری ۲. آداب‌دان، خوش‌مشرب، اجتماعی

urbanisation /yRbanizasjɔ̃/ *nf* توسعهٔ شهری، شهری‌سازی

urbaniser /yRbanize/ *vt* (1) به شهر تبدیل کردن، شهری کردن

urbanisme /yRbanism/ *nm* شهرسازی

urbaniste /yRbanist/ *n, adj* متخصص شهرسازی، مهندس شهرسازی

urbanité /yRbanite/ *nf* آداب‌دانی، نزاکت

urée /yRe/ *nf* اوره

urétéral,e,aux /yReteRal,o/ *adj* (مربوط به) میزنای

uretère /yReteR/ *nm* میزنای

urétral,e,aux /yRetRal,o/ *adj* (مربوط به) میزراه، پیشاب‌راهی

urètre /yRɛtR/ *nm* میزراه، پیشاب‌راه، مجرای ادرار

urgence /yR3ãs/ *nf* ۱. فوریت ۲. اضطرار ۳. مورد اضطراری، مورد اورژانس

870

d'urgence فوراً، بلافاصله، بی‌درنگ
Service des urgences [در بیمارستان] بخش فوریت‌های پزشکی، بخش اورژانس

urgent,e /yR3ã,t/ *adj* ۱. فوری ۲. اضطراری

urger /yR3e/ *vi* (3) [خودمانی] فوری بودن

urinaire /yRinɛR/ *adj* ادراری، (مربوط به) ادرار

urinal,aux /yRinal,o/ *nm* ظرف ادرار

urine /yRin/ *nf* ادرار

uriner /yRine/ *vi* (1) ادرار کردن

urinoir /yRinwaR/ *nm* آبریزگاه مردانه (= محل ادرار مردان)

urne /yRn/ *nf* ۱. ظرف خاکستر مرده، خاکستردان ۲. صندوق رأی

urologie /yRɔlɔ3i/ *nf* شناخت مجاری ادرار، اورولوژی

urologue /yRɔlɔg/ *n* متخصص مجاری ادرار

us /ys/ *nm. pl,* les us et les coutumes آداب و رسوم

usage /yza3/ *nm* ۱. کاربرد، استفاده، استعمال ۲. مصرف ۳. رسم ۴. حق استفاده ۵. [ادبی] ادب، نزاکت
à l'usage de برای استفادهٔ، مخصوصِ
d'usage مرسوم، معمول، متداول
faire usage de به کار بردن، استفاده کردن

usagé,e /yza3e/ *adj* کارکرده، کهنه، مستعمل، نیمدار

usager /yza3e/ *nm* کاربَر، استفاده‌کننده

usant,e /yzã,t/ *adj* [خودمانی] خسته‌کننده، عذاب‌آور

usé,e /yze/ *adj* ۱. فرسوده، پوسیده، رفته، کهنه ۲. پیش‌پاافتاده، بی‌مزه، تکراری

user /yze/ *vt* (1) ۱. به کار بردن، استفاده کردن، به کار گرفتن ۲. مصرف کردن ۳. فرسودن، خراب کردن ۴. تحلیل بردن، ضعیف کردن
en user [ادبی یا قدیمی] رفتار کردن

s'user *vp* ۱. فرسوده شدن ۲. تحلیل رفتن، ضعیف شدن

usine /yzin/ *nf* کارخانه

usiner /yzine/ *vt* (1) (در کارخانه) ساختن

usinier,ère /yzinje,ɛʀ/ *adj* کارخانه‌ای

usité,e /yzite/ *adj* متداول، معمول، مصطلح

ustensile /ystɑ̃sil/ *nm* وسیله، ابزار

ustensiles de cuisine ظروف آشپزخانه

usuel,elle /yzɥɛl/ *adj* معمول، متداول، پرکاربرد

usuellement /yzɥɛlmɑ̃/ *adv* معمولاً، به طور معمول، به طور متداول

usufruit /yzyfʀɥi/ *nm* حق انتفاع، حق بهره‌وری

usufruitier,ère /yzyfʀɥitje,ɛʀ/ *n* دارای حق انتفاع، بهره‌ور

usuraire /yzyʀɛʀ/ *adj* (مربوط به) رِبا، ربایی

usure /yzyʀ/ *n* ۱. فرسودگی، ساییدگی، رفتگی ۲. فرسایش ۳. رِبا

usurier,ère /yzyʀje,ɛʀ/ *n* رباخوار

usurpateur,trice /yzyʀpatœʀ,tʀis/ *adj* غاصب، اشغالگر

usurpation /yzyʀpasjɔ̃/ *nf* غصب، اشغال، تصرف

usurper /yzyʀpe/ *vt* (1) غصب کردن، اشغال کردن، تصرف کردن

utérin,e /yteʀɛ̃,in/ *adj* زهدانی، رِحِمی، (مربوط به) زهدان

grossesse extra-utérine آبستنی خارج از رحم

utérus /yteʀys/ *nm* زهدان، رِحِم

utile /ytil/ *adj* مفید، سودمند، ثمربخش، نافع

en temps utile در زمان مناسب، به موقع

utilement /ytilmɑ̃/ *adv* سودمندانه، به طور مفیدی

utilisable /ytilizabl/ *adj* ۱. قابل استفاده ۲. قابل مصرف

utilisateur,trice /ytilizatœʀ,tʀis/ *n* استفاده‌کننده، کاربَر

utilisation /ytilizasjɔ̃/ *nf* استفاده، به‌کارگیری، بهره‌گیری، بهره‌برداری

utiliser /ytilize/ *vt* (1) استفاده کردن، به کار گرفتن، بهره بردن

utilitaire /ytilitɛʀ/ *adj* انتفاعی، سودجویانه

utilité /ytilite/ *nf* سودمندی، فایده، استفاده

utilitarisme /ytilitaʀism/ *nm* سودگرایی، بهره‌جویی، فایده‌باوری

utilitariste /ytilitaʀist/ *adj, n* سودگرا، بهره‌جو، فایده‌باور

utopie /ytɔpi/ *nf* ۱. آرمان‌شهر، مدینهٔ فاضله، جامعهٔ آرمانی ۲. خیال واهی، سراب

utopique /ytɔpik/ *adj* خیال‌پردازانه، خیالی، واهی

utopiste /ytɔpist/ *n* خیال‌پرداز

uval,e,aux /yval,o/ *adj* (مربوط به) انگور

uvulaire /yvylɛʀ/ *adj* [زبان‌شناسی] مَلازی

uvule /yvyl/ *nf* زبان کوچک، مَلاز

a = bas, plat e = blé, jouer ɛ = lait, jouet, merci i = il, lyre o = mot, dôme, eau, gauche ɔ = mort
u = roue y = rue ø = peu œ = peur ə = le, premier ɑ̃ = sans, vent ɛ̃ = matin, plein, lundi
ɔ̃ = bon, ombre ʃ = chat, tache ʒ = je, gilet j = yeux, paille, pied w = oui, nouer ɥ = huile, lui

V, v

V,v / ve / *nm, inv* وَ (= بیست و دومین حرف الفبای فرانسه)

va / va / *v* [صورت صرف‌شدهٔ فعلِ aller]

vacance / vakãs / *nf* ۱. خالی بودن، بلاتصدی بودن ۲. پست خالی

vacances / vakãs / *nf. pl* ۱. تعطیلات ۲. مرخصی

vacancier,ère / vakãsje,ɛR / *n* مسافر، گردشگر (در ایام تعطیل)

vacant,e / vakã,t / *adj* ۱. (پُست و غیره) بلاتصدی، خالی ۲. (خانه و غیره) خالی

vacarme / vakaRm / *nm* جار و جنجال، هیاهو، سر و صدا

vacataire / vakatɛR / *nm* کارمند موقت، کارگر موقت

vacation / vakasjɔ̃ / *nf* ۱. [حقوقی] مدت کار روی یک پرونده ۲. [کارمند دادگستری، کارشناس، ...] دستمزد، حق‌الزحمه ۳. حراج، مزایده ــ [صورت جمع] ۴. تعطیل محاکم قضایی، تعطیل دادگاه‌ها

vaccin / vaksɛ̃ / *nm* ۱. واکسن ۲. [مجازی] دوا، درمان، علاج

vaccination / vaksinasjɔ̃ / *nf* مایه‌کوبی، واکسیناسیون

vaccine / vaksin / *nf* آبلهٔ گاوی

vacciner / vaksine / *vt* (1) مایه‌کوبی کردن، واکسن زدن (به)

vache / vaʃ / *nf, adj* ۱. گاو ماده ۲. پوست گاو ۳. [خودمانی] آدم خبیث ▣ ۴. [خودمانی] خبیث، بدذات، رذل ۵. [خودمانی] عالی، حسابی

۱. [خودمانی] اَه! ۲. عجب! Ah la vache!
Ah les vaches! [خودمانی] عجب آدم‌هایی!

vache à lait گاو شیرده

vachement / vaʃmã / *adv* ۱. [خودمانی] عجیب، بدجوری ۲. خیلی‌خیلی

vacher,ère / vaʃe,ɛR / *n* گاوچران

vacherie / vaʃRi / *nf* ۱. طویله (گاو)، گاودانی ۲. [خودمانی] خباثت، رذالت، بدذاتی ۳. [خودمانی] حرف زننده

Quelle vacherie de temps! عجب هوای مزخرفی! عجب هوای گندی!

vacillant,e / vasijã,t / *adj* ۱. لرزان ۲. متزلزل ۳. مردد

vaccillation / vasijasjɔ̃ / *nf* → vacillement

vacillement / vasijmã / *nm* ۱. لرزش ۲. [ادبی] تزلزل ۳. تردید

vaciller / vasije / *vi* (1) ۱. لرزیدن، تکان‌تکان خوردن ۲. متزلزل بودن ۳. ضعیف شدن ۴. مردد بودن

vacuité / vakɥite / *nf* ۱. خلأ ۲. بی‌محتوایی، پوچی

vadrouille / vadʀuj / *nf* [خودمانی] پرسه (زدن)، علافی

valablement

vadrouiller / vadʀuje / vi (1) [خودمانی]
پرسه زدن، ول گشتن، علاف بودن

va-et-vient / vaevjɛ̃ / nm. inv
۱. رفت و آمد. ۲. آمد و شد. ۳. (حرکت) عقب و جلو، رفت و برگشت ۳. کلید تبدیل

vagabond,e / vagabɔ̃,d / n, adj [ادبی] ۱. خانه‌بدوش، آواره. ۲. ولگرد ▫ ۳. سرگردان، آواره ۴. دمدمی، متغیر

vagabondage / vagabɔ̃daʒ / nm
۱. خانه‌بدوشی، آوارگی. ۲. ولگردی
vagabondage de l'imagination خیال‌پردازی

vagabonder / vagabɔ̃de / vi (1) ول گشتن، پرسه زدن، علاف بودن

vagin / vaʒɛ̃ / nm مهبل

vaginal,e,aux / vaʒinal,o / adj مهبلی، (مربوط به) مهبل

vagir / vaʒiʀ / vi (2) [نوزاد] عوعوعو کردن، ونگ‌ونگ کردن

vagissement / vaʒismɑ̃ / nm [صدای نوزاد] عوعوعو، ونگ‌ونگ

vague[1] / vag / nf ۱. موج. ۲. [مجازی] سیل، موج

vague[2] / vag / adj, nm ۱. مبهم، گنگ ۲. خفیف، ضعیف. ۳. [لباس] آزاد، نسبتاً گشاد. ۴. کم‌اهمیت، پیش‌پاافتاده ▫ ۵. ابهام، گنگی
regarder dans le vague به نقطه‌ای نامعلوم خیره شدن

vague[3] / vag / adj جای نامعلوم، نقطهٔ مبهم
terrain vague زمین خالی، خرابه

vaguement / vagmɑ̃ / adv به طور مبهمی، مبهم

vaguemestre / vagmɛstʀ / nm [ارتش] نامه‌رسان، پیک

vaguer / vage / vi (1) [ادبی] سرگردان بودن، بی‌هدف گشتن

vaillamment / vajamɑ̃ / adv دلیرانه، شجاعانه، با شهامت، بی‌باکانه

vaillance / vajɑ̃s / nf [ادبی] دلیری، شجاعت، شهامت، بی‌باک

vaillant,e / vajɑ̃,t / adj ۱. [ادبی] دلیر، شجاع، متهور، بی‌باک. ۲. قوی

vain,e / vɛ̃,ɛn / adj ۱. [ادبی] پوچ، بی‌محتوا ۲. بیهوده، بی‌ثمر، عبث، باطل. ۳. [ادبی] خودخواه، ازخودراضی، مغرور

en vain بیهوده، بی‌نتیجه، بیخود، بی‌فایده
ses efforts sont restés vains.
تلاش‌هایش بی‌ثمر ماند.
vain espoir امید باطل، امید واهی

vaincre / vɛ̃kʀ / vt (42) ۱. پیروز شدن بر، شکست دادن ۲. بردن از ۳. غلبه کردن بر، فائق آمدن بر

vaincu,e / vɛ̃ky / adj, part. passé
۱. شکست‌خورده، مغلوب ۲. بازنده ▫ ۳. [اسم مفعول فعلِ vaincre]

vainement / vɛnmɑ̃ / adv بیهوده، بی‌محتوا بیخود، بی‌ثمر، به عبث

vainqueur / vɛ̃kœʀ / nm ۱. پیروز، فاتح ۲. برنده

vais / vɛ / v [صورت صرف‌شدهٔ فعلِ aller]

vaisseau / vɛso / nm ۱. مجرا ۲. رگ ۳. آوند. ۴. [قدیمی] کشتی (بزرگ)
vaisseau spacial فضاپیما، سفینهٔ فضایی

vaisselier / vɛsəlje / nm ویترین (ظروف)، بوفه

vaisselle / vɛsɛl / nf ظروف (غذاخوری)
faire la vaisselle ظرف شستن

val / val / nm [همراه با اسم خاص مکان] دره

valable / valabl / adj ۱. معتبر. ۲. قابل قبول ۳. باارزش، مناسب

valablement / valabləmɑ̃ / adv ۱. به طور معتبر ۲. بحق

valence /valɑ̃s/ *nf* [شیمی] ظرفیت، والانس

valériane /valeʀjan/ *nf* [گیاه] سنبل‌طیب

valet /valɛ/ *nm* ۱. پیشخدمت، خدمتکار ۲. [درگذشته] نوکر ۳. [مجازی] آدم نوکرصفت، نوکر ۴. [ورق‌بازی] سرباز

valetaille /valtaj/ *nf* [تحقیرآمیز] نوکران

valétudinaire /valetydinɛʀ/ *adj* [قدیمی؛ ادبی] بیمارگون، ناخوش

valeur /valœʀ/ *nf* ۱. ارزش ۲. بها، قیمت ۳. اهمیت ۴. مقدار، قدر

mettre en valeur ۱. ارزش (چیزی را) بالا بردن ۲. خوب جلوه دادن، برجسته کردن

valeureusement /valœʀøzmɑ̃/ *adv* [ادبی] دلیرانه، شجاعانه، متهورانه، باشهامت

valeureux,euse /valœʀø,øz/ *adj* [ادبی] دلیر، شجاع، متهور، باشهامت

validation /validasjɔ̃/ *nf* ۱. (عمل) اعتبار بخشیدن ۲. تأیید

valide /valid/ *adj* ۱. سالم، تندرست ۲. معتبر

valider /valide/ *vt* (1) ۱. اعتبار بخشیدن به، معتبر کردن ۲. تأیید کردن

validité /validite/ *nf* اعتبار، صحت

valise /valiz/ *nf* چمدان

vallée /vale/ *nf* دره

vallon /valɔ̃/ *nm* درهٔ کوچک

vallonnement /valɔnmɑ̃/ *nm* پستی و بلندی، ناهمواری

valoir /valwaʀ/ *vi, vt* (29) ۱. ارزیدن، ارزش داشتن ۲. برابر بودن، مطابق بودن ۳. [قانون] اِعمال شدن ◘ ۴. فراهم کردن، موجب شدن

à valoir علی‌الحساب

faire valoir ۱. ارزش (چیزی را) بالا بردن ۲. خوب جلوه دادن ۳. مطرح کردن ۴. بهره‌برداری کردن

Il vaut mieux بهتر است

vaille que vaille هر طور شده، به هر قیمتی

valoir la peine به زحمتش ارزیدن، ارزشش را داشتن

se valoir *vp* به یک اندازه ارزش داشتن، برابر بودن

valorisation /valɔʀizasjɔ̃/ *nf* بالا بردن ارزش، ارزش‌دهی

valoriser /valɔʀize/ *vt* (1) ارزش (چیزی یا کسی) را بالا بردن، ارزش دادن به

valse /vals/ *nf* ۱. [موسیقی، رقص] والس ۲. [خودمانی] جابجایی (پرسنل)

valser /valse/ *vi* (1) والس رقصیدن

valus /valy/ *v* [صورت صرف‌شدهٔ فعلِ valoir]

valve /valv/ *nf* ۱. شیرفلکه، شیر ۲. [صدف] کفه ۳. [برق] یکسوساز، همسوساز، دیود

valvule /valvyl/ *nf* [قلب و غیره] دریچه

vamp /vɑ̃p/ *nf* (زن) فتانه، افسونگر، اغواگر

vampire /vɑ̃piʀ/ *nm* ۱. [موجود افسانه‌ای] خون‌آشام ۲. خفاش خون‌آشام ۳. قاتل سفاک، جانی حرفه‌ای ۴. [قدیمی] آدم زالوصفت

van /vɑ̃/ *nm* سبد (بوجاری)

vandale /vɑ̃dal/ *n* خرابکار، ویرانگر

vandalisme /vɑ̃dalism/ *nm* ۱. تخریب آثار هنری ۲. تخریب، ویرانگری

vanille /vanij/ *nf* وانیل

vanillé,e /vanije/ *adj* وانیلی

vanillier /vanije/ *nm* (گیاه) وانیل

vanité /vanite/ *nf* ۱. خودخواهی، خودپسندی، تکبر، غرور ۲. پوچی، بیهودگی، بطالت

vaniteusement /vanitøzmɑ̃/ *adv* خودخواهانه، خودپسندانه، متکبرانه

vaniteux,euse /vanitø,øz/ *n, adj* ۱. (آدم) خودخواه، خودپسند، متکبر، مغرور ◘ ۲. خودخواهانه، خودپسندانه، متکبرانه

vannage /vanaʒ/ *nm* [غله] بوجاری، باد دادن

vanne[1] /van/ *nf* دریچه

vanne[2] /van/ *nf* [خودمانی] گوشه و کنایه، گوشه

variabilité /vaRjabilite/ *nf* تغییرپذیری، ناپایداری، بی‌ثباتی

variable /vaRjabl/ *adj* متغیر، تغییرپذیر، ناپایدار، بی‌ثبات

variante /vaRjɑ̃t/ *nf* ۱. نسخهٔ بدل ۲. شکل (متفاوت)، گونه

variation /vaRjasjɔ̃/ *nf* ۱. تغییر ۲. گوناگونی، تنوع

varice /vaRis/ *nf* واریس

varicelle /vaRisɛl/ *nf* آبله‌مرغان

varié,e /vaRje/ *adj* ۱. گوناگون، متنوع، مختلف ۲. ناهموار

desserts variés انواع دسر، دسرهای متنوع

terrain varié زمین ناهموار

varier /vaRje/ *vt, vi* (7) ۱. متنوع کردن، تنوع دادن ۲. تغییر دادن ▫ ۳. متغیر بودن ۴. تغییر کردن ۵. متفاوت بودن، فرق داشتن، متنوع بودن

variété /vaRjete/ *nf* ۱. تنوع، گوناگونی ۲. نوع، گونه، قسم، جور

spectacles de variétés نمایش متنوع، واریته

variole /vaRjɔl/ *nf* آبله

variolé,e /vaRjɔle/ *adj* آبله‌رو

varioleux,euse /vaRjɔlø,øz/ *adj, n* مبتلا به آبله

variolique /vaRjɔlik/ *adj* آبله‌ای، (مربوط به) آبله

variqueux,euse /vaRikø,øz/ *adj* واریسی، (مربوط به) واریس

vas /va/ *v* [صورت صرف‌شدهٔ فعلِ aller]

vasculaire /vaskylɛR/ *adj* عروقی

vase[1] /vaz/ *nm* ۱. ظرف ۲. گلدان

vase[2] /vaz/ *nf* لای، گل و لای

vasectomie /vazɛktɔmi/ *nf* وازِکتومی (= شیوه‌ای برای عقیم کردن مرد)

vaseline /vazlin/ *nf* وازلین

vanné,e /vane/ *adj* [خودمانی] هلاک، خسته و کوفته، درب و داغون

vanner /vane/ *vt* (1) ۱. [غله] بوجاری کردن، باد دادن ۲. از پا انداختن، هلاک کردن

vannerie /vanRi/ *nf* ۱. حصیربافی، سبدبافی ۲. اشیاء حصیری

vanneur,euse /vanœR,øz/ *n* بوجار

vannier /vanje/ *nm* حصیرباف، سبدباف

vantail,aux /vɑ̃taj,o/ *nm* لنگه‌در، لنگه، لَت

vantard,e /vɑ̃taR,d/ *adj, n* خودستا، لاف‌زن

vantardise /vɑ̃taRdiz/ *nf* خودستایی، لاف‌زنی، لاف و گزاف

vanter /vɑ̃te/ *vt* (1) مدح (کسی را) گفتن، خیلی تعریف کردن از

se vanter *vp* خودستایی کردن، به خود بالیدن، فخر فروختن

va-nu-pieds /vanypje/ *n. inv* ولگرد، پابرهنه

vapeur[1] /vapœR/ *nf* ۱. بخار ۲. مه ۳. [قدیمی] دود

à la vapeur ۱. با بخار ۲. [خودمانی] با عجله، جنگی، هول‌هولکی

à toute vapeur [کشتی، قطار] با سرعت تمام

vapeur[2] /vapœR/ *nm* کشتی بخار

vapeureux,euse /vapɔRø,øz/ *adj* ۱. [ادبی] بخارآلود، مِه‌آلود ۲. لطیف، سبک

vaporisateur /vapɔRizatœR/ *nm* ۱. افشانه، اِسپری ۲. [در ترکیب] ـ‌پاش

vaporisateur à parfum عطرپاش

vaporisation /vapɔRizasjɔ̃/ *nf* ۱. تبخیر ۲. (عمل) اِسپری کردن، پاشیدن

vaporiser /vapɔRize/ *vt* (1) ۱. به بخار تبدیل کردن، تبخیر کردن ۲. اِسپری کردن، پاشیدن

vaquer /vake/ *vi* (1) ۱. [اداری] تعطیل بودن، تعطیل کردن ۲. مشغول شدن، پرداختن

a = bas, plat e = blé, jouer ɛ = lait, jouet, merci i = il, lyre o = mot, dôme, eau, gauche ɔ = mort
u = roue y = rue ø = peu œ = peur ə = le, premier ɑ̃ = sans, vent ɛ̃ = matin, plein, lundi
ɔ̃ = bon, ombre ʃ = chat, tache ʒ = je, gilet j = yeux, paille, pied w = oui, nouer ɥ = huile, lui

vaseliner /vazline/ *vt* (1) وازلین مالیدن، با وازلین چرب کردن، وازلین زدن

vaseux,euse /vazø,øz/ *adj* ۱. لای‌گرفته ۲. [خودمانی] بی‌رمق، بی‌حس و حال ۳. [خودمانی] گنگ، درهم‌برهم

vasouillard,e /vazujaʀ,d/ *adj* ۱. [خودمانی] دودل ۲. درهم‌برهم

vasouiller /vazuje/ *vi* (1) [خودمانی] دودل بودن

vasque /vask/ *nf* حوضچه

vassal,e,aux /vasal,o/ *n* ۱. [در قرون وسطی] واسال، رعیت ۲. سرسپرده، دست‌نشانده

vassalité /vasalite/ *nf* ۱. رعیتی ۲. سرسپردگی، انقیاد

vaste /vast/ *adj* ۱. پهناور، وسیع، گسترده، فراخ، بزرگ ۲. جادار ۳. گشاد ۴. قابل توجه، قابل ملاحظه

C'est une vaste blague [خودمانی] این دیگر از آن حرف‌هاست.

vaticinateur,trice /vatisinatœʀ,tʀis/ *n* [ادبی] پیشگو

vaticination /vatisinasjɔ̃/ *nf* [ادبی؛ تحقیرآمیز] پیشگویی

vaticiner /vatisine/ *vi* (1) [ادبی] پیشگویی کردن

vaudou /vodu/ *nm* وودو، جادوکیشی (مذهبی مبتنی برجادوگری، به ویژه در جزایر آنتیل و هائیتی)

vaudrai /vodʀɛ/ *v* [صورت صرف‌شدهٔ فعلِ valoir]

vau-l'eau (à) /avolo/ *loc. adv* ۱. [قدیمی] با جریان آب ۲. [مجازی] بلاتکلیف، روهوا

vaurien,enne /voʀjɛ̃,ɛn/ *n* ۱. آدم بی‌سر و پا، اوباش ۲. بچهٔ خلافکار

vautour /votuʀ/ *nm* ۱. کرکس، لاشخور ۲. (آدم) لاشخور

vautrer (se) /s(ə)votʀe/ *vp* (1) ۱. غلت زدن، غلتیدن ۲. خوش بودن

vaux /vo/ *v* [صورت صرف‌شدهٔ فعلِ valoir]

veau /vo/ *nm* ۱. گوساله ۲. گوشت گوساله ۳. چرم (گوساله) ۴. [خودمانی] آدم تنبل

veau marin فُک

vecteur /vɛktœʀ/ *nm* ۱. [ریاضیات] بُردار ۲. [بیماری] ناقل

vectoriel,elle /vɛktɔʀjɛl/ *adj* [ریاضیات] بُرداری

vécu,e /veky/ *adj, part. passé* ۱. رخ‌داده، تحقق‌یافته، واقعی ◘ ۲. [اسم مفعولِ فعلِ vivre]

véda /veda/ *nm* وِدا (= سرودهای مذهبی هند باستان)

vedette /vədɛt/ *nf* ۱. بازیگر مشهور، ستاره ۲. قایقِ گشت ۳. قایق موتوری ۴. قراول، دیده‌بان

en vedette با حروف درشت (در بالای صفحه)

mettre en vedette جلوه دادن

mot vedette [فرهنگ لغت] سَرواژه، مدخل

védique /vedik/ *adj* وِدایی، (مربوط به) وِداها

végétal[1] /veʒetal/ *nm* گیاه، نبات، رستنی

végétal[2]**,e,aux** /veʒetal,o/ *adj* گیاهی، (مربوط به) گیاهان، نباتی

végétalisme /veʒetalism/ *nm* گیاه‌خواری

végétarien,enne /veʒetaʀjɛ̃,ɛn/ *adj, n* ۱. (مربوط به) گیاه‌خواری ◘ ۲. گیاه‌خوار

végétatif,ive /veʒetatif,iv/ *adj* گیاهی، نباتی

végétation /veʒetasjɔ̃/ *nf* ۱. گیاهان ۲. رویش گیاهی

végéter /veʒete/ *vi* (6) ۱. [ادبی] رشد و نمو کردن، روییدن ۲. بد رشد کردن ۳. بیکار و بیعار سر کردن، عاطل و باطل بودن ۴. راکد بودن

véhémecne /veemɑ̃s/ *nf* [ادبی] شور، حرارت، حدت

véhément,e /veemɑ̃,t/ *adj* [ادبی] پرشور، پرحرارت، باحرارت

véhémentement /veemɑ̃tmɑ̃/ *adv* [ادبی] پرشور، با حرارت، با حدت

venant

véhicule /veikyl/ *nm* ۱. وسیلهٔ نقلیه. ۲. [مجازی] وسیله، ابزار ۳. [بیماری] ناقل

véhiculer /veikyle/ *vt* (1) ۱. با وسیلهٔ نقلیه بردن ۲. ابزار (چیزی) بودن ۳. ناقل (یک بیماری) بودن

veille /vɛj/ *nf* ۱. بیدارمانی، شب‌زنده‌داری ۲. بیداری ۳. مراقبت شبانه، کشیک شب ۴. روز قبل

à la veille de ۱. در آستانهٔ ۲. در شرفِ

Ce n'est pas demain la veille. [خودمانی] در معرضِ، در حالِ به این زودی‌ها نمی‌شه. حالا حالاها مونده.

la veille au soir شب قبل، شب پیش

veillée /veje/ *nf* ۱. شب، سر شب ۲. بیدارمانی (بر بالین کسی)

veiller /veje/ *vi, vt* (1) ۱. (شب) بیدار ماندن، شب‌زنده‌داری کردن ۲. کشیک دادن ۳. مراقب بودن، مواظب بودن ۴. بر بالین (کسی) بیدار ماندن، (طی شب) مراقبت کردن از ۵. مراقب بودن، حواس (کسی به چیزی) بودن

veiller sur qqn مراقب کسی بودن، مواظب کسی بودن

veilleur /vɛjœʀ/ *nm* قراول، دیده‌بان

veilleur de nuit شبگرد

veilleuse /vɛjøz/ *nf* ۱. چراغ خواب ۲. [اتومبیل و غیره] چراغ کوچک ۳. [اجاق گاز و غیره] شمعک، پیلوت

veinard,e /vɛnaʀ,d/ *adj* [خودمانی] خوش‌شانس

veine /vɛn/ *nf* ۱. سیاهرگ، ورید ۲. رگ ۳. رگه ۴. رگبرگ ۵. [هنر] طبع، ذوق ۶. [خودمانی] شانس

veine poétique طبع شاعری، طبع شعر

veiné,e /vene/ *adj* ۱. با رگ‌های برجسته ۲. رگه‌دار ۳. رگبرگ‌دار

veineux,euse /vɛnø,øz/ *adj* (مربوط به) سیاهرگ‌ها

veinule /venyl/ *nf* سیاهرگ (کوچک)

vêlage /vɛlaʒ/ *nm* → vêlement

vélaire /velɛʀ/ *adj* [آواشناسی] نرمکامی

vêlement /velmɑ̃/ *nm* [گاو] زایمان

vêler /vele/ *vi* (1) [گاو] زاییدن

vélin /velɛ̃/ *nm* ۱. چرم گوساله ۲. [برای نوشتن یا تزیین] پوست (گوساله یا بره) ۳. کاغذپوستی

velléité /veleite/ *nf* میل، هوس، ویر

vélo /velo/ *nm* ۱. دوچرخه ۲. دوچرخه‌سواری

faire du vélo دوچرخه‌سواری کردن

véloce /velɔs/ *adj* [ادبی] چابک، چالاک، چُست

vélocité /velɔsite/ *nf* ۱. [نوازندگی] چیره‌دستی، تندنوازی ۲. [نادر] چُستی، سرعت

vélodrome /velɔdʀom/ *nm* پیست دوچرخه‌سواری

vélomoteur /velɔmotœʀ/ *nm* دوچرخه موتوری

velours /v(ə)luʀ/ *nm* مخمل

velouté,e /vəlute/ *adj* ۱. مخملی ۲. نرم، لطیف ۳. چرب و نرم

velouté /vəlute/ *nm* ۱. نرمی، لطافت ۲. (نوعی) سوپ چرب

velu,e /vəly/ *adj* پشمالو، پرمو

vénal,e,aux /venal,o/ *adj* ۱. پولکی، پول‌دوست ۲. رشوه‌خوار

valeur vénale [اقتصاد] ارزش پولی

vénalité /venalite/ *nf* ۱. پولکی بودن، طمع‌کاری ۲. رشوه‌خواری، ارتشا ۳. [در قدیم؛ شغل] پولی بودن، قابلیت خرید و فروش

venant /v(ə)nɑ̃/ *nm*, **à tout venant** به هر کس، با هرکس، به همه، با همه، پیشِ همه

vendable / vɑ̃dabl / *adj* فروشی، قابل فروش

vendange / vɑ̃dɑ̃ʒ / *nf* ۱. انگورچینی
۲. (محصول) انگور

vendanger / vɑ̃dɑ̃ʒe / *vt, vi* (3)
۱. (انگور) چیدن ◘ ۲. انگور چیدن

vendangeur,euse / vɑ̃dɑ̃ʒœʀ,øz / *n*
انگورچین

vendetta / vɑ̃deta / *nf* [در جزیرهٔ کُرس فرانسه]
کین‌خواهی

vendeur,euse / vɑ̃dœʀ,øz / *n* ۱. فروشنده
۲. [در ترکیب] ـفروش

vendre / vɑ̃dʀ / *vt* (41) ۱. فروختن
۲. در برابر پول تسلیم کردن، لو دادن

se vendre *vp* ۱. (به) فروش رفتن، فروخته شدن ۲. [مجازی] خود را فروختن

vendredi / vɑ̃dʀədi / *nm* جمعه، آدینه

vendu,e / vɑ̃dy / *adj, part. passé*
۱. فروخته‌شده، به‌فروش‌رفته ۲. خودفروخته، مزدور ◘ ۳. [اسم مفعول فعلِ vendre]

venelle / vənɛl / *nf* کوچه (باریک)

vénéneux,euse / venenø,øz / *adj*
[گیاه] سمی

vénérable / veneʀabl / *adj* [ادبی یا طنزآمیز]
محترم، ارجمند

vénération / veneʀasjɔ̃ / *nf* ۱. [ادبی]
حرمت، تکریم، تقدیس، احترام

vénérer / veneʀe / *vt* (6) ۱. [ادبی] حرمت نهادن، ارج نهادن، گرامی داشتن ۲. مقدس شمردن

vénerie / vɛnʀi / *nf* ۱. شکار با تازی
۲. (ادارهٔ) شکاربانی

vénérien,enne / veneʀjɛ̃,ɛn / *adj* مقاربتی، آمیزشی

veneur / vənœʀ / *nm* تازی‌بان

vengeance / vɑ̃ʒɑ̃s / *nf* انتقام، انتقام‌جویی

venger / vɑ̃ʒe / *vt* (3) ۱. انتقام (کسی را) گرفتن، انتقام کشیدن از ۲. تلافی (چیزی را) درآوردن، تلافی کردن

se venger *vp* ۱. انتقام (خود را) گرفتن
۲. تلافی (چیزی را) درآوردن، تلافی کردن

se venger d'une injure جواب دشنامی را دادن

vengeur,geresse / vɑ̃ʒœʀ,ʒʀɛs / *n, adj*
۱. انتقام‌گیرنده، انتقام‌جو ◘ ۲. انتقام‌جویانه

véniel,elle / venjɛl / *adj* [ادبی؛ گناه، اشتباه]
قابل بخشش، قابل عفو

venimeux,euse / vənimø,øz / *adj*
۱. [جانور] زهردار، سمی ۲. [مجازی] نیشدار، گزنده، زهرآلود، کینه‌توزانه

venin / vənɛ̃ / *nm* ۱. زهر، سم ۲. کینه، بدخواهی، خباثت

venir / v(ə)niʀ / *vi* (22) ۱. آمدن ۲. رسیدن
۳. مشتق شدن، گرفته شدن ۴. ناشی شدن ۵. روی دادن، اتفاق افتادن ۶. روییدن، رشد کردن

à venir آتی، آینده

en venir à به این نتیجه رسیدن که

en venir aux mains دست به یقه شدن

faire venir ۱. فرا خواندن، احضار کردن
۲. سفارش دادن

venir avec با (کسی) آمدن، همراهی کردن

venir de [بیانگر گذشتهٔ بسیار نزدیک]

Il vient de sotir. الآن رفت بیرون.

vent / vɑ̃ / *nm* ۱. باد ۲. هوا ۳. حرف پوچ، باد هوا ــ [صورت جمع] ۴. باد (شکم)

avoir vent de qqch از چیزی خبر داشتن

en plein vent در هوای آزاد

faire/lâcher un vent باد دردادن، باد ول دادن

instrument à vent ساز بادی

vente / vɑ̃t / *nf* فروش

venter / vɑ̃te / *v. impers* باد آمدن، باد وزیدن

venteux,euse / vɑ̃tø,øz / *adj* بادخیز

ventilateur / vɑ̃tilatœʀ / *nm*
۱. دستگاه تهویه، هواکش، فَن ۲. [اتومبیل] پروانه تهویه

ventilation[1] / vɑ̃tilasjɔ̃ / *nf*

ventilation[2] / vɑ̃tilasjɔ̃ / *nf* ۱. [حقوقی]
برآورد قیمت جزء ۲. تقسیم (به چند بخش)

ventiler¹ /vãtile/ *vt* (1) تهویه کردن
ventiler² /vãtile/ *vt* (1) ۱. [حقوقی] قیمت جزء برآورد کردن ۲. (به چند بخش) تقسیم کردن، چند دسته کردن
ventouse /vãtuz/ *nf* بادکش
ventral,e,aux /vãtRal,o/ *adj* شکمی، (مربوط به) شکم
ventre /vãtR/ *nm* ۱. شکم، دل ۲. برآمدگی
  à plat ventre دمر، روی شکم
ventriculaire /vãtRikylɛR/ *adj* بطنی، (مربوط به) بطن
ventricule /vãtRikyl/ *nm* بطن
ventripotent,e /vãtRipotã,tl/ *adj* شکم‌گنده، چاق
ventru,e /vãtRy/ *adj* ۱. شکم‌گنده، چاق ۲. گرد و قلنبه، شکم‌دار
venu,e¹ /v(ə)ny/ *adj, part. passé* [اسم مفعول فعلِ venir]
  bien venu ۱. بجا، خوب ۲. خوش‌بنیه، قوی
  le premier venu اولین نفر (که از راه برسد)، هر کس (که از راه برسد)
  nouveau venu/nouvelle venue تازه‌وارد
venue² /v(ə)ny/ *nf* ۱. ورود، آمدن ۲. فرارسیدن
Vénus /veny/ *nf* ۱. (سیارهٔ) ناهید، زهره ۲. [مجازی] مَهرو، حوری
ver /vɛR/ *nm* کرم
véracité /veRasite/ *nf* ۱. [ادبی] صداقت، راستگویی ۲. صدق، صحت، درستی
véranda /veRãda/ *nf* ایوان
verbal,e,aux /vɛRbal,o/ *adj* ۱. شفاهی ۲. لفظی ۳. زبانی، کلامی ۴. فعلی، (مـربوط بـه) فعل
verbalement /vɛRbalmã/ *adv* شفاهاً، به طور شفاهی

verbalisation¹ /vɛRbalizasjɔ̃/ *nf* تنظیم صورت‌مجلس
verbalisation² /vɛRbalizasjɔ̃/ *nf* [روان‌شناسی] زبان‌آوری، بیان
verbaliser¹ /vɛRbalize/ *vi* (1) صورت‌مجلس کردن
verbaliser² /vɛRbalize/ *vi* (1) [روان‌شناسی] به زبان آوردن، بیان کردن
verbe /vɛRb/ *nm* ۱. سخن، کلام، بیان ۲. [دستور زبان] فعل
  avoir le verbe haut بلند حرف زدن
verbeux,euse /vɛRbø,øz/ *adj* پرحرف، حراف، زیاده‌گو
verbiage /vɛRbjaʒ/ *nm* یاوه‌گویی، لفاظی
verbosité /vɛRbozite/ *nf* پرحرفی، حرافی، زیاده‌گویی
verdâtre /vɛRdatR/ *adj* مایل به سبز، سبزفام
verdeur /vɛRdœR/ *nf* ۱. کالی، نارس بودن ۲. شور، سرزندگی ۳. [کلام] بی‌پردگی
verdict /vɛRdik(t)/ *nm* ۱. رأی هیئت منصفه ۲. رأی، حکم، قضاوت
verdier /vɛRdje/ *nm* [پرنده] سهرهٔ سبز
verdir /vɛRdiR/ *vt, vi* (2) ۱. سبز کردن ۲. سبز شدن ۳. [از ترس] رنگ (کسی) پریدن
verdissant,e /vɛRdisã,t/ *adj* در حال سبز شدن
verdissement /vɛRdismã/ *nm* سبز شدن
verdoiement /vɛRdwamã/ *nm* سرسبزی، سبزی
verdoyant,e /vɛRdwajã,t/ *adj* سرسبز، سبز و خرم
verdoyer /vɛRdwaje/ *vi* (8) سرسبز بودن، سبز بودن
verdure /vɛRdyR/ *nf* ۱. سبزی، سرسبزی ۲. طبیعت سبز ۳. سبزی (خوردن)

véreux,euse / veRø,øz / *adj* ۱. کرمو ۲. نادرست، دغل

verge / vɛRʒ / *nf* ۱. [ادبی] ترکه، چوب ۲. آلت مردی، قضیب

verger / vɛRʒe / *nm* باغ (میوه)

vergeté,e / vɛRʒəte / *adj* [پوست] رگه‌رگه

vergeture / vɛRʒətyR / *nf* [پوست] ترک، رگه‌رگه

verglacé,e / vɛRglase / *adj* [جاده و غیره] یخ‌بسته، یخ‌زده، پوشیده از یخ

verglas / vɛRgla / *nm* (قشر) یخ، یخ‌زدگی

vergogne (sans) / sɑ̃vɛRgɔɲ / *loc. adv* بی‌شرمانه، وقیحانه، با بی‌شرمی، با وقاحت

vergue / vɛRg / *nf* بازوی دکل

véridicité / veRidisite / *nf* ۱. [ادبی] صدق، صحت ۲. صداقت

véridique / veRidik / *adj* ۱. [ادبی] راستگو، صادق ۲. راست، درست

véridiquement / veRidikmɑ̃ / *adv* به راستی، حقیقتاً

vérifiable / veRifjabl / *adj* ۱. قابل بررسی ۲. قابل اثبات، اثبات‌شدنی

vérificateur,trice / veRifikatœR,tRis / *n* ۱. مأمور کنترل، متصدی کنترل ۲. [گمرک] بازرس

vérification / veRifikasjɔ̃ / *nf* ۱. بررسی، تحقیق، رسیدگی ۲. وارسی، بازبینی ۳. تأیید، اثبات

vérifier / veRifje / *vt* (7) ۱. بررسی کردن، تحقیق کردن در موردِ، رسیدگی کردن به ۲. وارسی کردن، بازبینی کردن، دیدن ۳. تأیید کردن، ثابت کردن

vérin / veRɛ̃ / *nm* [فنی] جَک

véritable / veRitabl / *adj* ۱. راست، واقعی، حقیقی ۲. به‌تمام‌معنی، تمام‌عیار، واقعی، درست و حسابی ۳. اصل

véritablement / veRitabləmɑ̃ / *adv* به راستی، واقعاً، حقیقتاً

vérité / veRite / *nf* ۱. حقیقت، واقعیت ۲. درستی، راستی، صحت

à la vérité در واقعیت امر، در حقیقت

en vérité در حقیقت، در واقع، به راستی

verjus / vɛRʒy / *nm* آبغوره

verlan / vɛRlɑ̃ / *nm* (نوعی) زبان لوتَر (= زبانی تصنعی در فرانسه، بر اساس جابجا کردن هجاهای واژه.)

vermeil,eille / vɛRmɛj / *adj* سرخ، گلگون

vermicelle / vɛRmisɛl / *nm* رشته‌فرنگی، وِرمیشل

vermiculaire / vɛRmikylɛR / *adj* به شکل کِرم، کِرم‌مانند

vermifuge / vɛRmifyʒ / *adj* کِرم‌کُش، دافع کِرم

vermillon / vɛRmijɔ̃ / *nm, adj. inv* ۱. شنگرف ۲. رنگ سرخ، سرخی ◙ ۳. سرخ، شنگرفی

vermine / vɛRmin / *nf* ۱. حشرات انگلی ۲. [ادبی] انگل‌های جامعه ۳. [خودمانی] آدم رذل، اوباش

vermisseau / vɛRmiso / *nm* کرم کوچک

vermoulu,e / vɛRmuly / *adj* کرم‌خورده

vermoulure / vɛRmulyR / *nf* کرم‌خوردگی

vernaculaire / vɛRnakylɛR / *adj* بومی، محلی

vernal,e,aux / vɛRnal,o / *adj* بهاری

verni,e / vɛRni / *adj* ۱. لاک‌الکل‌خورده ۲. [ناخن] لاک‌زده ۳. [خودمانی] خوش‌شانس

vernir / vɛRniR / *vt* (2) ۱. روغن جلا زدن، لاک‌الکل زدن ۲. [ناخن] لاک زدن ۳. [مجازی؛ ادبی] جلا دادن

vernis / vɛRni / *nm* ۱. روغن‌جلا، لاک‌الکل ۲. لاک (ناخن) ۳. ظاهر فریبنده

vernissage / vɛRnisaʒ / *nm* ۱. (عمل) روغن جلا زدن، لاک‌الکل زدن ۲. (عمل) لعاب دادن ۳. افتتاحیه نمایشگاه نقاشی

vernisser / vɛRnise / *vt* (1) لعاب دادن

vérole / veRɔl / *nf* [خودمانی] سفلیس

881 vert-de-grisé,e

Verseau /vɛʀso/ *nm* ۱. دَلوْ (= یازدهمین برج از برج‌های منطقةالبروج) ۲. صورت فلکی دَلو

versement /vɛʀsəmɑ̃/ *nm* پرداخت، واریز، تأدیه

verser /vɛʀse/ *vt, vi* (1) ۱. ریختن ۲. سرنگون کردن، برگرداندن، واژگون کردن ۳. واریز کردن، پرداختن، تأدیه کردن ۴. ضمیمه کردن، ملحق کردن ◘ ۵. سرنگون شدن، واژگون شدن، برگشتن

verser des larmes اشک ریختن، گریه کردن، گریستن

verser son sang [در راه یک هدف] خون دادن، کشته شدن

verset /vɛʀsɛ/ *nm* ۱. آیه ۲. [شعر] بند

verseuse /vɛʀsøz/ *nf* قهوه‌جوش

versificateur /vɛʀsifikatœʀ/ *nm* ۱. نظم‌پرداز، قافیه‌پرداز ۲. شاعر بندتنبانی

versification /vɛʀsifikasjɔ̃/ *nf* ۱. عروض ۲. فن شعر، فن شاعری

versifier /vɛʀsifje/ *vt* (7) به نظم درآوردن، به نظم کشیدن

version /vɛʀsjɔ̃/ *nf* ۱. ترجمه، برگردان ۲. روایت، نقل ۳. تعبیر ۴. نسخه

film en version originale فیلم به زبان اصلی

verso /vɛʀso/ *nm* پشت صفحه

vert^1,e /vɛʀ,vɛʀt/ *adj* ۱. سبز ۲. سرسبز ۳. نارس، نرسیده، کال ۴. [سبزیجات] تازه ۵. سرحال، شاداب ۶. [از ترس] رنگ‌پریده

langue verte زبان لاتی

vert^2 /vɛʀ/ *nm* ۱. رنگ سبز، سبز ۲. سرسبزی، سبزی ۳. علوفهٔ تازه

se mettre au vert به ییلاق رفتن

vert-de-gris /vɛʀdəgʀi/ *nm. inv, adj. inv* ۱. زنگار ◘ ۲. سبز زنگاری

vert-de-grisé,e /vɛʀdəgʀize/ *adj* زنگاربسته

petite vérole آبله

verrat /vɛʀa/ *nm* خوک نر (ویژهٔ پرورش نژاد)

verre /vɛʀ/ *nm* ۱. شیشه ۲. لیوان ۳. گیلاس، جام ۴. (گیلاس) مشروب ـ [صورت جمع] ۵. عینک ۶. عدسی

laine de verre پشم شیشه

verres de contacte/de cornée لِنز (چشمی)، عینک نامرئی

verrerie /vɛʀʀi/ *nf* ۱. کارخانهٔ شیشه‌سازی ۲. شیشه‌گری ۳. اشیاء شیشه‌ای، ظروف بلوری

verrier /vɛʀje/ *nm* ۱. شیشه‌گر ۲. نقاش روی شیشه

verrière /vɛʀjɛʀ/ *nf* ۱. تابلوی شیشه‌ای (بزرگ) ۲. دیوار شیشه‌ای

verrou /vɛʀu/ *nm* چفت

verrouillage /vɛʀujaʒ/ *nm* انداختن چفت، چفت کردن

verrouiller /vɛʀuje/ *vt* (1) ۱. چفت کردن، چفت (چیزی را) انداختن ۲. حبس کردن

verrue /vɛʀy/ *nf* ۱. زگیل ۲. [ادبی] مایهٔ زشتی، عیب

verruqueux,euse /vɛʀykø,øz/ *adj* ۱. زگیلی، زگیل‌مانند ۲. زگیل‌دار

vers^1 /vɛʀ/ *prép* ۱. به طرفِ، به سویِ، (به) جانبِ ۲. (در) اطرافِ، حول و حوشِ ۳. در حدودِ، حدودِ

vers^2 /vɛʀ/ *nm* ۱. شعر، نظم ۲. بیت، مصرع، مصراع

versant /vɛʀsɑ̃/ *nm* دامنه، شیب

versatile /vɛʀsatil/ *adj* دمدمی‌مزاج، دمدمی، متلون، بی‌ثبات

versatilité /vɛʀsatilite/ *nf* بی‌ثباتی، تلون مزاج، تلون

verse (à) /avɛʀs/ *loc. adv* سیل‌آسا

versé,e /vɛʀse/ *adj* [ادبی] متبحر، خبره، وارد

a = bas, plat e = blé, jouer ɛ = lait, jouet, merci i = il, lyre o = mot, dôme, eau, gauche ɔ = mort
u = roue y = rue ø = peu œ = peur ə = le, premier ɑ̃ = sans, vent ɛ̃ = matin, plein, lundi
ɔ̃ = bon, ombre ʃ = chat, tache ʒ = je, gilet j = yeux, paille, pied w = oui, nouer ɥ = huile, lui

vertébral,e,aux /vɛʀtebʀal,o/ *adj*
(مربوط به) مهره‌ها، فقرات
vertèbre /vɛʀtɛbʀ/ *nf*
مهره (پشت)
vertébré,e /vɛʀtebʀe/ *adj, nm*
مهره‌دار
vertement /vɛʀtəmɑ̃/ *adv*
تند،
با تندی، با لحن تند
vertical,e¹,aux /vɛʀtikal,o/ *adj*
عمودی، قائم
verticale² /vɛʀtikal/ *nf*
عمود، خط قائم
verticalement /vɛʀtikalmɑ̃/ *adv*
(به طور) عمودی
verticalité /vɛʀtikalite/ *nf*
عمودی بودن
vertige /vɛʀtiʒ/ *nm*
سرگیجه
vertigineux,euse /vɛʀtiʒinø,øz/ *adj*
۱. سرگیجه‌آور ۲. [مجازی] سرسام‌آور، وحشتناک
vertu /vɛʀty/ *nf*
۱. [ادبی] تقوا، پرهیزگاری
۲. فضیلت اخلاقی، حسن ۳. پاکدامنی، عفت ۴.
خاصیت، اثر
en vertu de
بنابر، طبق، به نام
vertueusement /vɛʀtyøzmɑ̃/ *adv*
پرهیزگارانه، با تقوا
vertueux,euse /vɛʀtyø,øz/ *adj*
۱. باتقوا، پرهیزگار، متقی ۲. پرهیزگارانه ۳. [ادبی]
خیرخواهانه، حَسَنه ۴. [قدیمی] پاکدامن، عفیف
verve /vɛʀv/ *nf*
۱. بلاغت، زبان‌آوری
۲. شور، حرارت
verveine /vɛʀvɛn/ *nf*
[گیاه] شاه‌پسند
vésical,e,aux /vezikal,o/ *adj*
(مربوط به) مثانه
vésiculaire /vezikylɛʀ/ *adj*
[پزشکی] کیسه‌ای
vésicule /vezikyl/ *nf*
[پزشکی] کیسه
vésicule biliaire
کیسهٔ صفرا
vespasienne /vɛspazjɛn/ *nf*
آبریزگاه آقایان (= محل ادرار آقایان)
vespéral,e,aux /vɛspeʀal,o/ *adj*
[ادبی] شامگاهی، غروبگاهی

vesse /vɛs/ *nf*
[قدیمی؛ عامیانه] چُس
vessie /vesi/ *nf*
۱. مثانه، پیشابدان
۲. [جانوران دریایی] کیسهٔ هوا
vessie d'un ballon
بادکنکِ بالُن
veste /vɛst/ *nf*
۱. کُت ۲. ژاکت
vestiaire /vɛstjɛʀ/ *nm*
۱. رختکن
۲. گنجه (لباس)، قفسهٔ لباس ۳. لباس‌ها، رخت‌ها
vestibule /vɛstibyl/ *nm*
۱. [آپارتمان و غیره] اتاقک ورودی، راهروی
ورودی ۲. دهلیز، هشتی، دالان ورودی ۳. [کالبد-
شناسی] دهلیز
vestige /vɛstiʒ/ *nm*
۱. بازمانده، باقی‌مانده
۲. اثر، نشان ــ [صورت جمع] ۳. بقایا، آثار
vestimentaire /vɛstimɑ̃tɛʀ/ *adj*
(مربوط به) پوشاک، لباس
veston /vɛstɔ̃/ *nm*
کُت
vêtement /vɛtmɑ̃/ *nm*
لباس، پوشاک،
رخت
vétéran /veteʀɑ̃/ *nm*
۱. سرباز قدیمی
۲. (آدم) کهنه‌کار، کارکشته، خبره
vétérinaire /veteʀinɛʀ/ *adj, n*
۱. (مربوط به) دامپزشکی ▫ ۲. دامپزشک
vétille /vetij/ *nf*
چیز پیش پاافتاده،
هیچ و پوچ، هیچ
vétiller /vetije/ *vi* (1)
۱. [قدیمی] به مسائل
جزیی پرداختن ۲. [قدیمی] خرده‌گیری کردن
vétilleux,euse /vetijø,øz/ *adj*
[ادبی] خرده‌بین، جزئی‌نگر
vêtir /vetiʀ/ *vt* (20)
[ادبی] لباس پوشاندن
به، لباس تن (کسی) کردن
se vêtir *vp*
[ادبی] لباس پوشیدن
veto /veto/ *nm. inv*
وتو، رد
vêtu,e /vety/ *adj, part. passé*
۱. (لباس)‌پوشیده
▫ ۲. [اسم مفعولِ فعلِ vêtir]
vêtu de
در لباسِ، در جامهٔ، ملبس به
vétuste /vetyst/ *adj*
کهنه، فرسوده
vétusté /vetyste/ *nf*
[ادبی] کهنگی، فرسودگی

883 vicier

veuf,veuve /vœf,vœv/ *adj, n* بیوه

veuille /vœj/ *v* [صورت صرف‌شدهٔ فعلِ vouloir]

veuvage /vœvaʒ/ *nm* بیوگی

veule /vøl/ *adj* سست، بی‌حال، بی‌اراده

veulerie /vølʀi/ *nf* سستی، بی‌حالی، بی‌ارادگی

veulent /vœl/ *v* [صورت صرف‌شدهٔ فعلِ vouloir]

veux /vø/ *v* [صورت صرف‌شدهٔ فعلِ vouloir]

vexant,e /vɛksɑ̃,t/ *adj* ناراحت‌کننده، آزارنده، مایهٔ رنجش

vexation /vɛksasjɔ̃/ *nf* ۱. [ادبی] آزار، اذیت، ناراحتی ۲. آزردگی، رنجش

vexatoire /vɛksatwaʀ/ *adj* آزاردهنده، ناراحت‌کننده

vexer /vɛkse/ *vt* (1) رنجاندن، ناراحت کردن، دلخور کردن، آزردن

se vexer *vp* ۱. ناراحت شدن، رنجیدن، دلخور شدن ۲. عصبانی شدن، عصبانی بودن

via /vja/ *prép* [مکان] از راهِ، از طریقِ

aller de Paris à Alger Via Marseille

از راهِ مارسی از پاریس به الجزیره رفتن

viabilité[1] /vjabilite/ *nf* [جنین] قابلیت زیست، ماندگاری

viabilité[2] /vjabilite/ *nf* [راه، پل، ...] قابلیت تردد

viable /vjabl/ *adj* ۱. زنده‌ماندنی، ماندنی ۲. دیرپا، ماندگار، پایدار

viaduc /vjadyk/ *nm* پُل راه‌بر، پُل دره‌گذر

viager,ère /vjaʒe,ɛʀ/ *adj* [حقوقی] مادام‌العمر

viande /vjɑ̃d/ *nf* ۱. گوشت ۲. [قدیمی] غذا، خوراک

viatique /vjatik/ *nm* ۱. [قدیمی و ادبی] توشهٔ راه، خرج سفر ۲. [برای فرد محتضر] (دعـایِ) توشهٔ آخرت ۳. [مجازی؛ ادبی] امتیاز، دستمایه

vibrant,e /vibʀɑ̃,t/ *adj* ۱. لرزان، لرزنده، مرتعش ۲. احساساتی

vibration /vibʀasjɔ̃/ *nf* ۱. لرزش، ارتعاش ۲. نوسان

vibratoire /vibʀatwaʀ/ *adj* ۱. لرزشی، ارتعاشی ۲. نوسانی

vibrer /vibʀe/ *vi* (1) ۱. لرزیدن، مرتعش شدن ۲. تحت تأثیر قرار گرفتن، متأثر شدن

vibreur /vibʀœʀ/ *nm* ارتعاش‌گر

vicaire /vikɛʀ/ *nm* نایبْ‌کشیش

vicaire de Dieu نایب خدا (= یکی از القاب پاپ)

vice /vis/ *nm* ۱. شرارت ۲. فساد، فسق و فجور، هرزگی ۳. عیب ۴. نقص ۵. عادت زشت

vice-amiral,aux /visamiʀal,o/ *nm* دریابان

vice-consul /viskɔ̃syl/ *nm* کنسولیار، نایب‌کنسول

vicennal,e,aux /visenal,o/ *adj* بیست‌ساله

vice-présidence /vispʀezidɑ̃s/ *nf* نیابت رئیس، معاونت

vice-président,e /vispʀezidɑ̃,t/ *n* نایب‌رئیس، معاون

vice-président de la République

معاون رئیس‌جمهور

vice-roi /visʀwa/ *nm* نایب‌سلطنه

vice-royauté /visʀwajote/ *nf* نیابت سلطنت

vicésimal,e,aux /visezimal,o/ *adj* بیست‌تایی

vice(-)versa /vis(e)vɛʀsa/ *loc. adv* برعکس، بالعکس

viciation /visjasjɔ̃/ *nf* [ادبی] آلایش، آلودگی

vicié,e /visje/ *adj* آلوده

vicier /visje/ *vt* (7) ۱. [ادبی] آلودن، آلوده کردن ۲. [حقوقی] باطل کردن

a = bas, plat   e = blé, jouer   ɛ = lait, jouet, merci   i = il, lyre   o = mot, dôme, eau, gauche   ɔ = mort
u = roue   y = rue   ø = peu   œ = peur   ə = le, premier   ɑ̃ = sans, vent   ɛ̃ = matin, plein, lundi
ɔ̃ = bon, ombre   ʃ = chat, tache   ʒ = je, gilet   j = yeux, paille, pied   w = oui, nouer   ɥ = huile, lui

vicieux,euse / visjø,øz / *adj* ۱. فاسد، هرزه ۲. معیوب ۳. غلط

vicinal,e,aux / visinal,o / *adj,*

chemin vicinal [اداری] راه بین‌روستایی

vicissitudes / visisityd / *nf. pl* [ادبی] فراز و نشیب، پست و بلند

vicomte / vikɔ̃t / *nm* ویکُنت (= لقب اشرافی، پایین‌تر از کُنت)

vicomtesse / vikɔ̃tɛs / *nf* ویکُنتِس (= لقب اشرافی برای زنان)، همسر ویکُنت

victime / viktim / *nf* قربانی

victoire / viktwaʀ / *nf* ۱. پیروزی، ظفر، فتح ۲. [ورزش، بازی] پیروزی، بُرد

victorieusement / viktɔʀjøzmɑ̃ / *adv* پیروزمندانه، فاتحانه، ظفرمندانه

victorieux,euse / viktɔʀjø,øz / *adj* ۱. پیروز، فاتح، ظفرمند ۲. [ورزش، بازی] برنده، پیروز ۳. پیروزمندانه، فاتحانه، ظفرمندانه

victuailles / viktɥaj / *nf. pl* آذوقه، خوراک

vidage / vidaʒ / *nm* تخلیه

vidange / vidɑ̃ʒ / *nm* ۱. [چاه، مخزن، ...] تخلیه ــ [صورت جمع] ۲. فضولات

vidanger / vidɑ̃ʒe / *vt* (3) [چاه، مخزن، ...] خالی کردن، تخلیه کردن

vidangeur / vidɑ̃ʒœʀ / *nm* کَناس، مقنی

vide / vid / *adj, nm* ۱. خالی، تهی ۲. پوچ، توخالی، بی‌محتوا ◙ ۳. خلأ ۴. جای خالی، فضای خالی

à vide ۱. خالی ۲. بیهوده، بی‌نتیجه، بی‌حاصل

vide de بدون، فاقدِ، عاری از، خالی از، [در ترکیب] بی ـ

vidéo / video / *nf, adj. inv* ۱. ویدئو ◙ ۲. ویدئویی

vidéo(-)cassette / videokasɛt / *nf* فیلم ویدئو، نوار ویدئو

vidde-ordures / vidɔʀdyʀ / *nm. inv* [در آپارتمان] (مجرایِ) زباله‌بَر، شوت (زباله)

vider / vide / *vt* (1) ۱. خالی کردن ۲. شکم (ماهی یا مرغ را) خالی کردن، پاک کردن ۳. بیرون ریختن ۴. [خودمانی] بیرون کردن، بیرون انداختن ۵. حل و فصل کردن، فیصله دادن ۶. [خودمانی] از پا درآوردن، داغون کردن

se vider *vp* ۱. خالی شدن ۲. ریختن

vie / vi / *nf* ۱. زندگی ۲. حیات ۳. جان ۴. عمر ۵. معیشت، معاش ۶. شور، شوق، نشاط ۷. [مجازی] حرارت، گرمی، روح

à vie مادام‌العمر، برای همیشه

à la vie/pour la vie برای همیشه

de la vie/de ma vie در تمام عمر

devoir la vie à qqn ۱. از کسی متولد شدن ۲. زندگی خود را به کسی مدیون بودن

être en vie زنده بودن، در قید حیات بودن

faire la vie خوشگذرانی کردن

gagner sa vie روزی خود را به دست آوردن، کسب معاش کردن

jamais de la vie اصلاً و ابداً، هیچ‌وقت، به‌هیچ‌وجه، امکان ندارد

redonner/rendre de la vie جان دوباره دادن، عمر دوباره دادن

risquer sa vie جان خود را به خطر انداختن

vie éternelle زندگی جاوید

vieil / vjɛj / *adj. m* → vieux

vieillard / vjɛjaʀ / *nm* ۱. پیرمرد ــ [صورت جمع] ۲. پیران، سالخوردگان

vieille / vjɛj / *adj. f* → vieux

vieillerie / vjɛjʀi / *nf* ۱. چیز کهنه، شیء قدیمی ۲. فکر کهنه ۳. [خودمانی] پیری

vieillesse / vjɛjɛs / *nf* ۱. پیری، کهنسالی، سالخوردگی ۲. قدمت، کهنگی ۳. پیران، سالخوردگان

veilli,e / vjeji / *adj, part. passé* ۱. سالمند، به‌ظاهرپیر ۲. قدیمی، کهنه ◙ ۳. [اسم مفعول فعلِ vieillir]

vieillir / vjejiʀ / *vi, vt* (2) ۱. پیر شدن ۲. [شخص] شکسته شدن، پیر به نظر رسیدن ۳.

vigie /viʒi/ *nf* ۱. دیده‌بان (کشتی) ۲. [دریانوردی] دیده‌بانی

vigilance /viʒilɑ̃s/ *nf* هشیاری، ترصد، گوش‌به‌زنگی، بیداری

vigilant,e /viʒilɑ̃,t/ *adj* مراقب، هشیار، گوش‌به‌زنگ، بیدار

vigile[1] /viʒil/ *nm* ۱. شبگرد ۲. نگهبان شب

vigile[2] /viʒil/ *nf* [مذهب کاتولیک] شب عید

vigne /viɲ/ *nf* ۱. (درخت) مو، تاک ۲. تاکستان

vigneron,onne /viɲʀɔ̃,ɔn/ *n* موکار

vignette /viɲɛt/ *nf* ۱. [کتاب] نقش (تزیینی)، نقش و نگار ۲. برچسب

vignoble /viɲɔbl/ *nm* تاکستان

vigoureusement /viguʀøzmɑ̃/ *adv* ۱. به شدت، سخت، محکم ۲. قویاً ۳. با توانایی

vigoureux,euse /viguʀø,øz/ *adj* ۱. نیرومند، قوی، پرقدرت، پرزور ۲. استوار، محکم

vigueur /vigœʀ/ *nf* ۱. نیرو، توان، قدرت، قوت ۲. زور

en vigueur ۱. جاری ۲. رایج، متداول، معمول

Viking /vikiŋ/ *nm* وایکینگ (= دریانورد جنگجوی اسکاندیناویایی، در قرون هشتم تا یازدهم میلادی)

vil,e /vil/ *adj* ۱. [ادبی] حقیر، پست، رذل ۲. دون، سطح پایین ۳. شرم‌آور، زننده، رذیلانه

à vil prix به بهای ناچیز، به ثَمن بَخس

vilain[1]**,e** /vilɛ̃,ɛn/ *adj, n* ۱. بدجنس، شرور، بدذات، رذل ۲. شرورانه، رذیلانه ۳. زننده، قبیح، زشت ۴. بدریخت، بدقیافه، زشت، کریه ۵. ناجور، بد ۶. مزخرف، گند ▣ ۷. آدم شرور، آدم رذل

vilain temps هوای مزخرف، هوای گند

vilain[2] /vilɛ̃/ *nm* [در قرون وسطی] روستایی، دهقان آزاد

قدیمی شدن، کهنه شدن ۴. [شراب و غیره] جاافتادن ▣ ۵. پیر کردن ۶. پیر نشان دادن

vieillissant,e /vjejisɑ̃,t/ *adj* در حال پیر شدن، رو به پیری

vieillissement /vjejismɑ̃/ *nm* ۱. پیری، پیر شدن ۲. کهنگی، کهنه شدن

vieillot,otte /vjejo,ɔt/ *adj* کهنه

viennois,e[1] /vjenwa,z/ *adj* (مربوط به) وین، وینی

Viennois,e[2] /vjenwa,z/ *n* اهل وین، وینی

vierge[1] /vjɛʀʒ/ *adj, nf* ۱. باکره ۲. بکر، دست‌نخورده ۳. [ورق، دفتر] سفید ▣ ۴. دختر باکره، دوشیزه

Vierge[2] /vjɛʀʒ/ *nf* ۱. سنبله (= ششمین برج از برج‌های منطقةالبروج) ۲. صورت فلکی سنبله

la (Sainte) Vierge مریم عَذرا، مریم باکره

vietnamien,enne[1] /vjɛtnamjɛ̃,ɛn/ *adj* (مربوط به) ویتنام، ویتنامی

Vietnamien,enne[2] /vjɛtnamjɛ̃,ɛn/ *n* اهل ویتنام، ویتنامی

vieux,vieil,vielle /vjø,vjɛj/ *n, adj* ۱. پیر، سالخورده، کهنسال ۲. مُسن ۳. قدیمی ۴. کهنه، فرسوده

vif[1]**,vive** /vif,viv/ *adj* ۱. زنده ۲. سرزنده، بانشاط ۳. فرز، سریع، چالاک ۴. شدید ۵. [حرف و غیره] تند، زننده ۶. [رنگ] تند

de vive voix [در بیان مطلب به دیگری] شفاهاً، شخصاً

eau vive آب جاری

feu vif آتش تند

froid vif سرمای گزنده

vif[2] /vif/ *nm* [حقوقی] فرد زنده

plaie à vif زخمِ باز

le vif du sujet اصل موضوع، جان کلام

vif-argent /vifaʀʒɑ̃/ *nm* [قدیمی] سیماب، جیوه

vilainement / vilɛnmɑ̃ / *adv* ۱. شرورانه، رذیلانه ۲. به طرز زننده‌ای، به طرز زشتی

vilebrequin / vilbʀəkɛ̃ / *nm* مته دستی

vilement / vilmɑ̃ / *adv* به پستی، به طرز زشتی، به طرز شرم‌آوری

vilenie / vil(e)ni / *nf* ۱. [ادبی] رذالت، پستی ۲. [ادبی] زشتی، زنندگی

vilipender / vilipɑ̃de / *vt* (1) [ادبی] پست شمردن، ناسزا گفتن به

villa / villa / *nf* ویلا، خانه ییلاقی

village / vilaʒ / *nm* ۱. ده، دهکده، روستا ۲. مردم ده، اهالی روستا، روستاییان

villageois,e / vilaʒwa,z / *adj, n* روستایی، دهاتی

ville / vil / *nf* ۱. شهر ۲. زندگی شهری ۳. مردم شهر

villégiature / vileʒjatyʀ / *nf* گشت و گذار، به ییلاق رفتن

villégiaturer / vileʒjatuʀe / *vi* (1) [قدیمی] (به) گشت و گذار رفتن، به ییلاق رفتن

villosité / vilozite / *nf* [کالبدشناسی] پُرز

vin / vɛ̃ / *nm* شراب، می

vinaigre / vinɛgʀ / *nm* سرکه

tourner au vinaigre [اوضاع] بد شدن، خراب شدن، ناجور شدن

vinaigrer / vinegʀe / *vt* (1) سرکه زدن (به)، سرکه ریختن در

vinaigrerie / vinɛgʀəʀi / *nf* سرکه‌اندازی، سرکه‌سازی

vinaigrette / vinɛgʀɛt / *nf* سس سرکه (= نوعی سس سالاد که با سرکه و روغن زیتون تهیه می‌شود.)

vinaigrier / vinɛgʀije / *nm* ۱. سرکه‌انداز، سرکه‌ساز ۲. ظرف سرکه، سرکه‌خوری

vinasse / vinas / *nf* شراب بد

vindicatif,ive / vɛ̃dikatif,iv / *adj* انتقام‌جو، کینه‌توز

vindicte / vɛ̃dikt / *nf*, **vindicte publique** [حقوقی] تعقیب به نام جامعه

vineux,euse / vinø,øz / *adj* ۱. (به رنگ) شرابی ۲. با طعم شراب ۳. دارای بوی شراب

vingt / vɛ̃ / *adj. num, nm* ۱. بیست ۲. بیستم ◘ ۳. عدد بیست، شمارهٔ بیست، بیست

vingtaine / vɛ̃tɛn / *nf* (در حدود) بیست، بیست‌تایی

vingtième / vɛ̃tjɛm / *adj. ord, n* بیستم، بیستمین

vingtièmement / vɛ̃tjɛmmɑ̃ / *adv* بیستم آنکه

vinicole / vinikɔl / *adj* (مربوط به) شراب‌سازی

vioc / vjɔk / *adj* [عامیانه] پیر و پاتال

viol / viɔl / *nm* ۱. تجاوز (به حریم) ۲. هتک ناموس (به زور)، تجاوز به زور، زنای به عنف

violacé,e / vjɔlase / *adj* مایل به بنفش

violateur,trice / vjɔlatœʀ,tʀis / *n* متخلف، خاطی

violation / vjɔlasjɔ̃ / *nf* ۱. تخطی، نقض ۲. بی‌حرمتی، تجاوز

violâtre / vjɔlatʀ / *adj* مایل به بنفش

violemment / vjɔlamɑ̃ / *adv* ۱. به شدت، شدیداً ۲. با خشونت، خشن، با تندخویی

violence / vjɔlɑ̃s / *nf* ۱. خشونت ۲. تندخویی، تندی ۳. شدت

violent,e / vjɔlɑ̃,t / *adj* ۱. خشن، تندخو ۲. خشونت‌بار، خشونت‌آمیز ۳. شدید

violenter / vjɔlɑ̃te / *vt* (1) ۱. (به زنی) به زور تجاوز کردن ۲. قلب کردن، تحریف کردن

violer / vjɔle / *vt* (1) ۱. تخطی کردن، نقض کردن، زیر پا گذاشتن ۲. به حریم (جایی) تجاوز کردن ۳. (به زنی) به زور تجاوز کردن

violer la porte de qqn به زور وارد خانهٔ کسی شدن

violet[1],ette / vjɔlɛ,ɛt / *adj* ۱. بنفش ۲. کبود

violet[2] / vjɔlɛ / *nm* رنگ بنفش، بنفش

violette / vjɔlɛt / *nf*	بنفشه
violon / vjɔlɔ̃ / *nm*	۱. ویولُن ۲. ویولُن‌زن، نوازندهٔ ویولُن ۳. [خودمانی] بازداشتگاه (یک‌شبه)
violoncelle / vjɔlɔ̃sɛl / *nm*	ویولُنسِل
violoncelliste / vjɔlɔ̃selist / *n*	نوازندهٔ ویولُنسِل
violoniste / vjɔlɔnist / *n*	ویولُن‌زن، نوازندهٔ ویولُن، ویولُنیست
vioque / vjɔk / *adj* → vioc	
viorne / vjɔʀn / *nf*	[گیاه] بُداغ
vipère / vipɛʀ / *nf*	افعی
virage / viʀaʒ / *nm*	۱. پیچیدن، گردش، دور زدن ۲. [جاده و غیره] پیچ ۳. تغییر ناگهانی ۴. [شیمی] تغییر رنگ
virago / viʀago / *nf*	زن خشن، زن مردنما
viral,e,aux / viʀal,o / *adj*	ویروسی، (مربوط به) ویروس
virée / viʀe / *nf*	[خودمانی] گشت
virement / viʀmɑ̃ / *nm*	[بانکداری] انتقال
virer / viʀe / *vi, vt* (1)	۱. چرخیدن، پیچیدن، دور زدن، گردش کردن ۲. تغییر رنگ دادن ▣ ۳. [بانکداری] انتقال دادن ۴. [خودمانی] بیرون کردن، بیرون انداختن
virevolte / viʀvɔlt / *nf*	۱. چرخش، چرخ ۲. تغییر موضع، چرخش کامل
virevolter / viʀvɔtle / *vi* (1)	۱. چرخ زدن ۲. سریع برگشتن
virginal,e,aux / viʀʒinal,o / *adj*	دوشیزه‌ای، (خاص) باکرگی
virginité / viʀʒinite / *nf*	بکارت
virgule / viʀgyl / *nf*	(نشانهٔ) ویرگول
point-virgule	(نشانهٔ) نقطه‌ویرگول
viril,e / viʀil / *adj*	۱. مَردانه ۲. مَردی ۳. مرد (= برخوردار از نیروی جسمی و جنسی مردانه) ۴. مردصفت

virilement / viʀilmɑ̃ / *adv*	مردانه
virilité / viʀilite / *nf*	۱. مردی (= برخورداری از نیروی جسمی و جنسی مردانه) ۲. مردانگی
virole / viʀɔl / *nf*	[دستهٔ چاقو و غیره] طوقه
virologie / viʀɔlɔʒi / *nf*	ویروس‌شناسی
virologiste / viʀɔlɔʒist / *n* → virologue	
virologue / viʀɔlɔg / *n*	ویروس‌شناس
vitrualité / viʀtɥalite / *nf*	[ادبی یا فلسفی] بالقوگی، امکان بالقوه
virtuel,elle / viʀtɥɛl / *adj*	۱. [ادبی، فلسفه] بالقوه ۲. [ادبی] ممکن، محتمل، احتمالی
virtuellement / viʀtɥɛlmɑ̃ / *adv*	۱. بالقوه ۲. تقریباً، عملاً
virtuose / viʀtɥoz / *n*	۱. موسیقی‌دان چیره‌دست، استاد (موسیقی) ۲. هنرور، استاد
virtuosité / viʀtɥozite / *nf*	استادی، چیره‌دستی
virulence / viʀylɑ̃s / *nf*	۱. تندی، خشونت ۲. [میکروب، سم] خطرناکی، مهلک بودن، کشندگی
virulent,e / viʀylɑ̃,t / *adj*	۱. تند، نیشدار، گزنده ۲. [میکروب، سم] خطرناک، مهلک، کشنده
virus / viʀys / *nm*	ویروس
vis[1] / vis / *nf*	پیچ
vis[2] / vi / *v*	۱. [صورت صرف‌شدهٔ فعلِ vivre] ۲. [صورت صرف‌شدهٔ فعلِ voir]
visa / viza / *nm*	روادید، ویزا
visage / vizaʒ / *nm*	۱. چهره، صورت، رو ۲. سیما، قیافه
vis-à-vis / vizavi / *loc. adv, nm*	۱. مــقابل هـم، روبروی هـم ▣ ۲. رویارویی، برخورد ۳. شخص مقابل
vis-à-vis de	۱. مقابلِ، روبرویِ ۲. در قبالِ، در برابرِ ۳. نسبت به
viscéral,e,aux / viseʀal,o / *adj*	۱. [پزشکی] اَحشایی ۲. ریشه‌دار، عمیق

viscère 888

viscère /visɛʀ/ *nm* ۱. [پزشکی] اَحشا — [صورت جمع] ۲. دل و روده

viscosité /viskozite/ *nf* ۱. [مایعات] چسبندگی، گران‌رَوی ۲. لزجی ۳. غلظت

visée /vize/ *nf* ۱. هدف‌گیری، نشانه‌روی — [صورت جمع] ۲. مقاصد، اهداف

viser[1] /vize/ *vi, vt* (1) ۱. هدف گرفتن، هدف‌گیری کردن، نشانه گرفتن ◻ ۲. مد نظر داشتن، دنبال (چیزی) بودن

viser[2] /vize/ *vt* (1) [گذرنامه] مُهر ویزا زدن رویِ، ویزا کردن

viseur /vizœʀ/ *nm* ۱. [اسلحه] روزنهٔ دید ۲. [دوربین عکاسی] منظره‌یاب، نمایاب

visibilité /vizibilite/ *nf* ۱. نمایانی، قابلیت رؤیت ۲. دید

virage sans visibilité [جاده] پیچ بدون دید

visible /vizibl/ *adj* ۱. قابل رؤیت، قابل مشاهده ۲. نمایان، آشکار، مشهود

visiblement /viziblǝmɑ̃/ *adv* آشکارا، به وضوح ،چنان‌که پیداست، از قرار معلوم

visière /vizjɛʀ/ *nf* ۱. لبهٔ کلاه ۲. (کلاهِ) آفتابگیر

vision /vizjɔ̃/ *nf* ۱. بینایی ۲. دید ۳. بینش، نگرش، بصیرت ۴. خیال، رؤیا، تصویر واهی ۵. [عرفان، مذهب] شهود، مکاشفه

visionnaire /vizjɔnɛʀ/ *adj, n* ۱. خیالاتی، خیالباف ۲. [عرفان، مذهب] صاحب کشف

visite /vizit/ *nf* ۱. ملاقات، دیدار ۲. بازدید

visiter /vizite/ *vt* (1) ۱. دیدن کردن از، دیدن، ملاقات کردن ۲. بازدید کردن از

visiteur,euse /vizitœʀ,øz/ *n, adj* ۱. ملاقات‌کننده ۲. بازدیدکننده

visqueux,euse /viskø,øz/ *adj* ۱. [سیالات] چسبنده، گران‌رو ۲. لزج ۳. غلیظ ۴. نفرت‌انگیز، نفرت‌آور

vissage /visaʒ/ *nm* ۱. (عمل) پیچ کردن ۲. پیچاندن

visser /vise/ *vt* (1) ۱. پیچ کردن ۲. پیچاندن ۳. [خودمانی] بدرفتاری کردن با، حال (کسی را) جا آوردن

visualiser /vizualize/ *vt* (1) ۱. مرئی کردن، قابل رؤیت کردن ۲. به تصویر کشیدن

visuel,elle /vizɥɛl/ *adj* ۱. دیداری، بصری ۲. (مربوط به) بینایی

visuellement /vizɥɛlmɑ̃/ *adv* عیناً، به طور عینی، با چشم

vital,e,aux /vital,o/ *adj* ۱. حیاتی ۲. [مجازی] حیاتی، سرنوشت‌ساز

vitalité /vitalite/ *nf* ۱. سرزندگی، شور ۲. نیروی حیات

vitamine /vitamin/ *nf* ویتامین

vitaminé,e /vitamine/ *adj* ویتامین‌دار

vitaminique /vitaminik/ *adj* (مربوط به) ویتامین‌ها، ویتامینی

vite /vit/ *adv* ۱. تند، به سرعت، سریع ۲. زود، فوری، فوراً

faire vite شتاب کردن، عجله کردن

vitesse /vitɛs/ *nf* ۱. سرعت ۲. تندی، چُستی، چالاکی ۳. [خودرو] دنده

à toute vitesse با سرعت تمام، با همهٔ سرعت

changer de vitesse [خودرو] دنده عوض کردن

viticole /vitikɔl/ *adj* (مربوط به) موکاری، کِشت مو

viticulteur,trice /vitikyltœʀ,tʀis/ *n* موکار

viticulture /vitikyltyʀ/ *nf* موکاری، کِشت مو

vitrage /vitʀaʒ/ *nm* ۱. شیشه‌اندازی ۲. شیشه‌ها، شیشه

vitrail,aux /vitʀaj,o/ *nm* شیشه‌بند منقوش، ویترای

vitre /vitʀ/ *nf* [پنجره و غیره] شیشه

vitré,e /vitʀe/ *adj* شیشه‌ای

vitrer /vitʀe/ *vt* (1) شیشه انداختن (به)

889 vocalique

۱. به سرعت، سریع، زود ۲. با عصبانیت، با تندی ۳. به شدت، خیلی ◙ ۴. هر چه زودتر

viveur,euse /vivœʀ,øz/ *n, adj* [قدیمی] (آدم) خوشگذران

vivier /vivje/ *nm* استخر پرورش ماهی

vivifiant,e /vivifjɑ̃,t/ *adj* جان‌بخش، فرح‌بخش، روح‌افزا

vivifier /vivifje/ *vt* (7) جان دادن به، اِحیا کردن، روح (کسی را) تازه کردن

vivipare /vivipaʀ/ *adj* [جانور] زنده‌زا

viviparité /vivipaʀite/ *nf* [جانوران] زنده‌زایی

vivisection /vivisɛksjɔ̃/ *nf* تشریح جانوران زنده، زنده‌شکافی (جانوران)

vivoter /vivɔte/ *vi* (1) به سختی زندگی را گذراندن، به زحمت زندگی کردن

vivre /vivʀ/ *vi, vt* (46) ۱. زندگی کردن، زیستن ۲. عمر کردن ۳. سکونت داشتن ۴. زندگی را گذراندن، امرار معاش کردن ۵. باقی بودن، وجود داشتن ◙ ۶. گذراندن، سر کردن ۷. تجربه کردن

cesser de vivre از دنیا رفتن، جان سپردن

vivre des jours heureux روزهای خوشی را گذراندن

vivres /vivʀ/ *nm.pl* خوراک، غذا، آذوقه

vizir /viziʀ/ *nm* [در امپراتوری عثمانی و ایران قدیم] وزیر

vocable /vɔkabl/ *nm* لفظ، لغت، واژه، کلمه

vocabulaire /vɔkabylɛʀ/ *nm* ۱. واژگان ۲. واژه‌نامه ۳. اصطلاحات

vocal,e,aux /vɔkal,o/ *adj* ۱. (مربوط به) گویایی ۲. آوایی، صوتی ۳. آوازی، (مربوط به) آواز

cordes vocales تارآواها، تارهای صوتی

vocalement /vɔkalmɑ̃/ *adv* (به طور) شفاهی، شفاهاً

vocalique /vɔkalik/ *adj* واکه‌ای، (مربوط به) واکه‌ها، مصوت‌ها

vitrerie /vitʀəʀi/ *nf* ۱. شیشه‌گری ۲. شیشه

vitreux,euse /vitʀø,øz/ *adj* ۱. شیشه‌مانند، شیشه‌ای ۲. کدر ۳. تار

vitrier /vitʀije/ *nm* شیشه‌گر

vitrifiable /vitʀifjabl/ *adj* قابل تبدیل به شیشه، شیشه‌شدنی

vitrification /vitʀifikasjɔ̃/ *nf* ۱. تبدیل به شیشه ۲. شیشه‌ای کردن، شیشه‌مانند کردن

vitrifier /vitʀifje/ *vt* (7) ۱. به شیشه تبدیل کردن ۲. شیشه‌ای کردن، شیشه‌مانند کردن

vitrine /vitʀin/ *nf* ویترین

vitriole /vitʀijɔl/ *nf* زاج

vitupération /vitypeʀasjɔ̃/ *nf* [ادبی] سرزنش شدید

vitupérer /vitypeʀe/ *vt, vi* (6) [ادبی] به شدت سرزنش کردن

vivable /vivable/ *adj* ۱. مناسب زندگی ۲. قابل تحمل

vivace[1] /vivas/ *adj* ۱. دیرپا، پایدار، بادوام ۲. ماندگار، ماندنی

vivace[2] /vivas/ *adj. inv* [موسیقی] تند

vivacité /vivasite/ *nf* ۱. سرزندگی، شور و نشاط، جنب و جوش ۲. تندی ۳. تر و تازگی، طراوت ۴. عصبانیت

vivant[1]**,e** /vivɑ̃,t/ *adj* ۱. زنده ۲. جاندار ۳. سرزنده، سرحال، پرجنب و جوش، پرشور و نشاط

vivant[2] /vivɑ̃/ *nm*, **du vivant de qqn** در مدت زندگی کسی، در حیات کسی

vivat /viva/ *nm, interj* ۱. فریاد تحسین، فریاد زنده‌باد، ابراز احساسات ◙ ۲. [قدیمی] زنده باد! اَحسن به...!

vive[1] /viv/ *adj.f* → vif[1],vive

vive![2] /viv/ *interj* زنده باد...!

vivement /vivmɑ̃/ *adv, exclam*

a = bas, plat e = blé, jouer ɛ = lait, jouet, merci i = il, lyre o = mot, dôme, eau, gauche ɔ = mort
u = roue y = rue ø = peu œ = peur ə = le, premier ɑ̃ = sans, vent ɛ̃ = matin, plein, lundi
ɔ̃ = bon, ombre ʃ = chat, tache ʒ = je, gilet j = yeux, paille, pied w = oui, nouer ɥ = huile, lui

vocative / vɔkativ / *nm* حالت ندایی

vocation / vɔkasjɔ̃ / *nf* ۱. تمایل، ذوق ۲. وظیفه، رسالت ۳. [مذهبی] دعوت الهی

vocifération / vɔsifeʀasjɔ̃ / *nf* داد و فریاد، داد و بیداد

vociférer / vɔsifeʀe / *vi* (6) داد و فریاد کردن، (سر کسی) داد زدن

vodka / vɔdka / *nf* وُدکا

vœu / vø / *nm* ۱. نذر ۲. عهد، پیمان ۳. آرزو، خواسته

vogue / vɔg / *nf* ۱. محبوبیت، مردم‌پسندی ۲. رواج

en vogue ۱. باب روز ۲. محبوب ۳. رایج

voguer / vɔge / *vi* (1) [ادبی] روی آب راندن، پارو زدن

voici / vwasi / *prép* این است، این هم

Voici mon père. این پدرم است.

Voici la pluie. این هم باران.

voie / vwa / *nf* ۱. راه ۲. گذرگاه، جاده، معبر ۳. مجرا ۴. طریق، وسیله ۵. خط آهن

en voie de رو به، در حالِ

voilà / vwala / *prép* آن است، آن هم

voile[1] / vwal / *nm* ۱. پوشش، پرده ۲. روبنده ۳. (پارچهٔ) تور ۴. [مجازی] پرده، پوشش، نقاب

voile du palais نرم‌کام، پردهٔ کام

voile[2] / vwal / *nf* ۱. بادبان ۲. قایقرانی بادبانی ۳. کشتی بادبانی، قایق بادبانی

voilé,e / vwale / *adj* ۱. پوشیده، در پرده، در لفافه ۲. باحجاب، مُحجبه ۳. [عکس، دید] تار ۴. [صدا] گرفته

voiler / vwale / *vt* (1) ۱. (با پارچه) پوشاندن ۲. [ادبی] پنهان کردن، مخفی کردن، کتمان کردن ۳. تار کردن، کدر کردن

se voiler *vp* ۱. روبنده زدن، صورت خود را پوشاندن ۲. تار شدن، کدر شدن

voilette / vwalɛt / *nf* تور (تزیینی) صورت

voilier / vwalje / *nm* کشتی بادبانی، قایق بادبانی

voilure / vwalyʀ / *nf* بادبان‌ها

voir / vwaʀ / *vt* (30) ۱. دیدن ۲. مشاهده کردن ۳. ناظر بودن ۴. تماشا کردن ۵. بررسی کردن ۶. معاینه کردن ۷. در نظر گرفتن، ملاحظه کردن ۸. دریافتن، فهمیدن، پی بردن

Ça n'a rien à voir هیچ ارتباطی ندارد

faire voir نشان دادن

laisser voir ۱. آشکار کردن، ظاهر ساختن، بروز دادن، نشان دادن ۲. در معرض دید قرار دادن

voir à مراقب بودن

se voir *vp* ۱. خود را دیدن ۲. همدیگر را دیدن، با هم ملاقات کردن ۳. واضح بودن، آشکار بودن ۴. پیش آمدن، اتفاق افتادن

voire / vwaʀ / *adv* حتی، و حتی

voirie / vwaʀi / *nf* ۱. راههای ارتباطی، بزرگراهها ۲. ادارهٔ راهها ۳. جمع‌آوری زباله ۴. زباله‌دان، خاکروبه‌دان

voisin,e / vwazɛ̃,in / *adj, n* ۱. مجاور، نزدیک ۲. شبیه، همانند ◙ ۳. همسایه ۴. کشور همسایه، کشور همجوار

voisinage / vwazinaʒ / *nm* ۱. همسایگی ۲. مجاورت، نزدیکی ۳. همسایگان، همسایه‌ها

voisiner / vwazine / *vi* (1) ۱. مجاور (جایی) بودن، کنار (چیزی) بودن ۲. با همسایه‌ها رفت و آمد کردن

voiture / vwatyʀ / *nf* ۱. خودرو، اتومبیل، ماشین ۲. درشکه ۳. گاری ۴. کالسکه (بچه) ۵. [قطار] واگن

voiturer / vwatyʀe / *vt* (1) ۱. با درشکه حمل کردن ۲. با اتومبیل بردن، با ماشین بردن

voix / vwa / *nf* ۱. صدا ۲. ندا ۳. نظر، رأی ۴. [رأی‌گیری] رأی ۵. [دستور زبان] صورت، صیغه

vol[1] / vɔl / *nm* ۱. دزدی، سرقت ۲. کلاهبرداری

vol[2] / vɔl / *nm* پرواز

volage / vɔlaʒ / *adj* [ادبی] بی‌ثبات، بُلهوس، دمدمی‌مزاج، دمدمی

volaille /vɔlaj/ *nf* ۱. مرغ (خانگی)، ماکیان ۲. طیور ۳. (گوشت) مرغ

volailler /vɔlaje/ *nm* مرغ‌فروش

volant¹,e /vɔlɑ̃,t/ *adj* ۱. پرنده ۲. متحرک

volant² /vɔlɑ̃/ *nm* ۱. فرمان (اتومبیل) ۲. توپ بدمینتون ۳. (بازی) بدمینتون ۴. والان (= لبهٔ چین‌دار یا ساده برای تزیین لباس و غیره) ۵. [قدیمی] پرهٔ آسیاب

volatil,e¹ /vɔlatil/ *adj* قابل تبخیر، فرّار

volatile² /vɔlatil/ *nm* مرغ (خانگی)، ماکیان

volatilisable /vɔlatilizabl/ *adj* قابل تبخیر

volatilisation /vɔlatilizasjɔ̃/ *nf* تبخیر

volatiliser /vɔlatilize/ *vt* (1) تبخیر کردن

se volatiliser *vp* ۱. تبخیر شدن، بخار شدن ۲. ناپدید شدن، غیبش زدن، آب شدن و تو زمین رفتن

volcan /vɔlkɑ̃/ *nm* آتشفشان

volcanique /vɔlkanik/ *adj* ۱. آتشفشانی ۲. [خلق و خو و غیره] تند، آتشی، جوشی

volcanisme /vɔlkanism/ *nm* فعالیت‌های آتشفشانی

volcanologie /vɔlkanɔlɔʒi/ *nf* آتشفشان‌شناسی

volcanologique /vɔlkanɔlɔʒik/ *adj* آتشفشان‌شناختی، (مربوط به) آتشفشان‌شناسی

volcanologue /vɔlkanɔlɔg/ *n* آتشفشان‌شناس

volée /vɔle/ *nf* ۱. پرواز ۲. [پرندگان] پرواز گروهی ۳. ضربات پیاپی ۴. [تنیس] والی

à la volée ۱. به ضرب، قایم ۲. رو هوا

à toute volée به ضرب، قایم

voler¹ /vɔle/ *vt* (1) ۱. دزدیدن، ربودن، سرقت کردن، مال (کسی را) بردن ۲. به خود نسبت دادن، به خود بستن ۳. [مشتری و غیره] گوش بریدن، تیغ زدن

voler² /vɔle/ *vi* (1) ۱. پرواز کردن ۲. شتافتن، پریدن ۳. [ادبی؛ زمان] به سرعت سپری شدن، چون باد گذشتن

voler en éclats متلاشی شدن، پخش و پلا شدن

volerie /vɔlʀi/ *nf* شکار با پرندگان

volet /vɔlɛ/ *nm* پنجرهٔ کرکره‌ای

voleter /vɔlte/ *vi* (4) ۱. پرپر زدن، بال‌بال زدن ۲. [ادبی] (در هوا) تکان خوردن

voleur,euse /vɔlœʀ,øz/ *adj, n* ۱. دزد، سارق ۲. کلاهبردار

volière /vɔljɛʀ/ *nf* جایگاه پرندگان

volige /vɔliʒ/ *nf* توفال

volitif,ive /vɔlitif,iv/ *adj* [روان‌شناسی] ارادی

volition /vɔlisjɔ̃/ *nf* ۱. [روان‌شناسی] اراده ۲. اختیار

volley /vɔlɛ/ *nm* → volley-ball

volley-ball /vɔlɛbol/ *nm* [ورزش] والیبال

volleyeur,euse /vɔlɛjœʀ,øz/ *n* بازیکن والیبال، والیبالیست

volontaire /vɔlɔ̃tɛʀ/ *adj, nm, n* ۱. ارادی ۲. اختیاری، داوطلبانه ۳. عمدی، از عمد ۴. بااراده، مصمم ◘ ۵. (سرباز) داوطلب ◘ ۶. داوطلب

volontairement /vɔlɔ̃tɛʀmɑ̃/ *adv* ۱. به خواست خود، به میل خود ۲. عمداً، از عمد، از قصد

volontarisme /vɔlɔ̃taʀism/ *nm* اراده‌گرایی، اراده‌باوری

volontariste /vɔlɔ̃taʀist/ *adj, n* اراده‌گرا، اراده‌باور

volonté /vɔlɔ̃te/ *nf* ۱. اراده، عزم ۲. خواست ۳. اختیار

à volonté به دلخواه، مطابق میل

bonne volonté حسن نیت، نیت خیر

mauvaise volonté سوءنیت، بدخواهی، غرض‌ورزی

volontiers / vɔlɔ̃tje / *adv* ۱. با رضا و رغبت، به طیب خاطر، با کمال میل ۲. معمولاً، به طور معمول

volt / vɔlt / *nm* ولت

voltage / vɔltaʒ / *nm* ولتاژ

voltairien,enne / vɔltɛʀjɛ̃,ɛn / *adj, n* طرفدار ولتر، مرید ولتر، ولتری

volte-face / vɔltəfas / *nf. inv* ۱. عقب‌گرد ۲. روگردانی، تغییر موضع (صد و هشتاد درجه)

voltiger / vɔltiʒe / *vi* (3) به هر سو پریدن، پر زدن

voltmètre / vɔltmɛtʀ / *nm* ولت‌سنج، ولت‌متر

volubile / vɔlybil / *adj* ۱. حرّاف، پرحرف، زبان‌دار ۲. [گیاه‌شناسی] پیچ

volubilis / vɔlybilis / *nm* نیلوفرپیچ

volubilité / vɔlybilite / *nf* حرّافی، پرحرفی، زبان‌داری

volume / vɔlym / *nm* ۱. حجم، گنجایش ۲. مقدار ۳. مجلد، جلد ۴. [صدا، صوت] شدت، بلندی

volumineux,euse / vɔlyminø,øz / *adj* ۱. پرحجم، حجیم ۲. جاگیر

volupté / vɔlypte / *nf* ۱. [ادبی] لذت، حظ، کِیف، خوشی ۲. [ادبی] شهوت

voluptueusement / vɔlyptɥøzmɑ̃ / *adv* با لذت، به طور لذت‌بخشی

voluptueux,euse / vɔlyptɥø,øz / *adj* ۱. خوشگذران ۲. شهوتران ۳. لذت‌بخش ۴. شهوت‌انگیز ۵. شهوانی، شهوت‌آلود، شهوتناک

volute / vɔlyt / *nf* ۱. [معماری] طوماریِ سرستون ۲. [موج، دود،...] حلقه

vomi / vɔmi / *nm* [خودمانی] استفراغ

vomir / vɔmiʀ / *vt* (2) ۱. استفراغ کردن، بالا آوردن ۲. منزجر بودن از، نفرت داشتن از ۳. بیرون ریختن

vomir des injures به فحش بستن، بد و بیراه بار (کسی) کردن

vomissure / vɔmisyʀ / *nf* استفراغ

vomissement / vɔmismɑ̃ / *nm* استفراغ

vomitif,ive / vɔmitif,iv / *adj* استفراغ‌آور، تهوع‌آور

vorace / vɔʀas / *adj* ۱. حریص، پرولع ۲. سیری‌ناپذیر، سیرنشدنی

voracement / vɔʀasmɑ̃ / *adv* حریصانه، با ولع

voracité / vɔʀasite / *nf* ۱. حرص، ولع ۲. سیری‌ناپذیری

vos / vo / *adj. poss. pl* [در ترکیب] ــِ شما، ـهایتان

un de vos amis یکی از دوستانتان

votant,e / vɔtɑ̃,t / *n* رأی‌دهنده

vote / vɔt / *nm* ۱. رأی ۲. رأی‌گیری

voter / vɔte / *vi, vt* (1) ۱. رأی دادن ◘ ۲. رأی دادن به

votif,ive / vɔtif,iv / *adj* [ادبی] نذری

votre / vɔtʀ / *adj. poss* (مالِ) شما، [در ترکیب] ـِتان

vôtre / votʀ / *pron. poss, adj. pass, n* ۱. مالِ شما ◘ ۲. [ادبی یا قدیمی] مالِ شما، مالِ خودتان ــــ [صورت جمع] ۳. خانواده‌تان، نزدیکانتان، دوستانتان

vouer / vwe / *vt* (1) ۱. نذر کردن ۲. عهد کردن، قول دادن ۳. وقف (کاری یا چیزی) کردن

voué à [مجازی] محکوم به

se vouer *vp* خود را وقف (کسی یا چیزی) کردن

vouloir[1] / vulwaʀ / *vt* (31) ۱. خواستن ۲. قصد داشتن ۳. دل (کسی) خواستن، دوست داشتن، میل داشتن

en vouloir à ۱. دلخور بودن از ۲. کینه به دل داشتن از

vouloir dire معنی دادن، یعنی

vouloir[2] / vulwaʀ / *nm*, **bon vouloir** حسن نیت، خیرخواهی

mauvais vouloir	سوء نیت، بدخواهی، غرض‌ورزی
voulu,e /vuly/ *adj, part. passé*	۱. خواسته‌شده، مورد نظر، مورد تقاضا ۲. دلخواه، مطلوب ۳. مقرر ۴. عمدی ▫ ۵. [اسم مفعول فعلِ vouloir]
vous /vu/ *pron. pers*	۱. شما ۲. به شما، شما را
voussure /vusyʀ/ *nf*	[معماری] قوس
voussoyer /vuswaje/ *vt* (8) → vouvoyer	
voûte /vut/ *nf*	تاق قوسی
voûté,e /vute/ *adj*	۱. [تاق] قوسی ۲. دارای تاق قوسی ۳. خمیده‌پشت
voûter /vute/ *vt* (1)	۱. تاق قوسی زدن ۲. پشت (کسی را) خم کردن
se voûter *vp*	پشت (کسی) خم شدن
vouvoiement /vuvwamɑ̃/ *nm*	(عمل) شما خطاب کردن، شما گفتن
vouvoyer /vuvwaje/ *vt* (1)	شما خطاب کردن، شما گفتن به
voyage /vwajaʒ/ *nm*	۱. سفر، مسافرت ۲. [باربری، رانندگی] راه
faire deux voyages pour transporter qqch	برای بردن چیزی دو راه رفتن
voyager /vwajaʒe/ *vi* (3)	سفر کردن، به سفر رفتن، مسافرت کردن
voyageur,euse /vwajaʒœʀ,øz/ *n*	۱. مسافر ۲. گردشگر، توریست، سیاح
voyance /vwajɑ̃s/ *nf*	غیب‌گویی
voyant¹,e /vwajɑ̃,t/ *adj*	۱. بینا ۲. بصیر ۳. روشن‌بین ۳. [رنگ و غیره] جلب‌نظرکننده، تند
voyant² /vwajɑ̃/ *nm*	چراغ (هشداردهنده)
voyante /vwajɑ̃t/ *nf*	(زن) پیشگو، فالگیر
voyelle /vwajɛl/ *nf*	واکه، مصوت
voyeur,euse /vwajœʀ,øz/ *n*	تماشاگر جنسی (= کسی که پنهانی صحنه‌های شهوت‌انگیز را نگاه کند.)

voyou /vwaju/ *nm, adj*	۱. بچه‌ولگرد ۲. اوباش، لات ▫ ۳. لاتی، مثل لات‌ها
vrac (en) /ɑ̃vʀak/ *loc. adv*	۱. [جنس] در هم، باز ۳. به‌هم‌ریخته
vrai¹,e /vʀɛ/ *adj*	۱. راست، درست ۲. واقعی ۳. حقیقی ۴. اصل
vrai² /vʀɛ/ *nm*	حقیقت
à vrai dire/à dire vrai	به راستی، واقعاً، حقیقتاً، اگر راستش را بخواهی
vraiment /vʀɛmɑ̃/ *adv*	واقعاً، به راستی، حقیقتاً
vraisemblable /vʀɛsɑ̃blabl/ *adj*	محتمل، ممکن، امکان‌پذیر، شدنی
vraisemblablement /vʀɛsɑ̃blabləmɑ̃/ *adv*	احتمالاً
vraisemblance /vʀɛsɑ̃blɑ̃s/ *nf*	حقیقت‌نمایی، احتمالِ درستی، ظاهر واقعی
vrille /vʀij/ *nf*	۱. پیچک (= قسمت پیچنده در گیاهان نرم‌ساقه) ۲. مته‌دستی ۳. مارپیچ
vriller /vʀije/ *vt, vi* (1)	۱. با مته‌دستی سوراخ کردن ▫ ۲. پیچ خوردن، پیچ و تاب خوردن
vrombir /vʀɔ̃biʀ/ *vi* (2)	۱. وزوز کردن ۲. [موتور] قار و قور کردن، قِرقِر کردن
vrombissement /vʀɔ̃bismɑ̃/ *nm*	۱. وزوز ۲. [موتور] قار و قور، قِرقِر
vu¹,e /vy/ *adj, part. passé*	۱. دیده‌شده، دیده ▫ ۲. [اسم مفعول فعلِ voir]
vu² /vy/ *prép*	با توجه به، نظر به، با در نظر گرفتنِ
vue /vy/ *nf*	۱. بینایی، دید، باصره ۲. نگاه، نظر، چشم ۳. مشاهده، دیدن، رؤیت ۴. چشم‌انداز، منظره ۵. نما ۶. تصویر، عکس، فیلم ۷. دیدگاه، بینش، نظر، عقیده ــ [صورت جمع] ۸ نقشه‌ها، مقاصد، برنامه‌ها
à perte de vue	تا آنجا که چشم کار می‌کند

---

a = bas, plat	e = blé, jouer	ɛ = lait, jouet, merci	i = il, lyre	o = mot, dôme, eau, gauche	ɔ = mort
u = roue	y = rue	ø = peu	œ = peur	ə = le, premier	ɑ̃ = sans, vent	ɛ̃ = matin, plein, lundi
ɔ̃ = bon, ombre	ʃ = chat, tache	3 = je, gilet	j = yeux, paille, pied	w = oui, nouer	ɥ = huile, lui

۱. به طرز زننده‌ای، به نحو زشتی ۲. عامیانه ۳. در تداول عام

vulgarisation / vylgaʀizasjɔ̃ / *nf*
عوام‌فهم کردن، عوام‌پسند کردن، عامیانه‌سازی

vulgariser / vylgaʀize / *vt* (1)
۱. عوام‌فهم کردن، عامیانه کردن ۲. مبتذل کردن

vulgarité / vylgaʀite / *nf*
۱. ابتذال، عوامانگی ۲. زنندگی، زشتی

vulnérabilité / vylneʀabilite / *nf*
[ادبی] آسیب‌پذیری

vulnérable / vylneʀabl / *adj*
[ادبی] آسیب‌پذیر

vulnéraire / vylneʀɛʀ / *adj, nm*
مرهم

vulvaire / vylvɛʀ / *adj*
فَرجی، (مربوط به) فَرج

vulve / vylv / *nf*
فَرج

à première vue در نظر اول
avoir en vue در نظر داشتن، مد نظر داشتن
à vue de nez [خودمانی] تقریباً
à vue d'œil [دگرگونی سریع و غیره] به یک چشم به هم زدن
avoir en vue در نظر داشتن، مد نظر داشتن
échange de vues تبادل نظر
en vue de به قصدِ، به منظورِ، برایِ
garder qqn à vue کسی را زیر نظر گرفتن، کسی را پاییدن

vulgaire / vylgɛʀ / *adj*
۱. مبتذل، پیش‌پاافتاده ۲. عادی، معمول ۳. [زبان و غیره] عامیانه ۴. زننده، جلف، زشت ۵. عوامانه، سطح پایین، بازاری
nom vulgaire [اسامی گیاهان یا جانوران] نام مصطلح، نام متداول، اسم عام

vulgairement / vylgɛʀmɑ̃ / *adv*

W,w

W,w /dubləve/ *nm. inv* دوبل وِ
(= بیست و سومین حرف الفبای فرانسه)

wagon /vagɔ̃/ *nm* [قطار] واگن

wagon-citerne /vagɔ̃sitɛʀn/ *nm* [قطار] واگن حمل مایعات

wagon-lit /vagɔ̃li/ *nm* [قطار] واگن خواب

wagonnet /vagɔnɛ/ *nm* واگن کوچک

wagon-poste /vagɔ̃pɔst/ *nm* [قطار] واگن پست

wagon-réservoir /vagɔ̃ʀezɛʀvwaʀ/ *nm* [فنی؛ قطار] واگن حمل مایعات

wagon-restaurant /vagɔ̃ʀɛstɔʀɑ̃/ *nm* [قطار] واگن غذاخوری، واگن رستوران

walkie-talkie /wɔkitɔki/ *nm*
→ talkie-walkie

walk-man /wɔkman/ *nm* واکمَن

wallon /walɔ̃/ *nm* گویش والُن
(= گویش فرانسهٔ بلژیکی)

water(-)closets /watɛʀklozɛt/ *nm. pl*
→ waters

water-polo /watɛʀpɔlo/ *nm* [ورزش] واترپُلو

waters /watɛʀ;vatɛʀ/ *nm. pl* توالت، دستشویی، مستراح

watt /wat/ *nm* وات (= واحد اندازه‌گیری الکتریسته)

watt(-)heure /watœʀ/ *nm* وات ساعت

wattmètre /watmɛtʀ/ *nm* وات‌سنج

W.-C. /dubləvese;vese/ *nm. pl*
→ water(-)closet

week-end /wikɛnd/ *nm* تعطیلات آخر هفته

western /wɛstɛʀn/ *nm* فیلم وِسترن

whisky /wiski/ *nm* ویسکی

white-spirit /wajtspirit/ *nm* بنزین سفید، وارنولین

a = bas, plat   e = blé, jouer   ɛ = lait, jouet, merci   i = il, lyre   o = mot, dôme, eau, gauche   ɔ = mort
u = roue   y = rue   ø = peu   œ = peur   ə = le, premier   ɑ̃ = sans, vent   ɛ̃ = matin, plein, lundi
ɔ̃ = bon, ombre   ʃ = chat, tache   ʒ = je, gilet   j = yeux, paille, pied   w = oui, nouer   ɥ = huile, lui

X,x

X,x[1] /iks/ *nm. inv* ایکس (= بیست و چهارمین حرف الفبای فرانسه)

X[2] /iks/ *nm. inv* ۱. [عددنویسی رومی] ده
۲. فلان، ایکس

l'X [خودمانی] مدرسهٔ پلی‌تکنیک

Monsieur X آقای فلان، آقای ایکس

pendant X temps (برای) مدت نامعلومی

rayons X پرتو ایکس، اشعهٔ ایکس

un X [خودمانی] دانش‌آموز پلی‌تکنیک

xénon /ksenɔ̃/ *nm* [گاز] گزنون، زنون

xénophile /ksenɔfil/ *adj, n* بیگانه‌دوست

xénophilie /ksenɔfili/ *nf* بیگانه‌دوستی

xénophobe /ksenɔfɔb/ *adj, n* بیگانه‌ستیز

xénophobie /ksenɔfɔbi/ *nf* بیگانه‌ستیزی

xylène /ksilɛn;gzilɛn/ *nm* [شیمی] گزیلن

xylographie /ksilɔgʀafi/ *nf* [در قدیم] چاپ چوبی

xylophage /ksilɔfaʒ/ *adj, n* چوب‌خوار

xylophone /ksilɔfɔn;gzilɔfɔn/ *nm* گزیلوفون، زایلوفون (= نوعی ساز)

Y,y

Y,y[1] /igʀɛk/ *nm. inv* ایگرگ (= بیست و پنجمین حرف الفبای فرانسه)

y[2] /i/ *pron. pers, adv* ۱. آنجا، در آنجا، به آنجا ۲. به آن، از آن

il y a وجود دارد، هست

J'y pense sans cesse. مدام به فکرش هستم.

yacht /jɔt/ *nm* قایق تفریحی

yachting /jɔtiŋ/ *nm* قایقرانی تفریحی

yankee /jɑ̃ki/ *n* یانکی، آمریکایی

yaourt /jauʀ(t)/ *nm* ماست

yard /jaʀd/ *nm* یارد (= واحد طول برابر با ۹۱/۴۴ سانتیمتر)

yatagan /jatagɑ̃/ *nm* شمشیر خمیده

yen /jɛn/ *nm* ین (= واحد پول ژاپن)

yeux /jø/ *nm.pl* → œil

yiddish /(j)idiʃ/ *nm* ییدیش (= زبان یهودیان اروپای شرقی، مشتق از زبان آلمانی)

yoga /jɔga/ *nm* یوگا

yog(h)ourt /jɔguʀ(t)/ *nm* → yaourt

yogi /jɔgi/ *nm* یوگی، جوکی، مرتاض

yougoslave[1] /jugɔslav/ *adj* (مربوط به) یوگسلاوی، یوگسلاویایی، یوگسلاو

Yougoslave[2] /jugɔslav/ *n* اهل یوگسلاوی، یوگسلاو

youpin,e /jupɛ̃,in/ *n* [توهین‌آمیز] جهود

yo-yo /jojo/ *nm. inv* یویو

yucca /juka/ *nm* [گیاه] خنجری، یوکا

Z,z

Z,z /zɛd/ *nm. inv* زِد (= بیست و ششمین حرف الفبای فرانسه)

zèbre /zɛbʀ/ *nm* ۱. گور اسب، گورخر ۲. آدم عجیب

zébré,e /zebʀe/ *adj* راه‌راه

zébrer /zebʀe/ *vt* (6) راه‌راه کردن

zébrure /zebʀyʀ/ *nf* ۱. راه‌راه ۲. جای ضربه‌ها(یِ شلاق و غیره)

zélateur,trice /zelatœʀ,tʀis/ *n* [ادبی] هوادار متعصب، طرفدار پر و پاقرص، مرید

zèle /zɛl/ *nm* ۱. تعصب، حمیت ۲. شور، شوق، حرارت

faire du zèle تعصب به خرج دادن

zélé,e /zele/ *adj* ۱. متعصب ۲. پرشور، مشتاق، باحرارت

zen /zɛn/ *nm, adj. inv* ذِن (= گونهٔ ژاپنی مذهب بودایی)

zénith /zenit/ *nm* ۱. سمت‌الرأس ۲. [ادبی] اوج، کمال

zéphyr /zefiʀ/ *nm* [شاعرانه] نسیم

zéro /zeʀo/ *nm* ۱. صفر ۲. هیچ

zeste /zɛst/ *nm* ۱. [لیموترش، پرتقال] پوست ۲. برش نازک لیموترش

zézaiement /zezɛmɑ̃/ *nm* (عمل) «ژ» را «ز» گفتن، «ش» را «س» گفتن

zézayer /zezeje/ *vi* (8) «ژ» را «ز» گفتن، «ش» را «س» گفتن

zibeline /ziblin/ *nf* ۱. سمور ۲. پوست سمور

zieuter /zjøte/ *vt* (1) [عامیانه] دید زدن، سُکیدن

zig /zig/ *nm* [خودمانی] آدم، یارو، طرف

zigouiller /ziguje/ *vt* (1) [خودمانی] سر (کسی را) زیر آب کردن، سر به نیست کردن، دخل (کسی را) آوردن

zigue /zig/ *nm* → zig

zigzag /zigzag/ *nm* زیگزاگ

zigzaguer /zizage/ *vi* (1) زیگزاگ رفتن

zinc /zɛ̃g/ *nm* ۱. (فلز) روی ۲. [خودمانی] پیشخون ۳. [خودمانی] طیاره، هواپیما

zingage /zɛ̃gaʒ/ *nm* (عمل) آب روی دادن

zinguer /zɛ̃ge/ *vt* (1) آب روی دادن

zingueur /zɛ̃gœʀ/ *nm, adj. m* رویگر

zinnia /zinja/ *nm* [گیاه] آهار

zinzin /zɛ̃zɛ̃/ *adj, n* ۱. [خودمانی] خُل، خل و چل، خل‌مشنگ ▣ ۲. [خودمانی] چیز

zip /zip/ *nm* زیپ

zircon /ziʀkɔ̃/ *nm* (کانه) زیرکُن

zizanie /zizani/ *nf* [ادبی] نفاق

semer la zizanie نفاق افکندن

zizi /zizi/ *nm* [خودمانی] دول، دودول

zloty /zlɔti/ *nm* زِلوتی (= واحد پول لهستان)

zodiacal,e,aux /zɔdjakal,o/ *adj* (مربوط به) منطقةالبروج، منطقةالبروجی

zodiaque /zɔdjak/ *nm*	منطقةالبروج
zona /zona/ *nm*	[بیماری] زونا
zone /zon/ *nf*	منطقه
zones polaires	مناطق قطبی
zone postale	منطقهٔ پستی
zoo /zo(o)/ *nm*	باغ‌وحش
zoologie /zɔɔlɔʒi/ *nf*	جانورشناسی
zoologique /zɔɔlɔʒik/ *adj*	جانورشناختی، (مربوط به) جانورشناسی
jardin/parc zoologique	باغ‌وحش
zoologiste /zɔɔlɔʒist/ *n*	جانورشناس

zoroastrien,enne /zɔRɔastRijɛ̃,ɛn/ *adj, n*	زرتشتی
zoroastrisme /zɔRɔastRism/ *nm*	دین زرتشت
zut! /zyt/ *interj*	[خودمانی] آه!
zyeuter /zjøte/ *vt* (1) → zieuter	
zygoma /zigɔma/ *nm*	[کالبدشناسی] استخوانِ گونه
zygomatique /zigɔmatik/ *adj*	(مربوط به) گونه

---

a=bas,plat	e=blé,jouer	ɛ=lait,jouet,merci	i=il,lyre	o=mot,dôme,eau,gauche	ɔ=mort
u=roue	y=rue	ø=peu	œ=peur	ə=le,premier	ã=sans,vent	ɛ̃=matin,plein,lundi
ɔ̃=bon,ombre	ʃ=chat,tache	ʒ=je,gilet	j=yeux,paille,pied	w=oui,nouer	ɥ=huile,lui

پی‌افزودها

1

LES ABRÉVIATIONS USUELLES
نشانه‌های اختصاری رایج

این پی‌افزود، مختص نشانه‌های اختصاری رایج در زبان فرانسه است و شامل اسامی سازمان‌های ملی، دولتی یا بین‌المللی، و نیز واژه‌ها و عبارات مصطلح در زبان روزمره یا زبان تخصصی است. این نشانه‌ها در زبان گفتار و نوشتار فرانسه کاربرد روزافزون دارند و می‌توان آنها را به سه دسته تقسیم نمود:

۱. نشانه‌هایی که تنها خاص زبان فرانسه‌اند. مانندِ نشانه‌های مربوط به واژه‌ها و اصطلاحات زبان فرانسه و یا اسامی انجمن‌ها و سازمان‌های فرانسوی:

T.G.V. ; A.F. ; C.Q.F.D. ; av.

۲. نشانه‌های برگرفته از زبان‌های دیگر که به زبان فرانسه برگردانده شده‌اند. مانندِ برخی از اسامی انجمن‌ها و سازمان‌های بین‌المللی و یا برخی واژه‌ها و عبارات تخصصی:

O.N.U. ; A.I.T.A. ; OPEP ; SIDA

۳. نشانه‌هایی که از زبانی دیگر وام گرفته شده‌اند و به همان صورت اصلی به کار می‌روند. مانندِ برخی از اسامی انجمن‌ها و سازمان‌های بین‌المللی و یا برخی عبارات لاتین:

UNESCO ; P.-S. ; ibid. ; a.m.

A	ampère	آمپر
a	are	آر
A.	Altesse	[عنوان شاهزادگان] والاحضرت
ac.	acompte	قسط
a.c.	argent comptant	پول نقد
acc.	acceptation	پذیرش، قبول
A.C.E.	Administration de Coopération Économique	ادارهٔ همکاری اقتصادی
A.C.F	Automobile-Club de France	باشگاه اتومبیلرانی فرانسه
A.D.	Anno Domini	پس از میلاد مسیح
Adr.tél.	adresse télégraphique	نشانی تلگرافی
A.E.L.E	Association Européenne de Libre-échange	اتحادیهٔ تجارت آزاد اروپا
A.F.	1.allocations familiales 2.Air-France	۱. مددمعاش خانواده، کمک‌خرج خانواده ۲. (شرکت هواپیمایی) اِرفرانس
A.F.P.	Agence France-Presse	خبرگزاری فرانسه
A.G.	Assemblée générale	مجمع عمومی
A.I.	altesse impériale	[عنوان شاهزادگان] والاحضرت
A.I.D.	Association Internationale de Développement	سازمان بین‌المللی توسعه
A.I.T.A.	Association Internationale de transports aériens	یاتا: اتحادیهٔ بین‌المللی حمل و نقل هوایی
am.	amortissable	قابل استهلاک
a.m.	ante meridiem (= avant midi)	قبل از ظهر، پیش از نیمروز
A.M.E.	Accord Monétaire Européen	پیمان پولی اروپا
anc.	ancien	قدیمی، قدیم
A.N.P.E.	Agence Nationale Pour l'Emploi	آژانس ملی کار
A.P.I.	alphabet phonétique international	الفبای آوانگار بین‌المللی
Appt	appartement	آپارتمان
A/R	avis de réception	رسید
A.R.	altesse royale	والاحضرت
Ardt	arrondissement	[از تقسیمات اداری فرانسه] ناحیه، برزن
art.	article	ماده، بند

A.S.	1.association sportive 2.assurances sociales	۱. انجمن ورزشی
		۲. بیمه‌های اجتماعی
Asc.	ascenseur	آسانسور
asse	assurance	بیمه
ASSEDIC	Association pour l'Emploi Dans l'Industrie et le Commerce	
		سازمان کاریابی در زمینه‌های صنعت و تجارت
ass.extr.	assemblée extraordinaire	مجمع فوق‌العاده
A.T.	autorisation de trasnfert	اجازهٔ انتقال
av.	avenue	خیابان
Av.	avoir	دارایی
B.A.	1.baccalauréat ès arts 2.bonne action	۱. [در کانادا] دیپلم (متوسطه) هنر
		۲. [در پیشاهنگی] کار نیک
Banq.	banque	بانک
Bat.	bâtiment	ساختمان، عمارت، بنا
bd	boulevard	بولوار
B.D.	bande dessinée	داستان تصویری
B.E.	brevet élémentaire	گواهی‌نامه دورهٔ ابتدایی
B.E.I.	brevet d'enseignement industriel	گواهی‌نامهٔ آموزش صنعتی
Benelux	Union douanière de la Belgique, des Pays-Bas et du Luxembourg	
		بِنِلوکس: اتحادیهٔ گمرکی بلژیک، هلند و لوگزامبورگ
B.E.P.	brevet d'études professionnelles	گواهی‌نامهٔ تحصیلات حرفه‌ای
B.E.P.C.	brevet d'études du premier cycle	گواهی‌نامهٔ تحصیلات سیکل اول
B.F.	1.basse fréquence 2.Banque de France	۱. فرکانس پایین، بسامد پایین
		۲. بانک فرانسه
B.I.R.D.	Banque Internationale pour la Reconstruction et le Développement	
		بانک بین‌المللی بازسازی و توسعه
B.I.T.	Bureau International du Travail	دفتر بین‌المللی کار
B.N.	Bibliothèque nationale	کتابخانهٔ ملی (فرانسه)
B.O.	Bulletin officiel	بولتن رسمی
B.P.	Boîte postale	صندوق پستی
Bque	banque	بانک
BSc.	baccalauréat ès sciences	دیپلم (متوسطه) علوم
B.T.	brevet de technicien	گواهی‌نامهٔ فنی
bté	breveté	دارای گواهی‌نامه
B.T.S.	Brevet de technicien supérieur	گواهی‌نامهٔ عالی کاردانی فنی
B.U.	Bibliothèque universitaire	کتابخانهٔ دانشگاهی
c.	1.coupon 2.centigrade 3.centime	۱. کوپن ۲. سانتیگراد ۳. سانتیم

c.-à-d.	c'est-à-dire	يعنى
C.A.F.	Caisse d'allocations familiales	صندوق مدد معاش خانواده
C.A.P.	certificat d'aptitude professionnelle	گواهی‌نامهٔ مهارت حرفه‌ای
C.A.P.E.S.	certificat d'aptitude au professorat de l'enseignement de second degré	گواهی‌نامهٔ صلاحیت دبیری دورهٔ متوسطه
c/c.	compte courant	حساب جاری
C.C.	1.corps consulaire 2.comité central	۱. هیئت کنسولی ۲. کمیتهٔ مرکزی
C.C.I.	Chambre de Commerce International	اتاق بازرگانی بین‌المللی
C.C.P.	Centre de Chèques Postaux; Compte de Chèques Postaux	مرکز چک‌های پستی؛ حساب چک‌های پستی
C.D.	1.corps diplomatique 2. compact disc	۱. هیئت دیپلماتیک ۲. لوح فشرده، سی‌دی
C.D.S.	Centre des démocrates sociaux	مرکز سوسیال‌دموکرات‌ها
C.E.	Conseil de l'Europe	شورای اروپا
C.E.A.	Commission Économique pour l'Afrique	کمیسیون اقتصادی آفریقا
C.E.A.E.O.	Commission Économique pour l'Asie et l'Extrême-Orient	کمیسیون اقتصادی آسیا و خاور دور
C.E.C.A.	Communauté Européenne du Charbon et de l'Acier	اتحادیه زغال و فولاد اروپا
C.E.E.	Communauté Économique Européenne	اتحادیه اقتصادی اروپا
C.E.E.A.	Communauté Européenne de l'Énergie Atomique	اتحادیه انرژی اتمی اروپا
C.E.E.-UN	Commission Économique (de l'O.N.U) pour l'Europe	کمیسیون اقتصادی اروپا (در سازمان ملل متحد)
cent.	centime	سانتیم
C.E.R.N.	Centre Européen de Recherches Nucléaires	مرکز پژوهش‌های هسته‌ای اروپا
C.E.S.	1.Collège d'enseignement secondaire 2.Conseil économique et social	۱. کالج آموزش متوسطه (= دورهٔ راهنمایی) ۲.شورای اقتصادی و اجتماعی
Cf. (conf.)	confer	رجوع کنید به
C.F.D.T.	Confédération Française et Démocratique du Travail	کنفدراسیون دموکراتیک کار فرانسه
C.F.T.C.	Confédération Française des Travailleurs Chrétiens	کنفدراسیون کارگران مسیحی فرانسه
cg	centigramme	سانتیگرم
cgr	centigrade	سانتیگراد

C.G.S.	Confédération Générale des Syndicats	کنفدراسیون عمومی اتحادیه‌ها
C.G.T.	Confédération Générale du Travail	کنفدراسیون عمومی کار
Ch. (Chap.)	chapitre	[کتاب] فصل، بخش
Chbre	chambre	اتاق
Chf.cent.	chauffage central	(سیستم) حرارت مرکزی
C.I.A.	Central Intelligence Agency (امریکا)	سیا: سازمان اطلاعات و جاسوسی
C^{ial}	commercial	تجاری، تجارتی، بازرگانی
C.I.C.A.	Confédération Internationale du Crédit Agricole	
		کنفدراسیون بین المللی اعتبار کشاورزی
C.I.C.R.	Comité International de la Croix-Rouge	
		کمیتهٔ بین‌المللی صلیب سرخ
Cie	compagnie	شرکت، کمپانی
C.I.O.	Comité International Olympique	کمیتهٔ بین‌المللی المپیک
C.I.S.C.	Confédération Internationale des Syndicats Chrétiens	
		کنفدراسیون بین‌المللی اتحادیه‌های مسیحی
cl	centilitre	سانتی لیتر
cm	centimètre	سانتیمتر
cm^2	centimètre carré	سانتیمتر مربع
cm^3	centimètre cube	سانتیمتر مکعب
C.N.C.E.	Centre National du Commerce Extérieur	مرکز ملی تجارت خارجی
C.N.E.C.	Centre National de l'Enseignement par Correspondance	
		مرکز ملی آموزش مکاتبه‌ای
C.N.E.S.	Centre National d'Études Spatiales	مرکز ملی مطالعات فضایی
CNEXO	Centre National d'Exploitation des Océans	
		مرکز ملی بهره‌برداری از اقیانوس‌ها
C.N.I.T.	Centre National des Industries et Techniques	
		مرکز ملی صنایع و فنون
C.N.P.F.	Conseil National du Patronat Français	شورای ملی کارفرمایان فرانسه
C.N.R.S.	Centre National de la Recherche Scientifique	
		مرکز ملی پژوهش علمی
C.N.T.E.	Centre National de Télé-Enseignement	
		مرکز ملی آموزش تلویزیونی
C.N.U.C.E.D.	Conférence des Nations Unies sur le Commerce et le Développement	کنفرانس سازمان ملل در زمینهٔ تجارت و توسعه
c/o	care of (= aux bons soins de)	[روی پاکت نامه] توسطِ
COMECOM	Conseil pour l'aide Énconomique Mutuelle	
		شورای همیاری اقتصادی

compt.	comptabilité	حسابداری
conf.	confer	رجوع کنید به، رجوع شود به
Constr.	construction	ساختمان، بنا
COS	coefficient d'occupation du sol	ضریب اشغال زمین
coup.	coupon	کوپن
cour.	courant	جاری
cpte	compte	حساب
C.Q.F.D.	Ce qu'il fallait démontrer	آنچه که باید ثابت می‌شد
C.-R.F.	Croix-Rouge Français	صلیب سرخ فرانسه
C.R.S.	Compagnies Républicaines de Sécurité	

نیروهای حافظ امنیت جمهوری (=پلیس ضربتی و ضدشورش فرانسه)

C.V.	curriculum vitae	شرح حال (برای استخدام)، سوابق
CV	Cheval-vapeur	اسب بخار
dal	décalitre	دکالیتر
dam	décamètre	دکامتر
D.B.	division blindée	لشکر زرهی
D.C.A.	défense contre aéronefs	دفاع ضدهوایی
dép.	département	بخش، قسمت، دپارتمان
D.E.S.	diplôme d'études supérieures	گواهی‌نامهٔ تحصیلات عالی
D.E.U.G.	diplôme d'études universitaires générales	

گواهی‌نامهٔ تحصیلات عمومی دانشگاهی، فوق‌دیپلم، کاردانی

dg	décigramme	دسی‌گرم
D.I.	division d'infanterie	لشکر پیاده، پیاده‌نظام
disp.	disponible	موجود، در دسترس
dl	décilitre	دسی‌لیتر
dm	décimètre	دسی‌متر
dne	douane	گمرک
d°	dito (= ce qui a été dit)	آنچه گفته شد، آنچه ذکر گردید
doll.	dollar	دلار
D.P.	délégué du personnel	نمایندهٔ کارکنان
D^r	docteur	دکتر
D.R.E.E.	Direction des Relations Économiques Extérieures	

مدیریت روابط اقتصادی خارجی

D.T.	vaccin associé contre la diphtérie et le tétanos	

واکسن دیفتری و کزاز

D.T.Coq	vaccin associé contre la diphtérie, le tétanos et la coqueluche	

واکسن دیفتری، کزاز و سیاه‌سرفه

D.T.Polio	vaccin associé contre la diphtérie, le tétanos et la poliomyélite	واکسن دیفتری، کزاز و فلج اطفال
D.T.T.A.B.	vaccin associé contre la diphtérie, le tétanos, la typhoïde et les paratyphoïde A et B	واکسن دیفتری، کزاز، حصبه و شبه‌حصبه‌های آ و ب
D.U.T.	diplôme universitaire de technologie	گواهی‌نامهٔ فنی دانشگاهی
E.	est	شرق، مشرق، خاور
éd.	édition	چاپ
E.D.F.	Électricité de France	شرکت برق فرانسه
e.g.	exempli gratia (= par exemple)	به عنوان مثال، مثلاً، برای نمونه
E.-M.	État-major	ستاد
E.N.	1.École normale 2.École nationale	۱. دانشسرا ۲. مدرسهٔ ملی
E.N.S.	École normale supérieure	دانشسرای عالی
E.N.S.I.	École nationale supérieure d'ingénieurs	مدرسهٔ عالی ملی مهندسی
env.	environ	در حدودِ
escte	escompte	تخفیف، تنزیل
Esq.	Esquire	[واژهٔ انگلیسی؛ روی پاکت نامه] آقایِ، جناب آقایِ
Et.	étage	طبقه
etc.	et cetera	و غیره، و مانند آن، و جز آن
EURATOM	European Atomic Energy Community	اتحادیه انرژی اتمی اروپا
ex.	1.exemple 2.exercice	۱. نمونه، مثال ۲. تمرین
F	franc	فرانک
FAO	Food and Agriculture Organization	فائو: سازمان خواربار و کشاورزی
F.C.	Football-Club	باشگاه فوتبال
F^{co}	franco	معاف از هزینه، رایگان
FF	franc français	فرانک فرانسه
F.L.N.	Front de la Libération nationale	جبههٔ آزادی‌بخش ملی (الجزایر)
F.M.	fusil mitrailleur	مسلسل سبک
F.M.I	Fonds Monétaire International	صندوق بین‌المللی پول
F.N.U.E.	Fonds des Nations Unies pour l'Enfance	صندوق سازمان ملل برای کمک به کودکان
F.P.L.P.	Front Populaire pour la Libération de la Palestine	جبههٔ خلق برای آزادی فلسطین
fre	facture	صورت‌حساب، فاکتور
F.S.	Franc suisse	فرانک سویس
g	gramme	گرم

G.D.F.	Gaz de France	شرکت گاز فرانسه
h.	heure	ساعت
ha	hectare	هکتار
H.E.C.	Hautes études commerciales	مطالعات عالی بازرگانی
H.F.	haute fréquence	فرکانس بالا، بسامد بالا
H.P.	horse-power (= cheval-vapeur)	اسب بخار
H.S.	hors service	خارج از سرویس
H.T.	haute tension	(برق) فشار قوی
ibid.	ibidem (au même endroit)	[در کتاب و غیره؛ برای ارجاع] همانجا
id.	idem (le même)	[در کتاب و غیره؛ برای ارجاع] همان، ایضاً
I.D.H.E.C.	Institut des hautes études cinématographiques	مؤسسهٔ مطالعاتِ عالی سینمایی
I.F.O.P.	Institut français d'opinion publique	[آمارگیری] مؤسسهٔ سنجش افکار عمومی فرانسه
I.G.N.	Institut géographique national	مؤسسهٔ ملی جغرافی
I.H.S.	Iesus Hominum Salvator (= Jésus sauveur des hommes)	عیسی مسیح ناجی بشر
Imm.	immeuble	ساختمان، بنا
I.N.S.E.E.	Institut national de la statistique et des études économiques	مؤسسهٔ ملی آمار و مطالعات اقتصادی
I.N.S.E.R.M.	Institut national de la santé et de la recherche médicale	مؤسسهٔ ملی بهداشت و تحقیقات پزشکی
I.U.T.	Institut universitaire de technologie	مؤسسهٔ دانشگاهی فن‌آوری
J.-C.	Jésus-Christ	عیسی مسیح
J.O.	journal officiel	روزنامهٔ رسمی
kg	kilogramme	کیلوگرم
km	kilomètre	کیلومتر
kw	kilowatt	کیلووات
kwh	kilowatt heurs	کیلووات ساعت
l	litre	لیتر
l/cr.	lettre de crédit	اعتبارنامه
LL.AA.	Leurs Altesses	[عنوان شاهزادگان] والاحضرت‌ها
LL.EEm.	Leurs Éminences	[عنوان کاردینال‌ها] عالیجنابان
LL.MM.	Leurs Majestés	[عنوان پادشاهان] اعلیحضرت‌ها
loc.cit	loco citato (= à l'endroit cité)	در محلِ ذکر شده
m	mètre	متر
m²	mètre carré	متر مربع

m^3	mètre cube	متر مکعب
m.	mois	ماه
M.	monsieur	آقا
Max.	maximum	حداکثر، بیشینه
mg	milligramme	میلی‌گرم
Mgr	Monseigneur	[عنوان اسقف‌ها، کشیشان] عالیجناب
Min.	minimum	حداقل، کمینه
mise	marchandise	کالا، جنس
Mlle	mademoiselle	دوشیزه
mm	millimètre	میلیمتر
MM.	messieurs	آقایان
Mme	madame	خانم، بانو
Mn	minute	دقیقه
Mrs.	mistress	[مربوط به زبان انگلیسی] خانم، بانو
ms.	manuscrit	دست‌نویس، دست‌نوشته، نسخهٔ اصلی
M/s	motor ship (= navire à moteur Diesel)	کشتی با موتور دیزل، کشتی دیزلی
N.	nord	شمال
N.B.	nota bene (= notez bien)	توجه، یادآوری، تذکر
N.-D.	Notre-Dame	بانوی ما (= از القاب حضرت مریم)
N^o	numéro	شماره، نمره
N.-S. J.-C.	Notre-Seigneur Jésus-Christ	سرور ما عیسی مسیح
O.	ouest	غرب، مغرب، باختر
O.C.D.E.	Organisation de Coopération et de Développement Économiques	سازمان تعاون و توسعهٔ اقتصادی
O.C.I.	Organisation du Congrès Islamique	سازمان همایش اسلامی
O.E.C.E.	Organisation Européenne de Coopération Économique	سازمان همکاری اقتصادی اروپا
O.I.C.	Organisation Internationale du Commerce	سازمان بین‌المللیِ بازرگانی
O.I.T.	Organisation Internationale du Travail	سازمان بین‌المللی کار
O.L.P.	Organisation de la Libération de la Palestine	سازمان آزادیبخش فلسطین
O.M.M.	Organisation Météorologique Mondiale	سازمان جهانی هواشناسی
O.M.S.	Organisation Mondiale de la Santé	سازمان جهانی بهداشت
O.N.F.	Office National des Forêts	ادارهٔ ملی جنگل‌ها
O.N.M.	Office National Météorologique	ادارهٔ ملی هواشناسی

O.N.U.	Organisation des Nations Unies	سازمان ملل متحد
op.cit.	opere citato (= dans l'ouvrage cité)	در اثر ذکرشده، در کتاب مذکور
OPEP	Organisation des Pays Exportateurs de Pétrole	اوپک: سازمان کشورهای صادرکنندهٔ نفت
O.R.T.F.	Office de la Radiodiffusion-télévision française	[نام قبلی] ادارهٔ رادیوتلویزیون فرانسه
O.T.A.N.	Organisation du Traité de l'Atalntique Nord	ناتو: سازمان پیمان آتلانتیک شمالی
O.U.A.	Organisation de l'Unité Africaine	سازمان وحدت آفریقا
ouv.	ouverture	گشایش، افتتاح
ovni	objet volant non identifié	شیء پرندهٔ ناشناس، بشقاب پرنده
p.	page	صفحه
Pass	Passim (= en divers endroits)	در جاهای مختلف
p.c.	pour cent	درصد
P.C.	poste de commandement	پست فرماندهی
P.C.C.	pour copie conforme	رونوشت برابر اصل
P.C.F.	Parti communiste français	حزب کمونیست فرانسه
p.d.	port dû	مشمول هزینهٔ حمل
P.-D.G.	Président-directeur général	رئیس هیئت‌مدیره و مدیرکل
P.J.	police judiciaire	پلیس قضایی
p.m.	post meridiem (= après-midi)	بعدازظهر
P.M.	1.pistolet mitrailleur 2.Police militaire 3.préparation militaire	۱. مسلسل دستی ۲. دژبان ۳. تدارک نظامی
P.M.A.	pays les moins avancés	کشورهای توسعه‌نیافته
P.N.B.	produit national brut	تولید ناخالص ملی
p.o.	par ordre	به ترتیب
P.O.S.	plan d'occupation des sols	طرح اشغال اراضی
p.p.	port payé	هزینهٔ حمل پرداخت شده
P.&.P.	pertes et profits	ضرر و منفعت، سود و زیان
P.R.	1.Parti républicain 2.poste restante	۱. حزب جمهوری‌خواه ۲. پست رِستانت
P.R.S.	Parti radical-socialiste	حزب رادیکال‌سوسیالیست
P.S.	Parti socialiste	حزب سوسیالیست
P.-S.	post-scriptum (après l'écriture)	پی‌نوشت، بعدالتحریر
Px	prix	قیمت، بها
P. & T.	Postes et télécommunications (= postes, télégraphes, téléphones)	پست و مخابرات (پست و تلگراف و تلفن)

P.T.T.	Postes, télégraphes, téléphones	پست و تلگراف و تلفن
P.-V.	procès-verbal	صورت‌مجلس
Q.G.	quartier général	مقر فرماندهی، قرارگاه کل
Q.I.	quotient intellectuel	ضریب هوشی، هوش‌بهر
r.	1.route; rue 2.recommandé	۱. جاده؛ کوچه، خیابان ۲. سفارشی
réf.	référence	مرجع، مأخذ
R.F.	République française	جمهوری فرانسه
R.G.	Renseignements généraux	سازمان اطلاعاتی (پلیس فرانسه)
R.N.	route nationale	[در فرانسه] جادهٔ ملی، جادهٔ بین‌شهری
R.S.V.P.	Répondez,s'il vous plaît	لطفاً پاسخ دهید
s	seconde	ثانیه
S.	sud	جنوب
S.A.	1.Société anonyme 2.Son Altesse	۱. شرکت سهامی ۲. [عنوان شاهزادگان] والاحضرت
S.A.M.U.	service d'aide médicale d'urgence	سرویس فوریت‌های پزشکی، سرویس اورژانس
S.A.R.L.	société anonyme à responsabilité limitée	شرکت سهامی با مسئولیت محدود
s.d.	sans date	بدون تاریخ
S.D.E.C.E.	Service de Documentation Extérieure et de Contre-Espionnage	ادارهٔ ضدجاسوسی (فرانسه)
S.D.N.	Société Des Nations	[بین دو جنگ جهانی] جامعهٔ ملل
S.E. (S.Exc.)	Son Excellence	[عنوان افتخاری سفرا، وزرا و اسقف‌ها] جناب، عالیجناب
SIDA	Syndrome Immuno-Déficitaire Aquis	(بیماری) اِیدز
S.Em.	Son Éminence	[عنوان کاردینال‌ها] عالیجناب
S.F.	sans frais	بدون هزینه
S.G.D.G.	sans garantie du gouvernement	بدون ضمانت دولت
SI	système international (d'unités)	سیستم بین‌المللی (واحدها)
S.J.	Société de Jésus (jésuites)	انجمن عیسی (یسوعیون)
sle	succursale	شعبه
S.M.	Sa Majesté	[عنوان پادشاهان] اعلیحضرت
S.N.C.F.	Société Nationale des Chemins de fer Français	شرکت ملی راه‌آهن فرانسه
S.N.E.S.	Syndicat national de l'enseignement secondaire	اتحادیه ملی آموزش متوسطه
S.N.E.-sup	Syndicat national de l'enseignement supérieur	اتحادیه ملی آموزش عالی

S.N.I.	Syndicat national des instituteurs	اتحادیه ملی آموزگاران
S.O.S.	save our souls	[علامت تلگرافی خطر] کمک
S.P.A.	Société protectrice des animaux	انجمن حمایت از حیوانات
S.R.	Service de renseignements	سرویس خبری
S.S.	1.Sa Sainteté 2.Sécurité sociale	۱. [عنوان پاپ] حضرت ۲.(سازمان) تأمین اجتماعی، بیمهٔ اجتماعی
S/S	steam ship	کشتی بخار
St, Ste	saint, sainte	مقدس، قدیس، قدیسه
Sté	société	شرکت، انجمن
suiv.	suivant	بعد، بعدی
S.V.P.	s'il vous plaît	لطفاً
t.	tome	جلد، مجلد، دفتر
T	tonne	تُن
T.	tare	وزن ظرف
Tel.	téléphone	(شمارهٔ) تلفن
T.G.V.	train à grande vitesse	قطار فوق‌سریع
T.N.P.	Théâtre national populaire	تئاتر ملی مردمی
T.P.	travaux pratiques	[دانشگاه] کارهای عملی، دروس عملی
T.S.	tarif spécial	تعرفهٔ ویژه
T.S.F.	télégraphie sans fil	تلگراف بی‌سیم
T.S.V.P.	Tournez, s'il vous plaît	لطفاً ورق بزنید
TU	temps universel	وقت بین‌المللی
T.V.	télévision	تلویزیون
U.E.O.	Union de l'Europe Occidentale	اتحادیه اروپای غربی
U.E.R.	Unité d'enseignement et recherche	[در دانشگاه] واحد آموزشی و پژوهشی
U.F.I.	Union des Foires Internationales	اتحادیه نمایشگاه‌های بین‌المللی
U.I.T.	Union Internationale des Télécommucations	اتحادیه بین‌المللی مخابرات
U.N.E.F.	Union nationale des étudiants français	اتحادیه ملیِ دانشجویان فرانسه
UNESCO	United Nations Educational, Scientific and Cultural Organization	یونسکو: سازمان آموزشی، علمی و فرهنگی ملل متحد
UNICEF	United Nations International Children's Emergency Fund	یونیسف: صندوق بین‌المللی سازمان ملل متحد برای کمک به کودکان
U.P.U.	Union Postale Universelle	اتحادیه جهانی پست
U.R.S.S.	Union des Républiques Socialistes Soviétiques	[در قدیم] اتحاد جماهیر سوسیالیستی شوروی

U.V.	ultra-violet	فرابنفش، ماوراءبنفش
v.	voir	رجوع کنید به، رجوع شود به، نگاه کنید به
V	volt	ولت
var.	variante	نسخهٔ بدل
v.o.	version originale	روایت اصلی، زبان اصلی
vol.	volume	جلد، مجلد
Vve	veuve	بیوه
W	watt	وات
W.C.	water-closet	توالت، دستشویی
W.R.	wagon-restaurant	واگن غذاخوری
X	anonyme, inconnu	مجهول، فلان، ایکس
&	et	وَ

2

NOMS GÉOGRAPHIQUES

نام‌های جغرافیایی

در زبان فرانسه، اسامی و صفات مربوط به نام‌های جغرافیایی دارای دو صورت مؤنث و مذکرند. در پی‌افزود حاضر، ابتدا نام مکان جغرافیایی و در ذیل آن اسم مربوط به اهالی (با قلم نازک) آمده که حرف آغازین آن الزاماً به صورت بزرگ (majuscules) نوشته می‌شود. چنانچه این اسامی به صورت صفت به کار روند، حرف نخستین آنها کوچک (minuscules) نوشته می‌شود. مثلِ:

africain,e (مربوط به) افریقا، افریقایی

برخی از اسامی مندرج در این فهرست، به لحاظ اهمیت، در متن فرهنگ نیز آمده‌اند.

Abyssinie *nf* حبشه
Abyssinien,enne; Abyssin,e حبشی
Afghânistân *nm* افغانستان
Afghân,e افغانی، افغان
Afrique *nf* افریقا
Africain,e افریقایی
Afrique du Nord افریقای شمالی
Nord-Africain,e اهل افریقای شمالی
Afrique du Sud افریقای جنوبی
Sud-Africain,e اهل افریقای جنوبی
Aix-en-Provence اِکس‌آن‌پرووانس
Aixois,e اِکس‌آن‌پرووانسی
Albanie *nf* آلبانی
Albanais,e آلبانیایی
Alger الجزیره
Algérois,e الجزیره‌ای
Algérie *nf* الجزایر
Algérien,enne الجزایری
Allemagne *nf* آلمان
Allemand,e آلمانی
Alsace *nf* آلزاس
Alsacien,enne آلزاسی
Amérique *nf* امریکا
Américain,e امریکایی
Amsterdam آمستردام
Amstellodamien,enne; Amstellodamois,e آمستردامی
Andorre *nf* آندورا
Andorran,e آندورایی
Angleterre *nf* انگلستان
Anglais,e انگلیسی
Angola *nm* آنگولا
Angolais,e آنگولایی
Antilles *nf.pl* آنتیل
Antillais,e آنتیلی، اهل آنتیل

Arabie *nf* عربستان
Arabe عرب
Argentine *nf* آرژانتین
Argentin,e آرژانتینی
Arles آرل
Arlésien,enne آرلی
Arménie *nf* ارمنستان
Arménien,enne ارمنی
Arras آراس
Arrageois,e آراسی
Asie *nf* آسیا
Asiatique; Asiate آسیایی
Athènes آتن
Athénien,enne آتنی
Australie *nf* استرالیا
Australien,enne استرالیایی
Autriche *nf* اتریش
Autrichien,enne اتریشی
Avignon آوینیون
Avignonnais,e آوینیونی
Baltique *nf* بالتیک
Balte بالتیکی
Barcelone بارسلون
Barcelonais,e بارسلونی
Basque (pays) باسک
Basque,Basquaise; Euscarien,enne باسکی
Belgique *nf* بلژیک
Belge بلژیکی
Bengale *nm* بنگال
Bengali; Bengalais,e بنگالی
Berlin برلین
Berlinois,e برلینی
Berne برن
Bernois,e برنی

Besançon	بزانسون
Berrichon,onne	بزانسونى
Biélorussie nf	بيلوروسى
Biélorusse	بيلوروس
Birmanie nf	بيرمانى
Birman,e	بيرمانيايى
Bolivie nf	بُليوى
Bolivien,enne	بليويايى
Bologne	بُلُنْىْ
Bolonais,e	بُلنيايى
Bordeaux	بُردو
Bordelais,e	بردويى
Bosnie nf	بُسنى
Bosniaque; Bosnien,enne	بُسنيايى
Boston	بُسْتُن
Bostonien,enne	بُسْتنى
Bourgogne nf	بورگُنْىْ
Bourguignon,onne	بورگُنيايى
Brésil nm	برزيل
Brésilien,enne	برزيلى
Brest	برست
Bressan,e	برستى
Bretagne nf	برُتانْىْ
Breton,onne	برُتانيايى
Briançon	بريانسون
Briançonnais,e	بريانسونى
Bruxelles	بروكسيل
Bruxellois,e	بروكسيلى
Bulgarie nf	بلغارستان
Bulgare	بلغارى، بلغار
Caire (le) nm	قاهره
Cadurcien,enne	قاهرهاى
Calédonie nf	كالدونيا
Calédonien,enne	كالدونيايى
Californie nf	كاليفرنيا
Californien,enne	كاليفرنيايى
Cambodge nm	كامبوج
Cambodgien,enne	كامبوجى
Cameroun nm	كامرون
Camerounais,e	كامرونى
Canada nm	كانادا
Canadien,enne	كانادايى

Cannes	كَنْ
Cannois,e; Cannais,e	كَنى
Caraïbes nf.pl	كاراثيب
Caraïbe	كاراثيبى
Catalogne nf	كاتالونْىْ
Catalan,e	كاتالونيايى
Caucase nm	قفقاز
Caucasien,enne	قفقازى
Ceylan	سيلان
Cingalais,e	سيلانى
Champagne nf	شامپانْىْ
Champenois,e	شامپانيايى
Chili nm	شيلى
Chilien,enne	شيليايى
Chine nf	چين
Chinois,e	چينى
Chypre nf	قبرس
Chypriote; Cypriote	قبرسى
Colombie nf	كلمبيا
Colombien,enne	كلمبيايى
Congo nm	كنگو
Congolais,e	كنگويى
Corée nf	كره
Coréen,enne	كرهاى
Corée du Nord nf	كره شمالى
Nord-Coréen,enne	اهل كره شمالى
Corée du Sud nf	كره جنوبى
Sud-Coréen,enne	اهل كره جنوبى
Corse nf	كُرْس
Corse	كُرسى
Costa-Rica nf,nm	كاستاريكا
Costa-Ricain,e; Costaricien,enne	
	كاستاريكايى
Côte d'Ivoire nf	ساحل عاج
Ivoirien,enne	ساحل عاجى
Crète nf	كرت
Crétois,e	كرتى
Croatie nf	كرواسى
Croate	كروات
Cuba nf	كوبا
Cubain,e	كوبايى

Dahomey *nm* داهومه
Dahoméen,enne اهل داهومه
Damas دمشق
Damascène دمشقی
Danemark *nm* دانمارک
Danois,e دانمارکی
Dijon دیژون
Dijonnais,e دیژونی
Dominicaine (République) جمهوری دومینیکن
Dominicain,e دومینیکنی
Écosse *nf* اسکاتلند
Écossais,e اسکاتلندی
Égypte *nf* مصر
Égyptien,enne مصری
Équateur *nm* اِکوادور
Équatorien,enne اِکوادوری
Espagne *nf* اسپانیا
Espagnol,e اسپانیایی
Estonie *nf* اِستونی
Estonien,enne اِستونیایی
Éthiopie *nf* اِتیوپی
Éthiopien,enne اِتیوپیایی
Europe *nf* اروپا
Européen,enne اروپایی
Finlande *nf* فنلاند
Finlandais,e; Finnois,e فنلاندی
Flandre(s) *nf (.pl)* فلاندْر
Flamand,e فلاندْری، فلامان
Florence فلورانس
Florentin,e فلورانسی
Fontainebleau فونتِنبلو
Bellifontain,e فونتِنبلویی
Formose *nf* فُرمُز، تایوان، چین ملی
Formosan,e تایوانی
France *nf* فرانسه
Français,e فرانسوی
Gabon *nm* گابُن
Gabonnais,e گابُنی
Gambie *nf* گامبیا
Gambien,enne گامبیایی
Gascogne *nf* گاسکُنی
Gascon,onne گاسکُنیایی
Genève ژنو
Genevois,e ژنوی
Géorgie *nf* گرجستان
Géorgien,enne گرجستانی
Germanie *nf* آلمان
Germain,e آلمانی
Ghana *nm* غَنا
Ghanéen,enne غَنایی
Grande-Bretagne *nf* بریتانیای کبیر
Britannique بریتانیایی، اهل بریتانیا
Grèce *nf* یونان
Grec,Grecque یونانی
Grenoble گرونوبْل
Grenoblois,e گرونوبْلی
Groenland *nm* گرینلند
Groenlandais,e گرینلندی
Guadeloupe *nf* گوادلوپ
Guadeloupéen,enne گوادلوپی
Guatemala *nm* گواتمالا
Guatemalien,enne; Guatemaltèque گواتمالایی
Guinée *nf* گینه
Guinéen,enne گینه‌ای
Guyane *nf* گویان
Guyanais,e گویانی
Haïti *nf* هائیتی
Haïtien,enne هائیتیایی
Hambourg هامبورگ
Hambourgeois,e هامبورگی
Haute-Volta *nf* وُلتای عُلیا
Voltaïque وُلتای عُلیایی
Havane (la) *nf* هاوانا
Havanais,e هاوانایی
Havre (le) *nm* هاوْر
Havrais,e هاوْری
Hawaii (îles) *nf (.pl)* (جزایر) هاوایی
Hawaiien,enne اهل هاوایی
Hollande *nf* هلند
Hollandais,e هلندی

921 **Malaisie**

Honduras *nm* هندوراس
Hondurien,enne هندوراسی
Hongrie *nf* مجارستان
Hongrois,e; Magyar,e مجارستانی، مجار، مجاری
Inde *nf* هند، هندوستان
Indien,enne هندی
Indochine *nf* هندوچین
Indochinois,e هندوچینی
Indonésie *nf* اندونزی
Indonésien,enne اندونزیایی
Ionie *nf* ایونی
Ionien,enne ایونیایی
Iran *nm* ایران
Iranien,enne ایرانی
Iraq; Irak *nm* عراق
Iraqien,enne; Irakien,enne عراقی
Irlande *nf* ایرلند
Irlandais,e ایرلندی
Islande *nf* ایسلند
Islandais,e ایسلندی
Israël *nm* اسرائیل
Israélien,enne اسرائیلی
Italie *nf* ایتالیا
Italien,enne ایتالیایی
Jamaïque *nf* جامائیکا
Jamaïquain,e جامائیکایی
Japon *nm* ژاپن
Japonais,e ژاپنی
Java *nf* جاوه
Javanais,e جاوه‌ای
Jérusalem اورشلیم
Hiérosolymite; Hiérosolymitain,e اورشلیمی
Jordanie *nf* اُردن
Jordanien,enne اُردنی
Katanga *nm* کاتانگا
Katangais,e کاتانگایی
Kazakhstan *nm* قزاقستان
Kazak(h) قزاق
Kirghizistan *nm*; **Kirghizie** *nf* قرقیزستان
Kirghiz,e قرقیز، قرقیزی
Koweit *nm* کویت
Koweitien,enne کویتی
Laos *nm* لائوس
Laotien,enne لائوسی
Lausanne لوزان
Lausannois,e لوزانی
Lettonie *nf* لِتونی
Lette; Letton,on(n)e لِتونیایی
Liban *nm* لبنان
Libanais,e لبنانی
Libéria *nm* لیبریا
Libérien,enne لیبریایی
Libye *nf* لیبی
Libyen,enne لیبیایی
Lille لیل
Lillois,e لیلی
Lima لیما
Liménien,enne لیمایی
Limousin *nm* لیموزَن
Limousin,e لیموزَنی
Lisbonne لیسبون
Lisbonnin,e لیسبونی
Lituanie *nf* لیتوانی
Lit(h)uanien,enne لیتوانیایی
Lombardie *nf* لُمباردی
Lombard,e لُمباردیایی
Londres لندن
Londonien,enne لندنی
Lorraine *nf* لُرِن
Lorrain,e لُرِنی
Luxembourg *nm* لوگزامبورگ
Luxembourgeois,e لوگزامبورگی
Lyon لیون
Lyonnais,e لیونی
Macédonie *nf* مقدونیه
Macédonien,enne مقدونی
Madagascar *nf* ماداگاسکار
Malgache; Madécasse ماداگاسکاری
Madrid مادرید
Madrilène مادریدی
Malaisie; Malaysia *nf* مالزی
Malais,e; Malaysien,enne مالزیایی

Mali *nm* مالی
Malien,enne مالیایی
Malte *nf* مالت
Maltais,e مالتی
Mandchourie *nf* منچوری
Mandchou,e منچوریایی
Maroc *nm* مراکش
Marocain,e مراکشی
Marseille مارسِی
Marseillais,e اهل مارسِی
Martinique *nf* مارتینیک
Martiniquais,e *nf* مارتینیکی
Mauritanie *nf* موریتانی
Maure,Moresque; More, Moresque; Mauritanien,enne موریتانیایی
Méditerranée *nf* مدیترانه
Méditerranéen,enne مدیترانه‌ای
Mélanésie *nf* مِلانِزی
Mélanésien,enne مِلانِزیایی
Mésopotamie *nf* بین‌النهرین
Mésopotamien,enne بین‌النهرینی
Mexique *nm* مکزیک
Mexicain,e مکزیکی
Milan میلان
Milanais,e میلانی
Moldavie *nf* مُلداوی
Moldave مُلداویایی
Monaco *nf,nm* موناکو
Monégasque موناکویی
Mongolie *nf* مغولستان
Mongol,e مغول، مغولستانی
Monténégro *nm* مونته‌نِگرو
Monténégrin,e مونته‌نِگرویی
Montmartre مونمارتر
Montmartrois,e مونمارتری
Montpellier مونپِـلیه
Montpelliérain,e مونپِـلیه‌ای
Montréal مونترال
Montréalais,e مونترالی
Moscou مسکو
Moscovite مسکویی

Munich مونیخ
Munichois,e مونیخی
Nancy نانسی
Nancéien,enne; Nancéen,enne نانسیایی
Nantes نانت
Nantais,e نانتی
Naples ناپل
Napolitain,e ناپلی
Nazareth ناصره
Nazaréen,enne ناصری، نصرانی
Nederland *nm* هلند
Neéerlandais,e هلندی
Népal *nm* نِپال
Népalais,e نِپالی
New York نیویورک
New-Yorkais,e نیویورکی
Nicaragua *nm* نیکاراگوآ
Nicaraguayen,enne نیکاراگوآیی
Nice نیس
Niçois,e نیسی
Niger *nm* نیجر
Nigérien,enne نیجری
Nigéria *nm* نیجریه
Nigérian,e نیجریه‌ای
Nippon *nm* ژاپن
Nippon,onne ژاپنی
Normandie *nf* نُرماندی
Normand,e نُرماندیایی
Norvège *nf* نروژ
Norvégien,enne نروژی
Nouvelle-Calédonie *nf* کالدونیای نو
Néo-Calédonien,enne اهل‌کالدونیای نو
Nouvelle-Guinée *nf* گینهٔ نو
(Néo-)Guinéen,enne اهل گینهٔ نو
Nouvelle-Zélande *nf* زلاند نو
Néo-Zélandais,e اهل زلاند نو
Océanie *nf* اقیانوسیه
Océanien,enne اقیانوسیه‌ای
Orléans اورلِئان
Orléanais,e اورلئانی
Ouganda; Uganda *nm* اوگاندا
Ougandien,enne اوگاندایی

Ouzbekistan; Uzbekistan *nm* ازبکستان
Ouzbek ازبک، ازبکی
Oxford آکسفورد
Oxonien,enne; Oxfordien,enne آکسفوردی
Pakistan *nm* پاکستان
Pakistanais,e پاکستانی
Palerme پالرم
Palermitain,e پالرمی
Paléstine *nf* فلسطین
Paléstinien,enne فلسطینی
Palmyre پالمیر
Palmyrien,enne پالمیری
Panama *nm* پاناما
Panamien,enne; Panaméen,enne پانامایی
Paraguay *nm* پاراگوئه
Paraguayen,enne پاراگوئه‌ای
Paris پاریس
Parisien,enne پاریسی
Patagonie *nf* پاتاگونی
Patagon,e پاتاگونیایی
Pays-Bas *nm.pl* هلند
Néerlandais,e هلندی
Pékin پکن
Pékinois,e پکنی
Pennsylvanie *nf* پنسیلوانیا
Pennsylvanien,enne پنسیلوانیایی
Pérou *nm* پرو
Pérouvien,enne پرویی
Perse *nf* پارس
Persan,e پارسی
Philadelphie فیلادلفیا
Philadelphien,enne فیلادلفیایی
Philippines *nf.pl* فیلیپین
Philippin,e فیلیپینی
Picardie *nf* پیکاردی
Picard,e پیکاردیایی
Poitiers پواتیه
Poitevin,e پواتیه‌ای
Pologne *nf* لهستان
Polonais,e لهستانی
Polynésie *nf* پُلینزی
Polynésien,enne پُلینزیایی
Porto-Rico *nm* پُرتوریکو
Porto-Ricain,e پُرتوریکویی
Portugal *nm* پرتغال
Portugais,e پرتغالی
Provence *nf* پرووانْس
Provençal,e پرووانْسی
Prusse *nf* پروس
Prussien,enne پروسی
Québec *nm* کِبِک
Québécois,e کِبِکی
Reims رَنس
Rémois,e رَنسی
Rhodésie *nf* رودِزیا
Rhodésien,enne رودِزیایی
Rome رُم
Romain,e رُمی
Rouen روآن
Rouennais,e روآنی
Roumanie *nf* رومانی
Roumain,e رومانیایی
Russie *nf* روسیه
Russe روس
Saint-Cloud سَن‌کلو
Clodoaldien,enne سَن‌کلوئی
Saint-Étienne سَن‌اِتیِن
Stéphanois,e سَن‌اِتیِنی
Sardaigne *nf* ساردِنْی
Sarde ساردِنیایی
Savoie *nf* ساووآ
Savoyard,e ساووآیی
Scandinavie *nf* اسکاندیناوی
Scandinave اسکاندیناویایی
Sénégal *nm* سِنِگال
Sénégalais,e سِنِگالی
Serbie *nf* صِربستان
Serbe صِرب
Séville سِویل
Sévillan,e سِویلی
Siam *nm* سیام
Siamois,e سیامی

Sibérie 924

Sibérie *nf* سیبری
Sibérien,enne سیبریایی
Sicile *nf* سیسیل
Sicilen,enne سیسیلی
Slovaquie *nf* اسلواکی
Slovaque اسلواک، اسلواکیایی
Slovénie *nf* اِسلووِنی
Slovène اِسلووِنیایی
Somalie *nf* سومالی
Somalien,enne سومالیایی
Soudan *nm* سودان
Soudanais,e; Soudanien,enne سودانی
Strasbourg اِستراسبورگ
Strasbourgeois,e اِستراسبورگی
Suède *nf* سوئد
Suédois,e سوئدی
Suisse *nf* سوئیس
Suisse; Helvétique سوئیسی
Syrie *nf* سوریه
Syrien,enne سوری
Tahiti *nf* تاهیتی
Tahitien,enne تاهیتیایی
Tasmanie *nf* تاسمانی
Tasmanien,enne تاسمانیایی
Tartarie *nf* تاتارستان
Tartare تاتار
Tchad *nm* چاد
Tchadien,enne چادی
Tchèque *nf* چِک
Tchèque چِک
Texas *nm* تگزاس
Texan,anne تگزاسی
Thaïlande *nf* تایلند
Thaïlandais,e تایلندی
Tibet *nm* تبت
Tibétain,e تبتی
Togo *nm* توگو
Togolais,e توگویی
Toscane *nf* توسکان
Toscan,e توسکانی
Toulon تولون
Toulonnais,e تولونی
Toulouse تولوز
Toulousain,e تولوزی
Transylvanie *nf* ترانسیلوانیا
Transylvain,e; Transylvanien,enne ترانسیلوانیایی
Tunis [شهر] تونس
Tunisois,e تونسی
Tunisie *nf* [کشور] تونس
Tunisien,enne تونسی
Turkménistan *nm* ترکمنستان
Turkmène ترکمن
Turquie *nf* ترکیه
Turc,Turque ترک
Ukraine *nf* اوکراین
Ukrainien,enne اوکراینی
Uruguay *nm* اوروگوئه
Uruguayen,enne اوروگوئه‌ای
Varsovie ورشو
Varsovien,enne ورشویی
Vendôme واندوم
Vendômois,e واندومی
Vénézuela *nm* ونزوئلا
Vénézuélien,enne ونزوئلایی
Venise ونیز
Venitien,enne ونیزی
Versailles وِرسای
Versaillais,e وِرسایی
Vichy ویشی
Vichyssois,e ویشیایی
Vienne وین
Viennois,e وینی
Viêt-nam *nm* ویتنام
Vietnamien,enne ویتنامی
Vosges *nf.pl* وُژ
Vosgien,enne وُژی، اهل وُژ
Wallonie *nf* والونی
Wallon,onne والونیایی
Wurtemberg *nm* وورتِمبِرگ
Wurtembergeois,e وورتِمبِرگی
Yemen *nm* یمن
Yéménite یمنی

Yougoslavie *nf* یوگسلاوی
Yougoslave یوگسلاو
Zaïre *nm* زئیر
Zaïrois,e زئیری
Zambie *nf* زامبیا
Zambien,enne زامبیایی
Zélande *nf* زِلاند
Zélandais,e زِلاندی
Zurich زوریخ
Zurichois,e زوریخی

Yougoslavie, v		Zélande, v	
Yougoslave		Zélandais, e	
Zaïre, nm		Zurich	
Zaïrois, e		Zurichois, e	
Zambie, nf			
Zambien, enne			

3

CONJUGAISON DES VERBES FRANÇAIS
صرف افعال فرانسه

افعال زبان فرانسه به سه گروه تقسیم می‌شوند:
ـ گروه اول، افعالی که به er- ختم می‌شوند. این افعال باقاعده‌اند و طبق الگویی واحد صرف می‌شوند. مانندِ:

arriver, marcher

با این حال، صرف بعضی از افعالِ این گروه تابع قواعد خاصی است. از جمله:

aller, envoyer

ـ گروه دوم، افعال مختوم به ir-، که آنها نیز باقاعده‌اند. مانندِ:

finir, choisir

ـ افعال گروه سوم به ir- یا re- و یا oir- ختم می‌شوند و بی‌قاعده‌اند. مانندِ:

courir, prendre, voir

اما افعالِ این گروه را نیز می‌توان به دسته‌های مختلف تقسیم نمود. مثلاً افعال زیر همه مانند فعلِ rendre صرف می‌شوند:

vendre, dépendre, entendre, perdre, corrompre, confondre, ...

از این‌رو در متن فرهنگ، در کنار همهٔ افعالِ مذکور، شمارهٔ 41 آمده است. با مراجعه به شمارهٔ 41 در این بخش، به فعلِ rendre برمی‌خوریم که به عنوان الگوی صرفی در زمان‌های مختلف صرف شده است.

(1) **arriver,** **se reposer**

افعالِ باقاعدهٔ گروه اول (صفحات 962 تا 965)

(2) **finir**

افعالِ باقاعدهٔ گروه دوم (صفحات 966 و 967)

۱. افعال مختوم به -er (افعال گروه اول)

(3) placer[1]

Présent	Future	Participe Passé
je place	je placerai	placé,e
tu places	tu placeras	
il place	il placera	
nous plaçons	nous placerons	
vous plaçez	vous placerez	
ils placent	ils placeront	

Imparfait	Passé Simple	Subjonctif
je plaçais	je plaçai	que je place
tu plaçais	tu plaças	que tu places
il plaçait	il plaça	qu'il place
nous placions	nous plaçâmes	que nous placions
vous placiez	vous plaçâtes	que vous placiez
ils plaçaient	ils placèrent	qu'ils placent

۱. افعالِ مختوم به -ecer (مثلِ dépecer)، مانندِ placer و geler صرف می‌شوند. افعالِ مختوم به -écer (مثلِ rapiécer)، مانندِ céder و placer صرف می‌شوند.

bouger[1]

Présent	Future	Participe Passé
je bouge	je bougerai	bougé,e
tu bouges	tu bougeras	
il bouge	il bougera	
nous bougeons	nous bougerons	
vous bougez	vous bougerez	
ils bougent	ils bougeront	

Imparfait	Passé Simple	Subjonctif
je bougeais	je bougeai	que je bouge
tu bougeais	tu bougeas	que tu bouges
il bougeais	il bougea	qu'il bouge
nous bougions	nous bougeâmes	que nous bougions
vous bougiez	vous bougeâtes	que vous bougiez
ils bougeaient	ils bougèrent	qu'ils bougent

(4) appeler

Présent	Future	Participe Passé
j'appelle	j'appellerai	appelé,e
tu appelles	tu appelleras	
il appelle	il appellera	
nous appelons	nous appellerons	
vous appelez	vous appellerez	
ils appellent	ils appelleront	

Imparfait	Passé Simple	Subjonctif
j'appelais	j'appelai	que j'appelle
tu appelais	tu appelas	que tu appelles
il appelait	il appela	qu'il appelle
nous appelions	nous appelâmes	que nous appelion
vous appeliez	vous appelâtes	que vous appeliez
ils appelaient	ils appelèrent	qu'ils appellent

---

۱. افعالِ مختوم به -éger (مثلِ protéger)، مانندِ bouger و céder صرف می‌شوند.

jeter

Présent	Future	Participe Passé
je jette	je jetterai	jeté,e
tu jettes	tu jetteras	
il jette	il jettera	
nous jetons	nous jetterons	
vous jetez	vous jetterez	
ils jettent	ils jetteront	

Imparfait	Passé Simple	Subjonctif
je jetais	je jetai	que je jette
tu jetais	tu jetas	que tu jettes
il jetait	il jeta	qu'il jette
nous jetions	nous jetâmes	que nous jetions
vous jetiez	vous jetâtes	que vous jetiez
ils jetaient	ils jetèrent	qu'ils jettent

(5) geler

Présent	Future	Participe Passé
je gèle	je gèlerai	gelé,e
tu gèles	tu gèleras	
il gèle	il gèlera	
nous gelons	nous gèlerons	
vous gelez	vous gèlerez	
ils gèlent	ils gèleront	

Imparfait	Passé Simple	Subjonctif
je gelais	je gelai	que je gèle
tu gelais	tu gelas	que tu gèles
il gelait	il gela	qu'il gèle
nous gelions	nous gelâmes	que nous gelions
vous geliez	vous gelâtes	que vous geliez
ils gelaient	ils gelèrent	qu'ils gèlent

acheter[1]

Présent	Future	Participe Passé
j'achète	j'achèterai	acheté,é
tu achètes	tu achèteras	
il achète	il achètera	
nous achetons	nous achèterons	
vous achetez	vous achèterez	
ils achètent	ils achèteront	

Imparfait	Passé Simple	Subjonctif
j'achetais	j'achetai	que j'achète
tu achetais	tu achetas	que tu achète
il achetait	il acheta	qu'il achète
nous achetions	nous achetâmes	que nous achetions
vous achetiez	vous achetâtes	que vous achetiez
ils achetaient	ils achetèrent	qu'ils achètent

(6) céder[2]

Présent	Future	Participe Passé
je cède	je céderai	cédé,e
tu cèdes	tu céderas	
il cède	il cédera	
nous cédons	nous céderons	
vous cédez	vous céderez	
ils cèdent	ils céderons	

Imparfait	Passé Simple	Subjonctif
je cédais	je cédai	que je cède
tu cédais	tu cédas	que tu cèdes
il cédait	il céda	qu'il cède
nous cèdions	nous cédâmes	que nous cédions
vous cédiez	vous cédâtes	que vous cédiez
ils cédaient	ils cédèrent	qu'ils cèdent

---

۱. افعالِ مختوم به -emer (مثلِ semer)، -ener (مثلِ mener)، -eser (مثلِ peser)، -ever (مثلِ lever) نیز این‌گونه صرف می‌شوند.

۲. افعالِ مختوم به -é + همخوان + -er (مثلِ célébrer, lécher, déléguer, préférer و غیره.) نیز این‌گونه صرف می‌شوند.

(7) épier

Présent	Future	Participe Passé
j'épie	j'épierai	épié,e
tu épies	tu épieras	
il épie	il épiera	
nous épions	nous épierons	
vous épiez	vous épierez	
ils épient	ils épieront	

Imparfait	Passé Simple	Subjonctif
j'épiais	j'épiai	que j'épie
tu épiais	tu épias	que tu épies
il épiait	il épia	qu'il épie
nous épiions	nous épiâmes	que nous épiions
vous épiiez	vous épiâtes	que vous épiiez
ils épiaient	ils épièrent	qu'ils épient

(8) noyer[1]

Présent	Future	Participe Passé
je noie	je noierai	noyé,e
tu noies	tu noieras	
il noie	il noiera	
nous noyons	nous noierons	
vous noyez	vous noierez	
ils noient	ils noieront	

Imparfait	Passé Simple	Subjonctif
je noyais	je noyai	que je noie
tu noyais	tu noyas	que tu noies
il noyait	il noya	qu'il noie
nous noyions	nous noyâmes	que nous noyions
vous noyiez	vous noyâtes	que vous noyiez
ils noyaient	ils noyèrent	qu'ils noient

---

۱. افعالِ مختوم به uyer- (مثلِ appuyer) نیز این‌گونه صرف می‌شوند. زمان آیندهٔ envoyer، عبارتِ j'enverrai و زمانِ حال شرطيِ آن j'enverrais است.

payer[1]

Présent
je paie (paye)
tu paies (payes)
il paie (paye)
nous payons
vous payez
ils paient (payent)

Future
je paierai (payerai)
tu paieras (payeras)
il paiera (payera)
n. paierons (payerons)
v. paierez (payerez)
ils paierons (payeront)

Participe Passé
payé,e

Imparfait
je payais
tu payais
il payait
nous payions
vous payiez
ils payaient

Passé Simple
je payai
tu payas
il paya
nous payâmes
vous payâtes
ils payèrent

Subjonctif
que je paie (paye)
que tu paies (payes)
qu'il paie (paye)
que nous payions
que vous payiez
qu'ils paient (payent)

(صفحاتِ 968 و 969) **aller** (9)

---

١. همهٔ افعالِ مختوم به ayer- نیز این‌گونه صرف می‌شوند.

۲. افعال بی‌قاعدهٔ مختوم به ir- (افعال گروه سوم)

(10) haïr

Présent
je hais
tu hais
il hait
nous haïssons
vous haïssez
ils haïssent

Future
je haïrai
tu haïras
il haïra
nous haïrons
vous haïrez
ils haïrons

Participe Passé
haï,e

Imparfait
je haïssais
tu haïssais
il haïssait
nous haïssions
vous haïssiez
ils haïssaient

Passé Simple
je haïs
tu haïs
il haït
nous haïmes
vous haïtes
ils haïrent

Subjonctif
que je haïsse
que tu haïsses
qu'il haïsse
que nous haïssions
que vous haïssiez
qu'ils haïssent

(11) courir

Présent
je cours
tu cours
il court
nous courons
vous courez
ils courent

Future
je courrai
tu courras
il courra
nous courrons
vous courrez
ils courront

Participe Passé
couru,e

Imparfait
je courais
tu courias
il courait
nous courions
vous couriez
ils couraient

Passé Simple
je courus
tu courus
il courut
nous courûmes
vous courûtes
ils coururent

Subjonctif
que je coure
que tu coures
qu'il coure
que nous courions
que vous couriez
qu'ils courent

(12) cueillir

Présent
je cueille
tu cueilles
il cueille
nous cueillons
vous cueillez
ils cueillent

Future
je cueillerai
tu cueilleras
il cueillera
nous cueillerons
vous cueillerez
ils cueilleront

Participe Passé
cueilli,e

Imparfait
je cueillais
tu cueillais
il cueillait
nous cueillions
vous cueilliez
ils cueillaient

Passé Simple
je cueillis
tu cueillis
il cueillit
nous cueillîmes
vous cueillîtes
ils cueillirent

Subjonctif
que je cueille
que tu cueilles
qu'il cueille
que nous cueillions
que vous cueilliez
qu'ils cueillent

(13) assaillir

Présent
j'assaille
tu assailles
il assaille
nous assaillons
vous assaillez
ils assaillent

Future
j'assaillirai
tu assailliras
il assaillira
nous assaillirons
vous assaillirez
ils assailliront

Participe Passé
assailli,e

Imparfait
j'assaillais
tu assaillais
il assaillait
nous assaillions
vous assailliez
ils assaillaient

Passé Simple
j'assaillis
tu assaillis
il assaillit
nous assaillîmes
vous assaillîtes
ils assaillirent

Subjonctif
que j'assaille
que tu assailles
qu'il assaille
que nous assaillions
que vous assailliez
qu'ils assaillent

(14) **servir**

Présent	Future	Participe Passé
je sers	je servirai	servi,e
tu sers	tu serviras	
il sert	il servira	
nous servons	nous servirons	
vous servez	vous servirez	
ils servent	ils serviront	

Imparfait	Passé Simple	Subjonctif
je servais	je servis	que je serve
tu servais	tu servis	que tu serves
il servait	il servit	qu'il serve
nous servions	nous servîmes	que nous servions
vous serviez	vous servîtes	que vous serviez
ils servaient	ils servirent	qu'ils servent

(15) **bouillir**

Présent	Future	Participe Passé
je bous		bouilli,e
tu bous	je bouillirai	
il bout	tu bouilliras	
nous bouillons	il bouillira	
vous bouillez	nous bouillirons	
vous bouillez	vous bouillirez	
ils bouillent	ils bouilliront	

Imparfait	Passé Simple	Subjonctif
je bouillais	je bouillis	que je bouille
tu bouillais	tu bouillis	que tu bouilles
il bouillait	il bouillit	qu'il bouille
nous bouillions	nous bouillîmes	que nous bouillions
vous bouilliez	vous bouillîtes	que vous bouilliez
ils bouillaient	ils bouillirent	qu'ils bouillent

(16) partir

Présent	Future	Participe Passé
je pars	je partirai	parti,e
tu pars	tu partiras	
il part	il partira	
nous partons	nous partirons	
vous partez	vous partirez	
ils partent	ils partiront	

Imparfait	Passé Simple	Subjonctif
je partais	je partis	que je parte
tu partais	tu partis	que tu partes
il partait	il partit	qu'il parte
nous partions	nous partîmes	que nous partions
vous partiez	vous partîtes	que vous partiez
ils partaient	ils partirent	qu'ils partent

sentir[١]

Présent	Future	Participe Passé
je sens	je sentirai	senti,e
tu sens	tu sentiras	
il sent	il sentira	
nous sentons	nous sentirons	
vous sentez	vous sentirez	
ils sentent	ils sentiront	

Imparfait	Passé Simple	Subjonctif
je sentais	je sentis	que je sente
tu sentais	tu sentis	que tu sentes
il sentait	il sentit	qu'il sente
nous sentions	nous sentîmes	que nous sentions
vous sentiez	vous sentîtes	que vous sentiez
ils sentaient	ils sentirent	qu'ils sentent

---

۱. واژهٔ menti (اسم مفعولِ فعلِ mentir) صورتِ مؤنث ندارد.

(17) fuir

Présent	Future	Participe Passé
je fuis	je fuirai	fui,e
tu fuis	tu fuiras	
il fuit	il fuira	
nous fuyons	nous fuirons	
vous fuyez	vous fuirez	
ils fuient	ils fuiront	

Imparfait	Passé Simple	Subjonctif
je fuyais	je fuis	que je fuie
tu fuyais	tu fuis	que tu fuies
il fuyait	il fuit	qu'il fuie
nous fuyions	nous fuîmes	que nous fuyions
vous fuyiez	vous fuîtes	que vous fuyiez
ils fuyaient	ils fuirent	qu'ils fuient

(18) couvrir

Présent	Future	Participe Passé
je couvre	je couvrirai	couvert,e
tu couvres	tu couvriras	
il couvre	il couvrira	
nous couvrons	nous couvrirons	
vous couvrez	vous couvrirez	
ils couvrent	ils couvriront	

Imparfait	Passé Simple	Subjonctif
je couvrais	je couvris	que je couvre
tu couvrais	tu couvris	que tu couvres
il couvrait	il couvrit	qu'il couvre
nous couvrions	nous couvrîmes	que nous couvrions
vous couvriez	vous couvrîtes	que vous couvriez
ils couvraient	ils couvrirent	qu'ils couvrent

(19) mourir

Présent	Future	Participe Passé
je meurs	je mourrai	mort,e
tu meurs	tu mourras	
il meurt	il mourra	
nous mourons	nous mourrons	
vous mourez	vous mourrez	
ils meurent	ils mourront	

Imparfait	Passé Simple	Subjonctif
je mourais	je mourus	que je meure
tu mourais	tu mourus	que tu meures
il mourait	il mourut	qu'il meure
nous mourions	nous mourûmes	que nous mourions
vous mouriez	vous mourûtes	que vous mouriez
ils mouraient	ils moururent	qu'ils meurent

(20) vêtir

Présent	Future	Participe Passé
je vêts	je vêtirai	vêtu,e
tu vêts	tu vêtiras	
il vêt	il vêtira	
nous vêtons	nous vêtirons	
vous vêtez	vous vêtirez	
ils vêtent	ils vêtiront	

Imparfait	Passé Simple	Subjonctif
je vêtais	je vêtis	que je vête
tu vêtais	tu vêtis	que tu vêtes
il vêtait	il vêtit	qu'il vête
nous vêtions	nous vêtîmes	que nous vêtions
vous vêtiez	vous vêtîtes	que vous vêtiez
ils vêtaient	ils vêtirent	qu'ils vêtent

(21) acquérir

Présent	Future	Participe Passé
j'acquiers	j'acquerrai	acquis,s
tu acquiers	tu acquerras	
il acquiert	il qcuerra	
nous acquérons	nous acquérions	
vous acquérez	vous acquériez	
ils acquièrent	ils acquerront	

Imparfait	Passé Simple	Subjonctif
j'acquérais	j'acquis	que j'acquière
tu acquérais	tu acquis	que tu acquières
il acquérait	il acquit	qu'il acquière
nous acquérions	nous acquîmes	que nous acquérions
vous acquériez	vous acquîtes	que vous acquériez
ils acquéraient	ils acquirent	qu'ils acquièrent

(22) venir

Présent	Future	Participe Passé
je viens	je viendrai	venu,e
tu viens	tu viendras	
il vient	il viendra	
nous venons	nous viendrons	
vous venez	vous viendrez	
ils viennent	ils viendront	

Imparfait	Passé Simple	Subjonctif
je venais	je vins	que je vienne
tu venais	tu vins	que tu viennes
il venait	il vint	qu'il vienne
nous venions	nous vînmes	que nous venions
vous veniez	vous vîntes	que vous veniez
ils venaient	ils vinrent	qu'ils viennent

۳. افعال مختوم به oir- (افعال گروه سوم)

(23) **pleuvoir** (فعلِ ناقص)

Présent
il pleut

Future
il pleuvra

Participe Passé
plu

Imparfait
il pleuvait

Passé Simple
il plut

Subjonctif
qu'il pleuve

(24) **prévoir**

Présent
je prévois
tu prévois
il prévoit
nous prévoyons
vous prévoyez
ils prévoient

Future
il prévoirai
tu prévoiras
il prévoira
nous prévoirons
vous prévoirez
ils prévoiront

Participe Passé
prévu,e

Imparfait
je prévoyais
tu prévoyais
il prévoyait
nous prévoyions
vous prévoyiez
ils prévoyaient

Passé Simple
je prévis
tu prévis
il prévit
nous prévîmes
vous prévîtes
ils prévirent

Subjonctif
qu'il prévoie
que tu prévoies
qu'il prévoie
que nous prévoyions
que vous prévoyiez
qu'ils prévoient

(25) pourvoir

Présent
je pourvois
tu pourvois
il pourvoit
nous pourvoyons
vous pourvoyez
ils pourvoient

Future
je pourvoirai
tu pourvoiras
il pourvoira
nous pourvoirons
vous pourvoirez
ils pourvoiront

Participe Passé
pourvu,e

Imparfait
je pourvoyais
tu pourvoyais
il pourvoyait
nous pourvoyions
vous pourvoyiez
ils pourvoyaient

Passé Simple
je pourvus
tu pourvus
il pourvut
nous pourvûmes
vous pourvûtes
ils pourvurent

Subjonctif
que je pourvoie
que tu pourvoies
qu'il pourvoie
que nous pourvoyions
que vous pourvoyiez
qu'ils pourvoient

(26) asseoir

Présent
j'assois (assieds)
tu assois (assieds)
il assoit (assied)
n. assoyons (asseyons)
v. assoyez (asseyez)
ils assoient (asseyent)

Future
j'assoirai (assiérai)
tu assoiras (assiéras)
il assoira (assiéra)
n. assoirons (assiérons)
v. assoirez (assiérez)
ils assoiront (assiéront)

Participe Passé
assis,e

Imparfait
j'assoyais (asseyais)
tu assoyais (asseyais)
il assoyait (asseyait)
nous assoyions (asseyions)
vous assoyiez (asseyiez)
ils assoyaient (asseyaient)

Passé Simple
j'assis
tu assis
il assit
nous assîmes
vous assîtes
ils assirent

Subjonctif
que j'assoie (asseye)
que tu assoies (asseyes)
qu'il assoie (asseye)
que n. assoyions (asseyions)
que v. assoyiez (asseyiez)
qu'ils assoient (asseyent)

(27) **mouvoir**[1]

Présent	Future	Participe Passé
je meus	je mouvrai	mû,ue
tu meus	tu mouvras	
il meut	il mouvra	
nous mouvons	nous mouvrons	
vous mouvez	vous mouvrez	
ils meuvent	ils mouvront	

Imparfait	Passé Simple	Subjonctif
je mouvais	je mus	que je meuve
tu mouvais	tu mus	que tu meuves
il mouvait	il mut	qu'il meuve
nous mouvions	nous mûmes	que nous mouvions
vous mouviez	vous mûtes	que vous mouviez
ils mouvaient	ils murent	qu'ils meuvent

(28) **recevoir**[2]

Présent	Future	Participe Passé
je reçois	je recevrai	reçu,e
tu reçois	tu recevras	
il reçoit	il recevra	
nous recevons	nous recevrons	
vous recevez	vous recevrez	
ils reçoivent	ils recevront	

Imparfait	Passé Simple	Subjonctif
je recevais	je reçus	que je reçoive
tu recevais	tu reçus	que tu reçoives
il recevait	il reçut	qu'il reçoive
nous recevions	nous recûmes	que nous recevions
vous receviez	vous reçûtes	que vous receviez
ils recevaient	ils ceçurent	qu'ils reçoivent

---

۱. اسمِ مفعولِ émouvoir واژهٔ ému,e و اسم مفعولِ promouvoir واژهٔ promu,e است.

۲. اسمِ مفعولِ devoir واژهٔ dû,e است.

(29) valoir[1]

Présent	Future	Participe Passé
je vaux	je vaudrai	valu,e
tu vaux	tu vaudras	
il vaut	il vaudra	
nous valons	nous vaudrons	
vous valez	vous vaudrez	
ils valent	ils vaudront	

Imparfait	Passé Simple	Subjonctif
je valais	je valus	que je vaille
tu valais	tu valus	que tu vailles
il valait	il valut	qu'il vaille
vous valions	nous valûmes	que nous valions
vous valiez	vous valûtes	que vous valiez
ils valaient	ils valurent	qu'ils vaillent

falloir (فعلِ ناقص)

Présent	Future	Participe Passé
il faut	il faudra	fallu

Imparfait	Passé Simple	Subjonctif
il fallait	il fallut	qu'il faille

۱. سوم‌شخصِ زمان حال التزامی فعلِ prévaloir عبارتِ que je prévale است. واژهٔ équivalu (اسمِ مفعولِ équivaloir) صورتِ مؤنث ندارد.

(30) voir

Présent	Future	Participe Passé
je vois	je verrai	vu,e
tu vois	tu verras	
il voit	il verra	
nous voyons	nous verrons	
vous voyez	vous verrez	
ils voient	ils verront	

Imparfait	Passé Simple	Subjonctif
je voyais	je vis	que je voie
tu voyais	tu vis	que tu voies
il voyait	il vit	qu'il voie
nous voyions	nous vîmes	que nous voyions
vous voyiez	vous vîtes	que vous voyiez
ils voyaient	ils virent	qu'ils voient

(31) vouloir

Présent	Future	Participe Passé
je veux	je voudrai	voulu,e
tu veux	tu vaudras	
il veut	il vaudra	
nous voulons	nous voudrons	
vous voulez	vous voudrez	
ils veulent	ils voudront	

Imparfait	Passé Simple	Subjonctif
je voulais	je voulus	que je veuille
tu voulais	tu voulus	que tu veuilles
il voulait	il voulut	qu'il veuille
nous voulions	nous voulûmes	que nous voulions
vous vouliez	vous voulûtes	que vous vouliez
ils voulaient	ils voulurent	qu'ils veuillent

(32) savoir

Présent	Future	Participe Passé
je sais	je saurai	su,e
tu sais	tu sauras	
il sait	il saura	
nous savons	nous saurons	
vous savez	vous saurez	
ils savent	ils sauront	

Imparfait	Passé Simple	Subjonctif
je savais	je sus	que je sache
tu savais	tu sus	que tu saches
il savait	il sut	qu'il sache
nous savions	nous sûmes	que nous sachions
vous saviez	vous sûtes	que vous sachiez
ils savaient	ils surent	qu'ils sachent

(33) pouvoir

Présent	Future	Participe Passé
je peux (puis)	je pourrai	pu
tu peux	tu pourras	
il peut	il pourra	
nous pouvons	nous pourrons	
vous pouvez	vous pourrez	
ils peuvent	ils pourront	

Imparfait	Passé Simple	Subjonctif
je pouvais	je pus	que je puisse
tu pouvais	tu pus	que tu puisses
il pouvait	il put	qu'il puisse
nous pouvions	nous pûmes	que nous puissions
vous pouviez	vous pûtes	que vous puissiez
ils peuvent	ils purent	qu'ils puissent

(34) avoir (صفحاتِ 970 و 971)

۴. افعال مختوم به re- (افعال گروه سوم)

(35) conclure[1]

Présent	Future	Participe Passé
je conclus	je conclurai	conclu,e
tu conclus	tu concluras	
il conclut	il conclura	
nous concluons	nous conclurons	
vous concluez	vous conclurez	
ils concluent	ils concluront	

Imparfait	Passé Simple	Subjonctif
je concluais	je conclus	que je conclue
tu concluais	tu conclus	que tu conclues
il concluait	il conclut	qu'il conclue
nous concluions	vous conclûmes	que nous concluions
vous concluiez	vous conclûtes	que vous concluiez
ils concluaient	ils conclurent	qu'ils concluent

(36) rire

Présent	Future	Participe Passé
je ris	je rirai	ri
tu ris	tu riras	
il rit	il rira	
nous rions	nous rirons	
vous riez	vous rirez	
ils rient	ils riront	

Imparfait	Passé Simple	Subjonctif
je riais	je ris	que je rie
tu riais	tu ris	que tu ries
il riait	il rit	qu'il rie
nous riions	nous rîmes	que nous riions
vous riiez	vous rîtes	que vous riiez
ils riaient	ils rirent	qu'ils rient

۱. exclure و inclure مانندِ conclure صرف می‌شوند. اما اسم مفعولِ inclure واژهٔ inclus,e است.

(37) dire[1]

Présent	Future	Participe Passé
je dis	je dirai	dit,e
tu dis	tu diras	
il dit	il dira	
nous disons	nous dirons	
vous dites	vous direz	
ils disent	ils diront	

Imparfait	Passé Simple	Subjonctif
je disais	je dis	que je dise
tu disais	tu dis	que tu dises
il disait	il dit	qu'il dise
nous disions	nous dîmes	que nous disions
vous disiez	vous dîtes	que vous disiez
ils disaient	ils dirent	qu'ils disent

(38) cuire[2]

Présent	Future	Participe Passé
je cuis	je cuirai	cuit,e
tu cuis	tu cuiras	
il cuit	il cuira	
nous cuisons	nous cuirons	
vous cuisez	vous cuirez	
ils cuisent	ils cuiront	

Imparfait	Passé Simple	Subjonctif
je cuisais	je cuisis	que je cuise
tu cuisais	tu cuisis	que tu cuises
il cuisait	il cuisit	qu'il cuise
nous cuisions	nous cuisîmes	que nous cuisions
vous cuisiez	vous cuisîtes	que vous cuisiez
ils cuisaient	ils cuisirent	qu'ils cuisent

١. افعالِ médire, contredire, dédire, interdire, prédire مانندِ dire صرف می‌شوند، مگر در دوم‌شخص جمع زمان حالِ: contredisez, dédisez, interdisez, prédisez médisez، دوم‌شخص جمع زمان حال اخـبـاری افـعـالِ confire و suffire به ترتیب vous confisez و vous suffisez است. اسم مفعولِ suffire، واژهٔ suffi است و صورت مؤنث ندارد. اسم مفعولِ confire واژهٔ confit,e است.

٢. اسامی مفعولِ افعالِ nuire و luire، به ترتیب nui و lui است.

(39) **écrire**

Présent
j'écirs
tu écris
il écrit
nous écrivons
vous écrivez
ils écrivent

Future
j'écrirai
tu écriras
il écrira
nous écrirons
vous écrirez
ils écriront

Participe Passé
écrit,e

Imparfait
j'écrivais
tu écrivais
il écrivait
nous écrivions
vous écriviez
ils écriaient

Passé Simple
j'écrivis
tu écrivis
il écrivit
nous écrivîmes
vous écrivîtes
ils écrivirent

Subjonctif
que j'écrive
que tu écrives
qu'il écrive
que nous écrivions
que vous écriviez
qu'ils écrivent

(40) **suivre**

Présent
je suis
tu suis
il suit
nous suivons
vous suivez
ils suivent

Future
je suivrai
tu suivras
il suivra
nous suivrons
vous suivrez
ils suivront

Participe Passé
suivi,e

Imparfait
je suivais
tu suivais
ils suivait
nous suivions
vous suiviez
ils suivaient

Passé Simple
je suivis
tu suivis
il suivit
nous suivîmes
vous suivîtes
ils suivirent

Subjonctif
que je suive
que tu suives
qu'il suive
que nous suivions
que vous suiviez
qu'ils suivent

(41) rendre[1]

Présent	Future	Participe Passé
je rends	je rendrai	rendu,e
tu rends	tu rendras	
il rend	il rendra	
nous rendons	nous rendrons	
vous rendez	vous rendrez	
ils rendent	ils rendront	

Imparfait	Passé Simple	Subjonctif
je rendais	je rendis	que je rende
tu rendais	tu rendis	que tu rendes
il randait	il rendit	qu'il rende
nous rendions	nous rendîmes	que nous rendions
vous rendiez	vous rendîtes	que vous rendiez
ils rendaient	ils rendirent	qu'ils rendent

battre

Présent	Future	Participe Passé
je bats	je battrai	battu,e
tu bats	tu battras	
il bat	il battra	
nous battons	nous battrons	
vous battez	vous battrez	
ils battent	ils battront	

Imparfait	Passé Simple	Subjonctif
je battais	je battis	que je batte
tu battais	tu battis	que tu battes
il battait	il battit	qu'il batte
nous battions	nous battîmes	que nous battions
vous battiez	vous battîtes	que vous battiez
ils battaient	ils battirent	qu'ils battent

---

۱. افعالِ مختوم به ‎-andre‎ (مثلِ ‎répandre‎)، ‎-erdre‎ (مثلِ ‎perdre‎)، ‎-ondre‎ (مثلِ ‎répondre‎)، ‎-ordre‎ (مثلِ ‎mordre‎)، و ‎-ompre‎ (مثلِ ‎rompre‎) نیز این‌گونه صرف می‌شوند. در سوم‌شخصِ زمان حال اخباریِ افعالِ مختوم به ‎-ompre‎، حرفِ t افزوده می‌شود: ‎il rompt‎.

(42) **vaincre**

Présent	Future	Participe Passé
je vaincs	je vaincrai	vaincu,e
tu vaincs	tu vaincras	
il vainc	il vaincra	
nous vainquons	nous vaincrons	
vous vainquez	vous vaincrez	
ils vainquent	ils vaincront	

Imparfait	Passé Simple	Subjonctif
je vainquais	je vainquis	que je vainque
tu vainquais	tu vainquis	que tu vainques
il vainquait	il vainquit	qu'il vainque
nous vainquions	nous vainquîmes	que nous vainquions
vous vainquiez	vous vainquîtes	que vous vainquiez
ils vainquaient	ils vainquirent	qu'ils vainquent

(43) **lire**

Présent	Future	Participe Passé
je lis	je lirai	lu,e
tu lis	tu liras	
il lit	il lira	
nous lisons	nous lirons	
vous lisez	vous lirez	
ils lisent	ils liront	

Imparfait	Passé Simple	Subjonctif
je lisais	je lus	que je lise
tu lisais	tu lus	que tu lises
il lisait	il lut	qu'il lise
nous lisions	nous lûmes	que nous lisions
vous lisiez	vous lûtes	que vous lisiez
ils lisaient	ils lurent	qu'ils lisent

(44) croire

Présent	Future	Participe Passé
je crois	je croirai	cru,e
tu crois	tu croiras	
il croit	il croira	
nous croyons	nous croirons	
vous croyez	vous croirez	
ils croient	ils croiront	

Imparfait	Passé Simple	Subjonctif
je croyais	je crus	que je croie
tu croyais	tu crus	que tu croies
il croyait	il crut	qu'il croie
nous croyions	nous crûmes	que nous croyions
vous croyiez	vous crûtes	que vous croyiez
ils croyaient	ils crurent	qu'ils croient

(45) clore

Présent	Future	Participe Passé
je clos	je clorai	clos,e
tu clos	tu cloras	
il clôt (clot)	il clora	
—	—	
ils closent	ils cloront	

Imparfait	Passé Simple	Subjonctif
—	—	que je close
—	—	que tu closes
—	—	qu'il close
—	—	—
—	—	qu'ils closent

(46) vivre

Présent
je vis
tu vis
il vit
nous vivons
vous vivez
ils vivent

Future
je vivrai
tu vivras
il vivra
nous vivrons
vous vivrez
ils vivront

Participe Passé
vécu,e

Imparfait
je vivais
tu vivais
il vivait
nous vivions
vous viviez
ils vivaient

Passé Simple
je vécus
tu vécus
il vécut
vous vécûmes
vous vécûtes
ils vécurent

Subjonctif
que je vive
que tu vives
qu'il vive
que nous vivions
que vous viviez
qu'ils vivent

(47) moudre

Présent
je mouds
tu mouds
il moud
nous moulons
vous moulez
ils moulent

Future
je moudrai
tu moudras
il moudra
nous moudrons
vous moudrez
ils moudront

Participe Passé
moulu,e

Imparfait
je moulais
tu moulais
il moulait
nous moulions
vous mouliez
ils moulaient

Passé Simple
je moulus
tu moulus
il moulut
nous moulûmes
vous moulûtes
ils moulurent

Subjonctif
que je moule
que tu moules
qu'il moule
que nous moulions
que vous mouliez
qu'ils moulent

(48) coudre

Présent
je couds
tu couds
il coud
nous cousons
vous cousez
ils cousent

Future
je coudrai
tu coudras
il coudra
nous coudrons
vous coudrez
ils coudront

Participe Passé
cousu,e

Imparfait
je cousais
tu cousais
il cousait
nous cousions
vous cousiez
ils cousaient

Passé Simple
je cousis
tu cousis
il cousit
nous cousîmes
vous cousîtes
ils cousirent

Subjonctif
que je couse
que tu couses
qu'il couse
que nous cousions
que vous cousiez
qu'ils cousent

(49) joindre

Présent
je joins
tu joins
il joint
nous joignons
vous joignez
ils joignent

Future
je joindrai
tu joindras
il joindra
nous joindrons
vous joindrez
ils joindront

Participe Passé
joint,e

Imparfait
je joignais
tu joignais
il joignait
nous joignions
vous joigniez
ils joignaient

Passé Simple
je joignis
tu joignis
il joignit
nous joignîmes
vous joignîtes
ils joignirent

Subjonctif
que je joigne
que tu joignes
qu'il joigne
que nous joignions
que vous joigniez
qu'ils joignent

absoudre

(50) **traire**

Présent	Future	Participe Passé
je trais	je trairai	trait,e
tu trais	tu trairas	
il trait	il traira	
nous trayons	nous trairons	
vous trayez	vous trairez	
ils traient	ils trairont	

Imparfait	Passé Simple	Subjonctif
je trayais	—	que je traie
tu trayais	—	que tu traies
il trayait	—	qu'il traie
nous trayions	—	que nous trayions
vous trayiez	—	que vous trayiez
ils trayaient	—	qu'ils traient

(51) **absoudre**[1]

Présent	Future	Participe Passé
j'absous	j'absoudrai	absous,oute
tu absous	tu absoudras	
il absout	il absoudra	
nous absolvons	nous absoudrons	
vous absolvez	vous absoudrez	
ils absolvent	ils absoudront	

Imparfait	Passé Simple	Subjonctif
j'absolvais	—	que j'absolve
tu absolvais	—	que tu absolves
il absolvait	—	qu'il absolve
nous absolvions	—	que nous absolvions
vous absolviez	—	que vous absolviez
ils absolvaient	—	qu'ils absolvent

---

۱. dissoudre مثلِ absoudre صرف می‌شود. résoudre نیز مانندِ absoudre صرف می‌شود، اما گـذشتهٔ سـادهٔ je résolus رایج است. این فعل دو اسم مفعول دارد: (رایج) résolu,e، (نادر) résous,oute.

(52) craindre

Présent	**Future**	**Participe Passé**
je crains	je craindrai	craint,e
tu crains	tu craindras	
il craint	il craindra	
nous craignons	nous craindrons	
vous craignez	vous craindrez	
ils craignent	ils craindront	

Imparfait	**Passé Simple**	**Subjonctif**
je craignais	je craignis	que je craigne
tu craignais	tu craignis	que tu craignes
il craignait	il craignit	qu'il craigne
nous craignions	nous craignîmes	que nous craignions
vous craigniez	vous craignîtes	que vous craignions
ils craignaient	ils craignirent	qu'ils craignent

peindre

Présent	**Future**	**Participe Passé**
je peins	je peindrai	peint,e
tu peins	tu peindras	
il peint	il peindra	
nous peignons	nous peindrons	
vous peignez	vous peindrez	
ils peignent	ils peindront	

Imparfait	**Passé Simple**	**Subjonctif**
je peignais	je peignis	que je peigne
tu peignais	tu peignis	que tu peignes
il peignait	il peingit	qu'il peigne
nous peignions	nous peignîmes	que nous peignions
vous peigniez	vous peignîtes	que vous peigniez
ils peignaient	ils peignirent	qu'ils peignent

(53) **boire**

Présent	Future	Participe Passé
je bois	je boirai	bu,e
tu bois	tu boiras	
il boit	il boira	
nous buvons	nous boirons	
vous buvez	vous boirez	
ils boivent	ils boiront	

Imparfait	Passé Simple	Subjonctif
je buvais	je bus	que je boive
tu buvais	tu bus	que tu boives
il buvait	il but	qu'il boive
nous buvions	nous bûmes	que nous buvions
vous buviez	vous bûtes	que vous buviez
ils buvaient	ils burent	qu'ils boivent

(54) **plaire**[1]

Présent	Future	Participe Passé
je plais	je plairai	plu
tu plais	tu plairas	
il plaît	il plaira	
nous plaisons	nous plairons	
vous plaisez	vous plairez	
ils plaisent	ils plairont	

Imparfait	Passé Simple	Subjonctif
je plaisais	je plus	que je plaise
tu plaisais	tu plus	que tu plaises
il plaisait	il plut	qu'il plaise
nous plaisions	nous plûmes	que nous plaisions
vous plaisiez	vous plûtes	que vous plaisiez
ils plaisaient	ils plurent	qu'ils plaisent

---

۱. سوم‌شخصِ زمان حال اخباری فعلِ taire می‌شود: il tait و اسم مفعول آن تغییرپذیر است: tu,e.

(55) croître[1]

Présent	Future	Participe Passé
je croîs	je croîtrai	crû,ue
tu croîs	tu croîtras	
il croît	il croîtra	
nous croissons	nous croîtrons	
vous croissez	vous croîtrez	
ils croissent	ils croîtront	

Imparfait	Passé Simple	Subjonctif
je croissais	je crûs	que je croisse
tu croissais	tu crûs	que tu croisses
il croissait	il crût	qu'il croisse
nous croissions	nous crûmes	que nous croissions
vous croissiez	vous crûtes	que vous croissiez
ils croissaient	ils crurent	qu'ils croissent

(56) mettre

Présent	Future	Participe Passé
je mets	je mettrai	mis,e
tu mets	tu mettras	
il met	il mettra	
nous mettons	nous mettrons	
vous mettez	vous mettrez	
ils mettent	ils mettront	

Imparfait	Passé Simple	Subjonctif
je mettais	je mis	que je mette
tu mettais	tu mis	que tu mettes
il mettait	il mit	qu'il mette
nous mettions	nous mîmes	que nous mettions
vous mettiez	vous mîtes	que vous mettiez
ils mettaient	ils mirent	qu'ils mettent

۱. اسم مفعول فعلِ décroître واژهٔ décru,e و اسم مفعول فعلِ accroître واژهٔ accru,e است.

(57) connaître

Présent
je connais
tu connais
il connaît
nous connaissons
vous connaissez
ils connaissent

Future
je connaîtrai
tu connaîtras
il connaîtra
nous connaîtrons
vous connaîtrez
ils connaîtront

Participe Passé
connu,e

Imparfait
je connaissais
tu connaissais
il connaissait
nous connaissions
vous connaissiez
ils connaissaient

Passé Simple
je connus
tu connus
il connut
nous connûmes
vous connûtes
ils connurent

Subjonctif
que je connaisse
que tu connaisses
qu'il connaisse
que nous connaissions
que vous connaissiez
qu'ils connaissent

(58) prendre

Présent
je prends
tu prends
il prend
nous prenons
vous prenez
ils prennent

Future
je prendrai
tu prendras
il prendra
nous prendrons
vous prendrez
ils prendront

Participe Passé
pris,e

Imparfait
je prenais
tu prenais
il prenait
nous prenions
vous preniez
ils prenaient

Passé Simple
je pris
tu pris
il prit
nous prîmes
vous prîtes
ils prirent

Subjonctif
que je prenne
que tu prennes
qu'il prenne
que nous prenions
que vous preniez
qu'ils prennent

(59) naître[1]

Présent	Future	Participe Passé
je nais	je naîtrai	né,e
tu nais	tu naîtras	
il naît	il naîtra	
nous naissons	nous naîtrons	
vous naissez	vous naîtrez	
ils naissent	ils naîtront	

Imparfait	Passé Simple	Subjonctif
je naissais	je naquis	que je naisse
tu naissais	tu naquis	que tu naisses
il naissais	il naquit	qu'il naisse
nous naissions	nous naquîmes	que nous naissions
vous naissiez	vous naquîtes	que vous naissiez
ils naissaient	ils naquirent	qu'ils naissent

(60) faire (صفحاتِ 972 و 973)

(61) être (صفحاتِ 974 و 975)

۱. فعل renaître اسم مفعول ندارد.

1. ARRIVER (فعل باقاعده)

INDICATIF

Présent

J'arrive
tu arrives
il arrive
nous arrivons
vous arrivez
ils arrivent

Imparfait

J'arrivais
tu arrivais
il arrivait
nous arrivions
vous arriviez
ils arrivaient

Passé simple

J'arrivai
tu arrivas
il arriva
nous arrivâmes
vous arrivâtes
ils arrivèrent

Futur simple

J'arriverai
tu arriveras
il arrivera
nous arriverons
vous arriverez
ils arriveront

Passé composé

Je suis arrivé
tu es arrivé
il est arrivé
nous sommes arrivés
vous êtes arrivés
ils sont arrivés

Plus-que-parfait

J'étais arrivé
tu étais arrivé
il était arrivé
nous étions arrivés
vous étiez arrivés
ils étaient arrivés

Passé antérieur

Je fus arrivé
tu fus arrivé
il fut arrivé
nous fûmes arrivés
vous fûtes arrivés
ils furent arrivés

Futur antérieur

Je serai arrivé
tu seras arrivé
il sera arrivé
nous serons arrivés
vous serez arrivés
ils seront arrivés

INFINITIF

Présent

arriver

Passé

être arrivé

CONDITIONNEL

Présent

J'arriverais
tu arriverais
il arriverait
nous arriverions
vous arriveriez
ils arriveraient

Passé 1re forme

Je serais arrivé
tu serais arrivé
il serait arrivé
nous serions arrivés
vous seriez arrivés
ils seraient arrivés

Passé 2e forme

Je fusse arrivé
tu fusses arrivé
il fût arrivé
nous fussions arrivés
vous fussiez arrivés
ils fussent arrivés

IMPÉRATIF

Présent
arrive
arrivons
arrivez

Passé
sois arrivé
soyons arrivés
soyez arrivés

SUBJONCTIF

Présent

que j'arrive
que tu arrives
qu'il arrive
que nous arrivions
que vous arriviez
qu'ils arrivent

Imparfait

que j'arrivasse
que tu arrivasses
qu'il arrivât
que nous arrivassions
que vous arrivassiez
qu'ils arrivassent

Passé

que je sois arrivé
que tu sois arrivé
qu'il soit arrivé
que nous soyons arrivés
que vous soyez arrivés
qu'ils soient arrivés

Plus-que-parfait

que je fusse arrivé
que tu fusses arrivé
qu'il fût arrivé
que nous fussions arrivés
que vous fussiez arrivés
qu'ils fussent arrivés

PARTICIPE

Présent

arrivant

Passé

arrivé
étant arrivé

1/1. SE REPOSER (فعل دوضميره)

INDICATIF

Présent

Je me repose
tu te reposes
il se repose
nous nous reposons
vous vous reposez
ils se reposent

Imparfait

Je me reposais
tu te reposais
il se reposait
nous nous reposions
vous vous reposiez
ils se reposaient

Passé simple

Je me reposai
tu te reposas
il se reposa
nous nous reposâmes
vous vous reposâtes
ils se reposèrent

Futur simple

Je me reposerai
tu te reposeras
il se reposera
nous nous reposerons
vous vous reposerez
ils se reposeront

Passé composé

Je me suis reposé
tu t'es reposé
il s'est reposé
nous nous sommes reposés
vous vous êtes reposés
ils se sont reposés

Plus-que-parfait

Je m'étais reposé
tu t'étais reposé
il s'était reposé
nous nous étions reposés
vous vous étiez reposés
ils s'étaient reposés

Passé antérieur

Je me fus reposé
tu te fus reposé
il se fut reposé
nous nous fûmes reposés
vous vous fûtes reposés
ils se furent reposés

Futur antérieur

Je me serai reposé
tu te seras reposé
il se sera reposé
nous nous serons reposés
vous vous serez reposés
ils se seront reposés

INFINITIF

Présent

se reposer

Passé

s'être reposé

CONDITIONNEL

Présent

Je me reposerais
tu te reposerais
il se reposerait
nous nous reposerions
vous vous reposeriez
ils se reposeraient

Passé 1re forme

Je me serais reposé
tu te serais reposé
il se serait reposé
nous nous serions reposés
vous vous seriez reposés
ils se seraient reposés

Passé 2e forme

Je me fusse reposé
tu te fusses reposé
il se fût reposés
nous nous fussions reposés
vous vous fussiez reposés
ils se fussent reposés

IMPÉRATIF

Présent

repose-toi
reposons-nous
reposez-vous

SUBJONCTIF

Présent

que je me repose
que tu tu te reposes
qu'il se repose
que nous nous reposions
que vous vous reposiez
qu'ils se reposent

Imparfait

que je me reposasse
que tu te reposasses
qu'il se reposât
que nous nous reposassions
que vous vous reposassiez
qu'ils se reposassent

Passé

que je me sois reposé
que tu te sois reposé
qu'il se soit reposé
que nous nous soyons reposés
que vous vous soyez reposés
qu'ils se soient reposés

Plus-que-parfait

que je me fusse reposé
que tu te fusses reposé
qu'il se fût reposé
que nous nous fussions reposés
que vous vous fussiez reposés
qu'ils se fussent reposés

PARTICIPE

Présent

se reposant

Passé

s'étant reposé

2. FINIR (فعل باقاعده)

INDICATIF

Présent

Je finis
tu finis
il finit
nous finissons
vous finissez
ils finissent

Imparfait

Je finissais
tu finissais
il finissait
nous finissions
vous finissiez
ils finissaient

Passé simple

Je finis
tu finis
il finit
nous finîmes
vous finîtes
ils finirent

Futur simple

Je finirai
tu finiras
il finira
nous finirons
vous finirez
ils finiront

Passé composé

J'ai fini
tu as fini
il a fini
nous avons fini
vous avez fini
ils ont fini

Plus-que-parfait

J'avais fini
tu avais fini
il avait fini
nous avions fini
vous aviez fini
ils avaient fini

Passé antérieur

J'eus fini
tu eus fini
il eut fini
nous eûmes fini
vous eûtes fini
ils eurent fini

Futur antérieur

J'aurai fini
tu auras fini
il aura fini
nous aurons fini
vous aurez fini
ils auront fini

INFINITIF

Présent

finir

Passé

avoir fini

CONDITIONNEL

Présent

Je finirais
tu finirais
il finirait
nous finirions
vous finiriez
ils finiraient

Passé 1re forme

J'aurais fini
tu aurais fini
il aurait fini
nous aurions fini
vous auriez fini
ils auraient fini

Passé 2e forme

J'eusse fini
tu eusses fini
il eût fini
nous eussions fini
vous eussiez fini
ils eussent fini

IMPÉRATIF

Présent
finis
finissons
finissez

Passé
aie fini
ayons fini
ayez fini

SUBJONCTIF

Présent

que je finisse
que tu finisses
qu'il finisse
que nous finissions
que vous finissiez
qu'ils finissent

Imparfait

que je finisse
que tu finisses
qu'il finît
que nous finissions
que vous finissiez
qu'ils finissent

Passé

que j'aie fini
que tu aies fini
qu'il ait fini
que nous ayons fini
que vous ayez fini
qu'ils aient fini

Plus-que-parfait

que j'eusse fini
que tu eusses fini
qu'il eût fini
que nous eussions fini
que vous eussiez fini
qu'ils eussent fini

PARTICIPE

Présent

finissant

Passé

fini
ayant fini

9. ALLER

INDICATIF

Présent

Je vais
tu vas
il va
nous allons
vous allez
ils vont

Imparfait

J'allais
tu allais
il allait
nous allions
vous alliez
ils allaient

Passé simple

J'allai
tu allas
il alla
nous allâmes
vous allâtes
ils allèrent

Futur simple

j'irai
tu iras
il ira
nous irons
vous irez
ils iront

Passé composé

Je suis allé
tu es allé
il est allé
nous sommes allés
vous êtes allés
ils sont allés

Plus-que-parfait

J'étais allé
tu étais allé
il était allé
nous étions allés
vous étiez allés
ils étaient allés

Passé antérieur

Je fus allé
tu fus allé
il fut allé
nous fûmes allés
vous fûtes allés
ils furent allés

Futur antérieur

je serai allé
tu seras allé
il sera allé
nous serons allés
vous serez allés
ils seront allés

INFINITIF

Présent

aller

Passé

être allé

CONDITIONNEL

Présent

J'irais
tu irais
il irait
nous irions
vous iriez
ils iraient

Passé 1re forme

Je serais allé
tu serais allé
il serait allé
nous serions allés
vous seriz allés
ils seraient allés

Passé 2e forme

Je fusse allé
tu fusses allé
il fût allé
nous fussions allés
vous fussiez allés
ils fussent allés

IMPÉRATIF

Présent
va
allons
allez
Passé
sois allé
soyons allés
soyez allés

SUBJONCTIF

Présent

que j'aille
que tu ailles
qu'il aille
que nous allions
que vous alliez
qu'ils aillent

Imparfait

que j'allasse
que tu allasses
qu'il allât
que nous allassions
que vous allassiez
qu'ils allassent

Passé

que je sois allé
que tu sois allé
qu'il soit allé
que nous soyons allés
que vous soyez allés
qu'ils soient allés

Plus-que-parfait

que je fusse allé
que tu fusses allé
qu'il fût allé
que nous fussions allés
que vous fussiez allés
qu'ils fussent allés

PARTICIPE

Présent

allant

Passé

allé,e
étant allé

34. AVOIR

INDICATIF

Présent

J'ai
tu as
il a
nous avons
vous avez
ils ont

Imparfait

J'avais
tu avais
il avait
nous avions
vous aviez
ils avaient

Passé simple

J'eus
tu eus
il eut
nous eûmes
vous eûtes
ils eurent

Futur simple

J'aurai
tu auras
il aura
nous aurons
vous aurez
ils auront

Passé composé

J'ai eu
tu as eu
il a eu
nous avons eu
vous avez eu
ils ont eu

Plus-que-parfait

J'avais eu
tu avais eu
il avait eu
nous avions eu
vous aviez eu
ils avaient eu

Passé antérieur

J'eus eu
tu eus eu
il eut eu
nous eûmes eu
vous eûtes eu
ils eurent eu

Futur antérieur

J'aurai eu
tu auras eu
il aura eu
nous aurons eu
vous aurez eu
ils auront eu

INFINITIF

Présent

avoir

Passé

avoir eu

CONDITIONNEL

Présent

J'aurais
tu aurais
il aurait
nous aurions
vous auriez
ils auraient

Passé 1re forme

J'aurais eu
tu aurais eu
il aurait eu
nous aurions eu
vous auriez eu
ils auraient eu

Passé 2e forme

J'eusse eu
tu eusses eu
il eût eu
nous eussions eu
vous eussiez eu
ils eussent eu

IMPÉRATIF

Présent

aie
ayons
ayez

SUBJONCTIF

Présent

que j'aie
que tu aies
qu'il ait
que nous ayons
que vous ayez
qu'ils aient

Imparfait

que j'eusse
que tu eusses
qu'il eût
que nous eussions
que vous eussiez
qu'ils eussent

Passé

que j'aie eu
que tu aies eu
qu'il ait eu
que nous ayons eu
que vous ayez eu
qu'ils aient eu

Plus-que-parfait

que j'eusse eu
que tu eusses eu
qu'il eût eu
qu nous eussions eu
que vous eussiez eu
qu'ils eussent eu

PARTICIPE

Présent

ayant

Passé

eu
ayant eu

60. FAIRE

INDICATIF

Présent

Je fais
tu fais
il fait
nous faisons
vous faites
ils font

Imparfait

Je faisais
tu faisais
il faisait
nous faisions
vous faisiez
ils faisaient

Passé simple

Je fis
tu fis
il fit
nous fîmes
vous fîtes
ils firent

Futur simple

je ferai
tu feras
il fera
nous ferons
vous ferez
ils feront

Passé composé

J'ai fait
tu as fait
il a fait
nous avons fait
vous avez fait
ils ont fait

Plus-que-parfait

J'avais fait
tu avais fait
il avait fait
nous avions fait
vous aviez fait
ils avaient fait

Passé antérieur

J'eus fait
tu eus fait
il eut fait
nous eûmes fait
vous eûtes fait
ils eurent fait

Futur antérieur

j'aurai fait
tu auras fait
il aura fait
nous aurons fait
vous aurez fait
ils auront fait

INFINITIF

Présent

faire

Passé

avoir fait

CONDITIONNEL

Présent

Je ferais
tu ferais
il ferait
nous ferions
vous feriez
ils feraient

Passé 1re forme

J'aurais fait
tu aurais fait
il aurait fait
nous aurions fait
vous auriez fait
ils auraient fait

Passé 2e forme

J'eusse fait
tu eusses fait
il eût fait
nous eussions fait
vous eussiez fait
ils eussent fait

IMPÉRATIF

Présent

fais
faisons
faites

Passé

aie fait
ayons fait
ayez fait

SUBJONCTIF

Présent

que je fasse
que tu fasses
qu'il fasse
que nous fassions
que vous fassiez
qu'ils fassent

Imparfait

que je fisse
que tu fisses
qu'il fit
que nous fissions
que vous fissiez
qu'ils fissent

Passé

que j'aie fait
que tu aies fait
qu'il ait fait
que nous ayons fait
que vous ayez fait
qu'ils aient fait

Plus-que-parfait

que j'eusse fait
que tu eusses fait
qu'il eût fait
que nous eussions fait
que vous eussiez fait
qu'ils eussent fait

PARTICIPE

Présent

faisant

Passé

fait
ayant fait

61. ÊTRE

INDICATIF

Présent

Je suis
tu es
il est
nous sommes
vous êtes
ils sont

Imparfait

J'étais
tu étais
il était
nous étions
vous étiez
ils étaient

Passé simple

Je fus
tu fus
il fut
nous fûmes
vous fûtes
ils furent

Futur simple

Je serai
tu seras
il sera
nous serons
vous serez
ils seront

Passé composé

J'ai été
tu as été
ils a été
nous avons été
vous avez été
ils ont été

Plus-que-parfait

J'avais été
tu avais été
il avait été
nous avions été
vous aviez été
ils avaient été

Passé antérieur

J'eus été
tu eus été
il eut été
nous eûmes été
vous eûtes été
ils eurent été

Futur antérieur

J'aurai été
tu auras été
il aura été
nous aurons été
vous aurez été
ils auront été

INFINITIF

Présent

être

Passé

avoir été

CONDITIONNEL

Présent

Je serais
tu serais
il serait
nous serions
vous seriez
ils seraient

Passé 1re forme

J'aurais été
tu aurais été
il aurait été
nous aurions été
vous auriez été
ils auraient été

Passé 2e forme

J'eusse été
tu eusses été
il eût été
nous eussions été
vous eussiez été
ils eussent été

IMPÉRATIF

Présent
sois
soyons
soyez

SUBJONCTIF

Présent

que je sois
que tu sois
qu'il soit
que nous soyons
que vous soyez
qu'ils soient

Imparfait

que je fusse
que tu fusses
qu'il fût
que nous fussions
que vous fussiez
qu'ils fussent

Passé

que j'aie été
que tu aies été
qu'il ait été
que nous ayons été
que vous ayez été
qu'ils aient été

Plus-que-parfait

que j'eusse été
que tu eusses été
qu'il eût été
que nous eussions été
que vous eussiez été
qu'ils eussent été

PARTICIPE

Présent

étant

Passé

été
ayant été

یادداشت

یادداشت

یادداشت

یادداشت

یادداشت

یادداشت

یادداشت

یادداشت

یادداشت

یادداشت

کاربردِ [ ]: ۱. زمینهٔ کاربرد واژه را مشخص می‌کند:

[صدا] زیر   aigu,ë

[جغرافیا] مدار   parallèle

۲. گاه یک واژهٔ دستوری زبان فرانسه، در زبان فارسی برابر ندارد. در این صورت، فقط توضیح دستوری مربوط به آن داخل قلاب آمده است:

[حرف تعریف معرفه، مذکر، مفرد] le

۳. گاهی داخل قلاب عبارتِ «در ترکیب» آمده است. این بدان معناست که برابر فارسی جزئی از یک واژهٔ مرکب است:

[در ترکیب] بی‌-   vide de

بنابر این عبارتِ «*vide de sense*» ترجمه می‌شود: «بی‌معنی».

کاربردِ ←: نشانهٔ پیکان پس از مدخل می‌آید و بیانگر آن است که برای یافتن برابر یا برابرهایِ آن باید به واژه‌ای رجوع نمود که پس از این علامت آمده است:

tzar → tsar

کاربردِ /: این خط بین دو واژهٔ فرانسه می‌آید و معنیِ «یا» می‌دهد:

crever/vider l'abcès

کاربردِ ▣: این علامت نشان می‌دهد که وارد مقولهٔ دستوری جدید می‌شویم. نشانهٔ ▣ در مثال زیر بیانگر آن است که از مقولهٔ فعل متعدی به مقولهٔ فعل لازم وارد می‌شویم:

۱. افزودن ... ▣ ۳. افزایش یافتن ... *vt, vi* ... **accroître**

ضبط برابرها: برابرهای یک مدخل یا زیرمدخل با شماره‌گذاری و یا ویرگول از هم جدا شده‌اند. برابرهایی که یک شماره دارند و با ویرگول از هم جدا شده‌اند، هم‌معنا هستند و اغلب می‌توانند به جای هم به کار روند. برابرهایی که شماره‌های متفاوتی دارند، به رغم پیوند معنایی که ممکن است میان آنها موجود باشد، به دو حوزهٔ معنایی متفاوت تعلق دارند و معمولاً نمی‌توانند به جای هم به کار روند.

کاربردِ ( ): ۱. نشان‌دهندهٔ حرف اضافه یا واژه‌ای است که در کاربرد زبانی پیش از مدخل می‌آید:

contrecœur (à) = à contrecœur

méfier (se) = se méfier

۲. بیانگر کاربرد اختیاری یک واژه یا یک صداست:

calmant (داروی) آرام‌بخش

ananas [anana(s)]

ne pas piper (mot) لام تا کام حرف نزدن

۳. زمانی که داخل پرانتز واژه‌هایی چون «کسی، چیزی، جایی، ...» آمده باشد، پرانتز نشان می‌دهد که برحسب مورد واژه‌ای جایگزینِ «کسی، چیزی، جایی، ...» می‌شود:

mimer ادای (کسی را) درآوردن

۴. اگر داخل پرانتز عبارت «مربوط به» آمده باشد، این بدان معناست که در برابر واژهٔ فرانسوی که صفت است در فارسی اسم به کار می‌رود و در ترجمه «مربوط به» حذف می‌شود:

auriculaire (مربوط به) گوش

۵. گاهی داخل پرانتز واژهٔ «عمل» آمده است. این در صورتی است که برابر فارسی مصدر باشد، ولی در نقش اسم به کار رفته باشد:

accrochage ... (عمل) آویزان کردن

که در ترجمه، واژهٔ (عمل) حذف می‌شود.

کاربردِ (=): برای توضیح معنای یک واژه به کار می‌رود:

cadmium کادمیوم (= نوعی فلز سفیدرنگ)

ترک عادت دادن ... *détacher d'une habitude*

۱. جدا شدن... **se détacher**

در ضبط بعضی از اصطلاحات از دو نشانهٔ اختصاری استفاده شده است:

کسی یا کسی را *qqn = quelqu'un*

چیزی یا چیزی را *qqch = quelque chose*

اگر واژه‌ای فقط در عبارت یا عبارات معینی به کار رود، پس از ضبط واژه، عبارت یا عبارات خاص آن آمده است:

اعلام وصول ... **accusé** *nm,* **accusé de reception**

ضبط تلفظ: پس از هر مدخل، تلفظ آن در میان دو قلاب [ ] آمده است. برای ضبط تلفظ، عمدتاً از الفبای آوانگار بین‌المللی (API) استفاده شده است. شایان ذکر است که در فرانسهٔ امروز تمایز میان دو صدای [a] و [ɑ] از بین رفته است و هر دو یکسان تلفظ می‌شوند. از این رو، هر دو صورت را تنها با نشانهٔ [a] ضبط کرده‌ایم. همین نکته در مورد دو صدایِ [ɛ̃] و [œ̃] نیز صدق می‌کند، که ما هر دو صورت را با نشانهٔ [ɛ̃] ضبط کرده‌ایم.

واژه‌هایی که صورت مذکر و مؤنث و یا صورت جمع متفاوتی دارند، شیوهٔ ضبط تلفظ آنها مطابق با شیوهٔ ضبط مدخل است.

parent,e [paʀɑ̃,t] *adj,n*

(با افزودن حرفِ **"e"** در نوشتار، حرف **"t"** پایانی تلفظ می‌شود: [t].)

directeur,trice [diʀɛktœʀ,tʀis] *n,adj*

(در نوشتار **"teur"** به **"trice"** و در آوانویسی [tœʀ] به [tʀis] تغییر یافته است.)

برای آشنایی با نشانه‌های آوایی به راهنمای تلفظ و نیز به راهنمای مختصر آن در پایین صفحات فرد توجه کنید.

ضبط مقوله‌های دستوری: مقولهٔ دستوری هر واژه، پس از تلفظ آن به صورت نشانهٔ اختصاری *(adj, nm, vt, ...)* آمده است و نشان می‌دهد که آن واژه در زبان فرانسه به کدام مقولهٔ دستوری تعلق دارد. در مواردی که یک واژه دارای چند مقوله با معانی متفاوت باشد، معانی مقوله‌های مختلف با علامتِ ▣ از هم جدا شده‌اند. به کاربردِ ▣ نگاه کنید.

راهنمای نشانه‌های اختصاری مربوط به مقوله‌های دستوری در داخل جلد آمده است.

ascension[1] *nf* ۱. صعود ...

Ascension[2] *nf* ۱. معراج مسیح ...

در روش ضبط مدخل‌ها باید به دو نکته توجه نمود:

۱. صورت مذکر و مؤنث واژه‌ها: بعضی از واژه‌ها صورت مذکر و مؤنث یکسانی دارند، مانندِ **jeune**. اما در فرانسهٔ نوشتاری، اغلب با افزودن نشانه‌ای (معمولاً حرفِ **e**) به آخر صورت مذکر و یا با تغییر بخش پایانی آن، صورت مؤنث به‌دست می‌آید. در چنین مواردی، بخش پایانی صورت مؤنث به دنبال واژهٔ مذکر ضبط شده است:

évident,e

(**évident** صورت مذکر و **évidente** صورت مؤنث واژه است.)

instituteur,trice

(**instituteur** صورت مذکر و **institutrice** صورت مؤنث واژه است.)

۲. صورت جمع واژه‌ها: در فرانسهٔ نوشتاری، معمولاً با افزودن یک نشانه (**s** یا **x**) به آخر اسم یا صفت، صورت جمع به دست می‌آید. مانندِ واژهٔ **arbre** که با حرف **s** جمع بسته می‌شود: **arbres**؛ یا واژهٔ **beau** که با **x** جمع بسته می‌شود: **beaux**. اما صورت جمع برخی واژه‌های مذکر، با تغییر جزء پایانی آنها به دست می‌آید. در چنین حالتی، بخش پایانی صورت جمع پس از واژهٔ مفرد ضبط شده است:

cheval,aux

(**cheval** صورت مفرد و **chevaux** صورت جمع واژه است.)

اگر شکل مؤنث واژه نیز ضبط شده باشد، جزءِ پایانی صورت جمع پس از صورت مؤنث آمده است:

cardinal,e,aux

(**cardinal** صورت مفردِ مذکر، **cardinale** صورت مفردِ مؤنث و **cardinaux** صورت جمع مذکر است. لازم به ذکر است که صورت جمع مؤنث طبق قاعده ساخته می‌شود.)

ضبط زیرمدخل‌ها: عبارات، اصطلاحات و مثال‌های مربوط به هر مدخل با حروف ایتالیک (خوابیده) ذیل همان مدخل آمده است. در ضبط زیرمدخل‌ها نیز ترتیب الفبایی رعایت شده است. صورت دوضمیرهٔ افعال نیز به صورت زیرمدخل (با قلم سیاه) ضبط شده‌اند:

Détacher ۱. جداکردن...

راهنمای استفاده از فرهنگ

ضبط مدخل: مدخل‌های مندرج در این فرهنگ، جملگی بر اساس ترتیب الفبایی ضبط شده‌اند. واژه‌هایی که دارای دو یا چند صورت املایی هستند، و نیز واژه‌های هم‌خانواده‌ای که معانی کاملاً یکسانی دارند، هر یک در ترتیب الفبایی خود قرار گرفته‌اند و به صورت اصلی یا رایج‌تر ارجاع داده شده‌اند:

clef → clé

cadavérique → cadavéreux,euse

بعضی از مدخل‌ها به دلایل زیر با شماره از هم جدا شده‌اند:

۱. وقتی میان برابرهای گوناگون یک واژه (با مقولهٔ دستوری یکسان) هیچ‌گونه پیوند معنایی موجود نباشد:

raie[1] *nf* ... خط، راه، شیار

raie[2] *nf* سفره‌ماهی

۲. وقتی واژه‌ای در مقوله‌های دستوری متفاوت به کار رفته و در هر کاربرد نیز برابرهای متعددِ فارسی داشته باشد:

avant[1] *prép,adv* ۱. پیش از ...

avant[2] *nm,adj.inv* ۱. قسمت جلو ...

۳. وقتی یک صفت به صورت اسم مذکر یا مؤنث نیز به کار رود:

actif[1],ive *adj* ۱. فعال ...

actif[2] *nm* ۱. موجودی ...

۴. وقتی یک واژه هم به صورت خاص (با حرف بزرگ) و هم به صورت عام (با حروف کوچک) به کار رود:

parisien,enne[1] *adj* (مربوط به) پاریس، پاریسی

Parisien,enne[2] *n* اهل پاریس، پاریسی

معانی اصلی یک واژه که بسامد بیشتری دارند پیش از معانی دیگر آمده‌اند، به طوری که گاه، معانی واپسین تنها در بافت‌های معینی به کار می‌روند.

این اثر دارای سه پی‌افزود است. پی‌افزود نخست مختص نشانه‌های اختصاری رایج در زبان فرانسه است. این نشانه‌ها شامل اسامی سازمان‌های ملی، دولتی یا بین‌المللی، و نیز واژه‌ها و عبارات مصطلح در زبان روزمره‌اند و در زبان گفتار و نوشتار فرانسه کاربرد روزافزون دارند. پی‌افزود دوم شامل نام‌های جغرافیایی و اسامی و صفات مربوط به آنهاست. پی‌افزود سوم راهنمای صرف افعال در زبان فرانسه است. در تهیهٔ پی‌افزودها، علاوه بر مآخذ ذکرشده، از آثار زیر بهره برده‌ایم:

Dictionnaire français-anglais, Larousse (collection Mars)

L'art de conjuguer (Dictionnaire de 12000 verbes)

تهیه و تدوین این فرهنگ را مدیون بسیاری از اساتید و دوستان هستم. چه آنان که مستقیماً در تهیه و چاپ و انتشار این فرهنگ دست داشتند، چه آنان که آثارشان دست‌مایه‌ای بود برای تهیهٔ این اثر. از اساتید گرانقدر، آقایان محمدرضا باطنی، علی‌اشرف صادقی، علی‌محمد حق‌شناس و حسین سامعی که همواره مشوق، راهنما و راهگشای من بودند صمیمانه سپاسگزاری می‌نمایم. در این راه، هر چه دارم از ایشان دارم.

بیش از همه، وظیفهٔ خود می‌دانم از زحمات استاد ارجمند، آقای هرمز میلانیان قدردانی نمایم. ایشان با شکیبایی و دقت‌نظر خاص خود کلمه به کلمهٔ فرهنگ را خواندند و پیوسته مرا از رهنمودهای بس سودمند خویش بهره‌مند ساختند. صحت و سلامت کار را به ایشان مدیونم. اما از آنجا که تصمیم‌گیری نهایی بر عهدهٔ من بود، و از سوی دیگر مسئولیت حروفچینی و نمونه‌خوانی اثر را خود بر عهده داشتم، اگر لغزشی باشد به عهدهٔ این‌جانب است.

سرانجام اینکه تحقق این اثر را مدیون زحمات داود موسایی، مدیر موسسهٔ فرهنگ معاصر هستم، بزرگمردی که در راه اعتلای فرهنگ این مرز و بوم از هیچ تلاشی فروگذار نمی‌کند.

با وجود آگاهی و تجربهٔ پردامنهٔ «واحد پژوهش فرهنگ معاصر» و تلاش مؤسسه در عرضهٔ فرهنگ‌های نوین و روزآمد، ما همواره به یاری صاحب‌نظران و دانش‌پژوهان نیازمندیم.

محمدرضا پارسایار

فروردین ۱۳۸۰

پیشگفتار

فرهنگ حاضر بیش از ۴۰٬۰۰۰ واژهٔ زبان فرانسه را در برمی‌گیرد. واژه‌های ضبط‌شده عمدتاً واژه‌های پربسامد و رایج در زبان فرانسهٔ امروز است. اما برای افزودن بر غنای فرهنگ، برخی واژه‌ها و مفاهیم قدیمی یا ادبی که در زبان نوشتار کاربرد دارند، برخی واژه‌ها یا مفاهیم خودمانی و عامیانه که معمولاً در زبان گفتار به کار می‌روند، و نیز برخی واژه‌های تخصصی که اهل فن با آنها سر و کار دارند، در این فرهنگ آمده است. از این رو این اثر می‌تواند در رفع نیاز علاقه‌مندان، دانشجویان و مترجمان زبان فرانسه، از سطح مبتدی تا عالی کارآمد باشد.

برای استخراج واژه‌ها و عبارات فرانسه عمدتاً از فرهنگ زیر استفاده شده است:

Le Robert Méthodique

در ضبط و برابریابی واژه‌ها و عبارات، فرهنگ‌های زیر به کار رفته‌اند:

Petit Robert 1

Petit Larousse

Grand Larousse (en 3 volumes)

Le Robert & Collins (français-anglais)

علاوه بر این، از بسیاری فرهنگ‌های عمومی یا تخصصی فرانسه‌ـ‌فارسی، انگلیسی‌ـ‌فارسی و فارسی‌ـ‌فارسی بهره برده‌ایم که به دلیل کثرت از ذکر نامشان خودداری می‌کنیم. بسیاری از برابرهای ضبط‌شده در این فرهنگ، برای نخستین بار عرضه شده‌اند و پیش از این در منابع دیگری به کار نرفته‌اند. در برابریابی واژه‌ها، سعی بر آن بوده است تا در حد امکان از واژه‌سازی بی‌دلیل پرهیز شود و واژه‌ها و عبارات مصطلح و مأنوس فارسی مورد استفاده قرار گیرد. با دسته‌بندی برابرها و تعیین حوزهٔ معنایی، زمینهٔ کاربرد واژه را هر چه بیشتر مشخص کرده‌ایم و هر جا که برابریابی دقیق میسر نبود، با آوردن مثال کوشیده‌ایم مفهوم واژه را روشن نماییم. در دسته‌بندی برابرها،

ناشر وظیفهٔ خود می‌داند از افرادی که در تألیف و تولید این اثر همکاری داشته‌اند صمیمانه سپاسگزاری کند.

مؤلف:
محمدرضا پارسایار

بازخوانی:
هرمز میلانیان

نمونه‌خوانی:
نسیم سلطان‌زاده

حروف‌نگاری و صفحه‌آرایی:
مهیار امام‌جمعه
معصومه شهنازی

فرهنگ معاصر
شماره ۴۵، خیابان دانشگاه، تهران ۱۳۱۴۷
تلفن: ۶۶۴۶۵۵۳۰ ـ ۶۶۴۶۵۵۲۰ ـ ۶۶۹۵۲۶۳۲
فاکس: ۶۶۴۱۷۰۱۸

E-mail: farhangmo@neda.net
Website: www.farhangmoaser.com

فرهنگ معاصر فرانسه ـ فارسی
تدوین در واحد پژوهش فرهنگ معاصر
محمدرضا پارسایار
بازخوانی: هرمز میلانیان
حروف‌نگاری، صفحه‌آرایی و چاپ:
واحد کامپیوتر و چاپ فرهنگ معاصر
چاپ پنجم: ۱۳۸۵
تیراژ: ۵۵۰۰ نسخه

کلیهٔ حقوق این اثر متعلق به «مؤسسهٔ فرهنگ معاصر» است و هر نوع استفادهٔ بازرگانی از این فرهنگ اعم از زیراکس، بازنویسی، ضبط کامپیوتری و یا تکثیر به هر صورت دیگر، کلاً و جزئاً، ممنوع و قابل تعقیب قانونی است.

فرهنگ معاصر
فرانسه ـ فارسی
(یکجلدی)

تدوین در
واحد پژوهش فرهنگ معاصر

محمدرضا پارسایار

فرهنگ معاصر
تهران ۱۳۸۵

فهرستنویسی پیش از انتشار

پارسایار، محمدرضا، ۱۳۴۱ -
فرهنگ معاصر فرانسه ـ فارسی / محمدرضا پارسایار؛ تدوین در واحد پژوهش فرهنگ معاصر. ـــ [ویرایش ۱]. ـــ تهران: فرهنگ معاصر ۱۳۸۰.
VI، ۹۷۷ ص.
فهرستنویسی براساس اطلاعات فیپا.
چاپ پنجم: ۱۳۸۵.
۱. زبان فرانسه ـ واژه‌نامه‌ها ـ فارسی. الف. فرهنگ معاصر. واحد پژوهش. ب. عنوان.
1. French language - Dictionaries - Persian.
۲پ ۲ف / PC۲۶۴۵ فا / ۴۴۳
۱۳۸۰
کتابخانه ملی ایران ۱۸۹۹ - ۸۰م
محل نگهداری:

ISBN 964-5545-54-4 شابک ۴-۵۴-۵۵۴۵-۹۶۴

فرهنگ معاصر